निम्मी पैटर्न

AF814402

NSQF (Level 4)

मैकेनिक मोटर व्हीकल थ्योरी

I & II YEAR

के बी लाल

arihant
SUCCESS AND NOTHING LESS

arihant
SUCCESS AND NOTHING LESS

अरिहन्त प्रकाशन (इण्डिया) लिमिटेड

卐 **रजि. कार्यालय**
'रामछाया' 4577/15, अग्रवाल रोड, दरियागंज, नई दिल्ली- 110002
फोन: 011-47630600, 43518550

卐 **मुख्य कार्यालय**
कालिन्दी, टी.पी. नगर, मेरठ (यूपी)– 250002
फोन: 0121-7156203, 7156204

मुख्य वितरक
शर्मा बुक एजेन्सी, ओम नगर, आगरा देहली बाईपास (निकट अलवर ब्रिज), मथुरा
फोन: 09219662591, 8433486830 ई.मेल: sharmabookagency25@gmail.com

卐 **शाखा कार्यालय**
आगरा, अहमदाबाद, बरेली, बेंगलुरु, चेन्नई, दिल्ली, गुवाहाटी, हैदराबाद, जयपुर, झाँसी, कोलकाता, लखनऊ, नागपुर तथा पुणे

卐 **मूल्य** ₹ 595.00

PO No : TXT-XX-XXXXXXX-X-XX

PUBLISHED BY ARIHANT PUBLICATIONS (INDIA) LTD.

'अरिहन्त' की पुस्तकों के बारे में अधिक जानकारी के लिए हमारी वेबसाइट **www.arihantbooks.com** पर लॉग इन करें या **info@arihantbooks.com** पर सम्पर्क करें।

Follow us on...

प्रस्तावना

तकनीकी शिक्षा के क्षेत्र में नेशनल कॉउन्सिल ऑफ वोकेशनल ट्रेनिंग, NCVT एक महत्त्वपूर्ण भूमिका निभाता है, क्योंकि यह प्रशिक्षुओं के लिए पाठ्यक्रम पर निर्धारित ऑल इण्डिया ट्रेड टैस्ट आयोजित करने के साथ-साथ उन्हें राष्ट्रीय व्यापार प्रमाण-पत्र द्वारा भी प्रमाणित करता है। इसके अतिरिक्त यह विविध ट्रेडों के पाठ्यक्रम में निरन्तर बदलाव कर प्रशिक्षुओं को अपने-अपने क्षेत्र में लगभग पूर्ण विशेषज्ञ बनाने का प्रयास करता है।

अरिहन्त प्रकाशन द्वारा प्रकाशित पुस्तक **'मैकेनिक मोटर व्हीकल थ्योरी'** इन्हीं बातों को ध्यान में रखकर तैयार की गई है। यह पुस्तक निम्मी पैटर्न एवं DGT और NCVT के नवीनतम पाठ्यक्रम के अनुसार तैयार की गई है। यह पुस्तक एक पूर्णतः संशोधित संस्करण है, जिसमें विभिन्न विषयों तथा सम्बन्धित सम्पूर्ण पाठ्य सामग्री को सटीक चित्रों सहित सरलतम भाषा में समझाकर विषयक् जटिलता के स्तर को न्यूनतम स्तर तक लाने का प्रयास किया गया है। इसके अतिरिक्त परीक्षा पैटर्न के अनुरूप बहुविकल्पीय प्रश्नों की अधिकता इस पुस्तक को सर्वश्रेष्ठ बनाती हैं।

पुस्तक की विशेषताएँ

- नवीन संशोधित पाठ्यक्रम के अनुसार मैकेनिक मोटर व्हीकल थ्योरी सम्बन्धी सभी सिद्धान्तों का सरल एवं सटीक भाषा में प्रस्तुतीकरण।
- पाठ्यक्रम के अनुसार अध्यायवार शीर्षकों का समावेशन।
- सम्पूर्ण पाठ्य सामग्री का तालिका एवं सटीक आरेखों द्वारा वर्णन।
- परीक्षा के दृष्टिकोण से प्रत्येक अध्याय के अन्त में बहुविकल्पीय प्रश्नों का कुंजी सहित समावेश।
- प्रत्येक अध्याय के अन्तर्गत तकनीकी शब्दों के तुल्य अंग्रेजी शब्दों का समावेशन।

यद्यपि यह पुस्तक एक पूर्णतः संशोधित संस्करण है, परन्तु फिर भी यदि आपको किसी भी स्तर पर इसमें संशोधन की आवश्यकता प्रतीत होती है, तो कृपया अवगत कराने का कष्ट अवश्य करें, ताकि आगामी संस्करणों को और परिष्कृत रूप में प्रस्तुत किया जाना सम्भव हो सके।

लेखक

विषय-सूची

प्रथम वर्ष

द्वितीय वर्ष

SYLLABUS

FIRST YEAR

- **Admission & introduction to the trade**
  Introduction to the Course duration, course content, study of the syllabus. General rule pertaining to the Institute, facilities available– Hostel, Recreation, Medical and Library working hours and time table
- **Occupational Safety & Health**
  Importance of Safety and general Precautions to be observed in the shop. Basic first aid, safety signs - for Danger, Warning, caution & personal safety message. Safe handling of Fuel Spillage, Fire extinguishers used for different types of fire. Safe disposal of toxic dust, safe handling and Periodic testing of lifting equipment, Authorization of Moving & road testing vehicles.

  Electrical safety tips.
- **Introduction to road safety and automotive emissions.** (14 hrs)
- **Hand & Power Tools**
  Marking scheme, **Marking material** - chalk, Prussian blue. Cleaning tools- Scraper, wire brush, Emery paper, Description, care and use of Surface plates, steel rule, measuring tape, try square. Callipers- inside and outside. Dividers, surface gauges, scriber, punches-prick punch, centre punch, pin punch, hollow punch, number and letter punch. Chisel-flat, cross-cut. Hammer- ball pein, lump, mallet. Screw drivers-blade screwdriver, Phillips screw driver, Ratchet screwdriver. Allen key, bench vice & C-clamps, Spanners- ring spanner, open end spanner & the combination spanner, universal adjustable open end spanner. Sockets & accessories, Pliers - Combination pliers, multi grip, long nose, flat-nose, Nippers or pincer pliers, Side cutters, Tin snips, Circlips pliers, external circlips pliers. Air impact wrench, air ratchet, wrenches- Torque wrenches, pipe wrenches, car jet washers Pipe flaring & cutting tool, pullers-Gear and bearing. (21 hrs)
- **Systems of Measurement**
  Description, care & use of - Micrometers- Outside and depth micrometer, Micrometer adjustments, Vernier callipers, Telescope gauges, Dial bore gauges, Dial indicators, straightedge, feeler gauge, thread pitch gauge, vacuum gauge, tire pressure gauge. (17 hrs)
- **Drilling Machine**
  Description and study of Bench type Drilling machine, Portable electrical Drilling machine, drill holding devices, Work Holding devices, Drill bits.
- **Taps and Dies**
  Hand Taps and wrenches, Calculation of Tap drill sizes for metric and inch taps. Different type of Die and Die stock. Screw extractors.
- **Hand Reamers**
  Different Type of hand reamers, Drill size for reaming, Lapping, Lapping abrasives, type of Laps. (14 hrs)
- **Basic Electricity**
  Electricity principles, Ground connections, Ohm's law, Voltage, Current, Resistance, Power, Energy. Voltmeter, ammeter, Ohmmeter Mulitmeter, Conductors & insulators, Wires, Shielding, Length vs. resistance, Resistor ratings. (14 hrs)
- Fuses & circuit breakers, Ballast resistor, Stripping wire insulation, cable colour codes and sizes, Resistors in Series circuits , Parallel circuits and Series-parallel circuits, Electrostatic effects, Capacitors and its applications, Capacitors in series and parallel. (07 hrs)
- Description of Chemical effects, Batteries & cells, Lead acid batteries & Stay Maintenance Free (SMF) batteries, Magnetic effects, Heating effects, Thermo electric energy, Thermisters, Thermo couples, Electrochemical energy, Photo-voltalc energy, Piezo-electric energy, Electromagnetic induction, Relays, Solenoids, Primary & Secondary windings, Transformers, stator and rotor coils.
- **Basic Electronics**
  Description of Semi conductors, Solid state devices- Diodes, Transistors
- **Introduction to Hydraulics & Pneumatics**
  Definition of Pascal law, pressure, Force, viscosity. Description, symbols and application in automobile of Gear pump-Internal & External, single acting, double acting & Double ended cylinder; Pressure

relief valve, Non return valve, Flow control valve used in automobile. Pneumatic Symbols, Description and function of air Reciprocating Compressor. Function of Air service unit (FRL-Filter, Regulator & Lubricator). (14 hrs)

- **Definition** Classification of vehicles on the basis of load as per central motor vehicle rule, wheels, final drive, and fuel used, axles, position of engine and steering transmission, body and load. Brief description and uses of Vehicle hoists – Two post and four post hoist, Engine hoists, Jacks, Stands.(14 hrs)

- **Introduction to Engine**
  Description of internal & external combustion engines, Classification of IC engines, Principle & working of 2&4-stroke diesel engine (Compression ignition Engine (C.I)), Principle of Spark Ignition Engine(SI), differentiate between 2-stroke and 4 stroke, C.I engine and S.I Engine, Direct injection and Indirect injection, Technical terms used in engine, Engine specification. Study of various gauges/instrument on a dash board of a vehicle- Speedometer, Tachometer, Odometer and Fuel gauge, and Indicators such as gearshift position, Seat belt warning light, Parking-brake-engagement warning light and an Engine-malfunction light. Different type of starting and stopping method of Diesel Engine Procedure for dismantling of diesel engine from a vehicle.

- **Petrol Engine Basics**
  4-stroke spark-ignition engines- Basic 4-stroke principles. Spark-ignition engine components- Basic engine components, Engine cams & camshaft, Engine power transfer, Scavenging, Counter weights, Piston components. Intake & exhaust systems -Electronic fuel injection systems, Exhaust systems. Intake system components, Air cleaners, Carburettor air cleaners, EFI air cleaners, Intake manifolds, Intake air heating. Gasoline Fuel Systems: Description of Gasoline fuel, Gasoline fuel characteristics, Controlling fuel burn, Stoichiometric ratio, Air density, Fuel supply system, Pressure & vacuum.(14 hrs)

- **Engine Components**
  Description and Constructional feature of Cylinder head, Importance of Cylinder head design, Type of Petrol and Diesel combustion chambers, Effect on size of Intake & exhaust passages, Head gaskets. Importance of Turbulence.

- **Valves & Valve Trains**
  Description and Function of Engine Valves, different types, materials, Type of valve operating mechanism, Importance of Valve seats, and Valve seats inserts in cylinder heads, Valve stem oil seals, size of Intake valves, Valve trains, Valve- timing diagram, concept of Variable valve timing. Description of Camshafts & drives , Description of Overhead camshaft, importance of Cam lobes, Timing belts & chains, Timing belts & tensioners. (14 hrs)

- Description & functions of different types of **pistons,** piston rings and piston pins and materials. Used recommended clearances for the rings and its necessity precautions while fitting rings, common troubles and remedy. Compression ratio.

  Description & function of **connecting rod,** importance of big- end split obliquely, Materials used for connecting rods big end & main bearings. Shells piston pins and locking methods of piston pins. (07 hrs)

- Description and function of **Crank shaft,** camshaft, Engine bearings- classification and location – materials used & composition of bearing materials- Shell bearing and their advantages- special bearings material for diesel engine application bearing failure & its causes-care & maintenance. Crank-shaft balancing, Firing order of the engine. (14 hrs)

- Description and function of the **fly wheel** and vibration damper. Crank case & oil pump, gears timing mark, Chain sprockets, chain tensioner etc. Function of clutch & coupling units attached to flywheel. (14 hrs)

- Description of Cylinder block, Cylinder block construction, and Different type of Cylinder sleeves (liner). (14 hrs)

- **Need for Cooling Systems**
  Heat transfer method, Boiling point & pressure, Centrifugal force, Vehicle coolant properties and recommended change of interval, Different type of cooling systems, **Basic cooling system components**- Radiator, Coolant hoses, Water pump, Cooling system thermostat, Cooling fans, Temperature indicators, Radiator pressure cap, Recovery system, Thermo-switch.

- **Need for Lubrication System**
  Functions of oil, Viscosity and its grade as per SAE , Oil additives, Synthetic oils, The lubrication system, **Splash system**, Pressure system, Corrosion/noise reduction in the lubrication system. Lubrication system components - Description and function of Sump, Oil collection pan, Oil tank, Pickup tube, different type of Oil pump & Oil filters Oil pressure relief valve, Spurt holes & galleries, Oil indicators, Oil cooler. (14 hrs)

- **Intake System Components**
  Description and function of Air cleaners, Different type air cleaner, Description of Intake manifolds and material,

- **Exhaust System Components**
  Description and function of Exhaust manifold, Exhaust pipe, Extractors, Mufflers- Reactive, absorptive, Combination., Catalytic converters, Flexible connections, Ceramic coatings, Back-pressure, Electronic mufflers.(14 hrs)

- Diesel Fuel Systems- Description and function of Diesel fuel injection, fuel characteristics, concept of Quiet diesel technology & Clean diesel technology. Diesel fuel system components – Description and function of Diesel tanks & lines, Diesel fuel filters, water separator, Lift pump, Plunger pump, Priming pump, Electronic Diesel control- Electronic Diesel control systems, Common Rail Diesel Injection (CRDI) system, Sensors, actuators and ECU (Electronic Control Unit) used in Diesel Engines. (14 hrs)

- **Engine assembly** procedure with aid of special tools and gauges used for engine assembling.

- **Emission Control:- Vehicle emissions**
  Standards- Euro and Bharat II, III, IV, V Sources of emission, Combustion, Combustion chamber design. **Types of emissions:** Characteristics and Effect of Hydrocarbons, Hydrocarbons in exhaust gases, Oxides of nitrogen, Particulates, Carbon monoxide, Carbon dioxide, Sulphur content in fuels Description of Evaporation emission control, Catalytic conversion, Closed loop, Crankcase emission control, Exhaust gas recirculation (EGR) valve,, Controlling air-fuel ratios, Charcoal storage devices, Diesel particulate filter (DPF). Selective Catalytic Reduction (SCR), EGR VS SCR (07 hrs)

- Description .of charging circuit operation of alternators, regulator unit, ignition warning lamp-troubles and remedy in charging system. Description of starter motor circuit, Constructional details of starter motor solenoid switches, common troubles and remedy in starter circuit. (07 hrs)

- Troubleshooting : Causes and remedy for Engine Not starting – Mechanical & Electrical causes, High fuel consumption, Engine overheating, Low Power Generation, Excessive oil consumption, Low/High Engine Oil Pressure, Engine Noise. (07 hrs)

SECOND YEAR

- **Introduction**
  Study of different major components & assemblies of heavy vehicle, and different make (indigenous). Name plate-constructional differences and their merits. leading manufacturers in Heavy vehicle Industry

- **Clutches & Manual Transmissions**-Clutch principles, Single-plate clutches, Multi-plate clutches, Dual mass flywheels, Operating mechanisms **Clutch components**- Pressure plate, Driven/ center plate, Throw-out bearing.

- **Manual transmissions**- Gear ratios, Compound gear trains, Gear selection, Bearings, Oil seals & gaskets, Brief about Automated Manual Transmission (AMT)

- **Gearbox layout & operation**- Gearbox layouts, Transaxle designs, Gearbox operation, Baulk-ring synchromesh unit, Transaxle synchromesh unit. Gear shift mechanism. (27 hrs)

- **Final Drive & Drive Shafts** - Basic layouts Front-wheel drive layout, Rear-wheel drive layout, Four-wheel drive layout, All-wheel drive layout, 4WD v/s AWD Front-wheel drive, Front-wheel drive shafts, Front-wheel final drives, Front-wheel differentials Rear-wheel drive- Propeller shaft, Type of Universal joints, Type of Constant velocity Joints, Rear-wheel final drives, Salisbury axles, Rear-wheel drive differentials, Limited slip differentials. Four-wheel drive- Four-wheel drive shafts, Four-wheel final drive, Four-wheel drive transfer case, Freewheeling hubs, Four-wheel drive differentials All-wheel drive- four wheel final drives, All-wheel drive transfer case, Transfer case differential action. (27 hrs)

- **Automatic Transmissions** - Torque converters, Torque converter principles, drive plate, Converter operation, Torque multiplication, Fluid flow, Heat exchanger, Lock-up converters, clutches. Planetary gearing- Planetary gears, Simple planetary gear sets, Compound planetary gear sets, Automatic transmission brake bands, Multi-disc clutches, Electronic control transmission -Electronic control Unit, Fully hydraulically controlled transmission, Electronic shift programs, Manual selection. Layout & operation for P,R,N&D (First & Second) Selector positions, Planetary gear set, High range power flow, Low range power flow Servos & clutches-Rear servo, Front servo, One way clutch, Multi-plate front clutch, Clutch pack, Rear clutch. Hydraulic system & controls-Hydraulic system components, Spool valves, Regulating or flow control valves, Control valves, Orifices Valve types & functions-Basic valve action, Regulator & control valves, Shift & governor valves Pressure regulation- The primary regulating valve, Line pressure variation, Modulator valve pressure, The governor, Governor pressure, Kick down pressure. Flow control- Gear position 1, 1-2 shift valve, 2-3 shift valve assembly, The servo orifice control valve, 3-2 kick down Continuously variable transmission (C.V.T.) - Continuously variable transmission, Drive or reverse, The steel belt, Secondary pulley shaft. (18 hrs)

- **Steering Systems** Description and function of Steering systems, Principles of steering, Rack-and-pinion steering system, Recirculation ball & nut steering system, Four-wheel steering systems, collapsible steering system. Steering boxes & columns - Description and function of Steering columns, Rack-and-pinion gearbox, Helix, Variable ratio steering, Worm gearbox, Power Assisted steering, Steering process, Flow-control valve, Electric power assisted steering, Basic electric power steering operation Steering arms & components- Forward control vehicle steering, Steering linkages, Joints, Bushes/bushings Wheel alignment fundamentals:- Basic principles of wheel alignment, wheel base, wheel track, king pin inclination, Caster, Camber, Scrub radius, Toe-in & toe out, Toe-out on turns, Turning radius, Thrust angle &centrelines. (27 hrs)

- **Suspension Systems** Principles of suspension, Suspension force, Unsprung weight, Wheel unit location, Dampening. Types of suspension-Suspension systems, Solid axle, Dead axle, Description, function and advantages of non independent suspension Independent suspension, Rear independent suspension, Rear-wheel drive independent suspension, electronically controlled air suspension (ECAS), Adaptive air suspension operation. Types of springs - Description and function of Coil springs, Leaf springs, Torsion bars, Rubber springs. Shock absorber types- Description and function of Hydraulic shock absorbers, Gas-pressurized shock absorbers, Load-adjustable shock absorbers, Manual adjustable-rate shock absorbers, Electronic adjustable-rate shock absorbers, Automatic load-adjustable shock absorbers Front suspension types & components - Mc person Strut suspension, Short/long arm suspension, Torsion bar suspension Rear suspension types & components-Rigid axle leaf spring suspension, Rigid axle coilspring suspension, Independent type suspension, Rigid non-drive suspension.(27 hrs)

- **Wheels & Tyres**- Wheel types & sizes Wheels, Rim sizes & designations, Types of wheels Tyre types & characteristics- Tyres, Radial ply tyres, Radial ply tyre sidewalls, Tyre pressure monitoring systems, Run flat tyres, Space-saver tyres, Tyre distortion, Center of gravity.

- **Tyre construction** Tyre construction, Types of tyre construction, Tyre materials, Hysteresis, Tyre sizes & designations, Tyre information, Tyre tread designs, Tyre ratings for temperature & traction. Descriptions Tirewear Patterns and causes Nitrogen v/s atmospheric air in tyres (18 hrs)

- **Braking Systems** Principles of braking, Drum & disc brakes, Lever/mechanical advantage, Hydraulic pressure & force, Brake pad, Regenerative braking.

  Braking systems - Brake type - principles, Air brakes, Exhaust brakes, Electric brakes, Parking brakes, Engine brakes, Regenerative braking Braking system components-Park brake system, Brake pedal, Brake lines, Brake fluid, Bleeding, Master cylinder, Divided systems, Tandem master cylinder, Power booster or brake unit, Hydraulic brake booster, Electro hydraulic braking (EHB), Applying brakes, Brake force, Brake light switch

- **Drum brakes & components** Drum brake system, Drum brake operation, Brake linings & shoes, Back plate, Wheel cylinders Disc brakes & components - Disc brake system, Disc brake operation, Disc brake rotors, Disc brake pads, Disc brake callipers, Proportioning valves, Proportioning valve operation, Brake friction materials Antilock braking system & components-ABS brake system, Antilock braking system operation, Principles of ABS braking, ABS master cylinder, Hydraulic control unit, Wheel speed sensors, ABS with EBD electronic control unit.

  The construction and operation of heavy vehicle Anti-Slip Regulation / Traction Control (ASR) system. Introduction to Electromagnetic retarder brake (EMR) and Engine exhaust brake.(36 hrs)

- **Introduction to EFI Engine Management** EFI operation Modes of EFI, Electronic fuel injection, Idle speed control systems, Feedback & looping, Cold start systems, Air measurement, Air-flow monitoring, Variable intake manifold system, Electrical functions, EFI wiring diagram Electronic control unit (ECU) - EFI system ECU, Electronic control unit settings, Engine speed limiting, Malfunction indicator lamp.

  Importance of Diagnostic Trouble Code (DTC) & its general format. Use of scan tool and retrievals of codes. EFI sensors- Intake Temperature sensor,

Mass airflow sensor, Manifold absolute pressure sensor, Air vortex sensor, Fuel system sensor, Throttle position sensor, Exhaust gas oxygen sensor, Crank angle sensor, Hall effect voltage sensor.(36 hrs)

- Ignition principles and Faraday's laws, Primary and secondary winding of transformer, Ignition components, Spark plugs, Spark plug components, Vacuum & centrifugal units, Plug firing voltage, Induction, Inductive system operation, Induction wiring, Hall effect sensors, Hall effect operation, Optical type sensors Distributor less ignition systems, Insulated coils, Distributor less ignition system timing. (18 hrs)
- **Charging system** The purpose of Charging system, charging system components, charging system circuit, Alternator principles, Alternating current, Alternator components, Rectification, Phase winding connections, Rotor circuit, Voltage regulation, System operating voltage, High voltage charging systems, Rotor, Stator, Alternator end frames, Slip ring & brush assembly, Rectifier assembly, Alternator cooling fan. (18 hrs)
- **Starting system** purpose of starting system, Staring system components, Starter motor principles, study of starter control circuits.

  Starter motor construction, Starter magnet types, Starter motor engagement, Commutation, Switching, solenoid construction.(18 hrs)
- **Lighting system**, Lamps/light bulbs, Lamp/light bulb information, LED lighting, Headlights-description of standard sealed beam, halogen sealed beam, composite and High intensity discharge (HID) headlights. Headlight & dimmer circuits, Park & tail light circuits, Brake light circuits, turn signal circuit, Cornering lights, Fog lights circuit, interior lights- courtesy, reading and instrument panel lights, Smart lighting , Reverse lights. (18 hrs)
- **Accessories** Horn circuit, wiper circuit, power window components and circuit. Power door lock circuit, automatic door lock circuit, remote keyless entry system circuit, antitheft system, immobilizer system.

  Description and function of Airbags, Seatbelt, Vehicle safety systems, Crash sensors, Seat belt pre-tensioners, Tire pressure monitoring systems Integrated communications, Proximity sensors, Introduction to Hybrid & Electronic vehicle, Hydrogen fuel cell vehicle
- Heating Ventilation Air Conditioning (HVAC) legislation, Vehicle heating, ventilation & cooling systems, Basic air-conditioning principles, Air-conditioning capacity, Air-conditioning refrigerant, Humidity Description and function of Fixed orifice, Control devices, Thermostatic expansion valve system, Thermal expansion valves, Air-conditioning compressors, Condensers & evaporators, Receiver drier, Lines & hoses, TX valve construction, Temperature monitoring thermostat, Refrigerants, Pressure switches, Heating elements Air-conditioning ECU, Ambient air temperature sensor, Servo motors, Electric servo motors, Automatic climate control sensors, Evaporator temperature sensor, Blower speed control, Ventilation systems. (18 hrs)
- Traffic rules, Signals and Controls. Locating vehicle information, Obtaining & interpreting scan tool data.
- Introduction to Electric Vehicle Technology, EV Terminology Comparison of Electric Vehicle with IC engine vehicle based on emissions, range, fuel type. Types of electric vehicle, BEV, HEV, PHEV and FCEV. Architecture of Electric Vehicle, working principle of fully electric vehicle, Major component, Performance parameter, Basics of Motors, Selection, sizing and characteristic of Motor, calculation for motor effort, electric transmission.

  Principle, Working and operation of propulsion system, DC Motor-Drives Armature Voltage, chopper circuit, step up, Step down chopper, control strategy, chopper amplifier.

  Brushless DC Motor - principle working, features, speed control system of brushless DC motor, efficiency, calculation.
  Battery management system (15 Hrs)

प्रथम वर्ष

अध्याय 01

ट्रेड परिचय एवं व्यावसायिक सुरक्षा

Trade Introduction and Occupational Safety

परिचय Introduction

औद्योगिक प्रशिक्षण संस्थान देश के आर्थिक विकास में मुख्य रूप से योग्यता कौशल प्रदान करने में महत्त्वपूर्ण भूमिका निभाता है। अप्रैल 2018 तक भारत में लगभग 14165 औद्योगिक प्रशिक्षण संस्थान (2181 सरकारी + 11984 निजी) हो चुके हैं।

इन प्रशिक्षण संस्थाओं में कुल 126 इंजीनियरिंग एवं नॉन-इंजीनियरिंग ट्रेड्स में 1 अथवा 2 वर्ष की अवधि में प्रशिक्षण प्रदान किया जाता है। मैकेनिक मोटर व्हीकल (पूर्व में ऑटोमोबाइल ट्रेड) ट्रेड की अवधि 2 वर्ष की होती है।

औद्योगिक प्रशिक्षण संस्थानों से इस ट्रेड में प्रशिक्षण प्राप्त करने तथा परीक्षा में उत्तीर्ण होने के पश्चात् प्रशिक्षुओं को 'नेशनल ट्रेड सर्टिफिकेट' (National Trade Certificate) प्रदान किया जाता है। प्रशिक्षण अवधि पूर्ण होने के पश्चात् प्रशिक्षुओं को विभिन्न मान्यता प्राप्त कार्यशालाओं में एप्रेन्टिसशिप का अवसर प्रदान किया जाता है।

इस अवधि के दौरान उन्हें नियमानुसार प्रतिमाह छात्रवृत्ति भी दी जाती है। एप्रेन्टिसशिप प्रशिक्षण पूर्ण होने के पश्चात् पुनः ली जाने वाली परीक्षा में उत्तीर्ण होने पर प्रशिक्षु को 'नेशनल एप्रेन्टिसशिप सर्टिफिकेट' (National Apprenticeship Certificate) प्रदान किया जाता है, जिसकी मान्यता अन्तर्राष्ट्रीय स्तर पर होती है।

औद्योगिक प्रशिक्षण संस्थानों में मुख्य व्यवसाय एवं सम्बन्धित व्यवसाय की थ्योरी एवं प्रैक्टिकल के अतिरिक्त सहायक सामग्री के रूप में वर्कशॉप कैलकुलेशन एण्ड साइंस, इंजीनियरिंग ड्रॉइंग तथा एम्प्लॉएबिलिटी स्किल्स विषय को भी पढ़ाया जाता है। इसके लिए समस्त प्रशिक्षण की समय-सारणी निर्धारित होती है।

प्रशिक्षण संस्थानों में समस्त सुविधाओं की व्यवस्था कार्यपालिका के निर्देशानुसार होती है। इसमें अवकाश से आरक्षण तक सब कुछ सम्मिलित होता है। इसके अतिरिक्त, इस ट्रेड के अन्तर्गत दैनिक महत्त्वपूर्ण गतिविधियाँ एवं खेलकूद भी आयोजित किए जाते हैं।

अध्याय विषय सूची

1.1 व्यवसाय में प्रवेश
Admission in Trade

मैकेनिक मोटर व्हीकल व्यवसाय में प्रवेश हेतु आवश्यक योग्यता 10वीं कक्षा (विज्ञान एवं गणित सहित) उत्तीर्ण होना है। इसके लिए संस्थान द्वारा विवरण पत्रिका उपलब्ध कराई जाती है।

इस पत्रिका में व्यवसाय में प्रवेश हेतु निर्धारित शैक्षणिक योग्यता के अतिरिक्त आयु, पात्रता, फॉर्म भरकर जमा करने की अंतिम तिथि, प्रशिक्षण एवं प्रशिक्षण अवधि, संस्थान के नियम, लाइब्रेरी तथा अन्य सुविधाओं की जानकारी इत्यादि लिखी रहती हैं।

1.2 पाठ्यक्रम का अध्ययन
Study of the Syllabus

प्रशिक्षु को मैकेनिक मोटर व्हीकल व्यवसाय के पाठ्यक्रम का विस्तारपूर्वक अध्ययन करना चाहिए। इस पाठ्यक्रम में क्रियात्मक, प्रयोगात्मक कार्य, सैद्धान्तिक ज्ञान, इंजीनियरिंग ड्रॉइंग, वर्कशॉप कैलकुलेशन एण्ड साइंस इत्यादि की जानकारी दी जाती है। इन सभी विषयों के लिए प्रशिक्षण घण्टे निर्धारित होते हैं।

पाठ्यक्रम की समयावधि
Course Duration

औद्योगिक प्रशिक्षण संस्थान द्वारा संचालित मैकेनिक मोटर व्हीकल (पूर्व में ऑटोमोबाइल ट्रेड) ट्रेड एक दो वर्षीय ट्रेड है। इस ट्रेड के विषयों एवं प्रयोगात्मक कार्य को निम्न तालिका के अनुसार निर्धारित समयावधि में विभाजित किया जाता है

क्र.सं.	कोर्स अवयव	राष्ट्रीय प्रशिक्षण घण्टे	
		प्रथम वर्ष	द्वितीय वर्ष
1.	प्रोफेशनल स्किल (ट्रेड प्रैक्टिकल)	1000	1000
2.	प्रोफेशनल नॉलेज (ट्रेड थ्योरी)	280	360
3.	वर्कशॉप कैलकुलेशन एण्ड साइंस	80	80
4.	इंजीनियरिंग ड्रॉइंग	80	80
5.	एम्प्लॉयबिलिटी स्किल्स	160	80
	कुल	1600	1600

पाठ्यक्रम में विषय Course Content

पाठ्यक्रम का प्रशिक्षण तीन खण्डों में दिया जाता है

- प्रैक्टिकल
- थ्योरी एवं एम्प्लॉयबिलिटी स्किल्स
- वर्कशॉप कैलकुलेशन एण्ड साइंस व इंजीनियरिंग ड्रॉइंग

पाठ्यक्रम और अंक
Syllabus and Marks

प्रत्येक वर्ष अर्थात् वार्षिक परीक्षा के विषयों में जो निर्धारित अंक होते हैं, उनमें सत्रांक (sessional marks) मिलाकर कुल पूर्णांक 550 होते हैं। प्रशिक्षार्थी को सत्रांक अंक प्रायोगिक कार्य, गृह-परीक्षा के अंकों के आधार पर दिए जाते हैं।

ये सत्रांक अंक अन्तिम ट्रेड परीक्षा के परिणाम (result) में जोड़े जाते हैं।

नीचे इस ट्रेड के अन्तर्गत दिए जाने वाले प्रशिक्षण समय का विवरण दर्शाया गया है

वर्ष	कुल घण्टे/ सप्ताह	ट्रैड प्रैक्टिकल	ट्रैड थ्योरी	वर्कशॉप कै. एण्ड साइंस	इंजी. ड्रॉइंग	एम्प्लॉयबिलिटी स्किल्स
प्रथम	40 घण्टे	25 घण्टे	7 घण्टे	2 घण्टे	2 घण्टे	4 घण्टे
द्वितीय	40 घण्टे	25 घण्टे	9 घण्टे	2 घण्टे	2 घण्टे	2 घण्टे

1.3 संस्थान से सम्बन्धित सामान्य नियम
General Rules Pertaining to the Institute

संस्थान के प्रत्येक प्रशिक्षु को निर्धारित सामान्य नियमों का अनुपालन अवश्य करना चाहिए। अनुशासन में प्रशिक्षु स्वयं की सुरक्षा के साथ-साथ कार्यशाला और मशीनों की सुरक्षा भी सुनिश्चित करता है।

इस प्रकार यह कहा जा सकता है कि प्रशिक्षण संस्थान के नियमों का पालन करना प्रत्येक प्रशिक्षु का कर्त्तव्य है।

संस्थान के कुछ मुख्य नियम निम्नलिखित हैं

1. संस्थान में छात्रों को कार्य करने के लिए कीमती उपकरण दिए जाते हैं। अत: छात्रों द्वारा लापरवाही से उन उपकरणों का प्रयोग करने पर उन्हें दण्डित किया जा सकता है।
2. संस्थान में परीक्षार्थी की 80% उपस्थिति अनिवार्य होती है, इससे कम उपस्थिति पर अन्तिम परीक्षा में बैठने की अनुमति निदेशक महोदय द्वारा नहीं होती।
3. सुरक्षा की दृष्टि से प्रत्येक छात्र को काम करते समय एप्रन (apron) पहनने के लिए दी जाती है।
4. संस्थान में अधिकतर कार्य मशीनों पर होते हैं, मशीनों पर कार्य के दौरान दुर्घटना की स्थिति में संस्थान में प्राथमिक चिकित्सा के साथ उपयुक्त चिकित्सा की सुविधा भी होती है।
5. छात्रों के लिए संस्थान में खेलकूद, मनोरंजन व पुस्तकालय का प्रबन्ध होता है, इसके साथ ही छात्र NCC में भी भाग ले सकते हैं।
6. व्यर्थ की क्रियाओं से संस्थान के अनुशासन को खराब न करें।
7. अपने साथ-साथ दूसरों की सुरक्षा का भी ध्यान रखें।
8. संस्थान व उसकी कक्षाओं, कार्यशालाओं, मशीनों की सुरक्षा व सफाई का भी ध्यान रखें।
9. संस्थान में प्रत्येक कर्मचारी व प्रशिक्षु का सम्मान करें।
10. संस्थान परिसर को स्वच्छ रखने में सहायता करें।

1.4 संस्थान में उपलब्ध सुविधाएँ
Facilities Available in Institute

संस्थान की कार्यपालिका के प्रावधानों के अनुरूप प्रशिक्षु को निम्न सुविधाएँ पूर्ण या आंशिक रूप से उपलब्ध कराई जाती हैं

1. **छात्रावास** (Hostel) कुछ संस्थानों को छोड़कर अन्य में छात्रावास उपलब्ध होने पर कुछ शर्तों के अन्तर्गत छात्रों को रहने की अनुमति दी जाती है, जिनका पालन करना प्रशिक्षु के लिए अनिवार्य होता है।
2. **खेलकूद या मनोविनोद** (Recreation) संस्थाओं में प्राय: इसके लिए अलग से कोई अनुदेशक नियुक्त नहीं किया जाता, अपितु NCC ऑफिसर के अन्तर्गत विभिन्न खेल आयोजित किए जाते हैं।
3. **चिकित्सा** (Medical) संस्थानों में चिकित्सालय बने होते हैं, जिनसे चिकित्सा सुविधाएँ प्रधानाचार्य की अनुमति पर प्रदान की जाती है।
4. **पुस्तकालय** (Library) संस्थाओं का अपना एक पुस्तकालय होता है, जिसमें विभिन्न तकनीकी विषयों से सम्बन्धित पुस्तकें उपलब्ध होती हैं।
5. **समय सारणी** (Time Table) सभी कार्यकारी घण्टों को दैनिक घण्टों में विभाजित करके बनाई जाने वाली सारणी, समय सारणी कहलाती है। इस समय सारणी की एक कॉपी (Copy) अनुदेशक को व एक कॉपी नोटिस बोर्ड पर लगा दी जाती है, जिससे कि अनुदेशक व प्रशिक्षु नियत समय पर कक्षा में पहुँचे।

1.5 मैकेनिक मोटर व्हीकल में भविष्य
Future in Mechanic Motor Vehicle

किसी भी औद्योगिक प्रशिक्षण संस्थान से मोटर मैकेनिक व्हीकल ट्रेड में प्रशिक्षण प्राप्त करने के उपरान्त, एक कुशल मैकेनिक को ऑटोमोबाइल उद्योग में विविध प्रकृति के अवसर प्राप्त होते हैं।

मैकेनिक अपनी अपेक्षित योग्यता एवं रुचि के अनुसार निम्नलिखित कार्यों का चयन कर सकता है

1. वह स्वयं की वर्कशॉप खोल सकता है।
2. वह किसी भी सरकारी अथवा निजी कार्यशाला में कुशल मैकेनिक के तौर पर कार्य कर सकता है।
3. वह कार्यशाला फोरमैन की भाँति कार्य कर सकता है।
4. वह रेल व सेना में इंजन ऑपरेटर के तौर पर कार्य कर सकता है।
5. वह स्पेयर पार्ट्स सेल्समैन अथवा सेल्स मैनेजर बन सकता है।
6. वह सर्विस मैनेजर का कार्य कर सकता है।
7. वह सरकारी अथवा निजी प्रशिक्षण संस्थानों में अनुदेशक के तौर पर कार्य कर सकता है।
8. वह इंजन से चलने वाली मशीनों अथवा यन्त्रों का मैकेनिक बन सकता है।
9. वह एक इंजन डीलर की भाँति कार्य कर सकता है।

1.6 मोटर मैकेनिक के कर्त्तव्य
Duties of Motor Mechanic

मोटर मैकेनिक के मुख्य कर्त्तव्य निम्नवत् हैं

1. **अनुरक्षण एवं मरम्मत** (Maintenance and repair) इंजन/वाहन का कार्यकाल बढ़ाने के लिए उनका समय-समय पर अनुरक्षण करना चाहिए एवं वाहन के टूटे हुए एवं घिसे हुए भागों को समय-समय पर बदलना चाहिए।
2. **खोलना एवं बाँधना** (Dismantling and assembling) यदि वाहन का इंजन सही प्रकार से कार्य नहीं करता है, तो मोटर मैकेनिक को निर्माता द्वारा निर्देशित विधि के अनुसार खोलना एवं तत्पश्चात् बाँधना आना चाहिए।
3. **ट्यूनिंग** (Tunning) इंजन/वाहन के क्रियाशील भागों में ऐसी ट्यूनिंग अर्थात् समायोजन करना कि वह पूर्ण दक्षता से कार्य कर सके।
4. **निरीक्षण** (Inspection) किसी वाहन को अलग-अलग भागों की असेम्बली समायोजन, अलाइनमेन्ट एवं सन्तुलन जाँचने के लिए निरीक्षण करना जिससे वाहन को कार्यसंगत बनाया जा सके।
5. **ओवरहॉलिंग एवं रिकण्डीशनिंग** (Overhauling and Reconditioning) घिसे हुए भागों को बदलने के लिए वाहन/इंजन की ओवरहॉलिंग की जाती है, जिसका ज्ञान वाहन मैकेनिक को होना चाहिए। टूटे मशीनी भागों पर उचित वैल्डिंग करने के पश्चात् लेथ मशीन एवं मशीनिंग क्रिया द्वारा पुन: मानक आकार का बनाकर प्रयोग होने योग्य बनाना, रिकण्डीशनिंग कहलाता है।

उपरोक्त कर्त्तव्यों के अतिरिक्त अलाइनिंग, एडजस्टमेण्ट, क्लीयरैन्स, डी-कार्बनाइजिंग, मेजरिंग (measuring), चार्जिंग, एयर ब्लीडिंग इत्यादि भी मोटर मैकेनिक के कर्त्तव्य होते हैं।

1.7 सुरक्षा की महत्ता
Importance of Safety

सुरक्षा शब्द का शाब्दिक अर्थ सुरक्षित रहना है। किसी भी अनचाही (undesirable) आकस्मिक दुर्घटना, जो किसी व्यक्ति या उसके आस-पास के वातावरण को प्रभावित करती है, से सुरक्षित रहना ही सुरक्षा कहलाता है। जीवन एक अमूल्य निधि है। इसकी सुरक्षा हेतु सावधानी रखना अत्यन्त आवश्यक है।

कार्यशालाओं में कार्य करते समय, प्रत्येक कर्मचारी को स्वयं की सुरक्षा पर विशेष ध्यान देना चाहिए, क्योंकि एक छोटी-सी असावधानी बड़ी दुर्घटना का कारण बन सकती है।

इससे स्वयं की हानि के साथ-साथ मशीनों का भी नुकसान होता है तथा उत्पादन भी प्रभावित होता है, इसलिए प्रत्येक कर्मचारी को सुरक्षा की महत्ता को समझकर सुरक्षात्मक ढंग से कार्य करना चाहिए।

1.8 कार्यशाला में अपनाई जाने वाली सामान्य सावधानियाँ

General Precautions to be Observed in the Workshop

जब भी हम सम्पूर्ण सुरक्षा की बात करते हैं, तो उसमें स्वयं की सुरक्षा, मशीनों एवं कार्यशाला में बनाए जाने वाले कार्यखण्डों की सुरक्षा सन्निहित होती है। अत: कार्यशाला में कार्यरत् प्रत्येक प्रशिक्षार्थी को निम्न प्रकार की सुरक्षा का ज्ञान होना अत्यन्त आवश्यक है

1. स्वयं की सुरक्षा
2. मशीनों की सुरक्षा
3. कार्यखण्ड की सुरक्षा

1. स्वयं की सुरक्षा Self Safety

जब कोई कारीगर, सम्पूर्ण जानकारी एवं सुरक्षा के बिना किसी मशीन या औजार का प्रयोग करता है, तो वह दुर्घटना का शिकार हो सकता है, इसलिए उसका कर्त्तव्य है कि वह अपनी सुरक्षा के लिए निम्न नियमों का पालन करें

(i) कार्यशाला में सदैव जूते अथवा बूट अथवा लैग गार्ड पहनकर चलना चाहिए, क्योंकि मशीनों से निकली लोहे की छीलन पैर में लगने से घाव होने का भय रहता है। इसके लिए स्टील कैप बूट का प्रयोग किया जा सकता है।

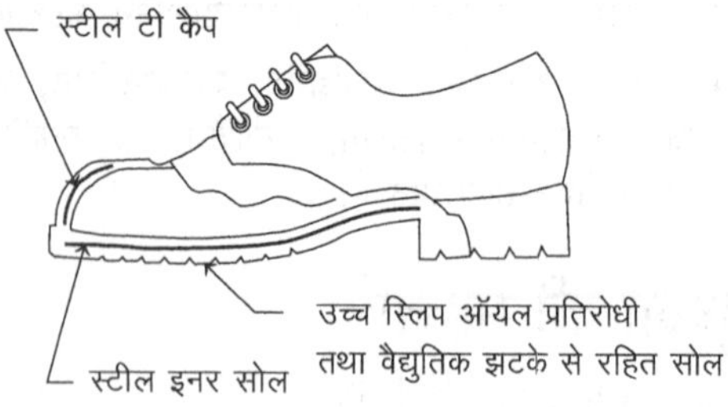

चित्र औद्योगिक जूते

(ii) कार्यशाला में कभी भी ढीले कपड़े, टाई, मफलर इत्यादि पहनकर कार्य न करें। इनसे चलती मशीनों पर दुर्घटना होने का भय रहता है।

(iii) कार्यशाला में सिर की सुरक्षा हेतु हैलमेट, हाथों की सुरक्षा हेतु दस्तानें (hand gloves), कानों की सुरक्षा हेतु इयर प्लग अथवा इयर मफ का प्रयोग करना चाहिए।

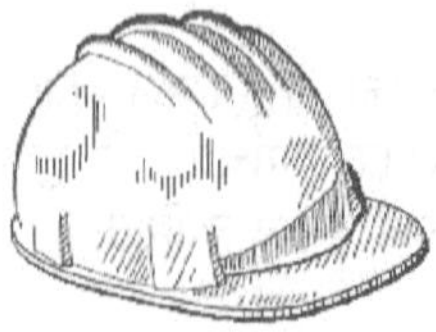

चित्र हैलमेट

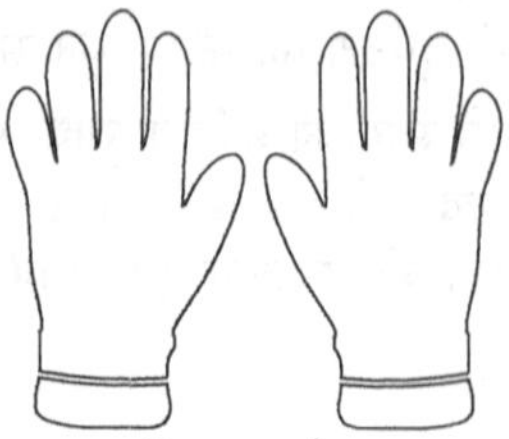

चित्र दस्ताने

(iv) कार्यशाला में आँखों को सुरक्षित रखने के उद्देश्य से सेफ्टी गोगल्स तथा चेहरे को सुरक्षित रखने के उद्देश्य से फेस शील्ड का प्रयोग करना चाहिए।

चित्र गोगल्स

(v) मशीन पर कार्य करते समय किसी दूसरे कारीगर के साथ बातचीत न करें। अपना ध्यान अपने कार्य में लगाएँ। ऐसा करने से दुर्घटना होने का भय भी कम रहता है।

(vi) किसी भी मशीन की जानकारी प्राप्त किए बिना मशीन को न चलाएँ, क्योंकि यह आपके लिए दुर्घटना का कारण बन सकता है।

(vii) कार्यशाला के अन्दर ओवरहैड क्रेन पर लटकते हुए वजन के नीचे खड़े होकर काम न करें, क्योंकि वजन के गिरने से भारी दुर्घटना हो सकती है।

(viii) यदि कोई भी कारीगर किसी ऊपरी स्थान (overhead) पर कार्य कर रहा है, तो उसे चाहिए कि वह हर टूल (tool) को मजबूती से पकड़कर कार्य करे, क्योंकि स्पैनर, हैमर या चीजल जैसे औजार नीचे गिरने पर किसी भी कर्मचारी को लग सकते हैं।

(ix) चलती हुई मशीनों में तेल देते समय तेल-कुप्पी (funnel) का प्रयोग करना चाहिए।

(x) किसी भी मशीन से निकलने वाली लोहे की छीलन को हाथ से न खींचे, क्योंकि इसकी तेज धार हाथ को काट सकती है।

(xi) किसी भी बाहरी व्यक्ति को कार्यशाला में लाने से पहले, उसे कार्यशाला के मौलिक सिद्धान्तों की जानकारी देना कारीगर (worker) का ही कर्त्तव्य होता है।

(xii) चलती हुई मशीन की कभी भी मरम्मत नहीं करनी चाहिए।

(xiii) बिजली के तारों को चलते हुए पार्ट्स के ऊपर से नहीं ले जाना चाहिए, क्योंकि रगड़ खाने से इन्सुलेशन कट सकता है तथा कारीगर को इलेक्ट्रिक शॉक (shock) लग सकता है।

(xiv) अधिक भारी सामान को ध्यानपूर्वक उठाना चाहिए, क्योंकि लापरवाही के कारण मोच आने या अन्य दुर्घटना होने की सम्भावना रहती है।

(xv) प्रयोग में आने वाले हस्त औजारों (hand tools) को उपयुक्त स्थान पर रखें, जिससे उनके नीचे गिरने पर चोट लगने की सम्भावना न रहे।

(xvi) किसी चलती मशीन के साथ छेड़खानी करना दुर्घटना को ही बुलावा देना है, इसलिए चलती मशीन के सहारे न तो खड़े हों और न ही बैठें।

(xvii) किसी चलती मशीन के पास यदि खड़े होकर कार्य करना हो, तो चलती मशीन पर सुरक्षा गार्ड (safety guard) अवश्य लगाएँ।

2. मशीनों की सुरक्षा Safety of Machines

अपनी सुरक्षा के साथ-साथ हमें मशीनों पर प्रयोग होने वाले अन्य औजारों (tools) तथा बहुत से सूक्ष्ममापी यन्त्रों की सुरक्षा का भी ध्यान रखना चाहिए। मशीनों व औजारों आदि की सुरक्षा के लिए हमें निम्नलिखित बातों को ध्यान में रखना चाहिए

(i) सभी सूक्ष्ममापी यन्त्रों को समय-समय पर तेल लगाकर रखना चाहिए, विशेष रूप से बरसात के मौसम में इनकी देखभाल अवश्य करें, क्योंकि एक बार यन्त्र को जंग लगने पर उसकी सूक्ष्मता समाप्त हो जाती है।

(ii) सभी सूक्ष्ममापी यन्त्रों का प्रयोग करने के बाद उन्हें किसी सुरक्षित स्थान पर कटिंग टूल से अलग रखना चाहिए।

(iii) चलती मशीन पर किसी भी यन्त्र का प्रयोग नहीं करना चाहिए।

(iv) मशीन की टेबल पर हैमरिंग (hammering) नहीं करनी चाहिए, क्योंकि इससे टेबल पर स्पॉट पड़ जाते हैं, जिससे सतह की यथार्थता (accuracy) समाप्त हो जाती है।

(v) चलती मशीन के गियर न बदलें, इससे गियर टूटने की सम्भावना रहती है।

(vi) किसी भी नई मशीन पर कार्य करने से पहले यह भली-भाँति समझ लें कि उसे चलाने की क्या विधि है। कार्य करते समय पैरों के नीचे लकड़ी का बोर्ड रखें एवं ध्यान रखें कि कार्य करते समय मशीन पर रोशनी पूर्ण रूप से हो।

(vii) सर्फेस प्लेट पर कार्य करते समय, जॉब को बार-बार उस पर न रगड़ें। सर्फेस प्लेट केवल मार्किंग (marking) के लिए ही प्रयोग करनी चाहिए।

(viii) किसी भी मशीन का कोई एक पार्ट (part) खराब होने पर उसे तुरन्त ठीक कर देना चाहिए, अन्यथा शेष पार्ट्स के भी खराब होने की सम्भावना बनी रहती है।

(ix) किसी भी नई रेती का प्रयोग करने से पहले उसे किसी नर्म धातु पर चलाना चाहिए।

(x) रेती का प्रयोग करते समय उसे बार-बार जॉब पर न मारें, इससे रेती के दाँते (teeth) के खराब होने की सम्भावना बनी रहती है।

(xi) एक-दो माह तक रेती से कार्य करने के पश्चात् उसे धुलवा लेना चाहिए, इससे रेती की कार्य अवधि बढ़ती है।

(xii) रेती की सफाई के लिए अपने पास फाइल कार्ड रखना चाहिए व समय-समय पर फाइल कार्ड से रेती में फँसे लोहे के कण साफ करते रहें।

चित्र रेती की सुरक्षा हेतु उसे फाइल कार्ड द्वारा साफ करना

3. कार्यखण्ड की सुरक्षा Safety of Workpiece

मशीनों की सुरक्षा के साथ-साथ, यह भी महत्त्वपूर्ण है कि कारीगर द्वारा कुछ मौलिक बातों का ध्यान रखा जाए, जो कार्यशाला में हो रहे कार्य तथा कार्यखण्ड के लिए लाभदायक हों। कार्यशाला में कार्यखण्ड की सुरक्षा से सम्बन्धित विवरण निम्नलिखित हैं

(i) किसी भी जॉब को मशीन पर बाँधने से पहले जॉब की आकृति के अनुसार उसकी सही क्लैम्पिंग (clamping) का प्रबन्ध करना चाहिए। जब तक जॉब सही नहीं बाँधा जाएगा, वह ठीक नहीं बन सकता।

(ii) जॉब को भली-भाँति मशीन पर बाँधने के पश्चात् सही कटिंग टूल का प्रयोग करना चाहिए, क्योंकि जब तक कटिंग टूल का सही प्रयोग नहीं किया जाएगा, जॉब कभी भी ठीक नहीं बनेगा।

(iii) जॉब को बनाते समय जॉब की माप के लिए उसकी सूक्ष्मता के अनुसार ही साधन अपनाया जाए; जैसे-रफ माप के लिए स्टील रूल तथा सूक्ष्म माप के लिए माइक्रोमीटर या वर्नियर कैलीपर इत्यादि।

(iv) जॉब को बनाने से पहले उसकी ड्रॉइंग को भली-भाँति समझ लेना चाहिए।

(v) यदि किसी जॉब को ज्यादा मात्रा (quantity) में बनाना है, तो उसको बाँधने के लिए सही फिक्स्चर तथा माप के लिए आवश्यक गेज पहले तैयार कर लेने चाहिए जिससे जॉब को बनाने में कम समय लगे और उनकी माप भी एक-सी बनाई जा सके।

(vi) कार्यशाला में, जॉब को एक स्थान से दूसरे स्थान तक ले जाने के लिए उपयुक्त ट्रॉली का प्रयोग करें जिससे जॉब को हानि पहुँचने की सम्भावना न रहे।

चित्र कार्यखण्ड की सुरक्षा

1.9 सुरक्षा संकेत Safety Signs

किसी भी स्थान अथवा कार्यशाला में दुर्घटना से बचने के लिए विभिन्न सुरक्षा संकेत (safety symbols) उपलब्ध होते हैं। इसके अतिरिक्त कार्यशाला में कार्य करते समय कुछ विशेष सावधानियों एवं नियमों का पालन करना अनिवार्य होता है।

प्रशिक्षण काल में ही कारीगर को कारखानों में सुरक्षा के लिए उठाए गए विभिन्न कदमों, नियमों तथा उपायों की जानकारी दी जाती है। विभिन्न मशीनों तथा कार्यशाला आदि की दीवारों पर विभिन्न निर्देश (cautions), संकेतों के रूप में लगाए (लिखे) जाते हैं।

सुरक्षा संकेत निम्न चार प्रकार के होते हैं

1. निषेधात्मक संकेत
2. अनिवार्य संकेत
3. चेतावनी संकेत
4. सूचनात्मक संकेत

उपरोक्त संकेतों का विवरण निम्न प्रकार है

1. निषेधात्मक संकेत Prohibition Symbols

(i) इन संकेतों के द्वारा विशेष प्रकार के कार्य करने को मना (निषिद्ध) किया जाता है।

(ii) वृत्त के आकार के ये संकेत, लाल रंग के बॉर्डर तथा क्रॉस बार और सफेद बैक-ग्राउण्ड पर काली आकृति द्वारा बनाए जाते हैं।

(iii) निषेधात्मक संकेतों; जैसे—भागने के लिए मना करना, धूम्रपान न करना, आग न जलाना आदि को नीचे चित्रों में दर्शाया गया है

चित्र निषेधात्मक संकेत

2. अनिवार्य संकेत Mandatory Signs

(i) इन संकेतों के द्वारा कारीगरों को सुरक्षात्मक निर्देश दिए जाते हैं और कारीगर इन संकेतों को सहज समझ लेते हैं।

(ii) ये संकेत नीली पृष्ठभूमि (blue background) पर सफेद संकेत द्वारा वृत्त के आकार में बने होते हैं।

(iii) कुछ अनिवार्य अथवा आदेशात्मक संकेतों; जैसे—हैलमेट, चश्मा, जूते, दस्ताने, श्वासयन्त्र पहनना आदि को नीचे चित्रों द्वारा दर्शाया गया है

चित्र अनिवार्य संकेत

3. चेतावनी संकेत Warning Signs

(i) इन संकेतों के माध्यम से चेतावनी दी जाती है।

(ii) ये संकेत त्रिभुजाकार होते हैं तथा इनको पीली पृष्ठभूमि (yellow background) पर काले रंग की आकृति द्वारा प्रदर्शित किया जाता है।

(iii) कुछ चेतावनी संकेतों; जैसे—आग का भय, बिजली के झटके का भय, विषैला पदार्थ, विस्फोटक पदार्थ का भय आदि को निम्न चित्रों द्वारा दर्शाया गया है

चित्र चेतावनी संकेत

4. सूचनात्मक संकेत Information Signs

(i) इन संकेतों के द्वारा विविध प्रकार की सूचनाएँ दी जाती हैं।

(ii) ये संकेत वर्गाकार होते हैं तथा इन्हें हरी पृष्ठभूमि (green background) पर सफेद रंग की आकृति या सफेद पृष्ठभूमि पर लाल रंग की आकृति द्वारा प्रदर्शित किया जाता है।

(iii) कुछ सूचनात्मक संकेत; जैसे—प्राथमिक उपचार की सुविधा, आपातकालीन दरवाजा, प्रतिक्षा स्थल आदि को नीचे चित्रों में दर्शाया गया है।

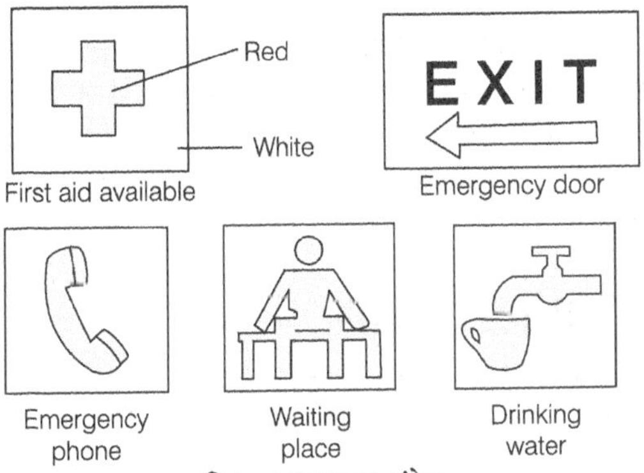

चित्र सूचनात्मक संकेत

1.10 दुर्घटना Accident

कारखानों में विभिन्न प्रकार की मशीनों पर निरन्तर कार्य चलते रहते हैं। सामान विभिन्न माध्यमों के द्वारा एक स्थान से दूसरे स्थान पर लाया तथा ले जाया जाता है। कहीं तेल पड़ा रहता है, तो कहीं पर स्क्रैप, कहीं वैल्डिंग होती रहती है, तो कहीं पर तेजाब द्वारा पिकलिंग। कारीगर एक स्थान से दूसरे स्थान पर कार्यवश शीघ्रता से आते-जाते रहते हैं। इन सभी के कारण कारीगरों के जीवन को पग-पग पर विविध प्रकार का खतरा बना रहता है।

जरा-सी असावधानी दुर्घटना का कारण बन सकती है। सावधानी को ध्यान में रखकर कार्य करने से दुर्घटनाओं को टाला जा सकता है। अत: प्रत्येक कारीगर को कारखाने में उपलब्ध सुरक्षा-साधनों का पूर्ण ज्ञान होना चाहिए।

दुर्घटनाओं के कारण Causes of Accidents

दुर्घटनाओं के कुछ मुख्य कारण निम्नलिखित हैं

- **असावधानी** (Carelessness) कारखानों में होने वाली अधिकतर दुर्घटनाएँ असावधानी के कारण होती हैं। कार्य करते समय कार्य की चिन्ता के साथ-साथ कारीगर को अपनी तथा दूसरों की सुरक्षा का भी पर्याप्त ध्यान रखना चाहिए। कार्यशाला में कारीगरों को सुरक्षा के प्रति जागरूक करने हेतु निम्न संदेश लिखा जाना चाहिए।

  "A Safety rule breaker, is an accident maker".

- **अरुचि** (Loss of interest) कभी-कभी कारीगर कार्य में रुचि (interest) खो बैठता है। ऐसे समय में दुर्घटना होने की सम्भावना अधिक हो जाती है। रुचि न होने के कई कारण हो सकते हैं; जैसे—कोई पारिवारिक समस्या, फैक्ट्री से पैसा न मिलना या अपूर्ण मिलना, किसी गलती के कारण डाँट पड़ना या फिर किसी से झगड़ा हो जाना आदि।
- **जल्दबाजी** (Hastiness) कारखाना मालिक के दबाव के कारण या अपने अधिक लाभ के लिए कारीगर आवश्यकता से अधिक जल्दी करता है, जिसके कारण दुर्घटना होने की सम्भावना बढ़ जाती है।
- **अज्ञानता** (Ignorance) जिस उपकरण के बारे में पूर्ण जानकारी न हो, उससे छेड़छाड़ नहीं करनी चाहिए। कभी-कभी अपनी झूठी शान दर्शाने के लिए कारीगर ऐसा कार्य करने लगता है, जो दुर्घटना का कारण बन जाता है।
- **उत्सुकता** (Curiosity) उत्सुकता मानव स्वभाव में बसी है, परन्तु इस पर कारखानों में कार्यरत् कारीगरों को अंकुश लगाना होता है, क्योंकि ज्यादा उत्सुक व्यक्ति जल्दी दुर्घटना का शिकार बनता है।
- **असुरक्षित हस्त औजार** (Unsafe hand tools) कई कारखानों में मशीनों का रख-रखाव ठीक न होने के कारण मशीनें असुरक्षित अवस्था में भी प्रयोग होती रहती हैं जो एक दिन अवश्य ही दुर्घटना का कारण बन जाती है इसी प्रकार असुरक्षित हैण्ड-टूल्स से भी दुर्घटना हो सकती है; जैसे—हैण्डिल फटा हुआ हथौड़ा या फाइल तथा मशरूम हैडेड चीजल आदि।

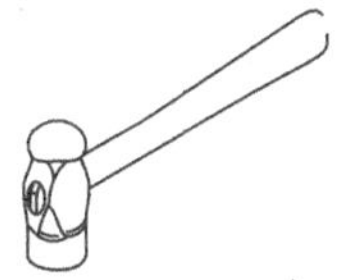

चित्र हैण्डिल फटा हुआ हथौड़ा

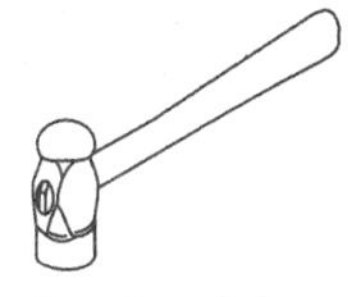

चित्र दुर्घटना से बचने हेतु उपयुक्त हथौड़ा

चित्र बिना हत्थे की फाइल का प्रयोग

- **असुरक्षित ले-आउट** (Unsafe lay-out) कारखानों में विभिन्न मशीनें स्थापित करते समय उनके लिए पर्याप्त स्थान छोड़ना चाहिए। कई बार अपर्याप्त स्थान होने के कारण दुर्घटना घट सकती है।
- **काम करने का गलत तरीका** (Wrong method of working) अनजाने में कई बार कारीगर काम करने का गलत तरीका अपना लेता है; जैसे—बिना हैण्डिल की रेती से फाइलिंग करना, चलती मशीन में तेल देना, बिना स्टार्टर बन्द किए मशीन खोलना या चलती मशीन को हाथ से रोकना आदि।
- **स्वच्छता की कमी** (Lack of cleanliness) शॉप फ्लोर या मशीन की ठीक से सफाई न होने के कारण भी दुर्घटना हो सकती है; जैसे—तेल पर पैर स्लिप होना, कहीं भी ठोकर लग जाना आदि।
- **अनुशासन की कमी** (Lack of discipline) अनुशासन न होने के कारण कर्मचारी आपस में हँसी-मजाक करने लगते हैं और इसी हँसी-मजाक में कई बार दुर्घटना हो जाती है।

- **असुरक्षित पहनावा** (Unsafe dress) ढीले कपड़े, टाई, मफलर आदि का प्रयोग कारखाने में वर्जित होता है। कारखाने की आवश्यकता के अनुरूप ही कपड़ों (dress) का प्रयोग करना चाहिए। इसके अतिरिक्त कारीगर के लम्बे बाल भी मशीन में फँसकर दुर्घटना का कारण बन सकते हैं।

चित्र मशीन में बालों के उलझने से दुर्घटनाग्रस्त होना

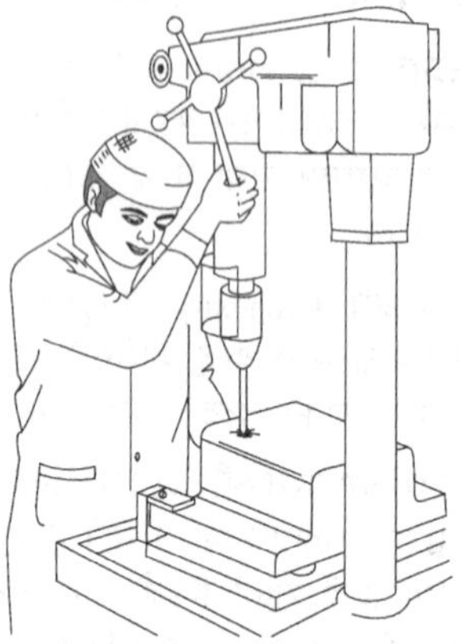

चित्र मशीन पर कार्य करते समय कारीगर का उपयुक्त पहनावा

अत: कारीगर को कार्यशाला के अनुरूप ही सुरक्षित कपड़े पहनने चाहिए, जैसा कि निम्न चित्र में दर्शाया गया है

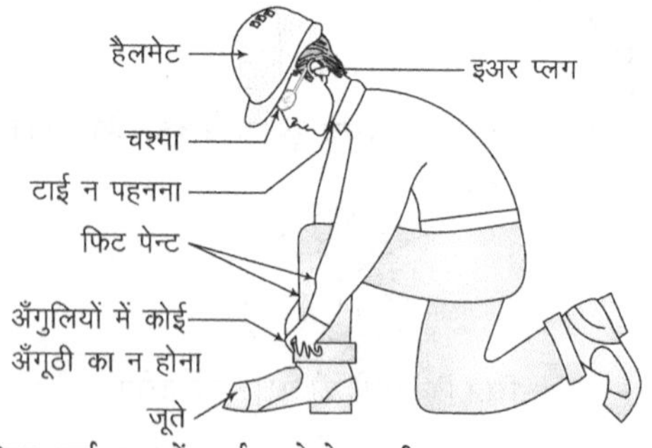

चित्र कार्यशाला में कार्य करने हेतु कारीगर का उपयुक्त पहनावा

- **प्रकाश की अनुचित व्यवस्था** (Improper arrangement of light) मशीनों पर प्रशिक्षार्थी/कारीगर जहाँ टूल कटाई करता है, उस स्थान पर पर्याप्त प्रकाश की व्यवस्था होनी चाहिए, क्योंकि कई बार प्रकाश की कमी के कारण दुर्घटना हो जाती है।
- **खतरनाक पदार्थों के लिए विशेष सावधानी न होना** (No special care for dangerous materials) बहुत से कारखानों में विस्फोटक, तेजाब या ज्वलनशील या जहरीली गैसों का प्रयोग किया जाता है। जब भी इस प्रकार के पदार्थों को व्यवहार में लाया जाए, तब विशेष सावधानी बरतनी चाहिए।
- **अस्वस्थता या थकान** (Illness or tiredness) कभी-कभी श्रमिक आर्थिक तंगी के कारण, बीमार या कमजोर होते हुए भी कार्य पर आ जाते हैं तथा चक्कर खाकर या कमजोरी के कारण मशीन पर गिर पड़ते हैं, जिसके कारण दुर्घटना होती है। पैसे के लालच में श्रमिक अपनी सामर्थ्य से अधिक कार्य करने को तैयार हो जाते हैं, परन्तु थकान के कारण चोट खा बैठते हैं।
- **नशे की आदत** (Toxication) बहुत से कारीगर नशे की आदत के शिकार हो जाते हैं तथा कभी-कभी नशे की अवस्था में ही कारखाने में चले जाते हैं। ऐसे कारीगर स्वयं तो दुर्घटना के शिकार होते ही हैं, साथ ही दूसरों के लिए भी खतरा हो सकते हैं। अत: यह स्पष्ट है कि दुर्घटनाओं का सही प्रकार से ज्ञान होना ही, उनसे बचने का एक उपाय है। सही विधि से, सही स्थान पर ही सही कार्य किया जा सकता है।

अत: कार्य स्थल पर कार्य करते समय कारीगर को उपरोक्त दुर्घटना होने के कारणों का ध्यान रखते हुए कार्य करना चाहिए, परन्तु यदि किसी कारणवश फिर भी कोई दुर्घटना घटित हो जाती है एवं कोई कारीगर इसमें घायल हो जाता है, तो डॉक्टर के आने से पूर्व उसका प्राथमिक उपचार करना आवश्यक है।

1.11 प्राथमिक उपचार First Aid

किसी दुर्घटनाग्रस्त व्यक्ति का डॉक्टर के आगमन से पूर्व किया जाने वाला उपचार, प्राथमिक उपचार कहलाता है।

इस कार्य के लिए कार्यशाला में स्थित फर्स्ट एड बॉक्स (first aid box) में स्ट्रेचर, डेटॉल, रूई, बरनॉल, बैण्डेज, दर्द निवारक गोलियाँ, अमोनिया, पोटैशियम परमैंगनेट, डिस्टिल्ड वाटर, कैंची/चाकू/सेफ्टी पिन, ड्रॉपर, आँख साफ करने की दवा आदि साधन आवश्यक रूप से उपलब्ध रहनी चाहिए।

इन साधनों का प्रयोग आवश्यकतानुसार करके हम दुर्घटनाग्रस्त व्यक्ति को प्राथमिक उपचार दे सकते हैं, जिससे उसके कष्ट को कम किया जा सकता है। विद्युत झटके या अन्य किसी दुर्घटना से पीड़ित व्यक्ति के उपचार के लिए किसी सहायक के द्वारा डॉक्टर को तुरन्त बुलवाएँ और डॉक्टर के आने से पूर्व निम्न प्राथमिक उपचार प्रारम्भ करें

1. पीड़ित के चारों ओर से भीड़ हटा दें, जिससे कि उसे स्वच्छ वायु मिल सके।
2. पीड़ित के मुँह से नकली दाँत, पान, तम्बाकू आदि निकाल दें, जिससे कि उसे श्वास लेने में कठिनाई न हो।
3. विद्युत झटके से पीड़ित व्यक्ति के शरीर पर पड़े छालों अथवा जले अंगों को स्वच्छ कपड़े अथवा कागज से ढक दें, जिससे कि उन पर मक्खी, मच्छर आदि न बैठें और पीड़ित के शरीर में अन्य बीमारियाँ न फैला सकें।
4. पीड़ित यदि कमरे में हो, तो कमरे के खिड़की-दरवाजे आदि खोल दें, जिससे कि स्वच्छ वायु का निर्बाध आवागमन हो सके।
5. पीड़ित को (सर्दी के मौसम में) सर्दी से बचाएँ और उसे पलंग, दरी, चटाई आदि पर लिटाकर कम्बल ओढ़ा दें, परन्तु उसका मुँह उघड़ा रखें। पीड़ित को पलंग, दरी आदि पर लिटाने से, उसके शरीर में एकत्र विद्युत धीरे-धीरे विसर्जित हो जाती है।
6. पीड़ित को यदि श्वास लेने में कठिनाई प्रतीत होती हो, तो कृत्रिम श्वास (artificial respiration) प्रक्रिया प्रारम्भ कर दें।

1.12 कृत्रिम श्वास क्रिया Artificial Respiration

इस क्रिया के अन्तर्गत पीड़ित व्यक्ति को श्वास न आने पर, विविध कृत्रिम क्रियाओं द्वारा श्वास दी जाती है। कृत्रिम श्वास क्रिया की चार प्रमुख विधियाँ निम्न प्रकार हैं

1. सिल्वेस्टर विधि
2. शैफर विधि
3. मुँह-से-मुँह में हवा भरना
4. कृत्रिम श्वास यन्त्र द्वारा

1. सिल्वेस्टर विधि Sylvester Method

इस विधि में पीड़ित को पीठ के बल लिटाया जाता है। तत्पश्चात् उसकी पीठ के नीचे तकिया लगा दिया जाता है, जिससे कि उसका सीना कुछ ऊपर उठ जाता है और सिर कुछ नीचा हो जाता है। अब निम्नलिखित दो स्थितियों द्वारा पीड़ित व्यक्ति के शरीर में श्वास भरने का प्रयास करें

(i) प्रथम स्थिति First Position

पीड़ित के सिर के पास अपने घुटनों के बल बैठ जाएँ। उसके दोनों हाथों की आधी मुट्ठी बाँधकर हाथों को सीधा फैला दें। अब पीड़ित के दोनों हाथों को धीरे-धीरे मोड़कर उसके सीने पर लाएँ, जैसा कि निम्न चित्र में दर्शाया गया है

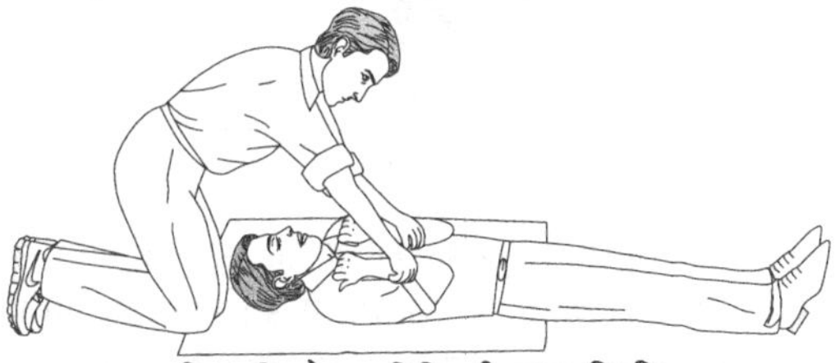

चित्र सिल्वेस्टर विधि की प्रथम स्थिति

(ii) द्वितीय स्थिति Second Position

प्रथम स्थिति में अपने हाथों से पीड़ित के सीने पर कुछ दबाव डालें। दो-तीन सेकण्ड बाद दबाव हटा लें और पीड़ित के हाथों को उसके सिर की ओर फैला दें और मुट्ठियाँ खोल दें, जैसा कि निम्न चित्र में दर्शाया गया है

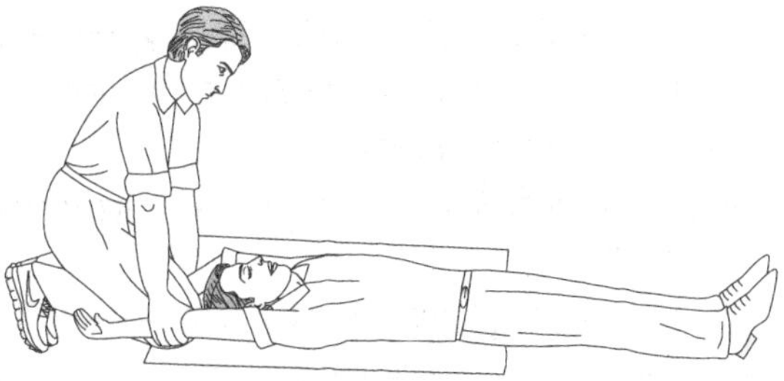

चित्र सिल्वेस्टर विधि की द्वितीय स्थिति

उपरोक्त क्रियाओं को 10-12 बार प्रति मिनट की दर से तब तक दोहराएँ, जब तक कि उसकी श्वास क्रिया सामान्य न हो जाए।

जब पीड़ित के सीने पर दबाव डाला जाता है, तो फेफड़ों के अन्दर की वायु बाहर निकल जाती है और दबाव हटाने से बाहर की ताजी वायु फेफड़ों के अन्दर जाती है। इस प्रकार, पीड़ित को श्वास लेने में सहायता मिलती है।

2. शैफर विधि Schafer's Method

इस विधि में पीड़ित को पेट के बल लिटाया जाता है और उसके सिर को किसी एक करवट कर दिया जाता है। पीड़ित के सीने के नीचे पतला तकिया रख दिया जाता है। अब निम्नलिखित दो स्थितियों का प्रयोग कर पीड़ित व्यक्ति के शरीर में श्वास भरने का प्रयास करें

(i) प्रथम स्थिति First Position

पीड़ित के घुटनों के पास अपने घुटनों के बल बैठ जाएँ। अपने दोनों हाथ पीड़ित की पीठ पर इस प्रकार रखें कि दोनों हाथ सीधे रहें और चारों अँगुलियाँ आपस में मिली रहें तथा वे अँगूठे से समकोण बनाएँ, जैसा कि निम्न चित्र में दर्शाया गया है

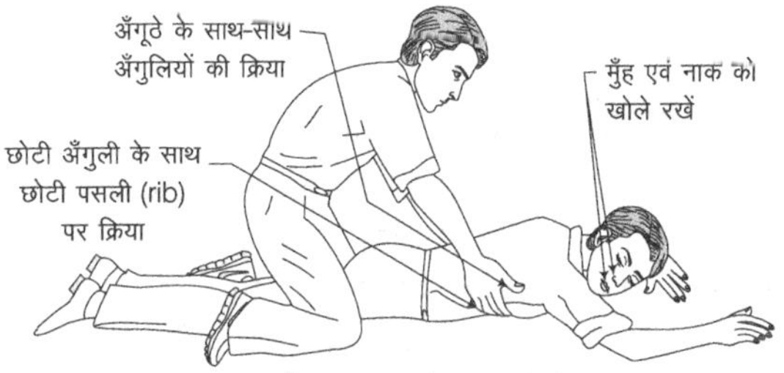

चित्र शैफर विधि की प्रथम विधि

(ii) द्वितीय स्थिति Second Position

इस स्थिति में, आगे की ओर झुकते हुए पीड़ित की पीठ पर भार डालें। दो-तीन सेकण्ड बाद दबाव को हटा लें और अपने दोनों हाथों को सीधा कर दें, जैसा कि निम्न चित्र में दर्शाया गया है

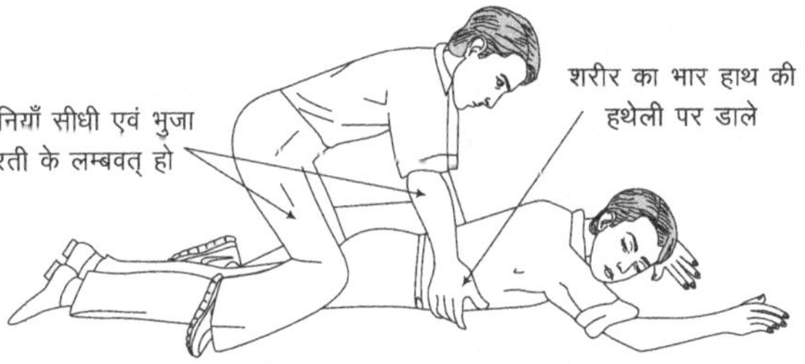

चित्र शैफर विधि की द्वितीय विधि

जब पीड़ित की पीठ पर दबाव डाला जाता है, तो फेफड़ों के अन्दर की वायु बाहर निकल जाती है और दबाव हटाने से बाहर की ताजी वायु फेफड़ों के अन्दर जाती है। इस प्रकार, पीड़ित को श्वास लेने में सहायता मिलती है।

उपरोक्त क्रियाओं को 10-12 बार प्रति मिनट की दर से तब तक दोहराएँ, जब तक कि उसकी श्वास क्रिया सामान्य न हो जाए।

3. मुँह-से-मुँह में हवा भरना
Mouth to Mouth Respiration

इस विधि में पीड़ित के मुँह में सीधे हवा भरकर श्वसन क्रिया पूर्ण की जाती है। निम्नलिखित दो स्थितियों का प्रयोग कर मुँह-से-मुँह में हवा भरने की प्रक्रिया पूर्ण की जाती है

(i) **प्रथम स्थिति** First Position

पीड़ित को पीठ के बल लिटा लें। अब पीड़ित की पीठ के नीचे तकिया आदि लगा दें, जिससे कि उसका मुँह थोड़ा पीछे की ओर लटक जाए, जैसा कि चित्र में दर्शाया गया है

चित्र पीड़ित की पीठ के नीचे तकिया लगाना

(ii) **द्वितीय स्थिति** Second Position

पीड़ित का मुँह अच्छी तरह साफ कर लें। अब उसके खुले मुँह पर महीन कपड़ा रखकर और एक हाथ से उसकी नाक बन्द करके, अपने मुँह से उसके मुँह में बलपूर्वक झटके से हवा भरें। यह ध्यान रखें कि हवा बाहर न निकलने पाए और उसके फेफड़े कुछ फूलें। हवा को बाहर निकलने के लिए अपना मुँह हटा लें। उपरोक्त क्रिया को 10-12 बार प्रति मिनट की दर से तब तक दोहराते रहें, जब तक कि उसकी श्वास क्रिया सामान्य न हो जाए। बलपूर्वक झटके से हवा भरते समय पीड़ित के फेफड़े फूलते हैं और ताजी वायु अन्दर जाती है। मुँह हटा लेने पर अन्दर की वायु बाहर निकल जाती है। इस प्रकार, पीड़ित को श्वास लेने में सहायता मिलती है।

उपरोक्त तीनों विधियों में से तीसरी विधि अधिक प्रचलित होती जा रही है, क्योंकि यह विधि तुरन्त प्रारम्भ की जा सकती है। इसके साथ ही यह एक प्रभावशाली विधि है और इसे लम्बे समय तक जारी रखने की आवश्यकता नहीं होती, जबकि प्रथम एवं द्वितीय विधि को एक घण्टे से भी अधिक समय तक जारी रखना पड़ सकता है। मुँह-से-मुँह में हवा भरने के प्रक्रम को निम्न चित्र द्वारा दर्शाया गया है

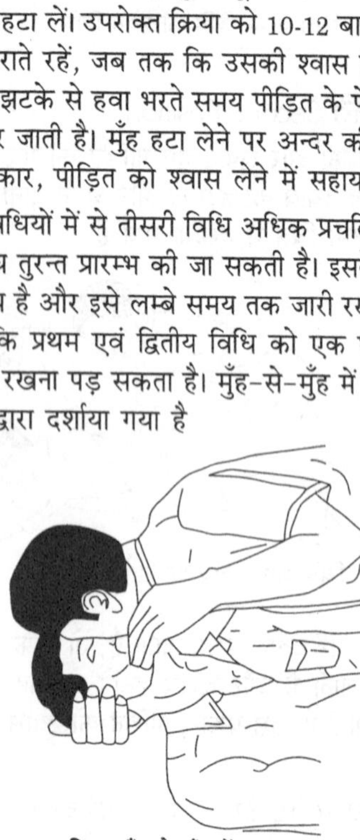

चित्र मुँह-से मुँह में हवा भरना

4. कृत्रिम श्वास यन्त्र द्वारा
By Through Artificial Respiration Instrument

श्वास यन्त्र द्वारा पीड़ित व्यक्ति को श्वास देने के लिए चित्र में दिखाए यन्त्र का प्रयोग किया जाता है। इस यन्त्र में प्रयुक्त रबड़ के वाल्व में से हवा फिल्टर होकर चैम्बर में आती है। यहाँ पर इनलेट तथा आउटलेट वाल्व लगे होते हैं, जोकि रबड़ वाल्व को दबाने व छोड़ने के साथ खुलते व बन्द होते हैं। कृत्रिम श्वास यन्त्र के अन्तर्गत हवा, पीड़ित के मुँह पर लगे मास्क के माध्यम से पीड़ित के अन्दर भेजी जाती है। यह बहुत सरल प्रक्रिया है। इसमें रबड़ के वाल्व को 15 से 20 बार एक मिनट में ऑपरेट किया जाता है।

1.13 अग्नि Fire

अग्नि, किसी भी ज्वलनशील पदार्थ का दहन/जलना होता है। जब किसी पदार्थ का दहन होता है, तब ऊष्मा तथा विभिन्न प्रकार की अभिक्रियाओं का निर्माण होता है। किसी भी पदार्थ के दहन में निम्न तीन कारक उपयुक्त मात्रा में आवश्यक होते हैं

1. ईंधन 2. ऊष्मा 3. ऑक्सीजन

चित्र अग्नि

उपरोक्त कारकों में किसी भी एक कारक की कमी होने पर आग बुझ जाती है। अत: आग को बुझाने की प्रक्रिया में उपरोक्त दिए गए किसी भी एक कारक को आग बुझाने के यन्त्रों द्वारा हटाया जाता है।

कार्यशालाओं में आग लगने के कारण
Causes of Fire in Workshops

कार्यशालाओं में आग लगने के कारण निम्नलिखित हैं

1. वैद्युतिक शॉर्ट-सर्किट अथवा अत्यधिक स्पार्किंग होना।
2. ज्वलनशील पदार्थों की उपस्थिति; जैसे—मोबिल ऑयल, मिट्टी का तेल, डीजल, पेट्रोल, LPG गैस, ऑक्सीजन गैस के सिलेण्डर आदि।
3. विस्फोटक पदार्थों की उपस्थिति।
4. सर्दियों में हाथ तापने के लिए लकड़ी के टुकड़े, तेल में भीगा जूट आदि जलाना।
5. बीड़ी-सिगरेट के अनबुझे टुकड़े लापरवाही से इधर-उधर फेंक देना।
6. ऊष्मकों (heat generator) में तापमान नियन्त्रण की व्यवस्था का न होना।
7. ज्वलनशील पदार्थों का पृथक् एवं शीतलित गोदामों में भण्डारण न किया जाना (विशेषकर ग्रीष्म ऋतु में)।

8. वैल्डिंग, ग्राइण्डिंग आदि की व्यवस्था ज्वलनशील पदार्थों के निकट होना।
9. ज्वलनशील गैसों की निकासी के लिए पर्याप्त वातायन (ventilation) व्यवस्था न होना (विशेषकर रासायनिक कार्यशालाओं में)।

आग के प्रकार Types of Fire

आग की विविध किस्में होती हैं, जिनका उल्लेख उपयुक्त आग बुझाने वाली सामग्री के साथ यहाँ किया गया है

श्रेणी 'A' अग्नि Class 'A' Fire

इस श्रेणी के अन्तर्गत लकड़ी, कागज, कपड़ा, जूट आदि से लगने वाली अग्नि आती है। इस प्रकार की अग्नि को बुझाने के लिए शीतल जल की बौछार अथवा बहु-उद्देशीय (ABC) शुष्क रसायन उपयुक्त होते हैं।

चित्र श्रेणी 'A' की अग्नि

श्रेणी 'B' अग्नि Class 'B' Fire

इसके अन्तर्गत ज्वलनशील द्रवों एवं ठोसों; जैसे—मिट्टी का तेल, डीजल, पेट्रोल आदि से लगने वाली अग्नि आती है। इस प्रकार की अग्नि को बुझाने के लिए झाग वाले यन्त्र एवं कार्बन डाइऑक्साइड (CO_2) वाले यन्त्र प्रयुक्त होते हैं।

इस प्रकार की आग, जल की बौछार से नहीं बुझती।

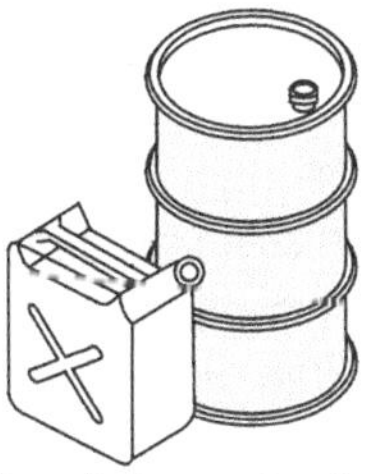

चित्र श्रेणी 'B' की अग्नि

श्रेणी 'C' अग्नि Class 'C' Fire

इसके अन्तर्गत सिलेण्डर आदि में भरी LPG गैस आदि से लगने वाली अग्नि आती है। इस अग्नि के कारण विस्फोट होने की सम्भावना भी बनी रहती है। इस प्रकार की आग बुझाने के लिए हो सके तो गैस की सप्लाई काट दें अन्यथा चेतावनी घण्टी बजा दें और अग्नि बुझाने वाले विशेषज्ञों को बुलाएँ।

चित्र श्रेणी 'C' की अग्नि

इसके अतिरिक्त, विद्युत उपकरण को प्लग से सम्पर्कित रखने पर लगी आग भी इसी श्रेणी में आती है। CO_2, हैलोन आदि शुष्क रसायन इस आग को बुझाने के लिए प्रयुक्त किए जाते हैं।

श्रेणी 'D' अग्नि Class 'D' Fire

इसके अन्तर्गत बिजली के तारों, उपकरणों एवं अन्य धात्विक पदार्थों से लगने वाली अग्नि आती है। इस अग्नि को बुझाने के लिए कार्बन डाइ-ऑक्साइड (CO_2), शुष्क चूर्ण एवं CTC प्रकार के अग्नि बुझाने वाले यन्त्र उपयुक्त रहते हैं। इसके अतिरिक्त, शुष्क रेत भी प्रयोग की जा सकती है। झाग वाले यन्त्र अथवा जल की बौछार का प्रयोग इस प्रकार की आग बुझाने के लिए नहीं किया जाता है।

चित्र श्रेणी 'D' की अग्नि

1.14 अग्नि बुझाना Fire Extinguishing

प्रत्येक कार्यशाला में अग्नि बुझाने के यन्त्र आवश्यक रूप से उपलब्ध रहने चाहिए, क्योंकि विद्युत के 'शॉर्ट-सर्किट' अथवा अन्य किसी कारण से कार्यशाला में लगी आग की रोकथाम आवश्यक है।

अग्नि बुझाने वाले यन्त्र एवं उपकरण, कार्यशाला में ऐसे स्थान पर स्थापित किए जाने चाहिए जहाँ से वे तुरन्त प्रयोग में लाए जा सकें। इनके अतिरिक्त रेत से भरी बाल्टियाँ, पानी से भरी बाल्टियाँ आदि की व्यवस्था भी होनी चाहिए।

अग्निशामक यन्त्र Fire Extinguisher

यह एक ऐसा उपकरण होता है, जिसके द्वारा जलती हुई वस्तुओं पर द्रव, गैस या। चूर्ण का छिड़काव करके वस्तु की ऑक्सीजन की सप्लाई रोक कर, आग बुझाई जा सकती है।

इसके द्वारा छिड़का जाने वाला द्रव, गैस या चूर्ण स्वयं ज्वलनशील नहीं होता और न ही जलने में सहायक होता है।

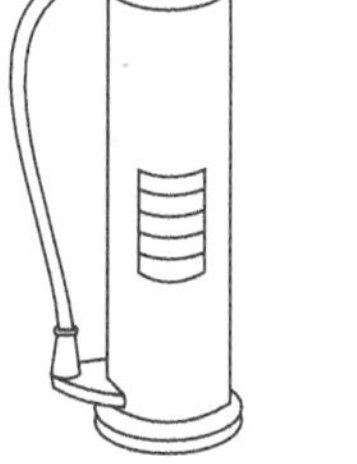

चित्र अग्निशामक यन्त्र

अग्नि बुझाने वाले यन्त्र मुख्यत: निम्न प्रकार के होते हैं

1. जलयुक्त अग्निशामक यन्त्र
Water Filled Fire Extinguisher

इस प्रकार के यन्त्र में वायुदाब के साथ जल भरा होता है। एक लीवर को दबाने से जल की बौछार पैदा होती है, जिसके द्वारा आग बुझाई जाती है।

लीवर को छोड़ते ही जल की बौछार रुक जाती है और इस प्रकार जल अनावश्यक रूप से व्यय नहीं हो पाता।

इस यन्त्र का उपयोग श्रेणी 'A' की आग बुझाने के लिए किया जाता है। जलयुक्त अग्नि बुझाने के यन्त्र की दो प्रचालन विधियाँ क्रमश: गैस कारतूस तथा भण्डारित दाब हैं, जिन्हें चित्र में दर्शाया गया है।

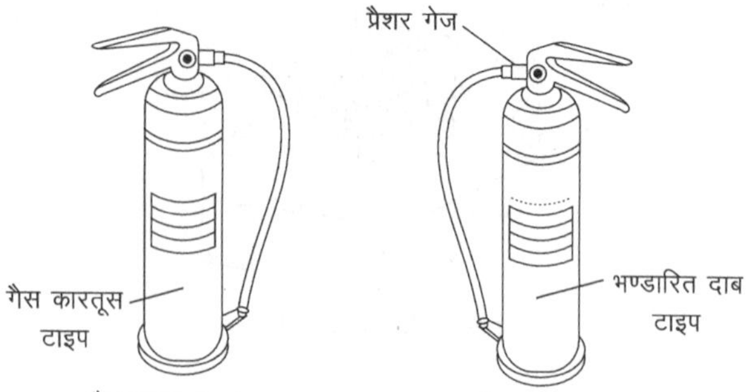

गैस कारतूस प्रकार   भण्डारित दाब टाइप

चित्र जलयुक्त अग्निशामक यन्त्र

2. फोम टाइप अग्निशामक यन्त्र
Foam Type Fire Extinguisher

इस प्रकार का यन्त्र, जल की बौछार के साथ-साथ झाग पैदा करता है। झाग बनाने के लिए इसमें खनिज तेल, साबुन आदि पदार्थ वायुदाब के साथ जल में मिश्रित कर भरे जाते हैं।

यन्त्र का लीवर दबाने पर जल मिश्रित झाग पैदा हो जाता है जो जलती हुई वस्तु की ऑक्सीजन सप्लाई काटकर आग बुझा देता है। इसका उपयोग श्रेणी 'B' की आग बुझाने के लिए किया जाता है।

इस यन्त्र का प्रयोग पेट्रोल से लगी आग को बुझाने के लिए किया जाता है, परन्तु विद्युत तथा अग्नि पर इसका प्रयोग नहीं किया जा सकता, क्योंकि झाग एवं पानी दोनों ही विद्युत के सुचालक होते हैं।

यह यन्त्र भी गैस कारतूस अथवा भण्डारित दाब प्रकार का हो सकता है।

चित्र फोम टाइप अग्निशामक यन्त्र

3. शुष्क पाउडर टाइप अग्निशामक यन्त्र
Dry Powder Type Fire Extinguisher

इस प्रकार के यन्त्र में जल के स्थान पर वायुदाब के साथ चूर्ण भरा होता है। यह चूर्ण ज्वलनशील नहीं होता और न ही ज्वलन में सहायक होता है।

यन्त्र का लीवर दबाने पर चूर्ण, जलती हुई वस्तु की ऑक्सीजन सप्लाई रोक कर आग बुझा देता है। इसका उपयोग श्रेणी 'D' की आग बुझाने के लिए किया जाता है। यह यन्त्र भी गैस कारतूस अथवा भण्डारित दाब प्रकार का हो सकता है।

चित्र शुष्क पाउडर टाइप अग्निशामक यन्त्र

4. कार्बन डाइ-ऑक्साइड टाइप अग्निशामक यन्त्र
Carbon Dioxide (CO_2) Type Fire Extinguisher

इस प्रकार के यन्त्र में सोडियम बाइकार्बोनेट ($NaHCO_3$) घोल भरा होता है और एक काँच की बोतल में गन्धक का तनु अम्ल (तनु H_2SO_4) भरा होता है। बोतल के ऊपर एक धात्विक बोल्ट इस प्रकार लगाया जाता है कि यन्त्र को उल्टा करके फर्श पर पटकने से काँच की बोतल टूट जाती है, जिससे बोतल में भरा अम्ल, सोडियम बाइकार्बोनेट के सम्पर्क में आ जाता है। दोनों पदार्थों में रासायनिक क्रिया के फलस्वरूप तीव्रता से कार्बन डाइ-ऑक्साइड गैस उत्पन्न होती है। इसे हम निम्न रासायनिक समीकरण से समझ सकते हैं

$$\underset{\text{सोडियम बाइकार्बोनेट}}{2NaHCO_3} + \underset{\text{तनु सल्फ्यूरिक अम्ल}}{H_2SO_4} \longrightarrow Na_2SO_4 + 2H_2O + \underset{\text{कार्बन डाइ-ऑक्साइड}}{2CO_2}$$

कार्बन डाइ-ऑक्साइड गैस ज्वलन में सहायक नहीं होती और जलने वाली वस्तुओं की ऑक्सीजन सप्लाई काट कर आग बुझा देती है। इसका उपयोग श्रेणी 'D' अर्थात् वैद्युतिक तारों, उपकरणों आदि में लगी आग को बुझाने के लिए किया जाता है।

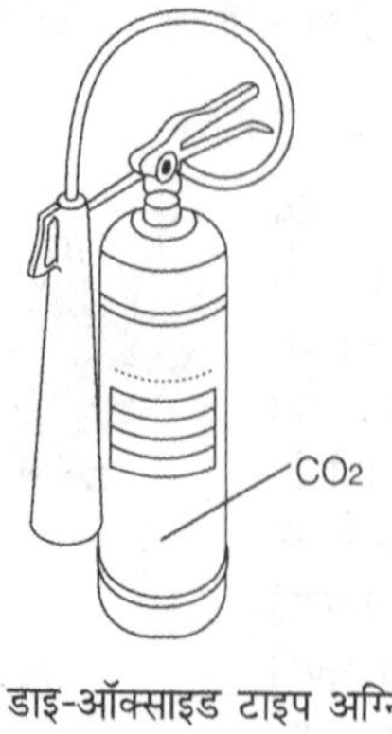

चित्र कार्बन डाइ-ऑक्साइड टाइप अग्निशामक यन्त्र

5. कार्बन टेट्राक्लोराइड टाइप अग्निशामक यन्त्र
Carbon Tetra-chloride (CCl_4) Type Fire Extinguisher

इस प्रकार के यन्त्र में कार्बन टेट्राक्लोराइड (CCl_4) अथवा ब्रोमोक्लोरो-डि-फ्लोरो मीथेन (BFC) नामक द्रव, वायुदाब के साथ भरा हुआ होता है। यन्त्र का लीवर दबाने पर वायु मिश्रित द्रव की वाष्प का छिड़काव प्रारम्भ हो जाता है। इस यन्त्र का उपयोग सामान्यत: सभी प्रकार की आग बुझाने के लिए किया जा सकता है। यह द्रव, जलती हुई वस्तु को ढक लेता है और उसकी ऑक्सीजन की सप्लाई काटकर तुरन्त ही आग बुझा देता है। इन्हें हैलोन टाइप अग्नि बुझाने का यन्त्र भी कहते हैं। इस यन्त्र द्वारा उत्पन्न वाष्प जहरीली होने के कारण (विशेषकर घिरे हुए स्थान पर), इन्हें खुले स्थानों पर ही रखा जाता है। इस प्रकार के अग्नि बुझाने वाले यन्त्र विशेष रूप से विद्युत उपकरण में प्रयोग करने के लिए उपयुक्त एवं सुरक्षित हैं।

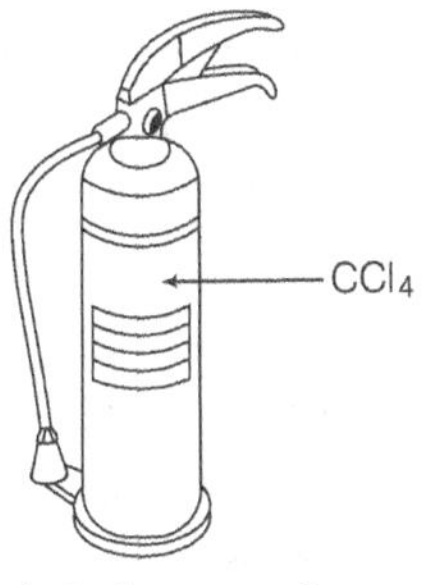

चित्र सी.टी.सी. टाइप अग्निशामक यन्त्र

6. रेत से भरी बाल्टियाँ Sand-filled Buckets

कार्यशालाओं के अन्दर अग्नि बुझाने के लिए विभिन्न यन्त्र लगे होते हैं, परन्तु कार्यशाला के बाहर लाल रंग से पेन्ट की हुई बाल्टियों में सूखी रेत भरकर रखी जाती है। इन बाल्टियों पर संकेतात्मक स्वरूप अग्नि लिखा होता है। इनका प्रयोग विद्युत से लगी आग को बुझाने के लिए किया जाता है।

चित्र रेत से भरी बाल्टी

1.15 अन्य सुरक्षा नियम Other Safety Norms

कार्यशाला एवं बाह्य वातावरण में दुर्घटना को घटित होने से रोकने के लिए कुछ अन्य नियमों का अनुपालन होना आवश्यक है, जो निम्न प्रकार हैं

1. ईंधन के बिखराव का सुरक्षित निस्तारण
Safe Handling of Fuel Spillage

कार्यशाला में कार्य करने के दौरान अक्सर फर्श पर मिट्टी का तेल, डीजल अथवा पेट्रोल गिर जाता है जिस कारण अग्नि सम्बन्धी दुर्घटना घटने की सम्भावना बढ़ जाती है और इस कारण फिसलकर चोट लगने का डर भी बना रहता है।

अत: प्रशिक्षु को सावधानीपूर्वक पदार्थों को उपयोग में लाना चाहिए जिससे दुर्घटना होने की सम्भावना कम हो जाए। चित्र में कार्यस्थल पर लगने वाला सुरक्षा सम्बन्धी लेबल दर्शाया गया है।

DIESEL

Flammable

- Keep away from heat, sparks and flames
- Wear butyl rubber gloves and safety goggles
- Use with local exhaust ventilation

Material Safety Data Sheet Available

चित्र कार्यस्थल पर सुरक्षा सम्बन्धी लेबल का नमूना

कार्यशाला में पेट्रोल व डीजल सम्बन्धी कार्य करते समय प्रशिक्षु को निम्न बातों का ध्यान रखना आवश्यक है

(i) ईंधन सम्बन्धी द्रवीय पदार्थों को एक स्थान से दूसरे स्थान पर सावधानीपूर्वक ले जाना चाहिए एवं इस कार्य के लिए ट्रॉली का प्रयोग करना चाहिए।

(ii) ईंधन सम्बन्धी द्रवीय पदार्थों को पलटते समय कीप (funnel) का प्रयोग करना चाहिए।

(iii) उपरोक्त क्रिया के उपरान्त डिब्बों या कैनों के ढक्कन को टाइट कर देना चाहिए जिससे पदार्थों के छलकने की सम्भावना न रहे।

(iv) तेल से भीगे कपड़ों को एक सुरक्षित स्थान पर रखें तथा ऐसे स्थानों के आस-पास आग का प्रयोग न करें।

(v) ईंधन को निकालते समय फोम या ड्राई पाउडर आग बुझाने के यन्त्र को समीप रखना चाहिए जिससे आग लगने की स्थिति में उसे बुझाया जा सके।

(vi) ज्वलनशील ईंधन सम्बन्धी कार्यक्षेत्र उचित हवादार स्थान पर होना चाहिए।

(vii) वैल्डिंग या कटिंग वाले कार्यक्षेत्र के आस-पास ईंधन सम्बन्धी द्रवीय पदार्थ नहीं रखना चाहिए।

(viii) सतह पर बिखरे हुए तरल ईंधन को साफ करने के लिए लकड़ी के बुरादे का प्रयोग करना चाहिए।

उपरोक्त सावधानियों को ध्यान में रखकर प्रशिक्षु वर्ग आग सम्बन्धी तथा सामान्य घटनाओं से स्वयं को सुरक्षित कर सकते है।

2. विषाक्त पदार्थों का सुरक्षित निस्तारण
Safe Disposal of Toxic Dust

अधिकांश औद्योगिक कार्यस्थलों पर खतरनाक विषाक्त पदार्थों का प्रयोग किया जाता है। ये पदार्थ कार्य के दौरान धूल कणों के रूप में वातावरण में मिश्रित हो जाते हैं। इन विषाक्त पदार्थों अथवा धूल कणों का स्वास्थ्य पर हानिकारक प्रभाव पड़ता है, क्योंकि ये पदार्थ शरीर के किसी भी अंग या सम्पूर्ण शरीर पर विपरीत प्रभाव डाल सकते हैं।

अत: कार्यस्थल पर इन विषाक्त पदार्थों का निस्तारण प्रभावी रूप से किया जाना एक अनिवार्य आवश्यकता है।

विषाक्त पदार्थों के निस्तारण से सम्बन्धित कुछ महत्त्वपूर्ण सावधानियाँ निम्नलिखित हैं

(i) यदि सम्भव हो सके, तो विषाक्त पदार्थों के स्थान पर वैकल्पिक पदार्थों का प्रयोग करना चाहिए।

(ii) वेंटिलेशन एक उपाय है जिससे विषाक्त धूल कणों के खतरे को कुछ सीमा तक कम किया जा सकता है।

(iii) विषाक्त रसायनों का प्रयोग करते समय सुरक्षा दस्तानों का प्रयोग अवश्य करना चाहिए।

(iv) कार्यस्थल से निकलने वाले विषैले धूल कणों को सीधे वातावरण में नहीं छोड़ना चाहिए।

(v) विषाक्त पदार्थों का उपयोग करने के लिए कार्यस्थल में श्वसन रक्षक तथा रक्षात्मक वेशभूषा का होना अनिवार्य है।

(vi) विषाक्त पदार्थों/धूल कणों के निस्तारण करने के लिए वैक्यूम क्लीनर व एग्जॉस्ट फैन का प्रयोग भी एक महत्त्वपूर्ण उपाय है।

3. विद्युत के लिए सुरक्षा नियम

Safety Rules for Electricity

कार्यशाला में विद्युत वायरिंग एवं विद्युत शक्ति से प्रचालित होने वाली सभी विद्युत मशीनों तथा उपकरणों से भी दुर्घटनाओं की अधिकतर सम्भावना होती है। इस कारण इनका संस्थापन (installation) कार्य किसी प्रशिक्षित (trained) व्यक्ति के द्वारा इस प्रकार सम्पन्न किया जाना चाहिए, जिससे कि विद्युत मशीनों/उपकरणों पर कार्य करने वाले व्यक्ति को विद्युत झटका न लगने पाए। इस उद्देश्य की पूर्ति हेतु निम्न सावधानियों एवं सुरक्षा उपायों को प्रयोग में लाना आवश्यक है

(i) कभी भी वैद्युतिक उपकरणों को गीले हाथों से न छुएँ और वैद्युतिक कार्य करते समय पानी का प्रयोग न करें।

(ii) वैद्युतिक कार्य करते समय सदैव इन्सुलेटिड टूल्स का प्रयोग करें। ये टूल्स इन्सुलेटिड रबर द्वारा इन्सुलेट किए जाते हैं।

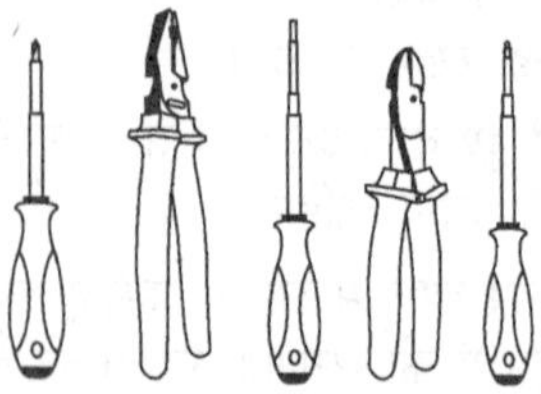

चित्र इन्सुलेटिड टूल्स

(iii) जिस टेबल पर विद्युत उपकरण द्वारा कार्य किया जाना हो, उस टेबल की ऊपरी सतह पर स्टील अथवा एल्युमीनियम की चादर नहीं लगी होनी चाहिए। इसके अतिरिक्त जिस स्थान पर कार्य करने वाला व्यक्ति बैठा है, उसके पैरों के नीचे रबर की मैट अवश्य बिछी होनी चाहिए।

(iv) ऊँचे खम्बों या बिजली के ऊँचे स्थानों पर कार्य करते समय स्टील या एल्युमीनियम की सीढ़ी का प्रयोग न करें अन्यथा विद्युत झटका लग सकता है।

(v) विद्युत उपकरणों पर कार्य करते समय इनको पूर्णत: भू-सम्पर्कित (earthed) करना चाहिए, क्योंकि इनका इन्सुलेशन क्षीण हो जाने पर इनमें विद्युत धारा का क्षरण होने लगता है, जिससे कार्य करने वाले व्यक्ति को विद्युत झटका लग सकता है।

(vi) फेज तार को स्विच से नियन्त्रित करने के पश्चात् ही उसे विद्युत भार से संयोजित करना चाहिए।

(vii) फ्यूज तार बदलते समय मेन लाइन का स्विच ऑफ कर लेना चाहिए, क्योंकि चलती लाइन पर फ्यूज तार बदलने से लघु-परिपथ दोष (short-circuit fault) होने की दशा में, किट-कैट फ्यूज के सम्पर्कों के मध्य विद्युत ऑर्क उत्पन्न होने के कारण, फ्यूज बदलने वाले व्यक्ति को क्षति पहुँच सकती है।

(viii) विद्युत वायरिंग अथवा विद्युत मशीनों में आग लग जाने पर तुरन्त ही उसकी मेन सप्लाई लाइन ऑफ कर देनी चाहिए। इसके पश्चात् आग को बुझाने के लिए सूखा रेत अथवा विशेष अग्नि बुझाने वाले यन्त्र, जैसे—CTC अथवा आग बुझाने वाले यन्त्र का प्रयोग करना चाहिए। विद्युत द्वारा लगी आग को (सोडा + एसिड) अग्नि बुझाने वाले यन्त्र से अथवा पानी से कदापि नहीं बुझाना चाहिए।

(ix) यदि कोई व्यक्ति विद्युत लाइन के सम्पर्क में आकर उससे चिपक गया हो, तब उस विद्युत परिपथ को तुरन्त ऑफ कर देना चाहिए। यदि उस विद्युत परिपथ (circuit) का स्विच उस व्यक्ति की पहुँच से दूर है, तो व्यक्ति को सूखी लकड़ी के डण्डे, सूखे कपड़े या रस्सी की सहायता से विद्युत लाइन से तुरन्त ही अलग कर देना चाहिए।

(x) किसी विद्युत उपकरण को ऑफ करने के लिए इसकी लीड को पकड़कर सॉकेट से पृथक् नहीं करना चाहिए। इसके लिए सदैव प्लग टॉप को पकड़कर ही सॉकेट से पृथक् करना चाहिए।

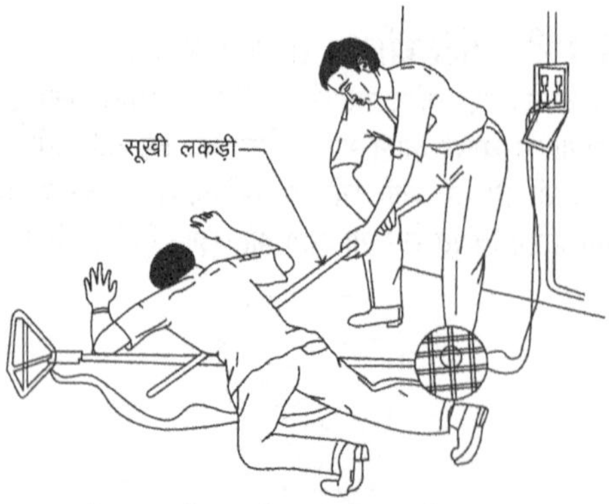

चित्र सूखी लकड़ी का प्रयोग करके व्यक्ति को विद्युत सप्लाई से अलग करना

(xi) वैद्युतिक मेन्स पर कार्य करते समय अथवा वैद्युतिक मेन्स सम्बन्धी दोषोपचार (troubleshooting) करते समय, उपयुक्त व्यक्तिगत रक्षक उपकरण का प्रयोग करना चाहिए।

(xii) विद्युत सम्बन्धी कोई खराबी होने पर प्रशिक्षु को इसकी सूचना अपने अधिकारी को देनी चाहिए।

(xiii) अल्प ज्ञान के आधार पर कभी भी वैद्युतिक दोष को स्वयं ठीक करने का प्रयास न करें।

(xiv) यदि कोई नंगा तार या किसी चलते पार्ट पर बिजली का तार रगड़ खाता दिखाई दे तो, इलेक्ट्रीशियन को बुलाकर तुरन्त ठीक कराएँ।

(xv) विद्युत का मेन स्विच, मशीन व ऑपरेटर के पास ही लगा हो।

(xvi) बिना प्लग प्रयोग किए, सीधे बिजली के तार प्लग में लगाकर मशीन को न चलाएँ।

4. प्रयुक्त इंजन ऑयल का सुरक्षित निस्तारण
Safe Disposal of Used Engine Oil

इंजन में प्रयोग किए जा चुके पुराने इंजन ऑयल को फिल्टर करके ग्रीस आदि मिलाकर पुन: प्रयोग करने से इंजन की कार्यकारी आयु कम होती है, क्योंकि इसमें अब शुद्ध तेल की चिकनाई वाले गुण नहीं होते हैं। अत: आवश्यक है कि इसे पुन: इंजन में प्रयोग करने के स्थान पर इसका सुरक्षित निस्तारण किया जाए।

इस तेल को जलाने से वातावरण प्रदूषित होता है, इसलिए इसका प्रयोग चारा काटने की मशीन, कृषि उपयोग के उपकरणों में लुब्रीकेशन आदि कार्यों के लिए किया जाता है। इसके अतिरिक्त इसे रिसाईकल (recycle) करके शुद्ध भी किया जा सकता है, जिससे यह इंजन पुन: प्रयोग में लाया जा सके।

5. भार उठाने वाले यन्त्रों की सामयिक जाँच
Periodic Testing of Lifting Equipments

भार उठाने वाले यन्त्रों का प्रयोग, कार्यस्थल पर भारी सामान को एक स्थान से दूसरे स्थान पर ले जाने के लिए किया जाता है। इनके उपयोग से समय की बचत होती है। कुछ भार उठाने वाले यन्त्र जो कार्यस्थल पर प्रयोग किए जाते हैं, निम्न प्रकार हैं

(i) ट्रॉली
(ii) जैक्स
(iii) व्हील बैरो
(iv) फोर्क लिफ्ट
(v) छोटी क्रेन

इन यन्त्रों के द्वारा उचित कार्य को करने के लिए इनकी समय-समय पर जाँच आवश्यक होती है जिनको निम्न पदों में व्यक्त किया जाता है

(i) विन्च, ब्लॉक और हॉइस्ट; जैसे—यन्त्रों की साधारण प्रयोग की स्थिति में 1 वर्ष बाद और तीव्र प्रयोग की स्थिति में 3 से 4 माह में जाँच होनी चाहिए।
(ii) कृत्रिम मैटेरियल के प्रयोग से बने भागों की हर 3 माह में जाँच करनी चाहिए।
(iii) भार उठाने वाले उपकरणों की हर 6 माह बाद जाँच होनी चाहिए।
(iv) अन्य सभी यन्त्रों की 1 वर्ष में जाँच करनी चाहिए।

कार्यशाला में भार उठाने वाले यन्त्रों की जाँचों के लिए इन विधियों को अपनाना चाहिए

(i) दृश्यिक जाँच और कार्यात्मक जाँच।
(ii) अभंजनात्मक जाँच और भार की जाँच।
(iii) घिसावट की जाँच।
(iv) जिन यन्त्रों की जाँच के लिए, उन्हें खोलने की आवश्यकता हो, तो यन्त्र को खोलकर जाँचे।

6. वाहनों को चलाने की अनुमति
Authorization of Moving Vehicles

वाहनों की रोड या वर्कशॉप में जाँच की आवश्यकता होती है। इसमें वाहन को चलाकर देखा जाता है। इसके लिए एक अनुभवी ड्राइवर की आवश्यकता होती है एवं ड्राइवर के पास वैध लाइसेंस आवश्यक होना चाहिए।

उच्च प्रदर्शन वाले वाहनों को टैस्ट करने की जिम्मेदारी, सबसे कौशल और अनुभवी ड्राइवर को ही देनी चाहिए। इसके अतिरिक्त ग्राहकों को वर्कशॉप में वाहनों के चलाने के नियमों के बारे में सचेत व जागरूक करना कार्यालय की जिम्मेदारी है। भारत में पुराने वाहनों को प्रत्येक 1 वर्ष में फिटनेस प्रमाण-पत्र लेना तथा नए वाहनों को प्रत्येक 2 वर्ष में फिटनेस प्रमाण-पत्र लेना अनिवार्य होता है।

इस कार्य हेतु वाहनों की टैस्टिंग निम्न प्रकार की जाती है

वाहनों की टैस्टिंग Testing of Vehicles

प्रयोगशाला में वाहनों की टैस्टिंग के लिए एक विशेष मशीन का प्रयोग किया जाता है जिसे डायनमोमीटर कहते हैं। इस मशीन के रोलरों पर वाहन के ड्राइव पहियों को रखा जाता है जिससे मशीन द्वारा वैसी स्थिति उत्पन्न की जाती है जैसी स्थिति रोड पर वाहन के चलने से उत्पन्न होती है।

वास्तविक स्थिति उत्पन्न करने के लिए, ऊर्जा को रोलरों पर इस प्रकार समायोजित किया जाता है जैसे कि वाहन पर वास्तव में हवा का दबाव और भार का असर भी पड़ रहा हो।

1.16 ऊर्जा संरक्षण Energy Conservation

आज के औद्योगिक युग में मनुष्य विकास के नाम पर दिन-प्रतिदिन प्राकृतिक संसाधनों का उपयोग कर रहा है जिसके परिणामस्वरूप प्राकृतिक सन्तुलन बिगड़ गया है, प्रदूषण की मात्रा हानिकारक स्तर पर पहुँच चुकी है तथा पृथ्वी की रक्षा कवच कही जाने वाली ओजोन परत नष्ट होने लगी है। इन सभी दुष्परिणामों को देखते हुए मनुष्य को जागरूक होने की आवश्यकता है।

हम जानते हैं कि पृथ्वी पर उपस्थित ऊर्जा नश्वर नहीं है, परन्तु सीमित अवश्य है। अत: वर्तमान में इसका संरक्षण एक महत्त्वपूर्ण आवश्यकता है। ऊर्जा संरक्षण से अभिप्राय बिना उत्पाद की गुणवत्ता को घटाए ऊर्जा की खपत को कम करना है।

दूसरे शब्दों में हम कह सकते हैं कि बिना क्षय के एक निश्चित मात्रा की ऊर्जा से उत्पादन को बढ़ाकर अधिकतम दक्षता प्राप्त करना, ऊर्जा संरक्षण कहलाता है। ऊर्जा संरक्षण से सम्बन्धित एक अन्य पद ऊर्जा दक्षता है जिसका अर्थ किसी कार्य को करने में एक निश्चित मात्रा से कम ऊर्जा का उपयोग करना है।

उदाहरण के तौर पर, परम्परागत प्रदीप्ति लैम्प को हटाकर कॉम्पैक्ट फ्लोरेसैन्ट लैम्प (Compact Fluorescent Lamp; CFL) अथवा लाइट एमिटिंग डायोड (Light Emitting Diode, LED) लैम्प लगाकर ऊर्जा का संरक्षण किया जा सकता है क्योंकि इन दोनों लैम्पों में ऊर्जा की खपत अपेक्षाकृत कम होती है।

ऊर्जा संरक्षण का मुख्य उद्देश्य प्राकृतिक ऊर्जा स्रोतों का संरक्षण करना है। पृथ्वी पर प्राकृतिक ऊर्जा के सीमित स्रोत हैं। प्राकृतिक ऊर्जा स्रोतों को निम्न प्रकार से वर्गीकृत किया जा सकता है

प्राकृतिक ऊर्जा स्रोत

- समाप्त न होने वाले ऊर्जा स्रोत
  - सौर ऊर्जा
  - वायु ऊर्जा
  - वर्षा
  - ज्वार-भाटा ऊर्जा
- समाप्त होने वाले ऊर्जा स्रोत
  - नवीकरणीय ऊर्जा स्रोत
    - जल
    - भूमि की उर्वरक क्षमता
    - प्राकृतिक वनस्पति
    - पशु व मनुष्य
  - अनवीकरणीय ऊर्जा स्रोत
    - खनिज पदार्थ
    - तेल व गैसें
    - जीवाश्म ईंधन
    - परमाणु ऊर्जा
    - विद्युत ऊर्जा

ऊर्जा जाँच एवं ऊर्जा संरक्षण अवसर
Energy Audit and Energy Conservation Opportunities (ECO's)

ऊर्जा जाँच एक प्रकार का सर्वेक्षण (surveying) है, जो किसी संगठन/संयन्त्र उपकरण द्वारा किया जाता है। इसकी सहायता से, ऊर्जा की खपत में, बिना किसी अपव्यय के कमी ला सकते हैं तथा उत्पादन गुणवत्ता में वृद्धि कर सकते हैं।

इनके अतिरिक्त, ऊर्जा संरक्षण द्वारा औद्योगिक अपशिष्टों; जैसे—कार्बन डाइ-ऑक्साइड, सल्फर डाई-ऑक्साइड, धुआँ आदि को कम करके पर्यावरणीय प्रदूषणों को भी कम किया जा सकता है। इन सर्वेक्षणों की सहायता से सम्बन्धित सुझावों को ऊर्जा संरक्षण अवसर (Energy Conservation Opportunities; ECOs) कहा जाता है।

अत: ऊर्जा संरक्षण अवसर, ऊर्जा का संरक्षण करने में सहायक वे अवसर हैं, जो किसी भी रूप में ऊर्जा संरक्षण में सक्षम हों। यहाँ ऊर्जा संरक्षण अवसरों की श्रेणियों एवं अवसरों का क्रमिक रूप में विवरण नीचे किया गया है

1. श्रेणी 'A': लघु ऊर्जा संरक्षण अवसर
Minor ECOs

लघु ऊर्जा संरक्षण अवसर (minor ECOs) अधिकतर साधारण रूप में उपस्थित होते हैं। इन्हें सरलता से क्रियान्वित (implement) किया जा सकता है। ऐसे अवसर कम निवेश (less investment) तथा कम क्रियान्वयन समय (less implementation time) वाले होते हैं

ये अवसर निम्न तथ्यों से सम्बन्धित होते हैं

(i) रिसाव बिन्दुओं की रोकथाम

(ii) लापरवाही से होने वाली बर्बादी को रोकना

(iii) गृह-व्यवस्थापन

2. श्रेणी 'B': मध्यम ऊर्जा संरक्षण अवसर
Medium ECOs

मध्यम ऊर्जा संरक्षण अवसर (medium ECOs) को माध्यमिक ऊर्जा संरक्षण अवसर (intermediate ECOs) भी कहते हैं। ये प्राय: लघु ऊर्जा संरक्षण अवसरों की अपेक्षा थोड़े से जटिल या कठिन होते हैं।

ऐसे ऊर्जा संरक्षण अवसरों (ECOs) के लिए अतिरिक्त निवेश (additional investment) तथा मध्यम क्रियान्वयन समय (moderate implementation time) की आवश्यकता होती है।

3. श्रेणी 'C': विस्तृत ऊर्जा संरक्षण अवसर
Major ECOs

विस्तृत ऊर्जा संरक्षण अवसर (major ECOs), महत्त्वपूर्ण ऊर्जा संरक्षण के अवसर प्रदान करते हैं। ये प्राय: उच्च तकनीक सहित जटिल (complex) रूप में उपस्थित होते हैं।

इनमें अत्यधिक मात्रा में निवेश (heavy investment) तथा लम्बे क्रियान्वयन समय (long implementation time) की आवश्यकता होती है।

ऊर्जा संरक्षण के अन्य अवसर
Other Opportunities of Energy Conservation

यहाँ पर अवसर से अभिप्राय, उन अवसरों से है जिनकी सहायता से ऊर्जा बचत सम्भव होती है।

नीचे ऐसे ही कुछ अवसरों का उल्लेख किया गया है

(i) **वाहन संयोजन संयन्त्र में ऊर्जा बचत** (Energy saving in vehicle assembly plant) मोटर वाहन संयन्त्रों में विविध गन्तव्यों के लिए ऊर्जा का उपयोग किया जाता है। इनमें ऊर्जा के रूप में विद्युत, भाप, गैस तथा सम्पीडित (compressed) वायु का उपयोग किया जाता है। इनमें भारी मात्रा में ऊर्जा तथा धन का व्यय होता है। संयोजन संयन्त्रों के लिए निर्धारित बजट का लगभग दो-तिहाई विद्युत के साथ-साथ ऊष्मा पर व्यय किया जाता है। कुल ऊर्जा व्यय, वाहन संयोजन संयन्त्र के उत्पादन आउटपुट के लगभग 1% के बराबर होता है। इसके संरक्षण के लिए विविध स्तरों पर ऊर्जा व्यय में कमी की दिशा में प्रयास किए जा रहे हैं।

(ii) **नियामक उपायों के माध्यम से ऊर्जा बचत** (Energy saving through regulatory measures) ऐसे अनेक नियामक उपाय हैं जो औद्योगिक क्षेत्रों में ऊर्जा की बचत कर सकते हैं। इनमें न्यूनतम ऊर्जा कार्यक्षमता व मानक सम्मिलित हैं। कुछ देशों ने ऊर्जा कार्यक्षमता के न्यूनतम मानकों की प्राप्ति हेतु ऑफिस उपकरणों से सम्बन्धी दिशा-निर्देश जारी किए; जैसे—इमारत संहिता (नियमों) का उपयोग, नई इमारतों के निर्माण में ऊर्जा खपत को कम करने से सम्बन्धित नियमों का पालन हो, यह सुनिश्चित करना है।

(iii) **आर्थिक उपायों के माध्यम से ऊर्जा बचत** (Energy saving through economic measures) आर्थिक उपायों की सहायता से भी ऊर्जा की बचत किया जाना सम्भव है। ये उपाय, औद्योगिक क्षेत्रों में ऊर्जा कार्यक्षमता में वृद्धि को प्रोत्साहित करते हैं। इस श्रेणी में शुल्क-सूची (tariff) के प्रयोग का समय, वैकल्पिक ईंधनों (बायोफ्यूल समेत) के लिए अनुदान (subsidies), पुन: नवीकरणीय ऊर्जा के लिए अनुदान, ऊर्जा कार्यक्षम उपकरणों/यन्त्रों में निवेश के लिए अनुदान सम्मिलित हैं।

(iv) **जागरूकता एवं शिक्षा के माध्यम से ऊर्जा बचत** (Energy saving through awareness and education) ऊर्जा बचत, जागरूकता एवं शिक्षा के माध्यम से भी सम्भव है, क्योंकि शिक्षा के माध्यम से व्यक्ति में ऊर्जा के महत्व की व्यापक समझ विकसित होती है। सामान्य रूप से इसके अन्तर्गत, औद्योगिक, व्यावसायिक एवं घरेलू स्तर पर प्रयोग हो रहे उपकरणों के प्रयोग न होने पर, उन्हें बन्द करके, ऊर्जा की बचत की जा सकती है।

ऊर्जा संरक्षण अधिनियम, 2001
Energy Conservation Act, 2001

वर्ष 1970 के प्रारम्भ में गल्फ तेल आघात (gulf oil shock) के उपरान्त फरवरी, 2000 में ऊर्जा संरक्षण अधिनियम प्रस्तुत किया गया। यह वास्तव में भारत में पेट्रोल संरक्षण अनुसन्धान अथॉरिटी (PCRA) की पहल पर एक जागरूकता कार्यक्रम का परिणाम था जिसके परिणामस्वरूप, एक विधायी फ्रेमवर्क बनाने की आवश्यकता महसूस की गई थी।

इस प्रकार वर्ष 2001 में ऊर्जा संरक्षण सम्बन्धी अधिनियम तत्कालीन राष्ट्रपति की स्वीकृति के उपरान्त सितम्बर, 2001 में अस्तित्व में आया। इसका उद्देश्य ऊर्जा कार्यक्षमता को प्रोत्साहित करना और ऊर्जा की बर्बादी को कम करना था। भारत में ऊर्जा बचत की अत्यधिक सम्भावनाएँ हैं।

एक सर्वेक्षण (survey) के अनुसार देश के उद्यमी, व्यावसायिक एवं घरेलू क्षेत्रों (sectors) में ऊर्जा बचत की पर्याप्त सम्भावनाएँ हैं। भारत के बजट में ऊर्जा संरक्षण अधिनियम, 1 अक्टूबर, 2001 प्रकाशित हुआ, परन्तु देश भर में यह मार्च, 2002 में लागू हुआ। अत: ब्यूरो ऑफ एनर्जी एफीशिएन्सी (BEE) ने भी इसे 1 मार्च, 2002 से प्रभावी माना।

ऊर्जा संरक्षण अधिनियम ने ऊर्जा सम्बन्धी नियमों (norms) को सभी उपभोक्ताओं के लिए आदेशात्मक बनाया और इस अधिनियम की अवज्ञा करने पर दाण्डिक प्रावधानों की भी व्यवस्था की गई। यह अधिनियम पूर्ण प्रभाव में 1 अप्रैल, 2007 को आया।

1.17 सड़क सुरक्षा का परिचय
Introduction to Road Safety

आज के समय में सड़क दुर्घटनाओं की संख्या काफी बढ़ गई है और इस समस्या का कोई एक कारण नहीं है। वास्तव में ऐसे कई कारण हैं, जो सड़क दुर्घटनाओं को बढ़ावा देने का कार्य करते हैं; जैसे—यातायात के नियमों की जानकारी न होना, सड़कों की स्थिति ठीक न होना, वाहन चलाते समय सावधानी न अपनाना आदि।

हमारे देश में दिन-प्रतिदिन वाहनों की संख्या में होने वाली वृद्धि को देखते हुए अब यह आवश्यक हो गया है कि हम सड़क सुरक्षा से जुड़े मानकों को अनिवार्य रूप से अपनाएँ, क्योंकि इन्हीं मानकों को अपनाने से ही सड़क दुर्घटनाओं में कमी लाई जा सकती है।

सड़क दुर्घटनाओं के कारण
Causes of Road Accidents

सामान्यत: सड़क दुर्घटनाओं का मूल कारण, यातायात के नियमों की जानकारी न होना, अप्रशिक्षित चालक द्वारा वाहन चलाना, सीमा गति से अधिक गति में वाहन चलाना, सुरक्षा उपायों की अनदेखी करना, यातायात के नियमों का पालन न करना इत्यादि हैं।

सड़क सुरक्षा सम्बन्धी सावधानियाँ
Road Safety Related Precautions

1. पैदल चलते समय हमेशा फुटपाथ का उपयोग करना चाहिए और जहाँ फुटपाथ न हो वहाँ सदैव सड़क के बाईं ओर चलना चाहिए।
2. वाहन चलाते या सड़क यात्रा के समय कभी भी जल्दबाजी नहीं दिखानी चाहिए।
3. ट्रैफिक सिग्नल और यातायात के नियमों की पूरी जानकारी होनी चाहिए और इनका पालन करना चाहिए।
4. सड़क पार करते समय जेब्रा क्रॉसिंग, फुट ओवर ब्रिज का ही उपयोग करना चाहिए। जहाँ ये सुविधाएँ उपलब्ध न हों तो सड़क के दोनों तरफ देखकर ही सड़क पार करनी चाहिए।
5. कभी भी रेड सिग्नल पर सड़क पार करने का प्रयास नहीं करना चाहिए। सड़क पार करते समय ग्रीन सिग्नल का ध्यान रखना चाहिए।
6. पब्लिक ट्रांसपोर्ट जैसे-बस इत्यादि में दौड़कर चढ़ने का प्रयास नहीं करना चाहिए।
7. कभी भी शराब पीकर या किसी अन्य तरह का नशा करके वाहन नहीं चलाना चाहिए।
8. वाहन चलाते समय, सीट बैल्ट पहनें, हैलमेट लगाएँ।
9. कभी भी वन-वे (one-way) में गलत दिशा या रिवर्स में वाहन न चलाना चाहिए।
10. वाहन चलाते समय फोन पर बात करना जैसे कार्य नहीं करने चाहिए।

1.18 मोटर वाहन उत्सर्जन
Automotive Emissions

मोटर वाहन से निम्नलिखित प्रदूषकों का उत्सर्जन होता है

1. कार्बन मोनो-ऑक्साइड
Carbon Mono-oxide

कार्बन मोनो-ऑक्साइड एक रंगहीन, गंधहीन, स्वादहीन, ज्वलनशील तथा अत्यन्त जहरीली गैस है। यह वाहनों में अपूर्ण दहन तथा कार्बन के ईंधन में आंशिक रूप से ऑक्सीडाइज होने के कारण उत्पन्न होती है।

कार्बन मोनो-ऑक्साइड की अधिकता मानव स्वास्थ्य के लिए घातक है। यह मानव शरीर की रक्त वाहिकाओं (blood streams) में ऑक्सीजन के प्रवाह को कम कर देती है जिससे हृदय सम्बन्धी बीमारियाँ उत्पन्न हो जाती है।

2. ईंधन में सल्फर की मात्रा Sulfur Content in Fuel

गैसोलीन तथा डीजल ईधनों में उनके रासायनिक संघटकों के कारण सल्फर की मात्रा होती है। कम्बशन प्रोसेस के दौरान जब सल्फर जलवाष्प के साथ क्रिया करती है तो सल्फ्यूरिक अम्ल बनता है तथा साथ ही कुछ कोरोसिव (corrosive) अवयव भी एग्जॉस्ट द्वारा वातावरण में उत्सर्जित होते हैं।

ईंधन में सल्फर का उच्च स्तर जब जल वाष्प से क्रिया करता है तो यह वाल्व गाइड तथा सिलेण्डर कोरोसिव वीयर (corrosive wear) उत्पन्न कर देता है जो इंजन के अचानक फेल (fail) होने का कारण बन सकता है। उचित स्नेहक तथा सही ऑयल ड्रेन इन्टर्वल का उपयोग करके इस प्रभाव को कम किया जा सकता है। यद्यपि ईंधन में सल्फर की मात्रा को नियन्त्रित करके भी ईधन में सल्फर के स्तर को कम किया जा सकता है, परन्तु कम सल्फरयुक्त डीजल ईंधन प्रयुक्त करने से कुछ साइड इफेक्ट्स उत्पन्न हो जाते हैं।

ईंधन में सल्फर के स्तर को कम करने के लिए रिफाइनिंग विधि का भी प्रयोग किया जा सकता है, परन्तु रिफाइनिंग करने से डीजल ईंधन के प्राकृतिक स्नेहक गुण कम हो जाते हैं जोकि स्नेहन तथा ईधन प्रणाली जैसे-ईधन पम्प व इंजेक्टर के लिए अत्यन्त आवश्यक होते हैं।

3. नाइट्रोजन ऑक्साइड Nitrogen Oxides

वायु में लगभग 78% नाइट्रोजन होती है। कम्बशन के उच्च ताप तथा दाब के अन्तर्गत यह नाइट्रोजन, ऑक्सीजन के साथ क्रिया करके नाइट्रोजन ऑक्साइड बनाती हैं, प्राय: सभी प्रकार के इन्टर्नल कम्बशन इंजनों की एग्जॉस्ट गैसों में ये रसायन सम्मिलित रहते हैं।

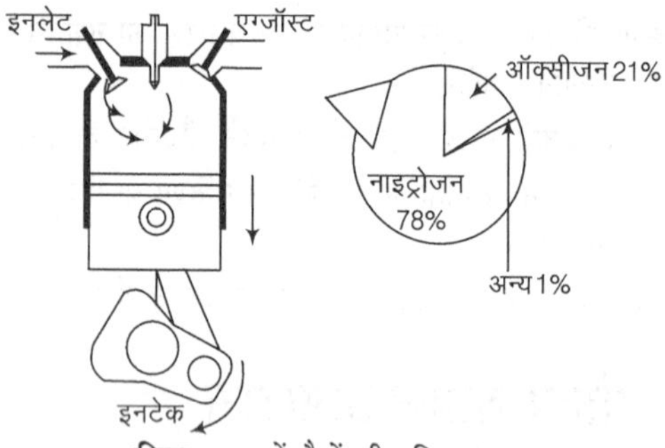

चित्र वायु में गैसों की प्रतिशत मात्रा

इन्टर्नल कम्बशन इंजनों में लीन (lean) मिश्रण प्रयुक्त करने पर हाइड्रोकार्बन तथा कार्बन मोनोक्साइड का बनना तो कम हो जाता है, परन्तु नाइट्रोजन ऑक्साइड के बनने में वृद्धि हो जाती है।

यह उच्च तापमान तथा उपलब्ध ऑक्सीजन में वृद्धि होने के कारण होता है। कम्प्रेशन-इग्नीशन इंजन उच्च स्तर पर नाइट्रोजन ऑक्साइड उत्पन्न करते हैं।

4. कार्बन डाइ-ऑक्साइड Carbon Di-Oxide

वाहनों से लगभग 18% कार्बन डाइ-ऑक्साइड का उत्सर्जन होता है। यह वाहनों में हवा तथा ईंधन के पूर्ण कम्बशन होने पर पानी के साथ उत्पन्न होती है।

गैसोलीन इंजनों में उत्प्रेरक परिवर्तक कार्बन मोनोक्साइड को कार्बन डाइ-ऑक्साइड में परिवर्तित कर देता है। यह मानव स्वास्थ्य के लिए अत्यन्त हानिकारक है।

5. पर्टिकुलेट्स Particulates

आधुनिक इंजनों से उत्सर्जित पर्टिकुलेट्स मुख्यत: कार्बन आधारित होते हैं। पुराने वाहनों में पर्टिकुलेट्स लैड-आधारित होते हैं। पर्टिकुलेट्स के उत्सर्जन का मुख्य कारण ऑक्टेन रेटिंग से अधिक लैड अवयवों वाले ईंधन का प्रयोग करना है।

स्पार्क इग्नीशन इंजनों में पर्टिकुलेट्स के उत्सर्जन का मुख्य कारण अधिक हवा-ईंधन मिश्रण का अपूर्ण दहन है जबकि कम्प्रेशन इग्नीशन इंजनों में ये टर्बुलेन्स तथा ऑक्सीजन की कमी के कारण उत्सर्जित होते हैं।

कम्प्रेशन-इग्नीशन इंजनों के कम्बशन चैम्बर में लुब्रिकेन्ट ऑयल का जलना भी पर्टिकुलेट्स के उत्सर्जन का कारण बनता है। पर्टिकुलेट्स वायु में काफी अधिक समय तक रहते हैं।

लैड के पर्टिकुलेट्स का मानव स्वास्थ्य पर जहरीला प्रभाव पड़ता है। इसके प्रभाव से फेफड़े तथा श्वसन तन्त्र प्रणाली खराब हो सकती है।

महत्त्वपूर्ण बिन्दु

- देश के समस्त औद्योगिक प्रशिक्षण संस्थान प्रत्येक राज्य सरकार के अधीन संचालित किए जाते हैं।
- मैकेनिक मोटर व्हीकल ट्रेड दो वर्षीय पाठयक्रम का इंजीनियरिंग ट्रेड होता है।
- औद्योगिक प्रशिक्षण संस्थानों से मोटर मैकेनिक व्हीकल ट्रेड में प्रशिक्षण प्राप्त करने एवं परीक्षा में उत्तीर्ण होने के पश्चात् प्रशिक्षुओं को नेशनल ट्रेड सर्टिफिकेट प्रदान किया जाता है।
- प्रशिक्षण अवधि पूर्ण होने के पश्चात् प्रशिक्षुओं को विभिन्न मान्यता प्राप्त कार्यशालाओं में एप्रेन्टिसशिप का अवसर प्रदान किया जाता है।
- औद्योगिक प्रशिक्षण संस्थानकों में परीक्षार्थी की 80% उपस्थिति अनिवार्य होती है।
- संस्थान में प्रशिक्षुओं के लिए छात्रावास, चिकित्सा, पुस्तकालय एवं खेलकूद सम्बन्धी सुविधाएँ उपलब्ध होती हैं।
- मोटर मैकेनिक व्हीकल के पाठयक्रम का प्रशिक्षण प्रयोगात्मक, सैद्धान्तिक (Theory) एवं एम्प्लॉयबिलिटी स्किल, वर्कशॉप कैलकुलेशन एण्ड साइंस, इन्जीनियरिंग ड्रॉइंग निम्न खण्डों. में दिया जाता है।
- इंजन व्हीकल को खोलना/बाँधना, अनुरक्षण व मरम्मत करना, ट्यूनिंग, निरीक्षण एवं ओवरहॉलिंग करना इत्यादि मोटर मैकेनिक को आना चाहिए।
- किसी भी औद्योगिक प्रशिक्षण संस्थान से प्रशिक्षण प्राप्त करने के पश्चात् मोटर मैकेनिक सरकारी एवं निजी प्रशिक्षण संस्थानों में अनुदेशक के तौर पर कार्य कर सकता है।
- सम्पूर्ण सुरक्षा में स्वयं की सुरक्षा के साथ मशीनों एवं कार्यखण्ड की सुरक्षा भी सन्निहित रहती है।
- किसी भी मशीन को जानकारी के अभाव में नहीं चलाना चाहिए, क्योंकि यह दुर्घटना का कारण बन सकता है।
- किसी भी स्थान अथवा कार्यशाला में दुर्घटना से बचाने के लिए विभिन्न सुरक्षा संकेत उपलब्ध होते हैं।
- निषेधात्मक संकेत, सफेद बैक ग्राउण्ड पर काली आकृति द्वारा बनाए जाते हैं।
- अनिवार्य संकेतों द्वारा कारीगरों को सुरक्षात्मक निर्देश दिए जाते हैं और कारीगर इन संकेतों को सहज समझ लेते हैं।
- अनिवार्य संकेत नीली पृष्ठभूमि पर सफेद संकेत द्वारा वृत्त के आकार में बने होते हैं।
- चेतावनी संकेत त्रिभुजाकार होते हैं तथा पीली पृष्ठभूमि पर काले रंग की आकृति द्वारा बनाए जाते हैं।
- सूचनात्मक संकेत वर्गाकार होते हैं तथा इन्हें हरी पृष्ठभूमि पर सफेद रंग की आकृति या सफेद पृष्ठभूमि पर लाल रंग की आकृति द्वारा प्रदर्शित किया जाता है।
- किसी दुर्घटनाग्रस्त व्यक्ति का डॉक्टर के आगमन से पूर्व किया जाने वाला उपचार, प्राथमिक उपचार कहलाता है।
- जब किसी पदार्थ का दहन होता है, तो ऊष्मा तथा विभिन्न प्रकार की अभिक्रियाओं का निर्माण होता है।
- किसी भी पदार्थ का दहन तीन कारकों, ईंधन, ऊष्मा तथा ऑक्सीजन पर निर्भर करता है।
- लकड़ी, कागज, कपड़ा, जूट आदि से लगने वाली आग, श्रेणी A की अग्नि में आती है।
- श्रेणी B की आग के अन्तर्गत मिट्टी के तेल, पेट्रोल, डीजल आदि से लगने वाली आग आती है।
- इस श्रेणी की आग को बुझाने के लिए झाग उत्पन्न करने वाले यन्त्र एवं कार्बन डाइ-ऑक्साइड वाले यन्त्र प्रयुक्त किए जाते हैं।
- इस श्रेणी की आग के अन्तर्गत, सिलेण्डरों में भरी LPG गैस इत्यादि से लगने वाली गैस आती है।
- श्रेणी C की आग को बुझाने के लिए CO_2, हैलोन आदि शुष्क रसायन प्रयुक्त किए जाते हैं।
- श्रेणी D की आग में, बिजली के उपकरणों, तारों, एवं अन्य धात्विक पदार्थों से लगने वाली आग आती है।
- कार्बन डाइ-ऑक्साइड प्रकार के अग्निशामक यन्त्र में सोडियम बाई कार्बोनेट का ($NaHCO_3$) का घोल भरा होता है।
- कार्यस्थल पर विषैले पदार्थों के निस्तारण हेतु प्रभावी उपाय उपलब्ध होने चाहिए।
- ऊर्जा संरक्षण से अभिप्राय बिना उत्पाद की गुणवत्ता को घटाए ऊर्जा की खपत को कम करना है।
- ऊर्जा जाँच एक प्रकार का सर्वेक्षण है जो किसी संगठन/संस्था द्वारा किया जाता है।
- ऊर्जा जाँच सर्वेक्षणों की सहायता से सम्बन्धित सुझावों को ऊर्जा संरक्षण अवसर कहा जाता है।
- लघु संरक्षण अवसर अधिकतर साधारण रूप में उपस्थित होते हैं जिन्हें सरलतापूर्वक क्रियान्वित किया जा सकता है।
- मध्यम ऊर्जा संरक्षण अवसरों को माध्यमिक ऊर्जा संरक्षण अवसर भी कहा जाता है।
- माध्यमिक ऊर्जा संरक्षण अवसरों के लिए अतिरिक्त निवेश तथा मध्यम क्रियान्वयन समय की आवश्यकता होती है।
- विस्तृत ऊर्जा संरक्षण अवसर, महत्त्वपूर्ण ऊर्जा संरक्षण के अवसर प्रदान करते हैं।
- ऊर्जा संरक्षण अधिनियम पूर्ण प्रभाव में 1 अप्रैल, 2007 को लागू हुआ।
- सड़क दुर्घटनाओं का मूल कारण, यातायात के नियमों का पालन न करना, अप्रशिक्षित चालक द्वारा वाहन चलाना, सीमा गति से अधिक गति पर वाहन चलाना इत्यादि हैं।
- मोटर वाहनों से मुख्यतः कार्बन मोनो-ऑक्साइड, सल्फर, नाइट्रोजन ऑक्साइड, कार्बन डाइ-ऑक्साइड व पार्टिकुलेट्स उत्सर्जित होते हैं।

महत्त्वपूर्ण प्रश्नोत्तरी

1. मैकेनिक मोटर व्हीकल ट्रेड में प्रशिक्षण प्राप्त करने के पश्चात् मुख्य रोजगार क्षेत्र बताइए।

उत्तर सरकारी या निजी कार्यशाला में मैकेनिक के रूप में, प्रशिक्षण संस्थानों में अनुदेशक के रूप में एवं रेल व सेना इत्यादि में।

2. दुर्घटना के किन्हीं तीन मुख्य कारणों का उल्लेख कीजिए।

उत्तर दुर्घटना के तीन मुख्य कारण निम्नलिखित हैं
(i) कार्य के प्रति अज्ञानता
(ii) कार्य करते समय सुरक्षा सावधानियों पर ध्यान न देना
(iii) कार्य में अरुचि

3. दुर्घटना में मूर्च्छित व्यक्ति को पेय पदार्थ क्यों नहीं देना चाहिए?

उत्तर दुर्घटना में मूर्च्छित व्यक्ति को पेय पदार्थ इसलिए नहीं देना चाहिए, क्योंकि श्वास नलिका में पेय पदार्थ जाने से दम घुटने का भय रहता है।

4. प्राथमिक उपचार बॉक्स क्या होता है?

उत्तर प्राथमिक उपचार बॉक्स लकड़ी अथवा लौह शीट से निर्मित वह बॉक्स होता है, जिसमें प्राथमिक उपचार हेतु आवश्यक दवाएँ एवं सामग्री रखी जाती है।

5. विद्युत आघात लगे व्यक्ति को कृत्रिम श्वसन देने की विभिन्न विधियों के नाम लिखिए।

उत्तर विद्युत आघात लगे व्यक्ति को कृत्रिम श्वसन देने की चार विधियाँ निम्नलिखित हैं
(i) सिल्वेस्टर विधि (ii) शैफर विधि
(iii) मुँह-से-मुँह में हवा भरना (iv) कृत्रिम श्वास यन्त्र द्वारा

6. अनिवार्य संकेत किस रंग की पृष्ठभूमि पर और किस आकार में बने होते हैं?

उत्तर अनिवार्य संकेत नीली पृष्ठभूमि पर सफेद संकेतों द्वारा वृत्त के आकार में बने होते हैं।

7. यदि किसी व्यक्ति के दिल की धड़कन बन्द हो जाने पर उसको 3 मिनट के अन्दर पुनः चालू न किया जा सके, तो व्यक्ति पर क्या प्रभाव पड़ेगा?

उत्तर ऐसा होने पर उस व्यक्ति के मस्तिष्क को स्थायी रूप से हानि पहुँचने की आशंका रहती है।

8. श्रेणी 'B' की आग को बुझाने के लिए किसका प्रयोग करना चाहिए?

उत्तर श्रेणी 'B' की आग को बुझाने के लिए फोम टाइप अग्निशामक यन्त्र या कार्बन डाइऑक्साइड वाले अग्निशामक यन्त्र का प्रयोग करना चाहिए।

9. ऊर्जा संरक्षण क्या है?

उत्तर निश्चित ऊर्जा की मात्रा में बिना हानि के उत्पादन को बढ़ाना और अधिकतम दक्षता की प्राप्ति ही ऊर्जा संरक्षण कहलाती है।

10. लापरवाही से होने वाली ऊर्जा की बर्बादी को रोकना किस श्रेणी का ऊर्जा संरक्षण अवसर है?

उत्तर लापरवाही से होने वाली ऊर्जा की बर्बादी को रोकना श्रेणी 'A' लघु ऊर्जा संरक्षण अवसर के अन्तर्गत आता है।

अभ्यास प्रश्न

परीक्षा प्रारूपी प्रश्न

बहुविकल्पीय

1. मैकेनिक मोटर व्हीकल ट्रेड की प्रशिक्षण अवधि है
(a) 6 माह (b) 1 वर्ष
(c) $1\frac{1}{2}$ वर्ष (d) 2 वर्ष

2. औद्योगिक प्रशिक्षण संस्थान में छात्रों के लिए निम्न में से कौन-सी सुविधा उपलब्ध रहती है?
(a) छात्रावास (b) चिकित्सा
(c) खेलकूद (d) ये सभी

3. MMV में प्रयोगात्मक परीक्षा के लिए निर्धारित अंक है
(a) 150 (b) 180
(c) 250 (d) 300

4. ट्रेड के किस वर्ष में एम्प्लॉयबिलिटी स्किल विषय लागू होता है?
(a) केवल प्रथम वर्ष में (b) केवल द्वितीय वर्ष में
(c) 'a' और 'b' दोनों में (d) द्वितीय वर्ष के चतुर्थ सत्र में

5. औद्योगिक प्रशिक्षण संस्थान में परीक्षार्थी को कितने प्रतिशत उपस्थिति अनिवार्य है?
(a) 50% (b) 60% (c) 65% (d) 80%

6. कार्यशाला में मोटर मैकेनिक के मुख्य कार्य है
(a) ट्यूनिंग करना
(b) मशीनों को खोलना एवं बाँधना
(c) ओवरहॉलिंग करना
(d) उपरोक्त सभी

7. निम्न में से असुरक्षित कृत्य (unsafe activity) है
(a) बिना हैलमेट पहने मोटरसाइकिल चलाना
(b) ट्रांसफॉर्मर के पास खतरे का संकेत दर्शाना
(c) बिना अथॉरिटी के मशीन चलाना
(d) 'a' और 'c' दोनों

8. जब करण्ट बहुत निचले स्तर पर होती है, तो इलेक्ट्रिक शॉक का व्यक्ति पर क्या प्रभाव पड़ेगा?
(a) वह अपना सन्तुलन खो देगा और गिरेगा
(b) सम्पर्क स्थान पर मामूली जलन होगी
(c) अपना होश खो देगा
(d) त्वचा पर ज्यादा जलन होगी

9. सम्पूर्ण जानकारी के अभाव में किसी मशीन का परिणाम क्या हो सकता है?
(a) परिष्कृति (b) दुर्घटना
(c) लाभ (d) इनमें से कोई नहीं

10. निम्न में से कौन-सा दुर्घटना का कारण नहीं है?
(a) कार्य में रुचि न होना (b) अधिक फुर्तीला होना
(c) अधिक उत्सुक होना (d) अनुशासनहीन होना

11. निम्न में से कौन-सा उपकरण दुर्घटना का कारण नहीं है?
(a) मशरूम हैड चीजल (b) फैले मुँह का स्पैनर
(c) घिसा हुआ वर्नियर कैलीपर (d) टाइट कसा आरी का ब्लेड

12. दुर्घटना टालने का सर्वोच्च उपाय है
(a) सुरक्षा उपकरणों का प्रयोग
(b) जॉब, मशीन और कार्यक्षेत्र से सम्बन्धित सावधानियों का पालन करना
(c) अपने तरीके से कार्य करना
(d) किसी कुशल कारीगर की भाँति कार्य करना

13. चित्र में प्रदर्शित चेतावनी संकेत है

(a) आग लगने का खतरा (b) विषाक्त का खतरा
(c) फॉर्क लिफ्ट (d) इनमें से कोई नहीं

14. सूचनात्मक संकेत के सम्बन्ध में निम्न में से कौन-सा कथन सत्य है?
(a) इनकी पृष्ठभूमि नीली होती है
(b) इनकी आकृति वृत्ताकार होती है
(c) इनकी पृष्ठभूमि हरी होती है
(d) इनकी आकृति त्रिभुजाकार होती है

15. चित्र में प्रदर्शित सुरक्षा संकेत किस प्रकार का है?

(a) सूचनात्मक संकेत (b) अनिवार्य संकेत
(c) निषेधात्मक संकेत (d) चेतावनी संकेत

16. निम्न में से कौन-सा चिन्ह '415 V के खतरे' को प्रदर्शित करता है?
(a) निषेध चिन्ह (b) सूचना चिन्ह
(c) चेतावनी चिन्ह (d) अनिवार्य चिन्ह

17. निम्न में से कौन-सा चित्र विकिरण से खतरे को दर्शाता है?

(a) 
(b) 
(c) 
(d) 

18. चित्र में प्रदर्शित संकेत है

(a) निषेधात्मक संकेत (b) अनिवार्य संकेत
(c) सूचनात्मक संकेत (d) चेतावनी संकेत

19. चित्र में प्रदर्शित सुरक्षा संकेत है

(a) मिलर कटर (b) एडजस्टेबल गार्ड
(c) वर्कशॉप क्षेत्र (d) इनमें से कोई नहीं

20. जहर से खतरे के लिए कौन-सा चिन्ह प्रयोग किया जाता है

(a) 
(b) 
(c) 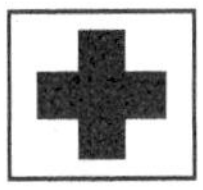
(d) इनमें से कोई नहीं

21. निम्न में से प्राथमिक उपचार है
(a) विद्युत झटका लगे पीड़ित का उपचार करना
(b) प्राथमिक सर्वे पूर्ण करना
(c) दुर्घटनाग्रस्त व्यक्ति को दी जाने वाली प्राथमिक सहायता
(d) उपरोक्त सभी

22. झटके लगे व्यक्ति को निम्न में से कौन-सा पेय पदार्थ नहीं पिलाना चाहिए?
(a) चाय (b) पानी (c) कॉफी (d) ये सभी

23. किसी दुर्घटना की स्थिति में पीड़ित व्यक्ति को .... ।
(a) आराम करने के लिए कहना चाहिए
(b) दुर्घटना के बारे में पूछताछ करनी चाहिए
(c) तुरन्त प्राथमिक उपचार प्रदान करना चाहिए
(d) चिकित्सक के आने तक लेटा देना चाहिए

24. कृत्रिम श्वसन की शैफर विधि को एक मिनट में लगभग कितनी बार दोहराना चाहिए?
(a) 2-5 बार (b) 3-8 बार
(c) 5-10 बार (d) 12-15 बार

25. यदि एक मरीज मुँह-से-मुँह श्वसन प्रक्रिया पर सही प्रतिक्रिया न करे, तो प्राथमिक उपचारक को ………… चाहिए।
(a) तुरन्त चिकित्सा सहायता खोजना
(b) टूटी हुई अस्थियाँ देखें
(c) शरीर को कम्बल से गर्म रखें
(d) नाड़ी और नेत्र-चक्षु की जाँच करें

26. कृत्रिम श्वास प्रक्रिया के लिए प्रयोग की जाने वाली विधि है
(a) शैफर विधि (b) सिल्वेस्टर विधि
(c) 'a' और 'b' दोनों (d) इनमें से कोई नहीं

27. आग मिश्रण है
(a) ईंधन + ऑक्सीजन + तापक्रम
(b) ईंधन + कार्बन + तेल
(c) तेल + ऑक्सीजन + कागज
(d) उपरोक्त में से कोई नहीं

28. निम्न में से कौन-सा आग लगने का कारण नहीं है?
(a) विद्युत परिपथ को अतिभार पर प्रयोग में लाना
(b) फ्यूज तार के रूप में पतले तार का प्रयोग करना
(c) तापन यन्त्रों का असावधानीपूर्वक प्रयोग करना
(d) उपरोक्त सभी

29. सामान्यतः आग तीन घटकों पर निर्भर करती है, चित्र में प्रदर्शित घटक 'X' है

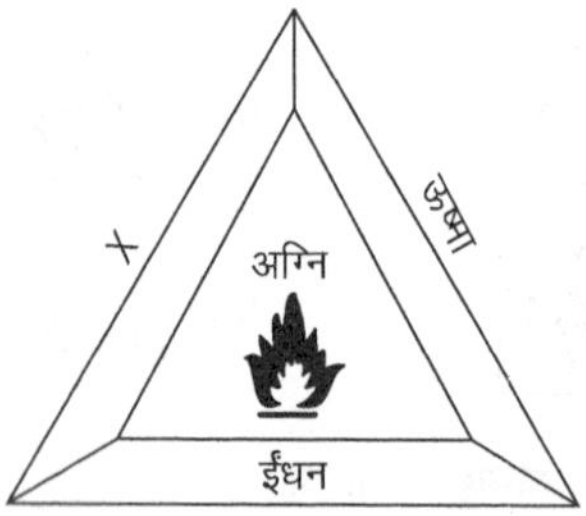

(a) तापमान (b) नाइट्रोजन
(c) ऑक्सीजन (d) CO_2

30. निम्न में से श्रेणी 'D' की आग में प्रयुक्त ईंधन कौन-सा है?
(a) मैग्नीशियम, जिंक आदि रासायनिक पदार्थ
(b) द्रवित गैस
(c) पेट्रोलियम पदार्थ
(d) उपरोक्त सभी

31. श्रेणी 'B' अग्नि को बुझाने के लिए ……… को प्रयोग किया जाता है।
(a) झाग वाले यन्त्र
(b) गर्म जल
(c) शीतल जल
(d) शुष्क चूर्ण वाले यन्त्र

32. चित्र में प्रदर्शित ईंधन के लिए आग की श्रेणी का नाम बताइए।

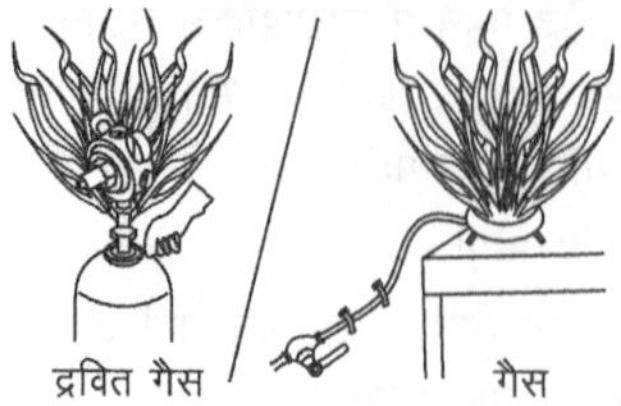

(a) श्रेणी 'D' की आग (b) श्रेणी 'C' की आग
(c) श्रेणी 'B' की आग (d) श्रेणी 'A' की आग

33. निम्नलिखित में से हैलोन अग्निशामक यन्त्र कौन-सा है?
(a) जलयुक्त अग्निशामक का यन्त्र
(b) शुष्क पाउडर वाला अग्निशामक यन्त्र
(c) CTC वाला अग्निशामक यन्त्र
(d) उपरोक्त में से कोई नहीं

34. इलेक्ट्रिकल केबिल में लगने वाली आग को बुझाया जाता है
(a) तेल से
(b) पानी से
(c) CCT टाइप अग्निशामक यन्त्र से
(d) फोम टाइप अग्निशामक यन्त्र से

35. ईंधन की प्रकृति के आधार पर, आग को चार समूहों में वर्गीकृत किया जाता है। चित्र में प्रदर्शित ईंधनों के लिए आग की श्रेणी का नाम बताइए।

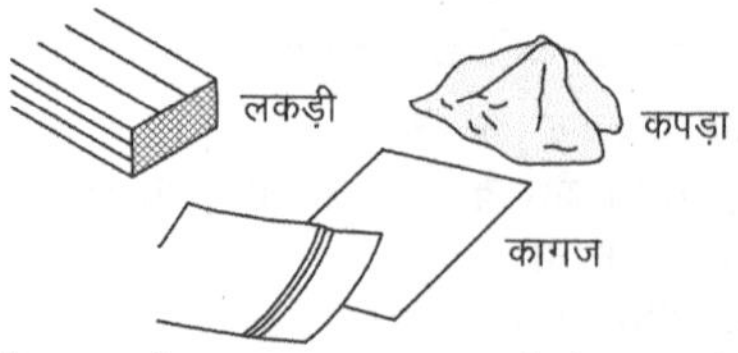

(a) श्रेणी 'D' की आग (b) श्रेणी 'C' की आग
(c) श्रेणी 'B' की आग (d) श्रेणी 'A' की आग

36. विद्युतीय उपकरण में लगी आग को बुझाने के लिए किस टाइप के अग्निशामक यन्त्र का उपयोग करेंगे?
(a) फोम टाइप
(b) हैलोन टाइप
(c) जल से भरे हुए गैस कॉर्ट्रिज टाइप
(d) संग्रहित दाब वाटर फिल्ड टाइप

37. चित्र में प्रदर्शित श्रेणी 'D' की आग को बुझाने के लिए सबसे उपयुक्त आग बुझाने वाला यन्त्र कौन-सा है?

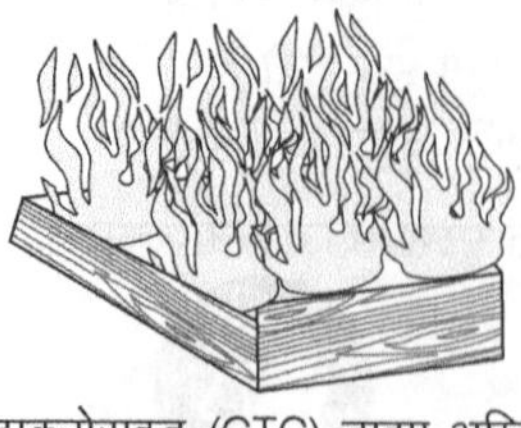

(a) कार्बन टेट्राक्लोराइड (CTC) टाइप अग्निशामक यन्त्र
(b) फोम टाइप अग्निशामक यन्त्र
(c) वाटर फिल्ड टाइप अग्निशामक यन्त्र
(d) गैस कॉर्ट्रिज हैलोन टाइप अग्निशामक यन्त्र

38. पेट्रोल से होने वाली दुर्घटना में प्रयुक्त अग्निशामक यन्त्र है
(a) शुष्क पाउडर टाइप अग्निशामक यन्त्र
(b) फोम टाइप अग्निशामक यन्त्र
(c) CO_2 टाइप अग्निशामक यन्त्र
(d) जलयुक्त अग्निशामक यन्त्र

39. जलते हुए द्रव से लगी आग बुझाने के लिए निम्न में से क्या प्रयोग नहीं करना चाहिए?
(a) CO_2 (b) जल
(c) शुष्क पाउडर (d) फोम

40. CTC टाइप अग्निशामक यन्त्र में कौन-सा द्रव, वायुदाब के साथ भरा होता है?
(a) कार्बन टैट्राक्लोराइड (CCl_4)
(b) कार्बन डाइऑक्साइड (CO_2)
(c) ब्रोमोक्लोरो-डि-फ्लोरो मीथेन ($CBrClF_2$)
(d) 'a' और 'b' दोनों

41. ऊर्जा संरक्षण है
(a) कम ऊर्जा खपत
(b) अधिक ऊर्जा खपत
(c) 'a' और 'b' दोनों
(d) उपरोक्त में से कोई नहीं

42. ऊर्जा संरक्षण इनमें से क्या कहलाता है?
(a) निश्चित ऊर्जा की मात्रा के बिना हानि या क्षय के उत्पादन को बढ़ाना
(b) अधिकतम दक्षता की प्राप्ति
(c) 'a' और 'b' दोनों
(d) उपरोक्त में से कोई नहीं

43. इमारती डिजाइन में इनमें से किसका अपरोक्ष रूप से ऊर्जा संरक्षण में सहयोग मिलता है?
(a) पेड़ (b) लैण्डस्केपिंग
(c) पर्वत (d) ये सभी

44. किसकी सहायता से इमारती डिजाइनों द्वारा 25 से 50% तक ऊष्मा को कम किया जा सकता है?
(a) खिड़कियों
(b) भली प्रकार सीलबन्द दरवाजों
(c) अतिरिक्त ताप रोधन
(d) उपरोक्त सभी

45. ऊर्जा संरक्षण अवसरों की श्रेणियों के सम्बन्ध में इनमें से कौन-सा शब्द-युग्म सही है?
(a) श्रेणी 'A'— लघु ECOs (b) श्रेणी 'B'— मध्यम ECOs
(c) श्रेणी 'C'— विस्तृत ECOs (d) ये सभी

46. ऊर्जा संरक्षण अधिनियम को राष्ट्रपति की स्वीकृति कब मिली?
(a) अक्टूबर, 2001 में (b) सितम्बर, 2001 में
(c) अक्टूबर, 2000 में (d) सितम्बर, 2002 में

47. ऊर्जा संरक्षण अधिनियम की इनमें से क्या विशेषता है?
(a) ऊर्जा कार्यक्षमता को प्रोत्साहित करता है
(b) ऊर्जा की बर्बादी को कम करता है
(c) 'a' और 'b' दोनों
(d) उपरोक्त में से कोई नहीं

48. देश भर में ऊर्जा संरक्षण अधिनियम लागू किया गया
(a) 25 मार्च, 2002 (b) 2 मार्च, 2002
(c) 1 मार्च, 2002 (d) 30 मार्च, 2002

49. वाहनों से लगभग .... कार्बन डाइ-ऑक्साइड का उत्सर्जन होता है।
(a) 18% (b) 38%
(c) 48% (d) 58%

50. वाहनों से उत्सर्जित होने वाला प्रदूषक है
(a) नाइट्रोजन ऑक्साइड (b) कार्बन डाइ-ऑक्साइड
(c) कार्बन मोनो-ऑक्साइड (d) ये सभी

उत्तरमाला

1. (d)	2. (d)	3. (d)	4 (a)	5. (d)	6. (d)	7. (d)	8. (b)	9. (b)	10. (b)
11. (c)	12. (b)	13. (b)	14. (c)	15. (b)	16. (c)	17. (d)	18. (d)	19. (b)	20. (b)
21. (c)	22. (d)	23. (c)	24. (d)	25. (a)	26. (c)	27. (a)	28. (b)	29. (c)	30. (a)
31. (a)	32. (b)	33. (c)	34. (c)	35. (d)	36. (b)	37. (a)	38. (d)	39. (b)	40. (d)
41. (a)	42. (c)	43. (d)	44. (d)	45. (d)	46. (b)	47. (c)	48. (c)	49. (a)	50. (d)

अध्याय 02

हस्त औजार
Hand Tools

परिचय Introduction

वर्कशॉप में उत्कृष्ट उत्पादन के लिए विभिन्न प्रकार के हस्त औजारों, उपकरणों एवं मशीनों का उपयोग किया जाता है। इन औजारों का प्रमुख उपयोग वर्कशॉप में जॉब की मार्किंग, मापन, कर्तन आदि करने में किया जाता है। किसी भी पदार्थ की उत्पादन प्रक्रिया के अन्तर्गत तीन प्रमुख प्रक्रियाएँ क्रमश:—मार्किंग, मापन तथा कर्तन (cutting) आती हैं, जिन्हें परिशुद्धता के साथ करना आवश्यक है। यह क्रियाएँ विभिन्न हस्त औजारों की सहायता से सम्पन्न होती हैं।

प्रस्तुत अध्याय में ऐसे ही कुछ हस्त औजारों का वर्णन किया गया है, जिससे कि प्रशिक्षु इनके उपयोग से भली-भाँति परिचित हो सकें एवं भविष्य में उत्पादन कार्य अथवा वर्कशॉप में कार्य करते समय उन्हें किसी भी प्रकार की अव्यवस्था का सामना न करना पड़े।

प्राय: मैकेनिक द्वारा वर्कशॉप में विभिन्न प्रकार के हस्त औजार प्रयोग किए जाते हैं, जो निम्नलिखित हैं

1. क्लीनिंग औजार
2. मार्किंग औजार
3. मापन औजार
4. स्ट्राइकिंग औजार
5. कर्तन औजार
6. संयोजन-वियोजन औजार
7. होल्डिंग औजार

अध्याय विषय सूची

2.1 क्लीनिंग औजार Cleaning Tools

वर्कशॉप में कार्यखण्ड पर कोई भी कार्य करने से पूर्व कार्यखण्ड की सफाई करना प्राथमिक आवश्यकता होती है। अत: इस कार्य हेतु कुछ उपयोगी औजार प्रयोग किए जाते हैं, जोकि निम्नलिखित हैं

1. स्क्रैपर
2. वायर ब्रुश
3. एमरी पेपर

1. स्क्रैपर Scraper

स्क्रैपर, हाई कार्बन स्टील या टूल स्टील के बनाए जाते हैं। इन्हें गर्म करके आवश्यकतानुसार किसी भी आकार व आकृति की कटिंग एज बनाई जा सकती है, जिसे बाद में हार्ड व टैम्पर करने के पश्चात् ग्राइण्ड करके धार लगा दी जाती है। धार को अधिक शार्प करने के लिए, उसे ऑयल स्टोन पर रगड़कर फिनिशिंग दी जाती है। कार्यशाला में पुरानी बेकार पड़ी रेतियों को फोर्ज करके, किसी भी आकार का स्क्रैपर तैयार किया जा सकता है। स्क्रैपर के एक सिरे पर हत्था भी लगा होता है।

इसका प्रयोग मशीनिंग प्रक्रिया पूर्ण होने के पश्चात्, प्राप्त जॉब पर उपस्थित अतिरिक्त धातु को खुरचकर हटाने के लिए किया जाता है। प्राय: इसके द्वारा 0.002" से 0.003" मोटाई तक की धातु खुरचकर हटायी जा सकती है। बनावट के आधार पर स्क्रैपर कई प्रकार के होते हैं, जिनमें से निम्नलिखित प्रमुख हैं

(i) फ्लैट स्क्रैपर
(ii) हुक स्क्रैपर
(iii) हाफ राउण्ड स्क्रैपर
(iv) त्रिभुजाकार स्क्रैपर
(v) टू-हैण्डिल स्क्रैपर
(vi) बुल नोज स्क्रैपर

(i) फ्लैट स्क्रैपर Flat Scraper

फ्लैट स्क्रैपर का आकार फ्लैट फाइल के समान होता है। इसकी कटिंग एज प्वॉइण्ट की ओर बनाई जाती है। इसकी धार को थोड़ा-सा गोलाई में 75° के कोण पर बनाया जाता है। इसकी लम्बाई व चौड़ाई फ्लैट फाइल के समान होती है। इसे अधिकतर पुरानी फ्लैट फाइल से ही बनाया जाता है। स्क्रैपिंग क्रिया के लिए फ्लैट फाइल को सतहों पर पुश किया जाता है। इसका उपयोग फ्लैट सतह से ऊँचे स्थानों को स्क्रैप करने के लिए किया जाता है।

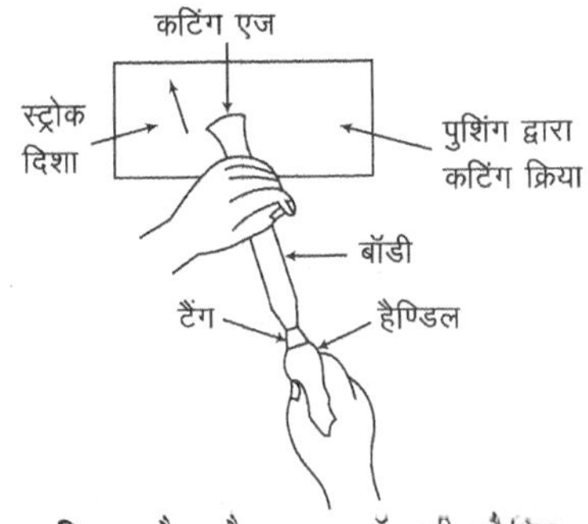

चित्र फ्लैट स्क्रैपर द्वारा जॉब की स्क्रैपिंग

(ii) हुक स्क्रैपर Hook Scraper

यदि फ्लैट स्क्रैपर को प्वॉइण्ट की ओर से 90° पर मोड़ दिया जाए, तो वह हुक स्क्रैपर बन जाता है। इसकी कटिंग एज अन्दर की ओर होती है, जिससे कि इसे पुल करके स्क्रैप करने के लिए प्रयोग कर सकते हैं। इसका उपयोग भी चपटी सतहों को स्क्रैप करने के लिए किया जाता है।

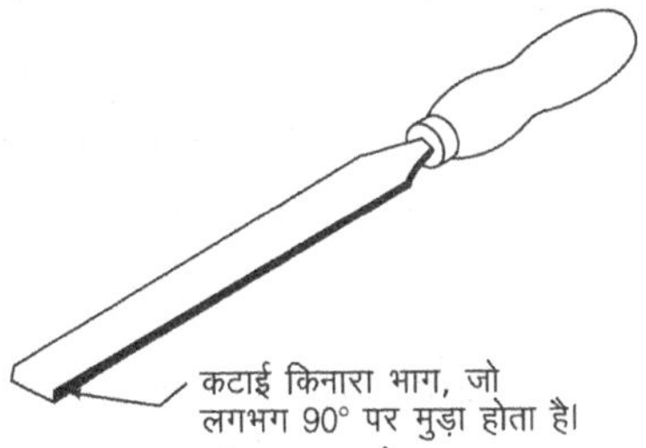

चित्र हुक स्क्रैपर

(iii) हाफ राउण्ड स्क्रैपर Half Round Scraper

यह स्क्रैपर बुश बियरिंग की अन्दरूनी सतहों को स्क्रैप करने के लिए प्रयोग किया जाता है, इसलिए इसे बियरिंग स्क्रैपर (bearing scraper) भी कहते हैं। इसकी बॉडी अर्द्धगोलाकार शेप में होती है तथा इसके दोनों ओर कटिंग एज (cutting edge) होती है। इसका कटाई कोण 45° से 65° के मध्य होता है। हाफ राउण्ड स्क्रैपर, प्लेन बियरिंग की वक्राकार सतह की स्क्रैपिंग के लिए उपयोगी होते हैं।

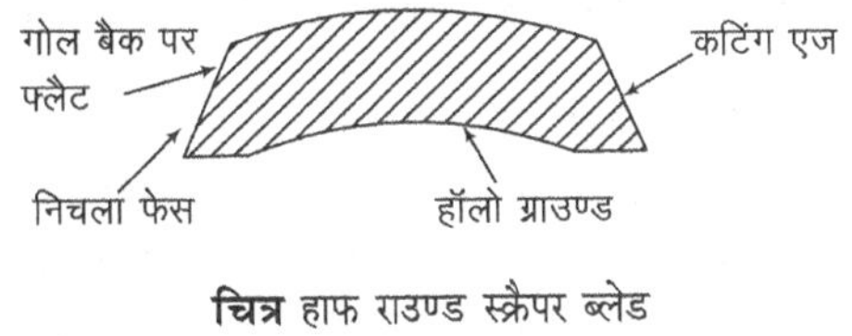

चित्र हाफ राउण्ड स्क्रैपर ब्लेड

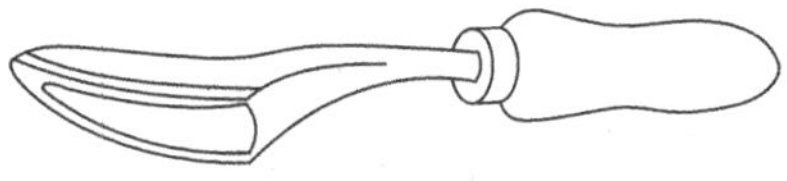

चित्र हाफ राउण्ड स्क्रैपर

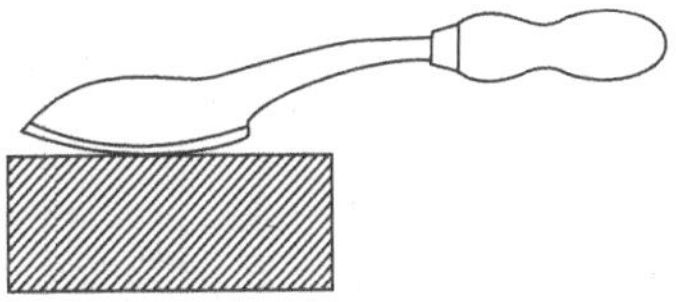

चित्र हाफ राउण्ड स्क्रैपर द्वारा स्क्रैपिंग

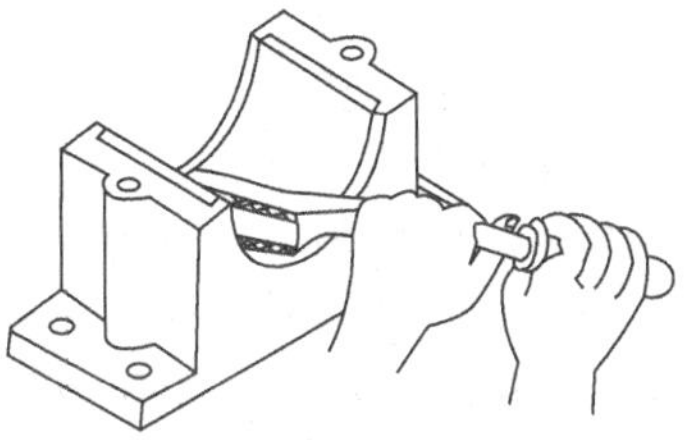

चित्र हाफ राउण्ड स्क्रैपर द्वारा बियरिंग की सतह की स्क्रैपिंग करना

(iv) त्रिभुजाकार स्क्रैपर Triangular Scraper

इस स्क्रैपर की अनुप्रस्थ काट त्रिभुजाकार होती है। त्रिभुजाकार होने के कारण इसकी तीन साइडें होती हैं, जिन्हें कटिंग एज के रूप में प्रयोग किया जाता है। यह आगे से नुकीला होता है। इसका प्रयोग छोटे व्यास के छिद्रों को खुरचने तथा छिद्र के किनारों की डि-बर्रिंग करने के लिए किया जाता है।

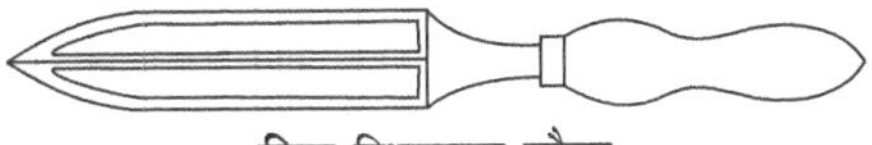

चित्र त्रिभुजाकार स्क्रैपर

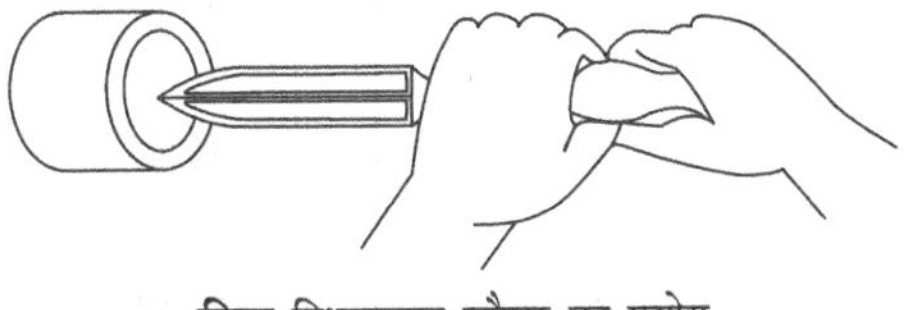

चित्र त्रिभुजाकार स्क्रैपर का प्रयोग

(v) डबल हैण्डिल स्क्रैपर Double Handle Scraper

इसका प्रयोग बड़े आकार की फ्लैट सतहों को स्क्रैप करने के लिए किया जाता है। इस स्क्रैपर में दोनों तरफ हैण्डिल लगे होते हैं। इन दोनों हैण्डिलों को दोनों हाथों में पकड़कर स्क्रैपिंग करते हैं।

दोनों ओर से पकड़े जाने के कारण यह समतल तथा शीघ्रतापूर्वक स्क्रैपिंग करता है।

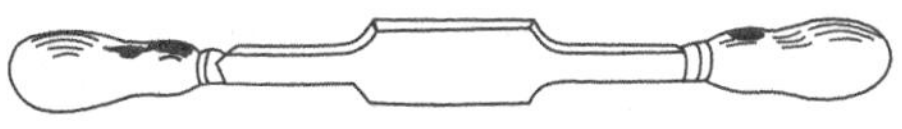

चित्र डबल हैण्डिल स्क्रैपर

(vi) **बुल नोज स्क्रैपर** Bull Nose Scraper

इस स्क्रैपर की आकृति (shape) बैल की नाक के समान फूली हुई होती है। इसके द्वारा समतल व हाफ राउण्ड सतह को स्क्रैप किया जा सकता है। इसकी कटिंग एज वृत्त की $\frac{2}{3}$ होती है। इसका प्रयोग बड़े बियरिंगों में ऑयल-पॉकेट बनाने के लिए किया जाता है।

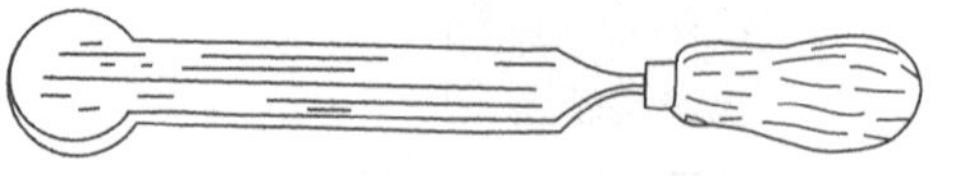

चित्र बुल नोज स्क्रैपर

2. वायर ब्रुश Wire Brush

जॉब पर उपस्थित विभिन्न अशुद्धियाँ जॉब पर की जाने वाली मार्किंग एवं मापन प्रक्रिया को प्रभावित कर सकती हैं। अत: इन प्रक्रियाओं से पूर्व जॉब को वायर ब्रश द्वारा साफ किया जाता है, जिससे जॉब पर मार्किंग एवं उसका मापन यथार्थतापूर्वक किया जा सके। सामान्यत: वायर ब्रुश का उपयोग वैल्ड जोड़ों को साफ करने के लिए किया जाता है। वायर ब्रुश को स्टील के तारों या नायलॉन ब्रिस्टल को लकड़ी के टुकडे पर फिट करके बनाया जाता है। स्टील के तारों को हार्ड तथा टेम्पर किया जाता है जिससे कि ये उत्तम सफाई क्रिया उपलब्ध कराते हैं। निम्न चित्र में एक वायर ब्रश दर्शाया गया है

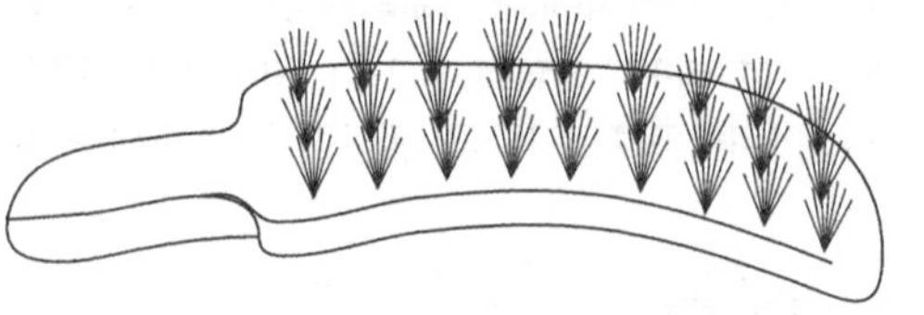

चित्र वायर ब्रुश

वायर ब्रुश के अनुप्रयोग Applications of Wire Brush

वायर ब्रुश के अनुप्रयोग निम्न प्रकार हैं

(i) वायर ब्रुश का प्रयोग असमान सतहों की सफाई के लिए भी किया जा सकता है।

(ii) वायर ब्रुश को ब्लॉक के बाह्य भाग तथा हैड पर किया जा सकता है।

(iii) हैण्ड ड्रिल मोटर के स्पिण्डल पर फिट गोल वायर ब्रुश का उपयोग कम्बशन चैम्बर तथा हैड के भागों पर किया जाता है।

(iv) वाल्वों की सफाई के लिए वायर बुश का उपयोग किया जाता है।

(v) एब्रेसिव युक्त नायलॉन ब्रिस्टल वायर ब्रुश का उपयोग इंजन बोरिंग की सफाई के लिए किया जाता है।

(vi) वायर ब्रुश का उपयोग वैल्डिंग के पूर्व तथा पश्चात् कार्यखण्ड की सफाई के लिए किया जाता है।

सुरक्षा सावधानियाँ Safety Precautions

वायर ब्रुश का उपयोग मृदु धातुओं पर अत्यधिक सावधानी के साथ करना चाहिए। वायर ब्रुश द्वारा परिष्कृत सतह पर स्क्रैच (scratches) नहीं बननी चाहिए।

3. एमरी पेपर Emery Paper

एमरी पेपर या रेगमाल एक सख्त कागज के टुकड़े पर एब्रेसिव कण चिपकाकर बनाया जाता है। ये कण, जॉब पर उपस्थित अशुद्धियों को हटाकर, उनकी सफाई करने में सहायक होते हैं। सामान्यत: एमरी पेपर का उपयोग धातुओं से जंग हटाने तथा धूल मिट्‌टी, सीमेण्ट आदि को साफ करने के लिए किया जाता है। इसे प्रयोग करने का प्रमुख लाभ यह है कि इससे धातुओं में चमक आ जाती है। चित्र में एक एमरी पेपर दर्शाया गया है

चित्र एमरी पेपर

एमरी पेपर पर लगे एब्रेसिव पदार्थ का प्रत्येक कण, कटिंग एज के रूप में कार्य करता है। एमरी को कार्यशाला अभ्यास तथा स्टील के अन्तिम समायोजन (final adjustment) के लिए एक उपयुक्त एब्रेसिव माना जाता है। एमरी पेपर का उपयोग पॉलिश किए गए धात्विक अवयवों से धूल कणों को हटाने तथा सफाई के लिए भी किया जाता है। एमरी के ग्रेड को संख्या द्वारा निरूपित किया जाता है। तथा ये 40, 46, 54, 60. 70, 80, 90, 100, 120, F तथा FF में उपलब्ध हैं।

2.2 मार्किंग मीडिया व इसके विभिन्न प्रकार Marking Media and its Different Types

जब धातु पर खींची गई लाइनें ठीक से दिखाई नहीं देती, तो जॉब पर मार्किंग मीडिया लगा दिया जाता है। मार्किंग मीडिया निम्न प्रकार के होते हैं

1. सफेद रंगाई
2. पर्शियन ब्लू
3. नीले थोथे का घोल
4. ले-आउट डाई

1. सफेद रंगाई या चॉक White Wash or Chalk

जॉब की सतह पर सफेद रंगाई करने के लिए कई प्रकार के घोल बनाए जाते हैं; जैसे

(i) साधारण चॉक का पानी में घोल

(ii) साधारण चॉक का मिथाइलेटेड स्प्रिट में घोल

(iii) सफेद लैड पाउडर का तारपीन के तेल में घोल

सफेद रंगाई सबसे अधिक प्रयोग किया जाने वाला मार्किंग मीडिया है। इसका प्रयोग कास्टिंग या रफ फोर्जिंग की गई सतहों पर मार्किंग करने के लिए किया जाता है। लोहे की सतह पर इसके द्वारा लेप की मोटी सतह बनती है, जिस कारण यह महीन कार्यों के लिए उपयुक्त नहीं है। अत: महीन कार्यों के लिए स्प्रिट या तारपीन के तेल में बने घोल का ही प्रयोग करना चाहिए।

2. पर्शियन ब्लू Pursian Blue

इसका प्रयोग मशीनिंग की गई सतहों पर किया जाता है। पर्शियन ब्लू की बहुत बारीक पर्त, जॉब की सतह पर फैलती है। अत: इसके द्वारा प्राप्त मार्किंग बहुत स्पष्ट तथा यथार्थ होती है, परन्तु इसके लेप को सूखने में बहुत अधिक समय लगता है।

3. नीले थोथे का घोल Copper Sulphate Solution

नीले थोथे को पानी में घोलने पर एक नीले रंग का घोल प्राप्त होता है। इसे अधिक क्रियाशील बनाने के लिए इसमें कुछ बूँदें सल्फ्यूरिक एसिड अथवा नाइट्रिक एसिड की मिला दी जाती हैं। इस घोल को मार्किंग की सतह पर लगाने से यह सतह को कॉपर के रंग में बदल देता है। इसका प्रयोग केवल स्टील के जॉब के लिए किया जाता है। इस पर बहुत यथार्थता से मार्किंग की जा सकती है। यह लेप लगाने से पहले सतहों से ग्रीस, ऑयल आदि साफ कर देना चाहिए। नीला थोथा जहरीला होने के कारण इसके प्रयोग में सावधानी अपनानी चाहिए।

4. सेलुलोज रोगन Cellulose Lacquer

यह एक व्यावसायिक रूप से उपलब्ध मार्किंग मीडिया है। इसे विभिन्न रंगों में बनाया जाता है तथा यह बहुत शीघ्रता से सूखता है।

मार्किंग करते समय सावधानियाँ Precautions While Marking

मार्किंग क्रिया प्रारम्भ करने से पूर्व निम्नलिखित सावधानियाँ रखनी चाहिए

(i) मार्किंग शुरू करने से पहले ड्रॉइंग को भली-भाँति पढ़ लेना चाहिए।

(ii) प्रारम्भ में कोई सन्दर्भ बिन्दु या सन्दर्भ रेखा (reference line) नियत करने के बाद ही मार्किंग शुरू करनी चाहिए।

(iii) मार्किंग में प्रयुक्त स्क्राइबर (scriber) नुकीला व कठोर होना चाहिए, जिससे पतली व स्पष्ट रेखा अंकित हो।

(iv) ड्रॉइंग के अनुरूप माप के अनुसार ही मार्किंग औजारों का चुनाव करना चाहिए।

(v) मार्किंग को पक्का करने से पहले एक बार दोबारा से पूरी मार्किंग चैक कर लेनी चाहिए।

(vi) सेन्टर पंच से निशान इस प्रकार लगाने चाहिए कि मार्किंग स्पष्ट दिखाई देती रहे।

(vii) बिन्दु ठीक लाइन पर तथा बराबर दूरी पर लगाने चाहिए।

(viii) बिन्दु लगाते समय पंच को ठीक लम्बवत् रखना चाहिए तथा बिन्दुओं की गहराई समान होनी चाहिए।

2.3 मार्किंग औजार Marking Tools

बाजार में उपलब्ध कच्चे पदार्थ को उपयोगी वस्तु में परिवर्तित करने हेतु उस पर विभिन्न संक्रियाएँ; जैसे— काटना, मोड़ना आदि की जाती हैं। इन सभी संक्रियाओं से पूर्व की जाने वाली संक्रिया, पदार्थ की मार्किंग है। पदार्थ की मार्किंग से अभिप्राय यह है कि हमें पदार्थ पर कौन-कौन सी प्रक्रियाएँ करनी हैं तथा कहाँ से कितनी मात्रा में पदार्थ को काटना है।

मैकेनिक द्वारा वर्कशॉप में पदार्थ की यथार्थ मार्किंग के लिए कुछ औजार प्रयोग करके उन पर चिन्हन किया जाता है।

ये मार्किंग औजार निम्न प्रकार के होते हैं

1. मार्किंग ऑफ टेबल
2. सर्फेस प्लेट
3. 'V' ब्लॉक
4. स्क्राइबर
5. डिवाइडर
6. मार्किंग ब्लॉक
7. पंच

1. मार्किंग ऑफ टेबल Marking Off Table

यह मार्किंग करने के उद्देश्य से बनाई गई टेबल होती है, जिसकी ऊपरी प्लेट कास्ट आयरन की बनी होती है। इस कास्ट आयरन की प्लेट को एंगल आयरन के बने स्टैण्ड पर रखा जाता है। यह कास्ट आयरन की प्लेट मशीनिंग करके समतल बनाई जाती है तथा इसके कोने ठीक 90° पर रखे जाते हैं। इसकी चारों साइड भी मशीनिंग की गई होती हैं।

आवश्यकतानुसार यह प्लेट चौकोर या आयताकार भी हो सकती है। मार्किंग किए जाने वाले जॉब को टेबल पर रखकर मार्किंग की जाती है। कार्य करने के पश्चात् टेबल को कपड़े से साफ करके, हल्के तेल की पर्त लगाकर रखा जाता है, जिससे कि यह जंग लगने से सुरक्षित रहती है।

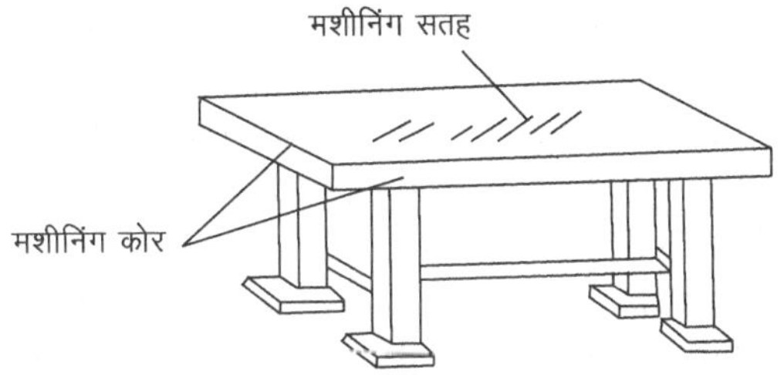

चित्र मार्किंग ऑफ टेबल

2. सर्फेस प्लेट Surface Plate

यह मार्किंग टेबल की तरह कास्ट आयरन की ढली हुई प्लेट होती है, जिसे किसी टेबल पर रखकर प्रयोग किया जाता है। सर्फेस प्लेट कई साइजों में उपलब्ध होती हैं; परन्तु साधारणतः 50×50 सेमी^{2} तथा 100×100 सेमी^{2} की सर्फेस प्लेटें ही प्रयोग में लाई जाती हैं। इसकी मोटाई 2.5 सेमी से 7.5 सेमी तक हो सकती है। कई बार अधातुओं से बनी सर्फेस प्लेट भी प्रयोग की जाती है। सर्फेस प्लेटों को निम्न आधारों पर वर्गीकृत किया जा सकता है

(i) पदार्थ के आधार पर (ii) उपयोगिता के आधार पर

(i) पदार्थ के आधार पर On the Basis of Material

सर्फेस प्लेट बनाने में प्रयोग किए गए पदार्थ के अनुसार, ये निम्नलिखित तीन प्रकार की होती है

(a) **कास्ट आयरन सर्फेस प्लेट** (Cast iron surface plate) इस सर्फेस प्लेट को उठाने के लिए साइडों में माइल्ड स्टील के दो हैण्डिल लगे होते हैं। टेबल की सतह को ऊँचा उठाए रखने के लिए एक फ्रेम भी साथ में ही ढलाई किया होता है। प्लेट की ऊपरी सतह पर की गई सतह परिष्कृति कई ग्रेड में होती हैं; जैसे—'A' ग्रेड की यथार्थता 5 माइक्रोन (0.005 मिमी) तथा 'B' ग्रेड की यथार्थता 20 माइक्रोन (0.02 मिमी) होती है।

कास्ट आयरन सर्फेस प्लेट को किसी ऊँची जगह पर या मार्किंग ऑफ टेबल पर रखा जाता है, जिससे कारीगर खड़ा होकर आसानी से कार्य कर सके। इसकी चारों साइड तथा बेस को मशीनिंग करके ठीक लम्बवत् बनाया जाता है।

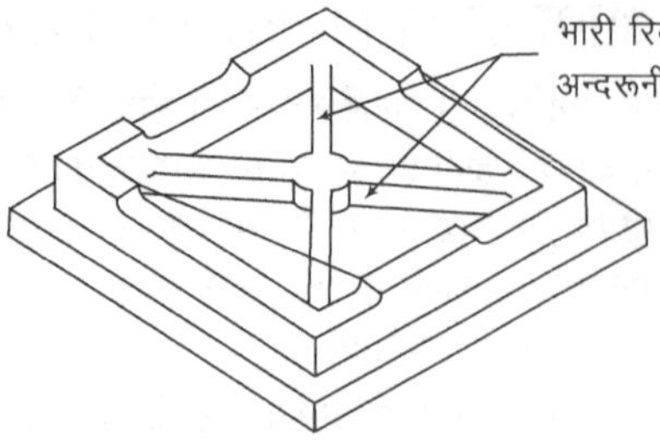

चित्र कास्ट आयरन की सर्फेस प्लेट

(b) **ग्रेनाइट सर्फेस प्लेट** (Granite surface plate) कुछ सर्फेस प्लेट ग्रेनाइट की बनाई जाती हैं। यह एक प्रकार का कठोर पत्थर होता है, जो बहुत कम पिघलता है। इस सर्फेस प्लेट की ऊपरी सतह तथा साइडों को ग्राइण्ड करके, अच्छी फिनिशिंग दी जाती है, परन्तु अपनी कठोरता के कारण यह भंगुर होती है। कोई वस्तु गिरने पर इसके टूटने का खतरा रहता है। इसे आवश्यकतानुसार किसी भी साइज में बनाया जा सकता है।

(c) **ग्लास सर्फेस प्लेट** (Glass surface plate) काँच की प्लेट की सर्फेस फिनिशिंग 4 से 8 माइक्रोन तक होती है। अत: इसकी सर्फेस प्लेट बनाना उपयुक्त होता है। ये 50 सेमी से लेकर 90 सेमी के वर्ग व आयत के आकार की कई साइजों में उपलब्ध होती हैं। इन सर्फेस प्लेटों पर मार्किंग को पक्का करने का काम अर्थात् पंचिंग का कार्य नहीं किया जा सकता।

(ii) उपयोगिता के आधार पर On the Basis of Usefulness

उपयोगिता के आधार पर सर्फेस प्लेट तीन प्रकार की होती हैं

(a) **निरीक्षण सर्फेस प्लेट** (Inspection surface plate) वर्कशॉप में जिस सर्फेस प्लेट को पार्ट्स के साइज का निरीक्षण करने के लिए प्रयोग किया जाता है, उसे निरीक्षण सर्फेस प्लेट कहते हैं। इस सर्फेस प्लेट को कभी-कभी प्रयोग किया जाता है, जिससे इसकी यथार्थता अधिक समय तक बनी रहती है। इसकी सतह की परिष्कृतता 2.5 माइक्रोन तक होती है।

(b) **वर्कशॉप सर्फेस प्लेट** (Workshop surface plate) इस सर्फेस प्लेट को वर्कशॉप में साधारणत: सभी प्रकार के कार्यों के लिए प्रयोग किया जाता है। कार्य की उपयोगितानुसार विभिन्न प्रकार की सतह परिष्कृति की सर्फेस प्लेट वर्कशॉप में प्रयोग की जाती हैं। इनकी सतह परिष्कृति 1 माइक्रोन से 25 माइक्रोन तक हो सकती है।

(c) **मास्टर सर्फेस प्लेट** (Master surface plate) यह प्लेट, सर्फेस प्लेट बनाने वाली फैक्ट्री में प्रयोग में लाई जाती है। इसकी सतह परिष्कृति बहुत अधिक होती है। इसको किसी भी सर्फेस को ट्रूइंग (truing) करने के लिए प्रयोग किया जाता है।

प्लेट की समतलता की जाँच करने के लिए, सर्फेस प्लेट पर पर्शियन ब्लू (pursian blue) या सिन्दूर (red lead) की पतली परत लगाकर उस पर जॉब की जाँच करने वाली सतह को हल्के से रगड़ा जाता है। जहाँ पर रंग लगता है, वह भाग ऊँचा होता है तथा जहाँ पर रंग नहीं लगता, वह भाग नीचा होता है।

समतलता बढ़ाने के लिए स्क्रैपर (scraper) द्वारा ऊँचे भाग को छीलकर स्क्रैप कर दिया जाता है तथा पुन: रंग का निशान लिया जाता है।

सर्फेस प्लेट प्रयोग करते समय सावधानियाँ
Precautions While Using Surface Plate

सर्फेस प्लेट का प्रयोग करते समय निम्न बातों का ध्यान रखना चाहिए

(i) सर्फेस प्लेट को हमेशा साफ व ढक कर रखना चाहिए।

(ii) कार्य प्रारम्भ करने से पहले प्लेट पर लगे तेल को साफ कर देना चाहिए।

(iii) जहाँ तक सम्भव हो सर्फेस प्लेट पर पंच द्वारा पक्की मार्किंग नहीं करनी चाहिए।

(iv) गरम जॉब को सर्फेस प्लेट पर नहीं रखना चाहिए।

3. 'V' ब्लॉक 'V' Block

बेलनाकार या गोल आकार की वस्तुओं को सर्फेस प्लेट पर रखकर मार्किंग करना कठिन होता है, इसलिए इन्हें सहारा देने के लिए 'V' ब्लॉक की आवश्यकता होती है। बेलनाकार जॉब को 'V' ग्रूव में रखकर मार्किंग की जा सकती है। मशीनिंग करने के लिए जॉब को 'V' ग्रूव में क्लैम्प किया जा सकता है। साधारणत: 'V' ब्लॉक कास्ट आयरन के बनाए जाते हैं, परन्तु कभी-कभी इन्हें माइल्ड स्टील के बनाकर, केस-हार्ड किया जाता है। 'V' ग्रूव का कोण 90° होता है, परन्तु बड़े जॉब की आवश्यकता को देखते हुए यह कोण 120° का भी बनाया जाता है। 'V' ब्लॉक का साइज उसकी लम्बाई × चौड़ाई × ऊँचाई से लिया जाता है। 'V' ब्लॉक हमेशा जोड़े में बनाए जाते हैं।

'V' ब्लॉक के प्रकार Types of 'V' Block

'V' ब्लॉक मुख्यत: निम्न प्रकार के होते हैं

(i) सिंगल लेवल, सिंगल ग्रूव 'V' ब्लॉक
Single level, single groove 'V' block

यह कास्ट-आयरन का बना हुआ ब्लॉक होता है, जिसमें केवल एक सतह पर 'V' ग्रूव बनाया होता है। बाकी सतहें समतल मशीन तथा ग्राइण्ड की गई होती हैं। इसका प्रयोग केवल भारी जॉब पर मार्किंग करने के लिए ही किया जाता है।

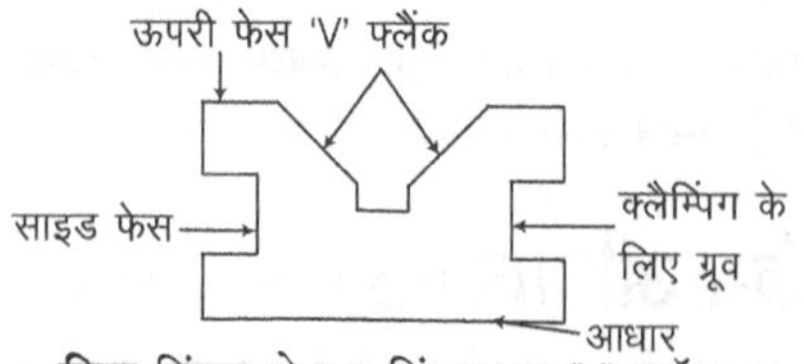

चित्र सिंगल लेवल, सिंगल ग्रूव 'V' ब्लॉक

(ii) सिंगल लेवल, डबल ग्रूव 'V' ब्लॉक
Single level, double groove 'V' block

इस प्रकार के 'V' ब्लॉक में एक 'V' खाँचा व दोनों तरफ दो चौकोर खाँचे कटे होते हैं। यह क्लैम्प को जॉब के आकार के अनुसार उचित स्थान प्रदान करता है।

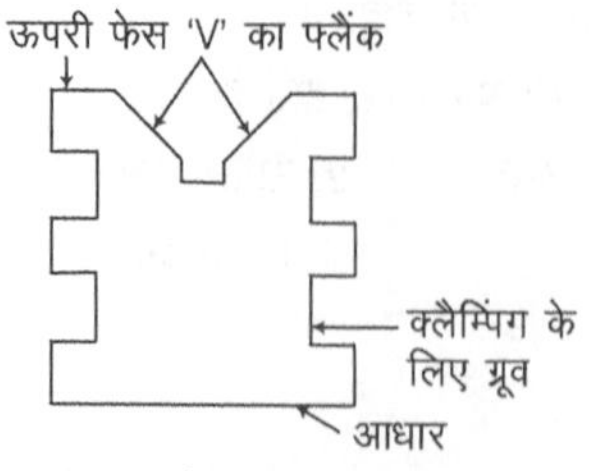

चित्र सिंगल लेवल, डबल ग्रूव 'V' ब्लॉक

(iii) **डबल लेवल, सिंगल ग्रूव 'V' ब्लॉक**
Double level, single groove 'V' block

इस प्रकार के 'V' ब्लॉक में परस्पर विपरीत सतहों में 'V' ग्रूव कटा होता है तथा साइड की दोनों सतहों में छोटा आयताकार ग्रूव होता है। दोनों 'V' ग्रूव में से एक 90° के कोण पर तथा दूसरा 120° के कोण पर होता है। 120° के 'V' ग्रूव में बड़े व्यास की वस्तुएँ पकड़ी जाती हैं, जबकि 90° के 'V' ग्रूव में छोटे व्यास की वस्तुएँ पकड़ी जाती हैं।

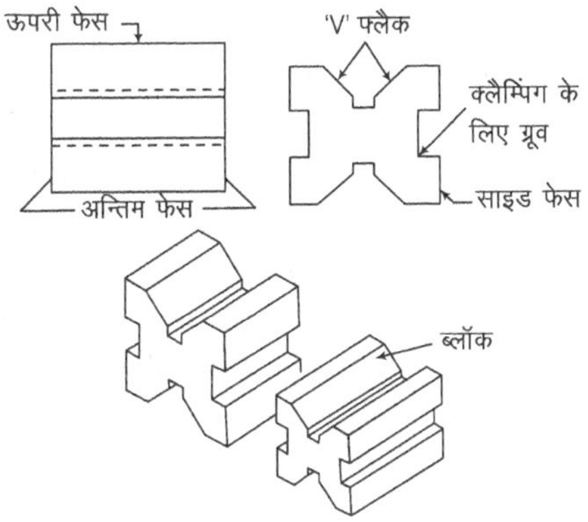

चित्र डबल लेवल, सिंगल ग्रूव 'V' ब्लॉक

(iv) **युग्मित 'V' ब्लॉक** Paired 'V' block

इस प्रकार के 'V' ब्लॉक समान आकार के युग्म में रहते हैं। इन्हें निर्माता द्वारा दी गई संख्या या अक्षर के आधार पर पहचाना जाता है। इस प्रकार के 'V' ब्लॉक का उपयोग मार्किंग टेबल पर लम्बी शाफ्ट को सहारा देने के लिए किया जाता है।

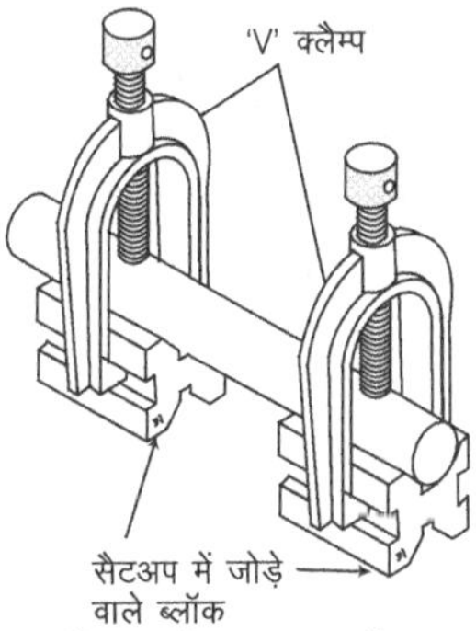

चित्र युग्मित 'V' ब्लॉक

(v) **चुम्बकीय 'V' ब्लॉक** Magnetic 'V' Block

मार्किंग करते समय 'V' ब्लॉक दाब पड़ने पर हिल सकता है। अत: इसे एक निश्चित स्थान पर क्लैम्प करने की आवश्यकता रहती है, जिसके लिए चुम्बकीय 'V' ब्लॉक का प्रयोग किया जाता है। इसमें एक अस्थायी चुम्बक होता है, जो एक लीवर द्वारा ऑपरेट होता है। लीवर के ऑन (ON) होने पर, इसमें चुम्बकीय प्रभाव आ जाता है, जिसके कारण यह सर्फेस प्लेट पर चिपक जाता है। जब इसे हटाना होता है, तो लीवर को ऑफ (OFF) कर देते हैं, जिससे चुम्बकीय प्रभाव खत्म हो जाता है।

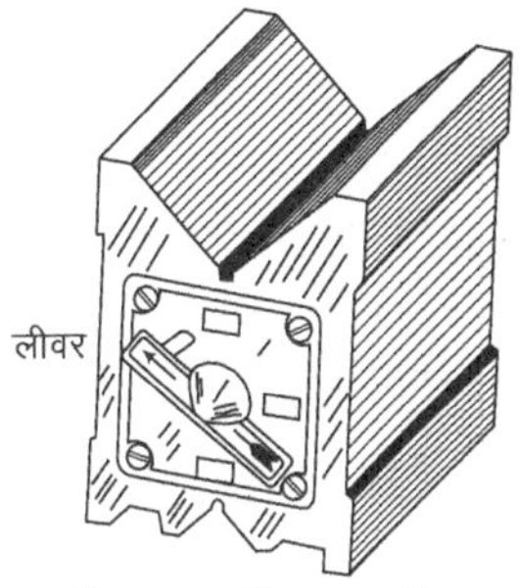

चित्र चुम्बकीय 'V' ब्लॉक

'V' ब्लॉक को प्रयोग करते समय सावधानियाँ
Precautions While Using 'V' Block

'V' ब्लॉक का प्रयोग करते समय निम्नलिखित सावधानियों का ध्यान रखना चाहिए

(i) 'V' ब्लॉक को कार्य के उपरान्त तेल से साफ करके रखना चाहिए।
(ii) 'V' ब्लॉक को सावधानी से उचित स्थान पर रखना चाहिए व इसे गिरने से बचाना चाहिए।
(iii) इसे खरोंच से बचाना चाहिए।

4. स्क्राइबर Scriber

धातु की सतहों पर लाइन खींचने के लिए स्क्राइबर का प्रयोग किया जाता है। ये हाई-कार्बन स्टील के बनाए जाते हैं, जिसके बाद इसे ऊष्मा उपचार विधि द्वारा हार्ड तथा टैम्पर किया जाता है। धातुओं पर साफ तथा तीव्र लाइनें बनाने के लिए इसके एक सिरे को ग्राइण्ड करके नुकीला बनाया जाता है। इसके सिरों को 12° से 15° के कोण पर बनाया जाता है। चित्र में स्क्राइबर तथा इसके उपयोग को दर्शाया गया है।

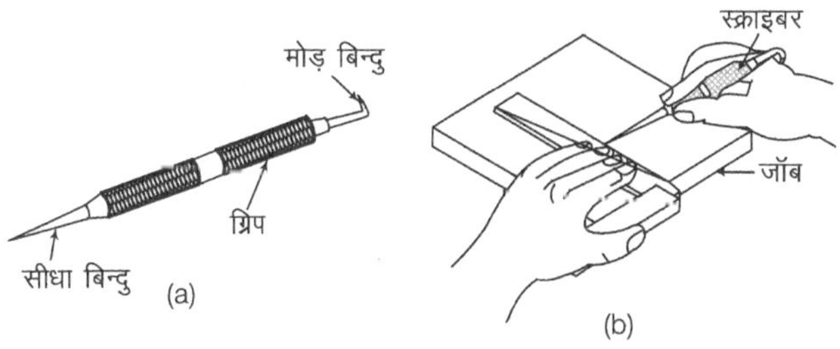

चित्र स्क्राइबर का उपयोग

बनावट के आधार पर स्क्राइबर निम्नलिखित चार प्रकार के होते हैं

(i) मुड़ा स्क्राइबर
(ii) एडजस्टेबल स्क्राइबर
(iii) सीधा स्क्राइबर
(iv) ऑफसैट स्क्राइबर

(i) मुड़ा हुआ स्क्राइबर Bent Scriber

इसका एक सिरा सीधा व दूसरा सिरा 90° पर मुड़ा हुआ होता है। इसके दोनों सिरे नुकीले होते हैं।

सीधा सिरा साधारणत: रेखाएँ खींचने के लिए प्रयोग किया जाता है, जबकि मुड़ा हुआ सिरा जॉब की अन्दरूनी मार्किंग करने के लिए प्रयोग किया जाता है; जैसे—पाइप के अन्दरूनी बोर के अन्दर या किसी जॉब के अन्दर कटी चैनल आदि में।

चित्र मुड़ा हुआ स्क्राइबर

(ii) एडजस्टेबल स्क्राइबर Adjustable Scriber

इस स्क्राइबर की लम्बाई को आवश्यकतानुसार घटाया-बढ़ाया जा सकता है। इसमें एक खोखली स्लीव होती है, जिसके बाहर के भाग में नर्लिंग होती है। स्क्राइबर का तार स्लीव के अन्दर किसी भी गहराई तक जा सकता है। एक नट की सहायता से उसे कहीं भी टाइट (tight) किया जा सकता है।

चित्र एडजस्टेबल स्क्राइबर

(iii) सीधा स्क्राइबर Straight Scriber

यह साधारण प्रकार का स्क्राइबर होता है, जिसका एक सिरा नुकीला व सीधा होता है और इसके बीच के भाग में नर्लिंग की गई होती है। इसका दूसरा सिरा मुड़ा हुआ नहीं होता है। इसका उपयोग साधारण प्रकार की मार्किंग करने के लिए किया जाता है।

चित्र सीधा स्क्राइबर

(iv) ऑफसैट स्क्राइबर Offset Scriber

ऑफसैट स्क्राइबर का उपयोग बहुत से मापक यन्त्रों के साथ किया जाता है; जैसे—वर्नियर हाइट गेज, स्क्वायर हैड आदि। इस स्क्राइबर को प्रयोग करने का लाभ यह है कि इसके द्वारा जॉब को मापने व मार्किंग करने का काम एक साथ हो जाता है।

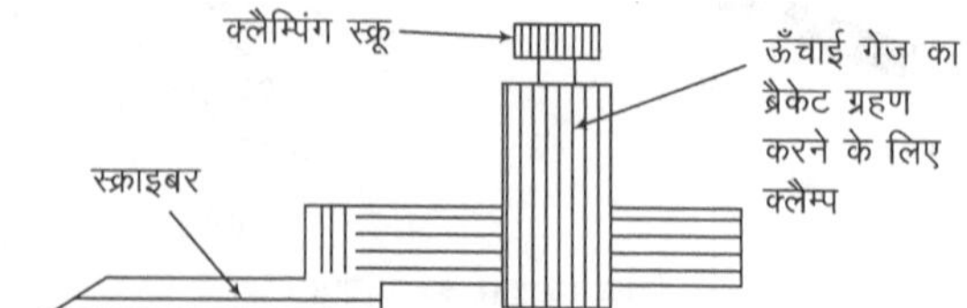

चित्र ऑफसैट स्क्राइबर

स्क्राइबर का प्रयोग करते समय सावधानियाँ
Precautions While Using Scriber

स्क्राइबर द्वारा जॉब की मार्किंग करते समय निम्नलिखित सावधानियाँ बरतनी चाहिए

(i) स्क्राइबर की नोंक को नुकीला रखना चाहिए।

(ii) स्क्राइबर के जिस सिरे का उपयोग न हो, उस पर रबड़ लगा देनी चाहिए, इससे मार्किंग के दौरान चोट लगने का डर नहीं रहता।

(iii) स्क्राइबर को 30° से 35° पर रखकर मार्किंग करनी चाहिए।

(iv) हार्ड सतह पर स्क्राइबर का प्रयोग नहीं करना चाहिए, इससे स्क्राइबर की नोंक जल्दी मुड़ जाती है।

5. डिवाइडर Divider

यह माइल्ड स्टील या हाई-कार्बन स्टील का कम्पास (compass) के समान दो टाँगों वाला मार्किंग उपकरण है। इसकी दोनों टाँगें समान लम्बाई की तथा नुकीली होती हैं। हाई-कार्बन स्टील की कम्पास को हार्ड तथा टैम्पर किया जाता है, जबकि माइल्ड स्टील के कम्पास को केस हार्ड (case hard) किया जाता है। इसका साइज दोनों टाँगों के जोड़ से नुकीले प्वॉइण्ट तक की लम्बाई द्वारा दिया जाता है। बाजार में ये 50, 100, 150 या 200 मिमी की लम्बाई में उपलब्ध हैं। विशेष कार्यों के लिए ये अधिक लम्बाई के भी बनाए जा सकते हैं। इसका प्रयोग वृत्त, चाप तथा दूरियों की सीढ़ियाँ बनाने के लिए किया जाता है।

डिवाइडर दो प्रकार के होते हैं

(i) फर्म ज्वॉइण्ट डिवाइडर

(ii) स्प्रिंग टाइप डिवाइडर

(i) फर्म ज्वॉइण्ट डिवाइडर
Firm Joint Divider

इस प्रकार के डिवाइडर की दोनों टाँगों को ऊपर से वाशर रखकर रिवेट द्वारा जोड़ा जाता है। इस प्रकार बने जोड़ की दोनों टाँगों को बल लगाकर खोला या बन्द किया जाता है। जोड़ ढीला पड़ने पर रिवेट को पीटकर उसे टाइट कर दिया जाता है। फर्म ज्वॉइण्ट डिवाइडर मुख्यत: तीन प्रकार के होते हैं

- साधारण फर्म ज्वॉइण्ट डिवाइडर, चित्र (a)
- फर्म ज्वॉइण्ट विंग डिवाइडर, चित्र (b)
- नीडिल प्वॉइण्ट फर्म ज्वॉइण्ट डिवाइडर, चित्र (c)

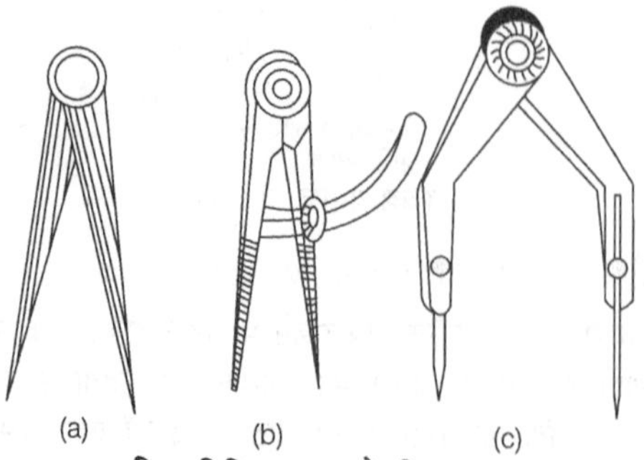

चित्र विभिन्न प्रकार के डिवाइडर

(ii) स्प्रिंग टाइप डिवाइडर
Spring Type Divider

इसकी दोनों टाँगों के ऊपरी सिरों को एक रिवेट का आलम्ब बनाकर गोल कमानी स्प्रिंग के द्वारा जोड़ा जाता है। इसका जोड़ व आकार, इनसाइड स्प्रिंग कैलीपर से मिलता-जुलता है।

स्प्रिंग के तनाव के विपरीत इसे स्क्रू व नट के द्वारा समायोजित किया जाता है।

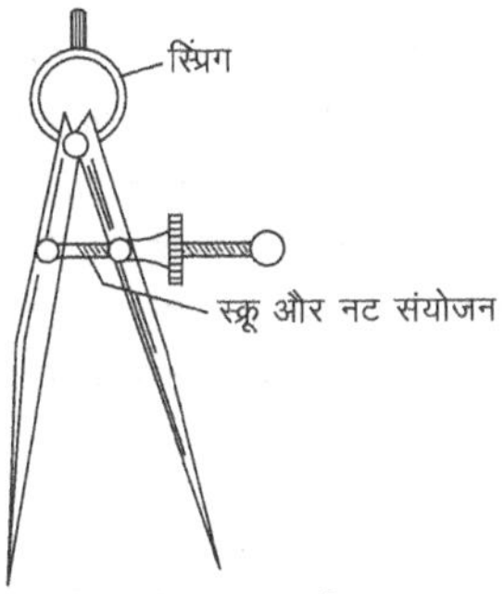

चित्र स्प्रिंग टाइप डिवाइडर

6. सर्फेस गेज या मार्किंग ब्लॉक
Surface Gauge or Marking Block

सर्फेस गेज या मार्किंग ब्लॉक का प्रयोग किसी जॉब की एक साइड के समान्तर विभिन्न ऊँचाइयों पर समान्तर लाइनें खींचने के लिए किया जाता है। इसे सर्फेस गेज (surface gauge) या स्क्राइबिंग ब्लॉक (scribing block) के नाम से भी जाना जाता है। इसमें कास्ट आयरन का एक ब्लॉक होता है, जिसमें एक रॉड, स्टैण्ड का कार्य करने के लिए लगी होती है। इस पर एक स्क्राइबर होल्डर ऊपर-नीचे आवश्यकतानुसार समायोजित कर, एक नट के द्वारा किसी भी ऊँचाई पर सैट किया जा सकता है। मार्किंग ब्लॉक का स्क्राइबर, एक सिरे पर सीधा व दूसरे सिरे पर 90° में मुड़ा हुआ होता है। इसका प्रयोग सर्फेस प्लेट पर खिसकाकर किया जाता है। मार्किंग ब्लॉक निम्न दो प्रकार के होते हैं

(i) फिक्स्ड मार्किंग ब्लॉक (ii) यूनिवर्सल मार्किंग ब्लॉक

(i) फिक्स्ड मार्किंग ब्लॉक Fixed Marking Block

फिक्स्ड मार्किंग ब्लॉक के आधार में स्थायी रूप से एक लम्बवत् पिलर (pillar) लगा होता है, जिस पर स्क्राइबर को लगाकर एक ब्लॉक ऊपर-नीचे खिसकाया जा सकता है। स्क्राइबर को स्नग एवं क्लैम्प नट की सहायता से लगाया जाता है। इसमें स्क्राइबर को किसी निश्चित ऊँचाई पर यथार्थता से सैट करने में कठिनाई आती है। इसे मार्किंग करने के अलावा लेथ मशीन पर जॉब को फोर-जॉ चक में सेन्टर में करने के लिए भी प्रयोग किया जाता है।

चित्र फिक्स्ड मार्किंग ब्लॉक

(ii) यूनिवर्सल मार्किंग ब्लॉक
Universal Marking Block

फिक्स्ड मार्किंग ब्लॉक की तुलना में यूनिवर्सल मार्किंग ब्लॉक अधिक फाइन मार्किंग कर सकता है। इसकी मुख्य विशेषताएँ निम्न प्रकार हैं

- बेलनाकार सतह के लिए उपयोगी है।
- स्पिण्डल को किसी भी स्थिति में सैट कर सकते हैं।
- परिष्कृत फाइन समायोजन शीघ्रता से किया जाता है।

यूनिवर्सल मार्किंग ब्लॉक के बेस में नीचे की तरफ 'V' ग्रूव कटा होता है, जिससे इसमें बेलनाकार वस्तु पर बैठाकर मार्किंग की जाती है। इसके अतिरिक्त, बेस पर दो गाइड पिन, रॉकर आर्म, फाइन एडजस्टमेण्ट स्क्रू लगे होते हैं। बेस पर लगे रॉकर आर्म तथा लॉक नट की सहायता से स्पिण्डल को बेस में फिट किया जाता है।

इस स्पिण्डल में मार्किंग करने के उद्देश्य से स्क्राइबर संयोजित होता है, जिसकी स्थिति को स्नग एवं क्लैम्पिंग नट की सहायता से परिवर्तित किया जा सकता है। मार्किंग प्रक्रिया पूर्ण होने के पश्चात् बेस में लगी गाइड पिनों को दबाकर, इसे वस्तु से बाहर निकाल लिया जाता है।

चित्र में एक यूनिवर्सल मार्किंग ब्लॉक दर्शाया गया है

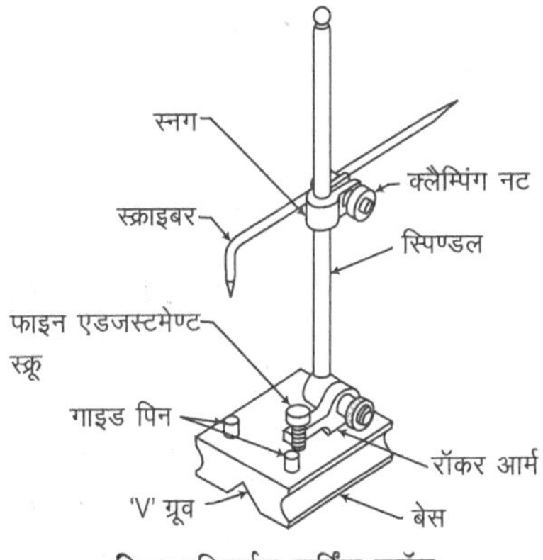

चित्र यूनिवर्सल मार्किंग ब्लॉक

7. पंच Punch

स्क्राइबर से खींची गई अस्थायी मार्किंग लाइनें जॉब से मिट सकती हैं, इसलिए लाइनों से 2.5 मिमी की दूरी पर पंच की सहायता से बिन्दु (dot) लगा दिया जाता है। इस प्रकार पंच द्वारा लगाए गए बिन्दुओं से बनी लाइन को स्थायी मार्किंग (permanent marking) कहते हैं। यह मार्किंग, जॉब को बार-बार छूने या विभिन्न यान्त्रिक क्रियाओं से मिट नहीं पाती। अस्थायी मार्किंग को स्थायी बनाने के लिए, जिस टूल का प्रयोग किया जाता है, उसे पंच कहते हैं तथा इस प्रक्रिया को पंचिंग (punching) कहते हैं।

पंच साधारणत: हाई कार्बन स्टील के बनाए जाते हैं। इसके तीन भाग होते हैं। जहाँ हैमर से चोट मारते हैं, उसे हैड कहते हैं। यह संरचना में फ्लैट होता है। जिस भाग से बिन्दु बनते हैं, उसे प्वॉइण्ट (point) कहते हैं। यह भाग नुकीला तथा हार्ड व टैम्पर किया हुआ होता है। बीच के भाग को बॉडी कहते हैं, यह भाग नर्लिंग किया हुआ बेलनाकार या षट्भुजाकार होता है।

पंच के मुख्य प्रकार निम्न हैं

(i) डॉट पंच
(ii) सेन्टर पंच
(iii) प्रिक पंच
(iv) पिन पंच
(v) बैल पंच
(vi) सॉलिड पंच
(vii) हॉलो पंच
(viii) वैड पंच
(ix) अक्षर और संख्या पंच

टिप्पणी *पाठ्यक्रम की उपयोगिता को ध्यान में रखते हुए यहाँ केवल डॉट पंच, सेन्टर पंच, प्रिक पंच, पिन पंच, सॉलिड पंच, हॉलो पंच तथा अक्षर और संख्या पंच का ही वर्णन किया गया है।*

(i) **डॉट पंच** Dot Punch

ये पंच कास्ट स्टील के बनाए जाते हैं। इनकी बॉडी षट्भुजाकार होती है तथा प्वॉइण्ट (point) का कोण 60° का रखा जाता है। डॉट पंच का प्वॉइण्ट कोण कम होने के कारण बिन्दु गहरा तथा कम व्यास का बनता है। इसका उपयोग त्रिज्या, चाप आदि खींचने के लिए किया जाता है या कभी-कभी वृत्त का केन्द्र लगाने के लिए भी किया जाता है।

(ii) **सेन्टर पंच** Centre Punch

यह पंच, डॉट पंच से साइज में बड़ा होता है। इसके प्वॉइण्ट का व्यास 6 मिमी तथा कोण 90° रखा जाता है, जिससे ड्रिल प्वॉइण्ट आसानी से पंच द्वारा लगाए गए सेन्टर में बैठ सकें। इस पंच की लम्बाई 100 मिमी व व्यास 10 मिमी होता है।

सेन्टर पंच का उपयोग सुराखों के केन्द्रों को लोकेट करने के लिए किया जाता है। इसका उपयोग चौड़ा केन्द्र (wide centre) लगाने के लिए किया जाता है।

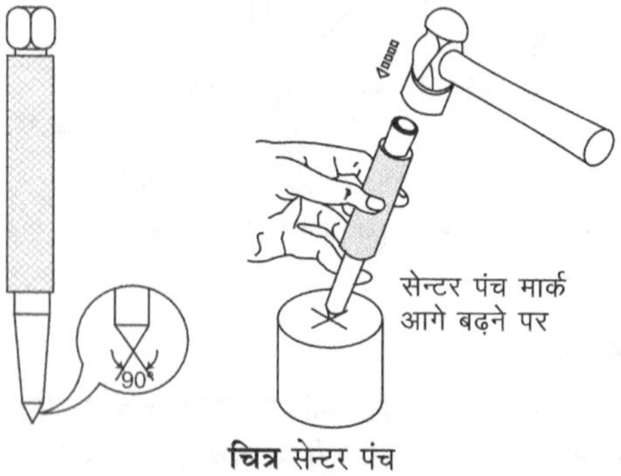

चित्र सेन्टर पंच

डॉट पंच व सेन्टर पंच में अन्तर निम्न प्रकार हैं

क्र.सं.	डॉट पंच	सेन्टर पंच
1.	इसका प्वॉइण्ट का कोण 60° होता है।	इसका प्वॉइण्ट का कोण 90° होता है।
2.	इसका प्रयोग त्रिज्या, चाप खींचने के लिए किया जाता है।	इसका प्रयोग सुराखों के केन्द्रों को लोकेट करने के लिए होता है।
3.	यह सेन्टर पंच की तुलना में हल्का होता है।	सेन्टर पंच भारी पंच होता है।

(iii) **प्रिक पंच** Prick Punch

प्रिक पंच की लम्बाई तथा व्यास 7 मिमी होता है। यह उच्च कार्बन स्टील से बना होता है। इसके प्वॉइण्ट का कोण 30° या 60° का होता है। इसका प्वॉइण्ट कोण कम होने के कारण डिवाइडर की नोंक को बहुत यथार्थ स्थिति प्राप्त होती है, इसलिए इसका उपयोग सतह पर वक्र (curve) खींचने के लिए, केन्द्र लगाने के लिए किया जाता है। इस पंच का प्रयोग हल्की धातु के लिए किया जाता है; जैसे—पीतल, ताँबा तथा एल्युमीनियम आदि।

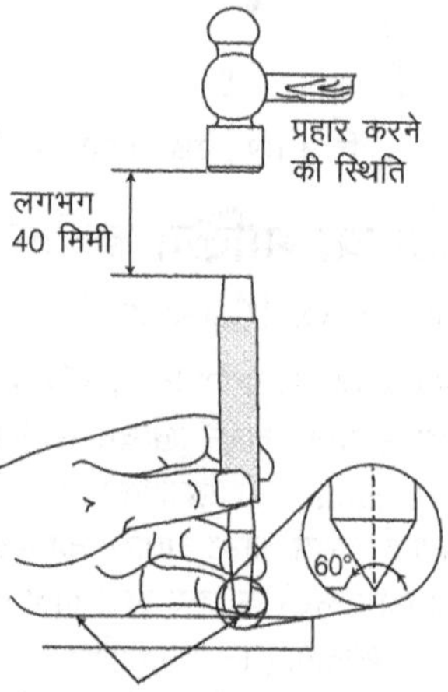

चित्र प्रिक पंच

30° वाले प्रिक पंच का उपयोग डिवाइडर को सही स्थिति में रखने के लिए किया जाता है। प्रिक पंच का उपयोग सेन्टर पंचिंग से पहले केन्द्र निर्धारण में भी किया जाता है।

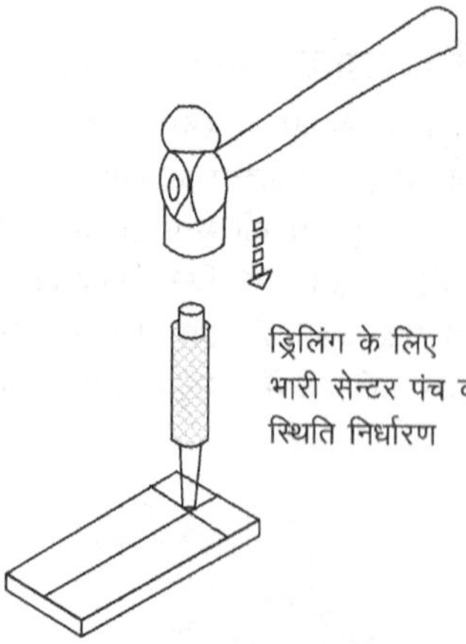

चित्र केन्द्र स्थिति निर्धारण

(iv) **पिन पंच** Pin Punch

इस पंच का प्रयोग मार्किंग के लिए नहीं किया जाता, बल्कि जॉब में फँसी हुई डॉवेल पिन या टेपर पिन को निकालने के लिए किया जाता है। इस पंच में नोंक नहीं होती, अपितु उसके स्थान पर एक बेलनाकार पिन होती है।

ये पंच बाजार में 100 मिमी से 150 मिमी की लम्बाई व 5 पिनों के सैट में 3 मिमी से 8 मिमी के व्यास में उपलब्ध हैं।

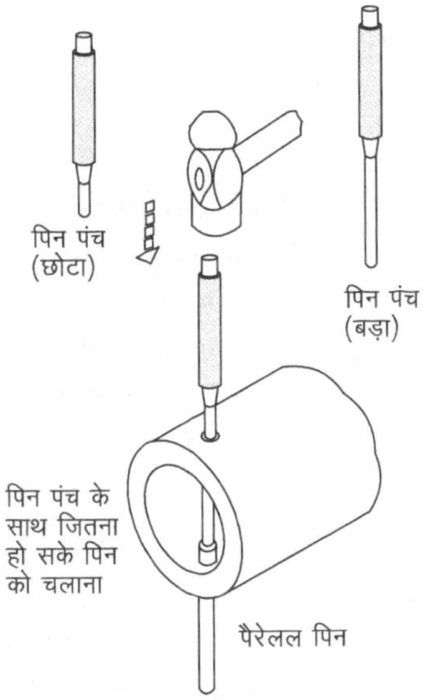

चित्र पिन पंच

(v) **सॉलिड पंच** Solid Punch

इस पंच का प्रयोग किसी शीट या गर्म लोहे के पीस में आर-पार छिद्र करने के लिए किया जाता है। इसके द्वारा एक ही साइज के छिद्र करना असम्भव होता है। इसका प्रयोग शीट मैटल शॉप या ब्लैकस्मिथी में किया जाता है।

छिद्र करते समय शीट के नीचे पंच के अनुरूप डाई रखनी आवश्यक होती है।

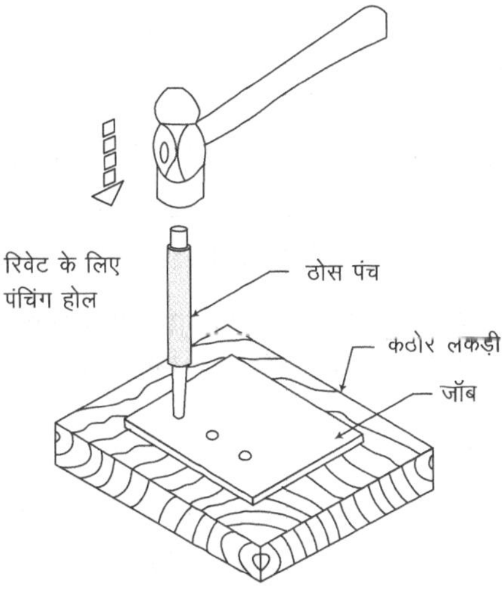

चित्र सॉलिड पंच का अनुप्रयोग

(vi) **हॉलो पंच** Hollow Punch

ये पंच अन्दर से खोखले होते हैं तथा मुलायम पदार्थों में बड़े छिद्र करने के लिए प्रयोग किए जाते हैं। इसके प्वॉइण्ट वाले भाग की परिधि को चारों ओर से ग्राइण्ड करके धारदार बनाया जाता है।

ये 1.5 मिमी से 13 मिमी तक के साइज में 1 मिमी के अन्तर पर उपलब्ध होते हैं। इसको चमड़े की शीट, रबड़ की शीट, गत्ता आदि में सुराख करने के लिए प्रयोग किया जाता है।

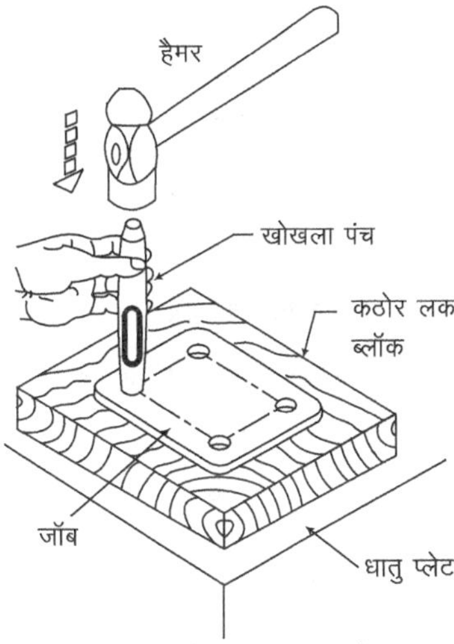

चित्र हॉलो पंच का अनुप्रयोग

(vii) **अक्षर और संख्या पंच**
Letter and Number Punch

इस प्रकार के पंच का प्रयोग कार्यखण्ड पर अक्षर और संख्या को चिन्हित करने के लिए किया जाता है। बॉक्स सैट में 0.8 मिमी से 13 मिमी तक के आकार वाले पंचों को रखा जाता है।

सर्वप्रथम स्टैम्प की जाने वाली सतह की जाँच रेती से करते हैं, जैसा कि चित्र में दर्शाया गया है, क्योंकि अधिक कठोर पदार्थ पर मार्किंग करने से पंच के खराब होने का खतरा रहता है।

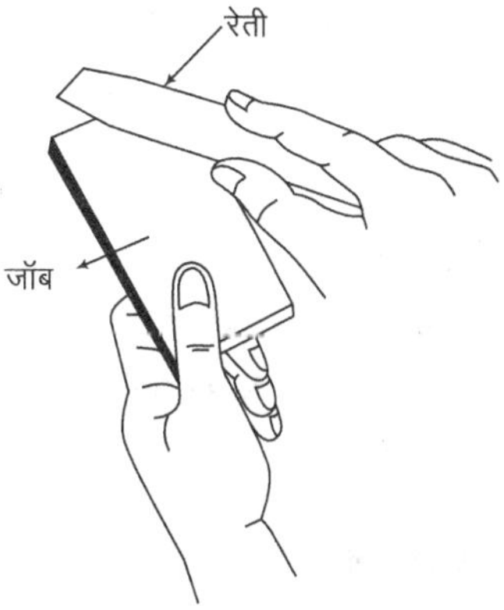

चित्र रेती की सहायता से धातु कठोरता की जाँच

कठोर कार्यखण्ड पर मार्किंग की प्रक्रिया को अम्ल निरेखन (etching) विधि द्वारा किया जाता है। मार्किंग के दौरान यह ध्यान रखें कि मार्किंग एक ही प्रहार में हो जाए, क्योंकि दूसरे प्रहार से मार्किंग खराब हो सकती है। अंग्रेजी वर्णमाला के अक्षर M, W, I व T की तुलना में अधिक स्पष्ट प्रहार की आवश्यकता होती है।

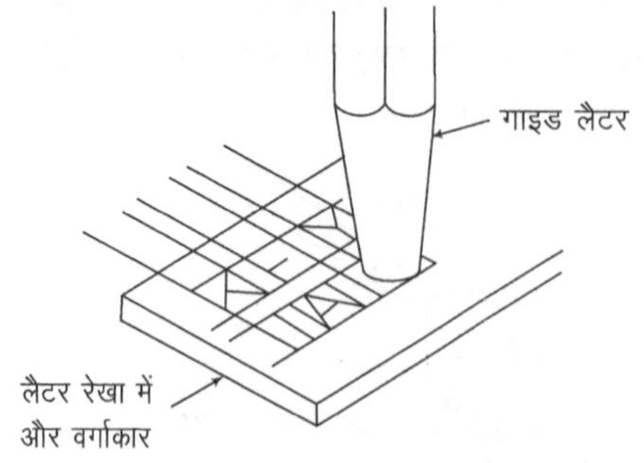

चित्र पंच विधि

पंच को ऊर्ध्वाधर स्थिति में रखते हुए हथौड़े का प्रहार करना चाहिए।

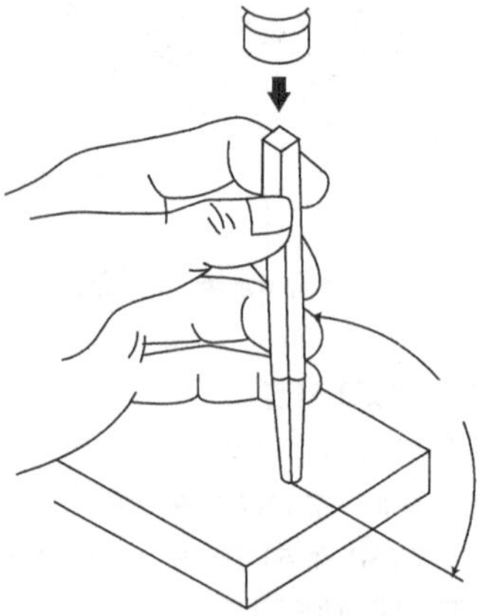

चित्र ऊर्ध्वाधर स्थिति में पंच रखना

पंच का प्रयोग करते समय सावधानियाँ
Precautions While Using Punch

पंच का प्रयोग करते समय ध्यान दी जाने वाली मुख्य सावधानियाँ निम्नलिखित हैं

(i) अत्यधिक कठोर धातुओं पर पंच का प्रयोग न करें।
(ii) कार्य से पूर्व पंच कोण की जाँच करें।
(iii) पंच की लम्बाई के अनुसार ही हथौड़े का प्रयोग करें।
(iv) मोटे कार्यखण्ड पर खोखले पंच का प्रयोग न करें।
(v) पंच की धार हमेशा तेज रखें।

2.4 मापन औजार Measuring Tools

कार्यशाला में विभिन्न प्रकार के उत्पाद, ड्रॉइंग की माप के अनुसार बनाए जाते हैं। ड्रॉइंग की ये माप लम्बाई, चौड़ाई, ऊँचाई, कोण आदि में होती है। इन उत्पादों को मापने के लिए मापन औजारों का प्रयोग किया जाता है। साधारण मापन औजारों द्वारा मीट्रिक प्रणाली में 0.5 मिमी तथा ब्रिटिश प्रणाली में 1/64 इंच तक की न्यूनतम माप ली जा सकती है।

सामान्यतः ली जाने वाली माप के अनुसार ही इन औजारों का प्रयोग किया जाता है। सामान्यतः ये औजार निम्न तीन प्रकार के होते हैं

1. लम्बाई मापने वाले औजार
2. कोण मापने वाले औजार
3. तुलना करने वाले औजार

1. लम्बाई मापने वाले औजार
Tools used for Measuring Length

जॉब की लम्बाई मापने के लिए विभिन्न प्रकार के औजार प्रयोग किए जाते हैं। ये अलग-अलग धातुओं से बने होते हैं तथा इनकी लम्बाइयाँ भी अलग-अलग होती हैं। कुछ साधारण औजार निम्न प्रकार हैं

(i) स्टील रूल (ii) स्टील टेप (iii) स्केल

(i) स्टील रूल Steel Rule

अधिकतर लकड़ी के स्टील रूल प्रयोग किए जाते हैं, जिन पर इंचों या सेमी में निशान बने होते हैं। कभी-कभी धातु के रूल भी प्रयोग किए जाते हैं। इनके द्वारा जॉब की लम्बाई परिशुद्धता (accuracy) से नहीं मापी जा सकती।

स्टील रूल बनाने के लिए अधिकतर स्टेनलैस स्टील, स्प्रिंग स्टील या हाई-कार्बन स्टील का प्रयोग किया जाता है। स्टील रूल 150, 200, 250, 600 मिमी की माप में बाजार में उपलब्ध हैं। जिन पर 0.5, 1, 5, 10 मिमी के अंश बने होते हैं।

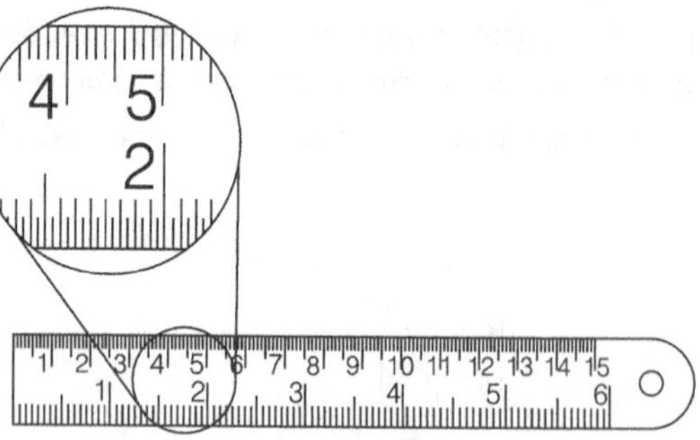

चित्र स्टील रूल

लम्बन त्रुटि से बचने के लिए स्टील रूल द्वारा माप ऊर्ध्वाधर स्थिति में ली जानी चाहिए। स्टील रूल की यथार्थता 0.5 मिमी होती है।

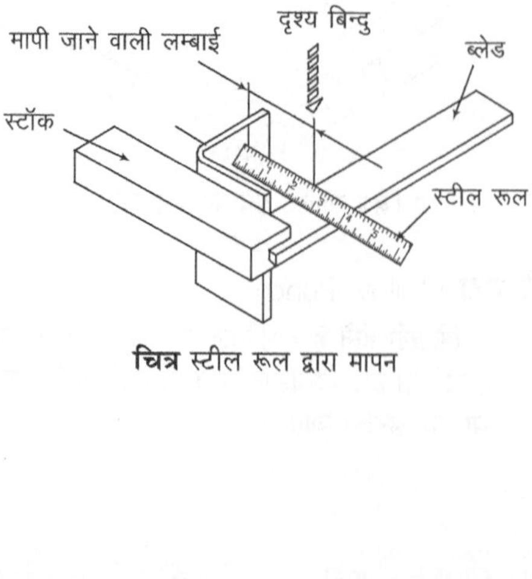

चित्र स्टील रूल द्वारा मापन

(ii) स्टील टेप या मापक टेप Steel Tape or Measuring Tape

इसका प्रयोग मुख्यत: लम्बी दूरी की माप लेने के लिए किया जाता है। यह 3 मी, 5 मी तथा 10 मी की लम्बाई में उपलब्ध होते हैं। इसमें इंच को आठवें तथा सेमी को दसवें स्थान तक विभाजित किया होता है।

यह स्प्रिंग स्टील की पतली चादर पर प्रिण्ट करके बनाया जाता है। बहुत अधिक लचीला (flexible) होने के कारण, इसके द्वारा कोई भी प्रोफाइल आसानी से मापी जा सकती है।

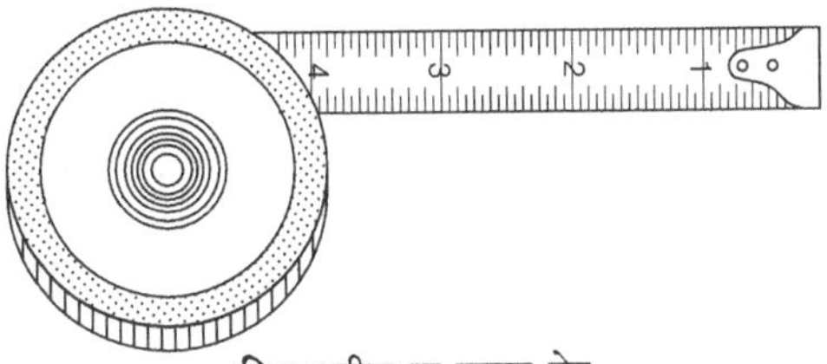

चित्र स्टील या मापक टेप

मापक टेप पर मीट्रिक तथा ब्रिटिश प्रणालियों में चिन्ह बने होते हैं। मापक टेप की यथार्थता मीट्रिक प्रणाली में 1 मिमी तथा ब्रिटिश प्रणाली में $\frac{1}{8}$ इंच होती है।

(iii) स्केल Scale

विभिन्न स्थानों के नक्शे, मशीनरी या घड़ी के पाट्‌र्स को ड्रॉइंग शीट पर बनाने के लिए वास्तविक माप को किसी निश्चित अनुपात में कम या अधिक करना होता है, जिससे ड्रॉइंग, कागज की सीमा में आ सके। इसके लिए स्केल प्रयोग किए जाते हैं। इस प्रकार स्केल आनुपातिक माप के लिए प्रयोग किए जाते हैं, जबकि रूल वास्तविक माप के लिए। स्केल का प्रयोग ड्राफ्ट्समैन द्वारा मानचित्र या ड्रॉइंग बनाने के लिए किया जाता है।

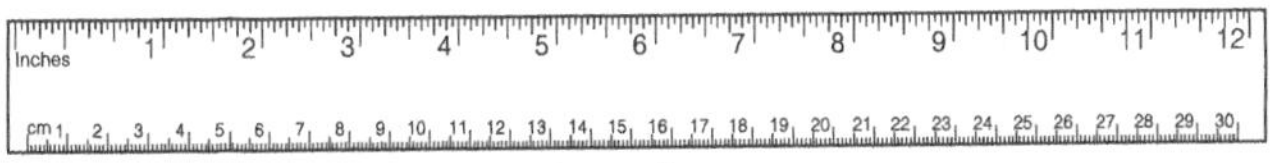

चित्र स्केल

2. कोण मापने वाले औजार Angle Measuring Instruments

मैकेनिक को समय-समय पर जॉब का कोण मापने की भी आवश्यकता रहती है, जिसके लिए वह निम्न यन्त्र प्रयोग करता है

(i) चाँदा (ii) ट्राई-स्क्वायर (iii) कॉम्बीनेशन सैट

(i) चाँदा Protractor

यह एक प्रकार का कोण मापक औजार है। यह पारदर्शी प्लास्टिक या फिर काष्ठ से निर्मित होता है एवं इसका आकार प्राय: वर्गाकार, वृत्ताकार या अर्द्धवृत्ताकार होता है। इसमें 0° से 180° या 0° से 360° तक के कोण अंकित होते हैं। इसकी सहायता से 0° से लेकर 360° तक किसी भी कोण को मापा जा सकता है।

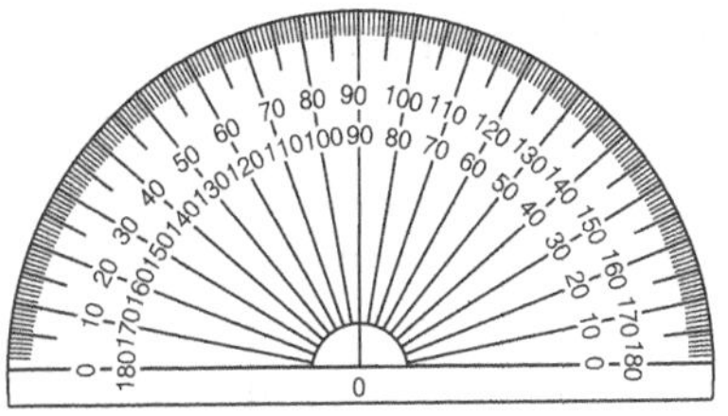

चित्र चाँदा

(ii) ट्राई-स्क्वायर Try-square

ट्राई-स्क्वायर एक चैकिंग टूल है, जिसकी सहायता से हम समकोण की जाँच करते हैं। इसके द्वारा सतह की समतलता की भी जाँच की जा सकती है। इसका प्रयोग जॉब पर समकोण मार्किंग करने के लिए किया जाता है। यह 'L' आकार में प्राय: 90° पर बना होता है। इसका लम्बा भाग ब्लेड तथा छोटा भाग स्टॉक कहलाता है। ट्राई स्क्वायर की यथार्थता लगभग 0.002 मिमी प्रति 10 मिमी लम्बाई होती है। चित्र में एक ट्राई-स्क्वायर दर्शाया गया है

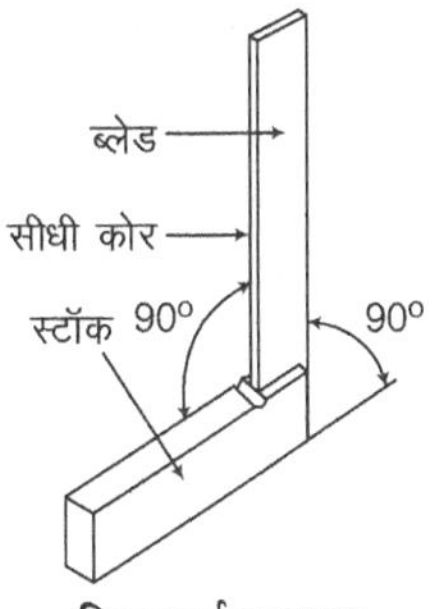

चित्र ट्राई-स्क्वायर

ट्राई स्क्वायर स्टील को हार्ड करके बनाया जाता है। ट्राई स्क्वायर को ब्लेड की लम्बाई से निर्दिष्ट किया जाता है; जैसे—100 मिमी, 150 मिमी, 200 मिमी।

यह मुख्यत: दो प्रकार का होता है

(a) साधारण ट्राई-स्क्वायर (b) मास्टर ट्राई-स्क्वायर

(a) साधारण ट्राई-स्क्वायर Simple Try-square

इसका प्रयोग आमतौर पर कारपेन्टर द्वारा किया जाता है। इसमें कोण को देखने के लिए अधिक सूक्ष्मता नहीं होती। इसमें एक कास्ट आयरन के बेस के साथ स्टील का ब्लेड रिवेट करके, समकोण पर जुड़ा रहता है।

(b) मास्टर ट्राई-स्क्वायर Master Try-square

इसका बेस तथा ब्लेड दोनों भली-भाँति ग्राइण्ड करके, हाई कार्बन स्टील से बनाए जाते हैं। मशीन शॉप में जहाँ अधिक सूक्ष्मता में मशीनों के पार्ट बनाए जाते हैं, वहाँ केवल **मास्टर ट्राई-स्क्वायर** से ही मापन कार्य किया जाता है। मास्टर ट्रॉई-स्क्वायर भी चार प्रकार के होते हैं

- **फिक्स्ड ट्राई-स्क्वायर** (Fixed try-square) फिक्स्ड टाइप ट्राई-स्क्वायर का बेस तथा ब्लेड दोनों एक ही धातु से निकाले जाते हैं, जिन्हें रिवेट करने की आवश्यकता नहीं होती और न ही ब्लेड को आगे-पीछे खिसकाया जा सकता है।
- इसे सॉलिड ट्राई-स्क्वायर भी कहते हैं। इसी में एक-दूसरे रूप के अन्तर्गत ब्लेड को रिवेट करके भी तैयार किया जाता है, जिसमें ब्लेड तथा बेस की धातु अलग-अलग होती है। इसे बैक-स्क्वायर टाइप कहते हैं।

चित्र (a) फिक्स्ड ट्राई-स्क्वायर (सॉलिड टाइप)

चित्र (b) फिक्स्ड ट्राई-स्क्वायर (बैक स्क्वायर टाइप)

- **एडजस्टेबल ट्राई-स्क्वायर** (Adjustable try-square) इस ट्राई-स्क्वायर के ब्लेड को आवश्यकतानुसार आगे-पीछे खिसकाया जा सकता है, जिससे स्टैपनुमा जॉब को ब्लेड की लम्बाई कम करके परखा जा सके। कॉम्बीनेशन सैट में स्क्वायर हैड के साथ अगर स्टील रूल को प्रयोग किया जाएगा, तो वह एडजस्टेबल ट्राई-स्क्वायर का ही कार्य करता है। इसके ब्लेड में बीच में पूरी लम्बाई में एक नाली कटी होती है, जिसमें स्टॉक के अन्दर लगी पिन का ऊपरी सिरा फँसा होता है। एडजस्टेबल ट्राई-स्क्वायर में पिन के दूसरे सिरे पर चूड़ियाँ कटी होती हैं। इसमें लगे नट को कसने पर स्टॉक व ब्लेड सही 90° का कोण बनाते हैं।

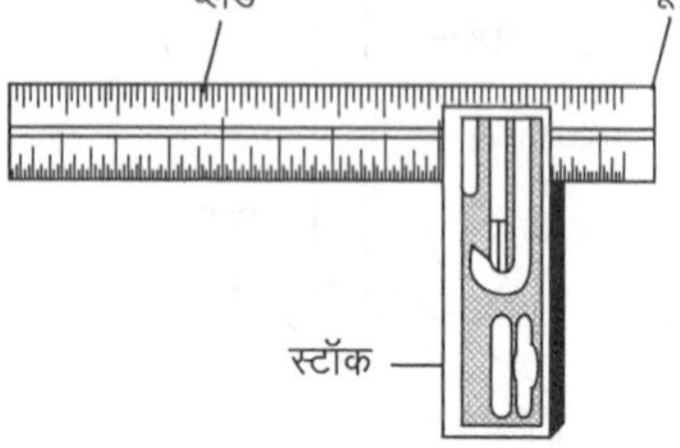

चित्र एडजस्टेबल ट्राई-स्क्वायर

- **डाई मेकर ट्राई-स्क्वायर** (Die makers try-square) इसका उपयोग डाई मेकर द्वारा किया जाता है। इसके स्टॉक में नीचे दो स्क्रू लगे होते हैं। इनमें से बड़ा स्क्रू ब्लेड को स्टॉक के साथ क्लैम्प करने के लिए होता है और छोटा स्क्रू, ब्लेड व स्टॉक के बीच बनने वाले कोण को समकोण से कुछ अधिक अथवा कम कोण पर व्यवस्थित (adjust) करने के लिए प्रयोग किया जाता है। विभिन्न आकारों में मापन के लिए इसके सैट में चार ब्लेड होते हैं, जैसा कि निम्न चित्र में दर्शाया गया है

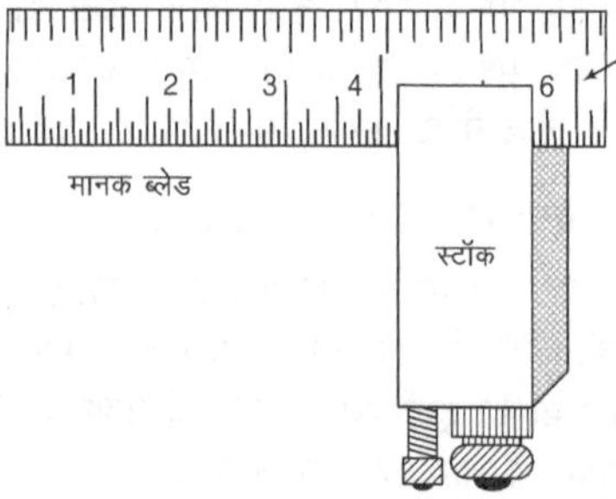

चित्र डाई मेकर ट्राई-स्क्वायर

- 'L' **स्क्वायर** ('L' square) यह लगभग आधा सूत मोटी मृदु इस्पात की पत्ती का बना होता है। इसकी चौड़ाई 30 से 50 मिमी तथा लम्बाई 150 से 200 मिमी होती है इसकी दोनों भुजाओं पर ब्रिटिश तथा मीट्रिक प्रणालियों में निशान बने होते हैं।
- इसका उपयोग अधिकतर मिस्त्री, बढ़ई या दर्जी आदि के द्वारा किया जाता है। चित्र में 'L' स्क्वायर को दर्शाया गया है।

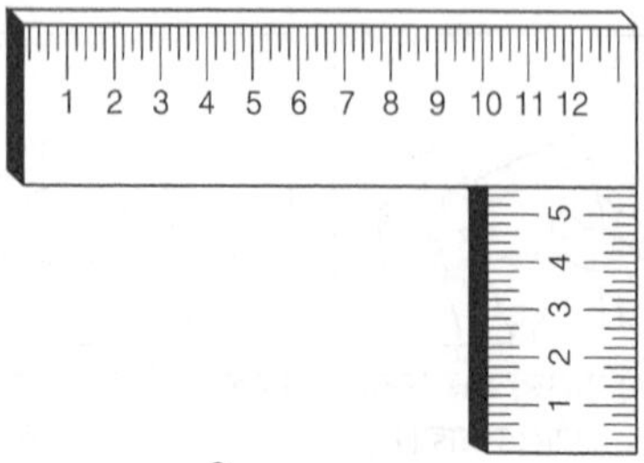

चित्र 'L' स्क्वायर

ट्राई स्क्वायर के उपयोग
Use of try square

ट्राई स्क्वायर के निम्नलिखित उपयोग हैं

(i) सतहों की समतलता को चैक करने के लिए।

(ii) कार्यखण्ड के किनारों से 90° पर रेखाएँ खींचने के लिए।

(iii) वर्क होल्डिंग डिवाइसों में कार्यखण्डों को समकोण पर सैट करने के लिए।

नीचे चित्र में ट्राई स्क्वायर के उपयोग को दर्शाया गया है

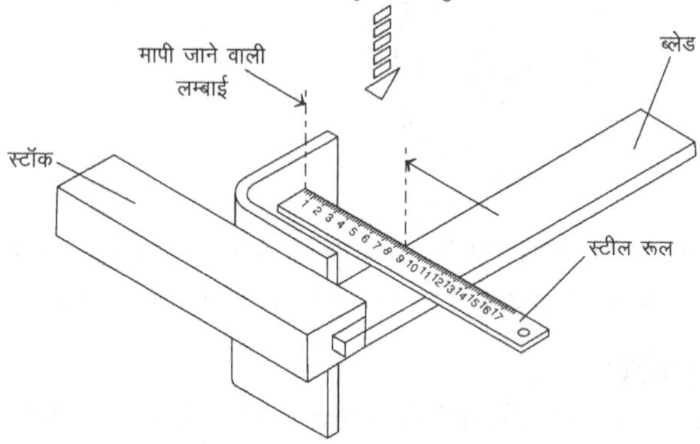

(iii) **कॉम्बीनेशन सैट** Combination Set

यह मशीन शॉप या फिटिंग शॉप में प्रयोग किया जाने वाला अत्यन्त उपयोगी उपकरण है। कॉम्बीनेशन सैट के तीन प्रमुख भाग होते हैं—स्क्वायर हैड, प्रोट्रैक्टर हैड तथा सेन्टर हैड।

आवश्यकतानुसार, किसी भी हैड को स्टील रूल पर लगाकर प्रयोग किया जा सकता है। कॉम्बीनेशन सैट में प्रयोग होने वाले स्टील रूल में मार्किंग की पिछली सतह पर एक ग्रूव बना होता है, जिसमें इन तीनों हैड में लगी लॉकिंग पिन का एक सिरा फँसा रहता है। इसकी सहायता से हैड्स को किसी विशेष स्थान पर लॉक किया जा सकता है।

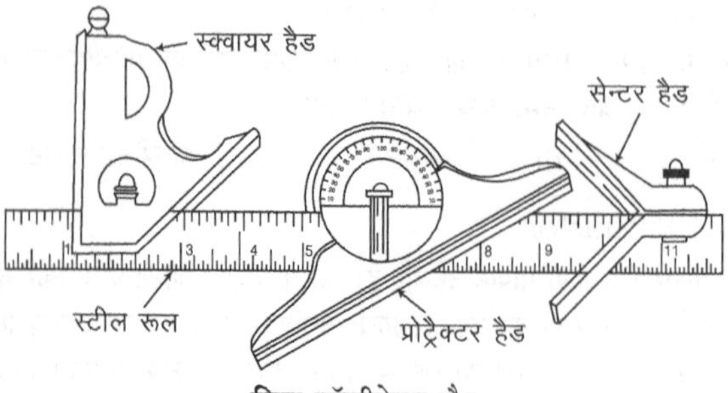

चित्र कॉम्बीनेशन सैट

कॉम्बीनेशन सैट के भाग Parts of Combination Set

इसके निम्नांकित भाग होते हैं

(a) **स्क्वायर हैड** (Square head) यह कास्ट स्टील का ढलाई किया गया भाग होता है। इसे स्टील रूल पर लगाकर प्रयोग में लाया जाता है। इसकी एक साइड 90° का कोण तथा दूसरी साइड 45° का कोण मापती है। इसके मध्य भाग में एक स्प्रिट लेवल भी होता है, जिसकी सहायता से सतह की समतलता की जाँच की जा सकती है।

इसको मार्किंग गेज के समान मार्किंग करने के लिए भी प्रयोग किया जाता है।

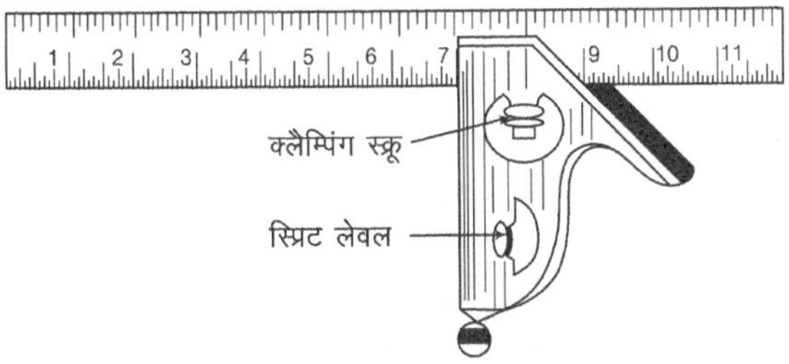

चित्र स्क्वायर हैड

(b) **प्रोट्रैक्टर हैड** (Protractor head) प्रोट्रैक्टर हैड भी कास्ट स्टील (cast steel) का बना होता है। इसकी बॉडी वृत्ताकार होती है, जिसके बीच में एक वृत्ताकार प्लेट घूमती है। इस पर दोनों ओर 0°–180° तक के निशान बने होते हैं। इसी डिस्क पर लॉक बोल्ट तथा नट लगे होते हैं। बॉडी के वृत्ताकार भाग के मध्य भाग को एक शून्य मार्क रेखा द्वारा प्रदर्शित किया गया है। स्टील रूल पर प्रोट्रैक्टर हैड कसने के लिए लॉक बोल्ट का प्रयोग किया जाता है।

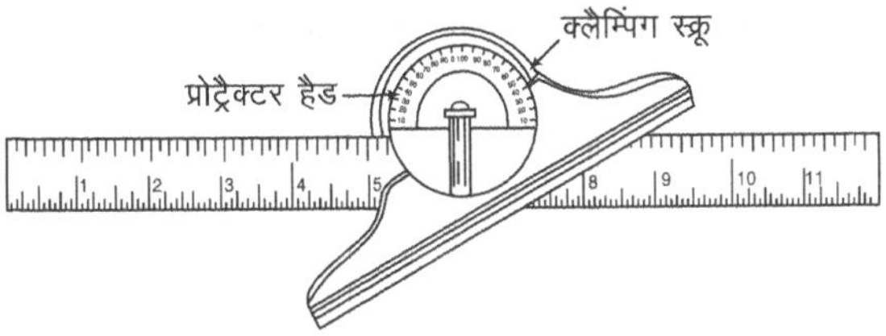

चित्र प्रोट्रैक्टर हैड

(c) **सेन्टर हैड** (Centre head) यह कास्ट स्टील (cast steel) का 'V' के आकार में ढला हुआ भाग होता है। 'V' का कोण 90° का होता है। स्टील रूल को पकड़ने के लिए इसके मध्य में एक ग्रूव बनाया जाता है, जिसके लम्बवत् एक क्लैम्पिंग बोल्ट लगाया जाता है। स्टील रूल को क्लैम्प करने पर इसकी एक साइड 'V' के अन्दर बने 90° के कोण को दो बराबर 45° के कोणों में बाँटती है। इसका प्रयोग वृत्ताकार जॉब का सेन्टर ज्ञात करने के लिए किया जाता है।

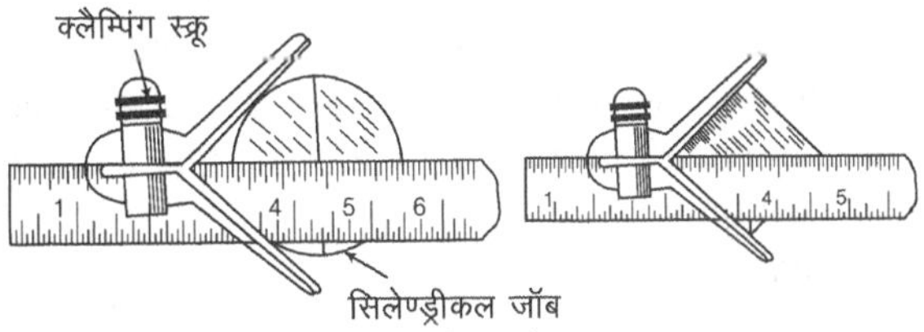

चित्र सेन्टर हैड

कॉम्बीनेशन सैट प्रयोग करते समय सावधानियाँ
Precautions While Using Combination Set

कॉम्बीनेशन सैट प्रयोग करते समय निम्न सावधानियाँ अपनानी चाहिए

(i) सर्वप्रथम इसे प्रयोग करने से पूर्व साफ अवश्य कर लेना चाहिए।

(ii) कॉम्बीनेशन सैट को गिरने से बचाना चाहिए तथा अन्य उपकरणों से अलग रखना चाहिए।

(iii) कॉम्बीनेशन सैट को अधिक नहीं कसना चाहिए अन्यथा दुर्घटना सम्भव है।

(iv) प्रयोग करने के बाद इसे साफ करके उचित स्थान पर तेल लगाकर रखना चाहिए।

3. तुलना करने वाले यन्त्र (कैलीपर)
Comparing Instruments (Caliper)

जब स्टील रूल से किसी जॉब की माप ली जाती है, तो वह माप इतनी परिशुद्ध नहीं होती है। अत: परिशुद्ध माप के लिए कैलीपर का प्रयोग किया जाता है। यह एक अप्रत्यक्ष मापी औजार है जिसका प्रयोग किसी जॉब की लम्बाई, चौड़ाई, मोटाई तथा व्यास आदि मापने के लिए किया जाता है।

(i) आउटसाइड कैलीपर (ii) इनसाइड कैलीपर

(iii) हर्माफ्रोडाइट कैलीपर

(i) आउटसाइड कैलीपर Outside Caliper

वे कैलीपर, जो जॉब की बाहरी माप लेने के लिए प्रयोग किए जाते हैं, आउटसाइड कैलीपर कहलाते हैं। ये 100, 150, 200 तथा 300 मिमी साइज में उपलब्ध होते हैं। आउटसाइड कैलीपर निम्न दो प्रकार के होते हैं

(a) **साधारण आउटसाइड कैलीपर** (Simple outside caliper) साधारण आउटसाइड कैलीपर इस्पात की दो पत्तियों को अन्दर की ओर मोड़कर तथा उन्हें एक सिरे पर रिवेट द्वारा जोड़कर बनाया जाता है। रिवेट इस प्रकार लगाया जाता है कि कैलीपर की दोनों टाँगों को थोड़ा बल लगाकर खोला या बन्द किया जा सके तथा आवश्यक दूरी उसमें भरी जा सके।

साधारण आउटसाइड कैलीपर की दोनों टाँगें ऊपर से चौड़ी व क्रमश: पतली होकर नीचे नुकीली हो जाती हैं, जैसा कि निम्न चित्र में दर्शाया गया है

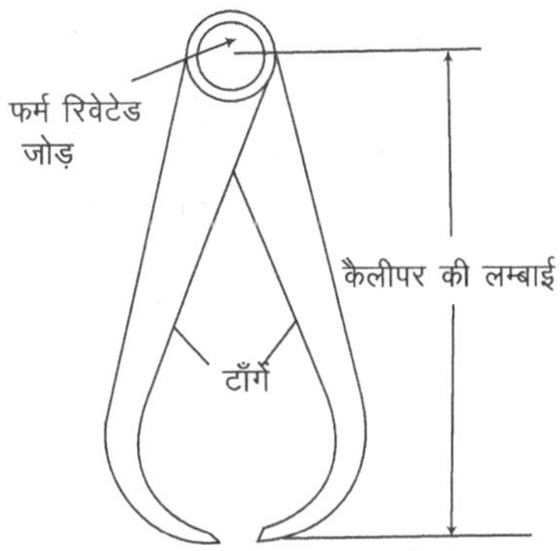

चित्र साधारण आउटसाइड कैलीपर

(b) **स्प्रिंग आउटसाइड कैलीपर** (Spring outside caliper) स्प्रिंग आउटसाइड कैलीपर में कैलीपर की दोनों टाँगों के ऊपरी भाग में खाँचा (groove) देकर एक रिंग स्प्रिंग लगाया जाता है तथा उनके मध्य में एक लीवर लगाकर दोनों टाँगों को कसने के लिए एक स्क्रू लगाया जाता है।

इस स्क्रू पर लगे नट के द्वारा हम दोनों टाँगों के मध्य वांछित दूरी सैट कर सकते हैं। इस प्रकार से कैलीपर के मध्य सैट की गई दूरी स्क्रू पर नट को घुमाकर आगे-पीछे चलाने पर बदली जा सकती है।

कैलीपर द्वारा माप लेने पर इसमें भरी गई दूरी बल लगने पर भी बदलती नहीं है। अत: एक बार माप भरने पर उसे बार-बार प्रयोग में लाया जा सकता है।

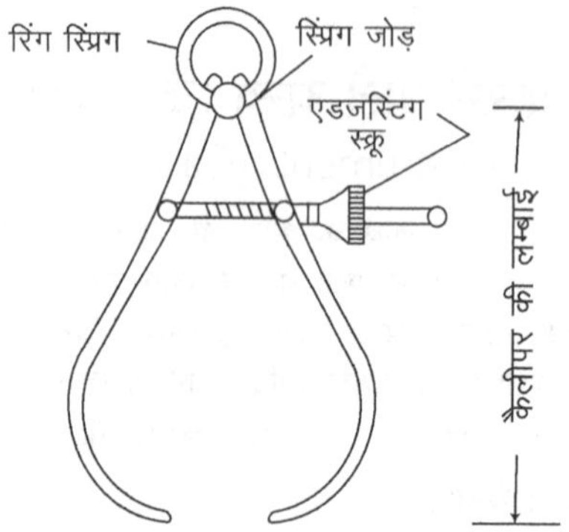

चित्र स्प्रिंग आउटसाइड कैलीपर

(ii) **इनसाइड कैलीपर** Inside Caliper

जैसा कि नाम से ही विदित है, यह कैलीपर जॉब की अन्दर की माप लेने में सक्षम है; जैसे—किसी बोर का व्यास, किसी झिर्री (groove) की चौड़ाई आदि। ये कैलीपर 75, 100, 150, 200 और 300 मिमी के साइज में उपलब्ध होते हैं। ये कैलीपर भी दो प्रकार के होते हैं

(a) **साधारण इनसाइड कैलीपर** (Simple inside caliper) आउटसाइड कैलीपर की भाँति, इसमें भी दोनों टाँगें ऊपर की ओर एक रिवेट द्वारा दृढ़ सन्धि जोड़ बनाती हैं। रिवेट को इस प्रकार पीटा जाता है कि इसकी टाँगों को थोड़ा बल लगाकर खोला अथवा बन्द किया जा सके।

साधारण इनसाइड कैलीपर टाँगें दूसरे सिरे पर लगातार पतली होकर बाहर की ओर मुड़ी होती हैं। इससे जॉब के भीतरी भाग की माप लेने में सुविधा होती है। चित्र में साधारण इनसाइड कैलीपर को दर्शाया गया है

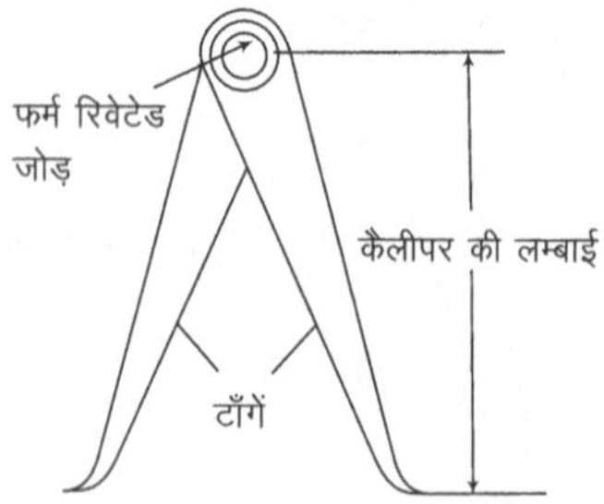

चित्र साधारण इनसाइड कैलीपर

(b) **स्प्रिंग इनसाइड कैलीपर** (Spring inside Caliper) स्प्रिंग इनसाइड कैलीपर में भी स्प्रिंग आउटसाइड कैलीपर की भाँति दोनों टाँगों के ऊपरी भाग में बने ग्रूव के अन्दर एक कमानीदार गोल स्प्रिंग फँसा रहता है। आलम्ब बनाने के लिए दोनों के बीच में एक रिवेट (rivet) फँसा होता है। इस गोल कमानीदार स्प्रिंग के विरुद्ध टाँगों को मिलाकर टाँगों में लगे एक स्क्रू पर नट चढ़ा दिया जाता है। नट को घुमाकर टाँगों के बीच की दूरी को परिवर्तित किया जा सकता है।

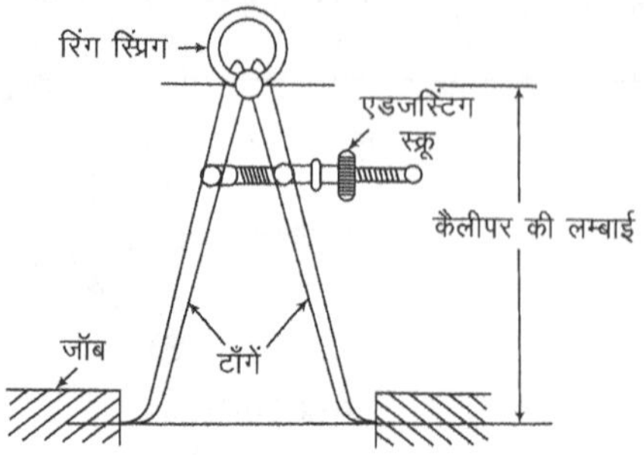

चित्र स्प्रिंग इनसाइड कैलीपर

(iii) **हर्माफ्रोडाइट कैलीपर** Hermaphrodite Caliper

इस कैलीपर की एक टाँग अन्दर की ओर मुड़ी हुई होती है तथा दूसरी नोंकदार होती है। इस टाँग की सहायता से समान्तर लाइन या किसी गोल शाफ्ट के फेस पर उसका सेन्टर ज्ञात किया जा सकता है। आवश्यकतानुसार इसकी लैग को बाहर की ओर भी मोड़ा जा सकता है। इसे जैनी कैलीपर (jenny caliper) या ऑड लेग कैलीपर (odd leg caliper) या लेग लेण्ड प्वॉइण्ट कैलीपर भी कहते हैं।

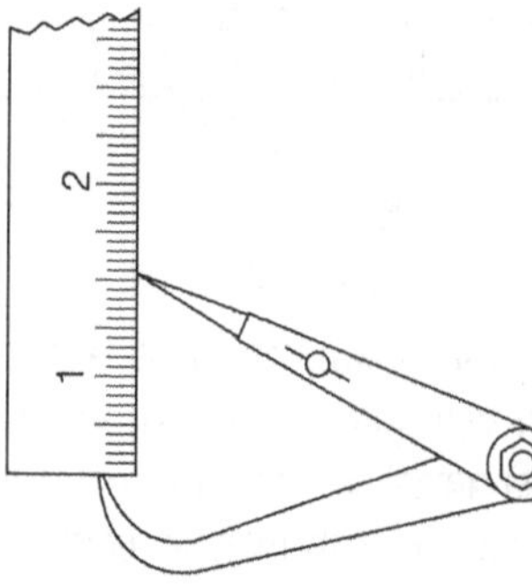

चित्र हर्माफ्रोडाइट कैलीपर

2.5 स्ट्राइकिंग औजार Striking Tools

जॉब को विभिन्न आकार प्रदान करने, मोड़ने, काटने तथा जोड़ लगाने, पंच करने, फोर्जिंग आदि के लिए विभिन्न प्रकार के चोट मारने वाले औजार अर्थात् स्ट्राइकिंग औजार प्रयोग किए जाते हैं। इन्हें मुख्य रूप से दो भागों में बाँटा जा सकता है

1. हथौड़ा 2. मैलट

1. हथौड़ा Hammer

वर्कशॉप में किसी वस्तु/जॉब को ठोकने, मोड़ने या सीधा करने के लिए हथौड़े का प्रयोग किया जाता है। हथौड़े को कास्ट स्टील की फोर्जिंग द्वारा बनाया जाता है।

भिन्न-भिन्न कार्यों के लिए विभिन्न आकार तथा भार के हथौड़े बाजार में उपलब्ध हैं।

इसके प्रमुख भाग फेस, पीन, चीक, आई होल तथा हैण्डिल होते हैं जैसा कि निम्न चित्र में दर्शाया गया है।

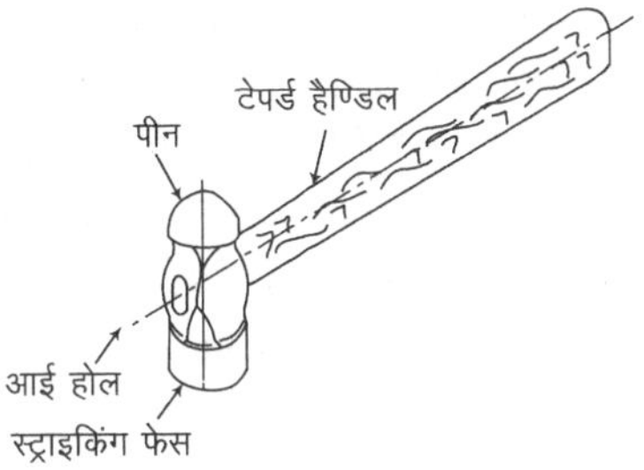

चित्र हथौड़ा

हैमर का हैड ड्रॉप फोर्ज्ड कार्बन स्टील का बना होता है। हथौड़े का स्ट्राइक (strike) करने वाला भाग फेस कहलाता है, जबकि हैड का दूसरा सिरा पीन कहलाता है। आकार के अनुसार वर्कशॉप में प्रयोग किए जाने वाले हथौड़े मुख्य रूप से चार प्रकार के होते हैं

(i) बॉल पीन हथौड़ा Ball Pein Hammer

प्राय: धातु चादरों को जोड़ने के लिए लगने वाले रिवेट को चोट मारकर चारों तरफ फैलाने के लिए बॉल पीन हथौड़े प्रयोग किए जाते हैं। इसके पीन की आकृति अर्द्धगोलाकार (hemi-spherical) होती है। इसके फेस को छैनी अथवा पंच पर चोट मारने के लिए भी प्रयोग किया जाता है। वर्कशाप में यह सर्वाधिक प्रयोग होने वाला हथौड़ा है।

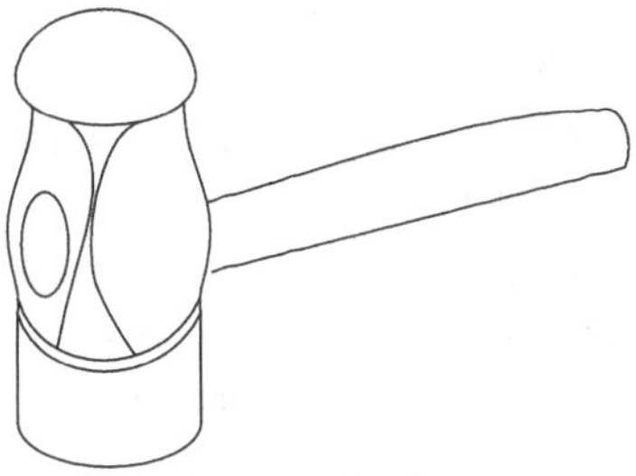

चित्र बॉल पीन हैमर

(ii) क्रॉस पीन हथौड़ा Cross Pein Hammer

क्रॉस पीन हथौड़े का प्रयोग किसी जॉब में ग्रूव (groove) बनाने के लिए अथवा उसको किसी कोण पर मोड़ने अथवा धातु को एक दिशा में फैलाने के लिए किया जाता है। इसकी पीन सपाट तथा हैण्डिल से 90° पर होती है।

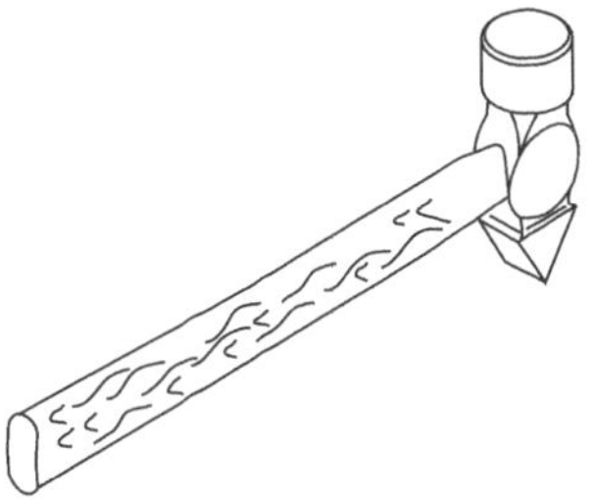

चित्र क्रॉस पीन हथौड़ा

(iii) स्ट्रैट पीन हथौड़ा Straight Pein Hammer

इसकी पीन हैण्डिल की सीध में होती है, इसलिए इसे स्ट्रैट पिन हथौड़ा कहते हैं। इसका उपयोग भी क्रॉस पीन हथौड़े के समान जॉब को मोड़ने के लिए अथवा उसमें ग्रूव डालने के लिए किया जाता है।

चित्र स्ट्रैट पीन हथौड़ा

(iv) स्लेज हथौड़ा Sledge Hammer

स्लेज हथौड़े को लुहारी हथौड़ा या घन भी कहा जाता है। इसका प्रयोग भारी वस्तुओं को ठोकने के लिए किया जाता है। इस हथौड़े की हैण्डिल की लम्बाई इसके भार पर निर्भर करती है। इस हथौड़े का वजन 2 किग्रा से 9 किग्रा तक होता है।

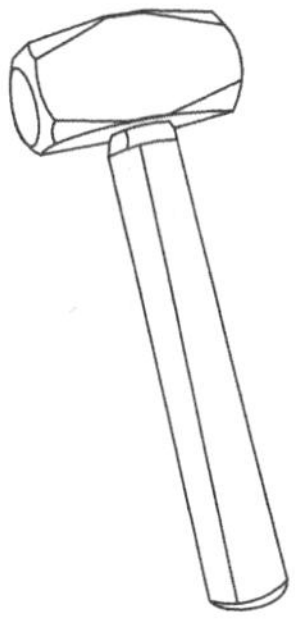

चित्र स्लेज हथौड़ा

(v) लम्प हैमर Lump Hammer

लम्प हैमर एक ऐसी हैमर है, जिसका हैण्डिल छोटा तथा हैड भारी होता है। यह 2 पाउण्ड से 4 पाउण्ड में उपलब्ध होती है। इसका प्रयोग कोल्ड चीजल या फोर्ज हॉट मैटल पर भारी आघात करने के लिए किया जाता है।

2. मैलट Mallet

मुलायम हथौड़ा, जो हार्ड रबड़, कॉपर, ब्रास, लैड या लकड़ी का बना होता है, मैलट कहलाता है। इसका प्रयोग किसी जॉब पर चोट लगाकर उसे सीधी करने अथवा मोड़ने के लिए किया जाता है। इसके प्रहार से जॉब पर निशान नहीं पड़ते। सॉफ्ट हथौड़ा बनाने के लिए लकड़ी, हार्ड रबड़, कच्चा चमड़ा, नायलॉन, टैफलॉन, लैड अथवा ताँबे का प्रयोग किया जाता है। शीट मैटल शॉप में अधिकतर लकड़ी के मैलट ही प्रयोग किए जाते हैं।

ये निम्न तीन प्रकार के होते हैं

(i) स्टैण्डर्ड वुडन मैलट Standard Wooden Mallet

स्टैण्डर्ड मैलट का प्रयोग मुख्यत: धातु चादर को सीधा करने के लिए किया जाता है। इसके दोनों ओर के फेस समतल होते हैं, जैसा कि चित्र में दर्शाया गया है

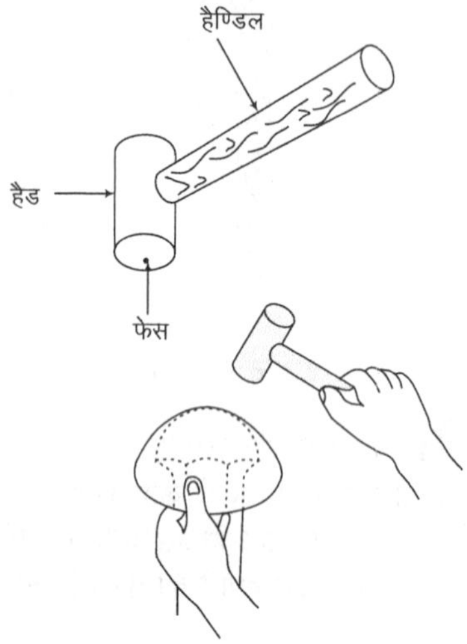

चित्र स्टैण्डर्ड वुडन मैलट

(ii) बॉसिंग मैलट Bossing Mallet

इसके दोनों सिरे गोलाई में होते हैं। इसका उपयोग चादर से बने पाइप अथवा अन्य कण्टेनर को अन्दर से बाहर की ओर ठोकने के लिए किया जाता है, क्योंकि इसका उपयोग चादर को उभारने के लिए किया जाता है, इसलिए इसे बॉसिंग मैलट कहते हैं।

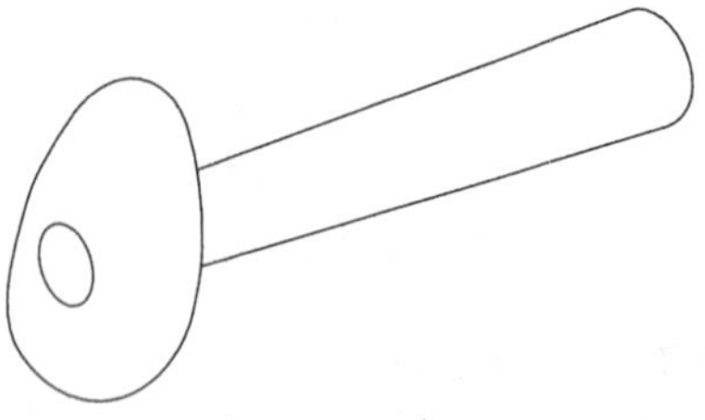

चित्र बॉसिंग मैलट

(iii) एण्ड फेक्ड मैलट End Faked Mallet

यह लकड़ी से बना क्रॉस पीन हथौड़े के समान आकृति वाला मैलट होता है, जैसा कि चित्र में दर्शाया गया है। इसका प्रयोग चादर को तार पर फैलाने अथवा मोड़ने के लिए किया जाता है।

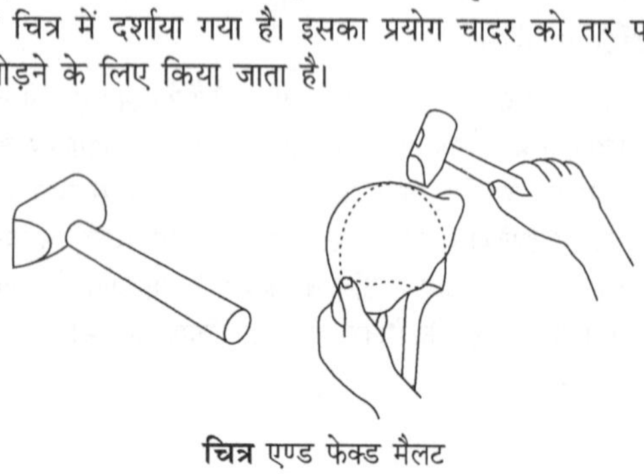

चित्र एण्ड फेक्ड मैलट

2.6 कर्तन औजार Cutting Tools

विविध कार्यशालाओं में विभिन्न प्रक्रियाओं को सम्पन्न करने के लिए बहुत से कर्तन औजारों का उपयोग किया जाता है, जिनकी सहायता से अवांछित धातु को काटकर हटाया जाता है तथा विशिष्ट सतह परिष्करण (surface finish) तथा आकृति व साइज (shape and size) का निर्माण किया जाता है।

किसी भी निर्माणक (manufacturing) इकाई में कार्य के दौरान कर्तन, हैक्सॉइंग, रेतन आदि संक्रियाएँ (operations) की जाती हैं, जिनमें समस्त प्रकृति के औजार प्रयुक्त किए जाते हैं।

1. छेनियाँ Chisels

छेनी हल्की व पतली धातुओं की फ्लैट, राउण्ड, एंगल आयरन तथा 1/8" तक मोटी चादरों को काटने के लिए सबसे अधिक प्रयोग में आने वाला औजार है। यह जॉब की सतह से अनावश्यक धातु को छोटे-छोटे टुकड़ों के रूप में काटकर अलग करने का कार्य करती है।

छेनी को बनाने के लिए हाई कार्बन स्टील या क्रोम वैनेडियम स्टील का गोल, षट्भुजाकार या अष्टभुजाकार लट्ठा प्रयोग किया जाता है। छेनी का कोई निश्चित आकार (size) नहीं होता, आवश्यकतानुसार ये छोटी-बड़ी हर साइज की प्रयोग की जाती हैं।

फोर्जिंग विधि द्वारा इसके शीर्ष (striking head) को लगभग 70° के कोण पर शंक्वाकार बनाया जाता है तथा निचले भाग को उल्टे आयताकार पिरामिड (pyramid) की भाँति बनाया जाता है, इसे उल्टे आयताकार पिरामिड वाले भाग को काटने के काम में लाते हैं।

इसकी कटिंग एज पर 35° से 70° तक का कोण रखा जाता है। यह कोण, काटे जाने वाली धातु पर निर्भर करता है।

मुलायम (soft) धातु के लिए यह कोण कम तथा कठोर (hard) धातु के लिए इस कोण को अधिक रखा जाता है। छेनी की काटने वाली एज को पर्याप्त कठोरता प्रदान करने के लिए उसे ऊष्मा उपचार द्वारा हार्ड तथा टैम्पर कर लिया जाता है।

छेनी की लम्बाई सामान्यत: 50 मिमी से 200 मिमी तक होती है, परन्तु 150 मिमी लम्बाई की छेनियाँ अधिकतर प्रयोग की जाती हैं। शीर्ष, बॉडी तथा कटिंग एज छेनी के मुख्य भाग हैं। नीचे छेनी को उसके प्रमुख भागों सहित प्रदर्शित किया गया है

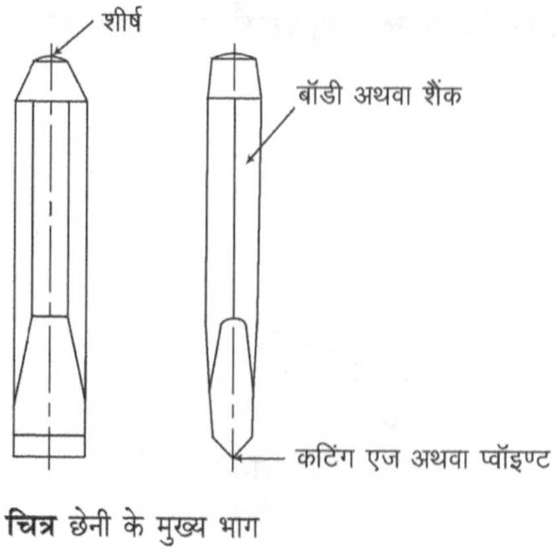

चित्र छेनी के मुख्य भाग

छेनियों के प्रकार Types of Chisels

छेनियाँ मुख्यत: निम्नलिखित प्रकार की होती हैं

(i) फ्लैट छेनी	(ii) क्रॉस कट छेनी
(iii) डायमण्ड प्वॉइण्ट छेनी	(iv) हाफ राउण्ड छेनी
(v) गऊ-मुख छेनी	(vi) खोखली छेनी
(vii) ऑफसैट छेनी	(viii) वेब छेनी

(i) **फ्लैट छेनी** Flat Chisel

फ्लैट छेनी की चौड़ाई, इसकी मोटाई से अधिक होती है। इसकी कटिंग एज V के आकार में तथा चपटी होती है, जिसे हल्की गोलाई दी जाती है, जिससे कटिंग में सुविधा मिलती है।

लगभग प्रत्येक साइज की फ्लैट छेनी प्रयोग में आती है। यह सबसे अधिक प्रयोग होने वाली छेनी है। इसके प्रयोग से धातु को चिपिंग के रूप में हटाया जाता है।

फ्लैट छेनी का प्रयोग तार, पतली चादरों तथा गोल छड़ों को काटने के अतिरिक्त पुराने रिवेट, जाम नट तथा बोल्ट को काटने में किया जाता है।

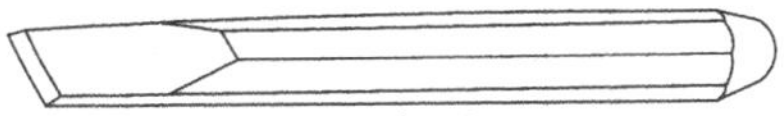

चित्र फ्लैट छेनी

(ii) **क्रॉस कट छेनी** Cross Cut Chisel

क्रॉस कट छेनी के कटिंग एज की चौड़ाई उसकी मोटाई से कम होती है। इसका प्रयोग किसी कार्यखण्ड में खाँचे (grooves) काटने के लिए किया जाता है। इसके द्वारा अधिक मोटाई की कटिंग की जा सकती है। इसके द्वारा शाफ्ट या हब में की-वे (key-way) काटे जाते हैं।

इस छेनी का एक सिरा गोलाई में बनाकर हाफ राउण्ड ग्रूव (half round groove) भी बनाया जा सकता है। इसकी काटने वाली धार की लम्बाई 3 मिमी से 12 मिमी तथा चौड़ाई 5 मिमी से 9 मिमी तक होती है तथा ग्रूव काटते समय यह फँसे नहीं, इसके लिए इसकी कटिंग एज की अपेक्षा पिछला भाग कुछ पतला बनाया जाता है।

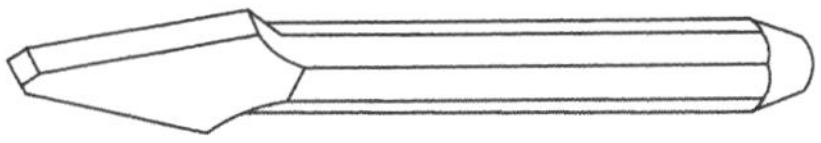

चित्र क्रॉस कट छेनी

(iii) **डायमण्ड प्वॉइण्ट छेनी** Diamond Point Chisel

इस छेनी की कटिंग एज का आकार नुकीला तथा चौकोर हीरे के समान होता है। इसके नुकीले प्वॉइण्ट से 'V' ग्रूव काटे जा सकते हैं। डायमण्ड प्वॉइण्ट छेनी का प्रयोग आयताकार ग्रूव के कोने शार्प (sharp) करने के लिए भी किया जाता है। चित्र में डायमण्ड प्वॉइण्ट छेनी दर्शायी गई है।

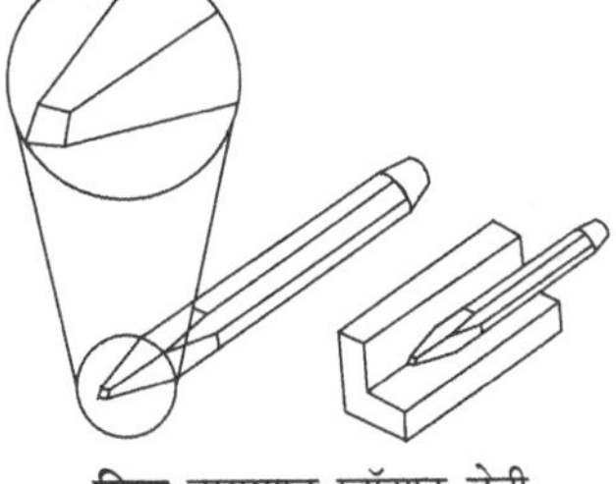

चित्र डायमण्ड प्वॉइण्ट छेनी

(iv) **हाफ राउण्ड छेनी** Half Round Chisel

इस छेनी के आगे के टेपर भाग को अर्द्धवृत्ताकार आकार का बनाया जाता है। इसके सिरे पर कटिंग एज बनाई जाती है। इसकी कटिंग एज की चौड़ाई बहुत कम होती है।

हाफ राउण्ड छेनी का फोर्जिंग कोण 30° तथा कटिंग कोण 35° से 45° तक हो सकता है। इस छेनी का प्रयोग हब आदि में की-वे काटने, ब्रासो में ऑयल ग्रूव बनाने तथा कॉर्नर ग्रूव आदि काटने के लिए किया जाता है।

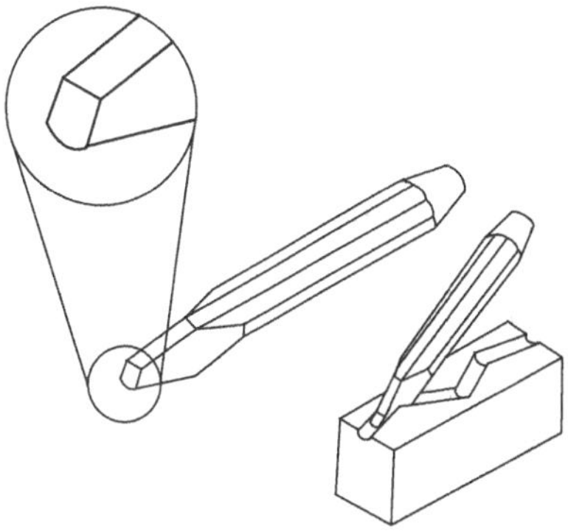

चित्र हाफ राउण्ड छेनी

(v) **गऊ-मुख छेनी** Cow-mouth Chisel

इस छेनी का शैंक खोखला होता है तथा आगे से टेपर (tapered) होता है। इसको तिरछा काटने से अन्दर की साइडों में कटिंग एज गऊ-मुख के समान प्राप्त होती है, जिस कारण इसे गऊ-मुख छेनी कहा जाता है। यह वक्र कटिंग एज (curved cutting edge) किसी भी कार्यखण्ड को परिधि पर काटने के काम आती है। इसके अतिरिक्त, यह गोलाकार कट लगाने तथा रिवेट हेड के व्यास को कम करने के लिए भी प्रयोग की जाती है।

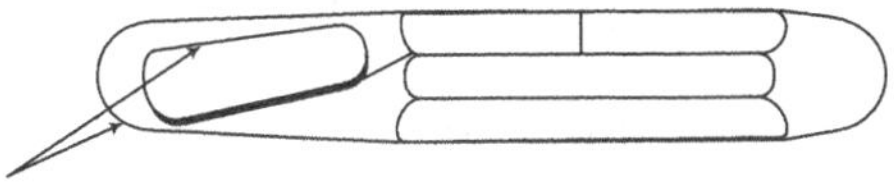

चित्र गऊ-मुख छेनी

(vi) **खोखली छेनी** Hollow Chisel

गऊ-मुख छेनी के समान यह छेनी भी खोखली होती है तथा आगे से शंकु आकार की होती है। इसकी कटिंग एज वृत्ताकार होती है, जैसा कि चित्र में दर्शाया गया है। यह गोल (circular) होल करने के काम आती है। कटिंग एज से ऊपर एक ग्रूव बना होता है, जिससे कटिंग के दौरान स्क्रैप मैटेरियल (scrap material) बाहर आ जाता है। यह छेनी मुलायम धातुओं या चमड़ा व रबड़ शीट काटने के काम आती है।

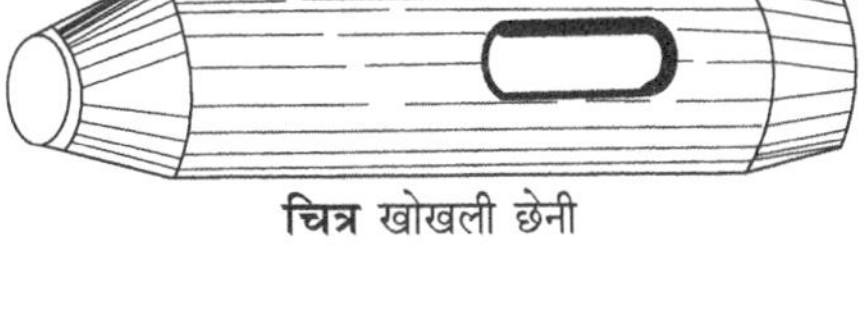

चित्र खोखली छेनी

(vii) **ऑफसैट छेनी** Offset Chisel

इस छेनी का आगे का शैंक वाला भाग फोर्ज करके एक साइड में ऑफसैट (offset) कर दिया जाता है, यह छेनी फ्लैट तथा साइड दो प्रकार की होती हैं। सामान्यत: इसका ऑफसैट कोण 90°, फोर्ज कोण 25° तथा कटिंग कोण 60° रखा जाता है।

फ्लैट कटिंग छेनी की धार सम्पूर्ण चौड़ाई में बनी होती है तथा साइड कटिंग छेनी की धार साइड में बनी होती है। इस छेनी का प्रयोग चिपिंग व स्लॉट से चिप्स को साफ करने के लिए किया जाता है।

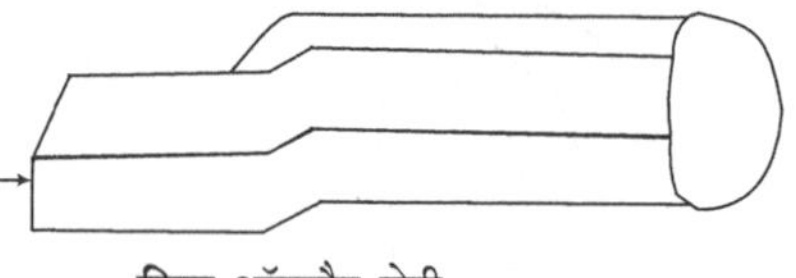

चित्र ऑफसैट छेनी

(viii) **वेब छेनी** Web Chisel

इस छेनी का प्रयोग ड्रिल द्वारा छिद्र बनाने के पश्चात् उनके बीच की धातु को हटाने के लिए किया जाता है। इसे पंचिंग चीजल भी कहते हैं।

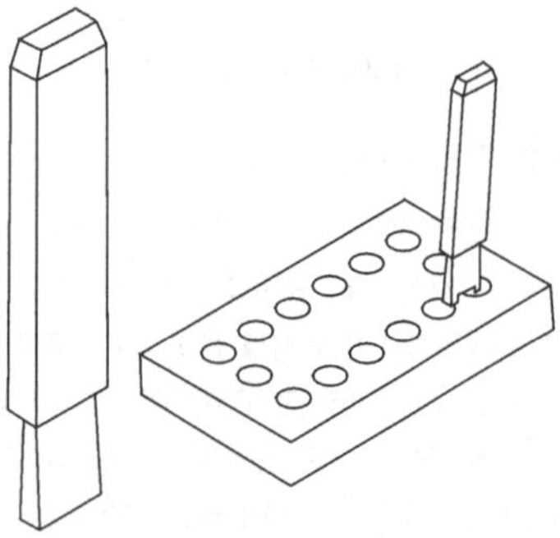

चित्र वेब छेनी

छेनियों के लिए कटिंग कोण Cutting Angles for Chisels

छेनी के कटिंग एज की ग्राइण्डिग के अनुसार ही उसका कटिंग एंगल होता है। कठोर धातुओं के लिए कटिंग एंगल अधिक तथा नर्म धातुओं के लिए कम रखा जाता है।

विभिन्न प्रकार की छेनियों को बनाने के लिए प्रयोग की गई धातुओं के अनुसार उनके कटिंग एंगल को एक तालिका के रूप में नीचे दर्शाया गया है। साधारणत: छेनी का कटिंग एंगल 60° ही रखा जाता है।

धातु	फ्लैट छेनी	क्रॉस कट छेनी	डायमण्ड प्वॉइण्ट छेनी	हाफ राउण्ड छेनी
इस्पात	70°	70°	60°	45°
कास्ट आयरन	60°	60°	60°	45°
ताँबा या पीतल	45°	45°	60°	45°
एल्युमीनियम	35°	35°	60°	45°

छेनियों का प्रयोग करते समय सावधानियाँ
Precautions While Using Chisels

चिपिंग करते समय दुर्घटना से बचने के लिए निम्न बातों का ध्यान रखना चाहिए

(i) कार्यखण्ड की धातु के अनुसार ही छेनी का कटिंग एंगल होना चाहिए।

(ii) कटिंग एज उत्तल (convex) होनी चाहिए। इससे छेनी का लाइफटाइम (lifetime) बढ़ जाता है तथा काटने में भी आसानी रहती है।

(iii) कार्य करते रहने से यदि छेनी के हैड (head) की धातु फैल गई है, तो उसे ग्राइण्ड कर देना चाहिए, क्योंकि इससे धातु के टूटकर चोट लगने का भय रहता है।

(iv) हथौड़े के फेस या छैनी के हैड पर कोई चिकनाई नहीं लगी होनी चाहिए।

(v) चिपिंग के समय गार्ड का प्रयोग करना न भूलें।

(vi) चिपिंग करते समय दृष्टि छेनी की धार पर रहनी चाहिए, उसके हैड पर नहीं।

(vii) कभी भी धार रहित छेनी का प्रयोग नहीं करना चाहिए।

(viii) चिपिंग, चलित जबड़े से स्थिर जबड़े की ओर करनी चाहिए।

> ***टिप्पणी*** *धातु की ऊपरी सतह से छेनी द्वारा धातु की पतली परत (chip) को काटकर अलग करने की प्रक्रिया को चिपिंग (chipping) कहते हैं।*

2. हैक्सॉ Hacksaw

हैक्सॉ एक प्रकार का कटिंग टूल है। लोहे के लट्ठों, प्लेट, पाइप या शीट आदि में हैक्सॉ द्वारा धातु को काटने की क्रिया को हैक्सॉइंग (hacksawing) कहते हैं।

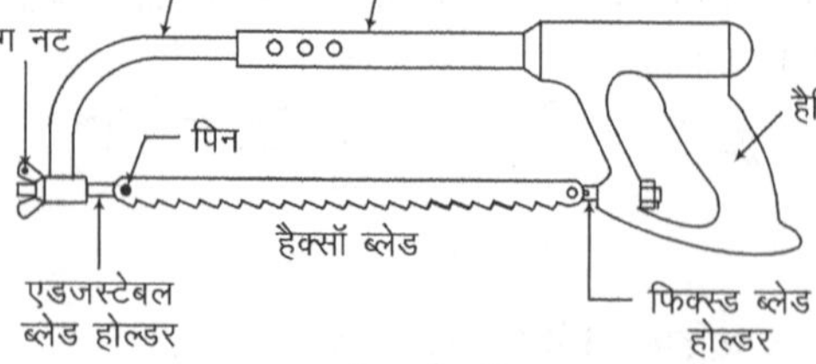

चित्र हैक्सॉ

हैक्सॉ के भाग Parts of Hacksaw

हैक्सॉ के निम्नलिखित भाग होते हैं

(i) हैक्सॉ फ्रेम (ii) हैक्सॉ ब्लेड

(i) हैक्सॉ फ्रेम Hacksaw Frame

हैक्सॉ का मुख्य भाग उसका फ्रेम होता है, जोकि 'C' शेप (shape) में होता है। इसके एक सिरे पर फिक्स्ड स्क्रू लगा होता है, जिसमें अन्दर की ओर पीन तथा बाहर की ओर हैण्डिल लगा होता है। दूसरे सिरे पर एक स्लाइडिंग स्क्रू (sliding screw) लगा होता है, जिसमें फ्रेम के अन्दर की ओर पीन लगी

होती है, जिसे प्रोंग कहा जाता है तथा बाहर की ओर से एक फ्लाई नट लगाया गया होता है। हैक्सॉ फ्रेम मुख्य रूप से तीन प्रकार के होते हैं

(a) फिक्स्ड हैक्सॉ फ्रेम (b) एडजस्टेबल हैक्सॉ फ्रेम

(c) डीप कटिंग हैक्सॉ फ्रेम

(a) **फिक्स्ड हैक्सॉ फ्रेम** (Fixed hacksaw frame) फिक्स्ड हैक्सॉ फ्रेम में एक फिक्स्ड लम्बाई के ब्लेड का प्रयोग किया जाता है; जैसे–यदि हैक्सॉ फ्रेम 250 मिमी लम्बाई का है, तो उस फ्रेम में इसी लम्बाई का ब्लेड लगाया जाना चाहिए। इस फ्रेम को फिक्स्ड फ्रेम कहते हैं।

उस फ्रेम में पहले ब्लेड को पीन में फँसाया जाता है। इसके बाद इसमें लगे विंग नट की सहायता से ब्लेड को कसा जाता है।

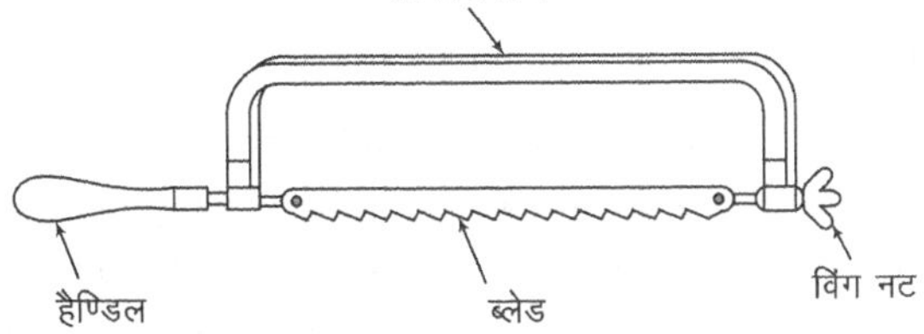

चित्र फिक्स्ड हैक्सॉ फ्रेम

(b) **एडजस्टेबल हैक्सॉ फ्रेम** (Adjustable hacksaw frame) एडजस्टेबल हैक्सॉ फ्रेम दो टुकड़ों में बना होता है। एडजस्टेबल स्क्रू की ओर के भाग में ग्रूव बने होते हैं। इसमें फ्रेम की लम्बाई को एडजस्ट किया जा सकता है। एडजस्टेबल हैक्सॉ फ्रेम में 200 से 300 मिमी तक के ब्लेड प्रयोग किए जा सकते हैं। ये फ्रेम समतल तथा नालिका दो प्रकार के होते हैं

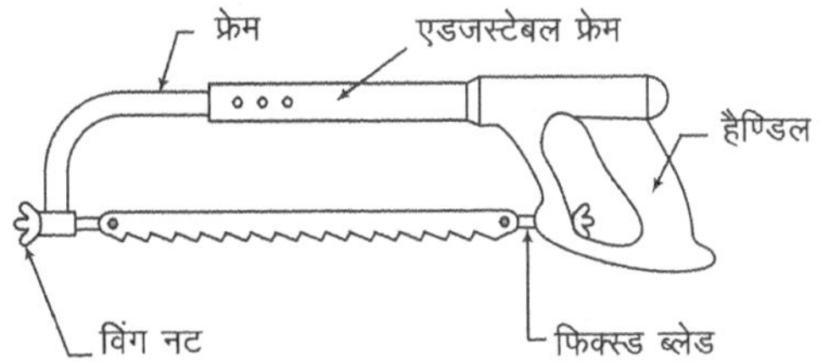

चित्र एडजस्टेबल हैक्सॉ फ्रेम

(c) **डीप कटिंग हैक्सॉ फ्रेम** (Deep cutting hacksaw frame) यह भी सॉलिड फ्रेम का ही एक प्रकार है, जिसमें एक ही लम्बाई के ब्लेड का प्रयोग किया जाता है। इसकी गहराई बहुत अधिक रखी जाती है, जिससे यह गहराई तक काटने पर भी जॉब में अटकता नहीं है।

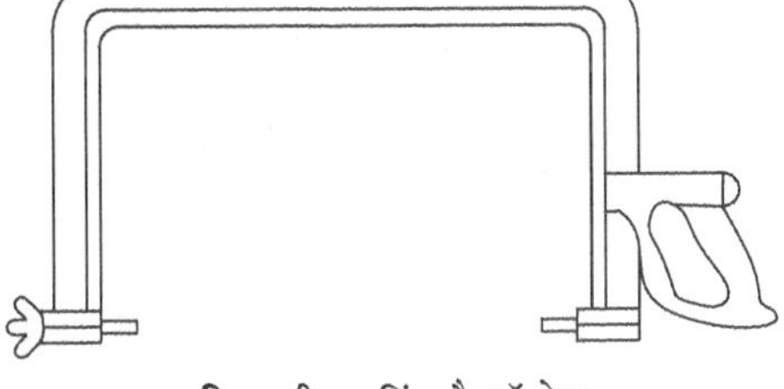

चित्र डीप कटिंग हैक्सॉ फ्रेम

(ii) हैक्सॉ ब्लेड Hacksaw Blade

हैक्सॉ में कटाई करने वाला भाग हैक्सॉ ब्लेड ही होता है। यह एक पत्ती (strip) के आकार में होता है, जिसके दोनों सिरे गोलाई में कटे होते हैं। इसके दोनों सिरों पर पीन होल बने होते हैं, जिनकी सहायता से इसे हैक्सॉ फ्रेम में फिट किया जाता है। इसकी दोनों या एक साइड में दाँते कटे होते हैं, जो एक दिशा में झुके हुए होते हैं। चित्र (a) देखें।

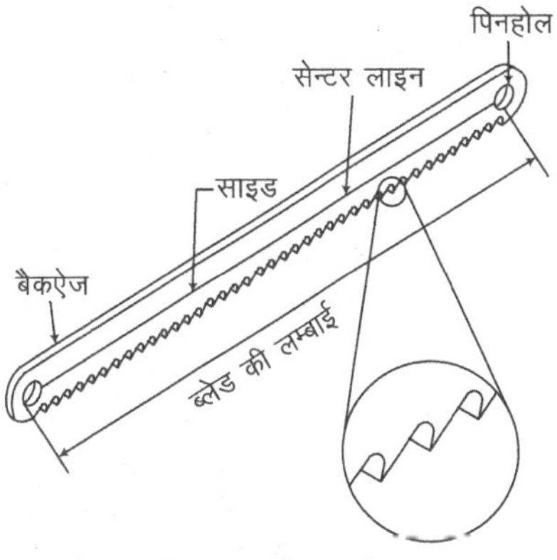

चित्र (a) हैक्सॉ ब्लेड

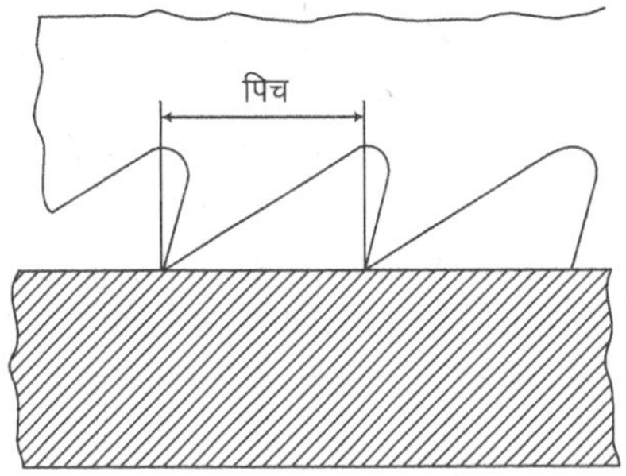

चित्र (b) हैक्सॉ ब्लेड की पिच

हैक्सॉ ब्लेड के लिए कार्बन स्टील, हाई कार्बन स्टील, हाई स्पीड स्टील प्रयोग की जाती है। दाँते काटने तथा होल बनाने के पश्चात् इसे हार्ड व टेम्पर किया जाता है। कभी-कभी होल वाले भाग को अनील (anneal) भी किया जाता है। हैक्सॉ ब्लेड की लम्बाई सामान्यत: 8", 10" तथा 12" होती है। ब्लेड की पत्ती की मोटाई 0.6 मिमी से 0.8 मिमी तथा चौड़ाई 12 मिमी से 16 मिमी तक होती है। हैक्सॉ ब्लेड की पिच, इसके दो संलग्न दाँतों के मध्य की दूरी होती है। चित्र (b) देखें।

सामान्यत: हैक्सॉ में मोटी पिच, मध्यम पिच या पतली पिच के ब्लेड प्रयोग किए जाते हैं। 1.5 से 2.0 मिमी तक मोटी पिच, 1.0 से 1.5 मिमी तक मध्यम पिच तथा 0.8 से 1.0 मिमी तक फाइन पिच होती है।

दाँतों पर दिए गए टैम्पर के आधार पर ब्लेड तीन प्रकार के होते हैं

(a) ऑल हार्ड ब्लेड
(b) हाफ हार्ड ब्लेड
(c) फ्लैक्सिबल ब्लेड

(a) **ऑल हार्ड ब्लेड** (All hard blade) हैक्सॉ ब्लेड का ऊष्मा उपचार कई प्रकार से किया जाता है। कुछ ब्लेडों की सम्पूर्ण बॉडी को ऊष्मा उपचार द्वारा हार्ड व टेम्पर किया जाता है, इन्हें ऑल हार्ड ब्लेड कहते हैं। केवल कुशल कारीगर ही इनका प्रयोग कर सकते हैं। इनमें लचीलापन (flexibility) नहीं होता है, जिससे ये थोड़ा-सा मुड़ने अथवा बल लगाने पर टूट जाते हैं। ये ब्लेड हाई कार्बन स्टील या हाई स्पीड स्टील के बनाए जाते हैं।

(b) **हाफ हार्ड ब्लेड** (Half hard blade) ब्लेड को टूटने से बचाने के लिए दाँतों की ओर आधी चौड़ाई तक ही ब्लेड को हार्ड किया जाता है। शेष भाग मुलायम ही बना रहता है, जो उसे टूटने से बचाता है।

इस ब्लेड की कठोरता कम रहती है, फलत: इसके दाँते जल्दी ही घिस जाते हैं। इस प्रकार के ब्लेड का प्रयोग कम कठोर या मुलायम धातुओं को काटने के लिए किया जाता है।

(c) **फ्लैक्सिबल ब्लेड** (Flexible blade) इस प्रकार के ब्लेडों में केवल दाँतों को ही हार्ड तथा टेम्पर किया जाता है, जिससे ये अत्यधिक नम्य अर्थात् लचीले हो जाते हैं तथा इनके झटका खाकर टूटने की दर कम हो जाती है। इस प्रकार की ब्लेडों का प्रयोग पतली चादरों, पाइपों को वक्र लाइनों के साथ काटने में किया जाता है। इसके अतिरिक्त, हैक्सॉ ब्लेड में प्रयुक्त दाँतों के ग्रेड के आधार पर ये निम्नलिखित चार प्रकार के होते हैं

- **कोर्स ग्रेड हैक्सॉ ब्लेड** (Coarse grade hacksaw blade) इस ब्लेड में 14 से 18 दाँते प्रति इंच कटे होते हैं तथा इनका प्रयोग माइल्ड स्टील, ताँबा, एल्युमीनियम तथा पीतल आदि धातुओं की मोटी कटाई के लिए किया जाता है।
- **मीडियम ग्रेड हैक्सॉ ब्लेड** (Medium grade hacksaw blade) इस ब्लेड में 20 से 24 दाँते प्रति इंच कटे होते हैं तथा इस प्रकार के ब्लेड सभी प्रकार की धातुओं; जैसे—कास्ट आयरन, टूल स्टील, माइल्ड स्टील, ताँबा इत्यादि काटने के लिए किया जाता है।
- **फाइंन ग्रेड हैक्सॉ ब्लेड** (Fine grade hacksaw blade) इस ब्लेड में 20 से 24 दाँते प्रति इंच कटे होते हैं तथा इनका प्रयोग पतली चादरें, पाइप तथा ट्यूब आदि काटने के लिए किया जाता है।
- **सुपर फाइन ग्रेड हैक्सॉ ब्लेड** (Super fine grade hacksaw blade) इस ब्लेड में 30 से 32 दाँते प्रति इंच कटे होते हैं तथा इनका प्रयोग अत्यधिक कठोर धातुओं तथा पतली शीटों को काटने के लिए किया जाता है।

ब्लेड की पिच Pitch of Blade

दो निकटवर्ती दाँतों की मध्य दूरी को ब्लेड की पिच कहते हैं। हैक्सॉ ब्लेड को उनकी लम्बाई, पिच तथा प्रकार के आधार पर डिजाइन किया जाता है।

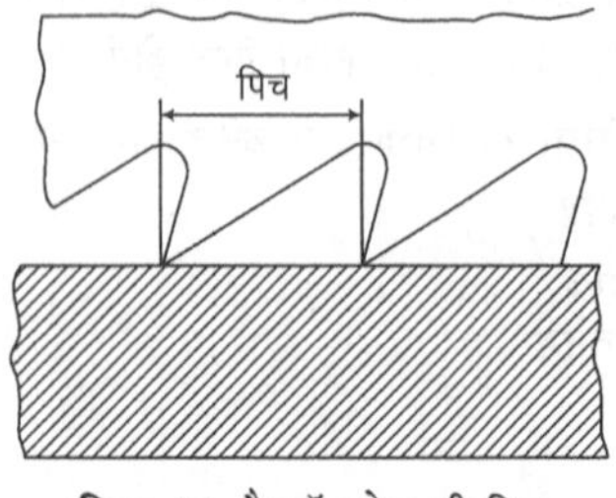

चित्र (b) हैक्सॉ ब्लेड की पिच

वर्गीकरण	पिच
कोर्स	1.8 मिमी
मीडियम	1.4 मिमी एवं 1.0 मिमी
फाइन	0.8 मिमी

दाँतों की सैटिंग Setting of Teeths

ब्लेड को उसके द्वारा काटी गई झिर्री में फँसने से बचाने के लिए उसके दाँतों को दोनों ओर कुछ मोड़ दिया जाता है, जिससे कि उसके द्वारा कटने वाली झिर्री की चौड़ाई ब्लेड की मोटाई से अधिक होती है। इस प्रक्रिया को दाँतों की सैटिंग (setting of teeth) कहा जाता है। सैटिंग करने से ब्लेड अपने द्वारा बनाई गई झिर्री में नहीं फँसता तथा घर्षण भी कम हो जाता है। दाँतों की सैटिंग निम्न प्रकार से की जाती है

(i) सिंगल स्टैगर्ड सैटिंग (ii) डबल स्टैगर्ड सैटिंग (iii) वेव सैटिंग

(i) सिंगल स्टैगर्ड सैटिंग Single Staggered Setting

इस प्रकार की सैटिंग में एक दाँत बाएँ, तो दूसरे दाँत को दाएँ को मोड़ा जाता है। इस प्रकार अल्टरनेटली (alternately) दाएँ-बाएँ दाँते मोड़े जाते हैं। प्रत्येक चार दाँतों के बाद पाँचवाँ दाँता सीधा रखा जाता है। इसे दाँतों की आल्टरनेट सैटिंग भी कहा जाता है। यह सीधा दाँता बुरादा बाहर निकालता है तथा आधार को सीधा रखता है। यह सैटिंग मोटे पिच के ब्लेडों में की जाती है।

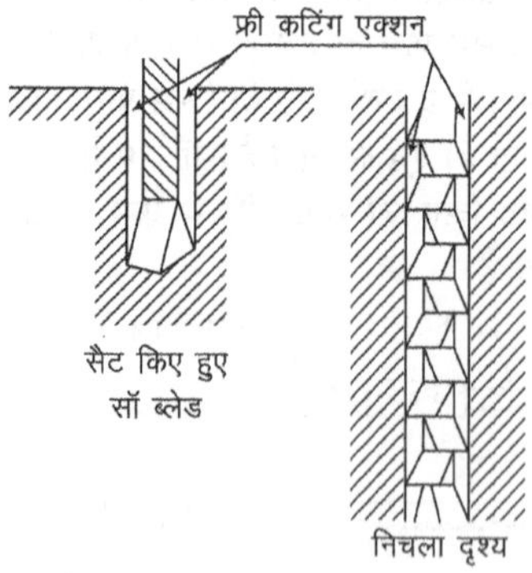

चित्र सिंगल स्टैगर्ड सैटिंग

(ii) डबल स्टैगर्ड सैटिंग Double Staggered Setting

इस सैटिंग में दो दाँते बाईं ओर मोड़ने के पश्चात् दो दाँते दाईं ओर मोड़े जाते हैं। इसके पश्चात् पाँचवाँ दाँत सीधा छोड़ दिया जाता है। यह सैटिंग मीडियम पिच (pitch) के लिए उपयुक्त है।

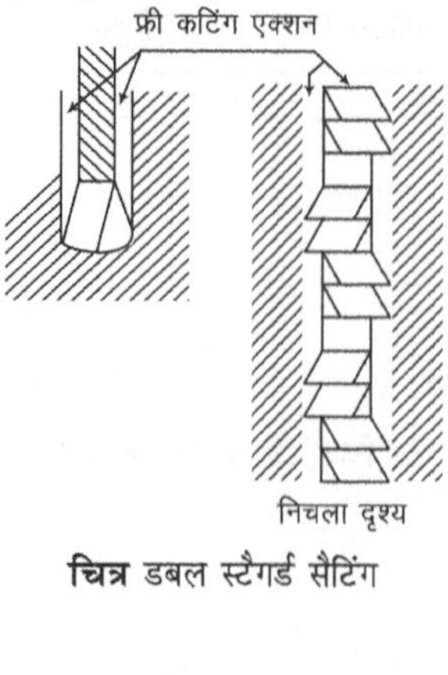

चित्र डबल स्टैगर्ड सैटिंग

(iii) **वेव सैटिंग** Wave Setting

इस प्रकार की सैटिंग में दाँतों को एक लहर (wave) के आकार में सैट किया जाता है। यह सैटिंग फाइन तथा सुपर फाइन पिच के ब्लेडों में की जाती है।

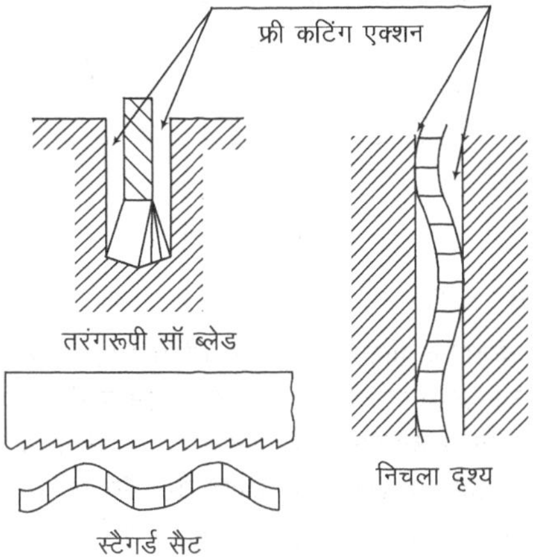

चित्र वेव सैटिंग

हैक्सॉ को प्रयोग करने की विधि
Method of Using Hacksaw

हैक्सॉ से कटाई करने के लिए निम्नलिखित पदों में कार्य करना चाहिए

(i) जॉब पर कटिंग लाइन की मार्किंग करनी चाहिए।

(ii) जॉब को वाइस में इस प्रकार बाँधना चाहिए कि हैक्सॉ कहीं अड़े नहीं व कटिंग लाइन साफ दिखाई देती रहे।

(iii) जॉब की कटिंग सतह, वाइस से 5-6 मिमी से अधिक दूर नहीं होनी चाहिए अन्यथा चैटरिंग (chattering) आ सकती है।

(iv) जॉब की धातु तथा मोटाई के अनुसार ब्लेड का चयन करना चाहिए; जैसे—स्टील की जॉब के लिए हाई स्पीड स्टील का ब्लेड चुनना चाहिए, जबकि ब्रास या एल्युमीनियम के लिए हाई कार्बन स्टील का ब्लेड चुना जा सकता है।

(v) ब्लेड को फ्रेम में फिट करते समय उसके दाँतों का झुकाव आगे की ओर (अर्थात् फ्लाई नट की दिशा में) रखना चाहिए। इससे हैक्सॉ अगले स्ट्रोक (forward stroke) में कटिंग करता है।

(vi) हैक्सा को आगे ले जाते समय उस पर दबाव डालना चाहिए तथा अपनी तरफ खींचते समय उसे ढीला छोड़ना चाहिए।

(vii) जहाँ कटिंग करनी है अर्थात् कटिंग लाइन के पास बाएँ हाथ का अँगूठा रखकर, उसके नाखून से गाइडेंस लेते हुए, फाइल से 'V' ग्रूव बना लेना चाहिए।

हैक्सॉ प्रयोग करते समय सावधानियाँ
Precautions while Using Hacksaw

हैक्सॉ द्वारा कटिंग शुरू करने से पहले प्रयोग में लाई जाने वाली सावधानियाँ निम्नलिखित हैं

(i) जहाँ कटिंग शुरू करनी है, वहाँ रेती से 'वी' ग्रूव बना लेना चाहिए। इससे ब्लेड एक निश्चित स्थान पर कटिंग करता है।

(ii) हैक्सॉइंग के समय दाएँ हाथ से हैक्सॉ का हैण्डिल पकड़कर आगे-पीछे चलाने के लिए जोर लगाना चाहिए एवं साथ ही बाएँ हाथ से फ्रेम को आगे से सहारना चाहिए।

(iii) हैक्सॉइंग के समय मात्र फॉरवर्ड स्ट्रोक (forward stroke) में ही दाब डालना चाहिए, क्योंकि केवल फॉरवर्ड स्ट्रोक में ही कटाई होती है।

(iv) चिम्मड़ धातुओं को काटते समय शीतलक या पानी का प्रयोग करते हैं, जिससे ब्लेड अधिक गर्म न होने पाए। ढलवाँ लोहे की कटाई में कोई कूलैन्ट प्रयोग नहीं किया जाता, जबकि एल्युमीनियम के लिए कैरोसीन (kerosene) का प्रयोग करते हैं।

(v) कटिंग करते समय झटके से हैक्सॉ को नहीं चलाना चाहिए। हैक्सॉ फ्रेम (ब्लेड) हमेशा सीधे चलाना चाहिए। टेढ़ा होने पर कटाई टेढ़ी होगी जिससे ब्लेड फँसकर टूट सकता है।

(vi) ब्लेड के टूटने पर पुराने कट में नया ब्लेड नहीं चलाना चाहिए, यह फँसकर टूट सकता है।

(vii) ब्लेड की पूरी लम्बाई का प्रयोग करना चाहिए।

3. रेतियाँ Files

किसी कार्यखण्ड की सतह से खुरदरी सतह वाले औजार को रगड़कर अवांछित पदार्थ को चूर्ण के रूप में हटाने की प्रक्रिया को रेतना कहते हैं तथा प्रयुक्त औजार को रेती कहा जाता है। रेती के द्वारा हम प्लेन सतह, वक्र सतह, सीधी झिर्री, वृत्ताकार या आयताकार होल तथा लगभग प्रत्येक प्रकार की आकृति पर से अतिरिक्त पदार्थ को बारीक कणों के रूप में हटा सकते हैं। इसके लिए विभिन्न आकार व साइज की रेतियाँ बाजार में उपलब्ध हैं। नीचे चित्र में रेती को पकड़ना तथा उसके द्वारा किसी कार्यखण्ड की रेताई करना दर्शाया गया है

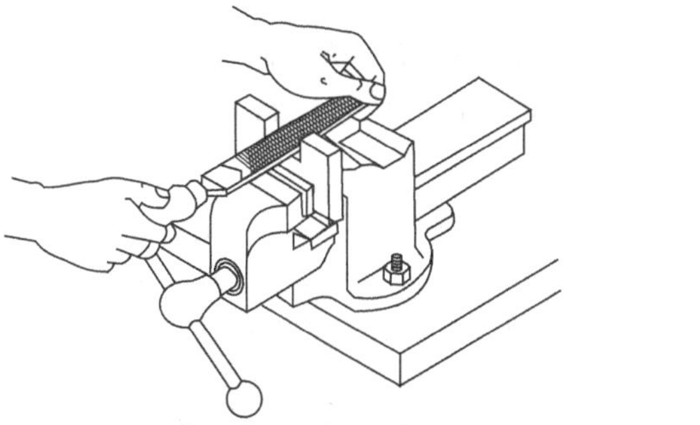

चित्र रेती को पकड़ने की विधि

रेती के मुख्य भाग Main Parts of File

रेती के मुख्य भाग निम्न प्रकार हैं

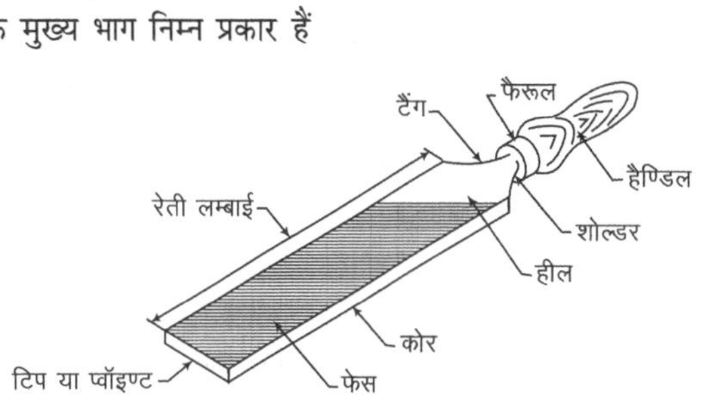

चित्र रेती के भाग

(i) **फेस** (Face) रेती का वह चपटा भाग, जिसमें कटाई दाँते बने होते हैं, फेस कहलाता है।

(ii) **टैंग** (Tang) रेती का वह नुकीला भाग, जिस पर हैण्डिल लगाया जाता है, टैंग कहलाता है।

(iii) **हैण्डिल** (Handle) रेती को पकड़ने के लिए टैंग पर लगा भाग उसका हैण्डिल कहलाता है।

(iv) **हील** (Heel) फेस तथा टैंग के मध्य कुछ भाग प्लेन (plain) तथा बिना दाँतों का बचता है, इस भाग को हील कहा जाता है।

(v) **कोर** (Edge) रेती का वह पतला भाग जिस पर समान्तर दाँतों की एकल पंक्ति (single row) होती है, कोर कहलाता है।

(vi) **टिप या प्वॉइण्ट** (Tip or point) रेती के निचले सिरे को प्वॉइण्ट कहा जाता है। इस प्वॉइण्ट की लम्बाई व चौड़ाई देखकर ही रेती के लकड़ी के हत्थे के आकार का निर्धारण किया जाता है।

(vii) **शोल्डर** (Shoulder) हील के ऊपर टैंग बनाने के लिए प्रयुक्त किए जाने वाले टेपर (taper) भाग को शोल्डर कहते हैं।

(viii) **फैरूल** (Ferrule) हैण्डिल में दरार पड़ने पर, दुर्घटना से बचने के लिए हैण्डिल के ऊपर धातु का छल्ला फिट कर दिया जाता है। इस धातु के छल्ले को ही फैरूल कहते हैं।

रेतियों का वर्गीकरण Classification of Files

रेतियाँ निम्न आधार पर वर्गीकृत की जा सकती हैं

(i) आकृति के आधार पर (ii) दाँतों की कटिंग के आधार पर

(iii) दाँतों के ग्रेड के आधार पर (iv) लम्बाई के आधार पर

(i) आकृति के आधार पर Based on the Shape

आकृति के आधार पर रेतियाँ निम्न प्रकार की होती हैं

(a) फ्लैट रेती Flat File

यह एक आयताकार काट वाली रेती है, जिसकी मोटाई व चौड़ाई में लगभग पाँच गुने का अन्तर होता है। हील की ओर यह 2/3 लम्बाई तक समान्तर रहती है तथा शेष 1/3 भाग (प्वॉइण्ट की ओर का) चौड़ाई तथा मोटाई दोनों में ही टेपर होता है। इसकी दोनों ही चपटी सतहों पर (फलकों पर) सिंगल कट या डबल कट दाँते बने होते हैं, जबकि दोनों एज पर सिंगल कट सीधे दाँते बने होते हैं। यह रेती 15-40 सेमी लम्बाई में बाजार में उपलब्ध है। इसका प्रयोग कार्यशालाओं में सबसे अधिक होता है। इसके द्वारा चपटी सतहों का निर्माण किया जा सकता है।

चित्र फ्लैट रेती

(b) हस्त रेती Hand File

यह रेती भी फ्लैट रेती के समान आयताकार काट वाली होती है। इसकी चौड़ाई समस्त लम्बाई में एकसमान होती है। यह प्वॉइण्ट की ओर 1/3 लम्बाई तथा मोटाई में टेपर होती है। इसकी एक एज (edge) पर सीधे सिंगल कट दाँते होते हैं, जबकि दूसरी एज बिना दाँतों की होती है। बिना दाँतों वाली इस एज को सुरक्षित कोर (safe edge) कहते हैं। यह सेफ एज, रेती की फ्लैट सतह को खड़ी अवस्था में जॉब को साइड से फाइल करने में सहायता करती है तथा जिस सतह पर सेफ एज चलती है, वह सतह खराब नहीं होती।

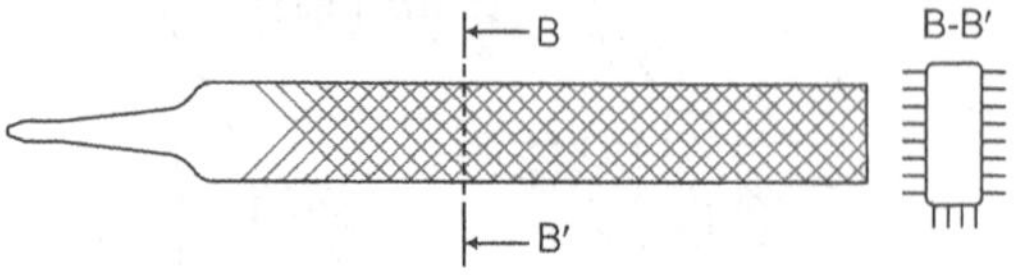

चित्र हस्त रेती

(c) मिल रेती Mill File

इस रेती की चौड़ाई व मोटाई समस्त लम्बाई में समान रहती है। इसकी एज चौरस, गोल या डायमण्ड आकार में होती है। इन एजों पर सिंगल कट दाँते बने होते हैं, जिनका उपयोग अर्द्ध-गोलाकार ग्रूव बनाने के लिए किया जा सकता है। इस रेती का प्रयोग लेथ मशीन पर जॉब की सतह को परिष्कृत करने या ड्रॉ-रेताई करने के लिए भी किया जाता है।

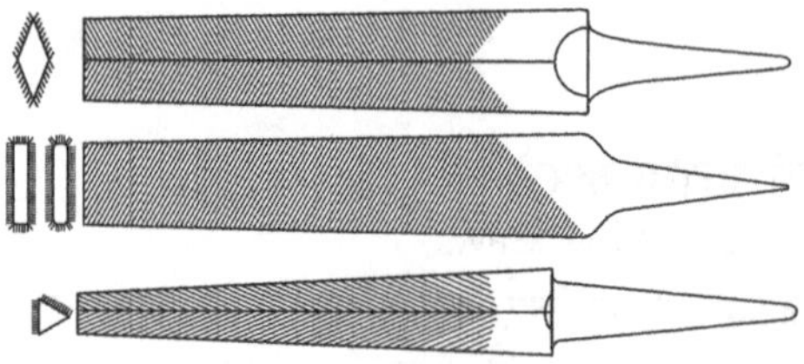

चित्र मिल रेती

(d) त्रिभुजाकार रेती Triangular File

इस रेती की अनुप्रस्थ-काट सम-त्रिभुज के समान होती है, इसलिए इसे त्रिभुजाकार रेती कहा जाता है।

इस रेती में तीन समान आकार के आयताकार फलक होते हैं, जिन पर साधारणतः सिंगल कट वाले दाँते बने होते हैं। इस रेती का भी प्वॉइण्ट की ओर का एक-तिहाई भाग टेपर किया होता है। इस रेती का प्रयोग मुख्य रूप से आरी के दाँतों पर धार लगाने तथा चौकोर या तिकोने खाँचों के कोने शार्प (sharp) करने के लिए किया जाता है। निम्न चित्र में त्रिभुजाकार रेती तथा उसके प्रयोग को दर्शाया गया है

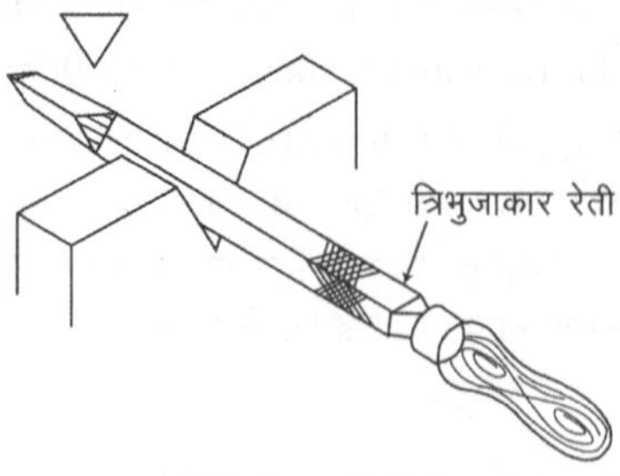

चित्र त्रिभुजाकार रेती

(e) वर्गाकार रेती Square File

इस रेती की अनुप्रस्थ-काट वर्गाकार होती है। इसमें चार समान आयताकार फलक होते हैं, जिन पर डबल-कट दाँते बने होते हैं। इस रेती का भी प्वॉइण्ट की ओर का 1/3 भाग टेपर में बना होता है। इस रेती का प्रयोग संकीर्ण झिर्रियों तथा आयताकार या वर्गाकार छिद्रों को रेतने के लिए किया जाता है।

नीचे चित्र में वर्गाकार रेती तथा उसके अनुप्रयोग को दर्शाया गया है।

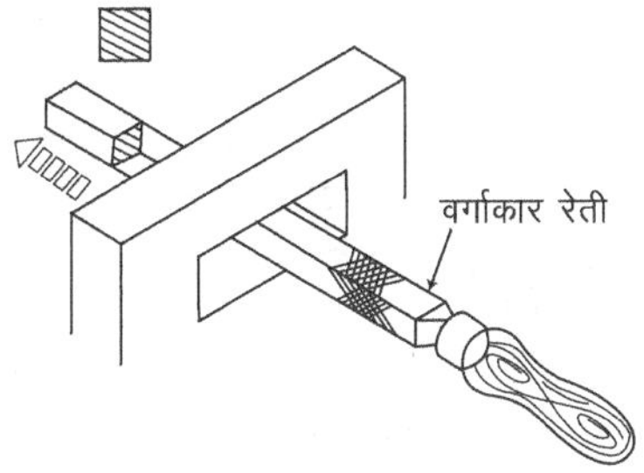

चित्र वर्गाकार रेती

(f) **गोल रेती** Round File

गोल रेती की अनुप्रस्थ-काट वृत्ताकार होती है। इसका भी एक-तिहाई (one-third) भाग (प्वॉइण्ट की ओर का) टेपर किया होता है।

इस रेती के सम्पूर्ण पृष्ठ पर सिंगल कट वाले दाँते होते हैं। इस रेती का उपयोग वृत्ताकार या वक्र सतहों (curved surfaces) को रेतने के लिए किया जाता है। नीचे चित्र में गोल रेती तथा उसकी प्रयोग विधि को दर्शाया गया है।

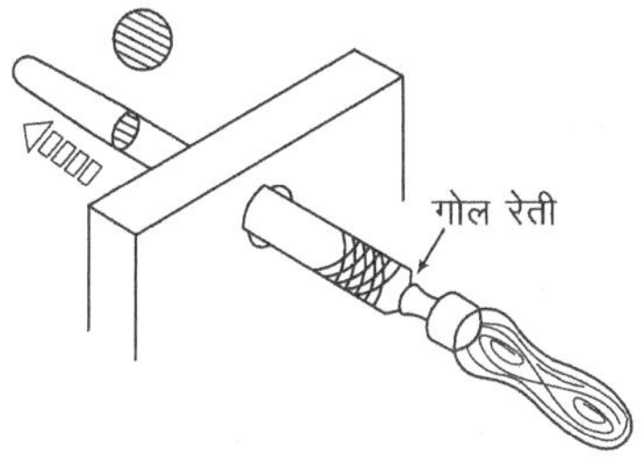

चित्र गोल रेती

(g) **हाफ राउण्ड रेती** Half Round File

इस रेती की अनुप्रस्थ-काट अर्द्धवृत्त के समान होती है। इसका भी प्वॉइण्ट की ओर का एक-तिहाई भाग टेपर किया होता है।

इस रेती की वक्र सतह पर सिंगल कट दाँते तथा फ्लैट सतह पर डबल कट दाँते बने होते हैं।

इस रेती का उपयोग समतल (flat) तथा आन्तरिक वक्राकार (curved) दोनों प्रकार की सतहों को रेतने के लिए किया जाता है। नीचे चित्र में हाफ राउण्ड रेती तथा उसकी प्रयोग विधि को दर्शाया गया है।

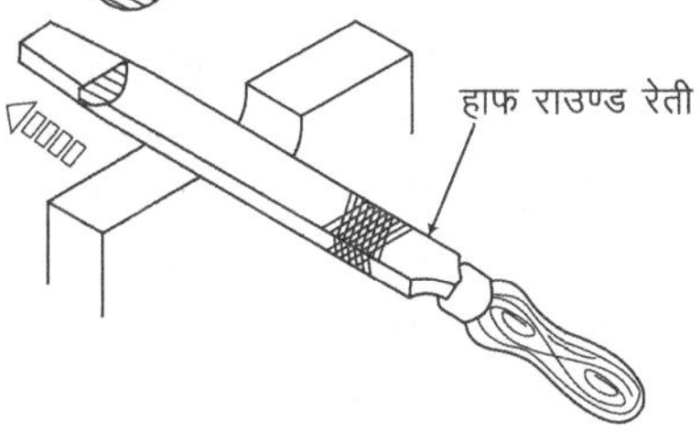

चित्र हाफ राउण्ड रेती

(h) **नीडिल रेती** Needle File

नीडिल रेती बहुत बारीक अनुप्रस्थ-काट की होती है, जबकि काट की आकृति विभिन्न प्रकार की रहती है। इसका प्वॉइण्ट नुकीला रहता है, इसलिए इसे नीडिल रेती कहा जाता है। इसकी लम्बाई 10-20 सेमी होती है।

इसकी टैंग (tang) गोल होती है तथा हाथ से सीधे पकड़ी जाती है। अत: यह हैण्डिल (handle) का कार्य करती है। ये रेतियाँ बहुत हल्के कार्यों में प्रयोग की जाती हैं। नीचे चित्र में नीडिल रेतियों की विभिन्न आकृतियाँ उनके संकेतों सहित दर्शायी गई हैं

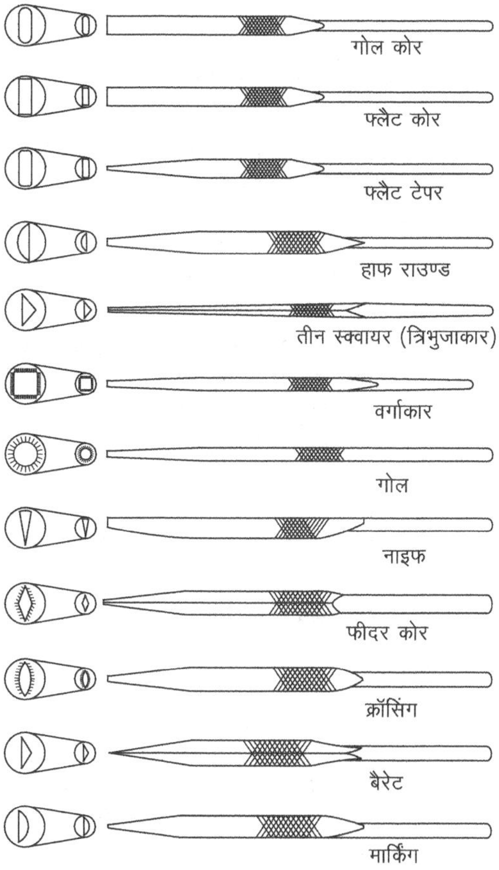

चित्र विभिन्न प्रकार की नीडिल रेतियाँ

(i) **नाइफ एज रेती** Knife edge file

इस रेती की अनुप्रस्थ-काट चाकू की काट के समान होती है तथा एक एज नुकीली (sharp) होती है। इसकी काट का कोण 10° का होता है तथा इसकी सम्पूर्ण लम्बाई के 1/3 भाग पर टेपिंग की हुई होती है। इसके दोनों फलकों पर डबल कट दाँते होते हैं।

इसका प्रयोग अति संकीर्ण (narrow) स्थानों पर रेताई करने के लिए किया जाता है।

नीचे चित्र में नाइफ एज रेती तथा उसकी प्रयोग विधि को दर्शाया गया है।

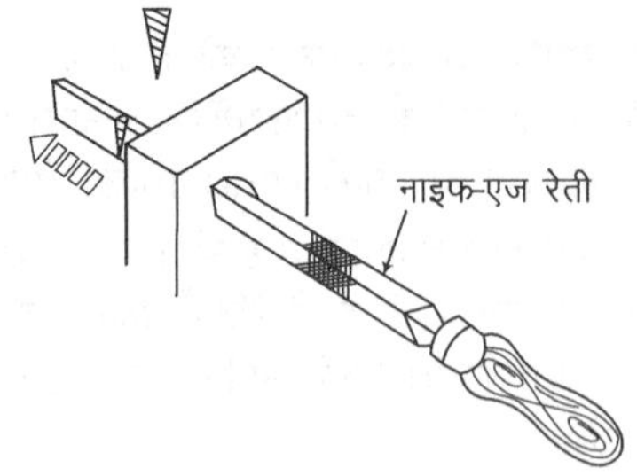

चित्र नाइफ-एज रेती

(ii) दाँतों की कटिंग के आधार पर Based on the Cutting of Teeth

दाँतों की आकृति का रेती की उपयोगिता पर सीधा प्रभाव पड़ता है। दाँतों की कटिंग के आधार पर रेतियाँ निम्न पाँच प्रकार की होती हैं

(a) सिंगल कट रेती Single Cut File

इन रेतियों में दाँते फलक पर सीधी रेखाओं में बने होते हैं। ये रेखाएँ परस्पर समान्तर होती हैं तथा फलक की केन्द्र रेखा से 60° पर होती हैं, जैसा कि चित्र में दर्शाया गया है। इन रेतियों से धातु कम कटती है, परन्तु सतह अच्छी प्रकार परिष्कृत होती है। इन रेतियों का प्रयोग औजारों की धार बनाने के लिए तथा कठोर धातुओं को रेतने के लिए किया जाता है। दाँतों का झुकाव इस प्रकार होता है कि आगे चलने पर ही रेती रेतने का कार्य करती है।

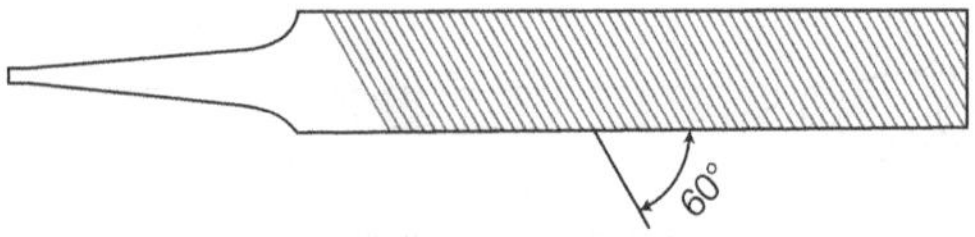

चित्र सिंगल कट रेती

(b) डबल कट रेती Double Cut File

इन रेतियों में दाँतों की दो पंक्तियाँ आपस में विकर्ण के रूप में होती हैं। दाँतों की प्रथम पंक्ति ओवर कट (over cut) कहलाती है। ये कट 70° के कोण पर बने होते हैं। दूसरा कट इसके विकर्ण पर होता है, जो 51° के कोण पर बना होता है। इसे अपकट (upcut) या अण्डरकट कहते हैं।

डबल कट रेती, सिंगल कट की अपेक्षा अधिक धातु हटाती है, परन्तु इसके द्वारा प्राप्त सतह चिकनी (smooth) नहीं होती है। रफ कार्यों के लिए इस रेती का प्रयोग किया जाता है।

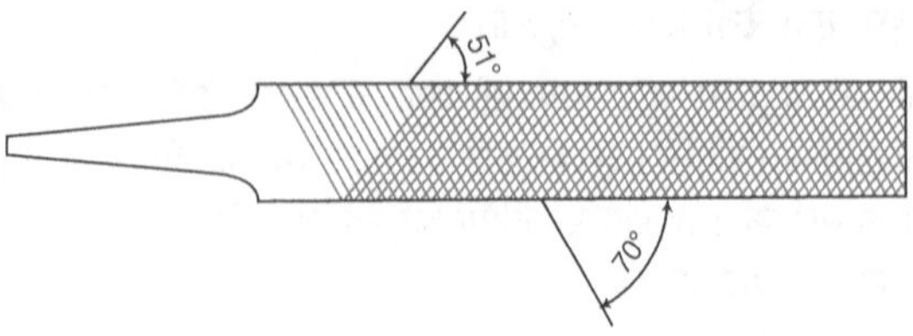

चित्र डबल कट रेती

(c) रैस्प कट रेती Rasp Cut File

सिंगल कट तथा डबल कट रेतियों के समान इन रेतियों के दाँते सीधी लाइनों में तथा एक-दूसरे से जुड़े हुए नहीं होते, बल्कि रेती के फलक पर दूर-दूर पंच द्वारा उभारकर बनाए जाते हैं, जैसा कि चित्र में दर्शाया गया है। इनका प्रयोग लकड़ी, रबड़ या घोड़े के खुर आदि को मुलायम करने के लिए तथा चिम्मड़ वस्तुओं को रेतने के लिए किया जाता है।

चित्र रैस्प कट रेती

(d) कर्व्ड कट रेती Curved Cut File

इस रेती में दाँते फलक पर सीधे न बनाकर कर्व्ड आकृति (curved shape) में एक-दूसरे के समान्तर बनाए जाते हैं। यह रेती मुलायम धातुओं की रेताई करने के कार्य में प्रयुक्त की जाती है। इसके द्वारा बहुत कम पदार्थ काटा जाता है। इसे विकमन रेती भी कहा जाता है।

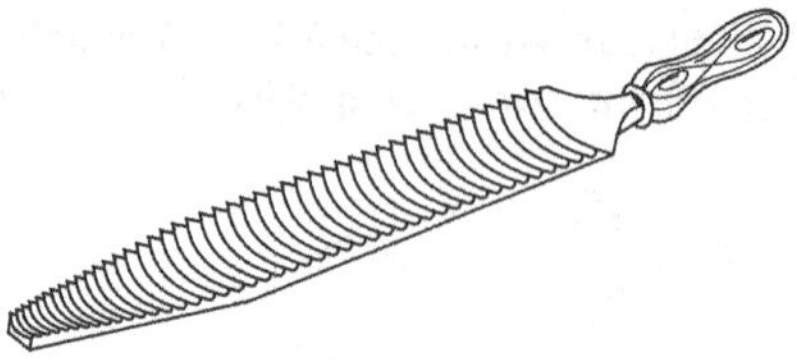

चित्र कर्व्ड कट रेती

(e) स्पाइरल कट रेती Spiral Cut File

इस रेती में दाँते स्पाइरल आकृति में बने होते हैं तथा प्वॉइण्ट से शुरू होकर हील तक पहुँचते हैं। इस प्रकार के दाँते गोल रेती में होते हैं।

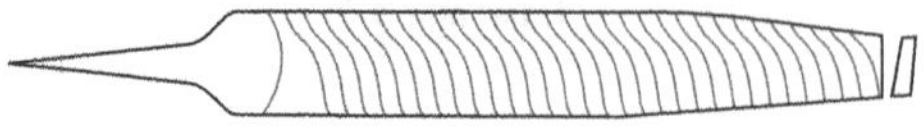

चित्र स्पाइरल कट रेती

(iii) दाँतों के ग्रेड के आधार पर Depending on the Grade of Teeth

दाँतों के ग्रेड से तात्पर्य दाँतों की मोटाई से है। रेती के दाँतों का ग्रेड, प्रति सेमी में बने दाँतों की संख्या द्वारा दिया जाता है। कम प्रति सेमी संख्या से अभिप्राय है कि दाँते मोटे होंगे, परन्तु यदि प्रति सेमी संख्या अधिक है, तो दाँते बारीक होंगे। ग्रेड्स के आधार पर, रेतियाँ निम्न प्रकार वर्गीकृत की जाती हैं

(a) रफ रेती Rough File

इस रेती में 8 दाँते प्रति सेमी होते हैं। यह सबसे ज्यादा मोटे दाँतों की रेती होती है। यह सबसे अधिक धातु भी उतारती है। ये रेतियाँ कठोर सतहों पर स्लिप (slip) हो जाती हैं, इसलिए इनका प्रयोग मुलायम धातुओं को रेतने तथा अधिक कटाई एवं ढलाई के कार्यों के लिए किया जाता है।

नीचे चित्र में रफ रेती का ग्रेड दर्शाया गया है

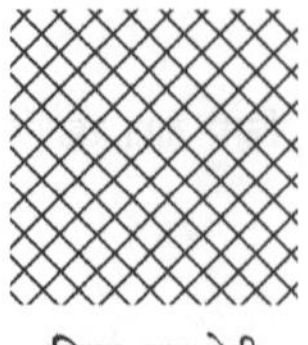

चित्र रफ रेती

(b) **बास्टर्ड रेती** Bastard File

इन रेतियों में 12 दाँते प्रति सेमी होते हैं। यह एक मध्यम ग्रेड की रेती होती है। इसका प्रयोग हार्ड व सॉफ्ट (hard and soft) दोनों प्रकार की धातुओं के लिए किया जा सकता है, इसलिए यह सबसे अधिक प्रयोग में आने वाली रेती है। नीचे चित्र में बास्टर्ड रेती का ग्रेड दर्शाया गया है

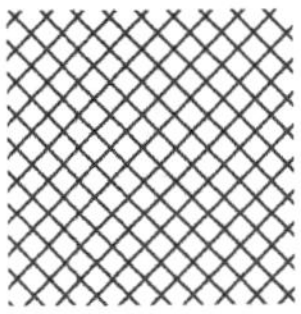

चित्र बास्टर्ड रेती

(c) **सेकण्ड कट रेती** Second Cut File

सेकण्ड कट रेती में 16 दाँते प्रति सेमी होते हैं अर्थात् यह बास्टर्ड रेती से अधिक महीन रेती है। इसके द्वारा अच्छी परिष्कृत सतह प्राप्त होती है। नीचे चित्र में इसका ग्रेड दर्शाया गया है

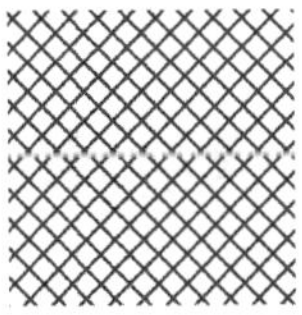

चित्र सेकण्ड कट रेती

(d) **स्मूथ रेती** Smooth File

यह रेती बहुत कम धातु हटाती है, इसलिए हल्के कार्यों के लिए प्रयोग की जाती है। इस रेती में 20-24 दाँते प्रति सेमी होते हैं। इसके द्वारा अत्यधिक परिष्कृत सतह प्राप्त होती है। नीचे चित्र में इसका ग्रेड दर्शाया गया है

चित्र स्मूथ रेती

(e) **सुपर डैड स्मूथ रेती** Super Dead Smooth File

इस रेती में दाँतों की संख्या 40 से 65 दाँते प्रति सेमी तक होती है। इसका प्रयोग बहुत ही परिशुद्ध तथा परिष्कृत (accurate and finished) सतह प्राप्त करने के लिए किया जाता है। नीचे चित्र में इस रेती का ग्रेड दर्शाया गया है

चित्र सुपर डैड स्मूथ रेती

(iv) लम्बाई के आधार पर Based on the Length

लम्बाई के आधार पर भी रेतियों को वर्गीकृत किया जाता है। रेती की लम्बाई प्वॉइण्ट से हील (heel) तक की दूरी होती है। बाजार में 10 से 45 सेमी लम्बाई तक की रेतियाँ मिलती हैं। महीन कार्यों के लिए कम लम्बाई (10 से 15 सेमी) की रेतियाँ, मध्यम कार्यों के लिए मध्यम लम्बाई (15 से 25 सेमी) की रेतियाँ तथा भारी कार्यों के लिए 25 से 45 सेमी लम्बी रेतियाँ प्रयोग की जाती हैं।

अन्य रेतियाँ Other Files

उपरोक्त वर्गीकरण के अतिरिक्त कुछ अन्य विशेष प्रकार की रेतियाँ भी होती हैं, जिन्हें विशेष प्रयोजन के लिए डिजाइन किया गया होता है। इनमें से प्रमुख रेतियाँ निम्न प्रकार हैं

(i) **रोटरी रेती** Rotary File

ये रेतियाँ किसी मशीन में पकड़कर प्रयोग की जाती हैं। इसमें बने स्पिण्डल को ड्रिल मशीन या लेथ मशीन में लगे चक (chuck) में पकड़कर रेती को घुमाया जाता है तथा कार्यखण्ड को उसके विरुद्ध दबाव डालकर रेता जाता है, इसलिए ये रेतियाँ हाई स्पीड स्टील या सीमेन्टेड कार्बाइड की बनाई जाती हैं। विभिन्न प्रकार की रोटरी रेतियाँ नीचे चित्र में दर्शायी गई हैं

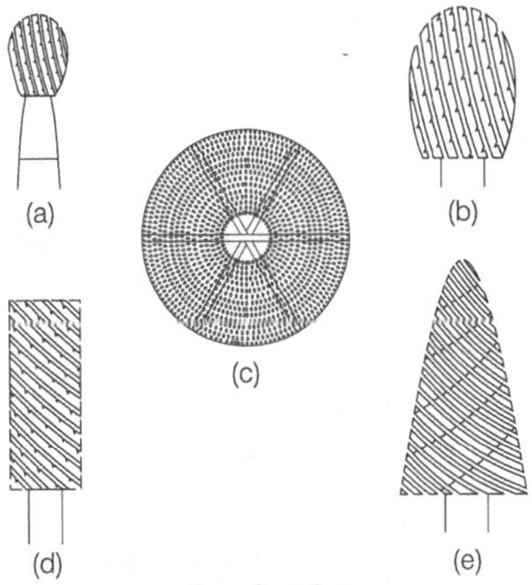

चित्र रोटरी रेती

इनका प्रयोग डाइयों में बनी कैविटी (cavity) को बढ़ाने के लिए किया जाता है। ये बाजार में विभिन्न साइजों व आकृतियों के सैट (set) के रूप में उपलब्ध हैं।

(ii) **क्रासिंग रेती** Crossing File

इस रेती में कोई भी समतल सतह (flat surface) नहीं होती, बल्कि दोनों सतहें अलग-अलग अर्द्ध-गोलाकृतियों की होती हैं, जैसा कि चित्र में दर्शाया गया है। इस रेती का प्रयोग विभिन्न प्रकार की वक्र सतहों को रेतने के लिए किया जाता है।

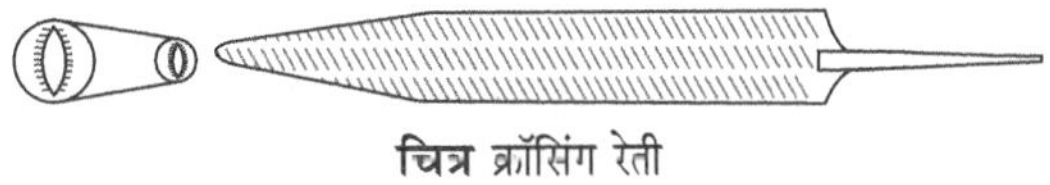

चित्र क्रॉसिंग रेती

(iii) **बैरेट रेती** Barret File

यह रेती भी एक विशेष प्रकार की अनुप्रस्थ-काट वाली रेती है। इसकी आकृति त्रिभुजाकार होती है, जिसमें एक सतह अधिक चौड़ी तथा अन्य दो सतहें छोटी होती हैं, जैसा कि चित्र में दर्शाया गया है। इसकी मात्र चौड़ी सतह पर ही दाँते कटे होते हैं।

अन्य दोनों सतहें समतल अर्थात् बिना दाँतों की होती हैं। इस रेती का प्रयोग 60° से कम की झिर्री के किनारों को शार्प (sharp) करने के लिए विशेष रूप से किया जाता है। कहीं-कहीं पर इसे कैन्ट (cant) रेती के नाम से भी जाना जाता है।

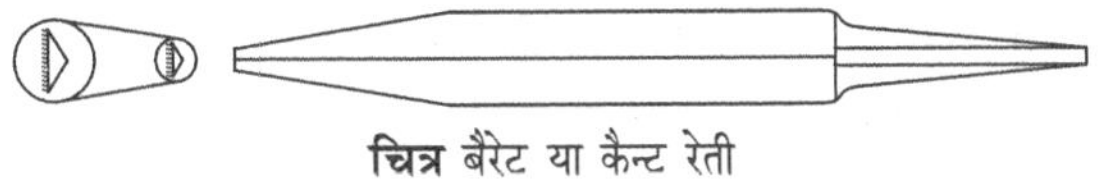

चित्र बैरेट या कैन्ट रेती

(iv) **डाई सिंकर्स रेफलर रेती** Die Sinker's Reffler File

विभिन्न आकारों में उपलब्ध इन रेतियों को विशेष प्रकार से मोल्डिंग या कटिंग डाई बनाने वाले फिटर्स के उपयोग के लिए बनाया गया है। ये रेतियाँ 12 रेतियों के सैट में 10 सेमी लम्बाई में विभिन्न ग्रेडों (grades) में उपलब्ध हैं। निम्न चित्र में विभिन्न प्रकार की डाई सिंकर्स रेतियाँ दर्शायी गई हैं।

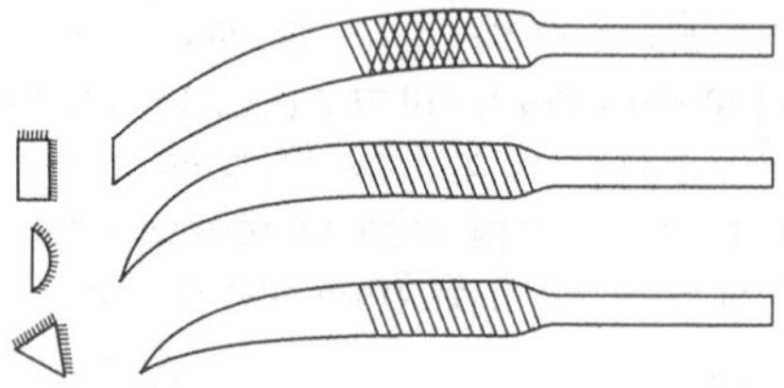

चित्र डाई सिंकर्स रेफलर रेती

(v) **बैण्ड रेती** Band File

इसमें रेती के ब्लॉकों को बैण्ड मशीन के स्टील के पट्टे पर स्क्रू या रिवेट के द्वारा जोड़ दिया जाता है। जब पट्टा चलता है, तो उसके विरुद्ध फ्लैट कार्यखण्डों की सतहों को दबाव दिया जाता है, जिससे सतह की रेताई होती है। चित्र में बैण्ड रेती को दर्शाया गया है।

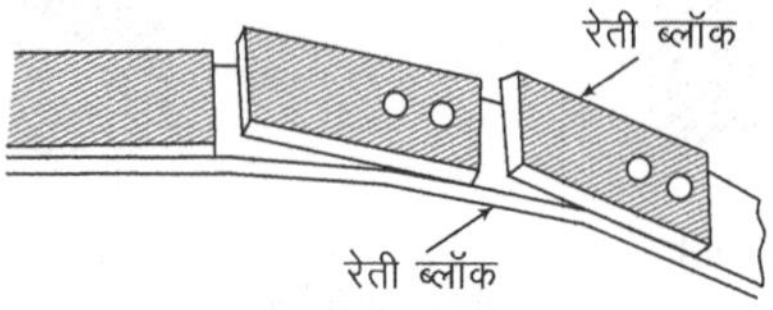

चित्र बैण्ड रेती

(vi) **टिन्कर रेती** Tinker File

यह रेती भी फ्लैट रेती के समान आयताकार सेक्शन में होती है, परन्तु इसकी निचली सतह पर दाँते बने होते हैं, ऊपरी सतह पर हैण्डिल फिट किया जाता है।

इसका प्रयोग बहुत बड़ी फ्लैट सतह, जैसे कि ऑटोमोबाइल की बॉडी की टिन्करिंग के पश्चात् फिनिशिंग करने के लिए किया जाता है। चित्र में टिन्कर रेती को दर्शाया गया है।

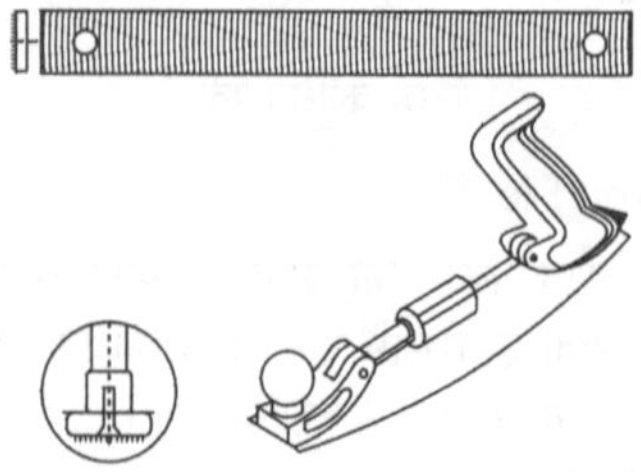

चित्र टिन्कर रेती

(vii) **मशीन रेतियाँ** Machine Files

इस प्रकार की रेतियों पर डबल कट दाँते कटे होते हैं। इन रेतियों की लम्बाई व आकार मशीन की क्षमता के अनुसार रखे जाते हैं। आन्तरिक एवं बाह्य सतहों की फाइलिंग के लिए इन रेतियों का उपयोग किया जाता है।

डाई-सिकिंग एवं टूल जैसे कार्यों के लिए मशीन रेतियाँ अत्यन्त उपयोगी होती हैं।

चित्र में विभिन्न प्रकार की मशीन रेतियाँ दर्शायी गई हैं।

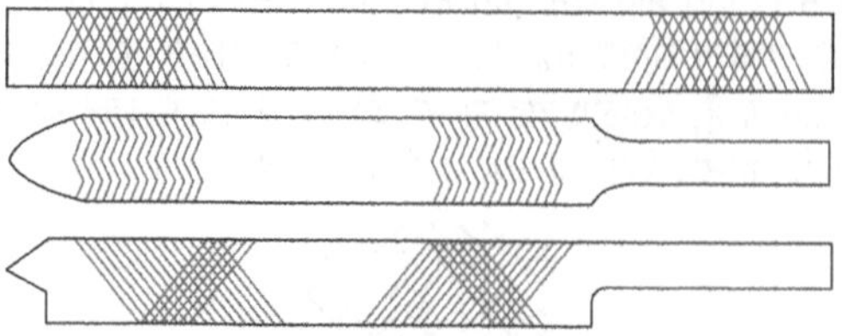

चित्र मशीन रेतियाँ

(viii) **ब्लॉक फाइल** Block File

ये रेतियाँ भी फ्लैट फाइल के समान आयताकार सैक्शन में होती हैं, परन्तु उसकी मात्र एक सतह पर दाँते बने होते हैं। ऊपरी सतह पर हैण्डिल फिट किया जाता है। इसका प्रयोग बहुत बड़ी फ्लैट सतह को फाइल करने के लिए किया जाता है। चित्र में ब्लॉक फाइल (block file) को दर्शाया गया है

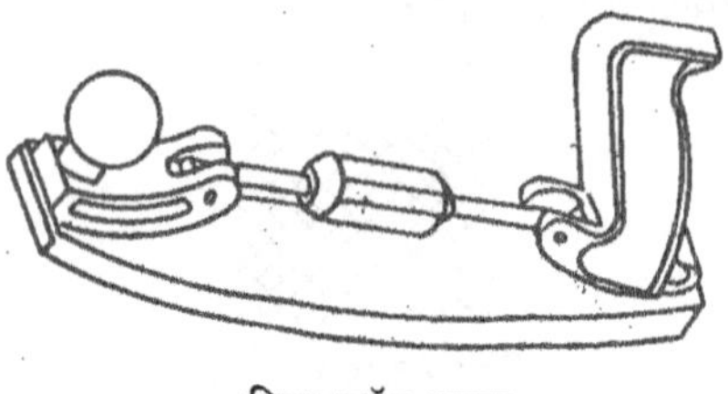

चित्र ब्लॉक फाइल

रेताई करना Filing

जैसा कि पहले स्पष्ट किया जा चुका है, किसी कार्यखण्ड (work piece) से अतिरिक्त पदार्थ (extra material) को फाइल द्वारा रगड़कर अलग करने की प्रक्रिया को रेतना (filing) कहते हैं। फाइलिंग करने के लिए छोटे जॉबों (jobs) को वाइस (vice) में पकड़ा जाता है। बड़े व भारी जॉब बिना पकड़े हुए ही फाइल किए जा सकते हैं। फाइलिंग करने की विधि चित्र में दर्शायी गई है।

सही प्रकार की फाइलिंग करने के लिए निम्नलिखित कार्य करें

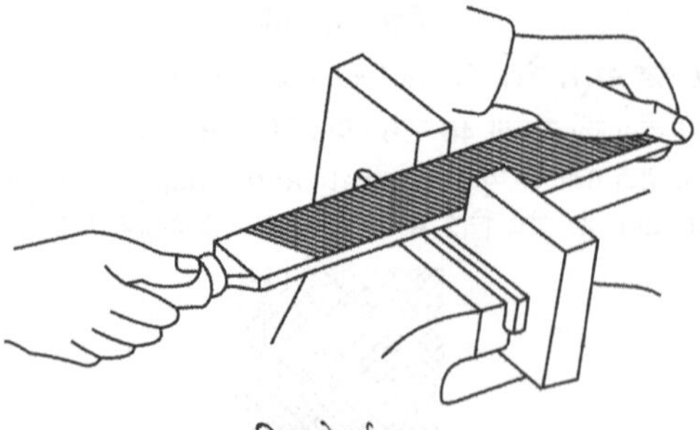

चित्र रेताई करना

1. सर्वप्रथम जॉब (job) पर मार्किंग (marking) करनी चाहिए।
2. जॉब की आकृति व आकार के अनुसार उसे वाइस में या फिक्सर में जकड़ने की व्यवस्था करें। यदि जॉब को वाइस में पकड़ा गया है तो कम-से-कम 3 मिमी जॉब वाइस के बाहर रहना चाहिए तथा जॉब फिटर की कोहनी की ऊँचाई तक रहना चाहिए।
3. जॉब की धातु व आकार (size) के अनुसार रेती (file) का चुनाव (selection) करें। फाइल का चुनाव करते समय जॉब की वांछित सतह परिष्करण (surface finishing) का ध्यान रखना चाहिए।

4. फाइलिंग प्रारम्भ करने से पहले जॉब के सामने रेतने की दिशा में खड़े होना चाहिए। बायाँ पैर आगे व दायाँ पैर पीछे रखना चाहिए। दोनों पैरों के बीच में लगभग 30 सेमी का अन्तर रहना चाहिए।
5. फाइलिंग (filing) करते समय फाइल को हैण्डिल से दाएँ हाथ से पकड़ना चाहिए तथा जॉब पर यूनिफार्म दाब डालने के लिए फाइल के अगले सिरे को बाएँ हाथ की अँगुलियों से दबाना चाहिए। साथ ही दाएँ हाथ की हथेली से फाइल को आगे धकेलना चाहिए।
6. उपरोक्तानुसार फाइल को जॉब के एक सिरे से चलाकर दूसरे सिरे तक ले जाना चाहिए। इससे समतल सतह प्राप्त होती है।
7. फाइल को आगे ले जाते समय ही दाब डालना चाहिए, क्योंकि मात्र फॉरवर्ड स्ट्रोक (forward stroke) में ही धातु काटी जाती है। फाइल को पीछे लाते समय बिना किसी दाब के इसे वापस लाया जाता है।
8. सतह की समतलता की जाँच ट्राई स्क्वायर (try square) द्वारा समय-समय पर करते हुए फाइलिंग करनी चाहिए।
9. जहाँ तक सम्भव हो फाइल की पूरी लम्बाई का प्रयोग करना चाहिए। इससे कार्य शीघ्रता से होता है।
10. समय-समय पर आवश्यकतानुसार फाइल की पिनिंग (pining) करते रहना चाहिए।

फाइलिंग करने की कई विधियाँ हैं जिनका विवरण निम्न प्रकार है

A. **स्ट्रैट फाइलिंग** Straight Filing

जब वाइस की अक्ष के समान्तर फाइल को चलाकर फाइलिंग की जाती है तो इसे स्ट्रैट फाइलिंग कहते हैं जैसा कि चित्र में दर्शाया गया है। इस विधि में अधिकतम धातु कटती है, लेकिन चैटरिंग (chattering) आने की सम्भावना अधिक हो जाती है। इस विधि में फाइलिंग (filing) एक सिरे से दूसरे सिरे तक की जाती है। इसमें फाइल को सन्तुलित (balanced) करके सीधा रखते हुए आगे-पीछे चलाने की आवश्यकता है।

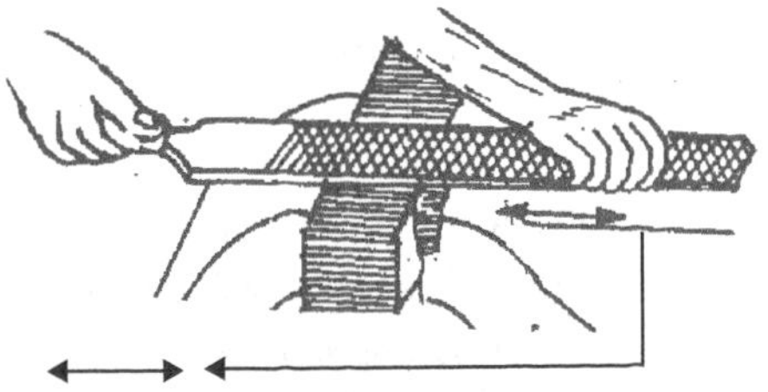

चित्र स्ट्रेट फाइलिंग

B. **क्रॉस फाइलिंग** Cross Filing

इसमें फाइल को वाइस की अक्ष से 45° पर चलाकर फाइलिंग की जाती हैं। फाइलिंग विकर्ण के एक कोने से प्रारम्भ की जाती है, तत्पश्चात् बाईं ओर 45° पर फाइलिंग की जाती है। इस प्रकार एक के पश्चात् दूसरी बार फाइलिंग

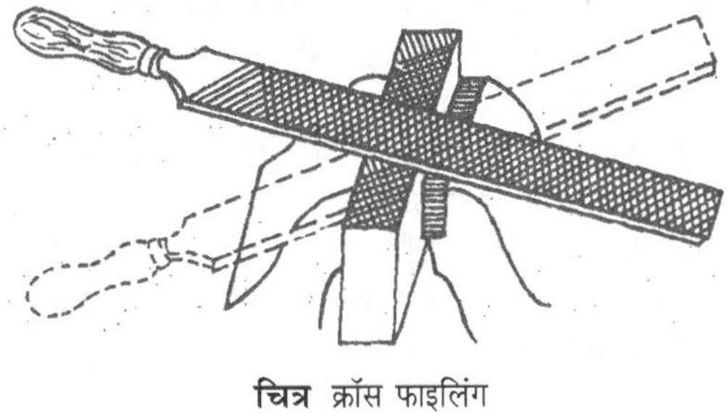

चित्र क्रॉस फाइलिंग

करने पर आपस में क्रॉस हो जाती है। इसलिए इसे क्रॉस फाइलिंग कहते हैं। इस प्रकार से फाइलिंग करने पर चैटरिंग (chattering) होने की सम्भावना कम होती है तथा सतह अधिक समतल बनती है। फाइल की चलाने की दिशा चित्र में दर्शायी गई है। इसको डायगोनल फाइलिंग (diagonal filing) भी कहते हैं।

C. **ड्रॉ फाइलिंग** Draw Filing

इस प्रक्रिया में फाइल को दोनों हाथों में कसकर पकड़ते हैं तथा वाइस के सामने या साइड में खड़े होकर फाइल को जॉब की सतह पर रगड़ते हुए आगे-पीछे चलाते हैं। इस प्रक्रिया में सबसे कम धातु कटती है। ड्रॉ फाइलिंग जॉब की सतह पर बीच में आये उठान (उभार) को खत्म करने के लिए की जाती है। रफ फाइलिंग के कारण सतह पर बनी खरोंचों (scratches) को दूर करके अच्छी परिष्कृत सतह पाने के लिए भी ड्रॉ फाइलिंग (draw filing) की जाती है।

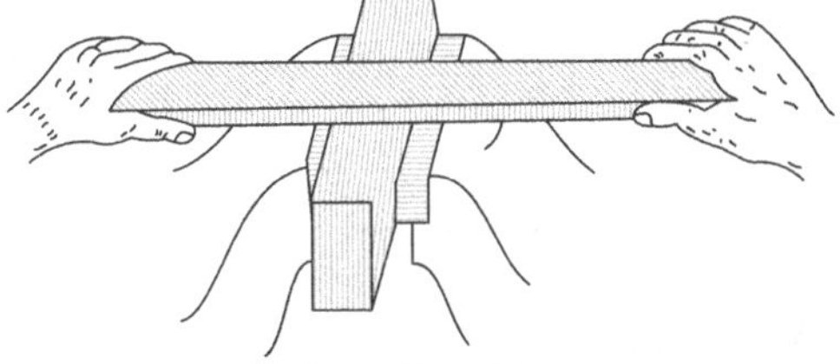

चित्र ड्रॉ फाइलिंग

D. **कर्व्ड फाइलिंग** Curved Filing

कर्व्ड सतह पर फाइलिंग फ्लैट फाइल द्वारा ही की जाती है। इसमें फाइल को फॉरवर्ड स्ट्रोक में आगे ले जाते समय, हैण्डिल (handle) वाले भाग को नीचे से ऊपर उठाते जाते हैं, जिससे सम्पूर्ण कर्व्ड सतह पर फाइल रगड़ती हुई आगे जाती है।

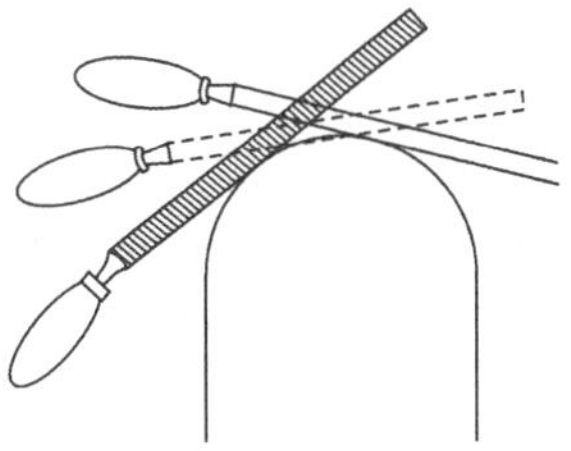

चित्र कर्व्ड फाइलिंग

फाइलिंग करते समय सावधानियाँ
Precautions to be Taken During Filing

जॉब की फाइलिंग करते समय निम्नलिखित सावधानियाँ बरतनी चाहिए

(i) फाइलिंग करने से पूर्व जॉब पर मार्किंग कर लेनी चाहिए।
(ii) जॉब के आकार तथा धातु के अनुसार उपयुक्त फाइल का चयन करना चाहिए।
(iii) बिना हैण्डिल की फाइल का प्रयोग नहीं करना चाहिए।
(iv) जॉब की सतह से तेल, ग्रीस अथवा जंग अच्छी तरह से साफ कर लेना चाहिए।
(v) मुलायम धातु पर रफ फाइल द्वारा फाइलिंग करनी चाहिए, जिससे पिनिंग दोष दूर हो जाए।
(vi) फाइल को जॉब की पूरी लम्बाई पर प्रयोग करना चाहिए।

(vii) फाइल पर पिनिंग दोष उत्पन्न होने की स्थिति में इसे हार्ड स्टील वायर ब्रुश से साफ करके प्रयोग करना चाहिए।

(viii) फाइलिंग करने से पूर्व एवं उसके पश्चात् फाइल को साफ करके रखना चाहिए।

(ix) फाइलिंग के दौरान फाइल को जॉब पर समान्तर एवं सन्तुलित रखना चाहिए।

(x) गर्म जॉब पर फाइलिंग नहीं करनी चाहिए, जिससे इसके टेम्परामेन्ट उतरे नहीं।

(xi) धाररहित फाइलों का प्रयोग नहीं करना चाहिए।

(xii) फाइलिंग में प्रयुक्त विभिन्न फाइलों को एक साथ न रखकर, अलग-अलग रखना चाहिए।

(xiii) छोटी जॉब को फाइलिंग के लिए वाइस में इस प्रकार बाँधना चाहिए कि फाइलिंग के दौरान जॉब और वाइस हिले नहीं।

(xiv) फाइल को हथौड़े के समान चोट मारने के लिए उपयोग नहीं करना चाहिए।

(xv) अत्यन्त कठोर सतहों पर सीधे फाइलिंग नहीं करनी चाहिए, क्योंकि इससे फाइल के दाँते खराब होते हैं।

4. **स्निप** Snip

हाथ द्वारा चादर को काटने के लिए स्निप का प्रयोग किया जाता है। इसकी बनावट तथा क्रिया सिद्धान्त कैंची के समान होता है। ये हाई कार्बन स्टील के बनाए जाते हैं।

इनके कर्तन किनारों को हार्ड व टैम्पर किया जाता है। इसके कटिंग ब्लेड के किनारों को लगभग 80° पर ग्राइण्ड किया जाता है।

किसी स्निप की समस्त लम्बाई उसके आकार को प्रकट करती है। बनावट के आधार पर स्निप दो निम्न प्रकार की होती हैं

(i) **स्ट्रैट स्निप** Straight Snip

इस स्निप के ब्लेड सीधे होते हैं। इसका उपयोग सीधी रेखा में कटिंग करने के लिए किया जाता है। इसके द्वारा बड़ी त्रिज्या के वक्र (curve) भी काटे जा सकते हैं।

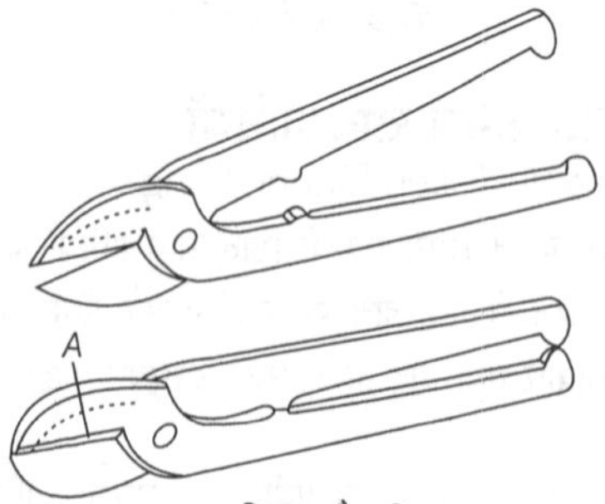

चित्र स्ट्रैट स्निप

(ii) **बैन्ट स्निप** Bent Snip

वक्र लाइन में कटिंग करने के लिए बैन्ट स्निप का प्रयोग किया जाता है। वृत्ताकार कटिंग करने के लिए स्निप के ब्लेडों को मोड़ दिया जाता है।

निम्न चित्र में बैन्ट स्निप को दर्शाया गया है।

चित्र बैन्ट स्निप

5. **ग्राइण्डिंग** Grinding

ग्राइण्डिंग एक कर्तन प्रक्रिया (cutting process) है, जिसमें किसी कार्यखण्ड की सतह को परिष्कृत करने हेतु एक एब्रेसिव व्हील द्वारा उस सतह से बहुत बारीक कणों को हटाया जाता है। इस प्रक्रिया द्वारा कार्यखण्ड की सतह से 0.25 मिमी से 0.5 मिमी तक की धातु कणों के रूप में हटाई जा सकती हैं।

अतः ग्राइण्डिंग एक धातु कटिंग प्रक्रिया है, जिसमें ग्राइण्डिंग व्हील में लगे हुए बहुत से एब्रेसिव कण (abrasive particles), छोटे-छोटे कटिंग टूलों की तरह कार्य करते हैं, जैसा कि चित्र में दर्शाया गया है।

इस एब्रेसिव कणों को ग्राइण्डिंग पहिए की आकृति प्रदान करने के लिए एक बन्धक पदार्थ, जिसे बाइण्डर (binder) कहते हैं, प्रयोग किया जाता है।

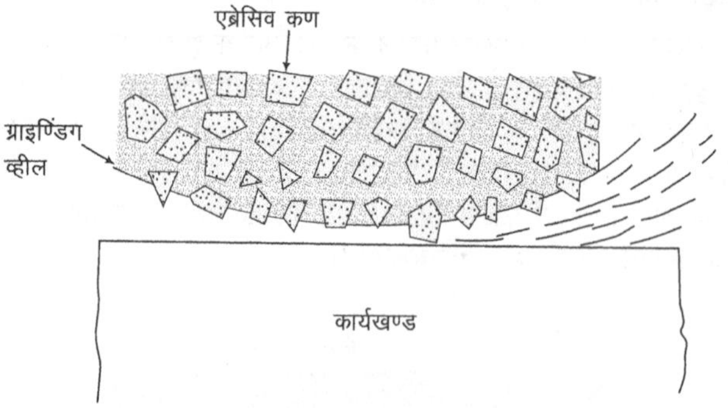

चित्र एब्रेसिव कणों के द्वारा घिसाई प्रक्रिया

ग्राइण्डिंग प्रक्रिया का मुख्य उद्देश्य, कटिंग टूलों की आकृति बनाना, उनकी धार लगाना, बिना कठोर की गई तथा कठोर की गई सतहों से बारीक कणों के रूप में धातु हटाकर, उन्हें उच्च यथार्थता (high accuracy) तथा सतह परिष्कृति प्रदान करना होता है। ग्राइण्डिंग व्हील द्वारा ग्राइण्डिंग करने के अतिरिक्त टूल को हाथ में पकड़कर भी ग्राइण्डिंग की जाती है, जिसे ऑफ हैण्ड ग्राइण्डिंग कहते हैं, जिसका वर्णन निम्न प्रकार है।

ऑफ हैण्ड ग्राइण्डिंग Off Hand Grinding

ऑफ हैण्ड ग्राइण्डिंग से अभिप्राय उस ग्राइण्डिंग संक्रिया से है, जहाँ पदार्थ को व्हील द्वारा हटाने में अधिक परिशुद्धता की आवश्यकता नहीं होती है। इसे करने के लिए जॉब को हाथ से ग्राइण्डिंग पहिए के विरुद्ध प्रेस किया जाता है। ऑफ हैण्ड ग्राइण्डिंग प्रक्रिया में फाइन ग्रिट वाले डायमण्ड द्वारा नुकीले किए गए डल (dull) टूल का प्रयोग किया जाता है। यदि टूल नया व मानक डिजाइन का है, तो सिलिकॉन कार्बाइड के पहिए 5000 फीट/मिनट की गति से घूमते हुए घिसाई तथा फाइन ग्रेड सिलिकॉन कार्बाइड के डायमण्ड व्हील से 5000 से 6000 फिट प्रति मिनट की गति से घूमते हुए सतह फिनिशिंग करते हैं।

ग्राइण्डिंग व्हील द्वारा घिसाई के लिए ग्रेन को आकार 60 तथा सिलिकॉन कार्बाइड व्हील द्वारा फिनिशिंग के लिए ग्रेन का आकार 100 से 200 के मध्य रखा जाता है। ऑफ हैण्ड ग्राइण्डिंग जॉबों की रफ ग्राइण्डिंग तथा स्क्राइबर, पंच, चीजल, ट्विस्ट ड्रिल, सिंगल प्वॉइण्ट कटिंग टूल इत्यादि की रिशेपिंग के लिए की जाती है।

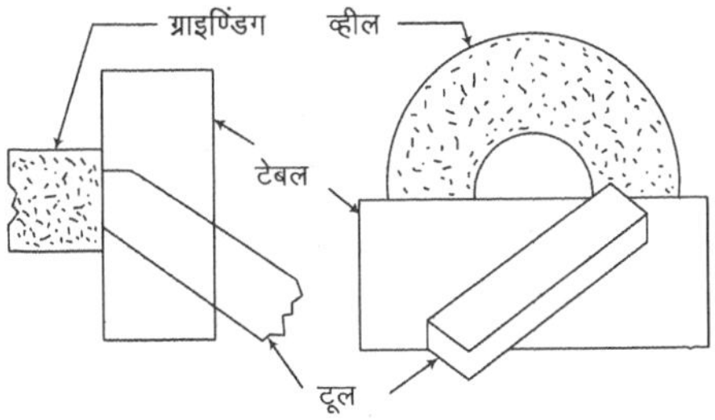

चित्र ऑफ हैण्ड ग्राइण्डिंग

ऑफ हैण्ड ग्राइण्डिंग बेंच अथवा पेडेस्टल ग्राइण्डर द्वारा की जाती है, जिनका वर्णन निम्नवत् है

(i) बेंच ग्राइण्डर Bench Grinder

साधारणत: प्रत्येक कार्यशाला में एक बेंच ग्राइण्डर अवश्य लगा होता है। इसे स्नेगिंग (snagging) तथा ऑफ-हैण्ड ग्राइण्डिंग (off hand grinding) के लिए प्रयोग किया जाता है। इसे कार्यशालाओं में सामान्य रिपेयरिंग औजारों पर धार लगाने तथा कास्टिंग की फैटलिंग (fettling) के लिए प्रयोग किया जाता है। छोटे कार्यखण्डों को ग्राइण्डिंग के समय सहारा देने के लिए नीचे टेक (rest) लगी होती है। बेंच ग्राइण्डर पर आवश्यकतानुसार पॉलिशिंग व्हील (polishing wheel) लगाकर पॉलिशिंग की जा सकती है। बेंच पर लगाकर प्रयोग करने योग्य होने के कारण, इसे बेंच ग्राइण्डर कहते हैं। बेंच ग्राइण्डर को चित्र में दर्शाया गया है

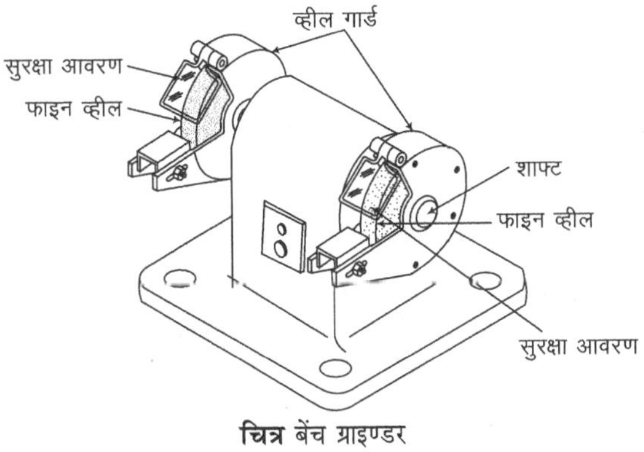

चित्र बेंच ग्राइण्डर

बेंच ग्राइण्डर के मुख्य भाग निम्नलिखित हैं

- **बॉडी** (Body) उच्च सामर्थ्य को सहन करने के लिए बेंच ग्राइण्डर की बॉडी उच्च ग्रेड वाले ढलवाँ लोहे की बनाई जाती है।
- **स्पिण्डल** (Spindle) स्पिण्डल, उच्च ग्रेड वाली स्टील का बनाया जाता है, जो डीप ग्रूव्ड बॉल बियरिंग पर बँधा होता है। बॉल बियरिंग को अच्छे से ग्रीस व सील्ड किया जाता है। इन स्पिण्डलों से ही ग्राइण्डिंग व्हील, बँधे होते हैं। एक व्हील रफ दाने वाला तथा दूसरा फाइन दाने वाला होता है।
- **मोटर** (Motor) सन्तुलित ग्राइण्डिंग व्हील कम्पन को कम करके स्मूथ प्रचालन में सहायक होती है। मोटर को विद्युत से चलाया जाता है, जो आर्मेचर शाफ्ट ग्राइण्डिंग व्हील लगाने के लिए स्पिण्डल का कार्य करता है। मोटर की वाइण्डिंग पर नमी व धूल में काम करने के लिए विद्युतरोधी वार्निश की गई होती है।
- **स्विच** (Switch) मोटर को चलाने के लिए ग्राइण्डर में एक रोटरी ऑन/ऑफ स्विच दिया गया होता है, जो आधार से जुड़ा होता है।
- **सुरक्षा आवरण** (Safety guard) सुरक्षा आवरण को ग्राइण्डिंग व्हील पर लगाया जाता है। यह धातु कार्यखण्ड के कणों को छितरने से रोकता है।

(ii) पेडेस्टल ग्राइण्डर Pedestal Grinder

यह प्रयोग करने तथा बनावट में बेंच ग्राइण्डर के समान होता है। अन्तर मात्र यह है कि इसमें मोटर को एक उचित ऊँचाई के स्टैण्ड पर रखा जाता है, जिससे ग्राइण्डिंग करने के लिए बेंच की आवश्यकता नहीं होती। इसे भी हाथ द्वारा ग्राइण्ड करने के लिए ऐसे स्थान पर प्रयोग किया जाता है, जहाँ कार्यखण्डों की विमाएँ (dimensions) बहुत एक्यूरेट न हों।

पेडेस्टल स्टैण्ड ग्राइण्डर चित्र में दर्शाया गया है। इस ग्राइण्डर में टूल टेस्ट एवं शीतलक द्रव धारक भी लगे होते हैं।

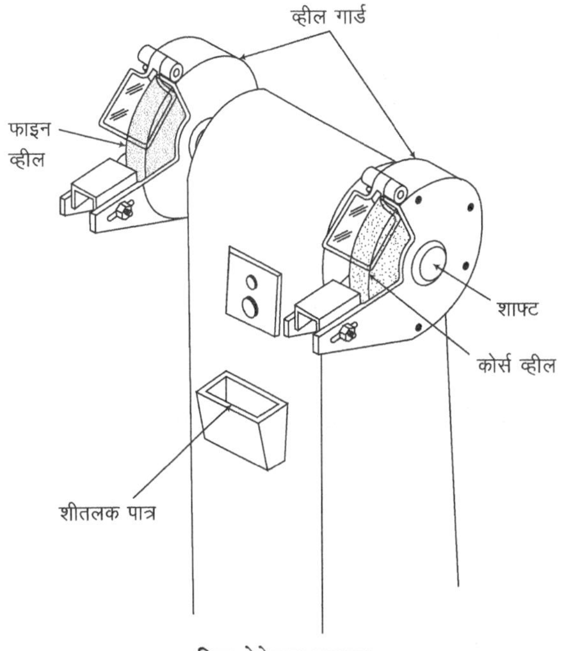

चित्र पेडेस्टल ग्राइण्डर

ग्राइण्डिंग प्रक्रिया Grinding Procedure

ग्राइण्डर प्रक्रिया निम्नलिखित चरणों में पूर्ण की जाती है

1. ग्राइण्डिंग टूल को मानक ऊँचाई पर सैट करके, इसका अच्छी तरह से निरीक्षण करें।
2. ग्राइण्डर पर काँच शील्ड को ठीक से इस प्रकार सैट करें कि इससे ग्राइण्डर दृश्य भी दिखे और ग्राइण्डिंग के दौरान उड़ने वाले कणों से सुरक्षा भी हो सके।

3. ग्राइण्डर को स्टार्ट करके, जॉब को हाथ में पकड़कर इसे ग्राइण्डिंग टूल पर रखें, तत्पश्चात् उचित दाब लगाकर इसे ग्राइण्डिंग व्हील की तरफ धक्का दें अथवा चलाएँ।
4. ग्राइण्डिंग व्हील पर उपरोक्त प्रक्रिया को दोहराएँ एवं ग्राइण्डिंग प्रक्रिया पूर्ण कर, ग्राइण्डिंग टूल तथा जॉब को ठण्डा करें। टूल को ठण्डा करते समय यह ध्यान रखें कि ट्विस्ट ड्रिल पानी में भीगने से ठण्डे नहीं होते अपितु क्षतिग्रस्त हो सकते हैं।
5. इसके उपरान्त सर्फेस गेज तथा अन्य मापक टूल की सहायता से जॉब की साइज माप लें तथा ग्राइण्डर को बन्द कर दें।

ग्राइण्डिंग करते समय सुरक्षा सावधानियाँ
Safety Precautions While Grinding

ग्राइण्डर पर कार्य करते समय ऑपरेटर को निम्न सावधानियाँ बरतनी चाहिए

1. ग्राइण्डिंग करने से पहले ऑपरेटर को चश्मा लगा लेना चाहिए।
2. ग्राइण्डिग व्हील को काम में लाने से पहले उसको ड्रेस करना चाहिए।
3. ग्राइण्डिंग व्हील पर कार्य करने से पहले या उसे बाँधने से पहले व्हील को चैक कर लेना चाहिए।
4. टूल पोस्ट (tool post) ग्राइण्डिंग व्हील के केन्द्र से 2 मिमी से अधिक नीचा नहीं होना चाहिए।
5. ग्राइण्डर के ठीक सामने खड़े नहीं होना चाहिए।
6. आवश्यकता से अधिक प्रैशर न दें, व्हील टूटकर आपको घायल या चोटिल कर सकता है।
7. ग्राइण्डिंग व्हील गार्ड का हमेशा प्रयोग करें।
8. जहाँ तक सम्भव हो, शीतलक का प्रयोग करें।
9. व्हील की साइडों से जॉब को ग्राइण्ड नहीं करना चाहिए।
10. ग्राइण्डिंग व्हील के पूरे फेस को प्रयोग में लाएँ।
11. लकड़ी को ग्राइण्डर पर ग्राइण्ड नहीं करना चाहिए।
12. चलते हुए ग्राइण्डिग व्हील को हाथ से रोकने की कोशिश न करें।

2.7 संयोजन-वियोजन औजार
Mentalling-dismentalling Tools

किसी भी इंजन, मशीन अथवा वाहन की मरम्मत या उससे सम्बन्धित कार्य करने के लिए, उसे खोलने (वियोजन) अथवा बाँधने (संयोजन) की आवश्यकता होती है। इस कार्य हेतु संयोजन-वियोजन औजारों का प्रयोग किया जाता है। कार्य की आवश्यकतानुसार इन औजारों का चयन किया जाता है तथा इनके उपयोग से मशीन के संयोजन एवं वियोजन सम्बन्धी कार्य सरलता से बिना हानि के सम्पन्न किए जा सकते हैं। ये औजार निम्न प्रकार के होते हैं

1. स्पैनर
2. रिंच
3. प्लायर्स
4. पेंचकस
5. बियरिंग तथा पुली पुलर्स

1. स्पैनर Spanner

मशीनों में विभिन्न अवयवों को प्राय: नट-बोल्ट के द्वारा जोड़ा जाता है। ये बोल्ट या नट अपने आप खुले नहीं, इसके लिए उन्हें बलपूर्वक कस दिया जाता है। बोल्ट प्राय: षट्भुजाकार (hexagonal) या चौकोर (square) होते हैं। इन्हें कसने या खोलने के लिए जिस टूल का प्रयोग किया जाता है, उसे स्पैनर कहते हैं। स्पैनर का मुँह नट में सैट करने के पश्चात् उसके हैण्डिल पर बल लगाने से लीवरेज के सिद्धान्त के अनुसार नट को पर्याप्त दबाव मिल जाता है। हैण्डिल पर अधिक बल लगाने के लिए कभी भी हथौड़े या पाइप का सहारा नहीं लेना चाहिए। स्पैनर्स को अन्य नामों; जैसे-पाना, चाबी आदि, से भी जाना जाता है। स्पैनर वेनेडियम स्टील से फोर्ज करके बनाए जाते हैं, तत्पश्चात् उन्हें ऊष्मा उपचार प्रक्रम द्वारा हार्ड तथा टैम्पर कर लिया जाता है।

स्पैनर के प्रकार Types of Spanner

कार्यशाला में प्राय: निम्न प्रकार के स्पैनर प्रयोग किए जाते हैं

(i) ओपन एण्डेड स्पैनर
(ii) क्लोज एण्डेड स्पैनर
(iii) कॉम्बीनेशन स्पैनर
(iv) रिंग स्पैनर
(v) एडजस्टेबल फेस स्पैनर
(vi) हुक स्पैनर
(vii) एडजस्टेबल स्पैनर
(viii) 'T' सॉकेट स्पैनर
(ix) ट्यूबलर बॉक्स स्पैनर

(i) ओपन एण्डेड स्पैनर Open Ended Spanner

यह सबसे अधिक प्रयोग किया जाने वाला स्पैनर है। इसके सिरे पर एक खुला खाँचा होता है, जो नट या बोल्ट के हैड की दो समान्तर सतहों के बीच की दूरी के बराबर होता है। इस खाँचे में नट या बोल्ट के हैड को फँसाकर लीवर पर बल लगाते हैं।

यह खाँचा, स्पैनर की अक्ष के साथ 15° का कोण बनाता है। ये स्पैनर 6, 8, 10, 12 पीस के सैट में मिलते हैं। ये स्पैनर इंचों में $\frac{1"}{4}$ से $1\frac{3"}{4}$ तथा मिमी में 6 मिमी से 32 मिमी तक उपलब्ध होते हैं। ये स्पैनर दो प्रकार के होते हैं

- **सिंगल एण्डेड ओपन स्पैनर** (Single ended open spanner) इस प्रकार के स्पैनर में केवल एक ही सिरे पर मुँह बना होता है। अत: यह मात्र एक ही साइज के नट या बोल्ट को खोल या बन्द कर सकता है। चित्र में एक सिंगल एण्डेड स्पैनर (single ended spanner) दर्शाया गया है।

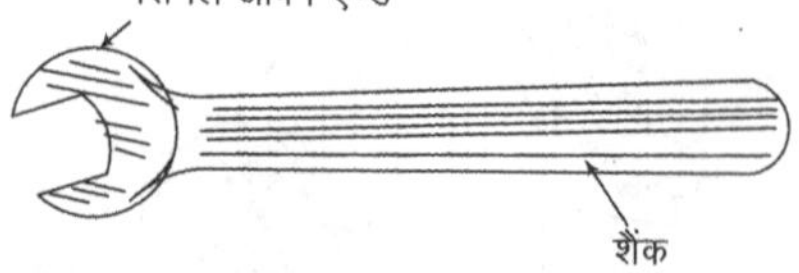

चित्र सिंगल एण्डेड ओपन स्पैनर

- **डबल एण्डेड ओपन स्पैनर** (Double ended open spanner) डबल एण्डेड स्पैनर के दोनों सिरों पर अलग-अलग साइज का मुँह बना होता है, इसलिए यह स्पैनर दो साइजों के नट-बोल्टों के लिए पर्याप्त है। चित्र में डबल एण्डेड ओपन स्पैनर को दर्शाया गया है

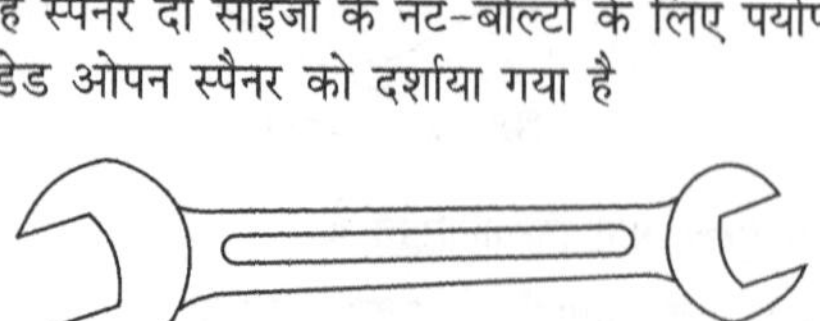

चित्र डबल एण्डेड ओपन स्पैनर

(ii) क्लोज्ड एण्डेड स्पैनर Closed Ended Spanner

इस प्रकार के स्पैनर में सिरा खुला न होकर बन्द होता है। इसमें एक सिरे पर गोल रिंग के अन्दर षट्भुजाकार या चौकोर छिद्र, नट या बोल्ट के हैड के अनुसार बना होता है।

यह एक मजबूत स्पैनर होता है, जो नट अथवा बोल्ट के हैड पर अधिक बल लगाता है। इसमें नट या बोल्ट के हैड के स्लिप होने की सम्भावना नहीं रहती है। चित्र में क्लोज्ड एण्डेड स्पैनर दर्शाया गया है

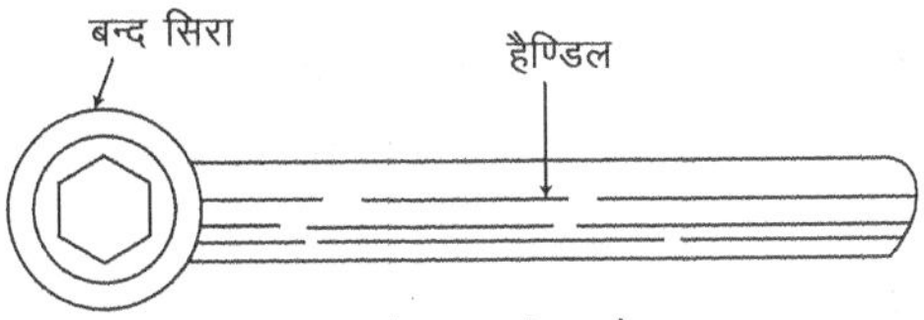

चित्र क्लोज्ड एण्डेड स्पैनर

(iii) **कॉम्बीनेशन स्पैनर** Combination Spanner

इस स्पैनर का एक सिरा खुले मुँह वाला तथा दूसरा सिरा बन्द मुँह वाला होता है। दोनों सिरों का साइज एक ही होता है। अत: इसे मात्र एक ही साइज के नट या बोल्ट कसने के लिए प्रयोग किया जा सकता है। चित्र में एक कॉम्बीनेशन स्पैनर दर्शाया गया है।

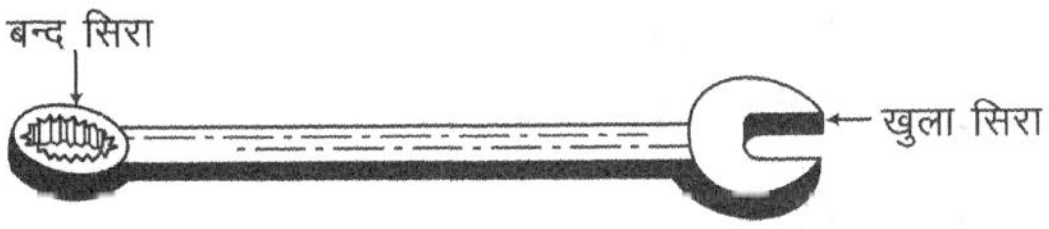

चित्र कॉम्बीनेशन स्पैनर

(iv) **रिंग स्पैनर** Ring Spanner

इस स्पैनर के दोनों सिरे गोल तथा कुछ ऑफसैट किए होते हैं, जिनके बीच में छिद्र होता है। इस छिद्र में 12 खाँचे होते हैं, जो नट पर लगाने पर उसके सभी कोनों (corners) को फँसा लेते हैं। इससे इसके स्लिप होने की सम्भावना कम रहती है। इसे 'Twelve Point Box Wrench' भी कहते हैं। ये स्पैनर संकीर्ण जगहों में भी प्रयोग किए जा सकते हैं। इसके दोनों सिरों का आकार (size) अलग-अलग होता है। चित्र में रिंग स्पैनर दर्शाया गया है

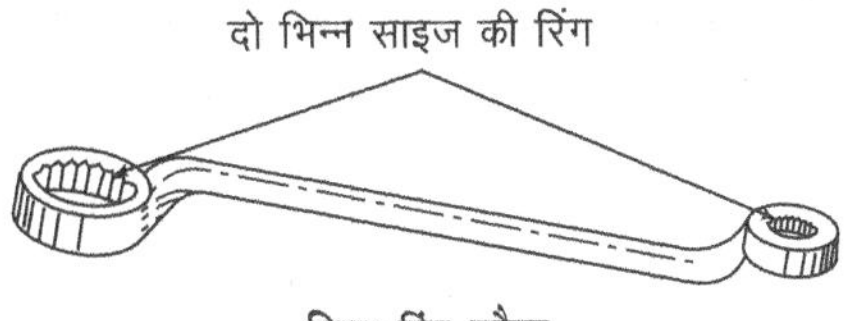

चित्र रिंग स्पैनर

(v) **एडजस्टेबल फेस स्पैनर** Adjustable Face Spanner

डिवाइडर या कैलीपर के समान इसकी दो भुजाएँ होती हैं, जो एक सिरे पर रिवेट द्वारा जुड़ी होती हैं। इस स्पैनर के दूसरे सिरे पर एक-एक पिन लगी होती है, आवश्यकतानुसार स्पैनर की भुजाओं के बीच की दूरी को घटाया या बढ़ाया जा सकता है। इसके द्वारा किसी भी ऐसे बोल्ट को या नट को खोला जा सकता है, जिसके पृष्ठ पर दो छिद्र (holes) बने होते हैं। चित्र में एडजस्टेबल फेस स्पैनर दर्शाया गया है।

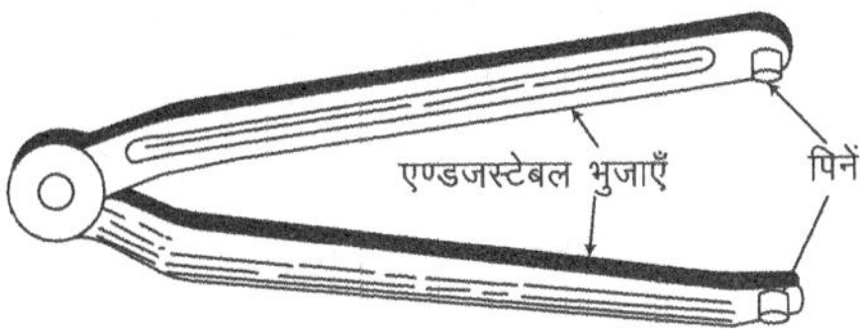

चित्र एडजस्टेबल फेस स्पैनर

(vi) **हुक स्पैनर** Hook Spanner

इस स्पैनर में 90° के एक वृत्त के सेन्टर में एक सिरे पर एक हुक तथा दूसरे सिरे पर हैण्डिल होता है, जैसा कि चित्र में दर्शाया गया है। इस हुक को बोल्ट व नट की परिधि पर बने छिद्र या स्लॉट (slot) में फँसाकर खोलने या बन्द करने के लिए आवश्यकतानुसार घुमाया जाता है।

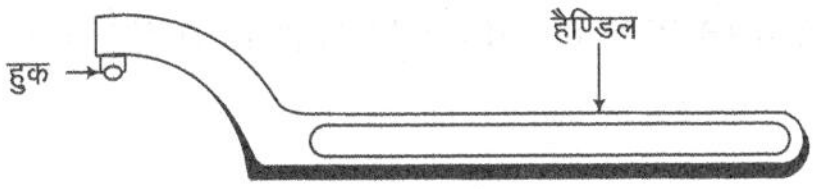

चित्र हुक स्पैनर

(vii) **यूनीवर्सल एडजस्टेबल ओपन एण्ड स्पैनर** Universal Adjustable Open End Spanner

यह ओपन एण्ड स्पैनर (open end spanner) का परिष्कृत रूप है। इसमें खुले सिरे के खाँचे को घटाया या बढ़ाया जा सकता है। अत: एक ही एडजस्टेबल स्पैनर कई साइज के नट व बोल्ट के लिए प्रयोग किया जा सकता है। एडजस्टेबल स्पैनर के खुले मुँह पर एक स्थिर जबड़ा तथा दूसरा चल जबड़ा (movable jaw) होता है। यह चल जबड़ा, इसमें लगे एक स्क्रू नट द्वारा एडजस्ट किया जा सकता है। इसका प्रयोग हल्के कार्यों के लिए किया जाता है। इनका साइज, इनकी कुल लम्बाई से लिया जाता है; जैसे—150 मिमी, 300 मिमी आदि। एडजस्टेबल स्पैनर 100 मिमी से 760 मिमी की लम्बाई में आते हैं।

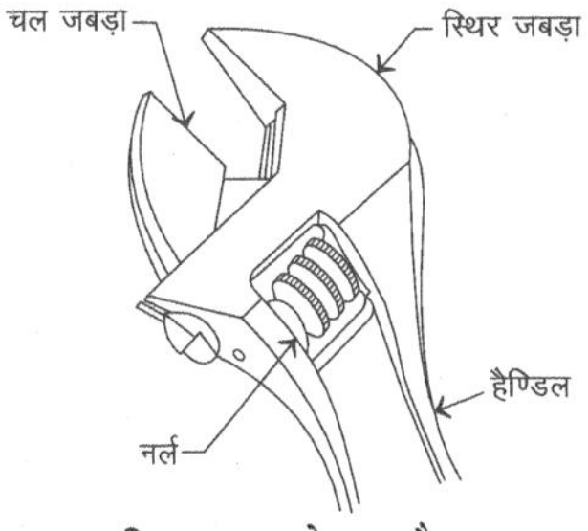

चित्र एडजस्टेबल स्पैनर

(viii) **'T' सॉकेट स्पैनर** 'T' Socket Spanner

"T" सॉकेट स्पैनर किसी उपकरण में गहराई में लगे नट व बोल्टों को खोलने के लिए प्रयोग किया जाता है। यह "T" के आकार का स्पैनर होता है, जिसमें एक सिरे पर नट व बोल्ट के आकार के अनुरूप सॉकेट (socket) बना होताहै तथा जिसे बल लगाकर घुमाने के लिए, दूसरे सिरे पर एक हैण्डिल लगा होता है। प्रत्येक साइज के लिए एक अलग "T" सॉकेट स्पैनर होता है। चित्र में "T" सॉकेट स्पैनर को दर्शाया गया है।

चित्र 'T' सॉकेट स्पैनर

(ix) **ट्यूबलर बॉक्स स्पैनर** Tubular Box Spanner

जैसा कि नाम से विदित है, यह स्पैनर एक पाइप को फोर्ज (forge) करके सिरों पर नट व बोल्ट के आकार के अनुरूप बना दिया जाता है। इसके दोनों सिरों पर अलग-अलग साइज भी बनाया जा सकता है। इसके उपरान्त दोनों ओर एक-एक छिद्र (hole) कर दिया जाता है। इस छिद्र में हैण्डिल डालकर खोलने या बन्द करने के लिए बल लगाया जाता है। चित्र में एक ट्यूबलर बॉक्स स्पैनर दर्शाया गया है।

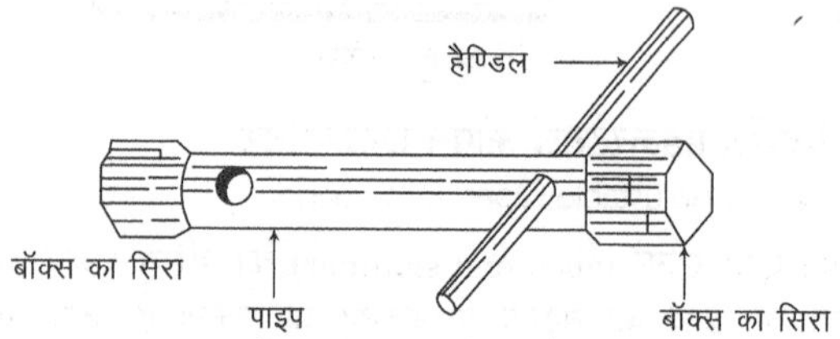

चित्र ट्यूबलर बॉक्स स्पैनर

स्पैनर प्रयोग करते समय सावधानियाँ
Precautions While Using Spanner

स्पैनर का प्रयोग करते समय निम्न सावधानियों का ध्यान रखना आवश्यक है

(i) स्पैनर पर आवश्यकता से अधिक बल लगाने पर बोल्ट-हैड या नट के सिरे गोल होकर स्लिप होने का भय रहता है। अत: इस पर कभी भी हथौड़े का प्रयोग नहीं करना चाहिए तथा पाइप लगाकर इसकी लम्बाई नहीं बढ़ानी चाहिए।

(ii) ऐसे बोल्ट, जिनके सिरे गोल हो चुके हों या ऐसे स्पैनर, जिनका मुँह खुल चुका हो, प्रयोग में नहीं लाने चाहिए, क्योंकि इनसे चोट लगने की सम्भावना होती है।

(iii) नट या बोल्ट के लिए उचित साइज के स्पैनर का ही प्रयोग करना चाहिए। बड़ा स्पैनर प्रयोग करने से नट या बोल्ट का हैड गोल हो सकता है।

(iv) जाम (jam) हुए नट-बोल्ट को खोलने के लिए पैनीट्रेन्ट (penetrant) का प्रयोग करना चाहिए, क्योंकि हथौड़े द्वारा हल्की-हल्की चोट लगाने से भी जाम टूट सकता है।

(v) एडजस्टेबल स्पैनर का प्रयोग करते समय ध्यान रखना चाहिए कि चल जबड़ा बल लगाने की दिशा में रहे, क्योंकि विपरीत दिशा में होने पर स्पैनर टूट सकता है।

(vi) ग्रीस लगे स्पैनर का ही प्रयोग नहीं करना चाहिए।

2. रिंच Wrench

रिंच, स्पैनर जैसा ही एक औजार होता है, जिसका प्रयोग नट अथवा बोल्टों को कसने अथवा खोलने के लिए किया जाता है। रिंच कार्बन स्टील के बने होते हैं तथा भिन्न-भिन्न रूपों में बनाए जाते हैं। रिंच एवं स्पैनर में प्रमुख अन्तर यह है कि रिंच के जबड़ों के साइज को आवश्यकतानुसार घटाया अथवा बढ़ाया जा सकता है, अर्थात् स्पैनर एक स्थायी आकृति का हस्त औजार है और रिंच एक अस्थायी आकृति का औजार है।

रिंच के प्रकार Types of Wrench

कार्यशाला में निम्न प्रकार के रिंच प्रयोग में लाए जाते हैं

(i) रैचेट रिंच
(ii) चेन टाइप रिंच
(iii) पाइप रिंच
(iv) एलेन की
(v) टॉर्क रिंच
(vi) एयर इम्पैक्ट रिंच
(vii) एयर रैचेट

(i) **रैचेट रिंच** Ratchet Wrench

रैचेट रिंच के दो भाग होते हैं—रैचेट हैण्डिल व बॉक्स स्पैनर या सॉकेट। बॉक्स को नट या बोल्ट हैड में फँसाकर, रैचेट हैण्डिल की सहायता से घुमाया जाता है। रैचेट मैकेनिज्म की सहायता से हैण्डिल को आगे-पीछे चलाने पर बॉक्स एक ही दिशा में घूमता है। आवश्यकतानुसार विपरीत दिशा में घुमाने के लिए, इसमें एक लीवर (lever) होता है। इसका सबसे बड़ा लाभ यह है कि इस रिंच को बार-बार नट या बोल्ट हैड पर सैट नहीं करना पड़ता। चित्र में एक रैचेट रिंच दर्शाया गया है।

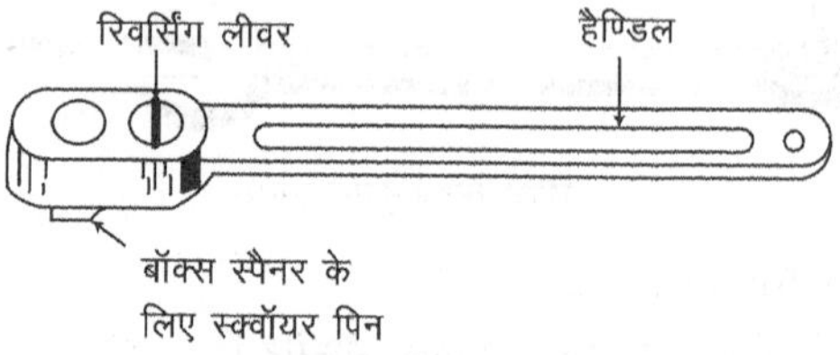

चित्र रैचेट रिंच

(ii) **चेन पाइप रिंच** Chain Pipe Wrench

इसमें रिंच के एक सिरे पर दो प्लेटें लगी होती हैं। इन प्लेटों के सिरों पर खाँचे बने होते हैं तथा एक चेन, रिवेट द्वारा इनसे जुड़ी होती है। पाइप को पकड़ने के लिए इसे पाइप पर लपेटकर रिंच में बने ग्रूव (groove) में फँसा दिया जाता है। अब रिंच को घुमाने पर पाइप भी रिंच के साथ घूमता है। चित्र में चेन पाइप रिंच एवं उसके अनुप्रयोग को दर्शाया गया है।

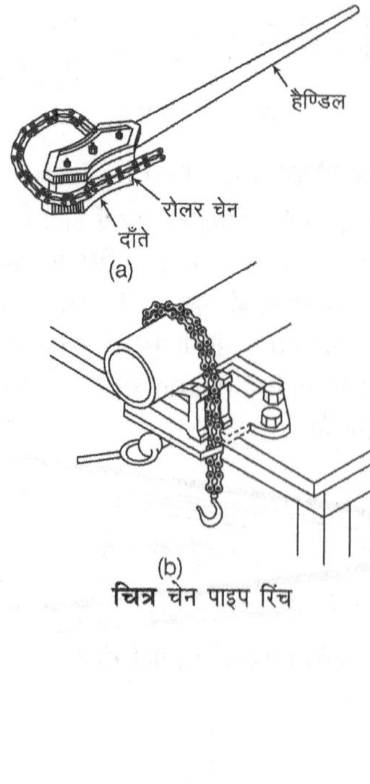

चित्र चेन पाइप रिंच

(iii) **पाइप रिंच** Pipe Wrench

चित्र में एक पाइप रिंच दर्शाया गया है। इसमें हैण्डिल में एक सिरे पर स्थिर जबड़ा होता है तथा दूसरे सिरे पर चल जबड़ा एक नट की सहायता से आगे-पीछे चलाया जाता है। दोनों जबड़ों पर दाँते कटे होते हैं। इससे ये किसी भी पाइप पर आसानी से पकड़ बना लेते हैं। इनका साइज रिंच की पूरी लम्बाई के द्वारा दिया जाता है; जैसे— 150 मिमी, 300 मिमी आदि।

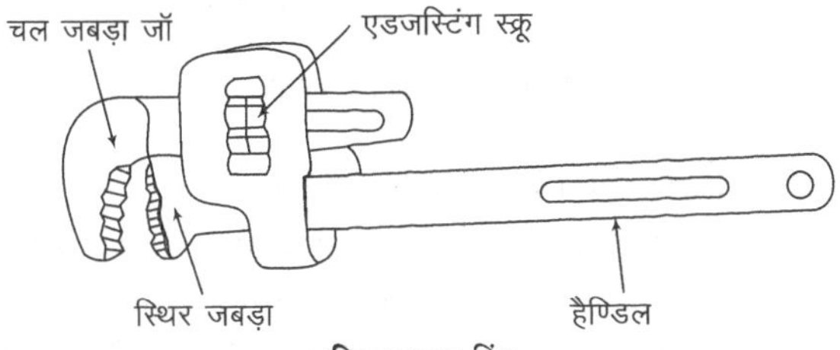

चित्र पाइप रिंच

(iv) **एलेन की** Allen Key

मशीनों में कई तंग जगहों पर एक विशेष प्रकार के हैड वाले स्क्रू व बोल्ट प्रयोग किए जाते हैं, जैसा कि चित्र में दर्शाया गया है। इनके हैड सिलेण्ड्रीकल होते हैं जिनकी बाहरी सतह सीधी नर्लिंग की गई होती है। इनके हैड के बीच में हैक्सागोनल छिद्र (hexagonal hole) होता है। इस होल में 'एलेन की' (allen key) को लगाकर घुमाया जाता है। यह एलेन की एक स्टील की षट्भुजाकार रॉड को 90° पर मोड़कर बनाई जाती है। बाजार में एलेन 'की' 2 मिमी से 10 मिमी तक के साइज में उपलब्ध हैं। चित्र में एलेन की को दर्शाया गया है।

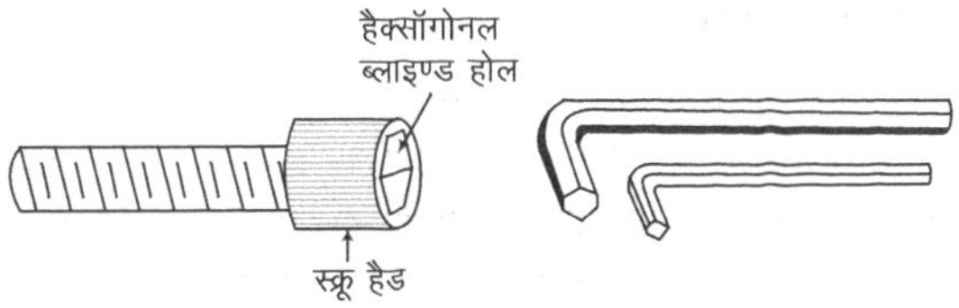

चित्र एलेन स्क्रू **चित्र** एलेन की

(v) **टॉर्क रिंच** Torque Wrench

इस रिंच का प्रयोग सॉकिट स्पैनर्स के साथ किया जाता है। इस रिंच द्वारा नट को खोलते अथवा कसते समय प्रयुक्त शक्ति को मापा जा सकता है। इस रिंच का प्रयोग करने से बोल्ट अथवा स्टड को खोलते समय उसके टूटने की सम्भावना नहीं रहती है। टॉर्क रिंच का प्रयोग ऑटोमोबाइल तथा हवाई जहाज सम्बन्धित कार्यों में किया जाता है। चित्र में इस रिंच की संरचना दर्शायी गई है।

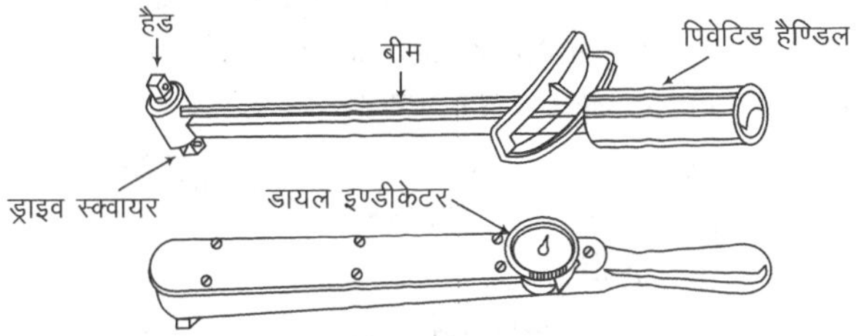

चित्र टॉर्क रिंच

(vi) **एयर इम्पैक्ट रिंच** Air Impact Wrench

एयर इम्पैक्ट रिंच हवा के दबाव पर कार्य करता है। यह नट तथा बोल्ट को कसने के लिए उच्च टॉर्क की स्पिनिंग स्पीड को प्रयोग करता है। रिंच की स्पिनिंग स्पीड को परिवर्तित करने के लिए इसमें लीवर लगा होता है। सामान्यत: एयर इम्पैक्ट रिंच में 1/2" या 3/8" का लग प्रयोग किया जाता है।

इसमें पावर स्रोत के रूप में कम्प्रैस्ड वायु का उपयोग किया जाता है। वर्तमान में विद्युत से चलने वाले रिंच भी उपलब्ध है।

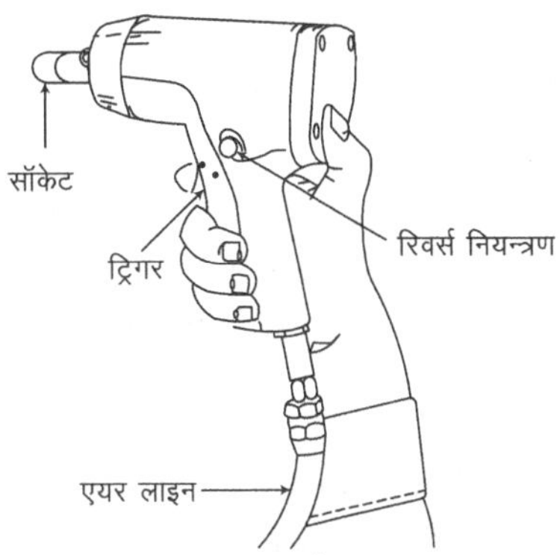

चित्र एयर इम्पैक्ट रिंच

(vii) **एयर रैचेट** Air Ratchet

एयर रैचेट, सामान्य रैचेट रिंच के समान ही होता है। इसमें विभिन्न साइजों के लिए सॉकेट ड्राइव होती है। सॉकेट ड्राइव को एयर मोटर द्वारा घुमाया जाता है। जब हम ट्रिगर को खींचते हैं, तो एयर मोटर क्रियाशील हो जाती है तथा सॉकेट ड्राइव को घुमाने लगती है।

सॉकेट ड्राइव की दिशा को क्लॉक्वाइज या एण्टी क्लॉकवाइज भी किया जा सकता है। एयर रैचेट उच्च गति तथा निम्न टॉर्क के साथ प्रचालित होती है। अत: जब उच्च टॉर्क की आवश्यकता होती है, तब एयर इम्पैक्ट रिंच का प्रयोग किया जाता है।

2. पाइप फ्लेरिंग Pipe Flaring

कॉपर पाइप के किनारे का फैलाव व संकुचन करने के लिए फ्लेरिंग टूल का प्रयोग किया जाता है तथा यह विधि पाइप फ्लेरिंग कहलाती है। इसे कॉपर फ्लेरिंग भी कहते हैं।

दो पाइपों को जोड़ने के लिए पाइपों के किनारों की चूड़ियाँ बनाकर जोड़ा जाता है। इन जोड़ों में पानी बिना किसी अवरोध तथा दाब सहित प्रवाहित किया जा सकता है। इन चूड़ीदार जोड़ों पर फ्लेरिंग कनेक्शन में टेफ्लॉन व पाइप रोप की आवश्यकता नहीं होती है।

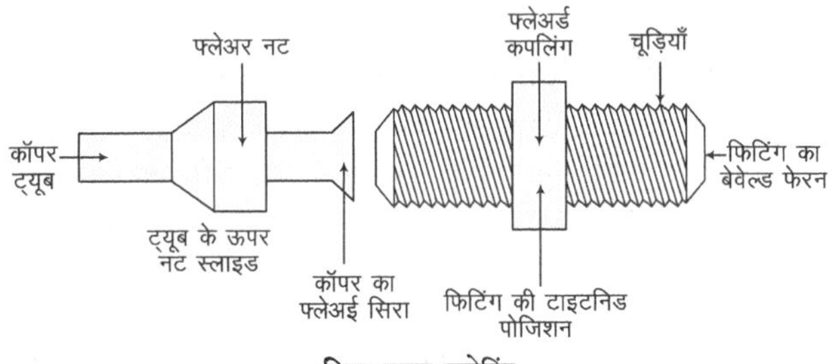

चित्र पाइप फ्लेरिंग

3. प्लायर्स Pliers

प्लायर कार्यशाला में प्रयोग होने वाला एक बहु उपयोगी औजार है। इसके द्वारा किसी जॉब को पकड़ा जा सकता है, पकड़कर मोड़ा जा सकता है या तार आदि को काटा जा सकता है। यह कास्ट स्टील (cast steel) का बनाया जाता है। जबड़ों पर टैम्पर भी किया होता है, जिससे उनके दाँते जल्दी खराब न हों। इसका साइज इसकी सम्पूर्ण लम्बाई के द्वारा दिया जाता है। सामान्यतया प्लायर्स 150 मिमी से 230 मिमी की लम्बाई में आते हैं।

प्लायर्स के प्रकार Types of Pliers

ये निम्नलिखित प्रकार के होते हैं

(i) कॉम्बीनेशन प्लायर
(ii) फ्लैट नोज प्लायर
(iii) साइड कटिंग प्लायर
(iv) लाँग नोज प्लायर
(v) मल्टी ग्रिप प्लायर
(vi) पिन्सर प्लायर
(vii) सर्किल्प प्लायर

(i) कॉम्बीनेशन प्लायर Combination Plier

यह सबसे अधिक प्रयोग होने वाला प्लायर है, जिसका प्रयोग तारों को मोड़ने, जोड़ने अथवा काटने में किया जाता है। इसके अतिरिक्त, इस प्लायर द्वारा नट भी कसे जा सकते हैं तथा छोटी ट्यूब तथा पाइपों को पकड़ने के लिए भी इसका प्रयोग किया जाता है। चित्र में एक कॉम्बीनेशन प्लायर दर्शाया गया है।

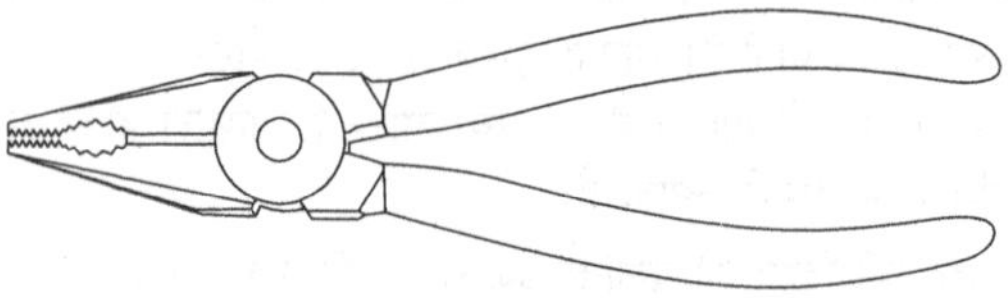

चित्र कॉम्बीनेशन प्लायर

(ii) फ्लैट नोज प्लायर Flat Nose Plier

फ्लैट नोज प्लायर की आकृति नोज प्लायर के समान ही होती है, परन्तु इस प्लायर का अगला सिरा नुकीला न होकर समतल होता है। चित्र में एक फ्लैट नोज प्लायर दर्शाया गया है। इसका प्रयोग पतली धातु चादरों को मोड़ने के लिए किया जाता है।

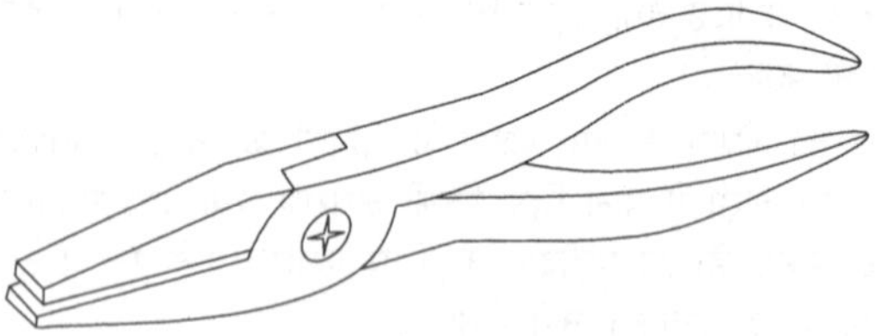

चित्र फ्लैट नोज प्लायर

(iii) साइड कटिंग प्लायर Side Cutting Plier

जैसा कि नाम से ही विदित है, इस प्लायर में जबड़ों की साइड में तार आदि काटने के लिए कटर लगे होते हैं। इस प्लायर को अधिकतर वायरमैन या लाइनमैन द्वारा प्रयोग किया जाता है। वायरमैन इसके हैण्डिल पर रबड़ की स्लीव चढ़ाकर इसे इन्सुलेट कर देते हैं। कार्यशाला में भी इसका प्रयोग विभिन्न अवयवों को पकड़ने के लिए किया जाता है।

इस प्लायर में जबड़े का सबसे आगे का भाग फ्लैट होता है, जो फ्लैट वस्तुओं को पकड़ने का कार्य करता है। उसके पीछे राउण्ड वस्तुओं को पकड़ने के लिए कुछ भाग राउण्ड कर दिया जाता है। इसके पीछे का भाग कटिंग का कार्य करता है।

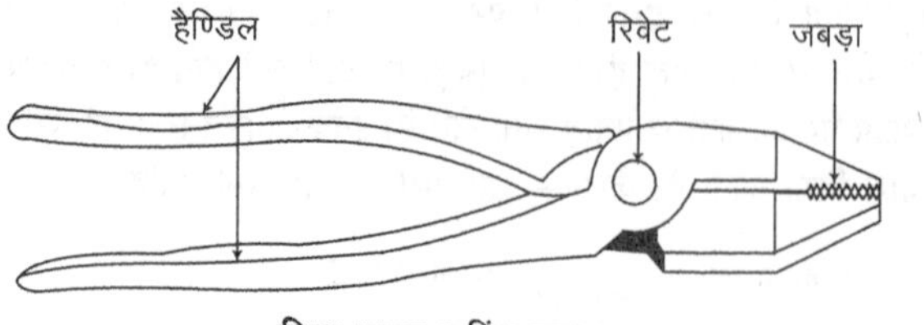

चित्र साइड कटिंग प्लायर

(iv) लाँग नोज प्लायर Long Nose Plier

इस प्लायर का मुँह आगे से नुकीला तथा लम्बा होता है। यह प्लायर तंग जगहों पर अवयवों (components) को पकड़ने तथा टाइट करने के लिए प्रयोग किया जाता है। इसमें जबड़ों के पिछले भाग में साइड कटिंग प्लायर के समान साइड कटिंग एज (side cutting edge) होती है। इसका प्रयोग अधिकतर इलेक्ट्रीशियन द्वारा किया जाता है। इसके अतिरिक्त, लॉक वाशरों तथा सर्किल्पों को फिट करने के लिए भी इसका प्रयोग किया जाता है।

चित्र में लॉग नोज प्लायर दर्शाया गया है।

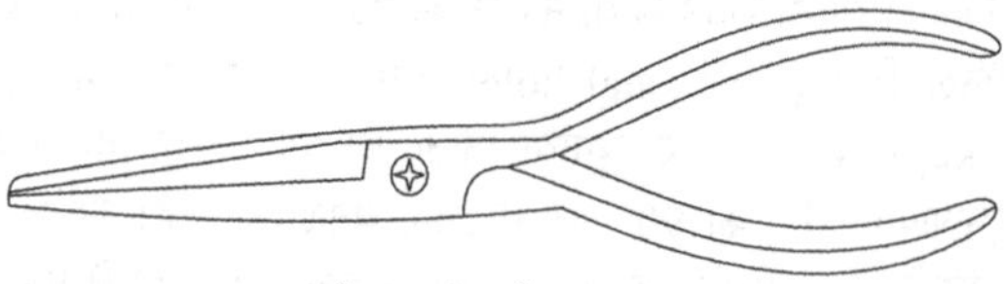

चित्र लाँग नोज प्लायर

(v) मल्टी ग्रिप प्लायर Multi Grip Plier

जैसे स्लिप जोड़ के द्वारा दो स्लिप ज्वॉइण्ट बनते हैं, वैसे ही मल्टी ग्रिप प्लायर के द्वारा 5 या 7 ज्वॉइण्ट बनते हैं, इसलिए इसे मल्टी ग्रिप प्लायर कहते हैं। इसमें कटिंग करने का प्रावधान नहीं होता। इसे वाटर पम्प प्लायर भी कहा जाता है। चित्र में मल्टी ग्रिप प्लायर को दर्शाया गया है।

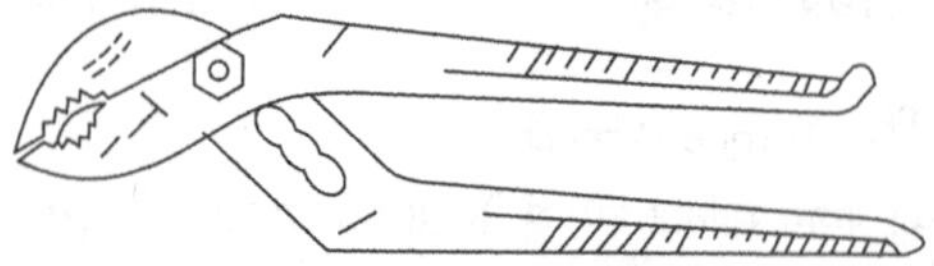

चित्र मल्टी ग्रिप प्लायर

(vi) पिन्सर प्लायर Pincer Plier

यह प्लायर कील का हैड पकड़कर, उसे उखाड़ने के लिए प्रयोग किया जाता है। इसके जबड़े वृत्ताकार तथा आगे से प्लेन व धारदार होते हैं, जिससे इनसे आसानी से कील को पकड़ा जा सके। इसकी एक टाँग पीछे से फ्लैट करके, उसमें स्लॉट बनाया जाता है। यह कील को ऊपर उठाने का काम करती है। चित्र में एक पिन्सर प्लायर दर्शाया गया है।

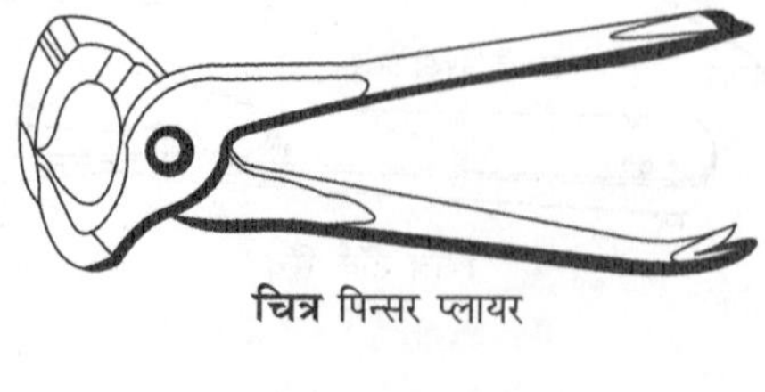

चित्र पिन्सर प्लायर

(vii) **सर्किल्प प्लायर** Circlip Plier

सर्किल्प प्लायर का उपयोग असेम्बली कार्यों में सर्किल्प को हटाने तथा फिट करने के लिए किया जाता है। नीचे चित्र में सर्किल्प प्लायर को दर्शाया गया है।

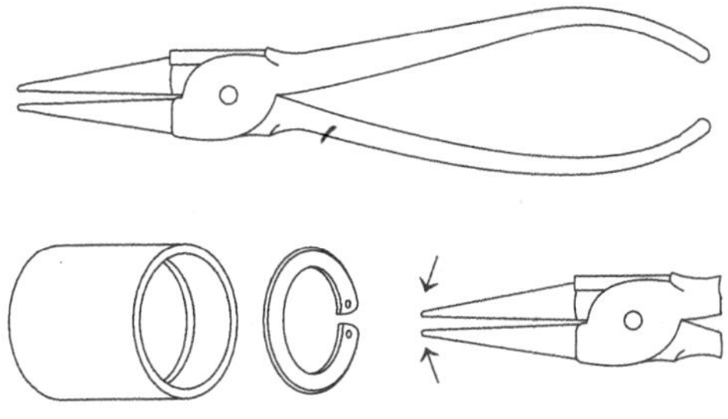

सर्किल्प प्लायर दो प्रकार के होते हैं (i) इन्टर्नल सर्किल्प प्लायर तथा (ii) एक्सटर्नल सर्किल्प प्लायर। **इन्टर्नल सर्किल्प प्लायर** को उपयोग बोर के ग्रूव में आन्तरिक सर्किल्प को हटाने या लगाने के लिए तथा **एक्सटर्नल सर्किल्प प्लायर** का उपयोग शाफ्ट के ग्रूव में बाह्य सर्किल्प को हटाने या लगाने के लिए किया जाता है।

प्लायर प्रयोग करते समय सावधानियाँ
Precautions While Using Plier

प्लायर प्रयोग करते समय निम्न सावधानियों का ध्यान रखना चाहिए

(i) इनका उपयोग सावधानी से करना चाहिए।

(ii) सही स्थिति के औजार को ही प्रयोग में लाना चाहिए, क्योंकि ढीले औजार हानि पहुँचा सकते हैं।

(iii) उपयुक्त दबाव के साथ औजार को प्रयोग में लाना चाहिए।

4. पेंचकस Screw-driver

ऐसे उपयोग जहाँ पर स्क्रू को बहुत अधिक बलपूर्वक कसने की आवश्यकता नहीं होती, वहाँ स्क्रू के हैड में एक स्लॉट बना दिया जाता है। इस स्लॉट में स्क्रू-ड्राइवर का ब्लेड फँसाकर आसानी से कसा जा सकता है, क्योंकि यह टूल, पेंच को कसने या खोलने के काम आता है, इसलिए इसे पेंचकस (screw-driver) कहते हैं। यह टूल एक स्टील रॉड में एक सिरे पर हत्था तथा दूसरे सिरे को पीटकर, फ्लैट (flat) करके बनाया जाता है। फ्लैट भाग को ब्लेड (blade) कहते हैं। ऊष्मा उपचार द्वारा इसको हार्ड तथा टैम्पर किया जाता है। पेंचकस की कुल लम्बाई पेंचकस का साइज बताती है। सामान्यत: पेंचकस के ब्लेड की लम्बाई 45 से 300 मिमी तथा चौड़ाई 3 से 10 मिमी रहती है।

पेंचकस के प्रकार Types of Screw-driver

पेंचकस निम्न प्रकार के होते हैं

(i) ब्लेड पेंचकस (ii) फिलिप्स पेंचकस (iii) ऑफसैट पेंचकस

(iv) रैचेट पेंचकस (v) मैगजीन पेंचकस (vi) घड़ीसाज पेंचकस

(i) **ब्लेड पेंचकस** Blade Screw-driver

चित्र में एक ब्लेड पेंचकस दर्शाया गया है। इसे बनाने के लिए एक हाई कार्बन स्टील की छड़ का प्रयोग किया जाता है, जिसके एक सिरे पर लकड़ी या प्लास्टिक का हत्था (handle) फिट किया होता है तथा दूसरे सिरे को फ्लैट करके टैम्पर किया गया होता है। पेंचकस का चुनाव (selection) स्क्रू-हैड में बने स्लॉट (slot) की चौड़ाई से किया जाता है। ध्यान रहे कि पेंचकस का ब्लेड (blade) स्लॉट में ढीला नहीं होना चाहिए और न ही चौड़ाई में छोटा होना चाहिए। ब्लेड पेंचकस छोटे तथा बड़े हर साइज में प्रयोग किए जाते हैं। ब्लेड पेंचकस को स्टैण्डर्ड पेंचकस भी कहा जाता है।

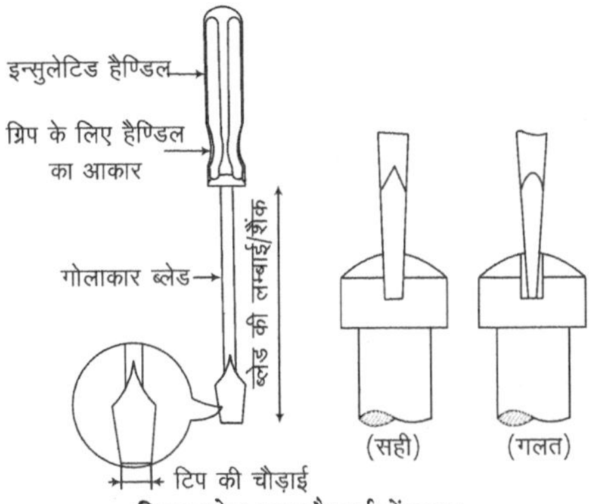

चित्र ब्लेड या स्टैण्डर्ड पेंचकस

(ii) **फिलिप्स पेंचकस** Philips Screw-driver

फिलिप्स पेंचकस वाले स्क्रू में स्लॉट के स्थान पर एक क्रॉस होता है। इस क्रॉस में बैठने के लिए एक चार मुख वाला पेंचकस प्रयोग किया जाता है, जिसे फिलिप्स पेंचकस कहते हैं। फिलिप्स पेंचकस के चारों मुखों के सिरे 53° के कोण पर टेपर्ड रहते हैं, जबकि बाह्य सिरे को 110° पर ग्राउण्ड किया जाता है। स्क्रू हैड में क्रॉस छ: साइजों में होते हैं–$0, 1, 1\frac{1}{2}, 2, 2\frac{1}{2}$ तथा 3। इन्हीं साइजों के अनुरूप छ: प्रकार के पेंचकस बाजार में उपलब्ध रहते हैं। चित्र में एक फिलिप्स पेंचकस दर्शाया गया है

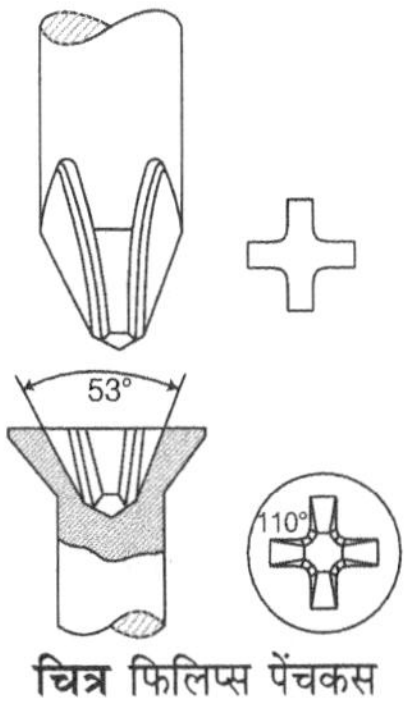

चित्र फिलिप्स पेंचकस

(iii) **ऑफसैट पेंचकस** Offset Screw-driver

तंग स्थानों पर जहाँ साधारण स्टैण्डर्ड पेंचकस प्रयोग नहीं किए जा सकते, वहाँ ऑफसैट पेंचकस प्रयोग किए जाते हैं। चित्र के अनुसार इसके दोनों सिरे फ्लैट करके एक-दूसरे के विपरीत 90° पर मोड़ दिए जाते हैं। तंग जगहों पर जहाँ घुमाने को खुला स्थान नहीं होता, दोनों सिरों को बारी-बारी से प्रयोग किया जाता है।

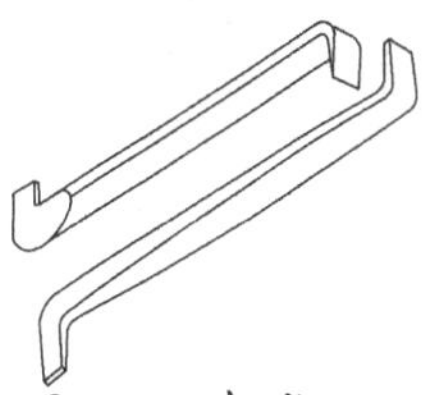

चित्र ऑफसैट पेंचकस

(iv) **रैचेट पेंचकस** Ratchat Screw-driver

पेंचकस को घुमाते समय उसका ब्लेड स्क्रू से निकल जाता है और उसे बार-बार स्लॉट में सैट करना पड़ता है। इस समस्या के समाधान हेतु पेंचकस में रैचेट लगा दिया जाता है।

इसमें एक बटन, जिसे शिफ्टर (shifter) कहते हैं, दिशा परिवर्तित करने का कार्य करता है। रैचेट का प्रयोग करने पर पेंचकस को चलाने के लिए बार-बार हाथ की पकड़ को नहीं बदलना पड़ता, अपितु हत्थे को आगे-पीछे घुमाने पर पेंचकस एक ही दिशा में चलता है। इसका अन्य लाभ यह है कि जब हैण्डिल को नीचे दबाते हैं, तो पेंचकस अपने आप तेजी से घूमने लगता है। रैचेट पेंचकस का उपयोग बहु-उत्पादन में किया जाता है। चित्र में रैचेट पेंचकस दर्शाया गया है।

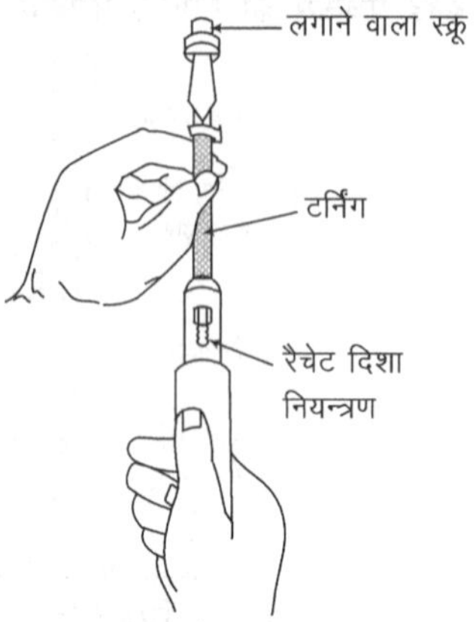

चित्र रैचेट पेंचकस

(v) **मैगजीन पेंचकस** Magazine Screw-driver

इस पेंचकस के हैण्डिल में बनी पॉकेट में चार विभिन्न साइजों के ब्लेड होते हैं। हैण्डिल में एक कॉलेट (collet) लगा होता है, जिसमें आवश्यकतानुसार ब्लेड फिट करके कार्य किया जा सकता है। इन पेंचकसों की मजबूती कम होती है। चित्र में मैगजीन पेंचकस दर्शाया गया है।

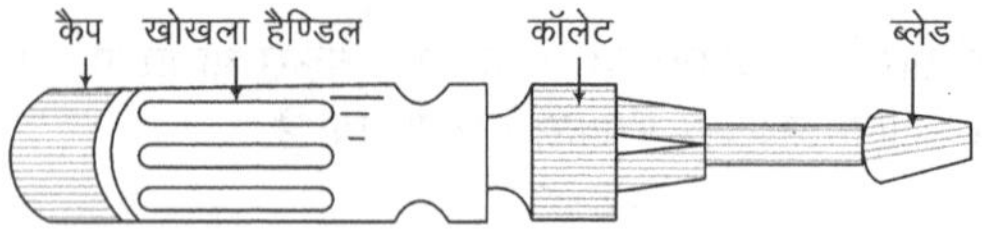

चित्र मैगजीन पेंचकस

(vi) **घड़ीसाज पेंचकस** Watchmakers Screw-driver

ये पेंचकस, बहुत छोटे साइज के होते हैं और हार्ड कार्बन स्टील के बनाए जाते हैं। इनकी बॉडी पर नर्लिंग की गई होती है तथा ऊपर से प्रैशर डालने हेतु अँगुली को टिकाने के लिए एक फ्री वाशर लगा होता है। घड़ीसाज पेंचकस के अन्तर्गत, छ: पेंचकसों का सैट बाजार में उपलब्ध है। 0 साइज का पेंचकस सबसे छोटा व 5 नम्बर का पेंचकस सबसे बड़ा होता है।

ये अधिकतर घड़ीसाज द्वारा प्रयोग किए जाते हैं इसलिए इन्हें घड़ीसाज पेंचकस कहा जाता है। वर्कशॉप में छोटे इन्स्ट्रूमेन्ट्स, गेज व मीटर आदि की रिपेयरिंग में इनका प्रयोग किया जाता है।

पेंचकस प्रयोग करते समय सावधानियाँ
Precautions While Using Screw-driver

पेंचकस के प्रयोग सम्बन्धी सावधानियाँ निम्न प्रकार है

(i) पेंचकस का प्रयोग सदैव उपयुक्त तरीके से करना चाहिए, क्योंकि लापरवाही हानिप्रद भी हो सकती है।
(ii) कार्य के अनुसार ही पेंचकस का प्रयोग करना चाहिए।
(iii) पेंचकस को सावधानीपूर्वक घुमाना चाहिए, विशेषकर यदि वह वैद्युतिक प्रकृति का हो।
(iv) पेंचकस उपयोग करते समय हाथ तथा पेंचकस का हैण्डिल पूर्ण रूप से सूखा होना चाहिए।

5. पुलर Puller

पुलर एक सामान्य कार्यशाला औजार है जिसका उपयोग गियर, बियरिंग, पुली, फ्लैंज तथा बुशों को बाहर खींचने के लिए किया जाता है। पुलर सामान्यत: स्टील के बनाए जाते हैं तथा इनमें दो या तीन टाँगें होती हैं। पुलर निम्न प्रकार के होते हैं

(i) **पुली पुलर्स** Pulley Puller

पुली पुलर, माइल्ड स्टील का बना होता है, जिसमें तीन एडजस्टेबल टाँगें होती हैं। यह छोटे-बड़े कई किस्मों के होते हैं, जिनका चुनाव पुली के आकार के अनुसार किया जाता है। मशीनों की शाफ्ट से सुरक्षा पुली उतारने के लिए इनका प्रयोग किया जाता है।

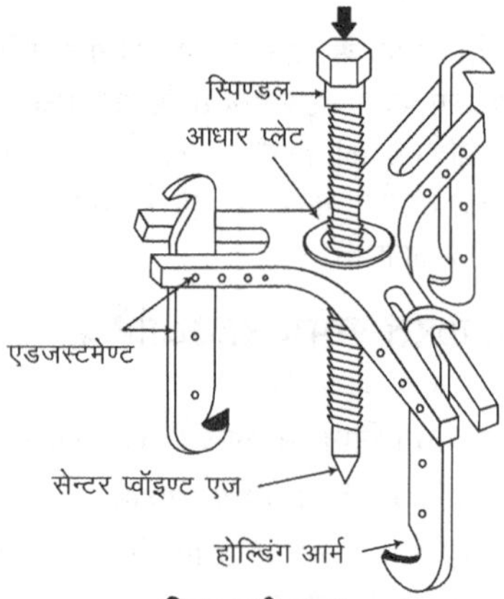

चित्र पुली पुलर

(ii) **बियरिंग पुलर** Bearing Puller

बियरिंग पुलर भी पुली पुलर के समान ही होता है, अन्तर केवल इतना है कि इसमें केवल दो टाँगें होती हैं। इसकी टाँगें आगे से समतल होती हैं, जिससे प्रयोग करते समय बियरिंग की जाली खराब न हो। इसके साथ ही इसके स्क्रू की लम्बाई पुली पुलर की अपेक्षा कुछ अधिक होती है।

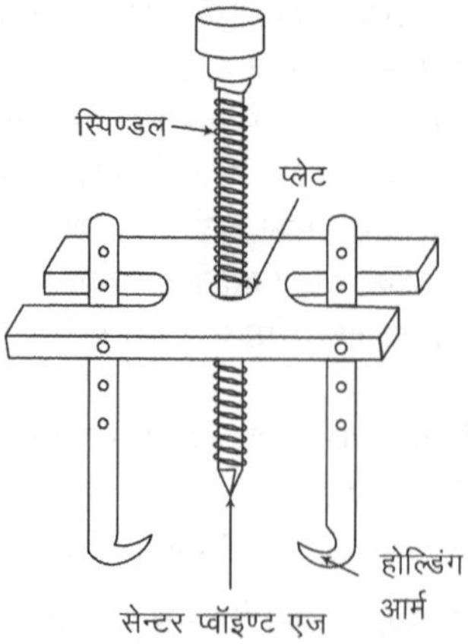

चित्र बियरिंग पुलर

(iii) **गियर पुलर** Gear Puller

गियर पुलर एक ऐसा औजार है, जो विशेष रूप से शाफ्ट से गियर को पुल करने के लिए डिजाइन किया गया है। गियर पुलर डिजाइन के विभिन्न स्टाइल उपलब्ध हैं, जिनका अपना अलग-अलग उद्देश्य है।

कुछ डिजाइन में जॉ (Jaws) का उपयोग गियर को पकड़ने के लिए किया जाता है, जबकि कुछ गियर में बोल्ट्स का उपयोग किया जाता है, जो गियर से सीधे जुड़ा होता है।

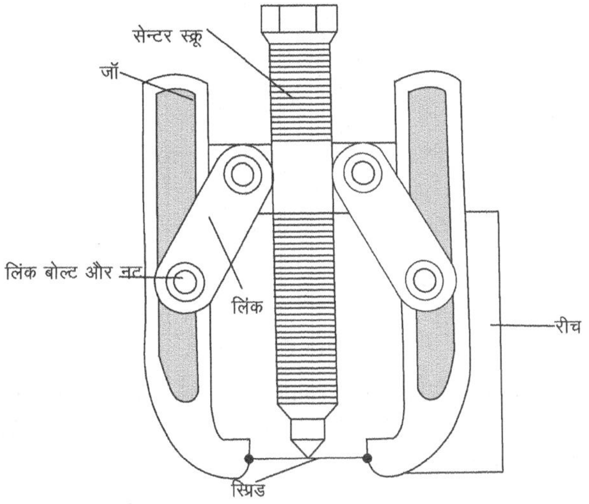

चित्र गियर पुलर

2.8 होल्डिंग औजार Holding Tools

जॉब पर विभिन्न संक्रियाएँ करने से पूर्व यह आवश्यक है कि उसे मजबूती से एक निश्चित स्थान पर जकड़कर रखा जाए, अत: इस कार्य हेतु होल्डिंग औजार का प्रयोग किया जाता है। होल्डिंग औजार के अन्तर्गत वाइस एक प्रमुख औजार है, जिसका वर्णन निम्नवत् है

वाइस Vice

वाइस जॉब को एक स्थिति में मजबूती के साथ जकड़कर रखने वाला उपकरण है। जॉब पर फाइलिंग, मशीनिंग, स्क्रैपिंग, फिटिंग आदि अन्य प्रक्रियाएँ करने से पहले इसे वाइस द्वारा मजबूती से जकड़ लिया जाता है। जॉब को जकड़कर रखने के लिए इसमें कठोर जबड़े (hard jaw) लगे होते हैं। ये जबड़े जॉब की सतह में घुसकर, उसे जकड़ लेते हैं, जिससे जॉब पर निशान भी पड़ जाते हैं। तैयार माल को पकड़ने के लिए सॉफ्ट जॉ (soft jaw) प्रयोग किए जाते हैं। सॉफ्ट जॉ एल्युमीनियम की चादर के बने होते हैं तथा हार्ड जॉ के ऊपर ही प्रयोग किए जाते हैं। इससे जॉब की सतह पर निशान नहीं पड़ते हैं।

वाइस के प्रकार Types of Vice

मशीनों में प्रयोग होने वाली वाइसें निम्न प्रकार की होती हैं

1. बेंच वाइस 2. मशीन वाइस 3. पाइप वाइस
4. लैग वाइस 5. हैण्ड वाइस 6. पीन वाइस
7. टूल मेकर्स वाइस 8. 'C' क्लैम्प वाइस 9. समान्तर क्लैम्प वाइस

1. बेंच वाइस Bench Vice

किसी भी कार्यशाला के लिए सबसे आवश्यक वाइस, बेंच वाइस ही होती है। बेंच वाइस की बॉडी साधारणतया: ढलवाँ लोहे या स्टील (cast iron) की बनी होती है। इसका प्रयोग प्राय: साइंग, फाइलिंग, चिपिंग, टैपिंग आदि ऑपरेशन करते समय कार्यखण्ड (workpiece) को पकड़ने के लिए किया जाता है। बेंच वाइस की बॉडी के अन्दर ही स्थिर जबड़ा (fixed jaw) कास्ट किया होता है, जबकि चलित जबड़े (movable jaw) का वर्गाकार लम्बा भाग, बॉडी के वर्गाकार होल में से गुजरता है। यह चलित जबड़ा भी ढलवाँ लोहे का बना होता है। इस चलित जबड़े का वर्गाकार भाग भी खोखला होता है, जिसमें माइल्ड स्टील (mild steel) का लम्बा स्क्रू घूमता है।

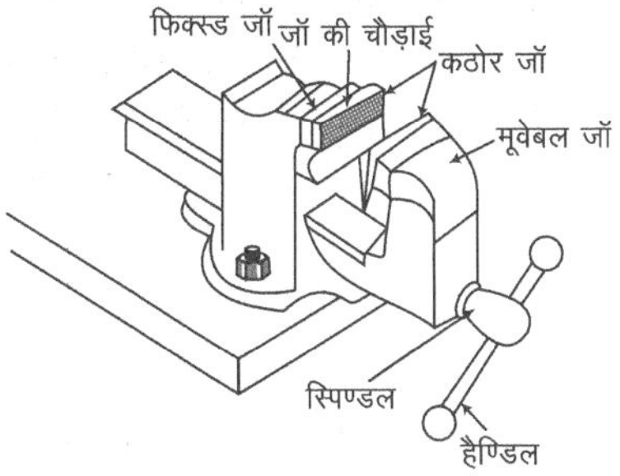

चित्र साधारण बेंच वाइस

इस स्क्रू को घुमाने के लिए एक हैण्डिल की व्यवस्था की जाती है। यह स्क्रू बॉडी के अन्दर स्थिर किए गए एक नट के अन्दर घूमता है तथा घुमाने पर चलित जबड़े को आगे-पीछे चलाता है। दोनों जबड़ों पर कास्ट स्टील (cast steel) का दाँतेदार सतह वाला जबड़ा प्लेट स्क्रू के द्वारा लगा होता है। इन दोनों प्लेटों को ऊष्मा उपचार (heat treatment) द्वारा हार्ड किया जाता है। वाइस का साइज जबड़े की चौड़ाई से दिया जाता है।

2. मशीन वाइस Machine Vice

अधिकांश ड्रिलिंग प्रक्रियाओं में जॉब को ड्रिल करने के लिए मशीन वाइस में पकड़ा जाता है। जॉब पर ड्रिलिंग करते समय यह ध्यान रखना चाहिए कि ड्रिल कार्यखण्ड से गुजरने के पश्चात् वाइस में ड्रिलिंग न करें। इस उद्देश्य हेतु कार्यखण्ड को वाइस के ऊपर लकड़ी का समान्तर ब्लॉक रखकर, रखा जाता है, जिससे कार्यखण्ड तथा वाइस के मध्य कुछ अन्तराल रहे। निम्न चित्र में कार्यखण्ड को वाइस में पकड़े हुए डिलिंग करते दर्शाया गया है।

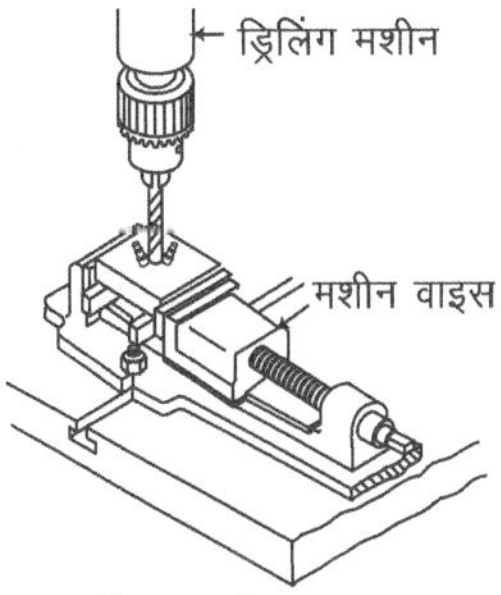

चित्र मशीन वाइस

3. पाइप वाइस Pipe Vice

पाइप वाइस का प्रयोग गोल पाइप व छड़ आदि को पकड़ने के लिए किया जाता है। इसके आधार में 'V' ग्रूव का स्थिर जबड़ा होता है। एक चल जबड़ा स्पिण्डल के द्वारा वर्टिकल फ्रेम में चलता है। दोनों जबड़ों में 90° का ग्रूव होता है। ये दोनों जबड़े ढलवाँ स्टील के बने होते हैं, जिन्हें ऊष्मा उपचार के

द्वारा हार्ड किया जाता है। जॉब को मजबूती से पकड़ने के लिए इनमें दाँते (teeth) भी कटे होते हैं।

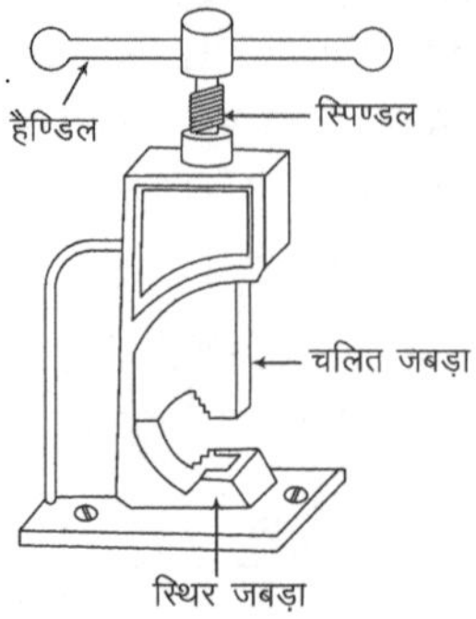

चित्र पाइप वाइस

4. **लैग वाइस** Leg Vice

इस वाइस में एक लम्बी टाँग होती है, जिसके ऊपरी सिरे में स्थिर जबड़ा होता है तथा निचला सिरा जमीन तक जाकर एक लकड़ी के लट्ठे पर टिका होता है। इसको किसी मजबूत व भारी मेज के ऊपर कस दिया जाता है। इसकी बड़ी टाँग (leg) से एक छोटी टाँग कब्जा जोड़ (hinge joint) के द्वारा जुड़ी होती है, जिसके ऊपरी भाग में चल जबड़ा होता है। यह चल जबड़ा, एक स्पिण्डल के द्वारा स्थिर जबड़े के सापेक्ष आगे-पीछे गति करता है। यह स्पिण्डल स्थिर जबड़े में लगे नट में गति करता है।

यह वाइस, माइल्ड स्टील (mild steel) की बनी होती है। दोनों जबड़ों में स्टील (steel) का जबड़ा प्लेट वैल्ड किया गया होता हैं।

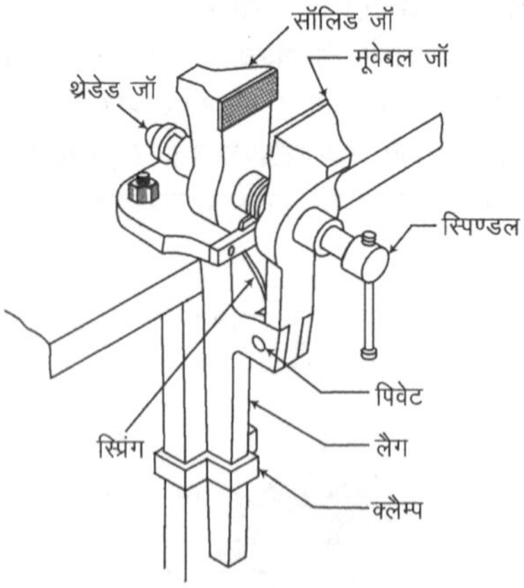

चित्र लैग वाइस

5. **हैण्ड वाइस** Hand Vice

इसकी बनावट कुछ सीमा तक लैग वाइस से मिलती-जुलती है, परन्तु यह वाइस साइज में बहुत छोटा होता है। इसे जॉब के साथ हाथ में पकड़कर प्रयोग किया जाता है, इसलिए इसे हैण्ड वाइस कहते हैं।

इसके दोनों जबड़े एक सिरे पर कब्जा जोड़ (hinge joint) बनाते हैं, जबकि दूसरे सिरे पर जॉब की पकड़ मजबूत करने के लिए जबड़े को दाँतेदार बनाया जाता है। दोनों जबड़ों के मध्य एक पत्ती स्प्रिंग (leaf spring) होती है। जॉब को जबड़ों में पकड़ने के लिए एक विंग नट (wing nut) का प्रयोग किया जाता है, जैसा कि निम्न चित्र में दर्शाया गया है।

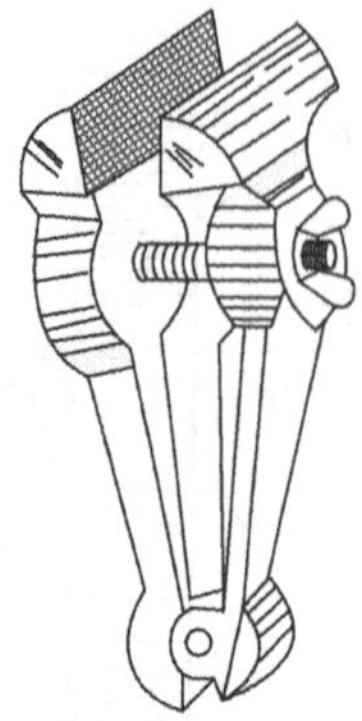

चित्र हैण्ड वाइस

यह समस्त वाइस, माइल्ड स्टील (mild steel) की बनी होती है तथा बाजार में 125-150 मिमी तक की लम्बाई तथा 40-44 मिमी तक की चौड़ाई में उपलब्ध होती है।

6. **पिन वाइस** Pin Vice

यह वाइस अत्यन्त महीन तारनुमा जॉब को पकड़ने के के लिए प्रयोग की जाती है, इसलिए इसे पिन वाइस कहते हैं। इसके द्वारा पतली छड़, घड़ी की शाफ्ट या पिनियन (pinion) आदि को पकड़कर उन पर मशीनी कार्य किया जाता है। जॉब को पकड़ने के लिए इसके एक सिरे पर ड्रिल चक की तरह के जबड़े होते हैं, जो आवश्यकतानुसार हैण्डिल को घुमाने पर खुलते तथा बन्द होते हैं। इसकी बॉडी पीन की तरह होती है। इसकी पकड़ बढ़ाने के लिए बॉडी पर नर्लिंग की गई होती है। इसकी पूरी लम्बाई में छिद्र किया गया होता है। इसका प्रयोग छोटे उपकरणों को पकड़ने के लिए किया जाता है।

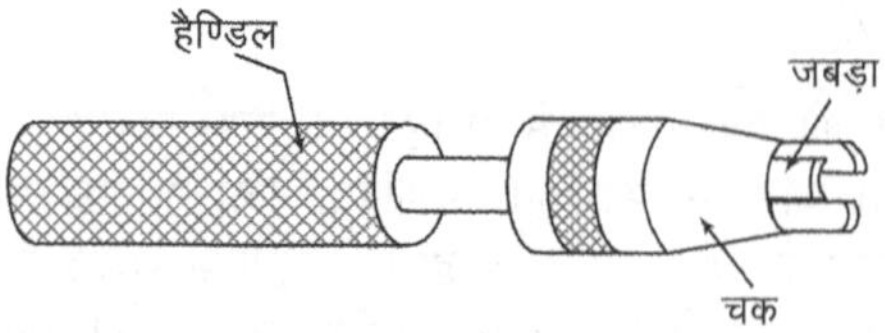

चित्र पिन वाइस

7. **टूल मेकर्स वाइस** Tool Makers Vice

टूल मेकर्स वाइस आकार में बहुत छोटी और पूर्णता इस्पात (steel) की बनी होती है। इसके जबड़े प्लेन होते हैं, जिससे इसमें जॉब को पकड़ते समय, जॉब की सतह पर निशान नहीं पड़ते। इस वाइस को टूल मेकर द्वारा बारीक मशीन संक्रियाएँ करने के लिए प्रयोग किया जाता है।

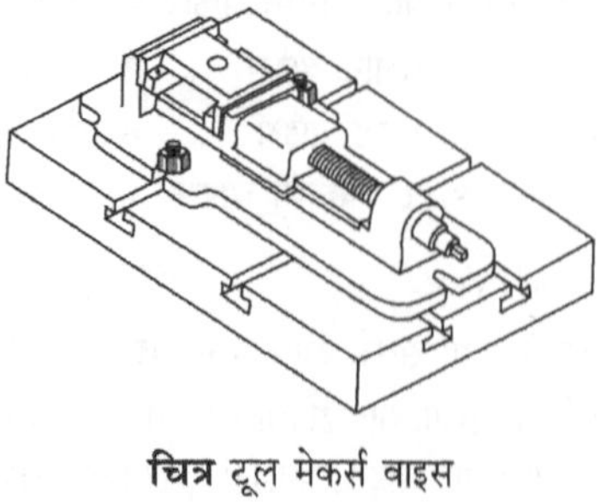

चित्र टूल मेकर्स वाइस

8. 'C' **क्लैम्प वाइस** 'C' Clamp Vice

इसकी बनावट 'C' के आकार की होती है, इसलिए इसे 'C' क्लैम्प वाइस कहते हैं। इसमें ढलवाँ लोहे का एक फ्रेम होता है, जिसका एक सिरा स्थिर बटन जैसा होता है। दूसरे सिरे को एक नट के रूप में बनाया जाता है। इस नट में एक स्पिण्डल गति कर सकता है।

इस स्पिण्डल के अगले सिरे पर एक घूर्णी बटन लगा होता है तथा दूसरे सिरे पर एक हैण्डिल लगा होता है। इस हैण्डिल को कसने से ही घूर्णी बटन तथा स्थिर बटन के बीच जॉब को पकड़ा जाता है। सी-क्लैम्प कई साइजों में उपलब्ध होते हैं। इसमें जितने बड़े से बड़ा साइज का जॉब पकड़ा जा सकता है, वही उस 'C' क्लैम्प का साइज होता है। इसका प्रयोग फैब्रीकेशन के कार्यों में अधिक किया जाता है।

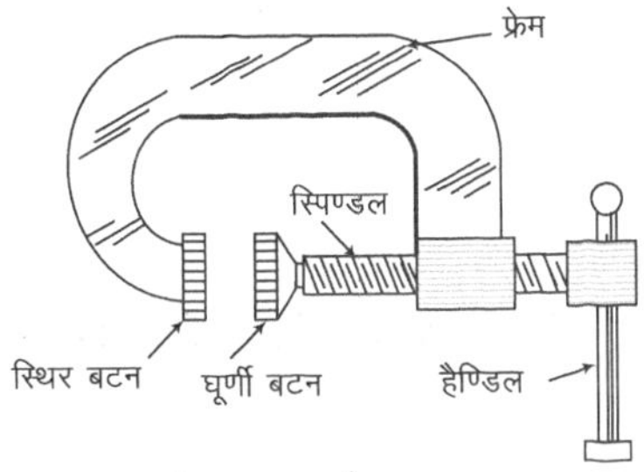

चित्र 'C' क्लैम्प वाइस

9. **समान्तर क्लैम्प वाइस** Parallel Clamp Vice

समान्तर क्लैम्प वाइस को टूल मेकर्स क्लैम्प भी कहते हैं। इसमें टूल-स्टील के दो प्लेन जबड़े होते हैं, जिन्हें लगभग बीच में एक स्क्रू द्वारा कसा जा सकता है।

एक दूसरा स्क्रू दूसरे सिरे के पास क्लैम्प को तनाव देता है। ये क्लैम्प तैयार जॉब को पकड़ने के लिए प्रयोग किए जाते हैं।

इनसे जॉब की सतह खराब नहीं होती। इनका प्रयोग जॉब पर मार्किंग, सोल्डरिंग, ब्रेजिंग या ड्रिलिंग आदि करने के लिए किया जाता है। समान्तर जबड़ों में पकड़े जा सकने वाले बड़े-से-बड़े साइज से समान्तर जबड़े का साइज दिया जाता है।

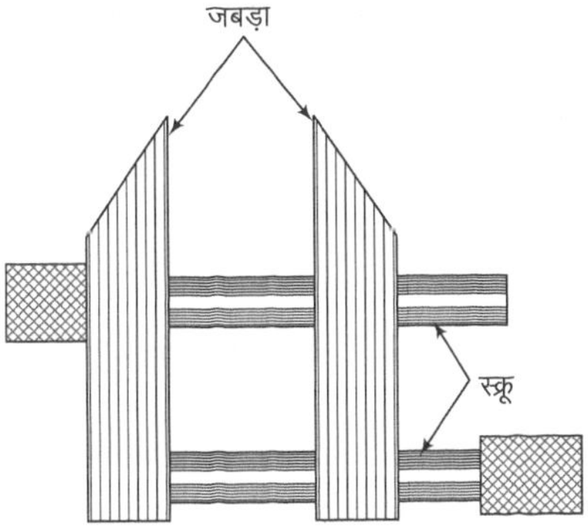

चित्र समान्तर क्लैम्प वाइस

वाइस प्रयोग करते समय सावधानियाँ
Precautions While Using Vice

वाइस का प्रयोग करते समय निम्न सावधानियों का ध्यान रखना चाहिए

(i) वाइस में नया जॉब बाँधने से पहले उसे भली-भाँति साफ कर लेना चाहिए।
(ii) वाइस के खिसकने वाले सभी भागों पर तेल आदि लगाते रहना चाहिए।
(iii) वाइस के स्पिण्डल व बॉक्स नट पर ग्रीस लगाते रहना चाहिए।
(iv) जॉब को वाइस में आवश्यकतानुसार कसना चाहिए। अधिक या कम कसने से कार्यखण्ड में त्रुटि की सम्भावना रहती है।
(v) तैयार उत्पाद को वाइस में पकड़ते समय सॉफ्ट जॉ (soft jaw) का प्रयोग करना चाहिए जिससे निशान न पड़ें।

2.9 सॉकेट एवं सहायक
Socket and Accessories

बाजार में पाइप स्टैण्डर्ड लम्बाई में उपलब्ध होते हैं। आवश्यकतानुसार, गन्तव्य स्थान तक पहुँचाने के लिए तथा विभिन्न व्यासों के पाइपों को जोड़ने के लिए कुछ सहायक प्रयोग किये जाते हैं जिन्हें पाइप फिटिंग भी कहते हैं। कुछ सहायक नीचे दिए गए हैं।

1. सॉकेट Socket

इसका बाहरी व्यास पाइप के व्यास से कुछ अधिक होता है तथा अन्दर का व्यास पाइप व्यास के बराबर रहता है। इस पर निश्चित दूरी में अन्दरूनी चूड़ियाँ पाइप के अनुसार कटी होती हैं।

इनका प्रयोग दो पाइपों को एक सीध में जोड़ने के लिए किया जाता है।

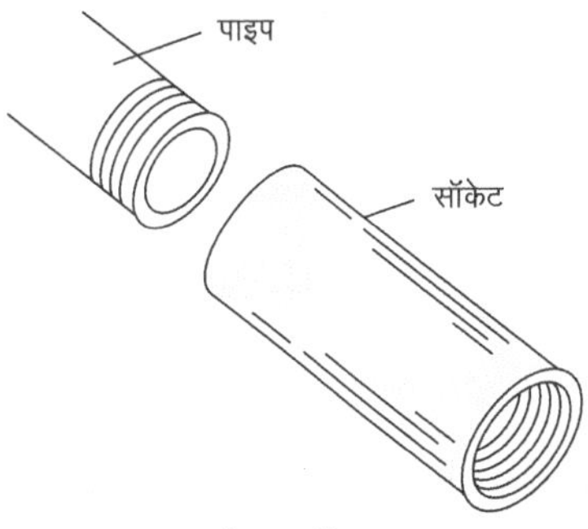

चित्र सॉकेट

2. एल्बो Albow

इसका बाहरी व अन्दरूनी व्यास सॉकेट के समान होता है। इसका आकार हाथ की कोहनी जैसा होता है। इसका प्रयोग पाइप की फिटिंग में उस स्थान पर किया जाता है, जहाँ पाइप को समकोणों पर फिट करना हो। इसके अतिरिक्त 55° तथा 45° के भी एल्बो प्रयोग किए जाते हैं। इनमें अन्दरूनी चूड़ी कटी होती है।

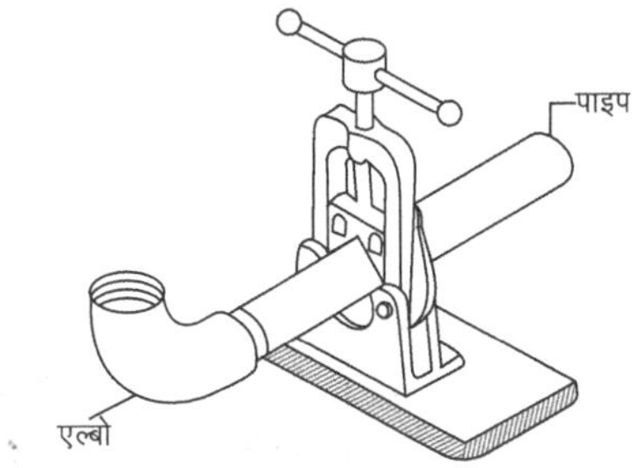

चित्र एल्बो

3. बैण्ड Bend

इसका व्यास पाइप की माप के बराबर होता है। इसे पाइप फिटिंग में कॉर्नरों पर प्रयोग किया जाता है। इसके दोनों ओर लगभग एक इंच भाग में पाइप के समान चूड़ी कटी होती है। इन्हें सॉकेट के साथ पाइप से जोड़ा जाता है। इसका यह लाभ है कि इससे पानी आदि का प्रैशर कम नहीं होने पाता है। इसे वहाँ प्रयोग कर सकते हैं, जहाँ पाइप फिटिंग के लिए पर्याप्त स्थान हो।

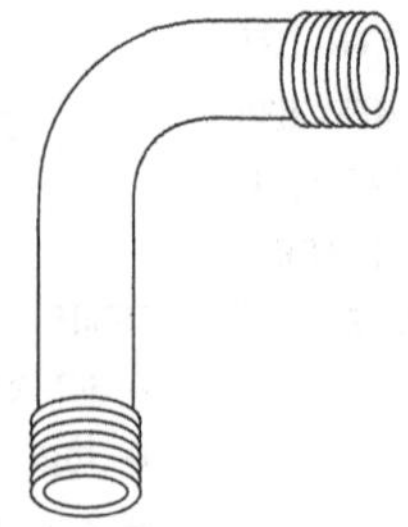

चित्र बैण्ड

4. 'टी' Tee

यह अंग्रेजी अक्षर "T" आकृति का होता है। इसका प्रयोग मेन लाइन से ब्रांच लाइन को कनैक्शन देने के लिए किया जाता है। इसकी सहायता से सप्लाई लाइन के अतिरिक्त दो लाइनों को जोड़ा जा सकता है।

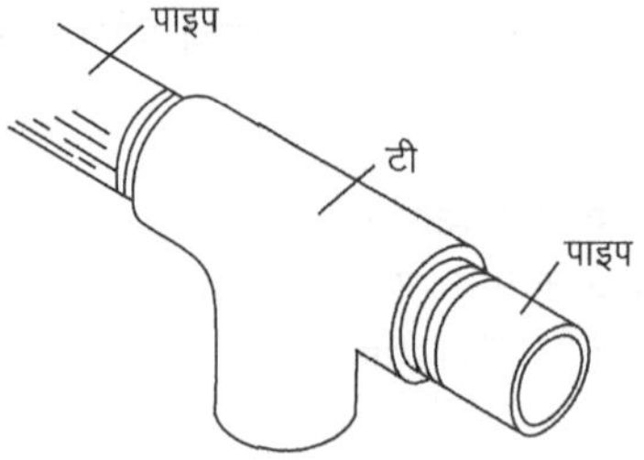

चित्र टी

5. फोर-वे क्रॉस Four-Way Cross

यह धन (+) के चिन्ह के समान होता है। इसका प्रयोग ऐसे स्थानों पर किया जाता है, जहाँ चारों दिशाओं में पाइप फिटिंग की आवश्यकता होती हो। इसके चारों सिरों पर पाइप के समान चूड़ी कटी होती है।

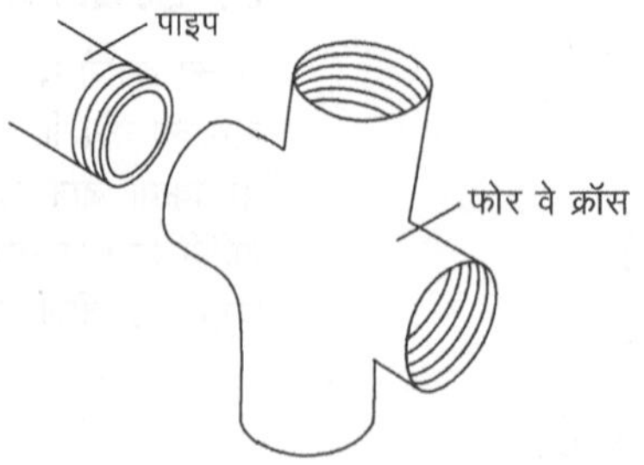

चित्र फोर वे क्रॉस

6. व्हील वाल्व Wheel Valve

इनके द्वारा पाइपों को जोड़कर आवश्यकता के समय पाइप प्रवाहित पानी, तेल या गैस आदि को दूसरी ओर जाने से रोका जाता है। इसका लाभ यह है कि बहुत-सी लाइनों की फिटिंग में से जिस लाइन को चालू या बन्द करना चाहें कर सकते हैं। यह प्राय: पीतल या गन मैटल के बनाए हैं। अलग-अलग प्रकार के कार्यों के लिए निम्नलिखित प्रकार के वाल्व प्रयोग किए जाते हैं।

एक व्हील वाल्व को निम्न चित्र में दिखाया गया है।

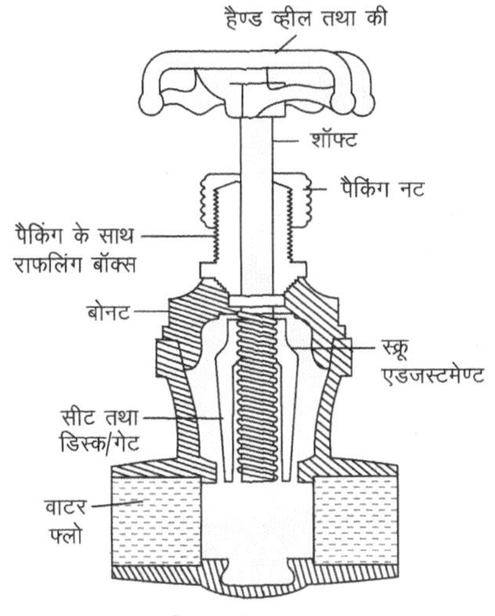

चित्र व्हील वाल्व

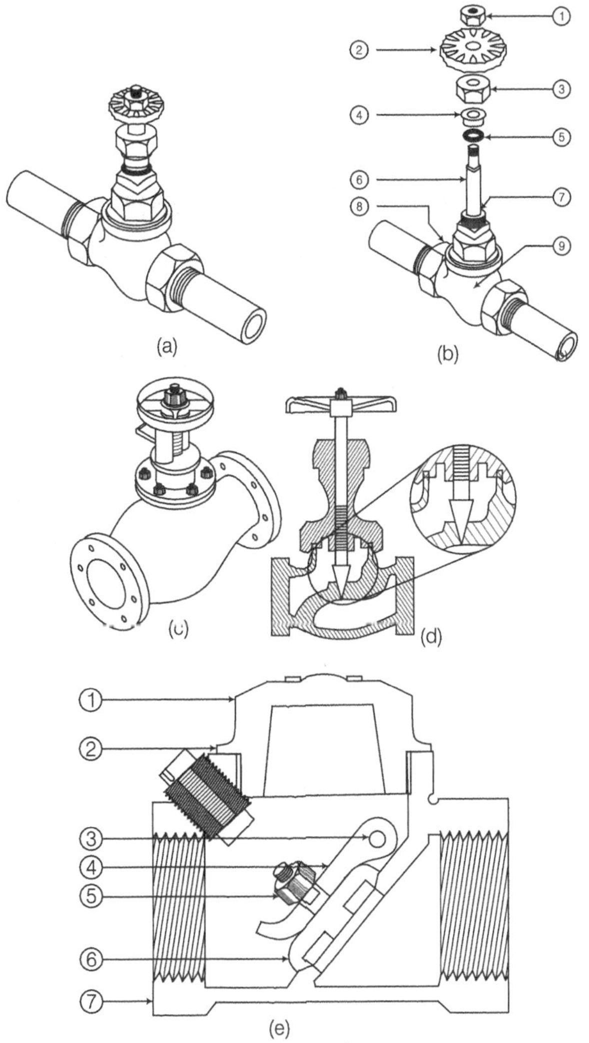

चित्र विभिन्न प्रकार के वाल्व

7. कॉक Cock

सामान्य बोलचाल की भाषा में इसे टोटी कहते हैं। इसका कार्य प्रवाहित पानी, तेल या गैस को रोकने या बन्द करने व आवश्यकता पड़ने पर चालू करने के लिए किया जाता है।

घरों में पानी लेने व पानी को बन्द करने के लिए पाइप के साथ इसे प्रयोग किया जाता है। यह आवश्यकतानुसार पीतल, गन मैटल, प्लास्टिक या कास्ट आयरन के बनाए जाते हैं।

इसके ऊपर खोलने का प्रबन्ध रहता है तथा इसके बीच में चोंच जैसी बनी होती है। इस कारण घरेलू टोटी को 'बिब काक' कहा जाता है। इसके अतिरिक्त निम्नलिखित प्रकार के कॉक प्रयोग किए जाते हैं

(i) बिब कॉक (ii) स्टाप कॉक (iii) पुश कॉक
(iv) कॉम्बीनेशन कॉक (v) प्लग बिब कॉक (vi) लॉकिंग कॉक
(vii) पैट कॉक (viii) पिलर कॉक (ix) सरजन कॉक
(x) प्लग स्टाप कॉक

बिब कॉक एवं प्लग कॉक को चित्र में दर्शाया गया है।

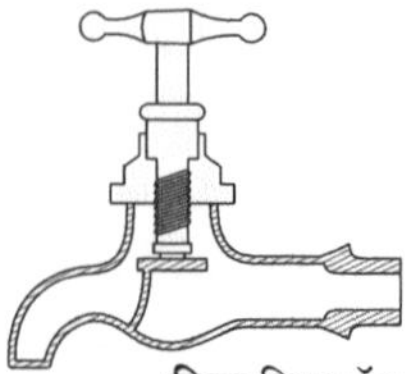

चित्र बिब कॉक

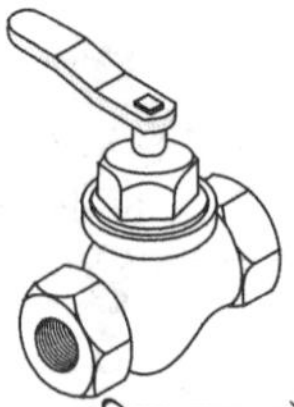

चित्र प्लग कॉक

8. प्लग Plug

जिन स्थानों पर पाइप को बन्द करके प्रयोग न करना हो, वहाँ प्लग का प्रयोग किया जाता है। इसमें बाहरी चूड़ी कटी होती हैं। इसे सॉकेट, 'टी' या एल्बो आदि पर लगाया जा सकता है।

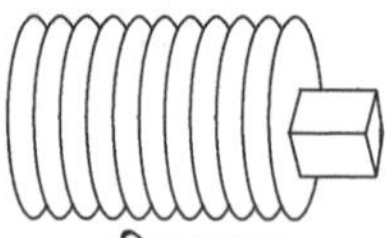

चित्र प्लग

9. फैरूल Ferrule

यह एक प्रकार की यूनियन के समान होता है। इसका प्रयोग प्राय: घरेलू वाटर सप्लाई में मीटर के पास किया जाता है। यह दो पाइपों को जोड़ने का ऐसा साधन है जिसके द्वारा उन पाइपों को बीच में सरलता से खोला जा सके, क्योंकि सॉकेट द्वारा जुड़े पाइप को बीच में खोलने में कठिनाई आती है। यह दो भागों में बना होता है। इसके दोनों सिरों पर टेपर चूड़ी कटी होती हैं। इन दोनों भागों को जोड़ने के लिए एक कपलिंग नट इसी में रहता है।

इस नट द्वारा ही इसे सरलता से खोला या कसा जा सकता है।

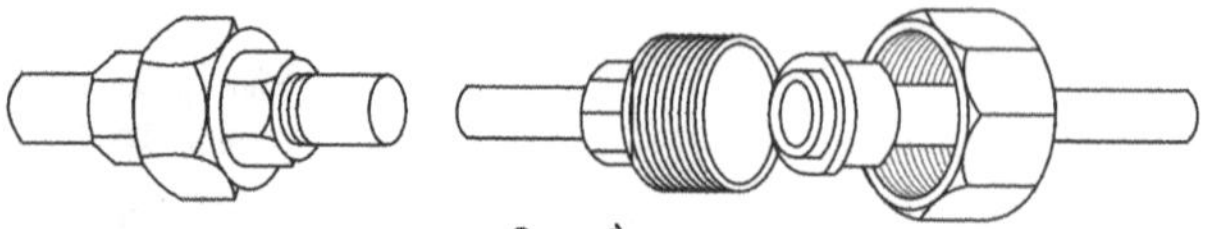

चित्र फैरूल

10. रिड्यूसर Reducer

किसी बड़े व्यास की पाइप-लाइन को जोड़ने के लिए रिड्यूसर का प्रयोग किया जाता है। यह सॉकेट के समान होते हैं, परन्तु इनका एक सिरा अधिक व्यास का होता है। पानी का प्रैशर भी इसके प्रयोग से बढ़ाया जा सकता है।

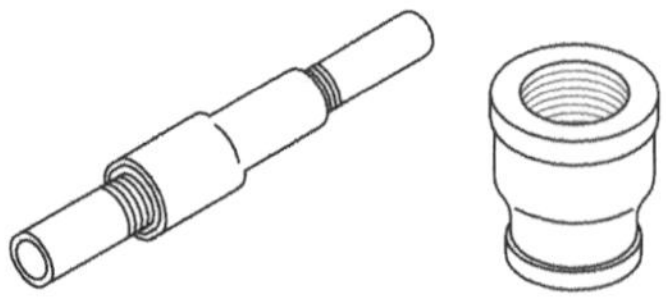

चित्र रिड्यूसर

2.10 कार जैट वाशर Car Jet Washer

वाहन पर लगी ग्रीस, मोम, चिकनी मिट्टी, ट्रांसमिशन केस और इंजन ब्लॉक को उच्च दाब के पानी (150 kg/cm^2) के जैट से साफ करने के लिए कार जैट वाशर मशीनों का उपयोग किया जाता है। जैट वाशर मशीनों में मुख्यत: स्टीम जैट क्लीयरिंग मशीन का प्रयोग किया जाता है, क्योंकि इस मशीन को एक स्थान से दूसरे स्थान तक आसानी से ले जाया जा सकता है।

अधिक संख्या में कारों की क्लीनिंग के लिए वर्कशॉपों में ऑटोमैटिक वॉशिंग सिस्टम का उपयोग किया जाता है। बॉडी को साफ करने हेतु इस सिस्टम में मूवेबल फ्लेक्सिबल रोलर लगे होते हैं तथा चैसिस की सफाई के लिए मल्टी डायरेक्शन वाली नोजल का प्रयोग किया जाता है।

महत्त्वपूर्ण बिन्दु

- वर्कशॉप में उत्कृष्ट उत्पादन के लिए विभिन्न प्रकार के हस्त औजारों, उपकरणों एवं मशीनों का उपयोग किया जाता है।
- स्क्रैपर, हाई कार्बन स्टील या टूल स्टील के बनाए जाते हैं।
- फ्लैट स्क्रैपर की धार को थोड़ा-सा गोलाई में 75° के कोण पर बनाया जाता है।
- सामान्यतः तारों के ब्रुश का उपयोग वैल्ड जोड़ों को साफ करने के लिए किया जाता है।
- एमरी पेपर या रेगमाल एक सख्त कागज के टुकड़े पर एब्रेसिव कण चिपकाकर बनाया जाता है।
- मार्किंग ऑफ टेबल मार्किंग के उद्देश्य से बनाई गई टेबल होती है जिसकी ऊपरी प्लेट कास्ट आयरन की बनी होती है।
- कास्ट आयरन की सर्फेस प्लेट को उठाने के लिए साइडों में माइल्ड स्टील के दो हैण्डिल लगे होते हैं।
- बेलनाकार या गोल आकार की वस्तुओं को प्लेट सहारा देने के लिए 'V' ब्लॉक की आवश्यकता होती है।
- धातुओं की सतहों पर लाइन खींचने के लिए स्क्राइबर का प्रयोग किया जाता है।
- डिवाइडर माइल्ड स्टील या हाई-कार्बन स्टील का कम्पास के समान दो टाँगों वाला मार्किंग उपकरण है।
- मार्किंग ब्लॉक का प्रयोग किसी जॉब की एक साइड के समान्तर ऊँचाइयों पर समान्तर लाइनें खींचने के लिए किया जाता है।
- स्क्राइबर से खींची गई अस्थायी मार्किंग लाइने जॉब से मिट सकती हैं, इसलिए लाइनों से 2.5 मिमी की दूरी पर पंच की सहायता से बिन्दु लगा दिया जाता है।
- डॉट पंच कास्ट स्टील के बनाए जाते हैं जिसकी बॉडी षट्भुजाकर होती है।
- जब धातु पर खींची गई लाइनें ठीक से दिखाई नहीं देती, तो जॉब पर मार्किंग मीडिया लगा दिया जाता है।
- उत्पादों की विमाओं को मापने के लिए मापन औजारों का प्रयोग किया जाता है।
- स्टील रूल अधिकतर स्टेनलैस स्टील, स्प्रिंग स्टील या हाई-कार्बन स्टील के बनाए जाते हैं।
- ट्राई-स्क्वायर एक चैकिंग टूल है, जिसकी सहायता से हम समकोण की जाँच करते हैं।
- वे कैलीपर, जो जॉब की बाहरी माप लेने के लिए प्रयोग किए जाते हैं, आउटसाइड कैलीपर कहलाते हैं।
- वर्कशॉप में किसी वस्तु जॉब को ठोकने, मोड़ने या सीधा करने के लिए हथौड़े का प्रयोग किया जाता है।
- मृदु हथौड़ा, जो लकड़ी का बना होता है, मैलेट कहलाता है।
- छेनी की काटने वाली एज को पर्याप्त कठोरता प्रदान करने के लिए उसे हार्ड तथा टैम्पर किया जाता है।
- लोहे के लट्ठों, प्लेट, पाइप या शीट आदि में हैक्सॉ द्वारा धातु को काटने की क्रिया को हैक्सॉइंग कहते हैं।
- रेती के फेस तथा टैंग के मध्य कुछ भाग प्लेन तथा बिना दाँतों का होता है, इस भाग को हील कहते हैं।
- ग्राइण्डिग में जॉब की सतह को परिष्कृत करने हेतु, एक एब्रेसिव व्हील द्वारा उस सतह से बहुत बारीक कणों को हटाया जाता है।
- किसी भी इंजन, मशीन अथवा वाहन की मरम्मत या उससे सम्बन्धित कार्य करने के लिए, उसे संयोजन अथवा वियोजन की आवश्यकता होती है।
- स्पैनर का मुँह नट में सैट करने के पश्चात्, उसके हैण्डिल पर बल लगाने से लीवरेज के सिद्धान्त के अनुसार नट को पर्याप्त दाब से कसा जाता है।
- कॉपर पाइप के किनारे का फैलाव व संकुचन करने के लिए फ्लेरिंग टूल का प्रयोग किया जाता है।
- कॉम्बीनेशन प्लायर सबसे अधिक प्रयोग में लाया जाने वाला प्लायर है।
- वाइस जॉब को एक स्थिति में मजबूती के साथ जकड़कर रखने वाला उपकरण है।
- वाहन पर लगी ग्रीस, मोम, चिकनी मिट्टी, ट्रांसमिशन केस और इंजन ब्लॉक उच्च दाब के पानी के जैट से साफ करने के लिए कार जैट वाशर मशीनों का उपयोग किया जाता है।

महत्त्वपूर्ण प्रश्नोत्तरी

1. मशीन की सतह पर उभरे हुए भाग को समाप्त करने का क्या उद्देश्य है?

उत्तर मशीन की सतह पर उभरे हुए भाग को समाप्त करने का उद्देश्य मशीन की सतहों का घर्षण कम करके, उनके भागों की आयु को बढ़ाना है।

2. फ्लैट स्क्रैपर व हुक स्क्रैपर में अन्तर स्पष्ट कीजिए।

उत्तर फ्लैट स्क्रैपर का आकार फ्लैट फाइल के समान होता है। इसकी कटिंग एज प्वॉइण्ट की ओर बनाई जाती है। यदि फ्लैट स्क्रैपर को प्वॉइण्ट की ओर से 90° पर मोड़ दिया जाए, तो हुक स्क्रैपर बन जाता है।

3. क्लीनिंग औजार एमरी पेपर को किस प्रकार बनाया जाता है?

उत्तर क्लीनिंग औजार एमरी पेपर को एक सख्त कागज के टुकड़े पर एब्रेसिव कण चिपकाकर बनाया जाता है।

4. काँच की प्लेट की सतह परिष्कृति 4 से 8 माइक्रोन तक होती है। यह किस ओर संकेत करता है?

उत्तर प्लेट की सतह परिष्कृति प्लेट की कार्य उपयुक्तता की ओर संकेत करती है।

5. किसी बेलनाकार जॉब पर मार्किंग करने के लिए आप किस उपकरण का सहारा लेंगे, जिससे सफलतापूर्वक मार्किंग हो सके?

उत्तर किसी बेलनाकार जॉब पर मार्किंग करने के लिए 'V' ब्लॉक द्वारा जॉब को सहारा दिया जाता है।

6. मार्किंग करने के लिए स्क्राइबर का प्रयोग किया जाता है। एक जॉब के बोर में मार्किंग करना है, आप कौन-से स्क्राइबर का प्रयोग करेंगे?

उत्तर जॉब के बोर में मार्किंग हेतु मुड़े हुए स्क्राइबर का प्रयोग किया जाता है।

7. स्क्राइबर से खींची गई अस्थायी मार्किंग लाइनें जॉब से मिट जाती हैं जॉब पर स्थायी मार्किंग के लिए किसका उपयोग करते हैं?

उत्तर जॉब पर स्थायी मार्किंग पंच द्वारा बनाई जाती हैं।

8. मुलायम धातु के जॉब पर मार्किंग के लिए किस पंच का प्रयोग किया जाता है, इस पंच का प्वॉइण्ट कोण होगा?

उत्तर मुलायम धातु के जॉब पर मार्किंग के लिए प्रिक पंच का प्रयोग किया जाता है। इस पंच का प्वॉइण्ट कोण 30° होगा।

9. आन्तरिक व बाह्य कैलीपर का साइज कहाँ से लिया जाता है?

उत्तर आन्तरिक व बाह्य कैलीपर का साइज लैग के प्वॉइण्ट से रिवेट के सेन्टर तक लिया जाता है।

10. चित्र में प्रदर्शित हथौड़े के भाग 'A' का नाम बताइए।

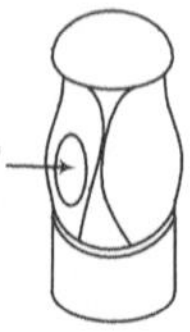

उत्तर चित्र में प्रदर्शित हथौड़े के भाग का नाम 'आई होल' है, जिसमें हैण्डिल वैज द्वारा फिट रहता है।

11. क्रॉस कट छेनी की कटिंग एज की अपेक्षा इसका पिछला भाग कुछ पतला बनाया जाता है, क्यों?

उत्तर क्रॉस कट छेनी की कटिंग एज की अपेक्षा इसका पिछला भाग पतला बनाने से ग्रूव काटते समय इसकी कटिंग एज जॉब में नहीं फँसती है।

12. डीप कटिंग हैक्सॉ फ्रेम की गहराई अधिक रखने का क्या लाभ है?

उत्तर डीप कटिंग हैक्सॉ फ्रेम की गहराई अधिक रखने से यह जॉब को गहराई तक काटने पर भी जॉब में नहीं अटकता है।

13. हैक्सॉ की हाफ हार्ड ब्लेड में ब्लेड को टूटने से किस प्रकार बचाया जाता है?

उत्तर हैक्सॉ की हाफ हार्ड ब्लेड में ब्लेड को आधी चौड़ाई तक ही हार्ड करके टूटने से बचाया जाता है।

14. हैक्सॉ के दाँतों की वेब सैटिंग से क्या अभिप्राय है?

उत्तर हैक्सॉ के दाँतों की वेब सैटिंग में दाँतों को एक लहर के आकार में सैट किया जाता है।

15. रेती की सहायता से कौन-कौन से कार्य सम्पन्न किए जाते हैं?

उत्तर रेती द्वारा प्लेन सतह, वक्र सतह, सीधे ग्रूव, वृत्ताकार होल तथा लगभग प्रत्येक प्रकार की आकृति से अनावश्यक पदार्थ हटाने जैसे कार्य सम्पन्न किए जाते हैं।

16. डबल कट रेती में उसके फेस पर कटिंग दाँते दो पंक्तियों में कटे होते हैं। अक्ष के साथ ओवर कट 70° के कोण पर तथा अपकट 51° के कोण पर होता है। क्या होगा यदि दाँतों की दोनों पंक्तियाँ एकसमान कोण पर हों?

उत्तर डबल कट रेती में यदि दाँतों की दोनों पंक्तियाँ एकसमान कोण पर होंगी, तो दाँतों की केवल सामने वाली पंक्ति ही धातु काटेगी।

17. रेती का कर्तन दन्त भाग कठोरीकृत है, जबकि कुछ भाग मृदुकृत होता है। पुच्छ भाग क्यों मृदुकृत होता है?

उत्तर टैंग का काट-क्षेत्रफल कम होता है। यदि यह हार्ड होगा, तब जोर लगाने पर इसके टूट जाने की प्रबल सम्भावना है। अतः टैंग मृदुकृत (soft) बनाया जाता है।

18. रेती को उत्तलत करने का क्या उद्देश्य है?

उत्तर रेती को उत्तलत करने का मुख्य उद्देश्य जॉब की सतह से घर्षण को हटाना है।

19. वर्कशॉप के अन्दर किस ग्राइण्डर का उपयोग स्नेगिंग तथा ऑफ हैण्ड ग्राइण्डिंग में किया जाता है?

उत्तर वर्कशॉप के अन्दर स्नेगिंग तथा ऑफ हैण्ड के लिए बेंच ग्राइण्डर का उपयोग किया जाता है।

20. ग्राइण्डिंग करते समय अपनाई जाने वाली दो सावधानियाँ बताइए।

उत्तर ग्राइण्डिंग करते समय अपनाई जाने वाली दो सावधानियाँ निम्न हैं

(i) ग्राइण्डर के सामने ठीक से खड़े होना चाहिए।

(ii) ग्राइण्डिंग व्हील के गार्ड का प्रयोग अवश्य करना चाहिए।

अभ्यास प्रश्न

परीक्षा प्रारूपी प्रश्न

बहुविकल्पीय

1. वर्कशॉप में ………… के लिए विभिन्न प्रकार के हस्त औजार, उपकरणों एवं मशीनों का उपयोग किया जाता है।
(a) जॉब (b) उत्कृष्ट उत्पादन
(c) मापन (d) मार्किंग

2. स्क्रैपर किस पदार्थ से निर्मित होते हैं?
(a) हाई-कार्बन स्टील (b) टूल स्टील
(c) 'a' और 'b' दोनों (d) इनमें से कोई नहीं

3. फ्लैट स्क्रैपर की धार को थोड़ा-सा गोलाई में किस कोण पर बनाया जाता है?
(a) 25° (b) 50° (c) 75° (d) 90°

4. फ्लैट स्क्रैपर को हुक स्क्रैपर बनाने के लिए निम्न में से किस कोण पर मोड़ा जाता है?
(a) 45° (b) 60° (c) 90° (d) 120°

5. बड़े बियरिंगों में ऑयल पॉकेट बनाने में इनमें से किस स्क्रैपर का उपयोग किया जाता है?
(a) बुल नोज स्क्रैपर (b) ट्राइएंगुलर स्क्रैपर
(c) हाफ राउण्ड स्क्रैपर (d) हुक स्क्रैपर

6. हाफ राउण्ड स्क्रैपर को अन्य किस नाम से जाना जाता है?
(a) हुक स्क्रैपर (b) बुल नोज स्क्रैपर
(c) बियिरिंग स्क्रैपर (d) त्रिभुजाकार स्क्रैपर

7. निम्न में से किस स्क्रैपर का प्रयोग बड़े आकार की फ्लैट सतहों को स्क्रैप करने के लिए किया जाता है?
(a) बुल नोज स्क्रैपर (b) बियरिंग स्क्रैपर
(c) डबल हैण्डिल स्क्रैपर (d) हुक स्क्रैपर

8. चित्र में दर्शाए गए स्क्रैपर का क्या नाम है?

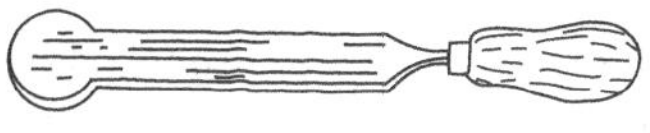

(a) फ्लैट स्क्रैपर (b) हुक स्क्रैपर
(c) हाफ राउण्ड स्क्रैपर (d) बुल नोज स्क्रैपर

9. चित्र में दर्शाया गया क्लीनिंग टूल है

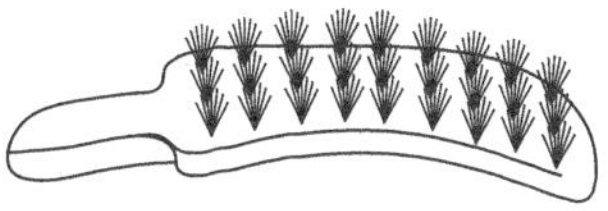

(a) खोखला कार्बन ब्रश (b) वायर व्हील
(c) वायर ब्रश (d) ब्रिशल हैड

10. निम्न में से कौन-सा मार्किंग का एक उद्देश्य नहीं है?
(a) समय की बचत करना
(b) सभी प्रक्रियाओं का उचित ज्ञान
(c) एक बार ही नापने की आवश्यकता
(d) जॉब की यथार्थता को निम्न कोटि की करना

11. कास्ट आयरन की सर्फेस प्लेट का प्रयोग निम्न में से किस कार्य में नहीं किया जाता है?
(a) किसी जॉब की समतलता को ज्ञात करने के लिए
(b) ट्राई-स्क्वायर की यथार्थता को जाँचने के लिए
(c) एंगल प्लेट को सहारा देने के लिए
(d) जॉब की जटिल मापों को मापने के लिए

12. जॉब की मार्किंग सर्फेस प्लेट पर रखकर की जाती है, उस समय हम रैफरेन्स सर्फेस लेते हैं
(a) जॉब की शीर्ष सर्फेस को (b) मार्किंग सर्फेस प्लेट को
(c) जॉब की अक्ष को (d) जॉब की ड्रॉइंग को

13. सर्फेस प्लेट बनी होती है
(a) मार्बल से (b) लाल पत्थर से
(c) ग्रेनाइट से (d) क्वॉर्ट्ज से

14. 'V' ब्लॉक ………… ग्रेड में उपलब्ध होते हैं।
(a) A और B (b) A, B और C (c) 1, 2 और 3 (d) 1 और 2

15. 'V' ब्लॉक विमाओं, समतल और वर्ग की दृष्टि से उच्च कुशलता के साथ फिनिश किया गया है।
सभी दशाओं में 'V' का कोण है ……….।
(a) 45° (b) 60° (c) 75° (d) 90°

16. स्क्राइबर के सिरों को पत्थर पर घिसकर 12° से ………… के कोण पर बनाया जाता है।
(a) 30° (b) 15° (c) 20° (d) 45°

17. स्क्राइबर बना होता है …………।
(a) उच्च कार्बन स्टील (b) माइल्ड स्टील
(c) पीतल (d) कास्ट आयरन

18. निम्न में से धातु वर्कर की पेन्सिल है
(a) स्क्राइबर (b) स्कैच ऑल (c) चीजल (d) पंच

19. चित्र में दर्शाए गए डिवाइडर का प्रकार बताइए
(a) फर्म जोड़ (b) स्प्रिंग जोड़
(c) स्क्रू जोड़ (d) नीडिल जोड़

20. मार्किंग औजार के रूप में प्रयुक्त स्प्रिंग प्रकार डिवाइडर का जोड़ व आकार निम्न में से किससे मिलता-जुलता है?
(a) इनसाइड स्प्रिंग कैलीपर (b) एडजस्टेबल स्क्राइबर
(c) रिवेट टाइप डिवाइडर (d) स्क्रैच गेज

21. स्थायी मार्किंग ब्लॉक के बेस में लगा पिलर स्थायी रूप से .... लगा होता है।
(a) क्षैतिज (b) समान्तर
(c) लम्बवत् (d) ऊर्ध्वाधर

22. यूनिवर्सल मार्किंग ब्लॉक में लगी दो पिनों को कहते हैं
(a) गाइड पिन (b) एडजस्टिंग पिन
(c) फाइन एडजस्टिंग पिन (d) स्नग पिन

23. यूनिवर्सल सर्फेस गेज में 'X' द्वारा अंकित भाग को पहचानिए

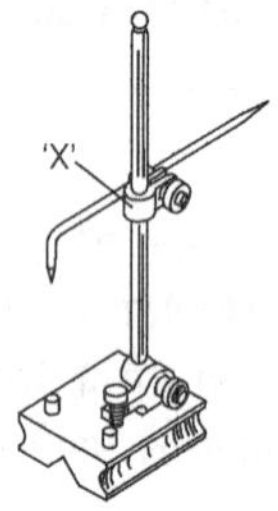

(a) गाइड पिन (b) क्लैम्पिंग नट
(c) स्नग (d) एडजस्टमेण्ट स्क्रू

24. डेटम एज पर समान्तर रेखा खींचने हेतु यूनिवर्सल मार्किंग ब्लॉक का प्रयुक्त भाग है
(a) रॉकर आर्म (b) स्नग
(c) टाइप एडजस्टमेण्ट स्क्रू (d) गाइड पिन

25. डेटम सर्फेस के समान्तर रेखा खींचने के लिए प्रयुक्त गेज है
(a) स्क्रू पिच गेज (b) सर्फेस गेज
(c) रेडियस गेज (d) स्क्रू गेज

26. प्रिक पंच का प्वॉइण्ट निम्न कोण पर होता है
(a) 60° (b) 90°
(c) 30° (d) 120°

27. निम्न में से किसके द्वारा स्थायी मार्किंग का कार्य सम्पन्न किया जाता है?
(a) स्क्राइबर द्वारा (b) डिवाइडर द्वारा
(c) मार्किंग प्लेट द्वारा (d) पंच द्वारा

28. 30° प्वॉइण्ट पंच प्रयोग किया जाता है
(a) विटनेस मार्क्स बनाने के लिए
(b) होल्स बनाने के लिए
(c) ड्राइवर प्वॉइण्ट्स बनाने के लिए
(d) उपरोक्त में से कोई नहीं

29. सेन्टर पंच का प्वॉइण्ट कोण होता है
(a) 30° (b) 45°
(c) 60° (d) 90°

30. सॉलिड पंच प्रयोग किया जाता है
(a) ब्लैकस्मिथ द्वारा (b) कारपेन्टर द्वारा
(c) पेन्टिंग द्वारा (d) इनमें से कोई नहीं

31. डॉट पंच का कोण होता है
(a) 30° (b) 45°
(c) 60° (d) 90°

32. चित्र में प्रिक पंच दर्शाया गया है। इसका कोण रखा जाता है

(a) 30° (b) 40° (c) 50° (d) 60°

33. पिन पंचों का प्रयोग सिलेण्ड्रीकल जॉब में छिद्र करने के लिए किया जाता है। पिन पंच निम्न पिनों के सैट में उपलब्ध है
(a) 5 पिन (b) 6 पिन (c) 10 पिन (d) 12 पिन

34. स्टील रूल किस धातु का बना होता है?
(a) स्टेनलैस स्टील (b) कार्बन स्टील
(c) माइल्ड स्टील (d) काँसा

35. स्टील रूल द्वारा मापन की अधिकतम परिशुद्धता है
(a) 0.1 मिमी (b) 0.5 मिमी
(c) 1.0 मिमी (d) 5.0 मिमी

36. स्टील टेप में सेमी को .... स्थान तक विभाजित किया होता है।
(a) पाँचवें (b) दसवें (c) बीसवें (d) पन्द्रहवें

37. ट्राई-स्क्वॉयर का प्रयोग .... चैक करने के किया जाता है
(a) समतलता (b) गोलाकार
(c) परिशुद्धता (d) सतह परिष्कृति

38. ट्राई-स्क्वायर में स्टॉक पर ब्लेड के नीचे एक अण्डर-कट लगा होता है, जिसका उद्देश्य
(a) ट्राई-स्क्वायर का साइज चैक कराना
(b) उसकी खूबसूरती बढ़ाना है
(c) मशीनिंग से जॉब के किनारों पर आई बर्र (burr) को स्थान देना
(d) उपरोक्त में से कोई नहीं

39. स्प्रिंग टाइप आउट साइड कैलीपर, जो स्टील रूल के साथ प्रयोग किया जाता है। कैलीपर की परिशुद्धता है
(a) 0.25 मिमी (b) 0.50 मिमी
(c) 0.75 मिमी (d) 1.00 मिमी

40. साधारणतः कैलीपर निम्न धातु के बनाए जाते हैं
(a) स्टेनलैस स्टील (b) हाई-कार्बन स्टील
(c) माइल्ड स्टील (d) इनमें से कोई नहीं

41. हथौड़े के लिए निम्न में से कौन-सी धातु प्रयोग की जाती है?
(a) कास्ट आयरन (b) लो-कार्बन स्टील
(c) टूल स्टील (d) कास्ट स्टील

42. पीन हथौड़े का एक भाग होता है। पीन के कई अलग-अलग प्रकार हैं। निम्न में से कौन-सा एक पीन का आकार नहीं है?
(a) बॉल पीन (b) क्रॉस पीन
(c) स्ट्रैट पीन (d) बैण्ड पीन

43. हथौड़े में पीन का क्या प्रयोग है?
(a) स्ट्राइक में प्रयोग होता है
(b) यह आकार देने में प्रयोग होता है
(c) धातु को एक दिशा में फैलाता है
(d) यह गढ़ने में प्रयोग होता है

44. हैमर का वह प्रकार जिसका वजन 3-9 किग्रा तथा जिसमें लकड़ी का लम्बा हत्था लगा होता है, जोकि फोर्ज शॉप में प्रयोग किया जाता है ....।
(a) हैण्ड हैमर (b) स्लेज हैमर
(c) बॉल पीन हैमर (d) स्ट्रैट पीन हैमर

45. धातु चादर कार्य में किस हथौड़े का प्रयोग होता है?
(a) बॉल पीन हथौड़ा (b) स्लेज हथौड़ा
(c) क्रॉस पीन हथौड़ा (d) मृदु हथौड़ा (काठ)

46. बाल पीन हथौड़े का हॉर्ड किया हुआ भाग है
(a) वेज (b) फेस
(c) चीक (d) आईहोल

47. हैमर हैण्डिल को अन्त सिरे से पकड़ने का उद्देश्य है
(a) हाथ को क्षति पहुँचने से बचाना
(b) उत्तम ग्रिप के लिए
(c) अधिकतम लीवरेज के लिए
(d) जॉब को क्षतिग्रस्त होने से बचाना

48. चित्र में दर्शाया गया हथौड़ा है

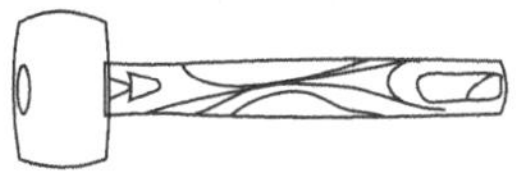

(a) लीड हथौड़ा (b) प्लास्टिक हथौड़ा
(c) ब्रास हथौड़ा (d) रबर हथौड़ा

49. की-वे कटिंग में प्रयुक्त चीजल है
(a) फ्लैट चीजल (b) क्रॉस-कट चीजल
(c) राउण्ड नोज चीजल (d) डायमण्ड प्वॉइण्ट चीजल

50. चित्र में प्रदर्शित चीजल है

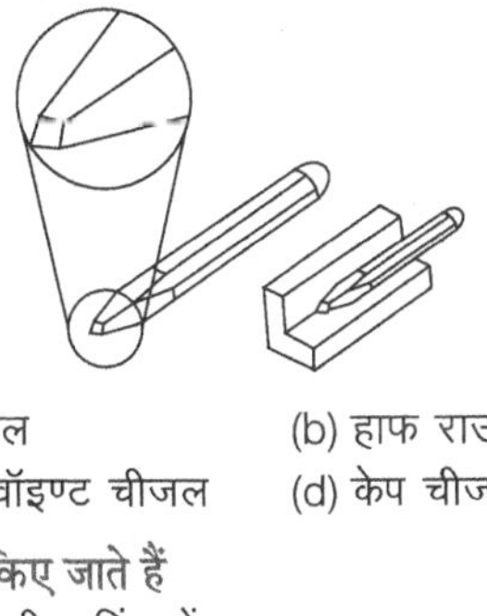

(a) फ्लैट चीजल (b) हाफ राउण्ड चीजल
(c) डायमण्ड प्वॉइण्ट चीजल (d) केप चीजल

51. चीजल प्रयोग किए जाते हैं
(a) रिवेट हैड की कटिंग में
(b) नट तथा बोल्ट को टाइट करने में
(c) लाइट मार्किंग में
(d) होल से छोटी पिनों को निकालने में

52. नीचे दिए गए चित्र में प्रयुक्त चीजल का नाम बताइए

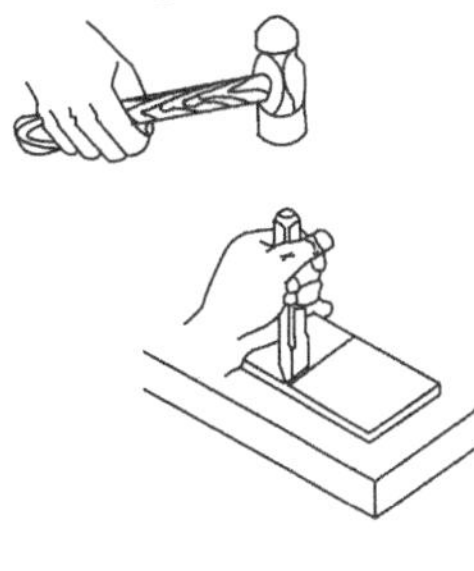

(a) क्रॉस कट चीजल (b) हाफ राउण्ड चीजल
(c) वेब चीजल (d) फ्लैट चीजल

53. हैक्सॉ ब्लेड दो मानक लम्बाई .... तथा .... में उपलब्ध है।
(a) 200 मिमी, 300 मिमी (b) 250 मिमी, 300 मिमी
(c) 350 मिमी, 370 मिमी (d) 100 मिमी, 150 मिमी

54. .... हैक्सॉ फ्रेम में एक से अधिक मानक साइज के ब्लेड फिट किए जाते हैं।
(a) फिक्स्ड (b) ट्यूबलर (c) एडजस्टेबल (d) डीप कटिंग

55. हैक्सॉ ब्लेड कटिंग करते हैं
(a) फॉरवर्ड स्ट्रोक में (b) बैकवर्ड स्ट्रोक में
(c) एंगुलर स्ट्रोक में (d) इनमें से कोई नहीं

56. हैक्सॉ ब्लेड बार-बार ढीला क्यों हो जाता है?
(a) ब्लेड के खिंच जाने के कारण
(b) ब्लेड की पिच का सही चुनाव न होने के कारण
(c) विंग नट की चूड़ियाँ घिस जाने के कारण
(d) शीतलक का प्रयोग न करने के कारण

57. हैक्सॉ ब्लेड के दाँते .... मुड़े होते हैं।
(a) एक ओर (b) दोनों ओर
(c) पीछे की ओर (d) आगे की ओर

58. हैक्सॉ ब्लेड को .... से बनाया जाता है।
(a) हाई स्पीड एल्युमीनियम
(b) लो स्पीड कार्बन
(c) हाई स्पीड कार्बन
(d) उपरोक्त में से कोई नहीं

59. हैक्सॉ ब्लेड की लम्बाई मापी जाती है
(a) दाँतों वाले भाग के एक सिरे से दूसरे सिरे तक
(b) एक पिन होल के सेन्टर से दूसरे पिन होल के सेन्टर तक
(c) ब्लेड के एक सिरे से दूसरे सिरे तक
(d) एक पिन होल के सिरे से दूसरे पिन होल के सिरे तक

60. एक नए हैक्सॉ ब्लेड को पुराने द्वारा बनाए गए ब्लाइण्ड सॉ कट में प्रयोग नहीं करना चाहिए, क्योंकि
(a) ब्लेड को चलाने के लिए पर्याप्त स्थान नहीं होता है
(b) ब्लेड महँगा होता है
(c) नए ब्लेड के दाँते तेज धार वाले होते हैं
(d) उपरोक्त में से कोई नहीं

61. निम्न में से कौन-सा एक हैक्सॉ का भाग नहीं है?
(a) पिन (b) स्पेसर (c) ब्लेड (d) विंग नट

62. सॉलिड ब्रास (solid brass) को काटने के लिए हैक्सॉ ब्लेड (hacksaw blade) की उपयुक्त पिच .... होती है।
(a) 0.8 मिमी (b) 1.0 मिमी
(c) 1.4 मिमी (d) 1.8 मिमी

63. हैक्सॉ ब्लेड में मोटे दाँत की पिच .... होती है।
(a) 0.5 मिमी (b) 0.8 मिमी
(c) 1.8 मिमी (d) 1.0 मिमी

64. ठोस पीतल को काटने के लिए हैक्सॉ ब्लेड की उचित पिच उपलब्ध है .... ।
(a) 1.8 मिमी (b) 1.4 मिमी (c) 1 मिमी (d) 0.8 मिमी

65. ब्लेड के साथ हस्त हैक्सॉ का प्रयोग धातु के विभिन्न सेक्शन को काटने में होता है। स्टैण्ड्र्ड लम्बाई के ब्लेड का प्रयोग किस प्रकार के फ्रेम में होता है?
(a) समतल प्रकार के एडजस्टेबल फ्रेम में
(b) ट्यूबलर प्रकार के एडजस्टेबल फ्रेम में
(c) ठोस फ्रेम में
(d) लचीले फ्रेम में

66. हैण्ड हैक्सॉ ब्लेड का चुनाव काटी जाने वाली धातु के आकार और कठोरता पर निर्भर करता है।
कण्डयूट और दूसरे टूबिंग को काटने के लिए प्रयोग करते हैं ....।
(a) 0.8 मिमी पिच (b) 1.0 मिमी पिच
(c) 1.5 मिमी पिच (d) 1.75 मिमी पिच

67. चित्र में 'X' अंकित भाग का नाम बताइए

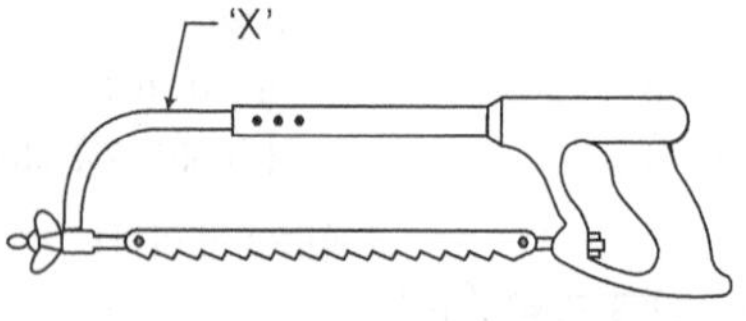

(a) फ्रेम (b) हैण्डिल
(c) एडजस्टेबल ब्लेड होल्डर (d) फिक्स्ड ब्लेड होल्ड

68. टैंग तथा बॉडी को पृथक् करने वाला फाइल का वक्र भाग कहलाता है
(a) फैरूल (b) हील (c) सोल्डर (d) एज

69. फाइल का कौन-सा भाग हार्ड तथा टेम्पर किया जाता है?
(a) हैण्डिल (b) टैंग (c) फैरूल (d) बॉडी

70. निम्न चित्र में किस प्रकार की रेताई (filing) प्रदर्शित की गई है?

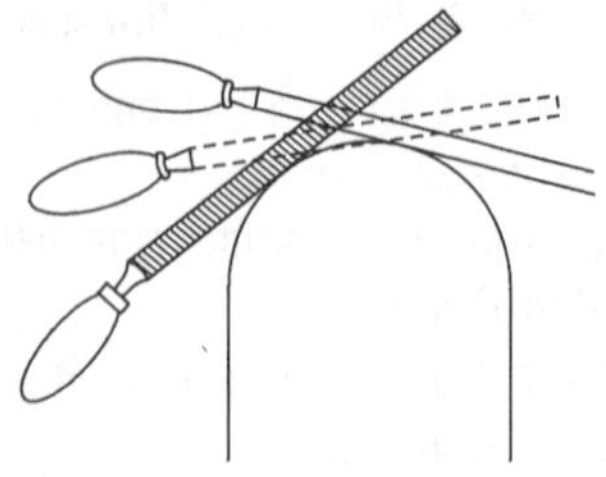

(a) क्रॉस रेताई (b) सीधी रेताई
(c) ड्रॉ रेताई (d) कर्व्ड रेताई

71. नरम, हल्के एवं छोटे कार्यों के लिए निम्न रेतियों में से कौन-सी रेती प्रयोग की जाती है?
(a) पिलर रेती (b) त्रिभुजाकार रेती
(c) नीडिल रेती (d) गोलाकार रेती

72. एक बास्टर्ड रेती में .... होते हैं।
(a) 8 दाँते/सेमी (b) 9 दाँते/सेमी
(c) 10 दाँते/सेमी (d) 12 दाँते/सेमी

73. बहुत हल्के कार्यों के लिए निम्न में से कौन-सी 'की' (key) का प्रयोग करते हैं?
(a) जिब हैड 'की' (b) वुडरफ 'की'
(c) सॉलिड सैडल 'की' (d) होली सैडल 'की'

74. नीचे प्रदर्शित चित्र में किस प्रकार की रेताई (filing) दर्शायी गई है?

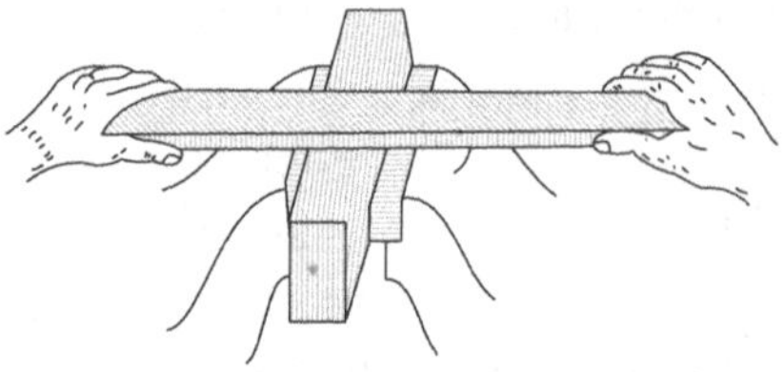

(a) क्रॉस रेताई (b) ड्रॉ रेताई (c) स्ट्रैट रेताई (d) कर्व्ड रेताई

75. फाइल के भाग 'A' की पहचान करें

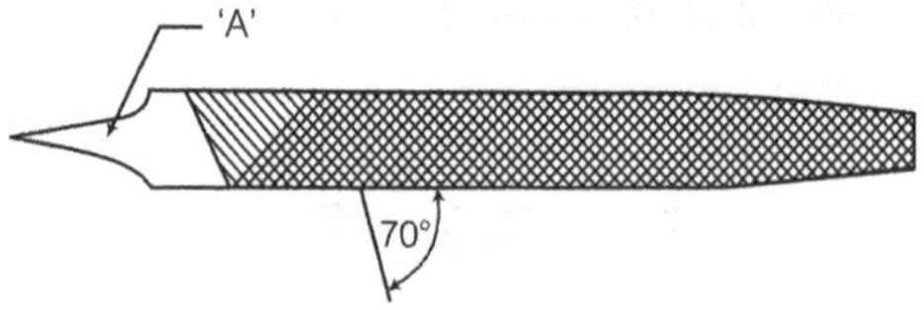

(a) शैंक (b) सोल्डर (c) टैंग (d) टॉर्व

76. हैण्ड फाइल बनाई जाती है
(a) लो कार्बन स्टील (b) मीडियम कार्बन स्टील
(c) हाई कार्बन स्टील (d) हाई क्रोमियम स्टील

77. मुख्यतः फाइल रेती में चार प्रकार के कट होते हैं। इनमें से वह एक कौन-सा नहीं है?
(a) सिंगल कट (b) डबल कट (c) कर्व्ड कट (d) स्ट्रैट कट

78. उस आयताकार फाइल का नाम बताइए, जिसमें निचली सतह में दाँते होते हैं तथा ऑटोमोबाइल क्षेत्र में प्रयुक्त होती है
(a) रिफलर फाइल (b) मिल सॉ फाइल
(c) क्रॉसिंग फाइल (d) टिन्कर फाइल

79. सिंगल कट रेती के फेस पर दाँते किस कोण में कटे होते हैं?
(a) रेती की सेन्टर लाइन से 45° कोण पर
(b) रेती की सेन्टर लाइन से 60° कोण पर
(c) रेती की सेन्टर लाइन से 75° कोण पर
(d) रेती की सेन्टर लाइन से 80° कोण पर

80. फाइल कार्ड का प्रयोग किया जाता है
(a) वर्कपीस को साफ करने के लिए
(b) रेती के दाँते साफ करने के लिए
(c) रेती के दाँतों को पूर्ण अवस्था में लाने के लिए
(d) चिप्स को साफ करने के लिए

81. किसी रफ रेती का प्रयोग किया जाता है
(a) अनियमित आकार की जॉबों पर
(b) धातु को शीघ्रता से रगड़ने के लिए
(c) लकड़ी पर
(d) यदि स्मूथ फाइल उपलब्ध न हो

82. आपको एक एल्युमीनियम ब्लॉक को स्मूथ फिनिश में काटना है। निम्नलिखित में से कौन-सी रेती अधिक उपयुक्त होती है?
(a) सिंगल कट (b) डबल कट
(c) रैस्प कट (d) वृत्ताकार कट

83. निम्न में से कौन-सी रेती का प्रयोग खाँचों की रेताई करने के लिए किया जाता है?
(a) पिलर रेती (b) मिल रेती
(c) वार्डिंग रेती (d) समतल रेती

84. निम्नलिखित में से कौन-सा पदार्थ रैस्प कट फाइल द्वारा काटा जा सकता है?
(a) स्टील (b) कास्ट आयरन
(c) लकड़ी (d) ब्रोंज

85. डबल कट रेती का प्रयोग किस पर रेताई के लिए प्रयोग किया जाता है?
(a) लकड़ी (b) हार्ड बोर्ड (c) चमड़ा (d) स्टील

86. सॉफ्ट मैटल कास्टिंग की रफ एज की ट्रिमिंग के लिए प्रयुक्त फाइल है
(a) सेकण्ड कट फाइल (b) डेड स्मूथ फाइल
(c) बास्टर्ड फाइल (d) रफ फाइल

87. मशीनिंग ऑपरेशन में बने कार्यखण्ड की सतह के कन्टूरों की धातु को एक उच्च गति पर घूमते हुए एब्रेसिव पहिए द्वारा बहुत बारीक कणों के रूप में हटाने की प्रकिया को ········ कहा जाता है।
(a) होनिंग (b) ड्रिलिंग
(c) ग्राइण्डिंग (d) वैल्डिंग

88. ग्राइंण्डग द्वारा कार्यखण्ड की सतह से .... तक की धातु कणों को हटाया जा सकता है।
(a) 0.25 से 0.5 मिमी (b) 0.1 से 0.2 मिमी
(c) 0.20 से 0.9 मिमी (d) 0.3 से 0.4 मिमी

89. निम्न में से कौन-सा प्राकृतिक एब्रेसिव नहीं है?
(a) बालू-पत्थर (b) सिलिकॉन कार्बाइड
(c) कोरण्डम (d) डायमण्ड

90. सिलिकॉन कार्बाइड के पहिए की घिसाई गति होती है
(a) 4000 फीट/मिनट (b) 4500 फीट/मिनट
(c) 5000 फीट/मिनट (d) 6000 फीट/मिनट

91. एब्रेसिव कणों को ग्राइण्डिंग व्हील की आकृति प्रदान करने के लिए निम्न में से किस बन्धक पदार्थ का प्रयोग किया जाता है?
(a) सिलिकेट बॉण्ड (b) विट्रीफाइड बॉण्ड
(c) रबर बॉण्ड (d) ये सभी

92. एब्रेसिव कणों का साइज किसे प्रभावित करता है?
(a) ग्राइण्डिंग व्हील की कार्यक्षमता को
(b) ग्राइण्डिंग व्हील की संरचना को
(c) ग्राइण्डिंग व्हील के साइज को
(d) उपरोक्त में से कोई नहीं

93. ग्राइण्डिंग के दौरान प्रयोग करना चाहिए
(a) हैलमेट (b) चश्मा
(c) लेग गार्ड (d) ढीले कपड़े

94. ग्राइण्डिंग करते समय यह सुनिश्चित कर लेना चाहिए कि ग्राइण्डिंग की दिशा मशीन की मार्किंग के अनुसार हो।
यदि ग्राइण्डिंग मशीन की घूर्णन दिशा विपरीत है, तो
(a) ग्राइण्डिंग प्रक्रिया सम्भव नहीं होगी
(b) ग्राइण्डिंग के दौरान अत्यधिक स्पार्किंग होगी
(c) ग्राइण्डिंग व्हील खराब हो जाएँगे
(d) उपरोक्त में से कोई नहीं

95. ग्राइण्डिंग व्हील को असामान्य बियरिंग को रोकने के लिए
(a) जॉब को फुल फेस पर चलाएँ
(b) जॉब को ग्राइण्डिंग व्हील पर घुमाएँ
(c) आवश्यकतानुसार ग्राइण्डिंग व्हील्स की ट्रूइंग तथा ड्रेसिंग करें
(d) कूलैन्ट का प्रयोग करें

96. नीचे दिए गए चित्र में किस प्रकार का ग्राइण्डर दर्शाया गया है?

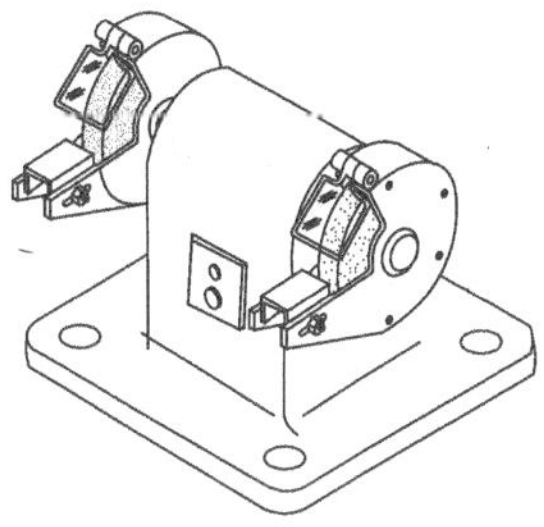

(a) स्टैण्ड ग्राइण्डर (b) बेंच ग्राइण्डर
(c) पोर्टेबल ग्राइण्डर (d) स्विंग-फ्रेम ग्राइण्डर

97. ग्राइण्डिंग प्रक्रिया का निम्न में से क्या मुख्य उद्देश्य है?
(a) कटिंग टूलों की आकृति बनाना
(b) कटिंग टूलों की धार लगाना
(c) बिना कठोर की गई सतहों से बारीक कणों के रूप में धातु हटाना
(d) उपरोक्त सभी

98. ग्राइण्डिंग व्हील की सुरक्षा के लिए सुरक्षा गार्ड लगाए जाते हैं। इनके द्वारा निम्न का बचाव होता है
(a) ग्राइण्डिंग व्हील (b) कार्यखण्ड
(c) ऑपरेटर (d) ग्राइण्डिंग व्हील का स्पिण्डल

99. मल्टी कॉन्टैक्ट नट अथवा बोल्ट को निकालने के लिए प्रयुक्त औजार है
(a) ओपन एण्ड स्पैनर (b) रिंग स्पैनर
(c) पंच (d) चीजल

100. डबल एण्ड स्पैनर साइज के चुनाव के लिए उपयुक्त है
(a) लम्बाई (b) मोटाई (c) चौड़ाई (d) एक्रॉस जॉ

101. निम्न चित्र में दिया गया स्पैनर है

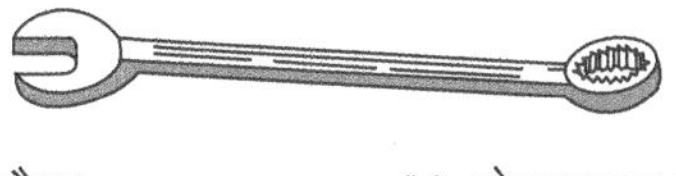

(a) रिंग स्पैनर (b) ओपन एण्ड स्पैनर
(c) रिंग तथा ओपन एण्ड स्पैनर (d) सॉकेट स्पैनर

102. चित्र में दर्शाया गया सॉकिट स्पैनर है

(a) 12 प्वॉइण्ट डिप सॉकेट स्पैनर
(b) 6 प्वॉइण्ट डिप सॉकेट स्पैनर
(c) 12 प्वॉइण्ट स्टैण्डर्ड सॉकेट स्पैनर
(d) 6 प्वॉइण्ट स्टैण्डर्ड सॉकेट स्पैनर

103. एलेन 'की' का प्रयोग किया जाता है
(a) पाइप तथा औजारों को मोड़ने में
(b) सॉकेट हैड स्क्रू को निकालने में
(c) घड़ी के पार्ट्स को निकालने में
(d) उपरोक्त सभी

104. लाइट ड्यूटी पेंचकस ·········· के द्वारा प्रयोग किया जाता है।
(a) कारपेन्टर (b) इलेक्ट्रीशियन
(c) ज्वैलर्स (d) इनमें से कोई नहीं

105. चित्र में दर्शाया गया पेंचकस है

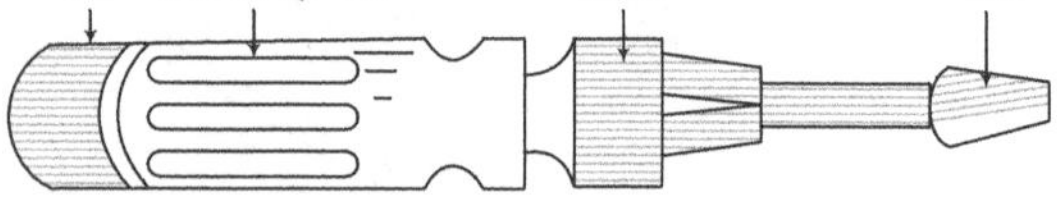

(a) स्टैण्डर्ड पेंचकस (b) फिलिप्स पेंचकस
(c) क्लच पेंचकस (d) मैगजीन पेंचकस

106. वाइस का साइज निम्न से लिया जाता है
(a) स्पिण्डल की लम्बाई
(b) वाइस का भार
(c) जबड़ों की चौड़ाई
(d) दोनों जबड़ों के मध्य अधिकतम दूरी

107. चित्र में '*A*' पार्ट का क्या नाम है?

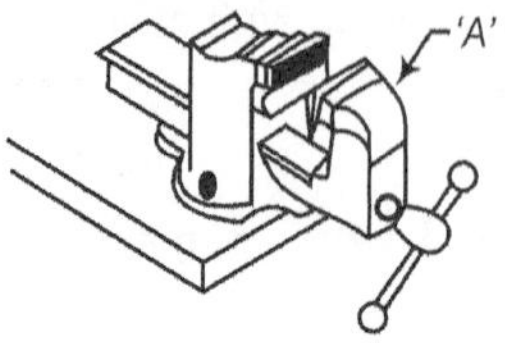

(a) स्थिर जबड़ा जबड़ा (b) चलित जबड़ा
(c) हैण्डिल (d) हैण्ड जबड़ा

108. वाइस में जॉब को जकड़कर रखने के लिए इसमें लगे होते हैं
(a) स्पिण्डल (b) हैण्डिल
(c) कठोर जबड़े (d) मृदु जबड़े

109. बेंच वाइस के सन्दर्भ में सही कथन है
(a) बेंच वाइस की बॉडी साधारणतः ढलवाँ लोहे की बनी होती है
(b) वाइस का साइज जबड़े की चौड़ाई से दिया जाता है
(c) बाजार में बेंच वाइस 75 मिमी से 150 मिमी तक उपलब्ध है
(d) उपरोक्त सभी

110. गोल पाइप व छड़ आदि को पकड़ने के लिए किस वाइस का प्रयोग किया जाता है?
(a) यूनिवर्सल मशीन वाइस (b) लैग वाइस
(c) ड्रिल मशीन वाइस (d) पाइप वाइस

उत्तरमाला

1. (b)	**2.** (c)	**3.** (c)	**4.** (c)	**5.** (a)	**6.** (c)	**7.** (c)	**8.** (d)	**9.** (c)	**10.** (d)
11. (c)	**12.** (b)	**13.** (c)	**14.** (a)	**15.** (d)	**16.** (b)	**17.** (a)	**18.** (a)	**19.** (b)	**20.** (a)
21. (c)	**22.** (a)	**23.** (c)	**24.** (d)	**25.** (b)	**26.** (c)	**27.** (d)	**28.** (a)	**29.** (d)	**30.** (a)
31. (c)	**32.** (a)	**33.** (c)	**34.** (a)	**35.** (b)	**36.** (b)	**37.** (a)	**38.** (c)	**39.** (b)	**40.** (c)
41. (b)	**42.** (d)	**43.** (b)	**44.** (b)	**45.** (d)	**46.** (b)	**47.** (c)	**48.** (d)	**49.** (b)	**50.** (c)
51. (a)	**52.** (d)	**53.** (b)	**54.** (c)	**55.** (a)	**56.** (c)	**57.** (b)	**58.** (c)	**59.** (d)	**60.** (a)
61. (b)	**62.** (d)	**63.** (c)	**64.** (d)	**65.** (a)	**66.** (a)	**67.** (a)	**68.** (b)	**69.** (d)	**70.** (d)
71. (c)	**72.** (d)	**73.** (d)	**74.** (b)	**75.** (c)	**76.** (c)	**77.** (d)	**78.** (d)	**79.** (b)	**80.** (b)
81. (b)	**82.** (a)	**83.** (a)	**84.** (c)	**85.** (d)	**86.** (d)	**87.** (c)	**88.** (a)	**89.** (b)	**90.** (c)
91. (d)	**92.** (a)	**93.** (b)	**94.** (a)	**95.** (d)	**96.** (b)	**97.** (d)	**98.** (a)	**99.** (b)	**100.** (d)
101. (c)	**102.** (a)	**103.** (b)	**104.** (b)	**105.** (d)	**106.** (c)	**107.** (b)	**108.** (c)	**109.** (d)	**110.** (d)

अध्याय 03

मापन प्रणालियाँ एवं सूक्ष्ममापी यन्त्र

Measuring Systems and Precision Measuring Instruments

परिचय Introduction

कार्यशाला में विभिन्न मशीनी अवयवों के निर्माण के दौरान, विविध स्तरों पर गणना की परिशुद्धता बनाए रखने के लिए सूक्ष्ममापी यन्त्रों की आवश्यकता होती है। इन सूक्ष्ममापी यन्त्रों द्वारा किसी भी जॉब को मीट्रिक प्रणाली में 0.01 मिमी तथा ब्रिटिश प्रणाली में 0.001 इंच या इससे भी अधिक सूक्ष्मता से मापा जा सकता है। स्टील रूल की सहायता से किसी माप को केवल 0.25 मिमी अथवा 0.01 इंच की शुद्धता के साथ ही मापा जा सकता है, इसलिए जहाँ अधिक शुद्धता के साथ मापन की आवश्यकता होती है, वहाँ सूक्ष्ममापी यन्त्रों का प्रयोग किया जाता है। प्रस्तुत अध्याय में परिशुद्ध मापन की उपयोगिताओं को ध्यान में रखते हुए माप, माप की प्रणाली तथा विशिष्ट सूक्ष्ममापी यन्त्रों; जैसे—माइक्रोमीटर, वर्नियर कैलीपर तथा गेज का विस्तारपूर्वक अध्ययन करेंगे।

अध्याय विषय सूची

3.1 माप Measurement

कार्यशाला में विभिन्न प्रकार के उत्पाद, ड्रॉइंग की माप के अनुसार बनाए जाते हैं। ड्रॉइंग की यह माप लम्बाई, चौड़ाई, ऊँचाई, कोण आदि में होती है। कार्यशाला में अधिकतर इन्हीं माप पर उत्पादन कार्य होता है। किसी कार्यखण्ड के आकार को मानक इकाई में निर्धारित करने की प्रक्रिया को ही माप कहते हैं।

माप के प्रकार Types of Measurement

किसी मापक यन्त्र के द्वारा ली गई माप की यथार्थता (accuracy), मापक यन्त्र एवं कारीगर की दक्षता पर निर्भर करती है। माप मुख्यत: निम्न प्रकार की होती है

1. **रेखीय माप** (Linear measurement) सीधी रेखा में मापी जाने वाली माप को रेखीय माप कहते हैं। रेखीय माप को रूल, स्केल, माइक्रोमीटर, कैलीपर, वर्नियर कैलीपर आदि के द्वारा मापा जाता है।
2. **कोणीय माप** (Angular measurement) दो रेखाओं के प्रतिच्छेद बिन्दु की माप को कोणीय माप कहते हैं। कोणीय माप को ट्राई-स्क्वायर, चाँदा, बेवेल स्क्वायर, कॉम्बीनेशन सैट, साइन बार, वर्नियर बेवेल प्रोट्रेक्टर आदि के द्वारा मापा जाता है।
3. **त्रिज्य माप** (Radial measurement) किसी कार्यखण्ड की गोलाई (त्रिज्य) में माप लेना उसकी त्रिज्य माप कहलाती है। त्रिज्य माप को रिंग गेज, प्लग गेज, त्रिज्य गेज आदि के द्वारा मापा जाता है।

4. **समतल सतह माप** (Plane surface measurement) इस प्रकार की माप में कार्यखण्ड की समतलता को मापा जाता है। कार्यखण्ड की सतह समतलता की माप सर्फेस गेज, सर्फेस प्लेट, स्ट्रैट एज, डायल टैस्ट इण्डीकेटर आदि के द्वारा ली जाती है।

माप की विधियाँ
Methods of Measurement

कार्यशाला में हम विभिन्न प्रकार के मापक उपकरणों का उपयोग करते हैं। इन उपकरणों के द्वारा हम मुख्यत: तीन प्रकार से माप ले सकते हैं

(i) **प्रत्यक्ष माप** (Direct measurement) इस विधि में जॉब की माप सीधे ही स्टील रूल, माइक्रोमीटर, वर्नियर कैलीपर, बेवेल प्रोट्रेक्टर द्वारा ली जाती है।

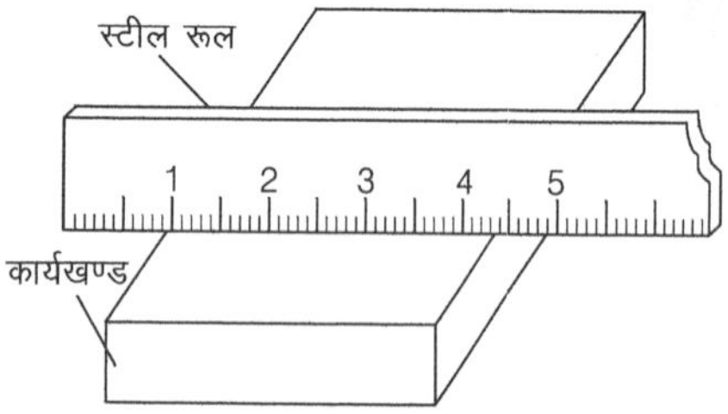

चित्र प्रत्यक्ष माप

(ii) **अप्रत्यक्ष माप** (Indirect measurement) इस विधि में जॉब की माप पहले आउटसाइड कैलीपर, इनसाइड कैलीपर, डिवाइडर तथा टेलिस्कोपिक गेज द्वारा ली जाती है। इसके पश्चात् इस माप को स्टील रूल पर स्थानान्तरित करके मुख्य माप प्राप्त की जाती है।

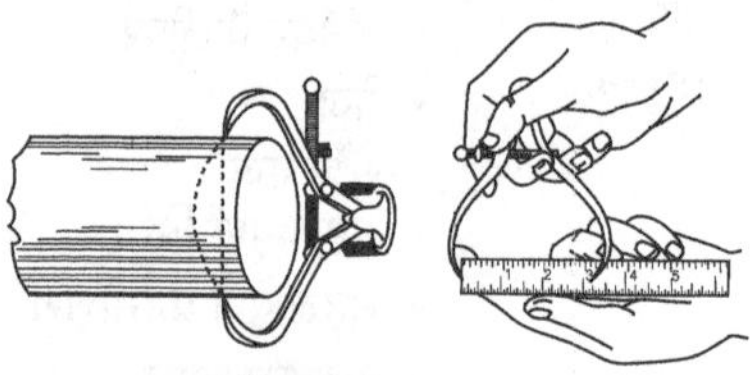

चित्र अप्रत्यक्ष माप

(iii) **तुलनात्मक माप** (Comparative measurement) इस विधि में जॉब की माप, किसी मास्टर पीस से तुलना करके ली जाती है।

3.2 मापन की प्रणालियाँ
Systems of Measurement

मापन की प्रणालियाँ मुख्यत: तीन प्रकार की होती हैं, जो निम्न प्रकार हैं

- FPS प्रणाली
- CGS प्रणाली
- MKS प्रणाली

उपरोक्त का विवरण निम्नवत् है

1. FPS प्रणाली FPS System

इसे **ब्रिटिश प्रणाली** भी कहा जाता है। इसमें लम्बाई, भार तथा समय की इकाइयाँ (units) क्रमश: फुट (foot), पौण्ड (pound) तथा सेकण्ड (second) होती हैं। अंग्रेजों (ब्रिटिश) के समय में हमारे देश में यही प्रणाली प्रचलित थी। इस प्रणाली में लम्बाई की सबसे बड़ी यूनिट मील होती है।

FPS प्रणाली में इकाइयों को निम्न प्रकार से बाँटा जाता है

1 मील = 8 फर्लांग
1 फर्लांग = 220 गज
1 गज = 3 फुट
1 फुट = 12 इंच
1 टन = 20 हन्ड्रेड्वेट
1 हन्ड्रेड्वेट = 4 क्वार्टर
1 क्वार्टर = 28 पौण्ड
1 पौण्ड = 16 औंस
1 औंस = 10 ड्रम
1 मिनट = 60 सेकण्ड
1 घण्टा = 60 मिनट

2. CGS प्रणाली CGS System

इसे **मीट्रिक प्रणाली** भी कहा जाता है। इसमें लम्बाई को सेमी में, भार को ग्राम में तथा समय को सेकण्ड में मापा जाता है। ये इकाइयाँ बहुत छोटी होती हैं।

3. MKS प्रणाली MKS System

इस प्रणाली में लम्बाई को मीटर, भार को किग्रा तथा समय को सेकण्ड में मापा जाता है। CGS प्रणाली की सभी इकाइयाँ MKS प्रणाली में समायोजित हैं। इस प्रणाली में लम्बाई की बड़ी यूनिट किमी होती है।

MKS प्रणाली में इकाइयों को निम्न प्रकार से बाँटा जाता है

1 किलोमीटर = 1000 मीटर = 10 हेक्टोमीटर
1 हेक्टोमीटर = 100 मीटर = 10 डेकामीटर
1 डेकामीटर = 10 मीटर
1 मीटर = 10 डेसीमीटर
1 डेसीमीटर = 10 सेन्टीमीटर = 0.1 मीटर
1 सेन्टीमीटर = 10 मिलीमीटर = 0.01 मीटर
1 मिलीमीटर = 0.001 मीटर
1 किलोग्राम = 1000 ग्राम = 10 डेक्टोमीटर
1 हेक्टोग्राम = 100 ग्राम = 10 डेकाग्राम
1 डेकोग्राम = 10 ग्राम
1 ग्राम = 10 डेसीग्राम
1 डेसीग्राम = 10 सेन्टीग्राम = 0.1 ग्राम
1 सेन्टीग्राम = 10 मिलीग्राम = 0.01 ग्राम
1 मिलीग्राम = 0.001 ग्राम

3.3 सूक्ष्ममापी यन्त्र
Precision Measuring Instruments

स्टील रूल की सहायता से हम छोटी-से-छोटी माप 1/64" या 1/2 मिमी तक की माप ले सकते हैं। वर्तमान युग में मशीनों के कलपुर्जे अत्यधिक परिशुद्ध आकार के बनाए जाते हैं; जैसे— $50^{-0.02}_{-0.01}$ आदि।

इस प्रकार की माप लेने के लिए विशिष्ट संरचना वाले सूक्ष्ममापी यन्त्रों का प्रयोग किया जाता है जिन्हें विशिष्ट सूक्ष्ममापी यन्त्र (specific precision instruments) कहा जाता है। मापन में प्रयोग होने वाले कुछ प्रमुख सूक्ष्ममापी यन्त्र जिनका अध्ययन हम मुख्य शीर्षक के रूप में करेंगे, माइक्रोमीटर, वर्नियर कैलीपर तथा गेज आदि हैं।

3.4 माइक्रोमीटर Micrometer

यह एक सूक्ष्ममापी यन्त्र है जिसके द्वारा हम छोटी-से-छोटी 0.01 मिमी तथा 0.001" तक की माप ले सकते हैं। जैसा कि नाम से ज्ञात होता है, माइक्रो = सूक्ष्म या बारीक और मीटर का अर्थ है– मापना। इसका आविष्कार फ्रांस के जीन पॉलमर ने 1848 ई. में किया था, इस कारण इसका नाम जीन पॉलमर माइक्रोमीटर कैलीपर रखा गया।

किसी भी माइक्रोमीटर के द्वारा जो न्यूनतम माप ली जाती है वह उसकी अल्पमाप (least count) कहलाती है। माइक्रोमीटर द्वारा मापी जा सकने वाली न्यूनतम तथा अधिकतम माप को माइक्रोमीटर की रेंज (range) कहते हैं। बाजार में विभिन्न रेंज में माइक्रोमीटर उपलब्ध हैं; जैसे— 0-25 मिमी, 25-50 मिमी, 50-75 मिमी तथा 75-100 मिमी इत्यादि।

माइक्रोमीटर का सिद्धान्त

Principle of Micrometer

माइक्रोमीटर नट-बोल्ट या लीड और पिच (lead and pitch) के सिद्धान्त पर कार्य करता है। इसके द्वारा यदि किसी जॉब की माप लेनी होती है, तो उसे एनविल तथा स्पिण्डल के बीच रखकर रैचेट द्वारा सामान्य दाब लगाकर, उसकी स्थिति नियत कर दी जाती है।

थिम्बल की परिधि पर लगाए गए चिन्ह डेटम लाइन के ठीक समानान्तर सैट हो जाते हैं। प्रत्येक चिन्ह के बीच पर्याप्त दूरी होने के कारण रीडिंग साफ तथा सुगमतापूर्वक पढ़ी जाती है।

माइक्रोमीटर में लगे नट को यदि स्थिर रखा जाए और बोल्ट को एक चक्र आगे की ओर घुमाया जाए तो वह अपनी पिच के बराबर आगे बढ़ता है। ऐसा होने का मुख्य कारण सिंगल स्टार्ट थ्रेड में लीड और पिच का बराबर होना। उदाहरण के लिए। मीट्रिक माइक्रोमीटर के स्पिण्डल के बाहर तथा स्लीव के अन्दर की ओर 25 मिमी में 0.5 मिमी पिच के अनुसार थ्रेड (threads) काटी जाती हैं।

जब इसका स्पिण्डल एक चक्र आगे की ओर घुमाया जाता है, तो वह अपनी पिच के बराबर अर्थात् 0.5 मिमी आगे बढ़ता है। स्पिण्डल के आगे घूमने के लिए आवश्यक है कि उसके पूरे चक्र का कम-से-कम 50 वाँ भाग अर्थात् $\frac{1}{50}$ भाग घुमाया जाए। यही माइक्रोमीटर का सिद्धान्त है।

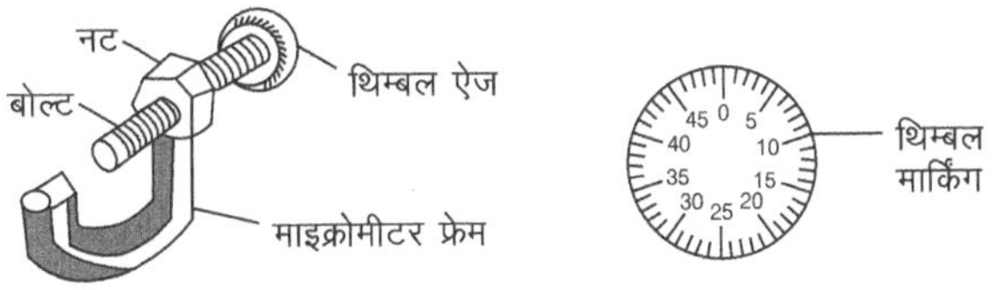

चित्र माइक्रोमीटर

माइक्रोमीटर के मुख्य भाग

Main Parts of Micrometer

माइक्रोमीटर के मुख्य भागों को निम्न चित्र में दर्शाया गया है

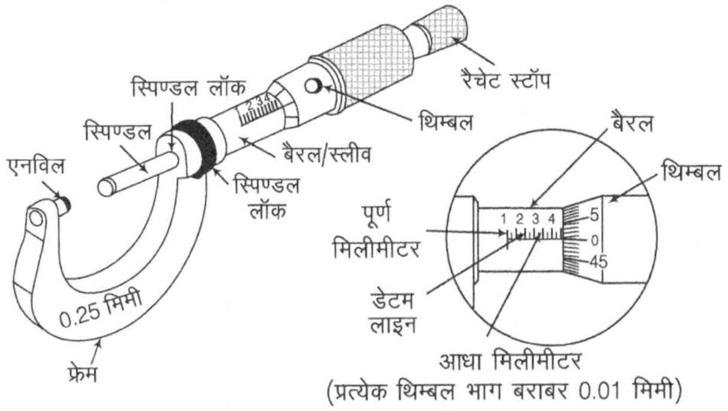

चित्र माइक्रोमीटर के विभिन्न भाग

1. **फ्रेम** (Frame) फ्रेम को ड्रॉप फोर्ज्ड इस्पात या आघातवर्धनीय ढलवाँ लोहे का बनाया जाता है। यह सामान्यत: 'C' आकार का होता है।
2. **बैरल/स्लीव** (Barrel/Sleeve) बैरल/स्लीव, फ्रेम पर लगा होता है जो क्रोमियम स्टील का बना होता है। इस पर डेटम रेखा और अंश (graduations) बने होते हैं।
3. **थिम्बल** (Thimble) थिम्बल पर स्पिण्डल को लगाया जाता है। इसकी बेवेल्ड सतह पर अंश बने होते हैं।
4. **स्पिण्डल** (Spindle) स्पिण्डल के एक सिरे पर मापक फलक व दूसरे सिरे पर चूड़ी काटकर नट को फिट किया जाता है। स्पिण्डल कठोर व ग्राइण्ड किए हुए क्रोमियम स्टील से निर्मित होता है।
5. **एनविल** (Anvil) एनविल को फ्रेम के बाएँ सिरे पर बैरल की अक्ष रेखा पर फिट किया जाता है। नए एनविल, कार्बाइड टिप व पुराने एनविल, क्रोमियम स्टील के बने होते हैं।
6. **स्पिण्डल लॉक नट** (Spindle lock nut) किसी कार्यखण्ड की माप, मशीन पर लेते समय कभी-कभी स्पिण्डल कई बार घूम जाता है, जिससे पाठ्यांक में त्रुटि आ जाती है, इस त्रुटि को दूर करने व स्पिण्डल को लॉक करने के लिए लॉक नट का प्रयोग किया जाता है।

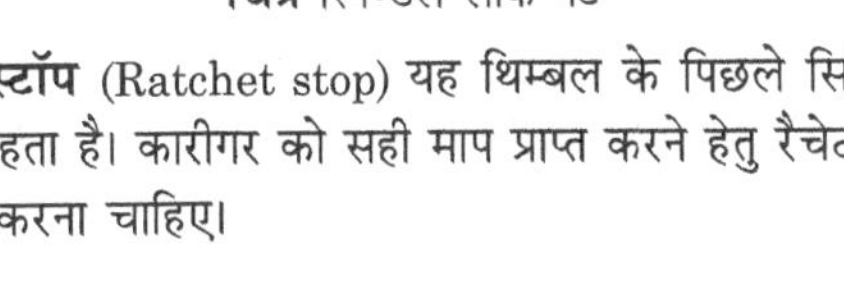

चित्र स्पिण्डल लॉक नट

7. **रैचेट स्टॉप** (Ratchet stop) यह थिम्बल के पिछले सिरे के साथ जुड़ा रहता है। कारीगर को सही माप प्राप्त करने हेतु रैचेट स्टॉप का प्रयोग करना चाहिए।

माइक्रोमीटर का अल्पतमांक
Least Count of Micrometer

किसी माइक्रोमीटर द्वारा ली जा सकने वाली छोटी-से-छोटी माप को उसका अल्पतमांक या अल्पतम माप (least count or least measurment) कहते हैं। माइक्रोमीटर का अल्पतमांक निम्न प्रकार अलग-अलग निकाला जा सकता है

मीट्रिक माइक्रोमीटर का अल्पतमांक
Least Count of Metric Micrometer

मीट्रिक माइक्रोमीटर में स्लीव की एक-एक मिमी की दूरी पर 25 या आधा-आधा मिमी की दूरी पर 50 निशान होते हैं। स्लीव के अन्दर तथा स्पिण्डल पर एक मिमी पिच या आधा मिमी पिच की चूड़ियाँ कटी होती हैं। स्पिण्डल में लगे थिम्बल (thimble) के अगले भाग को 100 बराबर भागों या 50 बराबर भागों में बाँटा गया होता है। इस प्रकार थिम्बल के पूरा एक चक्कर काटने पर स्पिण्डल 1 मिमी या 0.5 मिमी चलता है। अब यदि थिम्बल को मात्र एक निशान पर चलाया जाए, तो स्पिण्डल $\frac{1}{100}$ मिमी या $\frac{0.5}{50}$ मिमी चलेगा अर्थात् कुल $\frac{1}{100}$ मिमी या 0.01 मिमी। यही माप उस माइक्रोमीटर का अल्पतमांक होगा।

$$\text{अल्पतमांक} = \frac{\text{स्पिण्डल द्वारा एक चक्कर में चली गई दूरी (पिच)}}{\text{थिम्बल पर बने कुल भागों की संख्या}}$$

$$= \frac{1/2 \text{ मिमी}}{50} = \frac{1}{100} \text{ मिमी} = 0.01 \text{ मिमी}$$

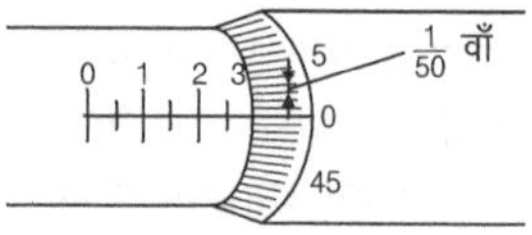

चित्र मीट्रिक माइक्रोमीटर

ब्रिटिश माइक्रोमीटर का अल्पतमांक
Least Count of British Micrometer

ब्रिटिश माइक्रोमीटर में स्लीव के 1" के भाग को पहले 10 बड़े डिवीजन में तथा प्रत्येक मेन डिवीजन को 4 सब-डिवीजन में बाँटा गया होता है। इस प्रकार 1" को कुल 40 भागों में बाँटा गया है। अत: एक सब-डिवीजन का मान $= \frac{1''}{40} = 0.025''$ है। इसके स्पिण्डल की पिच $\frac{1''}{40}$ होती है अर्थात् थिम्बल के एक चक्कर में स्पिण्डल $\frac{1''}{40}$ अर्थात् 0.025" चलता है। थिम्बल को 25 बराबर भागों में बाँटा गया है।

$$\text{अल्पतमांक} = \frac{\text{पिच}}{\text{थिम्बल के कुल भागों की संख्या}}$$

$$= \frac{1/40}{25} = \frac{1}{1000} = 0.001''$$

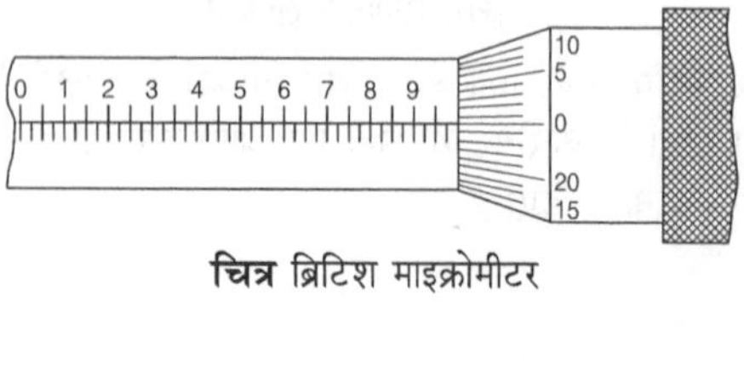

चित्र ब्रिटिश माइक्रोमीटर

मीट्रिक तथा ब्रिटिश माइक्रोमीटर में अन्तर
Difference between Metric and British Micrometer

क्र.सं.	मीट्रिक माइक्रोमीटर	ब्रिटिश माइक्रोमीटर
1.	इस माइक्रोमीटर में स्पिण्डल के ऊपर तथा स्लीव के अन्दर एक मिमी या आधा मिमी पिच की चूड़ियाँ कटी होती हैं।	इस माइक्रोमीटर में स्लीव के अन्दर तथा स्पिण्डल के ऊपर 0.025'' की चूड़ियाँ कटी होती हैं।
2.	इस माइक्रोमीटर की परास मिमी में होती है।	इस माइक्रोमीटर की परास इंच में होती है।
3.	इस माइक्रोमीटर में स्लीव की एक-एक मीटर की दूरी पर 25 अथवा आधा-आधा मीटर की दूरी पर 50 निशान बने होते हैं।	इस माइक्रोमीटर में स्लीव के 1'' को पहले 10 बड़े डिवीजन में तथा प्रत्येक मेन डिवीजन को 4 सब डिवीजन में विभाजित किया गया होता है।
4.	इस माइक्रोमीटर का अल्पतमांक 0.01 मिमी होता है।	इस माइक्रोमीटर का अल्पतमांक 0.001'' होता है।

वर्नियर माइक्रोमीटर का अल्पतमांक
Least Count of Vernier Micrometer

इस प्रकार के माइक्रोमीटर में डेटम लाइन पर वर्नियर ग्रेजुएशन समान दूरी पर बने होते हैं। ग्रेजुएशन की रेखाएँ डेटम लाइन के ऊपर दस बराबर भागों में अंकित होती हैं। इन दस लाइनों की दूरी, थिम्बल के नौ डिवीजन के बराबर होती है।

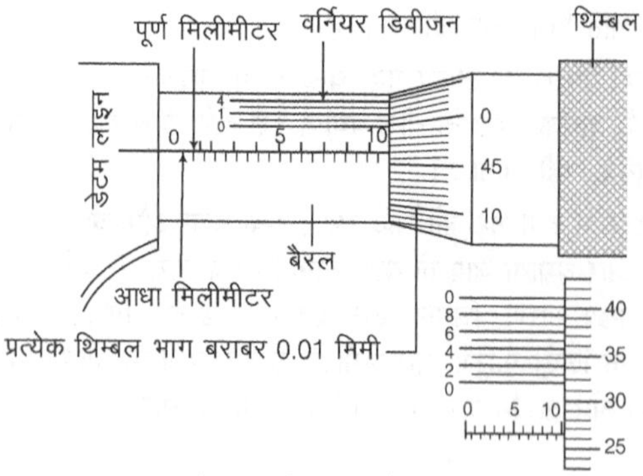

चित्र वर्नियर माइक्रोमीटर

$$10 \text{ वर्नियर डिवीजन का मान} = 0.01 \text{ मिमी} \times 9$$
$$= 0.09 \text{ मिमी}$$

$$1 \text{ वर्नियर डिवीजन का मान} = \frac{0.09 \text{ मिमी}}{10}$$
$$= 0.009 \text{ मिमी}$$

$$\text{अल्पतमांक} = 1 \text{ थिम्बल डिवीजन} - 1 \text{ वर्नियर डिवीजन}$$
$$= 0.01 \text{ मिमी} - 0.009 \text{ मिमी}$$
$$= 0.001 \text{ मिमी}$$

विभिन्न सूक्ष्ममापी यन्त्रों के अल्पतमांक को तालिका के माध्यम से नीचे दर्शाया गया है

क्र.सं.	सूक्ष्ममापी यन्त्र	अल्पतमांक (Least Count)	
		मीट्रिक	ब्रिटिश
1.	आउटसाइड माइक्रोमीटर	0.01 मिमी	0.001"
2.	इनसाइड माइक्रोमीटर	0.01 मिमी	0.001"
3.	वर्नियर माइक्रोमीटर	0.001 मिमी	0.0001"
4.	डैप्थ माइक्रोमीटर	0.01 मिमी	0.001"
5.	स्क्रू थ्रेड माइक्रोमीटर	0.01 मिमी	0.001"
6.	डिजिटल माइक्रोमीटर	0.001 मिमी	0.001"
7.	ट्यूब माइक्रोमीटर	0.01 मिमी	0.001"
8.	शीट माइक्रोमीटर	0.01 मिमी	0.001"
9.	कॉम्बी माइक्रोमीटर	0.01 मिमी	0.001"
10.	वर्नियर कैलीपर	0.02 मिमी	0.001"
11.	वर्नियर डैप्थ गेज	0.02 मिमी	0.001"
12.	वर्नियर हाइट गेज	0.02 मिमी	0.001"
13.	डायल कैलीपर	0.01 मिमी	0.001"
14.	गीयर टूथ कैलीपर	0.02 मिमी	0.001"
15.	डिजिटल हाइट गेज	0.01 मिमी	0.001"
16.	डायल टेस्ट इण्डीकेटर	0.01 मिमी	0.001"
17.	साइन बार	1" (एक मिनट)	
18.	वर्नियर बेवेल प्रोट्रेक्टर	5" (पाँच मिनट)	
19.	स्लिप गेज या गेज ब्लॉक	0.001 मिमी	0.001"
20.	एंगल गेज ब्लॉक	1" (एक सेकण्ड)	

माइक्रोमीटर पाठ्यांक Micrometer Reading

माइक्रोमीटर द्वारा पाठ्यांक लेने की मुख्य पद्धति निम्न हैं

1. मीट्रिक पद्धति में पाठ्यांक Reading in metric system

सर्वप्रथम पाठ्यांक लेने से पूर्व माइक्रोमीटर की शून्य त्रुटि की जाँच कर लेनी चाहिए। पाठ्यांक लेते समय मेन डिवीजन, सब-डिवीजन तथा थिम्बल डिवीजन को ध्यान में रखना चाहिए।

(i) स्लीव के मेन डिवीजन $= 6 \times 1 = 6.000$ मिमी

(ii) स्लीव का 1 सब-डिवीजन $= 0 \times 0.5 = 0.000$ मिमी

(iii) थिम्बल के 21 डिवीजन $= 21 \times 0.01$ मिमी $= 0.210$ मिमी

(iv) वर्नियर स्केल के 3 डिवीजन $= 3 \times 0.001 = 0.003$ मिमी

कुल योग $= 6.213$ मिमी

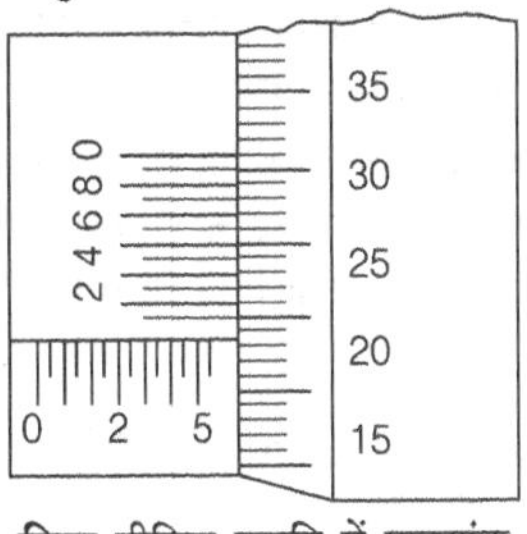

चित्र मीट्रिक पद्धति में पाठ्यांक

2. वर्नियर पद्धति में पाठ्यांक
Reading in vernier system

वर्नियर माइक्रोमीटर की बनावट सामान्य माइक्रोमीटर के समान ही होती है। वर्नियर माइक्रोमीटर का उपयोग 0.001 मिमी तक परिशुद्ध मापन के लिए किया जाता है।

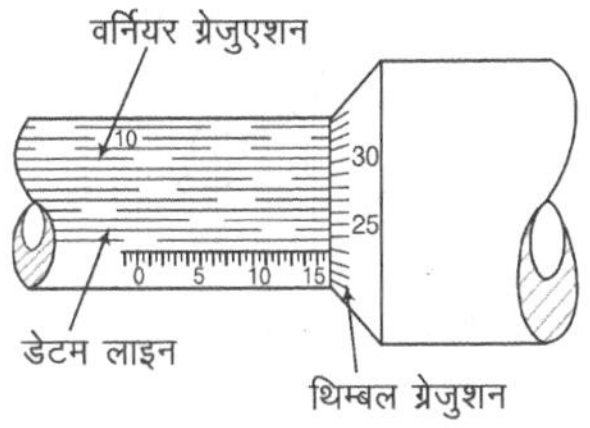

चित्र वर्नियर पद्धति में पाठ्यांक

(i) बैरल पर पूर्ण डिवीजन का पाठ्यांक $= 15 \times 1 = 15.000$ मिमी

(ii) बैरल पर अर्द्ध-डिवीजन $= 0 \times 0.5 = 0.000$ मिमी

(iii) इण्डैक्स लाइन के नीचे थिम्बल डिवीजन $= 23 \times 0.01$ मिमी $= 0.23$ मिमी

(iv) थिम्बल डिवीजन से मिलता वर्नियर डिवीजन $= 3 \times 0.001 = 0.003$ मिमी कुल पाठ्यांक $= 15.233$ मिमी

3. ब्रिटिश पद्धति में पाठ्यांक Reading in british system

सर्वप्रथम माइक्रोमीटर का चयन माप के अनुसार करें। कार्य प्रारम्भ करने से पूर्व शून्य त्रुटि को चैक करना आवश्यक है। मेन डिवीजन, सब-डिवीजन तथा थिम्बल डिवीजन को ध्यान में रखकर पाठ्यांक लिया जाता है।

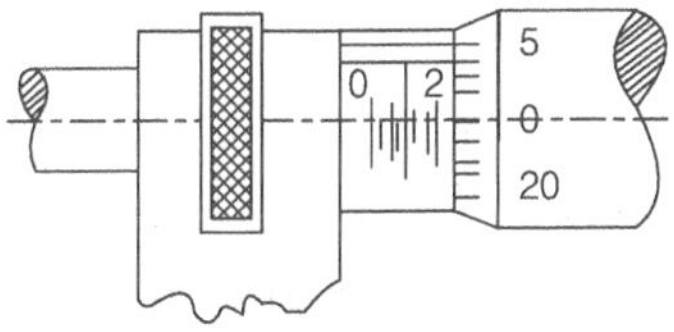

चित्र ब्रिटिश पद्धति में पाठ्यांक

(i) स्लीव के दो मेन डिवीजन $= 2 \times 0.1" = 0.2000"$

(ii) स्लीव के दो-सब डिवीजन $= 2 \times 0.025" = 0.05"$

(iii) थिम्बल के डिवीजन शून्य $= 0 \times 0.001" = 0.000"$

(iv) वर्नियर स्केल के डिवीजन $= 0 \times 0.000" = 0.0000"$

कुल पाठ्यांक $= 0.2500"$

माइक्रोमीटर की त्रुटियाँ Errors of Micrometer

माइक्रोमीटर में निम्न प्रकार की त्रुटियाँ उत्पन्न हो जाती हैं

1. शून्य त्रुटि Zero error

माइक्रोमीटर का लगातार प्रयोग करने से उसकी मेजरिंग सर्फेस घिस जाती है, जिसके फलस्वरूप एनविल व स्पिण्डल को मिलाने पर थिम्बल व स्लीव की जीरो रेखा आपस में नहीं मिलती, जिस कारण यह अशुद्ध माप देने लगता है।

शून्य त्रुटि मुख्यत: दो प्रकार की होती है

(i) **धनात्मक त्रुटि** (Positive error) यदि थिम्बल की जीरो रेखा स्लीव पर लगी डेटम लाइन से पीछे रह जाती है, तो यह धनात्मक त्रुटि कहलाती है। रीडिंग लेने के बाद कुल रीडिंग में से इस त्रुटि को घटाने पर शुद्ध रीडिंग प्राप्त होती है।

(ii) **ऋणात्मक त्रुटि** (Negative error) यदि थिम्बल की जीरो रेखा स्लीव पर लगी डेटम लाइन से आगे बढ़ जाती है, तो यह ऋणात्मक त्रुटि कहलाती है।

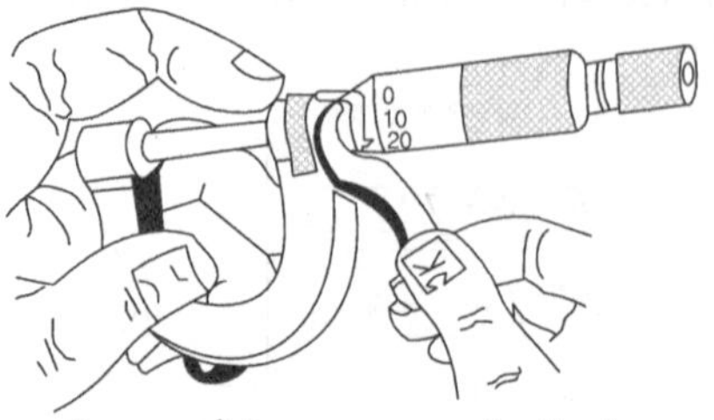

चित्र माइक्रोमीटर द्वारा शून्य त्रुटि की जाँच

उपाय Remedies

- माइक्रोमीटर की इस त्रुटि को, स्लीव एवं थिम्बल की शून्य रेखाओं को C-स्पैनर द्वारा समायोजित करके ठीक किया जाता है। इसके लिए स्पिण्डल तथा एनविल के फेस को मिलाते हैं। फिर लॉक नट द्वारा स्पिण्डल को लॉक करके 'C' स्पैनर को स्लीव में लगाकर आगे-पीछे घुमाते हैं तथा थिम्बल की 'O' और स्लीव की डेटम लाइन को मिलाते हैं। इस प्रकार त्रुटि दूर हो जाती है। कुछ माइक्रोमीटर की एनविल प्राय: स्क्रू के द्वारा ठीक की जाती है। इस स्क्रू की सहायता से एनविल को समायोजित करके शून्य त्रुटि ठीक की जा सकती है।
- यदि फिर भी त्रुटि दूर नहीं होती है तो धनात्मक त्रुटि को कुल रीडिंग में से घटाकर तथा ऋणात्मक त्रुटि को कुल रीडिंग में जोड़कर शुद्ध माप ज्ञात की जा सकती है।

2. बैकलैस त्रुटि Backlash Error

वह त्रुटि जो माइक्रोमीटर की थ्रेड की स्लीव के ढीला या टाइट होने के कारण उत्पन्न होती है, बैकलैस त्रुटि कहलाती है। यह धनात्मक एवं ऋणात्मक दोनों हो सकती है।

उपाय Remedies

बैकलैस त्रुटि को स्लीव के अन्दर लगे नट को ढीला या टाइट करके तथा 'C' स्पैनर द्वारा ठीक किया जा सकता है।

माइक्रोमीटर ग्रेजुएशन Micrometer Graduation

माइक्रोमीटर पर दो स्थानों पर ग्रेजुएशन (अंशांकन) अंकित किया होता है

(i) **बैरल या स्लीव ग्रेजुएशन** (Barrel or sleeve graduation) मीट्रिक माइक्रोमीटर में डेटम लाइन (datum line) पर 25 मिमी को 25 भागों में बराबर बाँटकर निशान अंकित किए होते हैं। मीट्रिक माइक्रोमीटर में डेटम लाइन के नीचे मिमी को दो भागों में बाँटकर निशान अंकित किए होते हैं जो 1/2 मिमी के बराबर होते हैं तथा ब्रिटिश माइक्रोमीटर में डेटम लाइन पर 1 इंच को 10 बराबर भागों में बाँटकर निशान अंकित किए होते हैं।

(ii) **थिम्बल ग्रेजुएशन** (Thimble graduation) मीट्रिक माइक्रोमीटर में थिम्बल के बेवेल किनारे को 50 बराबर भागों में बाँटा जाता है तथा इसमें 0, 5, 10, 15, 20, 25, 30, 35, 40, और 45 के नम्बर लगे होते हैं। इस पर प्रत्येक 5वें भाग पर स्थानीय मान अंकित रहता है।

माइक्रोमीटर के प्रकार

Types of Micrometer

माइक्रोमीटर मुख्यत: निम्न प्रकार के होते हैं जिनका विवरण नीचे निम्नवत् है

- आउटसाइड माइक्रोमीटर
- वर्नियर माइक्रोमीटर
- डैप्थ माइक्रोमीटर
- फ्लैंज माइक्रोमीटर
- ऑटोमोबाइल माइक्रोमीटर
- हब माइक्रोमीटर
- ब्लेड टाइप माइक्रोमीटर
- थ्री प्वॉइण्ट इण्टर्नल माइक्रोमीटर
- की-वे डैप्थ माइक्रोमीटर
- इन्टरचेंजेबिल माइक्रोमीटर
- इनसाइड माइक्रोमीटर
- स्क्रू थ्रेड माइक्रोमीटर
- डिजिटल माइक्रोमीटर
- ट्यूब माइक्रोमीटर
- डिस्क माइक्रोमीटर
- शीट माइक्रोमीटर
- 'वी' एनविल माइक्रोमीटर
- बॉल माइक्रोमीटर
- कॉम्बीनेशनल माइक्रोमीटर

पाठ्यक्रम की उपयोगिता को ध्यान में रखते हुए यहाँ केवल आउटसाइट माइक्रोमीटर, इनसाइड माइक्रोमीटर, डैप्थ माइक्रोमीटर, स्क्रू थ्रेड माइक्रोमीटर तथा ट्यूब माइक्रोमीटर का ही वर्णन किया गया है।

1. आउटसाइड माइक्रोमीटर Outside Micrometer

यह माइक्रोमीटर, जॉब की बाहरी माप लेने के काम आता है। इसमें एक स्टील का 'U' फ्रेम होता है जिसके एक सिरे पर (बाएँ सिरे पर) हाई कार्बन स्टील या टंगस्टन कार्बाइड की टिप (tip) लगा हुआ एनविल होता है। 'U' फ्रेम के दूसरे सिरे पर स्पिण्डल स्लीव, थिम्बल लॉक नट तथा रैचेट आदि फिट किए रहते हैं। स्लीव के अन्दर के भाग में स्पिण्डल के लिए चूड़ियाँ (threads) बनी होती हैं तथा ये फ्रेम के साथ जुड़ी होती हैं। इसके ऊपरी भाग पर एक मिमी तथा आधा मिमी के निशान बने होते हैं।

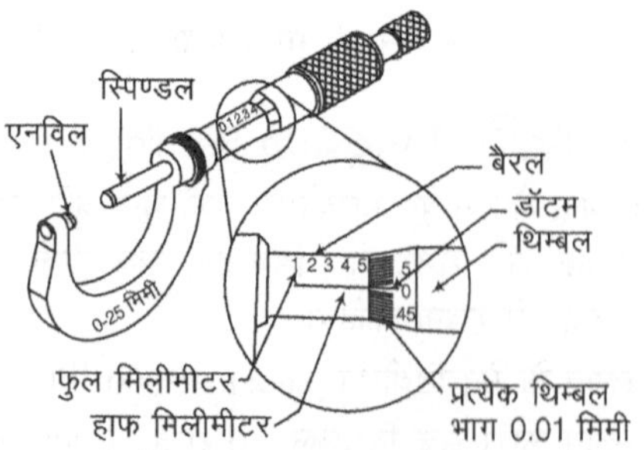

चित्र आउटसाइड माइक्रोमीटर

स्पिण्डल, स्लीव के अन्दर ठीक इसी प्रकार चलता है, जैसे नट में कोई बोल्ट चलता है। स्पिण्डल का आगे का भाग प्लेन होता है तथा इसके सिरे पर एक कार्बाइड की टिप लगी होती है। इसके पिछले भाग के साथ एक थिम्बल जुड़ा होता है तथा थिम्बल के बाद एक रैचेट सिस्टम लगा होता है। थिम्बल का आगे का भाग एक सिलेण्ड्रिकल स्केल में विभाजित रहता है। साधारणत: इसके 100 या 50 भाग होते हैं। रैचेट दोनों एनविल के बीच कसे हुए जॉब पर एक निश्चित दबाव डालता है तथा उससे अधिक दबाव डालने पर फ्री हो जाता है।

इससे सही माप (true reading) लेने में सहायता मिलती है। स्पिण्डल को घुमाकर दोनों एनविल को आपस में मिलाने पर, स्लीव पर बना शून्य तथा थिम्बल पर बना शून्य मिलना चाहिए।

2. इनसाइड माइक्रोमीटर
Inside Micrometer

इनसाइड माइक्रोमीटर प्राय: दो प्रकार के होते हैं— बड़ा इनसाइड माइक्रोमीटर तथा छोटा इनसाइड माइक्रोमीटर।

(i) **बड़ा इनसाइड माइक्रोमीटर** (Large inside micrometer) इनसाइड माइक्रोमीटर का प्रयोग जॉब की आन्तरिक माप लेने के लिए किया जाता है। इसके द्वारा 2" या 50 मिमी से छोटी माप नहीं ली जा सकती।

इसके स्लीव पर 1/2" या 10 मिमी के भाग में निशान होते हैं। अधिक लम्बे साइज की माप लेने के लिए इसके साथ में एक्सटेंशन रॉड लगाई जा सकती है। यह आउटसाइड माइक्रोमीटर के समान ही होता है। इसमें 'U' फ्रेम तथा रैचेट (ratchet) नहीं होता। स्लीव के ऊपर थिम्बल होता है। इसकी अल्पतम माप (least count) भी माइक्रोमीटर के समान ही होती है।

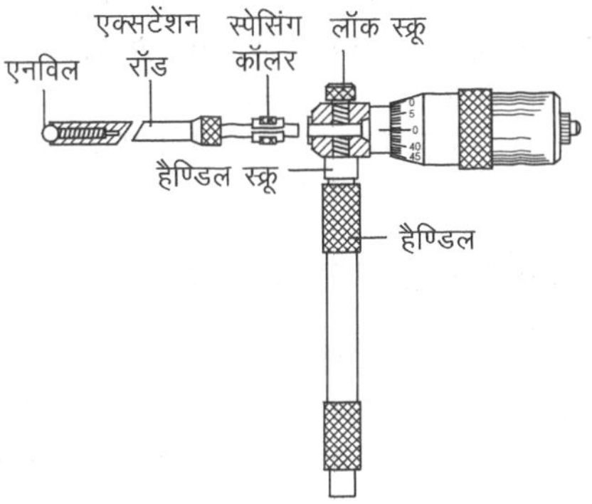

2" से $2\frac{1}{2}$" तक की माप सीधे-सीधे माइक्रोमीटर द्वारा ली जा सकती है। $2\frac{1}{2}$" से ऊपर 3" तक माप लेने के लिए आधा इंच का स्पेसिंग कॉलर लगा लिया जाता है, इससे अधिक माप लेने के लिए एक्सटेंशन बार को फिट कर लिया जाता है।

'A' सैट में छ: एक्सटेंशन बार तथा $\frac{1"}{2}$ का एक स्पेसिंग कॉलर होता है तथा इससे 2" से 8" तक की माप ली जा सकती है। 'B' सैट में 10 एक्सटेंशन बार तथा $\frac{1"}{2}$ का स्पेसिंग कॉलर होता है।

इसके द्वारा 2" से 12" तक की माप ली जा सकती है। 'C' सैट में 9 एक्सटेंशन बार तथा 1" तथा 2" लम्बाई के दो एक्सटेंशन कॉलर होते हैं। इसके माइक्रोमीटर के थिम्बल की चाल 1" होती है। इसके द्वारा 2" से 32" तक की माप ली जा सकती है।

(ii) **छोटा इनसाइड माइक्रोमीटर** (Small inside micrometer) आउटसाइड माइक्रोमीटर के आकार में थोड़ा परिवर्तन करके छोटा इनसाइड माइक्रोमीटर बनाया गया है।

इसमें वर्नियर के समान एक जबड़ा स्पिण्डल में लगाया जाता है, जो चल जबड़े का कार्य करता है तथा दूसरा स्थिर जबड़ा स्लीव में लगाया जाता है। स्लीव पर थिम्बल को घुमाने से स्पिण्डल के साथ जबड़ा भी चलता है।

दोनों जबड़ों की एक निश्चित मोटाई (5 मिमी) को बाहर से गोलाई में बना दिया जाता है जिससे कि ये कम-से-कम 5 मिमी की आन्तरिक माप ले सकें।

इसकी स्लीव तथा थिम्बल पर निशान, माइक्रोमीटर से विपरीत दिशा में अंकित रहते हैं। छोटे इनसाइड माइक्रोमीटर चार रेंजों में उपलब्ध हैं— 5-25 मिमी, 25-50 मिमी, 50-75 मिमी तथा 75-100 मिमी। इसी प्रकार ब्रिटिश माइक्रोमीटर 0.2" -1", 1"-2", 2"-3", 3"-4" तक की चार रेंज में मिल सकते हैं।

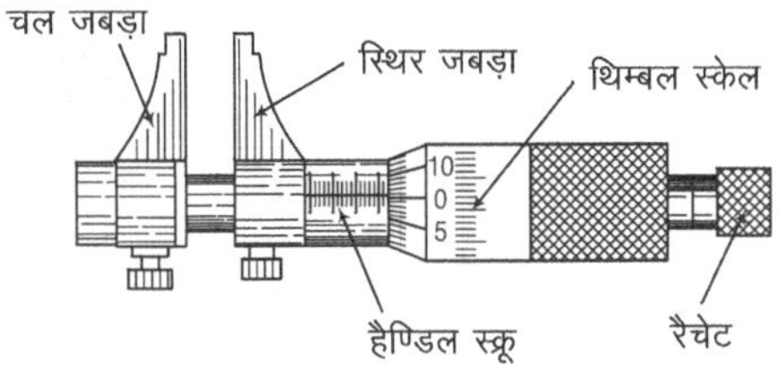

चित्र छोटा इनसाइड माइक्रोमीटर

3. डैप्थ माइक्रोमीटर Depth Micrometer

माइक्रोमीटर डैप्थ गेज का प्रयोग किसी ग्रूव की गहराई मापने के लिए किया जाता है। इसमें माइक्रोमीटर की भाँति ही ग्रेजुएटेड बैरल तथा थिम्बल कार्य करते हैं।

थिम्बल को घुमाने पर स्पिण्डल आगे को बढ़ता है तथा इसमें अन्तर केवल इतना होता है कि इसकी बैरल या थिम्बल पर ग्रेजुएशन ऊपर से नीचे की ओर होती है।

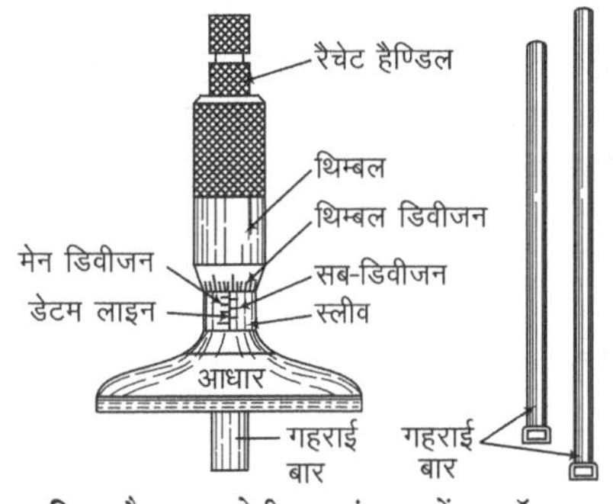

चित्र डैप्थ माइक्रोमीटर एवं एक्सटेंशन रॉड्स

डैप्थ गेज को पूरा ऊपर तक खोलने के पश्चात् स्पिण्डल को आधार से मिला दिया जाता है इसके पश्चात् गहराई मापी जाती है। इसकी रेंज 1" या 25 मिमी होती है। इससे अधिक गहरे ग्रूव की माप लेने के लिए इसके साथ एक्सटेंशन रॉड का प्रयोग किया जाता है।

जिस प्रकार इनसाइड माइक्रोमीटर में एक्सटेंशन रॉड लगाकर हम बड़े बोर की माप लेते हैं, ठीक उसी प्रकार माइक्रोमीटर डैप्थ गेज से हम अलग-अलग साइज की एक्सटेंशन रॉड का प्रयोग करके गहरे-से-गहरे ग्रूव की परख करते हैं।

माइक्रोमीटर की भाँति ही इसकी रीडिंग ली जाती है। इसके माइक्रोमीटर की अल्पतम माप मीट्रिक प्रणाली में 0.01 होती है। माप कार्य प्रारम्भ करने से पहले डैप्थ माइक्रोमीटर की शून्य त्रुटि ज्ञात कर लेनी चाहिए।

4. स्क्रू थ्रेड माइक्रोमीटर Screw Thread Micrometer

यह एक आउटसाइड माइक्रोमीटर के समान माइक्रोमीटर है जिसके स्पिण्डल का सिरा फ्लैट के स्थान पर शंक्वाकार (conical) होता है तथा दूसरे सिरे पर एक स्थिर एनविल लगा होता है। इस स्थिर एनविल (fixed anvil) में एक 'V' ग्रूव होता है। ऐसा इसलिए किया जाता है जिससे कि दोनों चूड़ी (thread) गहराई में बैठ सकें। इसके द्वारा थ्रेड की गहराई या पिच-डायमीटर (pitch-diameter) मापा जा सकता है।

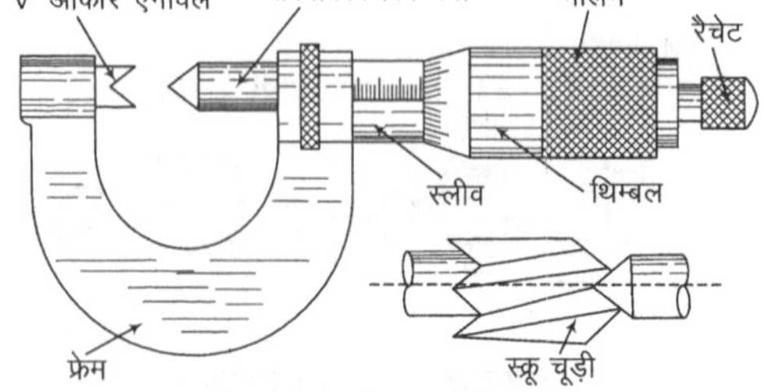

चित्र स्क्रू थ्रेड माइक्रोमीटर

मीट्रिक चूड़ियों का पिच-व्यास निकालने के लिए एनविल का 'V' तथा स्पिण्डल का कोण 60° का होता है जबकि व्हिटवर्थ थ्रेड के लिए यही कोण 55° का होता है। वास्तव में एक प्रकार के एनविल या स्पिण्डल के द्वारा हम केवल 3 से 4 प्रकार के पिच वाले स्क्रू की माप ले सकते हैं, इसलिए एनविल तथा स्पिण्डल के सिरों पर होल बनाकर उसमें बिट के रूप में इन्टरचेंजेबिल (interchangeable) पार्ट लगा दिए जाते हैं।

5. ट्यूब माइक्रोमीटर Tube Micrometer

ट्यूब माइक्रोमीटर का उपयोग, पाइप या पाइपनुमा कार्यखण्डों की दीवार की मोटाई मापने के लिए किया जाता है। इसमें फिक्स्ड एनविल स्पिण्डल से 90° पर रहता है। इसका फ्रेम कास्ट स्टील से सैक्टर के आकार में बनाया जाता है।

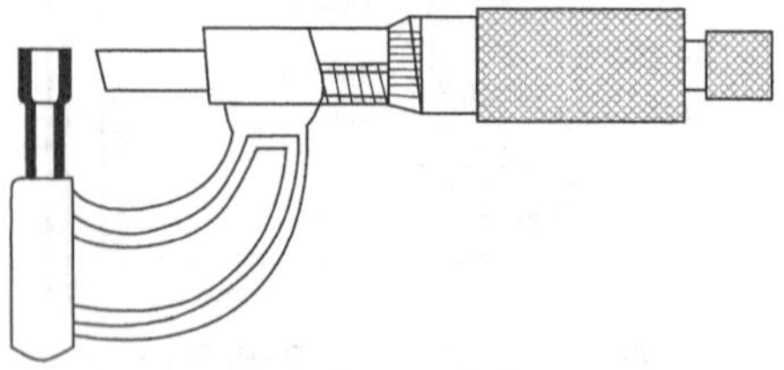

चित्र ट्यूब माइक्रोमीटर

माइक्रोमीटर का प्रयोग करते समय सावधानियाँ
Precautions While Using Micrometer

माइक्रोमीटर का प्रयोग करते समय निम्नलिखित सावधानियाँ अपनानी चाहिए

(i) माइक्रोमीटर प्रयोग करने से पहले इसकी शून्य त्रुटि का निरीक्षण करना चाहिए।

(ii) स्पिण्डल तथा हब की चूड़ियाँ ढीली या अत्यधिक कसी नहीं होनी चाहिए।

(iii) यह एक सूक्ष्ममापी यन्त्र है, इसलिए चलती हुई मशीनों अथवा खुरदरी सतहों पर माइक्रोमीटर प्रयोग नहीं करना चाहिए।

(iv) मापक तलों को कम-से-कम घिसने देना चाहिए।

(v) प्रयोग करने से पहले तथा बाद में इसे मुलायम तथा साफ कपड़ें से साफ करना चाहिए और इसे सदैव लकड़ी अथवा प्लास्टिक के बॉक्स में रखना चाहिए।

(vi) माइक्रोमीटर का प्रयोग करते समय अथवा इससे माप लेते समय रैचेट स्टॉप का प्रयोग करना चाहिए।

(vii) माइक्रोमीटर से रीडिंग लेने के पश्चात् लॉक नट को तुरन्त लॉक कर देना चाहिए, जिससे रीडिंग कम या अधिक न हो।

(viii) समय-समय पर कम श्यानता वाले तेल से इसका स्नेहन करना चाहिए।

3.5 वर्नियर कैलीपर Vernier Caliper

वर्नियर कैलीपर का आविष्कार फ्रांस के एक वैज्ञानिक पैरी वर्नियर ने किया था। उसी के नाम पर इस कैलीपर का नाम वर्नियर कैलीपर पड़ा।

वर्नियर कैलीपर बाजार में विभिन्न परिशुद्धताओं (accuracy) में उपलब्ध हैं; जैसे— 0.1 मिमी, 0.05 मिमी तथा 0.02 मिमी मीट्रिक प्रणाली में तथा 0.001 ब्रिटिश प्रणाली में। वर्नियर कैलीपर के द्वारा बाहरी, आन्तरिक तथा गहराई तीनों प्रकार की मापें ली जा सकती हैं। ये 6", 7", 1" तथा 2" तक की लम्बाइयों में बाजार में उपलब्ध हैं। वर्नियर कैलीपर दो स्केलों की माप के अन्तर के सिद्धान्त पर कार्य करता है।

वर्नियर कैलीपर के मुख्य भाग
Main Parts of Vernier Caliper

चित्र में एक साधारण वर्नियर कैलीपर दर्शाया गया है। ये सामान्यत: निकिल, क्रोमियम स्टील या वेनेडियम स्टील के बने होते हैं। इसके मुख्य भाग निम्नलिखित प्रकार हैं

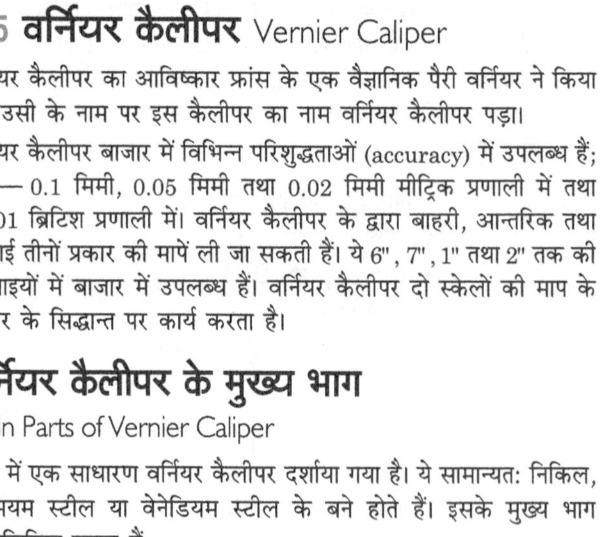

चित्र वर्नियर कैलीपर के मुख्य भाग

- **चल जबड़ा** (Movable jaw) वर्नियर स्केल के साथ में मेन स्केल के समान ही चल जबड़ा तथा चल निब लगी होती है।
- **स्थिर जबड़ा** (Fixed jaw) मेन स्केल के अगले भाग में एक स्थिर जबड़ा तथा आन्तरिक माप के लिए स्थिर निब लगी होती है। इसमें दो जबड़ों द्वारा आन्तरिक तथा बाह्य माप को मापा जा सकता है।
- **वर्नियर स्लाइड** (Vernier slide) वर्नियर स्लाइड, बीम पर चलती है। इसे थम्ब लीवर की सहायता से किसी भी स्थिति में स्थिर किया जा सकता है।
- **बीम या मेन स्केल** (Beam or main scale) यह एक वेनेडियम स्टील की स्टील रूल के समान चौड़ी परन्तु उससे काफी मोटी पट्टी होती है जिस पर एक ओर में मिमी तथा दूसरी ओर इंचों के निशान

अंकित होते हैं। मिमी तथा इंचों के दसवें भागों को भी आगे कई भागों में बाँटा गया होता है, जैसा कि पूर्व पृष्ठ पर चित्र में दर्शाया गया है। इसके अगले भाग में एक फिक्स्ड जबड़ा तथा आन्तरिक माप के लिए फिक्स्ड निब (fixed nib) लगी होती है।

मेन स्केल के पीछे की साइड में एक ग्रूव (groove) होता है, जिसमें डैप्थ मेजरिंग ब्लेड (depth measuring blade) स्लाइड (slide) करता है। वर्नियर कैलीपर के बाकी सभी भाग मेन स्केल के ऊपर ही स्लाइड करने के लिए फिट (fit) किए गए होते हैं।

- **वर्नियर स्केल** (Vernier scale) यह वर्नियर कैलीपर का मुख्य भाग होता है। इसे मेन स्केल पर स्लाइड करने के लिए बनाया जाता है। इसकी दोनों साइडों में कमानी स्प्रिंग दी होती है, जो इसे सदैव एक ही स्थिति में रखती है। इसके बीच में एक खिड़की (window) कटी होती है जिस पर मेन स्केल के निश्चित भागों को एक से अधिक भागों में बाँटा गया होता है।

  इसे वर्नियर के सिद्धान्त में स्पष्ट किया गया है। वर्नियर स्केल के साथ में मेन स्केल के समान ही चल जबड़ा (movable jaw) तथा चल निब (movable nib) लगी होती है। इसे किसी स्थान पर स्थिर करने के लिए इसके ऊपरी भाग में एक लॉकिंग स्क्रू लगा होता है। यह स्केल एक फाइन एडजस्टमेण्ट यूनिट से मिला होता है।
- **फाइन एडजस्टमेण्ट यूनिट** (Fine adjustment unit) वर्नियर स्केल को थोड़ा-सा आगे-पीछे लेने के लिए इस यूनिट का प्रयोग किया जाता है। इस यूनिट के ऊपर लगे लॉकिंग स्क्रू से इसे स्थिर कर दिया जाता है। अब इसके नीचे लगे नट को घुमाने पर उसमें लगे स्क्रू के द्वारा वर्नियर स्केल आगे-पीछे सरकता है। इसका प्रयोग वर्नियर स्केल के फाइन एडजस्टमेण्ट के लिए किया जाता है।
- **डैप्थ मेजरिंग ब्लेड** (Depth measuring blade) वर्नियर स्केल के साथ में एक बारीक ब्लेड लगा होता है, जो मेन स्केल में पीछे की ओर बने ग्रूव (groove) में स्लाइड करता है। यह ग्रूव से बाहर न आए इसके लिए मेन स्केल के आखिरी सिरे पर ग्रूव के ऊपर एक पत्ती लगी होती है।

  जब वर्नियर स्केल के जबड़े मिले होते हैं, तो मेन स्केल पर शून्य, वर्नियर स्केल के शून्य के सामने होता है। ऐसे समय पर डैप्थ ब्लेड भी मेन स्केल के आखिरी सिरे से मिल रहा होता है। कुछ कैलीपर में आन्तरिक माप लेने के लिए अलग से जबड़े नहीं होते, बल्कि बाहरी माप लेने वाले जबड़ों को एक निश्चित मोटाई में बाहर से गोल किया होता है। यह मोटाई साधारणत: 10 मिमी होती है। इस माप को कैलीपर द्वारा ली गई आन्तरिक माप में जोड़ दिया जाता है।

विशिष्टियाँ (Specifications) वर्नियर कैलीपर बाजार में 100, 150, 225, 900 व 1200 मिमी के आकार में उपलब्ध हैं।

वर्नियर कैलीपर का अल्पतमांक
Least Count of Vernier Caliper

किसी वर्नियर कैलीपर द्वारा मापी जा सकने वाली छोटी-से-छोटी माप उसकी अल्पतम माप या अल्पतमांक कहलाती है।

यह अल्पतम माप, वर्नियर कैलीपर के मुख्य स्केल पर बने एक खाने के मान तथा वर्नियर स्केल पर बने एक खाने के मान के अन्तर के बराबर होती है।

1. मीट्रिक प्रणाली में अल्पतमांक
Least Count in Metric System

वे कैलीपर, जिनमें मेन स्केल पर केवल मिमी के निशान अंकित होते हैं, उनमें मेन स्केल की 49 मिमी दूरी को वर्नियर स्केल पर 50 बराबर भागों में बाँटा जाता है।

मेन स्केल का एक भाग = 1 मिमी

मेन स्केल के 49 भाग = 49 मिमी

वर्नियर स्केल के 50 भाग = मेन स्केल के 49 भाग

वर्नियर स्केल का एक भाग $= \frac{49}{50}$

अल्पतमांक $= 1 - \frac{49}{50}$

$= \frac{50-49}{50}$

$= \frac{1}{50} = 0.02$ मिमी

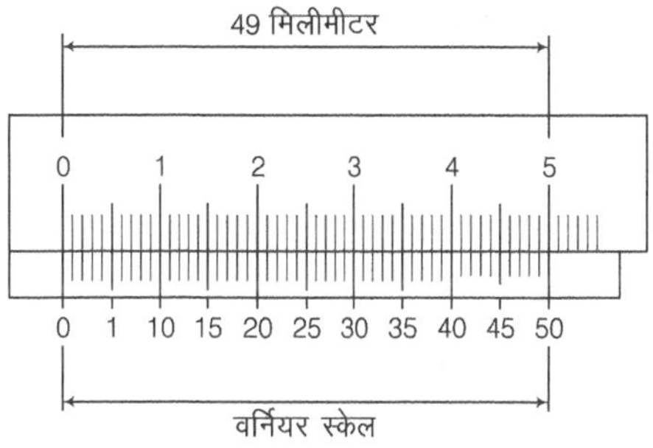

2. ब्रिटिश प्रणाली में अल्पतमांक
Least Count in British System

ब्रिटिश प्रणाली में मेन स्केल को इंचों में, एक इंच को 10 बराबर डिवीजनों (divisions) में तथा मेन डिवीजन के एक भाग को 4 बराबर सब-डिवीजनों में बाँटा जाता है।

इस प्रकार मेन स्केल पर बने एक डिवीजन का मान 0.1 तथा एक अनुभाग का मान 0.025" $\left(\frac{1}{40}"\right)$ होता है। वर्नियर स्केल पर 25 भाग होते हैं, जो मेन स्केल के 24 भागों के बराबर होते हैं।

अत: वर्नियर स्केल के 25 भागों का मान = मेन स्केल के 24 भागों का मान या $\frac{24"}{40}$

वर्नियर स्केल के एक भाग का मान $= \frac{24}{40 \times 25}$

$= \frac{24"}{1000}$

$= .024"$

अल्पतम माप = मेन स्केल के एक भाग का मान − वर्नियर स्केल के एक भाग का मान = 0.025 − 0.024

= 0.001"

उदाहरण 1. यदि किसी वर्नियर कैलीपर के मेन स्केल पर 0.50 मिमी के निशान अंकित हैं तथा वर्नियर स्केल पर 25 निशान हैं, जोकि मेन स्केल के 24 निशानों के बराबर हैं, तो उसकी अल्पतम माप (least count) क्या होगी?

हल दिया है, मेन स्केल के एक भाग का मान = 0.50 मिमी

तो मेन स्केल के 24 भागों का मान = 0.5 × 24 = 12 मिमी

अतः वर्नियर स्केल के 25 भागों का मान = 12 मिमी

इसलिए वर्नियर स्केल के एक भाग का मान $= \frac{12}{25}$ मिमी = 0.48 मिमी

अल्पतम माप = मेन स्केल के एक भाग का मान − वर्नियर स्केल के एक भाग का मान

= 0.50 − 0.48 = 0.02 मिमी

उपरोक्त अल्पतम माप को निम्न सूत्र द्वारा भी निकाला जा सकता है

$$\text{अल्पतम माप} = \frac{\text{मेन स्केल के एक भाग का मान}}{\text{वर्नियर स्केल के कुल भागों की संख्या}}$$

$$\text{अल्पतम माप} = \frac{0.50}{25} = 0.02 \text{ मिमी}$$

उदाहरण 2. एक वर्नियर कैलीपर के मेन स्केल की 39 मिमी की दूरी को वर्नियर स्केल के 20 बराबर भागों में बाँटा गया है। उस वर्नियर कैलीपर की अल्पतम माप क्या होगी?

हल उपरोक्त प्रश्न का विश्लेषण करने पर ज्ञात होता है कि वर्नियर स्केल का एक भाग मेन स्केल के दो भागों के लगभग बराबर है अर्थात् अल्पतम माप निकालने के लिए मेन स्केल के एक भाग के स्थान पर दो भागों का मान लिया जाएगा।

अतः मेन स्केल के दो भागों का मान = 2 मिमी

तथा वर्नियर के 20 भागों का मान = 39 मिमी

अतः वर्नियर के एक भाग का मान $= \frac{39}{20}$ मिमी

अल्पतम माप = मेन स्केल के एक भाग का मान − वर्नियर स्केल के एक भाग का मान

$$= 2 - \frac{39}{20} = \frac{40-39}{20} = \frac{1}{20} = 0.05 \text{ मिमी}$$

इसको हम सूत्र द्वारा सीधे-सीधे निकाल सकते हैं

सूत्र से $$\text{अल्पतम माप} = \frac{\text{मेन स्केल के एक भाग का मान}}{\text{वर्नियर स्केल पर कुल भागों की संख्या}}$$

$$= \frac{1 \text{ मिमी}}{20} = 0.05 \text{ मिमी}$$

उदाहरण 3. किसी ब्रिटिश वर्नियर कैलीपर के वर्नियर स्केल पर 25 भाग हैं, जोकि मेन स्केल के 49 भागों की दूरी के बराबर हैं। उसकी अल्पतम माप क्या होगी?

हल उपरोक्त प्रश्न के अनुसार वर्नियर स्केल का एक भाग मेन स्केल के लगभग दो भागों के बराबर है अर्थात् अल्पतम माप, मेन स्केल के दो भाग तथा वर्नियर स्केल के एक भाग के अन्तर के बराबर होगी।

अब वर्नियर स्केल के 25 भागों का मान = मेन स्केल के 49 भागों का मान

$$= 49 \times \frac{1}{40} = \frac{49''}{40}$$

$$\text{वर्नियर स्केल के एक भाग का मान} = \frac{49}{40} \times \frac{1}{25} = \frac{49''}{1000}$$

मेन स्केल के दो भागों का मान

$$= \frac{1}{40} \times 2 = \frac{2}{40} \times \frac{25}{25} = \frac{50''}{1000}$$

$$\text{अल्पतम माप} = \frac{50}{1000} - \frac{49}{1000} = \frac{1''}{1000} = 0.001''$$

सूत्र से $$\text{अल्पतम माप} = \frac{\text{मेन स्केल के एक भाग का मान}}{\text{वर्नियर स्केल के कुल भागों की संख्या}}$$

$$= \frac{0.025}{25} = 0.001''$$

उदाहरण 4. वर्नियर कैलीपर में 1.186″ को दर्शाइए।

हल उपरोक्त रीडिंग को ब्रिटिश वर्नियर के सिद्धान्त पर निम्न प्रकार विभाजित किया जा सकता है

इंचों का पूरा मान = 1"

इंच के मुख्य भागों का मान = 0.1"

अतः मुख्य भागों की संख्या = 1

अनुभागों का मान = 0.075"

अतः अनुभागों की संख्या = 3

वर्नियर स्केल का मान = 0.011"

अतः वर्नियर के मिलने वाले भाग की संख्या = 1.1

कुल = 1.186"

उपरोक्त को वर्नियर कैलीपर पर दर्शाने के लिए, वर्नियर का शून्य मेन स्केल पर 1" से 1 मुख्य भाग तथा 3 अनुभाग से आगे इस प्रकार हो कि वर्नियर का ग्यारहवाँ भाग मेन स्केल के किसी भाग के ठीक सामने हो, जैसा कि चित्र में दर्शाया गया है।

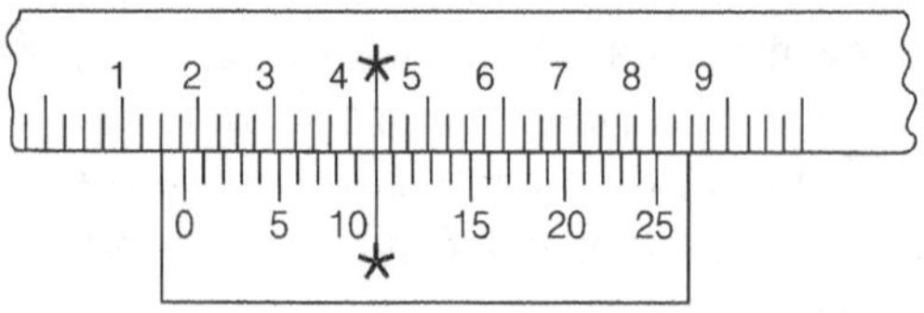

उदाहरण 5. एक मीट्रिक वर्नियर कैलीपर में 11.92 मिमी की माप दर्शाइए।

हल उपरोक्त रीडिंग को मीट्रिक कैलीपर पर निम्न प्रकार पढ़ा जा सकता है

मिमी के पूरे मान = 11 मिमी

मुख्य स्केल के अनुभाग का मान = 0.5 मिमी

अतः अनुभागों की संख्या = 1 भाग

वर्नियर स्केल का मान = 0.42 मिमी

अतः वर्नियर के मिलने वाले भाग की संख्या = 21वाँ भाग

(यदि अल्पतमांक 0.02 मिमी है।)

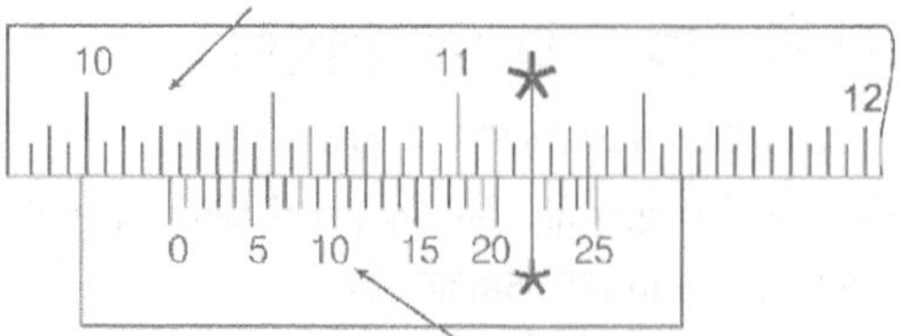

वर्नियर कैलीपर के प्रकार
Types of Vernier Caliper

वर्तमान समय में वर्नियर कैलीपर को और भी अधिक उपयोगी बनाने के उद्देश्य से उसकी संरचना में कुछ परिवर्तन किए गए हैं। बाजार में सामान्यत: निम्न प्रकार के वर्नियर कैलीपर उपलब्ध हैं

1. डैप्थ गेज वर्नियर कैलीपर
2. फ्लैट एज वर्नियर कैलीपर
3. नाइफ एज वर्नियर कैलीपर
4. फ्लैट और नाइफ एज वर्नियर कैलीपर
5. डायल वर्नियर कैलीपर
6. डिजिटल वर्नियर कैलीपर
7. वर्नियर गियर टूथ कैलीपर

1. डैप्थ गेज वर्नियर कैलीपर Depth Gauge Vernier Caliper

इस प्रकार के कैलीपर में बीम के पिछले हिस्से में कैरियर के साथ एक डैप्थ बार लगा होता है। डैप्थ बार एक आयताकार स्लॉट है, जो बीम के पिछले हिस्से में लगा होता है तथा स्केल पर आगे-पीछे चलता है। इस प्रकार के कैलीपर द्वारा बाह्य माप, आन्तरिक माप व गहराई की माप तीनों ली जा सकती हैं। इसे यूनिवर्सल वर्नियर कैलीपर भी कहते हैं।

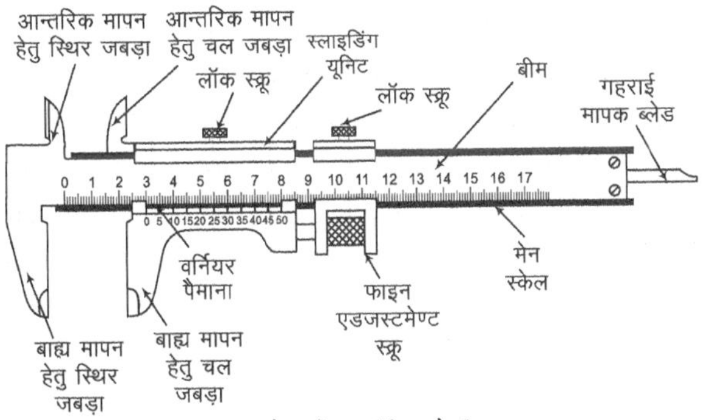

चित्र डैप्थ गेज वर्नियर कैलीपर

2. फ्लैट एज वर्नियर कैलीपर Flat Edge Vernier Caliper

इस कैलीपर द्वारा सामान्यत: जॉब की बाह्य माप का मापन किया जाता है। इसके जबड़ों की मापने वाली सतह फ्लैट होती है। इसके द्वारा जॉब की आन्तरिक माप का भी मापन किया जा सकता है। इसके लिए आन्तरिक माप, जबड़ों की चौड़ाई के बराबर ली जाती है जो 10 मिमी होती है।

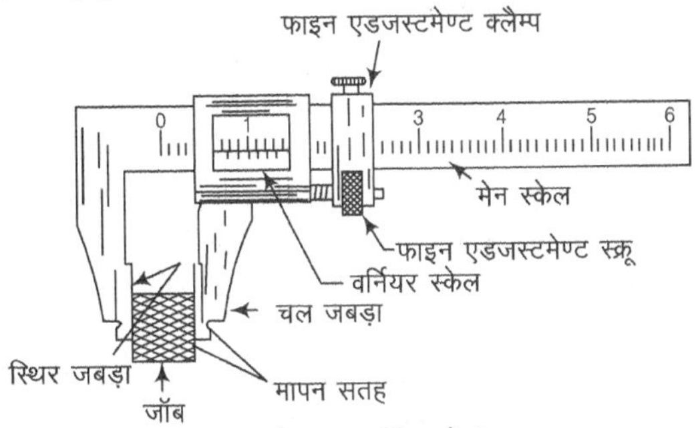

चित्र फ्लैट एज वर्नियर कैलीपर

3. नाइफ एज वर्नियर कैलीपर
Knife Edge Vernier Caliper

इस प्रकार के कैलीपर की मापने वाली सतह चाकू की धार के समान होती है। इस प्रकार के कैलीपर का उपयोग दो छिद्रों के मध्य अन्तर ज्ञात करने के लिए किया जाता है। इस कैलीपर का उपयोग सामान्यत: कम ही किया जाता है, क्योंकि इसकी मापने वाली सतह बहुत संवेदनशील होती है, जिसके कारण यह शीघ्र ही खराब हो जाती है।

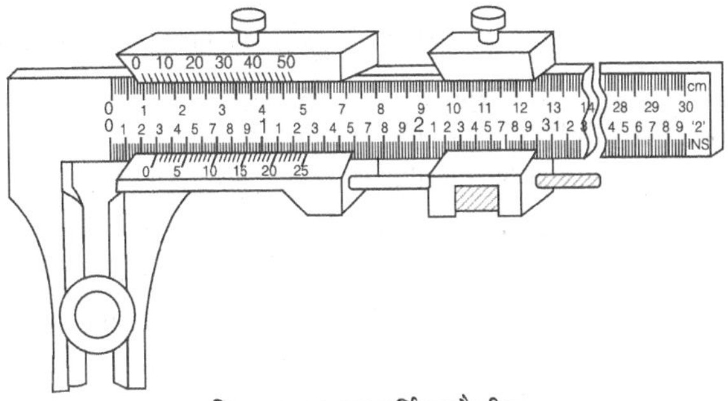

चित्र नाइफ एज वर्नियर कैलीपर

4. फ्लैट और नाइफ एज वर्नियर कैलीपर
Flat And Knife Edge Vernier Caliper

इस प्रकार के वर्नियर कैलीपर के जॉ में एक ओर नाइफ एज व दूसरी ओर फ्लैट सतह होती है। इसके द्वारा आन्तरिक व बाह्य माप ली जा सकती है।

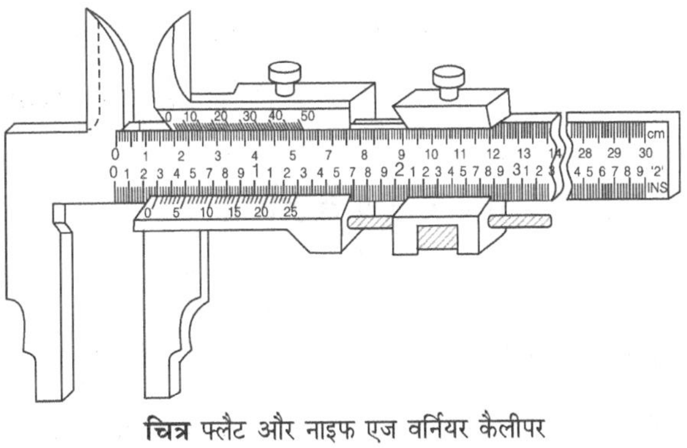

चित्र फ्लैट और नाइफ एज वर्नियर कैलीपर

5. डायल वर्नियर कैलीपर Dial Vernier Caliper

साधारण वर्नियर कैलीपर से माप लेने के लिए वर्नियर स्केल को पढ़कर, उसे अल्पतम माप से गुणा करना पड़ता है जिससे इसमें त्रुटि होने की सम्भावना अधिक होती है।

डायल कैलीपर में वर्नियर स्केल के स्थान पर डायल गेज लगा होता है, जोकि 100 भागों में बँटा होता है। इसके केन्द्र पर लगी सूई इसके एक मिमी चलने पर 100 डिवीजन घूम जाती है। यदि यह सूई एक डिवीजन चलती है, तो कैलीपर 0.01 मिमी की दूरी तय करता है।

अत: इस कैलीपर की अल्पतम माप 0.01 मिमी होती है। माप लेने से पहले जबड़ों को मिलाते हैं तथा डायल गेज के डायल को घुमाकर सूई को डायल के शून्य से मिला लेते हैं।

अब जबड़ों को खोलकर उनमें जॉब को पकड़ते हैं तथा मेन स्केल एवं डायल की रीडिंग लेकर जोड़ लेते हैं।

चित्र डायल वर्नियर कैलीपर

6. डिजिटल वर्नियर कैलीपर
Digital vernier caliper

यद्यपि डायल गेज कैलीपर से रीडिंग लेना बहुत सरल है, परन्तु डिजिटल कैलीपर उससे भी अधिक सरलता से रीडिंग देने में सक्षम है। इसमें वर्नियर स्केल के स्थान पर स्क्रीन लगी होती है। वर्नियर कैलीपर को हम जैसे-जैसे खोलते हैं स्क्रीन पर कैलीपर के बीच की दूरी प्रदर्शित (display) होती रहती है। यह दशमलव के दो अंकों तक मिमी में दूरी को दर्शाता है; जैसे—20.09 मिमी या 13.76 मिमी आदि।

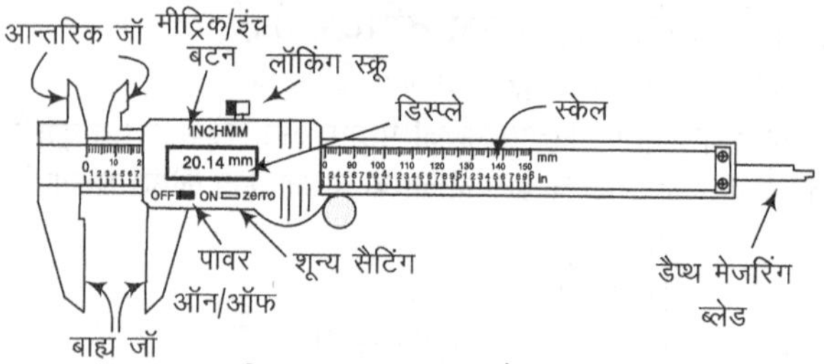

चित्र डिजिटल वर्नियर कैलीपर

7. वर्नियर गियर टूथ कैलीपर
Vernier Gear Tooth Calipers

किसी भी गियर के दाँतों की बनावट कितनी सही है, यह जाँच करने के लिए वर्नियर गियर टूथ कैलीपर प्रयोग में लाया जाता है। इसके द्वारा प्रमुख रूप से दो माप ली जाती हैं

(i) गियर का कॉर्डल अडैण्डम (Chordal addendum of gear)

(ii) गियर की कॉर्डल मोटाई (Chordal thickness of gear)

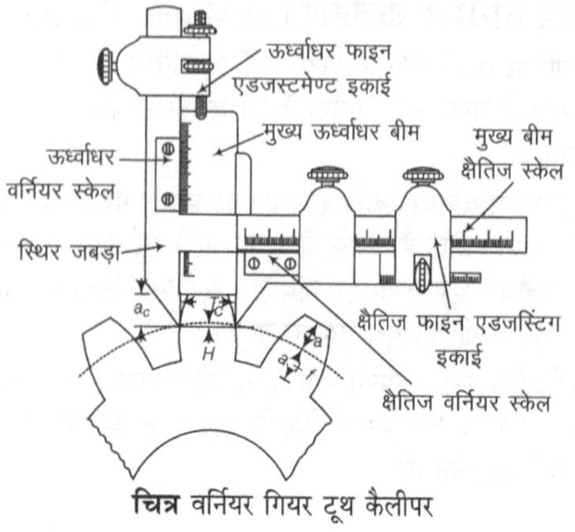

चित्र वर्नियर गियर टूथ कैलीपर

यदि किसी गियर की व्यासीय पिच तथा दाँतों की संख्या का सही ज्ञान होता है, तो निम्न सूत्रों के द्वारा उसका कॉर्डल अडैण्डम तथा कॉर्डल मोटाई का पता लगाया जा सकता है तथा वर्नियर गियर टूथ कैलीपर के द्वारा गियर की जाँच व माप की जा सकती है।

$$\text{कॉर्डल अडैण्डम} = \frac{\text{पिच व्यास}}{2}\left(1 - \cos\frac{90^\circ}{N}\right) + \text{अडैण्डम}$$

$$\text{यहाँ पर, पिच व्यास} = \frac{\text{दाँतों की संख्या}}{\text{व्यासीय पिच}}$$

$$\text{तथा अडैण्डम} = \frac{1}{\text{व्यासीय पिच}}$$

$$\text{कार्डल मोटाई} = \text{PD}\sin\frac{90^\circ}{N}$$

वर्नियर कैलीपर का प्रयोग करते समय सावधानियाँ
Precautions While Using Vernier Caliper

वर्नियर कैलीपर का प्रयोग करते समय निम्नलिखित सावधानियाँ अपनानी चाहिए

1. वर्नियर कैलीपर एक सूक्ष्ममापी उपकरण है जो अतिसंवेदनशील होता है। अत: इसे सावधानी से रखना चाहिए। इसे नीचे गिरने या अन्य हैण्ड टूल्स की चोट लगने से बचाया जाना चाहिए। साथ ही इसे कर्तन औजारों (cutting tools) से पृथक् रखना चाहिए।
2. मापन के समय इस पर बहुत अधिक दबाव नहीं डालना चाहिए।
3. मापने से पहले इसकी शून्य त्रुटि की जाँच कर लेनी चाहिए।
4. फाइन एडजस्टिंग स्क्रू का प्रयोग करते समय अधिक बल नहीं लगाना चाहिए, क्योंकि इससे यह टेढ़ा हो सकता है अथवा रीडिंग में अन्तर आ सकता है।
5. इसके जबड़े जॉब की सतह पर कम-से-कम रगड़ खाने चाहिए, क्योंकि अधिक रगड़ खाने से ये शीघ्र ही घिस सकते हैं।
6. घूमते हुए जॉब पर इसके द्वारा कभी भी माप नहीं लेनी चाहिए।
7. कम प्रकाश में वर्नियर कैलीपर द्वारा परिशुद्ध रीडिंग लेने के लिए मैग्नीफाइंग ग्लास का प्रयोग करना चाहिए।
8. कार्य समाप्त होने के पश्चात् इसे अच्छी तरह साफ करके रखना चाहिए।

वर्नियर कैलीपर तथा माइक्रोमीटर में अन्तर
Difference between Vernier Caliper and Micrometer

क्र.सं.	वर्नियर कैलीपर	माइक्रोमीटर
1.	वर्नियर कैलीपर द्वारा मीट्रिक तथा ब्रिटिश दोनों माप एकसाथ ले सकते हैं।	माइक्रोमीटर द्वारा ब्रिटिश तथा मीट्रिक माप लेने के लिए अलग-अलग माइक्रोमीटर की आवश्यकता होती है।
2.	वर्नियर कैलीपर अधिक परास की माप लेने में सक्षम है।	माइक्रोमीटर अधिक परास की माप लेने में अक्षम है। सामान्यत: 300 मिमी की माप लेने के लिए 12 माइक्रोमीटर की आवश्यकता पड़ती है।
3.	वर्नियर कैलीपर द्वारा जॉब की बाह्य तथा आन्तरिक गहराई मापी जा सकती है।	माइक्रोमीटर द्वारा बाह्य तथा आन्तरिक माप भिन्न-भिन्न प्रकार के माइक्रोमीटर द्वारा ली जाती है।

क्र.सं.	वर्नियर कैलीपर	माइक्रोमीटर
4.	वर्नियर कैलीपर द्वारा मिमी में न्यूनतम 0.02 मिमी माप ली जा सकती है।	माइक्रोमीटर द्वारा मिमी में न्यूनतम 0.01 मिमी माप ली जा सकती है।
5.	वर्नियर कैलीपर द्वारा परिशुद्ध (accurate) माप लेना सम्भव नहीं है।	माइक्रोमीटर द्वारा परिशुद्ध माप लेना सम्भव है।
6.	वर्नियर कैलीपर पर रीडिंग पढ़ने के लिए अत्यधिक अभ्यास की आवश्यकता होती है।	वर्नियर कैलीपर की तुलना में माइक्रोमीटर पर रीडिंग पढ़ना अत्यन्त सरल है।

3.6 गेज Gauge

गेज एक ऐसा मापक यन्त्र है जिसके द्वारा अवयवों के साइज को मापकर तथा तुलना करके, उत्पादन के समय को नियन्त्रित किया जाता है, जिससे उसकी अन्तर्परिवर्तनीयता सुनिश्चित की जा सके।

किसी कारीगर द्वारा गेज का प्रयोग निम्नलिखित उद्देश्यों की पूर्ति हेतु किया जाता है

1. इसके प्रयोग से समय की बचत होती है।
2. इसके प्रयोग से बनाए जाने वाले जॉब में कम खर्च होता है।
3. इसके प्रयोग से जॉब को जाँचने में कम समय लगता है।

भिन्न-भिन्न प्रकार के जॉब के साइजों को मापने के लिए भिन्न-भिन्न प्रकार के गेजों का प्रयोग किया जाता है।

औद्योगिक क्षेत्र में प्रयोग होने वाले विभिन्न गेजों को उनकी उपयोगिता के आधार पर तीन श्रेणियों में वर्गीकृत किया गया है

1. वर्कशॉप गेज (Workshop gauge)
2. निरीक्षण गेज (Inspection gauge)
3. मास्टर गेज (Master gauge)

गेज के प्रकार Types of Gauge

उपयोग के आधार पर गेज प्रायः निम्न प्रकार के होते हैं

1. लिमिट गेज
2. रेडियस गेज
3. फीलर गेज
4. थ्रेड पिच गेज
5. टेलिस्कोपिक गेज
6. डायल बोर गेज
7. वायर गेज
8. वैक्यूम गेज
9. टायर दाब गेज
10. सिलेण्डर गेज या डायल टेस्ट इण्डीकेटर
11. डिजिटल टेस्ट इण्डीकेटर

नोट *पाठ्यक्रम के अनुसार यहाँ फीलर गेज, थ्रेड पिच गेज, टेलिस्कोपिक गेज, डायल बोर गेज, वैक्यूम गेज, टायर दाब गेज तथा सिलेण्डर गेज का ही वर्णन किया गया है।*

1. फीलर गेज Feeler Gauge

फीलर गेज के द्वारा आपस में फिट हुए दो पार्ट्स के मध्य बनी झिर्री (slot) की जाँच की जा सकती है। इसके लिए विभिन्न मोटाइयों की कार्बन स्टील की ग्राइण्ड की हुई पत्तियाँ (blades) प्रयोग में लाई जाती हैं। विभिन्न मोटाई के गेजों के सैट एक होल्डर में रिवेट के द्वारा या स्क्रू के द्वारा फिट रहते हैं। प्रत्येक पत्ती पर एक साइड में उसकी मोटाई की माप लिखी रहती है। फीलर गेज इंचों तथा मिमी दोनों मापों में उपलब्ध हैं। इन सैटों में विभिन्न रेंज की मापों की विभिन्न संख्याओं में पत्तियाँ रहती हैं।

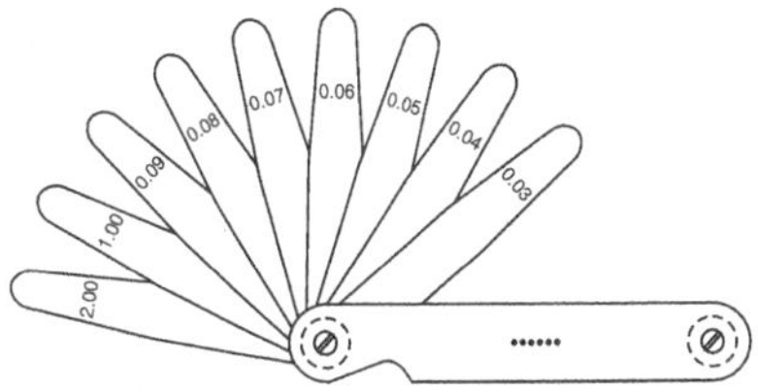

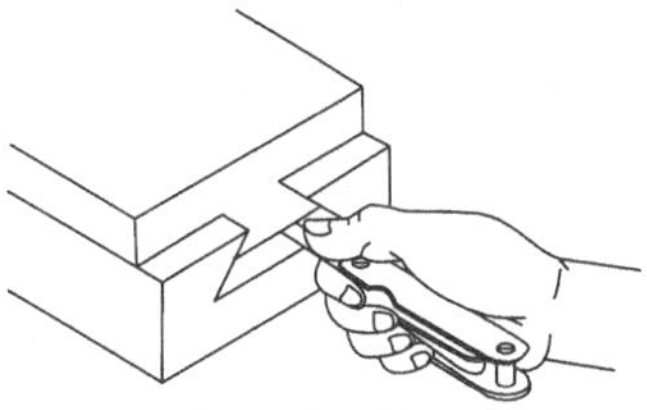

चित्र फीलर गेज

तालिका भारतीय मानक संस्थान द्वारा मीट्रिक प्रणाली में स्वीकृत फीलर गेज

सैट नं.	सैट में ब्लेडों की संख्या	रेंज	ब्लेडों की मोटाई (मिमी में)
1.	8	.03 से 10 तक	.03, .04, .05, .06, .07, .08, .09, .10
2.	9	.03 से .09 तक	.03, .03, .04, .04, .05, .05, .06, .07, .09
3.	16	.03 से 0.5 तक	.03, .04, .05, .05, .06, .07, .08, .09, .1, .15, .2, .25, .3, .35, .4, .45, .5
4.	11	.03 से 0.5 तक	.03, .04, .05, .06, .07, .1, .15, .2, .3, .4, .5
5.	14	.03 से 1.0 तक	.05, .06, .07, .08, .09, .1, .15, .2, .25, .3, .4, .5, .75, 1.0
6.	11	.03 से 1.0 तक	.05, .06, .07, .08, .09, .1, .15, .2, .4, .75, 1.0
7.	11	.05 से 1.0 तक	.05, .55, .6, .65, .7, .75, .8, .85, .9, .06, 1.0

फीलर गेज के उपयोग Uses of Feeler Gauge

फीलर गेज के मुख्य उपयोग निम्न प्रकार हैं

(i) इसके द्वारा आपस में मिलने वाले पुर्जों के मध्य अन्तराल की जाँच की जा सकती है।

(ii) फिक्स्चर तथा मशीनिंग करने वाले कटिंग टूलों के मध्य अन्तर सैट करने के लिए फीलर गेज का उपयोग किया जाता है।

(iii) इसके द्वारा स्पार्क प्लग गेज के अन्तर तथा इंजन के टैप्ड (tapped) अन्तर की जाँच की जा सकती है।

2. थ्रेड पिच गेज Thread Pitch Gauge

यह रेडियस गेज या फीलर गेज के समान कार्बन स्टील की पत्तियों का बना होता है। इन पत्तियों को विभिन्न पिचों की थ्रेडों की प्रोफाइल (profile) के अनुसार टेढ़ा-मेढ़ा (zig-zag) काटा गया होता है। प्रत्येक ब्लेड पर थ्रेड की पिच अंकित की गई होती है। इसको स्क्रू पिच गेज (screw pitch gauge) के नाम से भी जाना जाता है

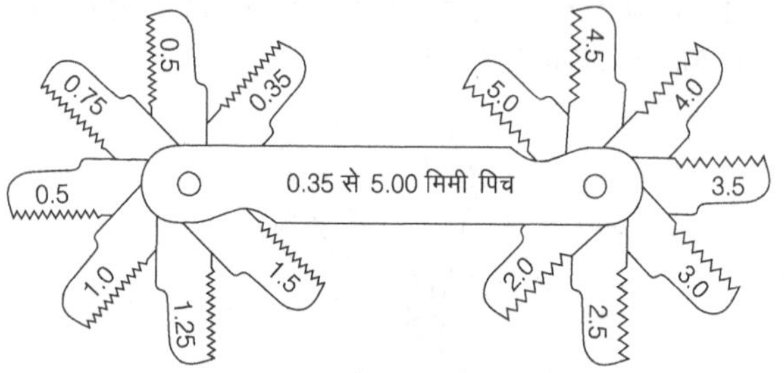

चित्र थ्रेड पिच गेज

शुद्ध परिणाम प्राप्त करने के लिए थ्रेड पिच गेज का प्रयोग करते समय, थ्रेड पर ब्लेड की पूरी लम्बाई रखनी आवश्यक होती है।

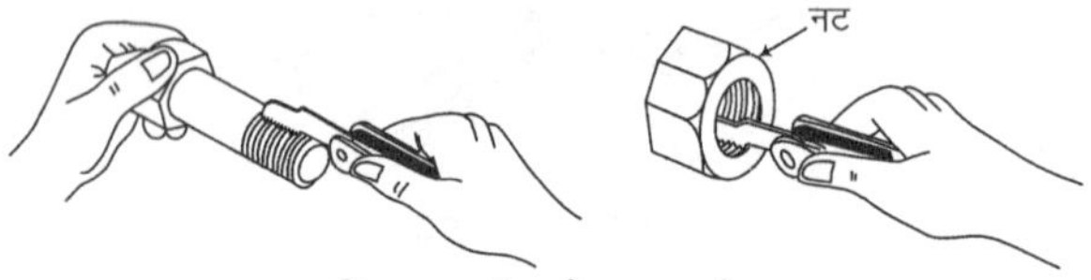

चित्र स्क्रू पिच गेज का प्रयोग

3. टेलिस्कोपिक गेज Telescopic Gauge

अधिक गहराई पर किसी छिद्र में माप लेने के लिए टेलिस्कोपिक गेज का प्रयोग किया जाता है। दिखने में यह गेज अंग्रेजी के *T* अक्षर के जैसी आकृति का होता है। इसमें किसी बोर या स्लॉट की माप लेने के लिए एक लम्बे हैण्डिल में प्लन्जर लगे होते हैं जो एक स्प्रिंग के द्वारा खुलते हैं तथा किसी भी साइज के जॉब के अन्दर हैण्डिल में लगे लॉकिंग स्क्रू के द्वारा लॉक किए जा सकते हैं। इस प्लन्जर के साइज को आउटसाइड माइक्रोमीटर द्वारा मापा जाता है। टेलिस्कोपिक गेज को चित्र में दर्शाया गया है।

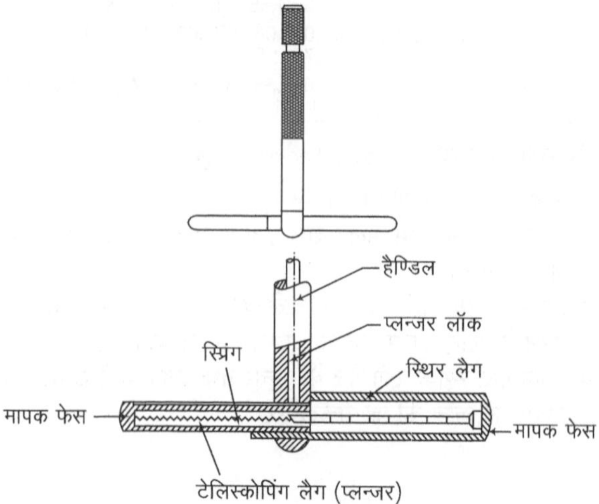

चित्र टेलिस्कोपिक गेज की संरचना

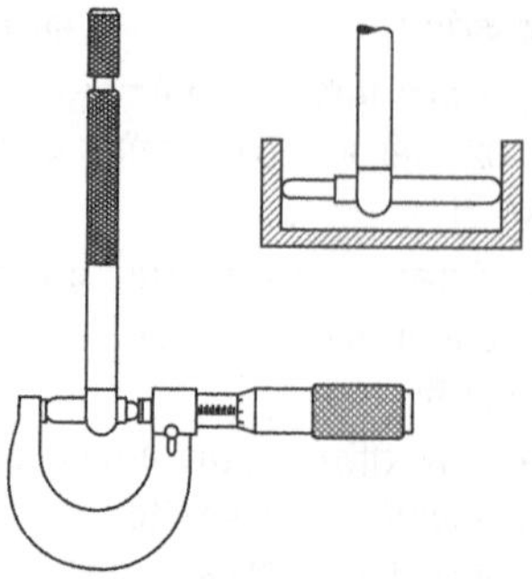

चित्र माइक्रोमीटर द्वारा टेलिस्कोपिक गेज के प्लन्जर की माप

छिद्रों के मापन के लिए टेलिस्कोपिक गेज निम्न सैटों में उपलब्ध होते हैं

सैट संख्या	**सीमा** (मिमी में)
संख्या-1	12.7 से 19
संख्या-2	19 से 32
संख्या-3	32 से 54
संख्या-4	54 से 90
संख्या-5	90 से 152.4

4. डायल बोर गेज Dial Bore Gauge

विभिन्न साइज अन्तराल के बोर का व्यास सीधे-सीधे चैक करने के लिए डायल बोर गेज कई साइजों में पाए जाते हैं। इनका प्रयोग उत्पादन कार्यों में किया जाता है। मास्टर माइक्रोमीटर अथवा परिशुद्ध वर्नियर माइक्रोमीटर की सहायता से इसे सैट कर लिया जाता है।

तत्पश्चात् उत्पादन प्रक्रिया इस गेज की सहायता से पूर्ण की जाती है। साइज चैक करने के लिए इस पर एक डायल गेज (dial gauge) लगा होता है जो साइज का मान अंकित करता है।

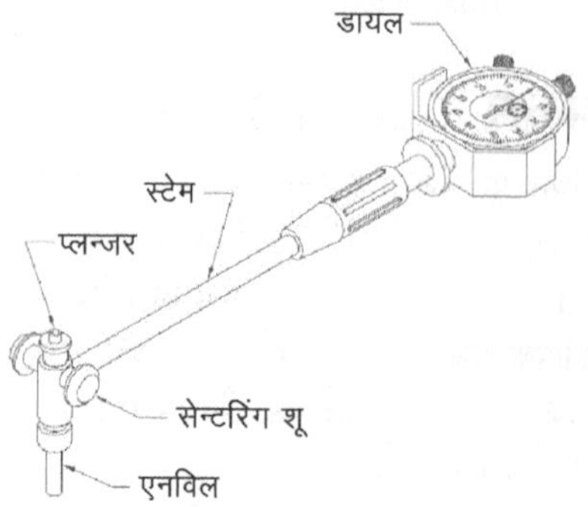

चित्र डायल बोर गेज

5. वैक्यूम गेज Vacuum Gauge

इस प्रकार के गेज का प्रयोग वैक्यूम में दाब मापन हेतु किया जाता है। वाहन के रख-रखाव में इसके कई उपयोग हैं, परन्तु लीकेज पकड़ने में इसका बड़ा महत्त्व है। इसका प्रयोग मैनीफोल्ड में दबाव मापने के लिए किया जाता है। सामान्यत: वैक्यूम को दो वर्गों उच्च वैक्यूम एवं निम्न वैक्यूम में वर्गीकृत

किया जा सकता है। इन दोनों प्रकारों के वैक्यूम में दाब मापन की आवश्यकता बनी रहती है जिस कारण वैक्यूम गेज का प्रयोग किया जाता है।

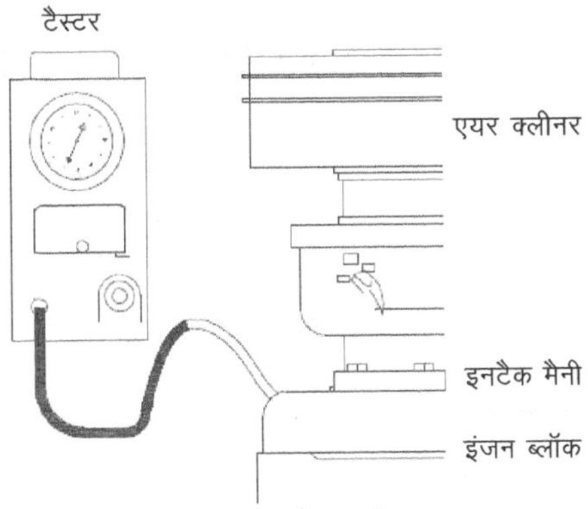

चित्र वैक्यूम गेज

6. टायर दाब गेज Tyre Pressure Gauge

इस प्रकार के गेज का प्रयोग ऑटोमोबाइल के क्षेत्र में वाहन टायर के दाब मापन हेतु किया जाता है। वाहनों में टायर एक आवश्यक अवयव है। अत: इसे व्यवस्थित क्रियाशील बनाए रखना चालक का कर्त्तव्य है। सामान्यत: इस गेज में एक डायल होता है जिसमें एक हौज पाइप संयोजित होता है जिससे टायर के दाब मापन हेतु टायर/ट्यूब वाल्व बॉडी पर प्रवेश कराया जाता है जो अन्त: दबी हुई वायु का मान पौण्ड प्रति वर्ग इंच या किग्रा प्रति वर्ग सेन्टीमीटर में डायल पर दर्शाता है। प्रदर्शित चित्र में टायर दाब गेज को दर्शाया गया है।

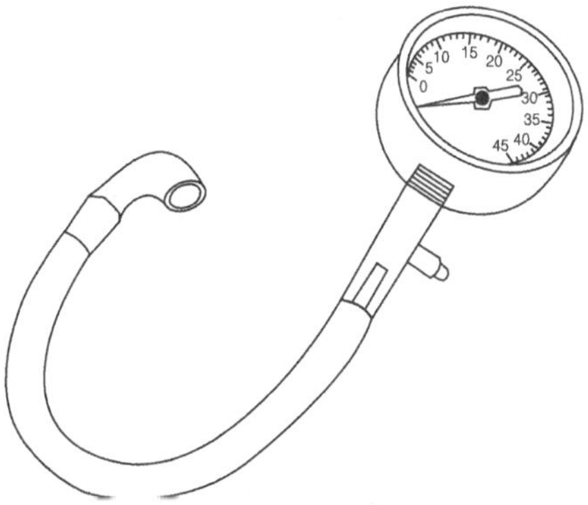

चित्र टायर दाब गेज

नोट *टायर का दाब तभी चैक करें जब वह ठण्डा हो, क्योंकि तापमान बढ़ने से प्रैशर बढ़ जाता है।*

7. सिलेण्डर गेज या डायल टैस्ट इण्डीकेटर Cylinder Gauge or Dial Test Indicator

डायल टैस्ट इण्डीकेटर एक उच्च परिष्करण वाला यन्त्र है जिसका प्रयोग अवयवों के साइज के विचलन को ज्ञात एवं तुलना करने में किया जाता है। वास्तव में यह एक तुलनात्मक अध्ययन करने वाला यन्त्र है, इसलिए इसे एक मापन यन्त्र न कहकर तुलना करने वाला यन्त्र कह सकते हैं।

डायल टैस्ट इण्डीकेटर का प्रयोग लेथ मशीन पर जॉब को सेन्टर में सैट करने के लिए किया जाता है। इसके अतिरिक्त डायल टैस्ट इण्डीकेटर का प्रयोग किसी जॉब की समतलता, सीधापन, समान्तरता आदि के निरीक्षण के लिए भी किया जाता है।

वर्नियर कैलीपर तथा माइक्रोमीटर के विपरीत यह यन्त्र प्रत्यक्ष पाठ्यांक न दर्शाकर इसमें लगे अंशांकित डायल (graduated dial) की सहायता से पाठ्यांक को दर्शाता है।

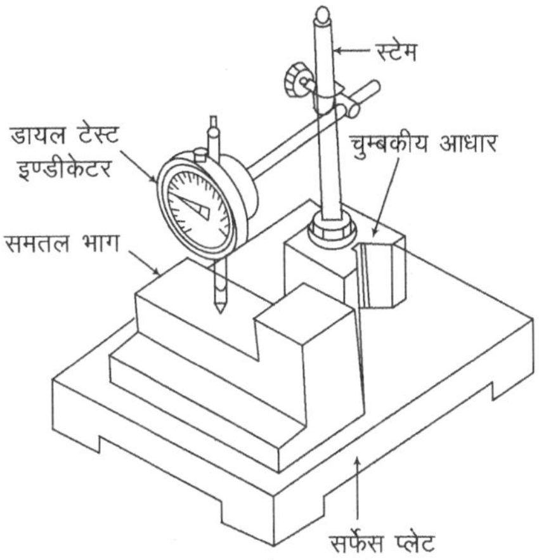

चित्र डायल टैस्ट इण्डीकेटर

डायल टैस्ट इण्डीकेटर का सिद्धान्त Principle of Dial Test Indicator

यह प्लन्जर अथवा सूई की सूक्ष्म गति के आवर्धन (magnification) को वृत्ताकार पैमाने पर, सूचक की घूर्णन गति के रूप में रूपान्तरित करता है। रैक व पिनियन साइज के अन्तर को, यान्त्रिक विधि से बड़ा करके डायल पर दिखाता है।

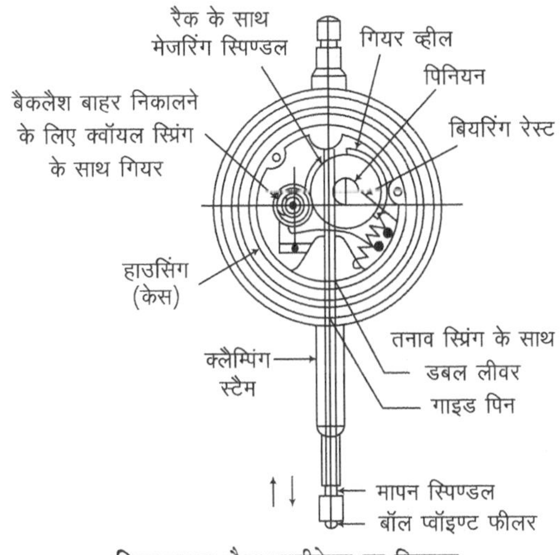

चित्र डायल टैस्ट इण्डीकेटर का सिद्धान्त

नीचे चित्र में एक डायल टैस्ट इण्डीकेटर के विभिन्न भागों को दर्शाया गया है।

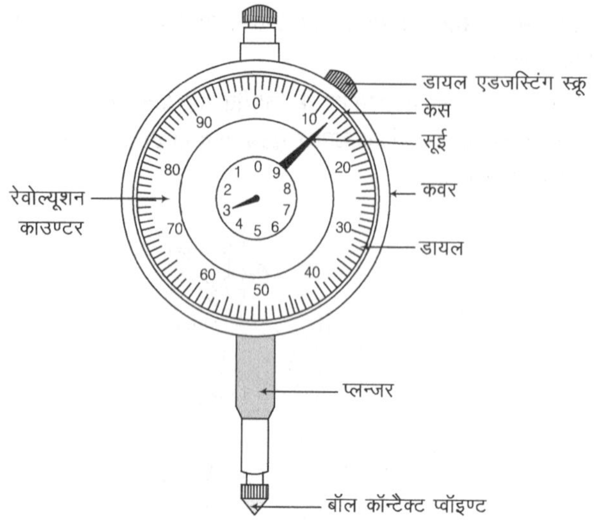

चित्र डायल टैस्ट इण्डीकेटर के भाग

मीट्रिक प्रणाली में डायल टेस्ट इण्डीकेटर का अल्पतमांक

मीट्रिक प्रणाली में स्पिण्डल पर 25 मिमी लम्बाई का 50 दाँतों वाला एक रैक कटा होता है। यह रैक एक दाँता ऊपर उठने पर $\frac{1}{2}$ मिमी चलता है। रैक के साथ एक 10 दाँतों वाला पिनियन मैश करता है। इस पिनियन पर एक 75 दाँतों वाली गियर जुड़ी रहती है जिसके साथ एक अन्य पिनियन लगा रहता है, जिसमें दाँतों की संख्या 15 होती है।

पिनियन पर एक इण्डीकेटर फिट होता है, जिसकी नीडिल के चक्करों की संख्या को निम्न सूत्र द्वारा ज्ञात किया जाता है

नीडिल के चक्करों की संख्या $= \frac{\text{ड्राइवर}}{\text{ड्रिविन}} = \frac{50 \times 75}{10 \times 15} = 25$

रैक द्वारा 50 दाँते चलने पर नीडिल द्वारा चले गए चक्करों की संख्या $= 25$

रैक द्वारा 1 दाँता चलने पर नीडिल द्वारा चले गए चक्करों की संख्या

$$= \frac{25 \times 1}{50} = \frac{1}{2}$$

रैक द्वारा 1 दाँता ऊपर उठने पर चली गई दूरी $= \frac{1}{2}$ मिमी

$= $ नीडिल का $\frac{1}{2}$ चक्कर

यदि डायल के एक चक्कर में कुल भागों की संख्या 100 हो, तो डायल के आधे चक्कर में भागों की संख्या $= 50$

जब नीडिल 50 भाग चलती है, तो रैक चलता है $= \frac{1}{2}$ मिमी

जब नीडिल 1 भाग चलेगी, तो रैक चलेगा $= \frac{1}{2 \times 50}$ मिमी $\frac{1}{100} = 0.01$ मिमी

अत: डायल टैस्ट इण्डीकेटर का अल्पतमांक $= 0.01$ मिमी

ब्रिटिश प्रणाली में डायल टैस्ट इण्डीकेटर का अल्पतमांक

ब्रिटिश प्रणाली में स्पिण्डल की 1 इंच लम्बाई में 40 दाँतों वाला एक रैक कटा होता है जो मुख्य ड्राइवर का कार्य करता है। यह रैक एक दाँता ऊपर उठने पर $\frac{1}{40}$ इंच चलता है। रैक के साथ एक पिनियन मैश करता है, जिसमें 20 दाँते होते हैं। इस पिनियन पर 100 दाँतों वाली एक स्थिर गियर फिट रहती है जिससे 10 दाँतों वाला एक पिनियन मैश करता है जिस पर एक नीडिल फिट की जाती है। इस नीडिल के चक्करों की संख्या को निम्न सूत्र से ज्ञात किया जाता है

चक्करों की संख्या $=$ ड्राइवर/ड्रिविन $= \frac{40 \times 100}{20 \times 10} = 20$

जब रैक 40 दाँते चलता है, तो नीडिल द्वारा चले गए चक्करों की संख्या $= 20$

अत: रैक द्वारा 1 दाँता चलने पर नीडिल द्वारा चले गए चक्करों की संख्या

$$= \frac{20 \times 1}{40} = \frac{1}{2} \text{ चक्कर}$$

यदि डायल के एक पूर्ण चक्कर में 50 भाग हों, तो डायल के आधे चक्कर में भागों की संख्या $= 25$

$\because$ जब नीडिल 25 भाग चलती है तो रैक चलता है $= \frac{1}{40}$ इंच

$\therefore$ जब नीडिल 1 भाग चलेगी तो रैक चलेगा $= \frac{1}{40} \times \frac{1}{25}$

$$= \frac{1}{1000}$$

$= 0.001$ इंच

अत: ब्रिटिश प्रणाली में डायल टैस्ट इण्डीकेटर का अल्पतमांक

$= 0.001$ इंच

डायल टेस्ट इण्डीकेटर के अनुप्रयोग

डायल टैस्ट इण्डीकेटर का प्रयोग निम्न कार्यों हेतु किया जाता है

(i) किसी जॉब की सतह की समतलता व समान्तरता की जाँच करने के लिए।

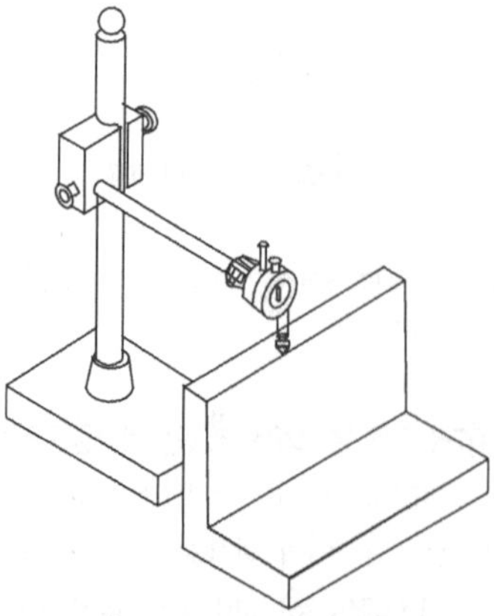

चित्र समान्तरता की जाँच

(ii) किसी जॉब का टेपर चैक करने के लिए।

(iii) सिलेण्ड्रिकल जॉब की वक्रता चैक करने के लिए।

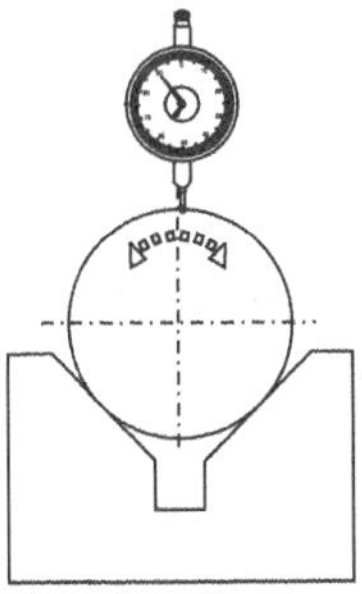

चित्र जॉब की वक्रता की जाँच

(iv) जॉब का सीधापन चैक करने के लिए।

(v) हैडस्टॉक तथा टेलस्टॉक का अलाइनमेन्ट चैक करने के लिए

(vi) किसी शाफ्ट का केन्द्रीकरण (concentricity) चैक करने के लिए।

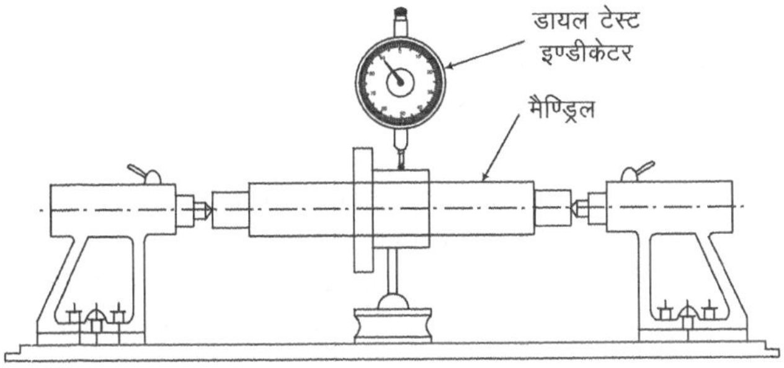

चित्र संकेन्द्रिता के लिए बुश जाँच

डायल टेस्ट इण्डीकेटर प्रयोग करते समय सावधानियाँ

डायल टेस्ट इण्डीकेटर एक संवेदनशील उपकरण है। अत: इसका प्रयोग बहुत सावधानीपूर्वक करना चाहिए।

(i) अधिक रफ सर्फेस पर इसका प्रयोग नहीं करना चाहिए।

(ii) घूमते हुए जॉब पर इसका प्रयोग नहीं होना चाहिए।

(iii) कटिंग टूल्स तथा हैण्ड टूल्स से इसे अलग लकड़ी अथवा प्लास्टिक के बॉक्स में रखना चाहिए।

(iv) कार्य के पश्चात् इसको साफ करके रखना चाहिए।

(v) तेल अथवा ग्रीस युक्त हाथों से इसे नहीं पकड़ना चाहिए।

(vi) इसको प्रयोग करते समय प्लन्जर को झटके से नहीं दबाना चाहिए।

3.7 स्ट्रैट एज Straight Edge

स्ट्रैट एज का प्रयोग किसी जॉब की विभिन्न सतहों की समतलता चैक करने के लिए किया जाता है। छोटे जॉब की सतह को ट्राई-स्क्वायर के ब्लेड या स्टील रूल से भी चैक कर लेते हैं, परन्तु लम्बी सतहों; जैसे—मशीन के बैड, मशीन की गाइडें आदि स्ट्रैट एज से ही चैक किए जाते हैं।

स्ट्रैट एज निम्न तीन प्रकार की होती हैं

1. कास्ट आयरन स्ट्रैट एज Cast iron straight edge

यह कास्ट आयरन की ढलाई की गई पट्टी होती है, जिसकी लम्बाई लगभग 3 मी होती है। इसको तिरछा होने से बचाने के लिए इसके ऊपर के भाग को रिब (rib) द्वारा मजबूती प्रदान करते हैं। इसका उपयोग मशीनों के लम्बे गाइड-वेज (guide-ways) तथा समतलता जाँचने के लिए किया जाता है। इसका क्रॉस-सैक्शन (cross-section) गाइड-वेज के अनुरूप कई प्रकार का होता है।

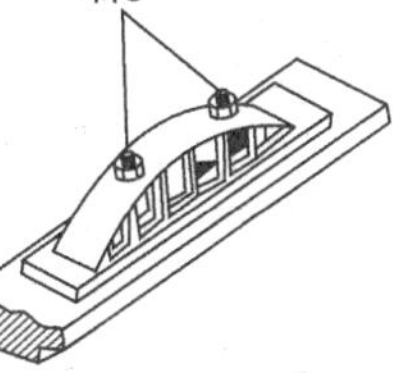

चित्र कास्ट आयरन स्ट्रैट एज

2. स्टील स्ट्रैट एज Steel straight edge

स्टील स्ट्रैट एज हाई कार्बन स्टील के बनाई जाती हैं। इनकी लम्बाई 2 मी तक होती है। इनकी एक साइड टेपर करके थोड़ी पतली बना देते हैं, जिससे स्ट्रैटनैस (straightness) चैक करने में सुविधा रहती है। नीचे चित्र में स्टील स्ट्रैट एज को दर्शाया गया है।

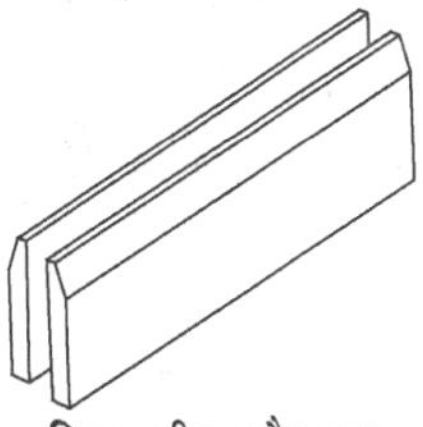

चित्र स्टील स्ट्रैट एज

3. बेवेल्ड स्ट्रैट एज Beveled Straight Edge

बेवेल्ड स्ट्रैट एज लम्बाई में छोटी होती है। इसका उपयोग डाई मेकर्स तथा मशीन फिटर्स द्वारा किया जाता है। इसका एक सिरा दोनों ओर से टेपर करके नुकीला बनाया होता है, जिससे टाइगों तथा स्लाइडों की सतहों की स्ट्रैटनैस आसानी से चैक की जा सके। चित्र में बेवेल्ड स्ट्रैट एज को दर्शाया गया है।

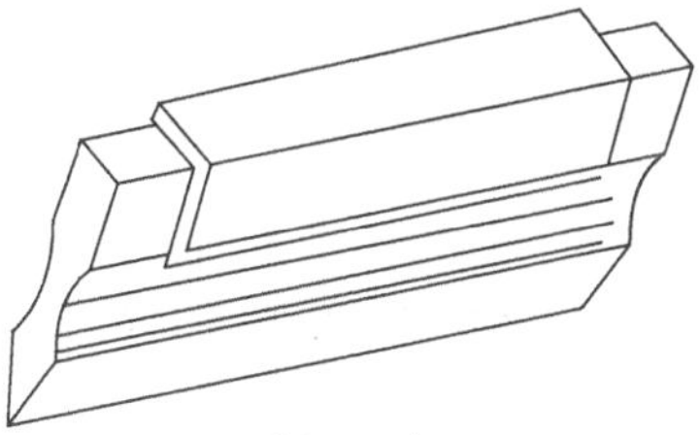

चित्र बेवेल्ड स्ट्रैट एज

महत्त्वपूर्ण बिन्दु

- दो रेखाओं के प्रतिच्छेद बिन्दु की माप को कोणीय माप कहते हैं।
- माइक्रोमीटर में प्रयुक्त फ्रेम, ड्रॉप फोर्ज्ड इस्पात अथवा आघातवर्धनीय ढलवाँ लोहे से तथा स्पिण्डल, कठोर व ग्राइण्ड किए हुए क्रोमियम स्टील से निर्मित होता है।
- मीट्रिक माइक्रोमीटर का अल्पतमांक 0.01 मिमी तथा ब्रिटिश माइक्रोमीटर का अल्पतमांक 0.001'' होता है।
- थिम्बल की जीरो रेखा, स्लीव पर लगी डेटम लाइन से पीछे होने पर माइक्रोमीटर में उत्पन्न त्रुटि 'धनात्मक त्रुटि' होती है।
- आउटसाइड माइक्रोमीटर में प्रयुक्त 'U' फ्रेम के एक सिरे पर लगे एनविल की टिप हाई कार्बन स्टील अथवा टंगस्टन कार्बाइड से निर्मित होती है।
- बड़े इनसाइड माइक्रोमीटर द्वारा 2" अथवा 50 मिमी से छोटी माप नहीं ली जा सकती है।
- डैप्थ माइक्रोमीटर की परास 1" अथवा 25 मिमी होती है।
- डैप्थ माइक्रोमीटर द्वारा मापन कार्य प्रारम्भ करने से पूर्व इसकी शून्य त्रुटि ज्ञात की जाती है।
- वर्नियर कैलीपर द्वारा जॉब की बाह्य, आन्तरिक तथा गहराई की माप ली जाती है।
- डैप्थ बार का प्रयोग किसी झिर्री अथवा छिद्र की गहराई मापने के लिए किया जाता है।
- ब्रिटिश प्रणाली के अन्तर्गत वर्नियर कैलीपर का अल्पतमांक 0.001" तथा मीट्रिक प्रणाली के अन्तर्गत 0.02 मिमी होता है।
- डायल कैलीपर में वर्नियर स्केल के स्थान पर डायल गेज का प्रयोग किया जाता है।
- गेज द्वारा जॉब की माप लेने से समय की बचत के साथ जॉब के निर्माण में होने वाला व्यय कम हो जाता है।
- फीलर गेज द्वारा आपस में फिट किए गए दो अवयवों के मध्य बनी झिर्री की जाँच की जाती है।
- थ्रेड पिच गेज, रेडियस गेज तथा फीलर गेज की भाँति कार्बन स्टील की पत्तियों का बना होता है।
- थ्रेड पिच गेज को स्क्रू पिच गेज भी कहते हैं।
- अधिक गहराई पर किसी छिद्र की माप लेने के लिए टेलिस्कोपिक गेज का प्रयोग किया जाता है जिसकी आकृति अंग्रेजी वर्णमाला के 'T' अक्षर की भाँति होती है।
- डायल बोर गेज का प्रयोग सामान्यतः उत्पादन कार्यों में किया जाता है।
- डायल बोर गेज को सैट करने के लिए मास्टर माइक्रोमीटर अथवा वर्नियर माइक्रोमीटर का प्रयोग किया जाता है।
- मैनीफोल्ड में दबाव मापन के लिए वैक्यूम गेज उपयुक्त होता है।
- ऑटोमोबाइल के क्षेत्र में टायर/ट्यूब वाल्व का दबाव टायर दाब गेज द्वारा मापा जाता है।
- टायर दाब गेज द्वारा मापी गई वायु का दाब पौण्ड प्रति वर्ग इंच अथवा किग्रा प्रति वर्ग सेन्टीमीटर में दर्शाया जाता है।
- सिलेण्डर गेज/डायल टेस्ट इण्डीकेटर एक उच्च परिष्करण (finishing) वाला तुलनात्मक यन्त्र है।
- डायल टेस्ट इण्डीकेटर, वर्नियर कैलीपर्स तथा माइक्रोमीटर की भाँति प्रत्यक्ष पाठ्यांक न दर्शाकर अंशांकित डायल की सहायता से पाठ्यांक दर्शाता है।
- मीट्रिक प्रणाली के अन्तर्गत डायल टेस्ट इण्डीकेटर का अल्पतमांक 0.01 मिमी तथा ब्रिटिश प्रणाली के अन्तर्गत 0.001 इंच होता है।
- डायल टेस्ट इण्डीकेटर की सहायता से जॉब की समतलता, सीधापन, समान्तरता, टेपर इत्यादि को ज्ञात किया जाता है।

महत्त्वपूर्ण प्रश्नोत्तरी

1. बाह्य माइक्रोमीटर के स्पिण्डल फेस और मापन निहाई फेस के मध्य समान दबाव सुनिश्चित करने के लिए क्या करना चाहिए?

उत्तर बाह्य माइक्रोमीटर के स्पिण्डल फेस और मापन निहाई फेस के मध्य समान दबाव सुनिश्चित करने के लिए रैचेट स्टॉप का प्रयोग करना चाहिए।

2. इंच माइक्रोमीटर की स्लीव पर किस साइज के निशान अंकित होते हैं?

उत्तर इंच माइक्रोमीटर की स्लीव पर $\frac{1"}{10}$ से $\frac{1"}{40}$ तक के निशान अंकित होते हैं।

3. माइक्रोमीटर को कैसे सुरक्षित रखना चाहिए?

उत्तर माइक्रोमीटर को लकड़ी या प्लास्टिक के बॉक्स में रखकर सुरक्षित रखना चाहिए।

4. वर्नियर सूक्ष्ममापी यन्त्रों से क्या अभिप्राय है?

उत्तर वह सूक्ष्ममापी यन्त्र, जिसमें एक मेन स्केल या मुख्य स्केल तथा वर्नियर स्केल होता है, वर्नियर सूक्ष्ममापी यन्त्र कहलाता है।

5. ब्रिटिश प्रणाली में वर्नियर कैलीपर द्वारा कितनी परिशुद्धता तक माप ले सकते हैं?

उत्तर ब्रिटिश प्रणाली में वर्नियर कैलीपर द्वारा 0.001 इंच तक की परिशुद्धता में माप ले सकते हैं।

6. डायल बोर गेज को सैट करने हेतु किसका प्रयोग किया जाता है?

उत्तर डायल बोर गेज को सैट करने हेतु मास्टर माइक्रोमीटर अथवा परिशुद्ध वर्नियर माइक्रोमीटर का प्रयोग किया जाता है।

7. डायल टेस्ट इण्डीकेटर के सिद्धान्त को स्पष्ट कीजिए।

उत्तर डायल टेस्ट इण्डीकेटर (सिलेण्डर गेज) एक प्रकार का तुलनात्मक यन्त्र है, जो प्लन्जर अथवा सूई की सूक्ष्म गति के आवर्धन (magnification) को वृत्ताकार पैमाने पर सूचक की घूर्णन गति के रूप में रूपान्तरित करता है। इसके पश्चात् रैक व पिनियन, साइज के इस अन्तर को यान्त्रिक विधि से बड़ा करके डायल पर दर्शाते हैं।

अभ्यास प्रश्न

परीक्षा प्रारूपी प्रश्न

बहुविकल्पीय

1. दो रेखाओं के प्रतिच्छेद बिन्दु की माप को कहते हैं
(a) रेखीय माप (b) कोणीय माप
(c) त्रिज्य माप (d) समतल सतह माप

2. माइक्रोमीटर का फ्रेम निर्मित होता है
(a) आघातवर्धनीय ढलवाँ लोहे से (b) ड्रॉप फोर्ज्ड इस्पात से
(c) हाई कार्बन स्टील से (d) 'a' और 'b' दोनों से

3. माइक्रोमीटर की डेटम लाइन कहाँ होती है?
(a) थिम्बल पर (b) फ्रेम पर
(c) स्लीव पर (d) इनमें से कोई नहीं

4. थिम्बल के ऊपर रैचेट की क्या उपयोगिता है?
(a) स्क्रू को घुमाता है (b) स्क्रू को लॉक करता है
(c) जॉब पर निश्चित दाब डालता है
(d) उपरोक्त में से कोई नहीं

5. माइक्रोमीटर किस सिद्धान्त पर कार्य करता है?
(a) माइक्रोमीटरी के (b) वर्नियर के
(c) नट-बोल्ट के (d) इनमें से कोई नहीं

6. माइक्रोमीटर का अल्पतमांक कितने माइक्रोन होता है?
(a) 1 (b) 10 (c) 100 (d) इनमें से कोई नहीं

7. मीट्रिक माइक्रोमीटर पर स्पिण्डल चूड़ी का अन्तराल है
(a) 0.01 मिमी (b) 0.001 मिमी
(c) 0.02 मिमी (d) 0.5 मिमी

8. मीट्रिक माइक्रोमीटर में एक थिम्बल स्केल का मान होता है
(a) 1 मिमी (b) 0.02 मिमी (c) 0.4 मिमी (d) 0.01 मिमी

9. चित्र में 'X' अंकित भाग का नाम बताइए

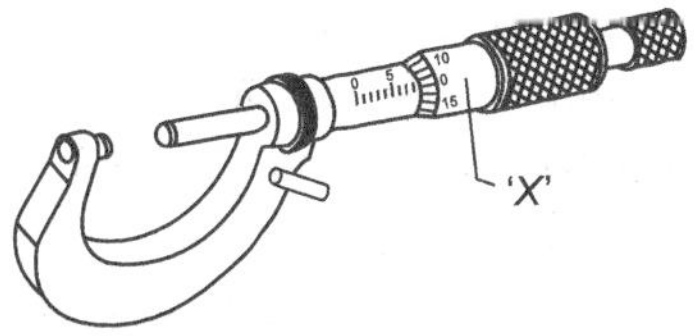

(a) स्पिण्डल (b) एनविल (c) थिम्बल (d) बैरल/स्लीव

10. निम्न में से किस उपकरण का अल्पतमांक निम्नतम होता है?
(a) वर्नियर माइक्रोमीटर (b) वर्नियर कैलीपर
(c) माइक्रोमीटर (d) इनमें से कोई नहीं

11. यदि थिम्बल का 'O' ग्रेजुएशन डेटम लाइन से ऊपर है, जब मापन फेस सम्पर्क में हो, तो अशुद्धि है
(a) शून्य (b) धनात्मक
(c) धनात्मक एवं ऋणात्मक (d) ऋणात्मक

12. एक माइक्रोमीटर जिसमें 0.03 मिमी की ऋणात्मक त्रुटि है, वह 25.52 मिमी की माप दर्शाता है उसका सही आकार .... है।
(a) 25.50 मिमी (b) 25.55 मिमी
(c) 25.57 मिमी (d) 25.60 मिमी

13. धनात्मक शून्य त्रुटि में थिम्बल की शून्य रेखा डेटम लाइन के
(a) आगे होती है (b) पीछे रहती है
(c) कहीं भी हो सकती है (d) इनमें से कोई नहीं

14. आउटसाइड माइक्रोमीटर के द्वारा अधिक-से-अधिक कितनी दूरी मापी जा सकती है?
(a) 100 मिमी (b) 50 मिमी
(c) 25 मिमी (d) इनमें से कोई नहीं

15. आउटसाइड माइक्रोमीटर में प्रयुक्त 'U' आकार के फ्रेम के एक सिरे पर लगे एनविल की टिप बनी होती है
(a) एल्युमीनियम से (b) हाई कार्बन स्टील से
(c) टंगस्टन कार्बाइड से (d) 'b' और 'c' दोनों से

16. किस आन्तरिक माप को आन्तरिक माइक्रोमीटर से मापना सम्भव नहीं है?
(a) 12.23 मिमी (b) 18.63 मिमी (c) 28.20 मिमी (d) 26.20 मिमी

17. आन्तरिक माइक्रोमीटर से कौन-सा आन्तरिक मापन नहीं किया जा सकता?
(a) 10.45 मिमी (b) 26.35 मिमी
(c) 76.20 मिमी (d) 110.55 मिमी

18. डैप्थ माइक्रोमीटर की मापन परास (measuring range) होती है
(a) 1" या 25 मिमी (b) 1" या 50 मिमी
(c) 2" या 25 मिमी (d) 1.5" या 25 मिमी

19. डैप्थ माइक्रोमीटर द्वारा ग्रूव की गहराई मापने से पूर्व किसे ज्ञात किया जाता है?
(a) धनात्मक त्रुटि (b) ऋणात्मक त्रुटि
(c) 'a' और 'b' दोनों (d) इनमें से कोई नहीं

20. वर्नियर कैलीपर का आविष्कारक, पैरी वर्नियर किस देश का रहने वाला था?
(a) इटली (b) जर्मनी
(c) फ्रांस (d) इनमें से कोई नहीं

21. साधारणतः कैलीपर किस धातु के बनाए जाते हैं?
(a) स्टेनलैस स्टील (b) हाईकार्बन स्टील
(c) माइल्ड स्टील (d) इनमें से कोई नहीं

22. वर्नियर कैलीपर में प्रयुक्त थम्ब लीवर का कार्य है
(a) जॉब की बाह्य एवं आन्तरिक माप लेना
(b) छिद्र की गहराई मापना

(c) वर्नियर स्लैब को बीम पैमाने पर किसी भी स्थिति में स्थिर करना
(d) उपरोक्त सभी

23. साधारण कैलीपर का साइज होता है
(a) टाँगों की लम्बाई
(b) मापी जाने वाली अधिकतम लम्बाई
(c) रिवेट के सेन्टर से नोंक तक की लम्बाई
(d) उपरोक्त में से कोई नहीं

24. वर्नियर कैलीपर का डैप्थ बार किससे जुड़ा होता है?
(a) मेन स्केल (b) फिक्स जॉ
(c) फाइन एडजस्ट यूनिट (d) मूवेबल जॉ

25. वर्नियर कैलीपर में वर्नियर स्केल .... पर बना होता है।
(a) स्थिर जबड़े (b) बीम (c) चल जबड़े (d) फ्रेम

26. वर्नियर कैलीपर का अल्पतमांक होता है
(a) 0.02 मिमी अथवा 0.001'' (b) 0.001 मिमी अथवा 0.01''
(c) 0.002 मिमी अथवा 0.0001'' (d) उपरोक्त में से कोई नहीं

27. चित्र में दिखाए गए 'X' चिन्हित माप का प्रकार क्या है?

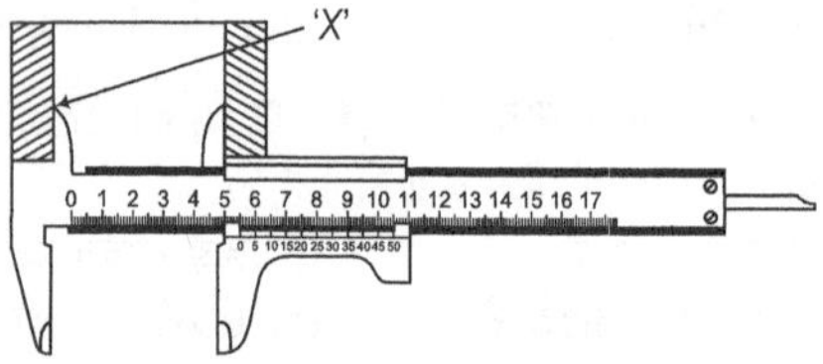

(a) आन्तरिक माप (b) बाह्य माप
(c) गहराई की माप (d) लम्बाई की माप

28. दिए गए चित्र में 'X' द्वारा अंकित भाग का नाम बताइए

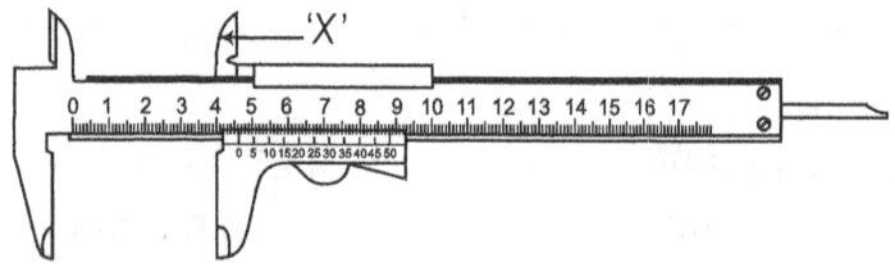

(a) स्थिर जबड़ा (b) गतिशील जबड़ा
(c) वर्नियर स्केल (d) मेन स्केल

29. निम्न में से कौन-सा यन्त्र वास्तविक विमा सीधे प्रदान करता है?
(a) इनसाइड कैलीपर (b) आउटसाइड कैलीपर
(c) वर्नियर कैलीपर (d) प्लग गेज

30. डायल कैलीपर में वर्नियर स्केल के स्थान पर प्रयोग किया जाता है
(a) थ्रेड गेज (b) फीलर गेज
(c) डायल गेज (d) स्क्रू पिच गेज

31. गेज को प्रयोग करने का उद्देश्य है
(a) समय की बचत
(b) निर्मित किए जाने वाले जॉब की लागत में कमी
(c) जॉब की जाँच करने में लगने वाले समय में कमी
(d) उपरोक्त सभी

32. थ्रेड पिच गेज को .... के नाम से भी जाना जाता है।
(a) रिंग गेज (b) थ्रेड रिंग गेज
(c) रेडियस गेज (d) स्क्रू पिच गेज

33. आन्तरिक थ्रेड को जाँचने के लिए कौन-से प्रकार के गेज का प्रयोग किया जाता है?
(a) स्क्रू पिच गेज (b) स्क्रू थ्रेड प्लग गेज
(c) स्क्रू थ्रेड रिंग गेज (d) स्क्रू थ्रेड कैलीपर गेज

34. नीचे दर्शाए गए चित्र में यन्त्र का नाम बताइए

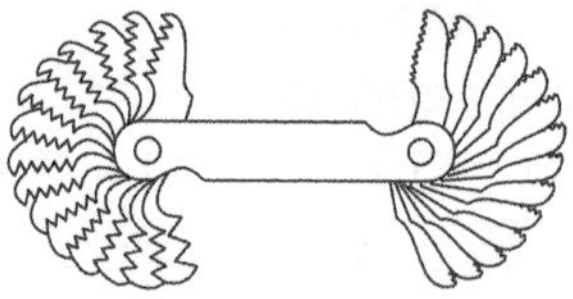

(a) फीलर गेज (b) स्क्रू पिच गेज
(c) डैप्थ गेज (d) रेडियस गेज

35. प्रति इंच थ्रेडों की संख्या को जाँचा जा सकता है
(a) टूल गेज द्वारा (b) मीट्रिक पैमाने द्वारा
(c) रिंग गेज द्वारा (d) स्क्रू पिच गेज द्वारा

36. टेलिस्कोपिक गेज का आकार अंग्रेजी वर्णमाला के किस अक्षर की भाँति होता है?
(a) A (b) U
(c) D (d) T

37. मैनीफोल्ड में दबाव मापने हेतु निम्न में से किस प्रकार का गेज उपयुक्त होता है?
(a) दाब गेज (b) वैक्यूम गेज
(c) डायल बोर गेज (d) सिलेण्डर गेज

38. टायर दाब गेज, टायर के अन्दर भरी हुई वायु के मान को दर्शाता है
(a) पौण्ड प्रति वर्ग इंच में (b) किग्रा प्रति वर्ग सेन्टीमीटर में
(c) ग्राम प्रति वर्ग सेन्टीमीटर में (d) 'a' और 'b' दोनों

39. डायल टैस्ट इण्डीकेटर का प्रयोग किया जाता है
(a) जॉब सतह की समतलता तथा समान्तरता की जाँच करने में
(b) जॉब के टेपर की जाँच करने में
(c) बेलनाकार जॉब की वक्रता की जाँच करने में
(d) उपरोक्त सभी

40. मीट्रिक प्रणाली में डायल टैस्ट इण्डीकेटर का अल्पतमांक होता है
(a) 0.1 मिमी (b) 0.01 मिमी
(c) 0.001 मिमी (d) 0.0001 मिमी

उत्तरमाला

1. (b)	**2.** (d)	**3.** (c)	**4.** (c)	**5.** (c)	**6.** (b)	**7.** (d)	**8.** (d)	**9.** (c)	**10.** (a)
11. (d)	**12.** (b)	**13.** (b)	**14.** (a)	**15.** (d)	**16.** (a)	**17.** (a)	**18.** (a)	**19.** (c)	**20.** (c)
21. (c)	**22.** (c)	**23.** (c)	**24.** (a)	**25.** (c)	**26.** (a)	**27.** (a)	**28.** (b)	**29.** (c)	**30.** (c)
31. (d)	**32.** (d)	**33.** (a)	**34.** (b)	**35.** (d)	**36.** (d)	**37.** (b)	**38.** (d)	**39.** (d)	**40.** (b)

अध्याय 04

ड्रिलिंग मशीन, टैप, डाई एवं रीमर

Drilling Machine, Taps, Dies and Reamer

परिचय Introduction

ड्रिल एक प्रकार का कर्तन औजार है, जिसका प्रयोग विभिन्न धातुओं में वृत्ताकार छिद्र बनाने के लिए किया जाता है। सामान्यत: मशीनों के विभिन्न भागों को संयोजित करने हेतु रिवेटों तथा बोल्टों का प्रयोग किया जाता है। अत: मशीनी भागों में ड्रिल द्वारा ही उपयुक्त रिवेट तथा बोल्ट को गुजारने हेतु छिद्र बनाए जाते हैं। ड्रिल द्वारा छिद्र करने की यह प्रक्रिया ड्रिलिंग तथा इस प्रक्रिया में प्रयुक्त मशीन, ड्रिलिंग मशीन कहलाती है। वर्कशॉप में जॉब पर की जाने वाली कर्तन प्रक्रिया में कर्तन औजारों के अतिरिक्त कुछ सहायक औजार भी प्रयोग किए जाते हैं; जैसे डाई, टैप तथा रीमर। कर्तन प्रक्रिया में सहायक होने के कारण इन औजारों को कर्तन सहायक भी कहा जाता है। इन औजारों का प्रयोग प्राय: चूड़ी कर्तन, रीमिंग एवं लैपिंग जैसी प्रक्रियाओं में जॉब की परिष्कृति (finishing) के उद्देश्य से किया जाता है। परिष्कृति से आशय किसी भी कार्य की स्वच्छता अथवा सफाई से है। यह सफाई कार्योपरान्त सतहों की समतलता आदि तरीकों से उपयुक्त रूप से दर्शायी जा सकती है।

अध्याय विषय सूची

4.1 ड्रिल बिट Drill Bit

वह कटिंग टूल, जिसका प्रयोग विभिन्न ठोस पदार्थों में छिद्र करने के लिए किया जाता है, ड्रिल बिट कहलाता है। ड्रिल बिट का उपयोग करके सामान्यत: वृत्ताकार क्रॉस सेक्शन वाले छिद्र बनाए जाते हैं। ड्रिल बिट विभिन्न साइजों एवं आकृतियों में आते हैं तथा विभिन्न पदार्थों में विभिन्न प्रकार के छिद्र बनाने के लिए प्रयुक्त किए जाते हैं। ड्रिल बिट द्वारा छिद्र बनाने के लिए सर्वप्रथम बिट को ड्रिल मशीन में लगाया जाता है।

इसके पश्चात् ड्रिल मशीन को चलाकर कार्यखण्ड में छिद्र बनाए जाते हैं। ड्रिल बिट बनाने के लिए हाई-कार्बन स्टील, निम्न-कार्बन स्टील तथा हाई-स्पीड स्टील का प्रयोग किया जाता है। चित्र में ड्रिल बिट की सामान्य संरचना दर्शायी गई है

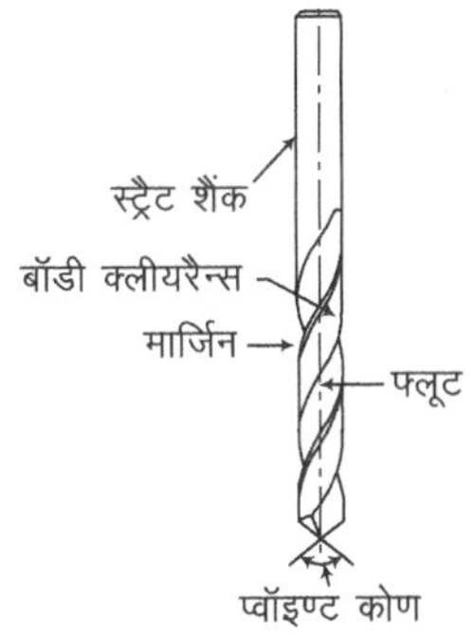

चित्र ड्रिल के भाग

ड्रिल के मुख्य भाग निम्न प्रकार हैं

1. बिन्दु	2. शैंक
3. टैंग	4. बॉडी
5. फ्लूट्स	6. मार्जिन
6. बॉडी क्लीयरैन्स	8. हील
9. वैब	10. ड्रिल कोण

उपरोक्त भागों का विवरण निम्न प्रकार है

1. बिन्दु Point

ड्रिल के आगे का वह भाग, जोकि शंकु के आकार का होता है, बिन्दु कहलाता है। बिन्दु पर बना शंकु कोण भिन्न-भिन्न धातुओं के लिए भिन्न-भिन्न होता है, परन्तु साधारणत: इसे 118° के कोण पर ग्राइण्ड किया जाता है। इसे चीजल एज (chisel edge) या डैड सेन्टर (dead centre) भी कहा जाता है। ड्रिल की काटने वाली धार, लिप कहलाती है, जो प्रत्येक फ्लूट के साथ होती है।

2. शैंक Shank

ड्रिल का वह ड्राइविंग एण्ड जो मशीन में फिट होता है, शैंक कहलाता है। यह ड्रिल के ऊपर का भाग है। शैंक दो प्रकार का होता है-टेपर शैंक तथा स्ट्रैट शैंक। टेपर शैंक बड़े व्यास की ड्रिल के लिए प्रयोग किया जाता है तथा स्ट्रैट शैंक छोटे व्यास की ड्रिल के लिए प्रयोग किया जाता है।

3. टैंग Tang

यह टेपर शैंक ड्रिल का वह भाग है जो ड्रिलिंग मशीन के स्पिण्डल में फिट होता है। यह छोटा एवं चपटा होता है, जिससे कि इसे ड्रिलिंग मशीन की सीट में फिट करने में आसानी होती है।

4. बॉडी Body

ड्रिल की बॉडी उसका वह भाग है, जिसमें स्पाइरल फ्लूट (spiral flute) कटा हुआ होता है। बिन्दु तथा प्वॉइण्ट के बीच का भाग ड्रिल की बॉडी कहलाता है। इस भाग में डैड सेन्टर से शैंक की ओर हल्का टेपर (0.05 मी से 100 मिमी) रहता है, जिस कारण कटिंग एज द्वारा होल बनने के पश्चात् ड्रिल की बॉडी, होल की दीवारों से रगड़ती हुई नहीं चलती है।

5. फ्लूट्स Flutes

फ्लूट्स स्पाइरल खाँचे होते हैं जो ड्रिल की लम्बाई पर बने होते हैं। फ्लूट्स ड्रिल के घूमने पर धातु या पदार्थ की छीलन उतारते हैं। ये खाँचे ड्रिल की बॉडी में बने होते हैं। अधिक लम्बी ड्रिलों में तीन या अधिक फ्लूट्स भी रहते हैं।

6. मार्जिन Margin

लैण्ड के ऊपर, कटिंग आकार में एक बहुत बारीक स्पाइरल आकार की उभरी हुई रेखा होती है, जिसे मार्जिन कहते हैं। यह मार्जिन ही होल का आकार बनाती है। दो विपरीत मार्जिनों के बीच की दूरी ही ड्रिल का व्यास होती है।

7. बॉडी क्लीयरैन्स Body Clearance

मार्जिन को छोड़कर लैण्ड का शेष भाग बॉडी क्लीयरैन्स कहलाता है। यह भाग, होल की सतहों के साथ घर्षण नहीं करता है, क्योंकि इसका व्यास कुछ कम होता है, जिस कारण घर्षण कम हो जाता है।

8. हील Heel

कटिंग एज के पीछे वाले भाग को **हील** कहते हैं। इस भाग को पीछे की ओर टेपर दिया जाता है, जिससे कटिंग करते समय मात्र कटिंग एज (edge) ही जॉब की तली को छुए।

9. वैब Web

ड्रिल की बॉडी के बीच धातु का वह भाग, जो उस पर बने फ्लूट्स के बीच में बचता है अर्थात् फ्लूट्स को पृथक् करता है, वैब कहलाता है। प्वॉइण्ट से शैंक की ओर इसकी मोटाई अधिक होती जाती है।

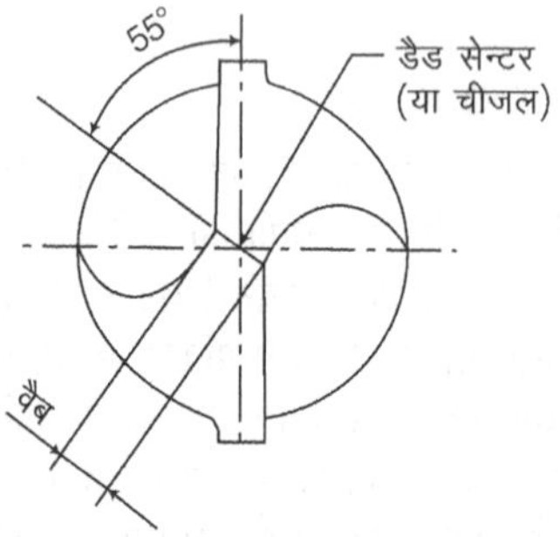

चित्र ड्रिल का वैब

ड्रिल का आकार Size of Drill

ड्रिल का आकार निर्धारित करने की चार पद्धतियाँ हैं जिनका विवरण नीचे दिया गया है

1. मिलीमीटर आकार के ड्रिल Millimetre Size Drill

मीट्रिक पद्धति के आधार पर ड्रिल का आकार मिमी में दिया जाता है। इस पद्धति के अनुसार 16 मिमी तक के ड्रिल स्ट्रेट शैंक के होते हैं तथा 16 मिमी से बड़े आकार के ड्रिल, टेपर शैंक के होते हैं।

ये बाजार में निम्न आकारों में उपलब्ध हैं

(i) स्ट्रेट शैंक ड्रिल Straight Shank Drill

स्ट्रेट शैंक ड्रिल 16 मिमी आकार तक के ही होते हैं। इसके विभिन्न आकारों को निम्न तालिका में दर्शाया गया है

क्र.सं.	आकार (0.2 से 0.98 मिमी तक)	अन्तराल (कुल 32 ड्रिल)
1.	1.0 से 3 मिमी तक	0.05 मिमी
2.	3.0 से 14 मिमी तक	0.1 मिमी
3.	14 से 16 मिमी तक	0.25 मिमी

(ii) **टेपर शैंक ड्रिल** Taper Shank Drill

टेपर शैंक ड्रिल 3 मिमी से बड़े आकार के होते हैं। ड्रिल शैंक में छः प्रकार का मोर्स टेपर दिया जाता है जो MT1 से MT6 के द्वारा प्रदर्शित किया जाता है। टेपर शैंक ड्रिल बाजार में निम्न आकारों व अन्तरालों में उपलब्ध हैं

क्र. सं.	आकार	अन्तराल
1.	3.0 मिमी से 14 मिमी तक	0.3 मिमी
2.	14 मिमी से 32 मिमी तक	0.25 मिमी
3.	32 मिमी से 51 मिमी तक	0.5 मिमी
4.	51 मिमी से 102 मिमी तक	1.0 मिमी

2. इंच आकार के ड्रिल Inch Size Drill

इनको फ्रैक्शनल आकार ड्रिल भी कहते हैं। इंचों में भी छोटे आकार के (1/2" तक) ड्रिल स्ट्रेट शैंक तथा बड़े आकार के ड्रिल टेपर शैंक होते हैं।

(i) **स्ट्रेट शैंक ड्रिल** Straight Shank Drill

ये ड्रिल 1/64" आकार से 1/32" आकार तक होते हैं तथा 1/64" के अन्तराल से बाजार में उपलब्ध हैं।

(ii) **टेपर शैंक ड्रिल** Taper Shank Drill

ये ड्रिल 1/8" से 5" व्यास तक के होते हैं। ये बाजार में निम्न आकारों व उनके सामने दिए गए अन्तरालों में उपलब्ध हैं

क्र. सं.	आकार	अन्तराल
1.	1/8" से 2" तक	1/64"
2.	2" से $3\frac{1}{2}$" तक	1/32"
3.	$3\frac{1}{2}$" से 5" तक	1/16"

3. अक्षर आकार के ड्रिल Letter Size Drill

अंग्रेजी वर्णमाला के अक्षरों (A-Z) को भी विभिन्न ड्रिलों के आकारों को प्रदर्शित करने के लिए प्रयोग किया जाता है। सबसे छोटे ड्रिल को 'A' से प्रदर्शित करते हैं तथा इसका व्यास 0.234" या 5.994 मिमी होता है जबकि सबसे बड़े ड्रिल को 'Z' से प्रदर्शित किया जाता है तथा इसका व्यास 0.413" या 10.490 मिमी होता है।

इनके मध्य अन्य अक्षरों के आकार निम्न तालिका में प्रदर्शित किए गए हैं

तालिका अक्षर आकार के ड्रिल

अक्षर	इंच	मिमी	अक्षर	इंच	मिमी
A	0.234	5.944	N	0.302	7.671
B	0.238	6.045	O	0.316	8.026
C	0.242	6.147	P	0.323	8.204
D	0.246	6.248	Q	0.332	8.433
E	0.250	6.35	R	0.339	8.611
F	0.257	6.528	S	0.348	8.839
G	0.261	6.629	T	0.358	9.093
H	0.266	6.756	U	0.368	9.347
I	0.272	6.909	V	0.377	9.576
J	0.277	7.036	W	0.386	9.804
K	0.281	7.137	X	0.397	10.084
L	0.290	7.366	Y	0.404	10.262
M	0.295	7.493	Z	0.413	10.490

4. नम्बर आकार के ड्रिल Number Size Drill

नम्बर पद्धति के अनुसार बाजार में 1 नम्बर से 80 नम्बर तक के ड्रिल उपलब्ध हैं, जो विभिन्न आकारों में होते हैं। सबसे छोटा ड्रिल 80 नम्बर का होता है, जोकि 0.0135" या 0.35 मिमी व्यास का होता है तथा सबसे बड़ा ड्रिल 1 नम्बर का होता है, जोकि 0.228" या 5.791 मिमी व्यास का होता है।

1 से 60 नम्बर के ड्रिल बाजार में सैट के रूप में उपलब्ध रहते हैं। विभिन्न नम्बरों के ड्रिल के आकारों को अग्रपृष्ठ पर तालिका में दर्शाया गया है

तालिका नम्बर आकार के ड्रिल

नम्बर आकार	ड्रिल व्यास	
	इंच	मिमी
1.	0.228	5.791
2.	0.221	5.613
3.	0.213	5.410
4.	0.209	5.309
5.	0.2055	5.220
6.	0.204	5.182
7.	0.201	5.105
8.	0.199	5.055
9.	0.196	4.978
10.	0.1935	4.915
11.	0.191	4.851
12.	0.189	4.801
13.	0.185	4.699
14.	0.182	4.623
15.	0.180	4.572
16.	0.177	4.496
17.	0.173	4.394
18.	0.1695	4.305
19.	0.166	4.216
20.	0.161	4.216
21.	0.159	4.039
22.	0.157	3.988
23.	0.154	3.912
24.	0.152	3.861
25.	0.1495	3.797
26.	0.147	3.734
27.	0.144	3.658
28.	0.1405	3.569
29.	0.136	3.454
30.	0.1285	3.264

नम्बर आकार	ड्रिल व्यास	
	इंच	मिमी
31.	0.120	3.048
32.	0.116	2.946
33.	0.113	2.870
34.	0.111	2.819
35.	0.110	2.794
36.	0.1064	2.705
37.	0.104	2.642
38.	0.1015	2.578
39.	0.0995	1.527
40.	0.098	1.489
41.	0.096	2.438
42.	0.0935	2.375
43.	0.089	2.261
44.	0.086	2.184
45.	0.082	2.083
46.	0.081	2.057
47.	0.0785	1.994
48.	0.076	1.930
49.	0.073	1.854
50.	0.070	1.778
51.	0.067	1.702
52.	0.0635	1.613
53.	0.0595	1.511
54.	0.055	1.395
55.	0.052	1.321
56.	0.0465	1.181
57.	0.043	1.092
58.	0.042	1.067
59.	0.041	1.041
60.	0.040	1.016
61.	0.0390	1.00
62.	0.0380	0.98
63.	0.0370	0.95
64.	0.0360	0.92
65.	0.0350	0.90
66.	0.033	0.85
67.	0.032	0.82
68.	0.031	0.79
69.	0.0292	0.75
70.	0.0280	0.70
71.	0.0260	0.65
72.	0.0240	0.65
73.	0.0240	0.60
74.	0.0225	0.58
75.	0.0210	0.52
76.	0.0200	0.50
77.	0.0180	0.45
78.	0.0160	0.40
79.	0.0145	0.38
80.	0.0135	0.35

ड्रिल कोण Drill Angle

अच्छी फिनिशिंग (finishing) व उच्च दक्षता प्राप्ति के लिए ड्रिल में भी अन्य कटिंग टूल की भाँति कुछ निश्चित कोण दिए जाते हैं, जो निम्न प्रकार हैं

1. बिन्दु कोण या कटिंग कोण Point Angle or Cutting Angle

सामान्य उद्देश्य या मानक ड्रिलों के कटिंग एज (cutting edges) अथवा लिप (lip) आपस में जिस कोण पर मिलते हैं, उसे कटिंग कोण या बिन्दु कोण (cutting angle or point angle) कहते हैं, जैसा कि चित्र में दर्शाया गया है।

यह कटिंग कोण कठोर धातुओं के लिए अधिक तथा मुलायम धातुओं के लिए कम होता है। इसका मान 80° से 140° के मध्य रहता है।

नीचे दिए गए चित्र में एक $59° + 59° = 118°$ के बिन्दु कोण वाला ड्रिल दर्शाया गया है।

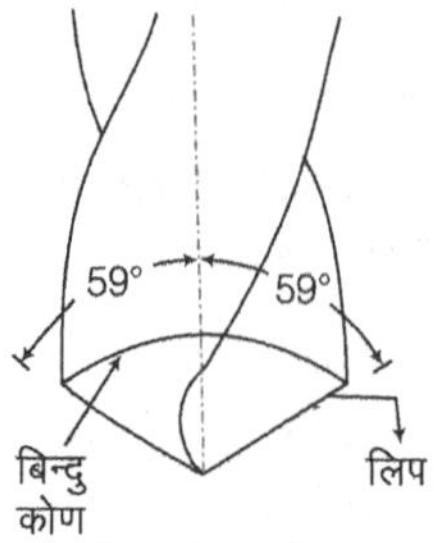

चित्र बिन्दु कोण

साधारण कार्यों के लिए 118° के बिन्दु कोण वाले ड्रिल का प्रयोग किया जाता है।

बिन्दु कोण जिन दो एज के बीच स्थित होता है, उसे **कटिंग एज** (cutting edge) या **लिप** (lip) कहते हैं। ये दोनों एज बराबर लम्बाई की बनी होती हैं। कुछ विशेष धातुओं को काटने के लिए निम्न सारणी में दिए गए बिन्दु कोण वाले ड्रिलों का प्रयोग किया जाता है

तालिका धातुएँ और उनके कटाई/बिन्दु कोण

क्र.सं.	धातु का नाम	कटाई या बिन्दु कोण
1.	मृदु स्टील, ढलवाँ लोहा	118°
2.	स्टेनलैस स्टील, फोर्ज स्टील	140°
3.	कास्ट स्टील	130°
4.	कॉपर व इसके अलॉय	100°
5.	एल्युमीनियम, टिन, कठोर लकड़ी	90°
6.	बैकेलाइट, प्लास्टिक, हार्ड रबड़ आदि	80°

2. चीजल एज कोण Chisel Edge Angle

लिप तथा चीजल एज के बीच के कोण को **चीजल एज कोण** कहते हैं। यह कोण 120° से 135° तक होता है। यह कोण वैब की मोटाई पर प्रभाव डालता है, इसलिए इसे वैब कोण (web angle) भी कहते हैं।

इसे निम्न चित्र द्वारा स्पष्ट किया गया है

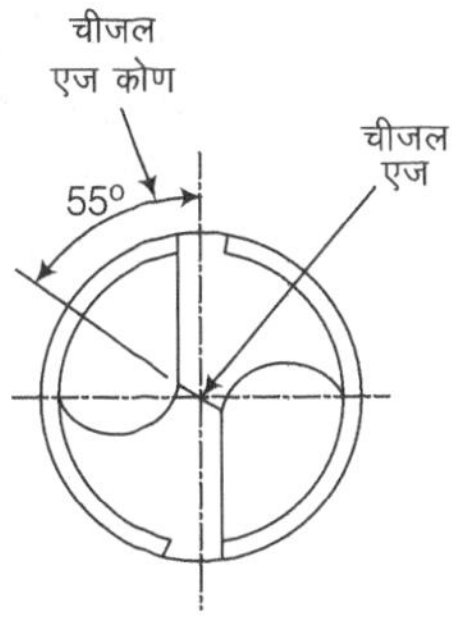

चित्र चीजल एज कोण

3. लिप क्लीयरैन्स कोण
Lip Clearance Angle

कटिंग एज के पीछे वाले भाग को एक विशेष कोण पर ग्राइण्ड किया जाता है, जिसे लिप क्लीयरैन्स कोण (lip clearance angle) कहते हैं। इस कोण को मुलायम धातुओं में अधिक रखा जाता है।

लिप क्लीयरैन्स कोण अधिक होने से ड्रिल की कटिंग एज कमजोर परन्तु अधिक तेज (sharp) बन जाती है। कठोर धातुओं के लिए ड्रिल में यह कोण कम रखा जाता है जिससे कटिंग एज की मजबूती बनी रहे। नीचे दिए गए चित्र में लिप क्लीयरैन्स कोण को दर्शाया गया है।

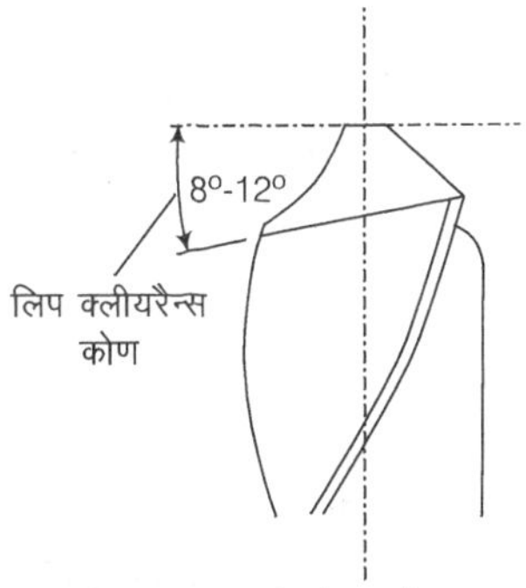

चित्र लिप क्लीयरैन्स कोण

तालिका धातुओं के नाम और उनके लिप क्लीयरैन्स कोण

क्र.सं.	धातु का नाम	लिप क्लीयरैन्स कोण
1.	मृदु स्टील व एल्युमीनियम	12° से 15° तक
2.	कास्ट स्टील व फोर्ज स्टील	8° से 10° तक
3.	ढलवाँ लोहा	8° से 12° तक
4.	पीतल व कॉपर	10° से 12° तक

4. हैलिक्स कोण Helix Angle

ड्रिल की बॉडी पर बने फ्लूट्स स्पाइरल आकार में ड्रिल की अक्ष के चारों ओर घूमते हैं।

इस प्रकार फ्लूट्स तथा ड्रिल की अक्ष के बीच बने कोण को **हैलिक्स कोण** कहते हैं।

इस कोण को **फ्लूट कोण** या **रैक कोण** (flute angle or rake angle) भी कहा जाता है, क्योंकि इसके कारण ही कटिंग एज पर रैक कोण बनता है, जैसा कि चित्र में दर्शाया गया है।

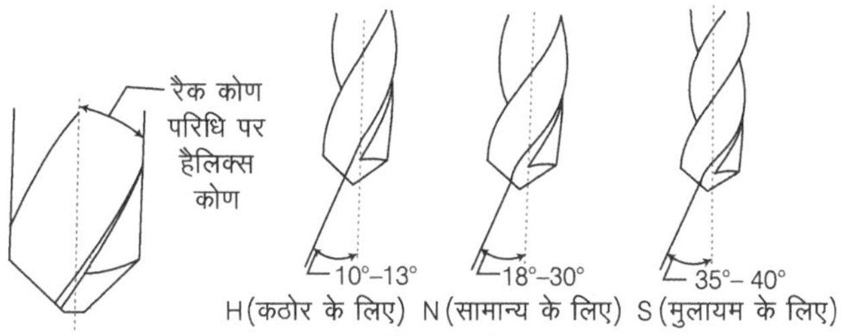

चित्र हैलिक्स कोण

धातु की कठोरता के अनुसार ड्रिल में तीन प्रकार के हैलिक्स कोण बनाए जाते हैं, जिन्हें H, N और S के द्वारा प्रदर्शित किया जाता है

(i) कठोर धातुओं के लिए H का प्रयोग करते हैं जिनका हैलिक्स कोण 10° से 13° तक होता है।

(ii) सामान्य धातुओं के लिए N का प्रयोग होता है जिनका हैलिक्स कोण 18° से 30° तक होता है।

(iii) मुलायम धातुओं के लिए S का प्रयोग होता है जिनका हैलिक्स कोण 35° से 40° तक होता है।

तालिका विभिन्न पदार्थों के ड्रिल के लिए बिन्दु व हैलिक्स कोण

क्र.सं.	ड्रिल पदार्थ	बिन्दु कोण	हैलिक्स कोण
1.	स्टील, ढलवाँ लोहा, स्लेटी ढलवाँ लोहा, आघातवर्धनीय ढलवाँ लोहा, जर्मन सिल्वर	118°	30°
2.	पीतल	118°	13°
3.	स्टेनलैस स्टील	140°	30°
4.	ताँबा, एल्युमीनियम अलॉय	140°	40°
5.	ऑस्टेनाइट स्टील, मैग्नीशियम स्टील	140°	13°
6.	इंजीनियरिंग प्लास्टिक	80°	40°
7.	रबर, मार्बल, स्लेट, कोयला	80°	13°
8.	सिंक अलॉय	118°	40°

ड्रिल के प्रकार Types of Drill

बनावट के आधार पर ड्रिल निम्न प्रकार के होते हैं

1. फ्लैट ड्रिल
2. स्ट्रैट फ्लूटेड ड्रिल
3. ट्विस्ट ड्रिल
4. टेपर शैंक कोर ड्रिल
5. ऑयल होल ड्रिल
6. सेन्टर ड्रिल
7. काउण्टर बोर ड्रिल
8. मल्टी-डायमीटर ड्रिल
9. काउण्टर सिंक ड्रिल

1. फ्लैट ड्रिल Flat Drill

यह एक साधारण प्रकार का ड्रिल है, जिसमें दो स्ट्रैट कटिंग एज होती हैं। इसको हाई कार्बन स्टील की गोल छड़ से बनाया जाता है। गोल छड़ के एक सिरे को आगे से फोर्ज में गर्म करके चपटा कर लिया जाता है, जैसा कि चित्र में दर्शाया गया है।

इसके पश्चात् फाइल द्वारा या ग्राइण्डर से ग्राइण्ड करके इस चपटे भाग में कटिंग एजेज तैयार करते हैं। इसके बाद इसे ऊष्मा उपचार द्वारा हार्ड व टैम्पर कर लिया जाता है।

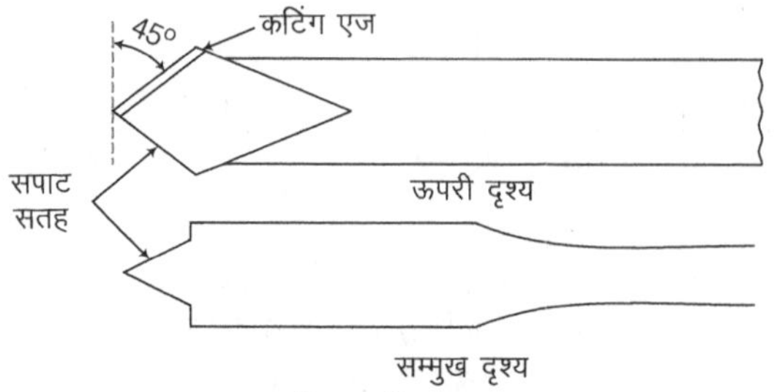

चित्र फ्लैट ड्रिल

इस ड्रिल का प्रयोग हैण्ड ड्रिलिंग मशीन तथा रैचेट ब्रेस (ratchet brace) के साथ लकड़ी तथा मुलायम धातुओं में ड्रिल (छिद्र) करने के उद्देश्य से किया जाता है।

2. स्ट्रैट फ्लूटेड ड्रिल Straight Fluted Drill

इस ड्रिल में दो सीधे खाँचे (flutes) बने होते हैं, जो एक-दूसरे की विपरीत दिशा में अक्ष के समान्तर रहते हैं, जैसा कि चित्र में दर्शाया गया है। ये स्ट्रैट शैंक व टेपर शैंक दोनों प्रकार के होते हैं तथा इनका हैलिक्स कोण 0° का होता है। स्ट्रैट फ्लूटेड ड्रिल बहुत कम धातु काटते हैं, इसलिए मुलायम धातुओं में ड्रिल करने के लिए ये अधिक उपयुक्त हैं। ये ड्रिल छोटे आकार के होते हैं। इनका प्रयोग बहुत कम किया जाता है, क्योंकि इनकी नालियों में छीलन फँस जाती हैं, जो घूमकर ड्रिल द्वारा बनाए गए होल को खराब कर देती है।

चित्र स्ट्रैट फ्लूटेड ड्रिल

3. ट्विस्ट ड्रिल Twist Drill

ट्विस्ट ड्रिल का वर्तमान में सबसे अधिक प्रयोग किया जाता है, क्योंकि इनके फ्लूट्स स्पाइरल आकार (spiral shape) के होते हैं, इसलिए इनके द्वारा ड्रिल करते समय धातु की छीलन सरलता से बाहर आ जाती है। शीतलक के आसानी से कटिंग एज तक पहुँचने के कारण इन ड्रिलों के द्वारा कटिंग अपेक्षाकृत अधिक तेजी से होती है।

ये बेलनाकार होते हैं तथा हाई स्पीड स्टील व हाई कार्बन स्टील के बनाए जाते हैं। इनकी कटिंग एज में पर्याप्त क्लीयरैन्स कोण दिया गया होता है, जिस कारण ये किसी भी धातु को आसानी से काटते हुए आगे बढ़ते हैं। सामान्यत: 12.5 मिमी व्यास तक के छोटे ड्रिलों में स्ट्रैट शैंक और बड़े साइज के ड्रिलों में टेपर शैंक का प्रयोग किया जाता है।

चित्र ट्विस्ट ड्रिल

4. टेपर शैंक कोर ड्रिल Taper Shank Core Drill

देखने में तो यह ड्रिल, ट्विस्ट ड्रिल के समान ही होता है, परन्तु यह ड्रिल पहले से बनाए गए होल को बड़ा करने के काम आती है। इस ड्रिल के द्वारा किसी धातु में नए होल का निर्माण नहीं किया जा सकता है। इसकी बॉडी पर तीन या चार स्पाइरल आकार के फ्लूट्स होते हैं। चित्र में टेपर शैंक कोर ड्रिल को दर्शाया गया है।

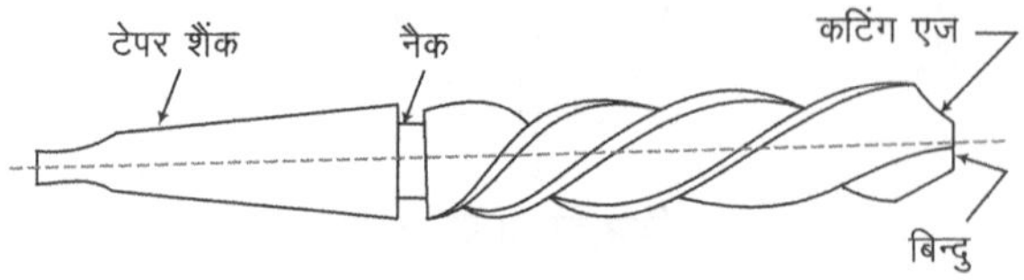

चित्र टेपर शैंक कोर ड्रिल

5. ऑयल होल ड्रिल Oil Hole Drill

इस ड्रिल में शैंक व बॉडी से होकर ऑयल होल बनाए जाते हैं, जिनके द्वारा कटिंग ऑयल, ड्रिल की कटिंग एज तक पहुँचता है, जिससे कटिंग एज ओवर हीट नहीं हो पाती है। चिप्स को बाहर निकालने के लिए इन्हीं छिद्रों में सम्पीडित वायु (compressed air) या प्रैशर से कटिंग ऑयल भेजते हैं। ऑयल होल ड्रिल को गन बैरल ड्रिल भी कहते हैं।

ड्रिल में ऑयल होल की स्थिति को नीचे दिए गए चित्र द्वारा दर्शाया गया है।

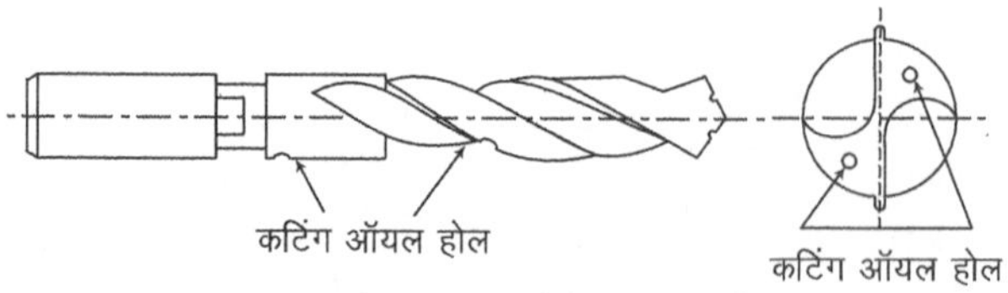

चित्र ऑयल होल ड्रिल

6. सेन्टर ड्रिल Centre Drill

सेन्टर ड्रिल को **कॉम्बीनेशन ड्रिल** (combination drill) भी कहा जाता है। सेन्टर ड्रिल हाई स्पीड स्टील के बनाए जाते हैं। इनके बीच का भाग बेलनाकार तथा प्लेन होता है, जिसके दोनों सिरों पर सेन्टर लगाने के लिए कटाई कोरें (cutting edges) होती हैं, जैसा कि चित्र में दर्शाया गया है। सेन्टर ड्रिल के दोनों ही सिरे, ड्रिल की भाँति बने होते हैं, जिसका प्वॉइण्ट कोण 120° ± 3° होता है।

इसके पश्चात् कुछ भाग शंकु के आकार का होता है, जिसका कोण 60° होता है। प्लेन ड्रिल का व्यास (d_2) 0.5 मिमी तक होता है, जबकि बेलनाकार भाग का व्यास (d_1) 3.5 से 25 मिमी तक होता है।

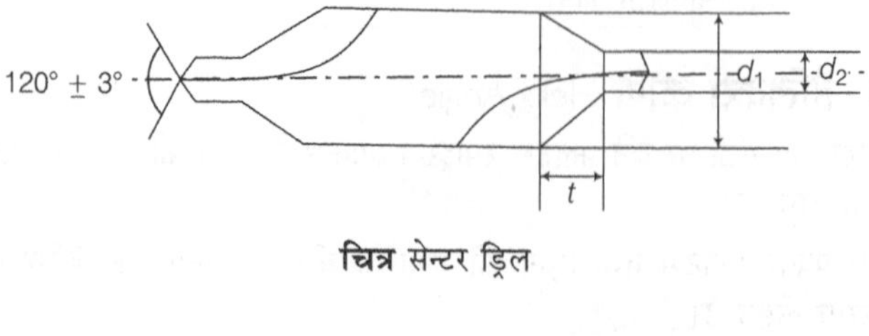

चित्र सेन्टर ड्रिल

7. काउण्टर बोर ड्रिल Counter Bore Drill

काउण्टर बोर ड्रिल में एक निश्चित लम्बाई के पश्चात् काउण्टर बोर करने के लिए एक बड़ा आकार होता है। आगे का छोटा आकार पहले होल करता है, इसके पश्चात् ड्रिल का पीछे का आकार, उसे बोर करके बड़ा करता है। इस ड्रिल का प्रयोग ऐलन बोल्ट के लिए किया जाता है। इस ड्रिल द्वारा बना होल बड़े आकार को गाइड करता है अर्थात् छोटा आकार, बड़े आकार के लिए पायलट का काम करता है, इसलिए आगे के भाग को पायलट कहा जाता है।

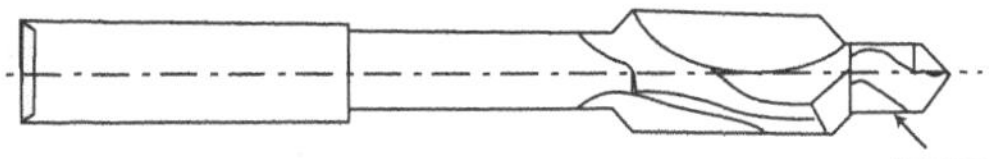

चित्र काउण्टर बोर ड्रिल

8. मल्टी-डायमीटर ड्रिल Multi-diameter Drill

इस ड्रिल की बॉडी दो या तीन अलग-अलग व्यासों से बनी होती है, इसलिए इस ड्रिल के द्वारा एक ही बार में तीन अलग-अलग व्यास के होल बनाए जा सकते हैं। ये ड्रिल टेपर तथा स्ट्रैट दोनों प्रकार की शैंक में उपलब्ध होते हैं, क्योंकि इस ड्रिल के द्वारा स्टैप ड्रिलिंग होती है, इसलिए इसे स्टैप ड्रिल भी कहते हैं। चित्र में एक मल्टी-डायमीटर ड्रिल को दर्शाया गया है, जहाँ l_1, l_2 एवं l_3 क्रमशः पहले, दूसरे व तीसरे भाग की लम्बाई व D_1, D_2 एवं D_3 क्रमशः पहले, दूसरे व तीसरे भाग के व्यास हैं।

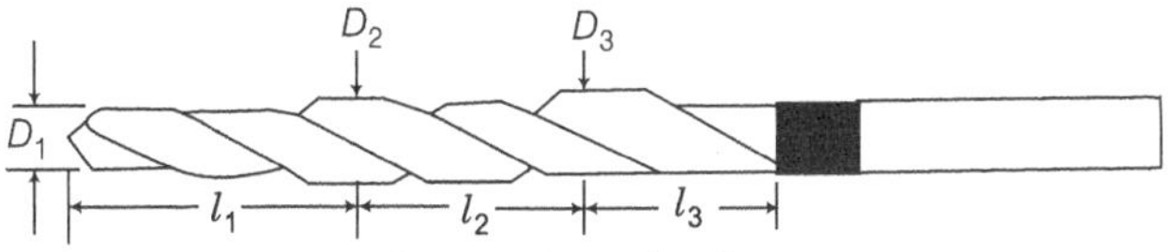

चित्र मल्टी-डायमीटर ड्रिल

9. काउण्टर सिंक ड्रिल Counter Sink Drill

काउण्टर सिंक ड्रिल, टेपर तथा स्ट्रैट शैंक दोनों प्रकार का होता है। वास्तव में, यह एक मल्टी फ्लूटेड ड्रिल है, जिसमें चार या इससे भी अधिक फ्लूट्स होते हैं, जैसा कि चित्र (a) तथा (b) में दर्शाया गया है। अधिक परिष्कृत काउण्टर सिंकिंग के लिए पायलटयुक्त काउण्टर सिंक ड्रिल प्रयोग किए जाते हैं, जैसा कि चित्र (c) में दर्शाया गया है। यह पायलट ही ड्रिल के पिछले भाग के लिए मार्गदर्शक का कार्य करता है। इन ड्रिलों का प्रयोग छोटे व्यास के छिद्र को काउण्टर सिंक करने के लिए किया जाता है।

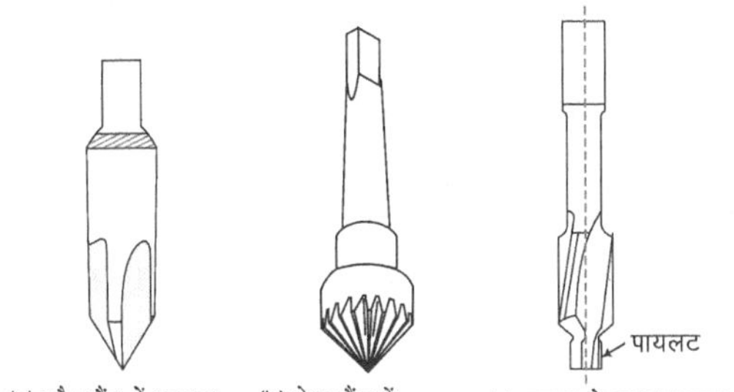

(a) स्ट्रैट शैंक में काउण्टर सिंक ड्रिल (b) टेपर शैंक में काउण्टर सिंक ड्रिल (c) पायलट के साथ काउण्टर सिंक ड्रिल

चित्र काउण्टर सिंक ड्रिल

ड्रिल की कटिंग स्पीड तथा फीड
Cutting Speed and Feed of Drill

कटिंग प्रक्रिया करने के लिए ड्रिल अपनी अक्ष पर घूमता है। यह एक मिनट में जितने चक्कर लगाता है, वह उसकी स्पीड (speed) कहलाती है। इसे हम चक्कर प्रति मिनट या rpm के द्वारा प्रदर्शित करते हैं।

ड्रिल की कटिंग स्पीड
Cutting Speed of Drill

ड्रिल की कटिंग स्पीड, ड्रिल की परिधि के किसी बिन्दु की चाल होती है अर्थात् ड्रिल की परिधि पर कोई बिन्दु एक मिनट में जितनी वृत्ताकार दूरी चलता है, वह उस ड्रिल की कटिंग स्पीड कहलाती है।

ड्रिल की कटिंग स्पीड को मीटर प्रति मिनट (metre per minute) में मापा जाता है, परन्तु यदि ड्रिल का आकार इंचों में हो, तो इसे फुट प्रति मिनट (foot per minute) में मापा जाता है।

ड्रिल की अधिकतम कटिंग स्पीड, ड्रिल की धातु तथा काटे जाने वाली धातु पर निर्भर करती है।

हाई स्पीड स्टील के ड्रिल द्वारा विभिन्न धातुओं में छिद्र करने के लिए उपयुक्त कटिंग स्पीड नीचे तालिका में दी गई है

तालिका विविध धातुओं के ड्रिल की कटिंग स्पीड

क्र.सं.	धातु	कटिंग स्पीड (मी/मिनट)
1.	एल्युमीनियम	70-100
2.	ब्रास	35-50
3.	ब्रोन्ज (फॉस्फोरस)	20-35
4.	कास्ट आयरन (ग्रे)	25-40
5.	कॉपर	35-45
6.	स्टील (मीडियम कार्बन/माइल्ड स्टील)	20-30
7.	स्टील (अलॉय, हाई-टेन्साइल)	5-8
8.	थर्मोसैटिंग प्लास्टिक (एब्रेसिव गुणों के कारण लो स्पीड)	20-30

यदि ड्रिल का व्यास D तथा प्रति मिनट ड्रिल द्वारा लगाए गए चक्कर N (rpm में) हो, तो ड्रिल की कटिंग स्पीड ज्ञात करने के लिए निम्न सूत्र का प्रयोग किया जाता है

$$\text{कटिंग स्पीड} = \frac{\pi DN}{1000} \text{ मी/मिनट}$$

यहाँ, D = ड्रिल का व्यास (diameter) (मिमी में)

यदि ड्रिल का आकार इंचों में दिया गया है, तो

$$\text{कटिंग स्पीड} = \frac{\pi DN}{1000} \text{ फुट/मिनट}$$

यहाँ, D = ड्रिल का व्यास (इंच में)

उदाहरण 1. यदि किसी जॉब में किसी ड्रिल, जिसकी कटिंग स्पीड 20 मी/मिनट है, के द्वारा 15 मिमी का सुराख करना हो, तो सुराख करने के लिए ड्रिल की उपयुक्त स्पीड rpm में ज्ञात कीजिए।

हल दिया है, ड्रिल का व्यास $(D) = 15$ मिमी

तथा कटिंग स्पीड = 20 मी/मिनट

$$\text{कटिंग स्पीड} = \frac{\pi DN}{1000} \text{ मी/मिनट}$$

$$N = \frac{\text{कटिंग स्पीड} \times 1000}{\pi \times D} = \frac{20 \times 1000}{3.14 \times 15} = 424.63 \text{ rpm}$$

ड्रिल की फीड Feed of Drill

जब एक ड्रिल निश्चित चाल पर घूमता हुआ कटाई करता है, तो ड्रिल के एक चक्कर में वह जॉब में जितनी गहराई तक में प्रवेश करता है, वह उसकी फीड दूरी कहलाती है। यह दूरी ड्रिल के आकार तथा प्रकार व काटे जाने वाली धातु की कठोरता पर निर्भर करती है, जैसा कि नीचे दिए गए चित्र में दर्शाया गया है। एक ड्रिल अपने एक पूर्ण चक्र में t दूरी नीचे की ओर किसी धातु में धँस जाता है।

अत: इस ड्रिल की फीड दूरी t मी है। कम आकार की ड्रिल में कम तथा बड़े आकार की ड्रिल में अधिक फीड दी जाती है। इसी प्रकार कठोर धातुओं में फीड कम दी जाती है तथा नरम धातुओं में अधिक।

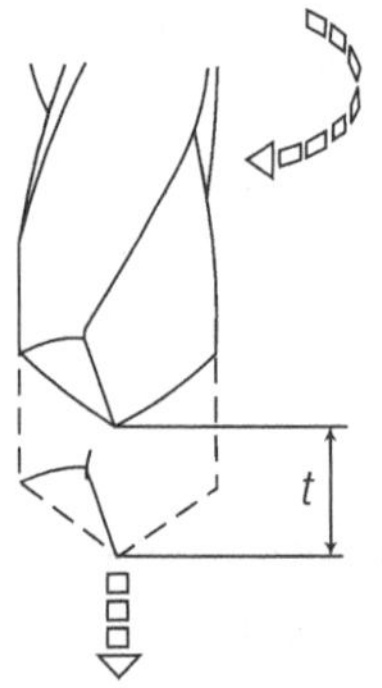

चित्र ड्रिल द्वारा एक पूर्ण चक्कर में चली गई दूरी (t)

तालिका ड्रिल एवं फीड कुछ विभिन्न आकार के ड्रिलों की फीड को निम्न तालिका में दर्शाया गया है

क्र.सं.	ड्रिल का व्यास (मिमी में)	फीड की दर (मिमी/चक्कर)
1.	1.0 से 2.5	0.040-0.060
2.	2.6 से 4.5	0.050-0.100
3.	4.6 से 6.0	0.075-0.150
4.	6.1 से 9.0	0.100-0.200
5.	9.1 से 12.0	0.150-0.250
6.	12.1 से 15.0	0.200-0.300
7.	15.1 से 18.0	0.230-0.330
8.	18.1 से 21.0	0.260-0.360
9.	21.1 से 25.0	0.280-0.380

यदि T मिनट में, N चक्कर प्रति मिनट की दर से ड्रिल द्वारा चली गई दूरी L हो, तो ड्रिलिंग प्रक्रिया में फीड ज्ञात करने के लिए निम्न सूत्र का प्रयोग किया जाता है $(f) = \frac{L}{TN}$ मिमी/चक्कर

यदि शंकु अर्थात् ड्रिल के बिन्दु की ऊँचाई B भी जोड़ दी जाए, तो निम्न सूत्र का प्रयोग किया जाता है

$$\text{फीड (feed)} = \frac{L+B}{T \times N}$$

यहाँ, $B = 0.3\,D$ है [जहाँ, D मिमी में ड्रिल का व्यास है।]

उदाहरण 2. मृदु स्टील की 20 मिमी मोटी प्लेट में 1 छिद्र करने में लगने वाला समय ज्ञात कीजिए, जबकि ड्रिल का व्यास 10 मिमी और कटिंग स्पीड 1.5 मी प्रति मिनट और फीड (feed) 0.05 मिमी है।

हल दिया है, प्लेट की मोटाई $(L) = 20$ मिमी

ड्रिल का व्यास $(D) = 10$ मिमी

कटिंग स्पीड (CS) = 1.5 मी प्रति मिनट

छिद्रों के नम्बर = 5

फीड = 0.05 मिमी

$$\text{सूत्र के अनुसार, कटिंग स्पीड (CS)} = \frac{\pi DN}{1000} \text{ चक्कर/मिनट}$$

$$N = \frac{1000 \times CS}{\pi D};$$

$$N = \frac{1.5 \times 1000}{\pi \times 10} = \frac{150}{\pi} \text{ rpm}$$

$$\text{या} \quad \text{फीड} = \frac{L+B}{T \times N} \quad [\text{जहाँ, } B = 0.3D, D = \text{ड्रिल का व्यास}]$$

$$0.05 = \frac{20 + 0.3 \times 10}{T \times \frac{150}{\pi}}$$

$$\text{या समय, } T = \frac{20+3}{0.05 \times 150/\pi} = \frac{23 \times \pi}{7.5} = \frac{23 \times 22}{7 \times 7.5} = 9'.635'$$

अत: एक छिद्र करने में लगा समय = 9 मिनट 63 सेकण्ड

4.2 ड्रिल को पकड़ने की युक्तियाँ Drill Holding Devices

विभिन्न आकारों की ड्रिलों को, ड्रिलिंग मशीन में अलग-अलग युक्तियों द्वारा पकड़ा जाता है; जैसे—बड़े आकार की ड्रिलों के शैंक टेपर में होते हैं, इसलिए उन्हें सीधे ही स्पिण्डल के टेपर होल में पकड़ा जाता है, परन्तु छोटे आकार की ड्रिल के शैंक स्ट्रैट होते हैं, जिन्हें सीधे ही स्पिण्डल द्वारा नहीं पकड़ा जा सकता है।

अत: इन्हें पकड़ने के लिए एक अन्य उपकरण ड्रिल चक (drill chuck) का प्रयोग किया जाता है। इस प्रकार ड्रिल को मशीन में पकड़ने के लिए निम्न चार तकनीकों का प्रयोग किया जाता है

1. सीधे स्पिण्डल में पकड़ना
2. स्लीव का प्रयोग करना
3. सॉकेट का प्रयोग करना
4. ड्रिल चक का प्रयोग करना

1. सीधे स्पिण्डल में पकड़ना
Direct Holding in Spindle

सभी ड्रिलिंग मशीनों के स्पिण्डल में सिरे पर टेपरयुक्त लम्बा छेद होता है। साधारणत: यह स्टैण्डर्ड मोर्स टेपर होता है, जो लगभग 1 : 20 के अनुपात में होता है। मोर्स टेपर से अच्छा वैजिंग एक्शन (wedging action) प्राप्त होता है, जिस कारण ड्रिल स्पिण्डल में फँस जाता है, इसलिए मोर्स टेपर को सैल्फ होल्डिंग टेपर (self holding taper) भी कहा जाता है। मशीनों के स्पिण्डल में सिरे पर बने होल में बड़े आकार के ड्रिलों के टेपर शैंक सीधे ही फिट किए जा सकते हैं।

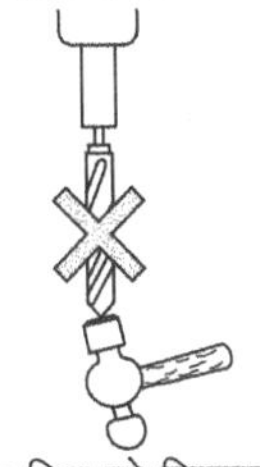

चित्र ड्रिल को स्पिण्डल में पकड़ने का गलत तरीका

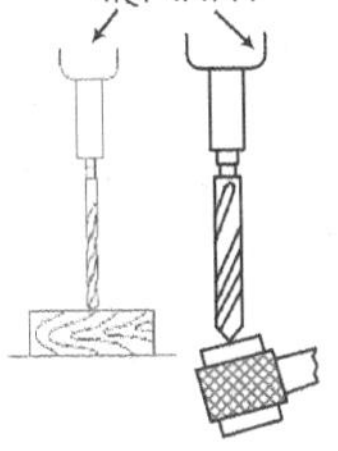

चित्र ड्रिल को स्पिण्डल में पकड़ने का सही तरीका

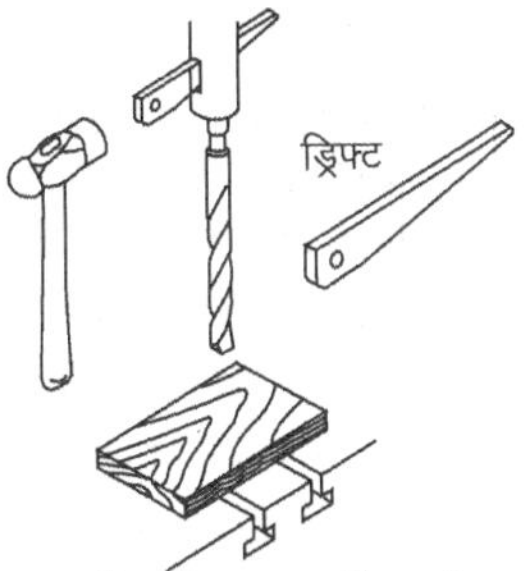

चित्र ड्रिफ्ट द्वारा ड्रिल को स्पिण्डल से निकालना

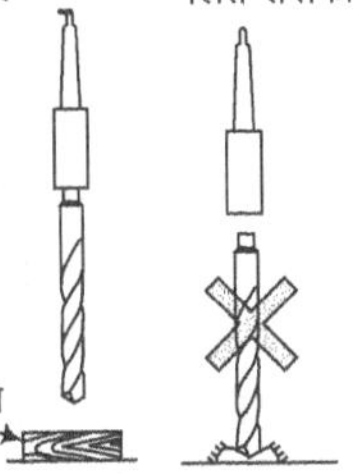

चित्र स्पिण्डल में ड्रिल लगाने व निकालने के दौरान लकड़ी के ब्लॉक का प्रयोग

ड्रिल को स्लिप होने से बचाने के लिए इसकी शैंक के ऊपर एक टैंग (tang) होती है। यह टैंग स्पिण्डल में होल के ऊपर बने खाँचे (slots) में फँस जाती है। ड्रिल को बाहर निकालने के लिए एक टेपर-'की' या ड्रिफ्ट प्रयोग की जाती है, जैसा कि चित्र में दर्शाया गया है।

ड्रिल लगाते तथा निकालते समय उसके नीचे लकड़ी का ब्लॉक रखना नहीं भूलना चाहिए।

2. स्लीव का प्रयोग करना Using of Sleeve

ड्रिल मशीन के स्पिण्डल में किसी एक ही आकार का ड्रिल का शैंक पकड़ा जा सकता है, परन्तु यदि ड्रिल का शैंक छोटे व्यास का है, तो उसे बड़े आकार के स्पिण्डल होल में नहीं पकड़ा जा सकता है।

इसके लिए पहले ड्रिल के शैंक को एक स्लीव में फिट करते हैं, जिससे उसका आकार बढ़ जाता है, जैसा कि चित्र में दर्शाया गया है।

कभी-कभी स्पिण्डल होल को ड्रिल के शैंक के आकार के अनुरूप करने के लिए दो या अधिक स्लीवों (sleeves) का भी प्रयोग किया जाता है।

स्लीव में भी टैंग को पकड़ने के लिए खाँचे (slots) बने होते हैं। इन्हीं खाँचों में ड्रिफ्ट लगाकर बाद में ड्रिल को अलग करते हैं।

ये स्लीव आकार के अनुसार कई नम्बरों में पाए जाते हैं; जैसे—0-1, 1-2, 2-3 आदि।

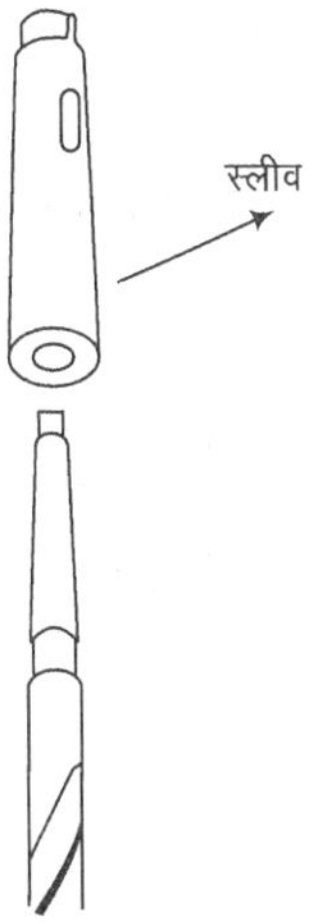

चित्र ड्रिल को पकड़ने के लिए स्लीव का प्रयोग करना

3. सॉकेट का प्रयोग करना
Using of Socket

जब ड्रिल के टेपर शैंक का व्यास मशीन के स्पिण्डल के छिद्र से बड़ा होता है, तो ड्रिल पर एक विशेष स्लीव (sleeve) प्रयोग की जाती है, जिसे सॉकेट कहते हैं। इस सॉकेट का ऊपरी भाग ड्रिल स्पिण्डल के टेपर छिद्र के अनुरूप होता है, जबकि नीचे का भाग ड्रिल शैंक के टेपर के अनुरूप बना होता है। इस प्रकार का सॉकेट, स्पिण्डल के टेपर में फिट होकर अपने अन्दर बने टेपर होल में बड़े आकार का टेपर शैंक फिट कर लेता है। सॉकेट का टैंग (tang) स्पिण्डल के अन्दर बने खाँचे में तथा ड्रिल का टैंग सॉकेट में बने खाँचे में फिट हो जाता है, जैसा कि चित्र में दर्शाया गया है। टेपर शैंक ड्रिल पर पाँच विभिन्न साइज MT1 से MT5 के मोर्स टेपर होते हैं।

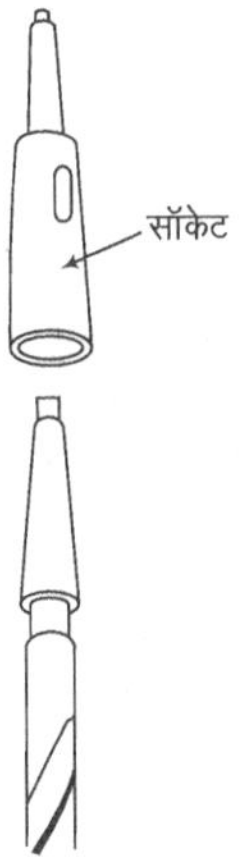

चित्र ड्रिल को पकड़ने के लिए सॉकेट का प्रयोग

4. ड्रिल चक का प्रयोग करना Using of Drill Chuck

छोटे आकार के (15 मिमी) ड्रिलों के शैंक सीधे होते हैं। इस कारण इन्हें ड्रिल मशीन के स्पिण्डल में सीधे नहीं पकड़ा जा सकता है। ऐसी ड्रिलों को पकड़ने के लिए ड्रिल चक का प्रयोग किया जाता है। चक में ड्रिल को फिक्स करने अथवा हटाने के लिए पिनियन-की अथवा नर्ल्ड रिंग का प्रयोग किया जाता है।

ड्रिल चक अलग-अलग व्यास; जैसे—1/4″, 1/2″ की ड्रिलों के अनुसार ही प्रयोग किए जाते हैं। ड्रिल चक कई प्रकार के होते हैं; जैसे—थ्री-जॉ चक, कॉलेट चक तथा क्विक चेंज कॉलेट चक आदि। सामान्यत: थ्री-जॉ ड्रिल चक ही ड्रिल मशीन पर प्रयोग किया जाता है, जैसा कि चित्र में दर्शाया गया है। इस चक में एक निश्चित आकार एवं अन्तराल के ड्रिल पकड़े जा सकते हैं।

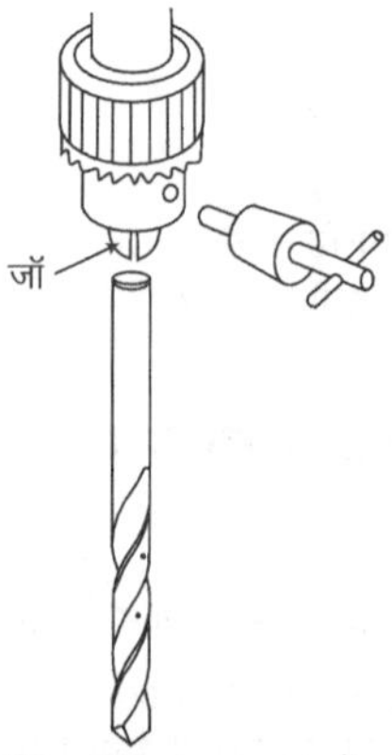

चित्र ड्रिल चक का प्रयोग

इस चक में ड्रिल को पकड़ने के लिए मशीन को रोकना पड़ता है, परन्तु क्विक चेंज कॉलेट में ड्रिल को पकड़ने या निकालने के लिए मशीन को रोकने की आवश्यकता नहीं होती। ध्यान रखे जब ड्रिल को स्पिण्डल, स्लीव अथवा सॉकेट से निकालना हो, तो उसके नीचे लकड़ी का टुकड़ा रखना न भूलें। ड्रिल की नोंक, मेज या कार्यखण्ड से नहीं टकरानी चाहिए। इसलिए ड्रिल को चक से निकालने तथा चक में पकड़ने के लिए चक में एक 'की'-होल बना होता है, जिसमें चक 'की' का प्रयोग कर, चक को कसा व ढीला किया जा सकता है।

4.3 ड्रिलिंग मशीन Drilling Machine

किसी कार्यखण्ड में सुराख करने के लिए उपयुक्त औजार को ड्रिल कहते हैं। गोलाकार छिद्र अथवा सुराख करने की इस प्रक्रिया को ड्रिलिंग (drilling) कहा जाता है तथा जिस मशीन की सहायता से यह प्रक्रिया पूरी की जाती है, उसे ड्रिलिंग मशीन (drilling machine) कहते हैं।

ड्रिल मशीन में मुख्यत: एक घूमने वाला स्पिण्डल होता है, जिसमें ड्रिल को चक लगाकर या सीधे ही पकड़ा जाता है।

स्पिण्डल के साथ में ड्रिल घूमता है तथा कटिंग प्रक्रिया करते हुए जॉब में प्रवेश करता है। इसके लिए स्पिण्डल को नीचे की ओर दबाव डालकर लाया जाता है।

ड्रिलिंग मशीन के प्रकार Types of Drilling Machine

ड्रिलिंग मशीनें कार्य की आवश्यकता के अनुसार मुख्यत: निम्नलिखित प्रकार की होती हैं

1. पोर्टेबल ड्रिलिंग मशीन
2. संवेदनशील बेंच ड्रिलिंग मशीन
3. पिलर ड्रिलिंग मशीन
4. रेडियल ड्रिलिंग मशीन
5. गैंग ड्रिलिंग मशीन
6. मल्टीस्पिण्डल ड्रिलिंग मशीन

1. पोर्टेबल ड्रिलिंग मशीन Portable Drilling Machine

यह एक छोटे साइज की ड्रिलिंग मशीन होती है, जिसे सरलता से कार्यस्थल पर ले जाकर विभिन्न स्थितियों में ड्रिलिंग की जा सकती है। इस मशीन का प्रयोग बहुत भारी उपकरणों के लिए किया जाता है, जिन्हें मशीन शॉप में ले जाना सम्भव नहीं होता है। कभी-कभी स्टील स्ट्रक्चरों में ड्रिल करने के लिए भी पोर्टेबल ड्रिल मशीन का प्रयोग किया जाता है। इन मशीनों से यथार्थ होल प्राप्त नहीं होते हैं। इन्हें हम निम्न प्रकार से वर्गीकृत कर सकते हैं

(i) शक्ति चलित ड्रिलिंग मशीन Power operated drilling machine

शक्ति चलित पोर्टेबल ड्रिलिंग मशीन को विद्युत, वायुवीय शक्ति आदि से चलाया जाता है। ये मुख्यत: निम्नलिखित दो प्रकार की होती हैं

(a) **विद्युत चलित पोर्टेबल ड्रिलिंग मशीन** (Electrically operated portable drilling machine) इस प्रकार की ड्रिलिंग मशीन में ड्रिल को चलाने के लिए एक विद्युत मोटर लगी होती है। यह ए. सी. व डी. सी दोनों पर प्रचालित हो सकती है। इसकी गति अन्य ड्रिलिंग मशीनों की अपेक्षाकृत अधिक होती है। यह प्राय: दो प्रकार की होती है—हैवी ड्यूटी ड्रिलिंग मशीन तथा लाइट ड्यूटी ड्रिलिंग मशीन। हैवी ड्यूटी ड्रिलिंग मशीन का प्रयोग भारी कार्यों में किया जाता है, जबकि लाइट ड्यूटी ड्रिलिंग मशीन का प्रयोग हल्के कार्यों में किया जाता है।

हैवी ड्यूटी ड्रिलिंग मशीन के ड्रिल की गति को गियर प्रणाली द्वारा घटाया-बढ़ाया जा सकता है तथा इनसे 25 मिमी साइज तक के ड्रिल पकड़े जा सकते हैं जबकि लाइट ड्यूटी ड्रिलिंग मशीन एक ही गति पर प्रचालित होती है, जिनसे 13 मिमी साइज तक के ड्रिल पकड़े जा सकते हैं। लाइट ड्यूटी ड्रिलिंग मशीन को पिस्टन टाइप ड्रिलिंग मशीन भी कहा जाता है। इन मशीनों में ड्रिल को पकड़ने हेतु उचित स्थान पर हैण्डिल लगा होता है, जिसके ऊपर मोटर को प्रचालित करने हेतु स्विच लगा होता है। इसमें विद्युत सप्लाई प्रदान करने के लिए हैण्डिल से एक लम्बी केबिल भी जुड़ी होती है।

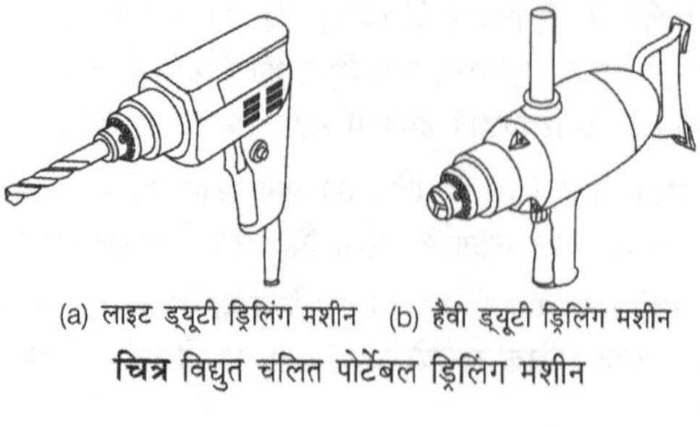

(a) लाइट ड्यूटी ड्रिलिंग मशीन (b) हैवी ड्यूटी ड्रिलिंग मशीन

चित्र विद्युत चलित पोर्टेबल ड्रिलिंग मशीन

(b) **वायु चलित पोर्टेबल ड्रिलिंग मशीन** (Pneumatic operated portable drilling machine) इस प्रकार की ड्रिलिंग मशीन को सम्पीडित वायु (compressed air) द्वारा चलाया जाता है। इसके केसिंग में लगी मोटर द्वारा वायु को सम्पीडित किया जाता है। मोटर में वायु की सप्लाई के लिए वायु सप्लाई पाइप लगा होता है। ड्रिलिंग के दौरान कम्पन कम करने के लिए इसमें एक हैण्डिल व दाब नियन्त्रण के लिए दाब नियन्त्रक स्क्रू लगा होता है। इस तरह की ड्रिलिंग मशीन का प्रयोग पेट्रोलियम संयन्त्र तथा विस्फोटक फैक्ट्रियों में किया जाता है, जहाँ विद्युत चलित ड्रिलिंग मशीन का प्रयोग वर्जित होता है।

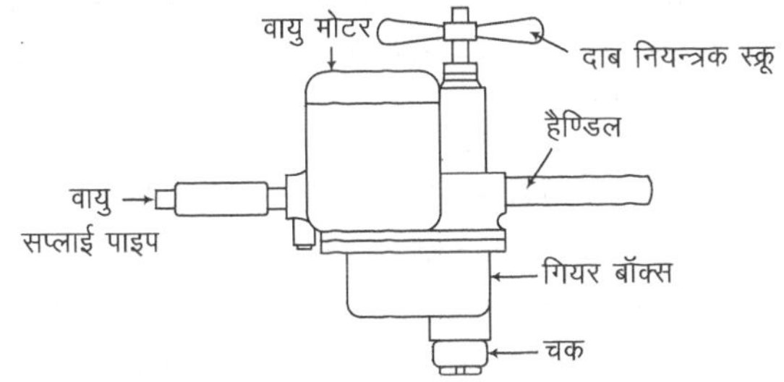

चित्र वायु चलित पोर्टेबल ड्रिलिंग मशीन

(ii) हस्त चालित ड्रिलिंग मशीन
Hand operated drilling machine

इस तरह की ड्रिलिंग मशीन का उपयोग संरचनात्मक व बढ़ईगिरी जैसे कार्यों में किया जाता है, जहाँ विद्युत सरलता से उपलब्ध नहीं होती। इस ड्रिलिंग मशीन को किसी बेंच या स्टैण्ड पर फिट करके प्रयोग किया जाता है। हस्त चालित ड्रिलिंग मशीन को तीन प्रकार से वर्गीकृत किया जा सकता है।

(i) **बेवेल गियर टाइप ड्रिलिंग मशीन** (Bevel gear type drilling machine) इस मशीन को ऑपरेटर हैण्डिल द्वारा एक हाथ से पकड़कर, क्रैंक को दूसरे हाथ से घुमाते हुए कार्यखण्ड में छिद्र करता है। बेवेल टाइप ड्रिलिंग मशीन का प्रयोग 6 मिमी व्यास के छिद्रों को ड्रिल करने के लिए किया जाता है। इस तरह की ड्रिलिंग मशीन का उपयोग संरचनात्मक व बढ़ईगिरी जैसे कार्यों में किया जाता है, जहाँ विद्युत आसानी से उपलब्ध नहीं होती है।

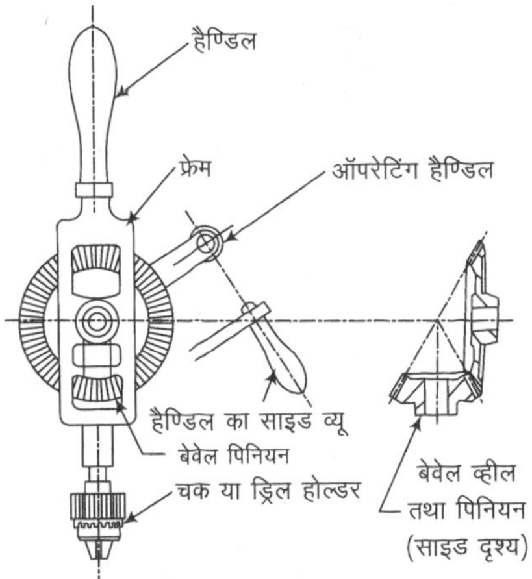

चित्र बेवेल गियर हैण्ड ऑपरेटिड ड्रिलिंग मशीन

(ii) **रैचेट ब्रेस ड्रिलिंग मशीन** (Ratchet brace drilling machine) इस मशीन में प्रायः स्क्वायर हैड तथा टेपर शैंक ड्रिल उपयोग में लाए जाते हैं। इस मशीन द्वारा लगभग 12.5 मिमी व्यास के छिद्र किए जा सकते हैं। रैचेट ब्रेस ड्रिलिंग मशीन के आधार के ऊपर एक ड्रिल पोस्ट लम्ब रूप में फिट रहती है। ड्रिल को दबाने के लिए ड्रिल पोस्ट के ऊपर एक प्रैशर आर्म लगाई जाती है। इसी प्रैशर आर्म के नीचे रैचेट ब्रेस तथा ड्रिल को सैट करके छिद्र किए जाते हैं। इस मशीन का प्रयोग रेलवे लाइन, गार्डर फेब्रिकेशन जैसे कार्यों में किया जाता है। रैचेट ब्रेस ड्रिलिंग मशीन का उपयोग वर्तमान समय में कम किया जाता है।

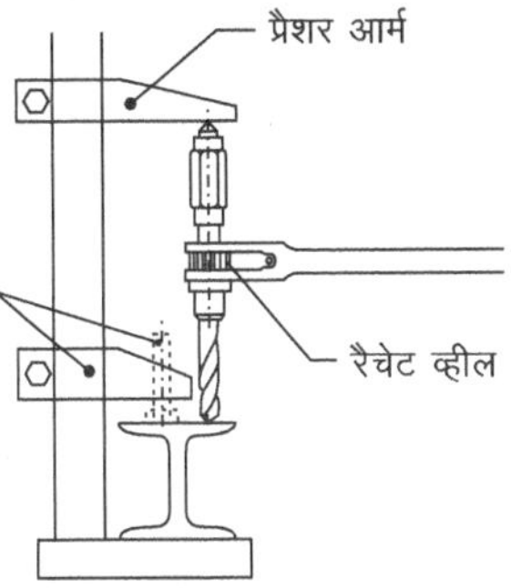

चित्र रैचेट ब्रेस ड्रिलिंग मशीन

(iii) **ब्रैस्ट ड्रिलिंग मशीन** (Breast drilling machine) यह मशीन आकार में हैण्ड ड्रिलिंग मशीन के समान होती है, परन्तु इसमें हैण्डिल के स्थान पर एक अर्द्ध गोल प्लेट का उपयोग किया जाता है। इस अर्द्ध गोल प्लेट को **ब्रैस्ट प्लेट** कहा जाता है। छिद्र करते समय इस प्लेट को छाती से दबाया जाता है। इस मशीन का प्रयोग करके लगभग 6 से 12 मिमी व्यास के छिद्र किए जा सकते हैं। इस मशीन की स्पीड बढ़ाने के लिए इसमें दो बेवेल गियर प्रयुक्त किए जाते हैं।

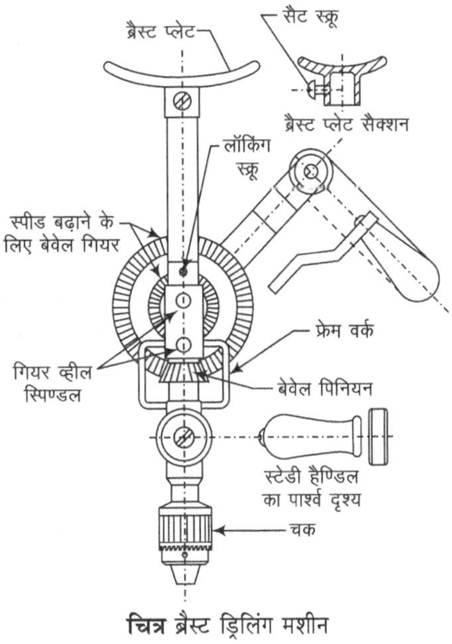

चित्र ब्रैस्ट ड्रिलिंग मशीन

2. संवेदनशील बेंच ड्रिलिंग मशीन
Sensitive Bench Drilling Machine

यह ड्रिलिंग मशीन उपकरणों में यथार्थ होल बनाने के लिए प्रयोग की जाती है। यह हाथ अथवा विद्युत दोनों से चलाई जा सकती है। इसका प्रयोग हल्के कार्यों के लिए किया जाता है। यह तीव्र गति से ड्रिलिंग करने में सक्षम होती है तथा इसमें 12.5 मिमी व्यास तक के ड्रिल करने की सामर्थ्य होती है। इस मशीन के हैड को किसी भी दिशा में, किसी भी ऊँचाई तक सैट किए जाने के कारण, इसके द्वारा सामान्य जॉब की ड्रिलिंग के अतिरिक्त, अत्यधिक ऊँचाई वाले जॉब की ड्रिलिंग भी की जा सकती है। इसमें बेस प्लेट के एक सिरे पर एक ऊर्ध्वाधर स्तम्भ होता है। बेस प्लेट ढलवाँ लोहे की तथा ऊर्ध्वाधर स्तम्भ मृदु इस्पात का बना होता है। इस स्तम्भ के ऊपरी सिरे पर ड्राइव सिस्टम तथा मध्य में स्विवेल टेबल (swivel table) होती है, जैसा कि चित्र में दर्शाया गया है।

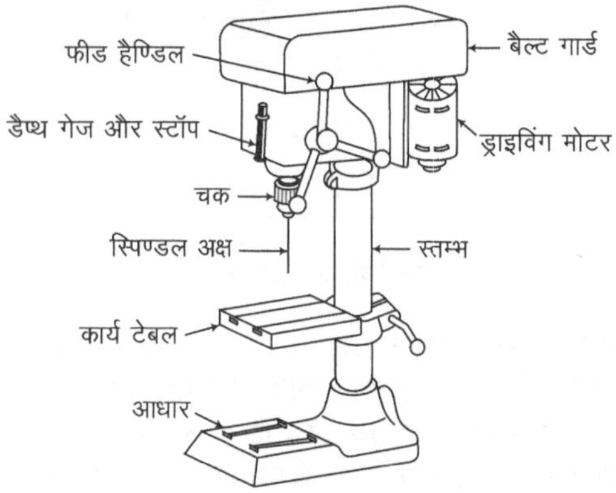

चित्र संवेदनशील बेंच ड्रिलिंग मशीन

स्टैप पुली पट्टे की स्थिति बदलकर स्पिण्डल की विभिन्न गतियाँ प्राप्त की जा सकती हैं, जैसा कि चित्र में दर्शाया गया है। ड्राइव सिस्टम को एक विद्युत मोटर द्वारा चलाया जाता है। विभिन्न चालें प्राप्त करने के लिए मोटर तथा स्पिण्डल पर स्टैप पुली (step pulley) लगाई जाती है।

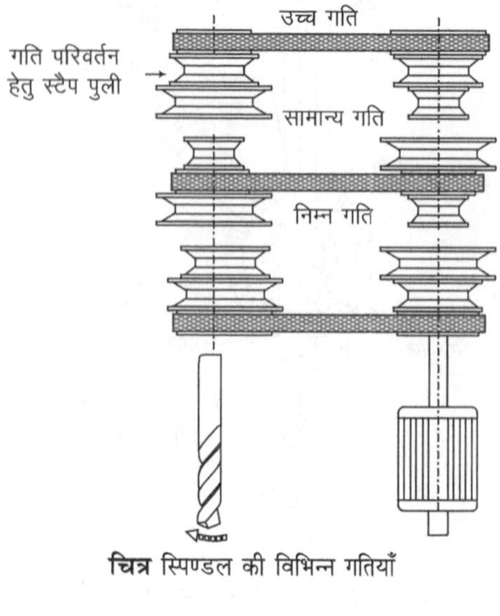

चित्र स्पिण्डल की विभिन्न गतियाँ

ड्रिल को शक्ति स्थानान्तरित करने के लिए स्पिण्डल में होल होता है, जिसमें मोर्स टेपर MT 1 होता है। इस होल में ड्रिल चक का शैंक या बड़े ड्रिल का टेपर शैंक सीधे फिट हो जाता है।

इस मशीन में ऑटोमैटिक फीड का प्रबन्ध नहीं होता, इसलिए ड्रिल को फीड देने के लिए एक हैण्डिल लगा होता है, जिसमें रैक व पिनियन के द्वारा स्पिण्डल को फीड दी जाती है। ड्रिलिंग मशीन ऑपरेटर, हाथ द्वारा हैण्डिल को घुमाकर फीड देता है। इस प्रकार यह ड्रिल द्वारा हो रही कटाई प्रक्रिया को मॉनीटर भी करता रहता है।

जॉब को स्विवेल टेबल (swivel table) पर बाँधा जाता है तथा आवश्यकतानुसार इस टेबल को ऊपर-नीचे करके एक उचित ऊँचाई पर क्लैम्प कर दिया जाता है।

3. पिलर ड्रिलिंग मशीन Pillar Drilling Machine

यह मशीन संवेदनशील ड्रिलिंग मशीन के लगभग समान ही होती है, परन्तु आकार में अधिक बड़ी व भारी होती है। इसका प्रयोग भारी कार्यों के लिए किया जाता है तथा इसके द्वारा 75 मिमी तक के छिद्र किए जा सकते हैं। इसके साथ ही, इसमें ऑटोमैटिक फीड का भी प्रबन्ध रहता है। इसमें भी स्पिण्डल की कई चालें प्राप्त की जा सकती हैं।

इसको एक पृथक् मोटर या पट्टा चालन द्वारा चलाया जा सकता है। इसमें भी एक गोल सैक्शन का पिलर होता है, जिसे एक बड़े साइज की ढलवाँ लोहे की बेस प्लेट के ऊपर फिट किया जाता है, जैसा कि चित्र में दर्शाया गया है। इसकी वर्क टेबल भी स्विवेल (swivel) होती है, जिसे किसी भी स्थिति में क्लैम्प किया जा सकता है।

टेबल को ऊपर उठाने के लिए रैक और पिनियन प्रणाली का प्रयोग किया जाता है, जिसके लिए लिफ्टिंग हैण्डिल (lifting handle) का प्रयोग करते हैं। इसमें स्पिण्डल की विभिन्न चालें प्राप्त करने के लिए कोन पुली (cone pulley) का सैट प्रयोग होता है। इसमें पावर ट्रांसमिशन ओपन बैल्ट के द्वारा किया जाता है।

पिलर ड्रिलिंग मशीन को स्टैण्डर्ड, वर्टिकल या अपराइट ड्रिलिंग मशीन भी कहा जाता है।

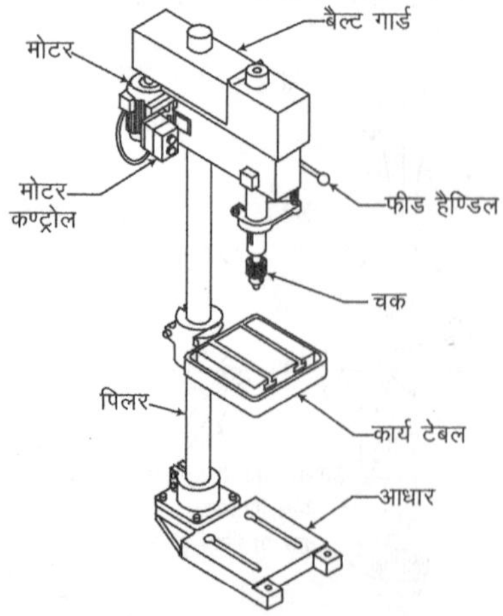

चित्र पिलर ड्रिलिंग मशीन

4. रेडियल ड्रिलिंग मशीन Radial Drilling Machine

इस ड्रिलिंग मशीन का प्रयोग मुख्यत: बड़े व्यास के छिद्र करने, कार्यखण्ड की एक ही सैटिंग में कई छिद्र करने तथा बड़े साइज के कार्यखण्ड में ड्रिलिंग करने के लिए किया जाता है। साधारण ड्रिलिंग मशीनों में स्पिण्डल को अपनी जगह पर स्थिर रखा जाता है और केवल कार्यखण्ड को सरकाकर या टेबल को चलाकर ड्रिल प्वॉइण्ट को स्पिण्डल के नीचे उचित स्थान पर लाया जाता है।

बहुत बड़े कार्यखण्ड को बार-बार सरकाना कठिन कार्य है। अत: रेडियल ड्रिलिंग मशीन की सहायता से कार्यखण्ड के एक ही प्लेन में किए जाने वाले सभी होल, कार्यखण्ड की एक ही सैटिंग में कर सकते हैं। इसमें कार्यखण्ड को स्पिण्डल के नीचे सैट करने के अतिरिक्त स्पिण्डल को ही कार्यखण्ड के ऊपर वांछित स्थान पर ले जाकर लॉक कर दिया जाता है।

इसके अतिरिक्त, इस ड्रिलिंग मशीन का उपयोग बड़े व्यास वाले छिद्रों की ड्रिलिंग करने में और भारी तथा बड़े कार्यखण्डों की ड्रिलिंग करने में किया जाता है।

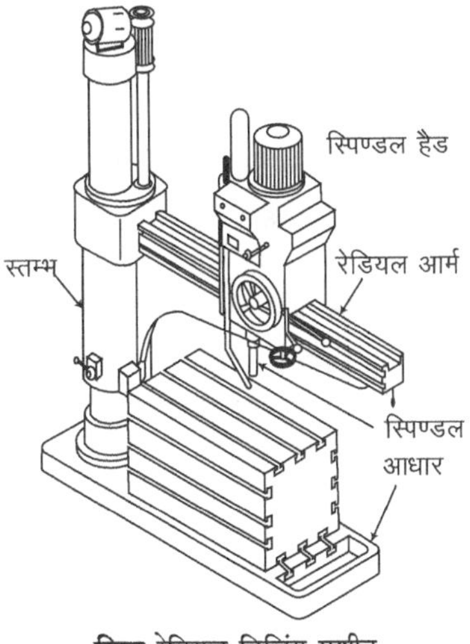

चित्र रेडियल ड्रिलिंग मशीन

इस मशीन के नीचे ढलवाँ लोहे से बना एक आधार होता है। इस आधार के किनारे पर एक बेलनाकार पिलर लगा होता है। इस पिलर पर एक रेडियल भुजा घूम सकती है। इस रेडियल भुजा पर एक स्पिण्डल हैड स्लाइड करता है, जिससे रेडियल आर्म ऊपर-नीचे चलती है।

रेडियल आर्म को स्तम्भ के चारों ओर दबाव देकर घुमाया जा सकता है, जैसा कि चित्र से स्पष्ट है।

रेडियल आर्म पर स्थित स्पिण्डल के आर्म को दाएँ-बाएँ कहीं भी ले जाया जा सकता है। स्पिण्डल को घुमाने के लिए स्पिण्डल हैड के ऊपर एक अलग विद्युत मोटर होती है।

फीड देने से पहले रेडियल आर्म तथा स्पिण्डल को एक निश्चित स्थान पर लॉक कर दिया जाता है।

फीड, हैण्डिल द्वारा मैनुअली दी जा सकती है, जबकि इसमें ऑटोमैटिक फीड का भी प्रबन्ध रहता है।

5. गैंग ड्रिलिंग मशीन Gang Drilling Machine

गैंग ड्रिल मशीन में दो या दो से अधिक सैन्सिटिव ड्रिलिंग मशीनों का एक ही वर्क टेबल पर प्रयोग किया जाता है, जैसा कि चित्र में दर्शाया गया है।

प्रत्येक मशीन पर कोई निश्चित ऑपरेशन किया जाता है। इसके पश्चात्, उस जॉब को आगे की ड्रिल मशीन पर खिसका दिया जाता है, जहाँ उस पर दूसरा ऑपरेशन किया जाता है, इस प्रकार प्रत्येक मशीन स्वतन्त्र प्रक्रिया करती है।

यह मशीन ऐसे जॉब के लिए उपयोगी होती है, जिस पर एक से अधिक प्रक्रियाएँ करनी हों; जैसे—टैपिंग करने के लिए पहले दो ऑपरेशन ड्रिलिंग तथा रीमिंग करने होते हैं।

इस प्रकार यह ऑपरेशन तीन स्पिण्डल वाली गैंग ड्रिलिंग मशीन पर किया जाएगा, जिस पर सबसे पहले ड्रिलिंग, उसके बाद रीमिंग तथा अन्त में टैपिंग की जाएगी।

ये मशीनें मास प्रोडक्शन के लिए बहुत उपयोगी हैं। इसमें प्रत्येक स्पिण्डल पर अलग ऑपरेटर कार्य करता है। इसमें जॉब को बार-बार फिक्स्चर पर बाँधने व खोलने की आवश्यकता नहीं होती, जिससे समय की बचत होती है।

इसके अतिरिक्त, कार्य टेबल की ऊँचाई को एडजस्ट करने के लिए इसमें एलीवेशन हैण्डिल तथा एलिवेटिंग स्क्रू लगे होते हैं।

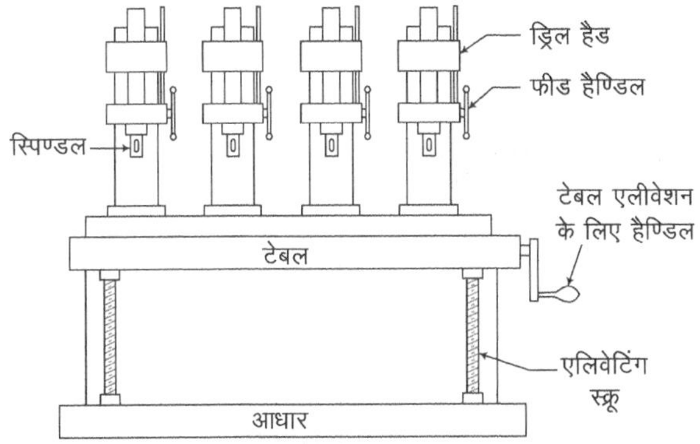

चित्र गैंग ड्रिलिंग मशीन

6. मल्टीस्पिण्डल ड्रिलिंग मशीन Multispindle Drilling Machine

इस मशीन में एक ही मोटर के द्वारा दो या दो से अधिक स्पिण्डलों को एक साथ चलाया जाता है। इसमें स्पिण्डलों को चाल, स्प्लाइन शाफ्ट व हब के द्वारा दी जाती है। ऑपरेटर आवश्यकतानुसार सभी स्पिण्डलों को निश्चित दूरियों पर सैट कर देता है तथा एक ही दाब में सभी स्पिण्डलों को फीड दी जाती है, जिससे समय की बहुत बचत होती है।

इसका उपयोग भी मास प्रोडक्शन के लिए किया जाता है, क्योंकि प्रारम्भिक सैटिंग में बहुत समय लगता है। अत: यथार्थता लाने के लिए इसमें ड्रिल जिग का प्रयोग अनिवार्य हो जाता है। इसमें सभी स्पिण्डलों को एक साथ घुमाने के लिए एक जटिल गियर बॉक्स (gear box) का प्रयोग किया जाता है। कुछ बड़ी मल्टीस्पिण्डल ड्रिलिंग मशीन में 30 या उससे भी अधिक स्पिण्डल रहते हैं।

नीचे दिए गए चित्र में एक मल्टीस्पिण्डल ड्रिलिंग मशीन दर्शायी गई है।

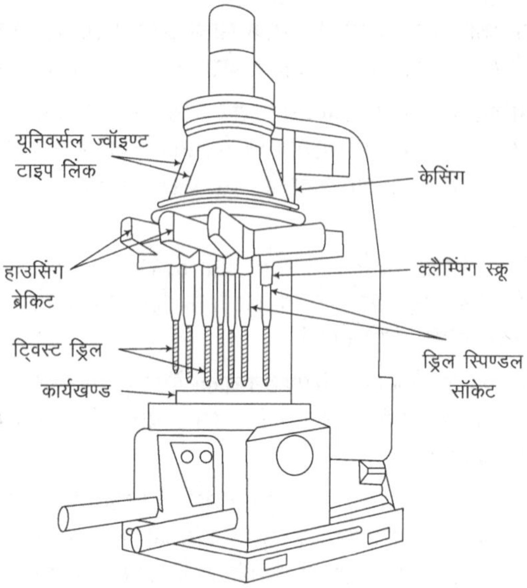

चित्र मल्टीस्पिण्डल ड्रिलिंग मशीन

4.4 ड्रिलिंग प्रक्रियाएँ Drilling Processes

ड्रिलिंग मशीन पर होने वाली कुछ प्रमुख प्रक्रियाएँ निम्नलिखित हैं

1. काउण्टर सिंकिंग
2. काउण्टर बोरिंग
3. स्पॉट फेसिंग

1. काउण्टर सिंकिंग Counter Sinking

किसी जॉब में पहले से बनाए हुए सुराख का ऊपरी सिरा चैम्फर करके बड़े ड्रिल द्वारा 'V' आकार में बनाने की क्रिया को काउण्टर सिंकिंग कहते हैं। काउण्टर सिंकिंग क्रिया में उपयोग में लाए गए टूल, **काउण्टर सिंक टूल** कहलाते हैं। काउण्टर सिंकिंग क्रिया द्वारा किसी स्क्रू के शीर्ष के लिए इस प्रकार जगह बनाई जाती है कि वह स्क्रू लगने के बाद सतह के साथ सपाट हो सके, जैसा कि निम्न चित्र में दर्शाया गया है

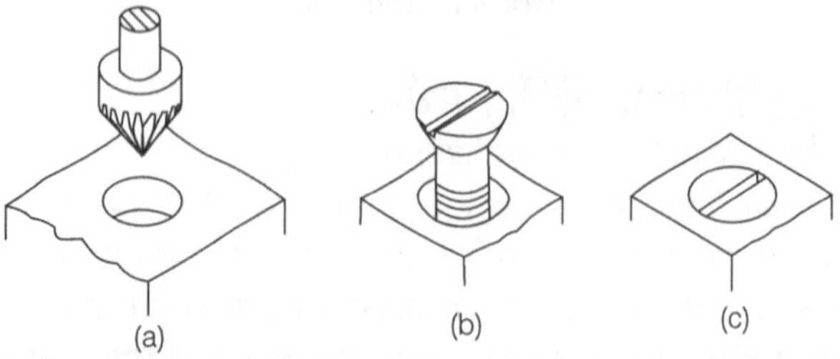

चित्र काउण्टर सिंकिंग क्रिया द्वारा स्क्रू हैड का शीर्ष सतह के साथ सपाट होना

काउण्टर सिंकिंग के उद्देश्य
Purposes of Counter Sinking

काउण्टर सिंकिंग प्रक्रिया के उद्देश्य निम्नलिखित हैं

(i) स्क्रू हैण्ड के लिए जगह प्रदान करना
(ii) काउण्टर सिंक रिवेट हैण्ड की सैटिंग करना
(iii) ड्रिलिंग के पश्चात् छिद्र से रेशे को हटाना

काउण्टर सिंकिंग के लिए कोण
Angle for Counter Sinking

काउण्टर सिंकिंग के मुख्य कोण निम्नलिखित हैं

(i) काउण्टर सिंक रिवेटिंग के लिए 75°
(ii) काउण्टर सिंक सैल्फ टैपिंग स्क्रू के लिए 80°
(iii) काउण्टर सिंक हैण्ड स्क्रू और डीबरिंग के लिए 90°
(iv) चूड़ी काटे जाने वाले छिद्रों की चैम्फरिंग तथा अन्य मशीनी प्रक्रमों के लिए 120°

काउण्टर सिंक टूल के प्रकार
Types of Counter Sink Tool

काउण्टर सिंक टूल निम्न प्रकार के होते हैं

(i) साधारण काउण्टर सिंक टूल
(ii) सूचक सहित काउण्टर सिंक टूल

(i) **साधारण काउण्टर सिंक टूल** (Simple counter sink tool) साधारण काउण्टर सिंक टूल में बहुकर्तन कोरें होती हैं। ये टूल सीधे या टेपर शैंक में पाए जाते हैं। छोटे व्यास वाले काउण्टर सिंकिंग टूल में एक या दो फ्लूट वाले काउण्टर सिंक प्रयोग किए जाते हैं।

(ii) **सूचक सहित काउण्टर सिंक टूल** (Counter sink tool with pilot) इस प्रकार के काउण्टर सिंक टूल अन्तर्परिवर्तनीयता (interchangeability) और ठोस प्रकार के सूचक के साथ उपलब्ध होते हैं। इनका प्रयोग भारी कार्यों के लिए किया जाता है।

इस टूल में नीचे की ओर लगा एक सूचक, सुराख को केन्द्रित करने के लिए मार्गदर्शन करता है। यह सूचक, काउण्टर सिंक के पिछले भाग के व्यास से कम व्यास वाला होता है।

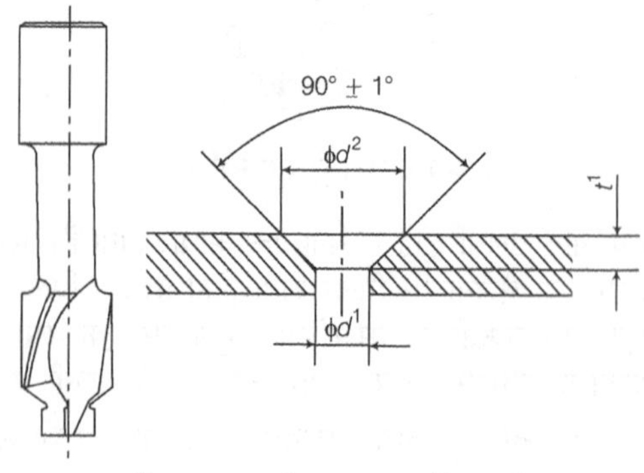

चित्र सूचक सहित काउण्टर सिंक टूल

2. काउण्टर बोरिंग Counter Boring

किसी जॉब में पहले से बनाए हुए सुराख का ऊपरी सिरा, कुछ गहराई तक बड़ा करने की प्रक्रिया को काउण्टर बोरिंग कहते हैं। बढ़े हुए सुराख का निचला सिरा सपाट होता है।

काउण्टर बोरिंग प्रक्रिया को जिस औजार की सहायता से पूरा किया जाता है, उसे काउण्टर बोर (counter bore) कहते हैं। इसके निचले सिरे पर

लगा स्थिर सूचक ड्रिल किए गए छिद्र को गाइड करता है। काउण्टर बोर द्वारा तैयार छिद्र में सॉकेट शीर्ष अथवा कैप स्क्रू के शीर्ष बैठाए जा सकते हैं, जैसा कि निम्न चित्रों में दर्शाया गया है

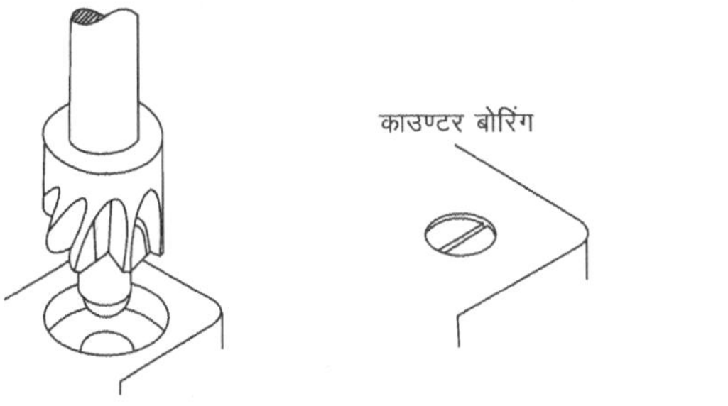

चित्र (a) काउण्टर बोरिंग

चित्र (b) काउण्टर बोरिंग द्वारा ड्रिल किए गए होल में नट का प्रयोग

काउण्टर बोर की मुख्यत: निम्न दो किस्में उपलब्ध हैं

(i) H किस्म का काउण्टर बोर (ii) K किस्म का काउण्टर बोर

(i) **H किस्म का काउण्टर बोर** इसका प्रयोग स्लॉटेड चीज हैड, स्लॉटेड पैन हैड तथा क्रॉस रिसेस्ड पैन हैड स्क्रू लगाकर संयोजन के लिए किया जाता है।

(ii) **K किस्म का काउण्टर बोर** इसका प्रयोग षट्कोणीय सॉकेट हैड कैप स्क्रू से बने संयोजनों के लिए किया जाता है।

3. स्पॉट फेसिंग Spot Facing

ढलाई किए हुए जॉब में सुराख करने के बाद, सुराख की ऊपरी सतह या बोर के फेस पर समतल सतह बनाने के लिए, जो क्रिया सम्पन्न की जाती है, उसे स्पॉट फेसिंग कहते हैं।

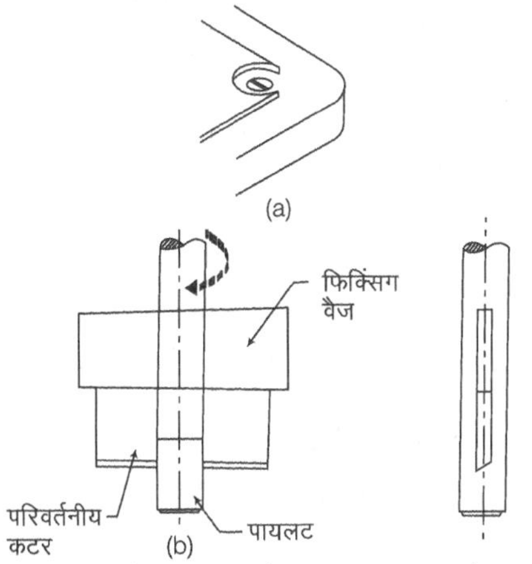

चित्र (a) स्पॉट फेसिंग द्वारा बने छिद्र में नट का प्रयोग तथा (b) फ्लाई कटर के द्वारा स्पॉट फेसिंग

इस प्रक्रिया में प्रयोग होने वाला टूल, स्पॉट फेसर कहलाता है। स्पॉट फेसिंग क्रिया के पश्चात् सुराख में फिट किए जाने वाले बोल्ट शीर्ष, वाशर अथवा नट आदि सुराख के चारों ओर समतल सतह पर ठीक से सैट हो जाते हैं।

कभी-कभी स्पॉट फेसिंग के स्थान पर फ्लाई कटर के सिरे द्वारा भी कटिंग प्रक्रिया की जाती है। इसके लिए कटर ब्लेड को होल्डर की झिर्री में फँसाकर, उसे स्पिण्डल में फिट कर दिया जाता है; जैसे-जैसे स्पिण्डल घूमता है, ब्लेड कटिंग करता जाता है तथा अन्त में एक समतल सतह तथा उसके बीच में एक छिद्र प्राप्त होता है, जिसमें स्क्रू फिट किया जाता है।

ड्रिलिंग करते समय सावधानियाँ
Precautions to be Taken During Drilling

ड्रिलिंग करते समय निम्न सावधानियों को ध्यान में रखना चाहिए

1. ड्रिल का कटिंग एंगल एवं क्लीयरैन्स एंगल, ड्रिल की जाने वाली धातु के अनुरूप होना चाहिए।
2. ड्रिल के लिप्स एकसमान होने चाहिए।
3. ड्रिल फिटिंग से पूर्व, ड्रिल स्लीव तथा स्पिण्डल साफ कर लेने चाहिए।
4. ड्रिल करते समय जॉब के नीचे लकड़ी का ब्लॉक रखना चाहिए जिससे ड्रिल, जॉब के पार जाकर, मशीन बैड को खराब न करे।
5. यदि बड़े व्यास का ड्रिल करना हो, तो पहले छोटे ड्रिल से छिद्र करना चाहिए।
6. जॉब को पकड़ने के लिए मशीन वाइस अथवा क्लैम्प तथा बोल्ट्स का प्रयोग करना चाहिए।
7. ड्रिल को स्लीव अथवा स्पिण्डल से पृथक् करने हेतु ड्रिफ्ट का प्रयोग करना चाहिए।
8. ड्रिल प्रयोग करते समय जॉब को उपयुक्त तरीके से पकड़ना चाहिए, जिससे ड्रिल टूटे नहीं।
9. ड्रिलिंग मशीन पर जॉब की धातु व ड्रिल के व्यास के अनुरूप ही ड्रिल की स्पीड सैट करनी चाहिए।

4.5 कार्यखण्ड पकड़ने की युक्तियाँ
Workpiece Holding Devices

ड्रिलिंग करने से पहले, ड्रिल किए जाने वाले कार्यखण्ड को उपयुक्त तरीके से पकड़ना अति आवश्यक है, जिससे ड्रिलिंग प्रक्रिया के दौरान कार्यखण्ड ड्रिल के साथ घूमे नहीं। इसके अतिरिक्त, कार्यखण्ड को गलत तरीके से पकड़ने से यह ऑपरेटर के लिए खतरे का कारण भी हो सकता है तथा इससे ड्रिल भी टूट सकती है।

अत: ड्रिलिंग प्रक्रिया को उपयुक्त तरीके से सम्पन्न करने हेतु कार्यखण्ड को कुछ विशिष्ट युक्तियों में पकड़ना अनिवार्य होता है, जो निम्नवत् हैं

1. मशीन वाइस 2. क्लैम्प्स तथा बोल्ट्स

1. मशीन वाइस Machine Vice

अधिकांश ड्रिलिंग प्रक्रियाओं में जॉब को ड्रिल करने के लिए मशीन वाइस में पकड़ा जाता है। जॉब पर ड्रिलिंग करते समय यह ध्यान रखना चाहिए कि ड्रिल कार्यखण्ड से गुजरने के पश्चात् वाइस में ड्रिलिंग न करे।

इस उद्देश्य हेतु कार्यखण्ड को वाइस के ऊपर लकड़ी का समान्तर ब्लॉक रखकर, रखा जाता है, जिससे कार्यखण्ड तथा वाइस के मध्य कुछ अन्तराल रहे।

नीचे चित्र में कार्यखण्ड को वाइस में पकड़कर ड्रिलिंग करते दर्शाया गया है।

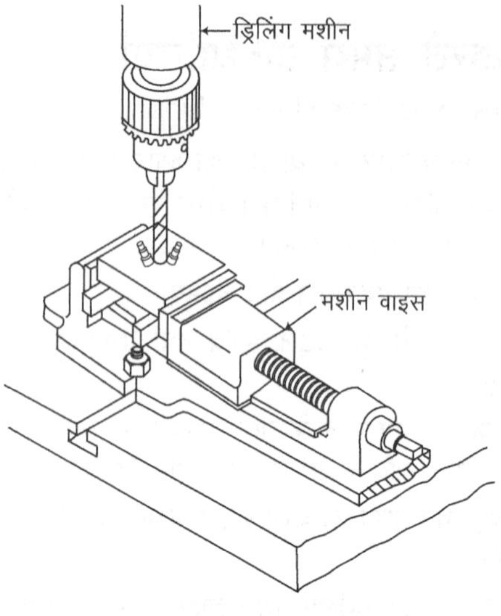

चित्र मशीन वाइस

2. क्लैम्प्स तथा बोल्ट्स Clamps and Bolts

ड्रिलिंग मशीन टेबल पर जॉब को बोल्ट हैड द्वारा पकड़ने के लिए अनेक 'T' स्लॉट्स दिए गए होते हैं। इस टेबल पर क्लैम्प तथा बोल्ट का प्रयोग करके कार्यखण्ड को मजबूती से पकड़ा जा सकता है।

इस पद्धति का प्रयोग करते समय यह अवश्य जाँच लेना चाहिए कि पैकिंग, कार्यखण्ड की लम्बाई के बराबर हो तथा बोल्ट कार्यखण्ड के समीप हो। चित्र (b) में कार्यखण्ड को ड्रिलिंग मशीन टेबल पर पकड़ने के लिए उपयुक्त तरीका दर्शाया गया है तथा चित्र (c) में इस कार्य में प्रयुक्त विभिन्न प्रकार के क्लैम्प्स दर्शाए गए हैं।

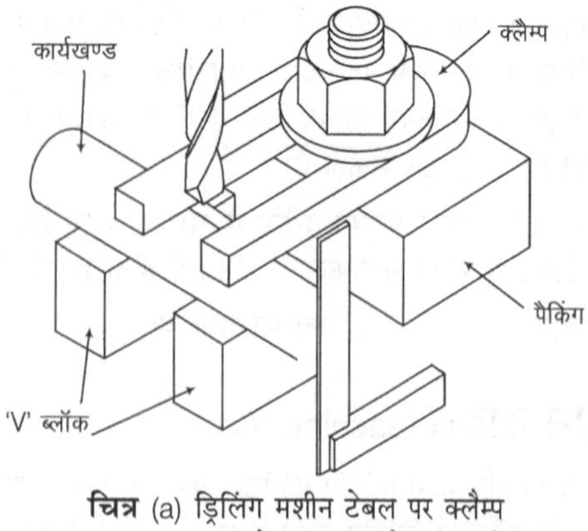

चित्र (a) ड्रिलिंग मशीन टेबल पर क्लैम्प तथा बोल्ट द्वारा संयोजित कार्यखण्ड

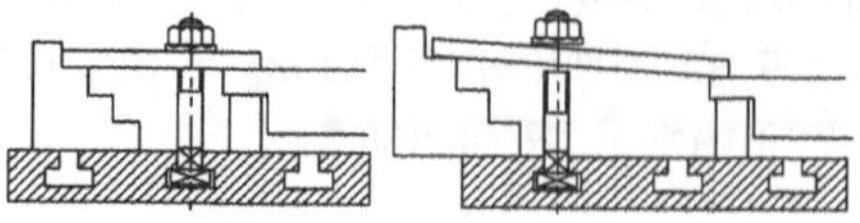

कार्यखण्ड पकड़ने का उपयुक्त तरीका

कार्यखण्ड पकड़ने का गलत तरीका

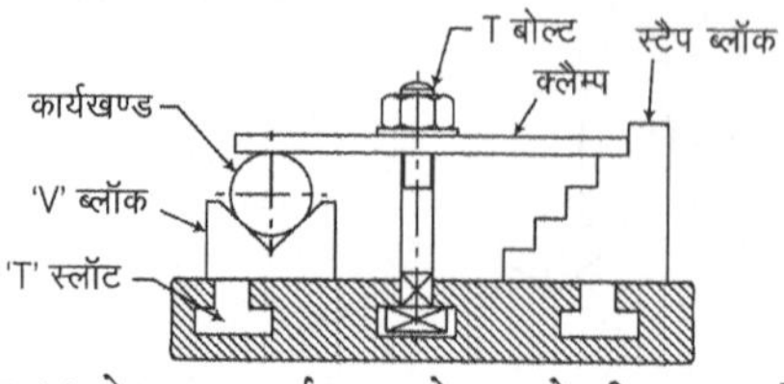

चित्र (b) टेबल पर कार्यखण्ड को पकड़ने की उपयुक्त विधि

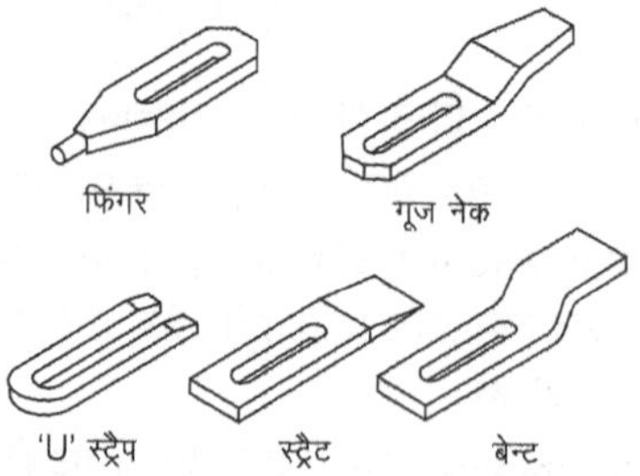

चित्र (c) कार्यखण्ड के अनुरूप प्रयुक्त विभिन्न प्रकार के क्लैम्प

4.6 टैप Tap

टैप भी एक प्रकार का हैण्ड कटिंग टूल है, जिसके द्वारा सिलेण्ड्रीकल छिद्रों में चूड़ियाँ काटी जाती हैं। बाजार में विभिन्न प्रकार की तथा विभिन्न साइजों की चूड़ियाँ काटने के लिए टैप उपलब्ध रहते हैं। इस प्रकार चूड़ियाँ काटने को टैपिंग (tapping) कहा जाता है।

टैपिंग करने से पहले एक निश्चित साइज का होल, ड्रिल द्वारा बनाया जाता है, फिर रीमर द्वारा उसकी रीमिंग की जाती है, तत्पश्चात् उसमें टैप को चलाकर चूड़ियाँ काटी जाती हैं। टैप बनाने के लिए हाई कार्बन स्टील या हाई स्पीड स्टील को लेथ द्वारा चूड़ी के साइज में टर्न कर लिया जाता है तथा उस पर वांछित आकार की चूड़ी काटी जाती है। इसके पश्चात्, कटिंग एजेज बनाने के लिए इन चूड़ियों को काटते हुए लम्बाई में खाँचे काटे जाते हैं। अब इनको हार्ड तथा टैम्पर किया जाता है।

टैप के मुख्य भाग Main Parts of Tap

टैप के मुख्य भागों को निम्न चित्र में दर्शाया गया है

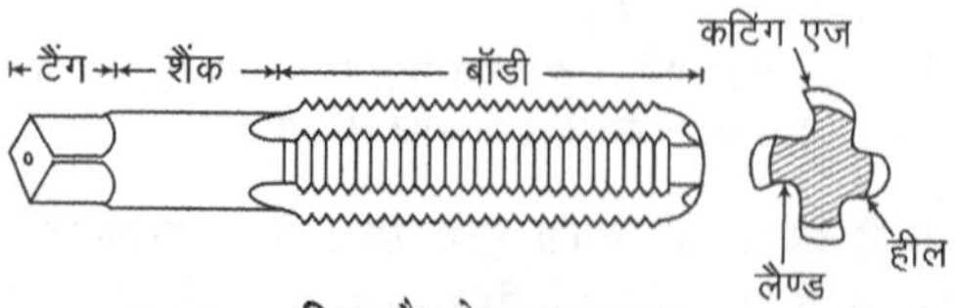

चित्र टैप के मुख्य भाग

1. टैंग Tang
टैप के सबसे ऊपरी भाग को टैंग कहते हैं। इसको चौकोर बनाया जाता है, जिसमें टैप हैण्डिल में बना खाँचा फिट हो जाता है। टैप को घुमाने के लिए इसी हैण्डिल का प्रयोग किया जाता है।

2. शैंक Shank
बॉडी तथा टैंग के बीच में कुछ भाग सपाट होता है, जिसे शैंक कहते हैं। यह टैप की लम्बाई बढ़ाने के लिए आवश्यक होता है। इसका साइज बॉडी के व्यास से कम होता है और इस पर टैप की चूड़ियों का साइज व प्रकार अंकित होता है। कुछ शैंक पर वांछित ड्रिल का साइज भी अंकित किया जाता है; जैसे—BSW; BA, BSP मीट्रिक इत्यादि।

3. बॉडी Body
यह टैप का अत्यधिक उपयोगी भाग है। इसी भाग में चूड़ियाँ कटी होती हैं तथा फ्लूट्स बने होते हैं।

4. फ्लूट्स Flutes
चूड़ियों को काटते हुए चार गहरे व लम्बाई में बने हुए खाँचों को फ्लूट्स कहते हैं। ये खाँचे ही चूड़ियों को कटिंग एजेज प्रदान करते हैं। इन्हीं खाँचों से होकर कटिंग चिप्स बाहर आते हैं तथा स्नेहक अन्दर जाता है।

5. लैण्ड Land
चूड़ी के ऊपर वाले भाग को लैण्ड कहते हैं।

6. कटिंग एज Cutting Edge
चूड़ी के आगे वाले भाग को कटिंग एज या फेस कहते हैं। कटिंग फेस में बहुत-सी कटिंग एजेज होती हैं।

7. हील Heel
चूड़ीदार भाग के पिछले सिरे को हील कहते हैं। क्लीयरैन्स देने के लिए कटिंग एज के पिछले भाग को टेपर कर दिया जाता है।

8. चैम्फर Chamfer
बॉडी के नीचे के कुछ भाग को टेपर में ग्राइण्ड कर दिया जाता है, जिससे थोड़ी-थोड़ी धातु कटे, इस भाग को चैम्फर कहते हैं।

9. प्वॉइण्ट व्यास Point Diameter
टैप में एक साइज के तीन टैप का एक सैट होता है, जिनमें चैम्फर की लम्बाई अलग-अलग होती है। सबसे अधिक चैम्फर वाला टैप, प्रथम तथा सबसे कम चैम्फर वाला टैप, तृतीय टैप होता है। सबसे पहले नम्बर 1 के टैप को चलाया जाता है। इसी टैप का आगे का सबसे छोटा व्यास, प्वॉइण्ट व्यास कहलाता है।

टैप के प्रकार Types of Tap
टैप कई प्रकार के होते हैं, जिनमें से मुख्य निम्न प्रकार हैं

1. हैण्ड टैप
2. मशीन टैप

1. हैण्ड टैप Hand Tap
इस टैप को हाथ द्वारा चलाकर चूड़ियाँ काटी जाती हैं। चूड़ी काटने के दौरान टैप को पकड़ने तथा घुमाने के लिए इसकी शैंक वर्गाकार बनाई जाती है, जैसा कि चित्र में दर्शाया गया है। टैप का आकार तथा चूड़ी की प्रकृति सामान्यत: शैंक पर मार्क होती है।

टैप को हाथ द्वारा घुमाने के लिए एक हैण्डिल का प्रयोग किया जाता है, जिसमें दोनों ओर हत्थे लगे होते हैं तथा बीच में एक वर्गाकार झिर्री (फिक्स या एडजस्टेबल) होती है। अलग-अलग प्रकार की चूड़ियों के लिए अलग टैप सैट बनाए जाते हैं; जैसे—मीट्रिक, बी. एस. डब्ल्यू. आदि। हैण्ड टैप हाई कार्बन स्टील अथवा हाई स्पीड स्टील से बनाए जाते हैं। कटिंग एज बनाने के लिए फ्लूट्स चूड़ी के आर-पार काटे जाते हैं तथा चूड़ी को काटने, सहारने तथा संरेखन के लिए टैप के सिरे को चैम्फर किया जाता है।

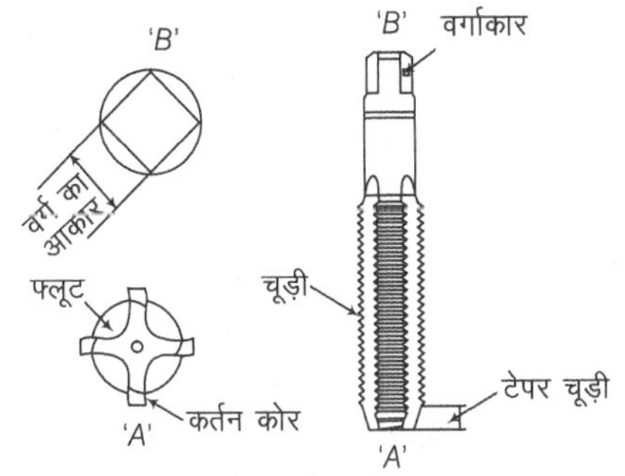

चित्र हैण्ड टैप

किसी निश्चित प्रकार की चूड़ी के लिए हैण्ड टैप के एक सैट में तीन टैप होते हैं, जिन्हें नीचे चित्र में दर्शाया गया है

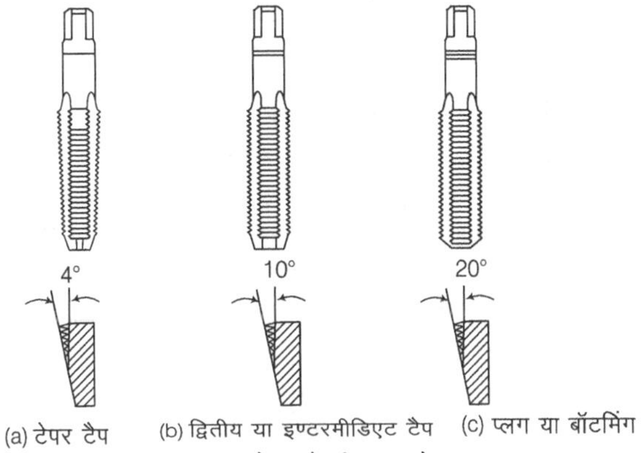

चित्र हैण्ड टैप के तीन सैट

(i) टेपर टैप Taper tap
हाथ द्वारा चूड़ी काटते समय यह सबसे पहला टैप होता है। ISI में इसको रफर टैप कहा गया है। इसके अन्त के कुछ दाँते (8 या 10) घिसकर टेपर कर दिए जाते हैं। इसकी टेपर लीड 4° होती है और इसके अन्त के व्यास को प्वॉइण्ट व्यास कहते हैं।

यह उस होल के व्यास से छोटा होता है, जिसमें चूड़ियाँ काटनी हैं। इस प्रकार आसानी से यह होल में जाकर चूड़ियाँ काट सकता है।

एक के बाद दूसरी चूड़ी गहराई को बढ़ाती जाती है तथा नई चूड़ी भी कटती जाती है। इस प्रकार पूरा टैप होल में नीचे तक प्रवेश कर जाता है। टैप को उल्टा घुमाकर बाहर निकाल लिया जाता है। इसके पश्चात् दूसरा व तीसरा टैप भी चला लिया जाता है।

(ii) **इण्टरमीडिएट टैप** Intermediate tap

यह हैण्ड टैप सैट का दूसरा टैप है। इसे पहले टैप द्वारा रफ चूड़ी काटने के पश्चात् चलाया जाता है। इसकी भी 3-5 चूड़ी आगे से टेपर की गई होती हैं। इसकी टेपर लीड 10º होती है। यह टैप सही आकार की चूड़ियाँ बनाता है, परन्तु यह ब्लाइण्ड होल में आगे की चूड़ी, सही साइज की नहीं बना पाता, इसलिए हैण्ड टैप का तीसरा फिनिशिंग टैप भी चलाना आवश्यक हो जाता है।

(iii) **फिनिशिंग टैप** Finishing tap

इसे प्लग टैप या बॉटमिंग टैप (bottoming tap) भी कहते हैं। इसके आगे की मात्र एक-दो चूड़ी ही टेपर में होती है। इसके प्रयोग की आवश्यकता दूसरे टैप को चलाने के बाद मात्र बन्द छिद्रों (blind holes) में होती है। इसके अतिरिक्त, प्रथम तथा द्वितीय टैप चलाने तथा चूड़ियों की गहराई पूर्ण होने के पश्चात् फिनिशिंग के लिए इसका प्रयोग किया जाता है। इसकी टेपर लीड 20º होती है, इसलिए यह छिद्र की तली तक चूड़ी बना सकता है।

2. मशीन टैप Machine Tap

ये टैप, ड्रिल मशीन के समान बनी हुई टैपिंग मशीन पर प्रयोग किए जाते हैं। इन मशीनों में एक निश्चित चाल के पश्चात् स्पिण्डल अपने आप उल्टी दिशा में घूम जाता है और जॉब से बाहर निकल जाता है। ये टैप, स्ट्रेट शैंक व टेपर शैंक दोनों प्रकार के होते हैं। ये टैप इस प्रकार टेपर किए जाते हैं कि एक ही ऑपरेशन में फिनिश चूड़ी तैयार कर सकें। इनका प्रयोग ऑटोमैटिक लेथ मशीनों पर भी किया जाता है। निम्न चित्र में मशीन टैप को दर्शाया गया है।

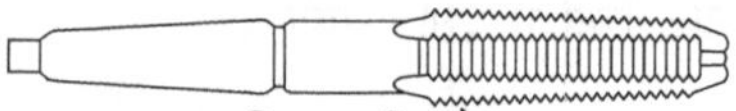

चित्र मशीन टैप

(i) **स्पाइरल फ्लूटेड टैप** Spiral fluted tap

इस टैप में फ्लूट्स स्ट्रैट न होकर स्पाइरल होते हैं। इसका प्रयोग ऐसे होल में टैपिंग करने के लिए किया जाता है, जिसमें स्प्लाइन कटे होते हैं। स्पाइरल ग्रूव होने के कारण ये स्प्लाइन की-वे में नहीं फँसते हैं, इसे हैलिकल फ्लूटेड टैप (helical fluted tap) भी कहते हैं। इनका उपयोग सामान्यत: पीतल, ताँबा, एल्युमीनियम जैसी मृदु धातुओं पर चूड़ी कर्तन में किया जाता है।

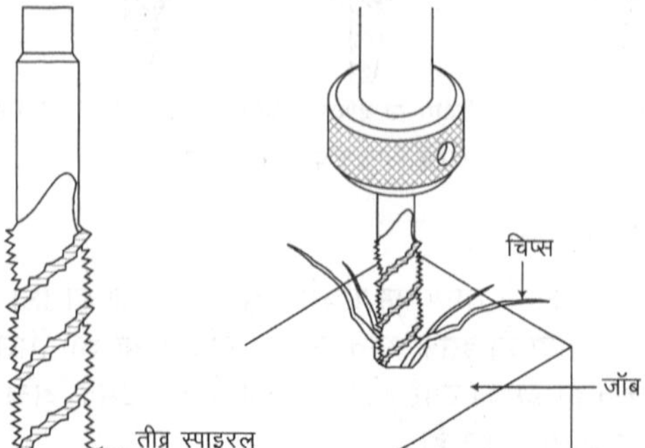

चित्र स्पाइरल फ्लूटेड टैप

(ii) **गन या स्पाइरल प्वॉइण्ट टैप** Gun or spiral point tap

इस टैप की आगे की 3-4 चूड़ियाँ टेपर में होती हैं। इससे आगे की चूड़ियों पर एक विशेष रैक एंगल बनता है, जिससे इसके काटने की क्षमता बढ़ जाती है।

इसका प्रयोग अधिक उत्पादन (mass production) के लिए किया जाता है। इसे मशीन में लगाकर आर-पार के छिद्र बनाने में भी किया जाता है। इस प्रकार के टैप के नीचे छीलन निकालने के लिए खाली स्थान रखा जाता है,

जो टैप टूटने की आशंका को कम करता है और छीलन को फँसने से रोकता है, जैसा कि निम्न चित्र में दर्शाया गया है

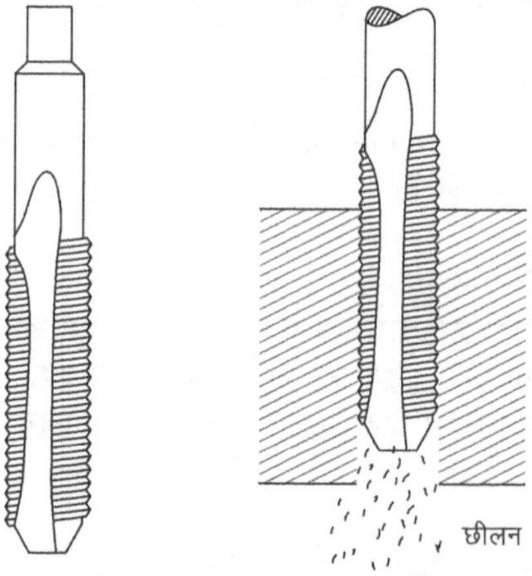

चित्र गन या स्पाइरल प्वॉइण्ट टैप

(iii) **थ्रेड फॉर्मिंग टैप** Thread forming tap

जहाँ छीलन को आसानी से नहीं हटाया जा सकता, वहाँ थ्रेड फॉर्मिंग टैप का प्रयोग किया जाता है। इस प्रकार के टैप में पदार्थ की विस्थापन क्रिया द्वारा चूड़ियाँ काटी जाती हैं, जिससे प्रक्रम के दौरान कोई छीलन नहीं बनती। इससे अच्छी परिष्कृति प्राप्त होती है।

इस प्रकार के टैप का उपयोग पीतल, ताँबा, एल्युमीनियम आदि धातुओं की कटाई के लिए किया जाता है।

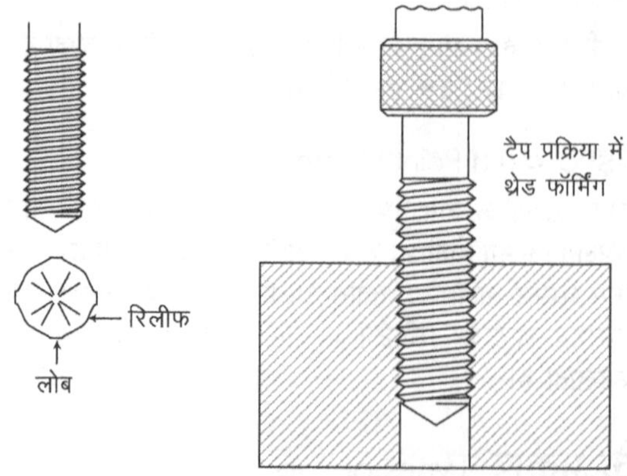

चित्र थ्रेड फॉर्मिंग टैप

(iv) **स्टब फ्लूट टैप** Stub flute tap

ये टैप्स एक प्रकार के फॉर्मिंग टूल्स (forming tools) होते हैं। इनमें कटिंग एज की आवश्यकता नहीं होती, इसलिए फ्लूट्स नहीं बनाए जाते, इस कारण इसे फ्लूटलैस टैप भी कहा जाता है।

इनका प्रयोग मुलायम धातु की चादरों को रोल करके चूड़ी काटने के लिए किया जाता है; जैसे—टिन बॉक्स आदि में चूड़ी काटने के लिए।

चित्र में स्टब फ्लूट टैप दर्शाया गया है।

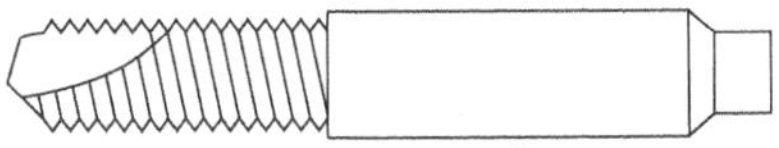

चित्र स्टब फ्लूट टैप

4.7 टैप रिंच Tap Wrench

हाथ के द्वारा टैप या रीमर को घुमाने के लिए एक विशेष प्रकार के टूल की आवश्यकता होती है, जिसके मध्य में टैप या रीमर की टैंग (tang) को पकड़ने के लिए झिर्रियाँ होती हैं तथा दोनों ओर हैण्डिल बने होते हैं। हैण्डिल को दोनों हाथों से पकड़कर सन्तुलन बनाते हुए घुमाया जाता है। यह टूल स्टील या माइल्ड स्टील से बना होता है। टैप रिंच निम्न प्रकार के होते हैं

1. सॉलिड टैप रिंच
2. डबल-एण्डिड एडजस्टेबल टैप रिंच
3. 'T' हैण्डिल टैप रिंच

1. सॉलिड टैप रिंच Solid Tap Wrench

इस रिंच का हैण्डिल, माइल्ड स्टील की प्लेट में से काटकर बनाया जाता है, जिसके मध्य में एक या दो वर्गाकार छिद्र होते हैं, जिसमें उसी साइज की टैंग को फँसाया जा सकता है, इसलिए इसे सॉलिड टैप रिंच कहते हैं। इससे गलत साइज के रिंच का प्रयोग न होने से रिंच को क्षति होने की रोकथाम होती है।

चित्र में सॉलिड टैप रिंच दर्शाया गया है

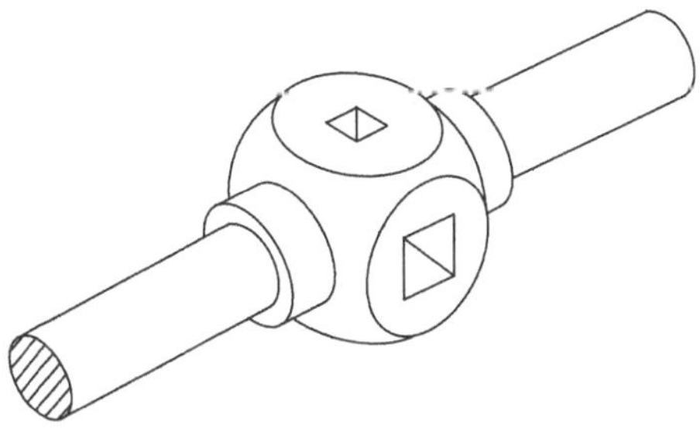

चित्र सॉलिड टैप रिंच

2. डबल-एण्डिड एडजस्टेबल टैप रिंच Double Ended Adjustable Tap Wrench

इस रिंच के बीच में दो जबड़े लगे होते हैं, जिनमें से एक स्थिर तथा दूसरा चल होता है। इसका सम्बन्ध हैण्डिल से होता है। हैण्डिल को गोल घुमाने पर यह जबड़ा आगे-पीछे चलता है। दोनों जॉ में 'V' ग्रूव बने होते हैं, जिनके मिलने पर वर्ग बनता है।

इस वर्ग में टैप या रीमर का टैंग फँसाया जाता है। इस रिंच में विभिन्न साइज के टैंग पकड़े जा सकते हैं, इसलिए इसे डबल-एण्डिड एडजस्टेबल टैप रिंच या बार टाइप टैप रिंच कहते हैं।

एडजस्टेबल टैप रिंच बड़े व्यास वाले टैपों के लिए उपयुक्त होते हैं तथा ऐसी खुली जगह जहाँ पर टैप को टर्न करने में कोई कठिनाई न हो, प्रयोग किए जाते हैं। चित्र में एडजस्टेबल टैप रिंच दर्शाया गया है

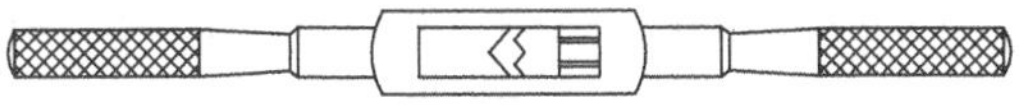

चित्र डबल-एण्डिड एडजस्टेबल टैप रिंच

3. 'T' हैण्डिल टैप रिंच 'T' Handle Tap Wrench

'T' हैण्डिल टैप रिंच में टैंग को पकड़ने के लिए एक चक, जिसमें दो जॉ होते हैं, लगा होता है, जिसके द्वारा विभिन्न साइज के टैप्स पकड़े जा सकते हैं तथा रिंच को घुमाने के लिए एक हैण्डिल लगा होता है। ये टैप रिंच बड़े व्यास के टैप को पकड़ने के लिए उपयुक्त नहीं होते हैं। चित्र में 'T' हैण्डिल टैप रिंच दर्शाया गया है। इस रिंच में हैण्डिल टैप से काफी ऊपर रहता है, इसलिए यह गहराई में भी किसी होल में टैपिंग कर सकता है।

'T' हैण्डिल टैप रिंच केवल एक हाथ से घुमाए जा सकते हैं तथा अधिकांश अवरोधित जगहों पर ही इनका प्रयोग किया जाता है।

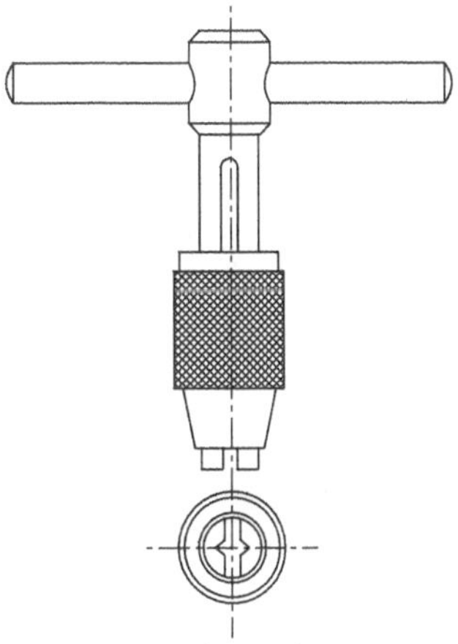

चित्र 'T' हैण्डिल टैप रिंच

4.8 टैप ड्रिल साइज Tap Drill Size

टैपिंग करने के लिए पहले, उसका होल ड्रिल करना होता है। यह होल टैप से छोटा होता है, परन्तु यह टैप की चूड़ियों के कोर डायमीटर के बराबर होना चाहिए, क्योंकि यदि यह कोर डायमीटर से छोटा होगा, तो टैप फँसकर टूट जाएगा और यदि यह कोर डायमीटर से बड़ा होगा, तो चूड़ियों के क्रैस्ट (crest) पूरी ऊँचाई तक नहीं आ पाएँगे, जिससे चूड़ियों की शक्ति कम हो जाएगी।

अत: किसी साइज के टैप के लिए उसका एक निश्चित ड्रिल साइज होता है, जिसे निकालने के लिए सूत्र प्रयोग किए जाते हैं

1. ब्रिटिश स्टैण्डर्ड चूड़ियाँ British Standard Threads

जितनी भी ब्रिटिश चूड़ियाँ हैं, सबके लिए टैप ड्रिल साइज का एक ही फॉर्मूला प्रयोग होता है, क्योंकि उनका साइज इंचों में दिया जाता है; जैसे—BSW, BSF, BA इत्यादि, जबकि उनकी पिच (pitch) अलग-अलग होती है।

टैप ड्रिल साइज = टैप साइज $-2\times$ चूड़ी की गहराई

$$\text{TDS} = \text{TS} - 2d \qquad (\text{जहाँ पर } d = \text{चूड़ी की गहराई} = 0.64\times \text{पिच})$$

$$d = 0.64P \qquad (P = \text{पिच})$$

अत:

$$\text{TDS} = \text{TS} - 2\times 0.64P$$

$$= \frac{1}{\text{एक इंच में चूड़ियों की संख्या}}$$

या

$$\text{TDS} = \text{TS} - \frac{2\times 0.64}{\text{No. of TPI}} \qquad \ldots\text{(i)}$$

यह TDS प्राय: दशमलव में प्राप्त होता है, परन्तु इंचों में ड्रिल $\frac{1''}{64}$ के क्रम में उपलब्ध होते हैं।

अत: दशमलव साइज को 0.960 से भाग करके, फ्रैक्शन में ड्रिल का साइज निकाल लिया जाता है। दूसरा फॉर्मूला, थम्ब-रूल (thumb rule) के समान प्रयोग किया जाता है, जो निम्न प्रकार है

$$\text{TDS} = \text{TS}\times\frac{7}{8} - \frac{1''}{32} \quad (\text{थम्ब-रूल}) \qquad \ldots\text{(ii)}$$

उदाहरण 3. $\frac{1''}{4}$ **BSW टैप के लिए टैप ड्रिल साइज ज्ञात कीजिए।**

हल पहले फॉर्मूला नं. (i) लगाने पर

$$\text{TDS} = \text{TS} - \frac{2\times 0.64}{\text{No. of TPI}}$$

हम जानते हैं $\frac{1''}{4}$ BSW में एक इंच में 20 चूड़ियाँ होती हैं।

अत:
$$\text{TDS} = \frac{1''}{4} - \frac{2\times 0.64}{20} = \frac{1''}{4} - 0.064$$
$$= 0.25 - 0.064 = 0.186''$$

इसका साइज फ्रैक्शन में निकालने के लिए 0.960 से भाग करें

$$\text{TDS} = \frac{0.186}{960} = \frac{12}{64} = \frac{6''}{32}$$

अब फॉर्मूला (ii) लगाने पर

$$\text{TDS} = \text{TS}\times\frac{7}{8} - \frac{1''}{32} = \frac{1''}{4}\times\frac{7}{8} - \frac{1}{32}$$
$$= \frac{7}{32} - \frac{1}{32} = \frac{6''}{32}$$

2. आई.एस.आई. चूड़ियाँ ISI Threads

इन्हें मीट्रिक चूड़ियाँ भी कहते हैं। इन्हें साधारणत: M अक्षर से प्रदर्शित किया जाता है तथा इसके साथ थ्रेड का साइज व पिच भी दिया जाता है; जैसे—$M20\times 1.5$, यहाँ पर 20 मिमी टैप का साइज है तथा 1.5 मिमी चूड़ियों की पिच है। इन चूड़ियों के टैप ड्रिल साइज (TDS) निकालने के भी कई फॉर्मूले हैं

$$\text{TDS} = \text{TS} - 2d$$

यहाँ पर d = चूड़ी की गहराई $= 0.61P$, $(P = \text{पिच})$

अर्थात्
$$\text{TDS} = \text{TS} - 2\times 0.61\times P \qquad \ldots\text{(i)}$$

जहाँ पर बहुत एक्यूरेट चूड़ी की आवश्यकता न हो, तो उपरोक्त समीकरण को निम्न प्रकार सरल किया जा सकता है

$$\text{TDS} = \text{TS} - P \qquad \ldots\text{(ii)}$$

तीसरा फॉर्मूला सीधे ही टैप ड्रिल साइज देता है, जो निम्न प्रकार है

$$\text{TDS} = \text{TS}\times 0.8 \qquad \ldots\text{(iii)}$$

उदाहरण 4. 5M 10×1.5 **वाले टैप के लिए ड्रिल साइज बताइए।**

हल पहले (i) फॉर्मूले के अनुसार $\text{TDS} = \text{TS} - 2\times 0.61\times P$
$$= 10 - 2\times 0.61\times 1.5$$
$$= 10 - 1.83 = 8.17 \text{ मिमी}$$

दूसरे (ii) फॉर्मूले के अनुसार $\text{TDS} = \text{TS} - P$
$$= 10 - 1.5 = 8.5 \text{ मिमी}$$

तीसरे (iii) फॉर्मूले के अनुसार $\text{TDS} = \text{TS}\times 0.8$
$$= 10\times 0.8 = 8 \text{ मिमी}$$

यह साइज भी फॉर्मूला (i) के साइज के लगभग बराबर है।

नोट *चूड़ी की पिच को ज्ञात करने हेतु चार्ट का प्रयोग किया जाता है।*

तालिका टैप ड्रिल साइज आई.एस.ओ. (ISO) (मीट्रिक)

पिच / नॉमिनल डायमीटर	0.25	0.3	0.35	0.4	0.45	0.5	0.6	0.7	0.75	0.8	1	1.25	1.5	1.75		2.5	3	3.5	4	4.5	5	5.55
1	0.75																					
1.1	0.85																					
1.2	0.95																					
1.4		1.10																				
1.6			1.25																			
1.8			1.45																			
2				1.60																		
2.2					1.75																	
2.5			2.15		2.05																	
3			2.65			2.50																
3.5							2.90															
4						3.50		3.30														
4.5						4.00			3.70													
5						4.50				4.20												
5.5						5.00																
6									5.20		5.00											
7									6.20		6.00											
8									7.20		7.00	6.80										
9									8.20		8.00	7.80										
10									9.20		9.00	8.80	8.50									
11									10.20		10.00		9.50									
12											11.00	10.80	10.50	10.20								
14											13.00	12.80	12.50		12.00							
15											14.00		13.50									
16											15.00		14.50		14.00							
17											16.00		15.50									
18											17.00		16.50		16.00	15.50						
20											19.00		18.50		18.00	17.50						
22											21.00		20.50		20.00	19.50						
24											23.00		22.50		22.00		21.00					
25											24.00		23.50		23.00							
26													24.50									
27											26.00		25.50		25.00		24.00					
28											27.00		26.50		26.00							
30											29.00		28.50		28.00		27.00	26.50				
32													30.50		30.00							
33													31.50		31.00		30.00	29.50				
35													33.50									
36													34.50		34.00		33.00		32.00			
38													36.50									
39													37.50		37.00		36.00		35.00			
40													38.50		38.00		37.00					
42													40.50		40.00		39.00		38.00	37.00		
45													43.50		43.00		42.00		41.00	40.50		
48													46.50		46.00		45.00		44.00		43.00	
50													48.00		48.00		47.00					
52													50.00		50.00		49.00		48.00		47.00	50.50
56																						50.50

तालिका व्यावसायिक टैप ड्रिल साइज (आई.एस.ओ. इंच)

NC नेशनल कोर्स			NF नेशनल फाइन		
टैप साइज	चूड़ी प्रति इंच	टैप ड्रिल साइज प्रति इंच	टैप साइज	चूड़ी	टैप ड्रिल साइज
5	40	38	5	44	37
6	32	36	6	40	33
8	32	29	8	36	29
10	24	25	10	32	21
12	24	16	12	28	14
1/4"	20	7	1/4"	28	3
5/16"	18	F	5/16"	24	1
3/8"	16	5/16"	3/8"	24	0
7/16"	14	U	7/16"	20	25/64"
1/2"	13	27/64"	1/2"	20	29/64"
9/16"	12	31/64"	9/16"	18	33/64"
5/8"	11	17/32"	5/8"	18	37/64"
3/4"	10	21/32"	3/4"	16	11/16"
7/8"	9	49/64"	7/8"	14	13/16"
1"	8	7/8"	1"	14	15/16"
1 1/8"	7	63/64"	1 1/8"	12	1 3/6"
1 1/4"	7	17/64"	1 1/4"	12	1 11/6"
1 3/8"	6	17/32"	1 3/8"	12	1 19/64"
1 1/2"	6	1 11/32"	1 1/2"	12	1 27/64"
1 3/4"	5	1 9/16"			
2"	4 1/2	1 25/32"			

नेशनल पाइप चूड़ी (NPT)

1/8"	27	11/32"	1"	11 1/2	1 5/32"
1/4"	18	7/16"	1 1/4"	11 1/4	1 1/2"
3/8"	18	19/32"	1 1/2"	11 1/2	1 23/32"
1/2"	14	23/32"	2"	11 1/2	2 23/16"
3/4"	14	15/16"	2 1/2"	8	2 5/8"

4.9 हैण्ड टैपिंग विधि Hand Tapping Method

हाथ द्वारा टैपिंग करते समय निम्न पदों में कार्य करना चाहिए

1. जॉब में सही मार्किंग करके, टैप ड्रिल साइज की गणना करके उचित साइज का होल (hole) ड्रिल करना चाहिए। ड्रिल द्वारा होल करते समय यह ध्यान रखना चाहिए कि होल बिल्कुल सीधा हो।
2. इसके पश्चात्, होल की अन्दर की सतह को परिष्कृत करने तथा एक्यूरेट साइज (accurate size) बनाने के लिए होल में रीमिंग करनी चाहिए।
3. यदि जॉब छोटा है, तो उसे वाइस में बिल्कुल सीधा बाँध लेना चाहिए।
4. अब प्रथम टैप या टेपर टैप को एक उचित टैप रिंच में पकड़कर होल में डालकर नीचे की ओर दबाव देते हुए घुमाना चाहिए।
5. जब यह दो-तीन चूड़ी काट ले, तो ट्राई स्क्वायर से टैप को दो साइड से जाँचना चाहिए—टैप सीधा लम्बवत् है या नहीं। सीधा न होने पर इसे सीधा कर लेना चाहिए।

6. टैप चलाते समय इसे आधा चूड़ी आगे चलाकर, आधा चूड़ी पीछे चलाना चाहिए। इससे कटे हुए चिप्स (chips) टूटकर नीचे गिर जाते हैं, जिससे टैप को आगे कटिंग करने में सुविधा रहती है।
7. टैप को गर्म होने से बचाने के लिए तथा घर्षण (friction) को कम करने के लिए धातु के अनुसार स्नेहक का प्रयोग करना चाहिए; जैसे—स्टील के लिए लार्ड ऑयल तथा एल्युमीनियम के लिए कैरोसीन आदि।
8. टेपर टैप के पश्चात् इण्टरमीडिएट टैप का प्रयोग करना चाहिए।
9. इण्टरमीडिएट टैप पूर्ण रूप से चलने पर पूरी चूड़ियाँ बन जाती हैं, परन्तु बन्द छिद्रों में टैपिंग करने के लिए बॉटमिंग टैप चलाना आवश्यक होता है।

टैप के टूटने के कारण
Causes for Breakage of a Tap

टैपिंग प्रक्रिया के दौरान टैप के टूटने के बहुत से कारण हो सकते हैं। इनमें से कुछ मुख्य कारण निम्न हैं

1. होल साइज का कम होना।
2. धातु का अधिक कठोर (hard) होना। इसके कारण टैप फँस जाता है।
3. यदि टैप, होल के अक्ष की सीध में नहीं होगा, तो इसके टूटने की सम्भावना होती है।
4. टैप को लगातार कटाई की दिशा में घुमाते जाने से अधिक लोड पड़ने के कारण टैप टूट सकता है।
5. टैप की धार कम हो जाने से अधिक लोड पड़ने के कारण टैप टूट सकता है।
6. बन्द छिद्रों को साफ करते रहना चाहिए। स्क्रैप भरने से छिद्र की लम्बाई कम होगी, जिससे टैप को आगे बढ़ने के लिए जगह नहीं मिलेगी और वह टूट जाएगा।
7. टैपिंग करते समय स्नेहक का प्रयोग न करने से भी टैप टूट सकता है।
8. टैपिंग करते समय सैट के तीनों टैप क्रम में प्रयोग करने चाहिए, अन्यथा अधिक लोड पड़ने से टैप टूट सकता है।

टूटे टैप को निकालने की विधि
Method of Removal of Broken Tap

सावधानियाँ बरतने के बावजूद भी टैप अक्सर होल में ही टूट जाते हैं, इसलिए टूटे टैप को निकालने के लिए कुछ प्रमुख विधियों का प्रयोग किया जाता है।

1. नोज प्लायर द्वारा By Nose Plier

यदि टैप जॉब की सतह के कुछ ऊपर से टूटा हुआ हो, तो नोज प्लायर के नोज को टैप के फ्लूट्स में घुसाकर, इसे उल्टा घुमाकर टैप को बाहर निकाला जा सकता है।

2. पंच व हथौड़े द्वारा By Punch and Hammer

यदि टैप, जॉब की सतह में या उससे कुछ ही ऊपर टूटा हो, जिसे नोज प्लायर से नहीं निकाला जा सकता हो, तो उसे पंच व हथौड़े की सहायता से निकालना चाहिए, जैसा कि चित्र में दर्शाया गया है। पंच पर हैमर की हल्की चोट लगाकर टैप को उल्टा घुमाना चाहिए।

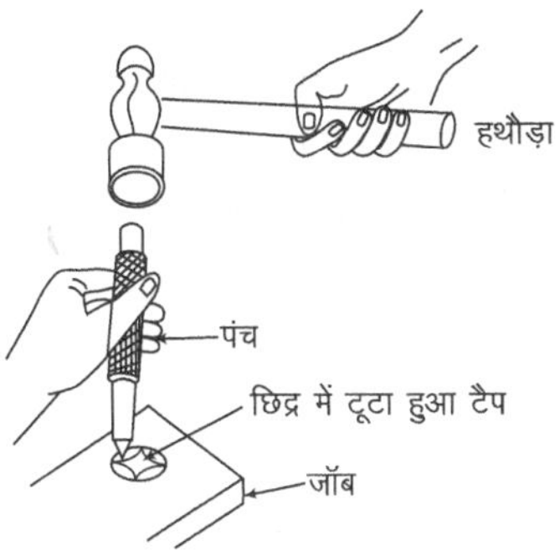

चित्र टैप निकालने के लिए पंच व हथौड़े का प्रयोग

3. स्क्रू एक्स्ट्रैक्टर द्वारा By Screw Extractor

जॉब में टूटी टैप को निकालने के लिए एक विशेष टूल का प्रयोग किया जाता है, जिसे एक्स्ट्रैक्टर कहते हैं। इसमें तीन या चार टाँगें होती हैं, जिन्हें टैप के फ्लूट्स में फँसाकर बुश कॉलर द्वारा कस दिया जाता है। शैंक के पीछे वर्गाकार टैंग होती है, जिसमें टैप हैण्डिल को फँसाकर स्क्रू एक्स्ट्रैक्टर को उल्टा घुमाया जाता है, जिससे टैप बाहर आ जाता है। चित्र में एक स्क्रू एक्स्ट्रैक्टर दर्शाया गया है।

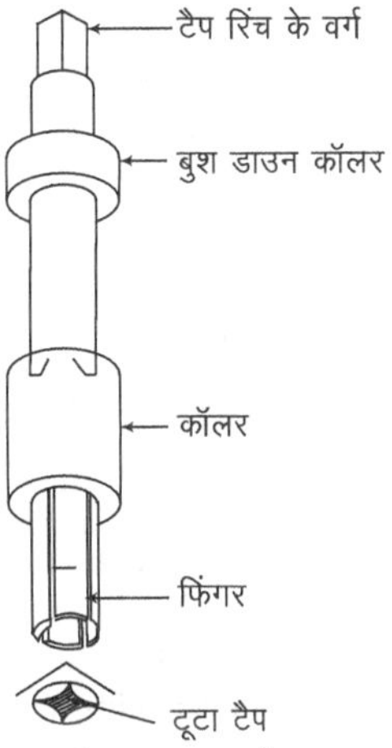

चित्र स्क्रू एक्स्ट्रैक्टर

4. नाइट्रिक एसिड द्वारा By Nitric Acid

इस विधि में टैप पर कुछ बूँदें नाइट्रिक एसिड की डाल दी जाती हैं। यह नाइट्रिक एसिड टैप तथा धातु दोनों को अपने अन्दर घोल लेता है, जिससे होल में टैप ढीला पड़ जाता है तथा आसानी से बाहर निकल जाता है।

5. अनीलिंग और ड्रिलिंग द्वारा
By Annealing and Drilling

कोई भी विधि सफल न होने पर जॉब के साथ टैप को गर्म करके, धीरे-धीरे ठण्डा करके अनील कर दिया जाता है। टैप के मुलायम होने पर होल में पुन: ड्रिल किया जाता है, जिससे टैप कटकर स्क्रैप के रूप में बाहर आ जाता है।

अब होल में पुन: टैपिंग की जा सकती है। टैप में छोटा ड्रिल करके उसमें स्टड एक्स्ट्रैक्टर को फँसाकर टैप को उल्टा घुमाकर भी निकाला जा सकता है, जैसा कि चित्र में दर्शाया गया है। इसे स्क्रू एक्स्ट्रैक्टर या ईजी आउट भी कहते हैं।

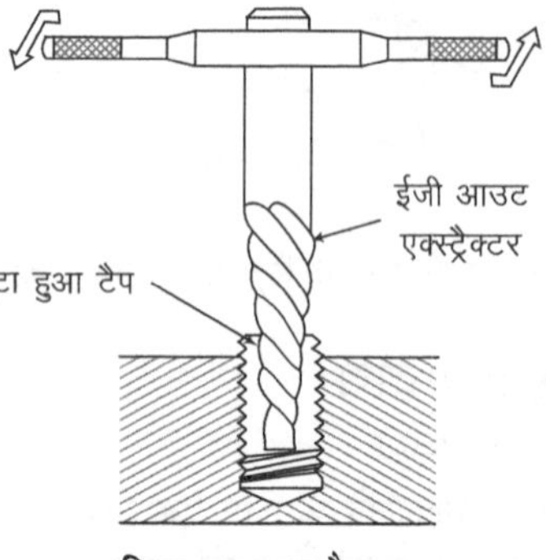

चित्र स्टड एक्स्ट्रैक्टर

6. आर्क वैल्डिंग द्वारा By Arc Welding

इस विधि में टूटे टैप पर वैल्डिंग इलैक्ट्रॉड का सम्पर्क कराया जाता है, जिससे वह टैप में चिपककर अच्छी पकड़ बना लें। इसके बाद टैप को दक्षिणावर्त दिशा में घुमाकर टैप बाहर निकाल लिया जाता है। यह विधि कम गलनांक वाली धातु के लिए उपयोगी होती है।

टिप्पणी *उपरोक्त विधियों का प्रयोग टूटे हुए स्टड या स्क्रू को छिद्र से निकालने हेतु भी किया जा सकता है।*

4.10 डाई Die

जिस प्रकार किसी होल में चूड़ी काटने के लिए टैप का प्रयोग किया जाता है, उसी प्रकार किसी बेलनाकार रॉड पर बाहरी चूड़ियाँ काटने के लिए डाई का प्रयोग किया जाता है; जैसे—बोल्ट, स्क्रू या पाइप इत्यादि पर चूड़ी काटना, जैसा कि चित्र में दर्शाया गया है।

डाई द्वारा बेलनाकार रॉड के बीच में एक होल करके विशेष प्रकार की चूड़ियाँ काटी जाती हैं। इन चूड़ियों को कटिंग एजेज प्रदान करने के लिए चार फ्लूट्स भी बना दिए जाते हैं। एक ओर की कुछ चूड़ियाँ चैम्फर की जाती हैं।

अब इसे हार्ड व टैम्पर किया जाता है। चूड़ियों में चैम्फर होने से डाई आसानी से रॉड पर चढ़ जाती है।

डाइयाँ टूल स्टील या अलॉय स्टील की बनाई जाती हैं।

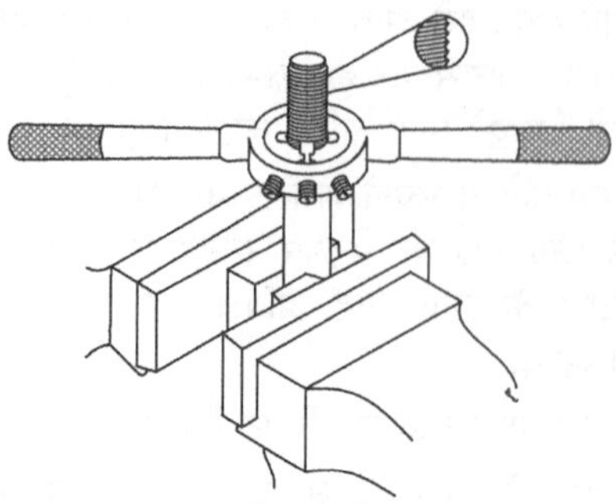
चित्र डाई

डाई के प्रकार Types of Die

डाइयाँ कई प्रकार की होती हैं

1. स्प्लिट/बटन डाई
2. ठोस नट डाई
3. अर्द्ध-डाई
4. एडजस्टेबल स्क्रू प्लेट डाई
5. पाइप डाई
6. चेजर डाई
7. एक्रोन डाई

1. स्प्लिट/बटन डाई Split/Button Die

यह डाई, सॉलिड डाई के समान होती है, परन्तु इसे एक साइड से काट दिया जाता है, जैसा कि चित्र में दर्शाया गया है। कटे स्थान पर वैज (wedge) लगाकर डाई को खोला जा सकता है, जिससे यह पहली बार में पूरी गहराई की चूड़ी नहीं काटती। इस डाई को एक गोल डाई स्टॉक में पकड़कर प्रयोग में लाया जाता है। इस प्रकार के डाई स्टॉक को पैटर्न डाई स्टॉक भी कहते हैं। इसे डाई स्टॉक के मध्य में लगे सैट स्क्रू की सहायता से समायोजित करके, वांछित गहराई की चूड़ियाँ काटी जा सकती हैं।

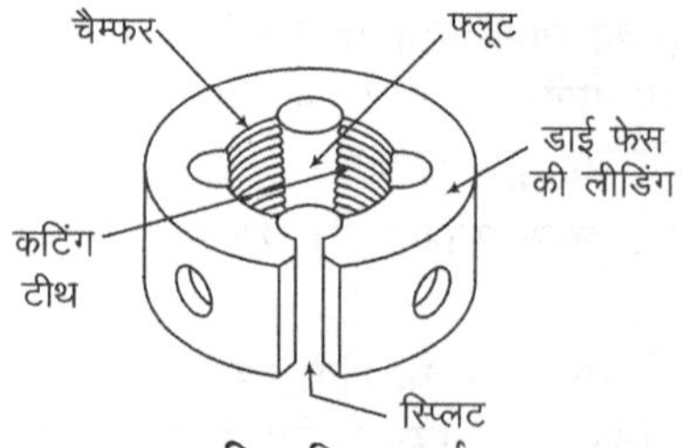

चित्र स्प्लिट डाई

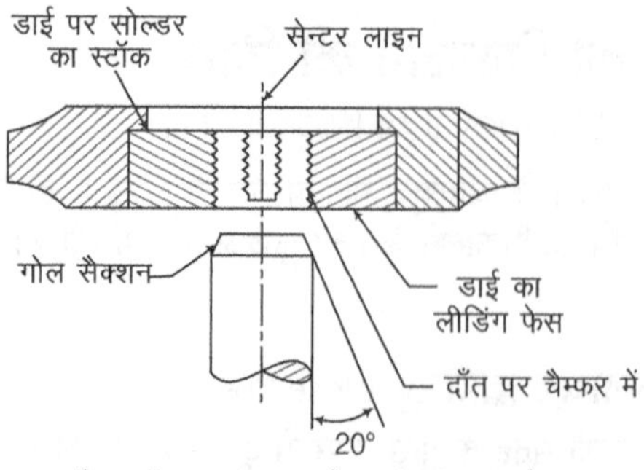

चित्र स्प्लिट/बटन डाई का विमांकन आरेख

2. ठोस नट डाई Solid Nut Die

ठोस नट डाई का आकार वर्गाकार या षट्भुजाकार नट के समान होता है। वर्गाकार डाई नट में चार फ्लूट तथा हैक्सागोनल डाई नट में छ: फ्लूट होते हैं। इस डाई नट को प्रयोग करने के लिए डाई हैण्डिल की आवश्यकता नहीं होती, बल्कि इस डाई को ओपन स्पैनर या बॉक्स स्पैनर या रिंच के द्वारा घुमाकर प्रयोग किया जा सकता है। इसका प्रयोग गहराई में चूड़ी काटने या चूड़ी को साफ करने के लिए किया जाता है, जहाँ पर डाई हैण्डिल द्वारा डाई को घुमाना सम्भव न हो। चित्र में नट डाई को दर्शाया गया है।

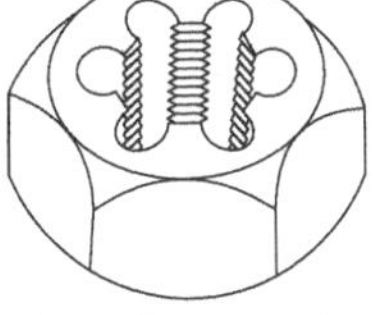

चित्र ठोस नट डाई

3. अर्द्ध-डाई Half-die

अर्द्ध-डाई दो मिलान जोड़ों के रूप में उपलब्ध होने वाली एक बहुत मजबूत डाई होती है। इसमें कटाव की गहराई को घटाने व बढ़ाने हेतु समायोजन (adjustment) की भी व्यवस्था होती है।

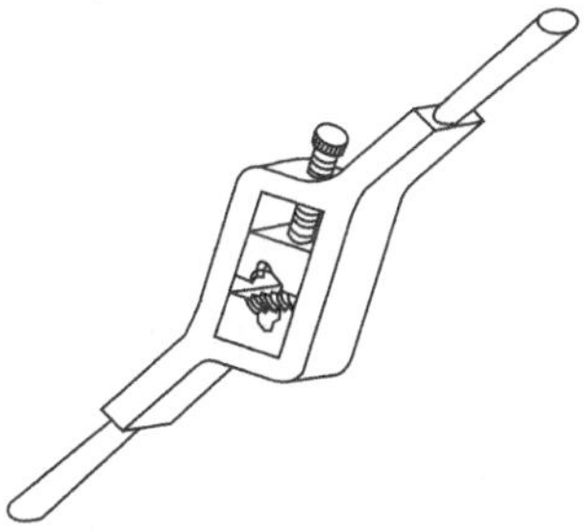

चित्र अर्द्ध-डाई

4. एडजस्टेबल स्क्रू प्लेट डाई Adjustable Screw Plate Die

यह डाई भी अर्द्ध-डाई की तरह दो भागों में बनी होती है, जिन्हें बिट्स कहते हैं। इस डाई में स्प्लिट डाई की तुलना में अधिक समायोजन की क्षमता होती है। डाई के दोनों भागों को कॉलर (collar) में एक गाइड प्लेट की सहायता से पकड़ा जाता है। गाइड प्लेट की सहायता से दोनों भाग, कॉलर में सही स्थान पर जकड़े जाते हैं। डाई के दोनों भागों को कॉलर में लगे स्क्रू की सहायता से एडजस्ट (adjust) किया जा सकता है। एडजस्टेबल स्क्रू प्लेट डाई को चित्र में दर्शाया गया है

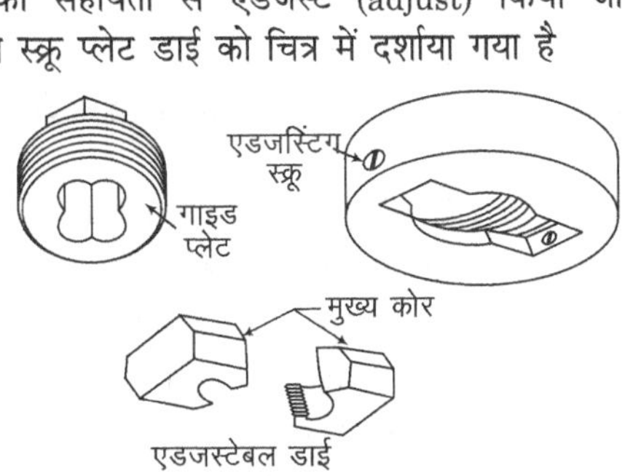

चित्र एडजस्टेबल स्क्रू प्लेट डाई

5. पाइप डाई Pipe Die

इसका प्रयोग पाइपों में बाहर की ओर चूड़ियाँ काटने के लिए किया जाता है। इसके लिए भी डाई ब्लॉक का प्रयोग किया जाता है, जिसमें दो या चार बिटों में डाई फिट की गई होती है। यह डाई, एडजस्टेबल डाई के समान ही होती है। इसमें भी साइज को कम या अधिक करने के लिए दो एडजस्टिंग स्क्रू लगे होते हैं तथा पाइप को गाइड करने के लिए स्टॉक में एक गाइड बुश लगा होता है, जिससे चूड़ियाँ टेढ़ी नहीं कटती हैं। चित्र में पाइप डाई को दर्शाया गया है

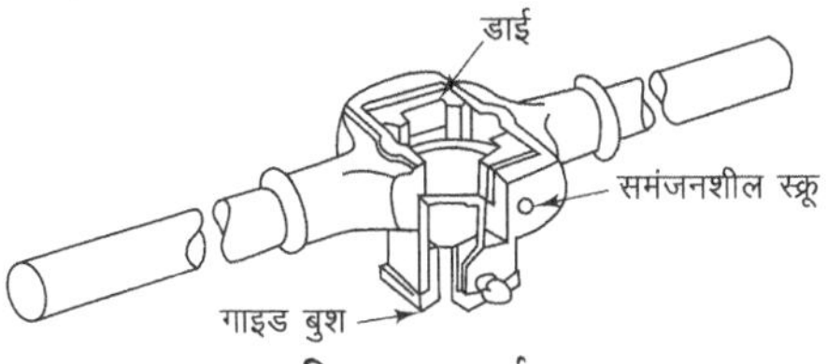

चित्र पाइप डाई

6. चेजर डाई Chaser Die

चेजर डाई में चार या छ: हाई स्पीड स्टील के बिट्स के सैट होते हैं। इन बिट्स को स्वचालित मशीनों के डाई हैड में व्यवस्थित कर दिया जाता है। डाई हैड एक विशेष स्वचालित व्यवस्था के अनुसार खुलते या बन्द होते हैं। इन्हें सैल्फ ओपनिंग डाई भी कहा जाता है, क्योंकि जब चूड़ी काटनी होती है, तो डाई सैट के बिट्स बन्द रहते हैं और जॉब पर चूड़ी काटते हैं, तो एक निश्चित लम्बाई तक जाने के बाद डाई हैड स्वत: ही खुल जाते हैं। ये विभिन्न स्टैण्डर्ड साइजों में सैट के रूप में बाजार में उपलब्ध होती हैं।

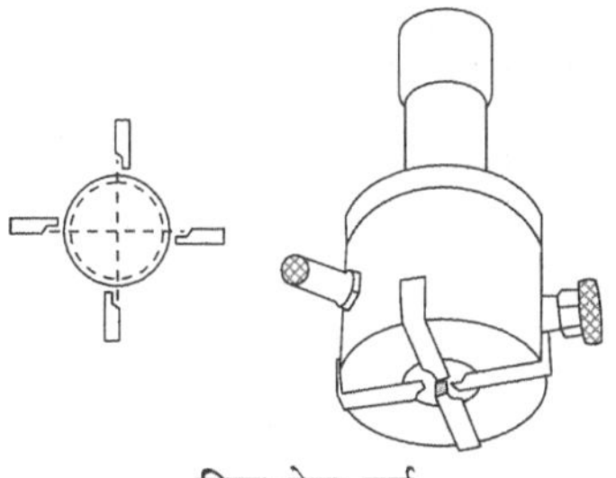

चित्र चेजर डाई

7. एक्रोन डाई Acron Die

यह एक बॉक्स टाइप की डाई है, जिसका प्रयोग किसी होल या स्लॉट में किसी गहराई अथवा किसी रॉड पर चूड़ी काटने के लिए किया जाता है। इसको विशेष प्रकार के डाई होल्डर में पकड़कर होल के अन्दर ले जाकर हाथ से या मशीनों से चलाया जाता है। इसे चित्र में दर्शाया गया है

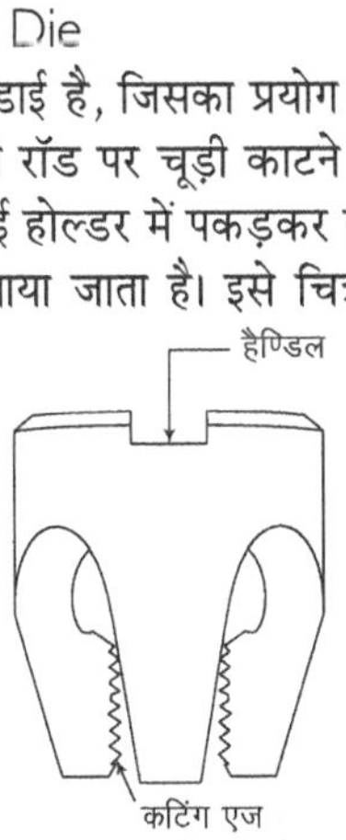

चित्र एक्रोन डाई

डाई स्टॉक Die Stock

डाई को पकड़ने वाले हैण्डिल या फिक्स्चर को डाई स्टॉक (die stock) कहते हैं। इसके अन्दर डाई को पकड़ने के लिए स्क्रू तथा उसे समायोजित करने के लिए सैट-स्क्रू तथा डाई को बलपूर्वक घुमाने के लिए हैण्डिल लगे होते हैं। डाई के आकार तथा प्रयोग के अनुसार ये दो प्रकार के होते हैं

1. सॉलिड डाई स्टॉक Solid Die Stock

ये डाई स्टॉक एक पीस में डाई के आकार के अनुसार होल वाले होते हैं। इनमें दोनों ओर हैण्डिल बने होते हैं तथा डाई को समायोजित करने के लिए स्क्रू लगे होते हैं। सेन्टर स्क्रू के द्वारा स्प्लिट डाई को आवश्यकतानुसार खोला जाता है, जबकि साइड स्क्रू, डाई को डाई स्टॉक में जकड़ते हैं।

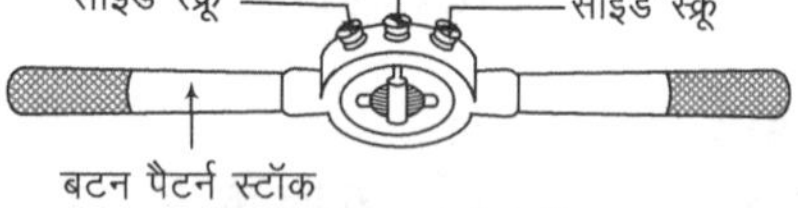

चित्र सॉलिड डाई स्टॉक

2. एडजस्टेबल डाई स्टॉक Adjustable Die Stock

इस डाई स्टॉक में बीच में बॉडी बनी होती है तथा इसके दोनों सिरों पर हब में चूड़ियाँ कटी होती हैं, जिनमें सिरे पर चूड़ी कटे दो हैण्डिल फिट किए जा सकते हैं। इसकी बॉडी पर डाई को पकड़ने तथा उसे समायोजित करने के लिए स्क्रू लगे होते हैं।

4.11 स्क्रू एक्स्ट्रैक्टर Screw Extractor

जब किसी कार्यखण्ड में कोई स्क्रू या स्टड टूट जाता है, तो उसे निकालने के लिए स्क्रू एक्स्ट्रैक्टर का उपयोग किया जाता है। स्क्रू एक्स्ट्रैक्टर कई आकारों में उपलब्ध रहता है। टूटे हुए स्टड के आकार के अनुसार ही सर्वप्रथम एक होल ड्रिल किया जाता है तत्पश्चात् स्क्रू एक्स्ट्रैक्टर को इस होल में इन्सर्ट (insert) किया जाता है एवं जब तक वह टाइट नहीं हो जाता है तब तक स्क्रू एक्स्ट्रैक्टर को एण्टी-क्लॉक वाइज (anti-clockwise) दिशा में घुमाते हैं, ऐसा करने से टूटा हुआ स्टड ढीला होकर निकल जाता है। चित्र में स्क्रू एक्स्ट्रैक्टर को दर्शाया गया है

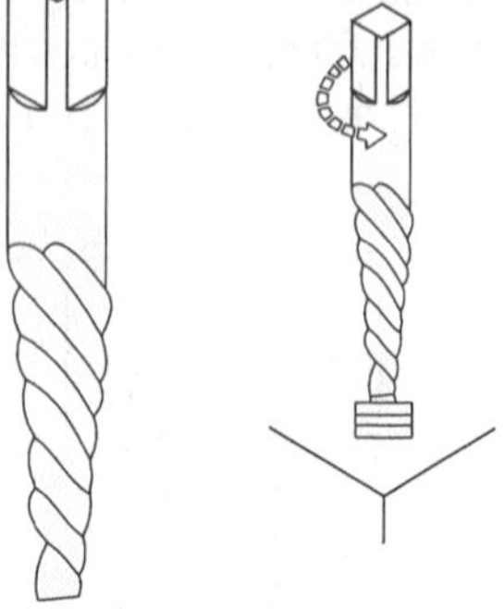

चित्र स्क्रू एक्स्ट्रैक्टर

4.12 रीमर Reamer

रीमर एक मल्टी प्वॉइण्ट (multipoint) कर्तन औजार है, जिसके द्वारा पहले से तैयार छिद्र की आन्तरिक सतह को अधिक परिष्कृत बनाया जाता है तथा छिद्र के आकार को थोड़ा बढ़ाकर, उसे किसी विशेष फिटिंग के लिए यथार्थता (accuracy) प्रदान की जाती है, जैसा कि चित्र में दर्शाया गया है।

रीमर के द्वारा बहुत थोड़ी मात्रा (लगभग 0.02–0.15 मिमी) में धातु काटी जाती है। इसके लिए ड्रिलिंग या बोरिंग करते समय रीमिंग एलाउन्स दे दिया जाता है। कभी-कभी रीमिंग को दो चरणों में विभक्त किया जाता है, जिसमें पहले रफ रीमिंग की जाती है, तत्पश्चात् परिष्कृत रीमिंग करते हैं।

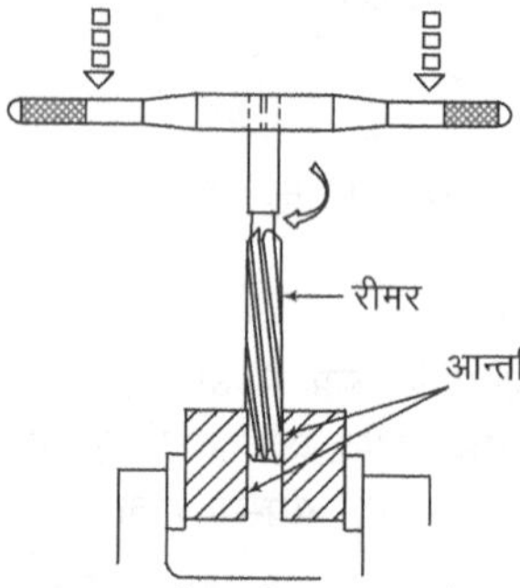

चित्र रीमर का उपयोग

रीमर पदार्थ Reamer Material

रीमर बनाने के लिए सामान्यत: हाई स्पीड स्टील का प्रयोग किया जाता है, क्योंकि यह अपेक्षाकृत सस्ता व अधिकतर पदार्थों में अच्छे से कार्य करता है, परन्तु जब किसी रीमर को दो खण्डों में बनाया जाता है, तो रीमर के शैंक को कार्बन स्टील तथा कटिंग करने वाले भाग को हाई स्पीड स्टील से बनाया जाता है।

इन खण्डों को बट वैल्डिंग करके जोड़ा जाता है। इसके अतिरिक्त, कुछ अन्य पदार्थ; जैसे—कार्बाइड, उच्च कोबाल्ट अलॉय स्टील का प्रयोग भी रीमर बनाने के लिए किया जाता है। उच्च कोबाल्ट अलॉय स्टील का प्रयोग टाइटेनियम व स्टेनलैस स्टील की रीमिंग के लिए किया जाता है, परन्तु यह स्टील की तुलना में महँगा होता है।

रीमर के भाग Parts of Reamer

रीमर के मुख्य भाग निम्नलिखित हैं

1. **अक्ष** (Axis) रीमर की अनुदैर्ध्य (longitudinal) केन्द्रीय रेखा, रीमर की अक्ष कहलाती है।
2. **बॉडी** (Body) रीमर के प्रवेश छोर से प्रारम्भ तक का विस्तृत भाग अर्थात् रीमर के जिस भाग में कटिंग एज होती है, उसे रीमर की बॉडी कहते हैं। किसी भी रीमर का मुख्य भाग उसकी बॉडी होती है। बॉडी पर ड्रिल के समान बहुत से फ्लूट बने होते हैं।
3. **झिर्री** (Recess) रीमर की बॉडी का वह हिस्सा, जिसका व्यास कर्तन कोर तथा पायलट की अपेक्षा कम होता है, झिर्री कहलाती है।

4. **शैंक** (Shank) यह रीमर का बॉडी के ऊपर का भाग है, जोकि सपाट (plain) होता है। इसी भाग से रीमर को किसी मशीन रिंच आदि में पकड़कर घुमाया जाता है। कुछ रीमर का ऊपरी भाग वर्गाकार (square) होता है। इस वर्गाकार हैड को टैप रिंच (tap wrench) में पकड़कर घुमाया जा सकता है।
रीमर की शैंक प्रायः दो प्रकार की होती है
   (i) **समान्तर शैंक** (Parallel shank) समान्तर शैंक वाले रीमर का शैंक सीधा होता है तथा इसका ऊपरी सिरा वर्गाकार होता है, जिसे टैंग कहते हैं। इसे टैप हैण्डिल में फिट करके हाथ से घुमाया जाता है। अधिकांश हैण्ड रीमर में समान्तर शैंक होती है।

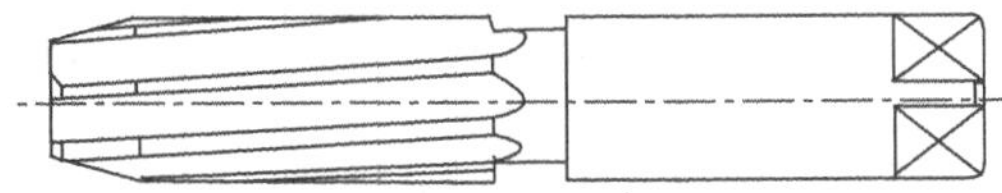

चित्र समान्तर शैंक

   (ii) **टेपर शैंक** (Taper shank) ड्रिल की तरह रीमर की शैंक भी मानक मोर्स टेपर में बनी होती है। इस प्रकार की शैंक वाले रीमर को स्लीव, सॉकेट या मशीन स्पिण्डल में फिट करके प्रयोग में लाया जाता है। इसका उपयोग मशीन रीमर में होता है।

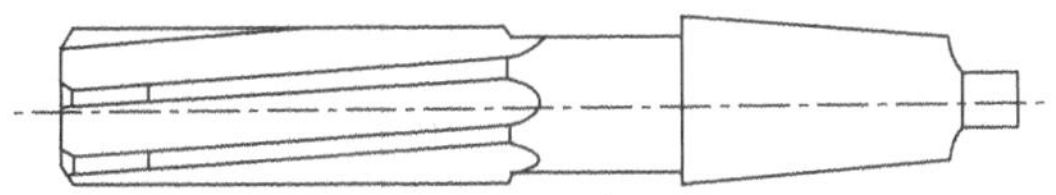

चित्र टेपर शैंक

5. **वृत्ताकार लैण्ड** (Circular land) लैण्ड के आगे के किनारे पर कर्तन कोर के संलग्न बेलनाकार ग्राइण्ड सतह, वृत्ताकार लैण्ड कहलाती है।
6. **बेवेल लीड** (Bevel lead) रीमर के प्रयोग होने वाले सिरे पर कोणीय कटाई वाला भाग, बेवेल लीड कहलाता है। यह नुकीला भाग रीमर को छिद्र में प्रवेश करने में सहायता प्रदान करता है।
7. **टेपर लीड** (Taper lead) प्रवेश करने वाले सिरे पर टेपरित कर्तन भाग, जो कर्तन एवं परिष्करण में सहायक होता है, टेपर लीड कहलाता है।
8. **बेवेल लीड कोण** (Bevel lead angle) बेवेल लीड के कर्तन कोर तथा रीमर अक्ष के मध्य का कोण, बेवेल लीड कोण कहलाता है।
9. **टेपर लीड कोण** (Taper lead angle) यह टेपर के कर्तन कोर तथा रीमर की अक्ष के मध्य का कोण होता है।
10. **झिर्री लम्बाई** (Recess length) कर्तन कोर के नीचे रीमर की बॉडी के उस भाग की लम्बाई, जो व्यास में कम होती है, झिर्री लम्बाई कहलाती है।
11. **कुल लम्बाई** (Overall length) रीमर के एक सिरे से दूसरे सिरे तक की लम्बाई, उसकी कुल लम्बाई कहलाती है।

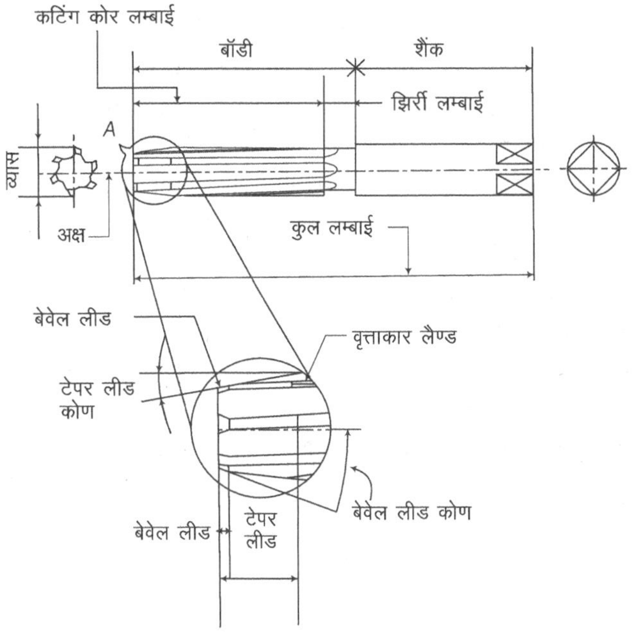

चित्र रीमर के मुख्य भाग

12. **बेवेल लीड लम्बाई** (Bevel lead length) बेवेल लीड की मापी गई अक्षीय लम्बाई, बेवेल लीड लम्बाई कहलाती है।
13. **कर्तन कोर लम्बाई** (Cutting edge length) कार्बाइड टिप की अक्षीय लम्बाई, जो प्राइमरी क्लीयरैन्स के साथ दी जाती है और जिसमें टेपर व बेवेल लीड सम्मिलित होती हैं, कर्तन कोर लम्बाई कहलाती है।

रीमर की कर्तन फ्लूट से सम्बन्धित पद

Terms Related to Cutting Flutes of Reamer

रीमर की बॉडी में बने खाँचों को फ्लूट कहते हैं। इसका उपयोग कर्तन धार बनाने, शीतलक को कर्तन धार तक पहुँचाने तथा छीलन हटाने में किया जाता है।

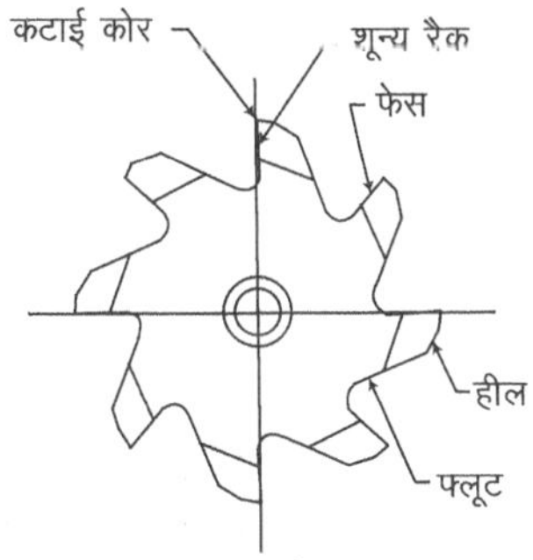

चित्र कर्तन फ्लूट से सम्बन्धित पद

इससे सम्बन्धित मुख्य पद निम्न प्रकार हैं

(i) **फ्लूट्स** (Flutes) रीमर की बॉडी में कटिंग सिरे बनाने के लिए जो खाँचें (grooves) बनाये जाते हैं, फ्लूट्स कहलाते हैं। फ्लूट्स चिप्स को हटाने तथा कटिंग फ्ल्यूड को कटिंग सिरों तक पहुँचाते हैं।

(ii) **हील** (Heel) द्वितीय अवकाश बनाने के पश्चात्, शेष सतह तथा फ्लूट के मिलने से निर्मित कोर, हील कहलाती है।

(iii) **कर्तन कोर** (Cutting edge) फेस और वृत्ताकार लैण्ड अथवा प्राथमिक क्लीयरैन्स से बची जगह के कटाव पर बना किनारा, कर्तन कोर कहलाता है।

(iv) **फेस** (Face) कार्यखण्ड से कटी हुई छिलन द्वारा स्पर्श करने वाली कर्तन कोर के साथ फ्लूट की सतह का हिस्सा, फेस कहलाता है।

(v) **रैक कोण** (Rake angle) व्यासीय तल में फेस तथा कटिंग एज की त्रिज्या रेखा के बीच बना कोण रैक कोण कहलाता है, जैसा कि चित्र में दर्शाया गया है

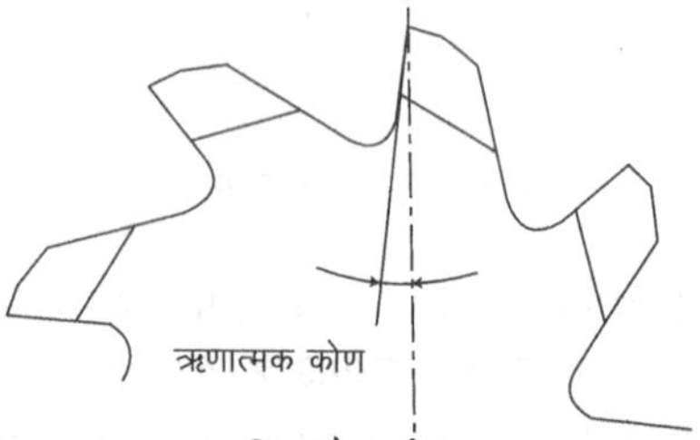

चित्र रैक कोण

(vi) **क्लीयरैन्स कोण** (Clearance angle) रीमर के कर्तन कोण की परिधि से खींची गई स्पर्श रेखा तथा उसके अवकाश (प्राथमिक एवं द्वितीयक) के मध्य का कोण, क्लीयरैन्स कोण कहलाता है। प्राथमिक अवकाश से बने कोण को प्राथमिक क्लीयरैन्स कोण तथा द्वितीयक अवकाश में बने कोण को द्वितीयक क्लीयरैन्स कोण कहते हैं, जैसा कि चित्र में दर्शाया गया है

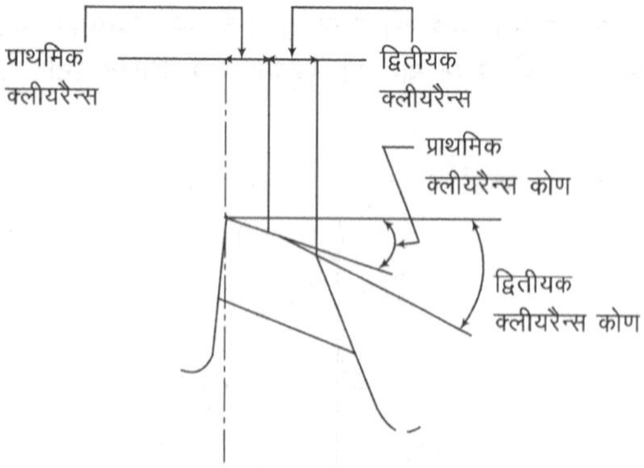

चित्र क्लीयरैन्स कोण

(vii) **हैलिक्स कोण** (Helix angle) रीमर की अक्ष एवं एज के बीच का कोण, हैलिक्स कोण कहलाता है।

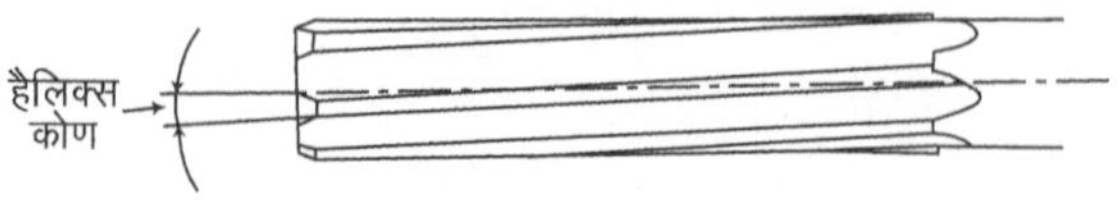

चित्र हैलिक्स कोण

रीमर के प्रकार Types of Reamer

रीमर को हाथ द्वारा या मशीन द्वारा घुमाकर प्रयोग किया जाता है। इसी के आधार पर इसे दो भागों में बाँटा गया है

1. हैण्ड रीमर 2. मशीन रीमर

1. हैण्ड रीमर Hand Reamer

इस प्रकार के रीमरों में शैंक के ऊपर एक चौकोर (square) टैंग होती है। इस चौकोर टैंग को हम किसी रिंच (wrench) या हैण्डिल में बने ग्रूव में आसानी से पकड़ सकते हैं तथा सरलता से हाथ द्वारा घुमा सकते हैं। अधिकांश हैण्ड रीमर दाएँ हाथ की ओर से कर्तन करने वाले होते हैं। हैलिक्स फ्लूट रीमर का हैलिक्स बाईं ओर होता है तथा इसकी शैंक सीधी होती है।

रीमिंग करते समय होने वाली चिपचिपाहट को कम करने के लिए अधिकांश हैण्ड रीमर में असामान्य दाँते पाए जाते हैं। चित्र में हैण्ड रीमर तथा इसके दाँते दर्शाए गए हैं

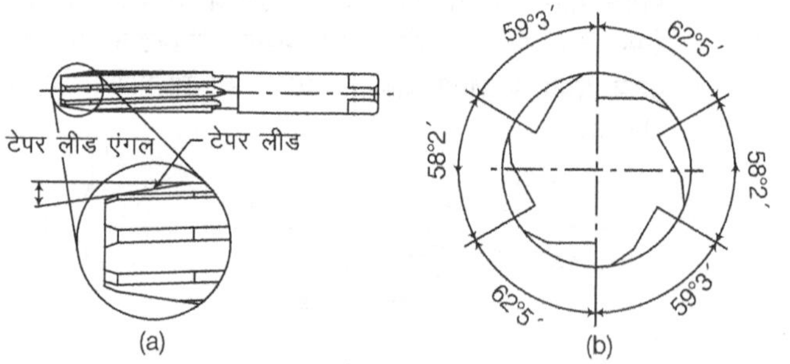

चित्र हैण्ड रीमर तथा उसके दाँते

हैण्ड रीमर निम्न प्रकार के होते हैं

(i) पैरेलल हैण्ड रीमर
(ii) पायलट सहित हैण्ड रीमर
(iii) समान्तर शैंक वाला सॉकेट रीमर
(iv) एडजस्टेबल हैण्ड रीमर
(v) टेपर पिन हैण्ड रीमर
(vi) एक्सपैन्शन हैण्ड रीमर
(vii) सीधे एवं हेलिकल फ्लूटिड रीमर

(i) पैरेलल हैण्ड रीमर Parallel Hand Reamer

पैरेलल हैण्ड रीमर में टेपर तथा बेवेल लीड सहित पैरेलल कटिंग एज होती है तथा इसकी बॉडी बेलनाकार होती है, जिस पर पैरेलल फ्लूट्स बने होते हैं।

ये फ्लूट्स सीधे या घुमावदार होते हैं। रीमर की बॉडी, शैंक के साथ समेकित (Consolidated) होती है। इस शैंक का नॉमिनल व्यास, कटिंग एज के बराबर होता है।

बॉडी के निचले भाग पर चैम्फर कर दिया जाता है, जिससे यह सरलता से ड्रिल किए गए छिद्र में प्रवेश कर सके। इसके द्वारा 0.05 से 0.125 मिमी धातु को काटा जा सकता है।

इसका प्रयोग छिद्र को बिल्कुल उचित आकार देने के लिए होता है। सामान्यत: कार्यशाला में H8 छिद्र बनाने के लिए इन रीमरों का प्रयोग किया जाता है।

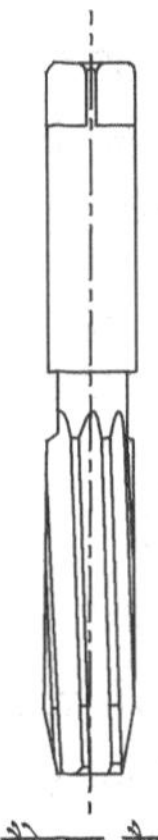

चित्र पैरेलल हैण्ड रीमर

(ii) पायलट सहित हैण्ड रीमर Hand Reamer with Pilot

इस प्रकार के रीमर में पायलट का उपयोग, रीमर को गाइड करने के लिए किया जाता है। पायलट को रीमर की बॉडी के सिरे पर एक बेलनाकार अपघर्षित भाग बनाकर, बनाया जाता है। यह पायलट होल के साइज का होता है, जिससे रीमर और छिद्र के केन्द्र, संकेन्द्रित रहते हैं। चित्र में सूचक सहित हैण्ड रीमर दर्शाया गया है

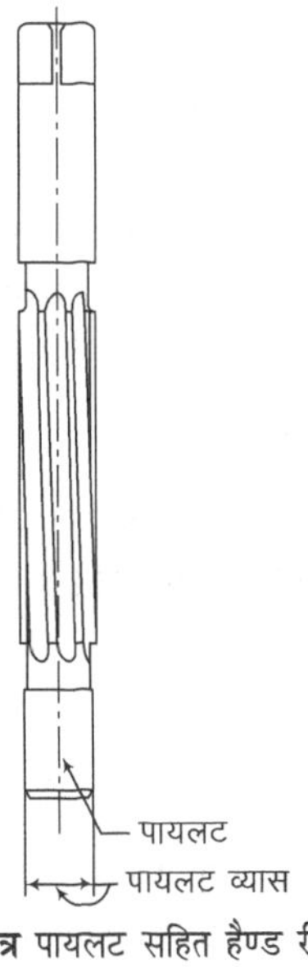

चित्र पायलट सहित हैण्ड रीमर

(iii) समान्तर शैंक वाला सॉकेट रीमर
Socket Reamer with Parallel Shank

इस प्रकार के रीमर में मीट्रिक मोर्स टेपर के समान ही टेपरित कर्तन कोर होती है। इसमें शैंक वर्गाकार बनाया जाता है, जो बॉडी के साथ जुड़ा होता है। इस प्रकार के रीमर के फ्लूट सीधे या घुमावदार होते हैं, जैसा कि चित्र में दर्शाया गया है।

इस रीमर का प्रयोग आन्तरिक मोर्स टेपर की रीमिंग के लिए किया जाता है। इनका प्रयोग तीन रीमर के सैट में होता है, जिससे रफिंग (roughing), पूर्व परिष्कृति (pre-finishing) एवं परिष्कृति (finishing) की जाती है।

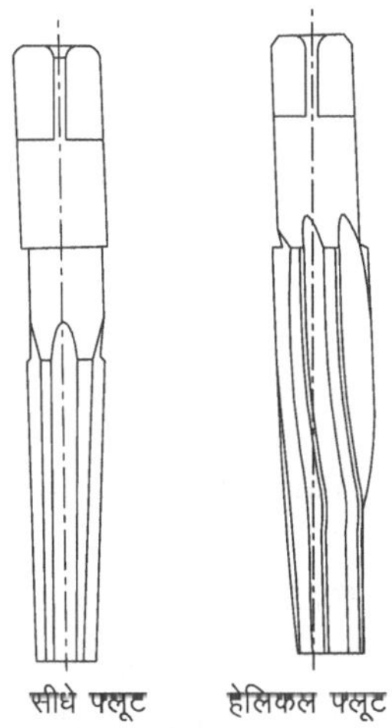

चित्र समान्तर शैंक वाला सॉकेट रीमर

(iv) एडजस्टेबल हैण्ड रीमर
Adjustable Hand Reamer

इस रीमर की बॉडी पर टेपर में स्लॉट्स बने होते हैं, जिनमें उसी टेपर में बने कटिंग ब्लेड स्लाइड कर सकते हैं। इस प्रकार, रीमर की कटिंग एज एक-दूसरे के पैरेलल रहती है। इन ब्लेडों को पकड़े रखने के लिए विशेष बनावट के दो नट, रीमर की बॉडी पर बनी चूड़ियों में कसे जाते हैं, जिनके बीच में कटिंग ब्लेड होते हैं।

एडजस्टिंग नटों द्वारा ब्लेड को ऊपर-नीचे करके, रीमर की माप घटाई अथवा बढ़ाई जा सकती है। बॉडी पर यदि ब्लेड नीचे समायोजित होते हैं, तो रीमर का साइज कम होता है और रीमर का साइज बढ़ाने के लिए ब्लेडों को रीमर में ऊपर की ओर समायोजित किया जाता है क्योंकि इस रीमर का साइज एडजस्ट किया जा सकता है, इसलिए इसे एडजस्टेबल हैण्ड रीमर कहते हैं।

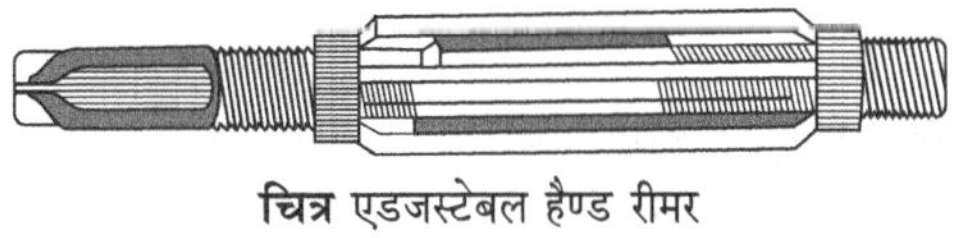

चित्र एडजस्टेबल हैण्ड रीमर

(v) टेपर पिन हैण्ड रीमर Taper Pin Hand Reamer

बहुत-सी मशीनों में शाफ्ट तथा हब का अस्थायी जोड़ बनाने के लिए टेपर पिन का प्रयोग किया जाता है। ये टेपर पिन, स्टैण्डर्ड टेपर के रूप में बाजार में उपलब्ध होती हैं। इन्हीं टेपर पिनों के टेपर के अनुसार बाजार में टेपर पिन हैण्ड रीमर भी उपलब्ध होते हैं।

प्राय: पचास में एक के हिसाब से टेपर पिन बनाकर टेपर पिन हैण्ड रीमर बनाया जाता है। ये टेपर पिन हैण्ड रीमर, ड्रिल किए गए होल को टेपर होल में बदलते हैं।

ये रीमर, स्ट्रैट फ्लूट्स तथा हेलिकल फ्लूट्स दोनों प्रकार के होते हैं। चित्र में एक टेपर पिन हैण्ड रीमर दर्शाया गया है

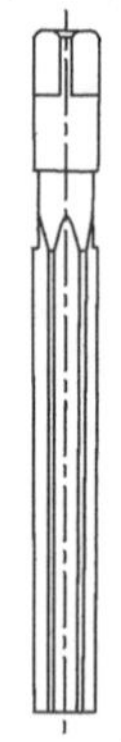

चित्र टेपर पिन हैण्ड रीमर

(vi) **एक्सपैन्शन हैण्ड रीमर** Expansion Hand Reamer

इस रीमर की बॉडी को स्प्लिट (split) किया गया होता है, जिसके निचले सिरे पर एक टेपर होल होता है, जिसमें चूड़ियाँ कटी होती हैं। इसमें एक चूड़ीयुक्त टेपर प्लग लगाया जाता है।

जब प्लग को टाइट किया जाता है, तो रीमर की बॉडी फैलती है। एक्सपैन्शन रीमर बड़े साइज के होल को रीमिंग करने के लिए उपयुक्त होते हैं। चित्र में एक्सपैन्शन हैण्ड रीमर दर्शाया गया है

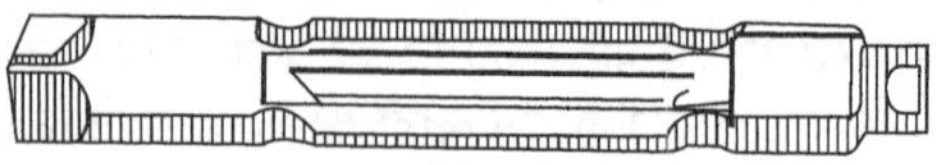

चित्र एक्सपैन्शन हैण्ड रीमर

(vii) **सीधे फ्लूटिड रीमर** Straight Fluted Reamer

ये साधारण रीमिंग क्रियाओं के लिए उपयुक्त होते हैं। इसके प्रयोग से छिद्र की सतह को परिष्कृत किया जाता है।

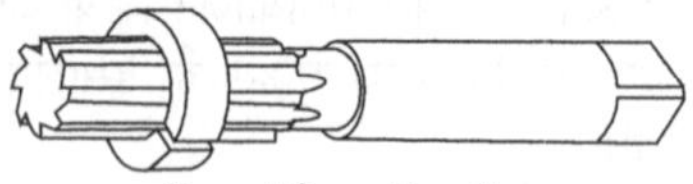

चित्र सीधे फ्लूटिड रीमर

(viii) **हेलिकल फ्लूटिड रीमर** Helical Fluted Reamer

ये जॉब में चाबीदार खाँचों (key way) एवं अन्य विशेष रूप से कटी रेखाओं की रीमिंग के लिए उपयुक्त होते हैं। इस रीमर का प्रयोग करके, की-वे (key way) छिद्र में गैप एवं चिपचिपाहट को कम किया जाता है।

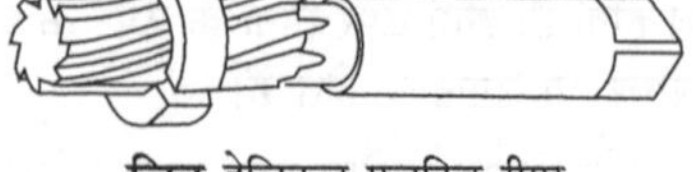

चित्र हेलिकल फ्लूटिड रीमर

2. **मशीन रीमर** Machine Reamer

ये रीमर, मशीन के द्वारा प्रयोग किए जाते हैं, इसलिए इन्हें मशीन रीमर कहा जाता है। इस प्रकार के रीमर, अधिकतर टेपर शैंक वाले होते हैं, जिन पर एक फ्लैट टैंग (tang) बना होता है।

यह टेपर शैंक मशीन के स्पिण्डल में फिट हो जाती है और फ्लैट टैंग स्पिण्डल में फँस जाती है तथा इसे स्पिण्डल के साथ स्थिर कर देती है।

> **नोट** *पाठ्यक्रम की उपयोगिता को ध्यान में रखते हुए यहाँ केवल हैण्ड रीमर की ही व्याख्या की गई है।*

रीमर की विशिष्टियाँ
Specifications of Reamer

रीमर को खरीदते समय या किसी प्रक्रिया का चुनाव करते समय निम्न चार बातों का ज्ञान होना आवश्यक होता है

(i) **रीमर का प्रकार** हैण्ड रीमर या मशीन रीमर
(ii) **फ्लूट का प्रकार** स्ट्रैट फ्लूट या हेलिकल फ्लूट
(iii) **शैंक का प्रकार** टेपर शैंक या समान्तर शैंक
(iv) **रीमर का साइज** कितने बड़े होल के लिए रीमर चाहिए।

उदाहरण के लिए, हैण्ड रीमर-हेलिकल फ्लूट-टेपर शैंक ϕ 300 मिमी।

रीमिंग के लिए ड्रिल आकार
Drill Size for Reaming

हैण्ड या मशीन रीमर से रीमिंग करने के लिए रीमर साइज से छोटा होल ड्रिल करना चाहिए।

रीमर द्वारा उस होल को फिनिश करने से पहले पर्याप्त धातु का होना आवश्यक है, क्योंकि कम धातु होने से आवश्यकतानुसार फिनिश प्राप्त नहीं होगी और अधिक धातु होने से रीमर पर दबाव पड़ेगा, जिससे वह क्षतिग्रस्त हो जाएगा।

ड्रिल साइज गणना Drill Size Calculation

किसी दिए गए साइज का होल तैयार करने के लिए निम्न सूत्र से ड्रिल का साइज निकाला जाता है

ड्रिल साइज = रीमर का साइज
 − (रीमर का अण्डर साइज + ड्रिल का ओवर साइज)

परिष्कृति साइज Finishing Size

रीमर का व्यास, परिष्कृति साइज कहलाता है।

ओवर साइज Over Size

ड्रिल द्वारा होल करने पर हमेशा कुछ बड़े साइज का होल प्राप्त होता है, इसे ओवर साइज कहते हैं। होल का साइज ड्रिल के साइज से 0.05 मिमी बड़ा होता है।

अण्डर साइज Under Size

किसी विशेष साइज का होल प्राप्त करने के लिए उपयुक्त ड्रिल के साइज का चुनाव किया जाता है। यह साइज रीमर के छोटे साइज से भी कुछ कम होता है, जिसे अण्डर साइज (under size) कहते हैं।

तालिका रीमिंग हेतु अण्डर साइज

रीमिंग होल का व्यास (मिमी)	रफ होल का अण्डर साइज मार्जिन (मिमी)
0-5	0.1– 0.2
5-20	0.2 – 0.3
20-50	0.3 – 0.5
50 से ऊपर	0.5–1

हल्की धातुओं के लिए अण्डर साइज को 50% बड़ा किया जाता है। यदि रीमिंग के लिए क्षतिग्रस्त रीमर का प्रयोग किया जाता है, तो छिद्र अण्डर साइज रह जाता है, इसलिए रीमिंग से पूर्व रीमर को अच्छे से जाँच लेना चाहिए।

रीमिंग के द्वारा उन्नत सतह परिष्कृति प्राप्त करने के लिए,

(i) रीमर को घुमाते समय, उस पर अत्यधिक दबाव नहीं डालना चाहिए।

(ii) रीमर को, ड्रिल किए गए छिद्र में सावधानीपूर्वक धीरे-धीरे आगे बढ़ाना चाहिए।

(iii) रीमिंग संक्रिया के दौरान स्नेहक का प्रयोग अवश्य करना चाहिए।

(iv) रीमिंग संक्रिया में बनी धातु छीलन (metal chips) को समय-समय पर हटाते रहना चाहिए।

उदाहरण 5. एक मृदु इस्पात में बने छिद्र की 20 मिमी के रीमर से रीमिंग की जाती है। इस छिद्र को बनाने के लिए ड्रिल साइज ज्ञात कीजिए।

हल रीमर का साइज = 20 मिमी

अण्डर साइज (सारणी के अनुसार) = 0.3 मिमी

ओवर साइज = 0.05 मिमी

ड्रिल का साइज = रीमर का साइज – (अण्डर साइज + ओवर साइज)

= 20 – (0.3 + 0.05)

ड्रिल का साइज = 19.65 मिमी

रीमिंग करने की विधियाँ Methods of Reaming

वर्कशॉप में उपलब्ध उपकरणों के आधार पर या फिनिशिंग की आवश्यकता को देखते हुए रीमिंग के प्रकार का निर्धारण किया जाता है। यदि कम व्यास और अधिक गहराई पर रीमिंग करनी हो, तो फ्लूटेड मशीन रीमर का प्रयोग किया जाता है, परन्तु यदि बहुत अधिक फिनिशिंग की आवश्यकता हो, तो हैण्ड रीमर का ही प्रयोग किया जाता है। रीमिंग करने के लिए होल का साइज सदैव कुछ कम ही रखा जाता है।

रीमर द्वारा फिनिशिंग के लिए आवश्यक धातु होल में रहनी चाहिए, परन्तु ध्यान रखें कि धातु अधिक होने पर रीमर पर अधिक दबाव पड़ता है, जिससे रीमर टूट भी सकता है।

नोट *रीमिंग करने की दो विधियाँ होती हैं-पहली हाथ द्वारा रीमिंग तथा दूसरी मशीन द्वारा रीमिंग, परन्तु पाठ्यक्रम की उपयोगिता को ध्यान में रखते हुए यहाँ हाथ द्वारा रीमिंग को ही समझाया गया है।*

हाथ द्वारा रीमिंग Reaming by Hand

हाथ द्वारा रीमिंग करने के लिए निम्न पदों में कार्य करना चाहिए

1. सर्वप्रथम जॉब को वाइस या फिक्स्चर में पकड़ लें।
2. छिद्र के साइज की जाँच कर लें। यह रीमर के साइज से 3% से अधिक छोटा नहीं होना चाहिए।
3. इसके बाद रीमर को छिद्र में रखकर उसकी लम्बवत् स्थिति को जाँच लें। ध्यान रखें कि, रीमर एवं छिद्र संकेन्द्रित होने चाहिए।
4. रीमर को हल्के दबाव के साथ दक्षिणावर्त (clockwise) दिशा में घुमाएँ।
5. रीमर को घुमाते समय छिद्र में उचित स्नेहक का प्रवाह करते रहें।
6. रीमिंग संक्रिया पूर्ण हो जाने पर रीमर को दक्षिणावर्त दिशा में घुमाते हुए बाहर निकाल लें।
7. इसके पश्चात्, जॉब एवं रीमर को साफ करके उचित स्थान पर रख दें।

रीमिंग के लाभ Advantages of Reaming

किसी कार्यखण्ड पर रीमर औजार द्वारा रीमिंग करने के मुख्य लाभ निम्नलिखित हैं

1. रीमिंग के द्वारा उच्च गुणवत्ता की सतह परिष्कृति प्राप्त होती है।
2. इसके द्वारा छोटे छिद्रों की परिष्कृति भी सम्भव होती है, जो अन्य प्रक्रियाओं द्वारा सम्भव नहीं है।
3. इससे निकटतम सीमा तक विमीय परिशुद्धता प्राप्त होती है।

रीमिंग के दोष, कारण व उपचार Faults, Reasons and Remedies of Reaming

रीमिंग के मुख्य दोष, कारण व उपचार निम्नलिखित हैं—

दोष	कारण	उपचार
अण्डरपास रीमिंग	खराब रीमर का प्रयोग	खराब रीमर का प्रयोग न करें।
खुरदरी सतह परिष्कृति	अनुचित रीमर का उपयोग, शीतलक का प्रवाह न होना, अधिक तेज फीड गति आदि।	विपरीत दिशा में रीमर को न घुमाएँ, शीतलक का लगातार प्रवाह करें, धीमी व एकसमान फीड दर का प्रयोग करें।

4.13 सूक्ष्म परिष्करण प्रचालन Micro Finishing Operations

रूक्ष (rough) मशीनिंग प्रक्रियाओं के पश्चात् ग्राइण्डिग की जाती है। ग्राइण्डिग से प्राप्त सतह भी देखने में तथा कुछ विशेष उपयोगों में ठीक प्रकार से कार्य नहीं कर पाती, उन्हें सूक्ष्म परिष्करण प्रक्रियाओं द्वारा अधिक परिष्कृत बनाया जाता है। इन प्रक्रियाओं द्वारा सतहों की रूक्षता, कुछ माइक्रोन ही रह जाती है। ये प्रक्रियाएँ निम्नलिखित तीन प्रकार की होती हैं

1. लैपिंग 2. होनिंग 3. फ्रोस्टिंग

नोट *पाठ्यक्रम की उपयोगिता की दृष्टि से यहाँ केवल लैपिंग का ही वर्णन किया गया है।*

1. लैपिंग Lapping

लैपिंग प्रक्रिया के दौरान बहुत कम धातु हटाई जाती है। इसमें वास्तव में धातु घिसी जाती है, जिसके कारण सतह की रूक्षता, वेवीनैस, अनियमितताएँ आदि लगभग समाप्त हो जाती हैं। अत: इस प्रक्रिया के द्वारा हम कार्यखण्ड के साइज या ज्यामिति का निर्माण नहीं कर सकते। लैपिंग द्वारा 0.005 मिमी से 0.01 मिमी तक धातु की परत हटाई जा सकती है।

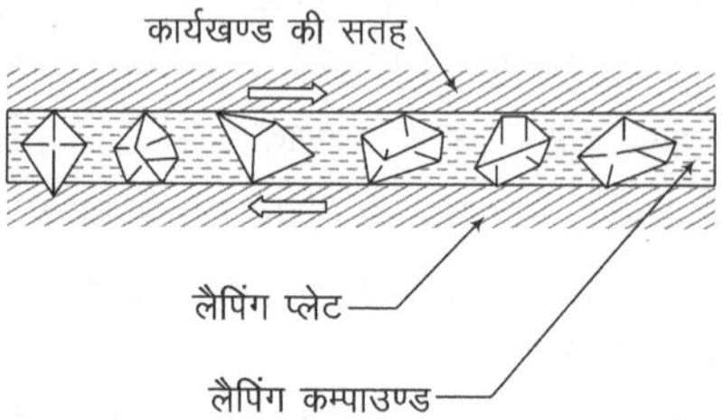

चित्र लैपिंग

लैपिंग का प्रयोग निम्न उपयोगों के लिए किया जाता है

(i) सतह के ऊपर विद्यमान छोटी अनियमितताओं को दूर करने के लिए।
(ii) ज्यामितीय यथार्थ सतह प्राप्त करने के लिए।
(iii) जॉब की बहुत यथार्थ विमाएँ प्राप्त करने के लिए।
(iv) घर्षणशील पार्ट्स का घर्षण कम करने के लिए।

लैपिंग एब्रेसिव Lapping Abrasive

एब्रेसिव से अभिप्राय लैपिंग औजारों में प्रयोग होने वाले उस पदार्थ से है, जिसके द्वारा लैपिंग औजार बना होता है। यह पदार्थ ही सतह को परिष्कृत करने के लिए उत्तरदायी होता है। लैपिंग क्रिया के लिए निम्न एब्रेसिव प्रयोग में लाए जाते हैं

(i) एल्युमीनियम ऑक्साइड Aluminium oxide

यह फ्यूज्ड (fused), अनफ्यूज्ड (unfused) दोनों रूप में मिलता है। फ्यूज्ड एल्युमीनियम ऑक्साइड का प्रयोग नर्म स्टील और नॉन-फैरस मैटल की लैपिंग में किया जाता है, जबकि अनफ्यूज्ड एल्युमीनियम ऑक्साइड का प्रयोग अधिक मात्रा में धातु घिसने के लिए व उच्च कोटि की फिनिशिंग के लिए किया जाता है।

(ii) सिलिकॉन कार्बाइड Silicon carbide

यह बहुत ही कठोर एब्रेसिव होता है। इसके ग्रेन बहुत तेज और भंगुर होते हैं। इसका प्रयोग हार्ड स्टील और कास्ट आयरन की लैपिंग के लिए किया जाता है और इसके द्वारा भारी मात्रा में धातु को हटाया जाता है।

(iii) बोरोन कार्बाइड Boron carbide

डायमण्ड के बाद कठोरता में बोरोन का दूसरा स्थान है। इसकी कर्तन क्षमता बहुत अच्छी होती है, परन्तु महँगा होने के कारण इसके द्वारा डाई व गेजों की लैपिंग ही की जाती है।

(iv) डायमण्ड Diamond

यह सभी एब्रेसिव में सबसे अधिक कठोर होता है। इसका प्रयोग छोटे सुराखों की लैपिंग करने के लिए रोटरी लैपिंग में किया जाता है। इसका प्रयोग टंगस्टन कार्बाइड की लैपिंग में भी किया जाता है। इस एब्रेसिव से रोटरी डायमण्ड लैप भी तैयार किए जाते हैं।

लैप अथवा लैपिंग औजार Laps or Lapping Tools

लैपिंग औजारों को मुख्यत: दो भागों में वर्गीकृत किया गया है, जो निम्न प्रकार हैं

(i) आन्तरिक लैपिंग औजार (ii) बाह्य लैपिंग औजार

(i) **आन्तरिक लैपिंग औजार** (Internal lapping tools) आन्तरिक लैपिंग औजार ठोस या एडजस्टेबल प्रकार के होते हैं। प्राय: बड़े आकार के लैप कास्ट आयरन के बने होते हैं, जबकि छोटे आकार के आन्तरिक लैप मुख्यत: ताँबे व पीतल के बने होते हैं।

ये एडजस्टेबल प्रकार के भी होते हैं, जिनकी स्लीव ताँबे की बनी होती है तथा बदलने योग्य होती है। इसकी बाहरी सतह पर ग्रूव कटे होते हैं, जिससे एब्रेसिव, कम्पाउण्ड को ठहराया जाता है एवं स्लिट का प्रयोग आकार को बढ़ाने के लिए किया जाता है। आन्तरिक लैपिंग औजारों का उपयोग आन्तरिक बेलनाकार सतहों या छिद्रों की लैपिंग हेतु किया जाता है। निम्न चित्र में आन्तरिक लैपिंग औजार तथा इसका क्रॉस सैक्शन दृश्य दर्शाया गया है

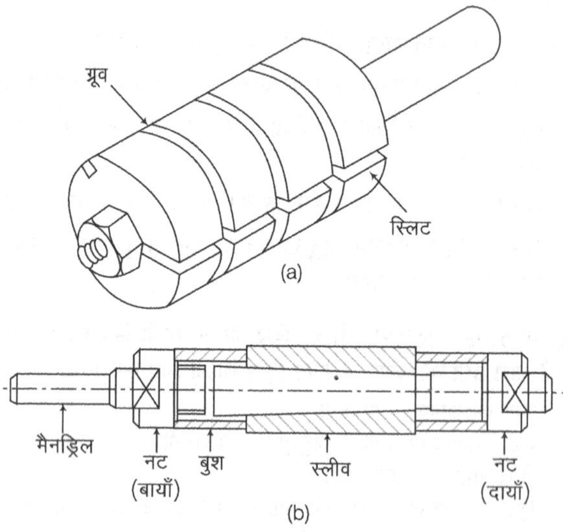

चित्र आन्तरिक लैपिंग औजार

आन्तरिक लैपिंग औजार द्वारा लैपिंग करने की विधि को नीचे चित्र में दर्शाया गया है। लैपिंग करते समय यह ध्यान रखना चाहिए कि लैप औजार, छिद्र से बाहर न निकले तथा इसे सदैव दक्षिणावर्त दिशा में घुमाना चाहिए।

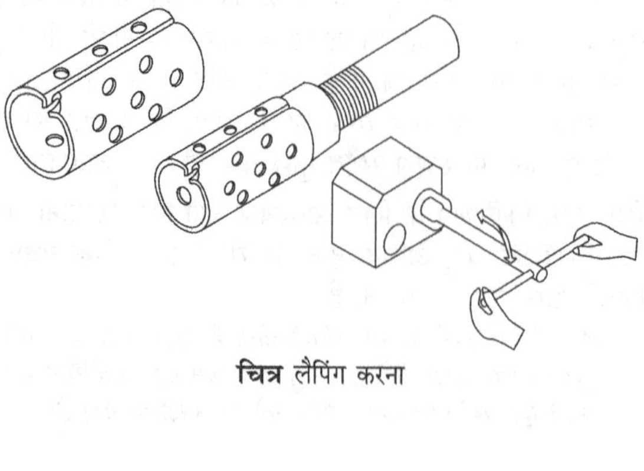
चित्र लैपिंग करना

(ii) **बाह्य लैपिंग औजार** (External lapping tools) इस प्रकार के लैपिंग औजार, जॉब की बाहरी सतह की लैपिंग के लिए प्रयोग किए जाते हैं। ये कई प्रकार के होते हैं; जैसे— फ्लैट लैप, रिंग लैप और स्प्रिंग लोडिड लैप। एडजस्टेबल रिंग लैप की बॉडी में स्लॉट कटा होता है, जिससे इसके साइज को एडजस्ट किया जा सकता है।

रिंग लैपिंग, हाथ द्वारा जॉब को वाइस में क्लैम्प (clamp) करके और लेथ मशीन पर जॉब को बाँधकर भी की जाती है। इसके लिए लैप को आगे-पीछे व गोलाई में चलाना चाहिए। बड़े व्यास की जॉब के लिए विशेष प्रकार के लैप प्रयोग किए जाते हैं, जिसकी बॉडी लकड़ी की बनी होती है। इस लैपिंग औजार में, लैपिंग कम्पाउण्ड को फीड करते हैं, जिससे इनका साइज भी एडजस्ट किया जाता है। कुछ रिंग लैप परिवर्तनीय (interchangeable) बुश वाले भी होते हैं।

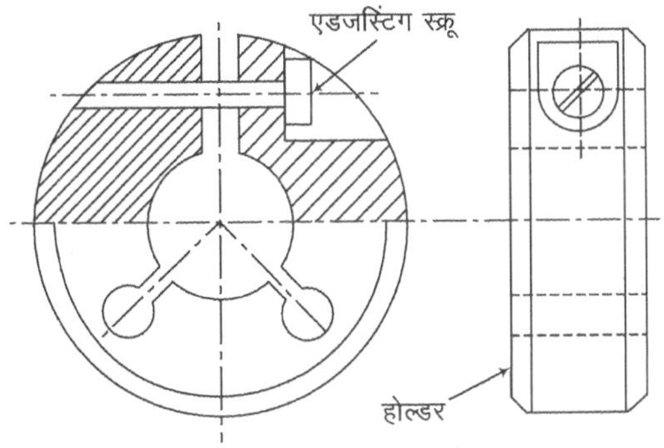

चित्र बाह्य लैपिंग औजार के रूप में एडजस्टेबल रिंग लैप

लैपिंग औजार का आवेशन
Charging of a Lapping Tool

इस प्रक्रिया में लैपिंग करने के लिए लैपिंग-शूज (lapping-shoes) का प्रयोग किया जाता है जिन्हें लैप (lap) कहते हैं। लैप्स किसी मुलायम धातु; जैसे—कास्ट आयरन, पीतल, ताँबा आदि के बनाए जाते हैं। लैप्स का आकार लैपिंग की जाने वाली सतह के अनुरूप बनाया जाता है। एब्रेसिव पाउडर को मिट्टी के तेल (kerosene) या अन्य पेट्रोलियम ऑयल के साथ मिलाकर पेस्ट (paste) तैयार किया जाता है। इस पेस्ट के द्वारा लैप को चार्ज किया जाता है।

लैप के एक बार चार्ज होने पर बार-बार एब्रेसिव लगाने की आवश्यकता नहीं पड़ती, क्योंकि चार्जिंग से एब्रेसिव पाउडर के कण लैप की सतह के अन्दर गड़ जाते हैं। जब लैप कटाई करना बन्द कर दे, तो पुनः एब्रेसिव पेस्ट लगाया जाता है। एब्रेसिव पाउडर के रूप में एमरी (emery), कोरण्डम (corundum), आयरन ऑक्साइड तथा क्रोमियम ऑक्साइड आदि का प्रयोग किया जाता है।

लैपिंग करने के लिए बेलनाकार कार्यखण्डों को लेथ मशीन पर अथवा ड्रिल मशीन पर चक में पकड़कर घुमाया जाता है।

लैप को कार्यखण्ड के विरुद्ध आगे-पीछे (reciprocating) गति दी जाती है। लैप को चाल देने के लिए हाथों की शक्ति अथवा मशीन की शक्ति का प्रयोग किया जा सकता है। यहाँ पर यह ध्यान रखना चाहिए कि लैप का रास्ता हमेशा बदलता रहे।

फ्लैट सतहों पर हैण्ड लैपिंग करने हेतु लैपिंग प्लेट का प्रयोग किया जाता है जो कि क्लोज ग्रेन्ड कास्ट आयरन की बनी होती है। इस प्लेट पर लम्बाई तथा चौड़ाई में एक श्रृंखला में ग्रूव्स कटे होते हैं। ये ग्रूव्स लगभग 12 मिमी गहराई के होते हैं। लैपिंग करने से पूर्व इस कास्ट आयरन से बनी लैपिंग प्लेट को लैपिंग एब्रेसिव्स में आवेशित किया जाता है। इस प्लेट को नीचे दर्शाया गया है

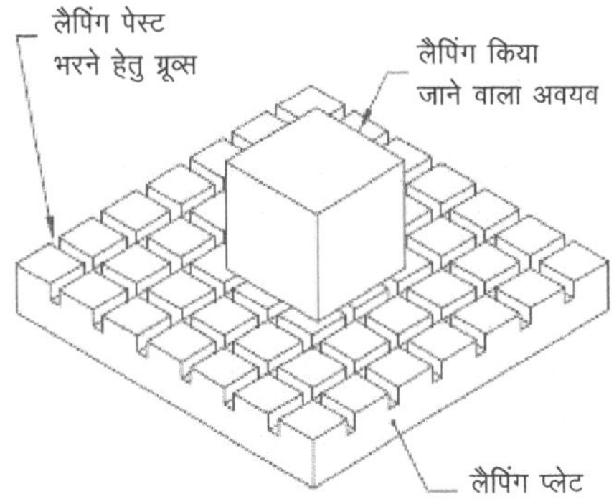

चित्र लैपिंग प्लेट

फ्लैट सतह पर लैपिंग करने के लिए मशीन स्पिण्डल पर लैप को घुमाया जाता है तथा कार्यखण्ड को मशीन टेबल पर बाँधकर रेसीप्रोकेटिंग गति दी जाती है। छोटी फ्लैट सतहों की लैपिंग करने के लिए उन्हें घूमती हुई लैप डिस्क के विरुद्ध दबाया जाता है। लैपिंग करते समय जॉब को अथवा लैप को इस प्रकार अनियमित गति देनी चाहिए कि एब्रेसिव कण एक ही स्थान पर कटाई न करें।

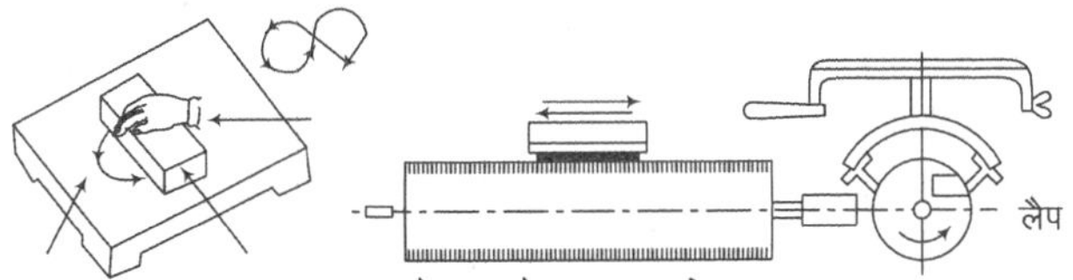

चित्र लैपिंग औजार का आवेशन

लैपिंग के लाभ Advantages of Lapping

लैपिंग के लाभ निम्नलिखित हैं

(i) लैपिंग द्वारा परिष्कृत सतह पर बहुत कम जंग लगती है।
(ii) इससे सतह पर स्थित छोटे-छोटे बिन्दु भी समाप्त हो जाते हैं।
(iii) इसके द्वारा परिष्कृत होने वाली जॉब को तेजी से चलाया जा सकता है।
(iv) लैपिंग द्वारा उच्च कोटि की परिष्कृत सतह प्राप्त होती है। यह सतह इतनी परिष्कृत होती है कि परिष्कृत हुई दो सतहों को यदि परस्पर रगड़ा जाए, तो वे चिपक जाती हैं।

लैपिंग के दौरान सावधानियाँ Precautions While Lapping

लैपिंग के दौरान निम्न सावधानियाँ अपनानी चाहिए

(i) लैपिंग औजार को नमी से दूर रखना चाहिए।
(ii) लैपिंग प्रक्रिया के दौरान नया एब्रेसिव नहीं मिलाना चाहिए।
(iii) लैपिंग के दौरान अत्यधिक प्रेशर नहीं लगाना चाहिए।
(iv) लैपिंग के दौरान एक स्थान पर ध्यान केन्द्रित नहीं करना चाहिए।

महत्त्वपूर्ण बिन्दु

- मशीनी भागों में रिवेट तथा बोल्ट को गुजारने हेतु छिद्र करने के लिए ड्रिल की आवश्यकता होती है।
- ड्रिल द्वारा छिद्र करने की प्रक्रिया ड्रिलिंग तथा इस प्रक्रिया में प्रयुक्त मशीन, ड्रिलिंग मशीन कहलाती है।
- ड्रिल के मुख्य भाग हैं–टैंग, शैंक, बॉडी, नैक, फ्लूट्स, लैण्ड, मार्जिन, बॉडी, क्लीयरैन्स, बिन्दु आदि।
- ड्रिल अनेक प्रकार के होते हैं; जैसे-फ्लैट ड्रिल, स्ट्रेट फ्लूटेड ड्रिल, ट्विस्ट ड्रिल, टेपर शैंक कोर ड्रिल, ऑयल होल ड्रिल, सेन्टर ड्रिल, काउण्टर बोर ड्रिल आदि।
- फ्लैट ड्रिल को हाई कार्बन स्टील की गोल छड़ से बनाया जाता है।
- स्ट्रेट फ्लूटेड ड्रिल में दो सीधे खाँचे बने होते हैं, जो एक दूसरे को विपरीत दिशा में अक्ष के समान्तर रखते हैं।
- ट्विस्ट ड्रिल के फ्लूट्स स्पाइरल आकार के होते हैं, इसलिए उनके द्वारा ड्रिल करते समय धातु की छीलन सरलता से बाहर आ जाती है।
- कटिंग प्रक्रिया करने के लिए ड्रिल अपनी अक्ष पर एक मिनट में जितने चक्कर लगाता है, वह उसकी स्पीड कहलाती है।
- ड्रिल की कटिंग स्पीड ज्ञात करने के लिए निम्न सूत्र का प्रयोग किया जाता है

$$\text{कटिंग स्पीड} = \frac{\pi DN}{1000} \text{ मी/मिनट}$$

जहाँ, D = ड्रिल का व्यास (मिमी में)

- जब एक ड्रिल निश्चित चाल पर घूमता हुआ कटाई करता है, तो ड्रिल के एक चक्कर में वह जॉब में जितनी गहराई तक प्रवेश करता है, वह उसकी फीड कहलाती है।
- ड्रिलिंग प्रक्रिया में फीड ज्ञात करने के लिए निम्न सूत्र का प्रयोग किया जाता है

$$\text{फीड } (f) = \frac{L}{TN} \text{ मिमी/चक्कर}$$

जहाँ, L = ड्रिल द्वारा चली गई दूरी (मिमी में)
T = समय (मिनट में)
N = दर (चक्कर प्रति मिनट में)

- ड्रिल को मशीन में पकड़ने के लिए निम्न चार तकनीकों का प्रयोग किया जाता है–सीधे स्पिण्डल में पकड़ना, स्लीव का प्रयोग करना, सॉकेट का प्रयोग करना, ड्रिल चक का प्रयोग करना।
- ड्रिल मशीन के स्पिण्डल में किसी एक ही आकार का ड्रिल का शैंक पकड़ा जा सकता है।
- स्पिण्डल होल को ड्रिल के शैंक के आकार के अनुरूप करने के लिए दो या अधिक स्लीवों का प्रयोग किया जाता है।
- जिस मशीन की सहायता से यह प्रक्रिया पूरी की जाती है, उसे ड्रिलिंग मशीन कहते हैं।
- ड्रिलिंग मशीनें कार्य की आवश्यकता के अनुसार मुख्यत: निम्नलिखित प्रकार की होती हैं–पोर्टेबल ड्रिलिंग मशीन, संवेदनशील बेंच ड्रिलिंग मशीन, पिलर ड्रिलिंग मशीन, रेडियल ड्रिलिंग मशीन, गैंग ड्रिलिंग मशीन आदि।
- पोर्टेबल ड्रिलिंग मशीनों को निम्न प्रकार से वर्गीकृत किया जा सकता है–शक्ति चलित ड्रिलिंग मशीन (विद्युत एवं वायु चलित) तथा हस्त चलित ड्रिलिंग मशीन।
- हस्त चलित ड्रिलिंग मशीन का उपयोग संरचनात्मक व बढ़ईगिरी जैसे कार्यों में किया जाता है।
- ड्रिलिंग मशीन पर होने वाली कुछ प्रमुख प्रक्रियाएँ निम्नलिखित हैं–काउण्टर सिंकिंग, काउण्टर बोरिंग तथा स्पॉट फेसिंग।
- किसी जॉब में पहले से बनाए हुए सुराख का ऊपरी सिरा चैम्फर करके बड़े ड्रिल द्वारा 'V' आकार में बनाने की क्रिया काउण्टर सिंकिंग तथा ऊपरी सिरा कुछ गहराई तक बड़ा करने की प्रक्रिया काउण्टर बोरिंग कहलाती है।
- ढलाई किए हुए जॉब में सुराख करने के बाद, सुराख की ऊपरी सतह या बोर के फेस पर समतल सतह बनाने के लिए, जो क्रिया सम्पन्न की जाती है, उसे स्पॉट फेसिंग कहते हैं।
- ड्रिलिंग प्रक्रिया को उपयुक्त तरीके से सम्पन्न करने हेतु कार्यखण्ड को कुछ विशिष्ट युक्तियों में पकड़ना अनिवार्य होता है, जोकि निम्न हैं–मशीन वाइस, क्लैम्प तथा बोल्ट्स।
- टैप भी एक प्रकार का हैण्ड कटिंग टूल है, जिसके द्वारा सिलेण्ड्रीकल छिद्रों में चूड़ियाँ काटी जाती हैं।
- टैप के मुख्य भाग होते हैं–टैंग, शैंक, बॉडी, फ्लूट्स, लैण्ड, कटिंग एज, हील, चैम्फर आदि।
- टैप के कुछ प्रकार निम्न हैं
  - हैण्ड टैप (टेपर टैप, इण्टरमीडिएट टैप तथा फिनिशिंग टैप)
  - मशीन टैप (स्पाइरल फ्लूटेड टैप, स्पाइरल प्वॉइण्ट टैप, थ्रेड फॉर्मिंग टैप तथा स्टब फ्लूट टैप)।
- हाथ के द्वारा टैप या रीमर को घुमाने के लिए एक विशेष टूल की आवश्यकता होती है, जिसे टैप रिंच कहते हैं। ये निम्न प्रकार के होते हैं–सॉलिड टैप रिंच, एडजस्टेबल टैप रिंच तथा 'T' हैण्डिल टैप रिंच।
- किसी बेलनाकार जॉब पर बाहरी चूड़ियाँ काटने के लिए डाई का प्रयोग किया जाता है।
- डाई अनेक प्रकार की होती हैं–स्प्लिट/बटन डाई, ठोस नट डाई, अर्द्ध-डाई, एडजस्टेबल स्क्रू प्लेट डाई आदि।
- रीमर के द्वारा किसी छिद्र की आन्तरिक सतह को अधिक परिष्कृत बनाया जाता है तथा छिद्र के आकार को थोड़ा बढ़ाकर उसे किसी विशेष फिटिंग के लिए यथार्थता प्रदान की जाती है।
- रीमर को हाथ द्वारा या मशीन द्वारा घुमाकर प्रयोग किया जाता है। इसी के आधार पर इसे दो भागों में बाँटा गया है–हैण्ड रीमर, मशीन रीमर।

महत्त्वपूर्ण प्रश्नोत्तरी

1. ड्रिल का वास्तविक काटने वाला भाग कौन-सा होता है?

उत्तर ड्रिल का वास्तविक काटने वाला भाग बॉडी होता है, जिसमें कटिंग करने के लिए फ्लूट्स बने होते हैं।

2. पोर्टेबल ड्रिलिंग मशीन किन उपकरणों के लिए अधिक उपयुक्त है?

उत्तर पोर्टेबल ड्रिलिंग मशीन भारी उपकरणों के लिए, जिन्हें मशीन शॉप में ले जाना सम्भव नहीं है, के लिए अधिक उपयुक्त है।

3. बहु-उत्पादन की ड्रिलिंग प्रक्रिया में ड्रिल को गाइड करने तथा कार्य को जकड़ने के लिए प्रयुक्त युक्ति का क्या नाम है?

उत्तर बहु-उत्पादन की ड्रिलिंग प्रक्रिया में ड्रिल को गाइड करने तथा कार्य को पकड़ने के लिए प्रयुक्त युक्ति, फिक्स्चर है।

4. साधारण काउण्टर सिंक टूल की तुलना में सूचक सहित काउण्टर सिंक का उपयोग किए जाने का क्या कारण है?

उत्तर साधारण काउण्टर सिंक टूल की तुलना में सूचक सहित काउण्टर सिंक का उपयोग इसलिए किया जाता है, क्योंकि इस प्रकार के काउण्टर सिंक अन्तर्परिवर्तनीयता और ठोस प्रकार के सूचक के साथ उपलब्ध होते हैं और इनका प्रयोग भारी कार्यों के लिए किया जाता है।

5. बैण्ड शैंक टैप में हैण्डिल की आवश्यकता नहीं होती है, क्यों?

उत्तर बैण्ड शैंक टैप की शैंक लम्बी तथा 'L' आकार में मुड़ी होती है, जो स्वतः हैण्डिल की भाँति कार्य करती है, इसलिए इसमें हैण्डिल की आवश्यकता नहीं होती है।

6. एडजस्टेबल डाई में, दोनों बिट्स को आगे लाने के लिए क्या करते हैं?

उत्तर एडजस्टेबल डाई में दोनों बिट्स को आगे के लिए एडजस्टिंग स्क्रू को आगे लाते हैं।

7. अर्द्ध-डाई से आप क्या समझते हैं?

उत्तर अर्द्ध-डाई, दो मिलान जोड़ों के रूप में उपलब्ध होने वाली एक मजबूत डाई होती है।

8. एक हैण्ड रीमर की पूर्ण विशिष्टियों का उदाहरण दीजिए।

उत्तर एक हैण्ड रीमर की पूर्ण विशिष्टियों का उदाहरण हैण्ड रीमर-स्ट्रैट फ्लूटिड, पैरेलल शैंक ϕ 12 मिमी है।

9. रीमिंग करते समय रीमर की घूर्णन दिशा दक्षिणावर्त होनी चाहिए। रीमर को छिद्र से निकालते समय रीमर को किस दिशा में घूर्णन कराना चाहिए?

उत्तर रीमर को छिद्र से निकालते समय रीमर को वामावर्त दिशा में घूर्णन कराना चाहिए।

10. यदि लेप द्रव्य कार्यखण्ड से कठोर हो, तो क्या होगा?

उत्तर यदि लेप द्रव्य कार्यखण्ड से कठोर हो, तो एब्रेसिव कण लेप में धँसने के बजाय कार्यखण्ड की धातु में धँस जाएँगे तथा लेप की धातु का लेप करेंगे।

अभ्यास प्रश्न

परीक्षा प्रारूपी प्रश्न

बहुविकल्पीय

1. ड्रिल को सामान्यत: किस धातु से बनाया जाता है?
(a) हाई स्पीड स्टील से
(b) हाई कार्बन स्टील से
(c) 'a' और 'b' दोनों
(d) उपरोक्त में से कोई नहीं

2. ड्रिल की बॉडी के सन्दर्भ में सही कथन है
(a) यह ड्रिल के डैड सेन्टर से नैक तक का भाग होता है
(b) इनमें स्पाइरल फ्लूट कटा हुआ होता है
(c) इनमें डैड सेन्टर से शैंक की ओर हल्का टेपर होता है
(d) उपरोक्त सभी

3. स्टैण्डर्ड ड्रिल के लिए प्वॉइण्ट एंगल कितना होता है?
(a) 135° (b) 90°
(c) 118° (d) 108°

4. ड्रिल के उस भाग को क्या कहते हैं, जिसके कारण ड्रिलिंग के दौरान छीलन बाहर आती रहती है?
(a) शैंक (b) टैंग
(c) कटिंग एज (d) फ्लूट्स

5. निम्न चित्र में ट्विस्ट ड्रिल के 'X' अक्षर द्वारा अंकित भाग की पहचान कीजिए।

(a) टैंग फ्लूट (b) शैंक
(c) मार्जिन (d) फ्लूट्स

6. टेपर शैंक ड्रिलों में आकार पर आधारित विभिन्न प्रकार का मोर्स टेपर दिया जाता है। मोर्स टेपर नम्बर-1 किस आकार में होता है?
(a) 10 मिमी (b) 20 मिमी
(c) 30 मिमी (d) 40 मिमी

7. टेपर शैंक ड्रिल किस व्यास में उपलब्ध होती है?
(a) 1/4" से 2" (b) 1/8" से 5"
(c) 1/2" से 1" (d) 1/8" से 3"

8. ड्रिल में कटिंग लिप और छेनी धार के बीच कोण ………… होता है।
(a) रैक कोण
(b) वैब कोण
(c) बिन्दु कोण
(d) उपरोक्त में से कोई नहीं

9. निम्न चित्र में दर्शायी गई ड्रिलिंग प्रक्रिया में प्रयुक्त होने वाले भाग का नाम है

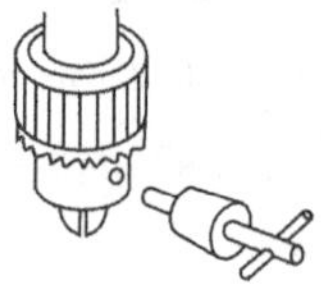

(a) ड्रिल चक (b) ड्रिल चक 'की'
(c) पुली (d) ड्राइविंग मोटर

10. एक ट्विस्ट ड्रिल (twist drill) निम्न में से कौन-सा कोण, रैक कोण बनाता है?
(a) छेनी कोण (b) बिन्दु कोण
(c) हैलिक्स कोण (d) लिप क्लीयरैन्स कोण

11. ढलवाँ लोहे की ट्विस्ट ड्रिल का लिप क्लीयरैन्स कोण होता है?
(a) 4°–8° (b) 12°–16°
(c) 16°–20° (d) 8°–12°

12. ड्रिल वह औजार है, जिसका कर्तन औजार अटैचमेन्ट के रूप में प्रयोग किया जाता है तथा ये प्राय: हाई स्पीड स्टील के बनाए जाते हैं। बहुत अधिक हार्ड या एब्रेसिव पदार्थों के लिए कैसे ड्रिल प्रयोग किए जाते हैं?
(a) हाई कार्बन स्टील के ड्रिल (b) स्ट्रेट फ्लूटेड ड्रिल
(c) कार्बाइड टिप वाले ड्रिल (d) इनमें से कोई नहीं

13. निम्न में से कौन-सी ड्रिल को कॉम्बीनेशन ड्रिल कहा जाता है?
(a) ट्विस्ट ड्रिल (b) सेन्टर ड्रिल
(c) मल्टी-डायमीटर ड्रिल (d) स्पाइरल ड्रिल

14. ड्रिलिंग मशीन के साधारणत: ड्रिल में कितने फ्लूट्स होते हैं?
(a) 4 (b) 3
(c) 2 (d) 1

15. मल्टी-डायमीटर ड्रिल द्वारा कौन-सी प्रक्रिया होती है?
(a) टैपिंग (b) रीमिंग
(c) स्टैप ड्रिलिंग (d) बोरिंग

16. निम्न में से कौन-सा ड्रिल देखने में ट्विस्ट ड्रिल के समान होता है?
(a) ऑयल होल ड्रिल (b) स्ट्रेट फ्लूटेड ड्रिल
(c) फ्लैट ड्रिल (d) टेपर शैंक कोर ड्रिल

17. सेन्टर ड्रिल में शंकु आकार के भाग का कोण होता है
(a) 30° (b) 45°
(c) 60° (d) 90°

18. स्टैप ड्रिलिंग का अन्य नाम ………… है।
(a) मल्टी-डायमीटर ड्रिल (b) सेन्टर ड्रिल
(c) काउण्टर बोर ड्रिल (d) काउण्टर सिंक ड्रिल

19. बाजार में ड्रिल अलग-अलग अन्तराल के होते हैं। ये अन्तराल ड्रिल के आकार पर निर्भर करता है
(a) बड़े ड्रिलों में अन्तराल कम होता है
(b) छोटे ड्रिलों में अन्तराल कम होता है
(c) सभी आकार की ड्रिलों में अन्तराल समान होता है
(d) ड्रिलों में अन्तराल नहीं होता है तथा वे सभी आकारों में उपलब्ध होते हैं

20. दिए गए चित्र में भाग 'A' का नाम है

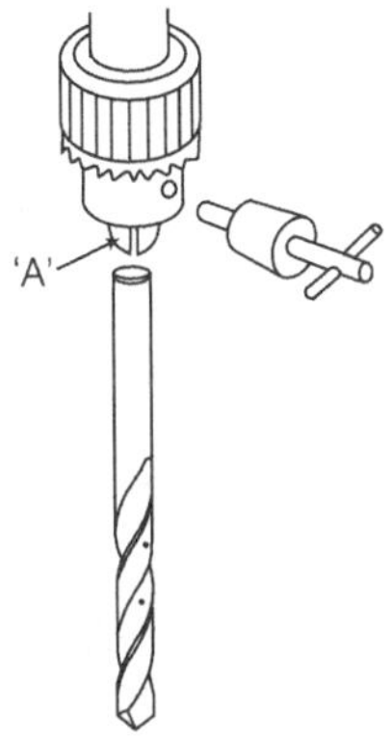

(a) जॉ (b) शैंक (c) छिद्र (d) स्लीव

21. अक्षर आकार की ड्रिल में सबसे बड़ा ड्रिल किस अक्षर से प्रदर्शित करते हैं?
(a) A अक्षर से (b) B अक्षर से
(c) Z अक्षर से (d) Y अक्षर से

22. फ्रैक्शनल आकार की ड्रिल का अन्य नाम ………… है।
(a) मिलीमीटर आकार के ड्रिल (b) इंच आकार के ड्रिल
(c) नम्बर आकार के ड्रिल (d) लैटर आकार के ड्रिल

23. अधिकतम कटिंग स्पीड किस पर निर्भर करती है?
(a) ड्रिल की धातु पर (b) काटी जाने वाली धातु पर
(c) 'a' और 'b' दोनों (d) इनमें से कोई नहीं

24. ड्रिलिंग मशीन में कटिंग स्पीड (cutting speed) निकालने के लिए निम्न में से किस सूत्र का प्रयोग किया जाता है?
(a) $\frac{\pi DN}{1000}$ मी/मिनट (b) $\frac{\pi \times 1000}{DN}$ मी/मिनट
(c) $\frac{1000 \times D \times N}{\pi}$ मी/मिनट (d) इनमें से कोई नहीं

25. चित्र में दर्शाए गए मशीन भाग का नाम बताइए

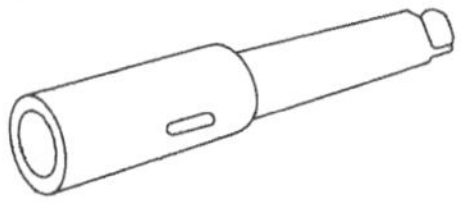

(a) स्लीव (b) सॉकेट
(c) ड्रिफ्ट (d) पिनियन

26. एक ड्रिफ्ट का प्रयोग ………… होता है।
(a) मशीन स्पिण्डल से ड्रिल निकालने में
(b) कार्य से टूटे ड्रिल को निकालने में
(c) मशीन स्पिण्डल में चक लगाने में
(d) ड्रिल की स्थिति बनाने में

27. टेपर हुए शैंक ड्रिल को पकड़ने में प्रयोग करते हैं
(a) चक (b) स्लीव
(c) ड्रिफ्ट (d) वाइस

28. यदि ड्रिल प्वॉइण्ट सेन्टर में न हो, तो इसका क्या प्रभाव पड़ेगा?
(a) ओवर साइज होल बनेगा (b) ड्रिल ओवरहीटेड हो जाएगी
(c) रफ होल बनेगा (d) ड्रिल बिट टूट जाएगी

29. ड्रिल किया हुआ छिद्र प्रयुक्त ड्रिल से बड़ा है, तो इसका कारण है
(a) हैलिक्स कोण सही नहीं है
(b) लिप क्लीयरैन्स सही नहीं है
(c) कटिंग किनारे की असमान लम्बाई
(d) उपरोक्त सभी

30. जॉब पर ट्विस्ट ड्रिल द्वारा विषम छिद्र बनाने का क्या सम्भव कारण है?
(a) क्लीयरैन्स कोण बहुत बड़ा है
(b) क्लीयरैन्स कोण बहुत छोटा है
(c) कर्तन गति बहुत कम है
(d) कर्तन गति बहुत अधिक है

31. कॉपर धातु की ड्रिलिंग में प्रयुक्त शीतलक है
(a) लार्ड ऑयल
(b) सॉल्यूबल ऑयल
(c) केरोसीन
(d) उपरोक्त में से कोई नहीं

32. निम्न में से पोर्टेबल ड्रिलिंग मशीन का एक उदाहरण है
(a) विद्युत ड्रिलिंग मशीन (b) वायु चालित ड्रिलिंग मशीन
(c) हस्त ड्रिलिंग मशीन (d) ये सभी

33. निम्न चित्र में ड्रिलिंग मशीन का कौन-सा भाग दिखाया गया है?

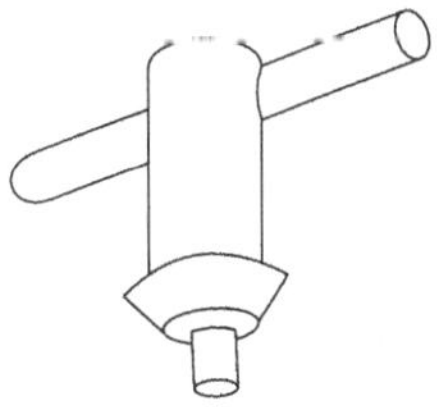

(a) स्टैप्ड पुली (b) हैण्डिल
(c) ड्रिल चक 'की' (d) स्पिण्डल

34. विद्युत चलित पोर्टेबल ड्रिलिंग मशीन का प्रकार है
(a) हैवी ड्यूटी ड्रिलिंग मशीन
(b) लाइट ड्यूटी ड्रिलिंग मशीन
(c) 'a' और 'b' दोनों
(d) उपरोक्त में से कोई नहीं

35. एक ड्रिलिंग मशीन पर कार्यखण्ड को ड्रिल करते समय गोल कार्यखण्ड को जकड़ने के लिए किस युक्ति का प्रयोग करते हैं?
(a) V ब्लॉक और क्लैम्प, बोल्ट और पैकिंग टुकड़े
(b) मशीन बाँक, बोल्ट और पैकिंग टुकड़े
(c) हस्त बाँक, क्लैम्प और बोल्ट
(d) पिन बाँक, क्लैम्प और बोल्ट

36. पिलर ड्रिलिंग मशीन में टेबल को ऊपर उठाने के लिए किसका प्रयोग करते हैं?
(a) रैक और पिनियन का (b) बेवेल गियर का
(c) स्पर गियर का (d) माउटर गियर का

37. जॉब सैटिंग को अव्यवस्थित किए बिना, जॉब के विभिन्न स्थानों पर छिद्र करने हेतु प्रयुक्त ड्रिलिंग मशीन है
(a) बेंच ड्रिलिंग मशीन
(b) पिलर ड्रिलिंग मशीन
(c) रेडियल ड्रिलिंग मशीन
(d) विद्युत हस्त चलित ड्रिलिंग मशीन

38. चित्र में 'X' द्वारा अंकित भाग का नाम बताइए

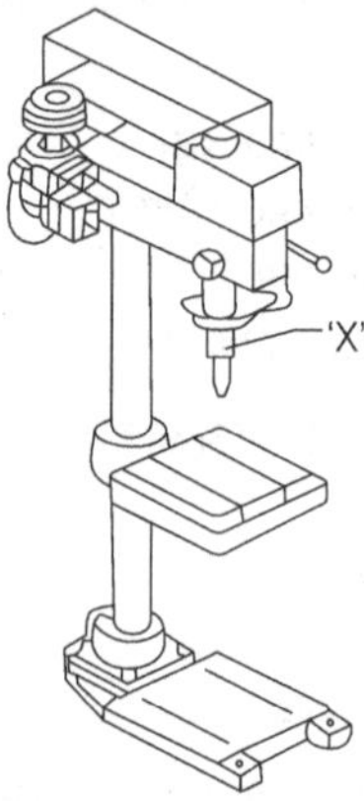

(a) फीड हैण्डिल (b) ड्रिल चक
(c) वर्क टेबल (d) बेस

39. रेडियल ड्रिलिंग मशीन में छोटे सुराख करने के लिए …………… टेबल भी उपलब्ध होते हैं।
(a) वर्गाकार (b) त्रिकोण
(c) क्षैतिज (d) ऊर्ध्वाधर

40. बिना जॉब सैटिंग को छेड़े अलग-अलग चिन्हों पर अधिक होल करने के लिए कौन-सी ड्रिलिंग मशीन सबसे उपयुक्त है?
(a) बेंच ड्रिलिंग मशीन
(b) पिलर ड्रिलिंग मशीन
(c) रेडियल ड्रिलिंग मशीन
(d) इलेक्ट्रिक हैण्ड ड्रिलिंग मशीन

41. रेडियल ड्रिलिंग मशीन की विशिष्ट विशेषता क्या है?
(a) स्पिण्डल को किसी भी स्थिति में लाया जा सकता है
(b) टेबल को किसी भी स्थिति में घुमाया एवं सैट किया जा सकता है
(c) विभिन्न गतियाँ उपलब्ध हैं
(d) इसे HSS ड्रिल के साथ ड्रिलिंग के लिए प्रयुक्त किया जा सकता है

42. चित्र में दर्शायी गई ड्रिलिंग मशीन के भाग 'X' का नाम है

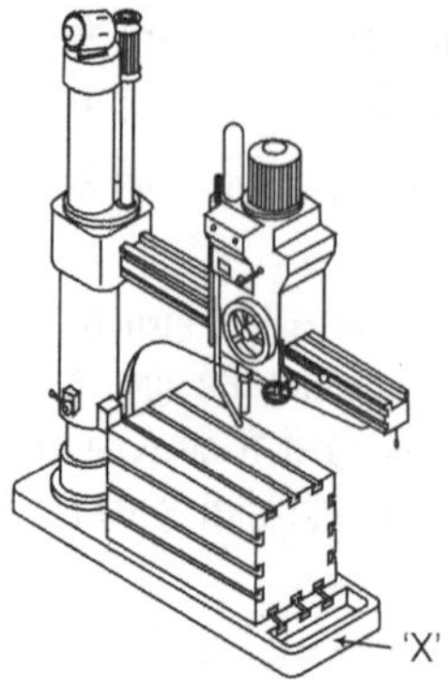

(a) रेडियल आर्म (b) आधार
(c) स्पिण्डल हैड (d) फीड हैण्डिल

43. अक्षर 'X' से प्रदर्शित भाग का नाम है

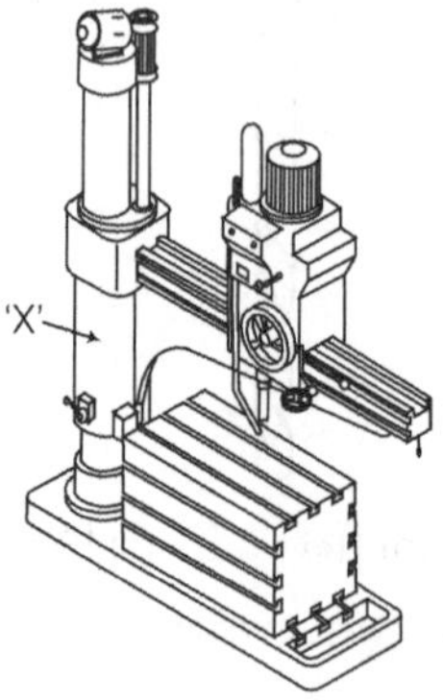

(a) पिलर (b) कॉलम
(c) स्पिण्डल हैड (d) रेडियल आर्म

44. रेडियल ड्रिलिंग मशीन का का आधार बना होता है?
(a) हाई स्पीड स्टील का
(b) पीतल का
(c) ढलवाँ लोहे का
(d) कॉपर का

45. गैंग ड्रिलिंग मशीन पर टैपिंग से पहले कौन-सा प्रक्रम किया जाता है?
(a) रीमिंग (b) ड्रिलिंग
(c) 'a' और 'b' दोनों (d) बोरिंग

46. नीचे दिए गए चित्र में ड्रिलिंग की कौन-सी प्रक्रिया दिखाई गई है?

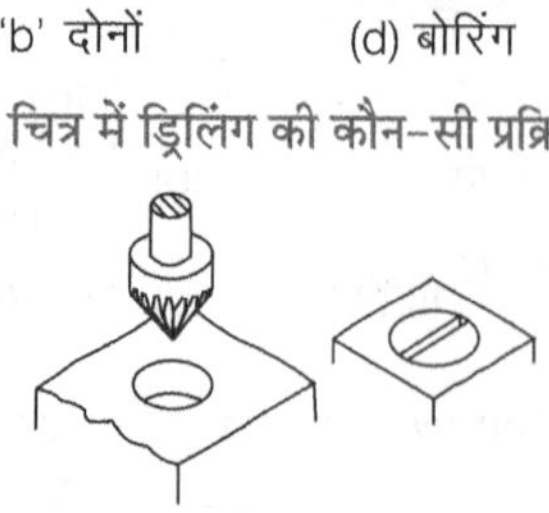

(a) काउण्टर सिंकिंग
(b) काउण्टर बोरिंग
(c) स्पॉट फेसिंग
(d) उपरोक्त में से कोई नहीं

47. नीचे दिए गए चित्र में ड्रिलिंग की कौन-सी प्रक्रिया दिखाई गई है?

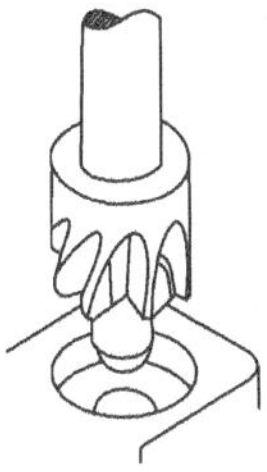

(a) काउण्टर सिंकिंग (b) काउण्टर बोरिंग
(c) स्पॉट फेसिंग (d) इनमें से कोई नहीं

48. ड्रिलिंग मशीन में कार्यखण्ड को पकड़ने हेतु प्रयोग किया जाता है
(a) मशीन वाइस
(b) क्लैम्प तथा बोल्ट्स
(c) 'a' और 'b' दोनों
(d) उपरोक्त में से कोई नहीं

49. इसके द्वारा सिलेण्ड्रीकल छिद्रों में चूड़ियाँ काटी जाती हैं। यह प्रक्रिया किस हस्त कर्तन औजार द्वारा की जाती है?
(a) डाई (b) टैप
(c) चेजर (d) इनमें से कोई नहीं

50. निम्न में से किस टैप की टैंग (tang) वर्गाकार होती है?
(a) टेपर टैप (b) हैण्ड टैप
(c) मशीन टैप (d) मास्टर टैप

51. नीचे दर्शाए गए औजार का नाम बताइए

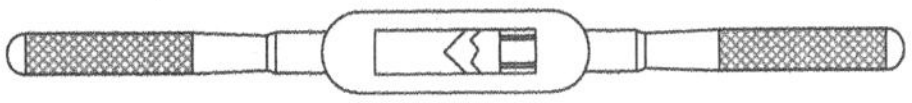

(a) फ्लूटलैस टैप रिंच
(b) 'टी' हैण्डिल टैप रिंच
(c) डबल एण्डिड एडजस्टेबल टैप रिंच
(d) सॉलिड टैप रिंच

52. M 10 × 1.5 थ्रेड की टैपिंग के लिए उपयुक्त टैप ड्रिल है
(a) 8.0 मिमी (b) 8.2 मिमी
(c) 8.5 मिमी (d) 9.0 मिमी

53. ISO के अनुसार एक मीट्रिक थ्रेड M 12 ×1.25 है, तो इसमें 12 क्या प्रदर्शित करता है?
(a) थ्रेड का व्यास
(b) थ्रेड की पिच
(c) थ्रेड का मीट्रिक कोर्स
(d) थ्रेड का मीट्रिक फाइन

54. एक टैप से छिद्र में चूड़ी डालने के बाद यह पाया जाता है कि चूड़ी का क्रैस्ट पूर्ण रूप से नहीं बना है। निम्नलिखित में से इसका कारण है
(a) शीतलन की आपूर्ति पूर्ण नहीं है
(b) टैप के कटिंग किनारे का टिप टूट गया है
(c) टैप ड्रिल के आकार से छिद्र का आकार कम है
(d) टैप ड्रिल के आकार से छिद्र का आकार बड़ा है

55. हैण्ड डाई के द्वारा चूड़ियाँ काटते समय डाई को पीछे निम्न में से किस कारण घुमाया जाता है?
(a) चिप्स तोड़ने के लिए
(b) डाई को स्नेहन करने के लिए
(c) डाई को ठण्डा करने के लिए
(d) उपरोक्त में से कोई नहीं

56. नीचे दर्शायी गई डाई का नाम बताइए

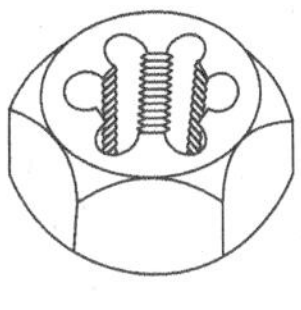

(a) डाई नट
(b) स्प्लिट डाई
(c) सॉलिड डाई
(d) उपरोक्त में से कोई नहीं

57. रीमर मूल रूप से क्या है?
(a) औजार (b) मशीन
(c) 'a' और 'b' दोनों (d) इनमें से कोई नहीं

58. रीमर के किस भाग को किसी मशीन या रिंच आदि में पकड़कर घुमाया जाता है?
(a) शैंक (b) चैम्फर
(c) बॉडी (d) इनमें से कोई नहीं

59. रीमर का उपयोग किया जाता है
(a) होल ड्रिल करने के लिए
(b) डीप होल ड्रिलिंग में
(c) बर को हटाने में
(d) होल को बढ़ाने तथा परिष्कृत करने में

60. नीचे दिए गए चित्र में किस प्रकार का कोण दर्शाया गया है?

(a) रैक कोण
(b) क्लीयरैन्स कोण
(c) हैलिक्स कोण
(d) उपरोक्त में से कोई नहीं

61. चित्र में 'A' द्वारा दर्शाए गए रीमर के भाग का क्या नाम है?

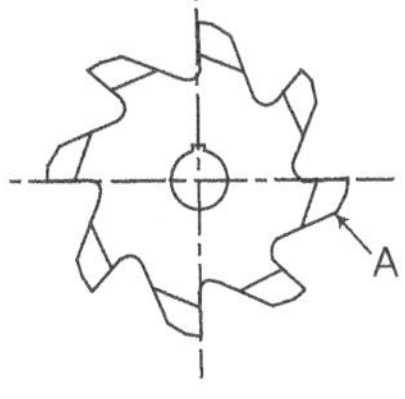

(a) कर्तन कोर (b) हील
(c) फ्लूट (d) फलक

62. समान्तर शैंक वाला सॉकिट रीमर है

(a) 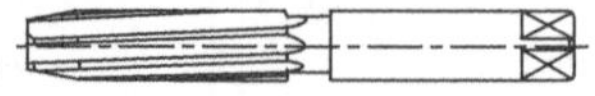

(b) 

(c) 'a' और 'b' दोनों (d) इनमें से कोई नहीं

63. इनमें से किसका प्रयोग ड्रिल होल को टेपर करने के लिए किया जाता है?

(a) फाइन रीमर (b) टेपर पिन हैण्ड रीमर
(c) हैण्ड रीमर (d) मशीन रीमर

64. निम्न में से किस रीमर की बॉडी को स्प्लिट किया होता है तथा उसके निचले सिरे पर एक टेपर होल होता है?

(a) पायलट हैण्ड रीमर (b) एक्सपैन्शन हैण्ड रीमर
(c) टेपर पिन हैण्ड रीमर (d) टेपर हैण्ड रीमर

65. रीमर साइज का होल तैयार करने के लिए निम्न में से किस सूत्र द्वारा ड्रिल का साइज निकाला जाता है?

(a) ड्रिल साइज = रीमर का साइज + (रीमर का अण्डर साइज – ड्रिल का ओवर साइज)
(b) ड्रिल साइज = रीमर का साइज – (रीमर का अण्डर साइज + ड्रिल का ओवर साइज)
(c) ड्रिल साइज = रीमर का साइज + (रीमर का अण्डर साइज + ड्रिल का ओवर साइज)
(d) उपरोक्त में से कोई नहीं

66. वॉर्न आउट रीमर का प्रयोग करने से रीमिंग किए हुए होल पर क्या प्रभाव पड़ेगा?

(a) अण्डर साइज (b) ओवर साइज
(c) ओवर हीटिंग (d) रीमर ब्रेकेज

67. लैपिंग का उपयोग किया जाता है

(a) सतह पर विद्यमान अनियमितताओं को दूर करने के लिए
(b) ज्यामितीय यथार्थ सतह प्राप्त करने में
(c) घर्षण कम करने में
(d) उपरोक्त सभी

68. डाई तथा गेजों की लैपिंग में प्रयुक्त एब्रेसिव है

(a) सिलिकॉन कार्बाइड (b) डायमण्ड
(c) बोरोन कार्बाइड (d) एल्युमीनियम ऑक्साइड

उत्तरमाला

1. (c)	**2.** (d)	**3.** (c)	**4.** (d)	**5.** (d)	**6.** (a)	**7.** (b)	**8.** (b)	**9.** (a)	**10.** (b)
11. (d)	**12.** (c)	**13.** (b)	**14.** (c)	**15.** (c)	**16.** (d)	**17.** (c)	**18.** (a)	**19.** (b)	**20.** (a)
21. (c)	**22.** (b)	**23.** (c)	**24.** (a)	**25.** (b)	**26.** (a)	**27.** (b)	**28.** (a)	**29.** (c)	**30.** (b)
31. (c)	**32.** (d)	**33.** (c)	**34.** (c)	**35.** (a)	**36.** (a)	**37.** (c)	**38.** (b)	**39.** (a)	**40.** (c)
41. (a)	**42.** (b)	**43.** (a)	**44.** (c)	**45.** (c)	**46.** (a)	**47.** (b)	**48.** (c)	**49.** (b)	**50.** (b)
51. (c)	**52.** (c)	**53.** (a)	**54.** (b)	**55.** (a)	**56.** (a)	**57.** (a)	**58.** (a)	**59.** (d)	**60.** (c)
61. (b)	**62.** (c)	**63.** (b)	**64.** (b)	**65.** (b)	**66.** (a)	**67.** (d)	**68.** (c)		

अध्याय 05

मौलिक विद्युत एवं केबिल्स

Basic Electricity and Cables

परिचय Introduction

विद्युत, वर्तमान में सर्वाधिक प्रयुक्त होने वाला एक मुख्य ऊर्जा स्रोत है। विद्युतीय ऊर्जा का प्रयोग आजकल प्रत्येक क्षेत्रों; जैसे—घरों, आधुनिक यन्त्रों, अस्पतालों, कम्प्यूटर तकनीक, अनुसन्धान, कार्यशालाओं तथा छोटे-बड़े उद्योगों आदि में किया जा रहा है। आधुनिक युग में विद्युत के बिना मानव जीवन की कल्पना करना भी कठिन है, क्योंकि विद्युत ने मानव जीवन पर अपना वर्चस्व स्थापित कर लिया है।

विद्युत का प्रत्यक्ष सम्बन्ध विद्युत धारा से है, जिसे विद्युत सबस्टेशन से उपभोक्ताओं तक पहुँचाने के लिए प्राय: केबिल अथवा तारों का प्रयोग किया जाता है। इन तार/केबिल्स में विद्युत चालन के लिए प्राय: चालक तथा विद्युत रोधन के लिए अचालक पदार्थों का प्रयोग किया जाता है।

अत: तार/केबिल्स के निर्माण में प्रयोग होने वाले इन पदार्थों का अध्ययन करना प्रशिक्षु के लिए अत्यन्त आवश्यक है। इस उद्देश्य हेतु प्रस्तुत अध्याय में मौलिक विद्युत सम्बन्धी तथ्यों; जैसे—विद्युत, प्रतिरोध, संधारित्र इत्यादि के अतिरिक्त मापन यन्त्रों, तार एवं केबिल का विस्तृत वर्णन किया गया है।

अध्याय विषय सूची

5.1 विद्युत का सिद्धान्त Principle of Electricity

इलेक्ट्रॉन या आवेश का एक स्थान से दूसरे स्थान तक प्रवाह ही विद्युत (electricity) कहलाता है। इलेक्ट्रॉनों का प्रवाह किसी भी पदार्थ में हो सकता है। इलेक्ट्रॉनों के प्रवाह की गति पदार्थ के प्रकार पर निर्भर करती है। विद्युत के अन्तर्गत इलेक्ट्रॉन तथा विद्युतीय आवेशों की गति, प्रकृति गुणों एवं उनके अनुप्रयोगों का अध्ययन किया जाता है। यह भौतिक विज्ञान की ही एक महत्त्वपूर्ण शाखा है। विद्युत वह बल है, जिसे खुली आँखों या सूक्ष्मदर्शी की सहायता से भी नहीं देखा जा सकता, इसका केवल अनुभव किया जा सकता है तथा कुछ विशेष घटनाओं एवं प्रयोगों में इसका उपयोग किया जा सकता है।

विद्युत से सम्बन्धित मूल पद Basic Terms Related to Electricity

1. पदार्थ Matter

वह प्रत्येक वस्तु, जिसका कोई निश्चित भार होता है तथा जो स्थान घेरती है, पदार्थ कहलाती है। पदार्थ ठोस, द्रव तथा गैस तीनों अवस्थाओं में उपलब्ध होता है।

2. अणु Molecules

विभाज्य पदार्थ का वह छोटे-से-छोटा भाग, जिसमें उसके समस्त भौतिक तथा रासायनिक गुण विद्यमान होते हैं, अणु कहलाते हैं। अणु पूर्णत: स्वतन्त्र होते हैं।

3. **परमाणु** Atom

पदार्थ का वह छोटे-से-छोटा कण, जो रासायनिक क्रियाओं में भाग ले सके अथवा रासायनिक, क्रियाओं के द्वारा पृथक् किया जा सके और जो स्वतन्त्र अवस्था में विद्यमान रहने में सक्षम न हो, परमाणु कहलाता है।

4. **परमाणु संरचना** Atomic Structure

परमाणु, प्रकृति का सूक्ष्मतम कण न होकर, एक विभाज्य कण है जो इलेक्ट्रॉन, प्रोटॉन तथा न्यूट्रॉन से मिलकर बना होता है। परमाणु के केन्द्र में नाभिक होता है, जिसमें प्रोटॉन तथा न्यूट्रॉन उपस्थित होते हैं और नाभिक के चारों ओर उपस्थित दीर्घवृत्ताकार कक्षाओं में इलेक्ट्रॉन्स परिक्रमा करते रहते हैं।

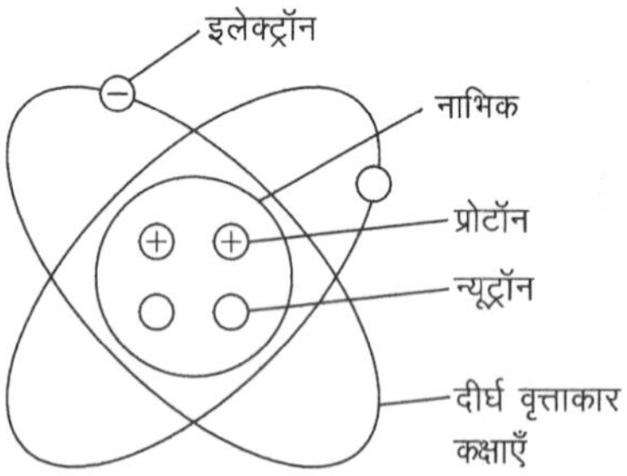

(i) **नाभिक** (Nucleus) परमाणु का केन्द्रीय सघन भाग, नाभिक कहलाता है। नाभिक में उपस्थित प्रोटॉन्स तथा न्यूट्रॉन्स अन्तराण्विक बल द्वारा नाभिक में बँधे होते हैं।

(ii) **प्रोटॉन** (Proton) प्रोटॉन, नाभिक में उपस्थित एक स्थिर कण होता है, जिस पर 1.6×10^{-19} कूलॉम का धनावेश होता है। इसका द्रव्यमान 1.67×10^{-24} ग्राम होता है।

(iii) **न्यूट्रॉन** (Neutron) न्यूट्रॉन, नाभिक में उपस्थित एक स्थिर कण होता है, जो आवेश रहित होता है। इसका द्रव्यमान, प्रोटॉन के द्रव्यमान के समतुल्य होता है।

(iv) **इलेक्ट्रॉन** (Electron) इलेक्ट्रॉन, नाभिक के चारों ओर दीर्घ वृत्ताकार कक्षा में परिक्रमा करने वाला एक मौलिक कण है, जिस पर 1.6×10^{-19} कूलॉम ऋणावेश होता है। इसका द्रव्यमान 9.02×10^{-26} ग्राम होता है।

5. **विद्युत आवेश** Electric Charge

विद्युत आवेश, इलेक्ट्रॉन (ऋणावेश) तथा प्रोटॉन (धनावेश) का वह गुण है, जो उनके मध्य लगने वाले विद्युत बल को उत्पन्न करता है। इसका मात्रक कूलॉम होता है। इसे ऐम्पियर प्रति सेकण्ड में भी मापा जा सकता है। एक कूलॉम आवेश में 6.28×10^{18} इलेक्ट्रॉन्स होते हैं।

(i) एकसमान आवेश, एक दूसरे को प्रतिकर्षित करते हैं।

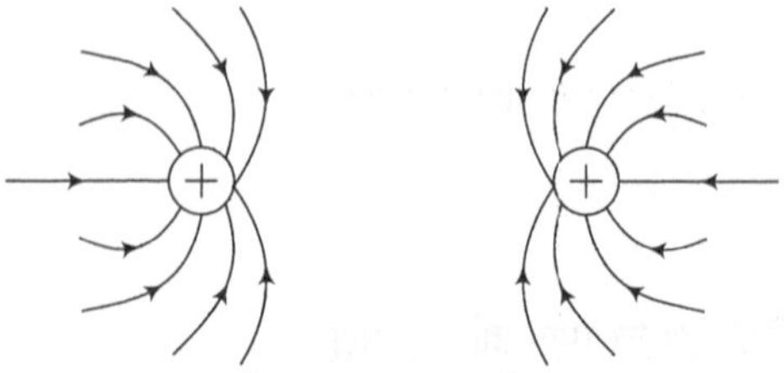

चित्र एक समान आवेश

(ii) असमान/विपरीत आवेश, एक-दूसरे को आकर्षित करते हैं।

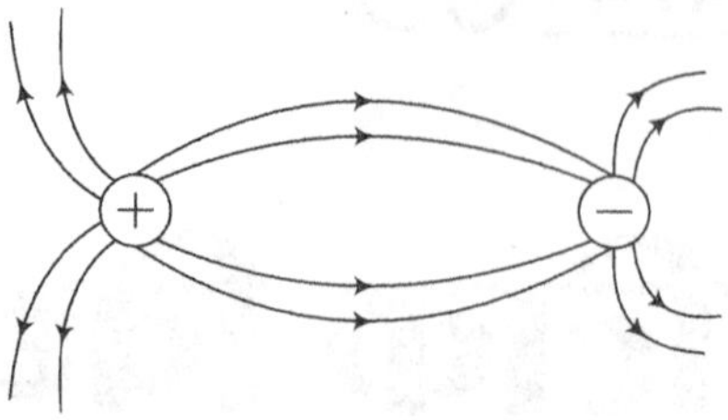

चित्र विपरीत आवेश

5.2 **विद्युत धारा** Electric Current

इलेक्ट्रॉन या आवेश के प्रवाह होने की दर विद्युत धारा कहलाती है। विद्युत धारा का प्रतीक I तथा मात्रक ऐम्पियर (A) होता है। विद्युत धारा की चाल, प्रकाश की चाल के तुल्य अर्थात् 3×10^8 मी/से होती है। विद्युत धारा का प्रवाह धन दिशा से ऋण दिशा की ओर (अर्थात् इलेक्ट्रॉन प्रवाह के विपरीत) होता है।

विद्युत धारा के प्रकार Types of Electric Current

विद्युत धारा निम्न दो प्रकार की होती है

1. प्रत्यावर्ती धारा
2. दिष्ट धारा

1. **प्रत्यावर्ती धारा** Alternating Current (AC)

जिस विद्युत धारा का मान और दिशा एक नियत समय अन्तराल पर परिवर्तित होती रहती है, वह प्रत्यावर्ती धारा (alternating current) कहलाती है। यह धारा आल्टरनेटर (ए.सी. जनित्र) से प्राप्त की जाती है। इसका उपयोग घरेलू, औद्योगिक आदि क्षेत्रों में प्रकाश, ऊष्मा, ठण्डक, यान्त्रिक ऊर्जा आदि प्रदान करने वाले उपकरणों को प्रचालित करने के लिए किया जाता है।

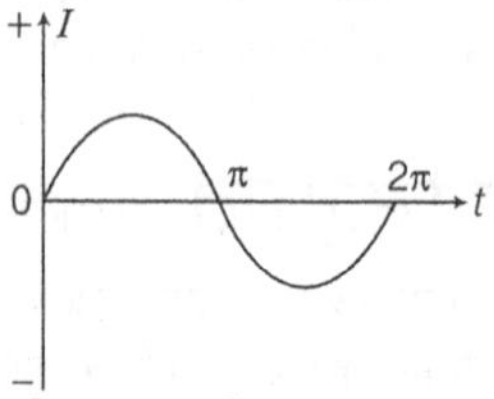

चित्र प्रत्यावर्ती धारा (ए.सी.)

2. **दिष्ट धारा** Direct Current (DC)

जिस विद्युत धारा का मान और दिशा नियत रहती है, वह दिष्ट धारा (direct current) कहलाती है। यह सैल, बैटरी, जनित्र आदि से प्राप्त की जाती है। इसका उपयोग, आर्क वैल्डिंग, बैटरी चार्जिंग, इलेक्ट्रॉनिक उपकरणों के प्रचालन आदि में किया जाता है।

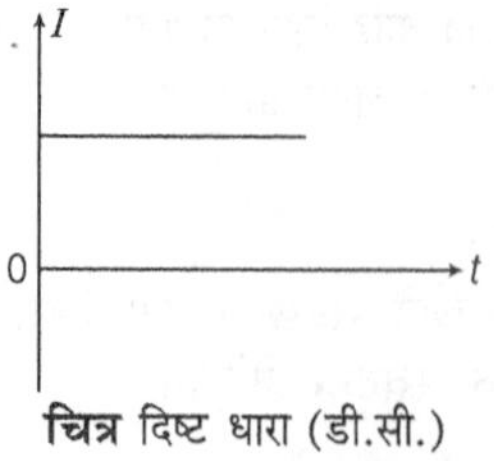

चित्र दिष्ट धारा (डी.सी.)

विद्युत धारा के प्रभाव Effects of Electric Current

किसी चालक में प्रवाहित विद्युत धारा की उपस्थिति इसके प्रभाव द्वारा ही ज्ञात की जा सकती है, क्योंकि विद्युत धारा को देखा नहीं जा सकता तथा इसे स्पर्श भी नहीं किया जा सकता। विद्युत धारा के प्रभाव निम्न प्रकार हैं

1. **ऊष्मीय प्रभाव** (Heating effect) "प्रत्येक चालक स्वयं में से होने वाले विद्युत धारा प्रवाह का कम या अधिक विरोध करता है, जिसके फलस्वरूप वह गर्म हो जाता है। यह विद्युत धारा का ऊष्मीय प्रभाव कहलाता है।" इस प्रभाव का उपयोग वैद्युतिक प्रैस, वैद्युतिक आयरन, हीटर, बल्ब आदि में किया जाता है।
2. **चुम्बकीय प्रभाव** (Magnetic effect) "जब विद्युत धारा किसी धारावाही चालव में से गुजरती है, तो विद्युत धारावाही चालक के चारों ओर चुम्बकीय क्षेत्र उत्पन्न हो जाता है। यह विद्युत धारा का चुम्बकीय प्रभाव कहलाता है।" इस प्रभाव का उपयोग विद्युत घण्टी, विद्युत चुम्बक, पंखा, मोटर, जनित्र आदि में किया जाता है।
3. **रासायनिक प्रभाव** (Chemical effect) अम्लीय विलयनों में से विद्युत धारा प्रवाहित करने पर विलयन में घुले पदार्थ अपने अवयवों में विभाजित हो जाते हैं, यह विद्युत धारा का रासायनिक प्रभाव कहलाता है। इस प्रभाव का उपयोग सैल, विद्युतलेपन (विद्युतरंजन), धातु निष्कर्षण आदि कार्यों में किया जाता है।
4. **किरण प्रभाव** (Ray effect) "जब अधिक वोल्टेज एवं अधिक आवृत्ति वाली विद्युत धारा, वायु-शून्य नली (vacuum tube) में से प्रवाहित की जाती है, तो एक विशेष प्रकार की किरणें X-rays पैदा होती हैं। यह विद्युत धारा का किरण प्रभाव (Ray effect) कहलाता है।" इस प्रभाव का उपयोग चिकित्सा क्षेत्र में हड्डियों का छाया-चित्र प्राप्त करने के लिए किया जाता है।
5. **गैस आयनीकरण प्रभाव** (Gas ionisation effect) किसी विसर्जन- नलिका में भरी मरकरी वेपर गैस, सोडियम वेपर गैस आदि में से विद्युत धारा प्रवाहित करने पर गैस का आयनीकरण हो जाता है। यह विद्युत धारा का आयनीकरण प्रभाव कहलाता है। इस प्रभाव का उपयोग उच्च प्रकाश तीव्रता वाले बल्बों में किया जाता है।

विद्युत धारा से सम्बन्धित मूल पद
Basic Terms Related to Electric Current

विद्युत धारा से सम्बन्धित कुछ मुख्य पद निम्नलिखित हैं

1. **विद्युत वाहक बल** (Electromotive force; EMF) किसी चालक पदार्थ में से विद्युत धारा को एक सिरे से दूसरे सिरे तक प्रवाहित करने वाला बल, 'विद्युत वाहक बल' कहलाता है। यह सैल, बैटरी, जेनरेटर आदि से प्राप्त किया जाता है। वि.वा.ब.का प्रतीक E और मात्रक वोल्ट (V) होता है।
2. **विभव** (Potential) "इकाई आवेश को अनन्तता (infinity) से किसी बिन्दु तक लाने में किया गया कार्य उस बिन्दु का विभव कहलाता है।" दूसरे शब्दों में, "किसी वस्तु का वैद्युतिक स्तर जिससे यह निर्देशित होता है कि विद्युत धारा वस्तु से पृथ्वी की ओर अथवा पृथ्वी से वस्तु की ओर प्रवाहित होगी, उस वस्तु का विभव कहलाता है।" यह धनात्मक अथवा ऋणात्मक होता है। जब विद्युत धारा पृथ्वी की ओर प्रवाहित होती है, तो वस्तु का विभव धनात्मक होता है। जब विद्युत धारा पृथ्वी से वस्तु की ओर प्रवाहित होती है, तो वस्तु का विभव ऋणात्मक होता है।
3. **विभवान्तर** (Potential Difference, PD) जब किसी चालक (या प्रतिरोधक) में से विद्युत धारा प्रवाहित होती है, तो उसके सिरों के विभवों में कुछ अन्तर पैदा हो जाता है, जिसे विभवान्तर कहते हैं। विभवान्तर का प्रतीक V और मात्रक वोल्ट (V) होता है।
4. **टर्मिनल वोल्टेज** (Terminal voltage) विद्युत आपूर्ति स्रोत के टर्मिनल पर उपलब्ध वोल्टेज को टर्मिनल वोल्टेज कहते हैं। इसका मात्रक वोल्ट होता है तथा इसे V_T से प्रदर्शित करते हैं।
5. **वोल्टेज ड्रॉप या** IR **ड्रॉप** (Voltage drop or IR Drop) किसी परिपथ में चालक (या प्रतिरोध) में व्यय होने वाली वोल्टेज को वोल्टेज ड्रॉप या IR ड्रॉप कहते हैं।
6. **विद्युतीय कार्य** (Electrical work) किसी विद्युतीय परिपथ में वि.वा.ब. द्वारा इलेक्ट्रॉनों को एक स्थान से दूसरे स्थान तक पहुँचाने में किया गया कार्य विद्युतीय कार्य कहलाता है। इसका मात्रक जूल होता है।

   अर्थात्, कार्य = बल × विस्थापन [∵ 1 जूल = 1 न्यूटन-मीटर]

   या कार्य = वि. वा. ब (emf) × धारा (i) × समय (t)
7. **विद्युतीय शक्ति** (Electrical power) किसी विद्युतीय उपकरण की कार्य करने की दर विद्युतीय शक्ति कहलाती है। इसका मात्रक हॉर्स पावर होता है।

   $$\text{विद्युतीय शक्ति} = \frac{\text{विद्युतीय कार्य}}{\text{समय}}$$

   1 हॉर्स पावर = 735.5 न्यूटन-मीटर/सेकण्ड

   या 1 हॉर्स पावर = 550 फुट पौण्ड प्रति सेकण्ड

   1 हॉर्स पावर = 746 जूल प्रति सेकण्ड

   ∴ 1 जूल = 10^7 अर्ग, अर्ग, कार्य का एक छोटा मात्रक होता है।

   $$\text{शक्ति } P = \frac{\text{कार्य } (W)}{\text{समय } (t)} \text{ तथा वोल्टेज } (V) = \frac{\text{कार्य } (W)}{\text{आवेश } (q)}$$

   $$\text{तब} \quad P = \frac{Vq}{t} \qquad [\because q = It]$$

   $$\rightarrow \quad P = \frac{VIt}{t} \rightarrow P - VI \text{ वाट}$$

   $$\text{या} \quad P = \frac{V^2}{R} \quad \text{या} \quad P = I^2R$$

   अत: 1 हॉर्स पावर = 746 वाट (1 वाट = 1 जूल प्रति सेकण्ड)

   ब्रिटिश हॉर्स पावर HP = 33000 फुट-पौण्ड प्रति मिनट

   मीट्रिक हॉर्स पावर, HP = 4500 मीटर-किग्रा प्रति मिनट
8. **ऊर्जा** (Energy) कार्य करने की क्षमता ऊर्जा कहलाती है। स्टोर (store) किया गया कार्य ऊर्जा को प्रदर्शित करता है। अत:

   $$\text{ऊर्जा} = \frac{\text{कार्य}}{\text{समय}}$$

   ऊर्जा की निम्नलिखित इकाइयाँ होती हैं

   (i) फुट-पौण्ड या फुट पौंडल (FPS प्रणाली में)

   (ii) अर्ग या ग्राम सेंटीमीटर (CGS प्रणाली में)

(iii) जूल या किग्रा-मीटर (MKS प्रणाली में)
(iv) वाट
(v) वाट-आवर (watt-hour)
(vi) किलोवाट-आवर (Kilo watt-hour)

उदाहरण 1. 100 ओम प्रतिरोध वाला एक उपकरण 2 ऐम्पियर धारा लेता है। उस उपकरण द्वारा ली गई शक्ति की गणना कीजिए।

हल ज्ञात है, प्रतिरोध $R = 100\,\Omega$

धारा $I = 2\,A$

शक्ति $P = I^2R$ $\quad [P = VI$ से$]$

$P = 2^2 \times 100$ $\quad [\because V = IR]$

$P = 400$ वाट

5.3 प्रतिरोध Resistance

पदार्थों का वह स्वाभाविक गुण, जिसके कारण वह स्वयं में से होने वाली विद्युत धारा प्रवाह का विरोध करते हैं, प्रतिरोध कहलाता है। प्रतिरोध का प्रतीक R और मात्रक ओम (Ω) है। इसे मापने के लिए ओम-मीटर का प्रयोग किया जाता है। वह पदार्थ जो प्रतिरोध का गुण प्रदर्शित करता है, प्रतिरोधक (resistor) कहलाता है। प्रतिरोध को निम्न प्रतीकों द्वारा व्यक्त किया जाता है

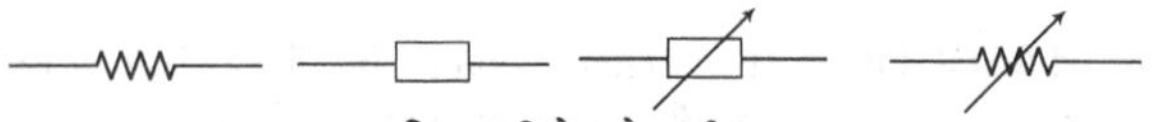

चित्र प्रतिरोध के प्रतीक

प्रतिरोध के नियम Rules of Resistance

किसी चालक या प्रतिरोधक का प्रतिरोध, निम्न कारकों पर निर्भर करता है

1. किसी चालक का प्रतिरोध उसकी लम्बाई के अनुक्रमानुपाती होता है
अर्थात् $R \propto l$

चित्र चालक की लम्बाई तथा उसके प्रतिरोध में सम्बन्ध

2. किसी चालक का प्रतिरोध उसके अनुप्रस्थ कटाक्ष क्षेत्रफल (cross-sectional area) के व्युत्क्रमानुपाती होता है
अर्थात् $R \propto \frac{1}{A}$

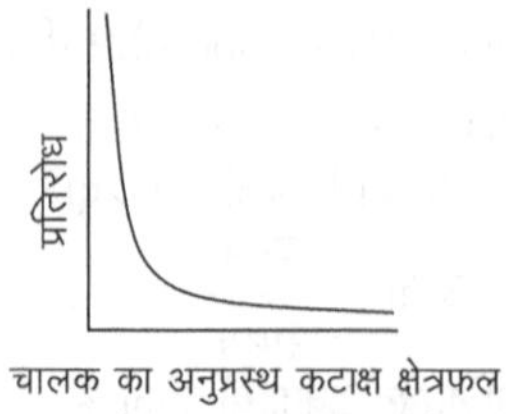

चित्र चालक के अनुप्रस्थ कटाक्ष क्षेत्रफल तथा उसके प्रतिरोध में सम्बन्ध

3. किसी चालक का प्रतिरोध उसके पदार्थ के प्रकार अर्थात् पदार्थ की प्रतिरोधकता (resistivity) पर निर्भर करता है।
इस प्रकार, $R \propto \frac{l}{a}$
अर्थात् $R = \frac{\rho \cdot l}{a}$
जहाँ, $R =$ प्रतिरोध, ओम में
$\rho =$ चालक की प्रतिरोधकता, ओम-सेमी में
$l =$ प्रतिरोधक की लम्बाई, सेमी में
$a =$ प्रतिरोधक का अनुप्रस्थ कटाक्ष क्षेत्रफल, सेमी^{2} में

प्रतिरोधकता या विशिष्ट प्रतिरोध
Resistivity or Specific Resistance

प्रत्येक चालक, अपनी संरचना के अनुसार, अपने में से प्रवाहित होने वाली विद्युत धारा का विरोध करता है, जो उसकी प्रतिरोधकता कहलाती है।

किसी भी पदार्थ का प्रतिरोध शून्य नहीं होता है।

सूत्र $R = \frac{\rho \cdot l}{a}$ में यदि $l = 1$ सेमी तथा $a = 1$ सेमी^{2} हो तो $R = \rho$ अर्थात्

"किसी पदार्थ के 1 सेमी लम्बे तथा 1 वर्ग सेमी अनुप्रस्थ कटाक्ष क्षेत्रफल वाले टुकड़े का प्रतिरोध, उसका विशिष्ट प्रतिरोध कहलाता है।" इसका मात्रक उपरोक्त सूत्र के द्वारा निम्न प्रकार से प्राप्त किया जा सकता है

$$\text{सूत्र} \quad R = \frac{\rho \cdot l}{a} \quad \text{से} \quad \rho = \frac{R \cdot a}{l} = \frac{\text{ओम} \times \text{सेमी}^2}{\text{सेमी}} = \text{ओम-सेमी}$$

MKS प्रणाली में इसका मात्रक ओम-मी होता है।

उदाहरण 2. 14 मी लम्बे तथा 0.14 सेमी व्यास वाले यूरेका तार का प्रतिरोध 2.5 ओम है, तो उसका विशिष्ट प्रतिरोध ज्ञात कीजिए।

हल ज्ञात है, तार की लम्बाई, $l = 14$ मी $= 1400$ सेमी

तार का व्यास, $d = 0.14$ सेमी

$\therefore \quad r = \frac{0.14}{2}$ सेमी

तार का प्रतिरोध, $R = 2.5$ ओम

अतः तार का विशिष्ट प्रतिरोध $\rho = \frac{R \cdot a}{l}$

$= \frac{R.\pi.r^2}{l} \quad [\because$ क्षेत्रफल $a = \pi r^2]$

$= \frac{2.5 \times 22 \times 0.14 \times 0.14}{1400 \times 7 \times 2 \times 2}$

$= 27.5 \times 10^{-6}$ ओम-सेमी

चालकता Conductance

जिस प्रकार प्रतिरोध, विद्युत धारा प्रवाह का विरोध करता है उसी प्रकार चालकता, विद्युत धारा प्रवाह को सुगमता प्रदान करती है। इसका प्रतीक G तथा मात्रक सीमेन (S) एवं म्हो $\mho^{-1}$ है।

$$\boxed{G = \frac{1}{R}}$$

विशिष्ट चालकता Specific Conductance

विशिष्ट प्रतिरोध का विपरीत प्रभाव, विशिष्ट चालकता कहलाता है। इसका प्रतीक σ (सिग्मा) तथा मात्रक सीमेन प्रति सेमी या म्हो प्रति सेमी होता है।

$$\sigma = \frac{1}{\rho}$$

उदाहरण 3. यदि किसी प्रतिरोधक की चालकता 0.05 सीमेन और उसकी विशिष्ट चालकता 0.05 सीमेन प्रति सेमी हो, तो उसका प्रतिरोध तथा विशिष्ट प्रतिरोध ज्ञात कीजिए।

हल ज्ञात है, चालकता, $G = 0.05$ सीमेन

विशिष्ट चालकता, $\sigma = 0.05$ सीमेन प्रति सेमी

अत: प्रतिरोध, $R = \frac{1}{G} = \frac{1}{0.05} = \frac{100}{5} = 20$ ओम

और विशिष्ट प्रतिरोध, $\rho = \frac{1}{\sigma} = \frac{1}{0.05} = 20$ ओम-सेमी

प्रतिरोध मान अंकन Marking of Resistance Value

नियत मान कार्बन प्रतिरोधकों के अतिरिक्त अन्य सभी प्रकार के प्रतिरोधकों का प्रतिरोध मान, वाटेज आदि, अंकों एवं अक्षरों के द्वारा उनकी बॉडी पर अंकित कर दिया जाता है। नियत मान कार्बन प्रतिरोधकों का आकार इतना छोटा होता है कि उनकी बॉडी पर अंकों तथा अक्षरों के द्वारा मान अंकित करना कठिन होता है और साथ ही अंकित मान को पढ़कर अनेक प्रतिरोधकों में से आवश्यक मान के प्रतिरोधक का चयन करना असुविधाजनक होता है। प्रतिरोधकों पर मान अंकित करने की निम्न विधियाँ हैं

1. विभिन्न रंगों के द्वारा By Different Colours

प्रतिरोधकों पर मान अंकित करने की विधियों के आधार पर नियत मान कार्बन प्रतिरोधक 'बैण्ड टाइप' तथा 'बॉडी टाइप' प्रकार के होते हैं, जिनका विवरण निम्नवत् है

(i) **बैण्ड टाइप** (Band type) इस विधि में प्रतिरोधक की बॉडी पर एक किनारे से विभिन्न रंगों की चार पट्टियाँ अंकित की जाती हैं। पहली पट्टी का रंग प्रतिरोध मान के पहले अंक को, दूसरी पट्टी का रंग दूसरे अंक को, तीसरी पट्टी का रंग गुणक को तथा चौथी पट्टी का रंग प्रतिशत सहन सीमा को व्यक्त करता है।

(ii) **बॉडी टाइप** (Body type) इस विधि में प्रतिरोधक की पूरी बॉडी को एक रंग से रंगा जाता है। अब दूसरे रंग से एक सिरे को रंगा जाता है और बॉडी पर भिन्न रंगों की एक वृत्ताकार तथा एक आयताकार बिन्दी अंकित की जाती है। प्रतिरोधक की बॉडी का रंग प्रतिरोध मान के पहले अंक को, सिरे का रंग दूसरे अंक को, बिन्दी का रंग गुणक को तथा आयताकार चिन्ह का रंग प्रतिशत सहन सीमा को व्यक्त करता है।

तालिका रंग संकेत तालिका

रंग	पहली पट्टी या बॉडी के लिए आंकिक मान	दूसरी पट्टी या सिरे के लिए आंकिक मान	तीसरी पट्टी या गोल बिन्दी के लिए आंकिक मान (गुणक)	चौथी पट्टी या आयताकार बिन्दी के लिए आंकिक मान (सहन सीमा)
काला (Black)	0	0	1	—
भूरा (Brown)	1	1	10	± 1%
लाल (Red)	2	2	10^2	± 2%
नारंगी (Orange)	3	3	10^3=K	± 3%
पीला (Yellow)	4	4	10^4	± 4%
हरा (Green)	5	5	10^5	—
नीला (Blue)	6	6	10^6 = M	—
बैंगनी (Violet)	7	7	—	—
सलेटी (Grey)	8	8	—	—
सफेद (White)	9	9	—	—
सुनहरा (Golden)	—	—	0.1	± 5%
चाँदी (Silver)	—	—	0.01	± 10%
कोई रंग नहीं (No colour)	—	—	—	± 20%

उदाहरण के लिए,

क्र.सं.	पहली पट्टी या बॉडी का रंग	दूसरी पट्टी या सिरे का रंग	तीसरी पट्टी या गोल बिन्दी का रंग	चौथी पट्टी या चौकोर बिन्दी का रंग	प्रतिरोध मान
1.	भूरा	काला	सुनहरा	सुनहरा	$1.0\,\Omega \pm 5\%$
2.	लाल	लाल	काला	लाल	$22\,\Omega \pm 2\%$
3.	लाल	बैंगनी	नारंगी	चाँदी	$27\,k\Omega \pm 10\%$
4.	पीला	बैंगनी	पीला	सुनहरा	$470\,k\Omega \pm 5\%$
5.	भूरा	काला	हरा	सुनहरा	$1M\Omega \pm 5\%$
6.	भूरा	काला	नीला	चाँदी	$10\,M\Omega \pm 10\%$

2. प्रत्यक्ष विधि द्वारा By Direct Method

1/2 वाट से 2 वाट तक के कार्बन प्रतिरोधकों पर अंकों तथा अक्षरों के द्वारा प्रत्यक्ष रूप से भी प्रतिरोधक मान अंकित किया जाता है। इसमें R = 1, $k = 10^3$, $M = 10^6$ ओम होता है।

उदाहरण के लिए, R22 = $0.22\,\Omega$

1 R8 = $1.8\,\Omega$ 2 k7 = $2.7\,k\Omega$

M 2 = $0.2\,M\Omega$ 1 M5 = $1.5\,M\Omega$

इस प्रकार, व्यक्त मान में दशमलव बिन्दु के स्थान पर अक्षर प्रयोग किया गया है।

प्रतिरोध पावर रेटिंग Resistor Power Rating

विभिन्न प्रकार के प्रतिरोधकों की पावर रेटिंग भी भिन्न-भिन्न होती है। प्रतिरोध दो प्रकार के होते हैं—कार्बन प्रतिरोधक तथा वायर वाउण्ड प्रतिरोधक।

1. **कार्बन प्रतिरोधकों की पावर रेटिंग** (Power Rating of Carbon Resistors) कार्बन प्रतिरोधकों के अन्तर्गत आने वाले नियत मान वाले प्रतिरोधक 1 ओम से 20 मेगा ओम एवं 0.125 वाट से 2 वाट की पावर रेटिंग में बनाये जाते हैं तथा परिवर्ती मान वाले प्रतिरोधक 100 ओम से 5 मेगा ओम एवं 0.05 वाट से 0.25 वाट की पावर रेटिंग में बनाये जाते हैं।
2. **वायर वाउण्ड प्रतिरोधों की पावर रेटिंग** (Power Rating of wire wound Resistors) वायर वाउण्ड प्रतिरोधकों के अन्तर्गत आने वाले नियत मान वाले प्रतिरोधक 0.1 ओम से 50 किलोओम एवं 1 वाट से 50 वाट की पावर रेटिंग में बनाये जाते हैं तथा परिवर्ती मान वाले प्रतिरोधक 5 ओम से 5 किलोओम एवं 1 वाट से 50 वाट की पावर रेटिंग में बनाये जाते है।

5.4 ओम का नियम Ohm's Law

जर्मन वैज्ञानिक **जी. एस. ओम** ने 1826 ई. में डी.सी. परिपथों में विद्युत धारा (*I*), विभवान्तर (*V*) तथा प्रतिरोध (*R*) के सम्बन्ध में एक नियम स्थापित किया था, जो ओम का नियम कहलाता है। इस नियम के अनुसार, "नियत तापमान तथा नियत भौतिक परिस्थितियों में किसी बन्द वैद्युतिक डी.सी. परिपथ में किसी प्रतिरोधक के सिरों पर उत्पन्न होने वाला विभवान्तर, उस प्रतिरोधक में से प्रवाहित होने वाली विद्युत धारा के मान के अनुक्रमानुपाती होता है।"

अर्थात् $V \propto I$ या $\frac{V}{I} =$ नियतांक

या $\frac{V}{I} = R$ या $R = \frac{V}{I}$

या $V = IR$ या $I = \frac{V}{R}$

यहाँ, $R =$ प्रतिरोध, ओम में, $V =$ विभवान्तर, वोल्ट्स में

तथा $I =$ विद्युत धारा, ऐम्पियर में।

ओम के नियम का सत्यापन
Verification of Ohm's Law

चित्र में दर्शाए गए परिपथ के द्वारा रिहोस्टेट का मान परिवर्तित करके विभिन्न विद्युत धारा मानों के लिए विभिन्न विभवान्तर मानों के द्वारा ओम का नियम अर्थात् $V \propto I$ सम्बन्ध को ज्ञात किया जा सकता है। प्रत्येक दशा में V/I का मान एक नियतांक होगा।

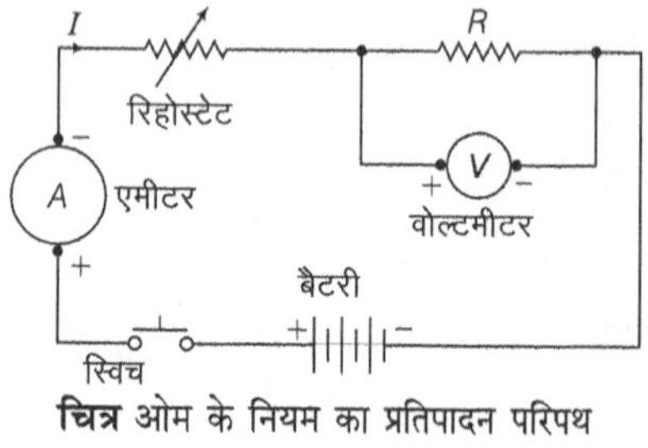

चित्र ओम के नियम का प्रतिपादन परिपथ

ओम के नियम को सत्यापित करने के लिए निम्न उपकरणों की आवश्यकता होती है

(i) एमीटर, 0-1 A, DC   (ii) वोल्टमीटर, 0-10 V, DC

(iii) रिहोस्टेट, $0\text{-}25\,\Omega$ (iv) प्रतिरोधक, $10\,\Omega$

(v) बैटरी, 6 V   (vi) फ्लैक्सिबल तार, 23/36-2 मी

(vii) पुश बटन स्विच।

उपरोक्त उपकरणों को चित्र के अनुसार संयोजित कर लें। रिहोस्टेट को लगभग $20\,\Omega$ प्रतिरोध मान पर सैट करें और पुश बटन को दबाकर एमीटर एवं वोल्टमीटर की रीडिंग अग्रपृष्ठ पर दी गई तालिका में नोट करें। इसी प्रकार रिहोस्टेट के प्रतिरोध मान को घटाकर तीन-चार रीडिंग लें।

प्रेक्षण तालिका

क्र.सं.	एमीटर का पाठ्यांक, mA	वोल्टमीटर का पाठ्यांक, V	$\frac{\text{विभवान्तर}}{\text{विद्युत धारा}} = \frac{V}{I}$	प्रतिरोध, R
1.	200	2	$\frac{2}{200 \times 10^{-3}}$	$= 10\Omega$
2.	400	4	$\frac{4}{400 \times 10^{-3}}$	$= 10\Omega$
3.	550	5.5	$\frac{5.5}{550 \times 10^{-3}}$	$= 10\Omega$
4.	670	6.7	$\frac{6.7}{670 \times 10^{-3}}$	$= 10\Omega$
5.	...	...	...	$= 10\Omega$

उपरोक्त तालिका से ज्ञात होता है कि प्रत्येक दशा में V/I का मान समान आता है, जो ओम के नियम को सत्यापित करता है।

उदाहरण 4. **यदि किसी 20 ओम के प्रतिरोधक में से 2.5 ऐम्पियर मान की विद्युत धारा प्रवाहित हो रही हो तो उसके सिरों पर उत्पन्न होने वाले विभवान्तर का मान ज्ञात कीजिए।**

हल ज्ञात है, प्रतिरोध, $R = 20$ ओम

विद्युत धारा, $I = 2.5$ ऐम्पियर

अत: विभवान्तर, $V = I \cdot R = 2 \cdot 5 \times 20 = 50$ वोल्ट

कभी-कभी परिपथ के लिए आवश्यक मान का प्रतिरोधक उपलब्ध नहीं होता है तथा सभी मान वाले प्रतिरोधकों को खरीदना महँगा पड़ता है। अत: आवश्यक मान का प्रतिरोध प्राप्त करने के लिए उपलब्ध प्रतिरोधकों को विभिन्न क्रमों में संयोजित कर लिया जाता है।

5.5 मापक यन्त्र Measuring Instrument

विद्युतीय इकाइयों (धारा, वोल्टेज तथा प्रतिरोध) को मापने के लिए निम्न प्रकार के मापन यन्त्रों का प्रयोग किया जाता है

1. अमीटर Ammeter

किसी परिपथ में धारा मापन के लिए प्रयुक्त किए जाने वाले मापक यन्त्र को अमीटर कहते हैं। अमीटर को बनाने के लिए मूविंग क्वॉयल यन्त्र अथवा अन्य प्रकार के यन्त्रों का प्रयोग किया जाता है। धारा मापन के लिए अमीटर को परिपथ के श्रेणीक्रम (series) में संयोजित किया जाता है। यह एक क्वॉयल प्रचालित गैल्वेनोमीटर है। इसमें गैल्वेनोमीटर के समान्तर क्रम में निम्न मान का प्रतिरोधक संयोजित किया जाता है, जैसा कि निम्न चित्र में प्रदर्शित है

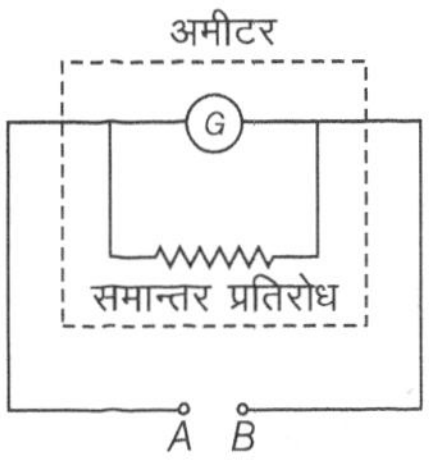

चित्र अमीटर परिपथ

अमीटर के A व B टर्मिनल को धारा मापने वाले परिपथ अथवा उपकरण के श्रेणी क्रम में संयोजित करते हैं। प्रतिरोध के समान्तर क्रम (parallel) में होने के कारण गैल्वेनोमीटर में प्रतिरोध के बराबर ही वोल्टेज ड्रॉप होगा, जिससे गैल्वेनोमीटर के संकेतक में विक्षेप होता है। इस विक्षेप को अमीटर पैमाने पर पढ़कर धारा का मान ज्ञात कर लेते हैं।

2. वोल्टमीटर Voltmeter

किसी परिपथ में वोल्टेज मापन के लिए प्रयोग किए जाने वाले मापक यन्त्र को वोल्टमीटर कहते हैं। वोल्टमीटर के रूप में मूविंग क्वॉयल यन्त्र अथवा अन्य प्रकार के यन्त्रों का प्रयोग किया जाता है। वोल्टमीटर को वोल्टेज मापन के लिए परिपथ में समान्तर क्रम में संयोजित किया जाता है। मूविंग क्वॉयल यन्त्र अपने प्रतिरोध एवं प्रवाहित धारा के गुणनफल के द्वारा वोल्टेज का मापन करता है। वोल्टमीटर में से प्रवाहित होने वाली धारा का प्रवाह न्यूनतम होना चाहिए अन्यथा इसके कारण लोड धारा प्रभावित हो जाती है, इसलिए इसके प्रतिरोध का मान अधिकतम होना चाहिए। वोल्टमीटर में एक क्वॉयल प्रचालित गैल्वेनोमीटर लगा होता है। जिसके श्रेणी क्रम में एक उच्च मान का प्रतिरोधक लगा होता है। निम्न परिपथ में एक वोल्टमीटर दर्शाया गया है

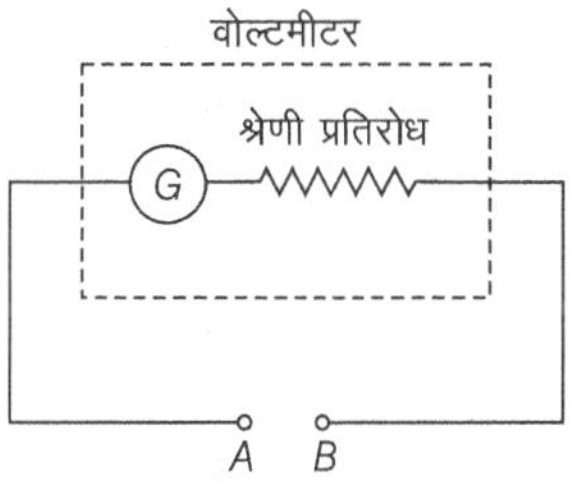

चित्र वोल्टमीटर परिपथ

उपरोक्त परिपथ में दर्शाए गये वोल्टमीटर के सिरों A तथा B को परिपथ अथवा उपकरण (जिसका वोल्टेज मापना हो) के समान्तर क्रम में संयोजित किये जाते हैं, जिससे गैल्वेनोमीटर में धारा प्रवाहित होती है। श्रेणी प्रतिरोध के कारण इसके सिरों पर विभवान्तर उत्पन्न हो जाता है, जिसे गैल्वेनोमीटर के पैमाने पर पढ़ लिया जाता है। यह विभवान्तर परिपथ अथवा उपकरण के वोल्टेज के तुल्य होता है।

3. ओममीटर Ohmmeter

ओममीटर प्रतिरोध की गणना करने वाली प्रत्यक्ष पाठ्यांक युक्ति है। यद्यपि इस यन्त्र की परिशुद्धता कम होती है, परन्तु यन्त्र की क्षमता पर कोई प्रभाव नहीं पड़ता है। इस यन्त्र का प्रयोग प्रतिरोध का निकटतम मान (approximate value) ज्ञात करने के लिए किया जाता है।

ओममीटर में मुख्यत: एक माइक्रो-अमीटर, बैटरी विद्युत धारा नियन्त्रक, प्रतिरोधक, शून्य समायोजक प्रतिरोधक (पोटेन्शियोमीटर) तथा 'प्रोब्स' (probes) होती हैं। ये यन्त्र दो प्रकार के होते हैं : (i) श्रेणी प्रकार के (ii) शण्ट प्रकार के। श्रेणी प्रकार के यन्त्र में अज्ञात प्रतिरोधक को बैटरी तथा माइक्रो-अमीटर के साथ श्रेणीक्रम में संयोजित किया जाता है। इसका उपयोग मध्यम तथा उच्च प्रतिरोध मान मापन के लिए किया जाता है।

शण्ट प्रकार के यन्त्र में अज्ञात प्रतिरोधक को माइक्रो-अमीटर के साथ समान्तर-क्रम में संयोजित किया जाता है। इसका उपयोग निम्न तथा मध्यम प्रतिरोध मान मापन के लिए किया जाता है।

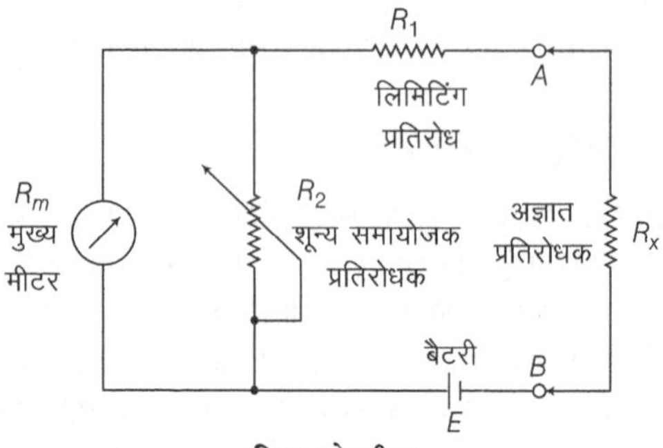

चित्र ओममीटर

A तथा B संयोजकों को 'शॉर्ट-सर्किट' करने पर अर्थात् अज्ञात प्रतिरोधक का मान शून्य होने पर, परिपथ में से अधिकतम विद्युत धारा प्रवाहित होती है। इस स्थिति में शून्य समायोजक प्रतिरोधक (zero adjustment resistor) के द्वारा संकेतक को पैमाने की शून्य स्थिति पर समायोजित कर दिया जाता है। पैमाने पर 'शून्य' दायीं ओर होता है। जब संयोजकों A तथा B को एक-दूसरे से पृथक् रखा जाता है तो संकेतक, पैमाने पर शून्य विद्युत धारा अनन्त (infinite) प्रतिरोध दर्शाता है।

संयोजकों A तथा B के बीच अज्ञात प्रतिरोधक संयोजित करने पर यन्त्र का संकेतक, पैमाने पर सीधे ही प्रतिरोध 'ओम' में दर्शाता है। इस यन्त्र का पैमाना, आनुपातिक नहीं होता है।

4. मल्टीमीटर Multimeter

'मल्टीमीटर' का अर्थ है—कई प्रकार की वैद्युतिक राशियों को नापने वाला यन्त्र। ये वैद्युतिक राशियाँ हैं—माइक्रो/मिली ऐम्पियर, वोल्ट तथा ओम। इस यन्त्र को **बहुमापी** एवं **'एवो मीटर'** (AVO meter or Ampere Volt Ohm meter) भी कहते हैं।

मल्टीमीटर मुख्यत: दो प्रकार के होते हैं

(i) एनालॉग मल्टीमीटर (ii) डिजिटल मल्टीमीटर

(i) एनालॉग मल्टीमीटर Analog Multimeter

एनालॉग मल्टीमीटर को AVO (ऐम्पियर-वोल्ट-ओम) मीटर भी कहते हैं, क्योंकि यह मीटर धारा, वोल्टेज व प्रतिरोध तीनों ही वैद्युत राशियों को मापने हेतु प्रयोग होता है। इसमें वैद्युत राशियों का मापन एक संकेतक द्वारा पैमाने पर दर्शाया जाता है, इसलिए इसे एनालॉग मल्टीमीटर कहते हैं। परास स्विच की सहायता से यह पृथक्-पृथक् किसी भी वैद्युत राशि को मापने हेतु प्रयोग में लाया जा सकता है।

चित्रानुसार, मल्टीमीटर की आन्तरिक संरचना में AVO मीटर/एनालॉग मल्टीमीटर की भिन्न परासों के लिए पृथक्-पृथक् प्लग सॉकेट्स होते हैं। इस मल्टीमीटर के साथ दो परीक्षण लीड्स (testing leads) होती हैं, जिनमें एक लाल रंग की तथा दूसरी काले रंग की होती है। काले रंग की परीक्षण लीड को कॉमन (common) अंकित वाले प्लग सॉकेट के साथ संयोजित किया जाता है तथा लाल रंग की परीक्षण लीड को उपयुक्त परास वाले प्लग सॉकेट के साथ संयोजित किया जाता है।

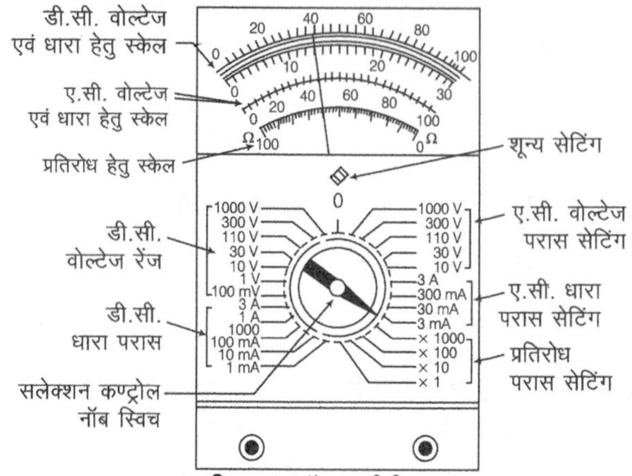

चित्र एनालॉग मल्टीमीटर

(ii) डिजिटल मल्टीमीटर Digital Multimeter

जिन मल्टीमीटर में वैद्युत राशि के पाठ्यांक को डॉयल पैमाने पर प्वॉइण्टर के द्वारा दर्शाए जाने के स्थान पर सीधे LCD डिस्प्ले इकाई पर डिजिट्स में दर्शाया जाता है, उन्हें डिजिटल मल्टीमीटर के नाम से जाना जाता है।

एनालॉग मल्टीमीटर्स के द्वारा विभिन्न वैद्युत राशियों को मापते समय चल-प्रणाली (moving system) के द्वारा पाठ्यांक को पढ़ने में त्रुटियों के कारण इनके द्वारा प्राप्त पाठ्यांक में यथार्थता (accurate) की कमी होती है, जबकि डिजिटल मल्टीमीटर के द्वारा प्राप्त किए गए पाठ्यांक में यथार्थता (accuracy) अधिक होती है। यह आकार में छोटे तथा वजन में हल्के होते हैं। इनके द्वारा प्राप्त पाठ्यांकों को अंकों (digits) में पढ़ा जाता है। इनपुट 'प्रोब' को एक सलैक्टर नियन्त्रक (selector controller) के द्वारा संयोजित किया गया है, जो मापी जाने वाली भौतिक राशि का चयन करता हैं; जैसे—प्रतिरोध, ए.सी. वोल्टता, ए.सी. धारा, डी.सी. धारा एवं डी.सी. वोल्टता इत्यादि। 'प्रचालन धारा', एक स्थिर धारा स्रोत से प्राप्त की जाती है। प्रतिरोध मापन हेतु प्रचालन धारा को सीधे ही आपूर्ति के एक 'बफर एम्प्लीफायर' के द्वारा एम्प्लीफाई किया जाता है।

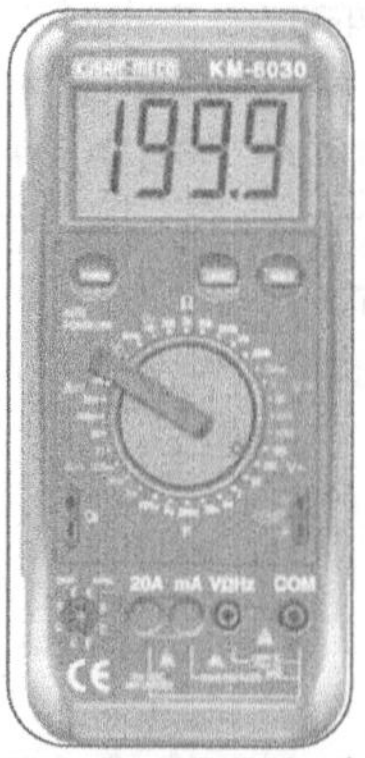

चित्र डिजिटल मल्टीमीटर का पैनल दृश्य

5.6 ग्राउण्ड संयोजन
Ground Connection

विद्युतीय उपकरणों को ओवरलोडिंग, अनियमित पावर सप्लाई तथा शॉर्ट सर्किट के द्वारा खराब होने से बचाने के लिए अर्थ से संयोजित कर दिया जाता है, जिसे ग्राउण्ड संयोजन या भू-संयोजन कहते हैं। ग्राउण्ड संयोजन, विद्युतीय उपकरणों को एक सन्दर्भ वोल्टेज उपलब्ध कराता है, जिसे शून्य विभव या ग्राउण्ड विभव कहते हैं।

ग्राउण्ड संयोजन निम्न दो प्रकार के होते हैं

1. अर्थ ग्राउण्ड
2. चेसिस ग्राउण्ड।

1. अर्थ ग्राउण्ड Earth Ground

विद्युतीय उपकरणों की धात्विक बॉडी को ग्राउण्ड वायर से जोड़कर एक छड़ से जोड़ा जाता है, जो भूमि में कुछ गहराई तक धँसी होती है। यह संयोजन अर्थ ग्राउण्ड कहलाता है।

इसके द्वारा शॉर्ट सर्किट के द्वारा लगने वाले विद्युतीय झटकों से सुरक्षा प्राप्त होती है। इसे ⏚ संकेत द्वारा प्रदर्शित करते हैं। इसका उपयोग घरेलू परिपथों में किया जाता हैं।

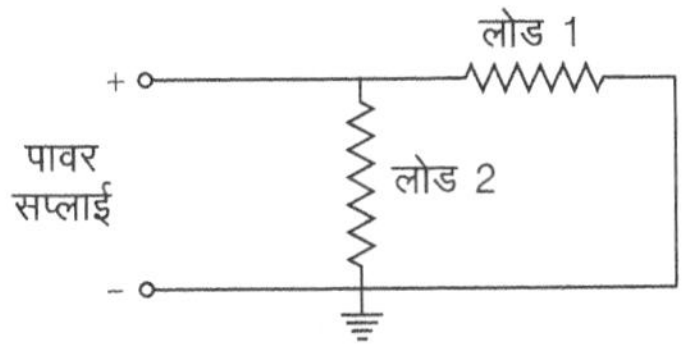

चित्र अर्थ ग्राउण्ड

2. चेसिस ग्राउण्ड Chassis Ground

ऑटोमोबाइल तथा इलेक्ट्रॉनिक उपकरणों को ग्राउण्ड करने के लिए चेसिस ग्राउण्ड विधि अपनाई जाती है। इस विधि में उपकरण के सभी विद्युतीय भागों को एक उभयनिष्ठ संयोजन प्रदान किया जाता है। इसमें ग्राउण्ड के लिए अलग से ग्राउण्ड वायर लगाने की आवश्यकता नहीं होती है।

ऑटोमोबाइल के चेसिस अथवा फ्रेम से बैटरी के ऋणात्मक टर्मिनल को संयोजित करके प्रत्येक इलेक्ट्रॉनिक उपकरण के ऋणात्मक टर्मिनल को भी चेसिस या फ्रेम प्रत्यक्ष रूप से भूमि से संयोजित न होकर टायरों द्वारा इन्सुलेटिड रहता है। चेसिस ग्राउण्ड को ⫫ संकेत के द्वारा प्रदर्शित करते हैं।

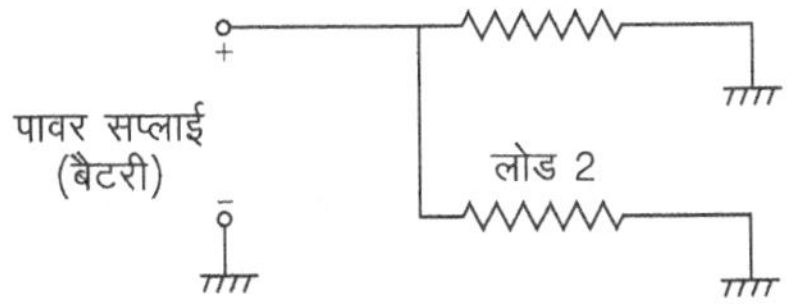

चित्र चेसिस ग्राउण्ड

5.7 वैद्युतिक पदार्थों के प्रकार
Types of Electrical Material

वैद्युतिक पदार्थों को निम्न तीन भागों में विभक्त किया जाता है

1. चालक   2. अचालक   3. अर्द्धचालक

1. चालक Conductor

"मुक्त इलेक्ट्रॉन्स की बहुलता वाले पदार्थ चालक कहलाते हैं।" ये वे पदार्थ होते हैं, जिनमें विद्युत का प्रवाह सुगमतापूर्वक होता है। अधिकांश धातुएँ; जैसे-चाँदी, ताँबा, सोना, एल्युमीनियम आदि चालक के ही उदाहरण हैं।

अच्छे चालक के गुणधर्म Properties of Good Conductor

एक अच्छे चालक के निम्नलिखित गुण होने चाहिए

(i) चालक सस्ता तथा सरलता से उपलब्ध होना चाहिए, जिससे कि सामान्य वैद्युतिक कार्यों के लिए उसका उपयोग किया जा सके।

(ii) चालक तन्य (ductile) होना चाहिए, जिससे कि उसके द्वारा महीन तार निर्मित किए जा सकें और उनका चोक, आर्मेचर आदि वाइण्डिग कार्यों में प्रयोग किया जा सके।

(iii) चालक सुदृढ़ (tough) अर्थात् मजबूत होना चाहिए, जिससे कि उससे निर्मित तार, ओवरहैड लाइन में प्रयोग किए जा सकें और दबाव डालने पर वे सरलता से टूटने नहीं चाहिए।

(iv) चालक आघातवर्ध्य (malleable) होना चाहिए, जिससे कि आवश्यकतानुसार, उसकी चादरें एवं पत्तियाँ बनाई जा सकें।

(v) चालक ऐसा होना चाहिए कि उसके जोड़ों की सोल्डरिंग आसानी से की जा सके।

(vi) चालक का विशिष्ट प्रतिरोध कम व चालकता अधिक होनी चाहिए, जिससे कि वोल्टेज में गिरावट तथा विद्युत शक्ति की खपत कम हो।

(vii) चालक ऐसा होना चाहिए कि वह वातावरण के प्रभावों; जैसे—नमी, वर्षा, धूप आदि से अप्रभावित रहे।

चालकों का वर्गीकरण Classification of Conductors

चालकों को निम्न तीन वर्गों में वर्गीकृत किया जा सकता है

(i) **ठोसीय चालक** (Solid conductors) ठोस चालक निश्चित आकृति एवं आकार के होते हैं; जैसे—सोना, कॉपर, चाँदी, लोहा आदि ठोस चालक के ही उदाहरण हैं।

(ii) **द्रवीय चालक** (Liquid conductors) वे चालक, जो आकार में स्थिर नहीं होते तथा जिनमें बहने (flow) का गुण विद्यमान होता है, द्रवीय चालक कहलाते हैं; जैसे—जल (H_2O), सिल्वर नाइट्रेट आदि।

(iii) **गैसीय चालक** (Gaseous conductors) कोई भी गैस, आदर्श गैस चालक नहीं होती है। किसी गैस को चालक बनाने के लिए उसमें कुछ मात्रा में लवण मिलाया जाता है, जिससे वह आयनीकृत होकर एक अच्छे गैसीय चालक की भाँति व्यवहार करती है। कुछ गैसें; जैसे—हीलियम, ऑर्गन, नियॉन आदि गैसीय चालक की भाँति व्यवहार करती हैं।

चालक पदार्थों के अभिलक्षण
Characteristics of Conductors

वैद्युतिक कार्यों में सर्वाधिक प्रयोग में लाये जाने वाले दो प्रमुख चालक पदार्थ ताँबा तथा एल्युमीनियम के अभिलक्षण निम्न तालिका में दर्शाए गए हैं

क्र.सं.	गुण	ताँबा (Cu)	एल्युमीनियम (Al)
1.	रंग	लाल-भूरा	श्वेत
2.	20°C पर प्रतिरोधकता (ओम/मीटर में)	0.01786	0.6278
3.	20° C पर प्रतिरोध ताप गुणांक	.00393	.00403
4.	20° C पर लम्ब प्रसार गुणांक	17×10^{-6}	23×10^{-6}
5.	विद्युत चालकता (म्हो/मीटर में)	56	36
6.	गलनांक	1083°C	660°C
7.	घनत्व (kg/cm^3 में)	8.93	2.7
8.	NW/mm^2 में तन्य दृढ़ता	220	70

प्रमुख चालक Principal Conductors

वैद्युतिक कार्यों में प्रयोग किए जाने वाले कुछ प्रमुख चालक निम्नलिखित हैं

(i) **चाँदी** (Silver) यह सफेद, तन्य, आघातवर्ध्य, उच्च चालकता एवं कम विशिष्ट प्रतिरोध वाली धातु है। इसकी चालकता 98% तथा विशिष्ट प्रतिरोध 20°C पर 1.64 माइक्रो ओम सेमी होता है। मूल्यवान होने के कारण इसका उपयोग केवल रिले, कॉन्टैक्टर्स, स्टार्टर्स आदि के संयोजक बिन्दु (contact points) बनाने के लिए किया जाता है।

(ii) **ताँबा** (Copper) यह मटमैली-लाल, तन्य, आघातवर्ध्य एवं कम विशिष्ट प्रतिरोध वाली धातु है। यह चाँदी की अपेक्षा सस्ती होती है एवं वातावरणीय परिवर्तनों को सरलता से सह सकती है। इसकी चालकता 56 म्हो/मीटर तथा विशिष्ट प्रतिरोध 1.7 माइक्रो ओम सेमी होता है। इसका उपयोग वैद्युतिक तार, केबिल, अर्थिंग, इलेक्ट्रोड, बस-बार के निर्माण एवं वैद्युतिक सहायक सामग्री तथा विद्युत उपकरणों में किया जाता है।

(iii) **एल्युमीनियम** (Aluminium) यह सफेद, तन्य, आघातवर्ध्य, हल्की, जंगरोधी एवं कम विशिष्ट प्रतिरोध वाली धातु है, जिसकी चालकता 36 म्हो/मीटर होती है। भारत में अत्यधिक मात्रा में उपलब्ध होने के कारण, इसका प्रयोग ताँबे के स्थान पर किया जाता है, परन्तु इसकी सुदृढ़ता ताँबे से कम होती है, जिसके कारण इसे ताँबे से कम महत्त्व दिया जाता है।

(iv) **सोना** (Gold) यह विद्युत का सबसे उत्तम चालक है। यह पीली, तन्य, आघातवर्ध्य एवं अत्यधिक मूल्यवान धातु है, जिसकी चालकता 99% होती है। अधिक मूल्यवान होने के कारण, इसका उपयोग वैद्युतिक कार्यों में नगण्य है।

(v) **टंगस्टन** (Tungsten) यह गहरे-सलेटी रंग की, उच्च गलनांक वाली, तन्य एवं कठोर धातु है। इसका उपयोग विद्युत बल्ब एवं फ्लोरसैन्ट ट्यूब के फिलामेन्ट को बनाने में किया जाता है। इसे पिघलाने के लिए उच्च तापमान (3400°C) की आवश्यकता होती है।

(vi) **जस्ता** (Zinc) यह नीले-सलेटी रंग वाली, नर्म एवं जंगरोधी धातु है। इसका उपयोग लोहे के तारों, चादरों तथा पाइपों पर जंगरोधी पर्त चढ़ाने अर्थात् उन्हें गैल्वेनाइज्ड करने के लिए किया जाता है। इसके अतिरिक्त, इसका उपयोग शुष्क सैलों के खोल बनाने के लिए भी किया जाता है।

(vii) **पीतल** (Brass) यह ताँबे और जस्ते से बनी पीले रंग की तन्य, आघातवर्ध्य, जंगरोधी एवं सुदृढ़ धातु है। इसकी चालकता चाँदी की तुलना में सिर्फ 48% है। इसका उपयोग वैद्युतिक उपकरणों के संयोजक, पेंच व खोल आदि बनाने में किया जाता है। मिश्रण में अवयवों की प्रतिशत उपस्थिति में भिन्नता के आधार पर कई प्रकार का पीतल बनाया जाता है।

(viii) **निकिल** (Nickel) यह सफेद रंग की जंगरोधी धातु है। इसका उपयोग निकिल आयरन संचायक सैलों (iron-acidcells) की प्लेटें बनाने तथा अन्य धात्विक वस्तुओं पर जंगरोधक पर्त चढ़ाने के लिए किया जाता है।

(ix) **लोहा** (Iron) यह एक सुदृढ़, सस्ती, सुलभ, तन्य एवं आघातवर्ध्य धातु है। यद्यपि इसका विशिष्ट प्रतिरोध, ताँबे के विशिष्ट प्रतिरोध का लगभग 8 गुना होता है, परन्तु इसके अन्य गुणों; जैसे—उच्च यान्त्रिक शक्ति आदि के कारण, इसका उपयोग टेलीफोन तारों, अर्थ तारों एवं वैद्युतिक उपकरणों की बॉडी, लेमीनेशन्स आदि बनाने में किया जाता है।

(x) **टिन** (Tin) यह सफेद, अत्यधिक नर्म एवं जंगरोधी धातु है। इसका उपयोग सीसे के साथ मिश्र धातु के रूप में फ्यूज तार, सोल्डर आदि बनाने में किया जाता है। इसके अतिरिक्त, इसका उपयोग अन्य धातुओं के तार पर जंगरोधी एवं वातावरण के प्रभावों से बचाने वाली पर्त चढ़ाने के लिए भी किया जाता है। इस धातु पर जंग नहीं लगती, परन्तु गलनांक निम्न होने के कारण यह शीघ्र पिघल जाती है।

(xi) **जर्मन सिल्वर** (German silver) यह 60% ताँबा, 15% निकिल एवं 25% जस्ते से बनी मिश्र धातु है। यह पीतल की अपेक्षा अधिक सुदृढ़ एवं वातावरण परिवर्तनों से कम प्रभावित होने वाली धातु है। इसका उपयोग उच्च गुणवत्ता वाले उपकरणों में पीतल के स्थान पर किया जाता है।

(xii) **सीसा** (Lead) यह सलेटी रंग की नर्म एवं भारी धातु है, जिसका गलनांक टिन से अधिक होता है। इसके जंगरोधी गुण के कारण, इसका उपयोग भूमिगत केबिल्स पर नमीरोधी एवं जंगरोधी सुरक्षा आवरण चढ़ाने एवं सीसा संचायक सैलों की प्लेटें बनाने में किया जाता है। इसके अतिरिक्त, टिन के साथ मिश्र धातु के रूप में फ्यूज तार तथा सोल्डर बनाने के लिए भी इसका उपयोग किया जाता है।

(xiii) **मैंगनिन** (Manganin) यह 84% ताँबे, 12% मैंगनीज और 4% निकिल से बनी मिश्र धातु है। इसका उपयोग प्रतिरोधक बनाने में किया जाता है।

(xiv) **यूरेका** (Eureka) यह 40% निकिल और 60% ताँबे से बनी मिश्र धातु है, जो तन्य एवं उच्च विशिष्ट प्रतिरोध वाली होती है। इसका उपयोग अधिक ऊष्मा पैदा न करने वाले प्रतिरोधक, रेगुलेटर आदि बनाने में किया जाता है।

(xv) **प्लेटिनम** (Platinum) यह एक कठोर एवं चाँदी के तुल्य मूल्यवान धातु है। इसका उपयोग संयोजक बिन्दु बनाने के लिए किया जाता है।

(xvi) **पारा** (Mercury) यह सामान्य तापक्रम पर द्रव अवस्था में रहने वाली धातु है। इसका उपयोग थर्मामीटर्स में तथा वाष्प के रूप में मरकरी वेपर लैम्प में किया जाता है।

(xvii) **नाइक्रोम** (Nichrome) यह 80% निकिल और 20% क्रोमियम से बनी उच्च विशिष्ट प्रतिरोध वाली मिश्र धातु है। यह तन्य, सुदृढ़ एवं उच्च गलनांक वाली धातु है, जिसका उपयोग विद्युत प्रैस, विद्युत केतल, टोस्टर आदि के हीटिंग एलीमेन्ट बनाने के लिए किया जाता है।

(xviii) **कार्बन** (Carbon) यह एक अधात्विक पदार्थ है इसका विशिष्ट प्रतिरोध बहुत अधिक होता है। इसका तापक्रम बढ़ाने पर इसका प्रतिरोध घट जाता है। इसका उपयोग प्रतिरोधक तथा डी.सी. मशीनों के ब्रुश बनाने में किया जाता है।

चालकों की चालकता का क्रम
Order of Conductivity of Conductors

नीचे तालिका में विभिन्न चालकों को उनकी प्रतिरोधकता के बढ़ते क्रम अर्थात् उनकी चालकता के घटते क्रम में गलनांक व ताप-गुणांक मानों सहित दर्शाया गया है

क्र.सं.	चालक	प्रतिरोधकता	गलनांक	ताप-गुणांक (20°C) पर प्रति °C
1.	टिन	232	1.09×10^{-7}	0.0051
2.	लैड	327	2.2×10^{-7}	0.0043
3.	मरकरी	356	9.8×10^{-7}	0.0039
4.	जिंक	420	5.9×10^{-8}	0.0037
5.	एल्युमीनियम	657	2.82×10^{-8}	0.004013
6.	जस्ता	900	5.9×10^{-8}	0.0015
7.	चाँदी	960	1.59×10^{-8}	0.0038
8.	जर्मन सिल्वर	960	3.316×10^{-7}	0.0027
9.	मैंगनिन	960	4.82×10^{-7}	0.00025
10.	सोना	1063	2.44×10^{-8}	0.0034
11.	ताँबा	1086	1.68×10^{-8}	0.00428
12.	यूरेका	1270	5×10^{-7}	$+0.00001$ से -0.004
13.	नाइक्रोम	1400	1.10×10^{-6}	0.0014
14.	निकिल	1453	6.99×10^{-8}	0.00537
15.	आयरन	1538	1.0×10^{-7}	0.0069
16.	प्लेटिनम	1773	1.06×10^{-7}	0.00367
17.	टंगस्टन	3422	5.6×10^{-8}	0.0051
18.	कार्बन	3500	3×10^{-5}	-0.005

2. अचालक Insulators

"जिन पदार्थों में मुक्त इलेक्ट्रॉन्स की संख्या नगण्य होती है, वे पदार्थ अचालक कहलाते हैं।" सामान्य परिस्थितियों (वोल्टेज, तापक्रम आदि) में, इनमें विद्युत धारा का प्रवाह नहीं होता है।

सामान्यत: ये पदार्थ अधात्विक होते हैं और प्रत्येक अचालक पदार्थ की पृथक्-पृथक् वोल्टेज सहन सीमा होती है, जिसे **डाई-इलेक्ट्रिक स्ट्रैन्थ** अथवा परावैद्युत सामर्थ्य कहते हैं।

डाई-इलेक्ट्रिक स्ट्रैन्थ को किलोवोल्ट्स प्रति मिली मीटर में व्यक्त किया जाता है। कुछ प्रमुख अचालक पदार्थ हैं—अभ्रक, काँच, एस्बेस्टॉस, बैकेलाइट, पी.वी.सी आदि हैं।

अच्छे अचालक के गुणधर्म Properties of Good Insulator

(i) अचालक की डाइ-इलेक्ट्रिक स्ट्रैन्थ का मान उच्च होना चाहिए, जिससे कि उसका उपयोग उच्च वोल्टेज पर कार्य करने वाली वैद्युतिक सामग्री एवं उपकरणों के निर्माण में किया जा सके।

(ii) अचालक का विशिष्ट प्रतिरोध 10^{12} ओम सेन्टीमीटर से उच्च होना चाहिए, जिससे कि उसे सुरक्षित रूप से प्रयोग किया जा सके।

(iii) अचालक पदार्थ, ऊष्मा को विकिरित (radiate) करने में सक्षम होना चाहिए, जिससे कि कार्य करते समय तापमान बढ़ने पर उसकी अचालकता समाप्त न हो सके।

(iv) अचालक, सस्ता एवं सुलभ होना चाहिए, जिससे कि सामान्य वैद्युतिक कार्यों के लिए उसका उपयोग किया जा सके।

(v) अचालक, पर्याप्त सुदृढ़ अर्थात् मजबूत होना चाहिए, जिससे कि उपयोग के समय वह सरलता से नष्ट न हो।

(vi) अचालक, नमी एवं जल से अप्रभावित रहना चाहिए, जिससे कि नम एवं बरसाती मौसम में उसकी अचालकता कम न हो।

(vii) अचालक पदार्थ में किसी भी आकार में ढलने अर्थात् तन्यता का गुण विद्यमान होना चाहिए, जिससे कि उसे विभिन्न प्रकार की वैद्युतिक युक्तियों के निर्माण में प्रयोग किया जा सके।

अचालकों का वर्गीकरण
Classification of Insulators

(i) **ठोस अचालक** (Solid insulators) ठोस अचालकों की आकृति, आकार व आयतन निश्चित होता है। इसके अन्तर्गत, एबोनाइट, अभ्रक, बैकेलाइट, पोर्सिलेन, काँच, मार्बल, स्लेट, सूखी लकड़ी, फाइबर आदि अचालक पदार्थ आते हैं।

(ii) **द्रवीय अचालक** (Liquid insulators) वे अचालक, जो प्रवाहित होने का गुण रखते हैं तथा जिनकी कोई निश्चित आकृति नहीं होती है, द्रव अचालक कहलाते हैं; जैसे—खनिज तेल। कुछ लचीले अचालक; जैसे—PVC, माइकानाइट, रेजिन आदि भी इसी के अन्तर्गत आते हैं।

(iii) **गैसीय अचालक** (Gaseous insulators) वे अचालक, जिनकी कोई निश्चित आकृति या आकार नहीं होता है, गैसीय अचालक कहलाते हैं; जैसे—शुष्क हवा, नाइट्रोजन, हाइड्रोजन आदि।

प्रमुख अचालक Principal Insulators

वैद्युतिक कार्यों में प्रयोग किए जाने वाले कुछ प्रमुख अचालक निम्नलिखित हैं

(i) **शुष्क हवा** (Dry air) यह सबसे अच्छा अचालक पदार्थ है, परन्तु नमी से इसकी अचालकता प्रभावित होती है। ओवरहैड लाइनों में नंगे धात्विक तार प्रयोग किए जाते हैं और उनके बीच हवा ही अचालक का कार्य करती है। लाइन को नमी से अप्रभावित रखने के लिए प्रत्येक दो चालक तारों के बीच पर्याप्त दूरी रखी जाती है।

(ii) **वल्कैनाइज्ड रबर** (Vulcanised rubber) साधारण रबर में ऊष्मीय प्रक्रिया द्वारा गन्धक तथा जिंक ऑक्साइड मिलाकर, वल्कैनाइज्ड रबर तैयार की जाती है। इसका उपयोग विभिन्न प्रकार के तारों एवं केबिल्स में अचालक आवरण के रूप में किया जाता है।

(iii) **पी.वी.सी.** (Poly Vinyl Chloride, PVC) यह एक अच्छा अचालक पदार्थ है, जो वल्कैनाइज्ड रबर की अपेक्षा अधिक टिकाऊ होता है। वर्तमान समय में रबर के स्थान पर अधिकाधिक पी.वी.सी का ही प्रयोग किया जाता है।

(iv) **एबोनाइट** (Abonite) यह एक कठोर रबर जैसा पदार्थ है, जो 180°C पर जलने लगता है। इसमें 30% से 40% तक सल्फर होता है। यह अम्लों से क्रिया नहीं करता इसलिए इसका उपयोग लैड-एसिड बैटरी के खोल, पैनल बोर्ड, यन्त्रों के खोल आदि बनाने में किया जाता है।

(v) **अभ्रक** (Mica) यह ऊष्मा एवं नमी से अप्रभावित रहने वाला एकमात्र प्राकृतिक एवं खनिज पदार्थ है, जो भारत में प्रचुर मात्रा में उपलब्ध है। यह एक पारदर्शक पदार्थ है, जो वैद्युतिक ऊष्मक उपकरणों के हीटिंग एलीमेण्ट के आधार के रूप में प्रयोग किया जाता है।

(vi) **माइकानाइट** (Micanite) साधारणत: अभ्रक की प्लेटें मोड़ने पर टूट जाती हैं। अत: अभ्रक की अति महीन चादरों को कपड़े अथवा कागज पर वार्निश की सहायता से चिपकाकर, माइकानाइट पेपर या कपड़ा बनाया जाता है। इसका उपयोग आर्मेचर की वाइण्डिंग में किया जाता है। लचीला होने के कारण, इसे आसानी से मोड़ा जा सकता है।

(vii) **बैकेलाइट** (Bakelite) यह विभिन्न प्रकार के रेजिन से बनाया गया कठोर, भंगुर एवं अधिक तापक्रम पर जलने वाला अचालक पदार्थ है। इसे किसी भी आवश्यक आकृति में ढाला जा सकता है। इसका उपयोग स्विच, प्लग टॉप, सॉकिट, बल्ब होल्डर, सीलिंग रोज आदि बनाने में किया जाता है।

(viii) **लैदरॉयड पेपर** (Leatheroid paper) यह विशेष प्रकार का सलेटी रंग का नमीरोधी कागज होता है, जो तेल, ग्रीस आदि से अप्रभावित रहता है। इसका उपयोग वैद्युतिक मशीनों की वाइण्डिंग में क्वॉयल्स एवं आर्मेचर स्लॉट्स के बीच अचालक पर्त के रूप में किया जाता है।

(ix) **रेजिन** (Resin) यह संश्लेषित पदार्थ होता है, जिसका उपयोग बैकेलाइट बनाने में किया जाता है, जिससे अचालक खोल बनाए जाते हैं।

(x) **खनिज तेल** (Mineral oil) खनिज तेल की अचालकता उच्च होती है और इन्हें पेट्रोलियम से प्राप्त किया जाता है। अधिकतर वनस्पतिक तेलों का ऑक्सीकरण हो जाने से, वे अपना अचालकता का गुण खो देते हैं।

अत: ट्रांसफॉर्मर, स्टार्टर, अधिक धारा वहन क्षमता वाले स्विच, कैपेसिटर आदि में अचालक के रूप में खनिज तेल (पेट्रोलियम से प्राप्त) का ही प्रयोग किया जाता है।

(xi) **पोर्सिलेन** (Porcelain) यह एक विशेष प्रकार की मिट्टी होती है, जिसे विभिन्न आकृतियों में ढालकर, सुखाकर तथा पकाकर विभिन्न प्रकार की अचालक वस्तुएँ बनाई जाती हैं। इसका उपयोग ओवरहैड लाइन हेतु अचालक, किट-कैट फ्यूज, स्विच, हीटिंग एलीमेन्ट के लिए प्लेटें आदि बनाने में किया जाता है।

(xii) **काँच** (Glass) यह जल व नमी से अप्रभावित रहने वाला अचालक है, परन्तु भंगुर होने के कारण, इसका उपयोग स्विचों में नहीं किया जाता। इसका उपयोग बल्ब, फ्लोरसैण्ट ट्यूब आदि के खोल बनाने में किया जाता है। साधारण काँच की अपेक्षा क्राउन काँच की अचालकता अधिक होती है।

(xiii) **एस्बेस्टास** (Asbestos) यह सफेद रंग का रेशेदार खनिज है, जो अग्नि से अप्रभावित, परन्तु नमी सोखने वाला होता है। इसका उपयोग विद्युत प्रैस, हीटर आदि में अचालक एवं ऊष्मा अवरोधक के रूप में किया जाता है।

(xiv) **मार्बल** (Marble) यह सफेद रंग का खनिज पत्थर है, जो अज्वलनशील होता है। इसका चूर्ण, इमर्सन हीटिंग एलीमेन्ट में अचालक के रूप में प्रयोग किया जाता है। इसके अतिरिक्त, जहाँ अधिक तापमान वृद्धि सम्भावित हो, वहाँ इसका उपयोग किया जाता है।

(xv) **शैलेक** (Shallac) यह एक रासायनिक पदार्थ है, जिसे मेथीलेटिड स्पिरिट में घोलकर, वार्निश तैयार की जाती है। इस वार्निश का उपयोग कागज, कपड़ा, लकड़ी, वाइण्डिंग आदि को नमीरोधी बनाने के लिए किया जाता है।

(xvi) **कागज** (Paper) कागज, घास, रूई आदि से तैयार किया जाता है, जिसका उपयोग अचालक पर्त के रूप में पेपर संधारित्र में किया जाता है। लैदरॉयड-पेपर तथा प्रैसफान-पेपर, कागज के ही भिन्न रूप हैं।

(xvii) **स्लेट** (Slate) यह काले रंग का पत्थर होता है, जिसका उपयोग तेल में डुबोकर एवं वार्निश की पर्त चढ़ाकर, स्विच बोर्ड तथा पैनल बोर्ड के रूप में किया जाता है।

(xviii) **सूखी लकड़ी** (Dry wood) यह एक अच्छा अचालक एवं ऊष्मारोधी प्राकृतिक पदार्थ है, जिसका उपयोग स्विच बोर्ड, राउण्ड ब्लॉक, बैटन आदि बनाने के लिए किया जाता है।

उपरोक्त अचालकों के अतिरिक्त, सूत, रूई, प्लास्टिक, वार्निश आदि से भी विभिन्न प्रकार के अचालक तैयार किए जाते हैं, जिनका प्रयोग विभिन्न वैद्युतिक कार्यों में किया जाता है; जैसे—फाइबर, प्रैसफान-पेपर, कॉटन टेप, ऐम्पायर-क्लॉथ, ऐम्पायर-स्लीव, हार्ड बोर्ड आदि।

अचालकों की अचालकता का क्रम
Order of Insulating of Insulators

प्रमुख अचालकों की अचालकता, उनकी डाइ-इलेक्ट्रिक स्ट्रैन्थ के रूप में 'किलो वोल्ट प्रति मिमी' के घटते हुए क्रम में निम्न तालिका में दर्शायी गई है

तालिका अचालकों की डाइ-इलेक्ट्रिक स्ट्रैन्थ

क्र.सं.	पदार्थ का नाम	डाइ-इलेक्ट्रिक स्ट्रैन्थ (kV/mm) में
1.	वल्कैनाइज्ड रबर	30-50
2.	एबोनाइट	30-40
3.	अभ्रक	20-60
4.	माइकानाइट	20-40
5.	बैकेलाइट	17-21
6.	साधारण रबर	15-20
7.	लैदरॉयड- पेपर	12-17
8.	रेजिन	12-14
9.	खनिज तेल	10-16
10.	पोर्सिलेन	8-12
11.	क्राउन काँच	8-12
12.	साधारण काँच	4-6
13.	एस्बेस्टॉस	4-6
14.	मार्बल	2-6
15.	वार्निश (शैलेक)	2-3
16.	कागज	1-10
17.	स्लेट	1-2
18.	सूखी लकड़ी	0.4-0.6

3. अर्द्धचालक Semiconductor

वे पदार्थ, जिनमें चालक तथा अचालक दोनों के गुण भिन्न-भिन्न दशाओं में विद्यमान होते हैं, अर्द्धचालक कहलाते हैं। जर्मेनियम, सिलिकॉन, सेलेनियम तथा कार्बन इसके प्रमुख उदाहरण हैं। परमाणु संरचना के अनुसार, इनके परमाणु की अन्तिम कक्षा में चार इलेक्ट्रॉन्स होते हैं। शुद्ध अवस्था और कम तापमान पर, इनमें अचालक का गुण होता है तथा इनमें अशुद्धि मिलाने अथवा कोई विकिरण-ताप या प्रकाश पड़ने से इनमें चालक के गुण आ जाते हैं।

अच्छे अर्द्धचालकों के गुणधर्म
Properties of Good Semiconductors

अर्द्धचालकों के कुछ गुणधर्म निम्नलिखित हैं

1. जैसा कि हम जानते हैं कि चालक पदार्थों का तापमान बढ़ाने पर उनका प्रतिरोध या प्रतिरोधकता बढ़ती है, जबकि अर्द्धचालकों में ऐसा नहीं होता अर्थात् अर्द्धचालक का तापमान बढ़ाने पर इनकी प्रतिरोधकता तेजी से घटती है। किसी चालक के परम ताप T तथा प्रतिरोध के मध्य सम्बन्ध इस प्रकार होता है,

$$R = Ae^{B/T}$$

जहाँ, A तथा B प्रयुक्त अर्द्धचालक के नियतांक हैं। तापमान वृद्धि के साथ प्रतिरोधकता घटने के कारण अर्द्धचालकों का प्रतिरोध ताप गुणांक (temperature coefficient of resistance) ऋणात्मक होता है। सभी अर्द्धचालकों की विद्युत चालकता या प्रतिरोधकता, ताप पर निर्भर करती है। परम शून्य ताप (0°K या −273°C) पर जर्मेनियम तथा सिलिकॉन शुद्ध अवस्था में पूर्णत: अचालक होते हैं अर्थात् इस ताप पर इसमें स्वतन्त्र इलेक्ट्रॉन नहीं होते हैं। ताप बढ़ने पर शुद्ध सिलिकॉन एवं जर्मेनियम में मुक्त इलेक्ट्रॉन उत्पन्न होने प्रारम्भ हो जाते हैं, जिससे ये अर्द्धचालक विद्युत चालन (conduction) अवस्था में आ जाते हैं।

2. किसी अर्द्धचालक में सूक्ष्म मात्रा में उपयुक्त अशुद्धि मिला देने पर उसकी विद्युत चालकता को बहुत अधिक बढ़ाया जा सकता है, जबकि चालकों के लिए यह सम्भव नहीं है।
3. अर्द्धचालक क्रिस्टल के परमाणुओं के मध्य बन्धन बल (binding force) की प्रकृति एवं उसका मान, चालक के बन्धन बल से सदैव भिन्न होता है।

5.8 वैद्युतिक तार Electrical Wires

विद्युत धारा के सतत् प्रवाह के लिए मार्ग प्रस्तुत करने वाला, वृत्तीय कटाक्ष वाला नंगा अथवा आवरणयुक्त चालक, तार कहलाता है। एक से अधिक स्वतन्त्र आवरणयुक्त तारों से बने एक बड़े चालक में प्रत्येक तार, कोर कहलाता है। मल्टीकोर केबिल में प्रत्येक कोर के अचालक आवरण का रंग भिन्न-भिन्न होता है। इस प्रकार एक से अधिक तारों को ऐंठकर बनाई गई कोर, स्ट्रैण्डेड कोर कहलाती है। इलेक्ट्रॉनिक मशीनों में विभिन्न स्ट्रैण्डेड कोर के तार प्रयोग किए जाते हैं। नीचे 3, 7 व 19 स्ट्रैण्डेड कोर तार दर्शाए गए हैं।

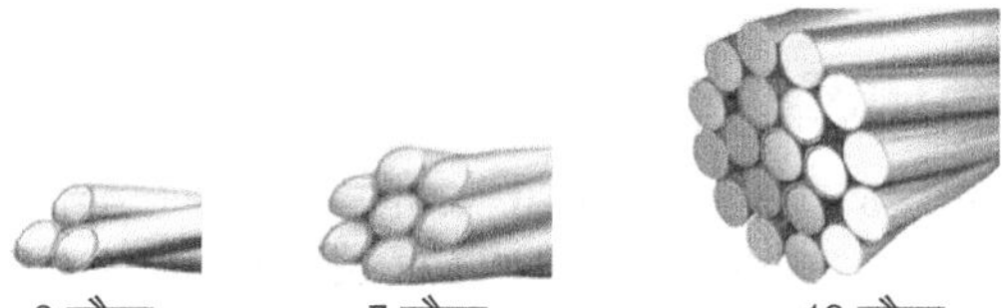

3-स्ट्रैण्ड 7-स्ट्रैण्ड 19-स्ट्रैण्ड

चित्र स्ट्रैण्ड के विभिन्न प्रकार

टिप्पणी *प्रत्येक तार अथवा केबिल चालक होता है, परन्तु प्रत्येक चालक, तार अथवा केबिल नहीं होता; जैसे–बस-बार चालक तो है, परन्तु तार अथवा केबिल नहीं है। बस-बार एक लम्बा, आयताकार कटाक्ष वाला चालक है।*

वैद्युतिक तार के प्रकार Types of Electrical Wire

वैद्युतिक कार्यों में प्रयोग किए जाने वाले तार निम्नलिखित प्रकार के होते हैं

1. **नंगा ताँबे का तार** (Bare copper wire) यह कठोर, खींचा गया (hard drawn) ताँबे का नंगा तार होता है। इसे वातावरण के प्रभावों से सुरक्षित रखने के लिए, इस पर प्राय: टिन आलेपित कर दिया जाता है। घरेलू वैद्युतिक वायरिंग में 14 या 16 SWG का तार तथा ओवरहैड लाइन में 6 या 8 SWG का तार प्रयोग किया जाता है।

2. **ए.सी.एस.आर. तार** (Aluminium conductor steel reinforced or ACSR wire) यह 5-6 एल्युमीनियम के तारों के बीच एक स्टील का तार रखकर स्ट्रैण्डेड तार के रूप में बनाया जाता है। ताँबे के तार महँगे होने के कारण, वर्तमान समय में ओवरहैड लाइनों में इन्हीं तारों को प्रयोग किया जा रहा है। इस प्रकार के तार के बीच में स्टील का तार होने के कारण, यह अत्यन्त मजबूत और झोल सहने वाला होता है।
3. **जी.आई. तार** (Galvanised iron wire or GI wire) यह तार, लोहे की तारों को गैल्वेनाइज करके बनाया जाता है। लोहे का विशिष्ट प्रतिरोध, ताँबे की अपेक्षा आठ गुना अधिक होता है। सस्ता और मजबूत होने के कारण टेलीफोन लाइनों और अर्थिंग लाइन में 6 या 8 SWG का जी.आई. तार प्रयोग किया जाता है। इसके अतिरिक्त, स्टे-तार के रूप में भी जी.आई. स्ट्रैण्डेड तार का प्रयोग किया जाता है।
4. **फ्यूज तार** (Fuse wire) वैद्युतिक परिपथों में, सुरक्षात्मक युक्ति के रूप में, निम्न गलनांक वाली मिश्र धातु का तार, फ्यूज तार के रूप में प्रयोग किया जाता है। इसके अतिरिक्त, ताँबे एवं एल्युमीनियम के तार भी फ्यूज तार के रूप में प्रयोग किए जाते हैं।
5. **यूरेका तार** (Eureka wire) 60% ताँबा तथा 40% निकिल धातुओं से तैयार की गई मिश्र धातु से बनाया गया नंगा तार, यूरेका तार कहलाता है। इसका उपयोग, प्रतिरोधक तथा रिहोस्टेट आदि बनाने के लिए किया जाता है।
6. **नाइक्रोम तार** (Nichrome wire) 80% निकिल तथा 20% क्रोमियम धातुओं से तैयार की गई मिश्र धातु से बनाया गया नंगा तार, नाइक्रोम तार कहलाता है। इसका उपयोग हीटिंग एलीमेन्ट बनाने के लिए किया जाता है।

5.9 केबिल Cable

एक अथवा कई ऐंठे हुए तारों पर अचालक आवरण चढ़ाकर केबिल बनाया जाता है। केबिल तार भी सिंगल या स्ट्रैण्डड कोर के हो सकते हैं। एक इन्सुलेशन के अन्तर्गत आने वाले सम्पूर्ण चालक में जितने पृथक्-पृथक् इन्सुलेशन होंगे, उतनी ही कोर की केबिल कहलाएगी। सामान्यत: अचालक आवरणयुक्त तार को केबिल कहते हैं।

केबिल के भाग Parts of Cables

केबिल के मुख्यत: तीन भाग होते हैं—चालक, इन्सुलेशन व सुरक्षा आवरण, जिनके विवरण निम्न प्रकार हैं

1. **चालक** (Conductor) यह केबिल का मुख्य भाग होता है, जिसमें विद्युत धारा प्रवाहित होती है यह प्राय: ताँबे अथवा एल्युमीनियम का बना होता है।
2. **इन्सुलेशन** (Insulation) केबिल का इन्सुलेशन, विद्युत का कुचालक होता है। इन्सुलेशन से केबिल की यान्त्रिक शक्ति अच्छी होती है। कागज, बिटुमन, एम्पायर क्लॉथ, PVC आदि अचालक पदार्थों का प्रयोग केबिल कवरिंग या इन्सुलेशन चढ़ाने में किया जाता है।
3. **सुरक्षा आवरण** (Safety shield) एक से अधिक कोर की केबिलों तथा पावर सप्लाई के लिए जो केबिल बनाई जाती है, उनका रक्षा कवच मजबूत रहे, जिससे चालकों पर कोई असर न हो। इसके लिए केबिलों के ऊपर सुरक्षा आवरण लगाया जाता है। यह सुरक्षा आवरण कठोर रबड़, लैड (सीसा) आदि से बना होता है।

केबिल का परिरक्षण Shielding of Cable

केबिलों के परिरक्षण के लिए इसमें निम्न युक्तियों का प्रयोग किया जाता है

1. **केबिल कोर** (Cable core) यह केबिल का केन्द्रीय भाग होता है, जो ताँबे या एल्युमीनियम के तारों को लपेटकर बनाया जाता है। लपेटे जाने वाले तारों की संख्या इस प्रकार रखी जाती है कि इससे लम्बाकार सेक्शन का गोल चक्कर बनता है।
2. **इन्सुलेशन** (Insulation) चालकों को इन्सुलेट करने हेतु पेपर, वार्निश फैब्रिक, वल्केनाइज्ड रबड़, प्लास्टिक आदि पदार्थों का प्रयोग किया जाता है। प्राय: इन्सुलेशन के लिए प्रयोग की जाने वाली फैब्रिक टेप की सतहों के मध्य पेट्रोलियम जैली का प्रयोग किया जाता है।
3. **धात्विक शीथ** (Metallic sheath) चालक के ऊपर सर्वप्रथम इन्सुलेशन किया जाता है, उसके बाद इन्सुलेशन पर धातु की पत्तियों की तह चढ़ाई जाती है, जिसे मैटेलिक शीथ कहते हैं। यह बाहरी नमी को इन्सुलेशन की ओर नहीं जाने देती है। धात्विक शीथ के रूप में शीशे अथवा कई बार एल्युमीनियम का प्रयोग किया जाता है।
4. **बीडिंग** (Beading) धात्विक शीथ के ऊपर पेपर टेप की तह चढ़ाई जाती है जिसे बेडिंग कहते हैं। बेडिंग से धात्विक शीथ को बचाया जाता है।
5. **आर्मरिंग** (Armouring) आर्मरिंग द्वारा केवल को यान्त्रिक शक्ति प्रदान की जाती है। यह स्टील टेप के तारों के रूप में होती है।
6. **सर्विंग** (Searving) आर्मरिंग के ऊपर बेडिंग जैसी ही एक और तह चढ़ाई जाती है, जिसे सर्विंग कहते हैं।

केबिल्स के प्रकार Types of Cable

वैद्युतिक वायरिंग में प्रयोग किए जाने वाले केबिल्स निम्नलिखित प्रकार के होते हैं

1. वी.आई.आर. केबिल VIR Cable

टिन आलेपित ताँबे के तार पर वल्कैनाइज्ड इण्डियन रबर का आवरण, उस पर सूती धागे की बुनाई का और फिर बिटुमन पदार्थ का लेप चढ़ाकर, वी.आई.आर. केबिल तैयार की जाती है।

इसका उपयोग केसिंग-केपिंग, कण्ड्यूट पाइप एवं अस्थायी प्रकार की वैद्युतिक वायरिंग में किया जाता है। वी.आई.आर. केबिल भी प्राय: एक कोर वाला होता है, परन्तु दो व तीन कोर वी.आई.आर. केबिल बनाए जा सकते हैं।

इनका प्रचलन धीरे-धीरे बहुत कम हो गया है। चित्र में एक VIR केबिल दर्शायी गई है।

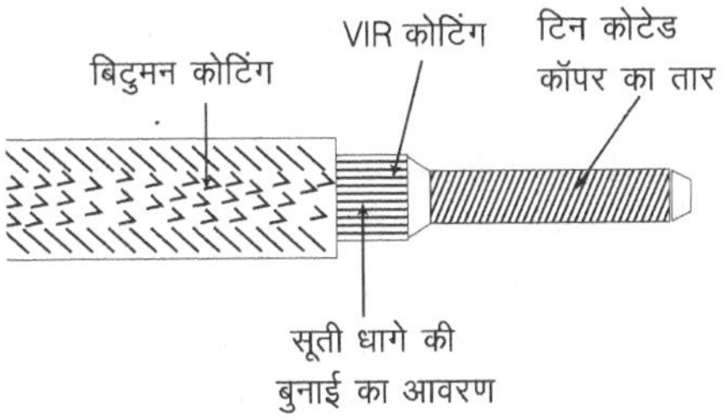

चित्र वी.आई.आर. केबिल

2. सी.टी.एस. केबिल CTS Cable

टिन आलेपित ताँबे के तार पर वल्कैनाइज्ड इण्डियन रबर का आवरण और उसके ऊपर कठोर रबर का सुरक्षा आवरण चढ़ाकर, सी.टी.एस. केबिल तैयार की जाती है। यह एक, दो तथा तीन कोर में बनाई जाती है। इसे टी.आर.एस. केबिल या 'टफ रबर शीथ्ड केबिल' भी कहते हैं।

सी.टी.एस. केबिल का उपयोग नमी वाले स्थानों की वैद्युतिक वायरिंग में किया जाता है। इसका प्रचलन भी धीरे-धीरे घटता जा रहा है।

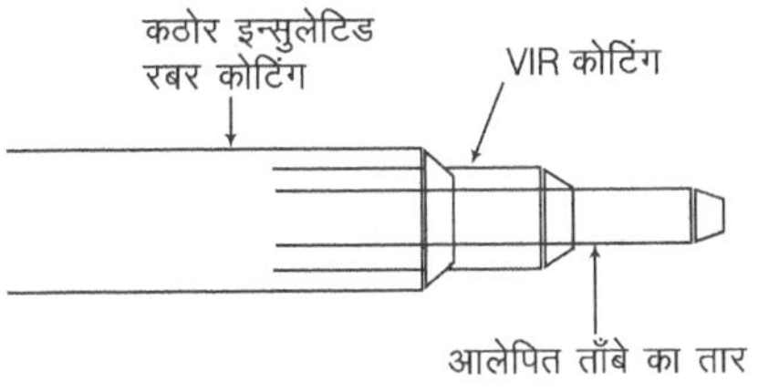

चित्र CTS केबिल

3. पी.वी.सी. केबिल PVC Cable

ताँबे अथवा एल्युमीनियम के नंगे तारों पर पी.वी.सी. का आवरण चढ़ाकर, यह केबिल तैयार किया जाता है। पी.वी.सी. नमी, जल, अम्ल व वातावरण परिवर्तनों से अप्रभावित रहने वाला कठोर संश्लेषित पदार्थ है। पी.वी.सी. केबिलों को सुरक्षा आवरण की आवश्यकता नहीं होती। यह एक, दो, तीन तथा चार कोर में बनाया जाता है। अत्यधिक उच्च तापमान पर पी.वी.सी. नर्म और अत्यधिक कम तापमान पर भंगुर हो जाता है, इसलिए अत्यधिक उच्च एवं अत्यधिक कम तापमानों के अतिरिक्त, सभी प्रकार की परिस्थितियों में और वैद्युतिक वायरिंग में पी.वी.सी. केबिल्स प्रयोग किए जाते हैं। चित्र में एक PVC केबिल दर्शायी गई है।

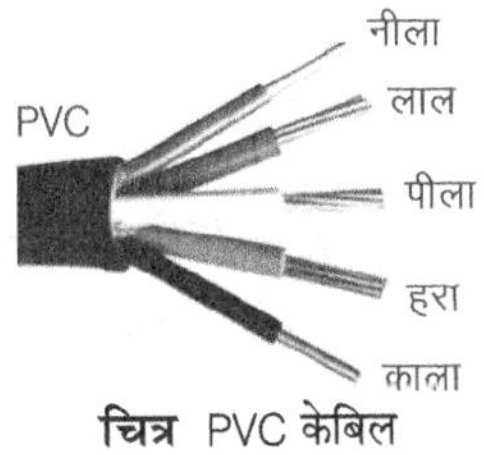

चित्र PVC केबिल

4. लैड शीथ्ड केबिल Lead Sheathed Cable

टिन आलेपित ताँबे के तार पर वल्कैनाइज्ड इण्डियन रबर का आवरण और उसके ऊपर सीसा नामक धातु का सुरक्षा आवरण चढ़ाकर, लैड शीथ्ड केबिल तैयार किया जाता है। ये भी एक, दो, तीन तथा चार कोर में बनाए जाते हैं।

ये यान्त्रिक रूप से सुदृढ़ केबिल हैं और इनका उपयोग रासायनिक उद्योगों एवं अन्य मशीनों की वैद्युतिक वायरिंग में किया जाता है। लैड शीथ्ड केबिल के निर्माण के समय धात्विक आवरण को 'अर्थ' करना आवश्यक होता है, जिससे कि अचालक आवरण चटक जाने की स्थिति में मशीन की बॉडी, फेज के सम्पर्क में आकर विद्युत झटका न दे सके।

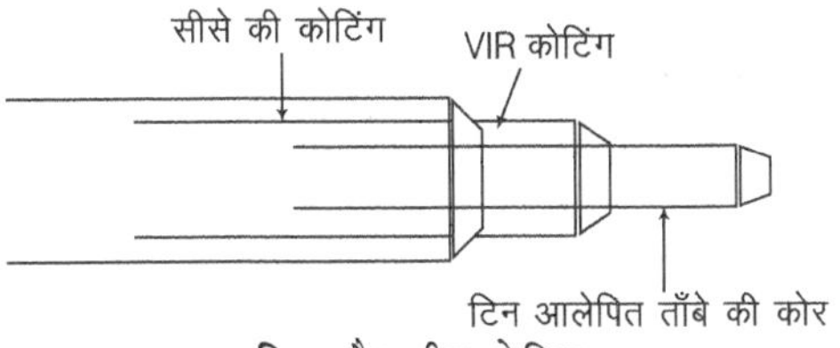

चित्र लैड शीथ्ड केबिल

5. वैदर-प्रूफ केबिल Weather-proof Cable

यह केबिल वी.आई.आर. केबिल की भाँति ही होता है, अन्तर केवल यह होता है कि इसमें बिटुमन पदार्थ का लेप करने के स्थान पर इसे वातावरणीय परिवर्तनों (वर्षा, धूप, ठण्ड आदि) को सह सकने वाले द्रव पदार्थ में डुबोकर 'वैदर-प्रूफ' किया जाता है। यह केबिल भी एक, दो, तीन तथा चार कोर में बनाया जाता है। इसका उपयोग घरेलू एवं औद्योगिक वैद्युतिक वायरिंग में खुले स्थानों में किया जाता है।

6. ट्रोपोड्योर केबिल Tropodure Cable

यह केबिल, पी.वी.सी. केबिल के ऊपर 'थर्मोप्लास्टिक कम्पाउण्ड' का आवरण चढ़ाकर तैयार किया जाता है। यह केबिल भी एक, दो, तीन तथा चार कोर में बनाया जाता है। यह रेलवे सिग्नल्स एवं पावर उपकरणों की वायरिंग में प्रयोग किया जाता है। इसका उपयोग हल्की भूमिगत वैद्युतिक वायरिंग (230 वोल्ट्स तक) में भी किया जा सकता है।

7. फ्लैक्सिबल केबिल Flexible Cable

अनेक महीन तारों को समूह के रूप में इकट्ठा कर, अचालक आवरण चढ़ाकर बनाई गई केबिल, फ्लैक्सिबल केबिल कहलाती है। ये केबिल मुख्यत: तीन प्रकार की होती है, जो निम्न हैं

(i) **सामान्य फ्लैक्सिबल केबिल** (Ordinary flexible cable) इसे ताँबे के अनेक महीन तारों पर पी.वी.सी. आवरण चढ़ाकर, तैयार किया जाता है। इन तारों का व्यास सामान्यत: 0.193 मिमी और SWG संख्या 36 होती है। तारों की संख्या के अनुसार, ये विभिन्न विद्युत धारा वहन क्षमता वाले होते हैं। इनका उपयोग सामान्य कार्यों, अस्थायी वैद्युतिक वायरिंग, लाउडस्पीकर को एम्प्लीफायर से जोड़ने आदि में किया जाता है।

(ii) **कॉटन या सिल्क कवर्ड फ्लैक्सिबल केबिल** (Cotton or silk covered flexible cable) ये केबिल्स, ताँबे के 36 SWG नम्बर के 23 या 40 तारों पर वल्कैनाइज्ड इण्डियन रबर का आवरण और उसके ऊपर सूती अथवा सिल्क के धागे की बुनाई का आवरण चढ़ाकर, तैयार किए जाते हैं। ये प्राय: 3 कोर वाले होते हैं और इनका उपयोग विद्युत प्रैस, विद्युत टोस्टर आदि विद्युत-ऊष्मीय उपकरणों में मेन-लीड के रूप में किया जाता है।

(iii) **वर्कशॉप फ्लैक्सिबल केबिल** (Workshop flexible cable) ये केबिल, 25 ऐम्पियर तक विद्युत धारा वहन क्षमता में 3 या 4 कोर वाले बनाए जाते हैं। इनमें प्रत्येक कोर के ऊपर पी.वी.सी. अथवा वल्कैनाइज्ड इण्डियन रबर का एक सुरक्षा आवरण होता है। सुरक्षा आवरण पी.वी.सी. अथवा कठोर रबर का होता है। इनका उपयोग वर्कशॉप में सचल मशीनों की मेन-लीड के रूप में किया जाता है।

8. आर्मर्ड केबिल Armoured Cable

इस प्रकार के केबिल को एकल स्ट्रैण्डेड ताँबे के तार को पॉलीथाइलीन की अचालक पर्त चढ़ाकर बनाया जाता है। भूमिगत केबिल के रूप में ये केबिल्स, विद्युत सप्लाई के लिए प्रयोग की जाती है। इस प्रकार का केबिल नीचे चित्र में दर्शाया गया है।

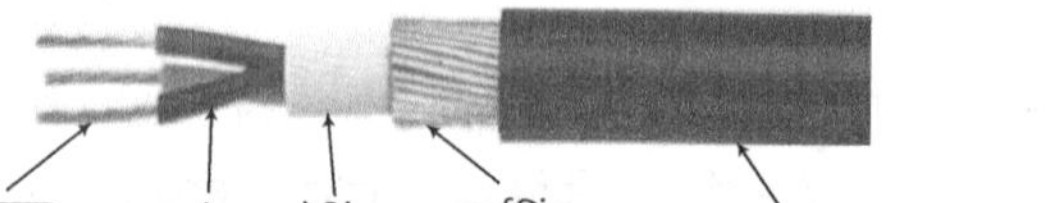

चित्र आर्मर्ड केबिल

इसमें पॉलीथाइलीन की अचालक पर्त से अच्छे वैद्युतिक गुण व उच्च जल प्रतिरोधकता के गुण आ जाते हैं। इस अचालक पर्त के ऊपर भी आर्म स्टील तार की कई पर्तें चढ़ी होती हैं, इसलिए ये केबिल मुख्यत: 3 या 4 कोर युक्त होते हैं। इन केबिलों पर कई प्रकार की अचालक पर्तों को चढ़ाकर इन्हें मजबूत बनाया जाता है।

केबिल्स का वर्गीकरण Classification of Cables

उपरोक्त केबिल्स के अतिरिक्त, कुछ अन्य प्रकार के केबिल्स भी होते हैं, जिनका वर्गीकरण निम्न आधार पर किया जाता है

1. वोल्टेज ग्रेड के आधार पर On the Basis of Voltage Grade

वोल्टेज ग्रेड के आधार पर, केबिल्स को इन चार वर्गों में वर्गीकृत किया जा सकता है

(i) निम्न वोल्टेज केबिल (ii) मध्यम वोल्टेज केबिल
(iii) उच्च वोल्टेज केबिल (iv) अति उच्च वोल्टेज केबिल

(i) **निम्न वोल्टेज केबिल** (Low voltage cable) 250 वोल्ट तक की वोल्टेज, निम्न श्रेणी की वोल्टेज कहलाती है। अत: 250 वोल्ट तक घरेलू 'लाइट एण्ड फैन' तथा 'पावर' लोड के लिए बनाए गए केबिल, निम्न वोल्टेज केबिल या निम्न दाब केबिल कहलाते हैं। ये वी.आई.आर., पी.वी.सी., सी.टी.एस., वैदर-प्रूफ तथा फ्लैक्सिबल प्रकार के होते हैं।

(ii) **मध्यम वोल्टेज केबिल** (Medium voltage cable) 650 V तक की वोल्टेज, मध्यम श्रेणी की वोल्टेज कहलाती है। अत: 650 V तक घरेलू एवं औद्योगिक 'पावर' लोड के लिए बनाए गए केबिल, मध्यम वोल्टेज केबिल कहलाते हैं। ये वी.आई.आर., पी.वी.सी., सी.टी.एस., वैदर-प्रूफ, लैड शीथ्ड, ट्रोपोड्योर तथा फ्लैक्सिबल प्रकार के होते हैं।

(iii) **उच्च वोल्टेज केबिल** (High voltage cable) 22,000 V तक की वोल्टेज, उच्च श्रेणी की वोल्टेज कहलाती है। अत: 22,000 V तक विद्युत वितरण प्रणाली में प्रयोग किए जाने वाले केबिल, उच्च वोल्टेज केबिल कहलाते हैं। ये आर्मर्ड केबिल अथवा स्ट्रैण्डेड प्रकार के नंगे तार होते हैं।

(iv) **अति उच्च वोल्टेज केबिल** (Extra high voltage cable) 22,000 V अर्थात् 22 kV से अधिक की वोल्टेज, अति उच्च श्रेणी की वोल्टेज कहलाती है। अत: 22 kV से अधिक वोल्टेज पर प्रयोग किए जाने वाले केबिल, अति उच्च वोल्टेज केबिल कहलाते हैं। ये स्ट्रैण्डेड प्रकार के नंगे तार होते हैं और प्राय: ताँबे के बने होते हैं।

2. कोर की संख्या के आधार पर On the Basis of Number of Cores

कोर की संख्या के आधार पर केबिल्स निम्न प्रकार के होते हैं

(i) सिंगल कोर केबिल (ii) डबल कोर केबिल
(iii) ट्रिपल कोर केबिल (iv) मल्टी कोर केबिल

3. स्थापना स्थल के आधार पर On the Basis of Installation Place

स्थापना स्थल के आधार पर केबिल को निम्न भागों में बाँटा जा सकता है

(i) भूमिगत केबिल (ii) भूतल केबिल
(iii) वायवीय केबिल (iv) समुद्री केबिल

4. अनुप्रयोगी क्षेत्रों के आधार पर On the Basis of Field of Application

अनुप्रयोगी क्षेत्रों के आधार पर केबिल निम्न प्रकार के होते हैं

(i) दूरसंचार केबिल
(ii) घरेलू विद्युतीय शक्ति केबिल
(iii) औद्योगिक विद्युतीय शक्ति केबिल
(iv) इलेक्ट्रॉनिक परिपथ केबिल

तारों/केबिलों में कलर कोड का उपयोग Use of Colour Code in Wires/Cables

ऑटो क्षेत्र में विभिन्न यन्त्रों/युक्तियों तथा परिपथों (circuits) की अलग पहचान करने के लिए तथा विद्युतीय युक्तियों से सम्बन्धित विविध दोषों का शीघ्र निवारण करने के लिए, कार्य या युक्ति-विशेष के लिए कलर कोड (Colour Code) का उपयोग किया जाता है।

नीचे विभिन्न युक्तियों में प्रयोग होने वाली केबिलों की कलर कोड (Colour Code) का वर्णन किया गया है

1. **भूरा** (Brown) इस रंग की तारों का प्रयोग, बैटरी परिपथ में निम्नलिखित यन्त्रों के लिए किया जाता है
   (i) बैटरी से ऐम्पियर मीटर,
   (ii) लाइट तथा इग्नीशन स्विच तथा
   (iii) इलेक्ट्रिक हॉर्न आदि।

2. **सफेद** (White) इस रंग की तारों का प्रयोग, प्रज्वलन परिपथ में निम्नलिखित युक्तियों में किया जाता है
   (i) इग्नीशन स्विच से क्वॉयल आदि तक
   (ii) फ्यूल पम्प तक तथा
   (iii) सोलेनॉयड तक।
3. **पीला** (Yellow) इस रंग की तारों का प्रयोग, आवेशन परिपथ में निम्नलिखित युक्तियों के लिए किया जाता है
   (i) ऐम्पियर मीटर से रेगुलेटर तक
   (ii) इग्नीशन वार्निंग लैम्प तक तथा
   (iii) डायनमो से रेगुलेटर तक।
4. **हरा** (Green) इस रंग की तारों का प्रयोग, सहायक परिपथों में निम्नलिखित युक्तियों के लिए किया जाता है
   (i) स्टॉप लाइट से स्टॉप लाइट स्विच तक
   (ii) इग्नीशन स्विच से फ्यूज गेज तक तथा
   (iii) ट्रैफिक इण्डीकेटर तथा विण्ड स्क्रीन वाइपर मशीन तक।
5. **नीला** (Blue) इस रंग की तारों का प्रयोग, प्रकाश परिपथ में निम्नलिखित यन्त्रों के लिए किया जाता है
   (i) हैडलाइट, (ii) रियर या टेल लाइट तथा
   (iii) रूफ लाइट।
6. **लाल** (Red) इस रंग की तारों का प्रयोग निम्न परिपथों के लिए किया जाता है
   (i) इन्स्ट्रूमेन्ट पैनल लाइट परिपथ
   (ii) साइड या पार्किंग लाइट परिपथ तथा
   (iii) डिपर स्विच परिपथ।
7. **काला** (Black) जो यन्त्र चैसिस के साथ अर्थ नहीं होते हैं, उन्हें अर्थ देने के लिए काले रंग के तारों का प्रयोग किया जाता है।

केबिल का आकार Cable Size

सामान्य रूप से केबिल का आकार लोडिंग क्षमता, धारा वाहन क्षमता तथा वोल्टेज क्षमता के आधार पर निश्चित किया जाता है। केबिल के आकार को निम्न विधियों द्वारा व्यक्त किया जाता है

1. **व्यास विधि** (Diameter method) इस विधि के अनुसार, केबिल आकार को मानक तारों की संख्या तथा एक तार के व्यास के अनुपात द्वारा प्रदर्शित किया जाता है।

$$\text{केबिल आकार} = \frac{\text{मानक तारों की संख्या}}{\text{एक तार का व्यास}}$$

2. **अनुप्रस्थ-काट क्षेत्र विधि** (Cross-sectional area method) इस विधि में, केबिल के किसी एक कोर चालक के अनुप्रस्थ काट क्षेत्रफल को मिलीमीटर में मापकर, केबिल के आकार को प्रदर्शित किया जाता है।
3. **मानक वायर गेज या SWG विधि** (Standard wire gauge or SWG method) इस विधि में केबिल को मानक वायर गेज उपकरण की सहायता से मापकर केबिल के आकार को ज्ञात किया जाता है।

मानक वायर गेज (SWG) वृत्त के आकार का होता है, जिसकी परिधि पर विभिन्न आकार के छिद्र या स्लॉट बने होते हैं।

इस गेज के द्वारा 0.125 मिमी से 8 मिमी तक के केबिल को मापा जा सकता है।

केबिल/तारों का इन्सुलेशन उतारना
Stripping Insulation of Cables/Wires

केबिल अथवा तार को बिना क्षति पहुँचाए, उसके अचालक आवरण को हटाना, केबिल्स का इन्सुलेशन उतारना कहलाता है। केबिल/अथवा तार का इन्सुलेशन हटाए बिना उसे किसी भी विद्युतीय उपकरण अथवा दूसरे तार से नहीं जोड़ा जा सकता है।

केबिल्स की इन्सुलेशन उतारने के लिए कॉम्बिनेशन प्लायर, चाकू, वायर स्ट्रीपर, हैक्सा ब्लेड तथा चीजल इत्यादि उपकरणों का उपयोग किया जाता है। इन उपकरणों द्वारा केबिल के इन्सुलेशन को उतारने की महत्त्वपूर्ण विधियाँ निम्नलिखित हैं

1. प्लायर स्किनिंग विधि Plier Skining Method

इस विधि द्वारा केबिल के इन्सुलेशन को उतारने के लिए निम्न बिन्दुओं का अनुसरण करते हैं

(i) सर्वप्रथम, जिस केबिल का इन्सुलेशन उतारना है, उसे प्लायर के काटने वाले भाग में निम्न चित्रानुसार पकड़ते हैं।

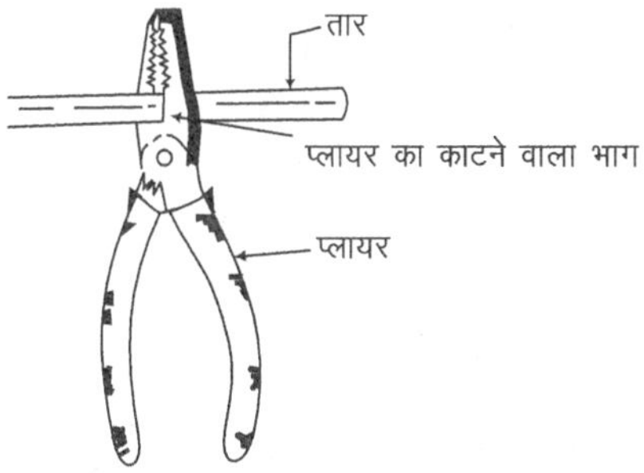

चित्र केबिल्स को प्लायर के काटने वाले भाग में पकड़ना

(ii) अब प्लायर पर हल्का-हल्का दबाव डालकर, केबिल अचालक आवरण को काटते हैं। यहाँ यह ध्यान रखना आवश्यक है कि केबिल का अचालक आवरण ही कटे, उसका चालक पदार्थ नहीं।

(iii) इसके पश्चात्, केबिल के पीछे के भाग को कसकर पकड़ते हैं तथा प्लायर पर हल्का दबाव डालकर इसे दूसरी दिशा में खींचकर अचालक आवरण को निकाल देते हैं, जैसा कि निम्न चित्र में दर्शाया गया है

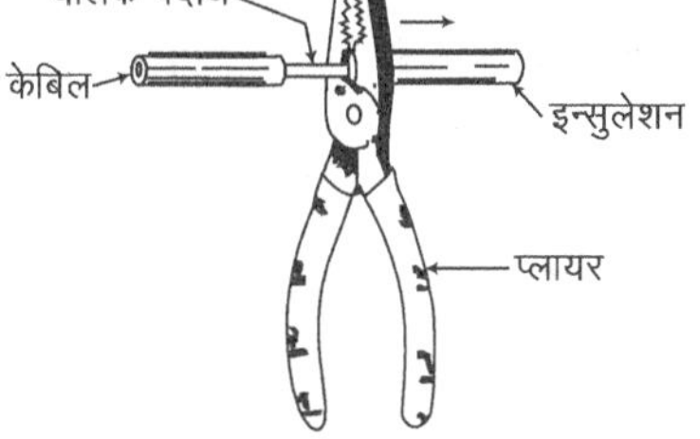

चित्र प्लायर द्वारा इन्सुलेशन हटाना

2. पेन्सिल स्किनिंग विधि Pencil Skining Method

इस विधि में चाकू की सहायता से निम्न चरणों में केबिल के इन्सुलेशन को हटाया जाता है

(i) सर्वप्रथम चाकू के ब्लेड को केबिल पर उसी प्रकार रखते हैं, जिस प्रकार पेन्सिल को छीलते समय चाकू को एक कोण पर रखते हैं।

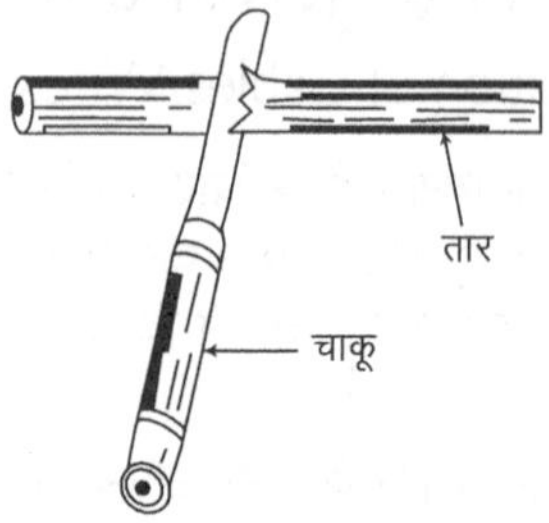

चित्र चाकू को केबिल पर एक कोण पर पकड़ना

(ii) अब जिस स्थान पर चाकू रखा है, उससे कुछ दूरी तक चाकू द्वारा अचालक आवरण को काटते हैं। अचालक आवरण को काटते समय यह ध्यान रखें कि केबिल/तार का चालक पदार्थ न कटे।

(iii) इसके पश्चात्, प्लायर द्वारा अचालक आवरण को पकड़कर खींच लेते हैं और केबिल से अलग कर देते हैं, जैसा कि निम्न चित्र में दर्शाया गया है

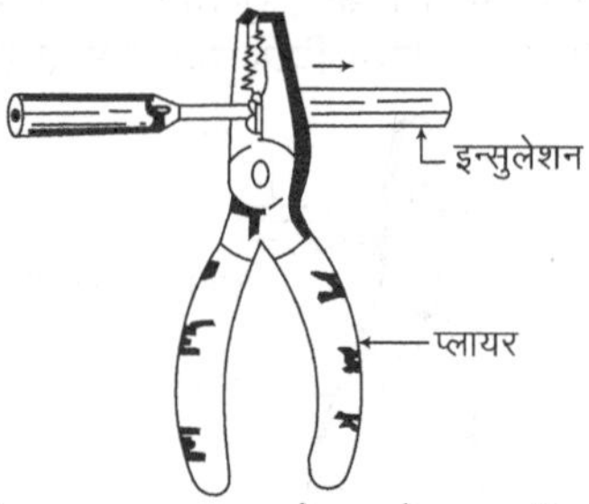

चित्र प्लायर द्वारा इन्सुलेशन को बाहर खींचना

3. स्नेक स्किनिंग विधि Snake Skining Method

इस विधि द्वारा केबिल से इन्सुलेशन को निम्न चरणों में हटाया जाता है

(i) सर्वप्रथम तार के जिस स्थान से इन्सुलेशन हटाना है, वहाँ चाकू द्वारा निशान लगाते हैं।

(ii) निशान लगाने के पश्चात्, चाकू से तार की गोलाई में कुछ दूरी तक चालक पदार्थ को बचाकर काटते हैं, जैसा कि निम्न चित्र में दर्शाया गया है

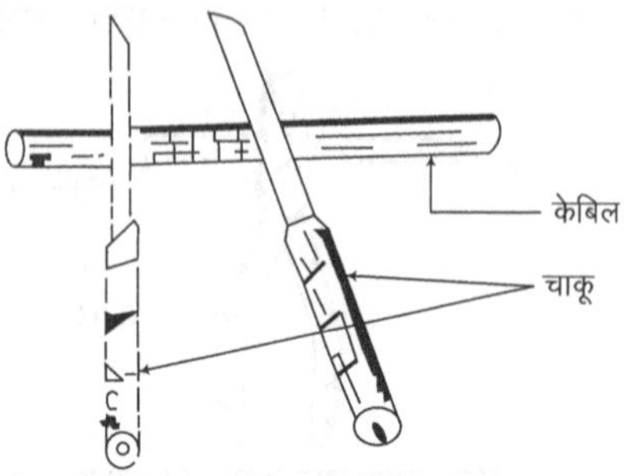

चित्र केबिल पर चाकू द्वारा सर्पिलाकार कट लगाना

(iii) इसके पश्चात्, इन्सुलेशन को प्लायर से पकड़कर, निम्न चित्रानुसार निकाल देते हैं।

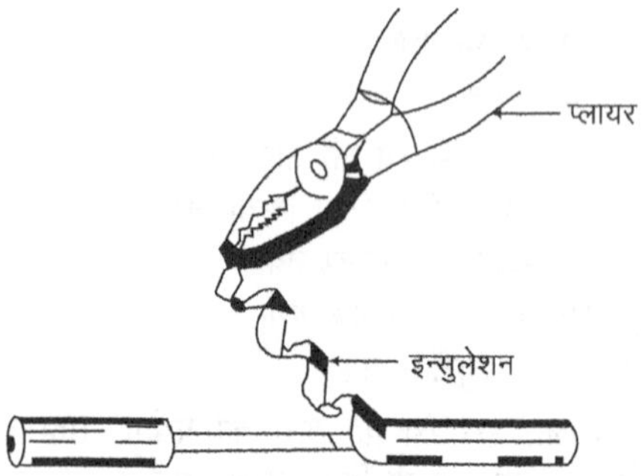

चित्र प्लायर द्वारा इन्सुलेशन को निकालना

4. सीधी स्किनिंग विधि Straight Skining Method

इस विधि का प्रयोग सामान्यत: अधिक मोटी तारों से इन्सुलेशन उतारने के लिए किया जाता है। इस विधि को निम्न चरणों में पूर्ण किया जाता है

(i) सर्वप्रथम, एक हैक्सॉब्लेड की सहायता से केबिल के चालक पदार्थ को बचाते हुए, तार पर पूर्ण गोलाई में दो निशान लगाते हैं, जैसा कि निम्न चित्र में दर्शाया गया है

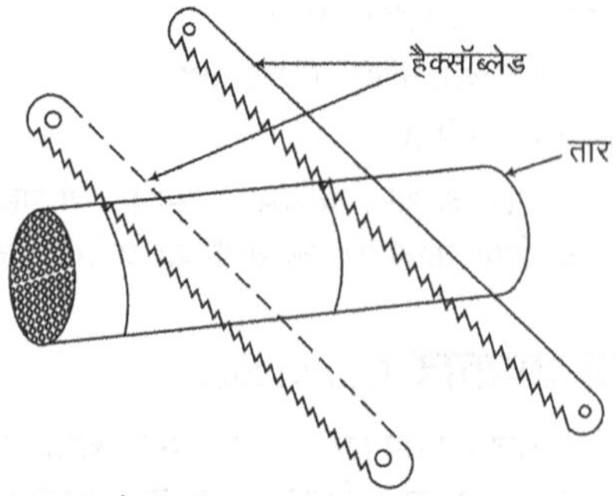

चित्र हैक्सॉब्लेड द्वारा तार पर निशान लगाना

(ii) इसके पश्चात् फर्मर चीजल तथा हैमर का प्रयोग करके, निम्न चित्रानुसार इन्सुलेशन को हटाते हैं। हैमर द्वारा इन्सुलेशन हटाते समय हल्की-हल्की चोट मारते हैं, अन्यथा चालक तार क्षतिग्रस्त हो सकता है।

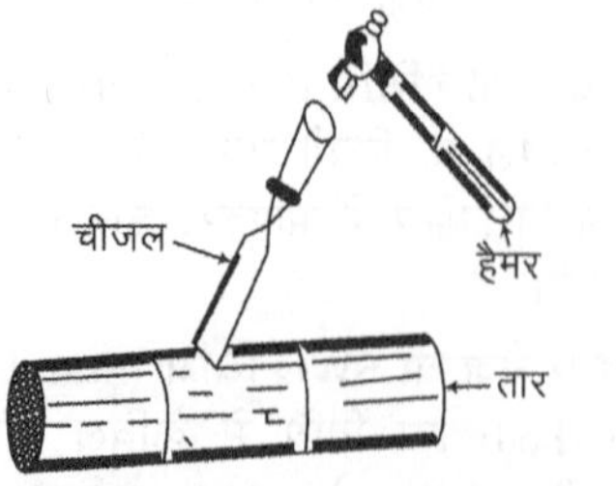

चित्र चीजल तथा हैमर के द्वारा इन्सुलेशन हटाना

महत्त्वपूर्ण बिन्दु

- इलेक्ट्रॉन अथवा आवेश का एक स्थान से दूसरे स्थान तक प्रवाह विद्युत कहलाता है। इन इलेक्ट्रॉनों/आवेशों के प्रवाह का वेग प्रकाश की चाल अर्थात् 3×10^8 मी/सेकण्ड के समतुल्य होता है।
- विद्युत आवेश धनावेश तथा ऋणावेश का वह गुण है, जो उनके मध्य लगने वाले विद्युत बल को उत्पन्न करता है। इसका मात्रक कूलॉम होता है।
- सैल, बैटरी, जनित्र इत्यादि से प्राप्त धारा जिसका मान तथा दिशा समय के साथ नियत रहती है, दिष्ट धारा कहलाती है।
- विद्युत धारा के रासायनिक प्रभाव में विद्युत अपघट्य (electrolyte) से प्रवाहित होने वाली धारा उसे आयनों में विभक्त कर देती है।
- विभवान्तर, किसी चालक में प्रवाहित हो रही धारा के कारण उसके सिरों पर उत्पन्न होने वाले विभवों के मध्य का अन्तर होता है।
- किसी चालक का प्रतिरोध, उस चालक की लम्बाई के अनुक्रमानुपाती तथा उसके अनुप्रस्थ काट के क्षेत्रफल के व्युत्क्रमानुपाती होता है।
- किसी चालक पदार्थ 1 सेमी लम्बे तथा 1 वर्ग सेमी अनुप्रस्थ काट क्षेत्रफल वाले टुकड़े के प्रतिरोध को उसका विशिष्ट प्रतिरोध कहते हैं, जिसका मात्रक ओम-सेमी होता है।
- विशिष्ट प्रतिरोध का व्युत्क्रम, विशिष्ट चालकता होता है, जिसे सीमेन प्रति सेमी अथवा म्हो प्रति सेमी में मापा जाता है।
- प्रतिरोध के कलर बैण्ड में भूरे तथा सुनहरे रंग की सहन-सीमा क्रमशः ± 1% तथा ± 5% होती है।
- ओम के नियमानुसार, नियत तापमान तथा नियत भौतिक परिस्थितियों में किसी बन्द वैद्युतिक डी. सी. परिपथ में प्रतिरोध के सिरों पर उत्पन्न होने वाला विभवान्तर, प्रतिरोधक में प्रवाहित होने वाली धारा के अनुक्रमानुपाती होता है।
- मल्टीमीटर, जिसे एवोमीटर भी कहते हैं, के द्वारा कई प्रकार की वैद्युतिक राशियाँ; जैसे प्रतिरोध, वोल्टेज, धारा इत्यादि का मापन किया जाता है।
- ग्राउण्ड संयोजन की सहायता से वैद्युतिक उपकरणों को ओवरलोडिंग, अनियमित पावर सप्लाई तथा शॉर्ट सर्किट द्वारा खराब होने से बचाया जा सकता है।
- ऑटोमोबाइल तथा इलेक्ट्रॉनिक उपकरणों को ग्राउण्ड करने के लिए चेसिस ग्राउण्ड विधि का प्रयोग किया जाता है।
- चालक पदार्थों में मुक्त इलेक्ट्रॉनों की बहुलता होने के कारण विद्युत धारा का प्रवाह सुगमता से होता है।
- चालक के आघातवर्धनीयता (malleability) के गुण के कारण, इसकी चादरें तथा पत्तियाँ बनाई जा सकती हैं।
- सोने की चालकता सबसे अधिक लगभग 99% तथा चाँदी की चालकता लगभग 98% तक होती है।
- जर्मन सिल्वर 60% ताँबे, 15% निकिल एवं 25% जिंक से निर्मित मिश्रधातु है, जो पीतल की अपेक्षा अधिक सुदृढ़ एवं वातावरणीय प्रभावों से अप्रभावित रहने वाली धातु है।
- अचालक पदार्थों की वोल्टेज सहन सीमा को उसकी डाइ-इलेक्ट्रिक स्ट्रैन्थ अथवा परावैद्युत सामर्थ्य कहते हैं, जिसे किलोवोट प्रति सेमी में व्यक्त किया जाता है।
- सिलिकॉन तथा जर्मेनियम मुख्य अर्द्धचालक पदार्थ हैं जिनका उपयोग डायोड बनाने में किया जाता है।
- ACSR तार 5-6 एल्युमीनियम के तारों के बीच एक स्टील तार रखकर स्ट्रैण्डेड तार के रूप में बनाया जाता है, जिसका प्रयोग ओवर हैड लाइनों में किया जाता है।
- हीटिंग अवयव बनाने के लिए प्रयुक्त नाइक्रोम में 80% निकिल तथा 20% क्रोमियम होता है।
- CTS केबिल, जिसे टफ रबर शीथ्ड केबिल भी कहते हैं, टिन आलेपित ताँबे के तार पर वल्कैनाइज्ड इण्डियन रबर का आवरण और उसके ऊपर कठोर रबर का सुरक्षा आवरण चढ़ाकर तैयार की जाती है।
- रेलवे सिग्नल्स एवं पावर उपकरणों की वायरिंग में प्रयुक्त ट्रोपोड्योर केबिल, पी.वी.सी. केबिल के ऊपर थर्मोप्लास्टिक कम्पाउण्ड का आवरण चढ़ाकर तैयार की जाती है।
- आर्मर्ड केबिल, एकल स्ट्रैण्डेड ताँबे के तार को पॉलीथाइलीन की अचालक पर्त चढ़ाकर बनाया जाता है, जिसका प्रयोग भूमिगत केबिलों में किया जाता है।
- उच्च वोल्टेज ग्रेड केबिल की वोल्टेज सहनसीमा 22000 V तथा अति उच्च वोल्टेज सहनसीमा 22000 V से 22 kV तक होती है।
- नीले रंग के तारों का प्रयोग हैडलाइट, रियर अथवा टेल लाइट तथा रूफ लाइट के लिए किया जाता है।
- केबिल का आकार, व्यास विधि, अनुप्रस्थ काट क्षेत्र विधि तथा SWG विधि द्वारा ज्ञात किया जाता है।
- केबिल इन्सुलेशन उतारने के लिए प्रयुक्त सीधी स्किनिंग विधि में हैक्सॉ ब्लेड, फर्मर चीजल तथा हैमर का प्रयोग किया जाता है।

महत्त्वपूर्ण प्रश्नोत्तरी

1. विद्युत धारा को परिभाषित कीजिए।

उत्तर इलेक्ट्रॉन या आवेश के प्रवाह होने की दर विद्युत धारा कहलाती है।

2. किसी चालक का प्रतिरोध किन-किन कारकों पर निर्भर करता है?

उत्तर किसी चालक का प्रतिरोध उसकी लम्बाई, अनुप्रस्थ कटाक्ष क्षेत्रफल, तापमान एवं पदार्थ के प्रकार पर निर्भर करता है।

3. चालक के तन्य होने से क्या अभिप्राय है?

उत्तर चालक के तन्य होने से उसके द्वारा महीन तार निर्मित किए जा सकते हैं तथा उनका प्रयोग वाइण्डिंग के कार्यों में किया जा सकता है।

4. विशिष्ट प्रतिरोध कम तथा चालकता अधिक होने से चालक पर किस प्रकार का प्रभाव पड़ता है?

उत्तर चालक का विशिष्ट प्रतिरोध कम तथा चालकता अधिक होने से विद्युत शक्ति की खपत कम होती है।

5. विद्युत परिपथों में ताँबे की अपेक्षा लोहे का प्रयोग अधिक क्यों किया जाता है?

उत्तर विद्युत परिपथों में ताँबे की अपेक्षा लोहे का प्रयोग अधिक किया जाता है, क्योंकि लोहे का विशिष्ट प्रतिरोध ताँबे की तुलना में लगभग 8 गुना अधिक होता है।

6. डाइ-इलेक्ट्रिक स्ट्रैन्थ किसे कहते हैं?

उत्तर पदार्थों की वोल्टेज सहन सीमा को डाइ-इलेक्ट्रिक स्ट्रैन्थ कहते हैं।

7. ए.सी.एस.आर. (ACSR) तार में स्टील का तार प्रयोग करने से क्या प्रभाव पड़ता है?

उत्तर ए.सी.एस.आर. (ACSR) तार में स्टील का तार प्रयोग करने के कारण लचीला, मजबूत तथा झोल को सहने वाला हो जाता है।

अभ्यास प्रश्न

परीक्षा प्रारूपी प्रश्न

बहुविकल्पीय

1. निम्न में से डी.सी. का सही तरंग रूप है

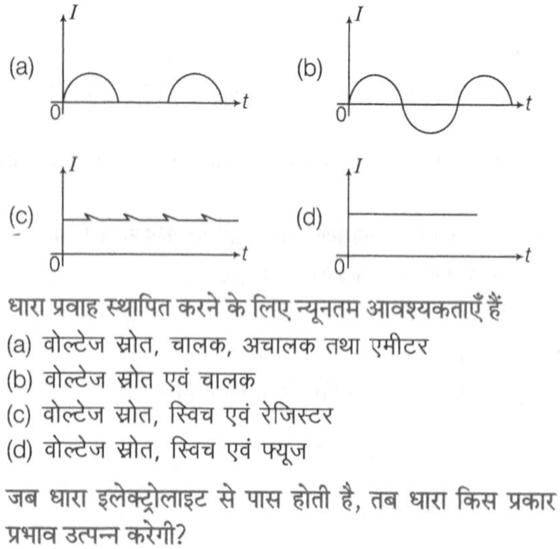

2. धारा प्रवाह स्थापित करने के लिए न्यूनतम आवश्यकताएँ हैं
(a) वोल्टेज स्रोत, चालक, अचालक तथा एमीटर
(b) वोल्टेज स्रोत एवं चालक
(c) वोल्टेज स्रोत, स्विच एवं रेजिस्टर
(d) वोल्टेज स्रोत, स्विच एवं फ्यूज

3. जब धारा इलेक्ट्रोलाइट से पास होती है, तब धारा किस प्रकार का प्रभाव उत्पन्न करेगी?
(a) चुम्बकीय प्रभाव (b) तापीय प्रभाव
(c) रासायनिक प्रभाव (d) प्रकाशीय प्रभाव

4. स्पाइरल वाउण्ड कुण्डली में जब धारा बहती है, तो वह किस प्रकार की विद्युत धारा का प्रभाव उत्पन्न करेगी?
(a) हीटिंग प्रभाव (b) चुम्बकीय प्रभाव
(c) रासायनिक प्रभाव (d) थर्मल प्रभाव

5. एक ऐम्पियर धारा एक सेकण्ड तक प्रवाहित होने पर कहलाती है एक······।
(a) ऐम्पियर (b) इकाई (c) कूलॉम (d) ओम

6. विद्युत आवेश की मात्रा की एस.आई. इकाई है ······।
(a) ऐम्पियर (b) वोल्ट
(c) वाट-घण्टा (d) कूलॉम

7. प्रतिरोध की इकाई होती है
(a) म्हो (b) वोल्ट (c) ओम (d) ऐम्पियर

8. किसी चालक का प्रतिरोध बढ़ता है, जब
(a) उसकी लम्बाई बढ़ा दी जाती है
(b) उसकी लम्बाई एवं कटाक्ष क्षेत्रफल बढ़ा दिया जाता है
(c) उसका कटाक्ष क्षेत्रफल बढ़ा दिया जाता है
(d) उसकी लम्बाई घटा दी जाती है

9. निम्न में से चालक का प्रतिरोध तथा चालक की लम्बाई के बीच सही सम्बन्ध दर्शाता है

(a)
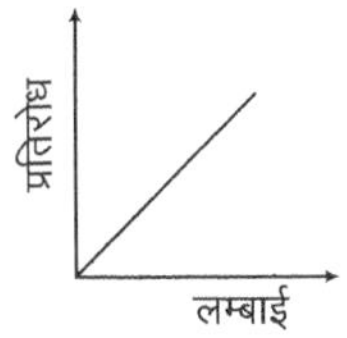

(b)
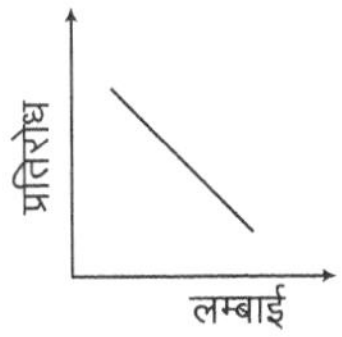

(c)
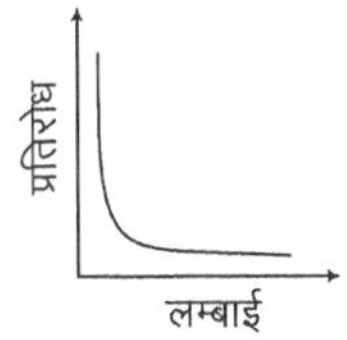

(d) इनमें से कोई नहीं

10. किसी चालक का विशिष्ट प्रतिरोध निर्भर करता है
(a) उसकी लम्बाई एवं कटाक्ष क्षेत्रफल पर
(b) चालक के पदार्थ की प्रकृति पर
(c) चालक की लम्बाई पर
(d) उपरोक्त में से कोई नहीं

11. "विशिष्ट प्रतिरोध (specific resistance) का विपरीत प्रभाव विशिष्ट चालकता (specific conductance) कहलाता है।" इसका मात्रक है।
(a) सीमेन प्रति सेमी (b) सीमेन
(c) ओम-सेमी (d) वाट-सेमी

12. 1.5 ओम प्रतिरोध के लिए कलर कोड होगा
(a) भूरा, हरा, भूरा (b) भूरा, हरा, सुनहरा
(c) भूरा, सुनहरा, हरा (d) भूरा, सुनहरा, सुनहरा

13. प्रतिरोध के कलर बैण्ड में भूरे रंग की सहनसीमा (tolerance) मान होता है
(a) ± 2 (b) ± 5 (c) ± 10 (d) ± 1

14. चित्र में प्रदर्शित रंग कोड वाले प्रतिरोध का क्या मान है?

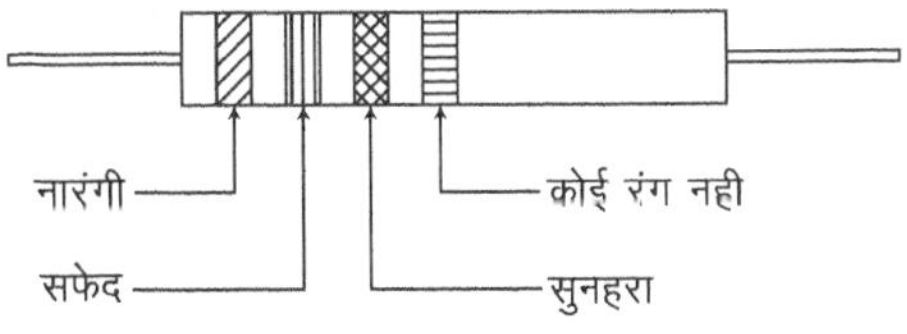

(a) 3.9 Ω (b) 39 Ω
(c) 390 Ω (d) 3900 Ω

15. ओम के नियम के कथन के अनुसार परिपथ में, धारा ······ के सीधे समानुपाती होता है।
(a) वोल्टेज (b) प्रतिरोध (c) तापमान (d) विशिष्ट प्रतिरोध

16. ओम के नियम को व्यक्त किया जाता है
(a) वोल्टेज (*V*) = प्रतिरोध (*R*)/ धारा (*I*)
(b) प्रतिरोध (*R*) = धारा (*I*)/ वोल्टेज (*V*)
(c) धारा (*I*) = प्रतिरोध (*R*)/ वोल्टेज (*V*)
(d) धारा (*I*) = वोल्टेज (*V*)/ प्रतिरोध (*R*)

17. प्रतिरोधकों की रेटिंग किन कारकों द्वारा ज्ञात की जाती है?
(a) प्रतिरोधकों के मान (b) सहन सीमा
(c) पावर रेटिंग (d) ये सभी

18. प्रतिरोध को मापने के लिए कौन-सा उपकरण प्रयुक्त किया जाता है?
(a) अमीटर (b) वोल्टमीटर
(c) वाटमीटर (d) अमीटर

19. ऑटोमोबाइल तथा इलेक्ट्रॉनिक उपकरणों को ग्राउण्ड करने के लिए निम्न में से कौन-सी विधि अपनाई जाती है?
(a) अर्थ ग्राउण्ड (b) चेसिस ग्राउण्ड
(c) वाटर टैम्प ग्राउण्ड (d) पाइप ग्राउण्ड

20. विद्युत चालकों का ············ होना चाहिए
(a) विशिष्ट प्रतिरोध उच्च (b) मध्यम विशिष्ट प्रतिरोध
(c) विशिष्ट प्रतिरोध निम्न (d) इनमें से कोई नहीं

21. निम्न में से सर्वोत्तम सुचालक पदार्थ है
(a) चीनी मिट्टी (b) रेजिन
(c) सोना (d) इनमें से कोई नहीं

22. ताँबा एक ·········· धातु होती है।
(a) सुचालक (b) अचालक
(c) अर्द्धचालक (d) इनमें से कोई नहीं

23. चालकों के किस गुण के कारण उसकी चादरें व पत्तियाँ बनाई जा सकती हैं?
(a) तन्यता (b) सुदृढ़ता
(c) आघातवर्ध्यता (d) ये सभी

24. यदि चालक खींचने पर टूटता नहीं है, तब यह चालकों के किस गुण को दर्शाता है?
(a) सुदृढ़ता को (b) तन्यता को
(c) आघातवर्ध्यता को (d) इनमें से कोई नहीं

25. ताँबे का गलनांक होता है
(a) 100°C (b) 660°C (c) 1190°C (d) 1083°C

26. इनमें से कौन-सा विद्युतीय चालक पदार्थ नहीं है?
(a) ताँबा (b) एल्युमीनियम
(c) चाँदी (d) सीसा

27. ऐसा कौन-सा पदार्थ है, जिसका तापक्रम बढ़ाने पर उसका प्रतिरोध घटता है?
(a) टंगस्टन (b) कार्बन
(c) नाइक्रोम (d) मैंगनीज

28. अच्छे अचालक में निम्न गुण में से कौन-सा होना चाहिए?
(a) तन्यता (b) सुदृढ़ता
(c) आघातवर्ध्यता (d) ये सभी

29. अचालक पदार्थों के तापमान गुणांक का मान ········· होता है।
(a) नियत (b) शून्य
(c) धनात्मक (d) ऋणात्मक

30. एक विद्युत रोधक पदार्थ (अचालक) का मूल गुण होना चाहिए
(a) निम्न वोल्टेज टूटन (b) उच्च परावैद्युत सामर्थ्य
(c) न्यून प्रतिरोधकता (d) इनमें से कोई नहीं

31. निम्न में से कौन-सा गुण अचालक पदार्थों में नहीं होना चाहिए?
(a) निम्न डाइ-इलेक्ट्रिक स्ट्रैन्थ
(b) उच्च प्रतिरोध
(c) सुदृढ़
(d) ऊष्मा को विकरित करने योग्य

32. कुचालक पदार्थों की मुख्य विशेषता है............।
(a) अधिक धारा चालन (b) कम यान्त्रिक क्षमता
(c) उच्च डाइ-इलेक्ट्रिक क्षमता (d) कम गलनांक

33. डाइ-इलेक्ट्रिक स्ट्रैन्थ का मात्रक है
(a) किलोवोल्ट/मिमी (b) वोल्ट/मिमी
(c) किलोवोल्ट/मी (d) वोल्ट/मी

34. निम्न में से कौन-सा पदार्थ अचालक नहीं है?
(a) बैकेलाइट (b) रबर (c) कार्बन (d) माइका

35. पी.वी.सी. अचालक के .... वर्ग से सम्बन्धित है।
(a) ठोस अचालक (b) लचीले अचालक
(c) गैसीय अचालक (d) ये सभी

36. अर्द्धचालक पदार्थ के रूप में निम्न में से किस तत्व का प्रयोग किया जाता है?
(a) कॉपर (b) प्लास्टिक
(c) सिलिकॉन (d) टंगस्टन

37. निम्नलिखित में से दो प्रसिद्ध अर्द्धचालक हैं
(a) गैलियम और इण्डियम (b) एल्युमीनियम और एण्टीमनी
(c) जर्मेनियम और सिलिकॉन (d) अर्सेनिक और बोरॉन

38. धातुओं का वह गुण, जिसके कारण उन्हें बिना तोड़े, तार बनाया जा सकता है, कहलाता है
(a) मैलीएबिलिटी (b) मशीनेबिलिटी
(c) डक्टिलिटी (d) हार्डनैस

39. जिंक कोटेड आयरन कहलाता है
(a) पिग आयरन (b) रॉट आयरन
(c) ब्लैक आयरन (d) गैल्वेनाइज्ड आयरन

40. निम्न में से किस कार्य के लिए जी.आई.तार का उपयोग किया जाता है?
(a) टेलीफोन लाइनों में (b) अर्थिंग लाइन में
(c) स्टे-तार में (d) घरेलू वायरिंग में

41. केबिल्स के परिरक्षण के लिए कौन-सी युक्ति अपनाई जाती है?
(a) इन्सुलेशन (b) मैटेलिक शीथ
(c) बीडिंग (d) ये सभी

42. CTS केबिल का अन्य नाम क्या है?
(a) लैड शीथ्ड केबिल
(b) टफ रबर शीथ्ड केबिल
(c) गैल्वेनाइज्ड आयरन केबिल
(d) यूरेका केबिल

43. पी.वी.सी. केबिल के ऊपर थर्मोप्लास्टिक कम्पाउण्ड का आवरण चढ़ाकर तैयार किया जाता है
(a) लैड शीथ्ड केबिल (b) आर्मर्ड केबिल
(c) ट्रोपोड्योर केबिल (d) ताम्र केबिल

44. अति उच्च वोल्टेज केबिल प्रायः किस धातु के बने होते हैं?
(a) नाइक्रोम (b) पीतल (c) सीसा (d) ताँबे

45. उच्च वोल्टेज ग्रेड केबिल की अधिकतम सहनीय वोल्टेज कितनी होती है?
(a) 250 वोल्ट (b) 650 वोल्ट
(c) 22,000 वोल्ट (d) 22,000 वोल्ट से अधिक

46. मध्यम वोल्टेज ग्रेड केबिल की अधिकतम सहनीय वोल्टेज .... होती है।
(a) 250 वोल्ट (b) 450 वोल्ट
(c) 650 वोल्ट (d) 950 वोल्ट

47. निम्न में से केबिल का आकार ज्ञात करने की विधि है
(a) व्यास विधि (b) अनुप्रस्थ-काट क्षेत्र विधि
(c) मानक वायर गेज विधि (d) ये सभी

48. निम्न चित्रों द्वारा तार से इन्सुलेशन उतारने की कौन-सी विधि प्रदर्शित की गई है?

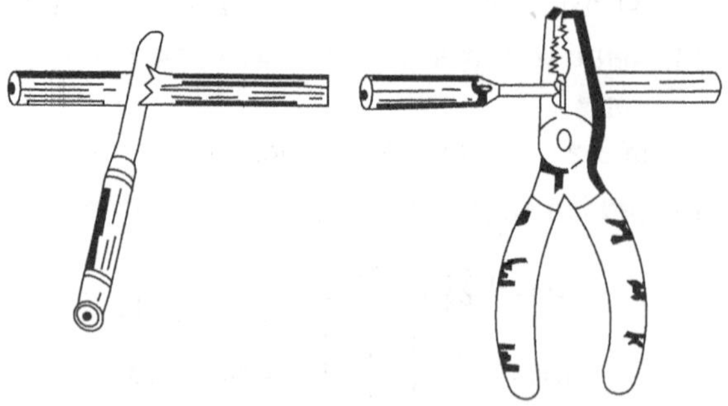

(a) प्लायर स्किनिंग विधि (b) पेन्सिल स्किनिंग विधि
(c) स्नेक स्किनिंग विधि (d) सीधी स्किनिंग विधि

49. सीधी स्किनिंग विधि में निम्न में से कौन-सा उपकरण प्रयुक्त होता है?
(a) हैक्सॉ ब्लेड (b) फर्मर चीजल
(c) हैमर (d) ये सभी

50. अभ्रक की डाइ-इलेक्ट्रिक स्ट्रैन्थ होती है
(a) 30–40 kv/mm (b) 20–60 kv/mm
(c) 17–21 kv/mm (d) 12–14 kv/mm

परीक्षा उपयोगी आंकिक प्रश्न (हल सहित)

1. ताँबे के 120 सेमी लम्बे तथा 0.10 सेमी व्यास वाले तार का प्रतिरोध $2\,\Omega$ है। इसका विशिष्ट प्रतिरोध ज्ञात कीजिए।

हल ज्ञात है, तार की लम्बाई, $l = 120\,\text{cm}$

तार का व्यास, $d = 0.10\,\text{cm}$,

त्रिज्या $r = \frac{0.10}{2} = 0.05\,\text{cm}$

तार का प्रतिरोध, $R = 2\Omega$

तार का विशिष्ट प्रतिरोध, $\rho = \frac{R \cdot a}{l}$ [क्षेत्रफल $a = \pi r^2$]

$= \frac{R \cdot \pi \cdot r^2}{l}$

$= \frac{2 \times 22 \times 0.05 \times 0.05}{120 \times 7}$

$= 1.31 \times 10^{-4}\ \Omega\,\text{cm}$

2. 0.01 सीमेन चालकता वाले चालक की विशिष्ट चालकता 0.1 सीमेन/सेमी है, तो चालक का प्रतिरोध तथा विशिष्ट प्रतिरोध ज्ञात कीजिए।

हल दिया है, चालक की चालकता, $G = 0.01$ सीमेन

चालक की विशिष्ट चालकता, $\sigma = 0.1$ सीमेन/सेमी

तब, प्रतिरोध, $R = \frac{1}{G} = \frac{1}{0.01} = 100$ ओम

विशिष्ट प्रतिरोध, $P = \frac{1}{\sigma} = \frac{1}{0.1} = 10$ ओम-सेमी

3. किसी प्रतिरोधक पर चार विभिन्न रगों की पट्टियाँ बनी हैं। यदि ये पट्टियाँ क्रमशः भूरे, काले, लाल तथा सुनहरे रंगों की हों, तब प्रतिरोधक का प्रतिरोध ज्ञात कीजिए।

हल भूरे रंग की पट्टी के लिए अंकित मान = 1

काले रंग की पट्टी के लिए अंकित मान = 10

लाल रंग की पट्टी के लिए गुणक = 10^2

सुनहरे रंग की पट्टी के लिए सहन सीमा = ± 5%

अतः प्रतिरोधक का प्रतिरोध, $R = 10 \times 10^2 \pm 5\%$

$= 1000\Omega \pm 5\% = 1\,\text{k}\Omega \pm 5\%$

4. यदि किसी प्रतिरोध को 2.5 ऐम्पियर की धारा प्रवाहित करने पर इसके सिरों पर 25 वोल्ट का विभवान्तर उत्पन्न होता है, तब प्रतिरोधक के प्रतिरोध की गणना कीजिए।

हल दिया है, धारा, $I = 2.5$ ऐम्पियर, विभवान्तर, $V = 25$ वोल्ट

तब प्रतिरोध, $R = \frac{V}{I} = \frac{25}{2.5}$ [$V = IR$ से]

$R = 10$ ओम

5. एक $500\ \Omega$ प्रतिरोध वाला उपकरण 240 वोल्ट की सप्लाई पर प्रचालित होता है। उपकरण द्वारा ली गई शक्ति की गणना कीजिए।

हल दिया है, वोल्टेज, $V = 240$ वोल्ट, $R = 500\Omega$

शक्ति, $P = \frac{V^2}{R} = \frac{240 \times 240}{500}$

$P = \frac{24 \times 24}{5} = \frac{576}{5}$, $P = 115.2$ वाट

उत्तरमाला

1. (d)	**2.** (b)	**3.** (c)	**4.** (a)	**5.** (c)	**6.** (d)	**7.** (c)	**8.** (a)	**9.** (a)	**10.** (b)
11. (a)	**12.** (b)	**13.** (d)	**14.** (a)	**15.** (a)	**16.** (d)	**17.** (d)	**18.** (a)	**19.** (b)	**20.** (c)
21. (c)	**22.** (a)	**23.** (c)	**24.** (b)	**25.** (d)	**26.** (d)	**27.** (b)	**28.** (d)	**29.** (d)	**30.** (b)
31. (a)	**32.** (c)	**33.** (a)	**34.** (c)	**35.** (b)	**36.** (c)	**37.** (c)	**38.** (c)	**39.** (d)	**40.** (d)
41. (d)	**42.** (b)	**43.** (c)	**44.** (d)	**45.** (c)	**46.** (c)	**47.** (b)	**48.** (b)	**49.** (d)	**50.** (b)

अध्याय 06

वैद्युतिक सुरक्षा युक्तियाँ एवं निष्क्रिय अवयव

Electrical Safety Devices and Passive Components

परिचय Introduction

किसी मैकेनिक द्वारा मशीन अथवा वाहन में विद्युतीय परिपथ अथवा उपकरण को बनाते समय उसके डिजाइन एवं उपयोग सम्बन्धी तथ्यों को ध्यान में रखा जाता है। इसके अतिरिक्त, एक अन्य महत्त्वपूर्ण तथ्य का भी ध्यान रखा जाता है जिसका सम्बन्ध उस परिपथ अथवा उपकरण की सुरक्षा से होता है। मशीनों एवं उपयोगकर्ताओं की सुरक्षा को ध्यान में रखकर प्रयोग में लाई गई युक्तियाँ सुरक्षा युक्तियों के अन्तर्गत आती हैं जो दुर्घटना एवं विषम परिस्थितियों में मशीनों का बचाव करने में सक्षम होती हैं।

इन युक्तियों के प्रयोग से मशीन एवं परिपथ की कार्य-आयु, कार्य-क्षमता एवं सुरक्षा को बढ़ाया जाता है तथा ये उन्हें नष्ट होने से भी बचाती हैं। किसी भी परिपथ की उच्च-धारा, उच्च-भार अथवा उच्च-वोल्टता आदि से सुरक्षा हेतु सुरक्षा युक्तियों का प्रयोग किया जाता है। परिपथ की आवश्यकता के अनुसार, इन सुरक्षा युक्तियों के प्रकारों का चयन किया जाता है। इस अध्याय में विद्युतीय परिपथों में सामान्यत: प्रयुक्त की जाने वाली कुछ उपयोगी सुरक्षा युक्तियों; जैसे—फ्यूज, रिले तथा सर्किट ब्रेकर तथा कुछ निष्क्रिय अवयवों; जैसे प्रतिरोधक, संधारित्र, प्रेरक आदि का वर्णन किया गया है।

अध्याय विषय सूची

6.1 फ्यूज Fuse

वह सुरक्षा युक्ति (safety device) जो उच्च विद्युत धारा के विरुद्ध केबिलों तथा उपकरणों के सुरक्षा/बचाव के लिए वैद्युतिक परिपथों के श्रेणी-क्रम (series) में संयोजित की जाती है, फ्यूज कहलाती है।

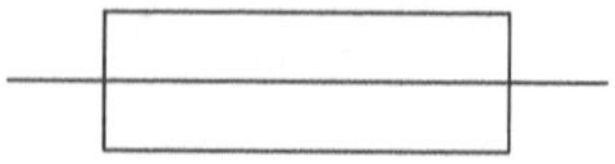

चित्र फ्यूज का प्रतीक

जब किसी वैद्युतिक अथवा इलेक्ट्रॉनिक परिपथ में निर्धारित धारा मान से अधिक धारा प्रवाहित होती है, तब परिपथ में शॉर्ट-सर्किट हो जाने से परिपथ में प्रयुक्त केबिल का अचालक आवरण जल जाता है और परिपथ नष्ट हो जाता है। इस समस्या के निवारण हेतु परिपथ में फ्यूज का उपयोग किया जाता है जो परिपथ में निर्धारित धारा मान से अधिक धारा प्रवाहित होने पर पिघल जाता है तथा मुख्य परिपथ से दोषी परिपथ को वियोजित अर्थात् अलग कर परिपथ को नष्ट होने से बचाता है।

फ्यूज से सम्बन्धित पद
Terms Related to Fuse

फ्यूज से सम्बन्धित कुछ प्रमुख पद निम्नलिखित हैं

- **फ्यूज आधार** (Fuse base) फ्यूज आधार, विद्युतरोधी पदार्थ (insulating material) पोर्सिलेन (porcelain) से निर्मित होता है। यह फ्यूज इकाई का एक स्थिर भाग है, जिसमें विद्युत परिपथ के इनपुट तथा आउटपुट सम्पर्क/टर्मिनल्स लगे होते हैं। यह फ्यूज वाहक (fuse carrier) को आधार प्रदान करता है।

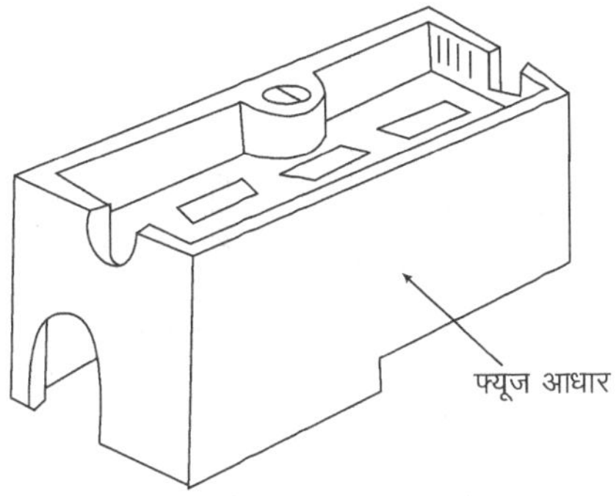

चित्र फ्यूज आधार

- **फ्यूज कैप** (Fuse cap) फ्यूज का वह भाग जिसमें फ्यूज तार लगाया जाता है, फ्यूज कैप कहलाता है। फ्यूज कैप, फ्यूज आधार से संयोजित होता है।

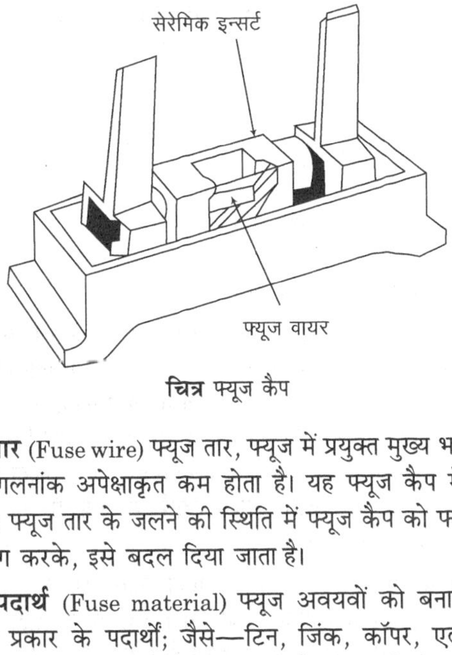

चित्र फ्यूज कैप

- **फ्यूज तार** (Fuse wire) फ्यूज तार, फ्यूज में प्रयुक्त मुख्य भाग होता है। इसका गलनांक अपेक्षाकृत कम होता है। यह फ्यूज कैप में संयोजित होता है। फ्यूज तार के जलने की स्थिति में फ्यूज कैप को फ्यूज आधार से अलग करके, इसे बदल दिया जाता है।
- **फ्यूज पदार्थ** (Fuse material) फ्यूज अवयवों को बनाने के लिए विभिन्न प्रकार के पदार्थों; जैसे—टिन, जिंक, कॉपर, एल्युमीनियम, सीसा, चाँदी आदि का प्रयोग किया जाता है। फ्यूज को अग्र अवयवों में प्रयुक्त होने वाले पदार्थ एवं उनका गलनांक व प्रतिरोधकता को अग्र तालिका में दर्शाया गया है

क्र.सं.	फ्यूज पदार्थ	गलनांक (°C में)	प्रतिरोधकता (μΩ-cm)
1.	टिन (Sn)	230	11.25
2.	जिंक (Zn)	420	6.2
3.	कॉपर (Cu)	1092	1.73
4.	एल्युमीनियम (Al)	671	2.86
5.	सीसा (Pb)	329	21.6
6.	सिल्वर (Ag)	961	1.65

- **फ्यूज वाहक** (Fuse carrier) फ्यूज वाहक, फ्यूज इकाई का वह भाग है जो फ्यूज अवयव (fuse element) को आधार प्रदान करता है। यह विद्युतरोधी पदार्थ, पोर्सिलेन से निर्मित होता है जिसमें दो टर्मिनलों के मध्य एक फ्यूज अवयव (fuse element) संयोजित होता है।
- **फ्यूज धारा रेटिंग** (Fuse current rating) यह फ्यूज अवयव तार की उच्चतम कार्यकारी धारा होती है जिस पर फ्यूज तार सफलतापूर्वक निरन्तर कार्य कर सकता है। फ्यूज तार को इस उच्चतम धारा (maximum current) पर निरन्तर कार्य करने के लिए ही डिजाइन किया जाता है।
  फ्यूज की धारा रेटिंग, सामान्य प्रचालन धारा के 125% पर की जाती है।
  अत: फ्यूज रेटिंग = (शक्ति/वोल्टेज) ×125%
- **फ्यूजिंग धारा** (Fusing current) फ्यूजिंग धारा, वह न्यूनतम धारा है जिस पर फ्यूज अवयव पिघल कर मुख्य परिपथ से दोषी परिपथ को वियोजित कर देता है। फ्यूज की फ्यूजिंग धारा का मान, निर्धारित धारा की अपेक्षा लगभग डेढ़ गुना (1.5 times) होता है।
- **फ्यूजिंग घटक** (Fusing factor) न्यूनतम फ्यूजिंग धारा तथा निर्धारित धारा के अनुपात को फ्यूजिंग घटक कहते हैं अर्थात्

$$\text{फ्यूजिंग घटक} = \frac{\text{न्यूनतम फ्यूजिंग धारा}}{\text{निर्धारित धारा}} > 1 \text{ (एकांक)}$$

फ्यूज का वर्गीकरण Classifications of Fuse

फ्यूजों का वर्गीकरण निम्न घटकों के आधार पर किया जा सकता है

1. वोल्टेज के आधार पर On the Basis of Voltage

- **निम्न वोल्टेज फ्यूज** (Low voltage fuse); जैसे—पुन: फ्यूज अवयव बदलने योग्य फ्यूज इकाई (rewirable fuse unit)
- **उच्च वोल्टेज फ्यूज** (High voltage fuse); जैसे—फ्यूज अवयव न बदलने योग्य फ्यूज इकाई -(non-rewirable fuse unit)

2. धारा रेटिंग के आधार पर
On the Basis of Current Rating

- 5A, 10A, 15A, 20A एवं 30A आदि।
- 100A, 150A एवं 200A आदि।
- कार्ट्रिज प्रकार के फ्यूज (cartridge type fuse) आदि।

3. फ्यूज अवयव की धातु के आधार पर
On the Basis of Metal of Fuse Component

- कॉपर अवयवी फ्यूज
- एल्युमीनियम अवयवी फ्यूज
- टिन अवयवी फ्यूज
- सीसा अवयवी फ्यूज
- टिन-सीसा मिश्रित अवयवी फ्यूज
- चाँदी अवयवी फ्यूज

4. संरचना के आधार पर
On the Basis of Structure

- गोलाकार फ्यूज
- किट-कैट प्रकार का फ्यूज
- प्लग टाइप फ्यूज
- कार्ट्रिज प्रकार का फ्यूज
- D-टाइप कार्ट्रिज फ्यूज
- HRC फ्यूज

उपरोक्त फ्यूजों में से संरचना के आधार पर फ्यूजों का वर्णन निम्नलिखित है

(i) **गोलाकार फ्यूज** Round fuse

गोलाकार फ्यूज का बाह्य आवरण बैकेलाइट (bakelite) अथवा पोर्सिलेन (porcelain) का बना होता है। इसकी आकृति गोल डिब्बी के समान होती है, जिसमें दो पृथक्-पृथक् पीतल अथवा कॉपर (brass or copper) के टर्मिनल्स (terminals) स्थापित होते हैं।

कॉपर टर्मिनलों के मध्य फ्यूज तार को लगाकर टर्मिनल्स में लगे पेचों (screws) की सहायता से कस दिया जाता है।

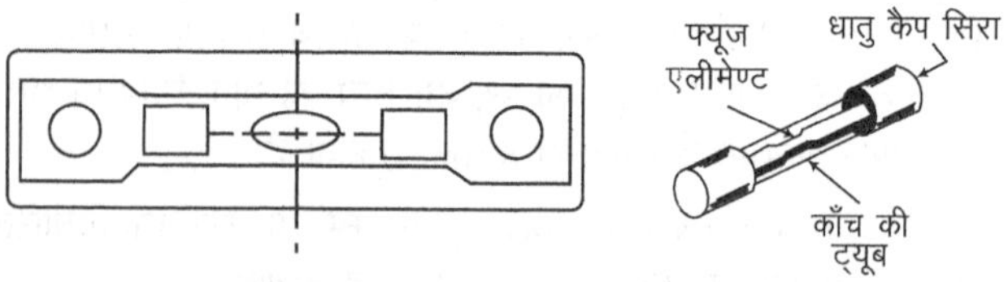

चित्र गोलाकार फ्यूज की बाह्य व आन्तरिक संरचना

गोलाकार फ्यूज में फ्यूज तार बदलने (replacement) के लिए सर्वप्रथम विद्युत संस्थापन (electrical installation) का मुख्य स्विच ऑफ करना आवश्यक होता है, क्योंकि मुख्य स्विच को ऑफ किए बिना ही फ्यूज अवयव/तार बदलने से विद्युत झटका लगने की सम्भावना रहती है। इसलिए इस प्रकार के फ्यूज का प्रयोग वर्तमान समय में बहुत कम किया जाता है।

(ii) **किट-कैट फ्यूज** Kit-kat fuse

किट-कैट फ्यूज के दो भाग होते हैं। प्रथम भाग को फ्यूज आधार (fuse base) तथा द्वितीय भाग को फ्यूज वाहक (fuse carrier) कहते हैं। ये दोनों भाग एक साथ मिलकर किट-कैट फ्यूज बनाते हैं। ये दोनों भाग विद्युतरोधी पदार्थ पोर्सिलेन (porcelain) के बने होते हैं। इस फ्यूज को वैद्युतिक संस्थापन के वितरण बोर्ड अथवा मीटर बोर्ड पर लगाया जाता है।

इसके निचले भाग अर्थात् फ्यूज आधार के एक टर्मिनल के साथ इनपुट फेज तार को तथा दूसरे टर्मिनल के साथ आउटपुट फेज तार को संयोजित किया जाता है। फ्यूज वाहक के दोनों टर्मिनल्स के मध्य फ्यूज अवयव (fuse element) कसा जाता है।

फ्यूज वाहक के दोनों टर्मिनल्स के साथ 'U' आकार का एक-एक कॉन्टैक्ट लगा होता है जो फ्यूज आधार के टर्मिनल्स के साथ कसे कमानीदार कॉन्टैक्ट में मजबूती से (tightly) लगाया जाता है । गोलाकार फ्यूज इकाई की अपेक्षा किट-कैट प्रकार के फ्यूज का प्रयोग वर्तमान समय में घरेलू तथा विद्युत शक्ति संस्थापन (domestic and power installation) में अत्यधिक होता है। किट-कैट फ्यूज इकाई में फ्यूज अवयव को बदलने के लिए मुख्य स्विच (main switch) को ऑफ करने की आवश्यकता नहीं होती। किट-कैट फ्यूज को **रिवायरेबल** (rewirable) फ्यूज भी कहते हैं। चित्र में किट-कैट फ्यूज की संरचना को दर्शाया गया है।

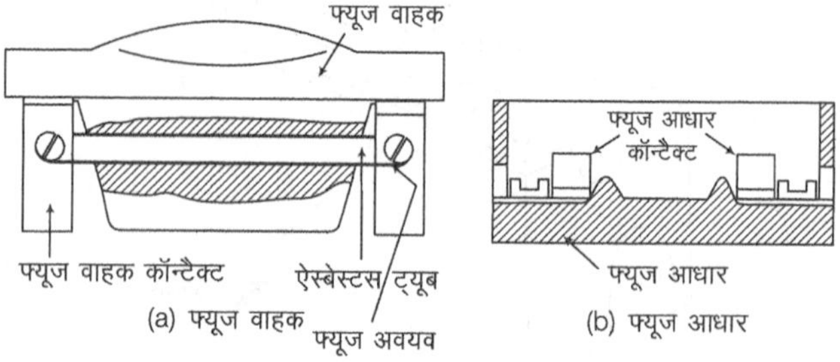

चित्र किट-कैट फ्यूज की आन्तरिक संरचना

(iii) **प्लग टाइप फ्यूज** Plug type fuse

विभिन्न इलेक्ट्रॉनिक उपकरण जो डी.सी. अथवा ए.सी. से प्रचालित होते हों तथा विभिन्न डी.सी. वायरिंग के साधनों; जैसे-बैटरी, चार्जर, ऑटो वायरिंग इत्यादि में प्लग टाइप फ्यूज प्रयोग किए जाते हैं। इसकी संरचना चित्र में दर्शायी गई है

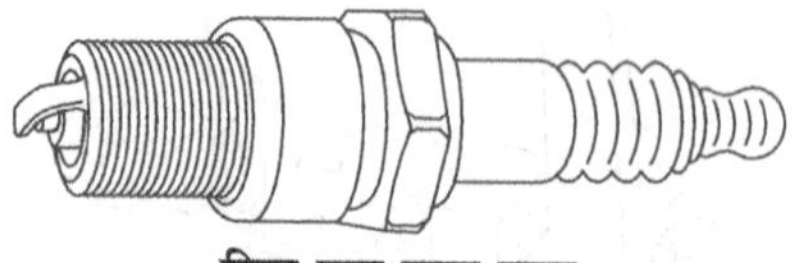

चित्र प्लग टाइप फ्यूज

(iv) **कार्ट्रिज फ्यूज** Cartridge fuse

कार्ट्रिज फ्यूज में विद्युतरोधी पदार्थ, पोर्सिलेन टाइल अथवा सीसे (lead) से निर्मित कार्ट्रिज आकृति की एक बेलनाकार खोखली नली होती है। इस नली में दोनों सिरों पर पीतल या ताँबे धातु की कैप (cap) लगाई जाती है। इन दोनों धातु टोपियों के मध्य नली के अन्दर उचित धारा निर्धारण वाला फ्यूज अवयव (fuse element) टिन के टाँके द्वारा जोड़ा जाता है तथा इस फ्यूज अवयव के चारों ओर पूरक पदार्थ के रूप में क्वार्ट्ज सैण्ड (quartz sand) भरा जाता है।

इस प्रकार के फ्यूज की नली के मध्य लाल रंग का सूचक वृत्त (indicator circle) बना होता है जो फ्यूज अवयव की सही स्थिति को दर्शाता है। उच्च धारा अथवा लघु परिपथ दोष के कारण फ्यूज अवयव में निर्धारित धारा (60-400 ऐम्पियर तक) से अधिक धारा प्रवाहित होने पर फ्यूज अवयव गर्म होकर पिघल जाता है। इस अवस्था में, लाल रंग के सूचनात्मक वृत्त का रंग काला हो जाता है।

जब फ्यूज अवयव पिघल कर वाष्पित (vapourised) होता है, तब यह 'धातु वाष्प' क्वार्ट्ज सैण्ड के द्वारा सोख ली जाती है और फ्यूज इकाई की नली की आन्तरिक सतह पर नहीं जमती है।

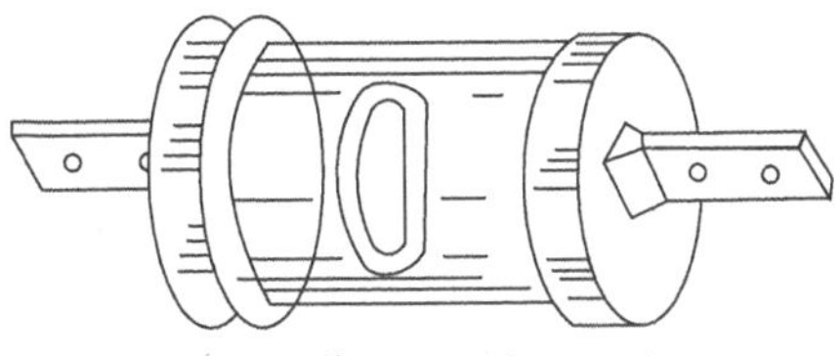

चित्र (a) कार्ट्रिज फ्यूज की बाह्य संरचना

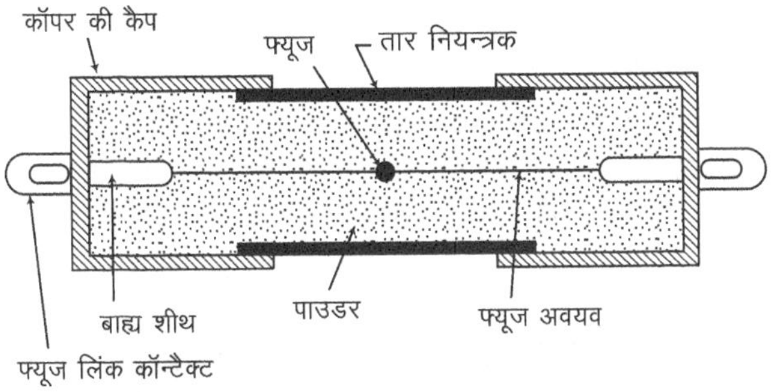

चित्र (b) कार्ट्रिज प्रकार की फ्यूज की आन्तरिक संरचना

(v) D-टाइप कार्ट्रिज फ्यूज D-type cartridge fuse

यह कार्ट्रिज फ्यूज का ही एक प्रकार है जो पूर्ण रूप से बन्द होता है अर्थात् इसके दोनों सिरे धातु कैप द्वारा सील होते हैं जिसे कार्ट्रिज कहते हैं। इसके एक सिरे पर बल्ब के आकार का कण्टेनर बना होता है। कार्ट्रिज में फ्यूज अवयव तथा उसमें भरे फिलर पदार्थ को इस कण्टेनर में बन्द करके रखा जाता है।

ओवरलोड होने के कारण जब फ्यूज अवयव गर्म होकर पिघल कर टूट जाता है, तो फ्यूज के दोनों साइड में लगा कागज जिसे लो-आउट डिवाइस कहते हैं, कट जाता है तथा फ्यूज तार के आस-पास रखा पाउडर, स्पार्किंग को रोकता है।

चित्र में D-टाइप कार्ट्रिज फ्यूज की संरचना दर्शायी गई है। इनका प्रयोग ऊर्ध्वाधर ड्रिल मशीन एवं बड़ी मशीनों में किया जाता है।

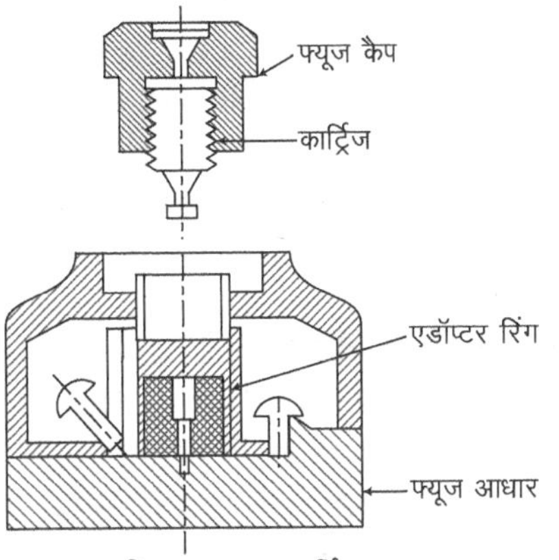

चित्र D-टाइप कार्ट्रिज फ्यूज

(vi) हाई रैप्चरिंग कैपेसिटी फ्यूज
High Rupturing capacity fuse (HRC)

एच.आर.सी. फ्यूज, कार्ट्रिज फ्यूज का विकसित रूप है और इनकी रैप्चरिंग कैपेसिटी (rupturing capacity) 66 kV से 500 MVA तक होने के कारण ही इन्हें उच्च विदारक क्षमता वाले फ्यूज भी कहते हैं। इनकी मुख्य विशेषता यह है कि ये शॉर्ट-सर्किट दोष के अन्तर्गत एक निश्चित समय तक उच्चतम विद्युत धारा प्रवाह की क्षमता रखते हैं। यदि इस निश्चित समय के अन्तर्गत, शॉर्ट सर्किट दोष (short circuit fault) दूर हो जाए, तब फ्यूज अवयव पिघल कर नष्ट नहीं होता। इसके विपरीत, यदि इस समय में यह दोष दूर नहीं होता है, तो फ्यूज अवयव पिघल कर नष्ट हो जाता है और विद्युत परिपथ में विद्युत धारा का मान शून्य हो जाता है।

इस फ्यूज इकाई का बाह्य आवरण, बेलनाकार नली के रूप में विद्युतरोधी पदार्थ काँच अथवा पोर्सिलेन टाइल से निर्मित होता है। इसमें फ्यूज अवयव के लिए सिल्वर के तार का प्रयोग किया जाता है। इस फ्यूज अवयव के चारों ओर फिलर पदार्थ (filler material) भरा होता है। इस प्रकार प्राप्त विद्युतरोधी नली के दोनों सिरे पीतल की सुदृढ़ फिलर कैप (caps) से पूर्णत: वायुरोधी (airtight) सील बन्द होते हैं।

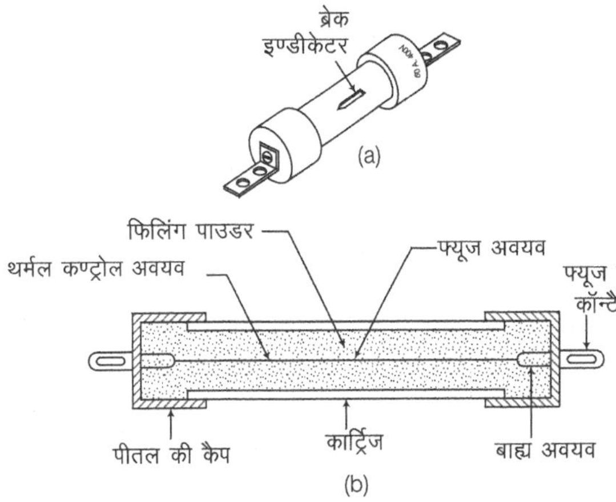

चित्र हाई रैप्चरिंग कैपेसिटी (HRC) फ्यूज की बाह्य एवं आन्तरिक संरचना

इन पीतल की टोपियों के द्वारा ही नली के अन्दर सिल्वर की पत्ती (silver strip) का फ्यूज अवयव जुड़ा होता है। यदि HRC फ्यूज में एक सूचक (indicator) यन्त्र भी संयोजित कर दिया जाता है, तो यह सूचक युक्त HRC फ्यूज कहलाता है। यह सूचक यन्त्र फ्यूज तार के समान्तर में संयोजित किया जाता है, इस सूचक से एक बल्ब संयोजित होता है जो फ्यूज की स्थिति के विषय में सूचित करता है।

फ्यूज का अभिलक्षण Characteristics of Fuse

किसी विद्युतीय परिपथ में फ्यूज तब तक ही कार्य करता है, जब तक कि इसका तापमान गलनांक बिन्दु से कम रहता है। जब फ्यूज का तापमान I^2R तक बढ़ जाता है, तब फ्यूज पिघल जाता है, यहाँ R फ्यूज का प्रतिरोध तथा I फ्यूज में प्रवाहित धारा है। फ्यूज का प्रतिरोध नियत रहता है, परन्तु धारा के मान में वृद्धि होने के कारण फ्यूज अधिक गर्म हो जाता है तथा पिघलकर टूट जाता है।

धारा के मान में यह वृद्धि अधिक लोड के कारण अथवा शॉर्ट सर्किट होने के कारण हो सकती है। इस प्रकार यह निष्कर्ष निकलता है कि फ्यूज, अधिक धारा प्रवाह के कारण अधिक तेजी से पिघलता है तथा कम धारा प्रवाह पर कुछ समय पश्चात् पिघलता है। फ्यूज के लिए धारा तथा पिघलने के समय के इस सम्बन्ध को ही फ्यूज का अभिलक्षण कहते हैं जिसे निम्न वक्र (curve) द्वारा स्पष्ट किया गया है।

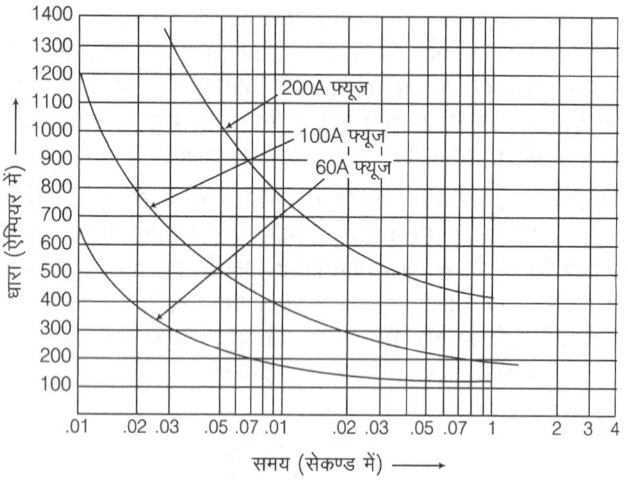

चित्र धारा-समय के मध्य अभिलक्षण वक्र

उपरोक्त धारा-समय वक्र में 60 A, 100 A तथा 200 A के तीन फ्यूज प्रयोग किए गए हैं। इस वक्र को समझने के लिए 60 A के फ्यूज को संज्ञान में लेते हैं। यदि 60 A के इस फ्यूज में से 375 A की धारा प्रवाहित होती है, तो यह फ्यूज 0.02 अर्थात् 2 मिली सेकण्ड में ही पिघलकर टूट जाएगा। यदि इस फ्यूज में से 200 A की धारा प्रवाहित होती है, तो यह 0.07 सेकण्ड अर्थात् 7 मिली सेकण्ड में ही टूट जाएगा। इसी प्रकार यदि इस फ्यूज में से 1200 A की धारा प्रवाहित होती है, तो यह 1 मिली सेकण्ड में ही टूट जाएगा।

फ्यूज के लाभ एवं हानि

Advantages and Disadvantages of Fuse

लाभ

फ्यूज के मुख्य लाभ निम्न हैं

(i) फ्यूज सुरक्षा युक्तियों में सबसे सस्ती युक्ति है।
(ii) यह एक स्वचालित युक्ति है।
(iii) इसे रख-रखाव (maintenance) की आवश्यकता नहीं होती।
(iv) इससे परिपथ को बिना आवाज अथवा धुएँ के विच्छेदित किया जा सकता है।
(v) यह परिपथ में आसानी से सैट हो जाता है, क्योंकि यह आकार में छोटा होता है।
(vi) यह बहुत ही तीव्र गति से कार्य करता है।
(vii) फ्यूज स्वयं पिघलकर परिपथ को क्षतिग्रस्त होने से बचाता है।
(viii) धारा के मान के अनुसार, फ्यूज का चयन किया जा सकता है।
(ix) इसका प्रयोग ट्रांसफॉर्मर, आल्टरनेटर, मोटर इत्यादि युक्तियों में सुरक्षा युक्ति की भाँति किया जा सकता है।
(x) फ्यूज बहुत कम ऊर्जा की खपत करता है।

हानियाँ

फ्यूज से होने वाली मुख्य हानियाँ निम्नलिखित हैं

(i) विभिन्न प्रकार के परिपथों के लिए अलग-अलग प्रकार के फ्यूज का प्रयोग करना होता है।
(ii) उपयुक्त गलनांक वाले फ्यूज का चुनाव करना एक कठिन कार्य है।
(iii) फ्यूज जल जाने के पश्चात् पुनः प्रयोग नहीं किया जा सकता है।

6.2 रिले Relay

रिले एक ऐसी युक्ति है, जो किसी वैद्युतिक अथवा इलेक्ट्रॉनिक परिपथ के वोल्टेज अथवा उसमें प्रवाहित होने वाली धारा के मान के आधार पर दूसरे परिपथों को 'ऑन' अथवा 'ऑफ' करने हेतु प्रयोग की जाती है।

रिले का वर्गीकरण Classification of Relay

रिले को उपयोगिता, प्रचालन एवं संरचना के आधार पर निम्न प्रकार से वर्गीकृत किया जाता है

1. उपयोगिता के आधार पर On the Basis of Uses

उपयोगिता के आधार पर रिले निम्न प्रकार की होती हैं

(i) **वोल्टेज रिले** इसमें अभिलक्षण राशि को परिपथ की वोल्टेज के संयोजन बिन्दु पर निर्धारित करते हैं।
(ii) **धारा रिले** इस रिले में अभिलक्षण राशि को परिपथ धारा के संयोजन बिन्दु पर निर्धारित करते हैं।
(iii) **अतिधारा रिले** इस प्रकार के रिले परिपथ में निर्धारित धारा से अधिक धारा प्रवाहित होने पर कार्य करती हैं।
(iv) **अतिवोल्टेज रिले** इस प्रकार की रिले निर्धारित वोल्टेज से अधिक वोल्टेज होने पर प्रयोग की जाती हैं।
(v) **आवृत्ति रिले** इसमें प्रचालन समय के आधार पर, बिन्दु पर अभिलक्षण राशि देती हैं।
(vi) **मन्द धारा रिले** ये रिले निर्धारित धारा से कम धारा पर कार्य करती हैं।
(vii) **मन्द वोल्टता रिले** यह रिले निर्धारित वोल्टेज से कम वोल्टेज पर कार्य करती हैं।

2. प्रचालन समय के आधार पर

On the Basis of Operating Time

प्रचालन समय के आधार पर रिले निम्न प्रकार की होती हैं

(i) **इन्वर्स टाइम लॉग रिले** इनका प्रचालन समय, विद्युत राशि के परिणाम के व्युत्क्रमानुपाती होता है।

(ii) **तात्कालिक रिले** यह रिले अल्प समय के दोष उत्पन्न होने पर आरम्भ हो जाती है।

(iii) **निश्चित टाइम लैग रिले** ये रिले कुछ निश्चित समय के बाद आरम्भ होती हैं।

3. संरचना के आधार पर On the Basis of Construction

संरचना के आधार पर रिले के निम्न प्रकार उपलब्ध हैं

(i) **सोलेनॉयड टाइप रिले** यह एक सोलेनॉयड के रूप में होती है, जिसका प्रचालन अधिक धारा प्रवाहित होने पर किया जाता है तथा इसमें प्लंजर को सोलेनॉयड के चुम्बकीय क्षेत्र द्वारा आकर्षित किया जाता है।

(ii) **मूविंग आयरन टाइप रिले** इस रिले में लोहे के आर्मेचर को विद्युत चुम्बकीय क्षेत्र द्वारा आकर्षित किया जाता है। विद्युत चुम्बक में निश्चित धारा से अधिक धारा प्रवाहित होने पर यह रिले आरम्भ होती है।

(iii) **इलेक्ट्रोडायनमिक टाइप रिले** इस रिले में धारावाही कुण्डली, विद्युत चुम्बकीय क्षेत्र में गतिशील होती है।

(iv) **इण्डक्शन रिले** इसमें भंवर धाराओं द्वारा धातु की डिस्क में घूर्णन बलाघूर्ण (rotating torque) उत्पन्न होता है।

(v) **स्थैतिक रिले** जैसा कि नाम से स्पष्ट है, इस रिले में कोई गतिमान भाग नहीं होता है।

(vi) **तापीय रूपी रिले** यह रिले ताप बढ़ने पर प्रचालित होती है।

(vii) **इलेक्ट्रोमेग्नेटिक रिले** यह रिले ए.सी. अथवा डी.सी. सिग्नलों द्वारा प्रचालित होती है।

रिले के प्रकार Types of Relay

यान्त्रिक उपकरणों में मुख्य रूप से प्रयुक्त होने वाली रिले निम्नलिखित हैं

1. विद्युत चुम्बकीय रिले
2. ओवरलोड रिले
3. तापीय रिले

1. विद्युत चुम्बकीय रिले Electromagnetic Relay

वैद्युतिक परिपथों को स्वचालित रूप से 'ऑन' अथवा 'ऑफ' करने के लिए प्रयोग की जाने वाली विद्युत चुम्बकीय युक्ति, विद्युत चुम्बकीय रिले कहलाती है। यह एक धारा नियन्त्रक युक्ति है।

इसमें मुख्यत: एक 6V/12V डी.सी. क्वॉयल लौह-रीड, NO (normally open) एवं NC (normally closed) संयोजक होते हैं, जैसा कि चित्र में दर्शाया गया है। NO तथा NC संयोजकों की संख्या आवश्यकतानुसार रखी जाती है। इसमें क्वॉयल को नियन्त्रक सिग्नल, सीधे ही परिपथ से प्रदान किया जाता है। जैसे ही नियन्त्रक सिग्नल की धारा का मान, पूर्व-निर्धारित मान तक पहुँचता है, विद्युत-चुम्बक पूर्णत: उत्तेजित हो जाता है। विद्युत-चुम्बक, लौह-रीड को आकर्षित कर लेता है और NO तथा NC संयोजक, आवश्यकतानुसार परिपथों को क्रमश: 'ऑन' अथवा 'ऑफ' कर देते हैं। इस युक्ति की सहायता से किसी वैद्युतिक/इलेक्ट्रॉनिक उपकरण को 'रिमोट कण्ट्रोल' के द्वारा भी प्रचालित किया जा सकता है।

चुम्बकीय रिले का उपयोग वोल्टेज स्टेबिलाइजर, वोल्टेज रेगुलेटर, मशीनों के कण्ट्रोल सर्किट, रिमोट कण्ट्रोल से प्रचालित उपकरणों, रेफ्रीजरेटर, टेलीफोन एक्सचेंज, रिसीवर, ट्रांसमीटर आदि उपकरणों में किया जाता है।

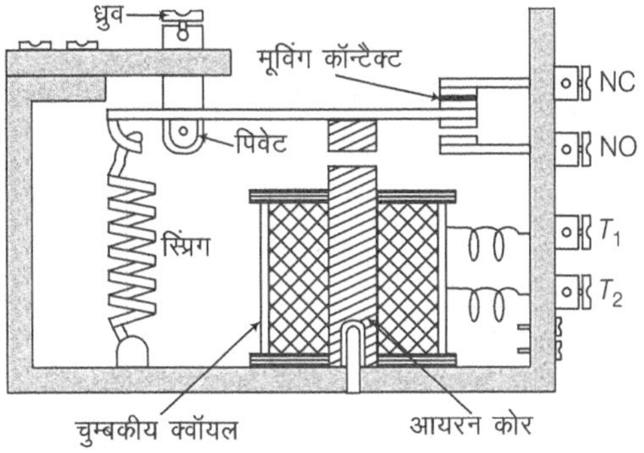

चित्र विद्युत चुम्बकीय रिले

विद्युत चुम्बकीय रिले का वर्गीकरण Classification of Electromagnetic Relay

विद्युत चुम्बकीय रिले निम्न तीन प्रकार की होती हैं

- **धारा संवेदी रिले** (Current sensing relay) धारा संवेदी रिले, उसमें से प्रवाहित होने वाली धारा के पूर्व निर्धारित उच्च सीमा मान पर पहुँचने पर उत्तेजित होती है। इस प्रकार की रिले 100 mA से 10 A धारा परास में बनाई जाती है।
- **वोल्टेज संवेदी रिले** (Voltage sensing relay) वोल्टेज संवेदी रिले, उसके वोल्टेज मान के एक पूर्व निर्धारित मान से अधिक हो जाने पर उत्तेजित होती है। इस प्रकार की रिले सामान्यत: 3 वोल्ट से 24 वोल्ट परास में बनाई जाती है।
- **अधो धारा संवेदी रिले** (Under current sensing relay) अधो धारा संवेदी रिले, उसमें से प्रवाहित होने वाली धारा के पूर्व निर्धारित मान से घट जाने की स्थिति में उत्तेजित होती है। इस प्रकार की रिले अलार्म तथा अन्य सुरक्षा युक्तियों में प्रयोग की जाती है।

2. ओवरलोड रिले Overload Relay

ओवरलोड रिले की मौलिक संरचना सामान्य प्रकार की चुम्बकीय रिले के समान ही होती है। इसमें कुण्डली को इस प्रकार बनाया जाता है कि यह पूर्व-निर्धारित मान की अपेक्षा भार-धारा का मान बढ़ जाने पर उत्तेजित हो जाती है और NC संयोजकों के द्वारा परिपथ को विसंयोजित कर देती है।

तीन-फेज लाइन के लिए तीन ओवरलोड रिले प्रयोग की जाती हैं। तीनों रिले की रीड एक दस्ते के द्वारा जोड़ दी जाती हैं जिससे कि किसी एक फेज में भार-धारा का मान बढ़ने पर तीनों फेज विसंयोजित हो जाते हैं। विद्युत वितरण केन्द्र 100 से 300 ऐम्पियर तक धारा आपूर्ति करते हैं। अत: इस प्रकार के परिपथों के लिए धारा ट्रांसफॉर्मर (current transformer) प्रयोग करके, निम्न धारा मान पर प्रचालित होने वाली रिले प्रयोग की जाती हैं जो आनुपातिक आधार पर, ओवरलोड स्थिति में सर्किट ब्रेकर के माध्यम से परिपथ को 'ऑफ' कर देती हैं। इन्हें **ट्रिपिंग रिले** (tripping relay) के नाम से भी जाना जाता है।

3. तापीय रिले Thermal Relay

तापीय रिले, विद्युत धारा के ऊष्मीय प्रभाव पर आधारित होती हैं। मोटर स्टार्टर तथा ओवरलोड युक्तियों में प्रयुक्त तापीय रिले में एक द्विधात्विक स्ट्रिप लगी होती है जो प्रतिरोध निर्मित हीटर कुण्डली पर माउण्ट होती है।

द्विधात्विक स्ट्रिप प्राय: हीटिंग क्वॉयल द्वारा गर्म होती है जिसे एक धारा ट्रांसफॉर्मर द्वारा धारा प्राप्त होती है।

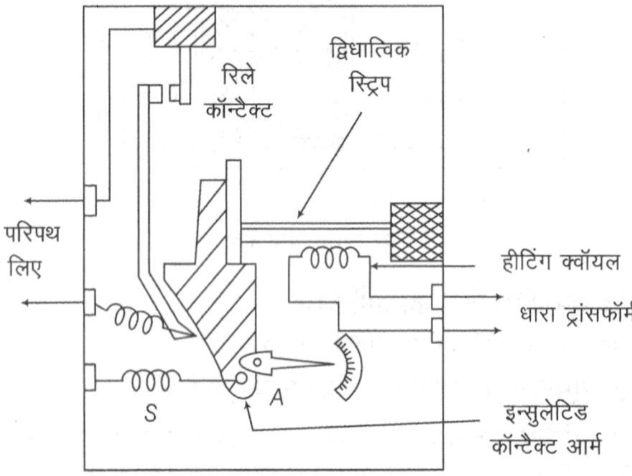

चित्र तापीय रिले

तापीय रिले में एक इन्सुलेटेड आर्म होती है जिस पर एक कॉन्टैक्ट (contact) बना होता है। यह इन्सुलेटेड आर्म सामान्यत: पिवेटिड (pivoted) होती है तथा एक स्प्रिंग S द्वारा स्ट्रिप के स्पर्श में रहती है। सेक्टर के आकार की एक प्लेट A को घुमाकर स्प्रिंग के तनाव को परिवर्तित किया जा सकता है।

सामान्य अवस्था में स्ट्रिप सीधी रहती है, परन्तु गर्म होने पर स्ट्रिप मुड़ (bend) जाती है जिससे स्प्रिंग का तनाव समाप्त हो जाता है। इस प्रकार रिले का कॉन्टैक्ट बन्द हो जाता है तथा ट्रिप परिपथ सक्रिय (energise) हो जाता है। अत: रिले की सैटिंग, स्प्रिंग के तनाव को परिवर्तित करके परिवर्तित की जा सकती है।

द्विधात्विक स्ट्रिप निकिल-स्टील अलॉय की परस्पर वैल्ड की हुई स्ट्रिप होती हैं। प्रत्येक स्ट्रिप को कम धारा (under current) के लिए अंशांकित (calibrated) किया जाता है। इस प्रकार की ट्रिपिंग रिले प्राय: मोटर कण्ट्रोल में प्रयोग की जाती है। इस रिले के हीटिंग एलीमेन्ट को इस प्रकार डिजाइन किया जाता है, कि यह सात गुना फुल लोड धारा तक के ओवरलोड को अल्प समय तक सहन करने में सक्षम हो।

6.3 सर्किट ब्रेकर Circuit Breaker

किसी वैद्युतिक लाइन को ऑन/ऑफ करने तथा लाइन की ओवरलोड अथवा शॉर्ट सर्किट अवस्था में उसे स्वत: ऑफ कर देने वाली युक्ति, सर्किट ब्रेकर (circuit breaker) कहलाती है। सर्किट ब्रेकर विभिन्न आकार व प्रकार के तथा 5A, 250V से कई हजार ऐम्पियर तथा 440 किलो वोल्ट तक कार्य करने वाले होते हैं।

सर्किट ब्रेकर निम्न प्रकार के होते हैं

1. मिनिएचर सर्किट ब्रेकर
2. अर्थ लीकेज सर्किट ब्रेकर
3. मॉल्डिड केस सर्किट ब्रेकर
4. एयर सर्किट ब्रेकर
5. ऑयल सर्किट ब्रेकर
6. एयर ब्लास्ट सर्किट ब्रेकर
7. स्वचालित सर्किट ब्रेकर

1. मिनिएचर सर्किट ब्रेकर Miniature Circuit Breaker; MCB

वर्तमान समय में घरेलू एवं औद्योगिक वैद्युतिक संस्थापन/वायरिंग में फ्यूज के स्थान पर लघु आकार युक्ति (miniature device) प्रयोग की जाती है। मिनिएचर सर्किट ब्रेकर (miniature circuit breaker; MCB) एक स्वचालित सुरक्षा युक्ति है, जो परिपथ में ओवरलोड अथवा शॉर्ट सर्किट होने पर स्वत: ही स्विच ऑफ अथवा ब्रेक हो जाती है। एक फेज तथा तीन फेज दोनों प्रकार के MCB's प्रयोग में लाए जाते हैं।

बाजार में सिंगल-फेज विद्युत परिपथों के लिए 250 वोल्ट तथा 2.5 से 40 ऐम्पियर परास (ampere range) में एवं थ्री-फेज विद्युत परिपथों के लिए 500 वोल्ट तथा 10 से 100 ऐम्पियर परास में MCB's उपलब्ध होती हैं।

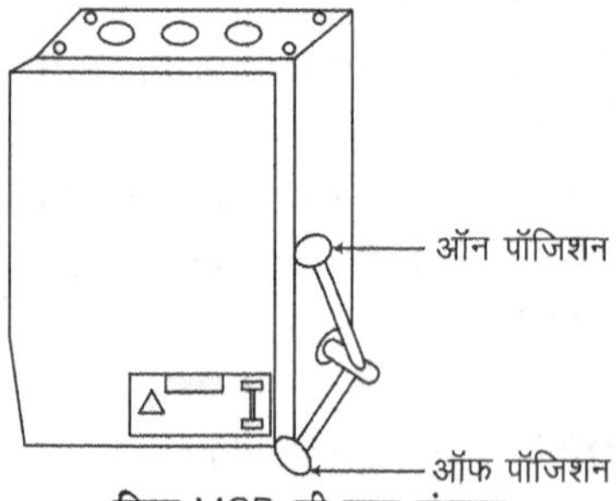

चित्र MCB की बाह्य संरचना

पावर सप्लाई के आधार पर मिनिएचर सर्किट ब्रेकर निम्न दो प्रकार के होते हैं

(i) सिंगल फेज मिनिएचर सर्किट ब्रेकर
(ii) थ्री-फेज मिनिएचर सर्किट ब्रेकर

(i) सिंगल फेज मिनिएचर सर्किट ब्रेकर Single Phase Miniature Circuit Breaker

विद्युत परिपथों में सिंगल फेज धारा सप्लाई (current supply) हेतु सिंगल फेज मिनिएचर सर्किट ब्रेकर्स का उपयोग किया जाता है। ये निम्न प्रकार के होते हैं

(a) **सिंगल पोल मिनिएचर सर्किट ब्रेकर** (Single pole miniature circuit breaker) इस प्रकार के मिनिएचर सर्किट ब्रेकर में सिंगल पोल स्विच की भाँति, सिंगल पोल का प्रयोग किया जाता है, इसलिए इसे सिंगल पोल मिनिएचर सर्किट ब्रेकर कहा जाता है। इस प्रकार के सर्किट ब्रेकर्स परिपथ ओवरलोड अथवा शॉर्ट सर्किट (short circuit) से सुरक्षा हेतु बनाए जाते हैं। ये प्रचालित परिपथों में 120 वोल्ट की पावर सप्लाई प्रदान करने हेतु प्रयोग किए जाते हैं।

चित्र में एक सिंगल पोल मिनिएचर सर्किट ब्रेकर दर्शाया गया है।

चित्र सिंगल पोल मिनिएचर सर्किट ब्रेकर

(b) **डबल पोल मिनिएचर सर्किट ब्रेकर** (Double pole miniature circuit breaker) इस सर्किट ब्रेकर का उपयोग विभिन्न संयोजनों हेतु किया जाता है। ये स्विच (switch) के साथ-साथ रक्षण (protection) का कार्य भी करते हैं, जिसके परिणामस्वरूप इन्हें परिपथ एवं उपकरण नियन्त्रण के साथ रक्षण हेतु भी प्रयोग किया जाता है। यह परिपथ को 240 वोल्ट की पावर सप्लाई प्रदान करता है। चित्र में एक डबल पोल MCB दर्शाया गया है।

चित्र डबल पोल मिनिएचर सर्किट ब्रेकर

(ii) थ्री-फेज मिनिएचर सर्किट ब्रेकर
Three-Phase Miniature Circuit Breaker

ये MCB निम्न दो प्रकार के होते हैं

(a) **थ्री पोल मिनिएचर सर्किट ब्रेकर** (Three pole miniature circuit breaker) इस प्रकार के सर्किट ब्रेकर का प्रयोग छोटे मकानों अथवा आवासों में मुख्य रूप से किया जाता है। छोटे मकानों में 10 से 16 ऐम्पियर का मिनिएचर सर्किट ब्रेकर प्रयोग किया जाता है। इसमें स्विचिंग एवं रक्षण तीन फेजों में प्रभावित होता है, क्योंकि इसमें न्यूट्रल की व्यवस्था नहीं होती। चित्र में थ्री पोल MCB को दर्शाया गया है।

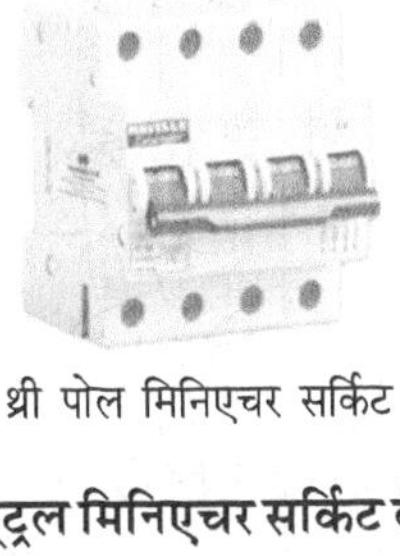

चित्र थ्री पोल मिनिएचर सर्किट ब्रेकर

(b) **थ्री पोल एवं न्यूट्रल मिनिएचर सर्किट ब्रेकर** (Three pole and neutral miniature circuit breaker) इसे चार पोल मिनिएचर सर्किट ब्रेकर भी कहा जाता है। इसमें एक पोल न्यूट्रल तार (neutral wire) तथा तीन पोल फेज तारों (phase wires) का संयोजन किया जाता है। इसमें केवल तीन फेजों में ही रक्षण होता है। न्यूट्रल फेज के लिए किसी रक्षण की व्यवस्था नहीं होती, क्योंकि न्यूट्रल फेज केवल एक विद्युतरोधन पोल (isolating pole) होता है।

एम.सी.बी. की विशेषताएँ Specifications of MCB

विभिन्न मिनिएचर सर्किट ब्रेकर की विशेषताएँ निम्नलिखित हैं

क्र.सं.	विभिन्न सर्किट ब्रेकर	धारा रेटिंग	वोल्टेज रेटिंग
1.	सिंगल फेज एम.सी.बी.	5A, 10A, 15A, 30A, 50A, 60 A	250 V
2.	थ्री-फेज एम.सी.बी.	5A, 32A, 45A, 63 A	500 V
3.	थ्री-फेज न्यूट्रल एम.सी.बी	5A, 30A, 45A, 63A	500 V

2. अर्थ लीकेज सर्किट ब्रेकर
Earth Leakage Circuit Breaker; ELCB

अर्थ लीकेज सर्किट ब्रेकर एक सुरक्षा युक्ति है जो वैद्युतिक संस्थापन (electrical installation) में उच्च भू-प्रतिबाधा के साथ विद्युत झटके (electric shock) को रोकने के लिए प्रयोग की जाती है। यह युक्ति विद्युत उपकरणों के धात्विक आवरण पर लघु स्ट्रे वोल्टेज (small stray voltage) का पता लगाती है। वर्तमान समय में विद्युत संस्थापन में झटके से सुरक्षा हेतु अवशेष विद्युत धारा सर्किट ब्रेकर (residual electric current circuit breakers) प्रयोग किए जा रहे हैं जो सीधे ही लीकेज धारा (leakage current) का पता लगा लेते हैं।

चित्र में ELCB परिपथ की संरचना दर्शायी गई है।

(i) वोल्टेज प्रचालित ELCB (ii) अवशेष धारा युक्त ELCB

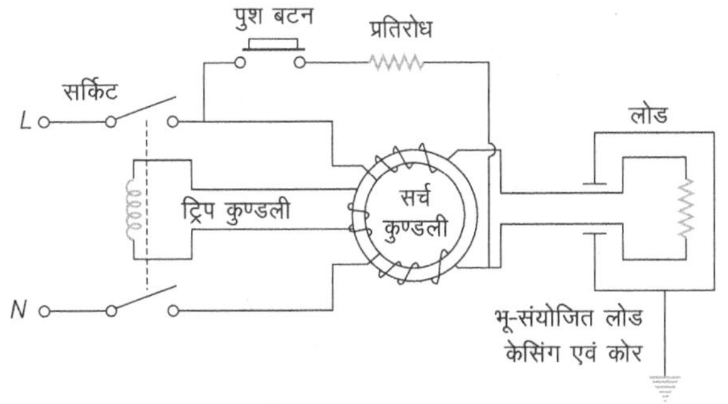

चित्र ELCB परिपथ

ELCB परिपथ निम्न दो प्रकार से प्रचालित किए जाते हैं

(i) वोल्टेज प्रचालित ELCB Voltage Operated ELCB

यह परिपथ वियोजक, वैद्युतिक उपकरण के धात्विक आवरण पर लीकेज वोल्टेज ज्ञात करता है। जब लीकेज वोल्टेज का मान भू-इलेक्ट्रोड के सापेक्ष 50 वोल्ट तक पहुँच जाता है, तब यह विद्युत संस्थापन से जुड़े सर्किट ब्रेकर के सम्पर्कों को तुरन्त खोल (open) देता है। इससे उपकरण पर कार्य करने वाले व्यक्ति को विद्युत का झटका नहीं लगता तथा उस दोष युक्त उपकरण को वैद्युतिक संस्थापन से पृथक् करने के पश्चात् ही V-ELCB के मुख्य सर्किट ब्रेकर को पुन: ऑन किया जा सकता है। V-ELCB में एक द्वितीयक टर्मिनल होता है जिसे सीधा सन्दर्भ (reference) भू-इलेक्ट्रोड से संयोजित किया जाता है। जब किसी विद्युत

संस्थापन के साथ सुरक्षा की दृष्टि से V-ELCB संयोजित करना होता है, तो उस विद्युत संस्थापन से सम्बन्धित भू-इलेक्ट्रोड (earth-electrode) के भूमि खण्ड के मध्य प्रतिरोध मान को सुधारा जाता है।

यदि उस वैद्युतिक संस्थापन के भू-इलेक्ट्रोड का प्रतिरोध 2 ओम से अधिक है, तो उस भू-इलेक्ट्रोड के साथ लगे भू-नलिका (earth-pipe) में नमक घुला पानी उचित मात्रा में डाल कर भू-इलेक्ट्रोड के प्रतिरोध मान को कम किया जाता है। इसके अतिरिक्त, भू-तार के संयोजनों (connections) को ठीक प्रकार से स्वच्छ (clean) करने के पश्चात् पुन: ठीक प्रकार कसा जाता है।

(ii) अवशेष धारा युक्त ELCB Residual Current Containing ELCB

यह ELCB युक्ति, V-ELCB के समान ही भू-रिसाव (earth-leakage) से विद्युत मशीन/उपकरणों पर कार्य करने वाले व्यक्तियों की विद्युत झटके से बचाव/सुरक्षा करती है। यह तीन फेजों में से किसी भी फेज से संयोजित विद्युत उपकरण में भू-दोष उत्पन्न होने पर मशीन/उपकरण पर कार्य करने वाले व्यक्ति की विद्युत झटके से सुरक्षा करती है।

यह युक्ति/परिपथ वियोजक कुछ मिली ऐम्पियर विद्युत धारा से प्रचालित हो जाता है। यह एक विशेष प्रकार की लैंचिग रिले है जिसमें एक संवेदनशील (sensitive) चुम्बक क्वॉयल होती है जो विद्युत मशीन/उपकरण के आवरण से संयोजित तार एवं भू-इलेक्ट्रोड के मध्य संयोजित होती है।

जब इन मशीनों/उपकरणों में भू-दोष उत्पन्न होता है, तो उपकरण के बाह्य आवरण पर 50 वोल्ट से कम वोल्टेज उत्पन्न होने पर भी क्वॉयल से धारा प्रवाहित होने लगती है। उस स्थिति में यह सर्किट ब्रेकर परिपथ के सम्पर्कों को खोल देता है, जिससे मशीन पर कार्यरत् व्यक्ति विद्युत झटके से बच जाता है।

3. मॉल्डिड केस सर्किट ब्रेकर
Moulded Case Circuit Breaker; MCCB

साधारण मिनिएचर सर्किट ब्रेकर 5 ऐम्पियर से 60 ऐम्पियर पर कार्य करने के लिए बनाए जाते हैं। इससे अधिक ऐम्पियर पर कार्य करने के लिए मॉल्डिड केस सर्किट ब्रेकर बनाए गए हैं जो 25 ऐम्पियर से 2500 ऐम्पियर तक कार्य कर सकते हैं। ये सर्किट ब्रेकर MCB की भाँति ही तापीय द्विधात्विक पत्ती के द्वारा प्रचालित होते हैं। इन परिपथ वियोजकों को एक तेलयुक्त कक्ष में बन्द कर दिया जाता है, इसलिए इनको मॉल्डिड केस परिपथ सर्किट ब्रेकर कहा जाता है।

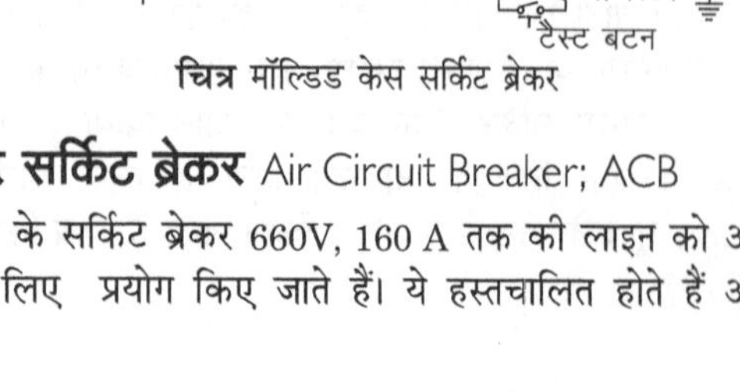

चित्र मॉल्डिड केस सर्किट ब्रेकर

4. एयर सर्किट ब्रेकर Air Circuit Breaker; ACB

इस प्रकार के सर्किट ब्रेकर 660V, 160 A तक की लाइन को ऑन/ऑफ करने के लिए प्रयोग किए जाते हैं। ये हस्तचालित होते हैं और इनके संयोजक, परिपथ को 'ऑन'/'ऑफ' करने के लिए वायु में गति करते हैं, इसलिए इन्हें 'एयर सर्किट ब्रेकर' कहते हैं।

ये डबल पोल तथा ट्रिपल पोल प्रकार के होते हैं। प्रत्येक पोल के श्रेणी-क्रम में एक ओवरलोड रिलीज क्वॉयल (Overload Release Coil, ORC) जुड़ी होती है।

इस क्वॉयल के प्रचालन के लिए विद्युत धारा के मान को आवश्यकतानुसार समायोजित किया जा सकता है।

जैसे ही लाइन की विद्युत धारा का मान, पूर्व निर्धारित मान से अधिक होने लगता है, ये क्वॉयल्स, सर्किट ब्रेकर को स्वत: ही (automatically) 'ऑफ' कर देती हैं

चित्र में एक सरल डबल पोल प्रकार के एयर सर्किट ब्रेकर की संरचना दर्शायी गई है

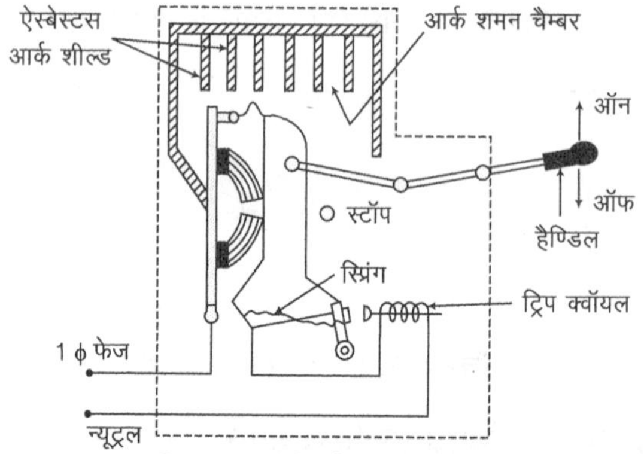

चित्र एयर सर्किट ब्रेकर डबल पोल

5. ऑयल सर्किट ब्रेकर Oil Circuit Breaker; OCB

इस प्रकार के सर्किट ब्रेकर्स 11 kV, 1200 A तक की लाइन को ऑन/ऑफ करने के लिए प्रयोग किए जाते हैं। ये भी हस्तचालित होते हैं, परन्तु इनके संयोजक, परिपथ को ऑन/ऑफ करने के लिए अचालक तेल में गति करते हैं। यह तेल एक चैम्बर/पात्र में भरा होता है। अचालक तेल, स्पार्किंग को नियन्त्रित करता है और संयोजकों में उत्पन्न हुई ऊष्मा को सोख लेता है। चित्र में डबल पोल प्रकार के सरल सर्किट ब्रेकर की संरचना दर्शायी गई है।

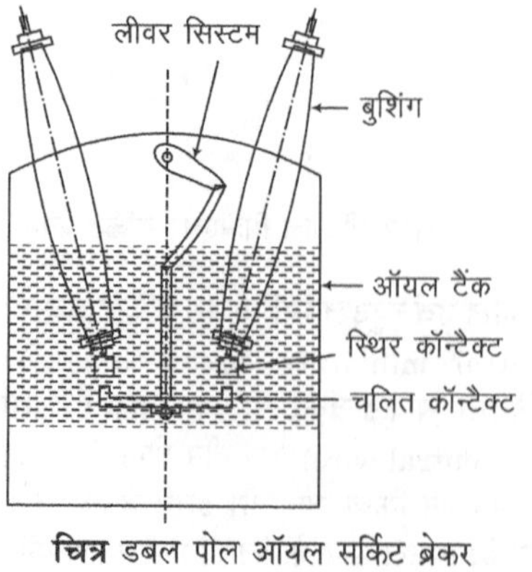

चित्र डबल पोल ऑयल सर्किट ब्रेकर

निम्न चित्र में 3-फेज हस्तचालित 11kV, 1200 A ऑयल सर्किट ब्रेकर का पैनल तथा आन्तरिक दृश्य दर्शाया गया है।

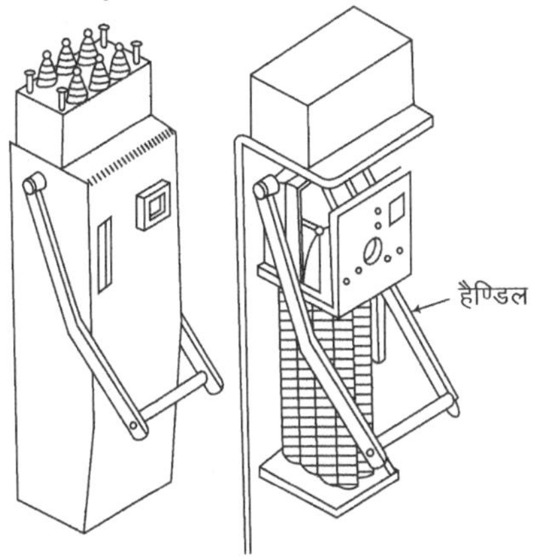

चित्र 3-फेज डबल पोल ऑयल सर्किट ब्रेकर

220 kV लाइन के लिए प्रयोग किए जाने वाले सर्किट ब्रेकर में प्रत्येक फेज के लिए पृथक् ऑयल-चैम्बर होता है। इसे 'ऑन/'ऑफ' करने के लिए एक बड़ा हैण्डिल लगा होता है अथवा इसे एक बैटरी चालित डी.सी. मोटर के द्वारा प्रचालित किया जाता है।

6. एयर ब्लास्ट सर्किट ब्रेकर
Air Blast Circuit Breaker; ABCB

11 kV से अधिक वोल्टेज पर कार्य करने वाले ऑयल सर्किट ब्रेकर में यह दोष होता है कि अधिक वोल्टेज के कारण इनमें तेल का वाष्पीकरण होने लगता है जिसे बाहर निकालने के लिए वैन्ट (vent) बनाने की आवश्यकता होती है। 11kV से अधिक वोल्टेज की लाइन को 'ऑन/'ऑफ' करने के लिए प्राय: एयर ब्लास्ट सर्किट ब्रेकर्स प्रयोग किए जाते हैं। इनमें चल संयोजकों (movable contacts) का संचालन, 50-60 किग्रा/वर्ग सेमी दाब वाली शुष्क वायु से किया जाता है। सर्किट ब्रेकर को वायु दाब से प्रचालित करने के लिए इसमें एक पृथक् एयर-कम्प्रैसर (air compressor) की व्यवस्था की जातीं है।

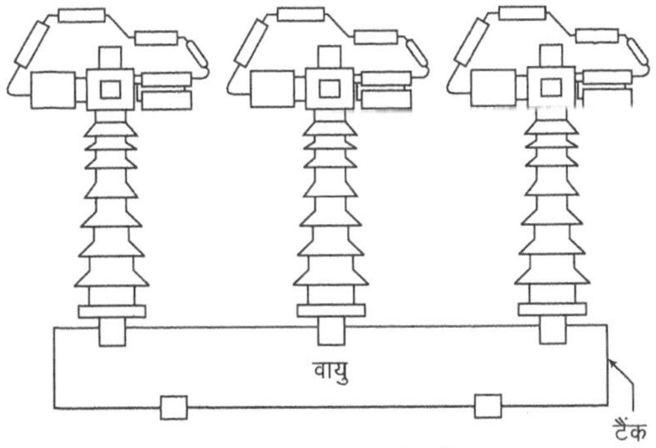

चित्र एयर ब्लास्ट सर्किट ब्रेकर

उच्च वायु दाब, सर्किट ब्रेकर को प्रचालित करने के साथ-साथ स्पार्किंग को भी नियन्त्रित करती है। चित्र में 110 kV, 3-फेज ABCB दर्शाया गया है। जब यह सर्किट ब्रेकर 'ऑन अथवा 'ऑफ' होता है, तो विस्फोट (blast) की ध्वनि उत्पन्न होती है, इसलिए इसका नाम एयर ब्लास्ट सर्किट ब्रेकर रखा गया। विस्फोट प्रणाली के आधार पर ये सर्किट ब्रेकर्स निम्न तीन प्रकार के होते हैं

- एक्सिल ब्लास्ट (Axial blast) सर्किट ब्रेकर
- रेडियल ब्लास्ट (Radial blast) सर्किट ब्रेकर
- क्रॉस ब्लास्ट (Cross blast) सर्किट ब्रेकर

7. स्वचालित सर्किट ब्रेकर
Automatic Circuit Breaker; ACB

यह ऑयल सर्किट ब्रेकर का संशोधित (modified) रूप है। प्रारम्भ में इसे हस्तचालित हैण्डिल से ही 'ऑन' किया जाता है। इसमें एक विद्युत धारा प्रचालित विद्युत चुम्बक लगा होता है जैसे ही विद्युत धारा का मान, एक पूर्व-निर्धारित मान से अधिक होता है, विद्युत चुम्बक उत्तेजित हो जाता है और सप्लाई परिपथ को 'ऑफ' कर देता है। यदि विद्युत धारा का मान कुछ समय पश्चात् 'सामान्य' हो जाता है, तो विद्युत चुम्बक का चुम्बकत्व निर्बल पड़ जाता है और सप्लाई परिपथ स्वत: ही 'ऑन' हो जाता है परन्तु सप्लाई परिपथ में बार-बार दोष पैदा होने की अवस्था में यह सर्किट ब्रेकर, सप्लाई परिपथ को स्थायी रूप से 'ऑफ' कर देता है। तत्पश्चात् सप्लाई परिपथ का दोष दूर करके, सर्किट ब्रेकर को हाथ से 'ऑन' करना पड़ता है। इस प्रकार स्वचालित सर्किट ब्रेकर, एक ऐसी सुरक्षा युक्ति है जो सप्लाई परिपथ की 'सर्ज करण्ट' (अस्थायी ओवरलोड धारा) से सुरक्षा करती है।

6.4 स्थिरवैद्युतिकी प्रभाव Electrostatic Effect

विद्युतीय आवेशों का एक स्थान से दूसरे स्थान पर स्थानान्तरण ही स्थिर विद्युत प्रभाव (electrostatic effect) कहलाता है। जब समान मात्रा में विपरीत आवेश एक-दूसरे के सम्पर्क में आते हैं तब वे एक-दूसरे के आवेश को निरस्त कर देते हैं तथा विद्युतीय उदासीन हो जाते हैं जिसके कारण इस विद्युत का उपयोग व्यावसायिक स्तर पर नहीं किया जाता है। स्थिरविद्युत को किसी एक स्थान से दूसरे स्थान पर नहीं पहुँचाया जा सकता है जिस कारण इसका उत्पादन प्रचुर मात्रा में नहीं किया जा सकता है। इसे घर्षण विद्युत (frictional electricity) के नाम से भी जाना जाता है।

निम्न चित्रों में स्थिर विद्युत उत्पन्न करने को दर्शाया गया है। चित्र (a) के अनुसार, जब एम्बर की छड़ को चमड़े पर रगड़ा जाता है तब कुछ स्वतन्त्र इलेक्ट्रॉन चमड़े से एम्बर पर आ जाते हैं जिससे चमड़े पर इलेक्ट्रॉनों की कमी के कारण धन आवेश (positive charge) आ जाता है तथा एम्बर छड़ पर इलेक्ट्रॉनों की अधिकता के कारण ऋण आवेश (negative charge) आ जाता है, क्योंकि इलेक्ट्रॉन ऋण आवेशित कण होते हैं।

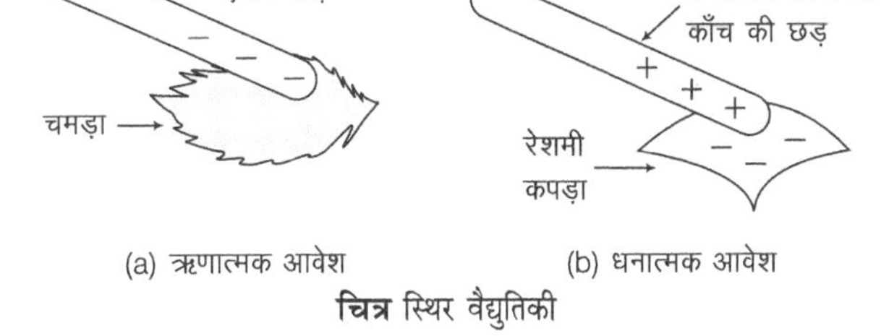

चित्र स्थिर वैद्युतिकी

चित्र (b) के अनुसार, जब किसी काँच की छड़ को रेशमी कपड़े के साथ रगड़ा जाता है, तो कुछ स्वतन्त्र इलेक्ट्रॉन काँच की छड़ से रेशमी कपड़े पर आ जाते हैं। काँच की छड़ पर इलेक्ट्रॉनों की कमी के कारण काँच पर धन आवेश (positive charge) आ जाता है, जबकि रेशमी कपड़े पर इलेक्ट्रॉनों की अधिकता के कारण ऋण आवेश (negative charge) आ जाता है।

6.5 निष्क्रिय अवयव Passive Components

विभिन्न वैद्युतिक परिपथों के निर्माण में विभिन्न प्रकार के अवयवों का प्रयोग किया जाता है जो सक्रिय (active) व निष्क्रिय (passive) प्रकार के होते हैं। निष्क्रिय अवयवों से तात्पर्य उन अवयवों से है जो परिपथों में धारा अथवा वोल्टेज को आवश्यकतानुसार समायोजित करते हैं एवं ये अवयव इनपुट सिग्नल की वोल्टेज या शक्ति को एम्प्लीफाई (amplify) नहीं करते हैं। प्रतिरोधक, प्रेरक एवं संधारित्र इत्यादि निष्क्रिय अवयव है जिनका विवरण निम्नवत् है

1. प्रतिरोधक Resistor

पदार्थों का वह स्वाभाविक गुण जिसके कारण वे स्वयं में से होने वाले विद्युत धारा प्रवाह का विरोध करते हैं, प्रतिरोध कहलाता है तथा वह पदार्थ जो प्रतिरोध का गुण प्रदर्शित करता है, प्रतिरोधक (resistor) कहलाता है। प्रतिरोधक का प्रतीक R और मात्रक ओम (Ω) होता है। इसका मापन ओम-मीटर द्वारा किया जाता है।

2. बैलास्ट प्रतिरोधक Ballast Resistor

बैलास्ट प्रतिरोधक वह युक्ति है जो धारा को विद्युतीय लोड के सापेक्ष नियन्त्रित करती है। जब लोड सिरों पर विभवान्तर कम हो जाता है तथा धारा का मान अधिक बढ़ जाता है तब उस लोड के साथ एक बैलास्ट प्रतिरोधक प्रयोग किया जाता है। यदि लोड को नियत वोल्टेज पावर सप्लाई से संयोजित किया जाता है तो यह लोड धारा के मान को कम कर देता है जिससे वोल्टेज के मान में वृद्धि हो जाती है।

इसके फलस्वरूप लोड खराब हो सकता है अन्यथा पावर सप्लाई फेल हो सकती है। इस स्थिति से बचने के लिए बैलास्ट प्रतिरोधक परिपथ में धनात्मक प्रतिरोधक का कार्य करता है तथा धारा के मान को नियन्त्रित करता है। ऑटोमोबाइल प्रज्वलन सिस्टम में बैलास्ट प्रतिरोधक का प्रयोग प्रज्वलन सिस्टम पर आरोपित धारा को नियमित करने के लिए किया जाता है। निम्न आरेख में बैलास्ट प्रतिरोधक के परिपथ को दर्शाया गया है

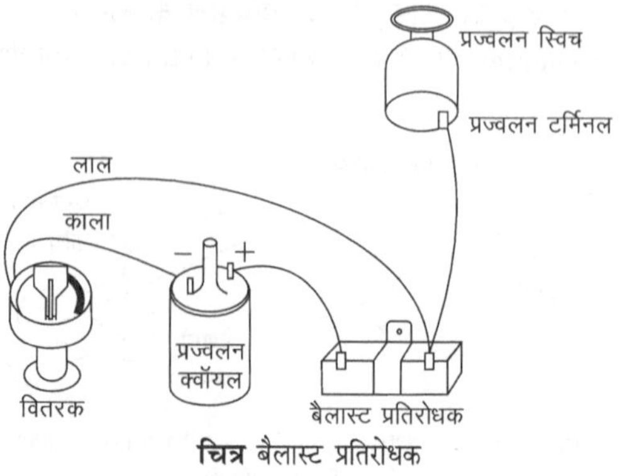

चित्र बैलास्ट प्रतिरोधक

बैलास्ट प्रतिरोधक को परिपथ के श्रेणी क्रम में प्रज्वलन स्विच तथा प्रज्वलन क्वॉयल के धनात्मक टर्मिनल पर लगाया जाता है। ऑटोमोबाइल इंजन के धीमी गति पर चलने से धारा के मान में वृद्धि होने के कारण प्रज्वलन क्वॉयल अधिक गर्म हो जाती है। बैलास्ट प्रतिरोधक धारा को नियन्त्रित करके प्रज्वलन क्वॉयल को अधिक गर्म होने से बचाता है। इंजन के उच्च गति पर चलने के कारण प्रज्वलन क्वॉयल में धारा का मान कम रहता है, जिससे यह गर्म नही होती।

विद्युत परिपथों में प्रतिरोधकों का संयोजन
Combination of Resistors in Electric Circuits

जब किसी विशेष मान के प्रतिरोधक की आवश्यकता हो और उस मान का प्रतिरोधक अंकित मान में उपलब्ध न हो, तो प्रतिरोधकों को विभिन्न क्रमों में संयोजित करके आवश्यक प्रतिरोध मान प्राप्त किया जा सकता है। किसी भी परिपथ में प्रतिरोधकों को निम्न प्रकार के संयोजनों में संयोजित करके प्रयोग किया जाता है।

1. श्रेणी संयोजन 2. समान्तर संयोजन 3. मिश्रित संयोजन

1. श्रेणी संयोजन Series Combination

"प्रतिरोधकों का वह संयोजन, जिसमें विद्युत धारा प्रवाह का केवल एक ही मार्ग उपलब्ध हो, श्रेणी संयोजन कहलाता है।" इस संयोजन में प्रत्येक प्रतिरोधक का विभवान्तर पृथक्-पृथक् होता है और उनका योग कुल विभवान्तर (V_T) के तुल्य होता है, अर्थात्

$$V_T = V_1 + V_2 + V_3 + ...$$

ओम के नियम के अनुसार, किसी प्रतिरोधक के सिरों पर उत्पन्न होने वाला विभवान्तर, उसमें से प्रवाहित हो रही विद्युत धारा तथा उसके प्रतिरोध मान के गुणनफल (IR) के तुल्य होता है।

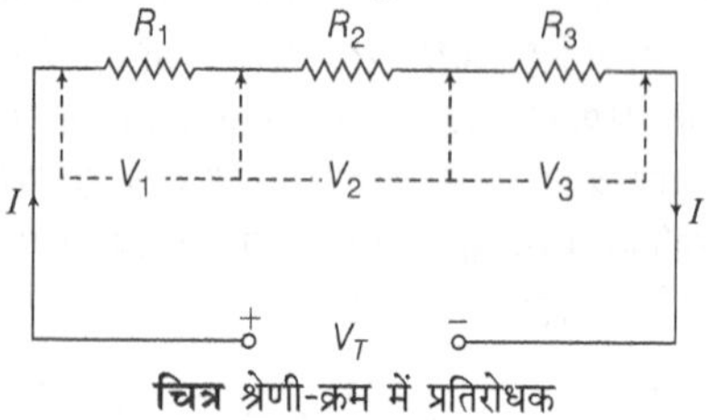

चित्र श्रेणी-क्रम में प्रतिरोधक

उपरोक्त परिपथ में तीनों प्रतिरोधकों (R_1, R_2 व R_3) में होने वाला वोल्टेज ड्रॉप (drop) क्रमशः V_1, V_2 व V_3 है।

अतः ओम के नियम के अनुसार,

$$V_1 = IR_1 \quad \text{तथा} \quad V_2 = IR_2$$
$$V_3 = IR_3$$

श्रेणी-क्रम में धारा का मान अपरिवर्तित रहता है, अर्थात् प्रतिरोधकों में धारा का ड्रॉप शून्य होता है। परिपथ का तुल्य विभवान्तर,

$$V_T = V_1 + V_2 + V_3$$

अतः $V_T = I \cdot R_1 + I \cdot R_2 + I \cdot R_3$

या $V_T = I(R_1 + R_2 + R_3)$

या $\dfrac{V_T}{I} = R_1 + R_2 + R_3$

या $R_T = R_1 + R_2 + R_3$

इस प्रकार, परिपथ का कुल प्रतिरोध, विभिन्न प्रतिरोध मानों के योग के तुल्य होता है। यदि परिपथ में समान मान (R) वाले प्रतिरोधक श्रेणी-क्रम में संयोजित किए हों और उनकी संख्या n हो, तो कुल प्रतिरोध

$$\boxed{R_T = n \cdot R}$$

उदाहरण 1. यदि 50 तथा 100 ओम प्रतिरोध मान वाले दो प्रतिरोधक श्रेणी-क्रम में 220 वोल्ट स्रोत के आर-पार जुड़े हों, तो ज्ञात कीजिए

(i) कुल प्रतिरोध (ii) परिपथ विद्युत धारा

(iii) प्रत्येक प्रतिरोधक का विभवान्तर।

हल ज्ञात है प्रतिरोध, $R_1 = 50$ ओम

प्रतिरोध, $R_2 = 100$ ओम

वोल्टेज, $V = 220$ वोल्ट

(i) कुल प्रतिरोध, $R_T = R_1 + R_2$

$= 50 + 100 = 150$ ओम

(ii) परिपथ विद्युत धारा, $I = \dfrac{V}{R_T} = \dfrac{220}{150} = 1.467$ ऐम्पियर

(iii) 50 ओम प्रतिरोधक का विभवान्तर,

$V_1 = I \times R_1 = 1.467 \times 50$

$= 73.35$ वोल्ट

100 ओम प्रतिरोधक का विभवान्तर,

$V_2 = I \times R_2 = 1.467 \times 100 = 146.7$ वोल्ट

2. समान्तर संयोजन Parallel Combination

"प्रतिरोधकों का वह संयोजन जिसमें सभी प्रतिरोधक एक ही सप्लाई स्रोत से आर-पार संयोजित हों, समान्तर संयोजन कहलाता है।" इस संयोजन में प्रत्येक प्रतिरोधक में से प्रवाहित होने वाली विद्युत धारा का मान पृथक्-पृथक् होता है और उनका योग परिपथ की कुल विद्युत धारा (I_T) के तुल्य होता है, अर्थात्

$$I_T = I_1 + I_2 + I_3 + ...$$

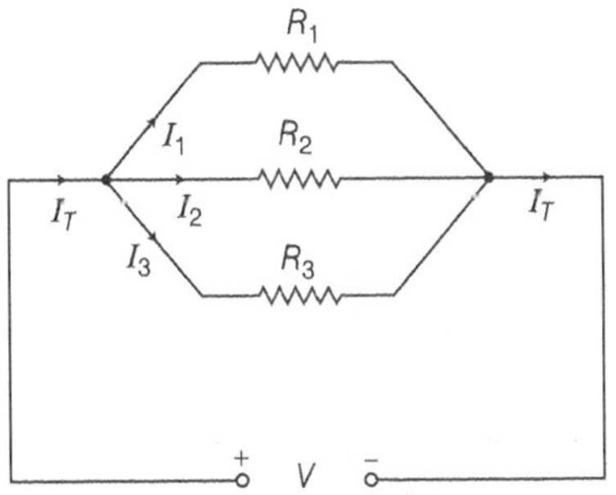

चित्र समान्तर क्रम में प्रतिरोध

उपरोक्त परिपथ में, तीन प्रतिरोधकों R_1, R_2 व R_3 को समान्तर क्रम में संयोजित किया गया है। समान्तर क्रम में लगे प्रत्येक प्रतिरोधक में धारा क्रमशः I_1, I_2 व I_3 प्रवाहित हो रही है। इस संयोजन में प्रत्येक प्रतिरोध में वोल्टेज ड्रॉप परिपथ के तुल्य वोल्टेज (V) के बराबर होता है।

परिपथ की तुल्य धारा $I_T = I_1 + I_2 + I_3$

ओम के नियम के अनुसार, प्रत्येक प्रतिरोध में प्रवाहित धारा

$$I_1 = \frac{V}{R_1}, \quad I_2 = \frac{V}{R_2} \quad \text{तथा} \quad I_3 = \frac{V}{R_3}$$

अतः $$I_T = \frac{V}{R_1} + \frac{V}{R_2} + \frac{V}{R_3}$$

या $$I_T = V\left(\frac{1}{R_1} + \frac{1}{R_2} + \frac{1}{R_3}\right)$$

या $$\frac{I_T}{V} = \frac{1}{R_1} + \frac{1}{R_2} + \frac{1}{R_3}$$

या $$\frac{1}{R_T} = \frac{1}{R_1} + \frac{1}{R_2} + \frac{1}{R_3} \quad \left[\because R = \frac{V}{I} \therefore \frac{I}{V} = \frac{1}{R}\right]$$

इस प्रकार, परिपथ का कुल प्रतिरोध, समान्तर क्रम में जुड़े न्यूनतम प्रतिरोध मान से भी कम होता है। यदि परिपथ में समान मान (R) वाले प्रतिरोधक समान्तर क्रम में संयोजित किए गए हों और उनकी संख्या n हो, तो कुल प्रतिरोध $R_T = \dfrac{R}{n}$

उदाहरण 2. यदि 50 तथा 100 ओम प्रतिरोध मान वाले दो प्रतिरोधक समान्तर क्रम में 220 वोल्ट स्रोत के आर-पार जुड़े हों, तो ज्ञात कीजिए

(i) कुल प्रतिरोध,

(ii) परिपथ विद्युत धारा तथा

(iii) प्रत्येक प्रतिरोधक की विद्युत धारा।

हल ज्ञात है, प्रतिरोधक, $R_1 = 50$ ओम

प्रतिरोधक, $R_2 = 100$ ओम

वोल्टेज, $V = 220$ वोल्ट

(i) $\therefore$ कुल प्रतिरोध, $\dfrac{1}{R_T} = \dfrac{1}{R_1} + \dfrac{1}{R_2} = \dfrac{1}{50} + \dfrac{1}{100} = \dfrac{2+1}{100} = \dfrac{3}{100}$

$\therefore \quad R_T = \dfrac{100}{3} = 33.33$ ओम

(ii) परिपथ विद्युत धारा, $I_T = \dfrac{V}{R_T} = \dfrac{220}{33.33} = 6.6$ ऐम्पियर

(iii) 50 ओम प्रतिरोधक की विद्युत धारा,

$I_1 = \dfrac{V}{R_1} = \dfrac{220}{50} = 4.4$ ऐम्पियर

100 ओम प्रतिरोधक की विद्युत धारा,

$I_2 = \dfrac{V}{R_2} = \dfrac{220}{100} = 2.2$ ऐम्पियर

3. मिश्रित संयोजन Mixed Combination

श्रेणी एवं समान्तर संयोजनों के अतिरिक्त प्रतिरोधकों को मिश्रित क्रम में भी संयोजित किया जा सकता है। मिश्रित संयोजन, मुख्यतः निम्न दो प्रकार के होते हैं

(i) समान्तर-श्रेणी संयोजन

(ii) श्रेणी-समान्तर संयोजन

(i) **समान्तर-श्रेणी संयोजन** Parallel Series Combination

यदि कुछ समान्तर प्रतिरोधक समूहों को श्रेणीक्रम में जोड़ दिया जाए, तो यह समूह, समान्तर-श्रेणी समूह कहलाता है।

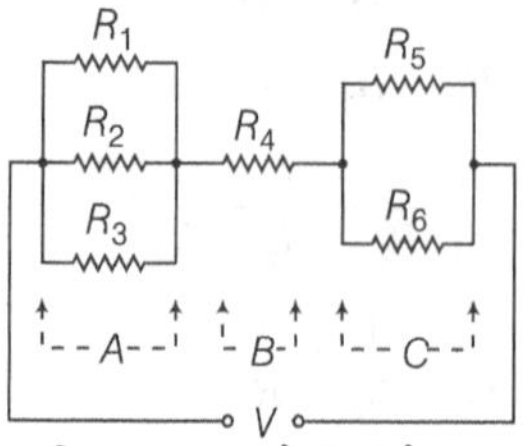

चित्र समान्तर-श्रेणी संयोजन

उपरोक्त परिपथ में प्रतिरोधकों का समान्तर-श्रेणी क्रम संयोजन दर्शाया गया है।

परिपथ का कुल प्रतिरोध, $R_T = R_A + R_B + R_C$

जहाँ $$\frac{1}{R_A} = \frac{1}{R_1} + \frac{1}{R_2} + \frac{1}{R_3}$$

$$R_B = R_4 \Rightarrow \frac{1}{R_C} = \frac{1}{R_5} + \frac{1}{R_6}$$

(ii) **श्रेणी-समान्तर संयोजन** Series-Parallel Combination

यदि कुछ श्रेणी समूहों को समान्तर क्रम में जोड़ दिया जाए, तो यह समूह श्रेणी-समान्तर समूह कहलाता है।

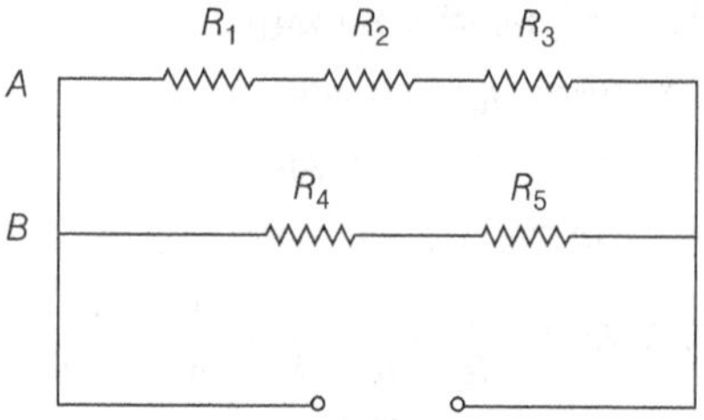

चित्र श्रेणी समान्तर संयोजन

उपरोक्त परिपथ में, प्रतिरोधकों का समान्तर-श्रेणी क्रम संयोजन दर्शाया गया है।

परिपथ का कुल प्रतिरोध, $\frac{1}{R_T} = \frac{1}{R_A} + \frac{1}{R_B}$

$$R_A = R_1 + R_2 + R_3, \quad R_B = R_4 + R_5$$

उदाहरण 3. 5, 10, 15 तथा 20 ओम के प्रतिरोधक आपस में समान्तर क्रम में जोड़कर 1.6 ओम के प्रतिरोधक से श्रेणी में जुड़े हैं। इस परिपथ को 40 वोल्ट की सप्लाई लाइन में जोड़ा गया है, जैसा कि चित्र में दर्शाया गया है। परिपथ का कुल प्रतिरोध तथा प्रत्येक परिपथ में धारा ज्ञात कीजिए।

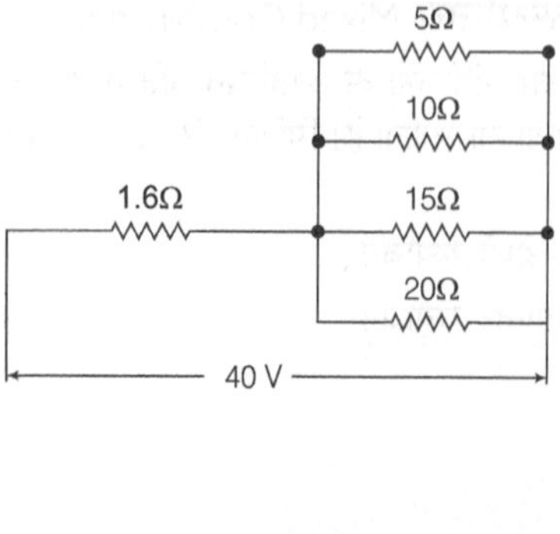

हल समान्तर में जुड़े प्रतिरोधकों का तुल्य प्रतिरोधक निम्न समीकरण से ज्ञात करते हैं

$$\frac{1}{R} = \frac{1}{R_1} + \frac{1}{R_2} + \frac{1}{R_3} + \frac{1}{R_4}$$

यहाँ $$\frac{1}{R} = \frac{1}{5} + \frac{1}{10} + \frac{1}{15} + \frac{1}{20}$$

$$\frac{1}{R} = \frac{25}{60}$$

$$\therefore \quad R = \frac{60}{25} = 2.4 \text{ ओम}$$

अब समान्तर में जुड़े प्रतिरोधकों के तुल्य प्रतिरोधक के मान को श्रेणी में जुड़े प्रतिरोधक में जोड़ने पर

$$R_s = 2.4 + 1.6 = 4 \text{ ओम}$$

$\therefore$ परिपथ का कुल प्रतिरोध $R_r = 4$ ओम

परिपथ से प्रवाहित होने वाली कुल धारा,

$$I = \frac{V}{R} = \frac{40}{4}$$

$$= 10 \text{ ऐम्पियर}$$

2. प्रेरक Inductor

प्रेरक एक ऐसा निष्क्रिय अवयव है जो दिष्ट धारा के लिए निम्न प्रतिबाधा तथा प्रत्यावर्ती धारा के लिए उच्च प्रतिबाधा को प्रदर्शित करता है। ऑर्स्टेड नामक वैज्ञानिक ने सन् 1821 में खोज की थी कि जब किसी चालक में से विद्युत धारा प्रवाहित की जाती है, तब चालक के चारों ओर चुम्बकीय क्षेत्र उत्पन्न हो जाता है। इसका फ्लक्स चालक के चारों ओर सर्कुलर (circular) रूप में स्थापित होता है तथा चालक के केन्द्र से चारों ओर समकोण बनाता है।

यदि किसी चालक को चुम्बकीय फ्लक्स काटता है अथवा चालक चुम्बकीय फ्लक्स को काटता है, तब उस चालक में विद्युत वाहक बल (emf) उत्पन्न होता है। ऐसा विद्युत-चुम्बकीय प्रेरकत्व (electromagnetic induction) के कारण होता है।

प्रेरक से सम्बन्धित कुछ मुख्य पदों का वर्णन निम्नलिखित है

(i) **प्रेरकत्व** Inductance

जब किसी कुण्डली में ए.सी. धारा प्रवाहित की जाती है, तो उसके चारों ओर एक प्रत्यावर्ती क्षेत्र स्थापित हो जाता है। इस क्षेत्र में अवस्थित उसी कुण्डली अथवा दूसरी कुण्डली में फैराडे के नियमानुसार, एक वि.वा.ब. पैदा हो जाता है, यह प्रभाव प्रेरण प्रभाव कहलाता है।

कुण्डली में उत्पन्न यह वि.वा.ब. उस पर आरोपित वि.वा.ब. का विरोध करता है। कुण्डली का यह गुण उसका प्रेरकत्व (inductance) कहलाता है।

अत: हम कह सकते हैं कि ए.सी. परिपथों का वह गुण, जिसके कारण वह विद्युत धारा मान में होने वाले परिवर्तनों का विरोध करता है, इण्डक्टैन्स (प्रेरकत्व) कहलाता है।

प्रेरकत्व का प्रतीक 'L' व मात्रक हेनरी है।

(ii) **हेनरी** Henry

यदि किसी कुण्डली में 1 ऐम्पियर प्रति सेकण्ड की दर पर विद्युत धारा के परिवर्तनों से 1 वोल्ट का वि.वा.ब. पैदा होता है, तो उस कुण्डली का प्रेरकत्व 1 हेनरी होगा। किसी कुण्डली के प्रेरकत्व को निम्न सूत्र की सहायता से भी ज्ञात किया जा सकता है

$$L = \frac{N\phi}{I}$$

जहाँ, L = प्रेरकत्व, हेनरी में

I = कुण्डली में गुजरने वाली विद्युत धारा, ऐम्पियर में

ϕ = चुम्बकीय फ्लक्स, वेबर में

N = टर्न की संख्या

प्रेरकों का संयोजन Combination of Inductors

प्रेरकों को भी प्रतिरोध की भाँति निम्न दो प्रकार से संयोजित किया जा सकता है

1. श्रेणी क्रम संयोजन
2. समान्तर क्रम संयोजन

1. **श्रेणीक्रम संयोजन** Series Combination

श्रेणी क्रम में जुड़े प्रेरकों का तुल्य प्रेरकत्व भिन्न-भिन्न प्रेरकों के अलग-अलग प्रेरकत्व के योग के बराबर होता है।

चित्रानुसार, श्रेणीक्रम में तीन प्रेरक L_1, L_2 व L_3 जुड़े हैं

तब तुल्य प्रेरकत्व $L_r = L_1 + L_2 + L_3$

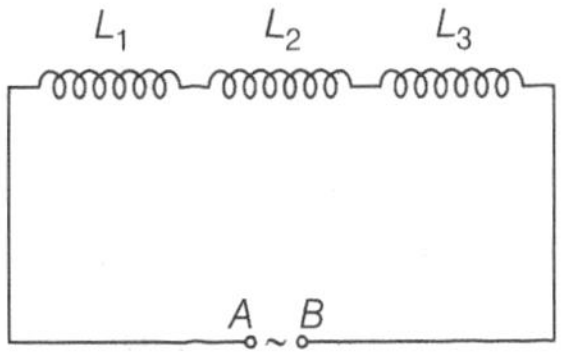

चित्र श्रेणी संयोजन

2. **समान्तर संयोजन** Parallel Combination

समान्तर क्रम में जुड़े प्रेरकों के तुल्य प्रेरकत्व का व्युत्क्रम भिन्न-भिन्न प्रेरकों के व्युत्क्रम के योग के बराबर होता है।

अत: यदि L_1, L_2 व L_3 तीन प्रेरकों को समान्तर क्रम में जोड़ा गया है, तब

$$\frac{1}{L_r} = \frac{1}{L_1} + \frac{1}{L_2} + \frac{1}{L_3}$$

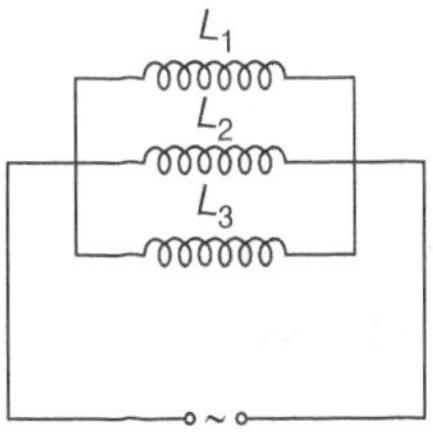

चित्र समान्तर संयोजन

जहाँ L_r तुल्य प्रेरकत्व है।

उदाहरण 4. यदि दो प्रेरक क्रमश: 15 H एवं 25 H के श्रेणीक्रम में संयोजित होते हैं, तब इनके कुल प्रेरकत्व का मान ज्ञात करें।

हल कुल प्रेरकत्व $= L_1 + L_2 = 15 + 25$

$= 40\,H$ [∵ ये प्रेरकत्व श्रेणीक्रम में संयोजित हैं।]

उदाहरण 5. यदि दो प्रेरकों को समान्तर क्रम में संयोजित किया जाता है, जिनका मान क्रमश: 20 H एवं 20 H है। इसका कुल प्रेरकत्व कितना होगा?

हल कुल प्रेरकत्व $\frac{1}{L} = \frac{1}{20} + \frac{1}{20}$

$\frac{1}{L} = \frac{2}{20}\,H$, $L = \frac{20}{2}\,H = 10\,H$

3. संधारित्र Capacitor

किसी अचालक पदार्थ से पृथक् की गई दो चालक प्लेटों से निर्मित ऐसी युक्ति जो वैद्युतिक आवेश एकत्रित कर सके, संधारित्र या कैपेसिटर कहलाती है तथा संधारित्र द्वारा विद्युत आवेश को एकत्रित करने की योग्यता, धारिता कहलाती है। धारिता का मात्रक फैरेड होता है तथा इसे 'C' द्वारा प्रदर्शित किया जाता है।

$$C = \frac{Q}{V}$$

यहाँ , C = धारिता (फैरड में), Q = आवेश (कूलॉम में) तथा V = वोल्टेज (वोल्ट में) यदि संधारित्र को डी.सी. स्रोत से संयोजित कर दिया जाए, तो उसके परिपथ में क्षणिक विद्युत धारा प्रवाहित होती है, जिसके कारण वह आवेशित हो जाता है।

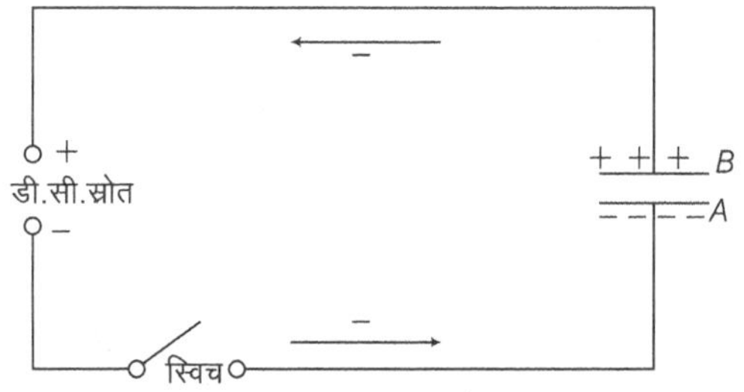

चित्र संधारित्र का आवेशन

चित्र में दर्शाए गए परिपथ में स्विच को 'ऑन' करने पर डी.सी. स्रोत के ऋण सिरे से कुछ इलेक्ट्रॉन्स खिसककर संधारित्र की प्लेट A पर पहुँचते हैं और उसे ऋणावेशित कर देते हैं। इसके साथ ही, तुल्य संख्या में इलेक्ट्रॉन्स, संधारित्र की प्लेट B से खिसककर डी.सी. स्रोत के धन सिरे पर पहुँच जाते हैं और प्लेट B धनावेशित हो जाती है।

इस प्रकार संधारित्र, डी.सी. स्रोत की वोल्टेज के अनुसार आवेशित हो जाता है। अब यदि स्विच को 'ऑफ' कर दिया जाए, तो भी संधारित्र कुछ समय तक आवेशित रहता है। संधारित्र के परिपथ में इलेक्ट्रॉन्स के खिसकने (electrons drift) के फलस्वरूप प्रवाहित होने वाली क्षणिक विद्युत धारा को **विस्थापन विद्युत धारा** (displacement electric current) कहते हैं।

संधारित्रों का संयोजन Combination of Capacitors

संधारित्रों को निम्न दो क्रम में संयोजित किया जा सकता है

1. श्रेणी क्रम संयोजन 2. समान्तर संयोजन

1. श्रेणी क्रम में संयोजन Series Combination

चित्र में तीन संधारित्र C_1, C_2 तथा C_3 श्रेणी क्रम में संयोजित किए गए हैं, जिनके सिरों पर विभवान्तर क्रमशः V_1, V_2 तथा V_3 हैं। यदि परिपथ की कुल सप्लाई वोल्टेज V है।

तब, $$C = \frac{Q}{V} \quad \text{या} \quad V = \frac{Q}{C}$$

अतः, $$V_1 = \frac{Q}{C_1}, V_2 = \frac{Q}{C_2} \quad \text{तथा} \quad V_3 = \frac{Q}{C_3}$$

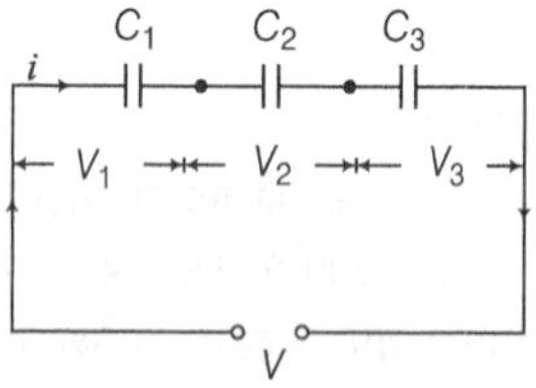

चित्र श्रेणी क्रम संयोजन

श्रेणी क्रम में सम्पूर्ण परिपथ में धारा का मान समान होता है तथा संधारित्रों के सिरों पर उत्पन्न विभवान्तर का बीजगणितीय योग कुल सप्लाई वोल्टेज के बराबर होता है।

अतः $$V = V_1 + V_2 + V_3$$

$$V = \frac{Q}{C_1} + \frac{Q}{C_2} + \frac{Q}{C_3}; \quad \frac{Q}{C} = \frac{Q}{C_1} + \frac{Q}{C_2} + \frac{Q}{C_3}$$

$$\therefore \quad \frac{1}{C} = \frac{1}{C_1} + \frac{1}{C_2} + \frac{1}{C_3} \qquad \left[\because V = \frac{Q}{C}\right]$$

श्रेणी संयोजित n संधारित्रों के लिए कुल धारिता, निम्न सूत्र द्वारा ज्ञात की जा सकती है।

$$\frac{1}{C} = \frac{1}{C_1} + \frac{1}{C_2} + \frac{1}{C_3} + \frac{1}{C_n}$$

नोट *श्रेणी क्रम में संयोजित संधारित्रों की कुल धारिता का मान कम होता है।*

2. समान्तर संयोजन Parallel Combination

चित्र में समान्तर क्रम में संयोजित तीन संधारित्र C_1, C_2 तथा C_3 दर्शाए गए हैं। समान्तर क्रम में संयोजित होने के कारण इनके सिरों पर उत्पन्न विभवान्तर, सप्लाई वोल्टेज के बराबर होगी, परन्तु प्रत्येक शाखा में धारा का मान भिन्न-भिन्न होगा, जैसा कि चित्र में दर्शाया गया है

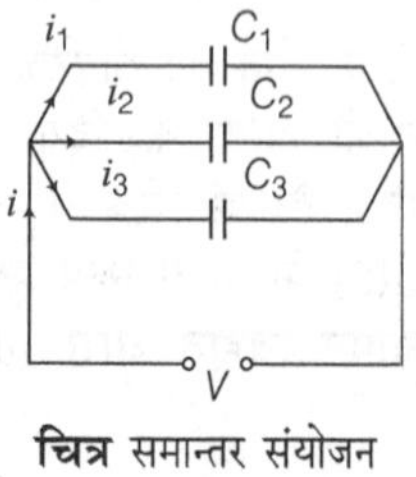

चित्र समान्तर संयोजन

अतः तीनों संधारित्रों का कुल आवेश

$$Q = Q_1 + Q_2 + Q_3$$

परन्तु $$Q = CV$$

अतः, $$C \times V = C_1 \times V + C_2 \times V + C_3 \times V$$

$$\therefore \quad C = C_1 + C_2 + C_3$$

n समान्तर संयोजित संधारित्रों के लिए कुल धारिता निम्न सूत्र द्वारा ज्ञात की जा सकती है।

$$C = C_1 + C_2 + C_3 \ldots\ldots + C_n$$

नोट *संधारित्रों को समान्तर क्रम में संयोजित करने से परिपथ की कुल धारिता का मान बढ़ जाता है।*

उदाहरण 6. तीन कैपेसिटर्स के कैपेसिटैन्स क्रमशः 2, 4 तथा 6 μF हैं। इसका कुल कैपेसिटैन्स ज्ञात कीजिए जब ये (i) श्रेणी क्रम में (ii) समान्तर क्रम में संयोजित किए गए हों।

हल (i) जब कैपेसिटर्स श्रेणी क्रम में संयोजित हैं

$$\frac{1}{C} = \frac{1}{C_1} + \frac{1}{C_2} + \frac{1}{C_3}$$

$$\therefore \quad \frac{1}{C} = \frac{1}{2} + \frac{1}{4} + \frac{1}{6}$$

$$= \frac{6+3+2}{12} = \frac{11}{12}$$

$$\therefore \text{ कुल कैपेसिटैन्स } C = \frac{12}{11} = 1.09\ \mu\text{F}$$

(ii) जब कैपेसिटर्स समान्तर क्रम में संयोजित हैं

$$C = C_1 + C_2 + C_3 \qquad \text{(सूत्र)}$$

$$\therefore \quad \text{कुल कैपेसिटैन्स } C = 2 + 4 + 6$$

$$= 12\ \mu\text{F}$$

उदाहरण 7. यदि दो संधारित्र 2 μF एवं 3 μF समान्तर क्रम में संयोजित हैं तथा एक संधारित्र 10 μF इनके श्रेणीक्रम में संयोजित है, तब परिपथ की कुल धारिता की गणना कीजिए।

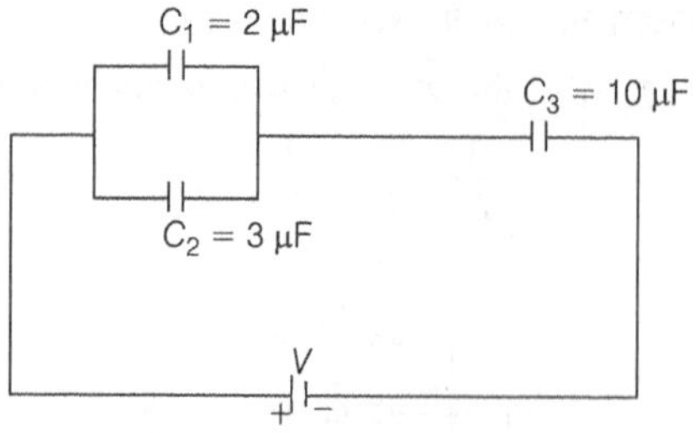

हल समान्तर क्रम में संयोजित संधारित्र की धारिता $= 2 + 3 = 5\ \mu\text{F}$

श्रेणी क्रम में जुड़े संधारित्र की कुल धारिता

$$= \frac{1}{5} + \frac{1}{10} = \frac{10 \times 5}{10 + 5}$$

$$= \frac{50}{15} = 3.3\ \mu\text{F}$$

संधारित्र का परावैद्युत नियतांक Dielectric Constant of Capacitor

जब दो बिन्दु आवेश q_1 तथा q_2 निर्वात में एक-दूसरे से r दूरी पर रखे होते हैं, तो उनके मध्य लगने वाला बल

$$F = \frac{1}{4\pi\varepsilon_0}\frac{q_1 q_2}{r^2} \quad \ldots(i)$$

जहाँ ε_0 निर्वात की वैद्युतशीलता है।

परन्तु यदि दोनों आवेश किसी माध्यम के भीतर समान दूरी (r) पर रख दिए जाएँ, तो उनके मध्य लगने वाला बल घट जाता है।

जहाँ,
$$F_m = \frac{1}{4\pi\varepsilon}\cdot\frac{q_1 q_2}{r^2} \quad \ldots(ii)$$

जहाँ ε माध्यम की वैद्युतशीलता है।

समी (i) को समी (ii) से भाग देने पर,

$$\frac{F}{F_m} = \frac{\frac{1}{4\pi\varepsilon_0}\cdot\frac{q_1 q_2}{r^2}}{\frac{1}{4\pi\varepsilon}\cdot\frac{q_1 q_2}{r^2}} = \frac{\varepsilon}{\varepsilon_0}$$

जहाँ $\left(\frac{\varepsilon}{\varepsilon_0}\right)$ का मान K के लिए बराबर होता है, जिसे माध्यम का परावैद्युतांक कहते हैं।

अत: किसी पदार्थ के लिए माध्यम की वैद्युतशीलता तथा निर्वात में वैद्युतशीलता का अनुपात पदार्थ का परावैद्युतांक नियतांक कहलाता है।

निम्नांकित तालिका में कुछ डाइ-इलेक्ट्रिक पदार्थ के परावैद्युत स्थिरांक का मान वायु के सापेक्ष दर्शाया गया है

तालिका परावैद्युत स्थिरांक

क्र.सं.	विद्युतरोधी या डाइ-इलेक्ट्रिक पदार्थ	स्थिरांक का मान
1.	वायु (Air)	1
2.	बैकेलाइट (Bakelite)	4.5 से 5.5
3.	एबोनाइट (Ebonite)	2.8
4.	फाइबर (Fiber)	2.5 से 5
5.	काँच (Glass)	5.4 से 9.9
6.	अभ्रक (Mica)	2.5 से 4.7
7.	तेल (Oil)	2.2 से 4.7
8.	कागज (Paper)	2.0 से 2.6
9.	पैराफिन (Parafin)	2.1 से 2.5
10.	रबर (Rubber)	2.0 से 3.6
11.	लकड़ी (Wood)	2.5 से 7.7
12.	पोर्सिलेन (Porcelain)	5.7 से 6.8

संधारित्र में संग्रहित ऊर्जा Energy Stored in Capacitor

माना किसी संधारित्र को q आवेश देने पर उसका विभव V हो जाता है। यदि संधारित्र की धारिता C हो, तो

$$C = \frac{q}{V} \quad \text{या} \quad V = \frac{q}{C}$$

संधारित्र को अतिरिक्त d_q सूक्ष्म आवेश देने के लिए किया गया सूक्ष्म कार्य $dW = V \times d_q = \frac{q}{C} \times d_q$

अत: संधारित्र को कुल आवेश Q देने में किया गया कार्य

$$\int_0^W dW = \frac{1}{C}\int_0^Q q \cdot d_q$$

$$W = \frac{1}{C}\left[\frac{q^2}{2}\right]_0^Q$$

$$W = \frac{1}{C}\left[\frac{Q^2}{2}\right]$$

बैटरी द्वारा किया गया यही कार्य, संधारित्र में ऊर्जा के रूप में संचित हो जाता है। अत: संधारित्र की संग्रहीत ऊर्जा $U = \frac{1}{2}\frac{Q^2}{C}$

या
$$U = \frac{1}{2}QV \quad \text{या} \quad U = \frac{1}{2}CV^2$$

संधारित्र के अनुप्रयोग Applications of Capacitor

संधारित्र के मुख्य: अनुप्रयोग निम्नलिखित हैं

1. संधारित्र का प्रयोग विभिन्न प्रकार के मोटर्स अर्थात् पंखे की मोटर, कूलर की मोटर, फ्रिज की मोटर आदि में भी किया जाता है।
2. संधारित्र का प्रयोग उच्च आवेशन के लिए डी.सी. परिपथों में भी किया जाता है।
3. डीजल व पेट्रोलियम ईंधन चालित वाहनों में स्पार्किंग को कम करने के लिए भी संधारित्र का प्रयोग किया जाता है।
4. ट्यूब लाइट में स्टार्टिंग में होने वाली स्पार्किंग को कम करने में भी संधारित्र का प्रयोग किया जाता है।

6.6 वैद्युतिक तार या केबिल Electrical Wires or Cable

विद्युत धारा के सतत प्रवाह के लिए मार्ग प्रस्तुत करने वाला, वृत्तीय कटाक्ष वाला नंगा अथवा आवरण युक्त चालक, तार कहलाता है। एक अथवा कई ऐंठे हुए तारों वाला आवरण युक्त तार, केबिल (cable) कहलाता है। ऑटो क्षेत्र में विभिन्न यन्त्रों/युक्तियों तथा परिपथों की अलग-अलग पहचान करने के लिए विशिष्ट रंगों के तारों का उपयोग किया जाता है।

नोट *वैद्युतिक तार या केबिल के विस्तृत अध्ययन के लिए अध्याय-5 का अवलोकन करें।*

महत्त्वपूर्ण बिन्दु

- वह सुरक्षा युक्ति जो उच्च विद्युत धारा के विरुद्ध केबिलों तथा उपकरणों के सुरक्षा/बचाव के लिए वैद्युतिक परिपथों के श्रेणी-क्रम में संयोजित की जाती है, फ्यूज कहलाती है।
- फ्यूज से सम्बन्धित कुछ प्रमुख पद निम्न हैं—फ्यूज आधार, फ्यूज कैप, फ्यूज तार, फ्यूज पदार्थ, फ्यूज वाहक आदि।
- फ्यूज आधार विद्युतरोधी पदार्थ पोर्सिलेन से निर्मित होता है।
- फ्यूज का वह भाग जिसमें तार लगाया जाता है फ्यूज कैप कहलाता है।
- फ्यूज अवयवों को बनाने के लिए विभिन्न पदार्थों; जैसे—टिन, जिंक, कॉपर, एल्युमीनियम, सीसा, चाँदी आदि का प्रयोग किया जाता है।
- न्यूनतम फ्यूजिंग धारा तथा निर्धारित धारा के अनुपात को फ्यूजिंग घटक (fusing factor) कहते हैं।
- गोलाकार फ्यूज का बाह्य आवरण बैकेलाइट पोर्सिलेन का बना होता है।
- किट-कैट फ्यूज को रिवायरेबल फ्यूज भी कहते हैं।
- रिले एक ऐसी युक्ति है, जो किसी वैद्युतिक अथवा इलेक्ट्रॉनिक परिपथ के वोल्टेज अथवा उसमें प्रवाहित होने वाली धारा के मान के आधार पर दूसरे परिपथों को ऑन अथवा ऑफ करने हेतु प्रयोग की जाती है।
- HRC फ्यूज, कार्ट्रिज फ्यूज का विकसित रूप है और इसकी रैप्चरिंग क्षमता 66 kV पर 500 MVA तक होती है।
- यान्त्रिक उपकरणों में मुख्य रूप से प्रयुक्त होने वाली रिले निम्नलिखित हैं—विद्युत चुम्बकीय रिले, ओवरलोड रिले, तापीय रिले आदि।
- विद्युत चुम्बकीय रिले की सहायता से वैद्युतिक उपकरण को रिमोट कण्ट्रोल के द्वारा भी प्रचालित किया जा सकता है।
- ओवरलोड रिले में कुण्डली को इस प्रकार बनाया जाता है कि यह पूर्व निर्धारित मान की अपेक्षा भार धारा का मान बढ़ जाने पर उत्तेजित हो जाती है और NC संयोजकों के द्वारा परिपथ को विसंयोजित कर देती है।
- किसी वैद्युतिक लाइन को ऑन/ऑफ करने तथा लाइन की ओवरलोड तथा शॉर्ट सर्किट अवस्था में उसे स्वतः ऑफ कर देने वाली युक्ति, सर्किट ब्रेकर कहलाती है।
- सिंगल पोल MCB का प्रयोग परिपथों में 120V की पावर सप्लाई प्रदान करने हेतु किया जाता है।
- छोटे मकानों के लिए 10 से 16 ऐम्पियर का मिनिएचर सर्किट ब्रेकर प्रयोग किया जाता है।
- साधारण MCB 5 से 60 ऐम्पियर पर कार्य करता है जबकि MCCB 25 से 2500 ऐम्पियर पर कार्य करता है।
- अर्थ लीकेज सर्किट ब्रेकर एक सुरक्षा युक्ति है, जो वैद्युतिक संस्थापक में उच्च भू-प्रतिबाधा के साथ विद्युत झटके को रोकने के लिए प्रयोग की जाती है।
- बैलास्ट प्रतिरोध वह युक्ति है, जो धारा को विद्युतीय लोड के सापेक्ष नियन्त्रित करती है।
- बैलास्ट प्रतिरोध को परिपथ के श्रेणी क्रम में प्रज्वलन स्विच तथा प्रज्वलन क्वॉयल के धनात्मक टर्मिनल पर लगाया जाता है।
- विद्युतीय आवेशों का एक स्थान से दूसरे स्थान पर स्थानान्तरण ही स्थिर विद्युत प्रभाव कहलाता है।
- डायोड, ट्रांजिस्टर आदि सक्रिय अवयव (active components) होते हैं जबकि रजिस्टर, कैपेसिटर, इण्डक्टर आदि निष्क्रिय अवयव (passive components) होते हैं।
- पदार्थों का वह स्वभाविक गुण, जिसके कारण वह स्वयं में से होने वाले विद्युत धारा प्रवाह का विरोध करते हैं, प्रतिरोध कहलाता है।
- प्रेरक एक ऐसा अवयव है जो दिष्ट धारा के लिए निम्न प्रतिबाधा तथा प्रत्यावर्ती धारा के लिए उच्च प्रतिबाधा को प्रदर्शित करता है।
- किसी अचालक पदार्थ से पृथक् की गई दो चालक प्लेटों से निर्मित ऐसी युक्ति, जो वैद्युतिक आवेश एकत्रित कर सके, संधारित्र कहलाती है।

महत्त्वपूर्ण प्रश्नोत्तरी

1. फ्यूज क्या है? संक्षिप्त में समझाइए।

उत्तर फ्यूज वह रक्षण युक्ति है जो उच्च विद्युत धारा के विरुद्ध केबिलों तथा उपकरणों के रक्षण/बचाव के लिए वैद्युतिक परिपथों के श्रेणी क्रम में लगाई जाती है।

2. निर्धारित धारा की अपेक्षा फ्यूज की फ्यूजिंग धारा का मान कितना होता है?

उत्तर निर्धारित धारा की अपेक्षा फ्यूज की फ्यूजिंग धारा का मान लगभग 1.5 गुना होता है।

3. गोलाकार फ्यूज में फ्यूज तार बदलने के लिए सर्वप्रथम विद्युत संस्थापन का मुख्य स्विच ऑफ करना क्यों आवश्यक होता है?

उत्तर गोलाकार फ्यूज में फ्यूज तार बदलने के लिए सर्वप्रथम विद्युत संस्थापन का मुख्य स्विच ऑफ करना आवश्यक होता है, क्योंकि ऐसा न करने पर कार्यरत् व्यक्ति को विद्युत का झटका लगने की सम्भावना रहती है।

4. कार्ट्रिज फ्यूज के अवयव के पिघलने का क्या कारण है?

उत्तर जब कार्ट्रिज फ्यूज के अवयव में ओवरलोड धारा अथवा शॉर्ट सर्किट (short circuit) दोष के कारण, निर्धारित धारा से अधिक धारा प्रवाहित होती है, तब फ्यूज अवयव अति तप्त (over heated) हो कर पिघल जाता है।

5. वैद्युतिक उपकरणों को रिमोट कण्ट्रोल द्वारा प्रचालित करने के लिए कौन-सी रिले प्रयोग की जाती है?

उत्तर वैद्युतिक उपकरणों को रिमोट कण्ट्रोल द्वारा प्रचालित करने के लिए विद्युत चुम्बकीय रिले प्रयोग की जाती है

6. लोड धारा का मान पूर्व-निर्धारित मान से अधिक होने पर प्रचालित होने वाली रिले कौन-सी होती है?

उत्तर लोड धारा का मान पूर्व-निर्धारित मान से अधिक होने पर प्रचालित होने वाली रिले, ओवरलोड रिले कहलाती है।

7. ELCB का पूर्णरूप (full form) क्या है?

उत्तर ELCB का पूर्णरूप 'Earth Leakage Circuit Breaker' है।

8. ऑयल सर्किट ब्रेकर में अचालक तेल प्रयोग करने का क्या लाभ है?

उत्तर ऑयल सर्किट ब्रेकर में अचालक तेल स्पार्किंग को नियन्त्रित करने के साथ-साथ संयोजकों में उत्पन्न हुई ऊष्मा को भी सोख लेता है।

9. संधारित्र की परिभाषा दीजिए तथा इसकी धारिता के लिए उपयुक्त सूत्र लिखिए?

उत्तर किसी अचालक पदार्थ से पृथक् की गई दो चालक प्लेटों से निर्मित ऐसी युक्ति जो विद्युतीय आवेश को एकत्र कर सके, संधारित्र कहलाता है तथा विद्युतीय आवेश को एकत्र करने की योग्यता धारिता कहलाती है। धारिता को निम्न सूत्र द्वारा ज्ञात किया जाता है $C = \frac{Q}{V}$ फैरड

जहाँ, C = धारिता (फैरड में), Q = आवेश (कूलॉम में)
तथा V = वोल्टेज (वोल्ट में)

10. एक प्रतिरोध को हटाने पर प्रतिरोधों के श्रेणी व समान्तर संयोजनों के तुल्य प्रतिरोध पर क्या प्रभाव पड़ेगा?

उत्तर एक प्रतिरोध घटाने पर श्रेणी क्रम के तुल्य प्रतिरोध का मान घट जाएगा, जबकि समान्तर संयोजन के तुल्य प्रतिरोध का मान बढ़ जाएगा।

अभ्यास प्रश्न

परीक्षा प्रारूपी प्रश्न

बहुविकल्पीय

1. निम्न में से कौन-सी सुरक्षा युक्ति नहीं है?
(a) रिले (b) मोटर
(c) फ्यूज (d) सर्किट ब्रेकर

2. निम्न चित्र में प्रदर्शित अवयव किसे प्रदर्शित करता है?

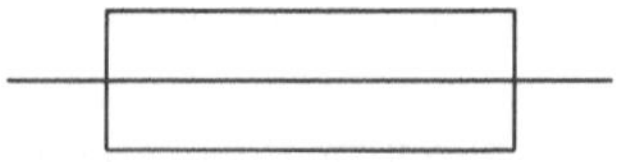

(a) प्रतिरोध (b) फ्यूज
(c) कैपेसिटर (d) रिले

3. निम्न में से कौन-सा फ्यूज का स्थिर भाग है?
(a) आधार (b) वाहक
(c) 'a' और 'b' दोनों (d) फ्यूज तार

4. फ्यूज का फ्यूजिंग घटक (fusing factor) होता है
(a) 1 से छोटा (b) 1 से बड़ा
(c) 1 के बराबर (d) शून्य

5. "गोलाकार फ्यूज का बाह्य आवरण बैकेलाइट अथवा पोर्सिलेन का बना होता है।" गोलाकार फ्यूज में किस धातु से निर्मित टर्मिनल्स स्थापित किए जाते हैं?
(a) पीतल या ताँबा (b) पीतल या जस्ता
(c) ताँबा या जस्ता (d) लोहा या पीतल

6. फ्यूज वाहक (fuse carrier) निम्न में से किस धातु से बनाये जाते हैं?
(a) कॉपर (b) एल्युमीनियम
(c) पोर्सिलेन (d) सीसा

7. चित्र में प्रदर्शित फ्यूज आधार किस फ्यूज से सम्बन्धित है?

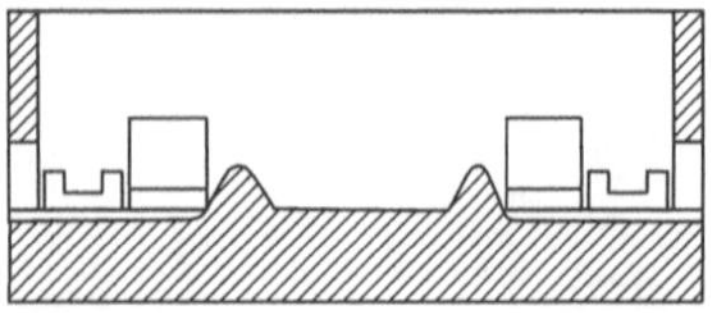

(a) किट-कैट फ्यूज (b) HRC फ्यूज
(c) कार्ट्रिज फ्यूज (d) इनमें से कोई नहीं

8. किट-कैट फ्यूज को ········· भी कहते हैं।
(a) कार्ट्रिज फ्यूज (b) HRC फ्यूज
(c) प्लग टाइप फ्यूज (d) रिवायरेबल फ्यूज

9. कार्ट्रिज फ्यूज में प्रयुक्त विद्युतरोधी पदार्थ किस धातु से निर्मित होता है?
(a) बैकेलाइट (b) पोर्सिलेन
(c) सीसा (d) 'b' और 'c' दोनों

10. चित्र में किस फ्यूज की आन्तरिक संरचना दर्शायी गई है?

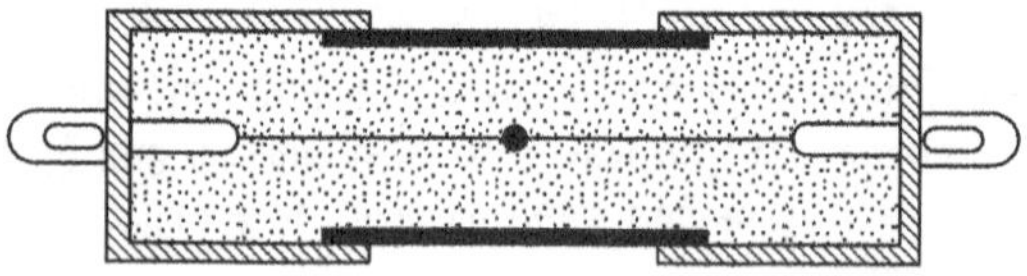

(a) गोलाकार फ्यूज (b) किट-कैट फ्यूज
(c) HRC फ्यूज (d) कार्ट्रिज फ्यूज

11. निम्नलिखित कथन किस सुरक्षा युक्ति से सम्बन्धित है
इसमें फ्यूज अवयव के चारों ओर पूरक पदार्थ के रूप में क्वार्ट्ज सैण्ड (sand) भरा होता है।
(a) गोलाकार फ्यूज (b) किट-कैट फ्यूज
(c) कार्ट्रिज फ्यूज (d) D-कार्ट्रिज फ्यूज

12. HRC फ्यूज की क्षमता कितनी होती है?
(a) 66 kV से 500 MVA पर (b) 66 kV से 700 MVA तक
(c) 66 kV से 600 MVA तक (d) इनमें में से कोई नहीं

13. HRC फ्यूज का अर्थ है
(a) High Rupturing Capacity Fuse
(b) High Resistance Capacity Fuse
(c) High Rate Consuming Fuse
(d) उपरोक्त में से कोई नहीं

14. उपयोगिता के आधार पर रिले का एक प्रकार है
(a) वोल्टता रिले (b) तात्कालिक रिले
(c) विद्युत चुम्बकीय रिले (d) तापीय रिले

15. धारा संवेदी रिले किस परास में बनाई जाती है?
(a) 50 mA से 100 mA (b) 100 mA से 1 mA
(c) 100 mA से 10 A (d) 50 mA से 10 mA

16. विद्युत चुम्बकीय रिले प्रयुक्त की जाती है
(a) वोल्टेज स्टैबिलाइजर में (b) नियन्त्रक परिपथों में
(c) ट्रांसमीटरों में (d) ये सभी

17. निम्न में से ट्रिपिंग रिले है
(a) विद्युत चुम्बकीय रिले (b) ओवरलोड रिले
(c) तापीय रिले (d) इनमें से कोई नहीं

18. तापीय रिले विद्युत के किस प्रभाव पर कार्य करती है?
(a) चुम्बकीय प्रभाव पर (b) ऊष्मीय प्रभाव पर
(c) रासायनिक प्रभाव पर (d) उत्सर्जन के प्रभाव पर

19. सर्किट ब्रेकर एक ऐसी युक्ति है, जो किसी विद्युत वितरण परिपथ को ……… अवस्था में तोड़ने और जोड़ने का कार्य करती है।
(a) सामान्य तथा असामान्य (b) सामान्य
(c) असामान्य (d) लोड-रहित

20. वह संरक्षी (protective) युक्ति जो निर्धारित धारा मान के 1.5 गुने मान पर चार घण्टे बाद तक भी परिपथ को नहीं खोलेगी, ……… होगी।
(a) HRC फ्यूज (b) कार्ट्रिज फ्यूज
(c) सर्किट ब्रेकर (d) पुनःतार स्थाप्य फ्यूज

21. सर्किट ब्रेकर में 'शॉर्ट-सर्किट' अवस्था में 'ट्रिपिंग' के लिए प्रयोग की गई युक्ति …………… प्रकार की होती है।
(a) चुम्बकीय एवं ऊष्मीय (b) चुम्बकीय
(c) ऊष्मीय (d) निम्न वोल्टेज

22. सर्किट ब्रेकर में तेल भरने का मुख्य उद्देश्य है
(a) अचालक प्रभाव पैदा करना
(b) चारों ओर की वायु का आयनीकरण रोकना
(c) युक्ति का निम्न तापमान पर प्रचालन सुनिश्चित करना
(d) परिपथ के तोड़ते समय पैदा हुई चिंगारी को बुझाना और संयोजकों को ठण्डा करना

23. MCB का पूर्णरूप है
(a) Miniature Circuit Breaker
(b) Miniature Circuit Board
(c) Miniature Controlled Board
(d) Miniature Controlled Breaker

24. जिस सर्किट ब्रेकर में कोई अनुरक्षण योग्य (serviceable) पुर्जा नहीं होता, वह है
(a) तेल युक्त सर्किट ब्रेकर (b) वायु दबाव चालित सर्किट ब्रेकर
(c) मिनिएचर सर्किट ब्रेकर (d) वायु सर्किट ब्रेकर

25. विद्युत वायरिंग की ओवरलोड धारा (overload current) से सुरक्षा हेतु निम्न में से कौन-सी युक्ति (device) प्रयोग में लाई जाती है?
(a) लघु आकार सर्किट ब्रेकर
(b) उच्च विदारक क्षमता वाली फ्यूज इकाई
(c) किट-कैट फ्यूज
(d) 'a' और 'c' दोनों

26. सिंगल फेज AC परिपथों के लिए MCB की प्रचालन वोल्टेज कितनी होती है?
(a) 500 V (b) 200 V
(c) 100 V (d) 250 V

27. थ्री-फेज विद्युत परिपथों के लिए प्रयुक्त MCB's की वोल्टता है
(a) 100 V (b) 250 V
(c) 400 V (d) 500 V

28. ELCB का उपयोग विशेषकर ……… अवस्था में स्रोत को विसंयोजित करने के लिए किया जाता है।
(a) शॉर्ट-सर्किट (b) 'अर्थ'-दोष
(c) ओपन-सर्किट (d) ओवरलोड

29. निम्नलिखित में से अर्थ लीकेज सर्किट ब्रेकर का प्रकार नहीं है
(a) वोल्टेज प्रचालित ELCB
(b) अवशेष धारा युक्त ELCB
(c) शक्ति प्रचालित ELCB
(d) उपरोक्त में से कोई नहीं

30. चित्र में कौन-सी सुरक्षा युक्ति का परिपथ दर्शाया गया है?

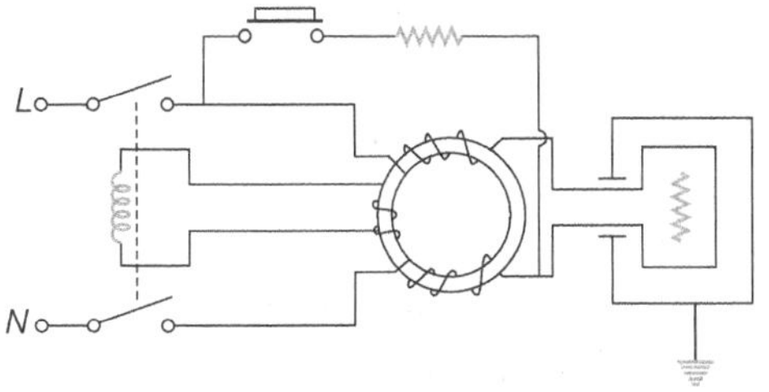

(a) MCB (b) ELCB
(c) फ्यूज (d) कॉन्टैक्टर

31. ELCB की धारा रेटिंग होती है
(a) 240 वोल्ट (b) 100 वोल्ट
(c) 150 वोल्ट (d) 300 वोल्ट

32. ई.एल.सी.बी. ……… का संक्षिप्त रूप है
(a) इलेक्ट्रिकल लीकेज सर्किट ब्रेकर
(b) अर्थ लीकेज करण्ट ब्रेकर
(c) अर्थ लीकेज सर्किट ब्रेकर
(d) इलेक्ट्रिकल लाइन सर्किट ब्रेकर

33. किस युक्ति का उपयोग स्विच व सुरक्षात्मक युक्ति के रूप में हो सकता है?
(a) ट्रिपल पोल आयरन स्विच
(b) इण्टरमीडिएट स्विच
(c) लघु परिपथ भंजक (MCB)
(d) अर्थ लीकेज परिपथ भंजक (ELCB)

34. बैलास्ट प्रतिरोधक नियन्त्रित करता है
(a) विभवान्तर को (b) धारा को
(c) लोड को (d) गति को

35. प्रतिरोध की इकाई होती है
(a) म्हो (b) वोल्ट
(c) ओम (d) ऐम्पियर

36. प्रतिरोधक का कार्य निम्न में से क्या है?
(a) विद्युत परिपथ की धारा को नियन्त्रित करना
(b) विद्युत परिपथ के वोल्टेज का विभाजन करना
(c) 'a' और 'b' दोनों
(d) विद्युत परिपथ में वोल्टेज के मान को घटाना

37. प्रतिरोधकों को श्रेणी क्रम में संयोजित करने पर उनके प्रतिरोध के समतुल्य मान पर निम्न में से क्या प्रभाव पड़ता है?

(a) प्रतिरोध का मान घटता है
(b) प्रतिरोध का मान बढ़ता है
(c) प्रतिरोध के तुल्यांक मान पर कोई प्रभाव नहीं पड़ता
(d) उपरोक्त में से कोई नहीं

38. प्रतिरोधकों को समान्तर क्रम में संयोजित करने पर उनके प्रतिरोध के समतुल्य मान पर निम्न में से क्या प्रभाव पड़ता है?

(a) प्रतिरोध का तुल्यांक मान बढ़ता है
(b) प्रतिरोध का तुल्यांक मान घटता है
(c) प्रतिरोध के तुल्यांक मान पर कोई प्रभाव नहीं पड़ता
(d) उपरोक्त में से कोई नहीं

39. जब दो प्रतिरोधकों को समान्तर (parallel) क्रम में संयोजित किया जाता है, तो

(a) दोनों प्रतिरोधकों के सापेक्ष समान वोल्टेज प्राप्त होती है
(b) दोनों प्रतिरोधकों में समान धारा प्रवाहित होती है
(c) दोनों प्रतिरोधकों के सापेक्ष प्राप्त वोल्टेज भिन्न होती है
(d) दोनों प्रतिरोधक समान अवरोध उत्पन्न करते हैं

40. नीचे चित्रों में प्रदर्शित प्रतीक में प्रतिरोध का प्रतीक नहीं हैं

(a) 
(b) 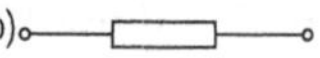
(c) 
(d) 

41. चित्र में प्रदर्शित प्रेरकों का तुल्य प्रेरकत्व कितना होगा?

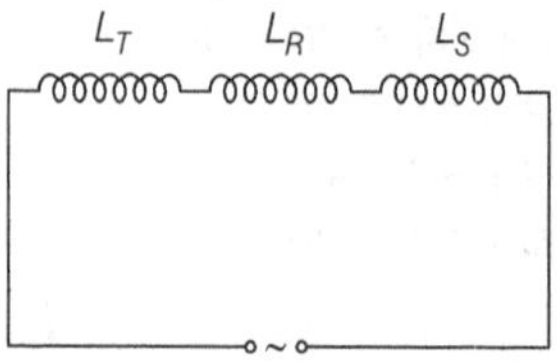

(a) $L_T + L_R + L_S$
(b) $\frac{L_T + L_R}{L_S}$
(c) $\frac{1}{L_T} + \frac{1}{L_R} + \frac{1}{L_S}$
(d) $\frac{L_T \cdot L_R \cdot L_S}{L_T + L_R + L_S}$

42. यदि किसी संधारित्र के आर-पार एक वोल्ट की वोल्टेज आरोपित करने पर उसमें एक कूलॉम आवेश एकत्रित होता है, तो उसकी धारिता ………. होती है।

(a) शून्य
(b) 1 फैरड
(c) 1 कूलॉम
(d) नियत

43. वैद्युतिक कार्यों में संधारित्र का उपयोग किया जाता है

(a) ट्यूबलाइट में पावर-फैक्टर बढ़ाने के लिए
(b) वैद्युतिक मोटर्स को सैल्फ स्टार्ट बनाने के लिए
(c) रेक्टिफायर्स में फिल्टर के रूप में
(d) उपरोक्त सभी

44. संधारित्र की धारिता के लिए सही सूत्र है

(a) $C = \frac{Q}{V}$
(b) $C = \frac{V}{Q}$
(c) $C = \frac{Q}{V^2}$
(d) $C = Q \cdot V$

45. धारिता का SI मात्रक है

(a) कूलॉम/वोल्ट^2
(b) फैरड
(c) कूलॉम
(d) न्यूटन-मी^{2}

46. संधारित्र में एकत्र होने वाली वैद्युतिक ऊर्जा का सूत्र है

(a) $E = C \cdot V^2$ जूल
(b) $E = 2C \cdot V^2$ जूल
(c) $E = \frac{1}{2} C \cdot V^2$ जूल
(d) उपरोक्त में से कोई नहीं

47. कैपेसिटर्स को समान्तर क्रम में संयोजित करने पर उसकी धारिता/कैपेसिटैन्स के मान पर निम्न में से कौन-सा प्रभाव पड़ता है?

(a) धारिता का मान घटता है
(b) धारिता का मान बढ़ता है
(c) धारिता के मान पर कोई प्रभाव नहीं पड़ता
(d) उपरोक्त में से कोई नहीं

48. कैपेसिटर्स को श्रेणी क्रम में संयोजित करने पर उनकी धारिता के समतुल्य (equivalent) पर निम्न में से कौन-सा प्रभाव पड़ता है?

(a) धारिता का मान समतुल्य बढ़ता है
(b) धारिता का मान समतुल्य घटता है
(c) धारिता के समतुल्य मान पर कोई प्रभाव नहीं पड़ता
(d) उपरोक्त में से कोई नहीं

49. नीचे दर्शाया गया प्रतीक किसे प्रदर्शित करता है?

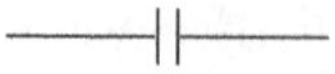

(a) संधारित्र को
(b) प्रतिरोध को
(c) प्रेरक को
(d) इनमें से कोई नहीं

50. नीचे चित्र में किस प्रकार का एवं किसका संयोजन दर्शाया गया है?

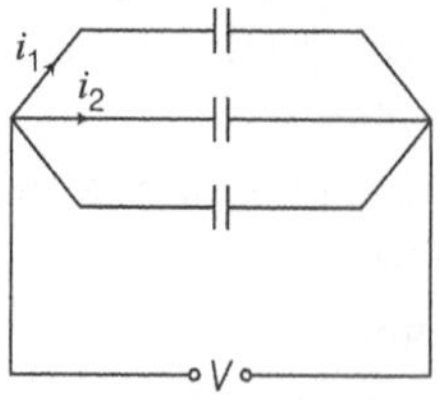

(a) श्रेणी संयोजन, संधारित्रों का
(b) समान्तर संयोजन, प्रेरकों का
(c) श्रेणी संयोजन, प्रतिरोधों का
(d) समान्तर संयोजन, संधारित्रों का

परीक्षा उपयोगी आंकिक प्रश्न (हल सहित)

1. $10\Omega, 20\Omega$ व $25\,\Omega$ मान के तीन प्रतिरोधक श्रेणी क्रम में संयोजित हैं, तो कुल प्रतिरोध का मान ज्ञात कीजिए। यदि सप्लाई वोल्टेज 220 V है।

हल दिया है, $R_1 = 10\Omega$

$R_2 = 20\Omega$

$R_3 = 25\Omega$

श्रेणीक्रम में तुल्य प्रतिरोध $R = R_1 + R_2 + R_3$

$R = 10 + 20 + 25$

$= 55\Omega$

2. यदि $5\,\Omega$, $10\,\Omega$ व $15\,\Omega$ के तीन प्रतिरोध समान्तर क्रम में संयोजित किए गए हैं, तो परिपथ में कुल धारा का मान ज्ञात कीजिए, यदि सप्लाई वोल्टेज 220 V हो।

हल परिपथ का कुल प्रतिरोध $\frac{1}{R} = \frac{1}{5} + \frac{1}{10} + \frac{1}{15}$

$$\frac{1}{R} = \frac{6+3+2}{30} = \frac{11}{30}$$

$$R = \frac{30}{11}\Omega$$

सप्लाई वोल्टेज $V = 220\,V$

परिपथ में प्रवाहित धारा $I = \frac{V}{R} = \frac{220}{\frac{30}{11}} = \frac{22 \times 11}{30}$

$$= \frac{242}{3} = 80.66\,A$$

3. चित्र में, दिखाए गए परिपथ का कुल प्रतिरोध ज्ञात कीजिए। यदि 5 A की धारा परिपथ में से बहती है, तो सप्लाई का वोल्टेज ज्ञात कीजिए।

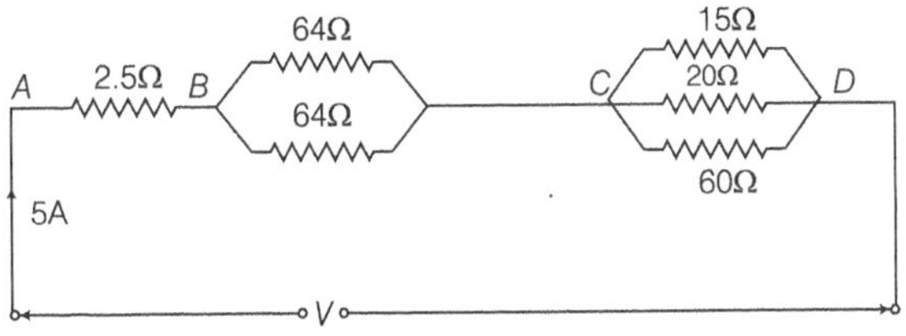

हल BC भाग का कुल प्रतिरोध $\frac{1}{R_1} = \frac{1}{64} + \frac{1}{64}$

$$\frac{1}{R_1} = \frac{2}{64}$$

$$R_1 = \frac{64}{2} = 32\,\Omega$$

CD भाग का कुल प्रतिरोध $\frac{1}{R_2} = \frac{1}{15} + \frac{1}{20} + \frac{1}{60}$

$$= \frac{4+3+1}{60} = \frac{8}{60} = \frac{60}{8} = 7.5\,\Omega$$

AD भाग का कुल प्रतिरोध $R = 2.5\Omega + 32\Omega + 7.5\Omega = 42\,\Omega$

$\therefore$ परिपथ के सिरों पर सप्लाई वोल्टेज $= IR = 5 \times 42 = 210\,V$

4. किसी संधारित्र को 220 वोल्ट सप्लाई देने पर वह 0.11 कूलॉम का आवेश एकत्रित करता है। संधारित्र की धारिता ज्ञात कीजिए।

हल दिया है, वोल्टेज $V = 220$ वोल्ट

आवेश $Q = 0.11$ कूलॉम

तब धारिता $C = \frac{Q}{V} = \frac{0.11}{220} = \frac{11 \times 10^{-2}}{220}$

$$C = 0.05 \times 10^{-2}$$

$$C = 5 \times 10^{-4}$$

$$C = 500\,\mu F$$

5. $50\,\mu F$ के दो संधारित्रों को क्रमशः श्रेणी क्रम व समान्तर क्रम में संयोजित किया जाता है। प्रत्येक क्रम में तुल्य धारिता की गणना कीजिए।

हल दिया है, संधारित्रों की धारिता $C_1 = 50\,\mu F$ और $C_2 = 50\,\mu F$

(i) श्रेणी क्रम में संयोजित करने पर तुल्य धारिता

$$\frac{1}{C} = \frac{1}{C_1} + \frac{1}{C_2} = \frac{1}{50} + \frac{1}{50} = \frac{2}{50}$$

$$\frac{1}{C} = \frac{1}{25}$$

$\Rightarrow$ $C = 25\,\mu F$

(ii) समान्तर क्रम में संयोजित करने पर तुल्य धारिता

$$C = C_1 + C_2$$

$$= 50 + 50 = 100\,\mu F$$

6. समान्तर क्रम में जुड़े $10\,\mu F$, $20\,\mu F$ तथा $30\,\mu F$ के संधारित्रों की तुल्य धारिता कितनी होगी?

हल दिया है, $C_1 = 10\mu F$, $C_2 = 20\mu F$, $C_3 = 30\mu F$

समान्तर क्रम में जुड़े संधारित्रों की तुल्य धारिता

$$C = C_1 + C_2 + C_3$$

$\therefore$ $C = 10\mu F + 20\,\mu F + 30\,\mu F$

$$= 60\mu F$$

7. नीचे परिपथ में दर्शाए गए टर्मिनल a तथा b के बीच तुल्य धारिता ज्ञात कीजिए।

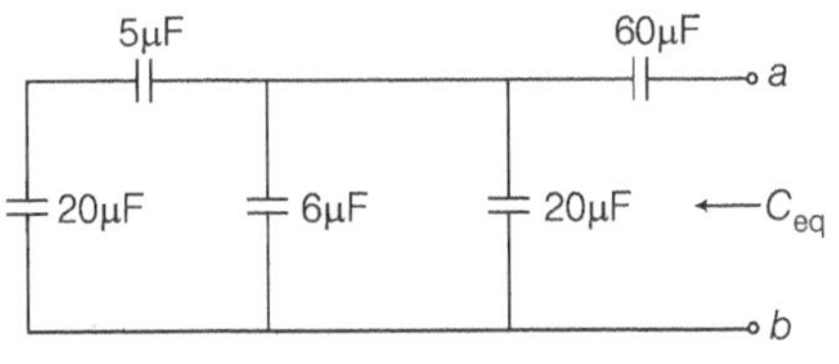

हल $20\mu F$ और $5\,\mu F$ श्रेणी में जुड़े हैं, तो इनका तुल्य प्रतिरोध

$$\frac{1}{C'} = \frac{1}{20} + \frac{1}{5}$$

$\Rightarrow$ $\frac{1}{C'} = \frac{25}{20 \times 5}$

$$C' = 4\mu F$$

4μF, 6 μF व 20 μF के साथ समान्तर क्रम में जुड़े हैं। अतः

$$C'' = 4 + 20 + 6 = 30\mu F$$

30 μF, 60 μF के श्रेणी क्रम में संयोजित हैं।

$$\frac{1}{C_{eq}} = \frac{1}{30} + \frac{1}{60}$$

$$= \frac{60+30}{30 \times 60} = \frac{90}{30 \times 60}$$

$$C_{eq} = 20\mu F$$

8. **यदि किसी संधारित्र की धारिता 50 μF है तथा यह 220 V सप्लाई से जुड़ा है, तो संधारित्र की वैद्युत स्थैतिक ऊर्जा तथा संचित कुल आवेश कितना होगा?**

हल संधारित्र $C = 50\mu F$

$$= 5 \times 10^{-6} F$$

वोल्टेज $V = 220 V$

कुल संचित आवेश $q = CV$

$$= 50 \times 10^{-6} \times 220$$

$$= 11 mC$$

कुल वैद्युत स्थैतिक ऊर्जा, $E = \frac{1}{2}CV^2$

$$= \frac{1}{2} \times 50 \times 10^{-6} \times (220)^2$$

$$= 1.21 J$$

उत्तरमाला

1. (b)	**2.** (b)	**3.** (a)	**4.** (b)	**5.** (a)	**6.** (c)	**7.** (a)	**8.** (d)	**9.** (d)	**10.** (d)
11. (c)	**12.** (a)	**13.** (a)	**14.** (a)	**15.** (c)	**16.** (d)	**17.** (b)	**18.** (b)	**19.** (a)	**20.** (c)
21. (b)	**22.** (d)	**23.** (a)	**24.** (c)	**25.** (d)	**26.** (d)	**27.** (d)	**28.** (b)	**29.** (c)	**30.** (b)
31. (a)	**32.** (c)	**33.** (c)	**34.** (b)	**35.** (c)	**36.** (c)	**37.** (b)	**38.** (b)	**39.** (a)	**40.** (c)
41. (a)	**42.** (b)	**43.** (d)	**44.** (a)	**45.** (b)	**46.** (c)	**47.** (b)	**48.** (b)	**49.** (a)	**50.** (d)

अध्याय 07

विद्युत धारा के प्रभाव
Effects of Electric Current

परिचय Introduction

विद्युत धारा के अनेक प्रभाव होते हैं जिनका उपयोग दैनिक जीवन में किसी-न-किसी रूप में किया जाता है। विद्युत धारा के कई प्रभावों में से एक है, इसका 'रासायनिक प्रभाव' जिसके अन्तर्गत किसी अम्लीय एवं अकार्बनिक विलयन में से विद्युत धारा प्रवाहित करने पर वह विलयन अपने अवयवों में वियोजित हो जाता है। यह क्रिया **वैद्युतिक-अपघटन** कहलाती है। विद्युत धारा के इस रासायनिक प्रभाव का उपयोग विद्युत लेपन, धातु शोधन, धातु निष्कर्षण आदि में व्यापक रूप से किया जाता है। इसके विपरीत, रासायनिक क्रियाओं के फलस्वरूप विद्युत वाहक बल उत्पन्न किया जा सकता है। इस कार्य हेतु विभिन्न प्रकार के रासायनिक सैलों का निर्माण किया गया है। रासायनिक सैलों में रासायनिक ऊर्जा का परिवर्तन वैद्युतिक ऊर्जा में होता है। इसका उपयोग मनुष्य के दैनिक जीवन में अनेक रूपों में किया जा रहा है; जैसे—टॉर्च, स्वचालित वाहन, इलेक्ट्रॉनिक उपकरणों का प्रचालन आदि।

विद्युत धारा के विभिन्न प्रभावों में से एक महत्त्वपूर्ण प्रभाव इसका चुम्बकीय प्रभाव भी है, जो विद्युत धारा एवं चुम्बकीय क्षेत्र के परस्पर सम्बन्ध को व्यक्त करता है। इस प्रभाव के अनुसार, जब किसी चालक में विद्युत धारा प्रवाहित की जाती है, तो उस चालक के चारों ओर एक चुम्बकीय क्षेत्र कार्य करने लगता है तथा वह चालक चुम्बकित हो जाता है। विद्युत-चुम्बकीय प्रभाव पर आधारित एक प्रमुख नियम, विद्युत-चुम्बकीय प्रेरण है।

प्रस्तुत अध्याय में विद्युत धारा के प्रभावों एवं इन पर आधारित विभिन्न नियमों; जैसे—विद्युत-चुम्बकीय प्रेरण, विद्युत-चुम्बकीय प्रेरण की उत्पत्ति में प्रयुक्त क्वॉयल्स एवं इसके अनुप्रयोग; जैसे—ट्रांसफॉर्मर आदि का संक्षिप्त वर्णन किया गया है।

अध्याय विषय सूची

7.1 विद्युत धारा का रासायनिक प्रभाव
Chemical Effect of Electric Current

जब किसी अम्लीय एवं अकार्बनिक विलयन में से विद्युत धारा प्रवाहित की जाती है तो विलयन में घुले पदार्थ अपने अवयवों में विभक्त हो जाते हैं, यह क्रिया विद्युत का रासायनिक प्रभाव कहलाती है। इस प्रभाव का उपयोग सैल, इलेक्ट्रोप्लेटिंग, धातु निष्कर्षण आदि कार्यों में किया जाता है। वैद्युतिक अपघटन की क्रिया विद्युत धारा के रासायनिक प्रभाव पर आधारित है, जोकि निम्नवत् है

वैद्युतिक अपघटन Electrolysis

जब किसी रासायनिक विलयन में से विद्युत धारा प्रवाहित की जाती है, तो विलयन भिन्न-भिन्न अणुओं या 'आयन्स' (ions) में विभक्त हो जाता है। इस क्रिया को वैद्युतिक अपघटन कहते हैं। रासायनिक पदार्थों के घोल या विलयन को इलेक्ट्रोलाइट कहते हैं। रासायनिक विलयन के आयन्स, धनायन (+) होते हैं और दूसरे प्रकार के आयन्स ऋणायन (–) होते हैं;

जैसे—

$$H_2SO_4 \longrightarrow 2H^+ + SO_4^{2-} \quad ...(i)$$

$$CuSO_4 \longrightarrow Cu^{2+} + SO_4^{2-} \quad ...(ii)$$

पहली क्रिया (i) में गन्धक का अम्ल, हाइड्रोजन (+) तथा सल्फेट (–) आयन्स में विभक्त हो गया है और दूसरी क्रिया (ii) में कॉपर सल्फेट, कॉपर (+) तथा सल्फेट (–) आयन्स में विभक्त हो गया है। जब एनोड को डी.सी. स्रोत के धन सिरे तथा कैथोड को स्रोत के ऋण सिरे से संयोजित किया जाता है तो इलेक्ट्रोलाइट में विद्युत धारा प्रवाह स्थापित हो जाता है। धन आयन कैथोड की ओर तथा ऋण आयन एनोड की ओर गति करने लगते हैं। गन्धक के अम्ल में H^+ आयन्स कैथोड को अपना आवेश देकर हाइड्रोजन गैस (H_2) बनाते हैं और SO_4^{2-} आयन्स, एनोड पर पहुँच कर जल के साथ क्रिया करके पुन: गन्धक का अम्ल (H_2SO_4) तथा ऑक्सीजन गैस (O_2) बनाते हैं।

$$2H_2O + 2SO_4^{2-} \longrightarrow 2H_2SO_4 + O_2$$

वैद्युतिक अपघटन सम्बन्धी पद
Terms Related to Electrolysis

वैद्युतिक अपघटन सम्बन्धी मुख्य पद निम्नवत् हैं

1. इलेक्ट्रोलाइट Electrolyte

ऐसा विलयन, जिसमें से विद्युत धारा प्रवाहित करने पर उसकी संरचना परिवर्तित हो जाए, इलेक्ट्रोलाइट कहलाता है। यह प्राय: अम्लीय एवं अकार्बनिक विलयन होता है। इलेक्ट्रोलाइट प्राय: सरल अकार्बनिक यौगिक होते हैं, जिन्हें जब पानी में घोला जाता है, तो यह आयनीकृत होकर विद्युत के चालक बन जाते हैं, अर्थात् इन्हें पानी में घोलने पर, इनमें विद्युत धारा का प्रवाह होने लगता है। वानस्पतिक तेल, एल्कोहॉल, स्प्रिट, आसुत जल एवं क्षार इत्यादि इसके उदाहरण हैं।

2. इलेक्ट्रॉड Electrode

इलेक्ट्रोलाइट में से विद्युत धारा प्रवाहित करने के लिए दो धात्विक छड़ों की आवश्यकता होती है, जिन्हें इलेक्ट्रॉड कहते हैं। ये दो प्रकार के होते हैं

- **एनोड** (Anode) जिस धात्विक छड़/प्लेट के माध्यम से विद्युत धारा इलेक्ट्रोलाइट से बाहर निकलती है, उसे एनोड कहते हैं। यह बैटरी के धनात्मक (+) सिरे से संयोजित रहती है।
- **कैथोड** (Cathode) जिस धात्विक छड़/प्लेट के माध्यम से विद्युत धारा इलेक्ट्रोलाइट में प्रवेश करती है, उसे कैथोड कहते हैं। यह बैटरी के ऋणात्मक (–) सिरे से जुड़ी रहती है।

3. आयनीकरण Ionisation

इलेक्ट्रोलाइट पदार्थ को जल आदि विलायक में घोलने पर वह धन (+) तथा ऋण (–) अवयवों में विभक्त हो जाता है, जो मूलक (radicals) या आयन्स (ions) कहलाते हैं और यह प्रक्रिया आयनीकरण कहलाती है।

आयन्स दो प्रकार के होते हैं

- **धनायन** (Cation) इलेक्ट्रोलाइट या विलयन में कैथोड की ओर जाने वाले आयन्स, धनायन कहलाते हैं। इन आयनों पर धनात्मक आवेश होता है।
- **ऋणायन** (Anion) इलेक्ट्रोलाइट या विलयन में एनोड की ओर जाने वाले आयन्स, ऋणायन कहलाते हैं। इन आयनों पर ऋणात्मक आवेश होता है।

4. वोल्टामीटर Voltameter

जिस पात्र में वैद्युतिक-अपघटन क्रिया सम्पन्न की जाती है, उसे वोल्टामीटर कहते हैं। यह पात्र प्राय: काँच का जार या चीनी मिट्‌टी का बड़ा टैंक होता है।

5. संयोजकता Valency

संयोजकता किसी तत्व के रासायनिक संयोग करने की क्षमता को प्रदर्शित करती है। किसी तत्व की संयोजकता हाइड्रोजन के परमाणुओं की वह संख्या है, जोकि उस तत्व के एक परमाणु से संयोग करती है।

6. परमाणु भार Atomic Weight

किसी तत्व का परमाणु भार, उस तत्व के एक परमाणु तथा हाइड्रोजन के एक परमाणु भार का अनुपात होता है

7. विद्युत-रासायनिक तुल्यांक Electro-chemical Equivalent

"किसी तत्व का वह द्रव्यमान, जो एक कूलॉम आवेश (एक ऐम्पियर- सेकण्ड) द्वारा विलयन से संयुक्त होता है अथवा उससे मुक्त होता है, वह उस तत्व का विद्युत-रासायनिक तुल्यांक कहलाता है।" इसकी इकाई ग्राम प्रति कूलॉम है, इसे Z से प्रदर्शित किया जाता है।

8. रासायनिक तुल्यांक Chemical Equivalent

परमाणु भार तथा संयोजकता का अनुपात रासायनिक तुल्यांक कहलाता है। किसी तत्व के द्रव्यमान के अनुसार, वह भाग जो हाइड्रोजन के एक भाग (गणनाओं में 1.008) द्रव्यमान से संयुक्त अथवा मुक्त होता है, वह उस तत्व का रासायनिक तुल्यांक कहलाता है।

$$\text{रासायनिक तुल्यांक} = \frac{\text{परमाणु भार}}{\text{संयोजकता}}$$

ऑक्सीजन का परमाणु भार 16 तथा संयोजकता 2 होती है। अत:

ऑक्सीजन का रासायनिक तुल्यांक $= \frac{16}{2} = 8$

इसी प्रकार, चाँदी का रासायनिक तुल्यांक $= \frac{108}{1} = 108$

तथा ताँबे का रासायनिक तुल्यांक $= \frac{63}{2} = 31.5$

कुछ तत्वों के परमाणु भार, संयोजकता, रासायनिक तुल्यांक तथा विद्युत रासायनिक तुल्यांकों के मान निम्न तालिका में दर्शाए गए हैं

तालिका रासायनिक तुल्यांक एवं विद्युत-रासायनिक तुल्यांक

क्र.सं.	तत्व	परमाणु भार	संयोजकता	रासायनिक तुल्यांक (CE)	विद्युत-रासायनिक तुल्यांक (ECE)
1.	हाइड्रोजन	1.008	1	1.008	0.0104
2.	ताँबा	63.57	2	31.78	0.3293
3.	निकिल	58.68	2	29.34	0.304
4.	क्रोमियम	52.0	3	17.33	0.18
5.	एल्युमीनियम	27.1	3	9.03	0.0936
6.	जस्ता	65.38	2	32.69	0.3387
7.	चाँदी	107.88	1	107.88	1.118
8.	सोना	197.0	1	197.0	2.0438

फैराडे के वैद्युतिक अपघटन सम्बन्धी नियम
Faraday's Laws Related to Electrolysis

माइकल फैराडे नामक वैज्ञानिक ने वैद्युतिक अपघटन के सम्बन्ध में निम्न दो नियम स्थापित किए

प्रथम नियम First Law

किसी इलेक्ट्रॉड पर मुक्त हुए पदार्थ का द्रव्यमान (ग्राम में), विलयन में से प्रवाहित की गई विद्युत धारा की मात्रा (अर्थात्, धारा का मान × समय) के अनुक्रमानुपाती होता है अर्थात्

$$m \propto It, \quad \Rightarrow \quad m = ZIt$$

यहाँ, m = मुक्त हुए पदार्थ का द्रव्यमान (ग्राम में)

I = विद्युत धारा (ऐम्पियर में), t = समय (सेकण्ड में)

तथा Z = विद्युत रासायनिक तुल्यांक (ग्राम/कूलॉम में)

$\therefore \quad m = ZIt$

यदि $I = 1$ ऐम्पियर और $t = 1$ सेकण्ड

तो $m = Z$

द्वितीय नियम Second Law

यदि विभिन्न इलेक्ट्रोलाइट्स में से एक ही समय में एकसमान विद्युत धारा प्रवाहित की जाएँ, तो उनके इलेक्ट्रॉड्स पर मुक्त हुए पदार्थों के द्रव्यमान उनके रासायनिक तुल्यांकों के अनुक्रमानुपाती होते हैं अर्थात्

$$m_1 \propto w_1 \,; m_2 \propto w_2 \,; m_3 \propto w_3 \text{ या } \frac{m_1}{w_1} = \frac{m_2}{w_2} = \frac{m_3}{w_3}$$

यहाँ, m_1, m_2, m_3 = इलेक्ट्रॉड्स पर मुक्त हुए पदार्थों के द्रव्यमान (ग्राम में)

w_1, w_2, w_3 = पदार्थों का रासायनिक तुल्यांक

उदाहरण 1. यदि 200 सेकण्ड समय में 0.5 ऐम्पियर डी.सी. विद्युत धारा के द्वारा वोल्टामीटर में कैथोड पर 111.81 मिग्रा चाँदी एकत्र की जाती हो, तो चाँदी का विद्युत-रासायनिक तुल्यांक ज्ञात कीजिए।

हल ज्ञात है, समय t = 200 सेकण्ड

विद्युत धारा, I = 0.5 ऐम्पियर

एकत्र पदार्थ का द्रव्यमान, m = 111.81 मिग्रा $= 111.81 \times 10^{-3}$ ग्राम

सूत्र $m = ZIt$ से,

$$Z = \frac{m}{It} = \frac{111.81 \times 10^{-3}}{0.5 \times 200} = 1.1181 \text{ मिग्रा/कूलॉम}$$

वैद्युतिक अपघटन के अनुप्रयोग Applications of Electrolysis

वैद्युतिक अपघटन एक बहुउपयोगी प्रक्रिया है और इसके उपयोग निम्न हैं

1. विद्युत-लेपन Electroplating

किसी धातु पर अन्य धातु की बारीक परत को चढ़ाना या लेपन करना विद्युत लेपन कहलाता है।

मौलिक सिद्धान्त (Basic principle) लवणों के घोल में दिष्ट धारा प्रवाहित करने पर, धातुओं को लवणों से पृथक् किया जा सकता है। लवण से पृथक् की गई धातु को किसी अन्य धातु पर पतली पर्त के रूप में चढ़ाया जा सकता है, इस क्रिया को ही विद्युत-लेपन कहते हैं। लोहे, पीतल आदि से बनी वस्तुओं की सतह को वातावरण के प्रभावों से सुरक्षित रखने और उसे चमकदार बनाने के लिए उन पर क्षरणरोधी धातु (noble metal) की पर्त चढ़ाना विद्युत-लेपन कहलाता है।''

उदाहरण के लिए, पीतल की वस्तु पर चाँदी की परत चढ़ाने के लिए सिल्वर नाइट्रेट $AgNO_3$ के घोल में चाँदी की प्लेट को एनोड के रूप में लटकाया जाता है और पीतल की वस्तु को कैथोड से संयोजित किया जाता है। विद्युत-लेपन की जाने वाली वस्तु को रेत से साफ कर, कास्टिक सोडा के घोल में डाला जाता है, जिससे कि वस्तु की चिकनाई दूर हो जाए और फिर उसे साफ जल से धोकर इलेक्ट्रोलाइट में लटकाया जाता है।

सिल्वर नाइट्रेट के घोल में पोटैशियम-सायनाइड की कुछ मात्रा उत्प्रेरक के रूप में डाली जाती है। अब एनोड व कैथोड को डी.सी. स्रोत से संयोजित कर घोल में से कुछ मिनटों के लिए विद्युत धारा प्रवाहित की जाती है। अच्छी पर्त जमाने के लिए विद्युत धारा का मान कम रखना चाहिए। वस्तु पर चाँदी की पर्त चढ़ जाने के बाद बफिंग (buffing) क्रिया द्वारा वस्तु की सतह को चमकदार बना दिया जाता है।

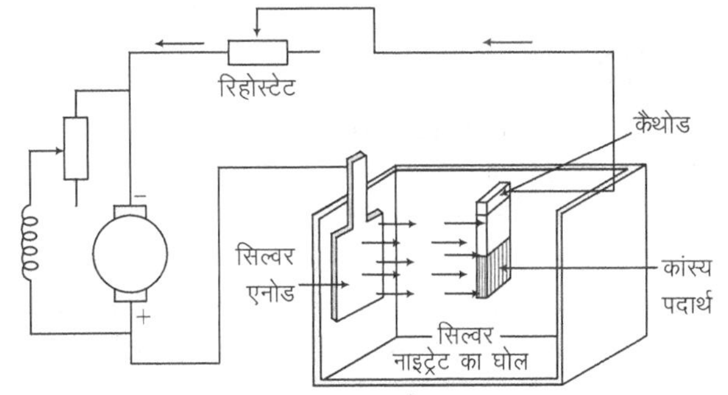

चित्र विद्युत-लेपन

2. विद्युत मुद्रण Electrotyping

इस विधि में पहले अक्षरों की कम्पोजिंग करके किसी पुस्तक के एक पूरे पृष्ठ का पाठ्य (text) तैयार किया जाता है। अब इस पर मोम या प्लास्टर-ऑफ-पेरिस की तह दबाकर उल्टी प्रतिलिपि (negative copy) तैयार की जाती है। अब इस प्रतिलिपि को चालक बनाने के लिए उस पर ग्रेफाइट पाउडर छिड़क दिया जाता है। इस प्रतिलिपि को कॉपर-सल्फेट ($CuSO_4$) के घोल में कैथोड से संयोजित कर दिया जाता है और एनोट पर ताँबे की प्लेट लटकायी जाती है।

घोल में से डी.सी. विद्युत धारा प्रवाहित करने पर कैथोड पर ताँबे का एक ब्लॉक तैयार हो जाता है, जिसका उपयोग छपाई के लिए किया जाता है।

वर्तमान में विद्युत मुद्रण का प्रचलन बहुत कम हो गया है। इसका स्थान कम्प्यूटर के द्वारा कम्पोज किए गए मैटर की फोटो फिल्म ने ले लिया है, जिसका उपयोग ऑफसैट छपाई के लिए किया जाता है।

3. धातु शोधन Purification of Metal

इस विधि में अशुद्ध धातु की प्लेट को एनोड के रूप में उसी धातु के किसी लवण के घोल में लटका दिया जाता है। कैथोड के रूप में शुद्ध धातु की प्लेट प्रयोग की जाती है।

घोल में से डी.सी. विद्युत धारा प्रवाहित करने पर शुद्ध धातु के कण कैथोड पर एकत्र हो जाते हैं तथा अशुद्धियाँ एनोड पर ही रह जाती हैं। इस प्रकार, अशुद्ध धातु का शोधन सम्पन्न हो जाता है।

4. धातु निष्कर्षण Extraction of Metal

अनेक धातुओं के उत्पादन के लिए वैद्युतिक अपघटन विधि अपनाई जाती है। इस विधि में अयस्क को एनोड के रूप में और उत्पादन की जाने वाली धातु के किसी लवण का घोल इलेक्ट्रोलाइट के रूप में प्रयोग किया जाता है। घोल में से डी.सी. विद्युत धारा प्रवाहित करने पर अयस्क में से वांछित धातु के कण घोल में से होते हुए कैथोड पर एकत्र हो जाते हैं। इस प्रकार, अयस्क से शुद्ध धातु प्राप्त की जाती है।

5. कैपेसिटर निर्माण Construct a Capacitors

उच्च कैपेसिटैन्स मान वाले कैपेसिटर बनाने के लिए वैद्युतिक अपघटन प्रक्रिया के द्वारा कैपेसिटर के दो प्लेट-युग्मों के मध्य डाइ-इलेक्ट्रिक परत (dielectric film) तैयार की जाती है। इस प्रकार के कैपेसिटर इलेक्ट्रोलाइटिक कैपेसिटर (electrolytic capacitor) कहलाते हैं।

7.2 सैल Cell

सैल वह युक्ति है, जो रासायनिक ऊर्जा को वैद्युतिक ऊर्जा में परिवर्तित कर देती है अथवा रासायनिक क्रिया के फलस्वरूप विद्युत वाहक बल (emf) उत्पन्न करने वाली युक्ति, सैल कहलाती है।

सैल विभिन्न प्रकार की रासायनिक क्रियाओं द्वारा शुद्ध डी.सी. वोल्टेज प्रदान करती है, जिसका उपयोग विभिन्न इलेक्ट्रॉनिक परिपथों में पावर सप्लाई के लिए तथा इलेक्ट्रॉनिक उपकरणों; जैसे—रेडियो, मोबाइल, घड़ियों व टॉर्च इत्यादि में किया जाता है।

सैल की संरचना Construction of Cell

सैल में सामान्यत: दो धातु की छड़ों को किसी धातु लवण के द्रव में डुबोकर रखा जाता है। इन धातु छड़ों को विद्युत तार के द्वारा जोड़ा जाता है, जिससे इलेक्ट्रोलाइट में रासायनिक क्रियाएँ प्रारम्भ हो जाती हैं।

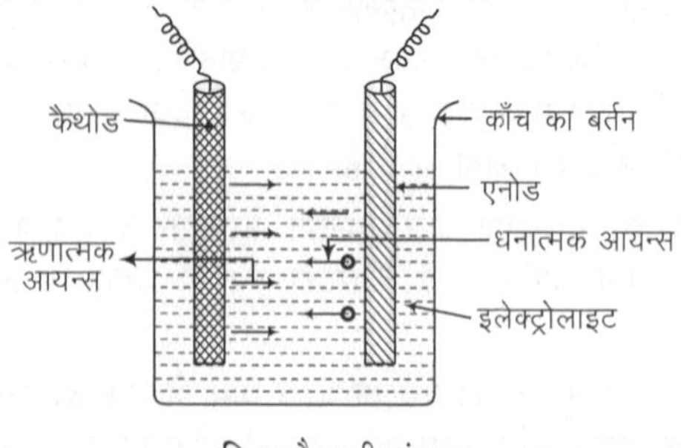

चित्र सैल की संरचना

सैल के प्रकार Types of Cells

सैल मुख्यत: निम्न दो प्रकार के होते हैं

1. प्राथमिक सैल 2. द्वितीयक सैल

1. प्राथमिक सैल Primary Cell

जिन सैलों में रासायनिक क्रियाओं के फलस्वरूप विद्युत वाहक बल विकसित होता है वे प्राथमिक सैल कहलाते हैं इन सैलों को पुन: आवेशित नहीं किया जा सकता है जैसे– (i) वोल्टेइक सैल, (ii) डेनियल सैल, (iii) लैक्लांशी सैल, (iv) शुष्क सैल, (v) मरकरी सैल, (vi) सिल्वर ऑक्साइड सैल, (vii) क्षारीय सैल।

उपरोक्त सैलों का विवरण निम्नवत् है

(i) **वोल्टेइक सैल** Voltaic Cell

सन् 1800 के लगभग सर्वप्रथम वोल्टा नामक वैज्ञानिक ने रासायनिक क्रियाओं के द्वारा विद्युत वाहक बल उत्पन्न करने में सफलता प्राप्त की। वोल्टा द्वारा बनाए गए सैल को वोल्टेइक सैल कहा गया।

इसमें काँच के पात्र में तनु गन्धक का अम्ल (H_2SO_4) इलेक्ट्रोलाइट के रूप में तथा ताँबे की छड़ एनोड एवं जस्ते की छड़ कैथोड के रूप में प्रयोग की जाती है, जैसा कि चित्र में दर्शाया गया है।

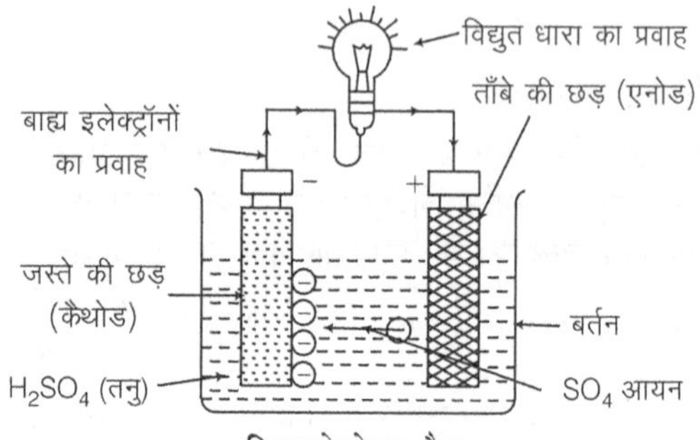

चित्र वोल्टेइक सैल

रासायनिक क्रियाएँ (Chemical Reactions) इलेक्ट्रोलाइट (H_2SO_4) में हाइड्रोजन के धन आयन तथा सल्फेट के ऋण आयन उपस्थित होते हैं। (वास्तव में, ठोस लवण को जल आदि विलायक में घोलते ही उसके धन तथा ऋण आयन्स पृथक् हो जाते हैं।)

$$H_2SO_4 \longrightarrow 2H^+ + SO_4^{2-}$$

एनोड तथा कैथोड को लोड से संयोजित कर देने पर सैल में निम्न रासायनिक क्रियाएँ होती हैं

(i) **कैथोड पर** $Zn^{2+} + SO_4^{2-} \longrightarrow ZnSO_4$

(ii) **एनोड पर** $2H^+ + 2e^- \longrightarrow H_2$

रासायनिक क्रियाओं के फलस्वरूप हाइड्रोजन गैस मुक्त हो जाती है। विद्युत धारा का प्रवाह सैल के अन्दर जस्ते की छड़ से ताँबे की छड़ की ओर तथा सैल के बाहर ताँबे की छड़ से जस्ते की छड़ की ओर होता है। (बाह्य परिपथ में इलेक्ट्रॉन्स का प्रवाह, कैथोड से एनोड की ओर होता है।)

लाभ Advantages

(i) वातावरण पर इसका कोई विपरीत प्रभाव नहीं पड़ता है।

(ii) यह स्थिर धारा एवं वोल्टेज प्रदान करती है।

हानि Disadvantages

इसे पुन: आवेशित नहीं किया जा सकता है।

दोष एवं निवारण (Defects and Remedy) वोल्टेइक सैल में 'स्थानीय क्रिया' एवं 'ध्रुवाच्छादन' नामक दोष होते हैं। इनका निवारण इस प्रकार किया जाता है

- **स्थानीय क्रिया** (Local action) जस्ता एक ऐसी धातु है, जिसमें सामान्यत: कई प्रकार की अशुद्धियाँ मिली हुई होती हैं; जैसे—लोहा, कार्बन व सीसा आदि। जस्ते की छड़ में अशुद्धि के रूप में उपस्थित कार्बन के कण गन्धक अम्ल तथा जस्ते के साथ मिलकर अनेक छोटे-छोटे सैल बना लेते हैं और इन लघु सैलों में होने वाले विद्युत धारा के प्रवाह से रासायनिक ऊर्जा व्यर्थ ही व्यय होती रहती है; वोल्टेइक सैल का यह दोष स्थानीय क्रिया कहलाता है।

  निवारण (Remedy) स्थानीय क्रिया दोष को दूर करने के लिए जस्ते की छड़ पर पारे की परत चढ़ा दी जाती है। यह परत, केवल जस्ते को ही गन्धक अम्ल के सम्पर्क में आने देती है और अशुद्धियों को गन्धक अम्ल से सम्पर्क नहीं करने देती। इस प्रकार, यह दोष लगभग दूर हो जाता है।

- **ध्रुवाच्छादन** (Polarisation) दी गई रासायनिक क्रियाओं में एनोड पर हाइड्रोजन गैस बुलबुलों के रूप में मुक्त होती है। ये बुलबुले, ताँबे की छड़ के चारों ओर एकत्र होकर उसे अचालक बना देते हैं। इसका परिणाम यह होता है कि कुछ समय तक कार्य करने के बाद सैल निष्क्रिय हो जाता है, वोल्टेइक सैल का यह दोष ध्रुवाच्छादन कहलाता है।

  निवारण (Remedy) ध्रुवाच्छादन दोष को दूर करने के लिए एनोड के चारों ओर एक सरन्ध्र पात्र (porous pot) में मैंगनीज डाइ-ऑक्साइड (MnO_2) चूर्ण रखा जाता है।

  यह चूर्ण हाइड्रोजन गैस से क्रिया करके जल बनाता है।

$$2MnO_2 + H_2 \longrightarrow Mn_2O_3 + H_2O$$
$$2Mn_2O_3 + O_2 \longrightarrow 4Mn_2O_2$$

  उक्त रासायनिक क्रिया में जल के साथ-साथ मैंगनीज परॉक्साइड (Mn_2O_3) बनता है, जो वायु से ऑक्सीजन ग्रहण करके पुन: मैंगनीज डाइ-ऑक्साइड (MnO_2) में परिवर्तित हो जाता है। इस प्रकार, मैंगनीज डाइ-ऑक्साइड के प्रयोग से ध्रुवाच्छादन दोष दूर हो जाता है।

अन्य विवरण (Specifications) वोल्टेइक सैल का विद्युत वाहक बल 1.08 वोल्ट होता है। अन्य प्रकार के परिष्कृत सैलों का निर्माण हो जाने से इस सैल का प्रचलन लगभग समाप्त हो चुका है।

अनुप्रयोग (Applications) इन सैलों का उपयोग स्थिर वोल्टेज एवं धारा प्रदान करने वाले वैद्युतिक उपकरणों में किया जाता है; जैसे—TV रिमोट, कार बैटरी, इन्वर्टर इत्यादि।

(ii) डेनियल सैल Daniell Cell

सन् 1836 में प्रो. डेनियल ने प्रयोगशालाओं में प्रयोग किए जा सकने वाले सैल का निर्माण किया। वैज्ञानिक प्रो. डेनियल के नाम पर इस सैल का नाम डेनियल सैल रखा गया। इसमें, एनोड के रूप में ताँबे का एक बेलनाकार पात्र प्रयोग किया जाता है। बर्तन में ऊपर की ओर ताँबे का छिद्रयुक्त छज्जा (balcony) बना होता है, जिसमें कॉपर-सल्फेट ($CuSO_4$) के ठोस क्रिस्टल (crystals) भरे जाते हैं।

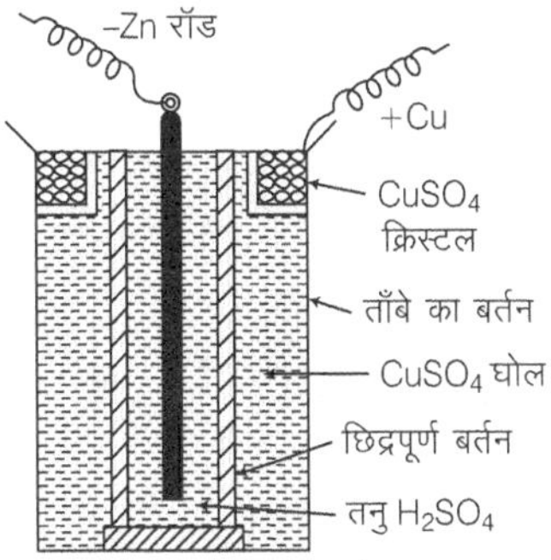

चित्र डेनियल सैल

इस सैल में कॉपर-सल्फेट का घोल, इलेक्ट्रोलाइट के रूप में प्रयोग किया जाता है। एक लम्बे बेलनाकार सरन्ध्र-पात्र (porous pot) में तनु गन्धक का अम्ल (H_2SO_4) भरा जाता है और उसके बीच एक जस्ते की छड़ स्थापित की जाती है, जो कैथोड का कार्य करती है।

रासायनिक क्रियाएँ (Chemical Reactions) इलेक्ट्रोलाइट H_2SO_4 में हाइड्रोजन के धन तथा सल्फेट के ऋण आयन उपस्थित होते हैं

$$H_2SO_4 \longrightarrow 2H^+ + SO_4^{2-}$$

एनोड तथा कैथोड को लोड से संयोजित कर देने पर सैल में निम्न रासायनिक क्रियाएँ होती हैं

(i) **कैथोड पर** $Zn + H_2SO_4 \longrightarrow ZnSO_4 + H_2$ (गैस)

(ii) **एनोड पर** $CuSO_4 + H_2 \longrightarrow H_2SO_4 + Cu$

इस प्रकार, कैथोड पर मुक्त हुई हाइड्रोजन, कॉपर सल्फेट से क्रिया करके ताँबे तथा गन्धक का अम्ल उत्पन्न करती है।

लाभ (Advantages)

(i) इसे अनुरक्षण की कम आवश्यकता पड़ती है।

(ii) यह वातावरण पर कोई विपरीत प्रभाव नहीं डालती है।

हानि (Disadvantages) प्राथमिक सैल होने के कारण इसे पुन: आवेशित नहीं किया जा सकता है।

दोष एवं निवारण (Defects and Remedy) डेनियल सैल में कॉपर सल्फेट द्वारा ध्रुवाच्छादन दोष को उत्पन्न ही नहीं होने दिया जाता। इसके अतिरिक्त, जस्ते की छड़ को तनु गन्धक के अम्ल में डुबोकर सरन्ध्र-पात्र में रखा जाता है, जिससे स्थानीय क्रिया दोष भी उत्पन्न नहीं होता।

अनुप्रयोग (Applications) इसका उपयोग प्रयोगशालाओं में स्थिर वोल्टेज प्रदान करने वाले सैल के रूप में किया जाता है।

(iii) लैक्लांशी सैल Lechlanche Cell

वोल्टेइक तथा डेनियल सैलों में गन्धक का अम्ल प्रयोग किया जाता है। अत: लैक्लांशी ने अम्ल रहित प्रकार के सैल का निर्माण किया। इसमें काँच के बेलनाकार पात्र में अमोनियम क्लोराइड (NH_4Cl) का घोल भरा जाता है, जो इलेक्ट्रोलाइट का कार्य करता है।

जैसा कि निम्न चित्र में दर्शाया गया है। पात्र के बीच में एक लम्बे बेलनाकार सरन्ध्र-पात्र में मैंगनीज डाइ-ऑक्साइड चूर्ण भरा जाता है और उसके बीच में एक कार्बन की छड़ स्थापित की जाती है।

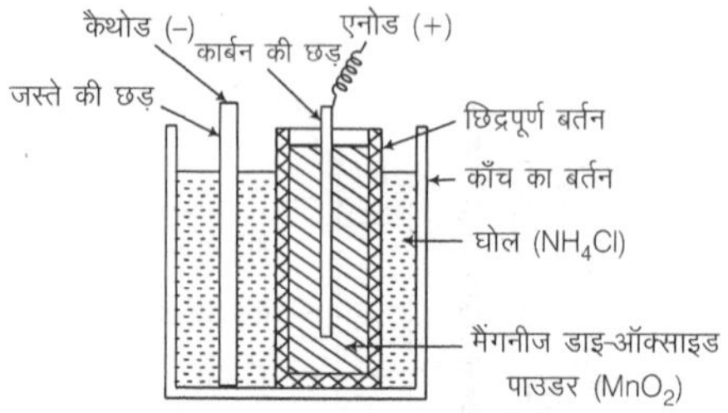

चित्र लैक्लांशी सैल

कार्बन की छड़, एनोड का कार्य करती है और मैंगनीज डाइ-ऑक्साइड (MnO_2) विध्रुवक (depolariser) का कार्य करता है। इलेक्ट्रोलाइट में एक जस्ते की छड़ भी स्थापित की जाती है, जो कैथोड का कार्य करती है।

रासायनिक क्रियाएँ (Chemical Reactions) अमोनियम क्लोराइड के जलीय विलयन में NH_4 के धन आयन तथा Cl के ऋण आयन्स उपस्थित होते हैं।

$$NH_4Cl \longrightarrow NH_4^+ + Cl^-$$

(i) **कैथोड पर**

इस क्रिया में हाइड्रोजन गैस मुक्त हो जाती है, जो एनोड के चारों ओर एकत्र होने का प्रयास करती है, परन्तु विध्रुवक मैंगनीज डाइ-ऑक्साइड उसे जल में परिवर्तित कर देता है।

$$Zn + 2NH_4Cl \longrightarrow ZnCl_2 + 2NH_3 + H_2$$

(ii) **एनोड पर**

$$2\,MnO_2 + H_2 \longrightarrow Mn_2O_3 + H_2O$$

इस क्रिया में उत्पन्न हुआ मैंगनीज परॉक्साइड, वायु से ऑक्सीजन ग्रहण करके पुनः मैंगनीज डाइ-ऑक्साइड में परिवर्तित हो जाता है।

$$2Mn_2O_3 + O_2 \longrightarrow 4MnO_2$$

लाभ Advantages

(i) यह अपेक्षाकृत सस्ती होती है।
(ii) यह क्षारीय बैटरियों/सैलों के साथ परिवर्तनीय होती है।
(iii) यह बाजार में विभिन्न वोल्टेज परासों में उपलब्ध है।

हानि Disadvantages

(i) इन सैलों में लीकेज की सम्भावना रहती हैं।
(ii) इन सैलों का आपेक्षिक घनत्व अन्य क्षारीय सैलों की अपेक्षा निम्न होता है।

दोष एवं निवारण (Defects and Remedy) इस सैल में निम्न दोष उत्पन्न होते हैं

1. **स्थानीय क्रिया** (Local action) इस दोष को समाप्त करने के लिए जस्ते की छड़ पर पारे की परत चढ़ाई जाती है।
2. **ध्रुवाच्छादन** (Polarisation) इस दोष को समाप्त करने के लिए एनोड के चारों ओर मैंगनीज डाइ-ऑक्साइड चूर्ण भरा जाता है, जो विध्रुवक का कार्य करता है।

अन्य विवरण (Specifications) इस सैल का विद्युत वाहक बल 1.46 वोल्ट होता है और इसका आन्तरिक प्रतिरोध 1 से 5 ओम तक होता है। इस सैल में विध्रुवण क्रिया (depolarising action) धीरे-धीरे सम्पन्न होती है। अतः विद्युत वाहक बल भी रुक-रुक कर प्राप्त होता है।

अनुप्रयोग (Applications) इस सैल का उपयोग ऐसे कार्यों में किया जाता है, जिनमें रुक-रुक कर विद्युत धारा की आवश्यकता होती है; जैसे—विद्युत घण्टी, टेलीफोन, फ्लैशलाइट, खिलौने आदि।

(iv) **शुष्क सैल** Dry Cell

इसे कार्बन जिंक सैल भी कहते हैं। इस सैल के अन्तर्गत जस्ते का एक बेलनाकार पात्र होता है, जो कैथोड का कार्य करता है। पात्र के ठीक मध्य में एक कार्बन की छड़ स्थापित की जाती है, जो एनोड का कार्य करती है।

इस छड़ के चारों ओर एक मोटे कपड़े की थैली में मैंगनीज डाइ-ऑक्साइड (MnO_2), कार्बन (C), अमोनियम क्लोराइड (NH_4Cl) तथा जिंक क्लोराइड ($ZnCl_2$) के चूर्णों को 10 : 10 : 2 : 1 के अनुपात में मिलाकर भरा जाता है।

यह मिश्रण विध्रुवक का कार्य करता है। इस थैली के चारों ओर अमोनियम क्लोराइड, जिंक क्लोराइड तथा प्लास्टर ऑफ पेरिस की लुगदी (paste) भरी जाती है, जो इलेक्ट्रोलाइट का कार्य करती है। सैल के ऊपरी सिरे को भली-भाँति बन्द कर दिया जाता है।

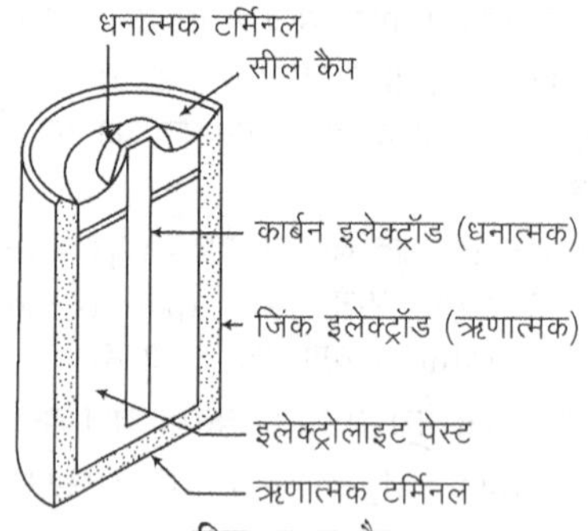

चित्र शुष्क सैल

रासायनिक क्रियाएँ

(Chemical Reactions)

इसकी रासायनिक क्रियाएँ भी लैक्लांशी सैल की भाँति ही होती हैं

$$NH_4Cl \longrightarrow NH_4^+ + Cl^-$$

कैथोड पर, $Zn + 2NH_4Cl \longrightarrow ZnCl_2 + 2NH_3 + H_2$

एनोड पर, $2MnO_2 + H_2 \longrightarrow Mn_2O_3 + H_2O$

$$2Mn_2O_3 + O_2 \longrightarrow 4MnO_2$$

लाभ (Advantages)

(i) इसका आकार छोटा होता है, जिससे इसका उपयोग छोटी इलेक्ट्रॉनिक युक्तियों में किया जाता है।
(ii) ये अपेक्षाकृत सस्ती होती हैं।
(iii) ये पर्यावरण पर विपरीत प्रभाव नहीं डालती हैं।

हानि (Disadvantages) इन सैलों को पुनः आवेशित नहीं किया जा सकता है।

दोष (Defects) सामान्यत: इसमें कोई दोष नहीं होता परन्तु इसे न तो पुन: आवेशित किया जा सकता है और न ही निष्क्रिय हो जाने के बाद इसका कोई उपयोग शेष रह जाता है।

अन्य विवरण (Specifications) इसका विद्युत वाहक बल 1.4 से 1.5 वोल्ट तक होता है और कार्यक्षमता सामान्यत: 0.084 AH से 5. 625 AH तक होती है। इसका आकार (व्यास × ऊँचाई) 13 × 51 मिमी से 33 × 61 मिमी तक होता है।

अनुप्रयोग (Applications) शुष्क सैल का उपयोग टॉर्च, टेलीफोन, विद्युत घण्टी, कैमरा, दीवार घड़ी, विद्युत चालित खिलौने, ट्रांजिस्टराइज्ड रिसीवर व टेपरिकॉर्डर आदि उपकरणों में किया जाता है।

(v) मरकरी सैल Mercury Cell

इसमें निकिल आलेपित स्टील अथवा स्टेनलैस स्टील का एक बेलनाकार पात्र होता है, जो एनोड का कार्य करता है। सैल की तली में मरक्यूरिक ऑक्साइड (HgO) चूर्ण की एक परत होती है, जो विध्रुवक और एनोड की भाँति कार्य करती है। इस परत के ऊपर एक सरन्ध्र पृथक्कारी परत (porous separator layer) होती है, जिसके ऊपर पोटैशियम-हाइड्रॉक्साइड (KOH) की लुगदी, अवशोषक पदार्थ से बने पैड्स (pads) में भरी जाती है। यह इलेक्ट्रोलाइट का कार्य करती है।

इलेक्ट्रोलाइट परत के ऊपर शुद्ध जस्ता चूर्ण का कैथोड बनाया जाता है। कुछ अन्य प्रकार के मरकरी सैलों में खोखली नली के आकार का शुद्ध जस्ते का बना, पारा आलेपित कैथोड भी प्रयोग किया जाता है और इलेक्ट्रोलाइट के रूप में जिंक ऑक्साइड (ZnO) भी मिलाया जाता है।

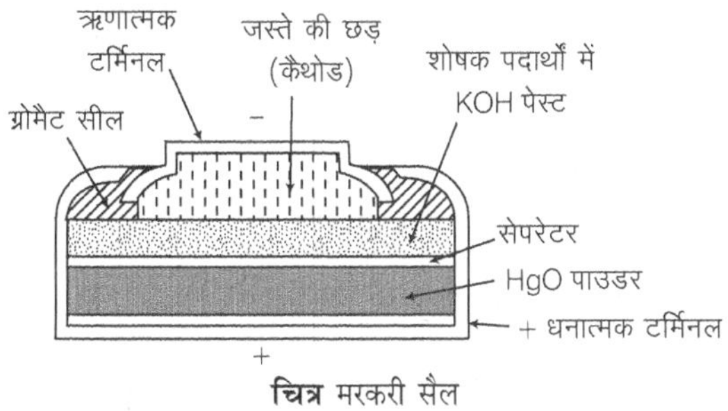

चित्र मरकरी सैल

लाभ (Advantages)

(i) इनका जीवनकाल अधिक होता है।

(ii) ये स्थिर वोल्टेज प्रदान करती हैं।

हानि (Disadvantages)

(i) मरकरी होने के कारण ये सैल वातावरण को प्रदूषित करती है।

(ii) वातावरण पर कुप्रभाव पड़ने के कारण इन सैलों का उपयोग अपेक्षाकृत कम किया जाता है।

अन्य विवरण (Specifications) इस सैल का विद्युत वाहक बल 1.35 से 1.4 वोल्ट तक होता है। इसका आकार अत्यन्त छोटा है—व्यास 4 मिमी तक और ऊँचाई 2.5 मिमी तक होती है। मरकरी सैल को 'बटन सैल' (button cell) भी कहते हैं।

अनुप्रयोग (Applications) मरकरी सैल का उपयोग अति लघु आकार वाले उपकरणों; जैसे– हीयरिंग एड, कलाई घड़ी, पॉकेट कैलकुलेटर आदि में किया जाता है।

(vi) सिल्वर ऑक्साइड सैल Silver Oxide Cell

इस प्रकार के सैल की संरचना, मरकरी सैल की भाँति ही होती है, अन्तर केवल यह है कि इसमें मरक्यूरिक ऑक्साइड (HgO) के स्थान पर सिल्वर ऑक्साइड (Ag_2O) प्रयोग किया जाता है।

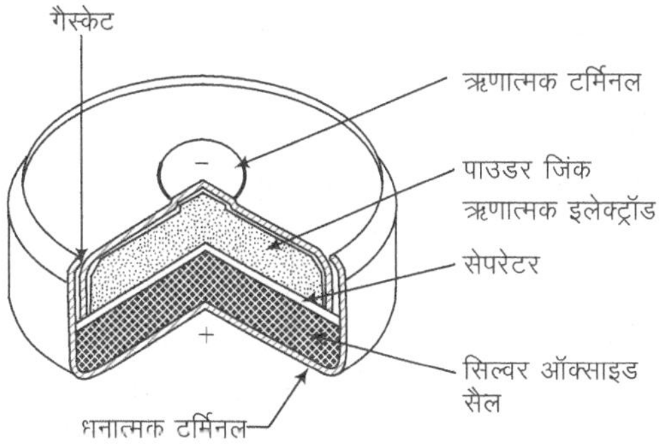

चित्र सिल्वर ऑक्साइड सैल

लाभ (Advantages)

(i) इनकी दक्षता उच्च होती है।

(ii) यह लगातार विद्युत धारा प्रवाह करने वाले उपकरणों/युक्तियों के लिए उपयुक्त रहती है।

हानि (Disadvantages) यह अपेक्षाकृत महँगी होती हैं।

अन्य विवरण (Specifications) सिल्वर ऑक्साइड सैल का विद्युत वाहक बल 1.5 वोल्ट होता है। यह मरकरी सैल की अपेक्षा महँगी होती हैं। यह भी 'बटन' आकार में बनाई जाती है।

अनुप्रयोग (Applications) इसका उपयोग अति लघु आकार वाले डिजिटल उपकरणों एवं यन्त्रों में किया जाता है।

(vii) क्षारीय सैल Alkaline Cell

क्षारीय सैल में जस्ते की छड़ ऋणात्मक इलेक्ट्रॉड का कार्य करती है तथा मैंगनीज डाइ-ऑक्साइट की छड़ धनात्मक इलेक्ट्रॉड का कार्य करती है।

निम्न चित्र में क्षारीय सैल की संरचना प्रदर्शित की गई है

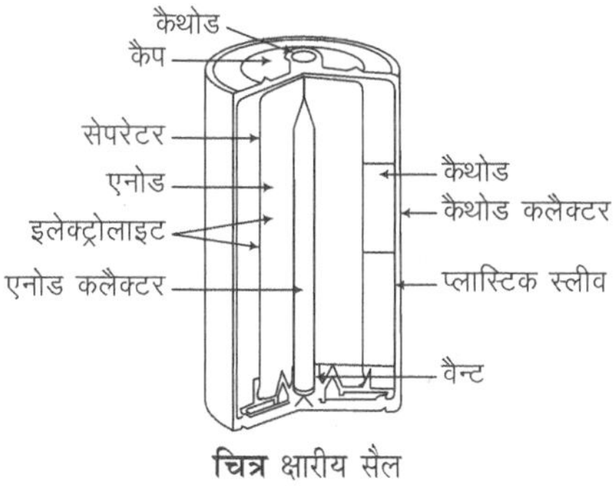

चित्र क्षारीय सैल

विद्युत अपघटन पोटैशियम हाइड्रॉक्साइड के घोल या क्षारीय घोल का होता है। क्षारीय सैल भी कार्बन जिंक सैलों की भाँति उन्हीं मानकों पर निर्मित होती हैं परन्तु इनका मूल्य अधिक होता है।

लाभ Advantages

(i) ये अधिक धारा की आपूर्ति लम्बे समय अन्तराल तक कर सकने के योग्य होती हैं, यही इनका विशेष गुण होता है। एक मानक D प्रकार के 1.5 V क्षारीय सैल की क्षमता कार्बन जस्ता सैल से 2 Ah की तुलना में 3.5 Ah होती है।

(ii) इनका भण्डारण समय कार्बन-जिंक सैल के भण्डारण समय की तुलना में लगभग ढाई वर्ष अधिक होता है।

हानियाँ Disadvantages

(i) इसका आन्तरिक प्रतिरोध उच्च होता है।

(ii) ये सैल, अन्य सैलों की अपेक्षा भारी होती हैं।

अनुप्रयोग (Applications) इन सैलों को ट्रक, टैक्टर, बस, कार, टैक्सी, टैम्पों आदि, वाहनों में प्रयुक्त डीजल व पैट्रोल इंजनों के स्टार्टिंग हेतु तथा ट्रैक्शन कार्यों में प्रयुक्त वाहनों में व वातानुकूलन (lighting and air conditioning) के लिए प्रयोग किया जाता है। इसके अतिरिक्त इन सैलों का उपयोग रिमोट कण्ट्रोल, रेडियो, डिजिटल कैमरा, MP3 प्लेयर इत्यादि में किया जाता है।

2. द्वितीयक सैल Secondary Cell

जिन सैलों में वैद्युतिक ऊर्जा को रासायनिक क्रियाओं के रूप में एकत्र करके पुन: रासायनिक प्रतिक्रियाओं के द्वारा विद्युत वाहक बल उत्पन्न किया जाता है, वे द्वितीयक सैल कहलाते हैं। लैड-एसिड सैल (lead-acid cell), निकिल-आयरन सैल (nickel-iron cell) तथा निकिल-कैडमियम सैल (nickel-cadmium cell), द्वितीयक सैल की श्रेणी में ही आती हैं। यहाँ द्वितीयक सैलों का विवरण दिया गया है

(i) लैड-एसिड सैल Lead-Acid Cell

लैड-एसिड सैल का प्रयोग वर्तमान में सबसे अधिक किया जाता है। इसे कठोर रबर के पात्र से बनाया जाता है।

लैड-एसिड सैल के घटक Components of Lead Acid Cell

लैड-एसिड सैल के मुख्य घटक निम्नलिखित हैं

(a) कन्टेनर (b) इलेक्ट्रोड (प्लेटें)
(c) सेपरेटर (d) सीलिंग कम्पाउण्ड
(e) वेन्ट प्लग (f) सेल कवर
(g) इलेक्ट्रोलाइट

(a) **कन्टेनर** (Container) यह दृढ़ रबर, काँच अथवा सेल्यूलाइट से बना होता है। इस पर अम्ल का कोई प्रभाव नहीं पड़ता है। इसमें धनात्मक एवं ऋणात्मक प्लेटों को रखने के लिए प्रत्येक सैल का अलग-अलग भाग बना होता है। रासायनिक क्रिया के द्वारा इस कन्टेनर के नीचे की ओर द्रव जमा होता है, जिसके लिए कन्टेनर में नीचे की ओर एक कीच घर बना होता है।

(b) **इलेक्ट्रोड** (Electrode) ये सैल की प्लेट्स होती हैं, जोकि ऋणात्मक एवं धनात्मक होती हैं।

धनात्मक प्लेटें ये निम्न दो प्रकार की होती है

- **प्लांटे प्लेटें** इनको आवेशन तथा निरावेशन क्रिया की पुनरावृत्ति से निर्मित किया जाता है। प्रारम्भ में इन्हें शुद्ध लैड से बनाया जाता है जो आवेशन के पश्चात् लेड परॉक्साइड में परिवर्तित हो जाती है।
- **फॉरे प्लेटें** ये सीसे (lead) की आयताकार ग्रिड से बनायी जाती हैं जिसमें सक्रिय पदार्थ अर्थात् लैड परॉक्साइड लेई के रूप में भर दिया जाता है।

ऋणात्मक प्लेटें ये आयताकार ग्रिड की बनी होती हैं जिनका सक्रिय पदार्थ स्पंजी लैड (Pb) से बना होता है जो एक लेई के रूप में होता है।

(c) **सेपरेटर** (Separator) यह छिद्रयुक्त लकड़ी अथवा रबर से बनी पतली प्लेटें होती हैं। इनका प्रयोग धनात्मक और ऋणात्मक प्लेटों के बीच शार्ट-सर्किट (short circuit) को रोकने के लिये किया जाता है।

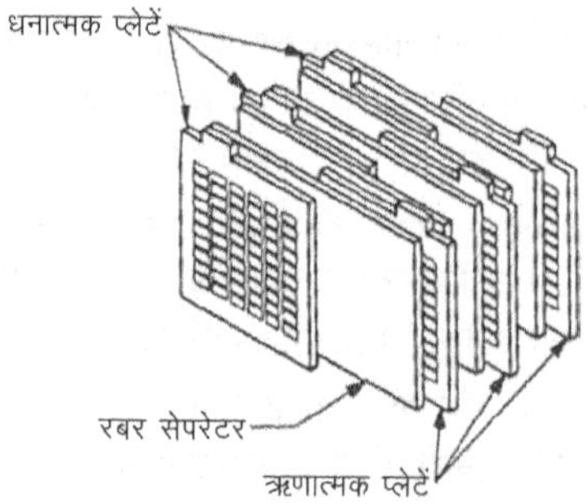

चित्र प्लेट्स एवं सेपरेटर्स की व्यवस्था

(d) **सीलिंग कम्पाउण्ड** (Sealing compound) इसका उपयोग सैल के कवर के जोड़ों को अम्ल टाइट बनाने के लिए किया जाता है। यह बिटुमिन यौगिक का बना होता है।

(e) **वेन्ट प्लग** (Vent plug) सैल के कवर में कठोर PVC (पॉली विनाइल क्लोराइड) रबर का चूड़ीदार छिद्रयुक्त ढक्कन लगाया जाता है, जिसे वेन्ट प्लग कहते हैं।

(f) **सैल कवर** (Cell cover) सैल का कवर कठोर रबर का बनाया जाता है, जिससे कि इलेक्ट्रोलाइट बाहर न निकले।

(g) **इलेक्ट्रोलाइट** (Electrolyte) लैड एसिड सैल सान्द्र H_2SO_4 में शुद्ध जल मिलाकर इलेक्ट्रोलाइट तैयार किया जाता है। इसके द्वारा ही सैल में धारा का प्रवाह होता है।

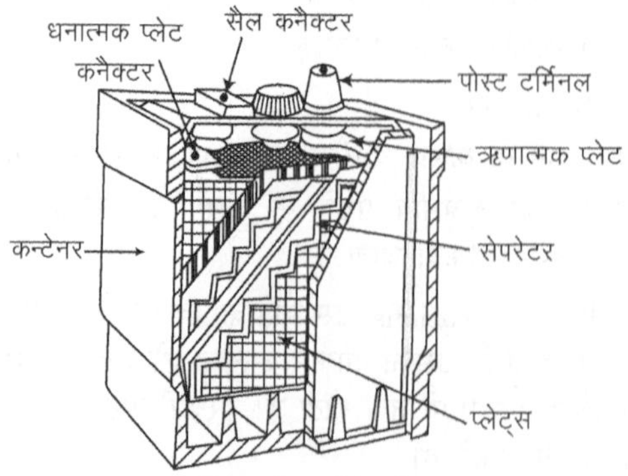

चित्र लैड-एसिड सैल

प्रचालन का सिद्धान्त (Principle of Operation) इसमें धन तथा ऋण प्लेटों के दो समूह होते हैं। धन प्लेटों की संख्या, ऋण प्लेटों की संख्या से एक कम होती है। प्लेटों की कुल संख्या 11, 13, 17, 23, 25 आदि होती है। प्रत्येक धन प्लेट दोनों ओर से कार्य कर सके, इसलिए ऋण प्लेटों की संख्या एक अधिक रखी जाती है। दोनों प्रकार की प्लेटें, सीसे की जाली से बनी होती हैं और उनमें रैड-लैड (Pb_3O_4) की लुगदी जमा दी जाती है।

सैल में तनु गन्धक अम्ल H_2SO_4 इलेक्ट्रोलाइट के रूप में प्रयोग किया जाता है। प्लेटों को तली पर टिकाने के लिए पात्र में गुटके (rests) बने होते हैं और उन्हें आपस में शार्ट-सर्किट होने से रोकने के लिए सेपरेटर (separator) प्रयोग किए जाते हैं।

प्रत्येक सैल में एक छिद्रयुक्त ढक्कन (vent plug) अवश्य रखा जाता है, जिसके द्वारा रासायनिक क्रियाओं में निकली गैसें बाहर निकल सके। दोनों प्लेट समूहों के संयोजक सिरे बाहर निकाल कर, पात्र को ऊपर से सील कर दिया जाता है। प्रारम्भ में लैड एसिड सैल के दोनों इलेक्ट्रोड लैड सल्फेट ($PbSO_4$) के होते हैं, परन्तु जब रासायनिक क्रियाओं द्वारा सैल आवेशित होता है तो लैड सल्फेट इलेक्ट्रॉड्स, स्पंजी लैड (Pb) (ऋणात्मक प्लेट) में और लैड परॉक्साइड (PbO_2) (धनात्मक प्लेट) में परिवर्तित हो जाता है। साथ ही विद्युत अपघटय घोल, सान्द्र होकर गंधक का अम्ल (H_2SO_4) बन जाता हैं।

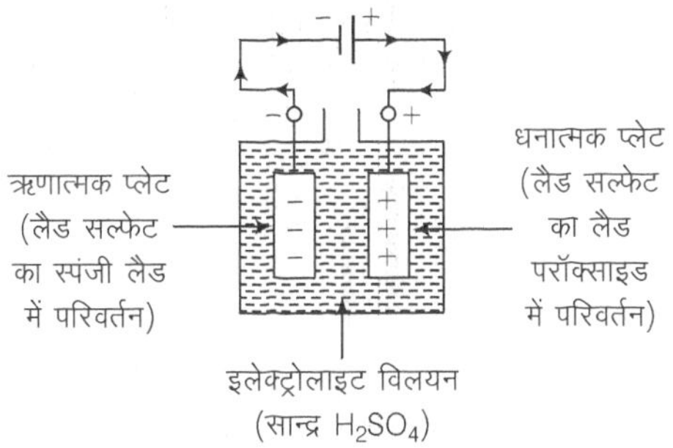

चित्र लैड एसिड सैल का प्रचालन

रासायनिक क्रियाएँ (Chemical Reactions)

लैड-एसिड सैल में निम्न चरणों में रासायनिक क्रियाएँ सम्पन्न होती हैं

(i) **फॉर्मिंग** (Forming) सैल में तनु गन्धक अम्ल भरते ही यह क्रिया प्रारम्भ हो जाती है। यह कार्य प्राय: बैटरी विक्रेता द्वारा ही कर दिया जाता है।

$$Pb_3O_4 + 2H_2SO_4 \longrightarrow PbO_2 + 2PbSO_4 + 2H_2O$$

(ii) **चार्जिंग** (Charging) सैल में तनु गन्धक अम्ल भरने के 10-12 घण्टे पश्चात् उसे डी.सी. स्रोत से जोड़ा जाता है, जिससे कि वैद्युतिक ऊर्जा को रासायनिक क्रियाओं के रूप में एकत्र किया जा सके। इस कार्य के लिए सैल के धन संयोजक को स्रोत के धन सिरे से और ऋण संयोजक को स्रोत के ऋण सिरे से जोड़ दिया जाता है और सैल में निम्न रासायनिक क्रियाएँ सम्पन्न होती हैं

$$H_2O \longrightarrow 2H^+ + O^{2-}$$

(a) **एनोड पर** $PbSO_4 + 2H_2O + SO_4 \longrightarrow PbO_2 + 2H_2SO_4$

(b) **कैथोड पर** $PbSO_4 + 2H^+ \longrightarrow Pb + H_2SO_4$

चार्जिंग क्रिया के फलस्वरूप सैल की धन प्लेटें लैड परॉक्साइड (PbO_2) की तथा ऋण प्लेटें स्पंजी-लैड (spungy-lead, Pb) की बन जाती हैं।

(iii) **डिस्चार्जिंग** (Discharging) आवेशित सैल को लोड से संयोजित करने पर डिस्चार्जिंग क्रिया प्रारम्भ हो जाती है

$$H_2O \longrightarrow 2H^+ + O^{2-}$$

(a) **एनोड पर** $PbO_2 + 2H^+ + H_2SO_4 \longrightarrow PbSO_4 + 2H_2O$

(b) **कैथोड पर** $Pb + O^{2-} + H_2SO_4 \longrightarrow PbSO_4 + H_2O$

डिस्चार्जिंग क्रिया के फलस्वरूप सैल की दोनों ही प्रकार की प्लेटें लैड सल्फेट ($PbSO_4$) की बन जाती हैं। रासायनिक क्रिया में जल के निर्माण के कारण अम्ल पतला हो जाता है अर्थात् अम्ल का आपेक्षिक घनत्व घट जाता है।

(iv) **रिचार्जिंग** (Recharging) सैल के डिस्चार्ज हो जाने के बाद उसे डी.सी. स्रोत से जोड़कर पुन: आवेशित किया जाता है। यह क्रिया चार्जिंग क्रिया के समान होती है और इसके अन्तर्गत वही रासायनिक क्रियाएँ होती हैं, जोकि चार्जिंग क्रिया के अन्तर्गत होती हैं। इस क्रिया में गन्धक के अम्ल (H_2SO_4) के निर्माण के कारण, इलेक्ट्रोलाइट का आपेक्षिक घनत्व बढ़ जाता है।

विभिन्न प्रकार के लैड-एसिड सैल Different Types of Lead-Acid Cells

विभिन्न प्रकार के लैड-एसिड सैल निम्नवत् हैं

(a) **लैड-कैल्शियम सैल** (Lead-calcium cell) ये सैल कोरोजन के प्रति अधिक प्रतिरोधी, ओवर चार्जिंग, सैल्फ डिस्चार्ज अर्थात् कम जीवनकाल वाले होते हैं। इस सैल की प्लेटों के ऊपर, अधिक इलेक्ट्रोलाइट क्षेत्र संरक्षित रहता है। इन सैलों को अधिक अनुरक्षण की आवश्यकता नहीं पड़ती है।

(b) **लैड-एण्टीमनी सैल** (Lead-antimony cell) एण्टीमनी प्रयुक्त करके निर्मित प्रवर्धित लैड-एसिड सैल का मुख्य लाभ इलेक्ट्रॉड की यान्त्रिक क्षमता में सुधार करना है। इन सैलों की सर्विस आयु कैल्शियम सैलों की अपेक्षा अधिक होती है। पूर्णत: डिस्चार्ज होने पर इन सैलों को आवेशित करना सरल होता है।

(c) **वाल्व रेगुलेटिड लैड-एसिड सैल** (Valve regulated lead-acid cell) इन सैलों को सील्ड लैड-एसिड सैल भी कहा जाता है। इन सैलों का निर्माण वाष्पन (evaporation), गैसिंग इत्यादि दोषों के कारण उत्पन्न इलेक्ट्रोलाइट हानि को कम करने के लिए किया गया है।

लाभ Advantages

(i) यह उच्च धारा एवं निम्न आन्तरिक प्रतिबाधा प्रदान करती है।

(ii) इस सैल की दक्षता अन्य सैलों की तुलना में अधिक होती है।

(iii) यह बाजार में बड़े आकारों एवं दक्षता में उपलब्ध है।

हानि Disadvantages

(i) इस सैल को निष्क्रिय अवस्था में भण्डारित नहीं किया जा सकता है।

(ii) यह वातावरण पर कुप्रभाव डालती है।

दोष एवं निवारण (Defects and remedy) लैड-एसिड सैल में निम्न चार प्रकार के दोष पाए जाते हैं

(i) **सेडीमेन्टेशन** (Sedimentation) लैड-एसिड सैल की प्लेटें ठोस धातु की न होकर रैड-लैड (Pb_3O_4) की लुगदी से बनी होती हैं। अत: रिचार्जिंग तथा डिस्चार्जिंग क्रियाओं में लुगदी का कुछ अंश झड़ जाता है। इसके अतिरिक्त जल के विद्युत-विच्छेदन के कारण जल की अशुद्धियाँ सैल की तली में एकत्र हो जाती हैं। इस प्रकार अधिक अशुद्धियाँ तली में एकत्र हो जाने पर प्लेटों के 'शॉर्ट-सर्किट' होने की सम्भावना उत्पन्न हो जाती है, यह दोष सेडीमेन्टेशन कहलाता है।

निवारण इस दोष के निवारण हेतु जब भी आवश्यक हो, सैल में आसुत जल (distilled water) ही डालें।

(ii) **कोरोजन** (Corrosion) वायुमण्डल की नमी तथा अम्ल के छिटकने के कारण सैल के संयोजकों पर ताँबे तथा लैड के ऑक्साइड की एक सफेद-नीली परत उत्पन्न हो जाती है, जो सैल के संयोजकों का चालक तार से पूर्ण सम्बन्ध स्थापित होने में बाधक बन जाती है; यह दोष कोरोजन कहलाता है।

निवारण इस दोष के निवारण हेतु सैल के संयोजकों को गर्म पानी में भीगे कपड़े से समय-समय पर साफ करते रहना पड़ता है। इसके अतिरिक्त, संयोजकों पर ग्रीस का पतला लेप चढ़ा देना भी लाभदायक होता है।

(iii) **बकलिंग** (Buckling) लैड-एसिड सैल को अधिक विद्युत धारा दर पर आवेशित अथवा विसर्जित करने पर उसकी प्लेटों के ऐंठ जाने और आपस में 'शॉर्ट-सर्किट' हो जाने की सम्भावना उत्पन्न हो जाती है, यह दोष बकलिंग कहलाता है।

निवारण लैड एसिड सैल को 6 ऐम्पियर से अधिक विद्युत धारा पर आवेशित करना और 25 ऐम्पियर से अधिक विद्युत धारा पर विसर्जित नहीं करना चाहिए। इस प्रकार, सैल में बकलिंग दोष उत्पन्न नहीं हो पाता।

(iv) **सल्फेशन** (Sulphation) यदि किसी लैड-एसिड सैल को एक सप्ताह से अधिक समय तक उपयोग न किया जाए, तो प्लेटों का लैड-सल्फेट कड़ा होने लगता है और सैल की रिचार्जिंग कठिन हो जाती है, यह दोष सल्फेशन कहलाता है।

निवारण लैड-एसिड सैल को प्रति सप्ताह कम-से-कम एक बार आवेशित तथा विसर्जित करते रहना चाहिए। यदि किसी कारण किसी सैल में यह दोष स्थायी रूप धारण कर ले तो उसे निम्न विद्युत धारा दर (1 ऐम्पियर) पर लम्बे समय तक आवेशित करके (ट्रिकिल चार्जिंग) ठीक करने का प्रयास करना चाहिए।

अन्य विवरण (Specifications) पूर्ण आवेशित अवस्था में लैड-एसिड सैल का विद्युत वाहक बल 2.2 वोल्ट प्रति सैल होता है। सैल को विद्युत धारा प्रदान करने की क्षमता प्लेटों के आकार तथा उनकी संख्या पर निर्भर करती है। इसका आन्तरिक प्रतिरोध कम (2 ओम तक) होता है।

अनुप्रयोग (Applications) लैड-एसिड सैल का उपयोग बैटरी के रूप में मोटरगाड़ियों, रेलगाड़ियों आदि में उच्च दर पर विद्युत धारा प्रदान करने वाले एवं पुनरावेशित किए जा सकने वाले डी.सी. स्रोत के रूप में किया जाता है।

(ii) **निकिल-आयरन सैल** Nickel-Iron Cell

लैड-एसिड सैल काफी बड़े आकार वाले होते हैं और इलेक्ट्रॉनिक एवं वैद्युतिक उपकरणों में जहाँ पुनरावेशित प्रकार के सैल प्रयोग करने हों वहाँ इनका उपयोग अनुपयुक्त होता है। अत: ऐसे उपकरणों में निकिल-आयरन सैल का उपयोग किया जाता है। यह आकार में छोटी होती है। इसे एडीसन सैल (Edison cell) भी कहते हैं।

संरचना (Construction) इसमें एक स्टील के पात्र में निकिल आलेपित स्टील की बेलनाकार धन प्लेटें होती हैं। इन प्लेटों में निकिल हाइड्रेट [$Ni(OH)_2$] की लुगदी भरी जाती है।

इन प्लेटों में कुछ पॉकेट्स (pockets) बनाई जाती हैं और उनमें आयरन हाइड्रेट [$Fe(OH)_2$] चूर्ण भर दिया जाता है, जो ऋण प्लेटों की भाँति कार्य करता है। इलेक्ट्रोलाइट के रूप में पोटैशियम हाइड्रॉक्साइड (KOH) तथा लीथियम हाइड्रेट (LiOH) का मिश्रण प्रयोग किया जाता है।

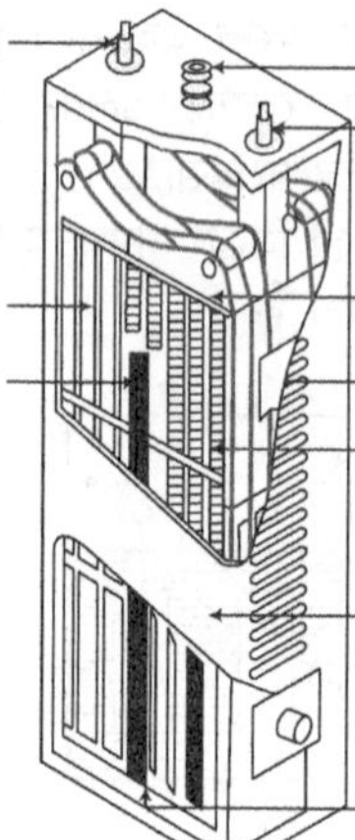

चित्र निकिल-आयरन सैल

रासायनिक क्रियाएँ (Chemical reactions) इन सैलों में निम्न चरणों में रासायनिक क्रियाएँ सम्पन्न होती हैं

1. **चार्जिंग** (Charging) सैल तैयार हो जाने के बाद उसे डी.सी. विद्युत स्रोत से संयोजित कर आवेशित किया जाता है। इसके अन्तर्गत सैल में निम्न क्रियाएँ होती हैं

$$KOH \longrightarrow K^+ + OH^-$$

(i) **एनोड पर** $Ni(OH)_2 + 2OH^- \longrightarrow Ni(OH)_4$

(ii) **कैथोड पर** $Fe(OH)_2 + 2K^+ \longrightarrow Fe + 2KOH$

इस प्रकार, चार्जिंग क्रिया के पश्चात् धन प्लेटें निकिल हाइड्रॉक्साइड [$Ni(OH)_4$] की और ऋण प्लेटें लोहे (Fe) की बन जाती हैं।

2. **डिस्चार्जिंग** (Discharging)

$$KOH \longrightarrow K^+ + OH^-$$

(i) **एनोड पर** $Ni(OH)_4 + 2K^+ \longrightarrow Ni(OH)_2 + 2KOH$

(ii) **कैथोड पर** $Fe^+ + 2OH^- \longrightarrow Fe(OH)_2$

इस प्रकार, डिस्चार्जिंग क्रिया के पश्चात् धन प्लेटें पुन: निकिल हाइड्रेट [$Ni(OH)_2$] तथा ऋण प्लेटें, आयरन हाइड्रेट [$Fe(OH)_2$] की बन जाती हैं।

3. **पुनः आवेशन** (Recharging) सैल के डिस्चार्ज हो जाने के बाद उसे डी.सी. स्रोत से जोड़कर पुनः आवेशित किया जाता है। यह क्रिया चार्जिंग क्रिया के समान होती है और इसके अन्तर्गत वही रासायनिक क्रियाएँ होती हैं, जोकि चार्जिंग क्रिया के अन्तर्गत होती हैं।

लाभ (Advantages)

(i) इस सैल का विद्युत वाहक बल 1.2 से 1.5 वोल्ट तक होता है।

(ii) स्टील की प्लेटें काफी मजबूत होती हैं इसलिए क्षारीय सैल की आयु, लैड-एसिड सैल से अधिक होती है।

(iii) यह अधिक समय तक विसर्जित अवस्था में रह सकती हैं।

हानि (Disadvantages) लैड-एसिड सैल की अपेक्षा इसकी विद्युत धारा प्रदान करने की क्षमता (Ah क्षमता) कम होती है और इसका आन्तरिक प्रतिरोध अधिक होता है।

दोष (Defects) निकिल-आयरन सैलों में सल्फेशन, कोरोजन एवं बकलिंग प्रकार के दोष नहीं होते। परन्तु, इसमें थोड़ा सेडीमेन्टेशन दोष अवश्य होता है, जिसका कोई निवारण नहीं है, परन्तु यह दोष इतनी अल्प मात्रा में होता है कि जब तक सैल में पर्याप्त मात्रा में गन्दगी एकत्र हो पाती है तब तक उसका जीवन ही समाप्त हो जाता है।

अनुप्रयोग (Applications) इनका उपयोग औद्योगिक ट्रक, रेलवे, कार लाइटिंग एवं एयर कण्डीशनिंग आदि में किया जाता है।

तालिका लैड-एसिड सैल एवं निकिल-आयरन सैल की तुलना

क्र.सं.	लैड-एसिड सैल	निकिल-आयरन सैल
1.	इसकी Ah क्षमता अधिक होती है।	इसकी Ah क्षमता कम होती है।
2.	पूर्ण आवेशित अवस्था में इसका विद्युत वाहक बल 2.1 वोल्ट प्रति सैल होता है।	पूर्ण आवेशित अवस्था में इसका विद्युत वाहक बल 1.2 वोल्ट प्रति सैल होता है।
3.	विसर्जित अवस्था में इसका विद्युत वाहक बल 1.8 वोल्ट प्रति सैल होता है।	विसर्जित अवस्था में इसका विद्युत वाहक बल 1.1 वोल्ट प्रति सैल होता है।
4.	यह वजन में भारी होती है।	यह वजन में हल्की होती है।
5.	इसका आन्तरिक प्रतिरोध कम होता है।	इसका आन्तरिक प्रतिरोध अधिक होता है।
6.	इसे अधिक चार्जिंग-समय की आवश्यकता होती है।	इसे कम चार्जिंग-समय की आवश्यकता होती है।
7.	इसका मूल्य कम होता है।	इसका मूल्य अधिक होता है।
8.	इसकी दक्षता 90-95% तक होती है।	इसकी दक्षता 72-80% तक होती है।
9.	इसे लगातार देखभाल की आवश्यकता होती है।	इसे देखभाल की आवश्यकता नहीं होती है।
10.	चार्जिंग के समय इसमें से गैसें निकलती हैं।	चार्जिंग के समय इसमें से किसी प्रकार की गैस नहीं निकलती है।

(iii) **निकिल-कैडमियम सैल** Nickel-Cadmium Cell

इन सैल में धनात्मक प्लेटें निकिल-लौह क्षारीय सैल के समान ही होती हैं, परन्तु ऋणात्मक प्लेटों में सक्रिय पदार्थ के रूप में कैडमियम ऑक्साइड तथा लौह का मिश्रण प्रयोग किया जाता है। कैडमियम प्रयोग करने से सैल का आन्तरिक प्रतिरोध घट जाता है। चित्र में निकिल-कैडमियम सैल की आन्तरिक संरचना तथा विभिन्न भागों को दर्शाया गया है।

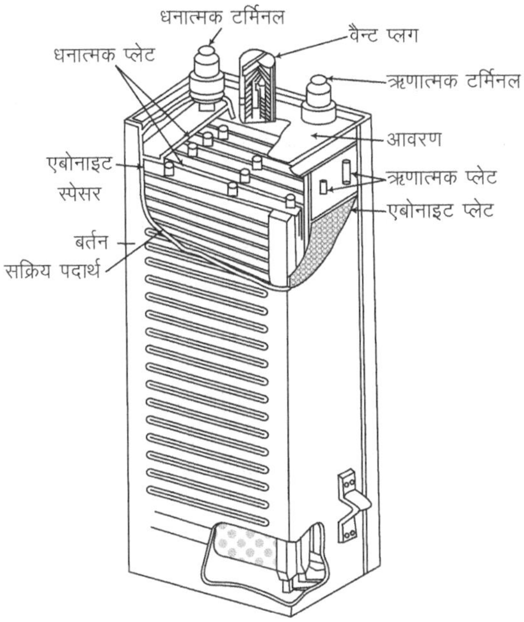

चित्र निकिल-कैडमियम सैल

संरचना (Construction) इलेक्ट्रोलाइट निकिल-आयरन सैल के समान ही इस सैल की प्लेटें समूहों में जुड़ी होती हैं।

दोनों में अन्तर केवल इतना है कि निकिल-कैडमियम सैल में धनात्मक प्लेटों की संख्या, ऋणात्मक प्लेटों से एक अधिक होती है एवं किनारे की प्लेटें सदैव धनात्मक होती हैं तथा पात्र (container) से विद्युत रूप से जुड़ी रहती हैं। इस सैल का विद्युत वाहक बल 1.2 से 1.5 वोल्ट तक होता है।

रासायनिक क्रियाएँ (Chemical Reactions) निकिल-कैडमियम सैल में होने वाली रासायनिक क्रियाएँ निकिल-लौह सैल के लगभग समान ही हैं। प्लेटों पर होने वाली रासायनिक क्रियाएँ निम्न प्रकार से होती हैं

1. **डिस्चार्जिंग** (Discharging)

धनात्मक प्लेट पर

$$Ni(OH)_2 + 2K^+ + OH^- \longrightarrow Ni(OH)_2 + 2KOH$$

ऋणात्मक प्लेट पर $Cd^{2+} + 2OH^- \longrightarrow Cd(OH)_2$

2. **चार्जिंग** (Charging)

धनात्मक प्लेट पर $Ni(OH)_2 + 2\,(OH)^- \longrightarrow Ni(OH)_4$

ऋणात्मक प्लेट पर $Cd(OH)_2 + 2K^+ \longrightarrow Cd + 2KOH$

लाभ Advantages

(i) इसका जीवन काल अधिक होता है।

(ii) इन सैलों का प्रयोग उन स्थानों पर किया जा सकता है, जहाँ उच्च क्षमता एवं उच्च डिस्चार्ज दर की आवश्यकता होती है।

हानि Disadvantages

(i) ये सैल महँगी होती हैं।

(ii) ये वातावरण को प्रदूषित करती हैं।

अनुप्रयोग (Applications) इनका उपयोग पावर उपकरणों, वैद्युतिक रेजर, मेडिकल उपकरणों, इमरजेन्सी लाइटिंग एवं खिलौनों इत्यादि में किया जाता है।

(iv) **सोलर सैल** Solar Cell

यह द्वितीयक सैल का ही उदाहरण है। विभिन्न सोलर सैलों के समूह से सोलर बैटरी का निर्माण होता है। सोलर सैल/बैटरी में ऊर्जा का स्रोत सूर्य का प्रकाश होता है। यह वह अर्द्धचालक युक्ति है, जो प्रकाश-ऊर्जा को विद्युत-ऊर्जा में परिवर्तित करती है।

सिद्धान्त एवं प्रचालन (Principle and operation) किसी सोलर सैल द्वारा उत्पन्न किए जाने वाले विद्युत वाहक बल का मान, अर्द्धचालक पदार्थ की परमाणु संरचना तथा क्रिस्टल संरचना पर निर्भर करता है। जब प्रकाश-किरणें इस पदार्थ पर डाली जाती हैं, तो इसमें से फोटो-जनित धारा प्रवाहित होती है, जो प्रकाश-किरणों की तीव्रता के अनुक्रमानुपाती होती है।

इस प्रकार से लोड के सिरों पर विद्युत वाहक बल उत्पन्न हो जाता है। इस प्रणाली में स्टोरेज बैटरियाँ प्रयुक्त की जाती हैं, जो वैद्युतिक ऊर्जा को एकत्रित करती है। जब सूर्य अनुपस्थित होता है तब ये बैटरियाँ विद्युत सप्लाई करती हैं।

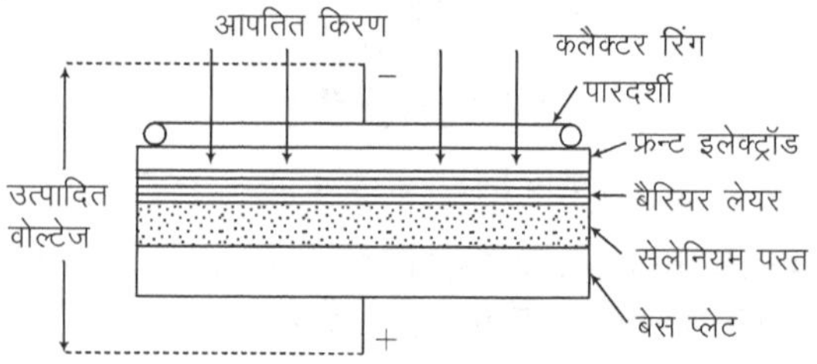

चित्र सोलर सैल

लाभ Advantages

(i) यह ऊर्जा का नवीकरणीय स्रोत है अत: ऊर्जा का दीर्घकालिक स्रोत है।

(ii) यह पर्यावरण के अनुकूल होती है। इससे वातावरण पर कोई विपरीत प्रभाव नहीं पड़ता है।

हानि Disadvantages

(i) सोलर सैल का प्लाण्ट लगाना काफी महँगा होता है।

(ii) यह केवल सूर्य के प्रकाश से ही ऊर्जा प्रदान कर सकती हैं।

अनुप्रयोग Applications

सोलर बैटरी/सैलों के उपयोग निम्नलिखित हैं

- सोलर सैलों का उपयोग छोटे इलेक्ट्रॉनिक यन्त्र; जैसे—पॉकेट कैलकुलेटर आदि में किया जाता है।
- इसके अतिरिक्त गाँवों, रेलवे स्टेशनों एवं छोटी प्रयोगशालाओं आदि में विद्युत-शक्ति के वैकल्पिक स्रोत के रूप में इनका प्रयोग किया जाता है।
- वैद्युतिक उपयोगों में भार-सन्तुलन हेतु तथा रात्रि के समय वायरलैस सैट, टेपरिकॉर्डर एवं रेडियो/टेलीविजन चलाने में भी सोलर सैल प्रयुक्त किए जाते हैं।

प्राथमिक एवं द्वितीयक सैलों में अन्तर
Difference between Primary and Secondary Cells

प्राथमिक एवं द्वितीयक, दोनों ही प्रकार के सैल विद्युत वाहक बल उत्पन्न करते हैं, परन्तु इनकी संरचना एवं कार्यप्रणाली में अन्तर होता है, जो निम्न तालिका में दर्शाया गया है

तालिका प्राथमिक एवं द्वितीयक सैलों में अन्तर

क्र.सं.	प्राथमिक सैल	द्वितीयक सैल
1.	यह तुरन्त विद्युत वाहक बल उत्पन्न करता है।	इसे पहले विद्युत देकर आवेशित करना पड़ता है, तब यह विद्युत वाहक बल उत्पन्न करता है।
2.	यह पुनरावेशित करने योग्य नहीं होता।	इसे पुनरावेशित किया जा सकता है।
3.	यह वजन में हल्का होता है	यह वजन में भारी होता है।
4.	इसका विद्युत वाहक बल कम होता है।	इसका विद्युत वाहक बल अधिक होता है।
5.	यह निम्न दर पर विद्युत धारा प्रदान कर सकता है।	यह उच्च दर पर विद्युत धारा प्रदान कर सकता है।
6.	एक बार उपयोग कर लेने के बाद यह बेकार हो जाता है।	इसे बार-बार पुनरावेशित कर उपयोग में लाया जाता है।

7.3 सैलों का समूहन या बैटरी
Grouping of Cells or Battery

सैलों के समूह को **बैटरी** कहते हैं। एक से अधिक सैलों को श्रेणी-क्रम, समान्तर-क्रम या मिश्रित-क्रम में संयोजित करना उनका समूहन (grouping) कहलाता है। सैलों को निम्न प्रकार से संयोजित किया जा सकता है

सैलों का श्रेणी समूहन Series Grouping of Cells

अधिक विद्युत वाहक बल प्राप्त करने के लिए सैलों को श्रेणी क्रम में संयोजित किया जाता है। इस संयोजन में, एक सैल का ऋण सिरा, दूसरे सैल के धन सिरे से तथा दूसरे सैल का ऋण सिरा तीसरे सैल के धन सिरे से संयोजित किया जाता है और इसी क्रम में सैलों को आवश्यक संख्या में संयोजित किया जाता है।

निम्न चित्र में सैलों का श्रेणी-क्रम में समूहन दर्शाया गया है

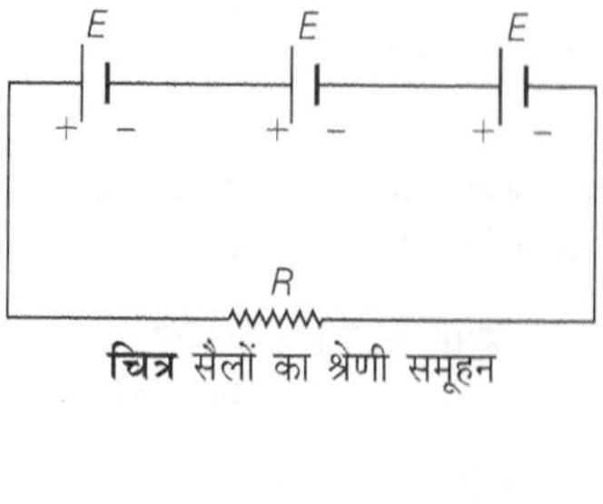

चित्र सैलों का श्रेणी समूहन

श्रेणी समूहन में, यदि सभी सैलों का विद्युत वाहक बल समान हो, तो कुल विद्युत वाहक बल,

$$\boxed{E_T = nE}$$

कुल आन्तरिक प्रतिरोध, $r_T = nr$

परिपथ की कुल विद्युत धारा, $I = \dfrac{nE}{nr + R}$

यहाँ, E_T = कुल विद्युत वाहक बल (वोल्ट में)

E = एक सैल का विद्युत वाहक बल (वोल्ट में)

n = सैलों की संख्या

r = एक सैल का आन्तरिक प्रतिरोध (ओम में)

r_T = कुल आन्तरिक प्रतिरोध (ओम में)

I = कुल परिपथ विद्युत धारा (ऐम्पियर में)

R = लोड प्रतिरोध (ओम में)

सैलों का समान्तर समूहन
Parallel Grouping of Cells

अधिक मान की विद्युत धारा अथवा अधिक समय तक विद्युत धारा प्राप्त करने के लिए सैलों को समान्तर क्रम में संयोजित किया जाता है, जैसा कि निम्न चित्र में दर्शाया गया है। इस संयोजन में सभी सैलों के धन सिरे एक बिन्दु पर तथा ऋण सिरे दूसरे बिन्दु पर संयोजित किए जाते हैं।

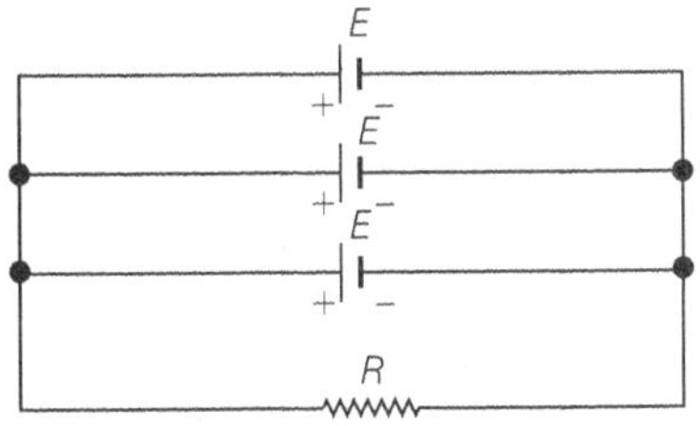

चित्र सैलों का समान्तर समूहन

समान्तर समूहन में, यदि सभी सैलों के विद्युत वाहक बल समान हो तो

कुल विद्युत वाहक बल, $E_T = E$

कुल आन्तरिक प्रतिरोध, $r_T = \dfrac{r}{n}$

परिपथ की कुल विद्युत धारा, $I = \dfrac{E}{\dfrac{r}{n} + R}$

$$I = \frac{nE}{r + nR}$$

यहाँ, E_T = कुल विद्युत वाहक बल (वोल्ट में)

E = एक सैल का विद्युत वाहक बल (वोल्ट में)

n = सैलों की संख्या

r = एक सैल का आन्तरिक प्रतिरोध (ओम में)

r_T = कुल आन्तरिक प्रतिरोध (ओम में)

I = कुल परिपथ विद्युत धारा (ऐम्पियर में)

R = लोड प्रतिरोध (ओम में)

सैलों का मिश्रित समूहन Mixed Grouping of Cells

अधिक विद्युत वाहक बल एवं अधिक समय तक विद्युत धारा प्राप्त करने के लिए सैलों को मिश्रित क्रम में संयोजित किया जाता है। इस संयोजन में, सैलों के श्रेणी समूहों को समान्तर क्रम में संयोजित किया जाता है, जैसा कि चित्र में दर्शाया गया है। इस संयोजन में यदि एक श्रेणी समूह में E विद्युत वाहक बल वाले n सैल संयोजित हों और ऐसे श्रेणी समूहों की संख्या m हो, तो

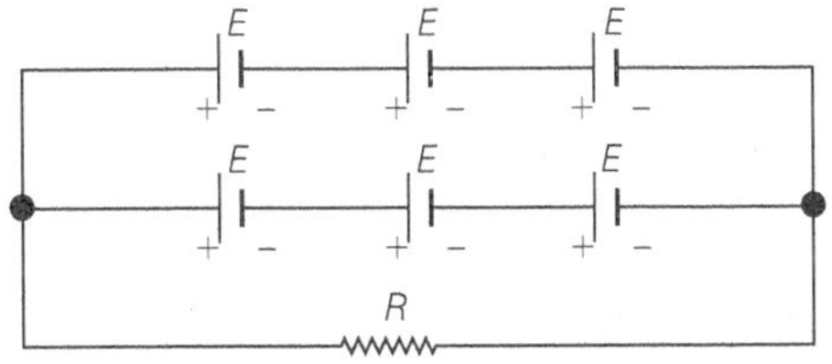

चित्र सैलों का मिश्रित समूहन

कुल विद्युत वाहक बल $E_T = nE$

कुल आन्तरिक प्रतिरोध, $r_T = \dfrac{nr}{m}$

परिपथ की कुल विद्युत धारा $I = \dfrac{E_T}{r_T + R} = \dfrac{nE}{\dfrac{nr}{m} + R} = \dfrac{nmE}{nr + mR}$

सैल/बैटरी से सम्बन्धित पद
Terms Related to Cell/Battery

सैल/बैटरी से सम्बन्धित मुख्य पदों का विवरण निम्नलिखित है

1. **बैटरी की क्षमता** Capacity of Battery

बैटरी की क्षमता को निम्न सूत्र द्वारा ज्ञात किया जाता है

बैटरी की क्षमता = ऐम्पियर × घण्टे या Ah

यह निम्न दो प्रकार की होती है

(i) **पूर्ण क्षमता** Full Capacity

पूर्ण चार्ज अवस्था से पूर्ण डिस्चार्ज अवस्था तक नापी गई क्षमता, पूर्ण क्षमता कहलाती है, परन्तु यह क्षमता व्यावहारिक नहीं है, क्योंकि पूर्ण रूप से डिस्चार्ज हो जाने के पश्चात् बैटरी को चार्ज करना बहुत कठिन हो जाता है।

(ii) **सामान्य क्षमता** Normal Capacity

द्वितीयक सैल के सम्बन्ध में, पूर्ण चार्ज अवस्था से 1.8 वोल्ट प्रति सैल डिस्चार्ज अवस्था तक नापी गई क्षमता, सामान्य क्षमता कहलाती है।

यदि किसी बैटरी की Ah क्षमता 72 है तो इसका अर्थ यह है कि उससे 7.2 A विद्युत धारा 10 घण्टे तक प्राप्त की जा सकती है, परन्तु बैटरी से 72 ऐम्पियर विद्युत धारा 1 घण्टे तक प्राप्त नहीं की जा सकती, क्योंकि किसी बैटरी की अधिकतम विद्युत धारा प्रदान करने की दर निर्धारित कर दी जाती है, जिससे कि बैटरी खराब न हो सके।

उदाहरण 2. यदि कोई बैटरी 5A विद्युत धारा 15 घण्टे तक प्रदान कर सकती है, तो उसकी क्षमता क्या होगी? यदि 7.5A विद्युत धारा प्राप्त की जाए, तो बैटरी कितने घण्टे चलेगी?

हल ज्ञात है, विद्युत धारा = 5 A, घण्टे = 15 घण्टे

अतः क्षमता = 5 × 15 = 75 Ah

अब यदि विद्युत धारा = 7.5 A तो घण्टे $= \frac{75}{7.5} = 10$ घण्टे

2. बैटरी की दक्षता Efficiency of a Battery

किसी बैटरी की दक्षता को निम्न प्रकार से व्यक्त किया जाता है

(i) ऐम्पियर-घण्टा दक्षता Ampere-Hour Efficiency

किसी सैल/बैटरी के ऐम्पियर-घण्टा डिस्चार्जिंग तथा ऐम्पियर-घण्टा चार्जिंग के अनुपात को ऐम्पियर-घण्टा दक्षता कहते हैं।

प्रतिशत ऐम्पियर-घण्टा दक्षता,

$$\eta_{Ah}\% = \frac{\text{डिस्चार्जिंग ऐम्पियर} \times \text{घण्टे}}{\text{चार्जिंग ऐम्पियर} \times \text{घण्टे}} \times 100 \quad \text{या} \quad = \frac{I_d \times h_d}{I_c \times h_c} \times 100$$

(ii) वाट-घण्टा दक्षता Watt-Hour Efficiency

वाट-घण्टा डिस्चार्जिंग तथा वाट-घण्टा चार्जिंग के अनुपात को वाट-घण्टा दक्षता कहते हैं।

$$\text{प्रतिशत वाट-घण्टा दक्षता } \eta_{Wh}\% = \frac{\text{डिस्चार्जिंग वाट} \times \text{घण्टे}}{\text{चार्जिंग वाट} \times \text{घण्टे}} \times 100$$

$$= \frac{V_d \times I_d \times h_d}{V_c \times I_c \times h_c} \times 100$$

$$\therefore \quad \text{वाट-घण्टा दक्षता} = \text{ऐम्पियर-घण्टा दक्षता} \times \frac{V_d}{V_c}$$

यहाँ, I_c = चार्जिंग विद्युत धारा (ऐम्पियर में)

V_c = चार्जिंग वोल्टेज (वोल्ट में)

h_c = चार्जिंग घण्टे

I_d = डिस्चार्जिंग विद्युत धारा (ऐम्पियर में)

V_d = डिस्चार्जिंग वोल्टेज (वोल्ट में)

h_d = डिस्चार्जिंग घण्टे

लैड-एसिड बैटरी की ऐम्पियर-घण्टा क्षमता का मान 90 से 95% तक तथा वाट-घण्टा क्षमता का मान 80 से 85% तक होता है।

उदाहरण 3. किसी लैड-एसिड बैटरी को 2.0 वोल्ट पर 6 घण्टे तक 30 ऐम्पियर विद्युत धारा दर पर डिस्चार्ज किया जाता है। बैटरी को सामान्य अवस्था में लाने के लिए 40 ऐम्पियर विद्युत धारा दर तथा 2.5 वोल्ट पर 5 घण्टे तक आवेशित किया जाता है। ज्ञात कीजिए
(i) ऐम्पियर-घण्टा दक्षता तथा (ii) वाट-घण्टा दक्षता।

हल ज्ञात है, चार्जिंग विद्युत धारा, $I_c = 40$ A

चार्जिंग घण्टे, $h_c = 5$ घण्टे

डिस्चार्जिंग विद्युत धारा, $I_d = 30$A

डिस्चार्जिंग घण्टे, $h_d = 6$ घण्टे

चार्जिंग वोल्टेज, $V_c = 2.5$ V

डिस्चार्जिंग वोल्टेज, $V_d = 2.0$ V

अतः (i) ऐम्पियर-घण्टा दक्षता, $\eta_{Ah} = \frac{I_d \times h_d}{I_c \times h_c} \times 100$

$$= \frac{30 \times 6}{40 \times 5} \times 100 = 90\%$$

(ii) वाट-घण्टा दक्षता, $\eta_{Wh} = \frac{V_d \times I_d \times h_d}{V_c \times I_c \times h_c} \times 100$

$$= \frac{2 \times 30 \times 6}{2.5 \times 40 \times 5} \times 100 = 72\%$$

बैटरी की चार्ज अवस्थाएँ
Charged Conditions of Battery

बैटरी की चार्ज अवस्थाओं को निम्न प्रकार से व्यक्त किया जाता है

- **पूर्ण-चार्ज अवस्था** (Full-charge condition) इस अवस्था में बैटरी का विद्युत वाहक बल 2.2 वोल्ट प्रति सैल तथा उसके इलेक्ट्रोलाइट का आपेक्षिक घनत्व 1.25 से 1.28 के बीच होता है। इसके अतिरिक्त पूर्ण-चार्ज अवस्था में बैटरी के छिद्र से गैस के बुलबुले लगातार निकलने लगते हैं।
- **हाफ-चार्ज अवस्था** (Half-charge condition) इस अवस्था में बैटरी का विद्युत वाहक बल 2.0 से 2.15 वोल्ट प्रति सैल तथा उसके इलेक्ट्रोलाइट का आपेक्षिक घनत्व 1.20 से 1.25 के बीच होता है। इसके अतिरिक्त, इस अवस्था में बैटरी के छिद्र से गैस के बुलबुले कम निकलते हैं।
- **डिस्चार्ज्ड अवस्था** (Discharged condition) इस अवस्था में बैटरी का विद्युत वाहक बल 2.0 वोल्ट प्रति सैल से कम होता है तथा उसके इलेक्ट्रोलाइट का आपेक्षिक घनत्व 1.18 या इससे कम होता है। इस अवस्था में बैटरी के छिद्र से बुलबुले नहीं निकलते हैं।

परीक्षण उपकरण Test Equipments

किसी बैटरी की चार्जिंग की जाँच निम्न प्रकार के परीक्षण उपकरणों द्वारा की जा सकती है

1. हाइड्रोमीटर Hydrometer

हाइड्रोमीटर द्रवों का आपेक्षिक घनत्व नापने वाला सरल यन्त्र है। इसमें 'पॉलीग्लास' (polyglass) की एक बड़ी नली होती है। नली के ऊपरी सिरे पर एक 'रबर-कॉर्क' तथा एक 'रबर-बल्ब' होता है।

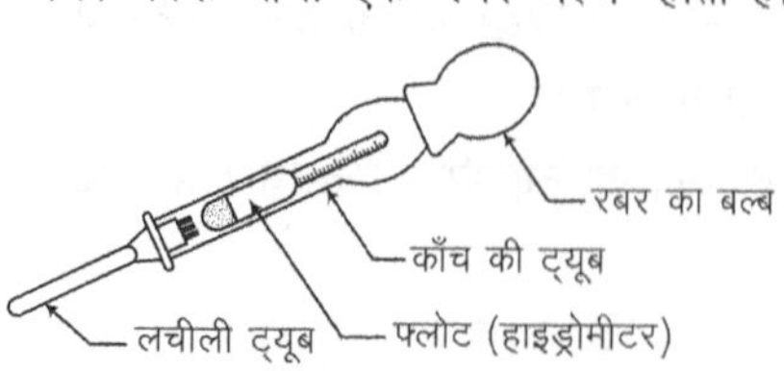

चित्र हाइड्रोमीटर

नली के निचले सिरे पर एक कॉर्क तथा रबर-ट्यूब होती है। नली के बीच में एक 'फ्लोट' (flot) होता है। जब 'रबर-बल्ब' को दबाकर, धीरे-धीरे मुक्त करते हुए नली में अम्ल/द्रव भरा जाता है तो 'फ्लोट' उसमें तैरने लगता है। 'फ्लोट' के पतले भाग पर अंकित चिन्ह अम्ल/द्रव का आपेक्षिक घनत्व दर्शाते हैं।

द्रव पतला होने पर 'फ्लोट' का अधिक भाग उसमें डूब जाता है और इसके विपरीत द्रव गाढ़ा होने पर 'फ्लोट' का कम भाग उसमें डूबता है। बैटरी चार्जिंग कार्य में प्रयोग किए जाने वाले हाइड्रोमीटर में 'फ्लोट' के पतले भाग पर 'पूर्ण-चार्ज', 'अर्द्ध-चार्ज' तथा 'डिस्चार्ज' शब्द अंकित कर दिए जाते हैं।

2. हाई-रेट डिस्चार्ज सैल टैस्टर या टोन्ग टैस्टर High Rate Discharge Cell Tester or Tong Tester

इसमें एक लकड़ी के दस्ते पर दो नुकीली लौह छड़ें तथा एक वोल्टमीटर छड़ होती हैं। छड़ों के ऊपरी सिरे, वोल्टमीटर से संयोजित होते हैं। छड़ों के मध्य में लोड-प्रतिरोधक तथा एक इण्डीकेटर लैम्प संयोजित होता है।

छड़ों की दूरी इतनी रखी जाती है कि वह लैड-एसिड बैटरी के एक सैल के संयोजकों के ऊपर ठीक बैठें।

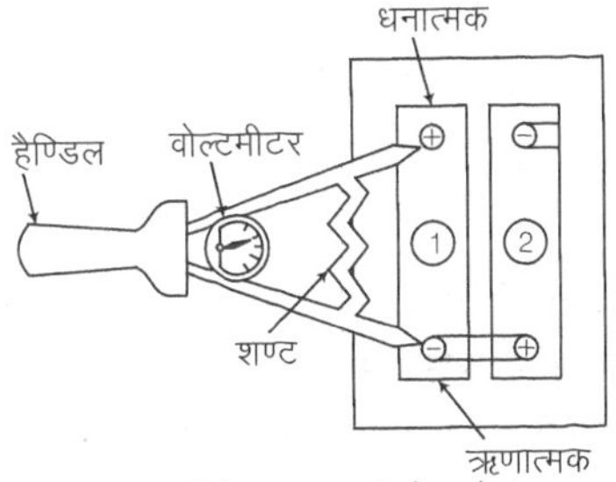

चित्र हाई-रेट डिस्चार्ज सैल टैस्टर

जब इस टैस्टर की छड़ों को लैड-एसिड सैल के संयोजकों पर दाब के साथ संयोजित करते हैं तो लोड-प्रतिरोधक में से उच्च मान की विद्युत धारा प्रवाहित होती है और यन्त्र का वोल्टमीटर, वोल्टेज दर्शाता है। यह वोल्टेज, सैल की चार्ज अवस्था दर्शाता है। यदि वोल्टेज का मान तीव्रता से घटने लगता है और 2V से नीचे आ जाता है तो इसका अर्थ है कि सैल, बहुत कम चार्ज है।

यदि किसी सैल से कोई गैस नहीं निकलती तो इसका अर्थ है कि सैल पूर्ण रूप से अनावेशित है। यदि गैस के बुलबुले धीमी गति से निकल रहे हैं, तो बैटरी अर्द्ध-आवेशित है। यदि गैस के बुलबुले तीव्रता से एवं लगातार निकल रहे हैं, तो बैटरी पूर्ण आवेशित अथवा चार्ज हो चुकी है। बैटरी की तीनों प्रकार की जाँच विधियों में 'हाई-रेट डिस्चार्ज सैल टैस्टर' विधि अधिक विश्वसनीय है।

बैटरी का अनुरक्षण Maintenance of Battery

बैटरी को लम्बे समय तक कार्य करने योग्य बनाए रखने के लिए उनका नियमित अनुरक्षण आवश्यक है अन्यथा ये कुछ ही समय में कार्यहीन हो जाती हैं। इस विषय में निम्न बिन्दुओं की ओर ध्यान देना आवश्यक है

1. नई बैटरी से अधिक-से-अधिक कार्य लेना चाहिए, जिससे कि वह क्रियाशील हो जाए।
2. बैटरियों को एक अल्पतम वोल्टेज मान (लगभग 1.75V) के पश्चात् निरावेशित नहीं करना चाहिए।
3. बैटरी को सप्ताह में एक बार डिस्चार्ज कर (अर्थात् उससे कार्य लेकर) पुन: चार्ज अवश्य करते रहना चाहिए।
4. बैटरी की प्लेटें, इलेक्ट्रोलाइट में पूरी तरह डूबी रहनी चाहिए और इलेक्ट्रोलाइट का तल प्लेटों से लगभग 10 से 15 मिमी सेमी ऊपर होना चाहिए, अन्यथा प्लेटों का ऊपरी भाग निष्क्रिय हो जाएगा।
5. आवश्यक होने पर बैटरी में केवल आसुत जल ही डालना चाहिए।
6. बैटरी के इलेक्ट्रोलाइट के आपेक्षिक घनत्व का मान 1.18 से कम हो जाने पर उससे कार्य लेना बन्द कर देना चाहिए, अन्यथा उसे पुन: चार्ज करना कठिन हो जाएगा।
7. बैटरी संयोजकों को समय-समय पर गर्म पानी में भीगे कपड़े से साफ कर, उन पर ग्रीस का पतला लेप करते रहना चाहिए।
8. बैटरी चार्जिंग के समय बैटरी के समस्त वैन्ट-प्लग खोलकर अलग रख देने चाहिए, जिससे कि चार्जिंग के समय बैटरी से निकलने वाली गैसें सुगमता से निकल सकें।
9. एक निरावेशित बैटरी का परीक्षण कभी भी हाई रेट डिस्चार्ज टैस्टर से नहीं करना चाहिए।
10. हाई-रेट-डिस्चार्ज टैस्टर का प्रयोग केवल आवेशित बैटरियों पर 10 सेकण्ड से कम अवधि के लिए करना चाहिए।
11. बैटरी को आवेशन पर लगाने से पहले और बाद में उसके विद्युत अपघटय का आपेक्षिक घनत्व जाँच लेना चाहिए।
12. टर्मिनल सदैव स्वच्छ हो और उन पर पेट्रोलियम जैली आरोपित होनी चाहिए।
13. बैटरी के ऊपर विद्युत अपघटय छलकने से संक्षारण होता है जिसे सोडा जल अथवा अमोनिया जल से स्वच्छ करना चाहिए।
14. बैटरी अनुरक्षण कार्य को उचित ढंग से सम्पन्न करना चाहिए और इस कार्य का एक रिकॉर्ड बना लेना चाहिए, जिसमें साप्ताहिक, मासिक एवं त्रैमासिक अनुरक्षण कार्य का विवरण अंकित किया जाना चाहिए।

सावधानियाँ Precautions

1. बैटरी की चार्जिंग करते समय सुनिश्चित कर ले, कि चार्जर का धनात्मक टर्मिलन बैटरी के धनात्मक सिरे से और ऋणात्मक टर्मिनल, बैटरी के ऋणात्मक सिरे से जुड़ा है। अन्यथा अति उच्च धारा बैटरी और चार्जर दोनों को गम्भीर रूप से क्षतिग्रस्त कर सकती है।
2. चार्जिंग दर निर्माताओं द्वारा संस्तुत मान से अधिक नहीं होनी चाहिए।
3. लैड एसिड बैटरियों के पुन: आवेशन के समय ज्वलनशील गैसें उत्पन्न होती है, अत: बैटरियों को उपयुक्त स्थान पर ही रखना चाहिए।
4. बैटरियों की मरम्मत करते समय सुरक्षा चश्में का प्रयोग करना चाहिए।

5. बैटरी चार्जिंग कक्ष में स्वच्छ वायु का निर्बाध आवागमन होना चाहिए और कक्ष में ज्वलनशील पदार्थ नहीं रखा होना चाहिए।
6. बैटरी चार्जिंग कक्ष में आग न जलाएँ और न ही बीड़ी-सिगरेट आदि पिएँ, क्योंकि बैटरी से निकलने वाली गैसें ज्वलनशील होती हैं।

7.4 सील्ड अनुरक्षण मुक्त बैटरी Sealed Maintenance Free Battery

आधुनिक समय में लैड-एसिड बैटरी में विद्युत-अपघट्य को कुछ लेई (paste) का रूप देकर सील्ड अनुरक्षण मुक्त बैटरी तैयार की जा रही है। इन बैटरियों में समय-समय पर आसुत जल (distilled water) डालने की कोई आवश्यकता नहीं होती और न ही आवेशन के समय इनमें गैसों का विसर्जन होता है। इस प्रकार की बैटरियों का उपयोग स्वचालित वाहनों, अबाधित शक्ति आपूर्ति एवं सचल इलेक्ट्रॉनिक उपकरणों में किया जाता है।

SMF (Sealed maintenance free) बैटरी की एक प्रमुख विशेषता यह है कि इसके चार्जिंग एवं डिस्जार्जिंग का समय अन्तराल अधिक होता है, जिस कारण इन्हें अधिक समय तक बिना चार्ज किए प्रयोग किया जा सकता है। SMF बैटरी की क्षमता ऐम्पियर-घण्टे (Ah) में मापी जाती है। इसी के आधार पर इसे अग्र तीन प्रकारों में वर्गीकृत किया गया है

(i) **छोटी SMF बैटरी** (Small SMF Battery) छोटी SMF बैटरी की कार्य क्षमता प्राय: 4 Ah से 17 Ah तक होती है, जिसके आधार पर ये बैटरियाँ 5 मिनट से 20 मिनट तक का बैटरी बैक-अप प्रदान करती हैं। इस SMF बैटरी का प्रयोग मिनी तथा माइक्रो अबाधित पावर सप्लाई यूनिट के साथ किया जाता है

(ii) **मध्यम SMF बैटरी** (Medium SMF Battery) इस बैटरी की कार्यक्षमता 26 Ah से 200 Ah के मध्य होती है, जिसके आधार पर, यह 30 मिनट से 6 घण्टे का बैटरी बैक-अप प्रदान करती है। इस बैटरी का प्रयोग 1 kVA से 80 kVA क्षमता वाली अबाधित पावर सप्लाई के लिए किया जाता है।

(iii) **बड़ी SMF बैटरी** (Large SMF Battery) इस बैटरी की कार्यक्षमता 200 Ah से अधिक होती है और इसका प्रयोग प्राय: 80 kVA से अधिक रेटिंग वाली बैटरियों के साथ किया जाता है।

(लैड-एसिड बैटरी के अतिरिक्त, निकिल-कैडमियम और निकिल आयरन बैटरियाँ भी सील्ड अनुरक्षण मुक्त बनाई जाती हैं।) मोबाइल फोन तथा लैपटॉप आदि के लिए लीथियम-आयन (lithium-ion) बैटरियों का प्रयोग किया जाता है, जो सील्ड अनुरक्षण मुक्त प्रकार की ही होती हैं।

चार्ज बैटरी को किसी शक्ति आपूर्ति इकाई के साथ प्रयुक्त किया जाता है, जिससे कि आउटपुट पर निर्धारित ए.सी. वोल्टेज अबाधित रूप से प्राप्त हो सके, इन्वर्टर एक ऐसी ही शक्ति आपूर्ति इकाई है, जिसका विवरण निम्न प्रकार है

7.5 चुम्बकीय प्रभाव Magnetic Effect

वह पदार्थ जिसमें लौह तथा लौहयुक्त धातुओं को अपनी ओर आकर्षित करने एवं धागे में बाँधकर लटकाने पर उत्तर-दक्षिण दिशा को दर्शाने के गुण विद्यमान हो, चुम्बक कहलाता है तथा चुम्बक के द्वारा लौह युक्त धातुओं को अपनी ओर आकर्षित करने पर धातुओं पर पड़ने वाले प्रभाव को चुम्बकीय प्रभाव (magnetic effect) कहते हैं। इस प्रभाव के कारण ही विद्युत धारावाही चालकों अथवा धातुओं के चारों ओर चुम्बकीय क्षेत्र का अनुभव किया जाता है। चुम्बकीय प्रभाव का उपयोग करके ही मोटर्स, जनरेटर्स, अल्टरनेटर्स, विद्युत घंटी, बजर, चुम्बकीय रिले, चुम्बकीय कलच आदि को प्रचालित किया जाता है।

7.6 ऊष्मीय प्रभाव Heating Effect

ऊष्मा एक प्रकार की ऊर्जा है, जो ताप के अन्तर के कारण उच्च ताप की वस्तु से निम्न ताप की वस्तु की ओर प्रवाहित होती है। ऊष्मा के कारण ही हमें गर्मी अथवा ठण्डक का अनुभव होता है। ऊष्मा को, विद्युत द्वारा चालक के प्रतिरोध या प्रेरण से उत्पन्न किया जाता है। जूल के नियम के अनुसार,

$$\boxed{H = I^2RT} \text{ जूल}$$

जहाँ, H = ऊष्मा, I = धारा,
R = प्रतिरोध व
T = समय

किसी निम्न ताप वाली वस्तु को उच्च ताप वाली वस्तु के सम्पर्क में रखकर अथवा उसको ऊष्मा प्रदान करके उसका तापमान बढ़ जाता है जिसे ऊष्मीय प्रभाव (heating effect) कहा जाता है। इस प्रभाव के कारण ही कोई भी पदार्थ गर्म हो जाता है। ऊष्मीय प्रभाव का उपयोग इलेक्ट्रिक प्रेस, इलेक्ट्रिक हीटर, बल्क, ओवन, गीजर, भट्टी आदि में किया जाता है।

7.7 ऊर्जा Energy

कार्य करने की क्षमता ऊर्जा कहलाती है। गणितीय रूप से ऊर्जा शक्ति तथा कार्य करने के समय का गुणनफल होती है अर्थात्

$$\text{ऊर्जा } (E) = \text{शक्ति } (P) \times \text{समय } (t)$$

इसका मात्रक जूल है। वस्तु की स्थिति के अनुसार, ऊर्जा दो प्रकार की होती है। गतिमान वस्तु में गतिज ऊर्जा तथा स्थिर वस्तु में स्थितिज ऊर्जा होती है।

$$\text{स्थितिज ऊर्जा (PE)} = mgh$$

जहाँ, m = वस्तु का भार
g = गुरुत्वाकर्षण बल, h = ऊँचाई

$$\text{गतिज ऊर्जा (KE)} = \frac{1}{2}mv^2$$

जहाँ m = वस्तु का भार, v = वस्तु का वेग

ऊर्जा के विभिन्न रूप Different Forms of Energy

ऊर्जा के अनेक रूप होते हैं, ऊर्जा के इन विभिन्न रूपों का वर्णन निम्नवत् है।

1. यांत्रिक ऊर्जा Mechanical Energy

प्रत्येक पिण्ड की स्थितिज एवं गतिज ऊर्जा के योग को उसकी यांत्रिक ऊर्जा कहते हैं। जहाँ गतिज ऊर्जा उस पिण्ड की गति के कारण जबकि स्थितिज ऊर्जा उस पिण्ड की स्थिति अथवा विन्यास के कारण होती है।

2. आन्तरिक ऊर्जा Internal Energy

प्रत्येक वस्तु छोटे-छोटे एकसमान कणों से मिलकर बना होता है, जिन्हें अणु कहते हैं। इन अणुओं में पारस्परिक आकर्षण बल लगता है जिससे इनमें स्थितिज ऊर्जा होती है। अणुओं की गति के कारण इनमें गतिज ऊर्जा होती है। समस्त अणुओं की स्थितिज ऊर्जा तथा गतिज ऊर्जा के योग को आन्तरिक ऊर्जा (internal energy) कहते हैं। जब किसी वस्तु के ताप में वृद्धि की जाती है, तो उसके अणुओं की गति तथा अन्तराणुक दूरी बढ़ जाती है, जिससे उसकी आन्तरिक ऊर्जा में वृद्धि होती है।

3. ऊष्मीय ऊर्जा Heat Energy

जब किसी वस्तु को गर्म किया जाता है, तो उसकी आन्तरिक ऊर्जा बढ़ जाती है तथा पुन: अपने प्रारम्भिक ताप पर आता है, तो उससे कुछ कार्य की प्राप्ति होती है अर्थात् गर्म वस्तु की कुछ कार्य करने की क्षमता होती है। अत: यह कहा जा सकता है कि ऊर्जा का एक रूप ऊष्मा भी है।

4. रासायनिक ऊर्जा Chemical Energy

किसी स्थिर रासायनिक यौगिक (stable chemical compound) की ऊर्जा उसके अलग-अलग अवयवों की तुलना में सदैव कम होती है। यह अन्तर उस यौगिक में इलेक्ट्रॉनों व नाभिकों की विशिष्ट व्यवस्था एवं गति के कारण होता है। इस अन्तर को रासायनिक ऊर्जा या रासायनिक बन्धन ऊर्जा कहते हैं। जब कोई रासायनिक अभिक्रिया होती है, तो उसमें या तो ऊर्जा का अवशोषण होता है या ऊर्जा उत्पन्न होती है जो इस बात पर निर्भर करती है कि अभिकारकों (reactants) की कुल ऊर्जा, उत्पादों (products) की कुल ऊर्जा से कम है या अधिक है।

उदाहरणार्थ किसी सेल में ऊर्जा रासायनिक ऊर्जा के रूप में संचित रहती है।

5. नाभिकीय ऊर्जा Nuclear Energy

जब कोई नाभिकीय अभिक्रिया होती है, तो उसमें द्रव्यमान क्षति होती है। इस द्रव्यमान क्षति के ऊर्जा में परिवर्तित होने को नाभिकीय ऊर्जा कहते हैं। यदि नाभिकीय अभिक्रिया के लिए प्रयुक्त नाभिकों के कुल द्रव्यमान तथा उत्पाद नाभिकों के कुल द्रव्यमान का अन्तर अर्थात् द्रव्यमान क्षति Δm हो, तो इससे उत्पन्न हुई नाभिकीय ऊर्जा

$$E = \Delta mc^2$$

जहाँ, c निर्वात् में प्रकाश की चाल है। चूँकि c का मान बहुत अधिक होता है। अत: नाभिकीय ऊर्जा का मान भी बहुत अधिक होता है।

नाभिकीय विखण्डन तथा नाभिकीय संलयन में अत्यधिक ऊर्जा मुक्त होती है। परमाणु बम तथा नाभिकीय रिएक्टर इनके उदाहरण हैं।

6. विद्युत ऊर्जा Electrical Energy

विद्युत क्षेत्र में किसी विद्युत आवेश को एक बिन्दु से दूसरे बिन्दु तक ले जाने में अथवा धारावाही चालक की चुम्बकीय क्षेत्र में अनुप्रस्थ गति के लिए कार्य करने की आवश्यकता होती है। इस कार्य से सम्बन्धित ऊर्जा को ही विद्युत ऊर्जा कहते हैं। विद्युत ऊर्जा की आवश्यकता एवं उपयोग से हम भली-भाँति परिचित हैं। प्रत्येक जीवनोपयोगी यंत्रों को चलाने के लिए विद्युत ऊर्जा की आवश्यकता होती है।

7. ताप विद्युत ऊर्जा Thermo-Electric Energy

ताप विद्युत ऊर्जा में ऊष्मा (ताप) को विद्युतीय ऊर्जा में परिवर्तित किया जाता है। इसमें धनात्मक तथा ऋणात्मक प्रकृति के दो चालकों को n-टाइप तथा p-टाइप सेमीकण्डक्टर के ऊपर रखकर जोड़ते हैं तथा इनके जंक्शन के एक सिरे को गर्म तथा दूसरे सिरे को ठण्डा किया जाता है। इस प्रकार दोनों चालकों के मध्य तापान्तर उत्पन्न हो जाता है। इस तापान्तर के द्वारा n-टाइप तथा p-टाइप सेमीकण्डक्टर सक्रिय हो जाते हैं, जिसके कारण दोनों चालकों के मध्य धारा प्रवाहित होने लगती है जैसा कि निम्न चित्र द्वारा स्पष्ट है

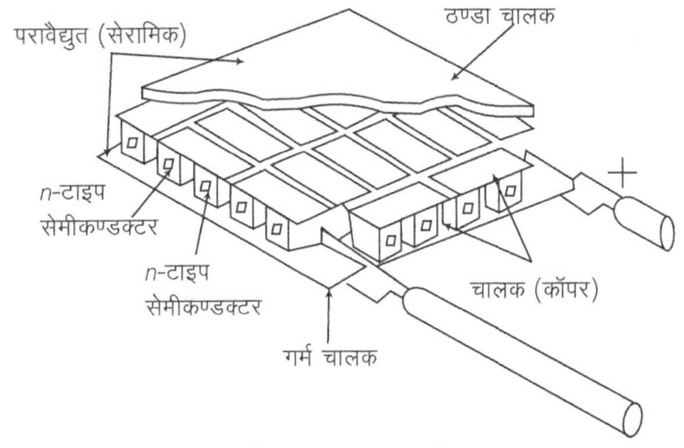

चित्र ताप विद्युत ऊर्जा

ताप विद्युत ऊर्जा ताप-युग्म तथा थर्मिस्टर के सिद्धान्त पर कार्य करती है।

ताप-युग्म Thermo-Couple

ताप-युग्म वह विद्युतीय युक्ति है, जिसमें दो विपरीत चालकों को अलग-अलग तापमान पर जोडकर एक जंक्शन बनाया जाता है। यह ताप-युग्म ताप विद्युतीय प्रभाव या सीबैक प्रभाव के कारण तापमान आधारित वोल्टेज प्रदान करता है तथा यह वोल्टेज ताप मापन की व्याख्या करती है। ताप-युग्म का प्रयोग मुख्य रूप से ताप संवेदकों के रूप में प्रयुक्त किया जाता है। सन् 1821 में एक प्रसिद्ध जर्मन भौतिक वैज्ञानिक थॉमस जॉनसन सीबैक ने ताप-युग्म का आविष्कार किया था।

इसके अनुसार, दो विभिन्न ताप वाले चालकों को जोड़ने पर उनके मध्य तापान्तर पैदा हो जाता है, जिसके फलस्वरूप चालकों के जंक्शन पर एक विद्युत वाहक बल कार्य करने लगता है। यह वि.वा.ब. चालकों के तापान्तर के अनुक्रमानुपाती होता है।

ताप-युग्म का सिद्धान्त Principle of Thermo-Couple

ताप-युग्म तापान्तर के सिद्धान्त पर कार्य करता है। यदि दो असमान धातुओं के चालकों के सिरों को जोड़कर एक जंक्शन बनाया जाए तथा एक चालक धातु को गर्म तथा दूसरी चालक धातु को ठण्डा किया जाए, तब चालकों के जंक्शन के मध्य तापान्तर उत्पन्न हो जाता है।

तापान्तर के कारण जंक्शन पर एक वि.वा.ब. उत्पन्न हो जाता है। इस वि.वा.ब. का मान बहुत कम (माइक्रो वोल्ट) होता है। यह वि.वा.ब. जंक्शन के तापान्तर तथा चालकों के पदार्थ की प्रकृति पर निर्भर करता है। निम्न आरेख में एक ताप-युग्म को दर्शाया गया है।

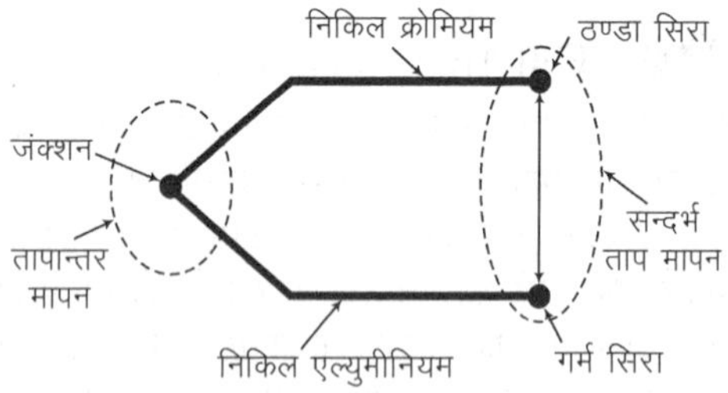

चित्र ताप-युग्म जंक्शन

उपरोक्त चित्र में निकिल क्रोमियम तथा निकिल एल्युमीनियम के दो चालक तारों का जंक्शन बनाया गया है जिन्हें क्रमश: ठण्डा व गर्म किया गया है।

जंक्शन पर तापान्तर उत्पन्न होने के कारण इन चालकों के मध्य माइक्रोवोल्ट रेंज का वि.वा.ब. उत्पन्न हो जाता है।

लाभ Advantages

ताप-युग्म के लाभ निम्नलिखित हैं

(*i*) ताप-युग्म की संरचना सरल होती है।
(*ii*) वि.वा.ब. सरल प्रयासों से ही उत्पन्न हो जाता है।
(*iii*) तापान्तर को बढ़ाकर वोल्टेज को बढ़ाया जा सकता है।

हानियाँ Disadvantages

ताप-युग्म की हानियाँ निम्नलिखित हैं

(*i*) इसके द्वारा माइक्रोवोल्ट से मिलीवोल्ट तक ही वोल्टेज प्राप्त होता है।
(*ii*) अधिक वोल्टेज प्राप्त करने के लिए चालकों का तापान्तर बढ़ाना पड़ता है, जिससे ऊर्जा की खपत अधिक होती है।
(*iii*) यह मन्द गति की प्रक्रिया है।

अनुप्रयोग Uses

1. इसका प्रयोग स्टील इण्डस्ट्री में ताप मापन के लिए किया जाता है।
2. इसका प्रयोग गैस प्रज्वलन संवेदी के रूप में किया जाता है।
3. थर्मोपाइल रेडिएशन संवेदी के रूप में इसका प्रयोग किया जाता है।
4. विद्युतीय तथा यान्त्रिक उपकरणों के नमूनों की जाँच करने के लिए ताप-युग्म का प्रयोग किया जाता है।

थर्मिस्टर Thermistor

थर्मिस्टर एक थर्मोमीटर प्रतिरोध है अर्थात् वह प्रतिरोधक जिसका प्रतिरोध तापमान पर निर्भर करता है। थर्मिस्टर दो शब्दों से मिलकर बना है थर्मल अर्थात् ताप तथा रेसिस्टर अर्थात् प्रतिरोधक।

अत: थर्मिस्टर का अर्थ है तापीय प्रतिरोधक। ये प्रतिरोधक तापमान के प्रति अत्यधिक संवेदी होते हैं। निम्न आरेख में थर्मिस्टर के विभिन्न प्रचलित प्रतीक दर्शाए गए हैं

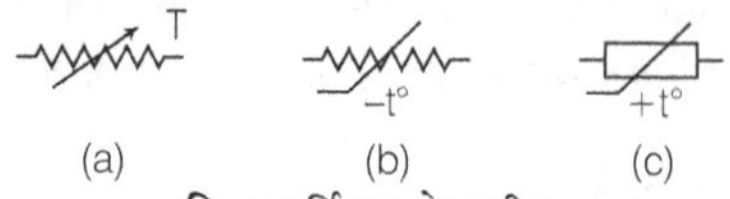

चित्र थर्मिस्टर के प्रतीक

थर्मिस्टर की संरचना Construction of Thermistor

यह धात्विक ऑक्साइडों (metallic oxides) जैसे—निकिल, कोबाल्ट, मैग्नीज, ताँबा, लोहा तथा यूरेनियम इत्यादि से मिलकर बना होता है। इस मिश्रण को दबाकर गोल, डिस्क अथवा बेलन का आकार देते हैं तथा इसके पश्चात् एक अभेद पदार्थ; जैसे— एपॉक्सी (epoxy) अथवा काँच के साथ इसका कैप्सूलीकरण (capsulation) करते हैं।

निम्न चित्र में विभिन्न आकार के थर्मिस्टर दर्शाए गए हैं

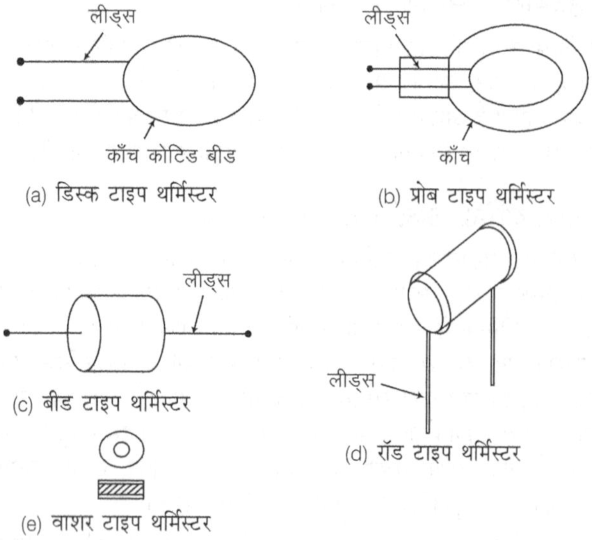

चित्र विभिन्न प्रकार के थर्मिस्टर

थर्मिस्टर दो प्रकार के होते हैं: ऋणात्मक तापमान गुणांक (NTC) तथा धनात्मक तापमान गुणांक (PTC)। वह थर्मिस्टर तथा प्रतिरोध तापमान के बढ़ने पर घटता है एवं तापमान के घटने पर बढ़ता है, NTC थर्मिस्टर कहलाता है तथा जिस थर्मिस्टर का प्रतिरोध तापमान के बढ़ने पर बढ़ता है एवं तापमान के घटने पर घटता है उसे PTC थर्मिस्टर कहते हैं। सामान्यत: NTC थर्मिस्टर का प्रयोग बहुतायत से किया जाता है। PTC थर्मिस्टर का प्रयोग फ्यूज (fuse) की भाँति किया जाता है तथा 50° तापमान की सीमा में थर्मिस्टर अधिक शुद्धता के साथ कार्य करता है। तापमान की यह रेंज आधार प्रतिरोध पर निर्भर करती है। अत्यधिक उच्च तथा निम्न तापमान पर थर्मिस्टर कार्य नहीं करते हैं।

थर्मिस्टर का अभिलक्षण Characteristics of Thermistor

थर्मिस्टर के तापमान तथा प्रतिरोध के सम्बन्ध का ग्राफ के रूप में प्रदर्शन ही इसका अभिलक्षण कहलाता है। जोकि चित्र में प्रदर्शित है

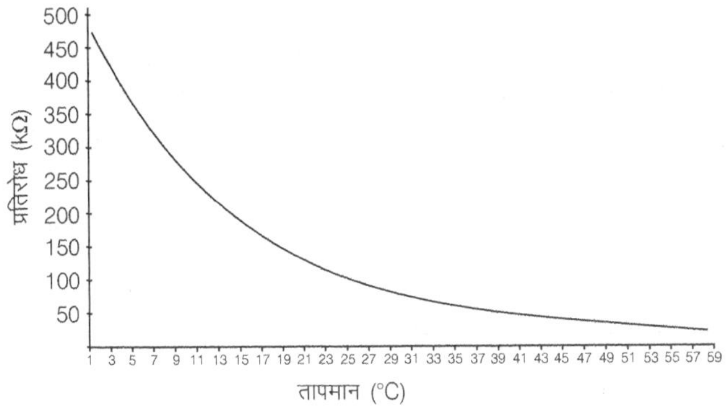

चित्र थर्मिस्टर का अभिलक्षण वक्र

जैसा कि उपरोक्त ग्राफ के द्वारा स्पष्ट है कि थर्मिस्टर के प्रतिरोध तथा तापमान का अभिलक्षण सीधी रेखा नहीं है। अत: स्पष्ट है कि थर्मिस्टर आरेखीय युक्ति है। ग्राफ की स्थिति तथा इसमें परिवर्तन, थर्मिस्टर की संरचना पर निर्भर करता है।

लाभ Advantages

थर्मिस्टर के लाभ निम्नलिखित हैं

(*i*) यह बहुत संवेदी होता है तथा तापमान में कम परिवर्तन पर भी प्रतिक्रिया देता है।

(*ii*) जब विशिष्ट तापमान को बनाए रखने की आवश्यकता होती है तब यह प्रभावी रूप से कार्य करता है।

(*iii*) यह आकार में छोटा तथा सस्ता होता है।

(*iv*) इसका कार्यकाल अधिक होता है।

(*v*) परिपथ में इनका स्थायित्व अच्छा होता है।

(*vi*) यह तापमान जाँच के लिए अन्य युक्तियों में माउण्ट किया जा सकता है।

(*vii*) इसके विभिन्न प्रकार के आधार पर द्रव, गैस तथा ठोसों को मापा जा सकता है।

हानियाँ Disadvantages

थर्मिस्टर की हानियाँ निम्नलिखित हैं

(*i*) थर्मिस्टर अत्यधिक उच्च तथा निम्न तापमान पर कार्य नहीं करते हैं।

(*ii*) इनका अभिलक्षण वक्र अधिक आरेखीय होता है।

(*iii*) अत्यधिक प्रतिरोध के कारण परिपथ में शील्डिड केबिल का प्रयोग करना पड़ता है।

अनुप्रयोग Uses

थर्मिस्टर के अनुप्रयोग निम्न प्रकार हैं

(*i*) ताप विद्युतीय युक्तियों की ऊष्मा को मापने तथा नियन्त्रित करने में।

(*ii*) सिस्टम की स्थिरता को समायोजित करने के लिए।

(*iii*) तापमान ट्रांसड्यूसर में।

(*iv*) निर्वात ताप मापने के लिए।

(*v*) द्रव के दाब को मापने में।

(*vi*) उच्च फ्रीक्वेंसी की शक्ति मापने में।

(*vii*) रिमोट नियन्त्रण प्रणाली में।

(*viii*) तापमान मापने के लिए

8. विद्युत रासायनिक ऊर्जा Electrochemical Energy

बैटरी एक ऐसी युक्ति है जो रासायनिक क्रियाओं के फलस्वरूप वैद्युतिक ऊर्जा को रासायनिक ऊर्जा में तथा रासायनिक ऊर्जा को वैद्युतिक ऊर्जा में परिवर्तित करती है।

ऊर्जा के परिवर्तन के अतिरिक्त, बैटरी ऊर्जा को संचित करने का कार्य करती है चूँकि बैटरी में संचित ऊर्जा वैद्युतिक तथा रासायनिक दोनों रूपों में होती है अत: बैटरी में संचित ऊर्जा विद्युत रासायनिक ऊर्जा (electrochemical energy) कहलाती है। इस ऊर्जा का उपयोग विभिन्न घरेलू एवं औद्योगिक अनुप्रयोगों हेतु किया जाता है।

9. फोटो-वोल्टाइक ऊर्जा Photo-voltaic Energy

सोलर सैल एक ऐसी युक्ति है जो सौर ऊर्जा अर्थात् सूर्य से प्राप्त होने वाली ऊर्जा को वैद्युतिक ऊर्जा में परिवर्तित करती है। दूसरे शब्दों में, यह प्रकाश की उपस्थिति में वोल्टेज उत्पन्न करती है। अत: सोलर सैल फोटो-वोल्टाइक प्रभाव पर कार्य करने वाली युक्ति है। सोलर सैल में संचित ऊर्जा फोटो-वोल्टाइक ऊर्जा कहलाती है। सोलर सैलों को अर्द्ध-चालक पदार्थों; जैसे सिलिकॉन (Si) या गैलियम आर्सेनाइड (Ga As) से बनाया जाता है। सोलर सैलों की संरचना इस प्रकार की जाती है कि सूर्य की किरणें उनकी सतह पर सीधी आपतित हो।

10. दाब विद्युत ऊर्जा Piezo Electric Energy

कोई भी दाब विद्युतीय पदार्थ, यान्त्रिक कम्पनों द्वारा विद्युतीय ऊर्जा उत्पन्न कर सकता हैं जब किसी दाब विद्युतीय पदार्थ में यान्त्रिक कम्पन या बल लगाया जाता है, तो इसके दोनों सतहों के मध्य विभवान्तर उत्पन्न हो जाता है।

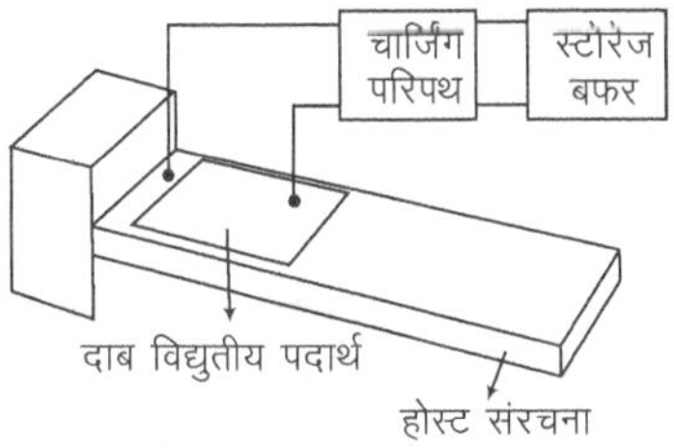

चित्र दाब विद्युत ऊर्जा परिपथ

सिद्धान्त Principle

दाब विद्युत ऊर्जा, दाब विद्युत प्रभाव के सिद्धान्त के द्वारा उत्पन्न होती है। जब दाब विद्युतीय पदार्थ के सिरों पर दबाव डाला जाता है, तो इसके सिरों के बीच दाब विद्युत प्रभाव के कारण विभवान्तर उत्पन्न हो जाता है।

इस उत्पन्न वोल्टेज को लोड के सापेक्ष संयोजित कर दिया जाता है।

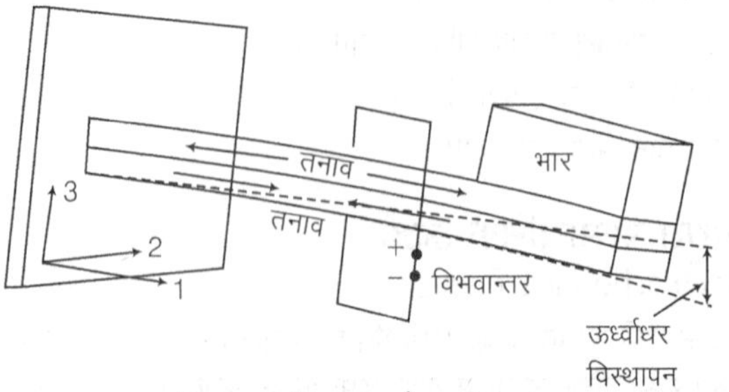

चित्र दाब विद्युत ऊर्जा का सिद्धान्त

अनुप्रयोग Uses

दाब विद्युत ऊर्जा के अनुप्रयोग निम्न प्रकार हैं

1. ध्वनि को उत्पन्न करने तथा इसका पता लगाने में।
2. अल्ट्रासोनिक नोजल के लिए।
3. लाइटर में आग जलाने के पत्थर के रूप में।
4. उच्च वोल्टेज प्राप्त करने के लिए।

7.8 विद्युत चुम्बकीय प्रेरण Electromagnetic Induction

परिवर्ती चुम्बकीय क्षेत्र अर्थात् निरन्तर परिवर्तित होने वाले चुम्बकीय क्षेत्र में रखे चालक के सिरों पर वि.वा. बल (वोल्टेज) उत्पन्न होने की प्रक्रिया विद्युत चुम्बकीय प्रेरण कहलाती है। विद्युत चुम्बकीय प्रेरण के सम्बन्ध में फैराडे ने दो नियम दिए थे, जो निम्न प्रकार हैं

1. प्रथम नियम First Rule

यदि किसी चालक में से गुजरने वाले चुम्बकीय फ्लक्स की मात्रा में परिवर्तन होता है, तो उस चालक में वि.वा.ब. उत्पन्न हो जाता है और इस प्रकार उत्पन्न हुए वि.वा.ब. का अस्तित्व तभी तक विद्यमान रहता है, जब तक कि चुम्बकीय क्षेत्र अथवा चालक की दिशा में परिवर्तन होता रहता है।

2. द्वितीय नियम Second Rule

किसी चालक में प्रेरित वि.वा.ब. (e) का मान, चुम्बकीय फ्लक्स की मात्रा में परिवर्तन की दर $\left(\frac{\phi_2 - \phi_1}{t}\right)$ के अनुक्रमानुपाती होता है, अर्थात्

$$e \propto \frac{\phi_2 - \phi_1}{t}$$

या
$$e = -N\frac{d\phi}{dt}$$

यहाँ, e = प्रेरित वि.वा.ब. (वोल्ट में), N = चालकों की संख्या, dt = समय (सेकण्ड में) (फ्लक्स परिवर्तन का समय) तथा $d\phi$ = चुम्बकीय फ्लक्स की मात्रा में परिवर्तन (वेबर में)।

> ***टिप्पणी*** *उपरोक्त सूत्र में (-) चिन्ह यह दर्शाता है कि किसी चालक में प्रेरित वि.वा.ब. की दिशा, फ्लक्स परिवर्तन दिशा के विपरीत होती है।*

विद्युत चुम्बकीय प्रेरण के कारण प्रेरित विद्युत वाहक बल Induced Electromotive Force Due to Electro Magnetic Induction

किसी चालक में विद्युत चुम्बकीय प्रेरण सिद्धान्त के फलस्वरूप उत्पन्न होने वाला वि.वा.ब., प्रेरित वि.वा.ब. कहलाता है और इस प्रेरित वि.वा.ब. के कारण चालक में बहने वाली विद्युत धारा, प्रेरित विद्युत धारा कहलाती है।

किसी चालक में प्रेरित वि.वा.ब. निम्न दो प्रकार से उत्पन्न किया जा सकता है

1. गतिजन्य प्रेरित वि.वा.ब. Dynamically Induced EMF

जब कोई चालक किसी चुम्बकीय क्षेत्र में इस प्रकार गति करता है कि उसके द्वारा चुम्बकीय फ्लक्स का छेदन होता हो, तो उसमें प्रेरित होने वाला वि.वा.ब., गतिजन्य प्रेरित वि.वा.ब. कहलाता है।

$$\boxed{e = Blv\sin\theta}$$

यहाँ, e = प्रेरित वि.वा.ब., (वोल्ट में)
B = चुम्बकीय फ्लक्स घनत्व (वेबर/मी^{2} में)
l = चालक की लम्बाई (मी में)
v = चालक की गति (मी/से में)
$\sin\theta$ = चालक की गति दिशा और चुम्बकीय फ्लक्स की दिशा के बीच का ज्या कोण।

2. स्थितिजन्य प्रेरित वि.वा.ब. Statically Induced EMF

यदि कोई चालक किसी प्रत्यावर्ती चुम्बकीय क्षेत्र में अवस्थित हो, तो वह स्थिर अवस्था में ही चुम्बकीय फ्लक्स परिवर्तन में बाधा डालता है और फैराडे के विद्युत चुम्बकीय प्रेरण सिद्धान्त के अनुसार उसमें वि.वा.ब. पैदा हो जाता है, जो स्थितिजन्य प्रेरित वि.वा.ब. कहलाता है। यह वि.वा.ब. चालक की यान्त्रिक गति के बिना चुम्बकीय फ्लक्स के बदलते प्रभाव से अस्तित्व में आता है। यह दो प्रकार का होता है

(i) स्व प्रेरित वि.वा.ब. (ii) अन्योन्य प्रेरित वि.वा.ब.

(i) स्व प्रेरित वि.वा.ब. Self Induced EMF

जब किसी क्वॉयल से धारा गुजरती है, तब उसके आस-पास एक चुम्बकीय क्षेत्र उत्पन्न हो जाता है। यदि धारा की दिशा परिवर्तित हो जाए, तो चुम्बकीय फ्लक्स की दिशा भी परिवर्तित हो जाएगी।

इस प्रकार चुम्बकीय क्षेत्र की बल रेखाएँ, क्वॉयल के टर्नों को काटेगी, जिसमें फैराडे के नियमानुसार, वि.वा.ब. उत्पन्न हो जाता है, जोकि स्व प्रेरित वि.वा.ब. कहलाता है। अत: किसी चालक का वह गुण, जिससे उसमें प्रवाहित धारा का मान बदलने पर वि.वा.ब. उत्पन्न हो जाता है, स्व-प्रेरण कहलाता है, जिसे L से प्रदर्शित किया जाता है।

यदि क्वॉयल में विद्युत धारा एक ऐम्पियर प्रति सेकण्ड की दर से परिवर्तित होती है एवं यह क्वॉयल में एक वोल्ट का वि.वा.ब. प्रेरित करता है, तब इसका प्रेरकत्व एक हेनरी होगा।

∴ प्रेरित वि.वा.ब. = स्व प्रेरण × धारा में परिवर्तन की दर

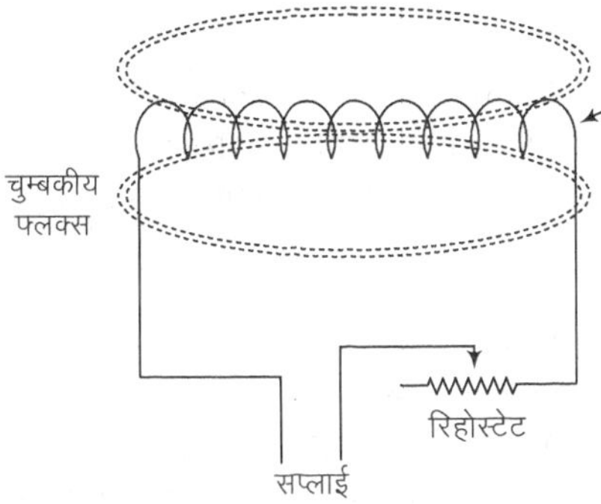

$$e = -L \cdot \frac{di}{dt}$$

यहाँ, e = प्रेरित वि.वा.ब. (वोल्ट में)

L = स्व-प्रेरण (हेनरी में)

di = विद्युत धारा में परिवर्तन (ऐम्पियर में)

dt = समय (सेकण्ड में)

(−) चिन्ह दर्शाता है कि प्रेरित वि.वा.ब. की दिशा चुम्बकीय फ्लक्स परिवर्तन की दिशा के विपरीत होती है।

(ii) अन्योन्य प्रेरित वि.वा.ब. Mutual Induced EMF

जब दो क्वॉयल A एवं B समान कोर पर वाइण्डिंग (winding) की जाती है और एक प्रत्यावर्ती धारा क्वॉयल A से गुजरती है, तब क्वॉयल A में प्रत्यावर्ती चुम्बकीय फ्लक्स उत्पन्न होता है एवं क्वॉयल B में वि.वा.ब. उत्पन्न हो जाता है, जिसे अन्योन्य प्रेरित वि.वा.ब. कहते हैं एवं क्वॉयल्स का यह गुण अन्योन्य प्रेरण कहलाता है, जिसे M से प्रदर्शित किया जाता है। यह टर्नों की संख्या, चालक की मोटाई, टर्नों के क्षेत्रफल, क्वॉयल की लम्बाई एवं दोनों क्वॉयल्स की मध्य की दूरी पर निर्भर करता है।

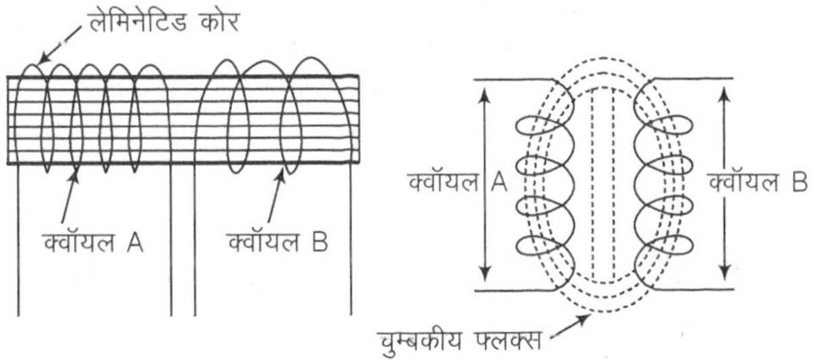

चित्र अन्योन्य प्रेरित वि.वा.ब.

∴ प्रेरित वि.वा.ब. = अन्योन्य प्रेरण × विद्युत धारा के परिवर्तन की दर

$$e = -M \cdot \frac{di}{dt}$$

यहाँ, e = प्रेरित वि.वा.ब. (वोल्ट में)

M = अन्योन्य प्रेरण (हेनरी में)

di = धारा में परिवर्तन (ऐम्पियर में)

dt = समय (सेकण्ड में)

(−) चिन्ह दर्शाता है कि प्रेरित वि.वा.ब. की दिशा चुम्बकीय फ्लक्स परिवर्तन की दिशा के विपरीत होती है।

7.9 सोलेनॉयड Solenoid

यह हेलिक्स की आकृति में बनी लम्बी वृत्ताकार टर्न्स वाली क्वॉयल होती है, जो विद्युत धारा वहन करती है। इसकी लम्बाई, इसके व्यास की अपेक्षा अधिक होती है, जैसा कि चित्र में दर्शाया गया है। सोलेनॉयड में अधिकांश चुम्बकीय बल रेखाएँ पार होकर निकल जाती हैं। ये बल रेखाएँ सोलेनॉयड में एक ओर से प्रवेश करती हैं तथा दूसरी ओर से बाहर निकल जाती हैं एवं पुन: सोलेनॉयड के बराबर होती हुई प्रवेशी बल रेखाओं से मिलकर वही क्रम बनाती हैं।

यदि इस सोलेनॉयड के मध्य किसी चुम्बकीय पदार्थ, जैसे लोहे की कोर (core) को रख दिया जाए, तो कोर (core) में अधिकांश बल रेखाएँ एकत्रित हो जाएँगी, क्योंकि वायु की अपेक्षा लोहे की निरपेक्ष चुम्बकशीलता (absolute permeability) अधिक होती है। ये बल रेखाएँ लोहे के कोर में प्रवाहित होकर, वहाँ विद्युत-चुम्बकीय क्षेत्र उत्पन्न कर देती हैं तथा इस प्रकार सोलेनॉयड एक विद्युत चुम्बक बन जाती है। यह एक प्रकार की विद्युत चुम्बक होती है, जिसका प्रयोग नियन्त्रक युक्तियों में रिले की भाँति किया जाता है।

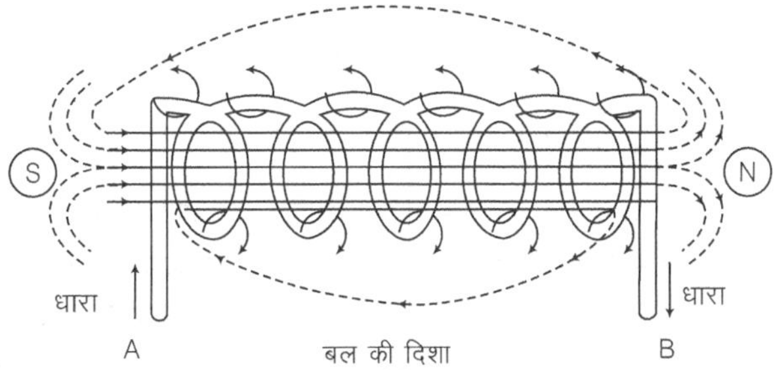

चित्र सोलेनॉयड

7.10 रिले Relay

रिले के अध्ययन के लिए पूर्व में दिये गये अध्याय -6 का अवलोकन करें।

7.11 ट्रांसफॉर्मर Transformer

ट्रांसफॉर्मर एक ऐसी स्थैतिक युक्ति (static device) है, जो वैद्युत ऊर्जा को एक परिपथ से दूसरे परिपथ में स्थानान्तरित करती है। इसके साथ ही इस युक्ति के द्वारा वोल्टता का अपचयन (step-down) एवं वोल्टता का उच्चायन (step-up) सुगमता से किया जा सकता है। यह ध्यान रखना आवश्यक है कि यह युक्ति केवल प्रत्यावर्ती धारा (AC) आपूर्ति पर ही कार्य करती है, दिष्ट धारा (DC) आपूर्ति पर नहीं।

1. ट्रांसफॉर्मर का कार्य सिद्धान्त
Working Principle of Transformer

ट्रांसफॉर्मर, अन्योन्य प्रेरण (mutual inductance) के सिद्धान्त पर कार्य करता है। प्रेरण का अस्तित्व केवल ए.सी. परिपथ में होता है। अत: ट्रांसफॉर्मर भी केवल ए.सी. सप्लाई पर कार्य कर सकता है, डी.सी. पर नहीं। अन्योन्य प्रेरण के सिद्धान्त के अनुसार, जब प्राइमरी वाइण्डिंग में ए.सी. सप्लाई दी जाती है, तो इस वाइण्डिंग के चारों ओर प्रत्यावर्ती स्वभाव वाला चुम्बकीय क्षेत्र उत्पन्न हो जाता है। इसी चुम्बकीय क्षेत्र के कारण सेकेण्डरी वाइण्डिंग में वि.वा.ब. उत्पन्न हो जाता है, जबकि दोनों वाइण्डिंग के मध्य किसी प्रकार का वैद्युतिक सम्बन्ध नहीं होता है।

2. ट्रांसफॉर्मर की संरचना
Construction of Transformer

ट्रांसफॉर्मर की संरचना को नीचे चित्र में दर्शाया गया है

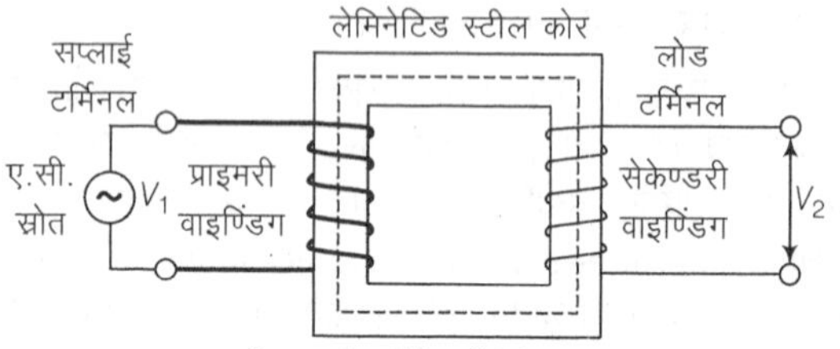

चित्र ट्रांसफॉर्मर की संरचना

ट्रांसफॉर्मर में निम्न मुख्य भाग होते हैं

1. वाइण्डिंग
2. लेमिनेटिड कोर
3. कन्टेनर
4. टर्मिनल

1. वाइण्डिंग Winding

ट्रांसफॉर्मर में दो प्रकार की वाइण्डिंग्स स्थापित की जाती हैं—

(i) **प्राइमरी वाइण्डिंग** (Primary winding) जिस वाइण्डिंग को ए.सी. वैद्युत स्रोत से संयोजित किया जाता है, वह प्राइमरी वाइण्डिंग कहलाती है। यह बोबिन के ऊपर कुण्डली बनाकर टर्न (turn) देकर निर्मित की जाती है। इसमें चक्करों (turns) की संख्या, आवश्यक फ्लक्स घनत्व उत्पन्न करने की क्षमता के अनुसार दी जाती है।

(ii) **सेकेण्डरी वाइण्डिंग** (Secondary winding) जिस वाइण्डिंग को लोड (विद्युत शक्ति का उपभोग करने वाली युक्ति) से संयोजित किया जाता है, वह सेकेण्डरी वाइण्डिग कहलाती है। इसके तार का आकार (size) वाइण्डिग में से प्रवाहित धारा पर निर्भर करता है।

2. लेमिनेटिड कोर Laminated Core

यह सिलिकॉन स्टील की बनी होती है। प्रत्येक पटलित कोर आपस में इन्सुलेटिड (insulated) रहती हैं। ट्रांसफॉर्मर वाइण्डिग को इन लेमिनेटिड कोर (core) पर स्थापित किया जाता है। तत्पश्चात् कोर को एक स्टील खोल (envelope) में स्थापित कर दिया जाता है। कोर के मुख्य कार्य अग्र प्रकार हैं

(i) प्राइमरी वाइण्डिग द्वारा स्थापित चुम्बकीय क्षेत्र की चुम्बकीय बल रेखाओं का मार्ग पूर्ण रखना।

(ii) प्राइमरी वाइण्डिग द्वारा स्थापित चुम्बकीय क्षेत्र की अधिक-से-अधिक चुम्बकीय बल रेखाओं को सेकेण्डरी में से गुजारना।

3. कन्टेनर Container

इसे आमतौर पर टैंक (tank) भी कहा जाता है। टैंक, ट्रांसफॉर्मर को ठण्डा रखने में सहायता करता है। इसमें तेल भरा रहता है, जो इन्सुलेशन तथा ट्रांसफॉर्मर को ठण्डा रखने के लिए एक माध्यम (medium) का कार्य करता है।

4. टर्मिनल Terminal

कुण्डली के सिरों पर विद्युत सप्लाई को आदान-प्रदान करने का कार्य टर्मिनलों के द्वारा किया जाता हैं। ट्रांसफॉर्मर के टर्मिनलों के द्वारा प्राइमरी पर विद्युत सप्लाई दी जाती है एवं सेकेण्डरी वाइण्डिग पर विद्युत प्राप्त की जाती है।

ट्रांसफॉर्मर की कार्यप्रणाली
Working of Transformer

जब ट्रांसफॉर्मर की प्राइमरी वाइण्डिग को ए.सी. स्रोत से संयोजित किया जाता है, तो प्रत्यावर्ती विद्युत धारा के प्रवाह से प्राइमरी वाइण्डिग के चारों ओर एक प्रत्यावर्ती (alternating) स्वभाव का चुम्बकीय क्षेत्र उत्पन्न हो जाता है। सेकेण्डरी वाइण्डिग के चालक, प्राइमरी वाइण्डिग द्वारा स्थापित चुम्बकीय क्षेत्र की चुम्बकीय बल रेखाओं का छेदन करते हैं और फैराडे के विद्युत-चुम्बकीय प्रेरण सिद्धान्त के अनुरूप उनमें वि.वा.ब. उत्पन्न हो जाता है, क्योंकि प्राइमरी वाइण्डिग द्वारा स्थापित चुम्बकीय क्षेत्र प्रत्यावर्ती स्वभाव का होता है, इसलिए सेकेण्डरी वाइण्डिग के चालक, बिना कोई गति किए ही चुम्बकीय बल रेखाओं का छेदन करते हैं।

इस प्रकार, प्राइमरी वाइण्डिग तथा सेकेण्डरी वाइण्डिग में बिना किसी संयोजन अथवा स्पर्श (connection or touch) के ही वैद्युत ऊर्जा, प्राइमरी वाइण्डिग से सेकेण्डरी वाइण्डिग में स्थानान्तरित (transfer) होती है, यह क्रिया **ट्रांसफॉर्मर क्रिया** (transformer action) कहलाती है।

विशिष्ट बिन्दु *यदि ट्रांसफॉर्मर की प्राइमरी वाइण्डिग को डी.सी. स्रोत से संयोजित किया जाए तो वाइण्डिग जल सकती है। इसका कारण यह है कि वाइण्डिग में इन्डक्टेन्स तथा इन्डक्टिव रिएक्टेन्स की अनुपस्थिति में उसका प्रतिरोध बहुत कम होगा, जिसके फलस्वरूप धारा का मान उच्च होगा और वाइण्डिग जल जाएगी।*

ट्रांसफॉर्मर के लाभ Advantages of Transformer

ट्रांसफॉर्मर में मुख्य लाभ निम्नवत् हैं

1. ट्रांसफॉर्मर में कोई सचल पुर्जा (movable part) विद्यमान नहीं होता। अत: इसे विशेष देखभाल/अनुरक्षण की आवश्यकता नहीं होती है।
2. स्थैतिक (static) प्रकार का उपकरण होने के कारण ट्रांसफॉर्मर की दक्षता 90 से 98% तक होती है, जबकि अन्य वैद्युतिक मशीनों की दक्षता इससे काफी कम होती है।

3. यह अति उच्च वोल्टता पर सामान्य रूप से कार्य कर सकता है, जबकि अन्य वैद्युतिक मशीनें अति उच्च वोल्टेज (400kV) पर सन्तोषजनक रूप से कार्य नहीं कर पातीं।
4. ट्रांसफॉर्मर द्वारा वोल्टता घटाने का कार्य अत्यन्त अल्प वैद्युत शक्ति खपत पर सरलता से सम्पन्न किया जा सकता है, जबकि डी.सी. पर वोल्टता घटाने के लिए प्रतिरोधक प्रयोग किए जाते हैं, जो पर्याप्त मात्रा में वैद्युत शक्ति की खपत करते हैं।
5. ट्रांसफॉर्मर के उपयोग से वैद्युत शक्ति के पारेषण (transmission) एवं वितरण (distribution) की कुल लागत, डी.सी. प्रणाली की वैद्युत शक्ति के पारेषण एवं वितरण की लागत की अपेक्षा काफी कम होती है।
6. वैद्युत शक्ति के पारेषण में होने वाले वोल्टता ह्रास (voltage drop) को ट्रांसफॉर्मर द्वारा सुगमता से पूरा किया जा सकता है, जबकि डी.सी. प्रणाली में इस कार्य के लिए बूस्टर (booster) मोटर जनित्र सैट प्रयोग करने पड़ते हैं, जो पर्याप्त खर्चीले होते हैं।

ट्रांसफॉर्मर्स का वर्गीकरण
Classification of Transformers

वैद्युतिक कार्यों में प्रयोग किए जाने वाले ट्रांसफॉर्मर्स का वर्गीकरण विभिन्न आधारों पर किया जा सकता है, जो निम्न प्रकार हैं

1. आउटपुट वोल्टता के आधार पर
On the Basis of Output Voltage

आउटपुट वोल्टता के आधार पर ट्रांसफॉर्मर निम्न दो प्रकार के होते हैं

(i) उच्चायक ट्रांसफॉर्मर (ii) अपचायक ट्रांसफॉर्मर

(i) **उच्चायक ट्रांसफॉर्मर** (Step-up transformer) जो ट्रांसफॉर्मर इनपुट वोल्टेज को बढ़ाकर अधिक आउटपुट वोल्टेज प्रदान करता है, वह उच्चायक ट्रांसफॉर्मर कहलाता है। इसमें प्राइमरी वाइण्डिंग में टर्नों की संख्या सेकेण्डरी वाइण्डिग के टर्नों की संख्या से कम होती है, इसका उपयोग विद्युत उत्पादन केन्द्रों पर आल्टरनेटर द्वारा उत्पन्न किए गए वोल्टेज को उच्च वोल्टेज पर पारेषण करने हेतु किया जाता है। यह प्राय: 3-फेज डेल्टा-डेल्टा प्रकार का होता है।

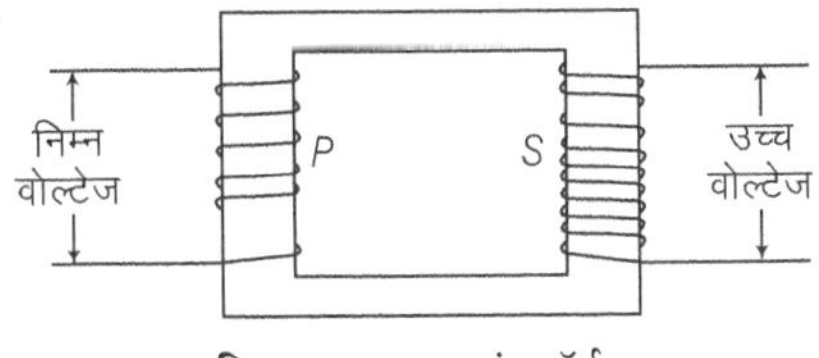

चित्र उच्चायक ट्रांसफॉर्मर

2. कोर की संरचना के आधार पर
On the Basis of Core Construction

ट्रांसफॉर्मर में प्राइमरी वाइण्डिग द्वारा स्थापित चुम्बकीय क्षेत्र के चुम्बकीय-परिपथ को पूर्ण तथा सघन रखने के लिए लौह कोर का प्रयोग आवश्यक होता है। ये कोर E, I, U, L, J, C आदि आकार की होती हैं। यदि लौह कोर ठोस हों, तो उनमें एडी धारा क्षति (Eddy current loss) तथा हिस्टरैसिस क्षति (hysteresis loss) का मान काफी अधिक होगा।

अत: इन दोनों प्रकार की क्षति को कम करने के लिए लेमिनेटेड सिलिकॉन स्टील कोर का प्रयोग किया जाता है।

इसके निर्माण के लिए लौह में 3.8 से 4.5% तक सिलिकॉन धातु मिश्रित की जाती है। इनकी मोटाई 0.35 से 0.5 मिमी तक रखी जाती है और इनके एक अथवा दोनों पार्श्वों पर वार्निश आलेपित होती है।

कोर की संरचना के आधार पर ट्रांसफॉर्मर निम्न तीन प्रकार के होते हैं

(i) शैल प्रकार का ट्रांसफॉर्मर
(ii) कोर प्रकार का ट्रांसफॉर्मर
(iii) बैरी प्रकार का ट्रांसफॉर्मर

इनका विवरण निम्नवत् है

(i) **शैल प्रकार का ट्रांसफॉर्मर** (Shell type transformer) इस प्रकार के ट्रांसफॉर्मर में EI, M व TU आकृति की स्टैम्पिंग्स प्रयोग करके, दोहरी आयताकार कोर तैयार की जाती है, (चित्र देखें)। इस कोर की मध्य भुजा पर प्राइमरी वाइण्डिग तथा उसके ऊपर सेकेण्डरी वाइण्डिग स्थापित की जाती है।

कोर में दो समान्तर चुम्बकीय-मार्ग स्थापित होते हैं। इस प्रकार के ट्रांसफॉर्मर सिंगल फेज सप्लाई में वोल्टेज का उच्चायन तथा अपचायन करने के लिए प्रयोग किए जाते हैं।

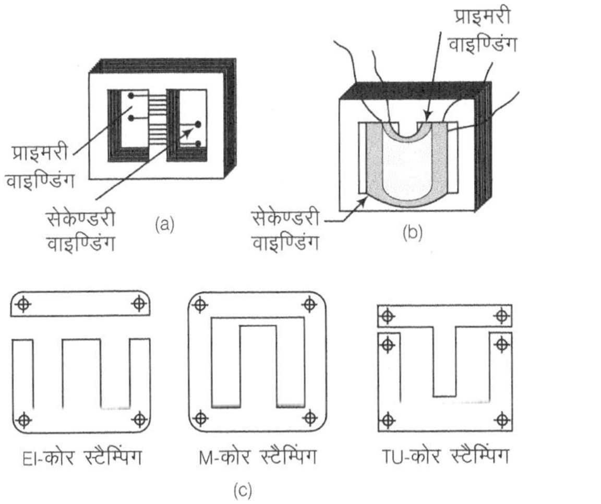

चित्र शैल प्रकार का ट्रांसफॉर्मर

(ii) **कोर प्रकार का ट्रांसफॉर्मर** (Core type transformer) इस प्रकार के ट्रांसफॉर्मर में UI व L आकृति की स्टैम्पिंग्स के दो सैट प्रयोग करके आयताकार कोर तैयार की जाती है।

इस कोर की दोनों भुजाओं पर प्राइमरी वाइण्डिग तथा सेकेण्डरी वाइण्डिग स्थापित की जाती है। कोर में केवल एक चुम्बकीय-मार्ग स्थापित होता है।

इस प्रकार के ट्रांसफॉर्मर, उच्च वोल्टेज पर निम्न आउटपुट शक्ति प्रदान करने के लिए प्रयोग किए जाते हैं। कोर प्रकार के ट्रांसफॉर्मर को निम्न चित्र में दर्शाया गया है

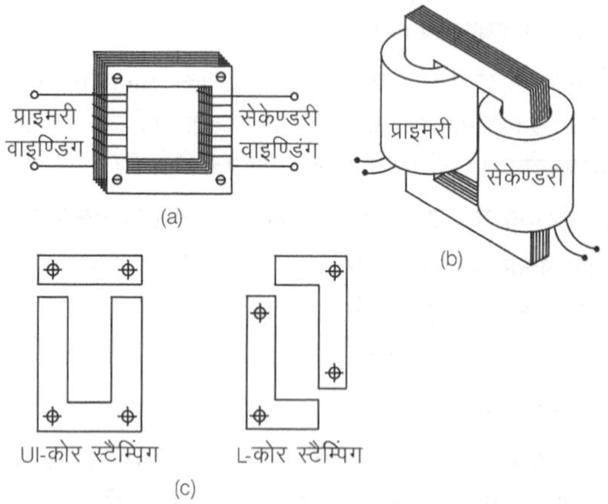

चित्र कोर प्रकार का ट्रांसफॉर्मर

कोर तथा शैल टाइप ट्रांसफॉर्मर के मध्य अन्तर को निम्न तालिका द्वारा समझाया गया है।

तालिका कोर टाइप तथा शैल टाइप ट्रांसफॉर्मर में अन्तर

क्र.सं.	कोर टाइप ट्रांसफॉर्मर	शैल टाइप ट्रांसफॉर्मर
1.	इस प्रकार के ट्रांसफॉर्मर की संरचना में दो UI व L आकृति की स्टैम्पिंग्स का प्रयोग किया जाता है।	इस ट्रांसफॉर्मर में EI, M व TU आकृति की कोर स्टैम्पिंग्स का प्रयोग किया जाता है।
2.	वाइण्डिंग्स कोर की दोनों भुजाओं पर स्थापित होती हैं।	कोर की मध्य भुजा पर वाइण्डिंग्स स्थापित होती हैं।
3.	इस ट्रांसफॉर्मर में चुम्बकीय परिपथ का एक ही मार्ग होता है।	इस ट्रांसफॉर्मर में चुम्बकीय परिपथ के दो मार्ग होते हैं।
4.	इस ट्रांसफॉर्मर द्वारा निम्न वोल्टेज आउटपुट पर प्राप्त होती है।	इस ट्रांसफॉर्मर द्वारा उच्च वोल्टेज आउटपुट पर प्राप्त होती है।
5.	कोर की दो भुजाएँ होती हैं।	कोर की तीन भुजाएँ होती हैं।
6.	कोर की दोनों भुजाओं का क्षेत्रफल समान होता है।	कोर की मध्य भुजा का क्षेत्रफल अन्य दो भुजाओं से दोगुना होता है।
7.	इस प्रकार के ट्रांसफॉर्मर में हानियाँ अधिक होती हैं।	इस ट्रांसफॉर्मर में हानियाँ कम होती हैं।
8.	ये ट्रांसफॉर्मर कम क्षमता के होते हैं।	इस ट्रांसफॉर्मर की क्षमता अधिक होती है।
9.	इस ट्रांसफॉर्मर में लीकेज फ्लक्स अधिक होता है।	इस ट्रांसफॉर्मर में लीकेज फ्लक्स कम होता है।
10.	इनकी देखभाल एवं मरम्मत करना सरल होता है।	इनकी देखभाल अथवा मरम्मत करना कठिन होता है।

(iii) **बैरी प्रकार का ट्रांसफॉर्मर** (Berry type transformer) इस प्रकार के ट्रांसफॉर्मर में एक विशेष प्रकार की कोर प्रयोग की जाती है, जो बैरी-आकार की कोर कहलाती है, जैसा कि चित्र में दर्शाया गया है। इसमें कई आयताकार फ्रेम इस प्रकार लगाए जाते हैं कि सभी फ्रेमों की एक भुजा, मुख्य कोर के मध्य भाग से गुजरे।

मुख्य कोर पर प्राइमरी वाइण्डिंग तथा उसके ऊपर सेकेण्डरी वाइण्डिंग स्थापित की जाती है।

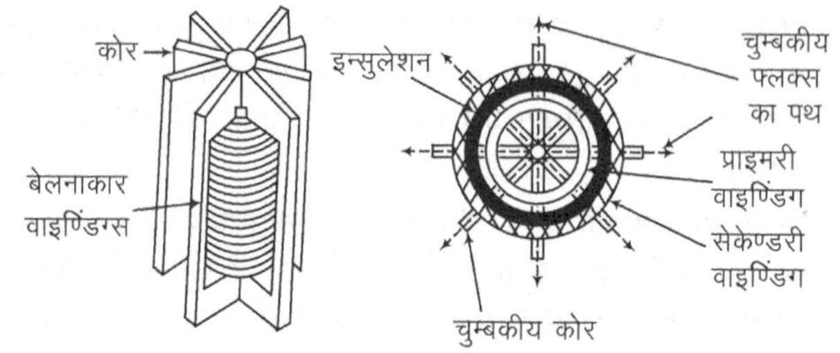

चित्र बैरी प्रकार का ट्रांसफॉर्मर

कोर में अनेक चुम्बकीय-मार्ग स्थापित होने के कारण चुम्बकीय फ्लक्स का लीकेज न्यूनतम रहता है। कोर की विशिष्ट संरचना के कारण, वाइण्डिंग्स की ऊष्मा का विकिरण होता रहता है और वे अन्य प्रकार के ट्रांसफॉर्मर की अपेक्षा शीतल रहती हैं। इस प्रकार के ट्रांसफॉर्मर अधिक शक्ति क्षमता वाले होते हैं और इनका प्रयोग विशेष प्रकार के कार्यों के लिए ही किया जाता है।

3. फेजों की संख्या के आधार पर

On the Basis of Number of Phases

फेजों की संख्या के आधार पर ट्रांसफॉर्मर निम्न दो प्रकार के होते हैं

(i) सिंगल-फेज ट्रांसफॉर्मर (ii) 3-फेज ट्रांसफॉर्मर

(i) **सिंगल-फेज ट्रांसफॉर्मर** (Single phase transformer) एक फेज वाली ए.सी. सप्लाई पर कार्य करने वाले ट्रांसफॉर्मर, सिंगल-फेज ट्रांसफॉर्मर कहलाते हैं। ये प्राय: 250 वोल्ट तक कार्य करने वाले होते हैं और कोर प्रकार तथा शैल प्रकार के होते हैं। इनका उपयोग आमतौर पर घरेलू उपयोग के उपकरणों में किया जाता है; जैसे—वोल्टेज स्टेबिलाइजर, रेडियो रिसीवर, टी.वी. रिसीवर, इन्वर्टर आदि। चित्र में एक सिंगल-फेज ट्रांसफॉर्मर दर्शाया गया है।

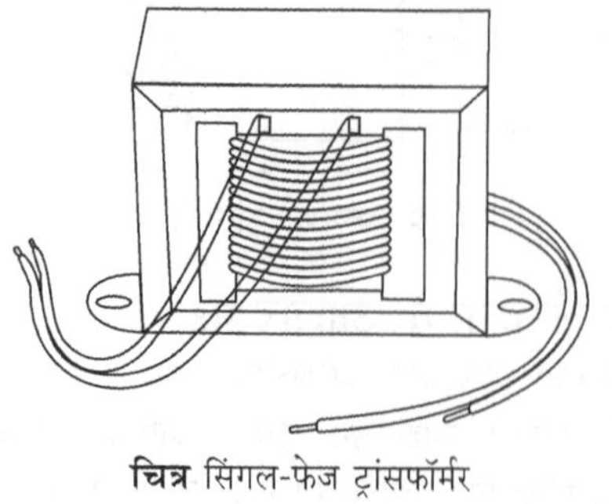

चित्र सिंगल-फेज ट्रांसफॉर्मर

(ii) **3-फेज ट्रांसफॉर्मर** (3-phase transformer) 3-फेज वाली ए.सी. सप्लाई पर कार्य करने वाले ट्रांसफॉर्मर, 3-फेज ट्रांसफॉर्मर कहलाते हैं। इनमें तीन प्राइमरी और तीन सेकेण्डरी वाइण्डिंग होती हैं तथा ये प्राय: शैल तथा कोर प्रकार के होते हैं। इनका उपयोग विद्युत उत्पादन केन्द्रों पर उत्पन्न की गई (11 kV तक) ए.सी. को 66, 110, 132, 220, 440 kV तक स्टैप-अप करके पारेषण हेतु किया जाता है।

इसके अतिरिक्त, विद्युत वितरण प्रणाली में प्रयुक्त 11 kV से 400 V के अपचायक ट्रांसफॉर्मर्स भी 3-फेज प्रकार के ही होते हैं, जो डिस्ट्रीब्यूशन ट्रांसफॉर्मर (distribution transformer) कहलाते हैं।

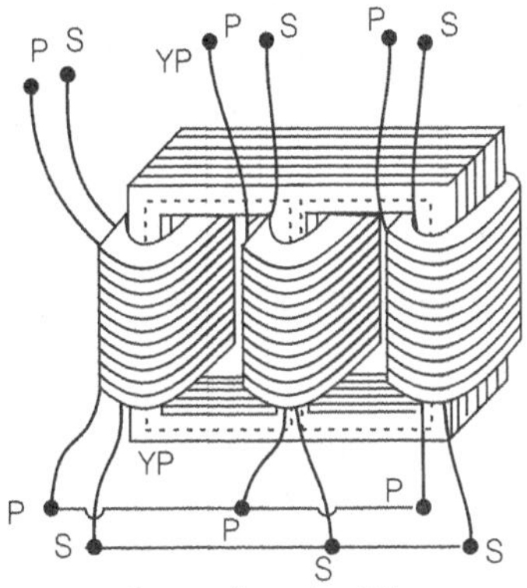

चित्र 3-फेज ट्रांसफॉर्मर

4. आउटपुट क्षमता के आधार पर On the Basis of Output Capacity

आउटपुट क्षमता के आधार पर ट्रांसफॉर्मर निम्न दो प्रकार के होते हैं

(i) ऑटो ट्रांसफॉर्मर Auto Transformer

केवल एक वाइण्डिंग वाला ट्रांसफॉर्मर, ऑटो ट्रांसफॉर्मर कहलाता है। इसमें एक ही वाइण्डिंग प्राइमरी तथा सेकेण्डरी, दोनों का कार्य करती है। यदि पूरी वाइण्डिंग को प्राइमरी की भाँति तथा उसके कुछ अंश को सेकेण्डरी की भाँति प्रयोग किया जाए, तो यह 'अपचायी' ट्रांसफॉर्मर बन जाता है। इसके विपरीत, यदि वाइण्डिंग के कुछ अंश को प्राइमरी की भाँति तथा पूरी वाइण्डिंग को सेकेण्डरी की भाँति प्रयोग किया जाए, तो यह 'उच्चायी' ट्रांसफॉर्मर' बन जाता है। चित्र (a) में अपचायक तथा चित्र (b) में उच्चायक ट्रांसफॉर्मर दर्शाए गए हैं

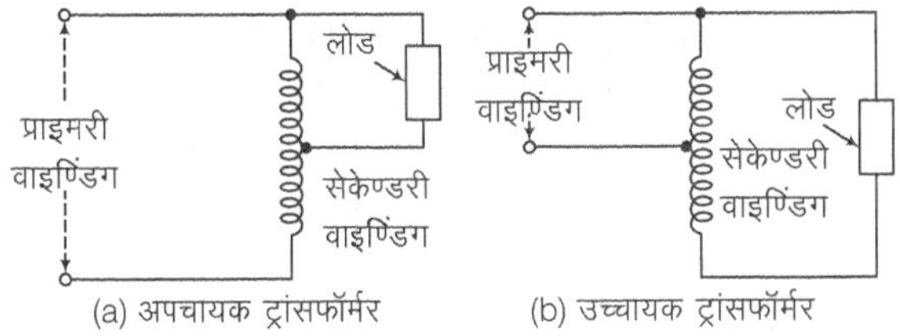

चित्र ऑटो ट्रांसफॉर्मर

ऑटो ट्रांसफॉर्मर, स्व-प्रेरण (self-induction) सिद्धान्त पर कार्य करता है। इसके लिए ट्रांसफॉर्मेशन रेशियो का सूत्र वही रहता है, जो सामान्य ट्रांसफॉर्मर के लिए होता है।

ऑटो ट्रांसफॉर्मर का उपयोग वोल्टेज स्टेबिलाइजर, इन्डक्शन मोटर की गति नियन्त्रक युक्ति, बूस्टर आदि में किया जाता है। इसके अतिरिक्त, निम्न वोल्टेज परिवर्तनों पर इसका वोल्टेज नियमन भी सामान्य ट्रांसफॉर्मर की अपेक्षा उच्च होता है। एक वाइण्डिंग की बचत के कारण यह सामान्य प्रकार के ट्रांसफॉर्मर की अपेक्षा आकार में छोटा तथा कम लागत मूल्य वाला होता है।

इसकी दक्षता उच्च होती है। सेकेण्डरी वाइण्डिंग पृथक् न बनाए जाने के कारण इसके उपयोग पर आधारित उपकरण एवं यन्त्र, मरम्मत करते समय कारीगर को विद्युत झटका दे सकते हैं।

वैरिएक (Variac) यदि ऑटो ट्रांसफॉर्मर में से 8-10 टैपिंग्स निकाल दी जाएँ, तो उसका उपयोग विभिन्न वोल्टता की ए.सी. सप्लाई प्रदान करने वाले उपकरण के रूप में किया जा सकता है, यह उपकरण वैरिएक (variac) कहलाता है।

यदि ए.सी. वोल्टता के बढ़ने/घटने की न्यूनतम सीमा 1 वोल्ट तक रखनी हो, तो टैपिंग-सलैक्टर स्विच (tapping-selector-switch) के श्रेणी-क्रम में एक वायर वाउण्ड प्रकार का पोटैन्शियोमीटर (potentiometer) संयोजित कर दिया जाता है।

पोटैन्शियोमीटर का उपयोग सामान्यत: 5 से 10 ऐम्पियर की दर पर विद्युत धारा प्रदान करने वाले वैरिएक में ही किया जा सकता है।

वैरिएक का उपयोग डी.सी. परिपथ में नहीं किया जा सकता। डी.सी. परिपथ में यह कार्य रिहोस्टेट (rheostat) के द्वारा सम्पन्न किया जाता है।

(ii) इन्स्ट्रूमेन्ट ट्रांसफॉर्मर Instrument Transformer

उच्च मान की वोल्टेज तथा विद्युत धारा मापक यन्त्रों में प्रयोग किया जाने वाला ट्रांसफॉर्मर, इन्स्ट्रूमेन्ट ट्रांसफॉर्मर कहलाता है। यह मुख्यत: निम्न दो प्रकार का होता है

(a) **धारा ट्रांसफॉर्मर** यह एक 'वोल्टेज स्टैप-अप' अर्थात् 'धारा अपचायक' प्रकार का छोटा ट्रांसफॉर्मर होता है। इसकी प्राइमरी वाइण्डिंग में केवल एक-दो लपेट अथवा एक सीधा व मोटा तार होता है, जबकि सेकेण्डरी वाइण्डिंग, पतले तार की तथा अनेक लपेट वाली बनाई जाती है।

इस प्रकार, इस ट्रांसफॉर्मर द्वारा प्राइमरी परिपथ की 100-200 ऐम्पियर विद्युत की धारा को केवल 1-2 ऐम्पियर की विद्युत धारा में परिवर्तित किया जाता है और उसे सेकेण्डरी से संयोजित 0-5 ऐम्पियर अमीटर के द्वारा नाप लिया जाता है।

अमीटर का स्केल, 0-150A माप सीमा के लिए आनुपातिक आधार पर अंकित कर दिया जाता है।

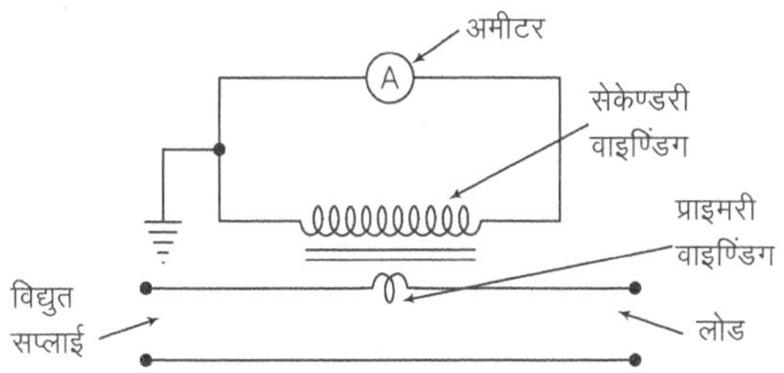

चित्र धारा ट्रांसफॉर्मर

(b) **पोटैन्शियल ट्रांसफॉर्मर** यह एक वोल्टेज अपचायक प्रकार का छोटा ट्रांसफॉर्मर होता है। इसकी प्राइमरी वाइण्डिग पतले तार की तथा अनेक लपेट वाली बनाई जाती है, जबकि सेकेण्डरी वाइण्डिग में मोटे तार के केवल एक या दो लपेट होते हैं।

इस प्रकार प्राइमरी परिपथ के 11,000-22,000 वोल्ट को केवल 50-100 वोल्ट के बीच अपचायक (step-down) किया जाता है और उसे सेकेण्डरी से संयोजित 0-100 V के वोल्टमीटर द्वारा नाप लिया जाता है। वोल्टमीटर का स्केल 0-25,000 V माप-सीमा के लिए आनुपातिक आधार पर अंकित कर दिया जाता है।

पोटैन्शियल ट्रांसफॉर्मर को नीचे दर्शाया गया है

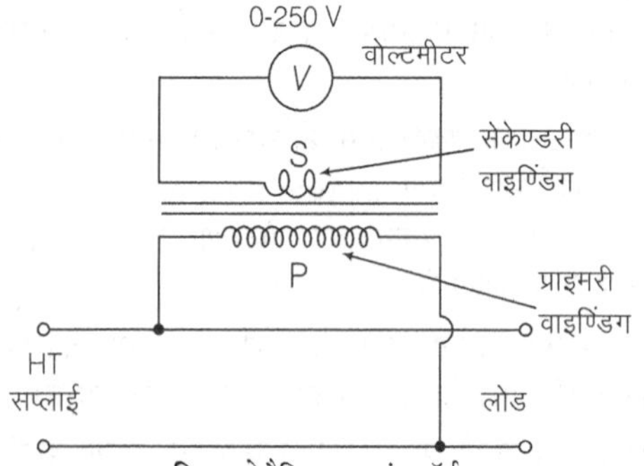

चित्र पोटैन्शियल ट्रांसफॉर्मर

5. व्यापारिक आधार पर
On the Basis of Commercial

व्यापारिक आधार पर ट्रांसफॉर्मर दो प्रकार के होते हैं

(i) **पावर ट्रांसफॉर्मर** Power Transformer

पावर ट्रांसफॉर्मर की kVA क्षमता सामान्यत: 200 kVA तक होती है और इसकी प्राइमरी वाइण्डिंग स्टार-संयोजन में तथा सेकेण्डरी वाइण्डिंग डेल्टा संयोजन में संयोजित होती है। ये ट्रांसमिशन लाइन के सिरों पर वोल्टेज को घटाने व बढ़ाने के लिए प्रयोग किए जाते हैं। फुल लोड पर इस ट्रांसफॉर्मर की दक्षता उच्च रहती है। उत्पादन स्टेशन व उद्योगों के सब स्टेशनों पर पावर ट्रांसफॉर्मर्स (power transformers) का उपयोग किया जाता है।

(ii) **डिस्ट्रीब्यूशन ट्रांसफॉर्मर** Distribution Transformer

डिस्ट्रीब्यूशन ट्रांसफॉर्मर की kVA क्षमता सामान्यत: 5kVA से 2000 kVA तक होती है और इसकी प्राइमरी वाइण्डिंग्स डेल्टा-संयोजन में तथा सेकेण्डरी वाइण्डिंग्स स्टार-संयोजन में संयोजित होती हैं।

डिस्ट्रीब्यूशन ट्रांसफॉर्मर की सेकेण्डरी वाइण्डिंग्स को स्टार-संयोजन में संयोजित करने का मुख्य लाभ यह है कि इससे 3-फेज सप्लाई के साथ-साथ सिंगल फेज सप्लाई भी प्राप्त की जा सकती है।

सामान्यत: 15000 kVA से कम क्षमता वाले ट्रांसफॉर्मर एल.टी. ट्रांसफॉर्मर (LT transformer) कहलाते हैं। इसी प्रकार 15000 kVA से अधिक क्षमता वाले ट्रांसफॉर्मर एच.टी. ट्रांसफॉर्मर (HT transformer) कहलाते हैं।

पावर/डिस्ट्रीब्यूशन ट्रांसफॉर्मर के भाग
Parts of Power/Distribution Transformer

पावर या डिस्ट्रीब्यूशन ट्रांसफॉर्मर में मुख्यत: निम्नलिखित भाग होते हैं

(i) कोर	(ii) प्राइमरी वाइण्डिंग्स
(iii) सेकेण्डरी वाइण्डिग्स	(iv) ऑयल टैंक
(v) ट्रांसफॉर्मर ऑयल	(vi) कूलिंग पाइप
(vii) ऑयल इनलेट वाल्व	(viii) ऑयल आउटलेट ड्रेन कॉक
(ix) ऑयल गेज	(x) प्राइमरी टर्मिनल्स
(xi) सेकेण्डरी टर्मिनल्स	(xii) 'अर्थ' प्वॉइण्ट
(xiii) डाटा प्लेट	(xiv) एक्सप्लोजन वेट/वाल्व
(xv) कन्जरवेटर	(xvi) ब्रीदर
(xvii) सिलिका जैल	(xviii) टैपिंग स्विच
(xix) बकोल्ज रिले	(xx) तापमापी

एक छोटे सचल डिस्ट्रीब्यूशन ट्रांसफॉर्मर की संरचना निम्न चित्र में दर्शायी गई है

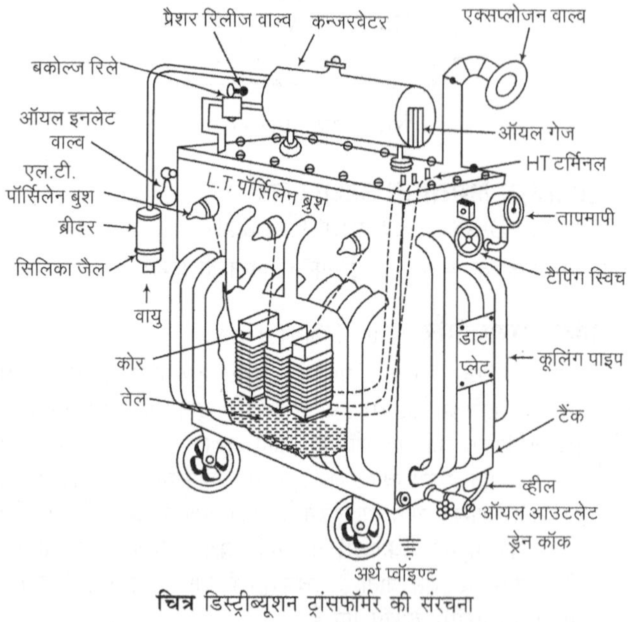

चित्र डिस्ट्रीब्यूशन ट्रांसफॉर्मर की संरचना

पावर/डिस्ट्रीब्यूशन ट्रांसफॉर्मर की सुरक्षा युक्तियाँ
Protective Devices of Power/Distribution Transformers

ट्रांसफॉर्मर के उपरोक्त वर्णित भागों में से कन्जरवेटर, ब्रीदर, तापमापी, एक्सप्लोजन वैंट, बकोल्ज रिले, ऑयल गेज, टैपिंग स्विच आदि ट्रांसफॉर्मर की सुरक्षा युक्तियाँ कहलाती हैं।

कन्जरवेटर (Conservator) यह एक छोटा ऑयल टैंक है, जो मुख्य ऑयल टैंक (ट्रांसफॉर्मर की बॉडी) के ऊपर स्थापित होता है। इसमें लगभग आधे स्तर तक ट्रांसफॉर्मर ऑयल भरा होता है और इसी टैंक में 'ऑयल गेज' लगाया जाता है।

कन्जरवेटर के मुख्य कार्य निम्न प्रकार हैं

(i) मुख्य टैंक में तेल के स्तर को बनाए रखना।

(ii) तेल का तापमान बढ़ने से उसके आयतन में होने वाले फैलाव को स्थान देना (वाइण्डिंग्स में उत्पन्न होने वाली ऊष्मा के कारण तेल का तापमान 20°C से 95°C तक परिवर्तित होता है)।

(iii) जब तेल ठण्डा होकर सिकुड़ता है, तो उस समय कन्जरवेटर, मुख्य टैंक को तेल की आपूर्ति करता है और साथ ही नमी को तेल में नहीं पहुँचने देता।

ब्रीदर (Breather) जब ट्रांसफॉर्मर ऑयल ठण्डा होकर सिकुड़ता है, तो कन्जरवेटर के रिक्त हुए स्थान की पूर्ति वायुमण्डल की वायु से होती है, यह क्रिया श्वसन (breathing) कहलाती है। इस प्रक्रिया के दौरान वायुमण्डल की नमी तेल में प्रवेश कर सकती है और उसके अचालक गुण को घटा सकती है। तेल में नमी के प्रवेश को रोकने के लिए ही ब्रीदर (breather) प्रयोग किया जाता है।

ब्रीदर में वायु की नमी सोखने के लिए 'सिलिका जैल' रखा जाता है। यह सफेद रंग का होता है और नमी सोख लेने के बाद यह आसमानी नीले रंग का हो जाता है।

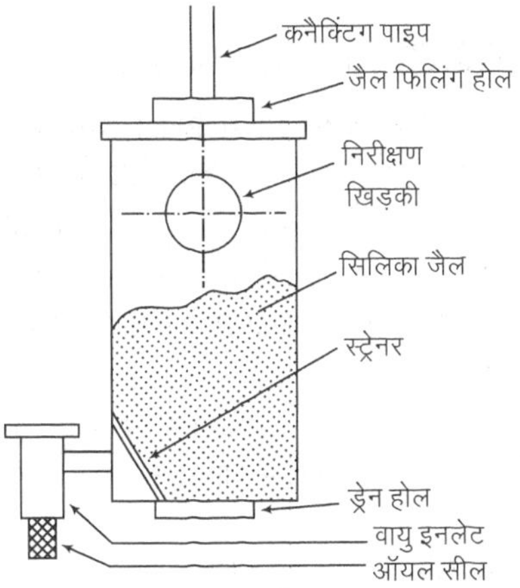

चित्र ब्रीदर

ब्रीदर की संरचना उपरोक्त चित्र में दर्शायी गई है। जब लगभग सारी सिलिका जैल का रंग आसमानी नीला हो जाता है, तब उसे बदल दिया जाता है। कुछ अन्य प्रकार के ब्रीदर में रबर डायफ्राम, थर्मोसाइफन फिल्टर, गैस कुशन आदि प्रयोग किए जाते हैं, परन्तु सिलिका जैल का प्रयोग अधिक प्रचलित है।

तापमापी (Thermometer) ट्रांसफॉर्मर ऑयल का तापमान नापने के लिए मुख्य टैंक में एक तापमापी (temperature gauge) लगाया जाता है। ट्रांसफॉर्मर ऑयल का तापमान 100°C से अधिक नहीं बढ़ने देना चाहिए और ट्रांसफॉर्मर को विसंयोजित कर उसकी शीतलन प्रणाली आदि में दोष खोजना चाहिए।

एक्सप्लोजन वेंट (Explosion Vent) यह वेंट सुरक्षा युक्ति कन्जरवेटर को मुख्य टैंक से जोड़ने वाले पाइप पर स्थापित की जाती है। यदि किसी दोष के कारण ट्रांसफॉर्मर ऑयल का दबाव बहुत अधिक बढ़ जाए, तो ऐसी स्थिति में मुख्य टैंक तथा कन्जरवेटर की सुरक्षा के लिए एक्सप्लोजन वेंट (explosion vent) लगाया जाता है।

इसे **प्रैशर रिलीज वाल्व** (pressure release valve) भी कहते हैं। तेल का दाब निर्धारित मान से अधिक हो जाने पर एक्सप्लोजन वेंट का डायफ्राम टूट जाता है और अतिरिक्त तेल बाहर निकल जाता है। ऐसी स्थिति में ट्रांसफॉर्मर के दोष को दूर कर नया वाल्व लगाया जाता है।

बकोल्ज रिले (Buchholz Relay) एक्सप्लोजन वेंट तथा बकोल्ज रिले एक स्थान पर स्थापित होते हैं। बकोल्ज रिले, मुख्य सुरक्षा युक्ति है, जो ट्रांसफॉर्मर में आन्तरिक दोष पैदा हो जाने की स्थिति की सूचना एक 'अलार्म-बैल' बजाकर देती है और साथ ही ट्रांसफॉर्मर को स्रोत से विसंयोजित कर देती है।

इसकी संरचना चित्र में दर्शायी गई है। सामान्यत: इसका उपयोग अधिक क्षमता वाले ट्रांसफॉर्मर्स में ही किया जाता है।

इस रिले में दो 'फ्लोट' A तथा B होते हैं और इनसे जुड़े दो मरकरी स्विच होते हैं।

जब तेल में ऊष्मा के कारण गैस अधिक पैदा हो जाती है, तो फ्लोट A नीचे गिर जाता है, जिससे एक विद्युत घण्टी प्रचालित होती है, जो ट्रांसफॉर्मर की इस स्थिति की सूचना देने का कार्य करती है।

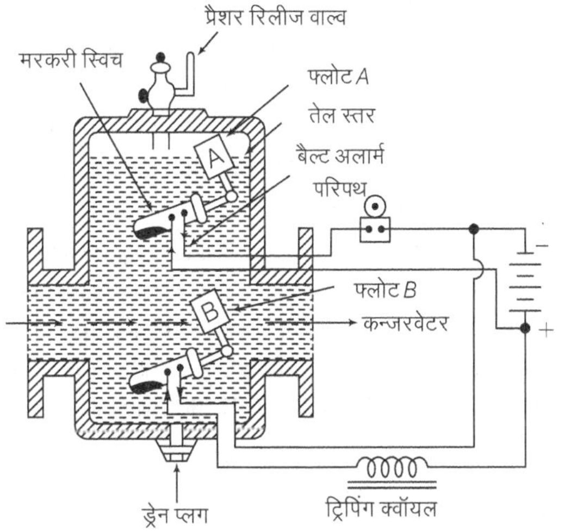

चित्र बकोल्ज रिले

इसके अतिरिक्त, यदि तेल बहुत अधिक गर्म हो जाए (100°C से अधिक), तो वह तीव्रता से कन्जरवेटर की ओर जाता है। तेल की तीव्र गति के कारण फ्लोट B, दूसरे मरकरी स्विच के द्वारा ट्रांसफॉर्मर को स्रोत से विसंयोजित कर देता है। यह स्विच एक 'सर्किट ब्रेकर' की भाँति कार्य करता है।

ऑयल गेज (Oil Gauge) कन्जरवेटर में उपस्थित तेल का स्तर दर्शाने के लिए उसमें एक ऑयल गेज (oil gauge) लगाया जाता है।

टैपिंग स्विच (Tapping Switch) ट्रांसफॉर्मर की आउटपुट वोल्टेज को नियत मान पर रखने के लिए टैपिंग स्विच (tapping switch) प्रयोग किया जाता है। यह एक हस्त चालित स्विच/कन्ट्रोल होता है, जो सेकेण्डरी वाइण्डिंग की विभिन्न टैपिंग्स से संयोजित होता है।
इस स्विच के द्वारा वोल्टेज को आवश्यकतानुसार घटाने/बढ़ाने के लिए सेकेण्डरी वाइण्डिंग्स के टर्न्स को घटाया/बढ़ाया जाता है। टैपिंग स्विच को टैप-चेंजर भी कहते हैं।

बुशिंग (Bushing) बुशिंग तकनीक का प्रयोग पावर तथा वितरण ट्रांसफॉर्मर्स को स्रोत तथा लोड से संयोजित करने के लिए किया जाता है।

इसके लिए प्राय उच्च डाई इलेक्ट्रिक सामर्थ्य वाले पॉर्सिलेन बुश का प्रयोग किया जाता है। ये बुश संयोजन केबिल्स को ट्रांसफॉर्मर बॉडी से अलग करने के लिए आवश्यक होते हैं।

ट्रांसफॉर्मर बुशिंग को प्रत्येक इनपुट एवं आउटपुट टर्मिनल पर प्रदान किया जाता है। वाइण्डिंग टर्मिनल्स के लिए वैद्युतिक आइसोलेशन प्रदान करने के लिए इसका उपयोग किया जाता है।

टिप्पणी *उपरोक्त सुरक्षा युक्तियों के अतिरिक्त कुछ ट्रांसफॉर्मर्स में ओवरलोड करण्ट रिले, ओवर लोड फ्यूज, अर्थ रिले, फेज डिफरेंस बैलेंसिंग युक्ति आदि भी प्रयोग की जाती हैं।*

6. स्थापना स्थल के आधार पर On the Basis of Location

स्थापना स्थल के आधार पर ट्रांसफॉर्मर निम्न दो प्रकार के होते हैं

(i) **इनडोर ट्रांसफॉर्मर** (Indoor transformer) किसी कमरे या टिन-शैड आदि में स्थापित ट्रांसफॉर्मर्स, इनडोर ट्रांसफॉर्मर्स कहलाते हैं। ये प्राय: निम्न kVA क्षमता वाले होते हैं और इनका उपयोग उद्योगों आदि में किया जाता है।

(ii) **आउटडोर ट्रांसफॉर्मर** (Outdoor transformer) खुले स्थानों में स्थापित किए जाने वाले ट्रांसफॉर्मर्स, आउटडोर ट्रांसफॉर्मर्स कहलाते हैं। ये प्राय: उच्च kVA क्षमता वाले होते हैं। इनमें धूल, धूप, वर्षा आदि से बचाव की व्यवस्था की जाती है। इनका उपयोग विद्युत उत्पादन एवं वितरण केन्द्रों तथा वितरण लाइनों पर किया जाता है।

टिप्पणी *सभी प्रकार के पावर तथा डिस्ट्रीब्यूशन ट्रांसफॉर्मर्स को स्रोत तथा लोड से संयोजित करने के लिए उच्च डाई इलेक्ट्रिक स्ट्रैन्थ वाले पॉर्सिलेन बुशेज की आवश्यकता होती है। ये बुश, संयोजक केबिल्स को ट्रांसफॉर्मर की बॉडी से पृथक्कृत (isolated) रखने के लिए आवश्यक होते हैं।*

ट्रांसफॉर्मर की दक्षता
Efficiency of Transformer

किसी ट्रांसफॉर्मर के लिए आउटपुट शक्ति तथा इनपुट शक्ति का अनुपात उसकी दक्षता (efficiency) कहलाती है।

इसका प्रतीक η है और यह प्राय: प्रतिशत में व्यक्त की जाती है।

$$\eta = \frac{\text{आउटपुट शक्ति}}{\text{इनपुट शक्ति}} \times 100 = \frac{\text{आउटपुट शक्ति}}{\text{आउटपुट शक्ति} + \text{क्षतियाँ}} \times 100$$

या $$\eta = \frac{\text{आउटपुट शक्ति} \times \text{पावर फैक्टर} \times 100}{(\text{आउटपुट शक्ति} \times \text{पावर फैक्टर}) + (\text{ताम्र क्षति} + \text{लौह क्षति})}$$

या $$\eta = \frac{kVA_{out} \times \cos\phi \times 100}{(kVA_{out} \times \cos\phi) + (W_c + W_i)}$$

यहाँ, kVA_{out} = आउटपुट शक्ति
$\cos\phi$ = पावर फैक्टर (किलोवोल्ट ऐम्पियर में)
W_c = ताम्र क्षति (वाट में)
तथा W_i = लौह क्षति (वाट में)

पूर्ण-दिन दक्षता All Day Efficiency

ट्रांसफॉर्मर की सेकेण्डरी वाइण्डिंग में विद्युत धारा का प्रवाह उतने ही समय तक होता है, जितने समय तक वह लोड से संयोजित रहती है।

अत: विद्युत वितरण प्रणाली में प्रयोग किए गए ट्रांसफॉर्मर की 24 घण्टे कार्य करने की औसत दक्षता, उसकी पूर्ण-दिन दक्षता कहलाती है। विद्युत वितरण प्रणाली के लिए ऐसे ट्रांसफॉर्मर का चयन किया जाता है, जिसमें लौह क्षति का मान न्यूनतम हो।

$$\text{पूर्ण-दिन दक्षता, } \eta_{all} = \frac{\text{24 घण्टों में आउटपुट (kWh)}}{\text{24 घण्टों में आउटपुट} + \text{24 घण्टों में हानियाँ}}$$

स्टेटर व क्वॉयल Stator and Rotor Coils

स्टेटर क्वॉयल, रोटेटिंग, मशीन के स्टेटर भाग के अन्दर लगे ध्रुव (pole) के ऊपर सुपर इनेमल तार द्वारा पूर्णत: इन्सुलेटिड बनाकर फिट की जाती है।

जबकि रोटर क्वॉयल मशीन के रोटर भाग में बने खाँचों (grooves) में सुपर इनेमल तार द्वारा फिट की जाती है। स्टेटर व रोटर क्वॉयल्स एक-दूसरे से वार्निश द्वारा इन्सुलेटिड रहती है।

महत्त्वपूर्ण बिन्दु

- जब किसी अम्लीय एवं अकार्बनिक विलयन में से विद्युत धारा प्रवाहित की जाती है, तो वह विलयन अपने अवयवों में विभक्त हो जाता है और यह क्रिया विद्युत रासायनिक प्रभाव कहलाती है।
- ऐसा विलयन, जिसमें से विद्युत धारा प्रवाहित करने पर उसकी संरचना परिवर्तित हो जाए, इलेक्ट्रोलाइट कहलाता है।
- इलेक्ट्रोलाइट प्रायः अम्लीय एवं अकार्बनिक विलयन होता है।
- जिस पात्र में वैद्युतिक अपघटन क्रिया सम्पन्न की जाती है, उसे वोल्टामीटर कहते हैं।
- फैराडे के वैद्युतिक अपघटन सम्बन्धी प्रथम नियम के अनुसार, किसी इलेक्ट्रॉड पर मुक्त हुए पदार्थ का द्रव्यमान, विलयन में से प्रवाहित की गई विद्युत धारा की मात्रा के अनुक्रमानुपाती होता है अर्थात् $m \propto It$

  या $$m = ZIt$$

  जहाँ, Z = विद्युत रासायनिक तुल्यांक
- किसी तत्व का वह द्रव्यमान, जो एक कूलॉम आवेश (एक ऐम्पियर-सेकण्ड) द्वारा विलयन से संयुक्त होता है अथवा उससे मुक्त होता है, तो वह उस तत्व का विद्युत रासायनिक तुल्यांक कहलाता है।
- फैराडे के वैद्युतिक अपघटन सम्बन्धी द्वितीय नियम के अनुसार, यदि एक ही मान की विद्युत धारा, एक ही समय तक विभिन्न इलेक्ट्रोलाइट्स में से प्रवाहित की जाए तो उनके इलेक्ट्रॉड्स पर मुक्त हुए पदार्थों के द्रव्यमान उनके रासायनिक तुल्यांकों के अनुक्रमानुपाती होते हैं अर्थात्

  $$m_1 \propto w_1,\ m_2 \propto w_2,\ m_3 \propto w_3 \text{ या } \frac{m_1}{w_1} = \frac{m_2}{w_2} = \frac{m_3}{w_3}$$
- वैद्युतिक अपघटन का उपयोग विद्युत लेपन, विद्युत मुद्रण, धातु शोधन, धातु निष्कर्षण, कैपेसिटर निर्माण तथा विद्युत वाहक बल के उत्पादन में किया जाता है।
- रासायनिक क्रिया के फलस्वरूप विद्युत वाहक बल उत्पन्न करने वाली युक्ति रासायनिक सैल कहलाती है। ये दो प्रकार की होती हैं- प्राथमिक तथा द्वितीयक सैल।
- डेनियल सैल का विद्युत वाहक बल 1.1 वोल्ट तथा आन्तरिक प्रतिरोध 2Ω से 6Ω तक होता है।
- वोल्टेइक तथा डेनियल सैलों में इलेक्ट्रोलाइट के रूप में गन्धक का अम्ल प्रयोग किया जाता है।
- लैक्लांशी सैल में अमोनियम क्लोराइड (NH_4Cl) का घोल इलेक्ट्रोलाइट का कार्य करता है।
- लैक्लांशी सैल का उपयोग विद्युत घण्टी, टेलीफोन आदि में किया जाता है।
- शुष्क सैल को न तो पुनः आवेशित किया जा सकता है और न ही निष्क्रिय हो जाने के बाद इसका कोई उपयोग शेष रह जाता है।
- मरकरी सैल को बटन सैल भी कहते हैं।
- सिल्वर ऑक्साइड सैल की संरचना, मरकरी सैल की भाँति होती है, अन्तर केवल यह होता है कि इसमें मरक्यूरिक ऑक्साइड (HgO) के स्थान पर सिल्वर ऑक्साइड (Ag_2O) का प्रयोग किया जाता है।
- लैड-एसिड सैल में तनु गन्धक अम्ल (H_2SO_4) इलेक्ट्रोलाइट के रूप में प्रयोग किया जाता है।
- लैड-एसिड सैल में सेडीमेन्टेशन, कोरोजन, बकलिंग तथा सल्फेशन दोष पाए जाते हैं।
- लैड-एसिड सैल की रासायनिक प्रक्रिया उत्क्रमणीय होती है, इसलिए यह पुनः आवेशित किए जाने योग्य होती है।
- वाल्व रेगुलेटिड लैड-एसिड सैलों को सील्ड लैड-एसिड सैल भी कहा जाता है।
- निकिल-आयरन सैल जिसे एडीसन सैल भी कहते हैं, का आन्तरिक प्रतिरोध अधिक होने के कारण इसकी विद्युत धारा प्रदान करने की क्षमता लैड-एसिड सैल की अपेक्षा कम होती है।
- विसर्जित अवस्था में निकिल-आयरन सैल का विद्युत वाहक बल 1.1 वोल्ट प्रति सैल होता है।
- लीथियम सैल निकिल-कैडमियम सैल की अपेक्षा अधिक तापमान पर कार्यरत् रह सकता है तथा इसका ऊर्जा घनत्व भी उच्च होता है।
- किसी सोलर सैल द्वारा उत्पन्न किए जाने वाले विद्युत वाहक बल का मान, अर्द्धचालक पदार्थ की परमाणु संरचना तथा क्रिस्टल संरचना पर निर्भर करता है।
- अधिक विद्युत वाहक बल प्राप्त करने के लिए सैलों को श्रेणी-क्रम में संयोजित किया जाता है।
- अधिक मान की विद्युत धारा अथवा अधिक समय तक विद्युत धारा प्राप्त करने के लिए सैलों को समान्तर क्रम में संयोजित किया जाता है।
- बैटरी की क्षमता, ऐम्पियर × घण्टे के तुल्य होती है।
- लैड-एसिड सैल के सम्बन्ध में पूर्ण चार्ज अवस्था से 1.8 वोल्ट प्रति सैल डिस्चार्ज अवस्था तक नापी गई क्षमता, सामान्य क्षमता कहलाती है।
- किसी सैल/बैटरी के ऐम्पियर-घण्टा डिस्चार्जिंग तथा ऐम्पियर-घण्टा चार्जिंग के अनुपात को ऐम्पियर-घण्टा दक्षता कहते हैं।
- पूर्ण-चार्ज अवस्था में बैटरी के इलेक्ट्रोलाइट का आपेक्षिक घनत्व 1.25 से 1.28 के बीच होता है।
- किसी लैड-एसिड बैटरी की चार्जिंग की जाँच हाइड्रोमीटर, हाई-रेट डिस्चार्ज सैल-टैस्टर या टोन्ग टैस्टर द्वारा की जाती है।
- चुम्बकीय प्रभाव के कारण ही धारावाही चालकों अथवा धातुओं के चारों ओर चुम्बकीय क्षेत्र का अनुभव किया जाता है।
- किसी निम्न ताप वाली वस्तु को उच्च ताप वाली वस्तु के सम्पर्क में रखकर अथवा उसकों ऊष्मा प्रदान करके उसका तापमान बढ़ जाता है जिसे ऊष्मीय प्रभाव कहा जाता है।
- प्रत्येक पिण्ड की स्थितिज एवं गतिज ऊर्जा के योग को उसकी यांन्त्रिक ऊर्जा कहते हैं।
- ऊष्मा ऊर्जा का एक रूप होता है।
- जब कोई नाभिकीय अभिक्रिया होती है, तो उसमें द्रव्यमान क्षति होती है। द्रव्यमान क्षति के ऊर्जा में परिवर्तित होने को नाभिकीय ऊर्जा कहते हैं।
- ताप युग्म वह विद्युतीय युक्ति है जिसमें दो विपरीत चालकों कों अलग-अलग तापमान पर जोड़कर एक जंक्शन बनाया जाता है।
- वह प्रतिरोधक जिसका प्रतिरोध तापमान पर निर्भर करता है थर्मिस्टर कहलाता है।
- दाब विद्युत ऊर्जा, दाब विद्युत प्रभाव के सिद्धान्त के द्वारा उत्पन्न होती है।
- फैराडे के विद्युत चुम्बकीय प्रेरण के द्वितीय नियमानुसार, किसी चालक में प्रेरित विद्युत वाहक बल $(e) = -N.\frac{d\phi}{dt}$

- फैराडे के विद्युत चुम्बकीय प्रेरण के द्वितीय नियम द्वारा बने सूत्र में ऋण (–) चिन्ह दर्शाता है कि चालक में प्रेरित वि. वा. ब. की दिशा फ्लक्स परिवर्तन की दिशा के विपरीत होती है।
- गतिजन्य प्रेरित विद्युत वाहक बल, चालक की गति की दिशा और चुम्बकीय फ्लक्स की दिशा के बीच के ज्या कोण ($\sin\theta$) के अनुक्रमानुपाती होता है।
- किसी चालक में प्रेरित वि. वा. ब. एवं जनित्र प्रेरित विद्युत धारा की दिशा, उस कारण का विरोध करती है, जिस कारण उसकी उत्पत्ति होती है।
- ट्रांसफॉर्मर, वैद्युत ऊर्जा को एक परिपथ से दूसरे परिपथ में स्थानान्तरित करता है।
- ट्रांसफॉर्मर, अन्योन्य प्रेरण के सिद्धान्त पर कार्य करता है जिसका अस्तित्व केवल ए.सी. परिपथ में ही होता है।
- ट्रांसफॉर्मर की प्राइमरी वाइण्डिंग ए.सी. वैद्युत स्रोत से संयोजित रहती है।
- ट्रांसफॉर्मर की लेमिनेटिड कोर सिलिकॉन स्टील से बनाई जाती है।
- ट्रांसफॉर्मर के टैंक में तेल भरा रहता है, जोकि इन्सुलेशन तथा ट्रांसफॉर्मर को ठण्डा रखने के लिए एक माध्यम का कार्य करता है।
- यदि ट्रांसफॉर्मर की प्राइमरी वाइण्डिंग को डी.सी. स्रोत से संयोजित किया जाता है, तो वाइण्डिंग जल सकती है।
- स्थैतिक प्रकार का उपकरण होने के कारण ट्रांसफॉर्मर की दक्षता 90 से 98 % तक होती है।
- जो ट्रांसफॉर्मर इनपुट वोल्टेज को बढ़ाकर अधिक आउटपुट वोल्टेज प्रदान करता है, वह उच्चायक ट्रांसफॉर्मर कहलाता है।
- अपचायक ट्रांसफॉर्मर की प्राइमरी वाइण्डिंग पर टर्नों की संख्या सेकेण्डरी वाइण्डिंग की अपेक्षा अधिक होती है।
- यदि ट्रांसफॉर्मर की लौह कोरें ठोस होती हैं तो उनमें एडी धारा क्षति तथा हिस्टरैसिस क्षति का मान काफी अधिक होता है।
- शैल प्रकार के ट्रांसफॉर्मर में *E* तथा *I* आकृति की स्टैम्पिंग्स प्रयोग करके दोहरी आयताकार कोर तैयार की जाती है।
- कोर प्रकार के ट्रांसफॉर्मर उच्च वोल्टेज पर निम्न आउटपुट शक्ति प्रदान करने के लिए प्रयोग किए जाते हैं।
- बैरी प्रकार के ट्रांसफॉर्मर की कोर में अनेक चुम्बकीय मार्ग स्थापित होते हैं जिस कारण चुम्बकीय फ्लक्स का लीकेज न्यूनतम रहता है।
- सिंगल फेज ट्रांसफॉर्मर का उपयोग वोल्टेज स्टैबिलाइजर, रेडियो रिसीवर, टी.वी. रिसीवर, इन्वर्टर आदि में किया जाता है।
- 3-फेज ट्रांसफॉर्मर, वैद्युत उत्पादन केन्द्रों पर उत्पन्न किए गए 11 kV ए.सी. वोल्टेज को 66, 110, 132, 220 व 440 kV तक स्टेप-अप करके पारेषित करने में सक्षम होते हैं।
- प्राकृतिक रूप से शीतलन उन ट्रांसफॉर्मर्स में होता है जिनकी कोर का क्षेत्रफल अधिक होता है।
- ऑयल ब्लास्ट शीतलन विधि में ट्रांसफॉर्मर टैंक के साथ एक रेडिएटर टैंक भी जुड़ा होता है।
- ऑटो ट्रांसफॉर्मर में केवल एक ही वाइण्डिंग होती है जोकि प्राइमरी व सेकेण्डरी दोनों का कार्य करती है।
- यदि ऑटो ट्रांसफॉर्मर में से 8-10 टैपिंग्स निकाल दी जाएँ, तो उसका उपयोग विभिन्न वोल्टता की ए.सी. सप्लाई प्रदान करने वाले उपकरण के रूप में किया जा सकता है।
- धारा ट्रांसफॉर्मर एक वोल्टेज स्टेप-अप अर्थात् धारा अपचायक प्रकार का छोटा ट्रांसफॉर्मर होता है।
- पोटेन्शियल ट्रांसफॉर्मर की सेकेण्डरी वाइण्डिंग में मोटे तार के केवल एक या दो लपेट होते हैं।
- पावर ट्रांसफॉर्मर की प्राइमरी वाइण्डिंग स्टार संयोजन में तथा सेकेण्डरी वाइण्डिंग डेल्टा संयोजन में संयोजित होती है।
- डिस्ट्रीब्यूशन ट्रांसफॉर्मर द्वारा 3-फेज सप्लाई के साथ-साथ सिंगल फेज सप्लाई भी प्राप्त की जा सकती है।
- ट्रांसफॉर्मर के टैंक में भरे तेल में, नमी के प्रवेश को रोकने के लिए ब्रीदर का प्रयोग किया जाता है।
- बकोल्ज रिले ट्रांसफॉर्मर में आन्तरिक दोष उत्पन्न हो जाने की स्थिति की सूचना एक 'अलार्म-बैल' बजाकर देती है।
- डिस्ट्रीब्यूशन ट्रांसफॉर्मर के कन्जरवेटर में उपस्थित तेल का स्तर दर्शाने के लिए उसमें एक ऑयल गेज लगाया जाता है।
- ट्रांसफॉर्मर की दक्षता निम्न सूत्र द्वारा ज्ञात की जा सकती है

$$\text{दक्षता } (\eta) = \frac{\text{आउटपुट शक्ति}}{\text{आउटपुट शक्ति + क्षतियाँ}} \times 100$$

महत्त्वपूर्ण प्रश्नोत्तरी

1. शुष्क सैल का विद्युत वाहक बल कितना होता है?

उत्तर शुष्क सैल का विद्युत वाहक बल 1.5 वोल्ट होता है।

2. लैड-एसिड सैल का विद्युत वाहक बल कितना होता है?

उत्तर लैड-एसिड सैल का विद्युत वाहक बल 2.0 से 2.2 वोल्ट्स प्रति सैल होता है।

3. लैड-एसिड सैल का आन्तरिक प्रतिरोध कितना होता है?

उत्तर लैड-एसिड सैल का आन्तरिक प्रतिरोध 0.008 से 0.10 ओम प्रति सैल होता है।

4. यदि लैड-एसिड सैल का विद्युत वाहक बल 1.8 वोल्ट या इससे भी कम रह गया हो तो उसे डिस्चार्ज करने पर क्या प्रभाव होगा?

उत्तर यदि लैड-एसिड सैल का विद्युत वाहक बल 1.8 वोल्ट या इससे भी कम रह जाता है, तो उसे डिस्चार्ज करने पर प्लेटों की सल्फीकरण प्रक्रिया प्रारम्भ हो जाएगी।

5. हाइड्रोमीटर से क्या मापा जाता है?

उत्तर हाइड्रोमीटर से द्रव का आपेक्षिक घनत्व मापा जाता है।

6. पूर्ण आवेशित बैटरी का आपेक्षिक घनत्व तथा विद्युत वाहक बल कितना होता है?

उत्तर पूर्ण आवेशित बैटरी का आपेक्षिक घनत्व तथा वि.वा.ब. क्रमशः 1.25 से 1.28 के मध्य तथा 2.2 वोल्ट्स प्रति सैल होता है।

7. बैटरी चार्जर में साधारणतः किन दो प्रकार के रेक्टीफायर्स प्रयोग किए जाते हैं?

उत्तर बैटरी चार्जर में सामान्यतः निम्न दो प्रकार के रेक्टीफायर्स प्रयोग किए जाते हैं।

(i) सिलिकॉन डायोड्स युक्त ब्रिज रेक्टीफायर तथा

(ii) SCR (सिलिकॉन कण्ट्रोल्ड रेक्टीफायर)

8. क्या अनुरक्षण मुक्त बैटरी में समय-समय पर आसुत जल नहीं डालना पड़ता?

उत्तर अनुरक्षण मुक्त बैटरी में समय-समय पर आसुत जल नहीं डालना पड़ता, क्योंकि अनुरक्षण मुक्त बैटरी सील्ड प्रकार की होती है इसलिए उसमें आसुत जल डालने की कोई आवश्यकता नहीं होती है।

9. उच्च दर विसर्जन परीक्षक द्वारा बैटरी के अन्तर्गत क्या परीक्षण किया जाता है?

उत्तर उच्च दर विसर्जन परीक्षक द्वारा बैटरी के अन्तर्गत बैटरी के सिरों की वोल्टता का परीक्षण किया जाता है।

10. मोबाइल फोन तथा लैपटॉप आदि के लिए कौन-सी बैटरी प्रयुक्त की जाती है?

उत्तर मोबाइल फोन तथा लैपटॉप आदि हेतु लीथियम-आयन बैटरी प्रयुक्त की जाती है।

11. ट्रांसफॉर्मर क्या होता है?

उत्तर ट्रांसफॉर्मर एक ऐसा स्थैतिक उपकरण है, जो एक परिपथ से दूसरे परिपथ में ए.सी. वैद्युतिक ऊर्जा स्थानान्तरित कर सकता है और जो ए.सी. वोल्टेज को 'उच्चयित' या 'अपचयित' कर सकता है।

12. क्या उच्चायक ट्रांसफॉर्मर की सेकेण्डरी वाइण्डिंग में वोल्टेज बढ़ने के साथ-साथ विद्युत धारा का मान भी बढ़ जाता है?

उत्तर नहीं, उच्चायक ट्रांसफॉर्मर की सेकेण्डरी वाइण्डिंग में वोल्टेज बढ़ने के साथ-साथ विद्युत धारा का मान घटता जाता है।

13. उच्च आवृत्ति ट्रांसफॉर्मर की कोर के लिए कौन-सा द्रव्य प्रयुक्त होता है?

उत्तर उच्च आवृत्ति ट्रांसफॉर्मर की कोर के लिए वायु कोर तथा फैरिट कोर प्रयुक्त होती है।

14. 3-फेज वाइण्डिंग में अन्तर्सम्बन्ध की दो विधियाँ हैं। एक तीन फेज ऑटो ट्रांसफॉर्मर में ये किस प्रकार अन्तर्सम्बन्ध (interconnection) करेंगे?

उत्तर एक 3-फेज ऑटो ट्रांसफॉर्मर में तीनों वाइण्डिंग्स स्टार से संयोजित की जाएगी।

15. ट्रांसफॉर्मर कोर के लिए अधिक धारण क्षमता वाला चुम्बकीय द्रव्य प्रयुक्त होता है। शक्ति ट्रांसफॉर्मर में कोर के लिए प्रयुक्त द्रव्य का नाम बताइए।

उत्तर शक्ति ट्रांसफॉर्मर में कोर के लिए प्रयुक्त द्रव्य सिलिका जैल है।

16. वितरण प्रणाली में ट्रांसफॉर्मर का उपयोग क्यों किया जाता है?

उत्तर वितरण प्रणाली में वितरण ट्रांसफॉर्मर 6.6 kV से 11 kV सप्लाई को 400 V सप्लाई में परिवर्तित करने के लिए प्रयोग किया जाता है। सर्विस लाइन 400 V की होती है और इसी से उपभोक्ताओं को 400 V, 3-फेज एवं 230 V सिंगल-फेज सप्लाई प्रदान की जाती है।

17. ट्रांसफॉर्मर की रेटिंग से क्या अभिप्राय है?

उत्तर आल्टरनेटर्स की भाँति ही किसी पावर/डिस्ट्रीब्यूशन ट्रांसफॉर्मर की क्षमता kVA में व्यक्त की जाती है, जो ट्रांसफॉर्मर की रेटिंग कहलाती है।

18. कन्जरवेटर (Conservator) क्या होता है?

उत्तर यह ड्रम के आकार का एक तेल टैंक होता है, जिसे ट्रांसफॉर्मर के ऊपर स्थापित किया जाता है। यह तेल पाइपों के द्वारा टैंक में उत्पन्न तेल की कमी की पूर्ति करता रहता है।

19. ऑयल गेज (oil gauge) क्या होता है?

उत्तर ऑयल गेज तेल का स्तर नापने वाला यन्त्र है, जिसे कन्जरवेटर में स्थापित किया जाता है।

अभ्यास प्रश्न

परीक्षा प्रारूपी प्रश्न

बहुविकल्पीय

1. जब विद्युत अपघटन से धारा प्रवाहित होती है, तो धारा से किस प्रकार का प्रभाव उत्पन्न होता है?

(a) चुम्बकीय प्रभाव (b) ऊष्मीय प्रभाव
(c) रासायनिक प्रभाव (d) प्रकाशीय प्रभाव

2. किसी इलेक्ट्रॉड पर जमा हुए पदार्थ का द्रव्यमान ·········· के समानुपाती होता है।

(a) वोल्टता (b) केवल समय
(c) केवल धारा मान (d) धारा की मात्रा

3. विद्युत रासायनिक तुल्यांक के सन्दर्भ में कौन–सी परिभाषा सही है?

(a) यह किसी तत्व के परमाणु भार से हाइड्रोजन के परमाणु भार का अनुपात होता है
(b) यह प्रति इकाई हाइड्रोजन की मात्रा के लिए किसी तत्व का मुक्त हुआ अनुपात होता है
(c) यह परमाणु भार और संयोजकता का अनुपात होता है
(d) उपरोक्त में से कोई नहीं

4. वैद्युतिक अपघटन में कैथोड पर एकत्र होने वाले पदार्थ का द्रव्यमान

(a) वोल्टेज के अनुक्रमानुपाती होता है
(b) केवल समय के अनुक्रमानुपाती होता है
(c) केवल धारा के अनुक्रमानुपाती होता है
(d) धारा के परिमाण और विद्युत रासायनिक तुल्यांक के गुणनफल $(i \cdot t)$ के अनुक्रमानुपाती होता है

5. इलेक्ट्रोलाइट की अवस्था को व्यक्त किया जाता है

(a) आपेक्षिक घनत्व के रूप में (b) आउटपुट वोल्टेज के रूप में
(c) आउटपुट धारा के रूप में (d) अम्लीय अंश के रूप में

6. किसी विद्युत अपघटन से एक कूलॉम के विद्युत से निक्षेपित पदार्थ की मात्रा को ······· कहते हैं।

(a) विद्युत की मात्रा
(b) विद्युत रासायनिक तुल्यांक
(c) विद्युत आवेश
(d) विद्युत रासायनिक व्यंजक

7. विद्युत अपघटन में आसुत जल का प्रयोग ही क्यों किया जाता है?

(a) यह स्थानीय क्रिया को रोकता है अथवा मन्द कर देता है
(b) यह विद्युत रासायनिक क्रिया की गति को बढ़ा देता है
(c) यह विद्युत अपघटन के आपेक्षिक घनत्व को बढ़ाता है
(d) यह ध्रुवाच्छादन अपघटन को रोकता है

8. बैटरी के विद्युत अपघटन की अवस्था की ········ के पदों में जाँच की जाती है।

(a) धारा मान (b) आपेक्षिक घनत्व
(c) अम्लीय अंश (d) आउटपुट वोल्टेज

9. विद्युत अपघटन की विधि में मुक्त या एकत्रित पदार्थ का द्रव्यमान ····· के समानुपाती होता है।

(a) धारा व समय
(b) वोल्टेज व प्रतिरोध
(c) आन्तरिक प्रतिरोध
(d) प्लेट का विशिष्ट प्रतिरोध

10. विद्युत अपघटन विधि में निक्षेपित द्रव्यमान M की गणना करने के लिए कौन–सा सूत्र लगाया जाता है?

(a) $M = i \times t$ (b) $M = Z \times i \times t$
(c) $M = \frac{Zt}{i}$ (d) $M = i \times \frac{t}{Z}$

11. प्राथमिक सैल के इलेक्ट्रोलाइट में उपस्थित अशुद्धियों के कारण सैल की प्लेट्स में आन्तरिक शॉर्ट–सर्किट उत्पन्न हो सकता है, जो ············ कहलाता है।

(a) विध्रुवण (b) विद्युत-विच्छेदन
(c) स्थानीय क्रिया (d) ध्रुवण

12. दर्शाए गए चित्र में सैल के अवयवों का मिलान कीजिए

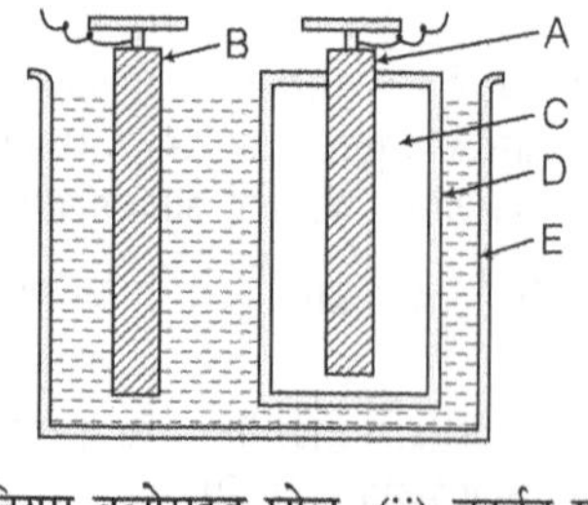

(i) अमोनियम क्लोराइड घोल (ii) कार्बन एनोड
(iii) जिंक कैथोड (iv) काँच का पात्र
(v) मैंगनीज डाइ–ऑक्साइड

कूट

(a) A-(iii); B-(ii); C-(i); D-(v); E-(iv)
(b) A-(ii); B-(iii); C-(v); D-(i); E-(iv)
(c) A-(i); B-(ii); C-(iii); D-(iv); E-(v)
(d) A-(v); B-(iv); C-(iii); D-(ii); E-(i)

13. सरल वोल्टेइक सैल में उत्पन्न दोष का नाम क्या है, जो जिंक प्लेट पर अशुद्धि की उपस्थिति के कारण होता है?
(a) ध्रुवण (b) स्थानीय क्रिया
(c) सल्फेशन (d) बकलिंग

14. बैटरी अपघटन में (आयतन के अनुसार) लगभग .... सल्फ्यूरिक अम्ल व .... जल होता है।
(a) 35%, 65% (b) 45%, 35%
(c) 65%, 35% (d) 35%, 66%

15. बैटरी के ताप में वृद्धि से अपघटन के विशिष्ट गुरुत्व पर क्या प्रभाव पड़ता है?
(a) बढ़ता है (b) घटता है
(c) समान रहता है (d) इनमें से कोई नहीं

16. शुष्क सैल में कौन-सा पदार्थ विध्रुवक का कार्य करता है?
(a) अमोनिया क्लोराइड (b) जिंक क्लोराइड
(c) पेरिस प्लास्टर (d) मैंगनीज डाइ-ऑक्साइड

17. प्राथमिक सैल में उत्पन्न होने वाले स्थानीय क्रिया दोष को दूर किया जा सकता है
(a) सैल को आवेशित करके
(b) सैल को केवल अल्प समय के लिए प्रयोग करके
(c) जस्ता इलेक्ट्रॉड पर पारे की परत चढ़ाकर
(d) किसी भी विधि से नहीं

18. निम्न में से कौन-सा सैल प्राथमिक सैल नहीं है?
(a) डेनियल सैल (b) लैक्लांशी सैल
(c) लैड-एसिड सैल (d) शुष्क सैल

19. शुष्क सैल, ... सैल का शुष्क रूप में निर्मित रूप होता है।
(a) वोल्टेइक (b) लैक्लांशी (c) डेनियल (d) लैड-एसिड

20. शुष्क सैल में ऊर्जा परिवर्तन होता है
(a) रासायनिक ऊर्जा से यान्त्रिक ऊर्जा में
(b) रासायनिक ऊर्जा से वैद्युतिक ऊर्जा में
(c) वैद्युतिक ऊर्जा से रासायनिक ऊर्जा में
(d) वैद्युतिक ऊर्जा से चुम्बकीय ऊर्जा में

21. प्राथमिक सैल में ध्रुवाच्छादन (polarisation) को किस प्रक्रिया द्वारा दूर किया जा सकता है?
(a) सैल के इलेक्ट्रॉड पर आलेपित करने से
(b) रासायनिक क्रिया से
(c) सैल के विसर्जन से
(d) सैल को नष्ट करके

22. **कथन I** द्वितीयक सैल का विद्युत वाहक बल कम होता है।
कथन II प्राथमिक सैल का विद्युत वाहक बल अधिक होता है।
उपरोक्त कथनों में से कौन-सा/से कथन सत्य है/हैं?
(a) कथन I सत्य है
(b) कथन II सत्य है
(c) कथन I और II दोनों सत्य हैं
(d) कथन I और II दोनों असत्य हैं

23. **कथन I** शुष्क सैल एक प्राथमिक सैल है।
कथन II निकिल-कैडमियम सैल भी एक प्राथमिक सैल है।
उपरोक्त कथनों में से कौन-सा/से कथन सत्य है/हैं?
(a) कथन I सत्य है
(b) कथन II सत्य है
(c) कथन I और II दोनों सत्य हैं
(d) कथन I और II दोनों असत्य हैं

24. द्वितीयक सैल का मुख्य लाभ है कि
(a) इसे सचल वैद्युतिक स्रोत के रूप में प्रयोग किया जा सकता है
(b) इसे पुनः आवेशित किया जा सकता है
(c) इसका मूल्य कम होता है
(d) इसका आकार छोटा होता है

25. लैड-एसिड सैल की तुलना में निकिल-आयरन सैल की दक्षता कम होती है, क्योंकि
(a) इसका विद्युत वाहक बल कम होता है
(b) इसमें कम इलेक्ट्रोलाइट प्रयुक्त होता है
(c) इसका आन्तरिक प्रतिरोध उच्च होता है
(d) इसकी संरचना सघन होती है

26. लैड-एसिड सैल पुनः आवेशित किए जाने योग्य होता है, क्योंकि
(a) इसमें तनु गन्धक अम्ल, इलेक्ट्रोलाइट के रूप में प्रयोग किया जाता है
(b) इसकी रासायनिक प्रक्रिया उत्क्रमणीय होती है
(c) यह एक शुष्क प्रकार का सैल है
(d) इसके इलेक्ट्रोलाइट का आपेक्षिक घनत्व उच्च होता है

27. लैड-एसिड सैल की धनात्मक प्लेट में प्रयुक्त सक्रिय द्रव्य ...... है।
(a) Pb (b) PbO_3 (c) PbO_2 (d) $PbSO_4$

28. यदि किसी लैड-एसिड बैटरी को लम्बे समय तक निष्क्रिय रखना हो तो
(a) बैटरी को ओवरचार्ज कर देना चाहिए
(b) इलेक्ट्रोलाइट निकाल देना चाहिए
(c) प्लेट्स को आसुत जल से धो देना चाहिए
(d) बैटरी का इलेक्ट्रोलाइट निकालकर, बैटरी को सुखाकर, शुष्क, ठण्डे व स्वच्छ स्थान में सुरक्षित रख देना चाहिए

29. चार्जिंग के समय लैड-एसिड सैल विद्युत ऊर्जा को परिवर्तित करता है
(a) ऊष्मीय ऊर्जा में (b) रासायनिक ऊर्जा में
(c) प्रकाश ऊर्जा में (d) यान्त्रिक ऊर्जा में

30. लैड-एसिड सैल में सक्रिय पदार्थ (active material) होता है
(a) लैड परॉक्साइड (b) स्पंजी लैड
(c) तनु गन्धक का अम्ल (d) ये सभी

31. निम्न प्रक्रिया में 'गैसिंग' सम्पन्न होती है
(a) शुष्क सैल की डिस्चार्जिंग प्रक्रिया में
(b) लैड-एसिड सैल की डिस्चार्जिंग प्रक्रिया में
(c) लैड-एसिड सैल की चार्जिंग प्रक्रिया में
(d) उपरोक्त में से कोई नहीं

32. लैड-एसिड सैल के लिए इलेक्ट्रोलाइट तैयार किया जाता है
(a) हाइड्रोक्लोरिक अम्ल को जल में घोलकर
(b) सल्फ्यूरिक अम्ल को जल में घोलकर
(c) जल में हाइड्रोक्लोरिक अम्ल को घोलकर
(d) जल में सल्फ्यूरिक अम्ल को घोलकर

33. एक लैड-एसिड बैटरी में ऋणात्मक प्लेट का पदार्थ ········· होता है।
(a) लैड सल्फेट ($PbSO_4$) (b) कार्बन छड़
(c) निकिल-क्रोमियम (d) शुद्ध लैड (Pb)

34. चित्र में 'X' से इंगित लैड-एसिड सैल के भाग का क्या नाम है?

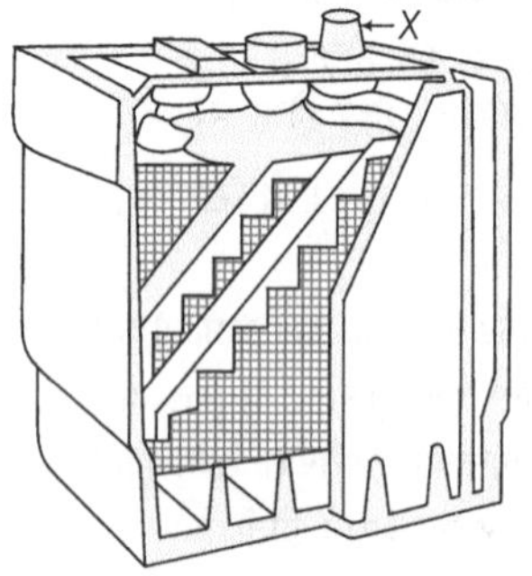

(a) धनात्मक इलेक्ट्रॉड (b) ऋणात्मक इलेक्ट्रॉड
(c) सैल कनैक्टर (d) टर्मिनल पोस्ट

35. यदि लैड-एसिड सैल को लम्बे समय तक चार्ज न किया जाए तो उस स्थिति में सैल में कौन-सा दोष उत्पन्न होगा?
(a) संक्षारण (b) बकलिंग
(c) सल्फेशन (d) ध्रुवण

36. लैड-एसिड सैल/बैटरी में किस इलेक्ट्रोलाइट का प्रयोग किया जाता है?
(a) पोटैशियम हाइड्रॉक्साइड (KOH)
(b) एल्युमीनियम क्लोराइड (NH_4Cl)
(c) डाइल्यूट सल्फ्यूरिक एसिड (H_2SO_4)
(d) एल्केलाइन सॉल्यूशन

37. लैड-एसिड बैटरी के टर्मिनल किस धातु से बनाए जाते हैं?
(a) ताँबा (b) सीसा
(c) जस्ता (d) ये सभी

38. बैटरी के कवर में लगे वैन्ट प्लग में छिद्र किस लिए बनाया जाता है?
(a) गैस बाहर निकलने हेतु
(b) सुन्दरता के लिए
(c) बैटरी की सुरक्षा व गैस बाहर निकलने हेतु
(d) उपरोक्त सभी

39. लैड-एसिड बैटरी की Ah क्षमता बढ़ाने के लिए क्या करना चाहिए?
(a) कम संख्या में प्लेटें प्रयोग करनी चाहिए
(b) अधिक संख्या में प्लेटें प्रयोग करनी चाहिए
(c) प्लेटों की ऊँचाई घटा देनी चाहिए
(d) प्लेटों की मोटाई बढ़ा देनी चाहिए

40. जब कोई द्वितीयक सैल, भार को धारा प्रदान कर रहा हो, तो वह अवस्था कहलाती है
(a) लोडिंग (b) चार्जिंग
(c) डिस्चार्जिंग (d) अनलोडिंग

41. लैड-एसिड सैल का उपयोग होता है
(a) ऑटोमोबाइल्स में (b) क्वार्ट्ज घड़ी में
(c) पोर्टेबल रेडियो रिसीवर्स में (d) ये सभी

42. लैड-एसिड बैटरी प्लेट को शक्ति किस धातु द्वारा प्रदान की जाती है?
(a) जस्ता (b) टिन
(c) एन्टिमनी (d) ताँबा

43. लैड-एसिड बैटरी में वैद्युत अपघटन से पैदा होता है
(a) सल्फ्यूरिक अम्ल व तनु लैड
(b) तनु लैड व शुद्ध जल
(c) शुद्ध जल का आसुत जल
(d) आसुत जल व सल्फ्यूरिक अम्ल

44. **कथन I** चार्जिंग के समय लैड-एसिड सैल में से गैसें निकलती हैं।
कथन II चार्जिंग के समय निकिल-सैल में से किसी भी प्रकार की गैस नहीं निकलती है।
उपरोक्त कथनों में से कौन-सा/से कथन सत्य है/हैं?
(a) कथन I सत्य है
(b) कथन II सत्य है
(c) कथन I और II दोनों सत्य हैं
(d) कथन I और II दोनों असत्य हैं

45. किसी द्वितीयक सैल की क्षमता की इकाई क्या है?
(a) वोल्ट-ऐम्पियर (b) किलोवाट
(c) वाट-घण्टा (d) ऐम्पियर-घण्टा

46. जंग को लगने से रोकने के लिए लैड-एसिड बैटरी के टर्मिनल पोस्ट पर कौन-सा द्रव्य लगाया जाता है?
(a) अमोनियम सल्फेट (b) सिलिका जैल
(c) पेट्रोलियम जैली (d) सल्फर पाउडर

47. लैड-एसिड बैटरी की ऋणात्मक प्लेट का रंग ······· होता है।
(a) भूरा (b) ग्रे
(c) सफेद (d) काला

48. सैल के आन्तरिक प्रतिरोध पर क्या प्रभाव पड़ता है जब सैल से लम्बे समय तक कार्य नहीं लिया जाता है?
(a) समान रहता है (b) बढ़ जाता है
(c) घटता है (d) घटकर शून्य हो जाता है

49. चार्जिंग के दौरान लैड-एसिड सैल के वैन्ट प्लग को खुला छोड़ने का क्या कारण है?
(a) मुक्त रूप से गैस निकलना
(b) चार्जिंग दर को बढ़ाना
(c) वैद्युत अपघट्य के विशिष्ट गुरुत्व को बढ़ाना
(d) सल्फेशन दोष को कम करना

50. निकिल-आयरन सैल होता है
(a) वैट सेकेण्डरी सैल
(b) ड्राई प्राइमरी सैल
(c) वैट प्राइमरी सैल
(d) ड्राई सेकेण्डरी सैल

51. 0.5 ओम आन्तरिक प्रतिरोध व 1.5 वोल्ट ई.एम.एफ वाले कार्बन-जिंक सैल को 9.5 ओम बाह्य प्रतिरोध से लोड किया गया है। परिपथ से होकर प्रवाहित धारा का मान mA में परिकलित कीजिए
(a) 82 mA (b) 75 mA
(c) 72 mA (d) 60 mA

52. सूची I का सूची II से मिलान कीजिए

सूची I (सैल का नाम)	सूची II (विद्युत वाहक बल (नो-लोड))
A. लैक्लांशी सैल	(i) 2.5 V से 3.6 V
B. लैड-एसिड सैल	(ii) 1.1 V
C. डेनियल सैल	(iii) 1.5 V
D. लीथियम सैल	(iv) 1.8 V से 2.2 V

कूट
(a) A-(iii); B-(iv); C-(ii); D-(i)
(b) A-(iv); B-(iii); C-(i); D-(ii)
(c) A-(i); B-(ii); C-(iii); D-(iv)
(d) A-(iv); B-(iii); C-(ii); D-(i)

53. प्रत्येक सौर सैल में खुला परिपथ वोल्टेज कितना होता है?
(a) 0.55 V (b) 0.45 V
(d) 0.35 V (d) 0.25 V

54. एक 12 V बैटरी के लिए कितने लैड-एसिड सैलों का समूह किस सम्बन्ध में होना चाहिए?
(a) 6 सैल समान्तर में (b) 6 सैल श्रेणी में
(c) 12 सैल समान्तर में (d) 12 सैल श्रेणी में

55. बैटरी की ऐम्पियर क्षमता बढ़ाने के लिए सैल्स को .... में संयोजित किया जाता है।
(a) श्रेणी (b) समान्तर
(c) श्रेणी-समान्तर (d) समान्तर-श्रेणी

56. जब लोड प्रतिरोध R_L का मान सैलों के कुल आन्तरिक प्रतिरोध r_T के तुल्य हो जाता है, तो
(a) परिपथ धारा अधिकतम होती है
(b) लोड को अधिकतम शक्ति प्राप्त होती है
(c) लोड के एक्रॉस अधिकतम वि.वा.ब. प्राप्त होता है
(d) परिपथ की दक्षता उच्च होती है

57. यदि बैटरी सैलों को .... में संयोजित किया जाता है, तो आउटपुट वोल्टेज बढ़ जाती है।
(a) श्रेणी क्रम (b) समान्तर क्रम
(c) श्रेणी समान्तर क्रम (d) इनमें से कोई नहीं

58. समान्तर क्रम में जुड़े सैलों का उद्देश्य......है।
(a) वोल्टेज आउटपुट को बढ़ाना
(b) सैल की ऐम्पियर-घण्टा क्षमता बढ़ाना
(c) वोल्टेज आउटपुट घटाना
(d) धारा की क्षमता को बढ़ाना

59. चार सैलों को समान्तर क्रम में जोड़ा गया है और प्रत्येक सैल की 1.5 V व 16 Ah रेटिंग हैं। इस बैटरी की Ah रेटिंग क्या होगी?
(a) 16 Ah (b) 32 Ah
(c) 48 Ah (d) 64 Ah

60. चित्र में प्रदर्शित बैटरी की आउटपुट वोल्टेज क्या है?

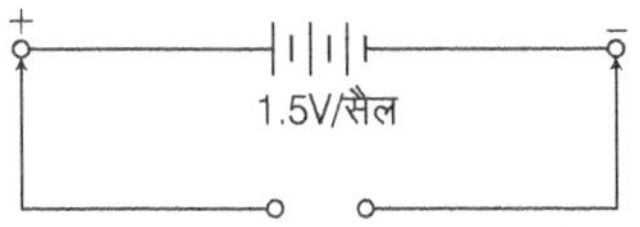

(a) 6 V (b) 4.5 V
(c) 3 V (d) 1.5 V

61. एक 144 Ah बैटरी, 8 ऐम्पियर धारा लगभग .... घण्टों तक प्रदान कर सकती है।
(a) 10 (b) 12
(c) 15 (d) 18

62. एक 120 Ah क्षमता वाली बैटरी 8 A की धारा .... घण्टे तक प्रवाहित कर सकती है।
(a) 20 (b) 15
(c) 12 (d) 8

63. किसी स्टोरेज बैटरी की क्षमता निर्भर करती है
(a) उसकी प्लेट्स के क्षेत्रफल पर
(b) उसकी प्लेट्स की मोटाई पर
(c) इलेक्ट्रोलाइट के घनत्व पर
(d) उपरोक्त में से कोई नहीं

64. चार सैल समान्तर में जुड़े हैं और प्रत्येक सैल की रेटिंग 1.5 वोल्ट और 16 ऐम्पियर-घण्टा है। इस बैटरी की 'Ah' रेटिंग क्या है?
(a) 16 ऐम्पियर-घण्टा (b) 32 ऐम्पियर-घण्टा
(c) 48 ऐम्पियर-घण्टा (d) 64 ऐम्पियर-घण्टा

65. दो 20 सेमी वाली ट्यूबों की एक इमरजेन्सी ट्यूबलाइट में बैटरी की ऐम्पियर-घण्टा क्षमता.....होगी।
(a) 4.5 Ah (b) 6.5 Ah
(c) 10.5 Ah (d) 12.5 Ah

66. किसी बैटरी की क्षमता का निर्धारण उसमें प्रयुक्त होने वाली प्लेटों की संख्या व .... द्वारा किया जाता है।
(a) सैलों की संख्या (b) इलेक्ट्रोलाइट की किस्म
(c) प्लेटों के आकार (d) विक्षेपकों की संख्या

67. लैड-एसिड बैटरी की वाट-घण्टा दक्षता (W-h efficiency) निम्न में से कौन-सी परास (range) में होती है?
(a) 50-60% (b) 60-70%
(c) 80-85% (d) 90-95%

68. किसी बैटरी/सैल में धनात्मक प्लेटों की संख्या ऋणात्मक प्लेटों की अपेक्षा कितनी होती है?
(a) ऋणात्मक प्लेट से एक अधिक
(b) ऋणात्मक प्लेट से एक कम
(c) ऋणात्मक प्लेट से दो कम
(d) ऋणात्मक प्लेट से दो अधिक

69. बैटरी के विसर्जन के दौरान ऊर्जा परिवर्तन होता है
(a) रासायनिक ऊर्जा से विद्युत ऊर्जा में
(b) विद्युतीय ऊर्जा से रासायनिक ऊर्जा में
(c) यान्त्रिक ऊर्जा से विद्युतीय ऊर्जा में
(d) विद्युतीय ऊर्जा से यान्त्रिक ऊर्जा में

70. किसी बैटरी की आवेशित/विसर्जित अवस्था को जानने के लिए क्या नापा जाता है?
(a) विद्युत अपघटन का स्तर
(b) विद्युत अपघटन का भार
(c) विद्युत अपघटन का आपेक्षिक घनत्व
(d) उपरोक्त में से कोई नहीं

71. स्थिर वोल्टता बैटरी चार्जिंग विधि में, बैटरी के आर-पार आरोपित वोल्टता होती है
(a) बैटरी के संयोजक सिरों पर उपलब्ध वोल्टता के बराबर
(b) बैटरी की न्यूनतम वोल्टता के दोगुने के बराबर
(c) 2.3 से 2.5 वोल्ट प्रति सैल
(d) बैटरी की न्यूनतम वोल्टता के आधे के बराबर

72. जब किसी नई बैटरी को चार्जिंग हेतु डी.सी. स्रोत से संयोजित किया जाता है, तो यह प्रक्रिया कहलाती है
(a) आरम्भिक चार्जिंग
(b) नवीनीकरण चार्जिंग
(c) वर्द्धक चार्जिंग
(d) चालू चार्जिंग

73. बैटरी को एक नियत अन्तराल पर टॉप-अप करने की आवश्यकता क्या इंगित करती है?
(a) बैटरी ओवरचार्ज हो गई है
(b) चार्ज करने की दर बहुत ही कम है
(c) विद्युतीय निकाय भूमि से शॉर्ट हो रहा है
(d) उपरोक्त में से कोई नहीं

74. बैटरी को फिट करते समय बैटरी का/की/के/ ······ का ध्यान रखें।
(a) चढ़ाई (b) ध्रुवता
(c) आसुत जल (d) इनमें से कोई नहीं

75. जब पूर्ण रूप से आवेशित बैटरी चार्जर से या तो विलगित हो या वाहन में लगी हो तो चिंगारी बिल्कुल उत्पन्न नहीं होनी चाहिए क्योंकि
(a) सेलों से मुक्त गैस काफी विस्फोटक होती है
(b) अचानक बैटरी विसर्जन से उत्पन्न गैस से जंग लगता है
(c) चिंगारी तथा गैस अभिक्रिया करके खतरनाक धुआँ बनाते हैं
(d) चिंगारी बैटरी ध्रुवण में रिवर्स उत्पन्न कर सकती है

76. चित्र में दर्शाए गए परिपथ में किस विधि से बैटरी आवेशित की जा रही है?

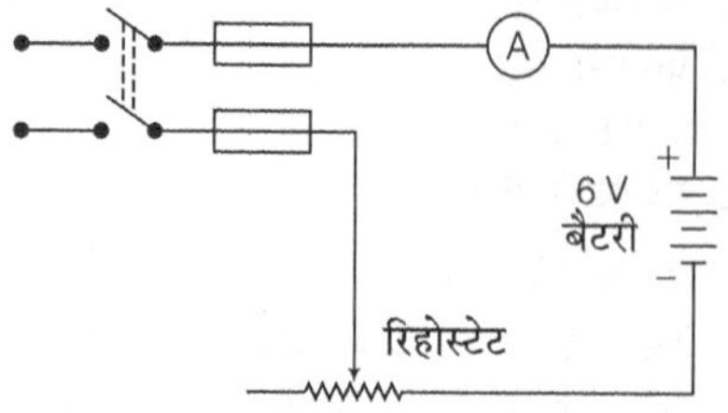

(a) स्थिर वोल्टेज चार्जिंग विधि (b) स्थिर करण्ट चार्जिंग विधि
(c) ट्रिकिल चार्जिंग विधि (d) बूस्ट चार्जिंग विधि

77. बैटरी की वोल्टेज की माप करते हुए इसकी चार्जिंग स्थिति को जाँचने के लिए किस यन्त्र का उपयोग होता है?
(a) हाइड्रोमीटर (b) वोल्टामीटर
(c) उच्च दर का विसर्जन टैस्टर (d) मल्टीमीटर

78. बैटरी चार्जिंग परिपथ में दोष की पहचान कीजिए

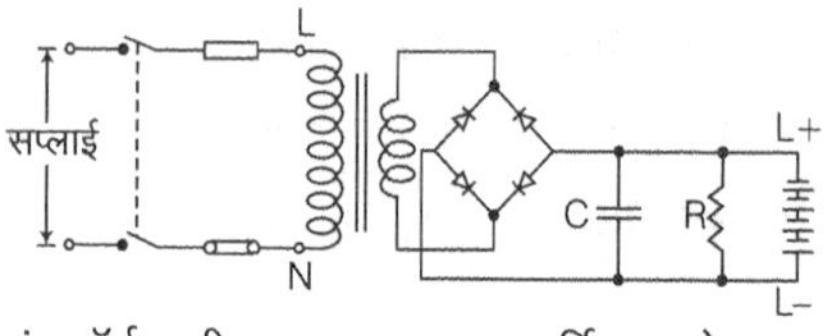

(a) ट्रांसफॉर्मर की लाइन व न्यूट्रल टर्मिनल को आगत सप्लाई के सापेक्ष मोड़ दिया गया है
(b) रेक्टीफायर से बैटरी सम्पर्कन की ध्रुवता को बदल दिया गया है
(c) कैपेसिटर को बैटरी से श्रेणीक्रम में होना चाहिए
(d) एक डायोड को बदला गया है

79. जब बैटरी बहुत कम दर पर चार्ज की जाती है, तब बैटरी के चार्ज करने की विधि क्या कहलाती है?
(a) रेक्टीफायर विधि (b) स्थिर करण्ट विधि
(c) ट्रिकिल चार्ज विधि (d) स्थिर वोल्टेज विधि

80. यदि बैटरी को उच्च दर पर अति-आवेशित या निरावेशित करें तो क्या होगा?
(a) सल्फेशन (b) बकलिंग
(c) स्थानीय क्रिया (d) ध्रुवाच्छादन

81. बैटरी संयोजकों को समय-समय पर गर्म पानी में भीगे कपड़े से साफ करके उन पर ग्रीस का पतला लेपन करने से निम्न में से कौन-सा दोष दूर होता है?
(a) ध्रुवण (b) स्थानीय क्रिया
(c) संक्षारण (d) इनमें से कोई नहीं

82. डिस्चार्ज्ड बैटरी का आन्तरिक प्रतिरोध
(a) घट जाता है (b) वही रहता है
(c) बढ़ जाता है (d) ऋणात्मक हो जाता है

83. निम्न में से कौन-सी अनुरक्षण-मुक्त बैटरी नहीं है?
(a) Ni-Cd (b) Ni-Fe
(c) क्षारीय मैग्नीशियम (d) लैड-एसिड

84. कोर निर्माण के लिए ऐसा इस्पात चुना जाता है, जो
(a) निम्न चुम्बकशीलता तथा उच्च हिस्टरैसिस क्षति रखता हो
(b) निम्न चुम्बकशीलता तथा निम्न हिस्टरैसिस क्षति रखता हो
(c) उच्च चुम्बकशीलता तथा निम्न हिस्टरैसिस क्षति रखता हो
(d) उच्च चुम्बकशीलता तथा उच्च हिस्टरैसिस क्षति रखता हो

85. आदर्श ट्रांसफॉर्मर में शून्य लोड पर प्राथमिक कुण्डलन की धारा I_p
(a) वोल्टेज E_P के फेज में होती है
(b) वोल्टेज E_P से 90° पिछड़ जाती है
(c) वोल्टेज E_P से 90° आगे चलती है
(d) वोल्टेज E_P से 180° पिछड़ जाती है

86. ट्रांसफॉर्मर की प्राथमिक एवं सेकेण्डरी कुण्डली में सदैव
(a) भिन्न संख्या में वाइण्डिंग्स होती हैं
(b) एक ही व्यास का ताम्र तार प्रयोग किया जाता है
(c) पृथक्-पृथक् चुम्बकीय परिपथ होते हैं
(d) एक उभयनिष्ठ चुम्बकीय परिपथ होता है

87. ट्रांसफॉर्मर कोर निर्माण के लिए सर्वाधिक उपयुक्त पदार्थ है
(a) एल्युमीनियम (b) सिलिकॉन इस्पात
(c) कास्ट आयरन (d) पीतल

88. एक ट्रांसफॉर्मर की सेकेण्डरी क्वॉयल में प्रेरित वि.वा.ब. निर्भर करता है
(a) चुम्बकीय फ्लक्स के परिमाण पर
(b) स्रोत की आवृत्ति पर
(c) लपेट संख्या पर
(d) पावर फैक्टर पर

89. यदि किसी ट्रांसफॉर्मर की सेकेण्डरी लपेटों को दोगुना कर दिया जाए और साथ ही प्राथमिक वोल्टता को आधा कर दिया जाए, तो सेकेण्डरी वोल्टता
(a) आधी रह जाएगी
(b) पूर्ववत् रहेगी
(c) दोगुनी हो जाएगी
(d) चौगुनी हो जाएगी

90. एम्प्लीफायर की तुलना में ट्रांसफॉर्मर
(a) आउटपुट वोल्टता नहीं बढ़ा सकता
(b) आउटपुट धारा नहीं बढ़ा सकता
(c) आउटपुट शक्ति नहीं बढ़ा सकता
(d) उपरोक्त में से कोई नहीं

91. ट्रांसफॉर्मर का उपयोग ········· के परिमाण को परिवर्तित करने के लिए किया जाता है।
(a) शक्ति (b) वोल्टता
(c) आवृत्ति (d) पावर फैक्टर

92. शून्य लोड अवस्था में आदर्श ट्रांसफॉर्मर को प्रदान की गई प्राथमिक वोल्टता ········· के द्वारा सन्तुलित होती है।
(a) सेकेण्डरी वोल्टता
(b) प्राइमरी क्वॉयल में प्रेरित वि.वा.ब.
(c) सेकेण्डरी क्वॉयल में प्रेरित वि.वा.ब.
(d) प्राइमरी क्वॉयल में उत्पन्न हुए वोल्टता ह्रास

93 ट्रांसफॉर्मर के अतितापन के लिए क्या कारण हो सकता है?
(a) उच्च परिवेशी तापमान
(b) निवेश वोल्टता अति निम्न
(c) अत्यधिक भार
(d) प्राइमरी से सेकेण्डरी को ट्रांसफॉर्मर आर्क

94. किस प्रकार के ट्रांसफॉर्मर में ओमिक प्रतिरोध व चुम्बकीय लीकेज नहीं होता है।
(a) डिस्ट्रीब्यूशन ट्रांसफॉर्मर (b) पावर ट्रांसफॉर्मर
(c) आदर्श ट्रांसफॉर्मर (d) इन्स्ट्रूमेन्ट ट्रांसफॉर्मर

95. दो वाइण्डिंग ट्रांसफॉर्मर में, लोड (उत्पादन) साइड के रूप में जाना जाता है ·············।
(a) प्राथमिक पक्ष (b) माध्यमिक पक्ष
(c) कम वोल्टेज की ओर (d) उच्च वोल्टेज की ओर

96. परिभाषा के अनुसार, अपचायक ट्रांसफॉर्मर वह है, जिसकी सेकेण्डरी क्वॉयल
(a) में प्राइमरी क्वॉयल की अपेक्षा कम शक्ति हो
(b) प्राइमरी क्वॉयल की अपेक्षा पतले तार से लपेटी गई हो
(c) में प्राइमरी क्वॉयल की अपेक्षा कम धारा हो
(d) में प्राइमरी क्वॉयल की अपेक्षा कम लपेट हों

97. शैल टाइप के लिए छोटे प्रकार का ट्रांसफॉर्मर कोर प्रायः इसमें प्रयोग होता है ·············।
(a) E और I प्रकार का कोर
(b) E और F प्रकार का कोर
(c) E और E प्रकार का कोर
(d) T और U प्रकार का कोर

98. उच्च आवृत्तियों पर (MHz रेंज में) कार्य करने हेतु अभिकल्पित (designated) ट्रांसफॉर्मर में किस प्रकार की कोर प्रयोग की जाती है?
(a) एल्युमीनियम कोर (b) लौह कोर
(c) वायु कोर (d) खुली लौह कोर

99. सिंगल फेज ट्रांसफॉर्मर में प्राथमिक एवं प्रेरित सेकेण्डरी वोल्टता होती है
(a) एक दूसरे से 180° पर
(b) एक-दूसरे से 90° पर
(c) एक-दूसरे से 0° पर अर्थात् 'फेज में'
(d) उपरोक्त में से कोई नहीं

100. 1 kVA 240V/120V सिंगल फेज ट्रांसफॉर्मर में करण्ट की गणना कीजिए
(a) 4.16 A (b) 6.72 A
(c) 8.33 A (d) 9.12 A

101. यदि 3-फेज डेल्टा ट्रांसफॉर्मर की एक फेज क्वॉयल जल जाए (ओपन-सर्किट हो जाए), तो वह प्रदान करेगा
(a) पूर्ण शक्ति (b) शून्य शक्ति
(c) 86.6% शक्ति (d) 58% शक्ति

102. 3-फेज ट्रांसफॉर्मर में ········ प्राइमरी वाइण्डिंग होती है।
(a) दो (b) तीन (c) चार (d) पाँच

103. ऑटो ट्रांसफॉर्मर,········ प्रयोग किए जाते हैं।
(a) ऑटोमोबाइल्स में
(b) वोल्टता में लघु परिवर्तन उत्पन्न करने के लिए
(c) वोल्टता में स्वयं होने वाले परिवर्तन हेतु
(d) नियत आउटपुट वोल्टता हेतु

104. जब प्राथमिक और माध्यमिक वोल्टेज एक ही वाइण्डिंग से प्राप्त हो रहे हैं, तो उस ट्रांसफॉर्मर को कहा जाता है ············· ।
(a) टू-वाइण्डिंग ट्रांसफॉर्मर (b) ऑटो ट्रांसफॉर्मर
(c) रिंग टाइप ट्रांसफॉर्मर (d) आइसोलेशन ट्रांसफॉर्मर

105. निम्न चित्र में दर्शाया गया ट्रांसफॉर्मर है

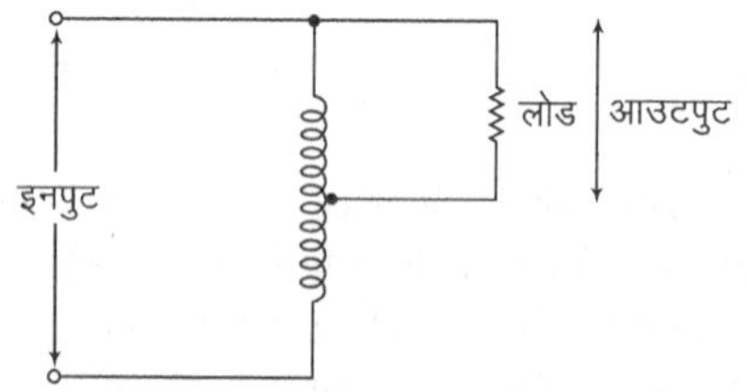

(a) स्टेप-अप ऑटो ट्रांसफॉर्मर (b) अपचायक ऑटो ट्रांसफॉर्मर
(c) धारा ट्रांसफॉर्मर (d) पोटैन्शियल ट्रांसफॉर्मर

106. कौन-सा एक करण्ट ट्रांसफॉर्मर का अनुप्रयोग है?
(a) ऑटो ट्रांसफॉर्मर (b) टोंग टैस्टर
(c) अर्थ लीकेज सर्किट ब्रेकर (d) वैरिएक

107. निम्न चित्र में दर्शाया गया ट्रांसफॉर्मर है

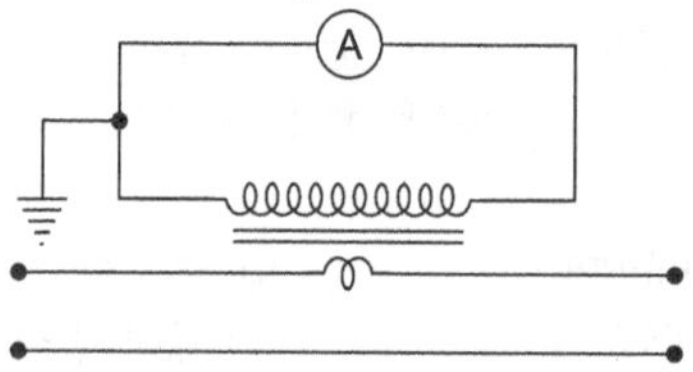

(a) PT (पोटैन्शियल ट्रांसफॉर्मर) (b) CT (धारा ट्रांसफॉर्मर)
(c) ऑटो ट्रांसफॉर्मर (d) पावर ट्रांसफॉर्मर

108. पोटैन्शियल ट्रांसफॉर्मर प्रयोग किया जाता है
(a) शक्ति के अधिक मात्रा में स्थानान्तरण के लिए
(b) वोल्टता में लघु परिवर्तन उत्पन्न करने के लिए
(c) स्रोत की वोल्टता बढ़ाने के लिए
(d) 'यन्त्रों' एवं 'रिले' आदि में

109. विभव ट्रांसफॉर्मर से वोल्टमीटर के वियोजन के समय आपको कौन-सी सावधानी चाहिए?
(a) विभव ट्रांसफॉर्मर सेकेण्डरी टर्मिनल का जो विवृत है उसे विद्युतरोधन करना है
(b) विवृत परिपथ पर सेकेण्डरी टर्मिनलों का भू-सम्पर्कन करना है
(c) विभव ट्रांसफॉर्मर के सेकेण्डरी टर्मिनल को लघु-पथित करना है
(d) वियोजन के बाद सेकेण्डरी के टर्मिनल के मध्य निम्न प्रतिरोधी शण्ट का संयोजन करना है

110. वोल्टमीटर के साथ-साथ प्रयुक्त ट्रांसफॉर्मर, विभव ट्रांसफॉर्मर कहलाता है। विभव ट्रांसफॉर्मर की सेकेंडरी वोल्टेज की मानक रेटिंग है
(a) 240 V (b) 110 V
(c) 415 V (d) 660 V

111. IS 3156 के अनुसार, सिंगल फेज के लिए सेकेण्डरी वोल्टेज व 3-फेज विभव ट्रांसफॉर्मर के श्रेणी मान ··········· होंगे।
(a) 240 V व 415 V (b) 230 V व 400 V
(c) 220 V व 380 V (d) 100 V व 110 V

112. पावर ट्रांसफॉर्मर में कोर के निकट वाली वाइण्डिग
(a) उच्च वोल्टता वाइण्डिंग होती है
(b) निम्न वोल्टता वाइण्डिंग होती है
(c) उच्च या निम्न वोल्टता, कोई भी वाइण्डिंग हो सकती है
(d) दोनों प्रकार के वाइण्डिंग सैंडविच के समान एक के ऊपर एक स्थापित होती हैं

113. वितरण कार्य में प्रयुक्त ट्रांसफॉर्मर में सामान्यतः शीतलन विधि प्रयोग की जाती है
(a) वायु शीतलन (b) वायुदाब शीतलन
(c) तेल शीतलन (d) जल शीतलन

114. निम्न में से कौन-सा ट्रांसफॉर्मर सामान्य शक्ति एवं प्रकाश हेतु तथा विद्युत संयोजन प्रदान करने हेतु प्रयोग किया जाता है?
(a) उपस्थान ट्रांसफॉर्मर (b) शक्ति ट्रांसफॉर्मर
(c) सामान्य उपयोग ट्रांसफॉर्मर (d) वितरण ट्रांसफॉर्मर

115. लघु वितरण ट्रांसफॉर्मर में निम्नलिखित में से कौन-सी सुरक्षा युक्ति प्रयोग की जाती है?
(a) अधिक धारा सुरक्षा (b) बकोल्ज रिले
(c) प्रैशर रिलीज वाल्व (d) ये सभी

116. वितरण ट्रांसफॉर्मर को इस प्रकार अभिकल्पित (design) किया जाता है, जिससे कि उसमें लौह क्षति (iron loss) न्यूनतम रहे, क्योंकि
(a) लौह क्षति से समय एकरूपता उत्पन्न होती है
(b) लौह क्षति से इन्सुलेशन नष्ट हो सकता है
(c) लौह क्षति से ट्रांसफॉर्मर तेज गर्म हो जाता है
(d) ट्रांसफॉर्मर की प्राथमिक कुण्डली 24 घण्टे उत्तेजित रहती है

117. ट्रांसफॉर्मर के ब्रीदर में प्रयुक्त रासायनिक पदार्थ है
(a) जल (b) नमक
(c) सिलिका जैल (d) खनिज तेल

118. एक ट्रांसफॉर्मर में ब्रीदर का कार्य है
(a) वाइण्डिंग को ठण्डी हवा प्रदान करते रहना
(b) टैंक में नमी के प्रवाह को पकड़ के रखना
(c) टैंक में तेल स्तर को नियन्त्रण में रखना
(d) ट्रांसफॉर्मर में तेल को फिल्टर करना

119. ट्रांसफॉर्मर के ब्रीदर में प्रयोग होने वाला ताजा सिलिका जैल किस रंग का होता है?
(a) नीला (b) सफेद (c) हरा (d) बैंगनी

120. शुष्क सिलिका जैल का रंग होता है
(a) पीला
(b) सफेद या हल्का गुलाबी
(c) नीला
(d) हरा

121. नमी सोखने के बाद सिलिका जैल का रंग ·········· हो जाता है।
(a) लाल (b) भूरा
(c) पीला (d) नीला

122. बकोल्ज रिले का प्रयोग ·········· में किया जाता है।
(a) वायु शीतलित ट्रांसफॉर्मर (b) तेल शीतलित ट्रांसफॉर्मर
(c) वैल्डिंग ट्रांसफॉर्मर (d) पोटैन्शियल ट्रांसफॉर्मर

123. सोलेनॉयड का प्रयोग निम्न में से किसमें नहीं किया जाता है?
(a) मोटरों में
(b) विद्युत-घण्टी में
(c) सैल में
(d) मापन उपकरणों में

124. कौन-सा नियम बताता है कि प्रेरित विद्युत वाहक बल का परिमाण फ्लक्स लीकेज के परिवर्तन दर का समानुपाती होता है?
(a) लेन्ज का नियम
(b) विद्युत चुम्बकीय प्रेरण का फैराडे का प्रथम नियम
(c) विद्युत चुम्बकीय प्रेरण का फैराडे का द्वितीय नियम
(d) फ्लेमिंग का दायाँ हस्त नियम

उत्तरमाला

1. (c)	**2.** (d)	**3.** (b)	**4.** (d)	**5.** (a)	**6.** (b)	**7.** (a)	**8.** (b)	**9.** (a)	**10.** (b)
11. (c)	**12.** (b)	**13.** (b)	**14.** (a)	**15.** (b)	**16.** (d)	**17.** (c)	**18.** (c)	**19.** (b)	**20.** (b)
21. (b)	**22.** (d)	**23.** (a)	**24.** (b)	**25.** (c)	**26.** (b)	**27.** (c)	**28.** (d)	**29.** (b)	**30.** (d)
31. (c)	**32.** (b)	**33.** (d)	**34.** (d)	**35.** (c)	**36.** (c)	**37.** (b)	**38.** (c)	**39.** (b)	**40.** (c)
41. (a)	**42.** (c)	**43.** (d)	**44.** (c)	**45.** (d)	**46.** (c)	**47.** (b)	**48.** (b)	**49.** (a)	**50.** (a)
51. (b)	**52.** (a)	**53.** (a)	**54.** (b)	**55.** (b)	**56.** (a)	**57.** (a)	**58.** (d)	**59.** (d)	**60.** (b)
61. (d)	**62.** (b)	**63.** (a)	**64.** (d)	**65.** (a)	**66.** (c)	**67.** (c)	**68.** (b)	**69.** (a)	**70.** (c)
71. (c)	**72.** (a)	**73.** (a)	**74.** (b)	**75.** (a)	**76.** (a)	**77.** (c)	**78.** (b)	**79.** (c)	**80.** (b)
81. (c)	**82.** (c)	**83.** (d)	**84.** (c)	**85.** (b)	**86.** (d)	**87.** (b)	**88.** (c)	**89.** (b)	**90.** (c)
91. (b)	**92.** (c)	**93.** (c)	**94.** (c)	**95.** (b)	**96.** (d)	**97.** (a)	**98.** (c)	**99.** (a)	**100.** (c)
101. (d)	**102.** (b)	**103.** (a)	**104.** (b)	**105.** (b)	**106.** (b)	**107.** (b)	**108.** (d)	**109.** (a)	**110.** (b)
111. (b)	**112.** (b)	**113.** (c)	**114.** (d)	**115.** (d)	**116.** (d)	**117.** (c)	**118.** (b)	**119.** (b)	**120.** (b)
121. (d)	**122.** (b)	**123.** (c)	**124.** (c)						

अध्याय 08

बेसिक इलेक्ट्रानिक्स

Basic Electronics

परिचय Introduction

विज्ञान की वह शाखा, जिसमें बाह्य बलों के प्रभाव के अन्तर्गत इलेक्ट्रॉन तथा अन्य आवेश वाहकों के गुणों, व्यवहार एवं अनुप्रयोगों का अध्ययन किया जाता है, उसे इलेक्ट्रॉनिक्स कहा जाता है। वस्तुत: इलेक्ट्रॉनिक्स शब्द की उत्पत्ति इलेक्ट्रॉन से हुई है।

इलेक्ट्रॉन प्रकृति का वह मूल कण है, जो न्यूनतम **द्रव्यमान** एवं न्यूनतम **ऋणावेश** रखता है। अपनी चक्रण एवं कक्षीय गतियों के कारण ही इलेक्ट्रॉन को विभिन्न प्रकार की प्रक्रियाओं, यन्त्रों, उपकरणों (कम्प्यूटर, टी.वी. आदि) का मूल आधार माना जाता है। इलेक्ट्रॉन्स के प्रवाह के आधार पर ही वैद्युतिक पदार्थ को चालक, कुचालक एवं अर्द्धचालक में वर्गीकृत किया जाता है।

सम्पूर्ण इलेक्ट्रॉनिक्स का आधार अर्द्धचालक पदार्थ होते हैं। अर्द्धचालक पदार्थों के द्वारा ही इलेक्ट्रॉनिक्स युक्तियाँ; जैसे-डायोड, ट्रांजिस्टर इत्यादि का निर्माण किया जाता है। इस अध्याय में हम वैद्युतिक पदार्थ, डायोड ट्रांजिस्टर, थायरिस्टर, UJT, MOSFET आदि का अध्ययन करेंगे।

अध्याय विषय सूची

8.1 वैद्युतिक पदार्थों का वर्गीकरण

Classification of Electrical Materials

वैद्युतिक पदार्थों को निम्न तीन वर्गों में बाँटा गया है

1. चालक   2. अचालक   3. अर्द्धचालक

1. चालक Conductor

जिन पदार्थों में विद्युत धारा सुगमता से प्रवाहित हो जाती है, वे चालक (conductor) कहलाते हैं; जैसे—चाँदी, ताँबा, एल्युमीनियम आदि। किसी पदार्थ की चालकता, उसमें उपस्थित 'मुक्त इलेक्ट्रॉन्स' की संख्या पर निर्भर करती है। जिस पदार्थ में जितनी अधिक संख्या में 'मुक्त इलेक्ट्रॉन्स' विद्यमान होते हैं, वह पदार्थ विद्युत का उतना ही अच्छा चालक होता है। चालक पदार्थों के परमाणुओं की अन्तिम कक्षा में केवल 1, 2 या 3 इलेक्ट्रॉन्स अथवा 5, 6 या 7 इलेक्ट्रॉन्स होते हैं अर्थात् अन्तिम कक्षा अपूर्ण होती है।

चित्र में चालक पदार्थ का ऊर्जा बैण्ड आरेख दर्शाया गया है, जिसमें E_c पदार्थ के इलेक्ट्रॉनों की उच्चतम ऊर्जाओं का बैण्ड है, जिसे चालन बैण्ड (conduction band) कहा जाता है। इसके अतिरिक्त E_v, संयोजी इलेक्ट्रॉन्स के अधिकतम ऊर्जा स्तर को प्रदर्शित करता है, जिसे संयोजी बैण्ड (valence band) कहते हैं।

संयोजी बैण्ड में इलेक्ट्रॉन्स सदैव उपस्थित होते हैं।

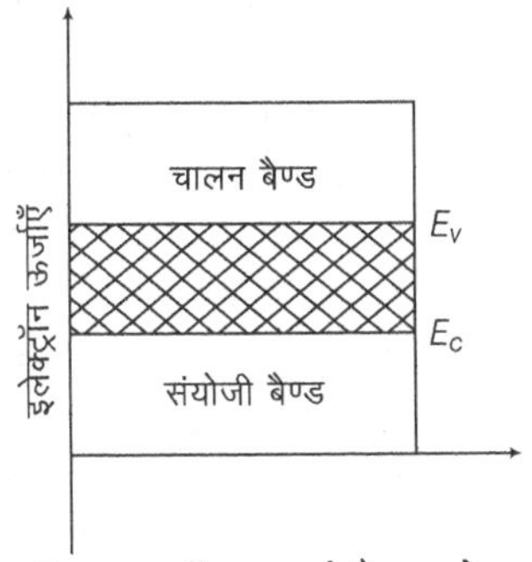

चित्र चालकों का ऊर्जा बैण्ड आरेख

चालक पदार्थों में इलेक्ट्रॉन्स की बहुलता के कारण चालन बैण्ड तथा संयोजी बैण्ड परस्पर ओवरलैप (overlap) करते हैं, अत: संयोजी इलेक्ट्रॉन्स (valence electrons) सरलता से संयोजी बैण्ड (निम्न ऊर्जा बैण्ड) से चालन बैण्ड (उच्च ऊर्जा स्तर) में स्थानान्तरित होते हैं, जिस कारण चालक पदार्थों में धारा का प्रवाह अत्यधिक सुगमता से अधिक मात्रा में होता है। दूसरे शब्दों में कहा जा सकता है कि चालक पदार्थ विद्युत धारा के प्रवाह के लिए न्यूनतम प्रतिरोध प्रस्तुत करते हैं।

2. अचालक Insulator

जिन पदार्थों में विद्युत धारा या तो प्रवाहित नहीं हो सकती अथवा अल्प मात्रा में कठिनाई से ही प्रवाहित हो सकती है, वे अचालक कहलाते हैं। इन पदार्थों में 'मुक्त इलेक्ट्रॉन्स' या तो होते ही नहीं अथवा अत्यन्त अल्प संख्या में विद्यमान होते हैं; जैसे—रबर, कागज, चीनी मिट्टी आदि।

सामान्यत: अचालक पदार्थों के परमाणुओं की बाह्यतम कक्षा संतृप्त (8 इलेक्ट्रॉन्स) होती है। अत: उनमें विद्युत धारा चालन के लिए 'मुक्त इलेक्ट्रॉन्स' उपलब्ध नहीं होते। चित्र में अचालक पदार्थ का ऊर्जा बैण्ड आरेख दर्शाया गया है।

संयोजी तथा चालन बैण्ड के मध्य वर्जित ऊर्जा बैण्ड (E_g) वह क्षेत्र होता है, जिसमें इलेक्ट्रॉन अनुपस्थित होते हैं तथा चालन एवं संयोजी बैण्ड के मध्य का ऊर्जा अन्तराल, बैण्ड अन्तराल कहलाता है।

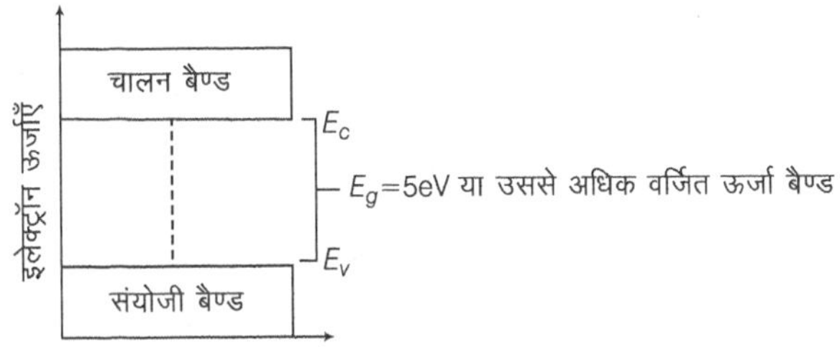

चित्र अचालकों का ऊर्जा बैण्ड आरेख

उपरोक्त चित्र से स्पष्ट है कि अचालक पदार्थों में चालन बैण्ड तथा संयोजी बैण्ड के मध्य ऊर्जा अन्तराल इतना अधिक होता है कि इलेक्ट्रॉन्स सरलता से उस ऊर्जा अन्तराल को पार करके चालन बैण्ड में नहीं जा पाता, जिस कारण इन पदार्थों में धारा का प्रवाह लगभग नगण्य होता है अर्थात् ये पदार्थ धारा प्रवाह के लिए अधिकतम प्रतिरोध प्रस्तुत करते हैं।

3. अर्द्धचालक Semiconductor

जिन पदार्थों की चालकता का स्तर, चालकों एवं अचालकों के मध्य का होता है, वे अर्द्धचालक कहलाते हैं।

इन पदार्थों में मुक्त इलेक्ट्रॉन्स की संख्या अचालक पदार्थों से अधिक, परन्तु चालक पदार्थों से कम होती है। इन पदार्थों के परमाणुओं की अन्तिम कक्षा में प्राय: 4 इलेक्ट्रॉन्स होते हैं; जैसे—कार्बन, जर्मेनियम, सिलिकॉन आदि।

जर्मेनियम तथा सिलिकॉन चतुष्संयोजी (tetravalent) तत्व हैं अर्थात् इनकी बाह्यतम कक्षा में 4 इलेक्ट्रॉन्स होते हैं।

तत्व	प्रतीक	परमाणु संख्या	इलेक्ट्रॉनिक विन्यास
जर्मेनियम	Ge	32	2, 8, 18, 4
सिलिकॉन	Si	14	2, 8, 4

इन तत्वों में अन्य विशिष्ट तत्वों को अशुद्धि (impurity) के रूप में मिलाकर इनकी चालकता परिवर्तित की जा सकती है।

चित्र में अर्द्धचालक पदार्थों का ऊर्जा बैण्ड आरेख दर्शाया गया है, जिससे स्पष्ट है कि अर्द्धचालक पदार्थों का बैण्ड अन्तराल चालक पदार्थों से अधिक तथा अचालक पदार्थों से कम होता है।

परम शून्य ताप पर अर्द्धचालक पदार्थ अचालक के समान व्यवहार करते हैं।

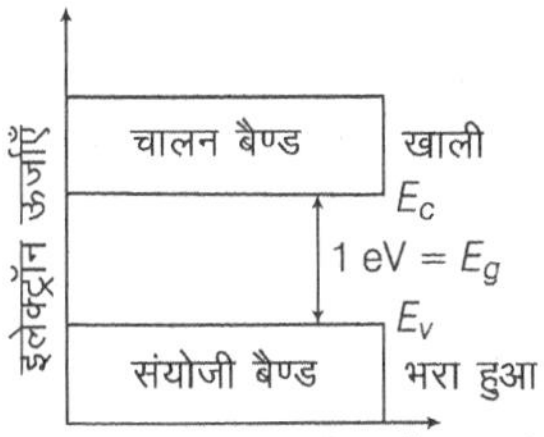

चित्र अर्द्धचालकों का ऊर्जा बैण्ड आरेख

अत: समस्त इलेक्ट्रॉन संयोजी बैण्ड में उपस्थित होते हैं और यह पूर्णत: भरा होता है, जैसे-जैसे तापमान में वृद्धि की जाती है, संयोजी बैण्ड के इलेक्ट्रॉन्स इस ऊर्जा को ग्रहण करते हैं और बैण्ड अन्तराल को पार करके चालन बैण्ड में चले जाते हैं, जिससे विद्युत धारा का प्रवाह प्रारम्भ हो जाता है अर्थात् अर्द्धचालक पदार्थ का प्रतिरोध घटने लगता है।

अत: हम कह सकते हैं कि तापमान वृद्धि के साथ-साथ अर्द्धचालक की वैद्युतिक चालकता में भी वृद्धि होती है जिससे यह चालक की भाँति व्यवहार करना प्रारम्भ कर देता है। विद्युतीय प्रतिरोधकता के अतिरिक्त अर्द्धचालकों की कुछ प्रमुख विशेषतायें निम्न होती हैं

1. चालक का ताप बढ़ने पर उसका प्रतिरोध या प्रतिरोधकता बढ़ती है, जबकि अर्द्धचालक का ताप बढ़ाने पर उसकी प्रतिरोधकता तेजी से घटती है अर्थात् उनकी विद्युत चालकता बढ़ती है।
2. अर्द्धचालकों का प्रतिरोध ताप गुणांक (temperature coefficient of resistance) ऋणात्मक होता है।
3. अर्द्धचालक क्रिस्टल के परमाणु के बीच बन्धन बल की प्रकृति तथा उसका मान चालक के लिए बन्धन बल से भिन्न होता है।

4. किसी अर्द्धचालक में थोड़ी-सी उपयुक्त अशुद्धि मिला देने पर उसकी विद्युत चालकता को बहुत अधिक बढ़ाया जा सकता है, जबकि चालकों में ऐसा नहीं होता है।

जैसा हमने ऊपर उल्लेख किया है कि सभी अर्द्धचालक की विद्युत चालकता (या विद्युत प्रतिरोधकता) ताप पर निर्भर करती है। शुद्ध अवस्था में, परम शून्य ताप (0° K या –273° C) पर जर्मेनियम तथा सिलिकॉन अचालक के समान व्यवहार करते हैं अर्थात् उस ताप पर उसमें स्वतन्त्र इलेक्ट्रॉन नहीं होते हैं। ताप बढ़ाने पर शुद्ध जर्मेनियम तथा सिलिकॉन में भी मुक्त इलेक्ट्रॉनों की उत्पत्ति सम्भव हो जाती है तथा वे विद्युत चालन करने लगते हैं।

तालिका वैद्युतिक पदार्थों की विद्युत चालकता एवं प्रतिरोधकता (कमरे के ताप पर)

पदार्थ	चालकता	प्रतिरोधकता	वर्गीकरण
सिल्वर	6.25×10^{7}	1.6×10^{-8}	
कॉपर	5.88×10^{7}	1.7×10^{-8}	चालक
एल्युमीनियम	3.85×10^{7}	2.6×10^{-8}	
जर्मेनियम	1.54	6.5×10^{-1}	अर्द्धचालक
सिलिकॉन	5.0×10^{-4}	2.0×10^{3}	
पोर्सलीन	3.33×10^{-10}	3.0×10^{9}	
ग्लास	5.88×10^{-12}	1.7×10^{11}	अचालक
कठोर रबर	1.0×10^{-16}	1.0×10^{16}	

8.2 अर्द्धचालकों की परमाणु संरचना

Atomic Structure of Semiconductors

विभिन्न पदार्थों के परमाणुओं में प्रोटॉन तथा इलेक्ट्रॉनों की संख्या भिन्न होती है तथा नाभिक के चारों ओर घूमने वाले इलेक्ट्रॉन विभिन्न कक्षाओं में घूमते हैं।

नाभिक के चारों ओर किसी भी कक्षा में अधिक से अधिक इलेक्ट्रॉनों की संख्या $2n^2$ हो सकती है, यहाँ n सम्बन्धित कक्षा की संख्या है, किन्तु इस नियम में यह प्रतिबन्ध है कि सबसे बाहरी कक्षा में 8 से अधिक इलेक्ट्रॉन नहीं हो सकते। इस नियम के अनुसार,

प्रथम कक्षा में अधिक से अधिक $2 \times 1^2 = 2$ इलेक्ट्रॉन हो सकते हैं। इसे K कक्षा (shell) कहते हैं।

दूसरी कक्षा में अधिक से अधिक $2 \times 2^2 = 8$ इलेक्ट्रॉन हो सकते हैं। इसे L कक्षा कहते हैं।

इसी प्रकार, तीसरी कक्षा में 18, चौथी में 32 आदि इलेक्ट्रॉन हो सकते हैं और इन्हें क्रमशः M कक्षा, N कक्षा आदि कहते हैं।

किसी तत्व के परमाणु की सबसे बाहरी कक्षा में जितने इलेक्ट्रॉन होते हैं उतनी ही उस तत्व की 'संयोजकता' (valency) होती है जो अधिकतम 8 हो सकती है।

उदाहरण के लिए **सिलिकॉन** परमाणु के नाभिक में 14 प्रोटॉन (14P) तथा 14 न्यूट्रॉन (14N) हैं इसलिए प्रथम कक्षा में 2 द्वितीय कक्षा में 8 तथा तृतीय कक्षा में 4 इलेक्ट्रॉन व्यवस्थित होते हैं। अतः इसमें 4 संयोजी इलेक्ट्रॉन (valence electron) होते हैं।

जर्मेनियम परमाणु के नाभिक में 32 प्रोटॉन व 41 न्यूट्रॉन होते हैं। प्रथम कक्षा में 2, द्वितीय कक्षा में 8, तृतीय कक्षा में 18 तथा चतुर्थ कक्षा में 4 इलेक्ट्रॉन होते हैं। इस प्रकार जर्मेनियम में भी सिलिकॉन के समान 4 संयोजी इलेक्ट्रॉन होते हैं। अतः दोनों पदार्थों के बहुत से गुण समान होते हैं।

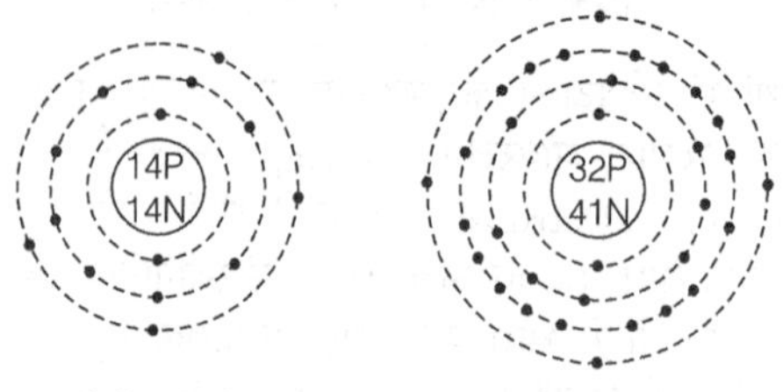

(i) सिलिकॉन परमाणु (ii) जर्मेनियम परमाणु

चित्र अर्द्धचालकों की परमाणु संरचना

8.3 अर्द्धचालक ऊर्जा स्तर

Semiconductor Energy Level

पृथ्वी पर उपस्थित समस्त तत्वों के प्रत्येक परमाणु की कक्षाएँ निश्चित होती हैं। ये कक्षाएँ स्थायी अथवा अस्थायी दोनों प्रकार की होती हैं, परन्तु परमाणु में उपस्थित इलेक्ट्रॉन्स केवल स्थायी कक्षाओं में ही नाभिक की परिक्रमा करते हैं। परमाणु में उपस्थित प्रत्येक कक्षा एक निश्चित ऊर्जा स्तर से संयोजित होती है। अतः किसी परमाणु में उपस्थित विभिन्न कक्षाओं से संयोजित ऊर्जा स्तरों का समूह उस परमाणु का ऊर्जा बैण्ड कहलाता है। चित्र में एक परमाणु के विभिन्न कक्षाओं से संयोजित ऊर्जा स्तर दर्शाए गए हैं।

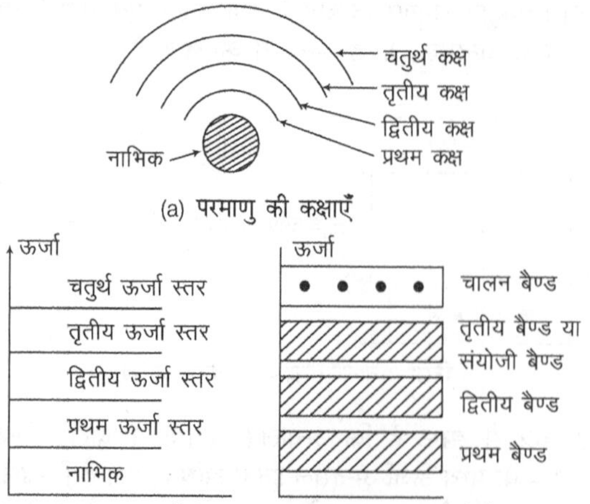

(b) परमाणु का ऊर्जा स्तर (c) Ge परमाणु का ऊर्जा बैण्ड

चित्र अर्द्धचालक ऊर्जा स्तर

उपरोक्त चित्र से स्पष्ट है कि नाभिक के द्वारा निकटतम कक्षा पर अधिकतम आकर्षण बल तथा बाह्य कक्षा पर न्यूनतम आकर्षण बल आरोपित होता है। अत: यदि इलेक्ट्रॉन को प्रथम कक्षा से द्वितीय कक्षा में स्थानान्तरित करना हो, तो दोनों के ऊर्जा स्तरों के अन्तर के बराबर ऊर्जा इलेक्ट्रॉन को प्रदान करनी होगी।

उपरोक्त चित्र C में Ge परमाणु का ऊर्जा बैण्ड दर्शाया गया है। यदि Ge परमाणु को बाह्य स्रोत से ऊर्जा (प्रकाश अथवा ऊष्मा के रूप में) प्रदान की जाए, तो Ge परमाणु उत्तेजित हो जाता है, जिस कारण उसमें इलेक्ट्रॉन्स का स्थानान्तरण निम्न ऊर्जा की कक्षा से उच्च ऊर्जा स्तर की कक्षा में होने लगता है।

8.4 अर्द्धचालक के प्रकार Types of Semiconductor

अर्द्धचालक निम्न दो प्रकार के होते हैं

1. इन्ट्रिन्सिक अर्द्धचालक
2. एक्सट्रिन्सिक अर्द्धचालक

1. इन्ट्रिन्सिक अर्द्धचालक Intrinsic Semiconductor

ऐसे अर्द्धचालक जो प्रकृति में शुद्ध अवस्था में विद्यमान होते हैं, वे इन्ट्रिन्सिक या शुद्ध अर्द्धचालक कहलाते हैं। शुद्ध अवस्था में अर्द्धचालक पदार्थ, विद्युत धारा प्रवाह के लिए उच्च प्रतिरोध प्रस्तुत करते हैं। इनकी संरचना क्रिस्टलीय (crystalline) होती है। सिलिकॉन एवं जर्मेनियम इन्ट्रिन्सिक अर्द्धचालक के उदाहरण हैं।

2. एक्सट्रिन्सिक अर्द्धचालक Extrinsic Semiconductor

शुद्ध अर्द्धचालक पदार्थों में किसी उचित पदार्थ को अशुद्धि (impurity) के रूप में मिलाकर उनकी चालकता में वृद्धि की जा सकती है। अशुद्धि युक्त अर्द्धचालक, एक्सट्रिन्सिक अर्द्धचालक कहलाते हैं। शुद्ध अर्द्धचालकों में सूक्ष्म मात्रा में अशुद्धि मिलाने की यह प्रक्रिया **डोपिंग** (doping) कहलाती है।

अर्द्धचालक परम शून्य ताप (शून्य केल्विन) पर कुचालक के समान कार्य करता है एवं इसमें धारा का प्रवाह ताप पर निर्भर करता है। शुद्ध अर्द्धचालकों में अशुद्धि मिलाने पर तापमान में वृद्धि किए बिना ही उसमें धारा के प्रवाह को बढ़ाया जा सकता है।

डोपिंग के आधार पर एक्सट्रिन्सिक अर्द्धचालकों को निम्न दो भागों में वर्गीकृत किया जाता है

(i) *p*-टाइप अर्द्धचालक
(ii) *n*-टाइप अर्द्धचालक

(i) *p*-टाइप अर्द्धचालक *p*-Type Semiconductor

इण्डियम तथा गैलियम त्रिसंयोजी (trivalent) तत्व होते हैं। यदि इनमें से किसी एक तत्व की अल्प मात्रा, जर्मेनियम/सिलिकॉन में प्रवेश करा दी जाए, तो प्रत्येक इण्डियम/गैलियम परमाणु के लिए एक इलेक्ट्रॉन की कमी उत्पन्न हो जाती है, जो **होल** (hole) अथवा **कोटर** कहलाती है, जैसा कि चित्र में दर्शाया गया है। 'होल' का अर्थ इलेक्ट्रॉन के लिए 'रिक्त स्थान' या 'रिक्ति' होता है।

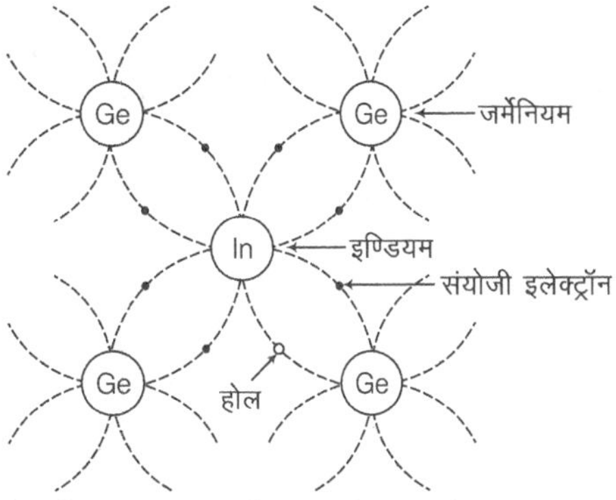

चित्र *p*-टाइप अर्द्धचालक की क्रिस्टलीय संरचना

जर्मेनियम की संरचना जालीय (lattice) होती है, जिसमें प्रत्येक जर्मेनियम परमाणु, चार अन्य जर्मेनियम परमाणुओं के साथ सह-संयोजी बन्ध स्थापित करता है।

जब इस जालीय संरचना में एक त्रिसंयोजी (trivalent) इण्डियम प्रवेश कर जाता है, तो उसकी बाह्य कक्षा में केवल 3 इलेक्ट्रॉन्स विद्यमान होने के कारण एक इलेक्ट्रॉन की कमी हो जाती है अर्थात् 'होल' (hole) उत्पन्न हो जाता है। इस 'होल' का आवेश धनात्मक होता है।

चूँकि इण्डियम परमाणु क्रिस्टल में से कोई एक अन्य इलेक्ट्रॉन ले लेता है, इसलिए इसे ग्राही (acceptor) कहते हैं, क्योंकि क्रिस्टल की वैद्युत चालकता बढ़ाने के लिए एक धनात्मक आवेश उपलब्ध है, इसलिए इस क्रिस्टल को *p*-टाइप अर्द्धचालक कहते हैं।

p-टाइप के अर्द्धचालक में होल उत्पन्न होने के कारण यह एक इलेक्ट्रॉन ग्रहण करने की क्षमता रखता है, जिस कारण *p*-टाइप के अर्द्धचालक में मिश्रित अशुद्धि, ग्राही या एक्सेप्टर अशुद्धि कहलाती है, जिसका ऊर्जा स्तर संयोजी बैण्ड से ठीक ऊपर होता है।

चित्र में *p*-टाइप के अर्द्धचालक का ऊर्जा स्तर आरेख दर्शाया गया है, जो E_c चालन बैण्ड, E_v संयोजी बैण्ड, E_g बैण्ड अन्तराल तथा E_a ग्राही ऊर्जा स्तर को प्रदर्शित करता है।

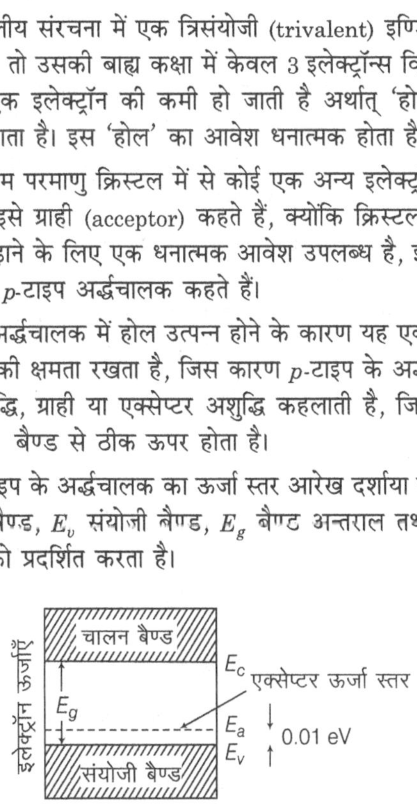

चित्र *p*-टाइप के अर्द्धचालक के लिए ऊर्जा बैण्ड आरेख

टिप्पणी *p-टाइप के अर्द्धचालक में होल्स की अधिकता के कारण होल्स बहुसंख्यक आवेश वाहक तथा इलेक्ट्रॉन्स अल्पसंख्यक आवेश वाहक होते हैं।*

(ii) *n*-टाइप अर्द्धचालक
n-Type Semiconductor

आर्सेनिक तथा एन्टीमनी पंचसंयोजी (pentavalent) तत्व हैं। यदि इनमें से किसी एक तत्व की अल्प मात्रा, जर्मेनियम/सिलिकॉन में प्रवेश करा दी जाए, तो प्रत्येक आर्सेनिक/एन्टीमनी परमाणु का एक इलेक्ट्रॉन, जालीय संरचना में मुक्त हो जाता है, जो **मुक्त इलेक्ट्रॉन** (free electron) कहलाता है,

जैसा कि चित्र में दर्शाया गया है।

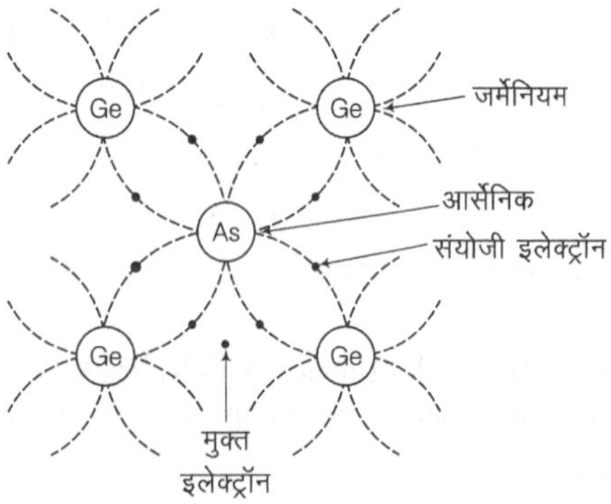

चित्र *n*-टाइप अर्द्धचालक की क्रिस्टलीय संरचना

जब जर्मेनियम की जालीय संरचना में एक पंचसंयोजी (pentavalent) आर्सेनिक प्रवेश कर जाता है, तो उसकी बाह्यतम कक्षा में 5 इलेक्ट्रॉन्स विद्यमान होने के कारण एक इलेक्ट्रॉन को जालीय संरचना में स्थान नहीं मिल पाता और वह 'मुक्त' हो जाता है।

'n-टाइप' अर्द्धचालक में 'मुक्त इलेक्ट्रॉन्स' की संख्या पदार्थ में मिलाए गए आर्सेनिक की मात्रा पर निर्भर करती है। n–टाइप के अर्द्धचालक में संयोजी बन्ध बनने के पश्चात् एक मुक्त इलेक्ट्रॉन शेष रह जाता है, जिस कारण यह एक इलेक्ट्रॉन प्रदान करने की क्षमता रखता है।

अत: n–टाइप अर्द्धचालक में मिश्रित अशुद्धि, दाता अथवा डोनर अशुद्धि कहलाती है, जिसका ऊर्जा स्तर अर्थात् डोनर ऊर्जा स्तर E_d, चालन बैण्ड के ठीक नीचे स्थित होता है।

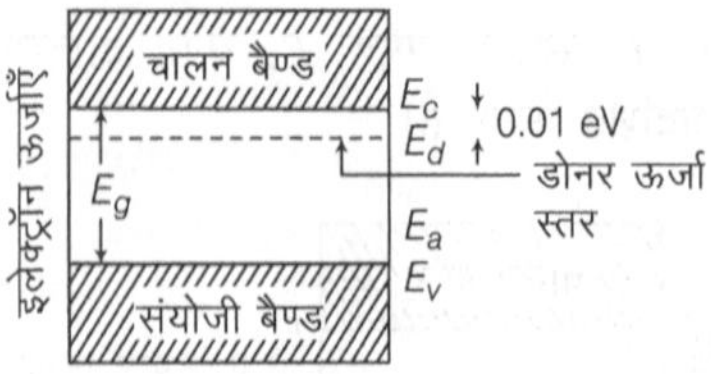

चित्र *n*-टाइप अर्द्धचालक के लिए ऊर्जा बैण्ड आरेख

टिप्पणी *मुक्त इलेक्ट्रॉन्स की अधिकता के कारण n-टाइप के अर्द्धचालक में इलेक्ट्रॉन्स बहुसंख्यक आवेश वाहक तथा होल्स अल्पसंख्यक आवेश वाहक होते हैं।*

तालिका *n*-टाइप तथा *p*-टाइप अर्द्धचालक के मध्य अन्तर

क्र. सं.	*n*-टाइप	*p*-टाइप
1.	इन्ट्रिन्सिक अर्द्धचालक में 5 संयोजकता वाली अशुद्धि के परमाणु मिलाने पर *n*-टाइप अर्द्धचालक का निर्माण होता है।	एक्सट्रिन्सिक अर्द्धचालक में 3 संयोजकता वाली अशुद्धि के परमाणु मिलाने पर *p*-टाइप अर्द्धचालक का निर्माण होता है।
2.	प्रत्येक अशुद्धि परमाणु एक अतिरिक्त मुक्त इलेक्ट्रॉन प्रदान करता है।	प्रत्येक अशुद्धि परमाणु एक अतिरिक्त होल प्रदान करता है।
3.	अशुद्धि परमाणु को दाता परमाणु (donor atom) कहते हैं।	अशुद्धि परमाणु को ग्राही परमाणु (acceptor atom) कहते हैं।
4.	दाता परमाणु स्थिर धनावेशित आयन होते हैं।	ग्राही परमाणु स्थिर ऋणावेशित आयन होते हैं।
5.	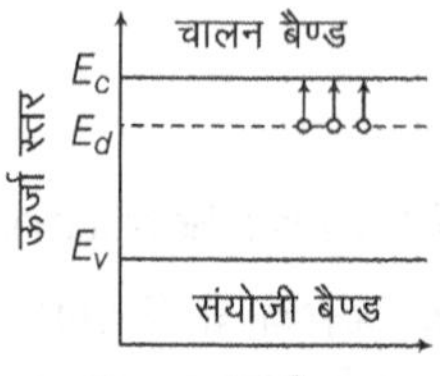 दाता परमाणु का ऊर्जा स्तर चालन बैण्ड से कुछ नीचे स्थित होता है।	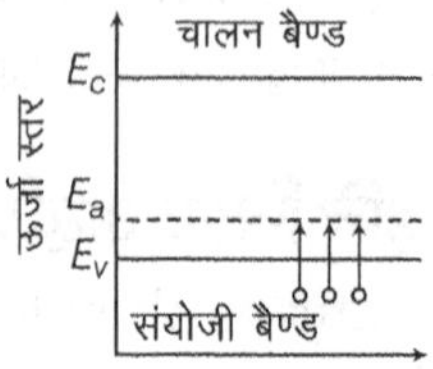 ग्राही परमाणु का ऊर्जा स्तर संयोजी बैण्ड से कुछ ऊपर स्थित होता है।
6.	बहुसंख्यक आवेश वाहक इलेक्ट्रॉन होते हैं तथा अल्पसंख्यक आवेश वाहक होल होते हैं।	बहुसंख्यक आवेश वाहक होल तथा अल्पसंख्यक आवेश वाहक इलेक्ट्रॉन होते हैं।

तालिका इन्ट्रिन्सिक तथा एक्सट्रिन्सिक अर्द्धचालक के मध्य अन्तर

क्र. सं.	इन्ट्रिन्सिक अर्द्धचालक	एक्सट्रिन्सिक अर्द्धचालक
1.	यह शुद्ध तथा प्राकृतिक अर्द्धचालक है।	यह शुद्ध अर्द्धचालक में किसी पदार्थ को अशुद्धि के रूप में मिलाकर बनता है।
2.	इलेक्ट्रॉन तथा होल की संख्या समान होती है। इलेक्ट्रॉन चालन बैण्ड में तथा होल संयोजी बैण्ड में स्थित होते हैं।	*n*-टाइप अर्द्धचालक में इलेक्ट्रॉनों की संख्या होल से अधिक होती है। *p*-टाइप अर्द्धचालक में होल की संख्या इलेक्ट्रॉनों की संख्या से अधिक होती है।
3.	वैद्युत चालकता कम होती है।	वैद्युत चालकता उच्च होती है।
4.	तापमान बढ़ने पर वैद्युत चालकता चरघातीय (exponentially) रूप से बढ़ती है।	वैद्युत चालकता सामान्य रूप से बढ़ती है।
5.	वैद्युत चालकता नियन्त्रित नहीं की जा सकती है।	डोपिंग के द्वारा वैद्युत चालकता नियन्त्रित की जा सकती है।

8.5 p-n जंक्शन p-n Junction

जब किसी p तथा n-टाइप क्रिस्टल को ऊष्मीय प्रक्रिया द्वारा संयुक्त किया जाता है, तो प्राप्त जंक्शन p-n जंक्शन कहलाता है। व्यावहारिक रूप में p-टाइप अर्द्धचालक को n-टाइप अर्द्धचालक के साथ रखकर नहीं बनाया जा सकता है। p-n जंक्शन को निम्न दो विधियों द्वारा बनाया जाता है

(i) **ग्राउन p-n जंक्शन** (Grown p-n junction) इस प्रकार के जंक्शन को बनाने के लिए जर्मेनियम के क्रिस्टल में पहले एक प्रकार की अशुद्धि मिलाई जाती है तथा अशुद्धि मिलाने की क्रिया के बीच में ही दूसरी प्रकार की अशुद्धि मिला दी जाती है जिससे क्रिस्टल का एक भाग एक प्रकार की अशुद्धि से तथा दूसरा भाग अन्य प्रकार की अशुद्धि से युक्त हो जाता है।

चित्र में ग्राउन p-n जंक्शन दर्शाया गया है। चित्र से स्पष्ट है कि क्रिस्टल का एक भाग p-टाइप तथा दूसरा भाग n-टाइप का अर्द्धचालक बन गया है। ऋणात्मक चिन्ह (–) के बड़े गोले ग्राही (acceptor) अशुद्धि के परमाणु के ऋण आयन तथा धनात्मक चिन्ह (+) के बड़े गोल दाता (donor) अशुद्धि के परमाणु धन आयन को प्रदर्शित करते हैं।

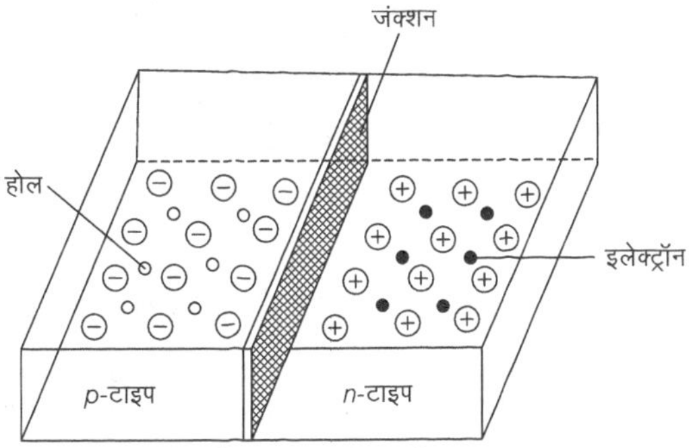

चित्र ग्राउन p-n जंक्शन

इस प्रकार ग्राउन जंक्शन में p–भाग में होल (hole) के कारण तथा n–भाग में इलेक्ट्रॉन के कारण धारा प्रवाहित हो सकती है।

(ii) **फ्यूज्ड p-n जंक्शन** (Fused p-n junction) इस प्रकार के जंक्शन को बनाने के लिए n-टाइप जर्मेनियम वेफर की सतह पर इण्डियम की बहुत सूक्ष्म मात्रा (क्रिस्टल की अपेक्षा लगभग एक लाखवाँ भाग) रखकर क्रिस्टल को गर्म किया जाता है जिससे इण्डियम, जर्मेनियम सतह के नीचे कुछ दूरी पर विसरित होकर एक पतली परत के रूप में फैल जाती है। इस प्रकार सतह के नीचे एक पतली परत p-टाइप जर्मेनियम की बन जाती है तथा क्रिस्टल का शेष भाग n-टाइप जर्मेनियम ही रहता है, इस प्रकार p-टाइप क्षेत्र के मध्य क्षेत्र के मध्य एक p-n जंक्शन बन जाता है, जैसा कि चित्र में दर्शाया गया है।

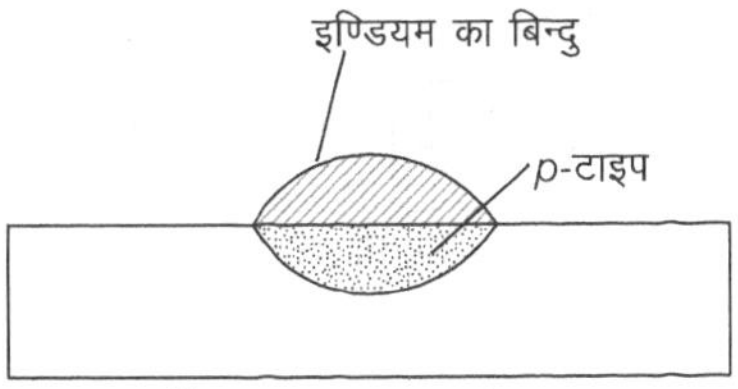

चित्र फ्यूज्ड p-n जंक्शन

कार्यप्रणाली Working Method

चित्र में p-n जंक्शन की संरचना दर्शायी गई है। p-n जंक्शन बनने के बाद p-टाइप अर्द्धचालक से होल्स (बहुसंख्यक आवेश वाहक) निम्न ऊर्जा प्राप्त करके n-टाइप अर्द्धचालक में तथा n-टाइप अर्द्धचालक से इलेक्ट्रॉन (बहुसंख्यक आवेश वाहक) p-टाइप अर्द्धचालक के जंक्शन को पार करके पहुँचते हैं। दूसरे शब्दों में, आवेश वाहकों का स्थानान्तरण उच्च सान्द्रता से कम सान्द्रता वाले क्षेत्र की ओर होता है। यह प्रक्रिया विसरण (diffusion) कहलाती है तथा इस प्रक्रिया द्वारा p-n जंक्शन में जो धारा प्रवाहित होती है, वह विसरण धारा कहलाती है।

विसरण प्रक्रिया के कारण n–टाइप अर्द्धचालक के इलेक्ट्रॉन जंक्शन के निकट p-टाइप अर्द्धचालक में उपस्थित होल्स के साथ संयोजित हो जाते हैं। इसी प्रकार p–टाइप अर्द्धचालक के होल्स n-टाइप अर्द्धचालक के जंक्शन के निकटवर्ती इलेक्ट्रॉन्स के साथ संयोजित हो जाते हैं।

परिणामस्वरूप p-टाइप अर्द्धचालक में जंक्शन के निकट ऋणावेश तथा n-टाइप अर्द्धचालक में जंक्शन के निकट धनावेश एकत्रित हो जाता है। जंक्शन के निकट इन स्थिर आयनों के एकत्रित होने के कारण आवेश–वाहकों का पुन: स्थानान्तरण बाधित हो जाता है और p-n जंक्शन की साम्यावस्था प्राप्त हो जाती है।

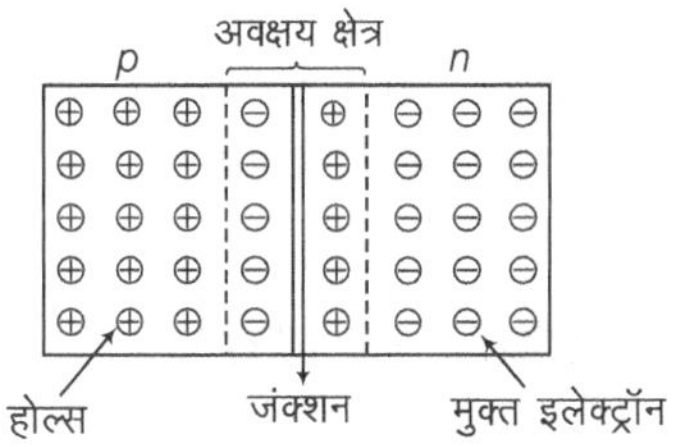

चित्र p-n जंक्शन की संरचना

p-n जंक्शन की कार्यप्रणाली से सम्बन्धित पदों को निम्नवत् परिभाषित किया गया है

अवक्षय क्षेत्र Depletion Region

इलेक्ट्रॉन्स तथा होल्स की विसरण प्रक्रिया के पश्चात् p-n जंक्शन के निकट बना वह क्षेत्र, जिसमें स्थिर इलेक्ट्रॉन तथा होल्स उपस्थित होते हैं, अवक्षय क्षेत्र कहलाता है। चित्र में अवक्षय परत युक्त p n जंक्शन दर्शाया गया है, जिसमें p-अर्द्धचालक के निकट स्थिर इलेक्ट्रॉन्स तथा n-अर्द्धचालक के निकट स्थिर होल्स उपस्थित हैं। स्थिर इलेक्ट्रॉन्स तथा होल्स को सम्मिलित रूप से स्थिर आयन्स (immobile ions) भी कहा जाता है। अवक्षय क्षेत्र बनने के पश्चात् n-अर्द्धचालक पदार्थ से p-अर्द्धचालक पदार्थ तक इलेक्ट्रॉन का प्रवाह बाधित हो जाता है और साम्यावस्था प्राप्त हो जाती है। अवक्षय क्षेत्र को फ्री स्पेस क्षेत्र (free space region) अथवा ट्रांजिशन क्षेत्र (transition region) भी कहा जाता है।

विभव प्राचीर Potential Barrier

इलेक्ट्रॉन–होल के विसरण के कारण p-n जंक्शन पर एक विभव उत्पन्न होता है, जिसे विभव प्राचीर कहते हैं। जर्मेनियम के लिए यह विभव $V_B = 0.3$ वोल्ट तथा सिलिकॉन के लिए यह विभव $V_B = 0.7$ वोल्ट

होता है। दूसरे शब्दों में, जिस विभवान्तर पर किसी p-n जंक्शन में से विद्युत धारा का प्रभावी प्रवाह प्रारम्भ हो जाता है, वह उसका विभव प्राचीर कहलाता है। विभव प्राचीर डोपिंग घनत्व, आवेश तथा तापमान पर निर्भर करता है।

8.6 p-n जंक्शन डायोड p-n Junction Diode

p-n जंक्शन डायोड दो टर्मिनल वाली p-n जंक्शन से निर्मित एक युक्ति है, जिसमें धारा का प्रवाह एकदिशीय होता है। धारा के प्रवाह की विपरीत दिशा में यह युक्ति अत्यधिक प्रतिरोध प्रस्तुत करती है, जिसके कारण उस दिशा में धारा का प्रवाह अवरुद्ध होता है। एकदिशीय धारा प्रवाह के कारण इसे एकदिशीय युक्ति भी कहते हैं। इलेक्ट्रॉनिक परिपथों में डायोड का प्रयोग स्विच की भाँति किया जाता है। इसके अतिरिक्त, इसे रेक्टिफायर परिपथ में ए.सी. को डी.सी. में परिवर्तित करने के लिए भी प्रयुक्त किया जाता है।

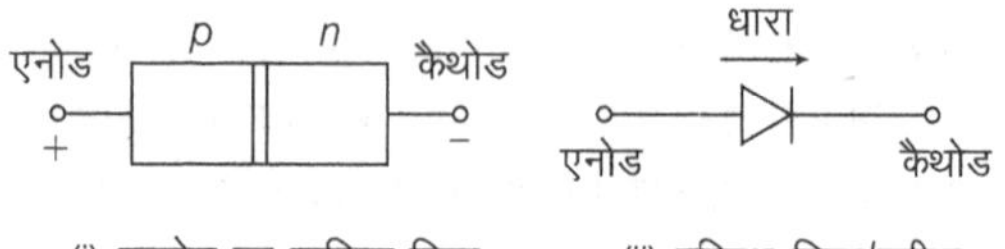

चित्र *p-n* जंक्शन डायोड

उपरोक्त चित्र में अर्द्धचालक डायोड का ग्राफिक चिन्ह तथा परिपथ चिन्ह प्रदर्शित किया गया है। परिपथ चिन्ह में तीर का निशान धारा की दिशा को प्रदर्शित करता है।

p-n जंक्शन डायोड के प्रकार
Types of p-n Junction Diode

p-n जंक्शन डायोड के निर्माण में प्रयुक्त अर्द्धचालक पदार्थ के आधार पर डायोड मुख्यत: निम्न दो प्रकार के होते हैं

(i) **जर्मेनियम डायोड** (Germanium diode) ये डायोड्स जर्मेनियम नामक तत्व से तैयार किए गए 'p–टाइप' तथा 'n–टाइप' के क्रिस्टलों को ऊष्मा प्रक्रिया द्वारा जोड़कर बनाए जाते हैं। इनका विभव प्राचीर 0.1 V से 0.3 V तक होता है। इनका उपयोग रेडियो तथा टी.वी. रिसीवर्स में डिटेक्शन के लिए किया जाता है।

(ii) **सिलिकॉन डायोड** (Silicon diode) ये डायोड्स सिलिकॉन नामक तत्व से तैयार किए गए p-टाइप तथा n-टाइप के क्रिस्टलों को ऊष्मा–प्रक्रिया द्वारा जोड़कर बनाए जाते हैं। इनका विभव प्राचीर 0.7 V तक होता है। इनका उपयोग 'रेक्टीफिकेशन' के लिए किया जाता है। इस कार्य के लिए 1000 V तक तथा 10 A तक विद्युत धारा वहन क्षमता वाले सिलिकॉन डायोड्स बनाए जाते हैं।

p-n जंक्शन डायोड की बायसिंग
Biasing of p-n Junction Diode

p-n जंक्शन को बाह्य वोल्टेज से संयोजित करने की प्रक्रिया बायसिंग कहलाती है। बायसिंग प्रक्रिया निम्न दो प्रकार की होती हैं

1. फॉरवर्ड बायसिंग 2. रिवर्स बायसिंग

1. फॉरवर्ड बायसिंग Forward Biasing

यदि p-n जंक्शन डायोड के 'p-टाइप' पदार्थ को बैटरी के धन (+) तथा 'n-टाइप' पदार्थ को बैटरी के ऋण (–) सिरे से संयोजित कर दिया जाए, तो यह फॉरवर्ड बायसिंग कहलाती है। इस स्थिति में 'होल्स' तथा 'मुक्त इलेक्ट्रॉन्स' जंक्शन के निकट आ जाते हैं।

बैटरी का ऋणात्मक आवेश, 'n-टाइप' पदार्थ में उपस्थित 'मुक्त इलेक्ट्रॉन्स' को जंक्शन की ओर विकर्षित तथा 'होल्स' को अपनी ओर आकर्षित करता है। इसी प्रकार, बैटरी का धनात्मक आवेश 'p-टाइप' पदार्थ में उपस्थित 'होल्स' को जंक्शन की ओर विकर्षित तथा 'मुक्त इलेक्ट्रॉन्स' को अपनी ओर आकर्षित करता है। फलस्वरूप 'मुक्त इलेक्ट्रॉन्स', p-टाइप पदार्थ में प्रवेश कर 'होल्स' के साथ पुनर्मिलन (recombination) प्रक्रिया सम्पादित कर विद्युत धारा का प्रवाह स्थापित कर देते हैं। इस प्रक्रिया में 'मुक्त इलेक्ट्रॉन्स', एक होल से दूसरे होल में जाते हैं और 'होल्स' अर्थात् 'रिक्तियाँ' खिसकती (drift) रहती हैं। इस प्रकार उत्पन्न होने वाली धारा **विसरण धारा** (diffusion current) कहलाती है, जोकि mA में होती है।

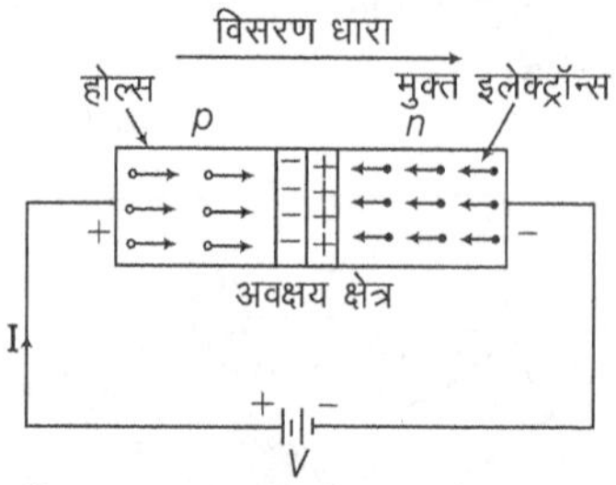

चित्र *p-n* जंक्शन की फॉरवर्ड बायसिंग

टिप्पणी *(i) फॉरवर्ड बायसिंग प्रक्रिया में आरोपित बाह्य वोल्टेज का मान बढ़ाने पर विभव प्राचीर कम होने से धारा का मान बढ़ता है।*

(ii) फॉरवर्ड बायसिंग में अवक्षय क्षेत्र की चौड़ाई आरोपित विद्युत वाहक बल के साथ कम होती है।

(iii) फॉरवर्ड बायसिंग में p-n जंक्शन डायोड एक बन्द स्विच, शॉर्ट परिपथ की भाँति कार्य करता है।

2. रिवर्स बायसिंग Reverse Biasing

यदि p-n जंक्शन डायोड के 'p-टाइप' पदार्थ को बैटरी के ऋण (–) तथा 'n-टाइप' पदार्थ को बैटरी के धन (+) सिरे से संयोजित कर दिया जाए, तो यह p–n जंक्शन की रिवर्स बायसिंग कहलाती है। इस स्थिति में 'होल्स' तथा 'मुक्त' इलेक्ट्रॉन्स' जंक्शन से दूर हट जाते हैं। बैटरी का धनात्मक आवेश, 'मुक्त इलेक्ट्रॉन्स' को आकर्षित कर लेता है और उसका ऋणात्मक आवेश, 'होल्स' को आकर्षित कर लेता है, फलत: इस युक्ति में विद्युत धारा प्रवाहित नहीं होती है।

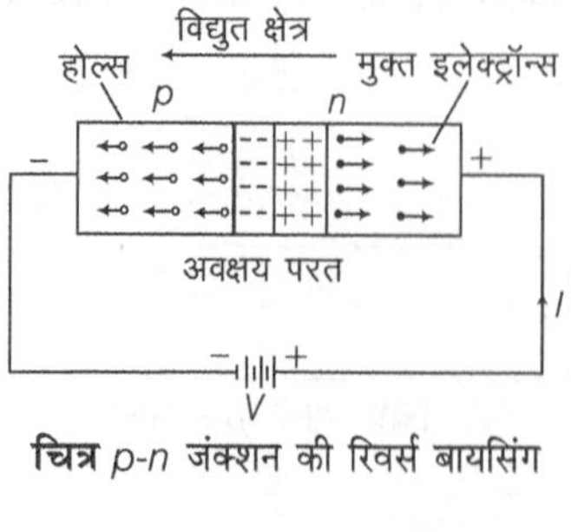

चित्र *p-n* जंक्शन की रिवर्स बायसिंग

वास्तव में, युक्ति में उपस्थित ऊष्मीय ऊर्जा एवं आरोपित विद्युत वाहक बल द्वारा उत्पन्न ऊष्मीय ऊर्जा के कारण '*n*-टाइप' पदार्थ से कुछ 'होल्स' (अल्पसंख्यक आवेश वाहक) तथा '*p*-टाइप' पदार्थ से कुछ 'मुक्त इलेक्ट्रॉन्स' निकलते रहते हैं। जंक्शन के निकट इन अल्पसंख्यक आवेश वाहकों की पुनर्मिलन (recombination) प्रक्रिया से रिवर्स बायसिंग में भी अल्प मात्रा में विद्युत धारा प्रवाहित होती है, जिसे लीकेज धारा (leakage current) कहते हैं। रिवर्स बायसिंग अवस्था में यदि आरोपित विद्युत वाहक बल का मान, एक निश्चित सीमा से अधिक हो जाता है, तो रिवर्स दिशा में विद्युत धारा प्रवाह का मान एकाएक बहुत बढ़ जाता है और यह स्थिति **ब्रेकडाउन** (break down) कहलाती है तथा आरोपित विद्युत वाहक बल ब्रेकडाउन वोल्टेज कहलाता है।

नोट *(i) रिवर्स बायसिंग में विभव प्राचीर का मान आरोपित विद्युत वाहक बल के साथ-साथ बढ़ता है।*

(ii) रिवर्स बायसिंग में अवक्षय क्षेत्र की चौड़ाई आरोपित विद्युत वाहक बल के साथ बढ़ती है।

(iii) रिवर्स बायसिंग में p-n जंक्शन डायोड एक ओपन स्विच (खुला परिपथ) की भाँति कार्य करता है।

p-n जंक्शन डायोड का *V-I* अभिलाक्षणिक वक्र *V-I* Characteristics Curve of *p-n* Junction Diode

किसी डायोड के अभिलक्षणों के अध्ययन के लिए डायोड के आर-पार आरोपित वोल्टेज तथा संगत धारा मानों के बीच खींचा गया वक्र, *p-n* जंक्शन डायोड का *V-I* वक्र या डायोड अभिलाक्षणिक वक्र कहलाता है। चित्र में डायोड का अभिलाक्षणिक *V-I* वक्र दर्शाया गया है। इस वक्र के आधार पर डायोड के अनुप्रयोग निर्धारित किए जाते हैं।

सामान्य प्रकार के सिलिकॉन डायोड में केवल 0.7 वोल्ट/0.8 वोल्ट फॉरवर्ड बायसिंग पर ही उच्चतम विद्युत धारा प्रवाहित होने लगती है। इस अभिलक्षण वक्र से स्पष्ट है कि फॉरवर्ड वोल्टेज (V_F) बढ़ाने से फॉरवर्ड धारा I_F का मान बढ़ता है, इसके विपरीत रिवर्स वोल्टेज (V_R) बढ़ाने पर रिवर्स धारा (I_R) का मान बहुत कम बढ़ता है लेकिन यदि रिवर्स वोल्टेज को एक निश्चित मान से अधिक बढ़ाया जाए, तो धारा का मान अचानक से अत्यधिक बढ़ता है। जिस बिन्दु से धारा का मान अचानक बढ़ने लगता है, उसे ब्रेकडाउन प्वॉइण्ट कहते हैं।

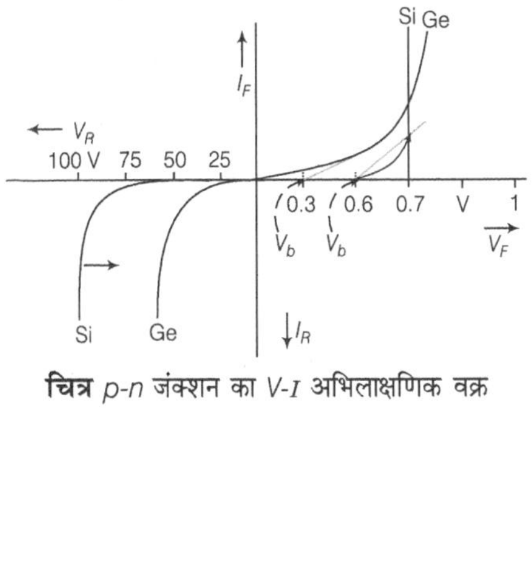

चित्र *p-n* जंक्शन का *V-I* अभिलाक्षणिक वक्र

डायोड की विशिष्टियाँ

Specifications of Diodes

डायोड की कुछ महत्त्वपूर्ण विशिष्टियाँ निम्न प्रकार हैं

1. **पदार्थ** (Material) डायोड अपमिश्रण (dopped) अर्द्धचालक पदार्थ से बनते हैं। यह सिलिकॉन या जर्मेनियम हो सकता है। कट-इन वोल्टेज, डायोड के पदार्थ पर ही निर्भर करती है। उदाहरण के लिए Ge डायोड में कट-इन वोल्टेज लगभग 0.3V है जबकि Si डायोड में कट-इन वोल्टेज लगभग 0.7V होती है।
2. **अधिकतम सुरक्षित रिवर्स वोल्टेज** (Maximum safe reverse voltage) इसे V_R या V_r से प्रदर्शित किया जाता है इस वोल्टेज को डायोड के मध्य प्रयुक्त किया जा सकता है।

   इसे पीक इन्वर्स वोल्टेज (उत्क्रम शिखर मान) या PIV भी कहते हैं। यदि निर्धारण PIV से उच्च, रिवर्स वोल्टेज को डायोड के मध्य प्रयुक्त किया जाये, तो डायोड स्थायी रूप से दोषपूर्ण हो जाएगा।
3. **अधिकतम औसत फॉरवर्ड धारा** (Maximum average forward current) इसे I_F से प्रदर्शित किया जाता है। यह डायोड में से प्रवाहित होने वाली धारा है।
4. **फॉरवर्ड वोल्टेज ड्रॉप** (Forward voltage drop) जब अधिकतम औसत फॉरवर्ड धारा I_r डायोड में से लगातार प्रवाहित होती है, तो डायोड के मध्य होने वाले वोल्टेज ड्रॉप को फॉरवर्ड वोल्टेज ड्रॉप कहते हैं।
5. **अधिकतम रिवर्स धारा** (Maximum reverse current) अधिकतम रिवर्स वोल्टेज (PIV) प्रयुक्त होने पर, डायोड में से प्रवाहित होने वाली धारा अधिकतम रिवर्स धारा कहलाती है।
6. **अधिकतम फॉरवर्ड सर्ज धारा** (Maximum forward surge current) यह डायोड में से निश्चित समय अंतराल के लिए प्रवाहित होने वाली धारा है।
7. **अधिकतम सन्धि ताप** (Maximum junction temperature) वह ताप, जिसे डायोड सन्धि को क्षतिग्रस्त किए बिना सहन कर सकता है, अधिकतम सन्धि ताप कहलाता है
8. **डायोड के निर्माताओं के कोड** (Manufacturer's code of diodes) डायोड पर एक टाइप नम्बर मुद्रित होता है। जब इस टाइप नम्बर को निर्माता की पुस्तिका से देखा जाए, तो डायोड के किसी निश्चित टाइप नम्बर के लिए विस्तृत विनिर्देश दिया होता हैं।

   डायोड तथा अन्य अवयव, जो विभिन्न निर्माताओं द्वारा निर्मित हैं, इनके लिए निर्माताओं तथा प्रमाणिक संस्थाओं ने कुछ निश्चित अंतर्राष्ट्रीय मानक सेट किये हैं;

   जैसे-JEDEC, PRO-ELECTION, JIS टाइप मानक।

8.7 कुछ विशिष्ट प्रकार के डायोड्स
Some Special Types of Diodes

सामान्य प्रकार के *p-n* जंक्शन डायोड्स के अतिरिक्त विशेष प्रयोजनों हेतु कई विशेष प्रकार के डायोड्स भी बनाए गए हैं, जिनमें से कुछ प्रमुख डायोड्स अग्र प्रकार हैं

1. प्रकाश उत्सर्जक डायोड Light Emitting Diode

यह एक प्रकाशोत्पादक डायोड है। यह गैलियम आर्सेनाइड (GaAs) या गैलियम फॉस्फाइड (GaP) नामक यौगिक से बनाया जाता है। इसमें 'होल्स' तथा 'मुक्त इलेक्ट्रॉन्स' के पुनर्मिलन (recombination) की दर इतनी अधिक होती है कि इसके जंक्शन के सिरों पर फॉरवर्ड बायसिंग दिशा में पूर्व निर्धारित मान का विभवान्तर आरोपित करने पर यह प्रकाश किरणें उत्सर्जित करने लगता है। इसका प्रतीक चित्र में दर्शाया गया है। यह प्राय: चार रंगों में बनाया जाता है—हरा, नीला, पीला तथा लाल। इसका उपयोग इण्डीकेटर बल्ब के स्थान पर प्रदर्शक युक्ति एनोड के रूप में किया जाता है।

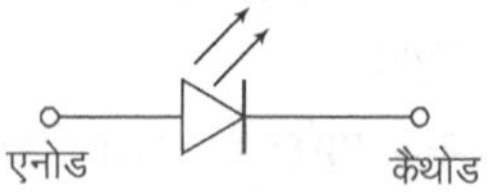

चित्र प्रकाश उत्सर्जक डायोड

2. वैरेक्टर डायोड Varactor Diode

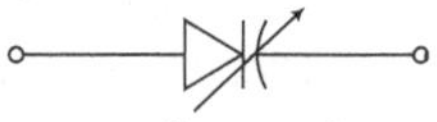
चित्र वैरेक्टर डायोड

रिवर्स बायसिंग अवस्था में प्रयोग होने वाला यह डायोड एक संधारित्र की भाँति प्रयोग किया जाता है, जिसमें प्रयुक्त *p* तथा *n*–टाइप के अर्द्धचालक, चालक प्लेटों की भाँति तथा अवक्षय क्षेत्र, एक परावैद्युत पदार्थ अथवा अचालक प्लेट की भाँति कार्य करते हैं। इस डायोड की धारिता आरोपित रिवर्स वोल्टेज में परिवर्तन करके परिवर्तित की जा सकती है। इस कारण इस डायोड को वैरीकैप डायोड भी कहा जाता है। चित्र में वैरेक्टर डायोड का प्रतीक दर्शाया गया है।

3. जीनर डायोड Zener Diode

जीनर डायोड एक उच्च डोपिंग वाला सिलिकॉन अर्द्धचालक डायोड है, जो विशेष रूप से रिवर्स ब्रेकडाउन क्षेत्र में प्रचालित करने हेतु बनाया गया है। इसे बिना किसी क्षति (damage) के ब्रेकडाउन रीजन में बार-बार प्रचालित किया जा सकता है, इसलिए यह ब्रेकडाउन डायोड के नाम से भी जाना जाता है। इस डायोड की 'ब्रेकडाउन वोल्टेज' सामान्य *p-n* जंक्शन डायोड से कम होती है जोकि पूर्व-निर्धारित होती है; जैसे—12V, 27V आदि। इसका प्रतीक चित्र में दर्शाया गया है। इसका उपयोग वोल्टेज रेगुलेटर के रूप में किसी इलेक्ट्रॉनिक परिपथ को पूर्व निर्धारित मान की वोल्टेज प्रदान करने के लिए किया जाता है।

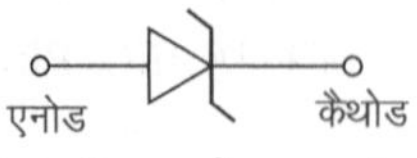

चित्र जीनर डायोड का प्रतीक

वोल्टेज का मान, निर्धारित मान से अधिक हो जाने की स्थिति में यह रिवर्स बायसिंग अवस्था में ही प्रचालित हो जाता है और इलेक्ट्रॉनिक परिपथ पर निर्धारित मान से अधिक वोल्टेज नहीं पहुँचने देता।

जीनर डायोड, वोल्टेज को लगातार तब तक नियन्त्रित रखता है, जब तक रिवर्स ब्रेकडाउन रीजन में डायोड धारा, निम्नतम धारा मान (I_z) तक नहीं पहुँच जाती। चित्र में जीनर डायोड का अभिलाक्षणिक वक्र प्रदर्शित किया गया है।

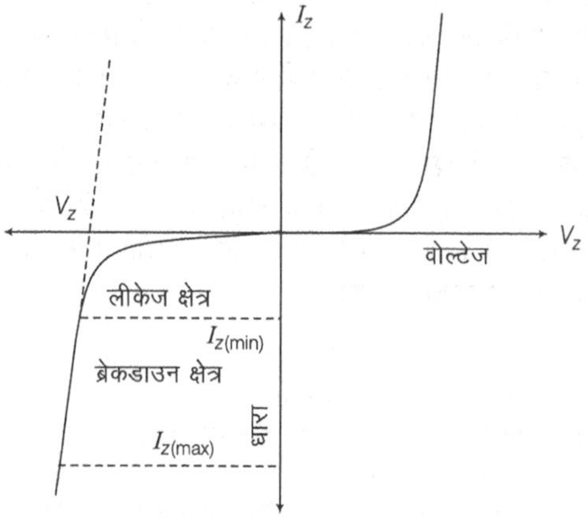

चित्र जीनर डायोड का अभिलाक्षणिक वक्र

4. फोटो-कण्डक्टिव डायोड Photo-conductive Diode

यह एक प्रकार का प्रकाश चालित स्विच है, जो रिवर्स बायसिंग अवस्था में कार्य करता है। यह प्रकाश किरणें पड़ने पर अपने प्रतिरोध को अत्यधिक घटा लेता है, जिस कारण परिपथ में रिवर्स धारा प्रवाहित होती है और परिपथ 'ऑन' हो जाता है। यह कैडमियम सल्फाइड (CdS) नामक यौगिक से बनाया जाता है, जो एक क्रिस्टलीय पदार्थ है, जिसका प्रतिरोध, प्रकाश किरणें पड़ने पर अत्यधिक घट जाता है।

इस डायोड में रिवर्स धारा की मात्रा डायोड पर पड़ने वाली प्रकाश किरणों की तीव्रता के अनुक्रमानुपाती होती है अर्थात् प्रकाश की तीव्रता जितनी अधिक होगी, परिपथ में उतनी ही अधिक रिवर्स धारा होगी। इस युक्ति का उपयोग फोटो-कैमरे में स्वचालित स्विच के रूप में तथा अन्य यन्त्रों में 'फोटो स्विचिंग' युक्ति के रूप में किया जाता है।

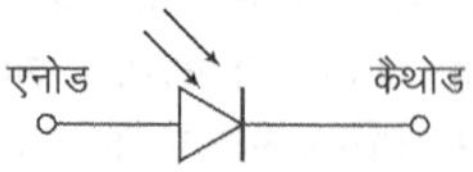

चित्र फोटो-कण्डक्टिव डायोड का प्रतीक

8.8 ट्रांजिस्टर Transistor

ट्रांजिस्टर एक तीन टर्मिनल वाली सक्रिय युक्ति है, जिसका प्रयोग इलेक्ट्रॉनिक परिपथों में बहुतायत से किया जाता है।

ट्रांजिस्टर शब्द की उत्पत्ति दो शब्दों ट्रांस (trans) व रेसिस्टेन्स (resistance) से मिलकर हुई है, जहाँ 'ट्रांस' से तात्पर्य स्थानान्तरण तथा रेसिस्टेन्स का प्रतिरोध से है। अत: ट्रांजिस्टर से अभिप्राय प्रतिरोध के स्थानान्तरण से है। यह इलेक्ट्रॉनिक परिपथों में निम्न प्रतिरोध से उच्च प्रतिरोध की ओर वोल्टेज का एम्प्लीफिकेशन करता है। इसका उपयोग प्रवर्द्धक, दोलित्र व स्विच आदि के रूप में किया जाता है।

ट्रांजिस्टर का वर्गीकरण Classification of Transistor

ट्रांजिस्टर को निम्न दो भागों में वर्गीकृत किया गया है

(i) **यूनीपोलर ट्रांजिस्टर** (Unipolar transistor) वे ट्रांजिस्टर, जिनमें विद्युत धारा का चालन अल्पसंख्यक (minority) अथवा बहुसंख्यक (majority) केवल एक प्रकार के आवेश वाहकों द्वारा होता है, यूनीपोलर ट्रांजिस्टर कहलाते हैं; जैसे—फील्ड इफेक्ट ट्रांजिस्टर (FET)।

(ii) **बाइपोलर ट्रांजिस्टर** (Bipolar transistor) वे ट्रांजिस्टर, जिनमें विद्युत धारा का चालन दोनों प्रकार के आवेश वाहकों (अल्पसंख्यक व बहुसंख्यक) द्वारा होता है, बाइपोलर ट्रांजिस्टर कहलाते हैं; जैसे—बाइपोलर जंक्शन ट्रांजिस्टर (BJT)। ये दो प्रकार के होते हैं—*n-p-n* तथा *p-n-p*। इस अध्याय में हम पाठ्यक्रम के अनुसार *n-p-n* तथा *p-n-p* ट्रांजिस्टरों सम्बन्धी विवरण तथा अभिलक्षणों का अवलोकन करेंगे।

ट्रांजिस्टर टर्मिनल Transistor Terminal

बाइपोलर जंक्शन ट्रांजिस्टर में तीन टर्मिनल होते हैं, जिन्हें इलेक्ट्रॉड भी कहा जाता है। प्रथम टर्मिनल को उत्सर्जक या एमीटर, दूसरे को बेस या आधार तथा तीसरे को संग्राहक या कलैक्टर कहते हैं। तीनों टर्मिनल्स का विवरण नीचे दिया गया है

- **एमीटर** (Emitter) ट्रांजिस्टर के बाईं ओर का भाग एमीटर (emitter) होता है। इस भाग का मुख्य कार्य बेस को बहुसंख्यक आवेश वाहक (*n-p-n* ट्रांजिस्टर में इलेक्ट्रॉन तथा *p-n-p* ट्रांजिस्टर में होल) सप्लाई करना होता है। अधिक-से-अधिक आवेश वाहकों को सप्लाई करने हेतु एमीटर का डोपिंग स्तर (doping level) सबसे उच्च रखा जाता है। एमीटर को E अक्षर से प्रदर्शित करते हैं।
- **बेस** (Base) बेस, ट्रांजिस्टर के मध्य का भाग है, जोकि एमीटर तथा कलैक्टर के मध्य स्थित होता है। इसकी चौड़ाई एमीटर तथा कलैक्टर की अपेक्षा बहुत कम (10^{-6} मी) होती है। यह कम डोपिंग वाला क्षेत्र होता है। यह टर्मिनल, जिन चार्ज कैरियर्स (इलेक्ट्रॉन या होल) को एमीटर से प्राप्त करता है, उनमें से अधिकांश को कलैक्टर में जाने देता है। बेस को B अक्षर से प्रदर्शित करते हैं।
- **कलैक्टर** (Collector) कलैक्टर, ट्रांजिस्टर के दाहिने ओर का भाग होता है। इसका मुख्य कार्य बेस के अधिकांश मैजोरिटी चार्ज कैरियर्स को ग्रहण कर एकत्रित करना होता है। यह टर्मिनल एमीटर से बड़ा होता है, क्योंकि उसे अधिक ऊष्मा वहन करनी होती है। इस अन्तर के कारण ट्रांजिस्टर को उत्क्रम (invert) करने (अर्थात् कलैक्टर को एमीटर बनाने) की सम्भावना नहीं होती है। इसे C अक्षर से प्रदर्शित करते हैं।

ट्रांजिस्टर की संरचना Construction of Transistor

ट्रांजिस्टर अर्द्ध-चालक पदार्थों; जैसे-सिलिकॉन एवं जर्मेनियम से निर्मित किए जाते हैं। जब दो p-प्रकार के पदार्थों के मध्य में एक n-प्रकार के पदार्थ की पतली परत को सैंडविच (sandwich) किया जाता है, तो इस प्रकार निर्मित संरचना को *p-n-p* ट्रांजिस्टर कहते हैं। इसके विपरीत, जब दो n-प्रकार के पदार्थों के मध्य में एक p-प्रकार के पदार्थ की पतली परत को सैंडविच किया जाता है, तब इस प्रकार बनने वाली संरचना को *n-p-n* ट्रांजिस्टर कहते हैं।

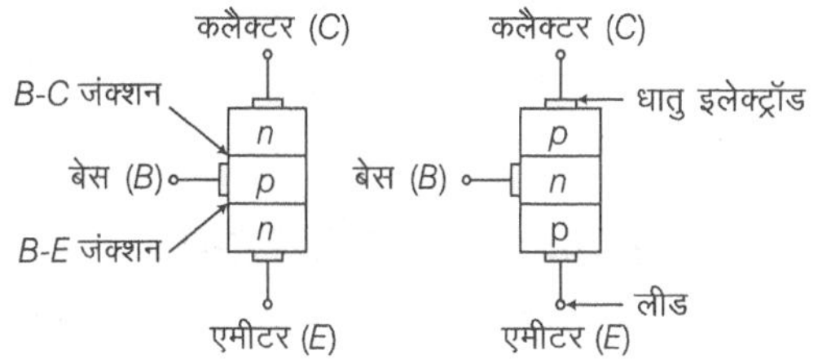

(a) *n-p-n* ट्रांजिस्टर (b) *p-n-p* ट्रांजिस्टर

चित्र ट्रांजिस्टर की संरचना

उपरोक्त चित्र में, BJT ट्रांजिस्टर की संरचना दर्शायी गई है, जिसमें BJT के तीन टर्मिनल-एमीटर, बेस तथा कलैक्टर के अतिरिक्त एक धात्विक इलेक्ट्रॉड तथा एक लीड भी लगी है, जिनका प्रयोग ट्रांजिस्टर को बाह्य विद्युत परिपथ से जोड़ने में किया जाता है। इसके अतिरिक्त, दो अर्द्ध-चालकों के मध्य बनने वाले जंक्शन को भी दर्शाया गया है। बेस तथा एमीटर के मध्य बनने वाले जंक्शन को **बेस-एमीटर** (*B-E*) जंक्शन, जबकि बेस तथा कलैक्टर के मध्य बनने वाले जंक्शन को **बेस-कलैक्टर** (*B-C*) जंक्शन कहते हैं।

इस प्रकार, BJT को दो बैक-टू-बैक डायोड संयोजित करके बनाया जाता है, जिसे नीचे दर्शाए गये चित्र द्वारा समझा जा सकता है

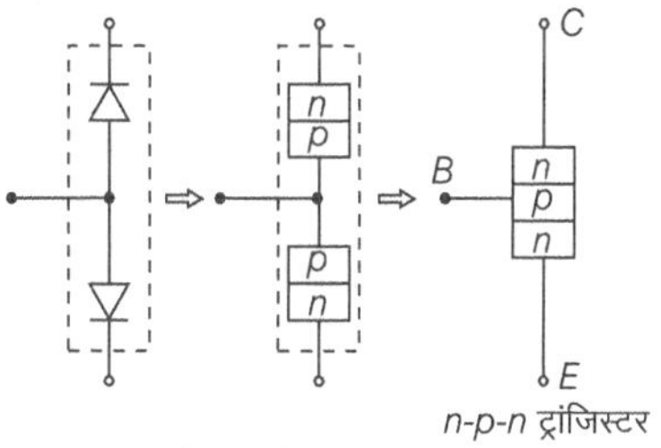

चित्र दो बैक-टू-बैक डायोड का संयोजन

ट्रांजिस्टर के प्रतीक Symbols of Transistor

चित्र में *n-p-n* तथा *p-n-p* ट्रांजिस्टर के ब्लॉक आरेख एवं प्रतीकों को दर्शाया गया है

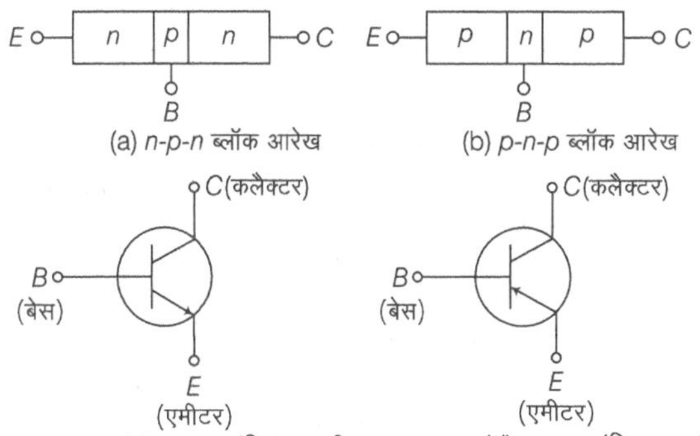

(a) *n-p-n* ब्लॉक आरेख (b) *p-n-p* ब्लॉक आरेख

(c) *n-p-n* ट्रांजिस्टर प्रतीक (d) *p-n-p* ट्रांजिस्टर प्रतीक

चित्र ट्रांजिस्टर के ब्लॉक एवं प्रतीक

ट्रांजिस्टर के प्रचालन का सिद्धान्त
Principle of Operation of Transistor

ट्रांजिस्टर के *n-p-n* एवं *p-n-p* दोनों प्रकारों के प्रचालन सिद्धान्तों को नीचे समझाया गया है

n-p-n ट्रांजिस्टर का प्रचालन सिद्धान्त
Operating Principle of *n-p-n* Transistor

चित्र में *n-p-n* ट्रांजिस्टर के एमीटर-बेस जंक्शन को फारवर्ड बायस तथा बेस-कलैक्टर को रिवर्स बायस प्रदान करने के लिए एमीटर को बैटरी के ऋणात्मक सिरे से तथा कलैक्टर को बैटरी के धनात्मक सिरे से संयोजित किया गया है।

बेस को कलैक्टर की अपेक्षा बहुत कम धनात्मक विभव पर रखा जाता है। बैटरी के ऋणात्मक सिरे द्वारा, एमीटर में विद्यमान मुक्त इलेक्ट्रॉन, बेस क्षेत्र की ओर प्रतिकर्षित होते हैं।

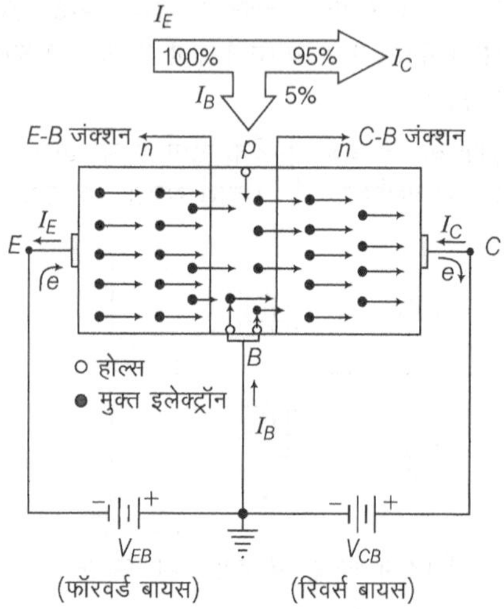

चित्र *n-p-n* ट्रांजिस्टर की बायसिंग

दिए गए परिपथ में KCL नियम का प्रयोग करने पर,

$$I_E = I_B + I_C$$

अत: बेस क्षेत्र का *p*-टाइप पदार्थ स्वाभाविक रूप से एमीटर द्वारा प्रतिकर्षित मुक्त इलेक्ट्रॉनों को आकर्षित कर लेता है। कुछ मुक्त (लगभग 5%) इलेक्ट्रॉन बेस क्षेत्र में होल्स के साथ संयुक्त (recombine) हो जाते हैं, जिसके फलस्वरूप धारा I_B का प्रवाह होने लगता है, परन्तु अधिकांश (लगभग 95%) मुक्त इलेक्ट्रॉनों को कलैक्टर का प्रबल धनात्मक क्षेत्र अपनी ओर आकर्षित कर लेता है।

कलैक्टर क्षेत्र में भी इलेक्ट्रॉन तथा होल्स का पुनर्मिलन (recombination) होता है, जिस कारण कलैक्टर धारा (I_C) का प्रवाह होने लगता है। इस प्रकार, मुक्त इलेक्ट्रॉन एमीटर क्षेत्र से चलकर एमीटर-बेस जंक्शन पार कर बेस क्षेत्र में तथा बेस-कलैक्टर जंक्शन को पार कर कलैक्टर क्षेत्र में पहुँच जाते हैं। अत: इलेक्ट्रॉन्स प्रवाह के कारण एमीटर धारा (I_E) का प्रवाह सम्भव होता है।

p-n-p ट्रांजिस्टर का प्रचालन सिद्धान्त
Operating Principle of *p-n-p* Transistor

p-n-p ट्रांजिस्टर में भी एमीटर-बेस जंक्शन को फॉरवर्ड बायस तथा बेस-कलैक्टर जंक्शन को रिवर्स बायस में संयोजित किया जाता है। एमीटर पर आरोपित धन आवेश, धनावेशी 'होल्स' को विकर्षित करता है। दूसरी ओर बेस पर आरोपित ऋण आवेश 'मुक्त इलेक्ट्रॉनों' को विकर्षित करता है। इस प्रक्रिया में कुछ 'होल्स' बेस क्षेत्र की ओर खिसक जाते हैं। इनमें से कुछ 'होल्स' तो 'मुक्त इलेक्ट्रॉनों' के साथ पुनर्मिलन क्रिया करते हैं, जिसके फलस्वरूप धारा I_B का प्रवाह होने लगता है और शेष कलैक्टर के ऋण आवेश द्वारा कलैक्टर क्षेत्र में आकर्षित कर लिए जाते हैं।

कलैक्टर क्षेत्र में भी इलेक्ट्रॉनों व होल्स का पुनर्मिलन होता है, जिस कारण कलैक्टर धारा (I_C) का प्रवाह होने लगता है। इस प्रकार 'होल्स' का प्रवाह एमीटर से कलैक्टर की ओर होने लगता है, जिसके फलस्वरूप एमीटर धारा (I_E) का प्रवाह एमीटर से कलैक्टर की ओर होने लगता है। KCL (Kirchhoff Current Law) के नियम के अनुसार, परिपथ में एमीटर धारा का मान कलैक्टर धारा तथा बेस धारा के मानों के योग के बराबर होता है अर्थात्

$$I_E = I_C + I_B$$

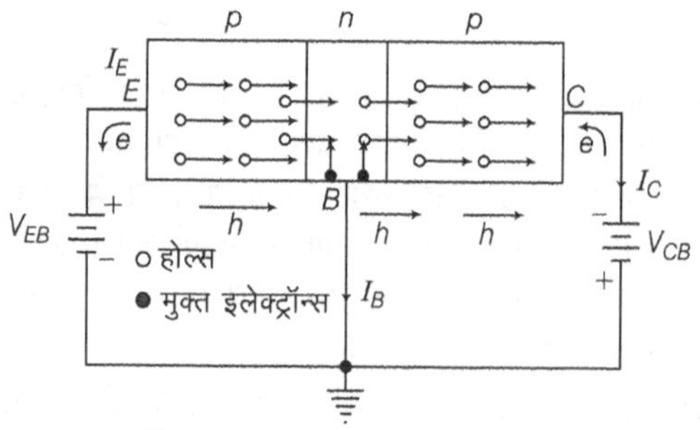

चित्र *p-n-p* ट्रांजिस्टर की बायसिंग

ध्यान रहे कि होल्स का प्रवाह वास्तव में नहीं होता है, क्योंकि होल्स केवल रिक्तियाँ हैं, जो मुक्त इलेक्ट्रॉनों द्वारा भरती रहती हैं और रिक्त होती रहती हैं, इस प्रकार रिक्तियाँ खिसकती (drift) रहती हैं। विद्युत धारा का वास्तविक चालन केवल मुक्त इलेक्ट्रॉनों के द्वारा ही सम्पन्न होता है। इस प्रकार *p-n-p* ट्रांजिस्टर में विद्युत धारा का प्रवाह, होल्स के प्रवाह की दिशा में होता है।

टिप्पणी *n-p-n ट्रांजिस्टर की कार्यप्रणाली के समान ही, p-n-p ट्रांजिस्टर में भी बहुसंख्यक आवेश वाहकों का अल्पसंख्यक आवेश वाहकों से समान अनुपात में (5% बेस में तथा 95% कलैक्टर में) पुनर्संयोजन होता है*

ट्रांजिस्टर के गुण एवं अवगुण
Merits and Demerits of Transistor

गुण Merits

ट्रांजिस्टर के आविष्कार के पश्चात् वैक्यूम ट्यूब को पूर्णरूप से ट्रांजिस्टर के द्वारा प्रतिस्थापित कर दिया गया है, क्योंकि वैक्यूम ट्यूब की अपेक्षा ट्रांजिस्टर में विविध गुण विद्यमान होते हैं, जो निम्न प्रकार हैं

(i) ट्रांजिस्टरों में वैक्यूम ट्यूब के समान फिलामेन्ट सर्किट नहीं होता है, इसलिए इनके तापन (heating) में पावर व्यय नहीं करनी पड़ती है।

(ii) वैक्यूम ट्यूब की तुलना में ट्रांजिस्टर अपेक्षाकृत कम वोल्टेज पर प्रचालित किया जा सकता है। उदाहरणार्थ–ट्यूब के प्रचालन के लिए 220 वोल्ट आवश्यक है, जबकि ट्रांजिस्टर के लिए 2-8 वोल्ट ही पर्याप्त है।

(iii) ट्रांजिस्टर में कोई कैथोड नहीं होता है, जिससे उसकी कार्यकारी आयु अधिक होती है। इसके विपरीत, ट्यूब की आयु न केवल सीमित है, अपितु वह कभी भी जलकर नष्ट हो सकती है।

(iv) ट्रांजिस्टर का आकार वैक्यूम ट्यूब की तुलना में बहुत छोटा होता है। अत: ट्रांजिस्टर का उपयोग अत्यधिक छोटे इलेक्ट्रॉनिक उपकरणों में भी किया जा सकता है।

(v) ट्रांजिस्टर की दक्षता वैक्यूम ट्यूब की अपेक्षा अधिक होती है। इसके द्वारा 3 वोल्ट के स्रोत से कई मिली–वाट शक्ति प्राप्त की जा सकती है।

(vi) वैक्यूम ट्यूब द्वारा बने यन्त्र स्विच ऑन करने के कुछ देर बाद गर्म होकर कार्य करना प्रारम्भ करते हैं, जबकि ट्रांजिस्टर युक्त यन्त्र स्विच ऑन करते ही कार्य करने लगते हैं। ट्रांजिस्टर के उपरोक्त गुणों के कारण ही आजकल इनका उपयोग रेडियो, टेलीविजन, कम्प्यूटर्स आदि सभी इलेक्ट्रॉनिक युक्तियों में किया जाता है।

अवगुण Demerits

ट्रांजिस्टर में गुणों के साथ-साथ कुछ अवगुण भी होते हैं, जो निम्न प्रकार हैं

(i) इनकी कार्यक्षमता पर ताप परिवर्तन का बहुत अधिक प्रभाव पड़ता है। प्राय: 35°C से उच्च तापक्रमों पर ये उचित प्रकार कार्य नहीं कर सकते हैं।

(ii) इनके अभिलक्षण एकसमान (uniform) नहीं होते हैं, जिसके कारण इनका व्यवहार भी एकसमान नहीं होता है।

(iii) इनके द्वारा उच्च आउटपुट शक्ति प्राप्त नहीं की जा सकती। अत: अत्यधिक शक्तिशाली प्रसारण में इन्हें प्रयुक्त नहीं किया जाता।

(iv) इनमें वैक्यूम ट्यूबों की अपेक्षा गुंजन ध्वनि अधिक होती है।

(v) वोल्टेज के उतार-चढ़ाव के कारण ये शीघ्र ही नष्ट हो जाते हैं।

8.9 फील्ड इफैक्ट ट्रांजिस्टर Field Effect Transistor (FET)

फील्ड इफैक्ट ट्रांजिस्टर एक तीन सिरों वाली यूनीपोलर (unipolar) ठोस अवस्था युक्ति है। इस ट्रांजिस्टर में धारा का नियन्त्रण, निर्वात ट्यूब की भाँति वैद्युतिक क्षेत्र के द्वारा किया जाता है। FET में धारा का प्रवाह केवल एक ही प्रकार के आवेश वाहकों के द्वारा होता है, इसलिए यह यूनीपोलर युक्ति (unipolar device) कहलाती है। BJT की भाँति ही FET भी एक तीन टर्मिनल वाली युक्ति होती है, जिसमें ड्रेन, सोर्स एवं गेट टर्मिनल होते हैं। FET मुख्यत: n-चैनल एवं p-चैनल प्रकार के होते हैं।

n-चैनल FET में धारा का प्रवाह केवल इलेक्ट्रॉन्स (बहुसंख्यक आवेश वाहक) एवं p-चैनल FET में धारा का प्रवाह केवल होल्स (बहुसंख्यक आवेश वाहक) के कारण होता है।

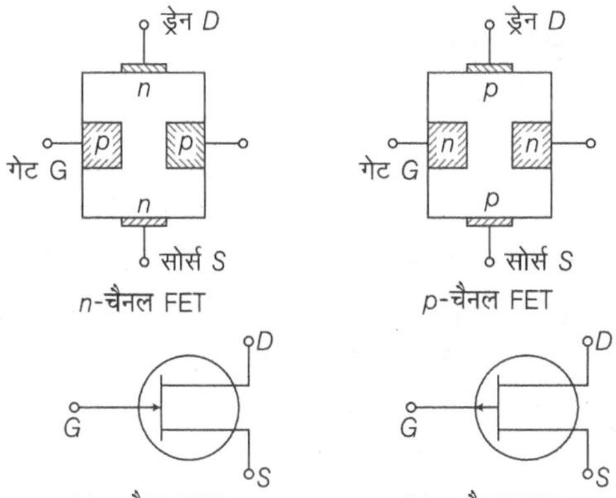

(a) n-चैनल FET (b) p-चैनल FET

चित्र फील्ड इफैक्ट ट्रांजिस्टर (FET)

FET की संरचना Construction of FET

FET को n-चैनल अथवा p-चैनल चिप पर बनाया जाता है। n-चैनल FET बनाने के लिए n-प्रकार के अर्द्धचालक की एक पतली छड़ ली जाती है। इस छड़ के मध्य में दो विपरीत पार्श्वों पर p-प्रकार के जंक्शन डिफ्यूज (diffuse) कर दिए (चित्रानुसार) जाते हैं। ये दो जंक्शन, दो p-n डायोड्स अर्थात् गेट्स बनाते हैं और दोनों गेट्स के मध्य का क्षेत्र, चैनल (channel) कहलाता है। दोनों गेट्स को आन्तरिक रूप से संयोजित करके केवल एक संयोजी सिरा युक्ति से बाहर निकाला जाता है, जिसे गेट (gate) कहते हैं। छड़ के दोनों सिरों पर दो संयोजी सिरे (प्रत्येक पर एक) जोड़ दिए जाते हैं, जो 'सोर्स' (source) तथा ड्रेन (drain) कहलाते हैं। p-चैनल FET की संरचना भी n-चैनल FET के समान ही होती है, अन्तर केवल यह है कि इसमें p-प्रकार की छड़ और n-प्रकार के जंक्शन प्रयोग किए जाते हैं। इस प्रकार FET में निम्न तीन टर्मिनल होते हैं—

(i) **सोर्स** (Source) इस संयोजी सिरे के द्वारा ही बहुसंख्यक आवेश वाहक चैनल में प्रवेश करते हैं।

(ii) **ड्रेन** (Drain) इस संयोजी सिरे में बहुसंख्यक आवेश वाहक चैनल से बाहर निकलते हैं।

(iii) **गेट** (Gate) दो अशुद्धि-क्षेत्रों को आपस में अन्त: संयोजित करने से निर्मित संयोजी सिरा, 'गेट' (gate) कहलाता है। यह सोर्स (source) से ड्रेन की ओर जाने वाले बहुसंख्यक आवेश वाहकों की संख्या को नियन्त्रित करता है। n-चैनल तथा p-चैनल FET में आरोपित होने वाले गेट तथा ड्रेन वोल्टेज की ध्रुवताओं को निम्न चित्रों द्वारा समझा जा सकता है।

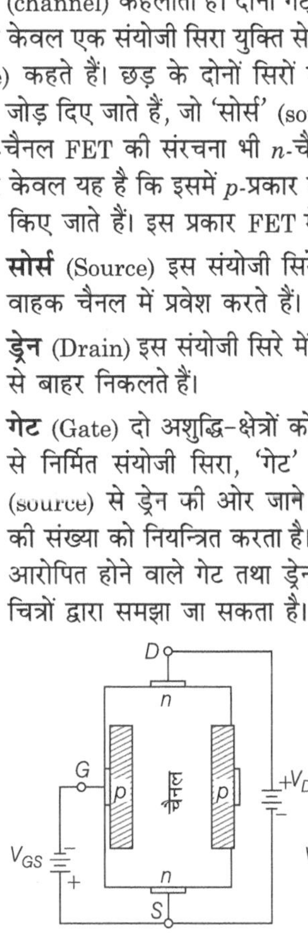

चित्र (a) n-चैनल FET

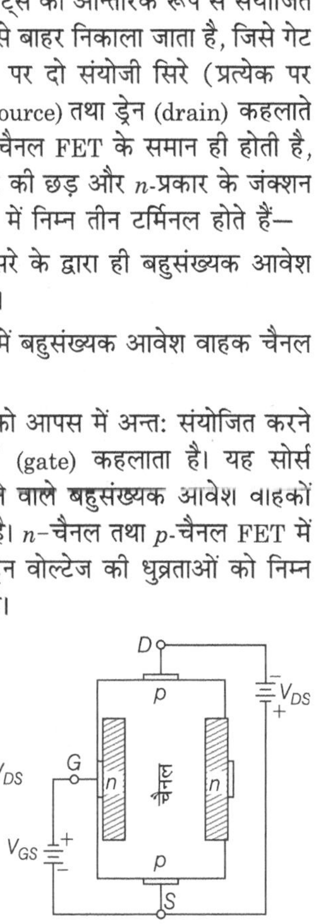

चित्र (b) p-चैनल FET

FET की कार्यप्रणाली
Working Method of FET

n-चैनल FET में सोर्स को वोल्टेज स्रोत (बैटरी) के ऋण सिरे (– ve) से तथा ड्रेन को बैटरी के धनात्मक सिरे (+ ve) से संयोजित किया जाता है। इसमें गेट सिरे को सदैव रिवर्स-बायस स्थिति में रखा जाता है।

जब $V_{GS} = 0$ हो, अर्थात् गेट पर कोई वोल्टेज आरोपित नहीं किया गया हो एवं V_{DS} पर भी आरोपित वोल्टेज का मान शून्य हो, तब इस स्थिति में ड्रेन धारा (I_D) का मान भी शून्य होता है।

FET की कार्यप्रणाली को निम्नलिखित तीन स्थितियों द्वारा समझा जा सकता है

(i) **जब गेट वोल्टेज का मान शून्य हो**। वोल्टेज V_{DS} का मान शून्य से ऊपर बढ़ाने पर अर्थात् यदि ड्रेन पर सोर्स के सापेक्ष धनात्मक वोल्टेज आरोपित किया गया हो (जबकि V_{GS} का मान इस स्थिति में शून्य है) तब इलेक्ट्रॉन S से D टर्मिनल की ओर तथा ड्रेन धारा (I_D) D से S टर्मिनल की ओर प्रवाहित होगी।

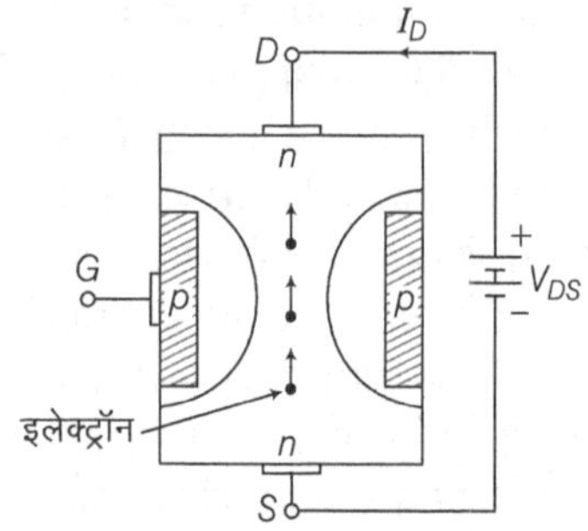

चित्र जब गेट वोल्टेज का मान शून्य हो

(ii) **जब ऋणात्मक गेट वोल्टेज हो**। अब गेट टर्मिनल (G) को सोर्स (S) के सापेक्ष रिवर्स बायस किया गया है जबकि ड्रेन पर सोर्स (S) के सापेक्ष धनात्मक वोल्टेज आरोपित की गई है। इस स्थिति में अवक्षय क्षेत्र (depletion region) की मोटाई में ड्रेन के पास अत्यधिक वृद्धि होगी।

इस कारण चैनल (channel) की मोटाई कम हो जाएगी एवं उसका प्रतिरोध बढ़ जाएगा जिससे चैनल से प्रवाहित ड्रेन धारा

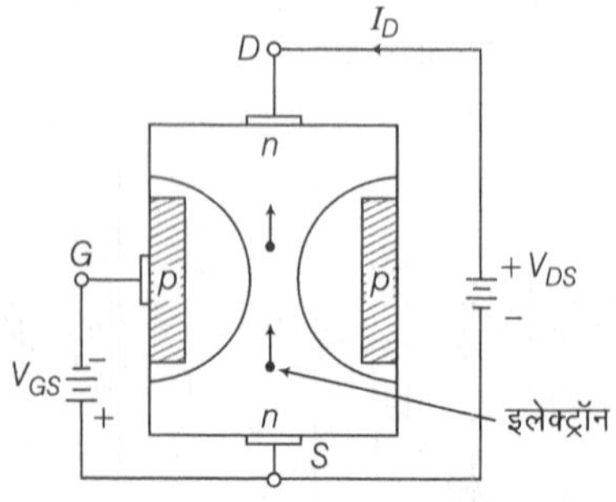

चित्र जब ऋणात्मक गेट वोल्टेज हो

(iii) **जब ऋणात्मक गेट वोल्टेज का मान बढ़ाया जाए**। अब यदि गेट (G) पर आरोपित ऋणात्मक वोल्टेज का मान बढ़ाया जाए, तो दोनों अवक्षय पर्त एक-दूसरे से चित्रानुसार जुड़ जाएँगी। इस स्थिति में ड्रेन धारा (I_D) का मान न्यूनतम तथा नियत हो जाएगा। इस प्रकार चित्र के अनुसार, ड्रेन धारा (I_D) का नियन्त्रण, गेट वोल्टेज द्वारा सम्पन्न होता है। गेट सोर्स विभव (V_{GS}) का वह मान, जिस पर ड्रेन धारा पूर्णतः नियत हो जाती है, उसे **पिंच-ऑफ वोल्टेज** (V_P) कहते हैं। चैनल में से प्रवाहित ड्रेन धारा, अवक्षय पर्त के साथ जुड़े क्षेत्र में परिवर्तन के कारण नियन्त्रित होती है, इसलिए ये ट्रांजिस्टर, **क्षेत्र प्रभावी ट्रांजिस्टर** (field effect transistor) कहलाते हैं।

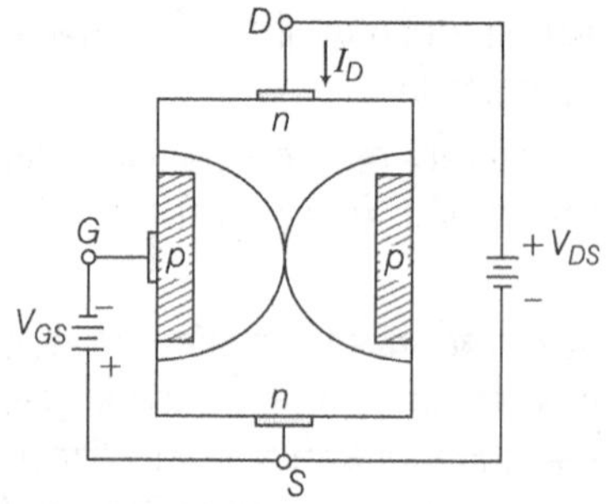

चित्र जब ऋणात्मक गेट वोल्टेज का मान बढ़ाया जाए

FET के अनुप्रयोग Applications of FET

FET के अनुप्रयोग निम्नलिखित हैं

- लॉजिक परिपथों में
- FM एवं TV रिसीवर की मिक्सर स्टेज में
- कम्प्यूटर के मैमोरी परिपथों में
- ऑपरेशनल एम्प्लीफायर एवं ऑडियो एम्प्लीफायर के टोन परिपथ में वोल्टेज वैरिएबल रेसिस्टर (VVR) की भाँति
- ऑसिलोस्कोप एवं अन्य इलेक्ट्रॉनिक परीक्षक यन्त्रों में इनपुट एम्प्लीफायर के रूप में

8.10 मैटल ऑक्साइड सेमीकण्डक्टर फील्ड इफैक्ट ट्रांजिस्टर
Metal Oxide Semiconductor Field Effect Transistor (MOSFET)

FET की भाँति ही इसमें भी 'सोर्स', 'गेट' तथा 'ड्रेन' नामक तीन संयोजक सिरे होते हैं। FET तथा MOSFET में अन्तर यह है कि MOSFET में गेट तथा अर्द्धचालक चैनल के बीच सिलिकॉन ऑक्साइड की एक अचालक पर्त स्थापित की जाती है जिससे 'गेट' का प्रभावी प्रतिरोध बढ़ जाता है। धात्विक 'गेट' तथा अर्द्धचालक चैनल के बीच अचालक पर्त उपस्थित होने के कारण ही इसे मैटल ऑक्साइड सेमीकण्डक्टर फील्ड इफैक्ट ट्रांजिस्टर या इन्सुलेटेड गेट फील्ड इफैक्ट ट्रांजिस्टर (IGFET) कहते हैं।

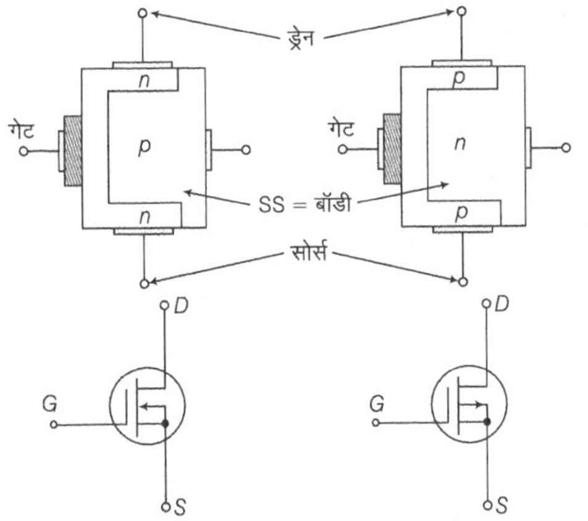

(a) n-चैनल MOSFET (b) p-चैनल MOSFET

चित्र MOSFET

इस प्रकार के ट्रांजिस्टर को दो शैलियों में प्रचालित किया जा सकता है, एक तो आवेश वाहकों की डिप्लीशन (depletion) शैली एवं दूसरी आवेश वाहकों की इनहैन्समेन्ट (enhancement) शैली में। अलग-अलग शैलियों में प्रचालन के लिए ट्रांजिस्टर की वोल्टेज की ध्रुवता ही बदलनी पड़ती है।

(i) **डिप्लीशन टाइप MOSFET** (Depletion Type MOSFET) जब किसी n-चैनल MOSFET का 'गेट-से-सोर्स' वोल्टेज ऋणात्मक रखा जाता है, तो वह डिप्लीशन शैली (depletion mode) में कार्य करता है। इस युक्ति को ON-MOSFET भी कहा जाता है। n-चैनल तथा p-चैनल DE-MOSFET के प्रतीकों को नीचे दिए गए चित्रों में दर्शाया गया है।

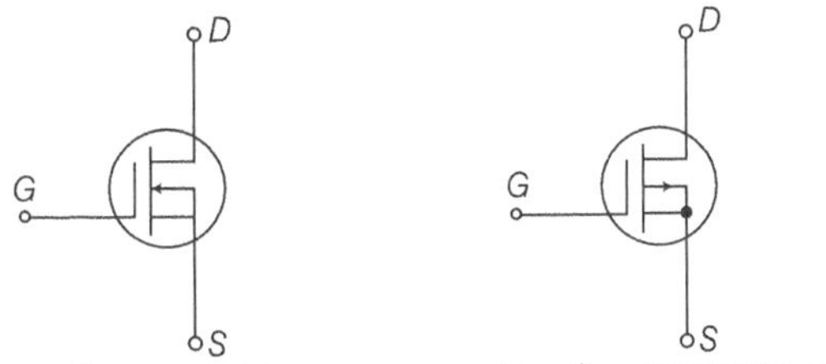

(a) n-चैनल DE-MOSFET (b) p-चैनल DE-MOSFET

चित्र डिप्लीशन टाइप MOSFET

(ii) **E-MOSFET** (Enhancement-MOSFET) जब किसी n-चैनल MOSFET का 'गेट-से-सोर्स' वोल्टेज धनात्मक होता है, तो वह इन्हैसमेंट शैली (enhancement mode) में कार्य करता है। इस प्रकार के MOSFET को केवल आवेश वाहकों की इन्हैन्समेन्ट शैली में, अधिक धनात्मक गेट वोल्टेज पर ही प्रचालित किया जा सकता है। इसे OFF-MOSFET भी कहा जाता है।

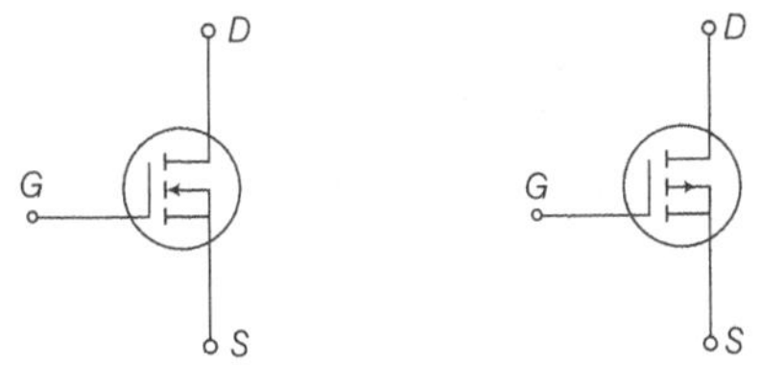

(a) n-चैनल E-MOSFET (b) p-चैनल E-MOSFET

चित्र E-MOSFET

MOSFET की संरचना Construction of MOSFET

MOSFET सामान्यतः डिप्लीशन एवं इनहैन्समेन्ट दो प्रकार के होते हैं। दोनों ही प्रकारों में n-चैनल तथा p-चैनल होते हैं। चित्र में n-चैनल डिप्लीशन टाइप MOSFET की संरचना दर्शाई गई है। सोर्स तथा ड्रेन टर्मिनलों को n क्षेत्र से संयोजित किया जाता है। इसमें एक उच्च डोपिंग युक्त p-टाइप का सब्स्ट्रेट या बॉडी होता है। सोर्स तथा ड्रेन के मध्य एक n-टाइप चैनल, डिफ्यूजन प्रक्रम द्वारा बनाया जाता है।

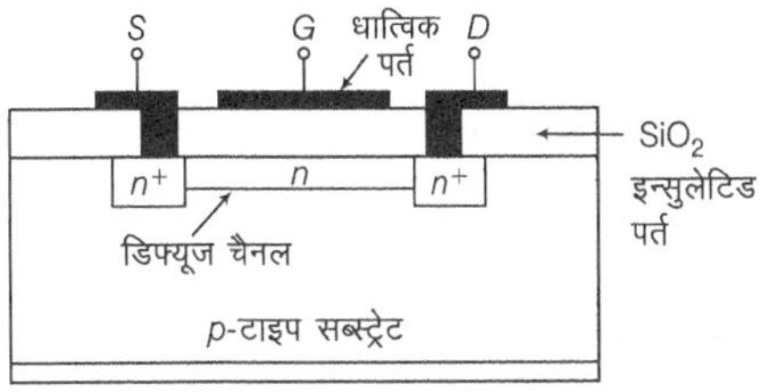

चित्र MOSFET की संरचना

इसमें एक इन्सुलेटिंग सिलिकॉन ऑक्साइड SiO_2 की पर्त सम्पूर्ण सतह पर चढ़ा दी जाती है। सोर्स तथा ड्रेन टर्मिनल्स का सम्पर्क SiO_2 इन्सुलेटिड पर्त के साथ बना दिया जाता है। इसके पश्चात् एक धातु पर्त; जैसे—एल्युमीनियम को इस पूर्ण संरचना पर बिछाकर मध्य भाग से गेट टर्मिनल निकाला जाता है। इस प्रकार की संरचना के कारण, इसकी इनपुट प्रतिबाधा का मान बहुत अधिक (10^{10} से $10^{15}\Omega$ तक) होता है।

MOSFET की कार्यप्रणाली Working Method of MOSFET

MOSFET की कार्यप्रणाली को निम्न चरणों में समझाया गया है

(i) जब $V_{GS} = 0$ अर्थात् गेट से सोर्स वोल्टेज शून्य हो एवं ड्रेन से सोर्स वोल्टेज (V_{DS}) सामान्य हो, तो इलेक्ट्रॉन्स, 'सोर्स' से 'ड्रेन' की ओर स्वतन्त्र रूप से चलते हैं जिससे चित्रानुसार इलेक्ट्रॉन की एक संचय पर्त (accumulation layer) बन जाती है तथा ड्रेन धारा (I_D) का प्रवाह युक्ति में होने लगता है।

(ii) 'गेट' पर ऋणात्मक वोल्टेज आरोपित करने पर n-चैनल में आवेश वाहकों की कमी हो जाती है जिसके फलस्वरूप ड्रेन धारा का मान भी कम हो जाता है। इस स्थिति में MOSFET **डिप्लीशन मोड** (depletion mode) में कार्य करता है। 'गेट' पर आरोपित ऋणात्मक वोल्टेज का मान जितना अधिक होगा, ड्रेन धारा (I_D) का मान उतना ही घट जाएगा। अत्यधिक ऋणात्मक वोल्टेज, ड्रेन धारा को 'कट-ऑफ' अवस्था में पहुँचा देगा।

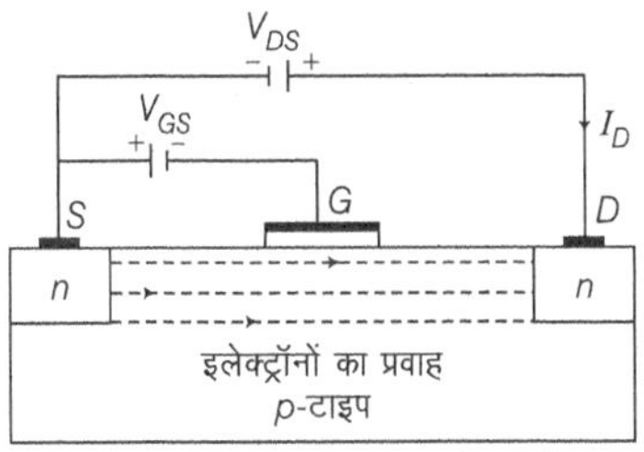

चित्र MOSFET की कार्यप्रणाली

(iii) उपरोक्त कार्यविधि के विपरीत यदि ड्रेन को स्रोत के सापेक्ष धनात्मक विभव पर रखा जाए, तो MOSFET **इनहैन्समेन्ट मोड** (enhancement mode) में कार्य करता है। इस स्थिति में ड्रेन धारा का मान बढ़ जाता है।

MOSFET के अनुप्रयोग Applications of MOSFET

MOSFET के अनुप्रयोग निम्नलिखित हैं

- ऑसिलोस्कोप एवं इलेक्ट्रॉनिक वोल्टमीटर में
- लॉजिक परिपथों में
- टी.वी. रिसीवर के FM मिक्सर में
- कम्प्यूटर मैमोरी में वोल्टेज वैरिएबिल रेसिस्टर के रूप में।

8.11 यूनीजंक्शन ट्रांजिस्टर

Unijunction Transistor

यूनीजंक्शन ट्रांजिस्टर (UJT) एक विशेष प्रकार की तीन टर्मिनल, दो लेयर (layer) युक्त एक स्विचिंग युक्ति है। इसमें केवल एक p-n जंक्शन वाला ट्रांजिस्टर होता है। इसमें एक छोटा 'p-क्षेत्र' होता है जो 'एमीटर' (emitter) कहलाता है और एक बड़ा 'n-क्षेत्र' होता है, जिसमें दो संयोजक 'बेस-1' तथा 'बेस-2' संयोजित किए जाते हैं। दोनों बेस संयोजकों के बीच प्रतिरोध का मान 5 kΩ से 10 kΩ के बीच रखा जाता है।

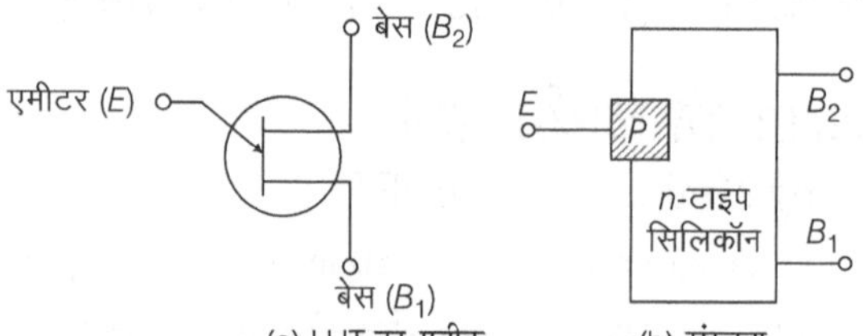

चित्र UJT का प्रतीक एवं संरचना

यूनीजंक्शन ट्रांजिस्टर की संरचना

Construction of Unijunction Transistor

इसमें एक उच्च प्रतिरोधकता वाला n-टाइप अर्द्धचालक होता है जिसमें एक p-क्षेत्र ऊपर की ओर संयोजित किया गया होता है। यह पूर्ण संरचना ऊपर की ओर से SiO_2 पर्त द्वारा ढकी होती है। इस पर्त में कुछ रिक्तियाँ छोड़ी हुई होती हैं, जिनमें वैद्युत संयोजन हेतु एल्युमीनियम धात्विकरण विधि द्वारा एमीटर (E) एवं बेस (B_1 तथा B_2) टर्मिनल्स जुड़े होते हैं। नीचे दिए गए चित्र में यूनीजंक्शन ट्रांजिस्टर की संरचना को दर्शाया गया है।

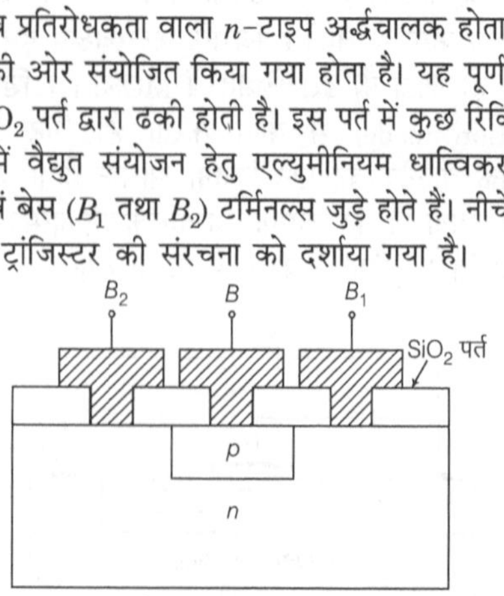

चित्र UJT की संरचना

UJT का तुल्य परिपथ

Equivalent Circuit of UJT

दिए गए चित्र में UJT का एक तुल्य परिपथ दर्शाया गया है। इसमें दो प्रतिरोध (R_{B_1} व R_{B_2}) तथा एक p-n जंक्शन डायोड निहित होता है। प्रतिरोध R_{B_2} का मान R_{B_1} से कम रखा जाता है।

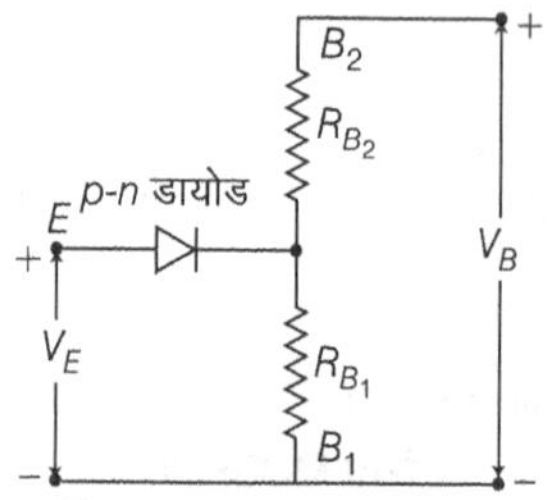

चित्र UJT का तुल्य परिपथ

UJT की कार्यप्रणाली

Working Method of UJT

UJT के सामान्य परिपथ में बेस-1 को अर्थ (earth) कर दिया जाता है एवं बेस-2 पर धनात्मक वोल्टेज आरोपित की जाती है।

जब तक एमीटर परिपथ में एमीटर धारा का मान शून्य है, तब तक n-क्षेत्र एक वोल्टेज विभाजक (divider) के समान कार्य करता है। इस प्रकार जंक्शन पर कुछ धनात्मक वोल्टेज विद्यमान रहती है।

यदि एमीटर पर दिए गए धनात्मक वोल्टेज का मान बेस-क्षेत्र पर विद्यमान धनात्मक वोल्टेज से कम है, तब ट्रांजिस्टर रिवर्स बायस पर रहेगा।

यदि एमीटर वोल्टेज का मान, बेस-क्षेत्र से अधिक हो जाए तब ट्रांजिस्टर फॉरवर्ड बायस में होगा एवं एमीटर क्षेत्र से होल्स, जंक्शन के पार बेस-1 पर पहुँचना प्रारम्भ कर देंगे।

इस प्रकार, एमीटर धारा का प्रवाह प्रारम्भ हो जाएगा तथा जंक्शन का प्रभावी प्रतिरोध घट जाएगा।

एमीटर धारा वृद्धि से जंक्शन प्रतिरोध (resistance) घटेगा जिससे एमीटर वोल्टेज भी घटेगी। अत: UJT, ऋणात्मक प्रतिरोध का लक्षण (negative resistance characteristics) प्रदर्शित करेगा।

UJT के लाभ Advantages of UJT

UJT के लाभ निम्नलिखित हैं

- UJT की लीकेज धारा बहुत कम तथा धारा वहन क्षमता बहुत अधिक होती है।
- UJT की संरचना बहुत सरल होती है।
- यह बाजार में बहुत कम कीमत पर उपलब्ध है।
- UJT को प्रारम्भ करने हेतु बहुत कम मात्रा में वैद्युत धारा की आवश्यकता होती है।

UJT के अनुप्रयोग Applications of UJT

UJT के अनुप्रयोग निम्नलिखित हैं

- फेज नियन्त्रण में
- थायरिस्टर को ट्रिगर करने में
- मोटर गति नियन्त्रण में
- पल्स व सॉ-टूथ तरंग उत्पन्न करने में
- टाइमर में
- नियमित पावर सप्लाई में
- SCR के लिए ट्रिगर पल्स उत्पन्न करने में
- बाई-स्टेबल परिपथों में
- विश्रान्ति दोलित्र (relaxation oscillator) एवं निम्न आवृत्ति दोलित्र में स्विचिंग परिपथों में

8.12 सिलिकॉन कण्ट्रोल्ड रेक्टिफायर Silicon Controlled Rectifier (SCR)

सिलिकॉन कण्ट्रोल्ड रेक्टिफायर (SCR), डायोड की भाँति ही एकदिशीय (unidirectional) ठोस अवस्था युक्ति है। दोनों (डायोड तथा SCR) में मुख्य अन्तर यह है कि SCR की स्विचिंग प्रक्रिया, SCR में ही संयोजित एक अतिरिक्त इनपुट टर्मिनल द्वारा कण्ट्रोल की जाती है। इस इनपुट टर्मिनल को गेट (gate) कहते हैं।

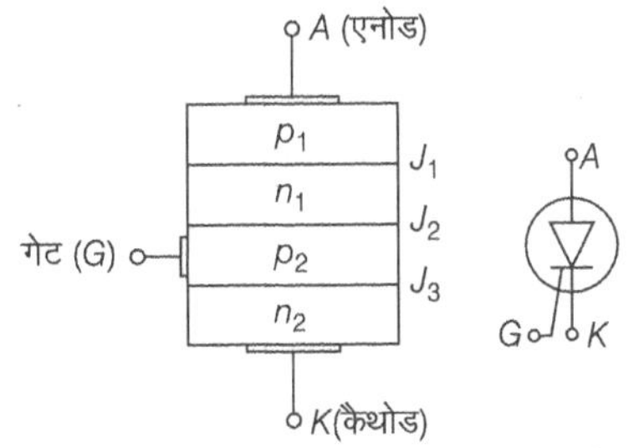

(a) संरचना (b) प्रतीक

चित्र SCR की संरचना व प्रतीक

SCR की संरचना Construction of SCR

चित्रानुसार SCR में p_1, n_1, p_2, n_2 चार लेयर तथा J_1, J_2, J_3 तीन जंक्शन होते हैं। इसके तीन टर्मिनल एनोड, कैथोड एवं गेट होते हैं। p_1 व n_2 लेयर में अशुद्धि की सान्द्रता (concentration) अधिक जबकि p_2 व n_1 में कम रखी जाती है।

अत: इसी कारण से J_1 व J_3 जंक्शन की डिप्लीशन लेयर की चौड़ाई J_2 जंक्शन से कम होती है। SCR के प्रचालन में फॉरवर्ड बायस हेतु एनोड, कैथोड के सापेक्ष धनात्मक होना चाहिए, परन्तु यह स्थिति SCR को टर्न-ऑन करने के लिए पर्याप्त नहीं है।

SCR को पूर्णत: ऑन करने के लिए गेट टर्मिनल से धारा का प्रवाह होना आवश्यक है।

SCR की कार्यप्रणाली Working Method of SCR

SCR की कार्यप्रणाली को निम्न दो भागों में विभक्त किया गया है

1. **जब गेट खुला हो** (When gate is open) चित्रानुसार, जब SCR के एनोड टर्मिनल को कैथोड के सापेक्ष धनात्मक (+ ve) वोल्टेज से संयोजित किया जाता है। इस स्थिति में जंक्शन J_1 व J_3 फॉरवर्ड बायस में एवं J_2 रिवर्स बायस में होंगे एवं SCR फॉरवर्ड बायस में कहा जाता है। इस समय SCR में लीकेज धारा के अतिरिक्त अन्य कोई धारा प्रवाहित नहीं होती है। प्रायोगिक रूप से इस स्थिति में SCR ऑफ (OFF) रहता है। यह SCR की **फॉरवर्ड ब्लॉकिंग अवस्था** (forward blocking state) कहलाती है।

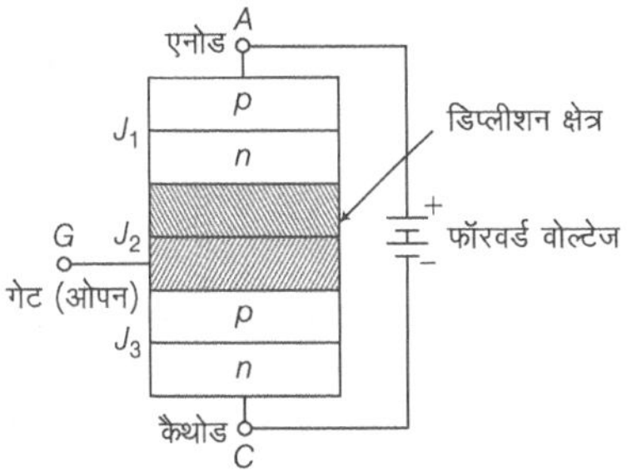

चित्र SCR की फॉरवर्ड ब्लॉकिंग अवस्था

इसके विपरीत यदि एनोड को कैथोड के सापेक्ष ऋणात्मक (– ve) वोल्टेज से संयोजित किया जाए तो चित्र के अनुसार, जंक्शन J_1, J_3 रिवर्स बायस में एवं जंक्शन J_2 फॉरवर्ड बायस में होगा तथा SCR में केवल लीकेज धारा का प्रवाह होगा। SCR की यह अवस्था, **रिवर्स ब्लॉकिंग अवस्था** (reverse blocking state) कहलाती है तथा इस स्थिति में SCR ऑफ (OFF) रहता है।

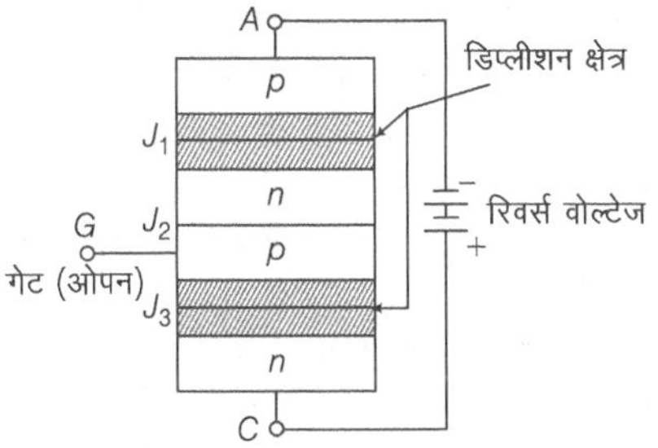

चित्र SCR की रिवर्स ब्लॉकिंग अवस्था

2. **जब गेट बन्द हो** (When gate is closed) इस स्थिति में गेट को कैथोड के सापेक्ष धनात्मक वोल्टेज से संयोजित किया जाता है। इस दशा में जंक्शन J_2 व J_3 फॉरवर्ड बायस एवं जंक्शन J_1 रिवर्स बायस हो जाता है जिससे n-प्रकार के अर्द्धचालक से इलेक्ट्रॉन्स, जंक्शन J_3 को क्रॉस (cross) करके बैटरी के धनात्मक सिरे पर (अर्थात् जंक्शन J_2 की ओर) पहुँचने लगते हैं, जबकि p-प्रकार के अर्द्धचालक से होल्स बैटरी के ऋणात्मक सिरे की ओर आकर्षित होने लगते हैं जिसके फलस्वरूप SCR में गेट धारा (I_G) प्रवाहित होने लगती है। इस गेट धारा के कारण एनोड धारा में भी वृद्धि होने लगती है।

इस एनोड धारा के कारण जंक्शन J_2 पर अधिक इलेक्ट्रॉन उपलब्ध हो जाते हैं जोकि जंक्शन J_2 को क्रॉस कर जाते हैं एवं कुछ ही समय में जंक्शन J_2 के ब्रेकडाउन होने पर SCR कार्य करने लगता है। जैसे ही चालन (conduction) प्रारम्भ होता है, गेट धारा का नियन्त्रण समाप्त हो जाता है।

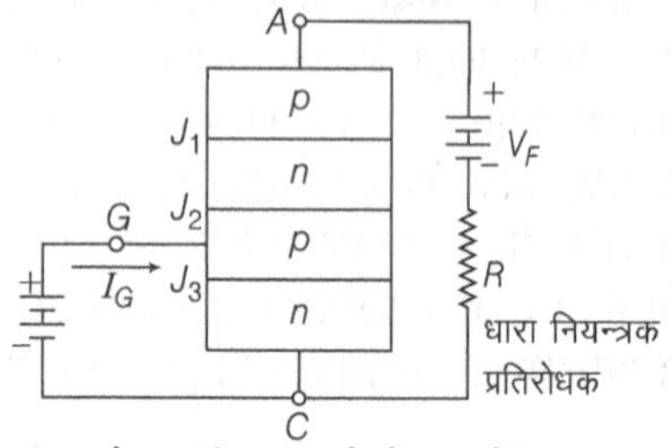

चित्र गेट टर्मिनल पर वोल्टेज आरोपित करना

SCR के अनुप्रयोग

Applications of SCR

SCR के अनुप्रयोग निम्नलिखित हैं

- ए.सी./डी.सी. मोटर्स की गति नियन्त्रण हेतु
- तापमान व प्रकाश नियन्त्रण में

दिष्टकारी स्विच के रूप में , इन्वर्टर के रूप में, रिले एवं ऊष्मा नियन्त्रण में, लॉजिक एवं डिजिटल परिपथों में, टाइम डिले परिपथों में, टाइम डिले परिपथ में, नियमित पावर सप्लाई एवं बैटरी चार्जिंग में, उच्च वोल्टेज से बचाव में

महत्त्वपूर्ण बिन्दु

- विज्ञान की वह शाखा, जिसमें बाह्य बलों के प्रभाव के अन्तर्गत इलेक्ट्रॉन तथा अन्य आवेश वाहकों के गुणों, व्यवहार एवं अनुप्रयोगों का अध्ययन किया जाता है, उसे इलेक्ट्रॉनिक्स कहा जाता है।
- इलेक्ट्रॉन पर ऋणात्मक (–) 1.6×10^{-19} कूलॉम आवेश होता है जिसे इकाई ऋण आवेश माना जाता है।
- इलेक्ट्रॉन का द्रव्यमान 9.1×10^{-31} किग्रा होता है, जिसे नगण्य माना जाता है।
- इलेक्ट्रॉन में दो प्रकार की गतियाँ होती हैं- (i) चक्रण गति तथा (ii) कक्षीय गति।
- किसी तत्व के परमाणु की अन्तिम कक्षा में जितने इलेक्ट्रॉन उपस्थित होते हैं, वे उस तत्व के संयोजी इलेक्ट्रॉन कहलाते हैं।
- किसी तत्व या पदार्थ में इलेक्ट्रॉन का प्रवाह विद्युत धारा कहलाती है, जिसकी दिशा इलेक्ट्रॉन के प्रवाह के विपरीत होती है।
- जिन पदार्थों में विद्युत धारा सुगमता से प्रवाहित हो सकती है, वे चालक कहलाते हैं; जैसे-चाँदी, ताँबा, एल्युमीनियम आदि।
- जिन पदार्थों में विद्युत धारा या तो प्रवाहित नहीं हो सकती या अल्प मात्रा में कठिनाई से प्रवाहित हो सकती है, वे अचालक कहलाते हैं; जैसे-कागज, रबर, चीनी मिट्टी आदि।
- अर्द्धचालकों; जैसे-कार्बन, जर्मेनियम, सिलिकॉन आदि के परमाणुओं की अन्तिम कक्षा में प्रायः 4 इलेक्ट्रॉन होते हैं।
- ऐसे अर्द्धचालक जो प्रकृति में शुद्ध अवस्था में विद्यमान होते हैं, वे इन्ट्रिन्सिक अर्द्धचालक कहलाते हैं, जिनकी संरचना क्रिस्टलीय होती है।
- शुद्ध अर्द्धचालकों में कुछ मात्रा उचित अशुद्धि की मिलाने से अर्थात् डोपिंग करने से इनकी चालकता बढ़ जाती है जिससे एक्सट्रिन्सिक अर्द्धचालक बनते हैं।
- इण्डियम तथा गैलियम त्रिसंयोजी (trivalent) तत्व हैं जिन्हें शुद्ध सिलिकॉन या जर्मेनियम में मिलाने से *p*-टाइप अर्द्धचालक प्राप्त होता है।
- *p*-टाइप अर्द्धचालक में बहुसंख्यक आवेश वाहक होल्स तथा अल्पसंख्यक आवेश वाहक इलेक्ट्रॉन होते हैं।
- आर्सेनिक तथा एन्टीमनी पंचसंयोजी (pentavalent) तत्व हैं।
- शुद्ध सिलिकॉन अथवा जर्मेनियम में पंचसंयोजी तत्व की डोपिंग करने से *n*-टाइप अर्द्धचालक प्राप्त होता है।
- *n*-टाइप अर्द्धचालक में बहुसंख्यक आवेश वाहक इलेक्ट्रॉन तथा अल्पसंख्यक आवेश वाहक होल्स होते हैं।
- त्रिसंयोजी तत्व के परमाणु को ग्राही परमाणु तथा पंचसंयोजी तत्व के परमाणु को दाता परमाणु कहते हैं।
- जब सिलिकॉन अथवा जर्मेनियम के *p*-टाइप अर्द्धचालक एवं *n*-टाइप अर्द्धचालक को ऊष्मीय प्रक्रिया द्वारा जोड़ा जाता है तो इसे *p-n* जंक्शन डायोड कहते हैं।
- *p-n* जंक्शन में आवेश वाहकों का स्थानान्तरण उच्च सान्द्रता से कम सान्द्रता वाले क्षेत्र की ओर होता है जोकि विसरण कहलाता है।
- इलेक्ट्रॉन-होल के विसरण के कारण *p-n* जंक्शन पर एक विभव उत्पन्न हो जाता है, जिसे विभव प्राचीर कहते हैं।
- जर्मेनियम के लिए विभव प्राचीर (V_B) 0.3 वोल्ट होता है जबकि सिलिकॉन के लिए विभव प्राचीर 0.7 वोल्ट होता है।
- *p-n* जंक्शन डायोड में धारा का प्रवाह एक ही दिशा में होता है, इसलिए इसे एकदिशीय युक्ति भी कहते हैं।
- यदि *p-n* जंक्शन डायोड के *p*-टाइप पदार्थ को बैटरी के धन (+) तथा *n*-टाइप पदार्थ को बैटरी के ऋण (–) सिरे से संयोजित कर दिया जाए, तो यह संयोजन फॉरवर्ड बायस कहलाता है।
- डायोड के रिवर्स बायस में प्रवाहित धारा को लीकेज धारा कहते हैं।
- अधिक धारा वहन क्षमता वाली ठोस अवस्था युक्तियों पर एक ऊष्मा विकिरण खोल चढ़ाया जाता है, जिसे हीट सिंक कहते हैं।
- रिवर्स बायस अवस्था में किसी डायोड के सिरों पर आरोपित अधिकतम वोल्टेज, पीक इन्वर्स वोल्टेज (PIV) कहलाती है।
- प्रकाश उत्सर्जक डायोड (LED) को गैलियम आर्सेनाइड (GaAs) या गैलियम फॉस्फाइड (GaP) नामक यौगिक से बनाया जाता है।
- वैरेक्टर डायोड को वैरीकैप डायोड भी कहते हैं जोकि संधारित्र की भाँति प्रयोग किया जाता है।
- जीनर डायोड अर्थात् ब्रेकडाउन डायोड यह उच्च डोपिंग वाला सिलिकॉन अर्द्धचालक डायोड है, जो रिवर्स बायस में कार्य करता है।
- फोटो-कण्डक्टिव डायोड कैडमियम सल्फाइड (CdS) नामक अर्द्धचालक यौगिक से बनाया जाता है।

- ट्रांजिस्टर इलेक्ट्रॉनिक परिपथों में निम्न प्रतिरोध से उच्च प्रतिरोध की ओर वोल्टेज प्रवर्द्धन करता है।
- ट्रांजिस्टर दो जंक्शन डायोड को बैक -टू-बैक संयुक्त करके प्राप्त किया जाता है।
- *p-n-p* ट्रांजिस्टर के एमीटर में तीर का चिन्ह अन्दर की ओर तथा *n-p-n* ट्रांजिस्टर में तीर का चिन्ह बाहर की ओर होता है, जो धारा प्रवाह की दिशा को प्रदर्शित करता है।
- ट्रांजिस्टर निर्माण के लिए जंक्शन विधि तथा बिन्दु स्पर्श विधि का प्रयोग किया जाता है।
- BJT एक तीन टर्मिनल्स वाली युक्ति है। इसके टर्मिनल्स क्रमशः एमीटर, बेस तथा कलैक्टर होते हैं।
- ट्रांजिस्टर्स के तीनों टर्मिनल्स में सबसे उच्च डोपिंग स्तर एमीटर का, इसके पश्चात् कलैक्टर का और सबसे निम्न बेस का होता है।
- ट्रांजिस्टर में कलैक्टर का कार्य, बेस के अधिकांश बहुसंख्यक आवेश वाहकों को ग्रहण कर एकत्रित करना है, इसलिए इस भाग का क्षेत्रफल, एमीटर तथा बेस की अपेक्षा अधिक रखा जाता है।
- बेस, ट्रांजिस्टर का निम्नतम डोपिंग स्तर तथा निम्नतम चौड़ाई (10^{-8} मी) वाला भाग होता है।
- ट्रांजिस्टर को सक्रिय क्षेत्र में प्रचालित करने के लिए एमीटर-बेस जंक्शन को फॉरवर्ड बायस तथा कलैक्टर-बेस जंक्शन को रिवर्स बायस में संयोजित किया जाता है।
- ट्रांजिस्टर परिपथ में एमीटर धारा का मान, कलैक्टर धारा तथा बेस धारा के मानों के योग के बराबर होता है।
- *p-n-p* ट्रांजिस्टर में होल्स बहुसंख्यक आवेशवाहक तथा इलेक्ट्रॉन अल्पसंख्यक आवेशवाहक होते हैं।
- ट्रांजिस्टर को प्रदान की जाने वाली सप्लाई वोल्टेज, ट्रांजिस्टर की वोल्टेज रेटिंग के अन्दर ही होनी चाहिए, जिससे इसका कार्यकाल बढ़ाया जा सके।
- ट्रांजिस्टर के द्वारा 3 वोल्ट के स्रोत से कई मिलीवाट शक्ति प्राप्त की जा सकती है।
- पावर इलेक्ट्रॉनिक्स युक्तियों को ठोस अवस्था युक्ति भी कहा जाता है, क्योंकि इनमें प्रयुक्त *p*-टाइप व *n*-टाइप के पदार्थ खण्डों के मध्य कोई रिक्त स्थान नहीं होता है।
- यूनिजंक्शन ट्रांजिस्टर (UJT) एक विशेष प्रकार की तीन टर्मिनल, दो लेयरयुक्त स्विचिंग युक्ति है।
- UJT ऋणात्मक प्रतिरोध का लक्षण प्रदर्शित करता है।
- UJT का प्रयोग फेज नियन्त्रण में, मोटर गति नियन्त्रण में, टाइमर में, SCR के लिए ट्रिगर पल्स उत्पन्न करने में तथा विश्रांति दोलित्र (relaxation oscillator) एवं निम्न आवृत्ति दोलित्र में किया जाता है।
- फील्ड इफैक्ट ट्रांजिस्टर (FET) तीन टर्मिनल वाली यूनीपोलर ठोस अवस्था युक्ति है।
- FET में धारा का प्रवाह केवल एक ही प्रकार के आवेशों के द्वारा होता है, इसलिए यह यूनीपोलर युक्ति कहलाती है।
- *n*-चैनल FET में धारा का प्रवाह केवल इलेक्ट्रॉन्स एवं *p*-चैनल FET में धारा का प्रवाह केवल होल्स के कारण होता है।
- FET में गेट-सोर्स वोल्टेज (V_{GS}) का वह मान जिस पर ड्रेन धारा पूर्णतः नियत हो जाती है पिंच-ऑफ वोल्टेज (V_P) कहलाती है।
- FET का प्रयोग लॉजिक परिपथों में, FM एवं TV रिसीवर में, कम्प्यूटर मैमोरी परिपथों में, OP-AMP व ऑडियो एम्प्लीफायर के टोन परिपथ में, वोल्टेज वैरिएबल रजिस्टर की भाँति तथा विभिन्न इलेक्ट्रॉनिक परीक्षण यन्त्रों में एम्प्लीफायर के रूप में किया जाता है।
- मैटल ऑक्साइड सेमीकण्डटर फील्ड इफैक्ट ट्रांजिस्टर (MOSFET) को इन्सुलेटिड गेट फील्ड इफैक्ट ट्रांजिस्टर (IGFET) भी कहते हैं।
- डिप्लीशन टाइप MOSFET को सामान्यतः ON-MOSFET कहा जाता है।
- इनहैन्समेन्ट टाइप MOSFET को सामान्यतः OFF-MOSFET कहा जाता है।
- MOSFET का प्रयोग ऑसिलोस्कोप में, इलेक्ट्रॉनिक वोल्टमीटर में, लॉजिक परिपथों में, टी.वी. रिसीवर के FM मिक्सर में तथा कम्प्यूटर मैमोरी में परिवर्ती प्रतिरोध (voltage variable resistor) के रूप में किया जाता है।
- पावर MOSFET को डिफ्यूज्ड MOS (DMOS) भी कहते हैं।
- पावर MOSFET का प्रयोग निम्न वोल्टेज स्विचों में, निम्न वोल्टेज मोटर नियन्त्रक में, ए.सी./डी.सी. आपूर्ति में तथा इन्वर्टर व यू.पी.एस. में किया जाता है।
- SCR एक चार लेयर एवं तीन जंक्शन वाली युक्ति है जिसे थायरिस्टर भी कहा जाता है।
- SCR का प्रयोग ए.सी./डी.सी. मोटर की गति नियन्त्रण में, तापमान व प्रकाश नियन्त्रण में , डी.सी. स्विच के रूप में, इन्वर्टर के रूप में, रिले एवं ऊष्मा नियन्त्रण में, लॉजिक एवं डिजिटल परिपथों में तथा रेगुलेटिड पावर सप्लाई व बैटरी चार्जिंग में किया जाता है।

महत्त्वपूर्ण प्रश्नोत्तरी

1. चालक, अचालक एवं अर्द्धचालक में अन्तर स्पष्ट कीजिए।

उत्तर चालक, अचालक एवं अर्द्धचालक पदार्थ में मुख्य अन्तर चालकता के आधार पर किया जाता है, जो मुक्त इलेक्ट्रॉन्स पर निर्भर करता है। चालक पदार्थों में मुक्त इलेक्ट्रॉन्स की संख्या पर्याप्त, अचालक पदार्थ में नगण्य तथा अर्द्धचालक में चालक तथा अचालक के मध्य स्तर की होती है।

2. परम शून्य ताप पर चालन बैण्ड में इलेक्ट्रॉनों द्वारा प्राप्त अधिकतम ऊर्जा स्तर क्या कहलाता है?

उत्तर परम शून्य ताप पर चालन बैण्ड में इलेक्ट्रॉनों द्वारा प्राप्त अधिकतम ऊर्जा स्तर फर्मी स्तर कहलाता है।

3. शुद्ध अर्द्धचालक पदार्थ में त्रिसंयोजी पदार्थ की डोपिंग करने पर किस प्रकार का अर्द्धचालक बनेगा?

उत्तर शुद्ध अर्द्धचालक पदार्थ में त्रिसंयोजी पदार्थ की डोपिंग करने पर *p*-टाइप का अर्द्धचालक बनेगा।

4. एक अर्द्धचालक में इलेक्ट्रॉनों तथा होल्स की बराबर मात्रा $6 \times 10^{8}\ m^{-3}$ है। किसी अशुद्धि से डोपिंग करने पर इलेक्ट्रॉन की मात्रा $8 \times 10^{12}\ m^{-3}$ तक बढ़ जाती है। डोपिंग के पश्चात् अर्द्धचालक किस प्रकार का होगा?

उत्तर दिए गए आंकिक आँकड़ों से स्पष्ट है कि डोपिंग करने के पश्चात् अर्द्धचालक में इलेक्ट्रॉनों की संख्या बढ़ जाती है। अतः डोपिंग के पश्चात् अर्द्धचालक *n*-टाइप का होगा।

5. किसी अर्द्धचालक के ऊर्जा अन्तराल में क्या परिवर्तन आएगा, जब उसमें पंचसंयोजी अशुद्धता की डोपिंग की जाती है?

उत्तर अर्द्धचालक में पंचसंयोजी अशुद्धि की डोपिंग करने पर चालन तथा संयोजी बैण्ड का ऊर्जा अन्तराल कम हो जाएगा।

6. जर्मेनियम तथा सिलिकॉन का विभव प्राचीर कितना होता है?

उत्तर जर्मेनियम का विभव प्राचीर $V_B = 0.3\,V$ तथा सिलिकॉन का विभव प्राचीर $V_B = 0.7\,V$ होता है।

7. यदि रिवर्स बायस अवस्था में संयोजित डायोड पर आरोपित रिवर्स वोल्टेज बढ़ा दी जाए, तो डायोड के अवक्षय क्षेत्र तथा विभव प्राचीर किस प्रकार प्रभावित होंगे?

उत्तर डायोड पर आरोपित रिवर्स वोल्टेज बढ़ाने पर बहुसंख्यक आवेश वाहकों का स्थानान्तरण पूर्णतः बाधित हो जाने से अवक्षय क्षेत्र की चौड़ाई बढ़ जाएगी, जिस कारण विभव प्राचीर का मान भी बढ़ जाएगा।

8. क्या डायोड की रिवर्स सैचुरेशन' धारा, रिवर्स बायस वोल्टेज पर निर्भर करती है?

उत्तर हाँ, डायोड की रिवर्स सैचुरेशन धारा, रिवर्स बायस वोल्टेज पर निर्भर करती है।

9. यदि किसी डायोड को 50°C तापमान पर प्रचालित किया जाए, तो 0°C तापमान की तुलना में उसकी कार्यप्रणाली पर क्या प्रभाव पड़ेगा?

उत्तर 50°C तापमान पर डायोड में निम्न फॉरवर्ड बायस वोल्टेज पर ही उच्चतम धारा प्रवाहित होने लगेगी, जबकि 0°C पर ऐसा नहीं होगा।

10. फोटो कण्डक्टिव डायोड में यदि प्रकाश की तीव्रता घट जाए, तो इसका आउटपुट कैसे प्रभावित होगा?

उत्तर फोटो कण्डक्टिव डायोड में आउटपुट पर प्राप्त होने वाली रिवर्स धारा प्रकाश तीव्रता के अनुक्रमानुपाती होती है।
अतः प्रकाश तीव्रता घटने पर रिवर्स धारा का मान घटेगा, जिसके फलस्वरूप आउटपुट वोल्टेज का मान भी घट जाएगा।

11. बाइपोलर एवं यूनीपोलर ट्रांजिस्टर के मुख्य अन्तर को लिखिए।

उत्तर बाइपोलर ट्रांजिस्टर में विद्युत धारा चालन दोनों प्रकार के आवेश वाहकों के द्वारा होता है, जबकि यूनीपोलर ट्रांजिस्टर में विद्युत धारा चालन केवल एक प्रकार के आवेश वाहकों के द्वारा होता है।

12. किस प्रकार के ट्रांजिस्टर में एमीटर–बेस जंक्शन को फॉरवर्ड बायस तथा बेस–कलैक्टर जंक्शन को रिवर्स बायस प्रदान की जाती है?

उत्तर दोनों प्रकार के (*n-p-n* एवं *p-n-p*) ट्रांजिस्टर्स में एमीटर-बेस जंक्शन को फॉरवर्ड बायस तथा बेस-कलैक्टर जंक्शन को रिवर्स बायस प्रदान की जाती है।

13. ट्रांजिस्टर के एमीटर टर्मिनल का डोपिंग स्तर उच्च क्यों रहता है?

उत्तर ट्रांजिस्टर के एमीटर टर्मिनल का डोपिंग स्तर उच्च रहता है, क्योंकि यह भाग बेस को बहुसंख्यक आवेश वाहक (*n-p-n* में इलेक्ट्रॉन एवं *p-n-p* में होल्स) प्रदान करता है।

14. ट्रांजिस्टर परिपथ में एमीटर धारा (I_E) का मान, कलैक्टर धारा (I_C) से अधिक होता है, क्यों?

उत्तर ट्रांजिस्टर परिपथ में एमीटर धारा का मान, कलैक्टर धारा से अधिक होता है, क्योंकि एमीटर परिपथ में से कलैक्टर तथा बेस दोनों प्रकार की धाराएँ प्रवाहित होती हैं।

15. FET को यूनीपोलर युक्ति (unipolar device) क्यों कहा जाता है?

उत्तर FET को यूनीपोलर युक्ति इसलिए कहा जाता है, क्योंकि FET में धारा का प्रवाह केवल एक ही प्रकार के आवेश वाहकों के द्वारा होता है।

16. FET में सोर्स से ड्रेन की ओर जाने वाले बहुसंख्यक आवेश वाहकों का नियन्त्रण किसके द्वारा सम्पन्न होता है?

उत्तर FET में सोर्स से ड्रेन की ओर जाने वाले बहुसंख्यक आवेश वाहकों का नियन्त्रण गेट धारा के द्वारा सम्पन्न होता है।

17. यदि SCR की सप्लाई वोल्टेज का मान ब्रेकओवर वोल्टेज के मान से अधिक हो जाए, तो क्या होगा?

उत्तर यदि SCR की सप्लाई वोल्टेज का मान ब्रेकओवर वोल्टेज के मान से अधिक हो जाए, तो SCR कार्य नहीं करेगा।

18. SCR का उपयोग बैटरी चार्जर में क्यों किया जाता है?

उत्तर SCR का उपयोग बैटरी चार्जर में किया जाता है, क्योंकि SCR, 100 ऐम्पियर तक डी.सी. उपलब्ध करा सकता है एवं बैटरी आवेशन के लिए 1 ऐम्पियर से 15 ऐम्पियर तक आवेशन धारा की आवश्यकता होती है।

अभ्यास प्रश्न

परीक्षा प्रारूपी प्रश्न

बहुविकल्पीय

1. सिलिकॉन परमाणु के सबसे बाहरी कक्ष में कितने इलेक्ट्रॉन होते हैं?
(a) 3 (b) 4
(c) 5 (d) 14

2. वह कौन-सा अवयव है, जिसका प्रयोग एक अर्द्धचालक के रूप में होता है?
(a) ताँबा (b) चाँदी
(c) सिलिकॉन (d) एल्युमीनियम

3. जर्मेनियम अवयव में संयोजी इलेक्ट्रॉनों की संख्या .... होती है।
(a) 5 (b) 4 (c) 3 (d) 2

4. उस अवयव का नाम बताइए जो 'n-टाइप' के अर्द्धचालक के निर्माण हेतु एक अशुद्धता के रूप में प्रयोग होता है
(a) गैलियम (b) बोरोन
(c) एल्युमीनियम (d) आर्सेनिक

5. जर्मेनियम अवयव की अवरोधक विभव प्राचीर .... होती है।
(a) 0.7 वोल्ट (b) 0.6 वोल्ट
(c) 0.5 वोल्ट (d) 0.3 वोल्ट

6. सिलिकॉन पदार्थ का विभव प्राचीर है
(a) 0.7 वोल्ट (b) 0.5 वोल्ट
(c) 0.3 वोल्ट (d) 0.2 वोल्ट

7. निम्न कथनों पर विचार कीजिए
कथन I इण्डियम तथा गैलियम पंचसंयोजी तत्व होते हैं।
कथन II आर्सेनिक तथा एन्टीमनी त्रिसंयोजी तत्व होते हैं।
उपरोक्त कथनों में से कौन-सा/से कथन सही है/हैं?
(a) कथन I सही है (b) कथन II सही है
(c) कथन I और II दोनों सही हैं (d) कथन I और II दोनों गलत हैं

8. सिलिकॉन p-n जंक्शन डायोड की 25°C तापमान पर बैरियर वोल्टता होती है
(a) 0.3 वोल्ट (b) 0.5 वोल्ट
(c) 0.7 वोल्ट (d) 1.0 वोल्ट

9. अर्द्धचालक पदार्थ न चालक है और न अचालक। पदार्थों की चालकता बढ़ायी जा सकती है
(a) अशुद्ध अणुओं को हटाकर (b) शुद्ध अणुओं को जोड़कर
(c) अशुद्ध अणुओं को जोड़कर (d) वोल्टेज का प्रयोग कर

10. निम्नलिखित में से कौन-सा परिपथ फॉरवर्ड बायस p-n जंक्शन डायोड को प्रदर्शित करता है?

(a) 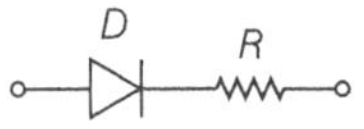

(b) 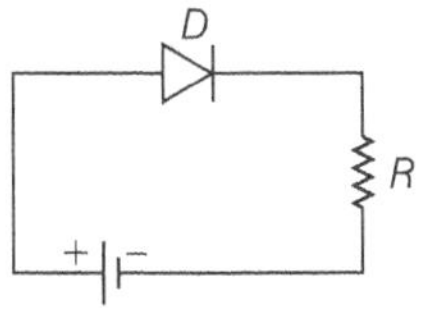

(c) 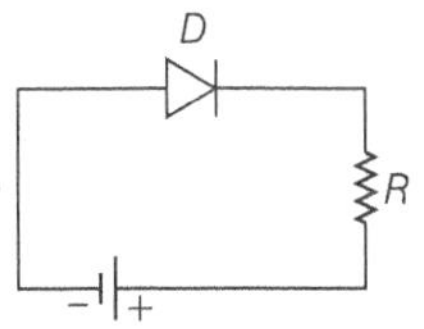

(d) इनमें से कोई नहीं

11. यदि चालन बैण्ड तथा संयोजी बैण्ड के बीच की दूरी 1 इलेक्ट्रॉन वोल्ट हो, तो यह संयोजन निम्न में से किस पदार्थ को दर्शाता है?
(a) कुचालक (b) चालक
(c) अर्द्धचालक (d) इनमें से कोई नहीं

12. डायोड की मुख्य विशेषता यह है कि
(a) यह केवल एक ही दिशा में धारा का प्रभावी प्रवाह होने देता है
(b) इसमें से अधिकांश धारा तब प्रवाहित होती है, जब यह विपरीत दिशा में बायस्ड होता है
(c) फॉरवर्ड बायस्ड दिशा में इसमें से धारा प्रवाह नहीं होता
(d) इसमें कैथोड से एनोड की ओर धारा प्रवाह होता है

13. निम्न कथनों पर विचार कीजिए
कथन I जर्मेनियम डायोड का उपयोग रेडियो तथा टी.वी. रिसीवर्स में डिटेक्शन के लिए किया जाता है।
कथन II सिलिकॉन डायोड का उपयोग 'रेक्टीफिकेशन' के लिए किया जाता है।
उपरोक्त कथनों में से कौन-सा/से कथन सही है/हैं?
(a) कथन I सही है (b) कथन II सही है
(c) कथन I और II दोनों सही हैं (d) कथन I और II दोनों गलत हैं

14. डायोड की फॉरवर्ड बायस अवस्था में 'n-टाइप' के पदार्थ से कुछ मुक्त इलेक्ट्रॉन्स निकलकर 'p-टाइप' के पदार्थ में प्रवेश कर जाते हैं। ये मुक्त इलेक्ट्रॉन 'p-टाइप' के पदार्थ में
(a) एकत्र हो जाते हैं
(b) 'रिक्तियों' (holes) के साथ पुनर्मिलन क्रिया करते हैं
(c) से बिना किसी प्रभाव के पार निकल जाते हैं
(d) उपरोक्त में से कोई नहीं

15. प्राकृतिक रूप से प्राप्त शुद्ध सिलिकॉन एवं जर्मेनियम पदार्थ को क्या कहते हैं?
(a) चालक पदार्थ
(b) इन्ट्रिन्सिक अर्द्धचालक पदार्थ
(c) एक्सट्रिन्सिक अर्द्धचालक पदार्थ
(d) अचालक पदार्थ

16. *p-n* जंक्शन की ब्रेकडाउन स्थिति के सन्दर्भ में निम्न में से कौन-सा कथन सत्य है?
(a) इसमें रिवर्स बायस में धारा तीव्रता से बढ़ती है
(b) इसमें फॉरवर्ड बायस में धारा तीव्रता से बढ़ती है
(c) इसमें फॉरवर्ड बायस में वोल्टेज तीव्रता से बढ़ती है
(d) इसमें रिवर्स बायस में वोल्टेज तीव्रता से बढ़ती है

17. डायोड में, वह धारा जिसे डायोड बिना क्षति के अपने में से गुजार सकता है, वह .... कहलाती है।
(a) अधिकतम रिवर्स धारा
(b) अधिकतम फॉरवर्ड धारा
(c) अधिकतम सर्ज धारा
(d) अधिकतम लोड धारा

18. डायोड शब्दावली में पी.आई.वी. (PIV) का विस्तृत रूप .... है।
(a) पीक इन्सटैनटेनियस वोल्टेज
(b) पोलैरिटी आईडिएन्टीफिकेशन वैल्यू
(c) पीक इन्वर्स वोल्टेज
(d) पीक इन्वर्स वैल्यू

19. किसी डायोड पर फॉरवर्ड बायस आरोपित करते ही उसके परिपथ में एक उच्च मानक धारा प्रवाहित होने लगती है, यह धारा कहलाती है
(a) सर्ज धारा (b) प्रत्यावर्ती धारा
(c) दिष्ट धारा (d) विसर्जन धारा

20. डायोड आदि ठोस अवस्था युक्तियों में एक अवगुण यह है कि यदि उनका तापमान एक सुरक्षित मान (75°C) से अधिक हो जाए, तो वे बेकार हो जाती हैं। तकनीकी भाषा में यह प्रक्रिया कहलाती है
(a) रिवर्स बायसिंग (b) ड्रॉफ्टिंग
(c) पोटेन्शियल बैरियर (d) थर्मल रनवे

21. एकल हरे रंग की एल.ई.डी. की फॉरवर्ड वोल्टेज ड्रॉप .... है।
(a) 1.8 वोल्ट (b) 2.0 वोल्ट (c) 2.2 वोल्ट (d) 2.1 वोल्ट

22. आजकल बल्ब के स्थान पर निम्न वोल्टेज पर कार्य करने वाली ठोस अवस्था युक्ति प्रयोग की जाती है, उसका नाम है
(a) जीनर डायोड
(b) *p-n* डायोड
(c) लाइट एमिटिंग डायोड
(d) फोटो कण्डक्टिव डायोड

23. जीनर डायोड में ....।
(a) *p*-क्षेत्र की डोपिंग अधिक होती है
(b) *n*-क्षेत्र की डोपिंग अधिक होती है
(c) *p* तथा *n* दोनों क्षेत्र की डोपिंग अधिक होती है
(d) उपरोक्त में से कोई नहीं

24. चित्र में किस डायोड का अभिलक्षण वक्र प्रदर्शित किया गया है?

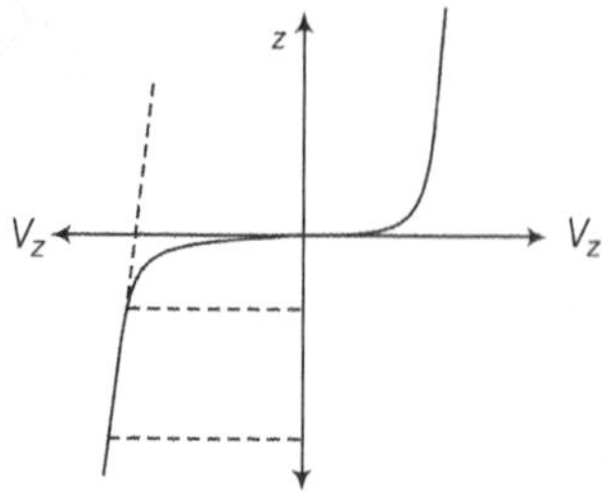

(a) वैरेक्टर डायोड (b) *p-n* जंक्शन डायोड
(c) जीनर डायोड (d) इनमें से कोई नहीं

25. निम्न में से किसका प्रयोग लाइट कण्ट्रोल स्विचों में किया जाता है?
(a) टनल डायोड (b) जीनर डायोड
(c) फोटो डायोड (d) इनमें से कोई नहीं

26. चित्र में किस डायोड को प्रदर्शित किया गया है?

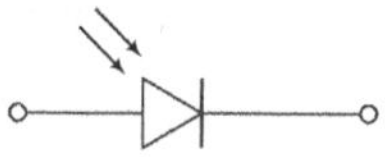

(a) जीनर डायोड (b) फोटो कण्डक्टिव डायोड
(c) प्रकाश उत्सर्जक डायोड (d) *p-n* जंक्शन डायोड

27. ट्रांजिस्टर एक .... प्रचालित युक्ति है।
(a) वोल्टता (b) धारा
(c) 'a' और 'b' दोनों (d) इनमें से कोई नहीं

28. ट्रांजिस्टर्स में कलैक्टर धारा नियन्त्रित की जाती है
(a) कलैक्टर वोल्टेज द्वारा (b) बेस धारा द्वारा
(c) कलैक्टर प्रतिरोध द्वारा (d) ये सभी

29. जिन ट्रांजिस्टर्स में विद्युत धारा चालन केवल एक प्रकार के आवेश वाहकों के द्वारा सम्पन्न होता है, वे .... कहलाते हैं।
(a) पोलर ट्रांजिस्टर्स (b) बाइपोलर ट्रांजिस्टर्स
(c) यूनीपोलर ट्रांजिस्टर्स (d) इनमें से कोई नहीं

30. "इन ट्रांजिस्टर्स में विद्युत धारा चालन होल्स तथा मुक्त इलेक्ट्रॉन दोनों प्रकार के आवेश वाहकों के द्वारा सम्पन्न होता है।"
यह कथन निम्न में से किस ट्रांजिस्टर से सम्बन्धित है?
(a) यूनीपोलर ट्रांजिस्टर (b) बाइपोलर ट्रांजिस्टर
(c) 'a' और 'b' दोनों (d) इनमें से कोई नहीं

31. निर्वात नलिका की तुलना में ट्रांजिस्टर का लाभ है
(a) इसमें ऊष्मा की आवश्यकता नहीं होती है
(b) इसका साइज कम तथा भार कम होता है
(c) पावर की खपत कम होती है
(d) उपरोक्त सभी

32. ट्रांजिस्टर में कलैक्टर की डोपिंग .... होती है।
(a) बेस से अधिक व एमीटर से कम
(b) एमीटर से अधिक
(c) बेस से कम
(d) एमीटर के बराबर

33. ट्रांजिस्टर में निम्न में से कौन-सा क्षेत्र सबसे बड़ा होता है?
(a) कलैक्टर (b) बेस
(c) एमीटर (d) ये सभी

34. ट्रांजिस्टर में सबसे कम व सबसे अधिक डोपिंग क्रमशः होती है
(a) कलैक्टर तथा बेस में
(b) बेस तथा एमीटर में
(c) एमीटर तथा बेस में
(d) एमीटर तथा कलैक्टर में

35. ट्रांजिस्टर में ...... जंक्शन व ...... टर्मिनल होते हैं।
(a) 3, 2 (b) 2, 2
c) 3, 3 (d) 2, 3

36. ट्रांजिस्टर के चिन्ह में तीर का निशान ·········· की दिशा को दर्शाता है।
(a) एमीटर में इलेक्ट्रॉन करण्ट (b) एमीटर में होल करण्ट
(c) कलैक्टर में इलेक्ट्रॉन करण्ट (d) कलैक्टर में होल करण्ट

37. *n-p-n* ट्रांजिस्टर को *p-n-p* ट्रांजिस्टर की तुलना में वरीयता दी जाती है, इसका कारण है
(a) उच्च स्विचिंग गति
(b) पॉजिटिव सप्लाई प्रदान करना सरल होता है
(c) प्रचालन तापमान की बड़ी सीमा
(d) उपरोक्त में से कोई नहीं

38. बाइपोलर ट्रांजिस्टर के टर्मिनल हैं
(a) गेट (G), कलैक्टर (C) व सोर्स (S)
(b) सोर्स (S), कलैक्टर (C) व गेट (G)
(c) बेस (B), कलैक्टर (C) व एमीटर (E)
(d) ड्रेन (D), एमीटर (E) व बेस (B)

39. चित्र में किस प्रकार का ट्रांजिस्टर दर्शाया गया है?

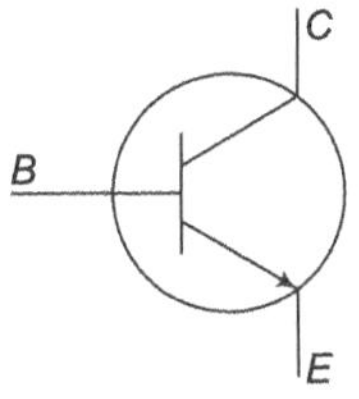

(a) *p-n-p* ट्रांजिस्टर (b) *n-p-n* ट्रांजिस्टर
(c) FET ट्रांजिस्टर (d) JFET ट्रांजिस्टर

40. निम्न में से *p-n-p* ट्रांजिस्टर के प्रतीक को पहचानिए

(a) 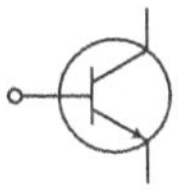
(b) 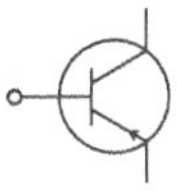
(c) 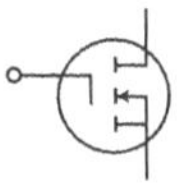
(d) 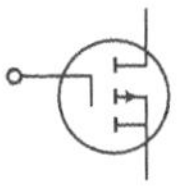

41. निम्न में से कौन-सी ट्रांजिस्टर की विशिष्टता है?
(a) एल्फा कट-ऑफ आवृत्ति (b) पावर क्षय
(c) लीकेज धारा (d) ये सभी

42. निम्न में से कौन-सा ट्रांजिस्टर का मुख्य अवगुण है?
(a) वोल्टेज का उतार-चढ़ाव (b) असमान अभिलक्षण
(c) ताप परिवर्तन का प्रभाव (d) ये सभी

43. चित्र में कौन-सा एक इलेक्ट्रॉनिक अवयव दर्शाया गया है?

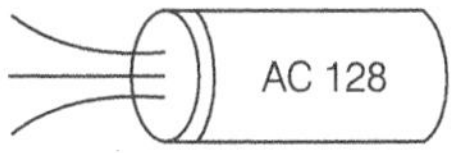

(a) डायोड (b) ट्रांजिस्टर
(c) थायरिस्टर (d) फोटो ट्रांजिस्टर

44. ट्रांजिस्टर की धारा रेटिंग निर्भर करती है
(a) ट्रांजिस्टर जंक्शनों के अनुप्रस्थ क्षेत्रफल पर
(b) मुक्त इलेक्ट्रॉनों की संख्या पर
(c) ट्रांजिस्टर की मानक वोल्टेज पर
(d) उपरोक्त सभी

45. जब एक ट्रांजिस्टर को स्विच के रूप में प्रयुक्त करें, तो उसका ऑन/ऑफ टर्मिनल क्या होगा?
(a) संग्राहक से आधार (b) उत्सर्जक से संग्राहक
(c) संग्राहक से उत्सर्जक (d) आधार से उत्सर्जक

46. एक ट्रांजिस्टर '2N 3055' के रूप में नामित है। '2N' क्या दर्शाता है?
(a) डायोड को (b) टर्मिनलों की संख्या को
(c) फील्ड इफैक्ट ट्रांजिस्टर को (d) दो जंक्शन युक्तियों को

47. डिजिटल परिपथ में ट्रांजिस्टर्स को प्रचालित किया जाता है
(a) एक्टिव रीजन में
(b) ब्रेकडाउन रीजन में
(c) सेचुरेशन और कट-ऑफ रीजन में
(d) लीनियर रीजन में

48. ट्रांजिस्टर को अधिकांश जर्मेनियम अर्द्धचालक की तुलना में सिलिकॉन का उपयोग करके बनाया जाता है, क्योंकि यह है
(a) उच्च बाधा वोल्टेज (b) उच्च प्रतिरोध परास
(c) उच्च तापीय स्थिरता (d) उच्च धारा वहन क्षमता

49. किसी ट्रांजिस्टर में तापमान वृद्धि होने पर कलैक्टर धारा
(a) कम हो जाती है (b) बढ़ जाती है
(c) नियत रहती है (d) शून्य हो जाती है

50. किसी *p-n-p* ट्रांजिस्टर में, यदि एमीटर जंक्शन फॉरवर्ड बायस तथा कलैक्टर जंक्शन रिवर्स बायस हो, तो ट्रांजिस्टर प्रचालित होगा
(a) सक्रिय रीजन में (b) संतृप्त रीजन में
(c) कट-ऑफ रीजन में (d) इन्वर्टिड रीजन में

51. निम्न में से किस अनुप्रयोग में ट्रांजिस्टर का उपयोग नहीं किया जाता है?
(a) एम्प्लीफायर में (b) दोलन में
(c) वोल्टेज मल्टीप्लायर में (d) ये सभी

52. पावर इलेक्ट्रॉनिक्स युक्तियाँ कहलाती हैं
(a) ठोस अवस्था युक्ति (b) ट्रांजिस्टर युक्ति
(c) बाइपोलर युक्ति (d) ये सभी

53. निम्नलिखित में से कौन-सी युक्ति 'स्विच' की भाँति कार्य नहीं कर सकती है?
(a) डायोड (b) ट्रांजिस्टर
(c) ट्रांसफॉर्मर (d) आई.सी.

54. यूनीजंक्शन ट्रांजिस्टर में दो संयोजकों के बीच प्रतिरोध का मान .... के बीच रखा जाता है।
(a) 5 kΩ से 10 kΩ (b) 10 kΩ से 20 kΩ
(c) 20 kΩ से 30 kΩ (d) इनमें से कोई नहीं

55. UJT का उपयोग .... के रूप में किया जा सकता है।
(a) ऑसिलेटर (b) टाइमर
(c) निम्न आवृत्ति ऑसिलेटर (d) ये सभी

56. जब UJT का कलैक्टर टर्मिनल खुला (open) होता है, तब बेस टर्मिनल पर प्रतिरोध का मान होगा
(a) उच्च (b) निम्न (c) शून्य (d) अनन्त

57. निम्न चित्र में किस पावर इलेक्ट्रॉनिक युक्ति के प्रतीक को दर्शाया गया है?

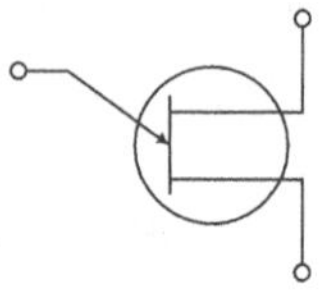

(a) SCR (b) MOSFET
(c) UJT (d) FET

58. निम्न में से किस युक्ति की आन्तरिक संरचना में चार पर्तें नहीं होती हैं?
(a) UJT (b) DIAC (c) SCR (d) TRIAC

59. निम्न युक्तियों में से बेस-1 तथा बेस-2 किस युक्ति से सम्बन्धित हैं?
(a) UJT (b) DIAC
(c) SCR (d) TRIAC

60. UJT का एक अनुप्रयोग .... है।
(a) फिल्टर सर्किट (b) पावर एम्प्लीफायर
(c) रिलैक्सेशन ऑसिलेटर (d) ज्यावक्रीय ऑसिलेटर

61. निम्न में से कौन-सा कथन असत्य है?
(a) FET का गेन अधिक होता है
(b) FET दो गेट्स के साथ भी बनाया जा सकता है
(c) FET का आकार छोटा तथा दक्षता उच्च होती है
(d) FET का इनपुट इम्पीडेन्स बहुत कम होता है

62. गेट रिवर्स वोल्टेज बढ़ने से FET का डिप्लीशन क्षेत्र .... है।
(a) शून्य हो जाता है (b) बढ़ जाता है
(c) घट जाता है (d) नियत रहता है

63. पावर-ब्रिजों का निर्माण निम्न में से किस युक्ति के द्वारा किया जाना सम्भव नहीं है?
(a) ट्रांजिस्टर (b) थायरिस्टर
(c) IGBT (d) MOSFET

64. जब FET पिंच-ऑफ वोल्टेज से ऊपर कार्य करता है, तब
(a) ड्रेन धारा कम हो जाती है (b) ड्रेन धारा बढ़ने लगती है
(c) ड्रेन धारा स्थिर रहती है (d) इनमें से कोई नहीं

65. फील्ड इफैक्ट ट्रांजिस्टर .... के तौर पर भी जाना जाता है।
(a) बाईपोलर ट्रांजिस्टर (b) यूनीपोलर ट्रांजिस्टर
(c) करण्ट नियन्त्रित कैपेसिटर (d) विद्युत नियन्त्रित कैपेसिटर

66. चार पर्तों वाली ठोस अवस्था युक्ति जिसमें टर्न-ऑन विशेषता विद्यमान हो, ... कहलाती है।
(a) थायरिस्टर (b) ट्रांजिस्टर
(c) डायोड (d) इनमें से कोई नहीं

67. n-MOSFET में डिप्लीशन रीजन के बीच वाले रीजन को .... कहा जाता है।
(a) सब्स्ट्रेट (b) चैनल
(c) बैरियर (d) इनमें से कोई नहीं

68. MOSFET की धारा चालन क्षमता .... होती है।
(a) कम (b) अधिक
(c) नगण्य (d) इनमें से कोई नहीं

69. निम्न में से पावर MOSFET की मुख्य विशेषता है
(a) कम डोपिंग की आवश्यकता
(b) उच्च संचार गति
(c) निम्न वोल्टेज पर उच्च कोटि की दक्षता
(d) 'b' और 'c' दोनों

70. निम्न में से धारा ट्रिगरिंग युक्ति नहीं है
(a) MOSFET (b) SCR (c) GTO (d) TRIAC

71. "इस युक्ति में गेट तथा अर्द्धचालक चैनल के मध्य सिलिकॉन ऑक्साइड की एक अचालक पर्त स्थापित की जाती है जिससे गेट का प्रभावी प्रतिरोध बढ़ जाता है।" यह कथन निम्न में से किस युक्ति से सम्बन्धित है?
(a) MOSFET (b) FET (c) IGBT (d) GTO

72. निम्न में से किस युक्ति में तीन p-n जंक्शन डायोड्स का संयोजन होता है?
(a) DIAC (b) TRIAC (c) UJT (d) SCR

73. गेट के खुले होने की स्थिति में SCR को ऑन करने के लिए सप्लाई वोल्टेज को .... के बराबर करना होगा।
(a) रिवर्स वोल्टेज (b) फॉरवर्ड वोल्टेज
(c) ब्रेकओवर वोल्टेज (d) इनमें से कोई नहीं

74. अच्छे SCR में एनोड तथा कैथोड के मध्य .... प्रतिरोध होता है।
(a) शून्य (b) अनन्त (c) कम (d) अधिक

75. SCR में संयोजक सिरे कहलाते हैं
(a) सोर्स, गेट तथा ड्रेन (b) एमीटर, बेस तथा कलैक्टर
(c) कैथोड, गेट तथा एनोड (d) इनमें से कोई नहीं

76. SCR का प्रयोग किया जा सकता है
(a) एम्प्लीफायर के रूप में (b) रेक्टिफायर के रूप में
(c) FET के रूप में (d) इनमें से कोई नहीं

77. SCR में जब अधिक गेट धारा दी जाती है, तब फॉरवर्ड ब्रेकओवर वोल्टेज
(a) कम हो जाती है
(b) अत्यधिक बढ़ जाती है
(c) अचानक से शून्य हो जाती है
(d) पर कोई प्रभाव नहीं पड़ता है

78. SCR में लोड के द्वारा करण्ट जो क्रान्तिक मान से नीचे है, वह …… कहलाती है।
(a) गेट करण्ट (b) फॉरवर्ड करण्ट
(c) होल्डिंग करण्ट (d) लोड करण्ट

79. SCR का मुख्य अनुप्रयोग है
(a) मोटरों का गति नियन्त्रण
(b) वोल्टता प्रवर्धक नियन्त्रण
(c) फिल्टर सर्किट
(d) दोलित्र (ऑसिलेटर) सर्किट

80. SCR के बन्द होने का कारण है
(a) एनोड धारा का शून्य हो जाना
(b) गेट वोल्टेज का शून्य हो जाना
(c) गेट टर्मिनल रिवर्स बायस होना
(d) उपरोक्त सभी

81. निम्न प्रतीकों में SCR युक्ति का प्रतीक पहचानिए

(a) 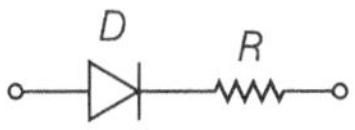

(b) 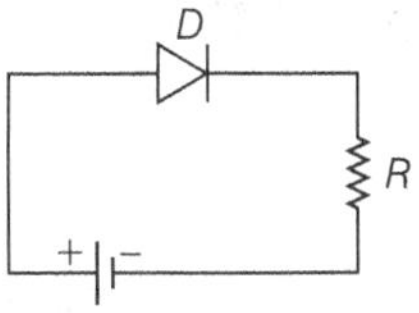

(c) 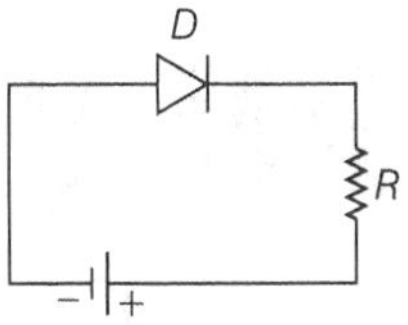

(d) इनमें से कोई नहीं

82. SCR के बन्द होने पर परिपथ में प्रवाहित धारा होती है
(a) शून्य (b) निम्न लीकेज धारा
(c) उच्च लीकेज धारा (d) फॉरवर्ड धारा

83. एस.सी.आर. का पूर्ण रूप है
(a) सेमीकण्डक्टर रेक्टीफायर
(b) स्पीड कण्ट्रोल्ड रेक्टीफायर
(c) स्पेशल कण्डक्टर रेक्टीफायर
(d) सिलिकॉन कण्ट्रोल्ड रेक्टीफायर

84. एस.सी.आर. का प्रयोग करते हुए किसी मोटर की गति, परिवर्ती ……… द्वारा नियन्त्रित की जा सकती है।
(a) एस.सी.आर. की होल्डिंग करण्ट
(b) एस.सी.आर. के फायरिंग कोण
(c) लोड करण्ट (d) गेट करण्ट

उत्तरमाला

1. (b)	**2.** (c)	**3.** (b)	**4.** (d)	**5.** (d)	**6.** (a)	**7.** (d)	**8.** (c)	**9.** (c)	**10.** (b)
11. (c)	**12.** (a)	**13.** (c)	**14.** (b)	**15.** (b)	**16.** (a)	**17.** (c)	**18.** (c)	**19.** (a)	**20.** (d)
21. (d)	**22.** (c)	**23.** (c)	**24.** (c)	**25.** (c)	**26.** (b)	**27.** (c)	**28.** (b)	**29.** (c)	**30.** (b)
31. (d)	**32.** (a)	**33.** (a)	**34.** (b)	**35.** (d)	**36.** (b)	**37.** (c)	**38.** (c)	**39.** (b)	**40.** (b)
41. (d)	**42.** (d)	**43.** (b)	**44.** (a)	**45.** (c)	**46.** (d)	**47.** (c)	**48.** (d)	**49.** (b)	**50.** (a)
51. (c)	**52.** (a)	**53.** (c)	**54.** (a)	**55.** (d)	**56.** (a)	**57.** (c)	**58.** (a)	**59.** (a)	**60.** (c)
61. (c)	**62.** (b)	**63.** (a)	**64.** (c)	**65.** (b)	**66.** (a)	**67.** (b)	**68.** (b)	**69.** (d)	**70.** (a)
71. (a)	**72.** (d)	**73.** (c)	**74.** (b)	**75.** (c)	**76.** (b)	**77.** (a)	**78.** (a)	**79.** (a)	**80.** (a)
81. (b)	**82.** (b)	**83.** (b)	**84.** (d)						

अध्याय 09

हाइड्रॉलिक एवं न्यूमैटिक मैकेनिक्स

Hydraulic and Pneumatic Mechanics

परिचय Introduction

प्रौद्योगिक एवं तकनीकी क्षेत्र में विभिन्न प्रकार के परम्परागत मैकेनिक्स का प्रयोग किया जाता है एवं दिन-प्रतिदिन नए मैकेनिक्स की खोज भी की जा रही है, परन्तु वर्तमान समय में प्रचलित मैकेनिक्स में हाइड्रॉलिक एवं न्यूमैटिक मैकेनिक्स मुख्य हैं। हाइड्रॉलिक मैकेनिक्स के अन्तर्गत तरल पदार्थ के दबाव से तथा न्यूमैटिक मैकेनिक्स के अन्तर्गत गैसों के दबाव द्वारा यान्त्रिक गति प्राप्त की जाती है।

वर्तमान समय में प्रयोग होने वाले वाहनों के अवयव इन मैकेनिक्स पर आधारित सिद्धान्तों पर प्रचालित होते हैं, इसलिए इन वाहनों की कार्यप्रणाली को समझने हेतु हाइड्रालिक एवं न्यूमैटिक मैकेनिक्स पर आधारित सिद्धान्तों को समझना एवं उनका अध्ययन करना प्रशिक्षु के लिए अति आवश्यक है। इस उपयोगिता को ध्यान में रखते हुए प्रस्तुत अध्याय में हाइड्रॉलिक एवं न्यूमैटिक मैकेनिक्स पर आधारित सिद्धान्तों के साथ-साथ वाहन में प्रयुक्त इन पर आधारित अवयवों का भी विस्तृत वर्णन किया गया है।

अध्याय विषय सूची

9.1 हाइड्रॉलिक मैकेनिक्स Hydraulic Mechanics

तकनीक (technology) का वह भाग, जिसके अन्तर्गत तरल पदार्थ के प्रवाहक गुणधर्मों का अध्ययन किया जाता है, हाइड्रॉलिक मैकेनिक्स कहलाता है एवं वह प्रणाली, जिसमें दबाव सहित तरल पदार्थ का प्रयोग किया जाता है, हाइड्रॉलिक प्रणाली कहलाती है। हाइड्रॉलिक मैकेनिक्स के अन्तर्गत तरल को एक निश्चित सीमा तक दबाकर बल अथवा ऊर्जा को संचरित किया जाता है।

इसमें प्रयुक्त इनपुट अवयव, पम्प तथा आउटपुट अवयव, एक्चुएटर कहलाते हैं। प्रौद्योगिकी के क्षेत्र में हाइड्रॉलिक मैकेनिक्स का प्रयोग तरल पदार्थों के प्राकृतिक गुणों; जैसे—घनत्व, श्यानता, प्रत्यास्थता, पृष्ठ तनाव आदि पर निर्भर करता है, क्योंकि प्राय: सभी तरल पदार्थों का सामान्य व्यवहार एकसमान होता है। विभिन्न औद्योगिक क्षेत्रों, इंजन प्रचालन, विद्युत उत्पादक जनित्रों, कृषि क्षेत्रों आदि में इस तकनीक का अत्यधिक प्रयोग किया जाता है। इसके अतिरिक्त वाहनों की ब्रेक प्रणाली में भी इसका प्रयोग होता है। हाइड्रॉलिक मैकेनिक्स में सामान्यत: प्रयुक्त तरल, तेल होता है।

पावर स्रोत पम्प	ऑयल →	कण्ट्रोल वाल्व हाइड्रॉलिक प्रणाली	→	एक्चुएटर सिलेण्डर

नीचे हाइड्रॉलिक मैकेनिक्स पर आधारित कुछ मशीनों एवं युक्तियों का नाम बताया गया है

(i) हाइड्रॉलिक प्रैस
(ii) हाइड्रॉलिक गवर्नर
(iii) हाइड्रॉलिक लिफ्ट
(iv) हाइड्रॉलिक सिलेण्डर
(v) हाइड्रॉलिक एक्चुएटर

हाइड्रॉलिक मैकेनिक्स से सम्बन्धित पदावली
Terminology Related to Hydraulic Mechanics

हाइड्रॉलिक मैकेनिक्स, उन्नत तकनीक का एक उदाहरण है, जिसको पूर्णत: समझने के लिए इससे सम्बन्धी शब्दावली (पदावली) का ज्ञान होना अति आवश्यक है। हाइड्रॉलिक मैकेनिक्स से सम्बन्धित कुछ उपयोगी पद (शब्द) निम्न प्रकार हैं

1. बल Force

वह बाह्य कारक, जो किसी वस्तु की स्थिर अवस्था या गति की अवस्था को परिवर्तित कर देता है या परिवर्तित करने का प्रयत्न करता है, बल कहलाता है। वस्तु पर लगाया गया बल, उसके द्रव्यमान (mass) तथा त्वरण (acceleration) के गुणनफल के बराबर होता है।

$\therefore$ बल (F) = द्रव्यमान $(m) \times$ त्वरण (a)

$$F = ma$$

SI प्रणाली में बल का मात्रक किग्रा-मीटर/सेकण्ड^2 होता है, जिसे न्यूटन कहते हैं।

2. दाब Pressure

किसी तल के इकाई क्षेत्रफल पर जो लम्बवत् बल कार्य करता है, उसके परिमाण को उस तल पर पड़ने वाला दाब कहते हैं। यह दाब वायुमण्डल के कारण होता है। यदि किसी बन्द पात्र में, A क्षेत्रफल वाले पिस्टन द्वारा आरोपित बल F है, तो दाब निम्न सूत्र द्वारा ज्ञात किया जाएगा

$$\text{दाब } (p) = \frac{\text{बल } (F)}{\text{क्षेत्रफल } (A)}$$

किसी तल पर पड़ने वाला दाब, उस तल पर आरोपित बल के अनुक्रमानुपाती होता है। दाब का SI मात्रक न्यूटन/मी^{2} होता है, जिसे पास्कल भी कहते हैं।

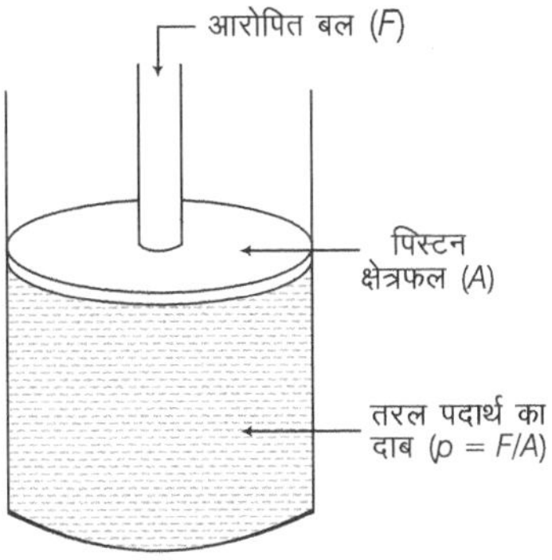

चित्र तरल पदार्थों में दाब

3. श्यानता Viscosity

श्यानता, तरल पदार्थ के आन्तरिक घर्षण को कहते हैं। जब किसी तरल (द्रव) की एक परत, उसी तरल की दूसरी परत पर फिसलती है, तो उनके बीच घर्षण बल कार्य करता है, जो परतों की सापेक्ष गति का विरोध करता है, यह घर्षण बल ही श्यान बल है तथा तरल पदार्थों द्वारा प्रदर्शित यह गुण, श्यानता कहलाता है।

$$\text{श्यान बल } (f) = \pm \eta A \frac{\Delta v}{\Delta y}$$

जहाँ, $\frac{\Delta v}{\Delta y}$ = वेग प्रवणता (velocity gradient)

η = श्यानता गुणांक (viscosity coefficient)

A = परतों का क्षेत्रफल (area of layers)

श्यानता दो प्रकार की होती है

(i) वास्तविक श्यानता
(ii) शुद्ध गतिकी श्यानता

(i) **वास्तविक श्यानता** (Real viscosity) मोटी द्रवित फिल्म से भरी दो प्लेटों के मध्य लगने वाले बल का मापन वास्तविक श्यानता द्वारा किया जाता है। CGS प्रणाली में वास्तविक श्यानता का मात्रक पॉइज (poise) होता है।

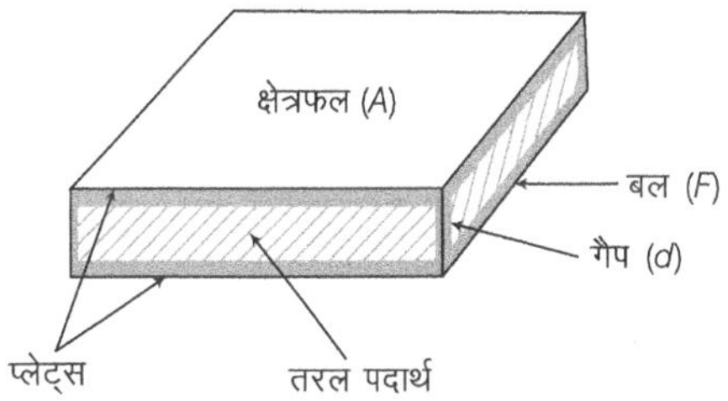

चित्र वास्तविक श्यानता

(ii) **शुद्ध गतिकी श्यानता** (Pure dynamic viscosity) इस श्यानता का मान एक निश्चित तेल को कैपिलरी ट्यूब में गुजारने के समय ज्ञात किया जाता है। प्राय: यह श्यानता वैज्ञानिक क्षेत्रों में प्रयोग की जाती है। इस श्यानता का मात्रक स्टोक्स (stokes) होता है।

9.2 हाइड्रॉलिक मैकेनिक्स का सिद्धान्त
Principle of Hydraulic Mechanics

हाइड्रॉलिक मैकेनिक्स के सिद्धान्त से आशय इसमें प्रयोग होने वाले उन सिद्धान्तों से है, जिन पर इंजीनियरिंग तथा तकनीकी की विविध मशीनें निर्भर करती हैं एवं अपनी प्रचालन (operation) क्रिया करती हैं। अत: ऐसे सिद्धान्तों का अध्ययन करना अति आवश्यक है। हाइड्रॉलिक मैकेनिक्स पर आधारित इन सिद्धान्तों का वर्णन नीचे दिया गया है

1. पास्कल का नियम Pascal's Law

पास्कल का नियम हाइड्रॉलिक मैकेनिक्स में दाब से सम्बन्धित एक महत्त्वपूर्ण सिद्धान्त है, जिसे फ्रांसीसी वैज्ञानिक ब्लेज पास्कल ने प्रतिपादित किया था।

इस सिद्धान्त के अनुसार, "चारों तरफ से घिरे (covered) असम्पीड्य (incompressible) तरल पदार्थ में यदि किसी बिन्दु पर दाब परिवर्तन किया जाए अर्थात् दाब को घटाया या बढ़ाया जाए, तो उस तरल पदार्थ के अन्दर प्रत्येक बिन्दु पर दाब में उतना ही परिवर्तन होगा।"

गणितीय रूप में,

$$\Delta p = \rho g\,(\Delta h)$$

जहाँ, Δp = तरल स्थैतिकी में दाब

ρ = तरल का घनत्व

g = गुरुत्वीय त्वरण का अन्तर

Δh = गहराई पर स्थित दो बिन्दुओं के बीच की ऊँचाई में अन्तर

टिप्पणी *h गहराई पर स्थित किसी भी बिन्दु पर दाब का मान निम्नलिखित सूत्र से प्राप्त किया जा सकता है*

$$p = p_0 - \rho g h$$

जहाँ, p_0 = *द्रव की सतह पर दाब*

यदि द्रव खुली हवा में है, तो p_0 वायुमण्डलीय दाब के बराबर होता है।

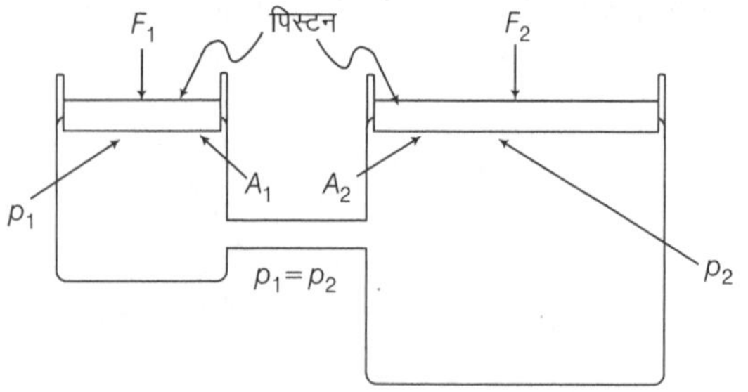

चित्र पास्कल के नियम का चित्रीय निरूपण

जैसा कि उपरोक्त चित्र में दर्शाया गया है कि दो पात्र, जिनके क्षेत्रफल क्रमशः A_1 तथा A_2 हैं, में तरल भरा हुआ है। पिस्टन द्वारा इन पर आरोपित बलों क्रमश F_1 तथा F_2 के कारण दाब p_1 तथा p_2 हैं। अत: पास्कल के नियमानुसार द्रव के प्रत्येक बिन्दु पर दाब p_1, p_2 के बराबर होगा।

2. आर्किमिडीज का सिद्धान्त Archimedes Principle

आर्किमिडीज के सिद्धान्त के अनुसार, "जब किसी वस्तु को किसी तरल में पूर्णत: या आंशिक रूप से डुबोया जाता है, तो तरल वस्तु पर ऊपर की ओर एक बल कार्य करता है, जिसे उत्प्लावन बल कहते हैं। यह बल वस्तु द्वारा हटाए गए तरल के भार के बराबर होता है।"

किसी वस्तु को तरल में पूर्ण या आंशिक रूप से डुबोने पर वस्तु के भार में कमी प्रतीत होती है, वस्तु के भार में होने वाली आभासी कमी वस्तु द्वारा हटाए गए तरल के भार के बराबर होती है।

∴ वस्तु का आभासी भार = वस्तु का भार - तरल का उत्प्लावन बल

= वस्तु का भार - विस्थापित तरल का भार

9.3 हाइड्रॉलिक मैकेनिक्स पर आधारित ऑटोमोटिव अवयव Automotive Components Based on Hydraulic Mechanics

ऑटोमोबाइल के डिजाइन (design), प्रचालन (operation) तथा अनुप्रयोगों (applications) को देखते हुए ऐसे अनेक अवयवों का निर्माण किया गया है, जो पूर्णतः हाइड्रॉलिक मैकेनिक्स पर आधारित हैं। ऐसे अवयवों के प्रयोग से ऑटोमोबाइल की दक्षता (efficiency), सुविधा (convenience) एवं सुरक्षा (safety) बढ़ जाती है। इस प्रकार के कुछ अवयवों का वर्णन नीचे दिया गया है

1. गियर पम्प Gear Pump

गियर पम्प एक ऐसी युक्ति है, जिसके द्वारा निश्चित दाब पर तरल को स्थानान्तरित किया जाता है। यह हाइड्रॉलिक मैकेनिक्स पर आधारित सबसे अधिक प्रयोग होने वाला पम्प है। यह एक धनात्मक अथवा नियत विस्थापन वाला पम्प होता है, क्योंकि यह प्रत्येक चक्कर में तरल की एक नियत मात्रा को ही पम्प करता है।

इस पम्प का प्रयोग अधिकतर उच्च श्यानता वाले द्रवों को पम्प करने के लिए ऐसे स्थानों पर किया जाता है, जहाँ निम्न से मध्यम दाब की आवश्यकता हो; जैसे—कार का ऑयल पम्प, ट्रकों एवं निर्माण कार्यों में लगी हाइड्रॉलिक यूनिट आदि। इस पम्प को इस प्रकार डिजाइन किया जाता है कि यह, पम्प तथा मोटर दोनों की तरह कार्य कर सकता है।

गियर पम्प का सिद्धान्त Principle of Gear Pump

मोटर द्वारा प्रचालित एक ड्राइवर गियर, आइडलर गियर को विपरीत दिशा में घुमाता है। गियर्स के घूर्णन के दौरान हाउसिंग बोर तथा गियर्स के दाँतों के मध्य स्थान में फँसा हुआ तरल, गियर्स के चारों ओर घूमता हुआ पम्प के इनलेट से आउटलेट की ओर चला जाता है। पम्प की आउटलेट साइड में गियर्स का आपस में मैश होना ही तरल को पम्प करके पाइप में भेजता है, जैसा कि चित्र में दर्शाया गया है

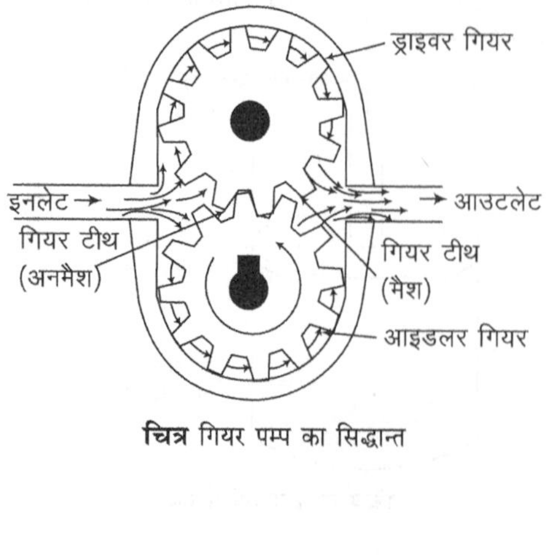

चित्र गियर पम्प का सिद्धान्त

गियर पम्प के प्रकार Types of Gear Pump

गियर पम्प मुख्यत: दो प्रकार के होते हैं

(i) **आन्तरिक गियर पम्प** (Internal gear pump) आन्तरिक गियर पम्प, एक ऐसा गियर पम्प है, जिसे ऑटोमोटिव ऑयल पम्प में गेरोटर (gerotor) के नाम से भी जाना जाता है। इस गियर पम्प में एक बाह्य गियर तथा एक आन्तरिक स्पर गियर होता है। ये दोनों गियर आपस में अन्तर्संयोजित (interconnected) होते हैं तथा समान दिशा में घूर्णन करते हैं। जैसे-जैसे दोनों गियर्स के दाँत अन्तर्संयोजन से बाहर आते हैं, गियर के दाँतों तथा सैप्रेटर के मध्य एकत्रित तरल इनलेट से होता हुआ आउटलेट में चला जाता है।

इस प्रकार का पम्प छोटे इंजनों, जिनमें कैमशाफ्ट ऊपर लगी होती है, के लिए अधिक उपयुक्त होता है। यह बहुत कम स्थान लेता है तथा क्रैंकशाफ्ट पर लगे हुए गियर द्वारा सीधे प्रचालित (operated) होता है। ऐसे पम्प का प्रचालन (operation) तथा अनुरक्षण (maintenance) अत्यन्त सरल होता है।

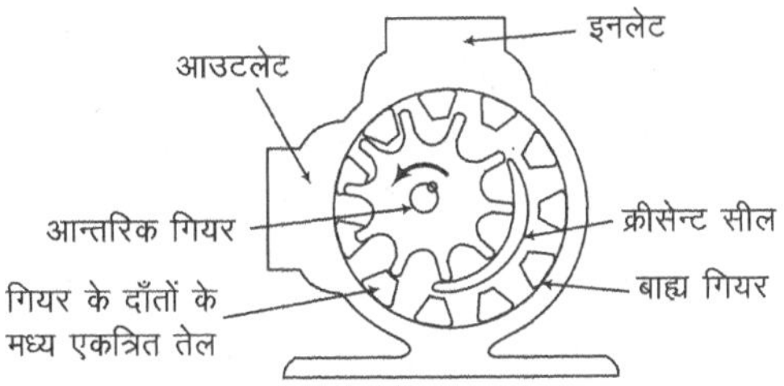

चित्र आन्तरिक गियर पम्प

(ii) **बाह्य गियर पम्प** (External gear pump) बाह्य गियर पम्प प्राय: मशीन औजार (machine tool) में स्नेहक पम्प के तौर पर प्रयोग किया जाता है। इसमें दो बाह्य स्पर गियर होते हैं, जो परस्पर अन्तर्संयोजित होते हैं। इसमें एक ड्राइवर गियर होता है, जो दूसरे गियर को प्रचालित करता है। गियर्स के घूमने के दौरान इनलेट से प्राप्त तरल, हाउसिंग बोर तथा गियर के दाँतों के मध्य एकत्रित होकर, पम्प के आउटलेट की ओर चला जाता है। यह अन्तर्संयोजन एक कवच की भाँति कार्य करता है, जो तरल को पुन: इनलेट में जाने से रोकता है।

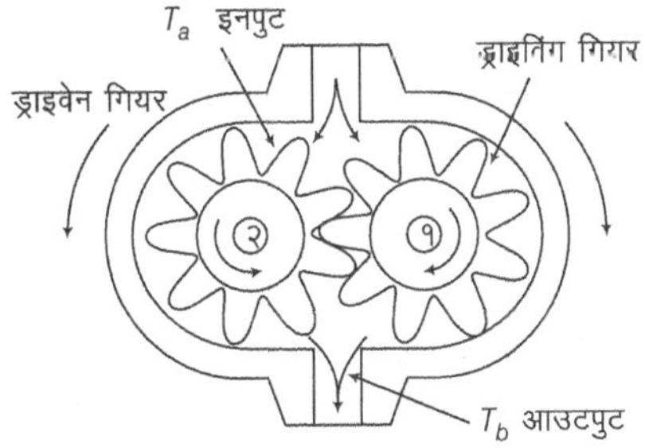

चित्र बाह्य गियर पम्प

अधिक क्षमता वाले बाह्य गियर पम्प में आदर्श रूप से हैलिकल (helical) या हैरिंगबोन (herringbone) गियर का प्रयोग किया जाता है। कम क्षमता वाले गियर पम्प सामान्यत: 1750 या 3450 rpm की चाल पर कार्य करते हैं।

ऐसे पम्प, गियरों (gears) की दोनों भुजाओं के निकट टॉलरैन्स (tolerance) तथा शाफ्ट सपोर्ट (support) करते हैं। हाइड्रॉलिक मैकेनिक्स द्वारा चालित मशीनरी में ये उच्च दाब अनुप्रयोगों के लिए प्रयोग किए जाते हैं।

गियर पम्प के लाभ Advantages of Gear Pump

गियर पम्प के लाभ निम्नवत् हैं

(i) गियर पम्प दोनों दिशाओं में घूर्णन करने में सक्षम है।
(ii) यह स्वत: प्रिनिंग होने के कारण बिना वायु के द्रव का संचरण करता है।
(iii) यह पम्प लुब्रीकेशन में प्रयोग किया जा सकता है।
(iv) अन्त: गियर पम्प द्वारा उच्च श्यानता वाले द्रव भी पम्प किए जा सकते हैं।

2. वाल्व Valve

पम्प की वहन क्षमता से अधिक तरल दबाव बनने पर हाइड्रॉलिक पम्प के पाइपों के जोड़ से तरल लीकेज हो सकता है और अत्यधिक दबाव की स्थिति में पाइप भी फट सकते हैं। अत: तरल दबाव को कम करने के उद्देश्य से वाल्वों का प्रयोग किया जाता है। चित्र में वाल्व की सामान्य संरचना दर्शायी गई है

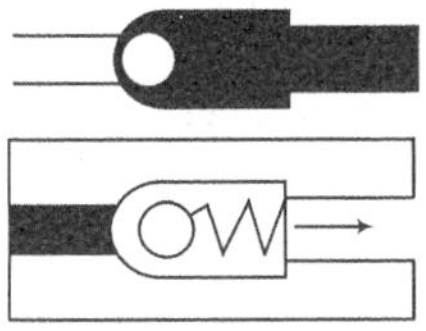

चित्र हाइड्रॉलिक वाल्व

हाइड्रॉलिक मैकेनिक्स में विभिन्न प्रकार के वाल्वों का प्रयोग किया जाता है, जो निम्नलिखित हैं

(i) दिशात्मक कण्ट्रोल वाल्व Directional Control Valve

दिशात्मक कण्ट्रोल वाल्व, हाइड्रॉलिक तथा न्यूमैटिक मैकेनिक्स का अत्यधिक प्रयोग होने वाला मौलिक भाग है। ऐसे वाल्व एक या एक से अधिक स्रोतों से तरल (fluid) के प्रवाह को अनुमति प्रदान करते हैं।

इनमें आमतौर पर स्पूल (spool) निहित होता है, जो मैकेनिकली (mechanically) या इलेक्ट्रिकली (electrically) नियन्त्रित होता है।

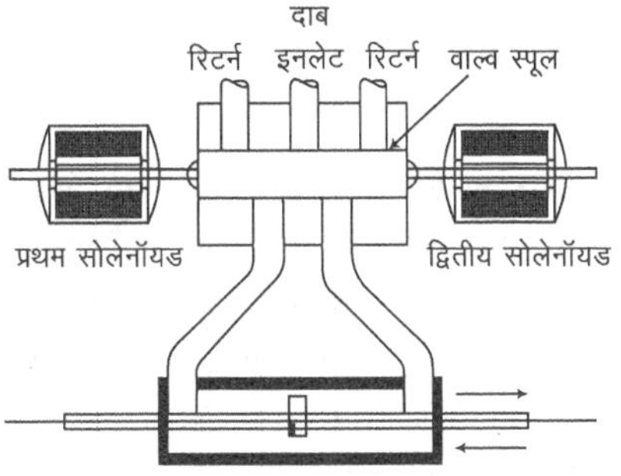

चित्र दिशात्मक कण्ट्रोल वाल्व

स्पूल (spool) का संचार ही तरल के प्रवाह को रोकता तथा अनुमति प्रदान करता है। स्पूल के मार्ग प्रकारों के आधार पर दिशात्मक कण्ट्रोल वाल्व का वर्गीकरण निम्नलिखित है

(a) 2/2 **डायरेक्शनल कण्ट्रोल वाल्व** (2/2 Directional Control Valve) इस वाल्व में एक कार्यकारी पोर्ट A, एक सप्लाई पोर्ट P तथा एक लीकेज पोर्ट L होता है, जैसा कि नीचे चित्र में दर्शाया गया है। इस प्रकार के वाल्व में, सामान्य स्थिति में P से A की ओर प्रवाह बन्द रहता है।

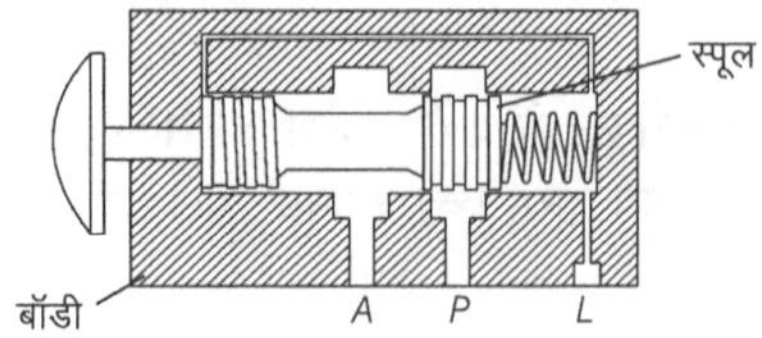

चित्र 2/2 वे वाल्व

जब 2/2 वाल्व को सक्रिय (actuated) किया जाता है तब, यह P से A की ओर खुल जाता है। वर्तमान में ऐसे वाल्व भी उपलब्ध हैं जो वाल्व की सामान्य स्थिति में भी P से A की ओर खुले रहते हैं।

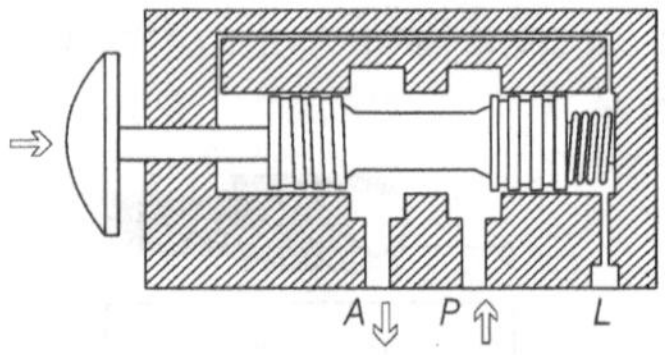

चित्र 2/2 वे वाल्व की सामान्य स्थिति

(b) 3/2 **डायरेक्शनल कण्ट्रोल वाल्व** (3/2 Directional Control Valve) इस वाल्व में 3 पोर्ट तथा 2 स्विचिंग पोजिशन होती हैं। इस वाल्व का मुख्य लाभ यह है कि जब पम्प लॉक हो जाता है तो यह आउटलेट के तरल को वापस जाने की अनुमति देता है। इस वाल्व में प्रयुक्त तीन पोर्ट प्रैशर पोर्ट (P), वर्किंग पोर्ट (A) तथा टैंक पोर्ट (T) होते हैं। सामान्य स्थिति में पोर्ट P बन्द रहता है तथा पोर्ट A, टैंक पोर्ट T से जुड़ा होता है। सक्रिय स्थिति में पोर्ट A, पोर्ट P के लिए खुला तथा पोर्ट T के लिए बन्द रहता है।

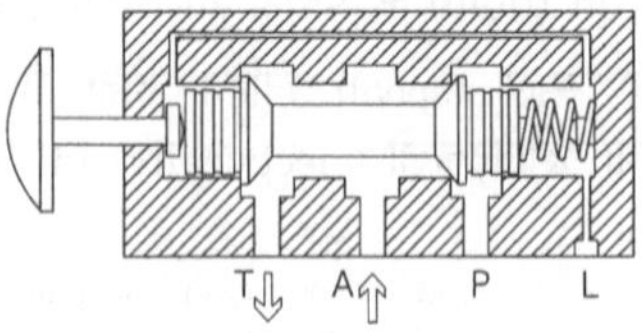

चित्र 3/2 डायरेक्शनल कण्ट्रोल वाल्व

जब 3/2 वाल्व को सक्रिय (actuated) किया जाता है तो प्रवाह P से A की तरफ होने लगता है। इस स्थिति में पोर्ट T बन्द रहता है।

(c) 4/2 **डायरेक्शनल कण्ट्रोल वाल्व** (4/2 Directional Control Valve) इस वाल्व में 4 पोर्ट तथा 2 स्विचिंग पोजिशन होती हैं। सामान्य स्थिति में प्रैशर पोर्ट P, वर्किंग पोर्ट B से तथा वर्किंग पोर्ट A, टैंक पोर्ट T से जुड़ा होता है। इसका अर्थ है कि तरल P पोर्ट से B की तरफ तथा पोर्ट A से पोर्ट T की तरफ बहता है।

सक्रिय स्थिति में प्रैशर पोर्ट P, वर्किंग पोर्ट A से तथा वर्किंग पोर्ट B, टैंक पोर्ट T से जुड़ा होता है। इस प्रकार के वाल्व मुख्यत: डबल एक्टिंग सिलेण्डर में प्रयोग किए जाते हैं।

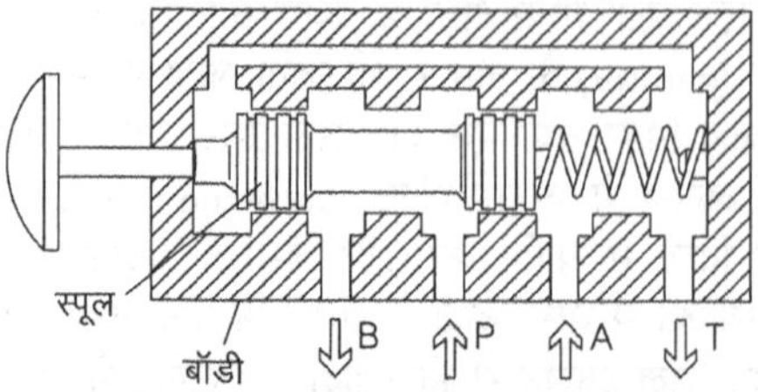

चित्र 4/2 डायरेक्शनल कण्ट्रोल वाल्व

(d) 4/3 **डायरेक्शनल कण्ट्रोल वाल्व** (4/3 Directional Control Valve) इसमें चार पोर्ट तथा तीन स्विचिंग पोजिशन होती हैं। इन वाल्वों का मुख्य लाभ यह है कि ये मिड स्ट्रोक स्थिति में प्रवाहित नहीं होते हैं। इनका प्रयोग एक्चुएटर को कण्ट्रोल करने के लिए किया जाता है। 4/3-वे वाल्व, 4/2-वे वाल्व के समान ही होते हैं परन्तु इनमें मध्य स्थिति में एक मध्य पोर्ट P होता है। यह पोर्ट, टैंक पोर्ट से संयोजित रहता है। नीचे चित्र में 4/3-वे वाल्व की स्विचिंग स्थिति को दर्शाया गया है। इस स्थिति में प्रवाह P से B की तरफ तथा A से T की तरफ होता है। जब वाल्व अपनी माध्य स्थिति (mid-position) में होता है तो इसमें P से T की ओर प्रवाह होता है, जबकि पोर्ट A व B बन्द रहते हैं। चूँकि इस स्थिति में आउटपुट, पम्प से टैंक की ओर होता है, अत: इस स्विचिंग स्थिति को पम्प बाईपास या पम्प रिसर्कुलेशन कहा जाता है।

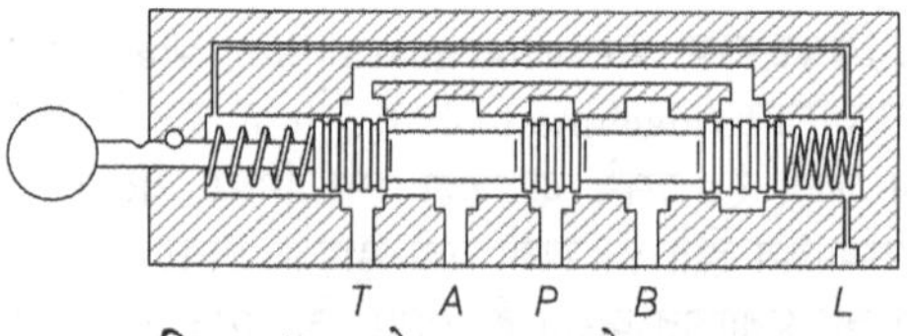

चित्र 4/3 डायरेक्शनल कण्ट्रोल वाल्व

जब वाल्व लैफ्ट हैण्ड स्विचिंग स्थिति में होता है, तो प्रवाह P से A की तरफ तथा B से T की तरफ होता है जैसा कि चित्र में दर्शाया गया है

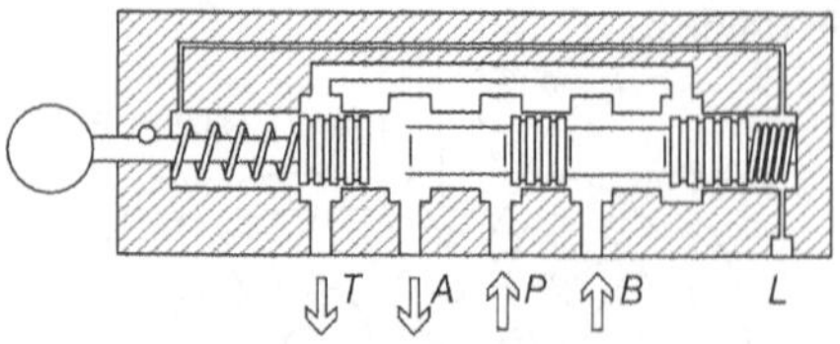

चित्र 4/3 कण्ट्रोल वाल्व की लैफ्ट हैण्ड स्विचिंग स्थिति

जब वाल्व राइट हैण्ड स्विचिंग स्थिति में होता है, तो प्रवाह P से B की ओर तथा A से T की ओर होता है जैसा कि चित्र में दर्शाया गया है

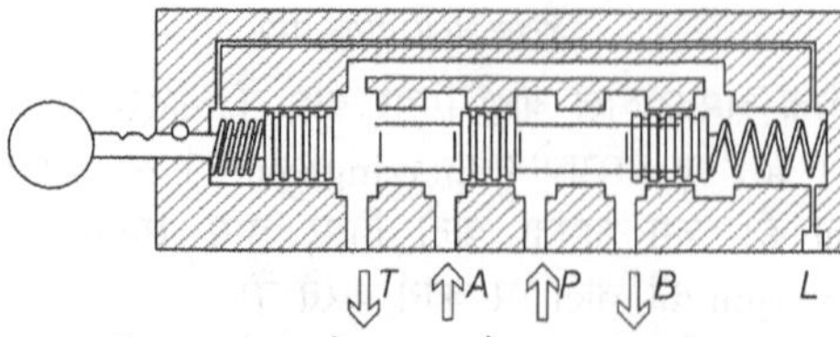

चित्र 4/3-कण्ट्रोल राइट हैण्ड स्विचिंग स्थिति

(ii) प्रैशर रिलीफ वाल्व
Pressure Relief Valve

प्रैशर रिलीफ वाल्व का प्रयोग इंजनों में तरल के दाब नियन्त्रण के लिए किया जाता है। इसमें दाबित (pressurized) तरल के प्रवाह को सहायक मार्ग से बाहर भेजकर दाब का नियन्त्रण किया जाता है।

प्रैशर रिलीफ वाल्व को इस तरह डिजाइन किया जाता है कि यह निर्धारित दाब से अधिक दाब होने पर अपने आप खुल सके, जिससे अधिक दाब होने के कारण इंजन को क्षति न पहुँचे।

इस प्रकार का वाल्व, स्प्रिंग (spring) द्वारा प्रचालित किया जाता है तथा कम प्रैशर होने पर स्प्रिंग की जगह डायफ्राम द्वारा भी इसका प्रचालन किया जा सकता है।

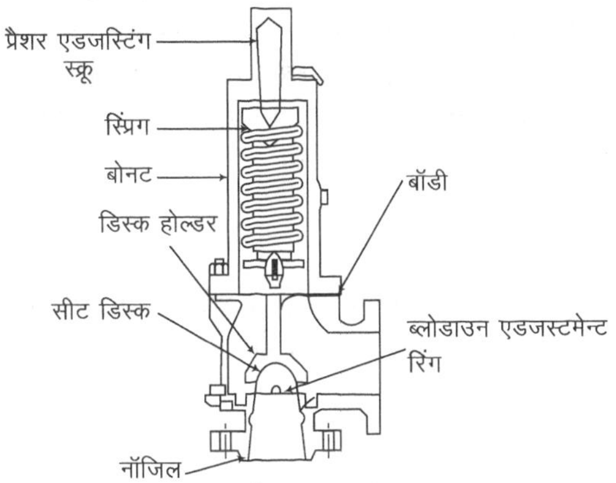

चित्र प्रैशर रिलीफ वाल्व

प्रैशर रिलीफ वाल्व निम्न दो प्रकार के होते हैं

(a) **बॉल टाइप प्रैशर रिलीफ वाल्व** (Ball type pressure relief valve) इस प्रैशर रिलीफ वाल्व में तेल का दाब, स्प्रिंग बल से अधिक होने पर, एक स्प्रिंग लोडेड बॉल, रिटर्न चैनल का संयोजन खोल देती है, जिससे तेल रिटर्न चैनल से होता हुआ ऑयल पम्प में वापस आ जाता है।

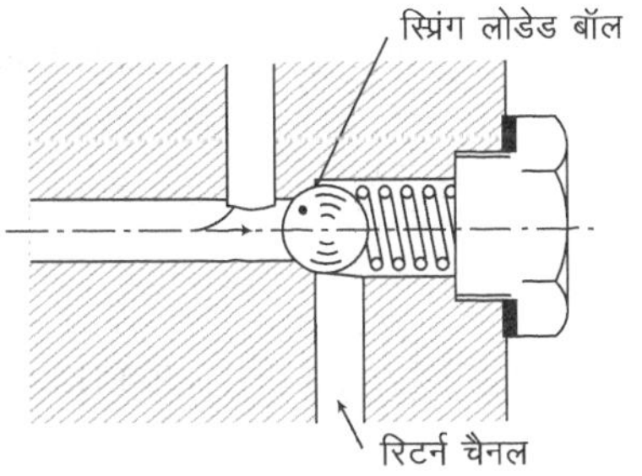

चित्र बॉल टाइप प्रैशर रिलीफ वाल्व

(b) **प्लंजर टाइप प्रैशर रिलीफ वाल्व** (Plunger type pressure relief valve) प्लंजर टाइप रिलीफ वाल्व, बॉल टाइप रिलीफ वाल्व के समरूप ही होता है, अन्तर केवल यह है कि इसमें बॉल के स्थान पर प्लंजर का प्रयोग किया जाता है।

इस रिलीफ वाल्व में तेल का दाब बढ़ने पर, वाल्व में प्रयुक्त लीकेज ऑयल रिटर्न मार्ग से, प्लंजर से होता हुआ ऑयल पम्प में चला जाता है।

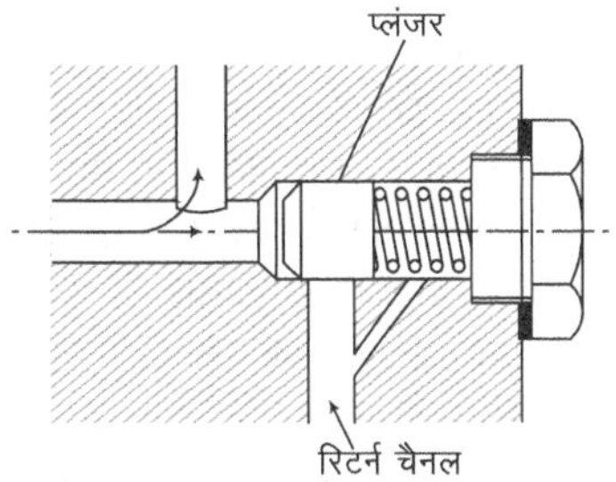

चित्र प्लंजर टाइप प्रैशर रिलीफ वाल्व

(c) **फ्लो कण्ट्रोल वाल्व** (Flow control valve) फ्लो कण्ट्रोल वाल्व के माध्यम से तरल या द्रव के दाब को नियन्त्रित किया जाता है। इस प्रकार के वाल्व प्राय: स्वतन्त्र युक्तियों (जैसे—प्रवाह मीटर या ताप गेज) द्वारा उत्पन्न संकेतों का जवाब (response) देते हैं। फ्लो कण्ट्रोल वाल्व के स्वचालित (automatic) होने के कारण ये बाह्य (external) साधनों का उपयोग नहीं करते हैं।

इसमें मूल रूप से एक ही बॉडी में नीडिल तथा चैक वाल्व लगे होते हैं, जिससे हाइड्रॉलिक परिपथ में तरल के बहाव को नियन्त्रित किया जाता है। ऑटोमोबाइल इंजन का प्रचालन अत्यधिक मात्रा में विभिन्न प्रकार के तरलों पर निर्भर करता है। इन तरलों के प्रवाह से इंजन में जटिलता बढ़ जाती है। इस कारण प्रवाह के द्वारा उत्पन्न जटिलता को समाप्त (finish) तथा प्रवाह को नियन्त्रित (regulate) करने के लिए फ्लो कण्ट्रोल वाल्व प्रयोग किए जाते हैं।

इसके अतिरिक्त पावर स्टीयरिंग सिस्टम में दाब को नियन्त्रित करने के लिए भी इसका प्रयोग किया जाता है। वाहन को निम्न गति पर चलाने के लिए तरल प्रवाह की आवश्यकता कम होती है अर्थात् इस समय उच्च दाब की आवश्यकता होती है। अत: डिस्चार्ज पोर्ट, तरल को आउटपुट की तरफ भेज देता है, जहाँ से यह तरल, स्टिंग गियर को सप्लाई हो जाता है। इस समय आउटपुट पर प्रवाहित तरल का दाब, पम्प के उच्च दाब से कम होता है।

इसके विपरीत यदि वाहन को उच्च गति पर चलाना हो, तो उच्च तरल प्रवाह तथा निम्न दाब की आवश्यकता होती है। इसके अतिरिक्त स्टीयरिंग के पूर्ण रूप से लॉक होने की स्थिति में अर्थात् वाहन के रुक जाने पर, प्रैशर रिलीफ वाल्व, दाब को एक निश्चित सीमा से अधिक नहीं बढ़ने देता, साथ ही पावर पिस्टन चैम्बर में दाब अत्यन्त बढ़ जाने से तरल पदार्थ का प्रवाह रोक देता है।

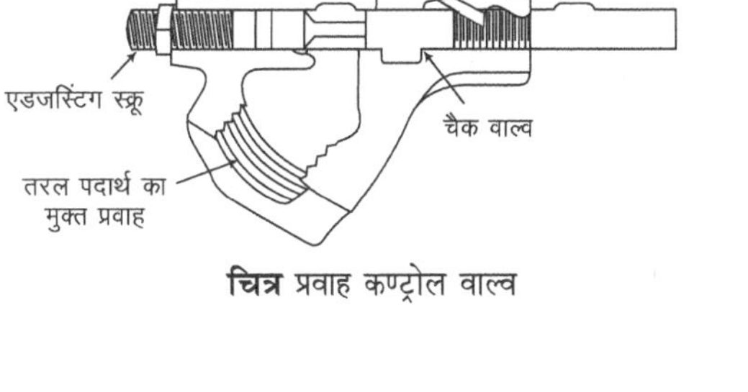

चित्र प्रवाह कण्ट्रोल वाल्व

(d) **नॉन-रिटर्न वाल्व** (Non-return valve) नॉन-रिटर्न वाल्व तरल पदार्थ के मुक्त प्रवाह को केवल अग्र (forward) दिशा में ही जाने की अनुमति देता है।

इस वाल्व में दो पोर्ट होते हैं—एक तरल, पदार्थ के अन्दर प्रवेश करने के लिए तथा दूसरा तरल, पदार्थ के बाहर निकलने के लिए। यह वाल्व साधारणत: वापसी प्रवाह (return flow) को धीमा (slow) कर देता है तथा वापसी प्रवाह के रूप में यह अवशिष्ट दबाव (residual pressure) को समाप्त या शून्य कर देता है। इसे चैक वाल्व भी कहते हैं।

ये वाल्व प्राय: आकार में छोटे तथा साधारण होते हैं तथा भिन्न-भिन्न साइजों में उपलब्ध होते हैं। ये वाल्व स्वचालित प्रकृति के होते हैं। ऐसे वाल्व का प्रयोग अधिकतर ऑटोमोबाइल (कार) की ब्रेक प्रणालियों में, हीटिंग एवं कूलिंग प्रणालियों में तथा घरेलू पानी प्रणाली को बैक फ्लो से बचाने के लिए किया जाता है। एक हाइड्रॉलिक चैक वाल्व में एक वाल्व बॉडी तथा इनलेट-आउलेट पोर्ट को अलग करने वाला एक स्प्रिंग आधारित बॉल पोपेट या कोन पोपेट होता है। स्प्रिंग पोपेट को वाल्व सीट के विपरीत रोककर रखती है। हाइड्रॉलिक नॉन-रिटर्न (चैक) वाल्व को निम्न चित्र में दर्शाया गया है

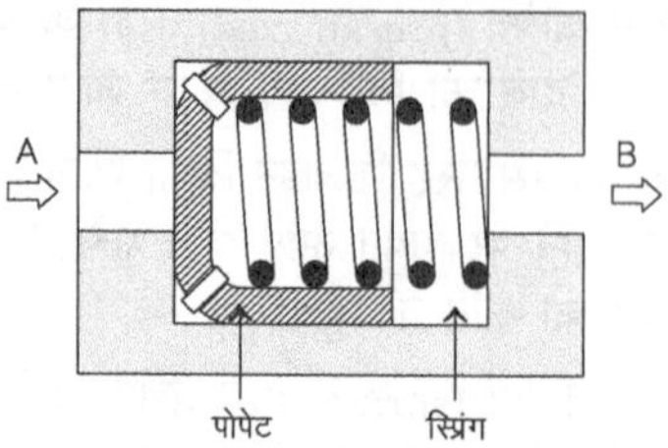

चित्र नॉन रिटर्न वाल्व

जब प्रणाली का दाब पोर्ट A पर स्प्रिंग बल से अधिक हो जाता है तो पोपेट अपनी सीट से हट जाता है तथा प्रणाली का ऑयल पोर्ट A से B की ओर मुक्त रूप से प्रवाह होने लगता है। जब प्रवाह B से A की ओर होता है, तो पोपेट रिसैटिंग द्वारा वाल्व ब्लॉक हो जाता है जिससे पोर्ट B से A की ओर ऑयल प्रवाहित नहीं हो पाता है।

9.4 मूल हाइड्रॉलिक संकेत Basic Hydraulic Symbols

हाइड्रॉलिक मैकेनिक्स पर आधारित मशीनों के अवयवों को इंजीनियरिंग आरेखों तथा तकनीकी के क्षेत्र में विभिन्न प्रकार के संकेतों से प्रदर्शित किया जाता है। ये वे मूल संकेत होते हैं, जो हाइड्रॉलिक मैकेनिक्स में अपनी भूमिका को स्पष्ट रूप से व्यक्त करने में सक्षम होते हैं।

तालिका कुछ हाइड्रॉलिक संकेत

संकेत	नाम	संकेत	नाम	संकेत	नाम
	स्थिर विस्थापन पम्प	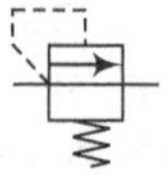	डबल एक्टिंग रिलीफ वाल्व		शोधक
	शाफ्ट एवं ड्रेन सहित लोड सेन्सिंग पम्प	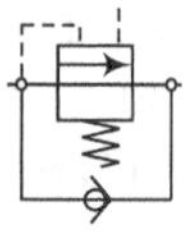	काउन्टर वैलेन्स वाल्व		कूलर
	हाइड्रोस्टैटिक रिजर्वायर	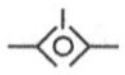	बॉल टाइप लोड शटल	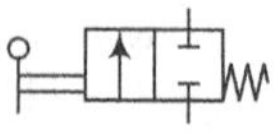	2/2 वे NC वाल्व
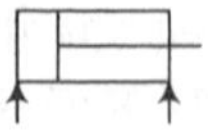	डबल एक्टिंग सिलेण्डर		परिवर्तनीय थ्रॉटल वाल्व	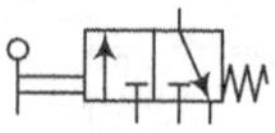	3/2 वे NC वाल्व
	द्वि-दिशीय मोटर		परिवर्तनीय नॉन-रिटर्न थ्रॉटल वाल्व	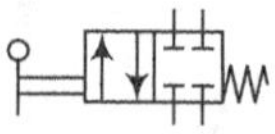	4/2 वे NC वाल्व
	शाफ्ट सहित परिवर्तनीय विस्थापन द्वि-दिशीय मोटर	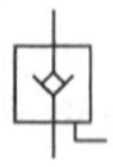	पायलट चालित चेक वाल्व	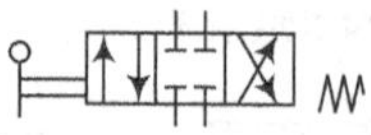	4/3 वे NC वाल्व

9.5 न्यूमैटिक मैकेनिक्स
Pneumatic Mechanics

तकनीकी का वह भाग, जिसके अन्तर्गत मैकेनिकल गति प्राप्त करने हेतु दाबित (pressurised) गैसों के अनुप्रयोगों का अध्ययन किया जाता है, न्यूमैटिक मैकेनिक्स कहलाता है। इसमें दाबित हवा को प्रेषित कर विभिन्न साधनों को नियन्त्रित किया जाता है।

इस प्रणाली का प्रयोग करके भारी मशीनी कार्यों को अधिक क्षमता एवं दक्षता के साथ और कम श्रम शक्ति प्रयोग करके किया जा सकता है। न्यूमैटिक मैकेनिक्स का प्रयोग मुख्य रूप से औद्योगिक क्षेत्रों, स्वत: उत्पादन लाइनों, ट्रेनों के स्वचालित दरवाजे खोलने अथवा बन्द करने आदि में किया जाता है।

न्यूमैटिक मैकेनिक्स पर आधारित मशीनें एवं युक्तियाँ निम्नलिखित हैं

(i) कम्प्रेस्ड वायु इंजन
(ii) कम्प्रेस्ड वायु वाहन
(iii) अभ्यास मशीनें
(iv) वायवीय सिलेण्डर
(v) वायवीय टायर

न्यूमैटिक मैकेनिक्स से सम्बन्धित पद
Terms Related to Pneumatic Mechanics

न्यूमैटिक मैकेनिक्स से सम्बन्धित पद निम्नलिखित हैं

1. क्रान्तिक ताप Critical Temperature

वह ताप, जिससे उच्च ताप पर किसी गैस का दाब बढ़ाकर उसे द्रवित नहीं किया जा सकता, उस गैस का क्रान्तिक ताप कहलाता है। इसे निम्न सूत्र से प्रदर्शित किया जाता है

$$T_C = \frac{80}{27Rb}$$

(जहाँ, R = गैस स्थिरांक, b = वाण्डर वाल्स स्थिरांक)

2. परम शून्य ताप Absolute Zero Temperature

वह काल्पनिक ताप, जिस पर गैसों का आयतन शून्य हो जाए, उसे परम शून्य ताप कहते हैं।

न्यूमैटिक मैकेनिक्स में प्रयुक्त सिद्धान्त
Principles used in Pneumatic Mechanics

न्यूमैटिक मैकेनिक्स में प्रयोग होने वाले दो प्रमुख सिद्धान्त निम्नवत् हैं

(i) बॉयल का नियम Boyle's Law

बॉयल के नियम के अनुसार, स्थिर ताप पर, किसी गैस की निश्चित मात्रा का आयतन, दाब के व्युत्क्रमानुपाती होता है।

अत: $V \propto \frac{1}{P}$ या PV = नियम (स्थिर ताप पर)

$$P_1V_1 = P_2V_2$$

(ii) चार्ल्स का नियम Charle's Law

चार्ल्स के नियम के अनुसार, स्थिर दाब पर, किसी गैस की निश्चित मात्रा का आयतन, परमताप के समानुपाती होता है।

$V \propto T$ या $\frac{V}{T}$ = नियत (स्थिर दाब पर)

$$\frac{V_1}{T_1} = \frac{V_2}{T_2}$$

9.6 न्यूमैटिक स्रोत
Pneumatic Sources

न्यूमैटिक ऊर्जा मुख्य रूप से सिलेण्डरों द्वारा प्राप्त की जाती है। सिलेण्डरों में संकुचित हवा प्रवाहित करके भिन्न-भिन्न कार्यों को नियन्त्रित तरीके से किया जाता है। वायवीय ऊर्जा प्राप्त करने हेतु वायवीय स्रोतों का प्रयोग किया जाता है, जो मुख्यत: सिलेण्डर के रूप में होते हैं।

ये सिलेण्डर मुख्य रूप से तीन प्रकार के होते हैं

1. सिंगल एक्टिंग सिलेण्डर
Single Acting Cylinder

सिंगल एक्टिंग सिलेण्डर में कण्डेन्स हवा के प्रवेश के लिए केवल एक ही द्वार होता है, इसलिए इसके द्वारा एक ही दिशा में बल का प्रयोग किया जा सकता है।

सिंगल एक्टिंग सिलेण्डर में लगा पिस्टन, रॉड स्प्रिंग (spring) की सहायता से दूसरी दिशा (हवा से विपरीत दिशा) में चलाया जाता है। बाहर से लोड पड़ने की स्थिति में रॉड अन्दर की ओर गति करती है और स्प्रिंग द्वारा पिस्टन को रीस्टोरिंग बल (restoring force) मिलता है।

क्योंकि पिस्टन के साथ स्प्रिंग लगी होती है, इसलिए हवा का दबाव पूर्ण मात्रा में प्रयोग में नहीं लाया जा सकता है।

इस हानि से बचने के लिए बड़े व्यास के सिलेण्डरों का प्रयोग किया जाता है, परन्तु बड़े सिलेण्डर महँगे होने के कारण 100 मिमी स्ट्रोक लम्बाई से अधिक सिलेण्डर प्रयोग नहीं किए जाते हैं।

कभी-कभी स्प्रिंग की लम्बाई के हिसाब से भी सिलेण्डरों का चयन किया जाता है। सिंगल एक्टिंग सिलेण्डरों का प्रयोग प्रिंटिंग मशीनों, स्टैम्पिंग (stamping) आदि के लिए किया जाता है।

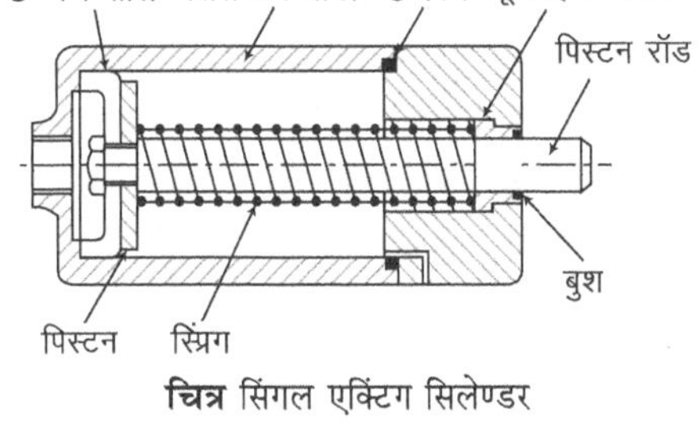

चित्र सिंगल एक्टिंग सिलेण्डर

कुछ पिस्टन में अग्र दिशा में चालन, स्प्रिंग द्वारा तथा पश्च दिशा में चालन, वायु द्वारा होता है। निम्न चित्र में पिस्टन की प्रारम्भिक स्थिति में दो अवस्थाएँ दर्शाई गई हैं—

(i) प्रारम्भिक स्थिति में अन्दर की तरफ पिस्टन

(ii) प्रारम्भिक स्थिति में बाहर की तरफ पिस्टन

सिंगल एक्टिंग सिलेण्डर प्राय: दो प्रकार के होते हैं—

(i) डायफ्राम सिलेण्डर (ii) रॉलिंग डायफ्राम सिलेण्डर

(i) डायफ्राम सिलेण्डर Diaphragm Cylinder

डायफ्राम सिलेण्डर में पिस्टन के स्थान पर डायफ्राम प्रयोग किया जाता है, जो प्लास्टिक, रबर या अन्य धातु का बना होता है। पिस्टन रॉड, केवल डायफ्राम के केन्द्र से जुड़ी होती है तथा इसमें पदार्थ के खिंचाव के कारण घर्षण बल होता है। डायफ्राम सिलेण्डर, क्लैम्पिंग में प्रयोग किए जाते हैं। इसका संकेत चित्र में दर्शाया गया है

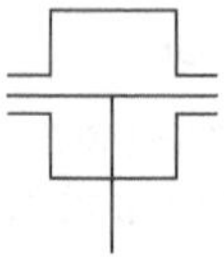

चित्र डायफ्राम सिलेण्डर का संकेत

(ii) रॉलिंग डायफ्राम सिलेण्डर Rolling Diaphragm Cylinder

इसकी संरचना साधारण डायफ्राम सिलेण्डर की भाँति ही होती है, परन्तु इसमें बड़े स्ट्रोक का प्रयोग किया जाता है। इसमें वायु के कम्प्रैस्ड होने पर डायफ्राम, पिस्टन की अन्त: दीवार की तरफ घूमता है, जिससे पिस्टन छड़ बाहर की ओर चलने लगती है

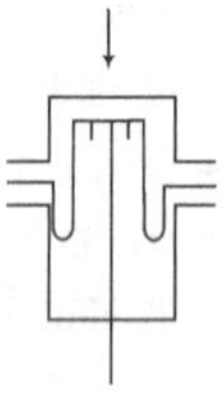

चित्र रॉलिंग डायफ्राम सिलेण्डर का संकेत

2. डबल एक्टिंग सिलेण्डर Double Acting Cylinder

जैसा कि नाम से स्पष्ट है, डबल एक्टिंग सिलेण्डरों में हवा दोनों ओर से प्रवाहित की जाती है, जिससे पिस्टन, रॉड के दोनों ओर से गति करने पर कार्य करता है। पिस्टन का प्रभावी क्षेत्र कम होने के कारण इसमें रीट्रैक्टिंग बल (retracting force) कमजोर पड़ जाता है। इस सिलेण्डर की ट्यूब स्टील द्वारा निर्मित होती है। इस सिलेण्डर में घर्षण द्वारा होने वाली हानि और उत्पन्न होने वाले ताप को कम करने के लिए क्रोमियम (chromium) की कोटिंग की जाती है।

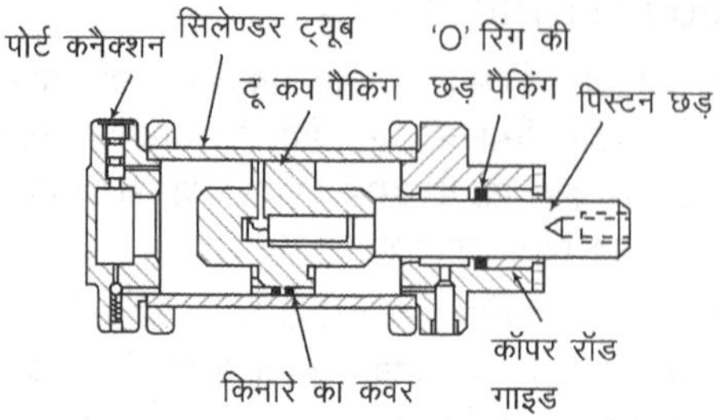

चित्र डबल एक्टिंग सिलेण्डर

3. डबल एण्डेड सिलेण्डर Double Ended Cylinder

दो रॉड वाले सिलेण्डरों में अधिकतर दोनों सिरों पर पिस्टन रॉड का व्यास समान होता है, परन्तु कुछ विशेष परिस्थितियों में तथा कुछ विशिष्ट अनुप्रयोगों के लिए इनका व्यास भिन्न-भिन्न भी हो सकता है। डबल एण्डेड सिलेण्डरों के सिलेण्डर नम्बर में Y लिखा होता है, जो यह स्पष्ट करता है कि सिलेण्डर, डबल रॉड सिरे वाला है। डबल एण्डेड सिलेण्डरों का प्रयोग अधिकतर ऑटोमेटेड मैनुफैक्चरिंग सिस्टम में किया जाता है। चित्र में एक डबल एण्डेड सिलेण्डर दर्शाया गया है

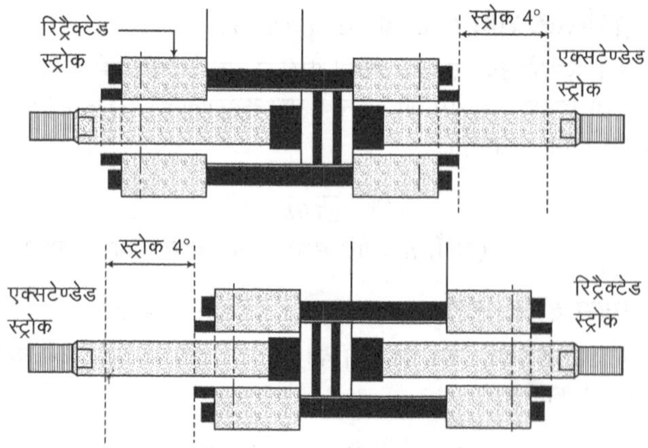

चित्र डबल एण्डेड सिलेण्डर

9.7 न्यूमैटिक उपकरणों द्वारा औद्योगिक कार्यों में नियन्त्रण Control in Industrial Works by Pneumatic Equipments

वायवीय उपकरणों के प्रयोग से किसी भी उद्योग में मशीनी कार्य सरलता से किए जा सकते हैं। वायवीय उपकरणों की सहायता से कार्य अधिक दक्षता और कम समय में किया जा सकता है। कम्प्रैसर (compress) की सहायता से कण्डेन्स हवा उत्पन्न करके, उससे अन्य न्यूमैटिक उपकरणों द्वारा कार्यों को नियन्त्रित किया जाता है। यह कण्डेन्स हवा, वाल्व को चलाने या बन्द करने के लिए प्रयोग की जाती है।

उपकरणों में उपस्थित सभी कण्ट्रोल वाल्व, प्रैशर स्विच आदि सभी न्यूमैटिक सिस्टम द्वारा नियन्त्रित किए जाते हैं। न्यूमैटिक सिस्टम एक अत्यन्त महत्त्वपूर्ण एवं सुरक्षित कार्यप्रणाली है। औद्योगिक कार्यों में न्यूमैटिक सिस्टम के नियन्त्रण हेतु FRL यूनिट अथवा एयर सर्विस यूनिट का प्रयोग किया जाता है, जिसका वर्णन निम्नलिखित है

एयर सर्विस यूनिट Air Service Unit

एयर सर्विस यूनिट वास्तव में कम्प्रेस्ड वायु फिल्टर, कम्प्रैस्ड वायु रेगुलेटर तथा कम्प्रेस्ड वायु स्नेहक का संयोजन है। इसका मुख्य कार्य न्यूमैटिक सिस्टम को स्वच्छ तथा स्नेहनयुक्त बनाए रखना तथा कम्प्रेस्ड वायु को नियन्त्रित करना है। इसके संयोजनों का वर्णन निम्न प्रकार है

(i) एयर फिल्टर Air Filter

यह एक प्रकार की एयर सर्विस यूनिट है। इसके द्वारा प्रवाहित कम्प्रैस्ड गैस में से अवांछित या दूषित तत्त्वों तथा कण्डेन्स (condensed) जल को पृथक् कर वायु को शुद्ध किया जाता है। इसमें कम्प्रैस्ड वायु, गाइड स्लॉट्स (guide slots) के द्वारा फिल्टर कटोरे (bowl) में प्रवेश करती है, जहाँ द्रव के कण तथा दूषित कण अपकेन्द्रीय तरीके से (centrifugally) अलग होकर फिल्टर कटोरे (filter bowl) के निचले भाग में एकत्रित होते रहते हैं। इस प्रकार सम्बन्धित मशीनरी को दूषित तथा कण्डेंस जल से बचाया जाता है।

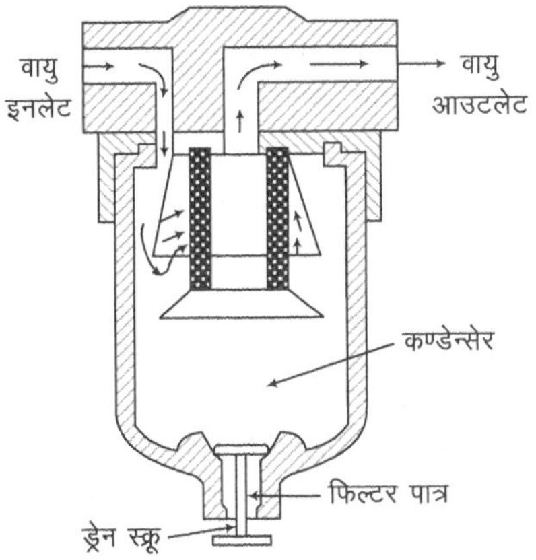

चित्र एयर फिल्टर

उपरोक्त चित्र में एक एयर फिल्टर दर्शाया गया है। इसका प्रमुख अवयव, जो ब्रॉन्ज से बना होता है, फिल्टर कार्टिज होता है।

कार्टिज की चौड़ाई इस प्रकार रखी जाती है कि इससे वायु को जिग-जैग पैटर्न में गति करने में सहायता प्राप्त हो, जिससे कम्प्रैस्ड वायु में उपस्थित ठोस अशुद्धियाँ पृथक् हो जाएँ। कम्प्रैस्ड वायु से जलवाष्प के पृथक्कीकरण के लिए इसे फिल्टर के निचले सिरे में लगे पात्र में एकत्रित कर लिया जाता है।

यह पात्र पारदर्शी प्लास्टिक से निर्मित होता है। अन्त में कम्प्रैस्ड वायु में बची अति सूक्ष्म अशुद्धियाँ वायु के साथ गति करती हुईं, कार्टिज में से प्रवाहित होकर न्यूमैटिक मैकेनिक्स सिस्टम में चली जाती हैं। एयर फिल्टर में फिल्टर पात्र के नीचे लगे वाल्व से जल तथा अन्य ठोस अशुद्धियाँ बाहर आ जाती हैं।

(ii) एयर रेगुलेटर Air Regulator

एयर रेगुलेटर, एक प्रकार का न्यूमैटिक रेगुलेटर होता है, जिसका उद्देश्य प्रणालियों में प्रचालित दाब या उप-दाब (secondary pressure) को प्राथमिक दाब के उतार-चढ़ाव के बावजूद यथार्थ व नियत बनाए रखना है, जिससे कि हवा की खपत कम हो सके।

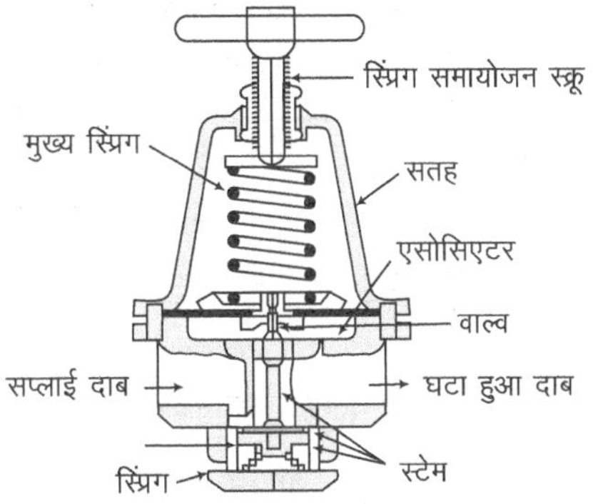

चित्र एयर रेगुलेटर

एयर रेगुलेटर में दो सिरे होते हैं—प्राथमिक एवं द्वितीयक। चित्र में एक एयर रेगुलेटर दर्शाया गया है। इसमें सर्वप्रथम समायोजन स्क्रू के माध्यम से डायफ्राम की गति को ऊपर की ओर सैट करते हैं, जिससे पोपट वाल्व खुल जाता है और वायु, प्राथमिक भाग से द्वितीयक भाग की ओर प्रवाहित होनी प्रारम्भ हो जाती है। इस वाल्व के खुलने से वायु के दाब का प्रवाह भी प्रारम्भ हो जाता है, जो स्प्रिंग कम्प्रैशन के अनुक्रमानुपाती होता है। अत: स्प्रिंग कम्प्रैशन को परिवर्तित करके, पोपट वाल्व की स्थिति को परिवर्तित किया जा सकता है। प्राय: प्रायोगिक परिपथों में वांछित एयर दाब प्राप्त करने के लिए पोपट वाल्व प्रयोग किया जाता है।

(iii) एयर लुब्रीकेटर Air Lubricator

एयर लुब्रीकेटर, न्यूमैटिक मैकेनिक्स द्वारा प्रचालित एक स्नेहक है, जिसे अत्यधिक चलायमान अवयव का स्नेहन (lubrication) करने के लिए प्रयोग किया जाता है। निर्धारित समय से अवयवों में स्नेहक का प्रयोग करने से सिलेण्डर, वाल्व तथा वायु मोटर की दक्षता बढ़ जाती है। ऐसे स्नेहक (lubricator) प्राय: न्यूमैटिक मैकेनिक्स द्वारा चालित अवयवों में स्नेहन करने के लिए प्रयोग किए जाते हैं।

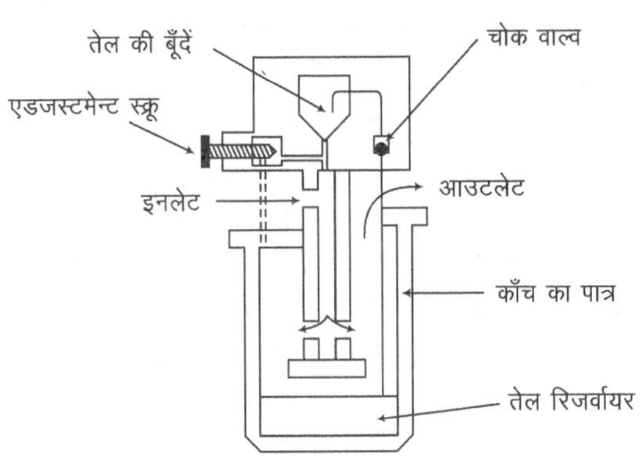

चित्र एयर लुब्रीकेटर

लगभग समस्त स्नेहक वेन्चुरीमीटर के सिद्धान्त का पालन करते हैं, जिसे निम्न चित्र में दर्शाया गया है

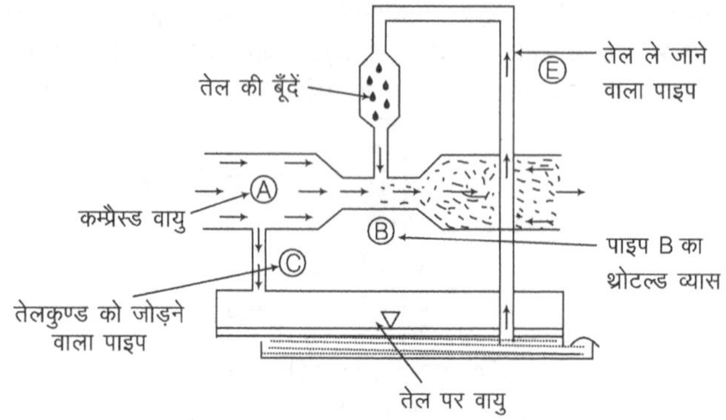

चित्र वेन्चुरीमीटर का सिद्धान्त

जैसा कि चित्र में दर्शाया गया है, जब A के थ्रोटल्ड जोन, B में वायु प्रवाहित होती है, तो दाब विभेदी (pressure differential) सैट हो जाने के कारण वायु, पाइप C से तेल रिजर्वायर में प्रवाहित होती हुई तेल पाइप में पहुँच जाती है।

प्राय: वायु स्नेहन में प्रयुक्त स्नेहक तेल की शुद्ध गतिक श्यानता 20°C पर 10 से 20 cSt (centi stokes) के परास में होनी चाहिए, साथ ही यह भी ध्यान रखना चाहिए कि स्नेहन तेल की मात्रा सन्तुलित हो अर्थात् न ही कम और न ही बहुत अधिक।

एयर सर्विस यूनिट अवयवों (फिल्टर, रेगुलेटर, लुब्रीकेटर) के कार्य
Functions of Air Service Unit Components (Filter, Regulator, Lubricator)

एयर कम्प्रेशर (air compressor) में मूलत: वायु को कम्प्रैस (compress) किया जाता है। वायु कम्प्रैसर से निकलने वाली कण्डेन्स वायु, गर्म, नमीयुक्त एवं धूलयुक्त होती है, जिस कारण यह अन्य उपकरणों को क्षति पहुँचाती है। यह क्षति पहुँचाने वाले इंजन अवयव, इंजन वाल्व एवं सिलेण्डर हैं। ये क्षतियाँ न हों, इसके लिए कण्डेन्स वायु को इन उपकरणों में से गुजारने से पूर्व साफ किया जाता है, जिसके लिए इंजन में एयर सर्विस यूनिट प्रयोग की जाती है।

एयर सर्विस यूनिट में एफ.आर.एल. (FRL) लाइन अर्थात् फिल्टर, रेगुलेटर एवं लुब्रीकेटर निहित होते हैं। एक एफ.आर.एल. लाइन (Filter Regulator Lubricator Line) अर्थात् वायु लाइन फिल्टर, कम्प्रैस्ड वायु को शुद्ध करता है। यह सभी दूषित या ठोस कणों (धूल, मिट्टी आदि) और नमी को छानता है। वायु लाइन में फिल्टर के पश्चात् रेगुलेटर फिट होता है। यह कम्प्रैस्ड वायु को व्यवस्थित करने का कार्य करता है।

रेगुलेटर के पश्चात् वायु लाइन में स्नेहक फिट होता है। यह वायु में निहित सभी सूक्ष्म कणों को सोख लेता है, इस प्रकार स्वच्छ वायु इंजन सिलेण्डर में प्रवेश करती है।

इस प्रकार एयर सर्विस यूनिट (air service unit) में FRL लाइन प्रमुख भूमिका का निर्वहन करती है।

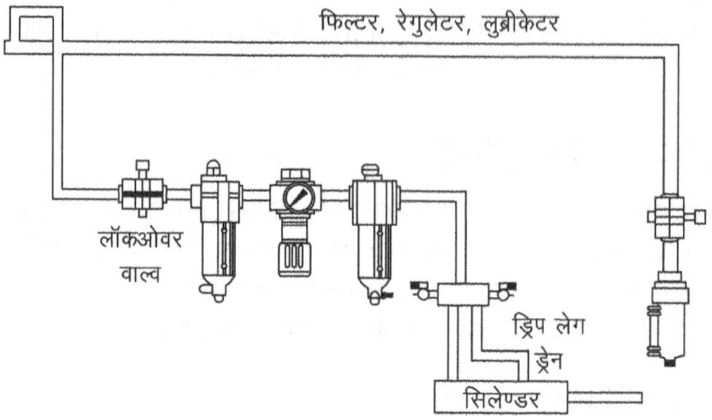

चित्र एयर सर्विस यूनिट का चित्रीय निरूपण

9.8 न्यूमैटिक मैकेनिक्स पर आधारित रेसीप्रोकेटिंग एयर कम्प्रैसर
Reciprocating Air Compressor Based on Pneumatic Mechanics

रेसीप्रोकेटिंग एयर कम्प्रैसर, धनात्मक विस्थापन वाला एक कम्प्रैसर है, जिसमें क्रैंकशाफ्ट द्वारा संचालित पिस्टन का उपयोग करके, गैसों को उच्च दाब पर वितरीत किया जाता है।

गैसों का दाब बढ़ाने के लिए कम्प्रैसर को प्राइम मूवर द्वारा प्रचालित किया जाता है। इसमें गैस, प्रवेश द्वार से सक्शन मैनीफोल्ड में जाती है। इसके पश्चात् यह गैस कम्प्रेसन सिलेण्डर में प्रवाहित होती है, जहाँ पर इन गैसों को संचालित पिस्टन द्वारा कम्प्रैस किया जाता है।

इनका उपयोग तेल शोधनशालाओं (oil refineries), गैस पाइप लाइनों, रसायन प्लाण्टों, रेफ्रिजरेशन प्लाण्टों में किया जाता है। इसे पिस्टन कम्प्रैसर के नाम से भी जाना जाता है। रेसीप्रोकेटिंग एयर कम्प्रैसरों की कार्यकारी दक्षता का निर्धारण विशिष्ट रूप से आयतनी दक्षता द्वारा किया जाता है। यह आयतनी दक्षता दो प्रकार क्रमश: पूर्ण आयतनी दक्षता (η_{v_t}) तथा क्लीयरैंस आयतनी दक्षता (η_{v_c}) की होती है।

रेसीप्रोकेटिंग एयर कम्प्रैसरों की आयतनी दक्षता निम्न सूत्र द्वारा प्रदर्शित की जाती है

$$\boxed{\eta = \frac{v_c + v_s}{v_s} = 1 + \frac{v_c}{v_s}}$$

जहाँ, v_s = कुल स्वैप्ट आयतन

v_c = कुल क्लीयरैन्स आयतन

नीचे दिए गए चित्र में पिस्टन की दो भिन्न स्थितियों (अधिकतम स्वैप्ट आयतन तथा न्यूनतम स्वैप्ट आयतन) को दर्शाने के साथ-साथ भिन्न-भिन्न आयतन पर दाब तथा आयतन के मध्य सम्बन्ध को अग्रपृष्ठ पर ग्राफ द्वारा दर्शाया गया है।

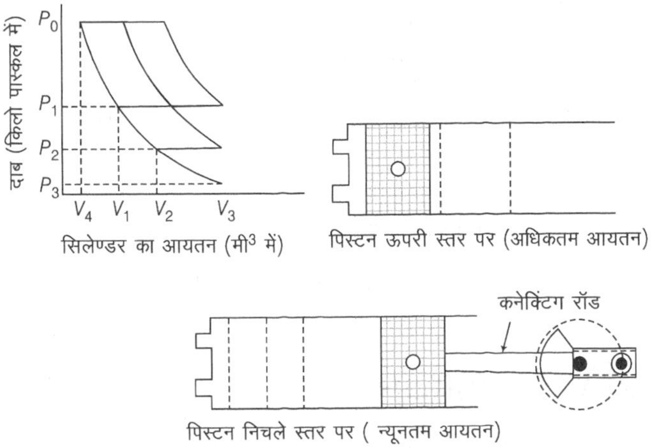

चित्र रेसीप्रोकेटिंग एयर कम्प्रैसर में दाब, आयतन में सम्बन्ध

रेसीप्रोकेटिंग एयर कम्प्रैसर में मूल रूप से गैस का आयतन घटाकर, उसके दाब को बढ़ाया जाता है।

प्राय: इसमें रेफ्रिजरेटेड वायु को डिस्चार्ज करने के लिए एक से अधिक सिलेण्डर तथा वायु को कम्प्रैस करने के लिए रेसीप्रोकेट पिस्टन लगे होते हैं।

रेसीप्रोकेटिंग एयर कम्प्रैसर के कार्य

Functions of Reciprocating Air Compressor

रेसीप्रोकेटिंग एयर कम्प्रैसर प्राय: निम्नलिखित कार्यों के लिए प्रयोग किए जाते हैं

(i) एवैपोरेटर द्वारा रेफ्रिजरेटेड वायु के वाष्पन को रोककर, वांछित ताप तथा दाब बनाए रखने के लिए।

(ii) रेफ्रिजरेटेड वायु के वाष्पन का तापमान बढ़ाने के लिए।

(iii) दाब के अनुसार वाष्पन में तापमान बढ़ाने के लिए, जिससे यह चालक कूलिंग माध्यम को ऊष्मा देने में सक्षम हो।

रेसीप्रोकेटिंग एयर कम्प्रैसर सामान्यत: ओपन, फुल हर्मेटिक तथा सेमी हर्मेटिक प्रकार के होते हैं, जिसमें फुल हर्मेटिक में स्थायी रूप से मोटर तथा स्टील शेल वैल्ड होने के कारण इसे हटाया नहीं जा सकता, जबकि सेमी हर्मेटिक के कुछ भाग; जैसे—एण्ड प्लेट्स सिलेण्डर हैड तथा बॉटम प्लेट्स अस्थायी रूप से वैल्ड होने के कारण हटाए जा सकते हैं। अत: ग्राफ के अनुसार क्लीयरैन्स आयतनी दक्षता निम्न सूत्र द्वारा ज्ञात की जा सकती है $\eta_{v_c} = \frac{V_3 - V_1}{V_3 - V_c} \times 100$

जहां, V_3 = सिलेण्डर का अधिकतम आयतन (पिस्टन के तल में होने के स्थिति में)

V_c = क्लीयरैन्स आयतन (पिस्टन के शीर्ष पर होने की स्थिति में)

9.9 मूल न्यूमैटिक संकेत Basic Pneumatic Symbols

इंजीनियरिंग क्षेत्र में न्यूमैटिक मैकेनिक्स पर आधारित मशीनों एवं उनके अवयवों को नियोजित आरेख (schematic diagram) में विभिन्न प्रकार के संकेतों द्वारा दर्शाया जाता है, जो निम्न तालिका में दिए गए हैं

तालिका कुछ न्यूमैटिक संकेत

संकेत	नाम	संकेत	नाम	संकेत	नाम
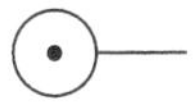	मुख्य वायु सप्लाई		रोलर एक्टिवेटर	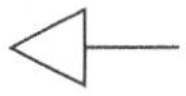	एग्जॉस्ट वायु
	डायफ्राम एक्टिवेटर		पायलट एयर	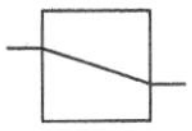	सोलेनॉयड एक्टिवेटर
	संयोजित वायु पाइप	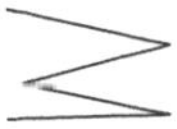	रिटर्न स्प्रिंग	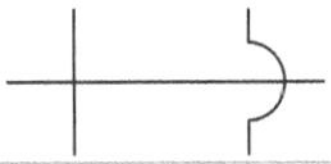	असंयोजित वायु पाइप
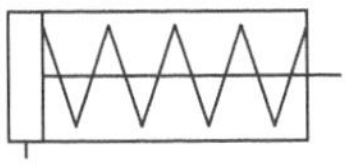	सिंगल एक्टिंग सिलेण्डर		एयर ब्लीड	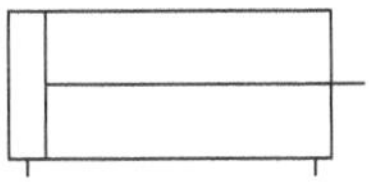	डबल एक्टिंग सिलेण्डर
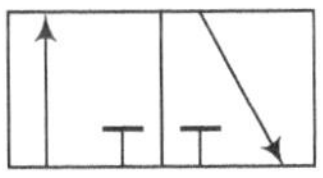	3/2 वाल्व	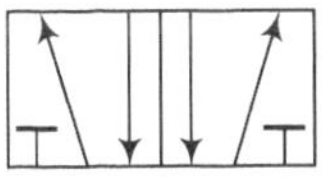	5/2 वाल्व	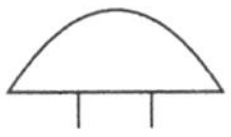	पुश बटन एक्टिवेटर
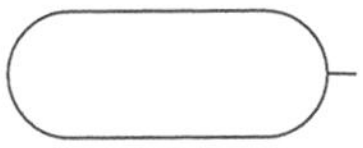	रिजर्वायर	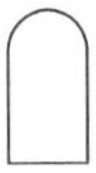	प्लंजर एक्टिवेटर		एकदिशीय रिस्ट्रिक्टर
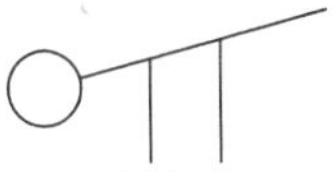	लीवर एक्टिवेटर	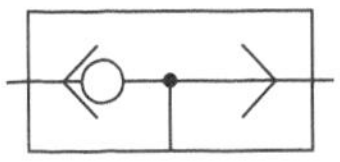	शटल वाल्व		

तालिका हाइड्रॉलिक तथा न्यूमैटिक मैकेनिक्स के मध्य अन्तर

क्र.सं.	हाइड्रॉलिक मैकेनिक्स	न्यूमैटिक मैकेनिक्स
1.	इसमें अपेक्षाकृत असम्पीड्य (incompressible) तरल माध्यम का प्रयोग किया जाता है; जैसे–तेल।	इसमें सामान्यतः सम्पीड्य (compressible) गैस का प्रयोग किया जाता है; जैसे–हवा।
2.	इससे सम्बन्धित अनुप्रयोगों में प्रायः 1000 से 5000 पाउण्ड प्रति वर्ग इंच तक दाब का प्रयोग किया जाता है।	इससे सम्बन्धित अनुप्रयोगों में प्रायः 80 से 100 पाउण्ड प्रति वर्ग इंच तक दाब का प्रयोग किया जाता है।
3.	इसमें तरल, प्रत्यक्ष रूप से बल को स्थानान्तरित कर देता है।	इसमें गैस, अत्यधिक बल को अवशोषित कर लेती है।

9.10 हाइड्रॉलिक तथा न्यूमैटिक मैकेनिक्स सम्बन्धित दोषोपचार

Troubleshooting Related to Hydraulic and Pneumatic Mechanics

ऑटोमोबाइल क्षेत्र में हाइड्रॉलिक एवं न्यूमैटिक मैकेनिक्स के उपयोग से जहाँ एक ओर इस क्षेत्र में बदलाव होने से पर्याप्त बचत होने लगी है, वहीं इससे कुछ दोष भी उत्पन्न होते हैं, जो कई बार जटिल रूप भी धारण कर लेते हैं। ऐसे ही कुछ दोष निम्नलिखित हैं

क्र.सं.	दोष	उपचार
I. हाइड्रॉलिक मैकेनिक्स आधारित युक्तियों में पैकिंग के कारण अनुपयुक्तता		
1.	द्रव का लीक होना	(i) लीक की मरम्मत करें।
2.	कम दाब का बनना।	(ii) लीक की जाँच करें।
3.	द्रव की कमी।	(iii) द्रव को उचित लेवल तक भरें।
4.	उचित प्रकार से कार्य न होना।	(iv) उचित दाब बनाएँ।
5.	तरल का शीघ्रता से कम होना।	(v) उपयुक्त गुणवत्ता वाले तरल का प्रयोग करें।
II. न्यूमैटिक मैकेनिक्स में द्रष्टव्य जटिलता (Visual complexity) **से कारण का स्पष्ट न हो पाना**		
1.	वायु का लीक होना।	(i) वायु लीक की मरम्मत करें।
2.	कम दाब का बनना।	(ii) वायु लीक न हो।
3.	कम्प्रैसर (compressor) का खराब होना।	(iii) कम्प्रैसर (compressor) की मरम्मत करें।
4.	शोर उत्पन्न होना।	(iv) कम्प्रैसर के अवयवों (components) का स्नेहन करें।
5.	वायु का कम कम्प्रैसर होना।	(v) कम्प्रैसर के इनलेट को साफ करें।

महत्त्वपूर्ण बिन्दु

- तरल पदार्थ के प्रवाहक गुणधर्मो का अध्ययन हाइड्रॉलिक मैकेनिज्म में किया जाता है।
- हाइड्रॉलिक मैकेनिज्म में दाब सहित तरल पदार्थ का प्रयोग किया जाता है।
- हाइड्रॉलिक मैकेनिज्म में प्रयुक्त इनपुट अवयव, पम्प तथा आउटपुट अवयव, एक्चुएटर कहलाते हैं।
- हाइड्रॉलिक मैकेनिज्म का प्रयोग ब्रेक सिस्टम में भी किया जाता है।
- वह बाह्य कारक, जो किसी वस्तु की स्थिर अवस्था या गति की अवस्था को परिवर्तित या परिवर्तित करने का प्रयास करता है, बल कहलाता है।
- किसी तल के इकाई क्षेत्रफल पर लम्बवत् कार्यरत बल दाब कहलाता है।
- चारों ओर से घिरे असम्पीड्य तरल पदार्थ में यदि किसी बिन्दु पर दाब परिवर्तन किया जाए, तो उस तरल पदार्थ के अन्दर प्रत्येक बिन्दु पर दाब में उतना ही परिवर्तन होगा।
- निमज्जित (submerged) तरल वस्तु पर ऊपर की ओर कार्यरत् बल, उत्प्लावन बल कहलाता है।
- गियर पम्प एक ऐसी युक्ति है, जिसके द्वारा निश्चित दाब पर तरल को स्थानान्तरित किया जाता है।
- गियर पम्प एक धनात्मक अथवा नियत विस्थापन वाला पम्प होता है।
- आन्तरिक गियर पम्प को ऑटोमोटिव ऑयल पम्प में गेरोटर (gerotor) के नाम से भी जाना जाता है।
- बाह्य गियर पम्प प्रायः मशीन औजारों में स्नेहक पम्प के रूप में प्रयोग किया जाता है।
- तेल दबाव को कम करने के लिए वाल्वों का उपयोग किया जाता है।
- दिशात्मक कण्ट्रोल वाल्व एक या एक से अधिक स्रोतों से तरल के प्रवाह को अनुमति प्रदान करते हैं।
- प्रैशर रिलीफ वाल्व का उपयोग इंजनों में तरल के दाब को नियन्त्रित करने के लिए किया जाता है।
- बॉल टाइप रिलीफ वाल्व, प्लंजर टाइप रिलीफ वाल्व के समरूप ही होते हैं।
- तरल या द्रव के दाब को कण्ट्रोल करने के लिए फ्लो कण्ट्रोल वाल्व का प्रयोग किया जाता है।
- नॉन-रिटर्न वाल्व तरल पदार्थ के मुक्त प्रवाह को केवल अग्र (forward) दिशा में ही जाने की अनुमति प्रदान करता है।
- नॉन-रिटर्न वाल्व स्वचालित प्रकृति के होते हैं।
- यान्त्रिक गति प्राप्त करने हेतु दाबित (pressurised) गैसों के अनुप्रयोगों का अध्ययन न्यूमैटिक मैकेनिक्स कहलाता है।
- न्यूमैटिक मैकेनिक्स का प्रयोग मुख्य रूप से औद्योगिक क्षेत्रों, स्वतः उत्पादन लाइनों, ट्रेनों के स्वचालित दरवाजे खोलने व बन्द करने आदि में किया जाता है।
- वह ताप, जिससे उच्च ताप पर किसी गैस का दाब बढ़ाकर उसे द्रवित नहीं किया जा सकता, उस गैस का क्रान्तिक ताप कहलाता है।
- वह काल्पनिक ताप, जिस पर गैसों का आयतन शून्य हो जाए, उसे परम शून्य ताप कहते हैं।
- स्थिर ताप पर किसी गैस की निश्चित मात्रा का आयतन, दाब के व्युत्क्रमानुपाती होता है।
- स्थिर दाब पर किसी गैस की निश्चित मात्रा का आयतन, परमताप के समानुपाती होता है।
- सिंगल एक्टिंग सिलेण्डर में कण्डेन्स वायु के प्रवेश के लिए केवल एक ही द्वार होता है।
- डबल एक्टिंग सिलेण्डर में पिस्टन का प्रभावी क्षेत्र कम होने के कारण, इसमें रीट्रैक्टिंग बल कमजोर पड़ जाता है।
- डबल एण्डेड सिलेण्डरों का प्रयोग अधिकतर ऑटोमेटेड मैनुफैक्चरिंग में किया जाता है।
- एयर लुब्रीकेटर का प्रयोग अत्यधिक चलायमान अवयवों के स्नेहन के लिए किया जाता है।
- पश्चाग्र वायु कम्प्रैसर, धनात्मक विस्थापन वाला कम्प्रैसर है।

महत्त्वपूर्ण प्रश्नोत्तरी

1. हाइड्रॉलिक मैकेनिक्स के अन्तर्गत किसका अध्ययन किया जाता है?

उत्तर हाइड्रॉलिक मैकेनिक्स के अन्तर्गत तरल पदार्थों के प्रवाहक गुणधर्मों का अध्ययन किया जाता है।

2. तरल पदार्थ की श्यानता से आप क्या समझते हैं?

उत्तर तरल पदार्थ की दो परतों के मध्य लगने वाला वह घर्षण बल, जो उन परतों की सापेक्ष गति का विरोध करता है, श्यानता कहलाता है।

3. गियर पम्प धनात्मक अथवा नियत विस्थापन वाले पम्प कहे जाते हैं, क्यों?

उत्तर गियर पम्प प्रत्येक चक्कर में द्रव की नियत मात्रा को पम्प करते हैं, इसलिए ये धनात्मक या नियत विस्थापन वाले पम्प कहलाते हैं।

4. यदि एक दिशात्मक कण्ट्रोल वाल्व पर 3/2 लिखा है, तो इसका क्या अर्थ है?

उत्तर दिशात्मक कण्ट्रोल वाल्व पर 3/2 लिखने का अर्थ है कि इसमें तीन रास्ते, तीन पोर्ट तथा दो स्थान हैं।

5. प्रैशर रिलीफ वाल्व की विशेषता बताइए।

उत्तर प्रैशर रिलीफ वाल्व की विशेषता यह है कि इसे इस प्रकार डिजाइन किया जाता है, कि निर्धारित दाब से अधिक दाब होने पर यह स्वयं खुल जाता है और दाब को नियन्त्रित करता है।

6. नॉन-रिटर्न वाल्व का प्रयोग कहाँ किया जाता है?

उत्तर नॉन-रिटर्न वाल्व का प्रयोग ऑटोमोबाइल की ब्रेक प्रणाली में, हीटिंग एवं कूलिंग प्रणालियों में तथा घरेलू पानी प्रणाली को बैक फ्लो से बचाने के लिए किया जाता है।

7. इंजीनियरिंग क्षेत्र में न्यूमैटिक मैकेनिक्स को प्रयोग करने का क्या उद्देश्य है?

उत्तर इंजीनियरिंग क्षेत्र में न्यूमैटिक मैकनिक्स का प्रयोग दाबित गैसों की सहायता से यान्त्रिक गति पैदा करने के लिए किया जाता है।

8. डबल एक्टिंग सिलेण्डर में क्रोमियम की कोटिंग क्यों की जाती है?

उत्तर घर्षण से उत्पन्न होने वाली हानि और ताप को कम करने के लिए डबल एक्टिंग सिलेण्डर में क्रोमियम की कोटिंग की जाती है।

9. एयर सर्विस यूनिट में एयर फिल्टर क्यों प्रयुक्त किया जाता है?

उत्तर एयर सर्विस यूनिट में एयर फिल्टर कम्प्रैस्ड गैस में से अवांछित एवं दूषित तत्त्वों तथा संघनित जल को पृथक् कर वायु को शुद्ध करने के लिए प्रयुक्त किया जाता है।

10. रेसीप्रोकेटिंग एयर कम्प्रैसर का प्रयोग कहाँ किया जाता है?

उत्तर रेसीप्रोकेटिंग एयर कम्प्रैसर का प्रयोग तेल शोधनशालाओं,गैस पाइप लाइनों, रसायन प्लाण्टों एवं रेफ्रिजरेशन प्लाण्टों में किया जाता है।

अभ्यास प्रश्न

परीक्षा प्रारूपी प्रश्न

बहुविकल्पीय

1. तरल पदार्थों के प्रवाह सम्बन्धी गुणधर्मों का अध्ययन किया जाता है
(a) हाइड्रॉलिक मैकेनिक्स में (b) न्यूमैटिक हाइड्रॉलिक में
(c) 'a' और 'b' दोनों में (d) इनमें से कोई नहीं

2. हाइड्रॉलिक मैकेनिक्स प्रणाली में हाइड्रॉलिक ऑयल का प्राथमिक कार्य है
(a) स्नेहन करना (b) ऊष्मा अवशोषित करना
(c) ऊर्जा स्थानान्तरण करना (d) सील करना

3. लम्बवत् बल तथा क्षेत्रफल के अनुपात को ………… कहते हैं।
(a) बल (b) दाब
(c) श्यानता (d) इनमें से कोई नहीं

4. श्यान बल (f) का सूत्र है
(a) $\pm \eta A \dfrac{\Delta v}{\Delta y}$ (b) $\pm \eta v \dfrac{\Delta A}{\Delta y}$ (c) $\pm v A \dfrac{\Delta \eta}{\Delta y}$ (d) $\pm \eta A \dfrac{\Delta y}{\Delta v}$

5. CGS प्रणाली में श्यानता का मात्रक होता है
(a) स्टोक्स (b) पॉइज
(c) न्यूटन-मी/से (d) ये सभी

6. "चारों तरफ से घिरे तथा असम्पीड्य (incompressible) द्रव में यदि किसी बिन्दु पर दाब परिवर्तन किया जाए, तो द्रव के अन्दर के प्रत्येक बिन्दु पर दाब में उतना ही परिवर्तन होगा।" यह कथन किस नियम से सम्बन्धित है?
(a) न्यूटन का नियम (b) पास्कल का नियम
(c) फैराडे का नियम (d) इनमें से कोई नहीं

7. यदि द्रव खुली हवा में हो, तो द्रव की सतह पर दाब, ………… के बराबर होता है।
(a) वायुमण्डलीय दाब (b) गेज दाब
(c) आपेक्षिक दाब (d) इनमें से कोई नहीं

8. आर्किमिडीज के सिद्धान्त के अनुसार वस्तु का आभासी भार = ······ होता है।
(a) तरल का उत्प्लावन बल–वस्तु का भार
(b) वस्तु का भार–विस्थापित तरल का भार
(c) वस्तु का भार–तरल का उत्प्लावन बल
(d) 'b' और 'c' दोनों

9. निम्न में से कौन–सी युक्ति पास्कल के नियम पर आधारित है?
(a) हाइड्रॉलिक जैक (b) हाइड्रॉलिक प्रैस
(c) हाइड्रॉलिक रैम (d) ये सभी

10. धनात्मक या नियत विस्थापन करते हैं
(a) गियर पम्प (b) सिंगल एक्टिंग सिलेण्डर
(c) डबल एक्टिंग सिलेण्डर (d) रेसीप्रोकेटिंग एयर कम्प्रैसर

11. निम्न में से गियर पम्प का प्रकार है
(a) आन्तरिक (b) बाह्य
(c) 'a' और 'b' दोनों (d) इनमें से कोई नहीं

12. कम क्षमता वाले गियर पम्पों की चाल होती है
(a) 1000 से 1500 चक्कर प्रति मिनट
(b) 1000 से 1750 चक्कर प्रति मिनट
(c) 1750 से 3450 चक्कर प्रति मिनट
(d) 1000 से 3450 चक्कर प्रति मिनट

13. हाइड्रॉलिक तथा न्यूमैटिक मैकेनिक्स का अत्यधिक प्रयोग होने वाला भाग है
(a) प्रैशर रिलीफ
(b) फ्लो कण्ट्रोल वाल्व
(c) नॉन-रिटर्न वाल्व
(d) दिशात्मक कण्ट्रोल वाल्व

14. हाइड्रॉलिक सिस्टम में हाइड्रॉलिक पम्प का कार्य है
(a) हाइड्रॉलिक ऑयल को ठण्डा करना
(b) हाइड्रॉलिक सिस्टम को ईंधन उपलब्ध कराना
(c) तेल प्रवाह की दर को नियन्त्रित करना
(d) तेल प्रवाह की दिशा को नियन्त्रित करना

15. निम्न चित्र में दर्शाया गया है

(a) आन्तरिक गियर पम्प (b) बाह्य गियर पम्प
(c) फ्लो कण्ट्रोल वाल्व (d) इनमें से कोई नहीं

16. प्रैशर रिलीफ वाल्व निम्न में से किसके द्वारा प्रचालित किए जाते हैं?
(a) बैलोज (b) डायफ्राम
(c) स्प्रिंग (d) क्लैपर

17. पावर स्टीयरिंग में दाब को निम्न में से किसके द्वारा नियन्त्रित किया जाता है?
(a) दिशात्मक कण्ट्रोल वाल्व (b) प्रैशर रिलीफ वाल्व
(c) फ्लो कण्ट्रोल वाल्व (d) नॉन-रिटर्न वाल्व

18. इंजन स्नेहन प्रणाली में प्रैशर रिलीफ वाल्व का कार्य है
(a) तेल के दाब को घटाना
(b) तेल के दाब को हटाना
(c) तेल के दाब को नियन्त्रित करना
(d) उपरोक्त में से कोई नहीं

19. लोड का दाब, हाइड्रॉलिक जैक की क्षमता से अधिक बढ़ने की स्थिति में जैक की सुरक्षा ············ के द्वारा की जाती है।
(a) नॉन-रिटर्न वाल्व-1 (b) शट ऑफ वाल्व
(c) नॉन-रिटर्न वाल्व-2 (d) प्रैशर रिलीफ वाल्व

20. कम प्रैशर होने पर प्रैशर रिलीफ वाल्व प्रचालित किया जाता है
(a) स्प्रिंग से (b) डायफ्राम से
(c) 'a' और 'b' दोनों से (d) इनमें से कोई नहीं

21. हाइड्रॉलिक प्रणाली में फ्लो कण्ट्रोल वाल्व का कार्य है
(a) तरल के बहाव को नियन्त्रित करना
(b) तरल का दाब बढ़ाना
(c) तरल प्रवाह की दिशा परिवर्तित करना
(d) उपरोक्त सभी

22. फ्लो कण्ट्रोल वाल्व होता है
(a) स्वचालित (b) अर्द्धस्वचालित
(c) मैनुअल (d) इनमें से कोई नहीं

23. नॉन-रिटर्न वाल्व साधारणत: वापसी प्रवाह को ·········· कर देता है?
(a) तीव्र (b) मन्द (c) गर्म (d) ठण्डा

24. चित्र में 'X' प्रदर्शित करता है

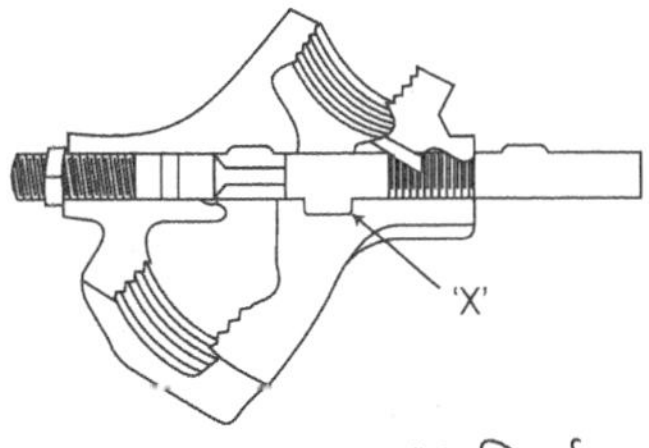

(a) चैक वाल्व (b) रिजर्वायर
(c) एडजस्टिंग स्क्रू (d) स्प्रिंग

25. निम्न में से कौन-सा वाल्व मुक्त प्रवाह को अग्र (forward) दिशा में जाने की अनुमति तथा वापसी (return) दिशा में मुक्त प्रवाह को आने से रोकता है?
(a) प्रैशर रिलीफ वाल्व (b) प्रवाह कण्ट्रोल वाल्व
(c) नॉन-रिटर्न वाल्व (d) इनमें से कोई नहीं

26. हाइड्रॉलिक मैकेनिक्स प्रणाली में नॉन-रिटर्न वाल्व का कार्य है
(a) तरल प्रवाह की दिशा नियन्त्रित करना
(b) तरल दाब को नियन्त्रित करना
(c) तरल प्रवाह की दर को नियन्त्रित करना
(d) तरल प्रवाह को एकदिशीय अनुमति प्रदान करना

27. मास्टर सिलेण्डर में प्रयुक्त वाल्व है
(a) दिशात्मक कण्ट्रोल वाल्व (b) नॉन-रिटर्न वाल्व
(c) प्रवाह कण्ट्रोल वाल्व (d) प्रैशर रिलीफ वाल्व

28. ऑटोमोबाइल में नॉन–रिटर्न वाल्व का प्रयोग किया जाता है
(a) फ्यूल फिल्टर में (b) ब्रेकिंग सिस्टम में
(c) इग्नीशन सिस्टम में (d) इलेक्ट्रिक सिस्टम में

29. हाइड्रॉलिक ब्रेक सिस्टम आधारित है
(a) बॉयल के नियम पर (b) चार्ल्स के नियम पर
(c) पास्कल के नियम पर (d) हुक के नियम पर

30. निम्न में से कौन–सा संकेत डबल एक्टिंग सिलेण्डर को प्रदर्शित करता है?

(a) 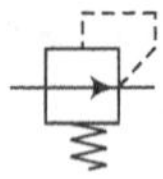
(b) 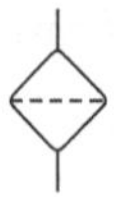
(c) 
(d) 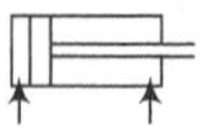

31. यान्त्रिक गति प्राप्त करने हेतु दाबित गैसों के अनुप्रयोग का अध्ययन कहलाता है
(a) हाइड्रॉलिक मैकेनिक्स (b) न्यूमैटिक मैकेनिक्स
(c) 'a' तथा 'b' दोनों (d) इनमें से कोई नहीं

32. न्यूमैटिक मैकेनिक्स में सामान्यतः ·········· का प्रयोग किया जाता है।
(a) असम्पीड्य गैस (b) सम्पीड्य गैस
(c) 'a' और 'b' दोनों (d) इनमें से कोई नहीं

33. संकुचित हवा के दबाव से कार्य करने वाली प्रणाली है
(a) ऊष्मीय ऊर्जा प्रणाली (b) प्रवाहित ऊर्जा प्रणाली
(c) वायवीय ऊर्जा प्रणाली (d) तरल ऊर्जा प्रणाली

34. बॉयल के नियमानुसार $V \propto$ ....
(a) $2/p$ (b) $1/p$ (c) $3/p$ (d) p

35. चार्ल्स के नियमानुसार आयतन, परमताप के ·········· होता है।
(a) समानुपाती (b) व्युत्क्रमानुपाती
(c) बराबर (d) इनमें से कोई नहीं

36. सिंगल एक्टिंग सिलेण्डर में संकुचित हवा के प्रवेश द्वार होते हैं
(a) 3 (b) 1 (c) 2 (d) 4

37. चित्र में प्रदर्शित सिलेण्डर है

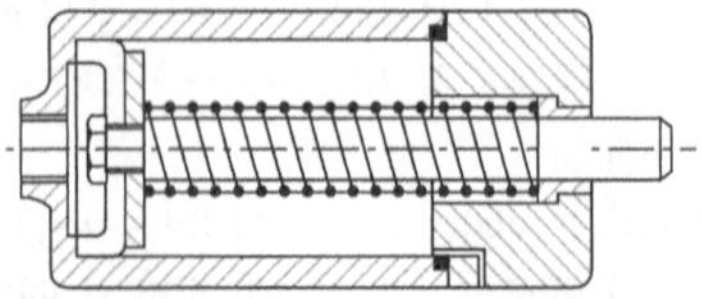

(a) सिंगल एक्टिंग (b) डबल एण्डेड
(c) डबल एक्टिंग (d) इनमें से कोई नहीं

38. पिस्टन ट्यूब बनी होती है
(a) स्टील (b) एल्युमीनियम
(c) प्लास्टिक (d) लोहा

39. सिंगल एक्टिंग सिलेण्डरों का प्रयोग किया जाता है
(a) प्रिण्टिंग मशीन में (b) स्टैपिंग में
(c) 'a' और 'b' दोनों में (d) इनमें से कोई नहीं

40. डबल एण्डेड सिलेण्डरों के सिलेण्डर नम्बर में लिखा होता है
(a) X (b) Y
(c) Z (d) W

41. न्यूमैटिक मैकेनिक्स में एयर सर्विस यूनिट का कार्य है
(a) वायु को शुद्ध करना तथा दाब को नियन्त्रित करना
(b) वायु को शुद्ध करना, दाब को नियन्त्रित करना तथा स्नेहन करना
(c) वायु को शुद्ध करना तथा स्नेहन करना
(d) उपरोक्त में से कोई नहीं

42. प्रवाहित कम्प्रैस्ड गैस में से अवांछित या दूषित तत्त्वों तथा कण्डेंस जल को हटाया जाता है
(a) एयर फिल्टर द्वारा (b) एयर लुब्रीकेटर द्वारा
(c) एयर रेगुलेटर द्वारा (d) इनमें से कोई नहीं

43. चित्र में प्रदर्शित वायु सेवा इकाई है

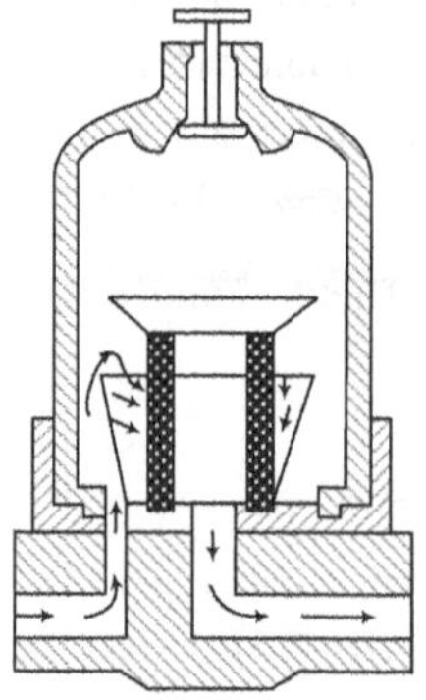

(a) एयर लुब्रीकेटर (b) एयर फिल्टर
(c) एयर रेगुलेटर (d) इनमें से कोई नहीं

44. चित्र में 'X' भाग प्रदर्शित करता है

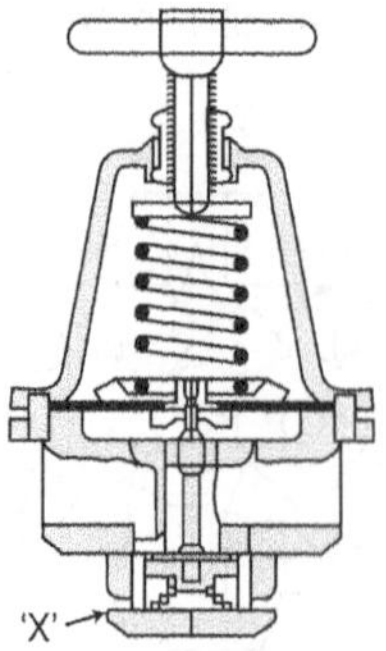

(a) एसोसिएटर को (b) स्प्रिंग को
(c) डायफ्राम को (d) स्टेम को

45. पश्चाग्र वायु कम्प्रैसर को अन्य किस नाम से जाना जाता है?
(a) पिस्टन कम्प्रैसर (b) घूर्णित कम्प्रैसर
(c) वायु कम्प्रैसर (d) इनमें से कोई नहीं

46. निम्न में से रेसीप्रोकेटिंग एयर कम्प्रैसरों की आयतनी दक्षता (η) का सूत्र है

(a) $\dfrac{\text{वास्तविक आयतन प्रवाह दर}}{\text{कम्प्रैसर की विस्थापन दर}} \times 100$

(b) $\dfrac{\text{कम्प्रैसर की विस्थापन दर}}{\text{वास्तविक आयतन प्रवाह दर}} \times 100$

(c) $\dfrac{\text{क्लीयरैंस आयतन}}{\text{कुल आयतन}} \times 100$

(d) उपरोक्त में से कोई नहीं

47. निम्न न्यूमैटिक संकेतों में से 5/2 वाल्व का संकेत कौन-सा है?

(a) 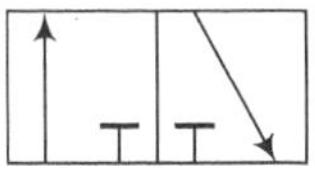

(b) 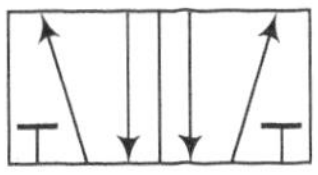

(c) 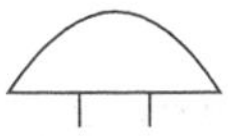

(d) 

48. धनात्मक विस्थापन वाला कम्प्रैसर है

(a) स्क्रॉल वायु कम्प्रैसर (b) अपकेन्द्रीय वायु कम्प्रैसर

(c) पश्चाग्र वायु कम्प्रैसर

(d) घूर्णी वायु कम्प्रैसर

49. रेगुलेटर में प्रैशर गेज लगे होते हैं

(a) एक

(b) दो

(c) तीन

(d) चार

50. चित्र में प्रदर्शित संकेत किसका है?

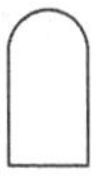

(a) पुश बटन एक्टिवेटर

(b) एयर ब्लीड

(c) प्लंजर एक्टिवेटर

(d) एग्जॉस्ट एयर

उत्तरमाला

1. (a)	**2.** (c)	**3.** (b)	**4.** (a)	**5.** (b)	**6.** (b)	**7.** (a)	**8.** (d)	**9.** (d)	**10.** (a)
11. (c)	**12.** (c)	**13.** (d)	**14.** (b)	**15.** (b)	**16.** (c)	**17.** (c)	**18.** (c)	**19.** (d)	**20.** (b)
21. (a)	**22.** (a)	**23.** (b)	**24.** (a)	**25.** (c)	**26.** (d)	**27.** (b)	**28.** (b)	**29.** (c)	**30.** (d)
31. (b)	**32.** (b)	**33.** (c)	**34.** (b)	**35.** (a)	**36.** (b)	**37.** (a)	**38.** (a)	**39.** (c)	**40.** (b)
41. (b)	**42.** (a)	**43.** (b)	**44.** (b)	**45.** (a)	**46.** (a)	**47.** (b)	**48.** (c)	**49.** (b)	**50.** (c)

अध्याय 10

वाहन उद्योग
Auto Industry

परिचय Introduction

किसी भी राष्ट्र का वाहन उद्योग, उसकी अर्थव्यवस्था का महत्त्वपूर्ण अंग होता है जो उसके आर्थिक एवं औद्योगिक विकास में महत्त्वपूर्ण भूमिका निभाता है। इस उद्योग का प्रारम्भ सर्वप्रथम 1769 ई. में निकोलस जोजेफ द्वारा आविष्कृत भाप से चलने वाली गाड़ी से हुआ था। इसके पश्चात् इस उद्योग से सम्बन्धित निरन्तर शोध होने के कारण इसमें दिन-प्रतिदिन अत्यधिक उन्नति हुई है। इस उद्योग के अन्तर्गत यात्री वाहन, मध्यम एवं भारी व्यावसायिक वाहन; जैसे—जीप, स्कूटर, मोटरसाइकिल एवं ट्रैक्टर इत्यादि तथा वाहन के पुर्जे; जैसे—इंजन के भाग, ड्राइव एवं संचरण भाग इत्यादि आते हैं, क्योंकि वाहन उद्योग अर्थव्यवस्था से जुड़ा एक वृहद् क्षेत्र है। अत: वर्तमान समय में सड़क परिवहन एवं राज्य मन्त्रालय द्वारा इसके विकास सम्बन्धी बहुत-सी परियोजनाएँ; जैसे—NATRIP (National Automotive Testing and Research Infrastructure Project) प्रारम्भ की जा रही हैं। उपरोक्त विवरण से यह स्पष्ट है कि वाहन उद्योग किसी भी राष्ट्र के लिए कितनी महत्त्वपूर्ण इकाई है। अत: इस अध्याय में वाहन उद्योग, उससे सम्बन्धित मन्त्रालय एवं इस उद्योग के विकास से सम्बन्धित विकास परियोजना को एकीकृत किया गया है।

अध्याय विषय सूची

10.1 वाहन उद्योग का इतिहास History of Auto Industry

भारत एवं विश्व के अन्य देशों के सम्बन्ध में ऑटोमोबाइल अथवा वाहन उद्योग के विकास को निम्न पदों में सरलता से समझा जा सकता है

1. इस उद्योग के अन्तर्गत सर्वप्रथम 1769 ई. में तीन पहियों पर चलने वाली गाड़ी का आविष्कार एक फ्रांसीसी कैप्टन **निकोलस जोजेफ** द्वारा किया गया।
2. इसके पश्चात् 1805 ई. में **ऑलीवर एवान** नामक एक इंजीनियर ने चार पहियों पर चलने वाली मोटरगाड़ी विकसित की।
3. 1816 ई. में प्रेग पॉलीटेक्निक (Prague Polytechnic) के एक प्रोफेसर **जोसफ बोजेक** ने एक ऑयल फायर स्टीम कार बनाई।
4. 1880 ई. में सर्वप्रथम जर्मन तथा फ्रांसीसी इंजीनियरों ने मिलकर इन्टर्नल कम्बशन इंजन के डिजाइन का आविष्कार किया, जिस पर आधारित तीन पहियों वाली गाड़ी का निर्माण सर्वप्रथम एक जर्मन इंजीनियर **बेन्ज** द्वारा 1885 ई. में किया गया।
5. इसके पश्चात् सन् 1886 से 1906 तक विभिन्न देशों; जैसे—जर्मनी, फ्रांस, अमेरिका, इंग्लैण्ड आदि के द्वारा मोटरगाड़ियों के डिजाइन को विकसित करने के लिए अनेक प्रयास किए गए जिसमें उन्हें सफलता भी मिली और वर्ष 1909 में अमेरिका के **सर हेनरी फोर्ड** ने व्यावसायिक स्तर पर मोटरगाड़ियाँ बनाने के लिए 'फोर्ड मोटर कम्पनी' की स्थापना की।

इसके अन्तर्गत 20,000 मोटरगाड़ियाँ प्रतिवर्ष बनाने का लक्ष्य रखा गया। यही कारण है कि मोटरगाड़ियों को प्रसिद्ध करने का श्रेय **फोर्ड मोटर** को दिया जाता है।

6. विश्व स्तर पर ऑटोमोबाइल उद्योग का विकास होने के पश्चात् भारत में इसकी शुरुआत 1940 के दशक में हुई। स्वाधीनता से पूर्व भारत में मोटरगाड़ियों का आयात अमेरिका, इंग्लैण्ड, फ्रांस आदि देशों से किया जाता था।
7. वर्ष 1939 में ब्रिटिश कानून के प्रतिरूप मोटरगाड़ी एक्ट बनाने के पश्चात् वर्ष 1943-44 में तत्कालीन शासन ने सर्वप्रथम हिन्दुस्तान मोटर्स, मुम्बई तथा प्रीमियर ऑटोमोबाइल कम्पनी को भारत में मोटरगाड़ियाँ बनाने की अनुमति प्रदान की।
8. इसके पश्चात् स्वतन्त्रता प्राप्ति के बाद (1947 के बाद) भारत सरकार तथा निजी क्षेत्रों द्वारा वाहन के कल-पुर्जों के निर्माण के लिए उद्योग लगाने के प्रयास किए गए, परन्तु 1950 तथा 1960 के दशक में लाइसेन्स रूल होने के कारण इस उद्योग की वृद्धि दर धीमी रही।

   इसके साथ ही वर्ष 1956 में इन परिस्थितियों में परिवर्तन होने के कारण मोटरगाड़ी एक्ट, 1939 में संशोधन किया गया।
9. वर्ष 1952 में भारत सरकार द्वारा ऑटो उद्योग के बचाव एवं इसका सहायता की दृष्टि से टैरिफ कमीशन का गठन कर, उसे इस सम्बन्ध में निर्देश देने को कहा गया।

   विस्तृत विश्लेषण के पश्चात् टैरिफ कमीशन द्वारा दिए गए निर्देश निम्नलिखित थे

   - गाड़ियों का क्रमबद्ध निर्माण इस प्रकार हो कि सरकारी मंजूरी के तीन वर्षों के भीतर CKD (Completely Knuckle Down) वाहनों के कुल मूल्य का 50% निर्माण देश में ही हो।
   - ऑटोमोबाइल निर्माता, स्वदेशी सहायक उद्योगों द्वारा निर्मित पुर्जों को ही मौलिक सहायक युक्तियों के तौर पर वाहनों में प्रयोग करने के लिए खरीदें।
10. वर्ष 1970 के पश्चात् भारत में वाहन उद्योग का विकास प्रारम्भ हो गया, परन्तु यह विकास प्रमुख रूप से ट्रैक्टरों, व्यावसायिक वाहनों तथा स्कूटरों के निर्माण तक ही सीमित रहा।
11. इसके पश्चात् 1980 के दशक में जापानी वाहन निर्माता कम्पनियों ने भारतीय बाजार में प्रवेश के प्रयास किए और वर्ष 1981 में भारत में मारुति उद्योग की स्थापना हुई।

    इसके साथ ही इस दशक में अनेक जापानी वाहन निर्माता कम्पनियों ने मोटरसाइकिलों एवं हल्के व्यावसायिक वाहनों के उत्पादन हेतु संयुक्त उद्यमों की स्थापना की और भारत सरकार ने सुजुकी को छोटी कारों के निर्माण हेतु संयुक्त उद्यम स्थापित करने के लिए चुना।
12. वर्ष 1991 में प्रारम्भ हुए आर्थिक उदारीकरण के पश्चात् और साथ ही लाइसेन्स रूल के धीरे-धीरे कमजोर होने पर कई भारतीय एवं बहुराष्ट्रीय कम्पनियाँ भारतीय बाजार में उद्योग स्थापित करने आईं।

नीचे दी गई सारणी में वाहन उद्योग से सम्बन्धित वर्ष 1919 से 1930 तक भारत द्वारा विभिन्न देशों से आयात किए गए विभिन्न वाहनों की सूची दी गई है

वर्ष	यात्री वाहन	कॉमर्शियल वाहन	मोटरसाइकिल
1919-20	9,925	1,229	2,332
1920-21	15,432	2,885	5,179
1921-22	2,895	580	734
1922-23	4,323	480	866
1923-24	7,984	1,044	1,182
1924-25	9,380	2,156	1,462
1925-26	12,757	4,860	1,629
1926-27	13,197	6,943	1,803
1927-28	15,122	8,682	2,146
1928-29	19,567	12,790	1,802
1929-30	17,399	15,306	1,956

सन् 2000 से 2010 तक लगभग सभी मुख्य कार निर्माता कम्पनियों ने देश के विभिन्न भागों में अपनी निर्माण एवं उत्पादन यूनिट का स्थापित कर दिया गया। मुख्य रूप से भारत के चेन्नई, मुम्बई, पुणे, उत्तरी NCR में कार उद्योग स्थापित हैं। टाटा ग्रुप (FRC) की स्थापना में जे. आर. डी टाटा प्रथम अन्वेषक (Pioneer) थे। भारत में श्रीमती इन्दिरा गाँधी वर्ष 1983 में मारुती 800 कार का शुभारम्भ किया था।

विश्व में भारत का टू-व्हीलर एवं थ्री-व्हीलर बाजार में प्रथम तथा ट्रैक्टर निर्माण में द्वितीय स्थान हैं। भारत विश्व में पाँचवां सबसे बड़ा व्यावसायिक वाहन निर्माता देश है तथा मोटरसाइकिल उत्पादन में चीन के बाद दूसरा सबसे बड़ा उत्पादक देश है।

10.2 वाहन उद्योग का विकास
Development of Automobile Industry

भारत में वाहन उद्योग की निरन्तर प्रगति होने का कारण उपभोक्ता का पर्याप्त मात्रा में होना है। शुभ अवसरों पर वाहन खरीद का प्रचलन भी इस उद्योग की वृद्धि का एक अन्य कारण है। भारत एशिया का चतुर्थ यात्री कार बाजार होने के साथ ही सर्वाधिक मोटरसाइकिल निर्माताओं वाला देश भी है।

भारत में इस सेक्टर की स्थापित उत्पादन क्षमता 95,40,000 वाहन प्रतिवर्ष है, जिनमें 15,90,000 चार पहियों वाले वाहन (यात्री कारों समेत) और 79,50,000 दो और तीन पहियों वाले वाहन हैं। भारत के सम्बन्ध में यदि कारों के विषय में बात करें, तो स्थिति कुछ इस प्रकार है कि भारत, विश्व में छोटी कारों के सबसे बड़े उत्पादकों में से एक है।

'न्यूयॉर्क टाइम्स' के अनुसार, भारत के मजबूत इंजीनियरिंग आधार, कम लागत और ईंधन-दक्ष कारों के निर्माण में विशेषज्ञता के कारण अनेक वाहन निर्माता कम्पनियों; जैसे—हुण्डई मोटर्स, निसान, टोयोटा, वॉक्सवैगन तथा सुजुकी की उत्पादन सुविधाओं का यहाँ विस्तार हुआ है। वर्ष 2008 में अकेले हुण्डई मोटर्स ने ही भारत में निर्मित अपनी 2,40,000 कारों का निर्यात किया।

वहीं निसान मोटर्स की योजना वर्ष 2011 तक अपने संयन्त्र में बनी 2,50,000 कारों को निर्यात करने की थी। इसी प्रकार, जनरल मोटर की योजना भी भारत में बनने वाली 50,000 कारों के निर्यात की थी।

सितम्बर, 2009 में फोर्ड मोटर्स ने 50 करोड़ अमेरिकी डॉलर की लागत से 2,50,000 कारों की वार्षिक उत्पादन क्षमता वाले संयन्त्र की स्थापना की और अपनी योजना घोषित की।

कारों का निर्माण भारतीय बाजारों में बिक्री के साथ-साथ निर्यात के लिए भी किया जाता है। फोर्ड कम्पनी के अनुसार, संयन्त्र की स्थापना भारत को कम्पनी के भौगोलिक उत्पादन का केन्द्र बनाने की योजना का हिस्सा है। फिएट ने भी घोषणा की है कि उसके द्वारा 1 अरब अमेरिकी डॉलर का निवेश भारत द्वारा निर्मित वाहन के कल-पुर्जों का आयात करने के लिए किया जाएगा।

एल. पी. ब्लूमबर्ग के अनुसार, वर्ष 2009 में प्राप्त आँकड़ों के अनुसार भारत ने एशिया के चौथे सबसे बड़े कार निर्यातक के रूप में उभरकर चीन को भी पीछे छोड़ दिया। वर्तमान में यहाँ 15 यात्री कारों व बहुउपयोगी वाहनों के निर्माता, 9 व्यावसायिक वाहनों के निर्माता, 16 दो पहिया एवं पहिया वाहनों के निर्माता और 14 ट्रैक्टर निर्माताओं के साथ ही 5 इंजन निर्माता भी हैं।

विगत् कुछ वर्षों में इस क्षेत्र में विदेशी निवेश को आकर्षित करने के लिए उदारीकरण की नीति को अपनाया गया है, जिसके अन्तर्गत यात्री कार के क्षेत्र में अब शत-प्रतिशत तक विदेशी निवेश की अनुमति प्रदान की गई है जो इस सेक्टर में स्वचालित रूट के अन्तर्गत सम्भव है।

भारतीय वाहन उद्योग का टर्नओवर अनुमानत: ₹1,65,000 करोड़ है जबकि देशभर में इसने अनुमानत: 1.31 करोड़ लोगों को रोजगार भी प्रदत्त किया है।

वाहनों के विकास को निम्नलिखित नए तकनीकों द्वारा समझा जा सकता है

(i) **गैसोलीन डायरेक्ट इन्जक्शन** (Gasoline Direct Injection, GDI) इस तकनीक में ईंधन को सिलेण्डर में प्रवेश से पूर्व इनलेट मैनीफोल्ड अथवा इनलेट पोर्ट में वायु के साथ मिश्रण नहीं किया जाता है। इसे सीधे ही सिलेण्डर में इन्जेक्ट किया जाता है। इसका लाभ यह होता है कि पारम्परिक इनलेट इन्जक्शन प्रणाली की अपेक्षा इस प्रणाली में ईंधन को अधिक नियन्त्रण के साथ कम्बशन क्षेत्र में लाया जाता है।

(ii) **हाइब्रिड वाहन** (Hybrid Vehicles) वे वाहन जो पारम्परिक इन्टर्नल कम्बशन इंजन तथा इलेक्ट्रिक प्रोपल्शन सिस्टम (हाइब्रिड वाहन ड्राइव ट्रेन) का संयोजन होते हैं, हाइब्रिड वाहन कहलाते हैं। इलेक्ट्रिक पावर ट्रेन की उपस्थिति के कारण इस प्रणाली में पारम्परिक वाहनों की अपेक्षा ईंधन की कम खपत तथा उत्तम प्रदर्शन प्राप्त होता है।

(iii) **वैद्युतिक वाहन** (Electric Vehicle, EV) 2030 तथा भारत की वैद्युतिक वाहनों पर निर्भरता की योजना है। विभिन्न ई-कॉमर्स कम्पनी तथा भारत कार निर्माता; जैसे-रावा इलेक्ट्रिक कार कम्पनी (RECC) एवं ओला (Ola) निकट भविष्य में वैद्युतिक कार निर्माण पर कार्य कर रहे हैं।

(iv) **फ्यूल सैल** (Fuel Cells) फ्यूल सैलों का प्रयोग स्पेस-क्रॉफ्ट में किया जाता है। इसमें प्रक्रिया के फलस्वरूप वैद्युतिक ऊर्जा हेतु हाइड्रोजन एवं ऑक्सीजन का संयोजन होता है तथा प्रतिफल के रूप मे शुद्ध पानी प्राप्त होता है। इन्टर्नल कम्बशन इंजन में फ्यूल के प्रयोग से 45 से 60% दक्षता प्राप्त होती है जबकि पेट्रोल इंजन द्वारा 15 से 35% दक्षता प्राप्त होती है।

(v) **लीन बर्न इंजन** (Lean Burn Engine) इन इंजनों का कम्प्रैशन अनुपात उच्च होता है जिससे पारम्परिक गैसोलीन इंजनों की तुलना में इसका प्रदर्शन अच्छा, ईंधन का दक्ष उपयोग तथा हाइड्रोकार्बन का कम एग्जॉस्ट होता है। उच्च वायु-ईंधन अनुपात के साथ लीन मिश्रण को डायरेक्ट इन्जक्शन इंजनों द्वारा प्राप्त किया जाता है।

(vi) **चालक रहित कार** (Driverless Cars) यह वाहन बिना मानव के निर्देश के अपने आस-पास के वातावरण को अनुभव करने में सक्षम होता है। चालक रहित कार में विभिन्न तकनीके जैसे आस-पास के क्षेत्र को सूक्ष्मता से मापना, रडार, लेजर लाई, GPS तथा कम्प्यूटर विजन आदि होती है। उपयुक्त नेविगेशन पाथ को पहचाने तथा बाधाओं से बचने हेतु इसमें विकसित कण्ट्रोल सिस्टम होता है।

10.3 अनुगामी वाहन उत्पादक
Leading Vehicle Manufacturers

इस श्रेणी के अन्तर्गत उन उत्पादकों का समावेश किया जाता है जो देश की यातायात जरूरतों को पूर्ण करने के साथ-साथ पर्याप्त मात्रा में रोजगार के अवसर भी उपलब्ध कराते हैं। ऐसे शीर्ष दस उत्पादकों में मारुति, हुण्डई, टाटा, महिन्द्रा, जी. एम. शेवर्ले, होण्डा, टोयोटा, फोर्ड, स्कोडा और फिएट मोटर्स हैं, जिन्होंने अत्यन्त महत्त्व के गुणवत्तापूर्ण उत्पाद भारत समेत अन्य देशों को उपलब्ध कराए हैं। भारत के शीर्ष कार निर्माताओं के लोकप्रिय उत्पादों के रूप में रैनो, बोलेरो, स्कॉर्पियो, ऑल्टो, स्विफ्ट, सियाज, रिओ, नैनो, इण्डिका, सूमो व सफारी आदि हैं। इनमें से कुछ का संक्षिप्त वर्णन नीचे किया गया है

1. **टाटा मोटर्स** (Tata Motors) यह एक भारतीय-अन्तर्राष्ट्रीय कम्पनी है जिसका मुख्यालय मुम्बई में है। इस कम्पनी के प्रमुख ब्राण्ड इण्डिगो, सफारी, स्टार बस एवं सूमो इत्यादि हैं तथा यह कार, ट्रक वैन्ज कोचेज, बस एवं मिलिट्री वाहन बनाती है। यह विश्व की छठे नम्बर की सबसे बड़ी ऑटोमोबाइल निर्माता कम्पनी है। पिछले कुछ वर्षों में इसने जगुआर, लैण्ड रोवर जैसी कम्पनियों को खरीदकर अपने व्यापार का विस्तार किया है। वर्तमान समय में यह डीआरडीओ के सम्बन्ध में फ्यूचरिस्टिक इन्फैन्ट्री कॉम्बैट वाहन (Futuristic Infantry Combat Vehicle; FICV) के निर्माण की दिशा में कार्यरत् है।
2. **मारुति सुजुकी इण्डिया** (Maruti Suzuki India) यह जापान की ओटो कम्पनी सुजुकी मोटर कॉर्पोरेशन की सहायक कम्पनी है, जो भारत की सर्वाधिक यात्री कार निर्माता कम्पनी है। मारुति 800, एस्टीम, स्विफ्ट, ओमनी, आर्टिगा, ग्रैण्ड विटारा आदि इसके कुछ प्रमुख उत्पाद हैं। यह कम्पनी लगभग 14 ब्राण्ड तथा 150 तरह की विभिन्न प्रकार की कारों का निर्माण करती है।

3. **महिन्द्रा एण्ड महिन्द्रा** (Mahindra and Mahindra) यह भारत की प्रमुख ऑटोमोबाइल कम्पनियों में से एक है जिसका मुख्यालय भी मुम्बई में है।

   यह भारतीय कोगंलो मैरिट ग्रुप का ही एक भाग है। महेन्द्रा बोलेरो, स्कॉर्पियो, लीजैण्ड आदि इसके प्रमुख उत्पाद हैं।

4. **अशोक लेलैण्ड** (Ashok Leyland) यह कम्पनी वर्ष 1948 में रघुनन्दन सरन द्वारा स्थापित की गई थी। इसका मुख्यालय चेन्नई में है तथा यह भारत में मीडियम एवं व्यावसायिक वाहनों का निर्माण करती है।

   यह भारत की दूसरी सबसे बड़ी व्यावसायिक वाहन निर्माता कम्पनी है जो बसों के निर्माण में विश्व की चौथी तथा ट्रकों के निर्माण में विश्व की शीर्ष 16 कम्पनियों में से एक है। यह प्रतिवर्ष 60,000 वाहन तथा 7,000 इंजन का व्यापार करती है।

5. **फोर्स मोटर्स** (Force Motors) यह भारत के शीर्ष 10 व्यवसाय केन्द्रों में से एक, बजाज समूह की अंशत: कम्पनी है जो बजाज टैम्पो कम्पनी के नाम से जानी जाती है।

   यह कम्पनी थ्री व्हीलर्स, मल्टीयूटिलिटी वाहन, क्रॉसकन्ट्री वाहन, हल्के तथा भारी व्यावसायिक वाहन, ट्रक, बसें आदि बनाती है। व्यक्तिगत वाहन सेग्मेन्ट के अन्तर्गत एस. यू. वी., जिसे फोर्स-वन नाम दिया गया, इसके द्वारा ही निर्मित है।

6. **हुण्डई मोटर्स** (Hyundai Motors) यह छोटी कारों की निर्माता कम्पनी है। इसके प्रमुख उत्पाद सैन्ट्रोजिंग, एसैन्ट, द्वितीय चरण की वर्ना, सोनाटा ट्रांसफॉर्म इत्यादि हैं।

7. **शेवर्ले इण्डिया** (Chevrolet India) यह अमेरिकी कम्पनी जनरल मोटर्स की संयुक्त कम्पनी है जो ओटो निर्माण में पाँचवें स्थान पर है। इसके प्रमुख उत्पाद स्पार्क, क्रूज, कैपटिवा आदि हैं।

8. **फोर्ड इण्डिया** (Ford India) यह फोर्ड कम्पनी की सहायक कम्पनी है जिसका मुख्यालय चेन्नई में है। इसके प्रमुख उत्पाद फीगो, क्लासिक, एण्डेयवर, फिएस्टा इत्यादि हैं।

9. **होण्डा कार लिमिटेड** (Honda Car Limited) यह जापान की होण्डा मोटर कम्पनी का एक भाग है जिसका मुख्यालय नोएडा में है। होण्डा कम्पनी के वाहनों का निर्माण कार्य मुख्यत: ग्रेटर नोएडा (उत्तर प्रदेश) तथा भिवाड़ी (राजस्थान) में होता है। इसके प्रमुख उत्पाद सीआरवी, एकोर्ड, सिविक आदि हैं।

10. **टोयोटा किर्लोसकर मोटर्स** (Toyota Kirloskor Motors) इस कम्पनी का मुख्यालय बैंगलोर में है। यह कम्पनी टोयोटा मोटर कम्पनी तथा किर्लोसकर गुड्स का मिश्रित स्वरूप है। इसके प्रमुख उत्पाद प्रियस, लैण्ड क्रूजर, इटिऑस, फॉर्चूनर इत्यादि हैं।

11. **हिन्दुस्तान मोटर्स** (Hindustan Motors) इस कम्पनी का मुख्यालय कोलकाता में है। यह कम्पनी मित्सुभिसी कम्पनी के साथ मिलकर पजैरो आदि उत्पाद बनाती है।

10.4 सड़क परिवहन एवं राष्ट्रीय राजमार्ग मन्त्रालय Road Transport and National Highways Ministry

भारत सरकार की इस शाखा का कार्य राष्ट्रीय राजमार्गों एवं मार्गों का निर्माण तथा उनका अनुरक्षण (maintenance) करना है। इन्हीं को ध्यान में रखते हुए इस मन्त्रालय द्वारा सड़क परिवहन, राष्ट्रीय राजमार्गों और परिवहन शोध सम्बन्धी नियमों, अधिनियमों एवं कानूनों का निर्माण किया जाता है।

किसी भी अर्थव्यवस्था पर सड़क परिवहन का विशेष प्रभाव पड़ता है। यह किसी भी देश की प्रगति (progress), अवसंरचना (infrastructure) एवं पद्धति (system) पर विशिष्ट प्रभाव डालती है। भारत जैसे देश में अभी भी इस दिशा में पर्याप्त कार्य किए जाने की आवश्यकता है, क्योंकि यहाँ 60 से 85% तक यात्री परिवहन के लिए सड़क परिवहन का उपयोग किया जाता है। इस शाखा के दो भाग अथवा विंग हैं

1. सड़क विंग
2. परिवहन विंग

1. सड़क विंग Road Wing

शाखा के इस भाग के अन्तर्गत राष्ट्र के विकास एवं राष्ट्रीय राजमार्गों के रख-रखाव की जिम्मेदारी आती है। इस भाग की जिम्मेदारियाँ निम्नलिखित हैं

(i) देश के राष्ट्रीय राजमार्गों का विकास, उनका रख-रखाव एवं उनसे सम्बन्धित नई योजनाएँ बनाना।

(ii) राज्यों को परस्पर सड़कों के माध्यम से जोड़ना एवं सड़कों से सम्बन्धित विकास कार्य करना।

(iii) देश में निर्मित होने वाले मार्गों, पुलों आदि के लिए मानक विनिर्देशों को बनाना एवं उनके तकनीकी विकास सम्बन्धी योजनाएँ बनाना।

(iv) प्रादेशिक सड़कों के निर्माण हेतु वित्तीय एवं तकनीकी सहायता प्रदान करना।

2. परिवहन विंग Transport Wing

शाखा का यह भाग सड़क परिवहन से सम्बन्धित कार्य करता है। इसकी प्रमुख जिम्मेदारियाँ निम्नवत् हैं

(i) मोटर वाहनों पर कर निर्धारण करना एवं उन्हें प्राप्त करना।

(ii) मोटर वाहन का अनिवार्य बीमा हुआ है या नहीं, यह सुनिश्चित करना।

(iii) मोटर वाहन सम्बन्धित कानून बनाना।

(iv) मोटर वाहन अधिनियम, 1988 का प्रशासन चलाना।

(v) सड़क दुर्घटना का विश्लेषण कर, नए नियम बनाना तथा नागरिकों को सड़क सुरक्षा हेतु जागरूक करना।

(vi) सड़क परिवहन निगम अधिनियम, 1950 का प्रशासन चलाना।

10.5 वाहन नीति, 2002 Auto Policy, 2002

इस नीति का उद्देश्य भारत में वैश्विक प्रतिस्पर्द्धा में ऑटोमोटिव उद्योग की स्थापना और वर्ष 2010 में इसका योगदान दोगुना करना, ऑटोमोबाइल सेक्टर के लिए उन्नति की दिशा तय करना तथा निरन्तर नई तकनीकें विकसित करना था।

इसमें कम धुआँ देने वाली ओटो तकनीकों और ओटो उत्पादकों को स्व-सक्षम स्तर तक पर्याप्त ओटो ईंधन उपलब्ध कराने पर बल दिया गया। इस नीति के अन्तर्गत निश्चित उद्देश्यों का लाभ देश में तब देखने को मिला, जब विभिन्न सेक्टरों में भिन्न-भिन्न क्षमताओं के वाहनों का निर्माण देश में बढ़ा। इसके नीति व्यापक उद्देश्य निम्न थे

1. ओटो सेक्टर में भारत की पहुँच को विश्वव्यापी बनाना तथा उच्च गुणवत्तापूर्ण तकनीकी आधारित विकास और वृहद् उत्पादन करना।
2. उच्च तकनीक चालित ओटो उत्पादों का निर्यात करना।
3. ओटो इंजीनियरिंग के साथ भारत की क्षमता को सूचना प्रौद्योगिकी तथा इलेक्ट्रॉनिक्स पर केन्द्रित करना।
4. राष्ट्र में उत्पादन क्षमता को बढ़ाकर, राष्ट्र में उच्चस्तरीय रोजगार के अवसरों का सृजन करना।

10.6 ऑटोमोटिव मिशन प्लान Automotive Mission Plan

भारत को वैश्विक ऑटोमोटिव हब बनाने के उद्देश्य से वर्ष 2006-16 के लिए इस प्लान की घोषणा की गई। इसका उद्देश्य विश्व में भारत को डिजाइन, ऑटोमोबाइल्स और ओटो पुर्जों के केन्द्र के रूप में तथा विश्व की पसन्द के रूप में प्रस्तुत करना था।

इसका प्राप्ति लक्ष्य 145 बिलियन यू.एस. डॉलर के स्तर तक पहुँचना तथा वर्ष 2016 तक 25 मिलियन लोगों को रोजगार के अवसर प्रदान करना था। इसका उद्देश्य भारत में ऑटोमोबाइल उद्योग के उत्पादन को वर्ष 2016 तक ₹ 6,00,000 करोड़ तक पहुँचाने का था। इसकी राष्ट्रीय अर्थव्यवस्था में व्यापक भूमिका है।

इसका सम्बन्ध अर्थव्यवस्था के अन्य मुख्य लघु क्षेत्रों के साथ-साथ भावी वृद्धिकारक आशाओं से है। यह प्लान देश के घरेलू बाजार में ऑटोमोबाइल की उन्नति में निहित है।

10.7 राष्ट्रीय ऑटोमोटिव परीक्षण एवं शोध अवसंरचना परियोजना National Automotive Testing and Research Infrastructure Project, NATRIP

NATRIP, भारतीय ऑटोमोबाइल उद्योग का एक अत्यन्त महत्त्वपूर्ण एवं बड़ा प्रोजेक्ट है। यह भारत सरकार, राज्य सरकारों एवं वाहन उद्योगों द्वारा निर्मित एक सम्मिलित संस्था है जिसका उद्देश्य वाहनों से सम्बन्धित शोध, परीक्षण, सत्यापन एवं उनके विकास सम्बन्धी परियोजनाएँ बनाना है। इसके अतिरिक्त इसका उद्देश्य भारत में ऑटोमोटिव उद्योग को विकसित कर, इसे अन्तर्राष्ट्रीय स्तर पर अन्य देशों के समकक्ष लाना है।

इन उद्देश्यों की पूर्ति हेतु इस प्रोजेक्ट के अन्तर्गत 7 विभिन्न स्थानों पर 7 ओटो परीक्षण केन्द्रों की वर्ष 2011 तक ₹ 1718 करोड़ की लागत के साथ स्थापना की जानी थी जिसका समय तथा लागत बाद में बढ़ाकर क्रमशः दिसम्बर, 2012 तथा ₹ 2,268.06 करोड़ कर दी गई।

राष्ट्रीय ऑटोमोटिव परीक्षण एवं शोध अवसंरचना परियोजना के अन्तर्गत वाहनों के परीक्षण के लिए स्थापित कुछ प्रमुख परीक्षण केन्द्र निम्नवत् हैं

क्र. सं.	परीक्षण केन्द्र	केन्द्र स्थल
1.	ICAT	मानेसर
2.	GARC	चेन्नई
3.	ARAI	पुणे
4.	NCAT	अहमदनगर
5.	NCVRS/ADAC	रायबरेली
6.	East Centre	सिल्चर

10.8 भारतीय ऑटोमोबाइल शोध संगठन Automobile Research Association of India (ARAI)

इस संगठन की स्थापना वर्ष 1986 में पुणे में हुई थी। इस संगठन का कार्य सुरक्षित, दक्षतापूर्ण एवं निम्न प्रदूषक वाहनों का निर्माण करना तथा उनसे सम्बन्धित नई तकनीकों की खोज करना है। यह संस्था वाहनों को उनके प्रदर्शन के अनुरूप प्रमाण-पत्र प्रदान करती है।

भारतीय वाहन शोध संगठन, उद्योगों को तकनीकी सलाह, परीक्षण एवं प्रदूषण नियन्त्रण के उद्देश्य हेतु विशेषज्ञ उपलब्ध कराता है। ये विशेषज्ञ अपने क्षेत्र में पारंगत होते हैं। ऑटोमोटिव वाहनों के अन्तर्राष्ट्रीय स्तर पर विकास के प्रयास चल रहे हैं और भारत में भी इस दिशा में गम्भीर प्रयास किए जा रहे हैं।

उपरिवर्णित बिन्दु इन प्रयासों को दर्शाने के लिए पर्याप्त हैं कि भारत में भी यह सेक्टर अत्यन्त महत्त्वपूर्ण स्थान रखता है और यह भारतीय अर्थव्यवस्था का एक महत्त्वपूर्ण सेक्टर है, जो अनेक सम्भावनाओं से भरा है। अतः भारत में इस सेक्टर की प्रगति की अपार सम्भावनाओं को नकारा नहीं जा सकता। इस संगठन द्वारा उद्योगों के विकास के लिए कई नए प्रोजेक्ट बनाए गए हैं; जैसे—इंजन डिजाइन, सिमुलेशन सॉफ्टवेयर, कम्प्रैस्ड नैचुरल गैस्केट इत्यादि।

इसके अतिरिक्त VOACS सॉफ्टवेयर, जो चेसिस डायनमोमीटर का नियन्त्रण करता है, भी इस संस्था द्वारा निर्मित है।

10.9 ऑटोमोबाइल एसोसिएशन Automobile Association

अन्य भारतीय औद्योगिक संस्थाओं की भाँति ऑटोमोबाइल उद्योग की भी अपनी कुछ क्षेत्रीय संस्थाएँ हैं जिनका प्रमुख कार्य वाहन सम्बन्धी गुणवत्ता सुधार, तकनीकी विकास, वाहन उद्योग की उन्नति करना तथा इसके विषय में व्यापक जानकारी प्राप्त करना अथवा देना है। ये संस्थाएँ सरकार एवं उद्योग के मध्य सेतु का कार्य करती हैं।

इनके द्वारा किए गए सर्वेक्षण से प्राप्त आँकड़ों के आधार पर सरकार यह निर्धारित करती है कि कौन-से नए नियम बनाने तथा लागू करने हैं और कौन-से नियम अनुपयोगिता के आधार पर निरस्त करने हैं।

इसके अतिरिक्त ये संस्थाएँ सरकार को अपने क्षेत्रीय कार्य; जैसे—उत्पाद, प्रारूप, इंजीनियरिंग अनुसन्धान, उपकरण एवं सह-उद्योग तकनीकी सूचना सेवा आदि से भी अवगत कराती हैं।

भारत में मुख्यत: चार ऑटोमोबाइल एसोसिएशन्स हैं, जिनका वर्णन निम्नलिखित है

1. **भारतीय ऑटोमोबाइल उत्पादक सोसायटी** (Society of Indian Automobile Manufactures; SIAM) यह वर्ष 1988 में निर्मित भारत की शीर्ष ऑटोमोबाइल सोसायटी है जिसका मुख्यालय नई दिल्ली में स्थित है।

   इसका प्रमुख कार्य कुछ महत्त्वपूर्ण विषयों; जैसे—पर्यावरण सुरक्षा, सड़क सुरक्षा जैसी जानकारियाँ प्रयोगात्मक रूप में देकर नागरिकों में जागरूकता पैदा करना है।

2. **भारतीय ऑटोमोटिव अवयव उत्पादक एसोसिएशन** (Automotive Component Manufactures Association of India; ACMAI) यह 38 वर्ष पूर्व स्थापित, द्वितीय शीर्ष ऑटोमोबाइल सोसायटी है जिसमें कुल 365 सदस्य होते हैं। वाहन अवयवों के निर्माण की यह संस्था एक प्रवक्ता के रूप में क्रियाशील है, जो ऑटोमोटिव उद्योग सम्बन्धी नियमों को बनाने का कार्य करती है।

3. **पश्चिमी भारत ऑटोमोबाइल एसोसिएशन** (Western India Automobile Association; WIAA) इस एसोसिएशन की स्थापना वर्ष 1919 में की गई थी।

   यह सबसे पुरानी एवं सबसे बड़ी मोटरिंग बॉडी बनाने वाली कम्पनी है जिसमें चार राज्यों (महाराष्ट्र, गुजरात, राजस्थान एवं गोवा) के 4,800 सदस्य सम्मिलित हैं।

   इसका मुख्यालय मुम्बई में स्थित है। इसका प्रमुख उद्देश्य मार्ग सुरक्षा सम्बन्धी नई तकनीकों की खोज करना है। इसके अतिरिक्त यह एसोसिएशन भारत में पर्यटन विकास में उन्नति करने के लिए भी जानी जाती है।

4. **फेडरेशन ऑटोमोबाइल डीलर्स एसोसिएशन** (Federation of Automobile Dealers Association; FADA) यह डीलर्स समूह द्वारा गठित प्रथम परिषद् है, जिसकी स्थापना वर्ष 1964 में की गई थी।

   इसके अन्तर्गत ऑटोमोबाइल सम्बन्धी समाचार-पत्र, सेमिनार, प्रैस कॉन्फ्रेन्स, विशिष्ट अध्ययन आदि को आयोजित किया जाता है।

वर्तमान में वाहन उद्योग एक अत्यन्त विकसित एवं मुख्य उद्योग है। इस उद्योग में कुछ हल्के एवं कुछ भारी वाहनों को विकसित किया जाता है। प्राय: भारी वाहनों की श्रेणी में ट्रक, मशीनें, एम्बुलैन्स और स्कूल बसें आती हैं।

भारत के कुछ लोकप्रिय भारी वाहनों के ब्राण्ड वॉल्वो, आयशर, महिन्द्रा, टाटा, टेल्को, अशोक लेलैण्ड, बजाज ओटो, स्वराज आदि हैं।

10.10 भारी वाहनों के प्रकार
Types of Heavy Vehicles

एक स्थान से दूसरे स्थान पर जाने के लिए एवं विभिन्न वस्तुओं अथवा सामान को ढोने के लिए विभिन्न प्रकार के भारी वाहन प्रयोग किए जाते हैं जिनका विवरण निम्नवत् है

1. ट्रक Truck

ट्रक भारत में वस्तुओं के परिवहन के लिए प्रयोग किया जाने वाला प्रमुख साधन हैं। ये भारी वाहनों के अन्तर्गत आते हैं। इनका उपयोग भारी मात्रा में वस्तुओं को उनके गन्तव्य (destination) तक पहुँचाने में किया जाता है। ये भारत में वाणिज्यिक गतिविधियों के सुगम प्रवाह (smooth flow) तथा उनकी वृद्धि (growth) के लिए बहुत महत्त्वपूर्ण माने जाते हैं।

तालिका ट्रक उत्पादकों का विवरण

क्र.सं.	उत्पादक	उत्पाद
1.	टाटा (1983)	टाटा ऐस, एस.एफ.सी. व टर्बो
2.	अशोक लेलैण्ड	हॉथेज, टस्कर, कॉमेट, एक्सल
3.	महिन्द्रा एण्ड महिन्द्रा	यूटिलिटी, पिकअप, मैक्सी, लोडकिंग
4.	स्वराज (1983) (वर्तमान में SML)	हाई-डेक स्वराज, डम्पर

2. रक्षा वाहन Defence Vehicle

ये ऐसे भारी वाहन हैं जो रक्षा विभागों/सेवाओं; जैसे—सेना, नेवी और एयरफोर्स में सहायक के तौर पर प्रयोग किए जाते हैं। रक्षा वाहन, भारत में देश की सीमा रेखाओं की सुरक्षा में रक्षा सेवाओं हेतु बहुतायत से प्रयोग किए जाते हैं। रक्षा विभाग द्वारा विविध कार्यों को करने योग्य भारी वाहनों का चयन किया जाता है। भारत में रक्षा वाहनों का उपयोग सीमा या मोर्चे पर सैनिकों को आवश्यक सामान पहुँचाने में तथा छोटे वाहनों को दूरस्थ स्थानों पर पहुँचाने में किया जाता है।

भारत में सेना के लिए ऐसे भारी वाहन मुख्य रूप से अशोक लेलैण्ड तथा टाटा ने डिजाइन किए हैं जो विपरीत परिस्थितियों में भी उत्तम कार्य क्षमता दर्शाने में सक्षम हैं साथ ही ये ईंधन की बचत करने वाले भी हैं।

इनकी एक अतिरिक्त विशेषता यह है कि रक्षा सेवाओं के लिए बनाए जाने वाले ये वाहन फोर-व्हील ड्राइव होते हैं।

तालिका रक्षा वाहन उत्पादकों का विवरण

क्र.सं.	उत्पादक	उत्पाद
1.	टाटा (1983)	एस. डी. 1015, टाटा 407S, हाई टॉप अप कैरियर
2.	अशोक लेलैण्ड	स्टैलियन शृंखला, हाई-मोबिलिटी, कॉमेट
3.	महिन्द्रा एण्ड महिन्द्रा	कमाण्डर शृंखला, रक्षक, महिन्द्रा 550 x D

3. बसें Buses

ये भारत में परिवहन का मुख्य साधन हैं। देशभर में अधिक संख्या में यात्रियों को एक स्थान से दूसरे स्थान तक पहुँचाने में बसों की मुख्य भूमिका होती है। बसें परिवहन का मूलभूत रूप होने के कारण इन पर शासन-प्रशासन का ध्यान मुख्यत: रहता है।

अपने गन्तव्यों को जाने वाले हजारों लोग बस सेवा का प्रतिदिन उपयोग करते हैं।

तालिका बस उत्पादकों का विवरण

क्र.सं.	उत्पादक	उत्पाद
1.	टाटा	–
2.	अशोक लेलैण्ड	–
3.	महिन्द्रा एण्ड महिन्द्रा	एफ.जे.मिनी बस, एफ.जे. 470, टूरिस्टर
4.	फोर्स मोटर्स (1950)	सिटिलाइन, कम्यूटर व ट्रैवलर
5.	हिन्दुस्तान मोटर्स	कस्टम पैसेन्जर व स्कूल बस
6.	आयशर (1982)	स्काईलाइन शृंखला व क्रूजर बस
7.	वाइकिंग	बी.एस. II व III, सी.एन.जी. व एस.एल.एफ.

4. **ट्रैक्टर** Tractors

भारत एक कृषि आधारित अर्थव्यवस्था वाला देश है। परिणामत: भारत की अर्थव्यवस्था के विकास में ट्रैक्टर्स की महत्त्वपूर्ण भूमिका है। कृषि क्षेत्र में ट्रैक्टरों का विविध कार्यों में उपयोग किया जाता है। इनकी सहायता से बहुत कम समय में काफी बड़े क्षेत्र की बुआई प्रभावी रूप से की जा सकती है।

तालिका ट्रैक्टर उत्पादकों का विवरण

क्र.सं.	उत्पादक	उत्पाद
1.	एस्कॉर्ट्स	फार्मट्रैक शृंखला व पावरट्रैक शृंखला
2.	फोर्स मोटर्स	बलवान शृंखला व ओ.एक्स. 25
3.	स्वराज (वर्तमान में SML)	सुपर 722 एफ.ई. 735, 855 व एफ.ई. 724
4.	सोनालिका	सोनालिका
5.	न्यू हॉलैण्ड	न्यू हॉलैण्ड

5. **एम्बुलैन्स** Ambulance

एम्बुलैन्स, स्वास्थ्य उद्योग का एक अनिवार्य घटक है। इसका उपयोग मुख्यत: रोगियों के स्थानान्तरण में किया जाता है। एम्बुलैन्स निर्माण में रोगियों के हितों को सर्वोच्च वरीयता देते हुए सुरक्षा, सुगमता तथा वाहन की गति पर विशेष ध्यान दिया जाता है। ये हल्के चौपहिया वाहन के रूप में भी उपलब्ध हैं।

तालिका एम्बुलैन्स उत्पादकों का विवरण

क्र.सं.	उत्पादक	उत्पाद
1.	हिन्दुस्तान मोटर्स	आर.टी.वी. एम्बुलैन्स
2.	फोर्स मोटर्स	ट्रैवलर एम्बुलैन्स
3.	महिन्द्रा एण्ड महिन्द्रा	एम.एम.540 डी.पी. एम्बुलैन्स
4.	मारुति उद्योग	ओमनी एम्बुलैन्स

10.11 भारी वाहनों के मुख्य भाग
Main Components of Heavy Vehicles

भारी वाहन अनेक भागों से मिलकर बना होता है, जिनका विवरण नीचे दिया गया है

1. **चेसिस** Chassis

किसी मोटर वाहन की बॉडी को यदि अलग कर दिया जाए, तो शेष भाग को चेसिस कहते हैं। चेसिस भी मोटर वाहन के समान, पावर से सड़क पर चल सकती है। इसे ड्राइवर सीट लगाकर भी चलाया जा सकता है; जैसे—टाटा ट्रक एवं बस। चेसिस फ्रेम का मुख्य कार्य यात्रियों, सामान का भार तथा वाहन की सभी यूनिट को सपोर्ट करना होता है। चेसिस फ्रेम स्टील का बना होता है जिसमें दो लम्बी अनुप्रस्थ काट 1 तथा दो छोटी अनुप्रस्थ काट 2 को अन्य भागों के साथ रिवेट, नट-बोल्ट या वैल्डिंग द्वारा जोड़ा जाता है। निम्न चित्र में एक मोटर व्हीकल की बॉडी तथा चेसिस दर्शायी गई है।

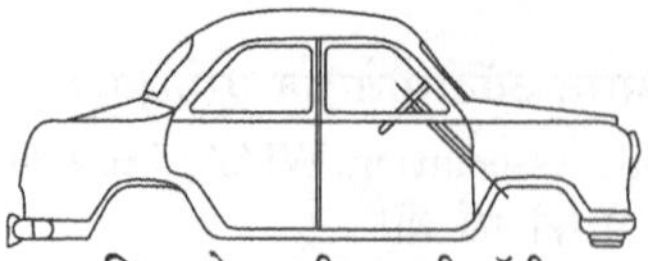

चित्र मोटर व्हीकल की बॉडी

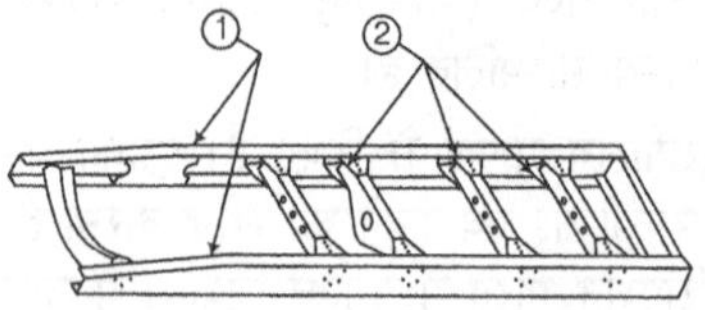

चित्र मोटर व्हीकल का चेसिस

चेसिस के मुख्य भागों को चित्र के माध्यम से नीचे दर्शाया गया हैं।

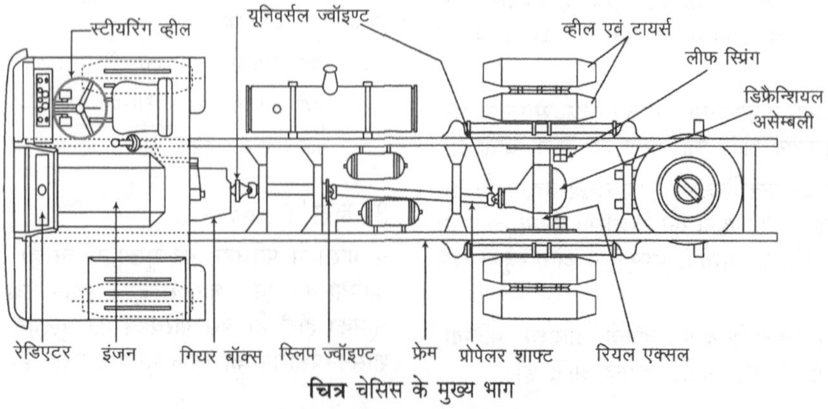

चित्र चेसिस के मुख्य भाग

चेसिस का वर्गीकरण Classification of Chassis

चेसिस कण्ट्रोल के आधार पर इसे निम्न तीन प्रकार से वर्गीकृत किया गया है

(i) **कन्वैंशनल कण्ट्रोल चेसिस** (Conventional control chassis) इस प्रकार के चेसिस में इंजन 1 ड्राइवर केबिन के सामने फिट होता है। यह संयोजन स्पेस के पूर्ण उपयोग को प्रतिबन्धित करता है।

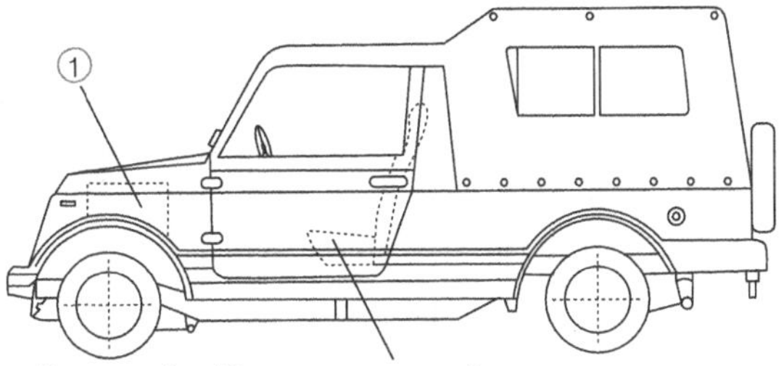

चित्र कन्वैंशनल कण्ट्रोल चेसिस

(ii) **सेमी-फॉरवर्ड कण्ट्रोल चेसिस** (Semi-forward control chassis) इस प्रकार के चेसिस में इंजन 1 का आधा भाग ड्राइवर केबिन में तथा आधा भाग ड्राइवर के सम्मुख फिट किया जाता है। इस प्रकार का संयोजन कन्वैन्शनल, कण्ट्रोल चेसिस की अपेक्षाकृत अधिक स्पेस का उपयोग प्रदान करता है।

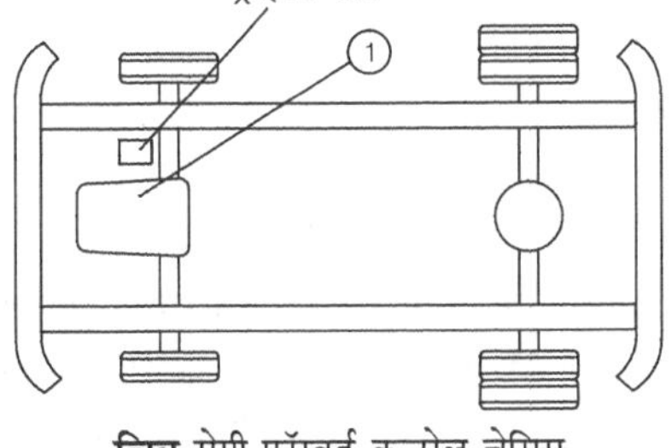

चित्र सेमी-फॉरवर्ड कन्ट्रोल चेसिस

(iii) **फुली-फॉरवर्ड कण्ट्रोल चेसिस** (Fully-forward control chassis) इस प्रकार के चेसिस में इंजन 1 का सम्पूर्ण भाग ड्राइवर केबिन के अन्दर फिट होता है। यह संयोजन स्पेस का अधिकतम उपयोग प्रदान करता है।

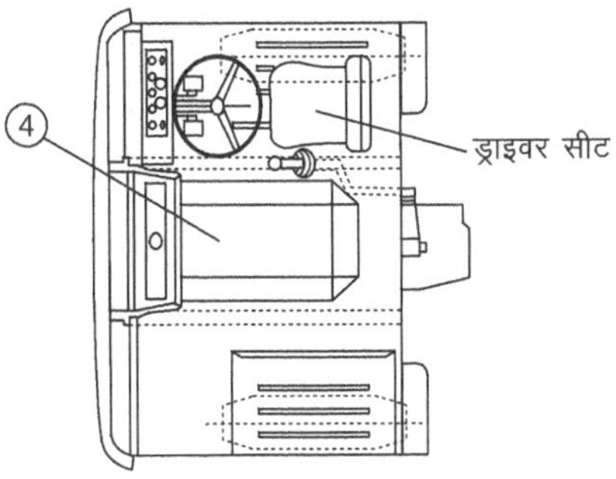

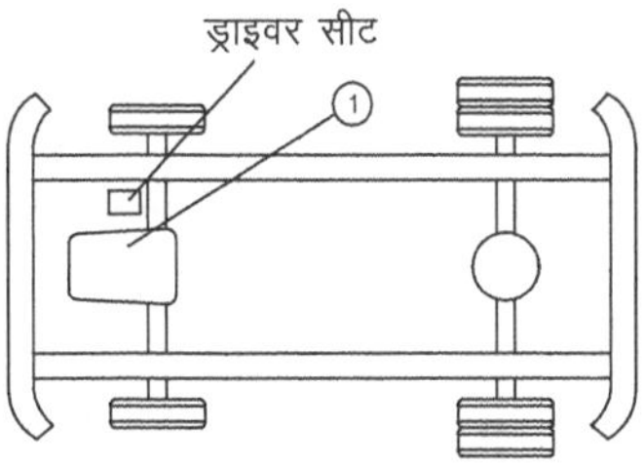

चित्र फुली-फॉरवर्ड कण्ट्रोल चेसिस

चेसिस सम्बन्धी तकनीकी शब्दावली
Chassis Related Technical Terminology

किसी भी वाहन में चेसिस मुख्य भाग होता है। अत: इससे सम्बन्धित विविध पदों (शब्दों) का भी प्रशिक्षुओं को पर्याप्त ज्ञान होना चाहिए।

यहाँ पर इससे सम्बन्धी कुछ अनिवार्य पदों (शब्दों) का उल्लेख किया जा रहा है

(i) **फ्रण्ट ओवरहैंग** (Front overhang) यह अगले पहियों के हब के सेन्टर से आगे चेसिस तक की दूरी है।

(ii) **चेसिस ओवरहैंग** (Chassis overhang) मोटर वाहन अधिनियम (motor vehicle act) में बस चेसिस में रियर ओवरहैंग को बड़ा कर दिया जाता है।

इस चेसिस में इसको अधिनियम (act) के अनुरूप और बढ़ाया जा सकता है। चेसिस के इस बढ़े हुए भाग को ही चेसिस ओवरहैंग कहते हैं।

(iii) **लम्बे व्हील बेस वाली चेसिस** (Long wheel base chassis) मोटर वाहन अधिनियम (motor vehicle act) के अनुसार साधारण चेसिस में कम यात्री ही बैठ पाते हैं।

ऐसे में वजन और क्षमता में वृद्धि करने के लिए चेसिस को लम्बा रखा जाता है अर्थात् दो सिरों वाले पहियों के मध्य दूरी को अधिक रखा जाता है, जिसे लम्बे व्हील वाली चेसिस कहते हैं।

(iv) **पहिया आधार** (Wheel base) आगे और पीछे के पहिए (wheel) तथा हब के केन्द्र (centre) की दूरी को पहिया आधार (wheel base) कहते हैं।

2. चेसिस फ्रेम Chassis Frame

यह स्टील ट्यूब, माइल्ड स्टील एवं गार्डर का बना होता है। यह चेसिस की मुख्य इकाई है जिसमें अन्य सभी असेम्बली या भागों को विभिन्न प्रकारों से फिट किया जाता है।

किसी वाहन की बॉडी के आकार का सही निर्धारण चेसिस फ्रेम की लम्बाई-चौड़ाई पर ही निर्भर करता है। सभी असेम्बली एवं भागों को चेसिस फ्रेम पर संयोजित करने के पश्चात् ही चेसिस बनती है।

3. एक्सल Axles

यह घूर्णन करने वाले पहियों एवं गियरों के मध्य एक केन्द्रीय शाफ्ट होता है। बड़े वाहनों में एक्सल पहियों पर फिक्स किया जाता है। यह वाहन का वह भाग है जिस पर दो मध्य स्थानों पर भार आता है। यह दो प्रकार का होता है—फ्रण्ट एक्सल एवं रियर एक्सल

इसमें फ्रण्ट एक्सल (front axle) वाहन के आगे के भार को सहन करके उसको सड़क पर चलने में सहायता करता है एवं इसकी सहायता से वाहन को किसी भी दिशा में मोड़ा जा सकता है। स्टीयरिंग यन्त्रावली भी इसी के साथ संयोजित की जाती है।

रियर एक्सल (rear axle) वाहन के पिछले भार को सहन करके पावर के ट्रांसमिशन में सहायता करता है।

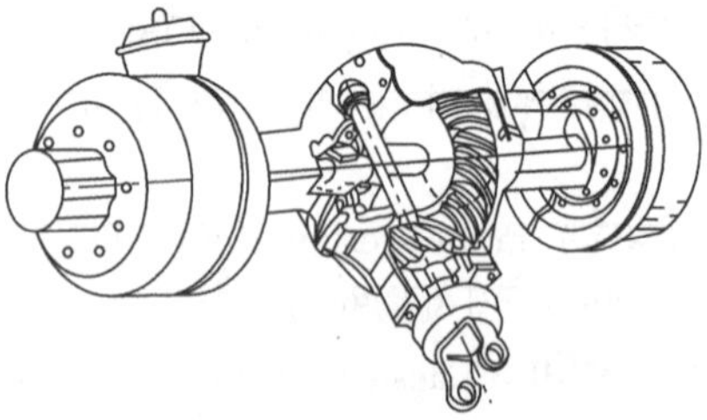

चित्र एक्सल

(i) **फ्रण्ट एक्सल** (Front axle) सामान्य तौर पर यह एक्सल निष्क्रिय होता है। यह 0.4% कार्बन इस्पात तथा 1.3% निकिल इस्पात से मिलकर बना होता है।

वर्तमान समय में आधुनिक कारों में यह एक्सल प्रयोग नहीं किया जाता, परन्तु भारी गाड़ियों में अब भी इसका प्रचलन है। इस एक्सल पर गाड़ी के भार के कारण बैंडिंग लोड तथा ब्रेक के कारण टॉर्क लोड उत्पन्न होते हैं, इसलिए चित्रानुसार इसके मध्य भाग को 'I' आकार में तथा सिरों को गोल या दीर्घ वृत्ताकार बनाया जाता है।

चेसिस के इस भाग के साथ स्टीयरिंग यन्त्रावली लगाई जाती है जिसके द्वारा वाहन को किसी भी दिशा में मोड़ा जा सकता है। फ्रण्ट एक्सल प्राय: वाहन के आगे के भार को सहन करता है एवं वाहन को सड़क पर चलने में सहायता प्रदान करता है।

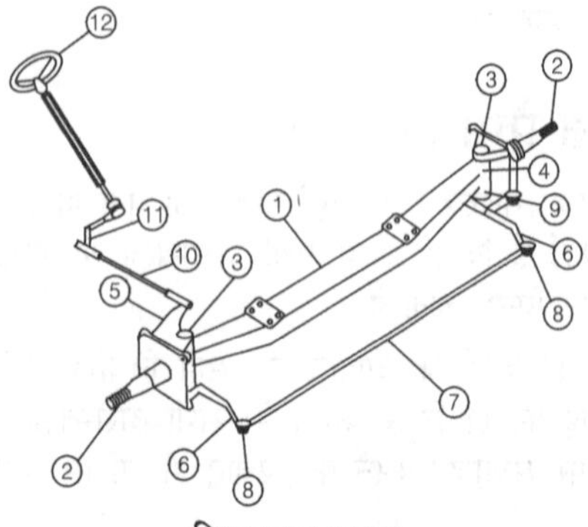

चित्र फ्रण्ट एक्सल

फ्रण्ट एक्सल के चित्र में संख्याओं द्वारा निम्नलिखित भागों को दर्शाया गया है

1. एक्सल बीम
2. स्टब एक्सल
3. किंग पिन
4. कॉटर पिन
5. स्टीयरिंग आर्म
6. स्टब एक्सल आर्म
7. ट्रैक रोड
8. बॉल ज्वॉइण्ट
9. थ्रस्ट बियरिंग एवं वाशर
10. ड्रैग लिंक
11. स्टीयरिंग ड्रॉप आर्म
12. स्टीयरिंग व्हील

(ii) **रियर एक्सल** (Rear axle) इसे विभेदक असेम्बली (differential assembly) भी कहा जाता है। यह वाहन के पिछले भाग के भार को सहन करता है। इस एक्सल के द्वारा पावर ट्रांसमिट की जाती है जिससे कि वाहन को वांछित दिशा में मोड़ा जा सके।

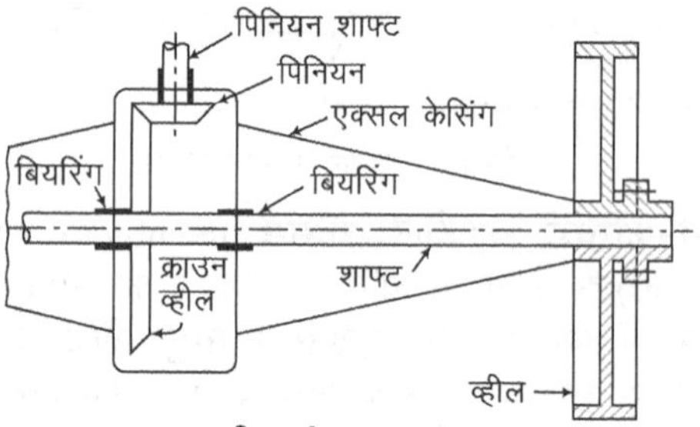

चित्र रियर एक्सल

4. स्टीयरिंग प्रणाली Steering System

यह किसी भी वाहन की वह व्यवस्था है जिसकी सहायता से चालक वाहन को मार्ग की अवस्था या चालन स्थिति के अनुसार किसी भी ओर बाएँ या दाएँ मोड़ सकने में सक्षम हो जाता है।

यही वाहन के नियन्त्रण का कार्य भी करती है। स्टीयरिंग प्रणाली का मुख्य कार्य स्टीयरिंग व्हील की घूर्णी गति को फ्रण्ट व्हील की कोणीय गति में परिवर्तित करना है। वाहन की स्टीयरिंग प्रणाली, वाहन के फ्रण्ट एक्सल से संयोजित होती है।

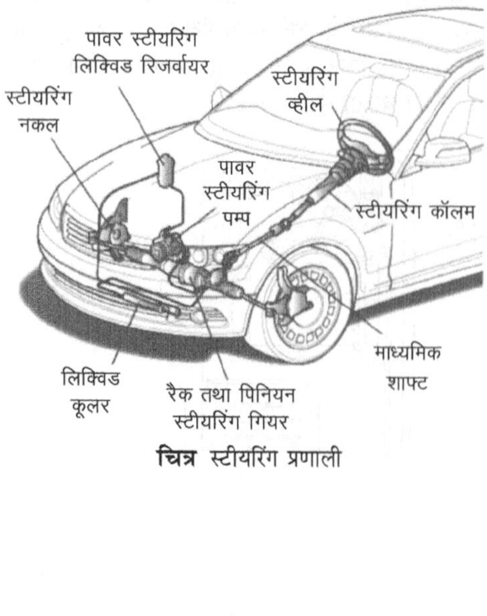

चित्र स्टीयरिंग प्रणाली

वाहनों में प्राय: दो प्रकार की स्टीयरिंग प्रणाली प्रयोग की जाती है जो निम्नवत् हैं

(i) पावर स्टीयरिंग Power Steering

इस स्टीयरिंग प्रणाली का उपयोग अधिकतर मध्यम एवं अधिक भार की गाड़ियों में किया जाता है। इस स्टीयरिंग प्रणाली का प्रयोग करने से अथवा तेज गति पर चलने वाले वाहनों को मोड़ते समय ड्राइवर को कम शारीरिक परिश्रम की आवश्यकता होती है। इस प्रणाली को इस प्रकार डिजाइन किया जाता है कि वाहन को मोड़ते समय स्टीयर किए जाने वाले पहिए पर प्रयास की मात्रा एक पूर्व निर्धारित मान से अधिक बढ़ जाती है।

यह स्टीयरिंग प्रणाली पावर एसिस्टेड स्टीयरिंग अथवा स्टीयरिंग एसिस्ट प्रणाली भी कहलाती है। पावर स्टीयरिंग प्रणाली, इलेक्ट्रॉनिक तथा हाइड्रॉलिक दोनों प्रकार की होती है। इसके अतिरिक्त वर्तमान में हाइड्रॉलिक एवं इलेक्ट्रिक हाइब्रिड पावर स्टीयरिंग प्रणाली का प्रयोग भी सम्भव है।

(ii) फोर-व्हील स्टीयरिंग Four Wheel Steering

फोर-व्हील स्टीयरिंग प्रणाली में ड्राइवर द्वारा वाहन को स्टीयर करते समय वाहन के चारों पहिए मुड़ते हैं। अधिकांश चार पहिया स्टीयरिंग प्रणाली में वाहन नियन्त्रण को सरल रखने के उद्देश्य से पिछले पहिए कम्प्यूटर नियन्त्रण द्वारा स्टीयर किए जाते हैं।

फोर-व्हील स्टीयरिंग प्रणाली का प्रयोग अधिकांश वाहनों में स्टीयरिंग प्रभाव को बढ़ाने, वाहन को उच्च गति पर चलाने के दौरान स्थायित्व प्रदान करने तथा न्यून गति पर चलने पर टर्निंग रेडियस घटाने के उद्देश्य से किया जाता है।

वाहन को न्यून गति पर चलने के दौरान इसके पिछले पहिए अगले पहियों के विपरीत दिशा में चलकर, टर्निंग रेडियस को 20-25% तक कम कर देते हैं। इस प्रकार के वाहनों में ट्रैक्टर तथा बड़े व्हील वाले ट्रक जैसे वाहन आते हैं। इसके विपरीत वाहन के उच्च गति पर चलने पर इसके चारों पहिए एक ही दिशा में गति करते हैं, जिससे ये वाहन को रेखीय गति में चलते हुए स्थायित्व प्रदान करते हैं। चार पहिया प्रणाली के विफल होने की स्थिति में इसके पिछले पहिए उदासीन हो जाते हैं एवं सीधे आगे की ओर गति करते हैं तथा इस स्थिति में स्टीयरिंग प्रणाली का संकेत देने के लिए एक इण्डीकेशन लाइट जल जाती है।

5. सस्पैन्शन प्रणाली Suspension System

वाहन में इस प्रणाली के समावेश का उद्देश्य सड़क मार्गों के गड्ढों से लगने वाले झटकों को गाड़ी के पुर्जों तक पहुँचने से रोकना तथा यात्रियों को सुगमतापूर्वक यात्रा कराने में सहायता करना है। इसके साथ ही यह सड़क मार्गों पर चलने के दौरान उत्पन्न होने वाले पिचिंग व रोलिंग जैसे व्यवधानों के दौरान वाहन की स्थिरता को बनाए रखता है।

यह गाड़ी को सड़क से मिलने वाले झटकों को अपने अन्दर सहन कर लेता है और ऊपर वाले हिस्से तक झटके को नहीं पहुँचने देता है। ये कन्वेन्शन, इण्डीपेण्डेण्ट तथा एयर प्रकार के होते हैं। इसे चेसिस फ्रेम तथा व्हील के मध्य लगाया है। इस प्रणाली में लीफ स्प्रिंग, शॉकर का कार्य करती है।

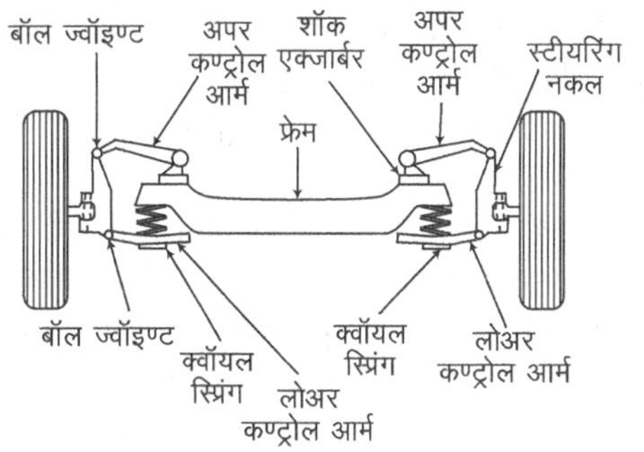

चित्र सस्पैन्शन प्रणाली

6. ट्रांसमिशन प्रणाली Transmission System

इस प्रणाली के द्वारा इंजन की पावर वाहन तक पहुँचती है। इस प्रणाली के सहायक भाग फ्लाईव्हील, क्लच, गियर बॉक्स व प्रोपेलर शाफ्ट होते हैं जो इंजन की शक्ति को वाहन तक पहुँचाने में सहायता करते हैं।

7. ब्रेक प्रणाली Brake System

यह वाहन सम्बन्धी एक नियन्त्रण प्रणाली है जो वाहन की गति को धीमी करने या उसको रोकने में प्रयुक्त की जाती है। वाहनों में दो प्रकार के ब्रेक होते हैं—सर्विस ब्रेक एवं हैण्ड या पार्किंग ब्रेक। सर्विस ब्रेक का सम्बन्ध फुट पैडल से होता है। इस पैडल पर पैर रखते ही ब्रेक कार्य करने लगते हैं जबकि पार्किंग ब्रेक एक हैण्ड लीवर के द्वारा प्रचालित किया जाता है।

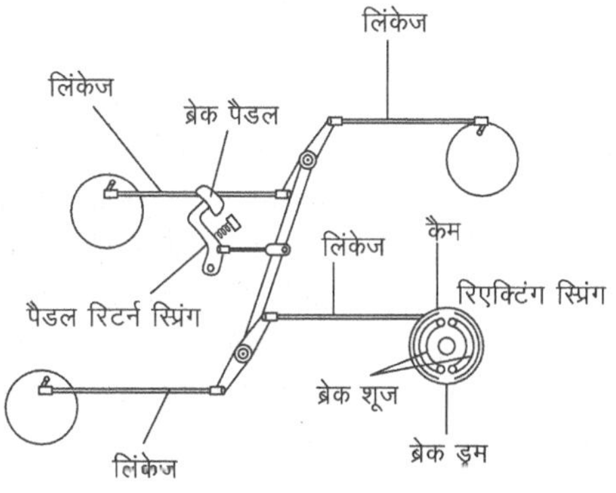

चित्र ब्रेक प्रणाली

ब्रेकिंग प्रणाली, एक रक्षक प्रणाली भी कही जा सकती है, क्योंकि यही चालक के जीवन की रक्षा करती है। चालक जोखिमपूर्ण स्थितियों में सर्विस ब्रेक के पैडल पर पैर रखकर वाहन को धीमा कर सकता है या रोक सकता है।

8. इंजन Engine

इंजन वाहन में प्रयुक्त वह युक्ति है जो वाहन में संयोजित विविध यन्त्रावलियों के लिए आवश्यक शक्ति उत्पन्न करती है। इसमें यान्त्रिक अवयवों के सहयोग से रासायनिक ऊर्जा, ऊष्मीय ऊर्जा में तथा ऊष्मीय ऊर्जा, यान्त्रिक ऊर्जा में परिवर्तित होती है। इसी को वाहन का शक्ति संयन्त्र (power plant) भी कहते हैं।

इंजन दो प्रकार के होते हैं—एक्सटर्नल कम्बशन इंजन तथा इन्टर्नल कम्बशन इंजन। मोटर वाहन में प्रायः इन्टर्नल कम्बशन इंजन का प्रयोग किया जाता है। यह स्पार्क इग्नीशन एवं कम्प्रैशन इग्नीशन प्रकार का होता है।

9. बॉडी Body

वाहन की बॉडी लकड़ी या लोहे की बनी होती है जिसमें यात्री सुगमतापूर्वक बैठ सकते हैं या इसके द्वारा सामान ढोया जा सकता है। चौपहिया वाहनों की बॉडी प्रायः लोहे की बनी होती है और यात्रियों की सुविधा के लिए इसमें गद्देदार सीटें लगी होती हैं तथा यह सब ओर से ढकी रहती है।

जिससे धूप, बारिश आदि में भी यात्रा आराम से की जा सके। इसी क्रम से बसों की बॉडियाँ (bodies) पूरी ढकी होती हैं जबकि ट्रकों की बॉडियों में सिर्फ आरामदायक चालक कक्ष ही ढका होता है तथा पिछला भाग खुला हुआ होता है जिसे लोड बॉडी (load body) कहते हैं। आमतौर पर ये बॉडी लोहे की बनी होती हैं, परन्तु कई बार बॉडियाँ बॉडी के पिलर और शीट पैनल्ज लोहे की शीट वाली या बॉडी के पिलर स्टप्ल सैक्शन और पैनल्ज एल्युमीनियम शीट अर्थात् सम्पूर्ण बॉडी एल्युमीनियम की बनी होती हैं।

वाहनों की कम्पोजिट बॉडी में एंगल आयरन का प्रयोग किया जाता है जिसके साथ लकड़ी जुड़ी होती है। वाहनों की बॉडी चेसिस फ्रेम के साथ नट-बोल्ट द्वारा जुड़ी होती है। यहाँ यह समझ लेना अत्यावश्यक है कि ट्रकों एवं बसों में प्रयुक्त चेसिस, कार की चेसिस से पूर्णतया भिन्न होती है। यह फ्रेम आगे से पीछे तक एकसमान होता है।

भारी वाहन के ऐसे फ्रेमों में कुछ विशेष व्यवस्थाएँ की गई होती हैं, जिससे कि दुर्घटना से बचा जा सके। भारी वाहन का फ्रेम आगे से सँकरा तथा पीछे की ओर चौड़ा होता जाता है। फ्रेम या चेसिस ही समस्त प्रणालियों एवं इंजन तथा यात्रियों के बोझ को वहन करता है।

10. पहिया Wheel

वाहनों में प्रयुक्त दूसरा मुख्य भाग पहिया है। ऑटोमोबाइल में पहियो तथा टायरो का कार्य गाड़ी का भार उठाना, स्टीयरिंग को नियन्त्रित करना इत्यादि होता है। बिना इंजन के वाहन को खींचा जा सकता है, परन्तु बिना पहियो तथा टायरो के नहीं। अतः ऑटोमोबाइल में इनकी एक विशिष्ट उपयोगिता है। वाहनों में प्रयोग होने वाले पहिए अपनी उपयोगिता तथा बनावट के आधार पर तीन प्रकार के होते हैं

(i) डिस्क पहिया Disc Wheel

यह पहिया दो भागों से मिलकर बना होता है—पहला, इस्पात का रिम जिसमें टायर ठीक तरह से फिट हो जाए और दूसरा, एक कम्प्रैस्ड इस्पात की डिस्क। इस पहिए में डिस्क को रिम से अस्थायी रूप से वैल्ड किया जाता है।

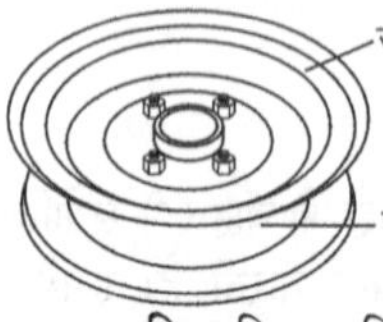

चित्र डिस्क पहिया

वर्तमान में यह पहिया अपनी सरल तथा पुष्ट बनावट, कम लागत एवं सफाई के कारण सर्वत्र प्रयोग हो रहा है।

(ii) तारों वाला पहिया Wire Wheel

यह पहिए का सबसे प्राचीन प्रकार है जिसका प्रयोग वर्तमान समय में केवल स्पोर्ट्स कारों में ही किया जाता है। डिस्क पहियों के विपरीत इस पहिए में एक पृथक् हब बनी होती है जो तारों के स्पोकों द्वारा रिम से जुड़ी होती है।

स्पोक का कार्य भार सहन करना तथा वाहन की चलित अवस्था में तनाव एवं ब्रेकिंग के समय टॉर्क ट्रांसमिट करना है। यह पहिया अपेक्षाकृत हल्का होता है, परन्तु इसमें ऊष्मा विक्षेप अधिक होता है तथा इस पर ट्यूब रहित टायर न लगने के कारण इसकी सफाई करने में भी कठिनाई होती है।

चित्र तारों वाला पहिया

(iii) हैवी ड्यूटी प्रेस्ड स्टील रिम Heavy Duty Pressed Steel Rim

आधुनिक वाहनों में मुख्यतः इस पहिए का प्रयोग किया जाता है। इसे एल्युमीनियम तथा मैग्नीशियम की मिश्र धातुओं से बनाया जाता है जिससे अत्यधिक चौड़े रिम तथा टायरों का प्रयोग करना सम्भव है जिस कारण वाहन को मोड़ते समय स्थिरता प्राप्त होती है।

इसमें प्रयुक्त हल्की मिश्र धातुओं के कारण इसकी ऊष्मा संवहन क्षमता अच्छी होती है जिससे इसमें टायरों तथा ब्रेकों द्वारा उत्पन्न ऊष्मा का निक्षेप, इस्पात की अपेक्षा अत्यधिक दक्षता से होता है।

इस पहिए का एक अन्य लाभ यह भी है कि हल्की मिश्र धातुओं का प्रयोग होने से इसका भार भी कम होता है, क्योंकि मैग्नीशियम मिश्रित धातु के पहिए का भार इस्पात के पहिए के भार का लगभग 50% व एल्युमीनियम के पहिए का लगभग 70% होता है। इन लाभों के अतिरिक्त इस पहिए को उपयोग करने की कुछ सीमाएँ भी हैं; जैसे—ये पहिए अपेक्षाकृत महँगे होते हैं तथा ये जंग (corrosion) से अत्यधिक प्रभावित होते हैं।

चित्र में एक हैवी ड्यूटी प्रेस्ड स्टील रिम दर्शाया गया है

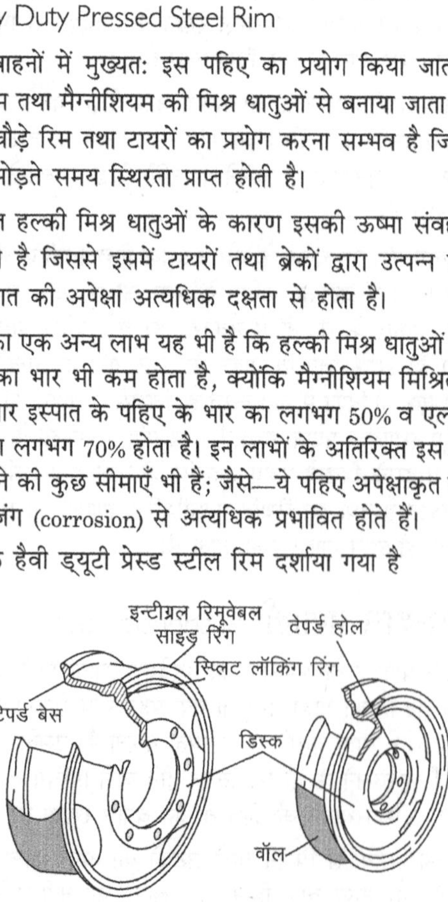

चित्र हैवी ड्यूटी प्रेस्ड स्टील रिम

11. फाइनल ड्राइव यूनिट Final Drive Unit

फाइनल ड्राइव का कार्य स्थायी गति मन्दन प्रदान कर ड्राइव को समकोण (90°) पर घुमा देना है। फाइनल ड्राइव के दो मुख्य भाग होते हैं—पहला बेवेल पिनियन तथा दूसरा क्राउन व्हील।

बेवेल पिनियन, यूनिवर्सल जोड़ से संयोजित प्रोपेलर शाफ्ट से जुड़ा होता है तथा क्राउन व्हील ड्राइव डिफरैन्शियल से जुड़ा होता है। सामान्यत: छोटी गाड़ियों में अन्तिम ड्राइव 4:1 तथा बड़ी गाड़ियों में 10:1 तक होती है। न्यून गति मन्दन के लिए अन्तिम ड्राइव एक स्टेज में तथा उच्च गति मन्दन के लिए यह दो स्टेजों में की जाती है, क्योंकि उच्च गति मन्दन में गियरों का आकार बड़ा हो जाता है।

चित्र में फाइनल ड्राइव की संरचना दर्शाई गई है

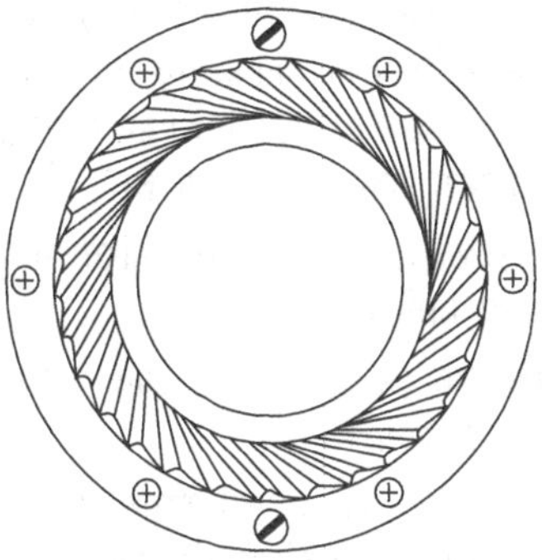

चित्र फाइनल ड्राइव यूनिट

10.12 ऑटोमोबाइल का वर्गीकरण Classification of Automobile

वाहन उद्योग का विगत कुछ वर्षों में तीव्र गति से विस्तार हुआ है। अत: इस असीमित विस्तार को उपयुक्त रूप में समझने के लिए ऑटोमोबाइल को उनके उद्देश्य के अनुसार वर्गीकृत किया जाना आवश्यक है। सामान्यत: ऑटोमोबाइल को निम्न वर्गों में विभक्त कर अध्ययन किया जा सकता है

1. भार वहन क्षमता के आधार पर On the Basis of Load Carrying Capacity

केन्द्रीय मोटर वाहन नियमों के अनुसार, ऑटोमोबाइल का यह सबसे श्रेष्ठ कहा जाने वाला वर्ग है जिसमें लगभग सभी प्रकृति व भार वहन क्षमता वाले वाहनों का समावेश किया गया है।

इस श्रेणी का वर्गीकरण केन्द्रीय मोटर व्हीकल नियमों के अनुसार किया गया है जो निम्न प्रकार है

(i) **भारी परिवहन वाहन** (Heavy Transport Vehicle; HTV) इनके अन्तर्गत भार को एक-स्थान से दूसरे स्थान पर पहुँचाने में सक्षम अर्थात् मालवाहक वाहनों को रखा गया है; जैसे—ट्रक, बस व डम्पर आदि।

(ii) **मध्यम परिवहन वाहन** (Medium Transport Vehicle; MTV) यह मध्यम कार्यों को करने में सक्षम वाहनों की वह श्रेणी है जिसको भारतवर्ष में हल्के वाहनों की श्रेणी में रखा जाता है; जैसे—वैगन, थ्री-व्हीलर, टैम्पो, मिनी बस और मिनी ट्रक आदि। ये मुख्यत: यातायात परिवहन के अन्तर्गत सवारियों को ढोने के लिए उपयोग में लाए जाते हैं।

(iii) **हल्के परिवहन वाहन** (Light Transport Vehicles; LTV) यह हल्के कार्यों को कर सकने में सक्षम वाहनों की श्रेणी है; जैसे—पिकअप वाहन व स्टेशन वैगन आदि।

2. ईंधन के आधार पर On the Basis of Fuel

ईंधन के आधार पर वाहनों को निम्न श्रेणियों में वर्गीकृत किया जाता है

(i) **पेट्रोल आधारित वाहन** (Petrol based vehicles) इस श्रेणी में पेट्रोल चालित वाहनों को रखा गया है; जैसे—कार, मोटरसाइकिल, स्कूटर, थ्री-व्हीलर आदि।

(ii) **डीजल आधारित वाहन** (Diesel based vehicles) इस श्रेणी में डीजल चालित वाहनों को रखा गया है; जैसे—कार, ट्रक, बस, डम्पर आदि।

(iii) **गैस आधारित वाहन** (Gas based vehicles) इस श्रेणी के अन्तर्गत कोल गैस और पेट्रोलियम गैस चालित वाहनों को रखा गया है; जैसे—वॉल्वो आदि।

(iv) **विद्युत आधारित वाहन** (Electric based vehicle) इस श्रेणी के अन्तर्गत बैटरी की शक्ति से चालित वाहनों को रखा गया है। इस श्रेणी के अन्तर्गत ही ई-रिक्शा आता है, जो अपनी विशिष्ट विशेषताओं के कारण वर्तमान में काफी लोकप्रियता अर्जित कर रहा है।

(v) **भाप आधारित वाहन** (Steam based vehicles) इस श्रेणी के अन्तर्गत भाप की शक्ति से चालित वाहनों को रखा गया है।

3. पहियों एवं एक्सलों के आधार पर On the Basis of Wheels and Axles

बहुत से वाहनों का वर्गीकरण उनमें नियोजित पहियों एवं एक्सलों के अनुसार भी किया जाता है; जो निम्नवत् है

(i) **दो पहिया वाहन** (Two wheeler vehicles) इस श्रेणी के अन्तर्गत दो पहिया वाहन आते हैं; जैसे—मोपेड, स्कूटर, मोटरसाइकिल आदि।

(ii) **तीन-पहिया वाहन** (Three wheeler vehicles) इस श्रेणी के अन्तर्गत ति-पहिया वाहन आते हैं; जैसे—थ्री-व्हीलर स्कूटर, रिक्शा, टैम्पो आदि।

(iii) **चार-पहिया वाहन** (Four wheeler vehicles) इस श्रेणी के अन्तर्गत चौ-पहिया वाहन आते हैं। इनको पुन: 4×2 व 4×4 की श्रेणियों में रखा जाता है, जिनमें कार, जीप, स्टेशन वैगन, पिकअप, ट्रक और बसें आती हैं।

नोट *उपरोक्त वर्गीकरण में ध्यान देने योग्य एक तथ्य यह है कि एक्सल के एक ओर लगे एक या फिर दो पहिए एक इकाई (unit) के रूप में ही गिने जाते हैं।*

4. ड्राइव के आधार पर On the Basis of Drive

ड्राइव के आधार पर वाहन निम्न प्रकार के होते हैं

(i) **दाईं ओर की ड्राइव** (Right hand drive) इसमें स्टीयरिंग व्हील गाड़ी के दाईं ओर फिट होते हैं।

(ii) **बाईं ओर की ड्राइव** (Left hand drive) इसमें स्टीयरिंग व्हील गाड़ी के बाईं ओर फिट होते हैं।

(iii) **फ्ल्यूड ड्राइव** (Fluid drive) इसमें टॉर्क कन्वर्टर फ्लूड फ्लाईव्हील लगे होते हैं।

(iv) **फ्रण्ट इंजन रीयर व्हील ड्राइव** (Front Engine Rear Wheel Drive) इस प्रकार की ड्राइव का प्रयोग सूमो, ओम्नी, एम्बेसडर आदि में किया जाता है।

(v) **रीयर इंजन रीयर व्हील ड्राइव** (Rear Engine Rear wheel Drive) इस प्रकार की ड्राइव का प्रयोग टाटा नैनो, बजाज ऑटो, वोल्वो बस आदि में किया जाता है।

(vi) **फ्रण्ट इंजन फ्रण्ट व्हील ड्राइव** (Four Engine Front wheel Orive) इस प्रकार की ड्राइव का प्रयोग अल्टो , एर्टिगा, सेन्ट्रो, इण्डिगो आदि में किया जाता है।

(vii) **फोर व्हील /ऑल व्हील ड्राइव** (Four Wheel/All wheel Drive) इस प्रकार की ड्राइव का प्रयोग जीप, स्कोर्पियों, जिप्सी आदि में किया जाता है।

5. सस्पेन्शन के आधार पर On the Basis of Suspension

सस्पैन्शन के आधार पर निम्न प्रकार के वाहन होते हैं

(i) कन्वेन्शनल श्रेणी; जैसे—लीफ स्प्रिंग।

(ii) इण्डीपेण्डेण्ट श्रेणी; जैसे—क्वॉयल स्प्रिंग, रबर सस्पैन्शन इत्यादि।

(iii) एयर श्रेणी

6. वाहन बॉडी और दरवाजों के आधार पर On the Basis of Vehicle Body and Gates

ये निम्न प्रकार के वाहन होते हैं

(i) **सैलून कार** (Saloon Car) यह कार एक बन्द डिब्बे (compartment) की तरह होती है जिसमें दो अथवा चार दरवाजे होते हैं।

इसमें सामान रखने के लिए अतिरिक्त स्थान होता है जिस डिक्की (dicky) या ट्रंक (trunk box) बॉक्स कहते हैं।

(ii) **कन्वर्टेबल** (Convertable) इसके अन्तर्गत वे गाड़ियाँ आती हैं। जिनकी छत को आवश्यकतानुसार खोला या बन्द किया जा सके; जैसे– जीप, कार तथा अन्य विदेशी गाड़ियाँ।

(iii) **स्टेशन वैगन** (Station Wagon) जिन गाड़ियों में सीटें लगी होती हैं तथा सामान रखने की पर्याप्त जगह भी होती, स्टेशन वैगन कहलाती हैं।

(iv) **पिकअप वैन** (Pickup Van) इनमें ड्राइवर के लिए अलग से केबिन बना होता है तथा इनका पिछला भाग ट्रक की भाँति खुला रहता है जिसमें सामान रखकर एक स्थान से दूसरे स्थान पर पहुँचाया जाता है। इन्हें डिलीवरी वैन भी कहते हैं।

(v) **विशेष वाहन** (Special Vehicle) इस प्रकार के वाहनों के अन्तर्गत एम्बुलेंस, आग बुझाने वाली गाड़ियाँ, सोडा वाटर गाड़ियाँ, दूध वाली गाड़ियाँ तथा चलते-फिरते औषधालय आते हैं।

7. ट्रांसमिशन के आधार पर On the Basis of Transmission

ट्रांसमिशन के आधार पर वाहन निम्न प्रकार के होते हैं

(i) **बस चेसिस** (Bus Chassis) इनका इंजन ड्राइवर केबिन में ही लगा होता है जिससे फ्लोर एरिया काफी बढ़ जाता है। इस प्रकार गाड़ी में दो से तीन सीटें अधिक आ सकती हैं। इन गाड़ियों में ड्राइवर सड़क को पहियों के पास तक देख सकता है।

(ii) **कन्वेन्शनल** (Conventional) यह भारत में बनी हुई सामान्य प्रकार की गाड़ी होती है।

(iii) **सेमी-ऑटोमैटिक** (Semi-automatic) ये गाड़ियाँ जापान तथा इंग्लैण्ड में बनाई जाती हैं।

(iv) **ऑटोमैटिक** (Automatic) इनमें गीयर बदलने की आवश्यकता नहीं होती है। इनमें सड़कों की स्थिति, भार, वायु बाधा के अनुसार गीयर स्वयं ही बदल जाता है तथा स्पीड भी स्वयं ही नियन्त्रित हो जाती है।

8. इंजन स्थिति के आधार पर On the Basis of Engine Position

इंजन की स्थिति के आधार पर वाहनों को निम्न प्रकार से वर्गीकृत किया जा सकता है

(i) **फ्रण्ट इंजन स्थिति** (Front engine position) इंजन को इस स्थिति में व्यवस्थित करने का उद्देश्य दुर्घटना के समय ड्राइवर को सुरक्षा प्रदान करना तथा इंजन कूलिंग प्रणाली को ठीक रखना है; जैसे—होण्डा सिटी।

(ii) **रियर इंजन स्थिति** (Rear engine position) इंजन की इस व्यवस्था से वाहन का डिजाइन सरल होने के साथ-साथ इंजन के अवयवों; जैसे—क्लच, गियर बॉक्स, फाइनल ड्राइव इत्यादि को सिंगल यूनिट पर स्थापित किया जा सकता है। इस प्रकार की व्यवस्था में रियर व्हील्स पर लोड बढ़ने से पहियों की ग्रिप अच्छी हो जाती है। उदाहरण—टाटा नैनो।

(iii) **सेण्ट्रल या मिड इंजन स्थिति** (Central or mid engine position) इंजन की यह व्यवस्था अच्छी हैण्डलिंग तथा पहियों के लिए अधिकतम ट्रैक्शन प्रदान करने के साथ-साथ एक इकाई के रूप में संचरण प्रक्रिया सम्पन्न कराती है। इंजन की इस व्यवस्था का प्रयोग अधिकतर स्पोर्ट्स कारों में किया जाता है।

10.13 वाहन/भार को उठाने वाले साधन
Means to Hoist Vehicles/Weight

वर्कशॉप में इंजन व वाहनों की मरम्मत तथा धुलाई-सफाई के लिए उन्हें समय-समय पर उठाना पड़ता है। इन साधनों के प्रचालन (operation) तथा उपयोग (use) के लिए इनकी कार्यिकी को समझना आवश्यक हो जाता है। इसके लिए विभिन्न साधन प्रयोग किए जाते हैं जो विविध प्रकृति के होते हैं। उनमें से निम्नलिखित मुख्य हैं

1. जैक Jacks

सामान्य रूप से वाहनों को ऊपर उठाने के लिए जैक का प्रयोग सबसे अधिक किया जाता है। ये निम्न दो प्रकार के होते हैं

(i) **मैकेनिकल जैक** (Mechanical jack) इन जैकों में भार उठाने के लिए मैकेनिकल लीवरेज की चूड़ियों को माध्यम के रूप में प्रयोग किया जाता है। इसमें जैक की मेन शाफ्ट पर चौकोर चूड़ी बनी होती है तथा इसकी बॉडी के ऊपर चढ़े रिंग नट में भी उसी प्रकार चूड़ियाँ बनी होती हैं। इसे हैण्ड लीवर की सहायता से इसे घुमाया जाता है, तो नट-बोल्ट के समान यह कार्य करके ऊपर या नीचे होता है।

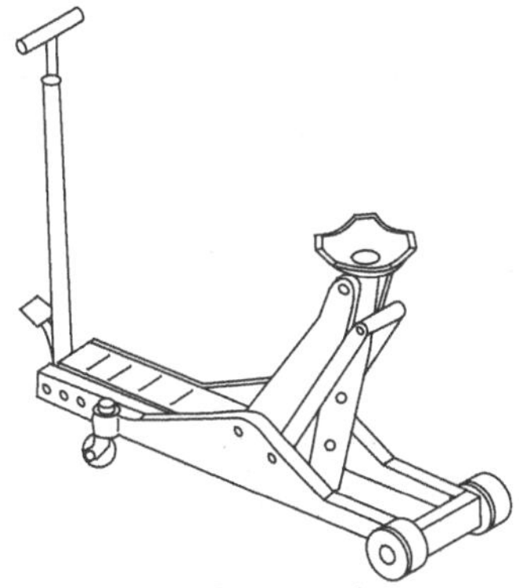

चित्र मैकेनिकल जैक

(ii) **हाइड्रॉलिक जैक** (Hydraulic jack) इस प्रकार के जैकों में हाइड्रॉलिक दबाव का शक्ति के रूप में प्रयोग किया जाता है। इसमें पम्प तथा पिस्टन मुख्य भाग होते हैं। हैण्डिल द्वारा पम्प चलाने पर, तेल का दबाव पिस्टन को भार के विरुद्ध उठाता है।

इसके दबाव को एक पेंच द्वारा निष्क्रिय करने पर स्वत: जैक नीचे झुक जाता है। ये जैक प्राय: बॉटल टाइप अथवा ट्रॉली टाइप होते हैं।

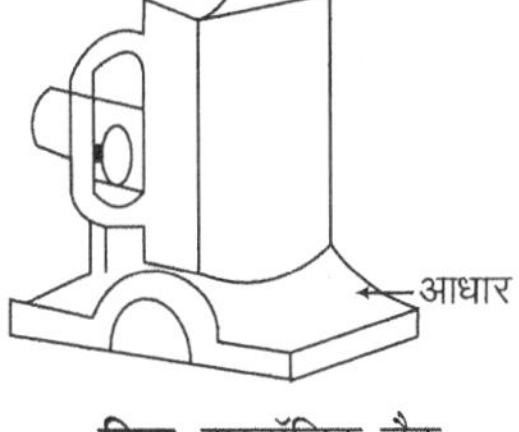

चित्र हाइड्रॉलिक जैक

2. हाइड्रॉलिक प्रैस Hydraulic Press

इंजन आदि मशीनों के बुश व बियरिंगों को सरलता से फिट करने या निकालने के लिए इसका प्रयोग किया जाता है। यह प्रैस हाइड्रॉलिक दबाव से कार्य करती है। इसके द्वारा मुड़े भागों को भी सीधा किया जा सकता है। हाइड्रॉलिक प्रेस के अतिरिक्त वर्कशॉप में हाथ द्वारा चलने वाली आर्बर प्रैस का भी प्रयोग होता है। इसमें मैकेनिकल लीवरेज को शक्ति के रूप में प्रयोग किया जाता है।

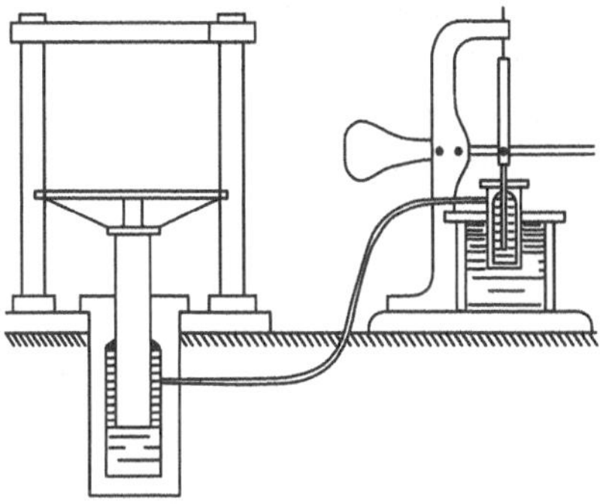

चित्र हाइड्रॉलिक प्रैस

3. हाइड्रॉलिक लिफ्ट/हॉएस्ट Hydraulic Lift/Hoist

वाहनों की सर्विसिंग तथा मरम्मत के लिए उनके नीचे खड़े होकर कार्य करने की भी आवश्यकता होती है। इसके लिए हाइड्रॉलिक लिफ्ट का प्रयोग किया जाता है। इसी को हाइड्रॉलिक हॉएस्ट भी कहते हैं। यह वह व्यवस्था है जिसमें टू-पोस्ट हाइड्रॉलिक लिफ्ट के द्वारा हल्के चौपहिया वाहनों को उठाया जाता है, जबकि भारी वाहनों की सर्विसिंग के लिए फोर-पोस्ट हाइड्रॉलिक लिफ्ट की व्यवस्था की जाती है।

सर्विस स्टेशनों में इनकी सहायता से वाहन को सन्तुलन में बनाए रखा जाता है। टू-पोस्ट एवं फोर-पोस्ट हाइड्रॉलिक लिफ्टों के लिए इंजन हॉएस्ट की व्यवस्था अलग से केवल इंजन को उठाने के लिए की गई होती है।

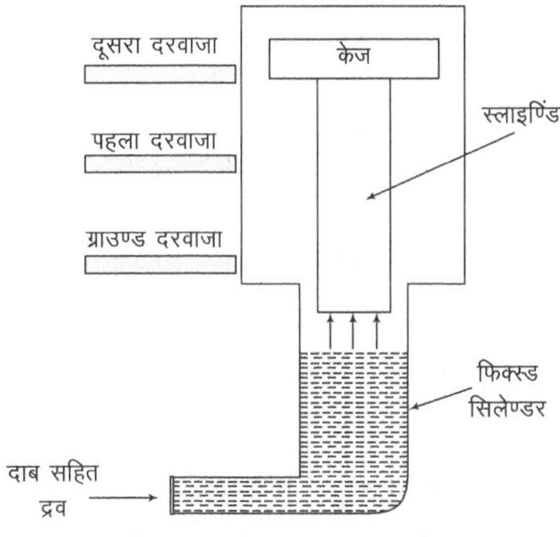

चित्र हाइड्रॉलिक हॉएस्ट का अभिन्यास

हाइड्रॉलिक लिफ्ट में एक सिलेण्डर व पिस्टन होता है। पिस्टन के साथ एक बॉक्स की दोनों साइडों में रेल की पटरी लगी होती है। लिफ्ट के पिस्टन पर रिजर्वायर से तेल का दबाव डालने पर पटरी ऊपर उठने लगती है। इस प्रकार, पटरियों पर खड़ा वाहन ऊपर उठ जाता है तथा उसके नीचे खड़े होकर सफाई व मरम्मत आदि की जा सकती है। चित्र में हाइड्रॉलिक हॉएस्ट का अभिन्यास दर्शाया गया है।

हाइड्रॉलिक हॉएस्ट निम्न प्रकार के होते हैं

(i) **सिंगल पोस्ट हॉएस्ट** (Single post hoist) इस प्रकार के हॉएस्ट का प्रयोग सर्विसिंग तथा रिपेयर कार्यों हेतु किया जाता है। इसका पोस्ट उच्च ग्रेड के स्टील से बना होता है। इन्हें वाटर वाश के दौरान घिसाव तथा टूट-फूट के प्रतिरोध हेतु डिजाइन किया जाता है। सिंगल पोस्ट प्रकार का हॉएस्ट 6 टन तक के वाहनों हेतु उपयुक्त होता है। इसे निम्न चित्र में दर्शाया गया है

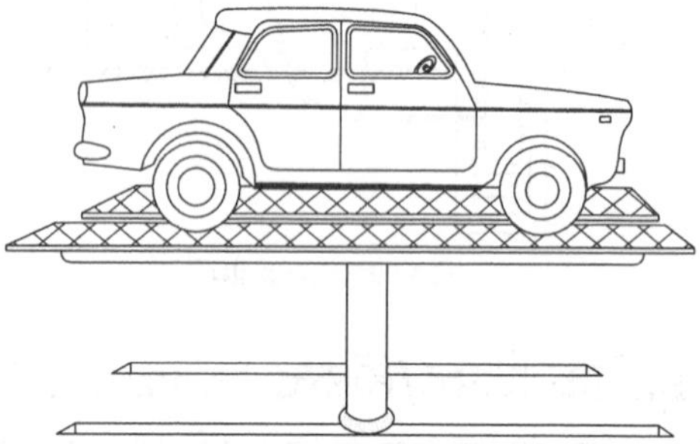

चित्र सिंगल पोस्ट हॉएस्ट

(ii) **2-पोस्ट हॉएस्ट** (Two post hoist) 2-पोस्ट हॉएस्ट अत्यधिक वजन वाले होते हैं तथा ये अधिक स्थान घेरते हैं। इनका प्रयोग वाहन की मरम्मत तथा उसकी सफाई के दौरान उसे ऊपर उठाने के लिए किया जाता है। इसमें चार छोटी भुजाओं वाले पैड का सन्तुलन उपयुक्त विधि से किया जाता है जिससे कि इस पर वाहन को उचित अवस्था में रखकर उठाया जा सके।

वाहन को ऊपर उठाने के लिए विभिन्न विधियों का प्रयोग किया जाता है। चित्र में एक 2-पोस्ट हॉएस्ट दर्शाया गया है।

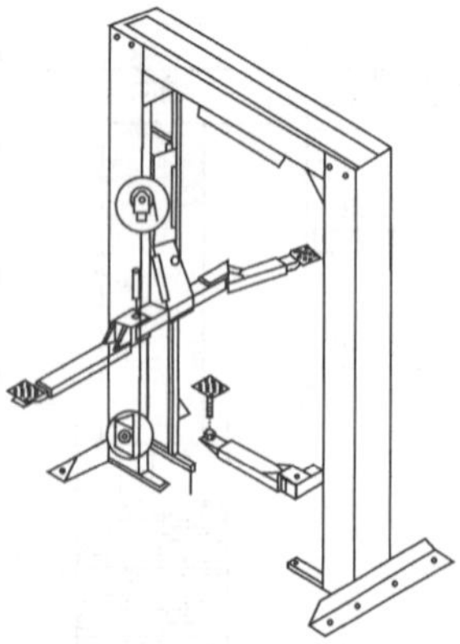

चित्र 2-पोस्ट हॉएस्ट

(iii) **4-पोस्ट हॉएस्ट** (Four post hoist) इस हॉएस्ट के प्रयोग का उद्देश्य भी 2-पोस्ट हॉएस्ट के समान ही होता है, परन्तु संरचना में यह हॉएस्ट उससे भिन्न होता है। 4-पोस्ट हॉएस्ट में दो समान्तर, लम्बे तथा चौड़े प्लेटफॉर्म लगे होते हैं जिन्हें वाहन की मरम्मत अथवा सफाई के लिए वाहन के पहियों के साथ जोड़ दिया जाता है।

इसके पश्चात् वाहन को ऊपर उठाकर अनुरक्षण कार्य पूर्ण किया जाता है। वाहनों को ऊपर उठाने की यह एक सरल विधि है जिसे चित्र में दर्शाया गया है

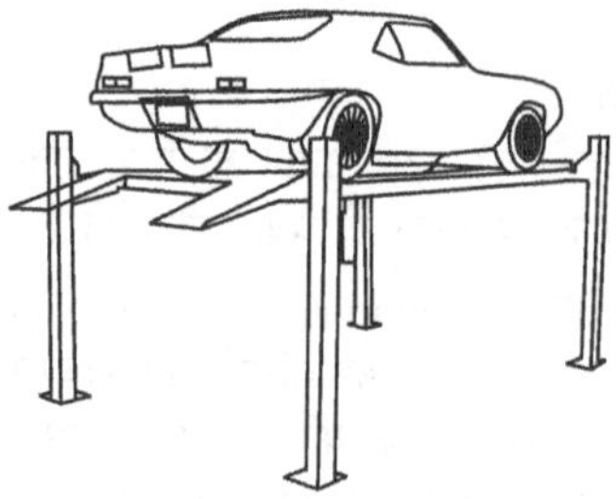

चित्र 4-पोस्ट हॉएस्ट

4. इंजन हॉएस्ट Engine Hoist

यह हॉएस्ट एक क्रेन के समान होता है, जिसे एक हाइड्रॉलिक सिलेण्डर के द्वारा चलाकर, भारी वाहनों को उठाया जाता है। इसका प्रयोग मुख्यत: वाहन में इंजन फिट करने अथवा इंजन पृथक् करने के समय इंजन को उठाने में किया जाता है।

इसके सपोर्टिंग फीट को स्थायित्व के आधार पर घटा अथवा बढ़ा सकते हैं। इसका प्रयोग करते समय उठाई जाने वाली वस्तु को लिफ्ट से स्लिंग अथवा लिफ्टिंग चेन से बाँध दिया जाता है।

स्लिंग अथवा लिफ्टिंग चेन का चुनाव उठाए जाने वाले भार के अनुसार ही किया जाता है। इसके पश्चात् वस्तु को ध्यानपूर्वक हॉएस्ट की सहायता से ऊपर उठाया जाता है और उसे धीरे से जमीन अथवा स्टैण्ड पर रख दिया जाता है।

चित्र में एक इंजन हॉएस्ट दर्शाया गया है।

चित्र इंजन हॉएस्ट

5. स्टैण्ड Stand

वाहन के मरम्मत सम्बन्धी कार्यों के दौरान, मैकेनिक द्वारा इसका प्रयोग वाहनों को कम ऊँचाई पर उठाने के लिए किया जाता है।

सामान्यत: मैकेनिकों द्वारा निम्न दो प्रकार के स्टैण्ड प्रयोग किए जाते हैं

(i) **एक्सल स्टैण्ड** (Axle stand) वाहन के मरम्मत सम्बन्धी कार्यों के लिए, वाहन के नीचे कार्य करने पर, यदि वाहन को जैक लगाकर ऊँचा किया गया हो, तो यह सम्भव है।

कि जैक में दोष होने के कारण, वाहन भार मैकेनिक पर गिरने से दुर्घटना हो सकती है, इसलिए सुरक्षा की दृष्टि से जैक लगाने के पश्चात् लकड़ी के गुटके या एक्सल स्टैण्ड को लगाया जाता है।

चित्र में एक एक्सल स्टैण्ड को दर्शाया गया है।

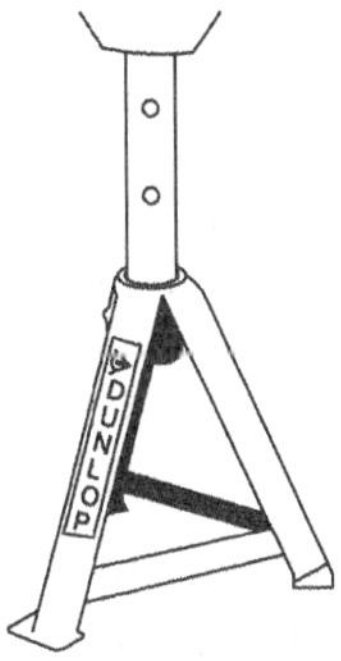

चित्र एक्सल स्टैण्ड

(ii) **इंजन रिपेयरिंग स्टैण्ड** (Engine repairing stand) वाहन के इंजन, टॉर्क, ट्रांसमिशन आदि की रिपेयरिंग और ओवरहॉलिंग के लिए आधुनिक ऑटो वर्कशॉप में रिपेयरिंग स्टैण्ड का होना अति आवश्यक है। इंजन रिपेयरिंग स्टैण्ड इसी कार्य के लिए प्रयुक्त किया जाता है। इस रिपेयरिंग स्टैण्ड का समायोजन इस प्रकार होता है कि यदि इसे एक बार रिपेयर करने वाले यूनिट से बाँध दिया जाए, तो उसे पूरा 360° के कोण पर घुमाया जा सकता है।

10.14 वाहनों से सम्बन्धित दोषोपचार Troubleshooting Related to Vehicles

वाहनों से सम्बन्धित दोष तथा उनके उपचार निम्नवत् हैं

क्र.सं.	दोष		दोषोपचार
I. वाहनों में अनुरक्षण की आवश्यकता का द्रष्टव्य होना			
1.	वाहन से आवाज आना	(i)	वाहन के सभी भागों का सही प्रकार से स्नेहक करें।
2.	वाहन में स्नेहक की कमी होना	(ii)	वाहन में उच्च गुणवत्ता वाले स्नेहक का प्रयोग करें।
3.	इंजन की गति कम होना	(iii)	इंजन को ईंधन की आपूर्ति ठीक प्रकार करें।
4.	वाहन का वाइब्रेशन करना	(iv)	इंजन को वाहन की उचित चाल के अनुसार ही व्यवस्थित रखें।
II. वाहनों में तुरन्त मरम्मत की आवश्यकता का महसूस होना			
1.	वाहन के मुख्य बियरिंग से आवाज आना	(i)	नए बियरिंग का प्रयोग करें।
2.	इंजन की ईंधन आपूर्ति में व्यवधान होना	(ii)	फ्यूल लाइन को साफ करें।
3.	वाहन का रुक-रुककर चलना	(iii)	वाहन की ईंधन प्रणाली की मरम्मत करें।
4.	वाहन का झटके देना	(iv)	इंजन में प्रज्वलन इग्नीशन टाइमिंग को व्यवस्थित रखें।
5.	इंजन का स्टार्ट न होना	(v)	इंजन की ईंधन आपूर्ति की जाँच करें और बैटरी की भी जाँच करें।

महत्त्वपूर्ण बिन्दु

- वाहन उद्योग के अन्तर्गत सर्वप्रथम सन् 1769 में तीन पहियों पर चलने वाली गाड़ी फ्रांसीसी कैप्टन निकोलस जोजेफ ने बनाई थी।
- सन् 1880 में सर्वप्रथम जर्मन तथा फ्रांसीसी इंजीनियरों ने मिलकर इन्टर्नल कम्बशन इंजन के डिजाइन का आविष्कार किया था।
- ट्रक भारत में वस्तुओं के परिवहन के लिए प्रयोग किया जाने वाला प्रमुख साधन है।
- ट्रक का उपयोग भारी मात्रा में वस्तुओं को उनके गन्तव्य तक पहुँचाने में किया जाता है।
- ऐसे भारी वाहन जो रक्षा विभागों में सहायक के तौर पर प्रयोग किए जाते हैं, रक्षा वाहन कहलाते हैं।
- रक्षा विभाग द्वारा विविध कार्यों को करने योग्य भारी वाहनों का चयन किया जाता है।
- रक्षा सेवाओं के लिए बनाए जाने वाले वाहन फोर-व्हील ड्राइव होते हैं।
- बसें भारत में परिवहन का मुख्य साधन हैं।
- बसें परिवहन का मूलभूत रूप होने के कारण इन पर शासन-प्रशासन का ध्यान मुख्यतः रहता है।
- अपने गन्तव्यों को जाने वाले हजारों लोग बस सेवा का प्रतिदिन उपयोग करते हैं।
- किसी मोटर वाहन की बॉडी को यदि अलग कर दिया जाए, तो शेष भाग को चेसिस कहते हैं।
- चेसिस फ्रेम का मुख्य कार्य यात्रियों का सामान व भार तथा वाहन की सभी यूनिट को सपोर्ट करना होता है।
- चेसिस फ्रेम स्टील का बना होता है।
- सेमी-फॉरवर्ड कण्ट्रोल चेसिस में इंजन का आधा भाग ड्राइवर केबिन में तथा आधा भाग ड्राइवर के सम्मुख फिट होता है।
- फुली-फॉरवर्ड कण्ट्रोल चेसिस में इंजन का सम्पूर्ण भाग केबिन के अन्दर होता है।
- एक्सल घूर्णन करने वाले पहियों एवं गियरों के मध्य एक केन्द्रीय शाफ्ट होता है।
- एक्सल वाहन का वह भाग है जिस पर दो मध्य स्थानों पर भार आता है।
- स्टीयरिंग प्रणाली व्हील की घूर्णी गति को फ्रण्ट व्हील की कोणीय गति में परिवर्तित करती है।
- वाहन की स्टीयरिंग प्रणाली, वाहन के फ्रण्ट एक्सल से संयोजित होती है।
- पावर स्टीयरिंग प्रणाली इलेक्ट्रॉनिक तथा हाइड्रॉलिक दोनों प्रकार की होती है।
- वाहन में सस्पैन्शन प्रणाली के समावेश का उद्देश्य सड़क मार्गों के गड्ढों से लगने वाले झटकों को गाड़ी के पुर्जों तक पहुँचने से रोकना है।
- सस्पैन्शन चेसिस फ्रेम तथा व्हील के मध्य लगाया जाता है।
- इंजन वाहन में प्रयुक्त वह युक्ति है, जो वाहन में संयोजित यन्त्रावलियों के लिए आवश्यक शक्ति उत्पन्न करती है।
- 2-पोस्ट हॉएस्ट अत्यधिक वजन वाले होते हैं तथा ये अधिक स्थान घेरते हैं।
- इंजन हॉएस्ट एक क्रेन के समान होता है, जिसे एक हाइड्रॉलिक सिलेण्डर के द्वारा चलाकर भारी वाहनों को उठाया जाता है।

महत्त्वपूर्ण प्रश्नोत्तरी

1. सर्वप्रथम इन्टर्नल कम्बशन इंजन का डिजाइन कब बनाया गया?

उत्तर सर्वप्रथम इन्टर्नल कम्बशन इंजन का डिजाइन सन् 1880 में जर्मन एवं फ्रांसीसी इंजीनियरों द्वारा बनाया गया।

2. अनुगामी वाहन उत्पादकों में सम्मिलित अशोक लेलैण्ड की स्थापना कब हुई एवं इसका मुख्यालय कहाँ स्थित है?

उत्तर अनुगामी वाहन उत्पादकों में सम्मिलित अशोक लेलैण्ड की स्थापना वर्ष 1948 में हुई तथा इसका मुख्यालय चेन्नई में स्थित है।

3. भारतीय सरकार के अन्तर्गत सड़क परिवहन एवं राष्ट्रीय राजमार्ग मन्त्रालय के कार्य के विषय में बताइए।

उत्तर भारतीय सरकार के अन्तर्गत इस शाखा का कार्य राष्ट्रीय राजमार्गों एवं मार्गों का निर्माण तथा उनका अनुरक्षण करना है।

4. वाहनों पर शोध एवं परीक्षण करने पर आधारित परियोजना का नाम बताइए।

उत्तर वाहनों पर शोध एवं परीक्षण करने पर आधारित परियोजना का नाम राष्ट्रीय ऑटोमोटिव परीक्षण एवं शोध अवसंरचना परियोजना (NATRIP) है।

5. भारत में स्थापित प्रमुख ऑटोमोटिव एसोसिएशन के नाम बताइए।

उत्तर भारत में स्थापित चार प्रमुख ऑटोमोटिव एसोसिएशन निम्नवत् हैं
(i) भारतीय ऑटोमोबाइल उत्पादक सोसायटी
(ii) भारतीय ऑटोमोटिव अवयव उत्पादक एसोसिएशन
(iii) पश्चिमी भारत ऑटोमोबाइल एसोसिएशन
(iv) फेडरेशन ऑटोमोबाइल डीलर्स एसोसिएशन

6. चेसिस के किस भाग के साथ स्टीयरिंग यन्त्रावली लगाई जाती है?

उत्तर चेसिस के फ्रण्ट एक्सल के साथ स्टीयरिंग यन्त्रावली लगाई जाती है।

7. वाहन में स्टीयरिंग प्रणाली का कार्य बताइए।

उत्तर वाहन में स्टीयरिंग प्रणाली, वाहन की चालन स्थिति को बाएँ अथवा दाएँ मोड़कर वाहन को नियन्त्रित करने का कार्य करती है।

8. इंजन को वाहन का शक्ति संयन्त्र कहा जाता है, क्यों?

उत्तर इंजन द्वारा वाहन में संयोजित विविध यन्त्रावलियों के लिए आवश्यक शक्ति उत्पन्न की जाती है, इसलिए इसे वाहन का शक्ति संयन्त्र कहा जाता है।

9. तारों वाले पहियों में स्पोक लगाने का क्या उद्देश्य है?

उत्तर तारों वाले पहियों में स्पोक लगाने का उद्देश्य भार सहन करना तथा वाहन की चालित अवस्था में तनाव एवं ब्रेकिंग अवस्था में टॉर्क ट्रांसमिट करना है।

10. मैकेनिकल जैक द्वारा भार किस प्रकार उठाया जाता है?

उत्तर मैकेनिकल जैक में भार उठाने के लिए मैकेनिकल लीवरेज की चूड़ियों को माध्यम के रूप में प्रयोग किया जाता है।

अभ्यास प्रश्न

परीक्षा प्रारूपी प्रश्न

बहुविकल्पीय

1. किसी अर्थव्यवस्था की प्रगति की धुरी इनमें से क्या होती है?
(a) खेल उद्योग (b) वाहन उद्योग
(c) 'a' और 'b' दोनों (d) इनमें से कोई नहीं

2. वाहन उद्योग किसी देश की प्रगति में कैसे योगदान करता है?
(a) तीव्र आर्थिक विकास द्वारा (b) औद्योगिक विकास द्वारा
(c) 'a' और 'b' दोनों (d) इनमें से कोई नहीं

3. इनमें से कौन-सा वाहन, वाहन होने के बावजूद इंजन रहित है?
(a) ई-रिक्शा (b) यात्री गाड़ियाँ
(c) हल्के व्यावसायिक वाहन (d) भारी व्यावसायिक वाहन

4. वाहन उद्योग से कौन-से सेक्टर जुड़े होते हैं?
(a) मोटरगाड़ी सम्बन्धी (b) पुर्जे सम्बन्धी
(c) 'a' और 'b' दोनों (d) इनमें से कोई नहीं

5. भारत में मोटरगाड़ी के निर्माण की अनुमति शासन ने किस वर्ष दी?
(a) वर्ष 1947-48 (b) वर्ष 1943-44
(c) वर्ष 1945-46 (d) वर्ष 1944-45

6. भारत वर्ष इनमें से किसमें सर्वोत्तम स्थिति में है?
(a) सबसे बड़ा दुपहिया वाहन निर्माता
(b) सबसे बड़ा ट्रैक्टर निर्माता
(c) 'a' और 'b' दोनों
(d) उपरोक्त में से कोई नहीं

7. इनमें से कौन-सा विश्वस्तरीय श्रेष्ठता सम्बन्धी शब्द-युग्म वर्ष 2009 की सही सूचना प्रदत्त करता है?
(a) भारत IV (b) जापान II
(c) कोरिया III (d) थाइलैण्ड I

8. वाहन उद्योग इनमें से किसकी अवसंरचना सुविधाओं के विकास में सहायक होता है?
(a) ऊर्जा (b) सड़क परिवहन
(c) 'a' और 'b' दोनों (d) इनमें से कोई नहीं

9. विश्व में दूसरा सबसे बड़ा दुपहिया वाहन निर्माता देश इनमें से कौन है?
(a) भारत (b) चीन
(c) जापान (d) कोरिया

10. 'न्यूयॉर्क टाइम्स' समाचार-पत्र ने छोटी कारों के सन्दर्भ में इनमें से किसमें भारत की विशेषज्ञता मानी है?
(a) मजबूत इंजीनियरिंग आधार (b) ईंधन दक्षता
(c) कम लागत (d) ये सभी

11. भारतीय वाहन उद्योग का अनुमानित टर्न ओवर क्या है?
(a) ₹ 1,65,000 करोड़ (b) ₹ 1,55,000 करोड़
(c) ₹ 1,45,000 करोड़ (d) ₹ 1,35,000 करोड़

12. इनमें से कौन अनुगामी वाहन उत्पादकों में शीर्ष दस में सम्मिलित है?
(a) महिन्द्रा (b) जी.एम. शेवर्ले
(c) टाटा (d) ये सभी

13. फोर्ड इण्डिया का मुख्यालय कहाँ स्थित है?
(a) मुम्बई (b) हैदराबाद (c) चेन्नई (d) कोलकाता

14. भारत इनमें से किसके सबसे बड़े उत्पादकों में है?
(a) छोटी कारों के (b) बड़ी कारों के
(c) मध्यम कारों के (d) इनमें से कोई नहीं

15. भारत को अनुगामी वाहन उत्पादकों का लाभ किस रूप में प्राप्त हुआ है?
(a) यातायात जरूरतों को पूरा करने के रूप में
(b) रोजगार के अवसर प्रचुर मात्रा में उपलब्ध होने के रूप में
(c) 'a' और 'b' दोनों
(d) उपरोक्त में से कोई नहीं

16. भारत सरकार का सड़क परिवहन एवं राष्ट्रीय राजमार्ग मन्त्रालय इनमें से किसमें अपना हस्तक्षेप रखता है?
(a) नियम क्रियान्वयन (b) अधिनियम तैयारी
(c) कानून निर्माण (d) ये सभी

17. सड़क परिवहन एवं राष्ट्रीय राजमार्ग मन्त्रालय का इनमें से क्या कार्य है?
(a) राजमार्गों व मार्गों का निर्माण
(b) उनका अनुरक्षण
(c) 'a' और 'b' दोनों
(d) उपरोक्त में से कोई नहीं

18. किसी भी अर्थव्यवस्था पर सड़क परिवहन इनमें से किस पर अपना विशिष्ट प्रभाव डालता है?
(a) प्रगति (b) अवसंरचना
(c) पद्धति या प्रणाली (d) ये सभी

19. निम्न में से कौन-सी संस्था वाहनों को उनके प्रदर्शन के अनुरूप प्रमाण-पत्र प्रदान करती है?
(a) NATRIP (b) GARC (c) ACMAI (d) ARAI

20. भारत में प्रमुख ऑटोमोटिव एसोसिएशन की संख्या है
(a) 2 (b) 4 (c) 6 (d) 7

21. वाहन निर्मित करने का श्रेय इनमें से किसको जाता है?
(a) फोर्ड
(b) ऑटो
(c) लोहिया
(d) बजाज

22. वाहन उद्योग में स्वत: (auto) चलने वाले वाहन इनमें से किस प्रकार के होते हैं?
(a) डीजल या पेट्रोल चालित वाहन
(b) विद्युत चालित वाहन
(c) भाप चालित वाहन
(d) उपरोक्त सभी

23. 'एनर्जी' नामक मोटरसाइकिल का उत्पादन इनमें से कौन-सी कम्पनी करती है?
(a) बजाज
(b) यामाहा
(c) एल.एम.एल.
(d) टी.वी.एस.

24. इनमें से कौन-सी वाहन उत्पादन कम्पनी 'डॉल्फिन' कार का निर्माण करती है?
(a) बी.एम.डब्ल्यू.
(b) होण्डा
(c) सिपोनी ऑटोमोबाइल्स
(d) प्रीमियर ऑटोमोबाइल्स

25. कारों की बॉडी (body) के निर्माण में इनमें से किस सामग्री का उपयोग किया जाता है?
(a) लोहा
(b) एल्युमीनियम
(c) कॉपर
(d) रॉट आयरन

26. इनमें से किसके साथ वाहन के स्टीयरिंग का सम्बन्ध होता है?
(a) रियर एक्सल
(b) फ्रण्ट एक्सल
(c) गियर बॉक्स
(d) इंजन

27. इनमें से कौन सड़क पर मिलने वाले झटकों को सहन करता है?
(a) स्टीयरिंग प्रणाली
(b) ट्रांसमिशन प्रणाली
(c) ब्रेक प्रणाली
(d) सस्पैन्शन प्रणाली

28. निम्न में से वाहन के भार को सहने में सक्षम है
(a) फ्रण्ट एक्सल
(b) फ्रण्ट बम्पर
(c) रियर एक्सल
(d) रियर बम्पर

29. निम्न में से रक्षक प्रणाली है
(a) ब्रेक प्रणाली
(b) सस्पैन्शन प्रणाली
(c) स्टीयरिंग प्रणाली
(d) ये सभी

30. निम्न में से पेट्रोल आधारित इंजन नहीं है
(a) कार (b) स्कूटर (c) थ्री-व्हीलर (d) बस

31. निम्न में से पहिए का प्रकार है
(a) चकती पहिया
(b) तारों वाला पहिया
(c) गढ़ित पहिया
(d) ये सभी

32. दो दरवाजे लगी तथा पीछे सामान रखने में सक्षम कार इनमें से क्या कहलाती है?
(a) स्टेशन वैगन (b) सैलून (c) कन्वर्टेबल (d) पिकअप

33. इनमें से कौन-सी कम्पनी कॉमेट बसों का निर्माण करती है?
(a) हिन्दुस्तान मोटर्स
(b) टेल्को
(c) आयशर
(d) अशोक लेलैण्ड

34. थर्मोस्टेट का उद्देश्य इंजन को .... रखना है।
(a) ठण्डा
(b) गर्म
(c) कार्यकारी तापमान पर
(d) इनमें से कोई नहीं

35. सामान्य हाइड्रॉलिक जैक में कितने वाल्व प्रयुक्त किए जाते हैं?
(a) 1 (b) 2 (c) 4 (d) 6

36. वाहनों की बैटरी चार्ज की जाती है
(a) इलेक्ट्रोलाइट से
(b) इन्वर्टर से
(c) डायनमो से
(d) इनमें से कोई नहीं

37. वाहन अथवा भार को उठाने में प्रयुक्त किए जाते हैं
(a) जैक (b) स्टैण्ड (c) हॉएस्ट (d) ये सभी

38. हाइड्रॉलिक प्रैस में .... को शक्ति के रूप में प्रयोग किया जाता है।
(a) इलेक्ट्रिकल लीवरेज
(b) मैकेनिकल लीवरेज
(c) 'a' और 'b' दोनों
(d) इनमें से कोई नहीं

39. टाटा नैनो में प्रयुक्त इंजन की व्यवस्था है
(a) रियर इंजन स्थिति
(b) फ्रण्ट इंजन स्थिति
(c) मिड इंजन स्थिति
(d) 'b' और 'c' दोनों

40. निम्न में से इंजन के स्टार्ट न होने का उपयुक्त कारण है
(a) ऑयल फिल्टर का ब्लॉक होना
(b) ऑयल पम्प के गियर खराब होना
(c) फ्यूल डिलीवरी पाइप का ब्लॉक होना
(d) उपरोक्त में से कोई नहीं

उत्तरमाला

1. (b)	2. (c)	3. (a)	4. (c)	5. (b)	6. (c)	7. (a)	8. (c)	9. (a)	10. (d)
11. (a)	12. (d)	13. (c)	14. (d)	15. (c)	16. (d)	17. (c)	18. (d)	19. (d)	20. (b)
21. (b)	22. (d)	23. (c)	24. (c)	25. (a)	26. (b)	27. (d)	28. (a)	29. (a)	30. (d)
31. (d)	32. (b)	33. (d)	34. (c)	35. (c)	36. (c)	37. (d)	38. (b)	39. (a)	40. (c)

अध्याय 11

इंजन का परिचय

Introduction of Engine

परिचय Introduction

इंजन एक यान्त्रिक मशीन है, जो ऊष्मीय ऊर्जा को यान्त्रिक ऊर्जा अथवा कार्य में परिवर्तित करने की क्षमता रखता है। यह ऊष्मीय इंजन (heat engine) का ही एक स्वरूप है, जो ईंधन दहन द्वारा गैसों को फैलाकर ऊष्मा प्राप्त करता है और फिर यही ऊष्मा, कार्य में परिवर्तित हो जाती है।

सामान्यत: इंजन दो प्रकार के होते हैं—इन्टर्नल कम्बशन इंजन तथा एक्सटर्नल कम्बशन इंजन। इन दोनों इंजनों में प्रमुख अन्तर यह है कि इन्टर्नल कम्बशन इंजन में ईंधन कम्बशन (अथवा ईंधन का दहन) सिलेण्डर के अन्दर ही होता है, जबकि एक्सटर्नल कम्बशन इंजन में ईंधन दहन के लिए बाह्य स्रोत का सहारा लेना पड़ता है।

प्रस्तुत अध्याय में विषय की उपयोगिता तथा पाठ्यक्रम को ध्यान में रखते हुए, प्रशिक्षुओं के अध्ययन हेतु इन्टर्नल कम्बशन इंजन से पूर्व उनसे सम्बन्धित उपयोगी तकनीकी पदों का सविस्तार वर्णन किया गया है

अध्याय विषय सूची

11.1 इंजनों का वर्गीकरण Classification of Engines

इंजन को कार्यक्षमता, कार्य की उपलब्धता (भार), ईंधन एवं परिस्थिति के अनुसार कई भागों में वर्गीकृत किया गया है। प्रस्तुत अनुच्छेद में हम विविध प्रकार के इंजनों का अध्ययन करेंगे, जिनका प्रयोग विविध कार्यों एवं उद्देश्यों हेतु किया जाता है। नीचे इंजन का वर्गीकरण को दर्शाया गया है

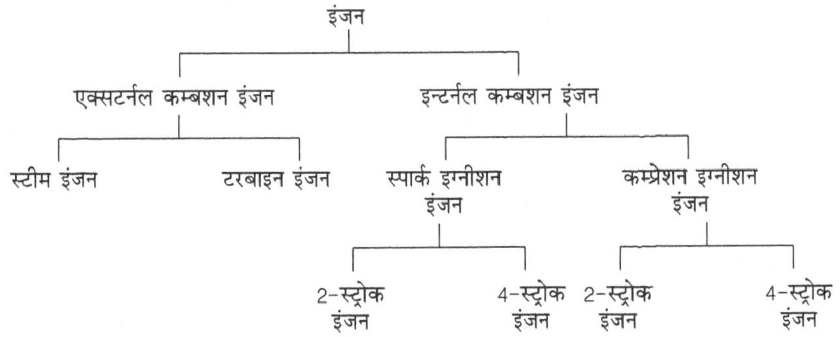

1. एक्सटर्नल कम्बशन इंजन

External Combustion Engine

ये वे ऊष्मा इंजन हैं, जिनमें ईंधन दहन के लिए किसी बाह्य स्रोत (external source) का सहारा लिया जाता है, जैसा कि चित्र में दर्शाया गया है। इस इंजन में बॉयलर के निचले भाग में ईंधन को जलाकर ऊष्मा उत्पन्न की जाती है। इस ऊष्मा का प्रयोग पानी को भाप में परिवर्तित करने के लिए किया जाता है।

ईंधन दहन द्वारा उत्पन्न भाप फैलकर, सिलेण्डर के अन्दर पिस्टन पर दबाव डालती है। इस प्रकार के इंजनों में ईंधन दहन के फलस्वरूप उत्पन्न गैसें इंजन यन्त्रावली (engine mechanism) से अन्त: क्रिया करके गति एवं उपयोगी कार्य करती हैं।

क्योंकि इसमें दहन का कार्य अलग से होता है, इसलिए ये इंजन सामान्यत: इन्टर्नल कम्बशन इंजन की तुलना में अधिक बड़े होते हैं; उदाहरण—स्टीम इंजन आदि।

इस प्रकार के इंजनों का प्रयोग प्राय: ताप विद्युत गृहों, कुछ रेलवे इंजनों, बॉयलरों इत्यादि में किया जाता है। इसके अतिरिक्त रोड रोलर्स में प्रयुक्त इंजन भी इसी प्रकार का होता है।

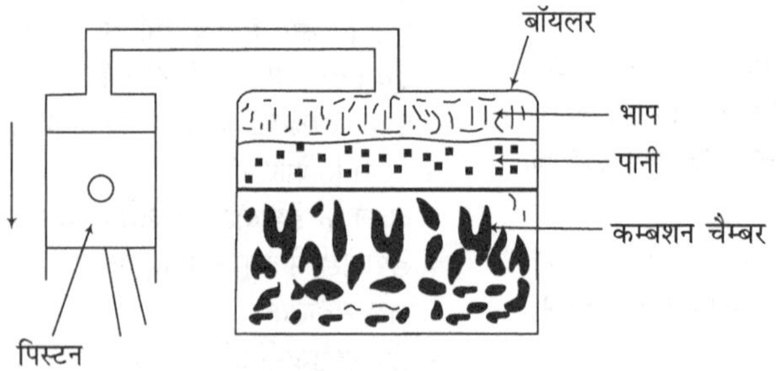

चित्र एक्सटर्नल कम्बशन इंजन

2. इन्टर्नल कम्बशन इंजन

Internal Combustion Engine

ये वे इंजन हैं, जिनमें ईंधन का दहन, इंजन के सिलेण्डर के अन्दर होता है। इसके फलस्वरूप दहन से उत्पन्न गैसों के दाब से पिस्टन रिवर्स गति करता है। इस प्रकार के इंजनों में पिस्टन एक कनेक्टिंग रॉड के माध्यम से क्रैंकशाफ्ट से जुड़ा होता है।

जब पिस्टन नीचे की ओर जाता है, तो कनेक्टिंग रॉड से जुड़ी क्रैंकशाफ्ट घूमने लगती है। इस प्रकार ईंधन की रासायनिक ऊर्जा पहले ऊष्मीय ऊर्जा में और फिर यह ऊष्मीय ऊर्जा, यान्त्रिक ऊर्जा में परिवर्तित हो जाती है;

उदाहरण जेट इंजन, पेट्रोल इंजन, डीजल इंजन आदि। इस प्रकार के इंजनों का प्रयोग प्राय: ट्रक, मोटरगाड़ियों, ट्रैक्टर इत्यादि में किया जाता है। इसके अतिरिक्त वर्तमान में प्रचलित टू-व्हीलर, थ्री-व्हीलर इत्यादि वाहनों में भी इसी इंजन का प्रयोग किया जाता है।

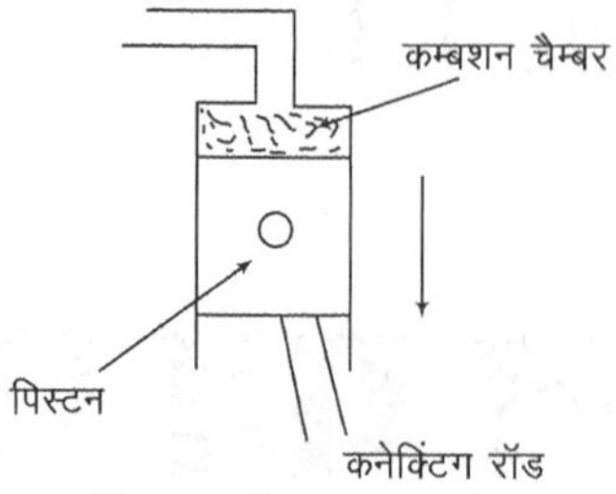

चित्र इन्टर्नल कम्बशन इंजन

इन्टर्नल कम्बशन इंजन की विशेषताएँ

Characteristics of Internal Combustion Engine

इन्टर्नल कम्बशन इंजन की मुख्य विशेषताएँ निम्न हैं

1. इंजनों में ईंधन का दहन, दहन कक्ष के अन्दर होता है।
2. इंजनों की ऊष्मीय ऊर्जा, यान्त्रिक ऊर्जा में परिवर्तित होती है।
3. इंजन की अन्तर्क्रिया को उपयोगी कार्य में परिवर्तित किया जाता है।
4. ईंधन के दहन के फलस्वरूप ऊष्मा की उत्पत्ति होती है।

तालिका एक्सटर्नल कम्बशन इंजन एवं इन्टर्नल कम्बशन इंजन में तुलना

क्र.सं.	एक्सटर्नल कम्बशन इंजन	इन्टर्नल कम्बशन इंजन
1.	इस इंजन में ईंधन का दहन बाहर होता है।	इस इंजन में ईंधन का दहन, दहन कक्ष के अन्दर होता है।
2.	इस इंजन की क्षमता कम होती है।	इस इंजन की क्षमता अधिक होती है।
3.	ईंधन को रखने के लिए अधिक स्थान की आवश्यकता होती है।	ईंधन को रखने के लिए फ्यूल टैंक का प्रयोग किया जाता है।
4.	इस इंजन द्वारा उत्पन्न शक्ति अधिक होती है।	इस इंजन द्वारा उत्पन्न शक्ति कम होती है।
5.	इस इंजन की लागत अधिक होती है।	इस इंजन की लागत कम होती है।
6.	इस इंजन में मरम्मत कार्य अधिक होता है।	इस इंजन की मरम्मत अपेक्षाकृत कम होती है।
7.	इस इंजन का स्टार्टिंग टाइम अधिक होता है।	इस इंजन का स्टार्टिंग टाइम कम होता है।
8.	इसमें भाप का कार्यकारी दबाव तथा तापक्रम कम होता है।	गैसों का कम्बशन दबाव एवं तापक्रम बहुत अधिक होता है।

टिप्पणी *विषय एवं पाठ्यक्रम की प्रमुखता एवं उपयोगिता को ध्यान में रखते हुए यहाँ केवल इन्टर्नल कम्बशन इंजनों को ही वर्गीकृत किया गया है।*

11.2 इन्टर्नल कम्बशन इंजनों का वर्गीकरण Classification of Internal Combustion Engines

इन्टर्नल कम्बशन इंजनों का वर्गीकरण कुछ प्रमुख आधारों पर किया गया है, जिनका विवरण क्रमानुसार निम्नवत् है

1. प्रचालन चक्र के आधार पर
2. प्रयुक्त ईंधन के आधार पर
3. ईंधन प्रज्वलन के आधार पर
4. स्ट्रोकों के आधार पर
5. सिलेण्डरों की संख्या के आधार पर
6. सिलेण्डर व्यवस्था के आधार पर
7. इंजन चार्जिंग के आधार पर
8. शीतलन प्रणाली के आधार पर

1. प्रचालन चक्र के आधार पर On the Basis of Operation Cycle

इंजन प्रचालन के अन्तर्गत कई प्रक्रम घटित होते हैं। इंजन के प्रत्येक प्रक्रम का प्रचालन चक्र भिन्न होता है। प्रस्तुत अनुच्छेद में हम इंजन के इन्हीं प्रचालन चक्रों का अध्ययन करेंगे। प्रचालन चक्र के आधार पर इंजनों को निम्नलिखित भागों में विभाजित किया जा सकता है

(i) ओटो चक्र इंजन
(ii) डीजल चक्र इंजन

(i) ओटो चक्र इंजन Otto Cycle Engine

इस इंजन का अविष्कार निकोलस ओटो (Nikolas Otto) ने किया था। इसका डिजाइन (design) बड़े स्थिर सिंगल सिलेण्डर वाले इन्टर्नल कम्बशन इंजन के समान होता है। प्राय: इन इंजनों को निम्न चक्कर प्रति मिनट (RPM) मशीन के नाम से भी जाना जाता है। ये इंजन ऑटो साइकिल की वजह से प्रत्येक दूसरे स्ट्रोक में ज्वलन (fire) उत्पन्न करते हैं; जैसे—कार आदि।

ओटो चक्र इंजन की कार्यविधि
Working Method of Otto Cycle Engine

इन इंजनों में जब पेट्रोल तथा वायु का मिश्रण सिलेण्डर में प्रवेश करता है, तो सक्शन स्ट्रोक (1-2) में, पिस्टन टी.डी.सी.से बी.डी.सी.की ओर जाता है और वायुमण्डलीय दाब से निम्न दाब पर सक्शन प्रक्रिया प्रारम्भ हो जाती है। इसके उपरान्त कम्प्रेशन स्ट्रोक (2-3) के दौरान जब पिस्टन बी.डी.सी.से टी.डी.सी.की ओर जाता है, तो सिलेण्डर में उपस्थित पेट्रोल तथा हवा का मिश्रण कम्प्रैस होता है।

ऊष्मा परिवर्धन (heat addition) स्ट्रोक (3-4) में स्थिर आयतन पर स्पार्क प्लग द्वारा चिंगारी उत्पन्न करके ईंधन मिश्रण को प्रज्ज्वलित किया जाता है, तत्पश्चात् पावर एक्सपैंशन स्ट्रोक (4-5) के दौरान सिलेण्डर में उत्पन्न गैस फैलने से तापमान तथा दाब दोनों कम हो जाते हैं।

अन्ततः एग्जॉस्ट स्ट्रोक (5-2-1) के दौरान स्थिर आयतन पर ऊष्मा रद्द हो जाती है और पिस्टन के बी.डी.सी.से टी.डी.सी.की ओर जाने से दहन गैसें एग्जॉस्ट हो जाती हैं।

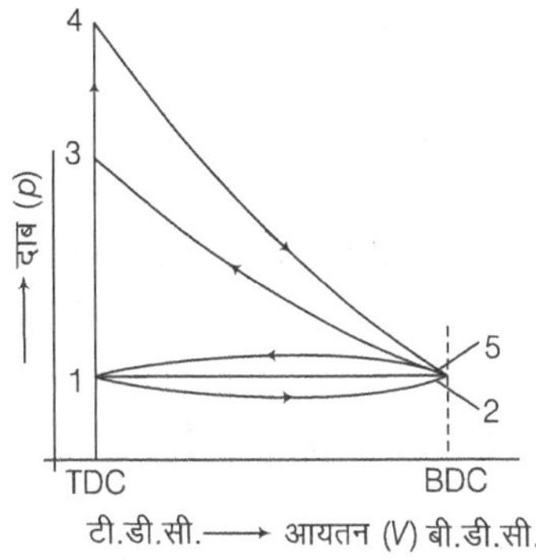

(ii) डीजल चक्र इंजन Diesel Cycle Engine

इस इंजन का आविष्कार रुडोल्फ डीजल (Rudolph Diesel) ने किया था। यह एक प्रकार से पश्चाग्र इन्टर्नल कम्बशन इंजन का दहन प्रक्रम है। इनमें कार्यिकी तरल या ईंधन के रूप में डीजल का प्रयोग किया जाता है; जैसे—पनडुब्बी, ट्रैक्टर, डीजल बस, इलेक्ट्रिक लोकोमोटिव आदि।

कार्यविधि Working Method

इन इंजनों की कार्यिकी में जब एयर क्लीनर द्वारा स्वच्छ वायु सिलेण्डर में प्रवेश करती है, तो सक्शन स्ट्रोक (1-2) के दौरान, पिस्टन टी.डी.सी से बी.डी.सी की ओर जाता है और वायुमण्डलीय दाब से निम्न दाब पर वायु की सक्शन प्रक्रिया प्रारम्भ हो जाती है। इसके उपरान्त कम्प्रैशन स्ट्रोक (2-3) के दौरान जब पिस्टन बी.डी.सी.से टी.डी.सी.की ओर जाता है, तो दहन कक्ष में उपस्थित वायु कम्प्रैस हो जाती है। दहन कक्ष में वायु के कम्प्रैशन के पश्चात् वायु का तापक्रम, डीजल जलने के तापक्रम से बहुत अधिक हो जाता है।

ऊष्मा परिवर्धन (heat addition) स्ट्रोक (3-4) के दौरान इस गर्म वायु में इन्जेक्टर द्वारा उच्च दाब पर ईंधन को स्प्रे किया जाता है और यह प्रक्रम स्थिर दाब पर घटित होता है। गर्म वायु में डीजल के पहुँचते ही वह प्रज्ज्वलित हो जाता है तत्पश्चात् पावर एक्सपैंशन स्ट्रोक (4-5) के दौरान दहन गैसों का दाब बढ़ने से वह फैलती है एवं पिस्टन को टी.डी.सी.से बी.डी.सी.की ओर धकेलती है। अन्ततः एग्जॉस्ट स्ट्रोक के दौरान ऊष्मा स्थिर आयतन पर रद्द हो जाती है और पिस्टन के बी.डी.सी.से टी.डी.सी.की ओर जाने से दहन गैसें एग्जॉस्ट हो जाती हैं।

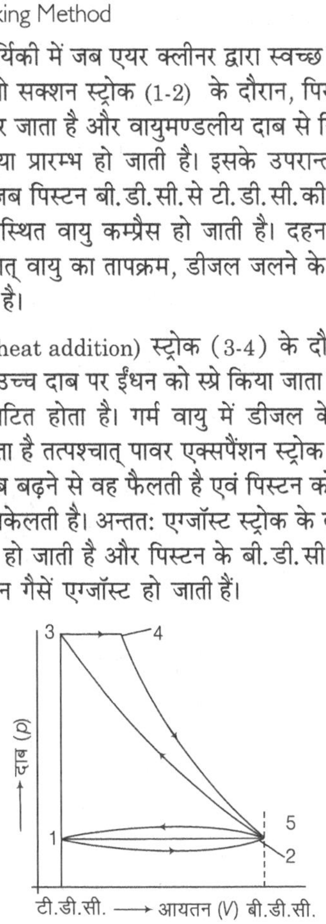

तालिका ओटो चक्र तथा डीजल चक्र में तुलना

क्र.सं.	ओटो चक्र	डीजल चक्र
1.	ईंधन के रूप में पेट्रोल का प्रयोग होता है।	ईंधन के रूप में डीजल का प्रयोग होता है।
2.	सक्शन स्ट्रोक में वायु तथा पेट्रोल के मिश्रण का सक्शन होता है।	सक्शन स्ट्रोक में केवल स्वच्छ वायु का सक्शन होता है।
3.	इसमें मिश्रण का कम्प्रैशन कम अनुपात में होता है।	इसमें मिश्रण का कम्प्रैशन अधिक अनुपात में होता है।
4.	दहन कक्ष में स्पार्क प्लग द्वारा चिंगारी प्रदान कर मिश्रण का दहन किया जाता है।	दहन कक्ष में इन्जेक्टर द्वारा डीजल स्प्रे करके मिश्रण का दहन किया जाता है।
5.	मिश्रण का दहन स्थिर आयतन पर किया जाता है।	मिश्रण का दहन स्थिर दाब पर किया जाता है।
6.	इसे स्थिर आयतन चक्र भी कहते हैं।	इसे स्थिर दाब चक्र भी कहते हैं।

प्रचालन चक्र पर आधारित इंजनों की विशेषताएँ
Characteristics of Engines Based on Operation Cycle

प्रचालन चक्र पर आधारित इंजनों की विशेषताएँ निम्न हैं

(i) प्रचालन चक्र के आधार पर इंजन में प्रयुक्त ईंधन का आकलन किया जा सकता है।

(ii) इसके द्वारा इंजन प्रचालन प्रक्रम से अवगत हुआ जा सकता है।

(iii) इसके द्वारा इंजन प्रचालन प्रक्रम की स्थिति का भी आकलन किया जा सकता है।

(iv) इससे इंजन की दक्षता का आकलन किया जा सकता है।

(v) इससे इंजन की क्षमता का आकलन किया जा सकता है।

2. प्रयुक्त ईंधन के आधार पर
On the Basis of Fuel Used

विविध इंजनों में विविध प्रकार के ईंधनों (पेट्रोल, डीजल एवं गैस) का प्रयोग किया जाता है, जिससे यह स्पष्ट होता है कि इंजन, स्पार्क इग्नीशन प्रणाली पर आधारित है अथवा कम्प्रैशन इग्नीशन प्रणाली पर आधारित। अत: प्रयुक्त ईंधन के आधार पर इंजनों को निम्न वर्गों में विभाजित किया जा सकता है

(i) पेट्रोल ईंधन पर आधारित इंजन
Petrol Fuel Based Engines

पेट्रोल ईंधन पर आधारित इंजन, एक प्रकार का इन्टर्नल कम्बशन इंजन है। इसको **गैसोलीन** (gasoline) इंजन के नाम से भी जाना जाता है। इन इंजनों में ईंधन के रूप में पेट्रोल का प्रयोग किया जाता है।

ये इंजन सामान्यतया कम स्थान घेरते हैं तथा टॉर्क (torque) कम होने के कारण, इनमें प्रयुक्त भागों को अधिक मजबूत बनाने की आवश्यकता नहीं पड़ती। इनका प्रयोग कार, स्कूटर, मोटर साइकिल आदि में अधिक होता है।

(ii) डीजल ईंधन पर आधारित इंजन
Diesel Fuel Based Engines

डीजल ईंधन पर आधारित इंजन भी एक प्रकार का इन्टर्नल कम्बशन इंजन है। इनमें ईंधन के रूप में डीजल ईंधन का उपयोग किया जाता है। पेट्रोल इंजन की तुलना में ये अधिक स्थान घेरते हैं तथा इन इंजनों में टॉर्क (torque) अधिक होता है, जिसके कारण इनमें प्रयुक्त भागों को मजबूत बनाया जाता है।

(iii) गैस ईंधन पर आधारित इंजन
Gas Fuel Based Engines

गैस ईंधन पर आधारित इंजन भी एक प्रकार का इन्टर्नल कम्बशन इंजन है। इस इंजन में ईंधन के रूप में कोल गैस (coal gas), बायोगैस (biogas) या प्राकृतिक गैस (natural gas) आदि का प्रयोग किया जाता है। इस कारण यह अन्य इंजनों; जैसे—पेट्रोल इंजन या डीजल इंजन आदि से भिन्न होते हैं। इस इंजन में कार्बुरेटर या इन्जेक्टर (injector) के स्थान पर वेन्चुरी प्रणाली (venturi system) का प्रयोग किया जाता है तथा इस इंजन की ऊष्मीय दक्षता 35 से 40% तक होती है। इनका प्रयोग प्राय: यातायात साधनों; जैसे—कार, बस तथा टैम्पो आदि में मुख्य रूप से किया जाता है।

3. ईंधन प्रज्वलन के आधार पर
On the Basis of Fuel Ignition

सामान्यतया दहन कक्ष में ईंधन के प्रज्वलन के पश्चात् ही दहन प्रारम्भ होता है, जिसके फलस्वरूप ऊष्मा की उत्पत्ति होती है। इस ऊष्मा का उपयोग यान्त्रिक कार्यों हेतु किया जाता है। ईंधन प्रज्वलन के आधार पर इंजनों को दो भागों में बाँटा गया है, जो निम्न प्रकार हैं

- स्पार्क इग्नीशन इंजन
- कम्प्रैशन इग्नीशन इंजन

(i) स्पार्क इग्नीशन इंजन Spark Ignition Engine

स्पार्क इग्नीशन इंजन इन्टर्नल इंजनों से सम्बन्धित है, जिनमें पेट्रोल या गैस ईंधन के रूप में प्रयुक्त किए जाते हैं। पेट्रोल इंजन हल्के होते हैं तथा उच्चतर गति प्राप्त करते हैं। इंजन में प्रवेश करने वाले मिक्सर (ईंधन+ वायु) की मात्रा को भार तथा गति के अनुसार कार्बुरेटर द्वारा मापा जाता है।

सिद्धान्त Principle

स्पार्क इग्नीशन इंजन को पेट्रोल इंजन के नाम से भी जाना जाता है। इन इंजनों में पेट्रोल एवं वायु के मिश्रण को दहन कक्ष में कम्प्रैस्ड करके स्पार्क प्लग के द्वारा प्रज्ज्वलित (ignite) करके शक्ति उत्पन्न की जाती है। इसी कारण इस प्रकार के इंजन को स्पार्क इग्नीशन इंजन कहा जाता है। ये इंजन (स्पार्क इग्नीशन इंजन), **ओटो चक्र** सिद्धान्त पर कार्य करते हैं।

कार्यविधि Working Method

स्पार्क इग्नीशन इंजन का एक कार्यकारी चक्र (working cycle) पिस्टन के निम्न स्ट्रोकों के निम्नवत् पूर्ण होने पर पूरा होता है

(i) **सक्शन स्ट्रोक** Suction Stroke

इस स्ट्रोक में पिस्टन टी.डी.सी. (TDC) से बी.डी.सी. (BDC) की ओर चलता है, जिससे इंजन के सिलेण्डर में वैक्यूम उत्पन्न हो जाता है अर्थात्

इंजन सिलेण्डर के अन्दर का दाब, वायुमण्डलीय दाब से कम हो जाता है और सिलेण्डर में सक्शन उत्पन्न हो जाता है।

अत: वायुमण्डलीय दाब के कारण इनलेट वाल्व खुल जाता है और कार्बुरेटर से पेट्रोल एवं वायु का मिश्रण इंजन सिलेण्डर में प्रवेश कर जाता है।

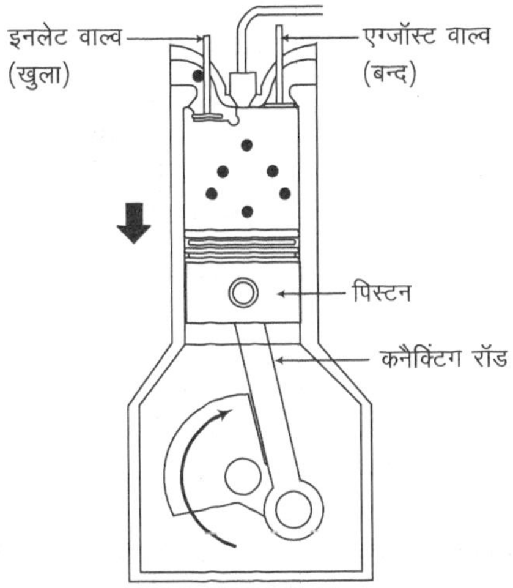

चित्र सक्शन स्ट्रोक

(ii) **कम्प्रैशन स्ट्रोक** Compression Stroke

कम्प्रैशन स्ट्रोक में पिस्टन बी.डी.सी. (BDC) से टी.डी.सी. (TDC) की ओर चलता है, जिससे दहन कक्ष (combustion chamber) का दाब बढ़ता है और इनलेट वाल्व बन्द हो जाता है, जिस कारण दहन कक्ष में उपस्थित ईंधन का कम्प्रैशन होता है और ईंधन के दाब एवं तापमान में वृद्धि हो जाती है।

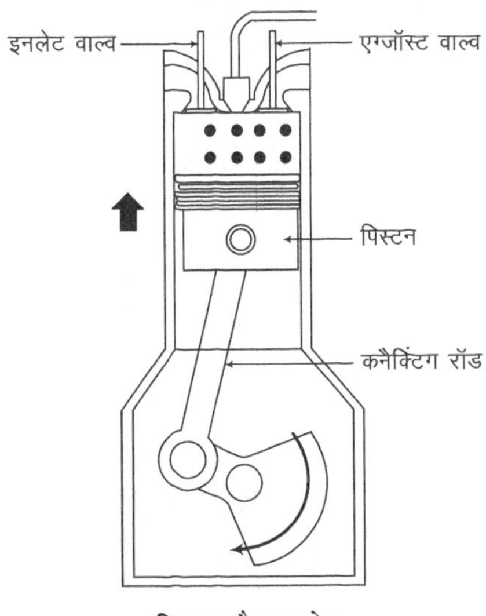

चित्र कम्प्रैशन स्ट्रोक

(iii) **इग्नीशन स्ट्रोक** Ignition Stroke

जब कम्प्रैशन स्ट्रोक में पिस्टन बी.डी.सी. (BDC) से टी.डी.सी. (TDC) पर पहुँचने वाला होता है, तभी सिलेण्डर हैड में लगे स्पार्क प्लग द्वारा चिंगारी उत्पन्न की जाती है, जिससे दहन कक्ष में उपस्थित कम्प्रैस्ड ईंधन प्रज्ज्वलित हो जाता है और इंजन के दहन कक्ष में विस्फोट होता है।

इस कारण इंजन के दहन कक्ष में गैसें फैलने लगती हैं और ये गैसें पिस्टन को नीचे की ओर धकेलती हैं अर्थात् पिस्टन टी.डी.सी. से बी.डी.सी. की ओर जाने लगता है, जिससे पिस्टन से सम्बद्ध कनैक्टिंग रॉड (connecting rod), क्रैंकशाफ्ट तथा फ्लाईव्हील को घूमने की शक्ति प्रदान करती है। इस शक्ति को फ्लाईव्हील अन्य स्ट्रोकों के लिए संचित कर लेता है।

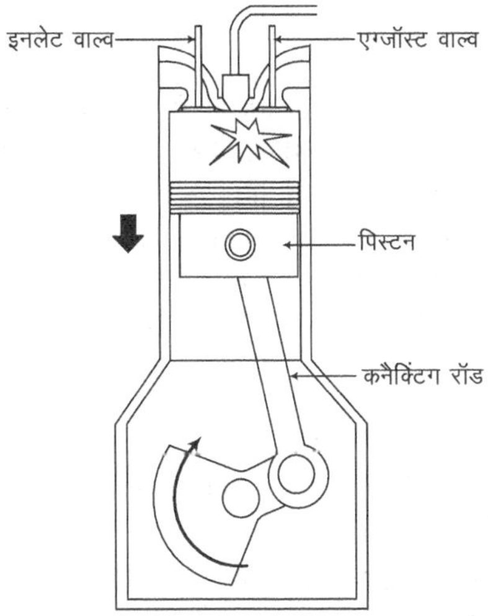

चित्र इग्नीशन स्ट्रोक

(iv) **एग्जॉस्ट स्ट्रोक** Exhaust stroke

यह पिस्टन का अन्तिम स्ट्रोक है। इसमें पिस्टन बी.डी.सी. (BDC) से टी.डी.सी. (TDC) की ओर चलता है, जिससे पिस्टन दहन गैसों को ऊपर की ओर धकेलता है। इस कारण सिलेण्डर हैड में लगा एग्जॉस्ट वाल्व खुल जाता है और गैसें सिलेण्डर से बाहर निकल जाती हैं। पिस्टन के ऊपर जाने से निष्क्रिय गैसें एग्जॉस्ट वाल्व और साइलेन्सर के रास्ते बाहर (वायुमण्डल में) निकल जाती हैं।

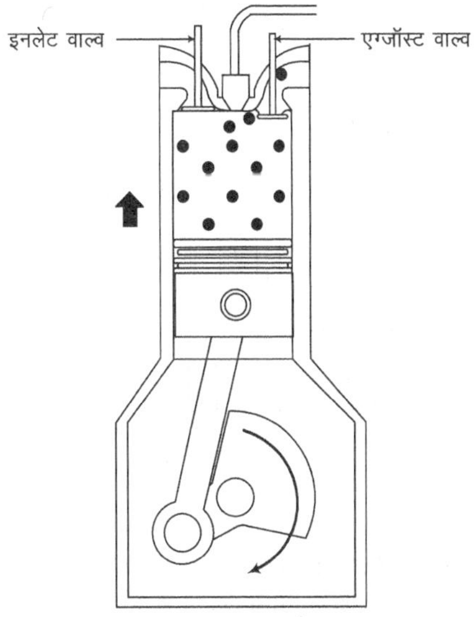

चित्र एग्जॉस्ट स्ट्रोक

(ii) कम्प्रैशन इग्नीशन इंजन
Compression Ignition Engine

कम्प्रैशन इग्नीशन इंजन भी एक प्रकार का इन्टर्नल कम्बशन इंजन होता है। इनमें डीजल का ईंधन के रूप में प्रयोग किया जाता है और ईंधन के रूप में इसका उपयोग वायुरहित रूप में किया जाता है। इनमें ईंधन प्रज्वलन सिलेण्डर में इंजन के दहन के फलस्वरूप तापमान वृद्धि के कारण होता है।

सिद्धान्त Principle

कम्प्रैशन इग्नीशन इंजन को डीजल इंजन भी कहा जाता है। इन इंजनों में केवल वायु को दहन कक्ष में कम्प्रैस्ड किया जाता है, जिससे वायु के दाब एवं तापमान में वृद्धि हो जाती है। इस कम्प्रैस्ड वायु में इन्जेक्टर (injector) द्वारा डीजल का महीन स्प्रे किया जाता है, जिससे दहन कक्ष में दहन आरम्भ हो जाता है और इंजन को शक्ति (power) प्राप्त होने लगती है। यह इंजन (कम्प्रैशन इग्नीशन इंजन), डीजल चक्र के सिद्धान्त पर कार्य करता है।

कार्यविधि Working Method

कम्प्रैशन इग्नीशन इंजन का एक कार्यकारी चक्र पिस्टन के निम्न चार स्ट्रोकों के पूर्ण होने पर पूर्ण होता है

(i) **सक्शन स्ट्रोक** (Suction stroke) इस स्ट्रोक में पिस्टन टी.डी.सी. (TDC) से बी.डी.सी. (BDC) की ओर चलता है, जिससे इंजन सिलेण्डर में निर्वात उत्पन्न हो जाता है अर्थात् इंजन सिलेण्डर में अन्दर का दाब, वायुमण्डलीय दाब से कम हो जाता है और सिलेण्डर में सक्शन उत्पन्न हो जाता है। अत: वायुमण्डलीय दाब के कारण इनलेट वाल्व खुल जाता है और इंजन सिलेण्डर में वायु प्रवेश कर जाती है।

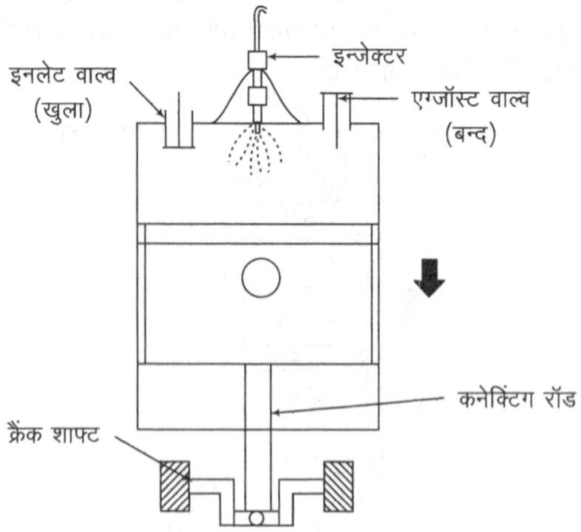

चित्र सक्शन स्ट्रोक

(ii) **कम्प्रैशन स्ट्रोक** (Compression stroke) कम्प्रैशन स्ट्रोक में पिस्टन बी.डी.सी. (BDC) से टी.डी.सी. (TDC) की ओर चलता है, जिससे दहन कक्ष का दाब बढ़ता है और इनलेट वाल्व बन्द हो जाता है, जिस कारण दहन कक्ष में उपस्थित वायु का कम्प्रैशन होता है। इस कारण वायु के दाब एवं तापमान में वृद्धि हो जाती है।

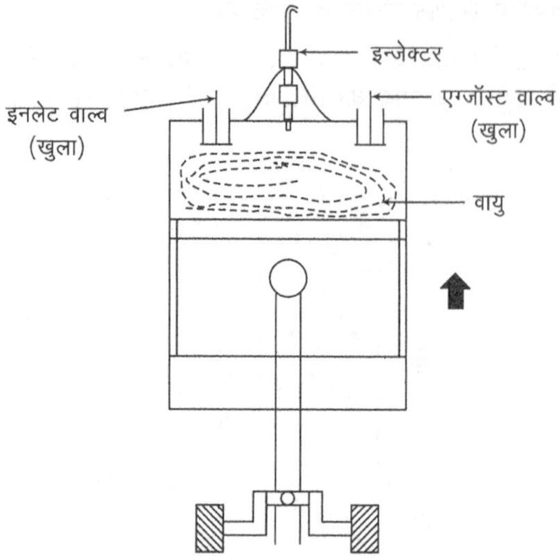

चित्र कम्प्रैशन स्ट्रोक

(iii) **इग्नीशन स्ट्रोक** (Ignition stroke) जब कम्प्रैशन स्ट्रोक में पिस्टन बी.डी.सी. (BDC) से टी.डी.सी. (TDC) पर पहुँचने वाला होता है, तभी सिलेण्डर हैड में लगे इन्जेक्टर द्वारा डीजल का महीन स्प्रे कम्प्रैस वायु में किया जाता है, जिससे तापमान एवं दाब कम्प्रैशन स्ट्रोक में बढ़ जाता है। डीजल के स्प्रे के कारण दहन कक्ष में विस्फोट होता है। इस कारण इंजन के दहन कक्ष में गैसें फैलने लगती हैं और ये गैसें पिस्टन को नीचे की ओर धक्का देने लगती हैं अर्थात् पिस्टन टी.डी.सी. (TDC) से बी.डी.सी. (BDC) की ओर जाने लगता है, जिससे पिस्टन से सम्बद्ध कनेक्टिंग रॉड, क्रैंकशाफ्ट तथा फ्लाईव्हील को घूमने की शक्ति प्रदान करती है। इस शक्ति को फ्लाईव्हील अन्य स्ट्रोकों के लिए संचित कर लेता है।

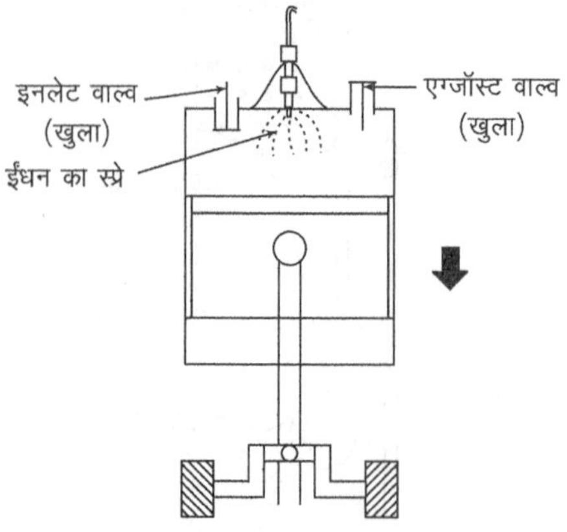

चित्र इग्नीशन स्ट्रोक

(iv) **एग्जॉस्ट स्ट्रोक** (Exhaust stroke) यह पिस्टन का अन्तिम स्ट्रोक होता है। इसमें पिस्टन बी.डी.सी. (BDC) से टी.डी.सी. (TDC) की ओर चलता है, जिससे पिस्टन दहन गैसों को ऊपर की ओर धक्का देता है। इस कारण सिलेण्डर हैड में उपस्थित एग्जॉस्ट वाल्व खुल जाता है और गैसें सिलेण्डर से बाहर निकल जाती हैं।

पिस्टन के ऊपर जाने से निष्क्रिय गैसें एग्जॉस्ट वाल्व एवं साइलेन्सर के रास्ते बाहर (वायुमण्डल में) निकल जाती हैं।

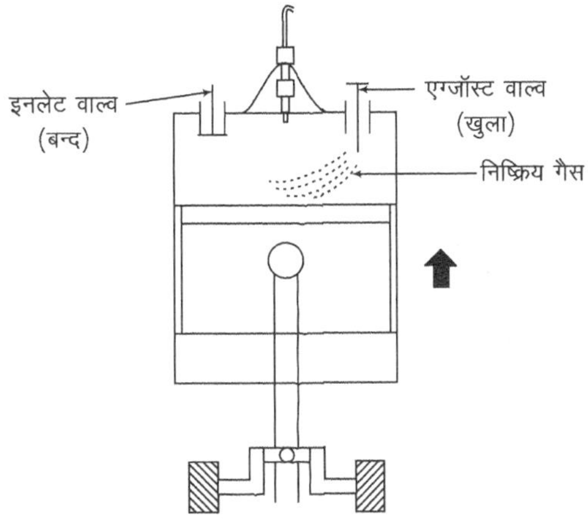

चित्र एग्जॉस्ट स्ट्रोक

तालिका कम्प्रैशन इग्नीशन (CI) तथा स्पार्क इग्नीशन (SI) इंजनों में अन्तर

क्र.सं.	कम्प्रैशन इग्नीशन इंजन	स्पार्क इग्नीशन इंजन
1.	सक्शन स्ट्रोक के समय केवल साफ वायु सिलेण्डर में आती है, जिसे आने में कोई असुविधा नहीं होती।	चूषण स्ट्रोक के समय वायु एवं पेट्रोल का मिश्रण सिलेण्डर में आता है, जिसे कार्बुरेटर के बहुत से टेढ़े-मेढ़े व संकरे मार्गों से निकलना पड़ता है।
2.	डीजल इंजन का कम्प्रैशन अनुपात उच्च लगभग 24 : 1 तक रहता है।	पेट्रोल इंजन का कम्प्रैशन अनुपात निम्न लगभग 10 : 1 तक रहता है।
3.	डीजल इंजन में ईंधन (डीजल) जलाने के लिए केवल कम्प्रैशन द्वारा वायु में उत्पन्न तापक्रम का ही प्रयोग किया जाता है। बैटरी का प्रयोग ट्रैक्टर में लाइट, हॉर्न, सैल्फ स्टार्टर आदि के लिए ही किया जाता है।	पेट्रोल इंजन में ईंधन (पेट्रोल) जलाने के लिए कार्बुरेटर, इग्नीशन क्वॉयल, स्पार्क प्लग, डिस्ट्रीब्यूटर तथा बैटरी आदि की व्यवस्था करनी आवश्यक होती है।
4.	डीजल इंजन में ईंधन इन्जेक्शन पम्प एक महत्त्वपूर्ण भाग है। इसी के द्वारा नियन्त्रित तथा दबाव के साथ डीजल का स्प्रे इन्जेक्टर द्वारा सम्भव हो पाता है।	पेट्रोल इंजन में ईंधन पम्प इतना महत्त्वपूर्ण नहीं होता। पेट्रोल टैंक को कार्बुरेटर की सतह से ऊँचा रखकर काम चलाया जा सकता है।
5.	डीजल ऑयल सस्ता होता है तथा एक अश्व शक्ति के लिए पेट्रोल की अपेक्षा व्यय भी कम होता है।	पेट्रोल की कीमत अधिक रहती है तथा एक अश्व शक्ति के लिए यह व्यय भी अधिक होता है।
6.	डीजल इंजन का मूल्य अधिक होता है, परन्तु उस पर रख-रखाव (maintenance) का व्यय न के बराबर आता है। इस कारण लम्बे समय के उपयोग पर ये इंजन सस्ते सिद्ध होते हैं।	पेट्रोल इंजन का मूल्य तो कुछ कम रहता है, परन्तु उसके रख-रखाव (maintenance) पर बहुत व्यय आता है, इसलिए लम्बे समय के उपयोग पर ये इंजन महँगे सिद्ध होते हैं।
7.	डीजल इंजन में अधिक अश्व शक्ति भी प्राप्त की जा सकती है, इसलिए ये भारी-से-भारी कार्यों में भी प्रयोग किए जा सकते हैं।	पेट्रोल इंजन में उतनी शक्ति विकसित नहीं की जा सकती, इसलिए बहुत भारी कार्यों में इनका उपयोग नहीं किया जा सकता।
8.	डीजल इंजन निरन्तर प्रैशर साइकिल पर कार्य करते हैं।	पेट्रोल इंजन निरन्तर वॉल्यूम पर कार्य करते हैं।
9.	डीजल इंजन ठण्डा होने की दशा में देर से स्टार्ट होता है।	पेट्रोल इंजन ठण्डा होने पर भी शीघ्र स्टार्ट हो जाता है।
10.	डीजल इंजन का टॉर्क अधिक होने के कारण ट्रांसमिशन में भाग (parts) अधिक मजबूत बनाने पड़ते हैं।	पेट्रोल इंजन का टॉर्क कम होता है। अतः उनके भाग (parts) बहुत अधिक मजबूत बनाने की आवश्यकता नहीं होती।
11.	डीजल इंजन का अधिकतर प्रयोग ट्रक, बस तथा ट्रैक्टर आदि में होता है।	पेट्रोल इंजन का अधिकतर प्रयोग कार, स्कूटर, मोटर साइकिल आदि में होता है।
12.	डीजल इंजन का स्टार्टिंग टॉर्क अधिक होता है। अतः बड़ी बैटरी की आवश्यकता सैल्फ के लिए होती है।	पेट्रोल इंजन का स्टार्टिंग टॉर्क कम होने से उसमें सैल्फ के लिए छोटी बैटरी से काम चल जाता है।
13.	इस इंजन का वजन अधिक होता है।	इस इंजन का वजन कम होता है।
14.	इस इंजन का कम्प्रैशन दाब (400-550 पी.एस.आई.) तथा कम्प्रैशन ताप उच्च होता है।	इस इंजन का कम्प्रैशन दाब (90-150 पी.एस.आई.) तथा कम्प्रैशन ताप निम्न होता है।
15.	यह इंजन प्रचालन के दौरान CO_2 (कार्बन डाइ-ऑक्साइड) उत्सर्जित करता है।	यह इंजन प्रचालन के दौरान CO (कार्बन मोनो-ऑक्साइड) उत्सर्जित करता है।

ईंधन प्रज्वलन पर आधारित इंजनों की विशेषताएँ
Characteristics of Engines Based on Fuel Ignition

ईंधन प्रज्वलन पर आधारित इंजनों की मुख्य विशेषताएँ निम्नलिखित हैं

1. इसके अन्तर्गत इंजन की स्टार्टिंग प्रणाली से अवगत हुआ जा सकता है।
2. दहन कक्ष में ईंधन दहन कार्यिकी को दर्शाता है।
3. इससे इंजन के प्रचालन चक्र से अवगत हुआ जा सकता है।
4. यह इंजन की कार्यक्षमता को प्रदर्शित करता है।
5. इससे इंजन की दक्षता का आकलन किया जा सकता है।

4. स्ट्रोकों के आधार पर
On the Basis of Strokes

इंजन को उनके स्ट्रोकों के आधार पर निम्न वर्गों में विभाजित किया गया है

(i) दो स्ट्रोक इंजन Two Stroke Engines

इन इंजनों में प्राय: इंजन चलाने के चक्र के चारों स्ट्रोक (सक्शन, कम्प्रेशन, पावर तथा एग्जॉस्ट) पिस्टन के दो ही स्ट्रोकों में पूरे हो जाते हैं। इस प्रकार के इंजनों में ईंधन दहन का समय कम होता है, जबकि प्रति हॉर्स पावर ईंधन खपत अधिक होती है। ये इंजन सामान्यतया पेट्रोल तथा डीजल ईंधनों के प्रयोग द्वारा चालित किए जाते हैं।

A. दो स्ट्रोक पेट्रोल इंजन Two Stroke Petrol Engines

इस प्रकार के इंजनों में ईंधन के रूप में पेट्रोल का प्रयोग किया जाता है तथा इनका उपयोग ऐसे अनुप्रयोगों में किया जाता है जहाँ कि सरलता (simplicity) एवं मितव्ययी (low cost) वाले प्राइम मूवर (prime mover) की आवश्यकता होती है; जैसे—स्कूटर, मोटर साइकिल आदि।

सिद्धान्त Principle

दो स्ट्रोक पेट्रोल इंजनों में एक कार्यकारी चक्र (working cycle) पिस्टन के दो ही स्ट्रोक में पूर्ण हो जाता है अर्थात् क्रैंकशाफ्ट के प्रत्येक चक्कर में इंजन को शक्ति प्राप्त होती है। यह शक्ति इंजन क्रैंककेस में वायु एवं पेट्रोल के मिश्रण के दहन के फलस्वरूप प्राप्त होती है। ये इंजन ओटो चक्र पर आधारित होते हैं।

कार्यविधि Working Method

दो स्ट्रोक पेट्रोल इंजन की कार्यिकी में प्रथम स्ट्रोक में ईंधन का सक्शन एवं कम्प्रेशन तथा द्वितीय स्ट्रोक में पावर एक्सपैंशन तथा एग्जॉस्ट होता है, जिनका विस्तृत वर्णन नीचे किया गया है

- **प्रथम स्ट्रोक** (सक्शन एवं कम्प्रेशन) इसमें प्रथम ऊपरी स्ट्रोक में सक्शन तथा कम्प्रेशन होता है, जिसमें पिस्टन बी.डी.सी. से ऊपर की ओर चलता है। पिस्टन के ऊपर जाने से इनलेट पोर्ट खुल जाता है तथा क्रैंककेस में आंशिक वैक्यूम बन जाता है। इस वैक्यूम (या रिक्त स्थान) को पूरा करने के लिए कार्बुरेटर से पेट्रोल एवं हवा का मिश्रण क्रैंककेस (crankcase) में इनलेट पोर्ट द्वारा भर जाता है।
- इस प्रकार सक्शन स्ट्रोक का कार्य सम्पन्न होता है।

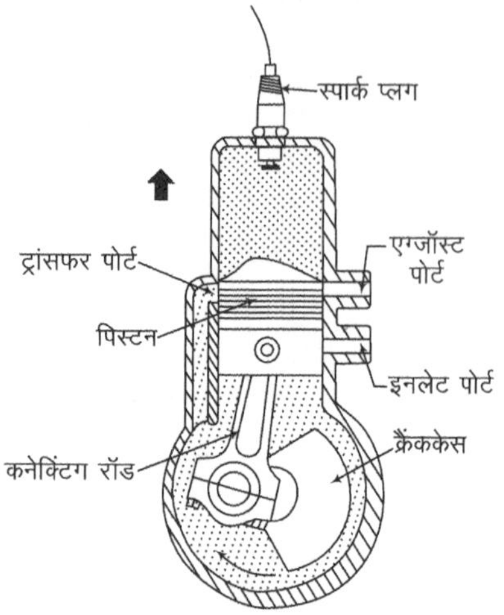

(i) सक्शन स्ट्रोक

पिस्टन के ऊपर पहुँचने के कारण पिस्टन के ऊपर सिलेण्डर में ट्रांसफर पोर्ट द्वारा आया हुआ वायु एवं पेट्रोल का मिश्रण दहन कक्ष (combustion chamber) में कम्प्रैस हो जाता है, क्योंकि ट्रांसपोर्ट तथा एग्जॉस्ट पोर्ट पिस्टन द्वारा बन्द हो जाते हैं और मिश्रण के निकलने का कोई मार्ग नहीं रह जाता है। इस प्रकार पिस्टन के उसी स्ट्रोक में कम्प्रैशन स्ट्रोक का कार्य सम्पन्न हो जाता है।

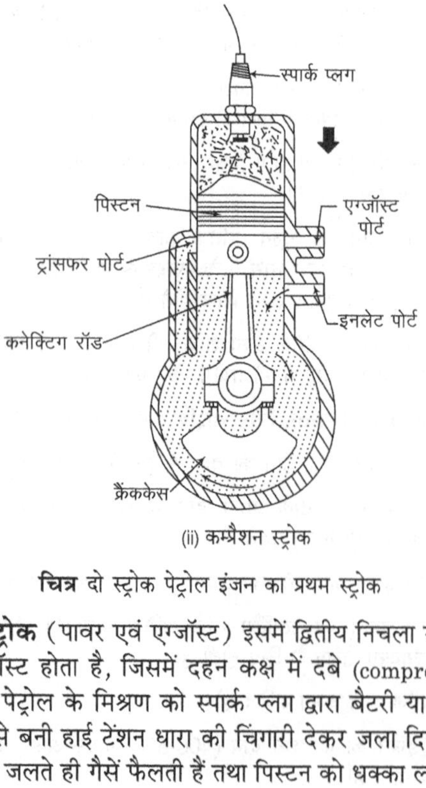

(ii) कम्प्रैशन स्ट्रोक

चित्र दो स्ट्रोक पेट्रोल इंजन का प्रथम स्ट्रोक

- **द्वितीय स्ट्रोक** (पावर एवं एग्जॉस्ट) इसमें द्वितीय निचला स्ट्रोक पावर तथा एग्जॉस्ट होता है, जिसमें दहन कक्ष में दबे (compressed) हुए हवा तथा पेट्रोल के मिश्रण को स्पार्क प्लग द्वारा बैटरी या मैग्नेटों की सहायता से बनी हाई टेंशन धारा की चिंगारी देकर जला दिया जाता है। मिश्रण के जलते ही गैसें फैलती हैं तथा पिस्टन को धक्का लगता है।

पिस्टन का यह धक्का क्रैंकशाफ्ट तथा फ्लाईव्हील को घुमाता है, जिससे इंजन को शक्ति प्राप्त होती है। इस समय पिस्टन टी.डी.सी. से बी.डी.सी. की ओर चलता है तथा अपना पावर स्ट्रोक (power stroke) पूरा करता है।

पिस्टन के नीचे जाने से एग्जॉस्ट पोर्ट खुल जाता है तथा सिलेण्डर की जली गैसें उसके साइलेन्सर में होकर बाहर निकल जाती हैं। इस प्रकार इंजन चक्र का अन्तिम एग्जॉस्ट स्ट्रोक (exhaust stroke) भी पिस्टन के उसी स्ट्रोक में पूरा हो जाता है।

इसी समय एग्जॉस्ट पोर्ट के ठीक सामने बना ट्रांसफर पोर्ट भी खुल जाता है तथा पिस्टन के नीचे आने से क्रैंककेस के मिश्रण पर दबाव पड़ता है और यह मिश्रण खुले हुए ट्रांसफर पोर्ट के द्वारा इंजन के अगले चक्र के लिए सिलेण्डर में आ जाता है।

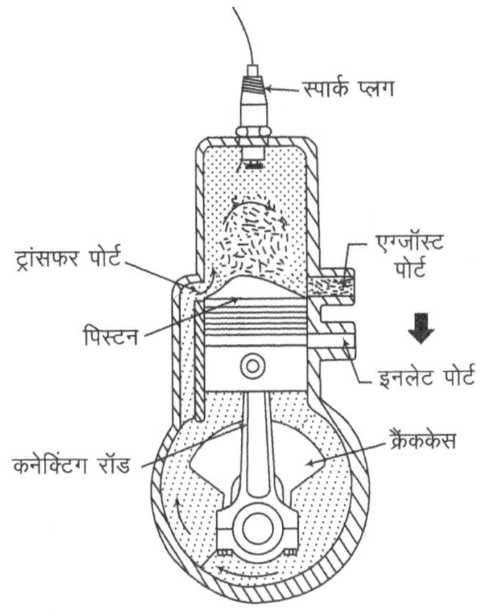

चित्र दो स्ट्रोक पेट्रोल इंजन का द्वितीय स्ट्रोक (पावर एवं एग्जॉस्ट)

B. दो स्ट्रोक डीजल इंजन Two Stroke Diesel Engines

इस प्रकार के इंजनों में ईंधन के रूप में डीजल का प्रयोग किया जाता है तथा इन इंजनों का प्रयोग सामान्यतया शिप प्रोपल्सन (ship propulsion) में किया जाता है। ये इंजन लोअर गवर्नड स्पीड (lower governed speed) होने के कारण अधिक लचीले नहीं होते हैं; जैसे—जहाजीय इंजन।

सिद्धान्त Principle

दो स्ट्रोक आधारित डीजल इंजन, डीजल चक्र (diesel cycle) पर आधारित होते हैं। इनमें डीजल वाष्प एवं कम्प्रैस वायु (compressed air) के दहन के फलस्वरूप शक्ति प्राप्त होती है।

इस प्रकार के इंजन में एक कार्यकारी चक्र पिस्टन के दो स्ट्रोकों में पूर्ण हो जाता है अर्थात् इंजन के चारों स्ट्रोक (सक्शन, कम्प्रैशन, इग्नीशन एवं एग्जॉस्ट) पिस्टन के दो ही स्ट्रोक में पूर्ण हो जाते हैं।

दो स्ट्रोक डीजल इंजन में भी दो स्ट्रोक पेट्रोल इंजन की भाँति ही क्रैंकशाफ्ट के प्रत्येक चक्र में शक्ति प्राप्त होती है।

कार्यविधि Working Method

इस प्रकार के इंजनों में इंजन चक्र के प्रथम अपवर्ड स्ट्रोक में चूषण (suction) द्वारा केवल साफ वायु क्रैंककेस में आती है। इस इंजन में कम्प्रैशन स्ट्रोक, पेट्रोल इंजन के समान ही होता है। द्वितीय स्ट्रोक में जब पिस्टन लगभग टी.डी.सी. पर पहुँचने को होता है, तो इन्जेक्टर (injector) द्वारा दबी गर्म वायु में दहन कक्ष के अन्दर डीजल को स्प्रे कर दिया जाता है। गर्म हवा के सम्पर्क में आने से डीजल जलता है और गैसें फैलती हैं, जिससे शक्ति प्राप्त होती है।

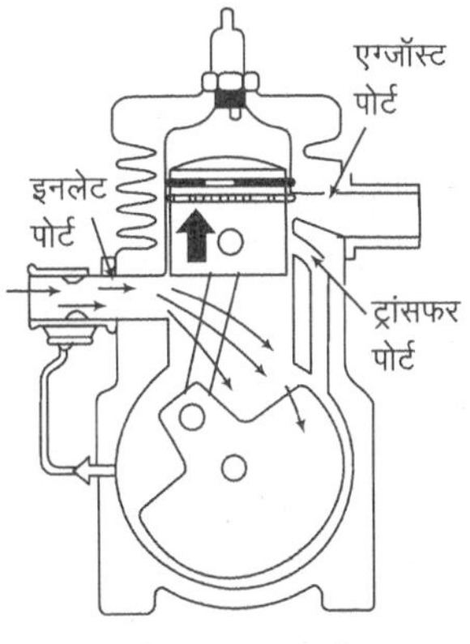

चित्र सक्शन स्ट्रोक

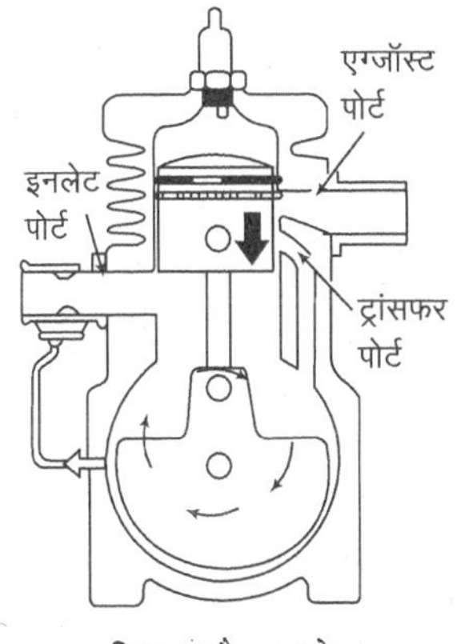

चित्र कम्प्रैशन स्ट्रोक

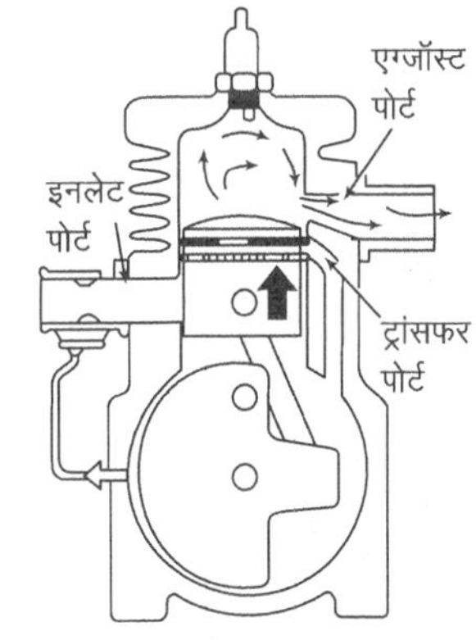

चित्र पावर स्ट्रोक

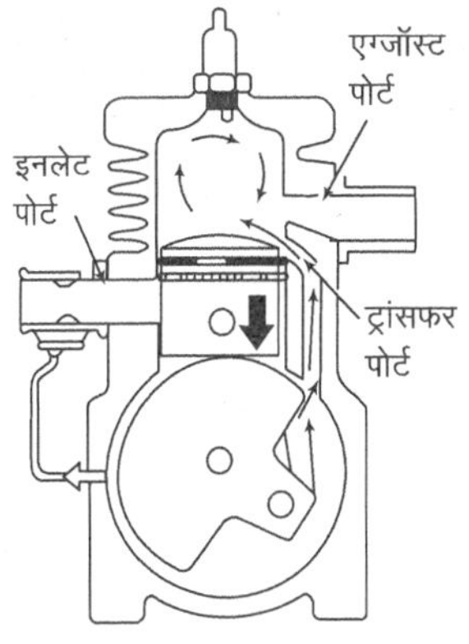

चित्र एग्जॉस्ट स्ट्रोक

(ii) चार स्ट्रोक इंजन Four Stroke Engines

प्राय: इन इंजनों में इंजन चलाने के चक्र के चारों स्ट्रोक (सक्शन, कम्प्रैशन, पावर तथा एग्जॉस्ट) पिस्टन के चार स्ट्रोकों में पूरे होते हैं। इस प्रकार के इंजनों में एक स्ट्रोक में एक ही क्रिया होती है तथा प्रति दो चक्करों पर प्रति सिलेण्डर एक स्पार्क मिलता है एवं प्रति हॉर्स पावर ईंधन की खपत इन इंजनों में कम होती है। सबसे महत्त्वपूर्ण बात यह है कि इन इंजनों में पोर्ट के स्थान पर वाल्व प्रयोग में लाए जाते हैं। ऐसे इंजन प्राय: दो स्ट्रोक इंजनों की ही तरह पेट्रोल तथा डीजल इंजनों में प्रयोग किए जाते हैं।

A. चार स्ट्रोक पेट्रोल इंजन Four Stroke Petrol Engines

इस प्रकार के इंजनों का प्रयोग अधिकतर ऑटोमोबाइल (automobile) क्षेत्र में किया जाता है। इसमें ईंधन (पेट्रोल) जलाने के लिए काबुरेटर, इग्नीशन क्वॉयल, स्पार्क प्लग, डिस्ट्रीब्यूटर तथा बैटरी आदि की व्यवस्था

करनी आवश्यक होती है। इस इंजन का टॉर्क कम होता है। अत: इनके भाग बहुत अधिक मजबूत बनाने की आवश्यकता नहीं होती है; जैसे—कार, स्कूटर आदि।

सिद्धान्त Principle

चार स्ट्रोक पेट्रोल इंजन में एक कार्यकारी चक्र पिस्टन के चार स्ट्रोकों में पूर्ण होता है। अत: इंजन के सक्शन, कम्प्रैशन, इग्नीशन एवं एग्जॉस्ट स्ट्रोक पूर्ण होने पर ही एक कार्यकारी चक्र प्राप्त होता है अर्थात् इंजन के एक कार्यकारी चक्र में क्रैंकशाफ्ट दो चक्र पूर्ण करती है। चार स्ट्रोक पेट्रोल इंजन ओटो चक्र पर आधारित होते हैं।

कार्यविधि Working Method

चार स्ट्रोक पेट्रोल इंजन, पेट्रोल एवं गैस पर आधारित होते हैं, यही कारण है कि इनका प्रचालन सुगम होता है। इनमें वायु और पेट्रोल का विभिन्न अनुपातों में मिश्रण प्रयुक्त किया जाता है। इसकी कार्यप्रणाली में प्रयुक्त चारों स्ट्रोकों का सचित्र वर्णन निम्नवत् है

(a) **सक्शन स्ट्रोक** (Suction stroke) 'ओटो प्रिन्सिपल ऑफ फोर स्ट्रोक चक्र' का यह प्रथम स्ट्रोक होता है। इस स्ट्रोक में इनलेट वाल्व (inlet valve) खुला रहता है, जिसके द्वारा पेट्रोल एवं वायु का मिश्रण सिलेण्डर में जाता है। पिस्टन ऊपर टी.डी.सी. से नीचे बी.डी.सी. की ओर चलता है। सिलेण्डर में पिस्टन के नीचे की ओर पहुँच जाने से वहाँ खाली जगह (vacuum) बन जाती है। इस खाली जगह को पूरा करने के लिए कार्बुरेटर (carburettor) द्वारा पेट्रोल एवं वायु का मिश्रण इनलेट मैनीफोल्ड (inlet manifold) तथा इनलेट वाल्व के रास्ते सक्शन (suction) के कारण सिलेण्डर में भर जाता है।

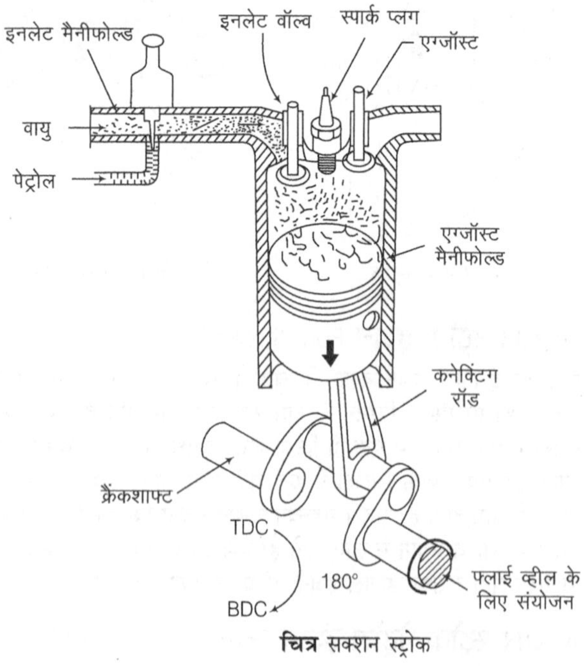

चित्र सक्शन स्ट्रोक

(b) **कम्प्रैशन स्ट्रोक** (Compression stroke) इस स्ट्रोक में पिस्टन नीचे बी.डी.सी. से ऊपर टी.डी.सी. की ओर चलता है। इस समय सक्शन स्ट्रोक में खुला हुआ इनलेट वाल्व बन्द हो जाता है तथा एग्जॉस्ट वाल्व भी बन्द रहता है।

पिस्टन के ऊपर चलने से सिलेण्डर में भरे पेट्रोल एवं वायु के मिश्रण पर दबाव पड़ता है, परन्तु उसे पिस्टन के ऊपर से निकलने का कहीं भी मार्ग नहीं मिलता है।

इस कारण वह सिलेण्डर हैड में बने दहन कक्ष में कम्प्रैस्ड हो जाता है।

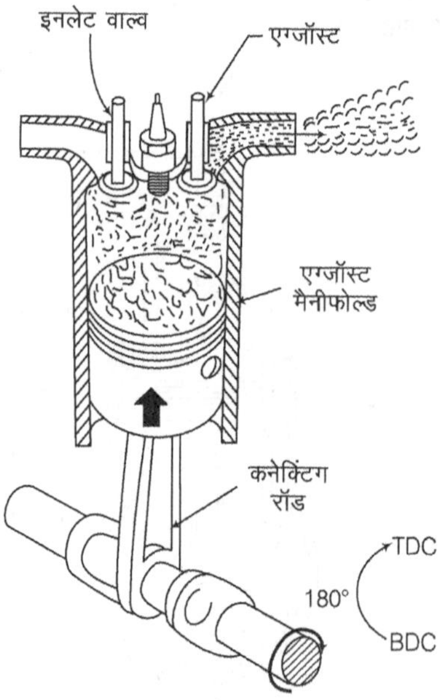

चित्र कम्प्रैशन स्ट्रोक

(c) **पावर या फायरिंग स्ट्रोक** (Power or firing stroke) इस स्ट्रोक में ही दबे मिश्रण को जलाया जाता है, जब पिस्टन टी.डी.सी. के पास पहुँचने को होता है, तो कम्प्रैस्ड हुए मिश्रण को स्पार्क प्लग (spark plug) द्वारा बैटरी (battery) आदि के करण्ट की सहायता से चिंगारी (spark) देकर जला दिया जाता है। इससे सिलेण्डर के अन्दर एक विस्फोट जैसा होता है तथा मिश्रण का पेट्रोल जल जाता है और गैसें (हवा) बहुत ताकत से फैलती हैं। इसी से शक्ति प्राप्त होती है।

गैसों के फैलने की यह शक्ति पिस्टन हैड को धकेलती है तथा पिस्टन ऊपर (टी.डी.सी.) से नीचे (बी.डी.सी.) की ओर चलता है। पिस्टन के साथ ही लगी कनेक्टिंग रॉड (connecting rod) पिस्टन को मिले इस धक्के के कारण नीचे आकर क्रैंकशाफ्ट तथा फ्लाईव्हील को घूमने की शक्ति प्रदान करती है। फ्लाईव्हील द्वारा इंजन की शक्ति का उपयोग अन्य यान्त्रिक (mechanical) कार्यों के लिए किया जाता है।

निम्न चित्र में पावर स्ट्रोक की कार्यिकी को दर्शाया गया है।

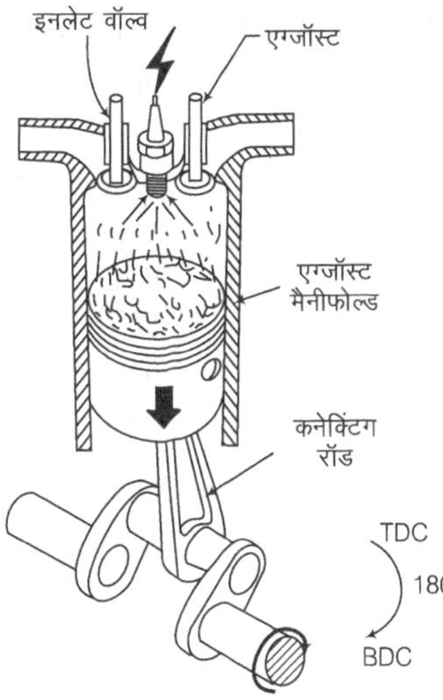

चित्र पावर स्ट्रोक

(c) **एग्जॉस्ट स्ट्रोक** (Exhaust stroke) यह चौथा व अन्तिम स्ट्रोक है। इसके द्वारा इंजन का एक चक्र (cycle) पूरा हो जाता है। इस स्ट्रोक में जली गैसें सिलेण्डर से बाहर निकलती हैं। इस स्ट्रोक में पिस्टन बी.डी.सी. से टी.डी.सी.की ओर चलता है। पिस्टन के ऊपर जाने से सिलेण्डर की निष्क्रिय गैसें दाब के साथ सिलेण्डर से बाहर निकलती हैं। पिस्टन के ऊपर जाने से सिलेण्डर की निष्क्रिय गैसों पर, दबाव पड़ता है। इस कारण वे एग्जॉस्ट वाल्व, एग्जॉस्ट मैनीफोल्ड तथा साइलेन्सर से होकर बाहर निकल जाती हैं।

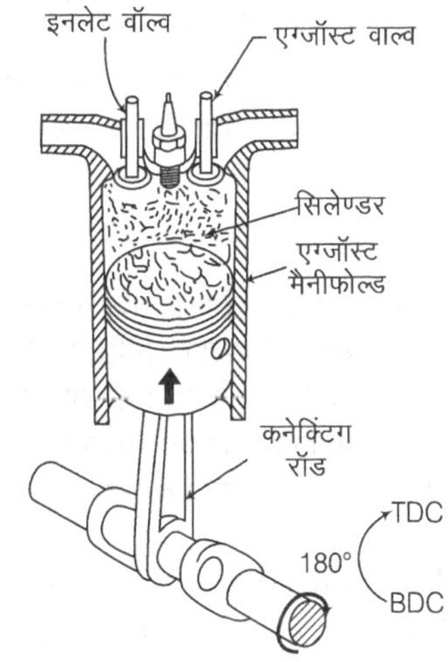

चित्र एग्जॉस्ट स्ट्रोक

B. चार स्ट्रोक डीजल इंजन Four Stroke Diesel Engines

इस प्रकार के इंजनों का प्रयोग भारी वाहनों में किया जाता है। ये इंजन चार स्ट्रोक पेट्रोल इंजन की तुलना में अधिक प्रभावशाली होते हैं, परन्तु इनमें इंजन का टॉर्क अधिक होता है, जिसके कारण इनके भाग बहुत अधिक मजबूत बनाने की आवश्यकता होती है; जैसे—ट्रक, ट्रैक्टर आदि।

सिद्धान्त Principle

चार स्ट्रोक डीजल इंजन में चार स्ट्रोक पेट्रोल इंजन की भाँति एक कार्यकारी चक्र पिस्टन के चार स्ट्रोक में पूर्ण होता है। इसमें डीजल वाष्प एवं कम्प्रैस्ड वायु (compressed air) के दहन के फलस्वरूप शक्ति प्राप्त होती है। इंजन के एक कार्यकारी चक्र में क्रैंकशाफ्ट दो चक्र पूर्ण करती है। इसमें पिस्टन के चारों स्ट्रोक (सक्शन, कम्प्रैशन, इग्नीशन एवं एग्जॉस्ट) के पूर्ण होने पर ही एक कार्यकारी चक्र प्राप्त होता है। चार स्ट्रोक डीजल इंजन, डीजल चक्र के सिद्धान्त पर कार्य करता है।

कार्यविधि Working Method

जिस प्रकार पेट्रोल इंजन के चार स्ट्रोक में सक्शन, कम्प्रैशन, पावर तथा एग्जॉस्ट स्ट्रोक एक क्रम में होते हैं, उसी प्रकार डीजल इंजन में भी चारों स्ट्रोक उसी क्रम में होते हैं, परन्तु इनकी कार्यप्रणाली में भिन्नता केवल पावर एवं फायरिंग स्ट्रोक में होती है, क्योंकि इस स्ट्रोक में चार स्ट्रोक पेट्रोल इंजन द्वारा ईंधन का दहन स्पार्किंग द्वारा होता है, जबकि चार स्ट्रोक डीजल में यह प्रक्रिया इन्जेक्टर द्वारा डीजल स्प्रे करके की जाती है। चार स्ट्रोक डीजल इंजन के स्ट्रोकों का वर्णन निम्नवत् है

(a) **सक्शन स्ट्रोक** (Suction stroke) इस स्ट्रोक में पिस्टन टी.डी.सी. से बी.डी.सी. की ओर चलता है। उस समय इनलेट वाल्व खुला रहता है। सिलेण्डर में पिस्टन के नीचे जाने से खाली जगह हो जाती है। इससे सिलेण्डर में सक्शन पैदा होता है और इनलेट वाल्व तथा इनलेट मैनीफोल्ड द्वारा एयर क्लीनर (air cleaner) से साफ हवा खींचकर सिलेण्डर में भर जाती है।

(b) **कम्प्रैशन स्ट्रोक** (Compression stroke) इस स्ट्रोक में पिस्टन बी.डी.सी. से टी.डी.सी. की ओर चलता है और सक्शन स्ट्रोक में खुला हुआ इनलेट वाल्व भी बन्द हो जाता है। पिस्टन के ऊपर जाने से सिलेण्डर में आई वायु पर दबाव पड़ता है, परन्तु उसे कहीं से भी निकलने का मार्ग नहीं मिल पाता। अन्ततः वह दहन कक्ष (combustion chamber) में दब (compress) जाती है।

(c) **पावर या फायरिंग स्ट्रोक** (Power or firing stroke) इन कक्ष में दबने के बाद वायु का तापक्रम डीजल जलने के तापक्रम से बहुत अधिक हो जाता है। इस गर्म वायु में फ्यूल इन्जेक्शन पम्प की सहायता से इन्जेक्टर (injector) द्वारा डीजल का छिड़काव (spray) कर दिया जाता है। गर्म वायु में डीजल के पहुँचते ही वह जल जाता है, जिससे गैसें फैलती (expand) हैं। गैसों के फैलने से पिस्टन को धक्का लगता है तथा पिस्टन टी.डी.सी. से बी.डी.सी. की ओर चलता है। पिस्टन को मिली यह शक्ति (power) कनेक्टिंग रॉड द्वारा क्रैंक शाफ्ट (crank shaft) तथा फ्लाईव्हील को घुमाती है, जिससे अन्य यान्त्रिक कार्य लिए जाते हैं।

(d) **एग्जॉस्ट स्ट्रोक** (Exhaust stroke) पिस्टन के बी.डी.सी. पर पहुँचने से कुछ पहले ही एग्जॉस्ट वाल्व खुल जाता है तथा पिस्टन पुनः बी.डी.सी. से टी.डी.सी. की ओर चलता है। इससे सिलेण्डर में भरी हुई जली निष्क्रिय गैसों पर दबाव पड़ता है और जली गैसें एग्जॉस्ट वाल्व, एग्जॉस्ट मैनीफोल्ड तथा साइलेन्सर पाइप द्वारा सिलेण्डर से बाहर निकल जाती हैं। इसी प्रकार क्रम में चारों स्ट्रोक होते रहते हैं तथा इंजन चलता रहता है।

स्ट्रोकों पर आधारित इंजनों की विशेषताएँ
Characteristics of Engines Based on Strokes

स्ट्रोकों पर आधारित इंजनों की विशेषताएँ निम्न प्रकार हैं

(i) स्ट्रोक, इंजन के पिस्टन के विस्थापन को दर्शाते हैं।

(ii) स्ट्रोक, इंजन के विभिन्न प्रक्रमों को दर्शाते हैं।

(iii) स्ट्रोक, इंजन के प्रचालन चक्रों को दर्शाते हैं।

(iv) स्ट्रोकों पर इंजन की गति निर्भर करती है।

(v) स्ट्रोकों पर इंजन की मितव्ययिता निर्भर करती है।

तालिका दो स्ट्रोक व चार स्ट्रोक के इंजनों में अन्तर

क्र.सं.	दो स्ट्रोक इंजन	चार स्ट्रोक इंजन
I. बनावट के अनुसार अन्तर		
1.	इसमें प्रायः पोर्ट होती हैं।	इसमें वाल्व होते हैं।
2.	इसमें प्रायः क्रैंककेस शील्ड होता है।	इसमें क्रैंक चैम्बर के नीचे सम्प लगता है।
3.	इसमें प्रायः क्रैंकशाफ्ट स्प्लिट अप होती है।	इसमें क्रैंकशाफ्ट मोनो ब्लॉक होता है।
4.	इसमें प्रायः कनैक्टिंग रॉड सिंगल पीस होती है।	इसमें कनैक्टिंग रॉड स्प्लिट अप टाइप होती है।
5.	इसमें प्रायः पिस्टन डोम हैड होता है।	इसमें फ्लैट हैड पिस्टन होता है।
6.	इसमें प्रायः त्रि-लुब्रीकेटिंग बियरिंग लगते हैं।	इसमें शैल टाइप फ्रिक्शनल बियरिंग लगते हैं।
7.	इसमें प्रायः वायुशीतलित सिलेण्डर हैड और ब्लॉक होता है।	इसमें प्रायः जल शीतलित (water cooled) किस्म के होते हैं।
8.	ये इंजन कम स्थान घेरते हैं।	ये इंजन प्रायः ज्यादा स्थान घेरते हैं।
9.	इस इंजन का फ्लाईव्हील हल्का व छोटा होता है।	इस इंजन का फ्लाईव्हील भारी व बड़े व्यास का होता है।
10.	इस इंजन का डिजाइन साधारण होता है।	वाटर जैकेट्स के कारण इस इंजन का डिजाइन जटिल होता है।
II. कार्यविधि के अनुसार अन्तर		
1.	प्रति सिलेण्डर एक स्ट्रोक में कई क्रियाएँ होती हैं।	एक स्ट्रोक में एक ही क्रिया होती है।
2.	क्रैंकशाफ्ट के प्रति चक्कर पर प्रति सिलेण्डर एक स्पार्क मिलता है।	क्रैंकशाफ्ट के प्रति दो चक्करों पर प्रति सिलेण्डर एक स्पार्क मिलता है।
3.	ईंधन दहन का समय कम होता है।	ईंधन दहन का समय अधिक होता है।
4.	ईंधन के अपूर्ण दहन से निश्चित हॉर्स पावर के लिए प्रति आउटपुट 50 से 60% मिलती है।	ईंधन के पूर्ण दहन से निश्चित हॉर्स पावर के लिए प्रति लीटर आउटपुट 100% होती है।
5.	इसमें एग्जॉस्ट पोर्ट शीघ्र बन्द हो जाता है।	साइलेन्सर काफी देर तक कार्य करता है।
III. अन्य अन्तर		
1.	इंजन की आवाज अधिक होती है।	आवाज कम होती है।
2.	पोर्ट कम होने से इंजन हल्का होता है।	ज्यादा पोर्ट होने से इंजन भारी होता है।
3.	इंजन निर्माण व्यय कम है।	व्यय अधिक है।
4.	प्रति सिलेण्डर प्रति चक्कर पर पावर मिलने से इंजन सन्तुलित चलते हैं।	सन्तुलित नहीं चलते, क्योंकि क्रैंक के दो चक्रों पर एक बार पावर मिलती है।
5.	टॉर्क यूनिफॉर्म रहता है।	टॉर्क यूनिफॉर्म नहीं रहता है।
6.	यान्त्रिक दक्षता अधिक होती है।	अधिक घर्षण से दक्षता कम होती है।
7.	प्रति हॉर्स पावर फ्यूल खपत अधिक होती है।	ईंधन खपत ठीक रहती है।
8.	अधिक दूरी तय करते हुए गर्म हो जाते हैं।	वाटर कूलिंग के कारण अधिक लम्बा सफर तय करते हैं।

5. सिलेण्डरों की संख्या के आधार पर
On the Basis of Number of Cylinders

सिलेण्डरों की संख्या के आधार पर इंजन निम्न प्रकार के होते हैं

(i) एकल सिलेण्डर इंजन Single Cylinder Engine

एकल सिलेण्डर इंजन एक ही पिस्टन के क्रिया चक्र पर आधारित इंजन है, जो सिंगल एक्टिंग इंजन भी कहलाते हैं। ये इंजन पेट्रोल, डीजल एवं गैस चालित होते हैं।

सिद्धान्त Principle

इन इंजनों में ईंधन के दहन के फलस्वरूप केवल एक ही पिस्टन की शक्ति प्राप्त होती है। एकल सिलेण्डर इंजन में केवल एक ही इंजन सिलेण्डर होता है। इसमें इंजन सिलेण्डर के अन्दर दहन कक्ष में ईंधन (पेट्रोल, डीजल, गैस एवं वायु मिश्रण) का दहन होता है, जिसके फलस्वरूप शक्ति उत्पन्न होती है।

कार्यविधि Working Method

एकल सिलेण्डर इंजन में एक कार्यकारी चक्र केवल एक पिस्टन के दो अथवा चार स्ट्रोक (सक्शन, कम्प्रैशन, इग्नीशन एवं एग्जॉस्ट) में पूर्ण होता है। इसमें इंजन के दहन कक्ष में ईंधन के दहन से विस्फोट होता है, जिससे दहन गैसें पिस्टन को नीचे की ओर धक्का देती हैं और पिस्टन से सम्बन्धित कनेक्टिंग रॉड, क्रैंक शाफ्ट एवं फ्लाईव्हील को घुमा देती हैं।

(ii) बहु-सिलेण्डर इंजन Multi-cylinder Engine

बहु-सिलेण्डर इंजन दो या अधिक पिस्टन के क्रिया चक्रों पर आधारित इंजन है।

सिद्धान्त Principle

ये इंजन पेट्रोल, डीजल एवं गैस चालित होते हैं। इनमें ईंधन के दहन के फलस्वरूप दो या अधिक पिस्टनों की शक्ति प्राप्त होती है। बहु-सिलेण्डर इंजन में दो या अधिक इंजन सिलेण्डर होते हैं। इनमें प्रत्येक सिलेण्डर के दहन कक्ष में ईंधन (पेट्रोल, डीजल एवं गैस) का दहन होता है, जिसके फलस्वरूप शक्ति उत्पन्न होती है।

कार्यविधि Working Method

बहु-सिलेण्डर इंजन में एक कार्यकारी चक्र दो या अधिक पिस्टनों के दो या चार स्ट्रोकों (सक्शन, कम्प्रैशन, इग्नीशन एवं एग्जॉस्ट) में पूर्ण होता है। इसमें प्रत्येक सिलेण्डर के दहन कक्ष में ईंधन के दहन से विस्फोट होता है, जिससे दहन हुई गैसें प्रत्येक पिस्टन को नीचे की ओर धक्का देती हैं और पिस्टन से सम्बन्धित कनेक्टिंग रॉड, क्रैंक शाफ्ट एवं फ्लाईव्हील को घुमा देती हैं।

6. सिलेण्डर व्यवस्था के आधार पर On the Basis of Cylinder Arrangement

इंजन में सिलेण्डर व्यवस्था की विशिष्ट महत्ता है, जिसके आधार पर भी इंजनों का वर्गीकरण किया जाता है। विषय एवं पाठ्यक्रम की उपयोगिता को ध्यान में रखते हुए इसके अन्तर्गत निम्न इंजनों का वर्णन किया गया है

(i) अपोज्ड सिलेण्डर इंजन Opposed Cylinder Engine

अपोज्ड सिलेण्डर इंजन को ही डबल एक्टिंग इंजन (double acting engine) भी कहते हैं।

सिद्धान्त Principle

अपोज्ड सिलेण्डर इंजनों में पिस्टन के प्रत्येक स्ट्रोक में शक्ति विकसित होती है अर्थात् पिस्टन के टी.डी.सी. (TDC) एवं बी.डी.सी. (BDC) पर शक्ति उत्पन्न होती है। इसमें एक पिस्टन के दोनों ओर शक्ति उत्पन्न होती है।

कार्यविधि Working Method

अपोज्ड सिलेण्डर इंजन में एक ही सिलेण्डर के अन्दर एवं पिस्टन के दोनों ओर दहन होता है। इसी कारण इस इंजन को अपोज्ड सिलेण्डर इंजन कहा जाता है। इस प्रकार के इंजन में पिस्टन के दोनों ओर इनलेट और एग्जॉस्ट वाल्व दोनों ही लगे होते हैं।

जब पिस्टन टी.डी.सी. पर होता है, तो सक्शन के कारण बी.डी.सी. पर लगा इनलेट वाल्व खुल जाता है, जिससे ईंधन सिलेण्डर में प्रवेश कर जाता है और जब पिस्टन बी.डी.सी. की ओर चलता है, तो इस ईंधन का कम्प्रैशन होता है तथा तभी सक्शन के कारण पिस्टन के दूसरी ओर टी.डी.सी. पर लगा इनलेट वाल्व खुल जाता है, जिससे ईंधन सिलेण्डर में प्रवेश कर जाता है और जब पिस्टन पुन: टी.डी.सी. की ओर चलता है, तो इस ईंधन का कम्प्रैशन होता है।

कम्प्रैशन के पश्चात् दोनों ओर ईंधन का क्रमवार दहन होता रहता है, जिससे पिस्टन के प्रत्येक स्ट्रोक में इंजन में शक्ति विकसित होती रहती है।

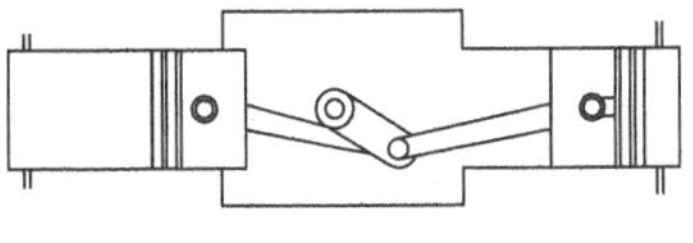

चित्र अपोज्ड सिलेण्डर इंजन

(ii) इन-लाइन इंजन In-line Engine

इन-लाइन इंजन में सिलेण्डर ऊर्ध्वाधर स्थिति में होते हैं तथा पिस्टन परस्पर समान कला में होते हैं। इस प्रकार के इंजन में शक्ति-स्ट्रोक क्रैंकशाफ्ट, घूर्णन के प्रति 360° पर होती है।

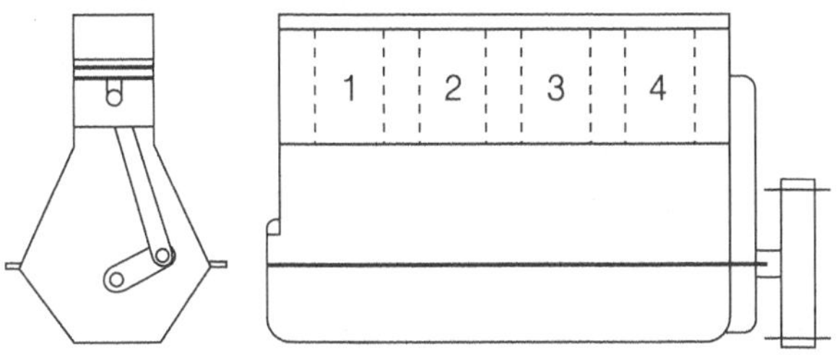

चित्र इन-लाइन इंजन

(iii) V-आकार इंजन V-Shape Engine

इनमें सिलेण्डरों की मध्य रेखाएँ एक-दूसरे के साथ किसी कोण पर होती है यह कोण सिलेण्डरों की संख्या के अनुसार होते है। इन इंजनों का मुख्य लाभ यह है कि ये इंजन अधिक कॉमपैक्ट बनाए जा सकते हैं। इनकी निर्माण लागत अधिक तथा सन्तुलन कठिन होने के कारण इनका प्रयोग ऑटोमोबाइलों में नहीं किया जाता है।

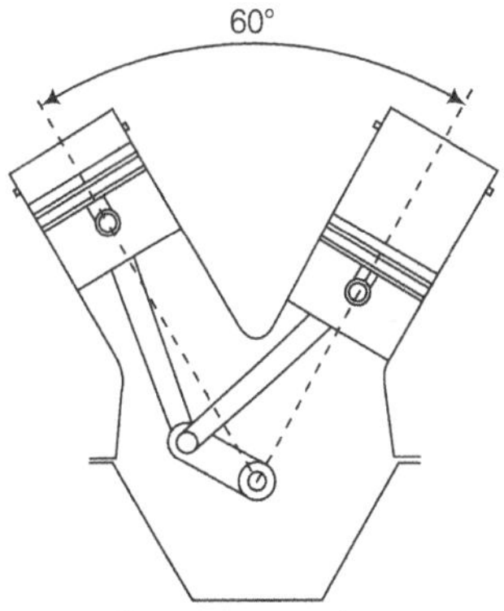

चित्र V-आकार इंजन

(iv) रेडियल इंजन Radial Engine

इस प्रकार के इंजनों में सिलेण्डर रेडियली व्यवस्थित किए जाते हैं। इस प्रकार के इंजन छोटे, हल्के तथा अधिक दृढ़ होते हैं। रेडियल इंजनों का प्रयोग अधिकतर वायुयान (aeroplanes) में किया जाता है।

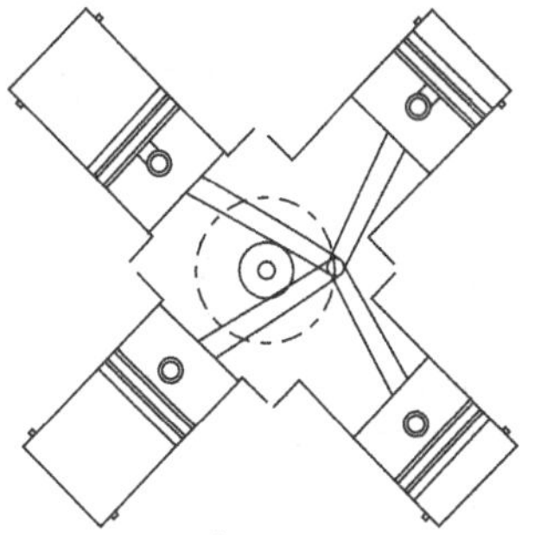

चित्र रेडियल इंजन

सिलेण्डर व्यवस्था पर आधारित इंजनों की विशेषताएँ
Characteristics of Engines Based on Cylinder Arrangement

सिलेण्डर व्यवस्था पर आधारित इंजनों की विशेषताएँ निम्न हैं

1. इससे इंजन की कार्यक्षमता का आकलन किया जाता है।
2. इससे इंजन फायरिंग ऑर्डर का आकलन किया जाता है।
3. इससे इंजन में पिस्टनों की संख्या का आकलन किया जाता है।
4. इससे इंजन की दक्षता को दर्शाया जा सकता है।

7. इंजन चार्जिंग के आधार पर
On the Basis of Engine Charging

चार्जिंग के आधार पर भी इंजन को दो वर्गों में बाँटा जा सकता है

(i) प्राकृतिक एस्पीरेटेड इंजन Natural Aspirated Engine

प्राकृतिक एस्पीरेटेड इंजन केवल इंजन सिलेण्डर के अन्दर ही कम्प्रैस्ड हुए ईंधन के दहन पर आधारित इंजन हैं।

सिद्धान्त Principle

ये वे इंजन हैं, जिनमें किसी बाह्य स्रोत से कम्प्रैस्ड ईंधन को इंजन सिलेण्डर के दहन कक्ष में नहीं पहुँचाया जाता है। इन इंजनों में ईंधन का कम्प्रेशन सिलेण्डर के अन्दर प्राकृतिक रूप से होता है।

कार्यविधि Working Method

प्राकृतिक एस्पीरेटेड इंजन में एक कार्यकारी चक्र पिस्टन के दो अथवा चार स्ट्रोकों (सक्शन, कम्प्रैशन, इग्नीशन एवं एग्जॉस्ट) में पूर्ण होता है। इस इंजन में केवल प्राकृतिक (अनकम्प्रैस्ड) ईंधन ही इंजन सिलेण्डर में इनलेट वाल्व के रास्ते प्रवेश करता है। यह ईंधन पिस्टन के टी.डी.सी. से बी.डी.सी. की ओर जाने से बने सक्शन के कारण इनलेट वाल्व खुलने से इंजन सिलेण्डर में प्रवेश करता है।

जब पिस्टन बी.डी.सी. से टी.डी.सी. की ओर चलता है, तब इस ईंधन का कम्प्रैशन होता है और जैसे पिस्टन टी.डी.सी. के निकट पहुँचता है, तभी ईंधन का दहन आरम्भ हो जाता है।

अत: ईंधन के दहन से दहन कक्ष में विस्फोट होता है, जिससे दहन गैसें पिस्टन को नीचे की ओर धक्का देती हैं और पिस्टन से सम्बन्धित कनेक्टिंग रॉड, क्रैंकशाफ्ट एवं फ्लाईव्हील को घुमा देती हैं अर्थात् इंजन में शक्ति विकसित होती है।

बी.डी.सी. पर पहुँचने के पश्चात् पिस्टन पुन: टी.डी.सी. की ओर चलता है, जिससे एग्जॉस्ट वाल्व खुल जाता है एवं दहन की निष्क्रिय गैसें एग्जॉस्ट वाल्व के रास्ते वायुमण्डल में निकल जाती हैं। इस प्रकार इंजन का एक कार्यकारी चक्र पूर्ण होता है।

(ii) सुपरचार्ज्ड इंजन Supercharged Engine

इस प्रकार के इंजनों में सुपरचार्जर का प्रयोग किया जाता है, जो आमतौर पर इनलेट मैनीफोल्ड के बीच में लगे होते हैं। इनका मुख्य लाभ यह है कि ये शीघ्र व अधिक मात्रा में वायु सिलेण्डर में पहुँचाते हैं, जिससे कि इंजन की कार्यक्षमता बढ़ जाती है।

सिद्धान्त Principle

सुपरचार्ज्ड इंजन में इंजन दक्षता में वृद्धि करने हेतु बाह्य स्रोत से ईंधन को कम्प्रैशन करके इंजन सिलेण्डर में पहुँचाया जाता है, जिससे ईंधन का पूर्ण दहन सम्भव हो पाता है। इस कम्प्रैशन ईंधन को पुन: इंजन सिलेण्डर में कम्प्रैशन स्ट्रोक के अन्तर्गत कम्प्रैशन किया जाता है, जिससे ईंधन का पूर्ण दहन होता है।

कार्यविधि Working Method

सुपर चार्ज्ड इंजन में एक कार्यकारी चक्र पिस्टन के दो अथवा चार स्ट्रोकों (सक्शन, कम्प्रैशन, इग्नीशन एवं एग्जॉस्ट) में पूर्ण होता है। इस इंजन में कम्प्रैशन ईंधन इनलेट वाल्व अथवा पोर्ट के रास्ते इंजन सिलेण्डर में प्रवेश करता है।

यह कम्प्रैशन ईंधन पिस्टन के टी.डी.सी. से बी.डी.सी. की ओर जाने के कारण बने सक्शन से इनलेट वाल्व खुलने के कारण इंजन सिलेण्डर में प्रवेश करता है, जब पिस्टन बी.डी.सी. से टी.डी.सी. की ओर चलता है, तब इस ईंधन का पुन: कम्प्रैशन होता है और जैसे ही पिस्टन टी.डी.सी. के निकट पहुँचता है, तभी ईंधन का दहन आरम्भ हो जाता है।

अत: ईंधन के दहन से दहन कक्ष में विस्फोट होता है, जिससे दहन गैसें पिस्टन को नीचे की ओर धक्का देती हैं और पिस्टन से सम्बद्ध कनेक्टिंग रॉड, क्रैंकशाफ्ट एवं फ्लाईव्हील को घुमा देती हैं अर्थात् इंजन में शक्ति विकसित हो जाती है। बी.डी.सी. पर पहुँचने के पश्चात् पिस्टन पुन: टी.डी.सी. की ओर चलता है, जिससे एग्जॉस्ट वाल्व खुल जाता है एवं दहन की निष्क्रिय गैसें एग्जॉस्ट वाल्व के रास्ते वायुमण्डल में निकल जाती हैं। इस प्रकार इंजन का एक कार्यकारी चक्र पूर्ण होता है।

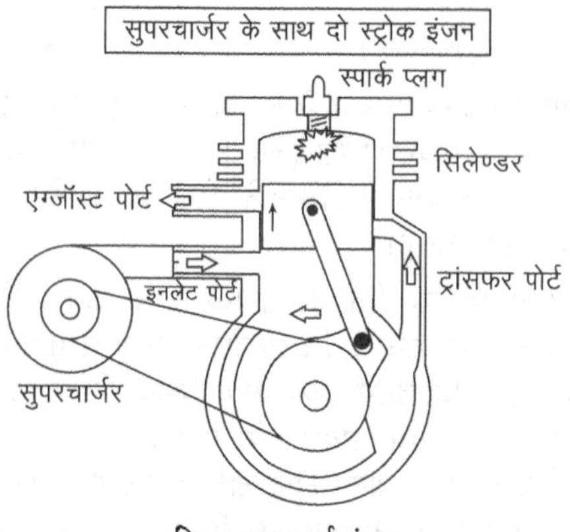

चित्र सुपरचार्ज्ड इंजन

8. शीतलन प्रणाली के आधार पर
On the Basis of Cooling System

इंजन में विभिन्न परिस्थितियों में विविध शीतलन प्रणालियों का प्रयोग किया जाता है, जिनकी कार्यप्रणाली भिन्न-भिन्न परन्तु ध्येय एक ही होता है। प्रत्येक शीतलन प्रणाली हेतु भिन्न-भिन्न युक्तियों एवं उपकरणों का प्रयोग किया जाता है। पाठ्यक्रम एवं विषय की उपयोगिता के आधार पर प्रस्तुत अनुच्छेद में निम्न इंजनों का वर्णन किया गया है

शीतलन प्रणाली के आधार पर इंजन दो प्रकार के होते हैं जिनका विवरण निम्नवत् है।

(i) वायु शीतलित इंजन Air Cooled Engine

वायु शीतलित इंजनों में इंजन को सामान्य तापक्रम पर ठण्डा करने के लिए वायु का उपयोग किया जाता है।

सिद्धान्त Principle

इस प्रणाली द्वारा ठण्डे होने वाले इंजनों के सिलेण्डर के चारों ओर टेपर एवं पतले पंख (fins) बनाए जाते हैं। इन पंखों के कारण सिलेण्डर के चारों ओर एकत्रित वायु का क्षेत्रफल बढ़ जाता है। पंखों के पतले होने के कारण ये वायु के सम्पर्क में आकर शीघ्रता से ठण्डे होते रहते हैं। इस प्रकार इंजन सिलेण्डर का तापमान सामान्य बना रहता है।

कार्यविधि Working Method

वायु शीतलन इंजन के चारों ओर पतले एवं नुकीले पंख बने होते हैं। ये पंख इंजन के तापमान का पारेषण वायुमण्डल की वायु को करते रहते हैं, क्योंकि पंखों के कारण सिलेण्डर के चारों ओर एकत्रित वायु का क्षेत्रफल बढ़ जाता है और वायु इंजन के तापमान को अवशोषित करती रहती है, जिससे वायु के सम्पर्क से इंजन सिलेण्डर शीघ्र ठण्डे होते रहते हैं। इंजनों में आवश्यकतानुसार वायु के प्रबन्ध हेतु पंखे या ब्लोअर (blower) की व्यवस्था की जाती है।

(ii) जल शीतलित इंजन Water Cooled Engine

जल शीतलित इंजनों में इंजन का तापमान सामान्य बनाए रखने हेतु जल का प्रयोग किया जाता है।

सिद्धान्त Principle

इस प्रणाली द्वारा ठण्डे होने वाले इंजनों के सिलेण्डर के अन्दर वाटर जैकेट बनाए जाते हैं। इनमें वाटर जैकेटों में जल का प्रचालन किया जाता है। जल सिलेण्डर के तापमान को अवशोषित करता है और सिलेण्डर का तापमान सामान्य बना रहता है।

कार्यविधि Working Method

जल शीतलित इंजनों के सिलेण्डर में बने वाटर जैकेटों में जल का निरन्तर प्रचालन होता रहता है। यह जल दहन कक्ष की दीवारों के सम्पर्क में रहता है, जिससे यह निरन्तर दहन कक्ष की दीवारों की गर्मी को अवशोषित करता रहता है। वाटर जैकेटों में उपस्थित जल भी प्रचालन के कारण संघनित्र अथवा कण्डेन्सर (condenser) के द्वारा ठण्डा होता रहता है। इस प्रकार सामान्य इंजनों को विविध आधारों पर वर्गीकृत कर उनका अध्ययन किया जा सकना सम्भव है। इसका परोक्ष-अपरोक्ष लाभ यह होता है कि इंजनों को विविध वर्गों में रखकर लगभग सभी प्रकृति के इंजनों का अध्ययन सम्भव हो जाता है। ऐसे में प्रशिक्षु किसी भी प्रकार के इंजन की जानकारी से अनभिज्ञ नहीं रहते हैं।

शीतलन प्रणाली पर आधारित इंजनों की विशेषताएँ Characteristics of Engines Based on Cooling System

शीतलन प्रणाली पर आधारित इंजनों की विशेषताएँ निम्न हैं

(i) इससे इंजन में प्रयुक्त युक्तियों का आकलन किया जाता है।
(ii) इससे इंजन के कार्यिकी तापमान को व्यवस्थित किया जाता है।
(iii) इससे इंजन की अभिकल्पना (design) का आकलन किया जाता है।
(iv) इससे इंजन के स्थापितिकरण का आकलन किया जाता है।

11.3 ईंधन इन्जेक्शन की विधियाँ Methods of Fuel Injection

इंजनों में इन्जेक्शन एक ऐसी व्यवस्था है, जिसके द्वारा ईंधन को इंजन में प्रवेश (enter) कराया जाता है, जिससे कि इंजन से आवश्यकतानुसार कार्य किया जा सके। इसके अन्तर्गत निम्न दो विधियाँ आती हैं

1. प्रत्यक्ष इन्जेक्शन (Direct Injection)
2. अप्रत्यक्ष इन्जेक्शन (Indirect Injection)

1. प्रत्यक्ष इन्जेक्शन Direct Injection

प्रत्यक्ष इन्जेक्शन, डीजल इंजन में ईंधन को इन्जेक्ट कराने की एक ऐसी विधि है, जिसके द्वारा डीजल इंजन में पिस्टन की सहायता से ईंधन को प्रत्यक्ष रूप से दहन कक्ष में इन्जेक्ट कराया जाता है।

डीजल इंजनों में यह इन्जेक्शन उच्च दाब पर किया जाता है, जिसके कारण इंजन को हवा में ईंधन के प्रसार (diffusion) को सुनिश्चित करने के लिए प्री-चैम्बर की आवश्यकता नहीं पड़ती है तथा इसमें ईंधन के व्यवस्थित प्रवाह के लिए दहन कक्ष में ही इन्जेक्शन नॉजिल लगाया जाता है। यह इन्जेक्शन अधिक किफायती तथा श्रेष्ठ ऊष्मीय दक्षता वाला होता है। डीजल इंजन में इन्जेक्टर यन्त्र, कम्बश्चन चैम्बर के शीर्ष पर लगाया जाता है। इसमें ईंधन की खपत अप्रत्यक्ष इन्जेक्शन से 15-20% कम होती है। इस इन्जेक्टर को दो विधियों द्वारा सक्रिय किया जा सकता है

(i) ईंधन पम्प द्वारा हाइड्रोलिक दाब प्रदान कर।
(ii) इंजन नियन्त्रक द्वारा इलेक्ट्रॉनिक सिग्नल प्रदान कर।

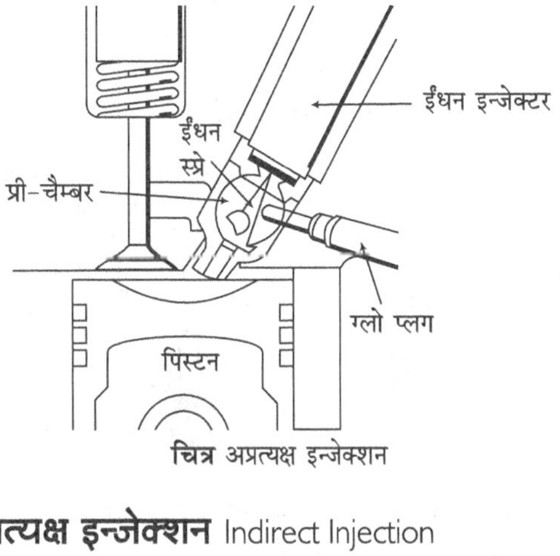

चित्र अप्रत्यक्ष इन्जेक्शन

2. अप्रत्यक्ष इन्जेक्शन Indirect Injection

अप्रत्यक्ष इन्जेक्शन, डीजल इंजन में ईंधन को इन्जेक्ट कराने की एक ऐसी विधि है, जिसके द्वारा सिलेण्डर से जुड़े हुए प्री-चैम्बर में ईंधन को संकीर्ण मार्ग के द्वारा इन्जेक्ट कराया जाता है। ईंधन शीघ्रता से (rapidly) ऑक्सीजन के साथ मिश्रित होकर प्रज्वलन (ignition) उत्पन्न कर देता है।

अप्रत्यक्ष इन्जेक्शन प्री-चैम्बर में ग्लो प्लग भी संयोजित होता है, जिसमें प्रत्यक्ष इन्जेक्शन की भाँति उच्च दाब इन्जेक्शन प्रणाली की आवश्यकता नहीं होती तथा सैल्फ क्लीनिंग पिन्टल इन्जेक्टर (self cleaning pintle injector) के कारण इन्जेक्टर व्यवधान (injector blockage) की सम्भावनाएँ भी कम होती हैं।

बड़े वाहनों में, प्रत्यक्ष इन्जेक्शन इंजन की अपेक्षा अप्रत्यक्ष इंजन बहुत आसानी से चलते हैं, क्योंकि अप्रत्यक्ष इन्जेक्शन इंजन में निम्न इन्जेक्ट दाब का प्रयोग किया जाता है।

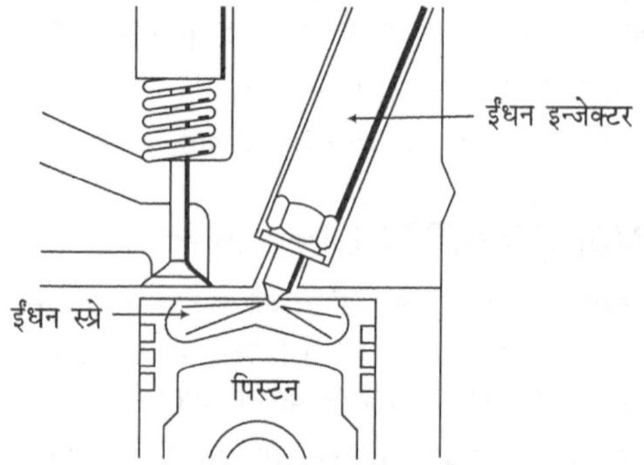

चित्र प्रत्यक्ष इन्जेक्शन

11.4 इंजन सम्बन्धी उपयोगी तकनीकी पद

Useful Technical Terms Related to Engine

इंजनों से भली प्रकार अवगत होने के लिए कुछ ऐसे तकनीकी पदों को जानना भी अति आवश्यक है, जिनका बार-बार उपयोग किया जाता है। यहाँ पर ऐसे ही कुछ तकनीकी उपयोगी पदों को एकीकृत किया गया है, जोकि निम्न प्रकार हैं

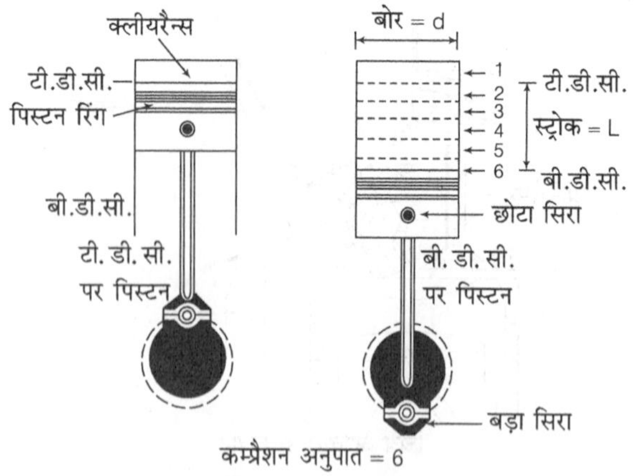

चित्र इंजन सम्बन्धी तकनीकी पदों का आरेखीय प्रदर्शन

1. **बोर** (Bore) इंजन में प्रयुक्त किए जाने वाले सिलेण्डर के व्यास (diameter) को बोर कहते हैं।
2. **टी.डी.सी.** (Top dead centre) सिलेण्डर के शीर्ष पर यह पिस्टन की वह स्थिति होती है, जब वह अपनी गति की दिशा ऊपर से नीचे की ओर परिवर्तित करता है।
3. **बी.डी.सी.** (Bottom dead centre) सिलेण्डर के तल पर यह पिस्टन की वह स्थिति होती है, जब वह अपनी गति की दिशा नीचे से ऊपर की ओर परिवर्तित करता है।
4. **स्ट्रोक** (Stroke) पिस्टन के द्वारा टी.डी.सी.से बी.डी.सी. या बी.डी. सी. से टी. डी. सी तक तय की गई दूरी को स्ट्रोक कहते हैं।
5. **चक्र** (Cycle) एक इंजन में पिस्टन की गति द्वारा शक्ति उत्पन्न करने के लिए किए गए अनुक्रम प्रचालनों का सैट चक्र (cycle) कहलाता है।
6. **पिस्टन विस्थापन आयतन/अपमार्जित आयतन** (Piston displacement volume/swept volume) इंजन में पिस्टन के टी. डी. सी. से बी. डी. सी. तक की तय की गई दूरी में जो आयतन प्राप्त होता है, उसे पिस्टन विस्थापन आयतन अथवा अपमार्जित आयतन कहते हैं। इसे प्राय: V_s से प्रदर्शित किया जाता है तथा इसका सूत्र निम्नवत् है

$$V_s = \frac{\pi}{4} d^2 \cdot s$$

यहाँ, d = सिलेण्डर बोर व s = स्ट्रोक

7. **क्लीयरैन्स आयतन** (Clearance volume) पिस्टन जब टी. डी. सी. पर होता है, तो यह पिस्टन के ऊपर का आयतन क्लीयरैन्स आयतन कहलाता है। इसे प्राय: V_c से प्रदर्शित किया जाता है।
8. **कम्प्रैशन अनुपात** (Compression ratio) स्ट्रोक से पूर्व कम्प्रैशन आयतन तथा स्ट्रोक के पश्चात् कम्प्रैशन आयतन के अनुपात को कम्प्रैशन अनुपात कहते हैं।

कम्प्रैशन अनुपात को C_r से प्रदर्शित करते हैं तथा इसका सूत्र निम्नवत् है

$$C_r = \frac{V_s + V_c}{V_c}$$

यहाँ, V_s = स्वैप्ट आयतन (swept volume) व V_c = क्लीयरैन्स आयतन (clearance volume) हैं।

9. **इंजन धारिता** (Engine capacitance) इंजन में सिलेण्डरों की संख्या तथा पिस्टन विस्थापन के गुणनफल को इंजन धारिता कहते हैं। इसे निम्न सूत्र द्वारा प्रदर्शित किया जाता है

$$V_d = V_s \cdot n$$

यहाँ, n = सिलेण्डरों की संख्या

तथा V_s = पिस्टन विस्थापन

10. **शक्ति** (Power) एक निर्धारित समय में कार्य करने की दर शक्ति कहलाती है।

अर्थात् $$\text{शक्ति} = \frac{\text{बल} \times \text{तय की गई दूरी}}{\text{समय}}$$

11. **ब्रेक अश्व शक्ति** (Break horsepower; BHP) इंजन फ्लाईव्हील पर उपस्थित इंजन की आउटपुट शक्ति ब्रेक अश्व शक्ति (BHP) कहलाती है।

इसे निम्न सूत्र द्वारा प्रदर्शित किया जाता है

$$BHP = \frac{2\pi NT}{4500}$$

यहाँ, N = क्रैंकशाफ्ट की घूर्णन गति (rpm में)
तथा T = उत्पन्न टॉर्क है।

12. **सूचित अश्व शक्ति** (Indicated horsepower; IHP) इंजन सिलेण्डर में विकसित शक्ति, सूचित अश्व शक्ति कहलाती है। इसका सूत्र निम्नवत् है

$$IHP = \frac{p_m LAN}{4500} \times K$$

यहाँ, p_m = औसत प्रभावी दाब (किग्रा/सेमी^{2} में)
L = स्ट्रोक की लम्बाई (मीटर में)
A = पिस्टन का क्षेत्रफल (सेमी^{2} में)
N = एक मिनट में स्ट्रोक्स की संख्या
तथा K = सिलेण्डरों की संख्या है।

13. **घर्षण अश्व शक्ति** (Frictional horsepower; FHP) इंजन में घर्षण के कारण क्षय हुई शक्ति घर्षण अश्व शक्ति कहलाती है। इसका सूत्र निम्नवत् है

$$FHP = IHP - BHP$$

14. **यान्त्रिक दक्षता** (Mechanical efficiency) इंजन में ब्रेक अश्व शक्ति (BHP) और सूचित अश्व शक्ति (IHP) के अनुपात को यान्त्रिक दक्षता कहते हैं। इसे प्रतिशत से व्यक्त किया जाता है। इसका सूत्र निम्नवत् है

$$\text{यान्त्रिक दक्षता} = \frac{BHP}{IHP} \times 100$$

15. **आयतनिक दक्षता** (Volumetric efficiency) इंजन में सक्शन के दौरान सिलेण्डर से खींची गई वायु और सिलेण्डर के आयतन के अनुपात को आयतनिक दक्षता कहते हैं।
16. **क्षेप** (Throw) क्रैंकपिन के केन्द्र तथा मुख्य जर्नल (journal) के मध्य की दूरी क्षेप कहलाती है। इंजन का पिस्टन स्ट्रोक सदैव क्षेप का दोगुना होता है।

11.5 इंजन विशिष्टियाँ Engine Specifications

इंजन विशिष्टियों से तात्पर्य इंजन सम्बन्धी विशेषताओं; जैसे—इंजन विन्यास, घन इंच, अश्व शक्ति आदि से है। इंजन की ये विशेषताएँ ही इंजन की व्यापक समझ विकसित करने में सहायक होती हैं। कुछ जानने योग्य इंजन विशिष्टियाँ निम्न प्रकार हैं

1. इंजन विन्यास Engine Configuration

इंजन विन्यास (engine configuration) एक अभियान्त्रिकीय पद है, जिसके माध्यम से इंजन की आन्तरिक व्यवस्था, क्षमता, उपयुक्त भागों (parts) तथा दक्षता से अवगत हुआ जाता है। अन्य शब्दों में कह सकते हैं कि इंजन सम्बन्धी जानकारी; जैसे—इंजन में सिलेण्डर की व्यवस्था, इंजन में प्रयुक्त होने वाले ईंधन आदि इंजन विन्यास द्वारा प्राप्त की जा सकती है।

लाभ Advantages

इंजन विन्यास के लाभ निम्न हैं

1. इंजन विन्यास से इंजन में प्रयुक्त ईंधन के प्रकार का आकलन किया जा सकता है।
2. इसके द्वारा इंजन की प्रकृति से अवगत हुआ जा सकता है।
3. इससे इंजन की आन्तरिक व्यवस्था एवं क्षमता का आकलन किया जा सकता है।
4. इसके द्वारा इंजन के स्ट्रोकों एवं कार्यिकी चक्र का आकलन किया जा सकता है।

2. घन इंच Cubic Inch

घन इंच मूलतया एक राशि है, जो इंजन में सिलेण्डर के अन्दर पिस्टन द्वारा टी.डी.सी. से बी.डी.सी के बीच तय किए गए कुल विस्थापन को प्रदर्शित करती है। इस राशि के द्वारा ही इंजन में सिलेण्डर के अन्दर के क्षेत्रफल को पिस्टन के कुल विस्थापन से प्रदर्शित किया जाता है।

लाभ Advantages

घन इंच के लाभ निम्न हैं

1. यह इंजन की क्षमता पर निर्भर करता है।
2. इससे इंजन द्वारा वहन किए जा सकने वाले भार से अवगत हुआ जा सकता है।
3. इससे पिस्टन के विस्थापन का आकलन किया जा सकता है।
4. इससे इंजन के दहन कक्ष के आयतन का आकलन किया जाता है।
5. इससे ईंधन दहन की मात्रा से अवगत हुआ जाता है।

3. अश्व शक्ति Horse Power

अश्व शक्ति से तात्पर्य इंजन की क्षमता से है अर्थात् अश्व शक्ति द्वारा इंजन की क्षमता या ताकत से अवगत हुआ जाता है। FPS मापन प्रणाली के अनुसार 33000 पौण्ड भार को एक मिनट में एक फीट से अथवा MKS प्रणाली के अनुसार 4500 किग्रा भार को एक मिनट में एक मीटर से उठाने में आपेक्षित शक्ति, एक अश्व शक्ति होती है।

प्राय: भारी इंजनों के लिए अधिक अश्व शक्ति की तथा हल्के इंजनों के लिए कम अश्व शक्ति की आवश्यकता पड़ती है।

लाभ Advantages

अश्व शक्ति के लाभ निम्न हैं

1. इससे इंजन की क्षमता का आकलन किया जाता है।
2. इससे इंजन के भार वहन करने की दक्षता से अवगत हुआ जाता है।
3. इससे इंजन के आकार का आकलन किया जाता है।

11.6 वाहन के डैशबोर्ड पर लगे मापक यन्त्र
Measuring Instruments on Dashboard of Vehicle

मापक विभिन्न प्रकार के डीजल इंजनयुक्त वाहनों में प्रयुक्त होने वाली एक ऐसी युक्ति (device) है, जो वाहन में चाल सम्बन्धी, ईंधन सम्बन्धी व शाफ्ट की चाल सम्बन्धी जानकारियों को उपलब्ध कराती है या इनके मापन का कार्य करती है, जिससे कि चालक इन जानकारियों को ध्यान में रखकर वाहन का उपयुक्त रूप से प्रचालन (operation) कर सकें। वाहन के डैशबोर्ड पर लगे मापक यन्त्र निम्न प्रकार के होते हैं

1. स्पीडोमीटर 2. टैकोमीटर 3. ओडोमीटर 4. फ्यूल गेज

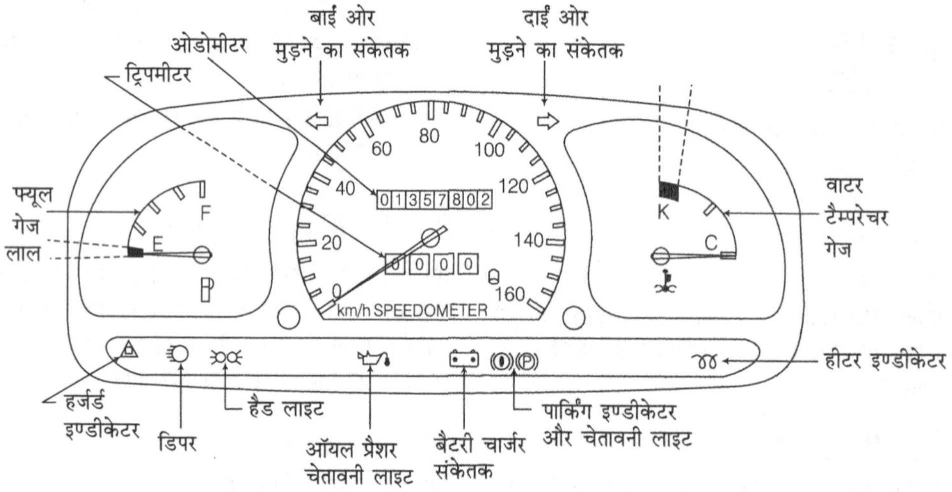

चित्र वाहन के डैशबोर्ड पर लगे मापक यन्त्र

1. स्पीडोमीटर Speedometer

स्पीडोमीटर (चालमापी) इंजनयुक्त वाहनों में प्रयुक्त होने वाला एक ऐसा मापक यन्त्र है, जो वाहनों की क्रियाशील अवस्था में गति (speed) को मापने का कार्य करता है। यह मुख्यत: दो सहायक उपकरणों से मिलकर बना होता है—स्पीडोमीटर तथा ओडोमीटर। स्पीडोमीटर, चलते वाहन में किसी भी क्षण की वाहन गति को प्रदर्शित करता है, जबकि ओडोमीटर वाहन द्वारा तय किए गए कुल किलोमीटरों की गणना प्रदर्शित करता है, चाहे वाहन रुका ही क्यों न हो। आजकल ऑटोमोबाइल के क्षेत्र में दो प्रकार के स्पीडोमीटर का प्रयोग किया जाता है—एनालॉग स्पीडोमीटर, जो पैमाने के साथ घूमने वाली सुई द्वारा चाल को प्रदर्शित करता है तथा डिजिटल स्पीडोमीटर, जिसमें LCD (Liquid Crystal Display) व LED (Light Emitting Diode) का उपयोग किया जाता है। साधारणत: स्पीडोमीटर (speedometer) गियर बॉक्स की मुख्य (main) शाफ्ट तथा एक फ्लेक्सिबल केबिल द्वारा चलते हैं। यह मापक वाहनों की गति या चाल को किलोमीटर प्रति घण्टा या मील प्रति घण्टा में दर्शाता है।

कार्य सिद्धान्त Working Principle

चित्रानुसार स्थायी चुम्बक के ऊपर अत्यन्त सन्तुलित स्पीड कप लगा होता है, जो स्पिण्डल के साथ बँधा होता है, जिसके ऊपर एक प्वॉइण्टर लगा होता है। गियर बॉक्स की आउटपुट शाफ्ट पर लगे स्पाइरल गियर से लचकदार केबिल द्वारा स्थायी चुम्बक घूमता है और स्थायी चुम्बक की चाल, वाहन की चाल के समानुपाती होती है। इस प्रकार वाहन, गति के समानुपात में ही स्थायी चुम्बक घूमता है। घूमता स्थायी चुम्बक चुम्बकीय क्षेत्र उत्पन्न करके, स्पीड कप पर टॉर्क बढ़ाता है। यह टार्क, स्पिण्डल सहित प्वॉइण्टर को भी चाल देता है। स्पिण्डल पर हेयर स्प्रिंग भी लगी होती है, जो वाहन रुकने पर प्वॉइण्टर को शून्य रीडिंग पर ले आता है।

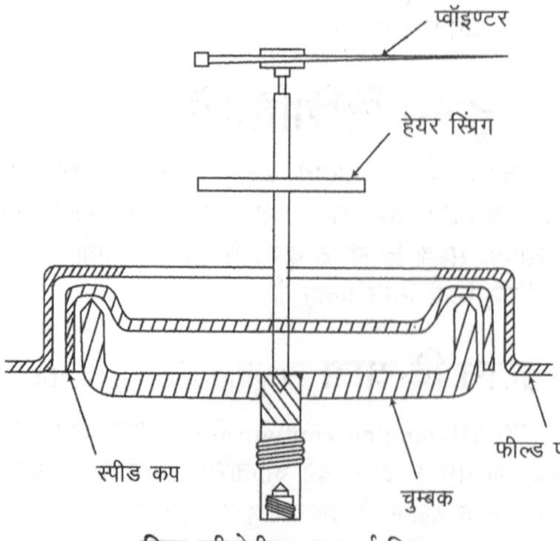

चित्र स्पीडोमीटर का कार्य सिद्धान्त

2. टैकोमीटर Tachometer

टैकोमीटर इंजनयुक्त वाहनों में प्रयुक्त किया जाने वाला एक ऐसा मापक यन्त्र है, जो वाहन की घूर्णीय गति को चक्कर प्रति मिनट में प्रदर्शित करता है। इसका उपयोग आधुनिक युग में रेसिंग कारों व घरेलू वाहनों में किया जाता है।

इसमें मुख्यत: वाहन के पहिए से जुड़ा एक व्हील गियर तथा पिनियन होता है। पिनियन, एक केबिल के द्वारा यन्त्र के पिनियन को घूर्णीय गति स्थानान्तरित करता है। यन्त्र का पिनियन, अलार्म घड़ी के समान आनुपातिक गियर्स के द्वारा वाहन की तात्कालिक गति (किलोमीटर प्रति घण्टा में) तथा वाहन द्वारा तय की गई कुल दूरी को प्रदर्शित करता है। टैकोमीटर मापक वाहनों की गति को किलोमीटर प्रति घण्टा में व्यक्त करता है।

3. ओडोमीटर Odometer

ओडोमीटर इंजनयुक्त वाहनों में प्रयुक्त होने वाला एक ऐसा मापक यन्त्र है, जो वाहन के उत्पादन के बाद से तय की गई कुल दूरी को रिकॉर्ड करता है। इसे माइलोमीटर के नाम से भी जाना जाता है। एनालॉग ओडोमीटर में लगे ड्रम पर 0 से 9 अंक प्रदर्शित होते हैं। यह ड्रम स्पीडोमीटर के विण्डो के पीछे लगाए जाते हैं, जिससे एक बार में केवल एक ही अंक प्रदर्शित हो सके।

कार्य सिद्धान्त Working Principle

ओडोमीटर हमेशा स्पीडोमीटर की हाउसिंग में लगा होता है, क्योंकि यह भी उसी केबिल के द्वारा चलता है। प्राय: ये वाहनों के गियर बॉक्स की मुख्य शाफ्ट तथा एक लचीले (flexible) केबिल द्वारा क्रिया करने में सक्षम हो पाते हैं। इसमें छ: अंकों तक दूरी को निर्दिष्ट (indicate) करने की क्षमता होती है तथा इसके दाईं ओर अंक दशमलव में 1/10 किमी के अनुसार निर्दिष्ट करता है। वाहनों के निरन्तर क्रियाशील बने रहने से एक स्थिति ऐसी उत्पन्न होती है, जिसमें ऑडोमीटर के छ: अंकों के स्थानों पर संख्या 9 प्रदर्शित हो जाती है। ओडोमीटर रीडिंग की सीमा ब्रिटिश प्रणाली में 000000.5 से 925691.9 मील तक होती है, जबकि मीट्रिक प्रणाली में यह 000000.8 से 99999.9 किलोमीटर दूरी तक ज्ञात कर सकता है।

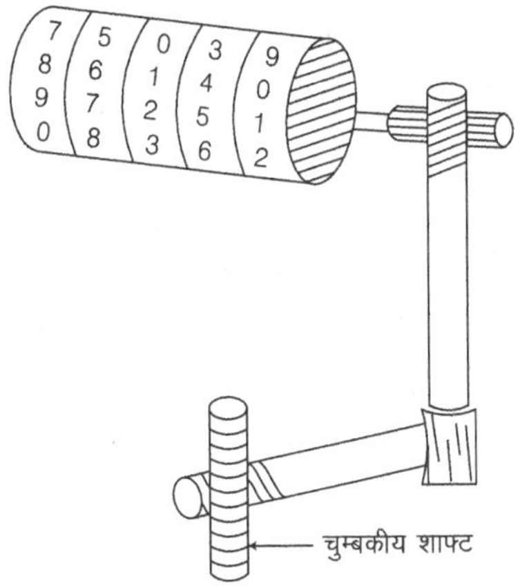

चित्र ओडोमीटर का कार्य सिद्धान्त

4. फ्यूल गेज Fuel Gauge

फ्यूल गेज, डीजल इंजनयुक्त वाहनों में प्रयुक्त होने वाला एक ऐसा मापक यन्त्र है, जो वाहनों में ईंधन की उपलब्धता अर्थात् स्तर (level) को डैशबोर्ड पर प्रदर्शित करता है।

जब ईंधन स्तर कम होता है, तो नीले रंग वाला गैसोलीन पम्प चिन्ह बुझ जाता है और चालक को चेतावनी देने वाली लाइट डैशबोर्ड पर दिखने लगती है। इसका प्रयोग लगभग प्रत्येक वाहनों में किया जाता है। इसमें दो इकाइयों, टैंक इकाई व गेज इकाई का प्रयोग किया जाता है।

टैंक इकाई का फ्लोट, ईंधन पर तैरता रहता है, जब ईंधन की मात्रा कम या अधिक होती है, तो फ्लोट भी यथास्थिति ऊपर या नीचे चलता है।

इससे उसमें लगा आर्म भी प्रतिरोध (resistance) के ऊपर खिसकता है। इस प्रकार फ्यूल गेज, गेज के प्रतिरोध (resistance) में अन्तर पढ़ता रहता है। यह अन्तर अपना प्रभाव गेज इकाई में लगे चुम्बकीय (magnetic) क्वॉयलों पर भी डालता है, जिसके कारण प्वॉइण्टर इधर या उधर चलता है।

इसके विपरीत, यदि ईंधन की मात्रा टैंक में अधिक होती है, तो प्रतिरोध अनुपात में ही अधिक प्रभावशाली चुम्बक दूसरे क्वॉयल में बनता है तथा प्वॉइण्टर उस ओर आकर्षित होता है, जिस ओर F अर्थात् Full लिखा होता है।

F (Full) तथा E (Empty) के मध्य टैंक की क्षमता के अनुसार अन्य निशान भी टायल पर बने होते हैं, जिनकी सहायता से प्वॉइण्टर की स्थिति देखकर टैंक में ईंधन की मात्रा का अनुमान लगाया जा सकता है।

प्रदर्शित चित्र में टैंक यूनिट व फ्यूल गेज को दर्शाया गया है

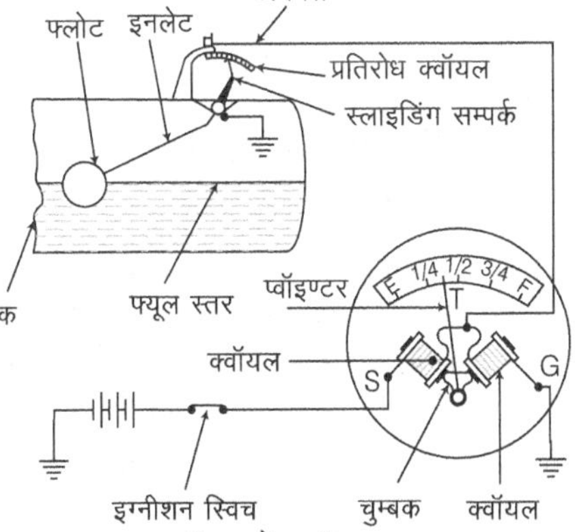

चित्र टैंक यूनिट

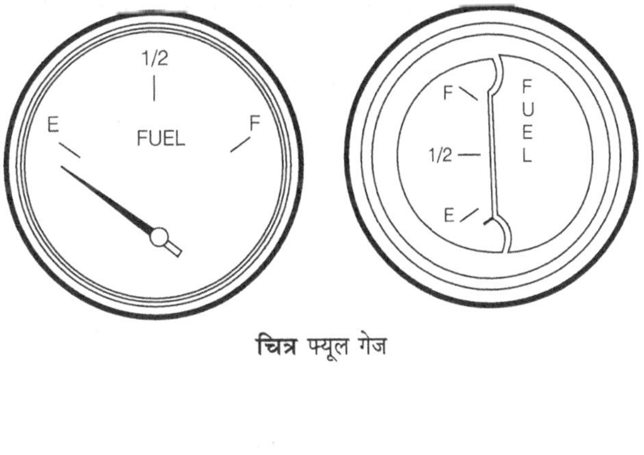

चित्र फ्यूल गेज

11.7 डैशबोर्ड में प्रयुक्त किए जाने वाले संकेतक
Indicators used in Dashboard

डीजल इंजनों से सम्बन्धित विविध सूचनाएँ प्रदान करने के लिए वाहनों के डैशबोर्ड्स पर विभिन्न संकेतकों एवं मापकों की व्यवस्था की जाती है, जिससे वाहन चालक उनकी सहायता से वाहन की तात्कालिक गतिविधियों से अवगत हो सकें। इनकी सहायता से इंजन की कार्यिकी से भी अवगत हुआ जा सकता है। वर्तमान में उन्नत व परिष्कृत इंजनों में अधिकतम सूचनाएँ प्रदान करने के लिए इन संकेतकों व मापकों का उपयोग किया जा रहा है। संकेतक, वाहनों में प्रयुक्त होने वाली ऐसी युक्ति है, जो वाहनों में विभिन्न स्थितियों में संकेत उत्पन्न करती है, जिससे कि उन संकेतों को समझकर व्यवस्था को दुरुस्त रखा जा सके और असुविधा का सामना न करना पड़े एवं वाहनों का प्रचालन व्यवस्थित रूप में किया जा सके। वाहन को चलाते समय संकेतक का प्रयोग अवश्य करना चाहिए, जिससे सड़क दुर्घटना से बचा जा सके।

वाहनों में विभिन्न प्रकार के संकेतकों का प्रयोग किया जाता है, जो निम्नवत् हैं

1. गियर शिफ्ट स्थिति संकेतक
2. सीट बैल्ट चेतावनी लाइट
3. पार्किंग ब्रेक एंगेजमेन्ट चेतावनी लाइट
4. इंजन मेलफंक्शन चेतावनी लाइट

1. गियर शिफ्ट स्थिति संकेतक
Gear Shift Position Indicator

गियर शिफ्ट स्थिति संकेतक, वाहनों के डैशबोर्ड में स्थित एक ऐसा संकेतक है, जो वाहनों में गियर लीवर के ऊपर या नवीन वाहनों में डैशबोर्ड पर लगा होता है। इस संकेतक से वाहन को गति प्रदान करने के लिए गियर शिफ्ट की स्थिति का पता चलता है। यह पारेषण प्रणाली (transmission system) की गियर यन्त्रावली में प्रयुक्त एक महत्त्वपूर्ण संकेतक है, जो वाहन चालक को गियर परिवर्तन हेतु निर्देश या संकेत देता है, जिससे कि गियर का परिवर्तन व्यवस्थित ढंग से हो सके तथा वाहन का प्रचालन सुचारु रूप से किया जा सके। इस संकेतक के द्वारा क्रियाशील वाहनों में तत्काल गियर की स्थिति को भी जाना जाता है अर्थात् अन्य शब्दों में कह सकते हैं कि वाहनों में गियर को शिफ्ट करने की स्थिति को समझने के लिए इस प्रकार के संकेतक का प्रयोग किया जाता है।

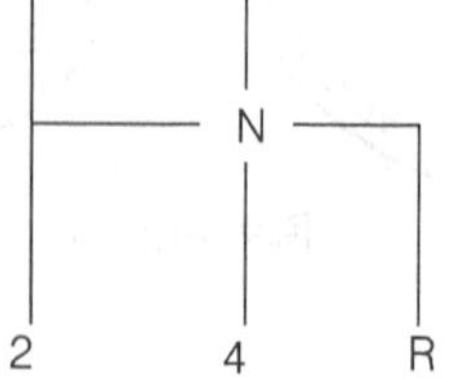

चित्र गियर शिफ्ट स्थिति संकेतक

2. सीट बैल्ट वार्निंग लाइट
Seat Belt Warning Light

सीट बैल्ट चेतावनी लाइट, वाहनों के डैशबोर्ड में स्थित एक महत्त्वपूर्ण संकेतक है, जो वाहन के प्रयोग के दौरान चालक एवं वाहन में सवार व्यक्तियों की सुरक्षा हेतु बैल्ट धारण करने सम्बन्धी संकेत प्रदर्शित करती है। सीट बैल्ट, वाहनों में प्रयुक्त की जाने वाली एक ऐसी सुरक्षा व्यवस्था है, जिसके द्वारा सवार व्यक्तियों को दुर्घटना की स्थिति में उत्पन्न गम्भीर चोटों (injuries) से सुरक्षित बचाया जा सकता है।

सीट बैल्ट चेतावनी लाइट, वाहन को स्टार्ट करने के पश्चात् यदि सीट बैल्ट धारण न की जाए तो 8 सेकण्ड के अन्दर कुछ समय के लिए बीप की आवाज होती है तथा चेतावनी लाइट डैशबोर्ड पर प्रदर्शित होने लगती है। वाहनों में इसका प्रयोग सवार व्यक्तियों तथा चालक को सुरक्षा प्रदान करने के दृष्टिकोण से किया जाता है। कार/वाहन में बैठे चालक के लिए मोटर अधिनियम के अनुसार, सीट बैल्ट का प्रयोग करना अत्यन्त आवश्यक है।

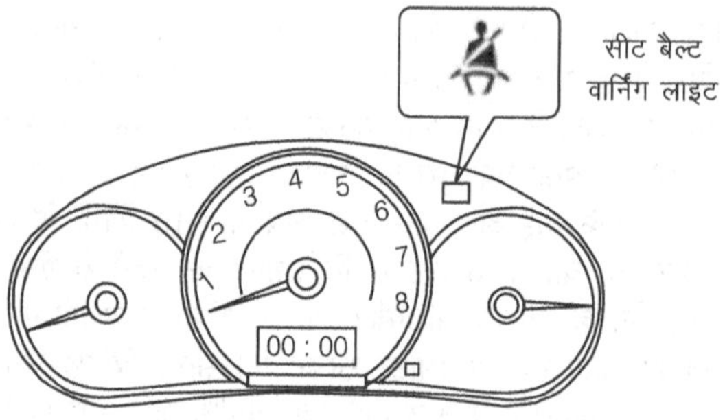

चित्र सीट बैल्ट वार्निंग लाइट

3. पार्किंग ब्रेक एंगेजमेन्ट वार्निंग लाइट
Parking Brake Engagement Warning Light

यह डैशबोर्ड में स्थित एक ऐसा संकेतक है, जो वाहनों को पार्किंग के दौरान ब्रेक आरोपित करने का संकेत प्रदान करता है, जिससे कि पार्किंग में गाड़ी सुरक्षित स्थिर अवस्था में खड़ी हो सके। इस प्रकार के संकेतक में लाइट डैशबोर्ड पर पार्किंग की स्थिति में चमकती है पार्किंग ब्रेक, प्रत्येक वाहन में GVWR का मान 10000 lbs या इससे कम तथा विद्यालय वाहन में GVWR (Grass Vehicle Weight Rating) का मान 10000 lbs से अधिक होता है।

इसका प्रयोग पार्किंग में गाड़ियों की व्यवस्था को बनाए रखने के लिए किया जाता है।

चित्र पार्किंग ब्रेक एंगेजमेन्ट वार्निंग लाइट

चित्र पार्किंग ब्रेक का ISO चिन्ह

पार्किंग ब्रेक के उद्देश्य Purpose of Parking Brake

इस ब्रेक के प्रयोग करने का मुख्य उद्देश्य, विराम स्थिति में खड़े वाहन को आगे-पीछे चलने से रोकना है। इसके मुख्य उद्देश्य निम्नलिखित हैं

(i) वाहन से कुछ समय के लिए दूर जाना हो।
(ii) वाहन को ढलान पर स्थिर करना हो।
(iii) अचानक कोई दुर्घटना की स्थिति बनती हो।
(iv) वाहन में सामान लादना या उतारना हो।

4. इंजन मेलफंक्शन चेतावनी लाइट Engine Malfunction Warning Light

यह डैशबोर्ड पर स्थित एक ऐसा संकेतक है, जो वाहनों में प्रयुक्त विभिन्न प्रणालियों में किसी कारणवश उत्पन्न भीतरी दोष को चैक इंजन लाइट के माध्यम से डैशबोर्ड पर दर्शाता है। इसके द्वारा ही आन्तरिक दोषों का पता चलता है;

जैसे—यदि वाहन में किसी अव्यवस्था के कारण स्पार्क प्लग या स्पार्क में प्रयुक्त तारों में दोष उत्पन्न हो गया हो, तो यह लाइट इस अव्यवस्था को डैशबोर्ड पर दर्शाती है, जिससे इस अव्यवस्था का पता चालक को चल सके तथा उसका निवारण किया जा सके।

इसे प्राय: चैक इंजन लाइट (check engine light) के नाम से भी जाना जाता है। इसका उपयोग वाहनों में उत्पन्न दोषों के निवारण में किया जाता है।

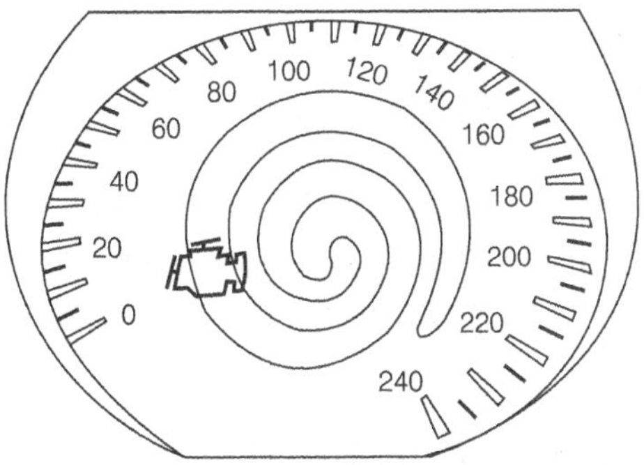

चित्र इंजन मेलफंक्शन चेतावनी लाइट

मेलफंक्शन लाइट से निम्नलिखित आन्तरिक भागों की जानकारी मिलती हैं

(i) इन्जैक्टर
(ii) इंजन कूलैन्ट तापमान सेन्सर
(iii) ऑक्सीजन सेन्सर
(iv) थ्रोटल पोजिशन सेन्सर

11.8 डीजल इंजनों को स्टार्ट करना Starting of Diesel Engines

किसी भी इंजन को स्टार्ट करने के लिए विभिन्न प्रकार की स्टार्टिंग विधियाँ और प्रणालियाँ प्रयोग में लाई जाती हैं। इनमें सबसे सरल स्टार्टिंग विधि है—रस्सी खींचकर या हाथ से क्रैंक करना, परन्तु ये विधियाँ केवल छोटे इंजनों के लिए ही प्रयोग की जा सकती हैं। बड़े इंजन को स्टार्ट करने के लिए एक इलेक्ट्रिक स्टार्टर का प्रयोग किया जाता है जिसे एक लैड एसिड बैटरी द्वारा पावर दी जाती है।

बैटरी की क्षमता बनाए रखने के लिए इंजन से बैल्ट द्वारा चलाए जाने वाले एक आल्टरनेटर या डायनमो का प्रयोग किया जाता है। इंजन को स्टार्ट करने के लिए निम्नलिखित विभिन्न विधियाँ प्रयोग में लाई जाती हैं

1. हैण्ड क्रैकिंग Hand Cracking

सामान्यत: छोटे डीजल इंजनों में क्रैंक हैण्डल तथा रस्सी का प्रयोग इंजन को स्टार्ट करने के लिए किया जाता है।

2. इलैक्ट्रिक मोटर क्रैकिंग Electric Motor Cracking

इस सिस्टम में एक स्टेटर मोटर का प्रयोग इंजन के फ्लाईव्हील को घुमाने के लिए किया जाता है तथा एक बैटरी का प्रयोग स्टेटर मोटर को सप्लाई देने के लिए प्रयुक्त किया जाता है।

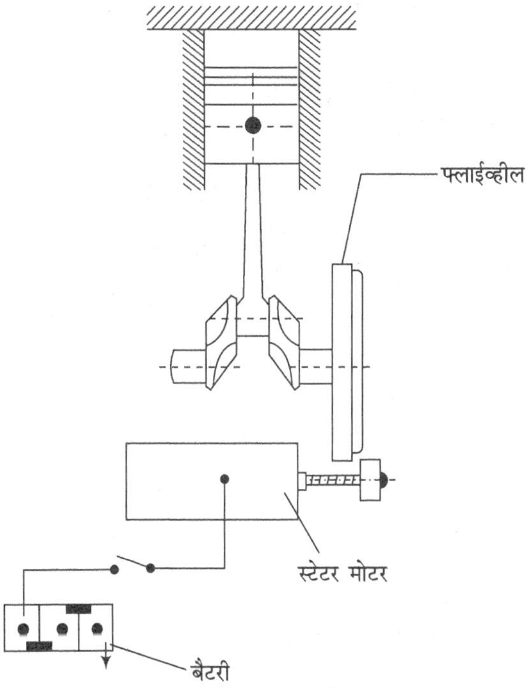

चित्र इलैक्ट्रिक मोटर क्रैकिंग

3. मोटर की हाइड्रॉलिक क्रैकिंग Hydraulic Cracking of Motor

इस प्रकार के सिस्टम में इंजन के फलाईव्हील को घुमाने के लिए हाइड्रॉलिक फ्लूड को दाब पर हाइड्रॉलिक स्टेटर मोटर से गुजारा जाता है। फ्लूड के दाब हेतु एक हैण्ड पम्प तथा एक इंजन चलित पम्प (engine driven pump) का प्रयोग किया जाता है।

यह फ्लूड दाब के साथ एक्युमुलेटर में एक्युमुलेट हो जाता है। स्टार्टिंग लीवर को दबाने के पश्चात् कण्ट्रोल वाल्व हाइड्रॉलिक फ्लूड को दाब के अन्दर हाइड्रॉलिक स्टेटर मोटर से गुजरने देता है।

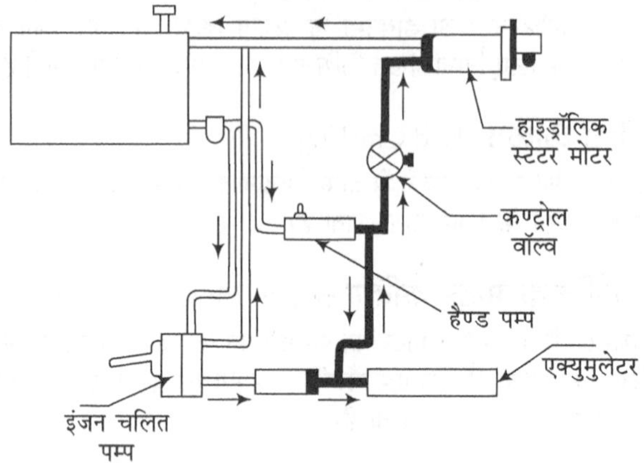

चित्र मोटर की हाइड्रॉलिक क्रैंकिंग

4. कम्प्रैस्ड एयर क्रैकिंग
Compressed Air Cracking

इस विधि में रिजर्वायर से प्राप्त कम्प्रैस्ड एयर को ऑटोमैटिक स्टार्टिंग वाल्व के द्वारा इंजन सिलेण्डर हैड में प्रवेश किया कराया जाता है। जब पिस्टन पावर स्ट्रोक की स्टार्टिंग में टॉप हैड सेन्टर पर हो तथा दाब इंजन में क्रैकिंग के लिए समर्थ हो। वायु सप्लाई कट ऑफ होने की स्थिति में जब इंजन पर्याप्त गति पर घूमता है, तो प्रवेशित ईंधन का दहन होने लगता है और इंजन अपनी स्वयं की शक्ति पर प्रचालित होता है।

एक एयर कम्प्रैसर का प्रयोग दाब उत्पन्न करने के लिए किया जाता है। एयर कम्प्रैसर इंजन या इलैक्ट्रिक मोटर द्वारा चलाया जाता है।

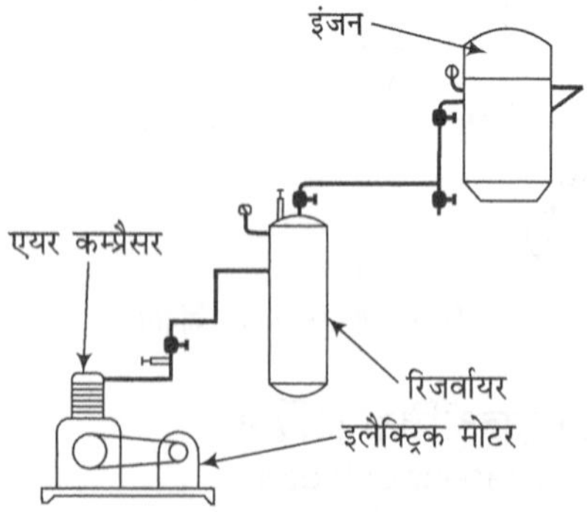

चित्र कम्प्रैस्ड एयर क्रैकिंग

5. गैसोलीन इंजन स्टार्टिंग Gasoline Engine Starting

यह हैवी ड्यूटी अर्थ मूविंग इंजनों को स्टॉर्ट करने में प्रयोग किया जाता है। गैसोलीन इंजन की स्टॉर्टिंग हैण्ड क्रैकिंग या इलैक्ट्रिक मोटर द्वारा की जाती है।

6. सैल्फ स्टार्टर द्वारा स्टार्ट करना
Starting by Self Starter (Electric Starting)

इसके लिए 12 वोल्ट की डी.सी. मोटर प्रयोग की जाती है। यह मोटर बैटरी द्वारा प्राप्त वैद्युत धारा से घूमती है। स्विच ऑन करते ही इसकी पिनियन घूमते हुए आगे बढ़ती है तथा पिनियन के दाँते फ्लाईव्हील के रिंग गियर को घुमाकर इंजन को स्टार्ट करते हैं। इस मोटर को धारा पहुँचाने के लिए सोलेनॉयड स्विच का प्रयोग किया जाता है।

सावधानियाँ Precautions

इंजन को सैल्फ स्टार्टर द्वारा इंजन को स्टार्ट करने के लिए निम्न सावधानियाँ बरतनी चाहिए

(i) बैटरी पूर्णतया आवेशित होनी चाहिए।
(ii) हाथ पूर्णतया चिकनाईमुक्त होने चाहिए।
(iii) इंजन की वायरिंग पूरी तरह व्यवस्थित होनी चाहिए।

7. मैनुअल स्टार्टिंग स्विच द्वारा स्टार्ट करना
Starting by Manual Starting Switch

इसके अन्तर्गत इंजन के निकट एक पैडल लगा होता है, जिसे दबाने से विद्युत परिपथ पूरा हो जाता है। इससे विद्युत मोटर घूमकर, इंजन को स्टार्ट करती है। पैडल को छोड़ने पर परिपथ टूट जाता है तथा मोटर रुक जाती है।

सावधानियाँ Precautions

इंजन को मैनुअल स्टार्टिंग स्विच द्वारा इंजन को स्टार्ट करने के लिए निम्न सावधानियों का ध्यान रखना चाहिए

(i) हाथ पर किसी भी प्रकार का चिकनाईयुक्त पदार्थ न लगा हो।
(ii) बैटरी पूरी तरह चार्ज (charged) होनी चाहिए।
(iii) वाहन/इंजन की वायरिंग कहीं से भी टूटी नहीं होनी चाहिए।
(iv) स्पार्क प्लग कार्बनरहित होने चाहिए।

8. धक्के द्वारा स्टार्ट करना Starting by Push

मोटरगाड़ियों को धक्के की सहायता से भी स्टार्ट किया जा सकता है। इसके लिए गियर एंगेज करके क्लच पैडल दबाते हैं तथा धक्का लगवाते समय जैसे ही क्लच पैडल छोड़ते हैं, इंजन स्टार्ट हो जाता है।

सावधानियाँ Precautions

इंजन को धक्के द्वारा स्टार्ट करने के लिए निम्न सावधानियों का ध्यान रखना चाहिए

(i) वाहन को धक्का लगाते समय सन्तुलन बनाए रखना चाहिए।
(ii) धक्का लगाने में अनावश्यक परिश्रम नहीं करना चाहिए।
(iii) अवयस्कों से धक्का लगवाने का प्रयास नहीं करना चाहिए।
(iv) धक्का लगाते समय वाहन के पहियों में आवश्यक हवा होनी चाहिए।

9. हैण्डिल द्वारा स्टार्ट करना Starting by Handle

मोटरगाड़ियों के बहुत से इंजनों में ड्राइविंग पुली में कटे खाँचे में हैण्डिल फँसाकर घुमाने से भी इंजन स्टार्ट हो जाता है।

सावधानियाँ Precautions

इंजन को हैण्डिल द्वारा स्टार्ट करने के लिए निम्नलिखित सावधानियाँ अपनानी चाहिए

(i) हाथों को पूरी तरह चिकनाईमुक्त रखना चाहिए।
(ii) हैण्डिल को खाँचे में भली-भाँति बैठा लेना चाहिए।
(iii) वाहन में हैण्डिल लगाते समय सन्तुलन बनाए रखना चाहिए।
(iv) हैण्डिल विकृत नहीं होना चाहिए।

10. फ्लाईव्हील द्वारा स्टार्ट करना Starting by Flywheel

सिंगल सिलेण्डर स्टेशनरी इंजन को स्टार्ट करने के लिए उसके फ्लाईव्हील में स्टार्टिंग हैण्डिल फँसाकर, फ्लाईव्हील को घुमाया जाता है और इसी समय इंजन का कम्प्रैसन लीवर दबा दिया जाता है। जैसे ही फ्लाईव्हील घूमने लगे, कम्प्रैसन लीवर उठा देते हैं, इस प्रकार इंजन स्टार्ट हो जाता है।

सावधानियाँ Precautions

फ्लाईव्हील द्वारा इंजन को स्टार्ट करने के लिए निम्न सावधानियों का ध्यान रखना चाहिए

(i) हाथों को पूरी तरह चिकनाईमुक्त रखें।
(ii) कम गति पर फ्लाईव्हील चलने पर डी-कम्प्रैसन लीवर न हटाएँ।
(iii) घूमते फ्लाईव्हील को कभी भी छूने का प्रयास न करें।

11. रस्से द्वारा स्टार्ट करना Starting by Rope

प्राय: ट्रैक्टरों की पुली में रस्सा लपेटकर, उसे खींचकर इंजन को घुमाया जाता है। इस विधि का प्रयोग थ्री-व्हीलर या ऑटो आदि के लिए भी किया जाता है।

सावधानियाँ Precautions

रस्से द्वारा इंजन को स्टार्ट करने के लिए निम्न सावधानियाँ अपनानी चाहिए

(i) रस्से को उपयुक्त तरीके से पुली पर लपेटना चाहिए।
(ii) हाथ पूर्णरूप से चिकनाई मुक्त होने चाहिए।
(iii) रस्सा खींचते समय सन्तुलन बनाए रखना चाहिए।
(iv) इस प्रक्रिया में किसी भी दशा में कमजोर रस्से का प्रयोग न करें।
(v) रस्से की गाँठ को पुली के खाँचे में ठीक से फँसा दें, जिससे किसी प्रकार की दुर्घटना से बचा जा सके।

12. कम्प्रैस्ड वायु द्वारा स्टार्ट करना Starting by Compressed Air

इस विधि में इंजन के साथ एक वायु टैंक लगा होता है। इस टैंक में एक वायु एयर कम्प्रैसर (air compressor) द्वारा हवा भरी जाती है। इसके पश्चात् टैंक की कम्प्रैस्ड हवा का प्रयोग करके, इंजन को घुमाकर उसे स्टार्ट किया जाता है।

सावधानियाँ Precautions

कम्प्रैस्ड वायु द्वारा इंजन को स्टार्ट करने के लिए निम्न सावधानियों का ध्यान रखना चाहिए

(i) हाथ पूर्णतया चिकनाईमुक्त रखें।
(ii) निश्चित मात्रा से अधिक हवा भरने का बिल्कुल भी प्रयास न करें।
(iii) वायु के टैंक में किसी भी प्रकार से हवा के रिसने का स्थान न हो।

11.9 डीजल इंजनों को बन्द करना Stopping of Diesel Engines

इंजनों को प्राय: उपयोग के पश्चात् क्रियाशील अवस्था से स्थिर अवस्था में लाने के लिए उसे बन्द करने की आवश्यकता होती है। इंजन की बन्द अवस्था से ऊर्जा के रूप में ईंधन की बचत के साथ-साथ इंजन के अवयवों की भी सुरक्षा होती है। सामान्य अवस्था में इंजनों को बन्द करने के लिए निम्न प्रक्रियाएँ की जाती हैं

1. गियर शिफ्ट लीवर (न्यूट्रल) सामान्य करना
2. इंजनों में ईंधन के वितरण (distribution) को रोकना
3. इंजनों में ईंधन के वितरण को रोकना
4. इंजनों में इन्जेक्शन पम्प की क्रिया को ब्लॉक करना
5. थ्रॉटल लीवर को बन्द स्थिति में लाना
6. इंजनों में एग्जॉस्ट वाल्व को खुला बनाए रखना

नोट *डीजल इंजनों की स्पीड को न्यूनतम लेवल (स्तर) तक घटाने के बाद ईंधन की सप्लाई बन्द करके रोका जा सकता है।*

11.10 डीजल इंजन की असेम्बली Assembly of Diesel Engine

डीजल इंजन को गतिमान तथा विभिन्न अनुप्रयोगों में उपयोग करने योग्य बनाने के लिए उसके विभिन्न भागों के संयोजन की अनिवार्यता होती है। संयोजन में इंजन के विभिन्न भागों को यान्त्रिक उपयुक्तता के अनुसार इंजन में फिट किया जाता है, जिससे कि इंजन विविध भागों की सहायता से गतिशील होने में सक्षम हो सके।

इंजन संयोजन में खोलने-बाँधने में सक्षम औजारों की सहायता से क्रैंक शाफ्ट तथा कैमशाफ्ट को इंजन ब्लॉक में तथा कैमशाफ्ट पर टैपिट वाल्व एवं टाइमिंग गियर लगाया जाता है।

इसके पश्चात्, पिस्टन रिंग को कम्प्रैसर में दबाकर सिलेण्डर बोर में डालकर कनेक्टिंग रॉड को क्रैंकशाफ्ट पर फिट किया जाता है। ऑयल स्ट्रेनर को इंजन ब्लॉक के साथ फिट करके गैस्केट लगाकर ऑयल सम्प को नट बोल्ट के सहारे जोड़ दिया जाता है।

इन अवयवों के संयोजन के बाद इंजन को सीधा करके फ्लाईव्हील को क्रैंक के फ्लैंज पर लगाकर ऑयल पम्प को कैमशाफ्ट के साथ मिलाकर बोल्टों को टाइट कर दिया जाता है। वाल्व लिफ्टर के द्वारा चारों एग्जॉस्ट वाल्व को इंजन ब्लॉक तथा चारों इनलेट वाल्व को सिलेण्डर हैड में जोड़ा जाता है। इसके पश्चात् इंजन ब्लॉक पर सिलेण्डर हैड गैस्केट को रखकर, सिलेण्डर हैड को जोड़कर सभी बोल्टों को सॉकेट द्वारा सही प्रकार से टाइट कर दिया जाता है। अन्त में रॉकर आर्म तथा रॉकर शाफ्ट को सिलेण्डर हैड पर फिट करके टैपिट कवर पर गैस्केट को लगाकर टैपिट कवर को फिट कर दिया जाता है। इस प्रकार, इंजन के विविध भागों व यन्त्रावलियों को संयोजित कर इंजन को क्रियाशील अवस्था में लाया जाता है।

डीजल इंजन की असेम्बली में सहायक के रूप में प्रयुक्त औजार एवं गेजेज

Tools and Gauges Used on Aid in Assembly of Diesel Engine

डीजल इंजन के संयोजन में कई ऐसे अवयव भी उपलब्ध होते हैं, जिन्हें हाथ द्वारा या अनुमान से संयोजित नहीं किया जा सकता है। अत: संयोजन के दौरान विभिन्न औजारों एवं गेजेज का उपयोग सहायक युक्तियों के रूप में किया जाता है। प्राय: पेंचकस, प्लास, स्पैनर, टॉर्क रिंच, जैक, फिलर गेज, ऑटोमोबाइल गेज, बोर डायल गेज तथा डायल टेस्ट सूचक आदि इंजन के संयोजन के दौरान सहायक के रूप में प्रयुक्त किए जाते हैं।

11.11 डीजल इंजन को वाहन से खोलना

Dismantling of a Diesel Engine from a Vehicle

'मैकेनिक डीजल' ट्रेड के प्रशिक्षु के लिए यह जानना अत्यन्त आवश्यक है कि एक वाहन से डीजल इंजन को किस प्रकार खोलकर पृथक् किया जाता है। इसके लिए वाहन को वाहन हॉएस्ट (hoist) पर खड़ा करके वाहन का बोनट खोलकर सर्वप्रथम ब्रेक लिंकेज को इंजन से अलग करते हैं। इसके पश्चात् रेडिएटर फैन बैल्ट को इंजन पुली से हटा देते हैं। इंजन से ईंधन प्रणाली से सम्बन्धित सभी पाइपों अथवा हौजेज (hoses) को वाल्व बन्द करके अलग कर देते हैं। ईंधन पम्प एवं अन्य प्रयुक्त सभी पम्पों की बैल्ट को इंजन से अलग कर देते हैं।

टॉर्क रिंच की सहायता से इंजन के सभी बोल्ट खोलकर इंजन को वाहन से बाहर निकाल लेते हैं। इंजन को वाहन से निकालने का कार्य इंजन हॉएस्ट की सहायता से किया जाता है।

इस प्रकार इंजन को वाहन से परोक्ष-अपरोक्ष रूप से इंजन से सम्बद्ध करने वाली समस्त युक्तियों से उसे असम्बद्ध करके सावधानीपूर्वक उतारते हैं।

इसमें प्रशिक्षु के लिए विशेष ध्यान रखने वाली बात यह है कि इंजन को वाहन से खोलते समय इंजन के किसी भाग को अलग करने का प्रयास न करें और इंजन को पूरी तरह सुरक्षित स्थिति में वाहन से उतारें।

11.12 इंजन से सम्बन्धित दोषोपचार

Troubleshooting Related to Engine

किसी भी ऑटो वाहन के लिए इंजन एक अनिवार्यता है। इंजन के वाहन में उपयोग के दौरान दोषों का उत्पन्न होना स्वाभाविक है। इंजन के सामान्य व जटिल दोषों को जानना प्रशिक्षुओं के लिए आवश्यक है, जो निम्नवत् हैं

दोष	उपचार
इंजन से ऑयल का रिसाव होना।	इंजन में रिसाव वाले स्थान से सम्बन्धित नट-बोल्ट या स्टड को टाइट करें या पैकिंग को बदल दें।
इंजन का झटका देकर बन्द होना।	इंजन की फ्यूल लाइन की सफाई करें।
इंजन का शोर करना।	इंजन में उपयुक्त स्नेहन करें।
इंजन का अत्यधिक धुआँ देना।	इंजन की समयानुसार मरम्मत कराएँ।
इंजन का अत्यधिक कम्पन करना।	इंजन की प्रज्वलन टाइमिंग को व्यवस्थित करें।
इंजन की क्रैंक का आवाज करना।	इंजन की क्रैंकशाफ्ट की मरम्मत कराएँ अथवा क्रैंकशाफ्ट को बदल दें।
इंजन का स्टार्ट न होना।	इंजन की ईंधन प्रणाली की मरम्मत कराएँ।
इंजन से आवश्यकता से अधिक उत्सर्जन होना।	इंजन की मरम्मत कराएँ।
इंजन के भागों का अत्यधिक गर्म होना	इंजन की शीतलन प्रणाली की मरम्मत कराएँ।
इंजन का अत्यधिक घर्षण होना।	इंजन में उच्च्व गुणवत्ता के स्नेहक का एक निश्चित लेवल बनाएँ।
इंजन की वाल्वों का आवाज करना।	इंजन की वाल्व टाइमिंग व्यवस्थित करें।

महत्त्वपूर्ण बिन्दु

- इंजन एक यान्त्रिक मशीन है जो ऊष्मीय ऊर्जा को यान्त्रिक ऊर्जा अथवा कार्य में परिवर्तित करने की क्षमता रखता है।
- इंजन को मुख्य रूप से इन्टर्नल कम्बशन इंजन व एक्सटर्नल कम्बशन इंजन में वर्गीकृत किया जाता है।
- ऐसे ऊष्मा इंजन, जिनमें ईंधन का दहन के लिए, किसी बाह्य स्रोत की आवश्यकता होती है, एक्सटर्नल कम्बशन इंजन कहलाते हैं।
- ऐसे ऊष्मा इंजन, जिनमें ईंधन का दहन इंजन के सिलेण्डर के अन्दर होता है, इन्टर्नल कम्बशन इंजन कहलाते हैं।
- इन्टर्नल कम्बशन इंजन में पिस्टन एक कनेक्टिंग रॉड के माध्यम से क्रैंकशाफ्ट से जुड़ा होता है।
- ओटो चक्र इंजन के सक्शन स्ट्रोक में पिस्टन टी.डी.सी.से बी. डी. सी. की ओर जाता है।
- गैस ईंधन पर आधारित इंजन में कार्बुरेटर या इन्जेक्टर के स्थान पर वेन्चुरी प्रणाली का प्रयोग किया जाता है।
- स्पॉर्क इंजन में प्रवेश करने वाले ईंधन तथा वायु के मिश्रण की मात्रा कार्बुरेटर द्वारा निर्धारित की जाती है।
- दो स्ट्रोक पेट्रोल इंजन की कार्यिकी में प्रथम स्ट्रोक में ईंधन का सक्शन एवं कम्प्रैसन तथा द्वितीय स्ट्रोक में पावर तथा एग्जॉस्ट होता है।
- अपोज्ड सिलेण्डर इंजन में इंजन की फायरिंग ऑर्डर का आकलन किया जा सकता है।
- इंजनों में इन्जेक्शन एक ऐसी व्यवस्था है, जिसके द्वारा ईंधन को इंजन में प्रवेश कराया जाता है।
- डीजल इंजनों में प्रत्यक्ष इन्जेक्शन उच्च दाब पर किया जाता है।
- प्रत्यक्ष इन्जेक्शन विधि द्वारा डीजल इंजन में पिस्टन की सहायता से ईंधन को प्रत्यक्ष रूप से दहन कक्ष में इन्जेक्ट कराया जाता है।
- अप्रत्यक्ष इन्जेक्शन विधि द्वारा सिलेण्डर से जुड़े हुए प्री-चैम्बर में ईंधन को संकीर्ण मार्ग के द्वारा इन्जेक्ट कराया जाता है।
- अप्रत्यक्ष इन्जेक्शन के प्री-चैम्बर में ग्लो प्लग भी संयोजित होता है।
- इंजन में प्रयुक्त किए जाने वाले सिलेण्डर के व्यास को बोर कहा जाता है।
- सिलेण्डर के शीर्ष पर पिस्टन की वह स्थिति, जब वह अपनी गति की दिशा ऊपर से नीचे की ओर परिवर्तित करता है।
- सिलेण्डर के तल पर पिस्टन की वह स्थिति, जब वह अपनी गति की दिशा नीचे से ऊपर की ओर परिवर्तित करता है।
- पिस्टन के द्वारा टी. डी. सी. से बी. डी. सी. तक या बी. डी. सी. से टी. डी. सी. तक तय की गई दूरी स्ट्रोक कहलाती है।
- पिस्टन जब टी. डी. सी. पर होता है, तो पिस्टन के ऊपर का आयतन क्लीयरैन्स आयतन कहलाता है।
- स्ट्रोक से पूर्व कम्प्रैशन आयतन तथा स्ट्रोक के पश्चात् कम्प्रैशन आयतन के अनुपात को कम्प्रैशन अनुपात कहते हैं।
- इंजन सिलेण्डर में विकसित शक्ति, सूचित अश्व शक्ति कहलाती है।
- इंजन में ब्रेक अश्व शक्ति और सूचित अश्व शक्ति के अनुपात को यान्त्रिक दक्षता कहते हैं।
- डीजल इंजन को बन्द करने के लिए डीजल इंजनों की स्पीड को न्यूनतम लेवल तक घटाने के बाद, ईंधन की सप्लाई बन्द कर दी जाती है।
- डीजल इंजन को वाहन से खोलने के लिए सर्वप्रथम ब्रेक लिंकेज को इंजन से अलग किया जाता है।

महत्त्वपूर्ण प्रश्नोत्तरी

1. एक्सटर्नल कम्बशन इंजन, इन्टर्नल कम्बशन इंजन की तुलना में आकार में बड़ा होता है, क्यों?

उत्तर एक्सटर्नल कम्बशन इंजन में ईंधन का दहन अलग से होता है, इसलिए इसका आकार इन्टर्नल कम्बशन इंजन की तुलना में अधिक बड़ा होता है।

2. डीजल इंजन में वायु के कम्प्रैशन के पश्चात् यदि इसका तापमान डीजल के दहन तापमान से कम रह जाए, तो इंजन की कार्यप्रणाली किस प्रकार प्रभावित होगी?

उत्तर डीजल इंजन में यदि कम्प्रैस्ड वायु का तापक्रम डीजल के दहन के तापक्रम से कम होगा तो, पावर स्ट्रोक के दौरान इसका दहन नहीं होगा एवं शक्ति उत्पन्न नहीं होगी।

3. स्पार्क इग्नीशन इंजन, इन्टर्नल कम्बशन इंजन से किस प्रकार सम्बन्धित है?

उत्तर स्पार्क इग्नीशन इंजन में भी इन्टर्नल कम्बशन इंजन की भाँति पेट्रोल तथा गैस ईंधन के रूप में प्रयुक्त होते हैं, इस प्रकार यह इन्टर्नल कम्बनशन इंजन से सम्बन्धित है।

4. दो स्ट्रोक पेट्रोल इंजन का उपयोग कहाँ होता है?

उत्तर दो स्ट्रोक पेट्रोल इंजन का उपयोग वहाँ होता है, जहाँ सरलता एवं मितव्ययी वाले प्राइम मूवर की आवश्यकता होती है।

5. चार स्ट्रोक पेट्रोल इंजन किस सिद्धान्त पर आधारित होते हैं?

उत्तर चार स्ट्रोक पेट्रोल इंजन ऑटो चक्र आधारित होता है, जिसमें एक कार्यकारी चक्र पिस्टन के चार स्ट्रोकों में पूर्ण होता है।

6. स्ट्रोक आधारित इंजनों की तीन विशेषताएँ बताइए।

उत्तर स्ट्रोक आधारित इंजनों की तीन विशेषताएँ निम्न हैं
(i) स्ट्रोक पिस्टन के विस्थापन को दर्शाते हैं।
(ii) स्ट्रोकों पर इंजन की मितव्ययिता निर्भर करती है।
(iii) स्ट्रोक, इंजन के विभिन्न प्रक्रमों को दर्शाते हैं।

7. इंजन आधारित वाहनों में स्पीडोमीटर का प्रयोग किसलिए किया जाता है?

उत्तर वाहन में स्पीडोमीटर एक अत्यन्त महत्त्वपूर्ण मापक यन्त्र है। इसका प्रयोग वाहनों की क्रियाशील अवस्था में गति को मापने के लिए किया जाता है।

8. वाहनों में लगे टैकोमीटर का क्या कार्य होता है?

उत्तर वाहनों में लगे टैकोमीटर का कार्य वाहन की घूर्णीय गति को चक्कर प्रति मिनट में प्रदर्शित करना है। इसका उपयोग आधुनिक युग में रेसिंग कारों व घरेलू वाहनों में किया जाता है।

9. डैशबोर्ड पर कौन-कौन से सहायक यन्त्र प्रयोग किए जाते हैं?

उत्तर डैशबोर्ड पर कई सहायक यन्त्र; जैसे–स्पीडोमीटर, ओडोमीटर, टैकोमीटर, गियर शिफ्ट सूचक, फ्यूल गेज, पार्किंग ब्रेक चेतावनी लाइट आदि प्रयोग किए जाते हैं।

10. इंजनयुक्त वाहनों में पार्किंग ब्रेक एंगेजमेन्ट चेतावनी लाइट का क्या कार्य है?

उत्तर पार्किंग ब्रेक एंगेजमेन्ट चेतावनी लाइट एक ऐसा संकेतक है, जो वाहनों को पार्किंग के दौरान ब्रेक आरोपित करने का संकेत प्रदान करता है जिससे कि पार्किंग में गाड़ी सुरक्षित स्थिर अवस्था में खड़ी हो सके।

अभ्यास प्रश्न

परीक्षा प्रारूपी प्रश्न

बहुविकल्पीय

1. ऊष्मा इंजन वह इंजन है, जिसमें ………. ताप द्वारा गैसों को फैलाकर प्राप्त की जाती/ किया जाता है।
(a) चाल (b) शक्ति
(c) दाब (d) इनमें से कोई नहीं

2. इंजनों का प्रयोग इनमें से किस आधार पर किया जाता है?
(a) विविध कार्यों के (b) विविध उद्देश्यों से
(c) 'a' और 'b' दोनों (d) इनमें से कोई नहीं

3. 'इंजन में पेट्रोल का दहन होता है।' इससे क्या अभिप्राय है?
(a) पेट्रोल के जलने के कारण इंजन बन्द हो जाता है
(b) पेट्रोल के जलने के कारण इंजन में शक्ति उत्पन्न होती है
(c) पेट्रोल के जलने के कारण इंजन कार्य नहीं कर पाता है
(d) उपरोक्त में से कोई नहीं

4. निम्न में से कौन-सा ईंधन ऑटोमोबाइल इंजन में प्रयुक्त नहीं होता है?
(a) पेट्रोल (b) डीजल
(c) कोयला (d) ये सभी

5. एक्सटर्नल कम्बशन इंजन में ईंधन जलाने का स्थान होता है
(a) बहुत कम (b) बड़ा
(c) गोल (d) इनमें से कोई नहीं

6. एक्सटर्नल कम्बशन इंजनों में गैसें इनमें से क्या करती हैं?
(a) इंजन यन्त्रावली से अन्तर्क्रिया
(b) गति
(c) उपयोगी कार्य
(d) उपरोक्त सभी

7. इनमें से कौन-सा इन्टर्नल कम्बशन इंजन का प्रकार है?
(a) भाप इंजन (b) टरबाइन इंजन
(c) डीजल इंजन (d) इनमें से कोई नहीं

8. इन्टर्नल कम्बशन इंजन स्टार्ट होता है
(a) कम समय में (b) काफी देर में
(c) तुरन्त (d) इनमें से कोई नहीं

9. इन्टर्नल कम्बशन इंजन गैसीय इंजन इनमें से किसका ईंधन रूप में उपयोग करता है?
(a) कोल गैस (b) बायो गैस
(c) प्राकृतिक गैस (d) ये सभी

10. इन्टर्नल कम्बशन इंजन में ऊर्जित करने का कार्य इनमें से किस प्रकार होता है?
(a) सर्वप्रथम रासायनिक ऊर्जा ऊष्मीय ऊर्जा में परिवर्तित होती है
(b) फिर ऊष्मीय ऊर्जा यान्त्रिक ऊर्जा में परिवर्तित होती है
(c) यान्त्रिक ऊर्जा वाहन को प्रचालित कर देती है
(d) उपरोक्त सभी

11. इन्टर्नल कम्बशन इंजन में सक्शन स्ट्रोक के दौरान कौन-सी संक्रिया होती है?
(a) सिलेण्डर में पेट्रोल का सक्शन
(b) सिलेण्डर में डीजल का सक्शन
(c) सिलेण्डर में पेट्रोल तथा वायु का सक्शन
(d) केवल वायु का सक्शन

12. इन्टर्नल कम्बशन इंजन का कौन-सा भाग 'ऊर्जा का भण्डार' कहा जाता है?
(a) क्रैंकशाफ्ट (b) कैमशाफ्ट
(c) कम्पन डेम्पर (d) फ्लाई व्हील

13. सिलेण्डर में उच्च सीमा तथा निम्न सीमा कहलाती है
(a) एन.डी.सी. तथा सी.डी.सी. (b) पी.डी.सी तथा के.डी.सी.
(c) टी.डी.सी. तथा बी.डी.सी. (d) इनमें से कोई नहीं

14. गैस के फैलने पर पिस्टन चलता है
(a) टी.डी.सी. से बी.डी.सी. की ओर
(b) बी.डी.सी. से टी.डी.सी. की ओर
(c) नीचे की ओर
(d) 'b' और 'c' दोनों

15. सिलेण्डर में पिस्टन के गति करने के अधिकतम उच्च बिन्दु को कहते हैं
(a) टी.डी.सी. (b) बी.डी.सी.
(c) स्ट्रोक (d) इनमें से कोई नहीं

16. ऑटो साइकिल में कम्बशन होता है
(a) नियत दाब पर
(b) नियत ताप पर
(c) नियत आयतन पर
(d) नियत दाब एवं नियत आयतन पर

17. डीजल इंजन में ईंधन इन्जेक्शन ······ का प्रयोग किया जाता है।
(a) पम्प (b) कार्बुरेटर
(c) गवर्नर (d) मोटर

18. नीचे दिए गए ऑटो चक्र पर आधारित इंजन के p-V डायग्राम में 2-3 प्रक्रम किस स्ट्रॉक को प्रदर्शित करता है?

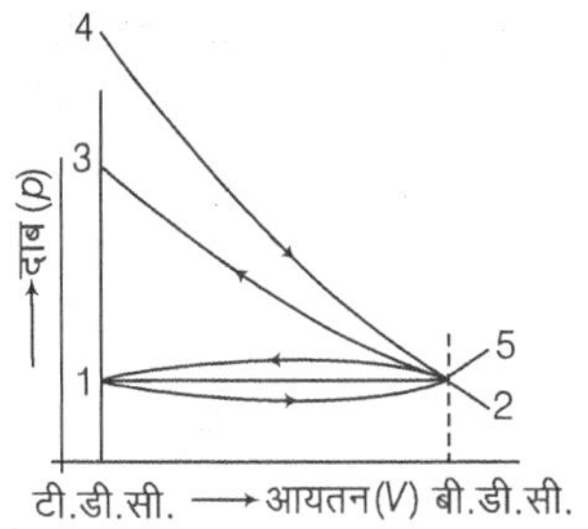

(a) सक्शन स्ट्रोक (b) कम्प्रैशन स्ट्रोक
(c) पावर स्ट्रोक (d) इनमें से कोई नहीं

19. स्पार्क इग्नीशन इंजन में ईंधन के रूप में प्रयोग होता है
(a) पेट्रोल
(b) गैस
(c) डीजल
(d) पेट्रोल व वायु का मिश्रण

20. कम्प्रैशन इग्नीशन इंजन में ······ का दहन होता है।
(a) पेट्रोल (b) डीजल
(c) 'a' और 'b' दोनों (d) इनमें से कोई नहीं

21. सक्शन स्ट्रोक में पिस्टन टी.सी.डी. से ······ की ओर चलता है।
(a) कनेक्टिंग रॉड (b) वाल्व
(c) बी.डी.सी. (d) इनमें से कोई नहीं

22. निम्न में से किस स्ट्रोक में इंजन को शक्ति प्राप्त नहीं होती है?
(a) सक्शन (b) एग्जॉस्ट
(c) 'a' और 'b' दोनों (d) इनमें से कोई नहीं

23. दबे मिश्रण को जलाना किस स्ट्रोक के अन्तर्गत आता है?
(a) पावर स्ट्रोक (b) सक्शन स्ट्रोक
(c) एग्जॉस्ट स्ट्रोक (d) कम्प्रैशन स्ट्रोक

24. कम्प्रैशन स्ट्रोक में पिस्टन चलता है
(a) ऊपर की ओर
(b) बी.डी.सी. से टी.डी.सी. की ओर
(c) 'a' और 'b' दोनों (d) नीचे की ओर

25. पावर स्ट्रोक में दबे मिश्रण को
(a) और ज्यादा दबाया जाता है (b) जलाया जाता है
(c) बाहर निकाला जाता है (d) इनमें से कोई नहीं

26. एक दो स्ट्रोक साइकिल इंजन एक पावर स्ट्रोक बनाता है
(a) क्रैंकशाफ्ट के प्रत्येक चक्कर में
(b) क्रैंकशाफ्ट के दो चक्कर में
(c) क्रैंकशाफ्ट के तीन चक्कर में
(d) क्रैंकशाफ्ट के चार चक्कर में

27. दो स्ट्रोक इंजन में क्रैंकशाफ्ट के प्रत्येक चक्कर में ······ प्राप्त होता है।
(a) पावर स्ट्रोक (b) दहन
(c) सक्शन (d) ये सभी

28. 2 स्ट्रोक इंजन में ईंधन को क्रैंककेस से सिलेण्डर में भेजने के लिए प्रयुक्त पोर्ट है
(a) इनलेट पोर्ट (b) स्पार्क प्लग पोर्ट
(c) ट्रांसफर पोर्ट (d) एग्जॉस्ट पोर्ट

29. दो स्ट्रोक इंजन में चार स्ट्रोक इंजन की अपेक्षा दोलन ……… होता है।
(a) कम (b) अधिक
(c) बराबर (d) इनमें से कोई नहीं

30. एक चार स्ट्रोक डीजल इंजन की पावर साइकिल चार स्ट्रोक में पूरी होती है। चार स्ट्रोक डीजल इंजन में सक्शन स्ट्रोक के दौरान पिस्टन उत्पन्न करता है
(a) गैस (b) केवल ईंधन
(c) केवल स्वच्छ वायु (d) वायु तथा ईंधन का मिश्रण

31. कम्प्रेशन अनुपात का सूत्र है
(a) $\frac{V_C \times V_S}{V_C}$ (b) $\frac{V_S - V_C}{V_C}$
(c) $\frac{V_S + V_C}{V_S}$ (d) $\frac{V_S + V_C}{V_C}$

32. क्लीयरैन्स आयतन के लिए इंजन की उपयुक्त स्थिति है
(a) सिलेण्डर में BDC पर पिस्टन
(b) सिलेण्डर में BDC से ऊपर पिस्टन
(c) सिलेण्डर में TDC पर पिस्टन
(d) सिलेण्डर में TDC से नीचे पिस्टन

33. चार स्ट्रोक इंजन में कैमशाफ्ट की स्पीड …… होती है।
(a) क्रैंकशाफ्ट की दोगुनी
(b) क्रैंकशाफ्ट के बराबर
(c) क्रैंकशाफ्ट की आधी
(d) क्रैंकशाफ्ट की चार गुनी

34. इग्नीशन टाइमिंग सैट की जाती है
(a) TDC पर, कम्प्रेशन स्ट्रोक के प्रारम्भ में
(b) TDC पर, कम्प्रेशन स्ट्रोक के अन्त में
(c) BDC पर, पावर स्ट्रोक के प्रारम्भ में
(d) BDC पर, पावर स्ट्रोक के अन्त में

35. अपोज्ड पिस्टन दो स्ट्रोक इंजन में ……… क्रैंकशाफ्ट प्रयुक्त होती है।
(a) एक (b) दो
(c) तीन (d) इनमें से कोई नहीं

36. जल शीतलित इंजनों के सिलेण्डर में बने वाटर जैकेटों में क्या होता रहता है?
(a) जल का निरन्तर प्रचालन
(b) जल दहन कक्ष की दीवारों से सम्पर्क
(c) दीवारों की गर्मी का अवशोषण
(d) उपरोक्त सभी

37. इंजन की ओवर हीटिंग का कारण है
(a) फ्यूल लीकेज (b) डिफेक्टिव इन्जेक्टर
(c) कमजोर कम्प्रैशन (d) लो डायनमो शाफ्ट rpm

38. इंजन के अधिकतम ईंधन खपत का कारण है
(a) इंजन ब्लॉक में स्केल फॉरमेशन
(b) डिफेक्टिव डायनमो
(c) फ्यूल लीकेज
(d) उच्च तेल स्तर

39. वाहनों की क्रियाशील अवस्था में चाल (speed) को मापा जाता है
(a) टैकोमीटर द्वारा (b) स्पीडोमीटर द्वारा
(c) ओडोमीटर द्वारा (d) मल्टीमीटर द्वारा

40. चलते वाहन की गति को कौन-सा मीटर दर्शाता है?
(a) स्पीडोमीटर (b) ओडोमीटर
(c) टैकोमीटर (d) ऐम्पियर मीटर

41. नीचे दिए गए चित्र में 'X' किसको प्रदर्शित करता है?

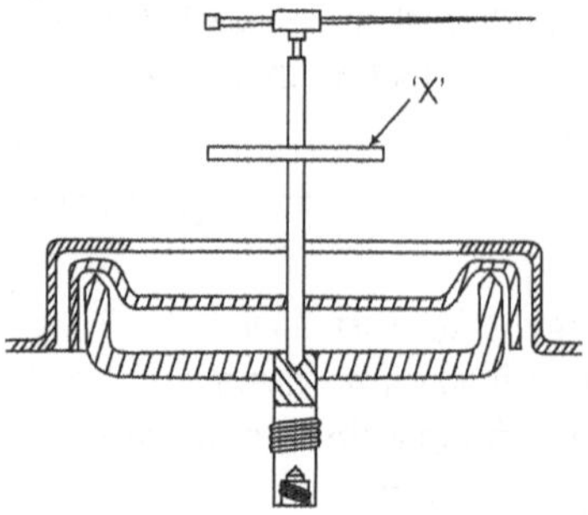

(a) प्वॉइण्टर (b) हेयर स्प्रिंग
(c) स्पीड कप (d) चुम्बक

42. ……… यन्त्र का पिनियन, अलार्म घण्टी के समान आनुपातिक गियर्स के द्वारा वाहन की तात्कालिक गति (किमी प्रति घण्टा में) तथा वाहन द्वारा चलित कुल दूरी दर्शाता है।
(a) स्पीडोमीटर (b) टैकोमीटर
(c) ओडोमीटर (d) वोल्टमीटर

43. टैकोमीटर का उपयोग किया जाता है
(a) रेसिंग कारों में
(b) बड़े गियर अनुपात वाले वाहनों में
(c) 'a' और 'b' दोनों
(d) उपरोक्त में से कोई नहीं

44. वाहनों के द्वारा तय की गई दूरी को ………… दर्शाया जाता है।
(a) टैकोमीटर से
(b) ओडोमीटर से
(c) मल्टीमीटर से
(d) स्पीडोमीटर से

45. ओडोमीटर वाहन में इनमें से किसकी सहायता से क्रिया कर पाने से सक्षम हो पाते हैं?
(a) गियर बॉक्स की मुख्य शाफ्ट
(b) लचीले केबिल से
(c) 'a' और 'b' दोनों
(d) उपरोक्त में से कोई नहीं

46. नीचे दिए गए चित्र में 'X' किसको प्रदर्शित करता है?

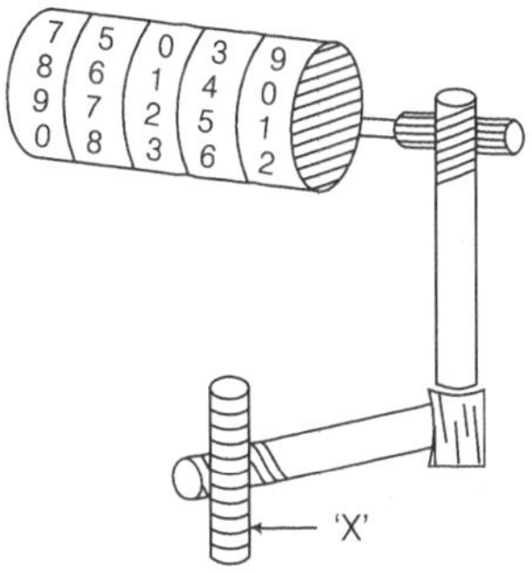

(a) स्प्रिंग (b) चुम्बकीय शाफ्ट
(c) केबिल (d) ये सभी

47. ओडोमीटर कितनी दूरी ज्ञात कर सकता है?
(a) 99999 किमी (b) 89245.6 किमी
(c) 84629 किमी (d) 9999 किमी

48. ओडोमीटर को ………… के नीचे स्थापित किया जाता है।
(a) स्पीडोमीटर (b) टैकोमीटर (c) ओडोमीटर (d) गियर सूचक

49. फ्यूल गेज के मुख्य अवयवों की व्यवस्था कैसे रहती है?
(a) बाहर की ओर डायल पर गेज
(b) अन्दर की ओर विद्युत चुम्बक हेतु क्वॉयल
(c) 'a' और 'b' दोनों
(d) उपरोक्त में से कोई नहीं

50. फ्यूल गेज की क्वॉयलों के मध्य की प्वॉइण्टर व्यवस्था किसलिए होती है?
(a) डायल पर रीडिंग बताने हेतु
(b) वाहन में उत्पन्न दोष दर्शाने हेतु
(c) वाहन में लाइट जलाने हेतु
(d) उपरोक्त में से कोई नहीं

51. किस गेज से फ्यूल टैंक में फ्यूल स्तर की जानकारी मिलती है?
(a) फ्यूल गेज (b) ऑयल गेज
(c) ओडोमीटर (d) इनमें से कोई नहीं

52. जब फ्यूल टैंक उच्च स्तर पर होता है, तो सुई प्रदर्शित करती है
(a) T को (b) E को (c) F को (d) ये सभी

53. इंजन में ऑयल प्रैशर को चैक करने के लिए किस यन्त्र का प्रयोग किया जाता है?
(a) ऑयल प्रैशर गेज (b) ऑयल लेवल गेज
(c) ऑयल टैम्परेचर गेज (d) ऑयल वैक्यूम गेज

54. नीचे दिए गए चित्र का नाम बताइए

(a) वाटर कूलैन्ट टैम्परेचर (b) इंजन ऑयल टैम्परेचर
(c) ट्रांसमिशन ऑयल टैम्परेचर (d) एग्जॉस्ट गैस टैम्परेचर

55. इंजनयुक्त वाहनों में व्यवस्थित कार्यिकी का द्योतक इनमें से कौन है?
(a) संकेतक (b) मापक
(c) 'a' और 'b' दोनों (d) इनमें से कोई नहीं

56. वाहनों के प्रचालन में इनमें से किसकी विशेष भूमिका होती है?
(a) डीजल इंजन (b) मापक
(c) संकेतक (d) ये सभी

57. वाहनों में मापकों का उपयोग निम्न में से किसके लिए किया जाता है?
(a) गति जानने हेतु (b) ईंधन की स्थिति जानने हेतु
(c) शाफ्ट चाल के मापन हेतु (d) इनमें से कोई नहीं

58. निम्न में से कौन इंजन की व्यवस्था को स्पष्ट अभिव्यक्ति प्रदान करता है?
(a) संकेतक (b) मापन प्रणाली
(c) 'a' और 'b' दोनों (d) इनमें से कोई नहीं

59. स्वचालित वाहनों में संकेतों का समायोजन किस उद्देश्य से किया जाता है?
(a) संकेतकों को समझना-समझाना
(b) व्यवस्था को दुरुस्त रखना
(c) असुविधा से बचना
(d) उपरोक्त सभी

60. गियर शिफ्ट स्थिति संकेतक की व्यवस्था वाहन में कहाँ होती है?
(a) गियर लीवर के ऊपर (b) डैशबोर्ड पर
(c) 'a' और 'b' दोनों (d) इनमें से कोई नहीं

61. गियर शिफ्ट स्थिति संकेतक की वाहन में भूमिका किस प्रकार से दिखती है?
(a) गियर का परिवर्तन व्यवस्थित रूप में दर्शाकर
(b) वाहन प्रचालन सुचारु रूप में करके
(c) 'a' और 'b' दोनों
(d) उपरोक्त सभी

62. वाहनों में सुरक्षा के दृष्टिकोण से बैल्ट धारण करने का संकेत देती है
(a) सीट बैल्ट चेतावनी लाइट
(b) गियर शिफ्ट स्थिति संकेतक
(c) पार्किंग ब्रेक एंगेजमेन्ट चेतावनी लाइट
(d) उपरोक्त में से कोई नहीं

63. सीट बैल्ट अपनी उपयोगिता किस रूप में सिद्ध करती है?
(a) सुरक्षा युक्ति के रूप में
(b) गम्भीर चोटों से
(c) सुरक्षा भाव जगाने में
(d) उपरोक्त सभी

64. वाहनों की स्थिर अवस्था या पार्किंग में ब्रेक आरोपित करने का संकेत डैशबोर्ड पर ………… दर्शाया जाता है।
(a) पार्किंग ब्रेक एंगेजमेन्ट चेतावनी लाइट द्वारा
(b) गियर शिफ्ट स्थिति संकेतक द्वारा
(c) इंजन अव्यवस्था चेतावनी लाइट द्वारा
(d) उपरोक्त में से कोई नहीं

65. वाहनों में आन्तरिक अव्यवस्था को डैशबोर्ड पर स्थित ·········· द्वारा दर्शाया जाता है।
(a) इंजन अव्यवस्था चेतावनी लाइट
(b) पार्किंग ब्रेक एंगेजमेन्ट चेतावनी लाइट
(c) 'a' और 'b' दोनों
(d) उपरोक्त में से कोई नहीं

66. गियर बॉक्स में कौन–कौन सी गियर बदलने की स्थितियाँ होती हैं?
(a) फॉरवर्ड (b) रिवर्स (c) न्यूट्रल (d) ये सभी

67. नीचे दिए गए चित्र में संकेतक निम्न में से किसको प्रदर्शित करता है?

(a) हैड लैम्प को (b) पार्किंग ब्रेक को
(c) साइड शीशे को (d) ईंधन स्तर को

68. ऑयल लेवल को चैक ·········· किया जाता है?
(a) डिप स्टिक (b) एमीटर
(c) फ्यूल गेज (d) ऑयल प्रैशर गेज

69. इंजनों को उपयोग के पश्चात् क्रियाशील अवस्था से स्थिर अवस्था में लाने के लिए इनमें से किसकी आवश्यकता पड़ती है?
(a) बन्द करने की
(b) चालू रखने की
(c) मध्यम स्थिति में रखने की
(d) उपरोक्त में से कोई नहीं

70. इंजन की बन्द अवस्था से इनमें से क्या लाभ होता है?
(a) ऊर्जा के रूप में ईंधन की बचत
(b) इंजन के अवयवों की सुरक्षा
(c) 'a' और 'b' दोनों
(d) उपरोक्त में से कोई नहीं

उत्तरमाला

1. (c)	**2.** (c)	**3.** (b)	**4.** (c)	**5.** (b)	**6.** (a)	**7.** (c)	**8.** (a)	**9.** (d)	**10.** (d)
11. (d)	**12.** (d)	**13.** (c)	**14.** (a)	**15.** (a)	**16.** (c)	**17.** (a)	**18.** (b)	**19.** (d)	**20.** (b)
21. (c)	**22.** (c)	**23.** (a)	**24.** (b)	**25.** (b)	**26.** (a)	**27.** (d)	**28.** (c)	**29.** (a)	**30.** (c)
31. (d)	**32.** (c)	**33.** (a)	**34.** (a)	**35.** (b)	**36.** (a)	**37.** (b)	**38.** (c)	**39.** (b)	**40.** (a)
41. (b)	**42.** (b)	**43.** (c)	**44.** (b)	**45.** (c)	**46.** (b)	**47.** (a)	**48.** (a)	**49.** (c)	**50.** (a)
51. (a)	**52.** (c)	**53.** (a)	**54.** (a)	**55.** (c)	**56.** (d)	**57.** (d)	**58.** (c)	**59.** (c)	**60.** (c)
61. (c)	**62.** (a)	**63.** (d)	**64.** (a)	**65.** (a)	**66.** (d)	**67.** (b)	**68.** (a)	**69.** (a)	**70.** (c)

अध्याय 12

पेट्रोल इंजन एवं गैसोलीन ईंधन प्रणाली

Petrol Engine and Gasoline fuel System

परिचय Introduction

पेट्रोल ईंधन आधारित इंजन, एक प्रकार का इन्टर्नल कम्बशन इंजन है जिसे **गैसोलीन** (gasoline) एवं स्पार्क इग्नीशन (spark ignition) इंजन के नाम से भी जाना जाता है। ये इंजन सामान्यतया कम स्थान घेरते हैं तथा टॉर्क (torque) कम होने के कारण इनमें प्रयुक्त भागों को अधिक मजबूत बनाने की आवश्यकता नहीं होती है। इन इंजनों का प्रयोग कार, स्कूटर, मोटरसाइकिल आदि में अधिक होता है।

इस अध्याय में विषय की उपयोगिता तथा पाठ्यक्रम को ध्यान में रखते हुए प्रशिक्षुओं के अध्ययन हेतु इन्टर्नल कम्बशन इंजन विशेषत: पेट्रोल इंजन तथा गैसोलीन ईंधन का सविस्तार वर्णन किया गया है।

अध्याय विषय सूची

12.1 पेट्रोल इंजन का सिद्धान्त Principle of Petrol Engine

पेट्रोल इंजन का आविष्कार निकोलस ओटो (Nikolaus Otto) ने किया था जिस कारण इसे ओटोसाइकिल इंजन भी कहा जाता है। इसका डिजाइन बड़े स्थिर सिंगल सिलेण्डर इन्टर्नल कम्बशन इंजन की भाँति होता है। प्राय: इन इंजनों को निम्न चक्कर प्रति मिनट (RPM) मशीन के नाम से भी जाना जाता है। ये इंजन ओटो चक्र (otto cycle) के कारण प्रत्येक दूसरे स्ट्रोक में ज्वलन (fire) उत्पन्न करते हैं; जैसे—कार आदि। ओटो चक्र को स्थिर आयतन चक्र भी कहते हैं, क्योंकि इसमें ऊष्मा का आदान-प्रदान स्थिर आयतन पर निर्भर करता है।

पेट्रोल इंजन की कार्यविधि Working Method of Petrol Engine

पेट्रोल इंजनों की कार्यिकी में जब पेट्रोल तथा वायु का मिश्रण सिलेण्डर में प्रवेश करता है, तो दहन के फलस्वरूप शक्ति उत्पन्न होती है। पेट्रोल इंजन की कार्यविधि ओटो चक्र पर आधारित होती है जिसे नीचे दर्शाया गया है

पेट्रोल इंजन के सक्शन स्ट्रोक (1-2) में, पिस्टन टी.डी.सी. (TDC) से बी.डी.सी. (BDC) की ओर जाता है और वायुमण्डलीय दाब से निम्न दाब पर सक्शन प्रक्रिया प्रारम्भ हो जाती है। इसके उपरान्त कम्प्रैशन स्ट्रोक (2-3) के दौरान जब पिस्टन बी.डी.सी.से टी.डी.सी.की ओर जाता है, तो सिलेण्डर में उपस्थित पेट्रोल तथा हवा का मिश्रण कम्प्रैस होता है।

ऊष्मा परिवर्धन (heat addition) स्ट्रोक (3-4) में स्थिर आयतन पर स्पार्क प्लग द्वारा चिंगारी उत्पन्न करके ईंधन मिश्रण को प्रज्वलित किया जाता है, तत्पश्चात् पावर एक्सपैंशन स्ट्रोक (4-5) के दौरान सिलेण्डर में उत्पन्न गैस फैलने से तापमान तथा दाब दोनों कम हो जाते हैं।

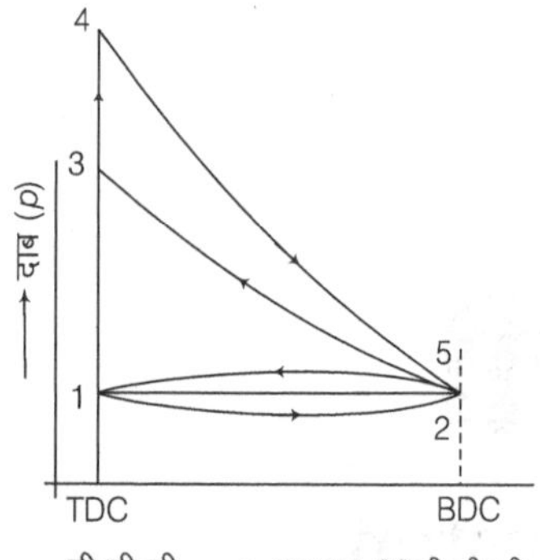

चित्र ओटो चक्र

अन्तत: एग्जॉस्ट स्ट्रोक (5-2-1) के दौरान स्थिर आयतन पर ऊष्मा निष्क्रिय हो जाती है और पिस्टन के बी.डी.सी.से टी.डी.सी.की ओर जाने से दहन गैसें एग्जॉस्ट हो जाती हैं।

12.2 पेट्रोल इंजन के प्रकार
Types of Petrol Engine

पेट्रोल इंजन को मुख्यत: स्ट्रोकों के आधार पर विभक्त किया जाता है जोकि निम्न प्रकार के होते हैं

1. दो स्ट्रोक पेट्रोल इंजन।
2. चार स्ट्रोक पेट्रोल इंजन।

1. दो स्ट्रोक पेट्रोल इंजन
Two Stroke Petrol Engine

इस प्रकार के इंजनों में ईंधन के रूप में पेट्रोल का प्रयोग किया जाता है तथा इनका उपयोग ऐसे अनुप्रयोगों में किया जाता है जहाँ सरल एवं मितव्ययी (low cost) प्राइम मूवर (prime mover) की आवश्यकता होती है; जैसे—स्कूटर, मोटरसाइकिल आदि।

दो स्ट्रोक पेट्रोल इंजनों में प्राय: इंजन प्रचालन के चक्र के चारों स्ट्रोक (सक्शन, कम्प्रैशन, पावर तथा एग्जॉस्ट) पिस्टन के दो ही स्ट्रोकों में पूरे हो जाते हैं।

इस प्रकार के इंजनों में ईंधन दहन का समय कम होता है जबकि प्रति हॉर्स पावर ईंधन खपत अधिक होती है।

दो स्ट्रोक पेट्रोल इंजन का सिद्धान्त
Principle of Two Stroke Petrol Engine

दो स्ट्रोक पेट्रोल इंजनों में एक कार्यकारी चक्र (working cycle) पिस्टन के दो ही स्ट्रोक में पूर्ण हो जाता है अर्थात् क्रैंक शाफ्ट के प्रत्येक चक्कर में इंजन को शक्ति प्राप्त होती है। यह शक्ति, इंजन क्रैंक केस में वायु एवं पेट्रोल के मिश्रण के दहन के फलस्वरूप प्राप्त होती है। ये इंजन ऑटो चक्र पर आधारित होते हैं।

दो स्ट्रोक पेट्रोल इंजन की कार्यविधि
Working Method of Two Stroke Petrol Engine

इस इंजन की कार्यविधि को उसके स्ट्रोक के आधार पर स्पष्ट किया जा सकता है।

प्रथम स्ट्रोक इसमें ऊपरी स्ट्रोक सक्शन तथा कम्प्रैशन होता है, जिसमें पिस्टन नीचे बी.डी.सी. (bottom dead centre) से ऊपर टी.डी.सी. (top dead centre) की ओर चलता है। पिस्टन के ऊपर जाने से इनलेट पोर्ट खुल जाता है जिससे क्रैंक केस में रिक्त स्थान (vacuum) बन जाता है। इस रिक्त स्थान को पूरा करने के लिए काबुरेटर से पेट्रोल एवं हवा का मिश्रण, क्रैंककेस (crank case) में भर जाता है। इस प्रकार सक्शन स्ट्रोक का कार्य सम्पन्न होता है।

पिस्टन के ऊपर पहुँचने के कारण पिस्टन के ऊपर सिलेण्डर में ट्रांसफर पोर्ट द्वारा पहुँची वायु एवं पेट्रोल का मिश्रण दहन कक्ष (combustion chamber) में कम्प्रैस हो जाता है, क्योंकि ट्रांसपोर्ट तथा एग्जॉस्ट पोर्ट, पिस्टन द्वारा बन्द हो जाते हैं और मिश्रण के निकलने का कोई मार्ग नहीं रह जाता है।

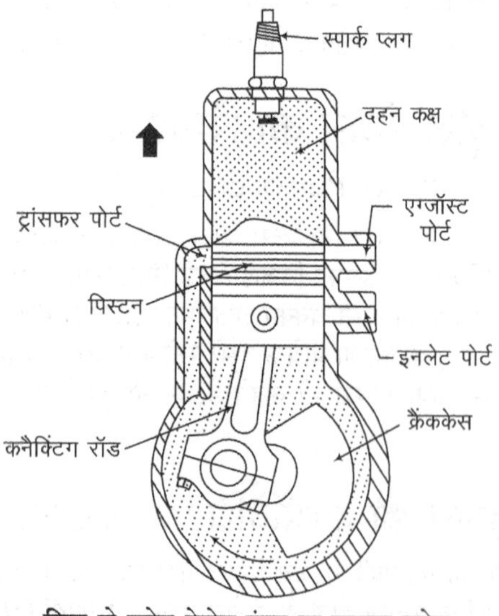

चित्र दो स्ट्रोक पेट्रोल इंजन का सक्शन स्ट्रोक

इस प्रकार पिस्टन के उसी स्ट्रोक में कम्प्रैशन स्ट्रोक का कार्य सम्पन्न हो जाता है।

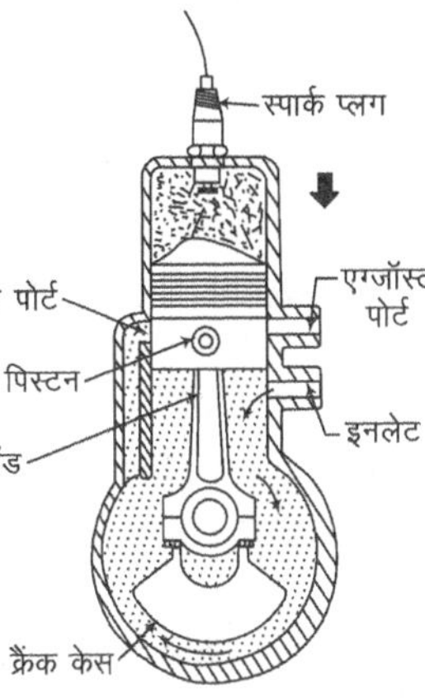

चित्र दो स्ट्रोक पेट्रोल इंजन का कम्प्रैशन स्ट्रोक

द्वितीय स्ट्रोक इसमें निचला स्ट्रोक पावर तथा एग्जॉस्ट होता है जिसमें दहन कक्ष में कम्प्रैस हुई वायु तथा पेट्रोल के मिश्रण को स्पार्क प्लग द्वारा बैटरी या चुम्बकों की सहायता से बनी हाई टेंशन करण्ट की चिंगारी देकर जला दिया जाता है। मिश्रण के जलते ही गैसें फैलती हैं तथा गैसों का दाब पिस्टन पर पड़ता है। पिस्टन पर लगने वाला यह दाब क्रैंकशाफ्ट तथा फ्लाईव्हील को घुमाता है जिससे इंजन को शक्ति प्राप्त होती है। इस समय पिस्टन ऊपर टी.डी.सी. से बी.डी.सी. की ओर चलता है तथा पावर स्ट्रोक (power stroke) पूरा करता है।

पिस्टन के नीचे जाने से एग्जॉस्ट पोर्ट खुल जाता है तथा सिलेण्डर की जली गैसें उसके साइलेन्सर से होकर बाहर निकल जाती हैं। इस प्रकार इंजन चक्र का अन्तिम एग्जॉस्ट स्ट्रोक (exhaust stroke) भी पिस्टन के उसी स्ट्रोक में पूरा हो जाता है। इसी समय एग्जॉस्ट पोर्ट के ठीक सामने बना ट्रांसफर पोर्ट भी खुल जाता है तथा पिस्टन के नीचे आने से क्रैंककेस के मिश्रण पर दबाव पड़ता है और यह मिश्रण खुले हुए ट्रांसफर पोर्ट के द्वारा इंजन के अगले चक्र के लिए सिलेण्डर में आ जाता है।

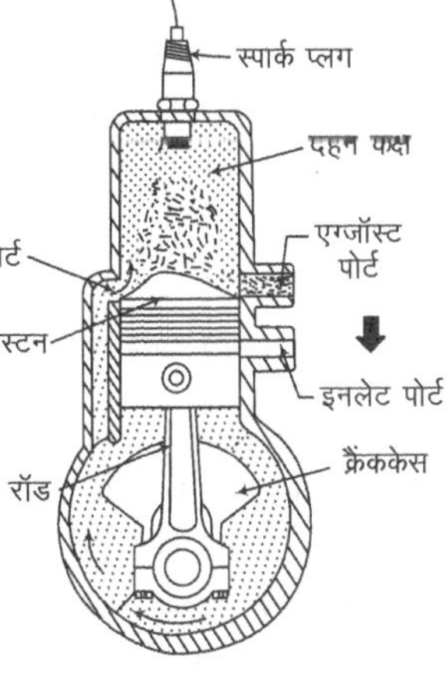

चित्र दो स्ट्रोक पेट्रोल इंजन का द्वितीय स्ट्रोक (पावर एवं एग्जॉस्ट)

2. चार स्ट्रोक पेट्रोल इंजन
Four Stroke Petrol Engine

स्पार्क इग्नीशन इंजन को पेट्रोल इंजन भी कहते हैं। इन इंजनों में पेट्रोल एवं वायु के मिश्रण को दहन कक्ष में कम्प्रैस कर स्पार्क प्लग के द्वारा प्रज्वलित (ignite) करके शक्ति उत्पन्न की जाती है। इसी कारण इस प्रकार के इंजन को स्पार्क इग्नीशन इंजन कहा जाता है।

इस प्रकार के इंजनों का प्रयोग अधिकतर ऑटोमोबाइल (automobile) क्षेत्र में किया जाता है। इसमें ईंधन (पेट्रोल) जलाने के लिए कार्बुरेटर, इग्नीशन क्वॉयल, स्पार्क प्लग, डिस्ट्रीब्यूटर तथा बैटरी आदि की व्यवस्था करना आवश्यक होता है।

इस इंजन का टॉर्क कम होता है। अत: इसके भाग बहुत अधिक मजबूत बनाने की आवश्यकता नहीं होती है। प्राय: इनमें इंजन चलाने के चक्र के चारों स्ट्रोक (सक्शन, कम्प्रैशन, पावर तथा एग्जॉस्ट) पिस्टन के चार स्ट्रोकों में ही पूरे होते हैं।

इस प्रकार के इंजनों में एक स्ट्रोक में एक ही क्रिया होती है तथा प्रति दो चक्करों पर प्रति सिलेण्डर एक स्पार्क मिलता है एवं इनकी प्रति हॉर्स पावर ईंधन की खपत भी कम होती है। सबसे महत्त्वपूर्ण बात यह है कि इन इंजनों में पोर्ट के स्थान पर वाल्व प्रयोग में लाए जाते हैं।

चार स्ट्रोक पेट्रोल इंजन का सिद्धान्त
Principle of Four Stroke Petrol Engine

चार स्ट्रोक पेट्रोल इंजन में एक कार्यकारी चक्र, पिस्टन के चार स्ट्रोकों में पूर्ण होता है।

अत: इंजन के सक्शन, कम्प्रैशन, पावर एवं एग्जॉस्ट स्ट्रोक पूर्ण होने पर ही एक कार्यकारी चक्र प्राप्त होता है अर्थात् इंजन के एक कार्यकारी चक्र में क्रैंकशाफ्ट (crankshaft) दो चक्र पूर्ण करती है। चार स्ट्रोक पेट्रोल इंजन भी ओटो चक्र (otto cycle) पर आधारित होते हैं।

चार स्ट्रोक पेट्रोल इंजन की कार्यविधि
Working Method of Four Stroke Petrol Engine

चार स्ट्रोक पेट्रोल इंजन, पेट्रोल पर आधारित होते हैं। यही कारण है कि इनका प्रचालन सुगम होता है। इनमें पेट्रोल और वायु के विभिन्न अनुपातों में मिश्रण प्रयुक्त किया जाता है। इसकी कार्यप्रणाली में प्रयुक्त चारों स्ट्रोकों का सचित्र वर्णन निम्नवत् है

(i) **सक्शन स्ट्रोक** (Suction stroke) फोर स्ट्रोक चक्र का यह प्रथम स्ट्रोक होता है।

इस स्ट्रोक में इनलेट वाल्व (inlet valve) खुला रहता है जिसके द्वारा पेट्रोल एवं वायु का मिश्रण सिलेण्डर में जाता है।

इस समय पिस्टन ऊपर टी.डी.सी. से नीचे बी.डी.सी. की ओर चलते हैं। सिलेण्डर में पिस्टन के नीचे की ओर पहुँच जाने से वहाँ रिक्त निर्वात (vacuum) उत्पन्न हो जाता है।

इस रिक्त स्थान को पूरा करने के लिए कार्बुरेटर (carburettor) द्वारा पेट्रोल एवं वायु का मिश्रण, इनलेट मैनीफोल्ड (inlet manifold) तथा इनलेट वाल्व के द्वारा सक्शन (suction) के कारण सिलेण्डर में प्रवेश करता है।

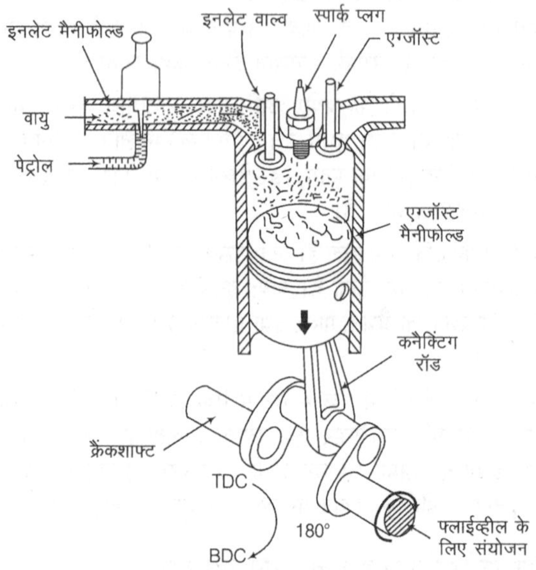

चित्र सक्शन स्ट्रोक

(ii) **कम्प्रैशन स्ट्रोक** (Compression stroke) इस स्ट्रोक में पिस्टन नीचे बी.डी.सी. से ऊपर टी.डी.सी. की ओर चलता है। इस समय सक्शन स्ट्रोक में खुला हुआ इनलेट वाल्व बन्द हो जाता है। पिस्टन के ऊपर चलने से सिलेण्डर में भरे पेट्रोल एवं वायु के मिश्रण पर दबाव पड़ता है, परन्तु उसे पिस्टन के ऊपर से निकलने का मार्ग नहीं मिलता है। इस कारण वह सिलेण्डर हैड (cylinder head) में बने कम्बशन चैम्बर में कम्प्रैस हो जाता है।

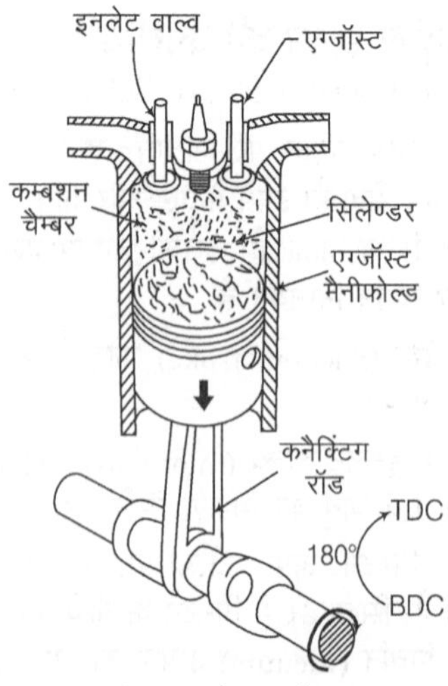

चित्र कम्प्रैशन स्ट्रोक

(iii) **पावर या फायरिंग स्ट्रोक** (Power or firing stroke) इस स्ट्रोक में कम्प्रैस्ड पेट्रोल एवं वायु के मिश्रण को जलाया जाता है। जब पिस्टन टी.डी.सी. के पास पहुँचने को होता है, तो कम्प्रैस हुए मिश्रण को स्पार्क प्लग (spark plug) द्वारा बैटरी (battery) आदि के करण्ट की सहायता से चिंगारी (spark) देकर जला दिया जाता है।

यह सिलेण्डर के अन्दर एक विस्फोट जैसा होता है तथा मिश्रण का पेट्रोल जल जाता है और गैसें (हवा) बहुत ताकत से फैलती हैं। इसी से शक्ति प्राप्त होती है।

गैसों के फैलने से प्राप्त यह शक्ति पिस्टन हैड पर अत्यधिक दबाव डालती है तथा पिस्टन ऊपर टी.डी.सी. से नीचे बी.डी.सी. की ओर चलता है।

पिस्टन के साथ ही लगी कनैक्टिंग रॉड (connecting rod) पिस्टन पर पड़ने वाले इस दाब के कारण नीचे आकर क्रैंकशाफ्ट तथा फ्लाईव्हील को घूमने के लिए शक्ति प्रदान करती है।

फ्लाईव्हील द्वारा इंजन की शक्ति का उपयोग अन्य यान्त्रिक (mechanical) कार्यों के लिए किया जाता है और इस स्ट्रोक के माध्यम से ही इंजन में शक्ति का ट्रांसफर होता है।

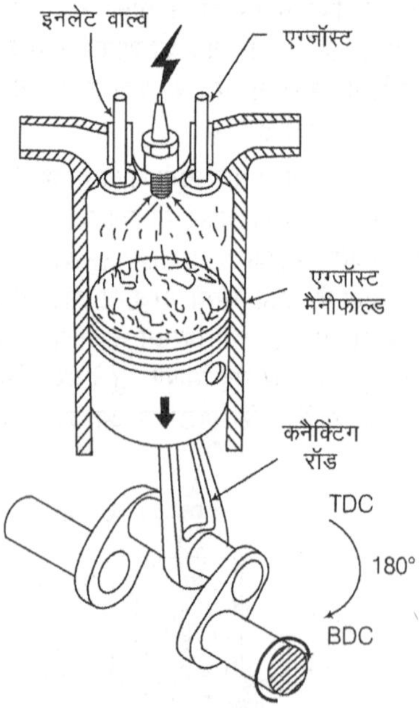

चित्र पावर स्ट्रोक

(iv) **एग्जॉस्ट स्ट्रोक** (Exhaust stroke) यह चौथा व अन्तिम स्ट्रोक है। इसके द्वारा इंजन का एक चक्र (cycle) पूरा हो जाता है। इस स्ट्रोक में जली हुई गैसें सिलेण्डर से बाहर निकलती हैं।

इस स्ट्रोक में पिस्टन, पावर स्ट्रोक का धक्का खाकर नीचे बी.डी.सी. से टी.डी.सी. की ओर चलता है।

पिस्टन के ऊपर जाने से सिलेण्डर की निष्क्रिय गैसों पर दबाव पड़ता है। इस कारण वे एग्जॉस्ट वाल्व, एग्जॉस्ट मैनीफोल्ड तथा साइलेन्सर से होकर बाहर निकल जाती हैं।

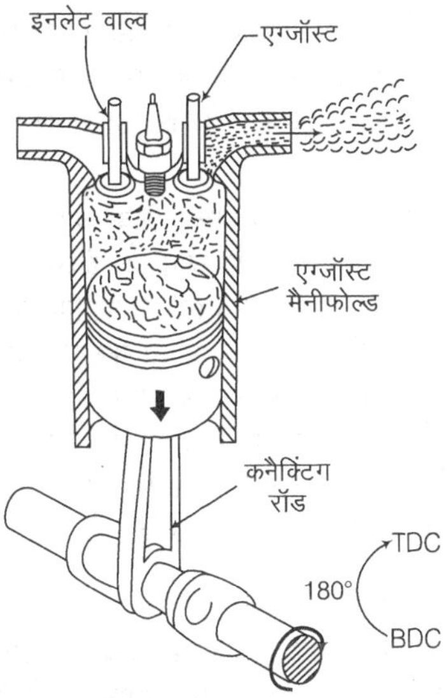

चित्र एग्जॉस्ट स्ट्रोक

12.3 पेट्रोल इंजन या स्पार्क इग्नीशन इंजन के मुख्य अवयव Main Components of Petrol or Spark Ignition Engine

पेट्रोल या स्पार्क इग्नीशन इंजन के मुख्य अवयव निम्न प्रकार हैं

1. कैम Cam

कैम किसी यान्त्रिक लिंकेज (linkage) में घूमने वाली एक ऐसी युक्ति है जिसे चक्रीय गति (rotational motion) को रैखिक (linear) गति में रूपान्तरित करने के लिए प्रयुक्त किया जाता है। इसका एक सामान्य उदाहरण ऑटोमोबाइल कैमशाफ्ट है जो सिलेण्डरों के इनलेट एवं एग्जॉस्ट वाल्वों को प्रचालित करने के लिए इंजन की चक्रीय गति को आवश्यक पश्चाग्र गति में रूपान्तरित कर देती है। यह घूमने वाली शाफ्ट, पहिये का एक भाग या अंश अथवा अंग होती है। कैम एक सामान्य दाँते जैसी संरचना होती है जो अपने फोलोवर (follower) के लिए पश्चाग्र गति उत्पन्न करने में सहायक होती है।

***नोट** कैम शाफ्ट के विस्तृत अध्ययन हेतु प्रथम वर्ष के अध्याय 13 का अवलोकन करें।*

2. इंजन पावर ट्रांसफर Engine Power Transfer

इंजन एक ऐसी युक्ति है जो निरन्तर ऊर्जा की उत्पत्ति करती है। यही कारण है कि इंजन का उपयोग विविध अनुप्रयोगों में प्राइम मूवर (prime mover) के रूप में किया जाता है। ऊर्जा को न तो नष्ट किया जा सकता है और न ही इसे निर्मित किया जा सकता है, परन्तु इसे एक अवस्था से दूसरी अवस्था में परिवर्तित किया जा सकता है। इसी प्रकार, इंजन में उत्पादित शक्ति या ऊर्जा को विविध अवयवों पर ट्रांसफर करके उन्हें चलायमान बनाया जाता है।

3. स्कैवेन्जिंग Scavenging

इंजन सिलेण्डर में ईंधन के दहन के उपरान्त ऊर्जा की उत्पत्ति होती है। दहन के फलस्वरूप ईंधन सिलेण्डर में गैसें निर्मित होती हैं जोकि इंजन की एग्जॉस्ट प्रणाली द्वारा वायुमण्डल में प्रवाहित कर दी जाती हैं।

यदि इन गैसों का कुछ अवशेष इंजन सिलेण्डर में शेष रह जाता है, तो ये गैसें ईंधन में मिश्रित होकर इंजन कार्यिकी पर बुरा प्रभाव डालती हैं।

इसी उद्देश्य हेतु इंजन में स्कैवेन्जिंग प्रक्रिया की जाती है। इस प्रक्रिया के अन्तर्गत इंजन के एग्जॉस्ट स्ट्रोक के उपरान्त शेष अतिरिक्त गैसों को अवशोषित करके वायुमण्डल में प्रवाहित कर उसके स्थान पर स्वच्छ वायु को भर दिया जाता है।

इस प्रकार, इंजन सिलेण्डर में केवल विशुद्ध ईंधन का ही दहन होता है।

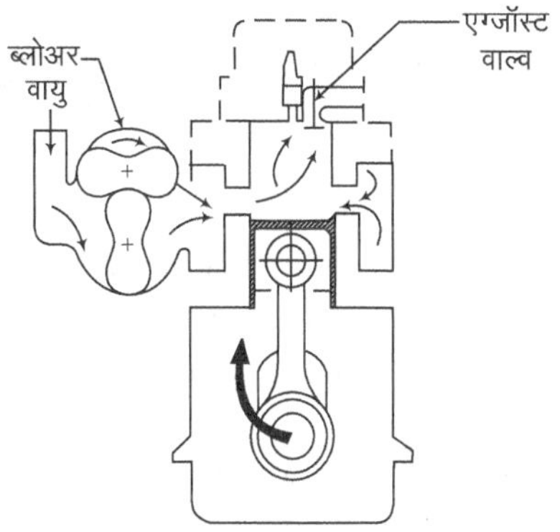

चित्र स्कैवेन्जिंग

उपरोक्त चित्र में स्कैवेन्जिंग प्रक्रिया दर्शायी गयी है। इसमें ब्लोअर द्वारा इनलेट पोर्ट के माध्यम से वायु सिलेण्डर में प्रवेश करती है और एग्जॉस्ट पोर्ट के माध्यम से सिलेण्डर में उपस्थित अपशिष्ट गैसें एग्जॉस्ट वाल्व द्वारा बाहर निकल जाती हैं। दो स्ट्रोक इंजनों में निम्न प्रकार की स्कैवेन्जिंग विधियों का प्रयोग किया जाता है

(i) **लूप स्कैवेन्जिंग** (Loop Scavenging) इस विधि में एग्जॉस्ट एवं इनलेट पोर्ट को सिलेण्डर के दोनों और लगाया जाता है। इसमें प्रवेश करने वाली वायु जली हुई गैसों को लूप के रूप में सुखाती है।

(ii) **एक प्रवाह स्कैवेन्जिंग** (Uniflow Scavenging) इस विधि में एग्जॉस्ट वाल्व को सिलेण्डर के ऊपर लगाया जाता है। इसमें इनलेट पोर्ट के द्वारा वायु अन्दर प्रवेश करती है तथा उसी दिशा के साथ जली हुई गैसों को सुखाती है।

4. काउण्टर वेट्स Counter Weights

क्रैंकशाफ्ट, इंजन का घूमने वाला मुख्य भाग है। क्रैंकशाफ्ट में काउण्टर वेट्स, घूमने वाले अवयवों को सन्तुलित रखने में अथवा क्रैंकशाफ्ट टर्निंग को यथासम्भव सरल-सुगम (smooth) बनाने में सहायक होते हैं। क्रैंकशाफ्ट कनैक्टिंग रॉड के माध्यम से ट्रांसमिट बल के कारण घूर्णन होती है।

क्रैंकशाफ्ट के घूमने के समय, घुमाव की विपरीत दिशा में एक घर्षण बल भी कार्य करता है। काउण्टर वेट्स इस घर्षण (friction) को कम करके क्रैंकशाफ्ट के मुक्त विचरण को अनुमति देते हैं।

काउण्टर वेट्स, इंजन में समान रूप से सन्तुलन स्थापित करने का एक तरीका है जिससे शाफ्ट उचित प्रकार से घूमती है। इस प्रक्रिया में एक चुम्बक लगाने से असन्तुलन की स्थिति बन जाती है।

इस चुम्बक को हटाए बिना असन्तुलन को दूर करने के लिए शाफ्ट के दूसरे सिरे पर एक बिल्कुल सही चुम्बक लगाकर असन्तुलन को दूर करते हैं। बाद में लगाई गई यह चुम्बक ही काउण्टर वेट्स के रूप में कार्य करती है और यह एक या उससे अधिक भी हो सकती है।

नोट *पिस्टन घटक के विस्तृत अध्ययन हेतु प्रथम वर्ष के अध्याय-14 का अवलोकन करें।*

12.4 पेट्रोल इंजन सम्बन्धी कार्बुरेटेड एवं EFI प्रणाली Carbureted and EFI System Related to Petrol Engine

पेट्रोल इंजन की इनटेक एवं एग्जॉस्ट प्रणालियों का अध्ययन करने से पूर्व कार्बुरेटेड तथा इलेक्ट्रॉनिक ईंधन इन्जेक्शन प्रणाली का संक्षिप्त रूप से संज्ञान में लेना अत्यन्त आवश्यक है जोकि निम्न प्रकार है

कार्बुरेटेड प्रणाली Carburetted System

कार्बुरेटर, पेट्रोल इंजन की ईंधन प्रणाली का एक मुख्य अवयव है। यह इंजन के सिलेण्डर में आवश्यकतानुसार वायु एवं पेट्रोल का उचित मिश्रण बनाकर भेजता है।

कार्बुरेटर द्वारा किए गए इस कार्य को कार्बुरेशन कहते हैं। कार्बुरेटर प्रणाली के अन्तर्गत इंजन को आवश्यकतानुसार रिच (rich) या लीन (lean) ईंधन मिश्रण उपलब्ध कराया जाता है।

इलेक्ट्रॉनिक फ्यूल इन्जेक्शन Electronic Fuel Injection, EFI

इलेक्ट्रॉनिक फ्यूल इन्जेक्शन प्राय: गैसोलीन इन्जेक्शन प्रणाली का आधुनिक रूप है। वर्तमान में गैसोलीन इंजनों में EFI प्रणाली प्रयुक्त की जाती है। EFI एक ऐसी इनडायरेक्ट इन्जेक्शन प्रणाली है जो फिक्स्ड ऑरिफिस युक्त सोलेनॉयड से प्रचालित इन्जेक्टर का प्रयोग करती है जो फ्यूल इन्जेक्टर से प्रवाहित होता है। दक्षता में वृद्धि के लिए आधुनिक ऑटोमोबाइल फ्यूल वितरण प्रणाली में इलेक्ट्रॉनिक फ्यूल इन्जेक्शन का प्रयोग किया जाता है। कम उत्सर्जन एवं निम्न फ्यूल की खपत के कारण EFI इंजन अधिक सुगमतापूर्वक प्रचालित होते हैं।

EFI का सिद्धान्त Principle of EFI

EFI प्रणाली में सोलेनॉयड द्वारा संचालित एक इन्जेक्टर होता है। एक मल्टी-प्वॉइण्ट इंजेक्शन प्रणाली में प्रत्येक इनटेक मैनीफोल्ड के साथ एक इंजेक्टर लगा होता है। इसमें प्रयुक्त एक इलेक्ट्रॉनिक कण्ट्रोल यूनिट (ECU) विविध सेन्सरों द्वारा डाटा को प्रोसेस करती है एवं प्रत्येक इन्जेक्टर को ECU ही ओपन करता है जिससे यह प्रत्येक इनटेक मैनीफोल्ड में सीधे ही ईंधन छिड़कता है। नॉजिल से निकलने वाले ईंधन में वायु मिलाने से कम्बस्टाइल मिक्सर बन जाता है।

ईंधन के दाब को मैनीफोल्ड दाब से थोड़ा-सा ऊपर तथा नियत रखा जाता है। ECU से इन्जेक्टर को खोलने में लगे समय के द्वारा ईंधन के इन्जेक्ट होने की मात्रा ज्ञात की जा सकती है। इसे ही इन्जेक्टर की पल्स चौड़ाई कहते हैं।

इन्जेक्टर को प्रचालित करने के लिए क्रैंक कोण सेन्सर या इग्नीशन प्रणाली द्वारा ट्रिगरिंग सिग्नल दिया जाता है। इंजन के लोड, स्पीड तथा तापमान पर ईंधन की मात्रा निर्भर करती है। इलेक्ट्रिक सिग्नल के रूप में सेन्सर इन सूचनाओं को ECU तक प्रेषित कर देता है, तत्पश्चात् ECU ईंधन इन्जेक्ट करने के लिए आवश्यक पल्स की गणना करके ईंधन को इन्जेक्ट करता है। EFI प्रणाली में इंजन में ईंधन से सम्बन्धित कुछ महत्त्वपूर्ण पदों; जैसे—दहन कक्ष तथा समकालिक ईंधन इन्जेक्शन का वर्णन किया गया है, जोकि निम्न प्रकार है

(i) दक्ष कम्बशन Efficient Combustion

इंजन में दहन एक ऐसी प्रक्रिया है जिसके पश्चात् ही इंजन को शक्ति प्राप्त होती है तथा यह विविध अनुप्रयोगों को सम्पन्न करने के लिए सक्षम बन पाता है। आजकल मल्टी सिलेण्डर इंजनों का प्रयोग किया जाता है। मल्टी सिलेण्डर इंजन के सभी सिलेण्डरों में एक साथ ईंधन का दहन नहीं होता है। इस उद्देश्य हेतु इंजन में फायरिंग ऑर्डर संस्तुत (recommend) किए जाते हैं जिनके अनुसार इंजन में दहन होता है।

इसके लिए प्रत्येक सिलेण्डर पर अलग-अलग कार्बुरेटर या इन्जेक्टर की व्यवस्था रहती है। यह व्यवस्था बहुत अस्त-व्यस्त होती है, इसलिए इस समस्या का निदान करने के लिए MPFI/MPI प्रणाली का प्रयोग किया जाने लगा है। इस प्रणाली के अन्तर्गत सभी इंजन, सिलेण्डर एक पोर्ट द्वारा सम्बद्ध रहते हैं। इस पोर्ट के द्वारा प्रत्येक इंजन सिलेण्डर में आवश्यकतानुसार ईंधन प्रविष्ट होता है। यदि इंजन में आवश्यकतानुसार उपयुक्त मात्रा में ईंधन का दहन होता है, तो इस प्रकार का दहन, दक्ष दहन कहलाता है।

(ii) समकालिक फ्यूल इन्जेक्शन Simultaneous Fuel Injection

इन्जेक्टर को एक समय में ट्रिगर करना, समकालिक इन्जेक्शन कहलाता है। MPFI प्रणाली में इन्जेक्टर को विभिन्न विधियों से ट्रिगर किया जा सकता है, परन्तु यह इन्जेक्टर को ट्रिगर करने की सबसे सरल विधि है। इन्जेक्टर, क्रैंक शाफ्ट के प्रत्येक चक्र में दो बार प्रचालित होते हैं।

नोट *इनटेक तथा एग्जॉस्ट सिस्टम के विस्तृत अध्ययन के लिए अध्याय 18 का अवलोकन करें।*

12.5 एयर क्लीनर Air Cleaner

सक्शन स्ट्रोक के समय जब वायु सिलेण्डर में जाती है, तो अपने साथ मिले हुए मिट्टी के महीन कण तथा अन्य गन्दगी भी ले जाती है। इससे पिस्टन, सिलेण्डर, वाल्व आदि के चलने वाले भाग इन कणों की रगड़ से शीघ्र घिस जाते हैं, इसलिए वायु का इंजन के सिलेण्डरों में जाने से पूर्व साफ होना अति आवश्यक है। इसके लिए एयर क्लीनर या फिल्टर का प्रयोग किया जाता है।

एयर क्लीनर प्राय: इनलेट मैनीफोल्ड पर लगाया जाता है अथवा उसके निकट किसी स्थान पर हौज पाइप लगाकर उसका सम्बन्ध मैनीफोल्ड से कर दिया जाता है।

__नोट__ पेट्रोल इंजन के एयर क्लीनर, डीजल इंजन के एयर क्लीनर के समान ही होते हैं। अतः प्रशिक्षु विस्तृत ज्ञान हेतु अध्याय 18 का अवलोकन करें। इसके अतिरिक्त पाठ्यक्रम में मुद्रित कार्बुरेटर, इनटैक मैनीफोल्ड और EFI एयर क्लीनर का वर्णन नीचे दिया गया है।

कार्बुरेटर और EFI एयर क्लीनर Carburetor and EFI Air Cleaner

कार्बुरेटर एयर क्लीनर के द्वारा कार्बुरेटर के अन्दर शुद्ध वायु पहुँचाई जाती है। यह एयर क्लीनर वायु में से नमी एवं धूल-मिट्टी आदि के कण अवशोषित कर वायु को स्वच्छ करता है। EFI एयर क्लीनर के द्वारा इलेक्ट्रॉनिक ईंधन इन्जेक्टर में स्वच्छ वायु को पहुँचाने का कार्य किया जाता है।

इनटेक एयर हीटिंग Intake Air Heating

सामान्यतया एयर क्लीनर में प्रवेश करने वाली वायु ठण्डी होती है। ठण्डी वायु अत्यधिक सघन (dense) होती है अर्थात् ठण्डी वायु में ऑक्सीजन की मात्रा अधिक होती है जो ईंधन को दक्षतापूर्वक जलाने में सहायक होती है, परन्तु ठण्डी वायु के कारणवश ईंधन आसानी से वाष्पित (vaporize) नहीं हो पाता है। एग्जॉस्ट मैनीफोल्ड से अधिक मात्रा में ऊष्मा गुजरती है जिसमें कुछ ऊष्मा का अभिग्रहण कार्बुरेटेड इंजन कर लेता है।

यह ऊष्मा प्रवेश होने वाली वायु के कारण ईंधन के वाष्पीकरण को बढ़ा देती है, तत्पश्चात् यह ऊष्मा एयर क्लीनर में प्रवेश करती है। जब एक बार इंजन गर्म हो जाता है, तो गर्म वायु की आवश्यकता नहीं पड़ती है। इस कारण इंजन में गर्म वायु को नियन्त्रित किया जाता है।

12.6 इंजन में ईंधन प्रणाली Fuel System in Engine

इंजन विविध यन्त्रावलियों एवं अवयवों से युक्त एक ऐसी मशीन है जिसे पूर्ण कार्यक्षमता के साथ प्रचालित (operate) करने के लिए ईंधन प्रणाली का होना अनिवार्य है और इंजन के वाहनों के अनुप्रयोग की दशा में तो यह ओर भी महत्त्वपूर्ण हो जाती है। ईंधन के उपयुक्त वितरण हेतु इंजन अथवा वाहनों में ईंधन प्रणाली प्रयोग की जाती है। ईंधन के सुचारु वितरण हेतु ईंधन का उपयुक्त व्यवस्थापन अति आवश्यक है। हम यह भली-भाँति जानते हैं कि इंजन का प्रचालन वाल्वों की टाइमिंग पर निर्भर करता है अर्थात् इंजन दहन कक्ष में ईंधन का प्रवेश एवं दहन गैसों की निकासी, इंजन वाल्वों की टाइमिंग पर निर्भर करती है।

पेट्रोल या गैसोलीन ईंधन Petrol or Gasoline Fuel

यह पेट्रोलियम के फ्रैक्शनल डिस्टीलेशन (fractional distillation) अथवा क्रैकिंग (cranking) द्वारा प्राप्त किया जाता है। यह सबसे हल्का तथा सर्वाधिक वाष्पशील द्रव ईंधन है। पेट्रोल के शोधन के पश्चात्, उसमें अन्य वांछित पदार्थ (additives) मिलाकर वांछित गुण प्राप्त किए जाते हैं। इसके पश्चात् पेट्रोल का विभिन्न प्रकार के अन्तर्दहन इंजनों (IC engines); जैसे—कार, स्कूटर, मोटर साइकिल, वायुयान आदि में प्रयोग किया जाता है। असंशोधित पेट्रोल, पैराफिन, नेफ्थीन तथा ऐरोमैटिक हाइड्रोकार्बन का मिश्रण होता है। सामान्यतया पेट्रोल, हल्के पीले रंग का तथा अत्यन्त प्रज्वलनशील द्रव ईंधन होता है। यह 65°C से 220°C तक आसवित (distilled) होता है और इसमें लगभग 85% कार्बन तथा 15% हाइड्रोजन होती है। इसका आपेक्षित गुरुत्व लगभग 0.73 तथा ऊष्मीय मान 42 से 44 मेगा जूल/क्रिग्रा तक होता है।

गैसोलीन ईंधन के गुण Characteristics of Gasoline Fuel

गैसोलीन ईंधन के मुख्य गुण निम्नलिखित हैं

(i) **शीघ्र वाष्पशीलता** (Volatility) शीघ्र वाष्पशीलता से तात्पर्य पेट्रोल के वाष्पित होने की क्षमता से है। ईंधन के इस गुण के कारण यह पर्याप्त मात्रा में दहन के लिए वायु के साथ मिश्रित हो जाता है। यह 90°C पर 0.5 से 1.0 सेमी^{2} वाष्प दाब (vapour pressure) से उड़ता है। इंजन के चलते समय इस गुण का अत्यधिक लाभ मिलता है, क्योंकि वाष्पित ईंधन सुगमतापूर्वक जलता है।

(ii) **शुद्धता** (Purity) पेट्रोल शुद्ध होना चाहिए अर्थात् इसमें धूल-मिट्टी, ग्रीस तथा पानी नहीं होना चाहिए।

(iii) **गन्धक-रहित** (Sulphur-free) क्रूड ऑयल के शुद्धिकरण के समय जो गन्धक प्राप्त होता है, उसे जितना सम्भव हो साफ कर देना चाहिए अन्यथा इंजन में जंग लगने की सम्भावना बनी रहती है। ईंधन में इसकी अधिक-से-अधिक 0.1% मात्रा ही मान्य होती है।

(iv) **चिपकन रहित** (Adhesion-free) पेट्रोल में गोंद की मात्रा होने से पिस्टन रिंग तथा वाल्व आदि चिपकने लगते हैं तथा मैनीफोल्ड व कार्बुरेटर के जैट ब्लॉक हो जाते हैं। अत: पेट्रोल में गोंद की मात्रा नहीं होनी चाहिए अर्थात् यह चिपकन रहित होना चाहिए।

(v) **एण्टी नॉकिंग अवरोधक गुण** (Anti-knocking quality) पेट्रोल का यह गुण, इसकी ऑक्टेन संख्या पर निर्भर करता है। ऑक्टेन संख्या जितनी अधिक होगी, इंजन में उतनी ही कम नॉकिंग होगी।

(vi) **श्यानता** (Viscosity) यह पेट्रोल का एक ऐसा भौतिक गुण है, जो इसके प्रवाहित होने की दर पर निर्भर करता है। पेट्रोल की श्यानता जितनी कम होगी, इंजन में पेट्रोल उतना ही सुगमतापूर्तक प्रवाहित होगा।

(vii) **एडिटिव** (Additive) पेट्रोल की एन्टी फ्रिजिंग (anti-freezing) क्षमता बढ़ाने के साथ-साथ इसकी दहन क्षमता बढ़ाने तथा दहन के पश्चात् बचे हानिकारक अपशिष्ट को कम करने हेतु पेट्रोल में कुछ केमिकल एडिटिव मिलाए जाते हैं। इंजन के क्रिटिकल भागों को साफ करने हेतु एडिटिव के रूप में डिटर्जेण्ट का प्रयोग किया जाता है।

(viii) **स्टॉइकियोमैट्रिक अनुपात** (Stoichiometric ratio) पेट्रोल के पूर्ण दहन (combustion) के लिए आवश्यक ईंधन एवं वायु का अनुपात, स्टॉइकियोमैट्रिक अनुपात कहलाता है। पेट्रोल के लिए यह अनुपात 14.7 : 1 होता है जिसका अर्थ यह है कि 1 लीटर पेट्रोल को जलाने के लिए 14.7 लीटर वायु की आवश्यकता होगी।

(ix) **वायु घनत्व** (Air density) द्रव्यमान प्रति यूनिट आयतन को घनत्व कहते हैं। पृथ्वी तल से ऊँचाई बढ़ने के साथ-साथ वायु का घनत्व कम होता जाता है। यह वातावरण के तापमान एवं परिस्थिति से भी प्रभावित होता है। ISA (International Standard Atmosphere) के अनुसार समुद्र तल पर 15°C तापमान पर वायु घनत्व 1.225 किग्रा/मी^{3} होता है। इंजन के लिए वायु घनत्व से तात्पर्य, ईंधन में वायु के मिश्रण से है। पेट्रोल इंजन में प्रयुक्त ईंधन के रूप में वायु घनत्व का उत्तम मात्रा 1 किग्रा ईंधन के साथ 14.7 किग्रा वायु की होती है। यदि ईंधन में वायु घनत्व कम होगा, तो प्राप्त मिश्रण, भारी मिश्रण (rich mixture) होगा और यदि ईंधन में वायु घनत्व अधिक होगा, तो प्राप्त मिश्रण, हल्का मिश्रण (lean mixture) होगा।

(x) **दाब एवं निर्वात्** (Pressure and vacuum) इंजन में सम्पीडन स्ट्रोक (compression stroke) के अन्तर्गत दोनों वाल्व (इनलेट एवं आउटलेट) बन्द होते हैं जिससे दहन कक्ष में ईंधन का सम्पीडन होता है अर्थात् दहन कक्ष में ईंधन का दाब बढ़ाया जाता है जिसके फलस्वरूप ईंधन का ऑटोमाइजेशन हो जाता है और ईंधन का पूर्ण दहन सफलतापूर्वक हो जाता है। इंजन में सक्शन स्ट्रोक (suction stroke) के अन्तर्गत केवल इनलेट वाल्व खुला होता है और पिस्टन नीचे की ओर गति करता है जिससे दहन कक्ष में सक्शन या निर्वात् उत्पन्न हो जाता है अर्थात् दहन का आन्तरिक दाब वातावरण के दाब से कम होता है जिससे ईंधन स्वत: ही कम्बशन चैम्बर में प्रवेश करने लगता है।

(xi) **ईंधन दहन नियन्त्रण** (Fuel burning control) पेट्रोल ईंधन, एक तीव्र इग्नीशन द्रव है। पेट्रोल ईंधन को धीरे-धीरे जलाकर ही इसके दहन को नियन्त्रित किया जा सकता है। पेट्रोल के तीव्रता से दहन होने के कारण इंजन के दहन कक्ष में विस्फोट एवं नॉकिंग होने की सम्भावना बनी रहती है। अत: दहन कक्ष में पेट्रोल को धीरे-धीरे जलाने के लिए इसमें कुछ अतिरिक्त पदार्थ मिलाए जाते हैं।

इंजन में ईंधन के दहन को निम्न प्रकार नियन्त्रित किया जा सकता है

- **ऑक्टेन रेटिंग** (Octane rating) पेट्रोल ईंधन की ऑक्टेन रेटिंग को बढ़ाकर पेट्रोल में विस्फोट को कम किया जाता है।
- **प्रचलनात्मक दाब** (Operational pressure) दहन कक्ष में प्रचलनात्मक दाब को निम्न करके पेट्रोल के दहन को नियन्त्रित किया जा सकता है।
- **वायु-ईंधन अनुपात** (Air-fuel ratio) वायु एवं ईंधन का सन्तुलित अनुपात दहन कक्ष में पेट्रोल के दहन को नियन्त्रित कर सकता है।
- **स्पार्क टाइमिंग** (Spark timing) दहन कक्ष में सम्पीडित ईंधन की उचित समय पर स्पार्किंग, ईंधन के दहन को नियन्त्रित करती है।
- **आन्तरिक तापमान** (Internal temperature) दहन कक्ष के आन्तरिक तापमान में कमी करके, ईंधन के दहन को नियत्रित किया जाता है।

(xii) **आर्थिक लाभ** (Economic gain) पेट्रोल इस प्रकार का हो जिसमें एक लीटर मात्रा में अधिक-से-अधिक किमी (km) तक वाहन प्रचालित किया जा सके।

ईंधन आपूर्ति प्रणाली
Fuel Supply System

प्राय: इंजन में ईंधन के रूप में पेट्रोल अथवा डीजल ऑयल का ही प्रयोग किया जाता है। इन ईंधनों को सिलेण्डर के अन्दर दहन कक्ष (combustion chamber) में दहन करने का प्रबन्ध किया जाता है। मोटरगाड़ियों में इस ईंधन को रखने के लिए एक ईंधन टैंक लगाया जाता है उस टैंक से सिलेण्डर के अन्दर दहन कक्ष तक ईंधन पहुँचाना, ईंधन प्रणाली के अन्तर्गत आता है।

पेट्रोल इंजन की ईंधन प्रणाली को दो भागों में बाँटा जा सकता है—एक तो वह भाग जो इंजन की आवश्यकतानुसार, अलग-अलग अनुपात में पेट्रोल एवं वायु को मिश्रित कर दहन कक्ष तक पहुँचाता है, इसके अन्तर्गत कार्बुरेटर (carburettor) तथा एयर क्लीनर (air cleaner) आते हैं तथा दूसरा वह भाग जो टैंक में भरे पेट्रोल को कार्बुरेटर के फ्लोट चैम्बर (float chamber) तक पहुँचाता है।

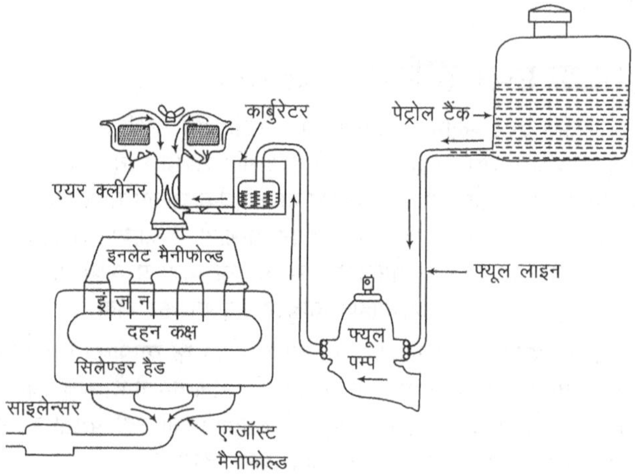

चित्र पेट्रोल इंजन की ईंधन प्रणाली

इस कार्य के लिए विभिन्न प्रणालियों का प्रयोग किया जाता है, उनमें से मुख्य प्रणालियाँ निम्नलिखित हैं

1. ग्रेविटी फीड प्रणाली
2. प्रैशर फीड प्रणाली
3. वैक्यूम फीड प्रणाली
4. फ्यूल पम्प फीड प्रणाली

1. ग्रेविटी फीड प्रणाली
Gravity Feed System

वैज्ञानिक नियम के अनुसार तरल पदार्थ नीचे की ओर प्रवाहित होते हैं तथा अपना तल बराबर रखने का प्रयत्न करते हैं। इसी नियम के आधार पर इस प्रणाली का प्रयोग किया गया था। इस प्रणाली में गुरुत्वाकर्षण (gravitation) के द्वारा पेट्रोल टैंक से पेट्रोल, कार्बुरेटर के फ्लोट चैम्बर तक जाता है।

इस प्रणाली में पेट्रोल टैंक को वाहन में किसी ऐसे स्थान पर लगाया जाता है जो कार्बुरेटर के फ्लोट चैम्बर की सतह से ऊँचा हो। इस प्रकार का टैंक प्राय: डैशबोर्ड के पीछे ही लगा होता है।

यह प्रणाली बड़े वाहनों के लिए उपयुक्त सिद्ध नहीं हो सकी, क्योंकि इन वाहनों में बड़े पेट्रोल टैंक की आवश्यकता होती है जिसे लगाने के लिए कार्बुरेटर से ऊँचा उचित स्थान वाहनों में नहीं हो पाता, इसलिए इस प्रणाली का प्रयोग छोटी कारों अथवा मोटर साइकिल तथा स्कूटर आदि तक ही सीमित है।

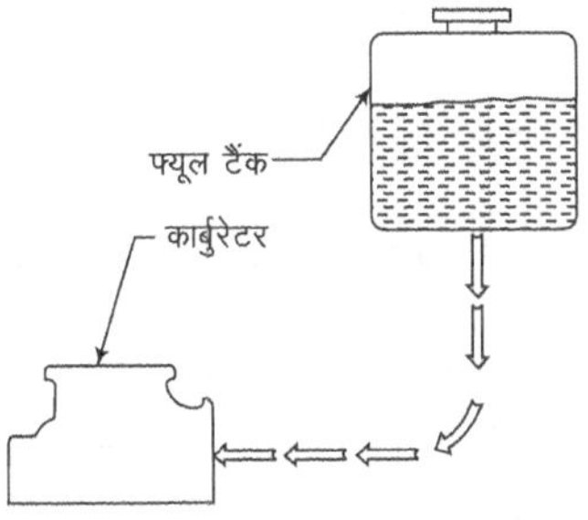

चित्र ग्रेविटी फीड प्रणाली

2. प्रैशर फीड प्रणाली Pressure Feed System

इस प्रकार की प्रणाली में टैंक के पेट्रोल पर वायु का दबाव डाला जाता है। इस दबाव के कारण पेट्रोल, कार्बुरेटर के फ्लोट चैम्बर तक पहुँचता है। इस प्रणाली में पेट्रोल टैंक को वायुरोधित (airtight) बनाया जाता है और इसमें एक वायु पम्प लगाया जाता है जोकि इंजन द्वारा प्रचालित होता है। इस पम्प की वायु का दबाव टैंक में भरे पेट्रोल पर पड़ता है। टैंक में वायु का प्रैशर बनाने के लिए डैशबोर्ड पर एक मीटर लगा होता है। टैंक पर एक सेफ्टी वाल्व भी लगाया जाता है जो वायु का अधिक दबाव हो जाने पर स्वत: ही खुल जाता है जिससे टैंक फटने का भय नहीं रहता है। इस प्रणाली में पेट्रोल टैंक को अत्यधिक मजबूत बनाना आवश्यक होता है।

इस प्रणाली में जब इंजन स्टार्ट करना होता है, तो उस समय पेट्रोल की सप्लाई हेतु पेट्रोल टैंक पर एक हैण्ड प्राइमिंग पम्प की व्यवस्था भी होती है। इस पम्प को हाथ द्वारा चलाकर इंजन को पेट्रोल भेजा जाता है। इस प्रकार के टैंक तथा पम्प ड्राइवर की सीट के नीचे या पास में ही लगे होते हैं।

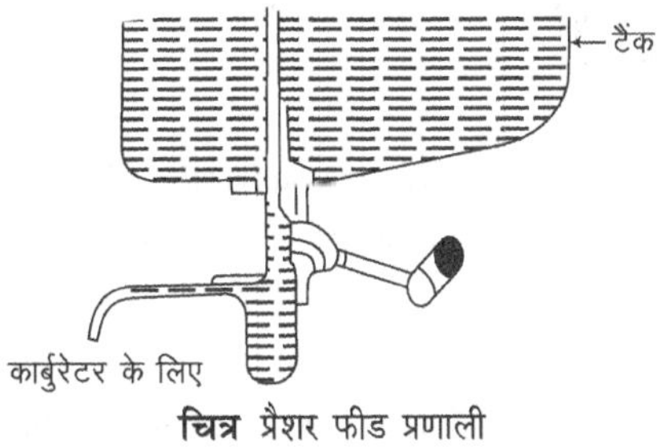

चित्र प्रैशर फीड प्रणाली

3. वैक्यूम फीड प्रणाली Vacuum Feed System

इस प्रणाली में सक्शन स्ट्रोक के दौरान उत्पन्न सक्शन (suction) का उपयोग किया जाता है। इसमें दो पेट्रोल टैंक प्रयोग किए जाते हैं, एक मेन पेट्रोल टैंक तथा दूसरा सहायक (auxiliary) टैंक। पेट्रोल, मेन टैंक में भरा जाता है जिसे वाहन के किसी भी हिस्से में, किसी भी ऊँचाई पर लगाया जा सकता है। सहायक टैंक, डैशबोर्ड के पीछे इस प्रकार लगाया जाता है कि वह कार्बुरेटर के फ्लोट चैम्बर से ऊँचा रहे।

मेन टैंक में एक छिद्र (hole) बना होता है जिससे वायुमण्डल का दबाव (atmospheric pressure) पेट्रोल पर पड़ता रहता है।

इसके साथ ही इनलेट मैनीफोल्ड से एक पाइप को टैंक से जोड़ दिया जाता है। इस प्रकार सक्शन स्ट्रोक के समय उत्पन्न सक्शन का प्रभाव, इनलेट मैनीफोल्ड के पाइप द्वारा पेट्रोल पर पड़ता है।

इस पाइप में ही एक दूसरा पाइप जुड़ा होता है जिसमें एक नॉन रिटर्न वाल्व लगाया जाता है।

सक्शन के कारण पेट्रोल खिंचकर एक अन्य पाइप द्वारा सहायक पेट्रोल टैंक में पहुँच जाता है। इस टैंक तक आया पेट्रोल, ग्रेविटी फीड सिस्टम की भाँति कार्बुरेटर के फ्लोट चैम्बर में जाता रहता है, इसलिए इसे ओटोबैक फीड सिस्टम भी कहा जाता है।

4. फ्यूल पम्प फीड प्रणाली
Fuel Pump Feed System

उपरोक्त ईंधन आपूर्ति प्रणालियों की कमियों को दूर करके एक अन्य ईंधन आपूर्ति प्रणाली का निर्माण किया गया जिसे फ्यूल पम्प फीड प्रणाली कहते हैं। यह प्रणाली इंजन को आवश्यकतानुसार निर्विघ्न (obstruction less) रूप से पेट्रोल सप्लाई करती रहे। इसके लिए फ्यूल पम्प फीड सिस्टम का प्रयोग शुरू किया गया।

EFI आधारित ईंधन आपूर्ति प्रणाली
Fuel Supply System Based on EFI

इस प्रणाली में ईंधन टैंक से एक उच्च प्रैशर युक्त पम्प जुड़ा होता है जिससे फ्यूल सप्लाई लाइन के माध्यम से ईंधन फिल्टर में पहुँचता है जहाँ से ईंधन सप्लाई प्रणाली की ईंधन रेल में ईंधन जाता है। इस प्रणाली को नीचे चित्र में दर्शाया गया है

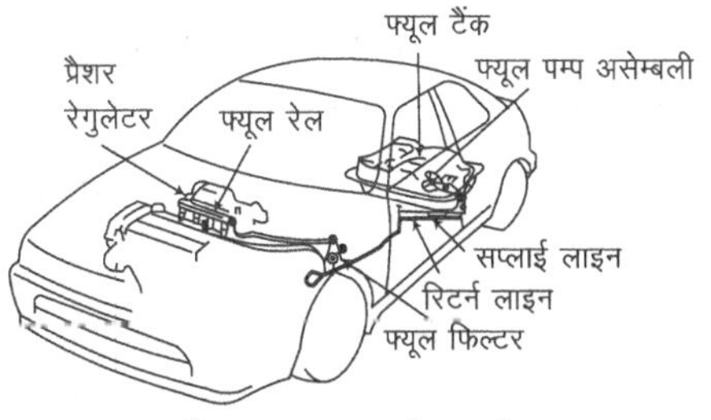

चित्र फ्यूल सप्लाई प्रणाली

इस प्रणाली में, फ्यूल प्रैशर रेगुलेटर लगा होता है जो पूर्ण प्रणाली में प्रैशर को बनाए रखता है।

यह रेगुलेटर, ईंधन रेल के अन्त सिरे से जुड़ा होता है जिससे यह इसमें ईंधन की उपयुक्त मात्रा को बनाए रखता है एवं अतिरिक्त बचे ईंधन को रिटर्न लाइन के माध्यम से फ्यूल टैंक को भेज देता है।

इस प्रणाली में फ्यूल रेल के साथ एक इन्जेक्टर संयोजित रहता है जोकि इंजन के इनटेक पोर्ट में सीधे ही ईंधन को छिड़कता है। वायुशोधक (Air filter) EFI प्रणाली में ECU द्वारा ही ईंधन छिड़कने की मात्रा को नियन्त्रित किया जाता है।

महत्त्वपूर्ण बिन्दु

- पेट्रोल इंजन का डिजाइन बड़े स्थिर सिंगल सिलेण्डर इन्टर्नल कम्बशन इंजन की भाँति होता है।
- पेट्रोल इंजन ओटो चक्र (otto cycle) के कारण प्रत्येक दूसरे स्ट्रोक में ज्वलन (fire) उत्पन्न करते हैं।
- ओटो चक्र को स्थिर आयतन चक्र भी कहते हैं, क्योकिं इसमें ऊष्मा का आदान-प्रदान स्थिर आयतन पर निर्भर करता है।
- दो स्ट्रोक पेट्रोल इंजन का उपयोग ऐसे अनुप्रयोगों में किया जाता है जहाँ सरल एवं मितव्ययी (low cost) प्राइम मूवर (prime mover) की आवश्यकता होती है।
- दो स्ट्रोक पेट्रोल इंजन में ईंधन दहन में कम समय लगता है।
- दो स्ट्रोक पेट्रोल इंजनों में एक कार्यकारी चक्र पिस्टन के दो ही स्ट्रोक में पूर्ण हो जाता है।
- दो स्ट्रोक पेट्रोल इंजनों में क्रैंक शाफ्ट के प्रत्येक चक्कर में इंजन को शक्ति प्राप्त होती है।
- स्पार्क इग्नीशन इंजन को पेट्रोल इंजन भी कहते हैं।
- चार स्ट्रोक पेट्रोल इंजनों में पेट्रोल एवं वायु के मिश्रण को दहन कक्ष में कम्प्रैस कर स्पार्क प्लग को शक्ति उत्पन्न की जाती है।
- चार स्ट्रोक पेट्रोल इंजनों में ईंधन जलाने के लिए कार्बुरेटर, इग्नीशन क्वॉयल, स्पार्क प्लग, डिस्ट्रीब्यूटर तथा बैटरी आदि की आवश्यकता होती है।
- चार स्ट्रोक इंजनों में टार्क (torque) कम होता है।
- सक्शन स्ट्रोक में पिस्टन टी.डी.सी से बी.डी.सी की ओर चलता है।
- पेट्रोल एवं वायु का मिश्रण इनलेट मैनीफोल्ड तथा इनलेट वाल्व के द्वारा सक्शन के कारण सिलेण्डर में प्रवेश करता है।
- कम्प्रेशन स्ट्रोक में पिस्टन बी.डी.सी से टी.डी.सी. की ओर चलता है।
- कम्प्रैसन स्ट्रोक के समय सक्शन स्ट्रोक में खुला हुआ इनलेट वाल्व बन्द हो जाता है।
- पिस्टन के ऊपर चलने से सिलेण्डर में भरे पेट्रोल एवं वायु के मिश्रण पर दाब पड़ता है।
- पावर या फायरिंग स्ट्रोक में कम्प्रैस्ड पेट्रोल एवं वायु के मिश्रण को जलाया जाता है।
- अन्तिम स्ट्रोक एग्जॉस्ट स्ट्रोक होता है। इसके द्वारा इंजन का एक चक्र पूरा होता है
- अन्तिम स्ट्रोक में निष्क्रिय गैसें एग्जॉस्ट वाल्व, एग्जॉस्ट मैनीफोल्ड तथा साइलेन्सर से होकर बाहर निकल जाती है।
- कैम किसी यान्त्रिक लिंकेज में घूमने वाली युक्ति है।
- इंजन सिलेण्डर में ईंधन के दहन के उपरान्त ऊर्जा की उत्पत्ति होती है।
- स्कैवेन्जिंग प्रक्रिया में ब्लोअर द्वारा इनलेट पोर्ट के माध्यम से वायु सिलेण्डर में प्रवेश करती है।
- क्रैंकशाफ्ट में काउण्टर वेट्स, घूमने वाले अवयवों को सन्तुलित रखने तथा क्रैंक शाफ्ट टर्निंग को सरल व सुगम बनाने में सहायक होते हैं।
- काउण्टर वेट्स घर्षण को कम करके क्रैंकशाफ्ट के मुक्त विचरण को अनुमति प्रदान करता है।
- कार्बुरेटर द्वारा इंजन के सिलेण्डर में वायु एवं पेट्रोल के उचित मिश्रण को भेजने के कार्य को कार्बुरेशन कहते हैं। इलेक्ट्रॉनिक फ्यूल इन्जेक्शन प्रायः गैसोलीन इन्जेक्शन प्रणाली का आधुनिक रूप है।
- गैसोलीन ईंधन पेट्रोलियम के फ्रैक्शनल डिस्टिलेशन (fractional distillation) अथवा क्रैकिंग द्वारा प्राप्त किया जाता है।
- पेट्रोल के पूर्ण दहन के लिए आवश्यक ईंधन एवं वायु का अनुपात, स्टॉइकियोमैट्रिक अनुपात कहलाता है।
- पेट्रोल ईंधन की आक्टेन रेटिंग को बढ़ाकर पेट्रोल में विस्फोट को कम किया जाता है।
- एयर फिल्टर EFI प्रणाली में ECU द्वारा ही ईंधन छिड़कने की मात्रा को नियन्त्रित किया जाता है।

महत्त्वपूर्ण प्रश्नोत्तरी

1. दो स्ट्रोक पेट्रोल इंजन किस सिद्धान्त पर आधारित होता है?

उत्तर दो स्ट्रोक पेट्रोल इंजन ओटो चक्र के सिद्धान्त पर आधारित होता है।

2. चार स्ट्रोक पेट्रोल इंजन में एक कार्यकारी चक्र, पिस्टन के कितने स्ट्रोकों में पूर्ण होता है?

उत्तर चार स्ट्रोक पेट्रोल इंजन में एक कार्यकारी चक्र, पिस्टन के चार स्ट्रोकों, सक्शन, कम्प्रेशन, पावर या फायरिंग तथा एग्जॉस्ट में पूर्ण होता है।

3. पेट्रोल इंजन में इंजन वाल्व किस अवयव द्वारा खुलते तथा बन्द होते हैं?

उत्तर पेट्रोल इंजन में इंजन वाल्व कैप लोब द्वारा खुलते तथा बन्द होते हैं।

4. पिस्टन रिंग में कौन-से गुण पाए जाते हैं?

उत्तर पिस्टन रिंग में ऊष्मारोधी तथा घिसावरोधी गुण पाए जाते हैं।

5. पेट्रोल इंजन में बियरिंग का मुख्य कार्य क्या है?

उत्तर पेट्रोल इंजन में बियरिंग का मुख्य कार्य घर्षण को बाधित करना तथा इंजन के भागों को उच्च ताप पर कार्य करने हेतु सक्षम बनाना है।

6. पेट्रोल इंजन में एग्जॉस्ट प्रणाली का प्रयोग क्यों किया जाता है?

उत्तर पेट्रोल इंजन में एग्जॉस्ट प्रणाली का प्रयोग सिलेण्डरों की जली गैसों को बाहर निकालने के लिए किया जाता है।

7. पेट्रोल में विस्फोट को किस प्रकार कम किया जा सकता है?

उत्तर पेट्रोल ईंधन की ऑक्टेन रेटिंग को बढ़ाकर पेट्रोल में विस्फोट कम किया जा सकता है।

8. पेट्रोल इंजन में पेट्रोल एवं हवा का मिश्रण किस अनुपात में होता है?

उत्तर पेट्रोल इंजन में पेट्रोल एवं हवा का मिश्रण 5 : 1 से 22 : 1 तक के अनुपात में होता है।

9. वायु का मार्ग संकीर्ण करने के लिए कार्बुरेटर में किसकी व्यवस्था की जाती है?

उत्तर वायु का मार्ग संकीर्ण (narrow) करने के लिए कार्बुरेटर में वेन्चुरी की व्यवस्था की जाती है।

अभ्यास प्रश्न

परीक्षा प्रारूपी प्रश्न

बहुविकल्पीय

1. इंजन एक यान्त्रिक युक्ति है जो परिवर्तित करती है
(a) मैकेनिकल एनर्जी को हीट एनर्जी में
(b) हीट एनर्जी को मैकेनिकल एनर्जी में
(c) मैकेनिकल एनर्जी को साउण्ड एनर्जी में
(d) उपरोक्त में से कोई नहीं

2. 'इंजन में पेट्रोल का दहन होता है।' इससे आपका क्या अभिप्राय है?
(a) पेट्रोल के जलने के कारण इंजन बन्द हो जाता है
(b) पेट्रोल के जलने के कारण इंजन में शक्ति उत्पन्न होती है
(c) पेट्रोल के जलने के कारण इंजन कार्य नहीं कर पाता है
(d) उपरोक्त में से कोई नहीं

3. टू-स्ट्रोक इंजन में पोर्टों का प्रयोग किया जाता है
(a) चार्ज करने के लिए
(b) पावर स्ट्रोक के लिए
(c) ताजा ईंधन आने व जली गैसों को निकालने के लिए
(d) उपरोक्त में से कोई नहीं

4. टू-स्ट्रोक इंजन के प्रथम स्ट्रोक में होते हैं
(a) पावर तथा सक्शन स्ट्रोक (b) एग्जॉस्ट तथा सक्शन स्ट्रोक
(c) सक्शन तथा कम्प्रैशन स्ट्रोक (d) ये सभी

5. टू-स्ट्रोक इंजन होते हैं
(a) वाटर कूल्ड (b) एयर कूल्ड
(c) ऑयल कूल्ड (d) इनमें से कोई नहीं

6. निम्नलिखित में किसमें पावर कम उत्पन्न होती है?
(a) फोर-स्ट्रोक चक्र इंजन (b) टू-स्ट्रोक चक्र इंजन
(c) थ्री-स्ट्रोक चक्र इंजन (d) इनमें से कोई नहीं

7. कम्प्रैस्ड मिश्रण को जलाना किस स्ट्रोक के अन्तर्गत आता है?
(a) पावर स्ट्रोक (b) सक्शन स्ट्रोक
(c) एग्जॉस्ट स्ट्रोक (d) कम्प्रैसन स्ट्रोक

8. स्पार्क इग्नीशन इंजन में ईंधन के रूप में क्या प्रयोग होता है?
(a) पेट्रोल (b) गैस
(c) डीजल (d) पेट्रोल व वायु का मिश्रण

9. इनमें से कौन-सा पेट्रोल इंजन का भाग है?
(a) सिलेण्डर (b) पिस्टन
(c) फ्लाई व्हील (d) ये सभी

10. पेट्रोल इंजन में प्रयुक्त सिलेण्डर किस धातु के बने होते हैं?
(a) पीतल (b) लोहा
(c) ढलवाँ लोहा (d) इनमें से कोई नहीं

11. सिलेण्डर में ऊपरी सीमा तथा निचली सीमा कहलाती है
(a) NDC तथा CDC (b) PDC तथा KDC
(c) TDC तथा BDC (d) इनमें से कोई नहीं

12. सिलेण्डर हैड किस धातु के बने होते हैं?
(a) कॉपर (b) कास्ट आयरन
(c) एल्युमीनियम अलॉय (d) 'b' और 'c' दोनों

13. मल्टीसिलेण्डर इंजन में प्रयोग होते हैं
(a) एक सिलेण्डर (b) एक सिलेण्डर, दो पिस्टन
(c) एक से अधिक सिलेण्डर (d) इनमें से कोई नहीं

14. निम्न में से कौन-सा पिस्टन से सम्बन्धित नहीं है?
(a) रिंग (b) गजन पिन
(c) कनैक्टिंग रॉड (d) क्रैंकशाफ्ट

15. "क्रैंकशाफ्ट, इंजन का मुख्य भाग है।" इस भाग का क्या कार्य है?
(a) क्रैंकशाफ्ट दोलन गति करती है
(b) क्रैंकशाफ्ट, पिस्टन की दोलन गति को घूर्णन गति में परिवर्तन करती है
(c) क्रैंकशाफ्ट, पिस्टन की ऊपर-नीचे की गति को घूर्णन गति में परिवर्तित करती है
(d) उपरोक्त में से कोई नहीं

16. कैम चक्रीय गति को ………… गति में परिवर्तित करता है।
(a) घुर्णी (b) पश्चाग्र
(c) रेखीय (d) दोलन

17. 4-स्ट्रोक इंजन का अन्तिम स्ट्रोक होता है
(a) सक्शन स्ट्रोक (b) कम्प्रैसन स्ट्रोक
(c) पावर स्ट्रोक (d) एग्जॉस्ट स्ट्रोक

18. क्रैंकशाफ्ट टर्निंग सरल व सुगम बनाने में सहायक होते हैं
(a) अपकेन्द्रीय बल (b) फ्लाईव्हील
(c) काउण्टर वेट्स (d) कैम

19. इलेक्ट्रॉनिक फ्यूल इन्जेक्शन प्रणाली निम्न में से किस प्रणाली का आधुनिक रूप है?
(a) कार्बुरेटेड प्रणाली (b) गैसोलीन इन्जेक्शन प्रणाली
(c) ईंधन आपूर्ति प्रणाली (d) सी.आर.डी.आई. प्रणाली

20. पिस्टन का व्यास सिलेण्डर के व्यास से होता है
(a) अधिक (b) कम
(c) बराबर (d) इनमें से कोई नहीं

21. पिस्टन रिंग के दोनों सिरों के बीच कुछ गैप होता है, जिसे पिस्टन रिंग गैप कहते हैं। इस गैप की चौड़ाई कितनी होती है?
(a) 0.178 मिमी से 0.50 मिमी
(b) 0.1 मिमी से 0.01 मिमी तक
(c) 1 मिमी से 5 मिमी तक
(d) 5 मिमी से 10 मिमी तक

22. गजन पिन (gudgeon pin) को कहा जाता है
(a) पिस्टन हैड (b) पिस्टन रिंग
(c) पिस्टन पिन (d) इनमें से कोई नहीं

23. पेट्रोल इंजन में कम्बशन प्रेशर होता है
(a) 1 : 4 से 1 : 10 तक (b) 1 : 12 से 1 : 22 तक
(c) 3 : 5 से 5 : 10 तक (d) 5 : 12 से 5 : 22 तक

24. फ्लाईव्हील किस पदार्थ का बना होता है?
(a) लकड़ी (b) एल्युमीनियम
(c) ताँबा (d) स्टील

25. फ्लाईव्हील में ········ फिट रहता है।
(a) स्पिगॉट बियरिंग (b) बिग एण्ड बियरिंग
(c) स्मॉल एण्ड बियरिंग (d) मेन बियरिंग फिट

26. इंजन वाल्व खुलते हैं
(a) कैम शाफ्ट द्वारा (b) क्रैंक शाफ्ट द्वारा
(c) रॉकर शाफ्ट द्वारा (d) वाल्व गाइड द्वारा

27. वाल्वों को सीट से चिपकाकर बन्द करने के लिए ······ का प्रयोग किया जाता है।
(a) वाल्व स्प्रिंग (b) टैपिट (c) वाल्व गाइड (d) वाल्व लॉक

28. समय से पूर्व किसी वाल्व का खुलना कहलाता है
(a) वाल्व लीड (b) वाल्व लैग
(c) वाल्व ओवरलैप (d) इनमें से कोई नहीं

29. पेट्रोल इंजन के सिलेण्डर में पेट्रोल एवं वायु का मिश्रण जाने के लिए प्रयोग होता है
(a) इनलेट वाल्व (b) इनलेट मैनीफोल्ड
(c) इनलेट पोर्ट (d) एग्जॉस्ट पोर्ट

30. जली गैसों की आवाज कम करने के लिए इंजन में ········ का प्रयोग किया जाता है।
(a) साइलेन्सर (b) पैकिंग
(c) सुपर चार्जर (d) मैनीफोल्ड

31. निम्न में से कौन-सा इनटेक प्रणाली का अवयव है?
(a) साइलेन्सर (b) एयर क्लीनर
(c) 'a' और 'b' दोनों (d) इनमें से कोई नहीं

32. इंजन की जली गैसें निम्न में से किस पोर्ट से बाहर नहीं निकलती हैं?
(a) इनलेट पोर्ट (b) ट्रांसफर पोर्ट
(c) 'a' और 'b' दोनों (d) इनमें से कोई नहीं

उत्तरमाला

1. (b)	**2.** (b)	**3.** (c)	**4.** (c)	**5.** (b)	**6.** (a)	**7.** (a)	**8.** (a)	**9.** (d)	**10.** (c)
11. (c)	**12.** (b)	**13.** (c)	**14.** (d)	**15.** (c)	**16.** (c)	**17.** (d)	**18.** (c)	**19.** (b)	**20.** (b)
21. (a)	**22.** (c)	**23.** (a)	**24.** (d)	**25.** (a)	**26.** (a)	**27.** (a)	**28.** (a)	**29.** (c)	**30.** (a)
31. (b)	**32.** (b)								

अध्याय 13

इंजन अवयव

Engine Components

परिचय Introduction

इंजन मूलत: विभिन्न अवयवों (components) एवं यन्त्रावलियों (mechanisms) का संयुक्त रूप है। इंजन के सुचारु रूप से परिचालन के लिए उसके समस्त अवयवों तथा यन्त्रावलियों का क्रियाशील रहना आवश्यक है। इंजन के विभिन्न स्ट्रोक्स, सिलेण्डर के पिस्टन के ऊपर नीचे चलने से पूरे होते हैं। इन स्ट्रोकों को पूरा करने के लिए इंजन वाल्वों का प्रयोग किया जाता है, जोकि कैमशाफ्ट द्वारा खुलते हैं। इंजन के इन स्ट्रोकों से शक्ति विकसित (develop) होती है। इंजन में कम्बशन चैम्बर, सिलेण्डर हैड, गैस्केट, वाल्व आदि इंजन के मुख्य सहायक भाग होते हैं, इनकी विषयिक उपयोगिता को ध्यान में रखकर इन्हें इस अध्याय में वर्णित किया गया है।

अध्याय विषय सूची

13.1 इंजन के मुख्य अवयव Main Components of an Engine

किसी ऑटोमोबाइल में इंजन एक मुख्य ऑटोमोटिव अवयव (automotive component) होता है। इसे ऑटोमोबाइल का हृदय भी कहते हैं। इंजन विभिन्न जटिल अवयवों का एक संयुक्त रूप है, जो इंजन के प्रचालन (operation) में महत्त्वपूर्ण भूमिका का निर्वहन करते हैं। इंजन अवयवों में परिवर्तन या सुधार करके ऑटोमोबाइल इंजन की क्षमता में वृद्धि की जाती है। 'मैकेनिक मोटर व्हीकल' ट्रेड में एक कुशल एवं अनुभवी टेक्नीशियन बनने के लिए इन अवयवों का ज्ञान होना अत्यन्त आवश्यक है। आधुनिक ऑटोमोबाइल इंजन के महत्त्वपूर्ण अवयवों का वर्णन निम्न प्रकार से किया गया है।

1. सिलेण्डर हैड Cylinder Head

डीजल इंजनों में सिलेण्डरों को ऊपर से बन्द करने के लिए सिलेण्डर हैड का उपयोग किया जाता है। इन सिलेण्डर हैड में कम्बशन चैम्बर बना होता है, जहाँ ईंधन का दहन होता है। यह अवयव इंजन की दक्षता को सुनिश्चित करता है। डीजल इंजन में ईंधन, सिलेण्डर के कम्बशन चैम्बर में उच्च कम्प्रैशन दाब के विपरीत इन्जेक्ट होता है। ईंधन का कम्बशन अथवा दहन निम्न कारकों पर निर्भर करता है

(i) फाइन एटोमाइजेशन
(ii) शीघ्र प्रज्वलन के लिए उच्च तापमान
(iii) वायु तथा ईंधन के कणों के मध्य अच्छा सम्बन्ध

सिलेण्डर हैड की संरचना Construction of Cylinder Head

सिलेण्डर हैड, प्राय: ढलवाँ लोहे (cast iron) के बने होते हैं, परन्तु कुछ इंजनों के लिए सिलेण्डर हैड आवश्यकतानुसार एल्युमीनियम अलॉय के भी बनाए जाते हैं। इस भाग की निर्माणक सामग्री धातु प्रकृति के अनुरूप भाग को सामर्थ्य प्रदान करती है।

जिन इंजनों में वाल्व, हैड में फिट किए जाते हैं, वे ऊँचे होते हैं, क्योंकि उन्हीं में वाल्व गाइड फिट की जाती है। इसे सिलेण्डर ब्लॉक के साथ नट तथा बोल्ट की सहायता से कसा जाता है।

इसकी सिलेण्डर ब्लॉक के साथ मिलने वाली सतह समतल होनी चाहिए अन्यथा वहाँ से गैस के साथ पानी के भी लीक होने की सम्भावना बनी रहती है।

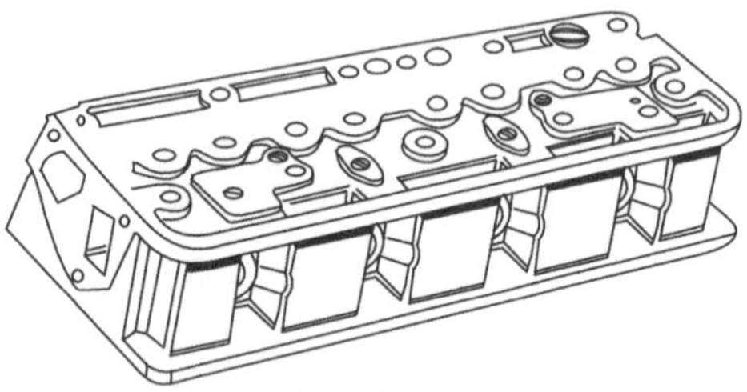

चित्र सिलेण्डर हैड की संरचना

सिलेण्डर हैड को खोलते व कसते समय विशेष सावधानी की आवश्यकता होती है। सिलेण्डर हैड के नट व बोल्ट खोलने व कसने के दौरान, उन्हें आमने-सामने के क्रम में ही खोलना व कसना चाहिए, अन्यथा हैड के टेढा होने की सम्भावना होती है।

सिलेण्डर हैड में तेल तथा जल संचरण के लिए पैसेज बना होता है। वाल्व स्पार्क प्लग/इंजेक्टर (डीजल इंजन में) तथा हीटर प्लग को आवश्यक स्थान प्रदान करता है। ओवरहैड वाल्व सिस्टम की स्थिति में सिलेण्डर हैड रॉकर शाफ्ट असेम्बली को सहारा प्रदान करते हैं।

सिलेण्डर हैड के डिजाइन की महत्ता Importance of Design of Cylinder Head

इंजन दक्षता (efficiency) को उच्च बनाए रखने के लिए सिलेण्डर हैड के डिजाइन की अलग ही महत्ता है।

इसके डिजाइन की सहायता से ही वायु-ईंधन के मिश्रण का टर्बुलेन्स (turbulence) या स्विर्ल (swirl) बढ़ाया जा सकता है तथा सिलेण्डर हैड का डिजाइन ही सिलेण्डर दीवारों (cylinder walls) या दहन कक्ष की सतह पर ईंधन बूँदों (fuel droplets) के स्थायीकरण (settling) को रोकता है, जिससे कि दहन ठीक प्रकार से हो सके एवं इंजन की दक्षता कायम रहे।

सिलेण्डर हैड के कार्य Functions of Cylinder Head

डीजल इंजनों में सिलेण्डर हैड अनेक प्रकार के कार्य करता है। यह सिलेण्डर बोर या स्लीव को ऊपर से ढकने के लिए शीर्ष सील प्रदान करता है तथा साथ ही ईंधन इन्जेक्टर, एग्जॉस्ट वाल्व तथा आवश्यक लिंकेज के लिए स्थान प्रदान करता है।

अधिकतर इंजनों में सिलेण्डर हैड, सिलेण्डर के लिए हवा तथा ईंधन उपलब्ध कराने वाले रास्तों के लिए स्थान भी प्रदान करता है।

सिलेण्डर हैड के प्रकार Types of Cylinder Head

वाल्व की व्यवस्था के अनुसार, ऑटोमोबाइल इंजनों में निम्न चार प्रकार के सिलेण्डर हैड का प्रयोग किया जाता है

(i) L प्रकार सिलेण्डर हैड L Type Cylinder Head

L प्रकार के सिलेण्डर हैड में एग्जॉस्ट वाल्व तथा इनलेट वाल्व, सिलेण्डर ब्लॉक की साइड में स्थित होते हैं। इस प्रकार के सिलेण्डर हैड में सीधे टैपेट के द्वारा एक सिंगल कैमशाफ्ट के माध्यम से वाल्वों को प्रचालित किया जाता है। चित्र में एक L प्रकार का सिलेण्डर हैड दर्शाया गया है

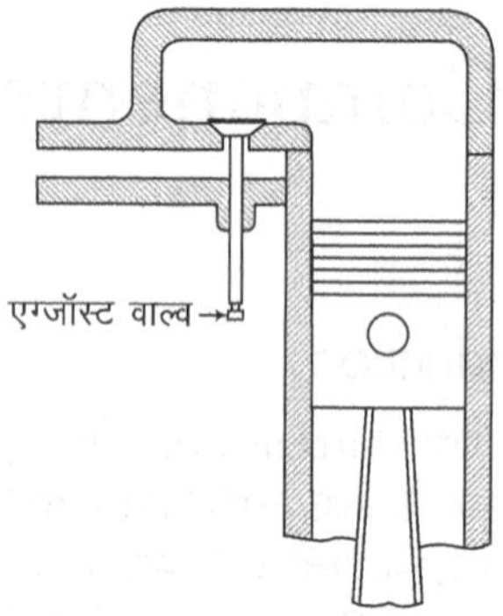

चित्र L प्रकार सिलेण्डर हैड

(ii) I प्रकार सिलेण्डर हैड I Type Cylinder Head

I प्रकार के सिलेण्डर हैड में एग्जॉस्ट वाल्व तथा इनलेट वाल्व, सिलेण्डर हैड की साइड में स्थित होते हैं।

इस प्रकार के सिलेण्डर हैड में वाल्व, एक सिंगल कैमशाफ्ट द्वारा टैपेट, पुश रॉड तथा रॉकर आर्म के माध्यम से प्रचालित किए जाते हैं। चित्र में एक I प्रकार का सिलेण्डर हैड दर्शाया गया है

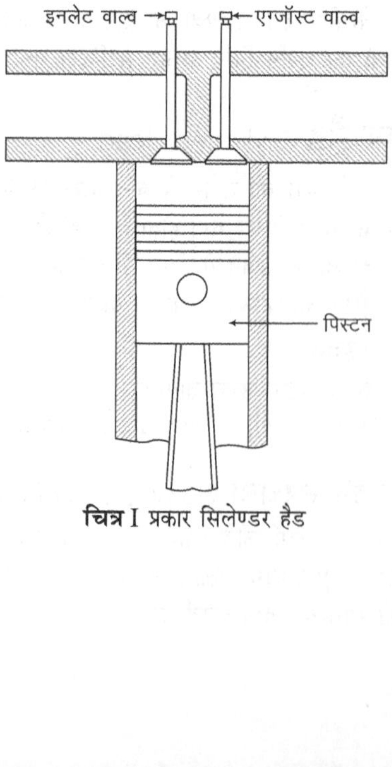

चित्र I प्रकार सिलेण्डर हैड

(iii) F **प्रकार सिलेण्डर हैड** F Type Cylinder Head

F प्रकार के सिलेण्डर हैड में इनलेट वाल्व, सिलेण्डर हैड की एक साइड में तथा एग्जॉस्ट वाल्व, सिलेण्डर ब्लॉक की दूसरी साइड में स्थित होते हैं।

इस प्रकार के सिलेण्डर हैड में वाल्वों के प्रचालन के लिए सिंगल कैमशाफ्ट का प्रयोग किया जाता है तथा इनलेट वाल्व, टैपेट, पुश रॉड तथा रॉकर आर्म मैकेनिज्म द्वारा प्रचालित होते हैं।

चित्र में एक F प्रकार का सिलेण्डर हैड दर्शाया गया है।

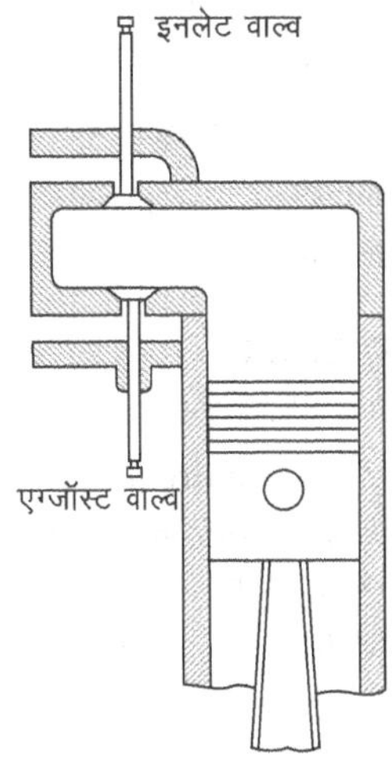

चित्र F प्रकार सिलेण्डर हैड

(iv) T **प्रकार सिलेण्डर हैड** T Type Cylinder Head

T प्रकार के सिलेण्डर हैड में इनलेट वाल्व, सिलेण्डर ब्लॉक की एक साइड पर तथा एग्जॉस्ट वाल्व दूसरी साइड पर स्थित होते हैं। इस प्रकार के सिलेण्डर हैड में वाल्वों को प्रचालित करने के लिए दो कैमशाफ्ट प्रयोग की जाती हैं— एक इनलेट वाल्व के लिए तथा दूसरी एग्जॉस्ट वाल्व के लिए। इस प्रकार के सिलेण्डर वाल्व में वाल्व सीधे टैपेट द्वारा प्रचालित किए जाते हैं।

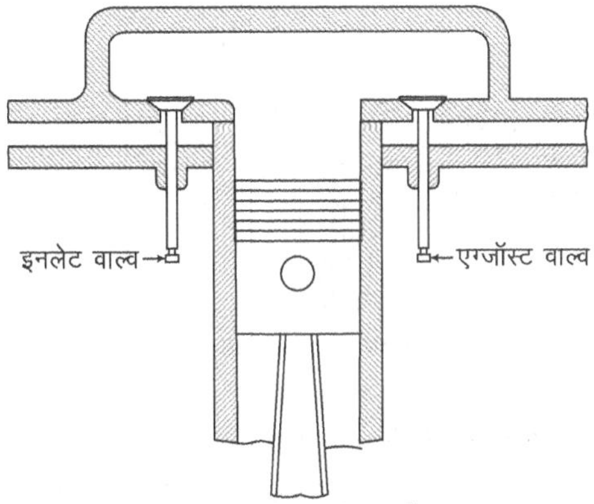

चित्र T प्रकार सिलेण्डर हैड

एल्युमीनियम का सिलेण्डर हैड बनाने के लाभ

Advantages of Fabricating Cylinder Head of Aluminium

(i) कास्ट आयरन की तुलना में इनकी ऊष्मा चालकता तीन गुना अधिक होती है।

(ii) ये भार में हल्के होते हैं।

(iii) इनका प्रयोग करने से इंजन के प्रचालन के समय शीतलन अच्छा होता है।

(iv) इनका प्रयोग करने से अधिक कम्प्रैशन अनुपात तथा अधिक शीतलन के कारण पावर आउटपुट अधिक तथा ईंधन कम खर्च होता है।

(v) इसमें छोटे रेडिएटर की आवश्यकता होती है।

(vi) एल्युमीनियम ऊष्मा का सुचालक होने के कारण, बिना डिटोनेशन के इसका कम्प्रैशन अनुपात बढ़ाया जा सकता है।

एल्युमीनियम का सिलेण्डर हैड बनाने की हानियाँ

Disadvantages of Fabricating Cylinder Head of Aluminium

(i) एल्युमीनियम महँगा होने के कारण इंजन की कीमत अधिक होती है।

(ii) एल्युमीनियम मुलायम धातु होने के कारण हैड को कसते समय इसकी आकृति विकृत हो सकती है।

(iii) स्पार्क प्लग तथा वाल्व के स्थान पर कास्ट आयरन की लाइनिंग लगानी पड़ती है।

(iv) एल्युमीनियम में ऊष्मा विस्तार अधिक होता है, जिसके फलस्वरूप पिस्टन तथा रिंग के मध्य अधिक क्लीयरैन्स की आवश्यकता होती है।

(v) नट-बोल्ट कसते समय इन पर निशान पड़ने की सम्भावना रहती है।

सिलेण्डर हैड के दोष, कारण एवं निवारण

Faults, Causes and Remedies of Cylinder Head

(i) **इंजन का ओवरहीट हो जाना** (Overheating of engine) इंजन के ओवर हीट होने का मुख्य कारण कम्बशन चैम्बर में अधिक मात्रा में कार्बन का जमना है।

निवारण इंजन को ओवर हीट से बचाने के लिए सिलेण्डर हैड की डी-कार्बुराइजिंग करानी चाहिए।

(ii) **सिलेण्डर हैड के फेस का टेढ़ा हो जाना** इस दोष का मुख्य कारण सिलेण्डर हैड के नट-बोल्टों का सही प्रकार से नहीं कसा जाना है।

निवारण सिलेण्डर हैड के फेस को टेढ़ा होने से बचाने के लिए सिलेण्डर हैड कसते समय नट-बोल्टों को आमने-सामने के क्रम में कसना चाहिए।

(iii) **सिलेण्डर हैड में क्रैक आ जाना** (Cracking of cylinder head) सिलेण्डर हैड में क्रैक आ जाने के निम्नलिखित कारण होते हैं

(a) सिलेण्डर हैड का अचानक से नीचे गिर जाना।

(b) इंजन के गर्म होने पर शीतल जल डालना।

निवारण इंजन के गर्म होने पर शीतल जल नहीं डालना चाहिए। यदि किसी कारणवश सिलेण्डर हैड में क्रैक आ जाए, तो सिलेण्डर हैड की वैल्डिंग कराने के पश्चात् फेस की ग्राइण्डिंग करानी चाहिए।

सिलेण्डर हैड की ओवरहॉलिंग
Overhauling of Cylinder Head

सिलेण्डर हैड की ओवरहॉलिंग करते समय दहन इंजन के कार्बन को ठीक प्रकार से साफ कर देना चाहिए। इसके अतिरिक्त, जब गर्म इंजन में पानी डाला जाता है, तो सिलेण्डर हैड में क्रैक पड़ जाते हैं। अत: यह आवश्यक है कि सिलेण्डर में लगे समस्त पानी के मार्गों को सील कर दिया जाए और फिर उसमें पानी का प्रैशर बनाकर क्रैक चैक करनी चाहिए।

वाल्व सीट काटते समय सीट की सतह से कार्बन को साफ कर लेना चाहिए। इसके अतिरिक्त वाल्व गाइड फिट करते समय अच्छी प्रकार साफ करना चाहिए। यदि वाल्व गाइड ढीली हो, तो नई वाल्व गाइड का प्रयोग करना चाहिए।

सिलेण्डर हैड की सतह समतल होनी चाहिए। सिलेण्डर हैड की सतह को चैक करने के लिए एक सीधे फुटरूल के साथ फीलर गेज से चित्रानुसार उसका सीधापन तथा समतलता चैक करना चाहिए। इसे कम-से-कम 6 स्थानों पर चैक करना चाहिए। फुटरूल तथा हैड के बीच में 0.05 मिमी की फीलर गेज नहीं जानी चाहिए। यदि फुटरूल तथा हैड के बीच में फीलर गेज जाती है, तो सिलेण्डर हैड की ग्राइण्डिंग करानी चाहिए

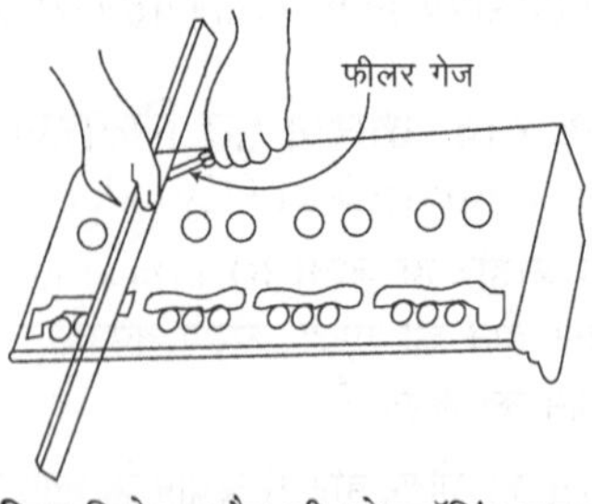

चित्र सिलेण्डर हैड की ओवरहॉलिंग करना

2. डीजल कम्बशन चैम्बर
Diesel Combustion Chamber

डीजल इंजन सिलेण्डर में उपलब्ध यह एक ऐसा चैम्बर है, जिसमें ईंधन का दहन किया जाता है। परिणामस्वरूप, ईंधन की रासायनिक ऊर्जा का परिवर्तन ताप ऊर्जा में एवं अन्ततः यान्त्रिक ऊर्जा में होता है। डीजल कम्बशन चैम्बर को डीजल की स्प्रे मात्रा तथा सिलेण्डर में दबी हवा के आधार पर निम्न दो भागों में वर्गीकृत किया जाता है

(i) ओपन कम्बशन चैम्बर
Open Combustion Chamber

इसे प्रत्यक्ष दहन कक्ष के नाम से भी जाना जाता है। इसमें दहन कक्ष (combustion chamber) का सम्पूर्ण आयतन मुख्य सिलेण्डर में स्थित (locate) होता है तथा इसी आयतन में ईंधन इन्जेक्ट (inject) किया जाता है। ईंधन का प्रज्वलन, दहन कक्ष में ठीक प्रकार से हो सके एवं इंजन की दक्षता (efficiency) बढ़ाई जा सके, इसके लिए इस प्रकार के कक्ष को निम्नलिखित डिजाइनों में बनाया जाता है

(a) शैलो डैप्थ कम्बशन चैम्बर

(b) अर्द्ध-बेलनाकार कम्बशन चैम्बर

(c) बेलनाकार कम्बशन चैम्बर

(d) टोरोइडल कम्बशन चैम्बर

(ii) क्लोज कम्बशन चैम्बर
Close Combustion Chamber

इसे अप्रत्यक्ष कम्बशन चैम्बर (indirect combustion chamber) के नाम से भी जाना जाता है। इसमें दहन कक्ष दो-या-दो से अधिक भागों में विभाजित होता है। ये भाग वर्जित मार्गों (restricted passages) के माध्यम से आपस में जुड़े होते हैं।

ये प्राय: निम्न प्रकार के होते हैं

(a) वायु सैल चैम्बर (b) पुनः प्रज्वलन चैम्बर

(c) भँवर चैम्बर

(a) **वायु सैल चैम्बर** Air Cell Chamber

इस विधि में डीजल का इंजेक्शन एक बेलनाकार (cylindrical) जगह पर किया जाता है। इससे वह तुरन्त हवा की पूर्ण मात्रा के सम्पर्क में आ जाता है, जिससे डीजल शीघ्र जलकर गैसों को फैलाने में सहायता करता है।

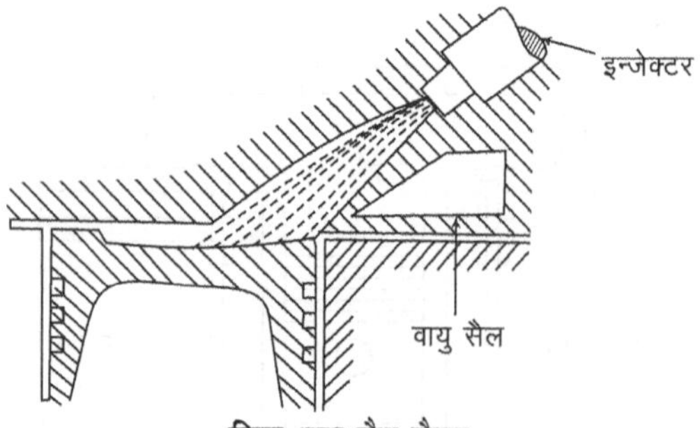

चित्र वायु सैल चैम्बर

(b) **पुनः प्रज्वलन चैम्बर** Pre-ignition Chamber

इस प्रकार के दहन कक्ष में इंजेक्टर के साथ एक अतिरिक्त प्री-इग्नीशन चैम्बर बना होता है, जिसमें डीजल का पूर्ण स्प्रे किया जाता है।

इसके अतिरिक्त दहन कक्ष के द्वारा हवा में टर्बुलैन्स अधिक पैदा हो जाता है, जिससे डीजल शीघ्र जल जाता है तथा दहन कक्ष की शेष हवा भी पुन: प्रज्वलन चैम्बर की गर्म हवा द्वारा गर्म होकर गैसों को फैलाती है।

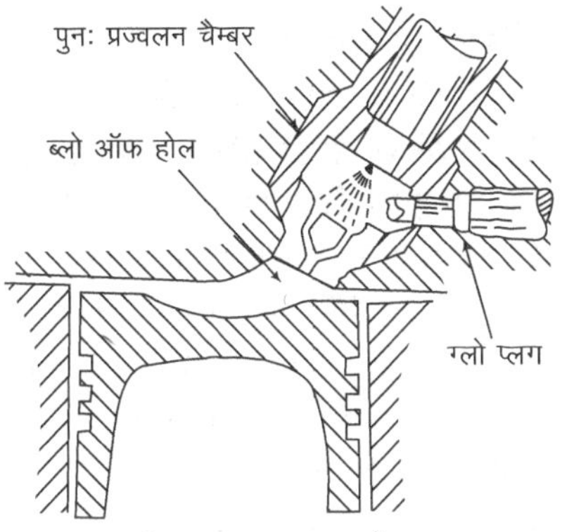

चित्र पुनः प्रज्वलन चैम्बर

(c) **भँवर चैम्बर** Swivel Chamber

इस प्रकार के दहन कक्ष में एक अतिरिक्त भँवर चैम्बर (swivel chamber) बना होता है, जिससे हवा को वृत्ताकार घुमाया जाता है। हवा में घुमाव बन जाने से डीजल शीघ्र पूरी हवा में फैलकर जल जाता है। इसमें हवा को गर्म करने के लिए हीटर प्लग भी प्रयोग किया जाता है, जिससे गर्म होकर हवा शीघ्र डीजल को जलाने में समर्थ होती है।

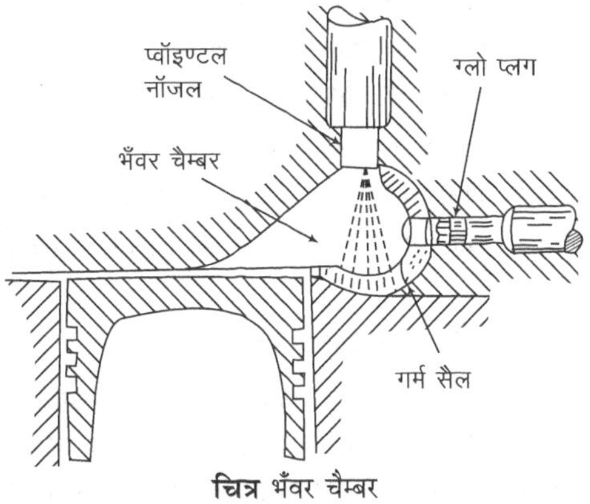

चित्र भँवर चैम्बर

3. पेट्रोल कम्बशन चैम्बर Petrol Combustion Chamber

पेट्रोल कम्बशन चैम्बर, डीजल कम्बशन चैम्बर के समान ही होता है। अत: प्रशिक्षु पेट्रोल कम्बशन चैम्बर के अध्ययन के लिए डीजल कम्बशन चैम्बर का ही अवलोकन करें।

4. इनटैक एवं एग्जॉस्ट पैसेज Intake and Exhaust Passage

इनटैक पैसेज से ईंधन तथा वायु का मिश्रण केवल एयर वाल्वों द्वारा सिलेण्डर में जाता है। पेट्रोल इंजन में कार्बुरेटर, इनटैक पैसेज पर ही लगा होता है, जबकि मिश्रण (ईंधन + वायु) तथा डीजल इंजन के पैसेज पर एयर क्लीनर लगा होता है। जिससे शुद्ध वायु, सिलेण्डर में प्रवेश करती है। इसका डिजाइन इस प्रकार बनाया जाता है कि यह सभी सिलेण्डरों को समान मात्रा में ईंधन व वायु का मिश्रण पहुँच सके। एग्जॉस्ट पैसेज द्वारा सिलेण्डर से जली गैसें बाहर निकलती हैं।

एग्जॉस्ट पैसेज के साथ एक साइलेन्सर लगा होता है। यह पैसेज सभी सिलेण्डरों से जली गैसों को साइलेन्सर तक पहुँचाता है, जहाँ से ये गैसें बाह्य वातावरण में चली जाती है।

इनटैक एवं एग्जॉस्ट पैसेज के आकार का इंजन पर प्रभाव Effect of Size of Intake and Exhaust Passage on Engine

इनटैक पैसेज की लम्बाई अधिक होने, क्रॉस सैक्शन छोटा होने, मोड़ों पर कॉर्नर होने से ईंधन तथा वायु का मिश्रण बनने में अधिक समय लगता है तथा सिलेण्डर में मिश्रण की आपूर्ति पूर्ण रूप से नहीं हो पाती है।

इसलिए इनटैक पैसेज की लम्बाई कम, क्रॉस सैक्शन अधिक रखा जाता है, जिससे सिलेण्डर को मिश्रण की आपूर्ति पूर्ण रूप से होती है। इस प्रकार इनटैक पैसेज के आकार का इंजन पर सीधा प्रभाव पड़ता है।

इसी प्रकार यदि एग्जॉस्ट पैसेज का क्रॉस सैक्शन इनटैक पैसेज की अपेक्षा छोटा तथा गोलाई होने से जली गैसें आसानी से बाहर निकल जाती हैं, परन्तु क्रॉस सैक्शन इनटैक पैसेज की अपेक्षा अधिक होने से मैनीफोल्ड देर से गर्म होगा, जिसके परिणामस्वरूप ईंधन व हवा के मिश्रण में देरी होगी तथा सिलेण्डर में मिश्रण की आपूर्ति पूर्ण रूप से नहीं होगी। इस प्रकार एग्जॉस्ट पैसेज के आकार का भी इंजन पर सीधा प्रभाव पड़ता है।

5. हैड गैस्केट Head Gasket

हैड गैस्केट एक प्रकार की मैकेनिकल सील है जिसे सिलेण्डर हैड तथा सिलेण्डर ब्लॉक के मध्य में लगाया जाता है। यह इंजन के अन्दर सिलेण्डर हैड एवं ब्लॉक के मध्य दहन द्वारा उत्पन्न दाब को नियन्त्रित करती है। यह मुख्यत: स्टील कोर (steel core) की बनाई जाती है।

इसका प्रयोग इंजन में सिलेण्डर ब्लॉक एवं हैड के मध्य शीतलक के प्रवाह, रिसाव एवं संक्षारण जैसी समस्याओं को नियन्त्रित करने में भी किया जाता है।

सिलेण्डर हैड गैस्केट को सिलेण्डर हैड खोलने के पश्चात् पुन: प्रयोग में नहीं लाया जाता है। प्रत्येक बार नई गैस्केट का ही प्रयोग किया जाता है। पुरानी गैस्केट का प्रयोग करने से कम्प्रैशन लीक हो जाता है। गैस्केट एल्युमीनियम, ताँबा, रबर, फाइबर इत्यादि के बनाए जाते हैं।

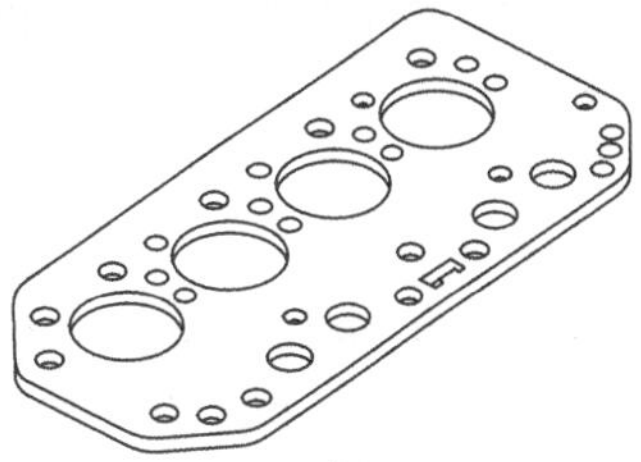

चित्र गैस्केट

हैड गैस्केट के प्रकार Types of Head Gasket

हैड गैस्केट को निम्न दो भागों में वर्गीकृत किया जाता है

(i) **निर्माण के अनुसार** According to Construction

निर्माण के आधार पर हैड गैस्केट निम्न प्रकर के होते हैं

(a) **प्रैस्ड टाइप हैड गैस्केट** Pressed Type Head Gasket

इस प्रकार के हैड गैस्केट में ताँबे की दो परतों के मध्य एस्बेस्टस शीट की परत लगी होती है। इस हैड गैस्केट के कम्बशन चैम्बर के रिम भी ताँबे या स्टील के बने होते हैं।

(b) **वूवन टाइप हैड गैस्केट** Wooven Type Head Gasket

इस प्रकार के हैड गैस्केट में प्रयुक्त की जाने वाली एस्बेस्टस की शीट में स्टील या ताँबे के तार लगे होते हैं, परन्तु यह गैस्केट, प्रैस्ड टाइप गैस्केट की अपेक्षा कम गुणवत्ता वाली होती है।

(ii) **कूलिंग के अनुसार** According to Cooling

कूलिंग के अनुसार, हैड गैस्केट निम्न प्रकार के होते हैं

(a) **वाटर कूल्ड हैड गैस्केट** Water Cooled Head Gasket

वाटर कूल्ड गैस्केट में इंजन ब्लॉक के वाटर जैट से वाटर, गैस्केट के छिद्रों द्वारा इंजन हैड के वाटर जैट में पहुँचता है। इन वाटर जैटों पर रिम की आवश्यकता नहीं होती है।

(b) **एयर कूल्ड हैड गैस्केट** Air Cooled Head Gasket

इस प्रकार की गैस्केटों में वाटर जैट नहीं होते हैं। इस प्रकार के गैस्केट में शीतलन के लिए सर्कुलेटिड वायु प्रयोग की जाती है।

इंजन में हैड गैस्केट लगाने हेतु निर्देश
Instruction to Insert Head Gasket in Engine

इंजन में हैड गैस्केट लगाते समय निम्नलिखित निर्देशों का पालन करना चाहिए

(i) सिलेण्डर हैड पर लगी पुरानी गैस्केट को स्क्रैपर से साफ करें।

(ii) हैड गैस्केट की दोनों सतहों पर इंजन ऑयल का हल्का लैप करें।

(iii) सिलेण्डर हैड को साफ करने के पश्चात् इसकी सतह का अलाइनमेन्ट चैक करें। यदि सतह का अलाइनमेन्ट सही नहीं है तो हैड की रिफेसिंग करवाएँ।

(iv) हैड गैस्केट के सुराखों का मिलान, ब्लॉक के सुराखों से करें।

(v) सिलेण्डर हैड को गैस्केट सहित, सिलेण्डर ब्लॉक पर अच्छे प्रकार से सैट करके स्टड व नटों को पूरा न कसें। इसके लिए इंजन को स्टार्ट करे। जब इंजन वर्किंग तापमान पर आ जाए, तब स्टड व नट को पूर्ण रूप से कस दें।

6. टर्बुलेन्स Turbulence

इंजन में डीजल को पूर्ण रूप से जलाकर अधिकतम शक्ति प्राप्त करने में वायु की गति की महत्त्वपूर्ण भूमिका होती है। इससे अच्छा ज्वलनशील मिक्सचर बनता है। इस ज्वलनशील मिक्सचर का इंजन में गोल घूमने की क्रिया टर्बुलेन्स कहलाती है। टर्बुलेन्स से ज्वलनशील मिक्सचर के महीन कण भी तीव्र गति एवं उचित तापमान के साथ जल जाते हैं।

दहन में टर्बुलैन्स की महत्ता
Importance of Turbulence in Combustion

दहन के सन्दर्भ में टर्बुलैन्स को दो श्रेणियों में बाँटा जा सकता है—पूर्व मिश्रित दहन तथा गैर-पूर्व मिश्रित दहन। स्पार्क इग्नीशन इंजनों में ईंधन का पूर्व मिश्रित दहन होता है, क्योंकि स्पार्क इग्नीशन इंजन में वायु एवं पेट्रोल का मिश्रण इंजन के दहन कक्ष में प्रवेश करता है।

कम्प्रैस्ड इग्नीशन इंजन में केवल वायु, दहन कक्ष में प्रवेश करती है और कम्प्रैशन स्ट्रोक के पश्चात् कम्प्रैस्ड वायु में डीजल को स्प्रे किया जाता है, जिससे डीजल ऑटोमाइज हो जाता है।

इसके पश्चात् इसका दहन होता है। स्पार्क इग्नीशन इंजन में ईंधन एवं वायु का मिश्रण दहन कक्ष में लम्बे समय तक टर्बुलैन्स द्वारा आणविक स्तर तक प्रज्वलित होने से पहले मिश्रित होता है।

प्रज्वलन के पश्चात् ज्वाला (flame) की उत्पत्ति पहले लेमिनार (laminar) या पर्णदलीय रूप में होती है, इसके पश्चात् ज्वाला टर्बुलैन्स का रूप धारण कर लेती है। टर्बुलैन्स दहन में टर्बुलैन्स दहन गति इसका महत्त्वपूर्ण कार्य करती है।

कम्प्रैस्ड इग्नीशन इंजन में डीजल का वाष्पीकरण हो जाता है और स्वत: प्रज्वलन आरम्भ हो जाता है। यह स्वत: प्रज्वलन बहुत तीव्रता से बढ़ता है, जिससे पूर्व मिश्रित गैसों की खपत तीव्रता से होती है।

दहन के अन्तिम चरण में दहन गैर-पूर्व मिश्रित स्थिति में होता है, जिससे NO_x का उत्सर्जन होता है। दहन में टर्बुलैन्स के कारण NO_x के उत्सर्जन में कमी आती है। अत: दहन में टर्बुलैन्स का विशेष महत्त्व है।

7. इंजन वाल्व Engine Valve

किसी बहने वाली गैस या तरल पदार्थ के मार्ग को आवश्यकतानुसार खोलने अथवा बन्द करने के लिए जो भाग प्रयोग किया जाता है, उसे वाल्व कहते हैं और इंजन में प्रयुक्त किए गए वाल्व को इंजन वाल्व कहते हैं।

इंजन वाल्व की संरचना
Construction of Engine Valve

इंजनों के इनलेट वाल्व (inlet valve) सामान्यत: स्टील अलॉय तथा स्टेलाइट फेसिंग से बनाए जाते हैं। भारी इंजनों के लिए निमोनिक अलॉय के बने वाल्व प्रयोग में लाए जाते हैं।

एग्जॉस्ट गैसों का तापमान अधिक होने के कारण एग्जॉस्ट वाल्व (outlet valve) सिलिको क्रोम अलॉय, सोडियम फिल्ड द्वारा बनाए जाते हैं। वाल्वों का हैड अधिक सामर्थ्य प्रदान करने के उद्देश्य से मार्जिन के साथ ग्राउण्ड किया जाता है तथा वाल्वों का फेस 30° से 45° के कोण पर ग्राउण्ड किया जाता है जो सीट एंगल से मैच होकर लीकेज से बचाता है।

वाल्वों का स्टेम गोलाकार होता है। स्प्रिंग लॉक को पकड़ने हेतु स्टेम के सिरे पर एक ग्रूव बनाया जाता है।

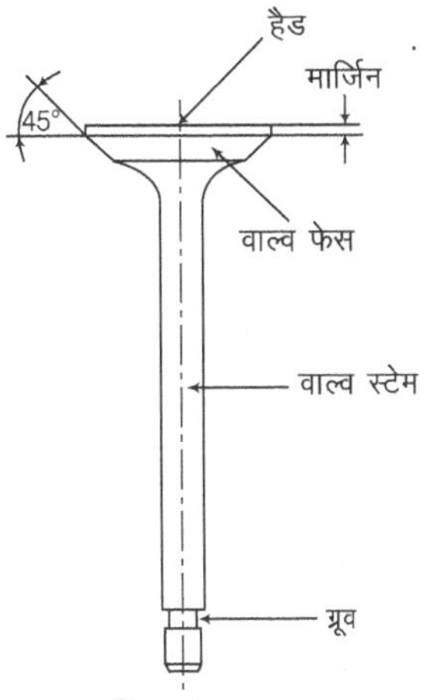

चित्र इंजन वाल्व

इंजन वाल्व के कार्य Functions of Engine Valve

इंजन वाल्व के कार्य निम्न हैं

(i) इंजन में वाल्व का मुख्य कार्य वायु-ईंधन मिश्रण को कम्बशन चैम्बर (combustion chamber) में प्रवेश कराना होता है।

(ii) सिलेण्डर के इनलेट तथा एग्जॉस्ट पैसेज को खोलना तथा बन्द करना।

(iii) वाल्व सीट द्वारा ऊष्मा को सिलेण्डर हैड में भेजना।

इंजन वाल्व के प्रकार Types of Engine Valve

वाल्व कई प्रकार के होते हैं। ऐसे वाल्व, जिन्हें खोलने के लिए वाल्व गैस या तरल पदार्थ के दाब का प्रयोग किया जाता है, दाब वाल्व कहलाते हैं तथा ऐसे वाल्व जिन्हें खोलने के लिए यान्त्रिक प्रबन्ध किया जाता है, यान्त्रिक वाल्व कहलाते हैं। इस प्रकार ऐसे वाल्व, जिनसे तरल पदार्थ निकल तो सकते हैं, परन्तु वापस नहीं आ सकते, नॉन-रिटर्न वाल्व कहे जाते हैं। डिजाइन के आधार पर इंजन वाल्व निम्न प्रकार के होते हैं

(i) स्लाइडिंग स्लीव वाल्व Sliding Sleeve Valve

इस प्रकार के वाल्व वर्तमान समय में मोटरगाड़ियों में प्रयोग नहीं किए जाते हैं। इन्हें कम्बशन चैम्बर में फिट किया जाता था तथा ये ऊपर-नीचे चलकर अपने पोर्ट को खोलते तथा बन्द करते थे। ये ऊपर-नीचे चलने के साथ घूमते भी रहते थे। इन वाल्वों में बहुत पेचीदा (complicated) प्रबन्ध करना पड़ता था, इस कारण ये वाल्व इंजन की कीमत को बढ़ा देते थे। इसके अतिरिक्त इनमें घर्षण (friction) भी अधिक होता था।

(ii) रोटरी वाल्व Rotary Valve

इन वाल्वों में एक खोखली शाफ्ट का प्रयोग होता है, जो घूमती है। इन्हें कम्बशन चैम्बर के सामने इनलेट मैनीफोल्ड तथा एग्जॉस्ट मैनीफोल्ड के मार्ग में लगाया जाता है। यह शाफ्ट घूमकर, समय-समय पर दहन कक्ष को बारी-बारी से इनलेट तथा एग्जॉस्ट की ओर से खोलती है। शेष समय दहन कक्ष के मार्ग बन्द रहते हैं।

इन वाल्वों में सबसे बड़ी कमी यह है कि शाफ्ट के घूमने से उसमें शीघ्र घिसावट आ जाती है, जिससे गैसे लीक होने लगती हैं।

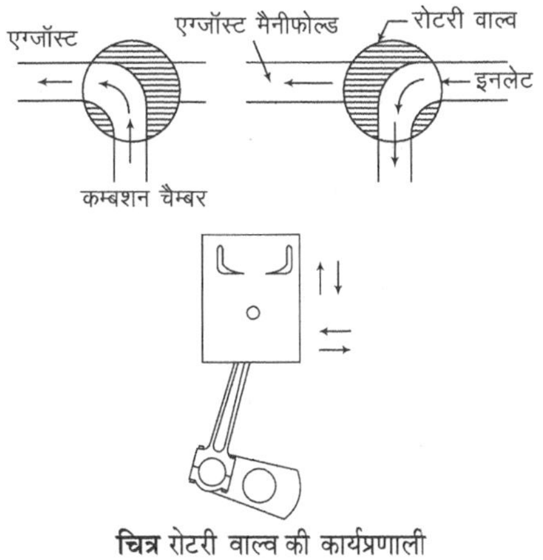

चित्र रोटरी वाल्व की कार्यप्रणाली

(iii) पोपेट या मशरूम वाल्व Popet or Mushroom Valve

इस प्रकार के वाल्व आजकल लगभग सभी इन्टर्नल कम्बशन इंजनों में प्रयोग किए जाते हैं। ये देखने में छतरी (umbrella) के समान होते हैं। इनके हैड 45° या 30° पर वाल्व सीट के अनुसार बने होते हैं। इस हैड के साथ एक लम्बी डण्डी लगी होती है, जिसे स्टैम कहते हैं। इस पर वाल्व को स्प्रिग के साथ लॉक करने के लिए लॉक ग्रूव (lock groove) बना रहता है। स्टैम, वाल्व गाइड में ऊपर-नीचे वाल्व के खुलते व बन्द होते समय चलती है।

सामान्य रूप से इंजन में एक सिलेण्डर के लिए एक इनलेट वाल्व की व्यवस्था होती है, जिससे ताजा मिश्रण अथवा केवल साफ हवा सिलेण्डर में आती है। एक एग्जॉस्ट वाल्व जिससे जली गैसें सिलेण्डर से बाहर निकलती हैं, परन्तु कुछ बहुत भारी इंजनों में दो-दो वाल्व भी प्रयोग किए जाते हैं।

(iv) रीड वाल्व Reed Valve

इसको इनलेट और ट्रांसफर पोर्ट के मध्य लगाया जाता है। इसका उपयोग मुख्य रूप से टू स्ट्रोक इंजनों में किया जाता है।

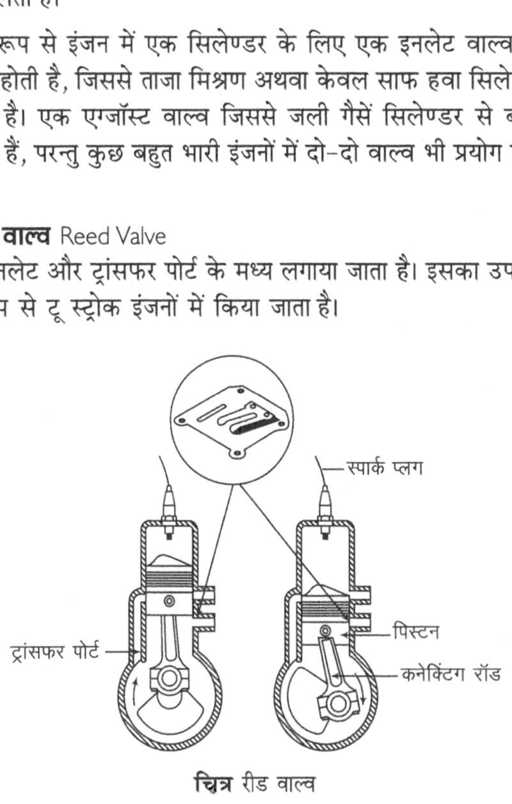

चित्र रीड वाल्व

(v) **सोडियम फिल्ड वाल्व** Sodium Filled Valve

एग्जॉस्ट वाल्व को बहुत अधिक ताप का सामना करना पड़ता है, इसलिए बहुत से बड़े इंजनों में सोडियम फिल्ड वाल्व का प्रयोग एग्जॉस्ट वाल्व के रूप में करते हैं।

इस प्रकार के वाल्व की स्टेम खोखली बनाई जाती है, जिसमें मैटेलिक सोडियम (metallic sodium) नामक पदार्थ कुछ मात्रा में भरा जाता है। सोडियम 97.5°C पर पिघलता है।

अत: इंजन के चलने पर सोडियम गर्म होकर पिघल जाता है। वाल्व के ऊपर-नीचे चलने से यह तरल सोडियम वाल्व, हैड की गर्मी के नीचे स्टेम की ओर बढ़ता रहता है तथा स्टेम, इंजन ऑयल द्वारा ठण्डी होती रहती है।

इस प्रकार सोडियम वाल्व अधिक ताप पर भी कुशलता से अधिक दिनों तक कार्य करता रहता है, परन्तु इसके प्रयोग में काफी सतर्कता की आवश्यकता होती है।

यदि खोखली स्टेम, क्रैक (crack) हो जाए या टूट जाए, तो बड़ी दुर्घटना हो सकती है, क्योंकि ऐसी दशा में सोडियम, पानी के साथ मिलकर आग के रूप में फट सकता है।

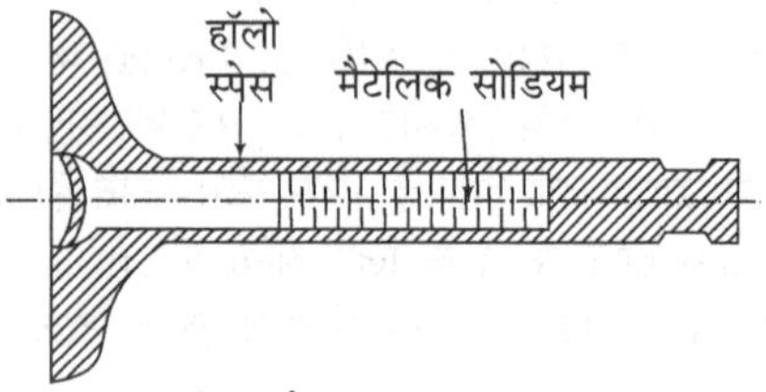

चित्र सोडियम फिल्ड वाल्व

13.2 इंजन की वाल्व प्रचालन यन्त्रावली
Valve Operating Mechanism of an Engine

सामान्य रूप से इंजन वाल्व, इंजन के सिलेण्डर हैड में अथवा सिलेण्डर ब्लॉक में लगाए जाते हैं। वाल्व लगाने की विधि तथा उनके संचालन की व्यवस्था इंजन बनाने वाली कम्पनियाँ अपनी सुविधा तथा इंजन डिजाइन के अनुसार अपनाती हैं। वाल्व लगाने की विधि के आधार पर इनका वर्गीकरण निम्नलिखित प्रकार से किया जा सकता है

1. साइड वाल्व यन्त्रावली Side Valve Mechanism

इस प्रकार की वाल्व यन्त्रावली में इनलेट तथा एग्जॉस्ट वाल्वों को सिलेण्डर ब्लॉक में लगाया जाता है। इस यन्त्रावली में वाल्व, सिलेण्डर ब्लॉक में बनी साइड में उल्टे फिट किए जाते हैं।

इंजन ब्लॉक में सीट से इन्हें चिपकाए रखने के लिए स्प्रिंग लगी होती है, जिसे कैप तथा स्प्रिंग रिटेनर द्वारा लॉक कर दिया जाता है। यह वाल्व इंजन के चलने पर कैमशाफ्ट की कैम लोब द्वारा उठाए गए टैपिट से ऊपर उठकर खुलते हैं।

इस व्यवस्था के अन्तर्गत ही 'L' टाइप, 'T' टाइप तथा 'F' टाइप वाल्व व्यवस्था आती है। निम्नलिखित में साइड वाल्व यन्त्रावली को दर्शाया गया है।

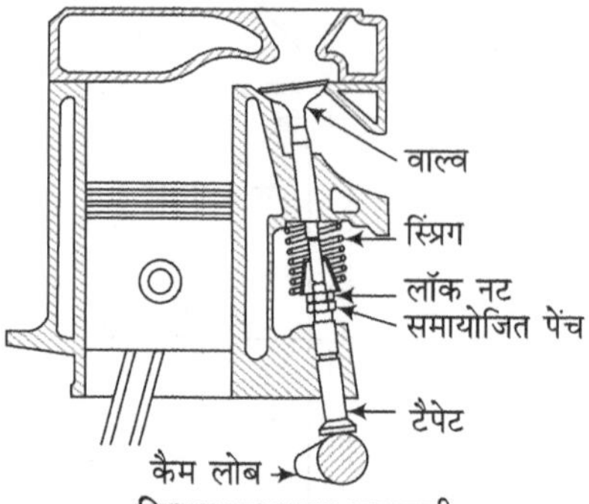

चित्र साइड वाल्व यन्त्रावली

2. ओवरहैड वाल्व यन्त्रावली
Overhead Valve Mechanism

इस प्रकार की वाल्व यन्त्रावली को 'आई हैड' (I head) वाल्व व्यवस्था भी कहा जाता है। इस यन्त्रावली में इनलेट तथा एग्जॉस्ट सभी वाल्व सिलेण्डर हैड में लगाए जाते हैं। इसमें एक ही कैमशाफ्ट का प्रयोग वाल्व खोलने के लिए किया जाता है।

इस व्यवस्था में वाल्व खोलने के लिए दो अतिरिक्त भागों; पुश रॉड (push rod) तथा रॉकर आर्म असेम्बली (rocker arm assembly) की आवश्यकता होती है। इंजन के चलने पर कैम लोब द्वारा टैपिट ऊपर उठते हैं, इनके द्वारा पुश रॉड भी ऊपर उठती है।

पुश रॉड के ऊपर उठने से रॉकर जोकि एक शाफ्ट पर फिट रहता है, उसका एक सिरा ऊपर उठता है तथा तराजू की डण्डी के समान दूसरा सिरा नीचे झुक जाता है। इसके झुकने से वाल्व स्टेम पर दबाव पड़ता है तथा वाल्व खुल जाता है। यह एक उपयुक्त व्यवस्था है, क्योंकि वाल्वों को प्राप्त गर्मी सिलेण्डर हैड के वाटर जैकेटों में आए पानी द्वारा कम होती रहती है।

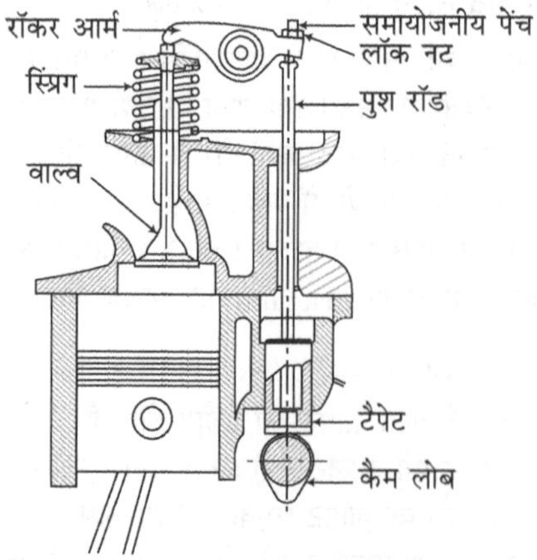

चित्र ओवरहैड वाल्व व्यवस्था

इंजन की वाल्व यन्त्रावली के लिए सहायक अवयव

Accessories for Valve Mechanism of an Engine

वाल्व यन्त्रावली इंजन का एक महत्त्वपूर्ण भाग है, जिसमें वाल्व एक महत्त्वपूर्ण अवयव है। इसी की सहायता से इंजन में द्रव तथा गैस का प्रवेश निश्चित हो पाता है।

वाल्व को यन्त्रावली से सम्बद्ध करने के लिए सहायक अवयवों के सहयोग की आवश्यकता पड़ती है। ये अवयव अपनी भूमिका का निर्वहन कर यन्त्रावली को उपयुक्त कार्य करने में मदद करते हैं।

वाल्व सीट Valve Seat

इंजन वाल्वों के फेस (face) इन्हीं वाल्व सीट पर चिपककर बैठते हैं, जिससे गैसें लीक नहीं हो पाती हैं। सिलेण्डर ब्लॉक या सिलेण्डर हैड में यह ऐसे स्थान पर बनी होती हैं, जहाँ कम्बशन चैम्बर इन्हें ढक सके।

दूसरे शब्दों में यह कह सकते हैं कि यह वाल्व, सीट ऐसे स्थान पर बनी होती है, जहाँ वाल्व कम्बशन चैम्बर (combustion chamber) में खुल सके।

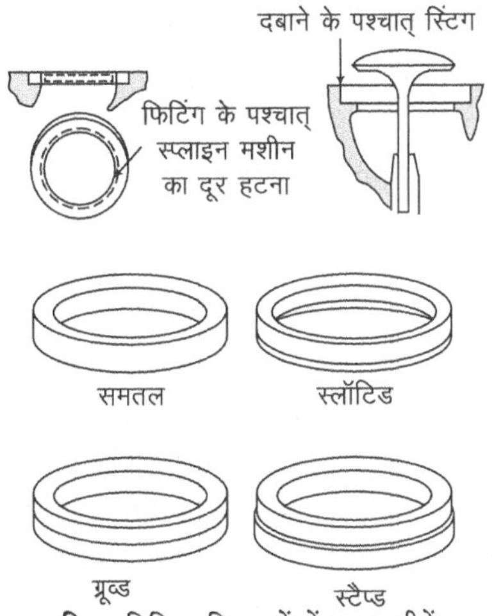

चित्र विभिन्न डिजाइनों में वाल्व सीटें

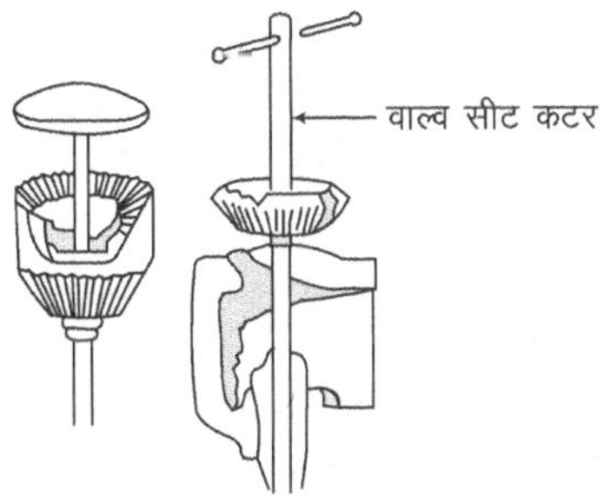

चित्र वाल्व सीट कटर

वाल्व सीट की सर्विसिंग

Servicing of Valve Seat

वाल्व सीट के खराब होने पर उसकी मरम्मत की जाती है। इसके लिए विशेष प्रकार के वाल्व सीट कटर का प्रयोग किया जाता है। वाल्व सीट कटर में एक किनारे पर बोर कटर, जबकि दूसरे किनारे पर फेस कटर बना होता है।

बोर कटर का प्रयोग वाल्व सीट को मोटा करने के लिए तथा फेस कटर का प्रयोग सीट को काटकर पतला बनाने के लिए किया जाता है। जब सीट कटते-कटते बहुत पतली रह जाती है, तब इस स्थिति में कठोर स्टील के बने सीट रिंगों का प्रयोग किया जाता है।

प्राय: सीट रिंग खराब नहीं होते हैं, परन्तु यदि किसी कारणवश सीट रिंग खराब हो गई हो, तो इन्हें साधारण वाल्व सीट कटर से ठीक नहीं किया जा सकता है, इसके लिए एक विशेष वाल्व सीट ग्राइण्डर का प्रयोग किया जाता है।

चित्र वाल्व सीट की मरम्मत

वाल्व सीट फिट करते समय सीट रिंग की नाप का एक ग्रूव बनाया जाता है। इसके पश्चात् ही वाल्व के लिए सीट की ग्राइण्डिंग की जाती है। वाल्व सीट काटने के लिए प्रयुक्त किए जाने वाले सीट कटर अथवा ग्राइण्डर अलग-अलग कोण के होते हैं।

वाल्व के लिए सीट काटने से पूर्व उस वाल्व सीट के कोण की जानकारी होना आवश्यक होता है तथा इसी कोण के आधार पर कटर या ग्राइण्डर का चयन किया जाता है।

सिलेण्डर हैड में वाल्व सीट लगाना

Insert Valve Seat in Cylinder Head

कई इंजनों के सिलेण्डर हैड में वाल्व सीटों का प्रयोग किया जाता है। एल्युमीनियम से बने सिलेण्डर हैड में ब्रोंज धातु की वाल्व सीट लगाई जाती है, जबकि कास्ट आयरन से निर्मित सिलेण्डर हैड में मोनल मैटल या हाई स्पीड टूल स्टील की सीटें लगाई जाती हैं।

सीट की धातु का चयन करते समय निम्नलिखित बातों का ध्यान रखना चाहिए

(a) वाल्व सीट उस धातु की होनी चाहिए, जिसका विस्तार गुणांक (coefficient of expansion) सिलेण्डर हैड से अधिक हो।

(b) वाल्व सीट की धातु को केस हार्ड करना सरल हो। सिलेण्डर हैड में वाल्ट सीट इस प्रकार से फिट की जानी चाहिए कि सीट का ताप सिलेण्डर हैड तक शीघ्रता से पहुँच सके।

यदि स्प्रिंग कमजोर हो गए हो, तो उनके स्थान पर नए स्प्रिंग लगाने चाहिए। स्प्रिंग चेक करने का एक साधारण उपाय चित्र में दिखाया गया है। इस उपाय में वाइस (vice) में एक लम्बा बोल्ट कस लिया जाता है।

इसमें नीचे एक स्प्रिंग डालकर एक वाशर रख देते हैं, फिर दूसरी स्प्रिंग रखकर एक और वाशर रख देते हैं, जैसा कि चित्र में दर्शाया गया है। अब ऊपर से नट लगाकर दोनों स्प्रिंग को दबाया जाता है।

नट को थोड़ा कसने के बाद स्टील फुटरूल द्वारा दोनों स्प्रिंग की लम्बाई नापते हैं। दोनों स्प्रिंग की लम्बाई लगभग एकसमान होनी चाहिए। अधिक अन्तर आने पर अधिक दब जाने वाली स्प्रिंग को कमजोर मानकर बदल देना चाहिए।

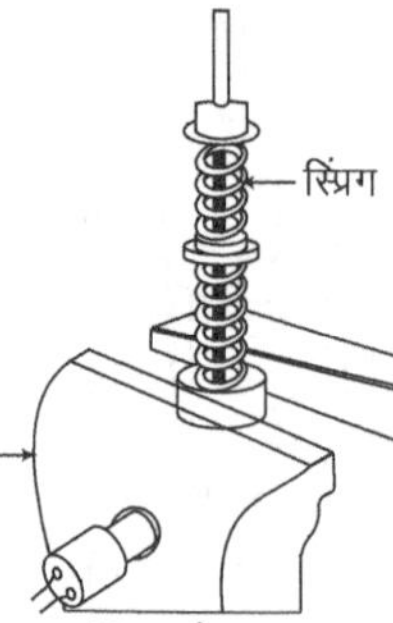

चित्र वाल्व स्प्रिंग चैक करना

2. वाल्व गाइड Valve Guide

सिलेण्डर ब्लॉक अथवा सिलेण्डर हैड में जहाँ वाल्व फिट किए जाते हैं, उनके ठीक बीच में वाल्व गाइड फिट किया जाता है। वाल्व की स्टेम (stem) इसी गाइड में ऊपर-नीचे होती है।

यह प्राय: कास्ट आयरन (cast iron) की बनी पतले पाइप जैसी होती है, परन्तु 'V' टाइप सिलेण्डर के इंजनों में यह दो टुकड़ों में बनी होती है, जिन्हें वाल्व फिट करते समय अलग से लगाया जाता है। वाल्व गाइड इंजन के काफी दिनों तक चलने से वाल्व स्टेम रगड़ खाकर घिस जाती है।

इस कारण वाल्व ठीक प्रकार से कार्य नहीं कर पाते हैं तथा वाल्व स्टेम द्वारा इनमें से स्नेहन तेल (लुब्रीकेशन ऑयल) की पम्पिंग होने लगती है, जिससे वह तेल कम्बशन चैम्बर में जाकर जलने लग जाता है।

इसलिए जब इंजन की ओवरहॉलिंग की जाए, तो वाल्व गाइड अवश्य बदल देनी चाहिए। इसके अतिरिक्त यदि कभी वाल्व बदले जाएँ, तो उनके अनुरूप ही नई वाल्व गाइड डालना उचित होता है।

वाल्व गाइड को फिट करना (Fitting of valve guide) वाल्व गाइड फिट करने के लिए सिलेण्डर हैड या ब्लॉक को 325°C से 375°C तक गर्म करना चाहिए तथा वाल्व गाइड को बर्फ में प्रिंक करके प्रेस करना चाहिए। गाइड को वाल्व सीट की ओर से फिट किया जाता है। वाल्व स्टेम तथा गाइड के मध्य '0.0015' से '0.0025' तक क्लीयरैन्स रखा जाता है।

3. वाल्व लॉक या वाल्व रिटेनर Valve Lock or Valve Retainer

वाल्व स्टेम के साथ स्प्रिंगों को ठीक प्रकार से दबाए रखने के लिए वाल्व कैप तथा वाल्व लॉक का प्रयोग किया जाता है, जिससे स्प्रिंग का पूरा दबाव वाल्व बन्द करने के लिए मिलता रहे। इसलिए वाल्व लॉक को वाल्व स्प्रिंग रिटेनर भी कहा जाता है।

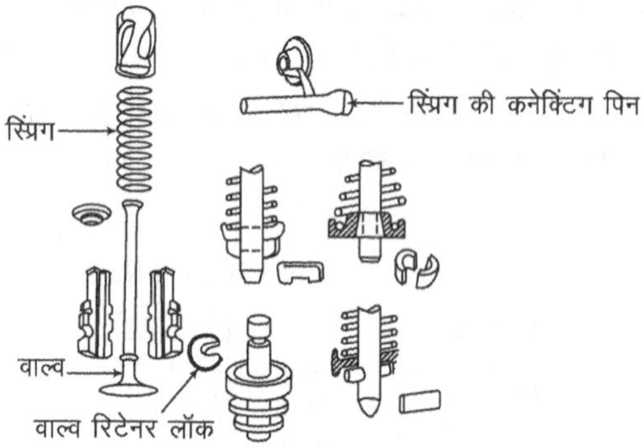

चित्र वाल्व रिटेनर के विभिन्न अवयव

ये तीन प्रकार के होते हैं

1. पिन टाइप
2. हॉर्स शू टाइप
3. कोनीकल टाइप

पिन टाइप स्प्रिंग रिटेनर में एक पतली पिन वाल्व कैप के ऊपर से वाल्व स्टेम में आर-पार (across) फिट की जाती है। हॉर्स शू टाइप रिटेनर केवल 'V' टाइप सिलेण्डर व्यवस्थापन वाले इंजनों में प्रयोग किए जाते हैं, जिनमें वाल्व गाइड को भी वाल्व स्टेम के साथ इसी रिटेनर द्वारा लॉक किया जाता है।

कोनिकल (conical) टाइप वाल्व स्प्रिंग रिटेनर का प्रयोग आमतौर पर सभी इंजनों में किया जाता है। ये दो टुकड़ों में बने होते हैं, जिन्हें वाल्व कैप के बीच में इस प्रकार फिट किया जाता है कि रिटेनर वाल्व स्टेम (valve stem) में बने खाँचे में भी ठीक प्रकार बैठ जाए। इस लॉक के बीच में एक धारी-सी पड़ी रहती है, जिसके घिसने से ये बेकार होकर खुल जाते हैं। अत: इन्हें बदल देना चाहिए।

4. वाल्व टैपेट या लिफ्टर Valve Tappet or Lifter

कैमशाफ्ट द्वारा वाल्वों को उठाकर खोलने में टैपेट या लिफ्टर की मुख्य भूमिका होती है। यह इंजन के सिलेण्डर ब्लॉक के एक ओर जिस तरफ कैमशाफ्ट लगी होती है, फिट रहते हैं। जब कैमशाफ्ट घूमती है, तो उस पर बने कैम बारी-बारी से प्रत्येक वाल्व टैपेटों को उठाते जाते हैं। यह टैपेट ऊपर उठकर सीधे ही वाल्व स्टेम को ऊपर उठाकर वाल्व को खोलते हैं अथवा इन टैपेटों द्वारा पुश रॉड उठती है।

यह रॉकर को उठाकर सिलेण्डर हैड में लगे वाल्व स्टेम को दबाती है, जिससे वाल्व खुलते हैं। जिन इंजनों के वाल्व सिलेण्डर ब्लॉक में लगे होते हैं, उनके टैपेटों के ऊपर टैपेट क्लीयरैन्स एडजस्टिंग स्क्रू भी लगा रहता है।

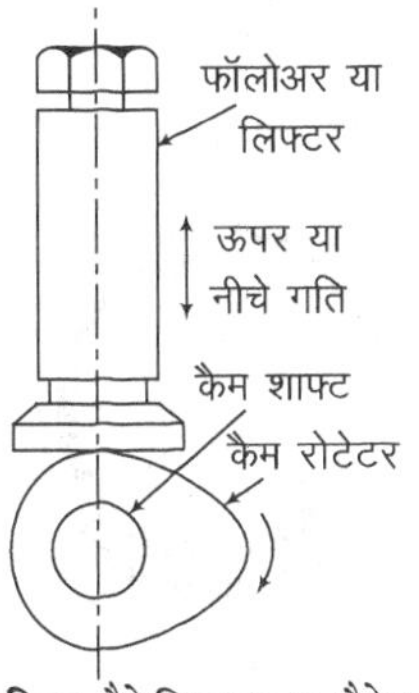

चित्र मैकेनिक वाल्व टैपेट

5. हाइड्रॉलिक वाल्व टैपेट या लिफ्टर Hydraulic Valve Tappet or Lifter

आजकल बहुत-सी मोटरगाड़ियों में मैकेनिकल वाल्व लिफ्टर के स्थान पर हाइड्रॉलिक वाल्व लिफ्टर का प्रयोग किया जाने लगा है। इसमें टैपेट की आवाज नहीं आती है, क्योंकि इसमें टैपेट क्लीयरैन्स नहीं रखा जाता है। इसमें एक सिलेण्डर तथा एक रिजर्वायर (reservoir) होता है।

इसकी बॉडी के एक छेद का सम्बन्ध तेल की प्रैशर लाइन से होता है, जिसके द्वारा तेल स्नेहन प्रणाली से रिजर्वायर में आता है। सिलेण्डर में एक प्लंजर (plunger) होता है, जिसका ऊपरी सिरा पुश रॉड या सीधे वाल्व स्टेम के साथ मिला रहता है, जबकि नीचे का सिरा तेल में डूबा रहता है।

जब इंजन वाल्व बन्द रहता है, तो रिजर्वायर का तेल, बाल चैक वाल्व को खोलता है तथा प्लंजर को ऊपर उठाता है। इससे लिफ्टर असेम्बली तथा पुश रॉड अथवा वाल्व स्टेम के बीच की दूरी समाप्त हो जाती है।

जब कैम लोब ऊपर आती है, तो लिफ्टर ऊपर उठता है तथा बाल चैक वाल्व बन्द हो जाता है और तेल रिजर्वायर में नहीं जाता है, इससे लिफ्टर असेम्बली ऊपर उठकर वाल्व को खोल देती है। इसी समय कुछ तेल प्लंजर और सिलेण्डर के बीच लीक कर जाता है, जिससे प्लंजर नीचे आता है तथा वाल्व बन्द हो जाता है।

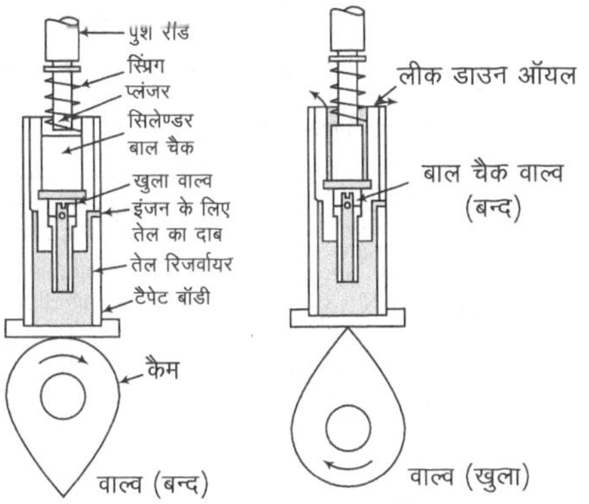

चित्र हाइड्रॉलिक वाल्व टैपेट

6. वाल्व टॉप Valve Top

वाल्व के ऊपरी हिस्से को वाल्व टॉप कहा जाता है। वाल्व टॉप निम्न प्रकार के होते हैं

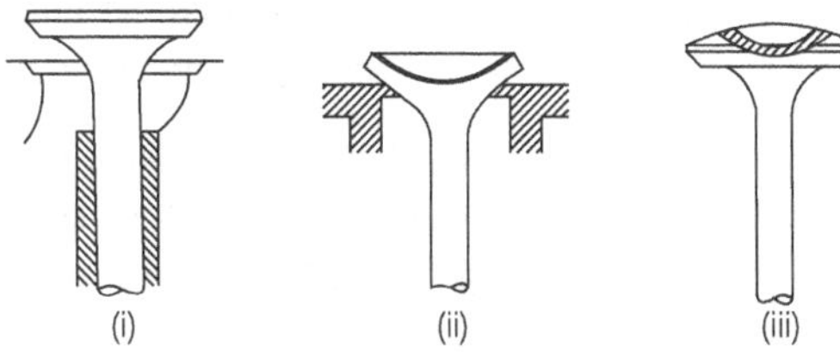

चित्र वाल्व टॉप

(i) **फ्लैट टॉप** (Flat top) अधिकतर मोटरगाड़ियों में इस प्रकार के वाल्व प्रयोग होते हैं। इनकी टॉप समतल बनी होती है।

(ii) **ट्यूलिप टॉप** (Tulip top) इस प्रकार के वाल्व गैसों को दक्षता से सील करने की सामर्थ्य रखते हैं। इनका प्रयोग रेसिंग कार तथा वायुयानों के इंजनों में होता है। इनकी टॉप नीचे की ओर कुछ गोलाई लिए होती है।

(iii) **स्टैण्डर्ड टॉप** (Standard top) इन वाल्वों का प्रयोग कम होता है। इनकी टॉप ऊपर से कुछ गोलाई लिए होती है।

7. वाल्व स्टेम Valve Stem

यह एक प्रकार का स्व-सन्तुलित वाल्व अंग है, जिसका प्रयोग चैम्बर (chamber) में गैस का प्रवेश कराने हेतु किया जाता है।

यह चैम्बर में गैस भरने के पश्चात् स्वत: (automatically) ही बन्द हो जाता है एवं चैम्बर में दाब तथा स्प्रिंग या दोनों के कारण सील हो जाता है।

इसका प्रयोग करने से चैम्बर में से गैस टपकने (escaping) की सम्भावना खत्म हो जाती है। इनका प्रयोग प्राय: विविध वाहनों, साइकिल के पहियों तथा अन्य अनुप्रयोगों में गैस भराव के लिए किया जाता है।

8. वाल्व स्टेम ऑयल सील Valve Stem Oil Seal

ऑयल सील सामान्यतया वाल्व के इनटेक तथा एग्जॉस्ट वाल्व पर फिट की जाती है।

इस वाल्व स्टेम ऑयल सील के द्वारा मुख्यत: चैम्बर में ऑयल की आवश्यकता से ज्यादा मात्रा को प्रवेश करने से रोका जाता है। इसमें सील के ऊपरी या शीर्ष (top) कोण पर ऑयल जलाशय (reservoir) होता है, जो स्टेम में स्नेहन का कार्य करता है।

9. इनटैक वाल्व का आकार Size of Intake Valve

इनटैक वाल्व इस प्रकार डिजाइन किए जाते हैं कि टी. डी. सी. (top dead centre) कुछ डिग्री पहले खुले। इससे सिलेण्डर अपनी क्षमता तक वायु तथा ईंधन के मिश्रण का उपयोग करके जली गैसों के अपमार्जन (scavenging) में भी सहायता करता है।

10. वाल्व स्प्रिंग Valve Spring

वाल्वों को उसकी सीट से ठीक प्रकार चिपकाकर बन्द करने के लिए वाल्व स्प्रिंग का प्रयोग किया जाता है। प्राय: एक वाल्व के लिए एक स्प्रिंग का प्रयोग किया जाता है, परन्तु कुछ इंजनों में दो स्प्रिंग भी एक वाल्व में लगाई जाती हैं। इससे गैसों के लीक होने की कोई सम्भावना नहीं रह जाती।

इन स्प्रिंगों की तनाव (tension) शक्ति बहुत अच्छी होनी चाहिए। इन्हें स्प्रिंग वायर द्वारा कुण्डली प्रकार (coiled type) का बनाया जाता है। इंजन ओवरहॉलिंग के समय इन स्प्रिंगों की तनाव शक्ति नाप लेनी चाहिए। इसके लिए कई प्रकार के स्प्रिंग तनाव परीक्षक (spring tension tester) बाजार में उपलब्ध हैं।

11. वाल्व ट्रेन Valve Train

वाल्व ट्रेन इंजनों में प्रयुक्त होने वाली एक ऐसी युक्ति है, जो संयोजन में अवयवों के क्रम द्वारा गति को हस्तान्तरित करने वाली वाल्व के प्रचालन को नियन्त्रित करती है।

वाल्व ट्रेनों में प्राय: रॉकर आर्म (rocker arm), पुश रॉड (push rod), लिफ्टर (lifter) तथा कैमशाफ्ट (camshaft) निहित होते हैं। इसमें ट्रेन की ज्यामिति (geometry) ही किसी निश्चित समय में तथा निर्धारित बिन्दु पर कम्बशन चैम्बर में वायु तथा ईंधन की मात्रा के प्रवेश को नियन्त्रित करती है। आवश्यकतानुसार यह विभिन्न आकृतियों में बनाई जाती है।

12. वाल्व टाइमिंग Valve Timing

पिस्टन की गति तथा फ्लाईव्हील से सम्बन्धित इर्न्टनल कम्बशन इंजन में वाल्व के खुलने तथा बन्द होने में लगा समय, वाल्व टाइमिंग कहलाता है

वाल्व टाइमिंग के कार्य Functions of Valve Timing

सैद्धान्तिक रूप से सक्शन के समय इनलेट वाल्व पिस्टन के टी.डी.सी. पर खुलना चाहिए तथा इसी प्रकार एग्जॉस्ट स्ट्रोक के समय एग्जॉस्ट वाल्व बी.डी.सी. पर खुलना चाहिए।

इसी क्रम (sequence) में इनलेट वाल्व सक्शन स्ट्रोक समाप्त होने के बाद बी.डी.सी पर बन्द हो जाना चाहिए तथा एग्जॉस्ट वाल्व, एग्जॉस्ट स्ट्रोक समाप्त होने के बाद टी.डी.सी. पर बन्द हो जाना चाहिए।

इस प्रकार, इनलेट वाल्व टी.डी.सी. (TDC) से बी.डी.सी. (BDC) तक 180° खुलता है तथा इसी प्रकार एग्जॉस्ट वाल्व बी.डी.सी. से टी.डी.सी. तक 180° खुलता है। यह आरेख (diagram) मात्र सैद्धान्तिक होता है।

वास्तव में इंजन के क्रियात्मक स्वरूप (practical aspect) में ऐसा नहीं होता है। वास्तव में इनलेट वाल्व, सक्शन स्ट्रोक शुरू होने के कुछ डिग्री पहले खुल जाता है तथा कम्प्रैशन स्ट्रोक में भी कुछ डिग्री तक खुला रहता है।

इसी प्रकार एग्जॉस्ट वाल्व एग्जॉस्ट स्ट्रोक शुरू होने के कुछ डिग्री पहले अर्थात् पावर स्ट्रोक में ही खुल जाता है तथा सक्शन स्ट्रोक में कुछ डिग्री तक खुला रहता है। यहाँ एक पेट्रोल इंजन की वास्तविक वाल्व टाइमिंग दर्शायी गई है, परन्तु डीजल इंजन की वास्तविक वाल्व टाइमिंग पेट्रोल इंजन से कुछ भिन्न होती है।

इसमें इनलेट वाल्व, सक्शन स्ट्रोक के 25° पहले ही खुल जाता है तथा बी.डी.सी. के 30° के बाद तक खुला रहता है।

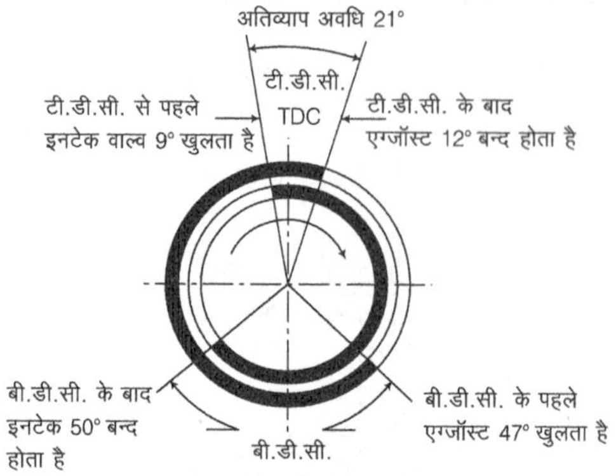

चित्र वाल्व टाइमिंग का सैद्धान्तिक आरेख

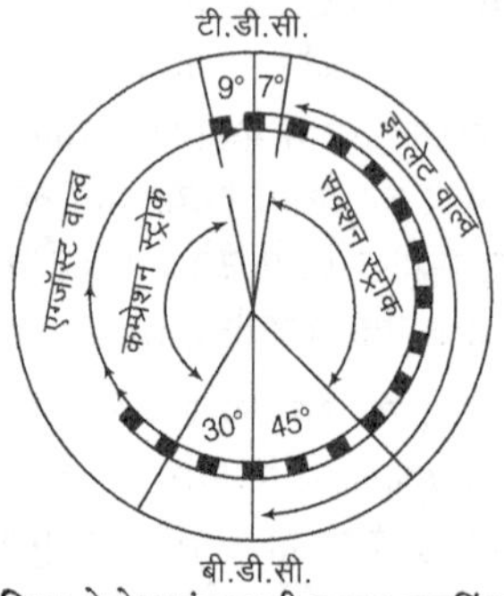

चित्र पेट्रोल इंजन की वाल्व टाइमिंग

इसी प्रकार एग्जॉस्ट वाल्व, एग्जॉस्ट स्ट्रोक में बी.डी.सी. से 45° पहले खुल जाता है तथा टी.डी.सी. के 15° बाद तक खुला रहता है। इस तरह इनलेट वाल्व क्रैंक स्टेशन के 235° तक खुलता है तथा एग्जॉस्ट वाल्व 240° तक खुला रहता है।

उपरोक्त आरेख में इंजेक्शन के समय को भी दर्शाया गया है। चित्र के अनुसार पावर स्ट्रोक से 5° पूर्व फ्यूल इंजेक्शन शुरू हो जाता है तथा 25° बाद तक होता रहता है। इस प्रकार कुल फ्यूल इंजेक्शन 30° होता है। उपरोक्त चित्रों से स्पष्ट होता है कि इनलेट वाल्व टी.डी.सी. से पूर्व खुल जाता है तथा बी.डी.सी. के बाद बन्द होता है। इसी प्रकार एग्जॉस्ट वाल्व बी.डी.सी. से पूर्व खुल जाता है तथा टी.डी.सी. के बाद बन्द हो जाता है।

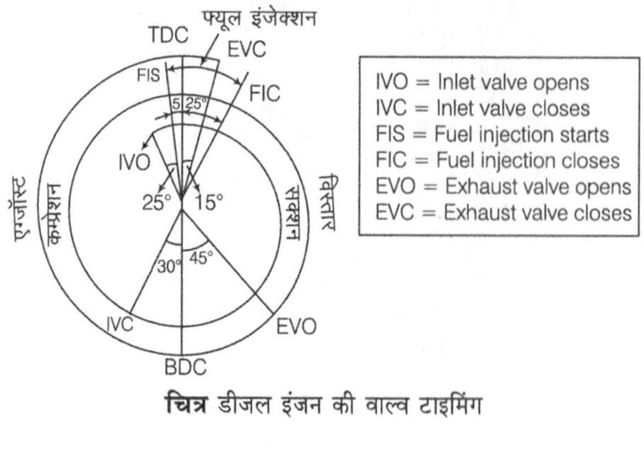

चित्र डीजल इंजन की वाल्व टाइमिंग

तालिका फोर स्ट्रोक डीजल इंजन वाल्व खुलने व बन्द होने का समय व स्थिति

वाल्व	वाल्व स्थिति	6 हा. पा.	8 हा. पा.	9.5 हा. पा.	10 हा. पा.	टिप्पणी
इनलेट वाल्व खुलता है	टी.डी.सी. से पूर्व	4° से 8°	4° से 8°	9° से 13°	9° से 13°	
इनलेट वाल्व बन्द होता है	बी.डी.सी. के बाद	14° से 18°	14° से 18°	13° से 23°	13° से 23°	
एग्जॉस्ट वाल्व खुलता है	बी.डी.सी. के पूर्व	42° से 48°	42° से 48°	55° से 59°	55° से 59°	
एग्जॉस्ट वाल्व बन्द होता है	टी.डी.सी. के बाद	6° से 10°	6° से 10°	19° से 30°	19° से 30°	
इंजेक्शन आरम्भ	टी.डी.सी. से पूर्व	18° से 20°	18° से 20°	18° से 20°	18° से 20°	
वाल्व ओवरलैपिंग	जब दोनों वाल्व खुलते हैं	10° से 18°	10° से 18°	28° से 43°	28° से 43°	
इनलेट वाल्व क्लीयरैन्स	ठण्डी दशा में	"0.017"	"0.017"	"0.010"	"0.010"	
एग्जॉस्ट वाल्व क्लीयरैन्स	ठण्डी दशा में	"0.032"	"0.032"	"0.010"	"0.010"	

वैरिएबल वाल्व टाइमिंग Variable Valve Timing (VVT)

वाल्व इंजन की श्वसन प्रणाली को सक्रिय करते हैं। वाल्वों की टाइमिंग अथवा श्वसन (breathing) कैम के आकार तथा फेज एंगल पर निर्भर करती है।

इंजन को श्वसन करने हेतु विभिन्न गतियों पर विभिन्न वाल्व टाइमिंग की आवश्यकता होती है। वैरिएबल वाल्व टाइमिंग के द्वारा अधिक rpm बैण्ड के एक्रॉस पावर तथा टॉर्क को सुधारा जा सकता है।

वाल्व घूर्णन की महत्ता
Importance of Valve Rotation

हम जानते हैं कि वाल्व टाइमिंग के अनुसार वाल्व खुलते एवं बन्द होते हैं। खुलने एवं बन्द होने के साथ-साथ वाल्व अपनी धुरी पर धीरे-धीरे घूमते भी रहते हैं, जिससे ये सुगमतापूर्वक अपनी सीट पर बैठते रहते हैं एवं अपने फेस को साफ करते रहते हैं।

वाल्व घूर्णन के कारण वाल्व फेस पर उपस्थित कार्बन स्वत: ही साफ होता रहता है, जिससे ये दीर्घायु बनते हैं। इससे वाल्व गाइड के चिपचिपे होने से भी बचाव होता है। वाल्व घूर्णन के कारण वाल्व की ऊष्मा का पारेषण भी वाल्व सीट के चारों ओर होता रहता है।

13.3 कैमशाफ्ट Camshaft

यह एक प्रकार की सीधी शाफ्ट होती है, जिस पर इंजन वाल्वों की संख्या के बराबर कैम लोब बनी होती है। जब यह कैम लोब ऊपर आती है, तो इनलेट या एग्जॉस्ट वाल्व इनके दबाव से खुलता है। कैमशाफ्ट द्वारा बड़ी संख्या में इंजन के अवयवों को प्रचालित करने के कारण इसका मजबूत होना आवश्यक है।

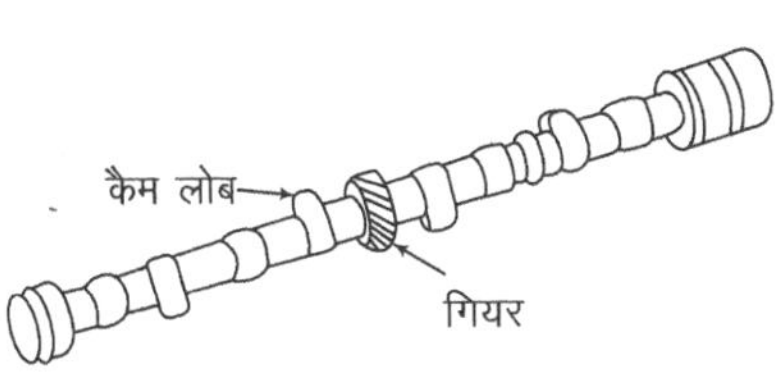

चित्र कैमशाफ्ट

कैम लोब एवं इसकी महत्ता
Cam Lobe and its Importance

कैम लोब, कैमशाफ्ट पर बनी होती है। ये कैम लोब इंजन फायरिंग ऑर्डर के अनुसार अलग-अलग दिशाओं में बनी रहती हैं। इन कैम लोब के बीच में एक स्क्यू गियर लगा रहता है, जिससे ऑयल पम्प चलता है।

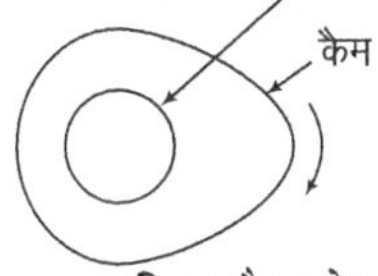

चित्र कैम लोब

कैम लोब के द्वारा इंजन वाल्व क्रमश: खुलते एवं बन्द होते हैं। जब कैम लोब ऊपर आती है, तब इनलेट या एग्जॉस्ट वाल्व इनके दबाव से खुलते हैं और जब कैम लोब नीचे आती है, तब इनलेट वाल्व या एग्जॉस्ट वाल्व इनके दबाव से बन्द होते हैं। कैम लोब इंजन फायरिंग ऑर्डर के अनुसार ही क्रमश: इनलेट एवं एग्जॉस्ट वाल्व खुलते एवं बन्द होते हैं।

कैमशाफ्ट का वर्गीकरण Classification of Camshaft

कैमशाफ्ट को उसकी स्थिति तथा शाफ्टों की संख्या के आधार पर निम्न प्रकार वर्गीकृत किया जाता है

1. ओवर हैड कैम/सिंगल ओवर हैड कैमशाफ्ट (OHC/SOHC)
2. डबल ओवर हैड कैमशाफ्ट (DOHC)
3. बॉटम माउण्टेड ट्रेडिशनल कैमशाफ्ट (OHV इंजन)

1. ओवर हैड कैम /सिंगल ओवर हैड कैमशाफ्ट (OHC/SOHC)

सिंगल ओवर हैड कैमशाफ्ट सिलेण्डर हैड में स्थापित होती है तथा वाल्व रोकर आर्म द्वारा अथवा प्रत्यक्ष लिफ्टर द्वारा प्रचालित होते हैं।

इस कैमशाफ्ट की मुख्य विशेषता यह है कि वाल्व सीधे ही कैमशाफ्ट द्वारा प्रचालित हो जाते हैं जिससे कि उच्च rpm पर परिशुद्ध टाइमिंग को बनाए रखना सरल होता है। ओवरहैड कैमशाफ्ट के साथ प्रति सिलेण्ड तीन अथवा चार वाल्व स्थापित किए जा सकते हैं।

निम्न चित्र में सिंगल ओवरहैड कैमशाफ्ट को दर्शाया गया है।

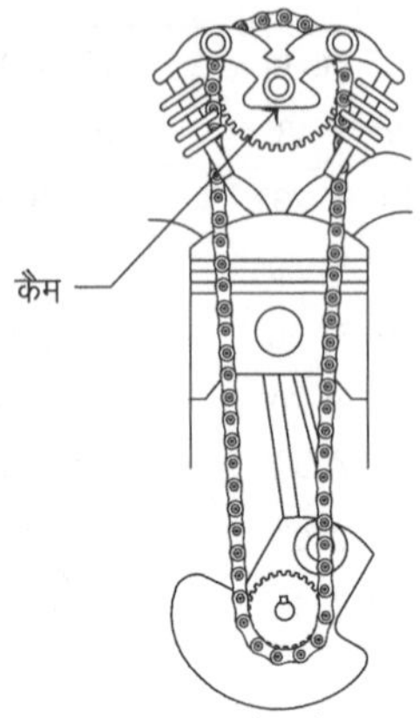

चित्र सिंगल ओवरहैड कैमशाफ्ट

2. डबल ओवरहैड कैमशाफ्ट (DOHC)

आधुनिक वाहनों में डबल ओवरहैड कैमशाफ्ट का प्रयोग अधिक किया जाता है। डबल ओवर हैड कैमशाफ्ट इंजन में प्रति सिलेण्डर दो कैमशाफ्ट तथा चार वाल्व लगे होते हैं।

एक कैमशाफ्ट इनटेक को प्रचालित करती है तथा दूसरी एग्जॉस्ट वाल्व को कण्ट्रोल करती है। इस कैमशाफ्ट को लगाने से इंजन की दक्षता बढ़ जाती है तथा कम आयतन के इंजन से अधिक शक्ति (HP) उत्पादित की जा सकती है।

इसकी मुख्य विशेषता यह है कि इसके प्रयोग से डायरेक्ट इन्जेक्शन, वैरिएबल वाल्व टाइमिंग तथा वैरिएबल वाल्व लिफ्ट सरलता से किए जा सकते हैं, परन्तु इसे प्रयोग करने हेतु अतिरिक्त टाइमिंग बेल्ट अथवा चेन अवयवों की आवश्यकता होती है तथा इसका आकार बड़ा व डिजाइन भी जटिल होता है। इसे नीचे दिए गए चित्र में दर्शाया गया है-

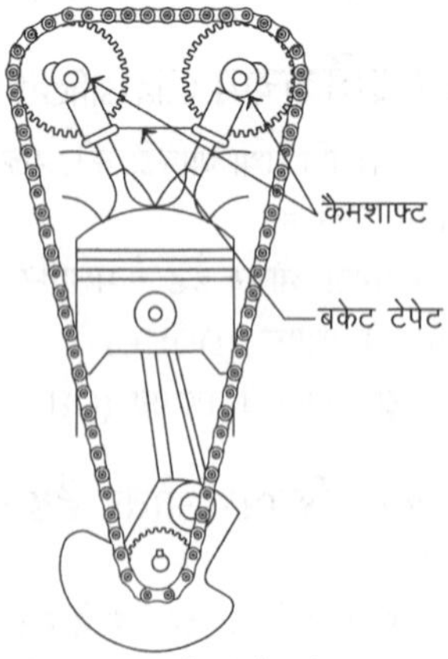

चित्र डबल ओवर हैड कैम शाफ्ट

3. बॉटम माउन्टेड ट्रेडिशनल कैमशाफ्ट

इस प्रकार के इंजन (OHV) में वाल्व सिलेण्डर हैड के ऊपर फिट किए जाते हैं। कैमशाफ्ट इंजन ब्लॉक के अन्दर फिट की जाती है तथा वाल्व लिफ्टर पुश रॉड व रोकर आर्म द्वारा प्रचालित किए जाते हैं। इसके डिजाइन को 'पुश-रॉड' इंजन भी कहा जाता है।

इस कैमशाफ्ट की मुख्य हानि यह है कि इसका डिजाइन इस प्रकार का होता है कि उच्च rpm पर परिशुद्ध टाइमिंग को कण्ट्रोल करना कठिन होता है।

इसकी विशेषता यह है कि इसका मूल्य कम, आकार छोटा तथा एण्ड-टॉर्क निम्न होता है। इस कैमशाफ्ट को निम्न गति पर प्रचालित होने वाले इंजन के लिए प्रयोग करना उचित होता है। नीचे दिए गए चित्रों में इसे दर्शाया गया है

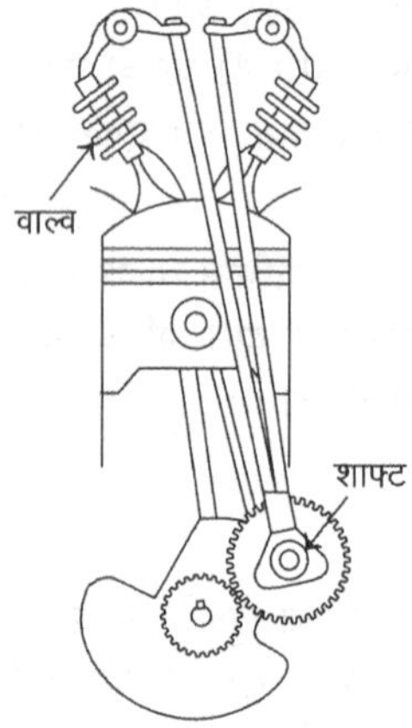

चित्र सिंगल ओवरहैड वाल्व

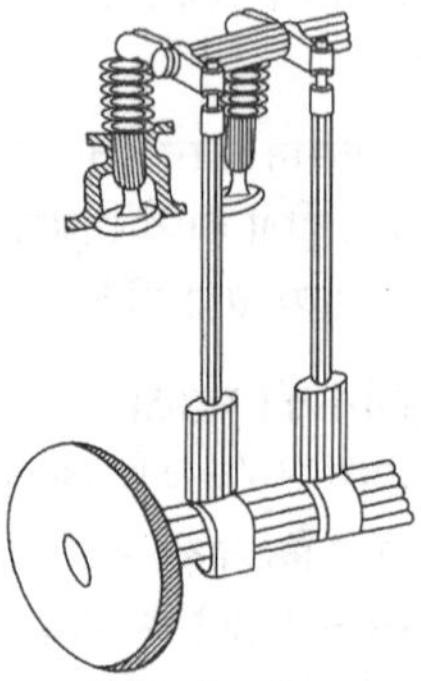

चित्र ओवरहैड वाल्व

कैमशाफ्ट ड्राइव यन्त्रावलियाँ

Camshaft Drive Mechanism

क्रैंकशाफ्ट, क्रैंकशाफ्ट से ड्राइव प्राप्त करता है। क्रैंकशाफ्ट के दो घूर्णन पर प्रत्येक वाल्व एक बार खुलता है जिस कारण क्रैंकशाफ्ट, क्रैंकशाफ्ट की आधी गति पर घूमती है।

क्रैंकशाफ्ट ड्राइव मैकेनिज्म तीन प्रकार के होते हैं

(i) **गियर ड्राइव** (Gear drive) जब क्रैंकशाफ्ट तथा कैमशाफ्ट एक दूसरे के अति निकट हो, तो इस स्थिति में गियर ड्राइव का प्रयोग किया जाता है।

कैमशाफ्ट के चक्कर प्रति मिनट क्रैंकशाफ्ट के चक्कर प्रति मिनट के आधे होने से कैमशाफ्ट गियर पर दाँतों की संख्या क्रैंकशाफ्ट गियर पर दाँतों के अपेक्षाकृत दोगुनी होती है। इस प्रकार के ड्राइव में इंजन की कैमशाफ्ट, क्रैंक शाफ्ट की विपरीत दिशा में घूमती है।

कुछ इंजनों में कैमशाफ्ट, क्रैंकशाफ्ट को एक दिशा में घूमाने के लिए आइडलर गियर का प्रयोग किया जाता है।

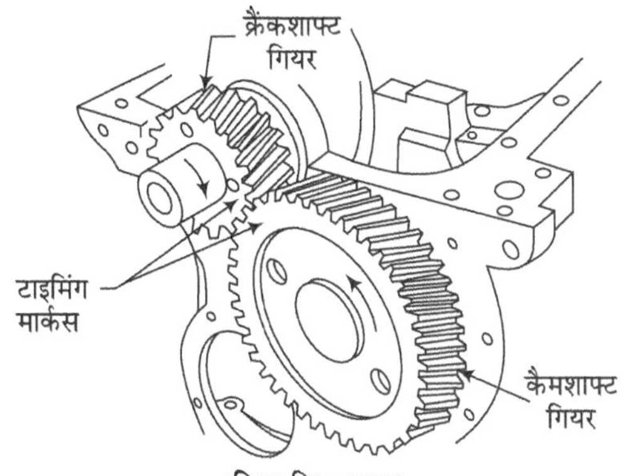

चित्र गियर ड्राइव

(ii) **चेन ड्राइव** (Chain drive) टाइमिंग गियर स्प्रोकेट को चेन द्वारा चलाया जाता है जिस कारण इसे स्प्रोकेट ड्राइव भी कहते हैं। इसमें कैमशाफ्ट तथा क्रैंकशाफ्ट के घूर्णन की दिशा समान होती है। कैमशाफ्ट तथा क्रैंकशाफ्ट के बीच की दूरी अधिक होने पर चेन ड्राइव का प्रयोग किया जाता है। चेन ड्राइव में आइडलर गियर का प्रयोग नहीं किया जाता है।

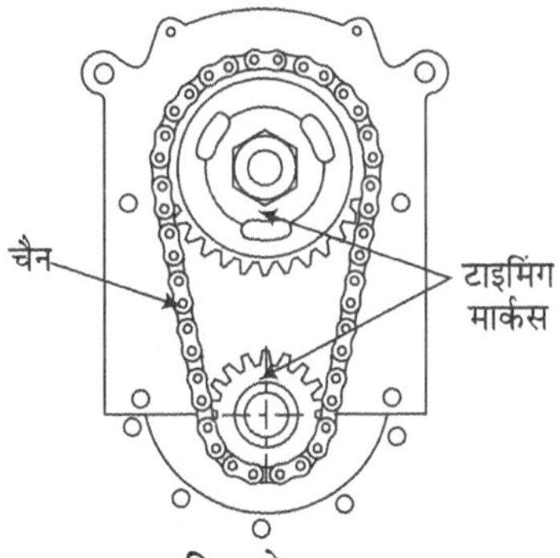

चित्र चेन ड्राइव

(iii) **बैल्ट ड्राइव** (Belt drive) बैल्ट ड्राइव चेन ड्राइव के समान होता है। कैमशाफ्ट को चलाने के लिए चेन के स्थान पर बैल्ट का प्रयोग किया जाता है। बैल्ट ड्राइव का प्रयोग अधिकतर ओवरहैड कैमशाफ्ट डिजाइन में किया जाता है। इसमें क्रैंकशाफ्ट तथा कैमशाफ्ट की दिशा समान होती है तथा फिसलन (slipping) को रोकने के लिए ऑटोमैटिक बैल्ट टेंशनर का प्रयोग किया जाता है।

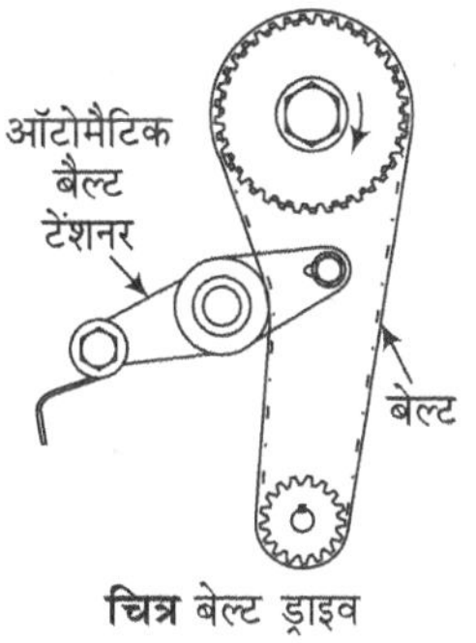

चित्र बेल्ट ड्राइव

टाइमिंग गियर Timing Gear

कैमशाफ्ट के अगले सिरे पर एक गियर चढ़ा होता है, जो प्राय: फाइबर एल्युमीनियम का बना होता है, परन्तु बड़े एवं भारी इंजनों में यह स्टील का बना होता है। यह क्रैंकशाफ्ट गियर से दोगुना (two times) बड़ा होता है। इन्हीं के द्वारा प्राय: दोनों शाफ्टों को एक-दूसरे से जोड़ा जाता है। इसे टाइमिंग गियर भी कहते हैं।

इसके अतिरिक्त भी कई अन्य तरीकों से दोनों शाफ्टों को मिलाया जाता है। कुछ इंजनों में क्रैंकशाफ्ट तथा मेन शाफ्ट को मिलाने के लिए चेन (chain) का प्रयोग किया जाता है।

इसके अतिरिक्त कुछ इंजनों में इस कार्य के लिए एक अतिरिक्त आइडलर गियर (idler gear) का प्रयोग इन दोनों शाफ्टों के गियरों के बीच किया जाता है। कुछ इंजनों में क्रैंकशाफ्ट गियर तथा कैमशाफ्ट गियर के अतिरिक्त आइडलर गियर को भी चैन द्वारा संयोजित किया जाता है।

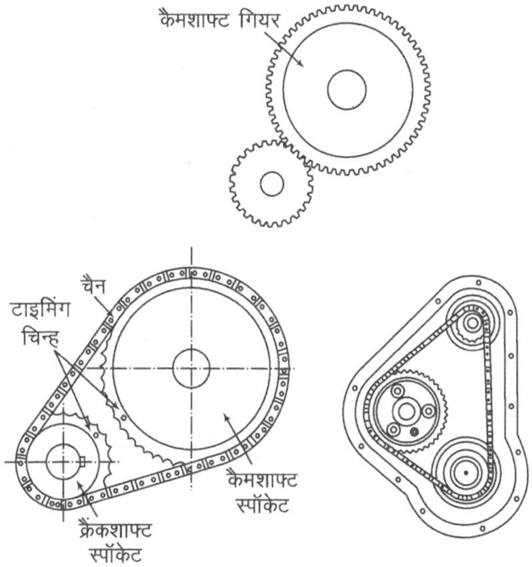

चित्र टाइमिंग गियरों के संयोजन के विविध तरीके

टाइमिंग बैल्ट एवं चेन टेंशनर Timing Belt and Chain Tensioner

जिन इंजनों में टाइमिंग बैल्ट तथा चेन द्वारा कैमशाफ्ट को ड्राइव दी जाती है, उनमें कुछ दिनों के बाद स्प्रोकेट, चेन तथा बैल्ट ढीली हो जाती है। इससे वाल्व टाइमिंग प्रभावित होती है तथा इंजन की दक्षता कम हो जाती है। कुछ इंजनों में वाल्व टाइमिंग इतनी खराब हो जाती है कि वाल्व पिस्टन हैड से टकराने लगता है।

इसे रोकने के लिए चेन टेंशनर का उपयोग किया जाता है। चेन टेंशनर बैल्ट तथा चेन की बाह्य सतह पर लगातार दबाव बनाए रखता है, जिससे बैल्ट या चेन स्प्रोकेट से फिसलती नहीं है।

चेन टेंशनर कई प्रकार के होते हैं; जैसे—एसेन्ट्रिक टाइप, स्प्रिंग लोडेड टाइप, हाइड्रॉलिक टाइप आदि। इनके प्रयोग से चेन लचक नहीं मारती है, चेन की आवाज कम होती है और गियर कम घिसते हैं।

महत्त्वपूर्ण बिन्दु

- इंजन मूलतः विभिन्न अवयवों एवं यन्त्रावलियों का संयुक्त रूप है, जिसमें विभिन्न स्ट्रोक्स, सिलेण्डर के पिस्टन के ऊपर नीचे चलने से पूरे होते हैं।
- इंजन के मुख्य अवयव वे अवयव होते हैं, जो इंजन के प्रचालन में महत्त्वपूर्ण भूमिका का निर्वहन करते हैं।
- डीजल इंजनों में सिलेण्डरों को ऊपर से बन्द करने के लिए सिलेण्डर हैड का उपयोग किया जाता है।
- सिलेण्डर हैड प्रायः ढलवाँ लोहे के बने होते हैं, परन्तु कुछ इंजनों के लिए एल्युमीनियम अलॉय के भी सिलेण्डर हैड बनाए जाते हैं।
- 'L' प्रकार के सिलेण्डर हैड में एग्जॉस्ट वाल्व तथा इनलेट वाल्व, सिलेण्डर ब्लॉक की साइड में स्थित होते हैं।
- 'T' प्रकार के सिलेण्डर हैड में वाल्वों को वाल्वों को प्रचालित करने के लिए दो कैमशाफ्टें प्रयुक्त की जाती हैं।
- इंजन को ओवर हीट से बचाने के लिए सिलेण्डर हैड की डी कार्बुराइजिंग की जाती है।
- सिलेण्डर हैड की ओवरहॉलिंग करते समय सर्वप्रथम दहन इंजन के कार्बन को पूर्ण रूप से साफ किया जाता है।
- डीजल कम्बशन चैम्बर, डीजल इंजन सिलेण्डर में उपलब्ध एक ऐसा चैम्बर है, जिसमें ईंधन का दहन किया जाता है।
- ओपन कम्बशन चैम्बर को प्रत्यक्ष दहन कक्ष के नाम से भी जाना जाता है।
- क्लोज कम्बशन चैम्बर में दहन कक्ष दो या दो से अधिक भागों में विभाजित होता है।
- भँवर चैम्बर में हवा को वृत्ताकार घुमाया जाता है।
- हैड गैस्केट को सिलेण्डर हैड तथा सिलेण्डर ब्लॉक के मध्य में लगाया जाता है।
- इंजन में ज्वलनशील मिश्रण के वृत्ताकार घूमने की प्रक्रिया टर्बुलेन्स कहलाती है।
- किसी बहने वाली गैस या तरल पदार्थ के मार्ग को आवश्यकतानुसार खोलने या बन्द करने के लिए जो युक्ति प्रयुक्त की जाती है, उसे वाल्व कहा जाता है।
- इंजनों के इनलेट वाल्व सामान्यतः स्टील अलॉय तथा स्टेलाइट फेसिंग द्वारा बनाए जाते हैं।
- भारी इंजनों के लिए निमोनिक अलॉय के बने वाल्व प्रयोग में लाए जाते हैं।
- इंजन वाल्व का मुख्य कार्य वायु-ईंधन के मिश्रण को कम्बशन चैम्बर में प्रवेश करना होता है।
- रीड वाल्व को इनलेट व ट्रांसफर पोर्ट के मध्य लगाया जाता है।
- इंजन में वाल्व सीट ऐसे स्थानों पर बनी होती है, जहाँ वाल्व कम्बशन चैम्बर में खुल सके।
- वाल्व के ऊपरी हिस्से को वाल्व टॉप कहा जाता है। चैम्बर में गैस का प्रवेश कराने के लिए वाल्व स्टेम का प्रयोग किया जाता है।
- वाल्व स्टेम ऑयल सील, चैम्बर में ऑयल की आवश्यकता से अधिक मात्रा को प्रवेश करने से रोकती है।
- वाल्वों को उसकी सीट से ठीक प्रकार चिपकाकर बन्द करने के लिए वाल्व स्प्रिंग का प्रयोग किया जाता है।
- वाल्व ट्रेन इंजनों में प्रयुक्त की जाने वाली वह युक्ति है जो संयोजन में अवयवों के क्रम द्वारा गति को हस्तान्तरित करने वाले वाल्व के प्रचालन को नियन्त्रित करती है।
- वाल्व ट्रेनों में प्रायः रॉकर आर्म, पुश रॉड, लिफ्टर तथा कैमशाफ्ट निहित होते हैं।
- पिस्टन इंजन में वाल्व के खुलने एवं बन्द होने के निश्चित समय को वाल्व टाइमिंग कहते हैं।
- इनलेट वाल्व टी. डी. सी. से बी. डी. सी. तक 180° खुलता है।
- कैमशाफ्ट द्वारा बड़ी संख्या में इंजन के अवयवों को प्रचालित करने के कारण इसका मजबूत होना आवश्यक है।
- इंजन वाल्व क्रमशः कैम लोब द्वारा खुलते एवं बन्द होते हैं।
- कैमशाफ्ट को उसकी स्थिति तथा शाफ्टों की संख्या के आधार पर सिंगल ओवरहैड कैमशाफ्ट, डबल ओवर हैड कैमशाफ्ट व बॉटम माउन्टेड ट्रेडिशनल कैमशाफ्ट में वर्गीकृत किया जाता है।
- गियर ड्राइव मैकेनिज्म में कैमशाफ्ट तथा क्रैंकशाफ्ट को एक दिशा में घुमाने के लिए आइडलर गियर का प्रयोग भी किया जाता है।

महत्त्वपूर्ण प्रश्नोत्तरी

1. सिलेण्डर हैड कास्ट आयरन के अतिरिक्त अन्य किस धातु के बनाए जा सकते हैं?

उत्तर सिलेण्डर हैड बनाने के लिए कास्ट आयरन के अतिरिक्त एल्युमीनियम अलॉय का भी प्रयोग किया जाता है।

2. गर्म इंजन पर शीतल जल डालने से सिलेण्डर हैड पर क्या प्रभाव पड़ेगा?

उत्तर गर्म इंजन पर शीतल जल डालने से सिलेण्डर हैड में दरारें पड़ जाएँगी।

3. सिलेण्डर बोर नापते समय सिलेण्डर बोर गेज को किस प्रकार रखना चाहिए?

उत्तर सिलेण्डर बोर नापते समय सिलेण्डर बोर गेज को दीवार के समान्तर रखना चाहिए।

4. सिलेण्डर हैड तथा सिलेण्डर ब्लॉक के बीच में किस युक्ति का प्रयोग किया जाता है?

उत्तर सिलेण्डर हैड तथा सिलेण्डर ब्लॉक के बीच में गैस्केट का प्रयोग किया जाता है।

5. इंजन में हैड गैस्केट प्रयुक्त करने का क्या उद्देश्य है?

उत्तर हैड गैस्केट इंजन के अन्दर सिलेण्डर हैड एवं ब्लॉक के मध्य दहन उत्पन्न दाब को नियन्त्रित करती है।

6. टर्बुलेन्स से आप क्या समझते हैं?

उत्तर इंजन व वायु के ज्वलनशील मिश्रण का इंजन के अन्दर गोल घूमने की क्रिया, टर्बुलेन्स कहलाती है।

7. वर्तमान समय में मोटरगाडियों में स्लाइडिंग स्लीव वाल्व प्रयोग क्यों नहीं किए जाते हैं?

उत्तर स्लाइडिंग स्लीव वाल्वों को मोटरगाड़ियों में फिट करने के लिए जटिल (complicated) प्रबन्ध करना पड़ता है तथा इनमें घर्षण भी अधिक होता है,

इसलिए वर्तमान में मोटरगाड़ियों में स्लाइडिंग स्लीव वाल्व प्रयुक्त नहीं किए जाते हैं।

अभ्यास प्रश्न

परीक्षा प्रारूपी प्रश्न

बहुविकल्पीय

1. डीजल इंजन में सिलेण्डर को ऊपर से बन्द करने के लिए प्रयुक्त युक्ति है

(a) सिलेण्डर हैड (b) सिलेण्डर ब्लॉक
(c) हैड गैस्केट (d) क्लोज कम्बशन चैम्बर

2. सिलेण्डर शीर्ष (head) निम्न पदार्थ का बना होता है

(a) ढलवाँ लोहा (b) पीतल
(c) क्रोमियम (d) लोहा

3. मल्टी सिलेण्डर इंजन में प्रयोग होते हैं

(a) एक सिलेण्डर (b) एक सिलेण्डर, दो पिस्टन
(c) एक से अधिक सिलेण्डर (d) इनमें से कोई नहीं

4. निम्न में किस प्रकार के सिलेण्डर में वाल्व, सीधे टैपेट द्वारा प्रचालित होते हैं?

(a) 'T' प्रकार सिलेण्डर हैड
(b) 'F' प्रकार सिलेण्डर हैड
(c) 'I' प्रकार सिलेण्डर हैड
(d) 'L' प्रकार सिलेण्डर हैड

5. निम्न में से किस प्रकार के सिलेण्डर हैड में एग्जॉस्ट वाल्व तथा इनलेट वाल्व, सिलेण्डर ब्लॉक की साइड में स्थित होते हैं?

(a) F प्रकार के (b) T प्रकार के
(c) L प्रकार के (d) I प्रकार के

6. चित्र में प्रदर्शित सिलेण्डर हैड के प्रकार का नाम बताइए

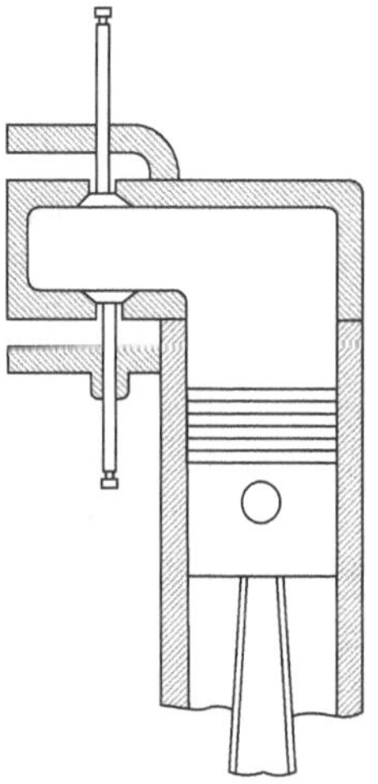

(a) L प्रकार का सिलेण्डर हैड (b) I प्रकार का सिलेण्डर हैड
(c) T प्रकार का सिलेण्डर हैड (d) F प्रकार का सिलेण्डर हैड

7. ………… के सिलेण्डर हैड में वाल्व, एक सिंगल कैम शाफ्ट द्वारा टैपेट, पुश रॉड तथा रॉकर आर्म के माध्यम से प्रचालित किए जाते हैं।

(a) F प्रकार (b) I प्रकार (c) L प्रकार (d) T प्रकार

8. निम्न में से कौन-सा एक एल्युमीनियम सिलेण्डर हैड का लाभ है
(a) भार में हल्के होते हैं
(b) शीतलन अच्छा होता है
(c) ऊष्मा चालकता अधिक होती है
(d) उपरोक्त सभी

9. इंजन को ओवरहीट से बचाने के लिए सिलेण्डर हैड की ········· की जाती है।
(a) कार्बुराइजिंग (b) डी-कार्बुराइजिंग
(c) ग्राइण्डिग (d) इनमें से कोई नहीं

10. ओपन कम्बशन चैम्बर को ········· के नाम से भी जाना जाता है।
(a) प्रत्यक्ष दहन कक्ष (b) अप्रत्यक्ष दहन कक्ष
(c) भँवर कक्ष (d) इनमें से कोई नहीं

11. चित्र में किस प्रकार के चैम्बर को प्रदर्शित किया गया है?

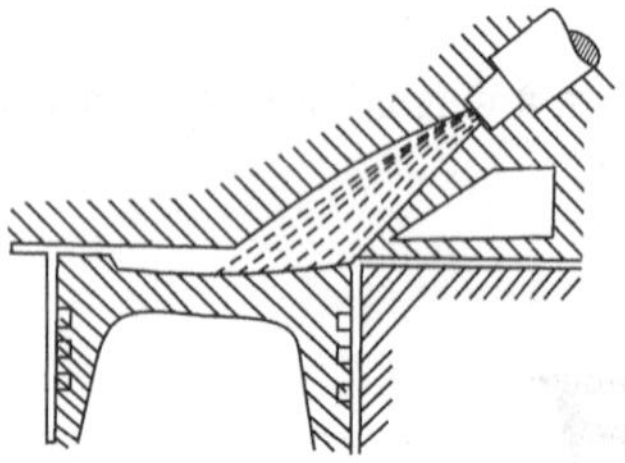

(a) भँवर चैम्बर (b) पुनः प्रज्वलन चैम्बर
(c) वायु सैल चैम्बर (d) इनमें से कोई नहीं

12. भँवर चैम्बर में हवा को गर्म करने के लिए ·········· का प्रयोग किया जाता है।
(a) हीटर प्लग (b) शैलो डैप्थ (c) तोरोइडल (d) हैड गैस्केट

13. इंजन के अन्दर सिलेण्डर हैड एवं ब्लॉक के मध्य उत्पन्न दाब को नियन्त्रित करने वाली युक्ति है
(a) इनटैक पैसेज (b) एग्जॉस्ट पैसेज
(c) हैड गैस्केट (d) वाल्व

14. हैड गैस्केट बनाई जाती है
(a) एल्युमीनियम (b) ताँबा
(c) फाइबर (d) ये सभी

15. निम्न में से किस प्रकार की हैड गैस्केट में ताँबे की दो परतों के मध्य एस्बेस्टस शीट की तह लगी होती है?
(a) एयर कूल्ड (b) वूवन टाइप
(c) प्रैस्ड टाइप (d) वाटर कूल्ड

16. इंजन में ज्वलनशील मिश्रण को गोल घूमने की क्रिया कहलाती है
(a) दहन (b) टर्बुलेन्स (c) वाष्पीकरण (d) स्पार्किंग

17. इंजन वाल्व किसके द्वारा खुलते हैं?
(a) कैमशाफ्ट द्वारा (b) क्रैंकशाफ्ट द्वारा
(c) रॉकर शाफ्ट द्वारा (d) वाल्व गाइड द्वारा

18. वाल्वों को सीट से चिपकाकर बन्द करने के लिए ······ का प्रयोग किया जाता है।
(a) वाल्व स्प्रिंग (b) टैपिट
(c) वाल्व गाइड (d) वाल्व लॉक

19. एग्जॉस्ट वाल्व (exhaust valve) सोडियम से भरे होते हैं। वाल्व को सोडियम से भरने का कारण क्या है?

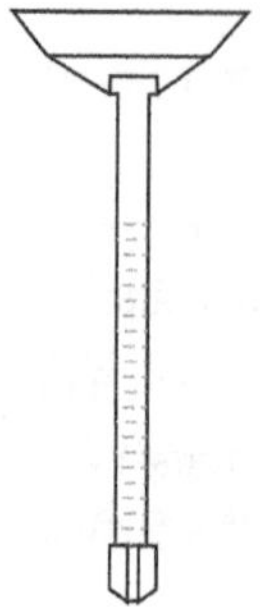

(a) वाल्व के तापन के लिए
(b) वाल्व के उचित शीतलन (better cooling) के लिए
(c) घर्षण कम करने के लिए
(d) उपरोक्त में से कोई नहीं

20. वाल्व तन्त्र का वह प्रकार, जिसे अवकाश समुच्चयन में वाल्व टैपेट की आवश्यकता नहीं होती, कहलाता है
(a) शिरोपरि वाल्व तन्त्र
(b) पार्श्व वाल्व तन्त्र
(c) हाइड्रॉलिक वाल्व लिफ्टिंग तन्त्र
(d) यान्त्रिकीय वाल्व लिफ्टिंग तन्त्र

21. भारी इंजनों में प्रयुक्त किए जाने वाले वाल्व बने होते हैं
(a) मैंग्नीज (b) निमोनिक अलॉय
(c) क्रोमियम (d) सिलिको-क्रोम

22. इंजन में वाल्व का कार्य है
(a) वायु-ईंधन मिश्रण को कम्बशन चैम्बर में प्रवेश कराना
(b) वायु-ईंधन मिश्रण को जलाना
(c) वायु-ईंधन मिश्रण को घुमाना
(d) वायु-ईंधन मिश्रण को घूमने हेतु दाब उपलब्ध कराना

23. ऐसे वाल्व जिनसे तरल पदार्थ या गैस निकल तो सकते हैं, परन्तु वापस नहीं आ सकते, कहलाते हैं
(a) यान्त्रिक वाल्व (b) दाब वाल्व
(c) नॉन-रिटर्न वाल्व (d) स्लीव वाल्व

24. चित्र में प्रदर्शित वाल्व का नाम बताइए

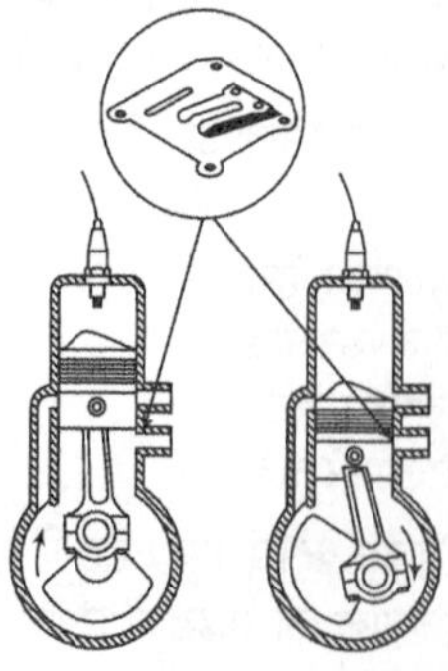

(a) रोटरी वाल्व (b) स्लीव वाल्व
(c) पोवेट वाल्व (d) रीड वाल्व

25. रीड वाल्व लगा होता है
(a) कम्बशन चैम्बर में
(b) इनलेट तथा ट्रांसफर पोर्ट के मध्य
(c) कम्बशन चैम्बर के सामने
(d) वाल्व गाइड के ऊपर

26. बड़े इंजनों में सोडियम फिल्ड वाल्व का प्रयोग किया जाता है
(a) इनटैक वाल्व के रूप में (b) स्टेम वाल्व के रूप में
(c) एग्जॉस्ट वाल्व के रूप में (d) मशरूम वाल्व के रूप में

27. एग्जॉस्ट वाल्व बनाने में प्रयुक्त धातु है
(a) स्टेनलैस स्टील (b) निकिल स्टील
(c) क्रोम मॉलिब्डेनम अलॉय (d) 'b' और 'c' दोनों

28. नीचे दिए गए चित्र में 'X' द्वारा सम्बोधित भाग का नाम बताइए

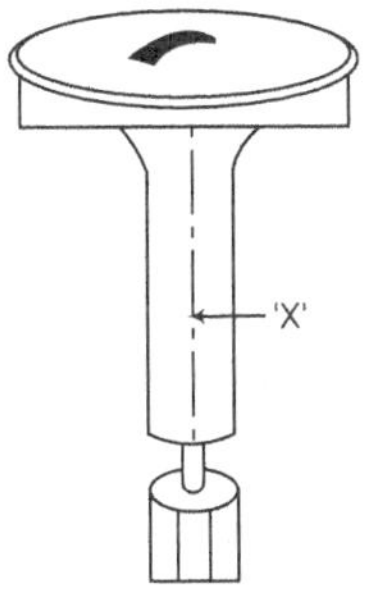

(a) वाल्व स्टेम (b) वाल्व स्प्रिंग
(c) वाल्व शीर्ष (d) इनमें से कोई नहीं

29. ओवरहैड वाल्व व्यवस्था को कहा जाता है
(a) F टाइप वाल्व अवस्था (b) आई हैड वाल्व व्यवस्था
(c) T टाइप वाल्व व्यवस्था (d) साइड वाल्व व्यवस्था

30. वाल्व सीट को मोटा करने के लिए प्रयोग किया जाने वाला कटर है
(a) बोर कटर (b) फेस कटर
(c) 'a' और 'b' दोनों (d) साइड कटर

31. एल्युमीनियम से बने सिलेण्डर हैड में ………… से बनी वाल्व सीट लगाई जाती है।
(a) कास्ट आयरन (b) स्टील
(c) ब्रोंज (d) मोनल मैटल

32. वाल्व को उसकी सीट से ठीक प्रकार चिपकाकर बन्द करने के लिए प्रयुक्त युक्ति है
(a) वाल्व स्टेम ऑयल सील (b) वाल्व टॉप
(c) वाल्व गाइड (d) वाल्व स्प्रिंग

33. वाल्व ट्रेन में निहित युक्ति है
(a) रॉकर आर्म (b) पुश रॉड
(c) कैमशाफ्ट (d) ये सभी

34. पिस्टन इंजन में वाल्व के खुलने एवं बन्द होने के निश्चित समय को कहा जाता है
(a) वाल्व टाइमिंग (b) वाल्व ट्रेन
(c) वाल्व गाइड (d) वाल्व स्टेम

35. कैमशाफ्ट पर कैम पालियों (lobs) की संख्या ………… है।
(a) सिलेण्डरों की संख्या के बराबर
(b) सिलेण्डरों की संख्या की दोगुनी
(c) सिलेण्डरों की संख्या की तिगुनी
(d) सिलेण्डरों की संख्या की चौगुनी

36. टैपेट टिका होता है
(a) कैम लोब पर (b) लिफ्टर पर
(c) ऑफसैट पर (d) इनमें से कोई नहीं

उत्तरमाला

1. (a)	2. (a)	3. (c)	4. (a)	5. (c)	6. (d)	7. (b)	8. (d)	9. (b)	10. (a)
11. (c)	12. (a)	13. (c)	14. (d)	15. (c)	16. (b)	17. (a)	18. (a)	19. (b)	20. (c)
21. (b)	22. (a)	23. (c)	24. (d)	25. (b)	26. (c)	27. (d)	28. (a)	29. (b)	30. (a)
31. (c)	32. (d)	33. (d)	34. (a)	35. (b)	36. (a)				

अध्याय 14

पिस्टन एवं कनैक्टिंग रॉड

Piston and Connecting Rod

परिचय Introduction

वाहनों में प्रयुक्त किसी भी इंजन में पिस्टन अनिवार्य अवयव है जोकि इंजन सिलेण्डर के अन्दर गति करके शक्ति उत्पन्न करता है। वाहनों में विविध प्रकार के पिस्टन प्रयोग में लाए जाते हैं। ये ऐसी धातु से बने होते हैं जो झटकों, दाब तथा उच्च तापमान को सहन कर सके। इसके अतिरिक्त इंजनों में गति ट्रांसमिट करने के लिए कनैक्टिंग रॉड को पिस्टन पिन (गजन पिन) द्वारा पिस्टन से जोड़ा जाता है। कनैक्टिंग रॉड, पिस्टन द्वारा क्रैंकशाफ्ट को गति ट्रांसमिट करती हैं। कनैक्टिंग रॉड को इंजन में पिस्टन तथा क्रैंकशाफ्ट के मध्य फिट किया जाता है। प्रस्तुत अध्याय में इंजन के इन दोनों मुख्य अवयवों को विस्तारपूर्वक वर्णन किया गया है।

अध्याय विषय सूची

- पिस्टन
- पिस्टन में विस्तार नियन्त्रण
- पिस्टन रिंग
- पिस्टन पिन
- पिस्टन सम्बन्धी दोषोपचार
- कम्प्रैशन अनुपात
- कनैक्टिंग रॉड
- मेन बियरिंग
- **महत्त्वपूर्ण बिन्दु**
- **महत्त्वपूर्ण प्रश्नोत्तरी**
- **अभ्यास प्रश्न**

14.1 पिस्टन Piston

पिस्टन, किसी भी इंजन का एक महत्त्वपूर्ण अवयव है। यह इंजन के प्रचालन (operation) में मुख्य भूमिका निभाता है। पिस्टन, सिलेण्डर के अन्दर गतिमान रहकर शक्ति का सृजन करते हैं और इंजन में जब शक्ति उत्पन्न होती है, तो सर्वप्रथम पिस्टन को ही तेज झटका सहन करना पड़ता है। अत: पिस्टन का निर्माण करते समय धातु का चयन बहुत सोच समझकर किया जाता है।

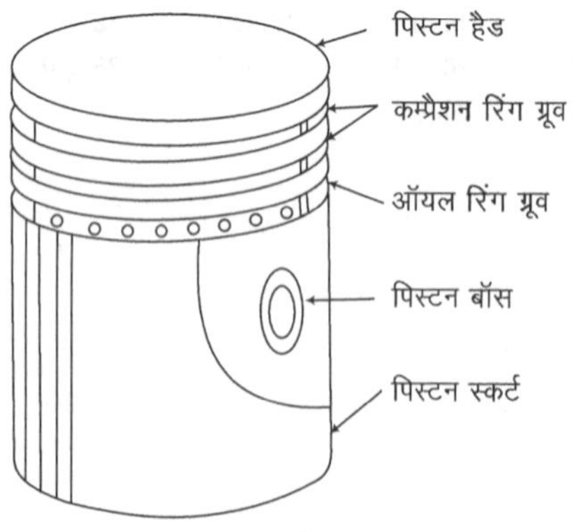

चित्र पिस्टन

पिस्टन निर्माण में प्रयोग की जाने वाली धातु के चयन के समय निम्नलिखित बातों का ध्यान रखा जाता है

(i) धातु मुलायम होनी चाहिए।
(ii) यह अधिक ताप पर फैलने वाली नहीं होनी चाहिए।
(iii) धातु, भार में हल्की होनी चाहिए।
(iv) धातु की घिसाव प्रतिरोधकता उच्च होनी चाहिए।
(v) धातु जंगरोधी होनी चाहिए।
(vi) धातु ऊष्मा की अच्छी सुचालक होनी चाहिए।

पिस्टन की संरचना Construction of Piston

पिस्टन अधिकांशतः कास्ट आयरन तथा एल्युमीनियम के बनाए जाते हैं। उच्च ऊष्मीय दक्षता तथा कम भार के कारण, एल्युमीनियम अलॉय के बने पिस्टन ज्यादा प्रचलित हैं। ये ढलाई या फोर्जन क्रियाओं द्वारा बनाए जाते हैं। कम्प्रैशन अनुपात बढ़ाने हेतु उच्च शक्ति इंजनों में पिस्टन हैड, उन्नत गुम्बद (raised dome) आकार के बनाए जाते हैं। आधुनिक पिस्टन के सिरे पर खोखला स्थान बनाया जाता है, जिससे सिलेण्डर का क्लीयरैन्स आयतन (clearance volume) कम हो जाता है। प्रायोगिक तथा कार्यात्मक विशेषताओं के अनुसार पिस्टन को निम्न पाँच भागों में डिजाइन किया जाता है

1. चोटी या शीर्ष Crown or Head

यह पिस्टन का सबसे ऊपरी भाग होता है। ईंधन के दहन के कारण यह भाग उच्च दाब तथा तापयुक्त होता है। पिस्टन शीर्ष निम्न प्रकार के होते हैं

(i) **सपाट शीर्ष** (Flat head) यह शीर्ष आकार में सरल होता है तथा अधिकतर प्रयोग किया जाता है। इसकी संरचना साधारण होती है। इस शीर्ष को सरलतापूर्वक डिकार्बनाइज किया जा सकता है।

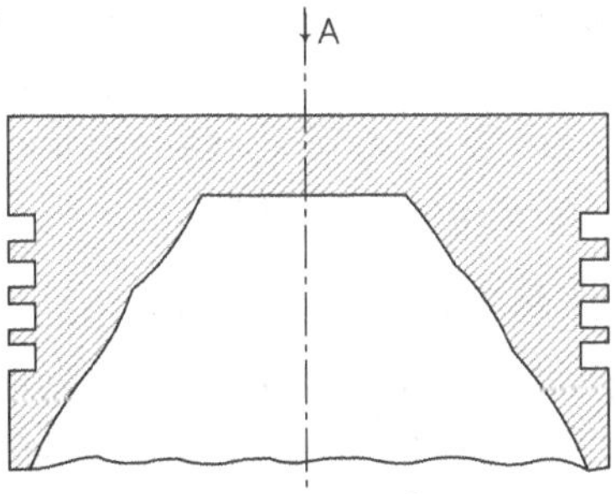

चित्र सपाट शीर्ष

(ii) **गुम्बद शीर्ष** (Domed head) इसके शीर्ष पर गुम्बद के आकार का उभार (projection) बना होता है। इसमें गुम्बद, डिफ्लेक्टर का कार्य करता है जो वायु व ईंधन का समरूप मिश्रण बनाने में सहायता करता है। इस प्रकार के शीर्ष का प्रयोग दो स्ट्रोक साइकिल इंजनों में मुख्यतया किया जाता है। सपाट शीर्ष की अपेक्षा इसकी संरचना जटिल होती है।

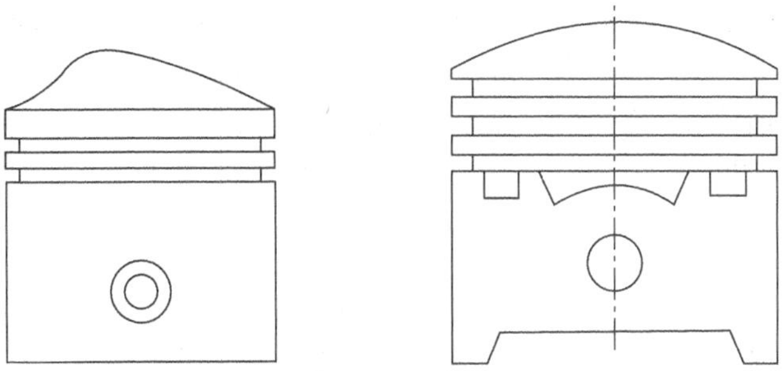

चित्र गुम्बद शीर्ष

(iii) **अवतल शीर्ष** (Concave head) इस प्रकार के शीर्ष पर एक अवतल गुहिका (cavity) बनी होती है। इस शीर्ष का प्रयोग क्लीयरैन्स (clearance) घटाने के लिए, उच्च कम्प्रैस्ड डीजल इंजनों में किया जाता है।

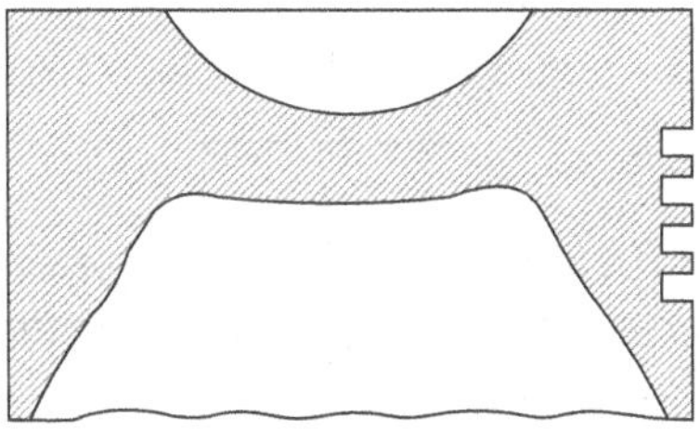

चित्र अवतल शीर्ष

(iv) **अनियमित शीर्ष** (Irregular head) इस प्रकार के पिस्टन की चोटी पर एक गुहिका (cavity) होती है तथा गुहिका के अन्दर एक शंक्वाकार उभार (projection) बना होता है। यह उभार वायु के घूर्णन में सहायक होता है तथा समरूप (homogeneous) ज्वाला बनाकर दहन में वृद्धि करता है। इसका प्रयोग उच्च कम्प्रैशन डीजल इंजनों में किया जाता है।

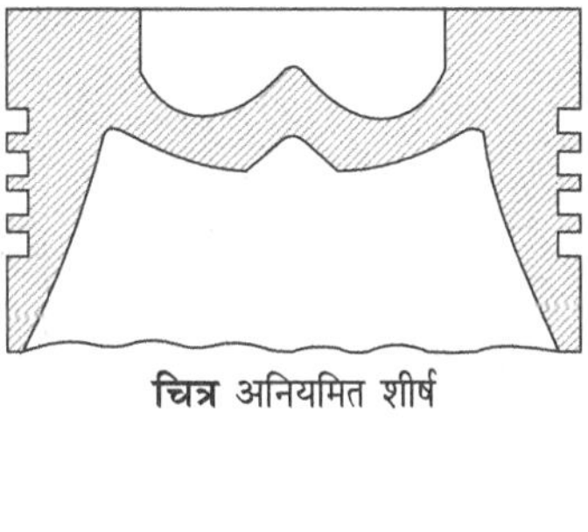

चित्र अनियमित शीर्ष

2. स्कर्ट Skirt

यह पिस्टन का सबसे निचला भाग होता है। यह बोर में पिस्टन के गाइड के रूप में कार्य करता है तथा पिस्टन की संरेखीय गति में सहायता करता है।

स्कर्ट का लाइनर के साथ न्यूनतम क्लीयरैन्स होता है। पिस्टन से लाइनर तक के क्लीयरैन्स को स्कर्ट द्वारा ही मापा जाता है।

3. रिंग सेक्शन Ring Section

रिंग सेक्शन, पिस्टन के शीर्ष तथा अन्तिम रिंग ग्रूव के मध्य होता है। इसका क्लीयरैन्स, स्कर्ट की अपेक्षा अधिक होता है। रिंग सेक्शन निम्न दो प्रकार के होते हैं

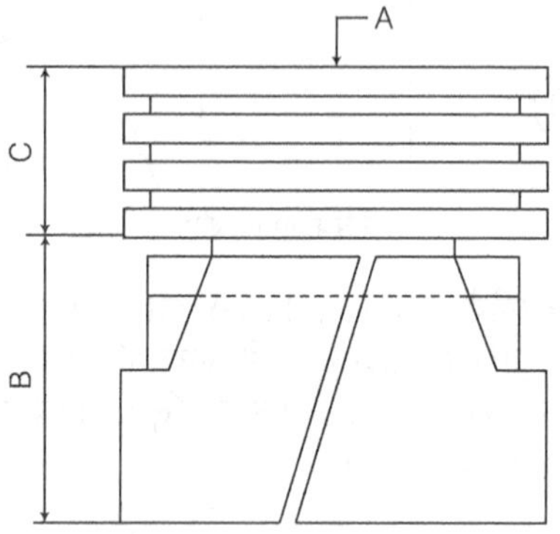

C - रिंग सेक्शन, B - स्कर्ट सेक्शन, A - शीर्ष

चित्र रिंग सेक्शन

(i) **कम्प्रैशन रिंग ग्रूव** (Compression ring groove) इस प्रकार के ग्रूव, कम्प्रैस्ड रिंगों को समायोजित करने में सहायता करते हैं।

(ii) **तेल रिंग ग्रूव** (Oil ring groove) इस प्रकार के ग्रूव, तेल स्क्रैपर रिंगों को समायोजित करने में सहायता करते हैं।

4. लैंड Land

यह पिस्टन की परिधि होती है जो शीर्ष रिंग ग्रूव के व रिंग ग्रूव्स के मध्य छोड़ी जाती है।

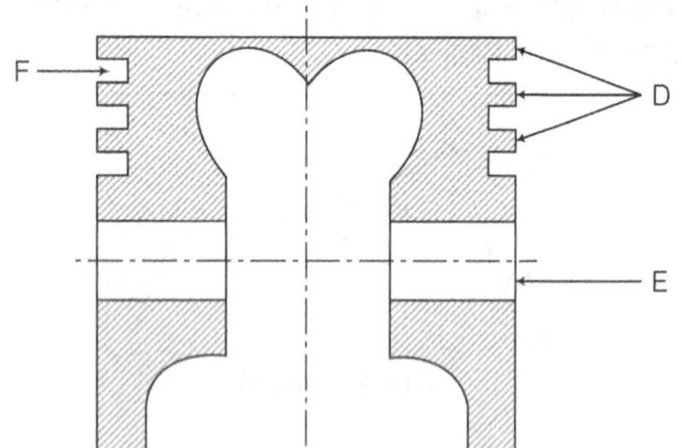

D - रिंग लैंड, E - पिस्टन पिन बॉस, F - रिंग ग्रूव

चित्र लैंड

5. गजन पिन बॉस Gudgeon Pin Boss

पिस्टन तथा कनैक्टिंग रॉड को जोड़ने के लिए पिस्टन के इस भाग पर पिस्टन पिन लगाई जाती है। कुछ स्थितियों में इसे रिब (rib) के साथ प्रबलित (reinforced) किया जाता है, जिससे कि यह दहन दाब को सहन कर सके।

जब इंजन दक्षिणावर्त दिशा में प्रचालित किया जा रहा हो, तो इंजन को सामने से देखने पर, इंजन की बाईं साइड अधिकतम तथा दाईं साइड न्यूनतम थ्रस्ट (thrust) साइड होती है।

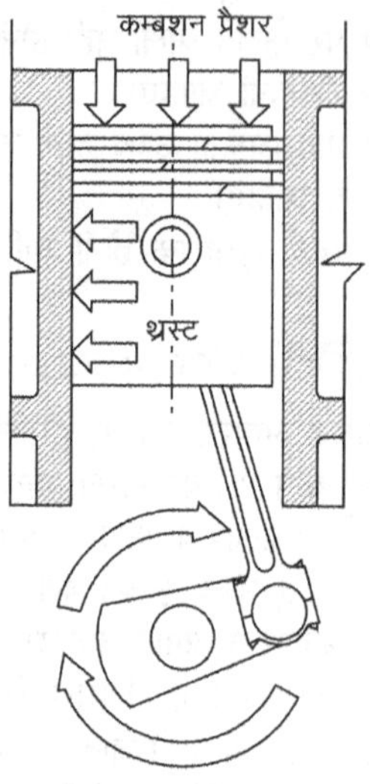

चित्र गजन पिन बॉस

पिस्टन के कार्य Functions of Piston

पिस्टन, इंजन के सिलेण्डर में ईंधन दहन से उत्पन्न गैसों की ऊर्जा को क्रैंकशाफ्ट तक पहुँचाता है एवं इंजन में उत्पन्न गैसों को क्रैंककेस में जाने से रोकता है। यह प्राय: कनैक्टिंग रॉड को गाइड करता है तथा उसके छोटे सिरे को सहारता है।

पिस्टन के प्रकार Types of Piston

विविध प्रकृति के वाहनों में आवश्यकता के अनुसार विभिन्न प्रकार के पिस्टनों का प्रयोग किया जाता है। अत: एक कुशल मैकेनिक के लिए पिस्टन के इन प्रकारों से अवगत होना अति आवश्यक है।

पिस्टन प्राय: निम्नलिखित प्रकार के होते हैं

1. ठोस स्कर्ट पिस्टन Solid Skirt Piston

इस प्रकार के पिस्टन का प्रयोग कम्प्रैशन इग्नीशन इंजनों या भारी पेट्रोल इंजनों में किया जाता है। यह डिजाइन, भारी लोड और थ्रस्ट ग्रहण कर सकता है।

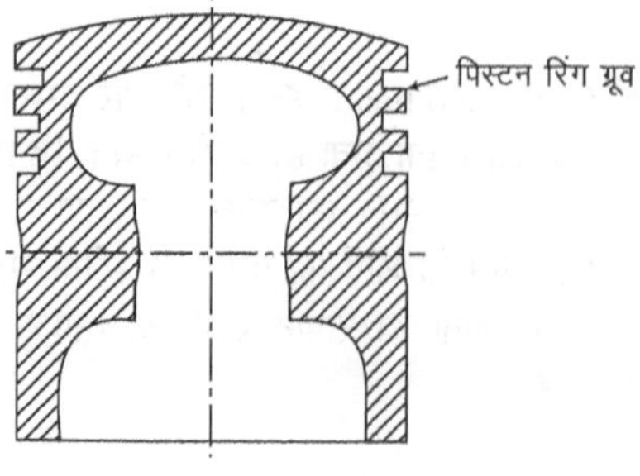

चित्र ठोस स्कर्ट पिस्टन

2. स्लिपर पिस्टन Slipper Piston

इस प्रकार के पिस्टनों का प्रयोग आधुनिक इंजनों में थ्रस्ट (thrust) फलकों का सम्पर्क क्षेत्र (contact area) बढ़ाने के लिए किया जाता है। ठोस स्कर्ट पिस्टन की तुलना में यह हल्का होता है।

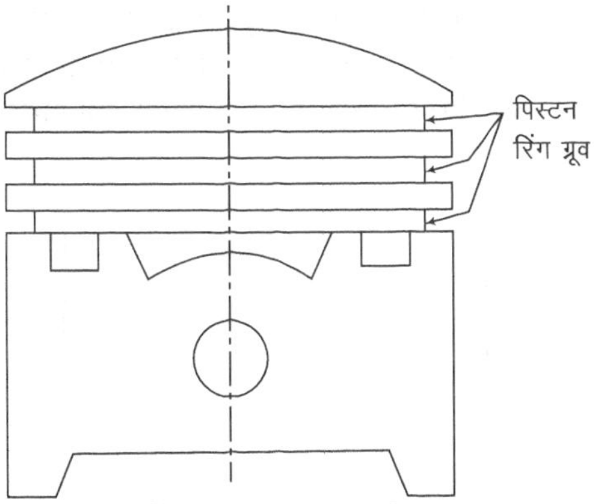

चित्र स्लिपर प्रकार का पिस्टन

3. स्प्लिट स्कर्ट पिस्टन Split Skirt Piston

इस प्रकार के पिस्टन का प्रयोग व्यापक रूप से स्कूटरों और मोपेडों में किया जाता है। यह हल्का होता है और इसका जड़त्व लोड कम होता है।

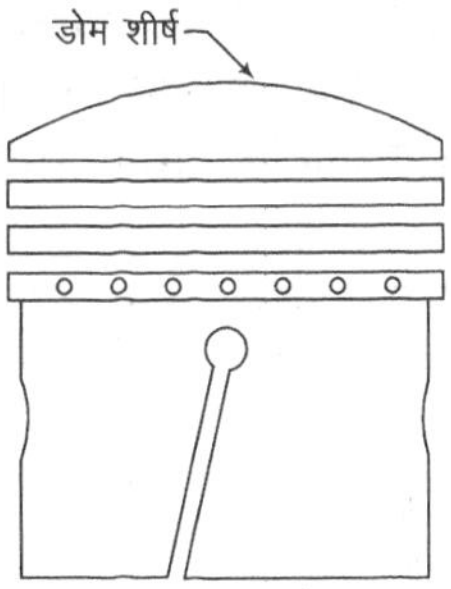

चित्र स्प्लिट स्कर्ट पिस्टन

4. स्टील अलॉय निवेश वाला पिस्टन
Piston with Steel Alloy Insert

इस प्रकार के पिस्टन में पिस्टन पिन बॉसेज (piston pin bosses) के अन्त:थ्रस्ट पृष्ठ (thrust face) के मध्य स्टील अलॉय को इन्जेक्ट कराकर पिस्टन का विस्तार नियन्त्रित किया जाता है, जिससे शक्ति उत्पन्न हो सके।

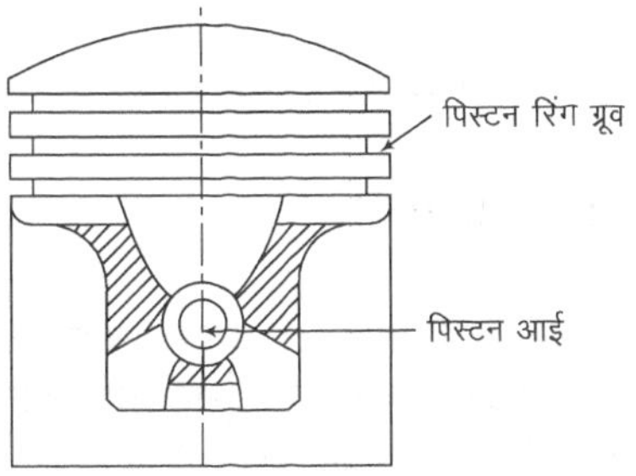

चित्र स्टील अलॉय निवेश वाला पिस्टन

5. कैम ग्राउण्ड पिस्टन Cam Ground Piston

इस पिस्टन की स्कर्ट (skirt) आकार में अण्डाकार (oval) होती है। जब इंजन गतिमान होता है, तो पिस्टन गर्म होकर बाहर की ओर फैलता है, जिस कारण यह गोल बन जाता है और सिलेण्डर बोर के साथ एकसमान क्लीयरैन्स (clearance) रखता है।

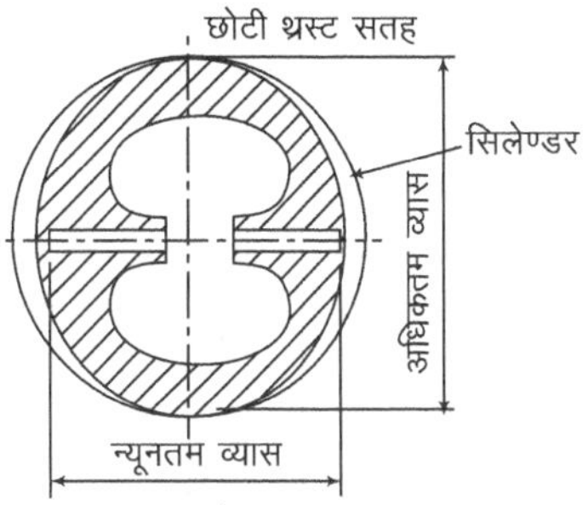

चित्र कैम ग्राउण्ड पिस्टन

6. नियत क्लीयरैन्स पिस्टन Constant Clearance Piston

इस प्रकार के पिस्टन में एक या दो स्लॉट कटे होते हैं। जब पिस्टन गर्म हो जाता है, तो स्लॉट की चौड़ाई कम हो जाती है। यह सिलेण्डर बोर के साथ नियत क्लीयरैन्स को बनाए रखने में सहायता करता है। ये स्लॉट न्यूनतम थ्रस्ट साइड की ओर ऑयल रिंग ग्रूव के नीचे स्थित होते हैं। प्रतिबल संकेन्द्रण से बचने के लिए स्लॉट के सिरे को छिद्रों में बाँटा जाता है।

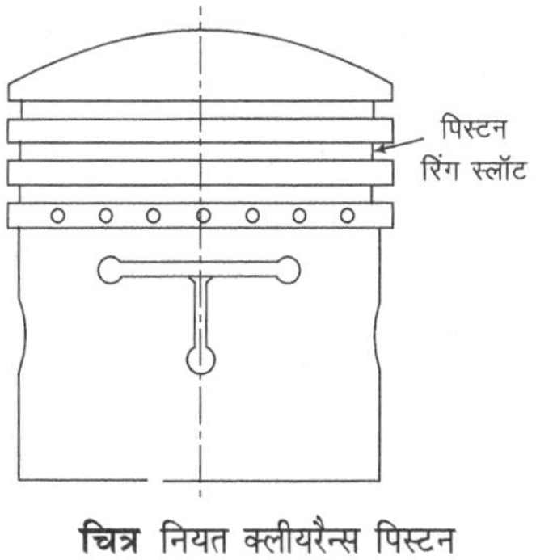

चित्र नियत क्लीयरैन्स पिस्टन

7. स्टील बैल्ट लगा पिस्टन Steel Belted Piston

स्टील बैल्ट लगे पिस्टन की बनावट, ठोस स्कर्ट पिस्टन के समान ही होती है। इसमें पिस्टन पिन बॉस के ऊपर शक्ति के लिए एक स्टील रिंग ढाली जाती है, जो पिस्टन के विस्तार को नियन्त्रित करती है। इस प्रकार के पिस्टन का प्रयोग हैवी ड्यूटी इंजनों (heavy duty engines) में किया जाता है।

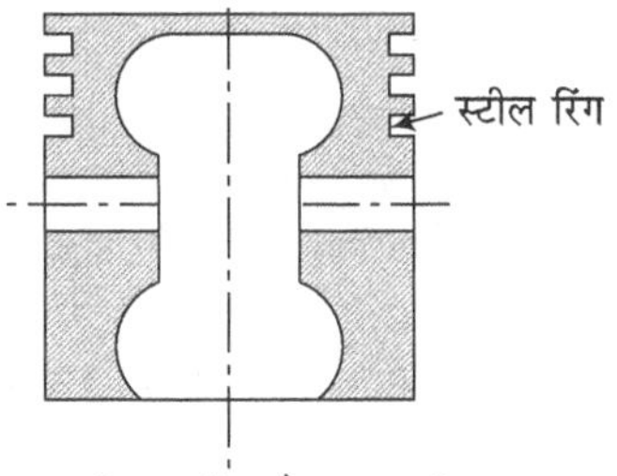

चित्र स्टील बैल्ट लगा पिस्टन

8. हीट डैम पिस्टन Heat Dam Piston

इस प्रकार के पिस्टनों में शीर्ष रिंग ग्रूव और पिस्टन शीर्ष के बीच एक अतिरिक्त ग्रूव ढाला जाता है, जिसे ऊष्मा डैम कहते हैं। यह पिस्टन शीर्ष से स्कर्ट तक ऊष्मा पथ को घटाता है।

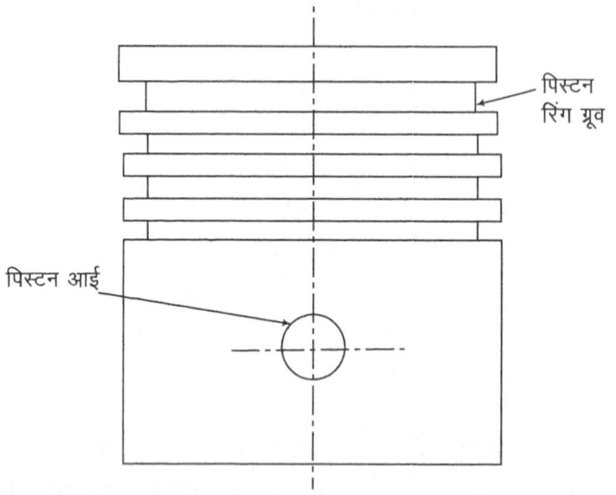

चित्र हीट डैम पिस्टन

9. एल्फिन पिस्टन Alfin Piston

इस प्रकार के पिस्टन में रिंग ग्रूव के घिसने से कम्बशन चैम्बर (combustion chamber) में अधिक तेल पहुँचता है। पिस्टन में शीर्ष रिंग में घर्षण कम करने के लिए एक धातु की रिंग फिट की जाती है। यह टॉप रिंग ग्रूव (top ring groove) के घर्षण को कम करता है।

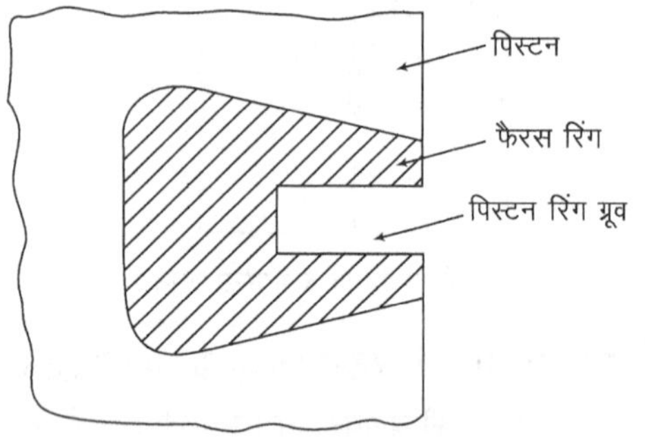

चित्र एल्फिन पिस्टन

14.2 पिस्टन में विस्तार नियन्त्रण Expansion Control in Piston

सिलेण्डर में फायरिंग के दौरान तापमान में वृद्धि होने के कारण पिस्टन में विस्तार होता है। सिलेण्डर तो वायु अथवा जल से ठण्डे होते रहते हैं, परन्तु पिस्टन को ठण्डा रखने के लिए इंजन में कोई व्यवस्था नहीं होती है। पिस्टन में विस्तार होने पर इसके सिलेण्डर में फँसने की सम्भावना रहती है। अत: पिस्टन के विस्तार को नियन्त्रित करना अत्यन्त आवश्यक होता है।

पिस्टन के विस्तार को नियन्त्रित करने के लिए निम्नलिखित विधियाँ अपनाई जाती हैं

पिस्टन में हीट डैड Heat Dead in Piston

इस विधि में पिस्टन की शीर्ष सतह पर पूरी परिधि में एक खाँचा बना दिया जाता है, जिसके फलस्वरूप पिस्टन हैड की हीट, पिस्टन स्कर्ट तक नहीं पहुँच पाती है। अत: पिस्टन स्कर्ट कम गर्म होती है तथा पिस्टन में विस्तार कम होता है।

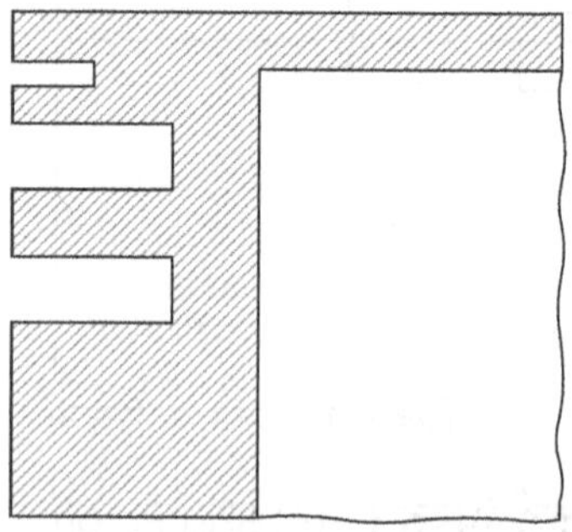

चित्र पिस्टन में हीट डैड

पिस्टन स्लॉट Piston Slot

इस विधि में पिस्टन स्कर्ट में ऊर्ध्वाधर तथा क्षैतिज रूप में स्लॉट बनाए जाते हैं। क्षैतिज स्लॉट, ऊष्मा को स्कर्ट में आने से रोक देते हैं तथा ऊर्ध्वाधर स्लॉट पिस्टन विस्तार के दौरान पिस्टन के व्यास को बढ़ने से रोकते हैं।

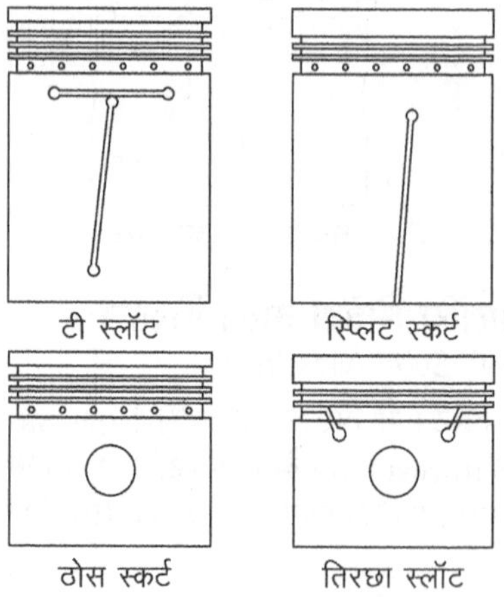

चित्र पिस्टन स्कर्ट में स्लॉट

पिस्टन की कैम ग्राइण्डिंग Cam Grinding of Piston

पिस्टन की फिनिशिंग करते समय उसे ग्राइण्ड करके उसकी परिधि को दीर्घवृत्तीय बना देते हैं। इंजन प्रचालन के दौरान जब पिस्टन गर्म होता है, तो ऊष्मा पिस्टन बॉस की ओर प्रवाहित होकर पिस्टन को गोल बना देती है।

इसके विपरीत, जब पिस्टन ठण्डा होता है, तो चित्रानुसार स्थिति A पर पिस्टन की परिधि का व्यास, स्थिति B के व्यास से 0.0050 मिमी से 0.075 मिमी तक कम होता है।

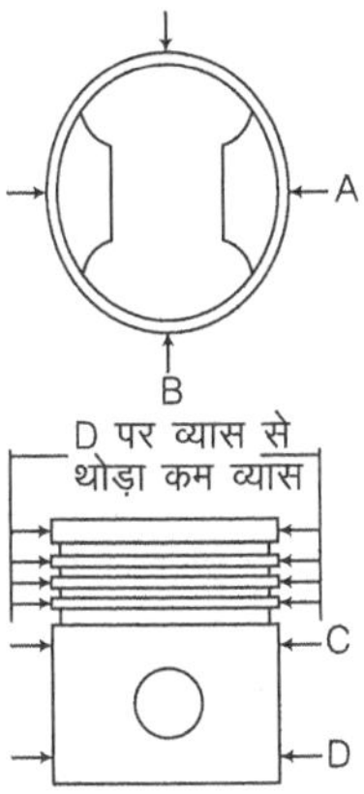

चित्र पिस्टन कैम ग्राइण्डिंग

14.3 पिस्टन रिंग Piston Ring

पिस्टन रिंग इंजनों में प्रयुक्त होने वाला एक ऐसा अवयव है, जो कम्बशन चैम्बर की सीलबन्दी (sealing) करता है, जिससे कि दहन कक्ष से क्रैंक तक गैसों का स्थानान्तरण न हो सके।

पिस्टन रिंग की धातु Metal of Piston Ring

पिस्टन रिंग सामान्यत: हाई ग्रेड कास्ट आयरन तथा सेन्ट्रीफ्यूगली कास्ट आयरन से बनाई जाती है। जिस कारण ये उच्च प्रत्यास्थता तथा निम्न कम्पन्न वाली होती है। कुछ विशेष परिस्थितियों में कास्ट आयरन सिलेण्डर में स्टील-क्रोमियम प्लेटेड रिंग का भी प्रयोग किया जाता है। क्रोमियम प्लेटेड रिंग का प्रयोग प्राय: टॉप ग्रूव में किया जाता है। ये रिंग निम्न घर्षण (friction) निम्न घिसाव (wear) तथा लम्बी आयु (life) वाली होती है।

पिस्टन रिंग की संरचना Construction of Piston Ring

पिस्टन रिंग सामान्यत: सूक्ष्म कणों वाले ग्रे कास्ट आयरन अलॉय के बनाए जाते हैं। इसमें सिलिकॉन तथा मैंगनीज भी मिले होते हैं। इसमें ऊष्मारोधी व घिसावरोधी गुण होते हैं। पिस्टन के टॉप रिंग या कम्प्रैशन रिंग (compression ring) क्रोमियम प्लेटेड रिंग होते हैं, जो संक्षारणरोधी तथा उच्च ताप सहन करने में समर्थ होते हैं। इसके अतिरिक्त, मॉलिब्डेनम फेस वाले रिंग भी प्रयोग किए जाते हैं, जो सिलेण्डर की दीवारों का अच्छा स्नेहन करने के साथ इंजन का जीवनकाल बढ़ाने में भी सहायक होते हैं।

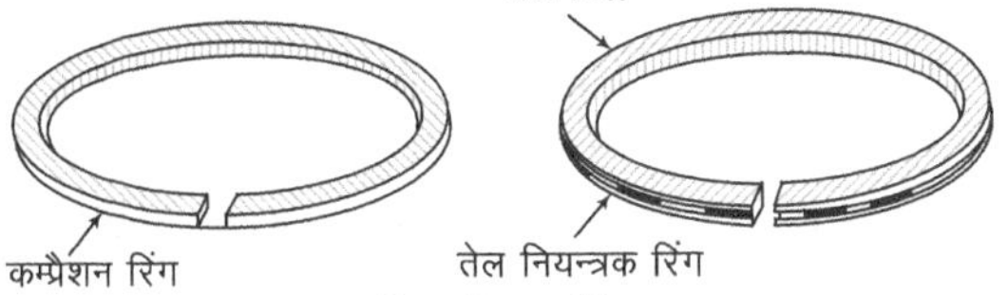

चित्र पिस्टन रिंग

पिस्टन रिंग की कार्यविधि

Working Method of Piston Ring

विभिन्न प्रकार की पिस्टन रिंगों के कार्य भिन्न-भिन्न होते हैं। कम्प्रैशन रिंग का प्रमुख कार्य, सिलेण्डर से गैसों के क्षरण (leakage) को रोकना तथा पिस्टन से सिलेण्डर की ऊष्मा का संवहन करना है तथा तेल नियन्त्रण (oil control) रिंग का प्रमुख कार्य, सिलेण्डर की दीवारों पर लगे अतिरिक्त स्नेहक तेल को खुरचना तथा तेल के हौज (oil reservoir) की तरफ गुजारना है।

पिस्टन रिंग के प्रकार Types of Piston Ring

पिस्टन रिंग निम्न दो प्रकार की होती है

1. **कम्प्रैशन रिंग** Compression Ring

इस प्रकार की रिंग, दाब तथा दहन गैसों के लीकेज (leakage) को प्रभावी ढंग से सील कर देती हैं। ये रिंग, शीर्ष ग्रूवों (top grooves) में फिट की जाती हैं तथा पिस्टन से सिलेण्डर की दीवारों को ऊष्मा स्थानान्तरित करती हैं। कम्प्रैशन रिंग निम्न प्रकार की होती हैं

(i) **आयताकार रिंग** (Rectangular ring) ये रिंग अत्यधिक प्रयोग किए जाते हैं तथा आसानी से बनाए जा सकते हैं। इसमें रिंग का फेस, लाइनर की दीवार के साथ पूर्णत: सम्पर्क में रहता है।

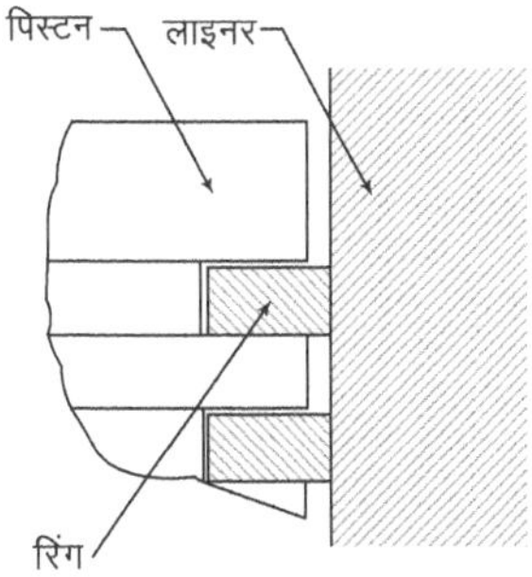

चित्र आयताकार रिंग

(ii) **टेपर फलक रिंग** (Taper faced ring) इन रिंगों का फेस टेपर्ड होता है। रिंग का निचला सिरा लाइनर के सम्पर्क में रहता है। ये रिंग, लाइनर से समस्त तेल को स्क्रैप करके तेल की खपत को नियन्त्रित करते हैं।

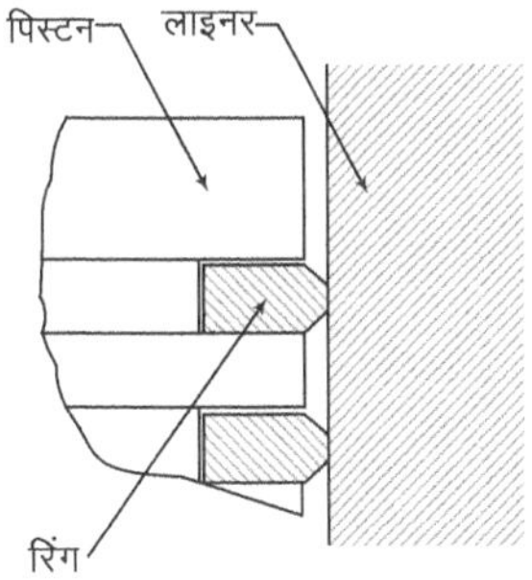

चित्र टेपर फलक रिंग

(iii) **बैरेल फलक रिंग** (Barrel faced ring) इस प्रकार के रिंग के कोने को गोल बनाकर बैरेल की आकृति दी जाती है। इन रिंगों का प्रयोग केवल शीर्ष ग्रूवों के लिए ही किया जाता है।

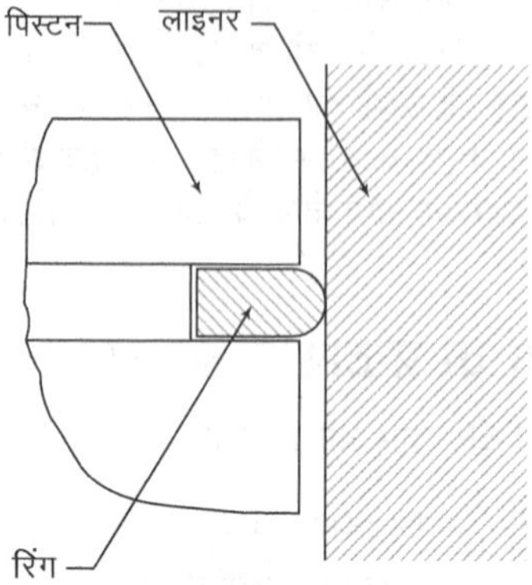

चित्र बैरेल फलक रिंग

(iv) **इनसाइड बेवेल रिंग** (Inside bevel ring) इस प्रकार के रिंग में आन्तरिक व्यास के शीर्ष पर एक ग्रूव बना होता है। यह ग्रूव, पिस्टन की गति के दौरान आवश्यक मोड़ (twist) उपलब्ध कराता है। इस प्रकार के रिंगों का प्रयोग द्वितीयक खाँचों में किया जाता है।

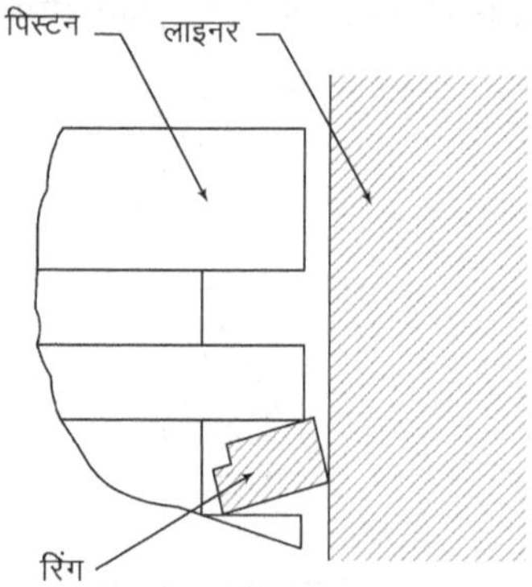

चित्र इनसाइड बेवेल रिंग

(v) **की-स्टोन रिंग** (Key-stone ring) इस प्रकार की रिंग, ग्रूवों में कार्बन को जमने से रोकती है। इन रिंगों का प्रयोग भारी वाहनों में किया जाता है।

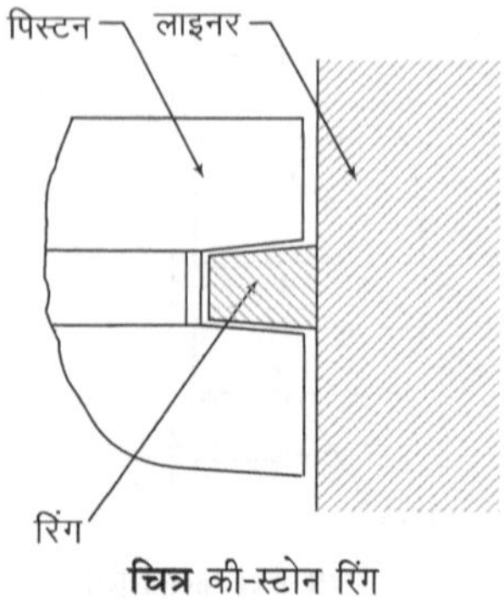

चित्र की-स्टोन रिंग

कम्प्रैशन रिंग के जोड़ Joints of Compression Rings

(i) **स्टैप जोड़** (Step joint) कम्बशन गैसों की लीकेज को रोकने के लिए स्टैप जोड़ एक उत्तम विधि है। इसका उत्पादन तथा फिटिंग के दौरान उचित गैप में फिट करना कठिन है। इस प्रकार के जोड़ ऑटोमोबाइल में ज्यादा प्रयोग नहीं किये जाते हैं।

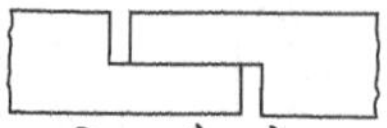

चित्र स्टैप जोड़

(ii) **एंगल जोड़** (Angle joint) इस प्रकार के जोड़ों का उत्पादन सरल है तथा इन्हें गैप में आसानी से फिट किया जा सकता है। सामान्यत: ऑटोमोबाइल में इसी प्रकार के जोड़ का प्रयोग किया जाता है।

चित्र एंगल जोड़

(iii) **स्ट्रेट जोड़** (Straight joint) अधिकतर इंजन रिंग में स्ट्रेट जोड़ होता है। इस प्रकार के जोड़ रिंग का उत्पादन सरल है तथा इन्हें गैप में आसानी से फिट किया जा सकता है।

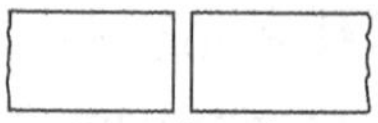

चित्र स्ट्रेट जोड़

2. तेल नियन्त्रण रिंग Oil Control Ring

इस प्रकार की रिंगों का कार्य, पिस्टन की नीचे की ओर गति के दौरान, लाइनर से अत्यधिक तेल को साफ करके वापस ऑयल सम्प में भेजना है। यह रिंग, कम्बशन चैम्बर तक तेल को पहुँचने से रोकती है। ये रिंग कम्प्रैशन रिंग के लिए बनाए गए ग्रूवों के नीचे फिट की जाती है।

एक पिस्टन में एक या दो तेल नियन्त्रक रिंगों का ही प्रयोग किया जा सकता है। जब पिस्टन में दो रिंगों का प्रयोग किया जाता है, तो एक रिंग पिस्टन में पिस्टन पिन से ऊपर तथा दूसरी उसके नीचे फिट की जाती है। इस रिंग का प्रयोग करने से इंजन के दहन कक्ष में स्नेहन तेल के जलने की सम्भावना समाप्त हो जाती है। तेल नियन्त्रण रिंग निम्न प्रकार की होती हैं

(i) **सिंगल पीस ठोस रिंग** (Single piece solid ring) इस प्रकार के रिंगों को फिट करना अत्यधिक सरल होता है। ये रिंग सिलेण्डर की दीवार पर अधिक दाब लगाते हैं तथा तेल की खपत को घटाते हैं।

(ii) **डुआफ्लेक्स रिंग** (Duaflex ring) जब सिलेण्डर में अण्डाकार घिसावट आ जाती है, तब इस प्रकार की रिंगों का प्रयोग किया जाता है। इन रिंगों के प्रयोग से कम्प्रैशन के लीकेज को रोका जाता है। डुआफ्लेक्स रिंग के निम्नलिखित भाग होते हैं

(a) **रेल** (Rail) रेल या पटरी का निर्माण उच्च गुणवत्ता वाली स्प्रिंग की पत्तियों से किया जाता है। रिंग के एक ग्रूव में तीन से चार रेल तक फिट की जा सकती हैं।

(b) **लहरदार स्प्रिंग** (Crimped spring) लहरदार स्प्रिंग का प्रयोग रेलों के मध्य एकसमान दूरी रखने के लिए किया जाता है।

(c) **एक्सपैण्डर** (Expander) इनका प्रयोग रेल तथा लहरदार स्प्रिंग के पीछे किया जाता है। एक्सपैण्डर, सिलेण्डर की दीवारों पर एकसमान दाब डालता है।

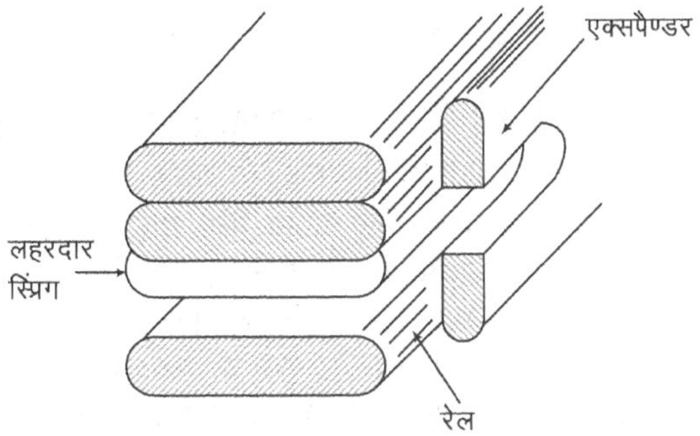

चित्र डुआफ्लेक्स रिंग

(iii) 'T' **फ्लेक्स रिंग** ('T' Flex ring) इस प्रकार की रिंग में एक 'T' आकार का एक्सपैण्डर तथा दो स्क्रैपर रेल होते हैं। स्क्रैपर रेल का प्रयोग स्पेसर के रूप में किया जाता है। एक्सपैण्डर, इन रेल को सिलेण्डर की दीवारों के विरुद्ध धकेलता है। इसके द्वारा रिंग अतिरिक्त ऑयल को साफ कर देते हैं। स्टील रेल, सिलेण्डर की दीवारों पर एक प्रभावी साइड सीलिंग प्रदान करते हैं।

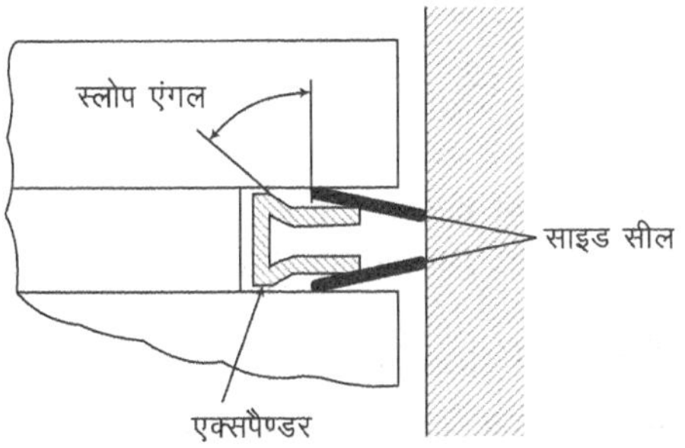

चित्र T फ्लेक्स रिंग

पिस्टन रिंग क्लीयरैन्स Piston Ring Clearance

पिस्टन रिंग्स में कुछ गैप प्रदान किया जाता है जिससे कि इन्हें पिस्टन ग्रूव्स में स्थापित किया जा सके तथा घिस जाने पर इन्हें एक्सपैण्ड करके निकाला जा सके।

इसे पिस्टन रिंग क्लीयरैन्स कहते हैं। यह गैप सिलेण्डर की दीवारों पर रेडियल प्रैशर सुनिश्चित करता है जिससे उच्च कम्बशन प्रैशर के दौरान लीकेज के प्रति प्रभावी सील प्राप्त होती है।

इस गैप की जाँच अवश्य की जानी चाहिए क्योंकि यदि सिलेण्डर बोर के घिसाव के कारण यह बढ़ जाता है तो रेडियल प्रैशर का मान कम हो जाएगा। इस गैप की जाँच हेतु रिंग के किनारों से कार्बन साफ करके फीलर गेज के द्वारा गैप को मापते है। यह गैप बोर के व्यास के अन्तर्गत 0.178-0.50 मिमी की सीमा में होना चाहिए। यदि यह प्रति 100 मिमी बोर व्यास से 1 मिमी अधिक हो जाता है, तो नए रिंग का प्रयोग करना चाहिए। कम्प्रैशन रिंग के लिए पिस्टन रिंग क्लीयरैन्स का मान सामान्यत: 0.038 से 0.102 मिमी तक होता है तथा ऑयल कण्ट्रोल रिंग के लिए इससे कुछ कम होता है।

प्राय: इंजन व रिंग निर्माता द्वारा रिंग क्लीयरैन्स निर्दिष्ट किए जाते हैं, परन्तु किसी कारणवश यदि रिंग क्लीयरैन्स निर्दिष्ट न किया गया हो, तो निम्न तालिका के अनुसार आवश्यक रिंग क्लीयरैन्स रखा जाता है।

तालिका पिस्टन रिंग क्लीयरैन्स

बोर	न्यूनतम	अधिकतम
2'' के व्यास तक	0.004''	0.008''
2'' से $2\frac{1}{2}$'' तक	0.005''	0.009''
$2\frac{1}{2}$'' से 3'' तक	0.006''	0.010''
3'' से $3\frac{1}{2}$'' तक	0.007''	0.011''
$3\frac{1}{2}$'' से 4'' तक	0.008''	0.012''
4'' से $4\frac{1}{2}$'' तक	0.009''	0.013''
$4\frac{1}{2}$'' से 5'' तक	0.010''	0.014''
5'' से $5\frac{1}{2}$'' तक	0.011''	0.015''
$5\frac{1}{2}$'' से 6'' तक	0.012''	0.018''
6'' से $6\frac{1}{2}$'' तक	0.015''	0.020''

पिस्टन रिंग के दोष, कारण तथा निवारण
Faults, Causes and Remedies of Piston Ring

पिस्टन रिंग के निम्नलिखित दोष होते हैं

1. रिंग का आवाज करना

रिंग के अधिक आवाज करने के निम्न कारण हो सकते हैं

(i) रिंग ढीले हैं। (ii) कम्प्रैशन लीक है।

निवारण

(i) नए रिंग का प्रयोग करें।
(ii) रिंग ग्रूव अच्छी प्रकार साफ करें।

2. कम्प्रैशन गैस का लीक करना

कम्प्रैशन गैस के लीक होने के निम्न कारण हो सकते हैं

(i) सिलेण्डर बोर घिसा हुआ है।
(ii) पिस्टन रिंग घिसे हुए हैं।
(iii) रिंग जलकर काले हो गए हैं।

निवारण नए रिंगों का प्रयोग करें।

3. रिंग का बार-बार टूटना

रिंग के बार-बार टूटने के निम्न कारण हो सकते हैं

(i) रिंग गैप कम है।
(ii) रिंग, ग्रूवों में अधिक कसे हुए हैं।
(iii) रिंगों की फिटिंग सही नहीं है।

निवारण

(i) रिंग गैप चैक करें।
(ii) उचित आकार के रिंगों का प्रयोग करें।
(iii) रिंगों की फिटिंग चैक करें।

4. **रिंग का घिसना**

रिंग के घिसने के निम्नलिखित कारण हो सकते हैं

(i) रिंग मोटे हैं।
(ii) रिंग का एण्ड गैप (end gap) कम है।
(iii) रिंग ओवर साइज है।

निवारण

(i) रिंग की मोटाई कम करें।
(ii) रिंग का एण्ड गैप बढ़ाएँ।
(iii) सही साइज के रिंग का प्रयोग करें।

पिस्टन पर रिंग फिट करना Fitting of Rings on Piston

पिस्टन पर रिंग फिट करते समय रिंग एक्सपैण्डर टूल का प्रयोग किया जाता है। इसके प्रयोग से रिंग फिट करने में आसानी होती है तथा रिंग टूटते भी नहीं हैं। रिंग को बदलते समय सिलेण्डर की घिसावट को मापना आवश्यक होता है। सिलेण्डर की घिसावट को मापकर उसी के अनुसार रिंग का चयन किया जाता है। रिंग को सिलेण्डर पर फिट करने से पूर्व रिंगों को सिलेण्डर में डालकर उसके सिरों के बीच की दूरी चैक की जाती है।

रिंगों के सिरों के बीच की दूरी को चैक करने के लिए फीलर गेज का प्रयोग किया जाता है। यदि यह दूरी कम होती है, तो रिंग के सिरों को नाइफ एज रेती द्वारा घिसा जाता है। रिंग को सिलेण्डर पर चढ़ाने के दौरान अधिक नहीं फैलाना चाहिए। रिंग फिट करते समय सर्वप्रथम नीचे वाली रिंग फिट की जाती है। रिंग चढ़े पिस्टन को सिलेण्डर में फिट करने से पूर्व फैली रिंगों को दबाने के लिए रिंग कम्प्रेशर टूल का प्रयोग करना चाहिए। पिस्टन को सिलेण्डर में फिट करने के पश्चात्, पिस्टन स्कर्ट, पिस्टन रिंग तथा सिलेण्डर की दीवारों पर उचित ग्रेड का ऑयल लगाना चाहिए।

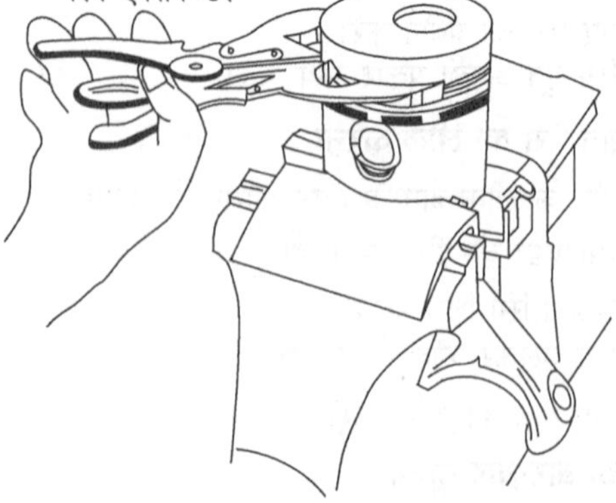

चित्र पिस्टन पर रिंग फिट करना

पिस्टन को सिलेण्डर में फिट करते समय यह भी ध्यान रखा जाना चाहिए कि रिंगों के सिरे एक-दूसरे की विपरीत दिशा में हों।

टू-स्ट्रोक इंजनों में रिंगों के सिरे पोर्ट की दिशा में रखने चाहिए, क्योंकि ऐसा न करने पर रिंग के सिरे पोर्ट से टकराकर टूट जाएँगे। टू-स्ट्रोक इंजनों में रिंगों को फिसलने से बचाने के लिए रिंग के सिरों के मध्य पिन का प्रयोग किया जाता है।

पिस्टन रिंगों की फिटिंग के दौरान सावधानियाँ
Precautions during the Fitting of Piston Rings

रिंग, किसी भी कार्य के लिए प्रयोग किए गए हों, गर्मी पाकर उनके आयतन का बढ़ना स्वाभाविक है। इसलिए इनके सिरों (ends) के बीच कुछ अन्तर (gap) रखा जाता है, जिससे कि इंजन की गर्मी पाकर ये पिस्टन को सिलेण्डर में जाम न कर दें। यह अन्तर 'रिंग एण्ड गैप' (ring end gap) कहलाता है। इसके लिए एक इंच व्यास (diameter) के पिस्टन पर 0.002" के अनुपात में अन्तर रखा जाता है।

इसके अतिरिक्त, यह भी आवश्यक है कि पिस्टन में बने खाँचों में भी यह रिंग पर्याप्त ढीली रहनी चाहिए। इसके लिए रिंग के ऊपर तथा खाँचे के बीच अन्तर रहना भी आवश्यक है। यह अन्तर 0.015 इंच रखा जाता है। इसे 'रिंग ग्रूव (ring groove) क्लीयरैन्स' कहते हैं।

पिस्टन में रिंग फिट करते समय निम्नलिखित सावधानियाँ अपनानी चाहिए

(i) रिंग एक्सपैण्डर (expander) द्वारा ही रिंग को पिस्टन ग्रूव में बिठाना चाहिए।
(ii) रिंग को पिस्टन सहित सिलेण्डर में रिंग कम्प्रेसर की सहायता से डालना चाहिए।
(iii) रिंग बहुत नाजुक होती है, अधिक दाब पर इसके टूटने का डर रहता है, इसलिए इसे सावधानीपूर्वक फिट करना चाहिए।

पिस्टन रिंग ग्रूव Piston Ring Groove

रिंग ग्रूव, पिस्टन के ऊपर वाले भाग में काटे जाते हैं। इनके अन्दर पिस्टन रिंग फिट किए जाते हैं। ऑयल रिंग के लिए ग्रूव में छोटे-छोटे सुराख किए जाते हैं, जिससे कि ऑयल रिंग द्वारा जो तेल पिस्टन की दीवारों से स्क्रैप किया जाता है, वह वापस सम्प में गिर सके।

रिंग लैण्ड Ring Land

रिंग ग्रूव काटने के बाद जो स्थान रिंग ग्रूव के बीच रह जाता है, उसे रिंग लैण्ड कहते हैं।

14.4. पिस्टन पिन Piston Pin

पिस्टन एवं कनैक्टिंग रॉड को संयोजित करने के लिए पिस्टन पिन उपयोग किया जाता है। यह पिस्टन के बॉस के आर-पार फिट की जाती है तथा इनके बीच में कनैक्टिंग रॉड का छोटा सिरा फँसाया जाता है।

पिस्टन पिन की धातु Metal of Piston Pin

पिस्टन पिन सामान्यत: निकिल/क्रोमियम अलॉय स्टील की बनाई जाती है। इसकी आउटर सर्फेस ग्राउण्ड होती है तथा क्रोमियम प्लेट और केस को कठोरीकृत (hardened) किया जाता है।

पिस्टन पिन की संरचना
Construction of Piston Pin

पिस्टन पिन को प्रायः स्टील के खोखले पाइप द्वारा बनाया जाता है। इनकी बाहरी सतह केस हार्डनिंग (case hardening) की हुई तथा बहुत चिकनी तैयार की जाती है, जिससे कि इनमें घर्षण (friction) कम-से-कम हो। पिस्टन पिन को डिजाइन के अनुसार कई प्रकार से फिट किया जा सकता है।

पिस्टन पिन के प्रकार तथा उनकी लॉकिंग विधियाँ
Types of Piston Pin and Their Locking Methods

पिस्टन पिन निम्न प्रकार की होती हैं

1. फुल फ्लोटिंग पिस्टन पिन Full Floating Piston Pin

इस प्रकार की पिस्टन पिन के दोनों किनारों पर धातु के पैड बने होते हैं, जिनमें सर्किल्प (circlip) फँसाकर, पिस्टन पिन को लॉक किया जाता है। इस प्रकार की पिस्टन पिन, कनैक्टिंग रॉड के स्मॉल एण्ड बियरिंग तथा पिस्टन के बॉस दोनों में ढीली (free) रहती है।

इस कारण वह सुगमतापूर्वक घूम सकती है। इस प्रकार की पिन का प्रयोग हैवी लोड वाले इंजनों में किया जाता है। कनैक्टिंग रॉड के स्मॉल एण्ड तथा पिस्टन पिन के मध्य एक गन मैटल अथवा ब्रोंज बुश का प्रयोग किया जाता है। छोटे स्ट्रोक इंजनों में बुश के स्थान पर नीडिल बियरिंग फेज का प्रयोग किया जाता है।

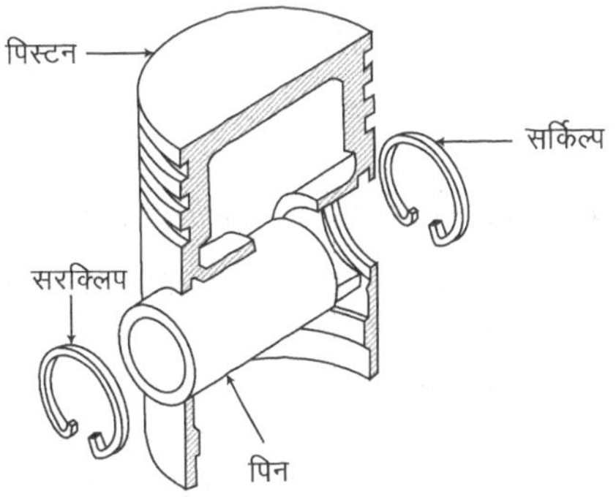

चित्र फुल फ्लोटिंग पिस्टन पिन

2. सेमी-फ्लोटिंग पिस्टन पिन Semi Floating Piston Pin

इस प्रकार की पिस्टन पिन को फिट करने के लिए कनैक्टिंग रॉड के स्मॉल एण्ड बियरिंग में एक कट लगा होता है तथा उसे टाइट करने के लिए एक बोल्ट लगा होता है।

पिस्टन पिन के बीच का हिस्सा एक बोल्ट द्वारा कसा जाता है। इस प्रकार यह पिस्टन पिन, कनैक्टिंग रॉड के स्मॉल एण्ड बियरिंग में तो कसी रहती है, परन्तु पिस्टन बॉस में यह ढीली (loose) फिट की जाती है, जिससे वह बॉस में सरलता से घूम सके।

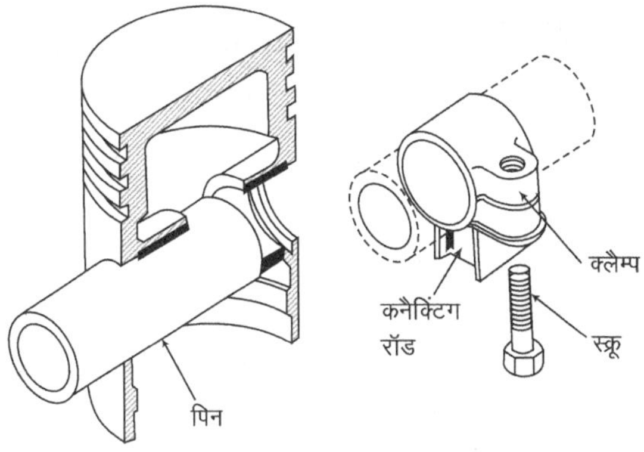

चित्र सेमी-फ्लोटिंग पिस्टन पिन

3. सैट स्क्रू पिस्टन पिन Set Screw Piston Pin

इस प्रकार की पिस्टन पिन, पिस्टन बॉस में स्क्रू द्वारा जाम (fix) कर दी जाती है। इसमें कनैक्टिंग रॉड का छोटा सिरा, बुश में पिस्टन पिन के ऊपर फ्री घूमता है। इसे सैट स्क्रू टाइप पिस्टन पिन भी कहते हैं।

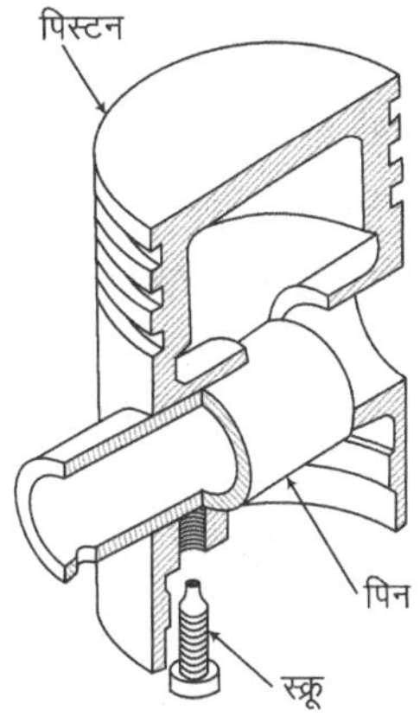

चित्र सैट स्क्रू पिस्टन पिन

पिस्टन पिन के कार्य Functions of Piston Pin

इन पिनों का मुख्य कार्य पिस्टन तथा कनैक्टिंग रॉड को संयोजित करना होता है। पिस्टन पिन फिट करते समय यह ध्यान रखना चाहिए कि फिट करने के बाद उसमें कम-से-कम चाल रहनी चाहिए तथा किसी भी दशा में पिस्टन पिन सिलेण्डर की दीवारों से रगड़ नहीं खानी चाहिए।

पिस्टन पिन को बॉस में डालते समय ठोकना नहीं चाहिए, इसे आसानी से पुश फिट होना चाहिए। पिस्टन पिन सामान्यतः शीघ्र खराब नहीं होती है, परन्तु स्नेहन की कमी के कारण अथवा इंजन के अत्यधिक गर्म चलने से ये घिस जाती हैं, इनसे आवाज आने लगती है। ऐसी दशा में इनके स्थान पर दूसरी नई पिस्टन पिन फिट करनी चाहिए।

14.5 पिस्टन सम्बन्धी दोषोपचार Troubleshooting Related to Piston

पिस्टन इंजन का महत्त्वपूर्ण भाग है। अत: इसकी महत्ता के कारण इसमें दोष आना स्वाभाविक है। निम्न तालिका में इससे सम्बन्धी दोषोपचार दिए गए हैं

तालिका पिस्टन सम्बन्धी दोषोपचार

क्र.सं.	कारण	उपचार
I. पिस्टन का जाम होना		
1.	पिस्टन का व्यास अधिक होना।	सही व्यास का पिस्टन फिट करें।
2.	पिस्टन व सिलेण्डर की दीवारों पर स्नेहन की कमी अथवा उचित ग्रेड के तेल का प्रयोग न करना।	स्नेहन प्रणाली की जाँच करके उसमें उपस्थित दोष को दूर करें। उचित ग्रेड के तेल का प्रयोग करें।
3.	पिस्टन पिन का पिस्टन बॉस में टाइट होना।	सही पिस्टन पिन का प्रयोग करें।
4.	डेटोनेशन के कारण अधिक तापक्रम।	डेटोनेशन के कारणों को दूर करें।
5.	शीतलन प्रणाली का दोषपूर्ण होना।	शीतलन प्रणाली का दोष दूर करें।
II. पिस्टन का जलना		
1.	उच्च कम्प्रैशन प्रैशर।	कम्प्रैशन प्रैशर का दोष दूर करें।
2.	प्री-इग्नीशन।	प्री-इग्नीशन का दोष ढूँढकर दूर करें।
3.	एच.टी. धारा अधिक होना।	एच.टी. धारा की वोल्टेज की जाँच करें।
III. रिंग ग्रूव को हानि		
1.	रिंग ग्रूव ढीले होना।	सही नाप का रिंग बदलें।
2.	प्री-इग्नीशन व डेटोनेशन।	प्री-इग्नीशन व डेटोनेशन दोष ढूँढकर उन्हें दूर करें।
3.	सिलेण्डर में पानी का जाना।	सिलेण्डर में पानी जाने के रास्ते बाधित करें।

14.6 कम्प्रैशन अनुपात Compression Ratio

सम्पूर्ण आयतन (full volume) तथा क्लीयरैन्स आयतन (clearance volume) का अनुपात कम्प्रैशन अनुपात (compression ratio) कहलाता है। इसे CR से प्रदर्शित किया जाता है।

$$CR = \frac{\text{सम्पूर्ण आयतन}}{\text{क्लीयरैन्स आयतन}}$$

$$\text{सम्पूर्ण आयतन} = \text{विस्थापित आयतन} + \text{क्लीयरैन्स आयतन}$$

नोट

- जब पिस्टन टी.डी.सी. (टॉप डेड सेन्टर) पर होता है, तो कम्बशन चैम्बर का आयतन क्लीयरैन्स आयतन (clearance volume) कहलाता है।
- पिस्टन द्वारा टी.डी.सी. से बी.डी.सी (बॉटम डेड सेन्टर) तक जाने में तय आयतन, विस्थापित आयतन (displacement volume) कहलाता है।
- पिस्टन की बी.डी.सी. की स्थिति में उपस्थित आयतन सम्पूर्ण आयतन (full volume) कहलाता है।

14.7 कनैक्टिंग रॉड Connecting Rod

डीजल इंजन में कनैक्टिंग रॉड एक ऐसा अवयव है, जो पिस्टन द्वारा क्रैंक शाफ्ट को गति ट्रांसमिट करता है और लीवर आर्म की भाँति कार्य करता है। कनैक्टिंग रॉड की अपनी चाल ऊपर-नीचे चलने के साथ कुछ तिरछी (angular) भी होती है। इससे पिस्टन के हर बार ऊपर-नीचे चलने पर झटका-सा लगता है। अत: कनैक्टिंग रॉड का पर्याप्त रूप से मजबूत होना आवश्यक है। यह पिस्टन तथा क्रैंकशाफ्ट के मध्य फिट किया जाता है।

कनैक्टिंग रॉड हेतु पदार्थ

Metal for Connecting Rod

कनैक्टिंग रॉड सामान्यत: मृदु ढलवाँ लोहे (malleable cast iron) या गोलाकार ग्रेफाइट ढलवाँ लोहे (spherical graphite cast iron) के बनाए जाते हैं। कभी-कभी फोर्ज्ड स्टील के बने कनैक्टिंग रॉड का भी प्रयोग किया जाता है।

कनैक्टिंग रॉड की संरचना
Construction of Connecting Rod

कनैक्टिंग रॉड का परिच्छेद, वृत्ताकार, आयताकार, I या T आकार का होता है। इसका छोटा सिरा पिस्टन पिन द्वारा पिस्टन से और बड़ा सिरा क्रैंक पिन द्वारा क्रैंक से जुड़ा होता है। इसमें बड़े सिरे से छोटे सिरे तक एक बारीक छिद्र बना होता है, जिससे स्नेहक तेल द्वारा पिस्टन तथा पिस्टन पिन का स्नेहन होता है।

कनैक्टिंग रॉड के छोटे सिरे को स्मॉल एण्ड बियरिंग (small end bearing) कहा जाता है।

कनैक्टिंग रॉड के छोटे सिरे से एक बुश का प्रयोग किया जाता है, जो गन मैटल या ब्रोंज का बना होता है।

कनैक्टिंग रॉड का बड़ा सिरा दो भागों में बनाया जाता है। इन भागों को बोल्ट द्वारा क्रैंक पिन पर कसा जाता है। कनैक्टिंग रॉड के क्रैंक शाफ्ट पर सरलतापूर्वक घूर्णन करने के लिए इसके बड़े सिरे पर दो पतले तथा चिकने शैल बियरिंग प्रयोग किए जाते हैं।

ये बियरिंग इंजन के प्रचालन के समय न्यूनतम घर्षण उत्पन्न करते हैं। शैल बियरिंगों के मध्य में एक ग्रूव बना होता है। इस ग्रूव्स से स्नेहन के लिए ऑयल आता रहता है। क्रैंक शाफ्ट के खराब हो जाने पर ग्राइण्डिंग कराते समय इन शैल बियरिंग को बदल कर क्रैंक पिन की उचित माप को फिट करते हैं।

कनैक्टिंग रॉड प्राय: ठोस बनाई जाती है, परन्तु कुछ इंजनों की कनैक्टिंग रॉड में स्नेहन के लिए पूरी लम्बाई में छिद्र बनाया जाता है। इस छिद्र का मुख्य कार्य बिग एण्ड बियरिंग में आए ऑयल को पिस्टन पिन तथा स्मॉल एण्ड बियरिंग को पहुँचाना है।

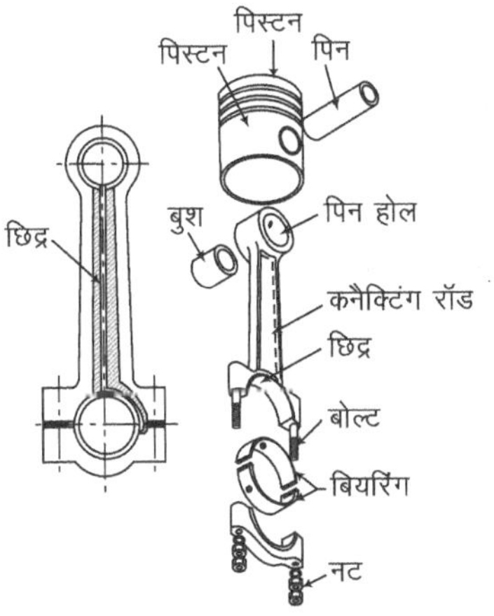

चित्र कनैक्टिंग रॉड

कनैक्टिंग रॉड को इंजन में फिट करने से पूर्व उसके सीधेपन की जाँच अवश्य कर लेनी चाहिए, क्योंकि यदि कनैक्टिंग रॉड सीधी नहीं है, तो वह सिलेण्डर के मध्य में नहीं चलेगी, जिसके फलस्वरूप, पिस्टन एक ओर अधिक और दूसरी ओर कम चलने के कारण घिसने लगेगा।

कनैक्टिंग रॉड के सीधेपन की जाँच के लिए कनैक्टिंग रॉड अलाइनमेण्ट गेज का प्रयोग किया जाता है।

गेज द्वारा कनैक्टिंग रॉड की सीधेपन की जाँच करने के लिए इसके बड़े सिरे पर सैल्फ सेण्टरिंग मैण्ड्रल (self centering mendral) तथा छोटे सिरे पर पिस्टन पिन फिट करके एंगल गेज फिट किया जाता है। कनैक्टिंग रॉड के टेढ़ा होने पर डेटोनेशन अथवा प्री-इग्नीशन जैसे दोष उत्पन्न हो जाते हैं।

कनैक्टिंग रॉड के कार्य
Functions of Connecting Rod

कनैक्टिंग रॉड द्वारा विस्तार (expansion) स्ट्रोक में पिस्टन पर लगे बल को क्रैंक पर स्थानान्तरित किया जाता है। यह इंजन में पिस्टन की पश्चाग्र गति को क्रैंक शाफ्ट की घूर्णी गति में बदलता है तथा अन्य स्ट्रोकों में क्रैंक पर लगे बल को पिस्टन पर स्थानान्तरित करता है।

14.8 मेन बियरिंग Main Bearing

क्रैंकशाफ्ट मुख्य बियरिंगों पर आलम्बित (mounted) होती है जोकि ब्लॉक के निचले भाग में लगे होते हैं। बियरिंगों की संख्या इंजन के आकार के अतिरिक्त उसमें लगे सिलेण्डरों की संख्या पर भी निर्भर करती है।

उदाहरण के लिए चार सिलेण्डरों वाले रेखीय प्रकार के एम्बैसडर इंजन में तीन मुख्य बियरिंग होते हैं, जबकि अशोक लीलैंड गाड़ियों के इंजन प्राय: रेखीय प्रकार के 6 सिलेण्डरों वाले होते हैं एवं इनमें मुख्य बियरिंग की संख्या सात होती है। V-प्रकार के 8 सिलेण्डरों वाले इंजनों में प्राय: पाँच मुख्य बियरिंग होते हैं।

दो प्रकार के मुख्य बियरिंग मुख्यत: प्रयोग किया जाते हैं, जिनमें से एक परिशुद्ध निवेश प्रकार की बियरिंग होती है। इस प्रकार बियरिंग, क्रैंकशाफ्ट उतारकर या इंजन में लगे ही सीधे बियरिंग-काठी- सूराखों में लगाये जा सकते हैं। तैयार बियरिंग को तब लगाया जाता है जब क्रैंकशाफ्ट के जर्नल स्टैंडर्ड साइज के हो।

जब जर्नल घिस चुके हो और किसी अल्प साइज के अनुसार इनकी घिसाई (grinding) हो चुकी हो, जिससे स्टैंडर्ड साइज के बियरिंग फिट करने पर उनमें अनुमानित सीमाओं के अन्दर बियरिंग क्लीयरैन्स न रह सकें, तो अल्प-तैयार बियरिंग उपयोग किये जाते हैं, जिनको वांछित साइज पर दोबार बोर किया जाता है।

दूसरे प्रकार की बियरिंग कास्ट धातु से बनायी जाती है। कास्ट प्रकार के बियरिंग में इसके दोनों ओर, नीचे भी तथा शीर्ष पर भी, क्लीयरैन्स के समंजन के लिए कुछ शिम लगाये जाते हैं। कुछ शिम निकाल लेने से बियरिंग में क्लीयरैन्स कम हो जाता है।

क्रैंकशाफ्ट को अक्षीय दिशा में इधर-उधर सरकने से रोकने के लिए बियरिंग में से एक नोद-बियरिंग होती है, जिसके दोनों ओर फ्लैंज होती हैं जो जिस क्रैंकपिन पर लगा होता है, उसकी साइडों पर सही फिट होता है।

महत्त्वपूर्ण बिन्दु

- पिस्टन, इंजन का महत्त्वपूर्ण भाग होता है।
- पिस्टन, सिलेण्डर के अन्दर गतिमान रहकर शक्ति का सृजन करते हैं।
- पिस्टन, इंजन के प्रचालन में मुख्य भूमिका निभाता है।
- अधिकांश पिस्टन कास्ट आयरन तथा एल्युमीनियम के बनाये जाते हैं।
- उच्च ऊष्मीय दक्षता तथा कम भार के कारण, एल्युमीनियम अलॉय के बने पिस्टन ज्यादा प्रचलित हैं।
- पिस्टन ढलाई (casting) या फोर्जिंग (forging) क्रियाओं द्वारा बनाये जाते हैं।
- पिस्टन का सबसे ऊपरी भाग शीर्ष कहलाता है।
- सपाट शीर्ष को सरलतापूर्वक डिकार्बनाइज किया जा सकता है।
- पिस्टन का गुम्बद शीर्ष, डिफ्लेक्टर का कार्य करता है।
- पिस्टन का सबसे निचला भाग स्कर्ट कहलाता है।
- रिंग सेक्शन, पिस्टन के शीर्ष तथा अन्तिम रिंग ग्रूव के मध्य होता है।
- रिंग सेक्शन का क्लीयरैन्स, स्कर्ट की अपेक्षा अधिक होता है।
- शीर्ष ग्रूव के ऊपर व रिंग ग्रूव के मध्य छोड़ी परिधि लैंड कहलाती है।
- ठोस स्कर्ट पिस्टन का प्रयोग कम्प्रेशन प्रज्वलन इंजनों या भारी पेट्रोल इंजनों में किया जाता है।
- कैम ग्राउण्ड पिस्टन की स्कर्ट आकार में अण्डाकार होती है।
- स्टील बैल्ट लगे पिस्टन की बनावट, ठोस स्कर्ट पिस्टन के समान ही होती है।
- सिलेण्डर में फायरिंग के दौरान तापमान में वृद्धि होने के कारण पिस्टन में विस्तार होता है।
- पिस्टन में हीट हैड विधि में पिस्टन के शीर्ष सतह पर पूरी परिधि में एक खाँचा बना दिया जाता है।
- पिस्टन स्लॉट विधि में पिस्टन स्कर्ट में ऊर्ध्वाधर तथा क्षैतिज रूप में स्लॉट बनाए जाते हैं।
- पिस्टन की फिनिशिंग करते समय उसे ग्राइण्ड करके उसकी परिधि को दीर्घवृत्तीय बना देते हैं।
- बैरेल फलक रिंगों का प्रयोग केवल शीर्ष ग्रूवों के लिए ही किया जाता है।
- ग्रूवों में कार्बन को जमने से रोकने के लिए की-स्टोन रिंग का प्रयोग किया जाता है।
- T-फ्लेक्स रिंग में एक एक्सपैण्डर तथा दो स्क्रैपर होते हैं।
- सम्पूर्ण आयतन तथा क्लीयरैन्स आयतन का अनुपात कम्प्रेशन अनुपात कहलाता है।
- कनैक्टिंग रॉड, पिस्टन द्वारा क्रैंकशाफ्ट को गति ट्रांसमिट करता है।

महत्त्वपूर्ण प्रश्नोत्तरी

1. पिस्टन पर रिंग लगाए जाने का क्या कारण है?

उत्तर पिस्टन तथा सिलेण्डर की दीवारों के मध्य गैस तथा ऑयल के लीकेज को रोकने के लिए पिस्टन पर रिंग का प्रयोग किया जाता है।

2. इंजन में पिस्टन फिट करते समय सिलेण्डर लाइनर में किस गेज द्वारा क्लीयरैन्स मापना चाहिए?

उत्तर इंजन में पिस्टन फिट करते समय सिलेण्डर लाइनर में फीलर गेज द्वारा क्लीयरैन्स मापना चाहिए।

3. कनैक्टिंग रॉड के स्मॉल एण्ड में किस धातु के बुश लगाए जाते हैं?

उत्तर कनैक्टिंग के स्मॉल एण्ड में कॉपर ब्रोंज धातु के बुश लगाए जाते हैं।

4. पिस्टन शीर्ष से क्या तात्पर्य है?

उत्तर पिस्टन का सबसे ऊपरी भाग पिस्टन शीर्ष कहलाता है। ईंधन के दहन के कारण यह भाग उच्च दाब तथा उच्च ताप युक्त होता है।

5. पिस्टन का क्या कार्य होता है?

उत्तर पिस्टन, इंजन के सिलेण्डर में ईंधन दहन से उत्पन्न गैसों की ऊर्जा को क्रैंकशाफ्ट तक पहुँचाता है।

6. पिस्टन पिन किस प्रकार से फिट की जाती है?

उत्तर पिस्टन पिन, पिस्टन के बॉस के आर-पार फिट की जाती है तथा इसके बीच में कनैक्टिंग रॉड का स्मॉल एण्ड फँसाया जाता है।

7. कनैक्टिंग रॉड का क्या कार्य है?

उत्तर कनैक्टिंग रॉड का इंजन में पिस्टन की पश्चाग्र गति को क्रैंकशाफ्ट की घूर्णी गति में बदलता है तथा अन्य स्ट्रोकों में क्रैंक पर लगे बल को पिस्टन पर स्थानान्तरित करता है।

अभ्यास प्रश्न

परीक्षा प्रारूपी प्रश्न

बहुविकल्पीय

1. पिस्टन पर कौन-से दो प्रकार के रिंग फिट होते हैं?
(a) कार्ड रिंग व ऑयल रिंग
(b) कम्प्रैशन रिंग व ऑयल रिंग
(c) ऑयल रिंग व स्मॉल रिंग
(d) कम्प्रैशन रिंग व पर्फोरेटेड रिंग

2. पिस्टन उच्च तापक्रम और दबाव सहन करता है, इसलिए यह बना होता है
(a) एल्युमीनियम मिश्र धातु का (b) ताँबे का
(c) लोहे का (d) ढलवाँ लोहे का

3. पिस्टन में ताप डेम का क्या कार्य है?
(a) पिस्टन को सन्तुलित करना
(b) पिस्टन का भार कम करना
(c) पिस्टन को ठण्डा करना
(d) जल का तापक्रम स्थिर रखना

4. यदि पिस्टन रिंग क्लीयरैन्स अधिक हो, तो क्या होगा?
(a) रिंगों से गैस लीक करेगी
(b) रिंगों से गैस लीक नहीं करेगी
(c) 'a' और 'b' दोनों
(d) उपरोक्त में से कोई नहीं

5. कम्प्रैशन रिंग प्रायः बनते हैं
(a) कम कार्बन वाले इस्पात के
(b) उच्च कार्बन इस्पात के
(c) एल्युमीनियम के
(d) ढलवाँ लोहे के

6. ऑटो इंजन में कम्प्रैशन रिंगों की कम से कम संख्या होती है
(a) एक (b) दो
(c) तीन (d) चार

7. पिस्टन रिंग किसकी सीलबन्दी करती है?
(a) पिस्टन की (b) कनैक्टिंग रॉड की
(c) कम्बशन चैम्बर की (d) ये सभी

8. किस प्रकार की रिंग, ग्रूवों में कार्बन को जमने से रोकती है?
(a) बेवेल फलक रिंग (b) की-स्टोन रिंग
(c) तेल नियन्त्रण रिंग (d) इनसाइड बेलेव रिंग

9. पिस्टन रिंग ग्रूव पिस्टन के किस भाग में काटे जाते हैं?
(a) ऊपरी (b) निचले
(c) मध्य (d) ये सभी

10. पिस्टन पर स्लॉट किसलिए कटे होते हैं?
(a) पिस्टन व्यास स्थिर रखने के लिए
(b) पिस्टन हल्का करने के लिए
(c) पिस्टन सस्ता करने के लिए
(d) पिस्टन की आयु बढ़ाने के लिए

11. सिलेण्डर की दीवारों व पिस्टन के बीच कुछ दूरी रखी जाती है
(a) जिससे गैस लीक कर सके
(b) गर्म होने पर पिस्टन जाम न हो जाए
(c) पिस्टन रिंग जाम न हो जाए
(d) उपरोक्त में से कोई नहीं

12. निम्न में से कौन पिस्टन से सम्बद्ध नहीं है?
(a) रिंग (b) गजन पिन
(c) कनैक्टिंग रॉड (d) क्रैंकशाफ्ट

13. निम्न में से कौन-सा एक इंजन का भाग है?
(a) सिलेण्डर (b) पिस्टन
(c) फ्लाईव्हील (d) ये सभी

14. नीचे दिए गए चित्र को पहचानिए

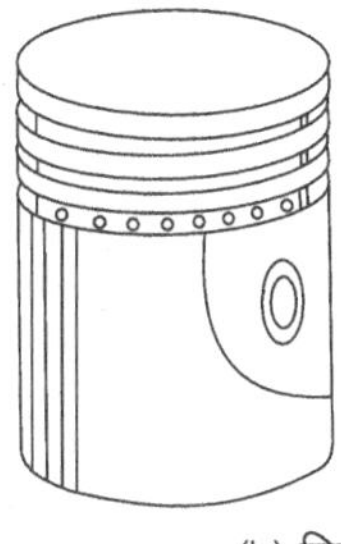

(a) पिस्टन बॉस (b) सिलेण्डर हैड
(c) सिलेण्डर ब्लॉक (d) इनमें से कोई नहीं

15. सक्शन स्ट्रोक में पिस्टन की दिशा होती है
(a) BDC से TDC की तरफ
(b) TDC से BDC की तरफ
(c) ऊपर की तरफ
(d) नीचे की तरफ

16. पिस्टन शीर्ष में होल रखते हैं
(a) पिस्टन का भार कम करने के लिए
(b) वाल्व-एलाउन्स प्रदान करने के लिए
(c) कम्प्रैशन अनुपात के नियन्त्रण के लिए
(d) पिस्टन-विस्थापन के संयोजन के लिए

17. सामान्य तापमान पर पिस्टन स्कर्ट का मान होता है लगभग
(a) 0.004 मिमी (b) 0.04 मिमी
(c) 0.4 मिमी (d) 1 मिमी

18. कुछ इंजनों में पिस्टन पिनें खिसकी होती हैं
(a) दाहिनी ओर (b) बायीं ओर
(c) मुख्य नोद साइड की ओर (d) इनमें से कोई नहीं

19. पिस्टन रिंगों का उद्देश्य होता है, नियन्त्रण करना
(a) प्रज्वलन दाबों का (b) सिलेण्डर दीवार के स्नेहन का
(c) तेल की खपत का (d) इन सभी का

20. ऑटोथर्मिक पिस्टनों में इस्पात के इन्सर्ट प्रयोग होते हैं
(a) पिस्टन का विस्तार कम करने के लिए
(b) विस्तार की दिशा के नियन्त्रण के लिए
(c) पिस्टन का भार कम करने के लिए
(d) पिस्टन को अधिक मजबूत बनाने के लिए

21. रिंग एक्सपैण्डर का मुख्य उद्देश्य होता है
(a) सिलेण्डर घिसाई की पूर्ति करना
(b) स्थैतिक रिंग तनाव को बढ़ाना
(c) गतिज रिंग तनाव को बढ़ाना
(d) रिंग कम्पनों को कम करना

22. कनैक्टिंग रॉड जोड़ती है, क्रैंकशाफ्ट और
(a) सिलेण्डर शीर्ष को (b) सिलेण्डर ब्लॉक को
(c) पिस्टन को (d) कैमशाफ्ट को

23. कम्प्रैशन अनुपात होता है
(a) $\dfrac{\text{विस्थापित आयतन}}{\text{क्लीयरैन्स आयतन}}$ (b) $\dfrac{\text{क्लीयरैन्स आयतन}}{\text{विस्थापित आयतन}}$
(c) $\dfrac{\text{विस्थापित आयतन}}{\text{सम्पूर्ण आयतन}}$ (d) $\dfrac{\text{सम्पूर्ण आयतन}}{\text{क्लीयरैन्स आयतन}}$

24. पिस्टन द्वारा क्रैंकशाफ्ट को गति ट्रांसमिट करता है
(a) पिस्टन रिंग (b) पिस्टन पिन
(c) कनैक्टिंग रॉड (d) लीवर आर्म

25. कनैक्टिंग रॉड द्वारा ········ में पिस्टन पर लगे बल को क्रैंक पर स्थानान्तरित किया जाता है
(a) ट्रांसमिशन स्ट्रोक (b) फॉरवर्ड स्ट्रोक
(c) एक्सपेंशन स्ट्रोक (d) सक्शन स्ट्रोक

उत्तरमाला

1. (b)	**2.** (a)	**3.** (c)	**4.** (a)	**5.** (b)	**6.** (d)	**7.** (c)	**8.** (b)	**9.** (a)	**10.** (b)
11. (b)	**12.** (d)	**13.** (d)	**14.** (a)	**15.** (b)	**16.** (c)	**17.** (b)	**18.** (b)	**19.** (d)	**20.** (c)
21. (a)	**22.** (c)	**23.** (d)	**24.** (c)	**25.** (c)					

अध्याय 15

क्रैंकशाफ्ट, कैमशाफ्ट तथा बियरिंग

Crankshaft, Camshaft and Bearing

परिचय Introduction

इंजन वह मशीन है जो उपलब्ध ऊष्मीय ऊर्जा को यान्त्रिक ऊर्जा में परिवर्तित करती है। सिलेण्डर में पिस्टन की पश्चाग्र गति से इंजन के स्ट्रोक पूर्ण होते हैं। इन स्ट्रोकों को पूर्ण करने के लिए वाल्वों को क्रैंकशाफ्ट द्वारा खोला जाता है तथा स्ट्रोकों से विकसित शक्ति से क्रैंकशाफ्ट को घुमाया जाता है।

क्रैंकशाफ्ट, कैमशाफ्ट आदि इंजन के मुख्य भाग हैं। क्रैंकशाफ्ट तथा कैमशाफ्ट को सपोर्ट (support) तथा सुगम चालन प्रदान करने हेतु इंजनों में बियरिंग का प्रयोग किया जाता है। ये बियरिंग इंजन बियरिंग कहलाते हैं। पाठ्यक्रम की उपयोगिता को ध्यान में रखते हुए प्रस्तुत अध्याय में केवल इंजन के भागों क्रैंकशाफ्ट, कैमशाफ्ट तथा बियरिंग का ही विस्तारपूर्वक वर्णन किया गया है।

अध्याय विषय सूची

15.1 क्रैंकशाफ्ट Crankshaft

इन्टर्नल कम्बशन (internal combustion) प्रकार के इंजन के इस महत्त्वपूर्ण भाग के द्वारा पिस्टन की पश्चाग्र गति को घूर्णी गति में परिवर्तित किया जाता है तथा फ्लाईव्हील को बल आघूर्ण संचरित किया जाता है। इंजन के अन्दर यह सबसे तेज गति से घूमने वाला भाग होता है।

अत: इसका फ्लोटिंग सन्तुलन गत्यात्मक (dynamical) तथा स्थिरात्मक (statical) रूप से बहुत अच्छा होना आवश्यक है। घूर्णन करते समय क्रैंकशाफ्ट का सन्तुलन बनाए रखने के लिए क्रैंक पिन तथा क्रैंक जर्नल के समीप क्रैंक भार लगाए जाते हैं।

क्रैंकशाफ्ट की संरचना
Construction of Crankshaft

क्रैंकशाफ्ट में एक क्रैंक पिन, क्रैंक भुजा या वेब तथा क्रैंक भार होते हैं, जो मुख्य जर्नल के बैलेन्स के लिए क्रैंक भुजा के समीप लगे होते हैं। क्रैंकशाफ्ट में एक ऑयल पैसेज (oil passage)भी होता है, जिसके द्वारा ऑयल मुख्य बियरिंग से प्रवाहित होकर कनैक्टिंग रॉड के बियरिंगों में चला जाता है।

क्रैंकशाफ्ट की संरचना को स्थित द्वारा दर्शाया गया है

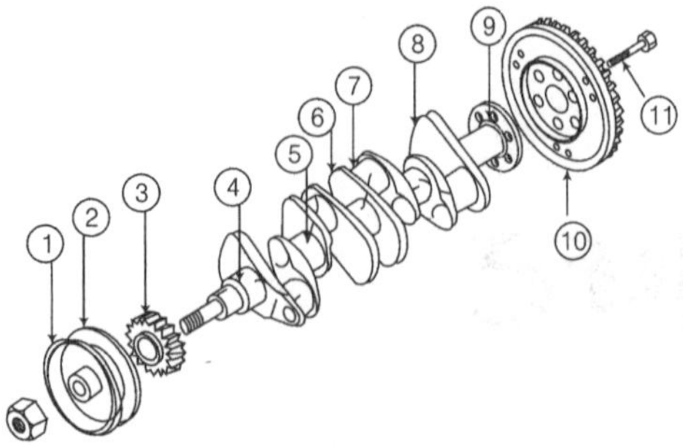

चित्र क्रैंकशाफ्ट

उपरोक्त मार्किंग को उनके उचित नामों से नीचे दर्शाया गया है

1. फैन बैल्ट पुली
2. वाइब्रेशन डैम्पर
3. गियर/स्प्रोकेट
4. मुख्य जर्नल
5. ऑयल पैसेज
6. क्रैंक आर्म
7. क्रैंक पिन
8. सन्तुलित भार
9. ऑयल सील
10. फ्लाईव्हील
11. बोल्ट क्रैंक

क्रैंकशाफ्ट को चलाने के लिए इसके अग्र सिरे पर गियर या स्प्रॉकेट फिट किए जाते हैं। क्रैंकशाफ्ट के सामने के भाग पर डैम्पर तथा पुली लगी होती है। इस पुली का प्रयोग जल पम्प, पंखा तथा आल्टरनेटर को चलाने के लिए किया जाता है। क्रैंकशाफ्ट के पिछले सिरे पर एक फ्लाईव्हील चक्र लगा होता है। इस फ्लाईव्हील चक्र का जड़त्व, क्रैंकशाफ्ट को एक स्थिर गति पर घुमाता है। क्रैंकशाफ्ट के मुख्य जर्नल के आगे तेल सील फिट की जाती है। कई इंजनों में तेल की वापसी के लिए चूड़ियाँ बनी होती हैं। इन चूड़ियों द्वारा स्नेहक तेल वापस सम्प में पहुँच जाता है।

क्रैंकशाफ्ट की धातु Metal of Crankshaft

क्रैंकशाफ्ट को अपकेन्द्री बल, पिस्टन द्वारा संघट्क बल तथा कनैक्टिंग रॉड को सहन करना पड़ता है। अत: क्रैंकशाफ्ट का पर्याप्त मजबूत होना आवश्यक है। क्रैंकशाफ्ट मुख्य रूप से निम्न पदार्थों से बनाई जाती है

1. निकिल स्टील
2. क्रोमियम, वेनेडियम स्टील
3. निकिल क्रोमियम स्टील
4. निकिल क्रोमियम मोलिब्डेनम स्टील

क्रैंकशाफ्ट के कार्य Functions of Crankshaft

क्रैंकशाफ्ट पिस्टन की गत्यात्मक गति (dynamical motion) को घूर्णन गति में परिवर्तित करती है तथा फ्लाईव्हील चक्र को आवश्यक बल आघूर्ण उपलब्ध कराती है।

क्रैंकशाफ्ट का सन्तुलन Balancing of Crankshaft

क्रैंकशाफ्ट में मरोड़ी (torsional) कम्पन तथा इंजन कम्पन उत्पन्न होते हैं।

क्रैंकशाफ्ट पर असमान भार वितरण तथा पिस्टन एवं कनैक्टिंग रॉड के असन्तुलित प्रत्यागामी बलों (reciprocating forces) के कारण इंजन कम्पन उत्पन्न होते हैं। क्रैंकशाफ्ट के सन्तुलन को बनाए रखने के लिए क्रैंक वेब से कुछ पदार्थ हटाया जाता है या एक विशेष सन्तुलन मशीन में केन्द्रों के मध्य शाफ्ट में अतिरिक्त भार जोड़ा जाता है।

क्रैंकशाफ्ट के प्रकार Types of Crankshaft

क्रैंकशाफ्ट निम्न दो प्रकार की होती है

(i) सिंगल पीस क्रैंकशाफ्ट Single Piece Crankshaft

इस क्रैंकशाफ्ट का निर्माण एक ही पीस में किया जाता है। वर्तमान में इसका प्रयोग मुख्य रूप से कारों में किया जाता है। इस प्रकार की क्रैंकशाफ्ट में क्रैंक पिन, जर्नल, वैब तथा क्रैंक भार की एक साथ फोर्जिंग की जाती है।

फोर्जिंग के पश्चात् क्रैंक पिन तथा जर्नल को ग्राइण्डिंग करके चिकना बनाया जाता है, जिससे कि ये सुगमतापूर्वक घूर्णन कर सकें।

(ii) बिल्ट-अप क्रैंकशाफ्ट Built-up Crankshaft

इस प्रकार की क्रैंकशाफ्ट का निर्माण विभिन्न पीसों को जोड़कर किया जाता है। इस क्रैंकशाफ्ट की क्रैंक पिन तथा जर्नलों को बेस शाफ्ट व क्रैंक भार से जोड़ने के लिए क्लिप तथा बोल्टों का प्रयोग किया जाता है।

इस प्रकार की क्रैंकशाफ्ट में रोलर बियरिंग प्रयोग किए जाते हैं, परन्तु कुछ इंजनों में क्रैंकशाफ्ट के साथ गन मैटल के बुशों का प्रयोग भी किया जाता है।

बिल्ट अप क्रैंकशाफ्ट का प्रयोग मल्टी सिलेण्डर वाले इंजनों के लिए उपयुक्त नहीं है, क्योंकि उपयोग के कुछ समय पश्चात् इन शाफ्टों के बोल्टों के ढीले होने की अधिक सम्भावना होती है।

अत: इन क्रैंकशाफ्टों का प्रयोग सिंगल सिलेण्डर वाले इंजनों के लिए ही उपयुक्त है।

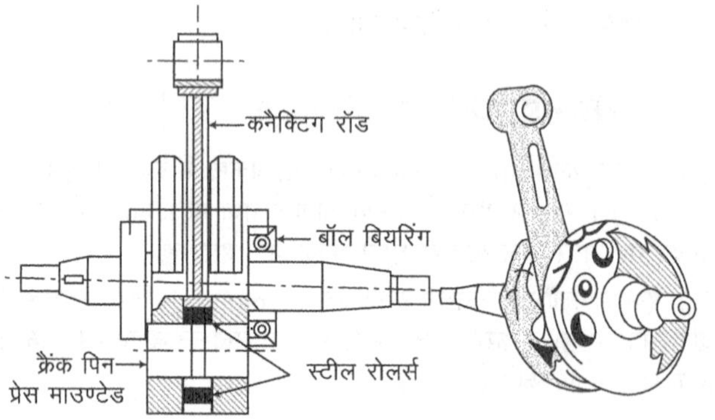

चित्र बिल्ट-अप क्रैंकशाफ्ट

क्रैंकशाफ्ट का ऊष्मा उपचार Heat Treatment of Crankshaft

क्रैंकशाफ्ट को फोर्ज तथा ऊष्मा उपचारित स्टील अलॉय से बनाया जाता है। मेन बियरिंग तथा कनैक्टिंग रॉड के लिए उपयुक्त जर्नल हेतु इसे मशीनिंग तथा ग्राइण्ड किया जाता है।

क्रैंकशाफ्ट जर्नल को हार्ड करने के लिए निम्न विधियों का प्रयोग किया जाता है

- नाइट्राइडिंग
- कार्बुराइजिंग
- क्रोम प्लेटिंग

उपरोक्त प्रक्रियाओं द्वारा क्रैंकशाफ्ट की जर्नल को हार्ड किया जाता है।

क्रैंकशाफ्ट फिट करते समय सावधानियाँ
Precautions During Fitting of Crankshaft

क्रैंकशाफ्ट को इंजन में फिट करने से पूर्व निम्नलिखित की जाँच अवश्य करनी चाहिए, अन्यथा इंजन के दुर्घटनाग्रस्त होने की सम्भावनाएँ बढ़ जाती हैं

1. क्रैंकशाफ्ट फिट करने से पहले उसकी आवाज की जाँच।
2. क्रैंकशाफ्ट की सन्तुलन अवस्था की जाँच।
3. क्रैंकपिन के अलाइनमेण्ट की जाँच।
4. क्रैंकपिन तथा क्रैंक जर्नल की जाँच।
5. क्रैंकशाफ्ट में बने तेल मार्ग की जाँच।

15.2 कैमशाफ्ट Camshaft

यह एक प्रकार की सीधी शाफ्ट होती है, जिस पर इंजन वाल्वों की संख्या के बराबर कैम लोब बनी होती है जब यह कैम लोब ऊपर आती है, तो इनलेट या एग्जॉस्ट वाल्व इनके दबाव से खुलता है।

कैमशाफ्ट द्वारा बड़ी संख्या में इंजन के अवयवों को प्रचालित करने के कारण इसका मजबूत होना आवश्यक है।

चित्र कैमशाफ्ट

कैमशाफ्ट की संरचना
Construction of Camshaft

कैमशाफ्ट एक ही पीस में स्टील को फोर्ज करके बनाई जाती है। इसकी सम्पूर्ण लम्बाई पर आधार बियरिंगों की एक श्रृंखला (series) होती है। इसको खराब होने से बचाने के लिए इसकी सतह को कठोरीकृत किया जाता है।

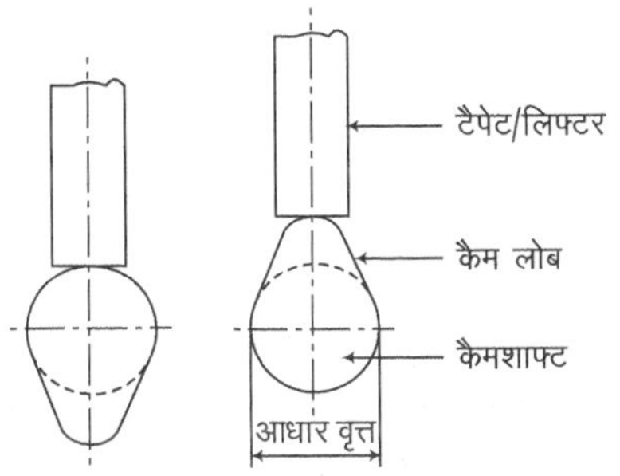

(a)

कुछ इंजनों में कैम लोब की अक्ष, टैपेट/लिफ्टर की अक्ष से थोड़ी ऑफसैट (offset) रखी जाती है। यह ऑफसैट जब ऊपर की ओर गति करता है, तो टैपेट/लिफ्टर को निम्न घूर्णन प्रदान करता है। इस प्रकार टैपेट/लिफ्टर के तल एक समान रूप से घिसते हैं।

टैपेट कैम लोब पर टिका होता है, जबकि लिफ्टर आधार वृत्त पर अपनी पूर्व स्थिति में रहता है, जब कैम घूर्णन करती है, तब लोब लिफ्टर को ऊपर उठाती है।

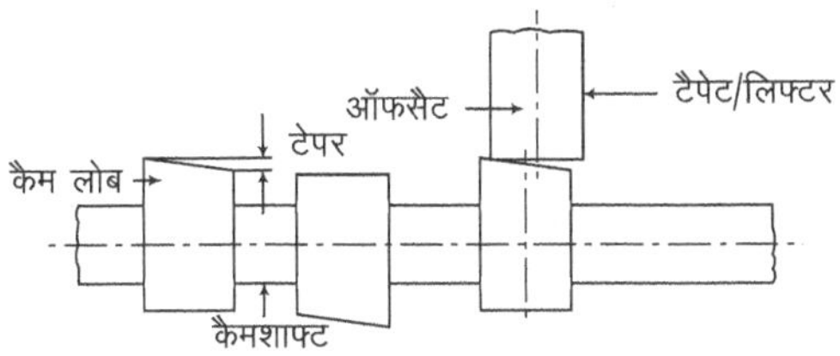

(b)

चित्र कैमशाफ्ट की संरचना

कैमशाफ्ट के कार्य Functions of Camshaft

कैमशाफ्ट का प्रयोग, कैम लोब की सहायता से घूर्णन गति को रेसीप्रोकेटिंग गति (reciprocating motion) में परिवर्तित करने के लिए किया जाता है। यह रेसीप्रोकेटिंग गति, टैपेट, पुश रॉड तथा रॉकर लीवरों के माध्यम से वाल्व को पारेषित (transmite) की जाती है। कैमशाफ्ट का प्रयोग ऑयल पम्प शाफ्ट को चलाने के लिए भी किया जाता है। पेट्रोल इंजनों में कैमशाफ्ट द्वारा फ्यूल पम्प तथा वितरक (distributor) को प्रचालित किया जाता है।

कैमशाफ्ट ड्राइव मैकेनिज्म
Camshaft Drive Mechanism

कैमशाफ्ट, क्रैंकशाफ्ट से ड्राइव प्राप्त करता है। क्रैंकशाफ्ट के दो घूर्णन पर प्रत्येक वाल्व एक बार खुलता है जिस कारण कैमशाफ्ट, क्रैंकशाफ्ट की आधी गति पर घूमती है। कैमशाफ्ट ड्राइव मैकेनिज्म तीन प्रकार के होते हैं

(i) **गियर ड्राइव** (Gear drive) जब क्रैंकशाफ्ट तथा कैमशाफ्ट एक दूसरे के अति निकट हो तो इस स्थिति में गियर ड्राइव का प्रयोग किया जाता है। कैम शाफ्ट के चक्कर प्रति मिनट क्रैंकशाफ्ट के चक्कर प्रति मिनट के आधे होने से कैमशाफ्ट गियर पर दाँतों की संख्या क्रैंकशाफ्ट गियर पर दाँतों के अपेक्षाकृत दोगुने होते हैं।

इस प्रकार के ड्राइव में इंजन की कैमशाफ्ट, क्रैंकशाफ्ट की विपरीत दिशा में घूमती है कुछ इंजनों में कैमशाफ्ट, क्रैंकशाफ्ट को एक दिशा में घुमाने के लिए आइडलर गियर का प्रयोग किया जाता है।

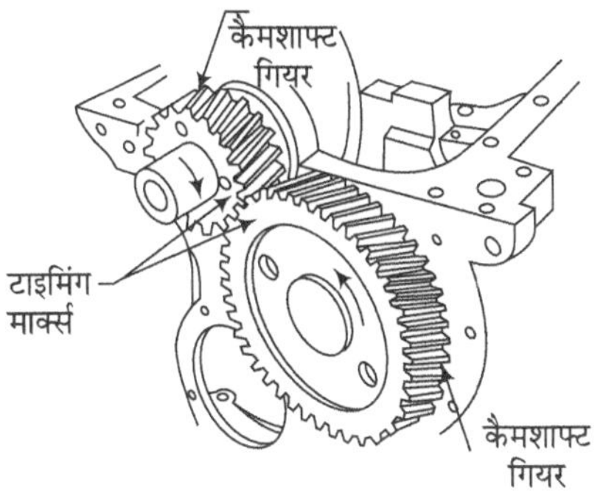

चित्र गियर ड्राइव

(ii) **चेन ड्राइव** (Chain drive) टाइमिंग गियर स्प्रोकेट को चेन द्वारा चलाया जाता है जिस कारण इसे स्प्रोकेट ड्राइव भी कहते हैं। इसमें कैमशाफ्ट तथा क्रैंकशाफ्ट के घूर्णन की दिशा समान होती है। चेन ड्राइव का प्रयोग कैमशाफ्ट तथा क्रैंकशाफ्ट के बीच की दूरी अधिक होने पर किया जाता है। चेन ड्राइव में आइडियल गियर का प्रयोग नहीं किया जाता है।

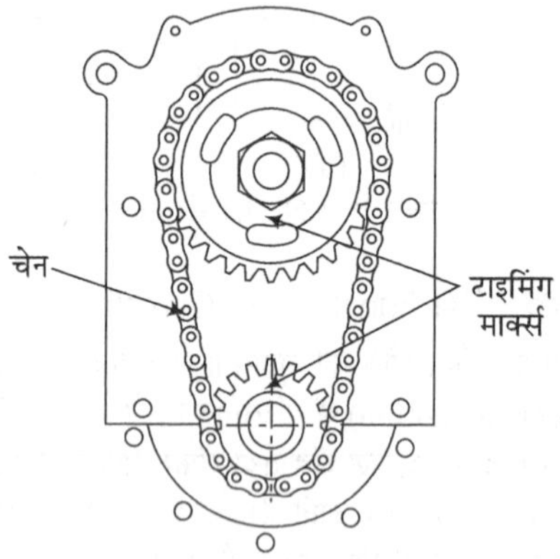

चित्र चेन ड्राइव

(iii) **बैल्ट ड्राइव** (Belt drive) बैल्ट ड्राइव चेन ड्राइव के समान होता है। कैमशाफ्ट को चलाने के लिए चेन के स्थान पर बैल्ट का प्रयोग किया जाता है, बैल्ट ड्राइव का प्रयोग अधिकतर ओवरहैड कैमशाफ्ट डिजाइन में किया जाता है। इसमें क्रैंकशाफ्ट तथा कैमशाफ्ट की दिशा समान होती है तथा फिसलन (slipping) को रोकने के लिए ऑटोमैटिक बैल्ट टेंशनर का प्रयोग किया जाता है।

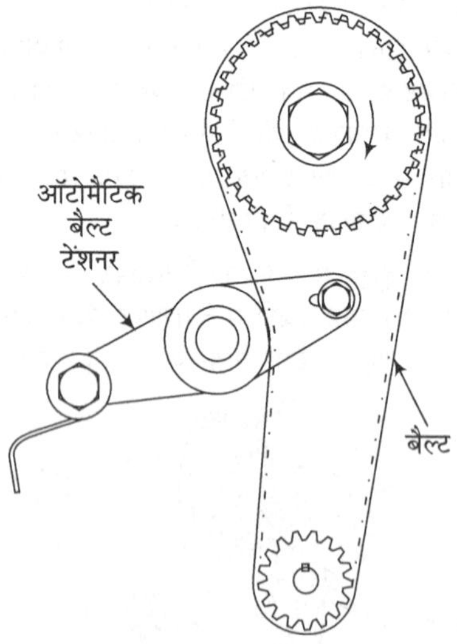

चित्र बैल्ट ड्राइव

कैमशाफ्ट का स्नेहन Lubrication of Camshaft

इंजन में कैमशाफ्ट तीव्र गति से घूर्णन करती रहती है जिसके फलस्वरूप इसके घिसने की सम्भावना रहती है। अत: इसके स्नेहन की विशेष व्यवस्था की जाती है। इंजन के अन्दर मुख्य तेल गैलरी का सम्बन्ध, ब्लॉक में मार्ग बनाकर कैमशाफ्ट जर्नलों के फाउण्डेशन के स्थान से किया जाता है, जिसके फलस्वस्वरूप यहाँ स्नेहक तेल लगातार पहुँचता रहता है।

इंजन के लगातार चलने पर इसके बुश बियरिंग घिस जाते हैं, जिससे बियरिंग ढीले हो जाते हैं। अत: वहाँ पर तेल का रिसाव होने लगता है तथा तेल का दबाव कम हो जाता है। इस समस्या से बचने के लिए इंजन की ओवरहॉलिंग के दौरान घिसे हुए बुश बियरिंग को बदल देना चाहिए।

15.3 इंजन बियरिंग Engine Bearing

इंजन बियरिंग, इंजन चालक शाफ्ट में घर्षण को कम करने अथवा शक्ति ह्रास को कम करने की एक युक्ति है। बियरिंग युक्ति इंजन चालन को सुगम बनाती है और साथ-ही-साथ इंजन के शोर को भी कम करती है, जिसके फलस्वरूप इंजन का शक्ति ह्रास कम हो जाता है।

इंजन में कनैक्टिंग रॉड के बिग एवं स्मॉल एण्ड, कैमशाफ्ट आदि अवयवों पर बियरिंगों का प्रयोग किया जाता है।

इंजन बियरिंग की संरचना
Construction of Engine Bearing

इंजन में कम गति व अधिक भार के लिए बियरिंग को ढलवाँ लोहे (cast iron) एवं अधिक गति के लिए कांसा (bronze) धातु से बनाया जाता है। इनके अतिरिक्त कैडमियम स्टील, क्रोम स्टील कॉपर, एल्युमीनियम तथा सिल्वर व अलॉय स्टील के बियरिंग भी बनाए जाते हैं।

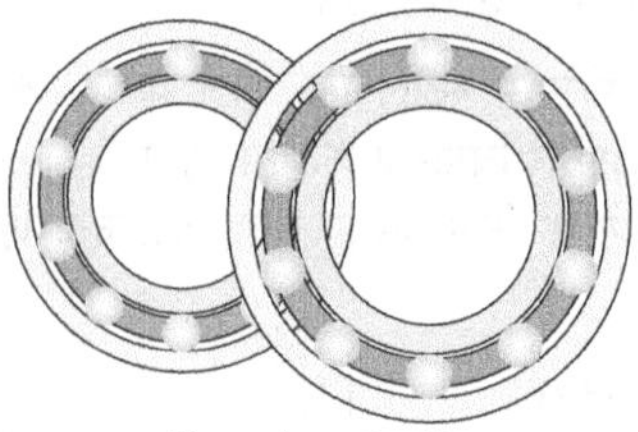

चित्र इंजन बियरिंग

इंजन बियरिंग के कार्य
Functions of Engine Bearing

इंजन में बियरिंग का मुख्य कार्य इंजन चालक शाफ्ट में घर्षण को बाधित करना एवं इंजन के भागों को उच्च ताप पर कार्य करने में सक्षम बनाना है। बियरिंग के कारण ही इंजन तथा इंजन के भागों में क्रियाशीलता बिना किसी अवरोध के बनी रहती है।

इंजन बियरिंग के प्रकार
Types of Engine Bearing

इंजन में निम्न प्रकार की बियरिंग प्रायः उपयोग में लाई जाती हैं

1. मेन बियरिंग
2. बिग एण्ड बियरिंग
3. स्मॉल एण्ड बियरिंग
4. स्पिगॉट बियरिंग
5. थ्रस्ट बियरिंग
6. शैल बियरिंग

1. मेन बियरिंग Main Bearing

क्रैंकशाफ्ट, ब्लॉक के साथ कसने के बाद इन्हीं मेन बियरिंगों में घूमती है। यह प्रायः दो टुकड़ों में बनी होती है। इन्हें ढलवाँ लोहे के बाहरी खोल में एक पतले शैल के रूप में फिट किया जाता है।

ये व्हाइट मेटल की बनी होती हैं। कुछ बियरिंग शैल, ताँबे की भी बनी होती हैं, जिन पर व्हाइट मेटल का लेप चढ़ा होता है। इनकी अन्दर की सतह बहुत चिकनी तथा क्रैंकशाफ्ट के क्रैंक जर्नलों से लगभग चिपकी होनी चाहिए। जब क्रैंकशाफ्ट ग्राइण्ड करा कर फिट की जाती है, तो इन बियरिंगों की सतह पर क्रैंक जर्नलों की रगड़ के हाई स्पॉट निशान देखकर उन्हें खुरचकर दूर किया जाता है। इस कार्य को बियरिंग मिलाना (bearing matching) कहते हैं।

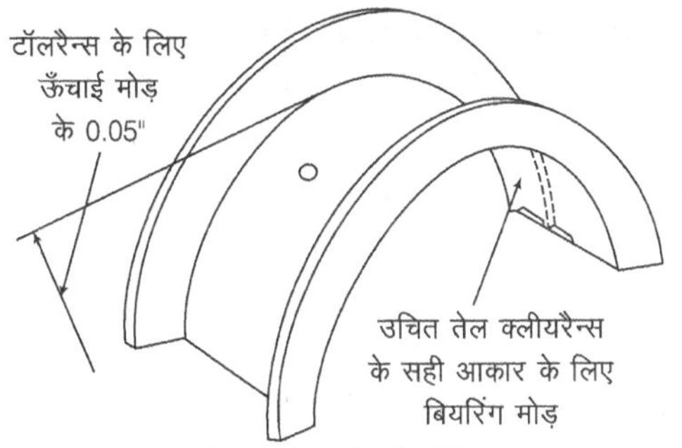

चित्र इंजन मेन बियरिंग

2. बिग एण्ड बियरिंग Big End Bearing

इस प्रकार के बियरिंग, क्रैंकशाफ्ट के क्रैंक पिन पर कनैक्टिंग रॉड जोड़ने के लिए प्रयोग किए जाते हैं। ये भी मेन बियरिंग की भाँति दो टुकड़ों में बनाए जाते हैं तथा इन्हें भी व्हाइट मैटल से बनाया जाता है। इन बियरिंगों में अन्दर की ओर ऑयल ग्रूव बना होता है, जिसके बीच में क्रैंकशाफ्ट से तेल आने के लिए एक छिद्र बना होता है। इसके अतिरिक्त, ये बियरिंग कनैक्टिंग रॉड में घूमें नहीं, इसके लिए लॉकिंग लिप (locking lip) बनी रहती है, जो कनैक्टिंग रॉड के बिग एण्ड में बनी लिप स्लॉट में बैठ जाती है।

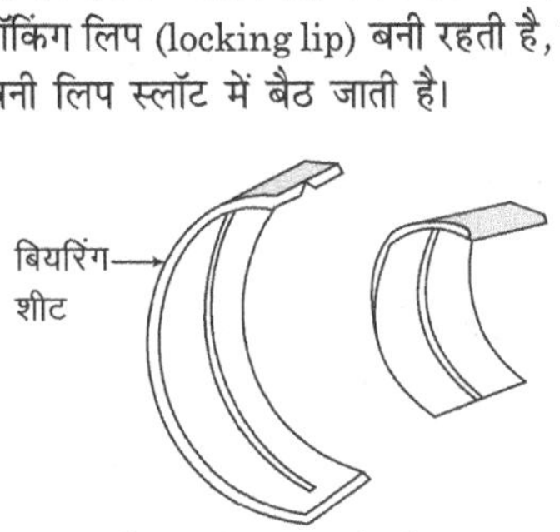

चित्र बिग एण्ड बियरिंग

3. स्मॉल एण्ड बियरिंग Small End Bearing

कनैक्टिंग रॉड के छोटे सिरे पर गजन पिन को फिट करने के लिए इसका प्रयोग किया जाता है। यह एक बुश बियरिंग के रूप में गन मैटल अथवा ब्रोंज मैटल से बनाया जाता है। इन धातुओं की यह विशेषता होती है कि स्नेहक तेल इनके अदृश्य छिद्रों में से लीक होता रहता है। इसके अतिरिक्त, स्नेहन के लिए इसमें एक ड्रिल होल भी बनाया जाता है, जिसमें कनैक्टिंग रॉड के द्वारा तेल आता है।

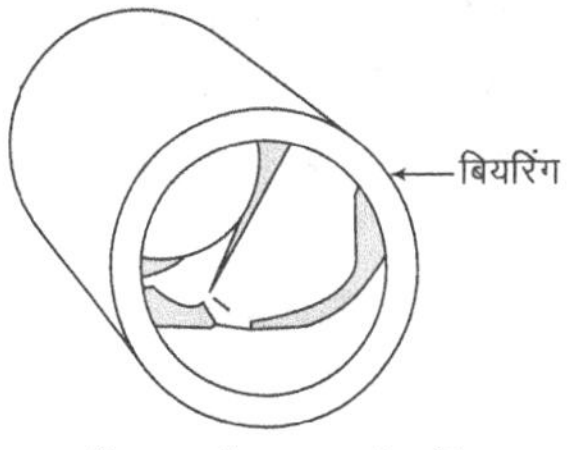

चित्र स्मॉल एण्ड बियरिंग

4. स्पिगॉट बियरिंग Spigot Bearing

फ्लाईव्हील के ठीक बीच में जो बियरिंग फिट होती है तथा जिस पर गियर बॉक्स की प्राइमरी शाफ्ट टिकती है, उसे स्पिगॉट बियरिंग कहते हैं। इसके लिए छोटी बॉल बियरिंग या नीडिल रोलर बियरिंग (needle roller bearing) का प्रयोग किया जाता है, जब इंजन की ओवरहॉलिंग की जाए अथवा क्लच की मरम्मत की जाए, तो इसे भी चैक कर लेना चाहिए और खराब होने की अवस्था में इसे बदल देना चाहिए।

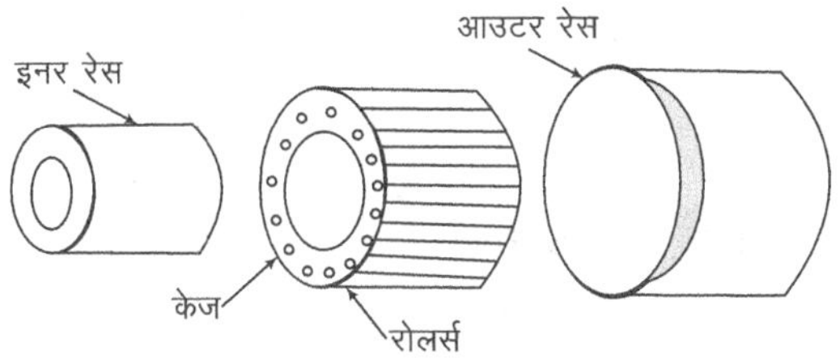

चित्र स्पिगॉट बियरिंग

5. थ्रस्ट बियरिंग Thrust Bearing

इस प्रकार के बियरिंग थ्रस्ट लोड को वहन करते हैं। क्रैंकशाफ्ट पर शैल बियरिंग होता है जिस पर थ्रस्ट फेस होता है तथा यह क्रैंकशाफ्ट के एण्ड थ्रस्ट को वहन करता है जब बियरिंग प्रक्रिया में सम्मिलित होती है।

स्नेहक तेल को गुजारने के लिए थ्रस्ट फेस में ऑयल नॉच होती है। कुछ स्थितियों में एण्ड थ्रस्ट को वहन करने के लिए थ्रस्ट वाशर को बियरिंग धातु से भी बनाया जाता है।

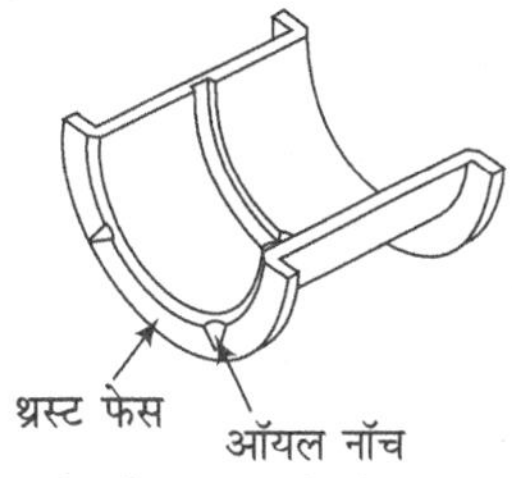

चित्र थ्रस्ट बियरिंग

6. शैल बियरिंग Shell Bearing

इस प्रकार की बियरिंग में पीछे की ओर स्टील (steel) या ब्रोन्ज (bronze) तथा अन्दर कॉपर लैड या कैडमियम सिल्वर की धातु लगाई जाती है। इनका प्रयोग प्राय: क्रैंक मेन जर्नल तथा क्रैंक पिन द्वारा उत्पन्न भार को सहन करने के लिए किया जाता है।

शैल बियरिंग में ऊष्मीय सुचालकता (thermal conductivity) अच्छी होती है एवं भार को उठाने या सहन करने की क्षमता अधिक होती है।

शैल बियरिंग के मुख्य लाभ यह है कि ये वायुमण्डलीय रासायनिक प्रभाव से खराब नहीं होते हैं।

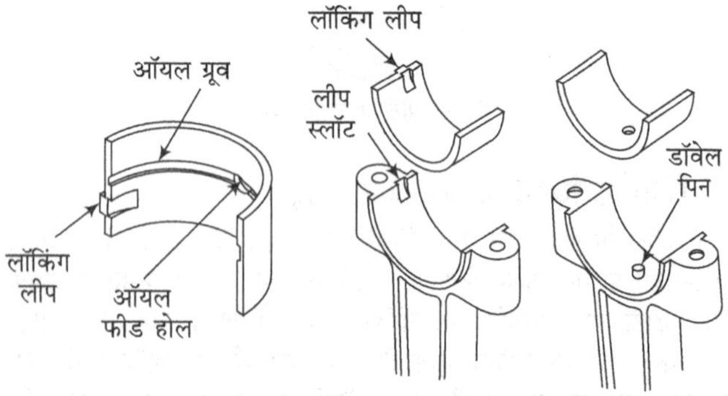

चित्र शैल बियरिंग का समायोजन

उपरोक्त वर्णित बियरिंगों के अतिरिक्त मुख्यत: डीजल इंजन में बियरिंग के इन उद्देश्यों की पूर्ति हेतु विशिष्ट डीजल इंजन बियरिंग का प्रयोग किया जाता है, जिसका संक्षिप्त वर्णन नीचे दिया गया है

इंजन बियरिंगों के गुण
Qualities of Engine Bearing

इंजन बियरिंगों में निम्नलिखित गुण होने चाहिए

(i) इनकी फटीग (fatigue) सामर्थ्य उच्च होनी चाहिए।
(ii) इनकी तापमान सामर्थ्य उच्च होनी चाहिए।
(iii) इनकी तापीय चालकता तीव्र (fast) होनी चाहिए।
(iv) इंजन बियरिंग का पदार्थ जंगरोधी होना चाहिए।
(v) इनकी सतह क्रिया उच्च होनी चाहिए।

विशिष्ट डीजल इंजन बियरिंग
Special Diesel Engine Bearing

डीजल इंजन में घूमती शाफ्ट और अन्य अवयवों को बैठाने में सहायता करना, एक भाग से दूसरे भाग को भार स्थानान्तरित करना, दो भागों के मध्य के घर्षण को कम करना तथा अवयव सतहों के टकराने की आवाज को कम करना, न रोकी जाने वाली घर्षण की गर्मी को हटाना ही बियरिंग का मुख्य उद्देश्य है।

इन उद्देश्यों की पूर्ति के लिए डीजल इंजनों में विशिष्ट बियरिंग का प्रयोग किया जाता है, जो इंजन में क्रैंक पिन या मेन जर्नल पर स्लीव की तरह दो भागों में फिट होती हैं। इन भागों के अन्दर एन्टीफ्रिक्शन (antifriction) धातु लगी होती है।

डीजल इंजन हेतु विशेष बियरिंग पदार्थ
Special Bearing Material for Diesel Engine

डीजल इंजन बियरिंगों के निर्माण में पदार्थ के रूप में बैबिट धातु में प्राय: टिन (tin) या लैड (lead) एवं कभी-कभी सिल्वर या एल्युमीनियम अलॉय का प्रयोग भी किया जाता है।

इंजन बियरिंग के खराब होने के कारण
Causes of Engine Bearing Failure

इंजन बियरिंग के शीघ्र खराब होने के निम्न कारण हैं

1. रासायनिक कारणों से बियरिंग की धातु का खराब हो जाना।
2. स्नेहन (lubrication) तेल इंजन में कम होना।
3. इंजन बियरिंग का ठीक प्रकार से फिट न होना।
4. इंजन ऑयल में मिट्टी के तेल का मिश्रित होना।
5. इंजन पर अधिक लोड पड़ना।
6. बियरिंग का शीघ्र घिसना।
7. कनैक्टिंग रॉड का असंरेखित होना

बियरिंग के दोष, प्रकार तथा उनके कारण
Types of Bearing Damages and their Causes

दोष	कारण
1. किनारों का घिसना	कम क्लीयरैन्स
2. स्क्रैच बनना	गलत कार्यकुशलता
3. ओवरहीटिंग	अनुपयुक्त स्नेहन
4. जंग	स्नेहक के साथ जल का मिश्रित होना
5. परत में दरारें	ओवरहीटिंग या ओवरलोड

इंजन बियरिंग की सुरक्षा एवं देखभाल
Care and Maintenance of Engine Bearing

उपरोक्त कारणों से बियरिंग के खराब हो जाने पर उसे बदल देना चाहिए तथा साथ ही कारण का पता लगाकर उसका निवारण भी करना चाहिए। बियरिंग को पेट्रोल या मिट्टी के तेल से अच्छी प्रकार साफ करने के पश्चात् ही प्रयोग में लाना चाहिए। इनके अतिरिक्त कुछ अन्य उपाय है, जो निम्नवत् हैं

1. आवश्यक न होने पर बियरिंग को विघटित (dismantle) नहीं करना चाहिए।
2. बियरिंग हाउसिंग पर शाफ्ट खरोंचों से मुक्त होनी चाहिए।
3. बियरिंग को धूल मुक्त वातावरण में रखना चाहिए।
4. बियरिंग को माउण्टिंग तथा डिस्माउण्टिंग करते समय उचित टूल तथा तकनीक का प्रयोग करना चाहिए।
5. डिसेम्बल करते समय शाफ्ट तथा बियरिंग को उचित सपोर्ट प्रदान करनी चाहिए।
6. बियरिंग के स्नेहन के लिए उचित ग्रेड तथा क्वालिटी का स्नेहक प्रयोग करना चाहिए।

इंजन बियरिंग पदार्थों का संघटन Composition of Engine Bearing Materials

बियरिंग निर्माण में आवश्यकता के अनुसार विभिन्न पदार्थों का उपयोग किया जाता है, जो नीचे तालिका के माध्यम से दिए गए हैं।

क्र.सं.	पदार्थ	गुण तथा लक्षण	अनुप्रयोग
1.	बैबिट या श्वेत धातु (Babbit or white metal)		अधिकतम उपयोगी
	(i) टिन आधारित बैबिट (Sn based Babbit) [लगभग 90% Sn, 5% Sb, 4.5% Cu तथा 0.5% Pb]	दाब क्षमता लगभग 35 MPa तथा गति 20 m/s, गतिक भार वहन क्षमता अच्छी, अच्छा संक्षारण प्रतिरोध, अधिक मूल्य।	गैस इंजन, डीजल इंजन तथा कम्प्रेसर आदि।
	(ii) लैड बेस बैबिट (Pb based Babbit) [लगभग 84% Pb, 9.5% Sb, 6% Sn तथा 0.5% Cu]	दाब क्षमता लगभग 7 MPa तथा गति 1 m/s, लम्बा जीवनकाल, कम मूल्य।	टरबाइन शाफ्ट तथा मोटर आदि।
2.	कांसा (Bronze) [Cu, Sn तथा Zn की मिश्र धातुएँ]	उच्च दाब पर भी क्रियाशील, मितव्ययी व निर्माण में सरल।	सभी प्रकार के उपकरणों के लिए उपयोगी, सामान्यतया ब्रुश रूप में इसका प्रयोग किया जाता है।
	(i) तोप धातु (Gun metal) [लगभग 88% Cu, 10% Sn तथा 2% Zn]	दाब व क्षमता लगभग 10 Mpa	
	(ii) फॉस्फोरस ब्रोन्ज (Phosphorus bronze) [लगभग 80% Cu, 10% Sn, 9% Pb तथा 1% फॉस्फोरस]	दाब क्षमता लगभग 14 Mpa	
3.	चाँदी (Silver) [लगभग 99% Ag तथा 0.5 से 5% तक Pb]	सामान्य दाब 35 Mpa, अच्छी फटीग सामर्थ्य, उच्च ऊष्मा चालकता।	वायुयान इंजन
4.	ढलवाँ लोहा (Cast iron)	दाब क्षमता लगभग 3.5 Mpa तथा गति 0.6 m/s, निम्न घर्षण, अच्छा स्नेहन गुण, मितव्ययी।	हल्का पारेषण (transmission) तथा क्रैंकशाफ्ट आदि।
5.	एल्युमीनियम मिश्रधातु (Aluminium alloy)	उच्च ऊष्मा प्रसार, अच्छी ऊष्मा चालकता, अधिक भार वहन क्षमता, अच्छी फटीग सामर्थ्य।	कम उपयोगी।
6.	इस्पात (Steel)	कम मूल्य, हल्का भार तथा गति लगभग 0.8 m/s	गाइडें आदि।
7.	कैडमियम बेस मिश्रधातु (Cadmium base alloys) लगभग 97% Cd, 1.5% Ni, 0.5% Cu तथा 1% Ag]	दाब क्षमता 10.5 MPa; उच्च तापमान पर भी क्रियाशील, निम्न संक्षारण प्रतिरोध, अधिक मूल्य।	कम उपयोगिता, इन्टर्नल कम्बशन इंजन आदि।
8.	अधातु पदार्थ (Non-metallic materials)		
	(i) कार्बन-ग्रेफाइट (Carbon-graphite)	सामान्य दाब 4.2 MPa, स्वतःस्नेहित (self lubricated) उच्च तापमान पर भी क्रियाशील, रासायनिक प्रक्रिया के लिए निष्क्रिय, कम गति पर भी उपयोगी।	भाप यन्त्र वाहक (conveyor), विद्युत मोटर, खाद्य-सामग्री, मशीनरी।
	(ii) लकड़ी (Wood)	उच्च गति पर हल्के भारों हेतु उपयुक्त तथा स्वच्छ, स्वतःस्नेहित (self-lubricating), लम्बा जीवनकाल तथा मितव्ययी।	वाहक (conveyors) आदि।
	(iii) रबर (Rubber)	झटका, भार एवं कम्पन की परिस्थितियों में उपयोगी, जल स्नेहन की आवश्यकता तथा न्यून घर्षण।	पम्प हाइड्रोलिक टरबाइन तथा समुद्री प्रोपैलर शाफ्ट हेतु उपयुक्त।
	(iv) प्लास्टिक (Plastics) [टेफ्लोन (teflon) तथा नायलॉन (nylon)]	दाब क्षमता 17.5 MPa तथा गति लगभग 2.25 m/s निम्न घर्षण, रासायनिक प्रक्रिया के लिए निष्क्रिय, स्नेहन की आवश्यकता नहीं तथा स्वच्छता।	पम्प, प्रोपैलर, कैम, डेरी, कपड़ा तथा खाद्य-सामग्री, मशीनरी।

15.4 फायरिंग ऑर्डर एवं इंजन बैलेन्सिंग Firing Order and Engine Balancing

एक से अधिक सिलेण्डर वाले इंजनों (multi-cylinder engine) के विभिन्न सिलेण्डरों में जिस क्रम से फायरिंग होती है, उसे फायरिंग ऑर्डर (firing order) कहते हैं। इसका सीधा सम्बन्ध इंजन की बैलेन्सिंग से होता है। सही फायरिंग ऑर्डर से इंजन में कम्पन कम होता है, इंजन सन्तुलित अवस्था में चलता है तथा पावर फ्लो समान गति से होता है।

इसके अतिरिक्त इंजन में झटके भी कम लगते हैं। यह कार्य क्रैंकशाफ्ट की सहायता से ही सम्भव है।

अत: क्रैंकशाफ्ट की इसमें भूमिका को उपेक्षित नहीं किया जा सकता। नीचे विभिन्न सिलेण्डरों वाले इंजनों के फायरिंग ऑर्डर तथा बैलेन्सिंग के विषय में बताया गया है।

एक सिलेण्डर इंजन One Cylinder Engine

एक सिलेण्डर के इंजन में क्रैंकशाफ्ट के दो चक्करों में एक बार पावर मिलती है। इस प्रकार चार स्ट्रोकों में एक लाभकारी पावर स्ट्रोक होता है। शेष स्ट्रोकों में पिस्टन, क्रैंकशाफ्ट आदि के घर्षण (friction) में पावर की हानि होती है। इस कारण इंजन असन्तुलित अवस्था में चलता है और उसमें कम्पन होता है। कुछ सीमा तक यह कम्पन वाइब्रेशन डैम्पर तथा बड़ा फ्लाईव्हील लगाकर दूर किया जाता है।

दो सिलेण्डर इंजन Two Cylinder Engine

दो सिलेण्डर इंजन की क्रैंकशाफ्ट में क्रैंक पिन 180° पर बनी होती है। इसमें पिस्टन एक-दूसरे के विपरीत चलते हैं। इसमें क्रैंकशाफ्ट के प्रत्येक चक्कर में पावर मिलती है। अत: यह इंजन अपेक्षाकृत सन्तुलित अवस्था में चलता है।

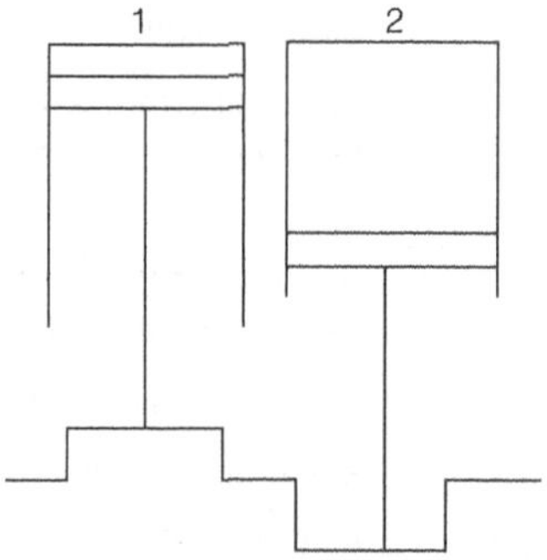

चित्र दो सिलेण्डर इंजन

तालिका दो सिलेण्डर इंजन की विभिन्न घटनाएँ

सिलेण्डर	1	2	सिलेण्डर	1	2
प्रथम रिवोल्यूशन द्वितीय रिवोल्यूशन	P → पावर स्ट्रोक E → सक्शन स्ट्रोक S → सक्शन स्ट्रोक C → कम्प्रैशन स्ट्रोक	C → कम्प्रैशन स्ट्रोक P → पावर स्ट्रोक E → एग्जॉस्ट स्ट्रोक S → सक्शन स्ट्रोक	प्रथम रिवोल्यूशन द्वितीय रिवोल्यूशन	P → पावर स्ट्रोक E → एग्जॉस्ट स्ट्रोक S → सक्शन स्ट्रोक C → कम्प्रैशन स्ट्रोक	E → एग्जॉस्ट स्ट्रोक S → सक्शन स्ट्रोक C → कम्प्रैशन स्ट्रोक P → पावर स्ट्रोक

चार सिलेण्डर इंजन Four Cylinder Engine

चार सिलेण्डर इंजन की क्रैंकशाफ्ट पर क्रैंक पिन 180° कोण में बने होते हैं। इसमें 1 नं. पिस्टन तथा 4 नं. पिस्टन टी.डी.सी. या बी.डी.सी. पर आते हैं। इसके ठीक विपरीत 2 नं. पिस्टन तथा 3 नं. पिस्टन चलते हैं। तालिका देखने से यह स्पष्ट होता है कि क्रैंकशाफ्ट के प्रथम चक्कर में 1 नं. पिस्टन जब पावर स्ट्रोक कर रहा होता है, तब 2 नं. पिस्टन एग्जॉस्ट, 3 नं. पिस्टन कम्प्रेशन, 4 नं. सक्शन स्ट्रोक करता है। इस प्रकार इंजन में 180° के बाद पावर प्राप्त होती रहती है।

इससे इंजन में अपेक्षाकृत कम्पन और कम होता है तथा इंजन और सन्तुलित चलता है।

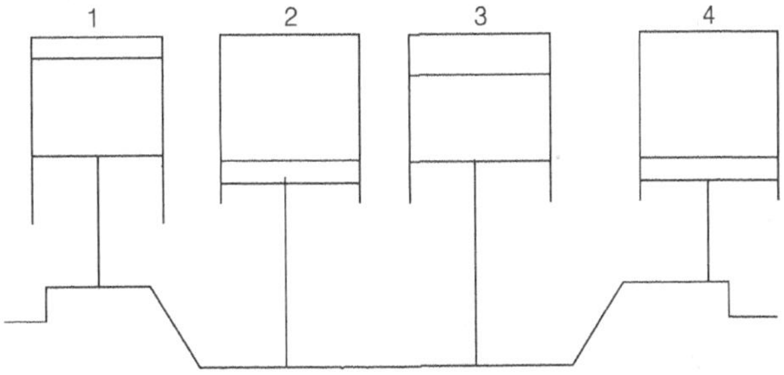

चित्र चार सिलेण्डर इंजन में फायरिंग ऑर्डर

तालिका को देखने से स्पष्ट ज्ञात होता है कि इसका फायरिंग ऑर्डर 1-3-4-2 है तथा तालिका (II) का फायरिंग ऑर्डर 1-2-4-3 है। इसके अतिरिक्त, चार सिलेण्डर इंजन का फायरिंग ऑर्डर 1-3-2-4 भी हो सकता है।

तालिका चार सिलेण्डर इंजन की विभिन्न घटनाएँ

I	1	2	II	1	2
सिलेण्डर	1	2	सिलेण्डर	1	2
प्रथम	P → पावर स्ट्रोक	C → कम्प्रैशन स्ट्रोक	ग्राथम	P → पावर रट्रोक	E → एग्जॉस्ट स्ट्रोक
रिवोल्यूशन	C → कम्प्रैशन स्ट्रोक	P → पावर स्ट्रोक	रिवोल्यूशन	E → एग्जॉस्ट स्ट्रोक	S → सक्शन स्ट्रोक
द्वितीय	S → सक्शन स्ट्रोक	E → एग्जॉस्ट स्ट्रोक	द्वितीय	S → सक्शन स्ट्रोक	C → कम्प्रैशन स्ट्रोक
रिवोल्यूशन	E → एग्जॉस्ट स्ट्रोक	S → सक्शन स्ट्रोक	रिवोल्यूशन	C → कम्प्रैशन स्ट्रोक	P → पावर स्ट्राक

छः सिलेण्डर इंजन Six Cylinder Engine

छः सिलेण्डर की क्रैंकशाफ्ट पर क्रैंक पिन दो-दो के जोड़ों में 120° के कोण पर बनी होती हैं। इसमें क्रैंकशाफ्ट के दो चक्करों में छः बार पावर मिलती है। दूसरे शब्दों में प्रत्येक 120° पर एक पावर स्ट्रोक हो जाता है। इस कारण इस इंजन में कम्पन न के बराबर होता है तथा इंजन सन्तुलित अवस्था में चलता है। चित्र देखने से यह स्पष्ट होता है कि जब 1 नं. पिस्टन तथा 6 नं. पिस्टन नीचे की ओर चलेंगे, तो 2 नं. पिस्टन और 5 नं. पिस्टन पूर्ण रूप से नीचे पहुँचे होंगे तथा 3 नं. पिस्टन और 4 नं. पिस्टन ऊपर आ रहे होंगे।

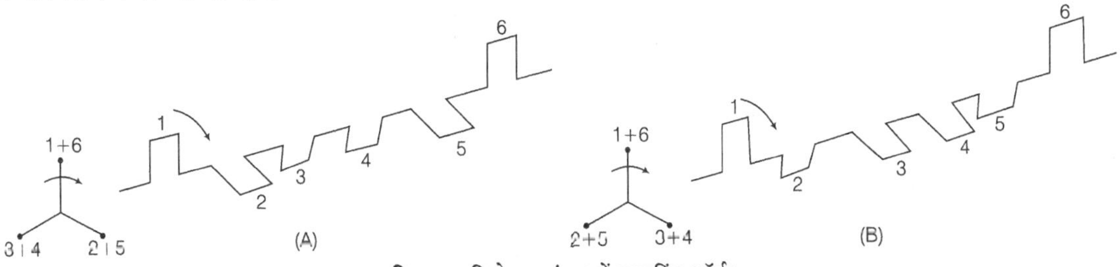

चित्र छः सिलेण्डर इंजन में फायरिंग ऑर्डर

तालिका छः सिलेण्डर इंजन की विभिन्न घटनाएँ

I					II				
सिलेण्डर	1	2	3	4	सिलेण्डर	1	2	3	4
प्रथम रिवोल्यूशन	P → पावर स्ट्रोक	E → एग्जॉस्ट स्ट्रोक	C → कम्प्रैशन स्ट्रोक	S → सक्शन स्ट्रोक	प्रथम रिवोल्यूशन	P → पावर स्ट्रोक	C → कम्प्रैशन स्ट्रोक	E → एग्जॉस्ट स्ट्रोक	S → सक्शन स्ट्रोक
	E → एग्जॉस्ट स्ट्रोक	S → सक्शन स्ट्रोक	P → पावर स्ट्रोक	C → कम्प्रैशन स्ट्रोक		E → एग्जॉस्ट स्ट्रोक	P → पावर स्ट्रोक	S → सक्शन स्ट्रोक	C → कम्प्रैशन स्ट्रोक
द्वितीय रिवोल्यूशन	S → सक्शन स्ट्रोक	C → कम्प्रैशन स्ट्रोक	E → एग्जॉस्ट स्ट्रोक	P → पावर स्ट्रोक	द्वितीय रिवोल्यूशन	S → सक्शन स्ट्रोक	E → एग्जॉस्ट स्ट्रोक	C → कम्प्रैशन स्ट्रोक	P → पावर स्ट्रोक
	C → कम्प्रैशन स्ट्रोक	P → पावर स्ट्रोक	S → सक्शन स्ट्रोक	E → एग्जॉस्ट स्ट्रोक		C → कम्प्रैशन स्ट्रोक	S → सक्शन स्ट्रोक	P → पावर स्ट्रोक	E → एग्जॉस्ट स्ट्रोक

इस प्रकार की क्रैंकशाफ्ट वाले इंजन के चार फायरिंग ऑर्डर हो सकते हैं।

1. 1-4-2-6-3-5
2. 1-3-5-6-2-4
3. 1-3-2-6-4-5
4. 1-2-4-6-5-3

इसके उपरान्त जब 3 नं. पिस्टन और 4 नं. पिस्टन अपना नीचे का स्ट्रोक पूरा कर लेंगे, तो 1 नं. पिस्टन ऊपर आ रहा होगा। इस प्रकार की क्रैंकशाफ्ट वाले इंजन के भी चार फायरिंग ऑर्डर हो सकते हैं। इनमें सबसे अच्छा फायरिंग ऑर्डर 1-5-3-6-2-4 है। इसका प्रयोग लगभग सभी छ: सिलेण्डर (एक लाइन) अमेरिकन इंजनों में किया जाता है।

छ: सिलेण्डर के कुछ इंजन V-6 होते हैं। इनमें सिलेण्डर V के आकार के दो समूहों में होते हैं। दाहिने समूह में 2-4-6 नं. के सिलेण्डर तथा बाएँ समूह में 1-3-5 नं. के सिलेण्डर होते हैं।

दोनों समूह 90° या 60° पर बने होते हैं। इनका फायरिंग ऑर्डर 1-6-5-4-3-2 होता है। इसके अतिरिक्त छ: सिलेण्डर अपोज्ड (six cylinder opposed) इंजन भी होते हैं।

इनमें तीन-तीन सिलेण्डर एक-दूसरे के विपरीत दिशा में बने होते हैं। इनमें एक ओर 1-3-5 नं. के सिलेण्डर तथा दूसरी ओर 2-4-6 नं. के सिलेण्डर होते हैं। इनका फायरिंग ऑर्डर 1-4-5-2-3-6 होता है।

आठ सिलेण्डर इंजन

Eight Cylinder Engine

आठ सिलेण्डर इंजनों में सिलेण्डर लगाने की दो विधियाँ हैं। पहली में एक लाइन में ही सभी सिलेण्डर बने होते हैं। इनमें क्रैंकशाफ्ट पर क्रैंक पिन 90° के कोण पर बनी होती हैं। इनके फायरिंग ऑर्डर निम्नलिखित हो सकते हैं

1. 1-6-2-5-8-3-7-4
2. 1-7-3-8-4-6-2-5
3. 1-5-2-6-4-8-3-7

ये इंजन V-6 इंजनों से भी अधिक कम्पन रहित तथा सन्तुलित अवस्था में चलते हैं। दूसरे प्रकार में सिलेण्डर V आकार में लगे होते हैं तथा दो समूहों में विभक्त होते हैं।

ये दोनों समूह एक-दूसरे से 90° पर होते हैं। इस प्रकार जब किसी एक समूह का संख्या 1 पिस्टन टी.डी.सी. पर होगा दूसरे समूह का पिस्टन बी.डी.सी. पर होगा। V-8 इंजन के निर्माता, सिलेण्डर क्रम को अपने स्वयं के अनुसार बनाते हैं।

इसी के आधार पर ही V-8 इंजनों के फायरिंग ऑर्डर निर्धारित किए जाते हैं, जो निम्न प्रकार हैं

1. 1-8-4-3-6-5-7-2
2. 1-8-7-3-6-5-4-2
3. 1-5-4-2-6-3-7-8
4. 1-5-4-8-6-3-7-2

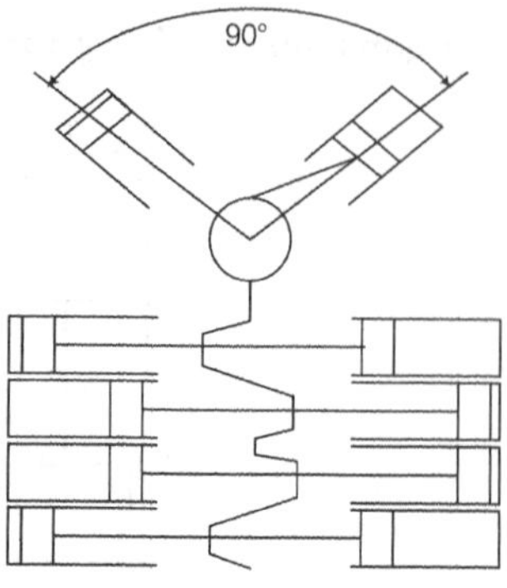

चित्र आठ सिलेण्डर इंजन (V-8)

15.5 पावर ओवरलैप Power Overlap

जैसा कि पहले बताया गया है मल्टी सिलेण्डर इंजन एक सिलेण्डर इंजन से अधिक सन्तुलित तथा कम्पनरहित अवस्था में चलते हैं। अत: जितने अधिक सिलेण्डर का इंजन होगा वह उतना ही अधिक सन्तुलित अवस्था में चलेगा। चार सिलेण्डर इंजन की क्रैंकशाफ्ट को 180° पर पावर स्ट्रोक का धक्का मिल जाता है, परन्तु इसमें पावर स्ट्रोक में कोई ओवरलैप नहीं होता है।

छ: सिलेण्डर इंजन में प्रत्येक 120° पर क्रैंकशाफ्ट को पावर स्ट्रोक का धक्का मिल जाता है। इससे ये इंजन चार सिलेण्डर की अपेक्षा अधिक सन्तुलित चलते हैं। इन इंजनों में पावर स्ट्रोक 60° ओवरलैप करता है। अत: इंजन को कोई झटका नहीं लगता; जैसा कि चार्ट में दिखाया गया है।

चार्ट 1

फायरिंग ऑर्डर	स्ट्रोक			
1	P	E	S	C
3	C	P	E	S
4	S	C	P	E
2	E	S	C	P
	180°	180°	180°	180°

एक घूर्णन =360° **दो घूर्णन= 720°** (एक पूर्ण चक्र)

चार्ट 2

फायरिंग ऑर्डर	स्ट्रोक											
1	P	P	P	E	E	E	S	S	S	C	C	C
5	C	C	P	P	P	E	E	E	S	S	S	C
3	S	C	C	C	P	P	P	E	E	E	S	S
6	S	S	S	C	C	C	P	P	P	E	E	E
2	E	E	S	S	S	C	C	C	P	P	P	E
4	P	E	E	E	S	S	S	C	C	C	P	P
	60° ↔	60° ↔	60° ↔	60° ↔	60° ↔	60° ↔	60° ↔	60° ↔	60° ↔	60° ↔	60° ↔	60° ↔

महत्त्वपूर्ण बिन्दु

- क्रैंकशाफ्ट द्वारा ही पिस्टन की पश्चाग्र गति को घूर्णन गति में परिवर्तित किया जाता है।
- क्रैंकशाफ्ट का फ्लोटिंग सन्तुलन बहुत अच्छा होना चाहिए।
- क्रैंकशाफ्ट में एक क्रैंक पिन, क्रैंक भुजा या वेब तथा क्रैंक भार होते हैं।
- क्रैंकशाफ्ट को चलाने के लिए क्रैंकशाफ्ट के अग्र सिरे पर गियर या स्प्रॉकेट फिट किया जाते हैं।
- क्रैंकशाफ्ट के सामने के भाग पर डैम्पर तथा पुली लगी होती है।
- क्रैंकशाफ्ट के पिछले सिरे पर एक फ्लाई-व्हील चक्र लगा होता है।
- क्रैंकशाफ्ट को अपकेन्द्री बल, पिस्टन द्वारा संघट्ट बल तथा कनैक्टिंग रॉड को सहन करना पड़ता है।
- क्रैंकशाफ्ट मुख्य रूप से निकिल स्टील, क्रोमियम वेनेडियम स्टील आदि से बनाई जाती है।
- क्रैंकशाफ्ट पिस्टन की गत्यात्मक गति को घूर्णन गति में परिवर्तित करता है।
- क्रैंकशाफ्ट में मरोडी कम्पन तथा इंजन कम्पन उत्पन्न होते हैं।
- कैमशाफ्ट एक सीधी शाफ्ट होती है।
- कैमशाफ्ट पर इंजन वाल्वों की संख्या के बराबर कैम लोब बने होते हैं।
- कैमशाफ्ट की सम्पूर्ण लम्बाई पर आधार बियरिंगों की एक श्रृंखला होती है।
- कैमशाफ्ट को खराब होने से बचाने के लिए शाफ्ट की सतह को कठोरीकृत किया जाता है।
- कैमशाफ्ट का प्रयोग, कैम लोब की सहायता से घूर्णन गति को पश्चाग्र गति में परिवर्तित करने में किया जाता है।
- कैम लोब के द्वारा इंजन वाल्व खुलते तथा बन्द होते हैं।
- इंजन बियरिंग, चालक शाफ्ट में घर्षण को कम करने के लिए प्रयुक्त की जाती है।
- बियरिंग युक्ति इंजन चालन को सुगम बनाती है।
- इंजन में कनैक्टिंग रॉड के बिग एवं स्मॉल एण्ड, कैमशाफ्ट आदि अवयवों पर बियरिंग का प्रयोग किया जाता है।
- इंजन के कम गति व अधिक भार के लिए बियरिंग का ढलवाँ लोहे एवं अधिक गति के लिए कांसा धातु से बनाया जाता है।
- कैमशाफ्ट, ब्लॉक के साथ कसने के बाद मेन बियरिंगों में घूमती है।
- बिग एण्ड बियरिंग, क्रैंकशाफ्ट के क्रैंक पिन पर कनैक्टिंग रॉड जोड़ने के लिए प्रयोग किए जाते हैं।
- कनैक्टिंग रॉड के छोटे सिरे पर गजन पिन को फिट करने के लिए स्मॉल एण्ड बियरिंग का प्रयोग किया जाता है।
- शैल बियरिंग की ऊष्मीय चालकता उच्च होती है।
- फायरिंग ऑर्डर का सीधा सम्बन्ध इंजन बैलेन्सिंग से होता है।
- एक सिलेण्डर इंजन में क्रैंकशाफ्ट के दो चक्करों में एक बार में पावर मिलती है।
- दो सिलेण्डर इंजन की क्रैंकशाफ्ट में क्रैंक पिन 180° पर बनी होती है।

महत्त्वपूर्ण प्रश्नोत्तरी

1. क्रैंकशाफ्ट का क्या कार्य है?

उत्तर क्रैंकशाफ्ट पिस्टन की पश्चाग्र गति का घूर्णी गति में परिवर्तित करती है तथा फ्लाईव्हील का आवश्यक टॉर्क उपलब्ध कराती है।

2. क्रैंकशाफ्ट का स्नेहन किस प्रकार किया जाता है?

उत्तर इंजन के अन्दर मुख्य तेल गैलरी का सम्बन्ध, ब्लॉक में मार्ग बनाकर क्रैंकशाफ्ट जर्नलों के फाउण्डेशन के साथ किया जाता है, जिसके फलस्वरूप कैमशाफ्ट का स्नेहन होता है।

3. क्रैंकशाफ्ट के कम्पनों को किस प्रकार समाप्त किया जा सकता है?

उत्तर क्रैंकशाफ्ट के कम्पनों को वाइब्रेशन डैम्पर का प्रयोग करके कम किया जा सकता है।

4. क्रैंकशाफ्ट बियरिंग के घिसाव को किस प्रकार कम किया जाता है?

उत्तर क्रैंकशाफ्ट बियरिंग के घिसाव को तेल का प्रयोग करके कम किया जा सकता है।

5. इंजन में बियरिंग के प्रयोग का क्या उद्देश्य है?

उत्तर इंजन में बियरिंग के प्रयोग का मुख्य उद्देश्य अधिक भार की स्थिति में सतह का घर्षण कम करना है।

6. थ्रस्ट बियरिंग का कॉलर बियरिंग कहे जाने का क्या कारण है?

उत्तर थ्रस्ट बियरिंग की शाफ्ट पर कॉलर बने होते हैं, जिन्हें बियरिंग की सतह पर सहारा दिया जाता है, इसलिए इन्हें कॉलर बियरिंग भी कहा जाता है।

7. मैग्नेटिक बियरिंग को हाई स्पीड उपकरणों में ही उपयोग किए जाने का क्या कारण है?

उत्तर मैग्नेटिक बियरिंग में गतिमान भाग नहीं होते हैं, जिसके कारण इन्हें हाई स्पीड उपकरणों में उपयोग किया जाता है।

अभ्यास प्रश्न

परीक्षा प्रारूपी प्रश्न

बहुविकल्पीय

1. 'क्रैंकशाफ्ट इंजन का मुख्य भाग है।' इस भाग का कार्य क्या है?
   (a) क्रैंकशाफ्ट दोलन गति करती है
   (b) क्रैंकशाफ्ट, पिस्टन की दोलन गति को घूर्णन गति में परिवर्तन करती है
   (c) क्रैंकशाफ्ट, पिस्टन की गत्यात्मक गति को घूर्णन गति में परिवर्तित करती है
   (d) उपरोक्त में से कोई नहीं

2. क्रैंकशाफ्ट की ऊष्मा उपचार (heat treatment) विधि क्या है?
   (a) अनीलिंग (b) टेम्परिंग
   (c) केस-हार्डनिंग (d) नाइट्राइडिंग

3. क्रैंकशाफ्ट जर्नल के अण्डाकृति (ovality) और संकरेपन (taper) को जाँचने के लिए निम्न उपकरण प्रयोग करते हैं
   (a) आन्तरिक कैलीपर (b) माइक्रोमीटर
   (c) बोर गेज (d) फीलर गेज

4. क्रैंकशाफ्ट का आघूर्ण (torque) सीधे निम्न पर जाता है
   (a) फ्लाईव्हील पर (b) प्रोपेलर शाफ्ट पर
   (c) रोडव्हील पर (d) डिफरैन्शियल गियर पर

5. फ्लाईव्हील कहाँ स्थापित होता है?
   (a) क्रैंकशाफ्ट के अग्र छोर (front end) पर
   (b) क्रैंकशाफ्ट के पिछले छोर (rear end) पर
   (c) क्रैंकशाफ्ट के मध्य में
   (d) वाइब्रेशन डैम्पर के समीप

6. क्रैंकशाफ्ट निम्न में से किस धातु की बनाई जाती है?
   (a) निकिल स्टील (b) वेनेडियम स्टील
   (c) निकिल क्रोमियम मोलिब्डेनम स्टील
   (d) उपरोक्त सभी

7. क्रैंकशाफ्ट के अगले सिरे पर लगा होता है
   (a) टाइमिंग गियर (b) वाइब्रेशन डैम्पर
   (c) फैन-पुली (d) ये सभी

8. सिंगल पीस क्रैंकशाफ्ट का प्रयोग मुख्यतः किया जाता है
   (a) कारों में (b) बसों में
   (c) ट्रकों में (d) ये सभी

9. क्रैंकशाफ्ट पर वाइब्रेशन डैम्पर कम करता है
   (a) अनुदैर्ध्य कम्पनों को (b) तिरछे कम्पनों को
   (c) मरोड़ी कम्पनों को (d) ये सभी

10. क्रैंकशाफ्ट की क्रैंकपिन तथा जर्नलों को बेस शाफ्ट व क्रैंक भार से जोड़ने के लिए प्रयोग किए जाते हैं
    (a) बोल्ट (b) क्लिप
    (c) 'a' और 'b' दोनों (d) इनमें से कोई नहीं

11. बिल्ट अप क्रैंकशाफ्टों का प्रयोग ········ वाले इंजनों के लिए ही उपयुक्त है।
    (a) सिंगल सिलेण्डर (b) डबल सिलेण्डर
    (c) ट्रिपल सिलेण्डर (d) मल्टी सिलेण्डर

12. क्रैंकशाफ्ट पर इंजन वाल्वों की संख्या के बराबर ········ बनी होती है
    (a) स्लॉट (b) टैपेट
    (c) लिफ्टर (d) कैम लोब

13. क्रैंकशाफ्ट पर कैम लोब (lobs) की संख्या ··········· होती है।
    (a) सिलेण्डरों की संख्या के बराबर
    (b) सिलेण्डरों की संख्या की दोगुनी
    (c) सिलेण्डरों की संख्या की तिगुनी
    (d) सिलेण्डरों की संख्या की चौगुनी

14. क्रैंक पिन का संकरापन और अण्डाकृति को निम्न से सुधारा जा सकता है
    (a) पुनः बोरिंग से (b) क्रैंकशाफ्ट घर्षण से
    (c) होनिंग से (d) तपन से

15. इंजन वाल्व किसके द्वारा खुलते हैं?
    (a) कैमशाफ्ट द्वारा (b) क्रैंकशाफ्ट द्वारा
    (c) रॉकर शाफ्ट द्वारा (d) वाल्व गाइड द्वारा

16. कैमशाफ्ट नियन्त्रित करती है
    (a) वाल्वों का खुलना (b) वाल्वों का बन्द होना
    (c) वाल्व टाइमिंग (d) ये सभी

17. कैमशाफ्ट चालन जिसे स्नेहन की आवश्यकता नहीं पड़ती, होती है
    (a) चेन ड्राइव (b) गियर ड्राइव
    (c) दाँतेदार रबड़ का पट्टा (d) इनमें से कोई नहीं

18. कैमशाफ्ट की संरचना में ········ कैम लोब पर टिका होता है।
    (a) टैपेट (b) गियर
    (c) बियरिंग (d) स्पिगॉट

19. इंजन वाल्व बन्द होते हैं
    (a) क्रैंकशाफ्ट द्वारा (b) कैमशाफ्ट द्वारा
    (c) टाइमिंग गियर द्वारा (d) वाल्व कमानियों द्वारा

20. फोर्जिंग के पश्चात् क्रैंक पिन तथा जर्नल को किस प्रकार चिकना बनाया जाता है?
(a) लैपिंग से (b) होनिंग से
(c) सुपर फिनिशिंग से (d) ग्राइण्डिंग से

21. कुछ इंजनों में कैम लोब की अक्ष, टैपेट/लिफ्टर की अक्ष से/के ······· होती है।
(a) समान्तर (b) लम्बवत् (c) ऑफसैट (d) समअक्षीय

22. गियर बॉक्स की प्राइमरी शाफ्ट का सपोर्ट प्रदान की जाती है।
(a) थ्रस्ट बियरिंग से (b) शैल बियरिंग
(c) मैन बियरिंग (d) स्पिगॉट बियरिंग

23. थ्रस्ट बियरिंग का अन्य नाम है
(a) फुट बियरिंग (b) बॉल बियरिंग
(c) कॉलर बियरिंग (d) इनमें से कोई नहीं

24. कॉलर बियरिंग का ········· भार को सहारा देने के लिए प्रयोग किया जाता है।
(a) अक्षीय (b) तिर्यक
(c) लम्बवत् (d) इसमें से कोई नहीं

25. कौन-सा बियरिंग लोडिंग के अक्ष के समान्तर होता है?
(a) थ्रस्ट बियरिंग (b) बुश बियरिंग
(c) ठोस बियरिंग (d) स्प्लिट बियरिंग

उत्तरमाला

1. (c)	**2.** (d)	**3.** (b)	**4.** (a)	**5.** (b)	**6.** (d)	**7.** (d)	**8.** (a)	**9.** (c)	**10.** (c)
11. (a)	**12.** (d)	**13.** (b)	**14.** (b)	**15.** (a)	**16.** (d)	**17.** (c)	**18.** (a)	**19.** (d)	**20.** (d)
21. (c)	**22.** (d)	**23.** (c)	**24.** (a)	**25.** (a)					

अध्याय 16

फ्लाईव्हील एवं सिलेण्डर ब्लॉक
Flywheel and Cylinder Block

अध्याय विषय सूची

परिचय Introduction

इंजन मूलत: विविध अवयवों एवं यन्त्रावलियों (mechanisms) की समग्र संरचना है जिसमें फ्लाईव्हील द्वारा कनैक्टिंग रॉड तथा क्रैंकशाफ्ट की गति का नियन्त्रण किया जाता है। फ्लाईव्हील इंजन में मुख्य भाग आधार होता है। फ्लाईव्हील, क्रैंकशाफ्ट आदि को फायरिंग के कारण उत्पन्न झटकों से बचाने हेतु इंजन में वाइब्रेशन डैम्पर का उपयोग किया जाता है। इसके साथ ही लुब्रिकेशन हेतु क्रैंककेस, ऑयल सम्प तथा ऑयल पम्प आदि भी इंजन में स्थापित किए जाते हैं। उपरोक्त सभी भागों का समायोजन तथा सम्बन्ध सिलेण्डर ब्लॉक के साथ प्रत्यक्ष या अप्रत्यक्ष रूप में किया जाता है।

पाठ्यक्रम की उपयोगिता को दृष्टिगत रखते हुए प्रस्तुत अध्याय में फ्लाईव्हील तथा सिलेण्डर ब्लॉक का ही विस्तारपूर्वक वर्णन किया गया है।

16.1 फ्लाईव्हील Flywheel

फ्लाईव्हील, इंजन का एक मुख्य भाग है। इंजन के प्रत्येक स्ट्रोक में पावर की आवश्यकता होती है। इंजन में पावर केवल एक ही स्ट्रोक में उत्पन्न होती है और शेष स्ट्रोकों में इंजन की पावर का ह्रास (loss) होता है, परन्तु किसी कार्य को करने के लिए निरन्तर पावर की आवश्यकता होती है। अत: इंजन द्वारा निरन्तर पावर ट्रांसमिट करने के उद्देश्य से इंजन में फ्लाईव्हील का प्रयोग किया जाता है अर्थात् फ्लाईव्हील इंजन द्वारा नियमित रूप से पावर उपलब्ध कराने की एक युक्ति है। फ्लाईव्हील इंजन में पावर स्ट्रोक के समय पावर को संग्रहित कर लेता है और शेष स्ट्रोक के समय यह नियमित रूप से पावर उपलब्ध कराता रहता है।

फ्लाईव्हील की संरचना Construction of Flywheel

फ्लाईव्हील, एक भारी गोल पहिया होता है, जिसे ढलवाँ लोहे का बनाया जाता है। फ्लाईव्हील को क्रैंकशाफ्ट के पश्च सिरे पर बोल्टों द्वारा फिट किया जाता है। वाहनों में यह क्लच प्लेट के समान घर्षण सतह का कार्य भी करता है। इंजन की स्टार्टिंग के दौरान स्टार्टर मोटर गियर, रिंग गियर के साथ संलग्न (engage) हो जाता है तथा फ्लाईव्हील इंजन की क्रैंकशाफ्ट के साथ घूमता है। फ्लाईव्हील का आकार तथा भार, इंजन की बनावट तथा पावर पर निर्भर करता है।

सामान्यत: फ्लाईव्हील के रख-रखाव की आवश्यकता नहीं होती है, परन्तु फिर भी इसके सीधेपन की जाँच अवश्य करनी चाहिए। फ्लाईव्हील पर चढ़े रिंग गियर कभी-कभी खराब हो जाते हैं। इसे बदलने के लिए रिंग गियर को गर्म करते हैं तथा थोड़ा ढीला होने पर इसे ठोंककर बाहर निकाल लेते हैं। नया रिंग गियर फिट करते समय रिंग गियर को गर्म किया जाता है।

गर्म होने पर इसका व्यास बढ़ जाता है। अब इस गर्म किए रिंग गियर को फ्लाईव्हील पर चढ़ा देते हैं। इग्नीशन तथा वाल्व टाइमिंग की सैटिंग के लिए फ्लाईव्हील पर इग्नीशन टाइमिंग मार्क तथा प्वॉइण्टर की व्यवस्था की जाती है।

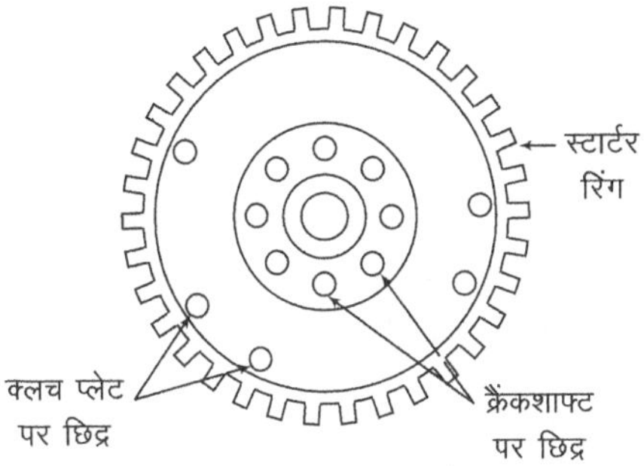

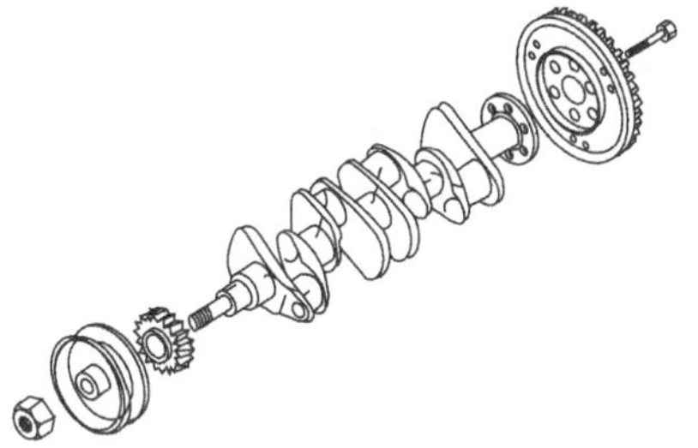

चित्र क्रैंकशाफ्ट के साथ फ्लाईव्हील की माउण्टिंग

फ्लाईव्हील के कार्य Functions of Flywheel

फ्लाईव्हील के निम्नलिखित कार्य हैं

(i) पावर स्ट्रोक की शक्ति को स्टोर करके क्रैंकशाफ्ट को घुमाना।

(ii) क्रैंकशाफ्ट की चाल को नियन्त्रित करना।

(iii) इंजन को स्टार्ट करने में प्रयुक्त स्टार्टर रिंग को आधार प्रदान करना।

(iv) ट्रांसमिशन तन्त्र को शक्ति स्थानान्तरित करना।

(v) फ्लाईव्हील पावर स्ट्रोक के दौरान ऊर्जा संचित करता है तथा निष्क्रिय स्ट्रोकों (सक्शन, कम्प्रैशन तथा एग्जॉस्ट) ऊर्जा प्रदान करता है।

(vi) फ्लाईव्हील बहुत से इंजनों में क्लच के लिए आवश्यक स्थान भी प्रदान करता है।

फ्लाईव्हील पर टाइमिंग मार्क्स Timing Marks on Flywheel

एक इंजन, टाइमिंग मार्क्स के साथ रोटेटिंग मेम्बर तथा स्टेशनरी प्वॉइण्टर पर उपलब्ध कराया जाता है। टाइमिंग मार्क्स की फ्लाईव्हील क्रैंक पुली की परिधि पर पंच किया जाता है। प्वॉइण्टर, फ्लाईव्हील टाइमिंग कवर पर स्थापित होता है। जब प्वॉइण्टर फ्लाईव्हील मार्क के साथ मेल खाता है, तो टाइमिंग को एडजस्ट किया जाता है तथा इस समय डिस्ट्रीब्यूटर सम्पर्क खुलने लगता है।

फ्लाईव्हील के भार में कमी तथा क्रैंकशाफ्ट की आयु में वृद्धि हेतु वाइब्रेशन डैम्पर का प्रयोग किया जाता है।

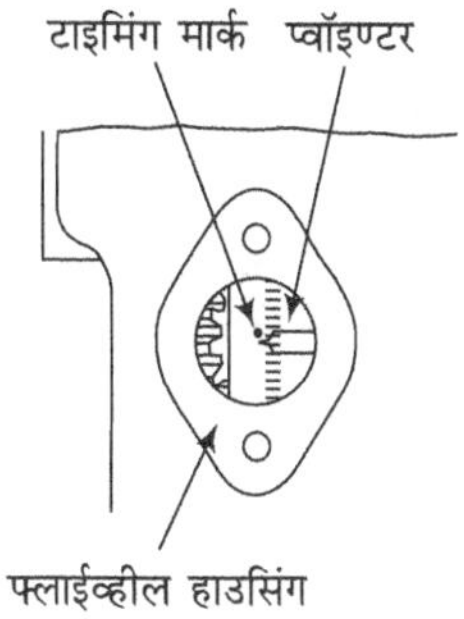

चित्र फ्लाईव्हील पर टाइमिंग

वाइब्रेशन डैम्पर Vibration Damper

इसके द्वारा क्रैंकशाफ्ट के मरोड़ कम्पन तथा प्रतिबलों (torsional vibration and stresses) को कम किया जाता है। फायरिंग के समय क्रैंकशाफ्ट को अचानक झटका लगता है, परन्तु वह तुरन्त घूम नहीं पाती है, परिणामस्वरूप, उसमें कम्पन होता है, जिसे रोकने के लिए वाइब्रेशन डैम्पर प्रयोग किए जाते हैं।

वाइब्रेशन डैम्पर के प्रकार Types of Vibration Damper

वाइब्रेशन डैम्पर निम्न दो प्रकार के होते हैं

(i) **रबर फ्लोटिंग टाइप डैम्पर** (Rubber floating type damper) इस डैम्पर में दो भाग होते हैं-एक छोटा जड़त्व रिंग अथवा डैम्पर फ्लाईव्हील तथा पुली। ये एक दूसरे से रबर इन्सर्ट द्वारा जुड़े होते हैं। सम्पूर्ण इकाई (unit) चित्र में दिखायी गई है।

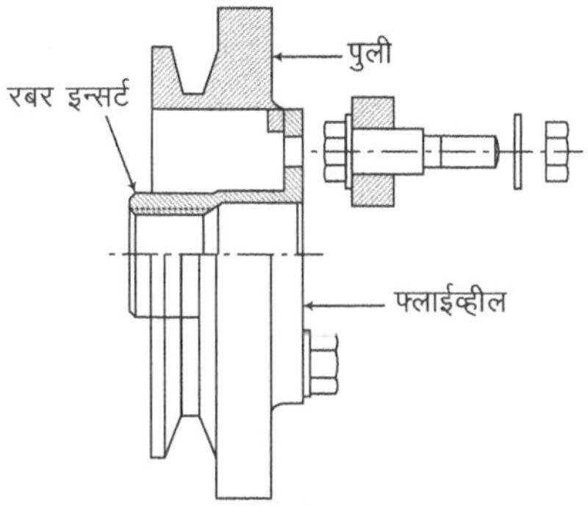

चित्र रबर फ्लोटिंग टाइप

इसी के पीछे एक छोटा गियर बना रहता है, जो कैमशाफ्ट को टाइमिंग गियर की सहायता से घुमाता है। जिन इंजनों में स्टार्टिंग के लिए हैण्डिल का प्रयोग किया जाता है, उनके लिए ड्राइविंग पुली पर ही एक डॉग नट भी कसा होता है, जिसमें हैण्डिल फँसाकर इंजन की क्रैंकशाफ्ट को घुमाया जाता है। ड्राइविंग पुली द्वारा ही वाटर पम्प तथा डायनमो 'V' बैल्ट की सहायता से घुमाए जाते हैं। क्रैंकशाफ्ट बनावट के आधार पर दो प्रकार की होती हैं, जिनका प्रयोग इंजन बनाने वाली कम्पनियाँ अपने डिजाइन के अनुसार करती हैं।

जैसे-जैसे क्रैंकशाफ्ट की गति तेज अथवा धीमी होती है, वैसे-वैसे रबर फ्लोटिंग डैम्पर पर एक ड्रैगिंग प्रभाव (dragging effect) पड़ता है। यह प्रभाव रबड़ इन्सर्ट (rubber insert) को कुछ लचीला कर देता है जो पुली और क्रैंकशाफ्ट को स्थिर गति पर रखने का प्रयास करता है। यह क्रैंकशाफ्ट की ट्विस्ट एवं अनट्विस्ट प्रक्रिया और मरोड़ कम्पनों (torsional vibrations) को ग्रहण करने का प्रयास करता है।

(ii) **क्लच व रबर बुश टाइप डैम्पर** (Clutch and rubber bush type damper) इस प्रकार के डैम्पर में पुली व डैम्पर के मध्य दो फ्रिक्शन सतहों को लगाया जाता है। डैम्पर व पुली के मध्य घर्षण के नियन्त्रण हेतु एक स्प्रिंग तथा प्लेट प्रयोग की जाती है। क्लच व रबर बुश टाइप डैम्पर का प्रयोग भारी इंजनों में क्रैंकशाफ्ट की स्थिर चाल प्राप्त करने के लिए किया जाता है।

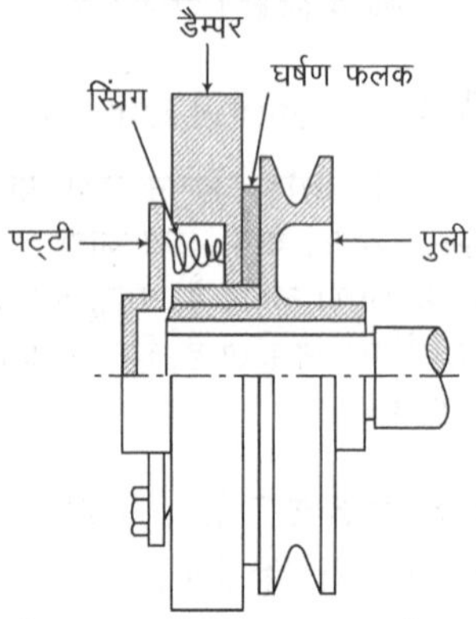

चित्र क्लच व रबर बुश टाइप डैम्पर

16.2 फ्लाईव्हील के अतिरिक्त अन्य उपयोगी भाग

Other usefull Parts Except Flywheel

फ्लाईव्हील के अतिरिक्त कुछ अन्य भाग भी क्रैंकशाफ्ट से जुड़े होते हैं जिनमें से कुछ मुख्य भागों का विवरण निम्न प्रकार है

क्रैंककेस Crankcase

क्रैंककेस दो भागों से मिलकर बना होता है, जिसके निचले भाग को ऑयल सम्प कहते हैं। यह एल्युमीनियम शीट अथवा स्टील शीट का बना होता है। इसमें इंजन के स्नेहन हेतु इंजन ऑयल भरा होता है। ऑयल सम्प के नीचे ड्रेन या ड्रेन प्लग लगा होता है, जिसका प्रयोग इंजन ऑयल को ऑयल सम्प से बाहर निकालने के लिए किया जाता है। क्रैंककेस के ऊपर का भाग सिलेण्डर ब्लॉक से जुड़ा होता है। क्रैंक के दोनों भागों, ऑयल सम्प एवं इसके ऊपर वाले भाग को जोड़ने के लिए ऑयल सम्प गैस्केट का प्रयोग किया जाता है।

ऑयल सम्प Oil Sump

ऑयल सम्प, इंजन का सबसे निचला भाग होता है। इसमें लुब्रीकेटिंग ऑयल भरा होता है, इसलिए इसे ऑयल चैम्बर (oil chamber) भी कहा जाता है। यह माइल्ड स्टील या एल्युमीनियम अलॉय की चादरों को प्रेस करने के पश्चात् मशीनिंग करके बनाया जाता है। ऐसे इंजन जिनमें बिग एण्ड बियरिंग लुब्रीकेशन के लिए ऑयल डिपर लगाए जाते हैं, उनमें सिलेण्डरों की संख्या के बराबर तेल की खुली नालियाँ भी बनाई जाती हैं। कुछ इंजनों में सिलेण्डरों की संख्या के आधार पर अलग-अलग ग्रूव (groove) बनाए जाते हैं।

ऑयल पम्प Oil Pump

ऑयल पम्प का प्रयोग ऑयल सम्प से ऑयल इंजन के विभिन्न भागों में निश्चित दाब पर पहुँचाने में किया जाता है। यह क्रैंकशाफ्ट पर स्थापित होता है तथा कैमशाफ्ट द्वारा चलाया जाता है। ऑयल पम्प चार प्रकार का होता है

1. गियर टाइप ऑयल पम्प Gear Type Oil Pump

इस प्रकार के पम्प में दो गियर्स पम्प हाउसिंग में फिक्स्ड होते हैं। पम्प हाउसिंग के साथ इन गियर्स का क्लीयरैन्स बहुत कम होता है।

जब गियर्स घूमते हैं, तो केसिंग में निर्वात् उत्पन्न होता है। इनलेट पोर्ट के द्वारा तेल सक (suck) किया जाता है तथा आउटलेट पोर्ट के द्वारा तेल को निष्कासित किया जाता है।

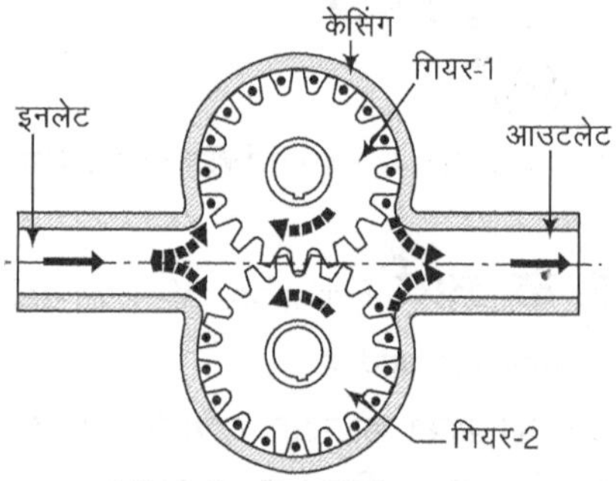

चित्र गियर टाइप ऑयल पम्प

2. रोटर टाइप ऑयल पम्प Rotor Type Oil Pump

रोटर द्वारा ऑयल पम्प में एक इनर ड्राइविंग रोटर होता है तथा एक आउटर ड्राइव रोटर होता है, जो पम्प हाउसिंग में मुक्त रूप से घूमता है।

यह आउटर ड्राइव रोटर, इनर रोटर के सापेक्ष उत्केन्द्रित (eccentric) गति करता है। जिस स्थान पर रोटर दाँतों के मध्य आयतन बढ़ता है उस स्थान पर पम्प में ऑयल सक (suck) होता है तथा जिस स्थान पर रोटर दाँतों के मध्य आयतन घटता है, उस स्थान पर ऑयल बाहर निकलता है।

चित्र रोटर टाइप ऑयल पम्प

3. वेन पम्प Vane Pump

वेन टाइप पम्प में रोटर पम्प हाउसिंग में उत्केन्द्रित गति करता है। स्प्रिंग भारित वेन्स, पम्प हाउसिंग की दीवारों के विरुद्ध स्लाइड करते हैं जब रोटर घूमता है, तो सक्शन वेन्स के द्वारा उत्पन्न होता है। ऑयल इनलेट डक्ट के द्वारा सक (suck) होता है तथा डिस्चार्ज डक्ट के द्वारा डिस्चार्च होता है।

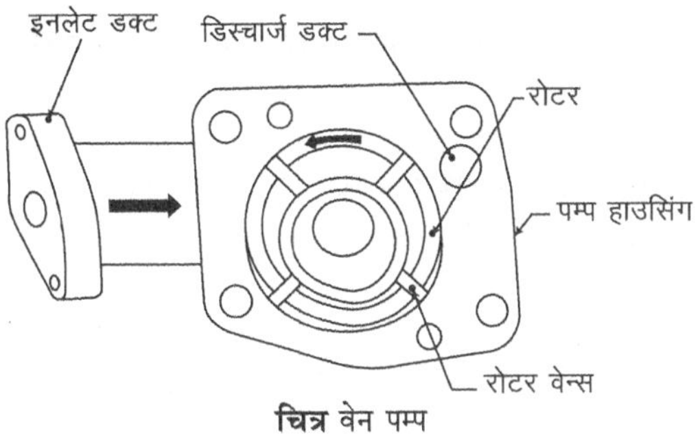

चित्र वेन पम्प

4. प्लन्जर टाइप ऑयल पम्प Plunger Type Oil Pump

इस प्रकार के पम्प में प्लन्जर सिलेण्डर के अन्दर ऊपर नीचे गति करता है। यह एक विशेष उत्केन्द्रित कैम द्वारा चलाया जाता है।

इस पम्प में दो स्प्रिंग लोडिड नॉन-रिटर्न बॉल वाल्व होते हैं। इनमें से एक सक्शन साइड में होता है। यह प्लन्जर पम्प मीडियम तथा हाई प्रैशर स्नेहन प्रणाली में प्रयोग किया जाता है।

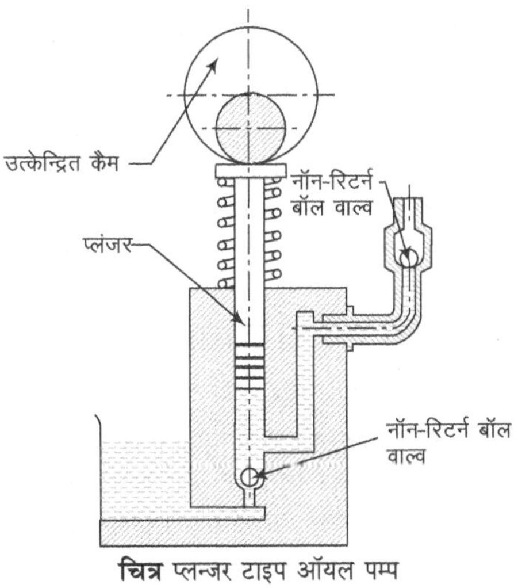

चित्र प्लन्जर टाइप ऑयल पम्प

टाइमिंग गियर Timing Gear

कैमशाफ्ट के अगले सिरे पर एक गियर चढ़ा होता है, जो प्राय: फाइबर एल्युमीनियम का बना होता है, परन्तु बड़े एवं भारी इंजनों में यह स्टील का बना होता है।

यह क्रैंकशाफ्ट गियर से दोगुना (two times) बड़ा होता है। इन्हीं के द्वारा प्राय: दोनों शाफ्टों को एक-दूसरे से जोड़ा जाता है। इसे टाइमिंग गियर भी कहते हैं। इसके अतिरिक्त भी कई अन्य तरीकों से दोनों शाफ्टों को मिलाया जाता है।

कुछ इंजनों में क्रैंकशाफ्ट तथा मेन शाफ्ट को मिलाने के लिए चेन (chain) का प्रयोग किया जाता है। इसके अतिरिक्त, कुछ इंजनों में इस कार्य के लिए एक अतिरिक्त आइडलर गियर (idler gear) का प्रयोग इन दोनों शाफ्टों के गियरों के बीच किया जाता है। कुछ इंजनों में क्रैंक शाफ्ट गियर तथा कैम शाफ्ट गियर के अतिरिक्त आइडलर गियर को भी चैन द्वारा संयोजित किया जाता है।

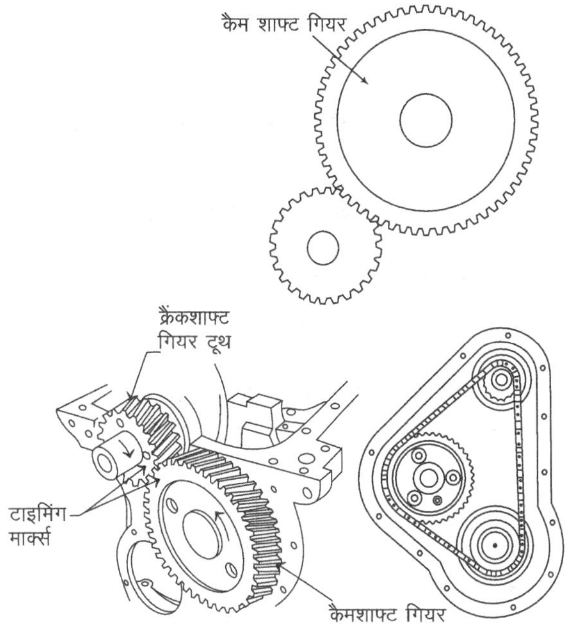

चित्र टाइमिंग गियरों के संयोजन के विभिन्न तरीके

टाइमिंग चेन Timing Chain

इस प्रकार की स्प्रोकेट ड्राइव के साथ कैमशाफ्ट चेन के माध्यम से चलती है। इस ड्राइव में सिंगल एवं मल्टीपल चेनों का उपयोग किया जाता है। चेन को सामान्यत: हाइड्रॉलिक चेन टेन्शनर के द्वारा तनाव दिया जाता है जोकि इंजन ऑयल प्रैशर द्वारा नियन्त्रित किया जाता है। चेन एवं चेन टेन्शनर में घिसाव कम होता है जिससे इनकी सर्विसिंग की आवश्यकता नहीं पड़ती है। यदि चेन अत्यधिक घिस गई हो तो उसे बदलना ही पड़ता है।

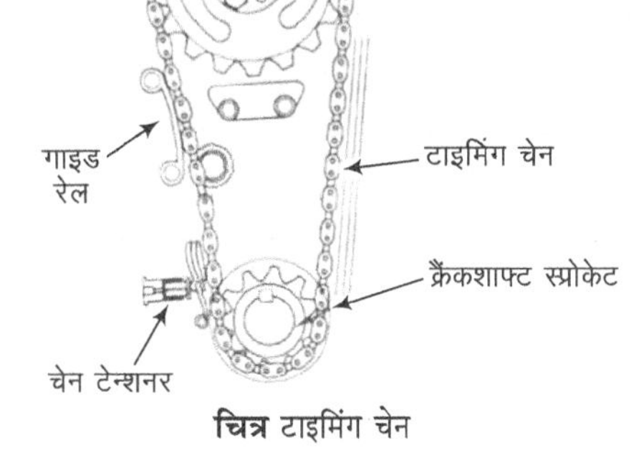

चित्र टाइमिंग चेन

चेन टेंशनर Chain Tensioner

जिन इंजनों में चेन द्वारा कैमशाफ्ट को ड्राइव दी जाती है, उनमें कुछ दिनों के बाद चेन ढीली हो जाती है। इसे रोकने के लिए चेन टेंशनर का उपयोग किया जाता है।

यह कई प्रकार के होते हैं; जैसे—असेन्ट्रिक टाइप स्प्रिंग, लोडेड टाइप, हाइड्रोलिक टाइप आदि। इनके प्रयोग से चेन लचक नहीं मारती है, चेन की आवाज कम होती है और गियर कम घिसते हैं।

16.3 क्लच एवं फ्लाईव्हील कपलिंग Clutch and Flywheel Coupling

वाहन की ट्रांसमिशन प्रणाली में इंजन की पावर को ट्रांसमिट करने के लिए क्लच का प्रयोग किया जाता है, क्योंकि वाहन को बार-बार रोकने पर इंजन को बन्द नहीं किया जा सकता।

पूर्व में क्लच एवं फ्लाईव्हील कपलिंग (flywheel coupling), घर्षण (friction) पर आधारित होता था, परन्तु अब इसके लिए हाइड्रॉलिक प्रणाली का प्रयोग किया जाता है। कपलिंग बिना झटके के पावर ट्रांसमिट करने की एक युक्ति है।

क्लच Clutch

विभिन्न प्रकार की मशीनों, ऑटोमोबाइल्स इत्यादि में प्रथम मूवर (prime mover) को बार-बार प्रारम्भ करना तथा रोकना पड़ता है तथा चलित अवस्था में ही भार प्रयुक्त करने तथा हटाने की आवश्यकता होती है जिसके लिए क्लच सबसे अच्छी युक्ति है।

क्लच एक ऐसी युक्ति है जिसके द्वारा चलित में ही ड्राइवर शाफ्ट को ड्रिविन शाफ्ट से जोड़ा जा सके तथा चलित अवस्था में ही दोनों को हटाया भी जा सके अर्थात् क्लच की सहायता से चलती अवस्था में ही मशीन पर भार लगाया जा सकता है तथा पुन: हटाया भी जा सकता है।

क्लच का उपयोग विभिन्न औद्योगिक मशीनों व वाहनों ऑटोमोबाइलों; जैसे—स्कूटर, कार आदि; में सामान्यतया होता है।

क्लच की विशेषताएँ Qualities of Clutch

1. क्लच को एंगेज व डिएंगेज करने हेतु कम शक्ति की आवश्यकता होती है।
2. क्लच द्वारा अधिकतम टॉर्क स्थानान्तरित किया जा सकता है।
3. क्लच की फेसिंग का पदार्थ कम घिसता है।
4. क्लच के क्रियान्वयन हेतु कम शक्ति की आवश्यकता होती है।
5. उच्च गति पर कार्य करने वाले क्लच स्टैटिकली एवं डायनामिकली सन्तुलन में होते हैं।
6. क्लच की फेसिंग का पदार्थ उच्च घर्षण गुणांक वाला होता है।

कपलिंग Coupling

किसी यान्त्रिक निकाय (mechanical system) के दो अंगों को परस्पर आबद्ध करने में जिस युक्ति (device) का प्रयोग किया जाता है, उसे कपलिंग (coupling) कहते हैं। स्टैण्डर्ड मापों के अनुसार सामान्यत: शाफ्ट 7 मी तक की उपलब्ध होती है।

प्रायोगिक अवस्था हेतु 7 मी से अधिक लम्बी शाफ्ट प्राप्त करने के लिए दो या अधिक शाफ्टों को जोड़ना पड़ता है, जिसके लिए शाफ्ट कपलिंग (shaft coupling) का प्रयोग किया जाता है। इसके अतिरिक्त कपलिंग का प्रयोग दो टूटी शाफ्टों को जोड़ने अथवा किन्हीं दो मशीनों को जोड़ने में भी किया किया जाता है; जैसे—मोटर को जनित्र (generator) से या मोटर तथा पम्प इत्यादि को जोड़ने में।

कपलिंग की विशेषताएँ Qualities of Coupling

एक अच्छी शाफ्ट कपलिंग के निम्न गुण होते हैं

1. ऐसी कपलिंग सुगमतापूर्वक जोड़ी तथा खोली जा सकने वाली होती है।
2. अच्छी कपलिंग में कोई भी भाग बाहर की ओर निकला हुआ नहीं होता।
3. शाफ्टों पर लगने वाले मरोड़ घूर्ण (torsion moment) को अच्छी कपलिंग करने में सक्षम होती है।
4. अच्छी कपलिंग झटका तथा कम्पन अवशोषक होती है।

16.4 सिलेण्डर ब्लॉक Cylinder Block

यह इंजन का एक महत्त्वपूर्ण भाग है, जो सिलेण्डर से सम्बद्ध विभिन्न उपयोगी भागों को एकीकृत करने में मुख्य भूमिका निभाता है। सिलेण्डर ब्लॉक को ऊपर से हैड गैस्केट की सहायता से सिलेण्डर हैड के द्वारा तथा नीचे से ऑयल सम्प द्वारा बन्द किया जाता है। सिलेण्डर ब्लॉक में बने सिलेण्डर के अन्दर ही पिस्टन अपने स्ट्रोक पूर्ण करता है।

सिलेण्डर ब्लॉक की संरचना Construction of Cylinder Block

सिलेण्डर ब्लॉक कास्ट आयरन तथा एल्युमीनियम अलॉय के बनाए जाते हैं। सिलेण्डर ब्लॉक के अन्दर शीतलक तथा स्नेहक तेल के लिए मार्ग बना होता है। वाल्व असेम्बली के साथ सिलेण्डर हैड को सिलेण्डर ब्लॉक के ऊपर नट तथा बोल्टों की सहायता से फिट किया जाता है तथा ऑयल सम्प को सिलेण्डर ब्लॉक/क्रैंक केस के नीचे बोल्ट किया जाता है। क्रैंकशाफ्ट को स्प्लिट टाइप बियरिंग पर सहारा जाता है।

बियरिंग का अर्द्ध भाग वेब पर फिक्स होता है, जो सिलेण्डर ब्लॉक के साथ बनाया जाता है तथा दूसरा अर्द्ध भाग बियरिंग कैप पर फिक्स होता है। बियरिंग कैप, वेब के साथ नटों तथा बोल्टों द्वारा जोड़ा जाता है। यह भाग जहाँ पर क्रैंक फिक्स्ड होती है, क्रैंककेस कहलाता है।

सिलेण्डर ब्लॉक के अन्दर कैमशाफ्ट, कैमशाफ्ट बियरिंग, पुश-रॉड, टेम्पलेट आदि के लिए स्थान प्रदान किया जाता है।

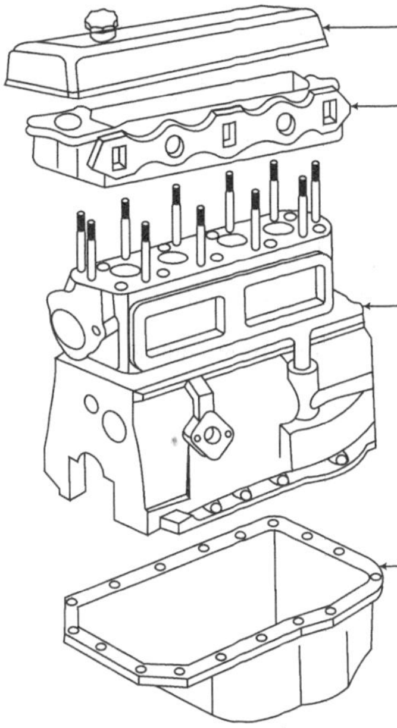

चित्र सिलेण्डर ब्लॉक

वाहनों में दो प्रकार के सिलेण्डर ब्लॉकों का प्रयोग किया जाता है

(i) **सिंगल पीस कास्टिंग** (Single piece casting) इस टाइप में, सिलेण्डर ब्लॉक और क्रैंककेस को एक पीस के रूप में ढाला जाता है। यह बेहतर दृढ़ता प्रदान करता है और इसकी ढलाई आसान होती है, जिससे मेन्युफैक्चरिंग लागत घट जाती है।

(ii) **टू-पीस कास्टिंग** (Two-piece casting) इस टाइप में, सिलेण्डर ब्लॉक तथा क्रैंककेस को अलग-अलग ढाला जाता है। क्रैंककेस को सिलेण्डर ब्लॉक के साथ बोल्ट किया जाता है। इससे मरम्मत और ओवरहॉलिंग के दौरान क्रैंककेस से सिलेण्डर ब्लॉक को उठाने की समस्या कम हो जाती है। भारी जनित्र सैटों में इस प्रकार की कास्टिंग प्रयोग की जाती है।

सिलेण्डर ब्लॉक के कार्य Functions of Cylinder Block

सिलेण्डर ब्लॉक, इंजन में पश्चाग्र गति करने वाले अंगों को सहारा प्रदान करता है तथा उन अंगों की पश्चाग्र गति हेतु स्थान भी उपलब्ध कराता है। इसमें खोखले बेलनाकार रूप में सिलेण्डर बने होते हैं।

इस ब्लॉक को ऊपर से सिलेण्डर हैड के द्वारा तथा नीचे से ऑयल सम्प के द्वारा बन्द किया जाता है।

16.5 सिलेण्डर लाइनर Cylinder Liner

सिलेण्डर लाइनर कास्ट आयरन का वृत्तीय शैल होता है जो अपकेन्द्रीय विधि द्वारा बनाए जाते हैं। इसमें कठोरता के लिए क्रोमियम मिलाया जाता है। किसी भी इंजन के सिलेण्डर एक निश्चित सीमा तक ही री-बोर किए जा सकते हैं, उससे अधिक धातु काटने पर सिलेण्डर की दीवारें पतली रह जाती हैं, जिनसे कम्प्रैशन स्ट्रोक या फायरिंग के समय उनके फटने का भय रहता है, इसलिए ऐसे सिलेण्डरों में नए सिलेण्डर लाइनर या स्लीव (sleeve) फिट किए जाते हैं। ये दो प्रकार के होते हैं

1. ड्राइ सिलेण्डर लाइनर
2. वैट सिलेण्डर लाइनर

1. ड्राइ सिलेण्डर लाइनर Dry Cylinder Liner

ड्राइ सिलेण्डर लाइनर में इंजन का ठण्डा जल सीधे लाइनर के सम्पर्क में नहीं आता है। यह लाइनर सिलेण्डर ब्लॉक के साथ इन्टरफियरैन्स फिट रखते हैं। ड्राई सिलेण्डर लाइनरों को बोर में प्रवेश तथा निकालने के लिए एक विशेष विधि का प्रयोग किया जाता है। इस प्रकार के लाइनर, सिलेण्डर के घिसे हुए बोर में फिट किए जाते हैं। इन्हें फिट करने के लिए पहले खराब लाइनर को निकालना नहीं पड़ता है। इन्हें सिलेण्डर में दबा (press) कर फिट किया जाता है। यह ध्यान रखना आवश्यक है कि ये सिलेण्डर की दीवार से चिपककर फिट रहे। इस प्रकार के लाइनर अधिकतर प्रयोग किए जाते हैं।

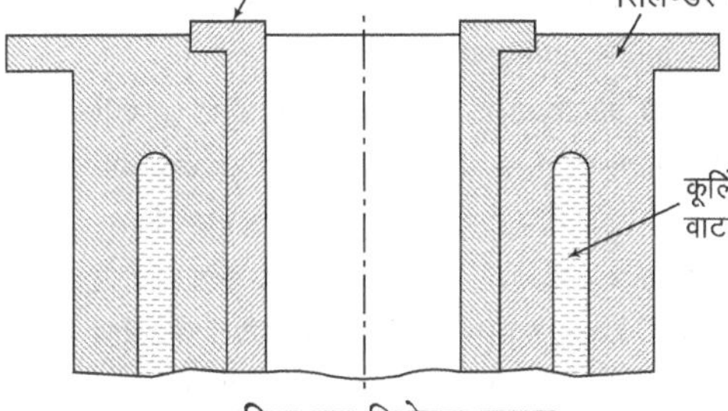

चित्र ड्राइ सिलेण्डर लाइनर

2. वैट सिलेण्डर लाइनर Wet Cylinder Liner

वैट टाइप लाइनर सिलेण्डर ब्लॉक में ढीले रहते हैं तथा सिलेण्डर ब्लॉक में रेसैस के मध्य सहारे (Supported) जाते हैं। लाइनर में गैस्केट या सीलिंग 'O' रिंग का प्रयोग गैस, तेल या जल के लीकेज को रोकने के लिए किया जाता है। इस प्रकार के लाइनर पूर्ण रूप से सिलेण्डर बैरल का कार्य करते हैं। इन्हें पुराने लाइनर को निकालकर फिट किया जाता है, इसलिए इनकी दीवारों का सम्पर्क वाटर जैकेट के ठण्डे पानी से सदैव बना रहता है। इनमें लाइनरों के ऊपर तथा नीचे, वाटर टाइट ज्वॉइण्ट बनाना आवश्यक है।

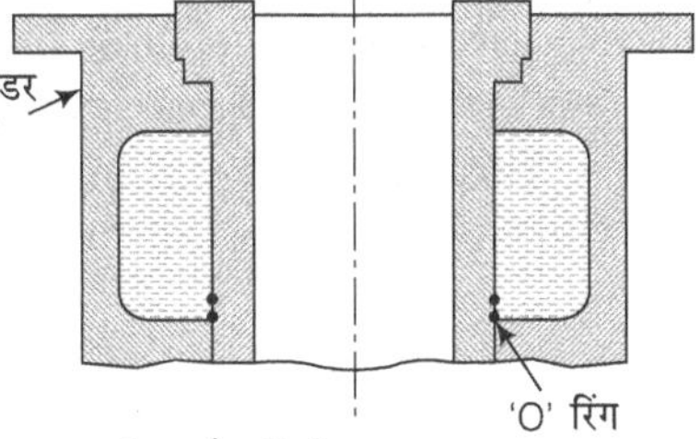

चित्र वैट सिलेण्डर लाइनर

तालिका ड्राइ तथा वैट लाइनर में अन्तर

	ड्राइ लाइनर	वैट लाइनर
1.	इस प्रकार के लाइनर में जंग लगने की सम्भावना नहीं होती है।	इस प्रकार के लाइनर में जंग लगने की सम्भावना होती है।
2.	इस प्रकार के लाइनर की मोटाई 1.5 मिमी से 3 मिमी तक होती है।	इस प्रकार के लाइनर की मोटाई 1.5 मिमी से 6 मिमी तक होती है।
3.	इन लाइनर की बाह्य सतह चिकनी होती है, जिसे फिनिशिंग करने की आवश्यकता होती है।	इन लाइनर की बाह्य सतह की फिनिशिंग करने की आवश्यकता नहीं होती है।
4.	इनको सरलतापूर्वक फिट किया जा सकता है।	इनको फिट करने के लिए अनुभव होना आवश्यक है।
5.	इन लाइनर के केवल एक सिरे पर ही फ्लैंज बनी होती है।	इन लाइनर के दोनों सिरों पर फ्लैंज बनी होती है।
6.	इन लाइनर में फ्लैंज के साथ पैकिंग की आवश्यकता नहीं होती है।	इन लाइनर में फ्लैंज के साथ पैकिंग लगाना आवश्यक होता है।

महत्त्वपूर्ण बिन्दु

- फ्लाईव्हील, इंजन का एक मुख्य भाग है।
- इंजन द्वारा निरन्तर पावर ट्रांसमिट करने के उद्देश्य से इंजन में फ्लाईव्हील का प्रयोग किया जाता है।
- फ्लाईव्हील इंजन में पावर स्ट्रोक के समय पावर को संग्रहित कर लेता है।
- फ्लाईव्हील एक भारी गोल पहिया होता है।
- फ्लाईव्हील को क्रैंकशाफ्ट के पिछले सिरे पर बोल्ट द्वारा फिट किया जाता है।
- फ्लाईव्हील क्लच प्लेटों के समान घर्षण सतह का कार्य भी करता है।
- फ्लाईव्हील की पूरी गोलाई में रिंग गियर फिट होता है।
- फ्लाईव्हील का आकार तथा भार, इंजन की बनावट तथा पावर पर निर्भर करता है।
- इग्नीशन तथा वाल्व टाइमिंग की सैटिंग के लिए फ्लाईव्हील पर इग्नीशन टाइमिंग मार्क तथा प्वॉइण्टर की व्यवस्था की जाती है।
- वाइब्रेशन डैम्पर द्वारा क्रैंकशाफ्ट के कम्पन को समाप्त किया जाता है।
- रबड़ बुश टाइप डैम्पर में पुली व डैम्पर के मध्य फ्रिक्शन क्लच बनाया जाता है।
- रबड़ बुश टाइप डैम्पर का प्रयोग भारी इंजनों में क्रैंकशाफ्ट की स्थिर चाल प्राप्त करने के लिए किया जाता है।
- क्रैंककेस दो भागों से मिलकर बना होता है। इसके निचले भाग को ऑयल सम्प कहते हैं।
- क्रैंककेस के ऊपर का भाग सिलेण्डर ब्लॉक से जुड़ा होता है।
- ऑयल सम्प, इंजन का सबसे निचला भाग होता है, जिसमें स्नेहक तेल भरा होता है।
- ऑयल सम्प माइल्ड स्टील या एल्युमीनियम अलॉय की चादरों को प्रेस करने के पश्चात् मशीनिंग करके बनाया जाता है।
- ऑयल पम्प का प्रयोग ऑयल सम्प से ऑयल इंजन के विभिन्न भागों में निश्चित दाब पर पहुँचने में किया जाता है।
- ऑयल पम्प क्रैंकशाफ्ट पर स्थापित होता है तथा कैमशाफ्ट द्वारा चलाया जाता है।
- गियर टाइप औसत पम्प में गियर्स का पम्प हाउसिंग के साथ क्लीयरैन्स बहुत कम होता है।
- गियर्स के घूमने के कारण केसिंग में निर्वात् उत्पन्न होता है।
- रोटर टाइप ऑयल पम्प में एक इनर ड्राइविंग रोटर तथा आउटर ड्राइव रोटर होता है।
- आउटर ड्राइव रोटर, इनर रोटर के सापेक्ष उत्केन्द्रित गति करता है।
- वेन पम्प में स्प्रिंग भारित वेन्स, पम्प हाउसिंग की दीवारों के विरुद्ध स्लाइड करते हैं।
- सिलेण्डर ब्लॉक को ऊपर से हैड गैस्केट की सहायता से सिलेण्डर हैड के द्वारा तथा नीचे से ऑयल सम्प द्वारा बन्द किया जाता है।
- सिलेण्डर ब्लॉक, इंजन में पश्चाग्र गति करने वाले भागों को सहारा प्रदान करता है।

महत्त्वपूर्ण प्रश्नोत्तरी

1. इंजन में फ्लाईव्हील का क्या कार्य है?

उत्तर ऑटोमोबाइल इंजनों में क्लच को पावर एंगेज तथा डिस्एंगेज करना फ्लाईव्हील का मुख्य कार्य है।

2. शाफ्ट को आघूर्ण सीधे किसके द्वारा प्रदान किया जाता है।

उत्तर शाफ्ट को आघूर्ण सीधे फ्लाईव्हील की घूर्णी गति द्वारा प्रदान किया जाता है।

3. इंजन में डैम्पर पुली कहाँ लगाई जाती है?

उत्तर इंजन में डैम्पर पुली क्रैंकशाफ्ट के अग्र भाग में स्थापित की जाती है।

4. सिलेण्डर हैड कास्ट आयरन के अतिरिक्त अन्य किस धातु के बनाए जा सकते हैं?

उत्तर सिलेण्डर हैड बनाने के लिए कास्ट आयरन के अतिरिक्त एल्युमीनियम धातु का भी प्रयोग किया जाता है।

5. गर्म इंजन पर शीतल जल डालने से सिलेण्डर हैड पर क्या प्रभाव पड़ेगा?

उत्तर गर्म इंजन पर शीतल जल डालने से सिलेण्डर हैड में दरारें पड़ जाएँगी।

6. सिलेण्डर बोर नापते समय सिलेण्डर बोर गेज को किस प्रकार रखना चाहिए?

उत्तर सिलेण्डर बोर नापते समय सिलेण्डर बोर गेज को दीवार के समान्तर रखना चाहिए।

7. सिलेण्डर हैड तथा सिलेण्डर ब्लॉक के बीच में किस युक्ति का प्रयोग किया जाता है?

उत्तर सिलेण्डर हैड तथा सिलेण्डर ब्लॉक के बीच में गैस्केट का प्रयोग किया जाता है।

अभ्यास प्रश्न

परीक्षा प्रारूपी प्रश्न

बहुविकल्पीय

1. फ्लाईव्हील में ·········· ।
(a) स्पिगॉट बियरिंग फिट रहता है
(b) बिग एण्ड बियरिंग फिट रहता है
(c) स्मॉल एण्ड बियरिंग फिट रहता है
(d) मेन बियरिंग फिट रहता है

2. निम्न में से कौन-सा फ्लाईव्हील का कार्य है?
(a) कार्य चक्र के दौरान ऊर्जा संचित तथा मुक्त करना
(b) इलेक्ट्रिक मोटर की पावर कैपेसिटी को कम करना
(c) स्पीड फ्लक्चुऐशन आयाम को कम करना
(d) उपरोक्त सभी

3. प्रतिबलों को कम करने के लिए निम्न में से किसका उपयोग किया जाता है?
(a) सॉलिड फ्लाईव्हील (b) स्प्लिट फ्लाईव्हील
(c) 'a' और 'b' दोनों (d) इनमें से कोई नहीं

4. निम्न में से कौन ऊर्जा व्यय नहीं करता है?
(a) फ्लाईव्हील (b) गवर्नर
(c) फ्लाईव्हील तथा गवर्नर दोनों (d) इनमें से कोई नहीं

5. जब लोड टॉर्क से ड्राइविंग टॉर्क ज्यादा हो, तो फ्लाईव्हील होगा
(a) त्वरित (b) मन्दित
(c) नियत वेग (d) इनमें से कोई नहीं

6. फ्लाईव्हील में ऊर्जा किस रूप में संचित होती है?
(a) स्थितिज ऊर्जा (b) गतिज ऊर्जा
(c) ऊष्मीय ऊर्जा (d) विद्युतीय ऊर्जा

7. क्रैंकशाफ्ट के कम्पन को समाप्त किया जाता है
(a) फ्लाईव्हील से (b) वाइब्रेशन डैम्पर
(c) क्रैंक केस से (d) ऑयल सम्प से

8. ढीली चेन को टाइट करने के लिए प्रयोग किया जाता है
(a) टाइमिंग गियर का (b) क्रैंककेस का
(c) चेन टेन्शनर का (d) क्रैंकशाफ्ट का

9. सिलेण्डर ब्लॉक में बने सिलेण्डर के अन्दर ही पिस्टन अपने ············ पूर्ण करता है।
(a) चक्र (b) आवर्तकाल
(c) स्ट्रोक (d) ये सभी

10. सिलेण्डर ब्लॉक सामान्यतया कठोर एवं बारीक रेशों वाले ············ के बनाए जाते हैं।
(a) ग्रे कास्ट आयरन (b) रॉट आयरन
(c) कास्ट आयरन (d) मैलिएबल आयरन

11. बड़े कार्यों हेतु इंजन सिलेण्डर, ············ कास्ट आयरन के बनाए जाते हैं।
(a) ग्रे (b) कार्बन
(c) कार्बन सिलिकॉन (d) निकिल क्रोम

12. सिलेण्डर ब्लॉक, इंजन में .... करने वाले भागों को सहारा प्रदान करता है।
(a) घूर्णी गति (b) पश्चाग्र गति (c) अग्र गति (d) ये सभी

13. टाइमिंग गियर में शोर का कारण निम्न है
(a) टाइमिंग केस में अधिक तेल (b) गियर का गलत बैकलैश
(c) टूटा कैम लोब (d) कसा टैपेट

14. एक इंजन पर ऑयल सम्प कहाँ फिट होता है
(a) क्रैंककेस के नीचे
(b) सिलेण्डर ब्लॉक के ऊपर
(c) क्रैंककेस से दूर एक अलग इकाई में
(d) ऑयल फिल्टर के समीप

15. एक इंजन में पुश रॉड (push rod) निम्न के बीच होता है
(a) वाल्व और रॉकर भुजा (arm) के मध्य
(b) कैमशाफ्ट और वाल्व टैपेट के मध्य
(c) वाल्व टैपेट और रॉकर भुजा के मध्य
(d) वाल्व और वाल्व स्प्रिंग के मध्य

16. क्लच व रबर बुश टाइप डैम्पर में डैम्पर व पुली के मध्य घर्षण के नियन्त्रण हेतु किसका उपयोग किया जाता है?
(a) स्प्रिंग (b) पुली
(c) 'a' और 'b' दोनों (d) गियर

17. सिलेण्डर लाइनर दबाव, तापक्रम तथा टूट-फूट सहने के लिए होता है। इसलिए यह निम्न से बना होता है
(a) निकिल लोहा
(b) केन्द्र प्रसारी-ढलवाँ लोहे से
(c) ढला हुआ लोहा
(d) ढला हुआ अर्द्ध लोहा

18. किस प्रकार के लाइनर सिलेण्डर के घिसे हुए बोर में फिट किए जाते हैं?
(a) पतले सिलेण्डर लाइनर
(b) मोटे सिलेण्डर लाइनर
(c) ड्राइ सिलेण्डर लाइनर
(d) वैट सिलेण्डर लाइनर

उत्तरमाला

1. (a)	**2.** (d)	**3.** (b)	**4.** (a)	**5.** (a)	**6.** (b)	**7.** (b)	**8.** (c)	**9.** (c)	**10.** (a)
11. (d)	**12.** (b)	**13.** (b)	**14.** (a)	**15.** (c)	**16.** (c)	**17.** (d)	**18.** (c)		

अध्याय 17

शीतलन एवं स्नेहन प्रणाली

Cooling and Lubrication System

परिचय Introduction

इंजन के कार्य करने के दौरान उत्पन्न ऊष्मीय ऊर्जा के फलस्वरूप इंजन के ताप में निरन्तर वृद्धि होती रहती है। अत: इंजन के तापमान को नियन्त्रित करने की आवश्यकता होती है। इंजन के अनावश्यक ताप को समाप्त करने या इंजन का तापमान नियन्त्रित करने हेतु शीतलन प्रणालियों का प्रयोग किया जाता है, जो दो प्रकार-वायु शीतलन तथा जल शीतलन की होती है।

इसके अतिरिक्त मशीनी संक्रियाओं के दौरान जब मशीन के संगामी भाग परस्पर गति करते हैं, तो घर्षण के कारण मशीन का गर्म अर्थात् क्षतिग्रस्त होना सम्भव है। इसके उपाय हेतु मशीनों में स्नेहन प्रणाली का प्रयोग किया जाता है।

इस प्रकार ऑटोमोबाइल में शीतलन एवं स्नेहन प्रणाली की अत्यन्त महत्त्वपूर्ण भूमिका होती है, क्योंकि शीतलन एवं स्नेहन प्रणालियाँ, वाहनों को दीर्घायु व उनके प्रचालन को सुगम बनाने में सहायक होती है। प्रस्तुत अध्याय में शीतलन एवं स्नेहन प्रणालियों से सम्बन्धित तथ्यों को क्रमवार एकीकृत किया गया है, जिससे कि प्रशिक्षु इनकी कार्यिकी एवं उपयोगों से अवगत हो सकें।

अध्याय विषय सूची

17.1 शीतलन प्रणाली की आवश्यकता Need of Cooling System

इंजनों में शीतलन प्रणाली की व्यवस्था उनमें उत्पन्न होने वाली ऊष्मा के कुप्रभाव से इंजन को बचाने के लिए की जाती है। शीतलन प्रणाली के अभाव में इंजन के अन्दर निम्नलिखित दोष उत्पन्न होने की सम्भावना रहती है

1. प्री-इग्नीशन
2. डेटोनेशन
3. नॉकिंग
4. वाल्वों का जल जाना तथा
5. तेल की कमी से बियरिंग आदि का खराब होना

17.2 शीतलन सम्बन्धी तकनीकी शब्दावली Technical Terminology Related to Cooling

वाहनों के शीतलन सम्बन्धी तकनीकी शब्दावली निम्न प्रकार हैं

1. क्वथनांक बिन्दु Boiling Point

वह नियत ताप जिस पर कोई द्रव, गैस में परिवर्तित होने लगता है, द्रव का क्वथनांक या वाष्प बिन्दु कहलाता हैं तथा यह क्रिया क्वथन कहलाती है; जैसे—पानी का क्वथनांक 100°C होता है तथा डीजल इंजन में डीजल का क्वथनांक 180°C–360°C होता है।

2. ऊष्मा स्थानान्तरण Heat Transfer

ऊष्मा का एक स्थान से दूसरे स्थान तक स्थानान्तरण मुख्यत: तीन विधियों से किया जा सकता है–चालन, संवहन तथा विकिरण। प्रथम दो विधियों में ऊष्मा स्थानान्तरण के लिए माध्यम की आवश्यकता होती है, जबकि विकिरण विधि के लिए यह आवश्यक नहीं है।

विकिरण विधि, ऊष्मा स्थानान्तरण की सबसे तीव्र विधि है, जिसमें ऊष्मा एक स्थान से दूसरे स्थान की ओर विद्युत-चुम्बकीय विकिरण के रूप में स्थानान्तरित होती है। ऊष्मा स्थानान्तरण की इन तीनों विधियों का संक्षिप्त वर्णन नीचे दिया गया है

(i) चालन Conduction

जब किसी वस्तु के विभिन्न भागों में तापान्तर होता है, तो वस्तु के ऊँचे ताप वाले कण अपने निकट के अपेक्षाकृत नीचे ताप वाले कणों से परस्पर सम्पर्क कर उन्हें ऊष्मा देते हैं। अत: ऊष्मा ऊँचे ताप वाले भाग से नीचे ताप वाले भाग की ओर जाने लगती है। ऊष्मा के संचरण की यह प्रक्रिया, जिसमें वस्तु के कण अपने स्थान से नहीं हटते, चालन कहलाती है।

(ii) संवहन Convection

इस प्रक्रिया में ऊष्मा स्थानान्तरण, माध्यम के पदार्थ के कणों के एक स्थान से दूसरे स्थान पर चले जाने के कारण होता है। यह प्रक्रिया दो प्रकार से होती है

- प्राकृतिक संवहन
- फोर्स्ड संवहन

(iii) विकिरण Radiation

किसी गर्म स्रोत से ऊष्मा (ऊर्जा) विद्युत-चुम्बकीय तरंगों के रूप में संचरित होती है, इसे 'विकिरण' कहते हैं। इसके लिए माध्यम की आवश्यकता नहीं होती। सूर्य से पृथ्वी पर ऊष्मा, विकिरण द्वारा ही प्राप्त होती है।

3. दाब Pressure

किसी तल के इकाई क्षेत्रफल पर जो लम्बवत् बल कार्य करता है, उसके परिमाण को उस तल पर पड़ने वाला दाब कहते हैं।

अर्थात्
$$\text{दाब} = \frac{\text{लम्बवत् बल}}{\text{क्षेत्रफल}} \quad \text{अर्थात्} \quad p = \frac{F}{A}$$

जहाँ, F = बल, p = दाब तथा A = क्षेत्रफल।

4. अपकेन्द्रीय बल Centrifugal Force

जब कोई वस्तु एकसमान वृत्तीय गति करती है, तो उस पर एक ऐसा बल कार्य करता है, जो वस्तु को केन्द्र से बाहर की ओर धकेलने का प्रयत्न करता है, उसे अपकेन्द्रीय बल कहते हैं।

$$\text{अपकेन्द्रीय बल} = \frac{mv^2}{r} = mr\omega^2 \qquad [\because v = r\omega]$$

जहाँ, m = वस्तु का द्रव्यमान,
v = वस्तु का वेग,
ω = कोणीय वेग
तथा r = वृत्त की त्रिज्या

इसकी दिशा त्रिज्या के अनुदिश केन्द्र से बाहर की ओर होती है।

17.3 वाहनों में प्रयुक्त शीतलक के गुणधर्म Properties of Coolant used in Vehicles

इंजन में प्रयुक्त किए जाने योग्य आदर्श शीतलक में निम्नलिखित गुणधर्म होने चाहिए

(i) **उच्च ऊष्मीय क्षमता** (High thermal capacity) शीतलक की ऊष्मीय क्षमता उच्च होनी चाहिए अर्थात् शीतलक के द्वारा तीव्र क्षमता के साथ ऊष्मा को अवशोषित किया जाना चाहिए।

(ii) **निम्न श्यानता** (Low viscosity) एक अच्छा शीतलक वह होता है, जिनमें श्यानता लगभग नगण्य होती है। निम्न श्यानता वाले शीतलक तीव्रता से बहते हैं।

(iii) **कम लागत** (Low cost) शीतलक कम कीमत पर बाजार में उपलब्ध होने चाहिए, जिससे इन्हें सुगमता से खरीदा जा सके।

(iv) **गैर-विषाक्त** (Non-toxic) शीतलक, गैर-विषाक्त होने चाहिए अन्यथा ऊष्मा के सम्पर्क में आने पर ये रासायनिक अभिक्रिया कर विषैली गैसें मुक्त करते हैं, जो मानव स्वास्थ्य के लिए घातक सिद्ध हो सकती हैं।

(v) **रासायनिक निष्क्रियता** (Chemical inertness) शीतलक, रासायनिक अभिकर्मक नहीं होना चाहिए अन्यथा शीतलक इंजन के भागों से रासायनिक अभिक्रिया कर लेता है, जिसके फलस्वरूप जंग लगने आदि जैसी समस्या उत्पन्न हो जाती हैं।

(vi) **विद्युत कुचालकता** (Electrical insulator) शीतलक, विद्युत का कुचालक होना चाहिए। यदि शीतलक विद्युत का सुचालक होगा, तो इंजन में स्पार्क होने की सम्भावना बनी रहती है।

शीतलक को परिवर्तित करने हेतु अनुशंसित अन्तराल
Recommended Change of Interval of Coolant

शीतलक वाहन के रख-रखाव में अधिक अनदेखा (overlooked) किया जाने वाला तरल पदार्थ है। जब शीतलक पुराना हो जाता है तो इसका pH मान परिवर्तित हो जाता है जो इंजन के विभिन्न भागों, गैस्केट तथा सील (seal) को नुकसान पहुँचा सकता है। अत: इंजन के अन्त: भागों के सुगमतापूर्वक प्रचालन के लिए शीतलक को प्रत्येक 3 वर्ष में बदल देना चाहिए, परन्तु कुछ वाहन निर्माता शीतलक को 10 वर्ष या 10,000 मील के पश्चात् बदलने की सलाह देते हैं।

17.4 शीतलन प्रणालियों के प्रकार Types of Cooling Systems

इन्टर्नल कम्बशन इंजन को ठण्डा करने अथवा सामान्य तापक्रम पर रखने के लिए निम्न शीतलन प्रणालियाँ प्रयोग की जाती हैं

शीतलन प्रणाली (Cooling system)
- वायु शीतलन प्रणाली (प्रत्यक्ष शीतलन प्रणाली) Air cooling system (Direct Cooling System)
- जल शीतलन प्रणाली (अप्रत्यक्ष शीतलन प्रणाली) Water cooling system (Indirect Cooling System)
  - थर्मो-साइफन प्रणाली (Thermo-syphon system)
  - पम्प सर्कुलेशन प्रणाली (Pump circulation system)

1. वायु शीतलन प्रणाली Air Cooling System

वायु शीतलन प्रणाली में इंजन को सामान्य तापक्रम तक ठण्डा करने के लिए वायु का उपयोग किया जाता है। इस प्रणाली में केवल वायु ही सिलेण्डर हैड और ब्लॉक को फिन्स तथा ब्लोअर की सहायता से ठण्डा करती है। इसमें ठण्डे होने वाले इंजनों के सिलेण्डर के चारों ओर अनेक टेपर व पतले पंख (fins) बनाए जाते हैं। इन पंखों के कारण सिलेण्डर के चारों ओर जमा होने वाली वायु का क्षेत्रफल बढ़ जाता है। ये पंख किनारे से पतले होने के कारण वायु के सम्पर्क से शीघ्र ठण्डे होते रहते हैं। वायु शीतलन प्रणाली की कार्यकुशलता इंजन में प्रयुक्त पंखों की सतह के क्षेत्रफल, वायु की मात्रा, वेग तथा ठण्डा होने वाले तापमान पर निर्भर करती है। इस प्रणाली का उपयोग दो या तीन पहियों वाले वाहनों, हवाई जहाजों के इंजनों और छोटे स्टेशनरी इंजनों में प्रयोग किया जाता है।

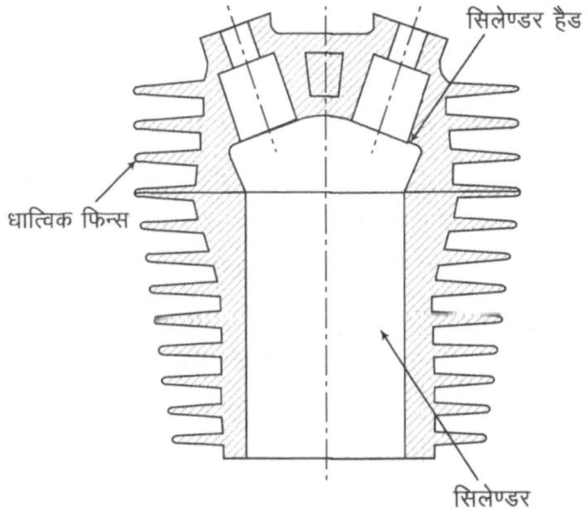

चित्र वायु शीतलन प्रणाली

लाभ Advantages

वायु शीतलन प्रणाली के मुख्य लाभ निम्नलिखित हैं

1. इस प्रणाली में पानी जमने की कोई सम्भावना नहीं होती है।
2. इस शीतलन प्रणाली का रख-रखाव सरल होता है।
3. इस प्रणाली में इंजन के भार में वाटर पम्प, रेडिएटर तथा फैन आदि का अतिरिक्त भार नहीं रह जाता है।
4. इस प्रणाली में सिलेण्डर की ढलाई (casting) सरलता से हो सकती है, क्योंकि उसमें वाटर जैकेट नहीं बनाने होते हैं।
5. इस प्रणाली में इंजन शीघ्र अपने सामान्य तापक्रम पर आ जाता है।

हानि Disadvantages

वायु शीतलन प्रणाली की मुख्य हानि निम्नलिखित हैं

1. इससे इंजन शोर अधिक करते हैं।
2. इससे इंजनों की दक्षता कम होती है।
3. इस प्रणाली के अन्तर्गत बड़े इंजनों में बड़े फिन्स बनाने होते हैं।
4. इस प्रणाली के अन्तर्गत इंजन धीरे-धीरे ठण्डे हो पाते हैं।

2. जल शीतलन प्रणाली Water Cooling System

जल शीतलन प्रणाली के अन्तर्गत इंजन के अनावश्यक तापमान को समाप्त करने के लिए जल का उपयोग किया जाता है। जल रेडिएटर (radiator) में भरा जाता है जिसे इंजन सिलेण्डर के चारों ओर जमा करने के लिए वाटर जैकेट्स (water jackets) बने होते हैं।

रेडिएटर का पानी रबर हौज पाइप (rubber hose pipe) द्वारा इन वाटर जैकेटों में जाता है तथा सिलेण्डर की ऊष्मा इस पानी में स्थानान्तरित (transfer) हो जाती है।

सिलेण्डर की ऊष्मा को लेकर पानी पुन: रेडिएटर में आ जाता है, जहाँ आकर वह ठण्डा होता है तथा पुन: इंजन के वाटर जैकेटों में जाता है। इसी प्रकार पानी का यह चक्र (cycle) इंजन के चलने पर निरन्तर बना रहता है तथा इंजन अपने सामान्य तापक्रम पर चलता रहता है।

जल शीतलन प्रणाली को रेडिएटर से वाटर जैकेट तक पानी पहुँचाने तथा वापस रेडिएटर में लाने के आधार पर प्रणालियों का प्रयोग जल शीतलन प्रणाली में किया जाता है।

लाभ Advantages

जल शीतलन प्रणाली के मुख्य लाभ निम्नलिखित हैं

1. इस प्रणाली में इंजन सुगठित डिजाइन (compact design) वाले होते हैं।
2. इस प्रणाली के इंजनों में ईंधन की खपत उच्च सम्पीडन (कम्प्रैशन) पर होती है।
3. इस प्रणाली के द्वारा इंजन के सिलेण्डर हैड तथा वाल्व सीट के ताप को आसानी से कम किया जा सकता है।
4. इस प्रणाली का डिजाइन इंजन के आकार पर निर्भर नहीं करता है।

हानि Disadvantages

जल शीतलन प्रणाली की मुख्य हानि निम्नलिखित हैं

1. इस प्रणाली में रेडिएटर को अत्यधिक बड़ा बनाना आवश्यक होता है, जिससे पानी शीघ्र ठण्डा हो सके।
2. इसमें यदि किसी कारणवश जलमार्ग में बाधा उत्पन्न हो जाए, तो यह प्रणाली अपना कार्य करने में सक्षम नहीं होती है।

जल शीतलन प्रणाली के प्रकार
Types of Water Cooling System

जल शीतलन प्रणाली निम्नलिखित प्रकार की होती हैं

(i) थर्मो-साइफन प्रणाली (ii) पम्प सर्कुलेशन प्रणाली

(i) **थर्मो-साइफन प्रणाली** Thermo-syphon System

थर्मो-साइफन प्रणाली में भी फोर्स्ड सर्कुलेशन प्रणाली की तरह ही रेडिएटर में पानी भरा होता है। यह रेडिएटर लगभग फोर्स्ड सर्कुलेशन प्रणाली के रेडिएटर की भाँति ही बना होता है, परन्तु इस प्रणाली में वाटर पम्प का प्रयोग नहीं किया जाता है। साधारणतया थर्मो-साइफन प्रणाली में इंजन के आगे एक रेडिएटर लगा होता है, इसके नीचे वाली हौज पाइप से रेडिएटर का ठण्डा पानी इंजन के ब्लॉक में जाता है। यहाँ से पानी गर्म होकर वाटर जैकेट या वाटर पैसेज (water jacket or water passage) से इंजन हैड में गर्म होता हुआ इंजन हैड से पाइप द्वारा रेडिएटर के ऊपरी टैंक में प्रवेश करता है।

रेडिएटर फिन्स (radiator fins) के सम्पर्क में आने वाली वायु पानी के तापमान को कम करती है व रेडिएटर में लगी ट्यूबों से ठण्डा पानी गुरुत्व द्वारा रेडिएटर के निचले टैंक में प्रवेश करता है।

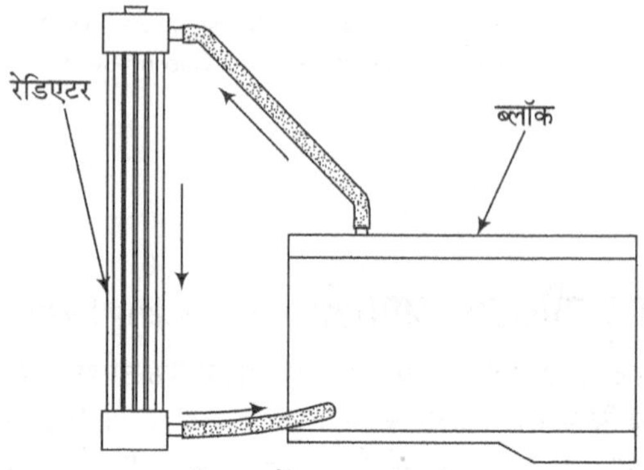

चित्र थर्मो-साइफन प्रणाली

(ii) **पम्प सर्कुलेशन प्रणाली** Pump Circulation System

इस प्रणाली में पानी को रेडिएटर में भरा जाता है, जिसमें ऊपर की तरफ ऊपरी टैंक तथा नीचे की तरफ निचला टैंक बना होता है। दोनों टैंकों को ताँबे की पतली नलियों द्वारा जोड़ा जाता है। नलियों के चारों तरफ टेढ़े-मेढ़े (*zig-zag*) फैन (पंख) लगे होते हैं, जिसमें वायु के प्रवाहित होने से क्षेत्रफल बढ़ जाता है। ऊपरी टैंक में पानी भरने के लिए स्थान बना होता है, जिस पर वाटर टाइट कैप का प्रयोग किया जाता है। इसे 'फोर्स्ड फीड प्रणाली' भी कहते हैं। इसी टैंक में वाटर जैकेटों से आने वाले गर्म पानी की वापसी के लिए रबर हौज पाइप फिट किया जाता है। निचले टैंक का सम्बन्ध रबर हौज पाइप द्वारा वाटर इनलेट से रहता है। इस स्थान पर एक विशेष प्रकार का वाटर पम्प लगा होता है।

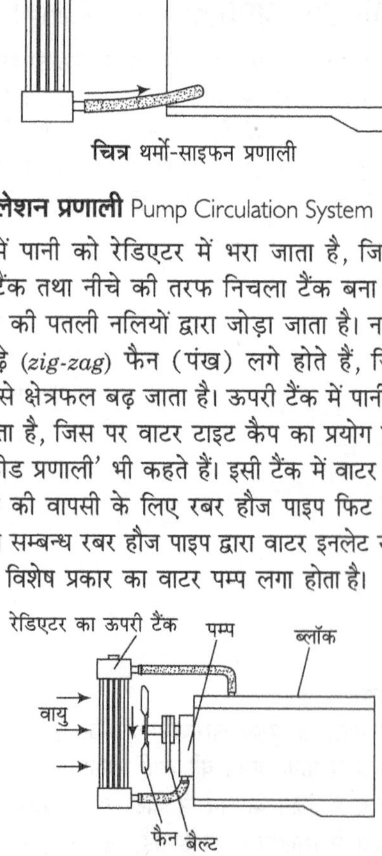

चित्र पम्प सर्कुलेशन प्रणाली

17.5 शीतलन प्रणाली के मौलिक अवयव Basic Components of Cooling System

इंजनों में शीतलन प्रणाली को सुचारु एवं व्यवस्थित ढंग से प्रयोग करने हेतु विभिन्न सहायक अवयवों का प्रयोग किया जाता है। ऐसे सहायक अवयवों का विवरण नीचे निम्नवत् है

1. रेडिएटर 2. थर्मोस्टेट 3. थर्मो-स्विच
4. कूलेन्ट हौज 5. वाटर पम्प 6. कूलिंग फैन
7. रेडिएटर प्रैशर कैप 8. वाटर जैकेट
9. रेडिएटर शटर एवं काउल

1. रेडिएटर Radiator

रेडिएटर इंजन के सामने फिट होता है। इसका मुख्य कार्य इंजन से आ रहे गर्म पानी को ठण्डा करना होता है। इस कार्य के लिए रेडिएटर में ताँबे की पतली नलियाँ प्रयोग की जाती हैं। इन नलियों के चारों ओर फिन्स लगे होते हैं।

इस प्रकार की रचना से ठण्डी होने वाली शीतलित सतह (cooling surface) अधिक हो जाती है, जिसके कारण पानी शीघ्र ठण्डा हो जाता है। रेडिएटर में एक ऊपरी टंकी तथा एक निचली टंकी लगी होती है, जिसके मध्य रेडिएटर कोर लगे होते हैं।

ऊपरी टंकी को एक रबड़ हौज द्वारा इंजन के जल निकास के साथ जोड़ा जाता है तथा निचले टैंक को रबड़ हौज द्वारा जल पम्प से जोड़ा जाता है।

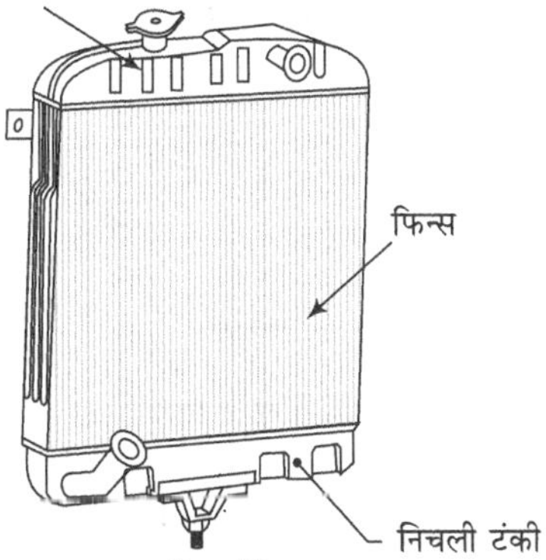

चित्र रेडिएटर

रेडिएटर के प्रमुख भाग Main Parts of Radiator

रेडिएटर के मुख्य भाग निम्न होते हैं

(i) **ऊपरी टैंक** Upper Tank

यह रेडिएटर का ऊपरी भाग होता है, जिसमें पानी डालने के लिए एक मुख बना होता है। इसके ऊपर टैंक कैप फिट होती है। ऊपरी टैंक के साथ एक छोटी पाइप की संयोजित होती है, जिसका कार्य इंजन ओवरहिटिंग के समय पानी को भाप में परिवर्तित करके रेडिएटर से बाहर निकालना है। इस पाइप को स्टीम पाइप अथवा लीक ऑफ पाइप भी कहते हैं।

(ii) **रेडिएटर कोर** Radiator Core

रेडिएटर कोर, अपर तथा लोअर टैंक में सोल्डर करके अथवा नट-बोल्टों द्वारा जोड़कर बनाई जाती हैं। रेडिएटर कोर में बारीक-बारीक नलियाँ पाइप बनी होती हैं। इन नलियों के ऊपर फिन्स लगे होते हैं, जो नलियों के अन्दर प्रवाहित होने वाले पानी को ठण्डा करने का कार्य करते हैं।

रेडिएटर कोर को दो भागों में वगीकृत किया गया है

(a) ट्यूबुलर टाइप रेडिएटर कोर
(b) हनीकॉम्ब टाइप रेडिएटर कोर

(a) **ट्यूबुलर टाइप रेडिएटर कोर** Tubular Type Radiator Core

ट्यूबुलर टाइप रेडिएटर कोर में ऊपरी और निचली टंकियाँ ट्यूबों द्वारा जोड़ी जाती हैं। जल इन ट्यूबों में से गुजरता है। ट्यूबों के आस-पास कूलिंग फैन (cooling fan) लगे होते हैं, जो जल की ऊष्मा को सोखकर वायुमण्डल में फैला देते हैं। यदि ट्यूब किसी कारणवश बन्द (block) हो जाए, तो पानी का ठण्डा होना रुक जाता है।

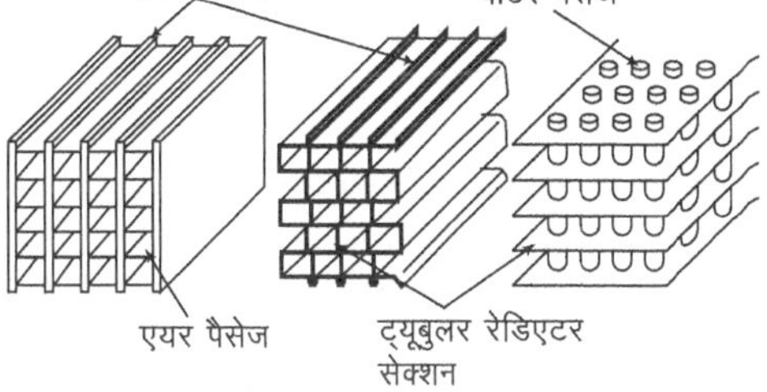

चित्र ट्यूबलर टाइप रेडिएटर कोर

(b) **हनीकॉम्ब टाइप रेडिएटर कोर** Honeycomb Type Radiator Core

इसे सेल्यूलर टाइप कोर के नाम से भी जाना जाता है। इस प्रकार की कोर में ट्यूबों के अन्दर से आर-पार (across) वायु प्रवाहित होती है तथा पानी उसके बाहर की ओर रहता है। यह कोर अनेक वायु सैलों से मिलकर बनती है। रेडिएटर प्रायः ताँबे या पीतल के बनाए जाते हैं, क्योंकि इन धातुओं में शीघ्र ठण्डा होने का गुण होता है।

इसके सभी जोड़ सोल्डरिंग से जोड़े जाते हैं, जिससे मरम्मत के लिए उन्हें गर्म करके सरलता से खोला जा सके। इस प्रकार का रेडिएटर कोर देखने से ऐसा प्रतीत होता है, जैसे यह कोई मधुमक्खी का छत्ता हो, इसलिए इसे 'हनीकॉम्ब' भी कहते हैं।

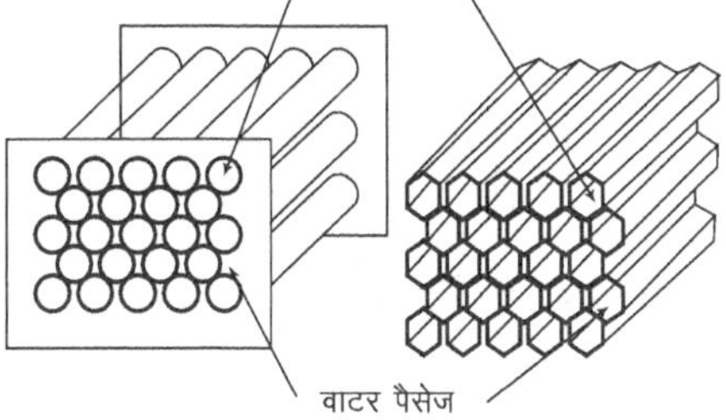

चित्र हनीकॉम्ब टाइप रेडिएटर कोर

(iii) **निचला टैंक** Lower Tank

यह रेडिएटर का निचला भाग होता है, जिसमें ऊपरी टैंक का पानी रेडिएटर कोर द्वारा ठण्डा होकर संग्रहित होता है। निचली टैंक के अन्दर एक पाइप संयोजित होता है, जिसकी सहायता से हौज पाइप द्वारा पानी पम्प में जाता है। कभी-कभी निचली टैंक के साथ एक टैप की संयोजित कर दी जाती है, जिससे इससे अतिरिक्त पानी बाहर निकाला जा सकता है।

2. थर्मोस्टेट Thermostat

थर्मोस्टेट एक ऐसी युक्ति है, जो पूर्व निर्धारित तापमान पर स्वचालित रूप से (automatically) खुल जाती है। इसे इंजन से रेडिएटर तक जाने वाली पानी के पाइप में लगाया जाता है। चित्रानुसार जब इंजन ठण्डा होता है, तो थर्मोस्टेट बन्द हो जाता है और वाटर पम्प सिलेण्डर ब्लॉक के चारों तरफ साधारण रूप में पानी को पम्प करता है। जब इंजन अपने सही तापमान पर पहुँच जाता है, तो थर्मोस्टेट खुल जाता है और इंजन को ठण्डा करने के लिए रेडिएटर से होते हुए पानी को सर्कुलेट किया जाता है।

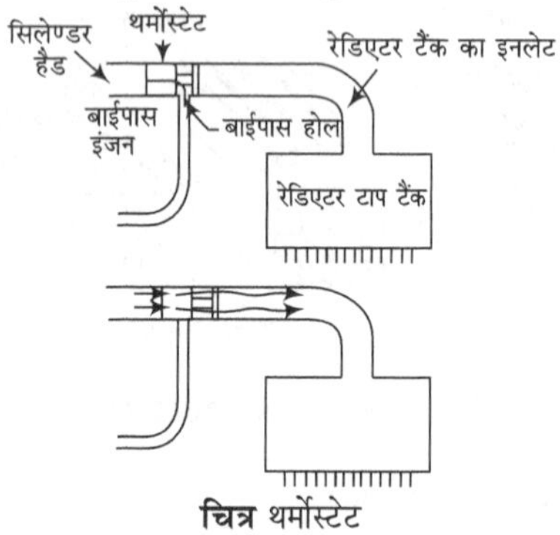

चित्र थर्मोस्टेट

थर्मोस्टेट के प्रकार Types of Thermostat

थर्मोस्टेट दो प्रकार के होते हैं

(i) बैलो टाइप थर्मोस्टेट (ii) वैक्स पैलेट थर्मोस्टेट

(i) **बैलो टाइप थर्मोस्टेट** Bellow Type Thermostat

बैलो टाइप थर्मोस्टेट में एक लचीला धातु का बैग होता है, जिसके दोनों सिरे बन्द होते हैं। इस धातु के बैग में कम क्वथनांक तापमान वाला इथाइल भरा होता है। जब इंजन ठण्डा होता है, तब वॉल्व इसका आउटलेट पैसेज बन्द कर देता है तथा जल को इंजन से रेडिएटर के टॉप टैंक में पहुँचने नहीं देता है। परन्तु जल इंजन के बाइपास पोर्ट द्वारा सर्कुलेट करता है।

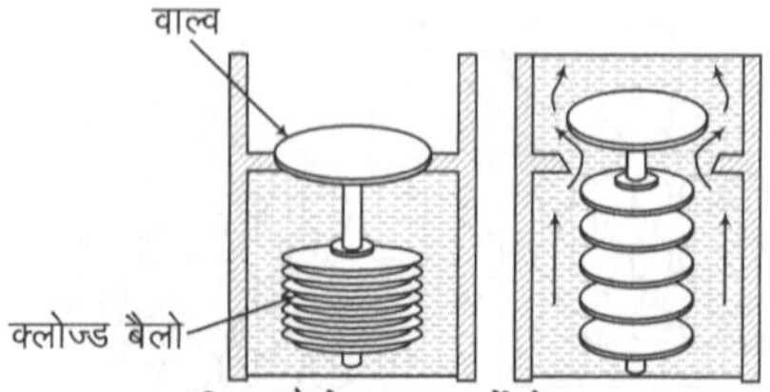

चित्र बैलो टाइप थर्मोस्टेट

जब जल कार्यकारी तापमान पर पहुँचता है, तब बैग में भरा इथाइल विस्तारित होता है और वाल्व को खोल देता है। अब इंजन से जल रेडिएटर के टॉप टैंक में पहुँचता है।

(ii) **वैक्स पैलेट टाइप थर्मोस्टेट** Wax Pallet Type Thermostat

इस प्रकार का वैक्स पैलेट एक हीटिंग एलीमेन्ट के समान प्रयोग किया जाता है। जब सर्कुलेटिंग जल का तापमान ऑपरेटिंग तापमान से कम होता है, तो स्प्रिंग वाल्व को बन्द स्थिति में रखती है तथा जल इंजन से रेडिएटर के टॉप टैंक में नहीं पहुँच पाता है। जैसे ही जल ऑपरेटिंग तापमान पर पहुँचता है वैसे ही वैक्स पैलेट विस्तारित होता है और स्प्रिंग तनाव के विरुद्ध वाल्व को बल लगाकर खोलता है। अब जल इंजन से रेडिएटर के टॉप टैंक में पहुँचता है। इस स्थिति में वाल्व द्वारा बाइपास पोर्ट बन्द रहता है।

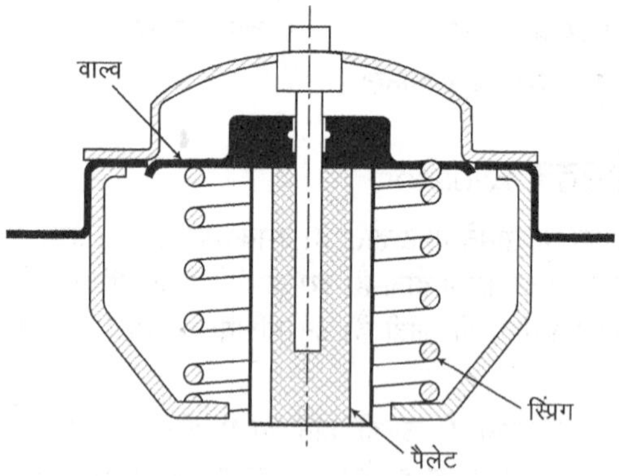

(a) थर्मोस्टेट वाल्व की बन्द स्थिति

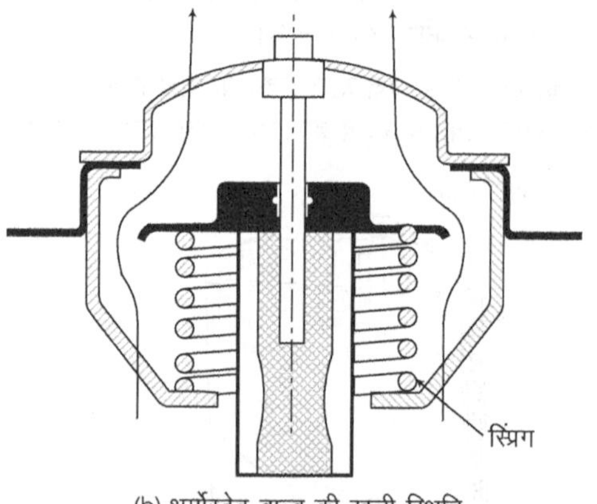

(b) थर्मोस्टेट वाल्व की खुली स्थिति

चित्र वैक्स पैलेट टाइप थर्मोस्टेट

थर्मोस्टेट की जाँच Testing of Thermostat

शीतलन प्रणाली में लगा थर्मोस्टेट सही कार्य कर रहा है, इसकी जाँच के लिए एक पुराना थर्मोस्टेट लेकर काँच के बीकर में डालें तत्पश्चात् बीकर को पानी से भर दें तथा उसमें एक थर्मामीटर डालकर गर्म करें। थर्मोस्टेट में डिस्क वाल्व 75°C से 80°C पर खुल जाना चाहिए अन्यथा थर्मोस्टेट को खराब समझें।

3. थर्मो-स्विच Thermo-switch

यह एक ऐसा स्विच होता है, जो वाहनों के पूर्व-निर्धारित ताप स्तर (temperature level) के अनुसार खुलता तथा बन्द होता है। यह स्विच प्राय: यान्त्रिकीय (mechanical) तथा विद्युतीय (electrical) दो प्रकार का होता है।

इनकी रचना (design) इस प्रकार की जाती है कि ये दाब के नियत स्तर (certain level) से दाब वृद्धि होने पर स्वत: बन्द हो सके तथा दाब के नियत स्तर के समतुल्य पहुँचने पर खुल सके, जिससे दाब के कारण शीतलन प्रणाली में अवरोध उत्पन्न न हो।

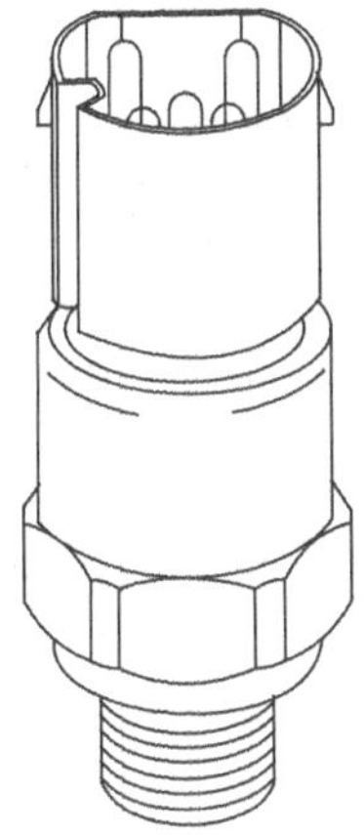

चित्र थर्मो-स्विच

4. कूलेन्ट हौज Coolant Hose

वाटर पम्प से रेडिएटर तथा इंजन ब्लॉक से रेडिएटर का सम्बन्ध जोड़ने के लिए कूलेन्ट हौज या कूलेन्ट पाइप का प्रयोग किया जाता है। यह रबर तथा सूत के धागों से मिलकर बना होता है। यह हौज पाइप, हौज क्लैम्पों द्वारा कस दिया जाता है। हौज पाइप बनाने के लिए PVC का उपयोग किया जाता है।

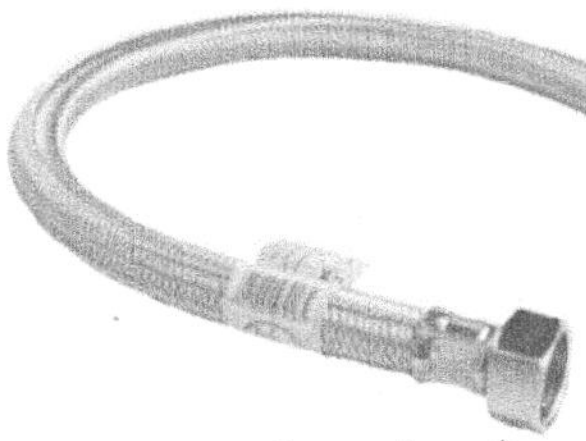

चित्र कूलेन्ट हौज

5. वाटर पम्प Water Pump

इंजनों में अपकेन्द्रीय प्रकार का वाटर पम्प प्रयोग किया जाता है। यह सिलेण्डर ब्लॉक या हैड के सामने की ओर स्थित होता है। वाटर पम्प फैन बेल्ट द्वारा क्रैंकशाफ्ट पुली से चलाया जाता है। वाटर पम्प शाफ्ट के एक सिरे पर इम्पैलर लगा होता है।

शॉफ्ट, पम्प हाउसिंग में बियरिंग के साथ फिट होती है। बियरिंगों में पानी के प्रवेश को रोकने तथा पानी की लीकेज को रोकने के लिए पम्प में वाटर सील लगाई जाती है। जब इम्पैलर घुमता है तो यह रेडिएटर के लोअर टैंक से जल खींचता है तथा जल को अपकेन्द्रीय बल द्वारा दाब के साथ इंजन ब्लॉक में पहुँचाता है।

फैन, वाटर पम्प पुली पर स्थित होता है।

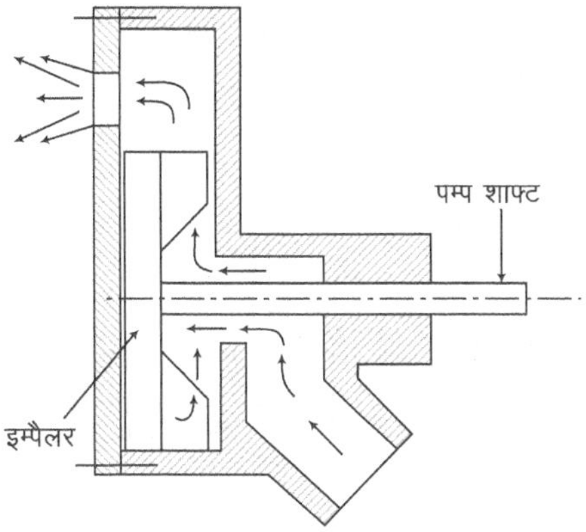

चित्र वाटर पम्प

6. कूलिंग फैन Cooling Fan

कूलिंग फैन या वाटर फैन को वाटर पम्प पुली पर फिट किया जाता है। इसमें चार या पाँच ब्लेड लगे होते हैं। यह हवा को रेडिएटर कोर की तरफ से सोखता (suction) है, जिससे ट्यूब ठण्डी हो जाती है और ट्यूब पानी को ठण्डा कर देती है तथा यही हवा इंजन पर पड़ती रहती है, जिससे इंजन ठण्डा होता रहता है।

7. रेडिएटर प्रैशर कैप Radiator Pressure Cap

सामान्य वायुमण्डलीय स्थिति में जल 100°C पर उबलता है। उच्चतम ऊँचाई पर वायुमण्डीय दाब कम होता है तथा जल 100°C से नीचे तापमान पर उबलता है। जल के क्वथनांक तापमान में वृद्धि के लिए शीतलन प्रणाली के दाब में वृद्धि करनी पड़ती है। यह प्रणाली को प्रैशर कैप से सील करके प्राप्त किया जाता है।

एवैपोरेशन के कारण शीतलन हानि को भी प्रैशर कैप के द्वारा कम किया जा सकता है। यह इंजन को उच्च तापमान पर चलाने की अनुमति प्रदान करता है जिस कारण इंजन की उच्च दक्षता प्राप्त होती है। प्रैशर कैप रेडिएटर टैंक के ऊपर फ्लिर नैक पोर्शन पर फिट होती है। यदि दाब 15 PSI बढ़ता है, तो क्वथनांक तापमान 113°C बढ़ता है। प्रैशर कैप में दो वॉल्व होते हैं

(i) दाब वाल्व (ii) वैक्यूम वाल्व

(i) दाब वाल्व Pressure Valve

यदि प्रणाली में दाब बढ़ता है, तो इससे घटकों की क्षति हो सकती है। इससे बचने के लिए एक दाब रिलीफ वाल्व का प्रयोग किया जाता है। यह स्प्रिंग लोडेड वाल्व होता है।

स्प्रिग का तनाव (tension) दाब प्रणाली पर निर्भर होता है। जब इंजन के शीतलक जल (cooling water) को गर्म किया जाता है, तो यह फैलता है, जिसके फलस्वरूप प्रणाली में उच्च दाब उत्पन्न होता है।

यदि दाब के कारण बल स्प्रिंग के तनाव से अधिक है, तो वाल्व खुलता है और जल वाष्प ओवर फ्लो पाइप से होकर निकल जाती है, जैसा कि चित्र में दर्शाया गया है।

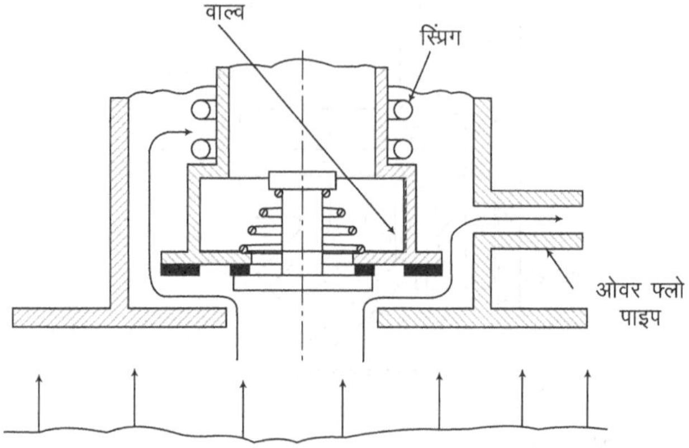

चित्र दाब वाल्व

(ii) **वैक्यूम वाल्व** Vacuum Valve

जब इंजन ठण्डा होता है, तो शीतलक द्रव्य की हानि के कारण प्रणाली में दाब घट जाता है और एक निर्वात उत्पन्न हो जाता है। यह वाल्व कैप में भी स्थित होता है और रेडिएटर की फिलर नेक (filler neck) में लगाया जाता है। इस समय निर्वात वाल्व खुलता है और वायु, प्रणाली में प्रवाहित होती है जब तक कि प्रणाली में वैक्यूम भर नहीं जाता।

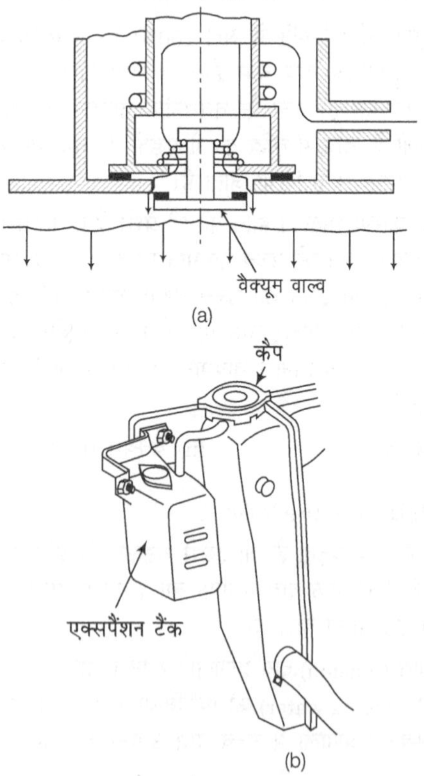

चित्र वैक्यूम वाल्व

8. **वाटर जैकेट** Water Jacket

सिलेण्डर ब्लॉक तथा सिलेण्डर हैड में रेडिएटर का ठण्डा पानी पहुँचाने के लिए उनमें वाटर जैकेट बने होते हैं। रेडिएटर से ठण्डा पानी वाटर जैकेट्स से बहता है। यह पानी गर्म पार्ट्स की गर्मी को रेडिएटर तक ले जाता है।

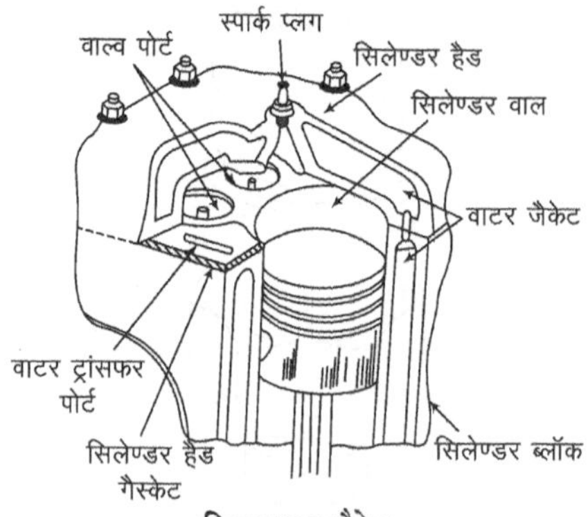

चित्र वाटर जैकेट

9. **रेडिएटर शटर एवं काउल**
Radiator Shutter and Cowl

रेडिएटर के पीछे की ओर एक काउल फिट किया जाता है। इसको लगाने से पंखे द्वारा खींची गई हवा सीधे इंजन पर जाती है। रेडिएटर शटर का प्रयोग ठण्डे प्रदेशों में किया जाता है। यह रैक्सीन का एक पर्दा होता है, जिसे बन्द करने से रेडिएटर पर बाहर की ठण्डी हवा नहीं जा पाती है। इससे इंजन का तापमान कुछ सीमा तक नियन्त्रित रहता है।

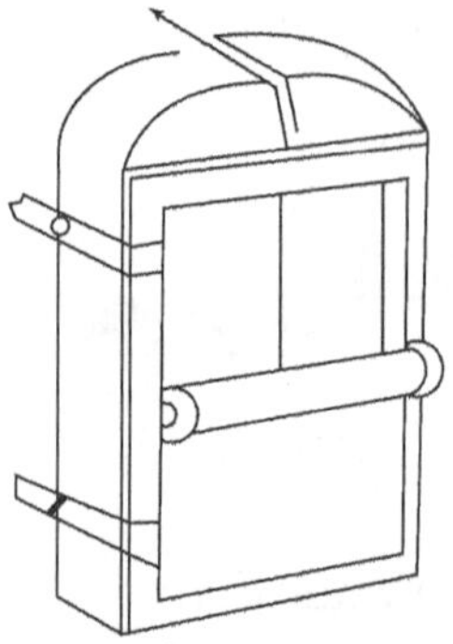

चित्र रेडिएटर शटर

17.6 जल शीतलन प्रणाली की सफाई
Cleaning of Water Cooling System

शीतलन प्रणाली को समय-समय पर साफ करना अत्यन्त आवश्यक है, जिससे कि शीतलन प्रणाली की क्षमता पर प्रभाव न पड़े। शीतलन प्रणाली को साफ करने के लिए विभिन्न प्रकार के क्लीनिंग पाउडर (cleaning powder) का प्रयोग किया जाता है। रेडिएटर को साफ करने के लिए उसमें से पानी निकालकर 1:10 के अनुपात में सोडा तथा पानी के घोल को रेडिएटर में डालते हैं तथा इंजन को लगभग दो घण्टे तक आइडल स्पीड पर चलाते हैं, फिर इस घोल को निकालकर शुद्ध पानी भरते हैं।

इसके अतिरिक्त व्यावसायिक हाइड्रो क्लोराइड व पानी का 1:8 का घोल भी प्रयोग किया जाता है। शीतलन प्रणाली की सफाई प्रैशर फ्लशिंग विधि द्वारा की जाती है

प्रैशर फ्लशिंग Pressure Flushing

इस विधि द्वारा शीतलन प्रणाली को साफ करने के लिए पानी व वायु (हवा) का प्रयोग कम्प्रैशर द्वारा पर्याप्त दबाव के साथ किया जाता है। यह विधि दो प्रकार से की जाती है

(i) **स्ट्रैट फ्लशिंग** (Straight flushing) स्ट्रैट फ्लशिंग विधि से शीतलन प्रणाली को साफ करने के लिए वायु व पानी को प्रैशर के साथ रेडिएटर से वाटर पम्प व वाटर जैकेटों में भेजा जाता है।

(ii) **रिवर्स फ्लशिंग** (Reverse flushing) इस विधि में थर्मोस्टेट वाल्व को निकालकर वायु व पानी को रेडिएटर के आउटलेट पाइप से प्रैशर के साथ वाटर जैकेट में भेजा जाता है।

17.7 शीतलन प्रणाली की पुनः प्राप्ति Recovery of Cooling System

यह एक ऐसी शीतलन प्रणाली है, जो वाहनों में शीतलक को हर समय व्यवस्थित बनाए रखती है। इस प्रणाली में रेडिएटर कैप में वाल्व के प्रतिकूल दाब को तब तक व्यवस्थित करते हैं, जब तक कि यह वर्तमान दाब तक न पहुँच जाए। इससे वाल्व खुल जाता है तथा गर्म शीतलक जल-प्लावन (overflow) पात्र (container) से बाहर की तरफ प्रवाह करता है। इंजन के ठण्डा होने पर शीतलक तथा रेडिएटर (radiator) में दाब कम (pressure drops) होने लगता है।

जल-प्लावन पात्र में वायुमण्डलीय दाब के कारण दूसरा वाल्व खुल जाता है तथा रेडिएटर में जल-प्लावन शीतलक (overflow coolant) पुन: वापस आने लगता है, जिससे शीतलक में किसी भी प्रकार की हानि नहीं होती तथा वायु की अत्यधिक मात्रा को प्रणाली से बाहर भेजा जाता है। इस प्रणाली के प्रयोग से वाहनों में शीतलन प्रणाली सुचारू रूप से कार्य करने में सक्षम बन पाती है।

17.8 शीतलक हेतु तापमान मापक इण्डीकेटर Temperature Measuring Indicator for Coolant

इंजन का तापक्रम सामान्य अर्थात् 80°C तक रखना चाहिए, क्योंकि इससे अधिक तापक्रम हो जाने से इंजन की शक्ति पर विपरीत प्रभाव पड़ता है। यह अधिक तापक्रम थर्मोस्टेट वाल्व के खराब होने, वाल्व टाइमिंग या इग्नीशन टाइमिंग की गलत सैटिंग होने अथवा फैन बैल्ट के स्लिप करने के कारण होता है। मोटरगाड़ी चलाते समय चालक (driver) को इंजन का तापक्रम पता लगता रहे, इसके लिए डैशबोर्ड पर एक तापमान इण्डीकेटर लगाया जाता है। तापमान इण्डीकेटर दो प्रकार के होते हैं

1. यान्त्रिक प्रकार का तापक्रम इण्डीकेटर Mechanical Type Temperature Indicator

यान्त्रिक तापक्रम इण्डीकेटर में एक सील्ड बल्ब वाटर जैकेट के गर्म पानी से सम्बन्धित रहता है। इस बल्ब को एक पतली ट्यूब द्वारा बॉर्डन टाइप प्रैशर गेज से जोड़ दिया जाता है। बल्ब में वाष्प बनने वाला द्रव भरा रहता है। जब यह बल्ब इंजन के पानी से गर्म होता है, तो द्रव वाष्प में बदलकर दबाव उत्पन्न करता है।

यह दबाव गेज पर लगी सूईं को प्रभावित करता है, जिसे प्वॉइण्टर द्वारा पढ़ा जाता है। यह रीडिंग पानी के तापक्रम को दर्शाती है। यह तापक्रम 70°C से 90°C तक रहना चाहिए। इसका सर्वश्रेष्ठ उदाहरण तापक्रम इण्डीकेटर (temperature indicator) है।

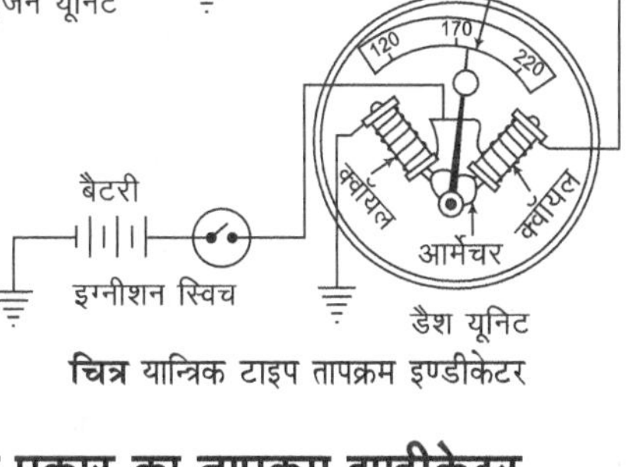

चित्र यान्त्रिक टाइप तापक्रम इण्डीकेटर

2. वैद्युतिक प्रकार का तापक्रम इण्डीकेटर Electrical Type Temperature Indicator

इस प्रकार के तापक्रम इण्टीकेटर में एक इंजन इकाई तथा एक पैनल या डैशबोर्ड इकाई होता है। इंजन इकाई का सम्बन्ध एक इलेक्ट्रिकल तार द्वारा पैनल इकाई से रहता है। जब इग्नीशन स्विच चालू (ON) किया जाता है, तो इस तार में बैटरी द्वारा धारा जाने लगती है।

जैसे-जैसे इंजन का तापक्रम बढ़ता जाता है, दोनों इकाइयों में धारा की मात्रा भी बढ़ती जाती है। धारा के बढ़ने से पैनल इकाई, जोकि विद्युत-चुम्बक से चालित होता है, उच्च तापक्रम को सूई (pointer) द्वारा सूचित करने लगता है।

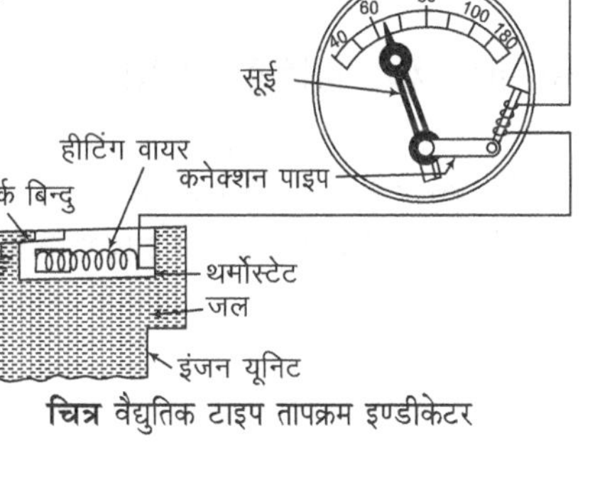

चित्र वैद्युतिक टाइप तापक्रम इण्डीकेटर

17.9 शीतलन प्रणाली सम्बन्धी सामान्य दोषोपचार

General Troubleshooting Related to Cooling System

शीतलन प्रणाली के उपयोग के दौरान इंजनों में कुछ दोष भी स्वाभाविक रूप से उत्पन्न होते हैं, जिनको नीचे तालिका के माध्यम से वर्णित किया गया है

तालिका शीतलन प्रणाली के सामान्य दोष, कारण एवं उपचार

क्र.सं.	दोष	कारण	उपचार
1.	रेडिएटर में पानी का कम हो जाना।	(i) रेडिएटर में बहुत दिनों से पानी नहीं डालना।	(i) रेडिएटर में पानी भरें।
		(ii) रेडिएटर कोर से लीकेज होना।	(ii) कोर की सोल्डरिंग कराएँ।
		(iii) इनलेट या आउटलेट हौज पाइप का ढीला अथवा खराब होना।	(iii) हौज पाइप को कसें या बदलें।
		(iv) हैड गैस्केट टूटी होना।	(iv) हैड गैस्केट को बदलें।
		(v) वाटर ड्रेन प्लग का लीक होना।	(v) ड्रेन प्लग टाइट करें या मरम्मत करें।
		(vi) वाटर पम्प से पानी का लीक होना।	(vi) वाटर पम्प की जाँच कर मरम्मत करें।
2.	इंजन का अधिक गर्म हो जाना।	(i) रेडिएटर में पानी की कमी होना।	(i) पानी पूरा करें।
		(ii) थर्मोस्टेट वाल्व का बन्द रहना।	(ii) थर्मोस्टेट वाल्व बदलें।
		(iii) वाटर पम्प दोषपूर्ण होना।	(iii) वाटर पम्प की मरम्मत करें।
		(iv) फैन बैल्ट टूटी होना।	(iv) फैन बैल्ट नई डालें।
		(v) रेडिएटर में पानी के मार्ग अवरुद्ध होना।	(v) रेडिएटर साफ करें।
		(vi) वाटर जैकेटों में जंग लगना।	(vi) वाटर जैकेट पानी के प्रैशर से साफ करें।
		(vii) वाल्व टाइमिंग या इग्नीशन टाइमिंग का गलत होना।	(vii) टाइमिंग सही करें।
		(viii) प्री-इग्नीशन दोष होना।	(viii) दोष दूर करें।
		(ix) एग्जॉस्ट मैनीफोल्ड का बन्द (चोक) होना।	(ix) मैनीफोल्ड साफ करें।
		(x) साइलेन्सर बन्द होना।	(x) साइलेन्सर साफ करें।
		(xi) ब्रेक तथा क्लच का दोषपूर्ण होना।	(xi) दोष दूर करें।
		(xii) इंजन का जाम होना।	(xii) इंजन सही करें।

17.10 स्नेहन प्रणाली Lubrication System

घर्षण के कारण होने वाली हानियों से बचने के लिए किए जाने वाले उपायों में से एक उपाय स्नेहन भी है। स्नेहन की प्रक्रिया में, घर्षणशील पाट्र्स की सतहों के बीच में एक उपयुक्त स्नेहक (lubricant) का प्रयोग किया जाता है। यह स्नेहक घर्षण कर रही सतहों के बीच में एक पतली परत बनाता है, जिससे दोनों सतह अलग-अलग हो जाती हैं तथा दोनों सतहों के मध्य उत्पन्न घर्षण का मान बहुत कम रह जाता है।

स्नेहन प्रणाली की आवश्यकता Need of Lubrication System

किसी भी इंजन में बहुत से ऐसे पुर्जे होते हैं जो आगे-पीछे या गोलाई में चाल प्रदान करते हैं। इन पुर्जों की सतहें आपस में रगड़कर चलती हैं। इससे ऑयल में गर्मी के साथ-साथ पुर्जों की गति एवं कार्य में कमी आती है तथा इंजन की दक्षता प्रभावित होती है। अत: इंजन की कार्यप्रणाली को लगातार बनाए रखने हेतु इंजनों में स्नेहन प्रणाली का उपयोग किया जाता है। इसके लिए इंजन की आवश्यकता के अनुरूप गुणों वाले स्नेहकों का उपयोग किया जाता है।

स्नेहकों के प्रकार
Types of Lubricants

स्नेहक मुख्यत: निम्न तीन प्रकार के होते हैं
1. द्रवीय स्नेहक
2. अर्द्धठोसीय स्नेहक
3. ठोसीय स्नेहक

1. द्रवीय स्नेहक Liquid Lubricants

तरल अवस्था के स्नेहकों का आकार निश्चित नहीं होता, इसलिए उन्हें एक स्थान से दूसरे स्थान तक प्रवाहित करके ले जाया जा सकता है। इसी गुण के कारण इनका उपयोग सबसे अधिक किया जाता है। निम्न चार प्रकार के तेल, द्रवीय स्नेहक के रूप में प्रयोग किए जाते हैं

(i) खनिज तेल Mineral Oils

खनिज तेल, पेट्रोलियम से निकाले जाते हैं। ये तेल मोमीय (paraffin) तथा नैफ्थायुक्त (naphthenic) होते हैं। मोमीय तेल, अधिक तापमान पर भी स्थायी रहते हैं, क्योंकि इनमें काफी मात्रा में मोम घुला होता है, जो उच्च तापमान पर तेल को नैफ्थायुक्त तेल की अपेक्षा अधिक स्थायित्व प्रदान करता है।

ये निम्न प्रकार के होते हैं
- सर्कुलेटिंग ऑयल
- गियर ऑयल
- मोबिल ऑयल या इंजन ऑयल
- रेफ्रीजरेशन ग्रेड ऑयल
- स्पिण्डल ऑयल
- स्टीम सिलेण्डर ऑयल
- वायर रोप ऑयल

आधुनिक इंजनों में मुख्य रूप से गियर ऑयल तथा मोबिल ऑयल का प्रयोग किया जाता है, जिनका वर्णन निम्नवत् है

- **गियर ऑयल** (Gear Oil) गियर ऑयल एक हल्का गाढ़ा तेल होता है, जिसका उपयोग वाहनों के गियर बाक्स, स्टीयरिंग तथा डिफरैन्शियल आदि भागों में किया जाता है। गियर बाक्स में SAE 90 का गियर ऑयल तथा अन्य भागों में SAE 140 का गियर ऑयल प्रयोग किया जाता है।
- **मोबिल ऑयल या इंजन ऑयल** (Mobil oil or engine oil) मोबिल ऑयल एक हल्का पतला तेल होता है, जिसका उपयोग मोटरगाड़ियों के इंजन, डायनमो, एयर क्लीनर, ब्रुश आदि भागों में किया जाता है।
- ठण्डे मौसम में SAE, (Society of Automotive Engineers) 30 का तथा गर्म मौसम में SAE 140 का मोबिल ऑयल प्रयोग करते हैं। SAE प्रणाली ने विस्कोसिटी के आधार पर इन्हें प्रयोग करने के लिए पहचान के रूप में अंक या नम्बर प्रदान किए गए हैं।
  जैसे—SAE 30, SAE 40, SAE 50 आदि।

(ii) ऑर्गेनिक ऑयल Organic Oils

ये तेल पशुओं, वनस्पतियों और मछली आदि से प्राप्त किए जाते हैं। ये तेल ऊष्मा के कारण सरलतापूर्वक अपने घटकों में विच्छेदित हो जाते हैं और निम्न तापमान पर गोंद के रूप में ऑक्सीकृत होने की प्रवृत्ति रखते हैं, क्योंकि सभी ऑर्गेनिक तेलों में एल्कोहॉल तथा वसा-अम्ल विद्यमान होते हैं। अत: इनमें अम्ल की स्वतन्त्र मात्रा उपस्थित होना सम्भावित है। कैस्टर-ऑयल (castor oil) के अणु काफी बड़े होते हैं। अत: इसका उपयोग स्नेहक के रूप में किया जा सकता है। भारी लोड के लिए उपयोग हेतु ऑर्गेनिक तेल में कुछ मात्रा में खनिज तेल भी मिलाया जाता है और यह मिश्रण, यौगिक तेल (compound oil) कहलाता है।

(iii) सिन्थैटिक तेल Synthetic Oils

सिन्थैटिक तेल महँगे होने के कारण कम प्रयोग किए जाते हैं। ये पोल्केलाइन ग्लाइकोल (polakaline glycols) तथा सिलिकॉन (silicons) दो प्रकार के होते हैं। उपयुक्त रासायनिक साधनों द्वारा सिलिकॉन कार्बाइड को सिलिकॉन और ऑक्सीजन में बदल दिया जाता है। सिन्थैटिक तेल कुछ अन्य तत्त्वों के साथ मिलकर सिलिकॉन स्नेहक बनाता है। ये तेल बहुत लम्बे समय तक अपने गुणों को बनाए रखते हैं, इसलिए प्रिसीजन औजारों के स्नेहन के लिए प्रयोग किए जाते हैं।

(iv) ब्लैन्डेड तेल Blended Oils

खनिज स्नेहकों को भारी बनाने तथा उनकी श्यानता (viscosity) में वृद्धि करने के लिए उनमें 5 से 20% तक फैटी ऑयल (fatty oils) मिलाया जाता है। इन तेलों को कम्पाउण्ड ऑयल भी कहा जाता है।

2. अर्द्धठोसीय स्नेहक Semi-solid Lubricants

वह तेल, जिसकी श्यानता उच्च होने के कारण उसमें प्रवाहित होने का गुण नहीं होता है, अर्द्धठोसीय स्नेहक कहलाता है। इसे बनाने के लिए खनिज तेल या ऑर्गेनिक तेलों में गाढ़ा करने वाले पदार्थ; जैसे—कैल्सियम, सोडियम, एल्युमीनियम, बेरियम, लीथियम, स्ट्रॉन्सियम, ग्रीस आदि के कम्पाउण्ड मिलाए जाते हैं। अर्द्धठोसीय स्नेहक मुख्य रूप से ग्रीस व वैसलीन हैं। ग्रीस प्राय: कोमल तथा कठोर प्रकार की होती है। कोमल ग्रीस का प्रयोग सामान्यतया उन भागों का स्नेहन करने के लिए किया जाता है। जिन भागों पर स्नेहन ऑयल का रुकना असम्भव होता है; जैसे—व्हील एक्सल असेम्बली, रियर एक्सल, फ्रण्ट एक्सल आदि।

इसका उपयोग अधिक शक्ति संचरण करने वाले बुश बियरिंग का स्नेहन करने के लिए भी किया जाता है। इसके विपरीत कठोर ग्रीस का प्रयोग तेज धार वाले कटिंग टूल्स; जैसे— मिलिंग कटर्स आदि को लम्बे समय तक जंग से बचाने के लिए किया जाता है।

3. ठोस स्नेहक Solid Lubricants

बहुत अधिक ताप तथा दाब पर ग्रीस तथा तेल द्वारा स्नेहन सफल नहीं रह पाता; जैसे—फोर्जिंग शॉप में कार्यरत् पावर हैमर या पावर प्रैस। ऐसे स्थानों पर ठोस स्नेहक उपयोग में लाए जाते हैं। ये ठोस स्नेहक अधिक ताप पर भी स्नेहन करने में सफल रहते हैं। ठोस स्नेहक के रूप में अधिकतर ग्रेफाइट पाउडर को ग्रीस या तेल में मिलाकर प्रयोग किया जाता है। ठोस स्नेहकों का प्रयोग मशीनों के पार्ट्स के मध्य घर्षण के कारण उत्पन्न ताप व दाब के नियन्त्रण में किया जाता है। कभी-कभी सोप स्टोन (soap stone), टैल्क (talk), वैक्स (wax), माइका (mica) आदि का भी ठोस स्नेहक के रूप में प्रयोग किया जाता है।

स्नेहक तेल के कार्य Functions of Lubricant Oil

स्नेहक के मुख्य उद्देश्य निम्नलिखित हैं

1. पार्ट्स को जंग से बचाना।
2. पिस्टन रिंगों और सिलेण्डर की दीवारों के बीच प्रभावशाली सील प्रदान करना।
3. इंजन के बियरिंग और अन्य पार्ट्स के बीच झटकों को सोखकर आवाज को कम करना।
4. कार्बन जमा होने से बचाना।
5. लीकेज को यथासम्भव कम करना।
6. ऑक्सीडेशन (oxidation) को रोकना।
7. रगड़कर चलने वाले पार्ट्स में घर्षण को कम करना जिससे पार्ट्स कम घिसे।

स्नेहकों के गुण Properties of Lubricants

स्नेहकों के मुख्य गुण निम्न प्रकार हैं

(i) **तैलीयता** Oilness

यह स्नेहक का वह गुण है, जिससे स्नेहक की एक पतली सतह दो चलने वाले पार्ट्स में बनी रहती है, जिसके कारण दो पार्ट्स आपस में फिसलकर आसानी से चलते हैं।

(ii) **श्यानता** Viscosity

स्नेहक के आन्तरिक प्रतिरोध की माप उसकी श्यानता कहलाती है। यह स्नेहक तेलों का एक महत्त्वपूर्ण गुण है, क्योंकि श्यानता के कारण ही तेलों के प्रवाह की क्षमता का पता चलता है। यदि कोई पदार्थ सरलता से प्रवाहित हो जाता है, तो उसकी श्यानता निम्न स्तर की होती है। इसके विपरीत यदि कोई तरल पदार्थ कठिनाई से प्रवाहित होता है, तो उसकी श्यानता उच्च स्तर की होती है। प्रयोग किए जाने वाले स्नेहक की श्यानता जानने के लिए विस्कोमीटर (viscometer) का प्रयोग किया जाता है। स्नेहकों के इस गुण को नम्बर से प्रकट किया जाता है। यह नम्बर सोसायटी ऑफ ऑटोमोटिव इंजीनियर्स (SAE) द्वारा दिया जाता है। नीचे दी गई तालिका में विभिन्न प्रकार के स्नेहक तेलों को उनकी श्यानता संख्या तथा अनुप्रयोग सहित दर्शाया गया है।

तालिका

अपेक्षित वायुमण्डलीय तापमान	एकल श्यानता स्नेहक	बहु-श्यानता स्नेहक
-10°F से नीचे	SAE 5W	SAEFW-20
-10°F से ऊपर	SAE 10W	SAE10W-20 या SAE10W -30
+10°F से ऊपर	SAE 20W	SAE 20W-30 या SAE10W-30
32°F से ऊपर	SAE 20 या 20W SAE 30 (कुछ निर्माता)	SAE20W-30 या SAE 10W-30
90°F से ऊपर	SAE 30 SAE 30 (कुछ निर्माता)	SAE 20W-30 या SAE 10W-30

(iii) **दहन तथा बिन्दु** Fire and Flash Point

किसी स्नेहक के लिए वह तापमान जिस पर वह ज्वाला के रूप में जलना प्रारम्भ कर दे, दहन बिन्दु कहलाता है। इसी प्रकार किसी स्नेहक के लिए वह तापमान, जिस पर वह वाष्पीकृत होना प्रारम्भ कर दे, ज्वलन बिन्दु कहलाता है। स्नेहक का ज्वलन बिन्दु, दहन बिन्दु से 15° F से 20° F अधिक होता है। स्नेहक के चयन के समय यह ध्यान रखना आवश्यक है कि प्रचालित मशीन का ताप, स्नेहक के ज्वलन बिन्दु तथा दहन बिन्दु से कम हो।

(iv) **बहाव बिन्दु** Pour Point

बहाव बिन्दु वह निम्नतम तापमान है, जिस पर कोई तेल प्रवाहित हो सकता है या उसे गिराया जा सकता है। निम्न तापमान पर कार्य करने वाली मशीनों में प्रयोग किए जाने वाले स्नेहकों के लिए बहाव बिन्दु एक महत्त्वपूर्ण विवरण होता है; जैसे—बर्फ के कारखाने, रेफ्रीजरेटर आदि में। अच्छे स्नेहकों के लिए बहाव बिन्दु निम्न होना चाहिए, जिससे कि वह निम्न ताप पर भी सरलतापूर्वक कार्य करता रहे।

(v) **अपशिष्ट कार्बन मात्रा** Carbon Residue Content

किसी तेल में अपशिष्ट कार्बन चूर्ण की मात्रा, उसके अपशिष्ट पदार्थ की मात्रा और उसकी स्नेहन क्षमता को दर्शाती है। किसी इंजन की उच्च दक्षता प्राप्त करने के लिए उसमें प्रयोग किए गए स्नेहक तेल में अपशिष्ट कार्बन की मात्रा न्यूनतम होनी चाहिए। अन्त: दहन इंजन एवं कम्प्रैसर के लिए तो इस मात्रा का न्यूनतम होना और भी अधिक आवश्यक है।

(vi) **अम्लीयता** Acidity

तेल में अम्लीयता अथवा तेजाब की मात्रा नहीं होनी चाहिए, यदि होगी, तो यह बियरिंग मैटल पर बुरा प्रभाव डालेगी।

(vii) **जल-मिश्रणता और जल-पृथक्कता**
Emulsification and Distinctively of Water

जल-मिश्रणता, किसी स्नेहक तेल का वह गुण है, जिसके कारण वह जल के साथ शीघ्र ही मिश्रित हो सके और एकसमान तथा लगभग स्थायी मिश्रण बना सके। इसी प्रकार जल-पृथक्कता किसी स्नेहक तेल का वह गुण है, जिसके कारण जल-तेल मिश्रण में से जल को शीघ्रता से पृथक् किया जा सकता है।

(viii) **आपेक्षिक घनत्व** Specific Gravity

यह स्नेहक का वह गुण है, जिसके द्वारा स्नेहक के भार को पानी के भार के साथ 30° F पर तुलना करते हैं।

(ix) **उदासीनीकरण संख्या** Neutralisation Number

उदासीनीकरण संख्या, पोटैशियम हाइड्रॉक्साइड की मिलीग्राम में वह मात्रा है, जो एक ग्राम स्नेहक तेल में घुल सकती है।

उदासीनीकरण संख्या का स्नेहक तेल में विद्यमान अम्लता से कोई सीधा सम्बन्ध नहीं है। मुख्य बात यह है कि स्नेहक तेल के उपयोग काल में उदासीनीकरण का मान बढ़ते रहना नहीं चाहिए। इसके मान में अचानक वृद्धि होने का अर्थ है—तेल का ऑक्सीकृत (oxidise) हो जाना।

भली प्रकार साफ किए गए स्नेहक तेल में इस संख्या का मान 0.01 से कम ही रहता है। यदि कार्यरत् मशीन में यह संख्या अचानक बढ़ने लगे, तो तेल को बाहर निकालकर नया तेल डाल देना चाहिए।

(x) **रासायनिक स्थिरता** Chemical Stability

रासायनिक स्थिरता स्नेहक तेलों का वह गुण है, जिसके कारण वे अपना संगठन तथा अस्तित्व बनाए रखते हैं तथा कार्य के प्रभाव से विघटित नहीं होते हैं।

स्नेहक तेल में मिलाए जाने वाले एडिटिव्स Additives Mixed in Lubricant Oil

किसी भी खनिज तेल में सभी गुण उपस्थित नहीं होते हैं। अतः तेल निर्माता स्नेहक तेल के विभिन्न गुणों में वृद्धि करने के लिए कुछ एडिटिव्स मिला देते हैं। ये एडिटिव्स स्नेहक के गुणों में वृद्धि के साथ-साथ हानिकारक पदार्थों के निक्षेपण (deposit) को भी नियन्त्रित करते हैं तथा इंजन की एण्टी-फ्रीजिंग क्वालिटी में वृद्धि करते हैं। इंजन के जटिल आन्तरिक भागों की साफ-सफाई के लिए स्नेहक में डिटर्जेन्ट (detergents) मिलाए जाते हैं।

स्नेहक के लाभ Advantages of Lubricant

मशीनों में स्नेहक का प्रयोग करने से निम्न लाभ प्राप्त होते हैं

1. स्नेहक के प्रयोग से मशीन की कार्यक्षमता में वृद्धि हो जाती है।
2. स्नेहक के प्रयोग से मशीन के जीवनकाल में वृद्धि हो जाती है।
3. स्नेहक के प्रयोगों से मशीन की शुद्धता बनी रहती है।
4. स्नेहक, मशीन के कार्यशील होने से घर्षण द्वारा उत्पन्न ताप को नियन्त्रित करता है।
5. स्नेहक के प्रयोग से मशीन द्वारा विद्युत की खपत कम होती है।
6. स्नेहक के प्रयोग से मशीनें जंग (corrosion) के प्रभाव से मुक्त रहती हैं।
7. स्नेहक के प्रयोग से मशीनों के पार्टों के मध्य एक पतली परत बन जाती है, जिससे कार्य करने वाले भागों के बीच कम घर्षण उत्पन्न होता है तथा पार्ट्स कम घिसते हैं।

स्नेहन की आवश्यकता वाले भाग Parts Required Lubrication

डीजल इंजन के भागों में स्नेहन करने के लिए ग्रीस गन अथवा ऑयल गन का प्रयोग किया जाता है, जिससे भागों में तेल आसानी से पहुँच जाता है। इंजन के निम्नलिखित भागों को निरन्तर विशेष स्नेहन की आवश्यकता रहती है, क्योंकि ये भाग अधिक रगड़ खाकर चलते हैं

1. क्रैंकशाफ्ट
2. पिस्टन
3. टाइमिंग गियर्स
4. पिस्टन रिंग्स
5. बियरिंग
6. वाल्व गाइड
7. पिस्टन गाइड
8. रॉकर असेम्बली
9. गजन पिनों के बुशेज
10. सिलेण्डरों की आन्तरिक दीवार
11. स्मॉल एण्ड बियरिंग

17.11 स्नेहन प्रणाली के प्रकार Types of Lubrication System

इंजनों में स्नेहन हेतु विभिन्न प्रणालियाँ प्रयोग में लाई जाती है

1. ऑयल कप Oil Cup

चित्र में एक ऑयल कप दिखाया गया है। यह एक साधारण कप के आकार का होता है, जिसे चूड़ियों (thread) की सहायता से तेल छिद्र में फिट कर दिया जाता है। यह तेल छिद्र तेल को धूलकण इत्यादि से बचाता है तथा लगातार तेल सप्लाई करता रहता है।

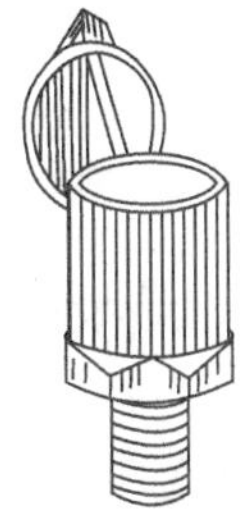

चित्र ऑयल कप

2. बत्तीदार स्नेहक Wick Lubricant

इसका कार्य सिद्धान्त साइफन (siphon) पर आधारित होता है। यदि दो बर्तनों को लेकर एक में द्रव भरकर ऊँचे स्थान पर रख दिया जाए तथा एक मुड़ी हुई नली या ट्यूब में द्रव भरकर नली के एक छोर को ऊपरी बर्तन के द्रव में डुबा दिया जाए और दूसरे सिरे को नीचे रखे खाली बर्तन में रखा जाए, तो नली का सिरा ऊपरी बर्तन के द्रव में डूबा रहेगा तथा लगातार नली से होकर द्रव निचले बर्तन में गिरता रहेगा।

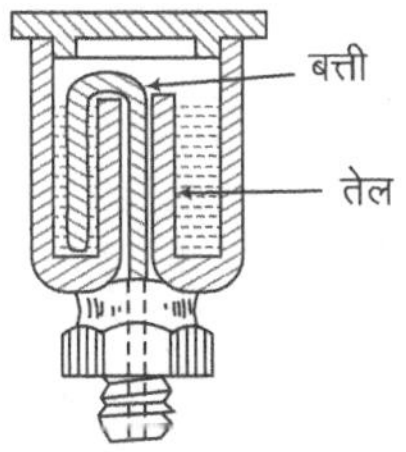

चित्र बत्तीदार स्नेहक

3. ड्रॉप फीड स्नेहक Drop Feed Lubricant

इसका तेल-टैंक (oil-reservoir) ग्लास (काँच) का बना होता है। कुप्पी के ऊपर एक छिद्र होता है, जिसे फिलिंग छिद्र (filling hole) कहते हैं। इस छिद्र से स्नेहक को कुप्पी में डाला जाता है।

यह तेल फिल्टर (जाली) से छनकर एक छिद्र के अन्दर से भीतरी चैम्बर (chamber) में प्रवेश करता है और गुरुत्वाकर्षण के कारण नोजल से होकर बूँद-बूँद गिरता है।

तेल के बहाव को नीडिल वाल्व (valve) द्वारा नियन्त्रित किया जाता है। साइट ग्लास (sight glass) से यह देखा जाता है कि तेल कितनी मात्रा में गिर रहा है।

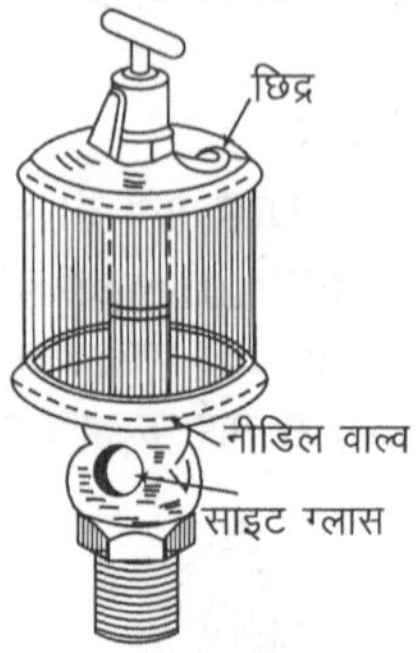

चित्र ड्रॉप फीड स्नेहक

4. ल्यूवेन्स ग्लास-बॉटल स्नेहक Lieuvain's Glass-bottle Lubricant

इसे नीडिल स्नेहक भी कहा जाता है। यह काँच की बनी एक कुप्पी या बोतल होती है, जिसमें तेल भरा जाता है।

कुप्पी या बोतल के मुँह में एक डबल टेपर कॉर्क (double tapered cork) फिट की हुई रहती है। इसी कॉर्क के बीच में एक सूई (needle) लगी रहती है।

कुप्पी को उलटकर, उसके स्टॉपर या कॉर्क का निचला भाग बियरिंग के ऊपरी सिरे में बने तेल छिद्र में फिट कर दिया जाता है।

शाफ्ट का घूर्णन सूई को हिलाता है, जिससे हवा के बुलबुले ऑयल चैम्बर (oil-chamber) में प्रवेश करते हैं। इन्हीं बुलबुलों द्वारा विस्थापित तेल बूँद-बूँद करके शाफ्ट पर गिरता है। आवश्यकतानुसार अपेक्षाकृत छोटी सूई लगाकर, तेल के प्रवाह को बढ़ाया जा सकता है।

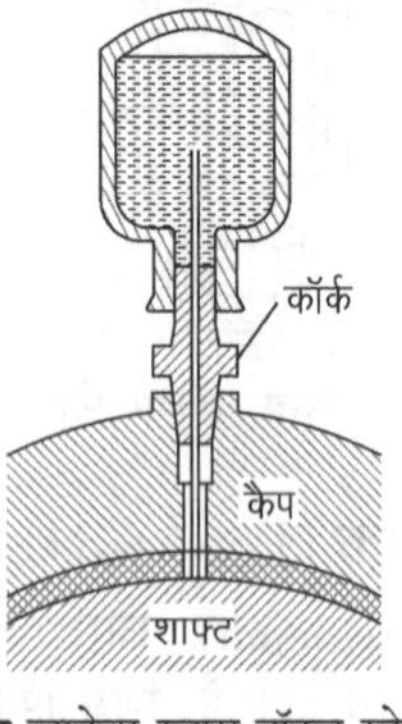

चित्र ल्यूवेन्स ग्लास-बॉटल स्नेहक

5. रिंग स्नेहन Ring Lubrication

यह स्प्लैश स्नेहन की सामान्य विधि है। इस प्रणाली में बियरिंग बीच में से कटी होती है तथा शाफ्ट के ऊपर से एक रिंग गुजरती है। इस रिंग का निचला सिरा तेलकक्ष में डूबा रहता है।

जब शाफ्ट घूमना प्रारम्भ करती है, तो रिंग के साथ तेल चिपककर शाफ्ट या बियरिंग में पहुँच जाता है।

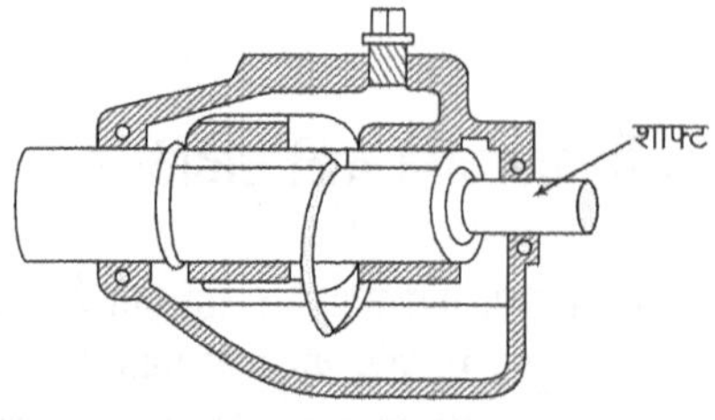

चित्र रिंग स्नेहन

6. चेन स्नेहन Chain Lubrication

यह विधि भी रिंग स्नेहन के समान ही है, परन्तु इसमें रिंग के स्थान पर चेन का प्रयोग किया जाता है। यह विधि मध्यम गति की शाफ्ट के लिए उपयुक्त होती है। मोटर जनित्र तथा लाइन शाफ्टों में इस विधि का प्रयोग किया जाता है।

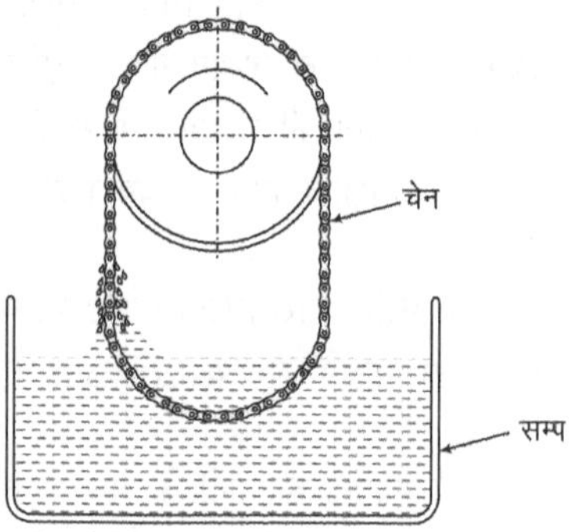

चित्र चेन स्नेहन

7. वॉर्म गियर बाथ स्नेहन Warm Gear Bath Lubrication

यह दो वॉर्म गियरों की व्यवस्था होती है, जिसमें नीचे वाला गियर तेलकक्ष (oil chamber) में डूबा रहता है, जबकि ऊपर वाला गियर स्नेहन क्रिया करता है। जब ऊपर वाला गियर घूमना प्रारम्भ करता है, तो तेलकक्ष (oil chamber) में डूबा गियर भी घूमना प्रारम्भ करता है, जिससे तेल चिपककर शाफ्ट में पहुँच जाता है।

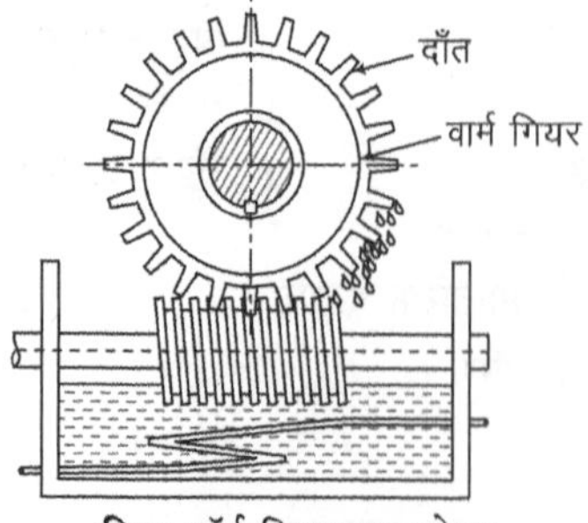

चित्र वॉर्म गियर बाथ स्नेहन

8. स्प्लैश स्नेहन प्रणाली
Splash Lubrication System

इस प्रणाली में स्नेहक तेल को सम्प में एकत्र किया जाता है। कनैक्टिंग रॉड के निचले भाग में एक डिपर बना होता है। जब क्रैंकशाफ्ट घूर्णन करती है, तब डिपर क्रैंकशाफ्ट के प्रत्येक घूर्णन में एक बार तेल में डूबता है तथा सिलेण्डर दीवारों पर तेल स्प्लैश करता है।

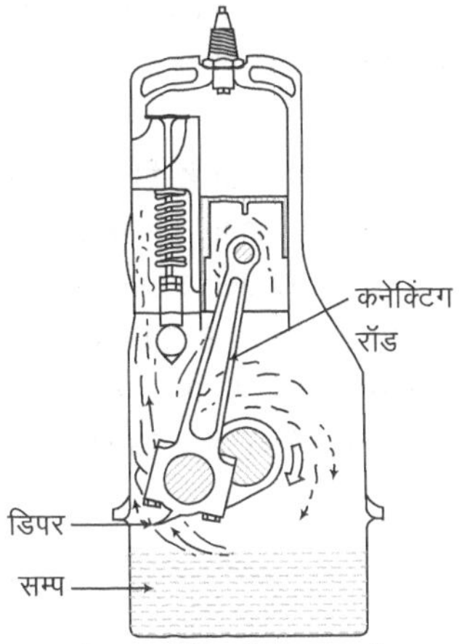

चित्र स्प्लैश स्नेहन प्रणाली

9. दाब स्नेहन प्रणाली
Pressure Lubrication System

इस प्रणाली में स्नेहक तेल इंजन के सभी चलित भागों में क्रैंकशाफ्ट द्वारा चलित ऑयल पम्प से दाब के साथ सर्कुलेट किया जाता है। ऑयल सम्प से ऑयल स्ट्रेनर या सक्शन पाइप द्वारा ऑयल पम्प से खींचा (suck) किया जाता है।

स्ट्रेनर ठोस धूल कणों को फिल्टर करता है। ऑयल, फिल्टर ऑउटलेट से मेन गैलरी में प्रवाहित होता है। मैन ऑयल गैलरी से ऑयल क्रैंकशाफ्ट मैन जर्नल तथा कैमशाफ्ट ब्रुशों में प्रवाहित होता है।

क्रैंकशाफ्ट मैन जर्नल से ऑयल क्रैंकपिन की ओर प्रवाहित होता है। कैमशाफ्ट ब्रुश से यह सिलेण्डर हैड तथा रॉकर बुशों का स्नेहन करता है।

जब क्रैंकशाफ्ट घूर्णन करती है, तब कनैक्टिंग रॉड से ऑयल स्पलैश होकर बियरिंग पिस्टन रिंग तथा लाइनर का स्नेहन करता है।

कुछ इंजनों में गजन पिन ब्रुश के स्नेहन के लिए कनैक्टिंग रॉड के बड़े सिरे से छोटे सिरे तक एक छिद्र ड्रिल किया जाता है। एक रिलीफ वाल्व ऑयल पम्प तथा फिल्टर के मध्य प्रदान किया जाता है।

प्रणाली में रिलीफ वॉल्व ऑयल का दाब अधिकतम सीमा तक रखता है। ऑयल प्रैशर को सूचित करने के लिए एक ऑयल प्रैशर गेज तथा इण्डीकेटिंग लैम्प का प्रयोग किया जाता है।

इंजन के विभिन्न भागों का स्नेहन करने के पश्चात् ऑयल, ऑयल सम्प में पहुँचता है।

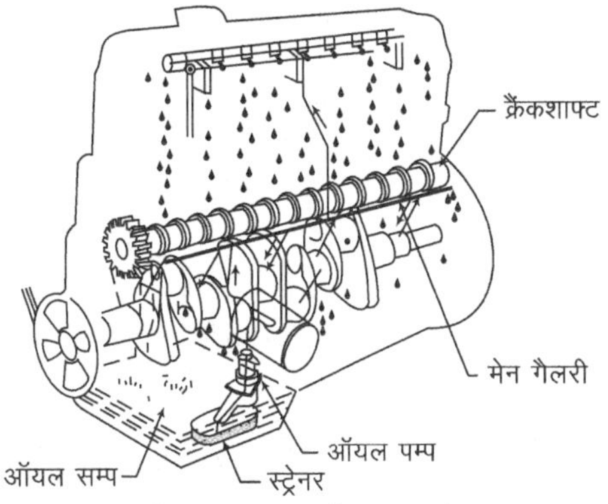

चित्र निम्न दाब स्नेहन प्रणाली

10. पेट्रोल स्नेहन प्रणाली Petrol Lubrication System

इस प्रणाली में स्नेहक तेल को पेट्रोल के साथ मिलाया जाता है। पेट्रोल और तेल का अनुपात 20:1 होता है। जब ईंधन क्रैंककेस चैम्बर और क्रैंकशाफ्ट बियरिंगों में जाता है, तो तेल चलित भागों के साथ धुन्ध (mist) के रूप में चिपक जाता है और स्नेहन प्रभाव देता है। इसका प्रयोग दो-स्ट्रोक इंजनों में किया जाता है।

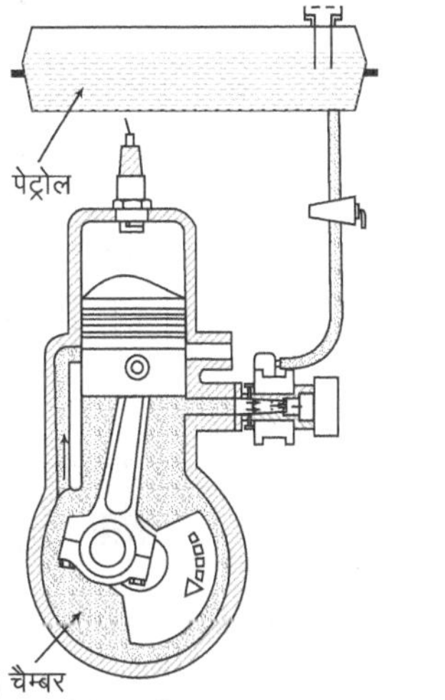

चित्र पेट्रोल स्नेहन प्रणाली

11. ड्राइ सम्प स्नेहन प्रणाली
Dry Sump Lubrication System

इस प्रणाली में स्नेहक तेल एक ऑयल पम्प के घटक पृथक् टैंक से पहुँचाया जाता है। ऑयल चलित भागों का स्नेहन करता है तथा पुनः ऑयल सम्प के लिए प्रवाहित होता है।

पम्प से टैंक तक ऑयल पहुँचाने के लिए एक स्वेजिंग पम्प का पम्प का प्रयोग किया जाता है। जब वाहन उतार-चढ़ाव वाले रास्तों पर गति करता है, इस विधि में स्नेहन प्रभावित नहीं होता है

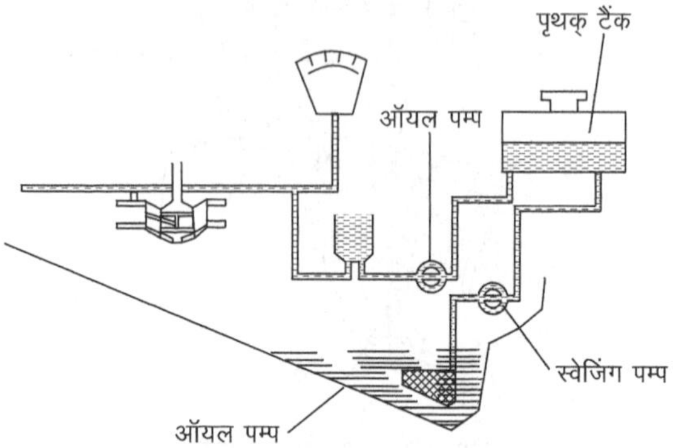

चित्र ड्राइ सम्प स्नेहन प्रणाली

12. संयुक्त स्नेहन प्रणाली Combined Lubrication System

यह स्प्लैश स्नेहन प्रणाली तथा दाब स्नेहन प्रणाली का संयुक्त रूप है। इसमें कुछ भाग स्प्लैश स्नेहन प्रणाली से स्नेहित होते हैं; जैसे- सिलेण्डर वाल्व, कैमशाफ्ट बियरिंग, कनैक्टिंग रॉड बियरिंग तथा शेष भाग दाब स्नेहन प्रणली द्वारा स्नेहित होते हैं।

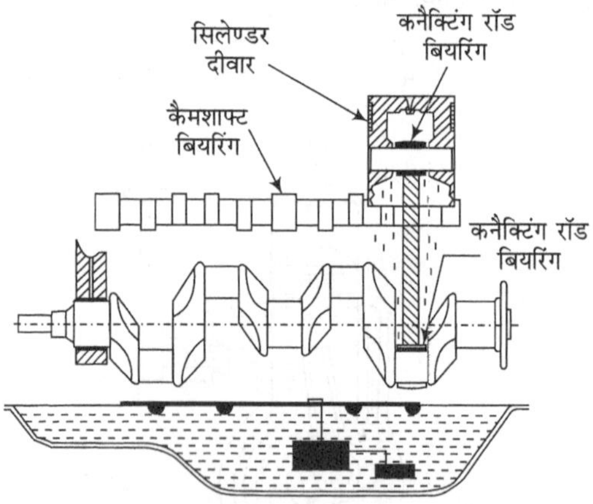

चित्र संयुक्त स्नेहन प्रणाली

17.12 स्नेहन प्रणाली के घटक Components of Lubrication System

स्नेहन प्रणाली के घटकों का वर्णन निम्न प्रकार किया गया है

1. ऑयल सम्प Oil Sump

सिलेण्डरों को नीचे से बन्द करने तथा क्रैंकशाफ्ट आदि इंजन के भागों को नीचे से धूल-मिट्टी आदि से बचाने के लिए ऑयल सम्प को इंजन में सबसे नीचे लगाया जाता है। इंजन के लिए स्नेहन भी इसी सम्प द्वारा किया जाता है, इसलिए इसे तेल कक्ष (oil chamber) भी कहा जाता है। यह नर्म इस्पात (mild steel) की चादर (sheet) से या एल्युमीनियम अलॉय की चादर को प्रेस करके मशीन द्वारा बनाया जाता है।

जिन इंजनों में बिग एण्ड बियरिंग (big end bearing) स्नेहन के लिए उनके साथ ऑयल डिपर लगे होते हैं, उनमें सिलेण्डरों की संख्या के बराबर तेल की खुली नालियाँ भी बनी होती हैं। कुछ इंजनों में सिलेण्डरों के आधार पर अलग-अलग खाने (partitions) बने होते हैं। खुली नालियों में तेल भरा होता है तथा उसमें ऑयल डिपर डूबते हुए चलते हैं, जिनसे उनमें तेल भर जाता है और वह बियरिंगों का स्नेहन करता है।

सम्प के नीचे एक ड्रेन प्लग लगा रहता है, जिसको खोलकर इंजन का तेल बदलते समय बाहर निकाला जाता है। कभी-कभी इस ड्रेन प्लग की गैस्केट कट जाती है, जिससे तेल टपकता रहता है। इसे फिट करते समय जाँच लेना चाहिए। यदि गैस्केट टूटी हो, तो नई गैस्केट लगानी चाहिए। इंजन ब्लॉक के साथ सम्प को फिट करते समय कॉर्क शीट आदि की पैकिंग अवश्य लगानी चाहिए अन्यथा उस जोड़ से भी तेल टपकने की सम्भावना रहेगी।

चित्र ऑयल सम्प

2. ऑयल पम्प Oil Pump

ऑयल पम्प मुख्यत: चार प्रकार के होते हैं

(i) वेन टाइप ऑयल पम्प
(ii) प्लंजर टाइप ऑयल पम्प
(iii) गियर टाइप ऑयल पम्प
(iv) रोटर टाइप ऑयल पम्प

(i) वेन टाइप ऑयल पम्प Vane Type Oil Pump

वेन टाइप पम्प में रोटर, पम्प हाउसिंग में उत्केन्द्री (eccentric) रूप से चलता है। स्प्रिंग लोडेड वेन्स पम्प हाउसिंग बॉल पर सरकती है। जब रोटर घूमता है, तब वेन्स द्वारा सक्शन उत्पन्न होता है। इनलेट डक्ट के माध्यम से तेल को सोखा (suck) जाता है और डिस्चार्ज डक्ट के माध्यम से बाहर निकाला जाता है।

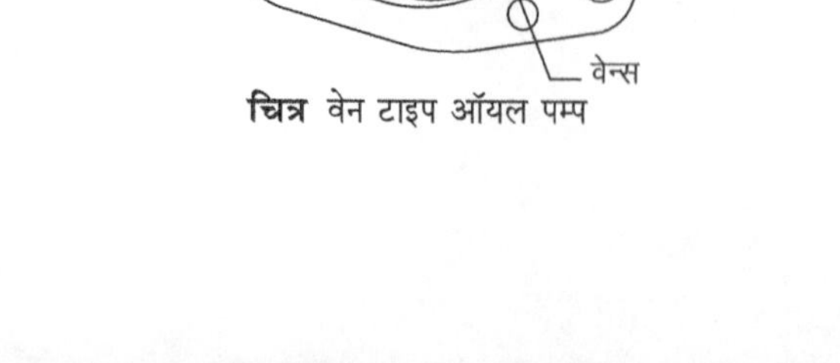

चित्र वेन टाइप ऑयल पम्प

(ii) **प्लंजर टाइप ऑयल पम्प** Plunger Type Oil Pump

इस प्रकार के ऑयल पम्प में प्लंजर, सिलेण्डर में ऊपर-नीचे जाता है। इसे एक विशेष उत्केन्द्री कैम की सहायता से प्रचालित किया जाता है।

पम्प में दो नॉन-रिटर्न बॉल वाल्व (non-return ball valve) लगे होते हैं। ये वाल्व स्प्रिंग लोडेड वाल्व होते हैं। इनमें से एक सक्शन (suction) साइड पर होता है। ऊर्ध्वमुखी स्ट्रोक के दौरान तेल, वाल्व के माध्यम से सोखा जाता है। इस प्रकार के ऑयल पम्प का प्रयोग कम किया जाता है।

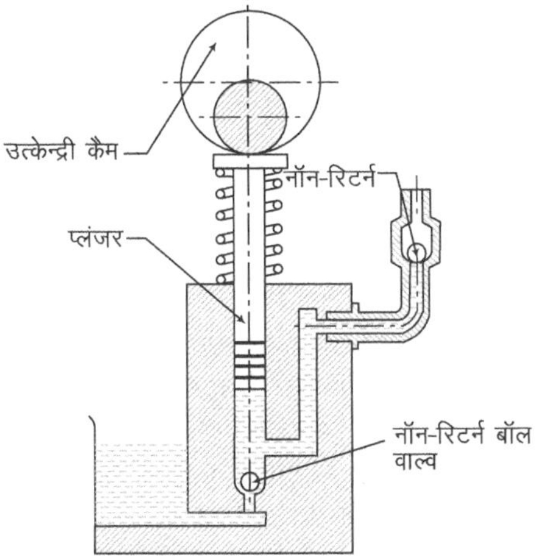

चित्र प्लंजर टाइप ऑयल पम्प

(iii) **गियर टाइप ऑयल पम्प**
Gear Type Oil Pump

इस प्रकार के ऑयल पम्प का प्रयोग सबसे अधिक किया जाता है। इस पम्प को इंजन के नीचे लगे ऑयल पम्प के अन्दर लगाया जाता है तथा इसमें पम्प हाउसिंग में दो गियर लगाए जाते हैं।

गियरों का पम्प हाउसिंग से बहुत कम क्लीयरैन्स होता है। जब गियर घूर्णन करते हैं, तब केसिंग में एक वैक्यूम उत्पन्न हो जाता है। इनलेट के माध्यम से तेल को सोखा (sucked) जाता है और निकास नली के माध्यम से तेल गैलरी को पहुँचाया जाता है।

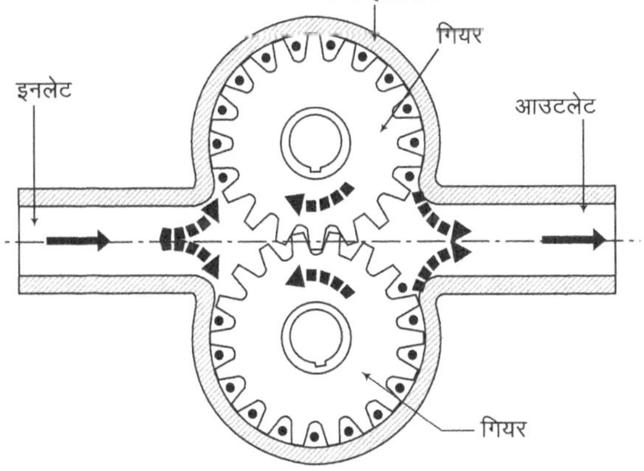

चित्र गियर टाइप ऑयल पम्प

(iv) **रोटर टाइप ऑयल पम्प** Rotor Type Oil Pump

इस प्रकार के ऑयल पम्प में एक आन्तरिक ड्राइविंग रोटर और एक बाह्य ड्राइविंग रोटर का प्रयोग किया जाता है, जो पम्प हाउसिंग में मुक्त रूप से घूमता है और आन्तरिक रोटर के सम्बन्ध में उत्केन्द्री रूप से चलता है। ये रोटर इंजन के चलने पर गियर व्हील टाइप ऑयल पम्प के समान घूमकर तेल को प्रेशर के साथ मेन ऑयल गैलरी तक पहुँचाते हैं।

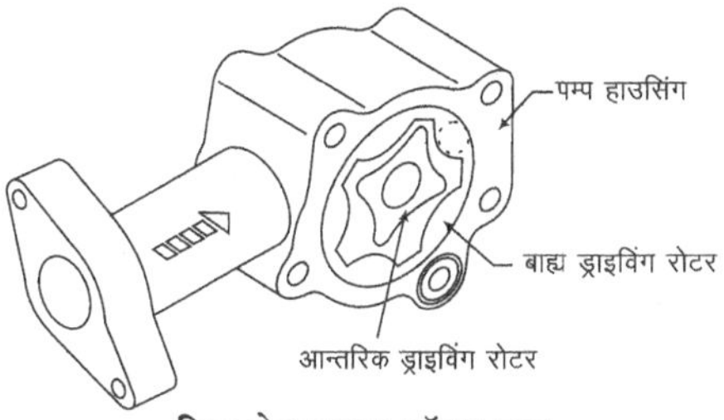

चित्र रोटर टाइप ऑयल पम्प

3. ऑयल फिल्टर प्रणाली Oil Filter System

इंजन के सभी भागों का स्नेहन करके जब तेल वापस आता है, तो अपने साथ इंजन के भागों की गन्दगी तथा धातु के महीन कण (particles) भी लाता है। यदि यह गन्दगी या धातु के कण पुन: तेल के साथ इंजन के भागों के बीच जाएँ, तो रगड़कर चलने वाले भागों का शीघ्र घिसना शुरू हो जाएगा तथा गन्दगी के कारण तेल जाने के मार्ग भी बन्द हो सकते हैं, जिससे उन भागों का स्नेहन होना ही रुक जाएगा, इसलिए इस गन्दे तथा धातु कण मिश्रित तेल को साफ करना आवश्यक होता है। इसके लिए ऑयल पम्प तथा मेन ऑयल गैलरी के बीच ऑयल फिल्टर प्रणाली की व्यवस्था की जाती है। इंजन ऑयल को फिल्टर करने के लिए दो प्रकार की प्रणालियों का प्रयोग किया जाता है

(i) **फुल फ्लो ऑयल फिल्टर प्रणाली**
Full Flow Oil Filter System

इस प्रणाली में तेल मैन ऑयल गैलरी में पहुँचने से पूर्व फिल्टर से होकर गुजरता है। फिल्टर में एक बाइपास वाल्व होता है जो फिल्टर के चोक होने की स्थिति में ऑयल को सीधे ही मेन ऑयल गैलरी में पहुँचाता है।

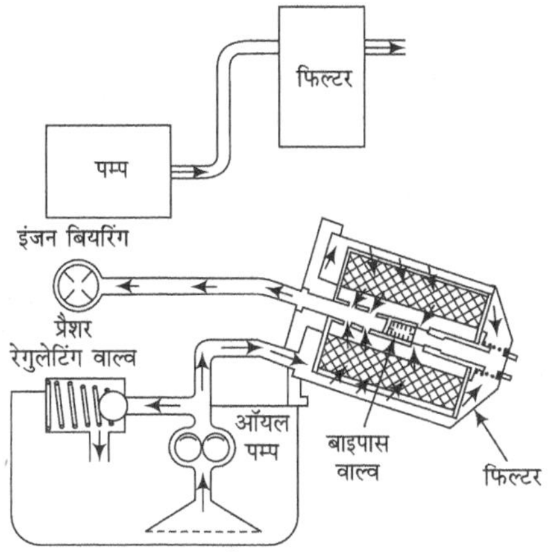

चित्र फुल फ्लो ऑयल फिल्टर प्रणाली

(ii) **बाइपास ऑयल फिल्टर प्रणाली**
Bypass Oil Filter System

इस प्रणाली में केवल इंजन ऑयल का एक भाग फिल्टर में प्रवेश करता है। फिल्टरिंग के पश्चात् ऑयल, ऑयल सम्प में पहुँचता है। शेष बचा हुआ ऑयल सीधे ही मेन ऑयल गैलरी में पहुँचाया जाता है।

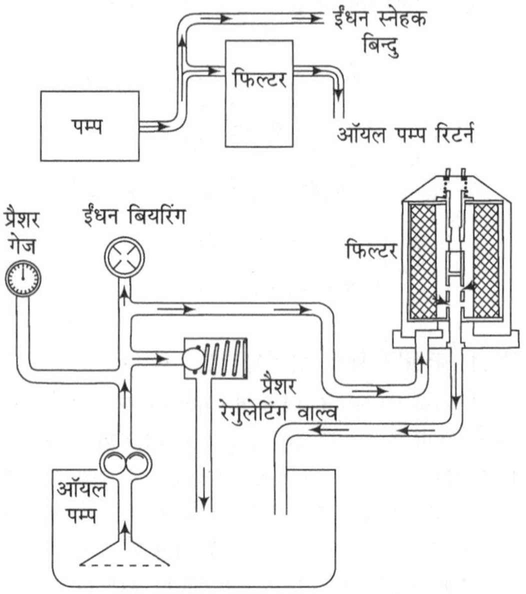

चित्र बाइपास ऑयल फिल्टर प्रणाली

फिल्टर तत्व Filter Element

फिल्टर नमदा (felt), कॉटन वेस्ट, कपड़ा तथा कागज से बनाया जाता है। निर्माता अनुसार विनिर्दिष्ट, इंजन के कुछ निश्चित किलोमीटर की दूरी चलने के पश्चात् इसे बदल दिया जाता है।

ऑयल फिल्टर के प्रकार Types of Oil Filter

ऑयल फिल्टर निम्न प्रकार के होते हैं

(i) कार्ट्रिज टाइप ऑयल फिल्टर
(ii) सेन्ट्रीफ्यूगल टाइप ऑयल फिल्टर

(i) **कार्ट्रिज टाइप ऑयल फिल्टर** (Cartridge type oil filter) इस ऑयल फिल्टर द्वारा छनकर तेल पुन: इंजन के भागों में जाता है। इस फिल्टर में भी फ्यूल फिल्टर की तरह कागज तथा तार की महीन जाली का प्रयोग फिल्टर एलीमेन्ट के रूप में किया जाता है। यह एलीमेन्ट एक ऐसी केसिंग में बन्द रहता है, जिसमें तेल आने व छनकर जाने के लिए पृथक् मार्ग बने होते हैं। इसकी तली में एक ड्रेन प्लग लगा रहता है, जिसे खोलकर गन्दा तेल बाहर निकाला जाता है। यदि फिल्टर तत्त्व अधिक गन्दा हो गया हो तो बदला जाता है।

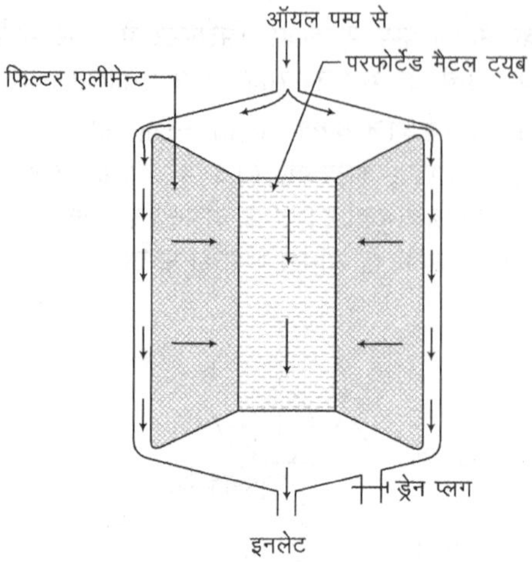

चित्र कार्ट्रिज टाइप ऑयल फिल्टर

(ii) **सेन्ट्रीफ्यूगल टाइप ऑयल फिल्टर** (Centrifugal type oil filter) इस प्रकार के फिल्टर में चार मुख्य भाग; स्टेशनरी केसिंग, रोटर केसिंग, सेण्ट्रल स्पिण्डल तथा जेटयुक्त ट्यूब होते हैं। इसमें तेल सेण्ट्रल स्पिण्डल में इनलेट मार्ग से आता है। यहाँ से रोटर केसिंग में जाता है तथा रोटर केसिंग से तेल ट्यूब में जाता है। इन ट्यूबों में जेट फिट रहते हैं, जिनसे प्रैशर के साथ तेल निकलता है, जिससे रोटर केसिंग को गति मिलती है और वह घूमने लगता है। जेट से निकलकर तेल स्टेशनरी केसिंग की दीवार से टकराता है, जिस पर धूल-मिट्टी के कण रह जाते हैं और शुद्ध तेल आउटलेट से बाहर निकलता है।

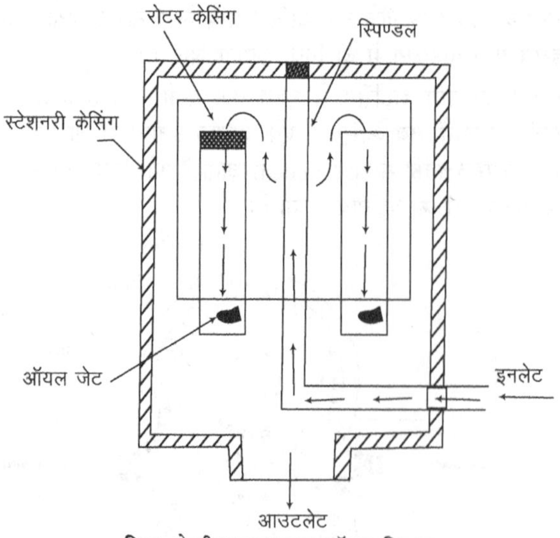

चित्र सेन्ट्रीफ्यूगल टाइप ऑयल फिल्टर

4. ऑयल प्रैशर रिलीफ वाल्व
Oil Pressure Relief Valve

ऑयल प्रैशर रिलीफ वाल्व का प्रयोग ऑयल के प्रैशर को अधिकतम सीमा तक बनाए रखने के लिए किया जाता है। जब ऑयल प्रैशर अनुमानित सीमा से अधिक होता है, तब रिलीफ वाल्व खुल जाता है और ऑयल पुन: ऑयल टैंक में चला जाता है। सामान्यत: दो प्रकार के प्रैशर रिलीफ वाल्व होते हैं।

(i) बॉल टाइप प्रैशर रिलीफ वाल्व
Ball Type Pressure Relief Valve

इस प्रकार के प्रैशर रिलीफ वाल्व में स्प्रिंग लोडेड बॉल रिटर्न चैनल को खोलती है। जब ऑयल प्रैशर स्प्रिंग बल से अधिक हो जाता है, तब ऑयल रिटर्न चैनल के द्वारा ऑयल सम्प में चला जाता है।

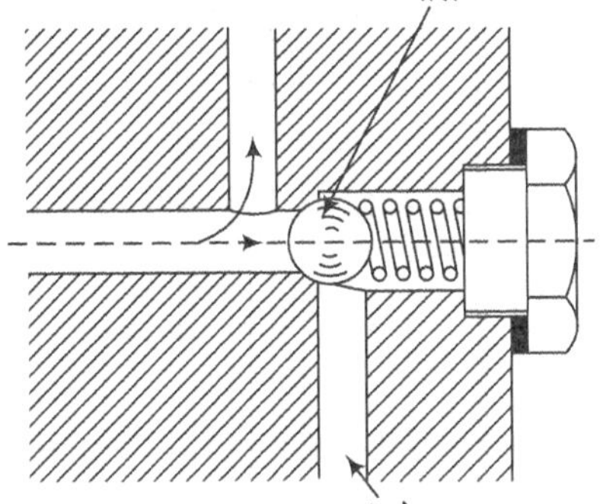

चित्र बॉल टाइप प्रैशर रिलीफ वॉल्व

(ii) प्लंजर टाइप रिलीफ वाल्व Plunger Type Relief Valve

इस प्रकार का प्रैशर रिलीफ वाल्व में बॉल के स्थान पर प्लंजर लगा होता है।

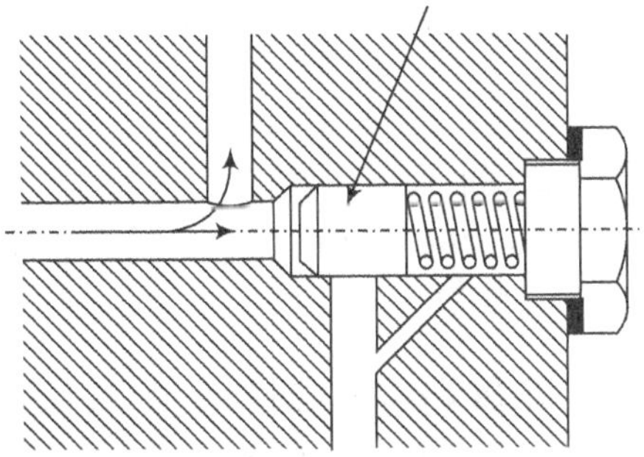

चित्र प्लंजर टाइप रिलीफ वाल्व

5. फुहार छिद्र और गैलरी Spurt Holes and Gallery

कुछ कनेक्टिंग रॉड में तेल फुहार छिद्र बने होते हैं। क्रैंकशाफ्ट में समान छिद्रों से तेल प्राप्त करने के लिए इन छिद्रों को स्थापित किया जाता है। जब सिलेण्डर वाल्व का अधिकतम क्षेत्रफल अनाश्रित (exposed) होता है, तो इस बिन्दु पर इंजन प्रक्रम में तेल फुहार में बाहर निकलता है और इसके द्वारा वाल्व और गजन पिन का स्नेहन होता है तथा पिस्टन के अन्दर की सतह को भी ठण्डा रखता है।

सिलेण्डर हैड तथा एक गैलरी के द्वारा बियरिंग एवं वाल्व ट्रेन में तेल भरते हैं। ये चल भाग स्नेहित होने के साथ-साथ इंजन से ऊष्मा का अवशोषण भी करते हैं, इसलिए इनका तापमान बढ़ता है।

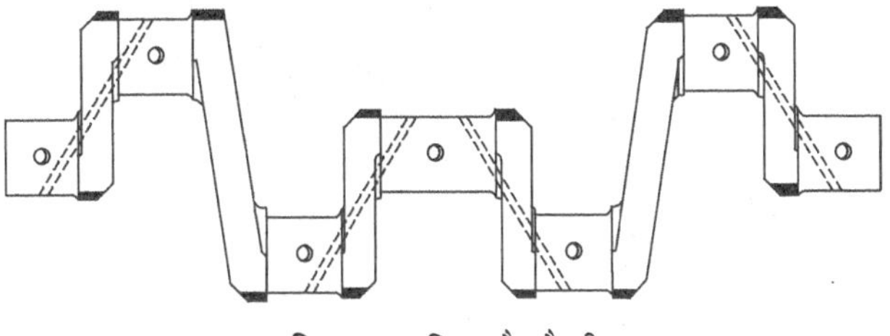

चित्र फुहार छिद्र और गैलरी

6. ऑयल-स्तर इण्डीकेटर (डिप स्टिक)
Oil-level Indicators (Dip Stick)

ऑयल डिप स्टिक का प्रयोग क्रैंककेस में तेल की मात्रा को मापने के लिए किया जाता है। 'डिप स्टिक' एक लम्बी छड़ होती है, जिसके एक सिरे पर पकड़ने के लिए हत्थी होती है। डिप स्टिक पर क्रैंककेस के पूर्ण, अर्द्ध-पूर्ण और एक चौथाई पूर्ण स्तर तक सूचित करने वाले चिन्ह बने होते हैं। इस पर एक क्रान्तिक चिन्ह भी बना होता है, जिसके नीचे तेल का स्तर नहीं गिरना चाहिए।

चालक को नियमित अन्तरालों पर तथा विशेषत: लम्बी यात्रा पर जाने से पहले तेल के स्तर की जाँच कर लेनी चाहिए। एक अन्य प्रकार का तेल स्तर इण्डीकेटर फ्लोर प्रणाली पर आधारित होता है। क्रैंककेस के भीतर के फ्लोर पर एक उपयुक्त इण्डीकेटर लगा होता है, जो क्रैंककेस के बाहर से ही तेल का स्तर इण्डीकेटर करता है।

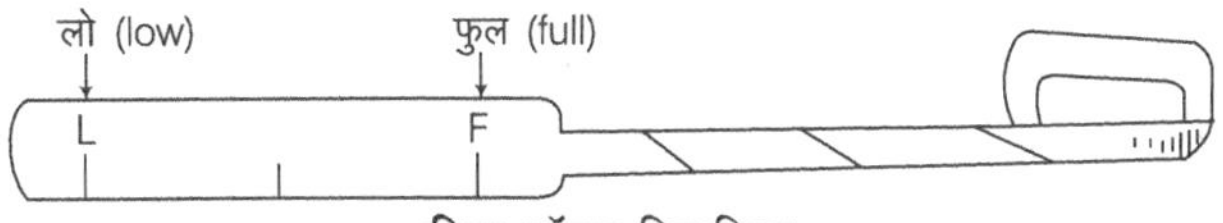

चित्र ऑयल डिप स्टिक

7. ऑयल कूलर Oil Cooler

भारी इंजनों में जहाँ पर तेल का तापमान बहुत अधिक होने की सम्भावना होती है, वहाँ लुब्रीकेटिंग ऑयल को ठण्डा करने के लिए ऑयल कूलर को लगाया जाता है। ऑयल कूलर दो भागों को मिलाकर बनाया जाता है। ऑयल सर्कुलेशन के लिए पैसेज कूलर के मध्य प्रदान किया जाता है। वांछित ऑयल प्रैशर को बनाए रखने हेतु एक बॉल वाल्व का प्रयोग किया जाता है, जो कास्ट आयरन की बनी होती है। ऑयल कूलर का उद्देश्य इंजन ऑयल से कूलिंग वाटर को ऊष्मा स्थानान्तरण करना है तथा इंजन ऑयल को ठण्डा करना है।

ऑयल कूलर की आन्तरिक दीवारें कूलिंग राटर के सम्पर्क में रहती है। इंजन ऑयल जो पैसेज के द्वारा सर्कुलेट करना होता है, उसे ऑयल कूलर में प्रवाहित किया जाता है। ऑयल कूलर, इंजन ऑयल की ऊष्मा को कूलिंग वाटर को स्थानान्तरित करता है और वाटर को इंजन ब्लॉक तथा

आन्तरिक दीवारों में सर्कुलेट करता है। इस प्रकार यह इंजन के तापमान को बनाए रखता है।

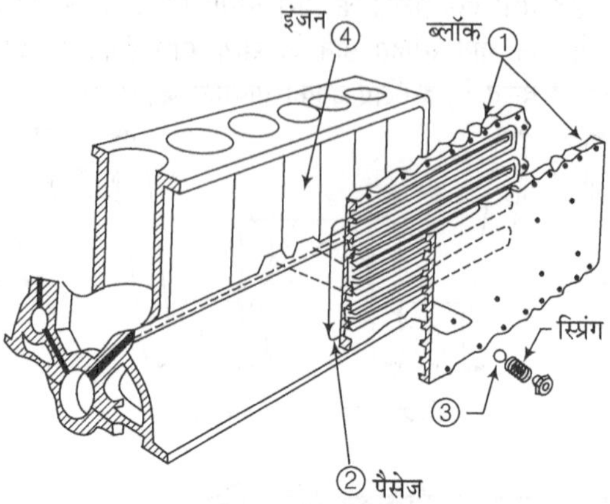

चित्र ऑयल कूलर

8. ऑयल प्रैशर गेज Oil Pressure Gauge

ऑयल प्रैशर गेज का प्रयोग इंजन की मेन ऑयल गैलरी में तेल का दबाव पता करने के लिए किया जाता है। यह मुख्यत: दो प्रकार के होते हैं

(i) प्रैशर एक्सपैन्शन टाइप ऑयल प्रैशर गेज

(ii) इलेक्ट्रिक बैलेन्सिंग क्वॉयल टाइप ऑयल प्रैशर गेज

(i) प्रैशर एक्सपैन्शन टाइप ऑयल प्रैशर गेज Pressure Expansion Type Oil Pressure Gauge

प्रैशर एक्सपैन्शन टाइप ऑयल प्रैशर गेज एक पाइप द्वारा इंजन की मेन गैलरी से जुड़ा होता है। इस प्रकार मेन ऑयल गैलरी में तेल का जो दबाव बनता है, वह पाइप डैशबोर्ड पर इंगित गेज की सूई पर प्रैशर देकर तेल के दबाव को दर्शाता है।

यदि यह गेज मोटरगाड़ी चलाते समय तेल का प्रैशर न बताए, तो ऑयल सम्प में तेल के लेवल को चैक करें। यदि तेल कम हो, तो उसे पूरा करना चाहिए।

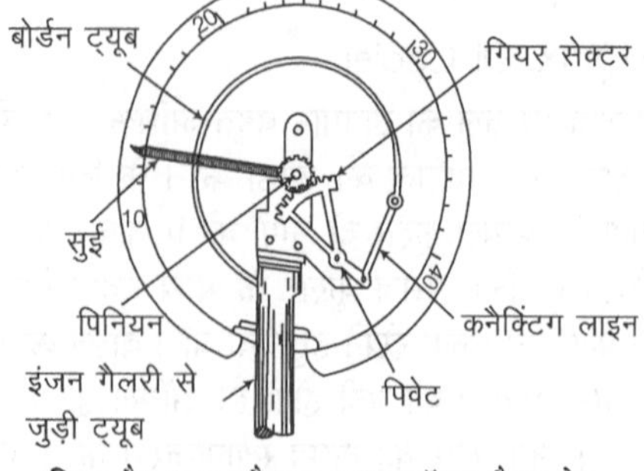

चित्र प्रैशर एक्सपैन्शन टाइप ऑयल प्रैशर गेज

(ii) इलेक्ट्रिक बैलेन्सिंग क्वॉयल टाइप ऑयल प्रैशर गेज Electric Balancing Coil Type Oil Pressure Gauge

इलेक्ट्रिक बैलेन्सिंग क्वॉयल टाइप प्रैशर गेज अधिकतर प्रयोग में लाई जाती है। इसमें दो यूनिट होती हैं—इंजन यूनिट और डैशबोर्ड यूनिट। इंजन यूनिट ऑयल गैलरी में फिक्स की जाती है।

इसमें एक वेरिएबल रेजिस्टेन्स होता है जिसे स्प्रिंग-लोडेड डायफ्राम के साथ लिंक किया जाता है। इंजन यूनिट में एक स्लाइडिंग कॉन्टैक्ट होता है। जब डायफ्राम पर ऑयल का प्रैशर अधिक पड़ता है, तो यह ऊपर उठकर स्लाइडिंग कॉन्टैक्ट को गति देता है। डैशबोर्ड यूनिट में दो क्वॉयल होती है। इस पर लगी हुई सूई एक डायल पर घूमती है, जो तेल के प्रैशर को डैशबोर्ड पर प्रदर्शित करती है।

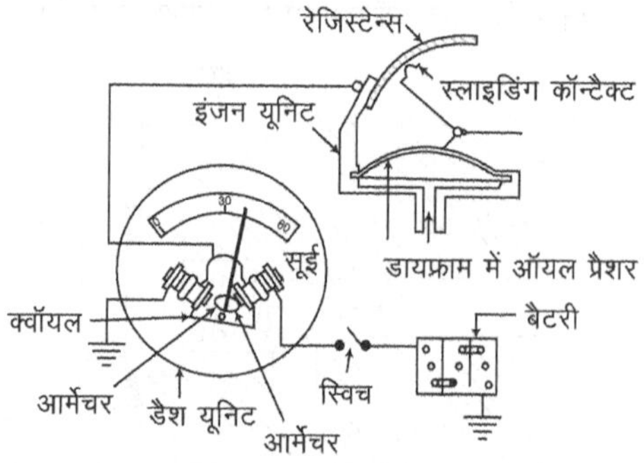

चित्र इलेक्ट्रिक बैलेन्सिंग क्वॉयल टाइप ऑयल प्रैशर गेज

9. ऑयल संग्रहण पैन Oil Collection Pan

ऑयल संग्रहण पैन प्राय: धातु या एल्युमीनियम के बने होते हैं। यह इंजन ब्लॉक की तली (bottom) में बोल्ट द्वारा जुड़ा होता है। यह स्नेहन प्रणाली के लिए सप्लाई किए जाने वाले तेल को संग्रहित रखता है।

ऑयल पैन में एक स्क्रू-इन ड्रेन प्लग होता है जो ऑयल बदलने हेतु प्रयुक्त किया जाता है। ऑयल पैन में सबसे निचला क्षेत्र ऑयल पम्प कहलाता है।

10. ऑयल टैंक Oil Tank

ऑयल टैंक, स्नेहन के दौरान, ऑयल उपलब्ध कराता है। यह इंजन का सबसे निचला भाग होता है।

11. ऑयल पिक-अप ट्यूब Oil Pickup Tube

ऑयल पिक-अप ट्यूब ऑयल पम्प से शुरू होकर ऑयल पैन के पेंदे में खुलती है। इस ट्यूब का एक सिरा ऑयल पम्प या इंजन ब्लॉक के साथ स्क्रू या बोल्ट द्वारा जुड़ा होता है तथा दूसरा सिरा एक छलनी से जुड़ा होता है, जोकि ऑयल में डूबी होती है।

12. ऑयल प्रैशर वार्निंग लैम्प
Oil Pressure Warning Lamp

वाहनों में इंजन ऑयल प्रैशर को प्रदर्शित करने के लिए चालक के सामने लगे डैशबोर्ड पर ऑयल प्रैशर वार्निंग लैम्प का प्रयोग किया जाता है। ऑयल प्रैशर वार्निंग लैम्प को मेन ऑयल गैलरी से स्टील पाइप के द्वारा ऑयल प्रैशर स्विच से संयोजित किया जाता है तथा ऑयल प्रैशर स्विच को बैटरी तथा लैम्प से संयोजित किया जाता है। जब इंजन नहीं चलता अथवा धीमे चलता है, तब वार्निंग लैम्प, इग्नीशन स्विच ऑन करने पर जलने लगता है और जैसे ही इंजन चलता है और गति बढ़ती है, तो वार्निंग लैम्प बुझ जाना चाहिए।

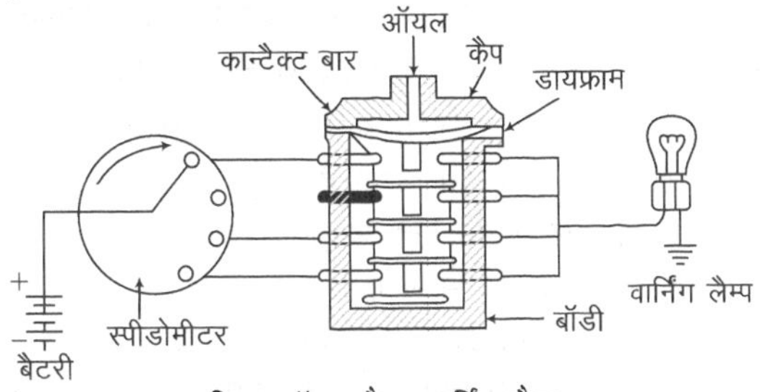

चित्र ऑयल प्रैशर वार्निंग लैम्प

17.13 क्रैंककेस वेन्टीलेशन
Crankcase Ventilation

क्रैंककेस के अन्दर गैसों, कार्बन कणों, धात्विक कणों, रेत, धूल मिट्टी आदि के कणों के मिश्रण के प्रवाह के कारण इसमें उपस्थित इंजन ऑयल तनु हो जाता है और एग्जॉस्ट गैसों के संघनन (condensation) के कारण विभिन्न अम्ल जैसे सल्फ्यूरिक अम्ल तथा फॉस्फोरिक अम्ल बनते हैं। इस प्रक्रिया द्वारा खराब ऑयल एकत्रित होकर स्लज बनाता है। जो स्नेहन प्रक्रिया को प्रभावित करता है। इसलिए इस तेल की क्लीनिंग तथा समय-समय पर इसे परिवर्तित करना अति आवश्यक होता है। इस समस्या के निवारण हेतु क्रैंककेस वेन्टीलेशन का प्रयोग किया जाता है। क्रैंककेस में स्वच्छ वायु के प्रवेश के लिए व्यवस्था होती है, जो पूरे क्रैंककेस में सर्कुलेट होने के पश्चात् पीछे की ओर लगी ब्रिदर पाइप से बाहर निकल जाती है। यह व्यवस्था ओपन टाइप क्रैंककेस वेन्टीलेशन कहलाती है।

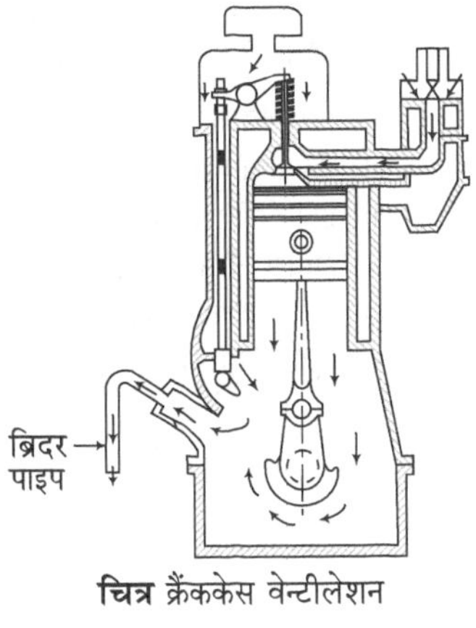

चित्र क्रैंककेस वेन्टीलेशन

धनात्मक क्रैंककेस वेन्टीलेशन
Positive Crankcase Ventilation

इंजन से निकलने वाली एग्जॉस्ट गैसें तथा अन्य कण लोगों की सेहत के लिए हानिकारक होते हैं। इस समस्या के समाधान हेतु धनात्मक क्रैंककेस वेन्टीलेशन अथवा क्लोज टाइप वेन्टीलेशन का प्रयोग किया जाता है। इस प्रकार की व्यवस्था में इंजन क्रैंककेस से प्रवाहित होने वाली समस्त वायु इनलेट मैनीफोल्ड में वापस आ जाती है, जिसे पुनः इंजन में भेज दिया जाता है। इसके परिणामस्वरूप हानिकारक गैसों का प्रवाह इंजन के बाहर नहीं हो पाता है।

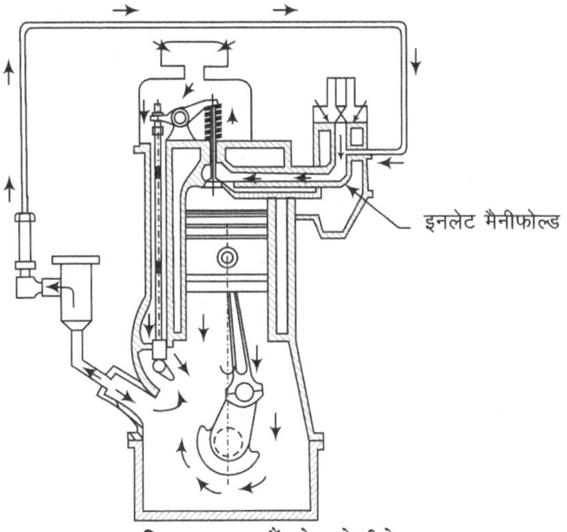

चित्र धनात्मक क्रैंककेस वेन्टीलेशन

17.14 स्नेहकों का परीक्षण
Testing of Lubricants

सभी प्रकार के तेल पृथ्वी से क्रूड ऑयल के रूप में प्राप्त होते हैं। क्रूड ऑयल को रिफाइनरी में साफ किया जाता है, इसके पश्चात् इसका परीक्षण होता है।

परीक्षणों के बाद क्रूड ऑयल से कार्बन, चिपचिपाहट, वार्निश तथा जंग आदि दूर की जाती है। इस शुद्ध किए क्रूड ऑयल में भिन्न-भिन्न मिनरल पदार्थ मिलाए जाते हैं, जिससे इनसे हानिकारक तत्त्व पूर्ण रूप से नष्ट हो सकें। ये परीक्षण निम्नलिखित प्रकार के होते हैं

1. आपेक्षिक घनत्व परीक्षण
Specific Density Testing

अमेरिकन पेट्रोलियम इन्स्टीट्यूट ने एक ऐसा हाइड्रोमीटर बनाया है, जो तेल के घनत्व या यूनिट भार को सीधे दर्शाता है। इसे API ग्रेविटी के नाम से जाना जाता है। इसके अतिरिक्त कार्बन की मात्रा ज्ञात करने का परीक्षण, लिटमस पेपर द्वारा एसिड परीक्षण, नेशनल पेट्रोलियम एसोसिएशन द्वारा निश्चित रंग परीक्षण, जंग व ऑक्सीडेशन का परीक्षण पानी के साथ किया जाता है।

2. श्यानता रेटिंग Viscosity Rating

इंजन ऑयल बहने की विशेषता को श्यानता कहते हैं। इसे सेबोल्ट विस्कोसिटी मीटर, ड्रेगलर विस्कोसिटी मीटर अथवा रैडवुड विस्कोसिटी मीटर द्वारा चैक किया जाता है।

भारत में श्यानता चैक करने के लिए SAE (सोसायटी ऑफ ऑटोमोटिव इन्जीनियर्स) के निर्देशों के अनुसार जाना जाता है। श्यानता का परीक्षण 100° F, 130° F, 250° F पर किया जाता है।

इसी के अनुसार तेल SAE 10, SAE 20 तथा SAE 30 आदि के नामों से प्राप्त होता है। इंजन में अधिकतर SAE 40 का तेल प्रयोग किया जाता है। कुछ कम्पनियाँ SAE 10 W-30 के मार्का का तेल बनाती हैं।

इसका अर्थ है कि ठण्डी अवस्था में इस तेल की श्यानता 10 तथा गर्म होने पर श्यानता 30 के बराबर हो जाती है।

3. गियर ऑयल की रेटिंग Rating of Gear Oil

वाहनों में ट्रांसमिशन सिस्टम के लिए बहुउपयोगी गियर स्नेहक को API सर्विस GL-4 नम्बर दिया गया है। यह SAE 90 तथा SAE 140 नम्बर के होते हैं।

4. ASTM सर्विस रेटिंग ASTM Service Rating

ASTM इण्टरनेशनल, जिसे पहले अमेरिकन सोसाइटी फॉर टेस्टिंग एण्ड मैटेरियलस के नाम से जाना जाता था, एक अन्तर्राष्ट्रीय मानक संगठन है जो सामग्री, उत्पादों, प्रणालियों और सेवाओं की एक विस्तृत शृंखला के लिए स्वैच्छिक सहमति तकनीकि मानकों को विकसित और प्रकाशित करता है। वर्तमान में ASTM प्रणाली के अतिरिक्त एक अन्य विस्कोसिटी सर्विस रेटिंग भी प्रयोग की जाती है।

इसमें पेट्रोल इंजनों के नम्बर SA, SB, SC, SD चार भागों में बाँटे गए हैं। इसी प्रकार डीजल इंजनों के तेल के लिए CA, CB, CC तथा CD चार श्रेणियाँ होती हैं। इनका प्रयोग निम्नलिखित प्रकार से किया जाता है

1. **SA** जिन इंजनों में मिनरल ऑयल सीधे ही प्रयोग किया जाता है।
2. **SB** इस प्रकार के तेल जंगरोधक तथा ऑक्सीडेशनरोधक होते हैं।
3. **SC** धूल कणों से बचाव करता है।
4. **SD** निर्देशित अवधि के लिए उपयुक्त।
5. **CA** बियरिंगों को जंग से बचाता है।
6. **CB** लो-ग्रेड डीजल इंजनों के लिए उपयुक्त।
7. **CC** हल्के सुपरचार्जरयुक्त इंजनों के लिए।
8. **CD** हाई स्पीड डीजल इंजनों के लिए उपयुक्त।

17.15 स्नेहन प्रणाली सम्बन्धी दोषोपचार Troubleshooting Related to Lubrication System

स्नेहन यद्यपि एक उपयोगी प्रणाली है, परन्तु इसमें भी अनेक अवसरों पर दोष उत्पन्न हो जाते हैं।

क्र.सं.	दोष	कारण	उपचार
1.	इंजन ऑयल प्रैशर का कम होना।	(i) सम्प में तेल की कमी।	(i) तेल पूरा करें।
		(ii) तेल पतला है।	(ii) सही ग्रेड का तेल डालें।
		(iii) मेन व बिग एण्ड बियरिंग घिस गए हैं।	(iii) इंजन ओवरहॉलिंग कराएँ।
		(iv) तेल मार्गों में लीकेज है।	(iv) दोष ढूँढकर उपचार करें।
		(v) प्रैशर रिलीफ वाल्व दोषपूर्ण है।	(v) रिलीफ वाल्व बदलें।
		(vi) ऑयल पम्प दोषपूर्ण है।	(vi) ऑयल पम्प की जाँच करें।
		(vii) मेन ऑयल गैलरी बन्द है।	(vii) फ्लैशिंग ऑयल से साफ करें।
		(viii) ऑयल प्रैशर गेज दोषपूर्ण है।	(viii) ऑयल प्रैशर गेज बदलें।
2.	इंजन ऑयल प्रैशर का अधिक होना।	(i) सम्प में अधिक मोटा तेल है।	(i) सही ग्रेड का तेल डालें।
		(ii) प्रैशर रिलीफ वाल्व दोषपूर्ण है।	(ii) प्रैशर रिलीफ वाल्व बदलें।
		(iii) रिलीफ वाल्व ठीक प्रकार व्यवस्थित न हो।	(iii) रिलीफ वाल्व ठीक प्रकार व्यवस्थित करें।
		(iv) ऑयल प्रैशर गेज दोषपूर्ण है।	(iv) ऑयल प्रैशर गेज बदलें।
3.	इंजन ऑयल की खपत अधिक होना।	(i) पिस्टन रिंग का घिसना।	(i) रिंग बदलें।
		(ii) इंजन बियरिंग घिसे हैं।	(ii) इंजन ओवरहॉलिंग करें।
		(iii) सिलेण्डर में घिसावट।	(iii) इंजन ओवरहॉल करें।
		(iv) इंजन ऑयल सील लीक है।	(iv) ऑयल सील बदलें।
		(v) वाल्व गाइड घिसे हैं।	(v) वाल्व गाइड बदलें।
		(vi) टाइमिंग कवर, टैपिट कवर अथवा सम्प पैकिंग टूटी है।	(vi) टूटी पैकिंग बदलें।

महत्त्वपूर्ण बिन्दु

- इंजन में उत्पन्न होने वाले प्री-इग्नीशन, डेटोनेशन, नॉकिंग इत्यादि दोषों को दूर करने के लिए उसमें शीतलन की व्यवस्था की जाती है।
- ऊष्मा स्थानान्तरण की चालन तथा संवहन दोनों विधियों में माध्यम की आवश्यकता होती है, जबकि विकिरण विधि ऊष्मा स्थानान्तरण में माध्यम की आवश्यकता नहीं होती है।
- चालन विधि द्वारा ऊष्मा स्थानान्तरण करने के लिए वस्तु के कण अपने स्थान से विस्थापित नहीं होते हैं।
- दाब, किसी तल के इकाई क्षेत्र पर पड़ने वाले लम्बवत् बल के परिमाण होता है।
- वायु शीतलन प्रणाली की कार्यकुशलता इंजन में प्रयुक्त पंखों की सतह के क्षेत्रफल, वायु की मात्रा, वेग तथा ठण्डा होने वाले तापमान पर निर्भर करती है।
- जल शीतलन प्रणाली में इंजन सिलेण्डर के चारों ओर पानी जमा करने के लिए वाटर जैकेट्स बने होते हैं।
- थर्मो-साइफन प्रणाली में शीतलन के लिए प्रयोग होने वाला पानी रेडिएटर में भरा होता है। अतः इस प्रणाली में वाटर पम्प का प्रयोग नहीं किया जाता है।
- फोर्स्ड सर्कुलेशन प्रणाली में प्रयुक्त रेडिएटर के रेडिएटर कोर में उपस्थित नलियों के चारों तरफ टेढ़े-मेढ़े फैन लगे होते हैं, जो नलियों में प्रवाहित होने वाली वायु को ठण्डा रखते हैं।
- रेडिएटर, इंजन के सामने फिट एक शीतलन अवयव होता है, जिसका कार्य गर्म पानी को ठण्डा करना होता है।
- रेडिएटर प्रायः एल्युमीनियम तथा रेडिएटर कोर पीतल से निर्मित होती है।
- थर्मोस्टेट वाल्व का उद्देश्य इंजन को नियत ताप पर रखना होता है और यदि किसी कारणवश यह वाल्व खुला रह जाए, तो इंजन धीरे-धीरे गर्म होता है।
- थर्मोस्विच यान्त्रिकीय तथा विद्युतीय दोनों प्रकार का होता है।
- शीतलन प्रणाली में प्रयुक्त रेडिएटर प्रैशर कैप का कार्य शीतलक का तापमान बढ़ाना है।
- सिलेण्डर ब्लॉक तथा सिलेण्डर हैड में रेडिएटर का ठण्डा पानी पहुँचाने के लिए उनमें वाटर जैकेट बने होते हैं।
- इंजन में प्रयुक्त शीतलक के तापमान को मापने के लिए मापक गेज का प्रयोग किया जाता है, जो यान्त्रिक तथा वैद्युतिक दोनों प्रकार के होते हैं।
- मशीन के स्नेहन में प्रयुक्त मोमीय तथा नैप्थायुक्त खनिज तेल अधिक तापमान पर भी स्थायी रहते हैं।
- मशीनी अवयवों को घर्षण से होने वाली हानियों से बचाने के लिए स्नेहकों का प्रयोग किया जाता है, जो ठोसीय, द्रवीय तथा अर्द्धठोसीय प्रकार के होते हैं।
- ऑर्गेनिक तेल ऊष्मा के कारण सरलतापूर्वक अपने घटकों में विच्छेदित हो जाते हैं और निम्न तापमान पर गोंद के रूप में ऑक्सीकृत होने की प्रवृत्ति रखते हैं।
- स्नेहक का वह तापमान जिस पर वह ज्वाला के रूप में जलना प्रारम्भ कर दे, वह उसका ज्वलन बिन्दु तथा जिस पर वह वाष्पीकृत होना प्रारम्भ कर दे, वह उसका दहन बिन्दु कहलाता है।
- वेन टाइप पम्प में रोटर, पम्प हाउसिंग में उत्केन्द्री रूप से चलता है।
- स्प्लैश फीड प्रणाली में शाफ्ट या उससे जुड़ा कोई भाग तेल में डूबा रहता है, जिसकी गति के साथ स्नेहक की धारा, इंजन के विभिन्न भागों के चारों तरफ लगातार उछलती रहती है।
- कार्ट्रिज टाइप ऑयल फिल्टर में कागज तथा तार की जाली का प्रयोग फिल्टर एलीमेन्ट के रूप में किया जाता है।
- ऑयल डिप स्ट्रिक का प्रयोग क्रैंककेस में तेल की मात्रा को मापने के लिए किया जाता है।
- भारी इंजनों में स्नेहक तेलों का तापमान अधिक होने पर उन्हें ठण्डा करने के उद्देश्य से ऑयल कूलर का प्रयोग किया जाता है।
- इंजन के ऑयल सम्प से दूषित गैसों को बाहर निकालने की व्यवस्था क्रैंककेस वेन्टीलेशन कहलाती है।
- स्नेहक तेलों का आपेक्षित घनत्व मापने के लिए हाइड्रोमीटर नामक उपकरण प्रयोग किया जाता है।

महत्त्वपूर्ण प्रश्नोत्तरी

1. वायु शीतलन प्रणाली की देखभाल किस प्रकार की जाती है?

उत्तर वायु शीतलन प्रणाली की देखभाल निम्न प्रकार की जाती है

(i) सिलेण्डर ब्लॉक और हैड के फिन्स को साफ करें।

(ii) ब्लोअर के ब्लेडों की पोजिशन को ठीक करें।

(iii) यह भी देखें कि वायु के गुजरने में कहीं कोई रुकावट पैदा न हो।

2. किस प्रणाली में पानी सर्कुलेट करने के लिए पम्प की आवश्यकता नहीं होती है?

उत्तर थर्मो-साइफन प्रणाली में पानी सर्कुलेट करने के लिए पम्प की आवश्यकता नहीं होती है।

3. थर्मोस्टेट वाल्व कितनी डिग्री फॉरेनहाइट पर पूर्णतः खुल जाता है?

उत्तर थर्मोस्टेट वाल्व 75° से 80°F फॉरेनहाइट पर खुल जाता है।

4. इंजन कूलिंग प्रणाली में लगाए गए एक्सपेंशन टैंक का क्या कार्य है?

उत्तर एक्सपेंशन टैंक का मुख्य कार्य प्रैशर वाल्व के ऑपरेशन के दौरान पानी की वाष्प को एकत्र करना होता है।

5. रेडिएटर में पानी कम हो जाने का क्या कारण है?

उत्तर रेडिएटर में पानी कम हो जाने के निम्न कारण हो सकते हैं

(i) हैड गैस्केट का टूटा होना

(ii) कोर से लीकेज होना

(iii) हौज पाइप लीक होना

6. स्नेहन करने के लिए सिन्थैटिक तेलों का प्रयोग कम किया जाता है। इसका मुख्य कारण क्या है?

उत्तर स्नेहन के लिए सिन्थैटिक तेलों के अत्यधिक महँगा होने के कारण इनका प्रयोग कम किया जाता है।

7. स्नेहक तेल के उपयोगकाल में उदासीनीकरण संख्या का मान बढ़ते क्यों नहीं रहना चाहिए?

उत्तर स्नेहक तेल के उपयोगकाल में उदासीनीकरण संख्या के मान में वृद्धि होने से तेल का ऑक्सीकरण हो जाता है।

8. SAE का संक्षिप्त नाम बताइए।

उत्तर SAE का संक्षिप्त नाम सोसायटी ऑफ ऑटोमोटिव इन्जीनियर्स (society of automotive engineers) है।

9. इंजन में लुब्रीकेन्ट ऑयल क्यों बदला जाता है?

उत्तर इंजन के चलते रहने से ऑयल में धूल, मिट्टी, कार्बन, पानी और फ्यूल मिलने से गन्दगी जमा हो जाती है और ऑयल अपना लुब्रीकेन्ट गुण खो देता है, इसलिए इंजन में लुब्रीकेन्ट ऑयल एक निश्चित समय पर बदला जाता है।

10. स्नेहक का चुनाव करते समय किन बातों का विशेष ध्यान रखना चाहिए?

उत्तर स्नेहक का चुनाव करते समय निम्न बातों का विशेष ध्यान रखना चाहिए

(i) दो गति करने वाले भागों के मध्य दबाव पर

(ii) दोनों सतहों के मध्य सापेक्ष गति पर

अभ्यास प्रश्न

परीक्षा प्रारूपी प्रश्न

बहुविकल्पीय

1. "डीजल इंजनों में ऊष्मा का निर्माण होता है।" इनमें से कौन–सा इस कथन से सम्बन्धित है?

(a) डीजल इंजन में ऊष्मा उत्पन्न नहीं होती है

(b) डीजल इंजन में दहन के फलस्वरूप ऊष्मा उत्पन्न होती है

(c) 'a' और 'b' दोनों (d) इनमें से कोई नहीं

2. "इंजन का तापमान सामान्य रहना चाहिए।" इस कथन से क्या आशय है?

(a) शीतलन प्रणाली का प्रयोग करके इंजन का तापमान सामान्य बनाया जाता है

(b) स्नेहन प्रणाली का प्रयोग करके इंजन का तापमान सामान्य बनाया जाता है

(c) हवा द्वारा इंजन को ठण्डा नहीं किया जा सकता है

(d) उपरोक्त में से कोई नहीं

3. ऊष्मा के संचरण की वह प्रक्रिया, जिसमें वस्तु के कण अपने स्थान से नहीं हटते .... कहलाती है।

(a) विकिरण (b) चालन

(c) संवहन (d) इनमें से कोई नहीं

4. लम्बवत् बल तथा क्षेत्रफल के अनुपात को क्या कहते हैं?

(a) अभिकेन्द्रीय बल

(b) अपकेन्द्रीय बल

(c) दाब

(d) उपरोक्त में से कोई नहीं

5. ऊष्मा के कारण इंजन के भागों के .... में वृद्धि होती है।
(a) क्षेत्रफल (b) आयतन (c) तापमान (d) ये सभी

6. वायु शीतलन प्रणाली की कार्य कुशलता निर्भर करती है
(a) वायु की मात्रा पर
(b) प्रणाली में प्रयुक्त पंखों की सतह के क्षेत्रफल पर
(c) वायु के वेग पर (d) ये सभी

7. दिए गए चित्र में किस प्रकार की कूलिंग प्रणाली दर्शायी गई है?

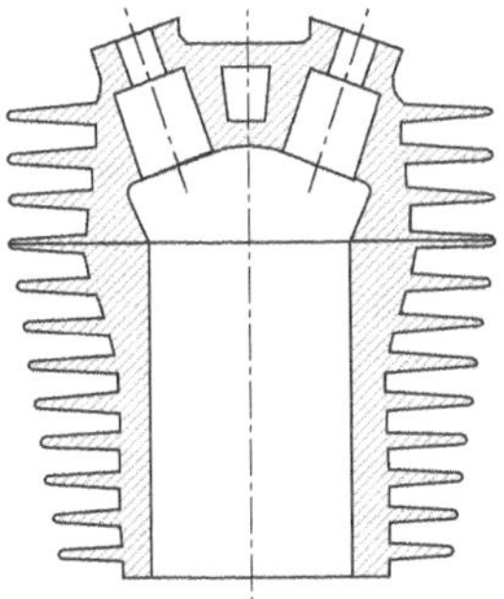

(a) प्रत्यक्ष कूलिंग प्रणाली (b) अप्रत्यक्ष कूलिंग प्रणाली
(c) थर्मो-साइफन प्रणाली (d) फोर्स फीड प्रणाली

8. थर्मो-साइफन प्रणाली है
(a) जल शीतलन प्रणाली (b) वायु शीतलन प्रणाली
(c) 'a' और 'b' दोनों (d) फोर्स्ड फीड प्रणाली

9. जल शीतलन प्रणाली में पानी को किस प्रकार की व्यवस्था से ठण्डा रखा जाता है?
(a) रेडिएटर से (b) फिन्स से
(c) वाटर जैकेट्स से (d) इनमें से कोई नहीं

10. जल शीतलन प्रणाली में सिलेण्डर के चारों तरफ बने होते हैं
(a) वाटर जैकेट (b) टेपर फिन्स
(c) खाँचे (d) इनमें से कोई नहीं

11. शीतलन की फोर्स्ड जल शीतलन प्रणाली में ताँबे की नलियाँ किससे ठण्डी होती हैं?
(a) पानी से (b) हवा से
(c) 'a' और 'b' दोनों (d) इनमें से कोई नहीं

12. चित्र में किस प्रकार की कूलिंग प्रणाली का प्रयोग किया गया है?

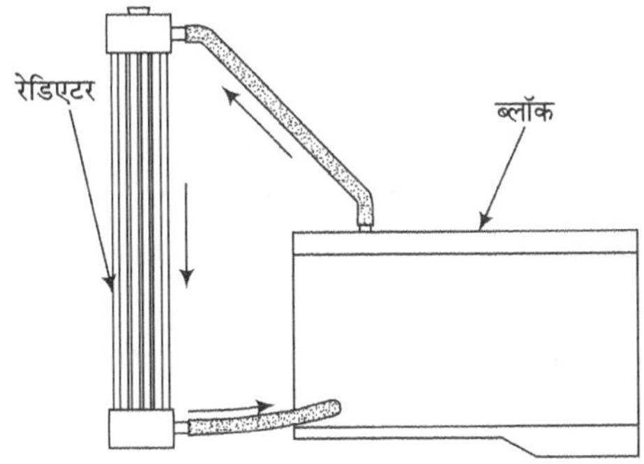

(a) अप्रत्यक्ष प्रणाली (b) वायु शीतलन प्रणाली
(c) थर्मो-साइफन प्रणाली (d) दाब प्रणाली

13. डीजल इंजन की जल शीतलन प्रणाली में वायुमण्डलीय वायु प्रवेश करने के लक्षण क्या हैं?
(a) अतितापन (b) शीतलक मटमैला हो जाता है
(c) शीतलक लाल हो जाता है (d) शीतलक हरा हो जाता है

14. किस प्रकार की रेडिएटर कोर में पानी ट्यूब में से पास होता है?
(a) ट्यूबलर कोर (b) सेल्युलर कोर
(c) पाइप कोर (d) स्प्लिट कोर

15. रेडिएटर कोर बना होता है
(a) प्लास्टिक से (b) कास्ट आयरन से
(c) स्टील से (d) ब्रास से

16. थर्मोस्टेट वाल्व को पानी के
(a) निकास मार्ग पर लगाया जाता है
(b) प्रवेश मार्ग पर लगाया जाता है
(c) 'a' और 'b' दोनों
(d) उपरोक्त में से कोई नहीं

17. थर्मोस्टेट वाल्व लगभग .... पर खुल जाना चाहिए।
(a) 20°C (b) 50°C (c) 80°C (d) 90°C

18. थर्मोस्टेट का उद्देश्य इंजन को .... रखना होता है।
(a) ठण्डा (b) थोड़ा गर्म
(c) गर्म (d) निश्चित तापमान पर

19. यदि थर्मोस्टेट वाल्व खुली पोजिशन में रह जाए, तो क्या होगा?
(a) इंजन धीरे-धीरे गर्म होगा
(b) इंजन बन्द हो जाएगा
(c) इंजन को स्टार्ट करना मुश्किल होगा
(d) इंजन रुक जाएगा

20. यदि थर्मोस्टेट वाल्व बन्द पोजिशन में रह जाए, तो क्या हो सकता है?
(a) इंजन ओवरहीट हो जाएगा
(b) आइडलिंग रफ होगी
(c) इंजन धीरे-2 गर्म होगा
(d) इंजन को स्टार्ट करना मुश्किल होगा

21. इंजन शीतलन प्रणाली में कौन-सा भाग PVC पदार्थ से बना होता है?
(a) हौज (b) फैन लीफ
(c) रेडिएटर कोर (d) रेडिएटर टैंक

22. इंजन शीतलन प्रणाली में वाटर पम्प पानी को इंजन ब्लॉक तक ...... के द्वारा पम्प करता है।
(a) सेन्ट्रीफ्यूगल फोर्स (b) सेन्ट्रीपिटल फोर्स
(c) प्रैशर (d) कम्प्रैसर

23. रेडिएटर सामान्यतः किस पदार्थ के बने होते हैं?
(a) पीतल (b) एल्युमीनियम
(c) ताँबा व पीतल (d) कास्ट आयरन

24. इंजन शीतलन प्रणाली में रेडिएटर प्रैशर कैप का सिद्धान्त क्या है?
(a) जल का क्वथनांक बढ़ना
(b) जल का क्वथनांक घटना
(c) जल सर्कुलेशन की स्पीड बढ़ना
(d) उपरोक्त में से कोई नहीं

25. कूलिंग प्रणाली में शीतलन का बॉयलिंग प्वॉइण्ट बढ़ जाता है। निम्नलिखित में से किसके द्वारा बॉयलिंग प्वॉइण्ट को बढ़ाना सम्भव होता है?
(a) वाटर जैकेट (b) वैक्यूम वाल्व
(c) प्रैशर रेडिएटर कैप (d) रेडिएटर कोर

26. दाब युक्त शीतलन प्रणाली में किस प्रकार का रेडिएटर ढक्कन प्रयोग करते हैं?
(a) शीतलन के लिए बड़े रेडिएटर
(b) खुले शीतलन की अपेक्षा अधिक शीतलक
(c) दाबपूर्ण रेडिएटर ढक्कन जो शीतलक के उबाल को रोके
(d) उपरोक्त में से कोई नहीं

27. एक रेडिएटर में जल संचरण किस प्रकार से होता है?
(a) निम्न टैंक से उच्च टैंक की ओर
(b) उच्च टैंक से निम्न टैंक की ओर
(c) इंजन से निम्न टैंक की ओर
(d) इंजन से जल पम्प की ओर

28. कई कारणों से इंजन ओवरहीट हो सकता है। निम्नलिखित में से इन कई कारणों में एक कारण कौन-सा है?
(a) रेडिएटर कोरों का बन्द होना
(b) लो आयडल स्पीड की सैटिंग
(c) वाल्व टैपेट क्लीयरैन्स अत्यधिक होना
(d) लुब्रीकेंट ऑयल का प्रैशर बहुत अधिक होना

29. दिए गए चित्र में किस प्रकार के तापमान इण्डीकेटर का प्रयोग किया गया है?

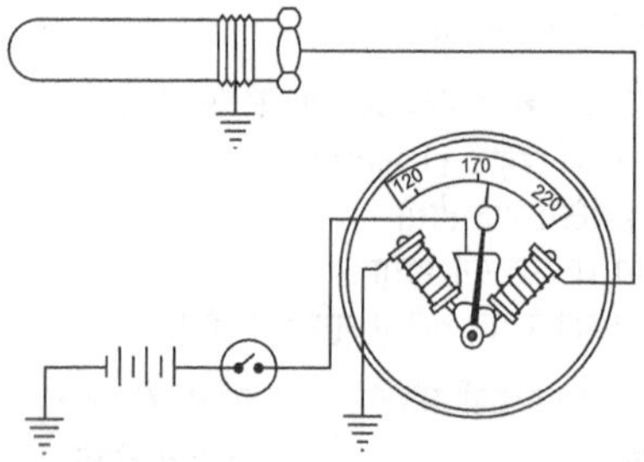

(a) इलेक्ट्रिकल टाइप तापमान इण्डीकेटर
(b) यान्त्रिक टाइप तापमान इण्डीकेटर
(c) 'a' और 'b' दोनों
(d) उपरोक्त में से कोई नहीं

30. बियरिंग घर्षण में कमी करने हेतु पतली परत प्रदान करने वाले पदार्थों को कहते हैं
(a) स्नेहक (b) शीतलक
(c) ग्रेफाइट (d) कटिंग ऑयल

31. स्नेहक का मुख्य कार्य है
(a) मशीन टूल को गर्म होने से बचाना
(b) मशीन के पुर्जों को ठण्डा रखना
(c) दो मैचिंग पार्ट्स को गीला (wet) रखना
(d) दो मैचिंग पार्ट्स के बीच के घर्षण को कम करना

32. स्नेहकों को किस प्रकार वर्गीकृत किया गया है?
(a) द्रवीय
(b) अर्द्धठोसीय
(c) ठोस
(d) उपरोक्त सभी

33. चर्बी का तेल, खनिज तेल, वनस्पति तेल किस स्नेहक की श्रेणी में आते हैं?
(a) द्रवीय (b) अर्द्धठोसीय
(c) ठोस (d) इनमें से कोई नहीं

34. निम्न में से कौन-सा द्रवीय स्नेहक अधिक तापमान में भी स्थायी रहता है?
(a) खनिज तेल (b) ब्लैन्डेड तेल
(c) सिन्थैटिक तेल (d) ऑर्गेनिक तेल

35. "ये तेल मोमीय (paraffine) अथवा नैप्थायुक्त (naphthanic) होते हैं।" यह कथन निम्न में से किस स्नेहक के रूप में प्रयुक्त तेल से सम्बन्धित है?
(a) सिन्थैटिक तेल (b) ब्लैन्डेड तेल
(c) खनिज तेल (d) इनमें से कोई नहीं

36. खनिज तेल कौन-से होते हैं?
(a) मिट्टी का तेल
(b) सोल्यूबल ऑयल
(c) मोबिल ऑयल
(d) पानी

37. द्रवीय स्नेहक के रूप में प्रयुक्त खनिज तेल का उदाहरण निम्न में से कौन-सा है?
(a) सर्कुलेटिंग ऑयल (b) गियर ऑयल
(c) स्पिण्डल ऑयल (d) ये सभी

38. निम्न में से किस कारण ऑर्गेनिक तेल सरलतापूर्वक अपने घटकों में विच्छेदित हो जाते हैं?
(a) ताप (b) ऊष्मा
(c) घर्षण (d) इनमें से कोई नहीं

39. वह ताप बिन्दु जिस पर तेल वाष्पीकृत होता है, क्या कहलाता है?
(a) फ्लैश प्वॉइण्ट (b) ग्रेविटी फीड
(c) फ्लैश फीड (d) इनमें से कोई नहीं

40. अच्छे श्रेणी के स्नेहक तेल के ज्वलन बिन्दु का मान .... के आस-पास होता है।
(a) 150° C (b) 200° C
(c) 300° C (d) 350° C

41. स्नेहक तेल में उदासीनीकरण संख्या का मान होता है
(a) 0.01 से कम (b) 0.01 से अधिक
(c) 0.001 से कम (d) 0.001 से अधिक

42. किसी तरल पदार्थ के प्रवाहित होने के गुण के विरोध को क्या कहते हैं?
(a) तैलीयता (b) विस्कोसिटी
(c) फिजिकल स्टेबिलिटी (d) फ्लैश प्वॉइण्ट

43. चित्र में दर्शाया गया औजार किस प्रक्रिया में प्रयुक्त किया जाता है?

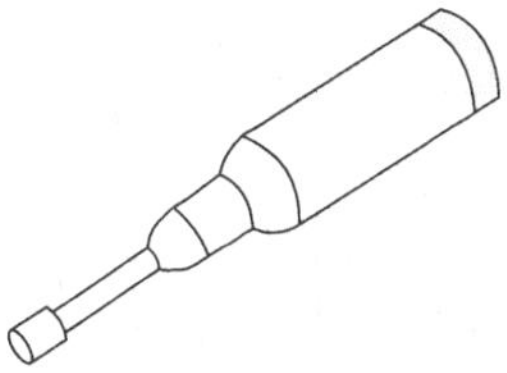

(a) स्नेहन (b) शीतलन
(c) 'a' और 'b' दोनों (d) इनमें से कोई नहीं

44. नीचे चित्र में प्रवाहित लुब्रीकेटर को किस नाम से जाना जाता है?

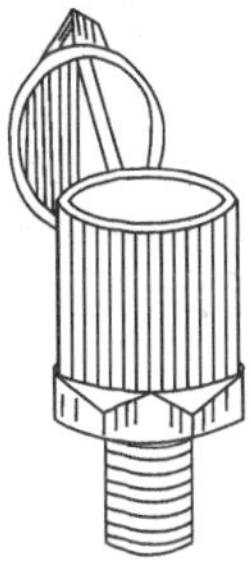

(a) बत्तीदार लुब्रीकेटर
(b) ऑयल कप
(c) ल्यूवेन्स ग्लास-बॉटल लुब्रीकेटर
(d) ड्रिप फीड लुब्रीकेटर

45. खुरदरी सतहों के बीच स्नेहक का प्रयोग किया जाता है
(a) प्रतिरोध को बढ़ाने के लिए
(b) तनाव को कम करने के लिए
(c) घर्षण को कम करने के लिए
(d) उपरोक्त में से कोई नहीं

46. निम्न चित्र की पहचान कीजिए

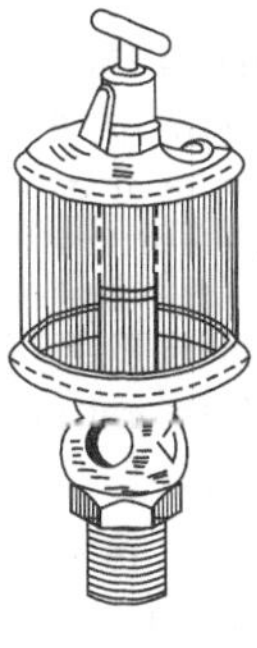

(a) ऑयल कप (b) विक लुब्रीकेटर
(c) ड्रोप फीड लुब्रीकेटर (d) इनमें से कोई नहीं

47. "स्नेहन की इस विधि में लुब्रीकेटर द्वारा स्नेहक पर दबाव देकर स्पर्शीय सतहों के बीच या बियरिंग के अन्दर प्रविष्ट कराया जाता है।" उपरोक्त कथन में स्नेहन की किस विधि की ओर संकेत किया गया है?
(a) बल द्वारा स्नेहन
(b) गुरुत्वाकर्षण द्वारा स्नेहन
(c) ग्रीस गन विधि
(d) उपरोक्त में से कोई नहीं

48. ऑयल पम्प का क्या कार्य है?
(a) दबाव के साथ ऑयल को भेजना
(b) ऑयल को खींचना
(c) जली हुई गैसों को बाहर करना
(d) उपरोक्त में से कोई नहीं

49. नीचे दिए गए चित्र में किस प्रकार के ऑयल पम्प को दर्शाया गया है?

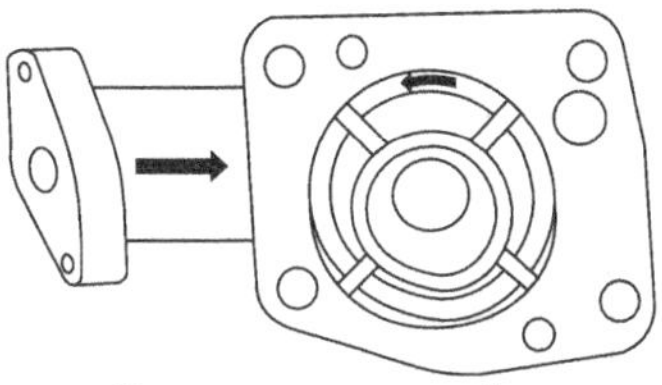

(a) वेन टाइप ऑयल पम्प (b) रोटर टाइप ऑयल पम्प
(c) गियर टाइप ऑयल पम्प (d) प्लंजर टाइप ऑयल पम्प

50. लुब्रीकेटिंग ऑयल पम्पों को प्रायः .... के द्वारा चलाया जाता है।
(a) कैमशाफ्ट (b) क्रैंकशाफ्ट
(c) डेम्पर पुली (d) रॉकर शाफ्ट

51. नीचे दिए गए ऑयल पम्प में 'X' किसको प्रदर्शित करता है?

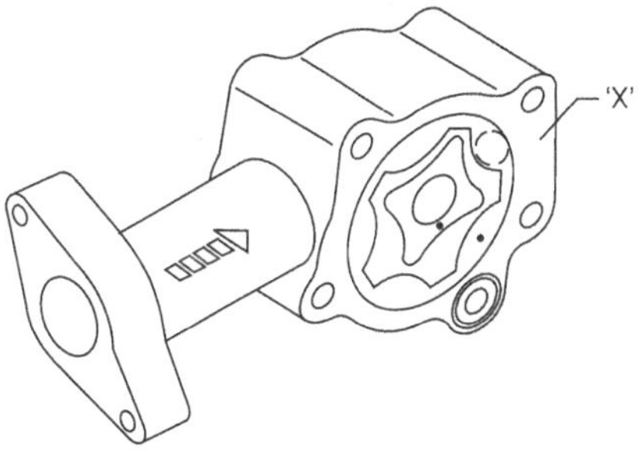

(a) पम्प हाउसिंग (b) इनलेट मार्ग
(c) आउटलेट मार्ग (d) ड्राइविंग रोटर

52. कैमशाफ्ट पर बने स्पाइरल गियर द्वारा कौन-सा ऑयल पम्प चलाया जाता है?
(a) वेन टाइप (b) प्लंजर टाइप (c) रोटर टाइप (d) गियर टाइप

53. नीचे दिए गए चित्र में किस प्रकार की स्नेहन प्रणाली को दर्शाया गया है?

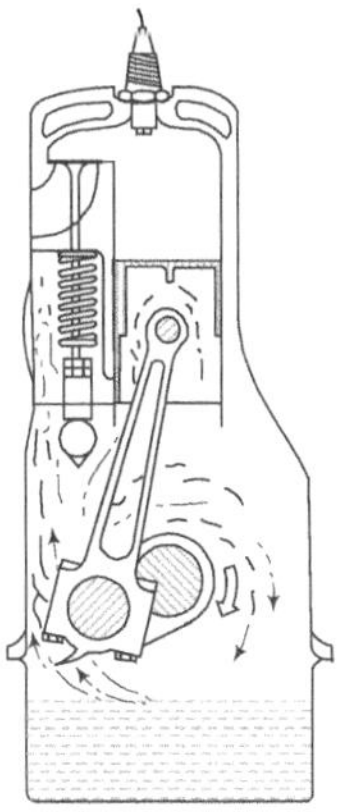

(a) चेन स्नेहन प्रणाली (b) रिंग स्नेहन प्रणाली
(c) वार्म गियर बाथ स्नेहन प्रणाली (d) स्प्लैश स्नेहन प्रणाली

54. चित्र में किस स्नेहन प्रणाली को दर्शाया गया है?

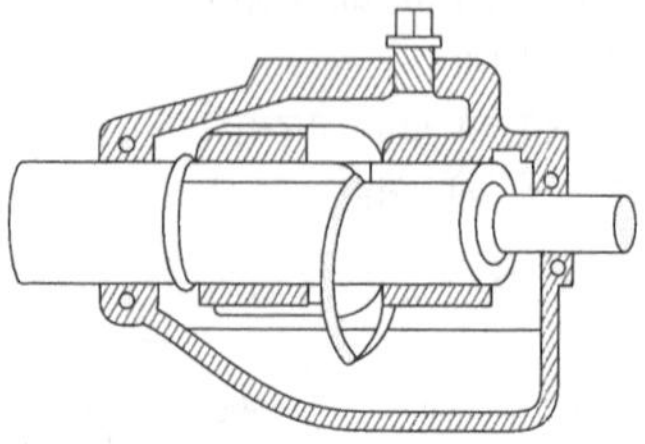

(a) कन्टीन्यूअस फीड स्नेहन (b) प्रैशर फीड स्नेहन
(c) रिंग स्नेहन (d) गुरुत्वाकर्षण स्नेहन

55. पेट्रोल या मिस्ट स्नेहन प्रणाली में पेट्रोल और तेल का अनुपात होता है
(a) 18 : 1 (b) 20 : 1 (c) 19.5 : 2 (d) 22 : 1

56. आधुनिक कारों की स्नेहन प्रणाली में ऑयल किससे बदला जाता है?
(a) सेन्ट्रीफ्यूगल ऑयल फिल्टर
(b) स्ट्रेनर एलीमेन्ट
(c) परिवर्तित किए जाने वाला फिल्टर
(d) उपरोक्त में से कोई नहीं

57. नीचे दिए गए चित्र में किस प्रकार के स्नेहक प्रणाली का प्रयोग किया गया है?

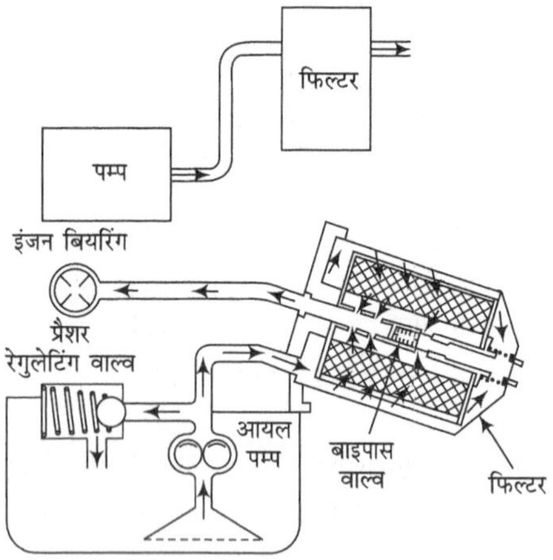

(a) स्प्लैश प्रणाली
(b) फुल-फ्लो प्रणाली
(c) बाईपास प्रणाली
(d) ट्राई स्क्रब

58. नीचे दिए गए ऑयल फिल्टर में 'X' किसको निरूपित करता है?

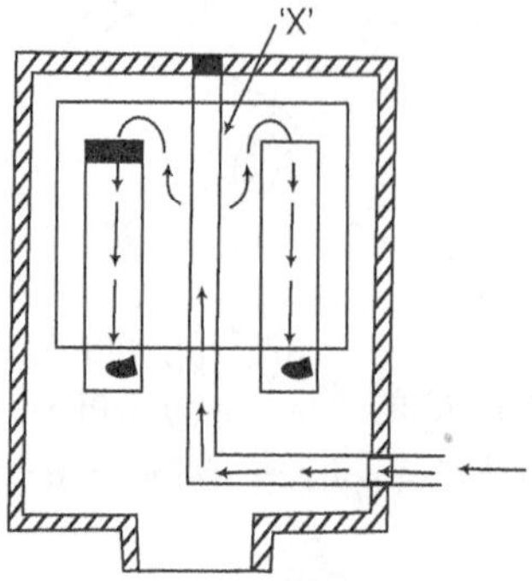

(a) रोटर केसिंग (b) स्टेशनरी केसिंग
(c) स्पिण्डल (d) ऑयल सैट

59. ऑयल के स्तर को जाँचने के लिए प्रयोग की जाती है
(a) एमीटर (b) डिप-स्टिक
(c) फ्यूल गेज (d) ऑयल प्रैशर गेज

60. लुब्रीकेशन ऑयल को किसके द्वारा ठण्डा किया जाता है?
(a) ऑयल फिल्टर (b) ऑयल कूलर
(c) क्रैंककेस वैन्टीलेशन (d) इनमें से कोई नहीं

61. ऑयल सम्प से दूषित गैसों को बाहर निकालने के लिए कौन-सी व्यवस्था की जाती है?
(a) ऑयल कूलर (b) ड्राई सम्प व्यवस्था
(c) ऑयल फिल्टर से (d) क्रैंककेस वैन्टीलेशन

62. ऑयल प्रैशर रिलीफ वाल्व किससे खुलता है?
(a) ऑयल के दबाव से (b) स्प्रिंग के दबाव से
(c) प्लंजर के दबाव से (d) इनमें से कोई नहीं

63. स्नेहन प्रणाली में प्रैशर रिलीफ वाल्व का इंजन में क्या कार्य है?
(a) ऑयल प्रैशर को कम करना
(b) ऑयल प्रैशर को अधिक करना
(c) ऑयल प्रैशर को लिमिट में करना
(d) उपरोक्त में से कोई नहीं

64. टू-स्ट्रोक इंजन में लुब्रीकेशन के लिए कौन-सी व्यवस्था की जाती है?
(a) अलग से ऑयल चैम्बर बना होता है
(b) ऑयल डिपर लगाकर
(c) पेट्रोल से मोबिल ऑयल मिलाकर
(d) उपरोक्त में से कोई नहीं

उत्तरमाला

1. (b)	**2.** (a)	**3.** (b)	**4.** (c)	**5.** (d)	**6.** (d)	**7.** (a)	**8.** (a)	**9.** (a)	**10.** (a)
11. (b)	**12.** (c)	**13.** (d)	**14.** (a)	**15.** (d)	**16.** (a)	**17.** (c)	**18.** (d)	**19.** (a)	**20.** (a)
21. (a)	**22.** (b)	**23.** (c)	**24.** (a)	**25.** (c)	**26.** (c)	**27.** (b)	**28.** (a)	**29.** (b)	**30.** (a)
31. (d)	**32.** (d)	**33.** (a)	**34.** (a)	**35.** (c)	**36.** (c)	**37.** (d)	**38.** (b)	**39.** (a)	**40.** (a)
41. (a)	**42.** (b)	**43.** (a)	**44.** (b)	**45.** (c)	**46.** (c)	**47.** (a)	**48.** (a)	**49.** (a)	**50.** (a)
51. (a)	**52.** (d)	**53.** (d)	**54.** (c)	**55.** (b)	**56.** (c)	**57.** (b)	**58.** (c)	**59.** (b)	**60.** (b)
61. (d)	**62.** (a)	**63.** (c)	**64.** (c)						

अध्याय 18

इनटेक एवं एग्जॉस्ट प्रणालियाँ

Intake and Exhaust Systems

परिचय Introduction

किसी भी वाहन के इंजन की कार्यप्रणाली को सुचारु रूप से चलाने के लिए इनटेक एवं एग्जॉस्ट प्रणालियों (intake and exhaust systems) का उपयोग किया जाता है। इन प्रणालियों के अन्तर्गत वाहन या इंजन में प्रविष्ट किए जाने वाले पदार्थों का उपयोग सम्मिलित होता है। इनटेक प्रणाली, इंजन की वह प्रणाली है, जिसके माध्यम से ईंधन को जलाने के लिए आवश्यक वायु को सप्लाई किया जाता है। इंजन में वायु की सप्लाई मुख्यत: एयर कम्प्रैसर, सुपरचार्जर, टर्बोचार्जर आदि के माध्यम से की जाती है, जबकि एग्जॉस्ट प्रणाली, किसी वाहन या इंजन की वह व्यवस्था है, जिसके माध्यम से ईंधन दहन के फलस्वरूप उत्पन्न हानिकारक अपशिष्टों व गैसों को इंजन या वाहन से बाहर निकाला जाता है।

इन दोनों प्रणालियों का कार्य सम्पन्न करने के लिए कुछ अवयवों की आवश्यकता होती है, जैसे कि मैनीफोल्ड का उपयोग, इन दोनों ही प्रणालियों में किया जाता है। 'मैनीफोल्ड' शब्द का अर्थ है—अधिक मोड़। इंजन के सन्दर्भ में इसका अर्थ कई मार्गों से माना जाता है। ये मैनीफोल्ड इंजन के प्रत्येक वाल्व के लिए मार्ग के रूप में प्रयोग किए जाते हैं तथा ये सिलेण्डर की एक साइड अथवा दोनों साइडों में अलग-अलग एक साथ लगाए जाते हैं। प्रस्तुत अध्याय का उद्देश्य प्रशिक्षुओं को इनटेक व एग्जॉस्ट प्रणाली अवयवों से अवगत कराना है।

अध्याय विषय सूची

18.1 इनटेक एवं एग्जॉस्ट प्रणाली Intake and Exhaust System

वह प्रणाली जिसके द्वारा वायुमण्डल की वायु को साफ करके इंजन के सिलेण्डर में पहुँचाया जाता है, इनटेक प्रणाली (intake system) कहलाती है तथा वह प्रणाली जिसके द्वारा इंजन की जली हुई (burned) गैसें सिलेण्डर से निकालकर वायुण्मडल में छोड़ी जाती है, एग्जॉस्ट प्रणाली (exhaust system) कहलाती है। पेट्रोल इंजन की इनटेक प्रणाली के अन्तर्गत एयर क्लीनर, कार्बूरेटर, इनलेट अथवा इनटेक मैनीफोल्ड, इनलेट वाल्व तथा सीट सम्मिलित होते हैं जबकि डीजल इंजन की इनटेक प्रणाली के अन्तर्गत एयर क्लीनर, एयर हॉर्न, इनलेट वाल्व व सीट सम्मिलित होते हैं।

इंजन की एग्जॉस्ट प्रणाली के अन्तर्गत एग्जॉस्ट पाइप, मफलर्स एग्जॉस्टर, एग्जॉस्ट मैनीफोल्ड तथा एग्जॉस्ट वाल्व सम्मिलित होते हैं।

इन दोनों प्रणालियों व इनके विभिन्न अवयवों का प्रदर्शन नीचे चित्र में किया गया है।

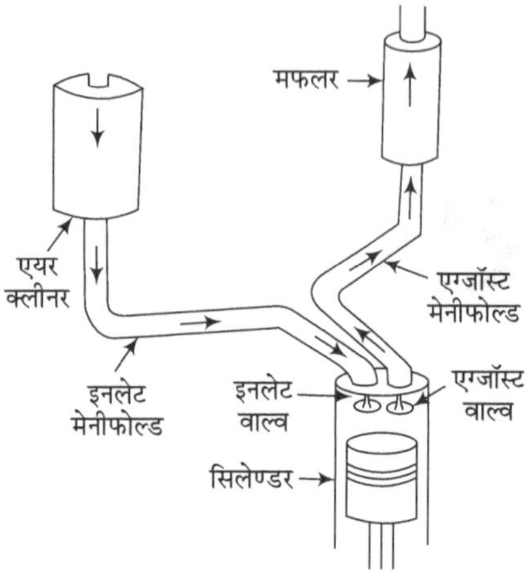

चित्र इनटेक एवं एग्जॉस्ट प्रणाली

18.2 इनटेक प्रणाली के अवयव Components of Intake System

इनटेक प्रणाली के अन्तर्गत इंजन में प्रयुक्त सहायक अवयवों का वर्णन निम्नवत् है

1. एयर कम्प्रैसर Air Compressor

विभिन्न उद्देश्यों; जैसे—वाहन के टायर में वायु भरने के लिए, सिलेण्डर के अन्दर वायु को पहुँचाने आदि की पूर्ति हेतु एयर कम्प्रैसर बनाए जाते हैं। इन्हें टाइमिंग गियर या कैम शाफ्ट से चालित किया जाता है। सामान्यत: यह एकल सिलेण्डर टाइप (single cylinder type) होते हैं, जिसमें एक कनेक्टिंग रॉड के माध्यम से क्रैंकशाफ्ट से जुड़ी एक पिस्टन असेम्बली होती है। इसमें एक इनलेट वाल्व और एक डिलीवरी वाल्व होता है। वायु शीतलक के रूप में इसमें ऊपर की ओर फिन्स लगे होते हैं। एयर कम्प्रैसर के भागों के स्नेहन के लिए इंजन स्नेहक तेल प्रवाहित किया जाता है।

एयर कम्प्रैसर का प्रचालन Operation of Air Compressor

पिस्टन में डाउनवर्ड स्ट्रोक (downward stroke) के समय सिलेण्डर में आंशिक (partial) निर्वात बनाया जाता है, जो इनलेट वाल्व को खोलता है, जिससे कि वायु सिलेण्डर में प्रवेश हो सके। अपवर्ड स्ट्रोक के समय दाब, इनलेट वाल्व को बन्द कर देता है। इस प्रकार वायु सिलेण्डर में सम्पीडित (Comperssed) होती है, जिसके फलस्वरूप डिलीवरी वाल्व खुलता है और सम्पीडित वायु, रिजर्वायर में चली जाती है।

2. सुपरचार्जर Supercharger

सुपरचार्जर एक एयर पम्प होता है, जो इंजन के क्रैंकशाफ्ट से बैल्ट या चैन द्वारा चलता है। कुछ इंजनों में वायुमण्डल से अधिक दबाव पर वायु व ईंधन का मिश्रण सिलेण्डरों में पहुँचाने के लिए इसका प्रयोग किया जाता है। इसे मुख्य रूप से इनलेट मैनीफोल्ड के बीच में लगाया जाता है। इनका मुख्य लाभ यह है कि ये शीघ्र व अधिक मात्रा में वायु को सिलेण्डर में पहुँचाते हैं, जिससे इंजन की कार्यक्षमता बढ़ जाती है। इसमें एक दोष यह भी है कि वायु व ईंधन के मिश्रण के अधिक होने से कम्प्रैशन अनुपात बढ़ जाता है, जिसके कारण सिलेण्डर में वायु का दबाव व तापक्रम भी बढ़ जाता है तथा इंजन नॉकिंग (knocking) करने लगता है। सुपरचार्जर टू-स्ट्रोक व फोर-स्ट्रोक इंजनों में भी लगाए जाते हैं। ये निम्न प्रकार के होते हैं

(i) सेन्ट्रीफ्यूगल सुपरचार्जर
(ii) पिस्टन सुपरचार्जर
(iii) रूट-एयर ब्लोअर सुपरचार्जर
(iv) वेन सुपरचार्जर

(i) सेन्ट्रीफ्यूगल सुपरचार्जर Centrifugal Supercharger

ये सुपरचार्जर ट्यूबवैल पर प्रयुक्त होने वाले सेन्ट्रीफ्यूगल वाटर पम्प के समान बनाए जाते हैं, इनके इम्पैलर अथवा रोटर इस प्रकार के बने होते हैं कि अत्यधिक वायु को पम्प कर सकें। इनके इम्पैलर अथवा रोटर बहुत उच्च गति (लगभग 10,000 rpm) पर घूर्णन करते हैं। ये सुपरचार्जर भार में हल्के होते हैं तथा कम स्थान घेरते हैं।

इन सुपरचार्जरों को चलाने हेतु अधिक अश्व शक्ति की आवश्यकता होती है। इन्हें इंजन द्वारा ही ड्राइव किया जाता है, परन्तु वायु को अधिक मात्रा में पम्प करने के लिए इनकी गति, इंजन की गति से अधिक रखनी पड़ती है।

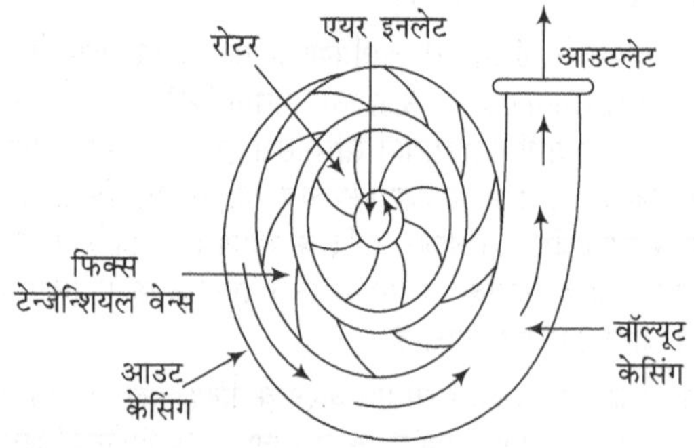

चित्र सेन्ट्रीफ्यूगल सुपरचार्जर

(ii) पिस्टन सुपरचार्जर Piston Supercharger

इस प्रकार के सुपरचार्जर में एक बड़े सिलेण्डर के अन्दर एक पिस्टन लगा होता है, जो वायु को पम्प करके मुख्य सिलेण्डर को सप्लाई करने का कार्य करता है। इस प्रकार के सुपरचार्जर का प्रयोग आजकल नहीं किया जाता है, क्योंकि वायु को पम्प करने हेतु जिससे इसका भार बहुत अधिक हो जाता है।

(iii) रूट-एयर ब्लोअर सुपरचार्जर Root-Air Blower Supercharger

इस सुपरचार्जर का आविष्कार विशेषज्ञ एम. पी. एच. रुट ने किया था, इसलिए इसे रुट-एयर ब्लोअर सुपरचार्जर कहा जाता है। ये सुपरचार्जर टू-स्ट्रोक इंजन में अत्यधिक प्रयुक्त होते हैं। ये वायु को लगभग 1.5 वायुमण्डलीय दाब तक मुख्य सिलेण्डर में प्रवेश करा सकते हैं। इनमें 2 अथवा 3 लोब्स मिलकर इंजन की शक्ति से चलती है। इन सुपर चार्जरों का उपयोग धीमी गति पर ही किया जाना उचित है, क्योंकि उच्च गति पर इनसे वायु लीक होने लगती है। इसमें दो रोटर होते हैं तथा प्रत्येक रोटर

शाफ्ट से 'की' द्वारा फिक्स रहता है। इस सुपरचार्जर की कार्यप्रणाली गियर पम्प के समान होती है, इसलिए इसमें आउटलेट साइड पर मिश्रण उच्च दाब पर होता है।

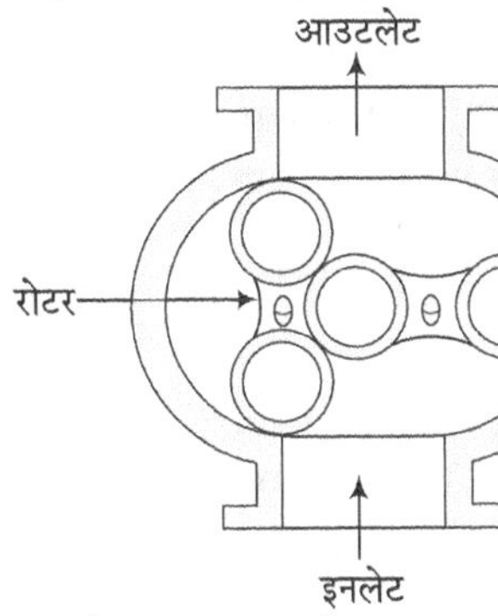

चित्र रूट-एयर ब्लोअर सुपरचार्जर

(iv) वेन सुपरचार्जर Vane Supercharger

इसे पॉजिटिव डिस्प्लेसमेन्ट सुपरचार्जर भी कहा जाता है। इस सुपरचार्जार में एक शाफ्ट पर एक रोटर बाँधा जाता है, जिसमें खाँचे कटे होते हैं। इन खाँचों में वेन्स लगे होते हैं, इसलिए इसे वेन सुपरचार्जर कहा जाता है। जब रोटर घूमता है, तब वेन अन्दर तथा बाहर की ओर निकलते हैं जिससे वायु पम्प होकर मुख्य सिलेण्डर में पहुँच जाती है। इन सुपरचार्जरों को आजकल प्रयोग नहीं किया जाता है।

चित्र वेन सुपरचार्जर

3. इण्टर कूलर Inter Cooler

इण्टर कूलर एक यान्त्रिक युक्ति है, जिसका प्रयोग प्राय: तापन (heating) प्रक्रियाओं में द्रव या गैसों को ठण्डा करने के लिए किया जाता है। यह एक प्रकार का जटिल ऊष्मा विनियामक (heat exchanger) भी होता है, जो गैस कम्प्रैसर में व्यर्थ ऊष्मा को निष्कासित करता है। ये अधिकांशत: इन्टर्नल कम्बशन इंजनों में आयतनिक दक्षता (volumetric efficiency) सुधारने हेतु उपयोग में लाए जाते हैं।

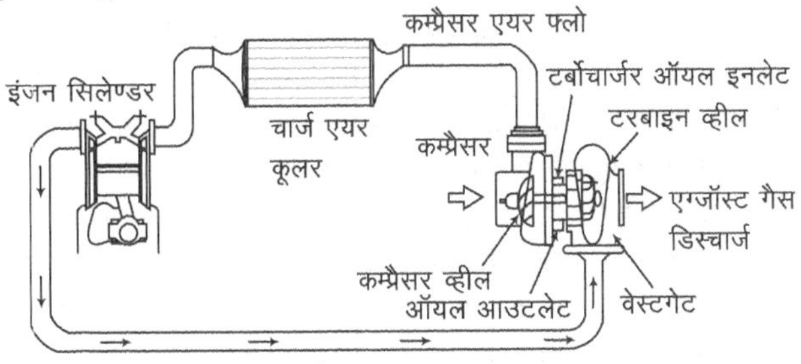

चित्र इण्टर कूलर

इण्टर कूलर, इंजन की नोकिंग (knocking) को कम करता है तथा आउटपुट को बढ़ाता है। इसका प्रयोग मुख्य रूप से बड़े इंजन के रेडिएटरो में किया जाता है। यह मुख्य रूप से दो प्रकार के होते हैं—वायु एवं जल। इसका सिद्धान्त यह है कि जब टर्बोचार्जर दाब को बढ़ाता है, तब यह वायु के ताप को घटा देता है, जिससे सिलेण्डर में शीतल वायु प्रसारित होती है।

इण्टर कूलर के लाभ Advantages of Inter Cooler

इण्टर कूलर के लाभ निम्न प्रकार हैं

(i) इसके प्रयोग से एयर कम्प्रैसर की अवधि बढ़ जाती है।
(ii) इसकी सहायता से कम्प्रैसर की दक्षता बढ़ जाती है।
(iii) इण्टर कूलर के द्वारा सिलेण्डर तथा वाल्वों में लुब्रीकेशन आसानी से हो जाता है।
(iv) इसमें कम्प्रैसर की ऊष्मा के कारण ऊर्जा हानि कम हो जाती है।
(v) इससे एयर लीकेज की क्षति कम हो जाती है और प्रत्येक सिलेण्डर की प्रैशर रेन्ज कम हो जाती है।
(vi) इसके प्रयोग से उच्च दाब तक एयर कम्प्रैसर का दक्षतापूर्वक कार्य करना सम्भावित होता है।
(vii) कम्प्रैसर का कुल भार कम होता है, क्योंकि कम तापमान पर कम्प्रैसर के लिए हल्के सिलेण्डर का प्रयोग किया जाता है।

4. टर्बोचार्जर Turbocharger

टर्बोचार्जर एक प्रकार की फोर्स्ड इण्डक्शन प्रणाली है, जो इंजन में प्रवाहित होने वाली वायु को कम्प्रैस (compress) करती है। प्राय: सभी सुपरचार्जर, इंजन की शक्ति द्वारा चलाए जाते थे। जिस कारण इंजन की कुछ शक्ति इसमें क्षय होती थी। इससे बचने के लिए वर्तमान में एग्जॉस्ट गैसों से चलने वाला टर्बोचार्जर प्रचलित हो गया है, जिसे टर्बोचार्जर कहते हैं।

इसमें दो भाग होते हैं; एक तो टरबाइन, जो इंजन की एग्जॉस्ट गैसों से घूमता है तथा दूसरा कम्प्रैसर, जो वायु को कम्प्रैस करके सिलेण्डर में भेजता है। दोनों टरबाइन तथा कम्प्रैसर एक ही शाफ्ट में फिट होते हैं, परन्तु वे अपनी-अपनी हाउसिंग में चलते हैं। टर्बोचार्जर, इंजन पर लगा होता है। यह इंजन को प्रदान होने वाली वायु की मात्रा में वृद्धि करता है जिससे ज्यादा ईंधन जलता है जो इंजन पावर को बढ़ाता है। जब कभी ऊँचाइयों पर जायु का घनत्व वायुमण्डलीय दाब के घनत्व से कम होता है, तो टर्बोचार्जर पर्याप्त मात्रा में वायु को इंजन में प्रवेश कराने में सहायता करता है। एक इंजन में एक या एक से अधिक टर्बोचार्जर हो सकते हैं।

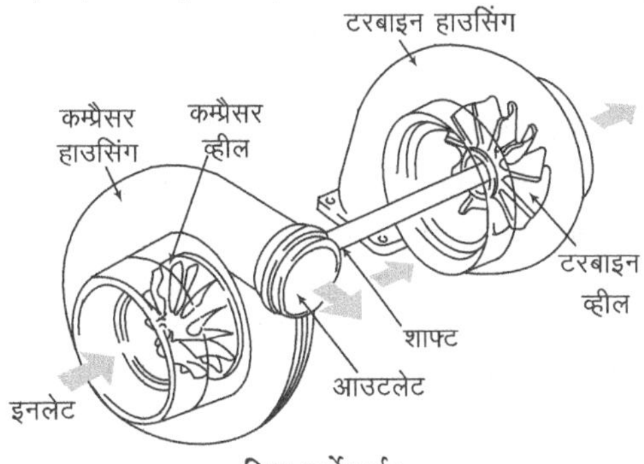

चित्र टर्बोचार्जर

टर्बोचार्जर यन्त्रावली Turbocharger Mechanism

इंजन में लगे एग्जॉस्ट मैनीफोल्ड के ऊपर टर्बोचार्जर लगा होता है। इसमें एक ही शाफ्ट पर टरबाइन व्हील तथा कम्प्रैसर व्हील लगा होता है। एग्जॉस्ट गैसे टरबाइन हाउसिंग में प्रवेश करती है और टरबाइन व्हील को घुमाती है।

कम्प्रैसर हाउसिंग का इनलेट एयर क्लीनर से जुड़ा होता है तथा इनलेट मैनीफोल्ड के आउटलेट से कम्प्रैस एयर को निष्कासित कर दिया जाता है। टर्बोचार्जर भी सुपरचार्जर की तरह कार्य करता है।

यह सिलेण्डर में अधिक शक्ति उत्पन्न करने के लिए अधिक दबाव से वायु को सिलेण्डर में भेजता है। टर्बोचार्जर, एग्जॉस्ट मैनीफोल्ड से कसा होता है। इसमें एक टरबाइन और एक अपकेन्द्री कम्प्रैसर युग्मित होते हैं, जिन्हें चित्र के माध्यम से दर्शाया गया है। इंजन से निष्कासित होने वाली गैसें टरबाइन में प्रवेश करके टरबाइन को चलाती हैं, जिससे आगे कम्प्रैसर चलता है।

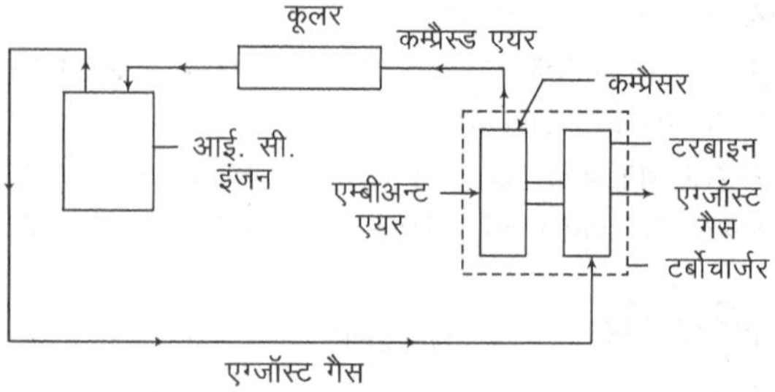

चित्र टर्बोचार्जर की कार्यप्रणाली

टिप्पणी *(i) आधुनिक इंजनों में वायु व ईंधन के अनुपात को फिक्स करने के लिए ऑक्सीजन सेन्सर लगा होता है।*
(ii) टर्बोचार्जर वाले इंजनों की परफॉर्मेंस में कोई विशेष सुधार न होने के कारण पेट्रोल इंजनों में इनका प्रयोग सीमित होता है।

टर्बोचार्जर के लाभ Advantages of Turbocharger

टर्बोचार्जर के मुख्य लाभ निम्न प्रकार हैं

(i) टर्बोचार्जर से इंजन की आउटपुट शक्ति को बढ़ाया जा सकता है।
(ii) इसमें ईंधन की खपत तथा निकास गैस एग्जॉस्ट कम होता है।
(iii) टर्बोचार्जर की सहायता से इंजनों में ब्रेक शक्ति और भार का अनुपात अधिक होता है।
(iv) इसके प्रयोग से अधिक ऊँचाइयों पर वायु का घनत्व (density) कम होने के कारण इंजन की शक्ति हानि में कमी आती है।

5. एयर क्लीनर Air Cleaner

वायुमण्डलीय वायु में मिट्टी, कण, रेत तथा अन्य बाहरी पदार्थ मिले होते हैं। यदि यही वायु सक्शन स्ट्रोक के समय इंजन के सिलेण्डर में भेजी जाए, तो इससे वाल्व खराब हो जाते हैं तथा पिस्टन और सिलेण्डर लाइनर्स घिस जाते हैं, इसलिए वायु का इंजन के सिलेण्डरों में जाने से पूर्व साफ होना अति आवश्यक है। इसके लिए एयर क्लीनर या क्लीनर का प्रयोग किया जाता है।

एयर क्लीनर प्राय: एयर इनलेट मैनीफोल्ड के टॉप (top) पर लगाया जाता है अथवा उसके निकट किसी स्थान पर लगाकर हौज पाइप द्वारा उसका सम्बन्ध मैनीफोल्ड से कर दिया जाता है। एयर क्लीनर सामान्यत: निम्न प्रकार के होते हैं

(i) पेपर (ड्राई टाइप) एयर क्लीनर
(ii) ऑयल सोक्ड (वेट टाइप) एयर क्लीनर
(iii) ऑयल बाथ एयर क्लीनर
(iv) प्री-एयर क्लीनर

(i) पेपर (ड्राई टाइप) एयर क्लीनर Paper (Dry type) Air Cleaner

ड्राई टाइप एयर क्लीनर में एक विशेष प्रकार से तैयार किया फिल्टर इनटेक एयर को साफ करने के लिए प्रयोग में लाया जाता है। इस प्रकार के क्लीनर का उपयोग बहुत छोटे इंजनों के लिए किया जाता है। इसमें पतले कागज की बहुत-सी पर्तों को एक पाइप पर लपेटकर एक छिद्रयुक्त डिब्बे में बन्द कर दिया जाता है। इसे ड्राई क्लीनर के नाम से भी जाना जाता है। सक्शन स्ट्रोक के समय वायु, क्लीनर के बाहरी खोल में से होकर अन्दर जाती है तथा वहाँ कागजों के बीच लगभग सभी मिट्टी के कण आदि छोड़कर, पाइप से होकर क्लीनर के नीचे की ओर से निकलती है, जहाँ से वह कार्बुरेटर के एयर हॉर्न में पहुँचती है।

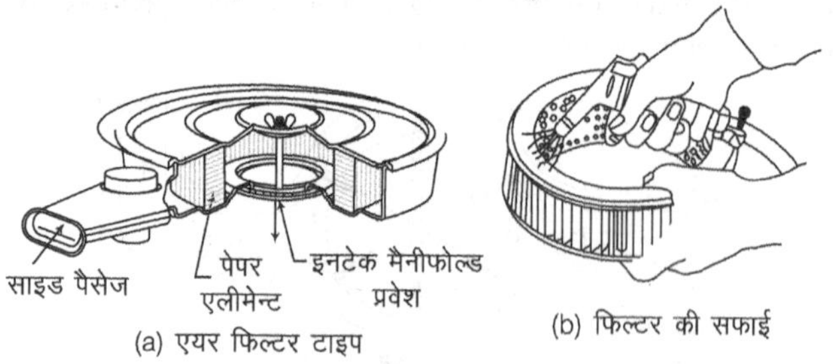

(a) एयर फिल्टर टाइप

(b) फिल्टर की सफाई

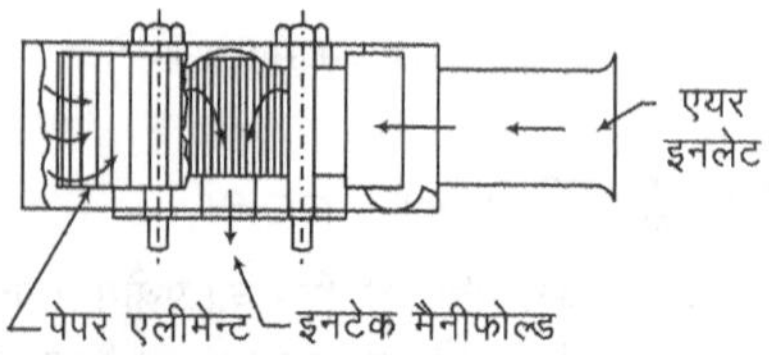

(c) पेपर एयर क्लीनर की कार्यप्रणाली

चित्र पेपर (ड्राई टाइप) एयर क्लीनर

(ii) ऑयल सोक्ड (वेट टाइप) एयर क्लीनर Oil Soaked (Wet Type) Air Cleaner

ऑयल सोक्ड एयर क्लीनर भी पेपर एयर क्लीनर की भाँति ही बना होता है, परन्तु इसमें वायु को साफ करने के लिए बुरादे तथा तार की बारीक जाली का प्रयोग किया जाता है। इसमें बुरादे तथा तार की बारीक जाली को लपेटकर क्लीनर एलीमेन्ट बना लिया जाता है, जिसे तेल में भिगो दिया जाता है। वातावरणीय वायु साइड पैसेज के द्वारा एयर क्लीनर में प्रवेश करती है तथा तेल सतह पर टकराती है। भारी धूल कण तेल द्वारा अवशोषित कर लिए जाते हैं और आंशिक रूप से फिल्टर तथा तेल कणों साथ वायु फिल्टर एलीमेन्ट द्वारा ऊपर की ओर गति करती है।

धूल के सूक्ष्म कण तथा तेल के कण फिल्टर तत्त्व द्वारा एकत्रित कर लिए जाते हैं और शुद्ध वायु पैसेज के द्वारा इनलेट मैनीफोल्ड में भेज दी जाती है।

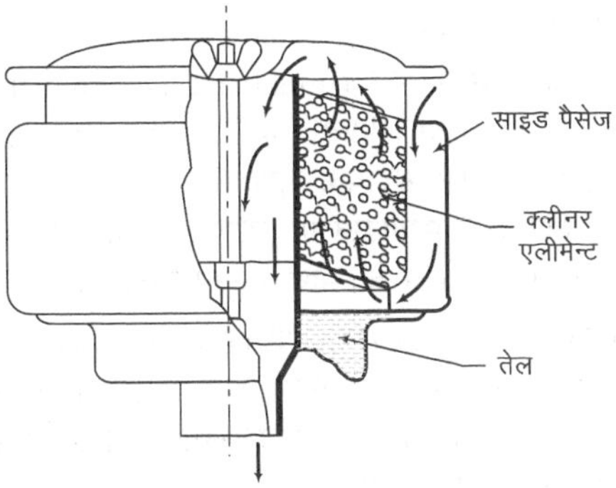

चित्र ऑयल सोक्ड एयर क्लीनर

(iii) ऑयल बाथ एयर क्लीनर Oil Bath Air Cleaner

इस प्रकार के एयर क्लीनर प्रायः हाई स्पीड इंजनों में प्रयोग किए जाते हैं। इसमें नीचे की ओर एक ऐसे गोल बर्तन का प्रयोग किया जाता है, जिसमें वायु का निकास मार्ग बना होता है। इस बर्तन के ऊपर बारीक लोहे की कतरनों वाले एलीमेन्ट को, जो लोहे की तारों द्वारा लिपटा रहता है, रखा जाता है। क्लीनर एलीमेन्ट में एक निश्चित स्थान तक तेल भर दिया जाता है तथा इसे ऊपर से क्लीनर टॉप द्वारा बन्द कर दिया जाता है।

वायु टॉप कवर के किनारे से क्लीनर में प्रवेश करती है तथा क्लीनर एलीमेन्ट से होकर क्लीनर में भरे तेल के सम्पर्क में आती है, तब वायु निकास मार्ग से निकलकर कार्बुरेटर में जाती है। इस प्रकार वायु के साथ आई मिट्टी या गन्दगी, लोहे की कतरनों में, तेल द्वारा घुल-मिल जाती हैं और फँसकर वहीं रुक जाती हैं, परन्तु अब भी कुछ बारीक कण वायु में शेष रह जाते हैं, वे तेल के सम्पर्क में आकर उससे चिपक जाते हैं तथा फिल्टर होकर वायु, कार्बुरेटर में जाती है।

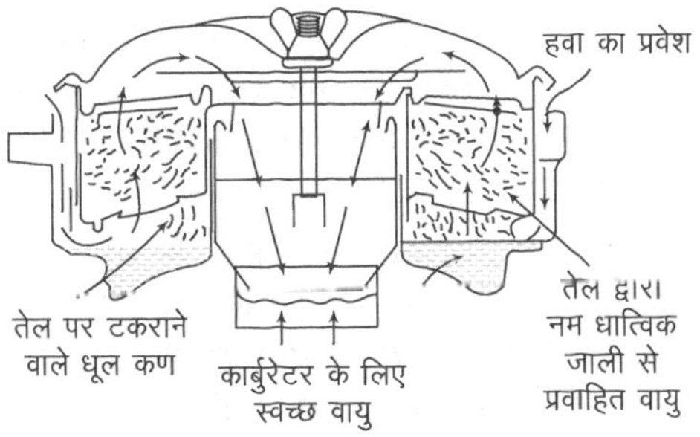

चित्र ऑयल बाथ एयर क्लीनर

एलीमेन्ट के गन्दा होने पर उसे साफ करके उसमें नया तेल भर देना चाहिए। यदि ऑयल बाथ टाइप क्लीनर में तेल की सतह कम रह जाए, तो उसे भी समय से पहले पूरा करना चाहिए।

(iv) प्री-एयर क्लीनर Pre-air Cleaner

इस प्रकार के क्लीनर का प्रयोग उन इंजनों में किया जाता है, जिन्हें अधिक धूल-मिट्टी वाले स्थानों पर काम में लाया जाता है। इंजनों में मुख्य एयर क्लीनर के साथ ही एक प्री-एयर क्लीनर का भी प्रयोग किया जाता है। प्री-एयर क्लीनर साइक्लोन (cyclon) प्रकार का होता है। इनके बाहर जाली लगी होती है। यह जाली मिट्टी के मोटे कणों तथा तिनके आदि को मुख्य क्लीनर में जाने से रोक देती है। इस एयर क्लीनर में घूमने वाली एंगल में पत्तियाँ लगी होती हैं। पत्तियों के द्वारा वायु तेजी से घूमकर इंजन में जाती है। प्री-एयर क्लीनर के बाहर पारदर्शी बाउल (bowl) लगा होता है। इस बाउल के भर जाने पर ऑपरेटर इसे देखकर साफ कर सकता है।

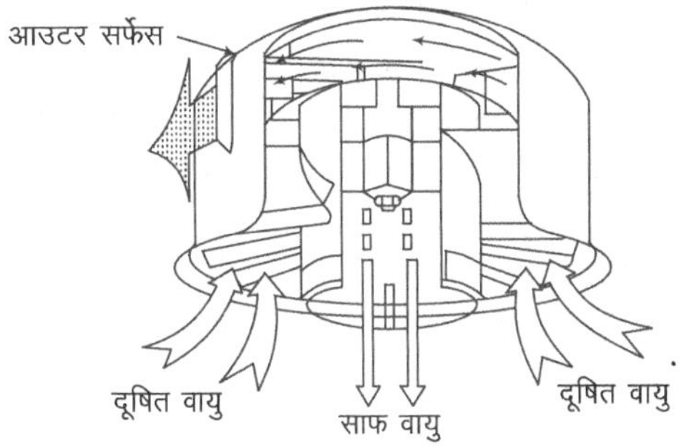

चित्र प्री-एयर क्लीनर

6. इनटेक मैनीफोल्ड Intake Manifold

इनटेक मैनीफोल्ड कार्बुरेटर से ईंधन तथा वायु के मिश्रण को सिलेण्डर हैड में इनटेक पोर्ट को सप्लाई करता है, इनटेक मैनीफोल्ड के द्वारा मिश्रण या केवल साफ वायु ही वाल्वों के रास्ते सिलेण्डर में जाती है।

डीजल इंजन के मैनीफोल्ड पर केवल एयर क्लीनर को लगाया जाता है अथवा इनटेक मैनीफोल्ड का सम्पर्क दूसरी जगह लगे एयर क्लीनर से बनाया जाता है। इसका डिजाइन इस प्रकार बनाया जाता है कि यह सभी सिलेण्डरों को बराबर मात्रा में ईंधन तथा वायु का मिश्रण दे सके। इनटेक मैनीफोल्ड प्रायः एल्युमीनियम तथा ढलवाँ लोहे (cast iron) से मिलकर बने होते हैं। इंजन में इनटेक मैनीफोल्ड को फिट करने के लिए गैस्केट का प्रयोग किया जाता है, जिससे गैसें लीक होने पर आवाज न हो। इसमें टूटी गैस्केट प्रयोग नहीं करनी चाहिए।

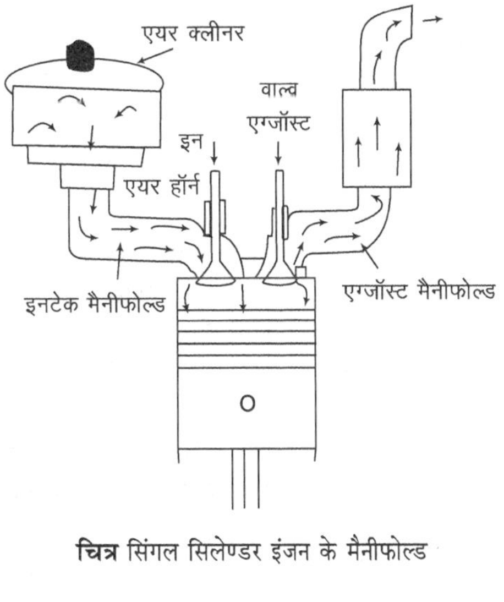

चित्र सिंगल सिलेण्डर इंजन के मैनीफोल्ड

18.3 एग्जॉस्ट प्रणाली के अवयव Components of Exhaust System

इस शीर्षक के अन्तर्गत इंजन में प्रयुक्त होने वाले ऐसे अवयवों का वर्णन किया गया है, जिनका प्रयोग इंजन की एग्जॉस्ट प्रणालियों में विभिन्न कार्यों हेतु किया जाता है। एग्जॉस्ट प्रणाली के अवयव निम्न प्रकार हैं

1. एग्जॉस्ट मैनीफोल्ड Exhaust Manifold

यह भी इनलेट मैनीफोल्ड की तरह ही बनाया जाता है। इसको ब्लॉक या इंजन हैड पर स्टड या बोल्ट द्वारा कसा जाता है। इसका प्रयोग सिलेण्डरों की जली गैसों को बाहर निकालने के लिए किया जाता है। इसके साथ ही साइलेन्सर या मफलर (silencer or muffler) जोड़ा जाता है। इस मैनीफोल्ड द्वारा सभी सिलेण्डरों की जली गैसों को एकत्र करके साइलेन्सर तक पहुँचाया जाता है। एग्जॉस्ट मैनीफोल्ड प्राय: कास्ट आयरन को ढाल कर बनाया जाता है।

V-8 इंजनों में दो, जबकि अन्य शेष इंजनों में एक एग्जॉस्ट मैनीफोल्ड का प्रयोग किया जाता है। इनका डिजाइन इस प्रकार किया जाता है कि एग्जॉस्ट गैसों का बैक प्रैशर न बनने पाए। कुछ एग्जॉस्ट मैनीफोल्डों में इनलेट फोल्ड को हर समय एक निश्चित तापमान में रखने के लिए मैनीफोल्ड हीट कण्ट्रोल डिवाइस (heat control device) लगी होती है, जिससे इंजन की स्थिर अवस्था में इनलेट मैनीफोल्ड में आया मिश्रण जम नहीं पाता है।

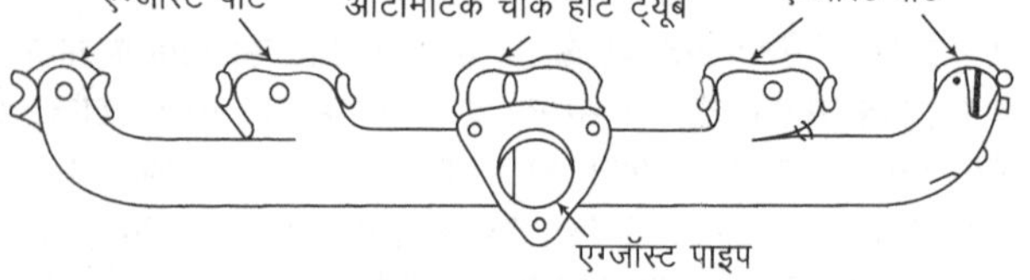

चित्र एग्जॉस्ट मैनीफोल्ड

हीट कण्ट्रोल डिवाइस के रूप में हीट कण्ट्रोल वाल्व अथवा हीट राइजर (heat riser) का प्रयोग किया जाता है जिसमें एक थर्मोस्टेटिक रूप से (thermostatically) प्रचालित होने वाला बटर-फ्लाई वाल्व लगा होता है। जब इंजन ठण्डा होता है तो यह वाल्व क्लोज होता है तथा इंजन के प्रचालित तापमान तक गर्म होने पर यह वाल्व खुल जाता है जिससे एग्जॉस्ट गैस सीधे ही मफलर में चली जाती हैं।

2. एग्जॉस्टर Exhauster

यह एक प्रकार का वैक्यूम पम्प होता है। इसमें पाइप को इस प्रकार फिट किया जाता है कि उसमें मोड़ कम हो एवं निकास इंजन के बाहर हो। एग्जॉस्ट पाइप को सदैव क्षैतिज दिशा में ही लगाना चाहिए, जिससे बारिश के दिनों में एग्जॉस्ट पाइप बन्द न होने पाए। एग्जॉस्टर मुख्यत: निम्न प्रकार के होते हैं

(i) **वेन टाइप एग्जॉस्टर** (Vane type exhauster) फ्यूल इंजेक्शन पम्प (FIP) के न्यूमैटिक गवर्नर की सहायता से वैक्यूम विकसित करने के लिए इंजन पर एग्जॉस्टर लगाए जाते हैं। वेन टाइप एग्जॉस्टर इंजन में निकास मार्ग पर बोल्ट द्वारा फिट किया जाता है। इसमें एक रोटर लगा होता है, जो शाफ्ट पर 'की' (Key) द्वारा लगा होता है। रोटर को एग्जॉस्टर की बॉडी पर उत्केन्द्री रूप से माउण्ट किया जाता है। रोटर के स्लॉटों में वेन्स तिरछी लगाई जाती है। एग्जॉस्टर पर फिट शिफ्ट वाल्व वैक्यूम को एक पूर्व निर्धारित दाब तक सीमित करता है।

(ii) **इम्पैलर टाइप एग्जॉस्टर** (Impeller type exhauster) इम्पैलर टाइप एग्जॉस्टर में दो स्पिण्डल होती है। एक स्पिण्डल में इम्पैलर लगा होता है, जिसे सहायक ड्राइविंग शाफ्ट द्वारा चालित किया जाता है तथा दूसरे स्पिण्डल पर रोटर लगा होता है, जिसकी वेन्स चालित रोटर की वेन्स के साथ संलग्न होती है।

(iii) **फिन्स टाइप एग्जॉस्टर** (Fins Type Exhauster) यह एग्जॉस्टर वैल्यूम पम्प के समान ही कार्य करता है। इसे एग्जॉस्टर बॉडी अथवा केसिंग के इनलेट मार्ग पर लगाया जाता है। इसे टाइमिंग गियर से चलाया जाता है।

इस एग्जॉस्टर की शाफ्ट पर रोटर लगा होता है, जिसमें चार से छ: ब्लेड लगे होते हैं। शाफ्ट के दोनों ओर तेल को रोकने हेतु सील लगी होती है। यदि फिन्स टाइप रोटर एग्जॉस्टर के गैस्केट खराब हो जाते हैं, तो वे वैक्यूम नहीं बना पाते जिससे रोटर कार्य नहीं कर पाता है।

एग्जॉस्टर की कार्यविधि Working Method of Exhauster

वेन टाइप एग्जॉस्टर यूनिट अपकेन्द्री बल (Centifugal force) के सिद्धान्त पर कार्य करती है। जब इंजन अपकेन्द्री क्रिया के कारण चलता है, तो स्लाइडिंग युक्त वेन्स रोटर के स्लॉटों में फिट हो जाती है जो बॉडी (बैरेल) के भीतरी पृष्ठ पर बाहर निकलती है। इस प्रकार वायु पूरे सेक्शन से निष्कासित होती है और क्रैंककेस में डिस्चार्ज होती है। क्रैंककेस से तेल के छिड़काव द्वारा वेन्स का स्नेहन किया जाता है।

3. एग्जॉस्ट पाइप Exhaust Pipe

एग्जॉस्ट पाइप मैनीफोल्ड के मफलर से गर्म गैसें प्राप्त करता है। ये पाइप स्टील ट्यूब के उपयुक्त आकार के होते हैं तथा गैसों को वाहन पिछले सिरे (rear end) पर ले जाने के लिए चेसिस के नीचे लगाया जाता है। इसे फ्लैंज या क्लैम्प द्वारा बाँधा जाता है।

एग्जॉस्ट मैनीफोल्ड को साइलेन्सर या मफलर के साथ जोड़ने के लिए एग्जॉस्ट पाइप का प्रयोग किया जाता है। यह पाइप, एग्जॉस्ट मैनीफोल्ड और मफलर में फ्लैंज और क्लैम्प द्वारा लगाई जाती है। इस प्रकार एग्जॉस्ट मैनीफोल्ड से निकली हुई गैसें एग्जॉस्ट पाइप द्वारा ही उत्प्रेरक परिवर्तक एवं मफलर तक पहुँचाई जाती हैं। एग्जॉस्ट पाइप व साइलेन्सर को चैसिस के झटकों से दूर रखने के लिए रबड़ या ब्रिक के टुकड़े लगाए जाते हैं।

4. मफलर Muffler

मफलर सामान्यत: बॉडी के अन्दर लगा होता है तथा फ्लेक्सिबल माउण्टिंग के साथ बॉडी एवं चेसिस से जुड़ा होता है। कुछ ट्रक जिनमें एग्जॉस्ट गैसें ऊपर की ओर दिशात्मक होती हैं, उनमें मफलर कैब के पिछले सिरे पर स्थापित होता है और दुर्घटना से बचाने के लिए गार्ड से ढका जाता है।

मफलर इंजन की एग्जॉस्ट ध्वनि को कम करता है। यह एक बड़ा बेलनाकार आकार का कन्टेनर होता है जो पैसेज तथा चैम्बर के साथ लगा होता है और एग्जॉस्ट गैसों की ध्वनि को अवशोषित करता है। कभी-कभी छोटा और प्री-मफलर भी एग्जॉस्ट सिस्टम में मैनीफोल्ड तथा मेन मफलर के साथ फिट किए जाते हैं।

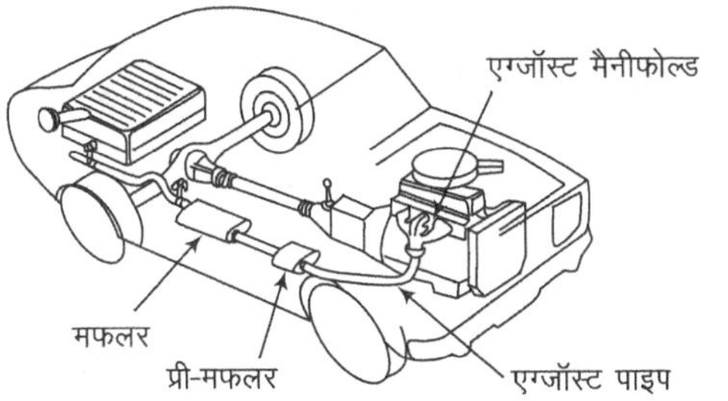

इंजन के सिलेण्डर से निकलने वाली ध्वनि की आवृत्ति को मुख्य रूप से दो भागों में वर्गीकृत किया गया है

1. निम्न आवृत्ति की ध्वनि (500 से 1500 प्रति सेकण्ड)
2. उच्च आवृत्ति की ध्वनि (3000 से 10000 प्रति सेकण्ड)

इस प्रकार वाहनों में निम्न व उच्च आवृत्ति वाली ध्वनि को कम करने वाले साइलेन्सर का प्रयोग करना चाहिए। वाहनों में आवश्यकता अनुसार निम्न प्रकार के मफलर प्रयोग किए जाते हैं

(i) रिएक्टिव मफलर Reactive Muffler

इस प्रकार के मफलर में इनलेट एवं आउटलेट ट्यूब, चैम्बर की ओर प्रसारित होते हैं, इसलिए इस मफलर को चैम्बर मफलर के नाम से भी जाना जाता है। प्राय: इसमें कई प्रकार के पाइप सेगमेन्ट (segment) निहित होते हैं, जो एक बड़े चैम्बर से आपस में संयोजित होते हैं। ये दहन द्वारा उत्पन्न ध्वनि को डिस्ट्रक्टिव इन्टरफैरेन्स (destructive interference) द्वारा कम करते हैं। दूसरे शब्दों में कहें, तो ये पाइप सेगमेन्ट उत्पन्न ध्वनि को विभाजित कर उसका मान घटा देते हैं।

यह मफलर निम्न आवृत्ति वाली ध्वनि को कम करने के लिए बहुत सहायक होते हैं; जैसे—मिदास (midas), बहाव टेक, पूर्ण बोर आदि। आजकल ट्रकों में रिएक्टिव मफलर ही उपयोग में लाए जाते हैं।

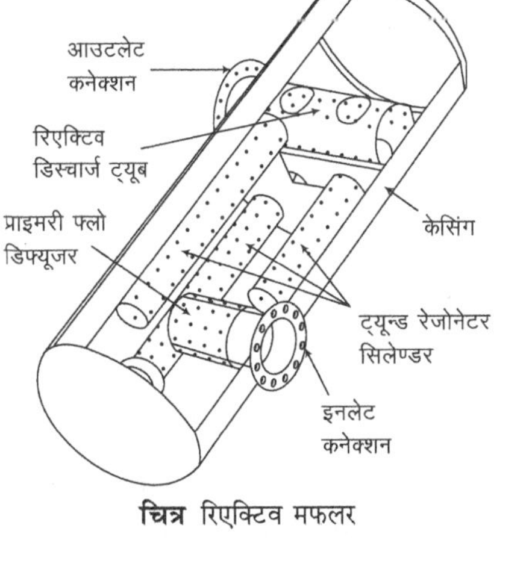

चित्र रिएक्टिव मफलर

लाभ Advantages

रिएक्टिव मफलर के निम्नलिखित लाभ हैं

1. यह निम्न आवृत्ति के लिए अधिक उपयोगी होते हैं।
2. इसका उपयोग कठोर या हार्श (harsh) अवस्था में किया जाता है।

हानि Disadvantages

रिएक्टिव मफलर की निम्नलिखित हानियाँ हैं

1. इसका उपयोग ब्रॉडबैण्ड के लिए नहीं किया जाता है।
2. ये उच्च आवृत्ति पर अधिक उपयोगी नहीं होते हैं।

(ii) अवशोषक मफलर Absorptive Muffler

इस प्रकार के मफलर में दहन प्रक्रम द्वारा उत्पन्न ध्वनि या आवाज को कम करने के लिए अवशोषण (absorption) करने वाले पदार्थों का प्रयोग किया जाता है। इस विधि के कारण ध्वनि तरंगें कम हो जाती हैं एवं अवशोषक पदार्थ में ऊर्जा, ऊष्मा में परिवर्तित हो जाती है।

अवशोषक मफलर में दो क्रियाएँ, उच्च गुणांक से अधिक ऊर्जा का नष्ट होना व कम विकरित वाली ध्वनि तरंगों का उत्पन्न होना सम्पन्न होती हैं।

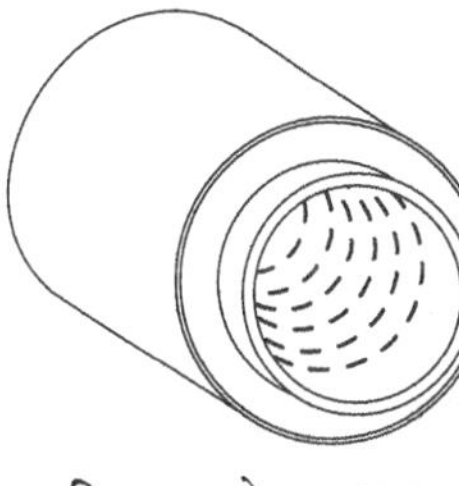

चित्र अवशोषक मफलर

अवशोषक मफलर के प्रकार Types of Absorptive Muffler

अवशोषक मफलर निम्न प्रकार के होते हैं

(a) **स्ट्रेट थ्रू मफलर** Straight Through Muffler

यह सिलेण्डर से निकलने वाली गैसों द्वारा उत्पन्न ध्वनि को कम करने का सबसे आसान तरीका है। इसमें एक पाइप को मफलर हाउसिंग में आर-पार फिट किया जाता है। इसमें छिद्र कटे होते हैं। इस पाइप को बीच में से बन्द कर दिया जाता है।

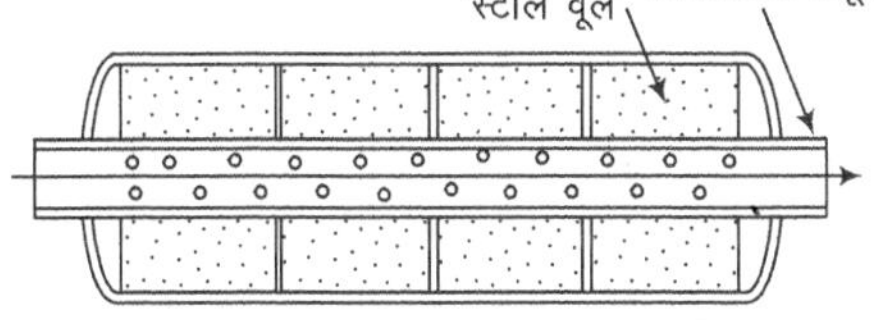

चित्र स्ट्रेट थ्रू मफलर

चित्रानुसार एग्जॉस्ट मैनीफोल्ड से जली गैसें इस पाइप से होकर हाउसिंग में भर जाती हैं। इसी हाउसिंग से पुन: दूसरे सिरे के पाइप के छिद्रों से होकर ये गैसें बिना किसी दबाव एवं ध्वनि के बाहर निकल जाती हैं। इस पाइप के छिद्रों के कारण गैसों का प्रवेश तथा निकास धीरे-धीरे हो पाता है। इस कारण इन गैसों का वेग तथा दबाव समाप्त हो जाता है।

(b) **रिवर्स फ्लो प्रकार** Reverse flow type

इस प्रकार के मफलर में अलग-अलग कम्पार्टमेन्ट या खाने बने होते हैं और प्रत्येक खाने एक-दूसरे से जुड़े होते हैं, जिससे मफलर में जली हुई गैसों को कई घुमावदार भागों से होकर बाहर निकाला जाता है।

इस घुमाव के कारण जली हुई गैसों का वेग तथा दबाव समाप्त हो जाता है और गैसें बिना आवाज के बाहर निकल जाती हैं।

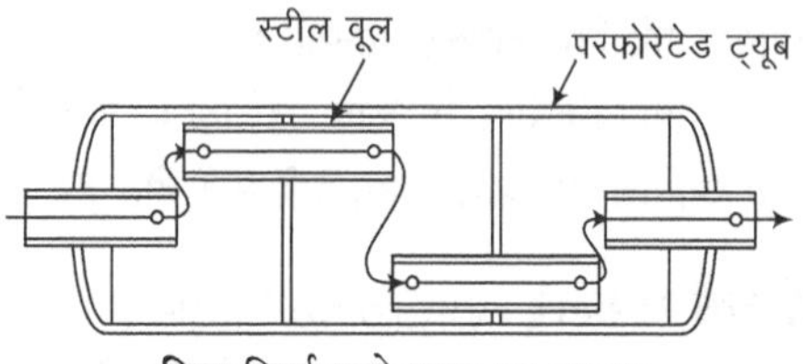

चित्र रिवर्स फ्लो प्रकार का मफलर

(c) **बैफल प्लेट प्रकार** Baffle plate type

इस प्रकार के मफलर में हाउसिंग के अन्दर एक-दो सुराखों वाली बैफल प्लेटों का प्रयोग किया जाता है। जब इन प्लेटों से निकलने वाली गैसें टकराती हैं, तो उनका वेग तथा दबाव कम हो जाता है, जिससे जली हुई गैसें बिना किसी आवाज के बाहर निकल जाती हैं।

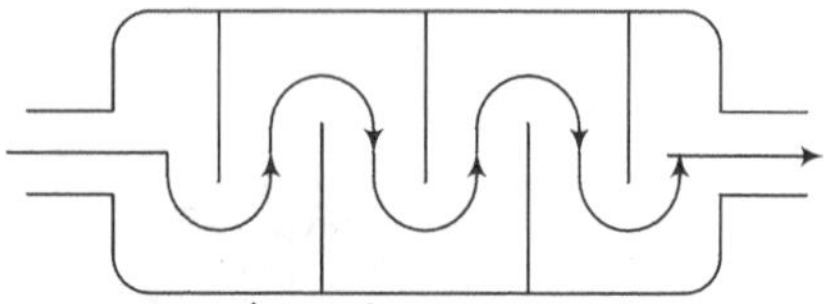

चित्र बैफल प्लेट प्रकार का मफलर

अवशोषक मफलर के लाभ Advantages of Absorptive Muffler

अवशोषक मफलर के निम्नलिखित लाभ हैं

1. इसका उपयोग ब्रॉडबैण्ड के लिए किया जाता है।
2. इसमें उच्च आवृत्ति के लिए अवशोषण अधिक होता है।
3. अवशोषक मफलर में तुलनात्मक बैक प्रैशर कम होता है।

अवशोषक मफलर की हानियाँ Disadvantages of Absorptive Muffler

अवशोषक मफलर की हानियाँ निम्न हैं

1. ये निम्न आवृत्ति पर कम प्रदर्शन करते हैं।
2. इस प्रकार के मफलर कुछ समय तक ही सीमित होते हैं।

अवशोषक मफलर के अनुप्रयोग
Applications of Absorptive Muffler

अवशोषक मफलर के अनुप्रयोग निम्न प्रकार हैं

1. इसका प्रयोग रेसिंग कारों व घरेलू वाहनों में अधिक किया जाता है।
2. लाइन की डक्ट में तथा प्लेनम चैम्बर में मुख्यत: इसका प्रयोग किया जाता है।
3. इसका प्रयोग वेन्टीलेशन प्रणाली में भी किया जाता है

(iii) संयुक्त मफलर Combination Muffler

वाहनों में कुछ मफलर अवशोषक एवं प्रतिक्रियाशील तत्त्वों (element) को आपस में संयोजित कर लेते हैं, जिससे की ध्वनि के विस्तृत रूप को सरलतापूर्वक कम किया जा सके।

इस प्रकार के मफलरों का अत्यधिक प्रयोग एग्जॉस्ट ध्वनि को कम करने में किया जाता है।

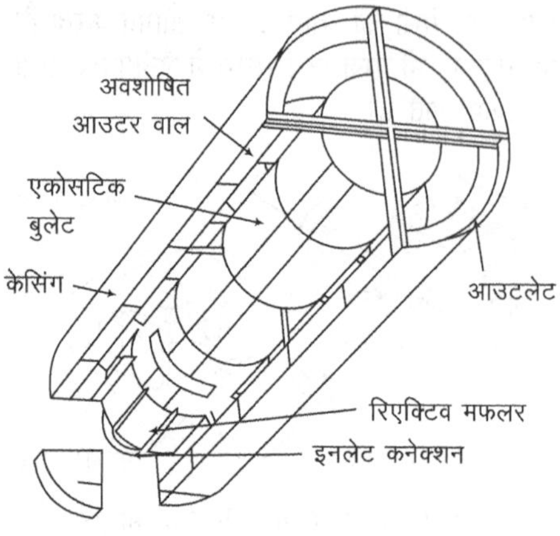

चित्र संयुक्त मफलर

टिप्पणी *उपरोक्त मफलर के अतिरिक्त ऊष्मा रिकवरी मफलर (heat recovery muffler) एवं सक्रिय मफलर (active muffler) भी होते हैं, परन्तु पाठ्यक्रम की उपयोगिता को ध्यान में रखकर, यहाँ पर विस्तृत वर्णन नहीं दिया गया है।*

(iv) इलेक्ट्रॉनिक मफलर Electronic Muffler

इस मफलर को इसके निर्माता के नाम पर 'हैल्म होल्टेज' मफलर भी कहा जाता है। यह मफलर रेजोनेटर सीरीज में जुड़े होते हैं जिनके बीच में एक पाइप होता है, जिसमें पोर्ट बने होते हैं। इन पोर्टों की सहायता से ध्वनि तरंगें बिना किसी रुकावट के बाहर निकलती हैं। इसका प्रयोग मुख्य रूप से इलेक्ट्रॉनिक ध्वनि नियन्त्रण प्रणाली में किया जाता है। यह एग्जॉस्ट ध्वनि को लगभग समाप्त कर देता है।

इस प्रणाली में कम्प्यूटर द्वारा नियन्त्रित उत्सर्जक में ध्वनि का पता लगाने के लिए माइक्रोफोन का प्रयोग किया जाता है। यह एग्जॉस्ट ध्वनि तरंगों के समान एवं विपरीत होते हैं। इसके अनुप्रयोग से एग्जॉस्ट प्रणाली में शोर उत्पन्न नहीं होता है।

अत: इसे एन्टी-नॉयज के नाम से भी जाना जाता है।

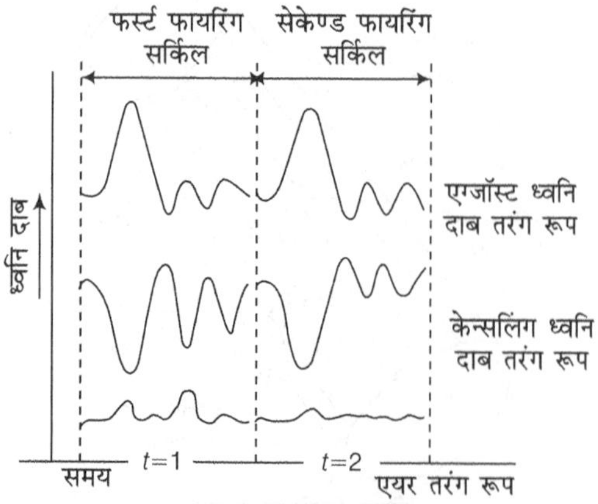

चित्र इलेक्ट्रॉनिक मफलर

इलेक्ट्रॉनिक मफलर की क्रियाविधि
Working Method of Electronic Muffler

इस प्रकार के मफलर में सेन्सर व माइक्रोफोन की सहायता से एग्जॉस्ट पाइपों द्वारा उत्पन्न ध्वनि तरंगों का निरीक्षण कर एक पैटर्न लिया जाता है। इस पैटर्न का कम्प्यूटर में विश्लेषण किया जाता है, जिससे एक मिरर इमेज उत्पन्न होती है। इस मिरर इमेज को स्पीकर में भेज दिया जाता है, जिसके फलस्वरूप तरंगें उत्पन्न होती हैं और शोर बन्द हो जाता है। इस प्रणाली में ईंधन की बचत व एग्जॉस्ट का इमीशन (emission) किया जाता है। अत: इस प्रकार के मफलर का प्रयोग विशिष्ट ध्वनि प्राप्त करने के लिए किया जाता है।

5. पश्च दाब Back Pressure

वाहनों में एग्जॉस्ट प्रणाली (एग्जॉस्ट मैनीफोल्ड, उत्प्रेरक परिवर्तक एवं मफलर) द्वारा उत्पन्न किया जाने वाला यह ऐसा दाब है, जो इंजन की दक्षता (efficiency) एवं निष्पादन (performance) को कम कर देता है एवं इंजन में ईंधन की खपत को भी बढ़ा देता है।

पश्च दाब बाहर की तरफ बहने वाली एग्जॉस्ट गैसों के मार्ग में रुकावट पैदा कर एक दीवार की भाँति कार्य करता है। यह मफलर में किसी रुकावट जैसे—उत्प्रेरक कन्वर्टर का पिघलना आदि के कारण उत्पन्न होता है, इस प्रकार की रुकावट के कारण वायु कम्बशन चैम्बर (combustion chamber) में वापस जाने लगती है, जिससे इंजन को शुद्ध वायु मिलनी बन्द हो जाती है और उसकी दक्षता कम हो जाती है। पश्च दाब का मान 17.2 किलो पास्कल से अधिक नहीं होना चाहिए।

6. उत्प्रेरक परिवर्तक Catalytic Converter

सर्वप्रथम इसका उपयोग वर्ष 1975 में **अमेरिकी पर्यावरण संरक्षण एजेन्सी** के अन्तर्गत पेट्रोल इंजन युक्त वाहनों में किया गया। आधुनिक कारों में भी उत्प्रेरक परिवर्तक का प्रयोग किया जाता है। उत्प्रेरक परिवर्तक बिना जली हुई गैसों (HC) तथा कुछ जली हुई गैसों (CO) को पानी (H_2O) तथा कार्बन डाइ-ऑक्साइड (CO_2) में परिवर्तित करता है।

उत्प्रेरक परिवर्तक एक प्रकार का एग्जॉस्ट नियन्त्रक उपकरण है जो रेडॉक्स अभिक्रिया (ऑक्सीकरण या अपचयन) करके उत्सर्जित गैसों के विषैले प्रदूषकों को कम विषैला बनाने में सहायक होता है तथा साथ ही यह एग्जॉस्ट पाइपों द्वारा उत्पन्न ध्वनि को कम करने में भी सहायक होता है।

मोनोलिथिक प्रकार के उत्प्रेरक परिवर्तक के भाग को नीचे चित्र के माध्यम से दर्शाया गया है।

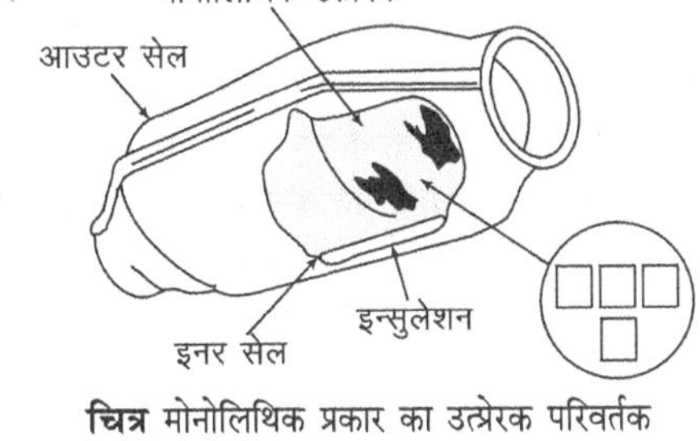

चित्र मोनोलिथिक प्रकार का उत्प्रेरक परिवर्तक

इसके अन्तर्गत एक आन्तरिक सेरामिक कोटिंग होती है, जिसका प्रयोग उत्प्रेरक के साथ किया जाता है। आकृति के अनुसार यह दो प्रकार के होते हैं

(i) **पैलेट टाइप परिवर्तक** (Pellet type converter) यह समतल आकृति का होता है। इसमें सैकड़ों छोटे बैडों से मिलकर एक बड़ा बैड बनता है और इसके ऊपर से उत्सर्जित गैसें प्रवाहित की जाती हैं।

(ii) **मोनोलिथिक या हनीकॉम्ब टाइप परिवर्तक** (Monolithic or honeycomb type converter) इस टाइप के परिवर्तक मधुमक्खी के छत्ते की आकृति के होते हैं। इसलिए इसे हनीकॉम्ब के नाम से भी जाना जाता है।

इसमें उत्सर्जित गैसें, सेरामिक ब्लॉक से पास होती हैं। ये ब्लॉक सीरीयम के अतिरिक्त प्लेटिनम, रोडियम, पैलेडियम आदि के बने हो सकते हैं।

उत्प्रेरक परिवर्तक की संरचना
Construction of Catalytic Converters

संरचना के आधार पर उत्प्रेरक परिवर्तक निम्न प्रकार के होते हैं

(i) **उत्प्रेरक सपोर्ट या सब्स्ट्रेट**
Catalytic support or substrate

यह प्राय: धात्वीय फॉइल (foil) तथा कन्थाल (kanthal) से मिलकर बनी होती है, जिसका प्रयोग उच्च प्रतिरोध वाली जगहों पर किया जाता है।

उत्प्रेरक परिवर्तक में मुख्यत: कॉर्डियराइट सेरामिक सब्स्ट्रेट (cordierite ceramic substrate) का प्रयोग किया जाता है जिसे वर्ष 2002 में रोडने बागले (Rodney Bagley), इरविन लॉचमैन (Irwin Laachmen) व रोनाल्ड लुइस (Ronald Lewis) ने कार्निंग ग्लास पर प्रयोग किया।

(ii) **वाश कोट** Wash coat

यह उत्प्रेरक पदार्थों पर कैरियर की भाँति कार्य करता है। वाश कोट बनाने के लिए एल्युमीनियम ऑक्साइड, टाइटेनियम डाइ-ऑक्साइड, सिलिकॉन डाइ-ऑक्साइड या सिलिका व एल्युमिना का मिश्रण प्रयोग किया जाता है।

इन पदार्थों का चयन चिकनी सतह की अपेक्षा खुरदरी व अनियमित सतह को बनाने के अनुसार किया जाता है। इस प्रकार का कोट तापकुंजन (sintering) को 1000°C तक रोकने वाला होना चाहिए।

(iii) **उत्प्रेरक** Catalyst

उत्प्रेरक विभिन्न धातुओं का मिश्रण होता है। इसके मिश्रण में अत्यधिक बहुमूल्य धातुओं का प्रयोग किया जाता है। उत्प्रेरक के रूप में विभिन्न धातुओं;

जैसे—सीरियम, लोहा, मैंगनीज, निकिल, पैलेडियम तथा रोडियम का प्रयोग किया जाता है। सामान्यत: सक्रिय उत्प्रेरक के रूप में प्लेटिनम का प्रयोग किया जाता है, परन्तु इसकी अवांछित प्रतिक्रिया महँगे होने के कारण इसके अनुप्रयोग सीमित हैं।

रोडियम तथा पैलेडियम का प्रयोग क्रमशः अपचयित उत्प्रेरक तथा ऑक्सीकरण उत्प्रेरक में किया जाता है, जबकि प्लेटिनम धातु को ऑक्सीकरण एवं अपचयन दोनों प्रतिक्रियाओं के लिए प्रयोग में लाया जाता है।

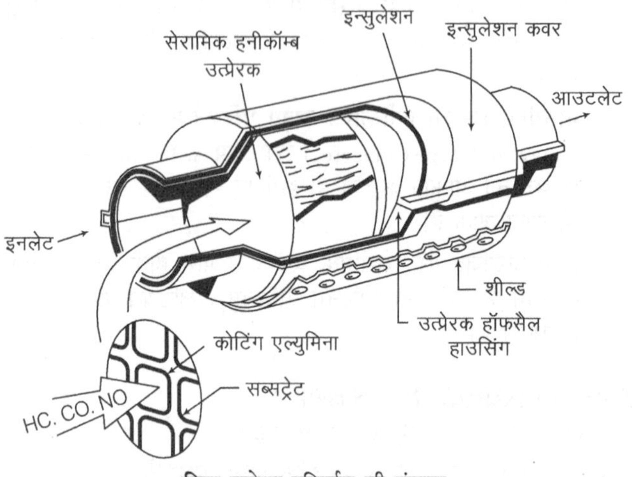

चित्र उत्प्रेरक परिवर्तक की संरचना

उत्प्रेरक परिवर्तक के प्रकार Types of Catalytic Converter

उत्प्रेरक परिवर्तक मुख्य रूप से दो प्रकार के होते हैं

(i) **द्वि-मार्ग परिवर्तक** Two-way converter

इस प्रकार का उत्प्रेरक परिवर्तक, बिना जली गैसों (HC) तथा कुछ जली गैसों (CO) को पानी (H_2O) तथा कार्बन डाइ-ऑक्साइड (CO_2) में परिवर्तित करता है। इसका प्रयोग इंजनों में हाइड्रोकार्बन (HC) तथा कार्बन मोनो-ऑक्साइड (CO) को रोकने के लिए किया जाता है। सर्वप्रथम इसका उपयोग वर्ष 1918 में अमेरिका व कनाडा के ऑटोमोबाइल कम्पनियों में किया गया।

द्वि-मार्ग उत्प्रेरक परिवर्तक में निम्न दो क्रियाएँ होती हैं

(i) कार्बन मोनो-ऑक्साइड से कार्बन डाइ-ऑक्साइड में ऑक्सीकरण

$$2CO + O_2 \longrightarrow 2CO_2$$

(ii) हाइड्रोकार्बनों का कार्बन डाइ-ऑक्साइड व जल में ऑक्सीकरण

$$C_xH_{2x} + [(3x+1)/2]O_2 \longrightarrow xCO_2 + (x+1)H_2O -$$

(दहन अभिक्रिया)

(ii) **त्रिमार्ग परिवर्तक** Three way converter

यह सर्वप्रथम वर्ष 1981 में कनाडा व अमेरिका के ऑटोमोबाइल कम्पनियों में प्रयोग किया गया। त्रिमार्ग परिवर्तक तीनों एग्जॉस्टों हाइड्रोकार्बन, कार्बन मोनो-ऑक्साइड तथा नाइट्रोजन के ऑक्साइड को रोकने के लिए उपयोग में लाया जाता है। यह कार्बन मोनो-ऑक्साइड (CO) व हाइड्रोकार्बन को पानी तथा कार्बन डाइ-ऑक्साइड में तथा NO_x को नाइट्रोजन में परिवर्तित करता है। इसमें एक उभयनिष्ठ कक्ष होता है, जिसमें अपचयित व ऑक्सीकरण दोनों एक साथ रखे जाते हैं।

त्रिमार्ग परिवर्तक में निम्न तीन अभिक्रियाएँ होती हैं

(i) $2NO_x \longrightarrow xO_2 + N_2$

(नाइट्रोजन के ऑक्साइडों का नाइट्रोजन में अपचयन)

(ii) $2CO + O_2 \longrightarrow 2CO_2$ (CO का CO_2 में ऑक्सीकरण)

(iii) $C_xH_{2x+2} + [(3x+1)/2]O_2 \longrightarrow x\,CO_2 + (x+1)H_2O$

(हाइड्रोकार्बन का कार्बन डाइ-ऑक्साइड व पानी में ऑक्सीकरण)

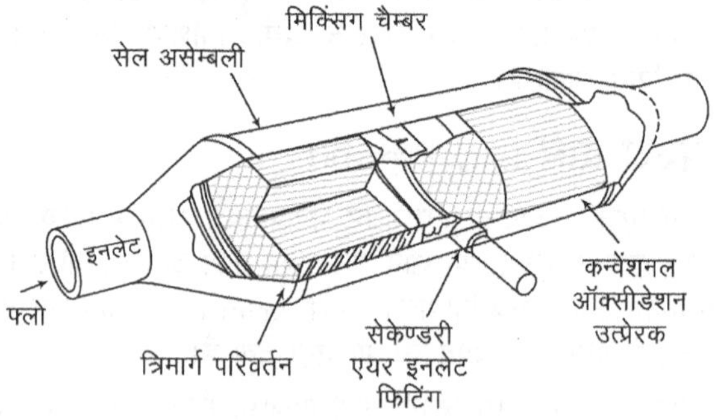

चित्र त्रि-मार्ग परिवर्तक

मिनी उत्प्रेरक परिवर्तक Mini Catalytic Converter

मिनी उत्प्रेरक परिवर्तक एग्जॉस्ट मैनीफोल्ड के अन्दर बनाए जाते हैं, इसे वार्मअप परिवर्तक (warmup converter) के नाम से भी जाना जाता है, क्योंकि ये इंजन के वार्मअप के समय एग्जॉस्ट को साफ करते हैं। ये परिवर्तक डीजल या पेट्रोलयुक्त इंजनों में प्रयोग किए जाते हैं। इसमें कई प्रकार उत्प्रेरक, परिवर्तकों में वायु प्रणाली में ऑक्सीकारक उत्प्रेरण से जुड़ने के लिए वायु हौज का प्रयोग किया जाता है।

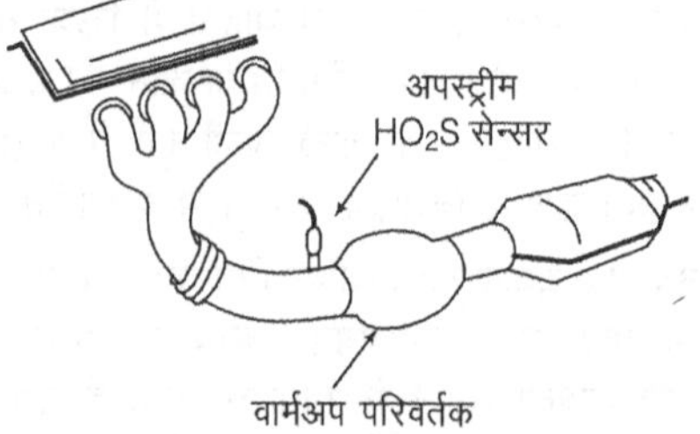

चित्र मिनी उत्प्रेरक परिवर्तक

7. फ्लैक्सिबल संयोजन Flexible Connection

मोबिल ऑयल को एक भाग से दूसरे भाग तक पहुँचाने के लिए सिन्थेटिक फ्लैक्सिबल पाइप का प्रयोग किया जाता है। इस पाइप के दोनों सिरों पर संयोजन हेतु यूनियन फिट होती है। यह पाइप किसी कारणवश कटकर खराब न हो जाए, इसके लिए पाइप पर मजबूत जाली चढ़ी होती है। इसका प्रयोग रिक्त स्थानों को बन्द करने के लिए तथा इंजन पर लोड आने पर पाइपों के संरेखन के लिए किया जाता है। इसमें HVAC (Heating Ventilation and Air Conditioning) प्रकार के पाइप का प्रयोग किया जाता है।

8. सेरामिक कोटिंग Ceramic Coating

कुछ एग्जॉस्ट मैनीफोल्ड में अन्दर की ओर सेरामिक (चीनी मिट्टी) की कोटिंग की जाती है। इसके प्रयोग से जली हुई गैसों की गर्मी का मैनीफोल्ड अथवा इंजन ब्लॉक आदि पर कोई दुष्प्रभाव नहीं पड़ता है। सेरामिक कोटिंग कार्यक्षमता के आधार पर बहुत ही उपयोगी होती है। सेरामिक कोटिंग का प्रयोग एग्जॉस्ट प्रणाली, एग्जॉस्ट मैनीफोल्ड आदि में किया जाता है। यह धातुओं को जंग व संक्षारण से भी बचाता है। यह सिलेण्डर के चैम्बर में एक थर्मल बैरियर की तरह कार्य करती है, जिससे तापीय ऊर्जा को यान्त्रिक ऊर्जा में बदला जा सकता है। इसका मुख्य अनुप्रयोग एग्जॉस्ट प्रणाली, एग्जॉस्ट मैनीफोल्ड या शीर्षक (header) में किया जाता है।

सेरामिक कोटिंग के लाभ Advantages of Ceramic Coating

सेरामिक कोटिंग के मुख्य लाभ निम्न हैं

(i) इसके प्रयोग से धातुओं को जंग व संक्षारण से बचाया जा सकता है।
(ii) यह थर्मल बैरियर की तरह कार्य करके इंजन की कार्यक्षमता को बढ़ाती है तथा इंजन के तापमान को कम करती है।
(iii) यह 1100°C तक तापमान सहन कर सकती है।
(iv) यह धातुओं के संक्षारण के लिए उच्च प्रतिरोधकता प्रदान करती है।

9. एक्स्ट्रैक्टर/एग्जॉस्ट एक्स्ट्रैक्शन प्रणाली Extractor/Exhaust Extraction System

एग्जॉस्ट एक्स्ट्रैक्शन प्रणाली मुख्य रूप से दो प्रकार की होती है, जो निम्न हैं

(i) भूमिगत एक्स्ट्रैक्शन प्रणाली Underground Extraction System

एक्जॉस्ट एक्स्ट्रैक्शन प्रणाली बहुत ही महत्त्वपूर्ण व लोकप्रिय है। भूमिगत एक्स्ट्रैक्शन प्रणाली की कार्यक्षमता बहुत अधिक होती है और लागत मूल्य भी दूसरी प्रणाली की अपेक्षा कम होता है। यह प्रणाली टैस्ट सेल को निर्मित करने में अप्रत्यक्ष रूप से सहायक होती है। इसमें एग्जॉस्ट प्रणाली के द्वारा इंजन की ध्वनि आवृत्ति को कम किया जाता है और निकलने वाले गैसों की डिस्चार्जिंग सावधानीपूर्वक सम्पन्न की जाती है। इस प्रणाली से इंजन की कार्यक्षमता में वृद्धि उत्पन्न होती है।

(ii) ओवरहैड एक्स्ट्रैक्शन प्रणाली Overhead Extraction System

इस प्रणाली को निलम्बित प्रणाली (suspended system) के नाम से भी जाना जाता है। इसमें एग्जॉस्ट प्रणाली की पाइपिंग को टैस्ट सेल की सहायता से सस्पेन्ड किया जाता है, जिससे टैस्ट सेल में प्रयुक्त होने वाले सस्पेन्ड एग्जॉस्ट प्रणाली में डक्टिंग की सहायता से एग्जॉस्ट गैसों को बाहर निकाला जाता है। आउटलेट की सहायता से धुएँ (smoke) का मापन लेते हैं। इस प्रणाली में एग्जॉस्ट पाइपिंग जमीन से 6 से 8 फीट ऊँची होती है, जो एग्जॉस्ट प्रणाली को दुर्घटना से बचाती है।

तालिका इनटेक एवं एग्जॉस्ट प्रणाली से सम्बन्धित दोषोपचार

क्र.सं.	दोष	उपचार
1.	इनलेट मैनीफोल्ड का अवरुद्ध होना।	इनलेट मैनीफोल्ड की सफाई करें।
2.	एयर क्लीनर का बाधित होना।	एयर क्लीनर के क्लीनर की डी-स्केलिंग करें।
3.	इनलेट मैनीफोल्ड का लीक होना।	नई गैस्केट का प्रयोग करें।
4.	इनलेट मैनीफोल्ड के निकास पर इन्जेक्टर का कार्य न करना।	इन्जेक्टर की मरम्मत करें।
5.	एग्जॉस्ट मैनीफोल्ड से गैसों का रिसना।	पुरानी गैस्केट को बदलकर, नई गैस्केट का प्रयोग करें।
6.	एग्जॉस्ट मैनीफोल्ड में अत्यधिक कार्बन जमना।	एग्जॉस्ट मैनीफोल्ड की सफाई करें।
7.	एग्जॉस्ट का ठीक प्रकार से कार्य न करना।	एग्जॉस्टर की मरम्मत करें।

महत्त्वपूर्ण बिन्दु

- जिस प्रणाली द्वारा वायुमण्डल की वायु को साफ करके इंजन के सिलेण्डर में पहुँचाया जाता है, वह इनटेक प्रणाली कहलाती है।
- वह प्रणाली जिसके द्वारा इंजन की जली हुई गैसें सिलेण्डर से निकालकर वायुमण्डल में छोड़ी जाती हैं, वह एग्जॉस्ट प्रणाली कहलाती है।
- इंजन की इनटेक प्रणाली के अन्तर्गत निम्न अवयव आते हैं–एयर कम्प्रैसर, सुपरचार्जर, इण्टरकूलर, टर्बोचार्जर, एयर क्लीनर, इनटेक मैनीफोल्ड आदि।
- वाहन के टायर में वायु भरने तथा सिलेण्डर में वायु पहुँचाने जैसे उद्दश्यों की पूर्ति हेतु एयर कम्प्रैसर बनाए जाते हैं।
- सुपरचार्जर एक एयर पम्प होता है जोकि इंजन के क्रैंकशाफ्ट से चेन या बैल्ट द्वारा चलाया जाता है।
- टर्बोचार्जर एक प्रकार की फोर्स्ड इण्डक्शन प्रणाली है जो इंजन में प्रवाहित हाने वाली वायु को कम्प्रैस (compress) करती है।
- शक्ति क्षय से बचने के लिए एग्जॉस्ट गैसों से चलने वाला टर्बोचार्जर प्रचलित है।
- इण्टरकूलर एक यान्त्रिक युक्ति है, जिसका प्रयोग प्रायः तापमान प्रक्रियाओं में द्रव या गैसों को ठण्डा करने के लिए किया जाता है।
- वायुमण्डलीय वायु को इंजन के सिलेण्डरों में प्रवेश कराने से पूर्व साफ करने के लिए एयर क्लीनर का प्रयोग किया जाता है।
- इनटेक मैनीफोल्ड कार्बुरेटर से ईंधन तथा वायु के मिश्रण को सिलेण्डर हैड के इनटेक पोर्ट को सप्लाई करता है। इनटेक मैनीफोल्ड को प्रायः एल्युमीनियम तथा ढलवाँ लोहे को मिलाकर बनाया जाता है।
- इंजनों में इनटेक मैनीफोल्ड को फिट करने के लिए गैस्केट का प्रयोग किया जाता है।
- एग्जॉस्ट मैनीफोल्ड द्वारा सभी सिलेण्डरों की जली गैसों को एकत्र करके साइलेन्सर तक पहुँचाया जाता है।
- एग्जॉस्टर एक प्रकार का वैक्यूम पम्प होता है, जिसमें पाइप को इस प्रकार फिट किया जाता है कि उसमें मोड़ कम हो एवं निकास इंजन के बाहर हो।
- एग्जॉस्ट पाइप सदैव क्षैतिज दिशा में लगाना चाहिए।
- एग्जॉस्टर मैनीफोल्ड को साइलेन्सर या मफलर के साथ जोड़ने के लिए एग्जॉस्ट पाइपों का प्रयोग किया जाता है।
- इंजन के सिलेण्डर में जली हुई गैसों के वेग तथा ध्वनियों को कम करने के लिए मफलर का प्रयोग किया जाता है।
- कुछ इंजनों में छोटे और प्री मफलर भी एग्जॉस्ट सिस्टम में मैनीफोल्ड तथा मेन मफलर के साथ प्रयोग किए जाते हैं।
- प्रतिकारी मफलर में इनलेट एवं आउटलेट ट्यूब, चैम्बर की ओर प्रसारित होते हैं, इसलिए इसे चैम्बर मफलर भी कहा जाता है।
- अवशोषक मफलर में दहन प्रक्रम द्वारा उत्पन्न ध्वनि को कम करने के लिए अवशोषक (absorptive) पदार्थों का प्रयोग किया जाता है।
- संयुक्त मफलरों का अत्यधिक प्रयोग एग्जॉस्ट ध्वनि को कम करने में किया जाता है।
- इलेक्ट्रॉनिक मफलर में सेन्सर व माइक्रोफोन की सहायता से एग्जॉस्ट पाइपों द्वारा उत्पन्न ध्वनि तरंगों का निरीक्षण किया जाता है।
- उत्प्रेरक परिवर्तक एक प्रकार का एग्जॉस्ट नियन्त्रक उपकरण है जो रेडॉक्स अभिक्रिया करके उत्सर्जित गैसों के विषैले प्रदूषकों को कम विषैला बनाने में सहायक होता है।
- मोबिल ऑयल को एक भाग से दूसरे भाग में पहुँचाने के लिए सिन्थेटिक फ्लैक्सिबल पाइप का प्रयोग किया जाता है।
- एग्जॉस्ट मैनीफोल्ड की अन्दर सेरामिक की कोटिंग भी की जाती है, जिससे जली हुई गैसों की गर्मी का मैनीफोल्ड अथवा इंजन ब्लॉक पर कोई दुष्प्रभाव न पड़े।

महत्त्वपूर्ण प्रश्नोत्तरी

1. इनटेक प्रणाली क्या है?

उत्तर इनटेक प्रणाली इंजन की वह प्रणाली है, जिसके माध्यम से ईंधन को जलाने के लिए आवश्यक वायु को सप्लाई करना होता है।

2. वायु का तापमान कम्प्रैशन के कारण बढ़ता है या कम्प्रेशन के कारण घटता है।

उत्तर वायु का तापमान कम्प्रैशन के कारण बढ़ता है।

3. कम्प्रैशन अनुपात बढ़ाने से एक इंजन की पावर आउटपुट पर क्या प्रभाव पड़ेगा?

उत्तर कम्प्रैशन अनुपात बढ़ाने से इंजन की पावर आउटपुट बढ़ जाएगी।

4. सुपर चार्जर के लिए कम्प्रैस को किन दो स्रोतों से चलाया जाता है?

उत्तर सुपर चार्जर के लिए कम्प्रैस को मुख्यतः दो स्रोतों से चलाया जाता है

(i) इंजन की क्रैंकशाफ्ट से (ii) एक एग्जॉस्ट गैस टरबाइन से

5. नीचे दिए गए टर्बोचार्जर में 'X' किसको प्रदर्शित करता है?

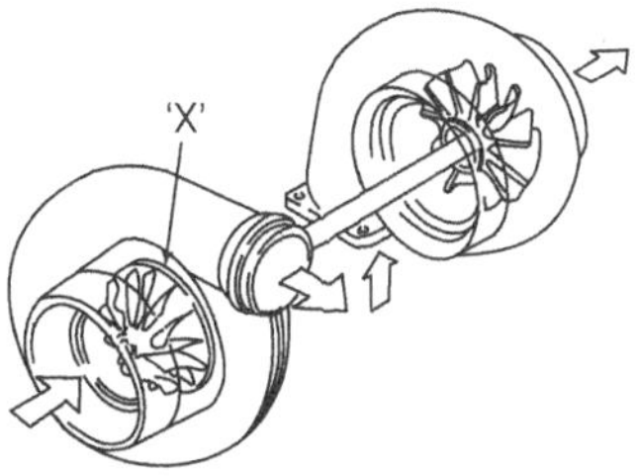

उत्तर चित्र में 'X' द्वारा कम्प्रैस व्हील को प्रदर्शित करता है।

6. टर्बोचार्जर क्या है?

उत्तर टर्बोचार्जर एक प्रकार की फोर्स्ड इण्डक्शन प्रणाली है, जो इंजन में प्रवाहित होने वाली वायु को कम्प्रैस (compress) करता है।

7. एयर इनटेक प्रणाली में एयर फिल्टर लगाना क्यों आवश्यक होता है?

उत्तर वायुमण्डल की वायु में धूल, मिट्टी, कण, रेत और अन्य बाहरी पदार्थ होते हैं। यदि सक्शन के दौरान डीजल इंजन सिलेण्डर में इस वायु को खींचा जाता है, तो इसके कारण वाल्व खराब हो जाते हैं तथा पिस्टन रिंग्स व लाइनर्स घिस जाते हैं।

8. इनटेक साइलेन्सर का प्रयोग करना क्यों आवश्यक है?

उत्तर इनटेक साइलेन्सर का प्रयोग करना इसलिए आवश्यक है, क्योंकि इनटेक वाल्व से उच्च वेग पर वायु प्रवेश करती है, जो काफी तीव्र गति से शोर करती है। इस शोर को कम करने के लिए इनटेक साइलेन्सर का प्रयोग करते हैं।

9. मफलर क्या है?

उत्तर यह एक डिवाइस है, जो एग्जॉस्ट गैसों के निकलने के द्वारा उत्पन्न हुई आवाज को कम करता है।

10. उत्प्रेरक कन्वर्टर का क्या कार्य है?

उत्तर उत्प्रेरक कन्वर्टर, बिना जली गैसों (HC) तथा कुछ जली गैसों (CO) को पानी (H_2O), कार्बन डाइ-ऑक्साइड (CO_2) में बदलता है।

अभ्यास प्रश्न

परीक्षा प्रारूपी प्रश्न

बहुविकल्पीय

1. डीजल इंजन में अत्यधिक धुआँ ·········· के समय निकलता है।
(a) स्टार्टिंग (b) आइडलिंग
(c) एक्सीलिरेटिंग (d) डिसीलिरेटिंग

2. इनटेक प्रणाली में इनमें से किसका उपयोग नहीं किया जाता है?
(a) विविध पदार्थों का (b) ईंधन प्रविष्टि
(c) अपशिष्ट पदार्थों (d) इनमें से कोई नहीं

3. एग्जॉस्ट प्रणाली की सहायता से क्या किया जाता है?
(a) हानिकर अपशिष्टों का निष्कासन
(b) हानिकर गैसों का निष्कासन
(c) 'a' और 'b' दोनों (d) उपरोक्त में से कोई नहीं

4. एयर कम्प्रैसर से इंजन में प्रायः क्या भरते हैं?
(a) वायु (b) पानी (c) इंजन ऑयल (d) ब्रेक ऑयल

5. इण्टर कूलर इंजन की नॉकिंग को ·········· करता है।
(a) कम (b) अधिक
(c) 'a' और 'b' दोनों (d) इनमें से कोई नहीं

6. सुपर चार्जिंग के सम्बन्ध में निम्नलिखित में से कौन-सा कथन सही नहीं है?
(a) यह एयर इनटेक की मात्रा को बढ़ाती है
(b) यह अधिक पावर को विकसित करने में सहायक होती है
(c) यह वायु के प्रेशर को वायुमण्डलीय प्रेशर से ऊपर बढ़ाती है
(d) यह वायु के प्रेशर को वायुमण्डलीय प्रेशर से नीचे घटाती है

7. सुपरचार्जर द्वारा सिलेण्डर में पहुँचता है
(a) अधिक पानी (b) पेट्रोल मिश्रण
(c) स्नेहक तेल (d) इनमें से कोई नहीं

8. कम्प्रैसर के टर्बोचार्जर को घुमाने के लिए कौन-सी ड्राइव प्रयोग की जाती है?
(a) टरबाइन व्हील (b) कैमशाफ्ट
(c) क्रैंकशाफ्ट (d) फ्लाईव्हील

9. टरबाइन व्हील का टर्बोचार्जर किसके द्वारा घूमता है?
(a) कैमशाफ्ट (b) क्रैंकशाफ्ट
(c) एग्जॉस्ट गैसों से (d) कम्प्रैसर से

10. टर्बोचार्जर के दाब बढ़ाने पर इण्टरकूलर··········को घटा देता है।
(a) दाब (b) ताप
(c) आयतन (d) ये सभी

11. निम्न में से कौन-सा इण्टरकूलर के लिए सही कथन नहीं है?
(a) वायु को ठण्डा करना
(b) इंजन की दक्षता बढ़ाना
(c) इंजन की गति कम करना
(d) सम्पीडन की ऊष्मा हानि कम करना

12. निम्न में कौन-से इण्टर कूलर के प्रकार हैं?
(a) वायु (b) जल
(c) 'a' और 'b' दोनों (d) अग्नि

13. निम्न में से किस क्लीनर का प्रयोग अधिकतर इंजनों में किया जाता है?
(a) ऑयल सोक्ड एयर क्लीनर
(b) ड्राई एयर क्लीनर
(c) ऑयल बाथटाइप एयरक्लीनर
(d) उपरोक्त में से कोई नहीं

14. सक्शन स्ट्रोक में वायु के साथ सिलेण्डर में क्या चला जाता है?
(a) मिट्टी के महीन कण
(b) अन्य गन्दगी
(c) 'a' और 'b' दोनों
(d) उपरोक्त में से कोई नहीं

15. इंजन के सिलेण्डरों में वायु के जाने से पूर्व इनमें से किसकी सहायता से उसको फिल्टर किया जाता है?
(a) एयरक्लीनर (b) मफलर
(c) इनलेट मैनीफोल्ड (d) ये सभी

16. निम्न में से कौन-सा क्लीनर का प्रकार नहीं है?
(a) पेपर क्लीनर
(b) इलेक्ट्रॉनिक मफलर प्रकार का क्लीनर
(c) ऑयल सोक्ड क्लीन
(d) ऑयल वाल प्रकार का क्लीनर

17. निम्न में से कौन-सा क्लीनर सर्वश्रेष्ठ है?
(a) पेपर एयर क्लीनर (b) ऑयल सोक्ड प्रकार
(c) ऑयल बाथ प्रकार (d) इनमें से कोई नहीं

18. एयर क्लीनर को तेल से क्यों भरा जाता है?
(a) स्नेहन करने के लिए
(b) वायुमण्डल से मिट्टी और धूल को रोकने के लिए
(c) प्रेशराइज करने के लिए
(d) गति बढ़ाने के लिए

19. नीचे दिए गए चित्र में एयर क्लीनर के किस भाग को साफ किया जा रहा है?

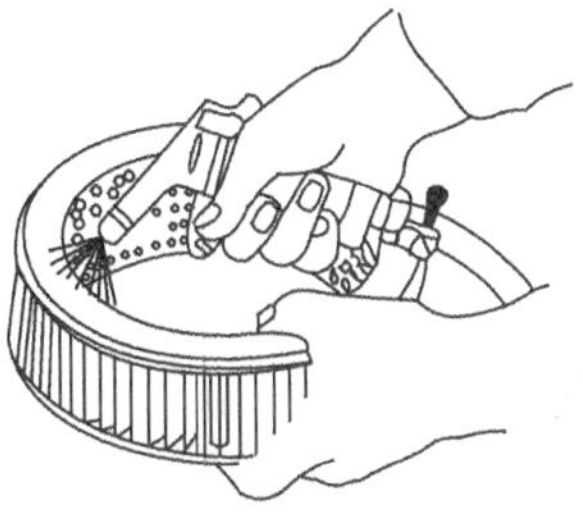

(a) कवर (b) एलीमेन्ट (c) बॉडी (d) गैस्केट

20. वेट टाइप एयर क्लीनर में ऑयल का मुख्य कार्य क्या है?
(a) वायु द्वारा भारी कणों को अवशोषित करना
(b) एयर पैसेज को स्नेहन करना
(c) वायु को ठण्डा करना
(d) उपरोक्त सभी

21. नीचे दिए गए चित्र में 'X' किसको प्रदर्शित करता है?

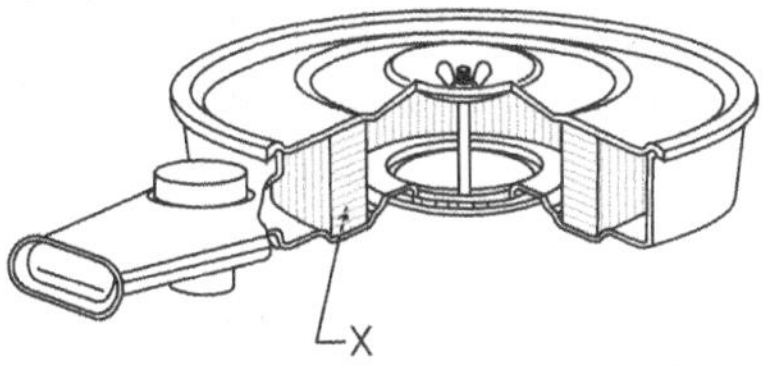

(a) ऑयल (b) साइड पैसेज
(c) क्लीनर एलीमेन्ट (d) इनमें से कोई नहीं

22. पृथ्वी घूर्णन वाले उपकरणों में कौन-सा मफलर प्रयोग किया जाता है?
(a) इलेक्ट्रॉनिक (b) अवशोषित
(c) एक्टिव (d) इनमें से कोई नहीं

23. चैम्बर मफलर किस मफलर का दूसरा नाम है?
(a) इलेक्ट्रॉनिक (b) रिएक्टिव
(c) अवशोषित (d) इनमें से कोई नहीं

24. उत्प्रेरक परिवर्तक में मुख्य भाग होता है
(a) एग्जॉस्ट पाइप (b) मफलर
(c) एग्जॉस्ट मैनीफोल्ड (d) ये सभी

25. एस. सी. आर. का पूर्ण रूप है
(a) सेलेक्टिव कैटालाइटिक रेगुलेटर
(b) सेलेक्टिव कैटालाइटिक रेगुलेटर
(c) सिलिकॉन कैटालाइटिक रेगुलेटर
(d) सिलिकॉन कैटालाइटिक रिसर्कुलेशन

26. एक इंजन को प्रभावित करने वाला कारक है
(a) कम्प्रैशन अनुपात (b) कोल्ड मिक्सचर
(c) एडीटिबिज (भोजक) (d) ये सभी

27. एक इन्टर्नल कम्बशन द्वारा उत्सर्जित हानिकारक एग्जॉस्ट HC, CO, NOx का कम हानिकारक वाले अवयव; जैसे–H_2O, CO_2 और H_2 परिवर्तित करने के कौन-सा कन्वर्टर प्रयोग किया जाता है?
(a) त्रिमार्ग कैटालाइटिक कन्वर्टर
(b) द्विमार्ग कैटालाइटिक कन्वर्टर
(c) EVAP कण्ट्रोल सिस्टम
(d) EGR

28. धात्वीय सेरामिक कोटिंग की अधिकतम तापमान सीमा कितनी होती है?
(a) 1000°C (b) 10000°C
(c) 1100°C (d) 11000°C

उत्तरमाला

1. (c)	**2.** (d)	**3.** (c)	**4.** (a)	**5.** (c)	**6.** (a)	**7.** (b)	**8.** (a)	**9.** (c)	**10.** (b)
11. (c)	**12.** (c)	**13.** (c)	**14.** (c)	**15.** (c)	**16.** (b)	**17.** (c)	**18.** (b)	**19.** (b)	**20.** (a)
21. (a)	**22.** (c)	**23.** (c)	**24.** (b)	**25.** (a)	**26.** (d)	**27.** (a)	**28.** (c)		

अध्याय 19

डीजल ईंधन प्रणाली

Diesel Fuel System

परिचय Introduction

डीजल इंजन के अन्दर शुद्ध हवा को ही इनलेट वाल्व द्वारा ले जाकर सिलेण्डर में कम्प्रैस किया जाता है। कम्प्रैशन स्ट्रोक में कम्प्रैशन का अनुपात अधिक होने के कारण इसका तापमान और प्रैशर बढ़ जाता है और जब पिस्टन, कम्प्रैशन स्ट्रोक पर पहुँचने ही वाला होता है, उस समय इन्जेक्टर द्वारा दहन कक्ष में डीजल स्प्रे किया जाता है।

वह स्प्रे ऑटोमाइजेशन फॉर्म में होता है। डीजल इन्जेक्ट करने से कम्प्रैस्ड हवा और ऑटोमाइज्ड डीजल में आग लग जाती है, जिससे इंजन को पावर-स्ट्रोक मिलती है। डीजल इंजन को 'कम्प्रैशन इग्नीशन' इंजन भी कहते हैं।

डीजल का स्प्रे भली-भाँति उचित समय पर होना अति आवश्यक है। डीजल भारी तेलों में से एक है तथा इसमें ईंधन प्रणाली की पाइप लाइनों में सुगमतापूर्वक बहने तथा शीघ्र जलने का गुण होना आवश्यक है। डीजल का जलना सीटेन नम्बर पर आधारित होता है, जिस डीजल का सीटेन नम्बर अधिक होता है वह अधिक शीघ्रता से जलता है तथा जिस डीजल का सीटेन नम्बर कम होगा उसे जलाने के लिए अधिक कम्प्रैशन ताप की आवश्यकता होगी। इसी सिद्धान्त के आधार पर लो स्पीड तथा हाई स्पीड डीजल इंजन बनाए जाते हैं।

अध्याय विषय सूची

19.1 डीजल ईंधन Diesel Fuel

डीजल ईंधन उच्च रिफाइन डिस्टीलेट ईंधन (refine distillete fuel) है जो क्रूड तेल के फ्रेक्शनल डिस्टलाइजेशन से प्राप्त होता है। बाजारों में हल्के माध्यम तथा भारी डीजल ईंधन उपलब्ध है जो इंजन निर्माताओं के अनुसार प्रयोग किए जाते हैं। डीजल ईंधन हल्का तथा अति निम्न श्यानता (viscosity) वाला होना चाहिए। डीजल ईंधन उच्च ऑक्टेन संख्या वाला भी होना चाहिए।

डीजल फ्यूल इंजेक्शन प्रणाली Diesel Fuel Injection System

डीजल फ्यूल इंजेक्शन प्रणाली का मुख्य कार्य इंजन सिलेण्डरों में ठीक समय पर तथा पूर्व निर्धारित दर पर उचित मात्रा में फ्यूल इंजैक्ट करना है। डीजल फ्यूल इंजेक्शन प्रणाली को ठोस इंजेक्शन प्रणाली तथा वायु इंजेक्शन प्रणाली में वर्गीकृत किया जाता है।

ठोस इंजेक्शन प्रणाली में केवल द्रव ईंधन ही इंजेक्ट किया जा सकता है, जबकि वायु इंजेक्शन प्रणाली में कम्प्रैस्ड हवा के साथ द्रव ईंधन इंजेक्ट किया जा सकता है। वायु इंजेक्शन प्रणाली कम विश्वसनीय तथा दक्ष होती है तथा इसमें 7 MPa या इससे भी अधिक दाब पर हवा भेजने के लिए कम्प्रैसर की आवश्यकता होती है जो शक्ति उत्पादन का 10% खर्च करता है। इसलिए वायु इंजेक्शन प्रणाली का प्रयोग वर्तमान में नहीं किया जाता है।

डीजल फ्यूल इंजेक्शन प्रणाली के कार्य
Functions of Diesel Fuel Injection System

डीजल फ्यूल इंजेक्शन प्रणाली के मुख्य कार्य निम्न प्रकार हैं

1. उचित मात्रा में द्रव डीजल सिलेण्डरों में इंजेक्ट करना।
2. निश्चित समयावधि पर इंजेक्शन आरम्भ एवं समाप्त करना।
3. डीजल को महीन कणों में ऑटोमाइज करना।
4. फ्यूल इंजेक्शन की इंजेक्शन दर पर नियन्त्रण रखना।
5. कम्बशन चैम्बर के प्रत्येक भाग तक डीजल कणों को पहुँचाना।

19.2 डीजल ईंधन की विशिष्टियाँ एवं अभिलक्षण Specifications and Characteristics of Diesel Fuel

इंजन, ईंधन की ऊष्मीय ऊर्जा को यान्त्रिक ऊर्जा में परिवर्तित करता है। इंजन में प्रयुक्त ईंधन ठोस, द्रव तथा गैस रूप में होता है।

ठोस ईंधन का प्रयोग एक्सटर्नल कम्बशन इंजन में किया जाता है, जबकि तरलीय तथा गैसीय ईंधन का प्रयोग इन्टर्नल कम्बशन इंजनों में किया जाता है।

सामान्यत: ईंधन की विशिष्टियाँ एवं अभिलक्षण निम्न बिन्दुओं पर निर्भर करते हैं, जिनका विवरण निम्नवत् है

1. **ऑक्टेन रेटिंग** (Octane rating) ऑक्टेन नम्बर अथवा रेटिंग एक ऐसी माप है, जिसके द्वारा पेट्रोल ईंधन के जलने के गुण को ज्ञात किया जाता है।

   यह इंजन में नॉकिंग दोष को कम करने की प्रवृत्ति रखता है। नॉकिंग दोष को कुछ सीमा तक कम करने के लिए पेट्रोल में एक रासायनिक पदार्थ मिलाया जाता है।
2. **सीटेन रेटिंग** (Cetane rating) यह वह रेटिंग है, जिसके द्वारा डीजल की गुणवत्ता ज्ञात की जाती है तथा इसी रेटिंग के द्वारा, कम रेटिंग वाले ईंधन के प्रयोग से इंजन में कठोर स्टार्टिंग इग्नीशन में समय का लगना, शक्ति हानि, इंजन की व्यवस्थित कार्यप्रणाली तथा ईंधन अर्थव्यवस्था जैसी जटिल अव्यवस्थाओं के उत्पन्न होने का पता भी लगाया जा सकता है।

   भारतीय वाहनों में उच्च गति के लिए अल्पतम निर्धारित सीटेन अंक 48 है। इस रेटिंग के ईंधन से इंजन की कार्यिकी सुचारु रूप से कार्य करने में सक्षम होती है।
3. **नॉक रेटिंग** (Knock rating) इंजन में प्रयुक्त सिलेण्डर में ईंधन के जलने से जब दबाव उत्पन्न होता है, तो एक विशेष प्रकार की तेज आवाज उत्पन्न होती है, जिसे नॉकिंग (knocking) कहते हैं।

   सभी परिचालन स्थितियों में नॉकिंग को रोकने के लिए कम-से-कम नॉक रेटिंग ही उपयुक्त होती है। अत: उच्च सम्पीडन अनुपातों (compression ratio) का उपयोग करने के लिए ईंधन का प्रति नॉक मान उच्च होना चाहिए।
4. **गोंद, गन्धक व एरोमैटिक की मात्रा** (Quantity of glue, sulphur and aromatic) उत्तम ऑटो ईंधन में गोंद की मात्रा कम होनी चाहिए, जबकि गन्धक की अधिक मात्रा अवांछनीय है। एरोमैटिक में उच्च नॉक रेटिंग वाले हाइड्रोकार्बन होते हैं, तब भी ये ईंधन प्रणाली में रबर पर संक्षारण क्रिया करते हैं व इनका हिमांक भी उच्च होता है। अत: इंजन में निश्चित सीमा से अधिक इनका अनुपात नहीं बढ़ना चाहिए।
5. **श्यानता** (Viscosity) यह डीजल ईंधन का एक ऐसा अभिलक्षण होता है, जो ईंधन के प्रवाह से उत्पन्न प्रतिरोध (resistance) को मापता है। प्राय: इंजनों में डीजल ईंधन की श्यानता भी एक मुख्य भूमिका निभाती है। यदि डीजल की श्यानता अत्यधिक उच्च हो या बहुत कम हो, तो इन दोनों स्थितियों में इंजन की इन्जेक्ट (inject) प्रणाली में भारी क्षति उत्पन्न हो सकती है। अत: इंजनों की व्यवस्थित कार्यिकी के लिए ईंधन की श्यानता का सामान्य होना अनिवार्य है।
6. **वाष्पशीलता** (Volatility) वाष्पशीलता, गैसोलीन के वाष्पित होने की क्षमता होती है, जिससे वाष्प दहन के लिए पर्याप्त रूप में वायु के साथ मिलकर, वाष्पीकृत ईंधन को आसानी से जला सके।
7. **क्लाउड बिन्दु** (Cloud point) क्लाउड बिन्दु ईंधन के अभिलक्षण का एक ऐसा ताप बिन्दु है, जिस पर डीजल ईंधन धुँधला (cloudy) दिखाई देने लगता है, जिससे इंजन में ईंधन का प्रवाह रुक जाता है। अत: इंजन की सुगम कार्यिकी के लिए न्यूनतम क्लाउड बिन्दु वाले ईंधन का प्रयोग करना चाहिए।
8. **विस्फोट** (असामान्य कम्बशन) (Detonation (Abnormal combustion)) सामान्य कम्बशन धीरे-धीरे प्रत्येक सिलेण्डर में उत्पन्न होता है। फ्लेम सरलतापूर्वक कम्बशन चैम्बर में बढ़ती रहती है। जब तक वायु ईंधन का सम्पूर्ण मिश्रण जल नहीं जाता है। जब फ्लेम, तापमान के सैल्फ इग्नीशन (self ignition) बिन्दु तक पहुँचने से पूर्व मिश्रण के एक भाग तक नहीं पहुँच पाती है, तो विस्फोट उत्पन्न होता है। विस्फोट के कारण इंजन में नॉकिंग की ध्वनि उत्पन्न होती है।

19.3 डीजल इन्जेक्शन की विधियाँ Methods of Diesel Injection

डीजल इंजन में डीजल को इन्जेक्ट कराने के लिए मुख्य रूप से दो विधियों का प्रयोग किया जाता है

1. प्रत्यक्ष इन्जेक्शन Direct Injection

प्रत्यक्ष इन्जेक्शन, डीजल इंजन में डीजल को इन्जेक्ट कराने की एक ऐसी विधि है, जिसके द्वारा डीजल इंजन में पिस्टन की सहायता से डीजल को प्रत्यक्ष रूप से कम्बशन चैम्बर में इन्जेक्ट कराया जाता है। डीजल इंजनों में यह इन्जेक्शन उच्च दाब पर किया जाता है, जिसके कारण इंजन को हवा में फ्यूल के प्रसार (diffusion) को सुनिश्चित करने के लिए प्री-चैम्बर की आवश्यकता नहीं पड़ती है तथा इसमें फ्यूल के व्यवस्थित प्रवाह के लिए कम्बशन चैम्बर में ही इन्जेक्शन नॉजिल लगाया जाता है।

यह इन्जेक्शन अधिक किफायती तथा श्रेष्ठ ऊष्मीय दक्षता वाला होता है। डीजल इंजन में इन्जेक्टर यन्त्र, कम्बशन चैम्बर के शीर्ष पर लगाया जाता है। इसमें ईंधन की खपत अप्रत्यक्ष इन्जेक्शन से 15-20% कम होती है। इस इंजेक्टर को दो विधियों द्वारा सक्रिय किया जा सकता है

(i) फ्यूल पम्प द्वारा हाइड्रोलिक दाब प्रदान कर।

(ii) इंजन नियन्त्रक द्वारा इलेक्ट्रॉनिक सिग्नल प्रदान कर।

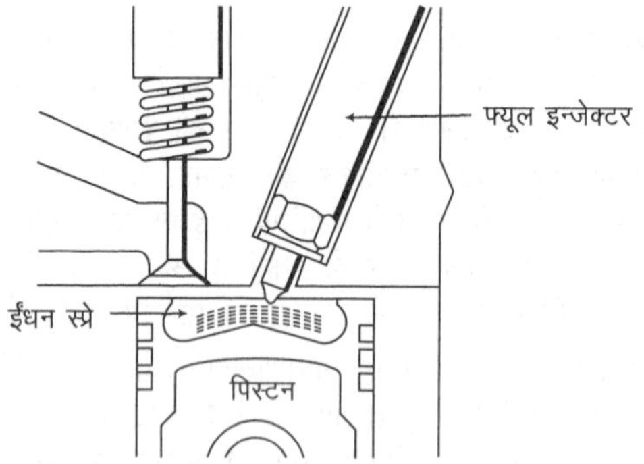

चित्र प्रत्यक्ष इन्जेक्शन

2. अप्रत्यक्ष इन्जेक्शन Indirect Injection

अप्रत्यक्ष इन्जेक्शन, डीजल इंजन में ईंधन को इन्जेक्ट कराने की एक ऐसी विधि है, जिसके द्वारा सिलेण्डर से जुड़े हुए प्री-चैम्बर में ईंधन को संकीर्ण मार्ग के द्वारा इन्जेक्ट कराया जाता है। ईंधन शीघ्रता से (rapidly) ऑक्सीजन के साथ मिश्रित होकर प्रज्वलन (ignition) उत्पन्न कर देता है।

अप्रत्यक्ष इन्जेक्शन प्री-चैम्बर में ग्लो प्लग भी संयोजित होता है, जिसमें प्रत्यक्ष इन्जेक्शन की भाँति उच्च दाब इन्जेक्शन प्रणाली की आवश्यकता नहीं होती तथा सैल्फ क्लीनिंग पिन्टल इन्जेक्टर (self cleaning pintle injector) के कारण इन्जेक्टर व्यवधान (injector blockage) की सम्भावनाएँ भी कम होती हैं। बड़े वाहनों में, प्रत्यक्ष इन्जेक्शन इंजन की अपेक्षा अप्रत्यक्ष इंजन बहुत आसानी से चलते हैं, क्योंकि अप्रत्यक्ष इन्जेक्शन इंजन में निम्न इन्जेक्ट दाब का प्रयोग किया जाता है।

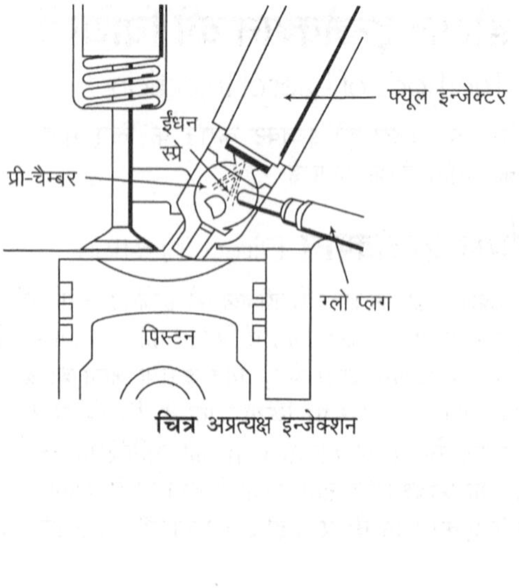

चित्र अप्रत्यक्ष इन्जेक्शन

19.4 ईंधन प्रणाली की शान्त एवं शुद्ध डीजल तकनीक की अवधारणा
Concept of Quiet and Clean Diesel Technology of Fuel System

वर्तमान युग में डीजल इंजनों में डीजल की व्यवस्था को शान्त (quiet) व शुद्ध (clean) तकनीकों के आधार पर बनाया जाता है तथा इंजनों को पर्यावरण के अनुकूल बनाए रखने के लिए इन तकनीकों का प्रयोग किया जाता है, जिससे डीजल ईंधन द्वारा प्रचालित इंजनों की कार्य प्रणाली व्यवस्थित ढंग से हो सके तथा इंजन की कार्य क्षमता में वृद्धि की जा सके।

शान्त डीजल तकनीक
Quiet Diesel Technology

शान्त डीजल तकनीक, डीजल इंजनों के लिए प्रयुक्त होने वाली एक ऐसी तकनीक है, जो इंजनों के निष्पादन तथा दक्षता में वृद्धिकारक होती है।

इस तकनीक में प्राय: डीजल इंजनों में एडवान्स्ड इन्जेक्टर डिजाइन (advanced injector design) वाले इन्जेक्टर के साथ-साथ बेहतर स्प्रे पैटर्न (better spray pattern) तथा इन्जेक्शन समय नियन्त्रण (injection timing control) का प्रयोग किया जाता है, जो इंजनों में ईंधन के कम्बशन की स्थिति का परिष्करण करता है तथा इंजन दक्षता व इंजन निष्पादन आदि कारकों में वृद्धि करता है। इससे इंजन व्यवस्थित ढंग से प्रचालित होने में सुचारु रूप से सक्षम हो पाता है।

शुद्ध डीजल तकनीक
Clean Diesel Technology

शुद्ध डीजल तकनीक, डीजल इंजनों में प्रयुक्त होने वाली एक ऐसी तकनीक है, जो डीजल इंजनों में डीजल ईंधन को इलेक्ट्रॉनिक डीजल नियन्त्रण (EDC) द्वारा उत्पादित (produced) स्वच्छक (cleaners) से स्वच्छ या शुद्ध करके इंजन में प्रेषित करता है। इससे डीजल इंजनों से उत्सर्जन (emission) न के बराबर तथा प्रदूषणरहित होता है अर्थात् दूसरे शब्दों में कहा जा सकता है कि इस तकनीक के द्वारा डीजल इंजनों को पर्यावरण के प्रतिकूल बनाया जा सकता है।

यह तकनीक इंजनों में कम उत्सर्जन के साथ पूर्ण दहन, बेहतर अर्थव्यवस्था (better economy), उच्च शक्ति तथा कम शोर स्तर (low noise level) का वातावरण प्रदान करती है।

जिन वाहनों में ईंधन के रूप में डीजल का प्रयोग किया जाता है, वह रिफाइनरी द्वारा साफ किया हुआ होता है।

यह हाइड्रोजन और कार्बन का मिश्रण है। इसमें लगभग 85% कार्बन तथा 15% प्रतिशत हाइड्रोजन होती है।

19.5 डीजल ईंधन प्रणाली के मुख्य अवयव Main Components of Diesel Fuel System

ईंधन को टैंक से इंजन के दहन कक्ष (combustion chamber) तक पहुँचाने के लिए जिन अवयवों का प्रयोग किया जाता है, डीजल ईंधन प्रणाली के अवयव कहलाते हैं। चित्र में डीजल इंजन में ईंधन की वितरण व्यवस्था को डीजल ईंधन प्रणाली के मुख्य अवयवों सहित दर्शाया गया है। इनका सविस्तार विवरण नीचे दिया गया है

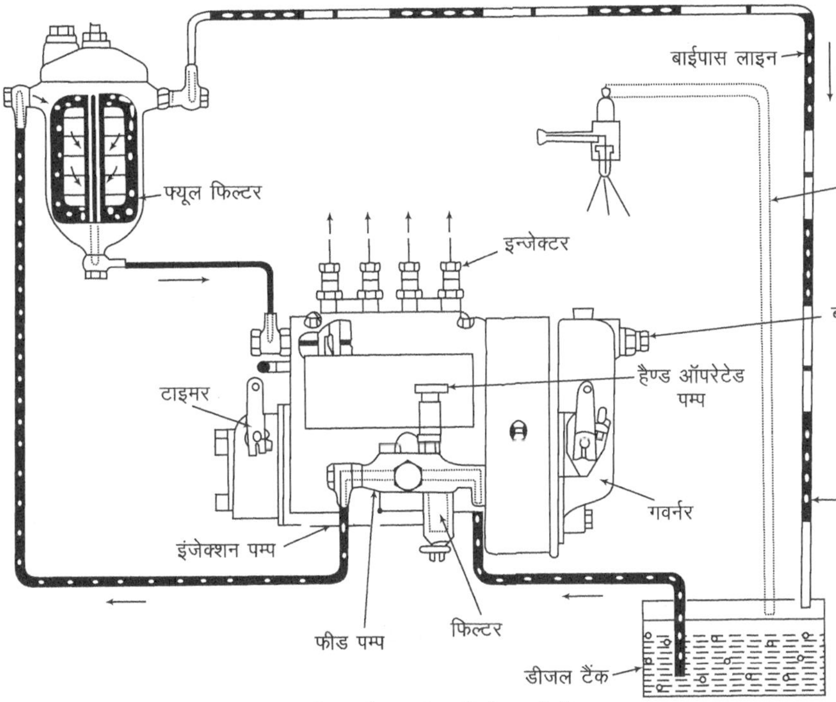

चित्र डीजल इंजन में ईंधन की वितरण व्यवस्था

1. डीजल टैंक Diesel Tank

ईंधन को भरने के लिए डीजल वाहनों में इंजन असेम्बली के ऊपर डीजल टैंक लगा होता है। यह मजबूत धातु चादर से गोल या चौकोर या अन्य सुविधाजनक डिजाइन में बना होता है। इसमें डीजल भरने के लिए पर्याप्त स्थान होता है, जिस पर ढक्कन लगा होता है। टैंक के नीचे की ओर एक यूनियन लगी होती है, जिसके द्वारा डीजल, पाइपों की सहायता से, फिल्टर या फ्यूल ट्रांसफर पम्प में जाता है। डीजल टैंक का निर्माण धातु चादर का तेल सीम के साथ किया जाता है तथा संक्षारण से बचाव हेतु इस पर एक विशेष कोटिंग या फाइबर ग्लास रीनफोर्स्ड प्लास्टिक धातु की परत चढ़ाई जाती है। डीजल में मिली अन्य दूषित वस्तुएँ भी इसी सेडीमेन्ट चैम्बर (sediment chamber) में जमा होती रहती हैं। इस टैंक के ऊपर ही एक अन्य विद्युत यन्त्र लगाया जाता है, जिसके द्वारा टैंक में ईंधन की मात्रा का पता डैशबोर्ड पर लगे गेज द्वारा चलता रहता है। इन्जेक्टरों (injectors) में आए हुए अतिरिक्त ईंधन वापस टैंक में लाने के लिए भी टैंक पर पाइप लाइन लगाने की व्यवस्था रहती है, जिसे ओवर फ्लो पाइप लाइन कहते हैं।

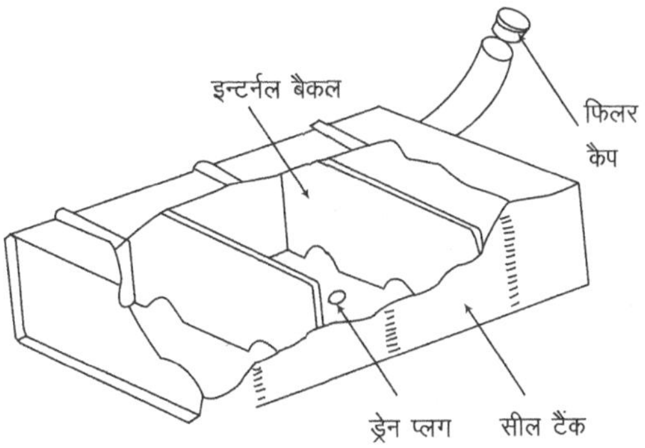

चित्र डीजल टैंक

2. फ्यूल लाइन Fuel Line

किसी भी इंजन में ईंधन के प्रवेश से लेकर उसके प्रयोग तक ईंधन को वितरित करने के उद्देश्य से ईंधन प्रणाली में निर्धारित व्यवस्था होती है। इसका लाभ यह होता है कि तकनीशियन को दोषोपचार करने में किसी भी असुविधा का सामना नहीं करना पड़ता। यह निर्धारित व्यवस्था ही मूलत: ईंधन लाइन है, जिसके प्रति तकनीशियन दोषोपचार के समय निश्चित रहता है कि वह सही दिशा में कार्य कर रहा है।

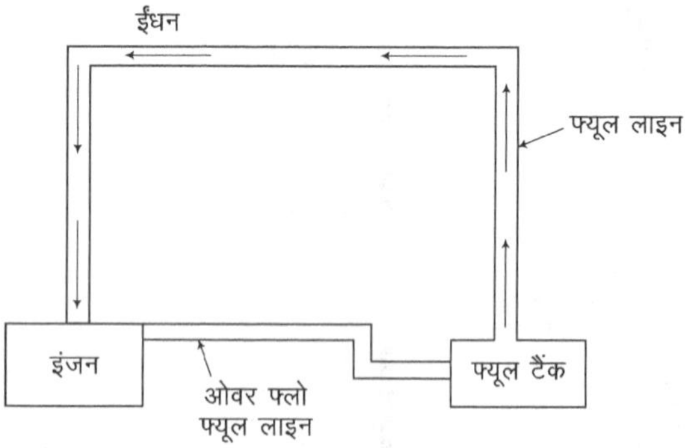

चित्र फ्यूल लाइन

3. डीजल फ्यूल फिल्टर Diesel Fuel Filter

उत्पादन के समय ईंधन को शुद्ध करने के लिए विभिन्न प्रकार के उपाय किए जाते हैं फिर भी थोड़ी बहुत गन्दगी ईंधन में रह ही जाती है। इसके अतिरिक्त, डीजल को एक स्थान से दूसरे स्थान तक पहुँचाने के लिए प्रयोग होने वाले साधनों की गन्दगी भी डीजल में मिल जाती है, इसलिए डीजल को इन्जेक्टरों में पहुँचाने से पहले ठीक प्रकार साफ करना आवश्यक होता है।

डीजल स्वयं एक भारी तेल होता है और इसमें धूल, मिट्टी के कण आदि मिल जाएँ, तो यह ईंधन प्रणाली में प्रयुक्त ट्रांसफर पम्प, फ्यूल इन्जेक्शन पम्प तथा इन्जेक्टर आदि में जाते समय अवरोध उत्पन्न करता है। इन भागों में बहुत संकीर्ण (narrow) मार्ग होते हैं, जिनमें गन्दगी फँस या जम कर उन मार्गों को बन्द कर देती है। इसलिए डीजल इंजनों में ईंधन को शुद्ध करने के लिए फिल्टर का प्रयोग किया जाता है।

डीजल को फिल्टर करने के लिए कई स्थानों पर व्यवस्था रहती है, परन्तु दो मुख्य फिल्टरों का प्रयोग अवश्य किया जाता है। इनमें डीजल फिल्टर करने के लिए कागज, नमदा तथा तार की बारीक जाली आदि का प्रयोग एक एलीमेन्ट के रूप में किया जाता है।

फिल्टर, गोल डिब्बे के आकार में बने होते हैं, जिन्हें ढक्कन द्वारा बन्द करने की व्यवस्था होती है। इसी ढक्कन में ईंधन के प्रवेश तथा निकास के लिए मार्ग बने होते हैं। प्रवेश मार्ग से डीजल एलीमेन्ट के किनारों पर आता है तथा साफ होकर बीच में फिट किए गए पाइप के द्वारा निकास मार्ग से बाहर आता है। डीजल फिल्टर किसी भी प्रकार का हो, उसे समय-समय पर साफ करना अति आवश्यक होता है, क्योंकि डीजल में मिली गन्दगी फिल्टर में डीजल मार्गों को बन्द कर देती है। इससे उचित मात्रा में डीजल का प्रवाह फिल्टर में नहीं हो पाता है।

प्रत्येक सिंगल सिलेण्डर तथा मल्टी सिलेण्डर इंजन में डीजल फिल्टर का प्रकार व संख्या अलग-अलग होती है। कुछ इंजनों में सिंगल डीजल फिल्टर तथा कुछ में ट्विन डीजल फिल्टर प्रयोग होते हैं।

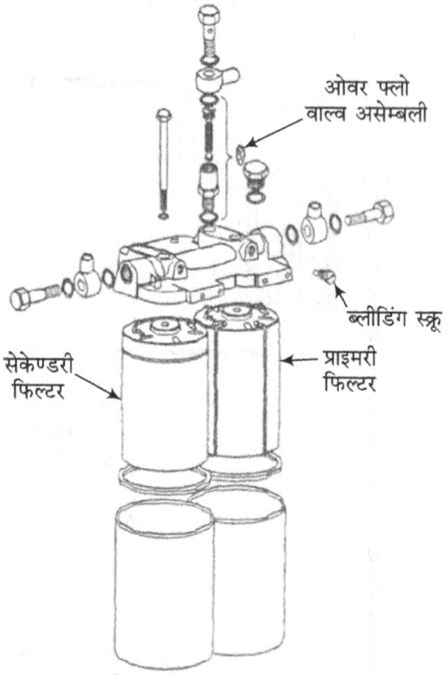

चित्र डीजल फ्यूल फिल्टर

फ्यूल फिल्टर के प्रकार Types of Fuel Filter

फ्यूल फिल्टर मुख्य रूप से दो प्रकार के होते हैं

(i) **सेरामिक टाइप फ्यूल फिल्टर** (Ceramic type fuel filter) इस प्रकार का फिल्टर, कार्बुरेटर तथा ईंधन पम्प अथवा टैंक के बीच लगाया जाता है। इसमें एक काँच (glass) का बाउल होता है, जिसके अन्दर सेरामिक फिल्टर तथा स्ट्रेनर लगा रहता है। ईंधन पहले इनलेट से ग्लास बाउल में आता है, फिर स्ट्रेनर में होकर तथा छनकर आउटलेट से कार्बुरेटर में जाता है। कुछ मोटर साइकिलों में भी इस प्रकार के फिल्टर प्रयोग किए जाते हैं।

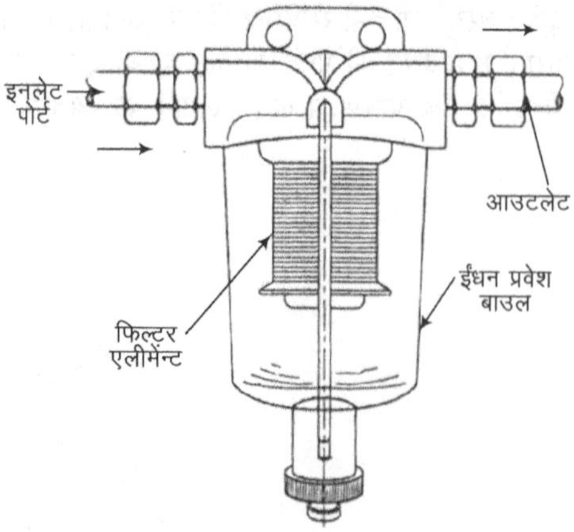

चित्र सेरामिक टाइप फ्यूल फिल्टर

(ii) **कार्बुरेटर फ्यूल फिल्टर** (Carburetor fuel filter) यह फिल्टर, कार्बुरेटर के फ्यूल इनलेट मार्ग में लगाया जाता है। इसके अन्दर प्लीटेड पेपर (pleated paper) का एक फिल्टर लगा होता है, जो ब्रास यूनियन द्वारा कसा जाता है। कुछ स्थानों में इन-लाइन फिल्टर का भी प्रयोग किया जाता है।

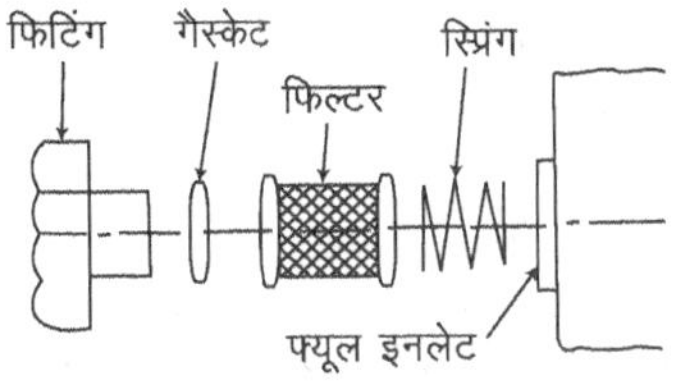

चित्र कार्बुरेटर फ्यूल फिल्टर

फ्यूल फिल्टर को साफ करने की विधियाँ
Methods of Cleaning Fuel Filter

फ्यूल फिल्टर मुख्य रूप से दो वर्गों में बाँटा गया है—प्राइमरी तथा सेकेण्डरी। सेकेण्डरी फिल्टर, वाहन के 20000 से 25000 किमी तक चलने के बाद बदल दिया जाता है, परन्तु प्राइमरी फिल्टर को एक-दो बार साफ करके फिट किया जा सकता है। फ्यूल फिल्टर को साफ करने की निम्नलिखित विधियाँ होती हैं

1. फिल्टर को खोलने से पहले, फिल्टर बॉडी और कवर को अच्छी तरह साफ करें।

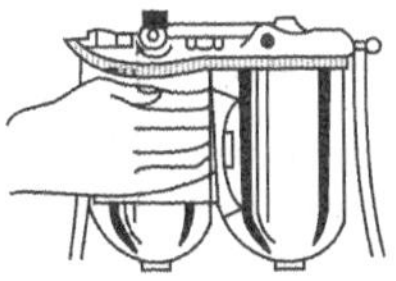

चित्र फिल्टरों की सफाई

2. फिल्टर बॉडी के सेन्टर बोल्ट खोलकर, फिल्टर कवर उतार लें।

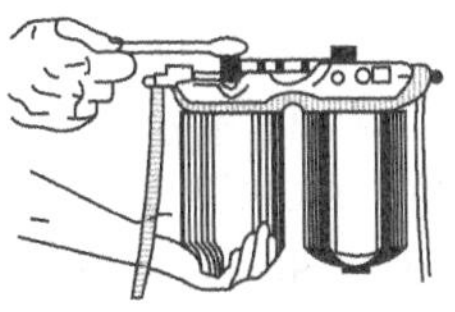

चित्र फिल्टर कवर खोलना

3. फिल्टर एलीमेन्ट को बॉडी से बाहर निकालें।

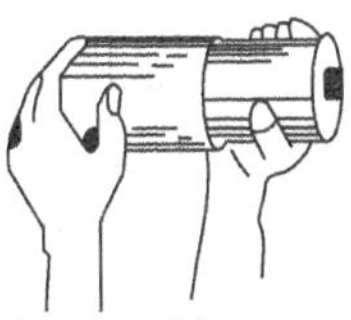

चित्र फिल्टर एलीमेन्ट अलग करना

4. फिल्टर एलीमेन्ट के क्लीनिंग प्लग लगाएँ।

चित्र क्लीनिंग प्लग

5. प्लगों को चित्रानुसार फिट करें।

चित्र प्लग लगाना

6. प्लग सहित फिल्टर एलीमेन्ट डीजल ट्रे में डालें और उसको साफ करें।

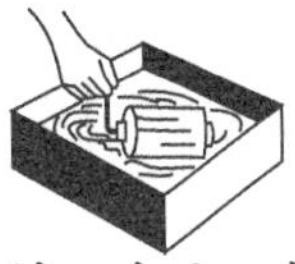

चित्र एलीमेन्ट को डीजल में डुबाना

7. एलीमेन्ट की गन्दगी को ब्रुश से साफ करें।

चित्र एलीमेन्ट साफ करना

8. फिल्टर को ट्रे से बाहर निकालकर, क्लीनिंग पाइप द्वारा फूँक मारकर अन्दर की गन्दगी को साफ करें।

चित्र अन्दर की गन्दगी साफ करना

9. फिल्टर की बॉडी तथा कैप को अच्छी प्रकार डीजल से साफ करें।

चित्र फिल्टर कवर साफ करना

10. अब ईंधन फिल्टर को वापस फिट करें।

4. वाटर सेपरेटर Water Separator

वाटर सेपरेटर को डीजल टैंक व फ्यूल पम्प के मध्य लगाया जाता है। वाहनों में डीजल शीघ्रता से पानी द्वारा दूषित हो जाता है, क्योंकि डीजल, पानी को पेट्रोल की अपेक्षा अधिक अवशोषित करता है। इसी कारण डीजल इंजनों में वाटर सेपरेटर का प्रयोग किया जाता है।

वाटर सेपरेटर, पानी को डीजल से अलग करने की एक युक्ति है। यह डीजल में मिश्रित पानी को अपने अन्दर एकत्रित करता रहता है। इसे फ्यूल फिल्टर के निकट लगाया जाता है। यह फिल्टर पेपर एलीमेन्ट (paper element) का बना होता है। इसमें नीचे की ओर एक पारदर्शी बाउल बना होता है, जिसमें एक ड्रेन प्लग लगा होता है। डीजल वाटर, सेपरेटर में बनता रहता है।

यहाँ से डीजल में मिश्रित पानी कटोरे (bowl) में एकत्रित होता रहता है और डीजल फ्यूल फिल्टर में चला जाता है। पानी को बाउल से समय-समय पर ड्रेन प्लग द्वारा बाहर निकालते रहते हैं।

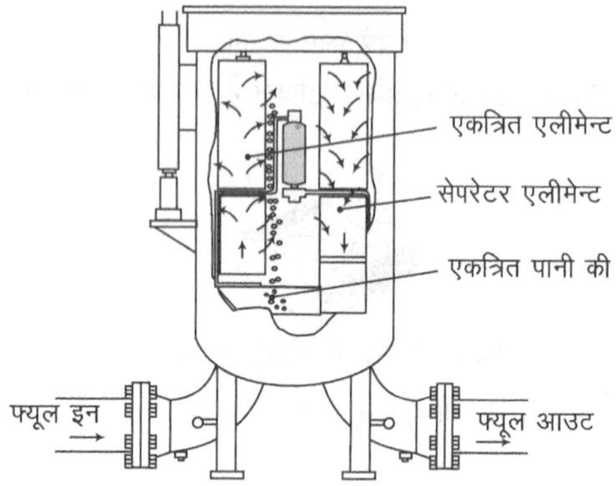

चित्र वाटर सेपरेटर का संरचनात्मक आरेख

5. फ्यूल फीड पम्प Fuel Feed Pump

फ्यूल फीड पम्प सामान्यत: FIP (fuel injection pump) पर स्थापित होता है तथा क्रैंकशाफ्ट द्वारा चलाया जाता है। यह फ्यूल टैंक से ईंधन को अवशोषित करके फिल्टर को सप्लाई करता है। फ्यूल फीड पम्प में बैरेल, प्लंजर, रिटर्न स्प्रिंग, स्पिण्डल, रोलर टैपेट, सक्शन एवं डिलीवरी वाल्व, हैण्ड प्राइमर तथा प्री-फिल्टर होते हैं।

कार्यविधि Working Method

फीड पम्प, प्लंजर कैम द्वारा प्रचालित किया जाता है, जो FIP कैमशाफ्ट पर संयोजित होती है। जब रोलर की सहायता से प्लंजर नीचे की ओर गति करके स्पिण्डल पर दाब लगाता है, तो सक्शन चैम्बर में उपस्थित ईंधन का कुछ भाग प्रैशर वाल्व की सहायता से प्रैशर चैम्बर को प्रदान कर दिया जाता है और प्लंजर स्प्रिंग इण्टरमीडिएट स्ट्रोक में कम्प्रैस हो जाती है।

इस स्ट्रोक के समाप्त होने तक स्प्रिंग लोडेड प्रैशर वाल्व पुन: बन्द हो जाती है। जैसे-जैसे कैम अथवा उत्केन्द्रित अपने अधिकतम स्ट्रोक को पास करते हैं, प्लंजर, प्रैशर स्पिण्डल तथा रोलर टैपेट, प्लंजर स्प्रिंग के दाब के कारण ऊपर पहुँच जाते हैं। इस स्थिति में प्रैशर चैम्बर में उपस्थित ईंधन का कुछ भाग फिल्टर के द्वारा फ्यूल इंजेक्शन पम्प को प्रदान किया जाता है।

इस प्रक्रिया के दौरान ही फीड पम्प तथा सक्शन वाल्व में उपस्थित प्राथमिक फिल्टर द्वारा फ्यूल टैंक से सक्शन चैम्बर तक निरन्तर फ्यूल का अवशोषण होता रहता है। जब फीड पाइप का दाब एक निश्चित दाब से अधिक हो जाता है, तो प्लंजर स्प्रिंग, प्लंजर को थोड़ा-सा ऊपर की ओर उठा देती है।

इस स्थिति में प्रति स्ट्रोक प्रदान की जाने वाली ईंधन की मात्रा अपेक्षाकृत कम होती है। जब FIP को और अधिक ईंधन की आवश्यकता नहीं होती है, तो फीड पम्प को निष्क्रिय कर दिया जाता है। फ्यूल आउटलेट लाइन में ईंधन की अधिकता के कारण प्रैशर चैम्बर का दाब फीड पम्प को निष्क्रिय रखते हुए प्लंजर को शीर्ष स्थिति में बनाए रखता है। इस समयान्तराल के दौरान केवल स्पिण्डल कार्य करता है।

जब दाब घटने लगता है, तो स्प्रिंग, प्लंजर को नीचे की ओर धकेलती है और पम्पिंग क्रिया पुन: प्रारम्भ हो जाती है।

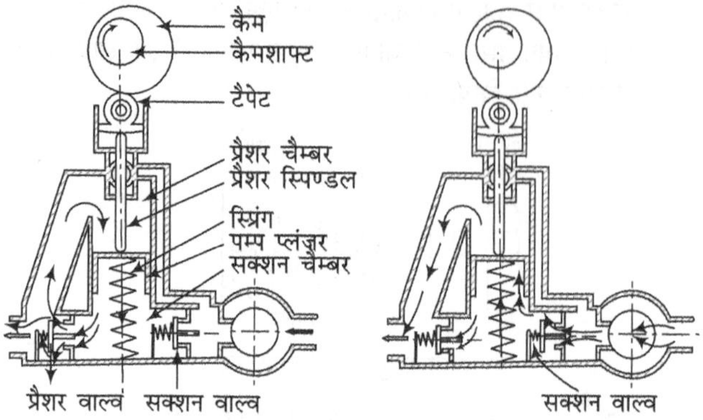

चित्र फ्यूल फीड पम्प की कार्यविधि

फ्यूल फीड पम्प के प्रकार
Types of Fuel Feed Pump

फ्यूल फीड पम्प दो प्रकार के होते हैं

(i) **मैकेनिकल फ्यूल फीड पम्प** Mechanical Fuel Feed Pump

मैकेनिकल पम्प इंजन पर स्थापित होता है तथा कैमशाफ्ट द्वारा चलाया जाता है। इस पम्प में एक एयर चैम्बर होता है जिसमें डायफ्राम लगा होता है।

मैकेनिकल फ्यूल फीड पम्प की प्रक्रिया (Operation of Mechanical Fuel Feed Pump) रॉकर आर्म कैमशाफ्ट से सक्रिय होती है और गतिमान हो जाती है। यह डायफ्राम को स्पिण्डल तथा स्प्रिंग के साथ ऊपर नीचे चलाता है।

डायफ्राम की नीचे की ओर गति के कारण आंशिक निर्वात उत्पन्न होता है और इनलेट वाल्व खुल जाता है, जिससे चैम्बर में ईंधन खींच (suck) जाता है। (चित्र (a))

जब डायफ्राम ऊपर की ओर गति करता है तो इनलेट वाल्व बन्द हो जाता है और ईंधन बल द्वारा आउटलेट वाल्व तथा पाइप लाइन से होता हुआ काबुरिटर फ्लोट चैम्बर में पहुँचता है। इसमें दाब 0.18 kg/cm^2 से 0.3 kg/cm^2 तक उत्पन्न होता है। (चित्र (b))

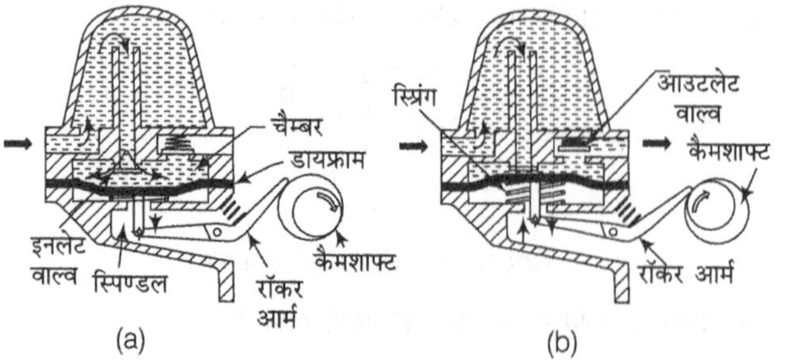

चित्र मैकेनिकल फ्यूल फीड पम्प की प्रक्रिया

निष्क्रिय क्रिया (Idling action) जब कार्बुरेटर फ्लोट चैम्बर भरा हुआ होता है, तो फ्लोडिंग से बचने के लिए पम्पिंग क्रिया को रोक दिया जाता है। इस स्थिति में फ्लोट चैम्बर के अन्दर नीडिल वाल्व बन्द रहता है और पाइप लाइन में बैक प्रैशर उत्पन्न होता है।

यह प्रैशर डायफ्राम को निष्क्रिय अवस्था में रखता है जिससे लिंक डाउनवर्ड पोजिशन में रहती है। रॉकर आर्म डायफ्राम की गति को प्रभावित किए बिना ही गति करती है। निष्क्रिय प्रक्रिया के समय किसी भी प्रकार की तेज ध्वनि को रोकने के लिए रॉकर आर्म तथा पम्प बॉडी के मध्य एक स्प्रिंग लगाई जाती है।

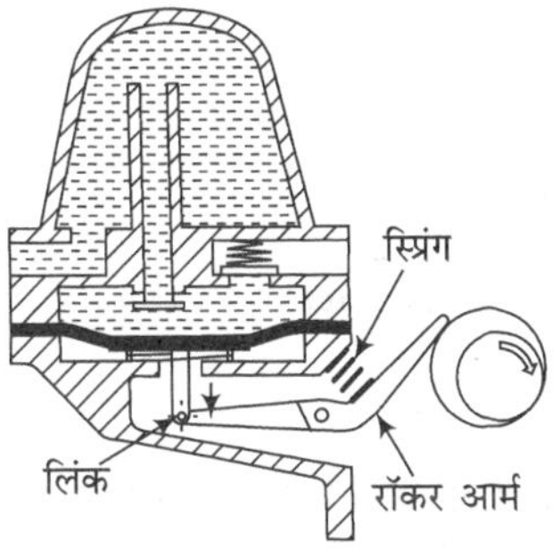

चित्र निष्क्रिय क्रिया A

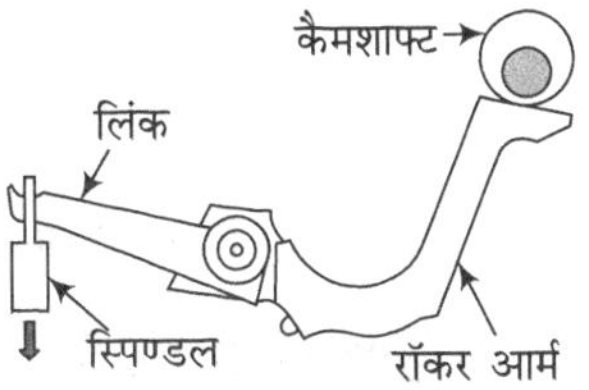

चित्र निष्क्रिय क्रिया B

(ii) **इलेक्ट्रिकल फ्यूल फीड पम्प** Electrical Fuel Feed Pump

बैटरी चलित फीड पम्प को किसी भी सुविधाजनक स्थान पर स्थापित किया जा सकता है। यह दो प्रकार के होते हैं—डायफ्राम तथा बैलोज।

इलेक्ट्रिक फ्यूल फीड पम्प की प्रक्रिया (Operation of Electric Fuel Feed Pump) जब इग्नीशन का स्विच ऑन होता है तो पम्प का सोलेनॉयड ऊर्जित होता है और स्प्रिंग तनाव के विरुद्ध आर्मेचर मैग्नेटिक कोर की ओर आकर्षित होता है जिससे डायफ्राम/बैलोज झुकता है। यह पम्पिंग चैम्बर में आंशिक निर्वात उत्पन्न करता है।

ईंधन इनलेट वाल्व द्वारा पम्प चैम्बर में ईंधन टैंक से खींचता (suck) है। जब आर्मेचर रुकी अवस्था में पहुँचता है तो ब्रोन्ज प्लंजर कॉन्टैक्ट प्वॉइण्ट को खोलता है और सोलेनॉयड से इलेक्ट्रिक कनैक्शन को कट ऑफ करता है। परिणामस्वरूप सोलेनॉयड ऊर्जित नहीं होता है।

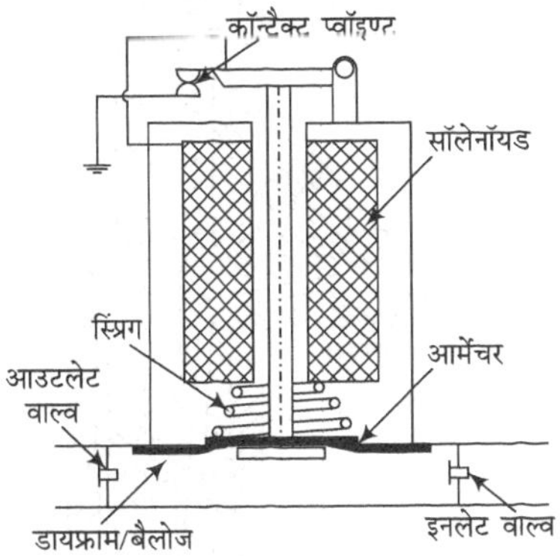

चित्र इलेक्ट्रिक ईंधन फीड पम्प

अब स्प्रिंग प्रैशर आर्मेचर को डायफ्राम/बैलोज के साथ डाउनवर्ड चलाता है तथा चैम्बर में से ईंधन आउटलेट वाल्व द्वारा कार्बुरेटर से प्रवाहित होता है। आर्मेचर की गति कॉन्टैक्ट प्वॉइण्ट को बन्द करती है तथा पुन: चक्र की 50 से 60 बार प्रति मिनट पुनरावृत्ति होती है जब तक कि फ्लोट चैम्बर भर नहीं जाता है।

निष्क्रिय क्रिया (Idling action) जैसे ही फ्लोट चैम्बर भर जाता है, तो फ्लोट चैम्बर में लगा नीडिल वाल्व, कार्बुरेटर के इवलेट पैसेट को बन्द कर देता है। इसके परिणामस्वरूप पाइपलाइन में बैक प्रेशर उत्पन्न हो जाता है इस बैक प्रैशर के कारण आर्मेचर सदैव ऊपरी स्थिति में दबी होती है, जो कॉन्टैक्ट ज्वॉइण्ट को खुला रखती है। इस प्रकार जब तक फ्लोट चैम्बर में फ्यूल लेवल कम नहीं हो जाता, पम्प निष्क्रिय अवस्था में रहता है।

6. हैण्ड प्राइमिंग पम्प Hand Priming Pump

फीड पम्प के अन्दर सक्शन वाल्व के ऊपर हैण्ड प्राइमिंग पम्प स्क्रू द्वारा संयोजित होता है, जब इंजन हैण्ड प्राइमिंग पम्प की सहायता से शान्त अवस्था में रहता है, तो फ्यूल टैंक से फिल्टर की सहायता से ईंधन को FIP में भेजा जाता है।

प्राइमर के प्रचालन के लिए नर्ल्ड नॉब (knurled knob) को तब तक कसा जाता है जब तक प्लंजर ऊपर की ओर नहीं खींचता है। इसके कारण सक्शन वाल्व खुल जाता है और सक्शन चैम्बर में ईंधन प्रवाहित होता है।

डीजल इंजन तभी ठीक प्रकार से चलता है, जब उसकी डीजल सप्लाई लाइन में हवा न हो। प्राय: डीजल के समाप्त हो जाने, किसी मरम्मत के बाद अथवा पाइपों के जोड़ ढीले हो जाने पर डीजल मार्ग में हवा चली जाती है, जिससे डीजल सप्लाई स्वत: बन्द हो जाती है। इस हवा को बाहर करना एयर ब्लीडिंग कहलाता है। एयर ब्लीडिंग के लिए सभी फिल्टरों व फ्यूल इन्जेक्शन (injection) पम्प पर ब्लीडिंग स्क्रू लगे होते हैं।

हैण्ड प्राइमिंग पम्प चलाकर तथा इन स्क्रुओं को खोलकर हवा निकाली जाती है। सर्वप्रथम डीजल टैंक के समीप वाले ब्लीडिंग स्क्रू को खोला जाता है। ब्लीडिंग तब तक करते रहना चाहिए, जब तक डीजल के साथ हवा के बुलबुले आने बन्द न हो जाएँ।

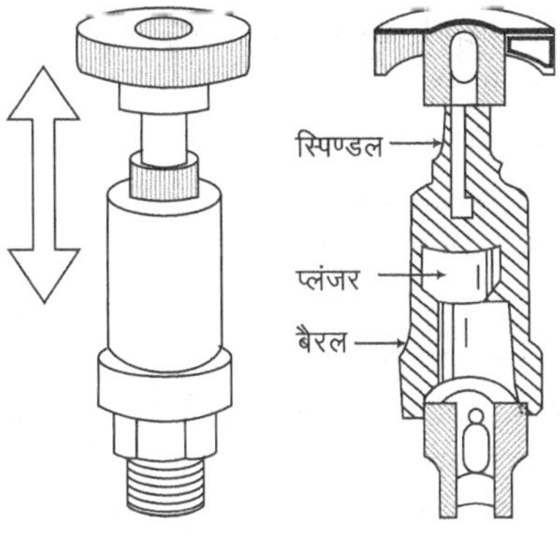

चित्र हैण्ड प्राइमिंग पम्प

7. फ्यूल इन्जेक्शन पम्प Fuel Injection Pump

डीजल इंजन में फ्यूल इन्जेक्शन पम्प एक महत्त्वपूर्ण अवयव है, जो डीजल इंजन में ईंधन की उचित मात्रा को उच्च दाब (120 से 200 bar) पर सिलेण्डर से संयोजित इन्जेक्टर (injector) द्वारा सिलेण्डर में दबाव के साथ प्रेषित करने का कार्य करता है। फ्यूल इन्जेक्शन पम्प प्राय: दो प्रकार के होते हैं

(i) डिस्ट्रीब्यूटेड टाइप फ्यूल इन्जेक्शन पम्प
(ii) इन-लाइन फ्यूल इन्जेक्शन पम्प

(i) डिस्ट्रीब्यूटेड टाइप फ्यूल इन्जेक्शन पम्प Distributed Type Fuel Injection Pump

इस प्रकार के पम्प में एक पम्पिंग एलीमेन्ट होता है तथा इसमें ईंधन को रोटर की सहायता से प्रत्येक सिलेण्डर में वितरित (distribute) किया जाता है। रोटर में मध्य लाँन्गीट्यूडनल मार्ग तथा विभिन्न ऊँचाइयों पर त्रिज्यीय छिद्रों (radial holes) के दो जोड़े स्थित होते हैं। इसमें से एक जोड़ा पम्प के प्रवेश से मध्य मार्ग (central passage) के द्वारा जुड़ा होता है तथा दूसरा जोड़ा विभिन्न सिलेण्डरों के इन्जेक्टर की डिलीवरी रेखाओं से जुड़ा होता है। ऐसे पम्प प्राय: आकार में छोटे तथा वजन में हल्के होते हैं।

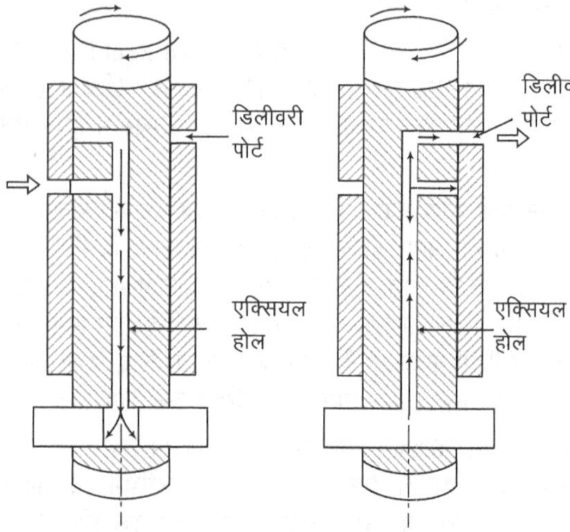

चित्र डिस्ट्रीब्यूटेड टाइप फ्यूल इन्जेक्शन पम्प

(ii) इन-लाइन फ्यूल इन्जेक्शन पम्प In-line Fuel Injection Pump

इस प्रकार के पम्प को फ्यूल लाइन में फिट किया जाता है। यह एक उच्च दाब पम्प (high pressure pump) होता है, जो उच्च दाब पर क्रमानुसार डीजल तथा उचित समय पर फायरिंग सभी इन्जेक्टर्स को प्रदान करता है।

जब प्लंजर अपनी बॉटम स्थिति में होता है, तो फीड पम्प से ईंधन बैरल इनलेट पोर्ट द्वारा प्रवेश करता है। इसमें नॉजिल बारी-बारी से घूर्णन करके प्रत्येक इन्जेक्टर के पाइप में डीजल पहुँचाती है। इस पम्प में एक पम्पिंग एलीमेन्ट होता है, जिसके द्वारा समान मात्रा में डीजल पम्प से होकर इन्जेक्टर्स में जाता है। यह पम्प कैमशाफ्ट द्वारा चलता है।

इस पम्प से डीजल फिल्टर होकर मीटरिंग वाल्व में जाता है तथा यहाँ से डीजल इन्जेक्टर के पाइपों द्वारा इन्जेक्टर में चला जाता है। इस पम्प में दाब की 400 से 700 बार तक की वृद्धि होती है।

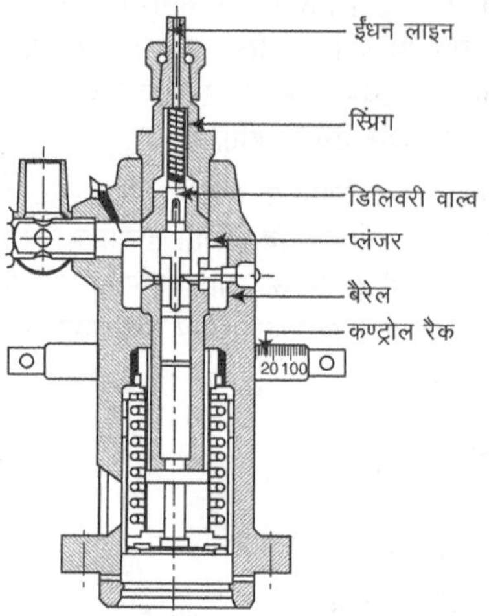

चित्र इन-लाइन फ्यूल इन्जेक्शन पम्प

8. फ्यूल इन्जेक्टर Fuel Injector

इसे नॉजिल, ऑटोमाइजर या ईंधन वाल्व भी कहा जाता है। इन्जेक्टर के शीर्ष प्वॉइण्ट पर कैप नट तथा तलीय प्वॉण्इट पर नॉजिल लगी होती है। इन्जेक्टर के अन्दर स्पिण्डल, प्रैशर एडजस्टिंग स्क्रू, नॉजिल, नॉजिल स्प्रिंग आदि भाग फिट रहते हैं। किसी बहने वाली वस्तु को किसी सीमित स्थान में प्रवेश कराना इन्जेक्शन (injection) कहलाता है अर्थात् डीजल इंजनों में दहन कक्ष की गर्म हवा में डीजल फ्यूल को छोटे-छोटे कणों में फुहार के रूप में प्रवेश कराना इन्जेक्शन कहलाता है।

यह इन्जेक्शन इन्जेक्टर (injector) द्वारा किया जाता है। इसे फ्यूल स्प्रे वाल्व अथवा ऑटोमाइजर भी कहा जाता है। इन्जेक्टर द्वारा इन्जेक्शन 1500 से 2000 प्रति वर्ग इंच (PSI) के दबाव पर किया जाता है, क्योंकि कम्प्रैशन स्ट्रोक के अन्त में दहन कक्ष में हवा का दबाव ही लगभग 550 पौण्ड प्रति वर्ग इंच रहता है तथा उस समय दबी हवा का तापक्रम 500°C से 700°C रहता है। इस इन्जेक्शन के होते ही डीजल गर्म हवा के सम्पर्क में आने से जल जाता है, जिससे शक्ति प्राप्त होती है।

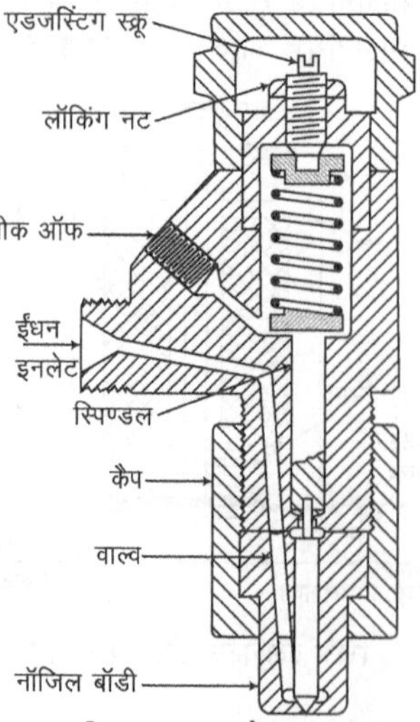

चित्र फ्यूल इन्जेक्टर

फ्यूल इन्जेक्टर की संरचना
Construction of Fuel Injector

इन्जेक्टर में सबसे ऊपर कैप नट तथा सबसे नीचे नॉजिल फिट होता है। बीच का भाग, बॉडी कहलाता है। बॉडी को अन्दर से ठीक प्रकार ग्राइण्ड करके, पॉलिश करते हैं। बॉडी के अन्दर स्पिण्डल, नॉजिल, नॉजिल स्प्रिंग, प्रैशर एडजस्टिंग स्क्रू आदि फिट रहते हैं। इन्जेक्टर की बॉडी में ही ईंधन इनलेट तथा ओवरफ्लो रिटर्न पाइप फिट करने की व्यवस्था होती है। ईंधन इनलेट में डीजल, ईंधन इन्जेक्शन पम्प से आता है। ओवरफ्लो पाइप द्वारा ईंधन इनलेट से आया अतिरिक्त डीजल वापस आ जाता है।

फ्यूल इन्जेक्टर की कार्यविधि
Working Method of Fuel Injector

सामान्य दशा में नॉजिल अपनी स्प्रिंग द्वारा सीट से चिपका रहता है। डीजल अपने निश्चित समय पर ईंधन इन्जेक्शन पम्प से इन्जेक्टर के ईंधन इनलेट मार्ग से बॉडी के अन्दर बने ईंधन पैसेज में आता रहता है। इस समय डीजल में पर्याप्त दबाव रहता हैं। इस दबाव के कारण नॉजिल स्प्रिंग, दबाव से ऊपर उठ जाती है तथा ईंधन पैसेज में जमा डीजल उच्च दबाव उत्पन्न होने से नॉजिल में बने छिद्रों द्वारा महीन फुहार के रूप में कम्बशन चैम्बर की गर्म हवा में तुरन्त फैल जाता है।

गर्म हवा के सम्पर्क में आते ही वह डीजल जल जाता है तथा इंजन में शक्ति उत्पन्न होती है। इन्जेक्शन होते ही ईंधन पैसेज में डीजल का दबाव कम हो जाता है तथा स्प्रिंग द्वारा नॉजिल वाल्व पुन: सीट से चिपक जाता है और इस बीच आया अतिरिक्त डीजल, ओवरफ्लो पाइप द्वारा वापस टैंक या फिल्टर में चला जाता है।

इंजेक्टर नॉजिल के प्रकार Types of Injector Nozzles

पूर्ण दहन प्राप्त करने के लिए इंजन सिलेण्डर में ईंधन को कणों के रूप में लाने के लिए इन्जेक्टर उपलब्ध कराए जाते हैं। इंजन तथा कम्बशन चैम्बर में डिजाइन के अनुसार इन्जेक्टर नॉजिल का भी भिन्न-भिन्न प्रकार से प्रयोग किया जाता है। इंजन में निम्न प्रकार के नॉजिलों का प्रयोग किया जाता है

(i) **सिंगल छिद्र टाइप नॉजिल** (Single hole type nozzle) इस प्रकार के नॉजिल में एक छिद्र, इसके केन्द्र अथवा इसकी बॉडी से किसी एक कोण पर ड्रिल किया जाता है, जिसे नॉजिल वाल्व द्वारा बन्द किया जाता है।

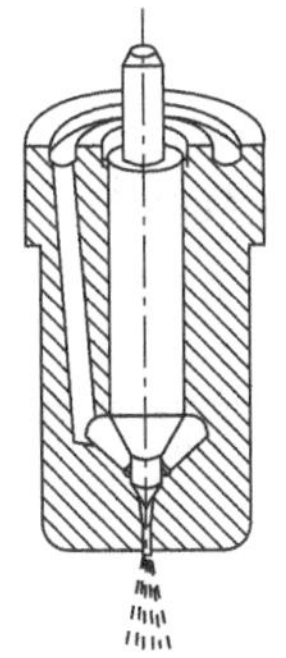

चित्र सिंगल छिद्र टाइप नॉजिल

(ii) **मल्टी छिद्र टाइप नॉजिल** (Multi hole type nozzle) इस टाइप में बॉडी के एक सिरे पर विभिन्न संख्या में छिद्र किए जाते हैं। छिद्र की वास्तविक संख्या इंजन की आवश्यकता पर निर्भर करती है।

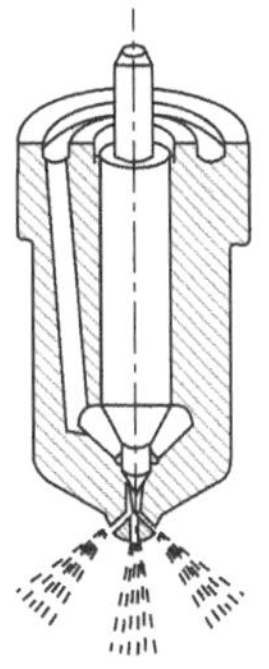

चित्र मल्टी छिद्र टाइप नॉजिल

(iii) **लाँग स्टेम टाइप नॉजिल** (Long stem type nozzle) स्टैण्डर्ड शॉर्ट स्टेम नॉजिल को पर्याप्त शीतलन प्रदान कराने के लिए एक नॉजिल का निर्माण किया गया है। इसे लाँग स्टेम नॉजिल कहते हैं।

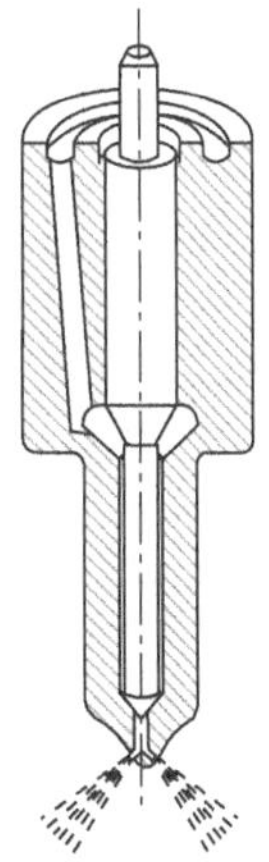

चित्र लॉन्ग स्टेम टाइप नॉजिल

(iv) **पिण्टल टाइप नॉजिल** (Pintle type nozzle) इस प्रकार के नॉजिल में वाल्व स्टेम को विस्तारित करके एक पिन या पिण्टल का रूप प्रदान किया जाता है, जो नॉजिल बॉडी के मुख से बाहर निकलता है।

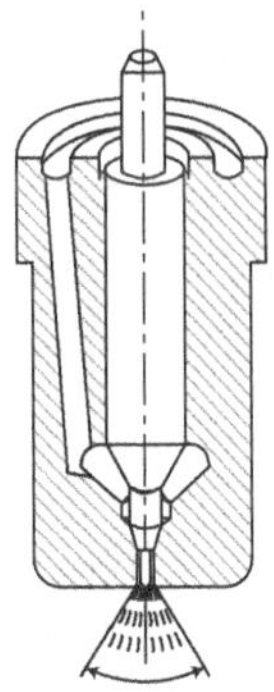

चित्र पिण्टल टाइप नॉजिल

(v) **डिले टाइप नॉजिल** (Delay type nozzle) इस प्रकार के नॉजिल में स्प्रे पैटर्न को पिण्टल डिजाइन में सुधार करके नियन्त्रित किया जाता है। जब कम्बशन प्रारम्भ होता है, तो यह कम्बशन चैम्बर में ईंधन की मात्रा को कम करेगा। इस रूपान्तरित नॉजिल को डिले नॉजिल कहते हैं।

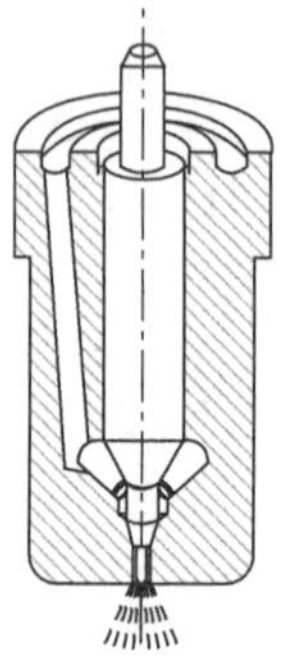

चित्र डिले टाइप नॉजिल

(vi) **पिन्टॉक्स टाइप नॉजिल** (Pintaux type nozzle) पिन्टॉक्स टाइप नॉजिल, पिण्टल नॉजिल का विकसित रूप है। इसमें एक सहायक स्प्रे छिद्र होता है, जो कोल्ड स्थिति में इंजन को आसानी से स्टार्ट करने में सहायता प्रदान करता है।

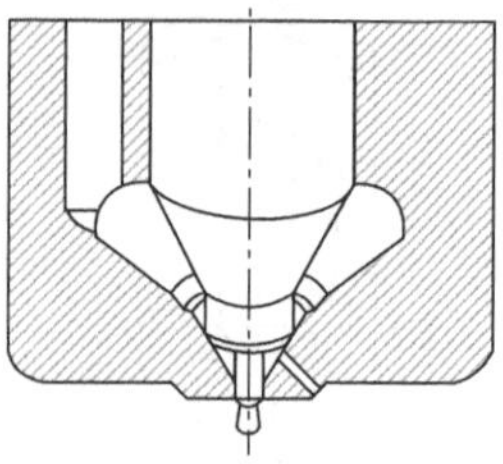

चित्र पिन्टॉक्स टाइप नॉजिल

9. ग्लो प्लग Glow Plug

ग्लो प्लग का प्रयोग अप्रत्यक्ष इन्जेक्शन विधि में किया जाता है। ये प्लग कम्बशन चैम्बर में ही इन्जेक्टर के पास लगाए जाते हैं। ये बैटरी द्वारा करण्ट प्राप्त करते हैं।

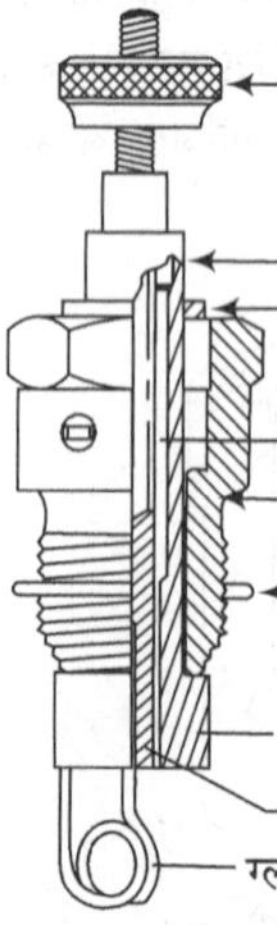

चित्र ग्लो प्लग

इंजन को स्टार्ट करने से पूर्व इंजन ठण्डा रहता है, इसलिए दहन कक्ष का तापक्रम बढ़ाने के लिए हीटर प्लग स्विच को ऑन (ON) कर देता है। इंजन स्टार्ट करते समय इस प्लग को ऑफ (OFF) कर देते हैं। जब दहन का तापमान बढ़ता है, तब डीजल स्प्रे होते ही जल जाता है। इंजन को अधिक देर तक घुमाकर गर्म करने की आवश्यकता नहीं होती है, परन्तु इस प्लग का डीजल के जलाने से कोई सीधा सम्बन्ध नहीं होता।

10. क्युमिन्स एवं डेट्रोइट डीजल इन्जेक्शन Cummins and Detroit Diesel Injection

भारी डीजल इंजनों में कई वर्षों से यूनिट इन्जेक्टर (unit injector) उपलब्ध हैं। इसी के समावेशन के कारण क्युमिन्स डीजल प्रणाली तथा डेट्रोइट डीजल प्रणाली का प्रयोग किया जाता है। इन दोनों ईंधन प्रणालियों का विवरण दिया गया है

(i) क्युमिन्स डीजल इन्जेक्शन Cummins Diesel Injection

क्युमिन्स डीजल इन्जेक्शन (injection) में ईंधन का दाब, ईंधन लाइन में उच्च तथा कैम लोब (came lobe) में निम्न होता है, जो इन्जेक्टर सुईं (injector needle) को उठाने के पश्चात् ईंधन को निश्चित समय में सिलेण्डर में इन्जेक्ट कराने हेतु स्वीकृति प्रदान करता है तथा इस इन्जेक्शन में विशेष (particular) समय में ईंधन की मात्रा को, ईंधन के दाब का समायोजन (adjust) करके नियन्त्रित किया जाता है।

(ii) डेट्रोइट डीजल इन्जेक्शन Detroit Diesel Injection

डेट्रोइट डीजल इन्जेक्शन में प्रत्येक इन्जेक्टर एक विशिष्ट जर्क पम्प (jerk pump) के समान होता है। इस इन्जेक्शन में कैम शाफ्ट के ऊपर कैम में उच्च दाब बिन्दु के कारण इकाई इन्जेक्टर में ईंधन दाब शीघ्रता से बढ़ने लगता है, जो ईंधन को नॉजिल में भेज देता है, जिसके कारण सुईं उठ जाती है एवं ईंधन, सिलेण्डर में इन्जेक्ट करने लगता है। इस इन्जेक्शन के यूनिट इन्जेक्टर में इन्जेक्ट ईंधन की मात्रा को लघु नियन्त्रण रैक (small control rack) द्वारा नियन्त्रित किया जाता है।

11. गवर्नर Governor

किसी भी इंजन की अधिकतम तथा न्यूनतम चाल को नियमित रखने के लिए गवर्नर का प्रयोग किया जाता है। डीजल इंजनों में इस प्रयोजन के लिए गर्वनर का प्रयोग ईंधन इन्जेक्शन पम्प के साथ किया जाता है। ये गवर्नर, डीजल सप्लाई की मात्रा को नियन्त्रित करके, इंजन की न्यूनतम व अधिकतम चाल को नियन्त्रित रखते हैं।

गवर्नर मुख्यत: चार प्रकार के होते हैं

(i) मैकेनिकल या सेण्ट्रीफ्यूगल गवर्नर Mechanical or Centrifugal Governor

इस प्रकार के गवर्नर में सेण्ट्रीफ्यूगल बॉल वेट (centrifugal ball weight) या फ्लाई वेट का प्रयोग होता है। ये वेट, फ्यूल इन्जेक्शन पम्प की कैमशाफ्ट पर लगे रहते हैं।

भारों (weights) को एक स्प्रिंग द्वारा साधा जाता है। इंजन के चलने पर फ्यूल इन्जेक्शन पम्प की कैम शाफ्ट उसी के अनुरूप इन भारों को घुमाती है। इन भारों का सम्बन्ध पम्प की कण्ट्रोल रॉड से भी रहता है।

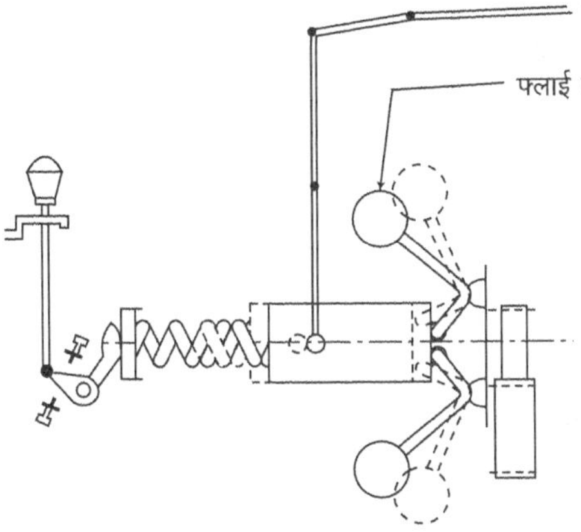

चित्र मैकेनिकल गवर्नर

जब बॉल वेट घूमते हैं, तो सेण्ट्रीफ्यूगल फोर्स के कारण ये बाहर की ओर फैलने भी लगते हैं। जब इंजन धीमी गति से चलता है, तो इनका फैलाव (expansion) कम होता है तथा जब इंजन तेज गति से चलता है, तो वेट भी तेज घूमकर बाहर की ओर अधिक फैलते हैं। इसलिए इनसे सम्बन्धित कण्ट्रोल रॉड भी वेट के फैलने के अनुरूप ही बाहर की ओर कम या अधिक होती रहती है।

फ्यूल इन्जेक्शन पम्प में कण्ट्रोल रॉड आगे-पीछे होकर, प्लंजर को कण्ट्रोल स्लीव के द्वारा घुमाकर, डीजल सप्लाई में डीजल की मात्रा को कम या अधिक करके, इंजन की अधिकतम तथा न्यूनतम चाल को नियन्त्रित रखती है।

दूसरे शब्दों में कह सकते हैं कि गवर्नर, डीजल सप्लाई में डीजल की मात्रा को इंजन की आवश्यकता के अनुसार नियन्त्रित करता है।

(ii) **न्यूमैटिक गवर्नर** Pneumatic Governor

इस प्रकार के गवर्नर में एक डायफ्राम का प्रयोग किया जाता है, जो प्रणाली का आधार होता है। यह इनलेट मैनीफोल्ड में सक्शन स्ट्रोक के समय उत्पन्न डिप्रेशन (depression) से प्रभावित होता है। इस गवर्नर में दो मुख्य इकाइयाँ होती हैं—इनलैट मैनीफोल्ड यूनिट तथा डायफ्राम यूनिट।

इनलेट मैनीफोल्ड में एक बटरफ्लाई लगी होती है, जिसका सम्बन्ध एक्सीलेटर से होता है। इनलेट मैनीफोल्ड में एक वेन्चुरी की व्यवस्था भी होती है, जिसका सीधा सम्बन्ध पाइप द्वारा डायफ्राम यूनिट से होता है।

जब इंजन चलता है, तो इनलेट मैनीफोल्ड में सक्शन स्ट्रोक के समय सक्शन का प्रभाव पड़ता है। इससे वैन्चुरी में वैक्यूम उत्पन्न होता है, जो डायफ्राम पर अपना प्रभाव डालता है। यह डायफ्राम, जो कि एक स्प्रिंग के साथ लगा होता है, कण्ट्रोल रॉड से भी सम्बन्धित होता है।

इस कारण, जब एक्सीलेटर पैडल द्वारा बटरफ्लाई को खोला जाता है, तो उसी के अनुरूप वैक्यूम से उत्पन्न सक्शन द्वारा डायफ्राम बाहर की ओर स्प्रिंग के दबाव के विपरीत खिंच जाता है। इससे डायफ्राम से सम्बन्धित कण्ट्रोल रॉड भी खींचती है और कण्ट्रोल स्लीव को घुमाकर प्लंजर द्वारा डीजल सप्लाई में डीजल की मात्रा कम कर देती है अथवा बढ़ा देती है। इसी प्रकार जब एक्सीलेटर को कम दबाया जाता है, तो सक्शन का डायफ्राम पर कम प्रभाव पड़ता है, जिससे कण्ट्रोल रॉड कम खिंचकर डीजल सप्लाई में डीजल की मात्रा कम कर देती है। इस प्रकार इंजन की अधिकतम तथा न्यूनतम चाल के अनुरूप डीजल की सप्लाई नियन्त्रित की जाती है।

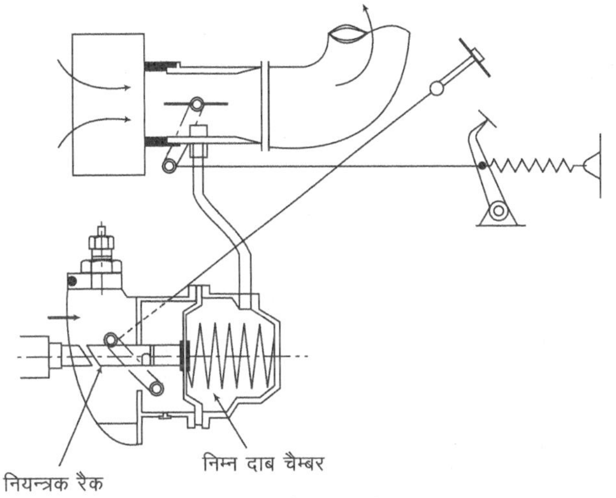

चित्र न्यूमैटिक गवर्नर

- **थ्रॉटल यूनिट** (Throttle unit) थ्रॉटल यूनिट द्वारा ही इंजन की अधिकतम व न्यूनतम चाल के लिए एडजस्टमेन्ट किया जाता है। थ्रॉटल वाल्व जितना अधिक खुलेगा, इंजन उतना ही तेज चलेगा। अत: अधिकतम चाल के एडजस्टमेन्ट के लिए एक्सीलेटर व थ्रॉटल वाल्व को एडजस्टिंग स्क्रू द्वारा इस प्रकार सैट किया जाता है कि थ्रॉटल वाल्व अधिकतम खुल सके। इस एडजस्टमेन्ट के बाद सैट स्क्रू को उतना टाइट कर देना चाहिए, जितनी न्यूनतम चाल की आवश्यकता हो। इस प्रकार के गवर्नर में किसी भी प्रकार की लीकेज नहीं होनी चाहिए अन्यथा गवर्नर प्रभावशाली कार्य नहीं करेगा।

(iii) **हाइड्रोलिक गवर्नर** Hydraulic Governor

इस प्रकार के गवर्नर में इंजन की चाल नियन्त्रित रखने के लिए डीजल सप्लाई के समय कण्ट्रोल रॉड पर हाइड्रोलिक दबाव का प्रयोग किया जाता है। इस गवर्नर में चार मुख्य भाग; हाइड्रोलिक पम्प, कण्ट्रोल प्लंजर, संकुचित मुख तथा प्लंजर स्प्रिंग होते हैं।

जब इंजन चलता है, तो उसकी चाल के अनुरूप हाइड्रोलिक पम्प चलता है तथा वह उसी अनुपात में तेल का दबाव कण्ट्रोल प्लंजर पर डालता है। कण्ट्रोल प्लंजर, जो एक स्प्रिंग के साथ फिट रहता है, ईंधन पम्प की कण्ट्रोल रॉड से भी सम्बद्ध होता है।

इसलिए जब कण्ट्रोल प्लंजर पर तेल का दबाव पड़ता है, तो कण्ट्रोल रॉड की स्थिति बदलती है। इससे डीजल सप्लाई में डीजल की मात्रा में भी अन्तर आता है।

इस प्रकार डीजल की सप्लाई द्वारा ईंधन की अधिकतम तथा न्यूनतम चाल नियन्त्रित रहती है।

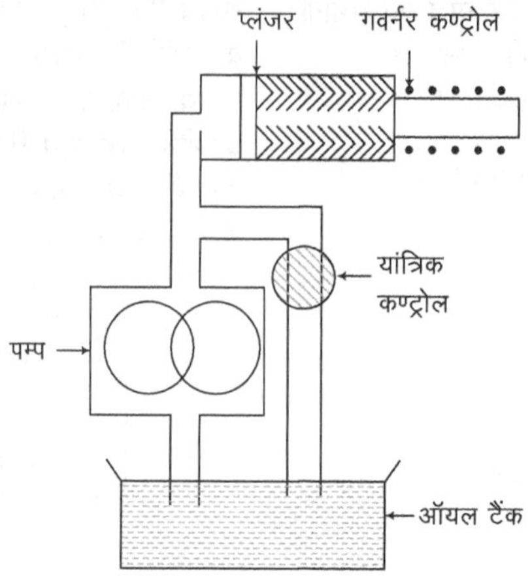

चित्र हाइड्रोलिक गवर्नर

(iv) सर्वो गवर्नर Servo Governor

सर्वो गवर्नर में ईंधन नियन्त्रण यन्त्रावली, द्रवचालित क्रिया (hydraulic action) द्वारा प्रेरित की जाती है। इस प्रकार का गवर्नर ईंधन नियन्त्रण युक्ति को चलाने के लिए आवश्यक प्रयास को घटाता है, क्योंकि गवर्नर द्वारा ईंधन नियन्त्रण यन्त्रावली को चलाने के लिए कम बल की आवश्यकता होती है।

12. डिलीवरी वाल्व Delivery Valve

प्लंजर और बैरेल के ऊपर एक डिलीवरी वाल्व लगा होता है जिस समय डीजल प्रैशर से यह वाल्व खुल जाता है, तो ऑयल की सप्लाई इन्जेक्टर पाइप द्वारा इंजेक्टर में जाती है तथा डीजल प्रैशर समाप्त हो जाता है जिससे डिलीवरी वाल्व बन्द हो जाता है। इस प्रकार, डीजल इन्जेक्टर पाइप में सदैव भरा रहता है और वापस प्लंजर में नहीं जा पाता।

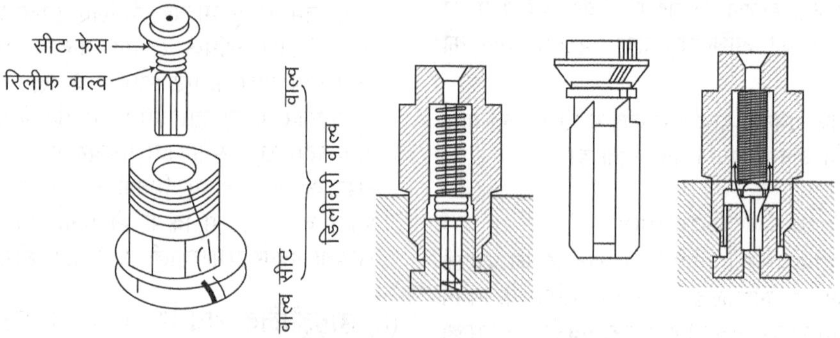

चित्र डिलीवरी वाल्व

13. कण्ट्रोल रॉड स्टॉप Control Rod Stop

कण्ट्रोल रॉड की स्पीड को अधिकतम स्पीड पर रोकने के लिए स्टॉप लगाए जाते हैं। इनको कई बार स्मोक स्टॉप (smoke stop) भी कहते हैं। यह सदैव टैस्ट बैंच पर ही सैट करके सील कर दिया जाता है। यदि इंजन में स्पीड अधिक बढ़ानी हो, तो इसके एडजस्टिंग स्क्रू को एक या दो चूड़ी बाहर निकाल दिया जाता है। कण्ट्रोल रॉड की स्पीड को अधिकतम गवर्नर स्पीड पर रोकने के लिए दो प्रकार के स्टॉप प्रयोग किए जाते हैं—फिक्स्ड टाइप तथा एडजस्टेबल टाइप।

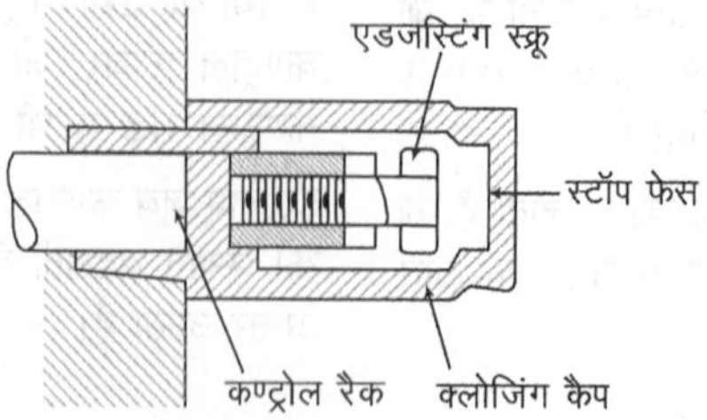

चित्र कण्ट्रोल रॉड स्टॉप

14. एक्सेस फ्यूल डिवाइस Excess Fuel Device

इंजन के स्टार्टिंग के समय जब इंजन को अधिक डीजल की आवश्यकता होती है, तो उस समय यह कण्ट्रोल रॉड को स्टॉप से भी आगे निकलने देता है। जब एक्सेस फ्यूल डिवाइस का बटन दबा देते हैं, तो ऊपर लगा हुआ स्टॉप स्क्रू, कण्ट्रोल रॉड के मध्य किए गए सुराख के अन्दर घुस जाता है, जिससे कण्ट्रोल रॉड को आगे जाने के लिए स्थान मिल जाता है और वह खिसक जाती है, जिससे डीजल ऑयल की सप्लाई अधिक होने पर इंजन शीघ्र स्टार्ट हो जाता है, जैसे ही इंजन स्टार्ट होता है, गवर्नर कण्ट्रोल रॉड को भार स्पीड के अनुसार वापस खींच लेता है और पुश बटन अपनी पूर्व स्थिति में आ जाता है।

19.6 फ्यूल सप्लाई प्रणालियाँ Fuel Supply Systems

डीजल इंजन की प्रणाली को व्यवस्थित तथा सुगम बनाने में फ्यूल इन्जेक्शन (injection) प्रणाली की मुख्य भूमिका होती है। फ्यूल इन्जेक्शन के द्वारा उत्पन्न शक्ति के कारण ही इंजन क्रियाशील अवस्था में लाने के लिए सक्षम बन पाते हैं तथा इंजन की दक्षता भी इसी प्रणाली पर निर्भर करती है। डीजल इंजनों में फ्यूल इन्जेक्शन के लिए मुख्यत: यान्त्रिक इन्जेक्शन प्रणाली (mechanical injection system) तथा इलेक्ट्रॉनिक इन्जेक्शन प्रणाली (electronic injection system) का प्रयोग किया जाता है। इन दोनों प्रणालियों को निम्न चार्ट के माध्यम से दर्शाया गया है

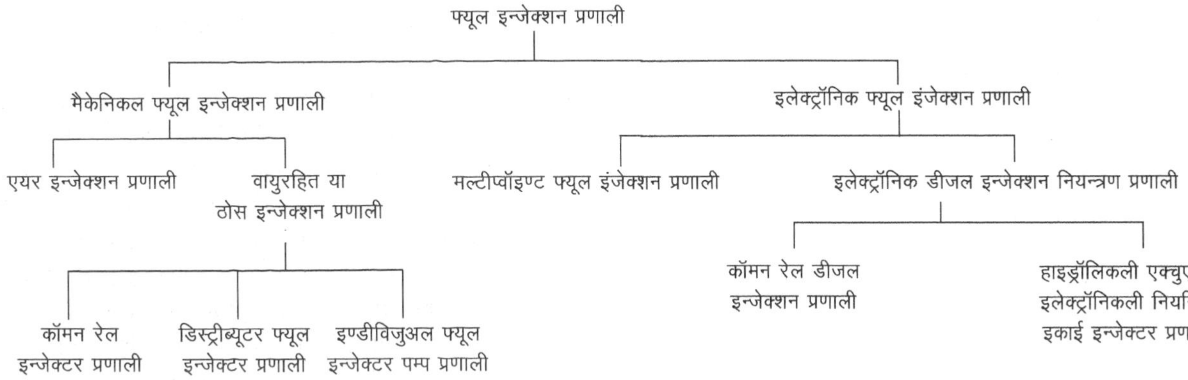

इन प्रणालियों का वर्णन निम्न प्रकार है

1. मैकेनिकल फ्यूल इन्जेक्शन प्रणाली Mechanical Fuel Injection (MFI) System

डीजल इंजनों में ईंधन के रूप में डीजल को इन्जेक्ट (inject) कराने के लिए प्रयुक्त होने वाली प्रणाली एक मैकेनिकल फ्यूल इन्जेक्शन प्रणाली कहलाती है। इसमें डीजल, पम्प द्वारा दबाव के साथ इन्जेक्टरों (injectors) को भेजा जाता है।

इन्जेक्टर द्वारा डीजल का ऑटोमाइजेशन (automization) करके स्प्रे के रूप में डीजल, कम्बशन चैम्बर (combustion chamber) में चला जाता है तथा जलने लगता है। यह प्रणाली मुख्य रूप से दो प्रकार की होती है

(i) एयर इन्जेक्शन प्रणाली Air Injection System

इस प्रकार की इन्जेक्शन (injection) प्रणाली का प्रयोग शुरुआत में स्टेशनरी डीजल इंजनों तथा मैरीन इंजनों में किया जाता था। इसमें पहले हवा को उच्च दाब पर दबाते थे, तत्पश्चात् उसके साथ फ्यूल को सिलेण्डर में इन्जेक्ट कराते थे। ईंधन इन्जेक्शन (injection) की दर वायु के दबाव से नियन्त्रित की जाती थी। हवा को उच्च दाब पर दबाने के लिए कम्प्रैसर का प्रयोग किया जाता था, जिसे इंजन के द्वारा चलाया जाता था। इस विधि में लगभग 10% पावर की हानि कम्प्रेशर के कारण ही थी, इसलिए अब यह विधि प्रयोग नहीं की जाती। इसमें दबाव 600 से 700 पौण्ड प्रति वर्ग इंच होता है।

(ii) वायुरहित या ठोस इन्जेक्शन प्रणाली Airless or Solid Injection System

वर्तमान में इस प्रणाली का प्रयोग सभी डीजल इंजनों में किया जाता है। इसमें उच्च दाब पर ईंधन सीधे कम्बशन चैम्बर (combustion chamber) में इन्जेक्ट किया जाता है। इन्जेक्शन के लिए विशेष प्रकार के ईंधन इन्जेक्शन पम्प का प्रयोग किया जाता है। यह पम्प लगभग 300 किग्रा/सेमी^{2} प्रैशर पर कार्य करता है।

यह प्रणाली निम्न भागों में वर्गीकृत की जाती है

(a) कॉमन रेल इन्जेक्शन प्रणाली
Common Rail Injection (CRI) System

इस प्रणाली में उच्च दाब पम्प का प्रयोग किया जाता है, जो पेट्रोल अथवा डीजल को उच्च दाब में फ्यूल हैडर (fuel header) की सहायता से ईंधन की सप्लाई (supply) करता है। फ्यूल इन्जेक्टर में उच्च दाब के कारण ईंधन (पेट्रोल या डीजल) को बल मिलता है, जिससे फ्यूल, सिलेण्डर में उपस्थित प्रत्येक नॉजिल में प्रवेश करता है तथा निर्धारित समय पर पुश रॉड (push rod) तथा रॉकर आर्म की सहायता से यान्त्रिकी प्रचालित वाल्व (mechanically operated valve) द्वारा ईंधन नॉजिल से उचित सिलेण्डर में इन्जेक्ट करता है। इस प्रणाली में सिलेण्डर में इन्जेक्ट फ्यूल को पुश रॉड स्ट्रोक (push rod stroke) की बदलती लम्बाई द्वारा नियमित (regulate) किया जाता है।

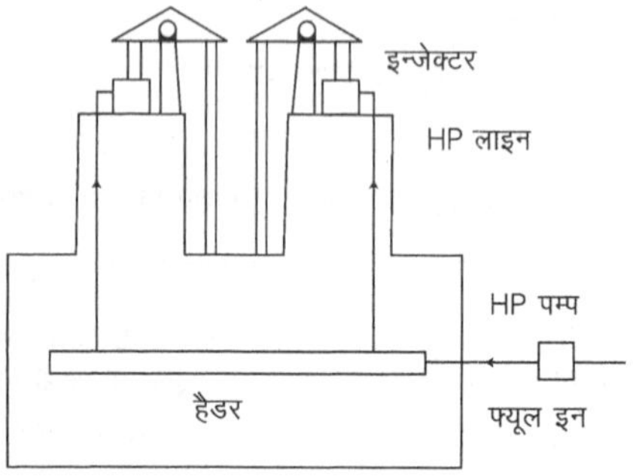

चित्र कॉमन रेल इन्जेक्शन प्रणाली का नियोजित आरेख

(b) डिस्ट्रीब्यूटर फ्यूल इन्जेक्शन पम्प प्रणाली
Distributor Fuel Injection Pump System

इस प्रणाली में विशेष प्रकार के उच्च दाब पम्प (high pressure pump) का प्रयोग किया जाता है, जो डीजल को उच्च दाब का बनाकर डिस्ट्रीब्यूटर द्वारा फायरिंग क्रम के अनुसार सभी इन्जेक्टर्स को समय पर पहुँचाता है। इसमें एक मास्टर पम्प होता है, जो डिस्ट्रीब्यूटर मैकेनिज्म तक दाब के साथ डीजल पहुँचाता है। डिस्ट्रीब्यूटर में एक नॉजिल लगी होती है, जो घूर्णन करके बारी-बारी से प्रत्येक इन्जेक्टर के पाइपों में तेल पहुँचाती रहती है।

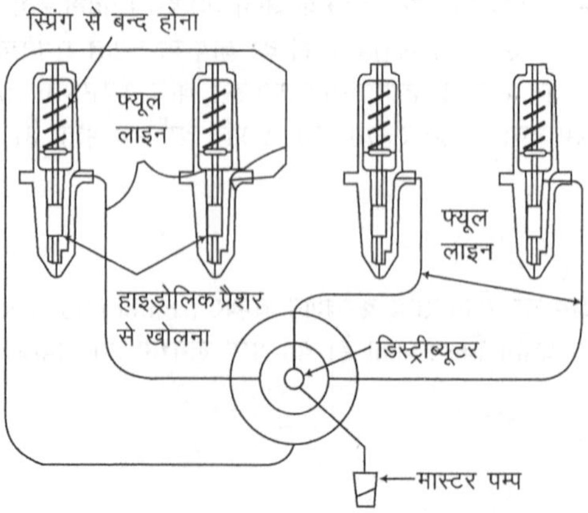

चित्र डिस्ट्रीब्यूटर फ्यूल इन्जेक्शन प्रणाली

इस प्रकार प्रत्येक इन्जेक्टर को फायरिंग के समय डिस्ट्रीब्यूटर द्वारा डीजल प्राप्त होता रहता है। इस पम्प में एक ही पम्पिंग एलीमेन्ट होता है, जिसके द्वारा ठीक समय पर बराबर मात्रा में एक समान डीजल सप्लाई की जाती है। ट्रांसफर पम्प द्वारा डीजल फिल्टर होकर मीटरिंग वाल्व में जाता है। यहाँ से डीजल की जितनी मात्रा इन्जेक्टर को भेजनी होती है, वह तप कर डिस्ट्रीब्यूटर के पिछले भाग में सुराखों के बीच पहुँचती है। इस भाग में दो प्लंजर आमने-सामने लगे होते हैं।

यह डिस्ट्रीब्यूटर में लगी कैम के कारण एक साथ खुलते व बन्द होते हैं। डीजल इन प्लंजरों के बीच भर जाता है तथा बाद में हाई प्रैशर से सुराख द्वारा डिस्ट्रीब्यूटर के मध्य में पहुँच जाता है। वहाँ से इन्जेक्टरों के पाइपों द्वारा इन्जेक्टरों में जाता है। यह एक अधिक जटिल प्रणाली है, इसलिए इस प्रणाली का प्रयोग ही कम किया जाता है।

(c) इण्डीविजुअल फ्यूल इन्जेक्शन पम्प प्रणाली
Individual Fuel Injection Pump System

इस प्रणाली को इन-लाइन प्रणाली के नाम से भी जाना जाता है। आजकल इसका प्रयोग अधिकतर डीजल इंजनों में किया जाता है। इस प्रणाली में प्रत्येक सिलेण्डर के इन्जेक्टर के लिए अलग-अलग पम्प की व्यवस्था होती है। ये पम्प अलग-अलग भी बने हो सकते हैं, परन्तु एक से अधिक सिलेण्डरों वाले इंजनों के पम्प सामान्यत: एक ब्लॉक में तथा एक लाइन में ही बने होते हैं। ये सभी पम्प अपनी कैमशाफ्ट द्वारा वाल्वों की भाँति बारी-बारी से अपना कार्य करते हैं। इसके लिए अलग से एक छोटी कैमशाफ्ट का प्रयोग पम्प में किया जाता है। जो टाइमिंग गियर से विशेष कपलिंग द्वारा चलाई जाती है। यह पम्प इस प्रकार डिजाइन किया जाता है, जिससे कि इसके द्वारा सप्लाई की जाने वाली डीजल की मात्रा के साथ-साथ प्रत्येक इन्जेक्टर द्वारा इन्जेक्शन के प्रारम्भ तथा समापन के अन्तराल (interval) पर नियन्त्रण रखा जा सके।

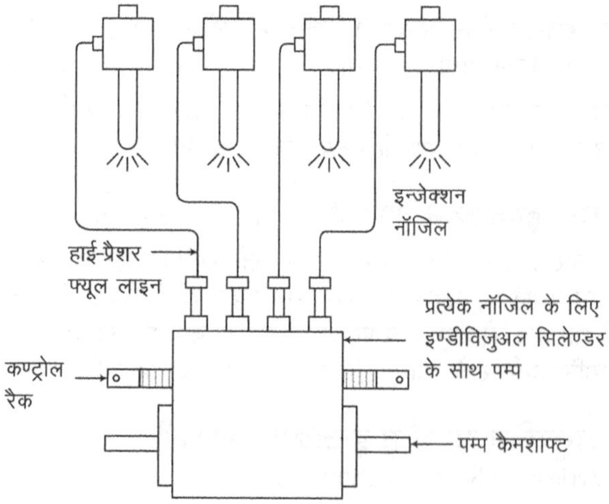

चित्र इण्डीविजुअल फ्यूल इन्जेक्शन पम्प प्रणाली का नियोजित आरेख

फ्यूल इन्जेक्शन पम्प में सबसे ऊपर इन्जेक्टर्स को डीजल पहुँचाने के लिए पाइप जोड़ने का प्रबन्ध होता है तथा सबसे नीचे कैमशाफ्ट लगी होती है जिसके ऊपर रोलर टैपिट फिट रहते हैं, जिनके द्वारा प्लंजर ऊपर उठते हैं। पम्प बैरल में सबसे ऊपर डिलीवरी वाल्व लगा होता है जो एक स्प्रिंग की सहायता से बन्द रहता है तथा डीजल के दबाव से खुलता है।

पम्प बैरल के मध्य भाग पर एक नियन्त्रण स्लीव चढ़ी रहती है जिसके दाँतों का सम्बन्ध नियन्त्रण रॉड पर बने दाँतों से रहता है अर्थात् नियन्त्रण रॉड के आगे-पीछे होने से नियन्त्रण स्लीव भी घूमकर प्लंजर को घुमा सकती है। इसी नियन्त्रण स्लीव के बीच में प्लंजर फिट रहता है, जो कि ईंधन इन्जेक्शन पम्प का मुख्य भाग होता है। इस पर एक तिरछा कट बना होता है जिसके खुलने के अनुपात पर ही डीजल प्रेषित करने की मात्रा निर्भर करती है। यह प्लंजर एक स्प्रिंग की सहायता से नीचे दबा रहता है। पम्प बैरल में ऊपर की ओर दो सक्शन पोर्ट बने होते हैं, जिनका सम्बन्ध पम्प चैम्बर में भरे डीजल से होता है।

2. इलेक्ट्रॉनिक फ्यूल इन्जेक्शन प्रणाली Electronic Fuel Injection (EFI) System

इंजनों में ईंधन के रूप में डीजल को इन्जेक्ट (inject) कराने के लिए प्रयुक्त होने वाली प्रणाली, इलेक्ट्रॉनिक फ्यूल इन्जेक्शन प्रणाली कहलाती है, जिसमें इन्जेक्टर्स के द्वारा इनटेक मैनीफोल्ड या इनटेक पोर्ट के समीप से ईंधन को इन्जेक्ट कराया जाता है। तत्पश्चात् ईंधन को कम्प्रैस्ड एयर में भेजा जाता है, जिससे ईंधन ऑटोमाइज होकर इंजन को शक्ति प्रदान करता है। इसके अन्तर्गत निम्न प्रणालियाँ आती हैं

(i) मल्टी-प्वॉइण्ट फ्यूल इन्जेक्शन प्रणाली Multi-Point Fuel Injection (MPFI) System

मल्टी-प्वॉइण्ट फ्यूल इन्जेक्शन प्रणाली में इंजन में ईंधन के इन्जेक्शन का मुख्य उद्देश्य ईंधन तथा हवा के उचित अनुपात को इंजन सिलेण्डर से सप्लाई (supply) करना होता है। इस प्रकार की प्रणाली प्राय: इन दो मूल व्यवस्थाओं (arrangements) द्वारा प्रयोग में लाई जाती है

(a) **पोर्ट इन्जेक्शन** Port Injection

इस व्यवस्था (arrangement) में इन्जेक्टर इनटेक पोर्ट के समीप इनटेक मैनीफोल्ड की साइड पर स्थित होता है, जिसके कारण इंजेक्टर आसानी से इनटेक मैनीफोल्ड के अन्दर वायु या हवा में डीजल को स्प्रे कराता है।

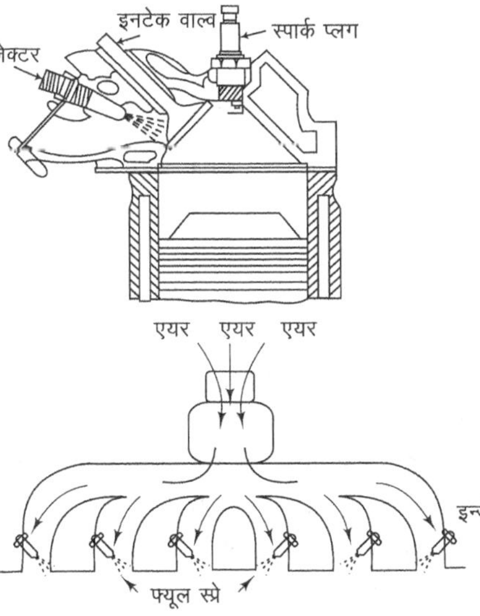

चित्र मल्टी-प्वॉइण्ट फ्यूल इन्जेक्शन प्रणाली की पोर्ट इन्जेक्शन व्यवस्था

इससे हवा तथा डीजल ईंधन का उचित अनुपात पर्याप्त मात्रा में मिश्रण बन जाता है तथा वायु तथा डीजल ईंधन का मिश्रण इनटेक वाल्व के मार्ग से सिलेण्डर में प्रवेश करता है।

इस व्यवस्था में प्रत्येक सिलेण्डर के लिए इन्जेक्टर उपलब्ध होता है; जैसे—यदि इंजन में छ: सिलेण्डर उपलब्ध हैं, तो इन्जेक्टरों (injectors) की संख्या भी छ: होगी।

(b) **थ्रॉटल बॉडी इन्जेक्शन** Throttle Body Injection

इस व्यवस्था में इन्जेक्टर में थ्रॉटल बॉडी (throttle body) इसके थ्रोट (throat) से थोड़ा-सा ऊपर लगी होती है। इसमें इन्जेक्टर के द्वारा इनटेक मैनीफोल्ड (intake manifold) में डीजल ईंधन को स्प्रे किया जाता है, जिससे इनटेक मैनीफोल्ड में हवा तथा इन्जेक्टर द्वारा स्प्रे डीजल से पर्याप्त मात्रा में हवा तथा डीजल का मिश्रण बन जाता है।

इसके पश्चात् यह मिश्रण थ्रॉटल वाल्व के द्वारा इनटेक मैनीफोल्ड में प्रवेश करता है। इनटेक मैनीफोल्ड में हवा की मात्रा को थ्रॉटल वाल्व द्वारा नियन्त्रित किया जाता है। इस व्यवस्था में प्रयुक्त थ्रॉटल बॉडी कार्बुरेटर थ्रॉटल बॉडी के समरूप होती है।

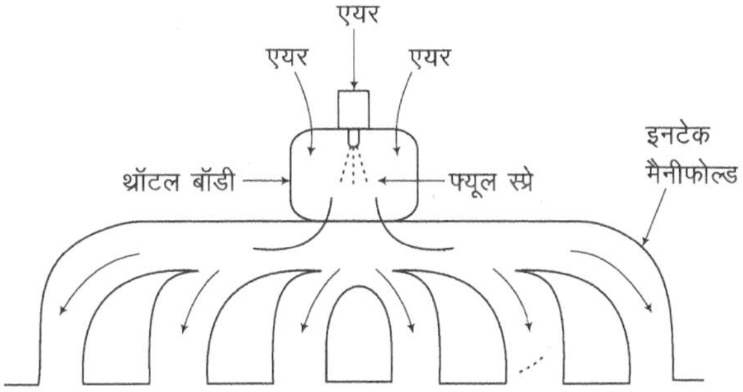

चित्र मल्टी-प्वॉइण्ट फ्यूल इन्जेक्शन प्रणाली की थ्रॉटल बॉडी इन्जेक्शन (सिंगल प्वॉइण्ट) व्यवस्था

(ii) इलेक्ट्रॉनिक डीजल इन्जेक्शन नियन्त्रण प्रणाली Electronic Diesel Injection Control (EDIC) System

इस ईंधन प्रणाली में इनटेक मैनीफोल्ड में एक इलेक्ट्रॉनिक नियन्त्रण यूनिट (Electronic Control Unit) या ECU का प्रयोग किया जाता है। ECU स्वत: ही वायु एवं डीजल के मिश्रण को पर्याप्त मात्रा में प्रत्येक इंजन सिलेण्डर में उपलब्ध कराता है।

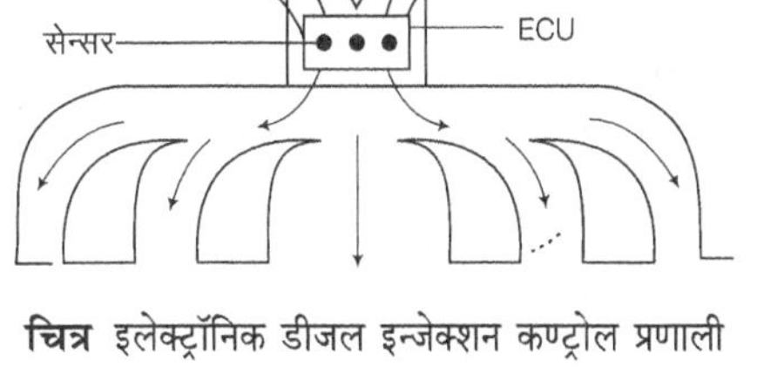

चित्र इलेक्ट्रॉनिक डीजल इन्जेक्शन कण्ट्रोल प्रणाली का नियोजित (schematic) आरेख

यह मुख्यत: निम्न प्रकार की होती है

(a) **कॉमन रेल डीजल इन्जेक्शन प्रणाली** (Common Rail Diesel Injection (CRDI) System) इस प्रणाली में सिंगल इन्जेक्शन पम्प और इन्जेक्टर प्रत्येक सिलेण्डर के लिए प्रयोग किए जाते हैं। ये एक इकाई के रूप में होते हैं, इसलिए इन्हें इकाई इन्जेक्टर भी कहते हैं। इकाई इन्जेक्टर की क्रिया इंजन वाल्व के समान रॉकर-आर्म और स्प्रिंग के माध्यम से होती है। ईंधन टैंक से फीड पम्प द्वारा ईंधन खींचा जाता है और निम्न दाब पर फिल्टर के माध्यम से इकाई इन्जेक्टरों को सप्लाई किया जाता है और अतिरिक्त ईंधन रिलीफ वाल्व से होकर वापस ईंधन टैंक में आ जाता है। इसमें एक मैनीफोल्ड होती है जिसकी सहायता से ड्राइव पम्प में दाब के साथ इंजन की फीडिंग की जाती है। जैसा कि निम्न चित्र में दर्शाया गया है। इन्जेक्टर पम्प रेल से कनैक्ट पाइपों द्वारा फीड किया जाता है।

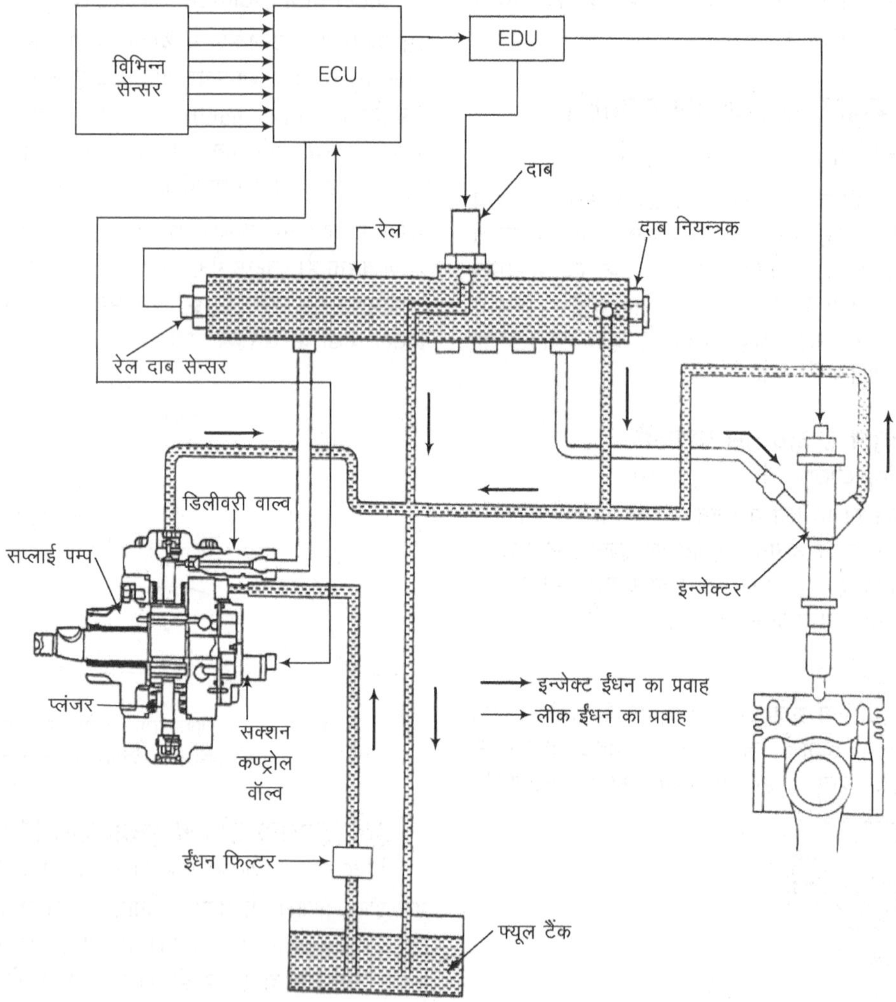

चित्र कॉमन रेल डायरेक्ट इन्जेक्शन प्रणाली

इस प्रकार की प्रणाली में एक कम दबाव वाला विद्युतीय ईंधन पम्प, ईंधन टैंक से डीजल खींचकर एक फिल्टर के द्वारा उच्च दबाव वाले पम्प को डीजल भेजता है। यह उच्च दबाव पम्प एक दबाव नियन्त्रक वाल्व द्वारा कॉमन रेल में उच्च दबाव बनाता है।

इस प्रैशर नियन्त्रक वाल्व को दबाव सेन्सर के माध्यम से इलेक्ट्रॉनिक कण्ट्रोल यूनिट, नियन्त्रित करता है। इस प्रकार कॉमन रेल में बना डीजल का दबाव, इंजन गति के प्रभाव से मुक्त होता है। इन्जेक्टर से किसी प्रकार के डीजल लीकेज से होने वाले परिणामों को प्रणाली में लगे हुए बहाव सीमा सुरक्षित रखते हैं। इस प्रणाली में अधिक डीजल दबाव को रोकने के लिए दबाव नियन्त्रण वाल्व (प्रैशर लिमिटर वाल्व) कार्य करता है। एक सोलेनॉयड वाल्व द्वारा नियन्त्रित इन्जेक्टर की इन्जेक्शन नॉजिल से इंजन कम्बशन चैम्बर में डीजल इन्जेक्ट होता है। इस प्रणाली में डीजल दबाव, इन्जेक्शन अवधि, इन्जेक्शन नॉजिल का आकार और प्रारूप के आधार पर ही इन्जेक्ट किए जाने वाले डीजल की मात्रा निर्भर करती है।

(b) **हाइड्रॉलिकली एक्चुएटेड इलेक्ट्रॉनिकली नियन्त्रित इकाई इन्जेक्शन प्रणाली** (Hydraulically Actuated Electronically Controlled Unit Injection (HEUI) System) हाइड्रॉलिकली एक्चुएटेड इलेक्ट्रॉनिकली नियन्त्रित इकाई इन्जेक्शन (HEUI) प्रणाली, डीजल इंजन में प्रयुक्त होने वाली एक ऐसी प्रणाली है, जिसके द्वारा डीजल के रूप में ईंधन को इंजन में सप्लाई किया जाता है। डीजल फ्यूल इन्जेक्शन का प्रचालन ईंधन को फ्यूल टैंक से लेकर टेन्डम (tandem) उच्च तथा निम्न दाब ईंधन पम्प का प्रयोग करके किया जाता है।

इस प्रणाली में ईंधन पम्प, ईंधन को निम्न दाब पर पम्प के निम्न साइड में ईंधन फिल्टर, वाटर सेपरेटर तथा हीटर बाउल (heater bowl) के संयोजन से प्रचालित (circulates) करता है तथा इसके पश्चात् व्युत्क्रम में ईंधन गैलरियों से पम्प के उच्च साइड (high side) में उच्च दाब पर ईंधन को प्रचालित करता है।

ईंधन गैलरियाँ (fuel galeries) प्राय: सिलेण्डर हैड में स्थित होती हैं। इस व्यवस्था में इन्जेक्टर्स का भी प्रयोग किया जाता है, जिसे शक्ति ट्रेन मॉड्यूल या PCM द्वारा नियन्त्रित किया जाता है एवं इनपुट के ईंधन रेंज (range) पर आधारित PCM, इन्जेक्शन पल्सेस की अवधि का भी नियन्त्रण करता है।

इन्जेक्टर प्राय: उच्च दाब ऑयल पम्प से ऑयल द्वारा हाइड्रॉलिकली प्रेरित (actuate) होते हैं।

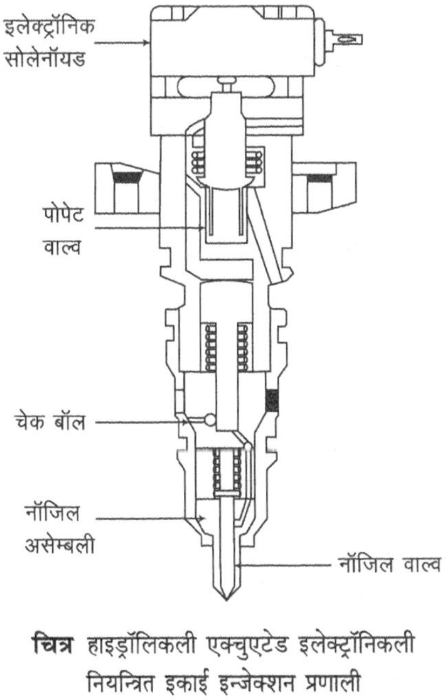

चित्र हाइड्रॉलिकली एक्चुएटेड इलेक्ट्रॉनिकली नियन्त्रित इकाई इन्जेक्शन प्रणाली

सोलेनॉयड प्रेरित वाल्व का प्रयोग इस प्रणाली में तेल प्रवाह द्वारा उत्पन्न उच्च दाब को नियन्त्रित करने के लिए है।

तेल प्रवाह के उच्च दाब के कारण इन्जेक्शन दाब भी 1250 से 1800 bar या 18,000 से 24,000 PSI बढ़ जाता है।

19.7 इलेक्ट्रॉनिक डीजल नियन्त्रण प्रणाली
Electronic Diesel Control System

इस प्रणाली का प्रयोग फ्यूल इन्जेक्टर व कम्बशन क्रिया को नियन्त्रित करने के लिए किया जाता है। कुछ इंजनों में गवर्नर के स्थान पर सम्पूर्ण इलेक्ट्रॉनिक नियन्त्रण प्रणाली का प्रयोग किया जाने लगा है। इसके द्वारा इंजन गति, वाहन गति, थ्रॉटल स्थिति, टार्क सीमा निर्धारित करने और विभिन्न परिस्थितियों के सेन्सर को मॉनीटर करता है। इन द्वारा भेजे गए सूचना संकेत आँकड़ों का विश्लेषण करके निर्धारित करता है कि कितना डीजल इन्जेक्ट होना चाहिए। डीजल इलेक्ट्रॉनिक नियन्त्रण प्रणाली के द्वारा इंजनों को साफ-सुथरा एवं उच्च गति का बनाया जा सकता है। इस प्रणाली में कम्प्यूटर के द्वारा विभिन्न इनपुट युक्तियों (थ्रॉटल स्थिति, वाहन गति, कूलैन्ट तापमान RPM आदि) से सूचना को स्टार करता है तथा आउटपुट युक्तियों (ग्लो प्लग, शीतलक फैन व वातानुकूल युक्ति आदि) की क्रिया को नियन्त्रित करता है। इस कम्प्यूटर को पावर ट्रेन कण्ट्रोल मॉड्यूल (PCM) के नाम से जाना जाता है। इलेक्ट्रॉनिक डीजल नियन्त्रण प्रणाली से सम्बन्धित कुछ मुख्य अवयव निम्न प्रकार हैं

1. इलेक्ट्रॉनिक नियन्त्रण इकाई
Electronic Control Unit, ECU

यह एक ऐसी प्रणाली है, जिसके द्वारा डीजल इन्जेक्शन के प्रचालन को नियन्त्रित किया जाता है। इस प्रणाली के अन्तर्गत सेन्सर (sensor) तथा एक्चुएटर्स का प्रयोग मुख्य रूप से किया जाता है। यह यूनिट संकेतों को प्राप्त करके इन्जेक्टर, भू (land) के प्रारम्भिक समय (opening time) को तय करता है, जिससे इन्जेक्शन आयतन भी नियन्त्रण में रहता है। यह प्रणाली ऑन-बोर्ड क्रियाशील संकेतों को एकत्रित करती है। इसमें प्राय: माइक्रोप्रोसेसर (microprocessor), मैमोरी यूनिट, एनालॉग से डिजिटल परिवर्तक (analog to digital converter) समंजित होते हैं।

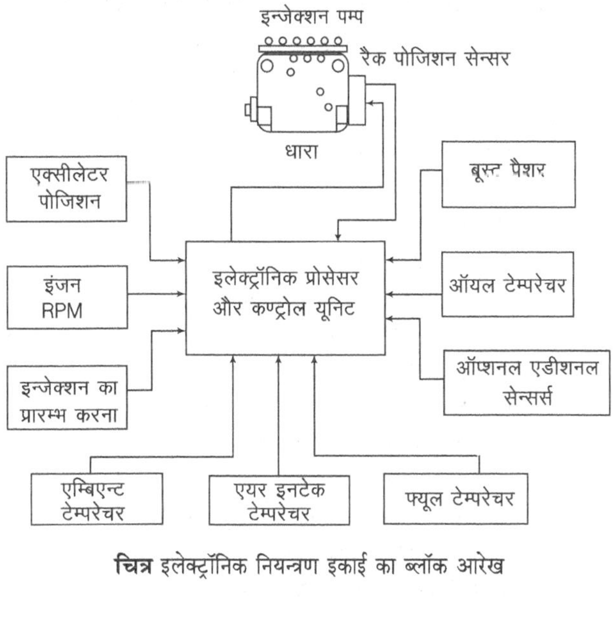

चित्र इलेक्ट्रॉनिक नियन्त्रण इकाई का ब्लॉक आरेख

2. सेन्सर Sensor

ऑटोमोटिव वाहनों में सेन्सर का प्रयोग वाहनों की प्रचालन स्थिति व परिवर्तन को मापने के लिए किया जाता है। वाहनों में मुख्य रूप से निम्न प्रकार के सेन्सर प्रयोग किए जाते हैं

- **ऑक्सीजन सेन्सर** (Oxygen sensor) ऑक्सीजन सेन्सर का प्रयोग विश्लेषित ऑक्सीजन के समानुपात को आँकने के लिए किया जाता है। इसके द्वारा निकलने वाले गैसों की सान्द्रता भी मापी जा सकती है।
- **क्रैंक सेन्सर** (Crank sensor) इस इलेक्ट्रॉनिक उपकरण का प्रयोग आन्तरिक दहन इंजनों तथा उनकी घूर्णन गति को मॉनीटर करने हेतु किया जाता है। इसके द्वारा पिस्टन तथा वाल्व की घूर्णन गति भी मॉनीटर की जा सकती है।
- **शीतक तापमान सेन्सर** (Cold temperature sensor) इस प्रकार के सेन्सर का प्रयोग वाहनों के इंजन में उपस्थित लुब्रीकेन्ट तापमान को मापने के लिए किया जाता है।
- **तापमान सेन्सर** (Temperature sensor) इस प्रकार के सेन्सर का प्रयोग विभिन्न तापमान; जैसे—ईंधन तापमान, शीतक तापमान, इनटेक तापमान, वायु तापमान आदि मापने के लिए किया जाता है।
- **वाहन गति सेन्सर** (Vehicle speed sensor) इस सेन्सर से वाहनों की स्पीड को मॉनीटर किया जाता है।
- **इन्जेक्शन पम्प गति सेन्सर** (Injection pump speed sensor) इस प्रकार के सेन्सर का प्रयोग पम्प की रोटेशन स्पीड को मॉनीटर करने के लिए किया जाता है।
- **ईंधन रैक पोजिशन सेन्सर** (Fuel rack position sensor) इस प्रकार के सेन्सर का प्रयोग ईंधन रैक की पोजिशन को मॉनीटर करने में किया जाता है।
- **वायु प्रवाह सेन्सर** (Air flow sensor) वायु प्रवाह सेन्सर का प्रयोग फ्यूल इन्जेक्शन इंजन के अन्दर आने वाली वायु प्रवाह की दर का आकलन करने हेतु किया जाता है।

उपरोक्त सभी सेन्सर्स के अतिरिक्त कुछ अन्य सेन्सर; जैसे—ईंधन दाब सेन्सर, वायु साफ करने वाला निर्वात दाबीय सेन्सर, ब्रेक पैडल सेन्सर, क्लच पैडल सेन्सर, ड्राइवर इनपुट स्विच सेन्सर भी वाहनों में प्रयोग किए जाते हैं।

3. एक्चुएटर्स Actuators

एक्चुएटर्स का उपयोग इलेक्ट्रिकल संकेत को यान्त्रिक क्रिया (mechanical action) में स्थानान्तरित करने के लिए किया जाता है। इलेक्ट्रॉनिक डीजल कण्ट्रोल प्रणाली में विद्युत-चुम्बकीय एक्चुएटर्स का प्रयोग किया जाता है। इस प्रकार के एक्चुएटर्स फ्यूल पम्प पर स्थित होते हैं। इलेक्ट्रिक संकेत को यान्त्रिक क्रिया में स्थानान्तरित के लिए बूस्ट-दाब एक्चुएटर्स, थ्रॉटल वाल्व एक्चुएटर्स, एग्जॉस्ट गैस रिसर्कुलेशन एक्चुएटर्स आदि सेन्सर का प्रयोग किया जाता है।

19.8 ईंधन प्रणाली के सामान्य दोष General Faults of Fuel System

डीजल ईंधन प्रणाली में उत्पन्न होने वाले विभिन्न दोष एवं उनके निवारणों को नीचे तालिका में दर्शाया गया है

क्र.सं.	सामान्य दोष व कारण	निवारण
I.	**इंजन का सामान्य न चलना**	
	डीजल में मिलावट	सही ग्रेड का अच्छा डीजल भरें।
	फिल्टर इन्सर्ट बन्द चोक	नए फिल्टर एलीमेन्ट डालें।
	ईंधन प्रणाली में हवा	डीजल लाइन की ब्लीडिंग करें।
	एक्सीलेटर लीकेज में ढीलापन/रुकावट	दोष देखकर दूर करें।
	इन्जेक्शन टाइमिंग गलत	इन्जेक्शन (injection) टाइमिंग पुनः सैट करें।
	पम्प की फेजिंग गलत/डिलीवरी का बराबर न होना	इन्जेक्शन (injection) पम्प की फेजिंग तथा कैलीब्रेशन करें।
	पम्प की कण्ट्रोल रॉड/गियर का घिस जाना	रॉड बदलें व पम्प कैलीब्रेट करें।
	हाई प्रैशर पाइप के जोड़ों में लीकेज	दोष देखकर दूर करें।
	हाई प्रैशर पाइप में रुकावट	दोष देखकर दूर करें।
	नॉजिल के सुराख बन्द/सुई जाम होना/स्प्रे का ठीक न होना	नॉजिल साफ करें या नया डालें।
	इंजन का कम्प्रैशन कम/इंजन का सीज होना	इंजन ओवरहॉल करें।
	वाल्व स्टिकी/वाल्व स्प्रिंग का टूटना/वाल्व गाइड का घिस जाना	रीसेट करें या बदलें।

क्र.सं.	सामान्य दोष व कारण	निवारण
II.	**स्टार्टिंग में समस्या**	
	बैटरी कमजोर/स्टार्टर में खराबी	इलेक्ट्रिकल प्रणाली चैक करें, खराब भाग को बदलें।
	हीटर प्लग्स परिपथ में खराबी	परिपथ चैक करें, हीटर प्लग बदलें।
	टैंक में डीजल समाप्त	डीजल की पूर्ति करें।
	डीजल में मिलावट	सही ग्रेड का अच्छा डीजल डालें।
	टैंक के ढक्कन में हवा छिद्र बन्द	टैंक की कैप का छिद्र खोलें।
	लो प्रैशर पाइप में रुकावट	पाइप साफ करें।
	फिल्टर इन्सट्र्स बन्द (चोक)	फिल्टर एलीमेन्ट साफ करें या बदलें।
	ओवरफ्लो वाल्व जाम/लीकेज	पाइप साफ करें या बदलें।
	फ्यूल सिस्टम में हवा	डीजल लाइन से हवा ब्लीड करें।
	गवर्नर स्टॉप लीवर खिंचा होना	लीवर को सही करें।
	एक्सीलेटर लिंकेज में ढीलापन/रुकावट	दोष देखकर सही करें।
	पम्प इन्जेक्शन (injection) टाइमिंग गलत	टाइमिंग सही सैट करें।
	अधिक डीजल उपकरण खराब	खराब उपकरण बदलें या ठीक करें।
	फ्यूल इन्जेक्शन (injection) पम्प/फीड पम्प के पुर्जों का घिस जाना	मरम्मत करें या बदलें।
	हाई प्रैशर पाइप के जोड़ों में लीकेज	लीकेज बन्द करें।
	इन्जेक्टर और सिलेण्डर हैड की सीलिंग में लीकेज	सीट साफ करें तथा वाशर बदलें।
	नॉजिल के सुराख बन्द/नीडल जाम होना/स्प्रे का ठीक न होना	सुराख साफ करें तथा नॉजिल बदलें।
	वायु फिल्टर/एग्जॉस्ट सिस्टम बन्द	फिल्टर साफ करें तथा दोष देखकर दूर करें।
	इंजन कम्प्रैशन कम/इंजन का सीज होना	इंजन ओवरहॉल करें।
	वाल्व स्टिकी/वाल्व स्प्रिंग का टूटना/वाल्व गाइड का घिस जाना	खराब भागों को बदलें।
III.	**इंजन में नॉकिंग आवाज**	
	डीजल में मिलावट	सही ग्रेड का अच्छा डीजल डालें।
	पम्प इन्जेक्शन (injection) टाइमिंग गलत	टाइमिंग पुनः सैट करें।
	पम्प की फेजिंग गलत/डिलीवरी का बराबर न होना	पम्प फेजिंग कैलीब्रेशन करें।
	पम्प के डिलीवरी वाल्व जाम/स्प्रिंग का टूटना	डिलीवरी वाल्व साफ करें/स्प्रिंग बदलें।
	इन्जेक्टर (injector) का ओपनिंग प्रैशर अधिक है	इन्जेक्टर प्रैशर एडजस्ट करें।
	नॉजिल का खुली स्थिति में जाम होना/नॉजिल होल्डर स्प्रिंग का टूटना	नॉजिल बदलें, स्प्रिंग बदलें।
	नॉजिल के सुराख बन्द होना /नीडिल का जाम होना/स्प्रे का ठीक न होना	नॉजिल साफ करें।
	इंजन का कम्पैशन कम होना/इंजन का सीज होना	इंजन ओवरहॉल करें।
	वाल्व स्टिकी/वाल्व स्प्रिंग का टूटना/वाल्व गाइड का घिस जाना	वाल्व खोलकर स्प्रिंग व गाइड बदलें।
	बिग एण्ड/मेन बियरिंग्स का घिस जाना/क्रेंकशाफ्ट के अधिक बल होना	इंजन ओवरहॉलिंग करें।
	कम्बशन कक्ष (चैम्बर) में अधिक कार्बन जमा	डी-कार्बनाइजिंग करें।
IV.	**डीजल की अधिक खपत**	
	डीजल लीक होना	ठीक करें।
	पम्प इन्जेक्शन टाइमिंग गलत होना	दोबारा एडजस्ट करें।
	डीजल उपकरणों में खराबी होना	ठीक करें।
	इंजन की आइडलिंग स्पीड अधिक होना	दोबारा सैट करें।

क्र.सं.	सामान्य दोष व कारण	निवारण
	फुल लोड/कोर्स ऑफ डिलीवरी अधिक होना	पम्प को दोबारा कैलीब्रेट करें।
	इन्जेक्शन टाइमर का ऑटोमैटिक एडवांस गलत होना	ठीक करें।
	इन्जेक्टर का ओपनिंग प्रैशर कम होना	दोबारा सैट करें।
	नॉजिल के सुराख बन्द/नीडिल जाम/स्प्रे ठीक नहीं होना	साफ करें/बदलें।
	नॉजिल नीडिल लिफ्ट अधिक होना	नॉजिल बदलें।
	वायु फिल्टर/एग्जॉस्ट सिस्टम बन्द (चोक) होना	साफ करें/बदलें।
	इंजन कम्प्रैशन कम/इंजन का सीज होना	इंजन ओवरहॉल करें।
	वाल्व स्टिकी/वाल्व स्प्रिंग टूट जाना/वाल्व गाइड घिस जाना	बदलें/रीसेट करें।
	कूलिंग/स्नेहन प्रणाली खराब होना	ठीक करें।
V.	**अधिक धुआँ**	
	पम्प इन्जेक्शन टाइमिंग गलत होना	टाइमिंग पुनः सैट करें।
	डीजल उपकरण का खराब होना	उपकरण की मरम्मत करें।
	पम्प डिलीवरी वाल्व जाम/स्प्रिंग टूट जाना	स्प्रिंग बदलें व पम्प कैलीब्रेट करें।
	फुल लोड/कोर्स ऑफ डिलीवरी अधिक होना	पम्प पुनः कैलीब्रेट करें।
	इन्जेक्शन टाइमर का ऑटोमैटिक एडवांस गलत होना	टाइमर सही करें।
	सिलेण्डर हैड में नॉजिल की स्थिति गलत होना तथा वाशर्स का प्रयोग करना	नॉजिल सही फिट करें।
	इन्जेक्टर ओपनिंग प्रैशर कम	इन्जेक्टर टैस्ट करके सही करें।
	नॉजिल खुली स्थिति में जाम होना/नॉजिल होल्डर स्प्रिंग का टूट जाना	होल्डर स्प्रिंग बदलें, नॉजिल साफ करें।
	नॉजिल के सुराख बन्द/नीडिल जाम/स्प्रे ठीक नहीं होना	सुराख साफ करें, नॉजिल बदलें।
	नॉजिल नीडिल की लिफ्ट अधिक होना	नॉजिल बदलें।
	वायु फिल्टर/एग्जॉस्ट सिस्टम बन्द (चोक) होना	फिल्टर साफ करें या बदलें।
	इंजन कम्प्रैशन कम/इंजन का सीज होना	इंजन ओवरहॉल करें।
VI.	**इंजन का अधिक गर्म होना**	
	पम्प इन्जेक्शन टाइमिंग गलत होना	टाइमिंग पुनः सैट करें।
	फुल लोड/कोर्स ऑफ डिलीवरी अधिक होना	पम्प कैलीब्रेट करें।
	नॉजिल के सुराख बन्द/नीडिल जाम/स्प्रे ठीक नहीं होना	नॉजिल साफ करें या बदलें।
	इंजन कम्प्रैशन कम/इंजन का सीज होना	इंजन की ओवरहॉलिंग करें।
	वाल्व-स्टिकी/वाल्व स्प्रिंग टूट जाना/वाल्व गाइड घिस जाना	वाल्व आदि ठीक करें।
	कम्बशन चैम्बर में अधिक कार्बन का जाम होना	डी-कार्बनाइजिंग करें।
	शीतलन/स्नेहन प्रणाली का खराब होना	दोष देखकर दूर करें।

महत्त्वपूर्ण बिन्दु

- डीजल इंजन को कम्प्रैशन इग्नीशन इंजन के नाम से भी जाना जाता है।
- डीजल का जलना सीटेन नम्बर पर आधारित होता है।
- इंजन, ईंधन की ऊष्मीय ऊर्जा को यान्त्रिक ऊर्जा में परिवर्तित करता है।
- ऑक्टेन नम्बर अथवा रेटिंग एक ऐसी माप है, जिसके द्वारा ईंधन के जलने के गुण को ज्ञात किया जाता है।
- भारतीय वाहनों में उच्च गति के लिए अल्पतम निर्धारित सीटेन संख्या 48 है।
- इंजन में प्रयुक्त सिलेण्डर में इंजन के जलने से जब दाब उत्पन्न होता है, तो एक विशेष प्रकार की आवाज उत्पन्न होती है, जिसे नॉकिंग कहते हैं।
- श्यानता, डीजल ईंधन का एक ऐसा अभिलक्षण होता है, जो ईंधन के प्रवाह से उत्पन्न प्रतिरोध को मापता है।
- क्लाउड बिन्दु ईंधन के अभिलक्षण का ऐसा ताप बिन्दु है जिस पर डीजल ईंधन धुँधला दिखाई देने लगता है।
- डीजल इंजनों में प्रत्यक्ष इंजेक्शन उच्च ताप पर किया जाता है।
- शान्त डीजल तकनीक द्वारा डीजल इंजनों की दक्षता तथा कार्यिकी में वृद्धि होती है।
- शुद्ध डीजल तकनीक द्वारा डीजल इंजनों को पर्यावरण के प्रतिकूल बनाया जा सकता है।
- ईंधन को टैंक से इंजन के कम्बशन चैम्बर तक पहुँचाने वाले अवयव, डीजल ईंधन प्रणाली के अवयव कहे जाते हैं।
- डीजल को फिल्टर करने हेतु कागज, नमदा तथा बारीक जाली का प्रयोग एलीमेन्ट के रूप में किया जाता है।
- फ्यूल फीड पम्प द्वारा टैंक से ईंधन को इन्जेक्शन पम्प तक पहुँचाने का कार्य किया जाता है।
- डायफ्राम टाइप फ्यूल पम्प अधिक प्रैशर से डीजल ट्रांसफर नहीं कर पाता है।
- फेजिंग, डीजल इंजन के फ्यूल इन्जेक्शन पम्प की वह सैटिंग है जो डीजल इन्जेक्शन के प्रारम्भ से अन्त तक बराबर अन्तराल बनाए रखती है।
- डीजल इंजनों के फ्यूल इंजेक्शन पम्प की वह सैटिंग जो डीजल इन्जेक्शन की समान मात्रा के लिए की जाती है, कैलिब्रेशन कहलाती है।
- इन-लाइन फ्यूल इंजेक्शन पम्प, उच्च दाब पर क्रमानुसार डीजल तथा उचित समय पर फायरिंग सभी इंजेक्टर्स को प्रदान करता है।
- हैण्ड प्राइमिंग पम्प का प्रयोग इंजन की हवा निकालने के लिए किया जाता है।
- ग्लो प्लग का प्रयोग अप्रत्यक्ष इन्जेक्शन विधि में किया जाता है।
- क्युमिन्स डीजल इन्जेक्शन में ईंधन का दाब, फ्यूल लाइन में उच्च तथा कैम लोब में निम्न होता है।
- डेट्रोइट डीजल इन्जेक्शन के यूनिट इंजेक्टर में इंजेक्ट ईंधन की मात्रा को लघु नियन्त्रक रैक द्वारा नियन्त्रित किया जाता है।
- किसी भी इंजन की अधिकतम तथा न्यूनतम चाल को नियन्त्रित रखने के लिए गवर्नर का प्रयोग किया जाता है।
- डीजल इन्जेक्टर, नॉजिल, ऑटोमाइजर या फ्यूल वाल्व भी कहलाता है।
- डीजल इंजनों में फ्यूल इंजेक्शन के लिए मुख्यतया यान्त्रिक तथा इलेक्ट्रॉनिक इन्जेक्शन प्रणाली का प्रयोग किया जाता है।
- मल्टी प्वॉइण्ट फ्यूल इन्जेक्शन प्रणाली में ईंधन के इन्जेक्शन का मुख्य उद्देश्य ईंधन तथा हवा के उचित अनुपात को इंजन सिलेण्डर में सप्लाई करना है।
- इलेक्ट्रॉनिक डीजल नियन्त्रण प्रणाली का प्रयोग फ्यूल इंजेक्टर व कम्बशन प्रक्रिया को नियन्त्रित करने के लिए किया जाता है।
- इलेक्ट्रॉनिक नियन्त्रण इकाई में प्रायः माइक्रोप्रोसेसर, मैमोरी यूनिट तथा कन्वर्टर समंजित रहते हैं।
- वाहनों में सेन्सर का प्रयोग वाहनों की प्रचालन स्थिति व परिवर्तन को मापने के लिए किया जाता है।
- वाहनों में एक्चुएटर्स का उपयोग इलेक्ट्रिकल संकेत को यान्त्रिक क्रिया में स्थानान्तरित करने के लिए किया जाता है।

महत्त्वपूर्ण प्रश्नोत्तरी

1. प्रत्यक्ष इन्जेक्शन किसे कहते हैं?

उत्तर प्रत्यक्ष इन्जेक्शन, डीजल इंजन में ईंधन को इन्जेक्ट कराने की एक ऐसी व्यवस्था है, जिसके माध्यम से डीजल इंजन में ईंधन प्रत्यक्ष रूप से पिस्टन की सहायता से दहन कक्ष में इन्जेक्ट करता है।

2. फ्यूल फीड पम्प का कार्य क्या होता है?

उत्तर फ्यूल फीड पम्प द्वारा डीजल को फ्यूल टैंक से इन्जेक्ट पम्प तक पहुँचाने का कार्य किया जाता है।

3. फ्यूल फीड पम्प में डायफ्राम के आगे आंशिक शून्य क्यों बन जाता है?

उत्तर जब इंजन के चलने से फ्यूल इन्जेक्शन पम्प की कैम द्वारा रॉकर दबता है, तो पम्प का डायफ्राम पीछे या नीचे यथास्थिति में दबता है, जिसके फलस्वरूप डायफ्राम के आगे आंशिक शून्य (vacuum) बन जाता है।

4. पिन्टॉक्स नॉजिल की बॉडी में एक छोटा-सा होल होता है, उसे क्या कहते हैं?

उत्तर पिन्टॉक्स नॉजिल की बॉडी में बने छोटे होल को ऑक्जिलरी होल कहते हैं।

5. सेकेण्डरी फिल्टर को कितनी अवधि के पश्चात् बदल देना चाहिए?

उत्तर सेकेण्डरी फिल्टर को 20000 व 25000 किमी के पश्चात् बदल देना चाहिए।

6. मैकेनिकल गवर्नर्स किस चाल पर भली-भाँति से कार्य करते हैं?

उत्तर मैकेनिकल गवर्नर्स धीमी चाल पर भली-भाँति से कार्य करते हैं?

अभ्यास प्रश्न

परीक्षा प्रारूपी प्रश्न

बहुविकल्पीय

1. डीजल फ्यूल की क्षमता को किससे प्रदर्शित करते हैं?
(a) सीटेन नम्बर (b) ऑक्टेन नम्बर
(c) 'a' और 'b' दोनों (d) इनमें से कोई नहीं

2. डीजल के शीघ्र जलने का मुख्य आधार है
(a) उसकी मात्रा (b) ऑक्टेन नम्बर
(c) सीटेन नम्बर (d) इनमें से कोई नहीं

3. भारतीय वाहनों में उच्च गति के लिए अल्पतम निर्धारित सीटेन संख्या है
(a) 48 (b) 58 (c) 68 (d) 93

4. वर्तमान में ऑटोमोबाइल उद्योग द्वारा .... तक के ऑक्टेन नम्बर वाला रेगुलर ग्रेड का पेट्रोल प्रयुक्त किया जाता है।
(a) 90 से 100 (b) 101 से 102
(c) 93 से 94 (d) 45 से 103

5. वह ताप बिन्दु जिस पर डीजल ईंधन धुँधला दिखाई देने लगता है, कहलाता है
(a) वाष्प बिन्दु (b) क्लाउड बिन्दु
(c) ऐरोमीट्रिक बिन्दु (d) नॉक रेटिंग बिन्दु

6. डीजल इंजनों में प्रत्यक्ष फ्यूल इंजेक्शन किया जाता है
(a) उच्च दाब पर (b) निम्न दाब पर
(c) निम्न ताप पर (d) उच्च ताप पर

7. शुद्ध डीजल तकनीक प्रदान करती है
(a) कम उत्सर्जन के साथ पूर्ण दहन
(b) उच्च शक्ति
(c) कम शोर स्तर
(d) उपरोक्त सभी

8. डीजल टैंक में सेडीमेन्ट चैम्बर बना होता है
(a) टैंक की साइड में (b) टैंक के ऊपर
(c) निचले तल पर (d) इनमें से कोई नहीं

9. डीजल फिल्टर बना होता है
(a) कागज का (b) महीन तार की जाली का
(c) नमदा का (d) ये सभी

10. फिल्टर साफ करने के लिए हवा का दबाव देते समय इनकी गन्दगी अन्दर की तरफ न जाए, इसके लिए प्रयोग करते हैं
(a) प्लग (b) जाली
(c) सक्शन वाल्व (d) रोलर

11. वाटर सेपरेटर का मुख्य कार्य है
(a) डीजल को गर्म करना
(b) डीजल से पानी अलग करना
(c) डीजल को ऑटोमाइज करना
(d) डीजल को विस्फोटक बनाना

12. फीड पम्प द्वारा ईंधन की सप्लाई न होने की प्रक्रिया कहलाती है
(a) प्राइमिंग (b) आइलिंग
(c) ओवरफ्लो (d) ब्लीडिंग

13. फ्यूल ट्रांसफर पम्प, निम्न में से किससे चलता है?
(a) क्रैंकशाफ्ट (b) कैमशाफ्ट
(c) हैण्डिल (d) पिस्टन

14. फीड पम्प सामान्यतः लगाए जाते हैं
(a) FIP में
(b) फ्यूल फिल्टर में
(c) फ्यूल टैंक में
(d) सिलेण्डर हैड में

15. हैण्ड प्राइमिंग पम्प का कार्य है
(a) हवा को ब्लीड करना (b) डीजल सप्लाई को रोकना
(c) डीजल को जलाना (d) इनमें से कोई नहीं

16. हैण्ड प्राइमिंग पम्प में कौन-सा अवयव लगाया जाता है?
(a) वेन टाइप (b) प्लंजर टाइप
(c) डायफ्राम टाइप (d) इनमें से कोई नहीं

17. डीजल इंजन में अधिकतम व न्यूनतम चाल नियमित रखने के लिए फ्यूल इन्जेक्शन पम्प के साथ क्या प्रयोग किया जाता है?
(a) गवर्नर
(b) नॉजिल
(c) प्लंजर
(d) वाल्व

18. इन्जेक्टर में कौन-कौन से परीक्षण किए जाते हैं?
(a) इंजेक्टर प्रैशर परीक्षण (b) Z परीक्षण
(c) 'a' और 'b' दोनों (d) इनमें से कोई नहीं

19. इन्जेक्टर का मुख्य भाग है
(a) लॉक नट (b) फ्यूल इनलेट
(c) नॉजिल (d) ये सभी

20. इन्जेक्टर द्वारा कितने दाब से डीजल स्प्रे होता है?
(a) 1500 से 2000 पौण्ड प्रति वर्ग इंच
(b) 1000 से 1200 पौण्ड प्रति वर्ग इंच
(c) 500 से 1000 पौण्ड प्रति वर्ग इंच
(d) उपरोक्त में से कोई नहीं

21. इन्जेक्टर का कार्य है
(a) डीजल सप्लाई को रोकना
(b) डीजल स्प्रे करना
(c) डिलीवरी वाल्व को खोलना
(d) इनमें से कोई नहीं

22. नीचे दिए गए चित्र में किस प्रकार के नॉजिल को दर्शाया गया है?

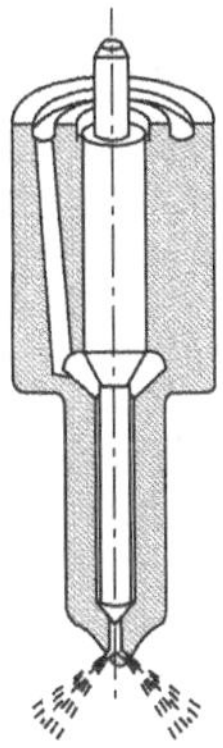

(a) सिंगल छिद्र
(b) लॉन्ग स्टेम
(c) पिन्टॉक्स
(d) पिण्टल

23. वर्तमान में किस प्रकार के नॉजिल का प्रयोग किया जा रहा है?
(a) सिंगल छिद्र टाइप नॉजिल (b) डिले टाइप नॉजिल
(c) पिण्टल टाइप नॉजिल (d) इनमें से कोई नहीं

24. किस प्रकार के नॉजिल ऑक्जिलरी स्प्रे छिद्र करते हैं?
(a) डिस्ट्रीब्यूटर पम्प (b) इनलाइन पम्प
(c) फीड पम्प (d) CRDI पम्प

25. ग्लो प्लग किस पदार्थ का बना होता है?
(a) फाइबर (h) माइका
(c) पॉली विनाइल क्लोराइड (d) रबर

26. ग्लो प्लग कहाँ फिट किए जाते हैं?
(a) गवर्नर में (b) दहन कक्ष में
(c) ईंधन इन्जेक्शन पम्प में (d) स्पिण्डल के साथ

27. डीजल इंजन में डीजल किसके द्वारा प्रज्ज्वलित होता है?
(a) ग्लो प्लग
(b) स्पार्क प्लग
(c) इन्जेक्टर
(d) टेम्प्रेचर या कम्प्रैस्ड एयर

28. नीचे दिए गए चित्र में 'X' से इंगित भाग का नाम बताइए

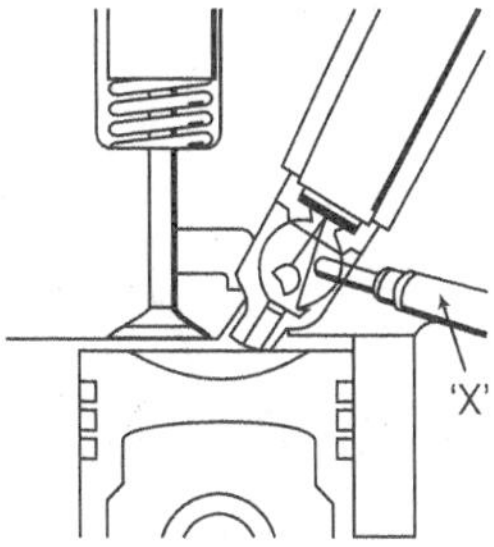

(a) ग्लो प्लग
(b) वाल्व
(c) स्विर्ल चैम्बर
(d) उपरोक्त में से कोई नहीं

29. निम्न में से कौन-सा भाग ग्रेविटी फीड डीजल प्रणाली का नहीं है?
(a) गवर्नर
(b) कॉक वाल्व
(c) फ्यूल फिल्टर
(d) इन्जेक्टर पम्प

30. डिस्ट्रीब्यूटर टाइप FIP को कहा जाता है
(a) इनलाइन पम्प (b) रोटरी पम्प
(c) लो प्रैशर पम्प (d) सर्वो पम्प

31. डिस्ट्रीब्यूटर पम्प में कितने पम्प तत्व होते हैं?
(a) 3 (b) 4
(c) 1 (d) 2

32. फ्यूल ट्रांसफर पम्प का प्रयोग कब किया जाता है?
(a) जब टैंक, पम्प से ऊँचा हो (b) जब टैंक, पम्प से दूर हो
(c) 'a' और 'b' दोनों (d) इनमें से कोई नहीं

33. एक पौण्ड डीजल को जलाने हेतु कितने पौण्ड वायु की आवश्यकता होती है?
(a) 2 पौण्ड
(b) 14 पौण्ड
(c) 10 पौण्ड
(d) 20 पौण्ड

34. डिलीवरी वाल्व खुलता है
(a) स्प्रिंग द्वारा (b) डीजल के दबाव से
(c) कण्ट्रोल रॉड द्वारा (d) इनमें से कोई नहीं

35. CRDI प्रणाली में हाई डीजल पम्प निम्न में किसको चलाता है?
(a) कैमशाफ्ट
(b) क्रैंकशाफ्ट
(c) फ्लाई व्हील
(d) टाइमिंग गियर

36. इलेक्ट्रॉनिक कण्ट्रोल प्रणाली का भाग है
(a) ECU (b) सेन्सर (c) एक्चुएटर (d) ये सभी

37. नीचे दिए गए चित्र में 'X' से इंगित भाग का नाम बताइए

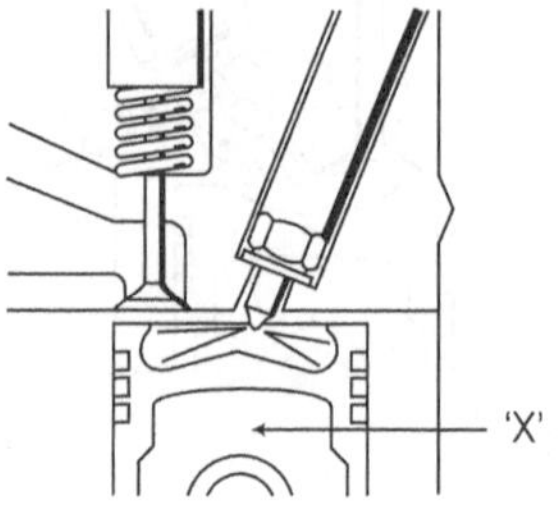

(a) इन्जेक्टर (b) वाल्व
(c) पिस्टन (d) इनमें से कोई नहीं

38. निम्न में से किसका कुप्रभाव डीजल ईंधन प्रणाली के अवयवों पर पड़ता है?
(a) ग्रीस (b) मिट्टी का तेल
(c) धूल कण (d) स्नेहक

39. डीजल की अनियमित सप्लाई का कारण हो सकता है
(a) एयर लॉक (b) गन्दा फिल्टर
(c) टैपिट रोल घिसा होना (d) ये सभी

40. इन्जेक्शन प्रैशर अधिक होने का कारण हो सकता है
(a) नॉजिल वाल्व जाम होना
(b) स्प्रिंग टूटी होना
(c) एयर लॉक
(d) नॉजिल वाल्व कटा होना

उत्तरमाला

1. (a)	**2.** (c)	**3.** (a)	**4.** (c)	**5.** (b)	**6.** (a)	**7.** (d)	**8.** (c)	**9.** (c)	**10.** (a)
11. (b)	**12.** (b)	**13.** (b)	**14.** (a)	**15.** (a)	**16.** (b)	**17.** (a)	**18.** (c)	**19.** (d)	**20.** (a)
21. (b)	**22.** (b)	**23.** (b)	**24.** (a)	**25.** (c)	**26.** (b)	**27.** (d)	**28.** (a)	**29.** (a)	**30.** (c)
31. (c)	**32.** (b)	**33.** (b)	**34.** (b)	**35.** (b)	**36.** (d)	**37.** (c)	**38.** (c)	**39.** (d)	**40.** (a)

अध्याय 20

इंजन असेम्बली

Engine Assembly

परिचय Introduction

इंजन मूलत: विभिन्न अवयवों एवं यन्त्रावलियों का संयुक्त रूप है, जिसे वाहनों में आवश्यक रूप से लगाया जाता है। इंजन को गतिमान तथा विभिन्न अनुप्रयोगों में उपयोग करने योग्य बनाने हेतु, उसके विभिन्न भागों के संयोजन की आवश्यकता होती है जिसमें इंजन के विभिन्न भागों को उनकी यान्त्रिक उपयोगिता के अनुसार ही फिट किया जाता है। इंजन के संयोजन में अनेक औजारों, विशिष्ट औजारों तथा गेजों की आवश्यकता पड़ती है। अत: इस अध्याय में इंजन असेम्बल करने की विधियों से पूर्व संयोजन-वियोजन औजारों तथा गेजों (gauges) का वर्णन किया गया है साथ ही पाठ्यक्रम की उपयोगिता को देखते हुए यहाँ गैस टरबाइन का संक्षिप्त वर्णन किया गया है।

अध्याय विषय सूची

20.1 इंजन का संयोजन करने हेतु प्रयुक्त औजार एवं गेज

Tools and Gauges Used for Engine Assembling

इंजन के संयोजन में कई ऐसे अवयव भी उपलब्ध होते हैं जिन्हें हाथ द्वारा या अनुमान से संयोजित नहीं किया जा सकता है। अत: संयोजन के दौरान विभिन्न औजारों एवं गेजों का उपयोग सहायक युक्तियों के रूप में किया जाता है। प्राय: पेंचकस, प्लास, स्पैनर, टॉर्क रिंच, जैक, फीलर गेज, ऑटोमोबाइल गेज, बोर डायल गेज तथा डायल टेस्ट इण्डीकेटर आदि इंजन के संयोजन के दौरान सहायक के रूप में प्रयुक्त किए जाते हैं।

संयोजन-वियोजन औजार Mentalling-Dismentalling Tools

किसी भी इंजन, मशीन अथवा वाहन की मरम्मत या उससे सम्बन्धित कार्य करने के लिए, उसे खोलने (वियोजन) अथवा बाँधने (संयोजन) की आवश्यकता होती है। इस कार्य हेतु संयोजन-वियोजन औजारों का प्रयोग किया जाता है। कार्य की आवश्यकतानुसार इन औजारों का चयन किया जाता है तथा इनके उपयोग से मशीन के संयोजन एवं वियोजन सम्बन्धी कार्य सरलता से बिना हानि के सम्पन्न किए जा सकते हैं। ये औजार निम्न प्रकार के होते हैं

1. टॉर्क रिंच
2. स्पैनर
3. प्लायर्स
4. पेंचकस
5. बियरिंग तथा पुली पुलर्स

टॉर्क रिंच Torque Wrench

इस रिंच का प्रयोग सॉकिट स्पैनर्स के साथ किया जाता है। इस रिंच द्वारा नट को खोलते अथवा कसते समय प्रयुक्त शक्ति को मापा जा सकता है। इसका प्रयोग करने से बोल्ट अथवा स्टड को खोलते समय उसके टूटने की सम्भावना नहीं रहती है।

टॉर्क रिंच का प्रयोग ऑटोमोबाइल तथा हवाई जहाज सम्बन्धित कार्यों में किया जाता है। निम्न चित्र में टॉर्क रिंच की संरचना दर्शायी गई है।

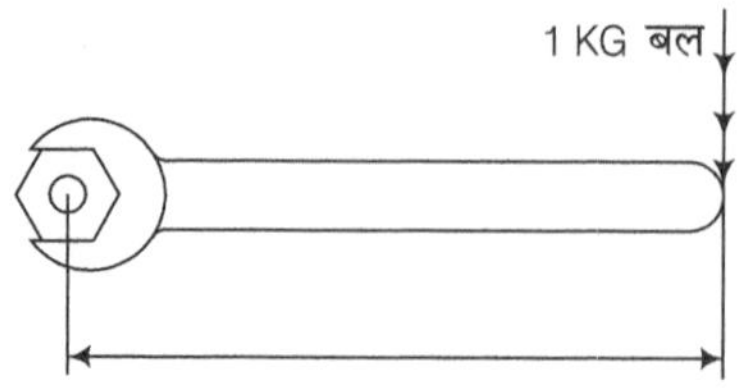

चित्र टॉर्क रिंच

ये अनेक आकारों एवं लम्बाइयों में उपलब्ध होते हैं; जैसे—पौण्ड-फुट, पौण्ड-इंच, किग्रा-मी, किग्रा-सेमी, न्यूटन-मीटर आदि। टॉर्क रिंच निम्न प्रकार के होते हैं

(i) **डायल टाइप टॉर्क रिंच** (Dial type torque wrench) इसमें स्केल लगा होता है जिसकी सहायता से उत्पन्न बलाघूर्ण अथवा टॉर्क को सरलता से मापा तथा पढ़ा जा सकता है।

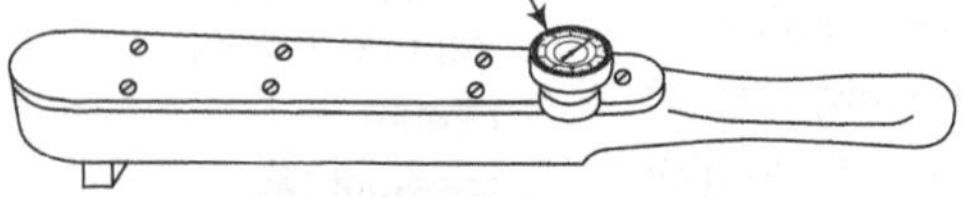

चित्र डायल टाइप टॉर्क रिंच

(ii) **ब्रेकओवर (माइक्रोमीटर) टाइप टॉर्क रिंच** (Brake over [micrometer] type torque wrench) इसमें हैण्डिल तथा रेचैट हैड पर एक माइक्रोमीटर स्केल लगा होता है। इसमें टॉर्क को माइक्रोमीटर स्केल पर सैट किया जा सकता है।

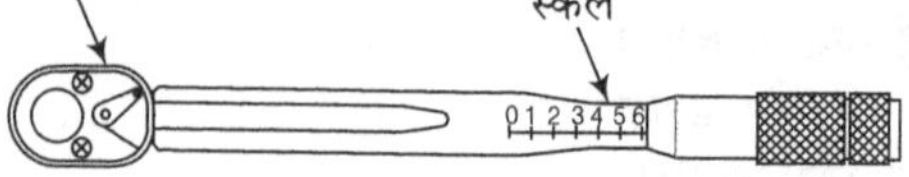

चित्र ब्रेकओवर (माइक्रोमीटर) टाइप टॉर्क रिंच

(iii) **टोरसन बार टॉर्क रिंच** (Torsion bar torque wrench) इसकी गेज, सरल प्वॉइण्ट होती है जोकि अंशांकित स्केल पर चलती है। यह प्वॉइण्ट ही एप्लाई किए जा रहे बलाघूर्ण का मान दर्शाती है।

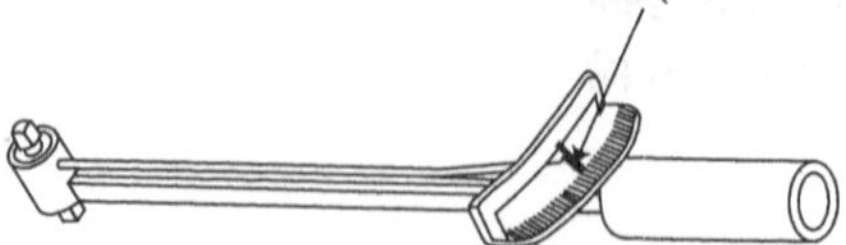

चित्र टोरसन बार टॉर्क रिंच

नोट *अन्य संयोजन-वियोजन औजारों के अध्ययन हेतु पूर्व में दिए गए अध्याय-2 का अवलोकन करें।*

संयोजन में प्रयुक्त गेज

Gauges used in Assembly

संयोजन में निम्न प्रकार के गेजों की आवश्यकता होती है

1. डायल बोर गेज Dial Bore Guage

यह एक यथार्थमापी यन्त्र (precision measuring instrument) है, जिसका प्रयोग आन्तरिक विमाओं को मापने के लिए किया जाता है।

डायल बोर गेज के विभिन्न भागों को निम्न चित्र में दर्शाया गया है

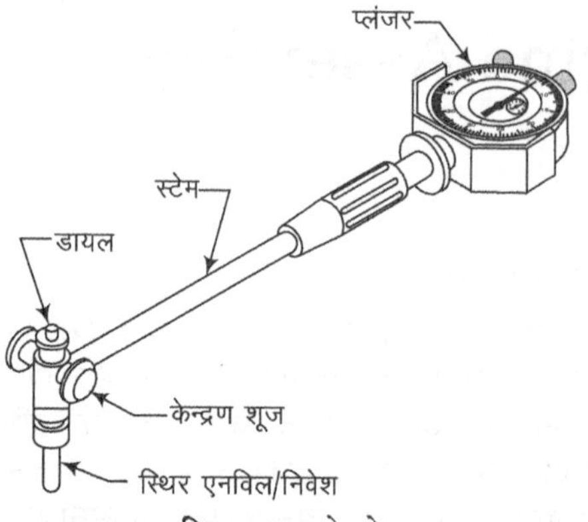

चित्र डायल बोर गेज

(i) **स्टेम** (Stem) यह सभी अवयवों को एक साथ जोड़कर रखता है और प्लंजर गति (plunger motion) को डायल तक पहुँचाने के लिए यन्त्रावली (mechanism) रखता है।

(ii) **स्थिर एनविल** (Fixed anvil) एनविल का चयन मापे जाने वाले बोर के व्यास के आधार पर किया जाता है। कई प्रकार के डायल बोर गेजों के लिए वाशर लगाए जाते हैं जिससे मापन की रेंज बढ़ाई जा सके।

(iii) **स्लाइडिंग प्लंजर** (Sliding plunger) मापन पाठ्यांक के लिए यह डायल की गति संचालित करता है।

(iv) **डायल सूचक** (Dial indicator) इसके डायल पर अंशांकन अंकित किए होते हैं। अंशांकन दोनों दिशाओं (दक्षिणावर्त व वामावर्त) में अंकित किए जाते हैं।

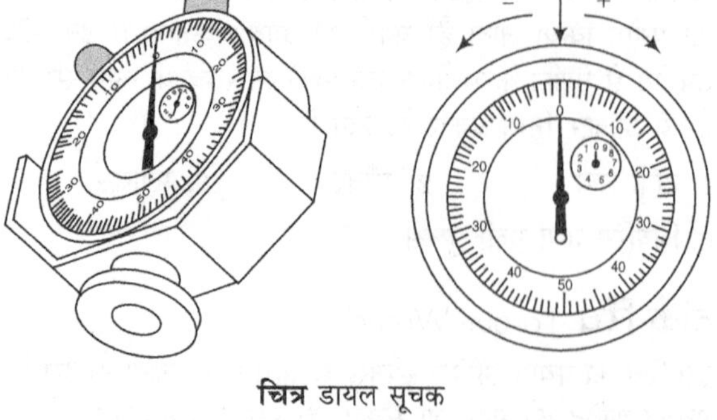

चित्र डायल सूचक

(v) **केन्द्रीय शूज** (Centering shoes) इनके द्वारा बोर के केन्द्र में मापक सतह का संरेखन बना रहता है। कुछ डायल बोर गेजों में ये स्प्रिंग-लोडेड दो दीर्घवृत्ताकार सपोर्ट के रूप लगे होते हैं तथा कुछ में ग्राउण्ड डिस्क के जोड़े के रूप में लगे होते हैं। विभिन्न मापक रेंजों के साथ बोर डायल गेजें विभिन्न साइजों में उपलब्ध होती हैं जोकि उपरोक्त चित्र में दर्शायी गई है। इस माप यन्त्र की परिशुद्धता डायल पर अंशांकनों के प्रकार पर निर्भर करती है। अत्यधिक प्रयुक्त होने वाले मापयन्त्रों की परिशुद्धता 0.001 मिमी से 0.01 मिमी तक होती है।

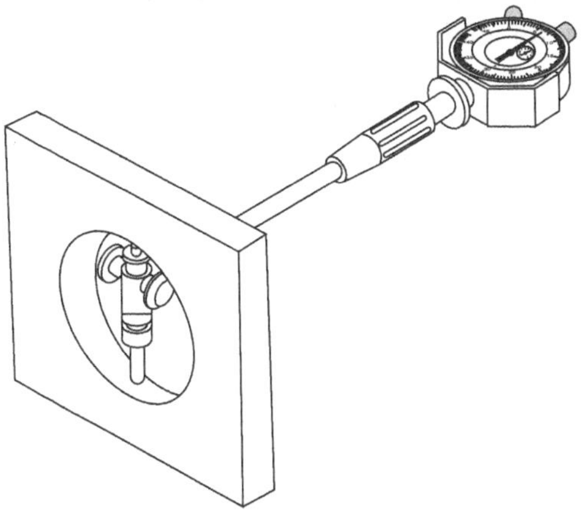

चित्र केन्द्रीय शूज का मापन में प्रयोग

डायल बोर गेज द्वारा माप लेना (Measurement by Dial bore gauge)

(i) माप लेने से पहले डायल गेज को शून्य पर सैट करें। शून्य सैटिंग के लिए सैटिंग रिंग उपलब्ध होते हैं।

(ii) जैसे ही डायल बोर गेज को सैटिंग डिवाइस अथवा मापे जाने वाले बोर में प्रवेश कराते हैं तो माप लेते समय स्प्रिंग-लोडेड सिरे अथवा प्लंजर (spring-loaded end or plunger) को दबाते हैं। मापी जाने वाली सतहों को सही स्थिति में रखते हुए, डायल बोर गेज को कुछ हिलाकर स्थिर कर लेते हैं।

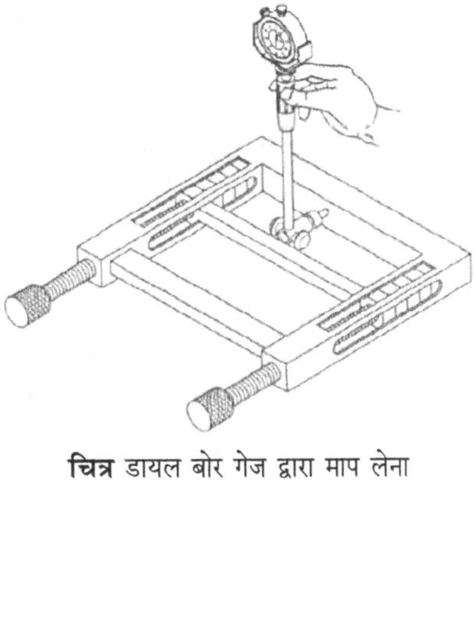

चित्र डायल बोर गेज द्वारा माप लेना

(iii) स्लिप गेज सैटिंग फिक्स्चर में लगे होते हैं तथा शून्य सैटिंग के लिए प्रयुक्त किए जा सकते हैं।

(iv) रीडिंग लेते समय सबसे पहले मापन की रेंज तथा स्केल के सब डिवीजनों की जाँच करते हैं। उदाहरण के लिए निम्न चित्र में एक इण्डीकेटर दर्शाया गया है जिसकी रेंज 0.8 किमी तथा दोनों दिशाओं में अंशांकन 0 से 40 है। इस प्रकार प्रत्येक डिवीजन का मान 0.01 मिमी है।

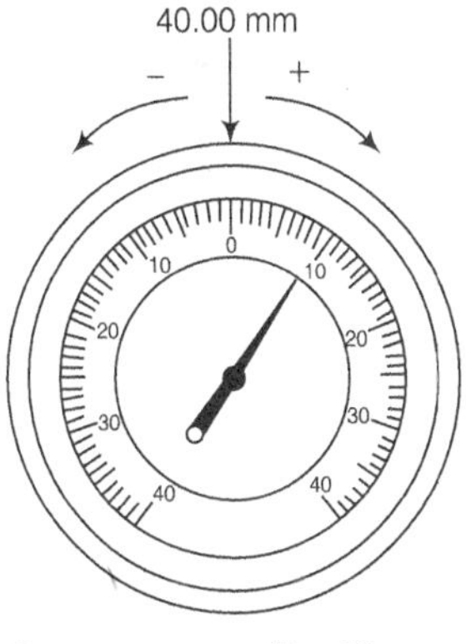

चित्र डायल सूचक में प्रदर्शित माप

2. डायल टेस्ट इण्डीकेटर
Dial Test Indicator

डायल टेस्ट इण्डीकेटर उच्च परिशुद्धता का मापयन्त्र होता है जिसका प्रयोग एक घटक के साइजों में अन्तर निर्धारित करने और तुलना करने के लिए किया जाता है।

ये मापयन्त्र माइक्रोमीटर और वर्नियर कैलीपरों जैसे साइजों का सीधा पाठ्यांक नहीं दे सकते। डायल टेस्ट इण्डीकेटर साइजों में छोटे अन्तरों को अंशांकित डायल पर एक प्वॉइण्टर के माध्यम से आवर्धित करता है।

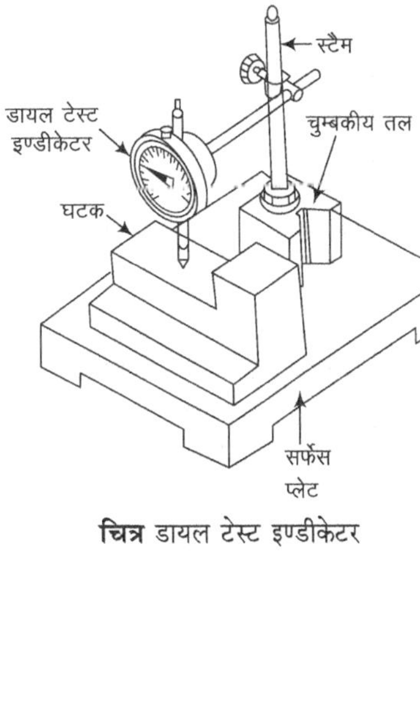

चित्र डायल टेस्ट इण्डीकेटर

आजकल दो प्रकार के डायल टेस्ट इण्डीकेटरों का प्रयोग किया जा रहा है जो निम्न प्रकार हैं

(i) प्लंजर टाइप डायल टेस्ट इण्डीकेटर
Plunger Type Dial Test Indicator

इस डायल टेस्ट इण्डीकेटर के बाह्य भाग और लक्षण चित्र में दिखाए गए हैं। मैकेनिज्म की रैखिक गति परिवर्तित करने के लिए एक रैक और गियर मैकेनिज्म का प्रयोग किया जाता है।

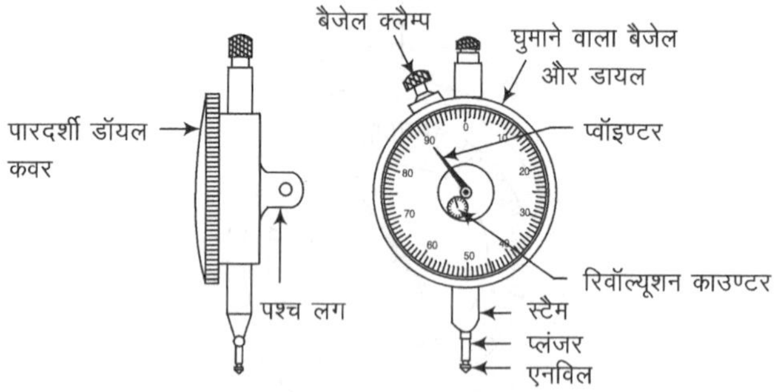

चित्र प्लंजर टाइप डायल टेस्ट इण्डीकेटर

(ii) लीवर टाइप डायल टेस्ट इण्डीकेटर
Lever Type Dial Test Indicator

इस प्रकार के डायल टेस्ट इण्डीकेटर में गति के आवर्धन (magnification) को लीवर तथा स्क्रोल (lever and scroll) मैकेनिज्म द्वारा प्राप्त किया जाता है।

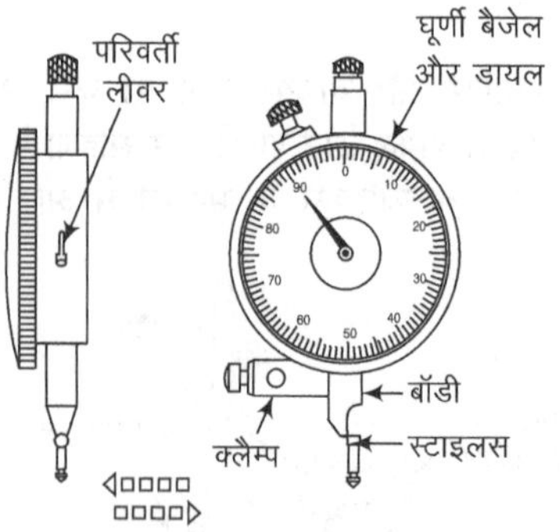

चित्र लीवर टाइप डायल टेस्ट इण्डीकेटर

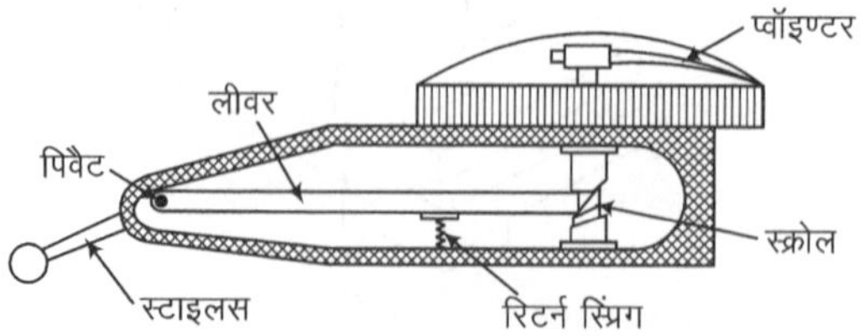

चित्र लीवर टाइप डायल टेस्ट इण्डीकेटर का मैकेनिज्म

इसमें बॉल टाइप कॉन्टैक्ट के साथ एक स्टाइलस (stylus) होता है तथा इसमें दोलन गति (oscillating movement) होती है। इसके विपरीत प्लंजर टाइप डायल टेस्ट इण्डीकेट में पश्चाग्र गति (reciprocating movement) होती है।

इण्डीकेटर स्टैण्ड
Indicator Stand

इसे पकड़ने के लिए डायल टेस्ट इण्डीकेटरों का प्रयोग स्टैण्डों के साथ किया जाता है, जिससे स्टैण्ड को आधार पृष्ठ या मशीन द्वारा रखा जा सके। निम्न चित्र में विभिन्न प्रकार के इण्डीकेटर स्टैण्ड को दर्शाया गया है

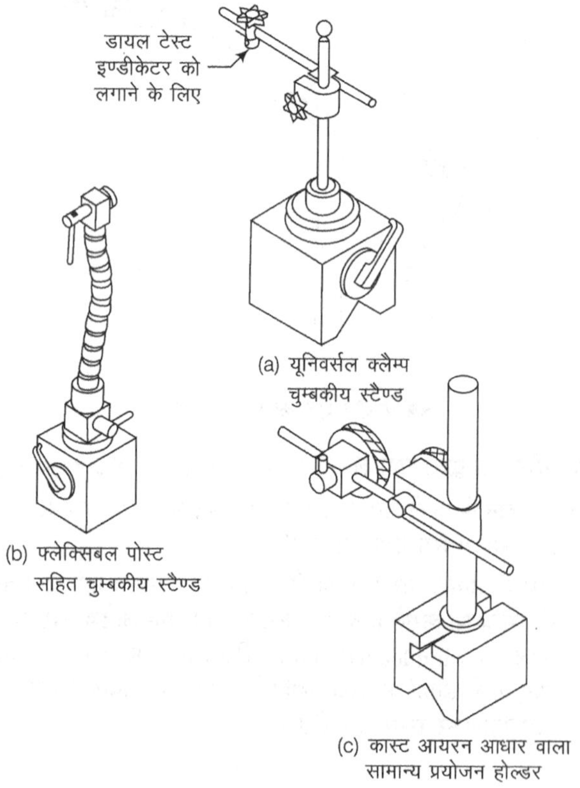

चित्र विभिन्न प्रकार के इण्डीकेटर स्टैण्ड

डायल टेस्टर इण्डीकेटर के अनुप्रयोग

डायल टेस्ट इण्डीकेटर के अनुप्रयोग निम्नलिखित हैं

(i) किसी कार्यखण्ड (workpiece) की विमाओं की तुलना किसी ज्ञात मानक से करना। उदाहरण के लिए स्लीप गेज आदि।

(ii) समतलता तथा समान्तरता के लिए प्लेन सतह की जाँच करना।

(iii) शाफ्टों एवं छड़ों के सीधेपन (straightness) की जाँच करना।

(iv) शाफ्टों एवं छिद्रों की संकेन्द्रता (concentricity) ज्ञात करना।

डायल टेस्ट इण्डीकेटर के कुछ अनुप्रयोगों को निम्न चित्र के माध्यम से दर्शाया गया है।

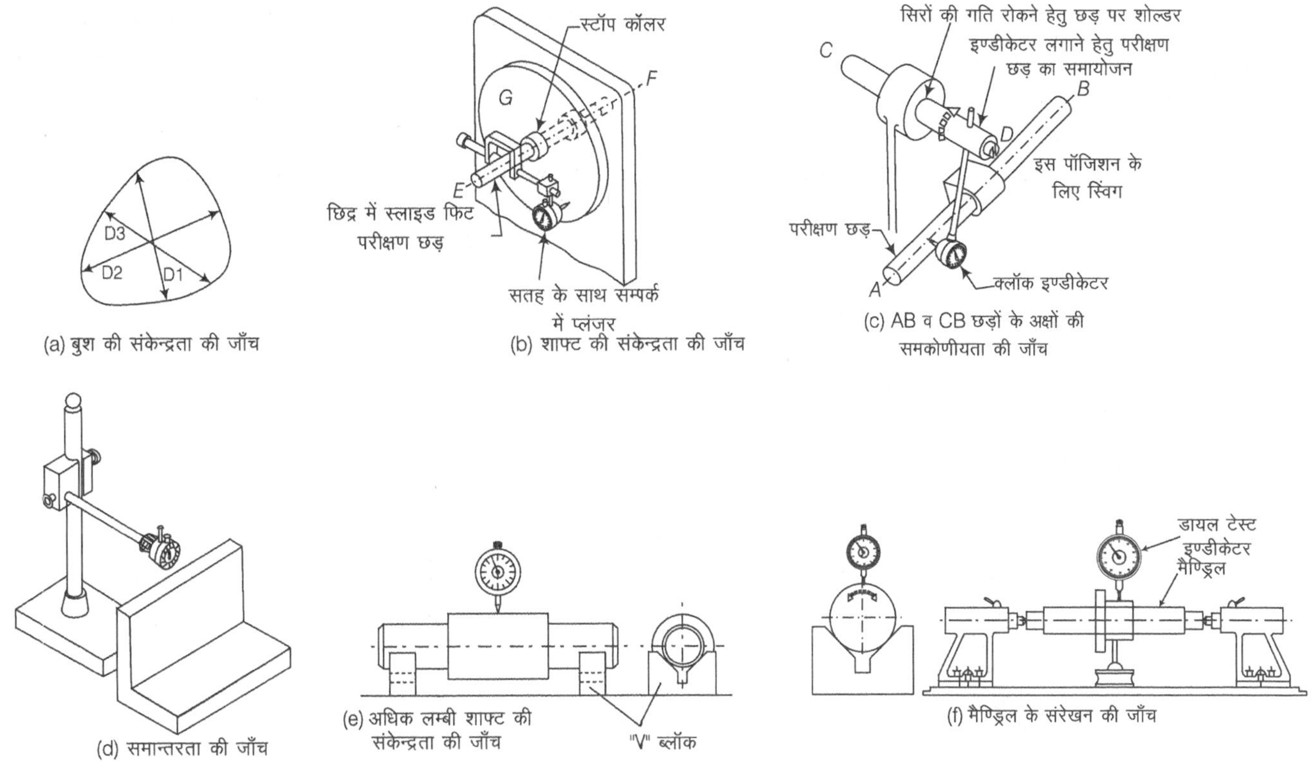

चित्र डायल टेस्टर इण्डीकेटर के अनुप्रयोग

20.2 इंजन का संयोजन Engine Assembling

इंजन को गतिमान तथा विभिन्न अनुप्रयोगों में उपयोग करने योग्य बनाने के लिए उसके विभिन्न भागों के संयोजन की अनिवार्यता होती है। संयोजन में इंजन के विभिन्न भागों को यान्त्रिक उपयोगिता के अनुसार इंजन में फिट किया जाता है जिससे कि इंजन विविध भागों की सहायता से गतिशील होने में सक्षम हो सके। इंजन संयोजन में खोलने-बाँधने में सक्षम औजारों की सहायता से क्रैंक शाफ्ट तथा कैमशाफ्ट को इंजन ब्लॉक में तथा कैमशाफ्ट पर टैपिट वाल्व एवं टाइमिंग गियर लगाया जाता है। इसके पश्चात्, पिस्टन रिंग को कम्प्रैशर में दबाकर सिलेण्डर बोर में डालकर कनैक्टिंग रॉड को क्रैंकशाफ्ट पर फिट किया जाता है।

ऑयल स्ट्रेनर को इंजन ब्लॉक के साथ फिट करके गैस्केट लगाकर, ऑयल सम्प को नट बोल्ट के सहारे जोड़ दिया जाता है। इन अवयवों के संयोजन के बाद इंजन को सीधा करके, फ्लाईव्हील को क्रैंक के फ्लैंज पर लगाकर, ऑयल पम्प को कैमशाफ्ट के साथ मिलाकर बोल्टों को टाइट कर दिया जाता है। वाल्व लिफ्टर के द्वारा चारों एग्जॉस्ट वाल्व को इंजन ब्लॉक तथा चारों इनलेट वाल्व को सिलेण्डर हैड में जोड़ा जाता है। इसके पश्चात् इंजन ब्लॉक पर सिलेण्डर हैड गैस्केट को रखकर, सिलेण्डर हैड को जोड़कर सभी बोल्टों को सॉकेट द्वारा सही प्रकार से टाइट कर दिया जाता है।

अन्त में रॉकर आर्म तथा रॉकर शाफ्ट को सिलेण्डर हैड पर फिट करके टैपिट कवर पर गैस्केट को लगाकर टैपिट कवर को फिट कर दिया जाता है। इस प्रकार, इंजन के विविध भागों व यन्त्रावलियों को संयोजित कर इंजन को क्रियाशील अवस्था में लाया जाता है।

इंजन के संयोजन सम्बन्धित विभिन्न पद निम्नवत् हैं

1. वाल्व सीट बदलना Replacing Valve Seat

(i) सर्वप्रथम ग्राइण्डर की सहायता से वाल्व को तीन स्थानों से काटें।
(ii) अब वाल्व के काटे गए भाग को सीट पर रखकर वैल्ड करें।
(iii) तत्पश्चात् एक पीतल की सलाख व हैमर की सहायता से वाल्व को ठोके जिससे वाल्व व सीट बाहर आ जाए।

2. वाल्व सीट लगाना Refitting Valve Seat

(i) वाल्व सीट लगाने के लिए, सिलेण्डर हैड को गर्म पानी में लगभग 80°C से 100°C तक के तापमान पर गर्म करें।

(ii) उसके पश्चात् वाल्व सीट को तरल नाइट्रोजन या बर्फ में लगभग 30 मिनट तक ठण्डा करें।

(iii) अब उपयुक्त ड्रिफ्ट की सहायता से सीट को सिलेण्डर हैड में बिठाएँ।

(iv) आवश्यकता होने पर वाल्व गाइड बदल दें।

3. वाल्व गाइड बदलना Replacing Valve Guide

(i) सर्वप्रथम वाल्व की स्टैम (stem) सीट निकालें।

(ii) अब पीतल की सलाख व हथौड़े की सहायता से वाल्व गाइड बाहर निकालें।

(iii) उसके बाद वाल्व गाइड में इंजन ऑयल लगाकर विशिष्ट औजारों की सहायता से नई वाल्व गाइड लगाएँ।

(iv) अन्त में हैड पर गाइड प्रोजेक्शन की जाँच करें।

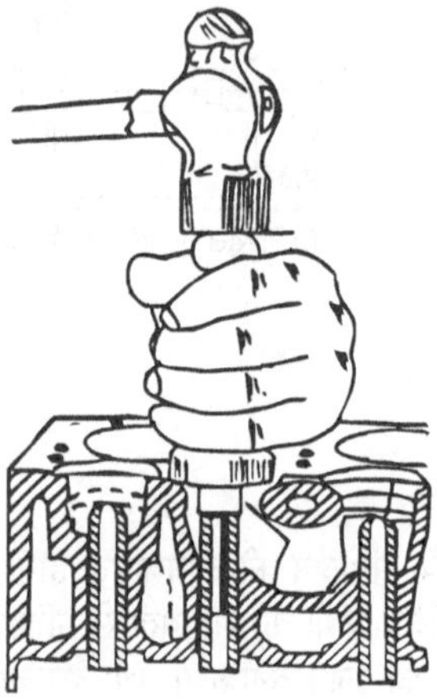

चित्र वाल्व गाइड बदलना

4. वाल्व व सीट की लेपिंग करना Lapping of Valve and Seat

(i) सर्वप्रथम वाल्व के फेस पर लेपिंग पेस्ट लगाकर विशिष्ट औजारों की सहायता से वाल्व को सीट पर घुमाएँ।

(ii) यदि लेपिंग द्वारा सीट ठीक न बने तो वाल्व ग्राइण्डिंग मशीन की सहायता से वाल्व की रि-फेसिंग करें।

(iii) सीट कटर से वाल्व सीट काटें व दोबारा लेपिंग करें।

(iv) सीट काटने के बाद हैड फेस से वाल्व फेस की गहराई को चैक करें।

5. वाल्व सीट की सर्विसिंग करना Servicing of Valve Seat

(i) वाल्व सीट के खराब होने पर उसकी मरम्मत की जाती है। इसके लिए विशेष प्रकार के वाल्व सीट कटर का प्रयोग करें। इस वाल्व कटर में एक किनारे पर बोर कटर, जबकि दूसरे किनारे पर फेस कटर बना होता है।

(ii) बोर कटर का प्रयोग, वाल्व सीट को मोटा करने के लिए तथा फेस कटर का प्रयोग, सीट को काटकर पतला बनाने के लिए करें।

(iii) जब सीट कटते-कटते बहुत पतली रह जाती है, तब इस स्थिति में कठोर स्टील के बने सीट रिंगों का प्रयोग करें।

(iv) प्रायः सीट रिंग खराब नहीं होते हैं, परन्तु यदि किसी कारणवश सीट रिंग खराब हो गई हो, तो इन्हें साधारण वाल्व सीट कटर से ठीक नहीं किया जा सकता है, इसके लिए एक विशेष वाल्व सीट ग्राइण्डर का प्रयोग करते हैं।

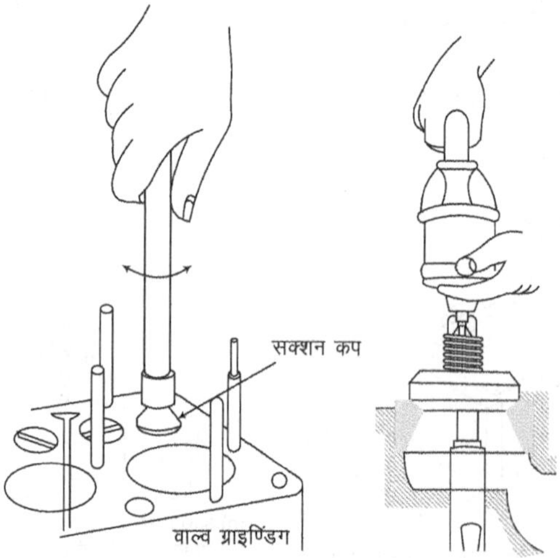

चित्र वाल्व सीट की मरम्मत

(v) वाल्व सीट फिट करते समय, सीट रिंग की माप का एक ग्रूव बनाते हैं।

(vi) इसके पश्चात् वाल्व के लिए सीट की ग्राइण्डिंग करते हैं।

(vii) वाल्व सीट काटने के लिए प्रयुक्त किए जाने वाले सीट कटर अथवा ग्राइण्डर अलग-अलग कोण के होते हैं।

अतः वाल्व के लिए सीट काटने से पूर्व, उस वाल्व सीट के कोण की जानकारी होना आवश्यक होता है तथा इसी कोण के आधार पर कटर या ग्राइण्डर का चयन किया जाता है।

6. वाल्व स्प्रिंग चैक करना To Check Valve Spring

(i) यदि स्प्रिंग कमजोर हो गए हों तो उनके स्थान पर नए स्प्रिंग लगाने चाहिए। स्प्रिंग चैक करने का एक साधारण उपाय चित्र में दिखाया गया है। इस उपाय में वाइस (vice) में एक लम्बा बोल्ट कस लिया जाता है।

(ii) अब इस बोल्ट में एक स्प्रिंग डालकर एक वाशर रख देते हैं, फिर दूसरी स्प्रिंग रखकर एक वाशर रख देते हैं, जैसा कि चित्र में दर्शाया गया है।

(iii) अब ऊपर से नट लगाकर दोनों स्प्रिंग को दबाया जाता है।

(iv) दोनों स्प्रिंग की लम्बाई लगभग एकसमान होनी चाहिए। अधिक अन्तर आने पर, अधिक दबने वाली स्प्रिंग को कमजोर मानकर बदल देना चाहिए।

(v) नट को थोड़ा कसने के बाद स्टील फुटरूल द्वारा दोनों स्प्रिंग की लम्बाई मापते हैं।

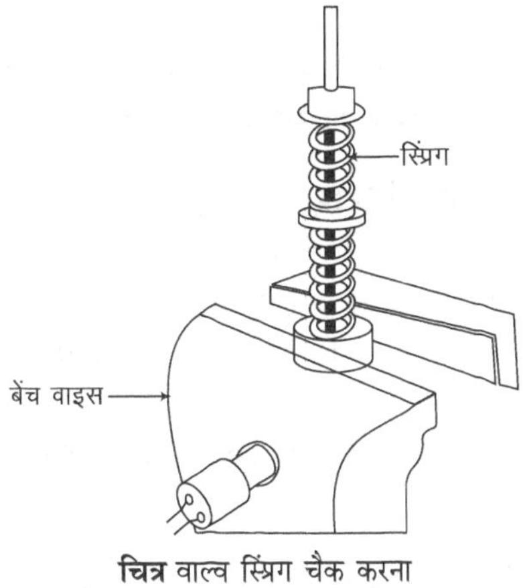

चित्र वाल्व स्प्रिंग चैक करना

7. लाइनर फिटिंग Liner Fitting

(i) यदि पुराने लाइनर को पुन: प्रयोग करना हो तो लाइनर निकालने से पूर्व इस पर चिन्ह लगा लेने चाहिए।

(ii) लाइनर टूटने अथवा नष्ट होने से बचाने हेतु विशेष उपकरणों का प्रयोग करना चाहिए।

(iii) लाइनर के बाहर की ओर सम्पूर्ण गोलाई में इंजन ऑयल लगाएँ।

(iv) लाइनर व ब्लॉक पर अंकित चिन्हों को मिलाने हेतु उपयुक्त लाइनर का चुनाव करें।

(v) ब्लॉक पर लाइनर के प्रोजेक्शन की जाँच करें। जाँचते समय लाइनर को पूरी तरह विशेष उपकरणों से दबा कर रखें।

8. पिस्टन को लाइनर में फिट करना Fitting Piston in Liner

(i) सर्वप्रथम पिस्टन, लाइनर तथा बियरिंग पर इंजन ऑयल लगाएँ।

(ii) ऑयल लगाते समय पिस्टन का 'O' निशान कैमशाफ्ट या चैम्बर की ओर रखें।

(iii) अब कनैक्टिंग रॉड की बियरिंग कैप पर इंजन ऑयल लगाएँ।

(iv) रॉड व कैप के सभी निशानों को मिलाएँ।

(v) अन्त में बोल्टों की चूड़ियों पर ऑयल लगाकर, तीन स्तरों में निर्धारित टॉर्क से कस दें।

चित्र पिस्टन को लाइनर में फिट करना

9. पिस्टन बुश बदलना To Change Piston Bush

(i) पिस्टन बुश बदलने के लिए विशेष औजारों को तैयार करें।

(ii) अब गाइड को असेम्बल करें तथा सब-असेम्बली को दबाकर इसकी पिन गाइड में सैट करके विंग को नट में कसें।

(iii) गाइड पर पंच किए 'W' को पिन के ठीक ऊपर की ओर लाएँ।

(iv) अब बिग एण्ड बियरिंग के बिना कनैक्टिंग गाइड को सब-असेम्बली पर रखें।

(v) स्पिण्डल को स्मॉल एण्ड बुश में लगाएँ।

(vi) स्पिण्डल के ग्रूव व तेल का छिद्र मिलाएँ।

(vii) अब हाइड्रॉलिक प्रैस मशीन द्वारा धीरे से बुश को बाहर निकालें।

चित्र पिस्टन पिन परिवर्तित करना

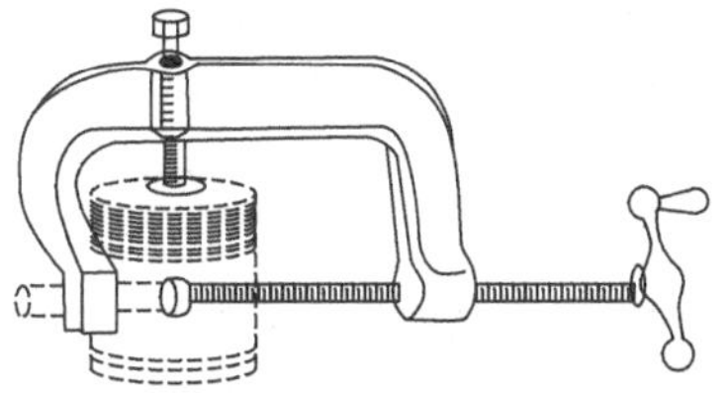

चित्र पिस्टन पिन परिवर्तित करने वाला औजार

10. कनैक्टिंग रॉड फिट करना Connecting Rod Fitting

(i) कनैक्टिंग रॉड को इंजन में फिट करने से पूर्व उसके सीधेपन (straightness) की जाँच अवश्य कर लेनी चाहिए, क्योंकि यदि कनैक्टिंग रॉड सीधी नहीं है, तो वह सिलेण्डर के मध्य में नहीं चलेगी, जिसके फलस्वरूप पिस्टन एक ओर अधिक और दूसरी ओर कम चलने के कारण घिसने लगेगा।

(ii) कनैक्टिंग रॉड के सीधेपन की जाँच के लिए कनैक्टिंग रॉड अलाइनमेण्ट गेज का प्रयोग किया जाता है।

(iii) गेज द्वारा कनैक्टिंग रॉड की सीधेपन की जाँच करने के लिए इसके बड़े सिरे पर सैल्फ सेण्टरिंग मैण्ड्रिल (self centering mandrel) तथा छोटे सिरे पर पिस्टन पिन फिट करके एंगल गेज फिट किया जाता है।

(iv) कनैक्टिंग रॉड के टेढ़ा होने पर डेटोनेशन अथवा प्री-इग्नीशन जैसे दोष उत्पन्न हो जाते हैं।

11. कनैक्टिंग रॉड में बुश फिट करना
Fitting Bush in Connecting Rod

(i) कनैक्टिंग रॉड के बुश को एक ओर से थोड़ा तिरछा (लगभग 0.5 मिमी से 1.0 मिमी तक) काटें तथा कटिंग के अपशिष्ट पदार्थ को बुश होल से साफ करें।

(ii) बुश को स्पिण्डल गाइड में लगाकर एक बोल्ट से कम दें, परन्तु बुश लगाते समय उसकी दिशा का ध्यान अवश्य रखें जिससे बाद में बुश का ऑयल होल 'A' कनैक्टिंग रॉड के होल से मिल जाए।

(iii) बुश कनैक्टिंग रॉड के बोर में इंजन ऑयल लगाएँ तथा बुश के ऑयल होल 'B' को कनैक्टिंग रॉड के बिग एण्ड से स्मॉल एण्ड तक आने वाले होल से मिलाएँ।

12. क्रैंकशाफ्ट फिट करना Crankshaft Fitting

(i) सर्वप्रथम सभी कैप को पंच की हुई संख्या के अनुसार क्रम में (1 से 7) रखें।

(ii) कैप फिटिंग करते समय उसके ऊपर अंकित तीर के निशान को टाइमिंग गियर की ओर रखें।

(iii) ऑयल होल्स को मिलाएँ।

(iv) अब ब्लॉक तथा बियरिंग कैपों में मेन बियरिंग लगाकर इनमें इंजन ऑयल लगा दें।

(v) उसके पश्चात् बीच वाली मेन बियरिंग कैप (4) तथा ब्लॉक में थ्रस्ट बियरिंग लगाकर नया इंजन ऑयल लगा दें।

(vi) अब टाइमिंग गियर की ओर से क्रमवार, मेन बियरिंग कैप लगा दें।

(vii) सभी बोल्टों की चूड़ियों पर तेल लगा दें तथा उन्हें 4, 3, 5, 2, 6, 1, 7 के क्रम में कस दें।

(viii) अन्त में क्रैंकशाफ्ट की एण्ड प्ले की जाँच करें।

क्रैंकशाफ्ट फिट करते समय सावधानियाँ
Precautions During Fitting of Crankshaft

क्रैंकशाफ्ट को इंजन में फिट करने से पूर्व निम्नलिखित की जाँच अवश्य करनी चाहिए, अन्यथा इंजन के दुर्घटनाग्रस्त होने की सम्भावनाएँ बढ़ जाती हैं

1. क्रैंकशाफ्ट फिट करने से पहले उसकी आवाज की जाँच।
2. क्रैंकशाफ्ट की सन्तुलन अवस्था की जाँच।
3. क्रैंक पिन के अलाइनमेण्ट की जाँच।
4. क्रैंक पिन तथा क्रैंक जर्नल की जाँच।
5. क्रैंकशाफ्ट में बने तेल मार्ग की जाँच।

13. इंजन में कैमशाफ्ट फिट करना
Fitting Camshaft in Engine

(i) सर्वप्रथम कैमशाफ्ट के सभी जर्नल व बुशों में इंजन ऑयल लगाएँ।

(ii) कैमशाफ्ट को लगाने के लिए इसे धीरे-धीरे घुमाते हुए बुश बियरिंग में डालें जिससे बुश बियरिंग खराब न हो।

(iii) कैमशाफ्ट पर गियर व ऑयल सम्प के निशान मिलाएँ।

(iv) अब कैमशाफ्ट तथा थ्रस्ट प्लेट के दो बोल्टों से कस दें व शाफ्ट की एण्ड प्लेट जाँचें।

(v) उसके पश्चात् ब्लॉक के दाईं ओर की दो प्लेट लगाएँ।

(vi) अन्त में फ्लाई व्हील का 1/6 निशान संकेतक से मिलाएँ।

14. कैमशाफ्ट पर गियर लगाना
Fitting Gear on Camshaft

(i) सर्वप्रथम कैमशाफ्ट पर थ्रस्ट बियरिंग लगाएँ।

(ii) उसके पश्चात् गियर को पानी में 100°C तापमान पर गर्म करें व दाब से शाफ्ट पर लगा दें।

(iii) अन्त में बोल्टों की चूड़ियों पर इंजन ऑयल लगाकर, निर्धारित टॉर्क पर कस दें।

15. फ्लाईव्हील लगाना Fitting of Flywheel

(i) सर्वप्रथम फ्लाईव्हील का 'O' निशान क्रैंकशाफ्ट कॉलर पर दिए निशान से मिलाएँ।

(ii) उसके पश्चात् बोल्टों की चूड़ियों पर तेल लगाकर, क्रम से कस दें।

(iii) अब फ्लाईव्हील का पायलट बियरिंग व लॉक लीफ लगाएँ।

(iv) फ्लाईव्हील लगाते समय यह जाँच लें कि फ्लाईव्हील फेस आउट 0.15 मिमी से अधिक न हो।

16. फ्लाईव्हील हाउसिंग लगाना
To Assemble Flywheel Housing

(i) सर्वप्रथम हाउसिंग व इंजन ब्लॉक को मिलाने वाली सतह साफ करें।

(ii) अब लिक्विड गैस्केट लगाने के लिए 20 मिनट के अन्दर ही हाउसिंग लगा दें। इससे अधिक समय होने पर गैस्केट को साफ करके नई कोटिंग लगानी होगी।

(iii) कोटिंग की चौड़ाई 1.5 से 2.5 मिमी रखें।

17. फ्लाईव्हील रिंग बदलना
To Change Flywheel Ring

(i) सामान्यत: फ्लाईव्हील के रख-रखाव की आवश्यकता नहीं होती है, परन्तु फिर भी इसके सीधेपन की जाँच अवश्य करनी चाहिए।

(ii) फ्लाईव्हील पर चढ़े रिंग गियर कभी-कभी खराब हो जाते हैं। इसे बदलने के लिए रिंग गियर को गर्म करते हैं तथा थोड़ा ढीला होने पर इसे ठोंककर बाहर निकाल लेते हैं।

(iii) नया रिंग गियर फिट करते समय रिंग गियर को गर्म किया जाता है। गर्म होने पर इसका व्यास बढ़ जाता है।

(iv) अब इस गर्म किए रिंग गियर को फ्लाईव्हील पर चढ़ा देते हैं।

(v) इग्नीशन तथा वाल्व टाइमिंग की सैटिंग के लिए फ्लाईव्हील पर इग्नीशन टाइमिंग मार्क तथा प्वॉइण्टर की व्यवस्था की जाती है।

इंजन फिटिंग सम्बन्धी सावधानियाँ
Engine Fitting Related Precautions

इंजन के गलत फिट होने से अनेक प्रकार की परेशानियों का सामना करना पड़ता है। अत: इनसे बचने के लिए निम्न सावधानियों को ध्यान में रखना चाहिए

1. कुछ इंजनों की कनैक्टिंग रॉड पर उसे किस साइड से फिट करना है, यह अंकित रहता है, इसका ध्यान रखें।
2. कुछ इंजनों की बोल्ट में शिम लगाने का निर्देश दिया गया होता है, उसका अनुपालन करें।
3. प्राय: कनैक्टिंग रॉड तथा उसकी कैप पर अंकित नम्बर के अनुसार ही इंजन में उसे समायोजित करें।
4. मेन बियरिंग शैल में ऊपर की ओर ऑयल सप्लाई होल दिया होता है, उसके खुले होने का ध्यान रखें।

किसी भी वाहन में उसके संयोजनों (joints) को इंजन समेत एकीकृत कर उसका एक इकाई के रूप में उपयोग किया जाता है जिसमें दोषों की उत्पत्ति होना स्वाभाविक है। अत: प्रशिक्षुओं को इन दोषों तथा उनके कारणों व निवारणों से भी अवगत होना चाहिए। ऐसे सामान्य दोषों को तथा निवारण निम्न तालिका में दर्शाया गया है

तालिका इंजन असेम्बली के संयोजनों से सम्बन्धित दोषोपचार

	दोष	उपचार
1.	नट का बोल्ट पर न चढ़ना।	उचित माप एवं समान चूड़ी के नट का प्रयोग करें।
2.	अवयवों के मध्य गैप रहना।	गैस्केट का प्रयोग करें।
3.	नट या बोल्ट का टूटना।	बोल्ट पर नट को आवश्यकतानुसार ही चढ़ाएँ न कम न अधिक।
4.	पिस्टन का सिलेण्डर में ठीक प्रकार से न चलना।	पिस्टन रिंगों को व्यवस्थित करें।
5.	पिस्टन एवं कनैक्टिंग रॉड का व्यवस्थित न होना।	पिस्टन पिन को व्यवस्थित करें।

20.3 टरबाइन Turbine

टरबाइन वह युक्ति है जिसके घूर्णित अवयव (rotating member) द्वारा किसी द्रव की गतिज ऊर्जा (kinetic energy), स्थितिज ऊर्जा (potential energy) अथवा अन्तराण्विक ऊर्जा (intermolecular energy) को यान्त्रिक ऊर्जा में परिवर्तित किया जाता है। टरबाइन निम्न प्रकार की होती है

(i) हाइड्रॉलिक टरबाइन (ii) गैस टरबाइन
(iii) भाप टरबाइन (iv) वायु टरबाइन
(v) डीजल टरबाइन (vi) ट्रांसोनिक टरबाइन
(vii) ब्लेड रहित टरबाइन

नोट *पाठ्यक्रम की दृष्टि से यहाँ केवल गैस टरबाइन का ही विवरण दिया गया है।*

गैस टरबाइन Gas Turbine

गैस द्वारा संचालित की जाने वाली टरबाइन, गैस टरबाइन कहलाती है। विभिन्न अवयवों को संयोजित कर गैस टरबाइन का निर्माण किया जाता है। इसमें इनलेट की सहायता से इंजन में प्रेषित स्वतन्त्र वाष्प, कम्प्रैस पर आरोपित की जाती है, जिसके द्वारा वाष्प के दाब को बढ़ाया जाता है। जब कम्प्रैसर के साथ जुड़े बर्नर के द्वारा गर्म गैस को गैस टरबाइन पर आरोपित किया जाता है, तो टरबाइन घूमने लगती है जिसके परिणामस्वरूप इंजन को गति प्राप्त होती है। अब नॉजिल की सहायता से गर्म गैस को बाहर निकाल दिया जाता है। मैरीन तथा स्थैतिक इंजनों के अतिरिक्त भी कुछ विशिष्ट कार्यों के लिए एक ऊष्मीय इंजन का प्रयोग किया जाता है जिसे गैस टरबाइन कहते हैं।

गैस टरबाइन को एक प्राथमिक चालक (prime mover) के रूप में प्रयोग किया जाता है। गैस टरबाइन में कम्प्रैस्ड गैसों के प्रवाह के कारण यान्त्रिक शक्ति का उत्पादन होता है जिसका उपयोग विविध कार्यों हेतु मशीनों को चलाने में किया जाता है। गैस टरबाइन भी एक विशिष्ट इंजन की भाँति कार्य करती है। गैस टरबाइन में ऊर्जा का रूपान्तरण यान्त्रिक ऊर्जा में होता है। इसे ऊष्मा इंजन भी कहते हैं। इसमें वायुमण्डलीय वायु को दहन भट्ठी से उत्पन्न गर्म गैसों की सहायता से कम्प्रैस किया जाता है। ये कम्प्रैस्ड गैसें गर्म होती हैं जिनका तापमान एवं दाब उच्च होता है। ये कम्प्रैस्ड गैसें टरबाइन में प्रवाहित की जाती हैं जिससे टरबाइन द्वारा यान्त्रिक ऊर्जा की प्राप्ति होती है। इस यान्त्रिक ऊर्जा का प्रयोग उद्योगों में मशीनों को चलाने के लिए किया जाता है।

गैस टरबाइन की संरचना Construction of Gas Turbine

गैस टरबाइन एक आन्तरिक दहन इंजन (internal combustion engine) है जिसमें वायु, कार्यकारी तरल (working fluid) की तरह उपयोग की जाती है। यह इंजन ईंधन से रासायनिक ऊर्जा (chemical energy) को निकालकर इसे यान्त्रिक ऊर्जा में परिवर्तित करता है। इस क्रिया में कार्यकारी तरल (वायु) की गैसीय ऊर्जा का प्रयोग किया जाता है। जो इंजन तथा प्रोपेलर (propeller) को घूर्णी गति में चलाती है। गैस टरबाइन में दो मुख्य भाग होते हैं-इंजन तथा टरबाइन। इंजन भाग में इनलेट सेक्शन, कम्प्रैसर तथा कम्बस्टर (combustor) आदि अवयव आते हैं टरबाइन भाग में रोटर (टरबाइन) तथा एग्जॉस्ट (exhaust) आदि अवयव आते हैं।

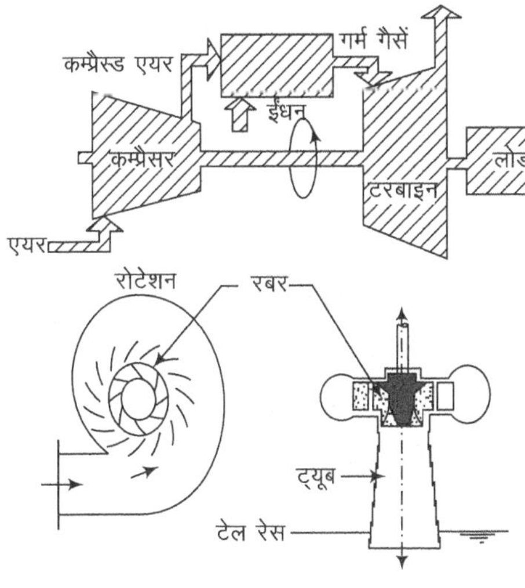

चित्र गैस टरबाइन की संरचना

इनलेट Inlet

इसके द्वारा वायु को टरबाइन के अन्दर प्रवेश कराया जाता है। यह वायु फिल्टर होकर कम्प्रैसर तक पहुँचती है जो वायु के अत्यधिक आयतन को सप्लाई करता है।

कम्प्रैसर Compressor

कम्प्रैसर को निम्न चित्र में दर्शाया गया है। इसके द्वारा टरबाइन को आवश्यक मात्रा में वायु उपलब्ध करायी जाती है। यह इस वायु को उच्च स्थिर दाब पर सप्लाई करता है।

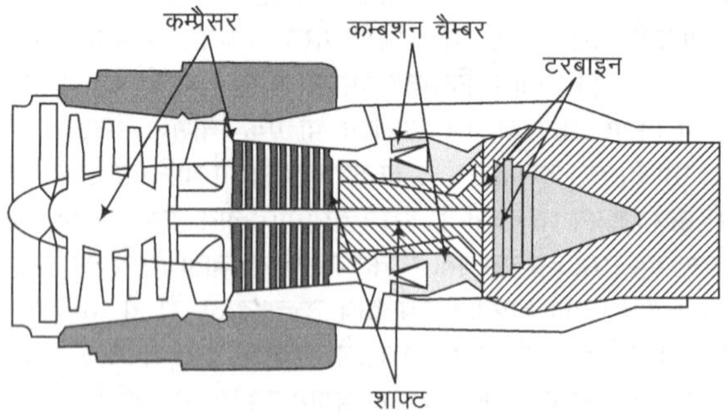

चित्र कम्प्रैसर

कम्बस्टर Combustor

इन्टर्नल कम्बशन इंजन सिलेण्डर इंजन की भाँति कम्बस्टर वह स्थान है जिसमें कम्प्रैस्ड वायु तथा ईंधन एक साथ उपयुक्त अनुपात में मिला होता है तथा सैल्फ इग्नीशन (self igniton) तापमान पर कम्प्रैस्ड होता है तथा जलता है। गैस टरबाइन में भी कम्बस्टर में वायु, उपयुक्त मात्रा में मिली होती है।

रोटर/टरबाइन Rotor/Turbine

एक साधारण डिजाइन की टरबाइन रोटर असेम्बली की तरह होती है। इसमें शाफ्ट अथवा ड्रम एक घूमने वाला भाग होता है जिसमें ब्लेड (blades) लगे होते हैं। ब्लेडों की गति जो तरल अथवा गर्म गैसों के प्रवाह द्वारा उत्पन्न होती है, घूर्णित ऊर्जा (rotation energy) उत्पन्न करती है, जो रोटर को प्रदान की जाती है। इसमें वास्तविक ऊर्जा परिवर्तन होती है।

आउटलेट/एग्जॉस्ट Outlet/Exhaust

इस भाग में आवश्यकता पड़ने पर जली हुई गैसों को शान्तिपूर्वक रिसाइकल (recycle) किया जाता है तथा ऊष्मा को सोखकर वातावरण में छोड़ दिया जाता है।

गैस टरबाइन के प्रकार
Types of Gas Turbine

गैस टरबाइन मुख्य रूप से निम्न दो प्रकार की होती है

1. सिंगल स्टेज टरबाइन
2. टू या मल्टी स्टेज टरबाइन

1. सिंगल स्टेज टरबाइन Single Stage Turbine

सिंगल स्टेज टरबाइन में एक ही टरबाइन और कम्प्रैसर का प्रयोग किया जाता है। इसमें कम्प्रैस्ड गैस केवल एक ही टरबाइन को घुमाकर व्यर्थ हो जाती है। सिंगल स्टेज गैस टरबाइन की कार्यक्षमता मल्टी-स्टेज टरबाइन से कम होती है। इस प्रकार की टरबाइन का उपयोग कम भार वाले कार्यों में किया जाता है।

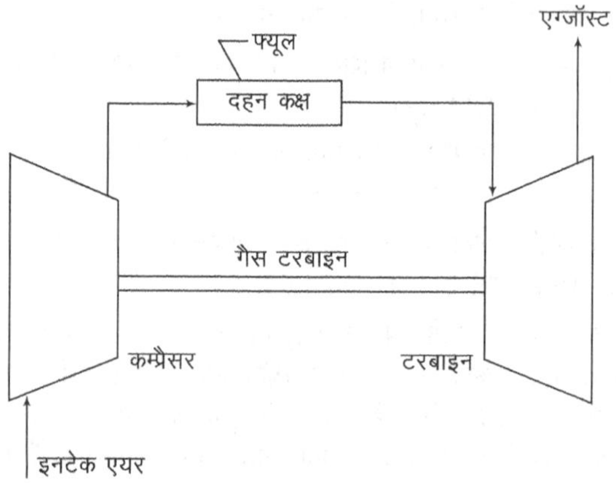

चित्र सिंगल स्टेज टरबाइन

2. टू या मल्टी-स्टेज टरबाइन Two or Multi-Stage Turbine

मल्टी-स्टेज टरबाइन में एक से अधिक टरबाइन और कम्प्रैसर का प्रयोग किया जाता है।

इसमें टरबाइनें क्रमश: दाबान्तर क्रम में व्यवस्थित होती हैं। इसमें कम्प्रैस्ड गैस प्रारम्भ में उच्च दाब टरबाइन में प्रवेश करती है और उच्च दाब टरबाइन के आउटलेट से मध्यम दाब गैस टरबाइन में प्रवेश करती है।

इसके पश्चात् गैस, मध्यम दाब गैस टरबाइन से निम्न दाब गैस टरबाइन में प्रवेश करती है। इस प्रकार एक साथ कई टरबाइनों का प्रचालन होता है और अधिक यान्त्रिक शक्ति उत्पन्न होती है। इस प्रकार की टरबाइन का उपयोग अधिक भार वाले कार्यों में किया जाता है।

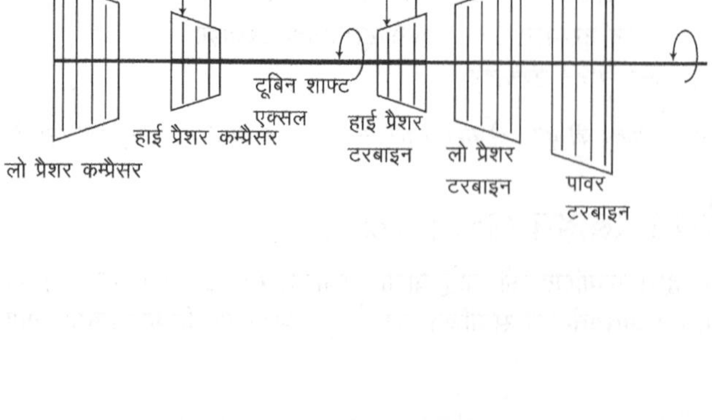

तालिका सिंगल स्टेज एवं टू या मल्टी-स्टेज गैस टरबाइनों में अन्तर

क्र.सं.	सिंगल स्टेज टरबाइन	टू या मल्टी-स्टेज टरबाइन
1.	इसमें केवल एक ही ब्लेड सैट होता है।	इसमें कई ब्लेड सैट होते हैं।
2.	इसकी गति अधिक होती है।	इसकी गति अपेक्षाकृत कम होती है।
3.	इसमें कार्य के अन्तर्गत दाब उच्च रहता है।	यह अपेक्षाकृत कम दाब पर कार्य करती है।
4.	इसकी दक्षता अपेक्षाकृत कम होती है।	इसकी दक्षता अधिक होती है।
5.	इसमें ब्लेड का घिसाव अधिक होता है।	इसमें ब्लेड का घिसाव कम होता है।
6.	इसकी कार्यक्षमता कम होती है।	इसकी कार्यक्षमता अधिक होती है।
7.	इसमें ऊर्जा हानि अधिक होती है।	इसमें ऊर्जा हानि कम होती है।
8.	इसके ब्लेड पर दाबान्तर लगभग शून्य होता है।	इसके ब्लेड पर दाबान्तर ब्लेडों की संख्या के अनुसार बढ़ता जाता है।

तालिका डीजल इंजन एवं गैस टरबाइन में अन्तर

क्र.सं.	डीजल इंजन	गैस टरबाइन
1.	इसमें ईंधन के रूप में डीजल प्रयुक्त होता है।	इसमें ईंधन के रूप में गर्म कम्प्रैस्ड गैसें प्रयुक्त होती हैं।
2.	इसमें दहन की गई गैसों को वायुमण्डल में मुक्त कर दिया जाता है।	इसमें दहन की गई गैसों को पुनः प्रयुक्त किया जा सकता है।
3.	ये आकार में टरबाइन की अपेक्षा छोटे होते हैं।	ये आकार में बड़े होते हैं।
4.	इसमें पिस्टन के द्वारा शक्ति प्राप्त होती है।	इसमें ब्लेड के द्वारा शक्ति प्राप्त होती है।
5.	इसका आकार बड़ा होने के साथ यह कम शक्ति का उत्पादन करता है।	इसका आकार अपेक्षाकृत कम होने पर भी यह अधिक ऊर्जा का उत्पादन करती है।
6.	इसकी दक्षता (efficiency) कम होती है।	इसकी दक्षता अधिक होती है।
7.	इसकी संरचना जटिल होती है।	इसकी संरचना सरल होती है।
8.	इसमें कम घूर्णन होता है।	इसमें अधिक घूर्णन होता है।
9.	इसमें अधिक अनुरक्षण (maintenance) की आवश्यकता होती है।	इसमें बहुत कम अनुरक्षण की आवश्यकता होती है।
10.	यह स्थिर (stationary) तथा चलित (mobile) दोनों युक्तियों के लिए उपयुक्त होता है।	यह केवल स्थिर युक्ति के लिए उपयुक्त होती है।
11.	यह कम खतरनाक (hazardous) होता है।	यह अधिक खतरनाक होती है तथा इसके उपयोग में अधिक सुरक्षा की आवश्यकता होती है।

टरबाइन से सम्बन्धित दोषोपचार Troubleshootings Related to Turbine

टरबाइन, सामान्य इंजन की तुलना में कहीं अधिक जटिल (complex) प्रकृति के होते हैं। अत: प्रशिक्षुओं को इनमें उत्पन्न होने वाले दोषों एवं उनके उपचार से अवगत होना आवश्यक है।

क्र.सं.	दोष	उपचार
1.	टरबाइन धीरे चलना।	टरबाइन में ईंधन की सप्लाई को व्यवस्थित करें।
2.	ईंधन का पूर्ण दहन न होना।	टरबाइन के दहन कक्ष की जाँच करें
3.	टरबाइन ब्लेड का झटके देना।	टरबाइन ब्लेड की मरम्मत कराएँ।
4.	टरबाइन शाफ्ट का घिस जाना।	टरबाइन शाफ्ट का स्नेहन करें।
5.	ईंधन की कमी।	वायु प्रवाह को व्यवस्थित करें।

महत्त्वपूर्ण बिन्दु

- इंजन को गतिमान तथा विभिन्न अनुप्रयोगों में उपयोग करने योग्य बनाने हेतु उसके विभिन्न भागों के संयोजन की आवश्यकता होती है।
- संयोजन के दौरान विभिन्न औजारों एवं गेजों का उपयोग सहायक युक्तियों में किया जाता है जोकि निम्न हैं–पेंचकस, प्लास, स्पैनर, टॉर्क रिंच, जैक, फिलर गेज, डायल बोर गेज, डायल टेस्ट इण्डीकेटर आदि।
- टॉर्क रिंच द्वारा नट को खोलते अथवा कसते समय प्रयुक्त शक्ति को मापा जा सकता है।
- टॉर्क रिंच निम्न प्रकार के होते हैं–डायल टाइप टॉर्क रिंच, ब्रेकओवर टाइप टॉर्क रिंच तथा टोरसन बार टॉर्क रिंच।
- डायल बोर गेज का उपयोग किसी पार्ट की आन्तरिक विमाओं को मापने के लिए किया जाता है।
- डायल बोर गेज से माप लेने से पहले डायल बोर गेज को शून्य पर सैट किया जाता है।
- डायल टेस्ट इण्डीकेटर उच्च परिशुद्धता के मापयन्त्र होते हैं, जिनका प्रयोग एक घटक के साइजों में अन्तर निर्धारित करने और तुलना करने के लिए किया जाता है।
- सामान्यतः प्रयुक्त होने वाले डायल टेस्ट इण्डीकेटर हैं–प्लंजर टाइप डायलर टेस्ट इण्डीकेटर, लीवर टाइप टेस्ट इण्डीकेटर।
- वाल्व सीट लगाने के लिए सिलेण्डर हैड को गर्म पानी में लगभग 80°C से 100°C तक के तापमान पर गर्म किया जाता है।
- वाल्व सीट को ठण्डा करने के लिए उसे तरल नाइट्रोजन या बर्फ में रखा जाता है।
- वाल्व गाइड लगाते समय, अन्त में हैड पर गाइड प्रोजेक्शन की जाँच अवश्य करनी चाहिए।
- वाल्व व सीट की लेपिंग करते समय सर्वप्रथम वाल्व के फेस पर लेपिंग पेस्ट लगाकर विशिष्ट औजारों की सहायता से वाल्व को सीट पर घुमाया जाता है।
- वाल्व सीट की मरम्मत हेतु विशेष प्रकार के कटर का प्रयोग किया जाता है, जिसमें एक किनारे पर बोर कटर व दूसरे किनारे पर फेस कटर बना होता है।
- बोर कटर का प्रयोग वाल्व सीट को मोटा करने के लिए तथा फेस कटर का प्रयोग सीट को काटकर पतला बनाने के लिए किया जाता है।
- वाल्व सीट फिट करते समय, सीट रिंग की नाप का एक ग्रूव बनाया जाता है।
- यदि पुराने लाइनर को पुनः प्रयोग करना हो तो लाइनर निकालने से पूर्व ही निशान लगा लेने चाहिए।
- लाइनर फिट करते समय लाइनर के बाहर की ओर सम्पूर्ण गोलाई में इंजन ऑयल लगाया जाता है।
- पिस्टन को लाइनर में फिट करते समय जब बियरिंग पर इंजन ऑयल लगाया जाता है, तो पिस्टन का 'O' निशान कैमशाफ्ट या चैम्बर की ओर रखा जाना चाहिए।
- कनैक्टिंग रॉड को इंजन में फिट करने से पूर्व उसके सीधेपन की जाँच अवश्य कर लेनी चाहिए।
- कैमशाफ्ट पर गियर लगाते समय, गियर को पानी में 100°C तापमान पर गर्म करके दाब से शाफ्ट पर लगा दिया जाता है।
- फ्लाईव्हील की हाउसिंग लगाते समय कोटिंग की चौड़ाई 1.5 से 2.5 मिमी रखी जाती है।
- इग्नीशन तथा वाल्व टाइमिंग की सैटिंग के लिए फ्लाईव्हील पर इग्नीशन टाइमिंग मार्क तथा प्वॉइण्टर की व्यवस्था की जाती है।
- गैस द्वारा संचालित की जाने वाली टरबाइन, गैस टरबाइन कहलाती है।
- जब कम्प्रैसर के साथ जुड़े बर्नर के द्वारा गर्म गैस को गैस टरबाइन पर आरोपित किया जाता है, तो टरबाइन घूमने लगती है।
- गैस टरबाइन सिंगल स्टेज तथा मल्टी-स्टेज प्रकार की होती हैं।

महत्त्वपूर्ण प्रश्नोत्तरी

1. टॉर्क रिंच का प्रयोग किस उपकरण के साथ किया जाता है?

उत्तर टॉर्क रिंच का प्रयोग सॉकिट स्पैनर्स के साथ किया जाता है।

2. माप लेने से पहले डायल बोर गेज को किस अंक पर सैट किया जाता है?

उत्तर माप लेने से पहले डायल बोर गेज को शून्य पर सैट किया जाता है।

3. सिलेण्डर बोर मापते समय सिलेण्डर बोर गेज को किस प्रकार रखना चाहिए?

उत्तर सिलेण्डर बोर मापते समय सिलेण्डर बोर गेज को दीवार के समान्तर रखना चाहिए।

4. क्रैंकशाफ्ट बियरिंग के घिसाव को किस प्रकार कम किया जाता है?

उत्तर क्रैंकशाफ्ट बियरिंग के घिसाव को तेल का प्रयोग करके कम किया जा सकता है।

5. गैस टरबाइन को ऊष्मा इंजन भी कहते हैं, क्यों?

उत्तर गैस टरबाइन में वायु को कम्प्रैस करने के लिए दहन भट्टी से उत्पन्न गर्म गैसों का प्रयोग किया जाता है, इसलिए इसे ऊष्मा इंजन भी कहते हैं।

अभ्यास प्रश्न

परीक्षा प्रारूपी प्रश्न

बहुविकल्पीय

1. डीजल इंजन का संयोजन करने हेतु प्रयुक्त किया जाता है
(a) पेंचकस (b) प्लायर (c) टॉर्क रिंच (d) ये सभी

2. निम्न में से कौन-सा एक टॉर्क रिंच का प्रकार नहीं है?
(a) डायल टाइप (b) माइक्रोमीटर टाइप
(c) कैलीपर टाइप (d) टोरसन बार टाइप

3. निम्न चित्र में किस प्रकार के टॉर्क रिंच को दर्शाया गया है?

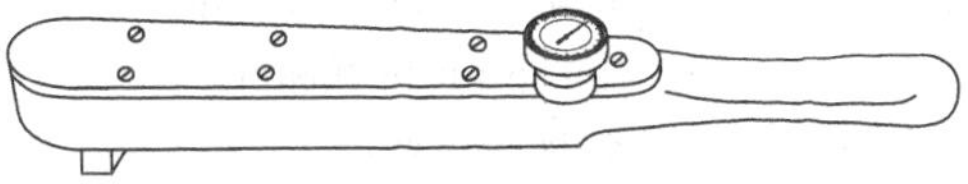

(a) डायल टाइप टॉर्क रिंच
(b) ब्रेकओवर टाइप टॉर्क रिंच
(c) टोरसन टॉर्क रिंच
(d) साधारण टॉक रिंच

4. माइक्रोमीटर टॉर्क रिंच को कहते हैं
(a) डायल टॉर्क रिंच
(b) ब्रेकओवर टॉर्क रिंच
(c) टोरसन टॉर्क रिंच
(d) उपरोक्त में से कोई नहीं

5. चित्र में प्रदर्शित ब्रेकओवर टाइप टॉर्क रिंच में 'X' द्वारा प्रदर्शित भाग का नाम बताइए।

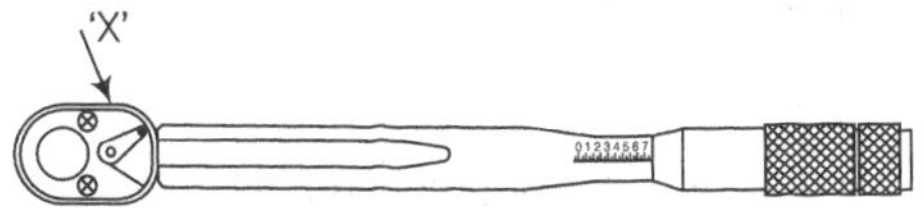

(a) बैरल (b) थिम्बल
(c) रैचेट हैड (d) टॉर्क स्केल

6. आन्तरिक विमाओं को मापने के लिए निम्न में से किसका प्रयोग किया जाता है?
(a) डायल बोर गेज (b) डायल टेस्ट इण्डीकेटर
(c) 'a' और 'b' दोनों (d) इनमें से कोई नहीं

7. डायल बोर गेज के किस अवयव द्वारा प्लंजर गति को डायल तक पहुँचाया जाता है?
(a) स्थिर एनविल
(b) केन्द्रण शूज
(c) स्लाइडिंग प्लंजर
(d) स्टेम

8. डायल बोर गेज के निम्न चित्र में 'X' द्वारा प्रदर्शित भाग को पहचानिए।

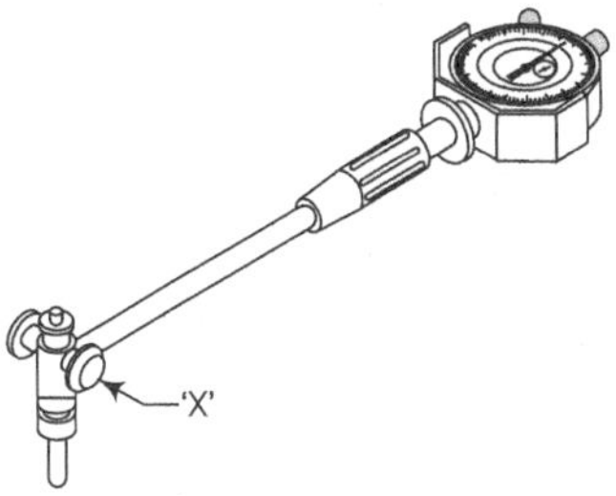

(a) स्टेम (b) केन्द्रण शूज (c) डायल (d) प्लंजर

9. डायल बोर गेज की मापन रेंज बढ़ाने के लिए इनमें ········ लगाए जाते हैं।
(a) वाशर (b) स्लाइडिंग प्लंजर
(c) स्टेम (d) इनमें से कोई नहीं

10. डायल टेस्ट इण्डीकेटर का प्रयोग किया जाता है
(a) घटक के साइज में अन्तर निर्धारित करने हेतु
(b) तुलना करने हेतु
(c) 'a' और 'b' दोनों
(d) उपरोक्त में से कोई नहीं

11. लीवर टाइप डायल टेस्ट इण्डीकेटर में किस प्रकार की गति होती है?
(a) दोलन गति (b) रेखीय गति
(c) पश्चाग्र गति (d) इनमें से कोई नहीं

12. प्लंजर टाइप डायल टेस्ट इण्डीकेटर के प्लंजर की रेखीय गति को पश्चाग्र गति में परिवर्तित करने के लिए किस मैकेनिज्म का प्रयोग किया जाता है?
(a) स्वचालित मैकेनिज्म (b) लीवर एवं स्क्रॉल मैकेनिज्म
(c) रैक एवं गियर मैकेनिज्म (d) ये सभी

13. निम्न चित्र में 'X' द्वारा प्रदर्शित भाग का नाम बताइए।

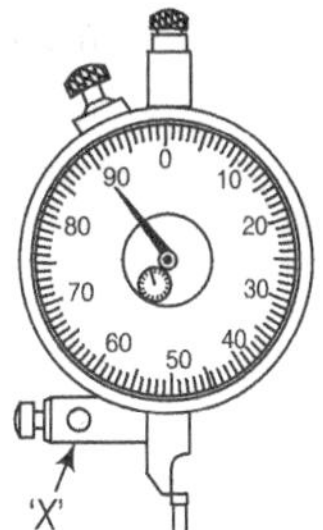

(a) लीवर (b) बॉडी (c) बेवेल (d) क्लैम्प

14. निम्न चित्र में किस प्रकार के इण्डीकेटर स्टैण्ड को दर्शाया गया है?

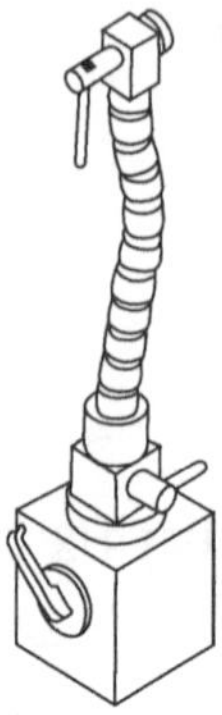

(a) यूनिवर्सल क्लैम्प सहित चुम्बकीय स्टैण्ड
(b) फ्लैक्सिबल पोस्ट सहित चुम्बकीय स्टैण्ड
(c) कास्ट आयरन आधार वाला सामान्य स्टैण्ड
(d) उपरोक्त में से कोई नहीं

15. डायल टेस्ट इण्डीकेटर का अनुप्रयोग है
(a) शाफ्टों की संकेन्द्रता ज्ञात करना
(b) छड़ों का सीधापन जाँचना
(c) प्लेन सतह की समान्तरता जाँचना
(d) उपरोक्त सभी

16. वाल्व सीट लगाते समय उसे ठण्डा करने हेतु .... का प्रयोग किया जाता है।
(a) ऑक्सीजन (b) तरल नाइट्रोजन
(c) सल्फर (d) कार्बन डाइ-ऑक्साइड

17. वाल्व गाइड बदलते समय कौन-सा ऑयल लगाया जाता है?
(a) कैरोसीन ऑयल (b) इंजन ऑयल
(c) लुब्रीकेशन ऑयल (d) ये सभी

18. ग्राइण्डिंग मशीन का असेम्बली में प्रयोग किया जाता है
(a) वाल्व सीट बदलने हेतु (b) वाल्व सीट लगाने हेतु
(c) वाल्व गाइड बदलने हेतु (d) वाल्व रि-फेसिंग हेतु

19. वाल्व सीट को काटकर पतला करने के लिए उपयोगी है
(a) बोर कटर (b) फेस कटर
(c) वाल्व कटिंग स्पैनर (d) स्क्राइबर

20. पिस्टन को लाइनर में फिट करने के दौरान इंजन ऑयल लगाते समय पिस्टन का 'O' निशान रखा जाता है
(a) क्रैंकशाफ्ट की ओर (b) फ्लाईव्हील की ओर
(c) कैमशाफ्ट की ओर (d) बियरिंग की ओर

21. कनैक्टिंग रॉड के सीधेपन की जाँच करने के लिए .... का प्रयोग किया जाता है।
(a) डायल बोर गेज
(b) फिलर गेज
(c) रेडियम गेज
(d) कनैक्टिंग रॉड अलाइनमेण्ट गेज

22. कनैक्टिंग रॉड में बुश फिट करते समय उसे काटा जाता है
(a) 5 मिमी से 10 मिमी (b) 0.5 मिमी से 1.0 मिमी
(c) 1 मिमी से 2 मिमी (d) 0.5 सेमी से 1.0 सेमी

23. क्रैंकशाफ्ट फिट करते समय कैप के ऊपर अंकित तीर के निशान को .... की ओर रखा जाता है।
(a) पिस्टन (b) फ्लाईव्हील
(c) टाइमिंग गियर (d) ऑयल होल

24. क्रैंकशाफ्ट फिट करते समय कौन-सी जाँच करनी आवश्यक है?
(a) क्रैंकपिन के अलाइनमेण्ट की जाँच
(b) क्रैंक जर्नल की जाँच
(c) क्रैंकशाफ्ट में बने तेल मार्ग की जाँच
(d) उपरोक्त सभी

25. इंजन में कैमशाफ्ट फिट करने हेतु सर्वप्रथम कौन-सा कार्य किया जाता है?
(a) सभी जर्नल व बुशों में इंजन ऑयल लगाना
(b) गियर व ऑयल सम्प के निशान मिलाना
(c) ब्लॉक के दाईं ओर की प्लेट लगाना
(d) उपरोक्त में से कोई नहीं

26. कैमशाफ्ट पर गियर लगाने हेतु उसे किस तापमान पर गर्म किया जाता है?
(a) 10°C (b) 50°C
(c) 100°C (d) 200°C

27. फ्लाईव्हील लगाते समय फ्लाईव्हील का 'O' निशान .... पर दिए निशान से मिलाया जाता है।
(a) पायलट बियरिंग (b) क्रैंकशाफ्ट कॉलर
(c) गियर (d) ऑयल सम्प

28. फ्लाईव्हील की हाउसिंग लगाते समय कोटिंग की चौड़ाई रखी जाती है
(a) 0.5 से 1.5 मिमी (b) 1.0 से 1.5 मिमी
(c) 1.5 से 2.5 मिमी (d) 2.5 से 5 मिमी

29. इंजन में फ्लाईव्हील कहाँ स्थापित होता है?
(a) क्रैंकशाफ्ट के अग्र छोर (front end) पर
(b) क्रैंकशाफ्ट के पिछले छोर (rear end) पर
(c) क्रैंकशाफ्ट के मध्य में
(d) वाइब्रेशन डैम्पर के समीप

30. क्रैंकशाफ्ट के आघूर्ण (torque) सीधे निम्न में से किस पर जाता है?
(a) फ्लाईव्हील पर (b) प्रोपेलर शाफ्ट पर
(c) रोड व्हील पर (d) डिफ्रैन्शियल पर

31. फ्लाईव्हील में .... फिट रहता है।
(a) स्पिगॉट बियरिंग
(b) बिग एण्ड बियरिंग
(c) स्मॉल एण्ड बियरिंग
(d) मेन बियरिंग

32. टाइमिंग गियर में शोर का कारण निम्न है
(a) टाइमिंग केस में अधिक तेल
(b) गियर का गलत बेकलेश
(c) टूटा हुआ कैम लोब
(d) कसा हुआ टैपेट

33. टरबाइन द्वारा गतिज ऊर्जा या स्थितिज ऊर्जा को ········ में परिवर्तित किया जाता है।
(a) यान्त्रिक ऊर्जा (b) विद्युत ऊर्जा
(c) अन्तराण्विक ऊर्जा (d) इनमें से कोई नहीं

34. टरबाइन का एक प्रकार है
(a) हाइड्रॉलिक टरबाइन (b) गैस टरबाइन
(c) वायु टरबाइन (d) ये सभी

35. निम्न आरेख में किस प्रकार की टरबाइन का ब्लॉक आरेख दर्शाया गया है?

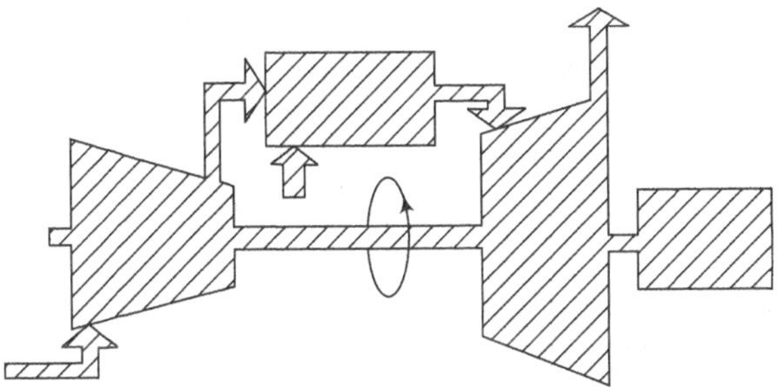

(a) भाप टरबाइन (b) डीजल टरबाइन
(c) गैस टरबाइन (d) हाइड्रॉलिक टरबाइन

36. गैस टरबाइन में तरल (fluid) के रूप में किसका प्रयोग किया जाता है?
(a) मोबिल ऑयल (b) इंजन ऑयल
(c) वायु (d) जल

37. गैस टरबाइन के निम्न चित्र में 'X' द्वारा किस अवयव को प्रदर्शित किया जाता है?

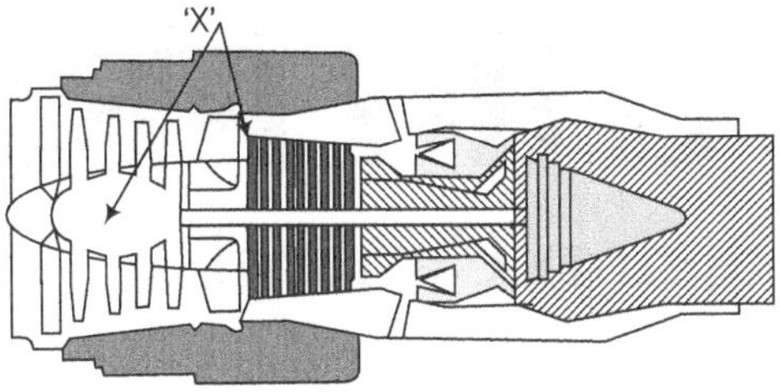

(a) कम्प्रैशर (b) कम्बशन चैम्बर
(c) टरबाइन ब्लेड (d) शाफ्ट

38. टू-स्टेज टरबाइन में कम्प्रैशरों की संख्या होती है
(a) 4 (b) 3 (c) 2 (d) 1

39. सिंगल स्टेज टरबाइन इंजन में गियरों की संख्या होती है
(a) अधिक (b) कम
(c) मध्यम (d) इनमें से कोई नहीं

40. गैस टरबाइन का एक अवगुण है
(a) इसकी दक्षता कम होती है
(b) इसे अधिक अनुरक्षण की आवश्यकता होती है
(c) इसके द्वारा अधिक ऊर्जा का उत्पादन नहीं किया जा सकता है
(d) यह एक खतरनाक मशीन है जिसके साथ अधिक सुरक्षा की आवश्यकता होती है

उत्तरमाला

1. (d)	2. (c)	3. (a)	4. (b)	5. (c)	6. (a)	7. (d)	8. (b)	9. (a)	10. (c)
11. (a)	12. (c)	13. (d)	14. (b)	15. (d)	16. (b)	17. (b)	18. (d)	19. (b)	20. (c)
21. (d)	22. (b)	23. (c)	24. (d)	25. (a)	26. (c)	27. (b)	28. (c)	29. (b)	30. (a)
31. (a)	32. (b)	33. (a)	34. (d)	35. (c)	36. (c)	37. (a)	38. (c)	39. (b)	40. (d)

अध्याय 21

उत्सर्जन नियन्त्रण
Emission Control

परिचय Introduction

ऑटोमोबाइल के क्षेत्र में ईंधन टैंक, कार्बुरेटर, क्रैंककेस और एग्जॉस्ट सिस्टम के द्वारा वायुमण्डल में प्रदूषक उत्सर्जित होते हैं। ईंधन टैंक (fuel tank) एवं कार्बुरेटर से ईंधन वाष्प उत्सर्जित होती है, जबकि क्रैंककेस से पिस्टन व रिंगों के मध्य से आधा जला वायु-ईंधन मिश्रण उत्सर्जित होता है तथा एग्जॉस्ट प्रणाली द्वारा आधे जले हाइड्रोकार्बन, कार्बन मोनोऑक्साइड, नाइट्रोजन ऑक्साइड एवं सल्फर के ऑक्साइड उत्सर्जित होते हैं। इसके अतिरिक्त डीजल इंजनों में कणिकीय द्रव्य (particulate matter) का भी निकास उत्सर्जन में एक बड़ा भाग होता है।

कणिकीय द्रव के अन्तर्गत जल के अतिरिक्त वे पदार्थ भी सम्मिलित होते हैं, जिन्हें निकास गैस को फिल्टर करके प्राप्त किया जाता है। धुएँ एवं कार्बन युक्त कणिकीय द्रवों के ऊपर कुछ बिना जले हाइड्रोकार्बन अवशोषित होते हैं।

अध्याय विषय सूची

21.1 वाहन उत्सर्जन मानक Vehicle Emission Standards

प्रत्येक राष्ट्र में वाहनों के उत्सर्जन हेतु मानक बनाए जाते हैं। भारत सरकार द्वारा भी वाहनों के उत्सर्जन से सम्बन्धित मानक बनाए गए हैं। भारत सरकार ने इंजन के आन्तरिक दहन से निकलने वाले वायु प्रदूषण कारकों को नियन्त्रित करने के लिए कुछ उत्सर्जन मानक निर्धारित किए हैं, जिन्हें 'भारत स्टेज उत्सर्जन मानक' (Bharat Stage Emission Standards) कहते हैं। केन्द्रीय प्रदूषण नियन्त्रण बोर्ड, पर्यावरण एवं वन मन्त्रालय (Environment and Forest Ministry) के नेतृत्व में उत्सर्जन मानकों का स्थापितीकरण एवं समय-सीमा निर्धारित करता है। प्रत्येक वाहन एवं मशीनों को उत्सर्जन मानकों के अनुसार बनाना चाहिए।

वर्तमान समय में वाहनों एवं मशीनों की संख्या दिन-प्रतिदिन बढ़ती जा रही है, जिसके परिणामस्वरूप वातावरण में प्रदूषण भी बढ़ता जा रहा है। वाहनों द्वारा उत्पन्न प्रदूषण कारकों को नियन्त्रित करने के लिए अर्थात् प्रदूषण से बचने के लिए केन्द्रीय प्रदूषण बोर्ड ने वाहनों में प्रयुक्त होने वाले ईंधन में विभिन्न घटकों का मान, उत्सर्जन मानक के रूप में निर्धारित किया है।

भारत में पहली बार वर्ष 1989 में गैस निर्वात मानक लागू किए गए, फिर वर्ष 1991 में पेट्रोल तथा वर्ष 1992 में डीजल वाहनों के लिए निर्देश (instruction) जारी किए गए। अप्रैल, 2010 के बाद से भारत में भारत स्टेज III (Bharat Stage III) कानून को पारित किया गया, जबकि अप्रैल, 2017 के बाद से भारत में भारत स्टेज IV (Bharat Stage IV) कानून को लागू किया गया।

यूरोपीय देशों के संगठन ने उत्सर्जन से सम्बन्धित मानकों के कानून को वर्ष 2000 में सम्पूर्ण यूरोपीय देशों के लिए सर्वसम्मति से पारित कर दिया था इन्हें यूरो स्टेज उत्सर्जन मानक (Bharat Stage Emission Standard) कहते हैं। भारत में पारित उत्सर्जन मानकों का विवरण अग्र प्रकार हैं

तालिका चौ-पहिया वाहनों से सम्बन्धित उत्सर्जन मानक

मानक	सन्दर्भ	वर्ष	क्षेत्र
इण्डिया 2000	यूरो I	2000 2001	सम्पूर्ण भारत NCR *, मुम्बई, कोलकाता, चेन्नई
भारत स्टेज II	यूरो II	2003-04 2004-05	NCR*, 13 शहर + सम्पूर्ण भारत
भारत स्टेज III	यूरो III	2004-05 2004-10	NCR*, 13 शहर + सम्पूर्ण भारत
भारत स्टेज IV	यूरो IV	2004-10	NCR*, 13 शहर +
भारत स्टेज V	यूरो V	2020 प्रस्तावित	सम्पूर्ण भारत

* नेशनल कैपिटल रीजन [NCR (दिल्ली एवं इसके आस-पास के क्षेत्र)]

+ मुम्बई, कोलकाता, चेन्नई, बंगलुरु, हैदराबाद, अहमदाबाद, पुणे, सूरत, कानपुर, लखनऊ, शोलापुर, जमशेदपुर तथा आगरा

तालिका दो-पहिया एवं ति-पहिया वाहनों से सम्बन्धित उत्सर्जन मानक

मानक	सन्दर्भ	दिनांक
भारत स्टेज II	यूरो II	1 अप्रैल, 2005
भारत स्टेज III	यूरो III	1 अप्रैल, 2010
भारत स्टेज IV	यूरो IV	1 अप्रैल, 2016 प्रस्तावित
भारत स्टेज V	यूरो V	1 अप्रैल, 2020 प्रस्तावित

तालिका ट्रकों एवं बसों से सम्बन्धित उत्सर्जन मानक (ग्राम/किमी)

वर्ष	सन्दर्भ	परीक्षण	CO	HC	NO_X	PM
1992	–	ECE R49	17.3-32.6	2.7-3.7	–	–
1996	–	ECE R49	11.20	2.40	14.4	–
2000	यूरो I	ECE R49	4.5	1.1	8.0	0.36*
2005+	यूरो II	ECE R49	4.0	1.1	7.0	0.15
2010+	यूरो III	ESC	2.1	0.66	5.0	0.10
		ETC	5.45	0.78	5.0	0.16
		ESC	1.5	0.46	3.5	0.02
2010+	यूरो IV	ETC	4.0	0.55	3.5	0.03

*0.612 (85 kw से नीचे के इंजनों के लिए)

तालिका हल्के डीजल वाहनों (LDVs) से सम्बन्धित उत्सर्जन मानक (ग्राम/किमी)

वर्ष	सन्दर्भ	CO	HC	HC + NO_x	NO_x	PM
1992	–	17.3-32.6	2.7-3.7	–	–	–
1996	–	5.0-9.0	–	2.0-4.0	–	–
2000	यूरो I	2.72-6.90	–	0.97-1.70	0.14-0.25	0.36
2005 +	यूरो II	1.0-1.5	–	0.7-1.2	0.08-0.17	0.15
2010+	यूरो III	0.64 0.80 0.95	–	0.56 0.72 0.86	0.50 0.65 0.78	0.05 0.07 0.10
2010+	यूरो IV	0.50 0.63 0.74	–	0.30 0.39 0.46	0.25 0.33 0.39	0.025 0.04 0.06

तालिका ति-पहिया गैसोलीन हल्के वाहनों (LGVs) से सम्बन्धित उत्सर्जन मानक (ग्राम/किमी)

वर्ष	CO	HC	HC + NO_x
1991	12-30	8-12	–
1996	6.75	–	5.40
2000	4.00	–	2.00
2005 (BS II)	2.25	–	2.00
2004-10 (BS III)	1.25	–	1.25

तालिका हल्के कार्यों हेतु प्रयुक्त डीजल इंजनों से सम्बन्धित उत्सर्जन मानक (ग्राम/किमी)

वर्ष	सन्दर्भ	CO	HC	NO_x	PM
1992	–	14.0	3.5	18.0	–
1996	–	11.20	2.40	14.4	–
2000	यूरो I	4.5	1.1	8.0	0.36*
2005+	यूरो II	4.0	1.1	7.0	0.15

85 KW से निम्न क्षमता के इंजनों हेतु + मुम्बई, कोलकाता, चेन्नई, बंगलुरु, हैदराबाद, अहमदाबाद पुणे, सूरत, कानपुर लखनऊ, शोलापुर जमशेदपुर व आगरा।

तालिका चौ-पहिया गैसोलीन हल्के वाहनों (LGVs) से सम्बन्धित उत्सर्जन मानक (ग्राम/किमी)

वर्ष	सन्दर्भ	CO	HC	HC + NO_x	NO_x
1991	–	14.3-27.1	2.0-2.9	–	–
1996	–	8.68.12.4	–	3.00-4.36	–
1998*	–	4.34-6.20	–	1.50-2.18	–
2000	यूरो I	2.72-6.90	–	0.97-1.70	–
2005+	यूरो II	2.2-5.0	–	0.5-0.7	–
		2.3	0.20		0.15
2010+	यूरो III	4.17	0.25	–	0.18
		5.22	0.29		0.21
		1.0	0.10		0.08
2010+	यूरो IV	1.81	0.13	–	0.10
		2.27	0.16		0.11

* उत्प्रेरक परिवर्तक लगे वाहनों हेतु + मुम्बई, कोलकाता, चेन्नई, बंगलुरु, हैदराबाद, अहमदाबाद, पुणे, सूरत, कानपुर लखनऊ, शोलापुर जमशेदपुर व आगरा।

तालिका दो-पहिया गैसोलीन हल्के वाहनों (LGVs) से सम्बन्धित उत्सर्जन मानक (ग्राम /किमी)

वर्ष	CO	HC	CH + NO
1991	12-30	8-12	–
1996	5.50	-	3.60
2000	2.00	-	2.00
2005 (BS II)	1.50	–	1.50
2010 (BS III)	1.00	–	1.00

तालिका दो व तिपहिया डीजल वाहनों से सम्बन्धित उत्सर्जन मानक (ग्राम/किमी)

वर्ष	CO	HC + NO_x	PM
2004-05	1.00	0.85	0.10
2004-10	0.50	0.50	0.05

21.2 उत्सर्जन के स्रोत Sources of Emission

औद्योगिक क्षेत्रों में विभिन्न प्रकार की मशीनों एवं वाहनों में ईंधन के जलने से विभिन्न प्रकार की हानिकारक गैसें उत्पन्न होती हैं, जिससे पर्यावरण प्रदूषित हो जाता है। वाहन को चालन शक्ति इंजन में ईंधन के जलने से प्राप्त होती है। उत्सर्जन इसी दहन प्रक्रिया का उपोत्पाद (by-product) है। वाहन मोटरों से उत्सर्जन सामान्यत: चार स्रोतों से प्राप्त होता है

1. ईंधन टैंक 2. कार्बुरेटर 3. क्रैंककेस 4. एग्जॉस्ट सिस्टम

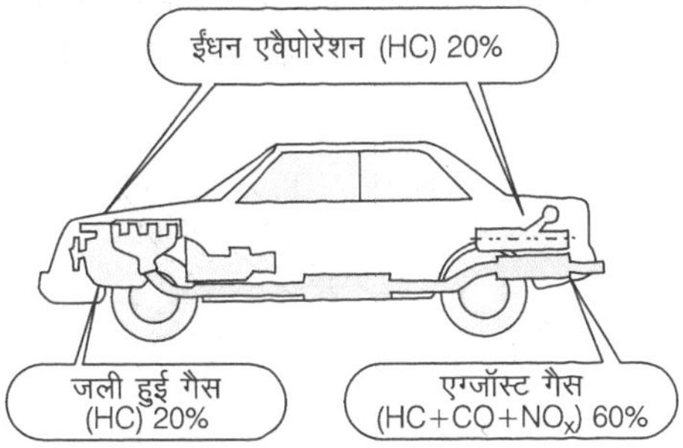

चित्र वाहन उत्सर्जन

ईंधन टैंक तथा कार्बुरेटर ईंधन को वाष्पित होकर वायुमण्डल में भेज देता है। यह क्रिया एवैपोरेटिव उत्सर्जन कहलाती है। साथ ही क्रैंककेस एवं एग्जॉस्ट प्रणाली सीधे ही इंजन से प्रदूषक उत्सर्जित करके वायुमण्डल में भेजते हैं। यह उत्सर्जित प्रदूषक हाइड्रोकार्बन, लैड कम्पाउण्ड, ऑक्सीजन व नाइट्रोजन के कम्बशन चैम्बर में वायु के साथ जलने से उत्पन्न होते हैं। कम्प्रेशन-इग्नीशन इन्जन में उत्सर्जक, इंजन से प्रारम्भ होकर एग्जॉस्ट एवं क्रैंककेस ब्रीदर से वायुमण्डल में प्रवेश करते हैं।

21.3 कम्बशन प्रक्रिया Combustion Process

अधिकांश वाहन ईधन (गैसोलीन, डीजल, नैचुरल गैस, इथेनॉल इत्यादि) हाइड्रोकार्बन तथा कार्बन व हाइड्रोजन परमाणुओं के अवयवों के मिश्रण होते हैं। एक आदर्श इंजन में, वायु में उपस्थित ऑक्सीजन, ईंधन में उपस्थित समस्त हाइड्रोजन को जल में तथा कार्बन डाइऑक्साइड में परिवर्तित कर देती है जबकि वायु में उपस्थित नाइट्रोजन अप्रभावित रहती है।

वास्तव में कोई भी कम्बशन प्रक्रिया पूर्णत: आदर्श नहीं होती है क्योंकि ऑटोमोटिव इंजन विभिन्न प्रकार के प्रदूषक उत्सर्जित करते हैं।

एक आदर्श कम्बशन प्रक्रिया निम्न प्रकार की होती है

ईंधन (हाइड्रोकार्बन) + वायु (ऑक्सीजन + नाइट्रोजन)

= कार्बन डाइ ऑक्साइड (CO_2) + जल (H_2O) + नाइट्रोजन

टिपिकल रीयल-वर्ल्ड इंजन कम्बशन प्रक्रिया निम्न प्रकार की होती है

ईंधन (हाइड्रोकार्बन) + वायु (ऑक्सीजन + नाइट्रोजन)

= अज्वलित या

आंशिक ज्वलित हाइड्रोकार्बन + नाइट्रोजन ऑक्साइड + कार्बन मोनोक्साइड (CO) + कार्बन डाइऑक्साइड (CO_2) + जल (H_2O)

आदर्श कम्बशन प्रक्रिया, सिलेण्डर में पहुँचने वाले कम्प्रेशन दाब, स्पार्क प्लग की स्थिति व टाइमिंग, इंजन के लिए आवश्यक ताप के मान, फ्यूल, वायु इंजन की आवश्यकतानुसार ईंधन की उचित मात्रा, नियत वाल्व टाइमिंग जिससे कि इंजन हवा की उचित मात्रा प्राप्त करे, पर निर्भर करती है।

विद्युत आधारित इंजेक्शन प्रणालियों में कम्बशन प्रक्रिया को नियन्त्रित करने के लिए सेन्सर तथा कैटेलाइटिक कन्वर्टर (Catalytic converter) का उपयोग किया जाता है तथा प्रत्येक समय इंजन को वायु-ईंधन मिश्रण उचित अनुपात में दिया जाता है।

कम्बशन चैम्बर का डिजाइन

Design of Combustion Chamber

इंजनों में उत्सर्जन के स्तर को कम्बशन चैम्बर के डिजाइन में उचित सुधार करके नियन्त्रित किया जा सकता है। कम्बशन चैम्बर के डिजाइन में सुधार करने से गैस प्रवाह दर एवं वाष्पन में वृद्धि हो जाती है तथा कम्बशन चैम्बर में ईंधन का वितरण समान रूप से होने लगता है।

एक अच्छे कम्बशन चैम्बर में निम्नलिखित गुण होने चाहिए

(i) उच्च पावर आउटपुट
(ii) उच्च तापमान दक्षता तथा निम्न विशिष्ट ईंधन खपत
(iii) सरल इंजन प्रचालन
(iv) निम्न प्रदूषक निकास

गैस प्रवाह दर तथा आयतनिक दक्षता को प्रत्येक सिलेण्डर में दो इनटेक वाल्व प्रयुक्त करके बढ़ाया जा सकता है। प्रभावी पोर्ट की ओपनिंग में वृद्धि होने से भी गैस प्रवाह दर में वृद्धि हो जाती है।

वाल्व टाइमिंग को परिवर्तित करके भी कम्बशन प्रक्रिया में सुधार किया जाता है। वाल्व ओवरलैप में कमी करने से स्केवेन्जिंग (Scavanging) प्रभाव में कमी आती है जिससे हाइड्रोकार्बन उत्सर्जन कम होता है।

कम्प्रैशन-इग्नीशन इंजनों के कम्बशन चैम्बर का मुख्य कार्य कम समय में हवा तथा ईंधन का मिश्रण उचित मात्रा में उपलब्ध कराना है। इस उद्देश्य की पूर्ति हेतु हवा तथा ईंधन की बूँदों के मध्य उच्च आपेक्षिक गति उत्पन्न करने के लिए वायु भँवर (air swirl) की व्यवस्था की जाती है।

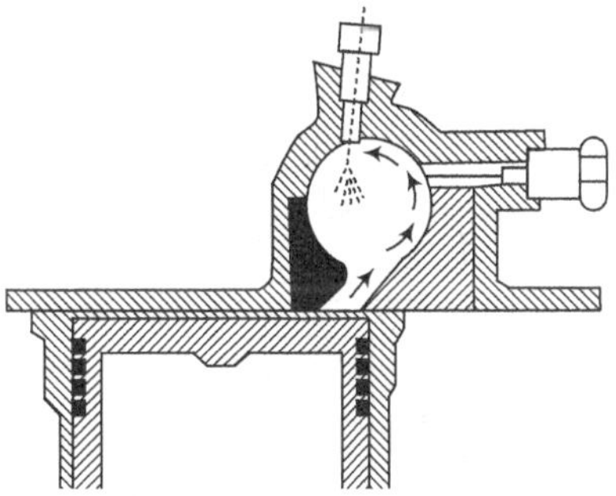

चित्र कम्बशन चैम्बर का डिजाइन

कम्बशन चैम्बर के प्रकार
Types of Combustion Chamber

इंजन में निम्न प्रकार के कम्बशन चैम्बर प्रयोग में लाए जाते हैं

1. वैज कम्बशन चैम्बर Wedge Combustion Chamber

इस प्रकार के कम्बशन चैम्बर का डिजाइन असममित प्रकार का होता है, जिसमें वाल्व एक निश्चित कोण पर लगा होता है, जैसा कि चित्र में दर्शाया गया है। इसका प्रयोग मुख्यत: पुश रॉड इंजन में किया जाता है। इसमें ईंधन व हवा का मिश्रण जिस क्षेत्र में होता है, वह क्षेत्र क्वेंच (quench) क्षेत्र कहलाता है। वैज कम्बशन चैम्बर में मध्यम गति से पूर्ण दहन होता है।

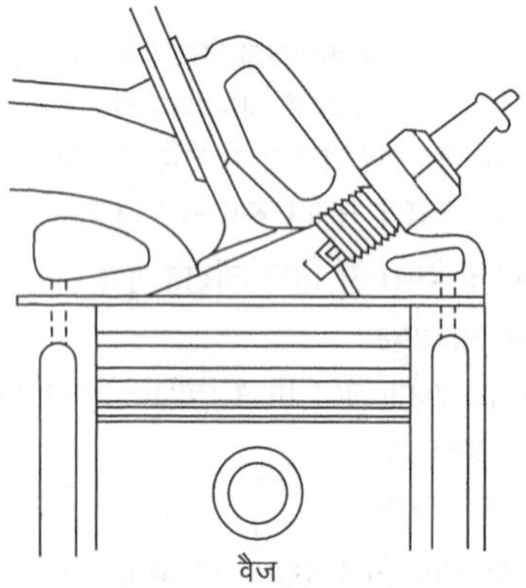

चित्र वैज कम्बशन चैम्बर का डिजाइन

2. अर्द्धगोलीय कम्बशन चैम्बर
Hemisphere Combustion Chamber

इस प्रकार के कम्बशन चैम्बर का डिजाइन सममित प्रकार का होता है। इसमें दक्षता अधिक एवं प्रचालन गति उच्च होती है।

अर्द्धगोलीय कम्बशन चैम्बर में सिलेण्डर के ऊपर वक्राकार भाग में दो वाल्व लगे होते हैं और इसमें ईंधन का दहन उच्च गति से होता है, जैसा कि चित्र में दर्शाया गया है

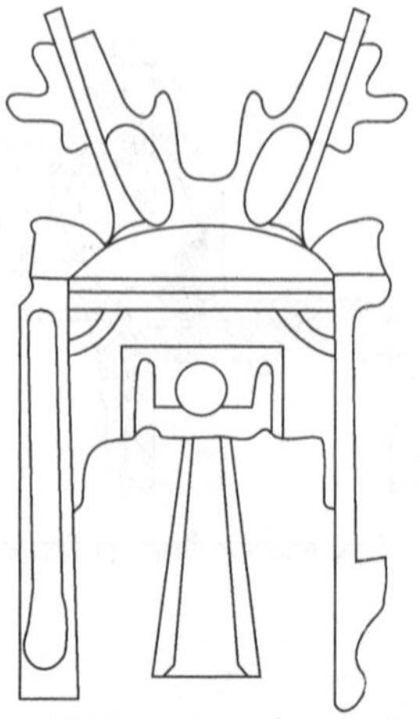

चित्र अर्द्धगोलीय कम्बशन चैम्बर का डिजाइन

3. पेन्ट रूफ कम्बशन चैम्बर
Pent-roof Combustion Chamber

इस कम्बशन चैम्बर का डिजाइन भी सममित प्रकार का होता है। इसके ऊपर वाले भाग में दो पिस्टन 'V' आकार में लगे होते हैं, जैसा कि चित्र में दर्शाया गया है। इसका उपयोग मुख्यत: उच्च दक्षता युक्त दहन एवं नियन्त्रित उत्सर्जन के लिए किया जाता है। इस कक्ष में एक केन्द्रीय स्पार्क प्लग लगा होता है, जो उत्तम ऑक्टेन टॉलरेन्स प्रदान करता है।

इसका एक अतिरिक्त लाभ यह है कि इसमें इनटेक और एग्जॉस्ट वाल्व के बीच कुछ दूरी होती है, जो ऊष्मा ट्रांसफर को सीमित करती है।

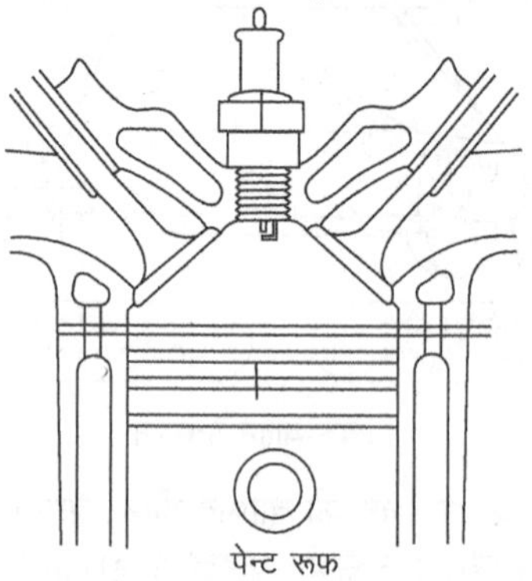

चित्र पेन्ट रूफ कम्बशन चैम्बर

कम्बशन चैम्बर के डिजाइन की दक्षता को निर्धारित करने के लिए निम्न आधारों का अवलोकन किया जाता है

(i) क्वेंचिंग क्षेत्र
(ii) वाल्व की स्थिति
(iii) आयतनिक क्षमता
(iv) प्राप्त आउटपुट
(v) दाब में परिवर्तन की दर
(vi) दहन में लगा समय

21.4 उत्सर्जन के प्रकार Types of Emission

वाहनों में ईंधन के जलने के पश्चात् विभिन्न प्रकार की हानिकारक गैसें उत्सर्जित होती हैं। इंजन से गैसों के उत्सर्जन को निम्न भागों में वर्गीकृत किया गया है

1. एग्जॉस्ट उत्सर्जन Exhaust Emission

वह उत्सर्जन, जिसमें कम्बशन चैम्बर में ईंधन के दहन के फलस्वरूप निष्कासित गैस के रूप में कार्बन डाइऑक्साइड (CO_2) एवं पानी उत्सर्जित होते हैं, एग्जॉस्ट उत्सर्जन कहलाता है। एग्जॉस्ट सिस्टम सीधे ही इंजन से प्रदूषक (pollutants) को वातावरण में उत्सर्जित (emit) करता है, जब हाइड्रोकार्बन, लीड कम्पाउण्ड, ऑक्सीजन तथा नाइट्रोजन को कम्बशन चैम्बर में जलाया जाता है, एग्जॉस्ट उत्सर्जन होता है। इंजन के कम्बशन चैम्बर में क्षमता से अधिक ईंधन सप्लाई करने पर ईंधन पूर्णरूप से दहन नहीं हो पाता है, जिसके फलस्वरूप ईंधन का शेष बचा भाग कार्बन मोनोक्साइड में परिवर्तित हो जाता है। अत: कम्बशन चैम्बर में ईंधन की मात्रा अधिक होने पर दहन के लिए ऑक्सीजन उपलब्ध नहीं हो पाती है। इस प्रकार, कम्बशन चैम्बर में कम ईंधन सप्लाई करने पर दहन के लिए ऑक्सीजन की अधिक उपलब्धता के कारण उत्पाद नाइट्रोजन ऑक्साइड के रूप में बनता है।

ईंधन के दहन के फलस्वरूप निकलने वाली गैसों के कुल उत्सर्जन का लगभग 60-70% भाग एग्जॉस्ट उत्सर्जन के रूप में होता है।

2. एवैपोरेटिव उत्सर्जन Evaporative Emission

एवैपोरेटिव उत्सर्जन, ईंधन को खुले वातावरण में रखने के कारण सम्पन्न होता है। इसमें ईंधन का लगभग 15-25% भाग उत्सर्जित होता है। एवैपोरेटिव उत्सर्जन में ईंधन टैंक एवं कार्बुरेटर दो मुख्य स्रोत होते हैं, जो मुख्य रूप से ईंधन के प्रवाह की गति एवं परिवेश तापमान पर निर्भर होते हैं, इसे एवैपोरेटिव उत्सर्जन कहते हैं।

एवैपोरेटिव प्रकार के उत्सर्जन का प्रयोग वाहनों में नहीं किया जाता है, इसलिए इसे बिना उपयोग का उत्सर्जन भी कहा जा सकता है। यह वाहनों में बिना उपयोग किए ही उत्सर्जित हो जाता है। अत: इस उत्सर्जन को रोकने के लिए वाहनों के ईंधन टैंक में एयर टाइट सील लगाई जाती है, जिससे ईंधन टैंक से ईंधन उत्सर्जित न होने पाए।

3. क्रैंककेस उत्सर्जन Crankcase Emission

क्रैंककेस उत्सर्जन, इंजन के सिलेण्डर में पिस्टन एवं क्रैंककेस के मध्य उत्पन्न प्रैशर में अन्तर के कारण होता है। इसमें ईंधन का उत्सर्जन, ईंधन के कुल भाग का लगभग 5-10% भाग होता है। इस प्रकार के उत्सर्जन में ईंधन दहन के पश्चात् निकलने वाली गैसों के साथ इंजन के अन्दर उपस्थित विभिन्न घटक (स्नेहन), इंजन के सिलेण्डर में उपस्थित प्रैशर के कारण वाष्पित होकर उत्सर्जित होने लगते हैं।

क्रैंककेस उत्सर्जन मुख्य रूप से हाइड्रोकार्बन (HC) व कार्बन मोनोक्साइड (CO) उत्सर्जित होने वाली गैसें होती हैं। इस उत्सर्जन से बचने के लिए EGR (Exhaust Gas Recirculation) वाल्व का प्रयोग किया जाता है।

21.5 हाइड्रोकार्बन Hydrocarbon

हाइड्रोकार्बन मुख्य रूप से हाइड्रोजन व कार्बन से मिलकर बने होते हैं। इसे कार्बनिक यौगिक भी कहते हैं। ये पृथ्वी पर कच्चे तेल (crude oil) के रूप में मिलते हैं; जैसे—गैस-मीथेन एवं प्रोपेन, द्रव-हैक्सेन एवं बेन्जीन, पॉलीमर-पॉली स्टाइरीन, पॉली एथिलीन और अन्य में वैक्स एवं नेफ्थलीन आदि पाए जाते हैं। हाइड्रोकार्बन से विशेष क्षेत्रों में अस्थमा, लीवर संक्रमण, फेफड़ों के संक्रमण तथा कैंसर जैसी महामारी उत्पन्न हो जाती है।

हाइड्रोकार्बन को मुख्य रूप से चार श्रेणियों में विभाजित किया गया है

1. पैराफिन (C_nH_{2n+2}) Paraffin

ये संतृप्त हाइड्रोकार्बन होते हैं। इनमें गैसें उच्च द्रव व उससे भी अधिक ठोस होती हैं।

उदाहरण

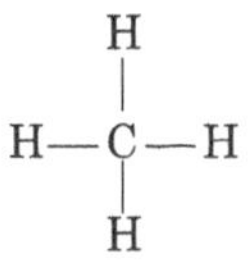

मीथेन

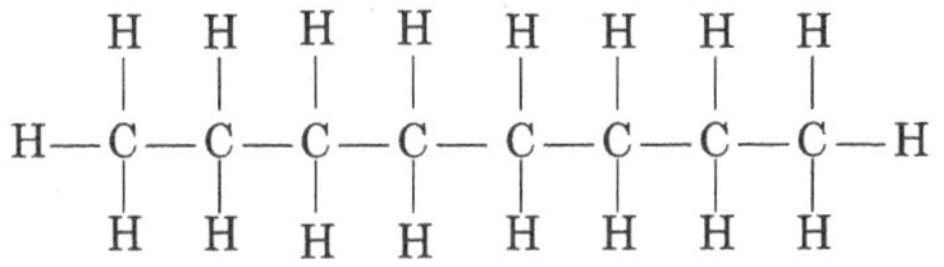

n-ऑक्टेन

वे यौगिक, जिनकी संरचना एक खुली चेन के समान होती है, नॉर्मल पैराफिन कहलाते हैं, जबकि ब्रांच चेन वाले यौगिकों को आयसो पैराफिन (iso-paraffin) के नाम से जाना जाता है।

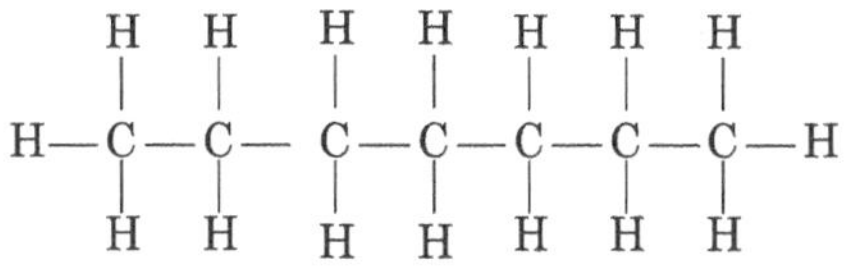

नॉर्मल हैप्टेन

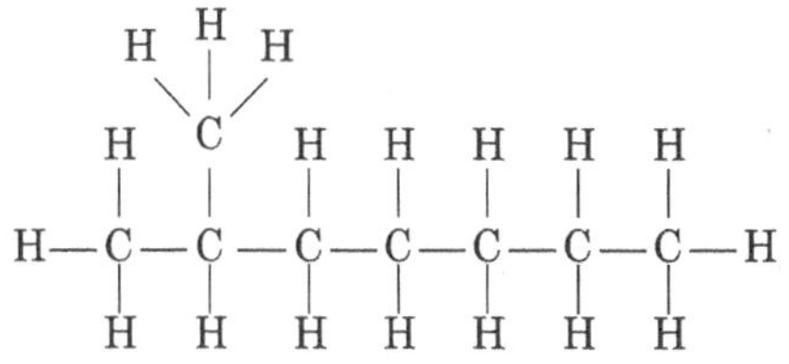

आइसो-ऑक्टेन (2-मिथाइल हैप्टेन)

2. ऑलीफिन (C_nH_{2n}) Olefin

ऑलीफिन मुख्य रूप से असंतृप्त हाइड्रोकार्बन होते हैं और इनमें कार्बन परमाणुओं के मध्य द्विबन्ध होते हैं, जैसा कि उदाहरण में दिखाया गया है।

उदाहरण

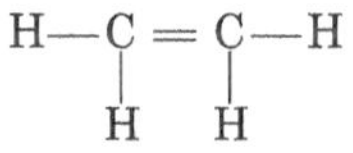

ईथेन

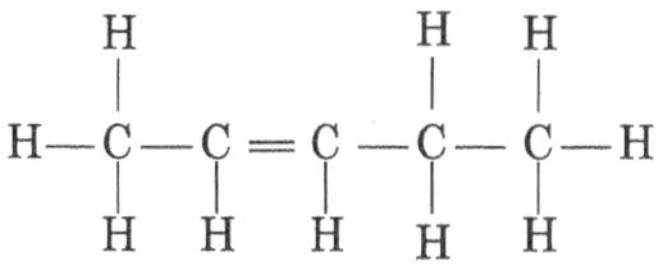

3-पैन्टीन

3. नेफ्थीन Naphthene

इसे साइक्लोपैराफिन के नाम से भी जाना जाता है। वे यौगिक, जिनकी संरचना वलयाकार होती है, नेफ्थीन कहलाते हैं।

उदाहरण

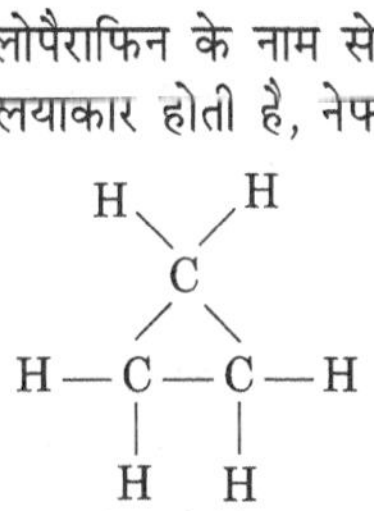

साइक्लोप्रोपेन

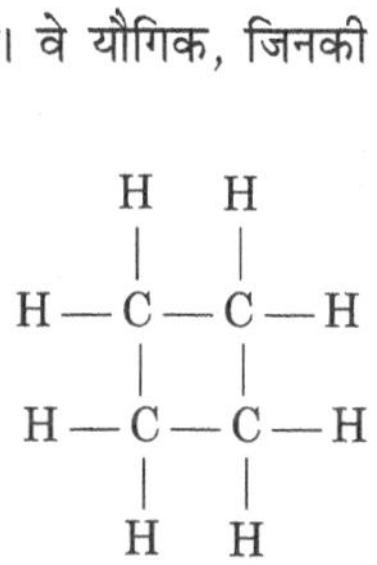

साइक्लोब्यूटेन

4. एरोमैटिक Aromatic

एरोमैटिक की संरचना बेन्जीन पर आधारित होती है। इसमें कच्चे तेल के सबसे अच्छे गुण पाए जाते हैं, इसलिए इसका प्रयोग बहुत कम किया जाता है।

इसका हिमांक और क्वथनांक अन्य हाइड्रोकार्बन से उच्च होता है।

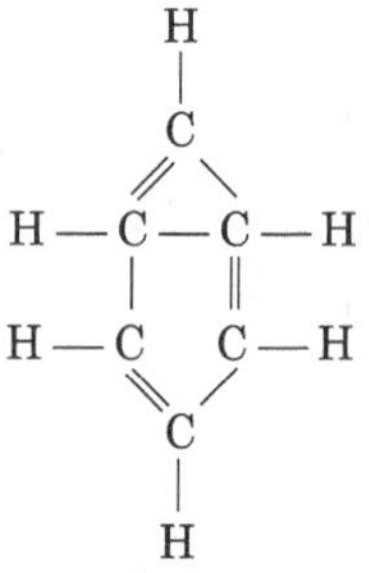

बेन्जीन

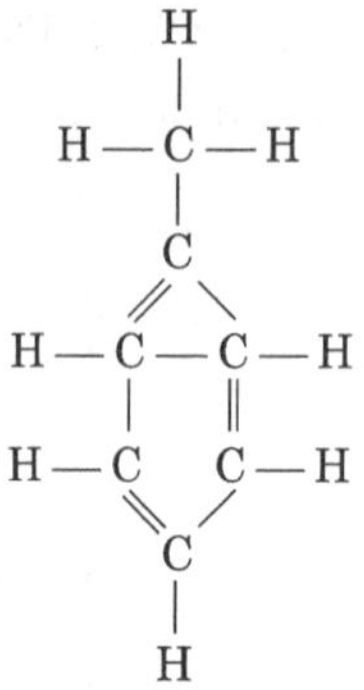

टॉलविन

हाइड्रोकार्बन के स्रोत Sources of Hydrocarbons

हाइड्रोकार्बन मुख्यत: मोटर वाहनों के उत्सर्जन से उत्पन्न होते हैं। गैसोलीन, डीजल, लिक्विड पेट्रोलियम तथा प्राकृतिक गैस हाइड्रोकार्बन यौगिक है। हाइड्रोकार्बन वातावरण में उपस्थित अन्य यौगिकों से क्रिया करके फोटो-रासायनिक धुआँ उत्पन्न करते हैं। हाइड्रोकार्बन उत्सर्जन के मुख्य कारण निम्न हैं

(i) इग्नीशन प्रणाली में मिस फायरिंग
(ii) गलत इग्नीशन टाइमिंग
(iii) पिस्टन व रिंग में दोष या सिलेण्डर घिसा होना
(iv) वायु व ईंधन मिश्रण का गलत अनुपात
(v) वाल्वों में दोष या वाल्व प्रचालन प्रणाली के भागों में दोष
(vi) वैक्यूम लीकेज

एग्जॉस्ट गैसों में हाइड्रोकार्बन
Hydrocarbons in Exhaust Gases

4-स्ट्रोक गैसोलीन इंजन में वाल्व के टॉप डैड सेन्टर को आवरलैप करने के दौरान कुछ इन्टेक चार्ज (intake charge) कम्बशन चैम्बर से निकलकर एग्जॉस्ट पोर्ट में पहुँच जाता है।

एग्जॉस्ट पोर्ट से यह कच्चा ईंधन (हवा तथा हाइड्रोकार्बन का मिश्रण) वातावरण में मुक्त हो जाता है। जब इंजन के सिलेण्डर में कम्बशन होता है, तो सिलेण्डर की दीवारें, पिस्टन तथा पिस्टन रिंग, ज्वलित मिश्रण (burning mixture) के समीप वाले कणों की अपेक्षा धीरे-धीरे ठण्डे होते हैं। हवा तथा ईंधन के कुछ अणु इन भागों के सम्पर्क में आकर ठण्डे हो जाते हैं तथा इनका तापमान कम्बशन के लिए आवश्यक तापमान से कम हो जाता है। इस प्रकार ये अणु अज्वलित (unburned) रहते हैं तथा एग्जॉस्ट पोर्ट के खुलने पर, सिलेण्डर से बाहर आ जाते हैं।

इंजन के इग्नीशन के मिसफायर होने पर भी यह अज्वलित ईंधन एग्जॉस्ट पोर्ट के खुलने पर सिलेण्डर से बाहर आ जाता है। यदि इंजन में अधिक हवा-ईंधन मिश्रण का प्रयोग किया जाता है तो यह हवा की मात्रा के लिए अधिक ईंधन होगा। इस स्थिति में इंजन के सिलेण्डर में अपूर्ण दहन (in complete combustion) होगा तथा अज्वलित ईंधन एग्जॉस्ट पोर्ट द्वारा सिलेण्डर से बाहर निकल जाएगा, परन्तु यदि इंजन में अत्यधिक पतला (lean) मिश्रण प्रयुक्त किया जाए तो कम्बशन में अत्यधिक समय लगेगा तथा कम्बशन के पूर्ण होने तक फ्लेम बुझ भी सकती है।

जैसे ही एग्जॉस्ट पोर्ट खुलेगा, अज्वलित हाइड्रोकार्बन, सिलेण्डर से बाहर निकल जाएँगे।

हाइड्रोकार्बन की विशेषताएँ
Characteristics of Hydrocarbon

हाइड्रोकार्बन की विशेषताएँ निम्न प्रकार हैं

1. पृथ्वी पर हाइड्रोकार्बन कच्चे तेल के रूप में पाया जाता है।
2. इसका फ्लैश प्वॉइण्ट लगभग $-45°$ F तथा वाष्पन घनत्व लगभग 3-4 होता है।
3. इसका विशिष्ट गुरुत्व लगभग 0.72-0.76 के मध्य होता है।
4. हाइड्रोकार्बन एक विषैला यौगिक है, जिसके दहन के फलस्वरूप उत्पन्न उत्पाद काले रंग का होता है।
5. हाइड्रोकार्बन का क्वथनांक $100°$ F से $400°$ F के मध्य होता है।

हाइड्रोकार्बन के प्रभाव Effects of Hydrocarbon

हाइड्रोकार्बन के प्रभाव निम्नलिखित हैं

1. इसके आँखों के सम्पर्क में आने के कारण आँखों में जलन होने लगती है।
2. हाइड्रोकार्बन, वातावरणीय वायु में मिलकर श्वसन क्रिया की सहायता से मानव के रक्त में मिल जाता है, जिससे विभिन्न प्रकार की बीमारियाँ हो सकती हैं।
3. इसके दहन से पर्यावरण में कार्बन की मात्रा में निरन्तर बढ़ोतरी हो रही है, जोकि ग्लोबल वार्मिंग (global warming) का कारण है।
4. इसके द्वारा वायु में प्रदूषकों की मात्रा निरन्तर बढ़ने के कारण वनस्पतियों एवं पेड़-पौधों का विकास बाधित होता है।

21.6 वाहनों से उत्सर्जित होने वाले प्रदूषक
Pollutants Emitted from Vehicles

वाहनों से उत्सर्जित होने वाले कुछ प्रदूषक निम्न प्रकार हैं

1. कार्बन मोनोक्साइड Carbon Monoxide

कार्बन मोनोक्साइड एक रंगहीन, गंधहीन, स्वादहीन, ज्वलनशील तथा अत्यन्त जहरीली गैस है। यह वाहनों में अपूर्ण दहन तथा कार्बन के ईंधन में आंशिक रूप से ऑक्सीडाइज होने के कारण उत्पन्न होती है।

कार्बन मोनोक्साइड की अधिकता मानव स्वास्थ्य के लिए घातक है। यह मानव शरीर की रक्त वाहिकाओं (blood streams) में ऑक्सीजन के प्रवाह को कम कर देती है जिससे हृदय सम्बन्धी बीमारियाँ उत्पन्न हो जाती है।

2. ईंधन में सल्फर की मात्रा Sulfur Content in Fuel

गैसोलीन तथा डीजल ईंधनों में उनके रासायनिक संघटकों के कारण सल्फर की मात्रा उपस्थित होती है। कम्बशन प्रोसेस के दौरान जब सल्फर जलवाष्प के साथ क्रिया करती है तो सल्फ्यूरिक अम्ल बनता है तथा साथ ही कुछ कोरोसिव (corrosive) अवयव भी एग्जॉस्ट द्वारा वातावरण में उत्सर्जित होते हैं।

ईंधन में सल्फर का उच्च स्तर जब जल वाष्प से क्रिया करता है तो यह वाल्व गाइड तथा सिलेण्डर कोरोसिव वियर (corrosive wear) उत्पन्न कर देता है जो इंजन के अचानक फेल (fail) होने का कारण बन सकता है। उचित स्नेहक तथा सही ऑयल ड्रेन इन्टर्वल का उपयोग करके इस प्रभाव को कम किया जा सकता है। यद्यपि ईंधन में सल्फर की मात्रा को नियन्त्रित करके भी ईधन में सल्फर के स्तर को कम किया जा सकता है, परन्तु कम सल्फरयुक्त डीजल ईधन प्रयुक्त करने से कुछ साइड इफेक्ट्स उत्पन्न हो जाते हैं। ईंधन में सल्फर के स्तर को कम करने के लिए रिफाइनिंग विधि का भी प्रयोग किया जा सकता है, परन्तु रिफाइनिंग करने से डीजल ईंधन के प्राकृतिक स्नेहक गुण कम हो जाते हैं जोकि स्नेहन तथा ईंधन प्रणाली जैसे-ईंधन पम्प व इंजेक्टर के लिए अत्यन्त आवश्यक होते हैं।

3. नाइट्रोजन ऑक्साइड Nitrogen Oxide

वायु में लगभग 78% नाइट्रोजन होती है। कम्बशन के उच्च ताप तथा दाब के अन्तर्गत यह नाइट्रोजन, ऑक्सीजन के साथ क्रिया करके नाइट्रोजन ऑक्साइड बनाती हैं, प्राय: सभी प्रकार के इन्टर्नल कम्बशन इंजनों की एग्जॉस्ट गैसों में ये रसायन सम्मिलित रहते हैं।

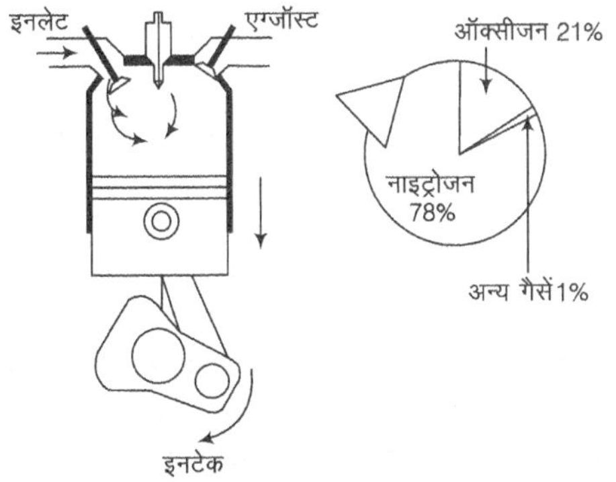

चित्र वायु में गैसों की प्रतिशत मात्रा

इन्टर्नल कम्बशन इंजनों में लीन (lean) मिश्रण प्रयुक्त करने पर हाइड्रोकार्बन तथा कार्बन मोनोक्साइड का बनना तो कम हो जाता है, परन्तु नाइट्रोजन ऑक्साइड के बनने में वृद्धि हो जाती है। यह उच्च तापमान तथा उपलब्ध ऑक्सीजन में वृद्धि होने के कारण होता है। कम्प्रेशन-इग्नीशन इंजन उच्च स्तर पर नाइट्रोजन ऑक्साइड उत्पन्न करते हैं।

4. कार्बन डाइ-ऑक्साइड Carbon Di-Oxide

वाहनों से लगभग 18% कार्बन डाइऑक्साइड का उत्सर्जन होता है। यह वाहनों में हवा तथा ईंधन के पूर्ण कम्बशन होने पर पानी के साथ उत्पन्न होती है। गैसोलीन इंजनों में उत्प्रेरक परिवर्तक कार्बन मोनोक्साइड को कार्बन डाइऑक्साइड में परिवर्तित कर देता है। यह मानव स्वास्थ्य के लिए अत्यन्त हानिकारक है।

5. पार्टिकुलेट्स Particulates

आधुनिक इंजनों से उत्सर्जित पार्टिकुलेट्स मुख्यतया कार्बन आधारित होते हैं। पुराने वाहनों में पार्टिकुलेट्स लैड-आधारित होते हैं। (पार्टिकुलेट्स के उत्सर्जन का) मुख्य कारण ऑक्टेन रेटिंग से अधिक लैड अवयवों वाले ईंधन का प्रयोग करना है।

स्पार्क इग्नीशन इंजनों में पार्टिकुलेट्स के उत्सर्जन का मुख्य कारण अधिक हवा-ईंधन मिश्रण का अपूर्ण कम्बशन है जबकि कम्प्रेशन इग्नीशन इंजनों में ये टर्बुलेन्स तथा ऑक्सीजन की कमी के कारण उत्सर्जित होते हैं। कम्प्रेशन-इग्नीशन इंजनों के कम्बशन चैम्बर में लुब्रिकेन्ट ऑयल का जलना भी पार्टिकुलेट्स के उत्सर्जन का कारण बनता है।

पार्टिकुलेट्स वायु में काफी अधिक समय तक रहते हैं। लैड के पार्टिकुलेट्स का मानव स्वास्थ्य पर जहरीला प्रभाव पड़ता है। इसके प्रभाव से फेफड़े तथा श्वास प्रणाली खराब हो सकती है।

21.7 उत्सर्जन नियन्त्रण की विधियाँ Methods of Emission Control

उत्सर्जन को नियन्त्रित करने के लिए निम्न विधियाँ प्रयोग में लाई जाती हैं

1. एवैपोरेटर उत्सर्जन नियन्त्रण प्रणाली Evaporator Emission Control System

इस प्रणाली द्वारा इंजन से ईंधन के कुल उत्सर्जन का लगभग 20% भाग उत्सर्जित होता है। इसमें ईंधन बिना उपयोग में लाए हुए ही उत्सर्जित हो जाता है, इसलिए ईंधन को उत्सर्जित होने से रोकने एवं उपयोग में लाने के लिए एवैपोरेटिव उत्सर्जन को नियन्त्रित करना आवश्यक है।

इसमें ईंधन टैंक से उत्सर्जित ईंधन, पर्यावरण में उत्सर्जित न होकर प्रणाली में ही इकट्ठा कर लिया जाता है, जैसा कि निम्न चित्र में दर्शाया गया है।

इसमें ईंधन टैंक के साथ चारकोल कन्टेनर को लगाया जाता है। चारकोल कन्टेनर को थर्मो वैक्यूम वाल्व व वैक्यूम पर्ज पोर्ट के द्वारा इंजन के कम्बशन चैम्बर से जोड़ा जाता है, जहाँ पर ईंधन का उपयोग किया जाता है।

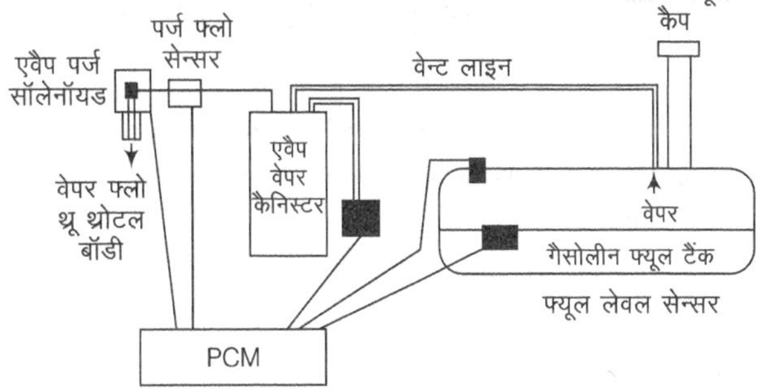

चित्र एवैपोरेटर उत्सर्जन नियन्त्रण प्रणाली

एवैपोरेटर उत्सर्जन नियन्त्रण प्रणाली की क्रियाविधि
Working Method of Evaporator Emission Control System

एवैपोरेटिव उत्सर्जन नियन्त्रण प्रणाली में ईंधन, चैक वाल्व की सहायता से ईंधन टैंक में जाता है तथा चारकोल कन्टेनर में हाई प्रैशर के साथ हवा को प्रवाहित किया जाता है, जिससे उत्सर्जित ईंधन पर्ज पोर्ट पर लगे वाल्व को खोल देता है और ईंधन, कम्बशन चैम्बर (combustion chamber) में पहुँच जाता है, जहाँ ईंधन का दहन होता है।

2. क्रैंककेस उत्सर्जन नियन्त्रण प्रणाली
Crankcase Emission Control System

इस प्रणाली का उपयोग सर्वप्रथम वर्ष 1963 में किया गया था। यह प्रणाली एक प्रकार की बन्द प्रणाली होती है, इसलिए इसका उपयोग इंजन से ईंधन की वाष्प के उत्सर्जन को नियन्त्रित करने के लिए किया जाता है। इसमें कम्बशन चैम्बर में उपस्थित ईंधन के वाष्प के प्रवाह को नियन्त्रित करने के लिए पॉजिटिव क्रैंककेस वैन्टीलेशन (PCV) वाल्व को लगाया जाता है। इस प्रकार की प्रणाली में कम्बशन चैम्बर का तापमान अधिक होने के कारण ईंधन वाष्पित होने लगता है। एयर क्लीनर से हवा प्रवेश करती है, जो कम्बशन चैम्बर में पहुँचकर उसमें उपस्थित ईंधन को वाष्पित करने लगती है, जिससे हवा का दाब बढ़ जाता है और पी.सी.वी. वाल्व खुल जाता है। इससे ईंधन कम्बशन चैम्बर में पहुँचता है और पुनः उपयोग में लाया जाता है।

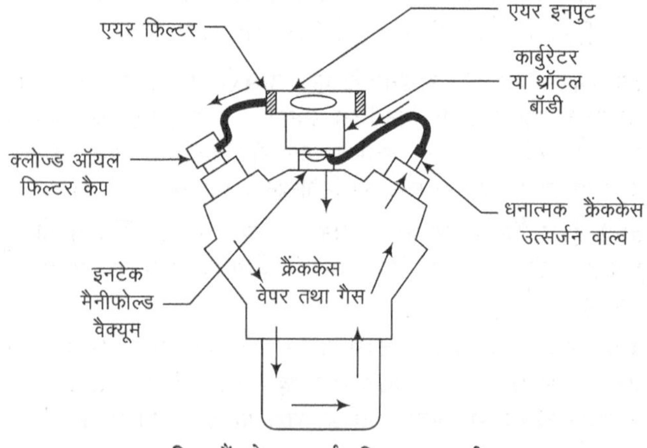

चित्र क्रैंककेस उत्सर्जन नियन्त्रण प्रणाली

3. वायु-ईंधन अनुपात नियन्त्रण प्रणाली
Air-Fuel Ratio Control System

वायु-ईंधन अनुपात की सहायता से आन्तरिक दहन में वायु व ईंधन के भार के अनुपात को प्रदर्शित किया जाता है। इसे AFR (Air Fuel Ratio) के नाम से भी जाना जाता है।

$$\text{AFR} = \frac{m_{\text{वायु}}}{m_{\text{ईंधन}}}$$

डीजल इंजन में वायु तथा ईंधन की मात्रा 14.7 : 1 के गुणांकों में होती है तथा गैसोलीन इंजन के लिए वायु तथा ईंधन का अनुपात 15 : 1 में होता है। वायु-ईंधन अनुपात की सहायता से इंजन को पावर मिलती है।

यह अनुपात ईंधन की दक्षता के समानुपाती होता है। वाहन में वायु व ईंधन अनुपात डैशबोर्ड पर लगे मापक यन्त्र से ज्ञात किया जाता है। इस अनुपात को नियन्त्रित करने के लिए ईंधन दहन की प्रक्रिया; जैसे—हीटर, बॉयलर, भट्ठी आदि की महत्त्वपूर्ण भूमिका होती है। इन विधियों द्वारा ईंधन दहन की प्रक्रिया कम लागत पर उचित ढंग से कराई जा सकती है, क्योंकि इस अनुपात का ईंधन दहन क्षमता एवं दहन से होने वाले उत्सर्जन पर सीधा प्रभाव पड़ता है।

वायु-ईंधन अनुपात को नियन्त्रित करने के लिए फ्यूल फीड रेट व कम्बशन एयर फीड रेट को मापकर प्रोसेज वैरिएबल के रूप में प्रयोग किया जाता है, जैसा कि चित्र के माध्यम से दर्शाया गया है। कई अनुप्रयोगों में वायु की प्रवाह दर विल्ड फीड (wild feed) तथा ईंधन की प्रवाह दर कण्ट्रोल फीड (control feed) हो सकती है।

चित्र वायु-ईंधन अनुपात

वायु-ईंधन अनुपात का नियन्त्रण निम्न समीकरण द्वारा समझा जा सकता है

वायु + ईंधन = उपयोगी ऊष्मा + CO_2 + H_2O + $\underbrace{CO + \text{बिना जला हुआ ईंधन}}_{\text{वायु का अनुपात कम करने पर बढ़ता है।}}$

+ $\underbrace{\text{स्टैकल अपशिष्ट (stacle waste) को गर्म करना}}_{\text{वायु का अनुपात बढ़ाने पर बढ़ता है।}}$

इस समीकरण से यह स्पष्ट है कि हीटर, बॉयलर एवं भट्ठी में पर्याप्त मात्रा में ऑक्सीजन के न पहुँचने से 15% ईंधन नहीं जल पाता है, जो मोनोक्साइड के रूप में परिवर्तित हो जाता है, जबकि ऑक्सीजन के अधिक पहुँचने से ईंधन जल्दी जलता है, जिससे ऊष्मा व्यर्थ हो जाती है। अतः वायु-ईंधन अनुपात नियन्त्रण अत्यन्त आवश्यक है।

21.8 उत्सर्जन नियन्त्रण की युक्तियाँ
Devices for Emission Control

प्रारम्भ में जब उत्सर्जन मानक (standards) अस्तित्व में नहीं थे, तो उत्सर्जन नियन्त्रण की दिशा में प्रयास भी नहीं होते थे, परन्तु उत्सर्जन मानकों के अस्तित्व में आने के बाद से उत्सर्जन के परिणामस्वरूप पर्यावरण को प्रदूषित करने वाले घटकों को नियन्त्रित करने की दिशा में भी प्रयास प्रारम्भ हुए और उत्सर्जन नियन्त्रक विधियों को ध्यान में रखकर शोध किए गए।

इन शोधों का परिणाम उत्सर्जन नियन्त्रक युक्तियों के रूप में सामने आया। उनमें से कुछ उपयोगी एवं लोकप्रिय उत्सर्जन नियन्त्रक युक्तियाँ निम्न हैं

1. उत्प्रेरक परिवर्तक Catalytic Convertor

उत्प्रेरक परिवर्तक एक उत्सर्जन नियन्त्रक युक्ति है, जो विषैले प्रदूषकों को कम विषैले प्रदूषकों में रेडॉक्स उत्प्रेरक अभिक्रिया द्वारा परिवर्तित करती है। उत्प्रेरक परिवर्तक का मुख्यत: इन्टर्नल कम्बशन इंजनों में प्रयोग किया जाता है।

यह सिरेमिक एवं महँगी धातुओं से मिलकर एक मधुमक्खी के छत्ते की आकृति में बना होता है, इसलिए इसे हनीकॉम्ब (honeycomb) के नाम से भी जाना जाता है, जैसा कि निम्न चित्र में दर्शाया गया है।

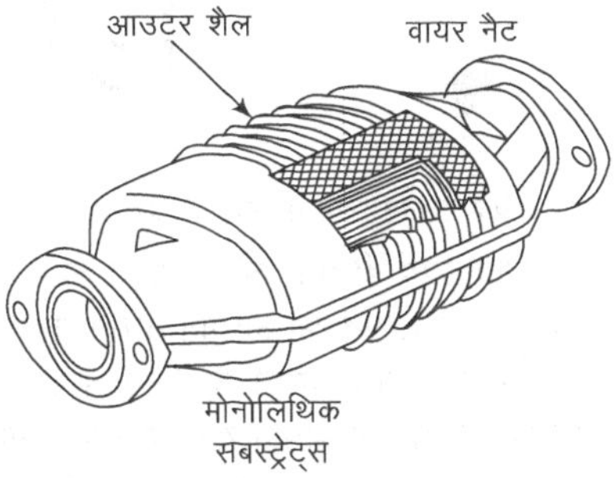

चित्र उत्प्रेरक परिवर्तक

इसमें इंजन से निकलने वाली प्रदूषित अर्थात् विषैली गैसों को प्रवाहित किया जाता है, जो इसमें उपस्थित तत्वों से क्रिया करके कम विषैली गैसों में परिवर्तित होती हैं; जैसे—हाइड्रोकार्बन, कार्बन मोनोक्साइड एवं नाइट्रोजन के ऑक्साइड को कम हानिकारक तत्वों कार्बन डाइ-ऑक्साइड, जलवाष्प एवं नाइट्रोजन में बदल देता है। त्रि-मार्गी उत्प्रेरक परिवर्तक को बन्द लूप उत्प्रेरक परिवर्तक (closed loop catalytic convertor) कहा जाता है।

नोट *प्रथम उत्प्रेरक परिवर्तक वर्ष 1976 में बनाया गया, जो HC और CO को ऑक्सीकृत करता है तथा द्वितीय उत्प्रेरक परिवर्तक वर्ष 1977-78 में बनाया, जो* NO_x *के इमीशन को नियन्त्रित करता है।*

2. एग्जॉस्ट गैस पुनः परिसंचरण वाल्व
Exhaust Gas Recirculation (EGR) Valve

एग्जॉस्ट गैस पुन: परिसंचरण (EGR) वाल्व के प्रयोग का मुख्य उद्देश्य, वाहनों में नाइट्रोजन के ऑक्साइड के उत्सर्जन को कम करना है जो वायु प्रदूषण में वृद्धि करता है।

कार्यविधि Working Method

EGR प्रणाली नाइट्रोजन ऑक्साइड बनने में कमी करती है तथा इंजन की नॉकिंग को भी नियन्त्रित करती है।

नीचे चित्र में पुन: परिसंचरण द्वारा एग्जॉस्ट गैस की छोटी मात्रा का इनटेक मैनीफोल्ड पर इनटैक वायु-ईंधन मिश्रण में प्रवेश दर्शाया गया है। EGR वाल्व को एग्जॉस्ट पोर्ट या मैनीफोल्ड तथा इनटैक सिस्टम के मध्य लगाया जाता है।

यदि इंजन नाइट्रोजन के ऑक्साइड उत्पन्न करता है तो EGR वाल्व को खोल दिया जाता है जिससे कुछ गैसें (6 से 10%) एग्जॉस्ट से गुजरकर इनटैक सिस्टम में चली जाती हैं।

कम्बशन के दौरान ये एग्जास्ट गैसें ज्वलित हवा तथा ईंधन से ऊष्मा अवशोषित करती है। इससे कम्बशन तापमान घट जाता है तथा नाइट्रोजन एवं ऑक्सीजन की अभिक्रिया से नाइट्रोजन ऑक्साइड का है।

पुरानी EGR प्रणालियों में वैक्यूम रेगुलेटिड EGR वाल्व का प्रयोग किया जाता है जबकि नए वाहनों में एग्जॉस्ट गैसों के रिसर्कुलेशन को नियन्त्रित करने के लिए इलेक्ट्रॉनिक EGR वाल्व का उपयोग किया जाता है।

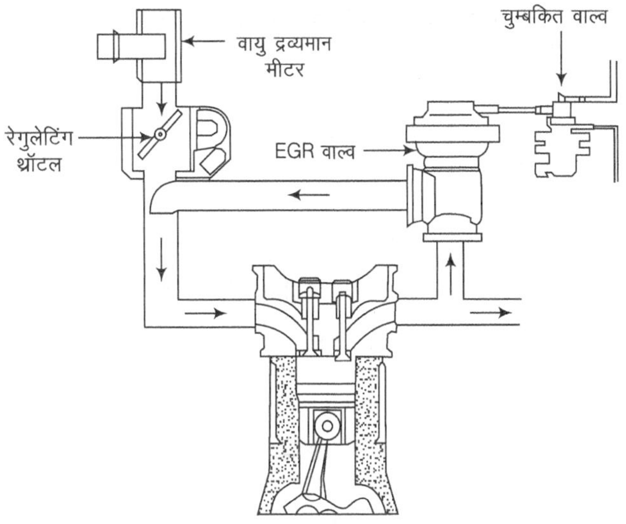

चित्र रिसर्कुलेशन

जब इंजन आदर्श अवस्था में प्रचालित होता है तो EGR वाल्व को बन्द रखा जाता है। इस स्थिति में मैनीफोल्ड से किसी भी EGR गैस का प्रवाह नहीं होता है। EGR वाल्व को तब तक बन्द रखा जाता है जब तक इंजन गर्म न हो जाए तथा लोड के अन्तर्गत कार्य न करने लगे। जैसे ही लोड तथा कम्बशन तापमान बढ़ता है, वैसे ही EGR वाल्व को खोल दिया जाता है तथा एग्जॉस्ट गैसें, मैनीफोल्ड में लीक होनी प्रारम्भ हो जाती है। इस प्रक्रिया में क्वैन्चिंग प्रभाव उत्पन्न होता है जो कम्बशन के तापमान को कम कर देता है जिससे नाइट्रोजन के ऑक्साइड का बनना कम हो जाता है।

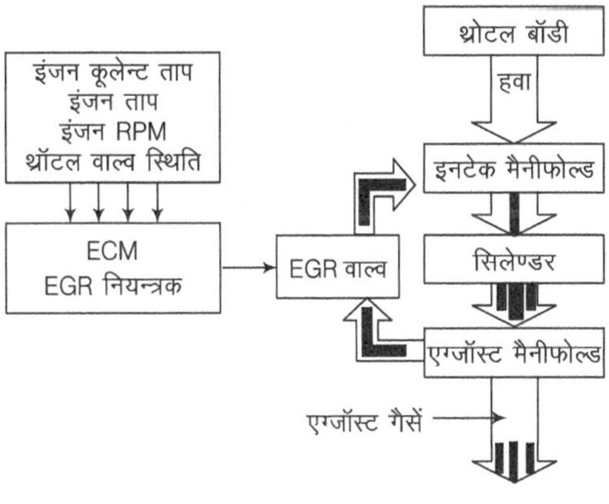

EGR वाल्व, एग्जॉस्ट तथा इनटैक मैनीफोल्ड के मध्य के पैसेज को खोलता एवं बन्द करता है जिससे वैक्यूम, EGR वाल्व द्वारा हट जाता है।

EGR वाल्व के प्रकार Types of EGR Valves

EGR वाल्व दो प्रकार के होते हैं

1. वैक्यूम रेगुलेटिड EGR वाल्व
Vacuum Regulated EGR Valve

वैक्यूम रेगुलेटिड EGR वाल्व में एक वाल्व, डायफ्राम तथा एक स्प्रिंग लगे होते हैं। जब डायफ्राम पर वैक्यूम आरोपित किया जाता है तो यह वाल्व को अपनी सीट से ऊपर उठा देता है जिससे एग्जॉस्ट गैसें इनटेक एयर स्ट्रीम में जाने लगती हैं, जैसे ही वैक्यूम को हटाया जाता है, स्प्रिंग डायफ्राम को बलपूर्वक नीचे गिरा देती है तथा वाल्व के नीचे एग्जॉस्ट पैसेज बन्द हो जाता है।

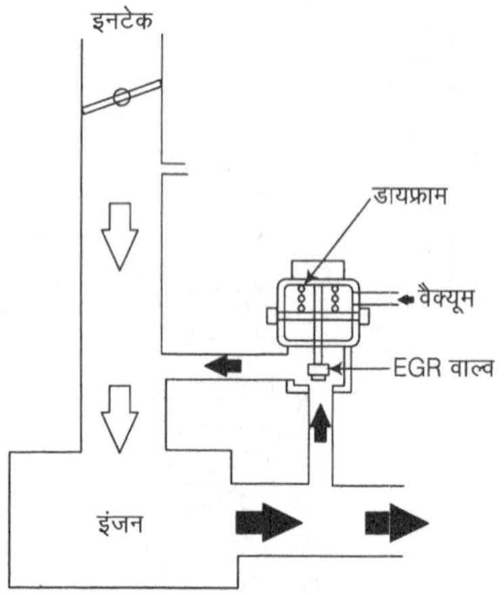

चित्र वैक्यूम रेगुलेटिड EGR वाल्व

2. इलेक्ट्रॉनिक कण्ट्रोल EGR वाल्व
Electronic Control EGR Valve

इलेक्ट्रॉनिक EGR वाल्व एक लीनियर (linear) EGR वाल्व है जैसा कि चित्र में दर्शाया गया है। इस प्रकार के वाल्व में, EGR वाल्व को खोलने व बन्द करने के लिए कम्प्यूटर नियन्त्रित स्टैपर मोटर का प्रयोग किया जाता है। इस वाल्व को मुख्य लाभ यह है कि इसका प्रचालन, इंजन के वैक्यूम से पूर्णत: स्वतन्त्र होता है। यह पूर्ण रूप से इलेक्ट्रिकल प्रचालित वाल्व है तथा विभिन्न भागों में खुल सकता है।

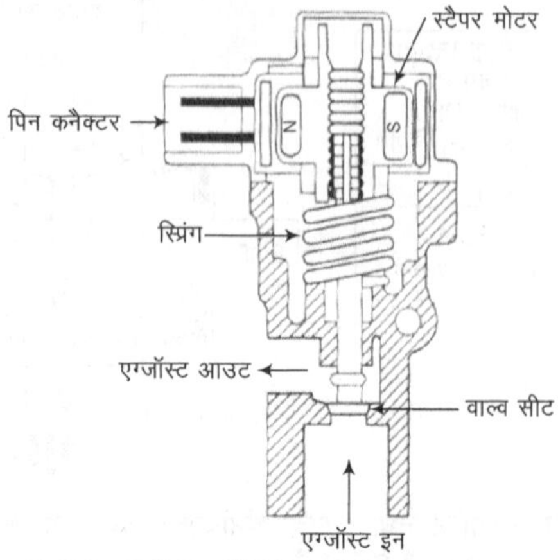

चित्र लीनियर EGR वाल्व

लाइनर EGR वाल्वों में एक EGR वाल्व पॉजिशन सेन्सर (EVP) भी लगा होता है जो कम्प्यूटर को EGR की स्थिति बताता रहता है। चित्र में एक EVP सेन्सर दर्शाया गया है।

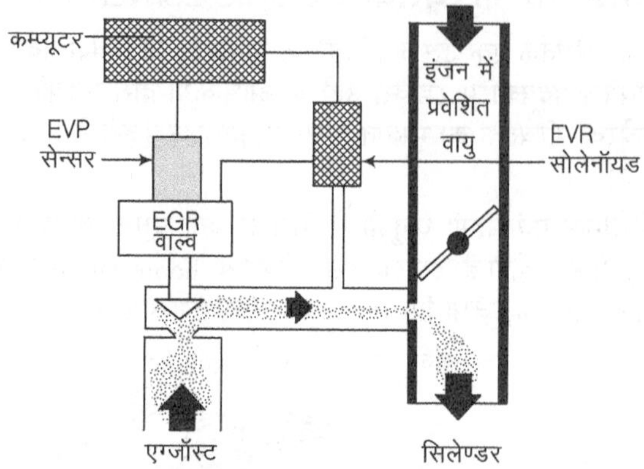

चित्र इलेक्ट्रॉनिक कण्ट्रोल EGR वाल्व

EVP सेन्सर अपने आप स्वयं ही एक खोजी वाल्व के समान कार्य करता है तथा EGR की स्थिति से ECM को अवगत कराता रहता है जिससे कि EGR वाल्व को खोलने व बन्द करने के लिए कमाण्ड दी जा सके। सेन्सर थ्रॉटल पॉजिशन सेन्सर के समान कार्य करता है तथा प्रतिरोध को चार्ज करता रहता है। इसमें वाल्व को बन्द करने के लिए 0.3 वोल्ट तथा खोलने के लिए 0.5 वोल्ट के सिग्नल का उपयोग किया जाता है।

3. चारकोल भण्डारण युक्ति
Charcoal Storage Device

सक्रिय चारकोल का कन्टेनर एक भण्डारण युक्ति है। सक्रिय चारकोल से तात्पर्य अधिक सतही क्षेत्रफल वाले छिद्रयुक्त चारकोल से है। इसका प्रयोग ईंधन वाष्प को भण्डारित करने में किया जाता है।

इस चारकोल कन्टेनर या चारकोल भण्डारण युक्ति को ईंधन टैंक एवं फिल्टर लाइन से सम्बद्ध किया जाता है, जोकि इनटेक मैनीफोल्ड की वाष्प को एकत्रित करता रहता है। कुछ इंजनों में इस युक्ति को कार्बुरेटर से भी सम्बद्ध किया जाता है।

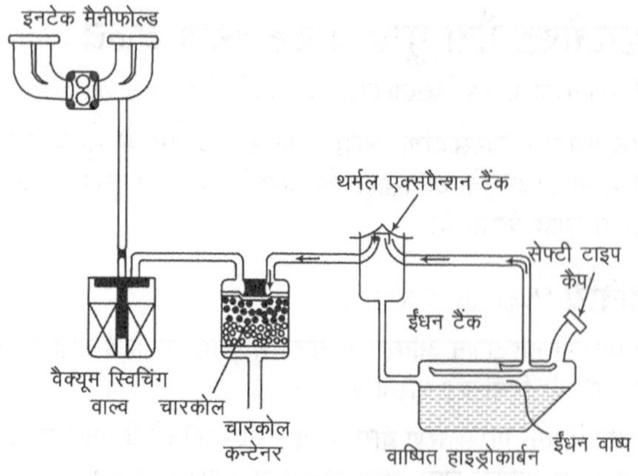

चित्र चारकोल भण्डारण युक्ति

जब इंजन चलता है, तो पिस्टन के इनटेक स्ट्रोक के समय इनटेक मैनीफोल्ड में निम्न दाब क्षेत्रफल बन जाता है। इसका प्रयोग फिल्टर वाल्व को खोलने में किया जाता है, जिससे कन्टेनर की तली में ताजा वायु प्रवेश करती है। यह वायु यहाँ से ईंधन वाष्प को अवशोषित करके इनलेट मैनीफोल्ड में आ जाती है और इंजन के कम्बशन चैम्बर में प्रवेश करके दहन में भाग लेती है।

इस फिल्टर वाल्व का डिजाइन इस प्रकार किया जाता है कि यह इंजन की निष्क्रिय चाल से अधिक चाल पर कार्य कर सके। यदि यह वाल्व इंजन की निम्न चाल पर कार्य करेगा, तो अधिक ईंधन वाष्प, ईंधन-वायु अनुपात को विक्षुब्ध कर देती है, जिससे इंजन का चालन अव्यवस्थित हो जाता है। वाहन के ईंधन का वाष्पीकरण ही हाइड्रोकार्बन के उत्सर्जन का मुख्य स्रोत है। गैसोलीन ईंधन के वाष्पीकरण की दर डीजल के वाष्पीकरण की अपेक्षा अधिक होती है, क्योंकि गैसोलीन शीघ्र घुलनशील होता है।

4. डीजल पार्टिकुलेट फिल्टर Diesel Particulate Filter

वर्तमान समय में वाहनों के इंजन में ईंधन के रूप में डीजल का भी प्रयोग किया जाता है। डीजल में विभिन्न प्रकार के मिट्टी के कण, रेत आदि हो सकते हैं, जो इंजनों में पहुँचकर इंजन के सिलेण्डर एवं लाइनर्स को खराब कर देते हैं।

इस प्रकार, इंजन में इन कणों को जाने से रोकने के लिए डीजल पार्टिकुलेट फिल्टर का प्रयोग किया जाता है, जोकि अग्र चित्र में दर्शाया गया है। डीजल पार्टिकुलेट फिल्टर की सहायता से ईंधन में उपस्थित लगभग 85% कणों को इंजन में जाने से रोका जा सकता है, परन्तु फिर भी 15% कण फिल्टर में जमा होते रहते हैं। इन कणों की अधिक मात्रा होने पर फिल्टर को बदल दिया जाता है या इसका तापमान बढ़ाकर कणों को समाप्त कर दिया जाता है, इसे फिल्टर रिजेनरेशन (filter regeneration) भी कहा जाता है।

ट्रेप में पार्टिकुलेट मैटर को फिल्टर तथा कलैक्ट करना अपेक्षाकृत सरल होता है परन्तु सूट अनुपयुक्त रूप से जलता है जिससे ट्रेप रिजेनरेट होता है इसलिए फिल्टर के एक्रॉस प्रेशर ड्रॉप्स सदैव एक स्वीकृत लेवल में रखी जाती हैं।

सूट पार्टिकुलेट 540°C से अधिक तापमान पर जलना प्रारम्भ करते हैं अत: लम्बे समय तक इंजन के प्रचालित होने के दौरान उच्च एग्जॉस्ट गैस तापमान प्राप्त नहीं होता है। एग्जॉस्ट पाइप में डीजल एग्जॉस्ट गैस का तापमान केवल 300°C तक ही पहुंच पाता है। आधुनिक वाहनों में रिजेनरेशन प्रणालियाँ दो प्रकार की होती हैं इनका विवरण निम्नवत् है

(i) एक्टिव DPF रिजेनरेशन प्रणाली Active DPF Regeneration System

एक्टिव रिजेनरेशन प्रणाली में ट्रेप के एक्रॉस प्रेशर ड्रॉप की मॉनीटर करने हेतु सेन्सरों का प्रयोग किया जाता है। सेन्सर से सिग्नल प्राप्त करने के लिए एग्जॉस्ट गैस के तापमान को निम्न में से किसी एक विधि द्वारा 500°C से अधिक बढ़ाया जाता है

(a) **इंजन थ्रॉटलिंग द्वारा** थ्रॉटलिंग करने से वायु का प्रवाह (air flow) कम हो जाता है जिसके परिणामस्वरूप कुल वायु ईंधन अनुपात कम हो जाता है व कम्बशन एवं एग्जॉस्ट तापमान बढ़ जाते हैं।

(b) **फिल्टर के साथ इलेक्ट्रिक हीटर के प्रयोग द्वारा** इंजन के आल्टरनेटर के द्वारा इलेक्ट्रिक हीटर को पावर सप्लाई करके रिजेनरेशन प्रणाली को आवश्यक एग्जॉस्ट गैस तापमान उपलब्ध कराया जाता है सामान्यत: DPF जेनरेशन प्रणाली के लिए 3KW क्षमता के हीटर की आवश्यकता होती है।

(c) **फिल्टर के साथ बर्नर के प्रयोग द्वारा** डीजल फ्यूल बर्नर डीजल पार्टिकुलेट फिल्टर को रिजेनरेट करने हेतु एग्जॉस्ट में फिल्टर के सामने लगा होता है।

(ii) पेसिव DPF रिजेनरेशन प्रणाली Passive DPF Regeneration System

पेसिव रिजेनरेशन प्रणाली में सूट ऑक्सीडेशन तापमान को सामान्य एग्जॉस्ट गैस तापमान की सीमा के अन्तर्गत कम करने हेतु एक कैटेलिस्ट (Catalyst) का प्रयोग किया जाता है। कैटेलिस्ट को ईंधन के रूप में दिए जाने वाले डीजल के साथ मिश्रित करके अथवा फिल्टर सबस्ट्रेट की सतह पर डाल दिया जाता है।

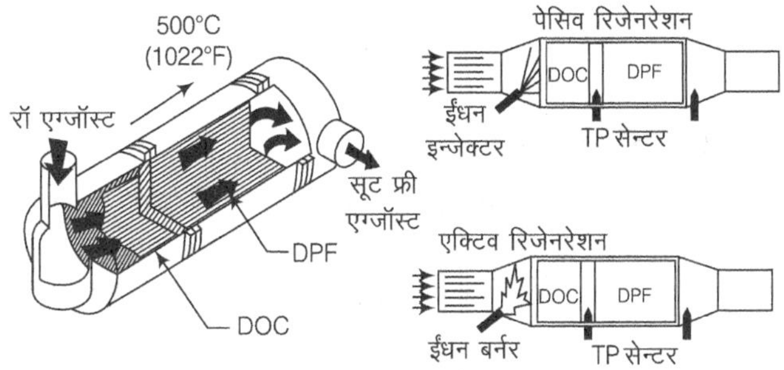

चित्र DPF रिजेनरेशन

5. चयनात्मक उत्प्रेरक रिडक्शन वाल्व Selective Catalytic Reduction (SCR) Valve

इंजन में ईंधन दहन के फलस्वरूप निष्कासित होने वाली विषैली गैसों में उपस्थित नाइट्रोजन ऑक्साइड की मात्रा को उत्प्रेरक द्वारा कम करने की प्रक्रिया, चयनात्मक उत्प्रेरक रिडक्शन कहलाती है। इंजन से निकलने वाली विषैली गैसें (नाइट्रोजन ऑक्साइड) पर्यावरण को दूषित करती हैं, इसलिए चयनात्मक उत्प्रेरक रिडक्शन का उपयोग इंजन से निष्कासित होने वाले नाइट्रोजन के ऑक्साइड (NO_x) को नाइट्रोजन एवं जलवाष्प में परिवर्तित करने में किया जाता है। SCR नाइट्रोजन ऑक्साइड के उत्सर्जन को 93% तक कम कर देता है। इस प्रणाली में निम्नलिखित मुख्य भाग होते हैं

- डीजल एग्जॉस्ट फ्लूड (DEF)
- DEF इंजेक्टर
- मिक्सिंग ट्यूब
- SCR उत्प्रेरक

क्रियाविधि Working Method

SCR प्रणाली में यूरिया आधारित डीजल एग्जॉस्ट फ्लूड का उपयोग किया जाता है। इस फ्लूड में 67.5% डी-आयोनाइज्ड जल तथा 32.5% यूरिया होता है। इस फ्लूड को एक विशेष इंजेक्टर द्वारा एग्जॉस्ट प्रणाली में स्प्रे किया जाता है।

जहाँ DEF गर्म एग्जॉस्ट गैसों से क्रिया करके नाइट्रोजन के ऑक्साइड बनाता है तथा उत्प्रेरक इन नाइट्रोजन के ऑक्साइड को दो अवयवों जल वाष्प तथा नाइट्रोजन में विभक्त कर देता है।

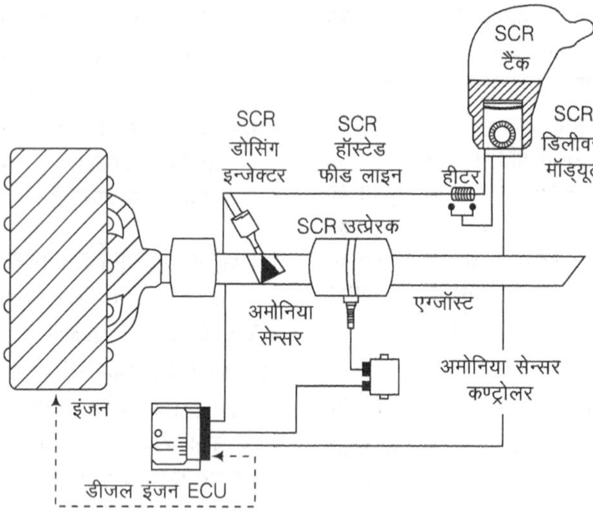

चित्र चयनात्मक उत्प्रेरक रिडक्शन वाल्व

6. क्लोज्ड लूप Closed Loop

इंजन में ऑक्सीजन सेन्सर एग्जॉस्ट मैनीफोल्ड पर लगाया जाता है। जैसे ही इंजन तथा ऑक्सीजन कार्यकारी तापमान पर आते हैं, ई. सी. एम. (engine control module) को ऑक्सीजन सेन्सर से संकेत मिलना प्रारम्भ हो जाता है। संकेत प्राप्त होते ही ई. सी. एम. क्लोज्ड लूप मोड को स्टार्ट कर देता है। यह क्लोज्ड लूप इंजन से निकलने वाली जहरीली गैसों तथा हानिकारक पार्टिकुलेट्स को नियन्त्रित करता है।

21.9 EGR व SCR में अन्तर Difference between EGR and SCR

तालिका निकास गैस पुनः परिसंचरण (EGR) तथा चयनात्मक उत्प्रेरक रिडक्शन (SCR) में अन्तर

क्र.सं.	ई.जी.आर (EGR)	एस.सी.आर (SCR)
1.	निकास गैस पुनः परिसंचरण का प्रयोग बहुत कम किया जाता है।	चयनात्मक उत्प्रेरक रिडक्शन का प्रयोग निकास गैस पुनः परिसंचरण की अपेक्षा काफी अधिक किया जाता है।
2.	कम ऊष्मा अस्वीकृत नहीं करता है।	यह कम ऊष्मा को अस्वीकृत कर देता है।
3.	इसके लिए निर्गम पाइप पर क्लीनर की व्यवस्था नहीं की जाती है।	इसमें निर्गम पाइप के लिए क्लीनर की व्यवस्था होती है।
4.	इसमें दहन प्रक्रम निम्न तापमान पर दक्षतापूर्ण नहीं होता है।	इसमें निम्न तापमान पर दहन प्रक्रम दक्षतापूर्ण होता है।
5.	इसमें इन्जेक्शन (injection) दाब उच्च रहता है।	इसमें इंजेक्शन दाब निम्न रहता है।
6.	इसमें कार्बन का निर्माण अधिक होता है।	इसमें कार्बन का निर्माण कम ही होता है।
7.	इसकी शीतलन क्षमता एवं वायु प्रवाहक क्षमता अधिक होती है।	इसकी शीतलन क्षमता एवं वायु प्रवाहक क्षमता अपेक्षाकृत कम होती है।
8.	इसका शक्ति घनत्व कम होता है।	इसका शक्ति घनत्व अधिक होता है।
9.	इसमें इंजन अधिक ऊष्मा उत्पन्न करता है।	इसमें इंजन अधिक ऊष्मा उत्पन्न नहीं करता है।
10.	इसमें ऑक्सीजन की आवश्यकता कम होती है।	इसमें ऑक्सीजन की आवश्यकता अधिक होती है।

21.10 वाहनों में उत्सर्जन सम्बन्धित दोषोपचार
Troubleshooting Related to Emission in Vehicles

वाहनों में उत्सर्जन का नियन्त्रण ऐसा प्रयास है, जिसको क्रियान्वित करने हेतु सामान्य से अलग कुछ प्रावधान वाहनों में करने होते हैं। अत: इसमें भी कुछ सामान्य दोष उत्पन्न होते हैं, जो निम्न हैं

क्र.सं.	दोष	उपचार
1.	कैटेलिटिक कन्वर्टर का बाधित होना।	कैटेलिटिक कन्वर्टर की सफाई करें या नए कैटेलिटिक कन्वर्टर का प्रयोग करें।
2.	PCV वाल्व का खराब होना।	नए PCV वाल्व का प्रयोग करें।
3.	वाहन से अत्यधिक उत्सर्जन होना।	कैटेलिटिक कन्वर्टर की जाँच करें।
4.	वाहन का उत्सर्जन नियन्त्रण ठीक प्रकार से न होना।	कैटेलिटिक कन्वर्टर की लीकेज की जाँच करें।
5.	वाहन में गैस का अत्यधिक उत्सर्जन होना।	इंजन की PCV व्यवस्था की जाँच करें।
6.	एग्जॉस्ट गैसों में प्रदूषकों की मात्रा अधिक होना।	EGR व्यवस्था की जाँच करें।
7.	EVAP व्यवस्था का ठीक प्रकार से कार्य न करना।	EVAP व्यवस्था की मरम्मत करें।
8.	साइलेन्सर से गैसों का लीक होना।	लीक के स्थान पर वैल्डिंग करें।

महत्त्वपूर्ण बिन्दु

- भारत सरकार द्वारा इंजन के आन्तरिक दहन से निकलने वाले वायु प्रदूषकों को नियन्त्रित करने के लिए बनाए गए मानक, भारत स्टेज उत्सर्जक मानक कहलाते हैं।
- यूरोपीय देशों में उत्सर्जन से सम्बन्धित मानकों के कानून को वर्ष 2000 में पारित किया गया।
- प्राकृतिक प्रदूषण में धूल भरी आँधियाँ, जंगल में आग लगने तथा पशुओं व पौधों से उत्पन्न होने वाले प्रदूषण सम्मिलित होते हैं।
- मनुष्यों द्वारा किए जाने वाले प्रदूषणों में वाहनों, रसायनों व उद्योगों द्वारा उत्पन्न हुए प्रदूषण सम्मिलित किए जाते हैं।
- हाइड्रोकार्बन आधे जले ईंधन होते हैं।
- कार्बन मोनोक्साइड अपूर्ण दहन के फलस्वरूप उत्पन्न होने वाली गैस है।
- नाइट्रोजन ऑक्साइड का उत्सर्जन उच्च दाब एवं ताप पर इंजन के अन्दर की ऑक्सीजन के साथ नाइट्रोजन की अभिक्रिया से होता है।
- दहन एक जटिल रासायनिक अभिक्रिया है, जिसमें हाइड्रोकार्बन, ईंधन तथा हवा में उपस्थित गैसों से क्रिया करके ऑक्सीकृत हो जाता है।
- इंजन में कम्बशन चैम्बर इस प्रकार डिजाइन किया जाता है कि इसके सिलेण्डर का दाब, दाब में वृद्धि की दर एवं दहन प्रक्रिया के आधार पर निर्धारित हो।
- इंजन में कम्बशन चैम्बर का ऊपरी भाग सिलेण्डर हैड व सिलेण्डर दीवार से मिलकर बना होता है।
- वैज कम्बशन चैम्बर में वाल्व एक निश्चित कोण पर लगा होता है।
- वैज कम्बशन चैम्बर का वह क्षेत्र, जिसमें ईंधन व हवा का मिश्रण होता है, क्वेंच (quench) क्षेत्र कहलाता है।
- अर्द्धगोलीय कम्बशन चैम्बर में सिलेण्डर के ऊपर वक्राकार भाग में दो वाल्व लगे होते हैं।
- पेन्ट रूफ कम्बशन चैम्बर का उपयोग मुख्यत: उच्च दक्षता युक्त दहन एवं नियन्त्रित उत्सर्जन के लिए किया जाता है।
- एग्जॉस्ट उत्सर्जन में ईंधन के दहन के फलस्वरूप कार्बन डाइ-ऑक्साइड व पानी उत्सर्जित होते हैं।
- एवैपोरेटिव उत्सर्जन में ईंधन का लगभग 15-25% भाग उत्सर्जित होता है।
- एवैपोरेटिव उत्सर्जन को रोकने के लिए वाहनों के ईंधन टैंक में एयर टाइट सील लगाई जाती है।
- क्रैंककेस उत्सर्जन, इंजन के सिलेण्डर में पिस्टन एवं क्रैंककेस के मध्य उत्पन्न प्रैशर में अन्तर के कारण होता है।
- क्रैंककेस उत्सर्जन में मुख्यत: हाइड्रोकार्बन एवं कार्बन मोनोक्साइड गैसें होती हैं।
- हाइड्रोकार्बन पृथ्वी पर कच्चे तेल के रूप में उपलब्ध है।
- वे यौगिक, जिनकी संरचना एक खुली चेन के समान होती है, नॉर्मल पैराफिन कहलाते हैं।
- एवैपोरेटिव उत्सर्जन नियन्त्रण प्रणाली द्वारा इंजन से ईंधन के कुल उत्सर्जन का लगभग 20% भाग उत्सर्जित होता है।
- क्रैंककेस उत्सर्जन नियन्त्रण प्रणाली का उपयोग सर्वप्रथम वर्ष 1963 में किया गया था।
- वायु-ईंधन अनुपात की सहायता से आन्तरिक दहन में वायु एवं ईंधन के भार के अनुपात को प्रदर्शित किया जाता है।
- डीजल इंजन में वायु व ईंधन की मात्रा 14.7 : 1 के गुणांकों में होती है।
- उत्प्रेरक परिवर्तक एक उत्सर्जन नियन्त्रक युक्ति है, जो विषैले प्रदूषकों को कम विषैले प्रदूषकों में रेडॉक्स उत्प्रेरक अभिक्रिया द्वारा परिवर्तित करती है।
- एग्जॉस्ट गैस रि-सर्कुलेशन (EGR) वाल्व पेट्रोल व डीजल दोनों प्रकार के इंजनों में प्रयुक्त किए जाते हैं।
- वाहन के ईंधन का वाष्पीकरण, हाइड्रोकार्बन के उत्सर्जन का मुख्य स्रोत है।
- डीजल पार्टिकुलेट फिल्टर की सहायता से ईंधन में उपस्थित लगभग 85% कणों को इंजन में जाने से रोका जा सकता है।
- चयनात्मक उत्प्रेरक रिडक्शन वाल्व में उत्प्रेरक के रूप में टाइटेनियम ऑक्साइड, वेनेडियम, मॉलिब्डेनम आदि सिरेमिक पदार्थों का उपयोग किया जाता है।

महत्त्वपूर्ण प्रश्नोत्तरी

1. पेट्रोल व डीजल के मुख्य स्रोत क्या हैं?

उत्तर पेट्रोल व डीजल परम्परागत ऊर्जा के स्रोत हैं जिनका उपयोग हम अधिक समय से करते आ रहे हैं। पृथ्वी में इनके सीमित भण्डार हैं। ये खनिज तेल के रूप में प्राप्त किए जाते हैं।

2. ईंधन के अनियन्त्रित दहन से कौन-सी ध्वनि उत्पन्न होती है?

उत्तर ईंधन के अनियन्त्रित दहन से नॉकिंग की ध्वनि उत्पन्न होती है।

3. हाइड्रोकार्बन के दो मुख्य स्रोतों के नाम लिखिए।

उत्तर हाइड्रोकार्बन के दो मुख्य स्रोतों के नाम निम्न हैं

(i) इग्नीशन प्रणाली में मिस फायरिंग

(ii) वायु-ईंधन का मिश्रण अनुपात गलत होना

4. दहन क्या होता है?

उत्तर दहन एक जटिल रासायनिक अभिक्रिया है। इसके अन्तर्गत हाइड्रोकार्बन, ईंधन और हवा में उपस्थित गैसों; जैसे–ऑक्सीजन, नाइट्रोजन आदि में क्रिया करके आक्सीकृत हो जाता है।

5. वायु व ईंधन का अनुपात गलत होने से इंजन पर क्या प्रभाव पड़ेगा?

उत्तर वायु व ईंधन का अनुपात गलत होने से इंजन की कार्यक्षमता घट जाएगी तथा इंजन में जल्दी खराबी आ जाएगी।

6. उत्प्रेरक परिवर्तक किसे कहते हैं?

उत्तर उत्प्रेरक परिवर्तक एक उत्सर्जन नियन्त्रक युक्ति है, जो विषैले प्रदूषकों को रेडॉक्स अभिक्रिया द्वारा कम विषैले प्रदूषकों में परिवर्तित करती है।

7. चारकोल कन्टेनर को इंजन के कम्बशन चैम्बर से कैसे जोड़ा जाता है?

उत्तर चारकोल कन्टेनर को थर्मो वैक्यूम वाल्व तथा वैक्यूम पर्ज पोर्ट की सहायता से इंजन के कम्बशन चैम्बर से जोड़ा जाता है।

8. एग्जॉस्ट गैस पुनः संचरण वाल्व का उपयोग किस प्रकार के इंजनों में किया जाता है?

उत्तर एग्जॉस्ट गैस पुनः संचरण वाल्व का उपयोग पेट्रोल व डीजल दोनों प्रकार के इंजनों में किया जाता है।

अभ्यास प्रश्न

परीक्षा प्रारूपी प्रश्न

बहुविकल्पीय

1. वायुमण्डल में प्रदूषक किसके द्वारा उत्सर्जित होते हैं?
   (a) फ्यूल टैंक (b) कार्बुरेटर (c) क्रैंककेस (d) ये सभी

2. यूरोपीय देशों में उत्सर्जन से सम्बन्धित मानकों को लागू किया गया
   (a) वर्ष 2000 में (b) वर्ष 2001 में
   (c) वर्ष 2003 में (d) वर्ष 2005 में

3. प्राकृतिक प्रदूषणों में सम्मिलित है
   (a) जंगल में आग लगने से उत्पन्न प्रदूषण
   (b) पशुओं व पौधों से उत्पन्न प्रदूषण
   (c) धूल भरी आँधियों से उत्पन्न प्रदूषण
   (d) उपरोक्त सभी

4. हाइड्रोकार्बन है
   (a) पूर्णरूप से जला ईंधन (b) अर्द्ध रूप से जला ईंधन
   (c) अपूर्ण रूप से जला ईंधन (d) उत्सर्जक मानक

5. इंजन में कम्बशन चैम्बर का ऊपरी भाग बना होता है
   (a) सिलेण्डर हैड से (b) सिलेण्डर दीवार से
   (c) 'a' और 'b' दोनों (d) पिस्टन हैड से

6. वैज कम्बशन चैम्बर का भाग, जिसमें ईंधन व हवा का मिश्रण होता है, कहलाता है
   (a) क्वेंच क्षेत्र (b) आउटपुट क्षेत्र
   (c) दाब क्षेत्र (d) पेन्ट रूफ कक्ष

7. अर्द्धगोलीय कम्बशन चैम्बर में सिलेण्डर के ऊपर वक्राकार भाग में होता है
   (a) एक वाल्व (b) दो वाल्व
   (c) तीन वाल्व (d) कोई वाल्व नहीं

8. भारत में स्टेज IV स्टैण्डर्ड के अनुसार कार्बन मोनोक्साइड की मात्रा ईंधन में कितनी होती है?
   (a) 0.10 ग्राम/किमी (b) 1.0 ग्राम/किमी
   (c) 3.42 ग्राम/किमी (d) इनमें से कोई नहीं

9. वाहन उत्सर्जन नियन्त्रण से क्या आशय है?
   (a) वाहन के स्वाभाविक उत्सर्जन को कम करना
   (b) वाहन को उत्सर्जन मुक्त करना
   (c) 'a' और 'b' दोनों
   (d) वाहन के लिए उत्सर्जन के नियन्त्रण का उपचार

10. निम्न में से उत्सर्जन का मुख्य स्रोत क्या है?
(a) उद्योग (b) वाहन व परिवहन
(c) 'a' और 'b' दोनों (d) इनमें से कोई नहीं

11. उत्सर्जन के नियन्त्रण के लिए इनमें से किससे सम्बन्धित ज्ञान आवश्यक है?
(a) उत्सर्जन नियन्त्रण मानकों का
(b) स्रोतों का
(c) नियन्त्रक उपायों का
(d) उपरोक्त सभी

12. निम्न में से कौन राष्ट्रीय एवं अन्तर्राष्ट्रीय स्तर के उत्सर्जन मानक हैं?
(a) भारत स्तर I, II, III व IV (b) यूरो स्तर I, II, III व IV
(c) 'a' और 'b' दोनों (d) इनमें से कोई नहीं

13. इंजन में दहन प्रक्रिया के फलस्वरूप क्या होता है?
(a) ऊर्जा (b) उत्सर्जन
(c) 'a' और 'b' दोनों (d) इनमें से कोई नहीं

14. निम्न में से कौन-सा युग्म सही है?
(a) उद्योग–51% उत्सर्जन
(b) परिवहन–40% उत्सर्जन
(c) कृषि–25% उत्सर्जन
(d) अन्य–15% उत्सर्जन

15. वैज कम्बशन चैम्बर का डिजाइन निम्न में से किस प्रकार का होता है?
(a) सममित (b) असममित
(c) तिकोना (d) इनमें से कोई नहीं

16. ऐसे यौगिक जिनकी संरचना वलयाकार होती है, कहलाते हैं
(a) नैफ्थीन (b) ऑलिफिन
(c) पैराफिन (d) ऐरोमैटिक

17. निम्न में से कौन अत्यधिक उत्सर्जन निकास का स्रोत है?
(a) हाइड्रोकार्बन (b) कार्बन मोनोऑक्साइड
(c) 'a' और 'b' दोनों (d) इनमें से कोई नहीं

18. निम्न में से इंजन के उत्सर्जन निकास में मुख्य प्रदूषक कौन है?
(a) CO और CO_2
(b) CO_2 और NO_2
(c) CO और NO_x
(d) CO_2 और H_2O

19. उत्सर्जन उत्पत्ति के लिए हाइड्रोकार्बनों को क्यों उत्तरदायी माना जाता है?
(a) विषैले होने के कारण
(b) अर्द्ध-जले ईंधन होने के कारण
(c) 'a' और 'b' दोनों
(d) उपरोक्त में से कोई नहीं

20. हाइड्रोकार्बन की किन श्रेणियों में कार्बन परमाणुओं के मध्य द्विबन्ध होते हैं?
(a) पैराफिन (b) आइसो पैराफिन
(c) एरोमैटिक (d) ऑलीफिन

21. एक कार इंजन के लिए CO की अधिकतम संस्तुत मात्रा इनमें से क्या हो सकती है?
(a) 2% (b) 1%
(c) 7.5% (d) 0.5%

22. हाइड्रोकार्बन का फ्लैश प्वॉइण्ट होता है
(a) -20°F (b) -45°F
(c) -40°F (d) -50°F

23. निम्न में से कौन-सा हाइड्रोकार्बन का मुख्य स्रोत नहीं है?
(a) वैक्यूम लीकेज
(b) गलत इग्नीशन टाइमिंग
(c) वायु तथा ईंधन का गलत अनुपात
(d) चोक में खराबी

24. हाइड्रोकार्बन का क्वथनांक .... के मध्य होता है
(a) 110° F-439° F (b) 100° F-400° F
(c) 150° F-500° F (d) 200° F-440° F

25. क्रैंककेस उत्सर्जन में कौन-सी गैसें उत्सर्जित होती हैं
(a) नाइट्रोजन के ऑक्साइड
(b) हाइड्रोजन व कार्बन डाइऑक्साइड
(c) हाइड्रोकार्बन व कार्बन मोनोऑक्साइड
(d) उपरोक्त में से कोई नहीं

26. इंजन के कम्बशन चैम्बर में ईंधन की वाष्प को नियन्त्रित करने के लिए किस वाल्व का प्रयोग किया जाता है?
(a) EGR वाल्व (b) SCR वाल्व
(c) PCV वाल्व (d) इनमें से कोई नहीं

27. वातावरण में ऑक्सीजन की मात्रा लगभग कितनी होती है?
(a) 08.75% (b) 12.85%
(c) 16.85% (d) 20.95%

28. वायु में सहयोगी वह कौन-सा उत्सर्जन है, जो EGR प्रणालियों द्वारा कम किया जा सकता है?
(a) CO
(b) He
(c) NO_x
(d) Pm

29. डीजल इंजन में वायु-ईंधन का अनुपात कितना होना चाहिए?
(a) 15 : 1 (b) 14.7 : 1
(c) 20 : 2 (d) 18 : 1

30. प्रथम कैटेलिक कन्वर्टर का निर्माण किया गया
(a) वर्ष 1986 में
(b) वर्ष 1950 में
(c) वर्ष 1981 में
(d) वर्ष 1976 में

31. इंजन में नॉकिंग किसके कारण होती है?
(a) कम्प्रेशन अनुपात (b) कोल्ड मिक्सचर
(c) योजक (d) ये सभी

32. उत्प्रेरक परिवर्तक का प्रयोग मुख्यत: किस प्रकार के इंजनों में किया जाता है?

(a) एक्सटर्नल कम्बशन इंजन (b) इन्टर्नल कम्बशन इंजन
(c) 'a' और 'b' दोनों (d) इनमें से कोई नहीं

33. एग्जॉस्ट स्ट्रोक के दौरान (समय) बेलन के अन्दर वातावरणीय दाब .... होता है।

(a) बराबर (b) ऊपर
(c) नीचे (d) इनमें से कोई नहीं

34. SCR का पूर्णरूप .... है।

(a) सेलेक्टिव कैटेलिटिक रिडक्शन
(b) सेलेक्टिव कैटेलिटिक रेगुलेटर
(c) सिलिकॉन कैटेलिटिक रेगुलेटर
(d) सिलिकॉन कैटेलिटिक रि-सर्कुलेशन

35. चैम्बर मफलर को अन्य किस नाम से जाना जाता है?

(a) इलेक्ट्रॉनिक मफलर (b) रिएक्टिव मफलर
(c) संयुक्त मफलर (d) अवशोषित मफलर

उत्तरमाला

1. (d)	**2.** (a)	**3.** (d)	**4.** (b)	**5.** (c)	**6.** (b)	**7.** (b)	**8.** (b)	**9.** (a)	**10.** (c)
11. (d)	**12.** (c)	**13.** (c)	**14.** (a)	**15.** (b)	**16.** (a)	**17.** (c)	**18.** (c)	**19.** (b)	**20.** (d)
21. (d)	**22.** (b)	**23.** (d)	**24.** (b)	**25.** (c)	**26.** (c)	**27.** (d)	**28.** (c)	**29.** (b)	**30.** (d)
31. (d)	**32.** (b)	**33.** (b)	**34.** (a)	**35.** (b)					

अध्याय 22

चार्जिंग एवं स्टार्टर मोटर परिपथ

Charging and Starter Motor Circuit

परिचय Introduction

चार्जिंग परिपथ, ऑटोमोबाइल में विद्युत उपकरणों को संचालित करने के लिए विद्युत ऊर्जा प्रदान करता है। जब इंजन गतिशील होता है, तो चार्जिंग परिपथ यान्त्रिक ऊर्जा को विद्युत ऊर्जा में परिवर्तित करता है। वाहन के इलेक्ट्रिकल सिस्टम; जैसे—हॉर्न, लाइट, इण्डीकेटर आदि में लोड को ऑपरेट करने के लिए इस ऊर्जा की आवश्यकता होती है।

यह ऊर्जा वाहनों में प्रयुक्त चार्जिंग परिपथ से ही प्राप्त होती है। चार्जिंग परिपथ के अन्तर्गत बैटरी, डायनमो व आल्टरनेटर आते हैं। चार्जिंग परिपथ के अतिरिक्त ऑटोमोबाइल्स में स्टार्टर परिपथ का भी प्रयोग किया जाता है, जो स्वत: स्टार्ट होने में अक्षम इंजन (इन्टर्नल कम्बशन इंजन) को स्टार्ट करने के लिए प्रयोग किए जाते हैं।

इस कार्य हेतु स्टार्टर परिपथ में सैल्फ स्टार्टर, स्टार्टर मोटर तथा सोलेनॉयड स्विच का प्रयोग किया जाता है। प्रस्तुत अध्याय में चार्जिंग तथा स्टार्टर मोटर परिपथ की उपयोगिता को ध्यान में रखते हुए बैटरी, डायनमो तथा आल्टरनेटर की कार्यिकी के साथ-साथ स्टार्टिंग परिपथ, सैल्फ स्टार्टर, सोलेनॉयड स्विच तथा इन दोनों परिपथों से सम्बन्धित दोषोपचार का विस्तृत वर्णन किया गया है।

22.1 चार्जिंग परिपथ के मुख्य उपकरण

Main Equipments of Charging Circuit

ऑटोमोटिव वाहनों के उपयुक्त प्रचालन के लिए विद्युत की आवश्यकता होती है। चार्जिंग परिपथ में बैटरी अमीटर से, अमीटर कण्ट्रोल बॉक्स टर्मिनल (B) से, कण्ट्रोल बॉक्स टर्मिनल (A) एवं D से, जेनरेटर आउटपुट टर्मिनल से तथा कण्ट्रोल बॉक्स टर्मिनल डायनमों के फील्ड क्वॉयल टर्मिनल से जुड़े होते हैं। डायनमो, कण्ट्रोल बॉक्स तथा बैटरी अर्थ किए जाते हैं।

अध्याय विषय सूची

विद्युत आपूर्ति के नियमन हेतु चार्जिंग परिपथ में चार्जिंग के स्तर को बनाए रखने के लिए मुख्य उपकरणों की आवश्यकता होती है, जो निम्न प्रकार हैं

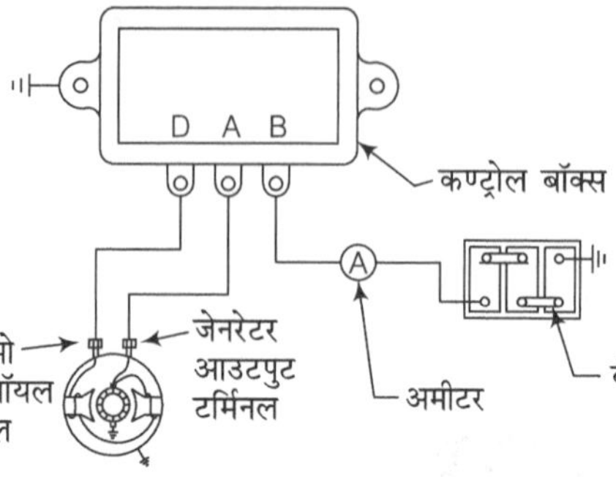

चित्र चार्जिंग परिपथ

1. बैटरी Battery

बैटरी, सैलों का समूह है, जो ऑटोमोबाइल क्षेत्र में एक महत्त्वपूर्ण सहायक उपकरण है। इसके द्वारा वाहनों में प्रयुक्त विद्युत की आवश्यकता रखने वाली विभिन्न युक्तियों; जैसे—सैल्फ स्टार्टर, मीटर, इण्डीकेटर तथा गेज आदि का संचालन किया जाता है।

इसके अतिरिक्त मोटर वाहन चलाते समय विभिन्न गतिविधियाँ; जैसे—मोटरगाड़ियों की लाइट जलाने, हॉर्न बजाने तथा विण्ड स्क्रीन वाइपर चलाने में भी बैटरी का ही उपयोग होता है।

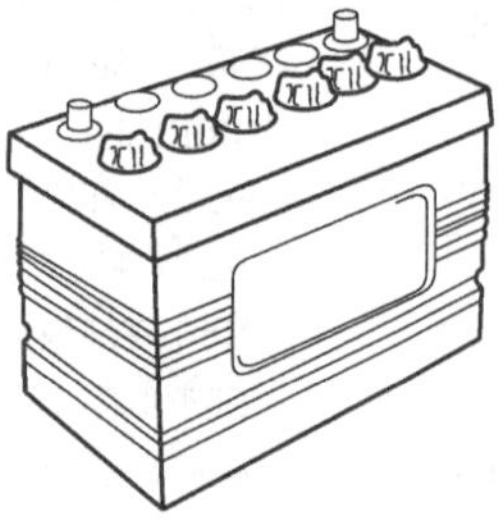

चित्र बैटरी

बैटरी के मुख्य भाग Main Parts of Battery

बैटरी के मुख्य भाग निम्न हैं

(i) बैटरी बॉक्स Battery Box

इसे बैटरी कन्टेनर के नाम से भी जाना जाता है। यह हार्ड रबर का बना होता है। इसे ऊपर से बन्द करने वाले टॉप कवर भी इसी हार्ड रबर के बने होते हैं। टॉप कवर में चूड़ी बने छिद्र होते हैं, जिनमें वेन्ट प्लग कसे होते हैं। बैटरी बॉक्स में उसकी वोल्टेज के अनुसार तीन, छः या बारह भाग अलग-अलग कम्पार्टमेन्ट के रूप में होते हैं। नीचे की ओर प्रत्येक कम्पार्टमेन्ट में रिक्त स्थान होता है, जिससे प्लेटों की धातु आदि गिरकर इसमें जमा हो सके अन्यथा यह धातु का बुरादा प्लेटों को शॉर्ट भी कर सकता है।

(ii) नेगेटिव तथा पॉजिटिव प्लेटें Negative and Positive Plates

वर्तमान समय में मोटरगाड़ियों में 6, 12 या 24 V की बैटरियों का प्रयोग किया जाता है, जिनमें 3, 6 या 12 सैल लगे होते हैं। इन सैलों में नेगेटिव तथा पॉजिटिव प्लेटें होती हैं। ये प्लेटें सीसे (lead) की बनी होती हैं, जो चौकोर जाली जैसी होती हैं। इन पॉजिटिव प्लेटों पर लैड परॉक्साइड (PbO_2) भरा जाता है, जो भूरे रंग का होता है। नेगेटिव प्लेटों पर एण्टीमनी भरा जाता है तथा उसका रंग स्लेटी होता है। सैल की शक्ति उसमें प्रयुक्त की गई प्लेटों की संख्या तथा नाप पर निर्भर करती है। प्रत्येक सैल में अलग-अलग नेगेटिव तथा पॉजिटिव प्लेटों का समूह बनाकर उन्हें एक गुच्छे के रूप में आपस में फँसा दिया जाता है। प्रत्येक प्लेट के बीच में सेपरेटर लगाए जाते हैं, जिससे वे आपस में शॉर्ट न हों।

(iii) सेपरेटर Separator

बैटरी की नेगेटिव तथा पॉजिटिव दोनों प्लेटें आपस में टकराकर शॉर्ट न हों इसके लिए सेपरेटर का प्रयोग किया जाता है। ये ग्लास फाइबर, ग्लास वुड तथा प्लास्टिक आदि के बने होते हैं।

चित्र प्लेट्स तथा सेपरेटर सम्बन्धी बैटरी के घटक

(iv) मुख्य टर्मिनल पोस्ट Main Terminal Post

प्रत्येक बैटरी के पहले तथा अन्तिम सैल पर दो खूँटियाँ निकली रहती हैं, जिनमें एक नेगेटिव तथा दूसरी पॉजिटिव टर्मिनल का कार्य करती है। इन्हीं मेन टर्मिनल पोस्टों पर बैटरी वायर जोड़कर अन्य स्थान पर विद्युत धारा सप्लाई की जाती है। ये खूँटियाँ भी सीसे (lead) की बनी होती हैं। ऐसा देखा गया है कि बैटरी की रासायनिक क्रिया से इसकी खूँटियों के साथ बैटरी वायर के टर्मिनल चिपक जाते हैं। इन्हें कभी-भी ठोक-पीटकर निकालने की कोशिश नहीं करनी चाहिए अपितु इन पर उबलते हुए पानी को डालने से ये सुगमता से निकल जाते हैं।

(v) इलेक्ट्रोलाइट Electrolyte

बैटरी की प्लेटें अपने-अपने सैल कन्टेनर में गन्धक के अम्ल (sulphuric acid) के घोल में डूबी रहती हैं। इस घोल का विशिष्ट घनत्व (specific gravity) 1.250 से 1.280 तक होता है। बैटरी के लिए उचित घोल तैयार भी मिलता है अन्यथा इसे बनाया जाता है।

इसे बनाने के लिए शुद्ध गन्धक का अम्ल तथा आसुत जल (distilled water) का प्रयोग किया जाता है। इसे किसी काँच, चीनी मिट्टी अथवा प्लास्टिक के पात्र में बनाना चाहिए तथा यह ध्यान रहे कि एसिड को पानी में डालना चाहिए, क्योंकि यदि अम्ल में पानी डालेंगे, तो उसकी छींटे शरीर या वस्त्रों को जला देंगी। यह घोल बैटरी की प्लेटों से लगभग 15 मिमी ऊपर तक भरा रहना चाहिए।

नोट *सैल/बैटरी के विस्तृत अध्ययन के लिए पूर्व के अध्याय-7 का अवलोकन करें।*

बैटरी की विभिन्न अवस्थाएँ
Various Conditions of a Battery

बैटरियों का यदि परीक्षण करें, तो वे तीन अवस्थाओं **अनावेशित**, **अर्द्ध-आवेशित** या फिर **पूर्ण आवेशित** में से किसी में भी हो सकती हैं। इनमें से अनावेशित (discharged) अवस्था में बैटरी का विद्युत वाहक बल 2.0 वोल्ट प्रति सैल से कम, अर्द्ध-आवेशित (half-charged) अवस्था में बैटरी का विद्युत वाहक बल 2.0 से 2.15 वोल्ट प्रति सैल तथा पूर्ण आवेशित (fully charged) अवस्था में बैटरी का विद्युत वाहक बल 2.2 वोल्ट प्रति सैल होता है।

बैटरी चार्जिंग परिपथ का संयोजन
Connection of Battery Charging Circuit

बैटरी के डिस्चार्ज होने के बाद चार्जर द्वारा जब बैटरी चार्ज की जाती है, तो एक या फिर एक साथ एक से अधिक बैटरियाँ भी चार्ज की जा सकती हैं। ऐसे समय में सब बैटरियों को श्रेणी (series) अथवा समान्तर (parallel) परिपथ में जोड़कर चार्ज (charged) किया जाता है।

बैटरी चार्जिंग परिपथ मुख्य रूप से तीन प्रकार के होते हैं

(i) श्रेणी संयोजन (ii) समान्तर संयोजन (iii) मिश्रित संयोजन

(i) सैल/बैटरी का श्रेणी संयोजन
Series Connection of Cell/Battery

अधिक विद्युत वाहक बल प्राप्त करने के लिए सैलों को श्रेणी क्रम में संयोजित किया जाता है। इस संयोजन में एक सैल का ऋण सिरा दूसरे सैल के धन सिरे से तथा दूसरे सैल का ऋण सिरा, तीसरे सैल के धन सिरे से संयोजित किया जाता है और इसी क्रम में सैलों को आवश्यक संख्या में संयोजित किया जाता है।

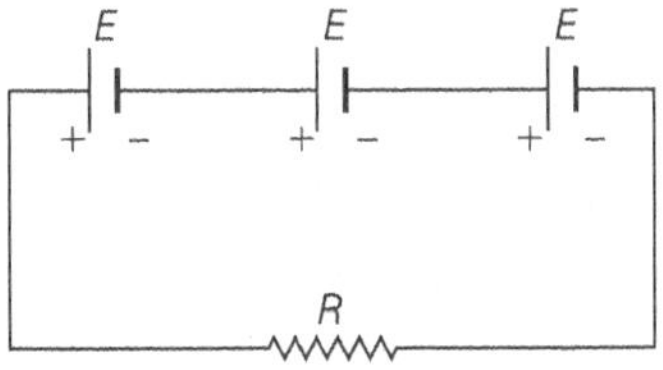

चित्र सैल/बैटरी का श्रेणी संयोजन

श्रेणी संयोजन में यदि सभी सैलों का विद्युत वाहक बल समान हो, तो कुल विद्युत वाहक बल, $E_T = nE$

कुल आन्तरिक प्रतिरोध, $r_T = nr$

परिपथ की कुल विद्युत धारा, $I = \dfrac{nE}{nr + R}$

यहाँ, E_T = कुल विद्युत वाहक बल, वोल्ट में
E = एक सैल का विद्युत वाहक बल, वोल्ट में
n = सैलों की संख्या
r = एक सैल का आन्तरिक प्रतिरोध, ओम में
r_T = कुल आन्तरिक प्रतिरोध, ओम में
I = परिपथ की कुल विद्युत धारा, ऐम्पियर में
R = लोड प्रतिरोध, ओम में

(ii) सैल/बैटरी का समान्तर संयोजन
Parallel Connection of Cell/Battery

अधिक समान्तर मान की विद्युत धारा अथवा अधिक समय तक विद्युत धारा प्राप्त करने के लिए सैलों को समान्तर क्रम में संयोजित किया जाता है। इस संयोजन में सभी सैलों के धन सिरे एक बिन्दु पर तथा ऋण सिरे दूसरे बिन्दु पर संयोजित किए जाते हैं।

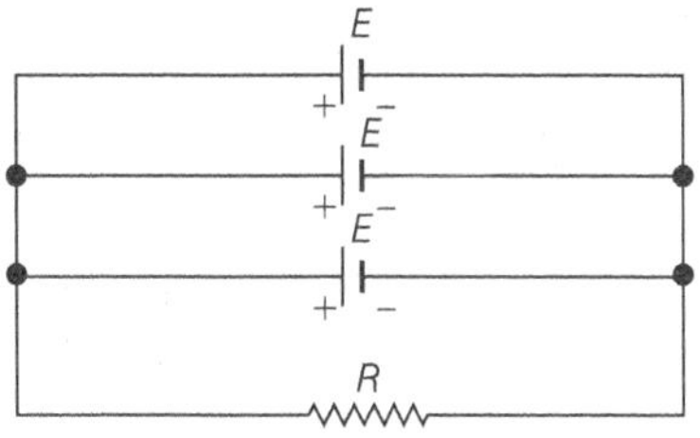

चित्र सैल/बैटरी का समान्तर संयोजन

समान्तर संयोजन में यदि सभी सैलों का विद्युत वाहक बल समान हो, तो कुल विद्युत वाहक बल, $E_T = E$

कुल आन्तरिक प्रतिरोध, $r_T = \dfrac{r}{n}$

परिपथ की कुल विद्युत धारा, $I = \dfrac{E}{\dfrac{r}{n} + R} \Rightarrow I = \dfrac{nE}{r + nR}$

यहाँ, E_T = कुल विद्युत वाहक बल, वोल्ट में
E = एक सैल का विद्युत वाहक बल, वोल्ट में
n = सैलों की संख्या
r = एक सैल का आन्तरिक प्रतिरोध, ओम में
r_T = कुल आन्तरिक प्रतिरोध, ओम में
I = परिपथ की कुल विद्युत धारा, ऐम्पियर में
R = लोड प्रतिरोध, ओम में

(iii) सैल/बैटरी का मिश्रित संयोजन
Mixed Connection of Cell/Battery

अधिक विद्युत वाहक बल एवं अधिक समय तक विद्युत धारा प्राप्त करने के लिए सैलों को मिश्रित क्रम में संयोजित किया जाता है। इस संयोजन में सैलों के श्रेणी समूहों को समान्तर क्रम में संयोजित किया जाता है।

इस संयोजन में यदि एक श्रेणी समूह में E विद्युत वाहक बल वाले n सैल संयोजित हों और ऐसे श्रेणी समूहों की संख्या m हो, तो कुल विद्युत वाहक बल

$$E_T = nE$$

कुल आन्तरिक प्रतिरोध $r_T = \dfrac{nr}{m}$

परिपथ की कुल विद्युत धारा $I = \dfrac{E_T}{r_T + R}$

$$= \frac{nE}{\frac{nr}{m} + R} = \frac{nmE}{nr + mR}$$

टिप्पणी *अधिकतम बैटरी धारा के लिए $mR = nr$*

बैटरी का रख-रखाव Maintenance of Battery

बैटरी, वाहनों का एक महत्त्वपूर्ण भाग होता है, इसलिए इसकी देखभाल करने के लिए निम्न बातों पर ध्यान देना चाहिए

(i) बैटरी को बाहर से समय-समय पर साफ करते रहना चाहिए।

(ii) ठण्डे मौसम में, प्रत्येक माह में एक बार तथा गर्मी के दिनों में सप्ताह में एक बार बैटरी के इलेक्ट्रोलाइट के लेवल को जाँचते रहना चाहिए।

(iii) बैटरी में कभी भी साधारण पानी नहीं डालना चाहिए।

(iv) बैटरी के टर्मिनलों पर लीड कसने के बाद एसिड प्रूफ ग्रीस लगानी चाहिए।

(v) बैटरी को चार्ज करने के लिए धारा का प्रयोग ऐम्पियर रेट में करना चाहिए।

2. डायनमो Dynamo

डायनमो को जेनरेटर के नाम से भी जाना जाता है। यह यान्त्रिक ऊर्जा को विद्युत ऊर्जा में परिवर्तित करता है। डायनमो इंजन के अग्र भाग पर लगाया जाता है, जो इंजन क्रैंकशाफ्ट की एक बैल्ट द्वारा चालित किया जाता है। अत: बैटरी को पूर्णरूप से चार्ज करने के लिए डायनमो का प्रयोग किया जाता है।

डायनमो के मुख्य भाग Main Parts of Dynamo

डायनमों के मुख्य भाग निम्नलिखित हैं

(i) फ्रेम (ii) फील्ड क्वॉयल (iii) आर्मेचर
(iv) थ्रो बोल्ट (v) बॉल बियरिंग (vi) कम्यूटेटर
(vii) कार्बन ब्रुश (viii) फैन पुली (ix) पोल शू
(x) साइड प्लेट

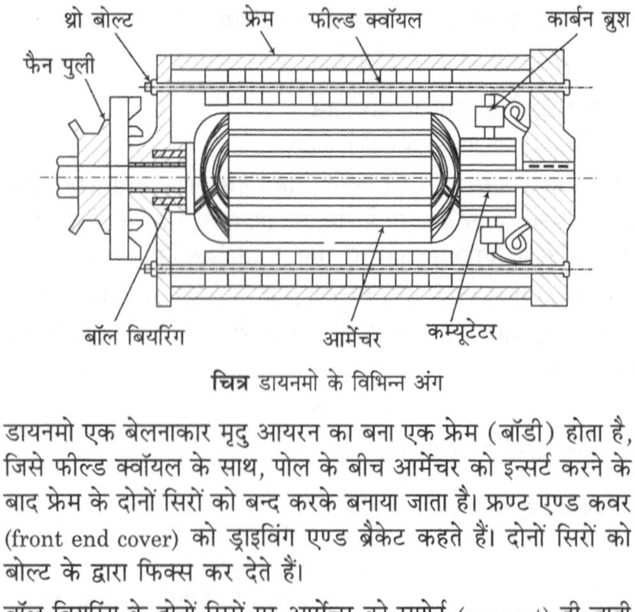

चित्र डायनमो के विभिन्न अंग

डायनमो एक बेलनाकार मृदु आयरन का बना एक फ्रेम (बॉडी) होता है, जिसे फील्ड क्वॉयल के साथ, पोल के बीच आर्मेचर को इन्सर्ट करने के बाद फ्रेम के दोनों सिरों को बन्द करके बनाया जाता है। फ्रण्ट एण्ड कवर (front end cover) को ड्राइविंग एण्ड ब्रैकेट कहते हैं। दोनों सिरों को बोल्ट के द्वारा फिक्स कर देते हैं।

बॉल बियरिंग के दोनों सिरों पर आर्मेचर को सपोर्ट (support) दी जाती है। इसकी कोर में अनुदैर्ध्य (longitudinal) स्लॉट कटी होती है, जो आर्मेचर वाइण्डिंग को हाउसिंग उपलब्ध कराती है। डायनमो को ठण्डा रखने के लिए, आर्मेचर के सामने वाला सिरा फैन पुली (fan pulley) से संयोजित होता है। यह फैन पुली, एक फैन बैल्ट द्वारा चलती है। आर्मेचर, चुम्बकीय ध्रुवों के बीच इसी फैन पुली द्वारा संचालित होता है। आर्मेचर वाइण्डिंग के सिरे कम्यूटेटर के प्रत्येक सेगमेन्ट के साथ सोल्डरित होते हैं। कार्बन ब्रुश कम्यूटेटर सेगमेन्ट के ऊपर होते हैं। यह सेगमेन्ट ऊर्जा प्राप्त करता है और डायनमो आउटपुट टर्मिनल को प्रदान करता है। इस प्रकार धारा, कण्ट्रोल बॉक्स के रास्ते बैटरी में प्रवाहित होती है।

डायनमो का कार्य सिद्धान्त Working Principle of Dynamo

प्रचालन के दौरान जब आर्मेचर घूमता है, तो यह बल की चुम्बकीय रेखाएँ काटता है। चुम्बकीय रेखाओं के काटने से वैद्युत धारा उत्पन्न होती है। ब्रुश, इस धारा को डायनमो आउटपुट टर्मिनल पर भेजता है।

डायनमो का रख-रखाव Maintenance of Dynamo

डायनमो बिना किसी दोष के काफी दिनों तक पर्याप्त विद्युत सप्लाई करता रहे, इसके लिए निम्न बातों का ध्यान रखना चाहिए

(i) डायनमो की सर्विसिंग करते समय ब्रुशों में उच्च ग्रेड का मोबिल ऑयल डालना चाहिए।

(ii) फैन बैल्ट का तनाव (tension) ठीक होना चाहिए, जिससे वह बिना स्लिप किए डायनमो को घुमा सके।

(iii) डायनमो फाउण्डेशन के बोल्ट को ठीक प्रकार से कस देना चाहिए।

(iv) डायनमो पर लगे टर्मिनल नट को ठीक प्रकार से कसना चाहिए।

3. रेगुलेटर Regulator

रेगुलेटर का प्रयोग बैटरी को जाने वाली विद्युत सप्लाई को नियन्त्रित करने के लिए किया जाता है। रेगुलेटर को बैटरी व डायनमो के बीच फिट किया जाता है। जब इंजन की स्पीड बढ़ती है, तो डायनमो की स्पीड भी बढ़ती है और डायनमो हाई वोल्टेज एवं विद्युत धारा उत्पन्न करता है। इससे बैटरी व अन्य विद्युत उपकरणों को क्षति हो सकती है। रेगुलेटर निम्न कार्य करता है

(i) यह वोल्टेज एवं धारा को नियन्त्रित करता है।

(ii) इसमें एक वोल्टेज रेगुलेटर, एक विद्युत धारा रेगुलेटर और एक कट-आउट होता है। डायनमो और बैटरी के लिए टर्मिनलों की व्यवस्था की जाती है। ये टर्मिनल A या D, F और B द्वारा सूचित किए जाते हैं।

डायनमो को नियन्त्रित करने के लिए निम्न विधियाँ अपनाई जाती हैं

(i) वोल्टेज रेगुलेटर प्रणाली (ii) धारा रेगुलेटर प्रणाली

(i) वोल्टेज रेगुलेटर प्रणाली Voltage Regulator System

वोल्टेज रेगुलेटर में एक पतले तार की कई लपटों वाली एक क्वॉयल होती है। यह तार, डायनमो से समान्तर क्रम में जुड़ा होता है। इसमें एक आयरन कोर, कॉन्टैक्ट प्वॉइण्ट, आर्मेचर स्प्रिंग आदि भाग होते हैं। स्प्रिंग, कॉन्टैक्ट को बन्द स्थिति में रखती है। वोल्टेज रेगुलेटर, नियत वोल्टेज (12 वोल्ट) उत्पादन की स्थिति में 14.5 से 15 वोल्ट बनाए रखने के लिए डायनमो के चुम्बकीय क्षेत्र परिपथ को नियन्त्रित करता है।

जब डायनमो की आउटपुट बैटरी वोल्टेज से अधिक होती है, तो वोल्टेज सोलेनॉयड वाइण्डिंग को प्रवाहित होती है। स्प्रिंग के विरुद्ध आर्मेचर को आकर्षित करने के लिए सोलेनॉयड को उत्सर्जित किया जाता है और

कॉन्टैक्ट को अलग किया जाता है। अब डायनमो क्षेत्र में प्रतिरोध के माध्यम से वोल्टेज का प्रवाह होता है, जिस कारण कुछ वोल्टेज ड्रॉप होती है।

जब डायनमो में वोल्टेज ड्रॉप होती है, तो सोलेनॉयड, विचुम्बकीय (demagnetise) हो जाती है। कॉन्टैक्ट स्प्रिंग, आर्मेचर का संयोजन परिपथ पूर्ण करती है। कॉन्टैक्ट के माध्यम से वोल्टेज, डायनमो के फील्ड वाइण्डिंग में प्रवाहित होती है। इस प्रकार, डायनमो की आउटपुट वोल्टेज बढ़ जाती है।

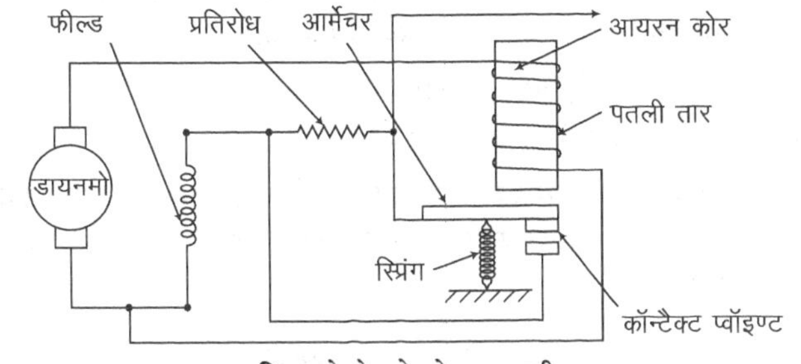

चित्र वोल्टेज रेगुलेटर प्रणाली

(ii) धारा रेगुलेटर प्रणाली Current Regulator System

धारा रेगुलेटर प्रणाली को वोल्टेज रेगुलेटर तथा कट-आउट के आधार पर ही लगाया जाता है। धारा रेगुलेटर में उच्च दक्षता वाले तारों की वाइण्डिग के कुछ टर्न होते हैं, जिन्हें श्रेणी में जेनरेटर आर्मेचर के साथ जोड़ा जाता है। यह प्रणाली वोल्टेज कण्ट्रोल प्रणाली के समान ही होती है। इलेक्ट्रोमैग्नेट, कॉन्टैक्ट्स को नियन्त्रित करता है।

जब सम्पर्क (contact) बन्द होता है और डायनमो की स्पीड अधिक होती है, तो धारा इलेक्ट्रोमैग्नेट की क्वॉयल के माध्यम से प्रवाहित होती है। जब धारा बहुत अधिक होती है, तो आयरन कोर एक इलेक्ट्रोमैग्नेट बन जाता है।

सम्पर्कों को अलग करने के लिए आर्मेचर आकर्षित होते हैं। जब सम्पर्क खुलते हैं तो धारा, प्रतिरोध से होकर गुजरती है। यह प्रतिरोध, धारा के प्रवाह में अवरोध उत्पन्न कर देता है।

जब धारा का मान अपेक्षाकृत कम होता है, तो विद्युत चुम्बक का चुम्बकत्व घट जाता है, जिसके फलस्वरूप सम्पर्क पुनः बन्द हो जाता है। इस प्रकार, फील्ड परिपथ का प्रतिरोध परिपथ से पृथक् हो जाता है और परिपथ में आउटपुट धारा का मान बढ़ जाता है।

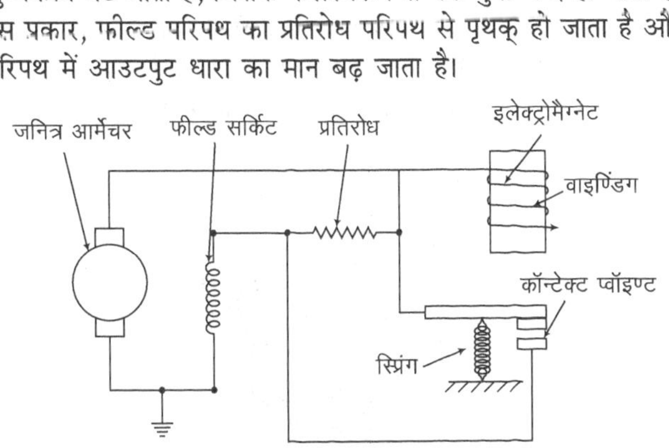

चित्र धारा रेगुलेटर प्रणाली

4. कट-आउट Cut-out

कट-आउट, डायनमो और बैटरी के बीच स्थित एक स्वचालित युक्ति होती है। जब बैटरी डिस्चार्ज होती है, तो कट-आउट, डायनमो को बैटरी के साथ जोड़ता है, परन्तु बैटरी के पूर्णतः चार्ज होने की स्थिति में कट-आउट, डायनमो को बैटरी से पृथक् कर देता है। कट-आउट में सॉफ्ट आयरन कोर पर प्राइमरी (series) वाइण्डिंग मोटी तथा कम लपेट (turn) की होती है, जबकि सेकेण्डरी वाइण्डिग (शण्ट) पतली तथा अधिक लपेट की होती है।

प्राइमरी वाइण्डिंग का एक सिरा डायनमो से जुड़ा होता है तथा दूसरा सिरा सेकेण्डरी वाइण्डिंग के एक सिरे से हिंज के द्वारा जुड़ा होता है। सेकेण्डरी वाइण्डिंग का दूसरा सिरा अर्थ होता है। हिंज के साथ ऊपर की ओर आर्मेचर लगा होता है, जिसे एक स्प्रिंग द्वारा साधा जाता है। इसी आर्मेचर के साथ सी.बी. (contact breaker) प्वॉइण्ट लगे होते हैं। सी.बी. प्वॉइण्ट का एक भाग आर्मेचर से तथा दूसरा एमीटर से सम्बद्ध रहता है। कट-आउट, एक ऑटोमैटिक मैग्नेटिक स्विच के समान कार्य करता है। जब डायनमो नहीं चलता है, तो सी.बी. प्वॉइण्ट खुले होते हैं, इससे बैटरी तथा डायनमो का सम्बन्ध टूट जाता है। जब डायनमो चलता है, तो डायनमो की धारा प्राइमरी व सेकेण्डरी वाइण्डिंग में जाकर मैग्नेटिक फील्ड बनाती है।

अब डायनमो की धारा एमीटर में होकर बैटरी में जाने लगती है, परन्तु यह तभी सम्भव होता है, जब डायनमो, बैटरी की वोल्टेज के अनुरूप धारा बना रहा हो।

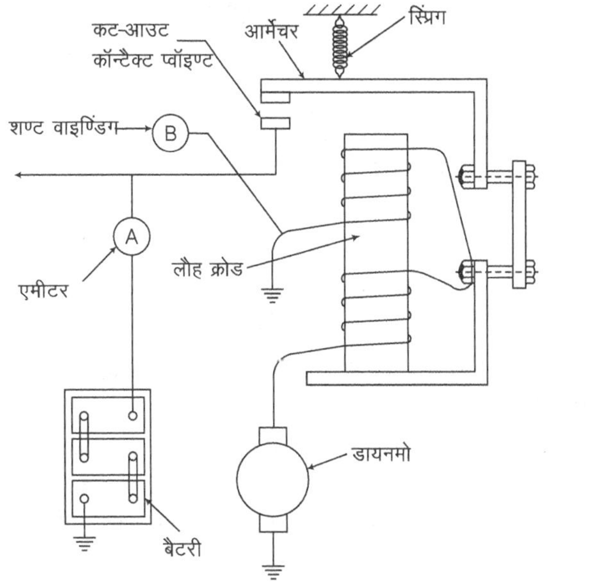

चित्र कट-आउट की व्यवस्था

5. इण्डीकेटिंग डिवाइस Indicating Device

इण्डीकेटिंग डिवाइस वाहन के पैनल बोर्ड पर फिट होती है। यह डिवाइस लैम्प टाइप (वार्निंग लैम्प) या गेज टाइप की हो सकती है, जिसे एमीटर कहते हैं। एमीटर करण्ट के प्रवाह को दो दिशाओं में प्रदर्शित करता है।

6. आल्टरनेटर Alternator

यान्त्रिक ऊर्जा को ए.सी. प्रकार की वैद्युतिक ऊर्जा में परिवर्तित करने वाली मशीन आल्टरनेटर या ए.सी. जनित्र (alternator or AC generator) कहलाती है। वर्तमान समय में कुछ इंजनों में आल्टरनेटर का प्रयोग डायनमो के स्थान पर किया जाने लगा है, क्योंकि बड़े-बड़े शहरों में अधिक ट्रैफिक होने के कारण गाड़ी को अधिक गति से नहीं चलाया जा सकता। डायनमो मोटरगाड़ी की कम गति पर सही प्रकार से बैटरी को आवेशित कर पाने में असमर्थ होता है।

आल्टरनेटर, जोकि ए.सी. जनित्र होता है, इसलिए यह डी.सी. धारा के स्थान पर ए.सी. धारा का उत्पादन करता है, जिसे पुनः डी.सी. में परिवर्तित करके बैटरी आवेशित की जाती है। आल्टरनेटर का भार डायनमो की अपेक्षा कम होता है। इसमें कम्यूटेटर, कार्बन ब्रुश तथा आर्मेचर वाइण्डिंग आदि नहीं होते।

अतः ताँबे की बचत होती है। यह इंजन की कम चाल पर भी अपेक्षाकृत अधिक धारा (current) उत्पन्न करता है। इसकी देखभाल कम करनी होती है। इसके साथ एक छोटा रेगुलेटर प्रयोग किया जाता है, क्योंकि इसमें लगे डायोड केवल धारा (current) को एक दिशा में प्रवाहित होने देते हैं तथा वापस नहीं आने देते, जिससे कट-आउट क्वॉयल लगाने की आवश्यकता नहीं पड़ती है।

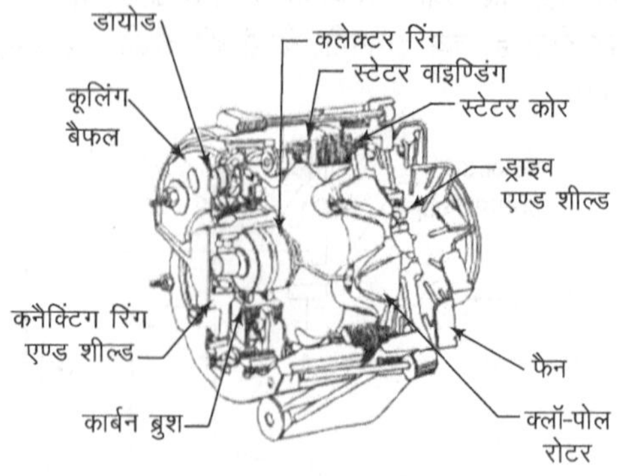

चित्र आल्टरनेटर बॉश क्लॉ-पोल का सेक्शनल दृश्य

चित्रानुसार, इसमें एक आर्मेचर चुम्बक होता है, जिसके ऊपर ताँबे के इन्सुलेटेड तार लिपटे होते हैं। इसमें ऊपर की ओर चुम्बक का उत्तरी ध्रुव तथा नीचे की ओर दक्षिणी ध्रुव होता है।

जब आर्मेचर चुम्बक को घुमाया जाता है, तो इसके आधे चक्कर में तारों में विद्युत शक्ति उत्पन्न होती है, जिसकी दिशा एक ओर होती है। इसके उपरान्त चुम्बकीय ध्रुवों की स्थिति बदलकर विपरीत हो जाती है।

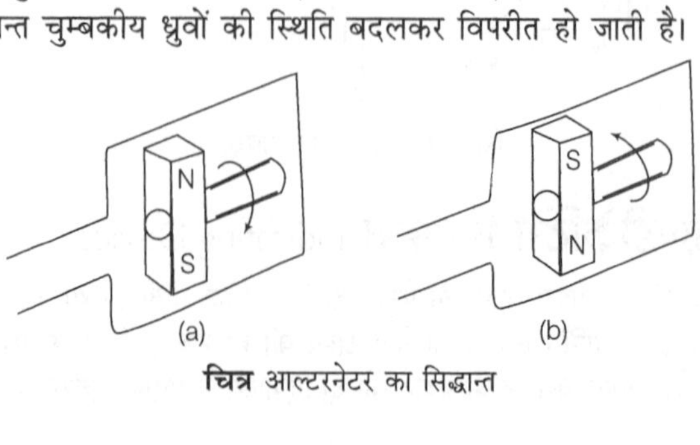

चित्र आल्टरनेटर का सिद्धान्त

आर्मेचर चुम्बक की आगे की आधी चाल में दूसरी दिशा में धारा प्रवाहित होती है। इस प्रकार, आर्मेचर चुम्बक के एक चक्कर में दोनों ओर धारा प्रवाहित होती है, इसलिए इसे प्रत्यावर्ती धारा (AC) कहते हैं।

आल्टरनेटर के भाग Parts of an Alternator

आल्टरनेटर में निम्न मुख्य भाग होते हैं

(i) **बॉडी** Body

मशीन के बाह्य भाग को बॉडी या फ्रेम कहते हैं। यह कास्ट आयरन अथवा कास्ट स्टील की बनाई जाती है। इसके मुख्य कार्य हैं

(a) मशीन के सभी भागों को सुरक्षित रखना।

(b) चुम्बकीय बल रेखाओं के लिए पथ प्रदान करना।

बॉडी के दोनों ओर दो साइड प्लेटें होती हैं, जो मशीन को पूरी तरह ढक लेती हैं। बॉडी पर आवश्यकतानुसार आई-बोल्ट, लैग्स आदि वैल्ड कर दिए जाते हैं।

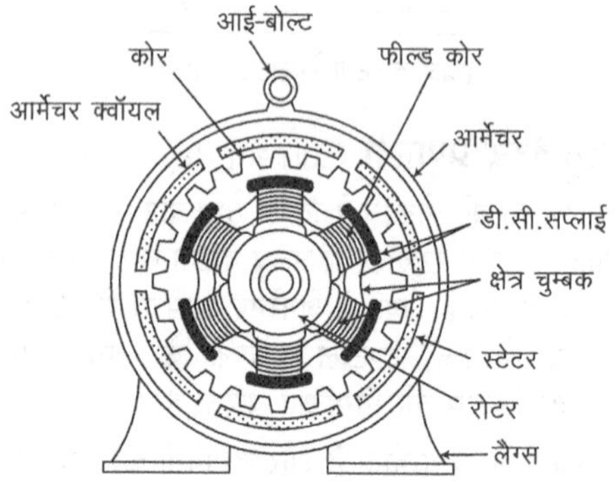

चित्र आल्टरनेटर के मुख्य भाग

(ii) **स्टेटर** Stator

इसमें मुख्यतः आर्मेचर कोर होती हैं। इन कोरों (cores) की आन्तरिक परिधि पर स्लॉट्स (slots) कटे होते हैं, जिनमें आर्मेचर क्वॉयल्स स्थापित की जाती हैं। आर्मेचर कोर को एक छल्ले के रूप में मशीन की बॉडी या फ्रेम में फिट कर दिया जाता है। एडी धारा क्षति का मान कम रखने के लिए आर्मेचर कोर को सिलिकॉन स्टील की वार्निश आलेपित पत्तियों को जोड़कर बनाया जाता है। स्टेटर में शीतलता प्रदान करने के लिए इन पत्तियों में डक्ट्स (ducts) बनाए जाते हैं, जिनके द्वारा वायु प्रवाहित होती है, जो मशीन को ठण्डा रखती है। स्लॉट्स मुख्यतः निम्न तीन प्रकार की होती हैं

(a) खुली (b) अर्द्ध-बन्द (c) बन्द

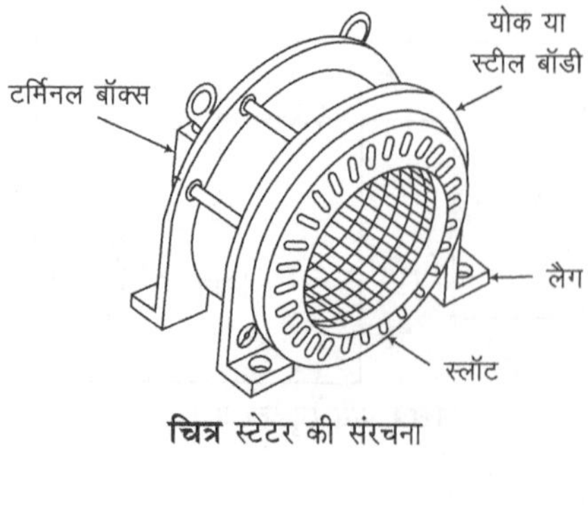

चित्र स्टेटर की संरचना

सामान्यत: खुली स्लॉट्स का ही प्रयोग किया जाता है, क्योंकि इनमें 'तैयार क्वॉयल्स' स्थापित की जा सकती हैं और खराब अथवा जली क्वॉयल्स को सरलता से परिवर्तित भी किया जा सकता है।

(iii) **रोटर** Rotor

आल्टरनेटर पर चुम्बकीय क्षेत्र स्थापित करने वाला भाग रोटर कहलाता है। रोटर पर क्षेत्र क्वॉयल्स स्थापित की जाती हैं और उन्हें एक पृथक् डी.सी. जनित्र (शण्ट या कम्पाउण्ड) द्वारा डी.सी. सप्लाई प्रदान की जाती है।

रोटर मुख्यत: निम्न दो प्रकार के होते हैं

(a) **सैलिएन्ट पोल रोटर** (Salient pole rotor) यह रोटर, निम्न एवं मध्यम घूर्णन गति वाले आल्टरनेटर्स में प्रयोग किया जाता है। इसे बनाने के लिए स्टील स्टैम्पिंग्स (steel-stampings) प्रयोग की जाती हैं। इसमें क्षेत्र क्वॉयल्स स्थापित करने के लिए पर्याप्त स्थान होता है और उत्पन्न ऊष्मा के विसरण के लिए अधिक क्षेत्र उपलब्ध होता है।

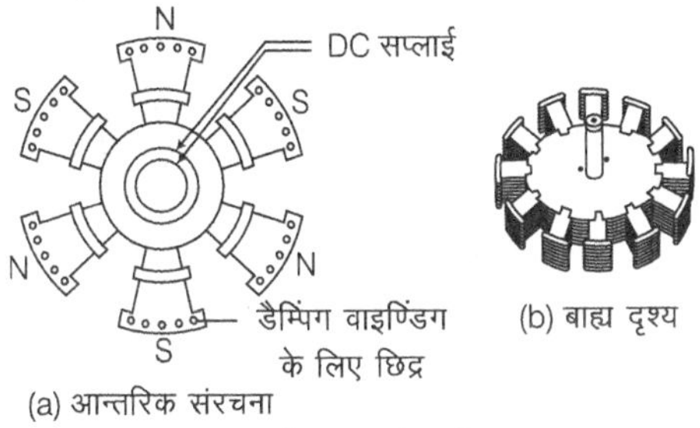

चित्र सैलिएन्ट पोल रोटर

इस रोटर की अक्षीय लम्बाई, उसके व्यास की अपेक्षा कम होती है। इस रोटर में ध्रुवों (poles) को अधिक सुदृढ़ नहीं बनाया जा सकता, जिस कारण यह रोटर उच्च प्रतिबल सहन करने में सक्षम नहीं होता है, इसलिए इसे निम्न गति आल्टरनेटर्स में प्रयोग किया जाता है। यह रोटर गति करते समय अधिक शोर उत्पन्न करता है, इसमें 6 से 40 तक पोल्स होते हैं। इसका उपयोग 375 से 1,000 RPM घूर्णन गति वाले हाइड्रो-आल्टरनेटर्स में किया जाता है।

(b) **बेलनाकार पोल रोटर** (Cylindrical pole rotor) यह रोटर उच्च घूर्णन गति वाले आल्टरनेटर्स में प्रयोग किया जाता है। इसकी लम्बाई अधिक होती है और व्यास कम होता है। यह ठोस स्टील का बनाया जाता है और फील्ड वाइण्डिंग्स स्थापित करने के लिए इसकी परिधि पर खाँचे काटे जाते हैं।

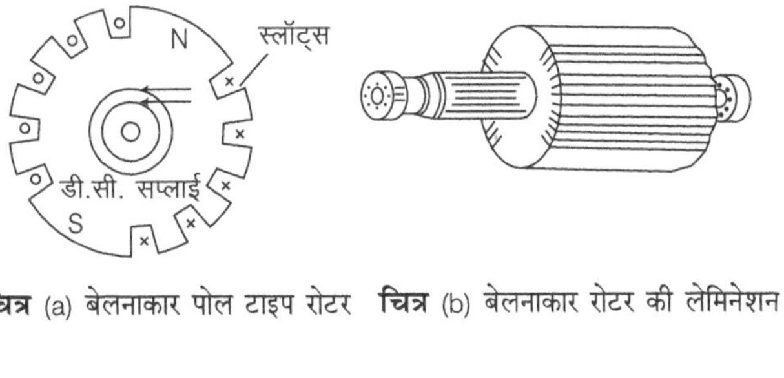

चित्र (a) बेलनाकार पोल टाइप रोटर **चित्र** (b) बेलनाकार रोटर की लेमिनेशन

चित्र (b) में बेलनाकार रोटर की लेमिनेशन दर्शायी गई है, जिसके 2/3 भाग पर स्लॉट बने होते हैं, जिसमें फील्ड वाइण्डिंग डाली जाती है तथा 1/3 भाग स्लॉट रहित होता है, जो पोल (pole) का कार्य करता है।

चित्र (a) में इस रोटर की पूर्ण संरचना दर्शायी गई है।

इसकी घूर्णन गति 1,500 से 3,000 RPM तक तथा आउटपुट 50,000 kVA से 2,00,000 kVA तक होती है। इसका उपयोग स्टीम-टरबाइन आल्टरनेटर्स तथा टर्बो-आल्टरनेटर्स में किया जाता है।

(iv) **एक्साइटर** Exciter

यह प्राय: एक शण्ट वाउण्ड अथवा कम्पाउण्ड वाउण्ड डी.सी. जनित्र होता है, जिसे रोटर शाफ्ट पर ही स्थापित किया जाता है।

इस जनित्र द्वारा उत्पन्न किया गया डी.सी वि.वा.ब. (250 वोल्ट तक), दो स्लिप-रिंग्स के द्वारा रोटर क्वॉयल्स को प्रदान किया जाता है, जिस कारण रोटर घूमता है। आल्टरनेटर में स्थिर चुम्बकीय क्षेत्र बनाने के लिए एक्साइटर का प्रयोग किया जाता है।

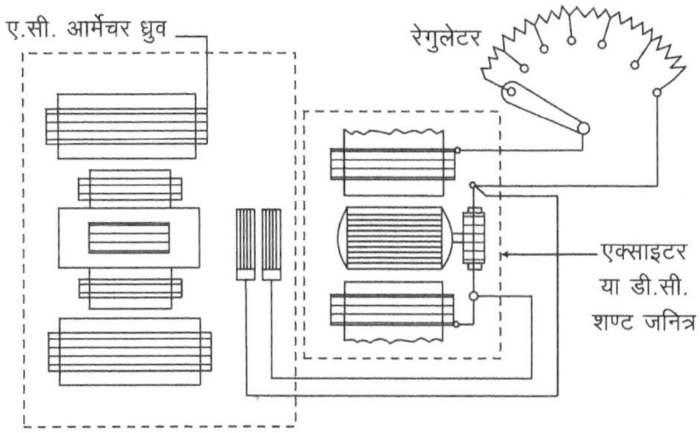

चित्र एक्साइटर परिपथ

प्राइम मूवर के द्वारा जब आल्टरनेटर के रोटर के घूमने से शाफ्ट घूमती है, तो डी.सी. शण्ट जनित्र अर्थात् एक्साइटर भी घूमता है एवं डी.सी. धारा प्रदान करता है। उत्तेजन (excitation) को कम एवं अधिक करने के लिए एक्साइटर परिपथ में रेगुलेटर का प्रयोग किया जाता है।

इसके आर्मेचर से प्राप्त डी.सी. को स्लिप-रिंग से संयोजित किया जाता है, जिससे आल्टरनेटर को उत्तेजन मिलता है, जिसे रेगुलेटर के प्रयोग द्वारा घटाया-बढ़ाया जा सकता है।

आल्टरनेटर की कार्यविधि Operation of Alternator

चित्र में एक आल्टरनेटर चार्जिंग परिपथ दर्शाया गया है। जब इंजन को चालू किया जाता है, तब बैल्ट रोटर असेम्बली को चलाती है।

घूर्णन के समय, रोटर मैग्नेट के S व N ध्रुव प्रत्येक स्टेटर क्वॉयल से गुजरते हैं। रोटर असेम्बली के इस घूर्णन के कारण स्टेटर क्वॉयल में क्रमश: धनात्मक एवं ऋणात्मक धारा उत्पन्न होती है। यदि एक समय में प्रत्येक स्टेटर क्वॉयल से अधिक रोटर मैग्नेट्स गुजरेंगी, तो अधिक धारा का उत्पादन होगा।

यह उत्पन्न धारा, जब हीट सिंक पर लगे सिलिकॉन डायोड्स से गुजरती है, तब ये डायोड्स AC धारा को DC में परिवर्तित कर देते हैं। इन डायोड्स में उत्पन्न ऊष्मा, हीट सिंक द्वारा अवशोषित की जाती है। अत: धारा बैटरी के टर्मिनल, एमीटर तथा चार्ज होने वाली बैटरी से होकर प्रवाहित होती है।

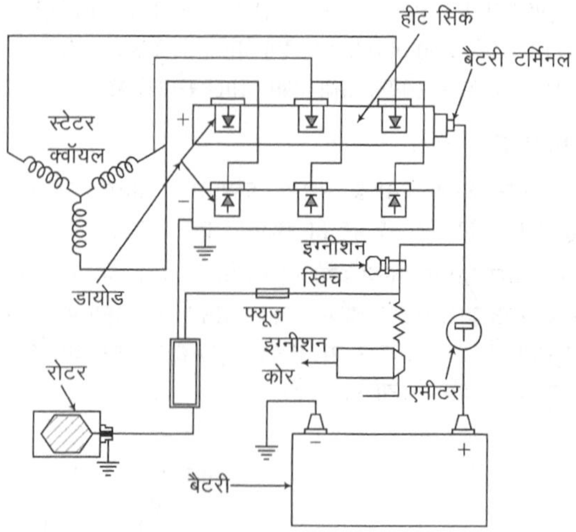

चित्र आल्टरनेटर आवेशन परिपथ

आल्टरनेटर के प्रयोग के लाभ
Advantages of Using Alternator

अल्टरनेटर के प्रयोग के निम्नलिखित लाभ हैं

(i) इसमें कम पुर्जे तथा क्वॉयल होने के कारण यह सस्ता होता है।

(ii) यह भार में हल्का होता है।

(iii) इसे अधिक गति पर चलाकर अधिक मात्रा में विद्युत उत्पन्न की जा सकती है।

(iv) इसमें प्रयुक्त वोल्टेज रेगुलेटर साइज में छोटा होता है तथा उत्पन्न विद्युत को एक ही दिशा में प्रवाहित करता है।

(v) इसकी देख-भाल की कम आवश्यकता होती है।

22.2 इग्नीशन वार्निंग लैम्प
Ignition Warning Lamp

इग्नीशन वार्निंग लैम्प एक प्रकार की इण्डीकेटर डिवाइस है, जो सामान्यत: वाहन के पैनल बोर्ड पर लगाई जाती है। यह डिवाइस एक लैम्प (वार्निंग लैम्प) टाइप अथवा गेज (जिसे एमीटर कहते हैं) टाइप की हो सकती है। एमीटर, धारा के प्रवाह की दिशाओं (चार्ज तथा डिस्चार्ज) को दर्शाता है। वाहनों में चार्जिंग को दर्शाने हेतु प्रयुक्त रंगदार लैम्प (लाल, हरा आदि) इग्नीशन वार्निंग लैम्प कहलाता है। वार्निंग लैम्प का एक सिरा इग्नीशन स्विच, जबकि दूसरा सिरा कण्ट्रोल बॉक्स से संयोजित किया जाता है। इग्नीशन वार्निंग लैम्प का जलना (glow), इग्नीशन परिपथ की ऑन (ON) स्थिति को दर्शाता है, जबकि इग्नीशन का ऑफ (OFF) स्थिति में होना यह दर्शाता है कि बैटरी, डायनमो द्वारा चार्ज हो रही है। वार्निंग लैम्प बैटरी की चार्जिंग दर को नहीं माप सकता है, इसलिए कुछ वाहनों में एमीटर संयोजित किया जाता है।

22.3 चार्जिंग प्रणाली सम्बन्धी सामान्य दोषोपचार General Troubleshooting Related to Charging System

चार्जिंग प्रणाली वाहनों के दृष्टिकोण से अत्यन्त महत्त्वपूर्ण है और यह प्रणाली ही वाहनों में विद्युत नियमन का कार्य करती है। इस प्रणाली में समय-समय पर कुछ दोष उत्पन्न होते हैं, जिनका विवरण प्रशिक्षुओं को उनसे अवगत कराने के उद्देश्य से प्रस्तुत किया जा रहा है।

क्र.सं.	कारण	उपचार
I. बैटरी का आवेशित न होना		
1.	डायनमो संयोजन के तार टूटे हैं।	वायरिंग चैक करके दोष दूर करें।
2.	रेगुलेटर में बैटरी इकाई के प्वॉइण्ट मिल नहीं पाते हैं।	गैप अधिक है अथवा उसकी वाइण्डिंग में दोष है।
3.	आर्मेचर जल गया है।	आर्मेचर की फिर से वाइण्डिंग कराएँ।
4.	फील्ड क्वॉयल टूटी है।	फील्ड क्वॉयल चैक कराकर ठीक कराएँ।
5.	कार्बन ब्रुश छोटे हो गए हैं तथा कम्यूटेटर से उनका सम्बन्ध नहीं है।	नए कार्बन ब्रुश डालें अथवा कार्बन होल्डर की जाँच करें। हो सकता है होल्डर में कार्बन फँस गया हो।
6.	कम्यूटेटर पर आर्मेचर के तार टूटे हैं या कम्यूटेटर कार्बन के कारण शॉर्ट है।	आर्मेचर का परीक्षण करें या कम्यूटेटर साफ करें।
7.	फैन बैल्ट टूटी है या स्लिप कर रही है।	फैन बैल्ट की जाँच करें। आवश्यक होने पर बदलें।
8.	डायनमो पुली शाफ्ट पर फ्री हो गई है।	पुली को टाइट फिट करें।
II. डायनमो का कम आवेशित करना		
1.	डायनमो टर्मिनल नट ढीले हैं।	नट सही प्रकार टाइट करें।
2.	डायनमो बियरिंग या ब्रुश ढीले हैं।	बियरिंग अथवा ब्रुश बदलें।
3.	आर्मेचर शाफ्ट टेढ़ी है।	दूसरी आर्मेचर शाफ्ट डालें।
4.	आर्मेचर कम्यूटेटर पर चिकनाई है।	कम्यूटेटर को पेट्रोल से साफ करें।
5.	कार्बन ब्रुश कम्यूटेटर से सही सम्पर्क नहीं करते हैं।	कार्बन ब्रुशों को सही क्वॉयल के साथ फिट करें।
6.	कार्बन होल्डर स्प्रिंग में तनाव कम है।	नई स्प्रिंग डालें।
7.	डायनमो फाउण्डेशन पर ढीला है।	डायनमो फाउण्डेशन बोल्ट को टाइट करें।
8.	कम्यूटेटर शॉर्ट हो रहा है।	कम्यूटेटर साफ करें।
9.	फैन बैल्ट स्लिप कर रही है।	बैल्ट टाइट करें, यदि आवश्यक हो, तो बदलें।
10.	नियामक (रेगुलेटर) के प्वॉइण्ट गन्दे हैं।	प्वॉइण्ट साफ करें।
11.	कम्यूटेटर घिसकर ओवल हो गया है।	कम्यूटेटर की टर्निंग कराएँ।

क्र.सं.	कारण	उपचार
III. आल्टरनेटर में धारा का न बनना		
1.	'V' बैल्ट का ढीला होना अथवा स्लिप होना।	बैल्ट एडजस्ट करें अथवा बदलें।
2.	नियामक (रेगुलेटर) का खराब होना।	नियामक (रेगुलेटर) को एडजस्ट करें अथवा बदलें।
3.	स्लिप-रिंग ब्रुशों का खराब होना।	स्लिप-रिंग ब्रुश बदलें।
4.	वायरिंग में खराबी है।	दोष देखकर दूर करें।
5.	स्टेटर वाइण्डिंग का शॉर्ट होना।	स्टेटर सही करें।
6.	डायोड का खराब होना।	डायोड बदलें।
7.	रोटर वायरिंग का टूटा होना।	रोटर वायरिंग ठीक करें।
8.	सुरक्षा फ्यूज का जल जाना।	दोष देखकर दोष दूर करें नया फ्यूज लगाएँ।
IV. आल्टरनेटर का कम धारा बनाना		
1.	डायोड खराब है।	डायोड बदलें।
2.	ड्राइव बैल्ट ढीली है।	ड्राइव बैल्ट एडजस्ट करें।
3.	स्टेटर का अर्थ हो जाना।	वायरिंग ठीक करें अथवा बदलें।
4.	वायरिंग संयोजन का गन्दा या ढीला होना।	संयोजन साफ करें तथा जोड़ टाइट करें।
5.	नियामक (रेगुलेटर) का सही एडजस्ट न होना।	नियामक (रेगुलेटर) ठीक व्यवस्थित करें।
V. आल्टरनेटर का घूमने पर आवाज करना		
1.	बियरिंग खराब है।	बियरिंग बदलें।
2.	पुली या फैन का ढीला होना।	दोष देखकर टाइट करें।
3.	आल्टरनेटर फाउण्डेशन बोल्ट ढीले होना।	फाउण्डेशन बोल्ट टाइट करें।
4.	ड्राइव बैल्ट खराब होना।	ड्राइव बैल्ट बदलें।
5.	रेगुलेटर में वायु गैप का अधिक होना।	दोष देखकर उपचार करें।
VI. नियामक (रेगुलेटर) का शीघ्र जल जाना		
1.	रोटर का शॉर्ट होना।	रोटर वायरिंग ठीक करें अथवा रोटर बदलें।
2.	रेगुलेटर का सही अर्थ न होना।	सही अर्थ करें।
3.	रेगुलेटर में वायु गैप का अधिक होना।	गैप सही व्यवस्थित करें।

22.4 स्टार्टर मोटर परिपथ का विवरण
Description of Starter Motor Circuit

चित्र में स्टार्टिंग परिपथ का आरेख दर्शाया गया है। इसमें बैटरी के ऋणात्मक सिरे को अर्थ (earth) से तथा धनात्मक सिरे को बैटरी टर्मिनल पर लगे सोलेनॉयड स्विच से संयोजित किया जाता है।

स्टार्टर स्विच के इनपुट टर्मिनल से एक तार संयोजित करके, सोलेनॉयड वाइण्डिंग के इनपुट टर्मिनल पर जोड़ा जाता है। सोलेनॉयड वाइण्डिंग के अन्य टर्मिनल को अर्थ कर दिया जाता है। सोलेनॉयड स्विच के स्टार्टर टर्मिनल के एक संयोजन को स्टार्टर मोटर के इनपुट टर्मिनल से संयोजित किया जाता है।

स्टार्टर मोटर का आन्तरिक संयोजन (interconnection) ब्रुशों द्वारा फील्ड वाइण्डिंग के साथ-साथ आर्मेचर से भी किया जाता है तथा इसके अन्य टर्मिनल को अर्थ कर दिया जाता है। जब स्विच को ऑन किया जाता है, तो बैटरी तथा स्टार्टर सोलेनॉयड के बीच धारा की कुछ मात्रा प्रवाहित होती है। यह धारा सोलेनॉयड वाइण्डिंग को शक्ति (power) प्रदान करती है, जिससे प्लंजर, बैटरी एवं स्टार्टर मोटर का सिरा, सोलेनॉयड स्विच से संयोजित हो जाता है। इसके विपरीत जब स्विच को ऑफ किया जाता है, तो परिपथ में धारा का प्रवाह रुकने के कारण रिटर्न स्प्रिंग, प्लंजर को वापस खींचती है। इस प्रकार बैटरी, स्टार्टर मोटर से अलग हो जाती है।

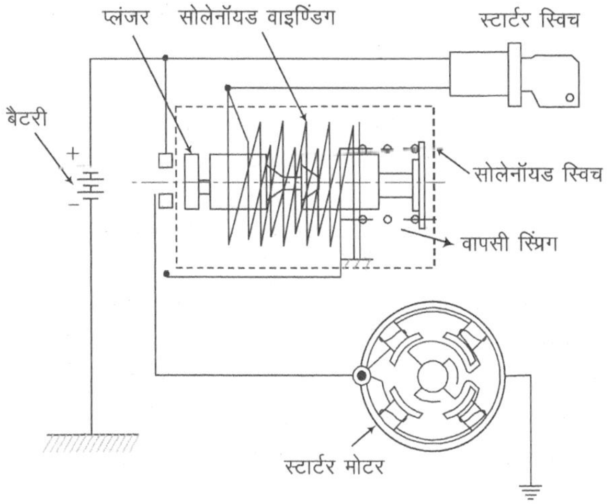

चित्र स्टार्टर मोटर परिपथ

इंजन को क्रियाशील अवस्था में लाने के लिए कुछ प्रमुख अवयवों का प्रयोग किया जाता है; जैसे— स्टार्टर मोटर, सैल्फ स्टार्टर, सोलेनॉयड स्विच, इनका वर्णन निम्नवत् है

22.5 स्टार्टर मोटर प्रणाली
Starter Motor System

स्टार्टर मोटर एक शक्तिशाली वैद्युतिक मोटर है, जिसके एक सिरे पर छोटा गियर लगा होता है। जब मोटर प्रचालित की जाती है, तब छोटा गियर, बड़े गियर, जो इंजन पर लगा होता है, के साथ मैश (mesh) हो जाता है।

इस मोटर द्वारा इंजन को स्टार्ट करने के लिए इंजन की क्रैंकशाफ्ट की न्यूनतम घूर्णन गति 100 rpm होनी चाहिए। इस क्रिया को इंजन क्रैंकिंग (engine cranking) कहते हैं, क्योंकि इंजन को उस गति पर हाथ से या लीवर से घुमाना बहुत कठिन होता है, इसलिए इंजन को क्रैंक करने के लिए स्टार्टर मोटर का प्रयोग किया जाता है। जब स्टार्टर मोटर, इंजन के रियर साइड (पश्च पार्श्व) पर फिक्स की जाती है और स्टार्टर स्विच ऑन किया जाता है, तब स्टार्टर मोटर की पिनियन, फ्लाईव्हील रिंग गियर से संयोजित होकर फ्लाईव्हील को घुमाती है।

स्टार्टर मोटर का कार्य सिद्धान्त
Working Principle of Starter Motor

जब दो स्टेशनरी मैग्नेट के बीच रखी एक आर्मेचर क्वॉयल में से धारा प्रवाहित होती है, तो क्वॉयल में एक वि.वा.ब. प्रेरित होता है और आर्मेचर क्वॉयल घूर्णन करना प्रारम्भ कर देती है।

स्टार्टर मोटर की बनावट Construction of Starter Motor

स्टार्टर मोटर में तीन प्रकार की डी.सी. मोटर का प्रयोग किया जाता है

1. सीरीज मोटर 2. शण्ट मोटर 3. कम्पाउण्ड मोटर

इन तीनों प्रकार की मोटरों का वाइण्डिंग के साथ संयोजन नीचे चित्रों में दर्शाया गया है

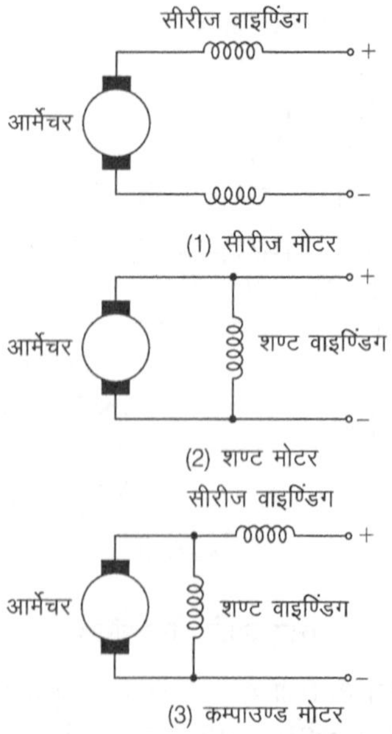

चित्र स्टार्टर मोटर में प्रयुक्त मोटर्स

ऑटोमोबाइल के क्षेत्र में मुख्यत: सीरीज वाइण्डिंग का प्रयोग किया जाता है। इसमें क्षेत्र और आर्मेचर क्वॉयल को सीरीज में संयोजित किया जाता है, जिससे मोटर उच्च स्टार्टिंग बल आघूर्ण उत्पन्न करने में सक्षम होती है।

आर्मेचर क्वॉयल स्लॉटों में फिक्स होती हैं और उनके सिरों को कम्यूटेटर सेगमेन्ट के साथ सोल्डर किया जाता है। पोल शू संख्या में 2 या 4 को योक के साथ स्क्रू द्वारा जोड़ा जाता है तथा उन पर क्षेत्र वाइण्डिंग लिपटी होती है। यह वाइण्डिंग चुम्बकीय क्षेत्र उत्पन्न करने में सहायक होती है।

पोल शू और मैटल योक के बीच इन्सुलेटिंग (विद्युतरोधी) पदार्थ के टुकड़े रखे जाते हैं। कम्यूटेटर ब्रुशों के बीच माइका इन्सुलेशन के साथ कॉपर सेगमेन्ट उपलब्ध कराए जाते हैं।

ये ब्रुश, होल्डरों में खिसकते हैं और छोटी स्प्रिंगों की सहायता से उन्हें कम्यूटेटर के सम्पर्क में रखा जाता है। बॉटम पर ब्रुशों को मोड़ा जाता है, जिससे ब्रुश, कम्यूटेटर के अधिक सम्पर्क में रहे। आर्मेचर को ब्रुशों पर या क्वॉयल पर टिकाया (support) जाता है।

कम्यूटेटर सिरे को एक ब्रैकेट द्वारा ढक दिया जाता है, जिसे कम्यूटेटर सिरा ब्रैकेट कहते हैं। ड्राइव सिरे पर, इसे ड्राइव सिरा ब्रैकेट से ढका जाता है। दोनों ब्रैकेटों को आर-पार बोल्टों द्वारा जोड़ा जाता है।

आर्मेचर शाफ्ट में ड्राइव सिरे पर एक ड्राइव मैकेनिज्म लगाई जाती है।

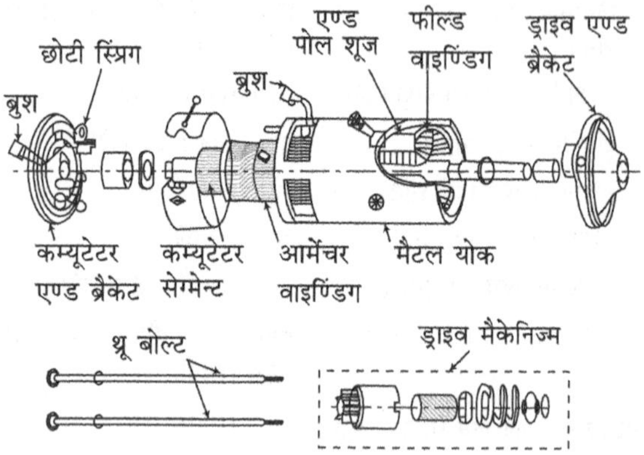

चित्र स्टार्टर मोटर की बनावट

स्टार्टर चुम्बक Starter Magnet

स्टार्टर मोटर में दो प्रकार के चुम्बकों का प्रयोग किया जाता है—स्थायी चुम्बक तथा विद्युत चुम्बक (अस्थायी चुम्बक)।

वैद्युत चुम्बक, कॉपर वाइण्डिंग की भारी पत्ती में धारा प्रवाहित करने पर बनते हैं। आयरन पोल शू चारों ओर से योक (yoke) से बँधे होते हैं। स्थायी चुम्बक भी इसी तरह स्थित होते हैं, परन्तु ये अपेक्षाकृत कम स्थान लेते हैं। योक, लोहे की बनी होती है। हल्के वाहनों के अनुप्रयोग के लिए स्टार्टर मोटर, वैद्युत चुम्बकीय क्षेत्र वाइण्डिंग के साथ सीरीज वाउण्ड होती है, क्योंकि क्षेत्र का प्रतिरोध और आर्मेचर वाइण्डिंग कम एवं धारा प्रवाह अधिक होता है। लोड के अन्दर जब मोटर स्टार्ट होती है, तो यह प्रबल चुम्बकीय क्षेत्र उत्पन्न करती है, जिसके फलस्वरूप कम गति पर उच्च टर्निंग प्रयास उत्पन्न करती है।

कम्यूटेशन Commutation

यह वैद्युत परिपथ में एक संयोजन से दूसरे संयोजन में स्थानान्तरण की प्रक्रिया है। अनुप्रयोगों के आधार पर यह स्थानान्तरण मैकेनिकल स्विचिंग अथवा इलेक्ट्रॉनिक स्विचिंग द्वारा प्राप्त किया जाता है। इस प्रयोजन हेतु स्टार्टर मोटर में कम्यूटेटर का प्रयोग किया जाता है।

22.6 सैल्फ स्टार्टर Self Starter

डायनमो के टर्मिनलों में यदि किसी बाहरी माध्यम से उचित वोल्टेज की धारा प्रवाहित कराई जाए, तो डायनमो में लगा आर्मेचर घूमने लगेगा तथा वह मोटर के रूप में कार्य करने लगेगा। सैल्फ स्टार्टर भी इसी सिद्धान्त पर आधारित है कि जब किसी चालक को धारा प्रवाहित होने वाले चुम्बकीय क्षेत्र में रखते हैं, तो उस चालक पर यान्त्रिक बल उत्पन्न हो जाता है, जो उसे घुमाता है। इस बल की दिशा फ्लेमिंग के दाएँ हाथ के नियम के द्वारा ज्ञात की जाती है।

इस नियम के अनुसार, अपने दाएँ हाथ को इस प्रकार से खोलना होता है, जिससे कि तर्जनी अँगुली (fore-finger), मध्य अँगुली (middle finger) तथा अँगूठा (thumb) आपस में 90° का कोण बनाएँ।

अब जिस चालक में धारा की दिशा ज्ञात करनी है, उसके साथ अपने हाथ को चित्र में प्रदर्शित की गई अवस्था के अनुसार रखते हैं। इस प्रकार, तर्जनी अँगुली द्वारा चुम्बकीय क्षेत्र की दिशा, अँगूठे द्वारा चालक की गति की दिशा और मध्य अँगुली द्वारा चालक में प्रेरित वि.वा.ब. तथा धारा प्रवाह की दिशा ज्ञात हो सकती है।

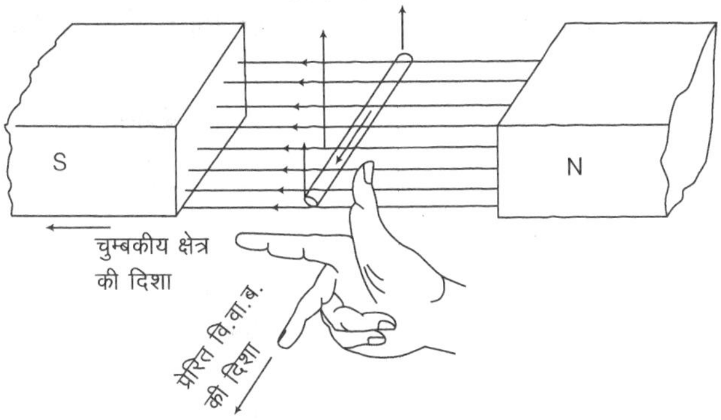

चित्र फ्लेमिंग के दाएँ हाथ का नियम

सैल्फ स्टार्टर का कार्य सिद्धान्त
Working Principle of Self Starter

दिए गए चित्र में एक चालक में धारा प्रवाहित हो रही है। इसमें धारा प्रवाह की दिशा तारों द्वारा दर्शायी गई है। चालक में प्रवाहित धारा के कारण इसके चारों ओर चुम्बकीय क्षेत्र (magnetic field) उत्पन्न हो जाता है, जिसकी दिशा वामावर्त (anti-clockwise) होती है। यह चालक चुम्बकीय क्षेत्र में स्थापित होता है। इस क्षेत्र की बल रेखाएँ उत्तरी ध्रुव से दक्षिणी ध्रुव की ओर सीधी होती हैं।

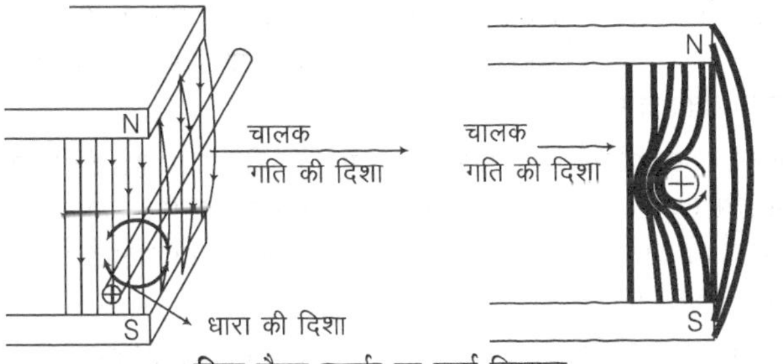

चित्र सैल्फ स्टार्टर का कार्य सिद्धान्त

जैसा कि चित्र में दर्शाया गया है। चालक के बाईं ओर का वृत्ताकार चुम्बकीय क्षेत्र उसी दिशा में है, जिसमें चुम्बक का सीधा क्षेत्र है, परन्तु चालक के दाईं ओर का क्षेत्र विपरीत दिशा में होता है। इस प्रकार, चालक के बाईं ओर का क्षेत्र शक्तिशाली होता है और दाईं ओर का क्षेत्र निर्बल होता है, जिससे चालक के बाईं ओर का क्षेत्र विकृत हो जाता है, क्योंकि इस क्षेत्र में चुम्बकीय बल रेखाओं का गुण रबर की तरह हो जाता है। चुम्बकीय क्षेत्र में आई इस विकृति के कारण चालक में जितनी अधिक धारा प्रवाहित होगी, उतनी ही अधिक चुम्बकीय बल रेखाएँ विकृत होंगी तथा उतना ही अधिक बल, चालक को तीव्र गति से घुमाएगा।

सैल्फ स्टार्टर परिपथ Self Starter Circuit

सैल्फ स्टार्टर प्रणाली में मुख्यत: तीन इकाइयों (units) का प्रयोग किया जाता है

1. बैटरी
2. स्टार्टिंग स्विच
3. सैल्फ स्टार्टर

इसमें बैटरी से सीधे ही वैद्युत धारा प्राप्त करने की व्यवस्था की जाती है, अन्य विद्युत यन्त्रों से इसका परिपथ (circuit) बिल्कुल पृथक् रहता है।

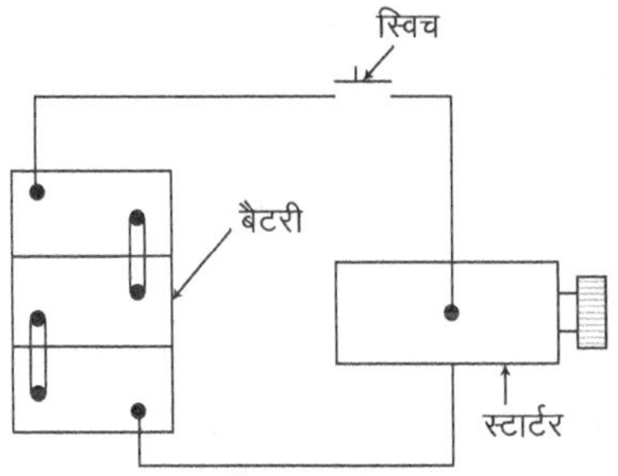

चित्र सैल्फ स्टार्टर परिपथ

सैल्फ स्टार्टर की बनावट
Construction of Self Starter

सैल्फ स्टार्टर की बनावट देखने में लगभग डायनमो जैसी ही होती है तथा इसमें भी डायनमो के समान ही पोल शू, फील्ड क्वॉयल, आर्मेचर, कम्यूटेटर तथा ब्रुश आदि लगे होते हैं। सैल्फ स्टार्टर की वाइण्डिग प्राय: सीरीज वाउण्ड (series wound) होती है।

इसकी फील्ड क्वॉयल तथा आर्मेचर वाइण्डिग ताँबे के इन्सुलेटेड मोटे तार की अथवा ताँबे की पतली पत्तियों (copper strips) की बनी होती हैं, क्योंकि क्रैंकशाफ्ट को घुमाने के लिए अधिक शक्ति की आवश्यकता होती है, इसलिए इसे इस प्रकार की वाइण्डिग द्वारा बनाया जाता है।

इसमें प्रतिरोध (resistance) बहुत कम रह जाता है तथा इससे अधिक धारा लगभग 400 से 500 ऐम्पियर प्राप्त की जा सकती है, जिससे यह पर्याप्त शक्ति से क्रैंकशाफ्ट को घुमाने में समर्थ होता है।

सैल्फ स्टार्टर में अत्यधिक धारा प्रवाहित होने के कारण यह शीघ्र ही गर्म हो जाता है, इसलिए इसे एक बार में 30 सेकण्ड से अधिक देर तक नहीं चलाना चाहिए अन्यथा इसकी वाइण्डिग जल जाने का भय रहता है।

इसके अतिरिक्त डायनमो में तो केवल दो ही कार्बन ब्रुशों का प्रयोग होता है, परन्तु सैल्फ स्टार्टर में चार कार्बन ब्रुशों का प्रयोग किया जाता है, जो ग्रेफाइट (graphite) तथा ताँबे के मिश्रण से बने होते हैं, जिससे ये अधिक धारा को भी सहन कर सकें। इसके शेष सभी भाग डायनमो के समान ही होते हैं, केवल आर्मेचर शाफ्ट अपेक्षाकृत अधिक लम्बी रखी जाती है, क्योंकि इस पर पिनियन फिट की जाती है, जोकि फ्लाईव्हील से सम्बन्ध स्थापित करके उसे घुमाती है।

22.7 सोलेनॉयड स्विच Solenoid Switch

सोलेनॉयड स्विच एक मजबूत विद्युत-चुम्बकीय स्विच होता है, जिसका प्रयोग ओवर रनिंग क्लच ड्राइव पिनियन को फ्लाई-व्हील रिंग गियर के साथ संयोजित करने के लिए किया जाता है। यह बैटरी और स्टार्टर मोटर के बीच सम्पर्क को बन्द करने के लिए रिले के रूप में कार्य करता है।

सैल्फ स्टार्टर अन्य विद्युत यन्त्रों की अपेक्षा सबसे अधिक धारा लेकर घूमता है, इसलिए बैटरी के साथ इसे जोड़ने के लिए पर्याप्त ताँबे के केबिल का प्रयोग किया जाता है।

इसके साथ ही यह सामान्य स्विच द्वारा प्रचालित नहीं किया जा सकता, इसलिए सैल्फ स्टार्टर के साथ विशेष प्रकार का स्विच प्रयोग किया जाता है, जिसे सोलेनॉयड स्विच कहते हैं। इसे सैल्फ स्टार्टर पर या उसके पास ही फिट किया जाता है।

सोलेनॉयड स्विच की संरचना

Construction of Solenoid Switch

निम्न चित्र में सोलेनॉयड स्विच की संरचना दर्शायी गई है। सोलेनॉयड स्विच में दो प्रकार की वाइण्डिंग्स का प्रयोग किया जाता है। पहली पुल-इन वाइण्डिंग, जो मोटे तारों से लपेटी हुई एक श्रेणी वाइण्डिंग होती है और दूसरी होल्ड-इन वाइण्डिंग, जो पतले तारों से लपेटी हुई एक शण्ट वाइण्डिंग होती है।

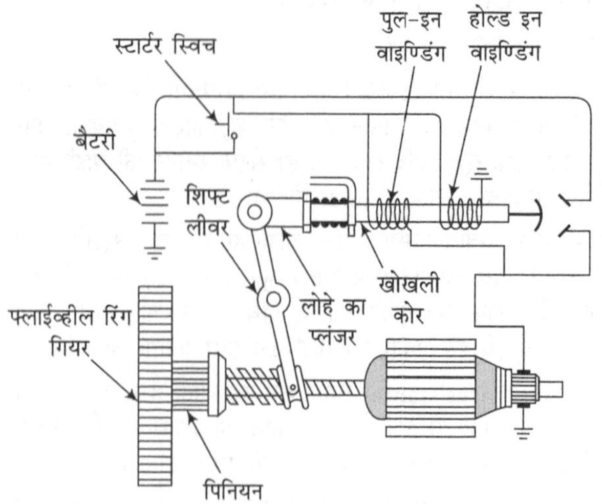

चित्र सोलेनॉयड स्विच की संरचना

सोलेनॉयड में स्टेटर स्विच का संयोजन पुल इन वाइण्डिंग से होता है, जबकि होल्ड-इन वाइण्डिंग स्विच के सिरों तथा ग्राउण्ड के आर-पार संयोजित होती है। ये दोनों वाइण्डिंग एक खोखली कोर के चारों ओर लिपटी होती हैं। इस खोखली कोर के अन्दर एक लोहे का प्लंजर रखा जाता है, जिसका एक सिरा पिनियन तथा फ्लाईव्हील रिंग गियर को इंगेज करने के लिए शिफ्ट लीवर को घुमाता है।

सोलेनॉयड स्विच का कार्य

Function of Solenoid Switch

स्टार्टर स्विच को ऑन करने पर बैटरी से विद्युत धारा सोलेनॉयड वाइण्डिंग्स (पुल-इन तथा होल्ड-इन) में प्रवाहित होती है। वाइण्डिंग्स में प्रवाहित यह धारा उसे ऊर्जित करती है, जिससे यह वाइण्डिंग्स प्लंजर को पुल करती है।

इसके पश्चात् प्लंजर पिनियन को फ्लाईव्हील रिंग गियर पर एंगेज करने के लिए शिफ्ट लीवर को संचालित करता है। अन्त में यह स्विच, बैटरी तथा स्टार्टर मोटर के मध्य परिपथ को बन्द कर देता है, जैसा कि निम्न चित्र में दर्शाया गया है

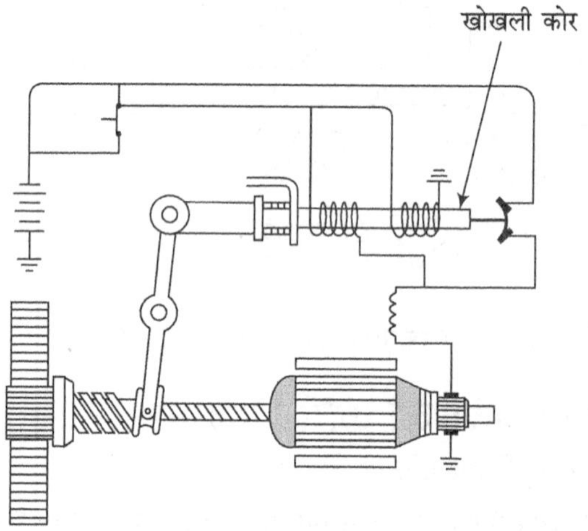

चित्र सोलेनॉयड स्विच का कार्य

22.8 स्टार्टर मोटर चालन यन्त्रावली

Starter Motor Drive Mechanism

सभी प्रकार के सैल्फ स्टार्टर लगभग एकसमान ही होते हैं, परन्तु उनमें अन्तर केवल फ्लाईव्हील तथा सैल्फ स्टार्टर का सम्बन्ध जोड़ने वाले ड्राइव मैकेनिज्म में होता है।

चालन यन्त्रावलियाँ कई प्रकार की प्रयोग की जाती हैं। इनमें सैल्फ आर्मेचर तथा फ्लाईव्हील के बीच 15 : 1 का गियर अनुपात होता है अर्थात् जब सैल्फ पिनियन के 15 चक्कर पूर्ण होते हैं, तो फ्लाईव्हील एक चक्कर घूम पाता है।

चालन यन्त्रावली के इस गियर अनुपात से इंजन को शक्तिशाली टॉर्क मिलता है, परन्तु इंजन के चलते ही सैल्फ आर्मेचर एवं फ्लाईव्हील का सम्बन्ध टूटना आवश्यक है, अन्यथा इंजन की गति के साथ सैल्फ आर्मेचर आदि घूमने लगते हैं, जिससे कम्यूटेटर सेगमेन्ट तथा कनैक्शन आदि टूटने का भय रहता है। इसी प्रयोजन से विशेष प्रकार के मैकेनिज्म, ड्राइव देने के लिए प्रयोग किए जाते हैं, जो अग्रपृष्ठ पर वर्णित हैं

1. लीवर या ओवर रनिंग क्लच प्रकार की चालन यन्त्रावली Lever or Over Running Clutch Type Drive Mechanism

कुछ पुरानी मोटरगाड़ियों में सैल्फ स्टार्टर के साथ हाथ द्वारा चालित लीवर की सहायता से ड्राइव पिनियन तथा फ्लाईव्हील का सम्बन्ध स्थापित किया जाता है। इस प्रणाली में ड्राइविंग सीट के पास ही एक लीवर लगा होता है, जिसका सम्बन्ध शिफ्ट लीवर से होता है।

जब सैल्फ स्टार्टर को घुमाना होता है, तो इस लीवर को दबाया जाता है। इससे शिफ्ट लीवर एक ही समय में स्टार्टिंग स्विच को भी दबा देता है तथा ड्राइव मैकेनिज्म को फ्लाईव्हील से जोड़ भी देता है। लीवर से दबाव हटते ही स्टार्टिंग स्विच बन्द (OFF) होने के साथ-साथ ड्राइव मैकेनिज्म और फ्लाईव्हील का सम्बन्ध भी टूट जाता है।

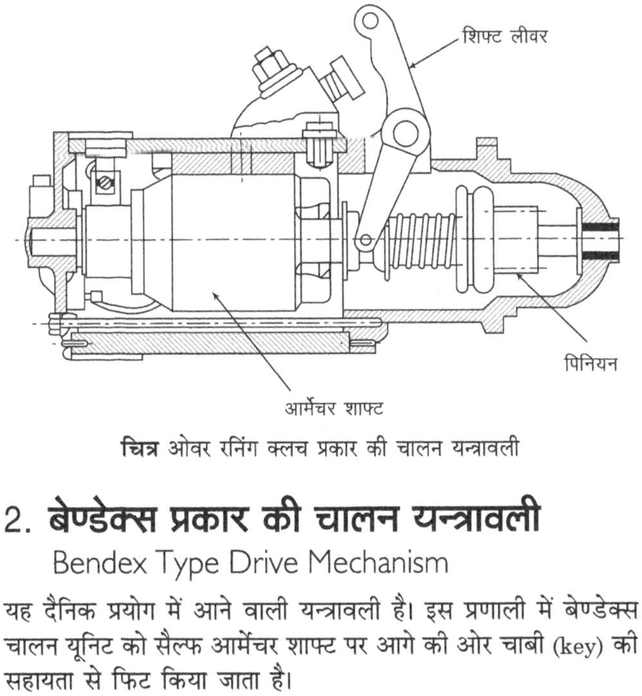

चित्र ओवर रनिंग क्लच प्रकार की चालन यन्त्रावली

2. बेण्डेक्स प्रकार की चालन यन्त्रावली Bendex Type Drive Mechanism

यह दैनिक प्रयोग में आने वाली यन्त्रावली है। इस प्रणाली में बेण्डेक्स चालन यूनिट को सैल्फ आर्मेचर शाफ्ट पर आगे की ओर चाबी (key) की सहायता से फिट किया जाता है।

इस यूनिट में तीन चूड़ी कटी एक स्लीव चढ़ी होती है। स्लीव के ऊपर बेण्डेक्स पिनियन फिट होती है, जिसके ऊपर फ्लाईव्हील रिंग गियर के अनुरूप दाँते बने होते हैं तथा अन्दर की ओर स्लीव के अनुसार चूड़ी कटी होती हैं।

पिनियन का फ्लाईव्हील से टकराव रोकने के लिए एण्टीड्रिफ्ट स्प्रिंग का प्रयोग किया जाता है। जब स्टार्टिंग स्विच चालू किया जाता है, तो आर्मेचर घूमने लगता है।

आर्मेचर घूमने से उसकी शाफ्ट पर लगी पिनियन सेन्ट्रीफ्यूगल फोर्स द्वारा स्लीव पर फिसलकर आगे बढ़ जाती है और आर्मेचर शाफ्ट तथा फ्लाईव्हील से सम्बन्ध स्थापित कर देती है।

इस प्रकार, सैल्फ स्टार्टर फ्लाईव्हील को भी घुमाने लगता है। जैसे ही स्टार्टिंग स्विच बन्द किया जाता है अथवा इंजन स्टार्ट किया जाता है, तो विपरीत दबाव के कारण नट-बोल्ट के समान, पिनियन पुनः अपने स्थान पर आ जाती है तथा फ्लाईव्हील तथा सैल्फ स्टार्टर का सम्बन्ध टूट जाता है।

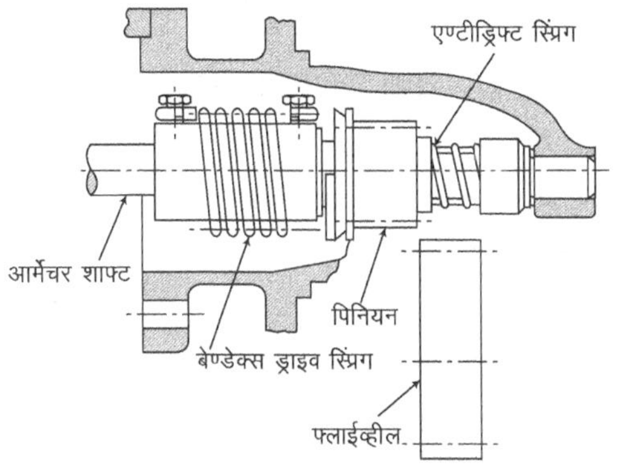

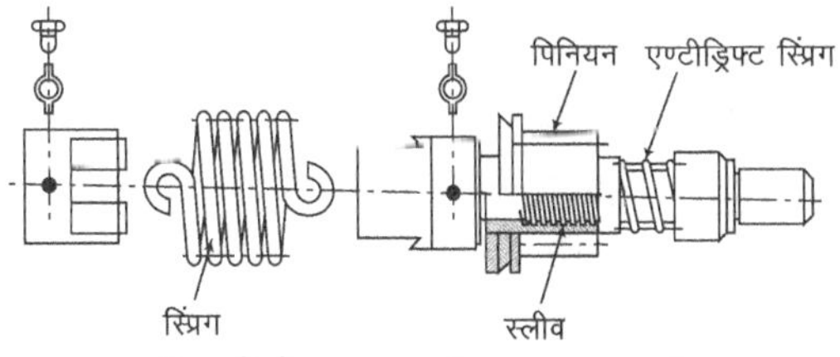

चित्र बेण्डेक्स प्रकार की चालन यन्त्रावली

3. एक्सियल अथवा स्लाइडिंग आर्मेचर प्रकार की चालन यन्त्रावली Axial or Sliding ArmatureType Drive Mechanism

कुछ भारी मोटरगाड़ियों तथा स्टेशनरी इंजनों में एक्सियल सैल्फ स्टार्टर का प्रयोग किया जाता है। इस प्रणाली में ड्राइव पिनियन, आर्मेचर शाफ्ट के साथ ही फिट होती है तथा आर्मेचर शाफ्ट ही अपनी प्रारम्भिक चाल में आगे की ओर खिसककर पिनियन को फ्लाईव्हील से मिलाती है।

जब स्टार्टिंग स्विच चालू (ON) किया जाता है, तो सैल्फ आर्मेचर प्रारम्भ में धीमी गति से घूमने लगता है। इसके लिए सहायक शण्ट तथा सीरीज (shunt and series) वाइण्डिग को विशेष व्यवस्था के रूप में संयोजित किया जाता है। इस प्रकार के सैल्फ स्टार्टर में दो चरणों (steps) वाला सोलेनॉयड स्विच का भी प्रयोग किया जाता है।

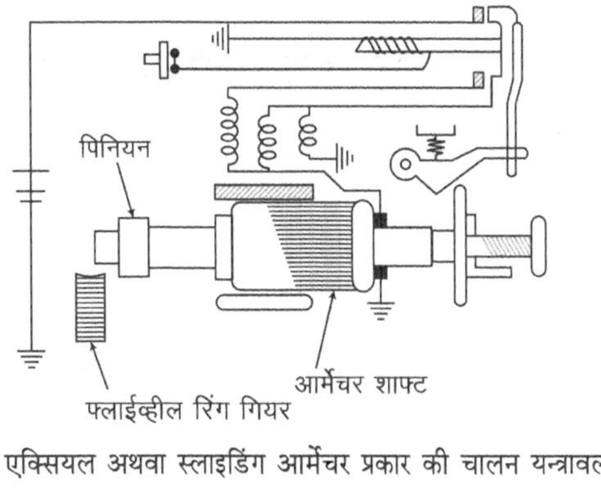

चित्र एक्सियल अथवा स्लाइडिंग आर्मेचर प्रकार की चालन यन्त्रावली

इस प्रणाली का सबसे बड़ा लाभ यह है कि पिनियन एवं फ्लाईव्हील रिंग गियर की पकड़ बहुत अच्छी होती है तथा पिनियन के दाँते बहुत दिनों तक खराब नहीं होते हैं। उपरोक्त ड्राइव मैकेनिज्म के अतिरिक्त कुछ सैल्फ स्टार्टरों के साथ धारा रिवर्सेबिल स्विच का भी प्रयोग किया जाता है। इनके प्रयोग से वैद्युत धारा के प्रवाह की दिशा परिवर्तित करके, पिनियन का सम्बन्ध फ्लाईव्हील से तोड़ने का प्रबन्ध किया जाता है। कुछ सैल्फ स्टार्टरों में ओवर रनिंग क्लच का प्रयोग भी इस कार्य हेतु किया जाता है।

22.9 स्टार्टर परिपथ से सम्बन्धित सामान्य दोष एवं इनके उपचार
Common Troubles and their Remedies Related to Starter Circuit

स्टार्टर परिपथ से सम्बन्धित दोष तथा इनके उपचार निम्न प्रकार हैं

क्र.सं.	दोष	उपचार
1.	उच्च स्टार्टर के बिलों के टर्मिनलों का गर्म होना, सोलेनॉयड क्वॉयल का दोष पूर्ण होना, स्लीव ऑपरेटिंग होना, स्लीव ऑपरेटिंग लीवर का मुड़ना	केबिल बदलें, सोलेनॉयड बदलें, स्लीव बदलें
2.	पिनियन गियर दाँते घिसें हैं	पिनियन बदलें
3.	आर्मेचर शॉर्ट-सर्किट है	आर्मेचर की रि-वाइण्डिंग कराएँ या बदलें
4.	कॉमुलेटर घिसा हुआ है	कॉमुलेटर को रिग्राउण्ड (reground) करें या बदलें
5.	कार्बन ब्रुश घिसे हैं	कार्बन ब्रुश बदलें
6.	कार्बन ब्रुश स्प्रिंग में तनाव कम है	स्प्रिंग बदलें
7.	फील्ड वाइण्डिंग शॉर्ट-सर्किट है	रिवाइण्डिंग करें
8.	पिनियन गियर के वापस आने से स्प्रिंग टूट जाती है	स्प्रिंग बदलें
9.	स्टार्टर मोटर माउण्टिंग के कनैक्शन ढीले हैं	कनैक्शनों को कसें।
10.	सोलेनॉयड प्लंजर जाम है	फॉर्क लीवर चैक करें
11.	प्लंजर सम्पर्क बिन्दु जल गए हैं	प्लंजर बदलें

22.10 इंजन स्टार्टर की सुरक्षा एवं अनुरक्षण Safety and Maintenance of Engine Starter

सैल्फ स्टार्टर बिना किसी असुविधा के अधिक दिनों तक कार्य करता रहे, इसके लिए निम्नलिखित बातों का ध्यान रखना आवश्यक है

1. कभी भी सैल्फ स्टार्टर का प्रयोग एक बार में 30 सेकण्ड से अधिक समय तक नहीं करना चाहिए।
2. इंजन स्टार्ट होते ही स्टार्टिंग स्विच को तुरन्त बन्द (OFF) कर देना चाहिए।
3. 1500 किमी के बाद सैल्फ स्टार्टर निरीक्षण बैण्ड खोलकर, उसके कार्बन ब्रुशों की जाँच करें कि वे जले तो नहीं हैं, वे छोटे तो नहीं हो गए हैं या होल्डर में सुगमतापूर्वक चलते हैं अथवा नहीं। यदि इनमें कोई दोष हो, तो उसे दूर करना चाहिए।
4. सैल्फ आर्मेचर कम्यूटेटर की जाँच करें कि उस पर चिकनाई तो नहीं है अथवा उसके सेगमेन्टों के बीच ताँबे का बुरादा तो नहीं भरा है। यदि इनमें से कोई भी दोष हो, तो उसे दूर करना चाहिए।
5. ब्रुश बियरिंगों में ऑयलिंग करनी चाहिए।

22.11 इंजन स्टार्ट करते समय सावधानियाँ Precautions while Starting the Engine

सैल्फ स्टार्टर को नो-लोड टैस्ट पर उतनी ही देर चलाना चाहिए, जितना आवश्यक हो। यदि इसे अधिक समय तक चलाते हैं, तो इसकी क्वॉयल अधिक बल उत्पन्न करेंगी, जिससे आर्मेचर उस पोल की तरफ खिंच जाएगा और बियरिंग शीघ्र खराब हो जाएगी। इंजन स्टार्ट करने के लिए कुछ सावधानियों का ध्यान रखना आवश्यक है, जो निम्नवत् हैं

1. यदि धारा व स्पीड दोनों कम हैं, तो उससे ज्ञात होता है कि स्टार्टर के अन्दर इन्टर्नल रेसिस्टैन्स अधिक है। यह दोष प्रायः कम्यूटेटर पर लगे कार्बन ब्रुशों के ढीले होने के कारण होता है।
2. यदि धारा व स्पीड अधिक है, तो उससे ज्ञात होता है कि आर्मेचर पर किसी प्रकार का लोड है या ड्रेग है। यह दोष घिसे बियरिंग, टेढ़ी आर्मेचर शाफ्ट अथवा कार्बन ब्रुश के अधिक तनाव के कारण होता है।
3. यदि परीक्षण करते समय गति अधिक तथा धारा सामान्य अथवा कुछ अधिक होती है, तो इससे ज्ञात होता है कि क्रैंकिंग मोटर ठीक है।

22.12 डीजल इंजनों को बन्द करना Stopping of Diesel Engines

इंजनों को प्रायः उपयोग के पश्चात् क्रियाशील अवस्था से स्थिर अवस्था में लाने के लिए उसे बन्द करने की आवश्यकता होती है। इंजन की बन्द अवस्था से ऊर्जा के रूप में ईंधन की बचत के साथ-साथ इंजन के अवयवों की भी सुरक्षा होती है। सामान्य अवस्था में इंजनों को बन्द करने के लिए निम्न प्रक्रियाएँ की जाती हैं

1. गियर शिफ्ट लीवर (न्यूट्रल) सामान्य करना।
2. इंजनों में ईंधन के वितरण (distribution) को रोकना।
3. इंजनों में ईंधन के वितरण को रोकना।
4. इंजनों में इंजेक्शन पम्प की क्रिया को ब्लॉक करना।
5. थ्रॉटल लीवर को बन्द स्थिति में लाना।
6. इंजनों में एग्जॉस्ट वाल्व को खुला बनाए रखना।

नोट *डीजल इंजनों की स्पीड को न्यूनतम लेवल (स्तर) तक घटाने के बाद ईंधन की सप्लाई बन्द करके रोका जा सकता है।*

22.13 इंजन स्टार्ट करने से सम्बन्धित दोषोपचार Troubleshooting Related to Starting of an Engine

इंजन स्टार्ट करने से अभिप्राय अनेक अवयवों एवं यन्त्रावलियों को एक साथ क्रियाशील (activate) करना है। ऐसे में कुछ दोष भी उत्पन्न होते हैं, जिनमें से कुछ सामान्य दोषों एवं उनके उपचारों का विवरण यहाँ पर दिया जा रहा है

क्र.सं.	कारण	दोषोपचार
I. सैल्फ स्टार्टर न घूमना अथवा धीमे घूमना		
1.	बैटरी का कमजोर होना।	(i) बैटरी री-चार्ज करें।
2.	बैटरी टर्मिनलों का गन्दा होना।	(ii) टर्मिनल गर्म पानी से साफ करें।
3.	बैटरी का सही अर्थ न होना।	(iii) बैटरी सही प्रकार से अर्थ करें।
4.	बैटरी केबिल के तारों का अन्दर से टूटना।	(iv) केबिल बदलें।
5.	सोलेनॉयड स्विच के प्वॉइण्ट का जला होना।	(v) सोलेनॉयड के प्वॉइण्ट बदलें।
6.	कम्यूटेटर के सेगमेन्टों का शॉर्ट होना।	(vi) सेगमेन्ट साफ करें।
7.	आर्मेचर क्वॉयलों के तारों का कम्यूटेटर ढीला होना।	(vii) तारों की सोल्डरिंग करें।
8.	आर्मेचर शाफ्ट बियरिंगों या ब्रुशों का घिस जाना।	(viii) नए बियरिंग व ब्रुश डालें।
9.	कॉपर ब्रुशों का होल्डर में जाम हो जाना।	(ix) ब्रुश साफ करके होल्डर में फ्री करें।
10.	फील्ड कनैक्शन का आपस में ढीला होना।	(x) कनैक्शन पक्का करें।
11.	रिंग गियर तथा स्टार्टर पिनियन के दाँतों का घिस जाना।	(xi) रिंग गियर व पिनियन बदलें।
II. सैल्फ स्टार्टर की पिनियन का एंगेज न होना		
1.	बैटरी का कमजोर होना।	(i) बैटरी री-चार्ज करें अथवा बदलें।
2.	वायरिंग का ढीला होना।	(ii) वायरिंग टाइट करें।
3.	सोलेनॉयड स्विच का ठीक न होना।	(iii) सोलेनॉयड़ स्विच बदलें।
4.	स्टार्टर रिले का खराब होना।	(iv) रिले बदलें।
5.	स्टार्टिंग स्विच का खराब होना।	(v) स्विच बदलें।
III. सैल्फ स्टार्टर पिनियन तो घूमती है, पर फ्लाईव्हील नहीं घूमता है		
1.	बेण्डेक्स पिनियन का शाफ्ट पर जाम होना।	(i) बेण्डेक्स पिनियन को साफ करके फिट करें।
2.	आर्मेचर शाफ्ट टेढ़ी होना।	(ii) आर्मेचर शाफ्ट बदलें।
3.	बेण्डेक्स की स्प्रिंग का टूटा होना।	(iii) स्प्रिंग बदलें।
4.	बेण्डेक्स हाउसिंग का टूटा होना।	(iv) हाउसिंग बदलें।
5.	आर्मेचर शाफ्ट के स्प्लाइन का घिस जाना।	(v) आर्मेचर शाफ्ट बदलें।
6.	फ्लाईव्हील रिंग गियर के दाँते खराब होना।	(vi) रिंग गियर बदलें।
7.	पिनियन का सही एडजस्ट न होना।	(vii) पिनियन को सही तरीके से एडजस्ट करें।
8.	सोलेनॉयड स्विच का खराब होना।	(viii) सोलेनॉयड स्विच बदलें।

क्र.सं.	कारण	दोषोपचार
IV. स्टार्टर पिनियन का फ्लाईव्हील से वापस न आना		
1.	स्टार्टर पिनियन का जाम होना।	(i) पिनियन साफ करके फिट करें।
2.	सोलेनॉयड स्विच का खराब होना।	(ii) सोलेनॉयड स्विच बदलें।
3.	स्टार्टर स्विच का खराब होना।	(iii) स्विच बदलें।
4.	पिनियन का सही एडजस्ट न होना।	(iv) पिनियन को सही तरीके से एडजस्ट करें।

महत्त्वपूर्ण बिन्दु

- बैटरी की धनात्मक प्लेटों पर लैड परॉक्साइड (PbO_2) तथा ऋणात्मक प्लेटों पर एण्टीमनी भरा जाता है।
- बैटरी में प्रयुक्त विद्युत अपघट्य का विशिष्ट घनत्व 1.250 से 1.280 तक होता है।
- बैटरी के टर्मिनलों पर लीड कसने के बाद एसिड प्रूफ ग्रीस लगानी चाहिए तथा बैटरी में सदैव आसुत जल डालना चाहिए।
- डायनमो, यान्त्रिक ऊर्जा को विद्युत ऊर्जा में परिवर्तित करता है।
- डायनमो के मुख्य भाग फील्ड आर्मेचर, फील्ड क्वॉयल, कम्यूटेटर, कार्बन ब्रुश, बॉडी तथा साइड कवर होते हैं।
- वोल्टेज रेगुलेटर नियत वोल्टेज (12 वोल्ट) उत्पादन की स्थिति में 14.5 से 15 वोल्ट बनाए रखने के लिए डायनमो के चुम्बकीय क्षेत्र परिपथ को नियन्त्रित करता है।
- कट-आउट, डायनमो तथा बैटरी के बीच स्थित एक स्वचालित (automatic) युक्ति होती है।
- डायनमो के ब्रुश कार्बन के बने होते हैं तथा इनमें चुम्बकीय क्षेत्र फील्ड क्वॉयल द्वारा बनता है।
- आल्टरनेटर एक प्रकार का ए.सी. जनित्र होता है, जो ए.सी. धारा उत्पन्न करता है, जिसे डी.सी. में परिवर्तित करके बैटरी को आवेशित किया जाता है।
- आल्टरनेटर की बॉडी (फ्रेम) कास्ट स्टील अथवा कास्ट आयरन की बनी होती है।
- आल्टरनेटर पर चुम्बकीय क्षेत्र स्थापित करने के लिए सैलिएन्ट पोल अथवा बेलनाकार पोल रोटर का प्रयोग किया जाता है।
- इग्नीशन वार्निंग लैम्प एक प्रकार की सूचक युक्ति होती है, जो वाहनों के पैनल बोर्ड पर लगाई जाती है।
- स्टार्टर मोटर में सीरीज, शण्ट तथा कम्पाउण्ड डी.सी. मोटर का प्रयोग किया जाता है।
- 40 हॉर्स पावर तक की क्षमता वाले स्टार्टर मोटर सीरीज तथा पैरेलल दोनों प्रकार से वाउण्ड (wound) होते हैं।
- कम्यूटेशन, वैद्युत परिपथ में एक संयोजन से दूसरे संयोजन में स्थानान्तरण की प्रक्रिया है।
- स्टार्टर मोटर को प्रचालित न कर पाने की स्थिति में उत्पन्न दोष वायरिंग, संयोजन अथवा डैड बैटरी से सम्बन्धित हो सकता है।
- सैल्फ स्टार्टर मोटर में उत्पन्न विद्युत वाहक बल की दिशा फ्लेमिंग के दाएँ हाथ के नियम के द्वारा दी जाती है।
- सैल्फ स्टार्टर में डायनमो के समान ही पोल शू, फील्ड क्वॉयल, आर्मेचर, कम्यूटेटर तथा ब्रुश आदि लगे होते हैं।
- सैल्फ स्टार्टर की फील्ड क्वॉयल तथा आर्मेचर वाइण्डिंग ताँबे के इन्सुलेटेड मोटे तार की अथवा ताँबे की पतली पत्तियों की बनी होती हैं।
- सोलेनॉयड स्विच एक प्रकार का विद्युत-चुम्बकीय स्विच है, जिसका प्रयोग सैल्फ स्टार्टर में किया जाता है।
- सोलेनॉयड स्विच में प्रयुक्त पुल-इन वाइण्डिंग एक प्रकार की श्रेणी वाइण्डिंग होती है, जो मोटे तारों से लपेटी हुई होती है।
- स्टार्टर मोटर में सैल्फ आर्मेचर तथा फ्लाईव्हील के बीच 15 : 1 का गियर अनुपात होता है।
- स्टार्टर मोटर को चलाने के लिए लीवर या ओवर रनिंग क्लच प्रकार की, बेण्डेक्स प्रकार की तथा एक्सियल अथवा स्लाइडिंग आर्मेचर प्रकार की चालन यन्त्रावलियों का प्रयोग किया जाता है।
- सैल्फ स्टार्टर को नो-लोड टैस्ट पर अधिक समय तक चलाने पर बियरिंग खराब हो सकते हैं।
- इंजन के एग्जॉस्ट वाल्व को खुला रखकर उसे क्रियाशील अवस्था से स्थिर अवस्था में लाया जा सकता है।

महत्त्वपूर्ण प्रश्नोत्तरी

1. डायनमो किसे कहते हैं?

उत्तर डायनमो यान्त्रिक ऊर्जा को विद्युत ऊर्जा में परिवर्तित करता है।

2. रेगुलेटर किसे कहते हैं?

उत्तर रेगुलेटर का प्रयोग बैटरी की विद्युत सप्लाई को नियन्त्रित करने के लिए किया जाता है। इसे बैटरी व डायनमो के बीच फिट किया जाता है।

3. बैटरी तथा डायनमो के बीच रेगुलेटर लगाया जाता है, क्यों?

उत्तर रेगुलेटर का प्रयोग मुख्यतः बैटरी को जाने वाली विद्युत सप्लाई को नियन्त्रित करने के लिए किया जाता है। जब वाहन तेज गति पर होता है, तो डायनमो उच्च वोल्टेज व धारा उत्पन्न करता है, जो वाहन की बैटरी व अन्य उपकरणों को खराब कर सकते हैं। रेगुलेटर इसी उच्च वोल्टेज को नियन्त्रित कर वाहनों के उपकरणों एवं बैटरी को क्षति होने से बचाता है।

4. आल्टरनेटर किसे कहते हैं?

उत्तर वह वैद्युतिक मशीन, जो यान्त्रिक ऊर्जा के द्वारा ए.सी. वैद्युतिक ऊर्जा उत्पन्न करती है, उसे आल्टरनेटर कहते हैं।

5. आल्टरनेटर को स्थिर गति पर क्यों चलाना चाहिए?

उत्तर आवृत्ति को स्थिर रखने के लिए आल्टरनेटर को स्थिर गति पर चलाना चाहिए।

6. सैल्फ स्टार्टर में आर्मेचर कहाँ घूमता है?

उत्तर सैल्फ स्टार्टर में आर्मेचर एण्ड शील्ड्स के मध्य ब्रुशों के अन्दर घूमता है।

7. सैल्फ स्टार्टर हेतु प्रयोग किया जाने वाला स्विच कौन–सा होता है?

उत्तर सैल्फ स्टार्टर हेतु प्रयोग किया जाने वाला स्विच सोलेनॉयड स्विच होता है।

8. सैल्फ स्टार्टर के न चलने के किन्हीं दो कारणों को लिखिए।

उत्तर सैल्फ स्टार्टर के न चलने के दो कारण निम्न हैं

(i) बैटरी की अर्थिंग सही न होना।

(ii) सोलेनॉयड के प्वॉइण्टों का जल जाना।

9. डायनमो के टर्मिनलों पर यदि किसी बाहरी माध्यम से वोल्टेज की धारा प्रवाहित की जाए, तो डायनमो पर क्या प्रभाव पड़ेगा?

उत्तर डायनमो के टर्मिनलों पर यदि किसी बाहरी माध्यम से वोल्टेज की धारा प्रवाहित की जाए, तो डायनमो में लगा आर्मेचर घूमने लगेगा तथा वह मोटर के रूप में कार्य करने लगेगा।

10. सोलेनॉयड स्विच का प्रयोग किसलिए किया जाता है?

उत्तर सोलेनॉयड स्विच का प्रयोग ओवर रनिंग क्लच ड्राइव पिनियन को फ्लाईव्हील रिंग गियर के साथ संयोजित करने के लिए किया जाता है।

अभ्यास प्रश्न

परीक्षा प्रारूपी प्रश्न

बहुविकल्पीय

1. ऑटोमोबाइल में किस प्रकार की बैटरी प्रयोग होती है?

(a) एल्केलाइन (b) निकिल-आयरन
(c) निकिल-कैडमियम (d) लैड एसिड

2. वाहनों में बैटरी .... के द्वारा चार्ज होती है।

(a) इलेक्ट्रोलाइट (b) इन्वर्टर
(c) डायनमो (d) इनमें से कोई नहीं

3. बैटरी प्लेटें बनी होती हैं

(a) रबर की (b) सीसे की
(c) लोहे की (d) इनमें से कोई नहीं

4. इलेक्ट्रोलाइट का विशिष्ट घनत्व होता है

(a) 1.250 से 1.280 तक (b) 0.250 से 0.280 तक
(c) 1.1050 से 1.1000 तक (d) 1.200 से 1.280 तक

5. बैटरी के अन्दर शॉर्ट सर्किट का कारण है

(a) प्लेटों का खराब होना
(b) सेपरेटर खराब होना
(c) सही इलेक्ट्रोलाइट का प्रयोग न होना
(d) उपरोक्त में से कोई नहीं

6. बैटरी टर्मिनलों पर कार्बनयुक्त परत चढ़ने का क्या कारण है?

(a) बैटरी से ज्यादा करण्ट लेना (b) बैटरी में प्लेट खराब होना
(c) ऑक्सीडेशन का होना (d) सेपरेटर खराब होना

7. लैड एसिड बैटरी .... है।

(a) एक विद्युत रासायनिक युक्ति
(b) एक विद्युत मैकेनिकल युक्ति
(c) एक रासायनिक युक्ति
(d) एक विद्युतीय युक्ति

8. बैटरी के आन्तरिक निरावेशन का कारण है ………।
(a) त्रुटिपूर्ण स्टार्टर
(b) रेगुलेटर संयोजकों का जल जाना
(c) त्रुटिपूर्ण प्लेट सेपरेटर
(d) कुण्ठित बैटरी टर्मिनल

9. बैटरी के सैलों में कितनी ऊँचाई तक इलेक्ट्रोलाइट भरा होना चाहिए?
(a) 15 मिमी ऊपर तक (b) 10 मिमी ऊपर तक
(c) 5 मिमी नीचे तक (d) इनमें से कोई नहीं

10. बैटरी बॉक्स किस धातु का बना होता है?
(a) प्लास्टिक (b) एल्युमीनियम
(c) हार्ड रबर (d) बैकेलाइट

11. बैटरी चार्जिंग के समय इलेक्ट्रोलाइट की आपूर्ति ……… के द्वारा की जाती है।
(a) लैड परॉक्साइड (b) लैड सल्फेट
(c) ऑक्सीजन (d) आसुत जल

12. अनावेशित बैटरी किससे आवेशित होती है?
(a) डायनमो से (b) दूसरी बैटरी से
(c) इलेक्ट्रोलाइट से (d) इनमें से कोई नहीं

13. बैटरी की पूर्ण चार्ज अवस्था में आपेक्षित घनत्व का मान निम्न में से क्या होता है?
(a) 1.340-1.500 (b) 1.410-1.512
(c) 1.260-1.280 (d) 1.200-1.330

14. डायनमो निम्न में से कौन-सी धारा उत्पन्न करता है?
(a) ए.सी. (b) डी.सी.
(c) 'a' और 'b' दोनों (d) इनमें से कोई नहीं

15. ओवरचार्जिंग के प्रभाव से खराब होती है
(a) फील्ड वाइण्डिंग (b) रेगुलेटर वाइण्डिंग
(c) आर्मेचर वाइण्डिग (d) बैटरी

16. डायनमो के मुख्य भाग होते हैं
(a) फील्ड आर्मेचर एवं फील्ड क्वॉयल
(b) कम्यूटेटर व कार्बन ब्रुश
(c) बॉडी व साइड कवर
(d) उपरोक्त सभी

17. डायनमो में चुम्बकीय क्षेत्र बनता है
(a) फील्ड क्वॉयल द्वारा (b) आर्मेचर द्वारा
(c) रेगुलेटर द्वारा (d) इनमें से कोई नहीं

18. डायनमो में वाइण्डिंग होती है
(a) एक पोल पर (b) दो पोलों पर
(c) तीन पोलों पर (d) चार पोलों पर

19. डायनमो अथवा आल्टरनेटर द्वारा बैटरी आवेशित न करने का सामान्य कारण होता है
(a) फैन बैल्ट का ढीला होना (b) ब्रुश का ढीला होना
(c) कार्बन का ढीला होना (d) इनमें से कोई नहीं

20. डायनमो ब्रुश बने होते हैं
(a) ताँबे के (b) पीतल के
(c) लोहे के (d) कार्बन के

21. जब इंजन की स्पीड कम हो जाती है, तब डायनमो की आउटपुट
(a) घटती है (b) बढ़ती है
(c) वैसी ही बनी होती है (d) घटती-बढ़ती है

22. नीचे दिए गए चित्र में 'X' किसको इंगित करता है?

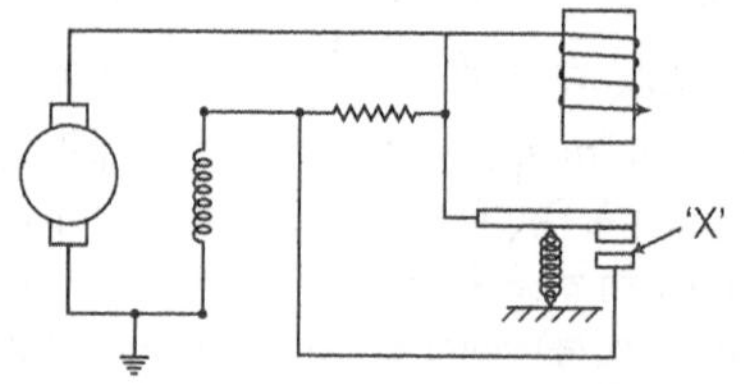

(a) कॉन्टैक्ट प्वॉइण्ट (b) आर्मेचर
(c) स्प्रिंग (d) फील्ड क्वॉयल

23. डायनमो आवेशित प्रणाली में वाहन की हैडलाइट शीघ्र क्यों जल जाती है?
(a) कट-आउट बिन्दु बहुत समीप स्थित होते हैं
(b) रेगुलेटर में वोल्टेज सैटिंग बहुत उच्च होती है
(c) बैटरी वोल्टेज 13.2 V होती है
(d) उपरोक्त में से कोई नहीं

24. डायनमो का अधिकतम निर्गम कब होता है?
(a) बैटरी पूर्णरूप से आवेशित होती है
(b) सभी बल्ब जलते रहें तथा बैटरी पूर्णरूप से निरावेशित होती है
(c) विद्युतीय लोड निरावेशन के साथ
(d) उपरोक्त में से कोई नहीं

25. नीचे दिए गए चित्र में 'X' किसको इंगित करता है?

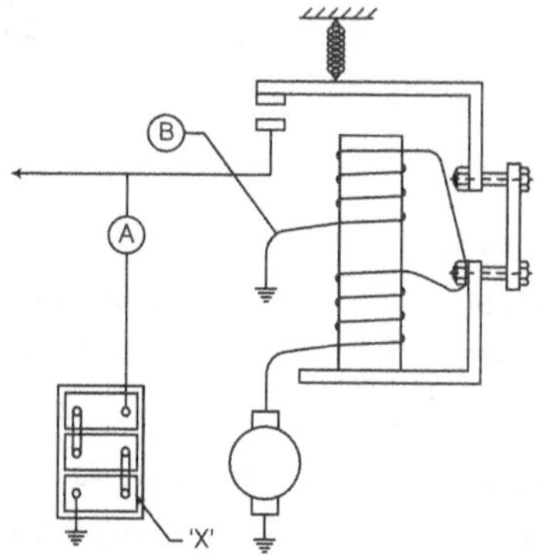

(a) बैटरी (b) स्प्रिंग
(c) डायनमो (d) इनमें से कोई नहीं

26. इलेक्ट्रोमैग्नेट को नियन्त्रित करने के लिए किस प्रणाली का प्रयोग किया जाता है?
(a) कट-आउट (b) वोल्टेज रेगुलेटर प्रणाली
(c) धारा रेगुलेटर प्रणाली (d) इनमें से कोई नहीं

27. चित्र में प्रदर्शित आल्टरनेटर में प्रयुक्त होने वाला रोटर किस प्रकार का होता है?

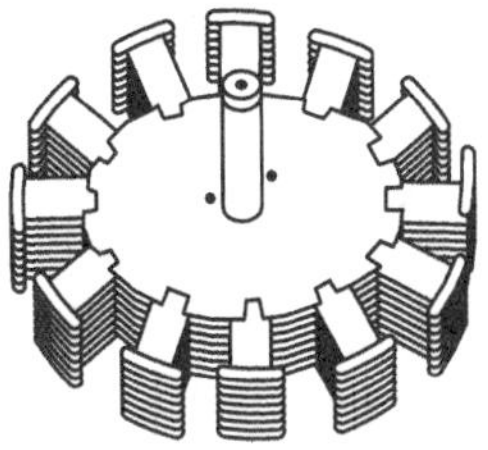

(a) बेलनाकार पोल रोटर (b) आयताकार पोल रोटर
(c) सैलिएन्ट पोल रोटर (d) इनमें से कोई नहीं

28. एक आल्टरनेटर में कितने डायोड प्रयुक्त होते हैं?
(a) 1 (b) 2 (c) 4 (d) 6

29. कम्यूटेटर से धारा ली जाती है
(a) बियरिंग द्वारा (b) एण्ड प्लेट द्वारा
(c) बॉडी द्वारा (d) कार्बन ब्रुश द्वारा

30. आल्टरनेटर के विद्युत वाहक बल को बढ़ाने के लिए
(a) फील्ड को रेगुलेटर करके फ्लक्स को बढ़ाते हैं
(b) वोल्टेज कम करते हैं
(c) कैपेसिटर लगाते हैं (d) उपरोक्त सभी

31. आल्टरनेटर ए.सी. को डी.सी. में बदलता है
(a) बैटरी चार्जर द्वारा (b) रेक्टिफायर द्वारा
(c) सुपरचार्जर द्वारा (d) इनमें से कोई नहीं

32. किसी वाहन में चालक द्वारा इग्नीशन स्विच को स्टार्ट की ओर घुमाने पर क्या होता है?
(a) बैटरी स्टार्टिंग मोटर को धारा प्रदान करती है
(b) इग्नीशन स्विच स्थिति का सन्देश भेजता है
(c) 'a' और 'b' दोनों
(d) उपरोक्त में से कोई नहीं

33. स्टार्टर मोटर होती है
(a) मैग्नेटिक वाउण्ड (b) सीरीज वाउण्ड
(c) शण्ट वाउण्ड (d) सीरीज व शण्ट वाउण्ड

34. स्टार्टर मोटर के शिफ्टर सोलेनॉयड में सीरीज कुण्डल में चुम्बकीय क्षेत्र निम्न से निर्मित होता है
(a) पूर्ण वोल्टेज लागू करने के दौरान
(b) भारी क्रैंकिंग पर जब धारा अधिक बहती है
(c) जब मोटर बहुत कम लोड पर चलती है
(d) जब मोटर बहुत उच्च वेग पर चलती है

35. बैटरी व स्टार्टर मोटर के बीच अत्यधिक वोल्टेज ड्रॉप का कारण क्या है?
(a) मोटर परिपथ में निम्न प्रतिरोध
(b) नियन्त्रण परिपथ में निम्न प्रतिरोध
(c) मोटर परिपथ में उच्च प्रतिरोध
(d) नियन्त्रण परिपथ में उच्च प्रतिरोध

36. निम्न में से कौन-सा भाग स्टार्टर मोटर में नहीं लगता है?
(a) आर्मेचर (b) कार्बन ब्रुश
(c) फ्रण्ट बियरिंग (d) रियर बियरिंग

37. स्टार्टर मोटर कितने हॉर्स पावर तक मिलती है?
(a) 40 (b) 70 (c) 90 (d) 150

38. स्टार्टर मोटर निम्न में से क्या होती है?
(a) सीरीज वाउण्ड (b) पैरेलल वाउण्ड
(c) 'a' और 'b' दोनों (d) इनमें से कोई नहीं

39. स्टार्टर मोटर के इंजन को प्रचालित न कर पाना इनमें से कैसा दोष है?
(a) डैड बैटरी (b) संयोजन सम्बन्धी
(c) वायरिंग सम्बन्धी (d) ये सभी

40. सैल्फ स्टार्टर प्रयोग करने से हैडलाइट पर निम्न में से कौन-सा प्रभाव पड़ता है?
(a) मन्द पड़ जाती है (b) तेज हो जाती है
(c) जलने-बुझने लगती है (d) बल्ब फ्यूज हो जाता है

41. सैल्फ पिनियन की अपेक्षा फ्लाईव्हील रिंग गियर में दाँते होते हैं
(a) अधिक (b) कम (c) बराबर (d) दोगुने

42. सैल्फ स्टार्टर एक मोटर है, जो चलती है
(a) ए.सी. से (b) डी.सी. से
(c) 'a' और 'b' दोनों से (d) इनमें से कोई नहीं

43. इंजन की बन्द अवस्था से इनमें से क्या लाभ होता है?
(a) ऊर्जा के रूप में ईंधन की बचत
(b) इंजन के अवयवों की सुरक्षा
(c) 'a' और 'b' दोनों
(d) उपरोक्त में से कोई नहीं

44. सैल्फ स्टार्टर की फील्ड क्वॉयल बनी होती है
(a) ताँबे की (b) एल्युमीनियम की
(c) लैड की (d) ये सभी

45. "इन्टर्नल कम्बशन इंजन स्वत: स्टार्ट होने में समर्थ नहीं होता है।" इस हेतु क्या अनिवार्यता है?
(a) बाहरी अवयव की आवश्यकता होती है
(b) वायु की आवश्यकता होती है
(c) स्टार्टिंग इंजन की आवश्यकता होती है
(d) उपरोक्त सभी

46. निम्न में से किसके कारण इंजन धीमे तो चलता है, परन्तु स्टार्ट नहीं होता है?
(a) खराब बैटरी (b) खराब इग्नीशन प्रणाली
(c) 'a' और 'b' दोनों (d) इनमें से कोई नहीं

47. सैल्फ सर्किट में वायरिंग जलने से बचाने को लगाते हैं
(a) अर्थ प्वॉइण्ट (b) फ्यूज
(c) सोलेनॉयड स्विच (d) जम्फर

48. सैल्फ स्टार्टर में ड्राइव मैकेनिज्म रिंग गियर के साथ
(a) जुड़ता-टूटता है (b) मिला रहता है
(c) कभी नहीं मिलता (d) इनमें से कोई नहीं

49. बड़े इंजनों का प्रचालन ······· सम्भव है।
(a) कम्प्रैस्ड वायु द्वारा (b) छोटे स्टार्टिंग इंजन द्वारा
(c) 'a' और 'b' दोनों (d) इनमें से कोई नहीं

50. सोलेनॉयड स्विच सैल्फ को धारा देता है
(a) सीधे (b) पूरे सर्किट द्वारा
(c) चार्जिंग सर्किट द्वारा (d) ये सभी

51. सोलेनॉयड की सीरीज वाइण्डिग प्रायः बनी होती है
(a) फ्लेक्सिबल तार से (b) पतली तार से
(c) पी.वी.सी. तार से (d) मोटी तार से

52. नीचे दिए गए चित्र में 'X' किसको निरूपित करता है?

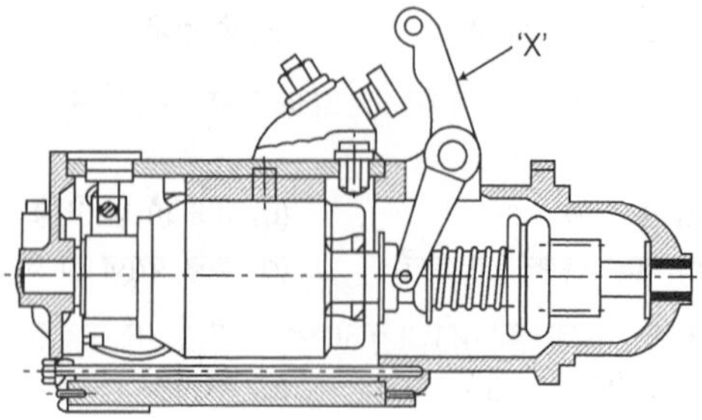

(a) आर्मेचर (b) शिफ्ट लीवर
(c) पिनियन (d) इनमें से कोई नहीं

53. ऑटोमोटिव इंजन ·········· संचालित होते हैं।
(a) बिना मोटर (b) वायु द्वारा
(c) वैद्युतिक मोटर द्वारा (d) इनमें से कोई नहीं

54. निम्न में से कौन एक दोष की श्रेणी में नहीं आता?
(a) न तो क्रैंकिंग और न ही प्रकाश उत्पन्न होना
(b) क्रैंकिंग नहीं और इंजन स्टार्ट करने पर बहुत ही धीमी लाइटें जलना
(c) क्रैंकिंग न होना, परन्तु तीव्र प्रकाश का होना
(d) इंजनों में निकास वाल्व को खुला बनाए रखना

55. उद्यमों, ट्रांसपोर्ट, कृषि, मैरीन तथा स्टेशनरी आदि क्षेत्रों में किन इंजनों का प्रयोग किया जाता है?
(a) डीजल (b) पेट्रोल
(c) 'a' और 'b' दोनों (d) इनमें से कोई नहीं

उत्तरमाला

1. (d)	**2.** (c)	**3.** (b)	**4.** (a)	**5.** (b)	**6.** (c)	**7.** (a)	**8.** (c)	**9.** (a)	**10.** (c)
11. (d)	**12.** (a)	**13.** (c)	**14.** (b)	**15.** (d)	**16.** (d)	**17.** (a)	**18.** (b)	**19.** (a)	**20.** (d)
21. (a)	**22.** (a)	**23.** (b)	**24.** (b)	**25.** (a)	**26.** (c)	**27.** (c)	**28.** (d)	**29.** (d)	**30.** (b)
31. (b)	**32.** (a)	**33.** (d)	**34.** (a)	**35.** (c)	**36.** (c)	**37.** (a)	**38.** (c)	**39.** (d)	**40.** (a)
41. (a)	**42.** (b)	**43.** (c)	**44.** (a)	**45.** (a)	**46.** (c)	**47.** (c)	**48.** (a)	**49.** (c)	**50.** (a)
51. (b)	**52.** (b)	**53.** (c)	**54.** (d)	**55.** (c)					

अध्याय 23

इंजन के दोष एवं निवारण

Engine Defects and Remedies

परिचय Introduction

वाहनों के इंजन अधिक समय तक बिना किसी दोष के चलते रहें, इसके लिए समय-समय पर उनके अनुरक्षण व दोषोपचार की आवश्यकता रहती है। जैसा कि हम जानते हैं कि इंजन के चलने पर झटके व कम्पन उत्पन्न होते हैं जिससे वाहन संयोजन में प्रयुक्त नट, बोल्ट, स्क्रू आदि ढीले हो जाते हैं जिनके कारण इंजन में विविध दोष उत्पन्न होते हैं और इंजन अपनी पूर्ण शक्ति विकसित नहीं कर पाता है।

इंजन में विभिन्न प्रकार के दोष; जैसे—इंजन का स्टार्ट न होना, उच्च ईंधन खपत, ओवरहीटिंग, अत्यधिक ऑयल खपत, इंजन का शोर करना, निम्न पावर उत्पादन होना आदि उत्पन्न होते हैं। अत: इंजन में उत्पन्न दोषों का नियमित रूप से निवारण करना बहुत ही आवश्यक है। प्रस्तुत अध्याय में हम इंजन से सम्बन्धित दोषों (causes) एवं उनके निवारणों (remedies) का अध्ययन करेंगे।

अध्याय विषय सूची

23.1 इंजन प्रारम्भ न होने के कारण एवं निवारण
Causes and Remedies of Engine does not Start

इंजन का चालू न होना एक बहुत बड़ा दोष है। इस दोष को कम करने के लिए वाहनों का उचित रख-रखाव एवं देखभाल करना बहुत ही आवश्यक है। जब वाहनों को अधिक लम्बी दूरी तय करनी होती है, तो इंजन में उत्पन्न दोषों की सम्भावना अधिक हो जाती है; जैसे—वायु फिल्टर का गन्दा हो जाना, गैस की टोपी ढीली होना, बैटरी का प्लग हटना आदि भी दोषों के कारण बन जाते हैं। जब हम अपने वाहन की चाबी को इंजन चालू करने के लिए घुमाते हैं, तो इंजन से चालू होने की ध्वनि सुनाई देती है, परन्तु वह गति करने की अवस्था में नहीं आता और ध्वनि भी बन्द हो जाती है, यह इंजन का एक दोष है जिसके निम्नलिखित दो मुख्य कारण हो सकते हैं

1. वैद्युतिक कारण Electrical Causes

यह इंजन चालू न होने का एक मुख्य कारण है। इससे इंजन, परिपथों या आन्तरिक सिग्नलों में समस्या उत्पन्न होने के कारण चालू नहीं हो पाता है। इंजन के प्रारम्भ न होने के वैद्युतिक कारण निम्न प्रकार हो सकते हैं

(i) **बैटरी में खराबी** (Battery failure) वाहनों में इंजन के चालू न होने का मुख्य वैद्युतिक कारण बैटरी का खराब होना भी होता है। बैटरी के टर्मिनल पर लैड सल्फेट के जमने के कारण लगभग 80% बैटरी खराब हो जाती है। बैटरी पर लैड सल्फेट अथवा सल्फेशन जमने का मुख्य कारण बैटरी का अधिक डिस्चार्ज होना है। अधिक डिस्चार्ज होने की स्थिति में बैटरी के अन्दर सल्फाइट, बैटरी की लैड प्लेटों को ढकना प्रारम्भ कर देता है, जिसके फलस्वरूप बैटरी उपयुक्त मान का वोल्टेज प्रदान नहीं कर पाती है। बैटरी के खराब होने का एक अन्य कारण बैटरी में इलेक्ट्रोलाइट के स्तर का कम होना भी होता है।

(ii) **ऑटोमैटिक नियन्त्रण** (Automatic control) वाहनों में जब मेन स्विच को ऑफ /रिसेट (OFF/Reset) कर दिया जाता है, तब भी इंजन चालू नहीं हो पाता है। इस स्विच को वाहन की सर्विस करते समय बन्द कर दिया जाता है, परन्तु यदि पुन: ऑन न किया जाए, तो इंजन स्टार्ट नहीं होता है।

(iii) **ईंधन प्रणाली में वायु** (Air in fuel system) वाहनों की ईंधन प्रणाली में वायु तब आती है जब हम वाहन को नियमित रूप से उपयोग नहीं कर पाते हैं। सल्फर ईंधन का फ्लैश तापमान निम्न होने के कारण यह वायु के सम्पर्क में आने से हीटर को बन्द कर देता है जिससे इंजन के चालू होने में समस्या उत्पन्न होती है।

(iv) **स्पार्क सिस्टम में खराबी** (Failure of spark system) इंजन चालू न होने का मुख्य कारण स्पार्क सिस्टम में खराबी भी हो सकती है। वाहनों में स्पार्क सिस्टम के खराब होने से या ठीक ढंग से कार्य न कर पाने से इंजन चालू नहीं हो पाता है।

उपरोक्त के अतिरिक्त इंजन प्रारम्भ न होने के कुछ वैद्युतिक कारण निम्न हैं

- ईंधन पम्प में खराबी
- ईंधन फिल्टर में कमी
- बैटरी केबिलों में संक्षारण
- स्टार्टर मोटर रिले में खराबी

कुछ विशेष स्थिति में इंजन के चालू न होने के वैद्युतिक कारण एवं निवारणों को निम्न प्रकार सूचीबद्ध किया गया है

दोष		कारण	निवारण
1. स्टार्टर मोटर से पावर सप्लाई कम अथवा प्राप्त न होना	(i)	बैटरी का अनावेशित होना।	बैटरी को आवेशित करें या दूसरी बैटरी प्रयोग करें।
	(ii)	कनैक्शनों का ढीला होना।	कनैक्शनों को टाइट करें।
	(iii)	सोलेनॉयड स्विच का दोषपूर्ण होना।	सोलेनॉयड स्विच दोषपूर्ण होने की स्थिति में बदल दें।
	(iv)	स्टार्टर स्विच का दोषपूर्ण होना।	स्टार्टर स्विच दोषपूर्ण होने की स्थिति में बदल दें।
2. पिनियन का रिंग गियर के साथ संलग्न (engage) न होना।		स्टार्टर मोटर का दोषपूर्ण होना।	स्टार्टर मोटर के दोषपूर्ण होने की स्थिति में मरम्मत करें या बदल दें।

2. यान्त्रिक कारण Mechanical Causes

वाहन में यान्त्रिक समस्याओं के कारण इंजन चालू नहीं हो पाता है। जब इंजन, मशीन से सम्बन्धित कारणों से चालू नहीं होता है, तो वे दोष यान्त्रिक कारणों के अन्तर्गत आते हैं। यान्त्रिक कारण निम्न प्रकार के होते हैं

(i) **यान्त्रिकी समय** (Mechanical time) किसी इंजन के शीर्ष प्वॉइण्ट पर बन्द व खुलने वाला एक वाल्व लगा होता है जो वायु को अन्दर की ओर तथा निकलने वाली हानिकारक गैसों को बाहर करता है जबकि तलीय प्वॉइण्ट पर ऊपर-नीचे गति करता हुआ एक पिस्टन लगा होता है जो नमी व वायु का उत्सर्जन, मिश्रण का कम्प्रैशन तथा उत्सर्जक को बाहर करता है।

(ii) **बैल्ट या चेन का टूटना** (Damage belt or chain) इंजन में लगी चेन या बैल्ट के टूट जाने के कारण भी इंजन कार्य करना बन्द कर देता है। इसकी जाँच, कवर व निरीक्षण प्लेट को अलग करके की जाती है। अन्य परीक्षण में टोपी को हटाकर इंजन को क्रैंक किया जाता है। यदि इंजन में लगा रोटर गति नहीं कर रहा है, तो इससे आशय यह है कि बैल्ट या चेन पूर्ण रूप से नष्ट हो चुकी है।

(iii) **कम्प्रैशन न होना** (No compression) इंजन में कम्प्रैशन का होना बहुत ही आवश्यक है, क्योंकि बिना कम्प्रैशन के इंजन स्टार्ट नहीं हो सकता है। इंजन में कम्प्रैशन मुख्यत: मुड़े हुए वाल्व, पिस्टन के ऊपरी भाग पर छेद व पिस्टन रिंग डैमेज होने के कारण नष्ट हो जाता है।

(iv) **फ्लडिंग** (Flooding) जब इंजन के सिलेण्डर में ईंधन ओवरफ्लो (overflow) हो जाता है, तब भी इंजन चालू नहीं होता है जिसे फ्लडिंग कहते हैं। फ्लडिंग के कारण पिस्टन रिंग बहुत तीव्र गति से घूमता है जिसके कारण कम्प्रैशन नोकिंग (knocking) की आवाज उत्पन्न होती है। इसको जाँचने के लिए स्पार्क प्लग का निरीक्षण करना चाहिए।

यान्त्रिकी दोषों का निवारण
Remedies of Mechanical Failure

इंजन, वाहनों का एक यान्त्रिक व विद्युत भाग है जिसे समय-समय पर उचित रख-रखाव व देखभाल की आवश्यकता होती है। इंजन का उचित ढंग से प्रचालन करने के लिए निम्न बिन्दुओं पर ध्यान देना आवश्यक है

(i) **ईंधन प्रणाली** (Fuel system) इंजन के ईंधन फिल्टर को 200-250 घण्टे चलने के बाद अवश्य बदल देना चाहिए तथा छोटे फिल्टरों को प्रत्येक वर्ष बदलना चाहिए।

(ii) **शीतलन प्रणाली** (Coolant system) रेडिएटर को धूल, मिट्टी आदि से बचाने के लिए समय-समय पर सफाई करते रहना चाहिए जिससे इंजन में शीतलन प्रणाली सुचारु रूप से कार्य कर सके। रेडिएटर के सामने वाली लाइट को बन्द (OFF) करके निरीक्षण करना चाहिए। यदि लाइट नहीं जल रही है, तो ब्लॉकेज को साफ करना चाहिए।

(iii) **बैटरी व चार्जिंग प्रणाली** (Battery and charging system) वाहनों में बैटरी व चार्जिंग प्रणाली को समय-समय पर नियमित रूप से जाँचते रहना चाहिए। यदि आवश्यक हो, तो बैटरी में समय-समय पर एसिड भी डालते रहना चाहिए।

(iv) **इंजन** (Engine) इंजन में उत्पन्न समस्या से बचने के लिए निम्न बातों पर ध्यान देना आवश्यक होता है

(a) इंजन में लीकेज की जाँच करनी चाहिए।

(b) इंजन बैल्ट की क्रैंक, कसावट एवं ऑयल के स्तर की जाँच करनी चाहिए।

(c) प्रत्येक वर्ष ऑयल फिल्टर व ऑयल को बदलना चाहिए।

(d) इंजन उपयोग के प्रत्येक 100 घण्टे में वायु फिल्टर को चैक करना चाहिए।

इंजन में उपरोक्त वर्णित विभिन्न यान्त्रिक कारणों से उत्पन्न दोषों के अतिरिक्त कुछ अन्य इंजन सम्बन्धी दोष होते हैं जिनके कारण एवं निवारण को अग्रपृष्ठ पर तालिका द्वारा प्रदर्शित किया गया है

तालिका इंजन का चालू न होना (कारण एवं निवारण)

	दोष		कारण	निवारण
1.	ईंधन का अपूर्ण कम्बशन	(i)	वाल्व में लीकेज होना	वाल्व लीकेज को गैस्केट या अन्य युक्ति द्वारा दूर करें।
		(ii)	पिस्टन/लाइनर/रिंग का घिसा होना।	पिस्टन/लाइनर/रिंग के घिसे होने की स्थिति में बदल दें।
		(iii)	वाल्व ओपनिंग/फ्यूल इन्जेक्शन की गलत टाइमिंग होना।	वाल्व ओपनिंग/फ्यूल इंजेक्शन टाइमिंग को सिंक्रोनाइज करें।
		(iv)	दोषपूर्ण इंजेक्टर का होना	इंजेक्टर की मरम्मत करें या बदल दें।
		(v)	फ्यूल इंजेक्शन पम्प का दोषपूर्ण होना।	फ्यूल इंजेक्शन पम्प की मरम्मत करें या बदल दें।
2.	ईंधन टैंक से ईंधन का सक्शन न होना	(i)	फ्यूल टैंक के वेन्ट छिद्र का बन्द होना।	फ्यूल के वेन्ट छिद्र की मरम्मत कर उसे खोलें।
		(ii)	फ्यूल सक्शन पाइप का टूटा होना/बन्द होना।	फ्यूल सक्शन पाइप की मरम्मत करें या बदल दें।
		(iii)	दोषपूर्ण फीड पम्प का होना।	फीड पम्प की मरम्मत करें या बदल दें।
3.	फ्यूल इंजेक्शन पम्प से ईंधन प्राप्त न होना		फ्यूल फिल्टर/डिलीवरी पाइप ब्लॉक होना।	फ्यूल फिल्टर/डिलीवरी पाइप की मरम्मत करें या बदल दें।
4.	एग्जॉस्ट मैनीफोल्ड/साइलेन्सर का बन्द होना।			एग्जॉस्ट मैनीफोल्ड/साइलेन्सर की मरम्मत करें या बदल दें।

23.2 उच्च ईंधन खपत High Fuel Consumption

इंजन की दक्षता उसके द्वारा ईंधन खपत की मात्रा पर पूर्णत: निर्भर करती है। अत: ईंधन खपत, इंजन की दक्षता मापने का एक मुख्य मानक है, जिस इंजन की ईंधन खपत कम होती है, उस इंजन की दक्षता उच्च होती है।

वाहनों में अधिक ईंधन की खपत होना, ग्राहकों के लिए आर्थिक एवं प्रदूषण की दृष्टि से बहुत ही हानिकारक होता है। ईंधन की खपत को बढ़ाने वाले सभी घटकों का उल्लेख नीचे किया गया है

1. तय की गई दूरी Fixed Distance

जैसा कि हम जानते हैं कि वाहन के द्वारा अधिक दूरी तय करने के कारण इंजन की ईंधन खपत दक्षता बढ़ जाती है। मानक (standard) के अनुसार, प्रत्येक वाहन को एक वर्ष में 200 घण्टे से अधिक उपयोग में लाने से इंजन में ईंधन की खपत बढ़ जाती है।

2. ड्राइविंग शैली Driving Style

वाहनों को गलत ढंग से चलाने पर भी ईंधन की खपत बढ़ जाती है। ईंधन खपत को ड्राइविंग तकनीकी में सुधार करके कम किया जा सकता है। ये सुधार निम्न प्रकार हैं

(i) अचानक या तेज गति में ब्रेक का उपयोग कम करें।
(ii) एक सीमित चाल पर वाहन को चलाएँ।
(iii) सरल ड्राइविंग तकनीक अपनाकर वाहन को चलाएँ।

3. वाहन की आयु एवं अनुरक्षण Maintenance and Age of Vehicle

वाहनों के उचित रख-रखाव एवं देखभाल से ईंधन की खपत को कम किया जा सकता है। वाहनों में नियमित रूप से इंजन की सफाई, एयर फिल्टर की सफाई, फ्रेश ऑयल, फ्यूल फिल्टर आदि की जाँच करते रहना चाहिए।

4. वैद्युतिक उपकरण Electrical instrument

वाहनों में लगे वैद्युतिक उपकरण; जैसे—म्यूजिक सिस्टम, ए.सी., वाइपर, लाइट आदि के उपयोग करने से ईंधन की खपत बढ़ जाती है।

5. वाहन ड्रैग व वायु प्रतिरोध Vehicle Drag and Vehicle Resistance

वाहनों में वायु प्रतिरोध को कम करने हेतु वाहनों का डिजाइन वायु के वेग के घुमाव के अनुसार किया जाता है। जब वायु का प्रतिरोध अधिक होता है, तब त्वरण भी अधिक हो जाता है जिसके परिणामस्वरूप ईंधन की खपत बढ़ जाती है।

उच्च ईंधन खपत का निवारण
Remedies of High Fuel Consumption

उच्च ईंधन खपत को निम्न प्रकार से कम किया जा सकता है

(i) एयर फिल्टर को समय-समय पर साफ करते रहना चाहिए।
(ii) स्पार्क प्लग की जाँच करके उसे बदल देना चाहिए।
(iii) वाहनों में अधिक त्वरण व अधिक गति का प्रयोग कभी भी न करें।
(iv) वाहनों के डैशबोर्ड पर लगे सभी मापक यन्त्र तथा संकेत का प्रयोग न होने पर उसे ऑफ (OFF) कर दें।

परिस्थितियों के आधार पर विभिन्न प्रकार के उच्च ईंधन खपत दोषों का कारण एवं निवारण निम्न तालिका द्वारा प्रदर्शित किया गया है

दोष		कारण	निवारण
ईंधन का अपूर्ण कम्बशन	(i)	एयर क्लीनर का अवरुद्ध होना।	एयर क्लीनर को साफ करें अन्यथा बदल दें।
	(ii)	गलत इंजेक्शन टाइमिंग का होना।	ईंधन इंजेक्शन टाइमिंग को सिंक्रोनाइज करें।
	(iii)	दोषपूर्ण इंजेक्टर का होना।	इंजेक्टर को बदल दें।
	(iv)	फ्यूल इंजेक्शन पम्प का दोषपूर्ण होना।	पम्प की मरम्मत करें अन्यथा बदल दें।
	(v)	वाल्व/वाल्व गाइड का घिसा होना।	वाल्व/ वाल्व गाइड को बदल दें।
	(vi)	पिस्टन/लाइनर/रिंग का घिसा होना।	पिस्टन/लाइनर/रिंग को बदल दें।
	(vii)	टैपेट का अधिक क्लीयरैन्स होना।	टैपेट का क्लीयरैन्स कम करें।
	(viii)	ईंधन की बाह्य लीकेज होना।	ईंधन के बाह्य लीकेज को समाप्त करें।

23.3 इंजन की ओवरहीटिंग
Overheating of Engine

जब इंजन अधिक गर्म हो जाता है, तब वह खड़खड़ की आवाज करना प्रारम्भ कर देता है तथा पावर को भी नष्ट करने लगता है। इंजन में जब शीतलन प्रणाली सुचारु रूप से कार्य नहीं करती है, तो इंजन का ताप अधिक हो जाता है और वह अपना सन्तुलन खो देता है। इस कारण इंजन में आग भी लग जाती है। इंजनों में ओवरहीटिंग जल पम्प में रिसाव, वायु फिल्टर में खराबी, शीतलक रिसाव, निम्न ताप चालकता, थर्मोस्टेट में खराबी, रेडिएटर टोपी का खराब होना आदि कारणों से होती है।

वाहनों में अधिक ओवरहीटिंग होने पर डैशबोर्ड पर लगी चेतावनी लाइट संकेत देना प्रारम्भ कर देती है ड्राइवर को वाहनों में पहली ओवरहीटिंग सूचना मिलते ही वाहन को रोककर ठण्डा करना चाहिए तथा रेडिएटर में ठण्डा पानी भरना चाहिए जिससे इंजन की ओवरहीटिंग को नियन्त्रित किया जा सके।

इंजन की ओवरहीटिंग से उत्पन्न दोष के कारण तथा उनका निवारण निम्न प्रकार है

	दोष	कारण	निवारण
1.	कम एयर सर्कुलेशन	(i) फैन बैल्ट का ढीला होना।	फैन बैल्ट को टाइट करें।
		(ii) वाटर पम्प का दोषपूर्ण होना।	वाटर पम्प की मरम्मत करें या बदल दें।
		(iii) रेडिएटर कोर का अवरुद्ध होना (आन्तरिक रूप से)	रेडिएटर कोर की डी-स्केलिंग करें।
2.	सिलेण्डर ब्लॉक में वाटर सर्कुलेशन न होना।	(i) हौज पाइप ढीला होना या टूटा होना।	हौज पाइप को टाइट करें या टूटा होने की स्थिति में बदल दें।
		(ii) रेडिएटर का लीक होना।	रेडिएटर की लीकेज को ठीक करें।
3.	ईंधन का अपूर्ण कम्बशन	(i) गलत फ्यूल इंजेक्शन टाइमिंग का होना।	फ्यूल इंजेक्शन टाइमिंग को सिंक्रोनाइज करें।
		(ii) दोषपूर्ण इंजेक्टर का होना।	इंजेक्टर की मरम्मत करें या बदल दें।
		(iii) दोषपूर्ण फ्यूल इंजेक्शन पम्प का होना।	फ्यूल इंजेक्शन पम्प के दोषपूर्ण होने की स्थिति में मरम्मत करें या बदल दें।
4.	कम वायु का प्रवेश	(i) रेडिएटर कोर का बाह्य रूप से अवरुद्ध होना।	रेडिएटर कोर की सफाई करें।
		(ii) फैन बैल्ट का ढीला होना।	फैन बैल्ट को टाइट करें।
5.	सिलेण्डर ब्लॉक अवरुद्ध	सिलेण्डर ब्लॉक का वाटर पैसेज ब्लॉक होना या स्केल फॉरमेशन होना।	सिलेण्डर ब्लॉक के पैसेज की डी-स्केलिंग कर स्केल फॉरमेशन को दूर करें।

23.4 निम्न शक्ति उत्पादन
Low Power Generation

इंजन की उच्च दक्षता स्टैण्डर्ड तापमान व दाब (STP) पर निर्भर होती है। इसके विचलित होने से इंजन की आउटपुट कम हो जाती है और निम्न पावर क्षमता बढ़ जाती है। निम्न पावर उत्पादन की समस्या निम्न प्रकार है

1. इंजनों की रेटिंग Rating of Engines

इंजनों की रेटिंग, निम्न शक्ति उत्पादन की मुख्य समस्या है। इंजन की अपनी एक क्षमता (शक्ति) होती है जिस पर उसे सैट किया जाता है। 80% क्षमता रखने वाला इंजन आदर्श इंजन कहलाता है।

2. आर्द्रता Humidity

वायुमण्डल में उपस्थित वायु की नमी को आर्द्रता कहते हैं। सीमा से अधिक आर्द्रता ऑक्सीजन की मात्रा को कम कर देती है जिस कारण दहन प्रक्रिया पूर्ण नहीं हो पाती और इंजन की शक्ति उत्पादन क्षमता कम हो जाती है।

3. अधिक लोड Over Load

यदि किसी इंजन की क्षमता को 100% पर सैट किया जाए, तो इंजन की आयु व शक्ति उत्पादन क्षमता दोनों घट जाती हैं।

4. ऊँचाई Altitude

अधिक ऊँचे क्षेत्रों में जहाँ वायु का दाब कम होता है, वहाँ वायु का घनत्व भी कम होता है जिसके कारण इंजन की ऊष्मा क्षय दर घट जाती है जिसके फलस्वरूप शक्ति उत्पादन कम होता है।

5. इंजन की शक्ति उत्पादन को कम करने वाले वातावरणीय कारक Environmental Factors That Lower Power Generation

इंजन में ईंधन को दहन करने के लिए एक निश्चित मात्रा में वायु की आवश्यकता पड़ती है। इस प्रकार, वायु का मान कम होने के कारण इंजन के चालू होने में समस्या उत्पन्न होती है। तापमान के कारण इंजन की दहन क्षमता तथा दक्षता परिवर्तित होती रहती है। अतः इंजन में वायु की कम मात्रा, निम्न शक्ति उत्पादन का कारण बन जाती है।

6. तापमान Temperature

इंजन का तापमान अधिक होने पर वायु घनत्व कम हो जाता है जिसके कारण इग्नीशन जैसी समस्याएँ उत्पन्न होती हैं। इस स्थिति में इंजन को उचित रूप से ऑक्सीजन नहीं मिल पाती है जिससे इंजन की दहन क्षमता में भी कमी आती है तथा शक्ति उत्पादन कम होता है।

7. ईंधन समस्या Fuel Problem

इंजन में ईंधन की समस्या भी निम्न पावर उत्पादन का कारण बन जाती है। इंजन के कम तापमान वाले भागों में डीजल का एक जैल (gel) बन जाता है जिसके कारण ईंधन के प्रवाह का गुण भी बदल जाता है।

इस जैल के कारण डीजल में पैराफिन उत्पन्न हो जाते हैं और यह कम्बशन चैम्बर में प्रवेश नहीं कर पाता है जिससे इंजन की शक्ति क्षमता कम हो जाती है।

निम्न शक्ति उत्पादन का निवारण
Remedies of Low Power Generation

निम्न शक्ति उत्पादन का निवारण विन्टराइजिंग द्वारा किया जाता है

विन्टराइजिंग Winterizing

इसमें निम्न ग्रेड के ईंधन को उच्च परिष्कृत ईंधन के साथ मिलाकर पैराफिन की मात्रा को कम किया जाता है। विन्टराइजिंग ठण्डे क्षेत्रों में मिलने वाले पैराफिन ईंधन के लिए एक निवारण है। ठण्डे क्षेत्रों में उचित रख-रखाव व रिपेयर द्वारा ही वाहनों की दक्षता व पावर क्षमता को बनाए रखा जा सकता है। विशिष्ट मानकों तथा STP का उपयोग इंजन के उच्च शक्ति उत्पादन के लिए किया जाता है। कुछ अन्य शक्ति सम्बन्धी दोषों के कारण व उनके निवारण का वर्णन निम्न प्रकार है

	दोष		कारण	निवारण
1.	वायु की कम सप्लाई		एयर क्लीनर का अवरुद्ध होना।	एयर क्लीनर की सफाई करें या बदल दें।
2.	कमजोर कम्प्रेशन	(i)	वाल्व लीकेज होना।	वालव की लीकेज को ठीक करें।
		(ii)	पिस्टन/रिंग/लाइनर का घिसा होना।	पिस्टन/रिंग/लाइनर के घिसे होने की स्थिति में बदल दें।
3.	एग्जॉस्ट गैस का सिलेण्डर में होना		अवरुध एग्जॉस्ट मैनीफोल्ड	एग्जॉस्ट मैनीफोल्ड की सफाई करें।
4.	कम ईंधन की सप्लाई	(i)	दोषपूर्ण फीड पम्प का होना।	फीड पम्प की मरम्मत करें या बदल दें।
		(ii)	फ्यूल फिल्टर का अवरुध होना।	फ्यूल फिल्टर की सफाई करें या बदल दें।
		(iii)	बाह्य लिकेज/फ्यूल पाइप का अवरुध होना।	लीकेज समाप्त करें। फ्यूल पाइप को साफ करें।
5.	ईंधन का अपूर्ण कम्बशन	(i)	गलत फ्यूल इंजेक्शन टाइमिंग होना।	फ्यूल इंजेक्शन टाइमिंग को ठीक करें।
		(ii)	गलत टैपेट क्लीयरैन्स का होना	टैपेट क्लीयरैन्स को ठीक/कम करें।
		(iii)	दोषपूर्ण इंजेक्टर का होना।	इंजेक्टर को बदल दें।
		(iv)	दोषपूर्ण फ्यूल इजेक्शन पम्प का होना।	फ्यूल इंजेक्शन पम्प की मरम्मत करें या बदल दें।

23.5 अत्यधिक ऑयल खपत
Excessive Oil Consumption

वाहन की दक्षता को बनाए रखने के लिए समय-समय पर ऑयल को बदलते रहना चाहिए। यदि वाहन में ऑयल बदलने से पहले ही खत्म हो जाए, तो इससे आशय यह है कि वाहन में तेल (oil) की खपत ज्यादा होती है। इंजन में ऑयल की अत्यधिक खपत निम्न कारणों से होती हैं

1. इंजन ऑयल लीकेज Engine Oil Leakage

इंजन में उच्च ईंधन खपत का एक प्रमुख कारण, वाहन में प्रयुक्त विभिन्न अवयवों में से किसी एक अथवा एक से अधिक अवयवों से होने वाला इंजन ऑयल का लीकेज भी है।

यदि किसी वाहन के सौ फीट चलने पर इंजन ऑयल की तीन बूँदें लीक होती हैं, तो वाहन के एक हजार मील चलने पर यह लीकेज बढ़कर 3 आउंस हो जाता है। इस प्रकार इंजन ऑयल लीकेज, उच्च ईंधन खपत का एक प्रमुख घटक है। वाहनों में इंजन ऑयल लीकेज प्रायः निम्नलिखित अवयवों से हो सकता है।

(i) ऑयल पाइपलाइन (ii) ऑयल सम्प गैस्केट
(iii) टैपिट कवर का गैस्केट (iv) ऑयल सम्प का ड्रेन प्लग
(v) फ्यूल पम्प का गैस्केट (vi) क्रैंकशाफ्ट सील
(vii) टाइमिंग कवर का गैस्केट
(viii) वितरक (distributor) शाफ्ट
(ix) एग्जॉस्ट कम्प्रेसर या इंजन पम्प
(x) ड्राइव शाफ्ट, गैस्केट अथवा ऑयल सील
(xi) कैमशाफ्ट का एण्ड प्लग तथा वेन्ट प्लग
(xii) सीलिंग रिंग अथवा ऑयल फिल्टर का गैस्केट

उपरोक्त में से किसी भी अवयव से ऑयल लीक होने पर लीक होने वाले स्थान को ऑयल सील परिवर्तित करके बन्द कर देना चाहिए। किसी कारणवश यदि ऐसा नहीं किया जाता है, तो इंजन में ओवर हीटिंग (overheating) की समस्या उत्पन्न हो जाती है।

2. डैमेज कैमशाफ्ट बियरिंग Damage Camshaft Bearing

डैमेज कैमशाफ्ट बियरिंग का ल्यूब्रीकेशन, प्रैशर के साथ किया जाता है। इसमें क्लीयरैन्स अधिक होने के कारण ऑयल की खपत अधिक हो जाती है।

3. डैमेज कनैक्टिंग रॉड बियरिंग
Damage Connecting Rod Bearing

कनैक्टिंग रॉड बियरिंग क्लीयरैन्स, मुख्य बियरिंग क्लीयरैन्स के समान होता है जिससे ऑयल खपत प्रभावित होती है। इस प्रकार कनैक्टिंग रॉड बियरिंग के डैमेज होने से ऑयल की खपत बढ़ जाती है।

4. डैमेज सिलेण्डर Damage Cylinder

इंजन के सिलेण्डर में समान रूप से ताप वितरण न होने के कारण ऑयल की एक तह बन जाती है जिससे रिंग पूरे ऑयल की तह को हटा नहीं पाती है जिसके परिणामस्वरूप दहन कक्ष में इस ऑयल का दहन हो जाता है तथा ऑयल की खपत बढ़ जाती है।

5. टैपर्ड व आउट ऑफ राउण्ड सिलेण्डर
Tapered and Out Off Round Cylinder

इंजन के सिलेण्डर में ऑयल को पिस्टन व रिंग की सहायता से नियन्त्रित किया जाता है। सिलेण्डर में टैपर्ड एवं घुमाव ज्यादा होने के कारण ऑयल को रोकना मुश्किल हो जाता है।

क्रैंकशाफ्ट के प्रत्येक चक्कर में पिस्टन ऊपर व नीचे गति करता है। इंजन में क्रैंकशॉफ्ट 3000 rpm की स्पीड से घूर्णन करती है जबकि सिलेण्डर की रिंग 6000 बार प्रति मिनट के साथ अपना साइज बदलती रहती है। इस तेज घूर्णन के कारण रिंग सभी भागों पर नहीं पहुँच पाती है जिससे ऑयल की खपत बढ़ जाती है।

6. फ्रण्ट एवं रियर मुख्य बियरिंग सील Front and Rear Main Bearing Seal

इंजन में फ्रण्ट व रियर मुख्य बियरिंग ब्लॉक (block) होने के कारण इंजन से ऑयल का लीकेज होता रहता है। इस लीकेज (leakage) को बन्द करने के लिए मेन बियरिंग पर एक सील (seal) लगाई जाती है।

7. क्षतिग्रस्त मुख्य बियरिंग Damaged Main Bearing

इंजन में जब मेन बियरिंग जल जाती है, तो ऑयल की खपत बढ़ जाती है। मेन बियरिंग के डैमेज होने से ये पिस्टन व रिंग की सहायता से नियन्त्रित किए जाते हैं जिससे कम्बशन चैम्बर (combustion chamber) का ऑयल दहन हो जाता है। इस प्रकार ऑयल की खपत बढ़ जाती है। इंजन में सामान्य बियरिंग का क्लीयरैन्स 0.0015 इंच होता है तथा डैमेज होने पर यह बढ़कर 0.003 इंच हो जाता है जिससे ऑयल की खपत 5 गुना बढ़ जाती है। यदि इसका मान 0.006 इंच हो जाए, तो ऑयल खपत 20 गुना बढ़ जाएगी।

8. डैमेज रिंग लैण्ड Damage Ring Land

जब रिंग लैण्ड डैमेज हो जाता है, तो रिंग उसे किनारों के आस-पास स्थिर नहीं होने देती है जिसके कारण पिस्टन, सिलेण्डर तथा रिंग को भी डैमेज कर देता है और ऑयल खपत अधिक होने लगती है।

9. वाल्व का अवरुद्ध होना Valve Blockage

PCV के अन्तर्गत क्रैंकशाफ्ट के क्षेत्र से गैसों को प्रवाहित करके पुनः उपयोग में लाना होता है।

PCV प्रणाली में एक ट्यूब होती है जो क्रैंककेस से कार्बुरेटर की ओर जाती है। इसके ब्लॉक होने से ऑयल खपत अधिक होती है।

10. रिंग ग्रूव की अनियमितता Wrong Ring Grooves

अनियमित ग्रूव वाल्व को ठीक प्रकार से स्थिर नहीं होने देते हैं जिससे ऑयल लीकेज होने के कारण ऑयल की खपत बढ़ जाती है।

उपरोक्त वर्णित दोषों एवं निवारणों के अतिरिक्त कुछ अन्य दोषों के कारण अत्यधिक ऑयल खपत को निम्न प्रकार सूचीबद्ध किया गया है

क्र.सं.	दोष	कारण	निवारण
1.	कम्बशन चैम्बर में तेल पहुँचना	(i) उच्च तेल स्तर का होना।	तेल का स्तर उचित रखकर अतिरिक्त तेल को हटाएँ।
		(ii) इनटेक वाल्व गाइड तथा वाल्व स्टीम का घिसा होना।	इनटेक वाल्व गाइड तथा वाल्व स्टीम को बदल दें।
		(iii) पिस्टन रिंग तथा सिलेण्डर बोर का घिसा होना।	पिस्टन रिंग तथा सिलेण्डर बोर घिसे होने की स्थिति में बदल दें।
		(iv) इंजन ऑयल की श्यानता बहुत कम होने से।	उचित श्यानता वाले इंजन ऑयल से विस्थापित करें।
2.	एग्जॉस्ट मैनीफोल्ड में ऑयल का पहुँचना	एग्जॉस्ट वाल्व गाइड तथा वाल्व स्टीम का घिसा होना।	एग्जॉस्ट वाल्व गाइड तथा वाल्व स्टीम को बदल दें।
3.	ऑयल लीकेज	ऑयल की बाह्य लीकेज	ऑयल की लीकेज को उचित विधि द्वारा दूर करें।

23.6 निम्न और उच्च ऑयल दाब Low and High Oil Pressure

वाहनों के इंजन में ऑयल एक नियत मात्रा में, ऑयल ट्यूब के द्वारा प्रवाहित होता है। दाब अधिक या कम होने के कारण इंजन में ऑयल पर्याप्त मात्रा में सप्लाई नहीं हो पाता जिसके कारण इंजन की दक्षता कम हो जाती है।

निम्न ऑयल दाब Low Oil Pressure

निम्न ऑयल दाब उत्पन्न होने के कारण, उनके परिणाम एवं निवारण निम्न प्रकार हैं

क्र.सं.	कारण	परिणाम	निवारण
1.	इंजन में ऑयल लेवल का कम होना	इंजन की पावर क्षमता नष्ट होने लगती है।	इंजन में ऑयल को भरकर लीकेज की जाँच करें।
2.	अनियमित ऑयल पम्प का प्रयोग करना	इसके कारण इंजन में खराबी आ जाती है।	ऑयल पम्प को बदल देना चाहिए।
3.	ऑयल में श्यानता ईंधन से निम्न होना	इसके कारण उच्च ऑयल खपत बढ़ जाती है।	इंजेक्टर को चैक करें तथा ऑयल को बदल दें।
4.	अनियमित बियरिंग का प्रयोग करना	इसके कारण इंजन में समस्या उत्पन्न हो जाती है।	बियरिंग को बदल देना चाहिए।
5.	ऑयल का गर्म होना तथा श्यानता निम्न होना	इसके कारण ऑयल नष्ट होने लगता है तथा इंजन में खराबी आ जाती है।	तापमान गेज व इंजन तापमान नियन्त्रक की जाँच करनी चाहिए।
6.	स्टार्टअप के समय पम्प से ऑयल का प्रवाह न होना	इसके कारण इंजन चालू नहीं हो पाता है।	इंजन को बन्द करना चाहिए तथा कम तापमान वाले ऑयल को परिवर्तित करना चाहिए।
7.	लगिंग पम्प की ऑयल सप्लाई धीरे करना	इससे इंजन की आयु कम हो जाती है।	RPM को बढ़ाने के लिए गियर को डाउन करना चाहिए तथा पम्प की भी जाँच करनी चाहिए।

उच्च ऑयल दाब High Oil Pressure

उच्च ऑयल दाब उत्पन्न होने के कारण, परिणाम एवं निवारण निम्न प्रकार हैं

क्र. सं.	कारण	परिणाम	निवारण
1.	इंजन में भार के कारण ऑयल का गाढ़ा होना	इसके कारण इंजन विभव में खराबी आ जाती है।	ऑयल फिल्टर को बदल देना चाहिए तथा इन्जेक्टर की भी जाँच करनी चाहिए।
2.	फिल्टर का ब्लॉक या बन्द होना	इससे इंजन की आयु कम हो जाती है।	इंजन में फिल्टर व ऑयल को बदल देना चाहिए।
3.	ठण्डा ऑयल का होना	इसके कारण इंजन विभव में खराबी आ जाती है।	इंजन में थर्मोस्टेट प्रणाली को चैक करना चाहिए।
4.	पश्च दाब का बढ़ना	इससे इंजन की आयु कम हो जाती है।	उच्च गुणवत्ता वाले ऑयल का प्रयोग करना चाहिए।
5.	ऑक्सीकरण के कारण ऑयल का गाढ़ा होना	इसके कारण इंजन विभव में खराबी आ जाती है।	इंजन के ऑयल व फिल्टर को परिवर्तित करना चाहिए।
6.	श्यानता अधिक और प्रवाह का कम होना	इसके कारण इंजन विभव में खराबी आ जाती है।	उच्च ग्रेड श्यानता वाला ऑयल प्रयोग करना चाहिए।

ऑयल दाब संकेतक
Oil Pressure Indicator

वाहनों में डैश बोर्ड पर उच्च दाब या निम्न दाब वाला संकेतक लगा होता है, जिससे ऑयल दाब संकेतक कहते हैं। यह संकेतक दाब स्विच से जुड़ा होता है।

इस संकेतक द्वारा 5 PSI (Pounds Per Square Inch) से कम दाब होने पर लाइट संकेत देना प्रारम्भ कर देती है।

जब इंजन को चालू किया जाता है, तो ऑयल दाब डायफ्राम को कम्प्रैस करता है।

इस प्रकार, यह संकेतक इंजन को ON करते ही संकेत देने लगता है। यदि यह संकेतक ON ही रहे, तो तुरन्त इंजन को बन्द कर देना चाहिए तथा ऑयल लेवल की जाँच करके कम होने पर इसे भर देना चाहिए।

ऑयल दाब निवारण
Remedies of Oil Pressure

ऑयल दाब निवारण निम्न प्रकार हैं

1. ऑयल की लीकेज को रोकने के लिए गैस्केट व सील लगाएँ।
2. ऑयल लेवल की जाँच करें तथा कम होने पर दोबारा भरें।
3. ठण्डे मौसम में कम श्यानता वाले ऑयल का प्रयोग करें।

23.7 इंजन का शोर Engine Noise

वाहन को स्टार्ट करने पर कई बार इंजन आवश्यकता से अधिक शोर (या आवाज) करने लगता है जो इंजन के लिए हानिप्रद होता है।

इंजनों में शोर के प्रकार Types of Noises in Engines

इंजनों में होने वाले शोर के प्रकार निम्नवत् हैं

(i) **खटखटाने की आवाज** (Voice of knocking) वाहनों के इंजन में खटखटाने की आवाज बिग एण्ड बियरिंग के ढीले या घिसे होने के कारण आती है। इस प्रकार की समस्या होने पर कुशल मैकेनिक द्वारा इसकी जाँच करानी चाहिए।

(ii) **खड़खड़ ध्वनि/शोर** (Rattle sound noise) वाहन को जब स्टार्ट किया जाता है, तो इंजन से खड़खड़ व विचलन की ध्वनि आने लगती है। यह ध्वनि कैमशाफ्ट के बेल्ट का एलाइनमेन्ट खराब होने तथा फिसलने के कारण उत्पन्न होती है। इस समस्या को दूर करने के लिए एक कुशल मैकेनिक के द्वारा वाहन की जाँच करानी चाहिए।

(iii) **ग्राइण्डिंग इंजन ध्वनि/शोर** (Grinding engine sound noise) इंजन में ग्राइण्डिंग की ध्वनि इंजन से नहीं, बल्कि ब्रेक में आई खराबी के कारण उत्पन्न होती है।

(iv) **त्वरित करने पर चिल्लाने की ध्वनि/शोर** (Shouting sound noise when accelerated) इस प्रकार की ध्वनि इंजन में फैन बेल्ट के ढीले होने या फिसलने के कारण उत्पन्न होती है। इंजन में फैन बेल्ट के अधिक प्रयोग होने पर इसे बदल देना चाहिए।

(v) **क्लिकिंग व टैपिंग ध्वनि/शोर** (Clicking and tapping sound noise) वाहनों के इंजन में उत्पन्न क्लिकिंग व टैपिंग ध्वनि हमारे लिए बहुत ही नुकसानदायक होती है। यह ध्वनि वाहन के त्वरण या गति को बढ़ाने से बढ़ जाती है। इससे निम्न ऑयल दाब भी प्रभावित होता है।

(vi) **पिस्टन ध्वनि/शोर** (Piston sound noise) पिस्टन पिन अथवा बुश के घिसने पर पिस्टन बॉसिज तथा कनैक्टिंग रॉड के छोटे सिरे एवं पिस्टन पिन के मध्य गैप उत्पन्न होने से क्लीयरैन्स बढ़ जाता है। इस प्रकार क्लीयरैन्स का मान बढ़ने से इंजन प्रचालन के दौरान इसके प्रत्येक स्ट्रोक के अंत में अत्यधिक कम अन्तराल पर दो तीव्र ध्वनियाँ सुनाई देती हैं जिन्हें हाई पिच शार्प डबल नॉक ध्वनि भी कहते हैं।

इंजन में उत्पन्न होने वाली उपरोक्त ध्वनियों या शोरों के कुछ विशिष्ट कारण होते हैं जो निम्नवत् हैं

1. ईंधन में दोष Defect in Fuel

इंजन में प्रयोग किए जाने वाले ईंधन प्राय: हाइड्रोकार्बन्स होते हैं जिन्हें रिफाइन करने के पश्चात् भी इनमें अशुद्धियाँ रह ही जाती हैं। सामान्यत: ईंधन में ये अशुद्धियाँ सल्फर तथा चिपकने वाले पदार्थों के कारण होती हैं।

ईंधन में सामान्यत: 0.1% सल्फर मिश्रित होता है, परन्तु इसकी इससे अधिक मात्रा सिलेण्डर बोर, बैरिंग सतह तथा एग्जॉस्ट प्रणाली में जंग लगा देती है।

इसके अतिरिक्त ईंधन को खुली हवा अथवा नमी के सम्पर्क में रखने पर हाइड्रोकार्बन ऑक्सीकृत होकर चिपकने वाले गोंद में परिवर्तित हो जाते हैं और वाल्व, पिस्टनरिंग, कार्बुरेटर जैट इत्यादि में अधिक कार्बन उत्पन्न करते हैं। उपरोक्त कारणों के अतिरिक्त गुणवत्ताविहीन ईंधन अथवा अनुचित तरीके से स्टोर किए गए ईंधन के कारण भी इंजन में खड़खड़ाने जैसा शोर उत्पन्न होता है।

2. **इंजन की आन्तरिक दोष** Internal Defect of Engine

इंजन में निम्नलिखित आन्तरिक दोष उत्पन्न होने के कारण भी इसमें शोर उत्पन्न होता है

(i) इंजन के नट तथा बोल्ट ढीले होना।
(ii) इंजन के भागों में रनिंग या साइड क्लीयरैन्स का अधिक या कम होना।
(iii) इंजन के स्थैतिक, गतिक तथा यान्त्रिक भागों का सन्तुलन सही न होना।
(iv) इंजन फाउण्डेशन का माउण्टिंग पैड ढीला होना।
(v) इंजन में लगा हैड गैस्केट कटा होना।
(vi) इंजन के कम्बशन चैम्बर में अधिक कार्बन होने से क्लीयरैन्स आयतन कम होना।
(vii) इंजन के मुख्य भागों का अलाइनमेन्ट सही नहीं होना।

3. **इंजन की वायु सप्लाई प्रणाली में दोष**
Defect in Air Supply System of Engine

इंजन की वायु सप्लाई प्रणाली में निम्नलिखित विकृतियाँ उत्पन्न होने से इंजन में शोर उत्पन्न होता है

(i) इनलेट मैनीफोल्ड की गैस्केट कटी होना।
(ii) एयर क्लीनर रुका होना या उसमें तेल न होना।

4. **इंजन की एग्जॉस्ट प्रणाली में दोष**
Defect in Exhaust System of Engine

इंजन की एग्जॉस्ट प्रणाली में निम्नलिखित विकृति उत्पन्न होने से इंजन में शोर उत्पन्न होता है

(i) गैस्केट अथवा एग्जॉस्ट पाइप का कटा होना।
(ii) कार्बन की अधिकता के कारण, एग्जॉस्ट रास्ते की चौड़ाई कम होना।

5. **ईंधन सप्लाई प्रणाली में दोष** Defect in Fuel Supply System

ईंधन सप्लाई प्रणाली में निम्नलिखित विकृति उत्पन्न होने से इंजन में शोर उत्पन्न होता है

(i) अनुपयुक्त नॉजिल का प्रयोग होना।
(ii) गलत इंजेक्शन टाइमिंग सैट होना।
(iii) इंजेक्टर में कमी पैदा होना।

6. **पेट्रोल इंजनों की इग्नीशन प्रणाली में दोष**
Defect in Ignition System of Petrol Engines

पेट्रोल इंजनों की इग्नीशन प्रणाली में निम्नलिखित विकृति उत्पन्न होने से इंजनों में शोर उत्पन्न होता है

(i) इग्नीशन टाइमिंग ज्यादा एडवांस अथवा रिचर्ड होना।
(ii) इंजन के फायरिंग ऑर्डर के अनुसार अनुपयुक्त लीड का प्रयोग होना।
(iii) प्लग लघु परिपथ (short circuit) होना।

7. **डीजल इंजनों में दोष** Defect in Diesel Engines

डीजल इंजनों में शोर प्राय: निम्नलिखित विकृतियों के कारण उत्पन्न होता है

(i) इंजन के कम्बशन चैम्बर का डिजाइन गलत होना।
(ii) आइडलिंग गति पर उत्पन्न शोर की अधिकता।

8. **स्नेहन प्रणाली में दोष**
Defect in Lubrication System

स्नेहन प्रणाली में निम्नलिखित विकृति उत्पन्न होने से इंजन में शोर उत्पन्न होता है

(i) इंजन सम्प में उपस्थित तेल की श्यानता अधिक होना।
(ii) इंजन सम्प में तेल की न्यूनता होना।

9. **शीतलन प्रणाली में दोष**
Defect in Cooling System

इंजन की शीतलन प्रणाली में निम्नलिखित विकृति उत्पन्न होने से इंजन में शोर उत्पन्न होता है

(i) बैल्ट का तनाव अनुपयुक्त अर्थात् अधिक अथवा कम होना।
(ii) वाटर पम्प के बियरिंग सूखे होना।

10. **अन्य कारण** Other Causes

उपरोक्त कारणों के अतिरिक्त कुछ अन्य कारणों से भी इंजन में शोर उत्पन्न होता है, जो निम्नलिखित हैं

(i) डायनमो के बुश तथा बियरिंगों में अत्यधिक चिकनाई होना।
(ii) डायनमो अथवा सैल्फ स्टार्टर के नट-बोल्ट वाले संयोजनों का ढीला होना।

23.8 वाहनों की अनुरक्षण व्यवस्था
Maintenance Arrangement of Vehicles

इंजन व गाड़ियों के अनुरक्षण को व्यवस्थित करने के ध्येय से निम्नानुसार बाँटा जा सकता है

1. **नियमित अनुरक्षण** (Routine maintenance) इंजन की दैनिक सफाई, रेडिएटर में पानी की पूर्ति, इंजन में इंजन ऑयल की पूर्ति, ईंधन की पूर्ति आदि नियमित अनुरक्षण के अन्तर्गत आते हैं। यह वाहन या इंजन की कार्यक्षमता में अप्रत्याशित परिणाम लाने में सक्षम होता है तथा इंजन को दीर्घायु बनाता है।
2. **निवारक अनुरक्षण** (Preventive maintenance) इसके अन्तर्गत तेल, ग्रीस देना तथा रेडिएटर में पानी भरने का कार्य किया जाता है। इसके अतिरिक्त ढीले नट-बोल्ट कसे जाते हैं तथा बैटरी का पानी भी चैक किया जाता है। इसके लिए निम्न कार्य करने चाहिए

(i) प्रतिदिन बाहर से निरीक्षण करना।
(ii) निश्चित समय के बाद अन्दर से निरीक्षण करना।
(iii) प्रतिदिन की सर्विस करना।
(iv) खराब पुर्जों को बदलना, इससे पहले कि वे दूसरे पुर्जों को खराब करें।
(v) तेल और ईंधन की खपत का हिसाब रखना।
(vi) ओवरहॉल करने का समय निश्चित करना।

3. **सामयिक अनुरक्षण** (Periodic maintenance) वाहन निर्माता निश्चित कार्य घण्टों या किलोमीटर तय करने पर होने वाली देखभाल के निर्देश देता है। इसके अन्तर्गत वाहन मालिक व निर्माता द्वारा की जाने वाली देखभाल आती है।
4. **दोष निवारक अनुरक्षण** (Corrective maintenance) इंजन के दोषों का निवारण करने के पश्चात् यदि पुन: दोष उत्पन्न होते हैं, तो उन दोषों की जाँच कर उनका निवारण अथवा उपाय किया जाता है। इसके अन्तर्गत निम्न उपायों को अपनाकर इंजन को दीर्घायु किया जा सकना सम्भव है
   (i) निवारक देखभाल की कमियों को सुधारना
   (ii) टूटे व विकृत खराब पुर्जे बदलना।
   (iii) इंजन की सिधाई (straightness) चैक करना।
5. **ब्रेक-डाउन अनुरक्षण** (Break-down maintenance) इसके अन्तर्गत उत्पन्न होने वाले दोष; जैसे—ईंधन पाइप का फटना, एयर लॉक होना, रेडिएटर का टाँका टूटना आदि ठीक कराने होते हैं।

23.9 इंजन से सम्बन्धित दोषोपचार Troubleshooting Related to Engine

इंजन विविध यन्त्रावलियों एवं अवयवों को एकीकृत कर बनाई गई एक ऐसी युक्ति है जिसमें पर्याप्त सावधानी एवं अनुरक्षण के बावजूद दोष की उत्पत्ति होना स्वाभाविक है। यहाँ पर कुछ ऐसे दोषोपचारों का उल्लेख किया जा रहा है जिन्हें स्वयं अपने स्तर से भी प्रयुक्त कर इंजन को कार्यक्षम बनाए रखा जा सकता है।

तालिका इंजनों के सामान्य दोष, कारण एवं उपचार

क्र.सं.	दोष	कारण	उपचार
1.	स्टार्टिंग के समय इंजन घूमता नहीं है।	(i) बैटरी अनावेशित है। (ii) स्टार्टिंग सर्किट का कोई तार टूटा है। (iii) स्टार्टर की पिनियन जाम है। (iv) इंजन जाम है।	(i) बैटरी चार्ज करें। (ii) सर्किट का दोष ढूँढ़कर ठीक करें। (iii) पिनियन को ठीक करें। (iv) जाम का उपचार करें।
2.	धीरे-धीरे इंजन घूमता तो है, परन्तु स्टार्ट नहीं होता है।	(i) बैटरी अनावेशित है। (ii) स्टार्टर खराब है। (iii) वायरिंग संयोजन ढीले या गन्दे हैं।	(i) बैटरी आवेशित करें। (ii) दोष दूर करें। (iii) वायरिंग चैक करके दोष दूर करें।
3.	इंजन तेजी से घूमता है, परन्तु स्टार्ट नहीं होता है।	(i) इग्नीशन प्रणाली दोषपूर्ण है। (ii) फ्यूल सप्लाई प्रणाली चोक (choke) हुई है। (iii) कार्बुरेटर अथवा इनलेट मैनीफोल्ड लीकेज है। (iv) इंजन खराब है।	(i) इग्नीशन परिपथ चैक करके दोष दूर करें। (ii) फ्यूल सप्लाई प्रणाली के दोष दूर करें। (iii) लीकेज ढूँढ़कर दोष दूर करें। (iv) इंजन को चैक करके आवश्यकतानुसार मरम्मत करें।
4.	एक सिलेण्डर काम नहीं करता है।	(i) उस सिलेण्डर का स्पार्क प्लग गन्दा या खराब है। (ii) एच.टी. लीड खराब है। (iii) वाल्व लीक करते हैं। (iv) रिंग खराब है। (v) गैस्केट लीक है।	(i) स्पार्क प्लग साफ करें। अन्य दोष (गैप) आदि सही करें या प्लग बदलें। (ii) लीड बदल दें। (iii) वाल्व ग्राउण्ड करें या बदल दें। (iv) रिंग बदल दें। (v) हैड गैस्केट बदल दें।
5.	इंजन आइडल स्पीड पर ठीक नहीं चलता है।	(i) कार्बुरेटर का आइडल स्क्रू ठीक प्रकार एडजस्ट नहीं है।	(i) आइडल स्क्रू सही से एडजस्ट करें।
6.	इंजन पूरी शक्ति विकसित नहीं करता है।	(i) इग्नीशन प्रणाली में दोष है। (ii) फ्यूल सप्लाई प्रणाली में दोष है। (iii) जली गैसों के बाहर निकलने में बाधा है। (iv) एक्सेलेरेटर द्वारा पूरा थ्रॉटल वाल्व खुल नहीं पाता है। (v) कम्प्रेशन कम बनता है। (vi) ईंधन खराब है। (vii) कम्बशन चैम्बर आदि में कार्बन की अधिकता है।	(i) इग्नीशन प्रणाली चैक करके दोष दूर करें। (ii) दोष ढूँढ़कर उपचार करें। (iii) पाइप व साइलेन्सर साफ करें। (iv) एक्सेलेरेटर लिंक ठीक करें। (v) वाल्व व रिंग चैक करें। आवश्यकता होने पर इंजन ओवरहॉल करें। (vi) सही प्रकार का ईंधन प्रयोग करें। (vii) इंजन डी-कार्बनाइज करें।

क्र.सं.	दोष	कारण	उपचार
7.	इंजन गर्म होकर रुक जाता है।	(i) ऊष्मा नियन्त्रण वाल्व जाम है। (ii) मिश्रण में पेट्रोल की कमी है । (iii) चोक वाल्व बन्द है।	(i) ऊष्मा नियन्त्रण वाल्व ठीक करें। (ii) मिश्रण ठीक प्रकार एडजस्ट करें। (iii) चोक वाल्व सही करें।
8.	कम चाल पर इंजन रुक जाता है।	(i) फ्यूल पम्प दोषपूर्ण है। (ii) इंजन गर्म हो जाता है। (iii) स्लो रनिंग जैट बन्द है। (iv) फ्लोट लेवल अधिक है।	(i) दोष पता करके ठीक करें। (ii) कारण खोजकर ठीक करें। (iii) स्लो जैट साफ करें। (iv) फ्लोट लेवल सही प्रकार से एडजस्ट करें।
9.	उच्च चाल पर इंजन रुक जाता है।	(i) इंजन अधिक गर्म हो जाता है। (ii) कार्बुरेटर का कम्पनसेटिंग जेट खराब है। (iii) एयर लॉक हो जाती है।	(i) कारण खोजकर दोष दूर करें। (ii) कार्बुरेटर किट बदलें। (iii) लॉक एयर को निकालें।
10.	इंजन ओवरहीट हो जाता है।	(i) शीतलन प्रणाली में कोई कमी है। (ii) इग्नीशन टाइमिंग दोषपूर्ण है। (iii) इंजन ऑयल की कमी। (iv) वाटर जैकेट बन्द है।	(i) कारण खोजकर दोष दूर करें। (ii) इग्नीशन टाइमिंग सही से सैट करें। (iii) इंजन में तेल पूरा करें। (iv) शीतलन प्रणाली की फ्लशिंग करें।
11.	इंजन बैक फायर करता है।	(i) इग्नीशन टाइमिंग ठीक नहीं है । (ii) गलत हीट रेंज का स्पार्क प्लग है। (iii) हवा-पेट्रोल का मिश्रण सही अनुपात का नहीं है। (iv) इंजन ओवरहीट करता है। (v) इंजन में कार्बन जमा है। (vi) वाल्व गर्म चलते हैं या चिपकते हैं। (vii) डिस्ट्रीब्यूटर की कैप में दरार है।	(i) टाइमिंग ठीक करें। (ii) उचित स्पार्क प्लग लगाएँ। (iii) कार्बुरेटर सही प्रकार से एडजस्ट करें। (iv) दोष ढूँढ़कर सही करें। (v) डी-कार्बनाइजिंग करें। (vi) वाल्व ग्राइण्ड करें। (vii) नई कैप लगाएँ।
12.	एग्जॉस्ट धुएँदार है। (i) नीला धुआँ (ii) काला धुआँ	 (i) तेल की खपत अधिक है। (ii) मिश्रण अधिक है।	 (i) दोष दूर करें। (ii) कार्बुरेटर एडजस्ट करें।
13.	तेल की खपत अधिक होती है।	(i) बाहरी रिसाव (लीकेज) है। (ii) कम्बशन चैम्बर में तेल जलता है।	(i) रिसाव (लीकेज) बन्द करें। (ii) ऑयल रिंग बदलें।
14.	तेल का दबाव कम है।	(i) बियरिंग खराब है। (ii) इंजन ओवरहीट होता है। (iii) तेल पतला है। (iv) स्नेहन प्रणाली खराब है।	(i) नए बियरिंग लगाएँ । (ii) कारण पता करके दोष दूर करें। (iii) सही ग्रेड का तेल डालें। (iv) दोष ढूँढ़कर ठीक करें।
15.	ईंधन की खपत अधिक है।	(i) ड्राइवर हतोत्साहित है। (ii) इंजन स्पीड अधिक है। (iii) गाड़ी कम दूरी पर ही जाती है। (iv) पम्प लीक करता है। (v) गर्म होकर चोक आंशिक बन्द हो जाता है। (vi) एयर क्लीनर चोक है। (vii) फ्लोट लेवल अधिक है। (viii) फ्लोट नीडिल वाल्व चिपका है। (ix) कार्बुरेटर का जैट खराब है। (x) मीटरिंग रॉड चिपकी है। (xi) आइडलिंग ठीक नहीं है। (xii) एक्सेलेरेटिंग पम्प का चैक वाल्व चिपका है। (xiii) कार्बुरेटर लीक करता है। (xiv) इग्नीशन ठीक नहीं है। (xv) कम्प्रेशन लीक करता है।	(i) मानसिक सन्तुलन बनाए रखें। (ii) इंजन आइडल स्पीड एडजस्ट करें। (iii) आवश्यक नियन्त्रित गति रखें। (iv) रिसाव (लीकेज) बन्द करें। (v) चोक खोलकर पुनः फिट करें। (vi) एयर क्लीनर साफ करें। (vii) कार्बुरेटर एडजस्ट करें। (viii) नीडिल वाल्व ग्राउण्ड करें। (ix) नए जैट लगाएँ। (x) नई मीटरिंग रॉड डालें । (xi) आइडिल स्क्रू सैट करें। (xii) कार्बुरेटर किट बदलें। (xiii) रिसाव (लीकेज) बन्द करें। (xiv) टाइमिंग सही सैट करें। (xv) इंजन की दशा चैक करें।

क्र.सं.	दोष	कारण	उपचार
		(xvi) वाल्व ठीक कार्य नहीं करते हैं। (xvii) क्लच स्लिप करते हैं। (xviii) टायर प्रैशर कम है, ब्रेक रगड़ते हैं। (xix) पहियों का एलाइनमेण्ट ठीक नहीं है।	(xvi) नए वाल्व फिट करें। (xvii) दोष ढूँढ़कर ठीक करें। (xviii) सही दबाव की हवा भरें। (xix) व्हील एलाइनमेन्ट सही प्रकार से एडजस्ट करें।
16.	इंजन से आवाज आती है।	(i) वाल्व की आवाज है। (ii) पेट्रोल का ऑक्टेन नम्बर कम होने पर स्पार्किंग की आवाज है। (iii) कनैक्टिंग रॉड की बियरिंग खराब है, पिन क्रैक हो गई है, कनैक्टिंग रॉड टेढ़ी है। (iv) पिस्टन पिन ढीली है। (v) रिंग टूटी है, ढीली है। (vi) पिस्टन ढीला है। (vii) मेन बियरिंग खराब है। (viii) कोई उपकरण ढीला है।	(i) वाल्व फिटिंग की जाँच करें। (ii) सही ग्रेड का पेट्रोल डालें। (iii) नए बियरिंग का प्रयोग करें। नई कनैक्टिंग रॉड फिट करें। (iv) नई पिस्टन पिन फिट करें। (v) नई रिंग डालें। (vi) इंजन की ओवरहॉलिंग करें। (vii) इंजन की ओवरहॉलिंग करें। (viii) इंजन चैक करके ठीक करें।

महत्त्वपूर्ण बिन्दु

- वाहनों को नियमित रूप से प्रयोग न करने पर उनकी ईंधन प्रणाली में वायु आ जाती है।
- ईंधन पम्प में खराबी, ईंधन फिल्टर में कमी, बैटरी केबिलों में संरक्षण, स्टार्टर मोटर रिले में खराबी इत्यादि इंजन प्रारम्भ न होने के वैद्युतिक कारणों के अन्तर्गत आते हैं।
- इंजन की बेल्ट अथवा चेन के परीक्षण के अन्तर्गत इंजन को क्रैंक करने के पश्चात् यदि इंजन में लगा रोटर गति नहीं करता है, तो इसका अर्थ है कि बेल्ट अथवा चेन टूट गई है।
- इंजन के सिलेण्डर में ईंधन के ओवर फ्लो से जब इंजन स्टार्ट नहीं होता है, तो उसे फ्लडिंग कहते हैं।
- इंजन के ईंधन फिल्टर को 200-250 घण्टे चलने के पश्चात् तथा छोटे फिल्टरों को एक वर्ष पश्चात् अवश्य बदल देना चाहिए।
- इंजन से यदि कम अन्तराल पर खट्खटाने की ध्वनि उत्पन्न होती है, तो इसका सम्भावित कारण बुश तथा बियरिंग का ढीला होना अथवा घिसा होना है।
- मानक के अनुसार, प्रत्येक वाहन को एक वर्ष में 200 घण्टे से अधिक उपयोग में लाने से इंजन में ईंधन की खपत बढ़ जाती है।
- वायु का प्रतिरोध अधिक होने पर वाहनों के इंजन में ईंधन की खपत बढ़ जाती है।
- इंजनों में ओवरहीटिंग जल पम्प में रिसाव, वायु फिल्टर में खराबी, शीतलक रिसाव, निम्न ताप चालकता, थर्मोस्टेट में खराबी, रेडिएटर टोपी में खराबी इत्यादि कारणों से उत्पन्न होती है।
- इंजन की दक्षता, मानक तापमान तथा दाब (standard temperature and pressure) पर निर्भर करती है। सामान्यतः 80% क्षमता वाले इंजन आदर्श इंजन कहे जाते हैं।
- इंजन में एक सीमा से अधिक मात्रा में आर्द्रता होने पर दहन प्रक्रिया पूर्ण नहीं हो पाती, जिससे इंजन की शक्ति उत्पादन क्षमता कम हो जाती है।
- विन्टराइजिंग प्रक्रिया में निम्न ग्रेड के ईंधन को उच्च परिष्कृत ईंधन के साथ मिलाकर पैराफिन की मात्रा को कम किया जाता है।
- इंजन में सामान्य बियरिंग का क्लीयरैन्स 0.0015 इंच से 0.003 इंच हो जाने पर इंजन ऑयल की खपत 5 गुना बढ़ जाती है।
- इंजन ऑयल के गर्म होने अथवा इसकी श्यानता निम्न होने पर तापमान गेज तथा इंजन तापमान नियन्त्रक की जाँच करनी चाहिए।
- इंजन ऑयल के ठण्डे होने पर इसकी थर्मोस्टेट प्रणाली की जाँच करनी चाहिए, क्योंकि इससे इंजन विभव में खराबी आती है।
- बिग एण्ड बियरिंग के घिस जाने अथवा ढीले हो जाने पर वाहनों के इंजनों में खटखटाने की आवाज आती है।
- इंजन में खड़खड़ व विचलन ध्वनि/शोर कैमशाफ्ट की बेल्ट का अलाइनमेन्ट खराब होने अथवा फिसलने के कारण उत्पन्न होती है।
- क्लिकिंग अथवा टैपिंग ध्वनि वाहन का त्वरण या गति बढ़ाने पर बढ़ जाती है।
- इंजन में 0.1% से अधिक मात्रा में मिश्रित सल्फर युक्त ईंधन सिलेण्डर बोर, बोरिंग सतहों तथा एग्जॉस्ट प्रणाली में जंग लगा देता है।
- इंजन की वायु सप्लाई प्रणाली में इनलेट मैनीफोल्ड की गैस्केट कटी होने पर अथवा एयर क्लीनर के रुके होने अथवा उसमें तेल की कमी होने पर इंजन में शोर उत्पन्न होता है।
- बैटरी के अनावेशित होने की स्थिति में, स्टार्टिंग परिपथ का तार टूटने पर तथा स्टार्टर का पिनियन जाम होने पर स्टार्ट करते समय इंजन घूमता नहीं है।
- यदि इंजन गर्म होकर रुक जाता हैं, तो उसमें सम्भावित दोष ऊष्मा नियन्त्रण वाल्व का जाम होना, मिश्रण में पेट्रोल की कमी होना तथा चोक वाल्व का बन्द होना आदि होंगे।
- तेल की खपत अधिक होने पर एग्जॉस्टर नीला धुआँ तथा ईंधन मिश्रण अधिक होने पर एग्जॉस्टर काला धुआँ देता है।
- इंजन की स्नेहन प्रणाली में खराबी होने पर इंजन ऑयल का दबाव कम होता है।
- मेन बियरिंग खराब होने, पिस्टन पिन ढीली होने, कनैक्टिंग रॉड की बियरिंग खराब होने इत्यादि कारणों से इंजन में आवाज आती है।

महत्त्वपूर्ण प्रश्नोत्तरी

1. इंजन प्रारम्भ न होने के दो कारणों के नाम लिखिए।

उत्तर इंजन प्रारम्भ न होने के दो कारण यान्त्रिक कारण एवं विद्युत कारण हैं।

2. फ्लडिंग (flooding) किसे कहते हैं?

उत्तर जब इंजन के सिलेण्डर में सीमा से अधिक ईंधन प्रवेश कर जाता है, तब भी इंजन चालू नहीं होता है जिसे फ्लडिंग कहते हैं।

3. वाहनों में इलेक्ट्रिकल उपकरण जिनसे उच्च ईंधन खपत होती है, कौन-कौन-से होते हैं?

उत्तर वाहनों में इलेक्ट्रिकल उपकरण;
जैसे-म्यूजिक सिस्टम, वाइपर, AC, इलेक्ट्रिक विण्डो, लाइट आदि के कारण उच्च ईंधन खपत होती है।

4. ओवरहीटिंग (overheating) के मुख्य कारण कौन-कौन से होते हैं?

उत्तर ओवरहीटिंग के मुख्य कारण निम्न हैं
(i) थर्मोस्टेट का खराब होना (ii) एयर फिल्टर में खराबी
(iii) गन्दा या निम्न शीतलक लेवल (iv) रेडिएटर का कैप खराब होना

5. आर्द्रता (humidity) किसे कहते हैं?

उत्तर वायु में पाई जाने वाली नमी को आर्द्रता कहते हैं।

6. विन्टराइजिंग किसे कहते हैं?

उत्तर जब किसी घरेलू ग्रेड के ईंधन को उच्च परिष्कृत ईंधन के साथ मिश्रित कर पैराफीन की मात्रा को घटाया जाता है, तो इसे विन्टराइजिंग कहते हैं।

7. STP का पूर्ण नाम लिखिए।

उत्तर STP का पूर्ण नाम Standard Temperature and Pressure है।

अभ्यास प्रश्न

परीक्षा प्रारूपी प्रश्न

बहुविकल्पीय

1. वाहनों को नियमित रूप से प्रयोग न करने पर उनकी .... में दोष उत्पन्न होता है।
(a) शीतलन प्रणाली (b) एग्जॉस्ट प्रणाली
(c) ईंधन प्रणाली (d) स्नेहन प्रणाली

2. इंजन चालू न होने की समस्या का निवारण है
(a) एण्टी जमाव की जाँच करना
(b) 200 घण्टों में ईंधन फिल्टर को बदलना
(c) बैटरी कनैक्शन को चैक करना
(d) उपरोक्त सभी

3. फ्यूल पम्प में खराबी किस कारण से आती है?
(a) यान्त्रिक कारण (b) विद्युत कारण
(c) 'a' और 'b' दोनों (d) इनमें से कोई नहीं

4. निम्न में से किस वैद्युतिक कारण से इंजन प्रारम्भ नहीं होता है?
(a) फ्यूल पम्प में खराबी (b) स्टार्टर मोटर रिले में खराबी
(c) बैटरी केबिलों में संक्षारण (d) ये सभी

5. हल्के निम्न सल्फर ईंधन का फ्लैश तापमान होता है
(a) उच्च (b) निम्न (c) शून्य (d) अनन्त

6. ईंधन के ओवरफ्लो होने पर इंजन स्टार्ट नहीं होता है, इसे कहते हैं
(a) फ्लडिंग (b) वाहन ड्रैग
(c) विन्टराइजिंग (d) ये सभी

7. इंजन के फ्यूल फिल्टर को कितने घण्टों के प्रचालन के पश्चात् अवश्य परिवर्तित कर देना चाहिए?
(a) 100-150 घण्टे
(b) 200-250 घण्टे
(c) 300-450 घण्टे (d) 400-500 घण्टे

8. उच्च ईंधन खपत किन कारणों से होती है?
(a) डायनमो में दोष (b) बाह्य ईंधन लीकेज
(c) उच्च ऑयल लेवल (d) इंजन के ब्लॉक से

9. इंजन की ईंधन खपत दक्षता वाहन द्वारा तय की गई दूरी के होती है
(a) अनुक्रमानुपाती (b) बराबर
(c) समानुपाती (d) इनमें से कोई नहीं

10. अनुचित दक्षता से ड्राइविंग के कारण ईंधन की खपत पर क्या प्रभाव पड़ता है?
(a) घटना (b) बढ़ना
(c) समान (d) कोई प्रभाव नहीं पड़ता

11. एक मानक के अनुसार एक वर्ष में वाहन को कितने घण्टों से अधिक प्रयोग करने पर ईंधन की खपत बढ़ जाती है?
(a) 100 घण्टे (b) 200 घण्टे
(c) 400 घण्टे (d) 800 घण्टे

12. वायु का प्रतिरोध बढ़ने पर
(a) ईंधन की खपत बढ़ जाती है
(b) ईंधन की खपत अपरिवर्तित रहती है
(c) ईंधन की खपत घट जाती है
(d) उपरोक्त में से कोई नहीं

13. इंजन का अतितापन (overheating) निम्न में से किन कारणों से होता है?
(a) क्लॉग रेडिएटर कोर (b) निम्न आइडल स्पीड सेटिंग
(c) 'a' और 'b' दोनों (d) ऑयल की उच्च श्यानता

14. आदर्श इंजन की प्रतिशत क्षमता होती है
(a) 60% (b) 80%
(c) 100% (d) 'a' और 'b' दोनों

15. इंजन में निम्न शक्ति उत्पादन किन कारणों से होता है?
(a) कमजोर कम्प्रेशन (b) उच्च ऑयल लेवल
(c) ऑयल का घनत्व कम होना (d) ऑयल का लीकेज

16. अत्यधिक ऑयल खपत के कारण हैं
(a) अग्र बियरिंग सील (b) क्षतिग्रस्त मुख्य बियरिंग
(c) बाह्य ऑयल लीकेज (d) ये सभी

17. इंजन में अत्यधिक वाल्व गाइड लगाने से होता है
(a) अत्यधिक ऑयल खपत (b) इंजन की क्षमता अधिक होना
(c) 'a' और 'b' दोनों (d) इनमें से कोई नहीं

18. उच्च माइलेज वाले मोटर ऑयल प्रयोग करने से .... को कम किया जा सकता है।
(a) पार्ट्स की घिसावट (b) ईंधन खपत
(c) 'a' और 'b' दोनों (d) इनमें से कोई नहीं

19. ऑयल खपत को कम करने के लिए निम्न में से कौन-सा निवारण है?
(a) एयर फिल्टर की सफाई
(b) इलेक्ट्रिक उपकरणों का कम उपयोग
(c) स्पार्क प्लग का बदलाव
(d) उपरोक्त सभी

20. इंजन में बियरिंग क्लीयरैन्स का मान 0.003 इंच हो जाने पर इंजन ऑयल की खपत बढ़ जाती है
(a) दोगुना (b) तीन गुना
(c) पाँच गुना (d) आठ गुना

21. अधिक ऊँचाई वाले स्थानों पर वायु दाब कम होने के कारण वायु का घनत्व होता है
(a) कम (b) अधिक (c) शून्य (d) ∞

22. निम्न में से किस प्रणाली में खराबी होने पर इंजन ऑयल शीघ्र ठण्डा हो जाता है?
(a) शीतलन प्रणाली (b) स्नेहन प्रणाली
(c) थर्मोस्टेट प्रणाली (d) एग्जॉस्ट प्रणाली

23. वाहनों के इंजनों में खटखटाने की आवाज आने का कारण है
(a) फैन बैल्ट का ढीला होना
(b) बिग एण्ड बियरिंग का ढीला या घिसा होना
(c) कैमशाफ्ट का अलाइनमेन्ट खराब होना
(d) ब्रेक प्रणाली में खराबी आना

24. वाहनों के इंजनों में क्लिकिंग अथवा टैपिंग की ध्वनि बढ़ जाती है
(a) ईंधन के ओवरफ्लो होने पर
(b) वाहन का त्वरण अथवा गति बढ़ाने पर
(c) फैन बैल्ट के ढीले होने पर (d) ये सभी

25. इंजन में बियरिंग छड़ ढीली होने पर कौन-सी ध्वनि सुनाई पड़ती है?
(a) क्लिकिंग व टैपिंग (b) क्लॉकिंग
(c) तेज नॉकिंग (d) इनमें से कोई नहीं

26. इंजन से आ रही आवाज का निम्न में क्या उपाय है?
(a) उच्च ग्रेड का पेट्रोल (b) नए बियरिंग का प्रयोग
(c) 'a' और 'b' दोनों (d) ये सभी

27. वाहन में ब्रेक की कमी से कैसा शोर सुनाई देता है?
(a) क्लिकिंग (b) नॉकिंग
(c) खड़खड़ (d) ग्राइण्डिंग ध्वनि

28. क्रैंकशाफ्ट की आवाज का कारण है
(a) बिग एण्ड बियरिंग में अधिक क्लीयरैन्स
(b) अपर्याप्त स्नेहन
(c) 'a' और 'b' दोनों (d) ये सभी

29. 'इंजन गर्म होकर रुक जाता है।' इंजन के इस दोष का सम्भावित कारण है
(a) ऊष्मा नियन्त्रण वाल्व का जाम होना
(b) ईंधन मिश्रण में पेट्रोल की कमी होना
(c) चोक वाल्व बन्द होना (d) ये सभी

30. एग्जॉस्ट वाल्व यदि नीले रंग का धुआँ उत्सर्जित करता है, तो इसका सम्भावित कारण हो सकता है
(a) बाह्य लीकेज (b) ईंधन मिश्रण की अधिकता
(c) तेल खपत की अधिकता (d) ये सभी

उत्तरमाला

1. (c)	**2.** (d)	**3.** (b)	**4.** (d)	**5.** (b)	**6.** (a)	**7.** (b)	**8.** (b)	**9.** (c)	**10.** (b)
11. (b)	**12.** (a)	**13.** (a)	**14.** (c)	**15.** (a)	**16.** (d)	**17.** (a)	**18.** (c)	**19.** (d)	**20.** (c)
२१. (a)	**22.** (c)	**23.** (b)	**24.** (b)	**25.** (c)	**26.** (c)	**27.** (d)	**28.** (c)	**29.** (d)	**30.** (c)

द्वितीय वर्ष

अध्याय 01

भारी वाहनों का परिचय

Introduction to Heavy Vehicles

परिचय Introduction

विश्व के सर्वाधिक जनसंख्या युक्त देशों में भारत का दूसरा स्थान है। जनसंख्या की अधिकता के कारण ही भारत में यातायात सम्बन्धी आवश्यकताएँ भी अपेक्षाकृत अधिक हैं, जिनकी पूर्ति हेतु विविध प्रकार के हल्के तथा भारी वाहनों का निर्माण किया जाता है। भारी वाहनों की सहायता से व्यापारिक स्तर पर वस्तुओं का परिवहन, कृषि से सम्बन्धित कार्य, उपचार हेतु रोगियों को चिकित्सालय तक पहुँचाना इत्यादि कार्य शीघ्रता एवं सुगमता से किए जाते हैं।

उपरोक्त आवश्यकताओं को ध्यान में रखकर भारत में विविध श्रेणी के भारी वाहनों का निर्माण किया जाता है। वर्तमान समय में इन आवश्यकताओं की पूर्ति हेतु स्वदेश में निर्मित भारी वाहनों के अतिरिक्त विदेश में निर्मित भारी वाहनों की सहायता भी ली जा रही है। अत: निरन्तर बढ़ती परिवहन आवश्यकताओं की पूर्ति में भारी वाहन उद्योग की महत्त्वपूर्ण भूमिका होती है। इस अध्याय में भारी वाहनों के भाग, सम्बन्धी यन्त्रावली तथा नेम प्लेट विवरण को सम्मिलित किया गया है।

अध्याय विषय सूची

1.1 भारी वाहन Heavy Vehicle

कोई भी सड़क पर चलने वाला वाहन अथवा वाहनों का संयोजन जिसकी सकल वाहन भार रेटिंग (Gross Vehicle Weight Rating, GVWR) 4500 किग्रा या इससे अधिक होती है, भारी वाहन कहलाते हैं। भारी वाहनों को व्यावसायिक वाहन तथा यात्री वाहन की श्रेणी में वर्गीकृत किया जा सकता है। यात्री वाहनों को यात्रियों की सुरक्षा की दृष्टि से बनाया जाता है, जबकि व्यावसायिक वाहनों को भार रखने तथा आवश्यक आघूर्ण के आधार पर बनाया जाता है। भारी वाहन किसी भी देश की अर्थव्यवस्था की जीवन रेखा होते हैं तथा आर्थिक गतिविधियों का एक अभिन्न अंग होते हैं। ये वाहन लम्बी दूरी तक माल ढोने तथा खदानों से प्राकृतिक संसाधन; जैसे—लोहा व कोयला आदि को लाने के लिए प्रयुक्त किए जाते हैं।

1.2 भारी वाहनों के मुख्य भाग Main Parts of Heavy Vehicles

भारी वाहनों की सहायता से भारी वस्तुओं को अधिक मात्रा में एक स्थान से दूसरे स्थान पर स्थानान्तरित किया जाता है। वर्तमान में वस्तुओं के आयात-निर्यात में भारी वाहनों का उपयोग अधिक मात्रा में किया जा रहा है। अत: किसी मोटर मैकेनिक के लिए भारी वाहन की आकृति की समझ होना भी आवश्यक हो जाता है। एक भारी वाहन में अन्य वाहनों के समान ही बॉडी तथा चेसिस मुख्य भाग होते हैं जिनका वर्णन निम्न प्रकार है

1. बॉडी Body

वाहन की बॉडी, लकड़ी या लोहे की बनी होती है जिसमें यात्री सुगमतापूर्वक बैठ सकते हैं या इसके द्वारा सामान ढोया जा सकता है। चौपहिया वाहनों की बॉडी प्राय: लोहे की बनी होती है। यात्रियों की सुविधा के लिए इसमें गद्देदार सीटें बनी होती हैं और यह सब तरफ से ढकी रहती है जिससे कि धूप, बारिश आदि में भी इसमें आराम से यात्रा की जा सके।

इसी क्रम से बसों की बॉडियाँ (bodies) पूरी ढकी होती हैं जबकि ट्रकों की बॉडियों में केवल चालक कक्ष ही ढका होता है और पिछला भाग खुला हुआ होता है, जिसे लोड बॉडी (load body) कहते हैं। आमतौर पर ये बॉडी लोहे की बनी होती हैं, परन्तु कई बार इन्हें बनाने के लिए एल्युमीनियम का प्रयोग भी किया जाता है। वाहनों की कम्पोजिट बॉडी में स्टील सेक्शन का प्रयोग न करके एंगल आयरन का प्रयोग किया जाता है, जिसके साथ लकड़ी जुड़ी होती है। वाहनों की बॉडी चेसिस फ्रेम के साथ नट-बोल्ट द्वारा जुड़ी होती है। चित्र में एक मोटर व्हीकल की बॉडी तथा चेसिस दर्शायी गई है।

चित्र बॉडी तथा चेसिस

यहाँ यह समझ लेना अत्यावश्यक है कि ट्रकों एवं बसों में प्रयुक्त चेसिस, कार की चेसिस से पूर्णतया भिन्न होती है। यह फ्रेम आगे से पीछे तक एकसमान होता है। भारी वाहन के ऐसे फ्रेमों में कुछ विशेष व्यवस्थाएँ की गई होती हैं, जिससे कि दुर्घटना से बचा जा सके। भारी वाहन का फ्रेम आगे से संकरा तथा पीछे की ओर चौड़ा होता जाता है। फ्रेम या चेसिस ही समस्त प्रणालियों एवं इंजन तथा यात्रियों के भार को वहन करता है।

2. इंजन Engine

इंजन किसी भी ऑटोमोबाइल वाहन का शक्ति घटक है जिसमें जीवाश्म ईंधन (fossil fuel) के कम्बशन (combustion) के द्वारा शक्ति उत्पन्न की जाती है। भारी वाहनों में ईंधन के रूप में मुख्यत: हाई स्पीड डीजल ऑयल या साधारणत: डीजल का प्रयोग किया जाता है। आजकल लगभग सभी इंजन इन्टर्नल कम्बशन इंजन होते हैं। कुछ दशकों पहले तक एक्सटर्नल कम्बशन इंजनों का भी प्रयोग किया जाता था, परन्तु अब इनका प्रयोग बन्द कर दिया गया है। इंजन पर्याप्त गति के साथ अत्यधिक लोड धारण करने में सक्षम होते हैं इसलिए इन इंजनों की बनावट यात्री कारों तथा अन्य उपयोगी वाहनों (other utility vehicle) की अपेक्षा अधिक भारी एवं मजबूत होती है। आजकल प्रयोग होने वाले कुछ प्रसिद्ध इंजन निम्न प्रकार हैं

(i) नैचुरल एसपिरेटेड (NA) इंजन
(ii) टर्बो चार्ज्ड (TC) इंजन
(iii) टर्बो चार्ज्ड आफ्टर कूल्ड (TCAC) इंजन
(iv) कॉमन रेल डीजल इंजेक्शन (CRDI) इंजन

निम्न चित्र में एक भारी वाहन के सामान्य इंजन को दर्शाया गया है।

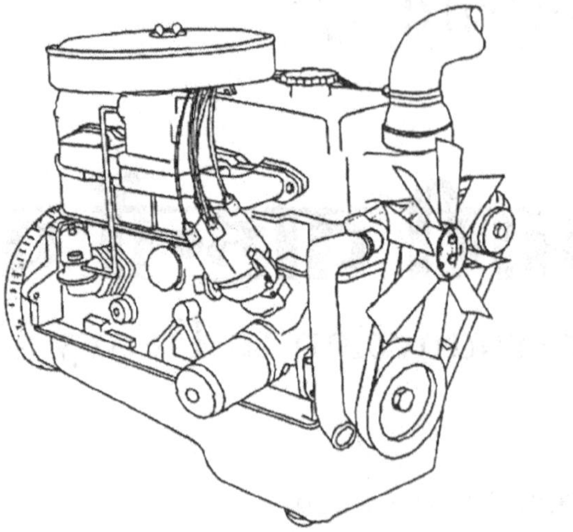

चित्र भारी वाहन इंजन

3. पावर ट्रेन Power Train

पावर ट्रेन इस प्रकार व्यवस्थित की जाती है जिससे इंजन से पहियों (wheels) तक ट्रांसमिशन सरलता से हो सके। इसमें विभिन्न प्रकार के क्लच, विभिन्न गियर बॉक्स, प्रोपेलर शाफ्ट, डिफ्रेन्शियल तथा फाइनल ड्राइव और एक्सल आदि भाग होते हैं। एक्सलों में सिंगल, डबल तथा मल्टी एक्सल, विभिन्न उद्देश्यों की पूर्ति के लिए लगे होते हैं।

4. कण्ट्रोल सिस्टम Control System

ब्रेक तथा स्टीयरिंग प्रणाली कण्ट्रोल सिस्टम के अन्तर्गत आती है, जिनका विवरण निम्नवत् है

(i) **ब्रेक प्रणाली** (Break system) ब्रेकों को प्रबल एवं वाहनों को उच्च गति व लोड के साथ रोकने वाला होना चाहिए। इसके लिए निर्माता विभिन्न प्रकार के ब्रेक; जैसे—सर्वो पावर, सिंगल लाइन व डुअल लाइन एयर ब्रेक बनाते हैं। ABS ब्रेक, एण्टी लोक ब्रेक होते हैं जो वाहन को फिसलने से बचाते हैं।

(ii) **स्टीयरिंग प्रणाली** (Steering system) स्टीयरिंग प्रणाली अवयवों का वह समूह है जो स्टीयरिंग व्हील की गति को फ्रण्ट व्हील तथा कभी-कभी रियर व्हील तक ट्रांसमिट करता है।

स्टीयरिंग प्रणाली का प्राथमिक उद्देश्य ड्राइवर को वाहन गाइड करने की स्वीकृति देना है। जब वाहन सीधा आगे की ओर चल रहा होता है, तो स्टीयरिंग को एक ही स्थान पर स्थिर रखना चाहिए न कि उसे बार-बार सही करते रहे। स्टीयरिंग प्रणाली द्वारा ड्राइवर को सड़क का एहसास देने वाला होना चाहिए अर्थात् सड़क की सतह का फीडबैक स्टीयरिंग व्हील द्वारा प्राप्त होना चाहिए। टायरों के लम्बे जीवनकाल के लिए, स्टीयरिंग प्रणाली को घुमाव एवं सीधी स्थिति में ड्राइविंग करते समय टायरों के बीच उपयुक्त कोण में बने रहना चाहिए। ड्राइवर को कम प्रयास द्वारा तथा उपयुक्त कण्ट्रोल से वाहन को मोड़ना चाहिए। यह सुविधा पावर स्टीयरिंग में उपलब्ध होती है।

5. चेसिस या फ्रेम Chassis or Frame

किसी वाहन का मुख्य संरचनात्मक अवयव चेसिस या फ्रेम होता है जिसमें अन्य सभी भाग जुड़े होते हैं। इसके द्वारा वाहन की बॉडी को सपोर्ट मिलता है। यह बिना विचलन एवं विकृति के स्थैतिक तथा गतिज भारों को वहन करता है, जिनमें से कुछ निम्न है

(i) बॉडी, यात्रियों तथा कार्गो लोड का भार

(ii) असमतल सतह पर जाते हुए ऊर्ध्वाधर तथा मरोड़ (torsional) व घुमाव का भार

(iii) सड़क की स्थिति, साइड की हवा तथा स्टीयरिंग व्हील के कारण अनुप्रस्थ पार्श्व बल

(iv) स्टार्टिंग एवं त्वरण तथा साथ ही ब्रेकिंग के कम्प्रेशन के कारण अनुदैर्ध्य तनन बल।

यह मुख्यत: तीन प्रकार का होता है 'C' फ्रेम, U फ्रेम तथा बॉक्स फ्रेम।

6. सस्पैंशन प्रणाली Suspension System

सम्पूर्ण सस्पैंशन प्रणाली का उद्देश्य, वाहन की बॉडी को सड़क के झटकों एवं कम्पनों से बचाना है अन्यथा ये झटके यात्रियों एवं भार तक पहुँचकर हानि पहुँचा सकते हैं। इसके द्वारा टायरों को अनियमित सड़कों की सतह पर बनाए रखा जाता है। एक साधारण सस्पैंशन प्रणाली में स्प्रिंग, एक्सल, शॉक एब्जॉर्बर, आर्म, छड़ें तथा बॉल जोड़ होते हैं। स्प्रिंग, सस्पैंशन का एक लचीला अवयव है। यह लीफ स्प्रिंग व क्वॉयल स्प्रिंग प्रकार की होती है। स्वतन्त्र सस्पैंशन में प्रत्येक व्हील स्वतन्त्र रूप से गति करता है जिससे कार की बॉडी की मूवमेंट में कमी आती है।

इसके कारण किसी व्हील के एक दिशा में गति करने पर अन्य व्हील पर प्रभाव नहीं पड़ता है तथा इससे बॉडी की मूवमेंट कम हो जाती है। जब कोई व्हील गड्ढे से टकराता है, तो एक प्रतिक्रिया बल उत्पन्न होता है जिसकी ऊर्जा को स्प्रिंग पर स्थानान्तरित किया जाता है जिससे यह दोलन करती है। इन दोलनों के कारण व्हील सड़क की सतह पर अनियन्त्रित हो जाता है। शॉक एब्जॉर्बर, छोटे छिद्रों में ऑयल के प्रैशर के कारण स्प्रिंग के दोलनों को निरस्त कर देते हैं। गति की ऊर्जा को एब्जॉर्ब करके ऑयल गर्म हो जाता है। इस गर्मी को शॉक एब्जॉर्बर की बॉडी के द्वारा वायु में छोड़ दिया जाता है।

1.3 भारी वाहनों की असेम्बली Assembly of Heavy Vehicles

निम्न चित्र में भारी वाहनों की असेम्बली को दर्शाया गया है

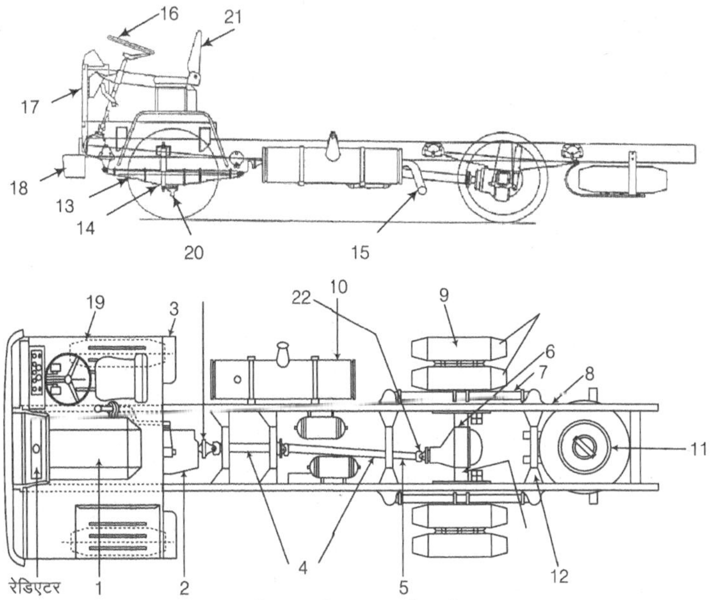

चित्र भारी वाहन असेम्बली

उपरोक्त चित्र में प्रदर्शित भाग निम्नवत् है

1. इंजन	2. क्लच एवं गियर बॉक्स	3. 'U' जोड़	4. प्रोपैलर शाफ्ट	5. डिफ्रैन्शियल
6. रियर एक्सल	7. रियर स्प्रिंग	8. फ्रेम	9. रियर टायर	10. डीजल टैंक
11. स्पेयर व्हील	12. क्रॉस मेम्बर	13. फ्रण्ट स्प्रिंग असेम्बली	14. शॉक एब्जॉर्बर	15. टेल पाइप
16. स्टीयरिंग व्हील	17. रेडिएटर	18. फ्रण्ट बम्पर	19. फ्रण्ट एवं स्ट्रक्चर	20. फ्रण्ट एक्सल
21. ड्राइवर सीट	22. यूनिवसील ज्वाइण्ट			

किसी वाहन में संयोजित विविध अवयव एवं प्रणालियाँ किसी-न-किसी व्यवस्था से सम्बद्ध होती हैं। अत: यहाँ पर उन मुख्य व्यवस्थाओं का ही विवरण प्रस्तुत किया जा रहा है। ये सूचनाएँ सामान्यत: वाहन की मैनुअल बुक में दी जाती हैं।

इंजन व्यवस्था
Engine Arrangement

इंजन व्यवस्था के अन्तर्गत निम्न बिन्दुओं को ध्यान में रखा जाता है

(i) सिलेण्डर की संख्या तथा उनको लगाने की विधि।

(ii) वाल्व लगाने की विधि।

(iii) इंजन ठण्डा रखने के लिए जल या वायु शीतलन की व्यवस्था।

(iv) इंजन चार स्ट्रोक सिद्धान्त (चार स्ट्रोक या दो स्ट्रोक)।

(v) इंजन का प्रकार (डीजल या पेट्रोल)।

चालन व्यवस्था
Drive Arrangement

वाहन की चालन व्यवस्था से अभिप्राय उसमें प्रयुक्त व्हील को शक्ति पहुँचाने की व्यवस्था से है। सिंगल व्हील ड्राइव; जैसे—टैम्पो, टू व्हील ड्राइव या सामान्य मोटरगाड़ियाँ, जिनमें केवल पिछले पहियों को शक्ति प्राप्त होती है और फोर व्हील ड्राइव;

जैसे—जीप व अन्य मिलिट्री की मोटरगाड़ियाँ, जिनमें दोनों (अगले व पिछले) पहियों को शक्ति पहुँचाने की व्यवस्था होती है। किसी भारी वाहन की चालन व्यवस्था प्राय: निम्न कारकों पर निर्भर करती है

(i) **पहियों की विशिष्टियाँ** (Specifications of wheels) वाहन में कितने पहियों की व्यवस्था है, वे किस नाप के हैं तथा उनके द्वारा कितना भार उठाया जा सकेगा, इससे चालक क्षमता का बोध होता है।

(ii) **बॉडी** (Body) मोटरगाड़ी की बॉडी भी एक अन्य महत्त्वपूर्ण भाग है। इसका चयन कार्य के अनुसार करना चाहिए जिससे कि अधिक-से-अधिक लाभार्जन किया जाना सम्भव हो सके।

(iii) **ब्रेक प्रणाली** (Brake system) मोटरगाड़ी को रोकने के लिए प्रयुक्त की जाने वाली प्रणाली ब्रेक प्रणाली कहलाती है। मोटरगाड़ी के ब्रेकों में प्रयुक्त होने वाली विधि का विवरण वाहन की मैनुअल बुक में होता है।

(iv) **व्हील बेस** (Wheel base) किसी मोटर के अगले व पिछले हब के सेन्टरों के बीच की दूरी, व्हील बेस कहलाती है। यह भी भार के अनुरूप ही प्रयुक्त की जाती है।

(v) **व्हील ट्रैक** (Wheel track) किसी मोटर के अगले पहियों के सेन्टरों के बीच की दूरी, व्हील ट्रैक कहलाती है।

1.4 भारी वाहनों के प्रकार
Types of Heavy Vehicles

एक स्थान से दूसरे स्थान पर जाने के लिए एवं विभिन्न वस्तुओं को ढोने के लिए विभिन्न प्रकार के वाहन प्रयोग किए जाते हैं। विभिन्न औद्योगिक (industrial) क्षेत्रों; जैसे—कृषि, उद्योग, परिवहन उद्योग, चिकित्सा उद्योग की ऑटोमोबाइल उद्योग पर निर्भरता के कारण यह उद्योग किसी भी राष्ट्र का एक महत्त्वपूर्ण अंग होता है। इस उद्योग के अन्तर्गत प्रयोग किए जाने वाले विभिन्न भारी वाहनों का उपयोग प्राय: वस्तुओं के परिवहन, व्यक्तिगत परिवहन, सैन्य/रक्षा विभागों इत्यादि में किया जाता है। ऐसे ही कुछ महत्त्वपूर्ण भारी वाहनों; जैसे—ट्रक, रक्षा वाहन, बस, ट्रैक्टर, एम्बुलेन्स आदि का वर्णन नीचे किया गया है।

1. ट्रक Trucks

ट्रक, भारत में वस्तुओं के परिवहन के लिए प्रयोग किए जाने वाले प्रमुख साधन हैं। ट्रक भारी वाहनों के अन्तर्गत आते हैं, इनका उपयोग भारी मात्रा में वस्तुओं को उनके गन्तव्य (destination) तक पहुँचाने में किया जाता है। ये भारत में वाणिज्यिक गतिविधियों के सुगम प्रवाह (smooth flow) तथा उनकी वृद्धि (growth) के लिए बहुत महत्त्वपूर्ण माने जाते हैं।

तालिका ट्रक उत्पादकों का विवरण

क्र.सं.	ट्रक उत्पादक	उत्पाद
1.	टाटा (1983)	टाटा एस, एस.एफ.सी. व टर्बो
2.	अशोक लेलैण्ड	हॉथेज, टस्कर, कॉमेट, एक्सल
3.	महिन्द्रा एण्ड महिन्द्रा	यूटिलिटी, पिकअप, मैक्सी, लोडकिंग
4.	स्वराज (1983) (वर्तमान में SML)	हाई-डेक स्वराज्य, डम्पर

2. रक्षा वाहन Defence Vehicles

ये ऐसे भारी वाहन हैं, जो रक्षा विभागों/सेवाओं; जैसे—आर्मी, नेवी और एयरफोर्स में सहायक के तौर पर प्रयुक्त किए जाते हैं। रक्षा वाहन भारत में देश की सीमा रेखाओं की सुरक्षा में भी रक्षा सेवाओं द्वारा अत्यधिक प्रयोग किए जाते हैं। रक्षा विभाग द्वारा विविध कार्यों को करने योग्य भारी वाहनों का चयन किया जाता है। भारत में रक्षा वाहनों का उपयोग सीमा या मोर्चे पर सैनिकों को आवश्यक सामान पहुँचाने में तथा छोटे-मंझले वाहनों को दूरस्थ स्थानों पर पहुँचाने में किया जाता है। भारत में सेना के लिए ऐसे भारी वाहन मुख्य रूप से अशोक लेलैण्ड, जबलपुर व्हीकल्स तथा टाटा ने डिजाइन किए हैं जो विपरीत परिस्थितियों में भी बेहतर कार्यक्षमता दर्शाने में सक्षम हैं।

साथ ही ये ईंधन की बचत करने वाले भी हैं। इनकी एक अतिरिक्त विशेषता यह है कि रक्षा सेवाओं के लिए बनाए जाने वाले ये वाहन फोर-व्हील ड्राइव होते हैं।

तालिका रक्षा वाहन उत्पादकों का विवरण

क्र.सं.	रक्षा वाहन उत्पादक	उत्पाद
1.	टाटा (1983)	एस. डी. 1015 टाटा 407S, हाई टॉप अप कैरियर
2.	अशोक लेलैण्ड	स्टैलियन शृंखला, हाई-मोबिलिटी, कॉमेट
3.	महिन्द्रा एण्ड महिन्द्रा	कमाण्डर शृंखला, रक्षक, महिन्द्रा 550 × D

3. **बसें** Buses

ये भारत में परिवहन का मुख्य साधन हैं। देशभर में अधिक संख्या में यात्रियों को एक स्थान से दूसरे स्थान तक पहुँचाने में बसों की मुख्य भूमिका होती है। बसें, परिवहन का मूलभूत रूप होने के कारण इन पर शासन-प्रशासन का ध्यान मुख्यत: रहता है। अपने गन्तव्यों को जाने वाले हजारों लोग बस सेवा का प्रतिदिन उपयोग करते हैं।

तालिका बस उत्पादकों का विवरण

क्र.सं.	बस उत्पादक	उत्पाद
1.	टाटा	LP 407 स्टार बस स्कूल, SFC 410, एम्बुलैन्स LP 909
2.	अशोका लेलैण्ड	स्टैग, FESLF, टाइटन डबल डेकर, जैन बस
3.	महिन्द्रा एण्ड महिन्द्रा	एफ. जे. मिनी बस, एफ. जे. 470, टूरिस्टर
4.	फोर्स मोटर्स (1950)	सिटिलाइन, कम्प्यूटर व ट्रैवलर
5.	हिन्दुस्तान मोटर्स	कस्टम पैसेन्जर व स्कूल बस
6.	आयशर (1982)	स्काईलाइन शृंखला व क्रूजर बस
7.	वाइकिंग	बी.एस. II व III, सी. एन. जी. व एस.एल.एफ

4. **ट्रैक्टर** Tractors

भारत एक कृषि आधारित अर्थव्यवस्था वाला देश है। परिणामत: भारत की अर्थव्यवस्था के विकास में ट्रैक्टर्स की महत्त्वपूर्ण भूमिका है। कृषि क्षेत्र में ट्रैक्टरों का विविध कार्यों में उपयोग किया जाता है। इनकी सहायता से बहुत कम समय में काफी बड़े क्षेत्र की बुआई प्रभावी रूप से की जा सकती है।

तालिका ट्रैक्टर उत्पादको का विवरण

क्र.सं.	ट्रैक्टर उत्पादक	उत्पाद
1.	एस्कॉर्ट्स	फार्मट्रैक शृंखला व पावरट्रैक शृंखला
2.	फोर्स मोटर्स	बलवान शृंखला व ओ. एक्स. 25
3.	स्वराज (वर्तमान में SML)	सुपर 772 एफ. ई. 735, 855 व एफ. ई.
4.	सोनालिका	सोनालिका
5.	न्यू हॉलैण्ड	न्यू हॉलैण्ड

5. **एम्बुलैन्स** Ambulance

ये हल्के चौपहिया वाहन के रूप में भी उपलब्ध हैं। एम्बुलैन्स स्वास्थ्य उद्योग का एक अनिवार्य घटक है। इनका उपयोग मुख्यत: रोगियों के स्थानान्तरण में किया जाता है।

एम्बुलैन्स निर्माण में रोगियों के हितों को सर्वोच्च वरीयता देते हुए सुरक्षा, सुगमता तथा वाहन की गति पर विशेष ध्यान दिया जाता है।

तालिका एम्बुलैन्स उत्पादकों का विवरण

क्र.सं.	एम्बुलैन्स उत्पादक	उत्पाद
1.	हिन्दुस्तान मोटर्स	आर. टी. वी. एम्बुलैन्स
2.	फोर्स मोटर्स	ट्रैवलर एम्बुलैन्स
3.	महिन्द्रा एण्ड महिन्द्रा	एम. एम. 540 डी. पी. एम्बुलैन्स
4.	मारुति उद्योग	ओम्नी एम्बुलैन्स

1.5 अग्रणी भारी वाहन निर्माता
Leading Heavy Vehicle Manufacturers

भारत में भारी वाहन के निर्माण में मुख्यत: निम्न निर्माता कम्पनियाँ उच्च स्तर के विभिन्न प्रकार के विश्वस्तरीय मानकों के अनुसार प्रमुख स्थान रखती हैं

1. **अशोक लेलैण्ड** (Ashok Leyland) इस निर्माता कम्पनी की स्थापना वर्ष 1948 में हुई थी। इसका मुख्यालय चेन्नई में स्थित है। भारत में मध्यम एवं भारित व्यावसायिक वाहन निर्माण में इस कम्पनी का विशिष्ट स्थान है।
2. **टाटा मोटर्स** (Tata Motors) यह अन्तर्राष्ट्रीय ऑटोमोबाइल कम्पनी है, जिसका मुख्यालय मुम्बई में है। यह एशिया की सबसे बड़ी ऑटोमोबाइल कम्पनी है, जो आमतौर पर ट्रक, बस, कार, मिलिट्री, वाहन एवं वैन कोच इत्यादि बनाती है। इसके अतिरिक्त नैनो, इण्डिगो, स्टार बस एवं सूमो इत्यादि इसके मुख्य ब्राण्ड हैं।
3. **फोर्स मोटर्स** (Force Motors) इस वाहन निर्माता कम्पनी की स्थापना वर्ष 1958 में हुई थी। इसका मुख्यालय पुणे में स्थित है। यह कम्पनी थ्री-व्हीलर, ट्रैक्टर, बस, मल्टी यूटिलिटी एवं भारी व्यावसायिक वाहन बनाती है। इस वाहन निर्माता कम्पनी को बजाज टैम्पो कम्पनी के नाम से भी जाना जाता है।
4. **फोर्ड इण्डिया** (Ford India) फोर्ड फीगो, फोर्ड क्लासिक, फोर्ड फिस्टा एवं फोर्ड एण्डयोवर इसके मुख्य वाहन ब्राण्ड हैं। यह कम्पनी प्राय: फोर्ड कम्पनी की सहायक है जिसका मुख्यालय भी चेन्नई में स्थित है।
5. **हिन्दुस्तान मोटर्स** (Hindustan Motors) यह कम्पनी प्राय: चार प्रकार के वाहन बनाती है। पैजारो, लान्सर इत्यादि इसके मुख्य वाहन हैं।
6. **मारुति सुज़ूकी इण्डिया** (Maruti Suzuki India) यह जापान की सुज़ूकी मोटर कॉर्पोरेशन की एक सहायक कम्पनी है, जिसकी स्थापना फरवरी, 1981 में मारुति उद्योग लिमिटेड के नाम से हुई थी। मारुति 800, ऑल्टो, मारुति एस्टीम, रिट्ज, ए-स्टार, मारुति ओमनी, स्विफ्ट तथा स्पोर्ट्स यूटिलिटी वाहन ग्रैण्ड विटारा इत्यादि इसके प्रमुख उत्पाद हैं।
7. **हुण्डई मोटर इण्डिया लिमिटेड** (Hyundai Motor India Ltd) भारतीय कार निर्माता कम्पनियों में दूसरा स्थान रखने वाली इस कम्पनी की स्थापना वर्ष 1998 में हुई थी। सेन्ट्रो, गैटेज प्राइम, एसैन्ट, सेन्ट्रो, वेरना, सोनाटा ट्रान्सफॉर्स, इओएन तथा टक्सन इत्यादि इस निर्माता कम्पनी के मुख्य उत्पाद हैं। इसके द्वारा निर्मित कारें अपेक्षाकृत छोटे आकार की होती हैं।

8. **महिन्द्रा एण्ड महिन्द्रा** (Mahindra and Mahindra) यह भारतीय कोंगलो मैरेट ग्रुप का भाग है। इसका मुख्यालय मुम्बई में स्थित है। स्कॉर्पियो, लीजैण्ड, कमाण्डर एवं महिन्द्रा बोलेरो इत्यादि इसके मुख्य उत्पाद हैं। यह भारत में सबसे अधिक SUV बनाने के लिए प्रसिद्ध है।
9. **होण्डा कार लिमिटेड** (Honda Car Limited) यह जापान की होण्डा मोटर कम्पनी की सहायक कम्पनी है। इस कार उत्पादक कम्पनी में निर्माण का कार्य गुड़गाँव, भिवाड़ी (राजस्थान) एवं नोएडा में किया जाता है। इसके द्वारा बनाए गए होण्डा सी. आर.वी., होण्डा एकोर्ड एवं होण्डा सिविक इत्यादि प्रसिद्ध चौपहिया वाहन हैं।
10. **टोयोटा किर्लोस्कर मोटर्स** (Toyota Kirloskar Motors) यह कम्पनी किर्लोस्कर एवं टोयोटा मोटर कॉर्पोरेशन का संयुक्त रूप है। इस निर्माता कम्पनी के प्रमुख वाहन फॉर्चूनर व इटीओस हैं। टोयोटा प्रियस, लैण्ड क्रूजर एवं लैण्ड क्रूजर प्राडो इत्यादि इसके प्रसिद्ध मॉडल हैं।
11. **शैवर्ले इण्डिया** (Chevrolet India) यह यूनाइटेड स्टेट की जनरल मोटर्स की संयुक्त कम्पनी है। यह भारत की सबसे बड़ी ऑटो निर्माण कम्पनी है। शैवर्ले स्पार्क, शैवर्ले टवेरा, शैवर्ले क्रूज एवं कैपटिवा इसके प्रसिद्ध उत्पाद हैं।

इनके अतिरिक्त भारत में भारी वाहन का निर्माण कुछ अन्य निर्माता कम्पनी भी करती हैं; जैसे-MAN ट्रक इण्डिया लिमिटेड, आयशर मोटर्स, वोल्वो मोटर्स, एशिया मोटर वर्क्स तथा स्वराज माजदा आदि।

1.6. वाहन पंजीकरण नेमप्लेट

Vehicle Registration Nameplate

सभी प्रकार के वाहनों के लिए वाहन पंजीकरण प्लेट का होना अनिवार्य है। धातु या प्लास्टिक की प्लेट से निर्मित इस नेमप्लेट पर सांख्यिक तथा अक्षरांकीय कोड अंकित होते हैं जो उस वाहन की सरकारी पहचान को दर्शाते हैं। प्रदेश का रीजनल ट्रांसपोर्ट ऑफिस (RTO), जिला स्तर पर इस पंजीकरण प्लेट को जारी करता है।

इस पंजीकरण प्लेट के साथ आर. टी. ओ. रजिस्ट्रेशन सर्टिफिकेट भी प्रदान करता है जिसमें वाहन के पंजीकृत स्वामी का नाम व पता, वाहन का मॉडल, आकार, प्रयुक्त ईंधन का प्रकार, वाहन पहचान संख्या एवं वाहन का पूर्ण विवरण अंकित होता है। एक वाहन के आगे एवं पीछे दोनों ओर पंजीकृत नेम प्लेट संलग्न की जाती है।

नेमप्लेट का फॉर्मेट Format of Nameplate

1. टू-व्हीलर; जैसे-स्कूटर, मोटरसाइकिल तथा फोर-व्हीलर; कार इत्यादि के लिए सफेद रंग की परत वाली प्लेट पर काले रंग से अक्षर लिखे होते हैं।
2. ट्रक, बस इत्यादि व्यावसायिक वाहनों पर पीले रंग की प्लेट पर काले रंग से अंक एवं अक्षर लिखे होते हैं।
3. विदेशी राजनायिकों के लिए हल्के नीले रंग की परत वाली प्लेट पर सफेद रंग से अंक एवं अक्षर लिखे होते हैं।
4. सरकारी वाहनों में नेमप्लेट के स्थान पर लाल प्लेट पर भारत सरकार का सुनहरे रंग का प्रतीक बना होता है।

नेमप्लेट के अंक एवं अक्षर

Letters and Numbers of Nameplate

1. नेमप्लेट पर अंकित पहले दो अक्षर, सम्बन्धित राज्य या केन्द्रशासित प्रदेश को प्रदर्शित करते हैं, जिससे ये पंजीकृत होते हैं। सभी राज्यों के लिए ये दो अक्षर का कोड भिन्न-भिन्न होता है जैसा कि निम्न तालिका में दर्शाया गया है

राज्य अथवा केन्द्रशासित प्रदेश	कोड	राज्य अथवा केन्द्रशासित प्रदेश	कोड
अण्डमान निकोबार द्वीप	AN	लक्षद्वीप	LD
आन्ध्र प्रदेश	AP	महाराष्ट्र	MH
अरुणाचल प्रदेश	AR	मेघालय	ML
असम	AS	मणिपुर	MN
बिहार	BR	मध्य प्रदेश	MP
छत्तीसगढ़	CG	मिजोरम	MZ
चण्डीगढ़	CH	नागालैण्ड	NL
दमन एवं दीव	DD	ओडिशा	OD
दिल्ली	DL	पंजाब	PB
दादर नगर हवेली	DN	पुडुचेरी	PY
गोवा	GA	राजस्थान	RJ
गुजरात	GJ	सिक्किम	SK
हरियाणा	HR	तमिलनाडु	TN
हिमाचल प्रदेश	HP	त्रिपुरा	TR
झारखण्ड	JH	तेलंगाना	TS
जम्मू-कश्मीर	JK	उत्तराखण्ड	UK
कर्नाटक	KA	उत्तर प्रदेश	UP
केरल	KL	पश्चिम बंगाल	WB

2. अगले दो अंक, जिले के रजिस्टर्ड क्रमांक हैं। ये अंक नम्बर प्राधिकरण के साथ भी लिखे होते हैं।
3. नेमप्लेट के तीसरे भाग में 4 क्रमांक अंक होते हैं।
4. चौथा भाग अन्तर्राष्ट्रीय ओवल 'IND' होता है। इसके टॉप पर नीले रंग का छोटा वर्ग बना होता है।

वाहन पंजीकरण नेमप्लेट के गुण

Merits of Vehical Registration Nameplate

1. नेमप्लेट के द्वारा वाहन के उस प्रदेश एवं जिले का पता चल जाता है जहाँ पर वाहन पंजीकृत होता है।
2. पंजीकरण करने से छोटे स्तर पर अर्थात् जिले स्तर पर वाहनों की अनुमानित संख्या को ज्ञात किया जा सकता है।
3. वाहन दुर्घटना, वाहन खोने या किसी जुर्म इत्यादि में सम्बन्धित वाहन में पंजीकरण नेमप्लेट होने से उक्त घटना से सम्बन्धित जानकारियाँ एकत्र करना आसान होता है।

1.7 भारी वाहनों से सम्बन्धित सामान्य दोषोपचार

General Troubleshooting Related to Heavy Vehicles

भारी वाहनों का निर्माण निश्चित उद्देश्यों से किया जाता है और उनके निर्माण में छोटे वाहनों की तुलना में कहीं बड़े अवयवों एवं यन्त्रावलियों का उपयोग किया जाता है। ऐसी स्थितियों समेत सामान्य स्थितियों में भी कुछ दोष उनमें स्वाभाविक रूप से उत्पन्न होते हैं जिनके विषय में जानकारी होना अति आवश्यक है। भारी वाहनों में सामान्य श्रेणी के अन्तर्गत होने वाले कुछ दोषोपचार निम्न हैं

क्र.सं.	दोष	उपचार
1.	वाहनों के पहियों में वायुदाब कम होना।	वाहनों के पहियों में संस्तुति के अनुसार वायुदाब व्यवस्थित करें।
2.	वाहन में झटके लगना।	वाहन की सस्पैंशन प्रणाली की जाँच करें।
3.	वाहन के एक्सल का टूटना।	नए एक्सल का प्रयोग करें।
4.	डिफरैन्शियल बॉक्स से आवाज आना।	डिफरैन्शियल बॉक्स की रिपेयर करें।
5.	गियर बॉक्स से आवाज आना।	गियर बॉक्स की मरम्मत करें।
6.	वाहन का स्टार्ट न होना।	वाहन के ईंधन प्रवाह एवं बैटरी की जाँच करें।
7.	वाहन के ब्रेक न लगना।	वाहन की ब्रेक प्रणाली की जाँच करें और टूटे हुए अवयवों को बदलें।
8.	वाहन केबिन का अत्यधिक गर्म होना।	वाहन केबिन की फैन बैल्ट एवं फैन की जाँच करें।
9.	वाहन को घुमाने व मोड़ने में परेशानी होना।	वाहन की स्टीयरिंग प्रणाली की जाँच करें।
10.	अँधेरे में वाहन की प्रकाशीय व्यवस्था का ठीक प्रकार से कार्य न करना।	वाहन की प्रकाशीय व्यवस्था की जाँच करें और विद्युत लाइन एवं बल्बों को जाँचकर ठीक करें।

महत्त्वपूर्ण बिन्दु

- सर्वप्रथम चार पहियों पर चलने वाली मोटरगाड़ी का विकास ऑलीबर एवान नामक एक इंजीनियर ने वर्ष 1805 ई. में किया था।
- चौपहिया वाहनों की बॉडी प्रायः लोहे की बनी होती है, परन्तु कई बार इन्हें बनाने के लिए एल्युमीनियम का भी प्रयोग किया जाता है।
- वाहनों में प्रयुक्त सर्विस ब्रेक का सम्बन्ध फुट पैडल से तथा हैण्ड अथवा पार्किंग ब्रेक का सम्बन्ध एक हैण्ड लीवर से होता है।
- इंजन, एक्सटर्नल तथा इन्टर्नल कम्बशन प्रकार के होते हैं जिनमें से इंटर्नल कम्बशन इंजन का प्रयोग मोटर व्हीकल में किया जाता है।
- चेसिस का वह भाग, जो इंजन फ्लाईव्हील से ट्रांसमिशन प्रणाली तक की पॉवर को संयोजित अथवा विसंयोजित करता है, क्लच कहलाता है।
- स्लिप एवं यूनिवर्सल ज्वॉइण्ट के साथ प्रयोग की जाने वाली प्रोपैलर शाफ्ट, गियर बॉक्स तथा फाइनल ड्राइव को परस्पर संयोजित करती है। चेसिस फ्रेम स्टील ट्यूब, माइल्ड स्टील एवं स्टील गार्डर का बना होता है।
- फ्रण्ट एक्सल, जो वाहन के आगे के भार को सहन करता है, स्टीयरिंग यन्त्रावली के साथ संयोजित होता है।
- रियर एक्सल, जिसे विभेदक असेम्बली भी कहते हैं, वाहन के पिछले भाग के भार को सहन करती है।
- वाहन के फ्रेम तथा बॉडी को झटकों से बचाने तथा वाहन को उच्च गति पर चलाने के लिए सस्पैंशन प्रणाली अत्यन्त आवश्यक है।
- ट्रांसमिशन प्रणाली के अन्तर्गत प्रोपैलर शाफ्ट, फ्लाईव्हील, गियर बॉक्स, क्लच इत्यादि आते हैं।
- ट्रांसमिशन प्रणाली के द्वारा इंजन की शक्ति वाहन के व्हील्स तक पहुँचती है।
- चैसिस को सामान्यतः कन्वेन्शनल कण्ट्रोल, सेमी फॉरवर्ड कण्ट्रोल तथा फुली फॉरवर्ड कण्ट्रोल में वर्गीकृत किया गया है।
- 4×2 व्हील ड्राइव में पहला अंक 4 पहियों की संख्या को तथा दूसरा अंक 2 ड्राइव व्हील्स की संख्या को प्रदर्शित करता है।
- व्हील बेस, अगले व पिछले हब के केन्द्रों के बीच की दूरी होती है, जबकि व्हील ट्रैक मोटर के अगले पहियों के केन्द्रों के बीच की दूरी होती है।
- भारतीय सेना में प्रयोग किए जाने वाले रक्षा वाहन अशोक लेलैण्ड तथा टाटा मोटर्स द्वारा डिजाइन किए जाते हैं।
- अशोक लेलैण्ड कम्पनी की स्थापना वर्ष 1948 में हुई थी तथा इसका मुख्यालय चेन्नई में स्थित है।
- फोर्स मोटर्स जिसे बजाज टैम्पो कम्पनी के नाम से भी जाना जाता है, की स्थापना वर्ष 1958 में हुई थी।
- जापान की सुजूकी मोटर्स कॉर्पोरेशन की सहायक कम्पनी मारुती सुजूकी इण्डिया की स्थापना फरवरी वर्ष 1981 में की गई थी।
- भारतीय कोंगलो मैरट ग्रूप का भाग महिन्द्रा एण्ड महिन्द्रा भारत में सबसे अधिक SUV बनाने के लिए प्रसिद्ध है।
- भारत की सबसे बड़ी ऑटो निर्माण कम्पनी शैवर्ले इण्डिया, यूनाइटेड स्टेट की जनरल मोटर्स की संयुक्त कम्पनी है।
- ट्रक, बस इत्यादि व्यावसायिक वाहनों पर पीले रंग की नेमप्लेट पर काले रंग से अंक एवं अक्षर लिखे होते हैं।
- विदेशी राजनायिकों के वाहनों पर हल्के नीले रंग की परत वाली नेमप्लेट लगी होती है जिस पर सफेद रंग से अंक एवं अक्षर लिखे होते हैं।
- वाहन में झटके लगने पर उसकी सस्पैंशन प्रणाली की जाँच करनी चाहिए।
- वाहनों के स्टार्ट न होने पर, वाहन के ईंधन, प्रवाह तथा बैटरी की जाँच करनी चाहिए।

महत्त्वपूर्ण प्रश्नोत्तरी

1. चेसिस से क्या आशय है?

उत्तर किसी मोटर व्हीकल की बॉडी को यदि अलग कर दिया जाए, तो शेष भाग को चेसिस कहते हैं।

2. चेसिस के किस भाग के साथ स्टीयरिंग यन्त्रावली लगाई जाती है?

उत्तर चेसिस के फ्रण्ट एक्सल भाग के साथ स्टीयरिंग यन्त्रावली लगाई जाती है।

3. सस्पैंशन प्रणाली का मुख्य गुण बताइए।

उत्तर यह प्रणाली सड़क पर लगने वाले झटकों से वाहन के फ्रेम तथा बॉडी को बचाती है।

4. भारी वाहनों के फ्रेम या चेसिस की आकृति कैसी होती है?

उत्तर भारी वाहनों का फ्रेम या चेसिस, आगे से संकरा तथा पीछे की ओर चौड़ा होता जाता है जिससे कि यह यात्रियों एवं वस्तुओं के भार को सहन कर सके।

5. वाहनों में कितने प्रकार की ड्राइव होती हैं?

उत्तर वाहनों मे निम्न छः प्रकार की ड्राइव होती हैं

(i) लेफ्ट हैण्ड ड्राइव (ii) राइट हैण्ड ड्राइव
(iii) सिंगल व्हील ड्राइव (iv) टू-व्हील ड्राइव
(v) फोर व्हील ड्राइव (vi) छः व्हील ड्राइव

अभ्यास प्रश्न

परीक्षा प्रारूपी प्रश्न

बहुविकल्पीय

1. वाहन की सकल भार रेटिंग का मात्रक है
(a) किग्रा (b) किग्रा प्रति इंच
(c) किग्रा प्रति वर्ग इंच (d) किग्रा प्रति वर्ग मीटर

2. भारी वाहनों की सकल भार रेटिंग होती है
(a) 1500 किग्रा से अधिक (b) 2500 किग्रा से अधिक
(c) 3500 किग्रा से अधिक (d) 4500 किग्रा से अधिक

3. भारी वाहनों की श्रेणी में आते हैं
(a) यात्री वाहन (b) व्यावसायिक वाहन
(c) मालवाहक वाहन (d) ये सभी

4. वर्तमान में किस प्रकार के इंजन का प्रयोग किया जाता है
(a) इन्टर्नल कम्बशन इंजन (b) एक्सटर्नल कम्बशन इंजन
(c) 'a' और 'b' दोनों (d) इनमें से कोई नहीं

5. सामान्य रूप से मोटर वाहन होते हैं
(a) बैकवर्ड ड्राइव
(b) राइट हैण्ड ड्राइव
(c) सेन्टर ड्राइव
(d) लैफ्ट हैण्ड ड्राइव

6. "यह वाहन के चेसिस में संयोजित अन्य युक्तियों को घूर्णन पावर स्रोत से विभिन्न गति एवं आघूर्ण प्रदान करती है" यह कथन निम्न में से किससे सम्बन्धित है?
(a) प्रोपैलर शाफ्ट (b) गियर बॉक्स
(c) क्लच (d) रियर

7. निम्न में से कौन-सा अवयव इंजन फ्लाईव्हील से ट्रांसमिशन प्रणाली तक की पावर को संयोजित या विसंयोजित करता है?
(a) गियर बॉक्स (b) U ज्वॉइण्ट (c) क्लच (d) प्रोपैलर शाफ्ट

8. रियर एक्सेल को अन्य किस नाम से जाना जाता है?
(a) फ्रण्ट एक्सल (b) ट्यूबलर असेम्बली
(c) संयोजन असेम्बली (d) विभेदक असेम्बली

9. इंजन का स्टेशनरी भाग नहीं है
(a) सिलेण्डर हैड (b) फ्लाईव्हील
(c) फ्यूल पम्प (d) एयर क्लीनर

10. पावर ट्रेन में निम्न में से कौन-सा अवयव नहीं लगा होता है?
(a) प्रोपैलर शाफ्ट (b) डिफ्रैन्शियल
(c) ब्रेक (d) गियर बॉक्स

11. भारी वाहनों में किस प्रकार के ब्रेक लगाए जाते हैं?
(a) सर्वो ब्रेक (b) पावर ब्रेक
(c) डुअल लाइन ब्रेक (d) ये सभी

12. वाहनों को फिसलने से बचाने के लिए किस प्रकार के ब्रेक प्रयोग किए जाते हैं ?
(a) सर्वो ब्रेक (b) ABS ब्रेक
(c) पॉवर ब्रेक (d) सिंगल लाइन ब्रेक

13. पावर स्टीयरिंग का गुण है
(a) कम प्रयास द्वारा वाहन को मोड़ना
(b) वाहन की दिशा पर बेहतर कण्ट्रोल
(c) स्टीयरिंग व्हील के कम घुमाव पर ही व्हील पर अधिक घुमाव
(d) उपरोक्त सभी

14. वाहन इकाई का मूलभूत अवयव ········ है।
(a) फ्रेम (b) चेसिस
(c) 'a' और 'b' दोनों (d) इनमें से कोई नहीं

15. वाहनों के चेसिस में ········ फ्रण्ट एक्सल से जुड़ा होता है।
(a) गियर ट्रेन (b) स्टीयरिंग
(c) फ्लाईव्हील (d) ये सभी

16. उच्च गति पर वाहन को चलाने के लिए चेसिस में कौन-सी प्रणाली का होना नितान्त आवश्यक है?
(a) सस्पैंशन प्रणाली
(b) ब्रेक प्रणाली
(c) स्टीयरिंग प्रणाली
(d) ट्रांसमिशन प्रणाली

17. क्लच, गियर बॉक्स एवं प्रोपैलर शाफ्ट इत्यादि निम्न में से किस प्रणाली के अन्तर्गत आते हैं?
(a) कूलिंग प्रणाली (b) ट्रांसमिशन प्रणाली
(c) सस्पैंशन प्रणाली (d) ब्रेक प्रणाली

18. निम्न में से किस प्रणाली के द्वारा ही इंजन की पावर वाहन के व्हील तक पहुँचती है?
(a) स्टीयरिंग प्रणाली (b) सस्पैंशन प्रणाली
(c) ट्रांसमिशन प्रणाली (d) इनमें से कोई नहीं

19. चेसिस के अन्तर्गत नहीं आते हैं
(a) इंजन व ट्रांसमिशन (b) स्टीयरिंग व व्हील्स
(c) बॉडी (d) गियर बॉक्स व क्लच

20. चेसिस फ्रेम बना होता है
(a) स्टील गार्डर का (b) स्टील ट्यूब का
(c) माइल्ड स्टील का (d) ये सभी

21. भारी वाहनों में अधिकतर निम्न में से किस प्रकार का इंजन प्रयुक्त किया जाता है?
(a) पेट्रोल इंजन (b) डीजल इंजन
(c) स्पार्क इग्नीशन इंजन (d) ये सभी

22. निम्न में से कौन-सा वाहन सिंगल व्हील ड्राइव का प्रकार है?
(a) ट्रक (b) जीप
(c) बस (d) टैम्पो

23. व्हील बेस क्या होता है?
(a) अगले पहियों के बीच की दूरी
(b) अगले व पिछले पहियों के बीच की दूरी
(c) पिछले पहियों के बीच की दूरी
(d) उपरोक्त में से कोई नहीं

24. व्हील ट्रैक होता है
(a) पिछले पहियों के बीच की दूरी
(b) अगले पहियों के बीच की दूरी
(c) अगले व पिछले पहियों के बीच की दूरी
(d) उपरोक्त में से कोई नहीं

25. सस्पैंशन प्रणाली में किस प्रकार की स्प्रिंग प्रयुक्त की जाती है?
(a) लीफ स्प्रिंग (b) क्वॉयल स्प्रिंग
(c) 'a' और 'b' दोनों (d) इनमें से कोई नहीं

26. माल लादने में भारी गाड़ियों के रूप में प्रयोग किया जाता है
(a) ट्रकों का (b) जीप का
(c) मैटाडोर का (d) डिलीवरी वैन का

27. सिंगल डैक तथा डबल डैक प्रकार हैं
(a) बस के (b) स्कूटर के
(c) वैन के (d) मोपैड के

28. भार उठाने के अनुसार, ट्रक की किस्म नहीं है
(a) प्लेटफॉर्म (b) डम्पिंग
(c) ट्रेलर (d) डरिक

29. भारत में पहला ट्रैक्टर किस कम्पनी ने निर्मित किया था?
(a) स्वराज (b) महिन्द्रा
(c) आयशर (d) एस्कॉट

30. व्यावसायिक वाहन निर्माता कम्पनी अशोक लेलैण्ड का मुख्यालय स्थित है
(a) चेन्नई में (b) मुम्बई में
(c) पुणे में (d) दिल्ली में

31. मारुती सुजूकी इण्डिया की स्थापना किस वर्ष में की गई थी?
(a) मार्च, 1958 (b) दिसम्बर, 1948
(c) सितम्बर, 1998 में (d) फरवरी, 1981 में

32. निम्न में से यूनाइटेड स्टेट की जनरल मोटर्स की संयुक्त कम्पनी है
(a) फोर्स मोटर्स (b) फोर्ड इण्डिया
(c) शेवर्ले इण्डिया (d) अशोक लेलैण्ड

33. भारत में सेना के लिए भारी वाहनों का निर्माता है
(a) टाटा मोटर्स (b) अशोक लैलैण्ड
(c) जबलपुर व्हीकल्स (d) ये सभी

34. निम्न में से भारत में ट्रैक्टर निर्माता कम्पनी नहीं है
(a) न्यू हॉलैण्ड (b) सोनालिका
(c) शैवर्ले इण्डिया (d) फोर्स मोटर्स

35. निम्न में से कौन-सा वाहन भारी वाहनों के अन्तर्गत नहीं आता है?
(a) ट्रक (b) बस
(c) कार (d) ट्रैक्टर

36. विदेशी राजनायिकों वाहनों की नेमप्लेट हल्के नीले रंग की परत वाली होती है, जिस पर ········ रंग से अंक एवं अक्षर लिखे होते हैं
(a) पीले (b) लाल
(c) काले (d) सफेद

37. यदि किसी वाहन की नेमप्लेट पर अंकित प्रथम दो अक्षर 'TS' है, तो यह किस प्रदेश अथवा केन्द्र शासित प्रदेश को प्रदर्शित करता है?
(a) तमिलनाडु (b) लक्षद्वीप
(c) दमन एवं दीव (d) तेलंगाना

38. ट्रक एवं बस इत्यादि पर किस रंग की नेमप्लेट लगी होती है?
(a) काले रंग की (b) पीले रंग की
(c) सफेद रंग की (d) हरे रंग की

39. वाहन में झटके लगने पर निम्न में से किस प्रणाली की जाँच की जानी चाहिए?
(a) सस्पैंशन प्रणाली (b) स्नेहन प्रणाली
(c) एग्जॉस्ट प्रणाली (d) शीतलन प्रणाली

40. किसी वाहन के स्टार्ट न होने के स्थिति में वाहन के निम्न में से किस भाग में दोष हो सकता है?
(a) इंजन एवं ईंधन प्रवाह मार्ग में
(b) सस्पैंशन प्रणाली में
(c) स्टीयरिंग प्रणाली में
(d) डिफरैन्शियल बॉक्स में

उत्तरमाला

1. (a)	**2.** (d)	**3.** (d)	**4.** (a)	**5.** (b)	**6.** (b)	**7.** (c)	**8.** (d)	**9.** (b)	**10.** (c)
11. (d)	**12.** (b)	**13.** (d)	**14.** (c)	**15.** (b)	**16.** (a)	**17.** (b)	**18.** (c)	**19.** (c)	**20.** (d)
21. (b)	**22.** (d)	**23.** (b)	**24.** (b)	**25.** (c)	**26.** (a)	**27.** (a)	**28.** (c)	**29.** (c)	**30.** (a)
31. (d)	**32.** (c)	**33.** (d)	**34.** (c)	**35.** (c)	**36.** (d)	**37.** (d)	**38.** (b)	**39.** (a)	**40.** (a)

अध्याय 02

क्लच असेम्बली
Clutch Assembly

अध्याय विषय सूची

परिचय Introduction

वाहनों में इंजन द्वारा विकसित पावर को घूर्णन करती हुई पावर में परिवर्तित करके वाहनों के पिछले पहियों को स्थानान्तरित किया जाता है। यह सम्पूर्ण व्यवस्था जिसके द्वारा पावर पिछले पहियों तक पहुँचती है, ट्रांसमिशन प्रणाली (transmission system) के अन्तर्गत आती है जिसमें क्लच, गियर बॉक्स, यूनिवर्सल ज्वॉइण्ट, प्रोपैलर शाफ्ट, डिफरैन्शियल तथा रियर एक्सल शाफ्ट मुख्य रूप से भाग लेते हैं। ये भाग अलग-अलग इकाई (unit) के रूप में क्रम से इंजन के पीछे लगे होते हैं। क्लच द्वारा पिछले पहियों तक सुगमतापूर्वक पावर का ट्रांसमिशन करने के साथ-साथ आवश्यकता के समय गियरों पर नियन्त्रण कर वाहन को रोका भी जा सकता है। इस प्रकार क्लच एवं गियर बॉक्स ट्रांसमिशन प्रणाली का आधार कहे जाते हैं। पाठ्यक्रम का ध्यान रखते हुए इस अध्याय में ट्रांसमिशन प्रणाली के मुख्य अवयव क्लच का ही विस्तारपूर्वक वर्णन किया गया है। क्लच, गियर बॉक्स, प्रोपैलर शाफ्ट इत्यादि पावर ट्रांसमिशन युक्तियों के अतिरिक्त वाहनों में पावर ट्रांसमिशन मैनुअली या ऑटोमैटिक इत्यादि प्रकार से भी किया जाता है। अत: क्लच का पूर्ण रूप से अध्ययन करने से पूर्व वाहनों में ऑटोमैटिक, मैनुअल इत्यादि से पावर का ट्रांसमिशन जानना अत्यन्त आवश्यक है।

2.1 पावर ट्रांसमिशन Power Transmission

इंजन द्वारा उत्पन्न पावर को एक यन्त्रावली द्वारा ऑटोमोबाइल के प्रचालन हेतु ट्रांसमिट करने की प्रक्रिया, पावर ट्रांसमिशन प्रणाली कहलाती है। सम्पूर्ण ट्रांसमिशन प्रणाली में क्लच, गियर बॉक्स, प्रोपैलर शाफ्ट, रियर एक्सल एवं फ्रण्ट एक्सल सम्मिलित होते हैं। इंजन का उद्देश्य पावर उत्पन्न करना होता है, जिसे वाहन के कुछ अवयव ट्रांसमिट व वितरित करके वाहन में ऊर्जा के रूप में प्रेषित करते हैं, जिससे वाहन प्रचालित होता है।

पावर ट्रांसमिशन के प्रकार
Types of Power Transmission

वाहन में पावर ट्रांसमिशन मुख्यत: निम्न तीन प्रकार से किया जाता है

1. मैनुअल ट्रांसमिशन 2. ऑटोमैटिक ट्रांसमिशन 3. क्लच आधारित ट्रांसमिशन

1. मैनुअल ट्रांसमिशन Manual Transmission

वाहनों में पावर को मैनुअली ट्रांसमिट करने के लिए क्लच तथा गियर बॉक्स का उपयोग किया जाता है। अधिकांश ऑटोमोबाइल के ट्रांसमिशन, चालक को भारी वाहनों में किसी भी समय गियर अनुपात का चयन करने की स्वतन्त्रता देते हैं। इस प्रकार के ट्रांसमिशन को क्रमिक मानवकृत ट्रांसमिशन भी कहते हैं। इसमें फ्लाईव्हील, इंजन की क्रैंकशाफ्ट से इंगेज होता है और इसके आस-पास घूमता है।

क्लच, डिस्क प्रैशर प्लेट एवं फ्लाईव्हील के मध्य में लगा होता है। यह फ्लाईव्हील के विरुद्ध प्रैशर प्लेट के दबाव में होता है। जब इंजन चलता है तो क्लच इंगेज हो जाता है और फ्लाईव्हील क्लच, प्लेट के आस-पास चक्कर लगाता है जिससे पावर का ट्रांसमिशन होता है। इस प्रकार पावर ट्रांसमिशन को इंगेज (engage) तथा डिस्इंगेज (disengage) किया जा सकता है। मैनुअल ट्रांसमिशन को गियर अनुपात द्वारा विशेषीकृत किया जाता है।

मैनुअल ट्रांसमिशन को मुख्यतया निम्न दो उप-वर्गों में विभाजित किया गया है

(i) **सिन्क्रोनाइज्ड ट्रांसमिशन** Synchronised Transmission

सिन्क्रोनाइज्ड ट्रांसमिशन में इंजन द्वारा उत्पादित सम्पूर्ण पावर को व्हील पर ट्रांसमिट किया जाता है अर्थात् इंजन तथा व्हील के घूर्णन प्रति मिनट (RPM) बराबर होते हैं। सिन्क्रोनाइज्ड ट्रांसमिशन में विभिन्न कारकों; जैसे—घर्षण हानि, वायु आदि के कारण पावर की हानि होती है।

(ii) **असिन्क्रोनाइज्ड ट्रांसमिशन**
Asynchronised Transmission

इस ट्रांसमिशन में इंजन द्वारा उत्पादित पावर व व्हील पर प्राप्त पावर में अन्तर होता है। असिन्क्रोनाइज्ड ट्रांसमिशन में विभिन्न कारकों द्वारा बहुत अधिक पावर की हानि होती है।

2. ऑटोमैटिक ट्रांसमिशन
Automatic Transmission

मैनुअल ट्रांसमिशन प्रणाली में चालक, गियर को फुट पैडल या हैण्ड लीवर के द्वारा परिवर्तित करता है जिससे वाहन चालन में कुछ व्यवधान उत्पन्न होता है।

इस व्यवधान को समाप्त करने हेतु ऑटोमैटिक ट्रांसमिशन प्रणाली उपयोग में लाई गई, जिसमें चालक द्वारा गियरों का परिवर्तन न होकर यह परिवर्तन ऑटोमैटिक हो गया। आधुनिक मोटरगाड़ियों में ऑटोमैटिक पावर संचालन का प्रयोग बढ़ता जा रहा है। इससे मोटरगाड़ी चलाने में सुविधा के साथ-साथ शोर (noise) भी कम होता है। यह व्यवस्था दो प्रकार से की जाती है

(i) **सेमी-ऑटोमैटिक ट्रांसमिशन**
Semi-automatic Transmission

इसमें केवल क्लच ऑटोमैटिक होता है। ऐसी व्यवस्था में गियर, चालक द्वारा ही परिवर्तित किए जाते हैं। गियर बदलने के लिए क्लच पैडल दबाने या क्लच को डिस्इंगेज करने की आवश्यकता नहीं होती है। इसमें टॉर्क कन्वर्टर अथवा फ्लूड फ्लाईव्हील का प्रयोग किया जाता है।

(ii) **फुली ऑटोमैटिक ट्रांसमिशन**
Fully Automatic Transmission

इसमें क्लच के साथ-साथ गियर बदलने का कार्य भी ऑटोमैटिक रूप से होता है। इसमें मोटरगाड़ी की चाल के अनुरूप स्वत: ही गियर बदलते रहते हैं। इसमें प्राय: प्लेनेटरी या एपीसाइक्लिक (planetary or epicyclic) प्रकार का गियर बॉक्स प्रयोग किया जाता है।

3. क्लच आधारित ट्रांसमिशन
Clutch Based Transmission

क्लच किसी वाहन के लिए अत्यन्त महत्त्वपूर्ण युक्ति है, जिसकी सहायता से वाहन में पावर का ट्रांसमिशन इंगेज (engage) या डिस्इंगेज (disengage) किया जा सकता है। ऐसा वाहन में, इसकी स्थिति (position) के कारण होता है। किसी वाहन में क्लच, इंजन और गियर बॉक्स के मध्य स्थित होता है। क्लच ट्रांसमिशन के दौरान सम्बद्धता की दशा में पावर, इंजन से चालित शाफ्ट की ओर ट्रांसमिट होती है और वाहन चलने लगता है। इसके विपरीत डिस्इंगेज होने की दशा में यह अपना कार्य कर पाने में अक्षम रहता है।

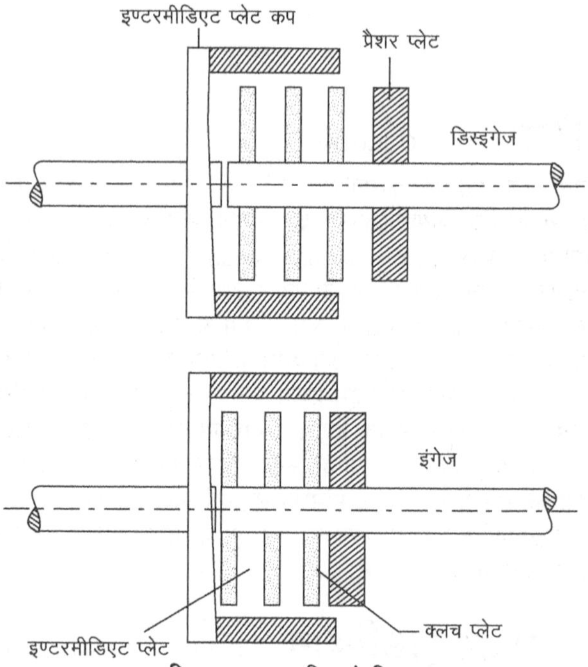

चित्र क्लच आधारित ट्रांसमिशन

2.2 क्लच Clutch

क्लच एक ऐसी पावर संचारक युक्ति है, जो एक ही लाइन में शाफ्टों के दो भागों अथवा किसी डिस्इंगेज व्हील तथा शाफ्ट को इंगेज (engage) अथवा डिस्इंगेज (disengage) करती है। इंगेज करने पर शाफ्ट के दोनों भाग एक साथ घूमते हैं तथा डिस्इंगेज करने पर दोनों स्वतन्त्र रूप से घूमते हैं।

मोटरगाड़ी में क्लच, इंजन का सम्बन्ध गियर बॉक्स से संयोजित तथा आवश्यकता पड़ने पर वियोजित भी करता है जिससे कि इंजन की पावर पिछले व्हीलों तक न जा सके।

इस कारण ही इंजन के चलते रहने पर भी वाहन को रोककर खड़ा रखना सम्भव हो पाता है। ऐसा प्राय: गियर बदलते समय आवश्यक होता है। जब कोई भी गियर बदला जाता है, तो अस्थायी तौर पर इंजन का सम्बन्ध ट्रांसमिशन प्रणाली से वियोजित करना पड़ता है जिससे कि गियर आसानी से बदला जा सके।

क्लच की विशेषताएँ Characteristics of Clutch

एक अच्छे क्लच में निम्नलिखित विशेषताएँ होनी चाहिए

1. क्लच का प्रयोग करने के लिए कम-से-कम पावर की आवश्यकता हो।
2. जब क्लच इंगेज होता है, तो वह कम-से-कम स्लिप (slip) करे।
3. क्लच को इंगेज एवं डिस्इंगेज करने के समय शोर उत्पन्न न हो।
4. क्लच को ओवरहॉल एवं समंजित करने में आसानी हो।
5. घर्षण के कारण उत्पन्न ऊष्मा को बाहर निकालने का प्रबन्ध हो।
6. क्लच असेम्बली तथा उसमें प्रयुक्त अवयवों का भार कम-से-कम हो।
7. क्लच अधिकतम टॉर्क ट्रांसमिट कर सके।
8. कार्य करते समय क्लच में कम्पन कम-से-कम हो।

क्लच के मुख्य अवयव
Main Components of a Clutch

क्लच मूलत: एक यन्त्रावली है, जिसमें विविध अवयवों का उपयोग किया जाता है। क्लच में निम्नलिखित मुख्य अवयव होते हैं

1. प्रैशर प्लेट 2. ड्रिवेन प्लेट 3. थ्रो-आउट बियरिंग

1. प्रैशर प्लेट Pressure Plate

प्रैशर प्लेट प्राय: उच्च तन्य ग्रे कास्ट आयरन की बनी होती है जो क्वॉयल स्प्रिंगों के साथ फ्लाईव्हील के पीछे की ओर फिट रहती है। यह स्प्रिंग, प्रैशर प्लेट को आगे की ओर दबाए रहती है। इस प्रकार प्रैशर प्लेट, क्लच प्लेट को फ्लाईव्हील तथा प्रैशर प्लेट के बीच दबाए रखती है जिससे कि वह स्लिप न हो सके तथा सम्पूर्ण क्लच असेम्बली एक इकाई के रूप में घूर्णन कर सके। प्रैशर प्लेट के साथ छोटी-बड़ी क्वॉयल स्प्रिंग अथवा डायफ्राम स्प्रिंग का प्रयोग किया जाता है।

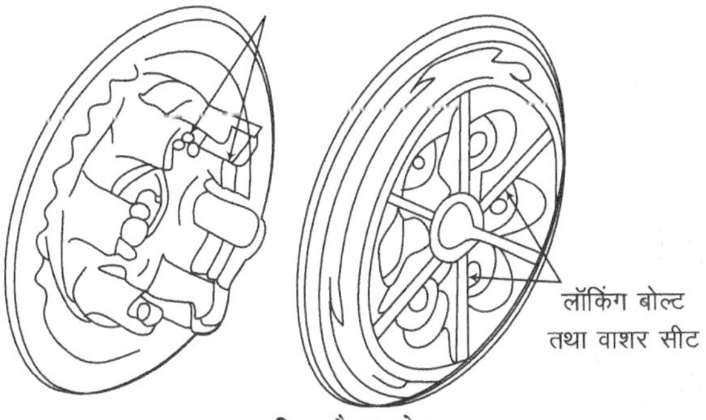

चित्र प्रैशर प्लेट

2. ड्रिवेन प्लेट Driven Plate

इसे क्लच प्लेट भी कहा जाता है। यह इस्पात की बनी होती है जिसके मध्य में एक स्प्लाइण्ड हब लगा होता है। इस हब के दोनों फेस पर घर्षण फेसिंग फिट होती है। यह प्लेट प्राइमरी शाफ्ट पर चढ़ी होती है। इंजन के घूमने पर प्राइमरी शाफ्ट इंजन से पावर गियर बॉक्स तक पहुँचती है।

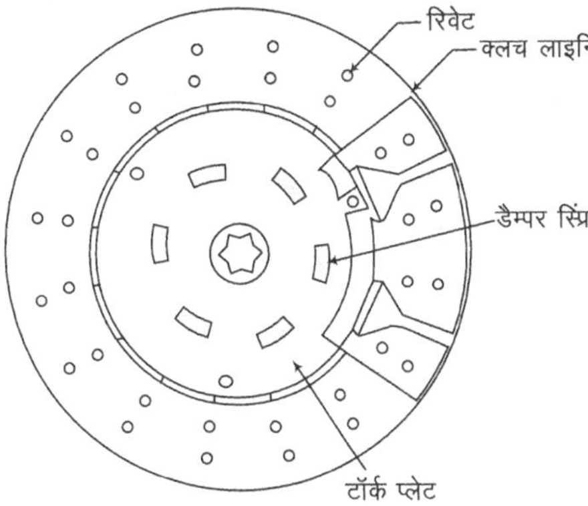

चित्र ड्रिवेन प्लेट

3. थ्रो-आउट बियरिंग Throw-out Bearing

थ्रो-आउट बियरिंग ऑटोमोटिव क्लच प्रणाली का एक मुख्य भाग है जो शिफ्टिंग के समय इंजन को मैनुअल ट्रांसमिशन से डिस्इंगेज करता है। यह फ्लाईव्हील पर माउण्टिड स्पिनिंग (spinning) क्लच प्लेट असेम्बली को क्लच पैडल से लीनियर थ्रस्ट बल प्रदान करता है।

क्लच पैडल से क्लच फोर्क का सम्बन्ध थ्रो-आउट बियरिंग के द्वारा क्लच फिंगर्स से किया जाता है। अत: जब क्लच को डिस्इंगेज करना होता है, तो क्लच पैडल को दबाते हैं। क्लच पैडल को दबाने पर थ्रो-आउट बियरिंग प्रैशर स्प्रिंग को दबाकर, क्लच प्लेट को दबावमुक्त कर देता है। इसे क्लच रिलीज बियरिंग भी कहते हैं।

क्लच की कार्य सिद्धान्त
Working Principle of Clutch

एक क्लच में ड्रिवन व ड्राइविंग कम्पोनेन्ट सम्मिलित होते हैं तथा फ्लाईव्हील के ऊपर स्क्रुओं के एक सैट की सहायता से क्लच कवर फिट रहता है। क्लच कवर में प्रैशर प्लेट स्प्रिंग दाब की सहायता से क्लच को फ्लाईव्हील के विरुद्ध दबाती है जिसके फलस्वरूप क्लच प्लेट हब, गियर बॉक्स ड्राइव शाफ्ट पर स्प्लाइन्ड (splined) रहती है। क्लच प्लेट फ्लाईव्हील के साथ-साथ घूमती है तथा ड्राइव शाफ्ट को पावर ट्रांसमिट करती है।

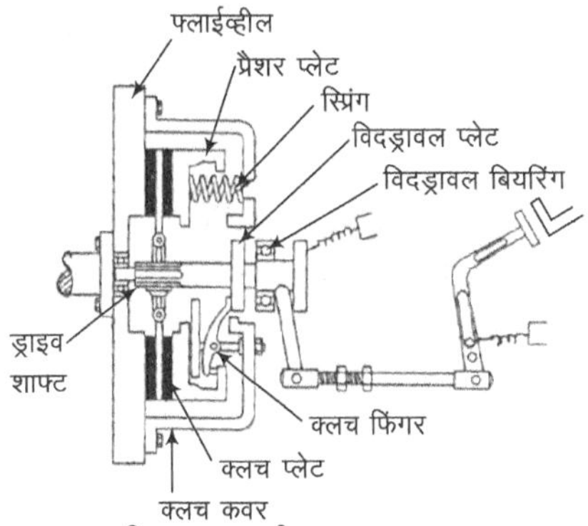

चित्र क्लच की सामान्य अवस्था

जब क्लच पैडल दबाया जाता है, तो विदड्रावल बियरिंग, लिंकेज द्वारा विदड्रावल प्लेट को दबाता है। तत्पश्चात् विदड्रावल प्लेट, क्लच फिंगर को दबाती है जिसके फलस्वरूप क्लच फिंगर घूर्णन करने लगती है तथा प्रैशर प्लेट को फ्लाईव्हील से अलग कर देती है। प्रैशर प्लेट के फ्लाईव्हील से अलग होते ही क्लच में लगी स्प्रिंग दबती है। इस स्थिति में प्रैशर प्लेट, क्लच प्लेट पर कोई भी दाब आरोपित नहीं करती। इस प्रकार क्लच प्लेट, फ्लाईव्हील से ड्राइव शाफ्ट को पावर ट्रांसमिट नहीं करती है।

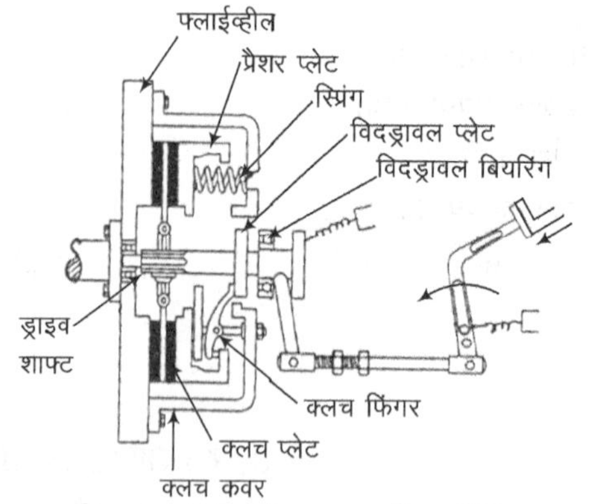

चित्र क्लच की दाबित अवस्था में कार्यविधि

क्लच प्लेट में एक टॉर्क प्लेट तथा फ्रिक्शनल मैटेरियल से बनी क्लच लाइनिंग भी सम्मिलित होती है। क्लच प्लेट, टॉर्क प्लेट के ऊपर रिवेटों द्वारा जुड़ी रहती है। क्लच के प्रचालन के दौरान झटकों को कम करने के लिए टॉर्क प्लेट में डैम्पर स्प्रिंग का भी प्रयोग किया जाता है।

2.3 क्लच सम्बन्धी मुख्य यन्त्रावली Main Mechanism Related to Clutch

क्लच में मुख्यतया निम्न तीन प्रकार की यन्त्रावली होती हैं

1. ड्रिवेन मेम्बर
2. ड्राइविंग मेम्बर
3. प्रचालन यन्त्रावली

1. ड्रिवेन मेम्बर Driven Member

यह क्लच असेम्बली में ड्रिवेन मेम्बर के रूप में प्रयोग होती है। क्लच प्लेट, फ्लाईव्हील तथा प्रैशर प्लेट के बीच में इस प्रकार फिट रहती है कि इसका हब, फ्लैंज गियर बॉक्स की प्राइमरी शाफ्ट पर बने खाँचों पर सैट हो सके। इसके दोनों ओर घर्षण पदार्थ (frictional material) लाइनिंग के रूप में फिट रहता है। यह लाइनिंग चमड़े (leather), कॉर्क (cork), फैब्रिक (fabric), एस्बेस्टॉस (asbestos), रेबेस्टॉस (raybestos) तथा फैरोडो (ferodo) आदि की बनी होती है। इसे क्लच फेसिंग के नाम से भी जाना जाता है। क्लच प्लेट पर कुशन स्प्रिंग तथा टॉर्सन स्प्रिंग का भी प्रयोग किया जाता है। यह स्प्रिंग क्लच प्लेट के घूमते समय घूर्णन बल के झटकों को कम करती है।

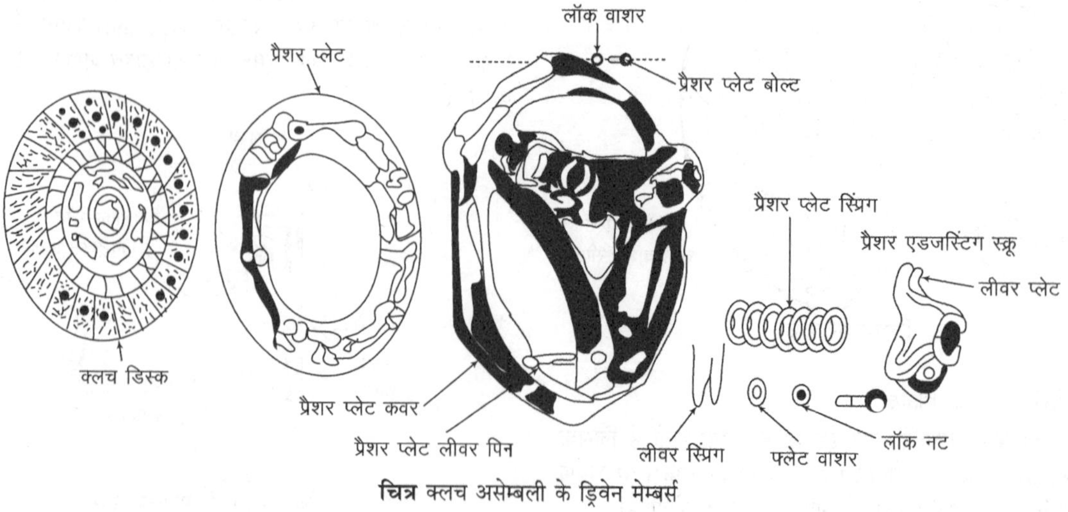

चित्र क्लच असेम्बली के ड्रिवेन मेम्बर्स

2. ड्राइविंग मेम्बर Driving Member

क्लच के ड्राइविंग मेम्बर में दो मुख्य भाग सम्मिलित होते हैं—पहला फ्लाईव्हील जो अच्छे ग्रेफाइटयुक्त कास्ट आयरन के बनाए जाते हैं और दूसरा प्रैशर प्लेट जो अच्छे कास्ट आयरन से बनाई जाती है। इन दोनों भागों की सतह चिकनी बनाई जाती है। ग्रेफाइटयुक्त कास्ट आयरन में कुछ ग्रेफाइट की मात्रा बढ़ाकर रखते हैं। यह ग्रेफाइट क्लच को स्लिप होने से बचाता है। प्रैशर प्लेट सामान्यत: एक स्टील के कवर में प्रचालन यन्त्रावली अर्थात् स्प्रिंग के साथ संयोजित रहती है। प्रैशर प्लेट को फ्लाईव्हील के ऊपर बोल्टों द्वारा कसा जाता है।

3. प्रचालन यन्त्रावली Operating Mechanism

सिंगल प्लेट क्लच के ड्राइविंग तथा ड्रिवेन मेम्बर एक स्प्रिंग के द्वारा आपस में जुड़े होते हैं। क्लच प्लेट को इनके बीच दबाए रखने के लिए कई प्रकार की स्प्रिंग का प्रयोग प्लेट के साथ किया जाता है; जैसे—

(a) बड़ी क्वॉयल स्प्रिंग (b) डायफ्राम स्प्रिंग

(c) छोटी क्वॉयल स्प्रिंग

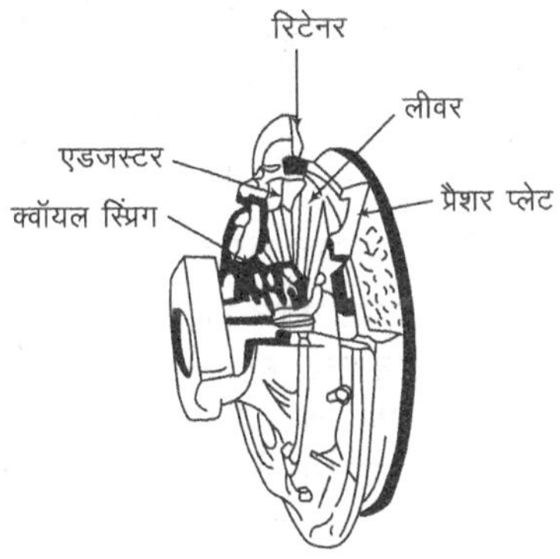

चित्र बड़ी क्वॉयल स्प्रिंग

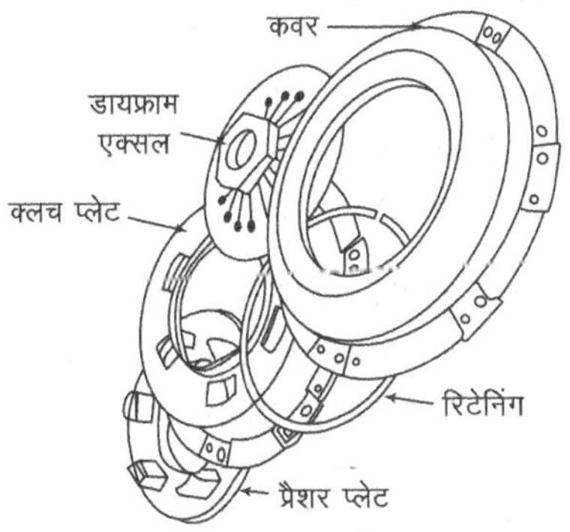

चित्र डायफ्राम स्प्रिंग

2.4 क्लच के मुख्य प्रकार Main Types of Clutch

सामान्यत: क्लच को निम्न दो प्रकारों में विभक्त किया जाता है

1. घर्षण क्लच 2. फ्लूड फ्लाईव्हील अथवा हाइड्रोलिक क्लच

1. घर्षण क्लच Friction Clutch

इस प्रकार के क्लच में, क्लच को इंगेज या डिस्इंगेज करने के लिए घर्षण बल का प्रयोग किया जाता है। इस कार्य हेतु क्लच के ड्राइविंग एवं ड्राइव मेम्बर के मध्य एक घर्षण प्लेट लगायी जाती है। जब ड्राइवर, क्लच पैडल से दबाव हटाता है, तब क्लच के ड्राइविंग एवं ड्राइविंग मेम्बर एक-दूसरे के सम्पर्क में आ जाते हैं और इन दोनों के मध्य एक घर्षण बल कार्य करता है। इस प्रकार के क्लच को डिजाइन के आधार पर निम्न चार प्रकारों में उप-वर्गीकृत किया जाता है

(i) कोन क्लच (ii) सिंगल प्लेट क्लच

(iii) मल्टीप्लेट क्लच (iv) सेन्ट्रीफ्यूगल टाइप क्लच

(i) कोन क्लच Cone Clutch

इस प्रकार के क्लच में आउटर (outer) तथा इनर (inner) कोन का प्रयोग किया जाता है। आउटर कोन फ्लाईव्हील के साथ बोल्टों द्वारा फिट की जाती है, जबकि इनर कोन, गियर बॉक्स की क्लच शाफ्ट पर चढ़ाई जाती है। यह कोन, क्लच शाफ्ट पर बने खाँचों (spline) पर इस प्रकार चढ़ी रहती है कि यह उस शाफ्ट को घुमाने के साथ-साथ शाफ्ट पर क्लच डिस्इंगेज करते समय खिसकाई (slide) जा सके। आउटर कोन के अन्दर वाले भाग में तथा इनर कोन वाले बाहरी भाग में लाइनिंग चढ़ी रहती है। इनर कोन एक स्प्रिंग के द्वारा आउटर से चिपकी रहती है। इंजन के चलने पर फ्लाईव्हील पर फिट आउटर कोन, इनर कोन को भी अपने साथ एक इकाई बनाकर घुमाने लगती है।

इस प्रकार इनर कोन के घूमने से क्लच शाफ्ट भी घूमने लगती है तथा इंजन की पावर गियर बॉक्स तक पहुँचने लगती है। आवश्यकता पड़ने पर जब इंजन तथा गियर बॉक्स का सम्बन्ध वियोजित करना होता है, तो क्लच पैडल को दबाकर, क्लच शाफ्ट की इनर कोन को पीछे की ओर लिंक तथा रॉड द्वारा खिसका लिया जाता है। इससे यह कोन घूमना बन्द कर देती है तथा इंजन का सम्बन्ध गियर बॉक्स से टूट जाता है अर्थात् इस समय इंजन की पावर पिछले पहियों को नहीं जाती है। जैसे ही क्लच पैडल पर से दबाव हटा लिया जाता है, क्लच स्प्रिंग इनर कोन को पुन: आउटर कोन के साथ चिपका देती है जिससे इंजन की पावर गियर बॉक्स तक जाने लगती है। इस प्रकार के क्लच का प्रयोग पुराने समय में प्रयोग की जाने वाली मोटरगाड़ियों में किया जाता था। वर्तमान समय में इनका प्रयोग नहीं किया जाता है।

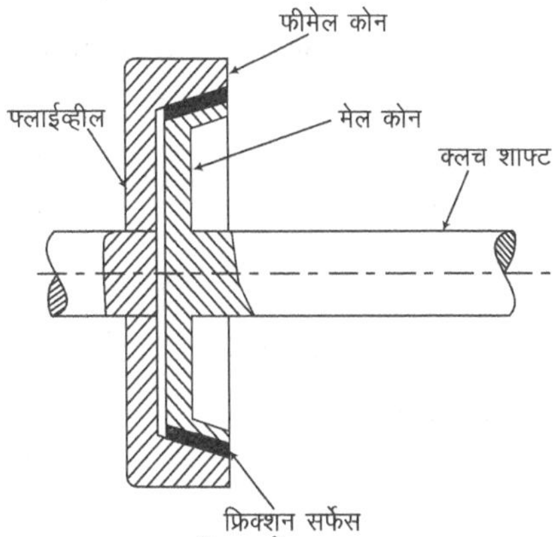

चित्र कोन क्लच

कोन क्लच के लाभ Advantages of Cone Clutch

इसका सबसे बड़ा लाभ यह है कि इसमें घर्षण सतह पर लगने वाला सामान्य अभिलम्ब बल, एक्सल बल से अधिक होता है। इसके विपरीत सिंगल प्लेट क्लच में सामान्य बल, एक्सल बल के समान होता है।

कोन क्लच की हानियाँ Disadvantages of Cone Clutch

इस प्रकार के क्लच वर्तमान समय में प्रयोग नहीं होते हैं। इसमें सबसे बड़ा दोष यह था कि यदि इस क्लच के कोन का कोण कम हो जाए, तो दोनों कोन (आउटर तथा इनर) जाम हो सकते हैं जिससे उन्हें डिस्इंगेज करना सम्भव नहीं होता। इसके अतिरिक्त घर्षण सतहों के घिसने से एक्सल की चाल बढ़ जाती है, जिसके फलस्वरूप भी क्लच डिस्इंगेज करना कठिन होता है।

(ii) **सिंगल प्लेट क्लच** Single Plate Clutch

इसे डिस्क क्लच या सॉलिड क्लच भी कहा जाता है। यह क्लच अधिकतर मोटरगाड़ियों में प्रयोग किया जाता है। इस क्लच में रबिंग सर्फेस एस्बेस्टॉस/प्लास्टिक/कॉटन की फ्रिक्शन लाइनिंग द्वारा ढकी रहती है। स्प्रिंग द्वारा उत्पन्न सम्पर्क बल क्लच के कन्टीन्यूस क्लोजिंग को प्रभावित करता है। पैडल बल, स्प्रिंग बल के विपरीत कार्य करता है तथा क्लच को ओपन करता है।

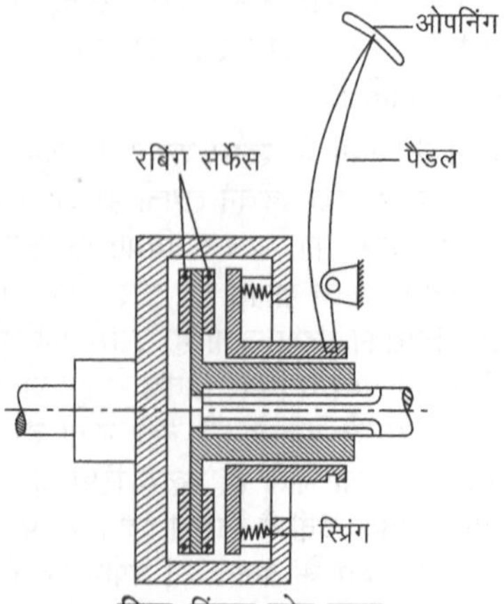

चित्र सिंगल प्लेट क्लच

तालिका भारतीय वाहनों में सिंगल प्लेट क्लच के व्यास

क्र.सं.	वाहन का नाम	क्लच प्लेट का व्यास
1.	टाटा सिएरा	228 मिमी
2.	अशोका लेलैण्ड	330 मिमी
3.	स्वराज माजदा	260 मिमी
4.	फोर्ड ट्रक	330 मिमी
5.	जीप (पेट्रोल)	216 मिमी
6.	अम्बेसडर (पेट्रोल)	230 मिमी
7.	जीप (डीजल)	235 मिमी
8.	प्रीमियर पदमनी	184 मिमी
9.	टाटा 1210	280 मिमी
10.	स्टैण्डर्ड हैरेल्ड मार्क III	156 मिमी

(iii) **मल्टीप्लेट क्लच** Multiplate Clutch

नाम के अनुरूप ही इस क्लच में दो या दो से अधिक क्लच प्लेटों तथा प्रैशर प्लेटों का प्रयोग किया जाता है। प्रैशर प्लेटों एवं क्लच प्लेटों को क्लच शाफ्ट पर एक के बाद एक संयोजित किया जाता है।

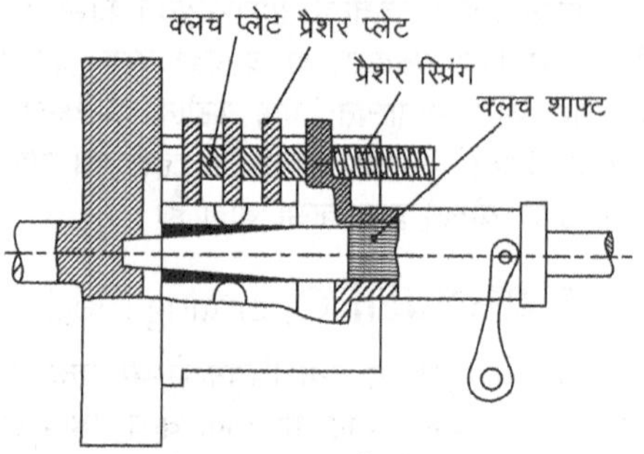

चित्र (a) मल्टीप्लेट क्लच

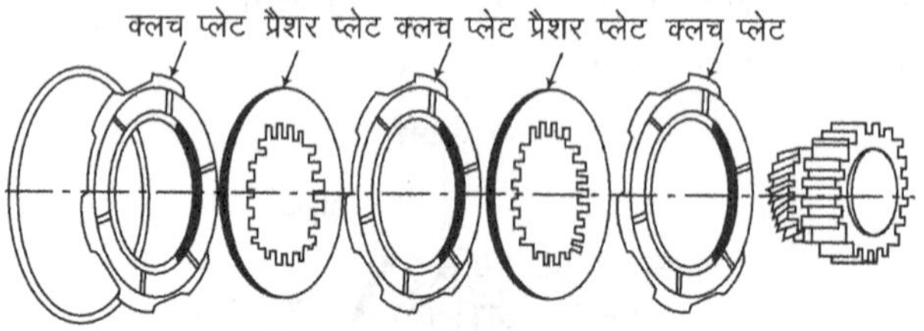

चित्र (b) मल्टीप्लेट असेम्बली

मल्टीप्लेट क्लच भी सिंगल प्लेट क्लच की भाँति ही कार्य करता है तथा इसके सभी भाग लगभग सिंगल प्लेट क्लच की भाँति ही होते हैं। यह क्लच हल्की गाड़ियों में प्रयोग किया जाता है; जैसे—स्कूटर, मोटरसाइकिल आदि। इनमें सभी क्लच प्लेटों पर पूरी गोलाई में लाइनिंग चढ़ी रहती है तथा उनके लिए उतनी ही प्रैशर प्लेटें लगाई जाती हैं। चित्र (a) व (b) में मल्टीप्लेट क्लच तथा मल्टीप्लेट असेम्बली दर्शायी गई है। इस क्लच की सबसे बड़ी विशेषता यह है कि इसमें अधिक क्लच प्लेटों के प्रयोग से उनका व्यास कम रखा जा सकता है। इसके लिए प्रैशर प्लेटों पर दबाव डालने के लिए क्लच स्प्रिंग भी कम दाब की प्रयोग की जा सकती है। इससे क्लच प्लेटें शीघ्र घिसने से बचती हैं, क्योंकि इस प्रकार की क्लच असेम्बली छोटी होती है, इसलिए थोड़े ही स्थान में फिट की जा सकती है।

(iv) **सेन्ट्रीफ्यूगल टाइप क्लच** Centrifugal Type Clutch

कुछ हल्की गाड़ियों आदि में इस प्रकार के क्लच का प्रयोग किया जाता है। इसमें स्प्रिग बल के साथ-साथ सेन्ट्रीफ्यूगल बल का भी प्रयोग होता है। ये क्लच, इंजन की गति के अनुसार स्वत: ही कार्य करते हैं। इसमें क्लच प्लेट के स्थान पर एक डिस्क व दो क्लच लीवर प्रयोग किए जाते हैं, जो एक स्प्रिग से बँधे होते हैं।

जब इंजन चलता है, तो इंजन शाफ्ट से लगे लीवर घूमते हैं तथा सेन्ट्रीफ्यूगल बल के कारण बाहर फैलते जाते हैं। इन पर बाहर की ओर लाइनिंग चढ़ी होती है। ये बाहर फैलकर लीवर डिस्क को घुमाने लगते हैं, क्योंकि अच्छी पकड़ के लिए डिस्क के अन्दर घेरे पर लाइनिंग चिपकी रहती है। जैसे-जैसे इंजन की चाल बढ़ती जाती है, वैसे-वैसे लीवर डिस्क से चिपककर उसकी चाल बढ़ाते जाते हैं।

सेन्ट्रीफ्यूगल क्लच निम्न दो प्रकार के होते हैं

(a) **सेमी-सेन्ट्रीफ्यूगल क्लच** Semi-Centrifugal Clutch

इस प्रकार के क्लच में टॉर्क को ट्रांसमिट करने के लिए स्प्रिंग तथा सेन्ट्रीफ्यूगल बल दोनों का प्रयोग किया जाता है। टॉर्क को सामान्य स्पीड पर ट्रांसमिट करने हेतु प्राय: स्प्रिंग बल तथा उच्च स्पीड पर ट्रांसमिट करने हेतु सेन्ट्रीफ्यूगल बल का प्रयोग किया जाता है।

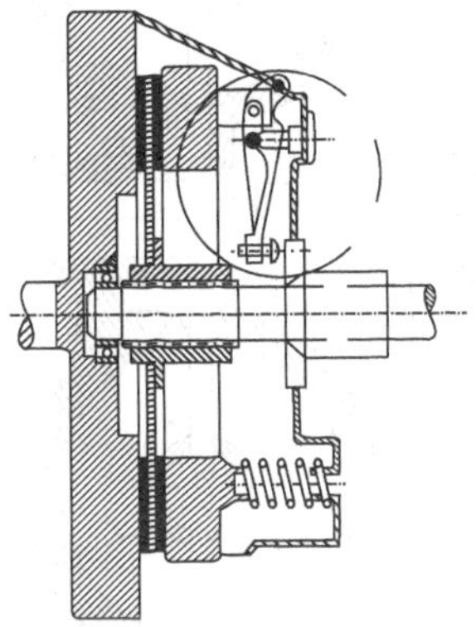

चित्र सेमी-सेन्ट्रीफ्यूगल क्लच

इस क्लच के रिलीज लीवर के बाह्य सिरे पर लोड लगा होता है, जैसा कि चित्र में दर्शाया गया है। जब क्लच असेम्बली घूर्णन करती है, तब लोड पर एक सेन्ट्रीफ्यूगल बल कार्य करता है। इस बल के प्रभाव से प्रैशर प्लेट पर अधिक प्रैशर आरोपित हो जाता है। यह अधिक प्रैशर ही ड्रिवेन प्लेट को स्लिप होने से बचाता है।

(b) **फुली सेन्ट्रीफ्यूगल क्लच** Fully Centrifugal Clutch

इस क्लच में सेन्ट्रीफ्यूगल बल के प्रयोग द्वारा क्लच को इंगेज स्थिति में रखा जाता है। यह क्लच ऑटोमैटिक प्रकृति का होता है। फुली सेन्ट्रीफ्यूगल क्लच इंजन की गति पर निर्भर होता है। यदि इंजन की गति में वृद्धि होती है, तो सेन्ट्रीफ्यूगल बल के कारण लोड (load) बाहर की ओर घूर्णन करता है। इस क्लच में संयोजित बल क्रैंक लीवर, स्प्रिंग के विपरीत क्लच प्लेट को फ्लाईव्हील पर दबाता है जिससे क्लच इंगेज (engage) हो जाता है।

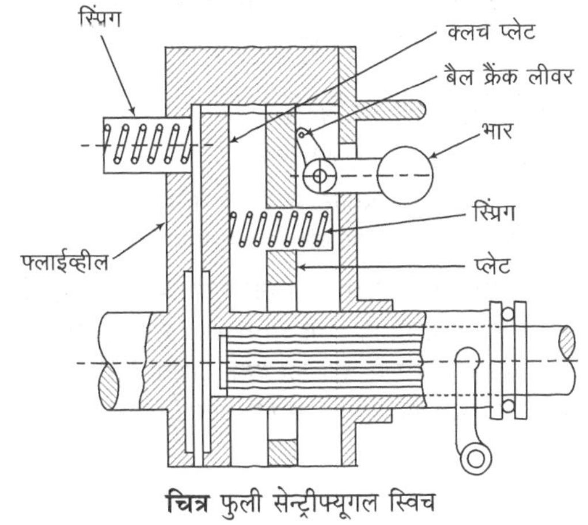

चित्र फुली सेन्ट्रीफ्यूगल स्विच

2. फ्लूड फ्लाईव्हील क्लच Fluid Flywheel Clutch

इसे फ्लूड फ्लाईव्हील कपलिंग एवं पावर ट्रांसमिशन हाइड्रोलिक कपलिंग के नाम से भी जाना जाता है। परम्परागत ठोस या रगड़ खाने वाले (solid or frictional) क्लच के स्थान पर वर्तमान में महँगे वाहनों में द्रव (liquid) चालित फ्लूड कपलिंग या क्लच का प्रयोग किया जाता है। इस प्रकार के क्लच में इंजन की पावर गियर बॉक्स तक पहुँचाने के लिए एक विशेष प्रकार के तेल का प्रयोग किया जाता है, जिसे हाइड्रोलिक फ्लूड कहते हैं। इसलिए ये क्लच, हाइड्रोलिक क्लच कहलाते हैं। इसमें कप (cup) जैसे दो भाग प्रयोग किए जाते हैं, जिसमें एक ड्राइविंग मेम्बर तथा दूसरा ड्रिवेन मेम्बर होता है। दोनों पर विशेष प्रकार की सैल (cell) या वेन्स (vains) बने रहते हैं। यह क्लच ऑटोमैटिक पावर ट्रांसमिशन के अन्तर्गत आता है। आधुनिक मोटरगाड़ियों में ऑटोमैटिक पावर ट्रांसमिशन का प्रयोग बढ़ता जा रहा है। इससे मोटरगाड़ी चलाने में प्रदान की गई नई-नई सुविधाओं के साथ-साथ शोर (noise) भी कम होता है।

फ्लूड फ्लाईव्हील सिद्धान्त Principle of Fluid Flywheel

नीचे चित्र में दो विद्युत पंखे एक-दूसरे के सामने रखे हैं। यदि एक पंखा चला दिया जाए, तो इसके द्वारा प्रवाहित हवा से दूसरे पंखे के ब्लेड भी घूमने लगते हैं। इसे घुमाने में बीच का माध्यम वायु होती है, परन्तु वायु के चारों ओर फैल जाने के कारण दूसरे पंखे की गति पहले पंखे की अपेक्षा कम रहती है।

यदि इन पंखों को एक केसिंग में बन्द कर दिया जाए, तो दोनों पंखों को लगभग एकसमान गति प्राप्त होगी और यदि केसिंग में बन्द ब्लेडों पर तेल से भरी नालियाँ बनी हों, तो दूसरे पंखे के ब्लेडों को घुमाने का माध्यम तेल बनता है। अब दोनों पंखों की गति समान रहती है। इसी आधार पर फ्लूड फ्लाईव्हील का निर्माण किया जाता है।

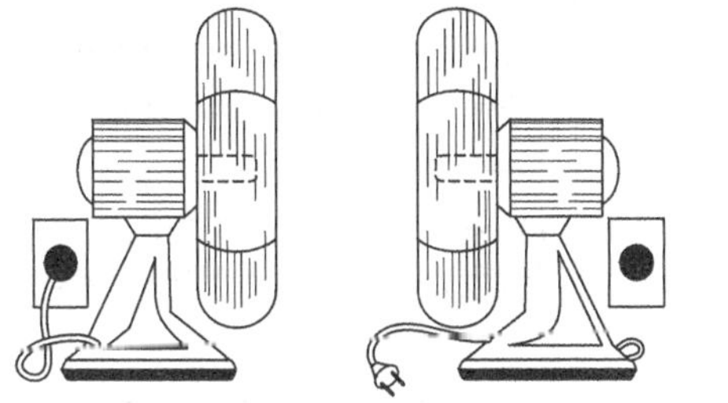

(a)

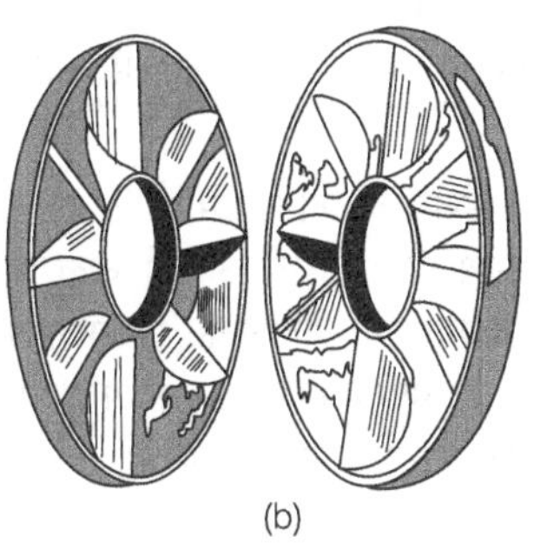

(b)

चित्र फ्लूड फ्लाईव्हील का सिद्धान्त

फ्लूड फ्लाईव्हील की प्रचालन व्यवस्था
Operating Arrangement of Fluid Flywheel

यह व्यवस्था दो प्रकार से की जाती है

(i) **सेमी-ऑटोमैटिक ट्रांसमिशन**
Semi-automatic Transmission

इस व्यवस्था में ऑटोमैटिक प्रकृति का क्लच प्रयोग किया जाता है तथा गियर चालन को बदलने के लिए गियर को बदलने की आवश्यकता होती है। गियर बदलने के लिए क्लच पैडल दबाने या क्लच डिस्इंगेज करने की आवश्यकता नहीं होती है। इसमें टॉर्क कन्वर्टर अथवा फ्लूड फ्लाईव्हील का प्रयोग किया जाता है।

(ii) **फुली ऑटोमैटिक ट्रांसमिशन**
Fully Automatic Transmission

इसमें क्लच के साथ-साथ गियर बदलने का कार्य भी ऑटोमैटिक रूप से होता है। मोटरगाड़ी की चाल के अनुरूप ही स्वत: ही गियर बदलते रहते हैं। इसमें प्राय: प्लेनेटरी या एपीसाइक्लिक (planetary or epicyclic) प्रकार का गियर बॉक्स प्रयोग किया जाता है।

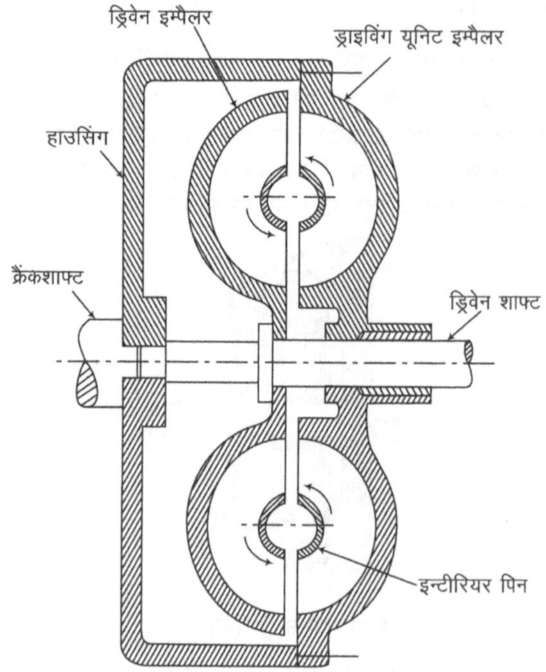

चित्र फ्लूड फ्लाईव्हील

फ्लूड फ्लाईव्हील की कार्यविधि
Working Method of Fluid Flywheel

ड्राइविंग इम्पैलर, फ्लाईव्हील पर लगा होता है तथा ड्रिवेन इम्पैलर, गियर बॉक्स की क्रैंकशाफ्ट पर फिट किया जाता है। दोनों इम्पैलर एक केसिंग में बन्द रहते हैं। इस केसिंग में एक निश्चित मात्रा में हाइड्रोलिक फ्लूड भरा जाता है।

जब इंजन चलाया जाता है, तो फ्लाईव्हील के साथ लगा ड्राइविंग इम्पैलर, फ्लाईव्हील के साथ ही घूमने लगता है। इस इम्पैलर के सामने भरे हाइड्रोलिक फ्लूड में मंथन (churning) होने लगता है। इस मंथन से हाइड्रोलिक फ्लूड में सेन्ट्रीफ्यूगल बल (centrifugal force) उत्पन्न हो जाता है। यह बल क्रैंकशाफ्ट पर लगे ड्रिवेन इम्पैलर को घुमाने लगता है, जिससे क्लच शाफ्ट भी घूमकर इंजन की पावर गियर बॉक्स तक पहुँचाने लगती है।

ड्रिवेन इम्पैलर द्वारा क्लच शाफ्ट के घूमने की गति तेल में उत्पन्न सेन्ट्रीफ्यूगल बल पर निर्भर करती है अर्थात् जब इंजन तीव्र गति से चलता है, तो ड्राइविंग इम्पैलर हाइड्रोलिक फ्लूड में अधिक सेन्ट्रीफ्यूगल बल उत्पन्न करेगा।

इसके विपरीत, जब इंजन की गति कम होगी, तो यह सेन्ट्रीफ्यूगल बल कम होगा। इसके साथ ही इंजन की आदर्श चाल पर इस फ्लूड में कोई बल ही नहीं बनने पाएगा तथा क्रैंकशाफ्ट बिल्कुल नहीं घूमेगी तथा इंजन की पावर क्लच तक ही सीमित रहेगी। इसके अतिरिक्त इस स्थिति में इंजन तथा गियर बॉक्स का सम्बन्ध टूटा रहता है।

फ्लूड फ्लाईव्हील के लाभ
Advantages of Fluid Flywheel

फ्लूड फ्लाईव्हील के मुख्य लाभ निम्नलिखित हैं

1. इंजन की पावर, गियर बॉक्स तक स्थानान्तरित करने में इंजन का कम्पन गियर बॉक्स तक नहीं पहुँचता है।
2. मोटरगाड़ी स्टार्ट करते समय अथवा खड़ी करते समय गियर बॉक्स को न्यूट्रल करने की आवश्यकता नहीं पड़ती है।
3. मोटरगाड़ी को हाई गियर में रखकर भी कम-से-कम चाल पर इंजन की गति को कम करके चलाया जा सकता है।
4. इसका रख-रखाव सरल है, केवल तेल की सतह पूरी रखनी होती है।
5. क्लच परिचालन में उच्च दक्षता की आवश्यकता नहीं होती है।
6. घर्षण के कारण किसी भाग के घिसने की सम्भावना नहीं होती है।
7. क्लच पैडल एडजस्टमेन्ट की आवश्यकता नहीं होती है।

फ्लूड फ्लाईव्हील की हानियाँ
Disadvantages of Fluid Flywheel

घर्षण क्लच की अपेक्षा इस प्रकार के क्लच में कम दोष उत्पन्न होते हैं। इस प्रकार के क्लच में निम्नलिखित दोष उत्पन्न होते हैं

स्लिप (Slip) इसमें प्रारम्भ में 100% स्लिप रहती है, जो इंजन की गति के साथ-साथ कम हो जाती है, फिर भी 10 से 15% तक स्लिप रह जाती है। यह दोष फ्लाईव्हील बॉक्स में तेल की कमी अथवा निश्चित विस्कोसिटी का तेल प्रयोग न करने के कारण उत्पन्न होता है।

ड्रैग (Drag) जब इंजन अपनी आइडल स्पीड पर चलता है, तब ड्रैग दोष उत्पन्न होता है। इसे भी सही ग्रेड का तेल प्रयोग करके कम किया जा सकता है।

वाइब्रेशन (Vibration) यह दोष प्राय: हाउसिंग के बोल्ट आदि ढीले हो जाने के कारण उत्पन्न होता है। इसके अतिरिक्त ड्राइविंग अथवा ड्रिवेन मेम्बरों के असन्तुलन के कारण भी यह दोष उत्पन्न होता है।

2.5 डुअल मास फ्लाईव्हील
Dual Mass Flywheel

डुअल मास फ्लाईव्हील वह यान्त्रिक युक्ति है जिसका प्रयोग सतत् ऊर्जा (घूर्णन ऊर्जा) को वहाँ उपलब्ध कराने के लिए किया जाता है, जहाँ ऊर्जा स्रोत सतत् नहीं होता है।

यह पारम्परिक फ्लाईव्हील की भाँति ही कार्य करता है, परन्तु यह टॉर्क के किसी खतरनाक कम्पन अथवा अवान्छित कम्पनों के घूर्णन को नियन्त्रित करता है। कम्पनों को, दो आधे भार वाले फ्लाईव्हील के समूह में, उसी समय ऊर्जा को संग्रहित करके कम किया जाता है।

यदि फ्लाईव्हील का भार इंजन की आवश्यकता से कम होता है तो इंजन को स्टार्ट होने में, स्थिर अवस्था में तथा रोके जाने में अधिक शक्ति की आवश्यकता पड़ती है।

फ्लाईव्हील के भार की अपेक्षा जड़त्व (inertia) एक महत्त्वपूर्ण पद है जो संचित ऊर्जा के रूप में होता है तथा फ्लाईव्हील के भार के सीधे आनुपातिक नहीं होता है। भारी फ्लाईव्हील की अपेक्षा अधिक जड़त्व के साथ हल्के फ्लाईव्हील का भी प्रयोग किया जा सकता है। इस स्थिति में, क्लच की स्लिप अवस्था के अतिरिक्त प्रत्येक घटना में सभी फ्लाईव्हील भार, वहन के त्वरण को कम करते हैं।

वाहन के प्रदर्शन को सुधारने में फ्लाईव्हील का जड़त्व मुख्य भूमिका निभाता है तथा जड़त्व को बनाए रखकर फ्लाईव्हील के भार को कम किया जो सकता है। इसके लिए डुअल मास व्यवस्था का प्रयोग किया जाता है जिसमें दो कम भार वाले विपरीत फ्लाईव्हील के द्वारा जड़त्व को बढ़ाया जाता है। फ्लाईव्हील में एक फ्लाईव्हील हब होता है जो 'की' द्वारा इंजन शाफ्ट से जुड़ा होता है।

हब के साथ फ्लाईव्हील बॉडी जुड़ी होती है जिस पर फ्लाईव्हील गियर रिंग माउण्ट होते हैं। रिम की इनर साइड पर स्प्रिंग को रिसीव करने हेतु फ्लाईव्हील बॉडी में अवकाश (recesse) होता है।

इसमें दो स्प्रिंग एवं दो भार का प्रयोग किया जाता है जिस कारण इसे डुअल मास फ्लाईव्हील कहा जाता है। जैसे ही इंजन की पावर फ्लाईव्हील को प्रदान की जाती है, एक झटके के द्वारा फ्लाईव्हील गति अवस्था में सैट हो जाता है। इस झटके को भार पर आरोपित किया जाता है तथा दोनों भारमुक्त सतत् ऊर्जा उत्पन्न करने के लिए दोलन करने लगते हैं।

भारों की गति फ्लाईव्हील बॉडी को अतिरिक्त आवेग प्रदान करती है जिसके कारण अतिरिक्त घूर्णन प्राप्त होते हैं। इसलिए डुअल मास फ्लाईव्हील व्यवस्था में समान भार वाले परम्परागत फ्लाईव्हील की तुलना में अधिक जड़त्व प्राप्त होता है।

2.6 कुछ अन्य प्रकार के क्लच
Some Other Types of Clutch

प्रारम्भ में वर्णित क्लचों के अतिरिक्त वाहनों की ट्रांसमिशन प्रणाली में निम्न प्रकार के क्लच भी उपयोग में लाए जाते हैं

1. विद्युत-चुम्बकीय क्लच Electromagnetic Clutch

इस प्रकार के क्लच में फ्लाईव्हील पर ताँबे के तारों की वाइण्डिंग में बैटरी से प्राप्त होने वाली धारा को प्रवाहित करने की व्यवस्था की जाती है। इसमें गियर लीवर पर एक क्लच रिलीज स्विच लगा होता है। जब स्विच ऑन रहता है, तो बैटरी से प्राप्त होने वाली धारा वाइण्डिंग में जाती है, जिसके फलस्वरूप एक विद्युत-चुम्बक बनता है। यह चुम्बक, प्रैशर प्लेट को फ्लाईव्हील की ओर खींचता है, जिससे क्लच इंगेज हो जाता है।

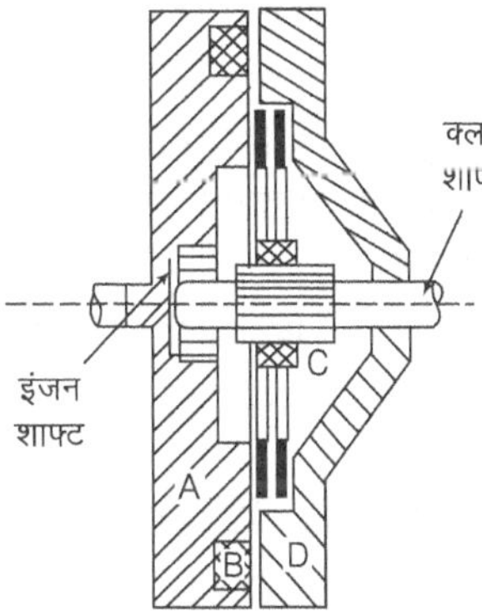

चित्र विद्युत-चुम्बकीय क्लच

जब क्लच डिस्इंगेज (disengage) करना होता है, तो रिलीज स्विच को ऑफ कर देते हैं। इस प्रकार धारा का प्रवाह समाप्त होकर, विद्युत चुम्बक भी समाप्त होता जाता है और प्रैशर प्लेट के बीच क्लच प्लेट की पकड़ ढीली पड़ जाती है।

2. निर्वात् क्लच Vacuum Clutch

इस प्रकार के क्लच में इंजन मैनीफोल्ड के निर्वात् का उपयोग किया जाता है। इस क्लच के प्रमुख भाग बैटरी, सोलेनॉयड ऑपरेटेड वाल्व, स्विच, निर्वात् सिलेण्डर, रिजर्वायर तथा नॉन-रिटर्न वाल्व होते हैं। निम्न चित्र में निर्वात् क्लच की संरचना दर्शायी गई है

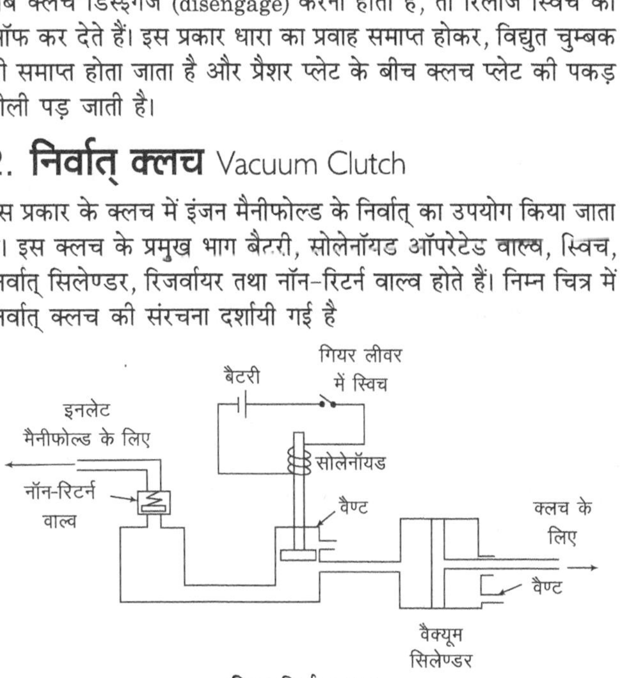

चित्र निर्वात् क्लच

निर्वात् क्लच की कार्यविधि
Working Method of Vacuum Clutch

इस क्लच में रिजर्वायर मैनीफोल्ड का सम्बन्ध नॉन-रिटर्न वाल्व से होता है। निर्वात् (vacuum) सिलेण्डर से रिजर्वायर का सम्बन्ध सोलेनॉयड ऑपरेटेड वाल्व द्वारा रहता है एवं इस सोलेनॉयड वाल्व को बैटरी से धारा प्राप्त होती है।

इन दोनों के मध्य लीवर पर एक स्विच की व्यवस्था की जाती है, जब थ्रॉटल खुला होता है, तो इनलेट मैनीफोल्ड पर दबाव पड़ता है जिसके फलस्वरूप नॉन-रिटर्न वाल्व बन्द हो जाता है तथा रिजर्वायर में निर्वात् बनता है। सामान्य स्थिति में स्विच ऑन रहता है तथा सोलेनॉयड वाल्व नीचे की स्थिति में रहता है।

ऐसी दशा में पिस्टन के दोनों ओर वायुमण्डलीय दाब कार्य करता है, क्योंकि निर्वात् सिलेण्डर भी एक छिद्र के द्वारा वायुमण्डल में खुला होता है, जब गियर बदलना होता है, तो गियर लीवर को प्रयोग करने पर स्विच बन्द हो जाता है तथा वाल्व ऊपर की ओर आ जाता है।

इससे निर्वात् सिलेण्डर एक ओर से रिजर्वायर से जुड़ जाता है। पिस्टन के चलने से इसकी गति एक लिंकेज द्वारा क्लच को ट्रांसफर होती है तथा क्लच डिस्इंगेज हो जाता है।

यदि गियर लीवर का प्रयोग नहीं किया गया है, तो स्विच ऑफ रहता है तथा क्लच इंगेज (engage) रहता है।

3. हाइड्रॉलिक ऐसिस्ट क्लच
Hydraulic Assist Clutch

हाइड्रॉलिक फ्लूड फ्लाईव्हील के अतिरिक्त कुछ क्लच केवल हाइड्रॉलिक प्रेशर की सहायता से ही कार्य करते हैं। इनमें सिंगल प्लेट क्लच के समान ही भाग होते हैं, परन्तु इन क्लचों को डिस्इंगेज करते समय रिलीज बियरिंग को दबाने के लिए एक मध्यम आकार का मास्टर सिलेण्डर हाइड्रॉलिक ब्रेक प्रयोग किया जाता है।

इसे पाइप द्वारा एक स्लीव सिलेण्डर से जोड़ा जाता है, जब क्लच पैडल को दबाते हैं, तो मास्टर सिलेण्डर से तेल का प्रेशर स्लीव सिलेण्डर में पहुँचकर रिलीज बियरिंग को दबाता है। मास्टर सिलेण्डर से ही दूसरा पाइप, ब्रेकों के लिए प्रयोग होता है।

हाइड्रॉलिक ऐसिस्ट क्लच की कार्यविधि
Working Method of Hydraulic Assist Clutch

जब क्लच को अलग करना होता है, तो क्लच पैडल दबाते हैं। इससे पैडल से संयोजित मास्टर सिलेण्डर, प्रेशर के साथ तेल को स्लीव सिलेण्डर में पहुँचाता है। इस स्लीव सिलेण्डर से पिस्टन का सम्बन्ध एक रॉड व पिन के द्वारा क्लच फोर्क से होता है। स्लीव सिलेण्डर में आया तेल का प्रेशर, फोर्क द्वारा क्लच फिंगर को दबाता है जिससे क्लच का डिस्इंगेज सामान्य सिंगल प्लेट की भाँति हो जाता है।

जैसे ही क्लच पैडल पर से दबाव हटाते हैं, तो तेल वापस मास्टर सिलेण्डर में आ जाता है तथा तेल का प्रेशर समाप्त होने के कारण और प्रेशर प्लेट स्प्रिंगों के कारण पुनः क्लच संलग्न हो जाता है।

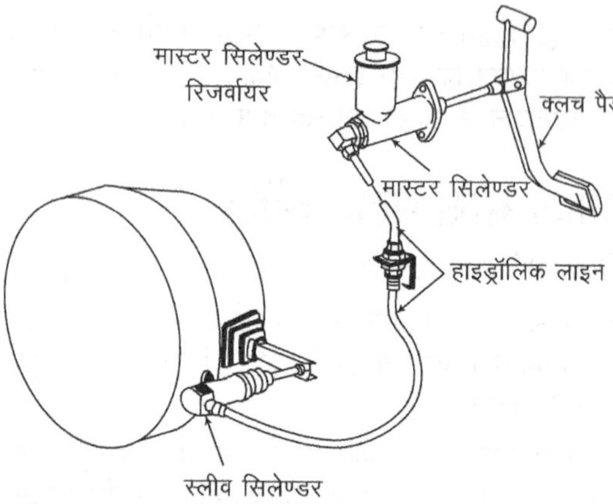

चित्र हाइड्रॉलिक ऐसिस्ट क्लच की कार्यविधि

4. डायफ्राम स्प्रिंग क्लच
Diaphragm Spring Clutch

डायफ्राम स्प्रिंग, एक स्टील डिस्क होती है जिसके केन्द्र में एक छिद्र होता है। इस डिस्क का आन्तरिक भाग रेडियली स्लॉटिड होता है, जिसमें अनेक रिलीज लीवर फिंगर्स बनी होती हैं। स्लॉटों के बाहरी सिरों पर बनाए गए छिद्रों के द्वारा रिलीज फिंगर्स के डिफ्लेक्शन के समय उत्पन्न संकेन्द्रित तनावों का वितरण होता है। इस क्लच में डायफ्राम स्प्रिंग, फ्लाईव्हील के विरुद्ध घर्षण डिस्क को पकड़ने के लिए आवश्यक स्प्रिंग प्रेशर प्रदान करती है। जब क्लच को अलग किया जाता है, तो यह स्प्रिंग लीवरों को रिलीज करने का भी कार्य करता है।

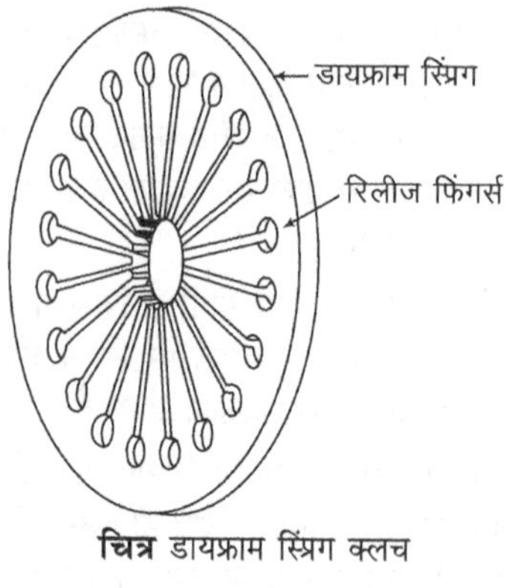

चित्र डायफ्राम स्प्रिंग क्लच

5. डॉग क्लच Dog Clutch

डॉग क्लच का प्रयोग दो शाफ्टों को परस्पर लॉक करने के लिए किया जाता है। इसके अतिरिक्त गियर को शाफ्ट से लॉक करने के लिए भी इस क्लच का प्रयोग किया जाता है।

चित्र में डॉग क्लच की संरचना दर्शायी गई है। इसमें जब स्लीव, स्प्लाइन शाफ्ट पर फिसलती है, तो इसके आन्तरिक दाँतों में ड्राइविंग शाफ्ट के डॉग क्लच के दाँते संयोजित हो जाते हैं और इस प्रकार डॉग क्लच इंगेज हो जाता है। इस क्लच में दोनों शाफ्ट एकसमान गति करने के कारण स्लिप की सम्भावना नहीं रहती है। डॉग क्लच का प्रयोग नियत मैश गियर बॉक्स में सिन्क्रोनाइज्ड यूनिट सहित तथा इसके बिना भी किया जाता है।

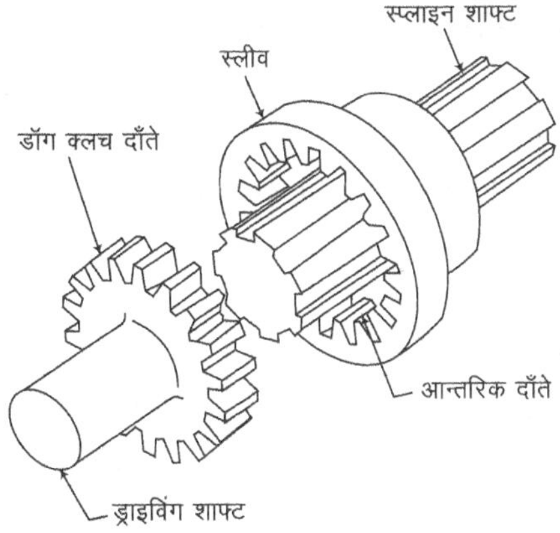

चित्र डॉग क्लच

2.7 क्लच एडजस्टमेन्ट Clutch Adjustment

क्लच एडजस्टमेन्ट से तात्पर्य यह है कि क्लच प्रणाली ठीक प्रकार कार्य करे अर्थात् जब क्लच का इंजन तथा गियर बॉक्स से सम्बन्ध जुड़ा हुआ हो, तो क्लच प्लेट पूरी तरह फ्लाईव्हील तथा प्रैशर प्लेट के बीच में दबी रहे जिससे कि वह स्लिप न हो। इसी प्रकार जब क्लच डिस्इंगेज अर्थात् अलग किया जाए, तो क्लच प्लेट पूर्ण रूप से स्वतन्त्र रहनी चाहिए। इसके निम्नलिखित एडजस्टमेन्ट सही रहने चाहिए

1. जब क्लच डिस्इंगेज (disengage) करने के लिए क्लच पैडल दबाया जाए, तो वह फ्लोर बोर्ड (floor board) से नहीं टकराना चाहिए। उन दोनों के मध्य पर्याप्त अन्तर रहना चाहिए, जिससे कि यह निश्चित हो जाए कि पैडल पूरा दब गया है तथा क्लच पूर्णतया डिस्इंगेज हो गया है।
2. क्लच पैडल एक निश्चित दूरी तक ही दबकर क्लच को डिस्इंगेज कर दे, इसके लिए क्लच पैडल को एडजस्ट (adjust) करना चाहिए अन्यथा उसे डिस्इंगेज करने में काफी समय लगेगा।
3. जब क्लच इंगेज हो, तो क्लच रिलीज बियरिंग तथा रिलीज लीवर के बीच पर्याप्त अन्तर रहना चाहिए जिससे बियरिंग हर समय रिलीज लीवर के द्वारा घूमता न रहे। इसके अतिरिक्त, क्लच पैडल दबने के लिए पर्याप्त गति बन जाए, क्योंकि क्लच स्प्रिंग के दबाव के विपरीत प्रैशर प्लेट को खिसकाने में कुछ पावर अवश्य लगानी पड़ती है।

क्लच रिलीज लीवर एडजस्टमेन्ट Clutch Release Lever Adjustment

क्लच डिस्इंगेज करते समय क्लच रिलीज बियरिंग द्वारा एक साथ सभी रिलीज लीवरों को स्पर्श कर उन्हें दबाना चाहिए, परन्तु कभी-कभी इन रिलीज लीवर की ऊँचाई में अन्तर होने के कारण ऐसा होना सम्भव नहीं हो पाता है। इससे प्रैशर प्लेट का कुछ भाग, क्लच प्लेट को दबाए रह जाता है। इस प्रकार पूर्ण रूप से क्लच डिस्इंगेज नहीं हो पाता है। इसे एडजस्ट करने के लिए रिलीज लीवर के पास ही एडजस्टिंग स्क्रू लगा रहता है। इसके लिए स्क्राइबर तथा ब्लॉक का भी प्रयोग करना चाहिए, जिससे सभी रिलीज लीवरों की ऊँचाई ठीक प्रकार से चैक की जा सके।

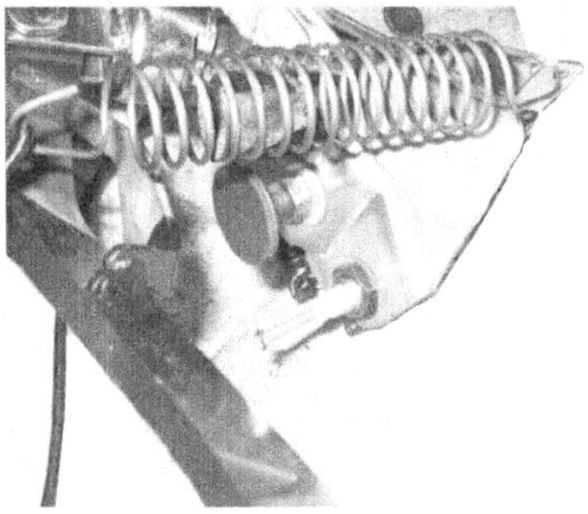

(a)

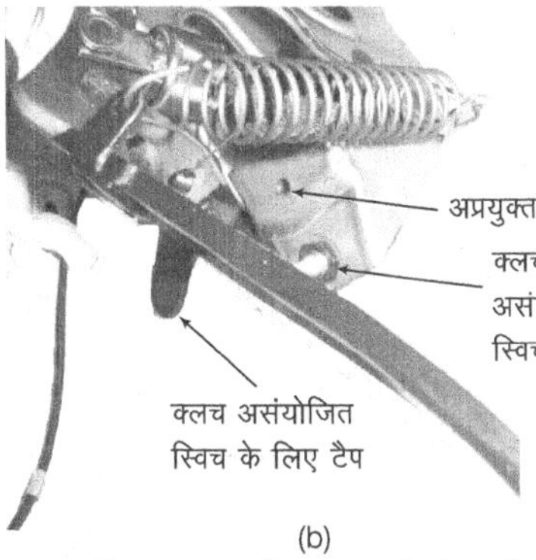

(b)

चित्र क्लच पैडल एडजस्टमेन्ट नट व रिलीज लीवर एडजस्टमेन्ट

2.8 क्लच सम्बन्धी निर्देश एवं निरीक्षण Instructions and Inspection Related to Clutch

वाहन के सुगमतापूर्वक प्रचालन हेतु क्लच का समय-समय पर निरीक्षण करते रहना चाहिए। क्लच सम्बन्धी मुख्य निर्देश एवं निरीक्षण निम्नवत् नीचे दिए गए हैं

निर्देश Instructions

किसी भी गाड़ी का क्लच अच्छी प्रकार कार्य करता रहे, इसके लिए निम्नलिखित बातों का ध्यान रखना चाहिए

1. मोटरगाड़ी को न्यूट्रल गियर में रखकर इंजन स्टार्ट करना चाहिए। गियर में रखने से क्लच प्लेट शीघ्र खराब होती है।
2. गाड़ी की स्पीड बढ़ जाने पर उपयुक्त गियर डालना चाहिए।
3. क्लच पर अधिक अनावश्यक लोड नहीं डालना चाहिए।
4. गाड़ी चलाते समय क्लच पैडल पर सदैव पैर रखना चाहिए।
5. गाड़ी खड़ी करते समय न्यूट्रल करें, क्लच से यह कार्य न लें।
6. ढलान पर गियर न्यूट्रल क्लच पैडल नहीं दबाना चाहिए।

क्लच का निरीक्षण Inspection of Clutch

क्लच की ओवरहॉलिंग के समय निम्नलिखित बातों का ध्यान रखना चाहिए

(i) क्लच प्लेट साफ करके उसकी लाइनिंग देखें। वह घिसी या टूटी नहीं होनी चाहिए, यदि ऐसा हो, तो लाइनिंग बदल देनी चाहिए।
(ii) क्लच प्लेट के हब फ्लैंज के खाँचे घिसे या कटे नहीं होने चाहिए।
(iii) कुशन स्प्रिंग व टॉर्सन स्प्रिंग टूटी हुई नहीं होनी चाहिए।
(iv) क्लच प्लेट टेढ़ी नहीं होनी चाहिए।

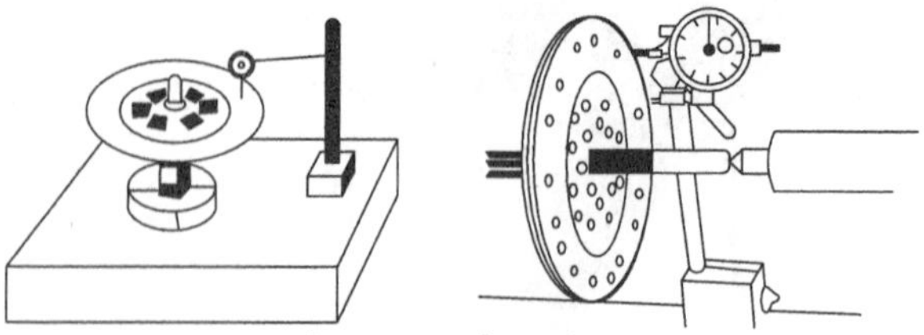

चित्र क्लच प्लेट निरीक्षण

ओवरहॉलिंग के समय प्रैशर प्लेट के सन्दर्भ में निम्नलिखित बातों का ध्यान रखना चाहिए

(i) प्रैशर प्लेट साफ करके देखें कि वह गड्ढेदार अथवा क्रैक न हो।
(ii) प्रैशर प्लेट टेढ़ी न हो।
(iii) प्रैशर प्लेट स्प्रिंग अपने निर्धारित तनाव में हो।
(iv) स्प्रिंगों की लम्बाई बराबर हो तथा वे टेढ़ी न हों।
(v) क्लच फिंगर के एडजस्टिंग नट तथा पिनें, ढीली या कटी न हों।
(vi) क्लच फिंगर की ऊँचाई उसे फिट करने के बाद एकसमान हो।

2.9 क्लच का अनुरक्षण एवं दोषोपचार

Troubleshooting and Maintenance of Clutch

वाहनों के संचालन में किसी प्रकार का व्यवधान उत्पन्न न हो इसके लिए क्लच का अनुरक्षण तथा दोषों को ज्ञात करके उनका निवारण करना अत्यन्त आवश्यक है। नीचे क्लच का अनुरक्षण तथा दोषोपचार दिया गया है

अनुरक्षण Maintenance

क्लच के भाग काफी दिनों तक अच्छा कार्य करते हैं, फिर भी उनकी निम्न प्रकार से देखभाल करनी चाहिए

1. समय-समय पर क्लच प्लेटे देखें और यह ध्यान रखें कि उसकी लाइनिंग अधिक घिसी न हो, उसके रिवेट ढीले न हों, उसका हब ढीला न हो, उसकी टॉर्क स्प्रिंग टाइट लगी हो तथा उसकी प्लेट टेढ़ी न हो।
2. प्रैशर प्लेट खराब न हो, वह टेढ़ी न हो, उसमें चिकनापन न हो।
3. प्रैशर स्प्रिंग कमजोर न हो।
4. क्लच फिंगर बराबर ऊँचाई पर हो।
5. फ्लाईव्हील टाइट हो।
6. क्लच रिलीज बियरिंग टूटा न हो।
7. क्लच एडजस्टमेन्ट सही हो।

क्लच के सामान्य दोषोपचार

General Troubleshooting of Clutch

किसी भी वाहन के लिए क्लच एक महत्त्वपूर्ण अवयव है। प्रशिक्षुओं को इस सम्बन्धी दोषोपचारों से अवगत कराने के ध्येय से उनका विवरण यहाँ पर दिया जा रहा है

क्र.सं.	कारण	उपचार
I. क्लच पूरी तरह डिस्इंगेज नहीं		**होता**
1.	क्लच प्लेट पर तेल या ग्रीस लगी है।	क्लच प्लेट को पेट्रोल से साफ करके फिट करें।
2.	क्लच एडजस्टमेन्ट अधिक टाइट है।	एडजस्टमेन्ट ढीला करें।
3.	क्लच पैडल गलत एडजस्ट है।	क्लच पैडल सही एडजस्ट करें।
4.	पायलट बियरिंग, फ्लाईव्हील में जम गया है।	बियरिंग बदलें।
5.	क्लच प्लेट की फेसिंग खराब हो गई है।	क्लच लाइनिंग बदलें।
6.	प्रैशर प्लेट चटखी या गड्ढेदार है।	प्रैशर प्लेट बदलें।
7.	प्रैशर प्लेट की स्प्रिंग टूटी या कमजोर है।	स्प्रिंग का पूरा सैट बदलें।
8.	क्लच शाफ्ट टेढ़ी है।	क्लच शाफ्ट बदलें।
II. क्लच फिसलता है		
1.	क्लच प्लेट लाइनिंग घिस गई है।	दूसरी लाइनिंग फिट करें।
2.	क्लच प्लेट कुशन स्प्रिंग टूटी है।	क्लच प्लेट बदलें।
3.	क्लच एडजस्टमेन्ट गलत है।	एडजस्टमेन्ट सही करें।
4.	प्रैशर स्प्रिंग कमजोर या टूटी है।	स्प्रिंग बदलें।
5.	रिलीज लीवर टेढ़े हैं।	रिलीज लीवर बदलें।
6.	क्लच प्लेट लाइनिंग पर तेल या ग्रीस है।	लाइनिंग साफ करें।
7.	क्लच रिलीज लीवर गलत सैट है।	रिलीज लीवर सही सैट करें।
III. क्लच आवाज करता है		
1.	क्लच पैडल बुश सूखा है।	बुश में स्नेहन करें।
2.	क्लच रिलीज बियरिंग खराब है।	बियरिंग में ग्रीस भरें।
3.	रिलीज बियरिंग खराब है।	बियरिंग बदलें।
4.	क्लच स्प्रिंग टूटी है।	स्प्रिंग बदलें।
5.	पायलट बियरिंग खराब है।	पायलट बियरिंग बदलें।

महत्त्वपूर्ण बिन्दु

- इंजन द्वारा उत्पन्न पावर को एक यन्त्रावली द्वारा ऑटोमोबाइल के प्रचालन हेतु ट्रांसमिट करने की प्रक्रिया, पावर ट्रांसमिशन कहलाती है।
- वाहनों में मैनुअली पावर ट्रांसमिट करने के लिए क्लच तथा गियर बॉक्स का उपयोग किया जाता है।
- मैनुअल ट्रांसमिशन को क्रमिक मानवकृत ट्रांसमिशन भी कहा जाता है।
- मैनुअल ट्रांसमिशन में विभिन्न कारकों; जैसे—घर्षण, वायु आदि के कारण पावर की हानि होती है।
- क्लच ट्रांसमिशन के दौरान सम्बद्धता की दशा में पॉवर, इंजन से चालित शाफ्ट की ओर ट्रांसमिट होती है।
- क्लच एक ऐसी पावर संचारक युक्ति है जो एक ही लाइन के दो भागों को इंगेज या डिस्इंगेज करती है।
- प्रैशर प्लेट, ड्रिवेन प्लेट तथा थ्रो-आउट बियरिंग क्लच के मुख्य अवयव होते हैं। प्रैशर प्लेट के साथ छोटी-बड़ी क्वॉयल स्प्रिंग अथवा डायफ्राम स्प्रिंग का उपयोग किया जाता है।
- ड्रिवेन प्लेट को क्लच प्लेट के नाम से भी जाना जाता है।
- थ्रो-आउट बियरिंग ऑटोमोटिव क्लच प्रणाली का एक मुख्य भाग है जो शिफ्टिंग के समय इंजन को मैनुअल ट्रांसमिशन से डिस्इंगेज करता है।
- घर्षण क्लच में क्लच को इंगेज या डिस्इंगेज करने के लिए घर्षण बल का प्रयोग किया जाता है।
- कोन क्लच में आउटर तथा इनर कोन का प्रयोग किया जाता है।
- सिंगल प्लेट को डिस्क क्लच या सॉलिड क्लच भी कहा जाता है।
- मल्टी प्लेट क्लच का उपयोग हल्की गाड़ियों; जैसे-स्कूटर, मोटरसाइकिल आदि में किया जाता है।
- सेमी-सेन्ट्रीफ्यूगल क्लच द्वारा पावर ट्रांसमिट करने के लिए स्प्रिंग तथा सेन्ट्रीफ्यूगल बल दोनों का उपयोग किया जाता है। फ्लूड फ्लाईव्हील को फ्लूड फ्लाईव्हील कपलिंग के नाम से भी जाना जाता है।
- फ्लूड फ्लाईव्हील में घर्षण क्लच की अपेक्षा कम दोष उत्पन्न होते हैं।
- विद्युत-चुम्बकीय क्लच में फ्लाईव्हील पर ताँबे के तारों की वाइण्डिंग में बैटरी से प्राप्त होने वाली धारा को प्रवाहित करने की व्यवस्था की जाती है।
- बैटरी, सोलेनॉयड ऑपरेटिड वाल्व, स्विच, निर्वात् सिलेण्डर, रिजर्वायर तथा नॉन-रिटर्न वाल्व, निर्वात् क्लच के मुख्य भाग होते हैं। डॉग क्लच का प्रयोग दो शाफ्टों को परस्पर लॉक करने के लिए किया जाता है।
- जब क्लच इंगेज हो, तो क्लच रिलीज बियरिंग तथा रिलीज लीवर के बीच पर्याप्त अन्तर होना आवश्यक है।
- डॉग क्लच का उपयोग नियत मैश गियर बॉक्स में सिन्क्रोनाइज्ड यूनिट सहित तथा इसके बिना भी किया जा सकता है। निर्वात् क्लच में रिजर्वायर मैनीफोल्ड का सम्बन्ध नॉन-रिटर्न वाल्व से होता है।
- फ्लाईव्हील बॉक्स में तेल की कमी अथवा निश्चित विस्कोसिटी का तेल प्रयोग न करने के कारण स्लिप दोष उत्पन्न हो जाता है।
- ड्रिवेन मेम्बर द्वारा क्लच शाफ्ट के घूमने की गति, तेल में उत्पन्न सेन्ट्रीफ्यूगल बल पर निर्भर करती है।

महत्त्वपूर्ण प्रश्नोत्तरी

1. गियर बदलते समय क्लच का प्रयोग क्यों किया जाता है?

उत्तर अस्थायी रूप से इंजन का सम्बन्ध ट्रांसमिशन प्रणाली से तोड़ने के लिए गियर बदलते समय क्लच का प्रयोग किया जाता है।

2. क्लच प्लेट को फ्लाईव्हील तथा प्रैशर प्लेट के मध्य दबाए रखने का क्या उद्देश्य है?

उत्तर क्लच प्लेट, फ्लाईव्हील तथा प्रैशर प्लेट के बीच दबी होने से स्लिप नहीं होती, जिससे सम्पूर्ण क्लच असेम्बली एक इकाई के रूप में घूर्णन करती है।

3. सेन्ट्रीफ्यूगल बल के कारण सेमी-सेन्ट्रीफ्यूगल क्लच की कार्यिकी ५र क्या प्रभाव पड़ता है?

उत्तर इस बल के प्रभाव से प्रैशर प्लेट पर अधिक प्रैशर आरोपित हो जाता है, जिससे ड्रिवेन प्लेट स्लिप नहीं हो पाती।

4. वर्तमान में किस घर्षण क्लच का प्रयोग अप्रचलित हो गया है?

उत्तर वर्तमान में कोन क्लच का प्रयोग अप्रचलित हो गया है।

5. मल्टीप्लेट क्लच की मुख्य विशेषता बताइए।

उत्तर मल्टीप्लेट क्लच की मुख्य विशेषता यह है कि इसमें अधिक क्लच प्लेटों का प्रयोग होने से क्लच प्लेटें शीघ्र घिसने से बच जाती हैं।

अभ्यास प्रश्न

परीक्षा प्रारूपी प्रश्न

बहुविकल्पीय

1. वह सम्पूर्ण व्यवस्था जिसके द्वारा पावर पिछले पहियों तक पहुँचती है, कहलाती है
(a) ट्रांसमिशन प्रणाली
(b) ऑटोमैटिक प्रणाली
(c) क्लच व्यवस्था
(d) थ्रो-आउट प्रणाली

2. निम्न में से कौन-सा ट्रांसमिशन प्रणाली का भाग नहीं है?
(a) डिफरैन्शियल (b) प्रोपैलर शाफ्ट
(c) रियर एक्सल शाफ्ट (d) फैरोडो

3. क्लच, गियर बॉक्स, प्रोपैलर शाफ्ट इत्यादि पावर ट्रांसमिशन युक्तियों के अतिरिक्त वाहनों में पावर ट्रांसमिशन किया जाता है
(a) ऑटोमैटिक (b) मैनुअली
(c) 'a' और 'b' दोनों (d) इनमें से कोई नहीं

4. निम्न में से किस पावर ट्रांसमिशन को मानवकृत ट्रांसमिशन कहा जाता है?
(a) ऑटोमैटिक ट्रांसमिशन (b) मैनुअली ट्रांसमिशन
(c) क्लच आधारित ट्रांसमिशन (d) ये सभी

5. .... में इंजन द्वारा उत्पादित पावर तथा व्हील पर प्राप्त पावर में अन्तर होता है।
(a) सिन्क्रोनाइज्ड ट्रांसमिशन
(b) असिन्क्रोनाइज्ड ट्रांसमिशन
(c) सेमी-ऑटोमैटिक ट्रांसमिशन
(d) फुली ऑटोमैटिक ट्रांसमिशन

6. मैनुअल ट्रांसमिशन को विशेषीकृत किया जाता है
(a) गियर अनुपात द्वारा
(b) घर्षण हानि द्वारा
(c) इंजन तथा व्हील के घूर्णन द्वारा
(d) प्रोपैलर शाफ्ट द्वारा

7. मैनुअल ट्रांसमिशन में क्लच डिस्क दबाव प्लेट एवं .... के मध्य में होता है।
(a) टॉर्क कन्वर्टर (b) आल्टरनेटर
(c) फ्लाईव्हील (d) फ्री व्हील

8. निम्न में से किस ट्रांसमिशन में इंजन द्वारा उत्पादित पूरी शक्ति को व्हील पर संचरित किया जाता है?
(a) सिन्क्रोनाइज्ड ट्रांसमिशन (b) अनसिन्क्रोनाइज्ड ट्रांसमिशन
(c) 'a' और 'b' दोनों (d) इनमें से कोई नहीं

9. निम्न में से किस ट्रांसमिशन प्रणाली में क्लच को दबाए बिना गियरों में बदलाव सम्भव है?
(a) क्लच आधारित ट्रांसमिशन
(b) स्वचालित ट्रांसमिशन
(c) सिन्क्रोनाइज्ड ट्रांसमिशन
(d) ऑटोमैटेड मैनुअल

10. क्लच प्लेट बनी होती है
(a) स्टील की पत्तियों द्वारा (b) कास्ट आयरन द्वारा
(c) स्टील की चादर द्वारा (d) इनमें से कोई नहीं

11. क्लच प्लेट चैक करने के लिए
(a) फीलर गेज का प्रयोग करते हैं
(b) डैप्थ गेज का प्रयोग करते हैं
(c) डायल गेज का प्रयोग करते हैं
(d) कैलीपर का प्रयोग करते हैं

12. क्लच प्लेट के दोनों ओर किस पदार्थ की लाइनिंग बनी होती है?
(a) कॉर्क की (b) चमड़े की
(c) फैब्रिक एस्बेस्टॉस की (d) इन सभी पदार्थों की

13. निम्नलिखित में क्लच की कौन-सी आवश्यकता है?
(a) टॉर्क ट्रांसमिशन (b) ग्रेजुएल इंगेजमेन्ट
(c) डायनामिक बैलेन्सिंग (d) ये सभी

14. किस प्रकार के ट्रांसमिशन में केवल क्लच स्वचालित होता है?
(a) फुली ऑटोमैटिक पावर ट्रांसमिशन
(b) सेमी-ऑटोमैटिक पावर ट्रांसमिशन
(c) ओवर ड्राइव पावर ट्रांसमिशन
(d) उपरोक्त में से कोई नहीं

15. निम्न में से किस पर प्रैशर प्लेट लगी होती है?
(a) फ्लाईव्हील (b) क्लच कवर
(c) क्लच डिस्क (d) क्रैंकशाफ्ट

16. क्लच किस सिद्धान्त पर कार्य करता है?
(a) घर्षण (b) विस्कोसिटी
(c) जड़त्व आघूर्ण (d) इनमें से कोई नहीं

17. निम्नलिखित में क्लच का मुख्य भाग कौन-सा है?
(a) ड्राइविंग मेम्बर (b) ड्रिवेन मेम्बर
(c) ऑपरेटर मेम्बर (d) ये सभी

18. ड्रिवेन मेम्बर किस आकार का होता है?
(a) डिस्क (b) चौकोर
(c) आयताकार (d) त्रिभुजाकार

19. क्लच ड्राइविंग मेम्बर (clutch driving member) में क्लच प्लेट को दबाने के लिए किस स्प्रिंग का प्रयोग प्लेट के साथ किया जाता है?
(a) बड़ी क्वॉयल स्प्रिंग टाइप का
(b) डायफ्राम स्प्रिंग टाइप का
(c) छोटी क्वॉयल टाइप का
(d) उपरोक्त सभी

20. ट्रांसमिशन सिस्टम में कौन-सी इकाई ड्राइव को संलग्न नहीं करती है और चिकनी टेक-अप प्रदान करती है?
(a) क्लच (b) गियर बॉक्स
(c) प्रोपैलर शाफ्ट (d) फाइल ड्राइव

21. क्लच के स्लिप करने का मुख्य कारण है
(a) पैडल पर अत्यधिक क्लीयरैन्स होना
(b) स्पिगॉट बियरिंग का जकड़ जाना
(c) पैडल लिंकेज में क्लीयरैन्स का अभाव होना
(d) लाइनिंग एवं फ्लाईव्हील के बीच अत्यधिक क्लीयरैन्स होना

22. सिंगल प्लेट क्लच हेतु निम्न में से कौन-सा कथन उपयुक्त है?
(a) इसमें प्रैशर प्लेट नही होती
(b) इसे डिफरैन्शियल के साथ जोड़ते हैं
(c) क्लच प्लेट, प्रैशर प्लेट तथा फ्लाईव्हील के बीच दबी रहती है
(d) उपरोक्त में से कोई नहीं

23. मल्टीप्लेट क्लच में ·········।
(a) क्लच प्लेट का व्यास अधिक होता है
(b) क्लच प्लेटों की संख्या अधिक होती है
(c) प्रैशर प्लेट किसी भी आकार की प्रयोग होती है
(d) ज्यादा टैंशन की स्प्रिंग का प्रयोग करते हैं

24. दो व्हील वाहनों में निम्न में से कौन-सा क्लच प्रयोग किया जाता है?
(a) कोन क्लच
(b) डायफ्राम क्लच
(c) मल्टीप्लेट क्लच
(d) डॉग क्लच

25. किस प्रकार के क्लच में ब्रेक लगाते समय या गाड़ी खड़ी करते समय गियर न्यूट्रल करने की आवश्यकता नहीं होती है?
(a) सिंगल प्लेट क्लच (b) मल्टीप्लेट क्लच
(c) कोन क्लच (d) हाइड्रोलिक क्लच

26. फ्लूड कपलिंग से सम्बन्धित निम्न में से कौन-सा कथन असत्य है?
(a) फ्लूड कपलिंग में पावर ट्रांसफर कम्पनरहित होता है
(b) इस कपलिंग की हाउसिंग 80% फ्लूड से भरी होती है
(c) इसमें एपीसाइक्लिक गियर बॉक्स का प्रयोग किया जाता है
(d) इसमें क्लच को डिस्इंगेज करने के लिए अधिक पैडल बल की आवश्यकता होती है

27. डुअल मास फ्लाईव्हील का प्रयोग किया जाता है
(a) जड़त्व बढ़ाने में (b) सतत् ऊर्जा प्रदान करने में
(c) घूर्णन ऊर्जा प्रदान करने में (d) ये सभी

28. फ्लाईव्हील के भार को कम किया जा सका है
(a) जड़त्व को बढ़ाकर
(b) इंजन की पावर को बढ़ाकर
(c) क्लच प्लेट असेम्बली के भार को बढ़ाकर
(d) उपरोक्त सभी

29. परम्परागत फ्लाईव्हील की तुलना में डुअल मास फ्लाईव्हील के प्रयोग द्वारा अधिक ········· प्राप्त होता है।
(a) मुक्त घूर्णन (b) जड़त्व (c) भार संतुलन (d) घर्षण

30. हाइड्रोलिक क्लच में वाइब्रेशन (vibration) दोष होता है
(a) तेल की कमी से
(b) हाउसिंग (housing) के बोल्ट ढीले होने से
(c) तेल की श्यानता निश्चित होने से
(d) उपरोक्त में से कोई नहीं

31. फुली ऑटोमैटिक हाइड्रोलिक क्लच में कौन-सा गियर बॉक्स उपयोग किया जाता है?
(a) प्लेनेटरी गियर बॉक्स (b) एपीसाइक्लिक गियर बॉक्स
(c) 'a' और 'b' दोनों (d) इनमें से कोई नहीं

32. हाइड्रोलिक क्लच में निम्न में से कौन-सा दोष उत्पन्न हो जाता है?
(a) स्लिप (b) ड्रैग (c) वाइब्रेशन (d) ये सभी

33. विद्युत-चुम्बकीय क्लच के फ्लाईव्हील पर
(a) ग्रूव कटे रहते हैं
(b) ताँबे के तार की वाइण्डिंग रहती है
(c) लोहे के तार की वाइण्डिंग रहती है
(d) परमानैन्ट मैगनेट रहती है

34. निर्वात् क्लच में उपयोग होता है
(a) इंजन मैनीफोल्ड के निर्वात् का (b) इंजन की गति का
(c) लुब्रीकेशन का (d) ताँबे की वाइण्डिंग का

35. नॉन-रिटर्न वाल्व का प्रयोग होता है
(a) सिंगल प्लेट क्लच में (b) हाइड्रोलिक क्लच में
(c) निर्वात् क्लच में (d) विद्युत-चुम्बकीय क्लच में

36. हाइड्रोलिक ऐसिस्ट क्लच में रिलीज बियरिंग दबाने के लिए
(a) प्रैशर प्लेट का प्रयोग करते हैं
(b) हाइड्रोलिक प्रैशर का प्रयोग करते हैं
(c) स्प्रिंग का प्रयोग करते हैं (d) इनमें से कोई नहीं

37. वैट क्लच कहलाते हैं
(a) जिनकी प्रैशर प्लेट तेल में डूबी रहती है
(b) क्लच प्लेट तेल में नहीं डूबी रहती है
(c) जिनका क्लच रिलीज बियरिंग नहीं होता है
(d) जिनमें प्रैशर प्लेट नहीं होती है

38. क्लच एडजस्टमेन्ट के लिए ऑपरेटिंग शाफ्ट पर व्यवस्था रहती है
(a) फ्लाईव्हील की (b) एडजस्टिंग नट की
(c) बियरिंग की (d) पिन की

39. डबल-डी क्लचिंग में
(a) एक बार पैडल दबाने पर गियर बदल सकते हैं
(b) एक बार पैडल दबाने पर गियर न्यूट्रल करते हैं, दूसरी बार दबाकर गियर की पोजिशन बदलते हैं
(c) गियर को न्यूट्रल करना
(d) ये सभी

40. क्लच के फिसलने का निम्न में से क्या सम्भावित दोष है?
(a) रिलीज बियरिंग खराब होना
(b) पायलर बियरिंग दोषपूर्ण होना
(c) क्लच प्लेट लाइनिंग का घिसना
(d) उपरोक्त सभी

उत्तरमाला

1. (a)	**2.** (d)	**3.** (c)	**4.** (b)	**5.** (b)	**6.** (a)	**7.** (c)	**8.** (a)	**9.** (d)	**10.** (a)
11. (c)	**12.** (c)	**13.** (d)	**14.** (b)	**15.** (c)	**16.** (a)	**17.** (d)	**18.** (a)	**19.** (d)	**20.** (a)
21. (c)	**22.** (c)	**23.** (b)	**24.** (c)	**25.** (b)	**26.** (d)	**27.** (d)	**28.** (a)	**29.** (d)	**30.** (b)
31. (c)	**32.** (d)	**33.** (b)	**34.** (a)	**35.** (c)	**36.** (b)	**37.** (a)	**38.** (b)	**39.** (b)	**40.** (c)

अध्याय 03

गियर एवं गियर बॉक्स

Gear and Gear Box

परिचय Introduction

एक शाफ्ट से अन्य शाफ्ट पर पावर प्रेषित (power transfer) करने के लिए गियरों का प्रयोग किया जाता है। मोटरगाड़ी को अलग-अलग स्थान एवं परिस्थितियों में लोड तथा सड़क की स्थिति के अनुरूप कभी कम तथा कभी अधिक शक्ति की आवश्यकता होती है। ऐसी स्थिति में इंजन की सीमित शक्ति, उसे चलाने में असमर्थ हो जाती है।

उदाहरण के लिए, यदि एक मोटरगाड़ी इंजन की पूरी क्षमता का प्रयोग करके चल रही है और सामने चढ़ाई आ जाती है, तो निश्चित ही उसकी चाल पर प्रभाव पड़ेगा। ऐसी स्थिति में इंजन की अधिकतम शक्ति के अतिरिक्त और भी शक्ति की आवश्यकता पड़ती है जिससे कि मोटरगाड़ी उस चढ़ाई पर किसी भी परिस्थितियों में आसानी से चढ़ सके।

इसके अतिरिक्त भी मोटरगाड़ी को इंजन की सीमित शक्ति से चलाने में अन्य बाधाएँ भी आ जाती हैं; जैसे—जब मोटरगाड़ी को विरामावस्था में गतिमान करना होता है, उस समय पृथ्वी की गुरुत्वाकर्षण शक्ति उस पर अपना प्रभाव डालती है अथवा मोटरगाड़ी पर अधिक भार लादा गया हो, तो वह भी अपना प्रभाव डालती है अथवा विपरीत तेज गति की हवा मोटरगाड़ी की तेज चाल पर अपना प्रभाव डालती है। अत: वाहनों में इंजन चालन नियन्त्रक के रूप में गियर बॉक्स का उपयोग किया जाता है।

अध्याय विषय सूची

3.1 गियर ड्राइव Gear Drive

जब बहुत कम दूरी पर शक्ति को ट्रांसमिट करना होता है, तब गियर ड्राइव का प्रयोग किया जाता है। गियर ड्राइव में दाँतेदार पहिए प्रयोग किए जाते हैं, जिन्हें गियर कहते हैं। दो मिलने वाले गियरों के दाँते समान आकृति (shape) के होते हैं तथा आपस में मिलकर विपरीत दिशा में चलते हैं।

ट्रांसमिशन प्रणाली के अनुसार गियर एल्युमीनियम, ब्रास, कॉपर, कास्ट आयरन, इस्पात, प्लास्टिक आदि के बनाए जाते हैं। गियर बनाने के लिए कास्टिंग, फोर्जिंग (forging), एक्स्ट्रूजन (extrusion), मिलिंग, गियर शेविंग, गियर होबिंग (hobbing) आदि प्रक्रियाएँ की जाती हैं। शक्ति ट्रांसमिशन गियरों के दाँतों के आपस में फँसकर चलने के कारण किसी प्रकार की स्लिप सम्भव नहीं है, अत: इस प्रकार धनात्मक चालन (positive drive) प्राप्त होता है।

गियर उपयोग किए जाने के निम्नलिखित उद्देश्य होते हैं

(i) धनात्मक चालन प्राप्त करना
(ii) घूर्णन दिशा में परिवर्तन करना
(iii) वेग-अनुपात में परिवर्तन करना

गियर की संरचना को नीचे चित्र में प्रदर्शित किया गया है

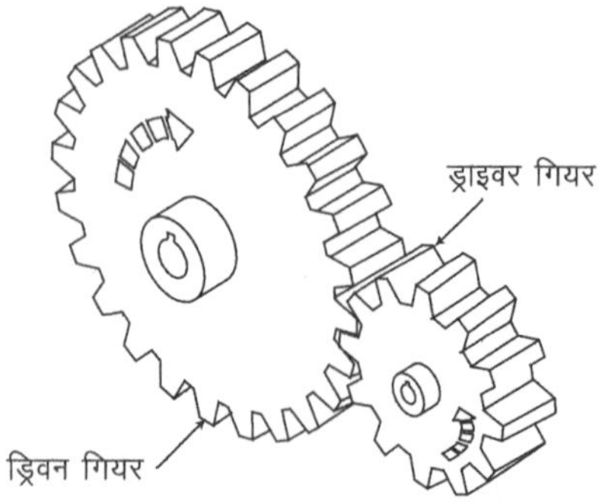

चित्र गियर की संरचना

गियर ड्राइव के लाभ एवं हानियाँ
Advantages and Disadvantages of Gear Drive

लाभ Advantage

(i) ये निम्न चाल के साथ अधिक पारेषित कर सकते हैं।
(ii) ये उच्च दक्षता वाले होते हैं।
(iii) ये आकार में छोटे होते हैं।
(iv) अन्य ड्राइवों की अपेक्षा ये अधिक दक्ष होते हैं।
(v) ये यथार्थ वेगानुपात (velocity ratio) पारेषित करते हैं।

हानियाँ Disadvantage

(i) गियर के उत्पादन के लिए विशेष प्रकार के औजार तथा कटर की आवश्यकता होती है।
(ii) गियर का उत्पादन भी जटिल होता है।
(iii) गियर के सरल चालन के लिए स्नेहन की आवश्यकता होती है।

गियर के प्रकार Types of Gear

गियर निम्न प्रकार के होते हैं

(i) **स्पर गियर** (Spur gear) स्पर गियर के दाँते उसकी अक्ष के समान्तर होते हैं। इन गियरों का प्रयोग समान्तर शाफ्टों पर शक्ति ट्रांसमिट के लिए किया जाता है। आपस में मिलने वाले दो गियर परस्पर विपरीत दिशाओं में चलते हैं।

समान दिशा में शक्ति प्राप्त करने के लिए दोनों के मध्य एक आइडल गियर लगाया जाता है। आइडल गियर का प्रभाव ट्रेन के वेगानुपात (velocity ratio) पर नहीं पड़ता है। स्पर गियर का प्रयोग सामान्यत: मशीन टूल गियर बॉक्स, ऑटोमोबाइल गियर बॉक्स, घड़ियों आदि में किया जाता हैं।

निम्न चित्र में स्पर गियर को दर्शाया गया है।

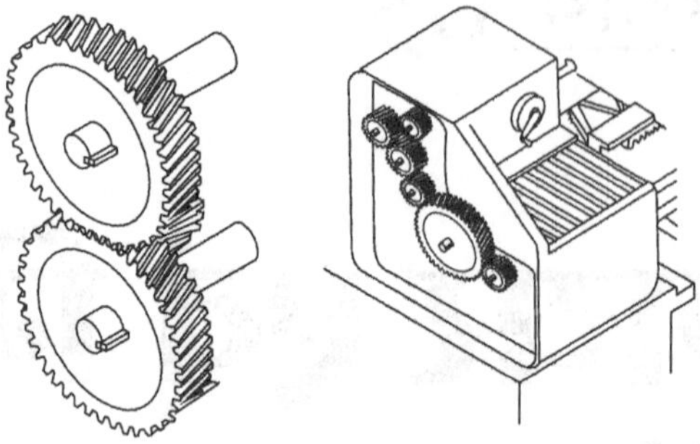

चित्र स्पर गियर

(ii) **बेवेल गियर** (Bevel gear) बेवेल गियरों का प्रयोग ऐसी शाफ्टों पर किया जाता है, जो एक-दूसरे पर विभिन्न कोणों पर झुकी (inclined) हुई हों, परन्तु एक ही तल (plane) में स्थित हों। अत: इस गियर का प्रयोग गति की दिशा को बदलने के लिए किया जाता है। इसमें गियर के फेस को तिरछा बनाया जाता है तथा उस पर इस प्रकार दाँते बनाए जाते हैं कि वे आपस में मिलकर घूम सकें। इसका प्रयोग डिफरैन्शियल गियर बॉक्स में किया जाता है।

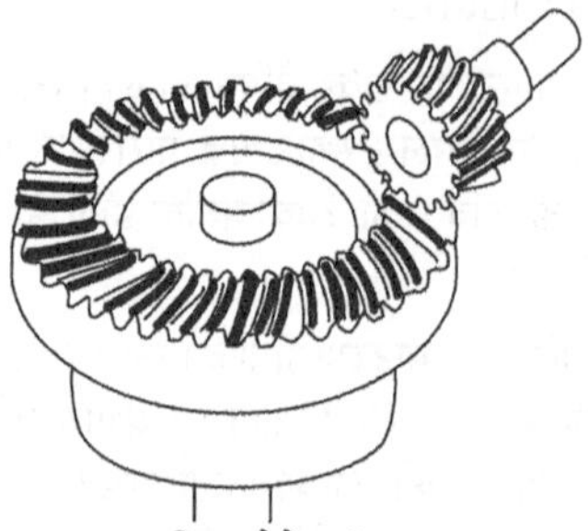

चित्र बेवेल गियर

(iii) **स्पाइरल बेवेल गियर** (Spiral bevel gear) यह हैलिकल दाँत युक्त बेवेल गियर होता है। इस गियर में दाँते लम्बाई के साथ अनुदैर्ध्य रूप से ढके होते हैं। इन गियरों का प्रयोग ऐसी शाफ्टों को जोड़ने के लिए किया जाता है, जो एक-दूसरे को 90° पर प्रतिच्छेद करती हैं।

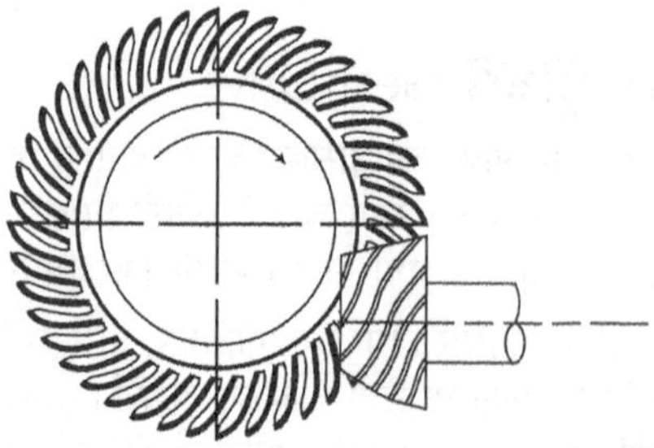

चित्र स्पाइरल बेवेल गियर

(iv) **स्ट्रैट टूथ बेवेल गियर** (Straight tooth bevel gear) इन गियरों पर सीधे दाँते होते हैं। ये बनाने में आसान होते हैं। इसलिए ये सस्ते होते हैं। इनका प्रयोग साधारण गति ट्रांसमिशन में किया जाता है।

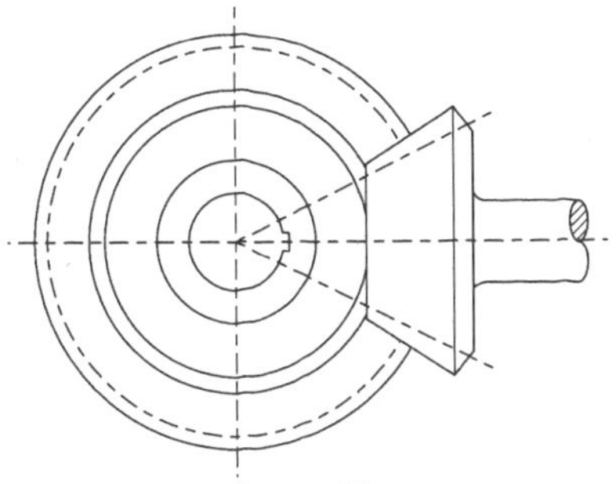

चित्र स्ट्रैट टूथ बेवेल गियर

(v) **माइटर गियर** (Miter gear) ये गियर, बेवेल गियर के समान ही होते हैं। गियरों की शाफ्ट की अक्ष परस्पर 90° पर होती है तथा दोनों गियर समान आकार के होते हैं।

चित्र माइटर गियर

(vi) **हैलिकल गियर** (Helical gear) स्पर गियर के एक दाँते के द्वारा एक समय पर ही पावर ट्रांसमिशन होता है, इसलिए इसमें अधिक आवाज होती है। इस कमी को हैलिकल गियर में दूर किया जाता है। हैलिकल गियर के दाँते इसकी अक्ष से एक निश्चित कोण पर होते हैं, इस कारण एक समय पर दो या अधिक दाँते आपस में मिलकर चलते हैं। इससे आवाज भी कम आती है तथा अधिक शक्ति को ट्रांसमिट किया जा सकता है। इनका प्रयोग भी परस्पर समान्तर शाफ्टों पर पावर ट्रांसमिशन के लिए किया जाता है। चित्र में हैलिकल गियर दर्शाए गए हैं। ये दो प्रकार के होते हैं—सिंगल हैलिकल तथा डबल हैलिकल।

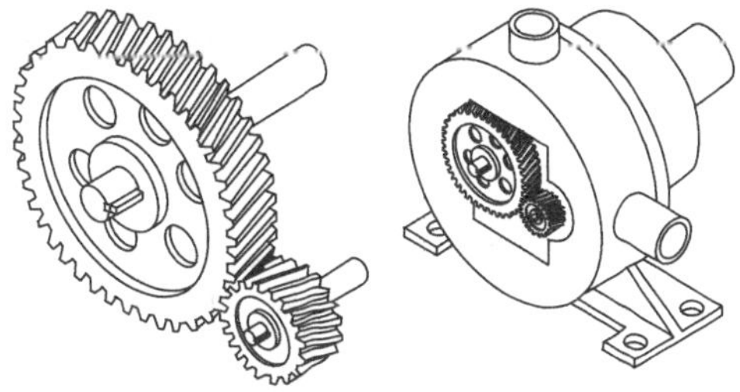

चित्र हैलिकल गियर

सिंगल हैलिकल गियर चलते समय शाफ्ट के एक ही सिरे पर दाब डालते हैं, जिसके लिए शाफ्ट पर थ्रस्ट बियरिंग का प्रयोग करना आवश्यक होता है, परन्तु डबल हैलिकल गियर के प्रयोग में इस प्रकार की कोई कठिनाई उत्पन्न नहीं होती है। हैलिकल गियर का प्रयोग उच्च गति ऑटोमोबाइल गियर बॉक्स, मशीन टूल गियर बॉक्स, रोलिंग मिल्स, स्टीम तथा गैस टरबाइन में किया जाता है।

(vii) **हैरिंग बोन गियर** (Herring bone gear) हैरिंग बोन गियर, डबल हैलिकल गियर का एक विशिष्ट प्रकार होता है। यह शीर्ष से विपरीत हाथ के दो हैलिकल गियरों का पार्श्व-से-पार्श्व संयोजन होता है। इस गियर का हैलिकल ग्रूव, अंग्रेजी के अक्षर 'V' जैसा दिखाई देता है। हैरिंग बोन गियर का प्रयोग विशेषत: हैवी ड्यूटी मशीनरी में किया जाता है।

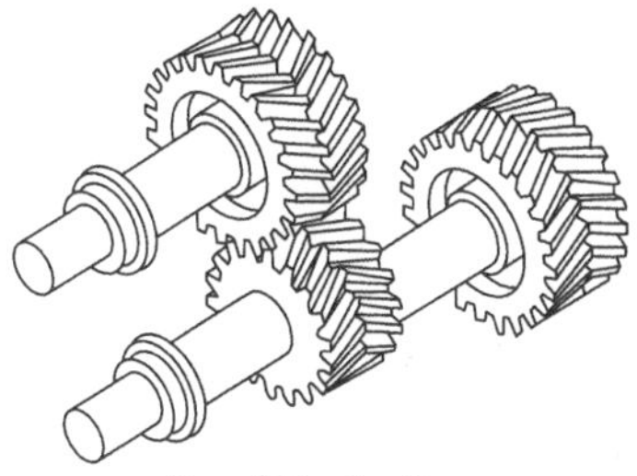

चित्र हैरिंग बोन गियर

(viii) **वर्म एण्ड वर्म व्हील गियर** (Worm and worm wheel gear) वर्म एण्ड वर्म व्हील गियर का प्रयोग चालक की चाल को बहुत कम करने के लिए किया जाता है। वर्म तथा वर्म व्हील की शाफ्ट आपस में समकोण पर काटती है। इस ड्राइव में हमेशा वर्म ही चालक का कार्य करता है तथा वर्म व्हील को चलाता है। इसके द्वारा कम शक्ति का ट्रांसमिशन ही सम्भव है।

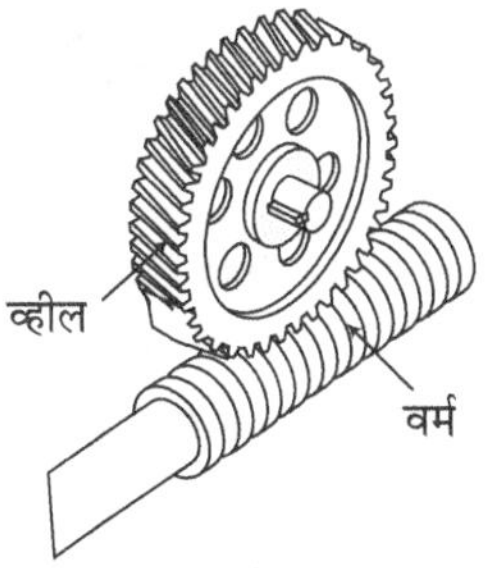

चित्र वर्म एण्ड वर्म व्हील गियर

(ix) **रैक एण्ड पिनियन गियर** (Rake and pinion gear) इस गियर में वृत्ताकार फेस पर दाँते कटे होते हैं, जबकि रैक में सीधे (straight) फेस पर दाँते कटे होते हैं। रैक पर कटे हुए दाँतों के संगत इस पर चलने वाली पिनियन में भी दाँते कटे होते हैं। जब पिनियन घूर्णन गति करती है, तो रैक रेखीय गति करती है, जैसा कि चित्र में दर्शाया गया है। इस प्रकार के मैकेनिज्म से घूर्णन गति को रेखीय गति में तथा रेखीय गति को घूर्णन गति में बदला जा सकता है। इस चालन (drive) का प्रयोग मशीनों के स्लाइडों को चलाने के लिए किया जाता है।

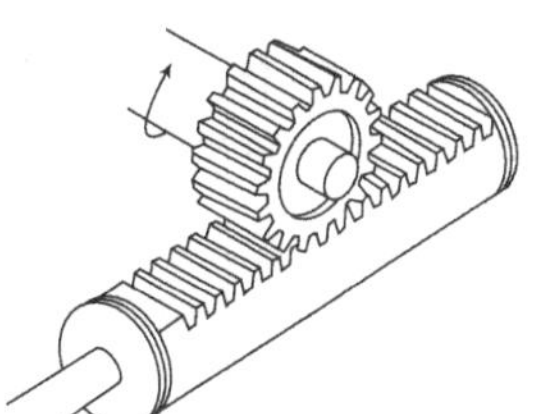

चित्र रैक एण्ड पिनियन गियर

(x) **हाइपॉइड गियर** (Hypoid gear) यह एक प्रकार का बेवेल गियर का सैट होता है। इसकी दाँतों की आकृति स्पाइरल तथा बीच में से उभार लिए हुए परवलयाकार होती है। इस गियर की पिनियन थोड़ा बीच में दबी हुई होती है, जैसा कि चित्र से स्पष्ट है। इसका प्रयोग ऑटोमोबाइल के अन्दर डिफरैन्शियल गियर बॉक्स में किया जाता है।

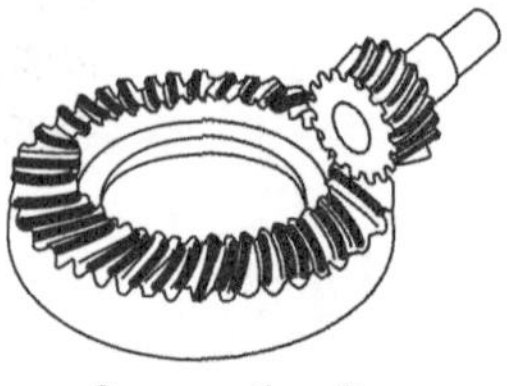

चित्र हाइपॉइड गियर

3.2 गियर अनुपात Gear Ratio

जब दो गियर, जिनके दाँते बराबर हों, उन्हें एक-दूसरे पर चलाया जाए, तो एक के चलाने पर दूसरा भी उसी गति से चलेगा, जिससे उसका गियर अनुपात 1 : 1 होगा। ऐसा तब होगा जब छः दाँतों का छोटा गियर, एक बड़े 18 दाँतों वाले गियर को चलाता है। ऐसे ही यदि छोटा गियर तीन चक्कर लगाए, तो बड़े दाँतों वाले गियर का एक पूरा चक्कर होगा। इस स्थिति में गियर अनुपात 18 : 6 या 3 : 1 होगा। जब हम एक गियर को दूसरे गियर से घुमाते हैं, तो वह दूसरा गियर, घुमाने वाले गियर की टॉर्क के कारण घूमता है तथा इनका टॉर्क अनुपात यान्त्रिक लाभ पर निर्भर करता है।

उदाहरण के तौर पर यदि एक छोटा गियर, जिसमें 24 दाँते हैं, एक बड़े दाँतों वाले गियर को चलाता है, तो इससे बड़े गियर की गति आधी रह जाएगी, लेकिन छोटे गियर की तुलना में टॉर्क दोगुना हो जाएगा एवं यदि बड़े गियर से छोटे गियर को चलाया जाए, तो छोटे गियर की गति दोगुनी एवं टॉर्क के मुकाबले से आधी हो जाएगी। इस प्रकार हम ऑटोमोबाइल में गियर बॉक्स लगाकर उच्च गति में कम टॉर्क और निम्न गति में ज्यादा टॉर्क प्राप्त कर पाते हैं।

तालिका भारी व हल्की भारतीय मोटरगाड़ियों के गियर अनुपात

		गियर अनुपात					
क्र.सं.	**मोटरगाड़ी का नाम व गियर बॉक्स का प्रकार**	**प्रथम गियर**	**द्वितीय गियर**	**तृतीय गियर**	**चतुर्थ गियर**	**टॉप गियर**	**रिवर्स गियर**
1.	**फोर्ड ट्रक**-6 फॉरवर्ड व 1 रिवर्स सिन्क्रोमैश	7.51 : 1	4.58 : 1	2.85 : 1	1.82 : 1 पाँचवाँ 1.31:1	1.85: 1	7.18 : 1
2.	**स्वराज माजदा**-5 फॉरवर्ड व 1 रिवर्स, केवल फारवर्ड सिन्क्रोमैश गियर	7.83 : 1	2.8 : 1	1.65 :1	1.0 : 1	0.8 : 1	5.37 : 1
3.	**अशोक लेलैण्ड**-5 फॉरवर्ड व 1 रिवर्स गियर, स्लाइडिंग मैश	6.98 : 1	4.31 : 1	2.66 : 1	1.60 : 1	1.0 : 1	6.39 : 1
4.	**जीप पेट्रोल**-3 फॉरवर्ड व 1 रिवर्स, दूसरा व टॉप सिन्क्रोमैश गियर	2.79 : 1	1.15 : 1	—	—	1.0 : 1	3.79 : 1
5.	**जीप डीजल**-4 फॉरवर्ड व 1 रिवर्स गियर, दूसरा-तीसरा व टॉप सिन्क्रोमैश	3.98 : 1	2.36 :1	1.47 : 1	—	1.0 : 1	5.31 : 1
6.	**मारुति 800**-4 फॉरवर्ड व 1 रिवर्स गियर, सभी सिन्क्रोमैश गियर	3.58 : 1	2.16 : 1	1.33 : 1	—	1.0 : 1	3.36 : 1
7.	**एम्बेसेडर**-4 फॉरवर्ड व 1 रिवर्स गियर, पहला व रिवर्स छोड़कर शेष सभी सिन्क्रोमैश गियर	3.80 : 1	2.25 : 1	1.50 : 1	—	1.0 : 1	3.80 : 1
8.	**टाटा 1210**-5 फॉरवर्ड व 1 रिवर्स गियर, सिन्क्रोमैश	7.50 : 1	3.98 : 1	2.30 : 1	1.38.1	1.0 :1	6.93 :1

नोट *सभी निकटतम अनुपात हैं।*

3.3 गियर ट्रेन Gear Train

जब एक साथ अनेक गियरों का प्रयोग करके पावर ट्रांसमिट की जाती है, तो इस पूरे सैट को गियर ट्रेन कहा जाता है। शाफ्टों की सापेक्ष स्थिति, गियरों के परस्पर संयोजन तथा वांछित वेगानुपात के आधार पर गियर ट्रेन निम्न प्रकार की होती हैं

1. साधारण गियर ट्रेन Simple Gear Train

इस प्रकार की गियर ट्रेन में शाफ्ट पर केवल एक ही गियर लगा होता है। इस गियर ट्रेन में प्रत्येक शाफ्ट अपने स्थिर अक्ष पर ही घूमती है तथा चालक व चलित शाफ्ट के मध्य कितनी भी शाफ्टें हो सकती हैं। यह गियर ट्रेन बहुत बड़े वेगानुपात के लिए उत्तम नहीं होती है।

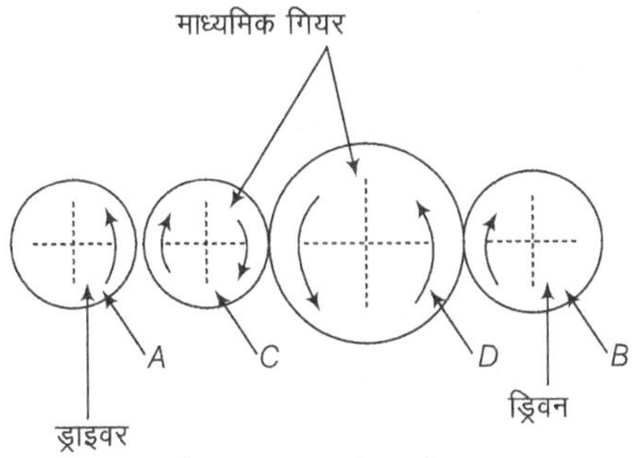

चित्र साधारण गियर ट्रेन

$$\text{वेगानुपात (Velocity ratio) VR} = \frac{\text{ड्राइवर गियर की गति}}{\text{ड्रिवन गियर की गति}} = \frac{\text{ड्राइवर गियर का व्यास}}{\text{ड्रिवन गियर का व्यास}} = \frac{\text{ड्राइवर गियर पर दाँतों की संख्या}}{\text{ड्रिवन गियर पर दाँतों की संख्या}}$$

2. कम्पाउण्ड गियर ट्रेन Compound Gear Train

जब किसी गियर ट्रेन में एक ही शाफ्ट पर दो गियर प्रयोग किए गए हों, तो उसे कम्पाउण्ड गियर ट्रेन कहते हैं। गियरों की कम्पाउण्डिंग उच्च वेगानुपात प्राप्त करने के लिए की जाती है। इस गियर ट्रेन में सभी शॉफ्टें अपनी अक्ष पर ही घूमती हैं। कम्पाउण्ड गियर ट्रेन को संयोजी गियर ट्रेन भी कहा जाता है।

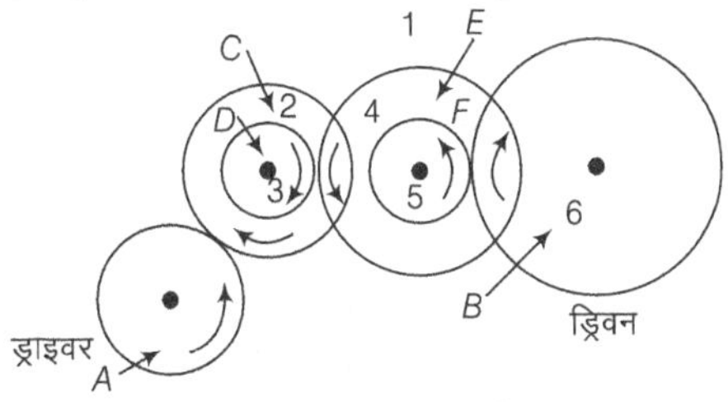

चित्र कम्पाउण्ड गियर ट्रेन

$$\text{वेगानुपात (VR)} = \frac{\text{ड्राइवर गियर की गति}}{\text{ड्रिवन गियर की गति}} = \frac{\text{ड्राइवर गियर के व्यासों की गुणा}}{\text{ड्रिवन गियर के व्यासों की गुणा}} = \frac{\text{ड्राइवर गियर पर दाँतों की संख्या की गुणा}}{\text{ड्रिवन गियर पर दाँतों की संख्या की गुणा}}$$

3. एपीसाइक्लिक गियर ट्रेन Epicyclic Gear Train

एपीसाइक्लिक गियर ट्रेन में गियरों के घुमाव के सभी अक्ष (axes) स्थिर नहीं होते परन्तु कुछ अक्ष गति भी करते हैं तथा गतिशील अक्षों पर लगे गियर घूमते भी हैं। इस प्रकार के गियर ट्रेन को चित्र में दर्शाया गया है इनमें गियर B तथा भुजा R अक्ष S पर घूमते है जो स्वयं स्थिर है। गियर A, P अक्ष पर घूमता है। P से होकर जाने वाला अक्ष स्वयं भुजा R के साथ S अक्ष पर घुमता है।

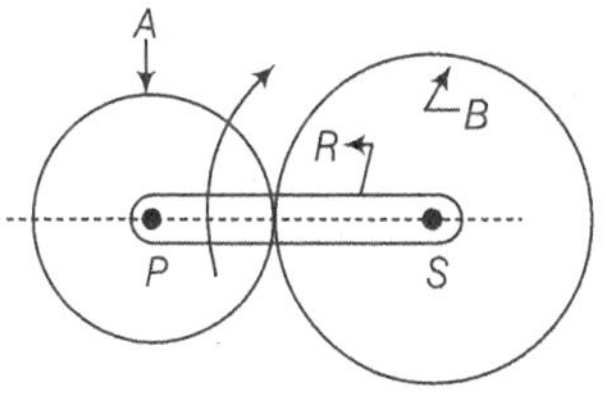

चित्र एपीसाइक्लिक गियर ट्रेन

3.4 ऑटोमैटिड मैनुअल ट्रांसमिशन Automated Manual Transmission

यह एक प्रकार का मैनुअल ट्रांसमिशन होता है जिसे इलेक्ट्रीकली, हाइड्रॉलिकली या ऑटोमैटिड ऑपरेट किया जाता है। इस ट्रांसमिशन में ड्राइवर द्वारा गियर तथा क्लच को मैनुअली चलाने की आवश्यकता नहीं होती है। इसलिए इसमें क्लच पैडल नहीं होता है तथा सेलेक्टर लीवर तथा ट्रांसमिशन के मध्य कोई मैकेनिकल कनैक्शन नहीं होता है। इसमें ट्रांसमिशन को वायर द्वारा शिफ्ट किया जाता है।

ऑटोमैटिड मैनुअल ट्रांसमिशन निम्न प्रकार का होता है

1. सिंगल साइडिड क्लच ट्रांसमिशन (SSCT)
2. डबल साइडिड क्लच ट्रांसमिशन (DSCT)
3. डबल क्लच ट्रांसमिशन (DCT)

उपरोक्त तीनों प्रकार के ट्रांसमिशन में से डबल क्लच ट्रांसमिशन का सर्वाधिक प्रयोग किया जाता है। इस ट्रांसमिशन के निम्नलिखित लाभ होते हैं

(i) इस ट्रांसमिशन में अन्य ट्रांसमिशन की अपेक्षा अधिक त्वरण, ईंधन की बचत तथा कम उत्सर्जन होता है।

(ii) इस ट्रांसमिशन में लागत कम आती है।

(iii) इस ट्रांसमिशन में टॉर्क कन्वर्टर, द्रव पम्प तथा मल्टी प्लेट क्लच का उपयोग नहीं किया जाता है। अत: यह ट्रांसमिशन कम जटिल तथा हल्का होता है।

3.5 गियर सेलेक्टर यन्त्रावली
Gear Selector Mechanism

गियर बॉक्स में गियर, फॉर्क द्वारा शिफ्ट किए जाते हैं। गियर बॉक्सों में तीन या चार फॉर्क लगाए जाते हैं, जो लीवर के द्वारा आगे-पीछे किए जाते हैं, परन्तु जब तक एक गियर न्यूट्रल अवस्था में नहीं आ जाता, तब तक दूसरा गियर नहीं लगाया जाता है। एक ही समय पर दो गियर एक साथ लगाने से चलते वाहन में फॉर्क के खिसके जाने से गियर इकट्ठे हो जाएँगे, जिसके कारण हाउसिंग या शाफ्ट के टूटने का खतरा बना रहता है।

अत: एक समय में केवल एक गियर डालने एवं अन्य फॉर्क को न्यूट्रल स्थिति में बनाए रखने के लिए कई विधियों का प्रयोग किया जाता है। प्रथम विधि के अनुसार फॉर्क, पिन द्वारा एक ऐसी शाफ्ट से जुड़ा रहता है, जिसके ऊपर वाले भाग में एक खाँचा बना होता है एवं जिसके अन्दर गियर लीवर का निचला भाग चलता है। गियर लीवर को आगे-पीछे करने से शाफ्ट आगे-पीछे चलती है। इस शाफ्ट के ऊपर तीन अतिरिक्त खाँचे बने होते हैं, जिसमें एक स्टील की बनी बॉल स्प्रिंग डाली जाती है। फॉर्क को शिफ्ट करते समय बॉल और अधिक दाबित होकर ऊपर जाती है, जिससे वह दूसरे खाँचे में फँस जाती है। इस प्रकार से फॉर्क की चाल स्थिर की जाती है।

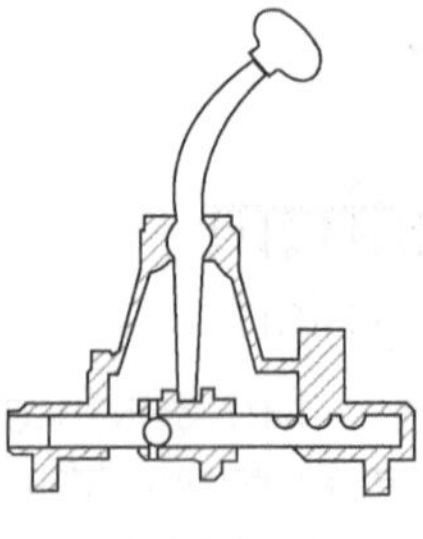

चित्र सेलेक्टर यन्त्रावली

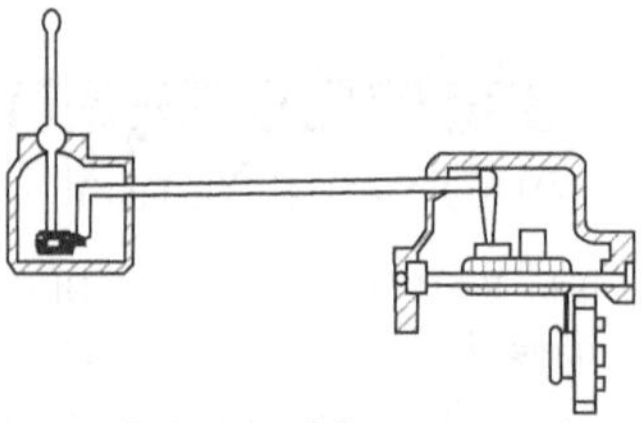

चित्र गियर सेलेक्टर यन्त्रावली

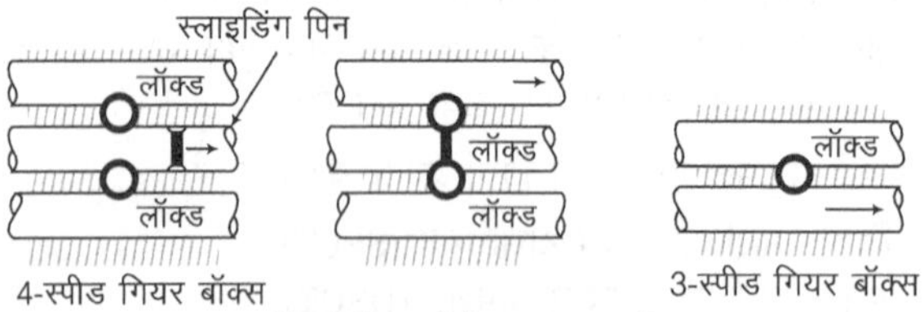

चित्र गियर सेलेक्टर यन्त्रावली

जिस रॉड के ऊपर फॉर्क लगी रहती है, उसमें फॉर्क के ऊपर वाला भाग इस प्रकार बना होता है कि जब तक गियर लीवर न्यूट्रल अवस्था में न आ जाए, तब तक वह दूसरे खाँचे में नहीं फँस सकता और न ही खाँचे से बाहर निकल पाता है। चित्र में गियर लीवर, गियर बॉक्स एक अलग हाउसिंग में लगा है। इस प्रणाली में स्प्रिंग और बॉल, गियर बॉक्स के टॉप कवर में न फिट होकर, फॉर्क के अन्दर फिट होती है।

इस स्थिति में भी गियर लीवर खाँचे में नहीं जा सकता, जब तक कि सभी फॉर्क, उदासीन अवस्था में न हों। द्वितीय विधि के अनुसार, एक स्टील की बॉल, रॉड खाँचे में तब तक फँसी रहती है, जब तक कि दूसरी रॉड का खाँचा उसके सामने न आ जाए। यह यन्त्रावली रॉड को उसी स्थान पर फिक्स करके रखती है। सभी वाहनों में उपरोक्त दो प्रकार की व्यवस्थाओं के अतिरिक्त, अन्य एक व्यवस्था भी की जाती है, जिसमें एक विशेष लीवर लगा होता है, जो एक समय में केवल एक फॉर्क को ही मूव करने देता है तथा अन्य दो को पकड़ कर रखता है।

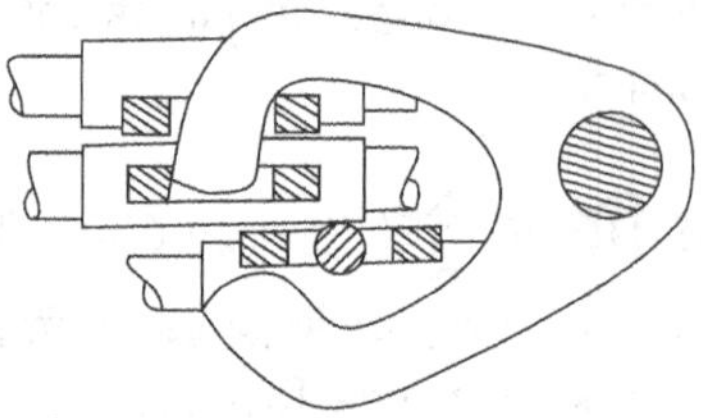

चित्र गियर सेलेक्टर

3.6 गियर बॉक्स Gear Box

गियर बॉक्स को ट्रांसमिशन बॉक्स के नाम से भी जाना जाता है। यह ऑटोमोबाइल में पावर ट्रेन का दूसरा घटक है। सड़क की स्थिति एवं लोड की विविधता के अनुसार, इसका प्रयोग वाहनों में गति एवं टॉर्क को बदलने में किया जाता है। पहाड़ी रास्तों पर जाते हुए, गियर बॉक्स इंजन की गति को टॉर्क में बदल देता है, इसलिए इसे कभी-कभी टॉर्क कन्वर्टर भी कहते हैं। जब हम वाहन को चलाते हैं, तो सड़क पर ढलान, चढ़ाई या समतल सड़क के कारण वाहन को भिन्न-भिन्न प्रतिरोध का सामना करना पड़ता है। कभी-कभी सड़क पर भीड़ अधिक होने से अचानक वाहन को रोकना तथा धीमे चलाना पड़ता है, इन्हीं के कारण वाहनों में गियर बॉक्स की आवश्यकता पड़ती है।

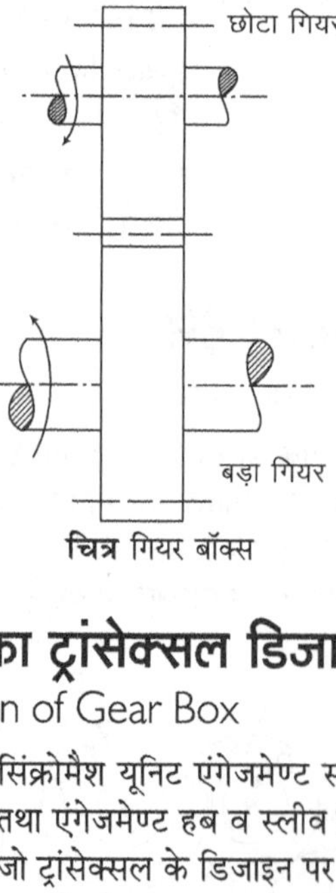

चित्र गियर बॉक्स

गियर बॉक्स का ट्रांसेक्सल डिजाइन
Transaxle Design of Gear Box

ट्रांसेक्सल डिजाइन में सिंक्रोमैश यूनिट एंगेजमेण्ट स्लीव के अन्त में तथा गियर के बीच होती है तथा एंगेजमेण्ट हब व स्लीव प्राथमिक या द्वितीयक शाफ्ट पर लगे होते हैं, जो ट्रांसेक्सल के डिजाइन पर निर्भर करते हैं। पहले तथा दूसरे गियर के लिए एंगेजमेण्ट हब तथा स्लीव को द्वितीयक शाफ्ट पर लगाया जाता है जबकि तीसरे व चौथे गियर के लिए इन्हें स्पीड हब पर लगाया जाता है। पाँचवें गियर के लिए एंगेजमेण्ट हब द्वितीयक शाफ्ट के अन्तिम सिरे पर होता है।

गियर बॉक्स का कार्य Functions of Gear Box

गियर बॉक्स के मुख्य कार्यों का वर्णन निम्न प्रकार है

(i) गियर बॉक्स, लोड अवस्थाओं एवं सड़क की स्थिति के अनुसार वाहन को गति प्रदान करने के लिए आवश्यक टॉर्क प्रदान करता है। यह कार्य, वाहन ड्राइव व्हील एवं इंजन क्रैंकशाफ्ट के मध्य गियर अनुपात को बदलने से सम्पन्न होता है।

(ii) इसके द्वारा वाहन को रिवर्स या बैक गियर से पीछे ले जाने में सहायता मिलती है।

(iii) यह इंजन तथा वाहन के पहियों के मध्य टॉर्क अनुपात बदलने के लिए माध्यम प्रदान करता है।

(iv) यह प्रारम्भिक चाल प्रदान करने के लिए विरामावस्था में खड़े वाहन को टॉर्क प्रदान करता है एवं वाहन के चालू हो जाने के पश्चात् टॉर्क कम करके गति बढ़ाने में सहायता करता है।

गियर बॉक्स के मुख्य भाग
Main Parts of Gear Box

गियर बॉक्स के मुख्य भाग निम्न हैं

(i) **इनपुट शाफ्ट** (Input shaft) इसे क्लच शाफ्ट, गियर बॉक्स इनपुट शाफ्ट एवं प्राइमरी शाफ्ट भी कहते हैं। यह क्लच प्लेट से संलग्न रहती है। जब फुट पैडल को दबाया जाता है, तब यह घूर्णन नहीं करती है, लेकिन यदि फुट पैडल को न दबाया जाए, तो यह घूर्णन करने लगती है। यह सदैव दक्षिणावर्त (clockwise) दिशा में ही घूर्णन करती है।

(ii) **काउण्टर शाफ्ट** (Counter shaft) इसे ले शाफ्ट, सेकेण्डरी शाफ्ट या आइडलर शाफ्ट भी कहते हैं। यह एक ऐसी शाफ्ट है, जो क्लच शाफ्ट से सीधे ही संयोजित होती है। इसमें एक गियर होता है, जो इसे क्लच शाफ्ट के साथ-साथ मुख्य शाफ्ट से भी संयोजित करता है। गियर अनुपात के अनुसार, यह इंजन गति से कम या इंजन गति पर ही चालू होती है।

(iii) **मुख्य शाफ्ट** (Main shaft) यह शाफ्ट, वाहन की गति पर रन करती है। यह गियर अनुपात के अनुसार एवं गियर्स के प्रयोग द्वारा काउण्टर शाफ्ट से पावर लेती है। काउण्टर शाफ्ट की तुलना में मुख्य शाफ्ट, विभिन्न गतियों एवं टॉर्क पर प्रचालित होती है। इस शाफ्ट का एक सिरा यूनीवर्सल शाफ्ट से संयोजित होता है। इसे आउटपुट शाफ्ट या कम्पाउण्ड गियर ट्रेन शाफ्ट के नाम से भी जाना जाता है।

(iv) **गियर** (Gear) यह गियर बॉक्स का महत्त्वपूर्ण अवयव है, क्योंकि काउण्टर शाफ्ट एवं मुख्य शाफ्ट के टॉर्क में विभिन्नता, गियर अनुपात पर ही निर्भर करती है। यदि गियर अनुपात एक से अधिक हों, तो मुख्य शाफ्ट, काउण्टर शाफ्ट की तुलना में निम्न गति पर घूर्णन करेगी तथा काउण्टर शाफ्ट की अपेक्षा मुख्य शाफ्ट का टॉर्क उच्च होगा, लेकिन यदि गियर अनुपात एक से कम हो तो काउण्टर शाफ्ट की तुलना में मुख्य उच्च गति पर घूर्णन करेगी तथा काउण्टर शाफ्ट की अपेक्षा मुख्य शाफ्ट का टॉर्क निम्न होगा। एक छोटी कार के गियर बॉक्स में चार गति गियर अनुपात एवं एक रिवर्स गियर अनुपात होता है।

(v) **रिवर्स गियर** (Reverse gear) आउटपुट शाफ्ट को वामावर्त (anticlockwise) चाल देने से वाहन को रिवर्स गियर में चला जाता है। इस गियर में वाहन पीछे की ओर गति करने लगता है।

(vi) **बियरिंग** (Bearing) किसी मशीन के घूर्णन भाग को सहारा प्रदान करने के लिए बियरिंग की आवश्यकता पड़ती है। गियर बॉक्स में काउण्टर शाफ्ट एवं मुख्य शाफ्ट दोनों को सहारा देने के लिए बियरिंग प्रयोग की जाती हैं। बियरिंग की सहायता से शाफ्ट तथा गियर सरलतापूर्वक घूर्णन कर सकते हैं तथा कम्पोनेन्ट का अलाइनमेन्ट बनाए रखते हैं। किसी भी अवयव पर लगाए जाने वाले बियरिंग का चयन उस कम्पोनेन्ट द्वारा सहन किए जाने वाले भार के आधार पर किया जाता है।

(vii) **गियर बॉक्स हाउसिंग** (Gear box housing) यह एल्युमीनियम अलॉय या कास्ट आयरन से निर्मित ढाँचा होता है, जिसमें इनपुट, आउटपुट एवं काउण्टर शाफ्ट को बियरिंग्स पर स्थापित करने के लिए बियरिंग सीट्स लगी होती हैं एवं बुशों में रिवर्स गियर कलस्टर बैठाने की व्यवस्था भी होती है। इसके एक ओर लुब्रीकेटिंग तेल भरने एवं नीचे की ओर तेल निकालने के लिए ड्रेन प्लग लगा होता है।

(viii) **ऑयल सील तथा गैस्केट** (Oil seal & gasket) ऑयल सील, यान्त्रिक साधनों में प्रयोग होने वाली वह पैकिंग युक्ति है, जिसमें साधनों के स्थिर अवयव तथा चलित अवयव के मध्य निकटतम सम्बद्धता स्थापित की जाती है। ऑयल सील ऑयल के लीकेज को रोकती है। ऑयल के लीकेज को रोकने के लिए गियर बॉक्स में गार्टर स्प्रिंग लिप टाइप ऑयल सील का उपयोग किया जाता है।

गैस्केट, केसिंग तथा हाउसिंग के मध्य मैटल सतह को सील करने के लिए प्रयुक्त की जाती है। गैस्केट प्राय: रिंग तथा शीट के आकार के बनाए जाते हैं, जो अनावश्यक तरल की लीकेज को रोकने हेतु कम्प्रैशन सील पर निर्भर करते हैं।

3.7 गियर बॉक्स के प्रकार
Types of Gear Box

गियर बॉक्स को मुख्यत: दो प्रकारों में विभक्त किया जाता है

1. मैनुअल ट्रांसमिशन गियर बॉक्स
   (i) स्लाइडिंग मैश गियर बॉक्स (ii) कॉन्स्टैन्ट मैश गियर बॉक्स
   (iii) सिन्क्रोमैश गियर बॉक्स
2. ऑटोमैटिक ट्रांसमिशन गियर बॉक्स
   (i) प्लेनेटरी गियर बॉक्स (ii) टॉर्क कन्वर्टर।

नोट *पाठ्यक्रम की उपयोगिता को ध्यान में रखकर यहाँ केवल मैनुअल ट्रांसमिशन गियर बॉक्स का ही वर्णन किया गया है।*

मैनुअल ट्रांसमिशन गियर बॉक्स
Manual Transmission Gear Box

मैनुअल ट्रांसमिशन के अन्तर्गत निम्न प्रकार के गियर बॉक्स आते हैं

(i) स्लाइडिंग मैश गियर बॉक्स Sliding Mesh Gear Box

यह गियर बॉक्स का सबसे सरल व साधारण प्रकार है। मोटरगाड़ी के प्रारम्भिक काल में सर्वप्रथम इसी गियर बॉक्स का प्रयोग किया गया था।

इस प्रकार के गियर बॉक्स में मेन शाफ्ट के गियरों को खिसकाकर (slide) ले-शाफ्ट पर बने उसके जोड़े के साथ मिलाया (mesh) जाता है, इसलिए इस गियर बॉक्स को स्लाइडिंग मैश गियर बॉक्स कहते हैं।

गियरों को खिसकने के लिए गियर चेंज लीवर, सेलेक्टर शाफ्ट तथा सेलेक्टर फॉर्क का प्रयोग किया जाता है। गियर चेंज लीवर को न्यूट्रल के स्थान से जब किसी गियर से मिलाने के लिए झुकाया या ऊपर किया जाता है, तो ये लीवर, सेलेक्टर शाफ्ट को आगे या पीछे यथास्थिति में करके, फॉर्क द्वारा वांछित गियर को खिसकाकर ले-शाफ्ट पर बने उसके जोड़ से मिला देते हैं।

इस प्रकार गियर के दाँतों के अनुपात (gear teeth ratio) में ले-शाफ्ट द्वारा मेन शाफ्ट घूमने लगती है तथा उसी के अनुसार शक्ति का स्थानान्तरण पिछले पहियों को होने लगता है।

ले-शाफ्ट को प्राइमरी शाफ्ट द्वारा शक्ति प्राप्त होती रहती है, जोकि इंजन की चाल, चक्कर प्रति मिनट (RPM) पर घूमती रहती है।

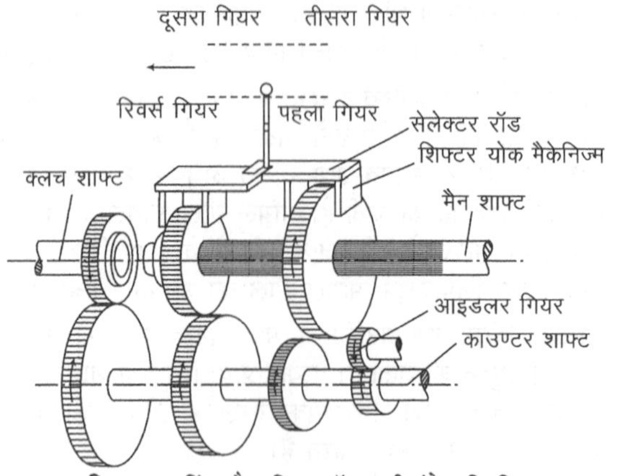

चित्र स्लाइडिंग मैश गियर बॉक्स की इंगेज स्थिति

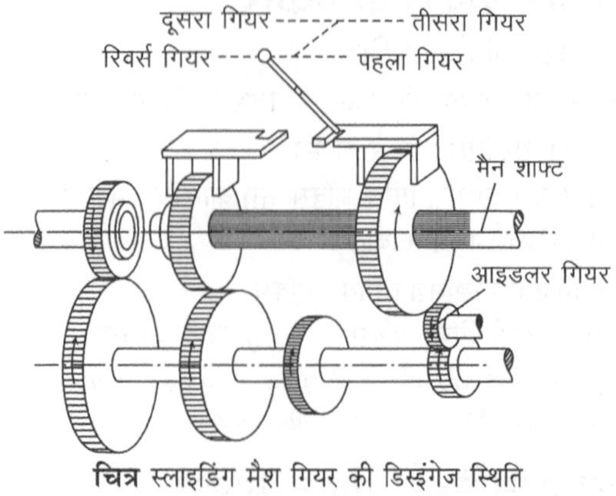

चित्र स्लाइडिंग मैश गियर की डिस्इंगेज स्थिति

संरचना Construction

गियर बॉक्स हाउसिंग में प्राइमरी शाफ्ट तथा मेन शाफ्ट, बियरिंगों के साथ एक सीध में फिट रहती है, जैसा कि उपरोक्त चित्र में दर्शाया गया है। प्राइमरी शाफ्ट का स्प्लाइन भाग, गियर बॉक्स हाउसिंग में आगे की ओर बाहर निकला रहता है, जिस पर क्लच प्लेट चढ़ी होती है। इसी प्रकार, मेन शाफ्ट का कुछ भाग गियर बॉक्स हाउसिंग में पीछे की ओर बाहर निकला रहता है, जिस पर फ्लैंज चढ़ा रहता है, जिसे यूनीवर्सल ज्वॉइण्ट की सहायता से प्रोपैलर शाफ्ट के साथ जोड़ा जाता है। प्राइमरी शाफ्ट के अन्दर वाले सिरे पर एक गियर लगा होता है। यह गियर, ले-शाफ्ट के अगले गियर से मिला होता है, इसलिए जब इंजन चलता है, व क्लच पृथक् न हो, तो प्राइमरी शाफ्ट, क्लच प्लेट द्वारा घूम कर, ले-शाफ्ट को भी घुमाती रहती है।

इस प्रकार इंजन की शक्ति, ले-शाफ्ट तक आती रहती है। रिवर्स शाफ्ट तथा ले-शाफ्ट, मेन शाफ्ट के समानान्तर अपनी बियरिंगों की सहायता से फिट रहती हैं। मेन शाफ्ट पर दाँतों वाले छोटे-बड़े गियर चढ़ाए जाते हैं। ये गियर, मेन शाफ्ट पर बने स्प्लाइन पर खिसक भी सकते हैं तथा ले-शाफ्ट के अपने जोड़े से घूम कर मेन शाफ्ट को घुमाते भी हैं। इन गियरों की संख्या, गियर बॉक्स की चालों पर निर्भर करती है, जैसे यदि गियर बॉक्स चार फॉरवर्ड चाल वाला होगा, तो मेन शाफ्ट पर तीन गियर फिट किए गए होंगे। चौथा गियर या टॉप गियर डालने के समय बिना किसी गियर अनुपात के मेन शाफ्ट का सम्बन्ध सीधे प्राइमरी शाफ्ट से कर दिया जाता है। रिवर्स शाफ्ट पर प्राय: दो गियर अथवा एक गियर फिट रहता है, जोकि ले-शाफ्ट के सबसे पीछे अथवा सबसे आगे के गियर से मिला होता है, जिसके द्वारा यह घूमता रहता है।

कार्यप्रणाली Working Method

विरामावस्था से मोटरगाड़ी को गतिशील करने के लिए सर्वप्रथम गियर डालने की आवश्यकता पड़ती है अथवा चलती हुई मोटरगाड़ी को इंजन की उस चाल से तेज चाल पर चलाने के लिए गियर बदलने की आवश्यकता पड़ती है। इंजन के चलते रहने पर हमेशा क्लच को पृथक् करके ही गियर डालना या बदलना चाहिए।

जब मोटरगाड़ी को गतिशील किया जाता है, तो प्राय: पहले गियर को डाला जाता है। मोटरगाड़ी के गतिशील होने के पश्चात् दूसरे, तीसरे तथा चौथे गियर को यथास्थिति डाला जाता है।

- **पहला गियर** (First gear) पहले गियर को डालने के लिए ले-शाफ्ट के सबसे छोटे गियर से मेन शाफ्ट के सबसे बड़े गियर को गियर लीवर सेलेक्टर शाफ्ट तथा फॉर्क की सहायता से खिसकाकर मिलाया जाता है। चित्र में शक्ति ट्रांसमिशन को तीर के निशान से दर्शाया गया है। इस पहले गियर में शक्ति सबसे अधिक प्राप्त होती है, परन्तु चाल सबसे कम प्राप्त होती है, क्योंकि ले-शाफ्ट का सबसे छोटा गियर, मेन शाफ्ट के सबसे बड़े गियर को चलाता है।

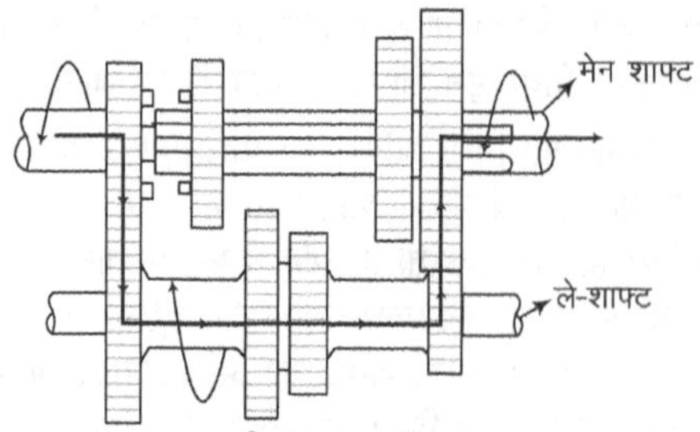

चित्र पहला गियर

- **दूसरा गियर** (Second gear) यह गियर प्राय: मोटरगाड़ी की गतिशील अवस्था में डाला जाता है। इस गियर में ले-शाफ्ट के बीच गियर से मेन शाफ्ट का बड़े से छोटा गियर खिसकाकर संलग्न किया जाता है।

- इस गियर में पहले गियर की अपेक्षा शक्ति तो कम प्राप्त होती है, परन्तु मोटरगाड़ी की चाल कुछ बढ़ जाती है।

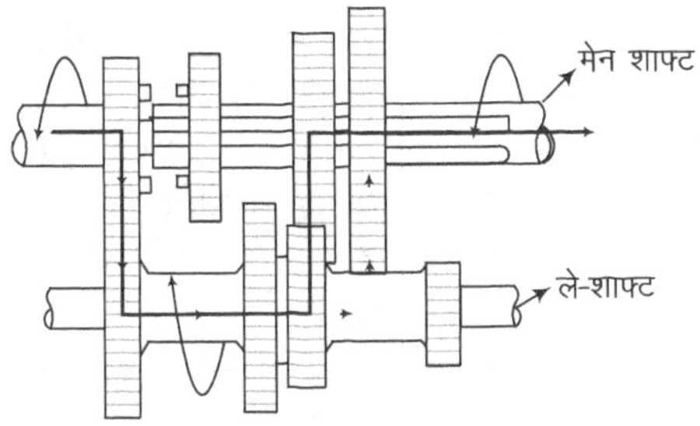

चित्र दूसरा गियर

- **तीसरा गियर** (Third gear) ऊँची-नीची जगहों या रेत व दलदल वाले स्थानों पर इस गियर का सर्वाधिक प्रयोग किया जाता है। इस गियर में ले-शाफ्ट के सबसे बड़े गियर से मेन शाफ्ट के सबसे छोटे गियर को खिसकाकर व्यवस्थित किया जाता है। इस गियर में शक्ति कम प्राप्त होती है एवं इंजन पर लोड भी कम पड़ता है तथा पहले की अपेक्षा वाहन की चाल और बढ़ जाती है।

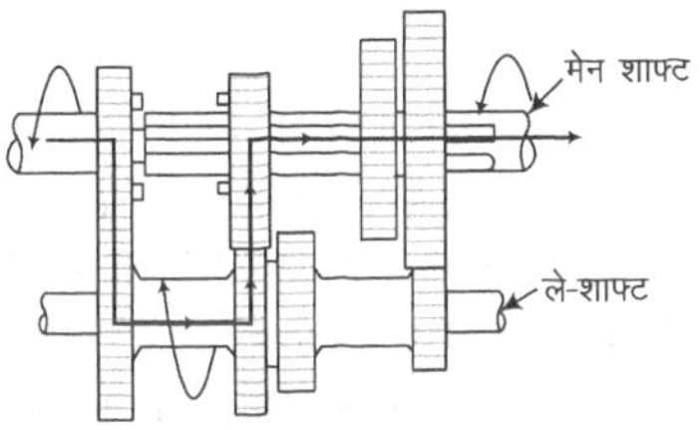

चित्र तीसरा गियर

- **चौथा या टॉप गियर** (Fourth or top gear) इस गियर से मोटरगाड़ी की अधिकतम चाल प्राप्त की जा सकती है, क्योंकि मोटरगाड़ी इससे पूर्व सभी अवरोधों; जैसे—गुरुत्वाकर्षण, भार तथा चढ़ाई इत्यादि को पार करके अपनी सामान्य चाल पर चलने लगती है। इस गियर को डालने के लिए मेन शाफ्ट का सम्बन्ध सीधे ही प्राइमरी शाफ्ट से कर दिया जाता है। मोटरगाड़ी को अधिकतर इसी गियर में चलाया जाता है, जब तक कि किसी कारणवश उसकी चाल कम न हो जाए। इस समय पिछले पहियों को सबसे कम शक्ति प्राप्त होती है, परन्तु उनकी चाल अधिकतम बढ़ाई जा सकती है, क्योंकि इस समय मेन शाफ्ट, इंजन की चाल (RPM) के बराबर चाल पर घूमने लगती है।

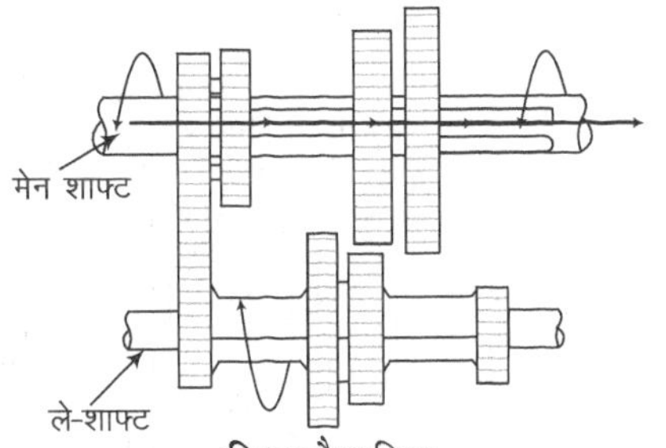

चित्र चौथा गियर

टिप्पणी *आधुनिक मोटरगाड़ियों में पाँच या छः गियर भी होते हैं। इनमें चौथे गियर के लिए ले-शाफ्ट तथा मेन शाफ्ट पर एक स्पेशल गियर को जोड़ा जाता है।*

- **न्यूट्रल गियर** (Neutral gear) इंजन की चलती हुई दशा में यदि मोटरगाड़ी को विरामावस्था में लाना है, तो गियर बॉक्स को न्यूट्रल करना पड़ता है। यदि टॉप गियर की अवस्था से मेन शाफ्ट का सम्बन्ध प्राइमरी शाफ्ट से हटा दिया जाए, तो गियर बॉक्स न्यूट्रल हो जाएगा अर्थात् इंजन की शक्ति ले-शाफ्ट तक ही सीमित रहेगी। दूसरे शब्दों में कह सकते हैं कि जब मेन शाफ्ट का कोई भी गियर, ले-शाफ्ट गियरों से संलग्न हो तथा मेन शाफ्ट, प्राइमरी शाफ्ट से अलग हो, उस समय गियर न्यूट्रल रहता है। इस समय पिछले पहियों अथवा मेन शाफ्ट को शक्ति प्राप्त नहीं होती है।
- **रिवर्स गियर** (Reverse gear) मोटरगाड़ी को आवश्यकता पड़ने पर रिवर्स भी चलाना पड़ता है। इसके लिए मोटरगाड़ियों में रिवर्स गियर की भी व्यवस्था होती है। इस गियर में लगभग पहले गियर के बराबर ही शक्ति तथा चाल प्राप्त होती है। इस गियर को डालने के लिए मेन शाफ्ट के बड़े गियर को खिसकाकर रिवर्स शाफ्ट के आइडलर गियर से संलग्न किया जाता है। रिवर्स शाफ्ट का आइडलर गियर सदैव ले-शाफ्ट के छोटे गियर से मिला रहता है तथा उससे विपरीत दिशा में घूमता रहता है, क्योंकि प्राइमरी शाफ्ट द्वारा ले-शाफ्ट उससे विपरीत दिशा में अर्थात् वामावर्त (anticlockwise) दिशा में घूमती है, इसलिए रिवर्स शाफ्ट का आइडलर गियर, ले-शाफ्ट से विपरीत अर्थात् दक्षिणावर्त दिशा में घूमता है।

इस प्रकार, जब मेन शाफ्ट के बड़े गियर को रिवर्स शाफ्ट के गियर से मिलाते हैं, तो मेन शाफ्ट का गियर विपरीत दिशा में अर्थात् घड़ी की सुई की चाल के विपरीत दिशा में घूमने लगता है तथा मेन शाफ्ट को उल्टा घुमाकर मोटरगाड़ी को पीछे या रिवर्स में चलाता है। सामान्य गियरों की दिशा में मेन शाफ्ट सीधी अर्थात् दक्षिणावर्त (clockwise) घूमती है।

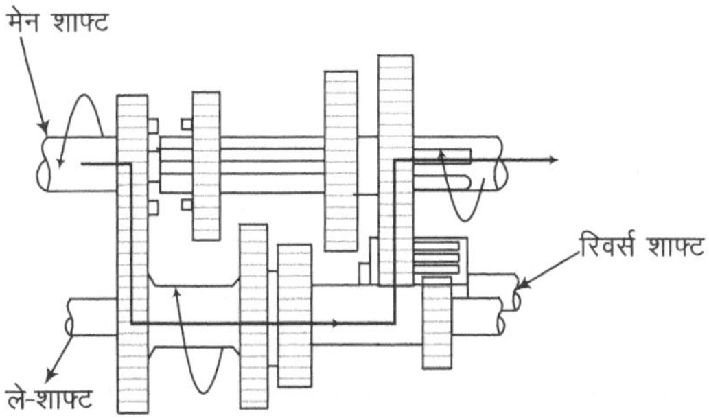

चित्र रिवर्स गियर

स्लाइडिंग मैश गियर बॉक्स का रख-रखाव

Maintenance of Sliding Mesh Gear Box

स्लाइडिंग मैश गियर बॉक्स बहुत सरल तथा सस्ता होता है, परन्तु इसमें कुछ हानियाँ भी होती हैं, जैसे गियर बदलना इसमें एक कठिन कार्य होता है, क्योंकि इसके लिए मेन शाफ्ट तथा ले-शाफ्ट के गियरों की चाल लगभग बराबर करना आवश्यक होता है, जोकि इस प्रकार के साधारण गियर बॉक्स में एक अच्छा ड्राइवर ही कर सकता है, अन्यथा गियर मिलाते समय स्पर गियर का प्रयोग होने से इसमें बहुत आवाज होती है, इससे गियरों के दाँते भी शीघ्र टूटते हैं। अत: किसी भी गियर बॉक्स में बिना आवाज गियर बदलने के लिए दोनों गियरों की चाल समान होनी आवश्यक है। स्लाइडिंग मैश गियर बॉक्स में इसके लिए विशेष व्यवस्था नहीं होती है। अत: इस प्रकार के गियर बॉक्स में गियर बदलते समय डबल डी-क्लचिंग की आवश्यकता होती है। इसके लिए गियर बदलते

समय पहली बार क्लच को डिसएंगेज करते हैं तथा गियर बॉक्स न्यूट्रल करते हैं। दूसरी बार पुन: क्लच पैडल दाबकर गियर बदलते हैं। भारी गाड़ियों के लिए सभी प्रकार के गियर बॉक्सों में गियर बदलने का भी यह सुरक्षित उपाय है।

(ii) कॉन्स्टैन्ट मैश गियर बॉक्स
Constant Mesh Gear Box

बिना आवाज के सरलतापूर्वक गियर बदलने के लिए कॉन्स्टैन्ट मैश गियर बॉक्स का प्रयोग किया जाता है। यह भी स्लाइडिंग मैश गियर बॉक्स का ही विकसित रूप है। इस गियर बॉक्स में हैलिकल या डबल हैलिकल गियर उपयोग किए जाते हैं, परन्तु इसमें मेन शाफ्ट पर जो गियर चढ़े होते हैं, वे मुख्य शाफ्ट के खाँचों (spline) में फिट न होकर मुख्य शाफ्ट पर बने समतल (plane) स्थान पर फिट होते हैं, जिससे कि ये शाफ्ट को घुमाए बिना सरलता से घूम सकें।

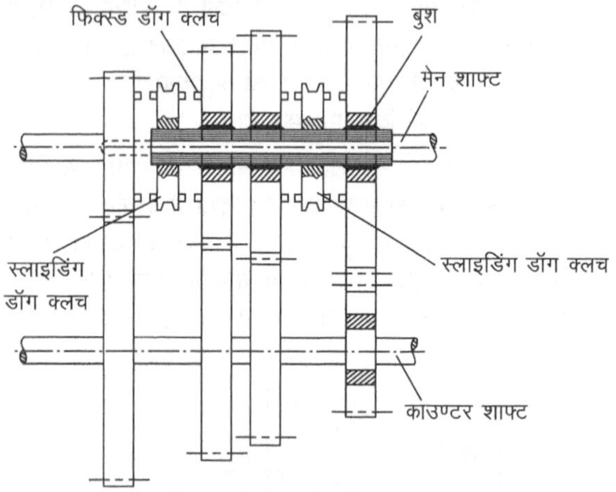

चित्र कॉन्स्टैन्ट मैश गियर बॉक्स

इस प्रकार के गियर बॉक्स में मेन शाफ्ट का गियर सदैव काउण्टर शाफ्ट के समरूपी गियर के साथ संलग्न रहता है, किन्तु शक्ति संचारित नहीं करता है जब तक इसे डॉग क्लच या मेन शाफ्ट पर लगे विशेष गियर के साथ संलग्न नहीं किया जाता हैं। मेन शाफ्ट स्प्लाइन होती है तथा स्प्लाइन मेन शाफ्ट व गियर के मध्य बुशेज़ प्रदान किये जाते हैं। मेन शाफ्ट गियर पर फिक्स्ड डॉग क्लच स्प्लाइन होता है, इसलिए गियर तथा फिक्स्ड डॉग क्लच दोनों बिना शक्ति संचरण के घूर्णन करते हैं। डॉग क्लच, मेन शाफ्ट के साथ स्लाइड तथा घूर्णन कर सकता है, जब स्लाइडिंग डॉग क्लच को सापेक्ष गियर के फिक्स्ड डॉग क्लच के साथ संलग्न किया जाता है, तो गियर से मेन शाफ्ट को पावर, स्लाइडिंग डॉग क्लच तथा फिक्स्ड डॉग के द्वारा ट्रांसमिट की जाती है।

कॉन्स्टैन्ट मैश गियर बॉक्स के लाभ
Advantages of Constant Mesh Gear Box

1. कॉन्स्टैन्ट मैश में गियर के जोड़े हमेशा मिले रहते हैं। अत: इसमें हैलिकल गियर भी प्रयोग किए जा सकते हैं।
2. कॉन्स्टैन्ट मैश में डॉग अपेक्षाकृत कम घिसते हैं। इसके अतिरिक्त इन्हें बदलना सस्ता पड़ता है।

(iii) सिन्क्रोमैश गियर बॉक्स
Synchromesh Gear Box

दो अलग-अलग चालों पर घूमने या चलने वाले भागों की चाल को बराबर करना सिन्क्रोनाइजेशन कहलाता है। गियर बॉक्सों में भी दो अलग-अलग चाल पर चलते हुए गियरों को मिलाने से पूर्व उनकी चाल बराबर करना आवश्यक होता है, इसलिए सिन्क्रोमैश गियर बॉक्सों में एक ऐसी यान्त्रिक युक्ति लगाई जाती है, जो दो गियरों को मिलाने से पूर्व उनकी चाल को एकसमान कर देती है।

इस युक्ति को सिन्क्रोनाइजर इकाई कहते हैं। यह लगभग रगड़ खाने वाले क्लच के सिद्धान्त पर कार्य करती है। यह गियर बॉक्स सामान्यत: स्लाइडिंग मैश एवं कॉन्स्टैन्ट मैश गियर का मिला-जुला प्रकार है। स्लाइडिंग मैश एवं कॉन्स्टैन्ट मैश गियर बॉक्स के दोषों को दूर करके इस गियर बॉक्स को बनाया गया है।

इसमें स्पर या हैलिकल गियर का प्रयोग किया जाता है। सिन्क्रोमैश गियरों में स्लीव के स्थान पर सिन्क्रोमैश यूनिट या सिन्क्रोनाइजिंग यूनिट फिट की जाती है, जिसे डॉग क्लच कहते हैं।

इस गियर बॉक्स में एक चलते हुए गियर में से स्लीव निकालकर दूसरे चलते हुए गियर में फँसाते हैं।

इसमें पहला तथा रिवर्स गियर डालने के लिए तो स्लाइडिंग मैश गियर बॉक्स की भाँति ही व्यवस्था रहती है, क्योंकि ये गियर, सामान्यत: वाहनों की विराम अवस्था में ही डाले जाते हैं, जब मेन शाफ्ट स्थिर रहती है। इस प्रकार स्थिर गियरों को मिलाने में कोई कठिनाई नहीं होगी। अन्य सभी गियर, कॉन्स्टैन्ट मैश गियर बॉक्स की भाँति अपने-अपने जोड़े के साथ मिले रहते हैं तथा मेन शाफ्ट पर फ्री घूमते रहते हैं। इन गियरों को कॉलर या डॉग क्लच द्वारा लॉक करने की व्यवस्था नहीं की जाती है।

मुख्य भाग Main Parts

इस प्रकार के गियर बॉक्स में गियर संयोजित करने के लिए सिन्क्रोनाइजर इकाई का प्रयोग किया जाता है। इस सिन्क्रोनाइजर इकाई को इसके मुख्य भागों सहित चित्र में दर्शाया गया है। मेन शाफ्ट के ऊपर सिन्क्रोनाइजिंग हब टाइट फिट रहता है।

इसके ऊपर स्प्रिग की सहायता से सिन्क्रोनाइजिंग क्लच स्लीव चढ़ी होती है, जिसे खिसकाकर गियरों को जोड़ा जाता है। हब के दोनों ओर पीतल से निर्मित सिन्क्रोनाइजिंग रिंग, जोकि अन्दर से टेपर होती है और जिसके ऊपर दाँते कटे होते हैं, फिट की जाती हैं।

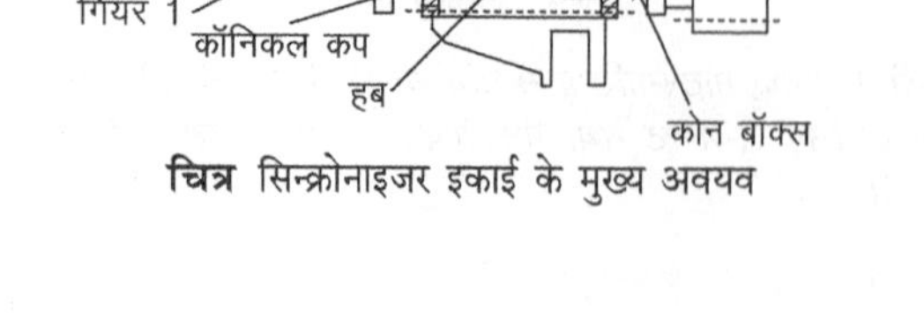

चित्र सिन्क्रोनाइजर इकाई के मुख्य अवयव

सिन्क्रोनाइजिंग क्रिया Synchronising Action

सिन्क्रोमैश गियर बॉक्स में सिन्क्रोनाइजर स्लीव, हब, ब्लॉकिंग रिंग का सैट तथा कोनिकल कप को ब्लॉकिंग रिंग पर उपलब्ध कराया जाता है। कप तथा कोन से मिलान के लिए गियर 1 तथा गियर 2 को कोन समरूपी बनाया जाता है। गियर 1 तथा गियर 2 काउन्टर शाफ्ट गियर के साथ मिलकर घूमते हैं जबकि हब मेन शाफ्ट की स्पीड पर घूमता है।

जब कभी कोई विशेष गियर मेन शाफ्ट से संलग्न होता है, तो स्लीव को गियर की ओर दबाया जाता है जिससे यह आगे की ओर दाब डालती रहती है। प्रथम कप, गियर के कोन के साथ सम्पर्क करता है तथा कोन और कप के ब्लाकिंग रिंग के मध्य घर्षण के कारण गियर 2 घूर्णन करने लगता है। इसी प्रकार स्लीव की आगे की गति, स्लीव के डॉग टीथ (dog teeth) को ब्लाकिंग रिंग तथा गियर के डॉग टीथ के साथ संलग्न करती है इस स्थिति में ब्लाकिंग रिंग तथ गियर 2 एकसमान गति पर घूर्णन करते हैं। गियर तथा ब्लाकिंग रिंग के मध्य सम्बन्ध को सरलता से बिना डबल डी-क्लचिंग तथा बिना किसी टकराव ध्वनि (clashing noise) के दूर किया जा सकता है।

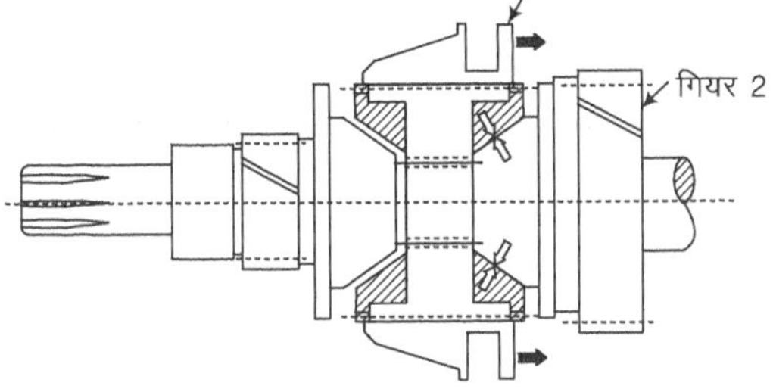

चित्र कोन सम्बन्ध

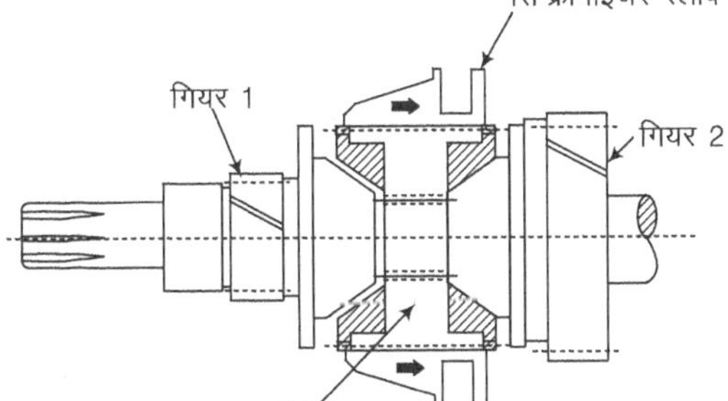

चित्र धनात्मक ड्राइव

कार्यप्रणाली Working Method

जब गियर चेंज लीवर द्वारा फॉर्क की सहायता से सिन्क्रोनाइजर हब स्लीव को खिसकाया जाता है, तो यह स्लीव, सिन्क्रोनाइजिंग कोन को खिसकाती है, जिससे यह अपनी पहली चाल में गियर की चाल को समान कर देती है। गियर लीवर की अगली चाल में सिन्क्रोनाइजर स्लीव पूर्ण रूप से आगे बढ़कर सिन्क्रोनाइजर रिंग तथा गियर के किनारे बने टेपर भाग के दाँतों पर फिट हो जाती है। इस प्रकार सिन्क्रोनाइजिंग तथा गियर एक इकाई बनकर घूमने लगते हैं तथा गियर इंगेज हो जाता है।

सिन्क्रोनाइजिंग स्लीव, हब पर बने खाँचों के ऊपर इस प्रकार फिट होती है कि उसे दोनों ओर खिसकाया जा सके। इस हब के घूमने से हब तथा गियर की चाल के अनुसार पिछले पहिये को शक्ति प्राप्त होने लगती है।

टॉप गियर डालने के लिए भी इसी प्रकार की क्रिया की जाती है। प्राइमरी शाफ्ट के सिरे पर भी टेपर कोन बने होते हैं, जिन पर दाँते कटे होते हैं। इन दाँतों पर बिना आवाज के सुगमतापूर्वक सिन्क्रोनाइजिंग स्लीव चढ़ाकर गियर को इंगेज किया जा सकता है।

गियर बॉक्स में आगे बढ़ने के लिए अर्थात् फॉरवर्ड दिशा के लिए तीन गतियाँ एवं एक रिवर्स गति होती है। न्यूट्रल, पहले, दूसरे एवं तीसरे गियर की दशाओं को निम्न स्थितियों द्वारा समझा जा सकता है

न्यूट्रल गियर (Neutral gear) चित्र में तीन स्पीड गियर बॉक्स की न्यूट्रल दशा दर्शायी गई है। इसमें इंजन द्वारा प्राप्त शक्ति को तीर वाली रेखा से दर्शाया गया है।

नीचे दिए गए चित्र से ज्ञात होता है कि क्लच गियर से शक्ति, काउण्टर गियर के माध्यम से आइडलर गियर तक आ रही है, परन्तु इससे आगे मुख्य शाफ्ट को नहीं जा रही है।

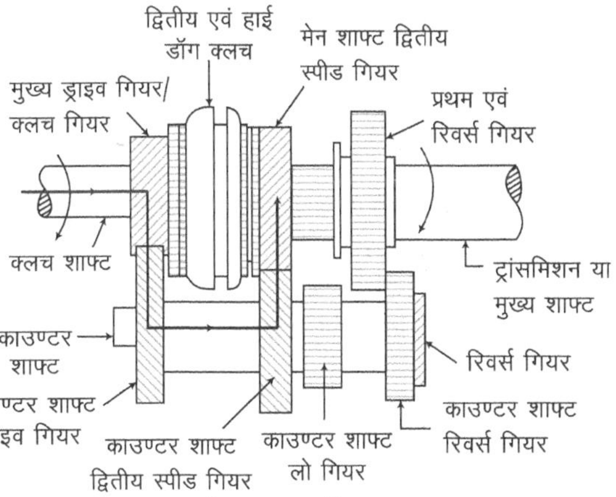

चित्र न्यूट्रल गियर

पहला गियर (First gear) चित्र में पहले गियर में शक्ति ट्रांसमिशन दर्शाया गया है। इसमें पहले तथा रिवर्स सिन्क्रोनाइजर स्लीव पहले स्पीड गियर पर चढ़ी हुई होती है।

इसमें क्लच गियर से शक्ति, काउण्टर शाफ्ट से होकर पहले गियर के माध्यम से मेन शाफ्ट को पहुँच रही है। इस गियर में, गियर अनुपात के अनुसार सबसे कम गति प्राप्त होती है।

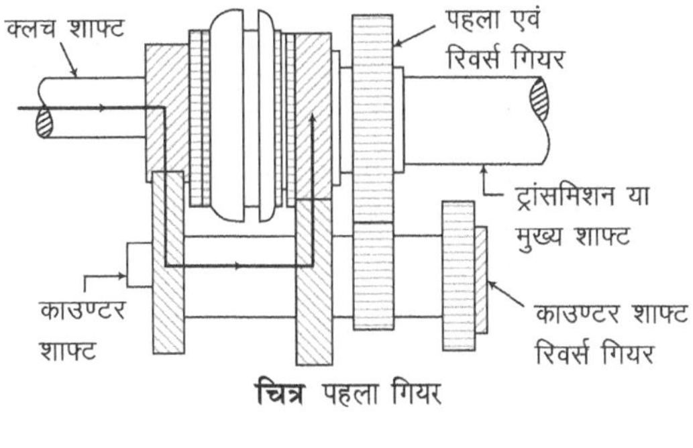

चित्र पहला गियर

दूसरा गियर (Second gear) चित्र में दूसरे गियर में शक्ति का ट्रांसमिशन दर्शाया गया है। चित्र से ज्ञात होता है कि दूसरी व तीसरी सिन्क्रोनाइजर स्लीव, दूसरी स्पीड गियर पर चढ़ी हुई है। इसमें क्लच गियर से शक्ति काउण्टर शाफ्ट से होकर दूसरी गियर के माध्यम से मेन शाफ्ट को पहुँचती है। इस गियर में पहले गियर की अपेक्षा गति, कुछ अधिक गियर अनुपात के अनुरूप प्राप्त होती है।

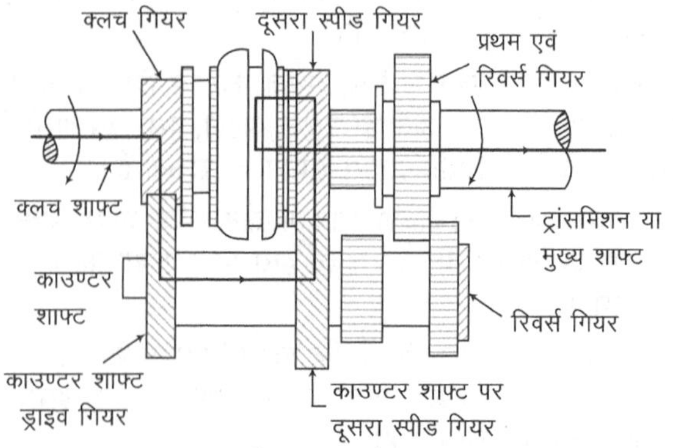

चित्र दूसरा गियर

तीसरा गियर (Third gear) चित्र में दर्शाए गए तीसरे गियर को देखने से ज्ञात होता है कि इसमें द्वितीय व तृतीय सिन्क्रोनाइजर स्लीव, क्लच गियर पर चढ़े होते हैं। इसमें शक्ति, क्लच गियर से सीधे मेन शाफ्ट को प्राप्त होती है।

इस गियर में इंजन के चक्करों के अनुरूप ही मुख्य शाफ्ट भी घूमती है अर्थात् जितने चक्कर इंजन के होते हैं, उतने ही चक्कर प्रति मिनट मेन शाफ्ट भी घूमती है। इस गियर में अपेक्षाकृत सबसे अधिक गति प्राप्त होती है, इस कारण इसे टॉप गियर भी कहते हैं।

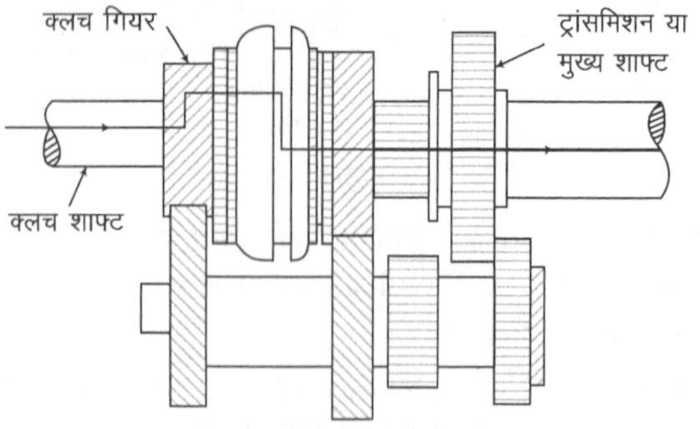

चित्र तीसरा गियर

रिवर्स गियर (Reverse gear) इस गियर में प्रथम व रिवर्स सिन्क्रोनाइजर स्लीव, रिवर्स गियर पर चढ़ी होती है तथा क्लच गियर से शक्ति काउण्टर गियर के माध्यम से काउण्टर शाफ्ट के सबसे छोटे गियर को प्राप्त हो रही है। यह क्लच गियर के विपरीत दिशा में घूमता है। इस छोटे गियर को रिवर्स आइडलर गियर कहते हैं। रिवर्स आइडलर गियर से रिवर्स गियर का जोड़े वाला गियर घूमता है, परन्तु इसकी चाल की दिशा काउण्टर गियर के विपरीत दिशा में होती है।

जब इस गियर से रिवर्स गियर घूमता है, तो पुन: उसे विपरीत दिशा की चाल मिलती है तथा इसके द्वारा मेन शाफ्ट उल्टी घूमने लगती है और गाड़ी पीछे की ओर चलती है।

चित्र में इस प्रकार की व्यवस्था दिखाई गई है। इस प्रकार की व्यवस्था एम्बेसेडर कार में होती है।

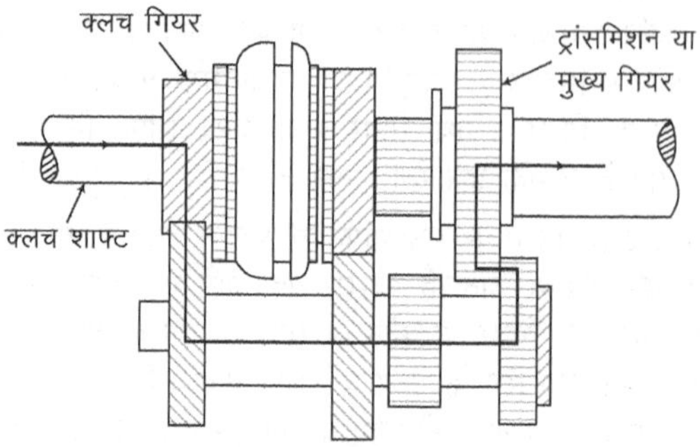

चित्र रिवर्स गियर

सिन्क्रोमैश गियर बॉक्स के प्रकार
Types of Synchromesh Gear Box

(i) **बॉल्क सिन्क्रोमैश गियर बॉक्स** (Baulk synchromesh gear box) इस प्रकार के गियर बॉक्स में कोन तथा मुख्य शाफ्ट दोनों समान गति पर घूर्णन करते हैं। इस गियर बॉक्स में कोनों को एक-दूसरे के सापेक्ष दबाने पर उत्पन्न घर्षण इन कोनों को सिन्क्रोनाइजिंग स्थिति में रखता है। इन कोनों को दबाने के लिए न्यूनतम दाब की आवश्यकता होती है। गियर के इंगेज होने की स्थिति में स्प्रिंग को फिंगर्स के विरुद्ध दबाकर, गियर को इंगेज स्थिति में रखा जाता है।

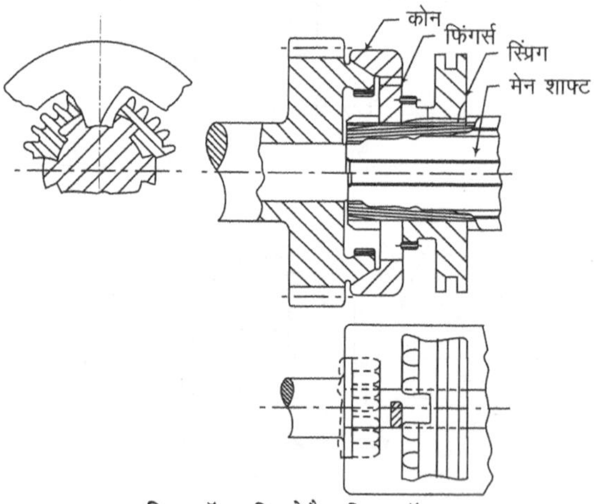

चित्र बॉल्क सिन्क्रोमैश गियर बॉक्स

(ii) **मल्टी एवं डबल कोन सिन्क्रोमैश गियर बॉक्स** (Multi and double cone synchromesh gear box) इस प्रकार के गियर बॉक्स की कोन असेम्बली में तीन स्लिपिंग सतह होती है एवं इसका टॉर्क भी अन्य गियर बॉक्सों की तुलना में तीन गुना होता है। इस गियर बॉक्स का प्रयोग प्राय: भारी औद्योगिक वाहनों में किया जाता है।

(iii) **पोर्श सिन्क्रोमैश गियर बॉक्स** (Porsche synchromesh gear box) इस प्रकार के गियर बॉक्स में क्लच शाफ्ट के अन्त सिरे पर गियर लगा होता है, जो ले-शाफ्ट को चलाता है। इस गियर बॉक्स में तीन भुजा वाला एक स्पाइडर लगा होता है। इस गियर बॉक्स में

प्रयुक्त सिन्क्रोनाइजर का प्रयोग धनात्मक ड्राइव की सहायता से टॉप गियर को टॉप गियर तथा मुख्य शाफ्ट के मध्य परिवर्तित करने में किया जाता है। इस गियर बॉक्स को इस प्रकार डिजाइन किया जाता है कि रिंग तथा स्लीव के मध्य एकसमान (uniform) प्रेशर बना रहे। प्राय: इस गियर बॉक्स का प्रयोग भारत में चलने वाले वाहनों में नहीं किया जाता है।

(iv) **बॉल्क रिंग सिन्क्रोमैश गियर बॉक्स** (Baulk ring synchromesh gear box) इस प्रकार के सिन्क्रोमैश गियर बॉक्स का प्रयोग प्राय: तीसरे गियर को चौथे गियर अथवा चौथे गियर को तीसरे गियर में इंगेज करने के लिए किया जाता है। इस गियर बॉक्स में डॉग क्लच स्लीव तथा हब की स्पलाइन स्वतन्त्रतापूर्वक फिसलती है। हब, मुख्य शाफ्ट पर फिक्स होता है। जब क्लच स्लीव दायीं ओर गति करता है, तब इसके आन्तरिक स्पलाइन, तीसरे गियर के डॉग क्लच के दाँतों के साथ इंगेज हो जाते हैं और जब यह बायीं ओर गति करता है, तो इसके आन्तरिक स्पलाइन चौथे गियर के डॉग क्लच के दाँतों के साथ इंगेज हो जाते हैं।

इस प्रकार के गियर बॉक्स में सिन्क्रोनाइजेशन प्रक्रिया बॉल्क रिंग्स द्वारा प्राप्त की जाती है, जिसमें उपस्थित आन्तरिक कोन, गियर के बाह्य कोनों के साथ इंगेज हो जाते हैं।

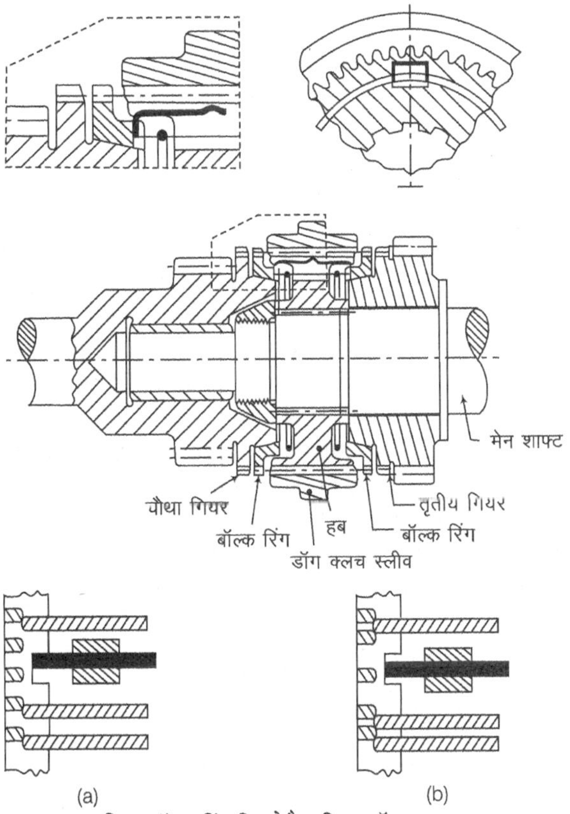

चित्र बॉल्क रिंग सिन्क्रोमैश गियर बॉक्स

3.8 गियर शिफ्ट यन्त्रावली

Gear Shift Mechanism

ट्रांसमिशन प्रणाली में गियर बॉक्स के गियर बदलने के लिए गियर शिफ्ट यन्त्रावली का प्रयोग किया जाता है। इसमें गियर शिफ्ट लीवर, गियर रॉड या रेल, शिफ्ट फॉर्क, रिटेनर्स, नॉच तथा लॉक आदि मुख्य भाग होते हैं। शिफ्ट लीवर के द्वारा शिफ्ट रॉड, शिफ्ट फॉर्क को आगे या पीछे यथास्थिति खिसकाती है। शिफ्ट फॉर्क में गियर फँसे रहते हैं, इस कारण फॉर्क के साथ ही वे खिसककर वांछित गियर के साथ मिल जाते हैं। शिफ्ट में शाफ्ट गियर लॉक करने के लिए प्राय: बॉल व स्प्रिंग की व्यवस्था होती है। गियर शिफ्ट लीवर, स्टीयरिंग कॉलम या फ्लोर बोर्ड पर किसी एक स्थान पर स्थित होता है। गियर को संलग्न (engage) करने के लिए गियर शिफ्ट, लीवर सेलेक्टर रॉड को चलाता है। गियर शिफ्ट फॉर्क सेलेक्टर रॉड पर फिक्स होता है। गियर शिफ्ट फॉर्क, स्लाइडिंग डॉग क्लच या गियर के स्लॉटों में स्थित होता है। जब सेलेक्टर रॉड गति करती है, तो शिफ्टिंग फॉर्क भी गति करता है और स्लाइडिंग डॉग क्लच या गियर के सापेक्ष गियर से संलग्न करने के लिए दबाता है।

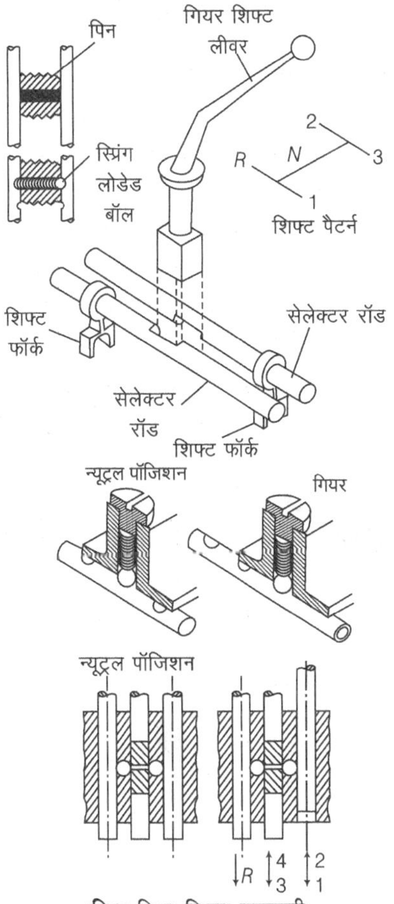

चित्र गियर शिफ्ट यन्त्रावली

स्टीयरिंग टाइप गियर शिफ्ट यन्त्रावली

Steering Type Gear Shift Mechanism

आमतौर पर वाहनों में गियर शिफ्ट लीवर, जोकि गियरों को शिफ्ट करने के लिए प्रयोग किया जाता है, फ्लोरबोर्ड या स्टीयरिंग पर स्थापित होता है। फ्लोरबोर्ड टाइप गियर शिफ्ट लीवर मुख्यत: व्हीकल, जीप, वैन इत्यादि वाहनों में प्रयोग किया जाता है, जबकि स्टीयरिंग टाइप गियर शिफ्ट यन्त्रावली सभी प्रकार की मोटरगाड़ियों में प्रयोग की जाती है।

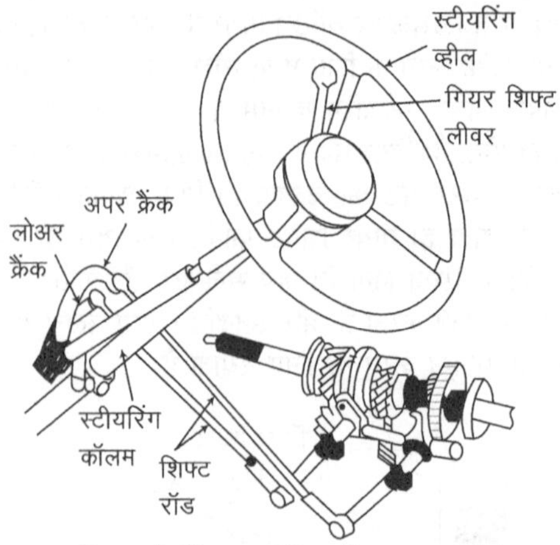

चित्र स्टीयरिंग टाइप गियर शिफ्ट यन्त्रावली

स्टीयरिंग टाइप गियर शिफ्ट यन्त्रावली में, मुक्त संचालन अप एवं डाउन दिशाओं में होता है। यह एक सरल यन्त्रावली होती है, जिसे प्रचालित करना ड्राइवर के लिए आसान होता है। इस व्यवस्था में रॉड के द्वारा गियर सेलेक्टर शाफ्ट का सम्बन्ध गियर लीवर से कर दिया जाता है। उपरोक्त सभी गियर चेंज लीवर की व्यवस्थाओं में गियर लीवर उठाकर, झुकाकर या दाएँ-बाएँ करके इच्छित गियर डाला जाता है।

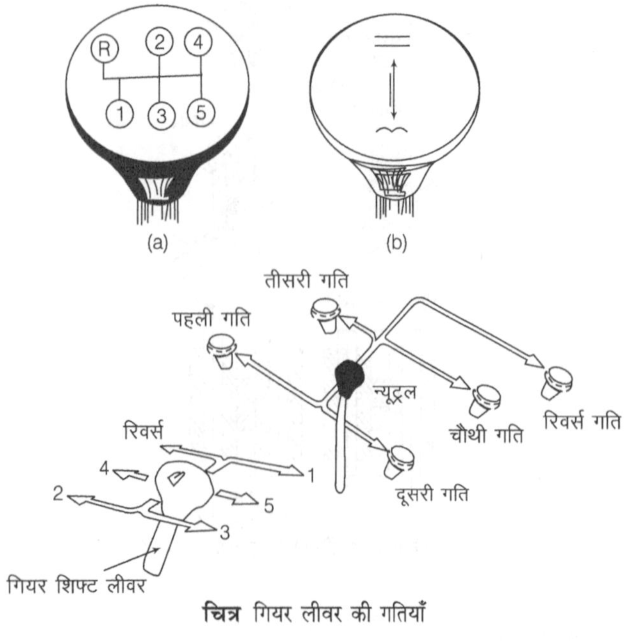

चित्र गियर लीवर की गतियाँ

उपरोक्त चित्रों से स्पष्ट होता है कि कितनी चालों के गियर बॉक्स में किस प्रकार तथा कौन-सा गियर डाला जा सकता है। इसमें एक बात सदैव समान होती है कि सदा प्रथम गियर डालने के लिए गियर लीवर के लिंक की सहायता से मेन शाफ्ट के बड़े गियर को पीछे की ओर खिसकाया जाता है। इसी प्रकार टॉप गियर डालने के लिए सेलेक्टर यन्त्रावली को आगे की ओर खिसकाया जाता है। प्राय: गियरों की जानकारी के लिए लीवर पर लगी नॉब पर नक्शा बना होता है। कभी-कभी यह नक्शा डैशबोर्ड अथवा स्टीयरिंग कॉलम पर भी लगा होता है। उपरोक्त वर्णित लीवर के अतिरिक्त, स्टीयरिंग गियर शिफ्ट यन्त्रावली में विभिन्न प्रकार से लीवर तथा अन्य लिंकेज आदि की फिटिंग की जाती है।

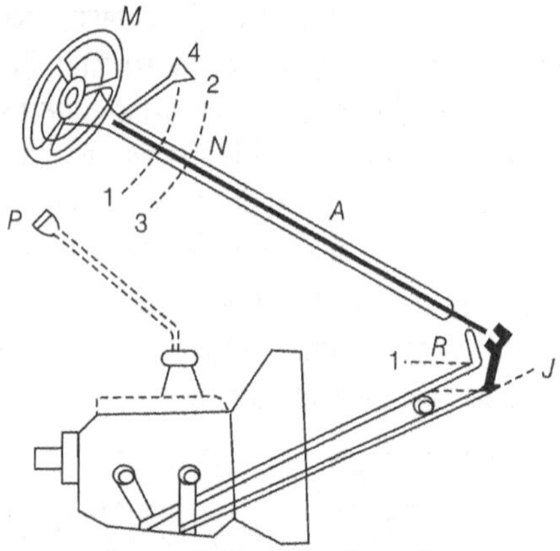

चित्र स्टीयरिंग कॉलम गियर लीवर

फ्री व्हील Free Wheel

सरलता से गियर बदलने के लिए एक विशेष प्रकार की फ्री व्हील इकाई गियर बॉक्स के बाद लगाई जाती है, इसे फ्री व्हील क्लच भी कहते हैं। इसमें एक ड्राइविंग मेम्बर, गियर बॉक्स की मेन शाफ्ट से जुड़ा होता है, जो अन्दर की ओर होता है और बाहर की ओर ड्रिवेन मेम्बर होता है। ड्राइविंग मेम्बर में तीन खाँचे होते हैं, जिनमें विभिन्न नाप की तीन बॉल, स्प्रिंग की सहायता से फिट रहती है। जब ड्राइविंग मेम्बर घूमता है, तो ड्रिवेन मेम्बर, भी उसी दिशा में घूमता है, परन्तु जब ड्रिवेन मेम्बर ड्राइविंग मेम्बर का कार्य करता है, तो अन्दर वाला मेम्बर बाहर वाले मेम्बर के साथ नहीं घूमता है। इस प्रकार गियर बॉक्स तथा इंजन का सम्बन्ध पिछले पहियों से टूट जाता है और गियर सरलता से बदला जा सकता है। चित्र में फ्री व्हील की संरचना दर्शायी गई है इसके प्रमुख भाग सन-व्हील, प्लेनेट व्हील, प्लेनेट कैरियर, ड्राइविंग शाफ्ट, बेक-बैण्ड तथा प्लेनेट शाफ्ट इत्यादि हैं।

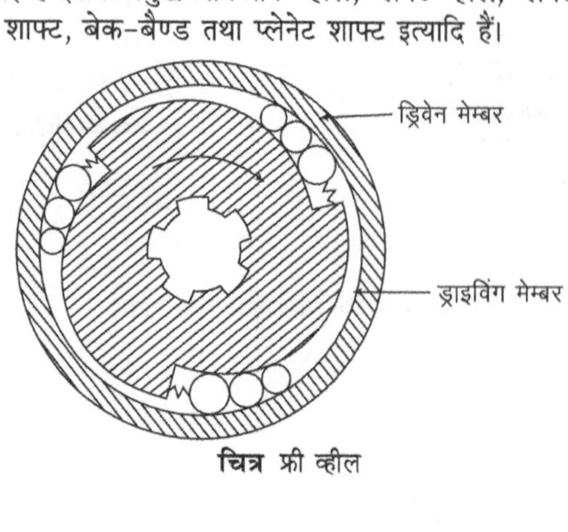

चित्र फ्री व्हील

गियर शिफ्ट यन्त्रावली के लाभ एवं हानियाँ
Advantages and Disadvantages of Gear Shift Mechanism

गियर शिफ्ट यन्त्रावली के मुख्य लाभ तथा हानियाँ निम्नलिखित हैं

लाभ Advantages

(i) यात्रियों (passengers) के बैठने के लिए ड्राइविंग सीट के पास पर्याप्त स्थान हो जाता है।

(ii) गियर बदलने में सरलता रहती है, क्योंकि गियर लीवर स्टीयरिंग के पास ही लगाया जाता है।

(iii) गियर बदलने में शक्ति कम लगानी पड़ती है, क्योंकि इसमें मैकेनिकल लीवरेज अधिक प्राप्त हो जाता है।

हानि Disadvantages

(i) नए तथा ड्राइविंग सीखने वालों के लिए यह व्यवस्था कठिन होती है, क्योंकि इसमें न्यूट्रल की स्थिति का ज्ञान शीघ्र नहीं हो पाता है।

(ii) लिंक तथा रॉड आदि बहुत जटिल होते हैं। अत: मरम्मत में काफी समय लगता है।

(iii) इसमें स्नेहन (लुब्रीकेशन) पर विशेष तथा नियमित ध्यान देना आवश्यक होता है।

(iv) यदि इसमें लिंक के रूप में बँटे हुए तारों का प्रयोग किया जाता है, तो ये तार कुछ समय पश्चात् खिंचकर लम्बे हो जाते हैं, जिससे गियर बदलने में बाधा आने लगती है और उन्हें जल्दी-जल्दी एडजस्ट करना पड़ता है।

3.9 ट्रांसेक्सल सिन्क्रोमैश यूनिट
Transaxle Synchromesh Unit

इस गियर बॉक्स में दो शाफ्ट; प्राथमिक तथा द्वितीयक होती हैं। यह वाहन के इंजन एवं ड्राइव के समान साइड में प्रयोग किया जाता है; जैसे—फ्रण्ट इंजन, फ्रण्ट व्हील ड्राइव एवं रियर इंजन, रियर व्हील ड्राइव। ट्रांसेक्सल, मैनुअल एवं ऑटोमैटिक दोनों प्रकार का होता है। ट्रांसेक्सल सामान्यत: ट्रांसमिशन प्रणाली से गति प्राप्त करके, उसे पहियों (wheels) को ट्रांसमिट करता है। एक ट्रांसेक्सल बिना किसी अन्य घटकों के एक्सेल को चलाने में सक्षम होता है। इसका उपयोग मुख्यत: फ्रण्ट व्हील ड्राइव कारों में किया जाता है, जहाँ एक CV एक्सेल सीधे इकाई से प्लग किया जा सकता है। ट्रांसेक्सल शब्द ट्रांसमिशन एवं एक्सल का संयुक्त रूप है।

विशेष रूप से, यह इंजन से ड्रिवेन एक्सल के माध्यम से, ड्राइव पहियो तक पावर को ट्रांसमिट करता है। इसके अतिरिक्त, यह ड्राइवर को गियर अनुपात बदलने की अनुमति भी प्रदान करता है। ट्रांसेक्सल में डिफरैन्शियल एवं ट्रांसमिशन असेम्बली एक ही हाउसिंग में होती है। इसमें इनपुट, आइडलर एवं काउण्टर शाफ्ट लगी होती है। इसके अतिरिक्त क्लच, गियर एवं बियरिंग भी इसके मुख्य भाग होते हैं।

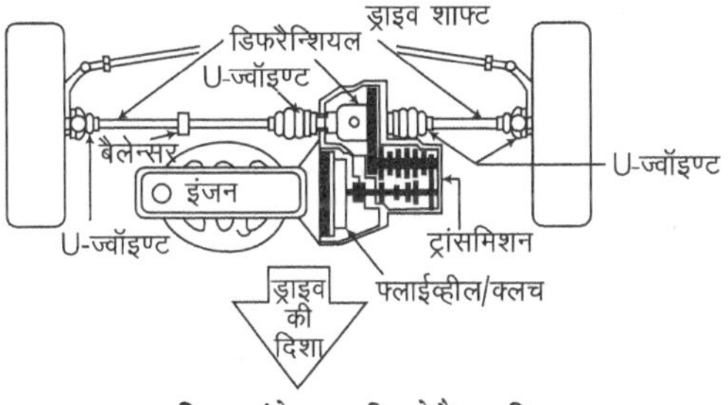

चित्र ट्रांसेक्सल सिन्क्रोमैश यूनिट

3.10 गियर सम्बन्धी दोषोपचार Gear Related Troubleshooting

गियर के उपयोग के दौरान कुछ दोष भी स्वाभाविक रूप से उत्पन्न होते हैं, ऐसे ही कुछ दोषों एवं उनके उपचारों को निम्न तालिका में एकीकृत किया गया है

क्र.सं.	कारण	उपचार
I. गियर कठिनता से पड़ते हैं		
1.	गियर सलेक्टर यन्त्रावली में खराबी होना।	दोष ढूँढ़कर दूर करें।
2.	गियर के दाँते टूटे होना।	दूसरा गियर बदलकर फिट करें।
3.	क्लच पूरी तरह पृथक् न होना।	सही प्रकार से क्लच पैडल एडजस्ट करें।
4.	स्नेहन में कमी होना।	गियर बॉक्स में उचित मात्रा में तेल भरें।
5.	मेन शाफ्ट के खाँचे खराब होना।	नई मेन शाफ्ट डालें।
II. गियर बॉक्स से आवाज आती है		
1.	गियर बॉक्स बियरिंग खराब होना।	बियरिंगों की जाँच करें, दोषपूर्ण होने पर खराब बियरिंग बदलें।
2.	गियर बॉक्स शाफ्टों का एलाइनमेन्ट सही नहीं होना।	गियर बॉक्स शाफ्टों की जाँच करें।
3.	गियर बॉक्स इंजन की सीध में नहीं होना।	गियर बॉक्स की स्थिति देखें।
4.	गियरों के दाँते टूटे होना।	गियर बॉक्स के खराब गियर बदलें।
5.	स्नेहन में कमी होना।	गियर बॉक्स में उचित मात्रा में तेल भरें।
6.	सिन्क्रोनाइजर रिंग घिसी होना।	रिंग बदलें।

क्र.सं.	कारण	उपचार
III. गियर डालने के बाद निकल जाता है		
1.	गियर बॉक्स इंजन की सीध में नहीं होना।	गियर बॉक्स की स्थिति देखें।
2.	गियरों के दाँते नुकीले या खराब होना।	गियरों की जाँच करके खराब गियर बदलें।
3.	सेलेक्टर मैकेनिज्म की स्प्रिंग टूटी या कमजोर होना।	सेलेक्टर शाफ्ट स्प्रिंग बदलें।
4.	गियर लिंकों का एडजस्टमेन्ट गलत होना।	एडजस्टमेन्ट सही करें।
5.	प्राइमरी अथवा मेन शाफ्ट बियरिंग गलत होना।	बियरिंगों की जाँच करें, दोषपूर्ण होने पर खराब बियरिंग बदलें।
IV. गियर बॉक्स का तेल लीक करता है		
1.	गियर बॉक्स ड्रेन प्लग की चूड़ी खराब होना।	दूसरा ड्रेन प्लग फिट करें।
2.	ड्रेन प्लग वाशर कटा होना।	दूसरा वाशर डालें।
3.	गियर बॉक्स में तेल की अधिकता होना।	उचित सतह पर तेल भरें।
4.	गियर बॉक्स ऑयल सील कटी होना।	ऑयल सील बदलें।
5.	टॉप कवर गैस्केट का कटा होना या बोल्ट ढीले होना।	कटी गैस्केट को बदलें तथा गियर हाउसिंग की बोल्ट टाइट करें।
6.	गियर हाउसिंग में छेद होना	दोष देखकर गियर हाउसिंग की मरम्मत कराएँ।

महत्त्वपूर्ण बिन्दु

- एक शाफ्ट से अन्य शाफ्ट पर पावर प्रेषित करने के लिए गियर का प्रयोग किया जाता है।
- ऑटोमैटिड मैनुअल ट्रांसमिशन को इलेक्ट्रिकली, हाइडॉलिकली या ऑटोमैटिक ऑपरेट किया जा सकता है।
- ट्रांसमिशन प्रणाली के अनुसार गियर एल्युमीनियम, ब्रास, कॉपर, कास्ट आयरन, प्लास्टिक इत्यादि के बनाए जाते हैं।
- स्पर गियर के दाँते उसकी अक्ष के समान्तर होते हैं।
- बेवेल गियरों का उपयोग ऐसी शाफ्टों पर किया जाता है, जो एक-दूसरे पर विभिन्न कोणों पर झुकी रहती हैं।
- स्ट्रैट टूथ बेवेल गियर का उपयोग साधारण गति ट्रांसमिशन में किया जाता है।
- स्पाइरल गियर हैलिकल दाँतेयुक्त बेवेल गियर होता है, जिसमें दाँते लम्बाई के साथ अनुदैर्ध्य रूप से ढके रहते हैं।
- हैरिंग बोन गियर, डबल हैलिकल गियर का एक विशिष्ट रूप होता है।
- वर्म एण्ड वर्म व्हील गियर का उपयोग चालक की चाल को बहुत कम करने के लिए किया जाता है।
- रैक एण्ड पिनियन गियर का उपयोग घूर्णन गति को रेखीय गति में तथा रेखीय गति को घूर्णन गति में बदलने के लिए किया जाता है।
- जब दो समान दाँतों वाले गियर, एक-दूसरे पर चलाए जाते हैं, तो उनके मध्य गियर अनुपात का मान 1:1 होता है।
- जब एक साथ अनेक गियरों को प्रयोग करके पावर ट्रांसमिट की जाती है, तो इस पूरे सैट को गियर ट्रेन कहा जाता है।
- गियर ट्रेन, साधारण, कम्पाउण्ड तथा एपीसाइक्लिक प्रकार की होती है।
- गियर बॉक्स को ट्रांसमिशन बॉक्स के नाम से भी जाना जाता है।
- सड़क की स्थिति एवं लोड की विविधता के अनुसार गियर बॉक्स का उपयोग वाहनों में गति एवं टॉर्क को परिवर्तित करने में किया जाता है।
- स्लाइडिंग मैश गियर बॉक्स, गियर बॉक्स का सबसे सरल एवं साधारण रूप है।
- गियर बॉक्स हाउसिंग में प्राइमरी शाफ्ट तथा मैन शाफ्ट, बियरिंगों के साथ एक सीध में फिट रहती हैं।
- स्लाइडिंग मैश गियर बॉक्स में गियर बदलते समय डबल डि-क्लचिंग की आवश्यकता होती है।
- बिना आवाज के सरलतापूर्वक गियर बदलने के लिए कॉन्स्टैन्ट मैश गियर का उपयोग किया जाता है।
- दो अलग-अलग चालों पर घूमने या चलने वाले भागों की चाल को बराबर करना सिन्क्रोनाइजेशन कहलाता है।
- बॉल्क सिन्क्रोमैश गियर बॉक्स में कोन तथा मुख्य शाफ्ट दोनों समान गति पर घूर्णन करते हैं।
- बॉल्क रिंग सिन्क्रोमैश गियर बॉक्स का उपयोग प्रायः तीसरे गियर को चौथे गियर अथवा चौथे गियर को तीसरे गियर में इंगेज करने के लिए किया जाता है।
- प्लेनेटरी गियर बॉक्स कम्पाउण्ड प्रकार का गियर सैट होता है, जिसमें बैड तथा क्लच हाइड्रॉलिक सिस्टम द्वारा कार्य करते हैं।
- टॉर्क मल्टीप्लीकेशन तब घटित होता है, जब इम्पैलर एवं टरबाइन की गति के मध्य अन्तर होता है।
- ट्रांसमिशन प्रणाली में गियर बॉक्स के गियर बदलने के लिए गियर शिफ्ट यन्त्रावली का प्रयोग किया जाता है।
- सरलतापूर्वक गियर बदलने के लिए एक विशेष प्रकार की युक्ति प्रयुक्त की जाती है जिसे फ्री व्हील कहा जाता है।
- ट्रांसेक्सल मैनुअल तथा ऑटोमैटिक दोनों प्रकार का हो सकता है।
- ट्रांसेक्सल में डिफ्रैन्शियल एवं ट्रांसमिशन असेम्बली एक ही हाउसिंग में होती है।
- मैनुअल ट्रांसमिशन में गियर तथा शाफ्ट एक ही बियरिंग पर आलम्बित रहते हैं।
- ऑयल सील, ऑयल के लीकेज से तथा धूल व मिट्टी को अन्दर जाने से रोकती है।

महत्त्वपूर्ण प्रश्नोत्तरी

1. गियर में दाँतेदार पहिए का उपयोग क्यों किया जाता है?

उत्तर शक्ति पारेषण करते समय बैल्ट में फिसलन हो सकती है, जिसके कारण वेगानुपात तथा पारेषित शक्ति में कमी आ सकती है। इस कमी को दूर करने के लिए गियर में दाँतेदार पहियों का उपयोग किया जाता है।

2. गियरों के द्वारा किस प्रकार का चालन प्राप्त होता है?

उत्तर गियरों के द्वारा धनात्मक चालन प्राप्त होता है।

3. इंजन की चालन अवस्था से वाहन को विरामावस्था में लाने के लिए क्या किया जाता है?

उत्तर इंजन की चालन अवस्था से वाहन को विरामावस्था में लाने के लिए गियर बॉक्स को न्यूट्रल किया जाता है।

4. गियर बॉक्सों में दो अलग-अलग चाल पर चलते हुए गियरों को मिलाने से पूर्व उनकी चाल बराबर करने के लिए किसका प्रयोग किया जाता है?

उत्तर गियर बॉक्सों में दो अलग-अलग चाल पर चलते हुए गियरों को मिलाने से पूर्व उनकी चाल बराबर करने के लिए सिन्क्रोनाइजर इकाई का प्रयोग किया जाता है।

5. टॉप गियर किसे कहते हैं?

उत्तर जिस गियर में वाहन की अधिकतम चाल प्राप्त की जा सकती है, उसे टॉप या चौथा गियर कहते हैं।

6. गियर ट्रेन कितने प्रकार की होती हैं?

उत्तर गियर ट्रेन तीन प्रकार की होती हैं

(i) साधारण गियर ट्रेन (ii) कम्पाउण्ड गियर ट्रेन

(iii) एपीसाइक्लिक गियर ट्रेन

अभ्यास प्रश्न

परीक्षा प्रारूपी प्रश्न

बहुविकल्पीय

1. किस प्रकार के गियरों की परिधि पर दाँते एक विशेष कोण पर कटे होते हैं?

(a) स्पर गियर (b) हैलिकल गियर
(c) डबल हैलिकल गियर (d) इनमें से कोई नहीं

2. विरामावस्था से वाहन को गतिशील करने के लिए सर्वप्रथम .... डालने की आवश्यकता पड़ती है।

(a) चेंज लीवर (b) फॉर्क (c) गियर (d) प्रोपैलर शाफ्ट

3. गियर उपयोग करने का मुख्य उद्देश्य है

(a) धनात्मक चालन प्राप्त करना
(b) घूर्णन दिशा में परिवर्तन करना
(c) वेग-अनुपात में परिवर्तन करना
(d) उपरोक्त सभी

4. चित्र में प्रदर्शित गियर का नाम बताइए

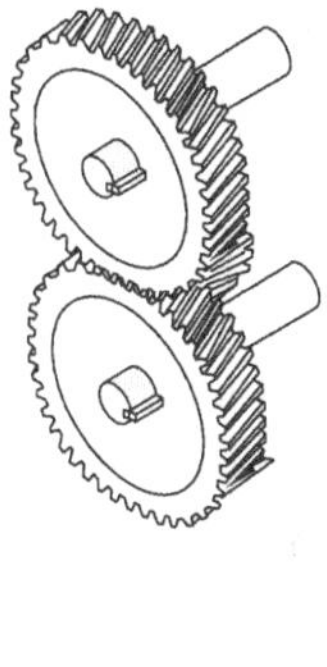

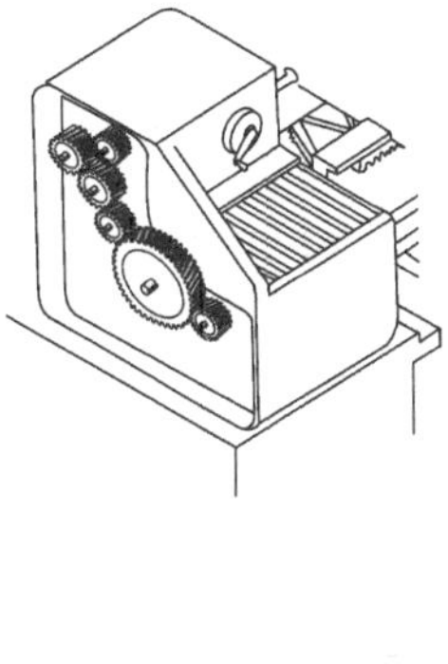

(a) बेवेल गियर (b) स्पर गियर
(c) हैरिंग बोन गियर (d) वर्म गियर

5. मोटरगड़ियों में प्रयोग किए जाने वाले हैलिकल गियर के दाँते कैसे होते हैं?

(a) सीधे (b) तिरछे (c) वक्राकार (d) त्रिकोण

6. चित्र में प्रदर्शित गियर में दाँतों की आकृति है

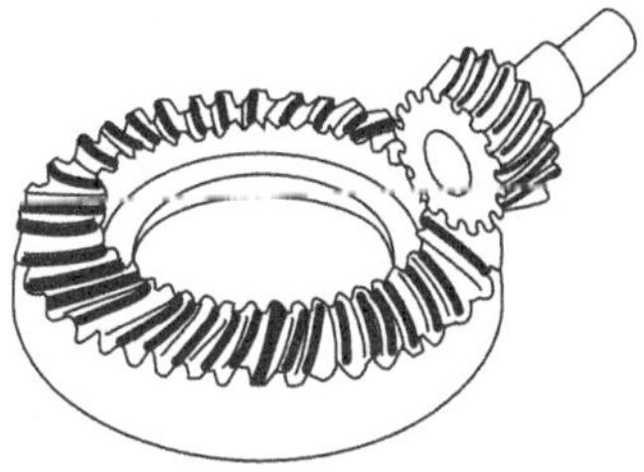

(a) स्पाइरल (b) स्ट्रैट
(c) वृत्ताकार (d) इनमें से कोई नहीं

7. हैरिंग बोन गियर कहा जाता है?

(a) स्पर गियर को (b) डबल हैलिकल गियर को
(c) हैलिकल गियर को (d) इनमें से कोई नहीं

8. निम्न में से कौन-सा गियर रोटरी गति को रेखीय गति में बदलता है?

(a) वर्म गियर (b) हैरिंग बोन गियर
(c) रैक एवं पिनियन गियर (d) हैलिकल गियर

9. यदि दो गियरों के मध्य तीसरा गियर लगाकर ड्रिवेन तथा ड्राइविंग गियर की दिशा घूमते समय समान हो जाए, तो यह तीसरा गियर कहलाता है
(a) हैलिकल गियर (b) आइडलर गियर
(c) स्पर गियर (d) ये सभी

10. "इस गियर में दाँते लम्बाई के साथ अनुदैर्ध्य रूप से ढके होते हैं।" यह कथन निम्न में से किस गियर से सम्बन्धित है?
(a) स्पर गियर (b) हैलिकल गियर
(c) हैरिंग बोन गियर (d) स्पाइरल बेवेल गियर

11. चित्र में प्रदर्शित गियर का प्रयोग किया जाता है

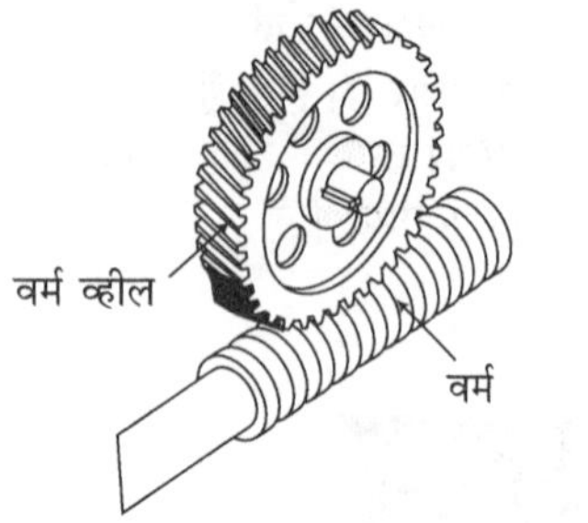

(a) चालक की चाल कम करने के लिए
(b) चालक की चाल में वृद्धि करने के लिए
(c) रेखीय गति को घूर्णन गति में बदलने के लिए
(d) शाफ्टों को जोड़ने के लिए

12. किन्हीं भी गियरों में बिना आवाज गियर बदलने के लिए आवश्यक है
(a) दोनों गियरों का समान आकार होना
(b) दोनों गियरों की चाल समान होना
(c) दोनों गियरों की चाल असमान होना
(d) दोनों गियरों के कटे दाँत समान होना

13. यदि छोटे गियर द्वारा बड़े गियर को चलाएँ, तो
(a) बड़ा गियर नहीं घूमेगा
(b) उल्टी दिशा में घूमेगा व कम चाल पर घूमेगा
(c) तेज घूमेगा व उल्टी दिशा में घूमेगा
(d) उपरोक्त में से कोई नहीं

14. दो गियरों की चाल निर्भर करती है
(a) कटे दाँतों के अनुपात पर (b) गियर के प्रकार पर
(c) गियरों की धातु पर (d) कटे दाँतों के आकार पर

15. आपस में मैश होने वाले दो गियर्स का गियर अनुपात 4 : 1 है। यदि छोटे गियर के 12 दाँते हैं, तो बड़े गियर के .... होंगे।
(a) 24 दाँते (b) 48 दाँते
(c) 36 दाँते (d) 12 दाँते

16. जब समान दाँतों वाले दो गियर एक-दूसरे पर चलाए जाते हैं, तो उनके मध्य गियर अनुपात होगा।
(a) 1:2 (b) 1:3
(c) 1:1 (d) 4:1

17. जब एक साथ अनेक गियरों को प्रयोग करके पावर ट्रांसमिट की जाती है, तो इस पूरे सैट को कहा जाता है
(a) गियर अनुपात (b) गियर बॉक्स
(c) गियर ट्रेन (d) गियर बॉक्स हाउसिंग

18. चित्र में प्रदर्शित गियर ट्रेन को पहचानिए

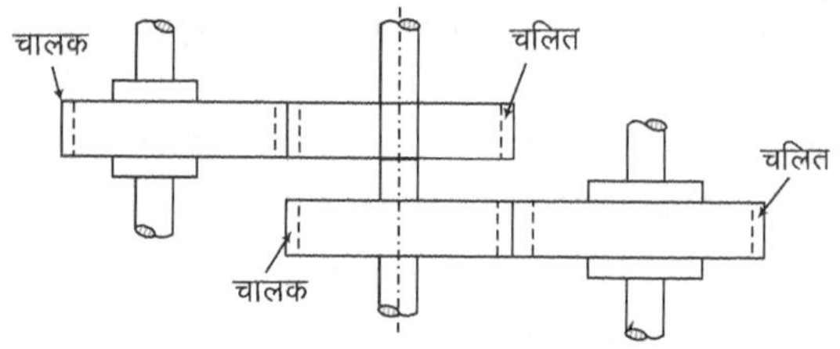

(a) साधारण गियर ट्रेन (b) कम्पाउण्ड गियर ट्रेन
(c) एपीसाइक्लिक गियर ट्रेन (d) इनमें से कोई नहीं

19. ऑटोमैटिड मैनुअल ट्रांसमिशन को ऑपरेटर किया जा सकता है
(a) इलैक्ट्रिकली (b) ऑटोमैटिड (c) हाइड्रोलिकली (d) ये सभी

20. ऑटोमैटिड मैनुअल ट्रांसमिशन का प्रकार है
(a) सिंगल साइडिड (b) डबल साइडिड
(c) डबल क्लच (d) ये सभी

21. टॉप गियर किसे कहते हैं?
(a) सबसे कम चाल वाला गियर (b) मध्यम गति वाला गियर
(c) अधिक चाल वाला गियर (d) असमान चाल वाला गियर

22. निम्न में से किसके प्रयोग द्वारा इंजन की अधिकतम शक्ति को बढ़ाया जा सकता है?
(a) क्लच (b) कार्बुरेटर (c) गियर बॉक्स (d) शॉक एब्जॉर्बर

23. गियर बॉक्स कब न्यूट्रल हो जाता है?
(a) जब कोई गियर इंगेज न हो
(b) जब टॉप गियर लगा हो
(c) जब गियर बॉक्स द्वारा रिवर्स स्पीड प्राप्त हो
(d) जब सबसे छोटा गियर लगा हो

24. गियर बॉक्स को किस अन्य नाम से जाना जाता है?
(a) ट्रांसमिशन बॉक्स (b) टॉर्क कन्वर्टर
(c) 'a' और 'b' दोनों (d) पॉर्च सिन्क्रोमेश

25. गियर बॉक्स का मुख्य भाग नहीं है
(a) प्राइमरी शाफ्ट बियरिंग (b) मेन शाफ्ट बियरिंग
(c) काउण्टर शाफ्ट (d) क्लच प्लेट

26. गियर बॉक्स में डायरेक्ट ड्राइव प्रायः ...... जोड़कर प्राप्त की जाती है।
(a) सबसे छोटी ले-आउट पिनियन को मेनशाफ्ट व्हील के साथ
(b) डॉग क्लच के द्वारा प्राइमरी शाफ्ट को मेनशाफ्ट के साथ
(c) बराबर साइज की दो गियर्स को आपस में
(d) मेनशाफ्ट गियर के प्राइमरी शाफ्ट के साथ

27. एपीसाइक्लिक गियर बॉक्स के सेन्ट्रल गियर को कहते हैं
(a) रिंग गियर (b) प्लेनेट गियर
(c) सन गियर (d) इन्टर्नल गियर

28. मैनुअल ट्रांसमिशन में गियर्स को ड्राइव शाफ्ट के साथ निम्न में से किसके द्वारा जोड़ा जाता है?
(a) क्लच (b) कॉलर
(c) ले-शाफ्ट (d) कपलिंग

29. गियर बॉक्स हाउसिंग निम्न में से किस धातु की ढलाई करके बनाया जाता है?
(a) ढलवाँ लोहे की (b) पिटवाँ लोहे की
(c) एल्युमीनियम की (d) इस्पात की

30. गियर बॉक्स हाउसिंग में ……… बियरिंगों के साथ एक सीध में फिट रहती है।
(a) प्राइमरी शाफ्ट (b) मेन शाफ्ट
(c) 'a' और 'b' दोनों (d) रिवर्स शाफ्ट

31. किस प्रकार के गियर बॉक्स में मेन शाफ्ट के गियर को खिसकाकर ले-शाफ्ट पर बने उसके युग्म के साथ मिलाया जाता है?
(a) कॉन्स्टैन्ट मैश गियर बॉक्स (b) सिन्क्रोमैश गियर बॉक्स
(c) स्लाइडिंग मैश गियर बॉक्स (d) प्लेनेटरी गियर बॉक्स

32. स्लाइडिंग मैश गियर बॉक्स में निम्न में से किस अवयव का प्रयोग गियर बदलने में करते हैं?
(a) चेंज लिवर (b) सलेक्टर शाफ्ट (c) सलेक्टर फॉर्क (d) ये सभी

33. किस प्रकार के गियर बॉक्स में कॉलर या डॉग का प्रयोग होता है?
(a) स्लाइडिंग मैश (b) कॉन्स्टैन्ट मैश
(c) सिन्क्रोमैश (d) प्लेनेटरी

34. सिन्क्रोमैश गियर बॉक्स में निम्न में से कौन-सा गियर प्रयोग किया जाता है?
(a) स्पाइरल बेवेल गियर (b) स्पर गियर
(c) वॉर्म गियर (d) पिनियन गियर

35. सिन्क्रोनाइजर गाड़ी की स्थिर अवस्था में डाले जाने वाले गियर हैं
(a) टॉप व प्रथम (b) रिवर्स व दूसरा
(c) दूसरा व तीसरा (d) पहला व रिवर्स

36. प्लेनेटरी टाइप गियर बॉक्स के सेन्टर वाले गियर को क्या कहते हैं?
(a) प्लेनेट पिनियन गियर (b) आन्तरिक गियर
(c) साधारण गियर (d) सन गियर

37. पूर्ण स्वचालित शक्ति संचालन में प्राय: किस प्रकार का गियर बॉक्स प्रयोग किया जाता है?
(a) स्लाइडिंग मैश (b) सिन्क्रोमैश
(c) प्लेनेटरी (d) कॉन्स्टैन्ट

38. ऑटोमैटिक ट्रांसमिशन वाली गाड़ियाँ इंजन को गियर से इसके द्वारा जोड़ती हैं ………।
(a) डॉग क्लच (b) फ्लूड कपलिंग
(c) ड्राई फ्रिक्शन क्लच (d) वेट फ्रिक्शन क्लच

39. सन व्हील में किस प्रकार के गियर बॉक्स का प्रयोग किया जाता है?
(a) प्लेनेटरी (b) सिन्क्रोमैश
(c) कॉन्स्टैन्ट (d) स्लाइडिंग मैश

40. ओवर ड्राइव यूनिट किस गियर में इंगेज किया जाता है?
(a) रिवर्स गियर (b) पहला गियर
(c) टॉप गियर (d) तीसरा गियर

41. चलते वाहन में एक ही समय में दो गियर एक साथ लगाने से क्या सम्भावित दोष उत्पन्न हो सकता है?
(a) हाउसिंग या शाफ्ट का टूट जाना
(b) वाहन की गति अचानक से बढ़ना
(c) ईंधन की अत्यधिक खपत होना
(d) उपरोक्त सभी

उत्तरमाला

1. (b)	2. (c)	3. (d)	4. (b)	5. (b)	6. (a)	7. (b)	8. (c)	9. (b)	10. (d)
11. (a)	12. (b)	13. (b)	14. (a)	15. (b)	16. (c)	17. (c)	18. (b)	19. (d)	20. (d)
21. (c)	22. (c)	23. (a)	24. (c)	25. (d)	26. (b)	27. (c)	28. (b)	29. (a)	30. (c)
31. (c)	32. (d)	33. (b)	34. (b)	35. (d)	36. (d)	37. (c)	38. (b)	39. (a)	40. (c)
41. (a)									

अध्याय 04

ड्राइव एवं ड्राइव शाफ्ट

Drive and Drive Shaft

परिचय Introduction

प्रत्येक वाहन के लिए इंजन एक महत्त्वपूर्ण भाग होता है। इंजन द्वारा उत्पादित शक्ति क्लच, गियर बॉक्स द्वारा प्रोपैलर शाफ्ट में यूनिवर्सल ज्वॉइण्ट की सहायता से पहुँचती है, तत्पश्चात् डिफरैन्शियल द्वारा 90° पर विभक्त होकर एक्सल शाफ्टों तथा पहियों को प्राप्त होती है। इसके लिए प्रोपैलर शाफ्ट का सम्बन्ध यूनिवर्सल ज्वॉइण्ट की सहायता से गियर बॉक्स की मेन शाफ्ट से किया जाता है।

इंजन तथा गियर बॉक्स को मोटरगाड़ी के झटकों से बचाने के लिए रबर फाउण्डेशनों का उपयोग किया जाता है, परन्तु पिछले पहियों को रोड स्प्रिंग तथा शॉक अब्जॉर्बर की सहायता से फिट किया जाता है, इसलिए एक्सल शाफ्ट तथा उनके बीच में डिफरैन्शियल कभी ऊपर तो कभी नीचे होता रहता है। इस परिवर्तन के कारण गियर बॉक्स तथा डिफरैन्शियल की दूरी में भी परिवर्तन होता रहता है। इस परिवर्तन की पूर्ति के लिए प्रोपैलर शाफ्ट में यूनिवर्सल स्लिप ज्वॉइण्ट बनाया जाता है।

अत: हम कह सकते हैं कि वाहनों में इंजन द्वारा उत्पादित शक्ति का संचरण और वितरण अत्यन्त महत्त्वपूर्ण है, इसलिए वाहन में विविध अवयवों एवं यन्त्रावलियों को संयोजित करके वाहन में शक्ति के वितरण (distribution) की व्यवस्था की जाती है। प्रस्तुत अध्याय में वाहनों में शक्ति को वितरित करने वाले मुख्य अवयवों का विवरण दिया गया है।

अध्याय विषय सूची

4.1 मूलभूत ले-आउट Basic Layouts

वाहन को शक्ति प्रदान करना एक सर्वोपरि कार्य है, क्योंकि यह उत्पन्न शक्ति ही वाहन को प्रचालित करने में सक्षम होती है। इंजन की ड्राइव मूलत: वाहन के उपयोग पर निर्भर करती है और वाहन को सामान्यत: किन स्थितियों में कितनी शक्ति की आवश्यकता होती है, यह ज्ञात करने में ड्राइव सहयोग करती है। वाहनों के लिए ड्राइव महत्त्वपूर्ण अवयव है, जिसके बिना वाहनों का प्रचालन असम्भव है। ऑटोमोबाइल के क्षेत्र में, ड्राइव ले-आउट से यह स्पष्ट होता है कि वाहन में इंजन, ड्राइव व ड्राइव व्हील को कहाँ स्थापित किया गया है।

ऑटोमोबाइल की समग्र संरचना ड्राइव ले-आउट से स्पष्ट हो जाती है। साधारण रूप से ड्राइव ले-आउट को दो मुख्य श्रेणियों में विभक्त किया जाता है—फ्रण्ट एवं रियर व्हील ड्राइव, जबकि चार-व्हील ड्राइव, पहियों पर वितरित शक्ति के आधार पर लगाई जाती है। विभिन्न प्रकार के ले-आउट्स का विवरण अग्रपृष्ठ पर वर्णित है।

फ्रण्ट व्हील ड्राइव ले-आउट

Front Wheel Drive Layout; FWD

फ्रण्ट व्हील ड्राइव इंजन तथा ट्रांसमिशन ले-आउट का वह रूप है जिसका प्रयोग केवल फ्रण्ट व्हील इंजन ड्राइव युक्त मोटर वाहनों में किया जाता है। मुख्य रूप से ट्रांसवर्स इंजन में फ्रण्ट व्हील ड्राइव का उपयोग होता है। अन्य ड्राइव की तुलना में फ्रण्ट व्हील ड्राइव कम जटिल एवं सस्ती होती है। इसमें घिसावट सर्वाधिक होती है।

फ्रण्ट व्हील ड्राइव ले-आउट के अन्तर्गत वाहन के सामने वाले पहिए संचालित (operate) होते हैं। वर्तमान समय में यह फ्रण्ट इंजन, फ्रण्ट व्हील ड्राइव ले-आउट कारों में सर्वाधिक प्रयोग किया जा रहा है। यह ले-आउट आमतौर पर इसकी कॉम्पैक्ट पैकेजिंग के लिए चुना जाता है।

इस ले-आउट में इंजन एवं ड्रिवेन व्हील एक ओर ही होते हैं, इसलिए इंजन और ड्रिवेन व्हील (चालित पहिया) के मध्य एक प्रोपैलर शाफ्ट को समायोजित करने के लिए पैसेन्जर कम्पार्टमेन्ट के माध्यम से केन्द्रीय ट्यूनल (tunnel) की आवश्यकता नहीं होती है।

क्योंकि स्टीयरिंग व्हील भी ड्रिवेन व्हील होते हैं, इसलिए बर्फ, मिट्टी इत्यादि में कारों में फ्रण्ट इंजन, फ्रण्ट व्हील ड्राइव ले-आउट को सामान्यत: फ्रण्ट इंजन, रियर व्हील ड्राइव ले-आउट से उत्तम माना जाता है, परन्तु अधिक शक्तिशाली कारों में इस (फ्रण्ट इंजन, फ्रण्ट व्हील ड्राइव) को कम ही प्रयोग किया जाता है, क्योंकि यह त्वरण (acceleration) के कारण सामने वाले पहियों (फ्रण्ट व्हील) पर भार का स्थानान्तरण तथा ट्रैक्शन (traction) कम करता है। FF (फ्रण्ट इंजन, फ्रण्ट व्हील ड्राइव) ले-आउट में आमतौर पर अनुप्रस्थ (transverse) इंजन प्रयोग किया जाता है, जबकि FR (फ्रण्ट इंजन, रियर व्हील ड्राइव) ले-आउट एक अनुदैर्ध्य (longitudinal) इंजन का उपयोग करता है। FF ले-आउट इंजन के आकार को भी सीमाबद्ध (restrict) करता है।

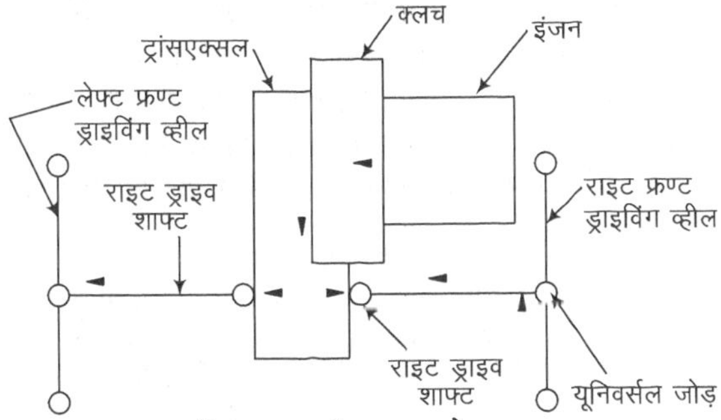

चित्र फ्रण्ट व्हील ड्राइव ले-आउट

रियर व्हील ड्राइव ले-आउट

Rear Wheel Drive Layout; RWD

इस प्रकार की ड्राइव में ट्रांसमिशन पावर को रियर व्हील्स तक एक लम्बी ड्राइवशाफ्ट तथा डिफ्रैन्शियल द्वारा ट्रांसमिट किया जाता है। रियर व्हील ड्राइव वाहनों को फ्रण्ट व्हील ड्राइव वाहनों की अपेक्षा सुगमता से नियन्त्रित किया जा सकता है। ये वाहन टोविंग (towing) से उपयुक्त होते हैं क्योंकि भार के साथ रियर व्हील स्टियरिंग अधिक सुगमता से कार्य करता है।

इसे फ्रण्ट इंजन रियर व्हील ड्राइव भी कहते हैं। इस ड्राइव ले-आउट में इंजन, क्लच एवं गियर बॉक्स को फ्रण्ट में स्थापित किया जाता है, जबकि ड्राइव को प्रोपैलर शाफ्ट की सहायता से रियर एक्सल पर स्थापित किया जाता है। इस प्रकार फ्रण्ट इंजन रियर व्हील ड्राइव युक्त वाहनों का चेसिस अधिकतर भारी वाहनों; जैसे—ट्रक, बस इत्यादि में प्रयोग किया जाता है। इस ले-आउट में चालन-प्रकार त्वरण के लिए अति उत्तम ट्रैक्शन देता है। पिछले पहियों के चालन में आगे के सस्पैन्शन और स्टीयरिंग की शक्ति डिलीवरी से सम्बन्धित नहीं होती है।

कभी रियर या मिड इंजन व रियर व्हील ड्राइव ले-आउट वाली कोरें अत्यधिक कम मात्रा में बनाई जाती थीं, परन्तु वर्तमान समय में समस्त उद्देश्यों की पूर्ति करने वाली रेसिंग कारें, रियर व्हील ड्राइवयुक्त हैं। इस ले-आउट में त्वरण के अन्तर्गत भार पिछले पहियों पर चला जाता है, जिससे वाहन की कार्यक्षमता में वृद्धि होती है। इससे अलग स्टीयरिंग, शक्ति डिलीवरी से पृथक् कार्य करता है।

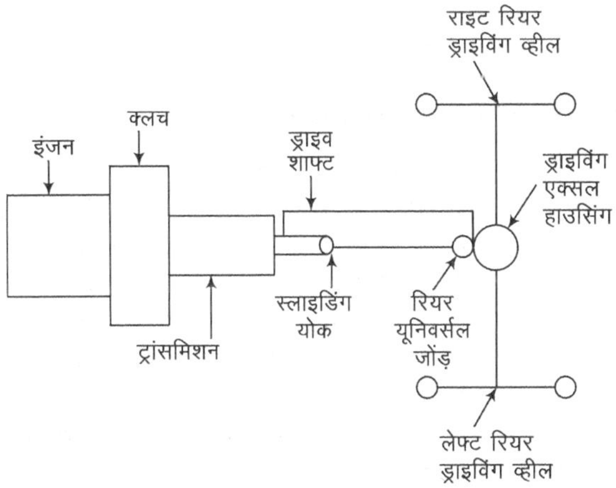

चित्र रियर व्हील ड्राइव ले-आउट

फोर व्हील ड्राइव ले-आउट

Four Wheel Drive Layout; 4WD

फोर व्हील ड्राइव को 4×4 या 4WD भी कहते हैं। फोर व्हील ड्राइव वाहनों में दो एक्सेल द्वारा सभी व्हील्स को एक साथ टॉर्क प्रदान किया जाता है। फोर व्हील ड्राइव ले-आउट में वाहन के सभी व्हील ड्राइव व्हील होते हैं। इसमें लोड चारों व्हील्स में वितरित होने के कारण व्हील्स के फिसलने (slip) की सम्भावना कम होती है। यह वाहन के समस्त पहियों के सिरों को शक्ति प्रदान कर सामान्य रूप से कार्य करने में सक्षम बना देता है। यह वास्तव में वाहनों की सामान्य श्रेणी है। फोर व्हील ड्राइव उन वाहनों से सम्बन्धित है, जो दो या दो से अधिक एक्सल्स द्वारा चारों पहियों के सिरों को शक्ति पारेषित (transmit) करते हैं। फोर व्हील ड्राइव वाहनों में एक ट्रांसफर केस होता है, जो फ्रण्ट एवं रियर एक्सल्स के मध्य संयोजित होता है।

इस ड्राइव में शिफ्ट लीवर या शिफ्ट यन्त्रावली के प्रयोग द्वारा 2WD या 4WD पर वाहन को प्रचालित किया जा सकता है। संयोजन के समय फ्रण्ट एवं रियर ड्राइव की शाफ्टों को एक साथ जोड़ देते हैं।

इससे अधिक ट्रैक्शन के साथ सर्वाधिक टॉर्क एक्सल को स्थानान्तरित होता है। व्हील स्लिप की सम्भावना कम होने के कारण फोर व्हील ड्राइव ले-आउट का प्रयोग ऐसे वाहनों में किया जाता है, जिनका प्रयोग गीले रोड, बर्फ इत्यादि पर किया जाना हो। फोर व्हील ड्राइव ले-आउट महँगा होने के कारण इसका प्रयोग मुख्यत: स्पोर्ट्स तथा रेसिंग कारों में किया जाता है। इनमें आवश्यकतानुसार फ्रण्ट एवं रियर पहियों को शक्ति पहुँचाने की व्यवस्था होती है।

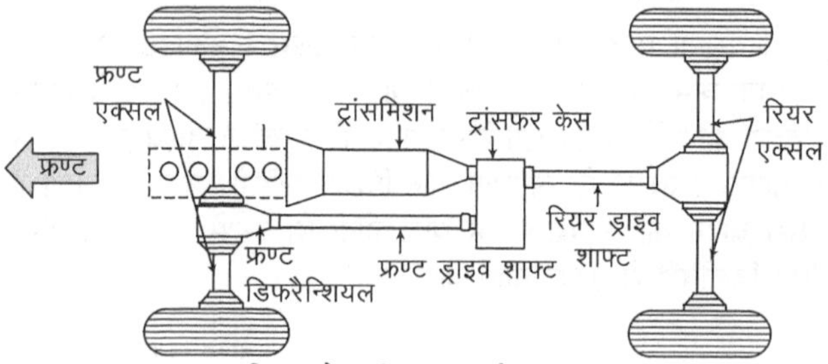

चित्र फोर व्हील ड्राइव ले-आउट

ऑल व्हील ड्राइव ले-आउट
All Wheel Drive Layout; AWD

इस ड्राइव में वाहनों का ट्रैक्शन अत्यधिक बढ़ जाता है एवं वर्षा, बर्फ और ऑफ-रोड ड्राइविंग में इस ड्राइव की हैण्डलिंग क्षमता उत्तम होती है। बढ़े हुए ट्रैक्शन के कारण इस प्रकार की ड्राइव में पतले टायरों वाले पहिए प्रयोग में लाए जाते हैं। फोर व्हील एवं ऑल व्हील ड्राइव दोनों का ही भार कम होता है। इसके अतिरिक्त इसमें भी फोर व्हील ड्राइव की भाँति सभी व्हील, ड्राइविंग व्हील होते हैं। इस ले-आउट का एक प्रमुख लाभ यह है कि इसमें रोड की स्थिति के अनुसार फोर व्हील ड्राइव का चयन करने अथवा न करने की व्यवस्था होती है।

AWD ले-आउट में अलग से ट्रांसफर केस नहीं होता है इसमें क्लच, डिफरैन्शियल के साथ फ्रण्ट-व्हील ड्राइव ट्रांस-एक्सेल का उपयोग किया जाता है। इस ड्राइव में केवल 4WD पर ही वाहन को प्रचालित किया जा सकता है। इस प्रकार के वाहनों का उपयोग सामान्यत: पैसेन्जर वाहनों में किया जाता है।

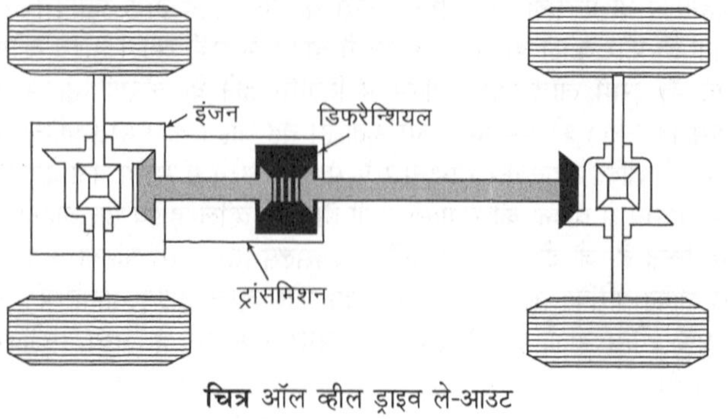

चित्र ऑल व्हील ड्राइव ले-आउट

4WD एवं AWD में तुलना

4 व्हील ड्राइव (4WD) एवं ऑल व्हील ड्राइव (AWD) के मध्य तुलना निम्नवत् है

	4WD	AWD
1.	इसमें सभी व्हील ड्राइविंग व्हील होते हैं।	इसमें भी सभी व्हील ड्राइविंग व्हील होते हैं।
2.	फोर व्हील ड्राइव में ट्रांसफर केस होता है।	ऑल व्हील ड्राइव में ट्रांसफर केस नहीं होता है।
3.	इस ड्राइव में 2WD (टू व्हील ड्राइव) या 4WD पर वाहनों को प्रचालित किया जा सकता है।	इस ड्राइव में केवल 4WD पर ही वाहन को प्रचालित किया जा सकता है।
4.	इस ड्राइव में सभी व्हील पर समान रूप से शक्ति पारेषित होती है।	इस ड्राइव में स्थिति के अनुसार व्हील पर शक्ति पारेषित की जाती है।
5.	इस ड्राइव का प्रयोग गीले रोड, बर्फ इत्यादि पर चलने वाले वाहनों में किया जाता है।	इस ड्राइव का प्रयोग भी गीले रोड, बर्फ इत्यादि पर चलने वाले वाहनों में किया जाता है।
6.	इस ड्राइव का उपयोग स्पोर्ट्स एवं रेसिंग कारों में किया जाता है।	इस ड्राइव का उपयोग पैसेन्जर वाहनों में किया जाता है।

4.2 ड्राइव के घटक Components of a Drive

ड्राइव के मुख्य घटक निम्न हैं

1. प्रोपैलर शाफ्ट Propeller Shaft

प्रोपैलर शाफ्ट को **ड्राइव शाफ्ट** भी कहते हैं। गियर बॉक्स से इंजन की शक्ति डिफरैन्शियल तक पहुँचाने का कार्य प्रोपैलर शाफ्ट द्वारा किया जाता है। प्रोपैलर शाफ्ट के एक सिरे पर योक तथा दूसरे सिरे पर स्प्लाइन शाफ्ट वैल्ड की जाती है। छोटे वाहनों में एक प्रोपैलर शाफ्ट प्रयोग की जाती है, जबकि लम्बे बेस चेसिस युक्त वाहनों में दो प्रोपैलर शाफ्ट प्रयोग की जाती हैं। प्रोपैलर शाफ्ट को स्टील ट्यूब द्वारा बनाया जाता है। इसके गियर बॉक्स वाले सिरे पर एक स्प्लाइन शाफ्ट वैल्ड की जाती है तथा डिफरैन्शियल वाले सिरे पर यूनिवर्सल ज्वॉइण्ट के लिए योक फिट होता है।

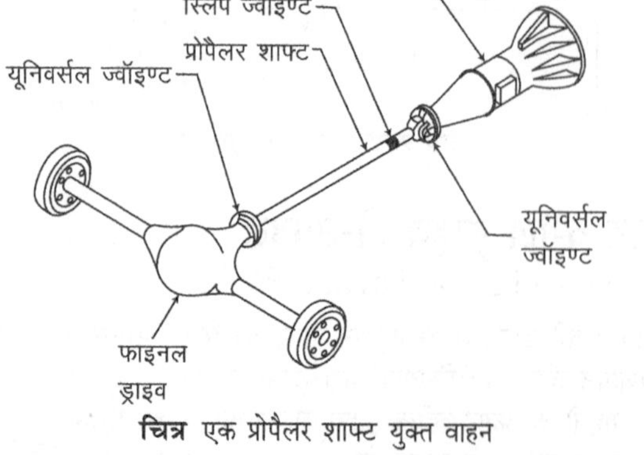

चित्र एक प्रोपैलर शाफ्ट युक्त वाहन

छोटी मोटरगाड़ियों में एक प्रोपैलर शाफ्ट का प्रयोग किया जाता है, परन्तु कुछ बड़ी मोटरगाड़ियों में दो प्रोपैलर शाफ्ट का भी प्रयोग होता है। इसके लिए, चेसिस के बीच में बियरिंग सपोर्ट बना होता है। इसके अतिरिक्त इसके मध्य में यूनिवर्सल ज्वॉइण्ट का भी प्रयोग किया जाता है।

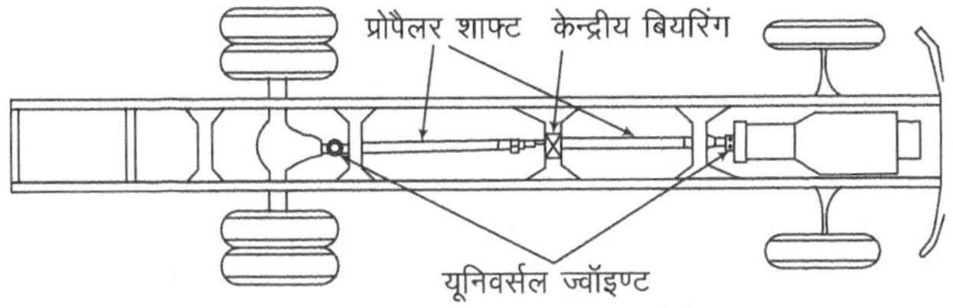

प्रोपैलर शाफ्ट से शक्ति, डिफरैन्शियल के माध्यम से एक्सल शाफ्ट तक पहुँचती है, जिससे पहिए भी घूमते हैं, जब यह एक्सल शाफ्ट, पहियों को घुमाती है, तो उस समय एक्सल केसिंग में विपरीत दिशा में घुमाव उत्पन्न होता है, परन्तु एक्सल केसिंग अपनी जगह स्थिर रहकर एक्सल शाफ्ट की ड्राइव, चेसिस को देती है। यह ड्राइव निम्न दो प्रकार की होती है

(i) हॉचकिस ड्राइव (ii) टॉर्क ट्यूब ड्राइव

(i) हॉचकिस ड्राइव Hotchkiss Drive

चेसिस को ड्राइव देने के लिए वाहनों में इस प्रणाली का ही प्रयोग किया जाता है। इस प्रणाली में ड्राइव के झटकों को सहन करने की विशेष क्षमता होती है। इसमें दो या तीन यूनिवर्सल ज्वॉइण्ट प्रयोग किए जाते हैं तथा प्रोपैलर शाफ्ट पर स्लिप को आगे की ओर से चेसिस के साथ फिक्स रखा जाता है। हॉचकिस ड्राइव में दो अनुदैर्ध्य (longitudinal) लीफ स्प्रिंग होती हैं। स्प्रिंग का फ्रण्ट सिरा, पिन की सहायता से तथा रियर सिरा, शैकल की सहायता से फ्रेम से जुड़ा होता है। गियर बॉक्स तथा रियर एक्सल, यूनिवर्सल ज्वॉइण्ट तथा स्लिप ज्वॉइण्ट की सहायता से ओपन प्रोपैलर शाफ्ट से संयोजित होते हैं। इस ड्राइव को सामान्यत: ओपन टाइप ड्राइव भी कहते हैं, जो एक प्रकार की क्रॉस-सैक्शन ट्यूबलर होती है। इसमें प्रयुक्त यूनिवर्सल ज्वॉइण्ट को ट्रांसमिशन आउटपुट शाफ्ट के साथ एवं दूसरे यूनिवर्सल ज्वॉइण्ट को ड्राइविंग एक्सल पिनियन शाफ्ट के साथ जोड़ा जाता है। इस ड्राइव में एक प्रोपैलर शाफ्ट प्रयोग किया जाता है। मोटरगाड़ी के चलते समय उसे घूमते हुए देखा जा सकता है।

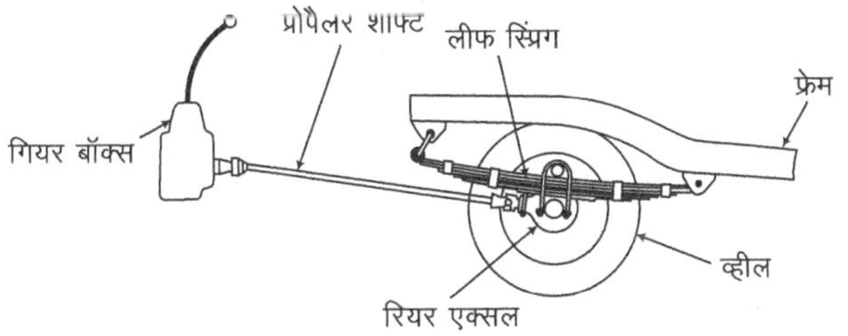

चित्र हॉचकिस ड्राइव

(ii) टॉर्क ट्यूब ड्राइव Torque Tube Drive

यह प्राय: ट्यूबलर संरचना की सॉलिड क्रॉस सैक्शन वाली प्रोपैलर शाफ्ट होती है। यह प्रणाली मुख्यत: विदेशी तथा बड़ी मोटरगाड़ियों में प्रयोग की जाती है।

इस ड्राइव में प्रोपैलर शाफ्ट प्राय: आउटर केसिंग में घूमती है, इस प्रकार प्रोपैलर शाफ्ट को घूमते हुए नहीं देखा जा सकता है। इनर शाफ्ट, बॉल ज्वॉइण्ट की सहायता से गियर बॉक्स की मेन शाफ्ट के साथ जुड़ी होती है। डिफरैन्शियल की ओर से यह सीधे टेल पिनियन से जुड़ी होती है। इसके ऊपर की केसिंग, गियर बॉक्स हाउसिंग से कसी रहती है।

पिछले एक्सल केसिंग द्वारा ड्राइव, इसमें भी लीफ स्प्रिंग की सहायता से चेसिस से प्राप्त होती है, परन्तु इसमें लीफ स्प्रिंग का अगला सिरा झूले की सहायता से फिट किया जाता है, जबकि पिछले सिरे के आई होल में शैकिल पिन डालकर, उसे फिक्स कर दिया जाता है। इस प्रकार इस ड्राइव में लीफ स्प्रिंग की फिटिंग, हॉचकिस ड्राइव के बिल्कुल विपरीत होती है।

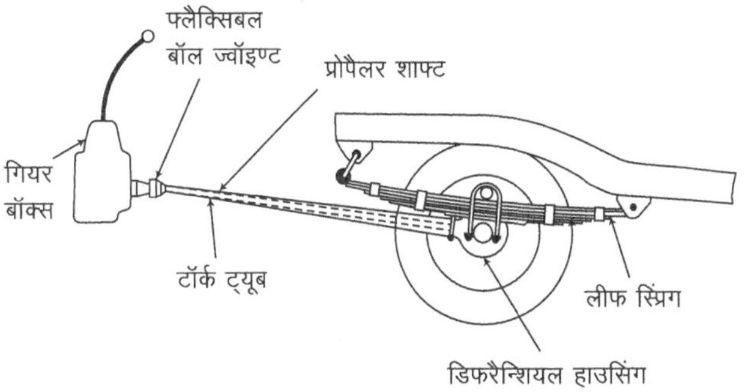

चित्र टॉर्क ट्यूब ड्राइव

प्रोपैलर शाफ्ट के दोषोपचार
Troubleshooting of Propeller Shaft

प्रोपैलर शाफ्ट के दोषोपचार का वर्णन निम्न तालिका में दिया गया है

क्र.सं.	कारण	निवारण
I. प्रोपैलर शाफ्ट का चलते समय आवाज (noise) करना		
1.	स्लिप ज्वॉइण्ट की सप्लाई का घिस जाना	प्रोपैलर शाफ्ट को खोलकर चैक करें। स्प्लाइन शाफ्ट व योक को बदलें।
2.	योक फ्लैन्ज का ढीला होना	योक फ्लैन्ज एवं गियर बॉक्स आउटपुट फ्लैन्ज को कसें।
3.	सेण्टर बियरिंग का घिस जाना	इसके ऊपर लगे रबर कुशन को बदलें।
4.	यूनिवर्सल ज्वॉइण्ट के बियरिंग का घिस जाना	यूनिवर्सल ज्वॉइण्ट के नीडिल बियरिंग को बदल दें।
II. प्रोपैलर शाफ्ट का कम्पन करना		
1.	प्रोपैलर शाफ्ट का बेन्ड (bend) हो जाना।	यदि बेन्ड कम हो, तो प्रैस (press) करके सीधा करें, अधिक होने पर शाफ्ट को बदल दें।
2.	प्रोपैलर शाफ्ट की सप्लाई योक का ठीक प्रकार से फिट न होना।	योक सही प्रकार से फिट करें। पिछली एवं अगली योक एक प्लेन में होनी चाहिए।

2. स्लिप ज्वॉइण्ट Slip Joint

मोटरगाड़ी की रियर एक्सेल हाउसिंग, डिफरैन्शियल तथा पहिए से रॉड स्प्रिंग की सहायता से चेसिस फ्रेम सम्बद्ध होते हैं। रॉड स्प्रिंग के कारण ही वाहन के चलने पर प्रोपैलर शाफ्ट ऊपर-नीचे होती रहती है, जिससे ड्राइव का कोण अर्थात् रियर एक्सल तथा गियर बॉक्स के मध्य का कोण बदलता रहता है, साथ ही प्रोपैलर शाफ्ट की लम्बाई में भी परिवर्तन होता रहता है। इस परिवर्तन को पूरा करने के लिए प्रोपैलर शाफ्ट पर, गियर बॉक्स वाले सिरे पर स्लिप ज्वॉइण्ट बनाया जाता है। यदि स्लिप ज्वॉइण्ट का प्रयोग न किया जाए, तो प्रोपैलर शाफ्ट के मुड़ने की सम्भावना रहती है। रियर एक्सल के मूवमेन्ट के अनुसार यह ज्वॉइण्ट, प्रोपैलर शाफ्ट की लम्बाई को एडजस्ट (adjust) करने में मुख्य भूमिका निभाता है।

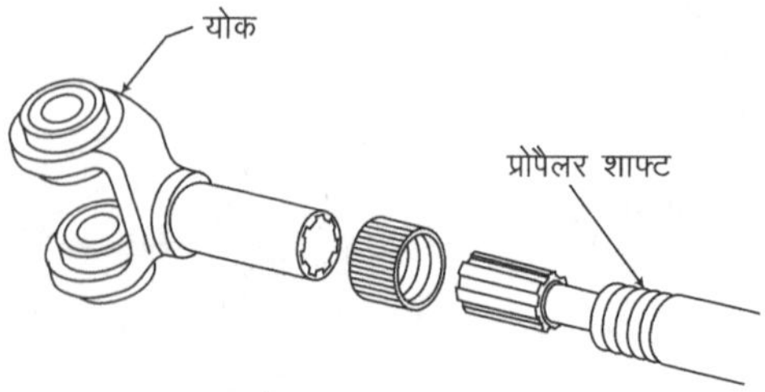

चित्र स्लिप ज्वॉइण्ट

3. यूनिवर्सल ज्वॉइण्ट Universal Joint

गियर बॉक्स व डिफरैन्शियल के बीच की दूरी में परिवर्तन होता रहता है। गियर बॉक्स व डिफरैन्शियल एक लाइन में फिट नहीं किए जाते हैं। इस कारण गियर बॉक्स द्वारा जो शक्ति डिफरैन्शियल को ट्रांसमिट की जाती है, वह एक कोण में स्थानान्तरित होती है।

वाहन की चालन अवस्था के समय इसके ऊपर-नीचे होने पर गियर बॉक्स तथा डिफरैन्शियल के मध्य बना यह कोण परिवर्तित हो जाता है, इसलिए यह आवश्यक है कि कोई ऐसा उपाय किया जाए जिससे इस कोण में परिवर्तन होने पर भी शक्ति स्थानान्तरण ठीक प्रकार से किया जा सके। इसके उद्देश्य की पूर्ति हेतु यूनिवर्सल ज्वॉइण्ट का प्रयोग किया जाता है। यूनिवर्सल ज्वॉइण्ट को **यूनिवर्सल कपलिंग** भी कहा जाता है। इसका प्रयोग दो शाफ्टों को जोड़ने के लिए किया जाता है। यह ऐसी शाफ्टों को जोड़ता है जो एक-दूसरे पर झुकी हुई हों एवं जिनके अक्ष एक-दूसरे के अक्ष को काटते हों। इंजन की क्रैंकशाफ्ट एवं प्रोपैलर शाफ्ट के अक्ष संरेखित नहीं होते हैं। यह ज्वॉइण्ट विभिन्न ड्राइव लाइन कोण पर टॉर्क प्रदान करता है। कई प्रकार के यूनिवर्सल ज्वॉइण्ट प्रयोग किए जाते हैं, उनमें से मुख्य निम्नलिखित हैं

(i) बॉल टाइप यूनिवर्सल ज्वॉइण्ट Ball Type Universal Joint

उन मोटरगाड़ियों में जहाँ अगले पहियों को इंजन की शक्ति दी जाती है, उनमें पहियों को ड्राइव देने के लिए इस प्रकार के ज्वॉइण्ट का प्रयोग किया जाता है। इस प्रकार के ज्वॉइण्ट में एक बॉल हैड, पिन द्वारा प्रोपैलर शाफ्ट के अन्तिम सिरे पर फिक्स होता है। पिन के दोनों सिरों पर दो स्टील बॉल रोलर बियरिंग के साथ फिक्स होती हैं। पिन को एक केन्द्रीय बटन तथा बटन स्प्रिंग की सहायता से केन्द्र में रखा जाता है। प्रोपैलर शाफ्ट तथा यूनिवर्सल ज्वॉइण्ट असेम्बली, कम्पेनियन फ्लैन्ज पर फिक्स होती हैं, जब कभी गियर बॉक्स तथा रियर एक्सल के मध्य का कोण परिवर्तित होता है, तो बॉल इस परिवर्तन को U चैनल को घुमाकर समायोजित कर लेती है।

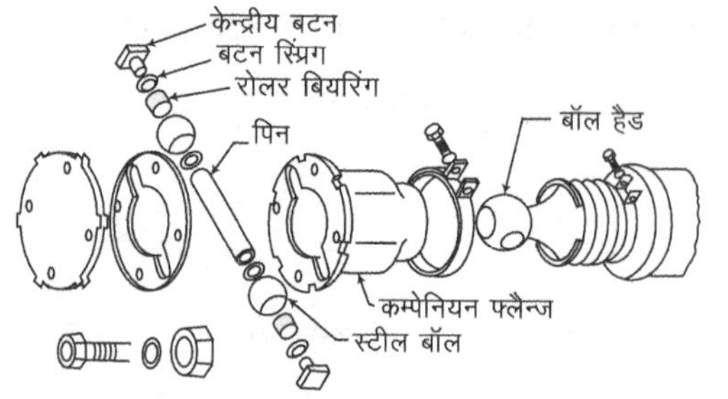

चित्र बॉल टाइप यूनिवर्सल ज्वॉइण्ट

(ii) रबर कपलिंग टाइप यूनिवर्सल ज्वॉइण्ट Rubber Coupling Type Universal Joint

इस प्रकार के यूनिवर्सल ज्वॉइण्ट छोटी मोटरगाड़ियों में प्रयोग किए जाते हैं। इसकी कपलिंग में छः छिद्र बने होते हैं, जिनमें तीन छिद्र तीन गियर बॉक्स के फ्लैन्ज के साथ तथा अन्य तीन छिद्र, स्प्लाइन फ्लैन्ज के साथ नट-बोल्ट की सहायता से जोड़े जाते हैं। फिएट कार में गियर बॉक्स की ओर इस ज्वॉइण्ट को लगाया जाता है। फ्लैन्ज, प्रोपैलर शाफ्ट ज्वॉइण्ट पर लगी होती है।

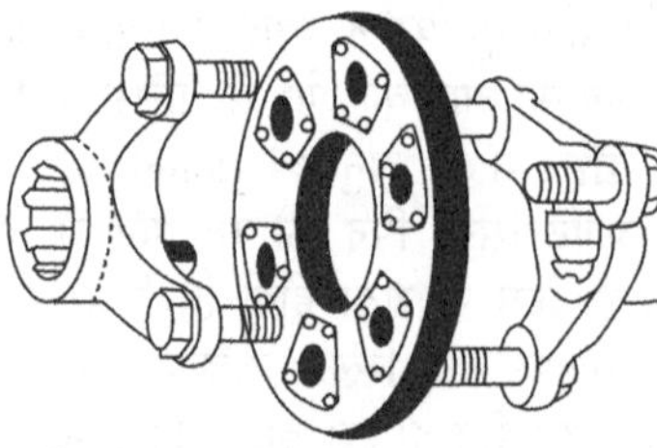

चित्र रबर कपलिंग टाइप यूनिवर्सल ज्वॉइण्ट

(iii) पॉट टाइप यूनिवर्सल ज्वॉइण्ट Pot Type Universal Joint

इसमें एक ट्यूब के रूप में पॉट तथा एक ब्लॉक में क्रॉस पिन का प्रयोग किया जाता है। पॉट में ब्लॉक के लिए दो झिर्री कटी होती हैं, जिसमें से गोली तथा ब्लॉक स्लाइड कर सकते हैं। वर्तमान समय में ये ज्वॉइण्ट अप्रचलित हो गए हैं, क्योंकि इनमें शीघ्र घिसावट होने लगती है।

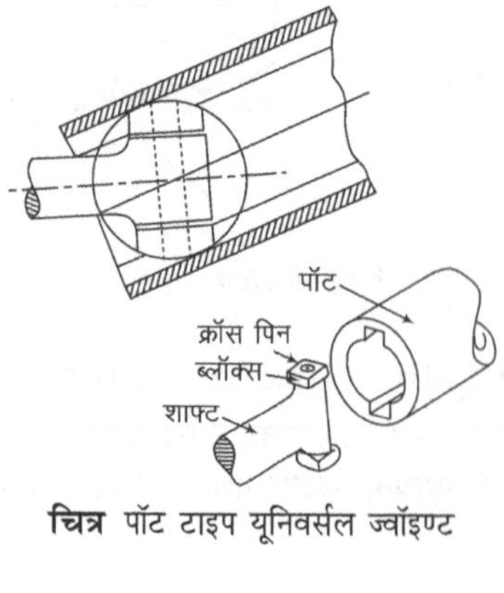

चित्र पॉट टाइप यूनिवर्सल ज्वॉइण्ट

(iv) ले-रब टाइप यूनिवर्सल ज्वॉइण्ट
Lay-rub Type Universal Joint

इस प्रकार का यूनिवर्सल ज्वॉइण्ट स्टील की दो मोटी शीट से बनाया जाता है। इसमें चार कटोरियाँ (cups) बनी होती हैं, जिनमें रबर के बुश फिट करके प्लेटों को आपस में बोल्टों द्वारा कस दिया जाता है।

इसमें लगे दो रबर बुश, प्रोपैलर शाफ्ट, फ्लैन्ज इत्यादि गियर बॉक्स के साथ जोड़े जाते हैं। इस ज्वॉइण्ट का प्रयोग भी वर्तमान समय में नहीं किया जाता है, क्योंकि यह अधिक कोण पर कार्य करने पर टूट जाते है, परन्तु स्टेशनरी इंजनों में जेनरेटर को प्रचालित करने के लिए इस ज्वॉइण्ट का प्रयोग किया जाता है।

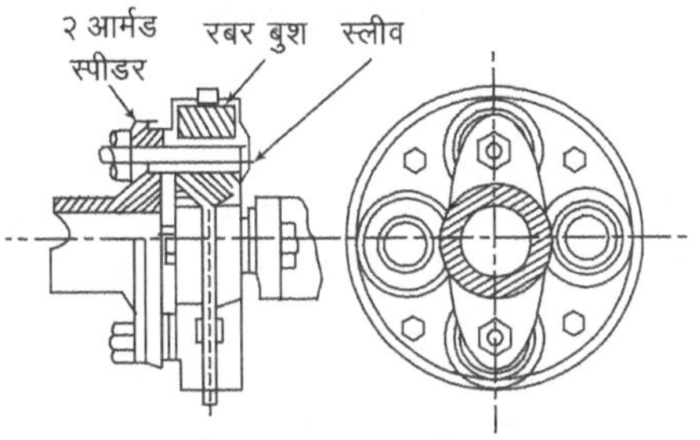

चित्र ले-रब टाइप यूनिवर्सल ज्वॉइण्ट

(v) क्रॉस टाइप यूनिवर्सल ज्वॉइण्ट
Cross Type Universal Joint

इस ज्वॉइण्ट में 'Y' आकार के दो योक बने होते हैं, इसीलिए इसे **योक टाइप यूनिवर्सल ज्वॉइण्ट** भी कहते हैं। इसमें प्रत्येक शाफ्ट पर एक ओर क्रॉस आकार का मेम्बर बना होता है, जिसे स्पाइडर (spider) कहते हैं। स्पाइडर के चारों सिरों पर बियरिंग कैप की सहायता से नीडिल रोलर बियरिंग फिक्स किए जाते हैं।

इसमें क्रॉस के ऊपर-नीचे वाले भागों को रोलर और कैप द्वारा फ्लैन्ज योक में फिक्स करके पत्ती को लॉक किया जाता है। इस प्रकार के यूनिव्रर्सल ज्वॉइण्ट में ड्राइविंग शाफ्ट एवं ड्रिवन शाफ्ट के लिए अलग-अलग योक होती हैं।

योक एवं क्रॉस सिरों के मध्य में नीडिल बियरिंग का प्रयोग किया जाता है। इस ज्वॉइण्ट में दोनों योक परस्पर 90° पर स्पाइडर के साथ पिवेट की जाती हैं, जैसा कि चित्र में दर्शाया गया है।

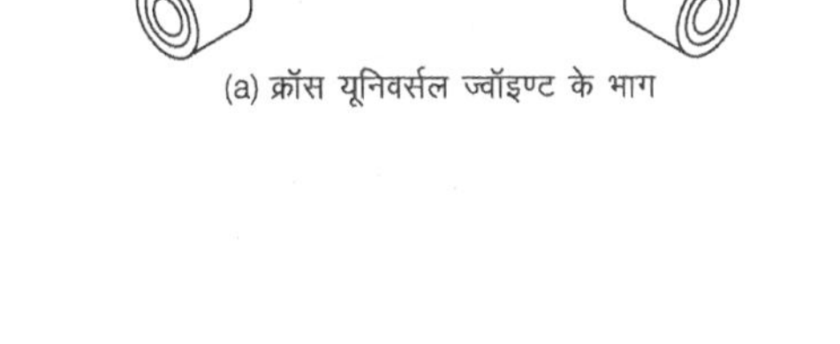

(a) क्रॉस यूनिवर्सल ज्वॉइण्ट के भाग

इस प्रकार के यूनिवर्सल ज्वॉइण्ट में गियर बॉक्स के पिछले सिरे पर बाहर निकली मेन शाफ्ट के खाँचों पर ड्राइविंग फ्लैन्ज योक फिट होती है। स्लाइडिंग योक, प्रोपैलर शाफ्ट के सिरे पर बने खाँचों पर फिट की जाती है। ये दोनों योक स्पाइडर द्वारा एक-दूसरे से जुड़ी रहती हैं। स्पाइडर, जोकि क्रॉस के आकार का होता है, उस पर चार बियरिंग सतह बनी होती हैं। इन सतहों पर बियरिंग कैप तथा नीडिल रोलर फिट किए जाते हैं।

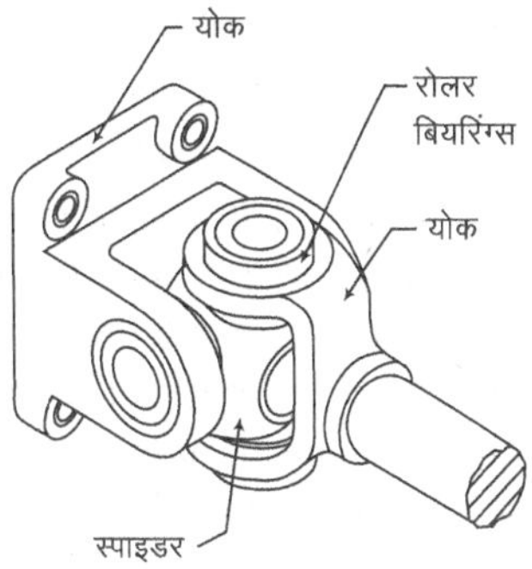

(b) क्रॉस यूनिवर्सल ज्वॉइण्ट की असेम्बली

चित्र क्रॉस टाइप या योक टाइप यूनिवर्सल ज्वॉइण्ट

इन कैपों को स्नैप रिंग द्वारा योक में बने खाँचों के अन्दर लॉक कर दिया जाता है। इस प्रकार विभिन्न भागों को जोड़कर क्रॉस टाइप यूनिवर्सल ज्वॉइण्ट तैयार किया जाता है। इसके रख-रखाव के लिए स्पाइडर पर लगी ग्रीस निपिल में समय-समय पर ग्रीस गन से ग्रीस देनी चाहिए। ग्रीस तब तक देनी चाहिए, जब तक वह बियरिंग कैप से बाहर न निकलने लगे। कभी-कभी ग्रीस निपिल बन्द हो जाता है, तो उसे खोलकर साफ करना चाहिए। इस टाइप के ज्वॉइण्ट प्राय: प्रोपैलर शाफ्ट के दोनों सिरों पर लगाए जाते हैं, परन्तु बड़ी गाड़ियों व फोर बाई फोर (4×4) में दो से अधिक क्रॉस टाइप यूनिवर्सल ज्वॉइण्ट प्रयोग किए जाते हैं।

(vi) कॉन्स्टैन्ट वेलॉसिटी ज्वॉइण्ट Constant Velocity Joint

इस प्रकार के ज्वॉइण्ट में शाफ्ट का आधा इनपुट होता है। शाफ्ट के एक सिरे पर स्प्लाइन कटी होती है, जिस पर आन्तरिक गोलाकार सॉकेट फिट किया जाता है। इस ज्वॉइण्ट के बाह्य गोलाकार सॉकेट तथा आन्तरिक गोलाकार सॉकेट में ग्रूव कटे होते हैं, जिनमें बॉल गति करती है। बाह्य गोलाकार सॉकेट को बाह्य शाफ्ट से संयोजित किया जाता है। इनपुट तथा आउटपुट शाफ्ट के मध्य बने कोण से अप्रभावित इस ज्वॉइण्ट की इस प्रकार की व्यवस्था, इनपुट तथा आउटपुट शाफ्ट पर समान गति प्रदान करती है।

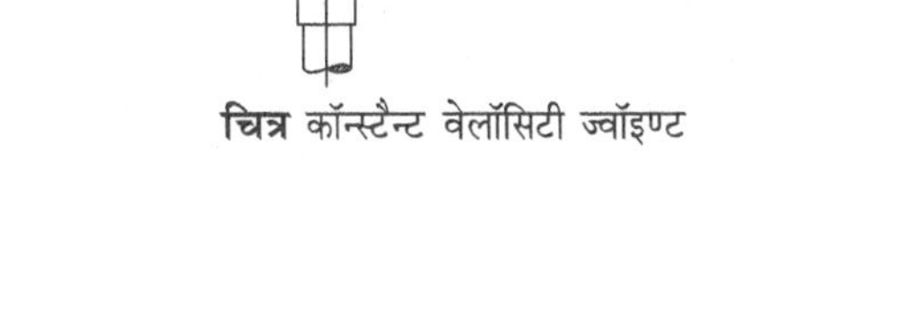

चित्र कॉन्स्टैन्ट वेलॉसिटी ज्वॉइण्ट

वाहनों में प्राय: निम्न तीन प्रकार के कॉन्स्टैन्ट वेलॉसिटी ज्वॉइण्ट प्रयोग किए जाते हैं जोकि निम्नवत् हैं

ट्रैक्टा ज्वॉइण्ट (Tracta joint) ट्रैक्टा ज्वॉइण्ट डबल ढंग तथा ग्रूव ज्वॉइण्ट के सिद्धान्त पर आधारित है। इसमें चार प्रमुख भाग; दो कॉर्क (एक ड्रिवन योक तथा एक ड्राइविंग योक) तथा दो अर्द्धगोलाकार स्लाइडिंग टुकड़े (एक मेल अथवा स्पाइगॉट स्विवेल तथा दूसरा फीमेल अथवा स्लॉटेड स्विवेल) होते हैं, जो एक मूवेबल संयोजन में लॉक होते हैं।

इण्टरमीडिएट मेम्बर पर उपस्थित वृत्ताकार ग्रूव में प्रत्येक योक के जबड़े इंगेज हो जाते हैं। दोनों इण्टरमीडिएट मेम्बर्स, स्विवेल ढंग तथा ग्रूव्ड ज्वॉइण्ट के माध्यम से युग्मित (coupled) किए जाते हैं। इस प्रकार इनपुट तथा आउटपुट शाफ्ट के किसी कार्यकारी कोण पर, प्रत्येक चक्कर में ड्राइविंग इण्टरमीडिएट मेम्बर एक्सिलरेट तथा डिएक्सिलरेट होते रहते हैं। यह एक मजबूत ज्वॉइण्ट होता है, जो अधिकतम 40° के कोण पर ड्राइव को ट्रांसमिट करता है। इसका प्रयोग मुख्यत: सैन्य तथा कृषि कार्यों हेतु प्रयोग किए जाने वाले वाहनों में किया जाता है।

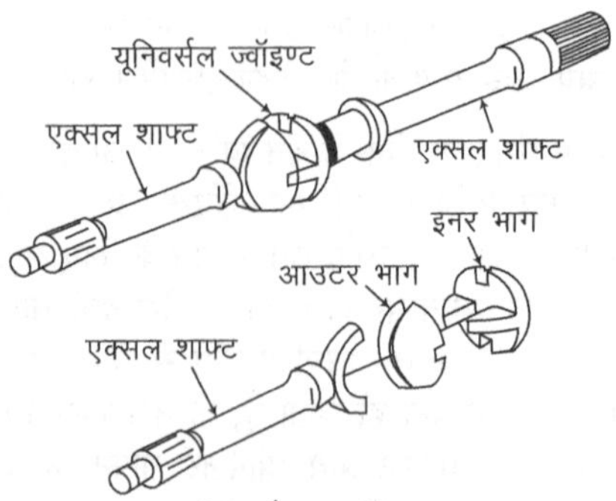

चित्र ट्रैक्टा ज्वॉइण्ट

रजेप्पा ज्वॉइण्ट (Rzeppa joint) अल्फ्रेड एच. रजेप्पा द्वारा इस ज्वॉइण्ट का आविष्कार होने के कारण उन्हीं के नाम पर इसे रजेप्पा ज्वॉइण्ट कहा जाता है। इस ज्वॉइण्ट में छ: ग्रूव वाली एक इनर गोलाकार शैल तथा आउटर शैल होती हैं। प्रत्येक ग्रूव में एक बॉल फिट हो सकती है। इस ज्वॉइण्ट में इनपुट शाफ्ट, एक वृत्ताकार केज में स्थापित स्टार आकृति के तथा स्टील के बने एक बड़े गियर के केन्द्र में फिट की जाती है। इस वृत्ताकार केज के परिमाप में छ: ओपन सिरे होते हैं। ये केज तथा गियर, एक ग्रूव्ड कप में फिट हो जाते हैं, जिससे एक स्प्लाइन तथा थ्रेडेड शाफ्ट जुड़ी होती है।

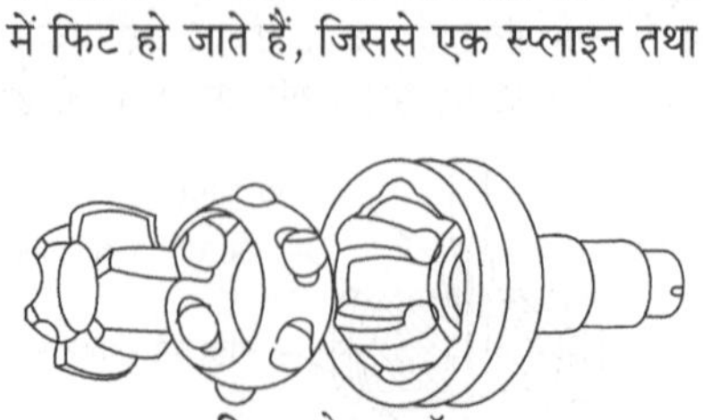
चित्र रजेप्पा ज्वॉइण्ट

ट्राइपॉड ज्वॉइण्ट (Tripod joint) यह एक जटिल संरचना वाला ज्वॉइण्ट है, जिसमें एक थ्री प्वॉइण्टेड योक एक शाफ्ट से जुड़ी होती है, जिसके सिरों पर बैरल आकार के रोलर-बियरिंग्स होते हैं। इस ज्वॉइण्ट में बने तीन प्वॉइण्ट, डिफरैन्शियल से जुड़े कप में बने तीन ग्रूव्ड में फिट हो जाते हैं।

इस प्रकार के ज्वॉइण्ट की कोणीय परास (angular range) अन्य ज्वॉइण्ट्स की अपेक्षा कम होती है, परन्तु सस्ता होने के साथ-साथ उच्च स्पीड पर दक्षतापूर्वक कार्य करने के कारण इनका प्रयोग मुख्यत: रियर व्हील ड्राइव वाले वाहनों अथवा फ्रण्ट व्हील ड्राइव वाले वाहनों की इनबोर्ड साइड में किया जाता है, जहाँ आवश्यक गति की परास न्यून होती है।

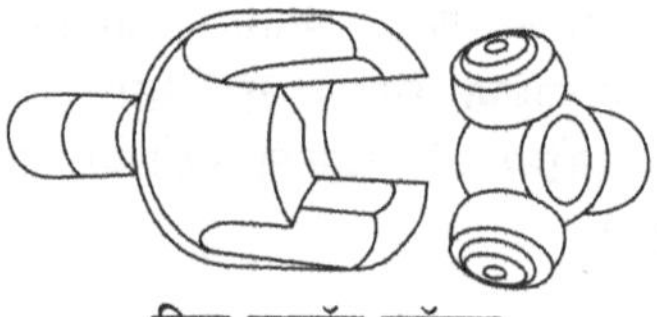
चित्र ट्राइपॉड ज्वॉइण्ट

4.3 एक्सल Axle

एक्सल को वाहन का आधार कहा जा सकता है। एक्सल, वास्तव में एक घूमते हुए पहिये या गियर के लिए एक केन्द्रीय शाफ्ट होती है। किसी वाहन में इसका संयोजन, पहियों से किया जाता है, अत: पहियों के घूमने पर यह भी घूमता है। इसे एक्सल शाफ्ट की कहा जाता है। पूर्व में बियरिंग्स एवं बुशिंग्स माउण्टिंग प्वॉइण्ट पर दिए जाते थे, जहाँ एक्सल उसे सपोर्ट प्रदान करता था। बाद में बियरिंग्स एवं बुशिंग्स, पहिये के केन्द्रीय छिद्र (hole) में व्यवस्थित (arrange) किए जाने लगे जिससे पहिया, एक्सल से चारों ओर घूम सके।

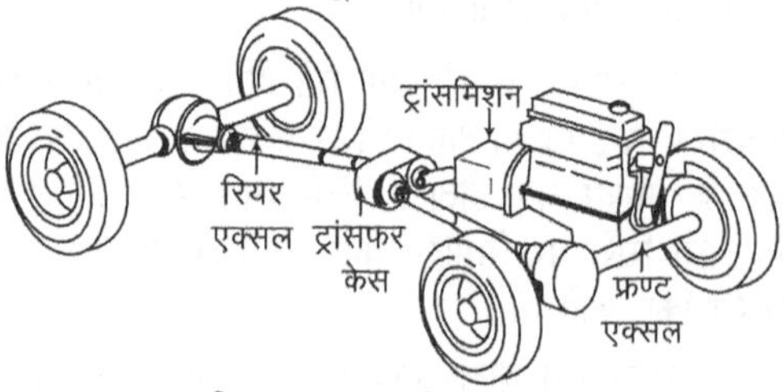

चित्र फ्रण्ट एवं रियर एक्सल

वाहनों में प्रयुक्त एक्सल प्राय: निम्न दो प्रकार के होते हैं

फ्रण्ट एक्सल Front Axle

तीन अथवा चार पहिये वाले वाहनों के अगले पहियों को आवश्यकतानुसार बिना स्लिप के मोड़ने तथा वाहन को नियन्त्रित (control) करने के लिए स्टीयरिंग का प्रयोग किया जाता है। स्टीयरिंग के बहुत से भाग, फ्रण्ट एक्सल से जोड़े जाते हैं। फ्रण्ट एक्सल तथा स्टीयरिंग एक-दूसरे से सीधे सम्बन्धित होते हैं। फ्रण्ट एक्सल सामान्यत: वाहन के आगे के भाग के भार को सपोर्ट प्रदान करता है।

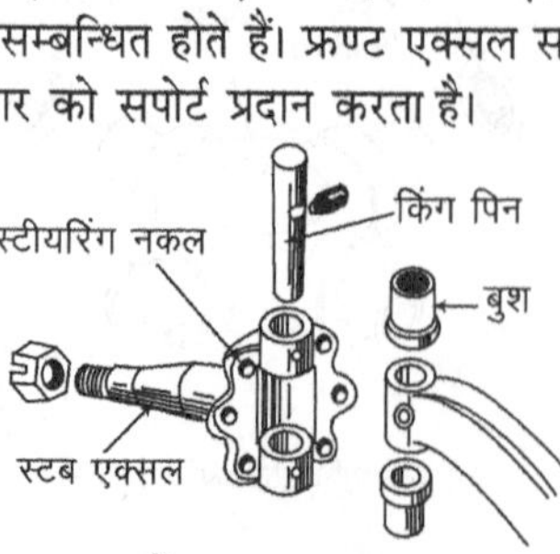

चित्र फ्रण्ट एक्सल

फ्रण्ट एक्सल के निम्न मुख्य कार्य होते हैं

(i) वाहनों के अगले पहियों को फ्रण्ट एक्सल के साथ जोड़ा जाता है।

(ii) 4×4 वाले ड्राइव में पहियों में शक्ति इन्हीं एक्सलों के द्वारा दी जाती है।

(iii) अगले एक्सल के साथ लगे किंग पिन के कारण पहिये सरलता से मुड़ पाते हैं।

फ्रण्ट एक्सल के भाग Parts of Front Axle

फ्रण्ट एक्सेल में, स्प्रिंग आधार पर रॉड स्प्रिंग को एक सैट बोल्ट तथा दो 'U' बोल्ट द्वारा कसा जाता है। इस रॉड स्प्रिंग द्वारा ही चेसिस को मिली ड्राइव अगले पहियों को चलाने के लिए स्थानान्तरित होती है, जिससे स्टब एक्सेल पर लगे पहिये चलते हैं। कुछ मोटरगाड़ियों में 'I' सैक्शन बीम के स्थान पर ट्यूबलर बीम का प्रयोग किया जाता है। यह बीम अच्छे स्टील को प्रेस करके ट्यूब के रूप में पर्याप्त मजबूत बनाई जाती है।

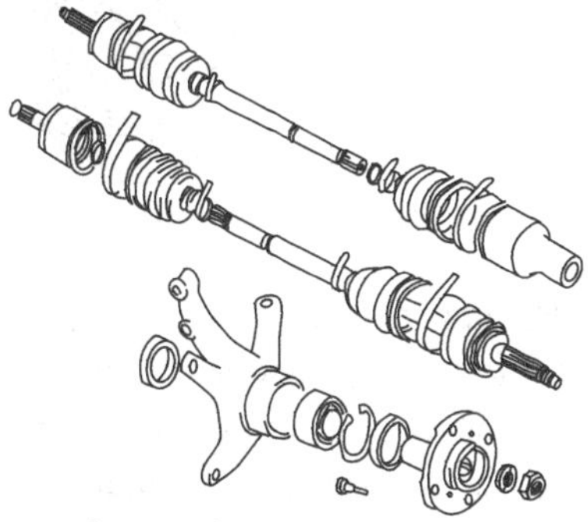

चित्र मारुति कार का फ्रण्ट एक्सल

एक्सल बीम किसी भी प्रकार की हो, उसके दोनों किनारों पर स्टब एक्सल जोड़ने के लिए योक बनाई जाती है। स्टब एक्सल पर हब की सहायता से पहिये फिट किए जाते हैं। यह एक टेपर एक्सल होता है, क्योंकि इसके किनारे पर हब कसने के लिए चूड़ियाँ कटी होती हैं। इन चूड़ियों पर चक नट या कैसिल नट कसकर हब को कसा जाता है। स्टब एक्सल पर ही ब्रेकों के लिए एंकर प्लेट या बैक प्लेट, नट-बोल्ट द्वारा फिट की जाती है, जिस पर अगले पहियों की ब्रेक असेम्बली फिट की जाती है।

एक्सल बीम पर जुड़ने वाले स्टब एक्सल पर दो टेपर रोलर बियरिंग (जिनमें एक छोटा तथा एक बड़ा होता है) की सहायता से फ्रण्ट व्हील हब को फिट किया जाता है। इस हब को स्टब एक्सल पर कसने के लिए चक नट या कैसल नट को इस प्रकार कसा जाता है कि व्हील हब अपने स्थान पर आसानी से घूम सके अर्थात् उसमें न अधिक प्ले हो और न ही वह आवाज करे। व्हील हब में 0.001 मिमी प्ले होनी चाहिए। सही प्ले एडजस्ट करने के बाद चक नट को पूर्ण रूप से टाइट करना चाहिए। कैसल नट जहाँ प्रयोग किए जाएँ, वहाँ उसे सही टाइट करने के बाद, इसे लॉक करने के लिए स्प्लिट पिन को उसके खाँचे में आर-पार फँसाना चाहिए।

स्टब एक्सल Stub Axle

एक स्टब एक्सल सामान्यत: दो फ्रण्ट एक्सल में से वह एक्सल होता है, जो रियर व्हील ड्राइव में पहियों को चलाता है।

इस एक्सल का नाम स्टब एक्सल इसीलिए रखा गया क्योंकि यह दिखने में स्टब के समान होता है। फ्रण्ट एक्सल को एक्सल बीम के साथ जोड़ने के लिए किंग पिन का प्रयोग किया जाता है। इन्हें जोड़ने के लिए स्टब एक्सल तथा एक्सल बीम पर अलग-अलग प्रकार की नकेल तथा योक बने होते हैं। इस प्रकार फिटिंग के आधार पर ये चार प्रकार के होते हैं

इलियट टाइप स्टब एक्सल (Elliot type stub axle) इस प्रकार की एक्सल बीम के सिरे पर 'I' के आकार की योक (yoke) बनी होती है, जिसके बीच में स्टब एक्सल की नकेल फँसाकर, किंग पिन को एक्सल में ऊपर की ओर से ठोक कर फिट किया जाता है।

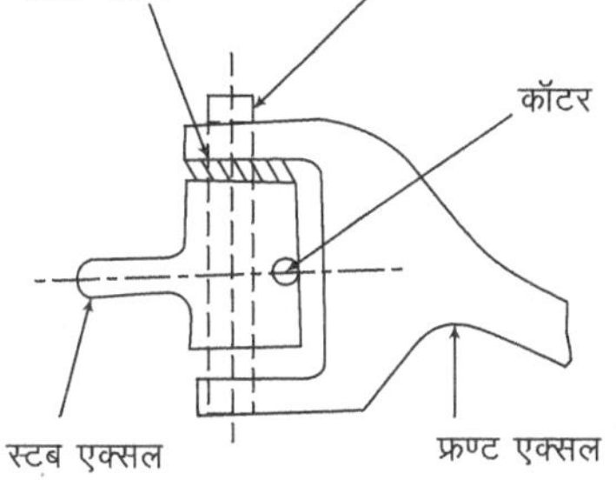

चित्र इलियट टाइप स्टब एक्सल

एक्सल बीम की योक में बने दोनों आई होल (eye hole) में गन मैटल या ब्रोंज मैटल के बुश फिट रहते हैं। किसी-किसी गाड़ी में इन योक के ऊपर ऑयल बाउल भी लगी होती है, जिसमें स्नेहन के लिए तेल भरा रहता है। किंग पिन पर पड़ने वाले भार के लिए ऊपर की ओर ही थ्रस्ट वाशर या पैड का प्रयोग किया जाता है, क्योंकि थ्रस्ट अपना प्रभाव ऊपर की ओर ही अधिक डालती है।

रिवर्स इलियट टाइप स्टब एक्सल (Reverse elliot type stub axle) इलियट टाइप एक्सल की फिटिंग के ठीक विपरीत, इस फिटिंग की व्यवस्था बनी होती है। इस प्रकार के एक्सल में स्टब एक्सल पर 'U' के आकार की योक बनी होती है तथा एक्सल बीम पर केवल सिलेण्ड्रिकल आकार के जोड़ के लिए प्रबन्ध होता है।

इस टाइप में स्टब एक्सल के योक में बने दोनों आई होल में गन मैटल के बुश फिट किए जाते हैं। किंग पिन, स्टब एक्सल की ऊपरी आई होल में ठोक कर फिट की जाती है। इस प्रकार के एक्सल में थ्रस्ट का प्रभाव नीचे की ओर अधिक पड़ता है, इसलिए थ्रस्ट वाशर नीचे फिट किया जाता है।

इसकी सबसे बड़ी विशेषता यह है कि स्टब एक्सल पर नीचे व ऊपर बराबर भार पड़ता है। इसी कारण इसका प्रयोग अधिकतर मोटरगाड़ियों में किया जाता है।

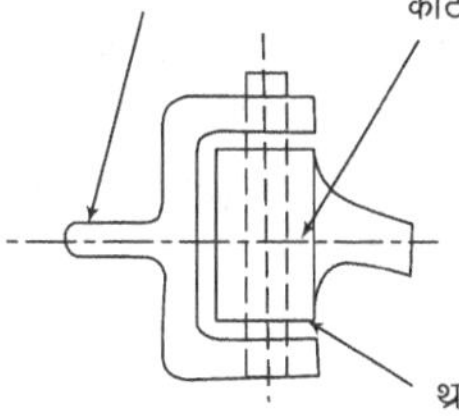

चित्र रिवर्स इलियट टाइप स्टब एक्सल

लेमोइन टाइप स्टब एक्सल (Lemoin type stub axle) इस प्रकार के एक्सेल में एक्सल बीम पर बनी योक, रिवर्स इलियट टाइप की होती है, परन्तु इसकी ऊँचाई एक ओर से अधिक होती है।

इसमें स्टब एक्सल, एक अतिरिक्त साधन द्वारा किंग पिन के एक सिरे से जुड़ा होता है। इसमें भी थ्रस्ट अपना प्रभाव नीचे की ओर दिखाती है, इसलिए थ्रस्ट वाशर नीचे की ओर फिट किया जाता है।

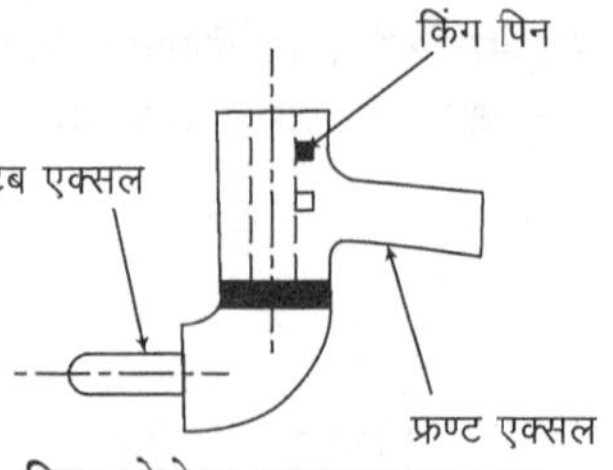

चित्र लेमोइन टाइप स्टब एक्सल

रिवर्स लेमोइन टाइप स्टब एक्सल (Reverse lemoin type stub axle) इस प्रकार के एक्सल पर 'L' आकार का स्पिण्डल बना होता है। इसमें थ्रस्ट वाशर ऊपर की ओर संयोजित होता है। किंग पिन स्टब एक्सल के मध्य में फिट की जाती है। इस एक्सल का प्रयोग अधिकतर छोटी मोटरगाड़ियों में किया जाता है।

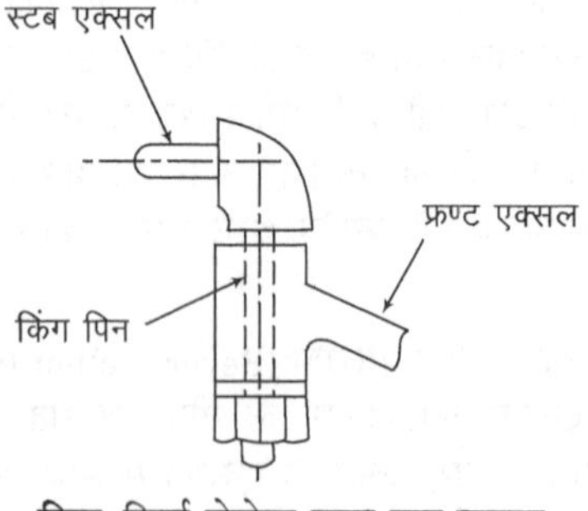

चित्र रिवर्स लेमोइन टाइप स्टब एक्सल

फ्रण्ट एक्सल के प्रकार Types of Front Axle

फ्रण्ट एक्सल निम्न दो प्रकार के होते हैं

(i) **डैड फ्रण्ट एक्सल** (Dead front axle) डैड फ्रण्ट एक्सल, वे एक्सल होते हैं, जो घूमते नहीं हैं, परन्तु इन एक्सलों में भार को वहन करने की पर्याप्त दृढ़ता एवं कठोरता होती है। डैड एक्सल वाली मोटरगाड़ियों में अगले पहियों को इंजन द्वारा विकसित शक्ति नहीं पहुँचाई जाती है, जैसा कि पिछले पहियों के लिए व्यवस्था की जाती है।

फ्रण्ट एक्सल के साथ आगे के पहियों के द्वारा ही मोटरगाड़ी को रोकने में सहायता मिलती है। ये पहिये मोटरगाड़ी के भार उठाने में सहायता करते हैं। मोटरगाड़ी को स्टीयरिंग द्वारा अगले पहियों की सहायता से मोड़ा भी जाता है।

फ्रण्ट एक्सल, वास्तव में दो भागों में बना होता है—एक्सल बीम तथा स्टब एक्सल। मोटरगाड़ी का वास्तविक भार एक्सल बीम पर ही होता है, इसलिए एक्सल बीम का पर्याप्त मजबूत होना आवश्यक होता है। इसे अच्छे स्टील को फोर्ज करके बनाया जाता है। यह एक्सल बीम, I सैक्शन बीम के रूप में होती है, जिस पर रॉड स्प्रिंग के आधार के लिए स्थान बना होता है। इस एक्सल की मरम्मत सरलता से की जा सकती है।

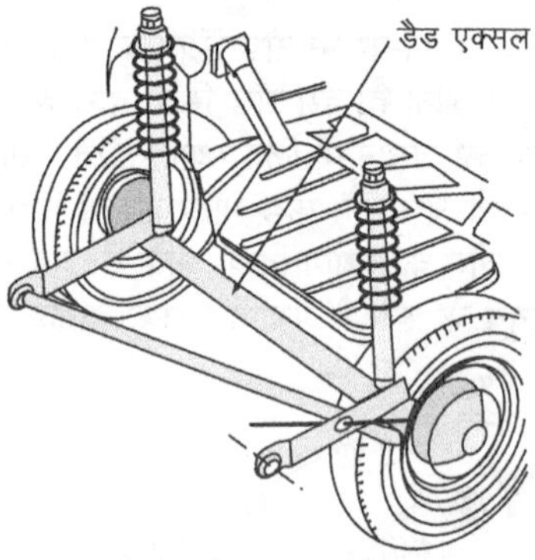

चित्र डैड फ्रण्ट एक्सल

(ii) **लाइव फ्रण्ट एक्सल** (Live front axle) इन एक्सलों का उपयोग गियर बॉक्स से फ्रण्ट व्हील तक पावर ट्रांसमिट करने के लिए किया जाता है, जिन मोटरगाड़ियों को अधिकतर कच्ची तथा ऊँची-नीची गड्ढेदार सड़कों पर चलना होता है अथवा जिनका प्रयोग पहाड़ी स्थानों में किया जाता है, उनमें पिछले पहियों के समान अगले पहियों को भी इंजन की विकसित शक्ति से ड्राइव दी जाती है।

ऐसी मोटरगाड़ियों को फोर व्हील ड्राइव या 4×4 कहा जाता है। इनकी विशेषता यह होती है कि यदि इनके पहले पहिये कच्ची या दलदल वाली जगह पर फँस जाएँ, तो अगले पहियों द्वारा मोटरगाड़ी को उस स्थान से निकाला जा सकता है। इसके अतिरिक्त चढ़ाई पर अगले पहियों को शक्ति पहुँचाकर मोटरगाड़ी की खिंचाव (pulling) शक्ति बढ़ जाती है। इस प्रकार के फ्रण्ट एक्सल भी पिछले पहियों के समान एक्सल केसिंग में फिट किए जाते हैं। इस एक्सल केसिंग में पीछे की एक्सल केसिंग की तरह बीच में शक्ति बाँटने के लिए डिफरैन्शियल का प्रयोग किया जाता है।

इस प्रकार के फ्रण्ट एक्सल के लिए गियर बॉक्स के साथ एक विशेष प्रकार का गियर बॉक्स प्रयोग किया जाता है, जिसे ट्रांसफर केस कहते हैं।

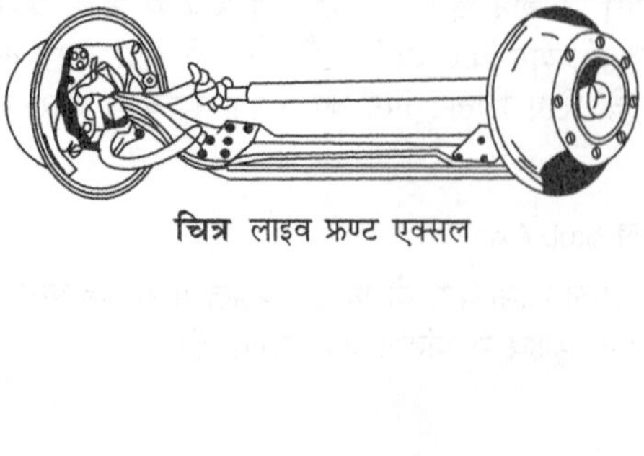

चित्र लाइव फ्रण्ट एक्सल

रियर एक्सल Rear Axle

अधिकतर मोटरगाड़ियों में केवल पिछले (rear) पहियों को ही इंजन द्वारा विकसित शक्ति से चलाया जाता है। डिफरैन्शियल से रियर एक्सल के माध्यम से शक्ति, ड्राइविंग व्हील तक ट्रांसमिट की जाती है। सभी रियर एक्सल आमतौर पर लाइव एक्सल होते हैं, जो ट्रांसमिशन प्रणाली का अन्तिम भाग होते हैं। इस एक्सल के द्वारा ही रॉड व्हील को ड्राइव मिलती है। रियर एक्सल की दोनों साइडों में ब्रेक असेम्बली एवं इसके मध्य में डिफरैन्शियल लगा होता है। लाइव एक्सल में व्हीलों को चलाने के लिए रिवॉल्विंग शाफ्ट लगी होती है।

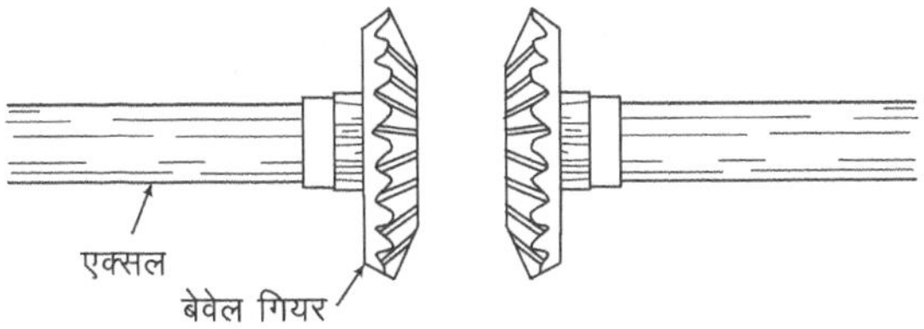

चित्र रियर एक्सल

रियर एक्सल असेम्बली में एक्सल हाउसिंग एक्सल शाफ्ट, हब, ब्रेक व व्हील होते हैं। एक्सल शाफ्ट तथा एक्सल केसिंग का वर्णन निम्न प्रकार है

एक्सल शाफ्ट Axle Shaft

रियर एक्सल में निम्न दो प्रकार की एक्सल शाफ्ट प्रयोग की जाती हैं

फ्लैक्सिबल एक्सल शाफ्ट (Flexible axle shaft) इस प्रकार की व्यवस्था में इण्डीपैन्डेन्ट सस्पैन्शन का प्रयोग किया जाता है। एक्सल शाफ्टों को यूनिवर्सल ज्वॉइण्टों द्वारा डिफरैन्शियल से जोड़ा जाता है। डिफरैन्शियल, एक स्प्रिंग की सहायता से चेसिस के साथ जुड़ा होता है।

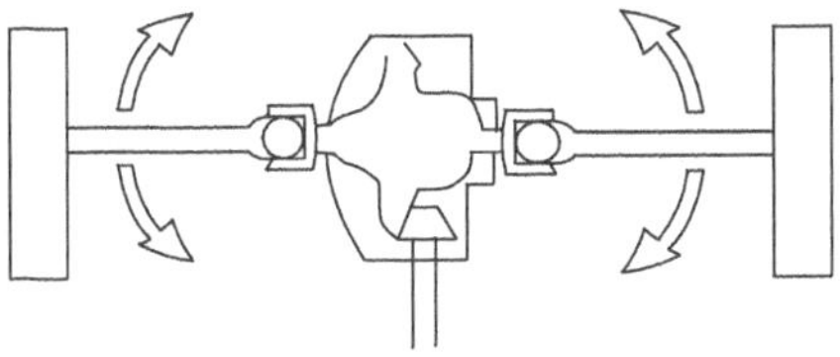

चित्र फ्लैक्सिबल एक्सल शाफ्ट

ठोस एक्सल शाफ्ट (Solid axle shaft) परम्परागत रूप से इसी प्रकार की एक्सल शाफ्ट का प्रयोग अधिकतर मोटरगाड़ियों में किया जाता है। इसमें एक्सल शाफ्ट के अन्दर वाले सिरे पर स्प्लाइन कटी होती हैं जिनकी सहायता से यह डिफरैन्शियल से जोड़ी जाती हैं। इसके बाहर के सिरे पर पहिये फिट होते हैं। इसके ऊपर एक्सल केसिंग का भी प्रयोग किया जाता है।

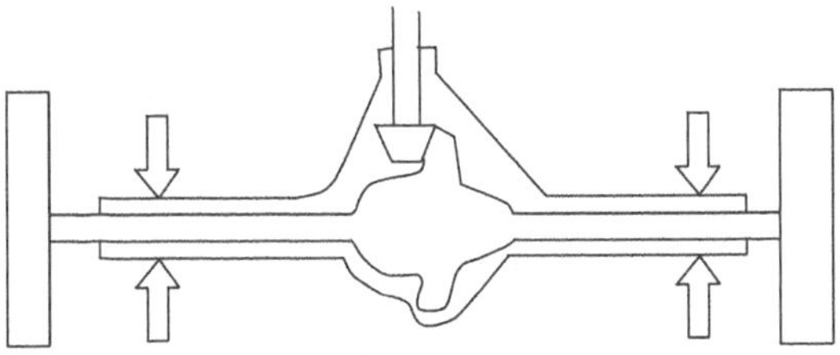

चित्र ठोस एक्सल शाफ्ट

एक्सल केसिंग Axle Casing

एक्सल जिस केसिंग में घूमते हैं, वही वाहनों का अधिकतम भार सहन करती है। इसी के बीच में डिफरैन्शियल लगाया जाता है। प्रयोग व डिजाइन के अनुसार एक्सल केसिंग दो प्रकार की होती हैं

बैन्जो टाइप रियर एक्सल केसिंग (Banjo type rear axle casing) अधिकतर मोटरगाड़ियों में इसी प्रकार की एक्सल केसिंग प्रयोग की जाती है। इसे प्रैस करके मजबूत स्टील शीट से ट्यूब के रूप में बनाया जाता है। इसके दोनों ओर एक्सल केसिंग ट्यूब बनी होती है तथा बीच में डिफरैन्शियल के लिए हाउसिंग बनी होती है, जिस पर कवर फिट किए जाते हैं। एक्सल ट्यूब पर रोड स्प्रिंग फिट करने के लिए सिटिंग पैड होते हैं।

एक्सल ट्यूब के किनारे पर स्लीव चढ़ी होती है जिसमें बियरिंग फिट रहता है। एक्सल केसिंग में बियरिंग की सहायता से पहिये फिट रहते हैं तथा एक्सल, हब फ्लैन्ज से सम्बन्धित होकर, उसमें घूमते हैं। इस प्रकार की एक्सल केसिंग व्यवस्था हल्की तथा सरल होती है।

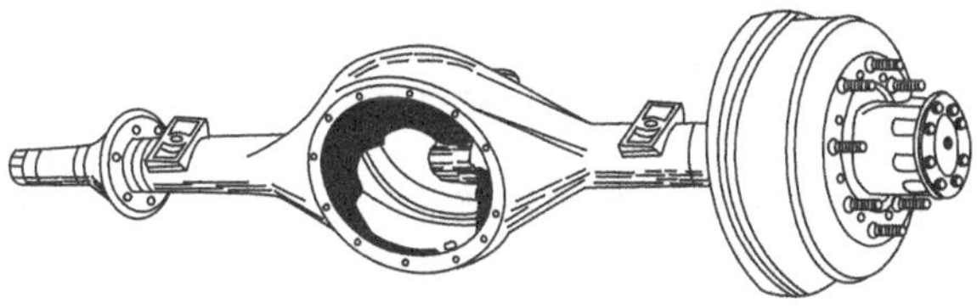

चित्र बैन्जो टाइप रियर एक्सल केसिंग

स्प्लिट टाइप रियर एक्सल केसिंग (Split type rear axle casing) इस प्रकार की एक्सल केसिंग में सम्पूर्ण केसिंग दो भागों में बनी होती है। एक्सल ट्यूब के एक किनारे पर हब फ्लैन्ज बना रहता है तथा दूसरे पर हाफ डिफरैन्शियल हाउसिंग बनी होती है। दोनों हाफ डिफरैन्शियल हाउसिंग के बीच में डिफरैन्शियल फिट किया जाता है तथा हाउसिंग को नट-बोल्टों द्वारा जोड़ दिया जाता है।

पुरानी भारी मोटरगाड़ियों में इसी प्रकार की व्यवस्था रहती थी, परन्तु वर्तमान समय में इसका प्रयोग नहीं किया जाता है। यह बहुत भारी केसिंग होती है। इस केसिंग का मुख्य दोष यह है कि यदि इसके डिफरैन्शियल की मरम्मत करनी हो, तो एक्सल केसिंग को ही मोटरगाड़ी से अलग करना पड़ता है।

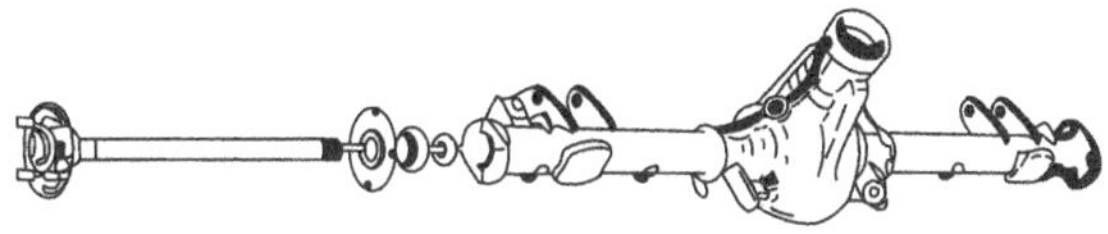

रियर एक्सल के प्रकार Types of Rear Axle

एक्सल हाउसिंग, शाफ्ट एवं हब की माउण्टिंग के अनुसार रियर एक्सल निम्न तीन प्रकार के होते हैं

(i) **सेमी-फ्लोटिंग रियर एक्सल** (Semi-floating rear axle) सेमी-फ्लोटिंग रियर एक्सल में एक व्हील हब का उपयोग किया जाता है। जो सीधे ही एक्सल शाफ्ट (हब एवं एक्सल शाफ्ट प्राय: एक ही भाग) से जुड़ा होता है, जिसे एक्सल ट्यूब के व्हील सिरे के समीप स्थित बियरिंग से सहारा प्रदान किया जाता है।

एक्सल शाफ्ट के आन्तरिक सिरे में स्प्लाइन बनी होती हैं, जिन्हें फाइनल ड्राइव यूनिट पर सहारा मिलता है। यह एक्सल शाफ्ट वाहन के भार के साथ-साथ ड्राइविंग थ्रस्ट को भी सहन करती है। सेमी-फ्लोटिंग रियर एक्सल वजन में हल्के होते हैं एवं इनका उत्पादन व्यय भी अन्य एक्सल की अपेक्षा कम होता है। इस एक्सल का प्रयोग अधिकतर कारों तथा छोटे ट्रकों में किया जाता है।

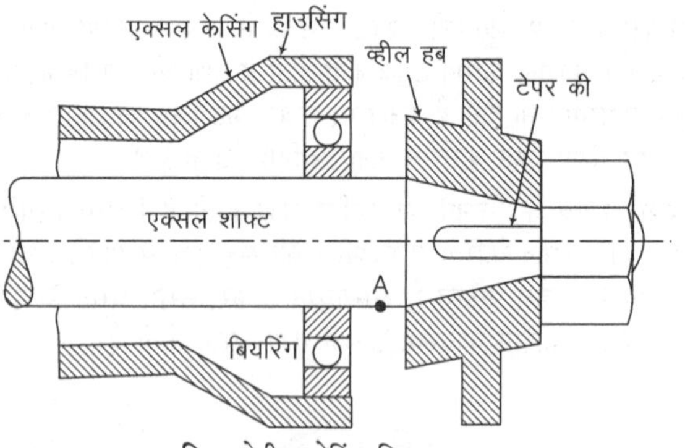

चित्र सेमी-फ्लोटिंग रियर एक्सल

(ii) **फुल-फ्लोटिंग रियर एक्सल** (Full-floating rear axle) फुल-फ्लोटिंग रियर एक्सल में एक व्हील हब होता है, जो एक्सल शाफ्ट से पृथक् होता है। हब में एक्सल केसिंग को सहारा प्रदान करने के लिए दो टेपर रोलर बियरिंग लगे होते हैं, जो लोड को सहन करते हैं। एक फुल-फ्लोटिंग एक्सल शाफ्ट, वाहन के भार को वहन (carry) नहीं करती है बल्कि यह डिफरैन्शियल के द्वारा पहियों को टॉर्क ट्रांसमिट करती है।

इसके अन्दर एक फ्लोट होता है, जो वाहन के भार को उठाता है। इस प्रकार के एक्सल बहुत ही सुदृढ़ होते हैं, इसीलिए भारी वाहनों; जैसे-ट्रक, कृषि आधारित वाहन इत्यादि में इनका उपयोग किया जाता है।

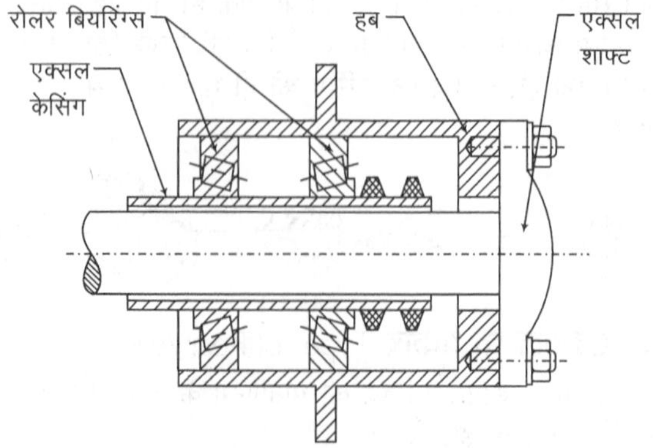

चित्र फुल-फ्लोटिंग रियर एक्सल

(iii) **थ्री-क्वार्टर फ्लोटिंग रियर एक्सल** (Three-quarter floating rear axle) यह सेमी-फ्लोटिंग एवं फुल फ्लोटिंग रियर एक्सल का मिला-जुला रूप है। इसमें बियरिंग को एक्सल केसिंग तथा हब के मध्य स्थापित किया जाता है।

इस एक्सल में वाहन के भार के कारण होने वाली विभिन्न क्रियाओं; जैसे—शियरिंग या बैण्डिग क्रियाओं को सहना नहीं पड़ता है। वाहन की सीधी चाल के समय इस एक्सल के आन्तरिक बियरिंग एवं बाह्य बियरिंग समान रूप से भार का वहन (carry) करते हैं। इस एक्सल का उपयोग अधिकतर छोटी मोटरगाड़ियों में किया जाता है।

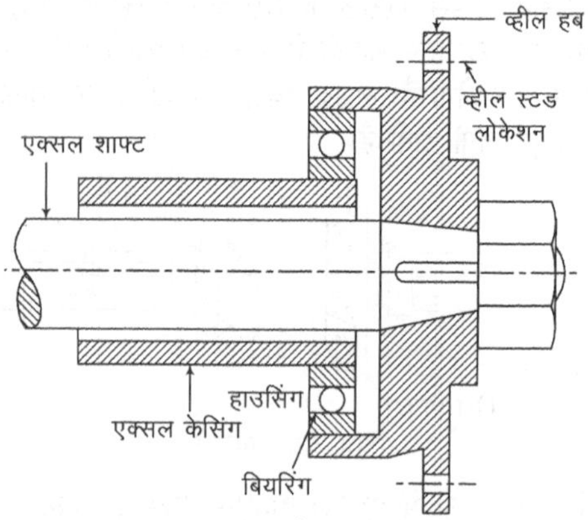

चित्र थ्री-क्वार्टर फ्लोटिंग रियर एक्सल

एक्सल सम्बन्धी दोषोपचार
Axle Related Troubleshooting

कोई भी वाहन मूल रूप से विभिन्न अवयवों एवं यन्त्रावलियों का एक संयोजन होता है जिसमें प्रत्येक अवयव किसी दूसरे अवयव के लिए सहायक युक्ति बनकर सम्पूर्ण वाहन को प्रचालित करता है। एक्सल से सम्बन्धित विभिन्न दोषों एवं उनके कारणों व उपयोग को निम्न तालिका में दर्शाया गया है

क्र.सं.	कारण	उपचार
I. एक्सल में आवाज		
1.	पर्याप्त स्नेहन (लुब्रीकेशन) न होना।	बियरिंगों का स्नेहन ठीक से करें।
2.	उचित ग्रेड का स्नेहन (लुब्रीकेशन) न होना।	उचित ग्रेड का स्नेहक उपयोग करें।
3.	एक्सल में धूल-मिट्टी होना।	एक्सल को समय-समय पर साफ करें।
4.	गाड़ी पर क्षमता से अधिक भार हो जाना।	गाड़ी में क्षमता के अनुसार ही भार डालें।
5.	बदले हुए भाग दोषपूर्ण होना।	भागों को परीक्षण के बाद ही फिट करें।
II. रियर एक्सल में आवाज		
1.	टेल पिनियन तथा डिफरैन्शियल बियरिंगों का खराब होना।	बियरिंगों की जाँच करके, उन्हें ठीक करें या बदलें।
2.	टेल पिनियन तथा क्राउन व्हील में बैकलैश का कम होना।	बैकलैश सही एडजस्ट करें।
3.	व्हील बियरिंग का खराब होना।	व्हील बियरिंग बदलें।
4.	डिफरैन्शियल में तेल का न होना।	डिफरैन्शियल में उचित सतह तक तेल डालें।

4.4 डिफरैन्शियल ड्राइव Differential Drive

इंजन की शक्ति रियर बॉक्स से प्रोपैलर शाफ्ट तथा टेल पिनियन तक एक लाइन में जाती है, जबकि रियर एक्सल शाफ्ट इसके समकोण पर लगी होती है, जिससे पिछले पहिये चलाए जाते हैं, इसलिए कोई ऐसा प्रबन्ध करना आवश्यक होता है, जिससे एक सीध में आई यह शक्ति 90° पर विभाजित होकर, दोनों हाफ रियर एक्सल शाफ्ट के माध्यम से पहियों को प्राप्त हो सके। इस उद्देश्य की पूर्ति के लिए ही डिफरैन्शियल का प्रयोग किया जाता है। प्रोपैलर शाफ्ट तक आई शक्ति टेल पिनियन के द्वारा क्राउन व्हील को मिलती है।

यहीं इस चाल का कोण परिवर्तन होता है। इसके अतिरिक्त मोटरगाड़ी को ऊँची-नीची सतह पर भी चलना होता है, उस समय ऊँचाई पर चढ़कर निकलने वाले पिछले पहिये को अथवा नीचे गड्ढे में से गुजरने वाले पिछले पहिये को समतल भूमि पर चलने वाले पहिये की अपेक्षा अधिक चलना पड़ता है। यदि चौपहिया वाहन (four wheeler) में केवल सॉलिड रियर एक्सल ही हो, तो पहियों के फिसलने की सम्भावना अधिक रहती है। पहियों को फिसलने से बचाने के लिए रियर एक्सल के साथ एक ऐसी यन्त्रावली का प्रयोग करना चाहिए, जिससे वाहन को मोड़ते समय बाहरी पहियों की गति बढ़ जाए एवं आन्तरिक पहियों की गति घट जाए।

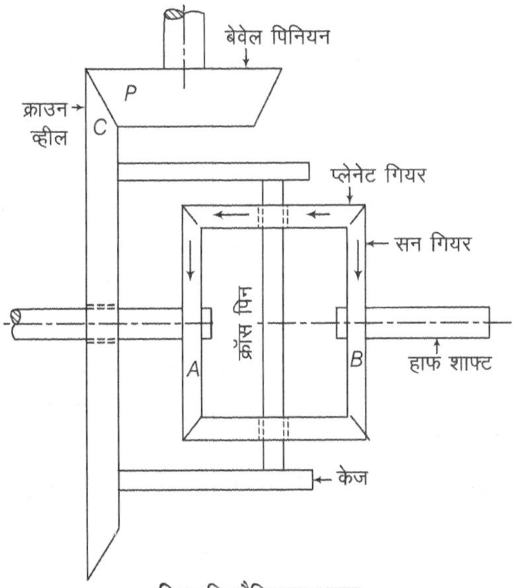

चित्र डिफरैन्शियल ड्राइव

इसी प्रकार, जब मोटरगाड़ी मुड़ती है, तो अन्दर वाले पहिये को कम दूरी चलनी पड़ती है तथा बाहर वाले पहिये को अधिक दूरी चलनी पड़ती है। मोड़ पर पहियों की चाल का अन्तर चित्र से स्पष्ट हो जाता है।

उपरोक्त दोनों स्थितियों में पिछले पहियों की चाल में अन्तर होने में कोई कठिनाई न हो, इसके लिए भी डिफरैन्शियल का प्रयोग किया जाता है।

यदि ऊँची-नीची सतह पर चलने के लिए यह प्रबन्ध न हो, तो एक पहिया घिसट कर चलेगा, जिससे एक्सल शाफ्ट टूटने का भय रहेगा। इस प्रकार मोड़ते समय गाड़ी के पिछले पहियों की चाल में अन्तर नहीं उत्पन्न हो पाएगा, जिससे मोटरगाड़ी मोड़ने के लिए बहुत अधिक स्थान की आवश्यकता होगी तथा अन्दर वाला पहिया घिसटकर चलेगा।

इससे टायर शीघ्र घिसेगा और एक्सल के भी टूटने का भय रहेगा।

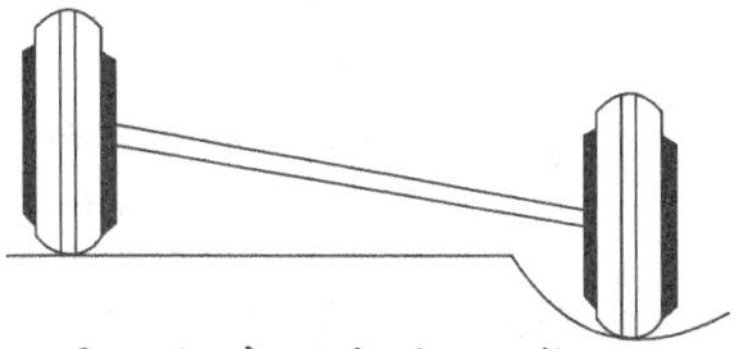

चित्र पिछले पहियों की चाल में अन्तर

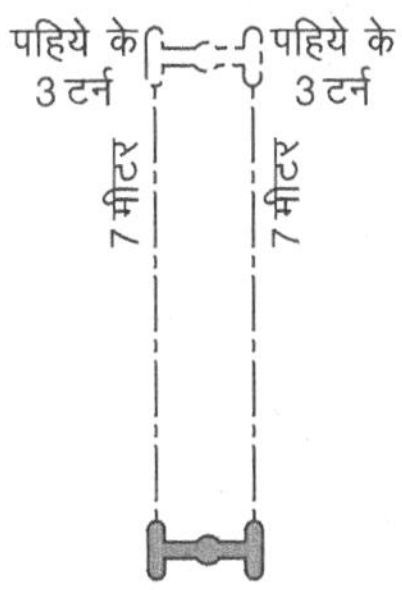

चित्र सीधी दिशा में दोनों पहियों द्वारा समान गति

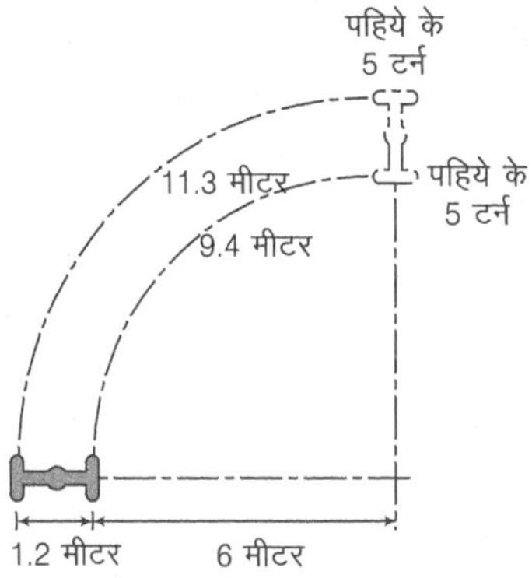

चित्र मोड़ पर पहियों की चाल का अन्तर

अत: डिफरैन्शियल ड्राइव के निम्न प्रमुख कार्य हैं
(i) पहियों को पावर ट्रांसमिट कर विभिन्न गति पर घूमने देना।
(ii) इंजन की शक्ति को पहियों तक पहुँचाना।
(iii) पहियों पर शक्ति के पहुँचने से पहले अन्तिम बार ट्रांसमिशन की घूर्णन गति को कम करना।

डिफरैन्शियल असेम्बली Differential Assembly

यह फाइनल ड्राइव एवं रियर एक्सल के मध्य संयोजित एपीसाइक्लिक गियर ट्रेन की असेम्बली है। डिफरैन्शियल, रियर एक्सल, बियरिंग एवं पहिये इत्यादि इस असेम्बली के मुख्य भाग होते हैं।

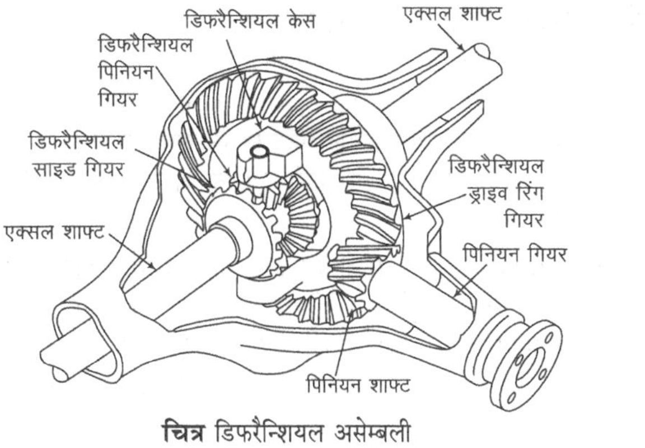

चित्र डिफरैन्शियल असेम्बली

डिफरैन्शियल की संरचना
Construction of Differential

डिफरैन्शियल में निम्नलिखित मुख्य भाग होते हैं

(i) क्राउन व्हील	(ii) टेल पिनियन (प्लेनेट)
(iii) सन पिनियन	(iv) स्टार पिनियन
(v) केज	(vi) डिफरैन्शियल बियरिंग
(vii) स्पाइडर	(viii) टेल पिनियन बियरिंग

डिफरैन्शियल में क्राउन व्हील, डिफरैन्शियल केज के साथ एक हाउसिंग में बन्द रहता है तथा प्रोपैलर शाफ्ट से जुड़ी टेल पिनियन का पिनियन वाला भाग बियरिंग की सहायता से क्राउन व्हील के साथ हाउसिंग में संयोजित होता है। प्रायः इसे चक नट द्वारा टाइट किया जाता है तथा इसी के साथ एक फ्लैन्ज फिट होता है, जिसके साथ यूनिवर्सल ज्वॉइण्ट की सहायता से प्रोपैलर शाफ्ट जोड़ी जाती है।

टेल पिनियन फिट करने के लिए अधिकतर दो बियरिंगों का प्रयोग किया जाता है। इन्हें टाइट या ढीला करके बैकलैश एडजस्ट (adjust) करने में सहायता प्राप्त की जाती है। क्राउन व्हील के साथ केज के अन्दर सन पिनियन तथा स्टार पिनियन बोल्ट द्वारा जुड़ी होती हैं। केज के अन्दर दोनों सन पिनियन एक्सल शाफ्ट को अपने में फँसा लेती हैं।

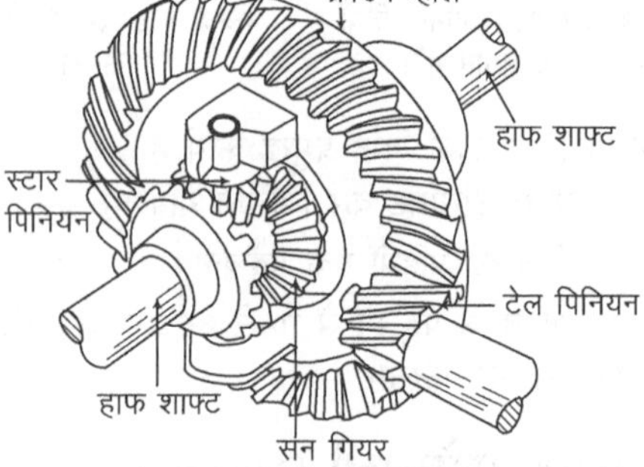

चित्र डिफरैन्शियल यूनिट

दोनों सन पिनियन का सम्बन्ध, स्टार पिनियनों तथा स्पाइडर द्वारा आपस में बना होता है।

डिफरैन्शियल की कार्यविधि
Working Method of Differential

जब मोटरगाड़ी को चलाया जाता है, तो रियर बॉक्स द्वारा प्रोपैलर शाफ्ट, टेल पिनियन को घुमाती है। टेल पिनियन के घूमने से क्राउन व्हील भी घूमता है तथा सन पिनियन में फँसी एक्सल शाफ्ट घूमकर पहियों को घुमाती है।

इस समय डिफरैन्शियल द्वारा दोनों पहियों को एकसमान शक्ति तथा चाल प्राप्त होती है, क्योंकि दोनों सन पिनियन सम्पूर्ण केज के अनुसार घूमती हैं, परन्तु जब मोटरगाड़ी ऊँची-नीची सतह पर चलती है अथवा मुड़ रही होती है, तो उस समय उसके दोनों पिछले पहियों की चाल में अन्तर आ जाता है।

मुड़ते समय लोड पड़ने पर अन्दर वाले पहिये की चाल कम हो जाती है, इसका प्रभाव सन पिनियन पर भी पड़ता है, जिससे सन पिनियन की चाल भी कम हो जाती है।

उस समय उससे जुड़ी स्टार पिनियन, जो अब तक एक इकाई के रूप में ही घूम रही थी, वह स्वतन्त्र रूप से अपने स्थान पर स्पाइडर में ही फ्री घूमने लगती है।

इस प्रकार, इस पहिए तथा सन पिनियन का सम्बन्ध दूसरी सन पिनियन से नहीं रह जाता है तथा दोनों पहिए स्वतन्त्र रूप से आवश्यक चाल पर घूमते हैं।

इस समय कम चलने वाले पहिए को प्राप्त होने वाली अतिरिक्त शक्ति भी अधिक चलने वाले पहिए को प्राप्त होने लगती है, जिससे थोड़े से स्थान में मोटरगाड़ी के शीघ्र मुड़ने की क्रिया सम्पन्न हो जाती है।

लिमिटिड-स्लिप डिफरैन्शियल
Limited-slip Differential

रेत, कीचड़, बर्फ इत्यादि के कारण व्हीलों में से एक व्हील जमीन पर अपनी ग्रिप पूर्ण रूप से खो देता है, जिससे वह व्हील अपनी नियमित गति से अधिक या दोगुनी गति पर घूमने लगता है, यही डिफरैन्शियल का प्रमुख दोष है।

इस दोष को समाप्त करने के लिए यह अत्यन्त आवश्यक है कि दोनों व्हील्स जमीन पर ग्रिप करें, जिससे कि वाहन की गति बिना किसी व्यवधान के आगे बढ़ सके।

इसीलिए डिफरैन्शियल के साथ एक ऐसी यन्त्रावली को जोड़ा जाता है, जो एक व्हील की गति को दूसरे व्हील की गति के समान या सीमित रखती है। इस यन्त्रावली को लिमिटिड-स्लिप डिफरैन्शियल कहते हैं।

यह टायरों का रोड के साथ अलग-अलग घर्षण होने पर भी असमान रियर एक्सलों को एकसमान गति पर घूर्णन प्रदान करता है। यह घर्षण, यन्त्रावली को क्लचों के द्वारा प्रदान किया जाता है। क्लच को एक्सल साइड गियर के बिल्कुल पीछे, एक्सल शाफ्ट की प्रत्येक साइड पर लगाया जाता है।

जब एक एक्सल, दूसरे एक्सल की अपेक्षा अधिक तेजी से घूमता है, तो विपरीत एक्सल पर क्लच में थ्रस्ट लगती है जिससे क्लच प्लेट, लॉक हो जाती है एवं स्पिनिंग एक्सल को घूमने के लिए बल लगाती है।

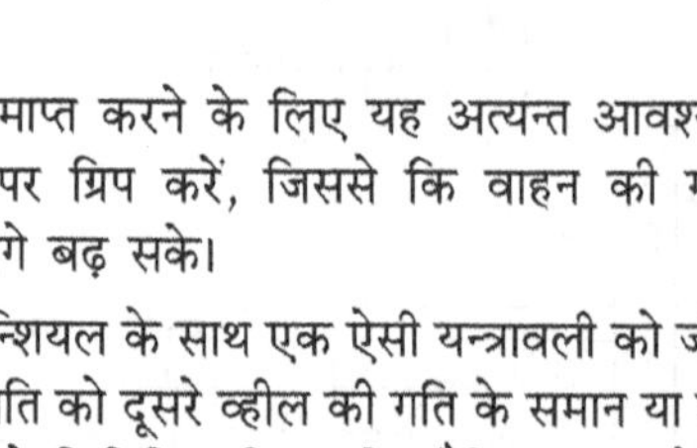

चित्र लिमिटिड-स्लिप डिफरैन्शियल

डिफरैन्शियल एडजस्टमेन्ट
Differential Adjustment

यह एक महत्त्वपूर्ण कार्य है। एडजस्टमेन्ट सही होने पर डिफरैन्शियल बिना किसी आवाज के सुगमतापूर्वक कार्य करता है तथा क्राउन व्हील और टेल पिनियन के दाँतों का भी टूटने का भय नहीं होता है। ये एडजस्टमेन्ट दो प्रकार से होते हैं

1. टेल पिनियन तथा क्राउन व्हील के दाँतों में अधिक-से-अधिक सही सम्पर्क बनाने के लिए।
2. दोनों के दाँतों में बैकलैश रखने के लिए।

टेल पिनियन तथा क्राउन व्हील के दाँतों की पिच का अधिक-से-अधिक सम्पर्क होना आवश्यक है। इसके साथ ही उसमें 0.15 मिमी से 0.18 मिमी तक बैकलैश भी होना चाहिए।

एक-दूसरे से सम्बद्ध दो गियरों के बीच की दूरी को बैकलैश कहते हैं। डिफरैन्शियल में यह दूरी 0.0015 से 0.004 मिमी तक रखी जाती है।

पिच कॉन्टैक्ट एडजस्ट करने के लिए क्राउन व्हील के तीन दाँतों पर इंजीनियरिंग ब्लू का लेप लगाकर क्राउन व्हील को घुमाएँ तथा टेल पिनियन पर उसका रंग देखकर टीथ कॉन्टैक्ट को सही करें।

यदि रूट कॉन्टैक्ट (root contact) सही नहीं है, तो पिनियन को क्राउन व्हील की ओर से खिसकाएँ। यदि दो कॉन्टैक्ट सही नहीं हैं, तो टेल पिनियन को क्राउन व्हील से दूर खिसकाएँ। यदि पीक कॉन्टैक्ट सही नहीं है, तो इसे टेल पिनियन की ओर खिसकाएँ।

यदि व्हील कॉन्टैक्ट सही नहीं है, तो क्राउन व्हील को टेल पिनियन की ओर खिसकाएँ। बैकलैश एडजस्ट करने के लिए डायल गेज का प्रयोग किया जाता है। इसके लिए डिफरैन्शियल हाउसिंग कवर खोलकर, डायल गेज प्वॉइण्टर की क्राउन व्हील के दाँते लगाएँ।

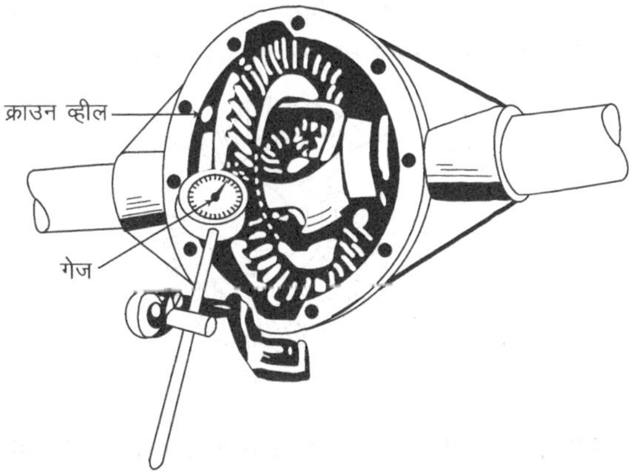

चित्र डिफरैन्शियल बैकलैश की जाँच

प्वॉइण्टर की संयोजन स्थिति में पहियों द्वारा एक्सल शाफ्ट तथा सन पिनियन को घुमाएँ। ध्यान रहे कि इस समय टेल पिनियन नहीं घूमनी चाहिए, इसलिए पहिए की थोड़ी ही चाल के बाद डायल गेज की रीडिंग देखें। यह रीडिंग 0.15 से 0.18 मिमी के बीच होनी चाहिए। यदि यह इससे कम या अधिक है, तो डिफरैन्शियल बियरिंग के नीचे शिम देकर इसे एडजस्ट करें। इसके लिए एक बियरिंग के या दोनों बियरिंगों के नीचे आवश्यकतानुसार शिम दी या निकाली जा सकती है। पीछे के एक्सल तथा डिफरैन्शियल में बहुत दिनों तक कोई विशेष खराबी नहीं आती है, जबकि इंजन कई-कई बार ओवरहॉल भी हो जाता है।

डिफरैन्शियल ड्राइव के दोषोपचार
Troubleshooting of Differential Drive

डिफरैन्शियल ड्राइव के दोषों को उनके कारण एवं उपचार सहित निम्न प्रकार वर्णित किया गया है

क्र.सं.	कारण	उपचार
I. डिफरैन्शियल कार्य नहीं		**करता है।**
1.	प्रोपैलर शाफ्ट के स्प्लाइन भाग की वैल्डिंग का खुल जाना।	सही वैल्डिंग करें।
2.	प्रोपैलर शाफ्ट फ्लैन्ज का जोड़ खुल जाना।	सही वैल्डिंग करें।
3.	एक्सल शाफ्ट का टूटा होना।	एक्सल शाफ्ट बदलें।
4.	टेल पिनियन फ्लैन्ज का स्लिप करना।	टेल पिनियन फ्लैन्ज की चाबी (key) को टाइट फिट करें।
5.	टेल पिनियन तथा क्राउन व्हील के दाँतों का टूटा होना।	जाँच करके बदलें।
6.	सन पिनियन तथा एक्सल की स्प्लाइन का घिस जाना।	थ्रस्ट वाशर के प्रयोग से दोनों को टाइट करें।
7.	स्टार पिनियन का फ्री हो जाना।	स्टार पिनियन सही फिट करें।
II. डिफरैन्शियल आवाज करता है।		
1.	डिफरैन्शियल हाउसिंग में तेल का कम होना।	उचित सतह तक तेल भरें।
2.	उचित ग्रेड का तेल प्रयोग न करना।	डिफरैन्शियल में EP 90 नं. का गियर ऑयल डालें।
3.	टेल पिनियन तथा क्राउन व्हील का एडजस्टमेन्ट गलत होना।	एडजस्टमेन्ट सही करें।
4.	दाँतों की पकड़ सही नहीं होना।	दाँते सही करें।
5.	डिफरैन्शियल बियरिंग खराब होना।	बियरिंग बदलें।
6.	केज असेम्बली का ढीला होना।	केज सही टाइट करें।
7.	सन पिनियन तथा स्टार पिनियन के बीच अधिक प्ले हो जाना।	थ्रस्ट वाशर द्वारा प्ले कम करें।

टिप्पणी *डिफरैन्शियल में मोटरगाड़ी के चलते समय अत्यधिक ऊष्मा उत्पन्न हो जाती है। इसके लिए उसमें स्नेहन (लुब्रीकेशन) के लिए SAE 90 या EP 90 गियर ऑयल उचित सतह तक भरें। सर्विसिंग के समय उसकी सतह देख लें, क्योंकि ऑयल सील कट जाने अथवा ड्रेन प्लग के ढीला होने या उसकी गैस्केट के कट जाने से डिफरैन्शियल का तेल लीक कर सकता है।*

4.5 फाइनल ड्राइव Final Drive

फाइनल ड्राइव, पावर ट्रांसमिशन प्रणाली का प्राय: ड्राइव शाफ्ट एवं डिफरैन्शियल (विभेदक) के मध्य का भाग होता है। इस ड्राइव का मुख्य कार्य 90° कोण पर ड्राइविंग एक्सल के लिए, ड्राइव शाफ्ट द्वारा ट्रांसमिट पावर की दिशा बदलना है। इसी समय यह पहियों, ड्राइविंग एक्सल एवं ड्राइव शाफ्ट के मध्य स्थिर स्पीड रिडक्शन प्रदान करती है।

फाइनल ड्राइव का स्पीड रिडक्शन या गियर अनुपात निम्न प्रकार निकाला जाता है

$$\text{फाइनल ड्राइव का गियर अनुपात} = \frac{\text{रिंग गियर पर दाँतों की संख्या}}{\text{पिनियन गियर पर दाँतों की संख्या}}$$

पैसेन्जर वाहनों में स्पीड रिडक्शन (गियर अनुपात) 3 : 1 से 5 : 1 तक होता है, जबकि भारी वाहनों; जैसे—ट्रक इत्यादि में यह 5 : 1 से 11 : 1 तक होती है। कम रिडक्शन अर्थात् 7 : 1 तक के लिए सिंगल रिडक्शन, जबकि इससे अधिक के लिए डबल रिडक्शन करना पड़ता है। फाइनल ड्राइव में एक क्राउन व्हील एवं एक बेवेल पिनियन होता है।

बेवेल पिनियन को एक शाफ्ट पर माउण्ट (mount) किया जाता है, जो प्रोपैलर शाफ्ट से जुड़ी होती है। यह फाइनल ड्राइव प्राय: क्राउन व्हील से डिफरैन्शियल तक जाती है।

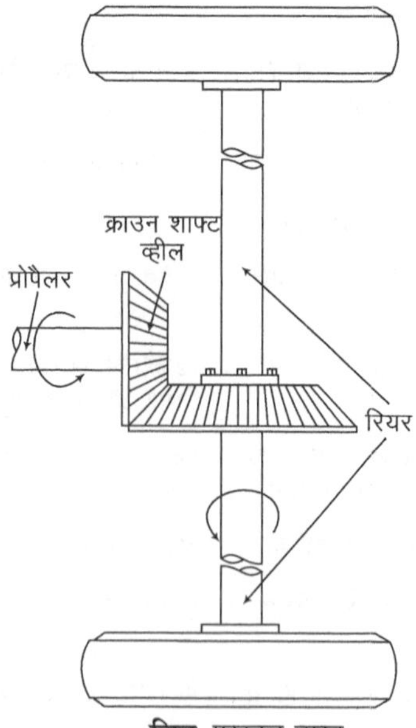

चित्र फाइनल ड्राइव

फाइनल ड्राइव के प्रकार Types of Final Drive

फाइनल ड्राइव प्राय: तीन प्रकार की होती हैं

(i) **वर्म गियर फाइनल ड्राइव** (Worm gear final drive) इस प्रकार की फाइनल ड्राइव में क्राउन व्हील का प्रयोग न करके एक वर्म व्हील का प्रयोग किया जाता है।

इसके साथ ही प्रोपैलर शाफ्ट के साथ वर्म गियर पिनियन लगी होती है, जो वर्म व्हील से ठीक ऊपर या नीचे चित्र के अनुसार मिली होती है। इस प्रकार की ड्राइव का प्रयोग हल्की मोटरगाड़ियों में किया जाता है।

इसमें गन मैटल या ब्रोंज धातु का व्हील प्रयोग किया जाता है, जिससे वह आवाज कम करता है, परन्तु फिर भी वर्म व्हील के दाँतों के टूटने का भय रहता है।

प्रोपैलर शाफ्ट तथा डिफरैन्शियल के कोण पर ही वर्म गियर पिनियन की स्थिति (ऊपर या नीचे) निर्भर करती है।

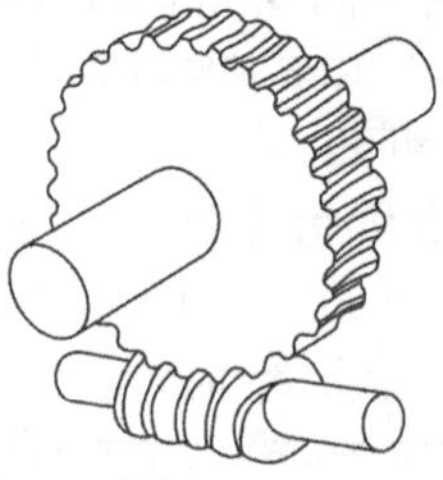

चित्र वर्म गियर फाइनल ड्राइव

(ii) **बेवेल गियर फाइनल ड्राइव** (Bevel gear final dirve) प्रारम्भ में इस प्रकार की फाइनल ड्राइव में सीधे दाँते (straight teeth) कटे क्राउन व्हील तथा टेल पिनियन का प्रयोग किया गया, परन्तु कुछ समय पश्चात् सीधे दाँतों के अतिरिक्त, इनमें तिरछे (helical) दाँतों का प्रयोग होने लगा।

ड्राइव के इस प्रकार में भी आवाज कम होती है, परन्तु इसमें दो या तीन दाँत ही एक-दूसरे को पकड़कर रख पाते हैं, जिससे उनकी पकड़ मजबूत नहीं होती है। साथ ही केवल क्राउन व्हील ही नहीं घिसता, उसके साथ टेल पिनियन भी उसी के अनुरूप घिसती है, क्योंकि दोनों एकसमान धातु के ही बने होते हैं।

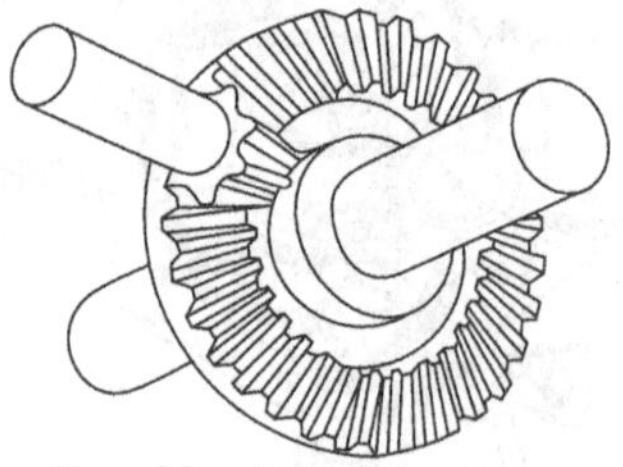

चित्र बेवेल गियर फाइनल ड्राइव

(iii) **हाइपॉइड फाइनल ड्राइव** (Hypoid final drive) इस प्रकार की फाइनल ड्राइव का प्रयोग वर्तमान समय की प्राय: सभी मोटरगाड़ियों में किया जाता है।

इसमें क्राउन व्हील तथा टेल पिनियन का प्रयोग होता है, जिन पर तिरछे दाँते (helical teeth) बने होते हैं। इस फाइनल ड्राइव की सबसे बड़ी विशेषता यह है कि इसमें प्रोपैलर शाफ्ट को काफी नीचे भी लगाया जा सकता है, क्योंकि टेल पिनियन क्राउन व्हील के सेन्टर से नीचे ही फिट की जाती है।

इसके अतिरिक्त, इसमें तीन दाँते तो एक-दूसरे के साथ पूरी तरह फँस जाते हैं परन्तु दो दाँते आधी-आधी पकड़ करते हैं।

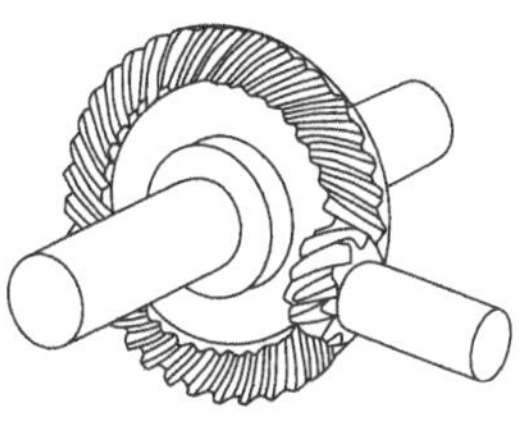

चित्र हाइपॉइड फाइनल ड्राइव

इस प्रकार, इसमें टेल पिनियन तथा क्राउन व्हील की बहुत मजबूत पकड़ हो जाती है। इससे दाँतों के टूटने की सम्भावना कम रहती है। ऐसी फाइनल ड्राइव बहुत भारी मोटरगाड़ियों में प्रयोग की जाती हैं।

4.6 फोर व्हील ड्राइव ट्रांसफर केस Four Wheel Drive Transfer Case

फोर व्हील ड्राइव ट्रांसफर केस प्रणाली के अन्तर्गत वाहन के चारों पहियों को समान रूप से शक्ति पारेषित की जाती है। जब वाहन के पहियों तथा सड़क के मध्य ट्रैक्शन समाप्त हो जाता है तो इस स्थिति में पहिये स्लिप (slip) होने लगते हैं।

अत: वाहन को खींचने में परेशानी आती है। इस स्थिति में ट्रांसफर केस द्वारा चारों पहियों को शक्ति पारेषित की जाती है। इसके द्वारा आवश्यकतानुसार ड्राइविंग करते समय सभी पहियों पर शक्ति पारेषित की जा सकती है। यह ट्रांसफर केस, ट्रांसमिशन बॉक्स के पीछे फिट रहता है। इसी कारण इसे सहायक गियर बॉक्स भी कहा जाता है।

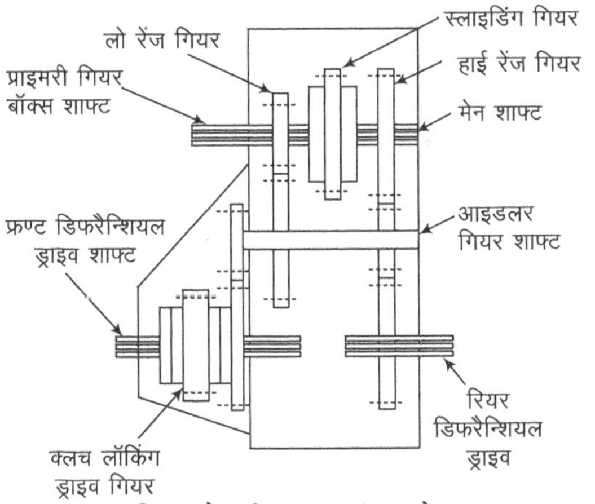

चित्र फोर व्हील ड्राइव ट्रांसफर केस

4.7 फ्री व्हीलिंग हब Free Wheeling Hub

सामान्यत: इसे फोर व्हील ड्राइव वाहनों में प्रयुक्त किया जाता है। हम जानते हैं कि फोर व्हील ड्राइव भारी वाहनों में प्रयोग किया जाता है। भारी वाहनों में सेन्टर डिफरैन्शियल (centre differential) नहीं होता है। ऐसे स्थानों पर फ्री व्हीलिंग हब या लॉकिंग हब (locking hub) का प्रयोग किया जाता है।

यह फोर व्हील ड्राइव वाहनों में आगे वाले पहियों की फ्रण्ट हाफ शाफ्ट (front half shaft) को अलग करती है। जब वाहन कठोर सतह पर चलता है, तो अगले व पिछले पहियों की घूर्णन गति में थोड़ा-सा अन्तर आ जाता है अर्थात् आगे वाले पहियों की गति, पिछले वाले पहियों की गति से अधिक होती है। इस स्थिति में ट्रांसमिशन प्रणाली प्रभावित हो सकती है।

इस समस्या के समाधान हेतु फ्री व्हीलिंग हब का प्रयोग किया जाता है। जब वाहन को फोर व्हील ड्राइव मोड (Mode) से टू व्हील ड्राइव मोड (Mode) में स्विच किया जाता है, तो फ्री व्हीलिंग हब, पिछले पहियों की रियर हाफ शाफ्ट को अगले पहियों की फ्रण्ट हाफ शाफ्ट से अलग कर देता है। ऐसा करने से फ्रण्ट डिफरैन्शियल निष्क्रिय हो जाता है जिससे फ्रण्ट एक्सल (axle) भी निष्क्रिय हो जाता है। इस स्थिति में केवल पिछले पहिये ही स्टीयर (stear) करते हैं।

4.8 ऑल व्हील ड्राइव ट्रांसफर केस All Wheel Drive Transfer Case

इस ड्राइव के अन्तर्गत इनपुट शाफ्ट द्वारा आउटपुट शाफ्ट पर शक्ति पारेषण हैलिकल गियर (Halical gear) द्वारा होता है। यह गियर दो आइडलर पिनियन गियरों में से जो बड़ा गियर होता है, उससे सम्बद्ध होता है। ये आइडलर गियर ट्रांसफर शाफ्ट पर निम्न एवं तीव्र आउटपुट पिनियनों से सम्बद्ध रहते हैं।

यह ट्रांसफर, ट्रांसमिशन के पीछे फिट रहता है। निम्न आउटपुट पिनियन, डिफरैन्शियल केस से सम्बद्ध रहती है, जबकि तीव्र आउटपुट पिनियन, डिफरैन्शियल केस के नीडिल रोलर बियरिंग से सम्बद्ध रहती है।

इस स्थिति में एक कॉमन सेलेक्टर फॉर्क, आइडलर पर एक स्लीव से सम्बद्ध रहता है। इसी प्रकार एक अन्य स्लीव, आउटपुट शाफ्ट से सम्बद्ध रहती है।

यह स्लीव तीव्र गति को व्यवस्थित करने के लिए फॉर्क को चलाती है। ड्राइव की निम्न गति को व्यवस्थित करने के लिए सेलेक्टर द्वारा फॉर्क को विपरीत दिशा में घुमाया जाता है।

4.9 ट्रांसफर केस डिफरैन्शियल एक्शन Transfer Case Differential Action

ऐसे वाहन जिनमें ऑल व्हील ड्राइव प्रयुक्त की जाती है, उनमें अगले तथा पिछले व्हील्स की गति में अन्तर आ जाता है। ऐसा हाई रेंज गियर के एंगेज (engage) होने के कारण होता है अर्थात् जब अगले व्हील (front wheel) स्लिप होते हैं तो पिछले व्हील (rear wheel) को कोई ड्राइव पारेषित नहीं होती है।

आजकल वाहन निर्माता व्हील को स्लिप होने से बचाने के लिए नई तकनीक का प्रयोग कर रहे हैं। इस तकनीक को ट्रैक्शन नियन्त्रण प्रणाली (Traction Control System) कहा जाता है।

इस तकनीक के अन्तर्गत वाहन चिकनी सतह पर चलता है तो सड़क एवं पहियों के मध्य का ट्रैक्शन समाप्त हो जाता है। यह ट्रैक्शन इस प्रणाली द्वारा प्राप्त किया जाता है।

महत्त्वपूर्ण बिन्दु

- वाहन को शक्ति प्रदान करना एक सर्वोपरि कार्य है, क्योंकि यह उत्पन्न शक्ति ही वाहन को प्रचालित करने में सक्षम होती है।
- फ्रण्ट व्हील ड्राइव ले-आउट के अन्तर्गत वाहन के सामने वाले पहिए संचालित होते हैं।
- फ्रण्ट व्हील ड्राइव ले-आउट में इंजन और ड्रिवन व्हील के मध्य एक प्रोपैलर शाफ्ट को समायोजित करने के लिए पैसेन्जर कम्पार्टमेन्ट के माध्यम से केन्द्रीय ट्यूनल की आवश्यकता नहीं होती है।
- रियर व्हील ड्राइव ले-आउट में इंजन, क्लच एवं गियर बॉक्स को फ्रण्ट में स्थापित किया जाता है।
- रियर व्हील ड्राइव ले-आउट में पिछले पहियों के चालन में आगे के सस्पैन्शन और स्टीयरिंग की शक्ति डिलीवरी से सम्बद्ध नहीं होती है।
- रियर व्हील ड्राइव ले-आउट से अलग स्टीयरिंग, शक्ति डिलीवरी से पृथक् कार्य करता है।
- फोर व्हील ड्राइव ले-आउट में वाहन के सभी व्हील ड्राइव व्हील होते हैं।
- फोर व्हील ड्राइव वाहनों में एक ट्रांसफर केस होता है, जो फ्रण्ट एवं रियर एक्सल के मध्य संयोजित होता है।
- फोर व्हील ड्राइव में शिफ्ट लीवर या शिफ्ट यन्त्रावली के प्रयोग द्वारा 2WD या 4WD पर वाहन को प्रचालित किया जा सकता है।
- ऑल व्हील ड्राइव ले-आउट में वाहनों का ट्रैक्शन अत्यधिक होता है।
- वर्षा, बर्फ और ऑफ रोड ड्राइविंग में ऑल व्हील ड्राइव की हैण्डलिंग क्षमता उत्तम होती है।
- फोर व्हील एवं ऑल व्हील ड्राइव दोनों का ही भार कम होता है।
- प्रोपैलर शाफ्ट को ड्राइविंग शाफ्ट भी कहते हैं।
- गियर बॉक्स से इंजन की शक्ति डिफरैन्शियल तक पहुँचाने का कार्य प्रोपैलर शॉफ्ट द्वारा किया जाता है।
- प्रोपैलर शाफ्ट के एक सिरे पर योक तथा दूसरे सिरे पर स्प्लाइन शाफ्ट वैल्ड की जाती है।
- चेसिस को ड्राइव देने के लिए वाहनों में हॉचकिस ड्राइव प्रणाली का ही प्रयोग किया जाता है।
- हॉचकिस ड्राइव में दो अनुदैर्ध्य लीफ स्प्रिंग होती हैं।
- प्रोपैलर शाफ्ट के गियर बॉक्स वाले सिरे पर स्लिप ज्वॉइण्ट बनाया जाता है।
- यूनिवर्सल ज्वॉइण्ट का प्रयोग दो शाफ्टों को जोड़ने के लिए किया जाता है।
- डिफरैन्शियल असेम्बली, फाइनल ड्राइव एवं रियर एक्सल के मध्य संयोजित एपीसाइक्लिक गियर ट्रेन की असेम्बली है।
- फाइनल ड्राइव, पावर ट्रांसमिशन प्रणाली का प्रायः ड्राइव शाफ्ट एवं डिफरैन्शियल के मध्य का भाग होता है।
- फाइनल ड्राइव का मुख्य कार्य 90° कोण पर ड्राइविंग एक्सल के लिए ड्राइव शाफ्ट द्वारा ट्रांसमिट पावर की दिशा बदलना है।
- फोर व्हील ड्राइव ट्रांसफर केस के अन्तर्गत वाहन के चारों पहियों को समान रूप से शक्ति पारेषित की जाती है।
- भारी वाहनों में सेन्टर डिफरैन्शियल नहीं होता है ऐसे स्थानों पर फ्री-व्हीलिंग हब का प्रयोग किया जाता है।
- ऑल व्हील ड्राइव ट्रांसफर केस के अन्तर्गत इनपुट शाफ्ट द्वारा आउटपुट शाफ्ट पर शक्ति पारेषण हैलिकल गियर द्वारा होता है।

महत्त्वपूर्ण प्रश्नोत्तरी

1. अधिक शक्तिशाली कारों में फ्रण्ट व्हील ड्राइव ले-आउट का प्रयोग कम ही किया जाता है, क्यों?

उत्तर अधिक शक्तिशाली कारों में फ्रण्ट व्हील ड्राइव ले-आउट का प्रयोग कम ही किया जाता है, क्योंकि त्वरण के कारण यह सामने वाली पत्तियों पर भार का स्थानान्तरण तथा ट्रैक्शन कम करता है।

2. वर्षा, बर्फ एवं ऑफ रोड ड्राइविंग में ऑल व्हील ड्राइव ले-आउट की हैण्डलिंग क्षमता उच्च क्यों होती है?

उत्तर ऑल व्हील ड्राइव ले-आउट में ट्रैक्शन बढ़ जाने के कारण वर्षा, बर्फ एवं ऑफ रोड ड्राइविंग में इसकी हैण्डलिंग क्षमता उच्च होती है।

3. वाहन में स्लिप ज्वॉइण्ट का प्रयोग न करने पर इसका क्या दुष्प्रभाव हो सकता है?

उत्तर वाहन में स्लिप ज्वॉइण्ट का प्रयोग न करने पर प्रोपैलर शाफ्ट के मुड़ने की सम्भावना रहती है।

4. बॉल टाइप यूनिवर्सल ज्वॉइण्ट, रियर एक्सल तथा गियर बॉक्स के मध्य बने कोण को किस प्रकार समायोजित रखता है?

उत्तर बॉल टाइप यूनिवर्सल ज्वॉइण्ट, रियर एक्सल तथा गियर बॉक्स के मध्य बने कोण को U चैनल को घुमाकर समायोजित रखता है।

5. ट्रैक्टा ज्वॉइण्ट किस सिद्धान्त पर आधारित है?

उत्तर ट्रैक्टा ज्वॉइण्ट डबल तथा ग्रूव ज्वॉइण्ट के सिद्धान्त पर आधारित है।

6. फ्रण्ट एक्सल किन दो भागों से मिलकर बना होता है?

उत्तर फ्रण्ट एक्सल, एक्सल बीम तथा स्टब एक्सल से मिलकर बना होता है।

7. स्प्लिट टाइप रियर एक्सल केसिंग का प्रमुख दोष क्या है?

उत्तर स्प्लिट टाइप रियर एक्सल केसिंग का प्रमुख दोष यह है कि यदि इसके डिफरैन्शियल की मरम्मत करनी हो, तो एक्सल केसिंग को ही मोटरगाड़ी से अलग करना पड़ता है।

8. यदि फोर व्हीलर्स में केवल ठोस रियर एक्सल का प्रयोग किया जाए, तो इसका क्या दुष्प्रभाव होता है?

उत्तर यदि फोर व्हीलर्स में केवल सॉलिड रियर एक्सल का प्रयोग किया जाए, तो पहियों के फिसलने की सम्भावना अधिक रहती है।

अभ्यास प्रश्न

परीक्षा प्रारूपी प्रश्न

बहुविकल्पीय

1. सामान्य रूप से प्रोपैलर शाफ्ट में प्रयोग होते हैं
(a) दो ज्वॉइण्ट
(b) एक ज्वॉइण्ट
(c) चार ज्वॉइण्ट
(d) इनमें से कोई नहीं

2. प्रोपैलर शाफ्ट के एक सिरे पर योक तथा दूसरे सिरे पर ······· वैल्ड की जाती है।
(a) ड्राइविंग फ्लैन्ज
(b) स्पाइडर बियरिंग
(c) स्नैप रिंग
(d) स्प्लाइन शाफ्ट

3. यूनिवर्सल ज्वॉइण्ट आधारित है
(a) पैरों के जोड़ के आधार पर
(b) हाथ के जोड़ के आधार पर
(c) मनुष्य के प्राकृतिक जोड़ के आधार पर
(d) उपरोक्त में से कोई नहीं

4. यूनिवर्सल ज्वॉइण्ट का प्रयोग होता है
(a) इंजन व क्लच के मध्य
(b) प्रोपैलर शाफ्ट के सिरों पर
(c) क्लच व गियर बॉक्स के मध्य
(d) उपरोक्त सभी

5. यूनिवर्सल ज्वॉइण्ट शक्ति संचालन कर सकता है
(a) 30° तक
(b) 40° तक
(c) 45° तक
(d) 60° तक

6. यूनिवर्सल ज्वॉइण्ट प्रयोग कर सकते हैं
(a) स्टीयरिंग शाफ्ट में
(b) टाई रॉड में
(c) मेन शाफ्ट में
(d) उपरोक्त में से कोई नहीं

7. सबसे अधिक किस यूनिवर्सल ज्वॉइण्ट का प्रयोग होता है?
(a) क्रॉस टाइप ज्वॉइण्ट (b) बॉल टाइप ज्वॉइण्ट
(c) पॉट टाइप ज्वॉइण्ट (d) इनमें से कोई नहीं

8. क्रॉस टाइप ज्वॉइण्ट का भाग है
(a) स्लाइडिंग योक (b) ग्रीस निपिल
(c) ड्राइविंग फ्लैन्ज योक (d) ये सभी

9. क्रॉस टाइप ज्वॉइण्ट में प्रयोग होते हैं
(a) बॉल बियरिंग (b) बुश बियरिंग
(c) नीडिल रोलर (d) टेपर रोलर

10. क्रॉस टाइप यूनिवर्सल ज्वॉइण्ट ········ के दोनों सिरों पर लगाए जाते हैं।
(a) सेन्टर बियरिंग (b) स्प्लाइन
(c) प्रोपैलर शाफ्ट (d) ट्रांसफर केस

11. इनमें से कौन-सा भाग फ्रण्ट एक्सल का नहीं है?
(a) एक्सल बीम (b) किंग पिन (c) पिनियन (d) थ्रस्ट बियरिंग

12. फ्रण्ट एक्सल का प्रकार है
(a) डैड फ्रण्ट एक्सल व लाइव फ्रण्ट एक्सल
(b) इलियट टाइप और रिवर्स इलियट टाइप
(c) 'a' और 'b' दोनों
(d) स्टब एक्सल व लाइव एक्सल

13. लाइव फ्रण्ट एक्सल का मुख्य लाभ है
(a) मोटरगाड़ी तेज चलती है
(b) मोटरगाड़ी धीमी चलती है
(c) मोटरगाड़ी को खींचने की शक्ति बढ़ जाती है
(d) उपरोक्त में से कोई नहीं

14. स्टब एक्सल के साथ किस प्रकार के बियरिंग लगते हैं?
(a) बॉल बियरिंग (b) रोलर बियरिंग
(c) टेपर रोलर बियरिंग (d) इनमें से कोई नहीं

15. स्टब एक्सल व किंग पिन जुड़ी होती है
(a) बॉल ज्वॉइण्ट द्वारा (b) यूनिवर्सल ज्वॉइण्ट द्वारा
(c) नकेल व योक द्वारा (d) इनमें से कोई नहीं

16. रियर एक्सल को ड्राइव प्राप्त होती है
(a) गियर बॉक्स द्वारा (b) इंजन द्वारा
(c) डिफरैन्शियल द्वारा (d) इनमें से कोई नहीं

17. रियर एक्सल शाफ्ट का दो टुकड़ों में बनी होने का कारण है
(a) अगले पहियों की असमान चाल
(b) पिछले पहियों की असमान चाल
(c) पिछले पहियों की समान चाल
(d) उपरोक्त में से कोई नहीं

18. स्प्लिट टाइप रियर एक्सल केसिंग में एक ओर हब फ्लैन्ज तथा दूसरी ओर ········ होती है।
(a) बुश के लिए खाँचा (b) बियरिंग के लिए सीट
(c) आधी डिफरैन्शियल हाउसिंग (d) इनमें से कोई नहीं

19. किस एक्सल फिटिंग में शाफ्ट पर गाड़ी का भार नहीं पड़ता है?
(a) फुल-फ्लोटिंग टाइप (b) सेमी-फ्लोटिंग टाइप
(c) थ्री-क्वार्टर फ्लोटिंग टाइप (d) इनमें से कोई नहीं

20. एक्सल शाफ्ट को क्राउन व्हील के साथ जोड़ा जाता है
(a) नट-बोल्ट की सहायता से (b) वैल्डिंग की सहायता से
(c) स्प्लाइन की सहायता से (d) इनमें से कोई नहीं

21. पहियों को फिसलने से बचाने के लिए रियर एक्सल के साथ लगाया जाता है
(a) डिफरैन्शियल (b) हब फ्लैन्ज
(c) एक्सल केसिंग (d) बेवेल गियर

22. डिफरैन्शियल कार्य करता है
(a) इंजन की गति बढ़ाने में
(b) इंजन की शक्ति को 90° पर बाँटने में
(c) मेन शाफ्ट की चाल बढ़ाने में
(d) उपरोक्त सभी

23. डिफरैन्शियल द्वारा सम्भव होता है
(a) पिछले पहियों की चाल में अन्तर डालना
(b) गाड़ी को पीछे चलाना
(c) गाड़ी को न्यूट्रल करना
(d) उपरोक्त में से कोई नहीं

24. डिफरैन्शियल का भाग नहीं है
(a) टेल पिनियन
(b) क्राउन व्हील
(c) सन गियर
(d) स्पर गियर

25. डिफरैन्शियल को मिली शक्ति रियर एक्सलों में बँटती है
(a) 40° पर (b) 90° पर
(c) 60° पर (d) 30° पर

26. डिफरैन्शियल को किसके बीच एडजस्ट करते हैं?
(a) टेल पिनियन तथा क्राउन व्हील के बीच
(b) सन गियर तथा स्टार पिनियन के बीच
(c) एक्सल शाफ्ट तथा केसिंग के बीच
(d) उपरोक्त में से कोई नहीं

27. डिफरैन्शियल में कौन-सा तेल प्रयोग होता है?
(a) SAE 40 (b) SAE 60
(c) SAE 140 (d) SAE 20

28. डिफरैन्शियल बैकलैश होनी चाहिए
(a) 5" से 10" तक (b) 0.1" से 0.5" तक
(c) 0.15 से 0.18 तक (d) इनमें से कोई नहीं

29. बैकलैश मापी जाती है
(a) प्रैशर गेज द्वारा (b) डैप्थ गेज द्वारा
(c) फीलर गेज द्वारा (d) डायल गेज द्वारा

30. टेल पिनियन तथा क्राउन व्हील की चाल में प्रायः कितने का अनुपात होता है?
(a) 1 : 4 (b) 1 : 5 (c) 1 : 7 (d) 1 : 8

31. टेल पिनियन क्राउन व्हील को देती है
(a) फ्री ड्राइव (b) फास्ट ड्राइव
(c) फाइनल ड्राइव (d) फाइन ड्राइव

32. "इसमें प्रोपैलर शाफ्ट को पर्याप्त नीचे लगाया जा सकता है, क्योंकि टेल पिनियन क्राउन व्हील के सेन्टर से नीचे ही फिट की जाती है।" यह कथन निम्न में से किससे सम्बन्धित है?
(a) वर्म गियर फाइनल ड्राइव से
(b) बेवेल गियर फाइनल ड्राइव से
(c) हाइपॉइड फाइनल ड्राइव से
(d) उपरोक्त सभी

उत्तरमाला

1. (a)	**2.** (d)	**3.** (c)	**4.** (b)	**5.** (c)	**6.** (a)	**7.** (a)	**8.** (d)	**9.** (c)	**10.** (c)
11. (c)	**12.** (c)	**13.** (c)	**14.** (b)	**15.** (a)	**16.** (c)	**17.** (b)	**18.** (c)	**19.** (b)	**20.** (c)
21. (a)	**22.** (b)	**23.** (a)	**24.** (d)	**25.** (a)	**26.** (d)	**27.** (a)	**28.** (a)	**29.** (d)	**30.** (c)
31. (c)	**32.** (c)								

अध्याय 05

विविध ट्रांसमिशन प्रणाली

Various Transmission System

परिचय Introduction

वाहनों में पावर को ट्रांसमिट करने के लिए विविध प्रकार की ट्रांसमिशन प्रणालियाँ प्रयोग की जाती हैं, जिनके द्वारा वाहन के सभी अवयवों/भागों से पावर को ट्रांसमिट करके वाहन को गतिमान किया जाता है। वाहनों में इंजन द्वारा विकसित पावर को पिछले पहियों (rear wheels) तक स्थानान्तरित किया जाता है। अत: वह सम्पूर्ण व्यवस्था, जिसके द्वारा इंजन से पावर, वाहन के पिछले पहियों तक पहुँचती है, ट्रांसमिशन प्रणाली कहलाती है।

ट्रांसमिशन प्रणाली को गियर बॉक्स द्वारा भी सन्दर्भित किया जा सकता है, क्योंकि गियर बॉक्स ही गियर एवं गियर ट्रेनों के प्रयोग द्वारा किसी घूर्णन पावर स्रोत से अन्य युक्तियों/अवयवों में टॉर्क व गति को स्थानान्तरित करता है। इस अध्याय में वाहनों को प्रचालित करने हेतु प्रयुक्त विविध आधुनिक ट्रांसमिशन प्रणालियों का वर्णन किया गया है।

अध्याय विषय सूची

- ट्रांसमिशन प्रणाली की आवश्यकता
- ट्रांसमिशन प्रणाली के प्रकार
- ऑटोमैटिक ट्रांसमिशन प्रणाली में प्रयुक्त अवयव
- इलेक्ट्रॉनिक कण्ट्रोल ट्रांसमिशन
- ऑटोमैटिक ट्रांसमिशन मोड
- ऑटोमैटिक ट्रांसमिशन में पावर प्रवाह
- हाइड्रॉलिक प्रणाली
- सतत् परिवर्तनीय ट्रांसमिशन
- **महत्त्वपूर्ण बिन्दु**
- **महत्त्वपूर्ण प्रश्नोत्तरी**
- **अभ्यास प्रश्न**

5.1 ट्रांसमिशन प्रणाली की आवश्यकता Need of Transmission System

किसी भी वाहन को गतिमान करने में शक्ति (power) की मुख्य भूमिका होती है। वाहन में शक्ति ट्रांसमिशन के लिए भिन्न-भिन्न अवयवों एवं प्रणालियों का समायोजन किया जाता है। ट्रांसमिशन प्रणाली के बिना वाहनों का प्रचालन असम्भव है।

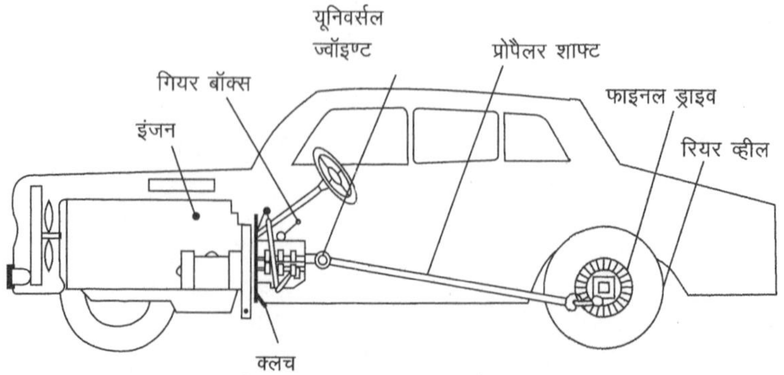

चित्र ट्रांसमिशन प्रणाली का ले-आउट

अत: विभिन्न प्रकार की ट्रांसमिशन प्रणालियों की आवश्यकता वाहनों में भिन्न कारणों से पड़ती है

1. वाहनों को भिन्न-भिन्न गति पर ऑपरेट करने हेतु इस प्रणाली का प्रयोग किया जाता है।
2. जब वाहन विरामावस्था में होता है, तो उसे स्टार्ट करने के लिए टॉर्क की आवश्यकता होती है। यह आवश्यक टॉर्क, ट्रांसमिशन प्रणाली ही प्रदान करती है।
3. उतार-चढ़ाव वाले रास्ते अर्थात् पहाड़ों व ढलानों पर वाहन के अगले पहिये को आवश्यक टॉर्क, ट्रांसमिशन प्रणाली ही प्रदान करती है।
4. ट्रांसमिशन प्रणाली ही आवश्यकता पड़ने पर रियर व्हील्स को इंजन से अलग करती है।
5. इंजन को बिना झटकों के पहियों से जोड़ने में भी ट्रांसमिशन प्रणाली सहायक होती है।
6. इंजन की गति को नियत अनुपात पर कम करने में भी ट्रांसमिशन प्रणाली मुख्य भूमिका निभाती है।

अत: वाहनों के लिए ट्रांसमिशन प्रणाली एक ऐसा आधार है, जो इंजन तथा पहियों के मध्य संयोजन स्थापित करके वाहन को प्रचालित करने के लिए आवश्यक टॉर्क प्रदान करती है।

5.2 ट्रांसमिशन प्रणाली के प्रकार Types of Transmission System

मोटर मैकेनिक व्हीकल में वाहनों के प्रचालन हेतु पावर का ट्रांसमिशन निम्न प्रकार की ट्रांसमिशन प्रणालियों द्वारा किया जाता है

1. मैनुअल ट्रांसमिशन
2. ऑटोमैटिक ट्रांसमिशन
3. इलेक्ट्रॉनिक कण्ट्रोल ट्रांसमिशन
4. सतत परिवर्तनीय ट्रांसमिशन

उपरोक्त ट्रांसमिशन के प्रकारों में से मैनुअल एवं ऑटोमैटिक ट्रांसमिशन का वर्णन उप-शीर्षक के रूप में नीचे दिया गया है तथा इलेक्ट्रॉनिक कण्ट्रोल व सतत परिवर्तनीय ट्रांसमिशन का वर्णन इस अध्याय में मुख्य शीर्षकों के रूप में आगे दिया गया है।

1. मैनुअल ट्रांसमिशन Manual Transmission

यह भी पावर ट्रांसमिशन का एक प्रकार है। वाहनों में मैनुअली पावर को ट्रांसमिट करने के लिए गियर बॉक्स का उपयोग किया जाता है। अत: हम कह सकते हैं कि गियर बॉक्स को मैनुअल ट्रांसमिशन भी कहा जा सकता है। गियर बॉक्स कई प्रकार के होते हैं, जिनका विस्तृत वर्णन इसी वर्ष के अध्याय-३ के अन्तर्गत दिया गया है।

2. ऑटोमैटिक ट्रांसमिशन Automatic Transmission

वाहनों के गियर का लोड तथा गति के अनुसार ऑटोमैटिकली शिफ्ट होना ऑटोमैटिक ट्रांसमिशन कहलाता है। ऑटोमैटिक ट्रांसमिशन को सैल्फ-शिफ्टिंग ट्रांसमिशन या n-स्पीड ऑटोमैटिक ट्रांसमिशन (यहाँ n = फारवर्ड गियर अनुपात) भी कहा जाता है। यह ट्रांसमिशन, मोटर वाहन ट्रांसमिशन का ही एक प्रकार है।

वाहन के चलने पर यह स्वचालित रूप में गियर अनुपात बदल लेता है। इस ट्रांसमिशन में इन्टर्नल कम्बशन इंजन का प्रयोग किया जाता है। उच्च घूर्णन गति पर प्रचालित होना, गति की विभिन्न परासों को प्रदान करना एवं एक सीमा तक टॉर्क प्रदान करना इत्यादि इसके मुख्य गुण हैं।

यह एक ऐसी ट्रांसमिशन प्रणाली है, जिसमें जब वाहन विरामावस्था से प्रचालन मोड में आता है, तो स्वत: ही गियर अनुपात परिवर्तित हो जाता है। वाहन के इंजन में टॉर्क को आधुनिक गियर बॉक्स के द्वारा ट्रांसमिट करने की विधि को ऑटोमैटिक ट्रांसमिशन कहा जाता है। ऑटोमैटिक ट्रांसमिशन प्रणाली, सेमी-ऑटोमैटिक एवं फुली-ऑटोमैटिक प्रकार की होती है।

सेमी-ऑटोमैटिक ट्रांसमिशन में केवल क्लच ही ऑटोमैटिक होता है। इसमें वाहन के गियर चालक (driver) को ही बदलने पड़ते हैं, परन्तु - ऑटोमैटिक ट्रांसमिशन में क्लच एवं गियर इत्यादि स्वत: ही बदल जाते हैं। इसके लिए एक्सीलेरेटर पैडल (accelerator padel) के द्वारा चालित कण्ट्रोल यन्त्रावली प्रयुक्त की जाती है।

इस प्रकार के ट्रांसमिशन वाले वाहनों में केवल दो पैडल होते हैं, जिनमें से एक पैडल एक्सीलेरेटर के लिए एवं दूसरा पैडल ब्रेक के लिए होता है। फुली ऑटोमैटिक ट्रांसमिशन प्रणाली में एक गियर सलैक्टर लीवर लगा होता है, जिसके द्वारा वाहन को आगे-पीछे, न्यूट्रल एवं पार्किंग इत्यादि स्थितियों में लाया जा सकता है।

जब वाहन को विरामावस्था से प्रचालन मोड में लाया जाता है, तो वह फॉरवर्ड दिशा में गतिमान होता है, इस समय वाहन को उच्च टॉर्क की आवश्यकता पड़ती है, तो प्रथम गियर एंगेज होता है।

जैसे ही वाहन का इंजन गति पकड़ता है, वैसे ही प्रथम गियर स्वत: ही उच्च गियर में बदल जाता है। जब प्रथम गियर, उच्च गियर में बदलता है, तब चालक (driver) केवल एक्सीलेरेटर पैडल को दबाता है। यदि वाहन की गति को कम करना हो, तो चालक इस पैडल पर से प्रैशर को कम करके ब्रेक लगाता है, जिससे स्वत: ही गियर, टॉप गियर से प्रथम गियर में आ जाता है।

ऑटोमैटिक ट्रांसमिशन प्रणाली पर निम्नलिखित युक्तियाँ आधारित होती हैं

(i) टॉर्क कन्वर्टर
(ii) प्लेनेटरी गियर बॉक्स

(i) टॉर्क कन्वर्टर Torque Converter

टॉर्क कन्वर्टर का प्रयोग इंजन से ट्रांसमिशन इनपुट शाफ्ट को शक्ति पारेषित करने के लिए किया जाता है। यह एक ऑटोमैटिक क्लच के रूप में इंजन तथा ट्रांसमिशन को संलग्न (engage) तथा असंलग्न (disengage) करने के लिए भी प्रयोग किया जाता है। जब वाहन स्थैतिक अवस्था में हो तो यह इंजन को आइडलिंग कण्डीशन में चलाता है। टॉर्क कन्वर्टर ट्रांसमिशन इनपुट शाफ्ट पर माउण्ट होता है तथा इंजन के फ्लाईव्हील के साथ संयोजित होता है।

टॉर्क कन्वर्टर निम्न इंजन गति एवं बढ़े हुए ब्रेकवे त्वरण पर टॉर्क गुणक को चर राशि (variable amount) प्रदान करता है। यह बिना किसी रुकावट के इंजन के पूर्ण टॉर्क को, गियर बॉक्स को प्रदान करता है।

टॉर्क कन्वर्टर तथा फ्लूड फ्लाई व्हील में मुख्य अन्तर यह है कि फ्लूड फ्लाईव्हील केवल एक कपलिंग पर कार्य करता है, जबकि टॉर्क कन्वर्टर, टॉर्क की मात्रा को कई गुना बढ़ा सकता है, जिससे एक नियत टॉर्क मिलता है। दूसरे शब्दों में, यह एक गियर बॉक्स की भाँति कार्य करता है।

संरचना Construction

टॉर्क कन्वर्टर में एक हाउसिंग लगी होती है, जो वन-वे क्लच या फ्री व्हील द्वारा स्टेटर को जोड़ती है। इसमें टरबाइन एवं पम्प या इम्पैलर घूमने वाले भाग होते हैं। पम्प या इम्पैलर को ड्राइविंग मेम्बर (driving member) एवं टरबाइन को ड्रिवन मेम्बर (driven member) कहते हैं। टॉर्क कन्वर्टर में एक स्टेटर होता है जोकि फ्री व्हील के द्वारा फ्रेम पर फिक्स होता है। इसमें लगे ट्रांसमिशन ऑयल पम्प के द्वारा कन्वर्टर को तेल से भरा जाता है।

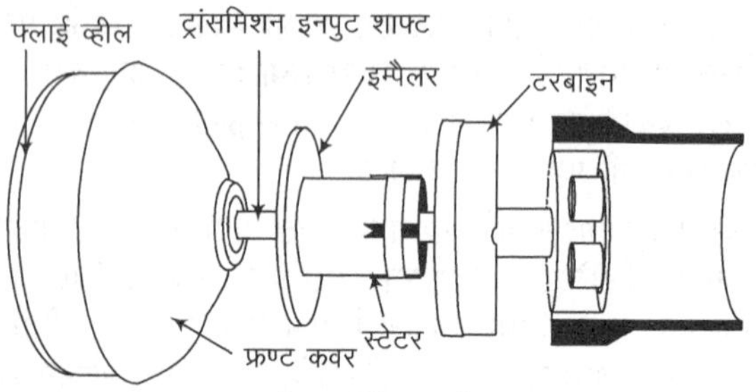

चित्र टॉर्क कन्वर्टर

कार्यविधि Working Method

जब इम्पैलर, इंजन द्वारा चलाया जाता है, तो अपकेन्द्रीय बल के कारण फ्लूड टरबाइन की ओर प्रवाहित होता है। ट्रांसमिशन इनपुट शाफ्ट टरबाइन हब के साथ जुड़ी होती है जो स्प्लाइन (spline) होती है। टरबाइन में वेन की वक्रता (curvature) इम्पैलर वेन के विपरीत होती है। जब इम्पैलर वेन फ्लूड पर बल लगाती है तो यह फ्लूड टरबाइन को घुमाता है। इसी प्रकार टरबाइन भी इंजन की दिशा में घूर्णन प्रारम्भ कर देती है। स्टार्टिंग के दौरान इम्पैलर, इंजन की गति के साथ घूमता है जबकि टरबाइन व्हील तथा स्टेटर स्थिर रहते हैं। इस स्थिति में फ्लूड, इम्पैलर से टरबाइन व्हील की ओर प्रवाहित होता है तथा अपनी ऊर्जा टरबाइन को प्रदान करता है। आइडलिंग गति के दौरान इम्पैलर की गति निम्न होती है तथा फ्लूड टरबाइन को घुमाने में सक्षम नहीं होगा, लेकिन जब इंजन की गति बढ़ती है तो फ्लूड तेजी से गति करता है तथा टरबाइन को घुमाता है। जिससे वाहन चालू हो जाता है।

टॉर्क मल्टीप्लीकेशन Torque Multiplication

टॉर्क मल्टीप्लीकेशन तब उत्पन्न होता है, जब इम्पैलर एवं टरबाइन की गति के मध्य अन्तर होता है। टॉर्क मल्टीप्लीकेशन की मात्रा लोड पर भी निर्भर करती है। जब किसी वाहन की टरबाइन रुकी हुई होती है, तो पैसेन्जर वाहनों के लिए उच्चतम टॉर्क मल्टीप्लीकेशन लगभग 2.5 : 1 होता है। जब टरबाइन की तुलना में इम्पैलर अधिक गति से घूर्णन करता है, तब टॉर्क को गुणा किया जाता है।

जब टरबाइन गति, इम्पैलर गति के समान हो जाती है अर्थात् लगभग उसके बराबर हो जाती है, तो यह टॉर्क मल्टीप्लीकेशन धीरे-धीरे कम हो जाता है। जब टरबाइन गति, इम्पैलर गति के लगभग 90% तक पहुँच जाती है, तब टॉर्क मल्टीप्लीकेशन शून्य हो जाता है। इस स्थिति में टॉर्क मल्टीप्लीकेशन 1:1 हो जाता है, जिसे कपलिंग प्वॉइण्ट (coupling point) कहते हैं।

लॉक-अप टॉर्क कन्वर्टर Lock-up Torque Converter

लॉक-अप टॉर्क कन्वर्टर की असेम्बली को टॉर्क कन्वर्टर के नाम से भी जाना जाता है। वर्तमान समय में विविध प्रकार के टॉर्क कन्वर्टर क्लच प्रयोग किए जाते हैं। लॉक-अप कन्वर्टर प्रायः कपलिंग स्टेज पर इम्पैलर तथा टरबाइन के मध्य 10% स्लिप को कम कर देता है, जिससे ईंधन की दक्षता में वृद्धि हो जाती है एवं ऊष्मा भी कम हो जाती है।

विभिन्न सेन्सरों द्वारा लॉक-अप कन्वर्टर की आवश्यकता को सुनिश्चित करने के लिए इलेक्ट्रॉनिक सिग्नल भेजा जाता है, जिससे लॉक-अप कन्वर्टर एंगेज हो जाता है। इस कार्य में जिन सेन्सरों का प्रयोग किया जाता है, उनके अन्तर्गत व्हीकल स्पीड सेन्सर, इंजन कूलेन्ट सेन्सर एवं थ्रॉटल पोजिशन सेन्सर आते हैं।

हीट एक्सचेंजर Heat Exchanger

हीट एक्सचेंजर एक ऐसी मैकेनिकल डिवाइस है जो एक माध्यम से दूसरे माध्यम में हीट (heat) को एक्सचेंज करने का कार्य करती है। इसमें माध्यम को आपस में न मिलने देने के लिए एक ठोस दीवार बनी होती है। हीट एक्सचेंजर का उपयोग मुख्य रूप से रेफ्रिजरेशन, एयर कण्डीशनिंग विद्युत संयन्त्र, रसायन संयन्त्र पेट्रोलियम रिफाइनरी इत्यादि में किया जाता है। हीट एक्सचेंजर का एक सामान्य उदाहरण कार रेडिएटर है जिसमें ताप स्रोत, शीतलक तरल पदार्थ जल होने के कारण रेडिएटर के माध्यम से प्रवाहित होने वाली वायु में हीट ट्रांसफर करता है।

तरल प्रवाह Fluid Flow

कोई भी तरल, जैसे कोई द्रव, जब गति करता है तो इसे तरल का प्रवाह कहते हैं। जब कोई तरल गति कर रहा होता है तो इसका अर्थ होता है कि तरल पर लगने वाले बल संतुलित अवस्था में हैं अर्थात् तरल पर कुछ-न-कुछ परिणामी बल कार्यरत् है और जब तक तरल पर कोई परिणामी बल कार्यरत् रहेगा तरल की गति बनी रहेगी।

उदाहरण के लिए यदि किसी जग में भरे पानी को थोड़ा सा टेढ़ा किया जाए तो पानी नीचे गिरने लगता है अर्थात् पानी गति करने लगता है। पानी में यह गति गुरुत्वीय बल के कारण होती है।

(ii) प्लेनेटरी गियर बॉक्स Planetary Gear Box

यह एक कम्पाउण्ड प्रकार का गियर सैट होता है। इसके बैड तथा क्लच, हाइड्रॉलिक सिस्टम द्वारा कार्य करते हैं। इसे वाल्व बॉडी कण्ट्रोल करती है, जिससे दो या अधिक गियर अनुपात प्राप्त किया जाता है। ऑटोमैटिक ट्रांसमिशन प्रणाली में एक या एक से अधिक प्लेनेटरी गियर सैट का प्रयोग किया जाता है।

प्लेनेटरी गियर निम्न में से कोई भी एक कार्य कर सकता है

(i) इसमें इनपुट एवं आउटपुट शाफ्ट को एक समान गति पर घुमाया जा सकता है।

(ii) आउटपुट शाफ्ट को विपरीत दिशा में घुमाया जा सकता है।

(iii) इनपुट एवं आउटपुट शाफ्ट का एक-दूसरे से संयोजन लोड हो सकता है।

(iv) इसकी गति घटने पर टॉर्क बढ़ता है एवं टॉर्क घटने पर गति बढ़ती है।

प्लेनेटरी गियर सैट प्राय: तीन प्रकार के होते हैं

- **साधारण प्लेनेटरी गियर सैट** (Simple planetary gear set) इस गियर सैट में दो या दो से अधिक प्लेनेट पिनियन लगा हुआ प्लेनेट कैरियर होता है। इसके अतिरिक्त इसमें एक सन गियर एवं रिंग गियर होता है।
- इस गियर बॉक्स में लगे सन गियर के चारों ओर प्लेनेट गियर घूमते रहते हैं।
  इस गियर एवं बॉक्स में संयोजित प्लेनेटरी गियर, सन गियर में से किसी एक को स्थिर करके टॉर्क अनुपात प्राप्त किया जा सकता है।

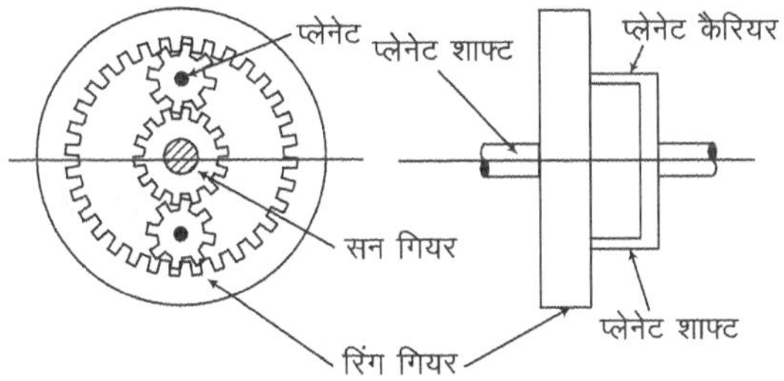

चित्र साधारण प्लेनेटरी गियर सैट

- **सिम्पसन प्लेनेटरी गियर सैट** (Simpson planetary gear set) इस गियर सैट में प्लेनेट पिनियन के दो सैट लगे होते हैं, जो सन गियर के आस-पास घूमते हैं। प्लेनेट पिनियन का प्रत्येक गियर सैट, आन्तरिक गियर के सम्पर्क में रहता है। सिम्पसन प्लेनेटरी गियर सैट का चित्र निम्नवत् दर्शाया गया है

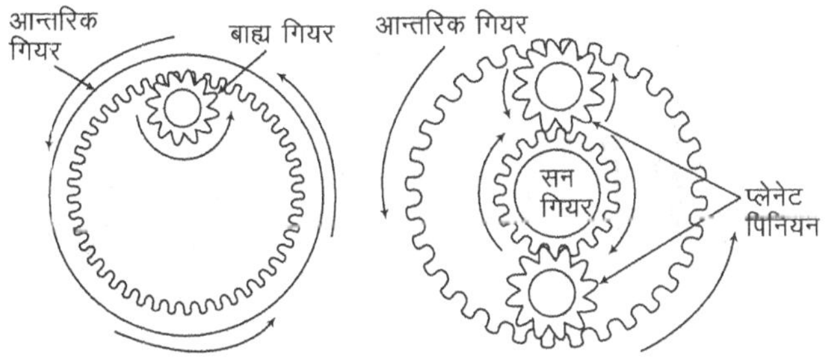

चित्र आन्तरिक एवं बाह्य सिम्पसन प्लेनेटरी गियर सैट

- **कम्पाउण्ड प्लेनेटरी गियर सैट** (Compound planetary gear set) इस गियर सैट में आन्तरिक गियर, प्लेनेट पिनियन के दो सैट, दो सन गियर (फॉरवर्ड या रिवर्स) एवं प्लेनेट पिनियन कैरियर होता है।
- इस कम्पाउण्ड गियर सैट को रेविनो प्लेनेटरी गियर सैट भी कहते हैं।

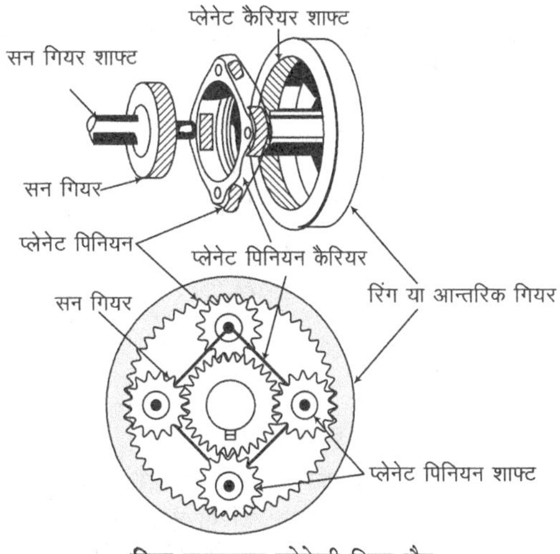

चित्र कम्पाउण्ड प्लेनेटरी गियर सैट

प्लेनेटरी गियर सैट में क्रम से गियर होते हैं, जिनमें से सन गियर एवं कई पिनियन गियर को रिंग गियर से जोड़ने के लिए एक कैरियर होता है। प्लेनेटरी गियर को प्लेनेटरी पिनियन भी कहा जा सकता है, क्योंकि ये गियर बिल्कुल सूर्य के समान घूर्णन करते हैं।

कार्यविधि Working Method

1. **प्रथम गियर** (First gear) प्रथम गियर में सन गियर ड्राइविंग गियर होता है, किन्तु यह ब्लॉक होता है जिस कारण प्लेनेट गियर रिंग गियर के आन्तरिक दाँतों पर घूमता है। इसके घूर्णन से उत्पन्न शक्ति कैरियर द्वारा आउटपुट शाफ्ट को ट्रांसमिट की जाती है।

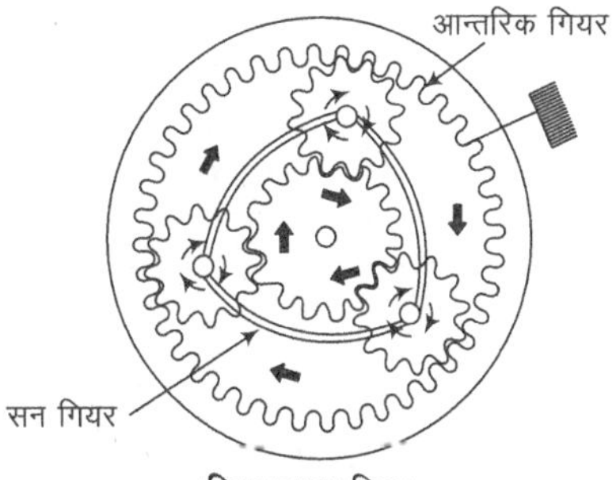

चित्र प्रथम गियर

2. **द्वितीय गियर** (Second gear) इसमें रिंग गियर ड्राइविंग गियर होता है तथा सन गियर ब्लॉक होता है। प्लेनेट गियर सन गियर के बाह्य दातों पर घूर्णन करता है। शक्ति कैरियर से आउटपुट शाफ्ट पर ट्रांसमिट की जाती है।
3. **तृतीय गियर** (Third gear) तृतीय गियर में प्लेनेटरी गियर को ब्लॉक किया जाता है जिससे यह घूर्णन नहीं करता है तथा यह ड्राइवर की भाँति व्यवहार करता है।

प्लेनेट कैरियर, आन्तरिक गियर के समान घूमते हैं और शक्ति प्लेनेट कैरियर से प्राप्त होती है।

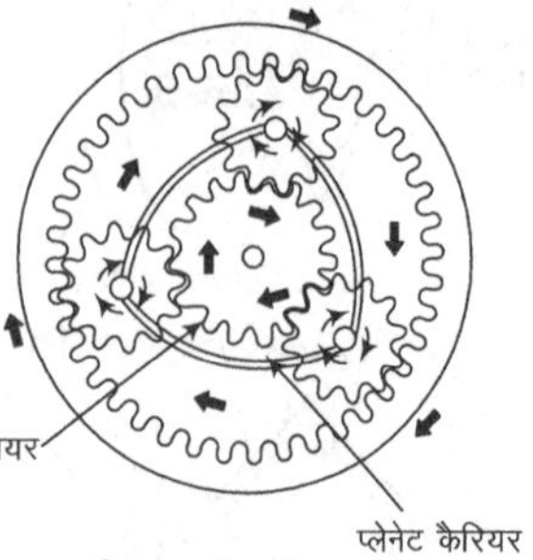

चित्र तृतीय गियर

तीन फॉरवर्ड तथा एक रिवर्स गति के साथ प्लेनेटरी गियर सैट की गियर शिफ्टिंग प्रदर्शित की गई है। सामान्यत: दो या तीन प्लेनेटरी गियर का सैट पर्याप्त गियर अनुपात (gear ratio) प्राप्त करने के लिए प्रयोग किया जाता है।

तालिका तृतीय गियर प्लेनेटरी गियर शिफ्टिंग

गियर	इनपुट	ब्रेक्ड	आउटपुट
1st गियर	S	I	PC
2nd गियर	I	S	PC
3rd गियर	S + 1	–	PC
रियर	S	PC	I
S-सन गियर	I-आन्तरिक गियर	PC-प्लेनेट कैरियर	

रिवर्स गियर (Reverse gear) रिवर्स गियर में प्लेनेट कैरियर को हटाया जाता है जिससे सन गियर को ड्राइविंग गियर तथा प्लेनेट गियर को रिंग गियर के घूर्णन के विपरीत दिशा में घूर्णन कराया जाता है

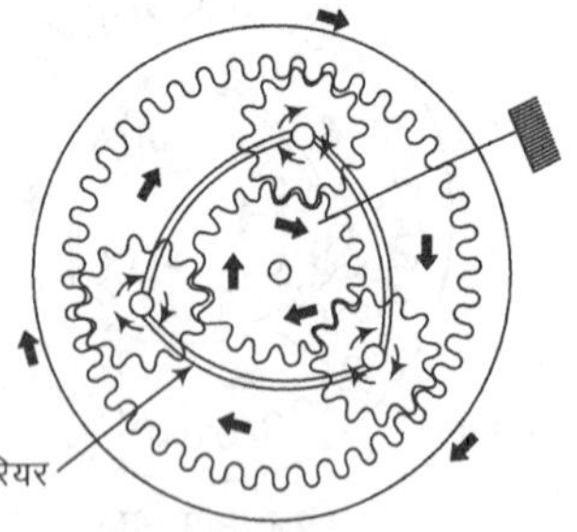

चित्र रिवर्स गियर

5.3 ऑटोमैटिक ट्रांसमिशन प्रणाली में प्रयुक्त अवयव Components Used in Automatic Transmission System

ऑटोमैटिक ट्रांसमिशन प्रणाली में वाहनों के अगले व पिछले पहियों को चलाने के लिए निम्न मुख्य अवयव प्रयोग किए जाते हैं

1. फ्रण्ट सर्वो Front Servo

यह सर्वो एक प्रकार का प्रैशर आरोपित (applied) व प्रैशर रिलीज सर्वो होता है, जिसके दोनों पिस्टन का क्षेत्रफल भिन्न होता है। इस सर्वो को फ्रण्ट क्लच के साथ एंगेज किया जाता है, जिससे यह द्वितीय गियर प्रदान करता है। इसके केन्द्रीय स्टेम पर पिस्टन से लगने वाला दाब स्थानान्तरित होता है, जिससे द्वितीय गियर एंगेज हो जाता है।

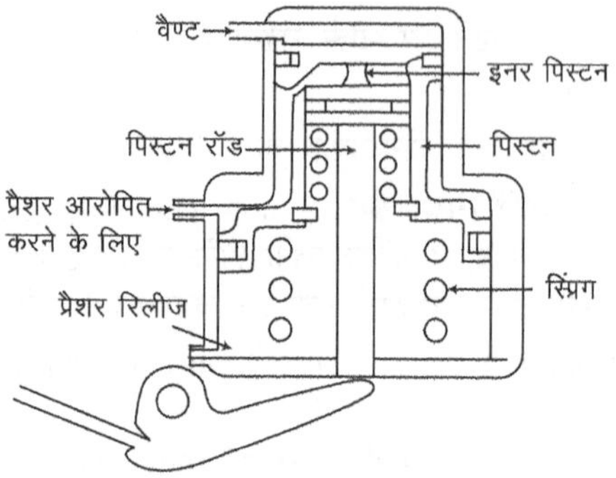

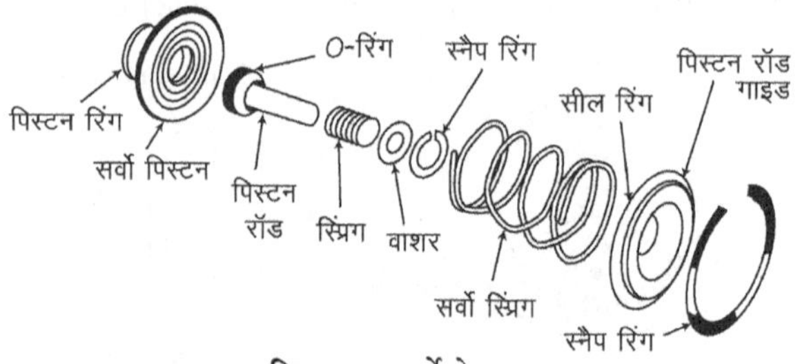

चित्र फ्रण्ट सर्वो के भाग

2. रियर सर्वो Rear Servo

यह प्रैशर सप्लाई या स्प्रिंग रिलीज टाइप का सर्वो होता है, जिसे रियर क्लच के साथ एंगेज किया जाता है। इस सर्वो के पिस्टन के केन्द्र पर लगा हुआ स्टेम, रॉकर आर्म के एक सिरे पर स्थिर होता है। यह बल को बैण्ड पर ट्रांसफर करता है। जब तरल डम्पड होता है, तब लीवर स्पाइरल स्प्रिंग के द्वारा बैण्ड ऑफ हो जाता है।

चित्र रियर सर्वो के भाग

3. ऑटोमैटिक ट्रांसमिशन ब्रेक बैण्ड Automatic Transmission Brake Band

वाहनों की ऑटोमैटिक ट्रांसमिशन प्रणाली में दो प्रकार के बैण्ड प्रयोग किए जाते हैं, जोकि निम्नवत् हैं

फ्रण्ट बैण्ड Front Band

यह इस्पात से निर्मित एक ऐसा बैण्ड होता है, जिसका एक सिरा फ्रण्ट सर्वो से तथा दूसरा ट्रांसमिशन केस पर लगा होता है।

इस बैण्ड का मुख्य कार्य प्लेनेटरी गियर सैट के कॉमन सन गियर को होल्ड करना है।

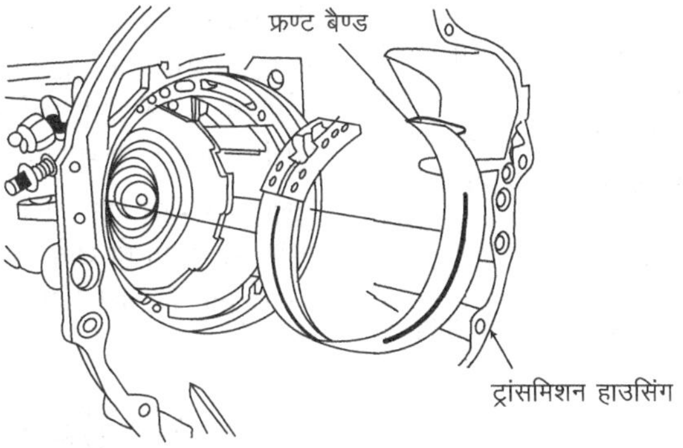

चित्र फ्रण्ट बैण्ड

रियर बैण्ड Rear Band

रियर बैण्ड की कार्यप्रणाली लगभग फ्रण्ट बैण्ड के समान ही होती है एवं आकृतिक रूप से भी यह फ्रण्ट बैण्ड के समान ही होता है, परन्तु रियर बैण्ड की होल्डिंग पावर, फ्रण्ट बैण्ड से उत्तम होती है एवं इसमें लिंक बार का प्रयोग भी नहीं किया जाता है।

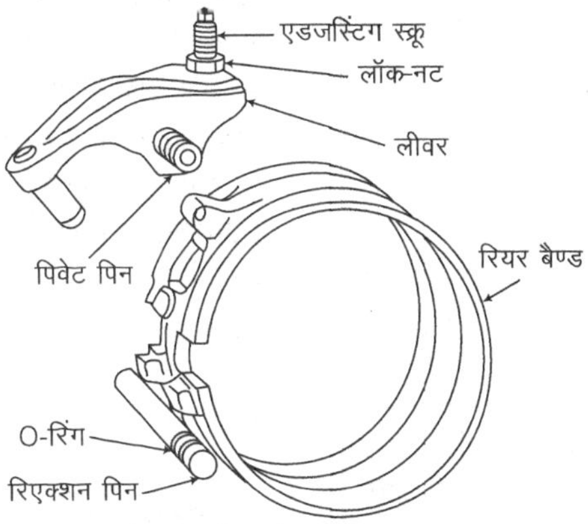

चित्र रियर बैण्ड

4. रियर क्लच Rear Clutch

इस क्लच की कार्यप्रणाली फ्रण्ट क्लच के समान ही होती है। इसमें प्रयोग किए जाने वाले पिस्टन का व्यास अपेक्षाकृत अधिक होता है। इस क्लच में प्रयुक्त अवयवों/भागों को नीचे चित्र में दर्शाया गया है। रियर क्लच रिटेनर, प्रैशर प्लेट, ड्राइविंग डिस्क, क्लच प्लेट एवं पिस्टन इसके मुख्य भाग होते हैं।

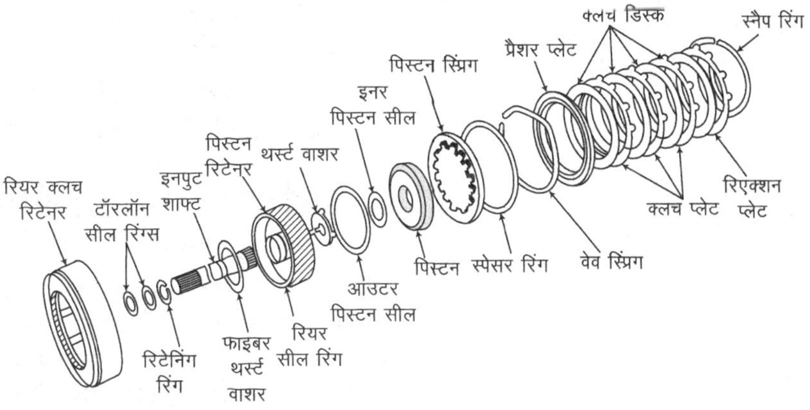

चित्र रियर क्लच के भाग

5. फ्रण्ट क्लच Front Clutch

क्लच प्लेट, ड्राइविंग डिस्क, प्रैशर प्लेट, पिस्टन व पिस्टन रिटर्न स्प्रिंग, क्लच रिटेनर इत्यादि इसके मुख्य भाग होते हैं। इसमें क्लच आरोपित (applied) करने के लिए क्लच रिटेनर एवं पिस्टन के मध्य दाब लगाया जाता है। इस दाब के कारण पिस्टन पीछे की तरफ मूव करता है और क्लच पैक पर दाब लगाता है। इस प्रकार इनपुट शाफ्ट के माध्यम से टॉर्क, क्लच प्लेट, ड्राइविंग डिस्क तथा प्रैशर प्लेट पर लगता है।

पिस्टन से प्रैशर हटाने पर स्प्रिंग वापस रिलीज अवस्था में आ जाती है, जिससे क्लच डिसएंगेज हो जाता है।

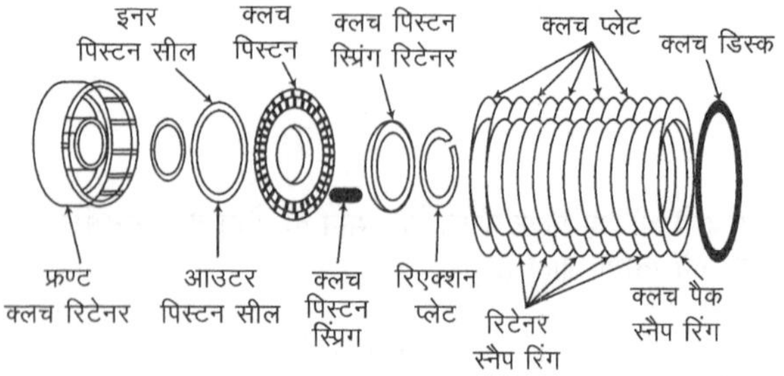

चित्र फ्रण्ट क्लच के भाग

6. क्लच पैक Clutch Pack

इस पैक के क्लच ड्रम के अन्दर की ओर अल्टरनेट डिस्क लगाई जाती है। स्प्लाइन वाली आधी डिस्क इस्पात से बनी होती है, जो ड्रम के अन्दर की ओर कटे हुए ग्रूव में फिट हो जाती है। बची हुई आधी डिस्क फ्रिक्शनल पदार्थ की बनी होती है, जिसके आन्तरिक किनारों पर स्प्लाइन कटे होते हैं। ड्रम के अन्दर लगा पिस्टन, क्लच प्लेट को निश्चित समय पर दबाने पर तेल के दाब से सक्रिय होता है। क्लच पैक से दो अवयव लॉक होकर एक युक्ति बन जाते हैं।

7. वन-वे क्लच One-way Clutch

यह क्लच एक ही दिशा में शक्ति का ट्रांसमिशन करता है। मुख्य शाफ्ट से शक्ति का ट्रांसमिशन, आउटपुट शाफ्ट की ओर होता है। इस क्लच का आन्तरिक ड्राइविंग मेम्बर, गियर बॉक्स की शाफ्ट से जुड़ा होता है, जबकि बाह्य ड्राइविंग मेम्बर, प्रोपैलर शाफ्ट से जुड़ा होता है।

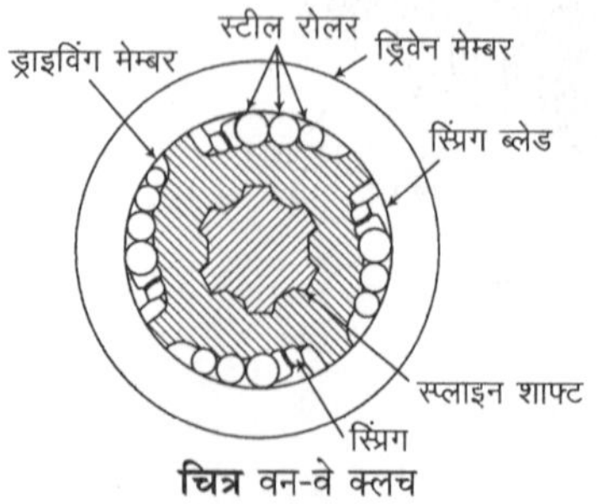

चित्र वन-वे क्लच

इस क्लच को स्प्रिंग क्लच, ओवर रनिंग क्लच एवं फ्री व्हील यूनिट के नाम से भी जाना जाता है।

वन-वे क्लच के ड्राइविंग मेम्बर के प्रत्येक स्टेप में विभिन्न आकार के तीव्र स्प्रिंग रोलर माउण्ट होते हैं। जब ड्राइविंग मेम्बर को घुमाया जाता है, तो ड्रिवेन मेम्बर भी ड्राइविंग मेम्बर की दिशा में घूमता है। यदि कोई वाहन चौपहिया क्लच को डिस्एंगेज करके नीचे की ओर आता है, तो आन्तरिक ड्राइविंग मेम्बर, बाह्य ड्राइविंग मेम्बर के साथ नहीं घूमेगा।

ड्राइविंग मेम्बर्स की इन स्थितियों के कारण ही इंजन तथा ट्रांसमिशन, व्हील से अलग हो जाते हैं, जिससे ईंधन की बचत होती है। अत: ढलानों पर वाहनों को चलाने पर ईंधन की बचत व ट्रांसमिशन में घिसाव कम होता है।

5.4 इलेक्ट्रॉनिक कण्ट्रोल ट्रांसमिशन Electronic Control Transmission

यह ऑटोमैटिक ट्रांसमिशन का ही एक प्रकार है। इसमें इलेक्ट्रॉनिक कण्ट्रोल टेक्नोलॉजी का प्रयोग करके, वाहनों में ट्रांसमिशन का कार्य सम्पन्न किया जाता है।

इस ट्रांसमिशन के मुख्य भाग सेन्सर, एक्चुऐटर एवं इलेक्ट्रॉनिक कण्ट्रोल यूनिट हैं। इस ट्रांसमिशन के अधिकतर भाग पूर्ण रूप से हाइड्रॉलिक कण्ट्रोल ट्रांसमिशन के समान ही होते हैं।

इसमें वाहन गति सेन्सर एवं थ्रॉटल स्थिति सेन्सर के द्वारा क्रमश: वाहन की गति व थ्रॉटल की ओपनिंग सेन्स की जाती है। इलेक्ट्रॉनिक कण्ट्रोल ट्रांसमिशन (ECT) में यह सूचना, इलेक्ट्रिक सिग्नल के रूप में भेजी जाती है।

इस सूचना के आधार पर ECT क्लच एवं ब्रेक के ऑपरेशन को तथा शिफ्ट प्वॉइण्ट्स की टाइमिंग व टॉर्क कन्वर्टर लॉक-अप को नियन्त्रित करता है।

1. इलेक्ट्रॉनिक कण्ट्रोल यूनिट Electronic Control Unit

यह एक प्रकार का मिनी कम्प्यूटर या माइक्रोप्रोसेसर होता है, जिसमें विभिन्न सेन्सर लगे होते हैं। वाहन में इलेक्ट्रॉनिक नियन्त्रण यूनिट का मुख्य कार्य इन्जेक्टर को व्यवस्थित रखना होता है। इसके साथ ही यह यूनिट इग्नीशन टाइमिंग, निष्क्रिय इंजन गति और फ्यूल पम्प का प्रचालन भी व्यवस्थित रखती है।

यह इंजन से परिस्थितिनुसार आँकड़े प्राप्त करती है और क्षणभर में ही इंजन की प्रचालन स्थिति को व्यवस्थित कर देती है।

2. ड्राइविंग पैटर्न स्विच सेलेक्ट करना Selecting Driving Pattern Switch

वांछित ड्राइविंग मोड (mode) 'नॉर्मल' या 'पावर' का चुनाव करके, ड्राइवर द्वारा पैटर्न सेलेक्ट स्विच को नियन्त्रित किया जाता है। स्विच की स्थिति के आधार पर ECT (इलेक्ट्रॉनिक कण्ट्रोल ट्रांसमिशन) तथा ECU (इलेक्ट्रॉनिक कण्ट्रोल यूनिट), शिफ्ट पैटर्न का चुनाव करते हैं तथा इसे लॉक-अप (lock-up) करती है। पावर मोड में अपशिफ्ट (upshift) उच्च गति पर होता है, जो थ्रॉटल की ओपनिंग पर निर्भर करता है।

उदाहरण के लिए; यदि तीसरा गियर नॉर्मल मोड में 50% थ्रॉटल पर 37 mph अपशिफ्ट होगा, तो यही थ्रॉटल पावर मोड में 47 mph पर होगा। इलेक्ट्रॉनिक कण्ट्रोल यूनिट के PWR टर्मिनल में नॉर्मल तथा पावर टर्मिनल होते हैं। जब नॉर्मल टर्मिनल का चुनाव किया जाता है, तब PWR पर वोल्टेज शून्य वोल्ट होती है। अत: जब ECU शून्य वोल्ट सेन्स करता है, तब इसका तात्पर्य यह है कि ECU में नॉर्मल मोड का चयन किया गया है। इसी प्रकार, जब पावर टर्मिनल का चुनाव किया जाता है, तो ECU के पावर टर्मिनल पर 12 वोल्ट वोल्टेज आरोपित होती है एवं पावर लाइट प्रदीप्त (illuminate) हो जाती है।

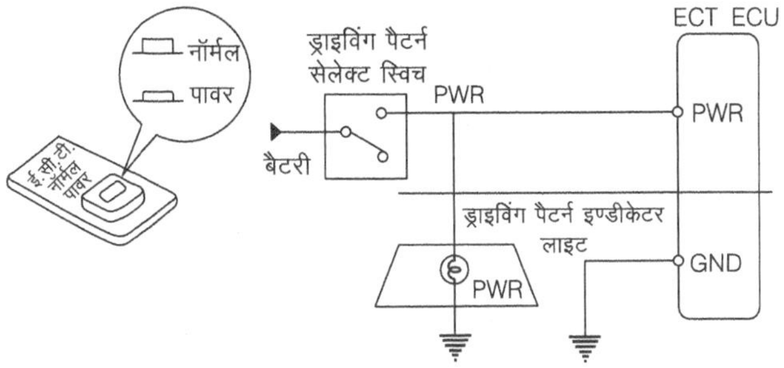

ड्राइविंग पैटर्न	PWR टर्मिनल वोल्टेज
नॉर्मल	0 V
पावर	12 V

चित्र ड्राइविंग पैटर्न स्विच सेलेक्ट करना

3. फुली हाइड्रॉलिकली कण्ट्रोल्ड ट्रांसमिशन
Fully Hydraulically Controlled Transmission

यह ट्रांसमिशन पूर्ण रूप से हाइड्रॉलिकली कण्ट्रोल होता है। इस ट्रांसमिशन में दो ड्राइविंग पैटर्न (ड्राइविंग पैटर्न डाउनशिफ्ट एवं अपशिफ्ट) टाइमिंग ट्रांसमिशन के लिए बनाए जाते हैं। इन दोनों पैटर्न में से चालक (driver) उस पैटर्न को सलैक्ट करता है, जो ड्राइविंग परिस्थितियों के लिए सर्वोत्तम होता है।ये दो पैटर्न निम्न प्रकार हैं

(i) **पावर मोड** (Power mode) इस ट्रांसमिशन मोड में बहुत ही कम समय में गियर को परिवर्तित किया जा सकता है। उच्च त्वरण एवं तेज ड्राइविंग, इस मोड के मख्य गुण हैं। इस मोड में नॉर्मल मोड से अधिक गति पर बाह्य डाउन-शिफ्ट तथा अप-शिफ्ट होती हैं।

(ii) **नॉर्मल मोड** (Normal mode) इस मोड में गियर बदलना अपेक्षाकृत आसान होता है। इस मोड में ईंधन की खपत भी कम होती है। इस मोड का प्रयोग हाई-वे, सामान्य शहर इत्यादि में शिफ्ट पैटर्न के लिए किया जाता है।

5.5 ऑटोमैटिक ट्रांसमिशन मोड
Automatic Transmission Mode

परम्परागत रूप से ट्रांसमिशन ऑपरेटिंग मोड का चयन करने के लिए ड्राइवर एक स्टीयरिंग कॉलम या वाहन के फर्श (आगे की सीट के मध्य) पर स्थित सेलेक्टर लीवर को मूव करता है। इस सेलेक्टर लीवर पर अक्षर तथा अंक चिन्हित होते हैं। मोड का चयन करने के लिए या मैनुअल रूप से विशिष्ट गियर अनुपात का चयन करने के लिए ड्राइवर को एक बटन (जिसे शिफ्ट लॉक बटन कहते हैं) पुश या एक हैण्डिल को पुल (केवल कॉलम माउण्टिड शिफ्टर) करना पड़ता है। एक गियर बॉक्स के गियर सेलेक्टर में ट्रांसमिशन मोड का चयन करने के लिए निम्न विकल्प होते हैं

P R N D 2 1

वाहनों में तीन स्पीड वाले गियर बॉक्सों में उपरोक्त अंक तथा अक्षर होते हैं अर्थात् तीन गियर अनुपात वाले गियर बॉक्स में दो अंक, पाँच गियर अनुपात वाले गियर बॉक्स में चार अंक एवं चार गियर अनुपात युक्त गियर बॉक्स में तीन अंक होते हैं। इनका वर्णन निम्न प्रकार है

P-पार्क *P*-Park

यह चयन, ट्रांसमिशन के आउटपुट शाफ्ट को यान्त्रिक रूप से लॉक कर देता है। यह वाहन को किसी भी दिशा में जाने से रोकता है। P (parking pawl) गियर बॉक्स की केसिंग पर माउण्ट होता है एवं यह उस गियर से एंगेज होता है, जो गियर बॉक्स की आउटपुट शाफ्ट के साथ जुड़ा होता है। वर्तमान समय में व्हीकल इलेक्ट्रॉनिक कण्ट्रोल ट्रांसमिशन प्रणाली के साथ फिट किए जाते हैं। इस प्रणाली में बिना आन्तरिक स्विचिंग तथा बिना ब्रेक पैडल दबाए ही पार्क (park) चयन के डिसएंगेजमेन्ट को रोका जा सकता है।

चित्र वाहन गियर सेलेक्टर

R-रिवर्स *R*-Reverse

यह ट्रांसमिशन में रिवर्स गियर को जोड़ता है। यह वाहन को पीछे की ओर रिवर्स में मूवमेन्ट करता है। अधिकांश ट्रांसमिशन में रिवर्स का चयन करने के लिए, ड्राइवर को वाहन को पूर्ण रूप से रोकना पड़ता है। रिवर्स में केवल एक ही गियर अनुपात होता है।

N-न्यूट्रल *N*-Neutral

यह ट्रांसमिशन से सभी गियर ट्रेन को डिस्एंगेज कर देता है अर्थात् इसमें कोई ड्राइव आरोपित नहीं होती है। इसमें इंजन तथा ट्रांसमिशन प्रणाली बिना शक्ति के रन कर सकते हैं। इस गियर सेलेक्टर में ट्रांसमिशन प्रभावशाली रूप से ड्राइव व्हील्स से डिस्कनैक्ट हो जाता है एवं वाहन बिना इंजन के वाहक बल के अपने भार एवं संवेग के द्वारा फ्री मूवमेन्ट करते हैं।

D-ड्राइव *D*-Drive

सेलेक्टर लीवर की यह स्थिति, ट्रांसमिशन को फॉरवर्ड गियर अनुपात के पूर्व परास से एंगेज (engage) करती है। यह वाहन को फॉरवर्ड दिशा में मूवमेन्ट प्रदान करती है।

यह एक सामान्य ऑपरेटिंग मोड है, जिसमें ऑटोमैटिक सलैक्शन, ड्राइविंग तथा ऑपरेटिंग स्थिति पर निर्भर करता है। इसमें गियरों की संख्या वाहन के प्रकार व मॉडल संख्या पर निर्भर करती है।

2-द्वितीय गियर 2-Second Gear

इस गियर में केवल द्वितीय गियर तक ट्रांसमिशन एंगेज रहता है। इससे ऊपर के गियर अर्थात् तृतीय व चतुर्थ गियर इसमें एंगेज नहीं हो सकते हैं। यह प्रथम गियर से द्वितीय गियर एवं द्वितीय गियर से प्रथम गियर को ऑटोमैटिक बदलने की अनुमति प्रदान करता है।

1-प्रथम गियर 1-First Gear

यह गियर निम्नतम गियर अनुपात प्रदान करता है। इस गियर में कोई व्हीलिंग एक्शन न होने के कारण यह इंजन को ब्रेकिंग के लिए उपयुक्त बनाता है। सेलेक्टर लीवर की इस स्थिति में गियर हमेशा प्रथम गियर में रहता है एवं यह ऑटोमैटिक ही द्वितीय गियर में नहीं बदलता है।

5.6 ऑटोमैटिक ट्रांसमिशन में पावर प्रवाह Power Flow in Automatic Transmission

ऑटोमैटिक ट्रांसमिशन में पावर प्रवाह दो प्रकार से किया जा सकता है

1. उच्च परास पावर प्रवाह
2. निम्न परास पावर प्रवाह

1. उच्च परास पावर प्रवाह High Range Power Flow

उच्च परास पावर प्रवाह को चित्र द्वारा दर्शाया गया है। इसमें सेलेक्टर लीवर के अनुसार वांछित गियर अनुपात प्राप्त करने के लिए, फ्रण्ट क्लच अन्य अवयवों के सभी फॉरवर्ड गियरों में एंगेज होता है।

जब सेलेक्टर लीवर से D को सेलेक्ट किया जाता है, तब वन-वे क्लच, रिएक्शन मेम्बर के समान कार्य करता है तथा फ्रण्ट क्लच एंगेज होता है। यह रिएक्शन मेम्बर, प्लेनेट कैरियर को होल्ड करता है तथा इनपुट शाफ्ट को विपरीत दिशा में घूर्णन करने से रोकता है।

प्राइमरी सन गियर से फ्रण्ट क्लच को संयोजित किया जाता है, जिसके द्वारा इनपुट शाफ्ट के माध्यम से पावर का प्रवाह होता है। इसके घूमने की दिशा क्लॉकवाइज होती है।

प्राइमरी सन गियर के क्लॉकवाइज घूमने से प्राइमरी पिनियन भी उसी दिशा में घूमती है, क्योंकि प्राइमरी सन गियर, प्राइमरी पिनियन के साथ मैश (mash) होता है। अत: प्रथम गियर के गियर अनुपात में 2.39 : 1 की कमी आती है। प्राइमरी पिनियन के क्लॉकवाइज घूमने से सेकेण्डरी पिनियन, पिन के सापेक्ष लॉक प्लेनेट कैरियर पर एण्टीक्लॉकवाइज घूमती है। उच्च टॉर्क एवं निम्न गियर अनुपात के साथ आउटपुट शाफ्ट तथा सेकेण्डरी पिनियन के द्वारा रिंग गियर क्लॉकवाइज दिशा में घूर्णन करते हैं।

प्राइमरी सन गियर, सेकेण्डरी सन गियर के विपरीत दिशा में मुक्त रूप से घूमता है।

जब ओवर रन स्थिति होती है, तब टॉर्क विपरीत दिशा में होता है, जिससे वन-वे क्लच अनलॉक होकर प्लेनेट कैरियर को घूमने देता है।

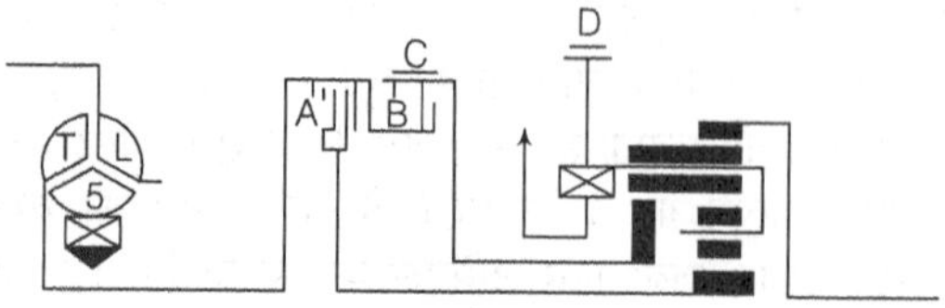

सलैक्टर लीवर स्थिति	प्रयुक्त गियर	A (फ्रण्ट क्लच)	B (रियर क्लच)	C (फ्रण्ट बैण्ड)	D (रियर बैण्ड)	E (वन-वे क्लच)
1	प्रथम	H			H	
D	प्रथम	H				H
2	द्वितीय	H		H		
D	द्वितीय	H		H		
D	तृतीय	H	H			
N	न्यूट्रल					
R	रिवर्स		H		H	
P	पार्क				H	

चित्र ऑटोमैटिक ट्रांसमिशन में पावर प्रवाह

अत: टॉर्क की प्रतिक्रिया, ओवर रन स्थिति में फ्रण्ट बैण्ड के द्वारा होती है, जिसे किसी भी दिशा में होल्ड (hold) किया जा सकता है। इससे द्वितीय गियर के गियर अनुपात में 1.45 : 1 की कमी होती है, लेकिन फ्रण्ट क्लच तब एंगेज होता है, जब ट्रांसमिशन द्वितीय गियर से तृतीय गियर में होता है। फ्रण्ट बैण्ड के डिस्एंगेज होने की स्थिति में गियर क्लच लगाया जाता है। अत: गियर क्लच के द्वारा सेकेण्डरी सन गियर एवं फ्रण्ट क्लच के द्वारा प्राइमरी सन गियर से इनपुट शाफ्ट लॉक हो जाती है। इस प्रकार दोनों गियर इनपुट से लॉक (lock) हो जाते हैं और पूर्ण गियर सैट एक यूनिट के रूप में घूर्णन करता है।

2. निम्न परास पावर प्रवाह Low Range Power Flow

निम्न परास पावर प्रवाह में फ्रण्ट क्लच तथा रियर बैण्ड को सेलेक्टर लीवर की स्थिति 1 में आरोपित किया जाता है। केसिंग के द्वारा प्लेनेट कैरियर को रियर बैण्ड लॉक कर देता है। ड्राइव स्थिति में गियर सैट के माध्यम से पावर प्रवाह सामान्यत: सेलेक्टर लीवर D के द्वारा होता है। रिंग गियर को 2.39 : 1 में घुमाने के लिए प्राथमिक सन गियर तथा छोटी-बड़ी पिनियन से फ्रण्ट क्लच के द्वारा ड्राइव को ट्रांसमिट किया जाता है।

ओवर-रन स्थिति में वाहन के इंजन की ब्रेकिंग की जाती है, जिस कारण लॉक प्लेनेट कैरियर, रिएक्शन मेम्बर के समान कार्य करता है। रियर बैण्ड व रियर क्लच को रिवर्स गियर में आरोपित किया जाता है।

यह रियर बैण्ड केसिंग से प्लेनेट को लॉक कर देता है। रियर क्लच, सेकेण्डरी सन गियर की टरबाइन से इनपुट शाफ्ट को लॉक कर देता है।

इनपुट शाफ्ट के घूर्णन के कारण सेकेण्डरी सन गियर क्लॉकवाइज दिशा में घूमता है और सेकेण्डरी पिनियन, लॉक प्लेनेट कैरियर पर एण्टीक्लॉकवाइज घूमता है। इससे आउटपुट शाफ्ट 2.09 : 1 के गियर अनुपात से विपरीत दिशा में घूर्णन करती है एवं रिंग गियर भी घूमता है।

5.7 हाइड्रॉलिक प्रणाली
Hydraulic System

यह प्रणाली एक द्रव आधारित प्रणाली है। यह वाहन की गति को विभिन्न तरल दबाव में बदलती है, जिससे वाहन की शिफ्ट टाइमिंग सुनिश्चित होती है। इस प्रणाली में मुख्यत: एक वाल्व बॉडी, एक गवर्नर वाल्व एवं एक पम्प अवयव होती है।

पम्प के ड्राइव गियर को टॉर्क कन्वर्टर के पम्प इम्पैलर से जोड़ा जाता है। वाहन के इंजन एवं इम्पैलर की गति समान होती है। ड्राइव पिनियन से हाइड्रॉलिक्स प्रणाली का गवर्नर वाल्व चाल प्राप्त करता है एवं ड्राइव पिनियन शाफ्ट के घूर्णन को हाइड्रॉलिक संकेतों में परिवर्तित करके वाल्व बॉडी को प्रदान कर देती है।

इस वाल्व बॉडी में बहुत से रास्ते बने होते हैं, जिनके द्वारा ट्रांसमिशन द्रव प्रवाहित होता है। इन विभिन्न रास्तों को खोलने एवं बन्द करने के लिए विभिन्न प्रकार के वाल्व लगे होते हैं।

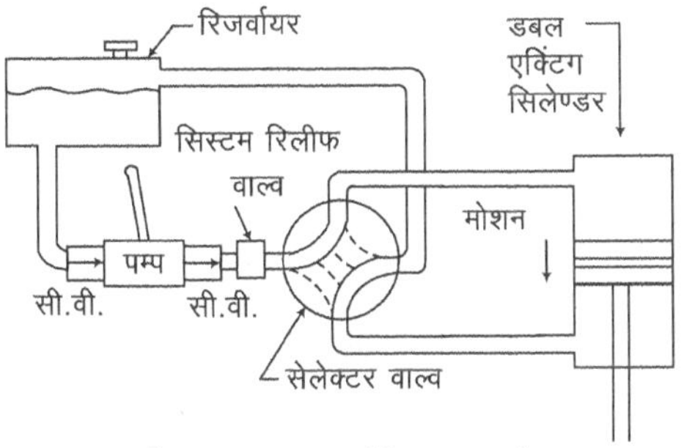

चित्र सामान्य हाइड्रॉलिक्स प्रणाली

वाहनों में हाइड्रॉलिक प्रणाली का प्रयोग निम्न उद्देश्यों की पूर्ति के लिए किया जाता है

1. ऊर्जा ह्रास को कम या नगण्य करने हेतु।
2. अपेक्षाकृत बहुत कम बल लगाकर अत्यधिक कार्य प्राप्त करने हेतु।
3. क्षणिक मात्र में ही प्रतिक्रिया प्राप्त करने हेतु।
4. अनुरक्षण एवं मरम्मत कार्य में कमी करने हेतु।
5. अपेक्षाकृत उच्च दक्षता प्राप्त करने के उद्देश्य से।
6. शोरमुक्त एवं आरामदायक वातावरण स्थापित करने के उद्देश्य से।

हाइड्रॉलिक प्रणाली के मुख्य अवयव
Main Components of Hydraulic System

इस प्रणाली के मुख्य अवयव निम्न प्रकार हैं

पम्प Pump

यह हाइड्रॉलिक प्रणाली को प्रचालित करने में तरल पर बल लगाने का कार्य करता है। इसे इंजन गति पर ही टॉर्क कन्वर्टर पर लगे टैंग द्वारा चलाया जाता है। रिजर्वायर ही आवश्यक तरल, पम्प को प्रदान करता है। तरल में से गन्दे कण हट जाएँ इसलिए तरल को फाइन स्क्रीन फिल्टर के द्वारा पम्प को प्रदान किया जाता है।

रेगुलेटर Regulator

हाइड्रॉलिक प्रणाली में दो प्रकार के रेगुलेटर प्रयोग किए जाते हैं

प्राइमरी रेगुलेटर (Primary regulator) यह मैनुअल वाल्व के दबाव को नियन्त्रित रखता है। इस कार्य के लिए स्पूल वाल्व का प्रयोग किया जाता है।

सेकेण्डरी रेगुलेटर (Secondary regulator) यह रेगुलेटर प्रैशर रिड्यूसर की भाँति कार्य करता है, क्योंकि कन्वर्टर के लिए लाइन प्रैशर का मान बहुत अधिक हो जाता है।

गवर्नर Governor

आउटपुट शाफ्ट की स्पीड ज्ञात करने के लिए ऑटोमैटिक गियर बॉक्स में प्रयुक्त मैकेनिकल गवर्नर, हाइड्रॉलिक गवर्नर तथा इलेक्ट्रॉनिक स्पीड गवर्नर में से किसी एक गवर्नर का प्रयोग किया जाता है। इनका वर्णन निम्न प्रकार है

मैकेनिकल गवर्नर (Mechanical governer) इस गवर्नर में अपकेन्द्रीय प्रणाली का प्रयोग किया जाता है। इसमें दो फ्लाईवेट लगे होते हैं। इसे चलाने के लिए गियर बॉक्स की आउटपुट शाफ्ट का प्रयोग किया जाता है। जब गवर्नर एवं शाफ्ट घूर्णन करने लगते हैं, तो उस समय गियर की आउटपुट शाफ्ट की गति परिवर्तित हो जाती है, जिससे स्प्रिंग के प्रतिरोध के विरुद्ध फ्लाईवेट द्वारा एक बल कार्य करता है।

फ्लाईवेट के प्रचलित होने से स्पूल वाल्व सक्रिय हो जाता है। स्पूल वाल्व, गियर परिवर्तन को नियन्त्रित करता है। वर्तमान समय में इस स्पीड सेन्सिंग गवर्नर का उपयोग अप्रचलित हो गया है।

हाइड्रॉलिक गवर्नर (Hydraulic governor) इस गवर्नर में एक स्पूल वाल्व का प्रयोग किया जाता है। स्पूल वाल्व के घूमने से ही अपकेन्द्रीय बल कार्य करता है, जिसके द्वारा तरल पर दाब की मात्रा बढ़ जाती है।

इलेक्ट्रॉनिक स्पीड गवर्नर (Electronic speed governor) इस गवर्नर में गियर बॉक्स की आउटपुट शाफ्ट पर एक सेन्सर लगाया जाता है, जिससे वाहन की गति के विषय में सूचना प्राप्त होती रहती है। वर्तमान समय में इस गवर्नर का उपयोग सर्वाधिक किया जाता है।

गवर्नर प्रैशर Governor Pressure

गर्वनर का प्रैशर, वाहन की गति के साथ बढ़ता है। पुराने वाहनों में मैकेनिकल गवर्नर होते थे जिनमें स्प्रिंग, सेन्ट्रीफ्यूगल भार, तथा एक स्पूल वाल्व होता था, जो इस प्रैशर को कण्ट्रोल करते थे। गवर्नर प्रैशर, ट्रांसमिशन को ऊपर उठाता है और थ्रॉटल प्रैशर इसे नीचे गिराता है।

वाल्व बॉडी Valve Body

इसके अन्तर्गत शीर्ष वाल्व बॉडी, निचली वाल्व बॉडी एवं मैनुअल वाल्व बॉडी आती हैं। इसका उपयोग तेल के दबाव को नियन्त्रित करने में किया जाता है। यह क्लच, ब्रेक एवं ऑटोमैटिक शिफ्ट को नियन्त्रित करने वाली असेम्बली कहलाती है।

रिजर्वायर Reservoir

हाइड्रॉलिक प्रणाली में तरल (fluid) की अधिक मात्रा को रिजर्वायर रोककर रखता है। रिजर्वायर का निर्माण तरल में से धूल इत्यादि के कणों को अलग करने के लिए भी किया जाता है।

एक्युमुलेटर Accumulator

एक्युमुलेटर हाइड्रॉलिक मशीनरी का वह सामान्य भाग है, जो दाबित गैसों के प्रयोग द्वारा ऊर्जा को संरक्षित करता है।

किकडाउन दबाव Kickdown Pressure

वाहन को चलाते समय ओवरटेक होने की स्थिति में ड्राइवर को तुरन्त एक्सीलेरेटर की आवश्यकता पड़ती है एवं तुरन्त वाहन के लोअर गियर (lower gear) में परिवर्तन भी करना पड़ता है। एक्सीलेरेटर पैडल को एक स्थिति तक दबाकर यह कार्य किया जा सकता है, इस स्थिति को किकडाउन दबाव कहते हैं।

मॉड्यूलेटर वाल्व प्रैशर Modulator Valve Pressure

आजकल ऑटोमैटिक गियर बॉक्स के साथ कुछ विशेष परिस्थितियों में रेगुलेटर वाल्व की थ्रॉटल लाइन में दबाव को कम करने के लिए मॉड्यूलेटर वाल्व के द्वारा दबाव दिया जाता है। इसके द्वारा रेगुलेटर पर लगने वाले थ्रॉटल दबाव के उतार-चढ़ाव को नियन्त्रित किया जाता है।

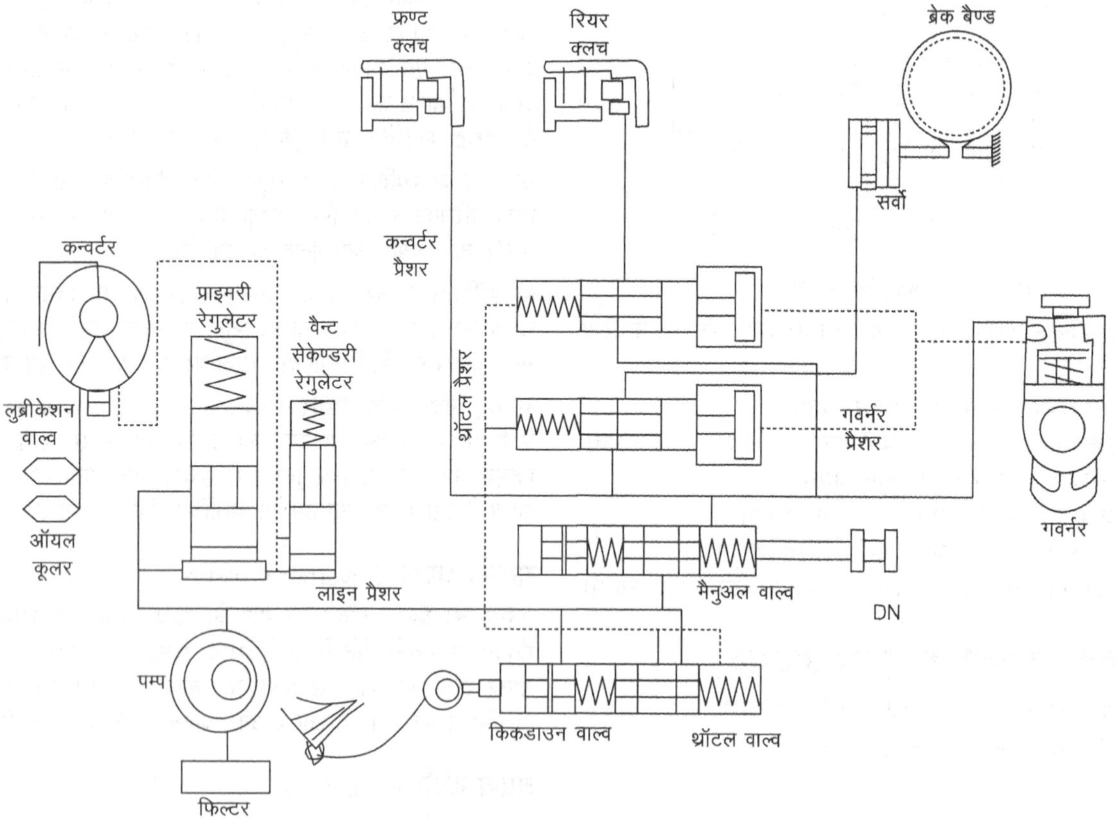

चित्र हाइड्रॉलिक परिपथ

हाइड्रॉलिक्स प्रणाली में प्रयुक्त विभिन्न वाल्व
Different Valves Used in Hydraulics System

हाइड्रॉलिक्स प्रणाली में विभिन्न प्रकार के वाल्व प्रयोग किए जाते हैं, जोकि निम्नवत् हैं

1. रेगुलेटर वाल्व Regulator Valve

इस वाल्व का प्रयोग हाइड्रॉलिक प्रणाली में हाइड्रॉलिक लाइन की पूर्व निर्धारित प्रैशर सीमा को बनाए रखने के लिए किया जाता है। इसे रिलीफ वाल्व भी कहते हैं। ये मुख्यत: तीन प्रकार के होते हैं

(i) **स्पूल वाल्व** (Spool valve) इस वाल्व को हाथ द्वारा, स्प्रिंग द्वारा या हाइड्रॉलिक दाब द्वारा प्रचालित किया जाता है। यह वाल्व सामान्यत: प्लन्जर वाल्व के समान ही होता है। इस वाल्व के केन्द्र का क्षेत्रफल अपेक्षाकृत कम होता है। वाल्व का यह क्षेत्रफल तरल के प्रवाह को नियन्त्रित करता है।

(ii) **डिफरैन्शियल स्पूल वाल्व** (Differential spool valve) इस वाल्व में संयोजित दो स्पूल प्लन्जर अलग-अलग व्यास के होते हैं। जब हाइड्रॉलिक्स प्रणाली में फ्लूड के दाब को बढ़ाया जाता है, तो स्पूल दायीं ओर गतिमान हो जाता है। इस वाल्व के चैम्बर में स्प्रिंग लगी होती है, जो स्पूल के मूवमेन्ट को नियन्त्रित करती है। यह स्प्रिंग वाल्व के पीछे बढ़ने वाले दाब को भी रोकती है। निर्धारित मान से अधिक प्रैशर (pressure) होने पर स्पूल पोर्ट अनकवर हो जाता है, जिससे तरल बाहर की ओर फैल जाता है।

(iii) **बॉल तथा पिस्टन वाल्व** (Ball and piston valve) इस वाल्व की कार्यविधि प्रैशर रिलीफ वाल्व के समान ही होती है। जब वाल्व पर आरोपित दबाव इस वाल्व में प्रयुक्त स्प्रिंग पर लगने वाले दबाव से अधिक थ्रर्स्ट (thurst) उत्पन्न करता है, तो वाल्व लिफ्ट हो जाता है, जिससे दबाव इस सीमा से आगे नहीं बढ़ पाता है।

2. कण्ट्रोल वाल्व Control Valve

इस वाल्व का प्रयोग हाइड्रॉलिक लाइन में तरल को भेजने के लिए किया जाता है। कण्ट्रोल वाल्व बाधित क्लच या ब्रेक को सक्रिय एवं नियन्त्रित करता है।

3. मैनुअल वाल्व Manual Valve

इस वाल्व के द्वारा विभिन्न वाल्वों, क्लचों तथा ब्रेकों को तरल वितरित होता है। यह वाल्व सामान्यत: एक स्विच के समान कार्य करता है। यह ड्राइवर के सेलेक्टर लीवर से जुड़ा होता है। चाल के अनुसार लीवर का चयन करके ट्रांसमिशन को शिफ्ट करके P, R, N, D, 2 इत्यादि परासों में लाया जाता है।

4. मैनुअल कण्ट्रोल वाल्व Manual Control Valve

इस वाल्व की स्थिति (position) चालक द्वारा गियर के पोजिशन सैट से फिक्स (Fix) की जाती है। यह वाल्व, रॉड या केबिल के द्वारा गियर सेलेक्टर लीवर से जोड़ा जाता है जिसमें यह वाल्व पहियों के मूवमेन्ट को नियन्त्रित करता है। इस स्थिति में वाल्व का मूवमेन्ट लीवर पर निर्भर करता है। लीवर ही वाल्व को प्रचालित करता है एवं पोर्ट को अनकवर (uncover) करता है, जिससे गियर रिवर्स या फॉरवर्ड स्थिति में आता है।

5. प्रैशर सेन्सिटिव कण्ट्रोल वाल्व
Pressure Sensitive Control Valve

इस कण्ट्रोल वाल्व को हाइड्रॉलिक प्रणाली के गवर्नर के परिपथ से जोड़ा जाता है। यह वाल्व, प्रैशर को सेन्स (sense) करता है। इस कार्य में गवर्नर का प्रयोग किया जाता है। कण्ट्रोल परिपथ को गवर्नर के फ्लूड परिपथ से जोड़ देते हैं, जोकि प्रैशर को सेन्स करता है।

6. शिफ्ट वाल्व Shift Valve

हाइड्रॉलिक परिपथ में दो शिफ्ट वाल्व का प्रयोग किया जाता है। एक शिफ्ट वाल्व, प्रथम तथा द्वितीय गियर में अप तथा डाउन में हुए परिवर्तन को नियन्त्रित करता है, जबकि दूसरा वाल्व, द्वितीय एवं तृतीय गियर में अप तथा डाउन में हुए परिवर्तन को नियन्त्रित करता है। प्रथम शिफ्ट वाल्व को 1-2 चेंज एवं दूसरे शिफ्ट वाल्व को 2-3 चेंज वाल्व कहते हैं।

7. हाइड्रॉलिक वाल्व Hydraulic Valve

इसे हाइड्रॉलिक गवर्नर भी कहते हैं। यह रैगुलेटर वाल्व का ही प्रकार है। इस वाल्व के द्वारा तरल के दाब को वाहनों की गति के अनुसार घटाया या बढ़ाया जा सकता है। यह वाल्व प्राप्त दाब को शिफ्ट वाल्व के सिरों पर आरोपित करता है, जिससे शिफ्ट वाल्व प्रचालित होता है एवं अगले गियर का चयन होता है।

8. किकडाउन वाल्व Kick-down Valve

वाहन को चलाते समय गियर बदलने की आवश्यकता होती है, जिससे एक्सीलेरेटर पैडल में मूवमेन्ट होता है। एक्सीलेरेटर पैडल के इस मूवमेन्ट को किकडाउन वाल्व ऑपरेट करता है। इस वाल्व को हाइड्रॉलिक प्रणाली में थ्रॉटल वाल्व तथा कैम के मध्य संयोजित किया जाता है।

5.8 सतत् परिवर्तनीय ट्रांसमिशन
Continuously Variable Transmission; CVT

सतत् परिवर्तनीय ट्रांसमिशन (CVT) सामान्यत: ऑटोमैटिक ट्रांसमिशन का ही प्रकार है, जो निम्न ईंधन खपत, उत्तम ड्राइविंग एवं अधिक उपयोगी पावर प्रदान करता है। इसमें गियरों का सैट होता है, जो विभिन्न अनुपात की गति प्रदान करता है।

सतत् परिवर्तनीय ट्रांसमिशन को सिंगल-स्पीड ट्रांसमिशन, स्टैपलेस ट्रांसमिशन, पुली ट्रांसमिशन इत्यादि के नाम से भी जाना जाता है। CVT की फ्लैक्सिबिलिटी इनपुट शाफ्ट को नियत कोणीय वेग बनाए रखने की अनुमति प्रदान करती है।

इस ट्रांसमिशन में दो गियरों के स्थान पर एक बैल्ट से दो पुली जुड़ी होती हैं। इंजन एक पुली को घूर्णन प्रदान करता है एवं दूसरी पुली पहियों के ट्रांसमिशन से जुड़ी होती है। एक पुली का आकार दूसरी पुली की अपेक्षा बड़ा होता है, जैसा कि गियर्स में होता है।

अत: CVT प्रणाली में बैल्ट, जोकि धातु की बनी होती है एवं ड्राइविंग व ड्रिवेन पुली मुख्य अवयव होते हैं। इसके अतिरिक्त सेन्सर, क्लच, एपीसाइक्लिक गियर भी इस प्रणाली में प्रयोग किए जाते हैं।

कार्यविधि Working Method

इस ट्रांसमिशन में इंजन की क्रैंकशाफ्ट से ड्राइविंग पुली जुड़ी होती है एवं ड्रिवेन पुली, वाहन की ड्राइविंग शाफ्ट से जुड़ी होती है। यह ड्राइविंग शाफ्ट को गति स्थानान्तरित करती है। इन दोनों पुली में परस्पर सामने 20° के दो कोण होते हैं। जब पुली के दोनों कोन एक-दूसरे के समीप रहते हैं, तब पुली का व्यास बढ़ जाता है एवं बैल्ट ग्रूव में ऊपर की ओर चली जाती है।

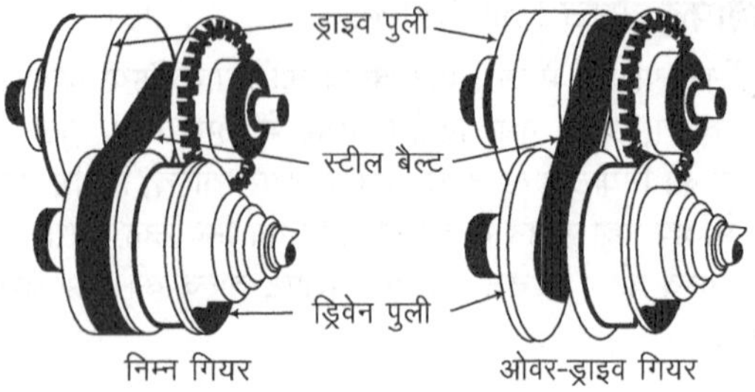

चित्र CVT ट्रांसमिशन प्रणाली

इसी प्रकार जब दोनों पुलियों के कोण एक-दूसरे से दूर हो जाते हैं, तब बैल्ट ग्रूव में नीचे की ओर जातीं है एवं पुली का व्यास भी कम हो जाता है। इस ट्रांसमिशन में जब ड्राइविंग पुली के व्यास में वृद्धि हो जाती है तब ड्रिवेन पुली का व्यास कम हो जाता है अर्थात् एक पुली का व्यास कम होने पर दूसरी पुली का व्यास बढ़ जाता है, जिससे दोनों पुलियों पर चढ़ी बैल्ट हमेशा तनाव में रहती है। ड्राइविंग पुली का व्यास, ड्रिवेन पुली के व्यास से अधिक होने पर उच्च गियर प्राप्त होता है। इसी प्रकार जब ड्राइविंग पुली का व्यास, ड्रिवेन पुली के व्यास की अपेक्षा कम होता है, तब निम्न गियर प्राप्त होता है। अत: एक-दूसरे के सापेक्ष दोनों पुलियों के व्यास परिवर्तन से ही अनन्त गियर अनुपात प्राप्त होता है। यह प्रणाली अगले व्हील ड्राइव (front wheel drive) वाले वाहनों के लिए उत्तम यूनिट है। इस प्रणाली का मुख्य अवगुण 'V' बैल्ट का जल्दी घिसना है, जब इंजन का टॉर्क बढ़ता है, तब बैल्ट अधिक जल्दी घिसती है।

CVT प्रणाली में प्रयुक्त अवयव
Components Used in CVT System

CVT प्रणाली में निम्न अवयवों का प्रयोग किया जाता है

1. स्टील बैल्ट Steel Belt

बैल्ट का प्रयोग इंजन की शक्ति को एक शाफ्ट से अन्य शाफ्ट पर स्थानान्तरित करने के लिए किया जाता है।

CVT ट्रांसमिशन में अधिकतर स्टील बैल्ट का प्रयोग किया जाता है। इस धातु की बैल्ट में लगभग 300 वैज आकृति के स्टील सेगमेन्ट्स को कई सतहों वाली समान्तर स्टील स्ट्रैप या बैण्ड पर फिट किया जाता है।

ये वैज आकृति के सेगमेन्ट्स पुली शीव्स से सम्पर्क करते हुए किनारों द्वारा पावर स्थानान्तरित करते हैं।

वैन डूरने (Van doorne) धातु से निर्मित बैल्ट, इस बैल्ट की अपग्रेडिड बैल्ट है, जो कम्प्रेशन के अनुसार काम करती है। वैन डूरने एवं स्टील ड्राइव बैल्ट की कार्यविधि समान ही है। स्टील बैल्ट अत्यन्त लचकदार (flexible) होती है।

स्टील बैल्ट, CVT प्रणाली की सेकेण्डरी पुली को घुमाती है, जिससे फाइनल ड्राइव, डिफरैन्शियल एवं फ्रण्ट व्हील्स को चाल प्राप्त होती है।,

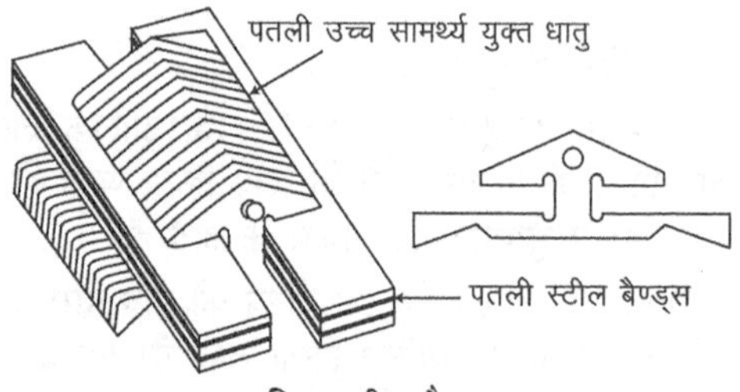

चित्र स्टील बैल्ट

2. सेकेण्डरी पुली शाफ्ट Secondary Pully Shaft

सेकेण्डरी पुली शाफ्ट, हैलिकल न्यूनन गियर के साथ स्प्लाइन होती है। यह हैलिकल न्यूनन गियर, चालक पिनियन शाफ्ट से सम्बद्ध होता है। यह चालक पिनियन, चालक रिंग गियर को शक्ति ट्रांसमिट करती है। अत: CVT ट्रांसमिशन में सेकेण्डरी पुली शाफ्ट डिफरैन्शियल केस के रिंग को घुमाती है।

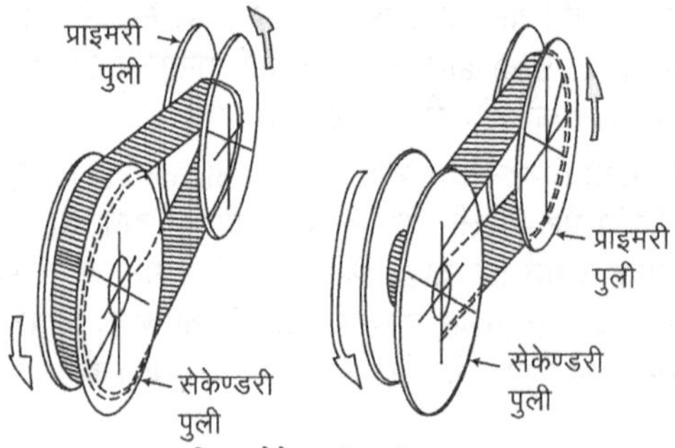

चित्र सेकेण्डरी पुली शाफ्ट

CVT प्रणाली के लाभ तथा हानि
Advantages and Disadvantages of CVT System

CVT प्रणाली के मुख्य लाभ तथा हानियाँ निम्नलिखित हैं

लाभ

1. यह प्रणाली नियत एवं स्टैपलेस त्वरण प्रदान करती है।
2. पारम्परिक ऑटोमैटिक ट्रांसमिशन की अपेक्षा इसमें कम शक्ति क्षति होती है।
3. इस प्रणाली में इंजन पर सभी परिस्थितियों में उत्तम नियन्त्रण के कारण उत्सर्जन निम्न होता है।
4. यह प्रणाली परिवर्तित स्थितियों; जैसे—गति एवं थ्रॉटल में परिवर्तन आदि में उत्तम प्रतिक्रिया प्रदान करती है।
5. इस प्रणाली में ईंधन की खपत अपेक्षाकृत कम होती है।

हानि

1. इसका जीवनकाल अपेक्षाकृत कम होता है।
2. इसकी टॉर्क हैण्डलिंग क्षमता कम होती है।

CVT प्रणाली के उपयोग Used of CVT System

1. छोटे ट्रैक्टरों में सामान्य रबर बैल्ट युक्त CVTs प्रयोग किए जाते हैं।
2. एयरक्राफ्ट पावर जेनरेटिंग सिस्टम एवं फॉर्मूला-1 रेस कारों में भी CVT का प्रयोग किया जाता है।
3. पुली आधारित CVT का उपयोग ड्रिल मशीन एवं मिलिंग मशीनों में किया जाता है।
4. मोटरसाइकिल, स्कूटरों आदि में भी इसका उपयोग किया जाता है।

महत्त्वपूर्ण बिन्दु

- वाहनों में इंजन द्वारा विकसित पावर को पिछले पहियों (gear wheels) तक पहुँचाने का कार्य ट्रांसमिशन प्रणाली करती है।
- वाहनों के लिए ट्रांसमिशन एक ऐसा आधार है, जो इंजन तथा पहियों के मध्य संयोजन स्थापित करके वाहन को प्रचालित करने के लिए आवश्यक टॉर्क प्रदान करता है।
- ऑटोमैटिक ट्रांसमिशन को सैल्फ शिफ्टिंग ट्रांसमिशन *n*-स्पीड ऑटोमैटिक ट्रांसमिशन (*n* = फारवर्ड गियर अनुपात) भी कहा जाता है।
- ऑटोमैटिक ट्रांसमिशन प्रणाली में जब वाहन विरामावस्था से प्रचालन मोड में आता है, तो स्वतः ही गियर अनुपात परिवर्तित हो जाता है।
- टॉर्क कन्वर्टर तथा फ्लूड फ्लाई व्हील में मुख्य अन्तर यह है कि फ्लूड फ्लाईव्हील केवल एक कपलिंग पर कार्य करता है, जबकि टॉर्क कन्वर्टर, टॉर्क की मात्रा को कई गुना बढ़ा सकता है।
- टॉर्क कन्वर्टर में एक हाउसिंग बनी होती है, जो वन-वे क्लच या फ्री-व्हील द्वारा स्टेटर को जोड़ती है।
- टॉर्क कन्वर्टर में पम्प या इम्पैलर को ड्राइविंग मेम्बर एवं टरबाइन को ड्रिवन मेम्बर कहते हैं।
- जब टरबाइन गति, इम्पैलर गति के बराबर हो जाती है तब टॉर्क मल्टीप्लीकेशन धीरे-धीरे कम हो जाता है।
- लॉक-अप कन्वर्टर प्रायः कपलिंग स्टेज पर इम्पैलर तथा टरबाइन के मध्य 10% क्लिप को कम कर देता है।
- प्लेनेटरी गियर बॉक्स एक कम्पाउण्ड प्रकार का गियर सैट होता है। इसके बैंड तथा क्लच, हाइड्रॉलिक प्रणाली द्वारा कार्य करते हैं।
- प्लेनेटरी गियर सैट में सन गियर, रिंग गियर एवं पिनियन गियर इत्यादि प्रकार के गियर प्रयोग किए जाते हैं।
- सिम्पसन प्लेनेटरी गियर सैट में प्लेनेट पिनियन के दो सैट लगे होते हैं, जो सन गियर के आस-पास घूमते हैं।
- फ्रण्ट सर्वो को फ्रण्ट क्लच के साथ एंगेज किया जाता है, जिससे यह द्वितीय गियर प्रदान करता है।
- रियर सर्वो एक प्रैशर सप्लाई या स्प्रिंग रिलीज टाइप का सर्वो होता है, जिसे रियर क्लच के साथ एंगेज किया जाता है।
- फ्रण्ट बैण्ड एक इस्पात से निर्मित बैण्ड होता है, जिसका एक सिरा फ्रण्ट सर्वो से तथा दूसरा ट्रांसमिशन केस पर लगा होता है।
- क्लच पैक के क्लच ड्रम के अन्दर की ओर अल्टरनेट डिस्क लगाई जाती है।
- वन-वे क्लच को स्प्रिंग क्लच, ओवर रनिंग क्लच एवं फ्री-व्हील यूनिट के नाम से भी जाना जाता है।
- एक गियर बॉक्स के गियर सलैक्टर में ट्रांसमिशन मोड का चयन करने के लिए PRND21 विकल्प होते हैं।
- ऑटोमैटिक ट्रांसमिशन मोड PRND21 में P-पार्क, R-रिवर्स, N-न्यूट्रल, D-ड्राइव, 2-द्वितीय गियर एवं 1-प्रथम गियर को व्यक्त करता है।
- इलेक्ट्रॉनिक कण्ट्रोल ट्रांसमिशन में इलेक्ट्रॉनिक कण्ट्रोल टैक्नोलॉजी का प्रयोग करके, वाहनों में ट्रांसमिशन का कार्य किया जाता है।
- इलेक्ट्रॉनिक कण्ट्रोल यूनिट एक प्रकार का मिनी कम्प्यूटर या माइक्रोप्रोसेसर होता है, जिसमें विभिन्न सेन्सर लगे होते हैं।
- हाइड्रॉलिक प्रणाली एक द्रव आधारित प्रणाली है जोकि वाहन की गति को विभिन्न तरल दबाव में बदलती है।
- आउटपुटर शाफ्ट की गति ज्ञात करने के लिए ऑटोमैटिक गियर बॉक्स में प्रयुक्त मैकेनिकल गवर्नर, हाइड्रॉलिक गवर्नर तथा इलेक्ट्रॉनिक स्पीड गवर्नर में से किसी एक गवर्नर का प्रयोग किया जाता है।
- रेगुलेटर वाल्व का प्रयोग हाइड्रॉलिक प्रणाली में हाइड्रॉलिक लाइन की पूर्व निर्धारित दबाव सीमा को बनाए रखने के लिए किया जाता है।
- हाइड्रॉलिक परिपथ में दो शिफ्ट वाल्व का प्रयोग किया जाता है। प्रथम शिफ्ट वाल्व को 1-2 चेंज एवं दूसरे शिफ्ट वाल्व को 2-3 चेंज वाल्व कहते हैं। वाहन को चलाते समय गियर बदलने की आवश्यकता होती है, जिससे एक्सीलेरेटर पैडल में मूवमेन्ट होता है। इसके लिए किकडाउन वाल्व का उपयोग किया जाता है।
- सतत परिवर्तनीय ट्रांसमिशन को सिंगल-स्पीड ट्रांसमिशन, स्टैपलेस ट्रांसमिशन, पुली ट्रांसमिशन इत्यादि के नाम से भी जाना जाता है।
- सतत् परिवर्तनीय ट्रांसमिशन में इंजन की क्रैंकशाफ्ट से ड्राइविंग पुली एवं वाहन की ड्राइविंग शाफ्ट से ड्रिवेन पुली जुड़ी होती है।
- स्टील बैल्ट में लगभग 300 वैज आकृति के स्टील सेगमेन्ट्स को कई सतहों वाली समान्तर स्टील स्ट्रैप या बैण्ड पर फिट किया जाता है।
- CVT प्रणाली परिवर्तित स्थितियों; जैसे-गति एवं थ्रॉटल में परिवर्तन आदि में उत्तम प्रतिक्रिया प्रदान करती है।

महत्त्वपूर्ण प्रश्नोत्तरी

1. वाहनों में ट्रांसमिशन प्रणाली से क्या अभिप्राय है?

उत्तर वाहनों के लिए ट्रांसमिशन प्रणाली एक आधार है, जो इंजन तथा पहियों के मध्य संयोजन स्थापित करके वाहन को चलाने के लिए आवश्यक टॉर्क प्रदान करती है।

2. सेमी-ऑटोमैटिक ट्रांसमिशन प्रणाली एवं फुली-ऑटोमैटिक ट्रांसमिशन प्रणाली के मुख्य अन्तर को स्पष्ट कीजिए।

उत्तर सेमी-ऑटोमैटिक ट्रांसमिशन प्रणाली में केवल क्लच ही ऑटोमैटिक होता है। वाहन के गियर चालक (driver) को ही बदलने पड़ते हैं, लेकिन फुली- ऑटोमैटिक ट्रांसमिशन प्रणाली में क्लच एवं गियर स्वतः ही बदल जाते हैं।

3. टॉर्क कन्वर्टर की एक मुख्य विशेषता बताइए।

उत्तर टॉर्क कन्वर्टर की एक मुख्य विशेषता यह है कि यह बिना किसी रुकावट के इंजन के पूर्ण टॉर्क को गियर बॉक्स को प्रदान करता है।

4. प्लेनेटरी गियर सैट में कैरियर को क्लॉकवाइज घुमाने पर पिनियन गियर कैसी गति करते हैं?

उत्तर प्लेनेटरी गियर सैट में जब कैरियर को क्लॉकवाइज घुमाया जाता है, तो पिनियन गियर, सन गियर के समीप ही क्लॉकवाइज गति करते हैं।

5. ऑटोमैटिक ट्रांसमिशन मोड PRND 21 में सेलेक्टर लीवर द्वारा D का चयन करने पर वाहन किस प्रकार प्रचालित होता है?

उत्तर D का चयन करने पर D-ड्राइव वाहन को फॉरवर्ड दिशा में गति प्रदान करती है।

6. हाइड्रॉलिक गवर्नर में प्रयुक्त वाल्व क्या कार्य करता है?

उत्तर हाइड्रॉलिक गवर्नर में प्रयुक्त स्पूल वाल्व जब घूमता है, तो एक अपकेन्द्रीय बल के कार्य करने से तरल पर दाब की मात्रा बढ़ जाती है।

अभ्यास प्रश्न

परीक्षा प्रारूपी प्रश्न

बहुविकल्पीय

1. मैनुअल ट्रांसमिशन को अन्य किस नाम से जाना जाता है?
(a) प्लेनेटरी गियर बॉक्स (b) हाइड्रॉलिक ट्रांसमिशन
(c) पारम्परिक गियर बॉक्स (d) ये सभी

2. ऑटोमैटिक ट्रांसमिशन को अन्य किस नाम से जाना जाता है?
(a) सैल्फ शिफ्टिंग ट्रांसमिशन
(b) n-स्पीड ऑटोमैटिक ट्रांसमिशन
(c) 'a' और 'b' दोनों
(d) उपरोक्त में से कोई नहीं

3. फुल आटोमैटिक ट्रांसमिशन प्रणाली में प्रयुक्त गियर सलैक्टर द्वारा वाहन को किस स्थिति में लाया जा सकता है?
(a) फॉरवर्ड (b) रिवर्स (c) न्यूट्रल (d) ये सभी

4. कपलिंग प्वॉइण्ट पर टॉर्क मल्टीप्लीकेशन .... होता है।
(a) 2.5:1 (b) 1:1 (c) 1.5:1 (d) 3.5:1

5. लॉक-अप कन्वर्टर कपलिंग स्टेज पर इम्पैलर तथा टरबाइन के मध्य .... को कम कर देता है।
(a) 25% स्लिप (b) 10% स्लिप (c) दाब (d) टॉर्क

6. निम्न में से किसके द्वारा पावर को एक शाफ्ट से दूसरी शाफ्ट पर बिना जोड़ के स्थानान्तरित किया जाता है?
(a) हाइड्रॉलिक क्लच (b) फ्लूड कपलिंग
(c) टॉर्क कन्वर्टर (d) प्लेनेटरी गियर बॉक्स

7. टॉर्क कन्वर्टर में ड्राइविंग मेम्बर .... से संयोजित रहता है।
(a) क्लच (b) इंजन
(c) प्रोपेलर शाफ्ट (d) गियर बॉक्स

8. वाहनों में प्रयुक्त ऑटोमैटिक टॉर्क कन्वर्टर औद्योगिक रूप से टॉर्क को किस गियर अनुपात में बढ़ा सकता है?
(a) 8 : 1 (b) 4 : 1 (c) 15 : 2 (d) 9 : 1

9. प्लेनेटरी गियर सैट में संयोजित रिंग गियर सामान्यतः होता है
(a) ड्रिवेन मेम्बर (b) फिक्स्ड
(c) ड्राइविंग मेम्बर (d) इनमें से कोई नहीं

10. रिंग गियर के दाँतों की संख्या, सन गियर के दाँतों की संख्या से .... होती है।
(a) अधिक (b) कम
(c) 5 गुनी (d) चौथाई

11. साधारण प्लेनेटरी गियर सैट में प्लेनेट गियर निम्न में से किसके चारों ओर घूमते रहते हैं?
(a) प्लेनेट शाफ्ट (b) रिंग गियर (c) सन गियर (d) शाफ्ट गियर

12. कम्पाउण्ड प्लेनेटरी गियर सैट को अन्य किस नाम से जाना जाता है?
(a) रेविनो प्लेनेटरी गियर सैट
(b) सिम्पसन प्लेनेटरी गियर सैट
(c) मैनुअल प्लेनेटरी गियर सैट
(d) उपरोक्त सभी

13. फ्रण्ट सर्वो को फ्रण्ट क्लच के साथ एंगेज किया जाता है, जिससे यह प्रदान करता है
(a) प्रथम गियर (b) द्वितीय गियर
(c) तृतीय गियर (d) रिवर्स गियर

14. रियर सर्वो किस प्रकार का सर्वो होता है?
(a) स्प्रिंग रिलीज सर्वो (b) पिस्टन सर्वो
(c) प्रैशर सप्लाई सर्वो (d) 'a' और 'c' दोनों

15. चित्र में 'X' से दर्शाए गए भाग का नाम बताइए

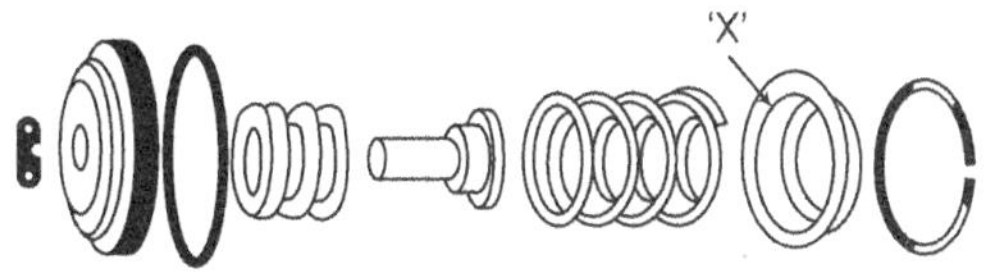

(a) स्नैप रिंग (b) पिस्टन सील
(c) स्प्रिंग रिटेनर (d) पिस्टन

16. निम्न में से किस क्लच में मुख्य शाफ्ट से शक्ति का ट्रांसमिशन आउटपुट शाफ्ट की ओर होता है?
(a) फ्रण्ट क्लच (b) मल्टी प्लेट क्लच
(c) वन-वे क्लच (d) हाइड्रॉलिक क्लच

17. चार गियर अनुपात वाले गियर बॉक्स के सलैक्टर लीवर में कितने नम्बर होते हैं?
(a) 2 (b) 3 (c) 4 (d) 5

18. वाहनों में पार्क (P) को सलैक्ट करने से पहले वाहन होता है
(a) गतिमान (b) उच्च गति पर प्रचालित
(c) स्थिर (d) इनमें से कोई नहीं

19. निम्न में से किस ऑटोमैटिक ट्रांसमिशन मोड में इंजन तथा ट्रांसमिशन प्रणाली बिना शक्ति के रन कर सकती है?
(a) ड्रावर (D) (b) न्यूट्रल (N) (c) पार्क (P) (d) रिवर्स (R)

20. जब प्रथम गियर का चयन किया जाता है, तब अनुपात होता है
(a) निम्नतम (b) उच्चतम
(c) द्वितीय गियर से अधिक (d) शून्य

21. फुली हाइड्रॉलिक कण्ट्रोल ट्रांसमिशन में कितने ड्राइविंग पैटर्न होते हैं?
(a) 2 (b) 3 (c) 4 (d) 5

22. फुली हाइड्रॉलिकली कण्ट्रोल ट्रांसमिशन के निम्न में से किस मोड में गियर को तेजी से बदला जा सकता है?
(a) नॉर्मल मोड (b) पावर मोड
(c) ECU मोड (d) ये सभी

23. "यह वाहन गति को विभिन्न तरल दबाव में बदलता है, जिससे वाहन की शिफ्ट टाइमिंग सुनिश्चित होती है।" यह कथन निम्न में से किस ट्रांसमिशन प्रणाली से सम्बन्धित है?
(a) मैनुअल प्रणाली
(b) ऑटोमैटिक प्रणाली
(c) सतत् परिवर्तनीय प्रणाली
(d) हाइड्रॉलिक प्रणाली

24. हाइड्रॉलिक प्रणाली में रिजर्वायर का मुख्य कार्य है
(a) क्लच एवं ब्रेक को तरल वितरित करना
(b) तरल की अधिक मात्रा को रोककर रखना
(c) तरल पर अपकेन्द्रीय बल लगाना
(d) उपरोक्त सभी

25. स्पूल वाल्व को प्रचालित किया जाता है
(a) हाथ द्वारा (b) स्प्रिंग द्वारा
(c) हाइड्रॉलिक दाब द्वारा (d) ये सभी

26. हाइड्रॉलिक प्रणाली में निम्न में से किस कण्ट्रोल वाल्व को गवर्नर के परिपथ से जोड़ा जाता है?
(a) प्रैशर सेन्सिटिव कण्ट्रोल वाल्व
(b) शिफ्ट वाल्व
(c) मैनुअल कण्ट्रोल वाल्व
(d) रिलीफ वाल्व

27. एक्सीलेरेटर पैडल के मूवमेन्ट को ······· वाल्व ऑपरेट करता है।
(a) शिफ्ट (b) मैनुअल
(c) किकडाउन (d) हाइड्रॉलिक

28. सतत् परिवर्तनीय ट्रांसमिशन का मुख्य लाभ है
(a) ईंधन की दक्षता में वृद्धि होना
(b) उत्तम त्वरण प्रदान करना
(c) विभिन्न स्थितियों में इंजन टॉर्क प्रदान करना
(d) उपरोक्त सभी

29. सतत् परिवर्तनीय ट्रांसमिशन प्रणाली में उच्च गियर प्राप्त होता है
(a) ड्राइविंग पुली का व्यास, ड्रिवेन पुली के व्यास से अधिक होने पर
(b) ड्राइविंग पुली का व्यास, ड्रिवेन पुली के व्यास से कम होने पर
(c) ड्राइविंग व ड्रिवेन पुली का व्यास बराबर होने पर
(d) उपरोक्त में से कोई नहीं

30. "यह ऑपरेटिंग परास में वांछित ड्राइव अनुपात का चयन कर सकता है।" यह कथन निम्न में से किस ट्रांसमिशन प्रणाली से सम्बन्धित है?
(a) इलेक्ट्रॉनिक ट्रांसमिशन प्रणाली
(b) CVT ट्रांसमिशन प्रणाली
(c) हाइड्रॉलिक ट्रांसमिशन प्रणाली
(d) मैनुअल ट्रांसमिशन प्रणाली

उत्तरमाला

1. (c)	**2.** (c)	**3.** (d)	**4.** (b)	**5.** (b)	**6.** (b)	**7.** (b)	**8.** (d)	**9.** (c)	**10.** (a)
11. (c)	**12.** (a)	**13.** (b)	**14.** (d)	**15.** (c)	**16.** (c)	**17.** (b)	**18.** (c)	**19.** (b)	**20.** (a)
21. (a)	**22.** (b)	**23.** (d)	**24.** (b)	**25.** (d)	**26.** (a)	**27.** (c)	**28.** (d)	**29.** (a)	**30.** (b)

अध्याय 06

स्टीयरिंग प्रणाली एवं व्हील अलाइनमेन्ट

Steering System and Wheel Alignment

परिचय Introduction

वाहनों को सड़क पर चलाते समय उनका सन्तुलन बनाए रखना एक अनिवार्य आवश्यकता है। इस उद्देश्य की पूर्ति करने में स्टीयरिंग प्रणाली एवं व्हील अलाइनमेन्ट प्रमुख भूमिका का निर्वहन करते हैं। स्टीयरिंग प्रणाली ही वाहन के अगले पहियों (front wheels) को इच्छानुसार दाएँ या बाएँ मोड़ने की दिशा प्रदान करती है। स्टीयरिंग व्हील इस प्रणाली का मुख्य भाग है जिसके द्वारा ड्राइवर वाहन को किसी भी दिशा में मोड़ (turn) सकता है।

स्टीयरिंग प्रणाली का सीधा सम्बन्ध वाहन के अगले पहियों के साथ होता है। इसी प्रकार वाहनों में व्हील अलाइनमेन्ट का मुख्य कार्य अगले पहियों को ऐसी स्थिति में लाना है जिससे टायर बिना ड्रैगिंग या स्लिप किए सभी प्रचालन स्थितियों के साथ घूम सके। यह अध्याय वाहनों में प्रयुक्त इन्हीं महत्त्वपूर्ण कारकों को पूर्ण रूप से विश्लेषित करता है।

अध्याय विषय सूची

6.1 स्टीयरिंग प्रणाली Steering System

वाहन के अगले पहियों (front wheels) को दाएँ या बाएँ मोड़ने के लिए स्टीयरिंग प्रणाली का प्रयोग किया जाता है। यह प्रणाली ड्राइवर को वाहन की दिशा नियन्त्रित करने में सहायता प्रदान करती है। स्टीयरिंग प्रणाली में यह कार्य लिंकेज (linkage) द्वारा पूर्ण होता है,

जोकि स्टीयरिंग व्हील से संयोजित रहता है। स्टीयरिंग प्रणाली में मुख्यत: निम्न तीन अवयव प्रयोग किए जाते हैं

1. **स्टीयरिंग व्हील एवं स्टीयरिंग शाफ्ट** (Steering wheel and steering shaft) ये दोनों ड्राइवर के द्वारा स्टीयरिंग कॉलम पर किए गए मूवमेन्ट को स्टीयरिंग गियर को ट्रांसमिट करते हैं।
2. **स्टीयरिंग गियर** (Steering gears) यह स्टीयरिंग व्हील की घूर्णन गति को रेखीय गति में बदलते समय यान्त्रिक लाभ को बढ़ा देता है।

3. **स्टीयरिंग लिंकेज** (Steering linkage) यह स्टीयरिंग आर्म (steering arm) को रेखीय गति प्रदान करता है।

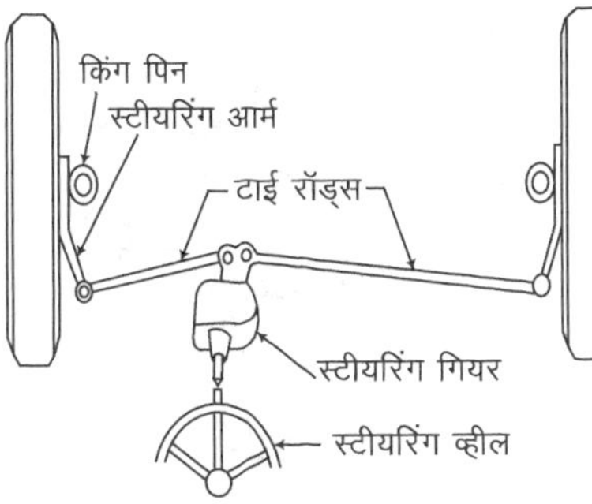

चित्र मूलभूत स्टीयरिंग प्रणाली

स्टीयरिंग का सिद्धान्त Principle of Steering

स्टीयरिंग, रैक एवं पिनियन गियर के सिद्धान्त पर कार्य करता है। जब स्टीयरिंग व्हील को घुमाया जाता है, तो स्टीयरिंग गियर में लगी पिनियन घूर्णन गति करती है।

पिनियन की इस घूर्णन गति को इसमें लगा रैक रेखीय गति में परिवर्तित कर देता है। इस रेखीय गति के कारण रैक के दोनों ओर लगे टाई रॉड एण्ड पहियों को आवश्यक कोण पर घुमा देते हैं, जिससे वाहन की दिशा निर्धारित की जाती है।

स्टीयरिंग प्रणाली के कार्य
Functions of Steering System

स्टीयरिंग प्रणाली के मुख्य कार्य निम्न प्रकार हैं

(i) स्टीयरिंग व्हील की सहायता से वाहन के अगले पहियों को सीधा, दाएँ या बाएँ मोड़ने की दिशा प्रदान करना।

(ii) अगले पहियों (कभी-कभी पिछले पहियों) की दिशा को नियन्त्रित करना।

(iii) सस्पैन्शन क्रिया को अनुमति देना।

(iv) टायरों की घिसावट (abrasiveness) को कम करना।

(v) चालक को आसानी से स्टीयरिंग व्हील घुमाने के लिए यान्त्रिक लाभ प्रदान करना।

(vi) वाहन के व्हीलों को सही रोलिंग गति प्रदान करना।

(vii) स्टीयरिंग व्हील की घूर्णन गति को अगले पहियों के कोणीय टर्न में परिवर्तित करना।

(viii) सड़क पर लगने वाले अधिकतम झटकों को अवशोषित (absorb) करना।

स्टीयरिंग प्रणाली के गुण Merits of Steering System

एक अच्छी स्टीयरिंग प्रणाली में निम्नलिखित गुण होने चाहिए

(i) स्टीयरिंग प्रणाली ऐसी होनी चाहिए कि उसका प्रयोग करने में कम-से-कम शक्ति का व्यय हो।

(ii) स्टीयरिंग प्रणाली की फिटिंग ऐसी होनी चाहिए कि वह अचानक कार्य करना बन्द न करे।

(iii) यह प्रणाली ऐसी होनी चाहिए कि मोटरगाड़ी के भार का उस पर अधिक असर न पड़े।

(iv) ब्रेक लगाने से इस प्रणाली पर कोई प्रभाव न पड़े।

(v) स्टीयरिंग प्रणाली ऐसी होनी चाहिए कि पहियों पर लगने वाले झटकों का उस पर प्रभाव न पड़े।

स्टीयरिंग प्रणाली की बनावट
Construction of Steering System

स्टीयरिंग प्रणाली में थोड़े-बहुत अन्तर के साथ सभी मोटरगाड़ियों में लगभग एकसमान भाग होते हैं। यह प्रणाली वर्म एण्ड सेक्टर टाइप की होती है। स्टीयरिंग में सबसे ऊपर स्टीयरिंग व्हील लगा होता है। यह व्हील, स्टीयरिंग कॉलम या शाफ्ट पर 'की' (key) तथा नट द्वारा कसा जाता है। स्टीयरिंग कॉलम के दूसरे सिरे पर वर्म बना होता है जो सेक्टर तथा उसकी शाफ्ट से सम्बन्धित होता है।

ये दोनों एक केसिंग में बन्द रहते हैं जिसमें ऑयल भरा होता है। सेक्टर शाफ्ट से लगी ड्रॉप लिंक अथवा पुल एण्ड पुश रॉड से जुड़ी रहती है। ड्रैग लिंक का दूसरा सिरा स्टीयरिंग आर्म से जुड़ा रहता है जो स्टब एक्सल के साथ फिट होता है। स्टब एक्सल से ही कनैक्टिंग आर्म के द्वारा रॉड की सहायता से दोनों पहिए एक-दूसरे से जुड़े रहते हैं।

स्टीयरिंग प्रणाली कार्यविधि
Working Method of Steering System

आवश्यकता पड़ने पर जब मोटरगाड़ी को मोड़ना होता है, तो स्टीयरिंग व्हील को इच्छित दिशा में घुमाया जाता है। इसके घूमने से स्टीयरिंग कॉलम घूमकर वर्म को घुमाती है। वर्म के घूमने से संयोजित सेक्टर घूमने लगता है। सेक्टर की यह चाल, ड्रॉप आर्म को स्टीयरिंग घुमाने की दिशा के अनुसार आगे या पीछे करती है। इससे पुल एण्ड पुश रॉड जिसे ड्रैग लिंक भी कहा जाता है, के स्टीयरिंग द्वारा स्टब एक्सल को दाएँ या बाएँ घुमाती है, जिस पर पहिया लगा होता है।

स्टब एक्सल की यह चाल, कनैक्टिंग आर्म के द्वारा रॉड की सहायता से दूसरे पहिए के स्टब एक्सल तथा पहिए को घुमाती है। इस प्रकार दोनों पहिए एकसमान दिशा में घूमते हैं। स्टीयरिंग व्हील को एक सीमा तक घुमाया जा सकता है। यह सीमा वर्म तथा सेक्टर पर निर्भर करती है। स्टीयरिंग व्हील को छोटी मोटरगाड़ियों में 2 से 2½ चक्कर तक घुमाया जा सकता है, परन्तु भारी वाहनों में स्टीयरिंग व्हील को 4 से 5 चक्कर तक घुमाने की व्यवस्था होती है।

स्टीयरिंग पर लगाई गई शक्ति उसमें प्रयोग किए गए गियर अनुपात पर निर्भर करती है। गियर अनुपात से तात्पर्य व्हील तथा सेक्टर शाफ्ट के घूमने के अनुपात से है अर्थात् सेक्टर शाफ्ट को एक चक्कर घुमाने के लिए स्टीयरिंग व्हील को कितने चक्कर घुमाया जाए। इससे स्टीयरिंग हल्का घूमता है तथा चलाने वाले की शक्ति भी कम लगती है। प्रायः छोटी गाड़ियों के लिए गियर अनुपात 8 : 1 से 20 : 1 तक तथा बड़ी मोटरगाड़ियों में यह अनुपात 20 : 1 से 30 : 1 तक रहता है।

स्टीयरिंग प्रणाली के मुख्य अवयव
Main Components of Steering System

वाहन सन्तुलन में मुख्य भूमिका का निर्वहन करने वाली स्टीयरिंग प्रणाली को उपयुक्त रूप में समझने के लिए उसके अवयवों (components) का ज्ञान होना भी आवश्यक है। ये अवयव निम्नवत् हैं

1. फ्रण्ट एक्सल Front Axle

यह निष्क्रिय प्रकृति का होता है जिसके अगले पहिए की बीम इस्पात से निर्मित होती है। इसका उपयोग विशेषत: भारी वाहनों में किया जाता है। एक्सल पर वाहन के भार के कारण बॉण्डिग भार तथा पहियों पर ब्रेक लगाने पर टॉर्क भार पड़ता है। यही कारण है कि फ्रण्ट एक्सल को मध्य में से आईनुमा ('I' section) बनाया जाता है।

2. स्टब एक्सल Stub Axle

भारी वाहनों के अगले पहिए स्टब एक्सल पर लगे होते हैं जो स्वयं फ्रण्ट एक्सल से किंग पिनों द्वारा जुड़ा होता है।

3. स्टीयरिंग शाफ्ट Steering Shaft

स्टीयरिंग शाफ्ट का एक भाग स्टीयरिंग बॉक्स के अन्दर वर्म के साथ एवं अन्य दूसरा भाग स्प्लाइन या 'की' की सहायता से स्टीयरिंग व्हील के साथ फिट होता है। यह सामान्यत: आयरन का बना होता है। भारत में निर्मित वाहनों में स्टीयरिंग व्हील फिक्स रहता है, लेकिन विदेशी वाहनों के अन्दर स्टीयरिंग शाफ्ट टेलीस्कोपिक बनाई जाती है जिससे इसे ऊपर-नीचे किसी भी स्थिति में लॉक (lock) किया जा सकता है।

स्टीयरिंग शाफ्ट निम्न प्रकार की होती है

(i) **दबने वाली स्टीयरिंग शाफ्ट** (Pressible steering shaft) इस प्रकार की स्टीयरिंग शाफ्ट में दो ओवरलैपिंग ट्यूबों के बीच बॉल बियरिंग लगाए जाते हैं। किसी दुर्घटना के समय टक्कर लगने पर ये ट्यूबें एक-दूसरे पर फिसल जाती हैं। इससे चालक को स्टीयरिंग व्हील का झटका कम लगता है।

(ii) **झुकी हुई स्टीयरिंग शाफ्ट** (Inclined steering shaft) इस प्रकार की स्टीयरिंग शाफ्ट के एक साइड में एक लीवर लगा होता है। इस लीवर को ढीला करके, स्टीयरिंग व्हील तथा शाफ्ट को कुछ सीमा तक झुकाया जा सकता है।

(iii) **टेलीस्कोपिक स्टीयरिंग शाफ्ट** (Telescopic steering shaft) इस प्रकार की स्टीयरिंग शाफ्ट में टेलीस्कोपिक स्टीयरिंग व्हील के नीचे शाफ्ट पर एक लॉकिंग लीवर लगा होता है। इसके द्वारा नियन्त्रण रखकर टेलीस्कोपिक तथा झुकने वाले स्टीयरिंग की तरह एडजस्टमेन्ट किया जा सकता है।

(iv) **लॉकिंग स्टीयरिंग शाफ्ट** (Locking steering shaft) इसका प्रयोग अधिकतर स्कूटरों तथा मोटरसाइकिल में देखने को मिलता है, परन्तु वर्तमान में इस प्रकार की स्टीयरिंग शाफ्ट का प्रयोग कारों में भी किया जाने लगा है। इसमें इग्नीशन स्विच, स्टीयरिंग कॉलम पर लगाया जाता है। इसके प्रयोग से गाड़ी के चोरी होने की सम्भावना कम हो जाती है। लॉकिंग स्टीयरिंग शाफ्ट में इग्नीशन स्विच की चाबी घुमाकर निकालने से वह लॉक हो जाता है। लॉक को खोले बिना स्टीयरिंग घुमाया नहीं जा सकता।

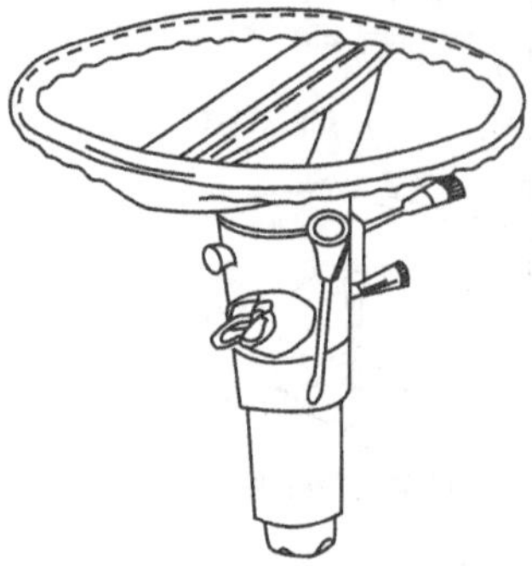

चित्र लॉकिंग स्टीयरिंग शाफ्ट

4. ड्रॉप आर्म Drop Arm

ड्रॉप आर्म का एक भाग स्प्लाइन (spline) के द्वारा स्टीयरिंग के अन्दर लगी सेक्टर शाफ्ट पर जुड़ा रहता है एवं दूसरे सिरे पर ड्रैग लिंक बँधा होता है। ड्रॉप आर्म का मुख्य कार्य वाहन को दाएँ-बाएँ मोड़ना है। इसे लोहे को फोर्ज (forge) करके बनाया जाता है।

5. आउटर ट्यूब Outer Tube

यह एक प्रकार की खोखली ट्यूब होती है जिसके एक भाग में बुश लगा होता है। यह भाग स्टीयरिंग व्हील के समीप होता है तथा इस भाग में लगे बुश के अन्दर स्टीयरिंग शाफ्ट आसानी से घूम पाती है। आउटर ट्यूब का दूसरा भाग स्टीयरिंग बॉक्स से जुड़ा होता है।

6. स्टीयरिंग बॉक्स Steering Box

जब स्टीयरिंग व्हील को घुमाया जाता है, तब व्हील के घूमने से उससे संयोजित ड्रॉप आर्म भी आगे-पीछे मूव करती है। यह आर्म, ड्रैग लिंक द्वारा स्टब एक्सल से संयोजित होती है जिससे यह स्टीयरिंग व्हील को दाएँ-बाएँ मोड़ सकती है।

7. स्टीयरिंग व्हील Steering Wheel

स्टीयरिंग व्हील के सेन्टर हब में स्प्लाइन कटे होते हैं जिसके द्वारा इसे स्टीयरिंग शाफ्ट के ऊपर टाइट किया जाता है। इसे प्राय: रबर या प्लास्टिक का बनाया जाता है एवं मोल्ड करते समय स्टील के तारों को इसके अन्दर डाल दिया जाता है, जिससे दृढ़ता बनी रहे।

8. स्टीयरिंग कॉलम Steering Columns

स्टीयरिंग कॉलम सामान्यत: ट्यूब या स्टील केसिंग से ढका होता है। इसका एक सिरा स्टीयरिंग व्हील से एवं दूसरा सिरा वर्म से जुड़ा होता है। जब स्टीयरिंग व्हील को घुमाया जाता है, तो स्टीयरिंग कॉलम व्हील के घूर्णन चक्करों के बराबर ही घूमता है।

स्टीयरिंग प्रणाली में संयोजित यह भाग लम्बा एवं गोलाकार होता है जो स्टीयरिंग व्हील एवं वाहन के गियर बॉक्स से संयोजित रहता है।

स्टीयरिंग कॉलम मुख्यत: दो प्रकार के होते हैं

(i) **कोलैप्सीबल स्टीयरिंग कॉलम** (Collapsible steering column) मोटर वाहनों में मुख्यत: कोलैप्सीबल स्टीयरिंग कॉलम का प्रयोग किया जाता है। यह कॉलम दुर्घटना के समय तीव्र झटका लगने पर स्टीयरिंग से बॉडी या सिर को टकराने से बचाता है। ऐसी स्थिति में (तीव्र झटका लगने पर) यह कॉलम सिमट जाता है।

कोलैप्सीबल स्टीयरिंग कॉलम एक इनर एवं आउटर स्लीव से मिलकर बना होता है, जिसके अन्दर स्टील बियरिंग्स को दृढ़ता से दबाया जाता है।

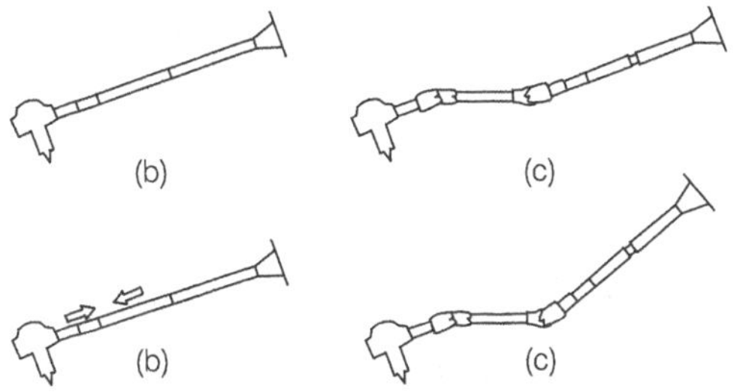

चित्र कोलैप्सड स्थिति में स्टीयरिंग कॉलम

(ii) **दृढ़ स्टीयरिंग कॉलम** (Rigid steering column) यह कॉलम ठोस एवं आकार में गोल छड़ के समान लम्बा होता है। इस पर स्टील की केसिंग या ट्यूब चढ़ाई जाती है। इस ट्यूब को वाहन फ्रेम या बॉडी पर कसते हैं। इस प्रकार के कॉलम का प्रयोग प्राय: टाटा एवं अशोक लेलैण्ड की गाड़ियों में किया जाता है।

6.2 स्टीयरिंग गियर बॉक्स
Steering Gear Box

स्टीयरिंग प्रणाली में स्टीयरिंग गियर बॉक्स मुख्य भाग होता है, जिसमें सेक्टर तथा वर्म आदि गियर होते हैं। स्टीयरिंग शाफ्ट के अन्त में फिट होने वाले प्रबन्ध कई प्रकार के होते हैं जिनकी सहायता से स्टीयरिंग के अन्य भाग अपना कार्य करते हैं। इनमें से कुछ मुख्य प्रकार के स्टीयरिंग गियर बॉक्स निम्नलिखित हैं

1. वर्म एवं सेक्टर स्टीयरिंग बॉक्स
2. जर्म एवं रोलर स्टीयरिंग बॉक्स
3. वर्म एवं वर्म व्हील स्टीयरिंग बॉक्स
4. रिसर्कुलेटिंग बॉल एवं नट स्टीयरिंग बॉक्स
5. रैक एवं पिनियन स्टीयरिंग बॉक्स
6. कैम एवं रोलर स्टीयरिंग बॉक्स
7. वर्म एवं नट गियर बॉक्स

1. वर्म एवं सेक्टर स्टीयरिंग बॉक्स
Worm and Sector Steering Box

इसमें एक स्टीयरिंग ट्यूब वर्म होता है, जिसके निचले सिरे पर वर्म बना होता है जो सेक्टर के साथ जुड़ा रहता है। यह सेक्टर, क्रॉसशाफ्ट व ड्रॉप आर्म से संयोजित होता है। इस स्टीयरिंग बॉक्स में वर्म के ऊपर तथा नीचे दो बियरिंग लगे होते हैं। नीचे वाले बियरिंग के साथ इसे एडजस्ट करने के लिए नट की व्यवस्था रहती है। स्टीयरिंग व्हील घुमाने से वर्म अपने अक्ष पर घूमता है जिससे सेक्टर एक निश्चित कोण पर घूमता है। इसके पश्चात् सेक्टर आर्म, ड्रॉप आर्म के साथ संयोजित क्रॉस शाफ्ट को घुमाती है जिससे ड्रॉप आर्म आवश्यक मात्रा में पहियों को घुमाती है अर्थात् स्टीयरिंग यन्त्रावली कार्य करने लगती है।

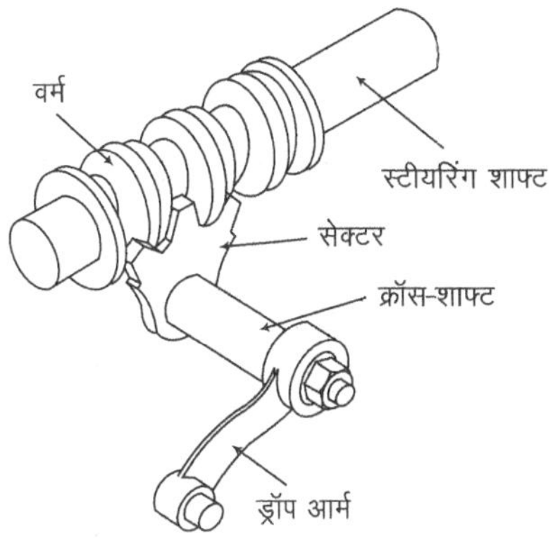

चित्र वर्म एवं सेक्टर स्टीयरिंग बॉक्स

2. वर्म एवं रोलर स्टीयरिंग बॉक्स
Worm and Roller Steering Box

इसमें स्टीयरिंग कॉलम के एक सिरे पर वर्म का प्रयोग किया जाता है, परन्तु स्टीयरिंग गियर बॉक्स में इसका सम्बन्ध एक रोलर द्वारा रहता है। वर्म का व्यास अन्तिम सिरों पर सबसे अधिक तथा व्यास केन्द्र की ओर धीरे-धीरे कम होता रहता है। वह रोलर सेक्टर शाफ्ट के साथ 'U' के आकार के खाँचे में बियरिंग की सहायता से लगा होता है। स्टीयरिंग व्हील के घूमने पर वर्म भी घूमता है तथा इसके द्वारा रोलर घूमकर सेक्टर शाफ्ट को घुमाता है। इस स्टीयरिंग की अन्य क्रिया दूसरे सभी स्टीयरिंगों जैसी ही होती है।

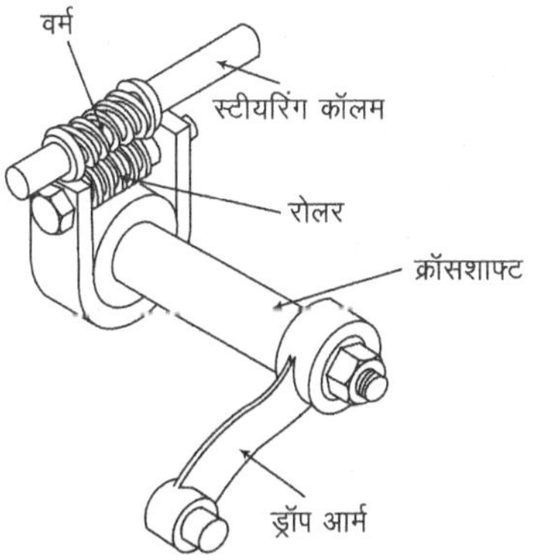

चित्र वर्म एवं रोलर स्टीयरिंग बॉक्स

3. वर्म एवं वर्म व्हील स्टीयरिंग बॉक्स
Worm and Worm Wheel Steering Box

यह स्टीयरिंग लगभग वर्म एवं सेक्टर शाफ्ट की तरह ही होता है, परन्तु इसमें सेक्टर के रूप में एक चौथाई से भी कम भाग का वर्म गियर प्रयोग होता है और इसमें सेक्टर शाफ्ट के ऊपर पूरा वर्म व्हील फिट होता है। इस स्टीयरिंग बॉक्स का प्रमुख लाभ यह है कि इसमें वर्म तथा वर्म व्हील की घिसाई के फलस्वरूप उत्पन्न हुए बैकलैश को सरलता से एडजस्ट

किया जा सकता है। इस उद्‌देश्य की पूर्ति हेतु वर्म व्हील को इसेन्ट्रिक बुश पर लगाया जाता है। वर्म एवं वर्म व्हील के दाँते घिस जाने पर उन्हें निकट लाने हेतु बुश को एक निश्चित कोण पर घुमाना पड़ता है। इस प्रकार के स्टीयरिंग बॉक्स का प्रयोग प्राय: ट्रैक्टर में किया जाता है।

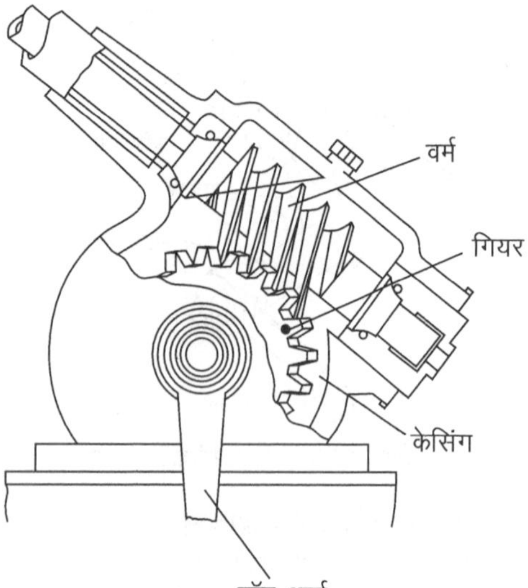

चित्र वर्म एवं वर्म व्हील स्टीयरिंग बॉक्स

4. रिसर्कुलेटिंग बॉल एवं नट स्टीयरिंग बॉक्स
Recirculating Ball and Nut Steering Box

इस प्रकार के स्टीयरिंग में मुख्यत: रिसर्कुलेटिंग बॉल तथा एक नट का प्रयोग होता है।

स्टीयरिंग शाफ्ट के निचले सिरे पर वर्म लगा रहता है, जो दो टेपर रोलर बियरिंगों की सहायता से फिट होता है।

इस वर्म के ऊपर एक चौकोर नट चढ़ा होता है। इस नट की चूड़ियों तथा वर्म के बीच लोहे की छोटी गोलियाँ (iron balls) भरी जाती हैं जिसके लिए नट में चार छिद्र बने होते हैं।

इन छिद्रों में गोलियाँ भरकर 'U' टाइप ट्यूब, जोकि बीच से कटा होता है, उसमें गोलियाँ भरकर, नट में बने छिद्रों में फँसा दी जाती हैं। इस प्रकार नट के चारों छिद्र दो ट्यूबों से बन्द हो जाते हैं। यह ट्यूब पत्तियों तथा पेंचों के द्वारा नट के साथ कसी होती है।

नट के बाहर एक ओर तिरछे खाँचे कटे होते हैं जिसके साथ सेक्टर शाफ्ट का सम्बन्ध रहता है। जब स्टीयरिंग व्हील घुमाया जाता है, तो वर्म घूमता है तथा यह नट को ऊपर-नीचे करता है। इस समय नट के अन्दर भरी गोलियाँ, बियरिंग जैसा कार्य करती हैं। ये गोलियाँ दो अलग-अलग परिपथ में होती हैं।

एक में 25 गोलियाँ होती हैं तथा दूसरे में 13 गोलियाँ होती हैं जोकि ट्यूब के अन्दर होकर नट में घूमती रहती हैं।

इस प्रकार के स्टीयरिंग में बियरिंग द्वारा प्ले एडजस्ट करने के लिए नीचे एडजस्टिंग नट तथा चक नट की व्यवस्था होती है।

इसके अतिरिक्त, साइड प्ले एडजस्ट करने के लिए भी स्टीयरिंग गियर बॉक्स में साइड प्लेट पर स्क्रू बना होता है।

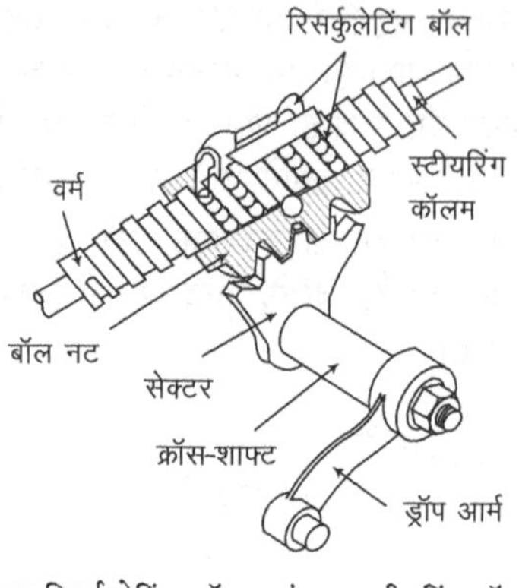

चित्र रिसर्कुलेटिंग बॉल एवं नट स्टीयरिंग बॉक्स

5. रैक एवं पिनियन स्टीयरिंग बॉक्स
Rack and Pinion Steering Box

इस प्रकार के स्टीयरिंग में वर्म अथवा सेक्टर आदि का प्रयोग नहीं किया जाता है। इसमें मोटरगाड़ी की चौड़ाई के अनुसार एक रैक लगा होता है जिसके दोनों सिरों पर टाई रॉड एण्ड जैसे बॉल ज्वॉइण्ट फिट होते हैं जिनका सम्बन्ध स्टब एक्सल से होता है। स्टीयरिंग शाफ्ट के निचले सिरे पर एक पिनियन लगी होती है जिस पर रैक के अनुरूप ही दाँते बने होते हैं। जब स्टीयरिंग व्हील घुमाया जाता है, तो पिनियन के द्वारा रैक दाएँ या बाएँ यथास्थिति खिसकता है। इससे स्टब एक्सल घूमकर टाई रॉड की सहायता से दोनों पहियों को मोड़ता है। पिनियन के ऊपर तथा नीचे टेपर बियरिंग लगे होते हैं। रैक हाउसिंग में ग्रीस भरने की व्यवस्था होती है जिससे स्नेहन का कार्य होता है। इसमें बैकलैश या प्ले एडजस्ट करने के लिए स्प्रिग लोडेड नट की भी व्यवस्था होती है।

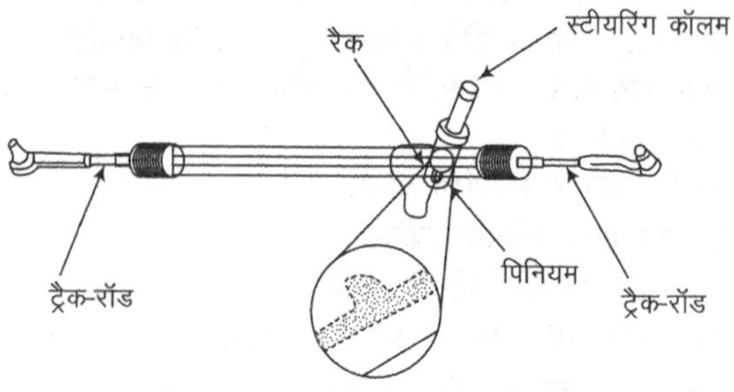

चित्र रैक एवं पिनियन स्टीयरिंग बॉक्स

6. कैम एवं रोलर स्टीयरिंग बॉक्स
Cam and Roller Steering Box

अन्य स्टीयरिंग बॉक्स की भाँति ही इस स्टीयरिंग बॉक्स में भी वर्म जुड़ा होता है, परन्तु सेक्टर के स्थान पर एक कैम का प्रयोग किया जाता है, जिस पर दो खूँटी, रोलर के समान लगी होती हैं। जब स्टीयरिंग घुमाया जाता है, तो वर्म में फँसे रोलर कैम को ऊपर या नीचे करते हैं, जिससे क्रॉस शाफ्ट घूमकर, ड्रॉप आर्म को आगे-पीछे करके स्टीयरिंग को क्रियाशील बनाती है।

इसमें क्रॉस शाफ्ट भी दो बियरिंगों की सहायता से फिट की जाती है, जिसको एडजस्ट करके, रोलर तथा वर्म के बैकलैश को एडजस्ट किया जाता है।

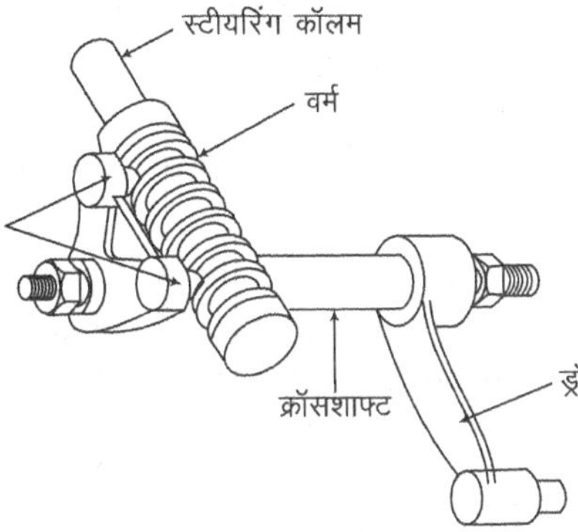

चित्र कैम एवं रोलर स्टीयरिंग बॉक्स

7. वर्म एवं नट गियर बॉक्स
Worm and Nut Gear Box

इस प्रकार के गियर बॉक्स में वर्म, स्टीयरिंग कॉलम में ही निहित होता है अर्थात् यह इसका एक अभिन्न अंग होता है। जब स्टीयरिंग व्हील को घुमाया जाता है, तो स्टीयरिंग कॉलम के घूमने के कारण वर्म भी उसके साथ-साथ घूमता है, क्योंकि वर्म के दाँते, नट के दाँतों के साथ संयोजित होते हैं। अत: वर्म के घूमते ही उससे संयोजित नट कॉलम पर ऊपर-नीचे गति करने लगता है। नट के इस प्रकार गति करने के कारण क्रॉस शाफ्ट एक निश्चित कोण के आर्क पर घूमने में सक्षम हो जाती है जिससे ड्रॉप आर्म भी इस कोण पर घूम जाती है। ड्रॉप आर्म की यह घूर्णन गति फ्रण्ट व्हील को ट्रांसमिट होती है जिससे वाहन मुड़ जाता है।

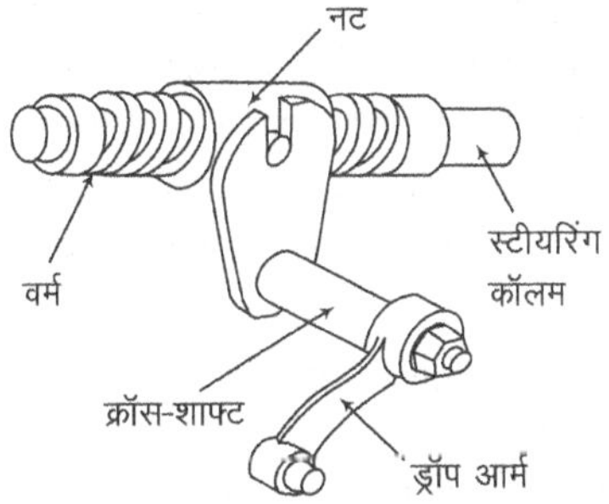

चित्र वर्म एवं नट गियर बॉक्स

वाहनों में विभिन्न स्टीयरिंग को स्थापित करने के उद्देश्य से स्टीयरिंग व्यवस्था एक महत्त्वपूर्ण घटक है, जिसका वर्णन आगे किया गया है

स्टीयरिंग गियर बॉक्स व्यवस्था
Steering Gear Box Adjustment

स्टीयरिंग गियर बॉक्स में दो मुख्य व्यवस्था प्रयोग की जाती हैं

(i) **साइड प्ले व्यवस्था** (Side play adjustment) इसके अन्तर्गत स्टीयरिंग शाफ्ट तथा वर्म गियर प्ले को एडजस्ट किया जाता है। इसके लिए स्टीयरिंग गियर बॉक्स के साइड में एडजस्टमेन्ट स्क्रू लगा होता है।

(ii) **एण्ड प्ले व्यवस्था** (End play adjustment) इसके अन्तर्गत सेक्टर के मध्य प्ले को एडजस्ट किया जाता है। इसके लिए स्टीयरिंग गियर बॉक्स के नीचे बियरिंग एडजस्टमेन्ट के लिए स्क्रू लगा होता है।

6.3 वैरिएबल रेशियो स्टीयरिंग
Variable Ratio Steering

स्टीयरिंग व्हील के चक्करों की संख्या तथा स्टीयरिंग गियर क्रॉस शाफ्ट के चक्करों की संख्या के अनुपात को वैरिएबल रेशियो स्टीयरिंग या 'स्टीयरिंग अनुपात' या 'स्टीयरिंग गियर अनुपात' कहते हैं, क्योंकि स्टीयरिंग बॉक्स शाफ्ट बहुत कम घूमती है।

अत: स्टीयरिंग व्हील जितने डिग्री घूमता है और उससे स्टीयरिंग बॉक्स शाफ्ट जितनी डिग्री घूमती है, उन दोनों के अनुपात को स्टीयरिंग गियर अनुपात कहते हैं।

हल्की गाड़ियों में यह अनुपात कम व भारी गाड़ियों में अधिक होता है। बिना पावर स्टीयरिंग वाली यात्री कारों का स्टीयरिंग अनुपात: 11 : 1 से 24 : 1 होता है।

उच्च स्टीयरिंग अनुपात धीमा स्टीयरिंग (slow steering), जबकि निम्न स्टीयरिंग अनुपात द्वारा तीव्र स्टीयरिंग (fast steering) प्राप्त होता है। पावर स्टीयरिंग वाले वाहनों का स्टीयरिंग अनुपात मैनुअल स्टीयरिंग वाले वाहनों की अपेक्षा 20% कम होता है। भारत में निर्मित कुछ मोटरगाड़ियों के स्टीयरिंग अनुपात निम्नलिखित हैं

तालिका विविध वाहनों सम्बन्धी स्टीयरिंग विवरण

क्र.सं.	मोटरगाड़ी	स्टीयरिंग अनुपात	स्टीयरिंग का प्रकार
1.	फिएट/पद्मिनी	16.4 : 1	वर्म एवं रोलर टाइप स्टीयरिंग
2.	एम्बेसेडर	14 : 1	रैक एवं पिनियन टाइप स्टीयरिंग
3.	महिन्द्रा जीप	14 : 1 तथा 12 : 1	कैम एवं रोलर टाइप स्टीयरिंग
4.	अशोक लेलैण्ड	24 : 1	कैम एवं डबल रोलर टाइप स्टीयरिंग
5.	डॉज/फार्गो	24 : 1	रिसर्कुलेटिंग बॉल एवं नट टाइप स्टीयरिंग
6.	वाइकिंग मैटाडोर	17.17 : 1	वर्म एवं रोलर टाइप स्टीयरिंग
7.	टाटा (ट्रक, बस)	29.7 : 1 तथा 34.2 : 1	रिसर्कुलेटिंग बॉल एवं नट टाइप स्टीयरिंग
8.	मारुति 800	17.7 : 1	रैक एवं पिनियन टाइप स्टीयरिंग
9.	स्वराज माजदा	24.30 : 1	बॉल एवं नट टाइप स्टीयरिंग

6.4 स्टीयरिंग प्रणाली में प्रयुक्त वाल्व Valves used in Steering System

स्टीयरिंग प्रणाली में प्राय: निम्न दो प्रकार के वाल्व प्रयोग किए जाते हैं

1. फ्लो कण्ट्रोल वाल्व Flow Control Valve

प्रवाह नियन्त्रक वाल्व, पावर स्टीयरिंग परिपथ में इंजन ऑयल की प्रवाह दर का नियन्त्रण करता है, क्योंकि ऑयल पम्प के प्रति चक्कर के साथ ऑयल डिस्चार्ज दर नियत होती है और प्रति इकाई समय के साथ डिस्चार्ज दर इंजन की गति के अनुसार बढ़ती अथवा घटती है।

अत: स्टीयरिंग परिपथ की एकसमान दक्षता को बनाए रखने के उद्देश्य से पावर स्टीयरिंग को एक ऐसी प्रवाह दर की आवश्यकता होती है जो एक निश्चित नियत परास की हो। पावर स्टीयरिंग के लिए आवश्यक प्रवाह दर स्टीयरिंग व्हील की टर्निंग अर्थात् उसे मोड़ने की गति द्वारा ज्ञात की जाती है, परन्तु यह प्रवाह दर इस प्रकार होनी चाहिए की पावर स्टीयरिंग इंजन की उच्च गति पर भी प्रतिक्रिया करने में सक्षम हो। इंजन की गति बढ़ाते रहने पर जब ऑयल पम्प की डिस्चार्ज दर एक निश्चित मान से अधिक हो जाती है, तो अतिरिक्त ऑयल रिजर्वायर अथवा पम्प की ओर प्रवाहित होने लगता है, जिससे कि इंजन ऑयल सदैव एक आवश्यक दर पर स्टीयरिंग परिपथ को प्राप्त होता रहता है।

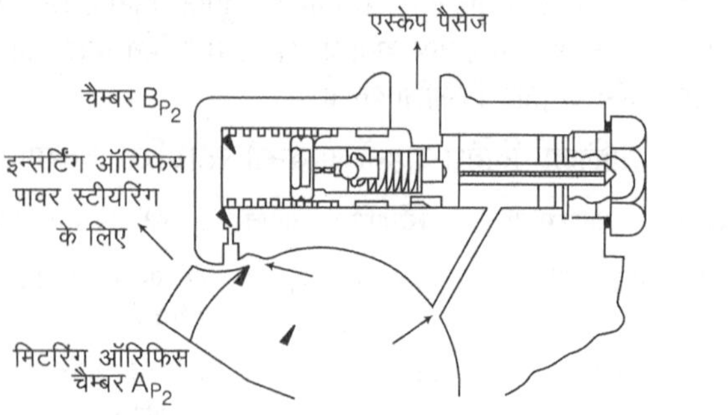

चित्र फ्लो कण्ट्रोल वाल्व

फ्लो कण्ट्रोल वाल्व की कार्यप्रणाली
Working of Flow Control Valve

सर्वप्रथम ऑयल पम्प द्वारा डिस्चार्ज किया गया हाइड्रॉलिक फ्लूड दाब चैम्बर में प्रवेश करता है जिसके पश्चात् यह मिटरिंग ऑरीफिस (metering orifice) की सहायता से पावर स्टीयरिंग चैम्बर अथवा कक्ष में भेजा जाता है। जब पम्प द्वारा डिस्चार्ज ऑयल की दर एक समायोजित प्रवाह दर से कम होती है, तो फ्लूड दाब चैम्बरों के मध्य विभाजित हो जाता है और प्रवाह नियन्त्रक वाल्व की गति स्प्रिंग के दाब द्वारा संरक्षित हो जाती है। इस स्थिति में ऑयल पम्प में उपस्थित सम्पूर्ण फ्लूड पावर स्टीयरिंग बॉक्स को सप्लाई कर दिया जाता है। ऑयल पम्प की गति इंजन की गति के साथ बढ़ती जाती है जो हाइड्रॉलिक फ्लूड दर को बढ़ा देती है। जब पम्प की डिस्चार्ज दर, समायोजित प्रवाह दर (स्प्रिंग बल) से अधिक हो जाती है, तो स्प्रिंग अपनी वास्तविक स्थिति से विकृत हो जाती है और फ्लो कण्ट्रोल वाल्व आगे की ओर गति करने लगतार है, जिससे अतिरिक्त ऑयल सक्शन लाइन की ओर चला जाता है।

1. प्रैशर रिलीफ वाल्व Pressure Relief Valve

प्रैशर रिलीफ वाल्व पावर स्टीयरिंग परिपथ में उत्पन्न अधिकतम दाब को नियन्त्रित करता है। ऑयल पम्प पर पड़ने वाला भार स्टीयरिंग व्हील के प्रतिरोध के अनुक्रमानुपाती होता है। जब स्टीयरिंग व्हील का प्रतिरोध उच्च होता है, तब पावर स्टीयरिंग के लिए आवश्यक हाइड्रॉलिक दाब भी उच्च होता है।

वाहन के पहिए जब सड़क पर उपस्थित किसी वस्तु अथवा स्पीड ब्रेकर से टकराते हैं, तो व्हील्स को मोड़ने अर्थात् स्टीयर करने के लिए अतिरिक्त बल की आवश्यकता होती है। इस स्थिति में स्टीयरिंग परिपथ का दाब बढ़कर अनन्त हो जाता है।

इसलिए इस अधिकतम आरोपित बल को तथा स्टीयरिंग यन्त्रावली को संरक्षित करने के लिए एक अतिरिक्त यन्त्रावली (प्रैशर रिलीफ वाल्व) की आवश्यकता होती है।

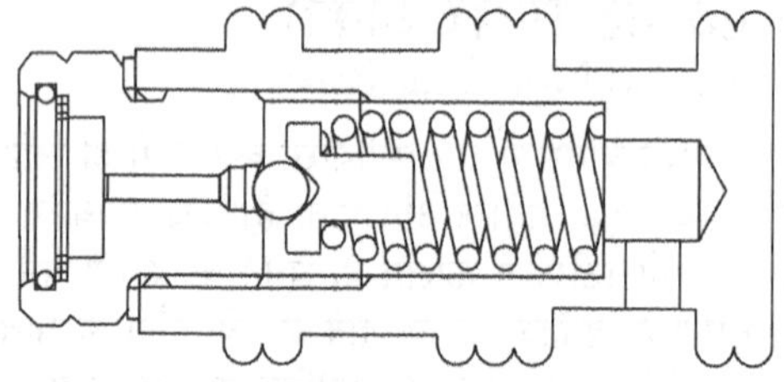

चित्र प्रैशर रिलीफ वाल्व

प्रैशर रिलीफ वाल्व की कार्यप्रणाली
Working of Pressure Relief Valve

प्रैशर रिलीफ वाल्व, फ्लो कण्ट्रोल वाल्व के अन्दर सम्मिलित होता है। उस स्थिति में जब वाहन का स्टीयरिंग प्रचालित न किया जा रहा हो अथवा स्टीयरिंग व्हील के सामान्य प्रचालन के दौरान प्रचालन दाब कभी समायोजित दाब से अधिक नहीं बढ़ता है जिसके फलस्वरूप प्रैशर रिलीफ वाल्व तथा स्टील बॉल स्प्रिंग के बल के कारण पैसेज के निकट स्थित रहती है।

जब स्टीयरिंग व्हील को पूर्णत: घुमाया जाता है, तब पावर स्टीयरिंग वाल्व बन्द रहता है। इस स्थिति में ऑयल पम्प से आने वाले हाइड्रॉलिक फ्लूड का दाब कम होता है और जब यह दाब बढ़ता है, तब यह स्प्रिंग के बल को भी बढ़ा देता है। स्प्रिंग का बल बढ़ जाने से प्रैशर रिलीफ वाल्व तथा स्टील बॉल अपनी पूर्व स्थिति से ऊपर उठ जाते हैं जिससे ऑयल पम्प के सक्शन साइड की ओर प्रवाहित होने लगता है।

6.5 स्टीयरिंग लिंकेज Steering Linkage

स्टीयरिंग लिंकेज मोटर वाहन की स्टीयरिंग प्रणाली का एक भाग है जो वाहन के अगले पहियों (front wheels) से जुड़ता है। स्टीयरिंग गियर बॉक्स को अगले पहियों से जोड़ने वाले स्टीयरिंग लिंकेज में कई रॉड होती हैं। ये रॉड (rod) बॉल ज्वॉइण्ट के समान एक सॉकिट व्यवस्था (socket arrangement) से जुड़ी होती हैं जिसे टाई रॉड कहते हैं। इसमें लिंकेज को आगे तथा पीछे मूव किया जा सकता है।

जब स्टीयरिंग व्हील को घुमाया जाता है, तो स्टीयरिंग क्रॉस-शाफ्ट के द्वारा इसकी गति स्टीयरिंग बॉक्स को प्रदान की जाती है। स्टीयरिंग बॉक्स के अन्दर यह गति ड्रॉप आर्म की कोणीय गति में परिवर्तित की जाती है। ड्रॉप आर्म, ड्रैग लिंक रॉड के एक सिरे से संयोजित होती है। ड्रैग लिंक रॉड का दूसरा सिरा स्टीयरिंग लीवर आर्म से जुड़ा होता है, जोकि स्टब एक्सल स्पिण्डल से संयोजित होती है। स्टब एक्सल के निचले सिरे पर स्पिण्डल स्टीयरिंग आर्म फिट होती है। दोनों स्टीयरिंग आर्म परस्पर ट्रैक रॉड से संयोजित होती हैं।

जब स्टीयरिंग व्हील को घुमाया जाता है, तो ड्रॉप आर्म, टर्न (लेफ्ट अथवा राइट) की दिशानुसार फ्रण्ट व्हील की ओर अथवा उसके विपरीत गति करती है।

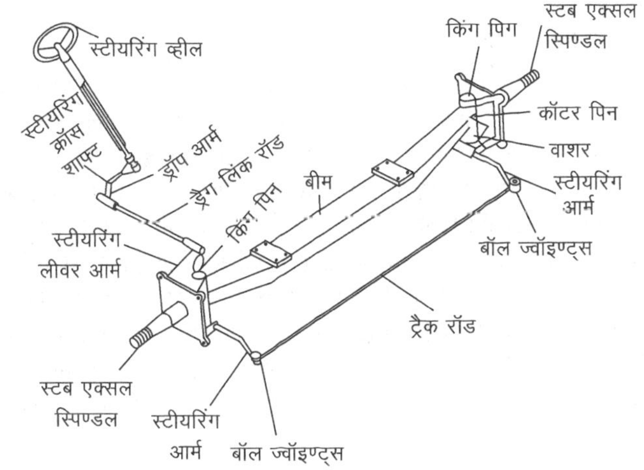

चित्र स्टीयरिंग लिंकेज

स्टीयरिंग लिंकेज के अवयव
Components of Steering Linkage

स्टीयरिंग लिंकेज में मुख्य रूप से निम्न प्रकार के अवयव प्रयोग किए जाते हैं

(i) **रिले एवं टाई रॉड** (Relay and tie rod) रिले रॉड को ड्रैग लिंक के नाम से भी जाना जाता है। इसका एक सिरा टाई रॉड से एवं दूसरा सिरा पिटमैन आर्म से जुड़ा होता है। जब पिटमैन आर्म को गति प्राप्त होती है, तब इसे भी गति मिलती है जबकि टाई रॉड का प्रयोग रिसर्कुलेटिंग प्रकार के स्टीयरिंग लिंकेज में किया जाता है।

(ii) **नक्कल आर्म** (Knuckle arm) यह ड्रैग लिंक या टाई रॉड की चाल को स्टीयरिंग नक्कल के द्वारा अगले पहियों को प्रदान करती है।

(iii) **स्टीयरिंग नक्कल** (Steering knuckle) अगले पहियों को घूमने के लिए एवं पहियों पर आरोपित भार को वहन करने के लिए स्टीयरिंग नक्कल का प्रयोग किया जाता है। इसे सस्पैन्शन आर्म या बॉल ज्वॉइण्ट पर पिवेट किया जाता है।

(iv) **पिटमैन आर्म** (Pitman arm) यह आर्म, ड्रैग लिंक या रिले रॉड को स्टीयरिंग गियर चाल प्रदान करती है। इस आर्म के छोटे सिरे को बॉल ज्वॉइण्ट के द्वारा ड्रैग लिंक या रिले रॉड से जोड़ते हैं।

(v) **आइडलर आर्म** (Idler arm) इस आर्म के एक सिरे को स्टीयरिंग लिंकेज की बॉडी से पिवेट किया जाता है एवं दूसरे को स्विवेल जोड़ के साथ रिले रॉड से जोड़ा जाता है। वर्तमान में विशेष रूप से स्लाइडिंग बियरिंग प्रकार की आइडलर आर्म प्रयोग में लाई जाती है।

(vi) **स्टीयरिंग डैम्पर** (Steering damper) इसे स्टीयरिंग लिंकेज एवं फ्रेम के मध्य में शॉक अब्जॉर्बर के रूप में लगाया जाता है। यह पहियों के द्वारा स्टीयरिंग व्हील तक जा रहे कम्पनों एवं झटकों के प्रभाव को कम करता है।

स्टीयरिंग लिंकेज के प्रकार
Types of Steering Linkages

स्टीयरिंग लिंकेज मुख्यत: निम्न प्रकार के होते हैं

1. सेन्टर आर्म लिंकेज
2. पैरेलैलोग्राम लिंकेज

1. सेन्टर आर्म लिंकेज Centre Arm Linkage

इसमें दो टाई रॉड के मध्य में बैल क्रैंक लगी होती है। इन दोनों टाई रॉड के अन्तिम सिरे, दोनों पहियों की नक्कल आर्म से जोड़े जाते हैं। बैल क्रैंक की सेन्टर आर्म को पिटमैन आर्म से पुल और पुश रॉड की सहायता से जोड़ा जाता है। इस प्रकार के लिंकेज का उपयोग प्राय: जीप में किया जाता है। बैल क्रैंक इण्टरमीडिएट आर्म सहित सेन्टर आर्म स्टीयरिंग एवं ट्रांसवर्स ड्रैग लिंक सहित सेन्टर आर्म स्टीयरिंग इस लिंकेज के मुख्य प्रकार हैं, जिनके चित्र नीचे दर्शाए गए हैं

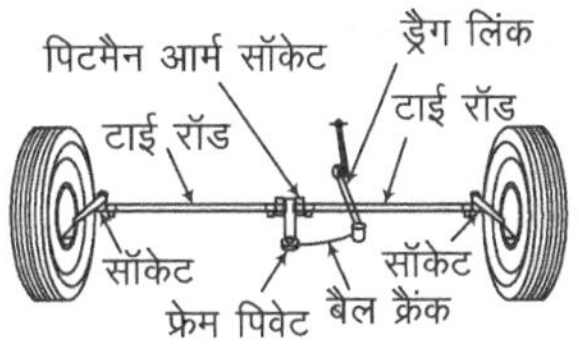

चित्र बैल क्रैंक इण्टरमीडिएट आर्म सहित सेन्टर आर्म स्टीयरिंग

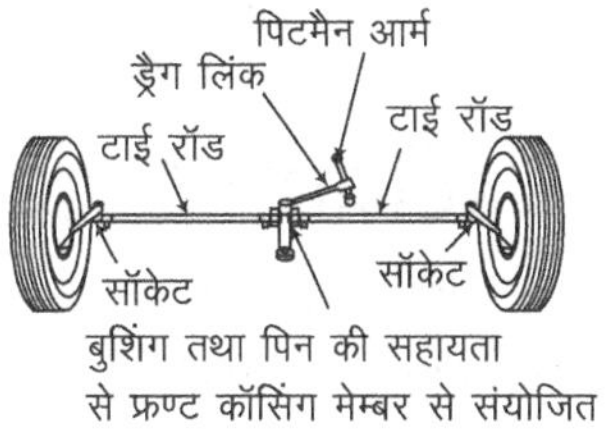

चित्र ट्रांसवर्स ड्रैग लिंक सहित सेन्टर आर्म स्टीयरिंग

2. पैरेलैलोग्राम लिंकेज Parallelogram Linkage

यह लिंकेज अनेक आकृति का होता है। इसमें सेन्टर लिंक या कनैक्टिंग रॉड से दो समानान्तर आर्म, दोनों साइडों पर संयोजित होती हैं जिनमें से एक समानान्तर आर्म सीधे ही ड्रैग लिंक से या पिटमैन आर्म से गति प्राप्त करती है। इन दोनों आर्म को स्टीयरिंग नक्कल की सहायता से दो टाई रॉड के द्वारा जोड़ा जाता है। मुख्यत: पैरेलैलोग्राम लिंकेज वाहनों में निम्न प्रकार से जोड़ा जाता है

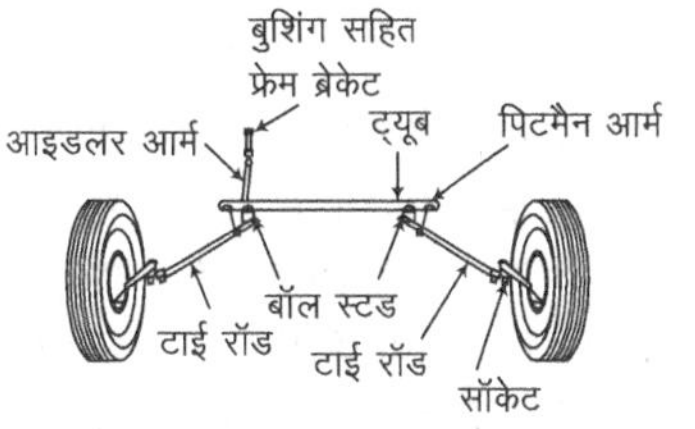

चित्र ट्यूबलर सेन्टर लिंक सहित पैरेलैलोग्राम लिंकेज

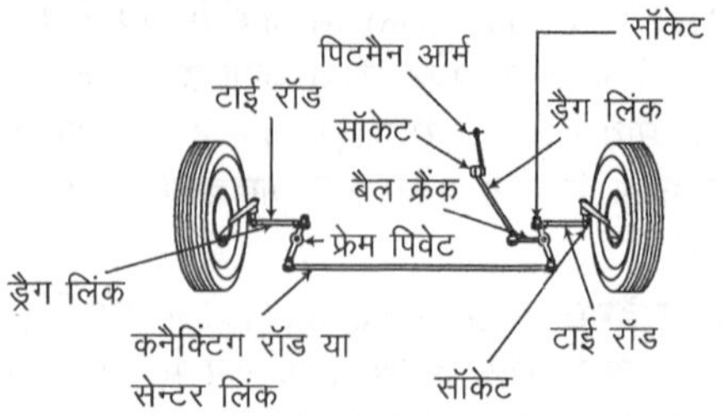

चित्र एक्सल के आगे सेण्टर लिंक सहित पैरेलैलोग्राम लिंकेज

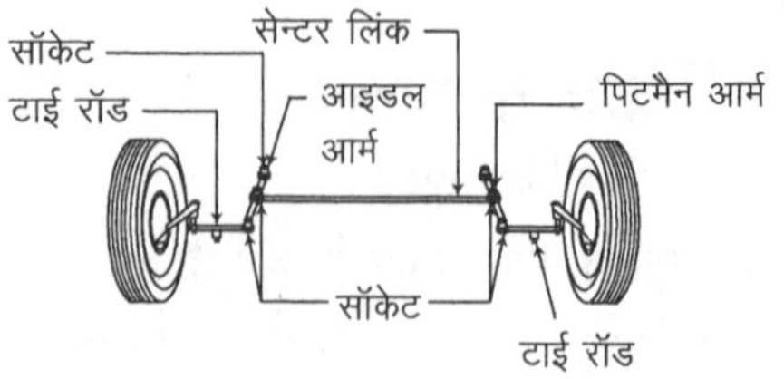

चित्र एक्सल के पीछे सेन्टर लिंक सहित पैरेलैलोग्राम लिंकेज

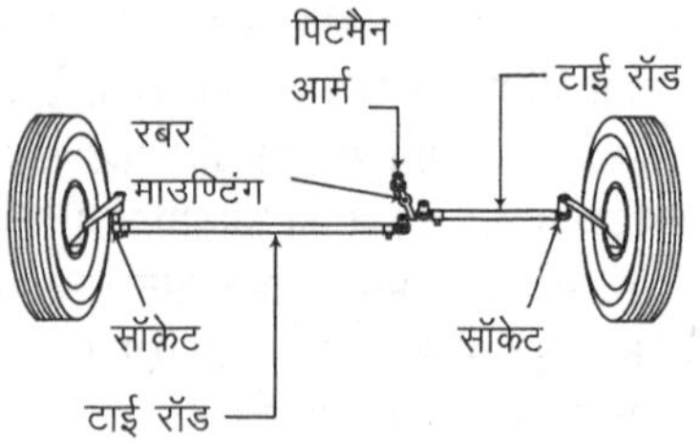

चित्र लॉन्ग-आर्म, शॉर्ट-आर्म लिंकेज

6.6 स्टीयरिंग के मुख्य प्रकार
Main Types of Steering

वाहनों के प्रकार एवं प्रकृति के अनुसार वाहनों में कुछ विशिष्ट प्रकार के स्टीयरिंग प्रयोग किए जाते हैं जिनका वर्णन निम्नलिखित है

1. हाइड्रॉलिक असिस्टिड स्टीयरिंग
Hydraulic Assisted Steering

मोटरगाड़ी का अधिकतर भार अगले पहियों (front wheels) पर पड़ता है, इसलिए स्टीयरिंग व्हील को घुमाने में भार के अनुसार ही शक्ति लगती है। छोटी अथवा साधारण मोटरगाड़ियों को, तो स्टीयरिंग पर स्वयं की शक्ति लगाकर आसानी से मोड़ा जा सकता है, परन्तु अधिक भारी गाड़ियों में स्टीयरिंग व्हील घुमाने में बहुत अधिक शक्ति लगानी पड़ती है, इसलिए ऐसी भारी गाड़ियों में वायु की सहायता ली जाती थी, परन्तु वर्तमान में हाइड्रॉलिक शक्ति की सहायता ली जाती है।

इसके द्वारा स्टीयरिंग व्हील को घुमाने अथवा मोटरगाड़ी को मोड़ने में कम शक्ति लगानी पड़ती है। इन्हें स्टीयरिंग के अन्य भागों के अतिरिक्त ऑयल रिजर्वायर, हाइड्रॉलिक पम्प, पावर सिलेण्डर तथा स्पूल वाल्व के साथ डिजाइन किया गया है। हाइड्रॉलिक ऑयल एक रिजर्वायर में भरा होता है जिसका सम्बन्ध एक हाइड्रॉलिक पम्प से होता है।

इस प्रकार के स्टीयरिंग में रैक तथा पिनियन की गति का विरोध इसकी सेक्टर शाफ्ट द्वारा संयोजन से किया जाता है, जोकि लिंकेज के द्वारा स्टीयरिंग व्हील्स से जुड़ा होता है। इस प्रतिरोध के कारण इनपुट शाफ्ट के द्वारा टॉर्शन बार (Torsion bar) मोड़ा जाता है जिससे कण्ट्रोल वाल्व सक्रिय हो जाता है।

इसके पश्चात् इंजन का सम्पीड़ित ईंधन, कण्ट्रोल वाल्व से निकलकर सिलेण्डर बोर की सहायता से रैक पिस्टन को रेखीय रूप से घुमाता है, जिसके फलस्वरूप रैक पिस्टन, सेक्टर शाफ्ट को घुमाता है जिससे वाहन को इच्छित दिशा में आवश्यकतानुसार मोड़ा जा सकता है।

हाइड्रॉलिक असिस्टिड स्टीयरिंग की उदासीन, राइट तथा लेफ्ट टर्न आदि स्थितियाँ होती हैं जिनका विवरण निम्नवत् है

(i) उदासीन स्थिति Neutral Condition

हाइड्रॉलिक असिस्टिड पावर स्टीयरिंग की रोटरी कण्ट्रोल मैकेनिज्म में इनपुट शाफ्ट, वर्म शाफ्ट, वाल्व स्लीव तथा टॉर्शन बार सम्मिलित होते हैं। ये सभी अवयव सम्मिलित रूप से वाल्व असेम्बली कहे जाते हैं। इस प्रकार के स्टीयरिंग में इनपुट शाफ्ट के चार लैण्ड तथा वाल्व स्लीव के चार पॉकेट उदासीन स्थिति में लगे होते हैं। वाल्व स्लीव एक कुंजीयुक्त संयोजन की सहायता से वर्म शाफ्ट से संयोजित होती है। वाल्व स्लीव विकर्णरूपी संयोजन में संयोजित पॉकेट ईंधन ऑयल को ऊपरी अथवा निचले सिलेण्डर से सम्बद्ध करती है। इस स्थिति में वाल्व सदैव उदासीन स्थिति में होता है। स्टीयरिंग की उदासीन स्थिति में ईंधन ऑयल सिलेण्डर के दोनों ओर प्रवाहित होता है तथा रिजर्वायर में पुन: वापस आ जाता है।

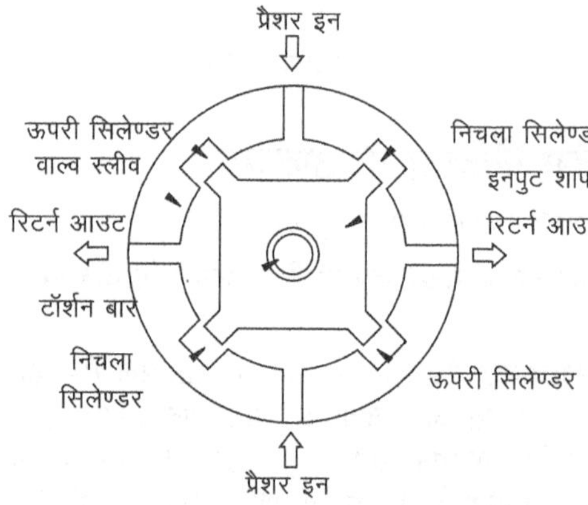

चित्र हाइड्रॉलिक असिस्टिड स्टीयरिंग की उदासीन स्थिति

(ii) लेफ्ट टर्न Left Trun

वाहन चालक द्वारा वाहन के स्टीयरिंग व्हील की सहायता से इनपुट शाफ्ट को लेफ्ट साइड घुमाने पर सड़क के प्रतिरोध के कारण टॉर्शन बार मुड़ जाता है जिससे केवल इनपुट शाफ्ट ही लेफ्ट साइड घूमती है और वाल्व की उदासीन स्थिति को विचलित कर देती है।

इस प्रक्रिया के फलस्वरूप सम्पूर्ण इंजन ऑयल ऊपरी सिलेण्डर की ओर प्रवाहित होने लगता है और रैक पिस्टन को नीचे की ओर धकेलने लगता है।

जब वाहन चालक स्टीयरिंग व्हील को घुमाना बन्द कर देता है, तो टॉर्शन बार अपनी पूर्व स्थिति में वापस आ जाता है, क्योंकि वर्म शाफ्ट घूमते हुए वाल्व स्लीव को उदासीन स्थिति में वापस ले आती है।

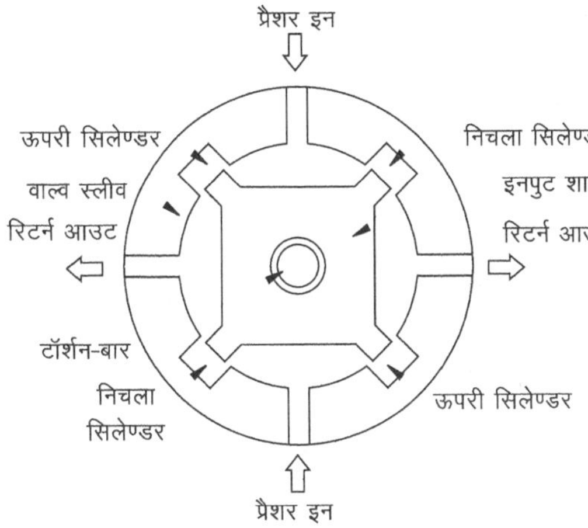

चित्र स्टीयरिंग का लेफ्ट टर्न

(iii) राइट टर्न Right Turn

वाहन चालक द्वारा वाहन के स्टीयरिंग की सहायता से इनपुट शाफ्ट को राइट साइड घुमाने पर सड़क के प्रतिरोध के कारण टॉर्शन बार मुड़ जाता है और बल इनपुट शाफ्ट राइट साइड मुड़कर वाल्व की उदासीन स्थिति को विचलित करती है। इस प्रक्रिया के फलस्वरूप इंजन ऑयल निचले सिलेण्डर की ओर प्रवाहित होकर रैक पिस्टन को ऊपर की ओर धकेलने लगता है। जब वाहन चालक स्टीयरिंग व्हील को घुमाना बन्द कर देता है, तो वर्म शाफ्ट घूमकर वाल्व स्लीव को उदासीन स्थिति में ले आती है और टॉर्शन बार अपनी पूर्व स्थिति में वापस आ जाता है।

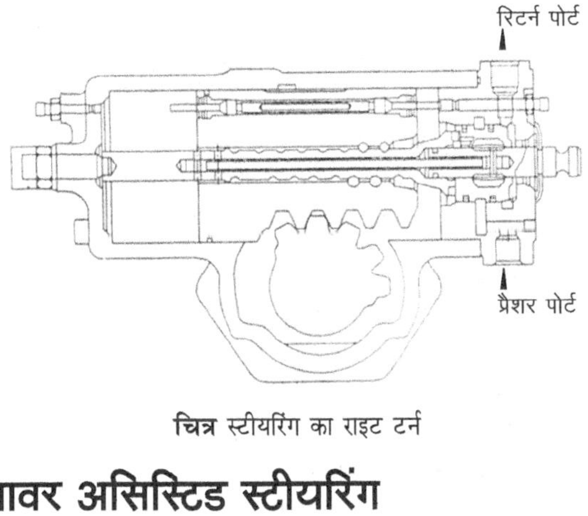

चित्र स्टीयरिंग का राइट टर्न

2. पावर असिस्टिड स्टीयरिंग Power Assisted Steering

जिन मोटरगाड़ियों के टायर बड़े सक्शन तथा कम प्रैशर वाले बैलून के आकार के होते हैं, उनमें टायरों का भूमि सम्पर्क बढ़ जाता है। अत: इस प्रकार की टायरयुक्त भारी गाड़ियों में स्टीयरिंग को घुमाने के लिए ड्राइवर को अधिक शक्ति लगानी पड़ती है। विशेष रूप से उस समय जब गाड़ी को तीव्र मोड़ पर मोड़ना हो, वाहन का एक्सल भार अधिक हो, ट्रैफिक घनत्व अधिक हो तथा सड़क की दशा उचित न हो ऐसी स्थितियों में अधिकतम सुरक्षा प्रदान करने की दृष्टि से मोटरगाड़ियों में पावर असिस्टिड स्टीयरिंग प्रयोग किए जाते हैं।

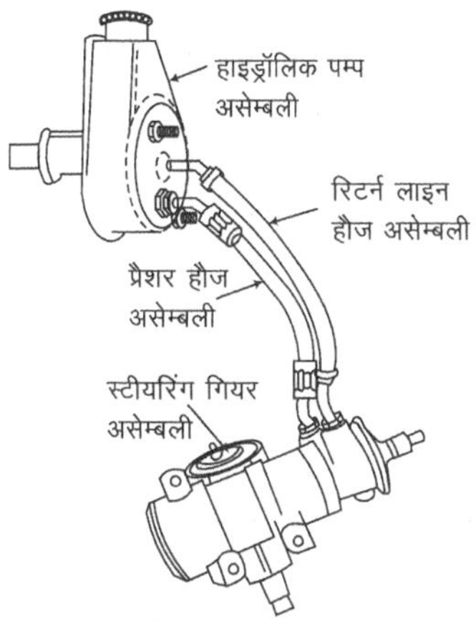

चित्र पावर असिस्टिड स्टीयरिंग

ये स्टीयरिंग प्राय: दो प्रकार के होते हैं

(i) **इण्टीग्रल पावर असिस्टिड स्टीयरिंग** (Integral power assisted steering) इसमें पावर ऑपरेटिंग असेम्बली, स्टीयरिंग गियर बॉक्स का ही एक भाग होती है।

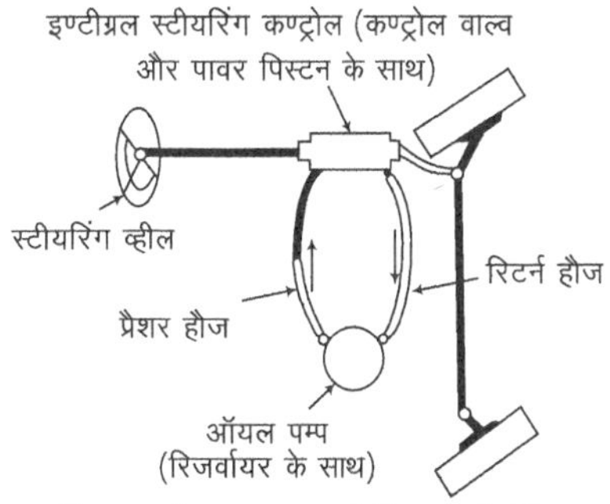

चित्र इण्टीग्रल पावर असिस्टिड स्टीयरिंग

(ii) **लिंकेज पावर असिस्टिड स्टीयरिंग** (Linkage power assisted steering) इसमें पावर ऑपरेटिंग असेम्बली, लिंकेज का एक भाग होती है।

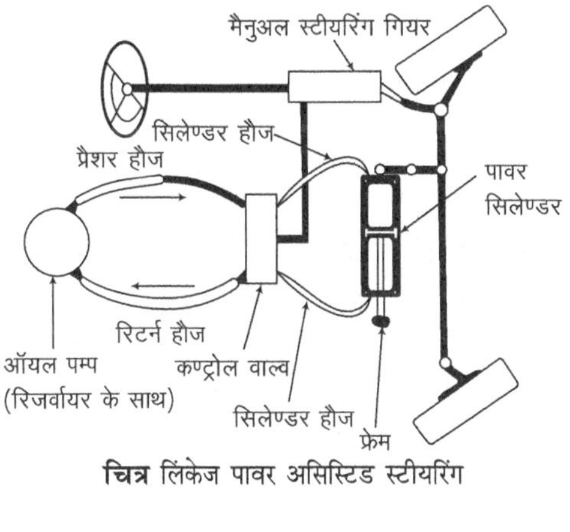

चित्र लिंकेज पावर असिस्टिड स्टीयरिंग

पावर स्टीयरिंग इस प्रकार डिजाइन किए जाते हैं कि इनमें पावर प्रणाली खराब हो जाने पर भी चालक सामान्य रूप से गाड़ी को केवल स्टीयरिंग व्हील के दबाव से ही घुमा सके। सभी प्रकार के पावर स्टीयरिंग हाइड्रॉलिक तेल के दबाव से कार्य करते हैं।

इण्टीग्रल पावर स्टीयरिंग प्रणाली में हाइड्रॉलिक पम्प असेम्बली तथा स्टीयरिंग गियर असेम्बली मुख्य भाग होते हैं। ये दोनों हौज द्वारा आपस में जुड़े होते हैं। इसमें रोटरी वाल्व का प्रयोग किया जाता है।

इसमें टॉर्शन बार के दाईं ओर स्टीयरिंग शाफ्ट तथा स्टीयरिंग व्हील फिट होता है। दूसरे सिरे पर वर्म आदि लगा होता है जिसके बाहर रोटरी वाल्व फिट होता है।

इस स्टीयरिंग प्रणाली के अन्तर्गत जब वाहन चालक स्टीयरिंग व्हील को घुमाता है, तो वह स्टीयरिंग गियर इनपुट शाफ्ट को सक्रिय कर देता है। टॉर्शन बार जिसका एक सिरा इनपुट शाफ्ट से तथा दूसरा सिरा वर्म शाफ्ट से संयोजित होता है, इनपुट शाफ्ट के साथ घूमने लगता है और वर्म शाफ्ट पर एक घूर्णीय बल (rotational force) उत्पन्न करता है। इस घूर्णीय बल की प्रतिक्रिया में वर्म शाफ्ट रिसर्कुलेशन बॉल मैकेनिज्म तथा गियर हाउसिंग सिलेण्डर बोर की सहायता से रैक पिस्टन को रेखीय गति प्रदान करने का प्रयास करती है। इस प्रक्रिया द्वारा इंजन का सम्पीडित तेल (ईंधन) रैक पिस्टन को धकेलता है, जबकि स्टीयरिंग अपना कार्य पूर्ण करता है अर्थात् घूमना प्रारम्भ कर देता है।

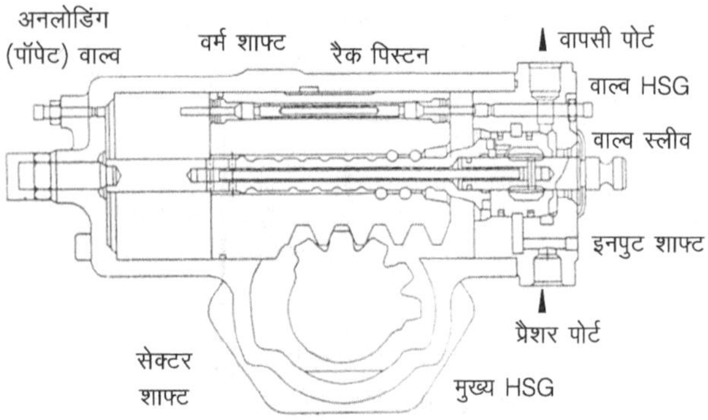

चित्र पावर स्टीयरिंग की सामान्य संक्रिया

3. इलेक्ट्रिक पावर असिस्टिड स्टीयरिंग Electric Power Assisted Steering, EPAS

इलेक्ट्रिक पावर असिस्टिड स्टीयरिंग या मोटर संचालित पावर स्टीयरिंग में वाहन के चालक (driver) की सहायता के लिए इलेक्ट्रिक मोटर लगी होती है। इस स्टीयरिंग में लगे सेन्सर, स्टीयरिंग कॉलम के टॉर्क तथा स्थिति को ज्ञात करते हैं एवं कम्प्यूटर मॉड्यूल मोटर के माध्यम से सहायक टॉर्क आरोपित करता है।

यह स्टीयरिंग गियर या स्टीयरिंग कॉलम से जुड़ा होता है। जब वाहन को मोड़ा जाता है, तब यह स्टीयरिंग को टॉर्क प्रदान करता है जिससे चालक को स्टीयरिंग को ऑपरेट करने में आसानी होती है।

इलेक्ट्रिक पावर असिस्टिड स्टीयरिंग में वाहन के प्रकार, ग्रेड स्पीड एवं चालक के अनुसार वाहन को मोड़ा जा सकता है।

इस प्रणाली से वातावरण भी प्रदूषित नहीं होता है, क्योंकि इसमें हाइड्रॉलिक फ्लूड का प्रयोग नहीं किया जाता है।

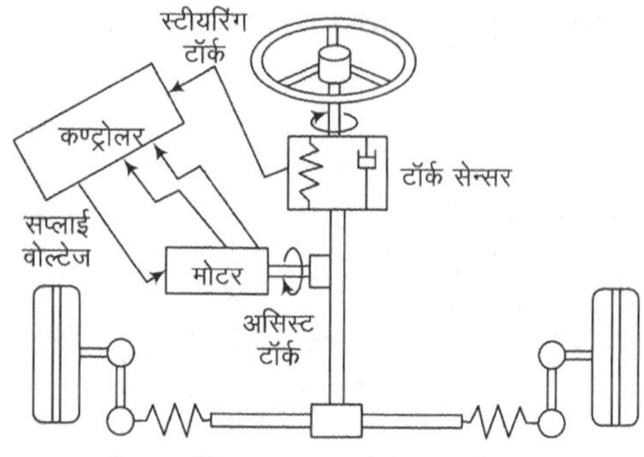

चित्र इलेक्ट्रिक पावर असिस्टिड स्टीयरिंग

4. फोर व्हील स्टीयरिंग Four Wheel Steering

इस प्रणाली का उपयोग कुछ ही वाहनों में किया जाता है। इससे वाहन की स्थिरता में वृद्धि होती है एवं वाहन को उच्च गति पर आसानी से मोड़ा जा सकता है। एक्टिव फोरव्हील स्टीयरिंग में पिछले पहियों (rear wheels) को कम्प्यूटर की सहायता से स्टीयर किया जाता है। कई वाहनों के पिछले पहियों में टर्न के बाह्य ओर स्टीयर करने की प्रकृति होती है जिससे वाहन की स्थिरता में कमी आती है, लेकिन इस स्टीयरिंग द्वारा वाहन को मोड़ते समय, वाहन की स्थिरता में वृद्धि होती है। इस प्रणाली में वाहन को कम गति पर भी आसानी से मोड़ा जा सकता है एवं इसमें टर्निंग सर्किल का व्यास भी कम होता है।

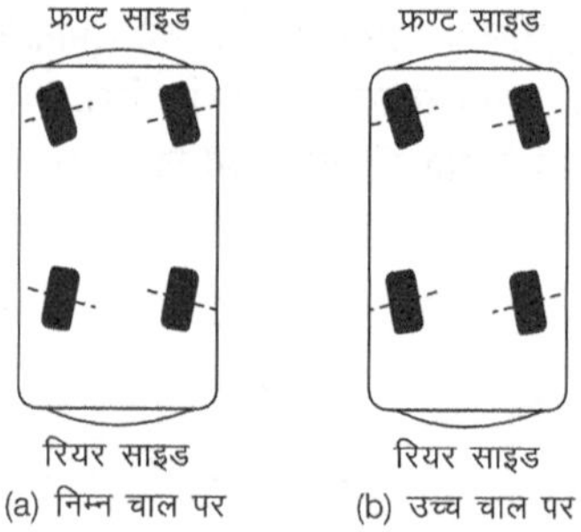

चित्र फोर व्हील स्टीयरिंग

इसके अतिरिक्त इस प्रणाली का प्रयोग करने से वाहन को कॉर्नरिंग अथवा पार्किंग के दौरान सरलता से नियन्त्रित किया जा सकता है। फोर व्हील स्टीयरिंग प्रणाली को रियर व्हील स्टीयरिंग अथवा ऑयल व्हील स्टीयरिंग भी कहा जाता है। फोर व्हील स्टीयरिंग प्रणाली में स्टीयरिंग को घुमाने के लिए प्राय: निम्न तीन प्रकार की विधियाँ प्रयोग की जाती हैं

(i) यान्त्रिक फोर व्हील स्टीयरिंग
(ii) हाइड्रॉलिक फोर व्हील स्टीयरिंग
(iii) वैद्युतिक/हाइड्रॉलिक फोर व्हील स्टीयरिंग

यान्त्रिक फोर व्हील स्टीयरिंग में फ्रण्ट तथा रियर व्हील को नियन्त्रित करने के लिए दो पृथक् स्टीयरिंग गियर्स का प्रयोग किया जाता है। हाइड्रॉलिक फोर व्हील स्टीयरिंग में वाहन के दोनों पहियों को समान दिशा में मोड़ने के लिए एक टू-वे हाइड्रॉलिक सिलेण्डर का प्रयोग किया जाता है।

इसके अतिरिक्त वैद्युतिक/हाइड्रॉलिक फोर व्हील स्टीयरिंग में वाहन के स्टीयरिंग कोण तथा सड़क की विभिन्न गतियों के लिए सुग्राही अथवा संवेदनशील बनाने के लिए एक हाइड्रॉलिक तथा कम्प्यूटर वैद्युतिक नियन्त्रक प्रणाली का संयोजित रूप प्रयोग किया जाता है।

फोर व्हील स्टीयरिंग प्रणाली वाहनों की स्वचालित डिजाइन के अन्तर्गत वाहन चालक को लगभग उदासीन स्टीयरिंग प्रणाली के प्रयोग से वाहन चालक विभिन्न परिवर्तनीय परिस्थितियों में भी ओवर स्टीयर अथवा अण्डर स्टीयर की समस्याओं का अनुभव न करके लगभग उदासीन स्टीयरिंग करने में सक्षम होता है।

वाहन को मोड़ने पर वाहन के फ्रण्ट व्हील्स अधिकाधिक स्टीयरिंग पूर्ण करते हैं। विपरीत दिशा में गति के समय रियर व्हील के घूर्णन को 50-60 तक सीमित रखा जाता है तथा समान दिशा में गति के दौरान रियर व्हील स्टीयरिंग को 100-150 घूर्णन तक सीमित रखा जाता है। इस स्टीयरिंग प्रणाली का प्रयोग प्राय: ऑफ हाई-वे वाहनों; जैसे—फॉर्क लिफ्ट्स, कृषि एवं निर्माण सम्बन्धी तथा खनन सम्बन्धी मशीनरी अथवा वाहनों में किया जाता है। इसके अतिरिक्त यह प्रणाली मुख्यत: यात्री वाहनों; जैसे—SUV के लिए भी उपयुक्त है।

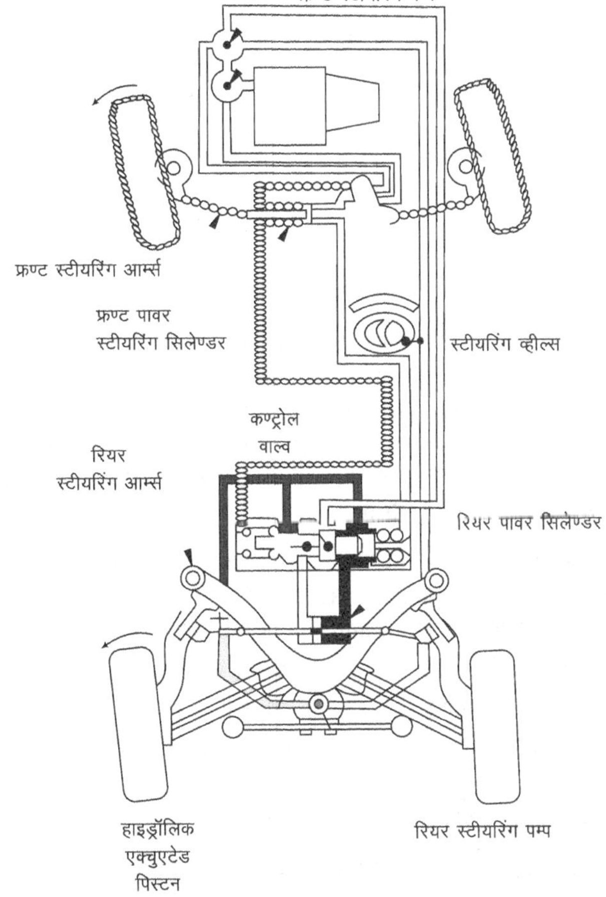

चित्र फोर व्हील स्टीयरिंग

फॉरवर्ड कण्ट्रोल व्हीकल स्टीयरिंग
Forward Control Vehicle Steering

इस प्रकार की स्टीयरिंग प्रणाली में, स्टीयरिंग सिस्टम को इंजन एवं फ्रण्ट व्हील के आगे लगाया जाता है, जैसा कि चित्र द्वारा स्पष्ट है। इसमें स्टीयरिंग गियर बॉक्स, वर्टिकल ड्रॉप आर्म (Vertical Drop arm) के साथ फ्रेम में लगा होता है।

इस ड्रॉप आर्म की गति को ड्रैग लिंक की सहायता से रिले लीवर को ट्रांसफर कर दी जाती है। ड्रैग लिंक की अनुदैर्ध्य गति के कारण रिले लीवर अपने अक्ष पर घूर्णन करती है।

इस घूर्णन गति को एक ट्रैक रॉड की सहायता से आइडलर आर्म को तथा आइडलर से इस गति को टाई रॉड के द्वारा फ्रण्ट व्हील तक ट्रांसमिट किया जाता है।

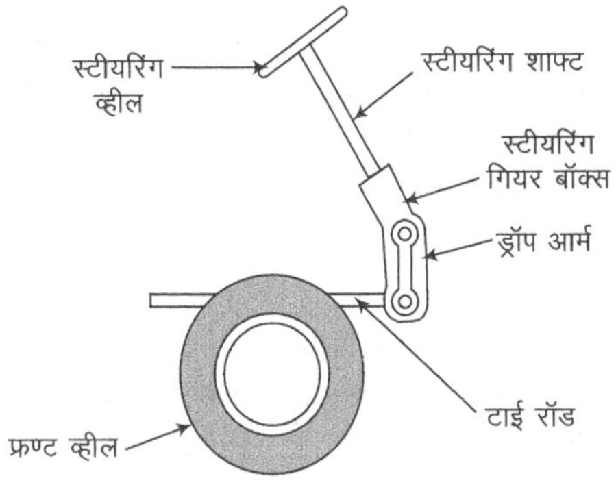

चित्र फॉरवर्ड कण्ट्रोल व्हील

6.7 स्टीयरिंग मैकेनिज्म
Steering Mechanism

स्टीयरिंग व्हील द्वारा वाहन की दिशा बदलने के लिए जिस मैकेनिज्म का प्रयोग किया जाता है, वह स्टीयरिंग मैकेनिज्म कहलाती है। यह दो प्रकार की होती है

(1) एकरमैन स्टीयरिंग मैकेनिज्म तथा (2) डेविस स्टीयरिंग मैकेनिज्म।

वर्तमान में एकरमैन स्टीयरिंग मैकेनिज्म का प्रयोग ही वाहनों में किया जाता है, क्योंकि यह अत्यन्त सरल है तथा इसमें अवयव कम घिसते हैं।

एकरमैन स्टीयरिंग यन्त्रावली
Ackermann Steering Mechanism

टायरों के बिना फिसले किसी वाहन को मोड़ने के लिए यह आवश्यक है कि वाहन के सभी पहिए एक आर्क (arc) में मुड़ें, जिसका एक उभयनिष्ठ केन्द्र हो। वाहन के फ्रण्ट व्हील्स चित्रानुसार विभिन्न कोणों पर मुड़ते हैं। इसका इनर व्हील, बड़े कोण पर एवं आउटर व्हील छोटे कोण पर मुड़ता है।

इंग्लैण्ड के वैज्ञानिक रूडोल्फ एकरमैन ने सन् 1818 में इस मैकेनिज्म का आविष्कार किया जिसमें एक्सल वाहन के फ्रेम के साथ बँधा रहता है,

लेकिन स्टब एक्सल किंग पिन द्वारा एक्सल की 'आई' ('I') पर पहिए घूमते हैं।

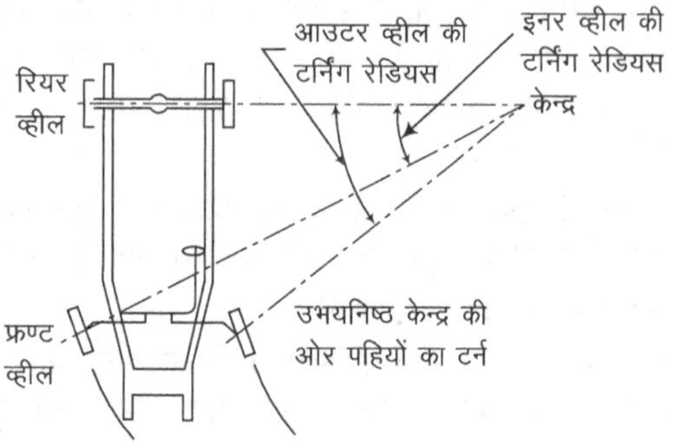

चित्र एकरमैन स्टीयरिंग यन्त्रावली

जब वाहन के फ्रण्ट व्हील्स सीधी स्थिति (चित्रानुसार) में होते हैं एवं किंग पिनों के केन्द्र व स्टीयरिंग आर्म के सिरे से रेखाएँ खींची जाती हैं, तो ये रेखाएँ डिफरैन्शियल से थोड़ा सा ऊपर, रियर एक्सल के केन्द्र बिन्दु पर मिलती हैं, इस प्रकार बनने वाले कोण को एकरमैन कोण कहते हैं।

सामान्यत: स्टीयरिंग मैकेनिज्म में फ्रण्ट एक्सल को सस्पैन्शन प्रणाली स्प्रिंगों के द्वारा फ्रेम से जोड़ा जाता है एवं एक्सल बीम से किंग पिनों की सहायता से स्टब एक्सलों को पिवेट किया जाता है। स्टब एक्सलों से स्टीयरिंग नक्कल आर्म संयोजित रहती है, जिससे स्टीयरिंग व्हील को घुमाने से फ्रण्ट व्हील्स मुड़ जाते हैं, क्योंकि स्टीयरिंग नक्कल आर्म एक-दूसरे से टाई रॉड से बँधी होती हैं।

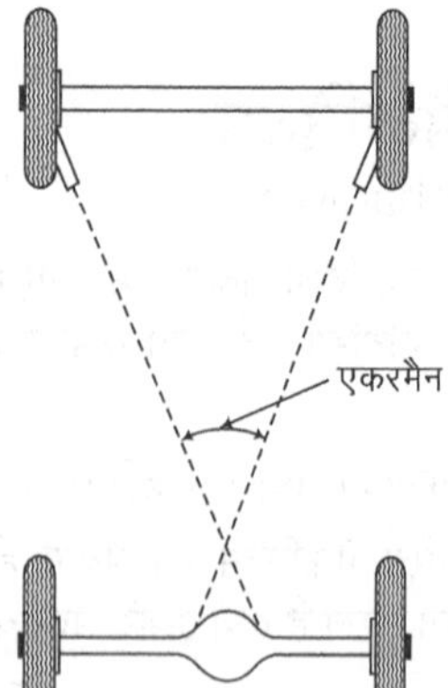

चित्र एकरमैन कोण

6.8 व्हील अलाइनमेन्ट या व्हील ज्यामिति
Wheel Alignment or Wheel Geometry

सुरक्षित एवं सरल ड्राइविंग के लिए अगले पहियों (front wheels) में कुछ ज्यामितीय (geometrical) प्रबन्ध किए जाते हैं। साधारण व सीधी चाल के समय मोटरगाड़ी के अगले पहिए एक-दूसरे से समान्तर रहकर घूमते हैं, परन्तु जब मोटरगाड़ी घूमती है, तो इनमें अन्तर आ जाता है। मोटरगाड़ी के मुड़ते समय अन्दर की ओर का अगला पहिया अधिक कोण पर मुड़ता है जिसे एकरमैन कोण (ackermann angle) कहते हैं, जबकि बाहर वाले पहिए कुछ कम कोण पर ही मुड़ते हैं। यह कार्य स्टीयरिंग आर्म द्वारा लिया जाता है। इस कोण के अन्तर्गत यदि दोनों मुड़े स्टीयरिंग आर्म से रेखाएँ खींची जाएँ, तो वे दोनों डिफरैन्शियल की सीध में खींची रेखा पर जाकर मिलती हैं। यदि यह कोण सही नहीं होगा, तो अगला एक पहिया घिसट कर चलेगा।

व्हील अलाइनमेन्ट में व्हील ज्यामिति का ही प्रयोग किया जाता है। इसके अन्तर्गत कैम्बर कोण, कैस्टर कोण, किंग पिन का झुकाव, टो-इन एवं टो-आउट कोण आते हैं जो अगले एवं पिछले पहियों (front and rear wheels) की स्थिति को प्रदर्शित करते हैं। इनमें वाहन के पहियों का ऊर्ध्वाधर (vertical) झुकाव होता है और यह झुकाव ऊपर से बाहर की ओर होने पर कैम्बर धनात्मक होता है। कैम्बर को व्हील रैक भी कहा जाता है। इसके अतिरिक्त अक्ष झुकाव (axis inclination), संयुक्त कोण (combined angle) व रगड़ त्रिज्या (scrub radius) का भी स्टीयरिंग ज्यामिति में यथायोग्य ध्यान रखा जाता है। यह सब प्रयास एवं सही कोणों का ध्यान रखने पर प्राप्त स्टीयरिंग आदर्श (ideal) स्टीयरिंग कहलाता है।

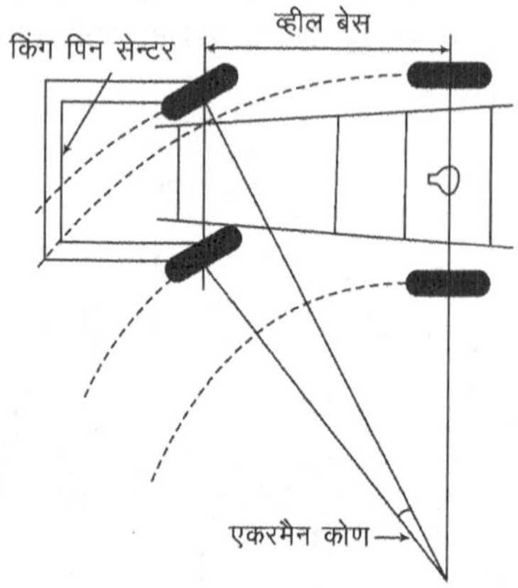

चित्र स्टीयरिंग ज्यामिति

मोटरगाड़ी का स्टीयरिंग हल्का रहे, तेज चाल में भी गाड़ी सरलता से नियन्त्रित की जा सके, व्हील बबलिंग न हो अथवा उसका प्रभाव स्टीयरिंग पर न पड़े, अगले टायर शीघ्र न घिसें तथा पहिए स्वयं सीधे नियन्त्रित रहें, यही व्हील अलाइनमेन्ट का उद्देश्य है। इसके लिए अगले पहियों में फिटिंग के साथ कुछ कोण भी दिए जाते हैं। इन कोणों के व्यवस्थापन को ही व्हील अलाइनमेन्ट कहते हैं।

वाहन का सीधी लाइन से भटकना, असमान या शीघ्रता से वाहन के टायर घिसना इत्यादि वाहन का व्हील अलाइनमेन्ट सही न होने के कारण होते हैं। व्हील अलाइनमेन्ट के अन्तर्गत निम्नलिखित कोण आते हैं

1. कैम्बर कोण
2. कैस्टर कोण
3. किंग पिन झुकाव
4. टो-इन
5. टो-आउट
6. व्हील बेस व व्हील ट्रैक

1. कैम्बर कोण Camber Angle

यदि मोटरगाड़ी के अगले पहियों को सामने से ध्यानपूर्वक देखा जाए, तो वे ऊपर की ओर से कुछ बाहर की ओर झुके रहते हैं तथा नीचे का हिस्सा अन्दर की ओर रहता है।

यह झुकाव स्टब एक्सल में रहता है। अत: स्टब एक्सल के साथ तली की ओर के इस झुकाव का जो कोण बनता है, वह कैम्बर कोण कहलाता है। इसे व्हील रैक कोण भी कहते हैं।

यदि पहिए के मध्य बिन्दु से एक लम्बवत् रेखा खींचें और उसी बिन्दु से पहिये के दो भाग करती हुई एक दूसरी रेखा खींचें, तो इन रेखाओं द्वारा बना कोण, कैम्बर की डिग्री दर्शाएगा। यह कोण 2° से 5° तक दिया जाता है। इसके परिणामस्वरूप, स्टीयरिंग हल्का घूमता है, क्योंकि मोटरगाड़ी का अधिकतम भार, स्टब एक्सल के अन्दर वाले बियरिंग पर ही पड़ता है। यदि यह झुकाव न रहे, तो भार पड़ने पर पहिए अन्दर की ओर झुकेंगे, जिससे उनके एक किनारे शीघ्र घिस जाएँगे। यदि यह कोण किसी कारणवश कम या अधिक हो गया हो, तो इसे व्यवस्थित कर लेना चाहिए।

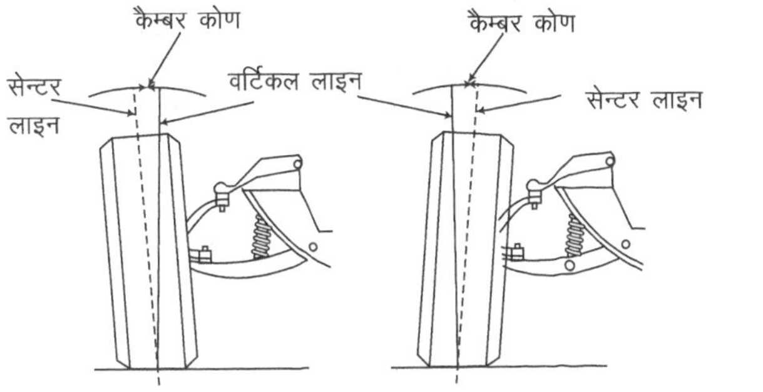

चित्र कैम्बर कोण

कैम्बर कोण निम्न दो प्रकार के होते हैं

(i) **धनात्मक कैम्बर** (Positive camber) धनात्मक कैम्बर में पहियों का झुकाव ऊपर से बाहर की ओर एवं नीचे से अन्दर की ओर होता है, जैसा कि ऊपर वर्णन किया गया है। अधिकतर वाहनों में इस प्रकार का कैम्बर ही उपयोग किया जाता है।

(ii) **ऋणात्मक कैम्बर** (Negative camber) इस कैम्बर में वाहन के अगले दोनों पहिए ऊपर से अन्दर की तरफ एवं नीचे से बाहर की तरफ झुके होते हैं। इस कैम्बर का उपयोग प्राय: कम किया जाता है, क्योंकि गलत कैम्बर से बॉल ज्वॉइण्ट, व्हील बियरिंग्स एवं टायर ट्रीड्स में अत्यधिक घिसावट होती है।

गलत ऋणात्मक कैम्बर कोण से अन्दरूनी घिसावट एवं गलत धनात्मक कैम्बर कोण से बाहरी घिसावट आ सकती है। कैम्बर कोण, अत्यन्त अधिक होने पर वाहन का झुकाव उस तरफ अधिक होगा, जिस तरफ कैम्बर कोण अधिक होगा। अत: कैम्बर कोण को सही से एडजस्ट करना आवश्यक है।

2. कैस्टर कोण Caster Angle

पहियों को ट्रेलिंग एक्शन प्रदान करने तथा उनमें सीधे चलने की प्रवृत्ति बनाए रखने के लिए कैस्टर कोण दिया जाता है। यह कोण, किंग पिन में होता है जिसे कैस्टर पैड तथा शिम की सहायता से दिया जाता है। यदि किंग पिन को मोटरगाड़ी की एक साइड में देखा जाए, तो किंग पिन का ऊपरी भाग गाड़ी के पीछे की ओर झुका दिखाई पड़ता है। यदि किंग पिन के मध्य बिन्दु से लम्बवत् रेखा खींची जाए, तो यह रेखा उसी बिन्दु को स्पर्श करती हुई, किंग पिन को दो भागों में विभाजित करती है। यदि एक दूसरी रेखा खींची जाए, तो इन रेखाओं के मध्य जो कोण बनता है, वह कैस्टर कोण कहलाता है।

यह कोण 3° से 5° तक होता है। इस झुकाव से पहियों में बबलिंग नहीं होती। वे स्वत: सीधे चलते हैं। स्टीयरिंग को घुमाने के बाद स्टीयरिंग व्हील अपने स्थान पर स्वयं आने लगता है, जिससे गाड़ी को नियन्त्रित करना आसान हो जाता है। यदि दोनों पहियों में एकसमान कैस्टर कोण नहीं होगा, तो गाड़ी किसी एक दिशा में ही चलेगी। अत: इसे एडजस्ट करना आवश्यक है। कैस्टर कोण के कारण भार, टायर के केन्द्र से कुछ आगे कैस्टर कोण के अनुसार ही रहता है, जिससे भार के होने पर भी स्टीयरिंग सरलता से घुमाया जा सकता है।

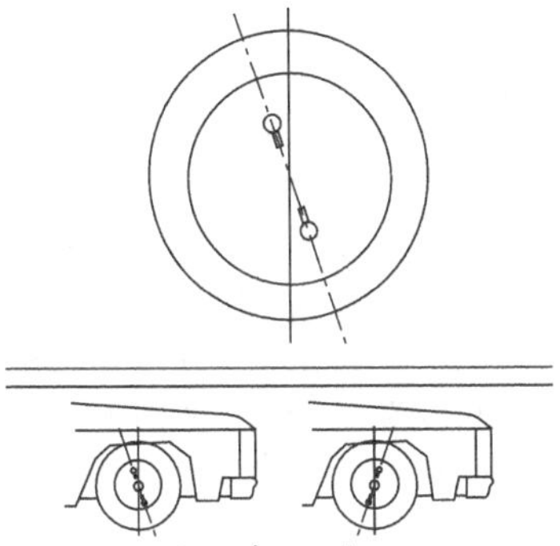

चित्र कैस्टर कोण

चिकित्सालय के फर्नीचरों में कैस्टर व्हील प्रयोग किए जाते हैं। इनके प्रयोग से जिस दिशा में उसको धकेला जाता है, उसके सभी कैस्टर व्हील स्वत: उस दिशा में हो जाते हैं।

3. किंग पिन झुकाव King Pin Inclination

यदि अगले पहियों की किंग पिनों को ध्यानपूर्वक देखा जाए, तो वे ऊपर से गाड़ी के अन्दर की ओर झुकी रहती हैं तथा इनका नीचे का भाग बाहर की ओर झुका रहता है। इस झुकाव से जो कोण बनता है, उसे किंग पिन झुकाव कहा जाता है। यह कोण 5° से 8° तक रखा जाता है। इस कोण के कारण पहिए सदैव स्पिण्डल की सीध में आने की कोशिश करते हैं जिससे स्टीयरिंग आसानी से मुड़कर अपने स्थान पर आने की कोशिश करता है, क्योंकि इस कोण का सम्बन्ध सीधे कैम्बर कोण से होता है, इसलिए एक में कमी या अधिकता आने से दूसरे पर भी प्रभाव पड़ता है। ऊर्ध्वाधर स्थिति में व्हील की सेन्टर लाइन तथा किंग पिन अक्ष के मध्य का कोण सन्निहित कोण (included angle) कहलाता है।

चित्र किंग पिन झुकाव

4. टो-इन Toe-in

जब वाहन के फ्रण्ट व्हील सामने से अन्दर की ओर झुके होते हैं, तब इस स्थिति को टो-इन कहते हैं। इसमें वाहन के अगले पहियों की (सामने से देखने पर) आगे की ओर से दूरी, उसके पिछली ओर की दूरी की अपेक्षा (चित्रानुसार) कम होती है अर्थात् A की दूरी B की दूरी से कम है। इस टो-इन से अगले पहियों की समान्तर रोलिंग निश्चित की जाती है एवं यह स्टीयरिंग को स्थिरता प्रदान करती है।

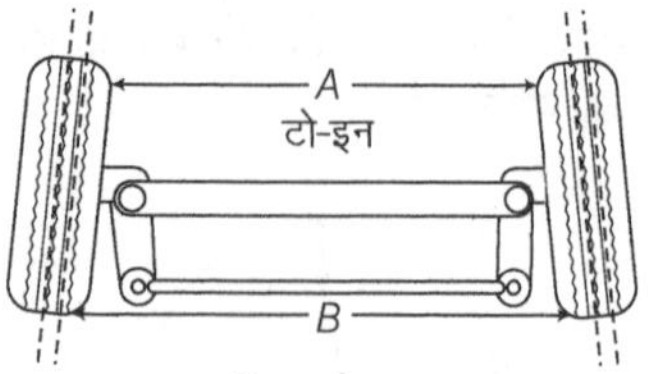

चित्र टो-इन

यदि किसी गोल चपटी वस्तु को कुछ तिरछा करके लुढ़काया जाए, तो वह बाहर की ओर को घूमते हुए मुड़ जाएगी। इस प्रकार मोटरगाड़ी के अगले पहियों में जब कैम्बर रखा जाता है, तो उनके झुकाव के कारण पहियों में बाहर की ओर भागने की क्रिया होने लगती है जिससे स्टीयरिंग को बीच में रखना कठिन हो जाता है। इसे रोकने के लिए पहियों में टो-इन दिया जाता है।

यदि अगले पहियों को आगे की ओर से देखा जाए, तो उनके अगले सिरे अन्दर की ओर घूमे हुए दिखते हैं तथा पिछले हिस्से बाहर की ओर फैले रहते हैं। इसे देखने से ज्ञात होता है कि A की अपेक्षा B की दूरी अधिक है। इसे टाई रॉड एण्ड की सहायता से एडजस्ट किया जाता है।

इससे स्टीयरिंग में स्थिरता आती है और पहिए साइड में स्लिप न होने के साथ-साथ टायर भी कम घिसते हैं। इसके अतिरिक्त, मार्ग में झटके भी कम महसूस होते हैं। ये पहिए चलते समय सीधे रहते हैं।

5. टो-आउट Toe-out

जब वाहन के फ्रण्ट व्हील सामने से बाहर की ओर झुके होते हैं तब इस स्थिति को टो-आउट कहते हैं। इसमें वाहन के अगले पहियों की आगे की ओर से दूरी, पहियों के पिछले भाग की दूरी से अधिक होती है अर्थात् A की दूरी B की दूरी से अधिक है।

जब एक चौपहिया वाहन खड़ा होता है, तब अगले पहियों की इस स्थिति को टो-आउट कहते हैं।

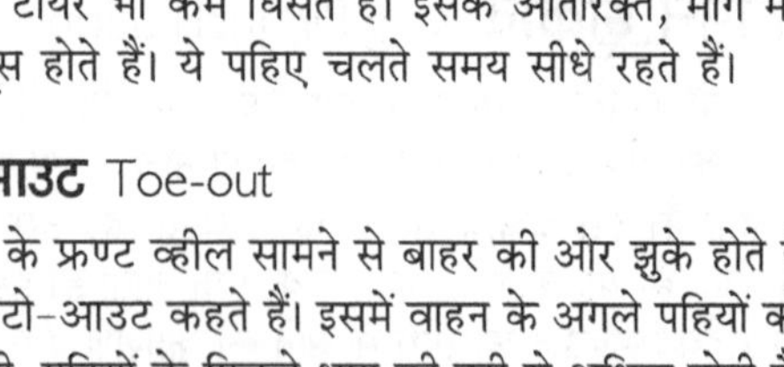

चित्र टो-आउट

स्टीयरिंग सिस्टम इस प्रकार डिजाइन किया जाता है कि गाड़ी मोड़ते समय अन्दर का पहिया अधिक कोण बनाता है। इसके विपरीत बाहरी पहिया कम कोण बनाता है। इस कारण वाहन को मोड़ते समय पहिए टो-आउट रहते हैं।

मोड़ों पर टो-आउट Toe-out on Turns

यह किसी मोड़ पर दो अगले पहियों द्वारा निर्मित दो कोणों के मध्य का अन्तर है। बाहर की ओर निकले हुए पहिए की अपेक्षा अन्दर की ओर वाले पहिए छोटे वृत्त की त्रिज्या (radius) का अनुसरण करते हैं। इसलिए आन्तरिक पहियों को अधिक टो-आउट करना चाहिए, जिससे टायर में साइड स्लिप एवं अत्यधिक घिसावट न हो। यह सब स्टीयरिंग लिंकेज के सही प्रकार से व्यवस्थित करने पर निर्भर करता है, क्योंकि इसमें लिंकेज की व्यवस्था इस प्रकार की जाती है कि सड़क के मोड़ों पर आउटर व्हील की अपेक्षा इनर व्हील का टो-आउट अधिक हो।

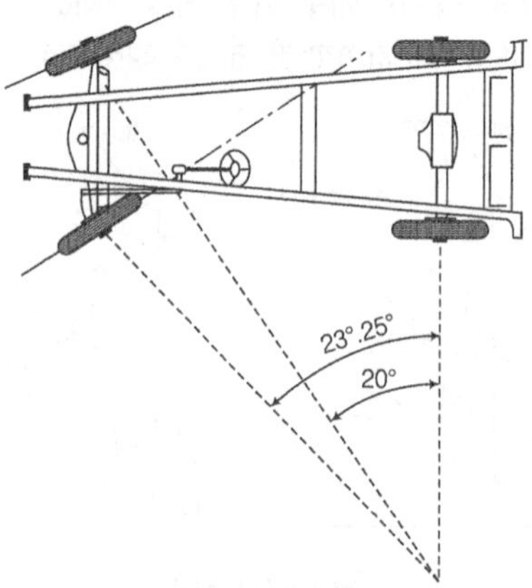

चित्र मोड़ों पर टो-आउट

6. व्हील बेस व व्हील ट्रैक Wheel Base and Wheel Track

फ्रण्ट व्हील एवं रियर व्हील के केन्द्रों के बीच की दूरी को व्हील बेस कहा जाता है जबकि फ्रण्ट व्हीलों के बीच की दूरी को व्हील ट्रैक कहा जाता है।

व्हील अलाइनमेन्ट से सम्बन्धित कुछ महत्त्वपूर्ण तकनीकी पद Some Important Technical Terms Related to Wheel Alignment

व्हील अलाइनमेन्ट से सम्बन्धित महत्त्वपूर्ण तकनीकी पद निम्नवत् हैं

(i) नॉर्मल स्टीयर Normal Steer

सामान्यतः वाहन के सभी भाग यदि उपयुक्त तरीके से व्यवस्थित हों, वाहन पर भार सन्तुलित हो तथा सड़क उपयुक्त रूप से निर्मित हो, तो वाहन मोड़ पर सरलतापूर्वक मुड़ जाते हैं। इस प्रकार के स्टीयर को नॉर्मल स्टीयर कहते हैं।

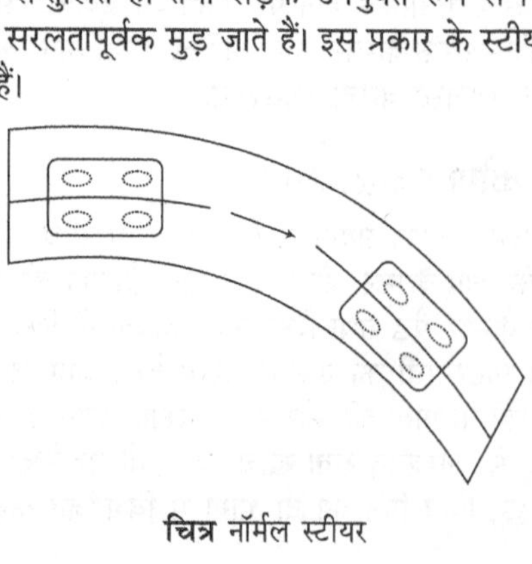

चित्र नॉर्मल स्टीयर

(ii) अण्डर स्टीयर Under Steer

यदि वाहन मोड़ते समय सामान्य आवश्यकता से कम परिधि पर मुड़ता है, तो इस प्रकार के स्टीयर को अण्डर स्टीयर कहते हैं। वाहन चालक द्वारा यातायात नियमों एवं निर्देशों का पालन न करने के अतिरिक्त वाहन अवयवों में दोष अथवा उनके असन्तुलन के कारण वाहनों में अण्डर अथवा ओवर स्टीयर होता है।

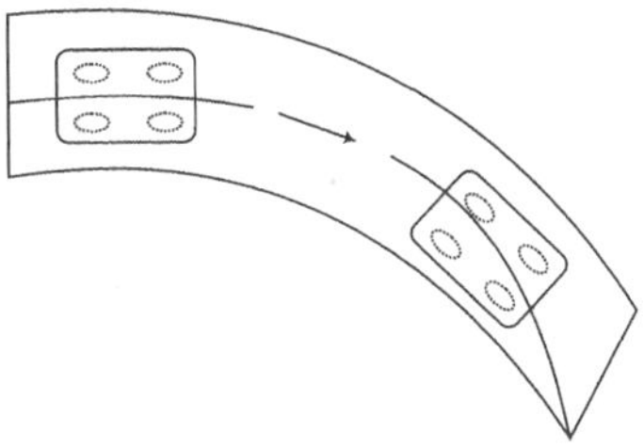

चित्र अण्डर स्टीयर

(iii) ओवर स्टीयर Over Steer

वाहन घटकों में दोष, उनके असन्तुलन अथवा वाहन चालक के द्वारा यातायात नियमों का पालन न करने की स्थिति में, वाहन को सामान्य से अधिक परिधि पर मोड़ने की क्रिया ओवर स्टीयर कहलाती है।

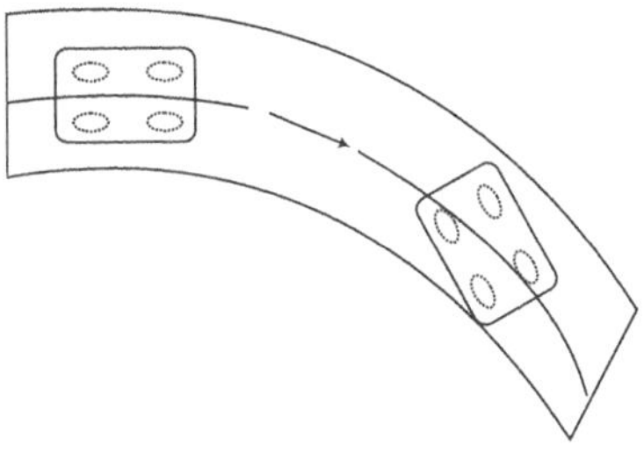

चित्र ओवर स्टीयर

(iv) स्लिप कोण Slip Angle

वाहन को मोड़ते समय समतल सड़क पर इसका पहिया 90° के कोण पर घूमना चाहिए, परन्तु सड़क की असमतलता के कारण तथा अन्य कारणों से ऐसा सम्भव नहीं हो पाता है। वास्तव में ऐसी स्थिति में पहिए पर अभिकेन्द्रीय बल (centrifugal force) के प्रभाव के कारण साइड थ्रस्ट (side thrust) उत्पन्न हो जाता है जिसका मान अभिकेन्द्रीय बल के बराबर होता है। इस साइड थ्रस्ट के कारण व्हील अपने समतल अलम्ब से हटकर चलते हैं। अत: व्हील की वास्तविक गति की दिशा साइड थ्रस्ट के कारण होने वाली परिवर्तित गति की दिशा के मध्य बना कोण स्लिप कोण कहलाता है।

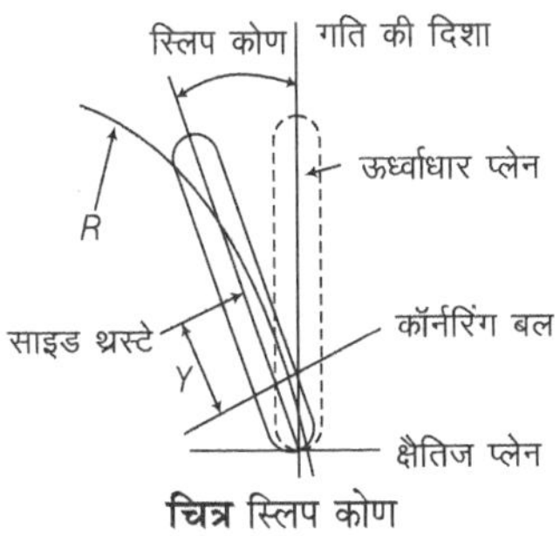

चित्र स्लिप कोण

(v) कॉर्नरिंग बल Cornering Force

सड़क की असमतलता के कारण उत्पन्न साइड थ्रस्ट को रोकने के लिए जो बल सड़क की सतह से 90° के कोण अर्थात् समकोण पर कार्य करता है, वह कॉर्नरिंग बल कहलाता है।

(vi) सेल्फ सेन्टरिंग क्रिया Self Centering Action

सड़क पर आने वाले विभिन्न मोड़ों पर वाहन को मोड़ने के लिए उसका स्टीयरिंग व्हील घुमाया जाता है जो कुछ समय पश्चात् अपनी पूर्व स्थिति में वापस आ जाता है। वाहन के स्टीयरिंग व्हील की यह क्रिया सेल्फ सेन्टरिंग क्रिया कहलाती है। इसे स्टीयरिंग रिवर्सेबिलिटी भी कहते हैं।

(vii) टर्निंग त्रिज्या Turning Radius

किसी वाहन के टर्निंग त्रिज्या, वह न्यूनतम वृत्ताकार पथ की त्रिज्या होती है जिस पर वाहन मुड़ने में सक्षम हो। सामान्यत: यह वृत्ताकार पथ 'U' टर्न होता है।

दूसरे शब्दों में वाहन के बाह्य पहियों द्वारा मुड़ने पर निर्मित वृत्ताकार पथ की त्रिज्या, टर्निंग त्रिज्या कहलाती है।

वाहन को सड़क पर उपस्थित किसी मोड़ पर बायीं ओर मोड़ने के लिए स्टीयरिंग व्हील को बायीं ओर घुमाते हुए बाएँ लॉक बिन्दु तक घुमाते हैं। स्टीयरिंग व्हील के घूमने पर वाहन के आगे तथा पीछे के पहिए वृत्ताकार पथ पर घूमते तो हैं, परन्तु दोनों ओर के पहियों का वृत्ताकार पथ भिन्न-भिन्न होने से उनकी परिधीय चाप लम्बाई में अन्तर आ जाता है। इस स्थिति में दायीं ओर का अगला पहिया मुड़ते हुए वृत्ताकार पथ में समकोण पर सबसे अधिक दूरी तय करता है।

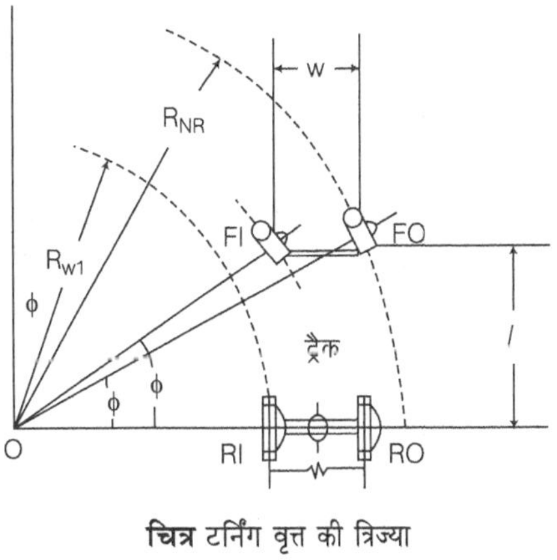

चित्र टर्निंग वृत्त की त्रिज्या

(viii) कम्बाइण्ड कोण एवं स्क्रब त्रिज्या Combined Angle and Scrub Radius

कम्बाइण्ड कोण जिसे इनक्लूडेड कोण (included angle) भी कहते हैं, व्हील की सेन्टर लाइन (wheel centre line) तथा किंग पिन सेन्टर लाइन, जिसे स्टीयरिंग अक्ष कहते हैं, के मध्य बना कोण होता है। कम्बाइण्ड कोण, कैम्बर तथा किंग पिन झुकाव (स्टीयरिंग अक्ष झुकाव) का योग होता है।

रियर व्हील ड्राइव वाहनों की ट्रैक्टिव फोर्स (tractive force) सस्पैन्शन क्रॉस मैम्बर को धकेलती है जिससे वाहन की बॉडी आगे की ओर गति करती है। इस स्थिति में सड़क का प्रतिरोध व्हील पर सड़क के सम्पर्क बिन्दु पर कार्य करता है। अत: ट्रैक्टिव फोर्स के कार्य करने के बिन्दु तथा सड़क प्रतिरोध के बिन्दु के मध्य के अन्तर को स्क्रब त्रिज्या (scrub radius) कहते हैं। जब व्हील की सेन्टर लाइन, स्टीयरिंग अक्ष के बाहर होती है, तो स्क्रब त्रिज्या धनात्मक तथा जब व्हील की सेन्टर लाइन, स्टीयरिंग अक्ष के अन्दर होती है, तो स्क्रब त्रिज्या ऋणात्मक होती है।

स्क्रब त्रिज्या मिमी में मापी जाती है। इसके विपरीत यदि व्हील की सेन्टर लाइन तथा स्टीयरिंग अक्ष समतल सतह पर परस्पर प्रतिच्छेद करते हैं, तो स्क्रब त्रिज्या का मान शून्य होता है।

स्क्रब त्रिज्या मुख्यत: स्टीयरिंग अक्ष के झुकाव, व्हील ऑफसेट तथा सस्पैन्शन की ऊँचाई पर निर्भर करती है। फ्रण्ट व्हील ड्राइव वाहनों में ट्रैक्टिव बल फ्रण्ट व्हील पर सड़क के सम्पर्क बिन्दु पर कार्य करता है।

कम्बाइण्ड कोण का प्रभाव (Effect of combined angle) कम्बाइण्ड कोण स्क्रब त्रिज्या को प्रभावित करता है, यदि स्क्रब त्रिज्या का मान शून्य नहीं होता है, तो व्हील पर एक टॉर्क (torque) कार्य करता है जो उसे सीधी स्थिति से मोड़ने का प्रयास करता है।

स्क्रब त्रिज्या का प्रभाव (Effect Scrub Radius) स्क्रब त्रिज्या के प्रभाव निम्नलिखित हैं

(i) जब स्क्रब त्रिज्या ऋणात्मक होती है, तो व्हील टो-इन स्थिति में होते हैं।

(ii) जब स्क्रब त्रिज्या धनात्मक होती है, तो व्हील टो-आउट स्थिति में होते हैं।

(iii) जब स्क्रब त्रिज्या शून्य होती है, तो व्हील बिना टो-इन अथवा टो-आउट के सीधी स्थिति में होते हैं। इस स्थिति को सेन्टर प्वॉइण्ट स्टीयरिंग कहते हैं। सेन्टर प्वॉइण्ट स्टीयरिंग की स्थिति में कम्बाइण्ड कोण में थोड़ा-सा परिवर्तन करने पर ट्रैक्टिव फोर्स तथा किंग पिन झुकाव का प्रतिच्छेद बिन्दु, समतल सतह के ऊपर अथवा नीचे बनता है जिससे व्हील में टो-इन अथवा टो-आउट स्थिति उत्पन्न होती है।

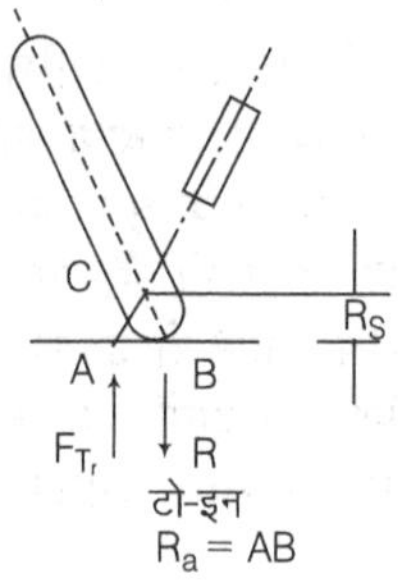

चित्र ऋणात्मक स्क्रब त्रिज्या

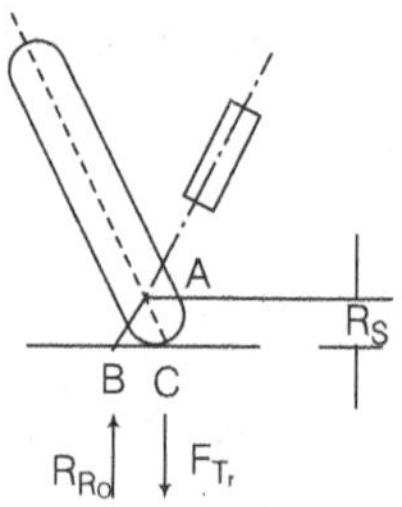

चित्र धनात्मक स्क्रब त्रिज्या

यदि स्क्रब त्रिज्या का मान अधिक होता है, तो व्हील को टर्न करने के लिए अत्यधिक टॉर्क की आवश्यकता होती है। इसका अर्थ यह है कि स्टीयरिंग लिंकेज तथा सस्पैन्शन अवयवों पर अत्यधिक भार कार्यरत है जिसके परिणामस्वरूप स्टीयरिंग लिंकेज में अत्यधिक घिसावट तथा फ्रण्ट व्हील में असमान ब्रेकिंग उत्पन्न होती है। ड्राइवर को सड़क का आभास कराने के लिए स्क्रब त्रिज्या एक आवश्यक पद है। कम्बाइण्ड कोण का मान 9° से 10° तक अनुशंसित (recommended) किया गया है तथा स्क्रब त्रिज्या लगभग 12 मिमी तक होनी चाहिए।

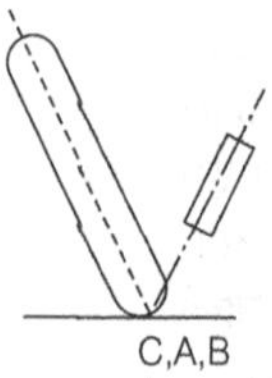

चित्र शून्य स्क्रब त्रिज्या

(ix) **थ्रस्ट कोण** Thrust Angle

व्हील की सेन्टर लाइन के सापेक्ष रियर व्हील्स की संरेखन दिशा, व्हील्स का थ्रस्ट कोण कहलाती है। यदि थ्रस्ट कोण का मान शून्य नहीं होता है तथा वाहन का स्टीयरिंग केन्द्र में नहीं होता है, तो वाहन सड़क से थोड़ा-सा बाहर की ओर (डॉग ट्रैक पर) गति करने लगता है।

व्हील अलाइनमेन्ट की जाँच करना
Checking of Wheel Alignment

व्हील अलाइनमेन्ट चैक करने के लिए सर्वप्रथम किंग पिन झुकाव से कैम्बर कोण, कैस्टर कोण तथा अन्त में टो-इन चैक करना चाहिए। जिन मोटरगाड़ियों में डैड एक्सल लगे होते हैं, उनमें कैम्बर कोण तथा किंग पिन झुकाव स्थिर रहते हैं, परन्तु कैस्टर कोण व एक कैस्टर प्लेट को रॉड स्प्रिंग के नीचे और एक्सल पैड के ऊपर U बोल्टों द्वारा एडजस्ट किया जाता है। ये पैड टेपर में बने होते हैं। उन मोटरगाड़ियों में जिनमें स्वतन्त्र (independent) सस्पैन्शन होता है, कैम्बर कोण अपने ब्रैकिटों के बीच में शिम देकर एडजस्ट किया जाता है। कैम्बर, कैस्टर व किंग पिन झुकाव चैक करने के लिए जो गेज प्रयोग किया जाता है, उसके दो भाग होते हैं

1. लेवल व एंगल गेज तथा
2. टर्न टेबल, जिसके ऊपर गाड़ी का पहिया चढ़ाकर खड़ा किया जाता है।

पहिए या रिम के साथ गेज लगाकर शून्य पर सैट करते हैं। अब पहिए को 20° दाएँ तथा बाएँ घुमाकर रीडिंग पढ़ी जाती है। इस प्रकार कैम्बर कोण को ज्ञात किया जाता है। उपरोक्त के पश्चात् गेज को गाड़ी की लाइन में फिट करके उसी प्रकार पहिए को घुमाकर रीडिंग ज्ञात करते हैं। यह कैस्टर कोण होता है।

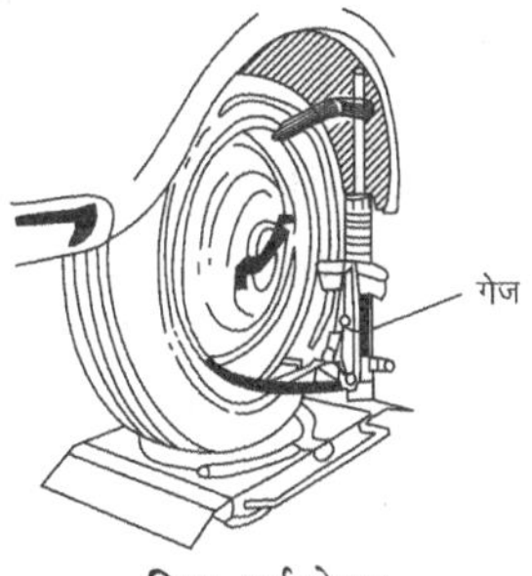

चित्र टर्न टेबल

टो-इन की जाँच करना Checking of Toe-in

इसके लिए प्राय: टेलीस्कोपिक गेज प्रयोग किया जाता है। गाड़ी की चौड़ाई के अनुसार इस गेज को छोटा अथवा बड़ा करने की व्यवस्था होती है। इसके ऊपर दो रॉड लगी होती हैं जिन पर एडजस्टेबल प्वॉइण्टर लगे होते हैं। इन प्वॉइण्टरों को हब की ऊँचाई के समान पहिए के बीच में फिट कर दिया जाता है। इसके पश्चात् पहियों को जैक पर उठाकर घुमाते हैं तथा अगली व पिछली टो के अन्तर को ज्ञात करते हैं जो टो-इन होता है। टो-इन की जाँच करते समय निम्न मुख्य बिन्दुओं को ध्यान में रखना चाहिए

1. पहियों में निर्धारित हवा का दबाव हो।
2. पहियों के बियरिंग ठीक प्रकार एडजस्ट हों।
3. किंग पिन ठीक प्रकार टाइट फिट हों।
4. पहियों के रिम सीधे हों।
5. अगले शॉक एब्जॉर्बर सही हों।
6. अगले रॉड स्प्रिंग के पैड व ब्रुश आदि सही हों।
7. सम्पूर्ण स्टीयरिंग प्रणाली में अनावश्यक प्ले या फ्री चाल न हो।

व्हील अलाइनमेन्ट की उपयोगिता
Utility of Wheel Alignment

व्हील अलाइनमेन्ट मूलत: वाहन उपयोग के उपरान्त वाहन में उत्पन्न होने वाली विसंगतियों का निवारण है। किसी भी वाहन का उपयोग करने पर कुछ सामान्य अनदेखी; जैसे—टायर-ट्यूब में वायुदाब (air pressure) का मानक वायुदाब से कम होना या वाहन के फ्रेम का ढीलापन अथवा संयोजित पुर्जों का अपना स्थान छोड़ देने पर उनमें तत्काल अपेक्षित निर्णय न ले पाना होता है। ऐसे में निर्णायक इकाई द्वारा प्रदत्त उपयुक्त व्हील अलाइनमेन्ट में स्वत: परिवर्तन हो जाता है।

यही कारण है कि निर्माता निर्धारित ड्राइव के उपरान्त व्हील अलाइनमेन्ट अनुमोदित (recommend) करता है।

नियमित रूप से व्हील अलाइनमेन्ट करते रहने से वाहन, जहाँ पूर्ववत् कार्यक्षम बना रहता है, वहीं वाहन के टायरों का क्षय भी स्वाभाविक रूप से होता है अन्यथा टायर अपने स्वाभाविक कार्यावधि से पूर्व ही अनुपयुक्त हो सकते हैं।

इसके अतिरिक्त व्हील अलाइनमेन्ट से वाहन का उपयोग (use) भी आरामदायक होता है।

तालिका भारत में निर्मित कुछ मोटरगाड़ियों में कैम्बर कोण, कैस्टर कोण, किंग पिन झुकाव तथा टो-इन

क्र.सं.	मोटरगाड़ी	कैम्बर कोण	कैस्टर कोण	किंग पिन झुकाव	टो-इन
1.	टाटा 312 LLP	1°	3°	9.3°	1.3 मिमी
2.	टाटा 321 LHP	1°	1.3°	9.3°	1.3 मिमी
3.	टाटा 312 LA	1°	1.52°	9.3°	0.2 मिमी
4.	अशोक लेलैण्ड	$1\frac{1°}{2}$	1°	3°	—
5.	डॉज	$1\frac{1°}{2}$	$1\frac{1°}{2}$	8°	0.3.175 मिमी
6.	फिएट	−30° + 20°	2 ± 10°	7°	7.0 मिमी
7.	एम्बेसेडर	1/2°	3°	$8\frac{1°}{2}$	2-4 मिमी
8.	जीप	$1\frac{1°}{2}$	3°	$7\frac{1°}{2}$	1.2-24 मिमी
9.	मैटाडोर	3°	0°	8°	—
10.	मारुति 800	1°-21′	3°-15°	12°-50′	—
11.	स्वराज माजदा	1°-30′	2°-30′	7°	—

6.9 स्टीयरिंग सम्बन्धी दोषोपचार

Troubleshooting Related to Steering

स्टीयरिंग प्रणाली किसी भी प्रकार की हो, उसमें गलत एडजस्टमेन्ट के कारण उसमें विभिन्न प्रकार के दोष आ जाते हैं, जो वाहन को असन्तुलित कर सकते हैं। स्टीयरिंग सम्बन्धी दोष, कारण तथा उपचार निम्न हैं

क्र.सं.	कारण	उपचार
I. मोटरगाड़ी की गति विचलित होना		
1.	व्हील अलाइनमेन्ट का गलत होना।	सही प्रकार से व्हील अलाइनमेन्ट चैक कराकर उसे एडजस्ट करें।
2.	कैस्टर कोण का गलत होना।	दोष देखकर उसे दूर करें।
3.	टायरों में समान दबाव का न होना।	टायरों में एकसमान दबाव की हवा रखें।
4.	स्टीयरिंग आर्म ढीली होना।	टायरों में स्टीयरिंग आर्म कसें।
5.	किंग पिन बुश ढीले होना।	टायरों में किंग पिन बुश बदलें।
6.	शैकल पिन तथा बुश घिसे हुए होना।	टायरों में शैकल पिन तथा बुश बदलें।
7.	स्टीयरिंग गियर बॉक्स फाउण्डेशन पर ढीला होना।	स्टीयरिंग गियर बॉक्स सही टाइट करें।
II. मोटरगाड़ी का एक ओर खिंचना		
1.	अगले पहियों में एकसमान हवा का न होना।	पहियों में एकसमान हवा भरें।
2.	ब्रेक ठीक प्रकार एडजस्ट न होना।	ब्रेक सही प्रकार से एडजस्ट करें।
3.	फ्रण्ट एक्सल तथा रियर एक्सल का एक अलाइनमेन्ट न होना।	दोनों एक्सलों को सही फिट करें।
4.	रॉड स्प्रिंग तथा शॉक अब्जॉर्बर का दोषपूर्ण होना।	जाँच करके दोष दूर करें।
5.	कैस्टर प्लेट का असमान होना।	व्हील एक्सल चैक कराकर एडजस्ट करें।
6.	स्टब प्लेट का असमान होना।	एकसमान प्लेटें फिट करें।
7.	स्टब एक्सल टेढ़ा होना।	दूसरा एक्सल फिट करें।
III. स्टीयरिंग में फ्री चाल अधिक होना		
1.	स्टीयरिंग के भाग का अधिक घिसा होना।	घिसे हुए भागों को बदलें।
2.	स्टीयरिंग एडजस्टमेन्ट ढीले होना।	एडजस्टमेन्ट सही करें।
3.	स्टीयरिंग शाफ्ट में व्हील का ढीला होना।	नया बुश प्रयोग करें।
IV. शीघ्रता से टायरों का घिसना		
1.	टो-इन तथा कैम्बर का ठीक सम्बन्ध न होना।	टो-इन तथा कैम्बर कोण सही करें।
2.	स्टीयरिंग आर्म का टेढ़ा होना।	स्टीयरिंग आर्म बदलें।
3.	ब्रेक का ठीक से एडजस्ट न होना।	ब्रेक ठीक प्रकार एडजस्ट करें।
4.	स्टब एक्सल टेढ़ा होना।	स्टब एक्सल बदलें।
5.	व्हील बियरिंग ढीले होना।	बियरिंग सही टाइट करें।
V. स्टीयरिंग में शक्ति अधिक लगना		
1.	स्टीयरिंग गियर बॉक्स में तेल का न होना।	सही सतह तक तेल भरें।
2.	किंग पिन का जाम हो जाना।	किंग पिन खोलकर सही करें।
3.	टो-इन गलत होना।	टो-इन सही करें।
4.	टायरों में हवा कम होना।	सही दबाव तक हवा भरें।

टिप्पणी *स्टीयरिंग के जोड़ों पर लुब्रीकेशन के लिए ग्रीस निप्पल लगे होते हैं। इन निप्पलों द्वारा उचित ग्रेड की ग्रीस देनी चाहिए। स्टीयरिंग गियर बॉक्स में SAE 90 का गियर ऑयल डाला जाता है। यदि किसी कारण इसकी सतह कम हो गई है, तो उसे शीघ्र पूरा करना चाहिए।*

महत्त्वपूर्ण बिन्दु

- स्टीयरिंग गियर, स्टीयरिंग व्हील की घूर्णन गति को रेखीय गति में परिवर्तित करते समय यान्त्रिक लाभ को बढ़ा देता है।
- स्टीयरिंग व्हील वाहन के अगले पहियों को सीधा, दाएँ अथवा बाएँ मोड़ने की दिशा प्रदान करने के साथ झटकों को अवशोषित करता है।
- स्टीयरिंग व्हील, स्टीयरिंग कॉलम अथवा शाफ्ट पर की तथा नट द्वारा कसा जाता है।
- स्टीयरिंग व्हील को छोटे वाहनों में 2 से 2½ चक्कर तक तथा भारी वाहनों में 4 से 5 चक्कर तक घुमाने की व्यवस्था होती है।
- गियर अनुपात से तात्पर्य व्हील तथा सेक्टर शाफ्ट के घूमने के अनुपात से है, जो छोटे वाहनों के लिए 8 : 1 से 20 : 1 तक तथा बड़े वाहनों के लिए 20 : 1 से 30 : 1 तक होता है।
- फ्रण्ट एक्सल पर वाहन के भार के कारण बॉण्डिंग भार तथा पहियों पर ब्रेक लगाने पर टॉर्क भार पड़ता है।
- स्टीयरिंग व्हील रबर अथवा प्लास्टिक का बनाया जाता है एवं मोल्ड करते समय स्टील के तारों को इसके अन्दर डाल दिया जाता है, जिससे इसकी दृढ़ता बनी रहती है।
- वर्म तथा वर्म व्हील स्टीयरिंग बॉक्स में वर्म तथा वर्म व्हील की घिसाई से उत्पन्न बैकलैश को एडजस्ट करने के उद्‌देश्य से वर्म व्हील को इसेन्ट्रिक बुश पर लगाया जाता है।
- रैक एवं पिनियन स्टीयरिंग बॉक्स में स्नेहन के उद्‌देश्य से रैक हाउसिंग में ग्रीस भरी होती है।
- वर्म एवं नट गियर बॉक्स में वर्म स्टीयरिंग कॉलम में ही निहित होता है अर्थात् यह इसका एक अभिन्न अंग होता है।
- पावर स्टीयरिंग परिपथ में इंजन ऑयल की प्रवाह दर को नियन्त्रित करने के उद्‌देश्य से प्रवाह नियन्त्रक वाल्व प्रयोग किया जाता है।
- ऑयल पम्प पर पड़ने वाला भार स्टीयरिंग व्हील के प्रतिरोध के अनुक्रमानुपाती होता है।
- स्टीयरिंग लिंकेज, मोटर की स्टीयरिंग प्रणाली का एक भाग है जो वाहन के अगले पहियों से जुड़ता है।
- स्टीयरिंग बॉक्स के अन्दर स्टीयरिंग व्हील की गति ड्रॉप आर्म की कोणीय गति में परिवर्तित की जाती है।
- पिटमैन आर्म, जिसका छोटा सिरा बॉल ज्वॉइण्ट के द्वारा ड्रैग लिंक अथवा रिले रॉड से जुड़ा होता है, ड्रैग लिंक अथवा रिले रॉड को स्टीयरिंग गियर चाल प्रदान करती है।
- कोलैप्सीबल स्टीयरिंग कॉलम दुर्घटना के समय तीव्र झटका लगने पर स्टीयरिंग से बॉडी या सिर को टकराने से बचाता है।
- दृढ़ स्टीयरिंग कॉलम का प्रयोग प्रायः टाटा एवं अशोक लेलैण्ड की गाड़ियों में किया जाता है।
- हाइड्रॉलिक असिस्टिड पावर स्टीयरिंग की रोटरी कण्ट्रोल मैकेनिज्म में इनपुट शाफ्ट, वर्म शाफ्ट, वाल्व स्लीव तथा टॉर्शन बार सम्मिलित होते हैं।
- वाहन का एक्सल भार अधिक होने की स्थिति में ट्रैफिक घनत्व अधिक होने पर तथा सड़क की दशा उचित न होने पर अधिकतम सुरक्षा प्रदान करने की दृष्टि से पावर स्टीयरिंग का प्रयोग किया जाता है।
- इलेक्ट्रिकल पावर असिस्टिड स्टीयरिंग में लगे सेन्सर स्टीयरिंग कॉलम के टॉर्क तथा स्थिति को ज्ञात करते हैं एवं कम्प्यूटर मॉड्यूल, मोटर के माध्यम से सहायक टॉर्क आरोपित करता है। हाइड्रॉलिक फोर व्हील स्टीयरिंग में वाहन के दोनों पहियों को समान दिशा में मोड़ने के लिए एक टू-वे हाइड्रॉलिक सिलेण्डर का प्रयोग किया जाता है।
- एकरमैन स्टीयरिंग यन्त्रावली में एक्सल वाहन के फ्रेम के साथ बँधा रहता है, लेकिन स्टब एक्सल किंग पिन द्वारा एक्सल की आई ('I') पर पहिए घूमते हैं।
- पहिए के मध्य बिन्दु से एक लम्बवत् रेखा खींचकर उसी बिन्दु से पहिए के दो भाग करती हुई रेखा खींचने पर, दोनों रेखाओं के मध्य बना कोण, कैम्बर की डिग्री को दर्शाएगा जो 2° से 5° तक होता है।
- कैस्टर कोण का मान 3° से 5° तथा किंग पिन झुकाव का मान 5° से 8° तक रखा जाता है।
- स्क्रब त्रिज्या ऋणात्मक होने पर व्हील टो-इन स्थिति में तथा धनात्मक होने पर व्हील टो-आउट स्थिति में होते हैं।

महत्त्वपूर्ण प्रश्नोत्तरी

1. स्टीयरिंग प्रणाली में स्टीयरिंग गियर का क्या मुख्य कार्य है?

उत्तर यह स्टीयरिंग व्हील की रोटरी गति को रेखीय गति में बदलते समय यान्त्रिक लाभ को बढ़ा देता है।

2. रिसर्कुलेटिंग बॉल एवं नट स्टीयरिंग बॉक्स में वर्म कहाँ संयोजित रहता है?

उत्तर रिसर्कुलेटिंग बॉल एवं नट स्टीयरिंग बॉक्स में वर्म स्टीयरिंग शाफ्ट के निचले सिरे पर लगा होता है।

3. स्टीयरिंग प्रणाली में ड्राइवर को वाहन की दिशा नियन्त्रण प्रदान करने हेतु किस अवयव का प्रयोग किया जाता है?

उत्तर स्टीयरिंग प्रणाली में ड्राइवर को वाहन की दिशा नियन्त्रण प्रदान करने के लिए स्टीयरिंग लिंकेज का प्रयोग होता है।

4. स्टीयरिंग नक्कल को सस्पैन्शन आर्म या बॉल ज्वॉइण्ट पर पिवेट किया जाता है। इसका स्टीयरिंग लिंकेज में प्रयोग बताइए।

उत्तर अगले पहियों को घुमाने के लिए एवं पहियों पर आरोपित भार को वहन करने के लिए स्टीयरिंग नक्कल का प्रयोग किया जाता है।

5. स्टीयरिंग कॉलम का एक सिरा स्टीयरिंग व्हील से जुड़ा होता है। इसका दूसरा सिरा किससे जुड़ा होता है?

उत्तर स्टीयरिंग कॉलम का दूसरा सिरा वर्म से जुड़ा होता है।

6. ऋणात्मक कैम्बर कोण का गलत मान चुनने की क्या हानि होती है?

उत्तर गलत ऋणात्मक कैम्बर कोण चुनने से वाहन के पहियों में आन्तरिक घिसावट आती है।

7. टो-इन में वाहनों के अगले पहियों की स्थिति कैसी होती है?

उत्तर टो-इन में वाहन के अगले पहियों की आगे की तरफ से दूरी, पहियों के पिछली ओर की दूरी से कम होती है।

अभ्यास प्रश्न

परीक्षा प्रारूपी प्रश्न

बहुविकल्पीय

1. स्टीयरिंग का क्या कार्य है?
(a) मोटरगाड़ी को रोकना (b) मोटरगाड़ी को मोड़ना
(c) मोटरगाड़ी को भगाना (d) ये सभी

2. स्टीयरिंग गियर किस प्रक्रिया द्वारा स्टीयरिंग प्रणाली के यान्त्रिक लाभ को बढ़ाता है?
(a) घूर्णन गति को कोणीय गति में परिवर्तित करके
(b) घूर्णन गति को रेखीय गति में परिवर्तित करके
(c) कोणीय गति को रेखीय गति में परिवर्तित करके
(d) उपरोक्त में से कोई नहीं

3. स्टीयरिंग व्हील, स्टीयरिंग कॉलम पर किसके द्वारा कसा जाता है?
(a) 'की' (b) नट
(c) 'a' और 'b' दोनों (d) स्टड

4. स्टीयरिंग व्हील द्वारा अगला एक पहिया मुड़ता है, दूसरा पहिया किसके द्वारा मुड़ता है?
(a) कनैक्टिंग आर्म द्वारा (b) ड्रैग लिंक द्वारा
(c) टाई रॉड द्वारा (d) इनमें से कोई नहीं

5. मोटरगाड़ी के लिए स्टीयरिंग व्हील लगभग कितने चक्कर घूम सकता है?
(a) 1 से 4 चक्कर (b) 2 से 4 चक्कर
(c) 3 से 6 चक्कर (d) ये सभी

6. भारी वाहनों के लिए गियर अनुपात की परास होती है
(a) 8 : 10 से 20 : 1 (b) 10 : 1 से 25 : 1
(c) 20 : 1 से 30 : 1 (d) 30 : 1 से 40 : 1

7. स्टीयरिंग गियर बॉक्स का मुख्य प्रकार है
(a) वर्म एण्ड सेक्टर (b) वर्म एण्ड व्हील
(c) रैक एण्ड पिनियन (d) ये सभी

8. स्टीयरिंग गियर बॉक्स में कौन-सा तेल डाला जाता है?
(a) हाइड्रॉलिक ऑयल (b) मोबिल ऑयल
(c) गियर ऑयल 90 नं. (d) गियर ऑयल 20 नं.

9. स्टीयरिंग लिंक रॉड को अन्य किस नाम से जाना जाता है?
(a) ट्रैक रॉड (b) पिटमैन आर्म
(c) ड्रैग लिंक (d) वर्म रॉड

10. रैक एण्ड पिनियन में लगती है
(a) रिले रॉड (b) पिटमैन रॉड
(c) ले-आउट (d) स्पोक रॉड

11. पिटमैन आर्म गियर चाल प्रदान करती है
(a) स्टीयरिंग नक्कल को (b) ड्रैग लिंक अथवा रिले रॉड को
(c) आइडलर आर्म को (d) नक्कल आर्म को

12. "इसका एक भाग स्टीयरिंग बॉक्स के अन्दर वर्म के साथ एवं अन्य दूसरा भाग स्टीयरिंग व्हील के साथ फिट रहता है।" यह कथन निम्न में से किससे सम्बन्धित है?
(a) स्टीयरिंग शाफ्ट (b) स्टीयरिंग लिंकेज
(c) स्टीयरिंग कॉलम (d) इनमें से कोई नहीं

13. स्टीयरिंग व्हील की घूर्णन गति को निम्न में से किसके द्वारा रेसीप्रोकेटिंग गति में परिवर्तित किया जाता है?
(a) ट्रैक रॉड (b) ट्रैक आर्म
(c) ड्रैग लिंक (d) स्टीयरिंग बॉक्स

14. परिवर्तित (variable) स्टीयरिंग अनुपात किस स्टीयरिंग बॉक्स से प्राप्त किया जा सकता है?
(a) रैक एवं पिनियन (b) वर्म एवं नट
(c) वर्म एवं रोलर (d) वर्म एवं सेक्टर

15. जब वाहन मुड़ रहा होता है, तो प्रत्येक व्हील को ········· से खींची गई लाइन के साथ समकोण बनाना चाहिए।
(a) वाहन की सेन्टर लाइन
(b) रियर एक्सल का सेन्टर
(c) घूर्णन का तात्कालिक सेन्टर
(d) फ्रण्ट सस्पैन्शन सिस्टम

16. मारुति 800 में किस प्रकार का स्टीयरिंग गियर प्रयोग किया जाता है?
(a) वर्म एवं व्हील (b) वर्म एवं रोलर
(c) रैक एवं पिनियन (d) ये सभी

17. निम्नलिखित में से कौन-सा कथन स्टीयरिंग लिंकेज से सम्बन्धित है?
(a) स्टीयरिंग का चक्के की चैन से जुड़ा रहना स्टीयरिंग लिंकेज कहलाता है
(b) अगले पहियों और स्टीयरिंग गियर बॉक्स के बीच विभिन्न कड़ियों के जोड़ को स्टीयरिंग लिंकेज कहते हैं
(c) पहियों का बॉडी से जुड़ा रहना स्टीयरिंग लिंकेज कहलाता है
(d) उपरोक्त में से कोई नहीं

18. यदि सड़क की सतह के कारण रोड व्हील का कोई भी डिफ्लैक्शन स्टीयरिंग व्हील तक नहीं पहुँचता है, तो ऐसे सिस्टम को क्या कहते हैं?
(a) परिवर्तनीय (b) अपरिवर्तनीय
(c) 'a' और 'b' दोनों (d) इनमें से कोई नहीं

19. यदि गाड़ी एक ओर स्टीयर करती है, तो इसका अर्थ है
(a) ड्राइवर गाड़ी जितनी मोड़ना चाहता है, उससे कम मुड़ती है
(b) ड्राइवर गाड़ी जितनी मोड़ना चाहता है, उससे अधिक मुड़ती है
(c) गाड़ी ड्राइवर के हाथ से निकल जाती है
(d) उपरोक्त में से कोई नहीं

20. निम्न में से किसे स्टीयरिंग लिंकेज एवं फ्रेम के मध्य में शॉक अब्जॉर्बर के रूप में लगाया जाता है?
(a) नक्कल आर्म (b) पिटमैन आर्म
(c) स्टीयरिंग डैम्पर (d) आइडलर आर्म

21. हाइड्रॉलिक असिस्टिड पावर स्टीयरिंग की रोटरी कण्ट्रोल मैकेनिज्म में प्रयुक्त अवयव है
(a) वर्म शाफ्ट (b) वाल्व स्लीव
(c) टॉर्शन बार (d) ये सभी

22. पावर स्टीयरिंग में ऑयल पम्प ड्राइव गियर किसके द्वारा चलाया जाता है?
(a) इंजन क्रैंक शाफ्ट (b) इंजन कैम शाफ्ट
(c) इंजन रॉकर शाफ्ट (d) FIP कैम शाफ्ट

23. पावर स्टीयरिंग का प्रयोग होता है
(a) हाई प्रैशर टायर के साथ (b) बैलून टाइप टायर के साथ
(c) लो प्रैशर टायर के साथ (d) इनमें से कोई नहीं

24. निम्न में से किस मैकेनिज्म में एक्सल वाहन के फ्रेम के साथ बँधा रहता है, परन्तु स्टब एक्सल किंग पिन द्वारा एक्सल की आई पर पहिये घूमते हैं?
(a) सस्पैन्शन मैकेनिज्म (b) एकरमैन मैकेनिज्म
(c) स्टीयरिंग मैकेनिज्म (d) ये सभी

25. व्हील अलाइनमेन्ट निम्न में से किसके द्वारा चैक किया जाता है?
(a) रेडियस गेज द्वारा (b) वर्क टेबल द्वारा
(c) टर्न टेबल द्वारा (d) इनमें से कोई नहीं

26. कैम्बर कोण के कारण अगले पहिए दिखते हैं
(a) ऊपर से बाहर की ओर (b) नीचे से बाहर की ओर
(c) बिल्कुल सीधे (d) इनमें से कोई नहीं

27. कैम्बर कोण का मान कितना होता है?
(a) 2° से 5° (b) 2° से 50° (c) 1° से 5° (d) 5° से 10°

28. यदि ऋणात्मक कैम्बर अत्यधिक है, तो टायर पर क्या प्रभाव पड़ेगा होगा?
(a) टायर का आन्तरिक किनारा शीघ्र घिस जाएगा
(b) टायर का केन्द्रीय भाग शीघ्र घिस जाएगा
(c) टायर का बाहरी किनारा शीघ्र घिस जाएगा
(d) टायर का साइड वाला किनारा शीघ्र घिस जाएगा

29. यदि गाड़ी को देखने पर कैम्बर कोण बाहर की ओर हो, तो ऐसा कोण होता है
(a) ऋणात्मक (b) उदासीन
(c) धनात्मक (d) शून्य

30. व्हील अलाइनमेन्ट के दौरान कैस्टर कोण का मान रखा जाता है
(a) 3° से 5° तक (b) 5° से 8° तक
(c) 8° से 10° तक (d) 10° से 13° तक

31. स्टीयरिंग ज्यामिति में निम्न में से कौन-सा कोण सम्मिलित नहीं होता है?
(a) कैम्बर कोण
(b) कैस्टर कोण
(c) किंग पिन झुकाव तथा टो-इन
(c) पावर कोण

32. रिडक्शन सिस्टम (reduction system) की गति का अनुपात निम्नलिखित में से कितना होता है?
(a) 1 : 5 से 2 : 10 तक (b) 10 : 2 से 22 : 3 तक
(c) 10 : 1 से 22 : 1 तक (d) इनमें से कोई नहीं

33. टो-इन का समायोजन ········ को बदल कर करते हैं।
(a) ट्रैक आर्म के कोण
(b) ट्रैक रॉड की लम्बाई
(c) किंग पिन के बीच की दूरी
(d) ड्रैग लिंक की पॉजिशन

34. गाड़ी मोड़ते समय फ्रेम के साथ अगले दोनों पहियों के कोणों के अन्तर को क्या कहते हैं?
(a) टो-आउट (b) टो-इन
(c) किंग पिन झुकाव (d) इनमें से कोई नहीं

35. स्क्रब त्रिज्या के किस मान पर व्हील टो-आउट स्थिति में होते हैं?
(a) धनात्मक (b) ऋणात्मक
(c) शून्य (d) इनमें से कोई नहीं

उत्तरमाला

1. (b)	2. (b)	3. (c)	4. (c)	5. (b)	6. (c)	7. (d)	8. (c)	9. (c)	10. (d)
11. (b)	12. (a)	13. (d)	14. (c)	15. (c)	16. (c)	17. (b)	18. (b)	19. (b)	20. (c)
21. (d)	22. (b)	23. (b)	24. (b)	25. (c)	26. (a)	27. (a)	28. (a)	29. (c)	30. (a)
31. (d)	32. (c)	33. (c)	34. (a)	35. (a)					

अध्याय 07

सस्पैन्शन प्रणाली
Suspension System

परिचय Introduction

वाहनों को कच्ची-पक्की तथा ऊँची-नीची सभी प्रकार की सड़कों पर चलाया जाता है। जब वाहनों का आगे का पहिया किसी उभार पर चढ़ता या टकराता है, तो झटका लगता है। इसके अतिरिक्त ब्रेक लगने तथा गाड़ी मोड़ने पर भी वाहन चालक तथा यात्रियों को अस्थिरता का आभास होता है। इस स्थिति में वाहन में बैठे यात्रियों को चोट लगने की सम्भावना रहती है तथा वाहन के पुर्जों को भी क्षति पहुँच सकती है।

अत: इस स्थिति में बचाव हेतु वाहनों में सस्पैन्शन प्रणाली उपयोग की जाती है, जिसमें अनेक स्प्रिंगों का प्रयोग किया जाता है। ये स्प्रिंग वाहनों के फ्रेम तथा एक्सल के मध्य फिट की जाती हैं। इस प्रकार, सस्पैन्शन प्रणाली से युक्त वाहन कम्पनों अथवा झटकों के प्रभाव को कम करके, आरामदायक यात्रा का अनुभव कराने में सक्षम होता है।

अध्याय विषय सूची

7.1 सस्पैन्शन प्रणाली Suspension System

वाहनों में प्रयुक्त सस्पैन्शन प्रणाली का मुख्य उद्देश्य असमान मार्गों से वाहन में होने वाले कम्पनों को दूर करके यात्रियों की यात्रा को आरामदायक बनाना है। मार्ग में होने वाले कम्पन वाहन के फ्रेम तथा पुर्जों को भी प्रभावित करते हैं। ऐसी स्थितियों से बचने के लिए ही वाहनों में सस्पैन्शन प्रणाली प्रयुक्त की जाती है।

सस्पैन्शन प्रणाली का सिद्धान्त Principle of Suspension System

जब किसी वाहन (हल्के अथवा भारी) के पहिए असमान मार्ग पर चलते हैं, तो मार्ग में आने वाले अनेक अवरोधों के कारण एक प्रतिक्रिया बल उत्पन्न हो जाता है, जिसका मान प्रत्येक पहिए की असेम्बली पर अनुभव किए जाने वाले अन-स्प्रंग भार पर निर्भर करता है अर्थात् स्प्रंग भार तथा अन-स्प्रंग भार का अनुपात जितना अधिक होगा, वाहन की बॉडी अवरोधों से उतनी ही कम प्रभावित होगी। यही सस्पैन्शन प्रणाली का सिद्धान्त है।

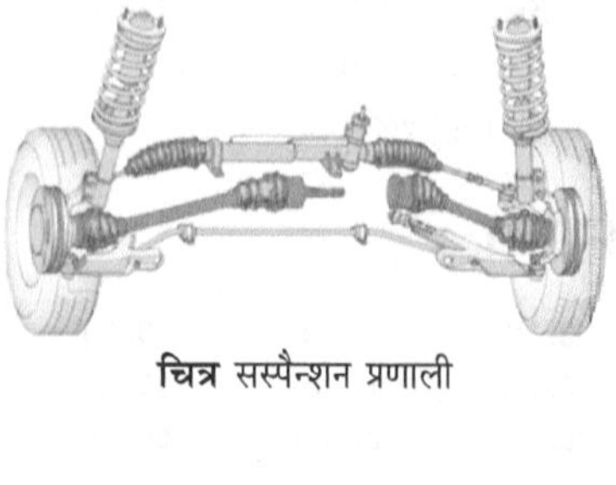

चित्र सस्पैन्शन प्रणाली

सस्पैन्शन प्रणाली से सम्बन्धित पद
Terms Related to Suspension System

सस्पैन्शन प्रणाली को स्पष्ट रूप से समझने के लिए इससे सम्बन्धित पदों का ज्ञान होना आवश्यक है, क्योंकि इन पदों का सम्बन्धित विषय के अध्ययन में बार-बार उपयोग किया जाता है। सस्पैन्शन प्रणाली से सम्बन्धित पद निम्न हैं

1. **सस्पैन्शन बल या जैकिंग बल** Suspension Force or Jacking Force

यह सस्पैन्शन लिंक के अवयवों द्वारा अनुभव किए जाने वाले बलों का योग होता है।

2. **मन्दक प्रभाव** Dampening Effect

वाहन के अन्दर विविध प्रणालियों एवं इंजन के प्रचालन के कारण अनेक कम्पन उत्पन्न होते हैं। कम्पनों द्वारा उत्पन्न प्रभाव को मन्दक प्रभाव कहा जाता है। इस प्रभाव को कम या नष्ट करने के लिए कम्पनरोधी (vibration resistant) युक्तियों का उपयोग किया जाता है।

3. **व्हील यूनिट लोकेशन** Wheel Unit Location

यह वाहन का वह स्थान होता है, जो सम्बन्धित बल; जैसे—ब्रेकिंग टॉर्क का केन्द्र होता है।

4. **स्प्रंग भार** Sprung Weight

इस भार के अन्तर्गत वे भाग सम्मिलित रहते हैं, जो स्प्रिंग के ऊपर फिट रहते हैं; जैसे—चेसिस फ्रेम, इंजन, ट्रांसमिशन प्रणाली आदि। इनका भार स्प्रिंगों के ऊपर पड़ता है।

5. **अन-स्प्रंग भार** Unsprung Weight

इस भार के अन्तर्गत वे भाग सम्मिलित रहते हैं, जो स्प्रिंग के नीचे रहते हैं; जैसे—फ्रण्ट एक्सल, रियर एक्सल तथा व्हील असेम्बली आदि। इनका भार स्प्रिंगों के ऊपर नहीं पड़ता है। इस भार को कम-से-कम रखा जाता है।

6. **डैड एक्सल** Dead Axle

यह एक प्रकार का एक्सल ही है, जिसे बैलों द्वारा खींचने वाली गाड़ी में प्रयोग किया जाता है। यह एक्सल स्थिर रहता है, परन्तु इसके सिरों पर चढ़ाए जाने वाले दोनों पहिए, बैलों द्वारा गाड़ी खींचने पर ही घूमते हैं।

7. **सॉलिड एक्सल** Solid Axle

इस एक्सल को रियर ड्राइव व्हील के रियर सस्पैन्शन में तथा भारी औद्योगिक वाहनों में फ्रण्ट सस्पैन्शन में प्रयोग किया जाता है। इस एक्सल के दोनों सिरे एक-दूसरे से जुड़े होते हैं इसलिए यह एक नॉन-इन्डीपैन्डेन्ट सस्पैन्शन है। इसे बीम एक्सल भी कहा जाता है। इसे लीफ स्प्रिंग के साथ प्रयोग करने पर यह बहुत प्रभावी सिद्ध होता है।

8. **ऊर्ध्वाधर लोडिंग** Vertical Loading

जब किसी वाहन के व्हील किसी असमतल सड़क पर चलते हैं तो सड़क के गड्ढों तथा उभारों के कारण ऊर्ध्वाधर बल, तनाव अथवा संपीडन बल लगने लगते हैं। इन सभी बलों के कारण वाहन पर अतिरिक्त भार महसूस होने लगता है। वाहन की इस स्थिति को ऊर्ध्वाधर लोडिंग कहा जाता है।

9. **रोलिंग** Rolling

सड़क पर चलते समय वाहन का गुरुत्व केन्द्र सतह के ऊपर होता है, जिस कारण वाहन के मुड़ने पर अपकेन्द्रीय बल, गुरुत्व बल पर बाहर की ओर लगता है, जबकि सड़क का प्रतिरोध वाहन पर अन्दर की ओर कार्यरत होता है, जो वाहन को अनुदैर्ध्य अक्ष पर इधर-उधर घुमा देता है। इस स्थिति को वाहन की रोलिंग कहा जाता है।

10. **डिपिंग** Dipping

जब वाहन पर ब्रेक लगाए जाते हैं, तो वाहन आगे से कुछ नीचे हो जाता है या झुक जाता है। वाहन की इस प्रवृत्ति को डिपिंग कहा जाता है। वाहनों की डिपिंग सतह के सापेक्ष गुरुत्व केन्द्र की स्थिति, व्हील बेस तथा सस्पैन्शन के लक्षणों पर निर्भर करती है।

सस्पैन्शन प्रणाली के कार्य
Functions of Suspension System

सस्पैन्शन प्रणाली के मुख्य कार्य निम्नवत् हैं

1. यह प्रणाली गाड़ी की बॉडी के लेवल को बनाए रखती है।
2. यह प्रणाली सड़क पर लगने वाले कम्पनों अर्थात् झटकों से बचाती है, जिससे यात्री आराम से अपना सफर तय कर पाते हैं।
3. यह प्रणाली यात्रियों के लिए कुशन जैसा प्रभाव प्रदान करती है।
4. यह प्रणाली ड्राइविंग टॉर्क (driving torque) को डैड एक्सल (dead axle) के पहिए तक पहुँचाती है।
5. यह प्रणाली ब्रेक लगाने पर, ब्रेकिंग टॉर्क (breaking torque) को चेसिस (chassis) तक पहुँचाती है।
6. यह प्रणाली रोड पर उपस्थित गड्ढों द्वारा उत्पन्न झटकों को समाप्त करके अन्य पुर्जों को क्षति पहुँचने से बचाती है।

7.2 सस्पैन्शन प्रणाली के प्रकार
Types of Suspension System

वाहनों में निम्न प्रकार की सस्पैन्शन प्रणालियाँ प्रयोग की जाती हैं

1. कन्वेंशनल/फिक्स्ड एक्सल सस्पैन्शन प्रणाली
2. इन्डीपैन्डेन्ट सस्पैन्शन प्रणाली
3. नॉन-इण्डीपैन्डेन्ट सस्पैन्शन प्रणाली
4. इलेक्ट्रॉनिकली कण्ट्रोल्ड एयर सस्पैन्शन प्रणाली
5. एडेप्टिव एयर सस्पैन्शन प्रणाली

उपरोक्त प्रणालियों का विवरण निम्न प्रकार है

1. कन्वेंशनल/फिक्स्ड एक्सल सस्पैन्शन प्रणाली Conventional or Fixed Axle Suspension System

इस सस्पैन्शन प्रणाली में लीफ स्प्रिंगों का एक सैट प्रयोग किया जाता है, जोकि फ्रेम तथा एक्सल को संयोजित करता है। इन लीफ स्प्रिंगों का एक सिरा फ्रेम से फिक्स रहता है तथा दूसरा सिरा शैकल से जकड़ा रहता है। ये स्प्रिंग U-बोल्टों के द्वारा एक्सल पर माउण्ट होती हैं। जब वाहन रोड पर किसी उभार से टकराता है, तो लीफ स्प्रिंगों की लम्बाई बढ़ जाती है तथा शैकल स्प्रिंग की लम्बाई को समायोजित करने हेतु पीछे की ओर गति करने लगती है। इस सस्पैन्शन प्रणाली की संरचना सरल होती है, जिस कारण इसके अनुरक्षण की आवश्यकता भी कम होती है।

इस सस्पैन्शन प्रणाली में कम्पनों की डैम्पिंग कम प्रभावी होती है, परन्तु वाहन में इस सस्पैन्शन प्रणाली को प्रयोग करने पर एक व्हील पर लगने वाले झटके दूसरे व्हील पर ट्रांसमिट हो जाते हैं।

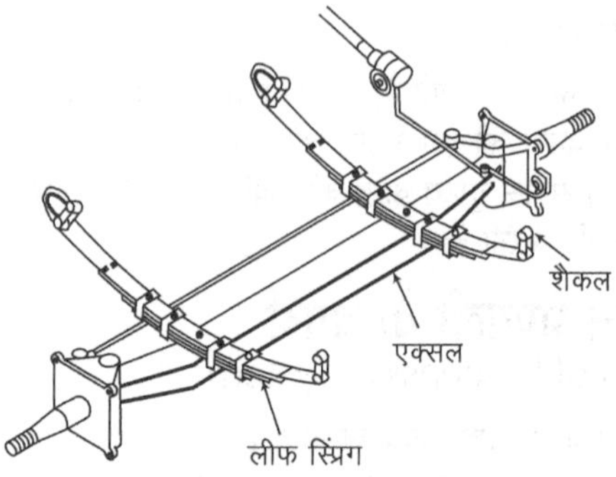

चित्र कन्वेंशनल/फिक्स्ड एक्सल सस्पैन्शन प्रणाली

2. इन्डीपैन्डेन्ट सस्पैन्शन प्रणाली
Independent Suspension System

यदि एक ओर की स्प्रिंग वाला पहिया किसी ऊँचे स्थान पर चढ़कर निकलता है, तो दूसरी ओर की स्प्रिंग, जोकि उसी एक्सल के साथ बँधी है, दब जाती है तथा उस पर ही अधिक भार आ जाता है, इसलिए उसी ओर गाड़ी झुक जाती है। इस असुविधा से बचने के लिए अगले पहियों में इन्डीपैन्डेन्ट सस्पैन्शन प्रणाली का प्रयोग किया जाता है। इसमें लीफ स्प्रिंग के स्थान पर क्वॉयल स्प्रिंग का प्रयोग किया जाता है, जिससे एक पहिये का प्रभाव दूसरे पहिये पर नहीं पड़ता है तथा गाड़ी का लेवल बना रहता है।

इस प्रणाली को प्रयोग करने से वाहन को लगने वाले झटके एक व्हील से दूसरे व्हील पर ट्रांसमिट नहीं होते, परन्तु यह कम्पनों की डैम्पिंग से अधिक प्रभावित होती है। यह प्रणाली स्टीयरिंग को प्रभावित किए बिना फ्रण्ट व्हील को अधिक विक्षेपण की अनुमति प्रदान करती है।

अत: इस सस्पैन्शन प्रणाली का प्रयोग करने से प्रत्येक व्हील उभार तथा गड्ढों पर स्वतन्त्रतापूर्वक (independently) गति करता है।

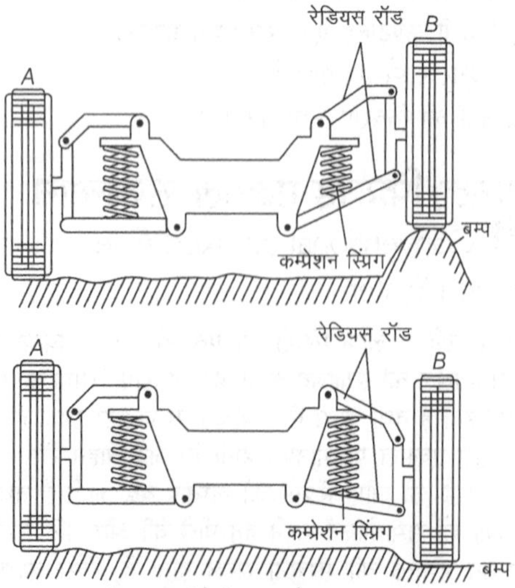

चित्र इन्डीपैन्डेन्ट सस्पैन्शन प्रणाली

इन्डीपैन्डेन्ट सस्पैन्शन प्रणाली के लाभ
Advantages of Independent Suspension System

इसके निम्नलिखित लाभ होते हैं

(i) दोनों फ्रण्ट व्हील की स्प्रिंग के बीच थोड़ी दूरी होने के कारण स्टीयरिंग में सुविधा रहती है।

(ii) इंजन के लिए पर्याप्त स्थान हो जाता है।

(iii) सस्पैन्शन बहुत लचीला रहता है।

(iv) यह गाड़ी को पलटने से बचाती है।

(v) वाहन के पहिये किंग पिन की ओर मुड़ने से रुकते हैं।

(vi) यह प्रणाली भार में हल्की होती है।

इस प्रणाली के प्रयोग से गाड़ी के अन्दर बैठने वालों को असुविधा नहीं होती है, क्योंकि सस्पैन्शन के लिए प्रयुक्त स्प्रिंगों का एक-दूसरे से कोई सीधा सम्बन्ध नहीं होता है।

इन्डीपैन्डेन्ट सस्पैन्शन प्रणाली के प्रकार
Types of Independent Suspension System

वाहनों में प्राय: निम्न दो प्रकार की इन्डीपैन्डेन्ट सस्पैन्शन प्रणाली प्रयोग की जाती हैं

(i) फ्रण्ट व्हील इन्डीपैन्डेन्ट सस्पैन्शन प्रणाली
Front Wheel Independent Suspension System

यह सस्पैन्शन प्रणाली वाहनों के फ्रण्ट व्हील्स हेतु प्रयोग की जाती है। यह प्रणाली प्राय: निम्न प्रकार की होती है

(a) **क्वॉयल स्प्रिंग सस्पैन्शन प्रणाली** (Coil spring suspension system) बहुत-सी मोटरगाड़ियों में सस्पैन्शन प्रणाली में लीफ स्प्रिंग के स्थान पर क्वॉयल स्प्रिंग का प्रयोग किया जाता है, क्योंकि लीफ स्प्रिंग कठोर होती है, जिस कारण वह हल्के भारों के दौरान शीघ्रता से विक्षेपित नहीं होती, परन्तु क्वॉयल स्प्रिंग कम भार से भी विक्षेपित हो जाती है।

अत: इसका स्प्रिंग एक्शन बहुत अच्छा होता है, इसी कारण इसे अच्छे शॉक अब्जॉर्बर के साथ ही प्रयोग किया जाता है।

क्वॉयल स्प्रिंग, लीफ स्प्रिंग की तुलना में अधिक झटके सहन कर सकती है। साथ ही यह लीफ स्प्रिंग से हल्की भी होती है तथा लीफ स्प्रिंग की अपेक्षा अधिक ऊर्जा संग्रह करती है।

ये क्वॉयल स्प्रिंग सभी प्रकार की थ्रस्ट से मुक्त होती हैं, परन्तु इन पर केवल होरिजॉण्टल थ्रस्ट का प्रभाव पड़ता है। क्वॉयल स्प्रिंग सस्पैन्शन में क्वॉयल स्प्रिंग, फ्रेम, ऊपरी कण्ट्रोल आर्म, निचली कण्ट्रोल आर्म तथा शॉक अब्जॉर्बर मुख्य भाग होते हैं।

क्वॉयल स्प्रिंग ऊपरी कण्ट्रोल आर्म तथा निचली कन्ट्रोल आर्म और फ्रेम के मध्य रबर पैड पर लगी होती है। अपर तथा लोअर कण्ट्रोल आर्म के सिरों पर बॉल ज्वॉइण्ट के द्वारा एक स्टीयरिंग नक्कल पिवेट रहती है।

इस व्यवस्था द्वारा लिंकेज की कोणीय गति सम्भव होती है। इस सस्पैन्शन को **विशबोन सस्पैन्शन** (Wish-bone suspension) भी कहा जाता है।

इस सस्पैन्शन प्रणाली में एक स्टेबिलाइजर बार का भी प्रयोग किया जाता है, जो स्प्रिंग की कुशनिंग गति को गाइड करने हेतु रेडियस रॉड पर लगाया जाता है।

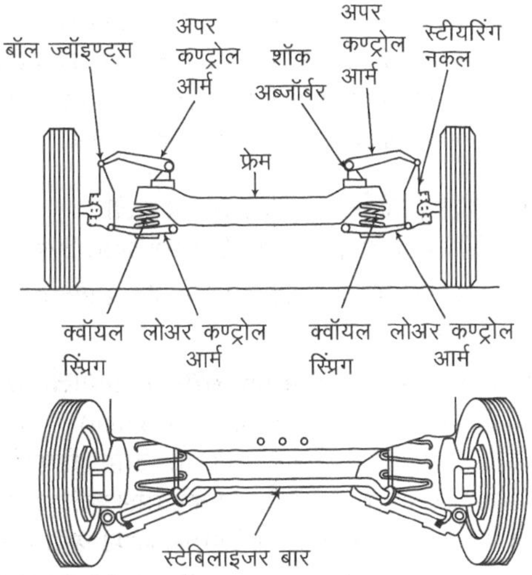

चित्र क्वॉयल स्प्रिंग सस्पैन्शन प्रणाली

(b) **टॉर्शन बार सस्पैन्शन प्रणाली** (Torsion bar suspension system) इस प्रकार की सस्पैन्शन प्रणाली में स्प्रिंग के स्थान पर टॉर्शन बार का प्रयोग किया जाता है। यह बार अपर तथा लोअर आर्म के मध्य प्रयोग की जाती है। जब कोई पहिया गड्ढे या ऊँची जगह पर चढ़ता है, तो टॉर्शन बार पहिए को घुमाने की शक्ति अपने अन्दर संगृहीत कर लेती है। जब पहिया समतल सतह पर आता है, तो टॉर्शन बार सीधी हो जाती है तथा अपनी सामान्य स्थिति में आ जाती है। फ्रेम के दोनों ओर एक-एक टॉर्शन बार लगी होती है। इनका एक सिरा फ्रेम के क्रॉस मेम्बर से तथा दूसरा सिरा व्हील हब स्पिण्डल से जुड़ा रहता है।

जब पहिया ऊँचाई पर आता है, तो विशबोन, टॉर्सन बार को घुमाने का प्रयास करती है, जिससे टॉर्शन बार मुड़ जाती है तथा लोअर कण्ट्रोल आर्म को सीधा रखती है। इस सस्पैन्शन प्रणाली में लोअर कण्ट्रोल आर्म की ऊँचाई को समायोजित करने हेतु एक आई बोल्ट एडजस्टर लगाया जाता है। यह प्रणाली एम्बेसडर कारों में प्रयोग की जाती है।

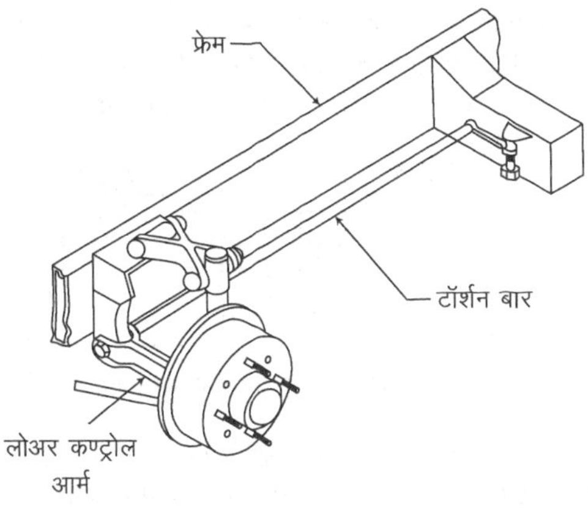

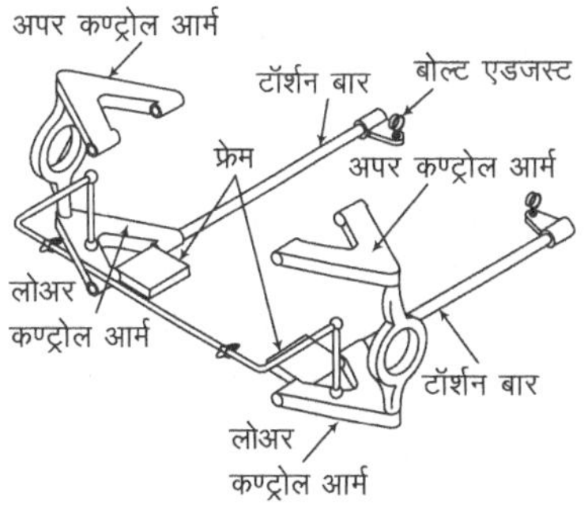

चित्र टॉर्शन बार सस्पैन्शन प्रणाली

(c) **मैक-फर्सन स्ट्रट सस्पैन्शन प्रणाली** (Mc-pherson strut suspension system) अधिकतर भारतीय कारों (मारुति 800, वोल्कस्वैगन जैट्टा, पैसिएण्ट आदि) में इस प्रकार की सस्पैन्शन प्रणाली का प्रयोग किया जाता है। यह सस्पैन्शन प्रणाली उत्तम सड़क सुरक्षा, सुविधाजनक यात्रा तथा स्वत: स्टीयरिंग सन्तुलन बनाने में सक्षम है। इसकी विशिष्टता यह है कि मार्ग में चाहे कितनी भी विविधता हो, ब्रेक लगाने पर भी यह अपना मार्ग नहीं छोड़ती है।

इसे प्रयोग करने से यह भी लाभ है कि इंजन के लिए पर्याप्त स्थान मिल जाता है। इसके अतिरिक्त स्टीयरिंग, ब्रेक लगाने पर भी स्वत: सेन्टर में रहता है। इस सस्पैन्शन में स्ट्रट, फ्रेम तथा स्टब एक्सल के मध्य माउण्ट किया जाता है। इस स्ट्रट में अन्दर की ओर एक शॉक अब्जॉर्बर फिक्स होता है।

इसमें क्वॉयल स्प्रिंग को दो कॉलरों पर माउण्ट किया जाता है। फ्रेम तथा स्ट्रट के ऊपरी सिरे के मध्य में एक रबर पैड लगाया जाता है तथा इस रबर पैड अथवा बॉल ज्वॉइण्ट के द्वारा ट्रांसवर्स लिंक को फ्रेम तथा स्टब एक्सल से जोड़ा जाता है, जोकि व्हील के पाथ (path) को कण्ट्रोल करता है।

इसमें दो लोअर ट्रांसवर्स मेम्बरों के मध्य में एक स्टेबिलाइजर बार जोड़ी जाती है। इस सस्पैन्शन प्रणाली की बनावट सरल होती है तथा यह भार में हल्की होती है। इसमें फ्रण्ट व्हील, स्टीयरिंग को प्रभावित किए बिना ही अधिक विक्षेपित हो सकता है।

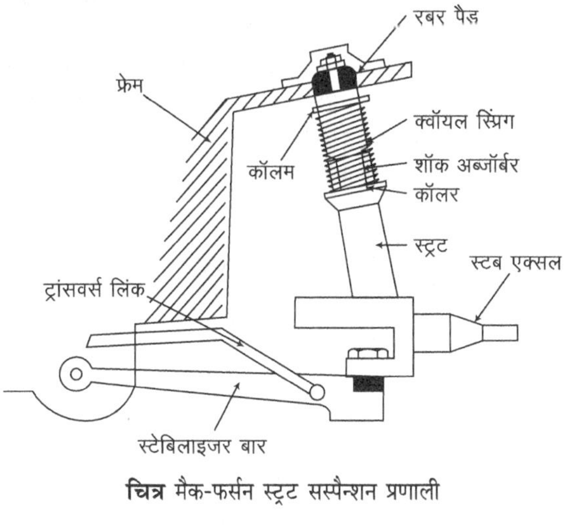

चित्र मैक-फर्सन स्ट्रट सस्पैन्शन प्रणाली

(d) **वर्टिकल गाइड इन्डीपैन्डेन्ट सस्पैन्शन प्रणाली** (Vertical guide independent suspension system) इस इन्डीपैन्डेन्ट सस्पैन्शन में स्टब एक्सल के साथ एक लम्बा स्पिण्डल लगा रहता है, जिसे इस प्रकार फिट किया जाता है कि वह फ्रण्ट एक्सल में लगे बुशों में ऊपर-नीचे चल सके। यह ऊँची-नीची सतह आने पर दूसरे पहिये पर प्रभाव नहीं पड़ने देता है। इसी स्पिण्डल के साथ क्वॉयल्ड स्प्रिंग तथा शॉक अब्जॉर्बर लगे होते हैं, जो सड़क के झटकों को वहन करते हैं।

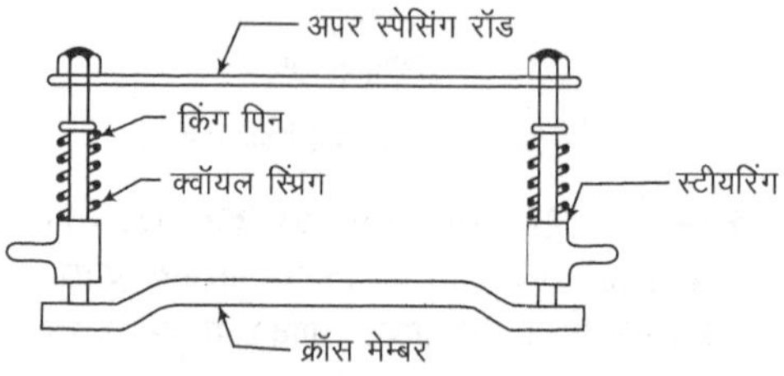

चित्र वर्टिकल गाइड इन्डीपैन्डेन्ट सस्पैन्शन प्रणाली

(e) **स्विंगिंग हाफ एक्सल इन्डीपैन्डेन्ट सस्पैन्शन प्रणाली** (Swinging half axle independent suspension system) इस सस्पैन्शन प्रणाली को फ्रण्ट तथा रियर दोनों ओर प्रयोग किया जाता है। इसमें फ्रण्ट हाफ एक्सल को दो यूनिवर्सल ज्वॉइण्ट द्वारा तथा रियर एक्सल को एक यूनिवर्सल ज्वॉइण्ट द्वारा जोड़ा जाता है। जब वाहन सड़क पर किसी उभार से टकराता है तो वाहन ऊर्ध्वाधर दिशा में ऊपर तथा नीचे गति करने लगता है। अतः वाहन को सन्तुलित रखने हेतु इसमें एक क्वॉयल स्प्रिंग के साथ शॉक अब्जॉर्बर लगाया जाता है तथा लोअर आर्म को फ्रेम से एक अन्य लिंक द्वारा पिवेट किया जाता है।

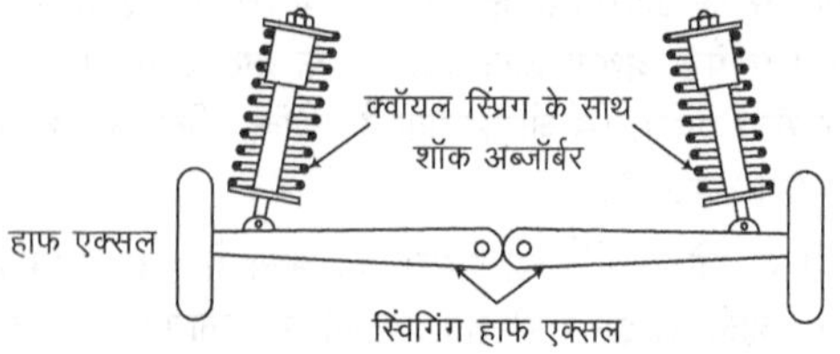

चित्र स्विंगिंग हाफ एक्सल इन्डीपैन्डेन्ट सस्पैन्शन प्रणाली

(f) **पैरेलल लिंक इन्डीपैन्डेन्ट या शॉर्ट/लॉन्ग आर्म सस्पैन्शन प्रणाली** (Parallel link independent or short/long arm suspension system) अधिकतर भारतीय मोटरगाड़ियों में, जिनमें अगले पहियों के लिए इन्डीपैन्डेन्ट सस्पैन्शन प्रणाली का प्रयोग किया जाता है, पैरेलल लिंक इन्डीपैन्डेन्ट सस्पैन्शन प्रणाली लगाई जाती है। इसे विशबोन टाइप भी कहते हैं।

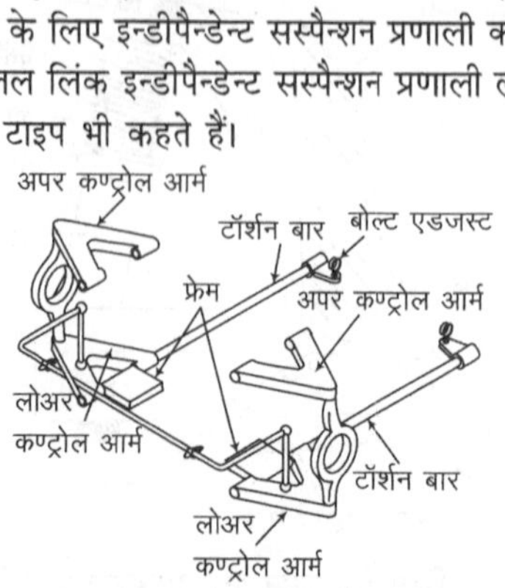

चित्र पैरेलल लिंक इन्डीपैन्डेन्ट सस्पैन्शन प्रणाली

इसमें दो कण्ट्रोल आर्म होती हैं, जिनमें से एक ऊपर तथा एक नीचे लगी होती है। इसके बाहरी सिरे स्टब एक्सल के साथ लगी नक्कल (Knuckle) से रबर बुश की सहायता से जुड़े रहते हैं तथा अन्दर के सिरे चेसिस फ्रेम से जोड़े जाते हैं, जिससे एक पहिये पर पड़ने वाले उछाल का प्रभाव दूसरे पहिये पर नहीं पड़ता है। इसमें आर्म के साथ क्वॉयल्ड स्प्रिंग का प्रयोग होता है। इस क्वॉयल्ड स्प्रिंग की सहायता के लिए शॉक अब्जॉर्बर भी लगे होते हैं तथा कुछ गाड़ियों में केवल शॉक अब्जॉर्बर का ही प्रयोग होता है।

(ii) रियर व्हील इन्डीपैन्डेन्ट सस्पैन्शन प्रणाली
Rear Wheel Independent Suspension System

यह सस्पैन्शन प्रणाली वाहनों के रियर व्हील्स हेतु प्रयुक्त होती है। यह निम्न प्रकार की होती है

(a) **डिवाइडेड एक्सल इन्डीपैन्डेन्ट सस्पैन्शन प्रणाली** (Divided axle independent suspension system) इसका प्रयोग पिछले एक्सलों में किया जाता है। इसमें डिफरैन्शियल बॉक्स चेसिस के साथ स्थिर रहता है तथा यूनिवर्सल ज्वॉइण्ट व एक्सलों द्वारा पहियों को घुमाया जाता है। मूल एक्सेल शाफ्ट केसिंग के अन्दर रहती है, उसी पर क्वॉयल स्प्रिंग लगी रहती है। जब पहिया भूमि से ऊपर उठता है, तो उसका कोण बदल जाता है। इसकी विशेषता यह है कि इसमें एक्सल शाफ्ट के दोनों ओर यूनिवर्सल ज्वॉइण्ट प्रयोग होते हैं, जिनका सम्बन्ध डिफरैन्शियल यूनिट के साथ रहता है।

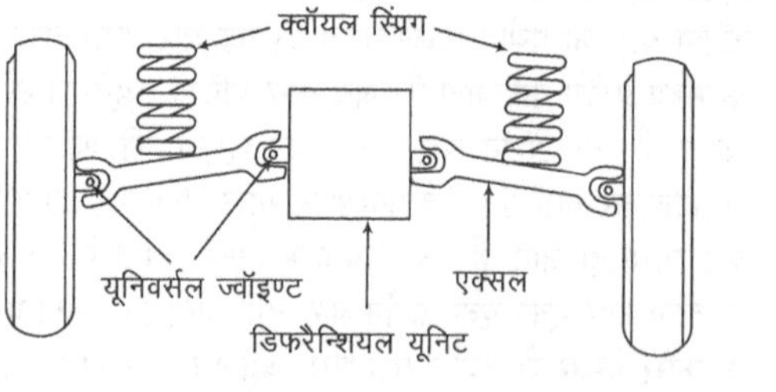

चित्र डिवाइडेड एक्सल इन्डीपैन्डेन्ट सस्पैन्शन प्रणाली

(b) **रियर व्हील ड्राइव इन्डीपैन्डेन्ट सस्पैन्शन प्रणाली** (Rear wheel drive independent suspension system) रियर व्हील ड्राइव इन्डीपैन्डेन्ट सस्पैन्शन प्रणाली में डिफरैन्शियल यूनिट को वाहन के फ्रेम पर सीधा लगाया जाता है, जिससे अन-स्प्रंग भार कम हो जाता है। इसे लगाने से वाहन के पीछे वाले दोनों पहिए, एक-दूसरे के समान्तर तथा धरती की सतह से समकोण पर रहते हैं, जोकि वाहन के पिछले भाग में लगे इंजन के लिए आवश्यक है। रियर व्हील ड्राइव इन्डीपैन्डेन्ट सस्पैन्शन प्रणाली को नीचे दिए गए चित्र में प्रदर्शित किया गया है

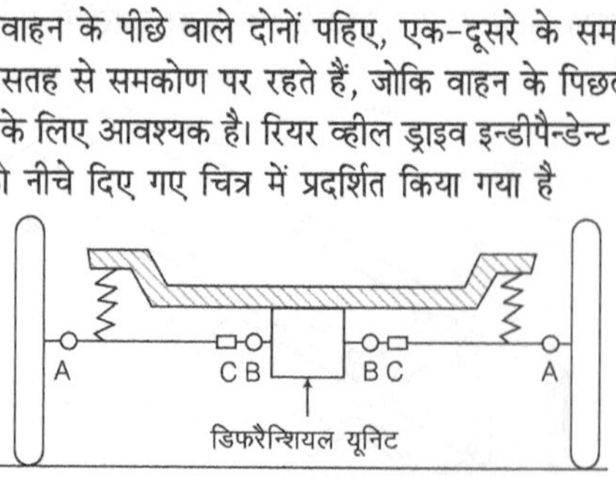

चित्र रियर व्हील ड्राइव इन्डीपैन्डेन्ट सस्पैन्शन प्रणाली

टिप्पणी *उपरिवर्णित रियर व्हील इन्डीपैन्डेन्ट सस्पैन्शन प्रणालियों के अतिरिक्त प्रयुक्त होने वाली सस्पैन्शन प्रणालियाँ फ्रण्ट व्हील इन्डीपैन्डेन्ट सस्पैन्शन प्रणालियों के समान ही हैं, जिनका वर्णन पूर्वतः किया जा चुका है।*

3. नॉन-इण्डीपैन्डेन्ट सस्पैंशन प्रणाली
Non-Independent Suspension System

नॉन–इण्डीपैन्डेन्ट सस्पैन्शन प्रणाली को रिजिड सस्पैन्शन प्रणाली भी कहा जाता है। इसमें एक ही सॉलिड एक्सल पर राइट व लैफ्ट दोनों व्हील जुड़े होते हैं। जब एक व्हील सड़क से टकराता है तो उसके ऊपर की ओर चलने से दूसरे व्हील में हल्का झुकाव उत्पन्न होता है। यह प्रणाली निम्न प्रकार की होती है

(i) रिजिड एक्सल लीफ स्प्रिंग सस्पैन्शन प्रणाली
Rigid Axle Leaf Spring Suspension System

यह एक सरल सस्पैन्शन प्रणाली है जिसमें लीफ स्प्रिंगों का प्रयोग किया जाता है। इसमें एक्सल तथा व्हील स्पिण्डल के मध्य पिवेटों के माध्यम से प्रत्येक सिरे पर व्हील संयोजित होते हैं। जब ये व्हील एक उभयनिष्ठ (common) एक्सल पर घूमते हैं, तो किसी भी फ्रण्ट व्हील के ऊपर तथा नीचे गति करने के कारण अन्य व्हील में वर्टिकल ट्रिपिंग प्रभाव (vertical tripping effect) उत्पन्न हो जाता है। इससे झटके एक व्हील से दूसरे व्हील पर ट्रांसमिट होने लगते हैं। यह प्रणाली फ्रण्ट व्हील के अधिक विक्षेपण की अनुमति नहीं देती है तथा स्टीयरिंग को भी प्रभावित करती है। रिजिड एक्सल लीफ स्प्रिंग सस्पैन्शन प्रणाली में लगी स्प्रिंगों का भार अधिक होता है, परन्तु इसमें कम्पनों की डैम्पिंग कम प्रभावी होती है। इस सस्पैन्शन प्रणाली के सरल होने के कारण इसके अनुरक्षण की आवश्यकता कम होती है, जिस कारण इसके अनुरक्षण की लागत भी कम आती है।

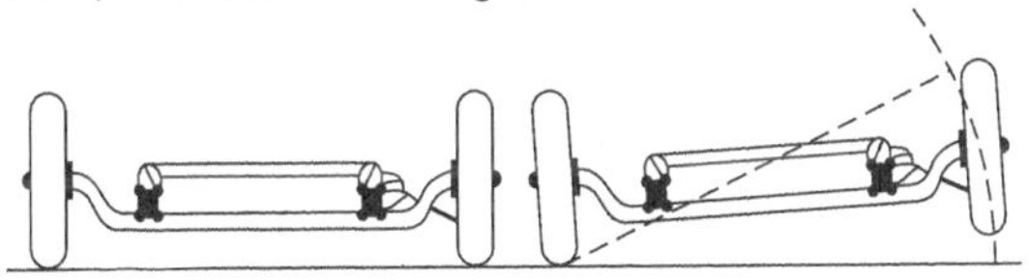

चित्र रिजिड एक्सल लीफ स्प्रिंग सस्पैन्शन प्रणाली

(ii) रिजिड एक्सल क्वॉयल स्प्रिंग सस्पैन्शन प्रणाली
Rigid Axle Coil Spring Suspension System

इस सस्पैन्शन प्रणाली में क्वॉयल स्प्रिंग प्रयोग की जाती है। इस क्वॉयल स्प्रिंग को बॉडी तथा एक्सल की हाउसिंग के मध्य लगाया जाता है। क्वॉयल स्प्रिंग वाहन की जिस साइड में लगाई जाती है, वह केवल उसी साइड में वाहन को स्थायित्व प्रदान करती है। अत: क्वॉयल स्प्रिंग, एक्सल को एक साइड से दूसरी साइड तथा आगे से पीछे की ओर स्थायित्व प्रदान नहीं करती है। यह एक सरल व्यवस्थित सस्पैन्शन प्रणाली है, जो कम्पनों की डैम्पिंग से कम प्रभावी होती है। इसकी सरल व्यवस्था के कारण इसमें न्यूनतम अनुरक्षण की आवश्यकता होती है, जिसके फलस्वरूप इसके अनुरक्षण की लागत भी कम होती है।

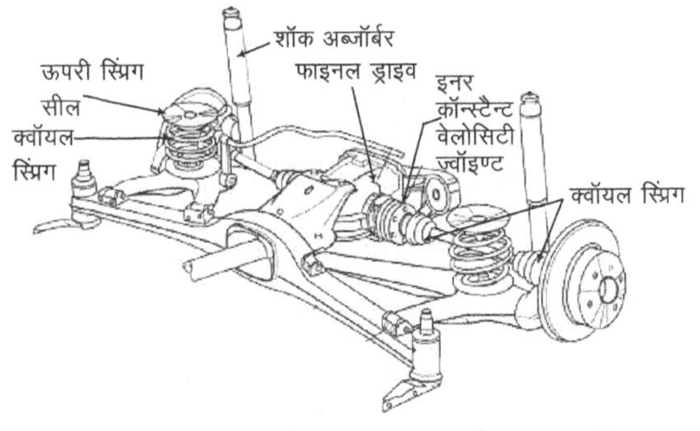

चित्र रिजिड एक्सल क्वॉयल स्प्रिंग सस्पैन्शन प्रणाली

(iii) रिजिड नॉन-ड्राइव सस्पैन्शन प्रणाली
Rigid Non-drive Suspension System

यह सस्पैन्शन प्रणाली एक्सल की पार्श्व तथा अनुदैर्ध्य स्थितियों को बनाए रखती है। इसमें एक लोअर ट्रेलिंग आर्म लगी होती है, जोकि वाहन के फ्रेम, एक्सेल तथा स्ट्रट असेम्बली से संयोजित होती है।

इस सस्पैन्शन प्रणाली में पार्श्विक बलों को नियन्त्रित करने हेतु पेनहार्ड रॉड प्रयुक्त की जाती है। इसमें लगी ट्रेलिंग आर्म एक्सेल की अनुदैर्ध्य स्थिति को बनाए रखती है तथा स्प्रिंग व स्ट्रट वाहन के भार को सहारा देती है।

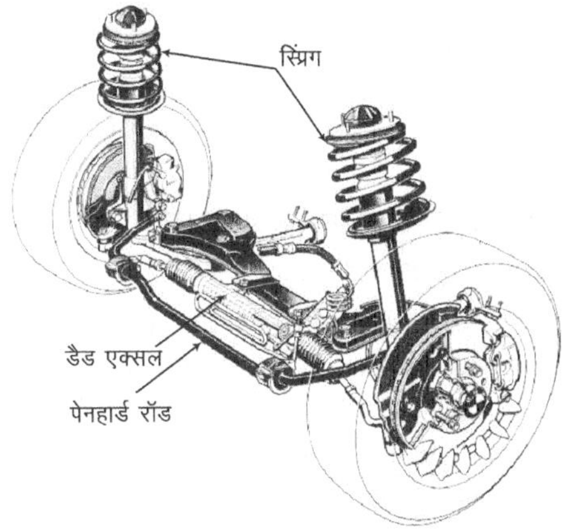

चित्र रिजिड नॉन-ड्राइव सस्पैन्शन प्रणाली

4. इलेक्ट्रॉनिकली कण्ट्रोल्ड एयर सस्पैन्शन प्रणाली
Electronically Controlled Air Suspension System

इलेक्ट्रॉनिकली कण्ट्रोल्ड एयर सस्पैन्शन प्रणाली में सेन्सर, इलेक्ट्रॉनिक कण्ट्रोल यूनिट (ECU) तथा एक सोलेनॉयड वाल्व (solenoid valve) लगा होता है जोकि चेसिस की ऊँचाई को परिशुद्ध (accurate) माप में बनाए रखते हैं।

इलेक्ट्रॉनिक कण्ट्रोल यूनिट में लगा सेन्सर वाहनों में चेसिस की ऊँचाई की निरन्तर जाँच करता रहता है।

यदि चेसिस की ऊँचाई समायोजित (adjust) करने की आवश्यकता होती है, तो इलेक्ट्रॉनिक कण्ट्रोल यूनिट सोलेनॉयड वाल्व की सहायता से एयर बैग में वायु के दबाव को नियन्त्रित करके चेसिस की ऊँचाई को सही लेवल में ले आती है।

यह सम्पूर्ण क्रिया ऑटोमैटिकली वाहन की गतिमान अथवा स्थिर अवस्था में होती है।

इसमें प्रयुक्त होने वाली रिमोट कण्ट्रोल यूनिट पूर्व निर्धारित ऊपरी तथा निचली सीमा में वाहन के ड्राइवर को सस्पैन्शन को ऊपर व नीचे उठाने की सुविधा प्रदान करती है।

इस पूर्व निर्धारित ऊपरी तथा निचली सीमा को परिवर्तित करने हेतु ऑपरेटर सस्पैन्शन प्रणाली की इलेक्ट्रॉनिक कण्ट्रोल यूनिट में प्रोग्राम भी बना सकता है। सस्पैन्शन को ऊपर तथा नीचे करने हेतु ऑपरेटर को रिमोट में केवल एक ही बटन दबाना पड़ता है।

इसे नीचे दिए गए चित्र में प्रदर्शित किया गया है

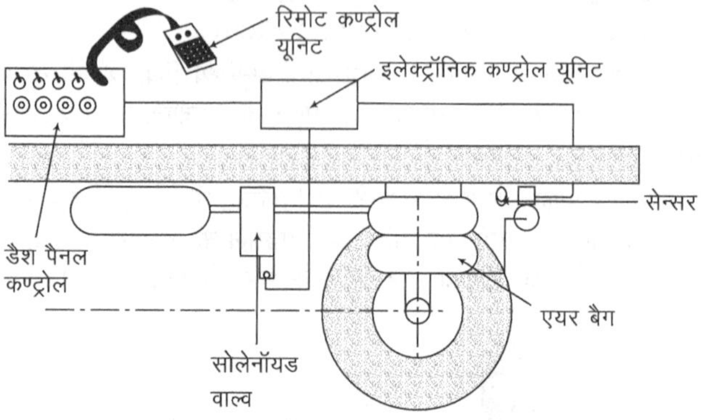

चित्र इलेक्ट्रॉनिकली कण्ट्रोल एयर सस्पैन्शन प्रणाली

5. एडेप्टिव एयर सस्पैन्शन प्रणाली Adaptive Air Suspension System

यह भी एक इलेक्ट्रॉनिकली कण्ट्रोल्ड सस्पैन्शन प्रणाली है, जिसकी विशेषता इसकी निरन्तरता है। यह सस्पैन्शन प्रणाली उच्च स्तर का आराम दे सकने में सक्षम होती है। एडेप्टिव एयर सस्पैन्शन प्रणाली एयर सस्पैन्शन प्रणाली में इलेक्ट्रॉनिक के कुछ सिद्धान्तों के संयोजन से प्राप्त हुई है। यह सस्पैन्शन प्रणाली मुख्य रूप से ऑडी गाड़ी में प्रयोग की जाती है। यह सस्पैन्शन प्रणाली रॉड की स्थिति के अनुसार शॉक अब्जॉर्बर की डैम्पिंग पावर को ऑटोमैटिक समायोजित कर देती है।

जब वाहन का इग्नीशन स्विच ऑन करते हैं, तो कण्ट्रोल सिस्टम सक्रिय हो जाता है। इसमें लगा हाइट सेन्सर वाहन के एक्सेल तथा चेसिस के मध्य की दूरी को निरन्तर मॉनीटर करता रहता है। यदि सस्पैन्शन प्रणाली की ऊँचाई समायोजित करने की आवश्यकता होती है, तो हाइट सेन्सर, शॉक अब्जॉर्बर तथा कण्ट्रोल सिस्टम की सहायता लेकर ऊँचाई को समायोजित कर देता है।

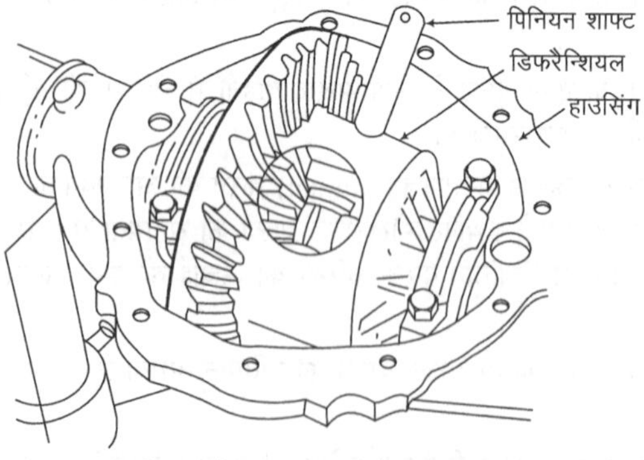

चित्र एडेप्टिव एयर सस्पैन्शन प्रणाली

इस प्रणाली में गाड़ी को सटीक हैण्डलिंग गुण देने के उद्देश्य से सस्पैन्शन मोड का चयन भी किया जा सकता है, जिसमें ऑटोमैटिक, रिलेक्स, मूवेबल तथा लिफ्ट एम.एम.आई. मोड सम्मिलित हैं। इस प्रणाली में एक्सल तथा एक्सीलेरेशन सेन्सर द्वारा सूचना प्राप्त करके एडेप्टिव एयर सस्पैन्शन कण्ट्रोल यूनिट को दी जाती है, कण्ट्रोल यूनिट में लगा कम्प्यूटेटर मिली सेकण्ड में प्रत्येक झटके के समायोजन को ड्राइविंग स्थिति के आधार पर नियन्त्रित करके झटकों को समाप्त करता है।

7.3 सस्पैन्शन प्रणाली में प्रयुक्त शैकल पिन असेम्बली Shackle Pin Assembly Used in Suspension System

लीफ स्प्रिंग को चेसिस फ्रेम के साथ जोड़ने के लिए शैकल पिनों का उपयोग किया जाता है। जब स्प्रिंगों पर दबाव पड़ता है, तो यह शैकल पिन ही इनकी लम्बाई घटने या बढ़ने में लीफ स्प्रिंग की सहायता करती है। अत: यह कुछ डिग्री इधर या उधर हिलने या समायोजित होने योग्य होनी आवश्यक है। यह शैकल पिन दो रबर ब्रुश के साथ फिट होती है। इसमें दो प्लेटें, दो पिनें, नट तथा शैकल पिन ब्रेकिट होते हैं, जोकि चेसिस फ्रेम के साथ जुड़े रहते हैं। यह शैकल पिन लीफ स्प्रिंग के अगले या पिछले आई होल में यथास्थिति ड्राइव के अनुसार फिट की जाती है।

शैकल पिन की सहायता से एक्सल की ड्राइव, चेसिस को दी जाती है।

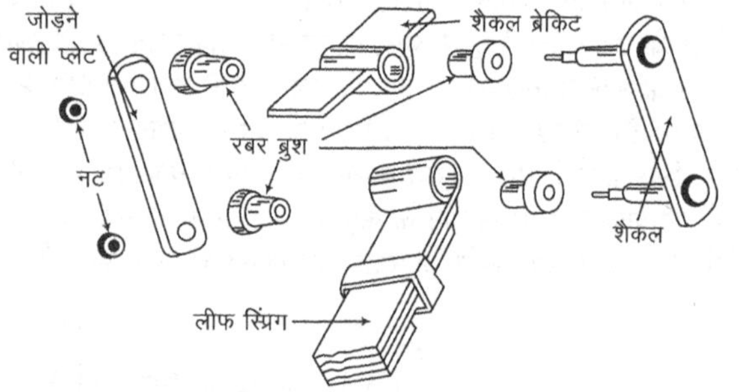

चित्र शैकल पिन असेम्बली

शैकल पिन के प्रकार Types of Shackle Pin

रॉड स्प्रिंग तथा चेसिस फ्रेम को जोड़ने वाली शैकल पिन चार प्रकार की होती हैं

1. ब्रोन्ज बुश शैकल पिन Bronze Bush Shackle Pin

इस प्रकार की शैकल पिन में स्प्रिंग की आई में ब्रोन्ज धातु से निर्मित बुश फिट किए जाते हैं तथा स्प्रिंग की आई को चेसिस में लगे ब्रेकिट के अन्दर एक पिन में लगाया जाता है। इनमें लुब्रीकेशन हेतु ग्रीस निप्पल की व्यवस्था होती है। इनका प्रयोग भारी मोटरगाड़ियों; जैसे—ट्रक, बस आदि में किया जाता है।

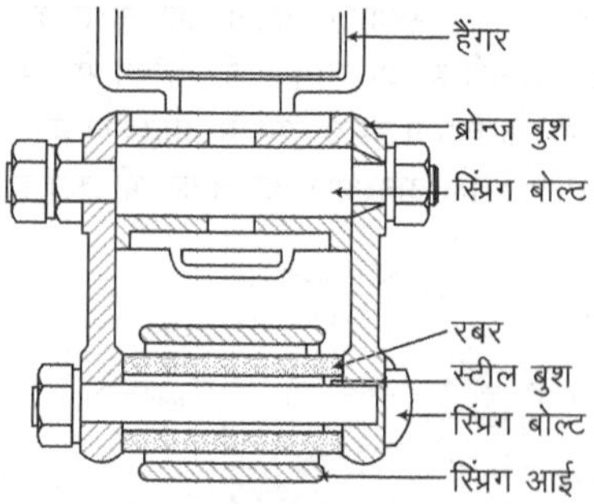

चित्र ब्रोन्ज बुश शैकल

2. साइलेन्ट ब्लॉक शैकल पिन Silent Block Shackle Pin

इस प्रकार की शैकल पिन में रॉड स्प्रिंग आई में ब्रोन्ज के बुश न लगाकर रबर के बुश लगाए जाते हैं, जिन्हें पिनों द्वारा जोड़ा जाता है। इनमें लुब्रीकेशन की आवश्यकता नहीं होती है।

इन्हें अधिकतर जीप गाड़ियों में प्रयोग किया जाता है। इन्हें अनेक प्रकार से लगाया जाता है, जिनमें से एक विधि को नीचे दिए गए चित्र में प्रदर्शित किया गया है

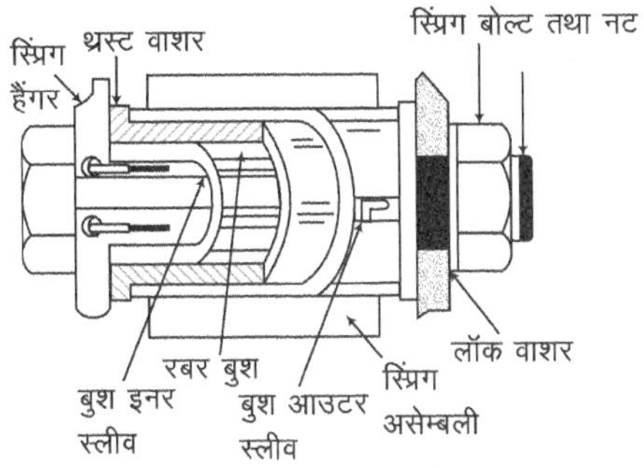

चित्र साइलेन्ट ब्लॉक शैकल

3. रबर बुश शैकल पिन Rubber Bush Shackle Pin

इस प्रकार की शैकल पिन छोटी गाड़ियों में प्रयोग की जाती हैं। इनमें रबर बुशों के अन्दर स्टील के बोल्ट फिट किए जाते हैं। रॉड स्प्रिंग में दूसरी ओर शैकल का प्रयोग किगा जाता है। जैसा कि चित्र में प्रदर्शित है, दो स्टील की पत्तियों को नट-बोल्ट द्वारा आई होल के एक ओर फिक्स किया गया है तथा बोल्ट के ऊपर एक या दो रबर बुश लगाकर आई के दोनों ओर फिक्स करके बोल्ट कस दिया जाता है। रबर बुशों को फिट करते समय तेल तथा ग्रीस नहीं लगानी चाहिए अपितु साबुन का घोल बनाकर, उसमें रबर बुशों को डुबोकर लगा देना चाहिए।

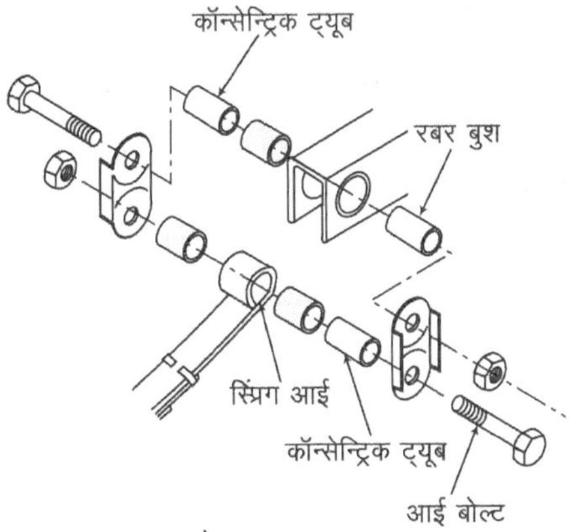

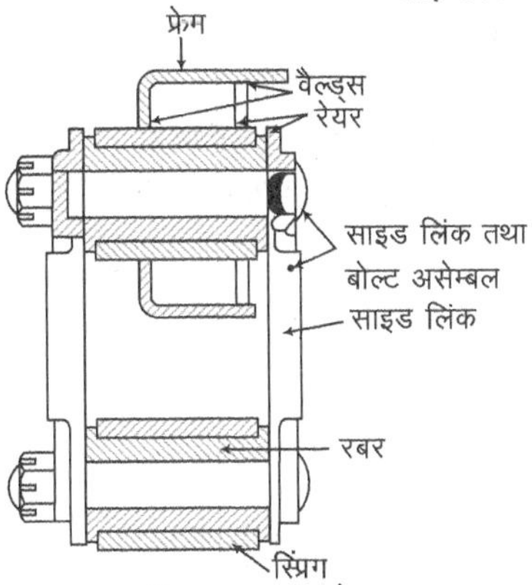

चित्र रबर बुश शैकल

4. यू-टाइप शैकल पिन U- types Shackle Pin

ये अनेक प्रकार की होती हैं। लगभग सभी प्रकार की U-टाइप शैकल पिनें समान रूप से कार्य करती हैं। अनेक बार प्लेटों के स्थान पर चूड़ीदार U-बोल्ट भी स्प्रिंग आई में फिट किए जाते हैं। यू-टाइप शैकल की चूड़ियों पर लम्बे नट लगे होते हैं। इनमें भी लुब्रीकेशन हेतु ग्रीस निप्पल लगे रहते हैं।

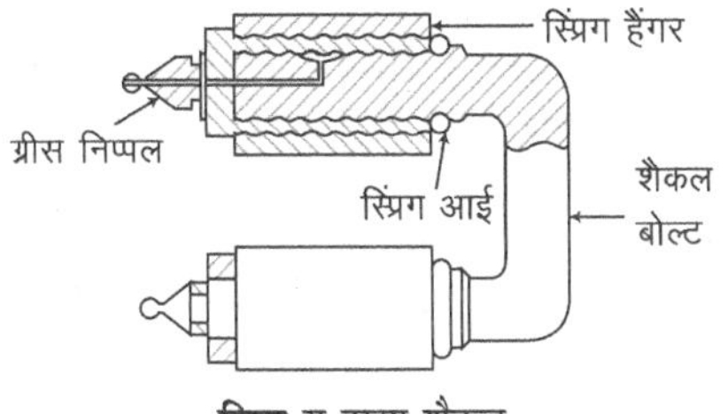

चित्र यू-टाइप शैकल

7.4 स्प्रिंग Spring

स्प्रिंग प्राय: यान्त्रिक ऊर्जा को संगृहित करने वाली एक लचकदार युक्ति है, जो दबाने अथवा संकुचित करने पर लम्बाई में अपने परिवर्तन के समानुपाती एक विरोधी बल उत्पन्न करती है। यह सस्पैन्शन प्रणाली का सबसे महत्त्वपूर्ण अवयव है, जिसका उपयोग सस्पैन्शन के मूल सिद्धान्त को सार्थक करने में किया जाता है। इसे सड़क वाहनों के मध्य में लगाया जाता है। जब वाहन सड़क पर किसी उभार से टकराता है तो वाहन ऊपर की ओर उठ जाता है जिससे स्प्रिंग विक्षेपित हो जाता है।

स्प्रिंग से इस स्थिति में ऊर्जा संगृहित हो जाती है। जब वाहन उभार से टकराने के बाद आगे निकल जाता है तो यह स्प्रिंग प्रतिक्षेपित हो जाती है। इस स्थिति में स्प्रिंग में संगृहीत ऊर्जा की खपत हो जाती है। अत: स्प्रिंग के इस प्रकार कार्य करने से घर्षण के कारण स्प्रिंग का आयाम कम होता है, जिससे कम्पनों का अनुभव कम होता है।

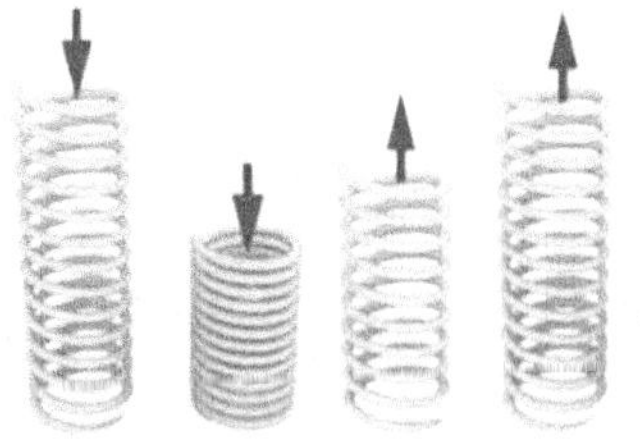

चित्र स्प्रिंग

सस्पैन्शन प्रणाली में प्रयुक्त होने वाली स्प्रिंगों का वर्गीकरण नीचे दिया गया है

स्प्रिंग

स्टील स्प्रिंग	रबर स्प्रिंग	एयर स्प्रिंग
(i) लीफ स्प्रिंग	(i) स्टील प्रबलित स्प्रिंग	(i) बेलो टाइप स्प्रिंग
(ii) क्वॉयल स्प्रिंग	(ii) कम्प्रेशन स्प्रिंग	(ii) रोलिंग लोब स्प्रिंग
(iii) टॉर्शन बार	(iii) कम्प्रेसन शियर स्प्रिंग	(iii) स्टीव टाइप स्प्रिंग
	(iv) टॉर्शनल शियर स्प्रिंग	
	(v) फेस शियर स्प्रिंग	

नोट *पाठ्यक्रम की दृष्टि से यहाँ केवल स्टील स्प्रिंग तथा रबर स्प्रिंग का ही विस्तृत वर्णन किया जा रहा है।*

1. स्टील स्प्रिंग Steel Spring

स्टील धातु के गुणधर्मों के कारण स्प्रिंग बनाने में इस धातु का उपयोग मुख्य रूप से किया जाता है। स्टील स्प्रिंग निम्न प्रकार की होती हैं

(i) लीफ स्प्रिंग Leaf Spring

लीफ स्प्रिंग प्राय: स्टील की चपटी प्लेटों की बनी होती है, जिन्हें एक के ऊपर एक रखकर फिट किया जाता है। वाहनों के अगले तथा पिछले पहियों में 5 से 7 तक लीफ स्प्रिंग लगाई जाती हैं।

लीफ स्प्रिंगों को एक सेन्टर बोल्ट द्वारा एक-दूसरे के साथ जोड़ा जाता है तथा इन स्प्रिंगों को साइडों में क्लैम्प, जिसे रिबाउण्ड क्लिप भी कहते हैं, के द्वारा जकड़ा जाता है। इनमें ऊपर की ओर एक मुख्य स्प्रिंग लगी होती है, जिसमें मुड़े हुए आई होल बने होते हैं। इन आई होल के अन्दर ब्रोन्ज (bronze) का एक बुश लगा रहता है। इन आई होल में शैकल पिन फँसाकर इन्हें चेसिस के साथ कसा जाता है, साथ ही ये 'U' बोल्टों द्वारा एक्सल के साथ, स्प्रिंग पैड द्वारा भी जुड़े रहते हैं। जब वाहन रोड पर किसी उभार से टकराता है तो वाहन के ऊपर की ओर उठने से स्प्रिंग विक्षेपित हो जाती है।

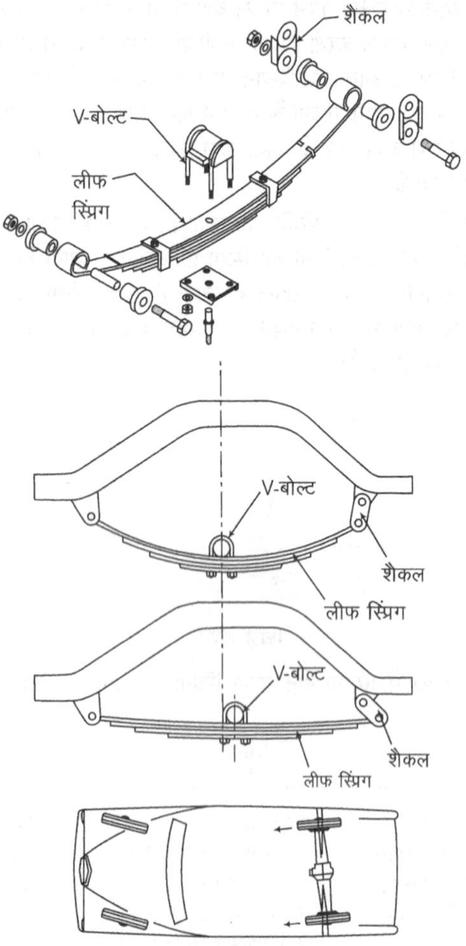

चित्र लीफ स्प्रिंग असेम्बली

ये स्प्रिंग सीधी नहीं होतीं, इनमें कुछ घुमाव दिए जाते हैं, जो अलग-अलग प्रकार के होते हैं। इनके घुमाव के अनुसार ये स्प्रिंग, जिन्हें रॉड स्प्रिंग भी कहते हैं, निम्नलिखित प्रकार की होती हैं

(a) सेमी एलिप्टिकल लीफ स्प्रिंग
(b) क्वार्टर एलिप्टिकल लीफ स्प्रिंग
(c) थ्री-क्वार्टर एलिप्टिकल लीफ स्प्रिंग
(d) ट्रांसवर्स एलिप्टिकल लीफ स्प्रिंग
(e) फुल एलिप्टिकल लीफ स्प्रिंग
(f) हैल्पर स्प्रिंग

(a) सेमी-एलिप्टिकल लीफ स्प्रिंग Semi-elliptical leaf spring

इस प्रकार की लीफ स्प्रिंग सभी मोटरगाड़ियों में फिट की जाती हैं। ये लगभग आधी मुड़ी हुई होती हैं। सेमी एलिप्टिकल लीफ स्प्रिंग कुछ गाड़ियों में अगले तथा पिछले, दोनों पहियों में प्रयोग की जाती हैं, परन्तु हल्की गाड़ियों में ये केवल पिछले पहियों में फिट की जाती हैं। सेमी एलिप्टिकल लीफ स्प्रिंग सस्ती तथा मजबूत होती हैं।

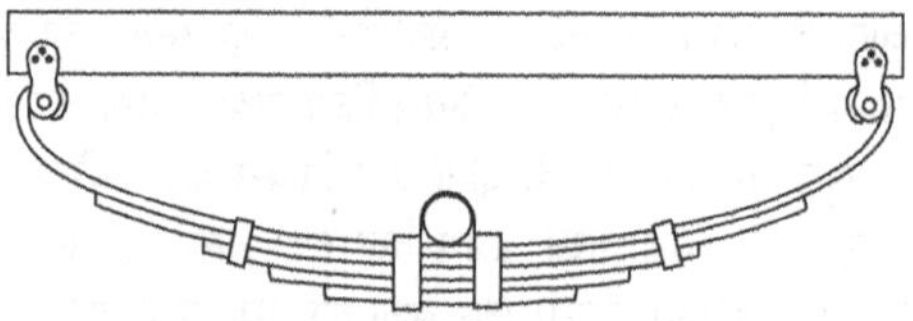

चित्र सेमी-एलिप्टिकल लीफ स्प्रिंग

(b) क्वार्टर एलिप्टिकल लीफ स्प्रिंग Quarter elliptical leaf spring

इस प्रकार की लीफ स्प्रिंग का प्रयोग पुराने समय की हल्की गाड़ियों में किया जाता था। इसमें एक-चौथाई व्यास की स्प्रिंग फिट होती है।

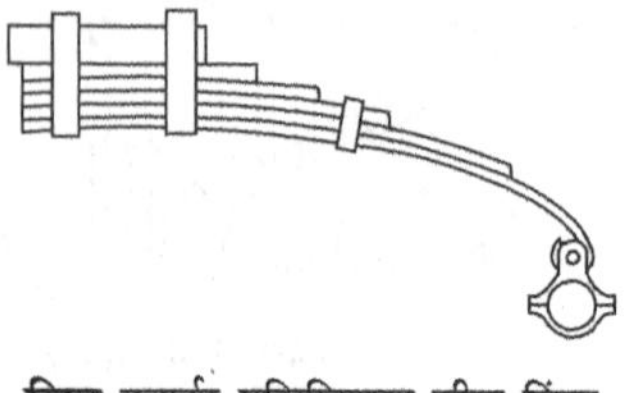

चित्र क्वार्टर एलिप्टिकल लीफ स्प्रिंग

(c) थ्री-क्वार्टर एलिप्टिकल लीफ स्प्रिंग Three quarter elliptical leaf spring

यह सेमी एलिप्टिकल तथा क्वार्टर एलिप्टिकल का मिश्रित रूप है। यह प्रणाली पहले बहुत-सी गाड़ियों में प्रयोग की जाती थी, परन्तु अब इसका प्रयोग नहीं किया जाता है।

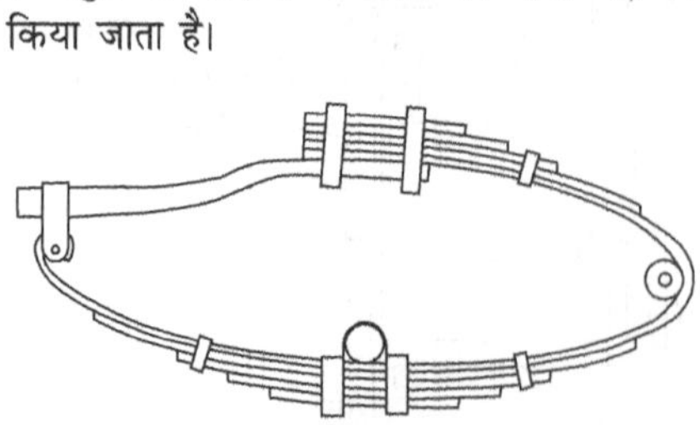

चित्र थ्री-क्वार्टर एलिप्टिकल लीफ स्प्रिंग

(d) ट्रांसवर्स एलिप्टिकल लीफ स्प्रिंग Transverse elliptical leaf spring

इस लीफ स्प्रिंग में एक ओर का आई होल (eye hole), शैकल पिन द्वारा चेसिस से जुड़ा रहता है तथा दूसरी ओर का आई होल एक्सल की केसिंग के साथ जुड़ा रहता है। ये स्प्रिंग लीफ शॉक्स को सरलता से समाप्त कर देती हैं।

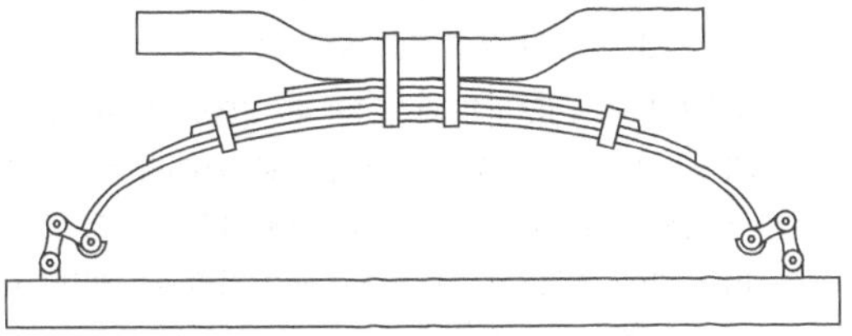

चित्र ट्रांसवर्स एलिप्टिकल लीफ स्प्रिंग

(e) फुल एलिप्टिकल लीफ स्प्रिंग Full elliptical leaf spring

इसमें चित्र के अनुसार दो सेमी एलिप्टिकल रॉड स्प्रिंग एक-दूसरे के सम्मुख फिट की जाती हैं।

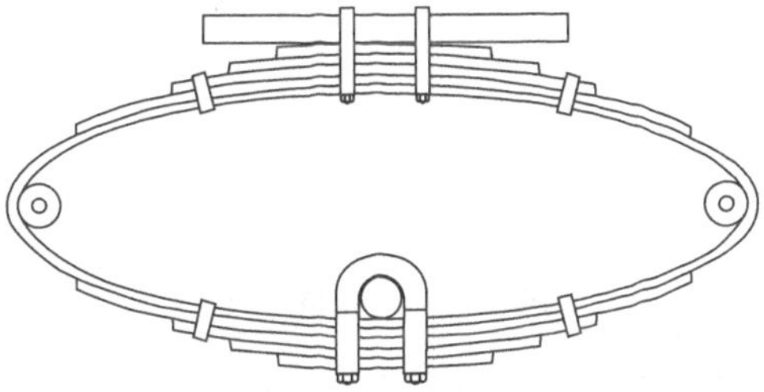

चित्र फुल एलिप्टिकल लीफ स्प्रिंग

(f) हैल्पर स्प्रिंग Helper Spring

भारी तथा बड़ी मोटरगाड़ियों की भाररहित अवस्था तथा भारसहित अवस्था में बहुत अन्तर होता है। दोनों प्रकार के भार को वहन करने के लिए एक ही प्रकार की स्प्रिंग पर्याप्त नहीं होती है। अत: स्प्रिंग की सहायता के लिए ऐसी गाड़ियों में लीफ स्प्रिंग के अतिरिक्त हैल्पर स्प्रिंग का प्रयोग भी किया जाता है। इस स्प्रिंग का उपयोग वाहन के पिछले भाग की ओर किया जाता है, क्योंकि गाड़ी का अधिक भार पिछले पहियों पर ही होता है।

इसमें भी मुख्य रॉड स्प्रिंग की तरह 5 या 6 लीफ स्प्रिंग का प्रयोग किया जाता है, जोकि एक ही सेन्टर बोल्ट द्वारा कसी रहती हैं, परन्तु इन्हें अलग साइड क्लिपों द्वारा लगाया जाता है। जब मोटरगाड़ी के भार से मुख्य स्प्रिंग दबती है, तो हैल्पर स्प्रिंग के सिरे, चेसिस के साथ लगे ब्रेकिट से टकराकर मुख्य स्प्रिंग की सहायता करते हैं।

चित्र हैल्पर स्प्रिंग

लीफ स्प्रिंगों का निरीक्षण Inspection of Leaf Springs

लीफ स्प्रिंगों का निरीक्षण निम्न प्रकार से किया जा सकता है

1. लीफ स्प्रिंग टूट जाने अथवा समतल हो जाने पर गाड़ी एक ओर झुक जाती है।
2. हैल्पर स्प्रिंग का ब्रेकिट से लग जाना, लीफ स्प्रिंग के कमजोर हो जाने के कारण होता है।
3. वाहन चलाते समय स्प्रिंग के आई होल फैल जाने से शोर होने लगता है।
4. मोड़ पर बार-बार ब्रेक व एक्सीलेरेटर का प्रयोग करने से स्प्रिंग टेढ़ी हो जाती है तथा सस्पैन्शन क्रिया बाधित होती है।
5. स्प्रिंग के समतल हो जाने पर स्प्रिंग अधिक उछलने लगती है, इससे वह चेसिस फ्रेम से टकराती है, जिससे चेसिस के टूटने की आशंका होती है।
6. टूटी हुई शैकल पिन के कारण टायर एक ओर अधिक घिसता है।
7. एक स्प्रिंग के टूटे होने पर अन्य स्प्रिंगों के शीघ्र टूटने की आशंका रहती है।
8. चेसिस पर लगे रबर स्टॉपर टूटने से स्प्रिंग, चेसिस से टकराकर उसे क्षतिग्रस्त करती हैं।
9. आई होल में लगे बुश के कट जाने पर आवाज आने लगती है तथा शैल पिन टूटने की आशंका होती है।
10. सेन्टर बोल्ट टूटने से स्प्रिंग अपने स्थान से हट जाती है।
11. 'U' बोल्ट के ढीले हो जाने पर या टूट जाने से स्प्रिंगों के टूटने की आशंका रहती है।
12. 'U' बोल्ट के ढीले होने पर वह रगड़ के कारण शीघ्र घिसकर कमजोर हो जाता है और वह टूट सकता है। इसके टूटने से स्टीयरिंग अलाइनमेन्ट (steering alignment) में दोष आ जाता है।

लीफ स्प्रिंग का रख-रखाव Maintenance of Leaf Spring

लीफ स्प्रिंग काफी मजबूत होती हैं तथा इनकी देखभाल ठीक प्रकार होती रहे, तो ये काफी समय तक कार्य कर सकती हैं। अत: लीफ स्प्रिंग के रख-रखाव के लिए निम्न बिन्दुओं को ध्यान में रखना चाहिए

1. शैकल पिनों में समय-समय पर उचित ग्रीसिंग करें।
2. स्प्रिंग असेम्बल करते समय उनके बीच ग्रीस लगाएँ।
3. स्प्रिंग का सेन्टर बोल्ट 'U' सदैव कसा रखें।
4. यदि कोई एक स्प्रिंग पत्ती टूट गई है, तो उसे तुरन्त बदल दें।
5. जिन गाड़ियों में केवल रबर बुश आई होल में फिट हों, उनके कट जाने पर तुरन्त बदलना चाहिए।

(ii) क्वॉयल स्प्रिंग Coil Spring

इनको प्राय: कारों एवं हल्के मोटर वाहनों में प्रयुक्त किया जाता है। यह सामान्यतया इन्डीपैन्डेन्ट सस्पैन्शन प्रणाली हेतु प्रयुक्त होती है। इस स्प्रिंग का उपयोग रॉड-शॉक को तत्काल ग्रहण कर वाहन को धीरे-धीरे पुन: सामान्य अवस्था में लाने के लिए होता है। इसकी प्राप्ति सामान्यत: शॉक अब्जॉर्बर के साथ मृदु क्वॉयल स्प्रिंग का उपयोग करके होती है। यह स्टील के तार को क्वॉयल के आकार में मोड़कर बनाई जाती है। प्राय: फ्रण्ट व्हील सस्पैन्शन प्रणाली के लिए क्वॉयल स्प्रिंग का उपयोग किया जाता है।

इस स्प्रिंग का एक सिरा फ्रेम पर और अन्य सिरा एक्सल पर सैट रहता है। यह स्प्रिंग टॉर्क तथा साइड थ्रस्ट सहन नहीं कर सकती है।

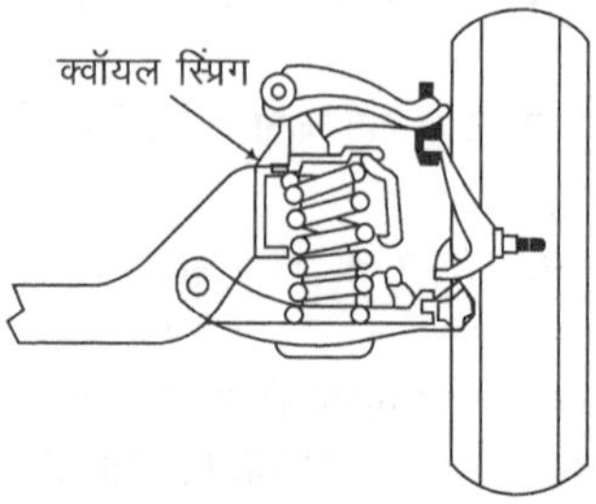

चित्र क्वॉयल स्प्रिंग

क्वॉयल स्प्रिंग के लाभ Advantages of Coil Spring

क्वॉयल स्प्रिंग प्रयोग करने के निम्न लाभ हैं

1. इस स्प्रिंग में शोर की समस्या नहीं होती है।
2. इस स्प्रिंग में स्थैतिक घर्षण नहीं होता है।
3. यह स्प्रिंग शियर तथा बेण्डिग स्ट्रेस सहन कर सकती है।
4. इस स्प्रिंग में प्रति आयतन संग्रहित ऊर्जा लीफ स्प्रिंग से दोगुनी होती है।
5. यह स्प्रिंग, लीफ स्प्रिंग की तुलना में कम स्थान घेरती है।
6. यह स्प्रिंग, लीफ स्प्रिंग की तुलना में हल्की होती है।

(iii) टॉर्शन बार Torsion Bar

टॉर्शन बार मूलत: एक स्टील रॉड होती है। इसकी प्रति इकाई ऊर्जा संग्रहण क्षमता लगभग क्वॉयल स्प्रिंग के समान होती है। इसका उपयोग फ्रण्ट सस्पैन्शन प्रणाली में क्वॉयल स्प्रिंग के विकल्प के रूप में होता है। टॉर्शन बार फ्रेम के एक सिरे से सम्बद्ध होती है और बार का अन्य सिरा व्हील हब से लिंकेज के माध्यम से जुड़ा रहता है। फ्रेम से जुड़ा टॉर्शन बार का सिरा घूम नहीं पाता, परन्तु उसका विपरीत सिरा घूमने के लिए स्वतन्त्र होता है।

यह रॉड केवल शियर स्ट्रेस सहन करती है। इसे प्राय: ऊष्मा उपचारित एलॉय स्टील से बनाया जाता है। जब वाहन का व्हील सड़क पर किसी उभार से टकराता है, तो वाहन में कम्पन होने लगता है, जिससे टॉर्शन बार पर टॉर्क लगता है। उस स्थिति में टॉर्शन बार एक स्प्रिंग की भाँति कार्य करती है। टॉर्शन बार, लीफ स्प्रिंग की तुलना में हल्की होती है तथा यह कम स्थान घेरती है।

अनेक बार, टॉर्शन बार के स्थान पर टॉर्शन ट्यूब का भी प्रयोग होता है, जोकि अपेक्षाकृत अधिक दृढ़ होती है। टॉर्शन बार का उपयोग करने से यह समस्या आती है कि यह ड्राइविंग अथवा ब्रेकिंग थ्रस्ट को सहन नहीं कर पाती तथा इसमें घर्षण बल न होने से डैम्पिंग क्रिया नहीं होती, जोकि रॉड शॉक्स को नियन्त्रित करने हेतु आवश्यक है।

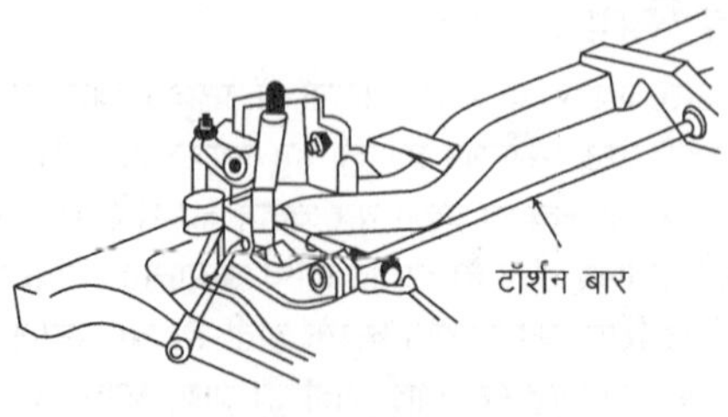

चित्र टॉर्शन बार

2. रबर स्प्रिंग Rubber Spring

रबर एक अति उपयोगी नरम, लचीला व छिद्रदार पदार्थ है, जिसमें दबने की क्षमता स्टील की तुलना में बहुत अधिक होती है। इस पदार्थ की इस विशेषता के कारण ही प्रत्येक वाहन की सस्पैन्शन प्रणाली में रबर का उपयोग किसी-न-किसी रूप में किया जाता है। इसका सामान्य उपयोग स्प्रिंग के अतिरिक्त वाशर व बुश के रूप में किया जाता है।

रबर की प्रति इकाई भार में संगृहित ऊर्जा स्टील की तुलना में अधिक होती है। सस्पैन्शन प्रणाली में रबर का उपयोग करने से सस्पैन्शन प्रणाली का जीवनकाल बढ़ जाता है, क्योंकि रबर अधिक विश्वसनीय होती है। अत: रबर से युक्त सस्पैन्शन प्रणाली अचानक से विफल नहीं होती है। वाहनों में निम्न रबर स्प्रिंगों का प्रयोग किया जाता है

(i) स्टील प्रबलित स्प्रिंग Steel Reinforced Spring

यह स्टील से निर्मित एक हैलिकल स्प्रिंग होती है जोकि रबर की बॉडी में बँधी (bounded) होती है। इसे नीचे चित्र में प्रदर्शित किया गया है

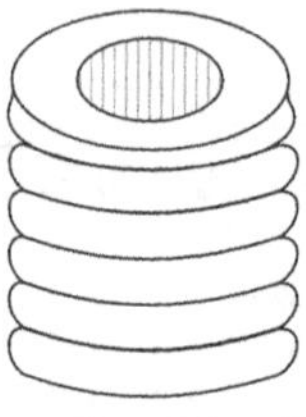

चित्र स्टील प्रबलित स्प्रिंग

(ii) कम्प्रैशन स्प्रिंग Compression Spring

इस स्प्रिंग का प्रयोग आधुनिक वाहनों में किया जाता है। इसकी बनावट बहुत सरल होती है तथा यह अधिक विश्वसनीय स्प्रिंग होती है। जब वाहनों पर अधिक भार पड़ता है, तो यह स्प्रिंग उस भार को सरलता से सहन कर लेती है।

चित्र कम्प्रैशन स्प्रिंग

(iii) कम्प्रैशन शियर स्प्रिंग Compression Shear Spring

यह स्प्रिंग प्राय: कम्प्रैशन तथा शियर घटकों द्वारा लगने वाले कम्पनों तथा झटकों को सहन करने हेतु प्रयोग की जाती है।

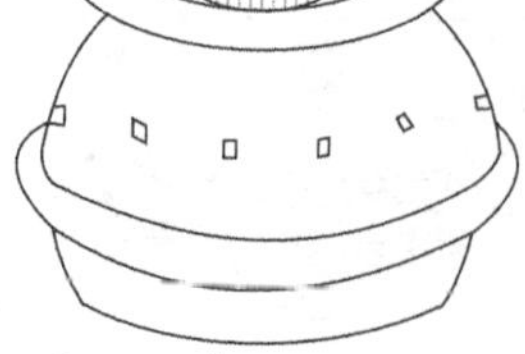

चित्र कम्प्रैशन शियर स्प्रिंग

(iv) टॉर्शनल शियर स्प्रिंग Torsional Shear Spring

इस स्प्रिंग में एक आन्तरिक मैटल शाफ्ट लगी होती है, जोकि ठोस अथवा ट्यूब रूप में होती है। इसका बाहरी सिरा एक शैल के आकार का होता है, जिसमें रबर से निर्मित बॉडी बँधी रहती है। जब शाफ्ट अपने अक्ष पर घूमती है, तो यह स्प्रिंग कार्य करने लगती है।

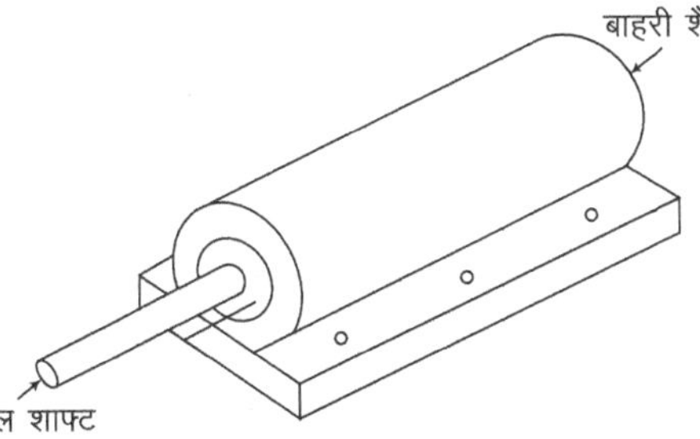

चित्र टॉर्शनल शियर स्प्रिंग

(v) फेस शियर स्प्रिंग Face Shear Spring

यह स्प्रिंग रबर की एक मोटी डिस्क के आकार की होती है जिसमें मैटल प्लेटें लगी होती हैं। ये मैटल प्लेटें स्प्रिंग की प्लेट सर्फेस से बँधी हुई होती हैं। जब प्लेट अपने अक्ष पर घूमती है, तो यह स्प्रिंग कार्य करने लगती है।

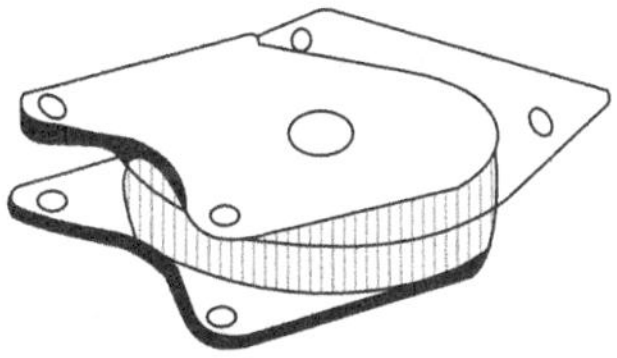

चित्र फेस शियर स्प्रिंग

वाहनों की सस्पैन्शन प्रणाली में प्रयुक्त होने वाली स्प्रिंगों को कुछ मिश्र धातुओं द्वारा भी बनाया जाता है, जिनके मिश्रित करने की प्रतिशतता को अग्रपृष्ठ पर दी गई तालिका द्वारा समझा जा सकता है

तालिका स्प्रिंग हेतु निर्माणक पदार्थ

घटक/तत्त्व	प्रतिशतता	घटक तत्त्व	प्रतिशतता
1. क्रोम वेनेडियम (Chrome Vanadium)			
C	0.46	Mn	0.57
Si	0.17	Ni	0.15
Cr	0.40	Va	0.18
2. सिलिकॉन मैंगनीज (Silicon Manganese)			
C	0.52	Mn	1.05
Si	1.95	Cr	0.05
3. कार्बन स्टील (Carbon Steel)			
C	0.5	Mn	0.60
Si	0.20		

7.5 शॉक अब्जॉर्बर Shock Absorber

स्प्रिंग किसी भी प्रकार या धातु की हो, उसमें यह गुण होता है कि एक बार दबाने के बाद जब उसे फ्री कर दिया जाए, तो वह विपरीत दिशा में उछलती है, जिसे रिबाउण्ड कहते हैं। यह रिबाउण्ड एक बार स्प्रिंग के ऊपर पड़ने से उसकी प्रतिक्रिया कुछ देर तक होती रहती है। मोटरगाड़ी की रॉड स्प्रिंग सड़क से लगने वाले झटकों से भी उछलती हैं तथा कुछ समय तक इनकी क्रिया-प्रतिक्रिया होती रहती है, जिसके कारण मोटरगाड़ी भी कुछ समय तक उछलती रहती है।

भारी वाहनों में रॉड स्प्रिंग के रूप में मोटी लीफ स्प्रिंग का प्रयोग किया जाता है, जो इस क्रिया तथा प्रतिक्रिया को अपने में ही सहन करके झटकों के उछाल से गाड़ी की रक्षा करती है, परन्तु छोटी कारों आदि में पतली लीफ स्प्रिंग प्रयोग की जाती हैं, जिनमें अधिक देर तक उछाल की क्रिया तथा प्रतिक्रिया होती रहती है, इसलिए छोटी गाड़ियों में इससे बचने के लिए शॉक अब्जॉर्बर का प्रयोग किया जाता है। शॉक अब्जॉर्बर एक प्रकार की स्प्रिंग ही होती है, जो लचीली तथा दृढ़ रूपों में प्रयुक्त की जाती है। इसके अधिक विक्षेपण से बचने हेतु इसकी डैम्पिंग पर्याप्त होनी चाहिए, क्योंकि यदि यह अधिक लचीली होगी, तो वाहन के उभार से टकराने के पश्चात् बहुत देर तक कम्पन करती रहेगी और यदि यह अधिक दृढ़ होगी, तो यह दक्षता से सड़क के झटकों को सहन नहीं कर सकेगी।

शॉक अब्जॉर्बर के प्रकार Types of Shock Absorber

ये मुख्यत: निम्न दो प्रकार के होते हैं

1. मैकेनिकल शॉक अब्जॉर्बर
2. हाइड्रॉलिक शॉक अब्जॉर्बर

1. मैकेनिकल शॉक अब्जॉर्बर Mechanical Shock Absorber

इस प्रकार के शॉक अब्जॉर्बर वर्तमान में केवल मोटरसाइकिल तथा स्कूटर आदि में ही प्रयोग किए जाते हैं। मोटरगाड़ियों में इनका प्रयोग अब नहीं किया जाता है। इसे घर्षण प्रकार का शॉक अब्जॉर्बर भी कहा जाता है।

यह शॉक्स को घर्षण डिस्क तथा स्प्रिंग की सहायता से समाप्त करता है। इसमें एक छोटे क्लच के साथ दो डिस्क, स्प्रिंग तथा बोल्ट सम्मिलित होते हैं। इसमें एक डिस्क चेसिस से तथा दूसरी एक्सल से जुड़ी रहती है। इन दोनों डिस्क के मध्य में एक घर्षण डिस्क लगाई जाती है। इन सभी डिस्कों को स्प्रिंग तथा सेन्टर बोल्ट द्वारा जोड़ा जाता है। सड़क के झटकों से जब एक्सल ऊपर-नीचे होता है, तो घर्षण डिस्क जम्पिंग को रोकती है, क्योंकि वह डिस्क बीच में जकड़ी रहती है।

2. हाइड्रॉलिक शॉक अब्जॉर्बर Hydraulic Shock Absorber

हाइड्रॉलिक शॉक अब्जॉर्बर का मुख्य कार्य तरल के दाब द्वारा शॉक को अब्जॉर्ब करना है। वर्तमान समय में सभी शॉक अब्जॉर्बर हाइड्रॉलिक दबाव में कार्य करते हैं। हाइड्रॉलिक शॉक अब्जॉर्बर इस सिद्धान्त पर कार्य करते हैं कि तरल पदार्थों को दबाया नहीं जा सकता है। ये शॉक अब्जॉर्बर चाहे वेन टाइप हों अथवा पिस्टन टाइप या फिर सिंगल एक्टिंग हों अथवा डबल एक्टिंग, सभी में हाइड्रॉलिक तरल को छोटे-छोटे छेदों में से दबकर निकलना पड़ता है।

तेल का दबाव छेदों की नाप पर निर्भर करता है। यह दबाव शॉक अब्जॉर्बर से जुड़े आर्म पर अपना प्रभाव डालता है, जोकि एक्सल या पहिये की फिटिंग के साथ लगा होता है। हाइड्रॉलिक शॉक अब्जॉर्बर मुख्यत: तीन प्रकार के होते हैं

(i) वेन टाइप शॉक अब्जॉर्बर (ii) पिस्टन टाइप शॉक अब्जॉर्बर (iii) टेलीस्कोपिक टाइप शॉक अब्जॉर्बर

(i) वेन टाइप शॉक अब्जॉर्बर Vane type shock absorber

वेन टाइप शॉक अब्जॉर्बर में एक खोखली बॉडी में वेन लगी होती है, जिससे एक शाफ्ट जुड़ी रहती है, जो एक्सल से लीवर द्वारा बँधी रहती है। शॉक अब्जॉर्बर की बॉडी में दो वाल्व लगे होते हैं तथा उसमें तेल भरा रहता है। सम्पूर्ण असेम्बली चेसिस के साथ जुड़ी हुई होती है। जब पहियों की उछाल का प्रभाव शाफ्ट पर पड़ता है, तो तेल वेन के छोटे छिद्रों से निकलता है, जिससे उछाल का प्रभाव कम हो जाता है अथवा झटका नहीं लगता है। पहिये के नीचे आते ही दूसरे वाल्व से तेल पुन: बॉडी में भर जाता है।

(ii) पिस्टन टाइप शॉक अब्जॉर्बर Piston type shock absorber

पिस्टन टाइप शॉक अब्जॉर्बर में वेन के स्थान पर पिस्टन का प्रयोग किया जाता है। यह पिस्टन लिंक तथा आर्म की सहायता से एक्सल से जुड़ा रहता है। इसमें भी जब पहिया उछलता है, तो तेल वाल्व के छोटे छिद्रों से पिस्टन द्वारा निकलता है तथा उसी प्रकार यह भी प्रतिरोध का कार्य करके, मोटरगाड़ी के ऑसीलेशन (oscillation) को कम करता है। इस प्रकार के शॉक अब्जॉर्बर सिंगल एक्टिंग (single acting) अथवा डबल एक्टिंग (double acting) होते हैं। इस प्रकार के शॉक अब्जॉर्बर में आर्म, जोकि एक्सल या पहिए की फिटिंग के साथ लगी होती है, पहिए के उछाल के समय कैम द्वारा पिस्टन को आगे धकेलती है, इससे तेल पर दबाव पड़ता है।

यह दबाव तेल वाल्व के छोटे छिद्रों से निकलने के कारण उछाल के झटके को सीमित कर देता है। इस प्रकार के शॉक अब्जॉर्बर पुरानी गाड़ियों में लगे होते थे। आजकल डबल एक्टिंग पिस्टन टाइप शॉक अब्जॉर्बर का प्रयोग होता है। इसमें एक पिस्टन के स्थान पर आमने-सामने दो पिस्टन प्रयोग किए जाते हैं तथा वाल्वों का भी डबल सैट होता है। इसमें पिस्टन के बीच में कैम लगी होती है, जो आर्म से जुड़ी रहती है।

जब पहिए के उछाल का प्रभाव आर्म द्वारा कैम की सहायता से पिस्टन पर पड़ता है, तो पिस्टन की जोड़ी में से एक पिस्टन यथास्थिति दबकर तेल पर दबाव डालता है तथा यह तेल उस ओर के वाल्व से निकलकर उछाल को कम करता है, इसी के साथ उस समय दूसरा पिस्टन तेल को, विपरीत दबाव लेकर रिबाउण्ड झटकों को तुरन्त समाप्त कर देता है। इस प्रकार डबल एक्टिंग शॉक अब्जॉर्बर द्वारा गाड़ी में बहुत कम झटके लगते हैं।

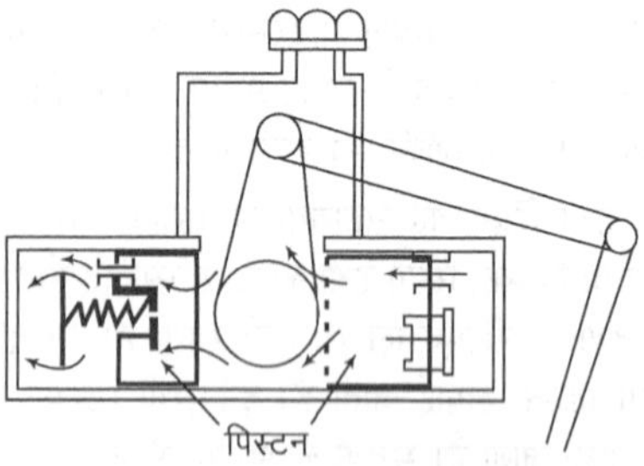

चित्र पिस्टन टाइप शॉक अब्जॉर्बर

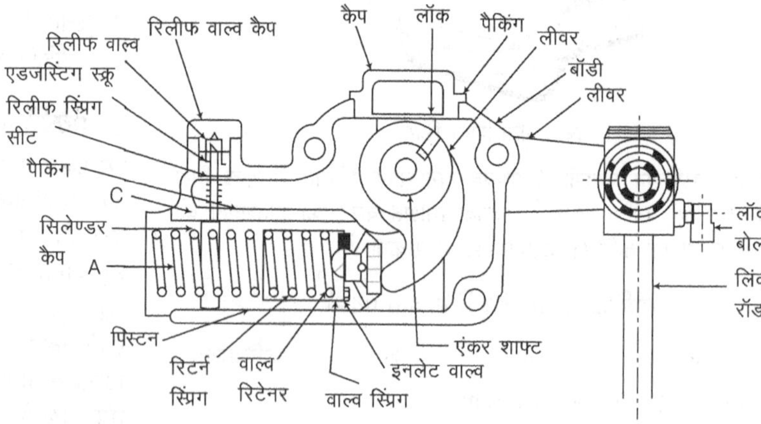

चित्र सिंगल एक्टिंग पिस्टन शॉक अब्जॉर्बर

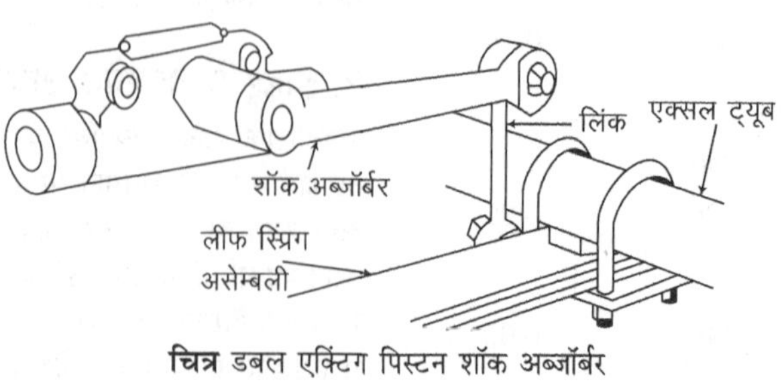

चित्र डबल एक्टिंग पिस्टन शॉक अब्जॉर्बर

(iii) टेलीस्कोपिक टाइप शॉक अब्जॉर्बर
Telescopic type shock absorber

वर्तमान समय में अधिकतर मोटरगाड़ियों, मोटरसाइकिलों तथा स्कूटर आदि में इसी प्रकार के शॉक अब्जॉर्बर का प्रयोग किया जाता है। यह शॉक अब्जॉर्बर स्टील की दो पतली ट्यूबों से बना होता है। इस शॉक अब्जॉर्बर की आन्तरिक ट्यूब में रिलर्वायर तथा बाहरी ट्यूब में रिजर्वायर होता है। इसकी दोनों ट्यूबों का केन्द्र एक ही होता है, इसलिए इसे टेलीस्कोपिक शॉक अब्जॉर्बर कहा जाता है।

इसकी बाहरी ट्यूब आई (eye) के द्वारा एक्सल अथवा सस्पैन्शन मेम्बर से जुड़ी रहती है। इसकी आन्तरिक ट्यूब के नीचे एक ब्लॉक वैल्ड किया हुआ होता है जिसमें दो नॉन-रिटर्न वाल्व लगे होते हैं। इसके एक वाल्व से तेल सिलेण्डर से रिजर्वायर में जाता है। शॉक अब्जॉर्बर के ऊपरी सिरे पर एक डस्ट एक्सक्लूडर लगाया जाता है तथा पिस्टन में एक बम्प वाल्व और एक रिबाउण्ड लगाया जाता है।

इस पिस्टन का ऊपरी सिरा आई पर वैल्ड किया जाता है। यह आई फ्रेम से जुड़ी हुई होती है। सिलेण्डर को हाइड्रॉलिक तरल से पूर्ण तथा रिजर्वायर को आंशिक रूप से भरा जाता है। रिबाउण्ड स्ट्रोक के दौरान आई (eye) गति करने लगती है जिससे पिस्टन ऊपर की ओर गति करता है तथा रिबाउण्ड वाल्व खुल जाता है। इस स्थिति में तरल सिलेण्डर के ऊपरी भाग से निचले भाग में आता है।

ऊपरी भाग में इतना तरल पर्याप्त नहीं होता कि वह निचले भाग को पूर्ण रूप से भर सके इसलिए निचले भाग की खाली जगह में वैक्यूम उत्पन्न हो जाता है। उसके पश्चात् सिलेण्डर के निचले भाग में रिजर्वायर से फुट वाल्व के द्वारा अतिरिक्त तरल चला जाता है।

इस प्रकार रिबाउण्ड स्ट्रोक के दौरान तरल द्वारा आवश्यक डैम्पिंग प्रदान की जाती है। दोनों वाल्वों में छोटे छिद्र बने होते हैं, जिनके कारण तेल धीमी गति से उससे निकलता है। तेल की यह धीमी गति ही वास्तव में सड़क के झटकों को डैम्प (damp) करती है।

जब पिस्टन दूसरी ओर खिंचता है, तो भी उपरोक्त क्रिया होती है। इस प्रकार शीघ्र ही रॉड स्प्रिंग के रिबाउण्ड झटके समाप्त हो जाते हैं। इस प्रकार के शॉक अब्जॉर्बर में कई स्थानों पर रबर रिंग प्रयोग किए जाते हैं, जिनके कट जाने अथवा घिस जाने से तेल का उपयुक्त दबाव नहीं बन पाता है।

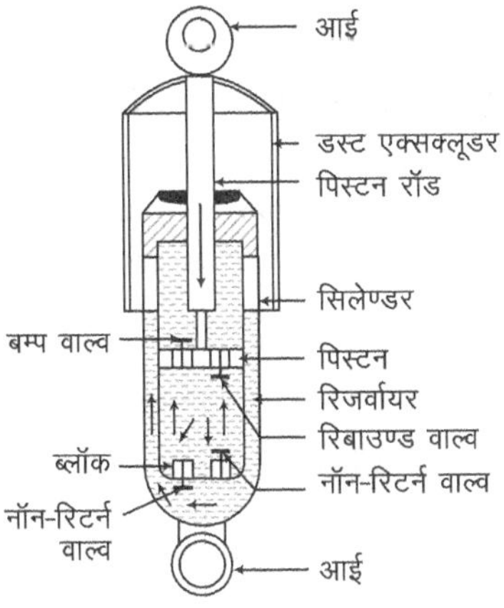

शॉक अब्जॉर्बर से सम्बन्धित सावधानियाँ
Precautions Related to Shock Absorber

शॉक अब्जॉर्बर से सम्बन्धित सावधानियाँ निम्नलिखित हैं

1. शॉक अब्जॉर्बर फिट करने से पूर्व गाड़ी को जैक द्वारा इतना उठाते हैं कि ब्रेक पाइपों पर तनाव न पड़े।
2. शॉक अब्जॉर्बर के साइड होल्डिंग प्लेट, पिन तथा रबर बुश खराब नहीं होने चाहिए।
3. पिन पर इस प्रकार नट टाइट करें कि वह रबर बुश को न काटे।
4. शॉक अब्जॉर्बर को फिट करने से पूर्व यह देख लें कि इसकी बॉडी बाहर से पिचकी या दबी तो नहीं है।
5. शॉक अब्जॉर्बर की रॉड पर जंग नहीं लगा होना चाहिए तथा उस पर किसी प्रकार के कट का निशान भी नहीं होना चाहिए।

कुछ अन्य शॉक अब्जॉर्बर
Some Other Shock Absorbers

उपरिवर्णित के अतिरिक्त भी कुछ शॉक अब्जॉर्बरों का वाहनों में उपयोग किया जाता है।

ये विशेष उद्देश्यों हेतु प्रयुक्त होते हैं; जिनका वर्णन निम्नवत् है

1. मैनुअल एडजस्टेबल रेट शॉक अब्जॉर्बर
Manual Adjustable Rate Shock Absorber

यह एक विशेष प्रकार का शॉक अब्जॉर्बर है, जिसमें पिस्टन में वाल्वों की स्थिति, तेल के गुजरने में भिन्नता के ध्येय से प्रतिबन्धों की संख्या में परिवर्तन हेतु की जा सकती है। साथ ही वाल्वों को खोलने के लिए आवश्यक बल में भिन्नता के लिए भी ये बदलती रॉड अवस्थाओं या चालक वरीयताओं के लिए उपयुक्त स्प्रिंग ऑसिलेशन्स हेतु, डैम्पनिंग दर परिवर्तन के साधन प्रदत्त करते हैं, तब पिस्टन में वाल्वों की स्थिति भी बदली जा सकती है।

इस अवस्था में समस्त ऑरिफिस खुले होते हैं तथा तेल पर थोड़ा डैम्पनिंग प्रभाव लगाया जाता है। वाल्व पर कुछ स्प्रिंग बल भी वाल्व को खोलने के लिए लगाया जाता है, जिससे तेल वाल्वों के माध्यम से और सुगमता से बह सकता है। यह वाहन की आकारिकी के लिए अधिक रोलिंग एवं पिचिंग दे सकता है। कुछ ऑरिफिस को बन्द करना और वाल्वों पर लगे स्प्रिंग बल में वृद्धि, तरल के पिस्टन के माध्यम से गुजरने में कठिनाई करती है, जिससे शॉक अब्जॉर्बर के डैम्पनिंग प्रभाव में वृद्धि होती है।

2. लोड एडजस्टेबल शॉक अब्जॉर्बर
Load Adjustable Shock Absorber

जब वाहन भारी वजन ले जाते हैं, तो उनका सस्पैन्शन संकुचित (compress) होकर वजन के कारण पीछे सामान्य से कम हो जाता है। परिणामत: स्टीयरिंग हल्का हो जाता है और यात्रा के समय बम्पों पर कम्प्रैशन लम्बाई में सस्पैन्शन के कारण कमी आ जाती है। इन प्रभावों को कम करने के लिए प्रत्येक पिछले शॉक अब्जॉर्बर पर एक मानवकृत एडजस्टेबल एयर स्प्रिंग की व्यवस्था की जाती है।

एयर स्प्रिंग एक फ्लेक्सिबल रबर की बनी सिलेण्डरयुक्त होती है, जो शॉक अब्जॉर्बर के ऊपरी एवं निचले हॉल को बाहर से सील करती है। यह शॉक अब्जॉर्बर मानक हाइड्रॉलिक प्रकार है, परन्तु जब वाहन के पीछे की ओर भारी वजन रखा जाता है तो सस्पैन्शन स्प्रिंग्स की सहायता करने हेतु रबर एयर सिलेण्डर को दबाया जा सकता है। सिलेण्डर के वायुदाब में परिवर्तन करके राइड हाइट तथा सस्पैन्शन की स्टिफनैस को व्यवस्थित किया जा सकता है।

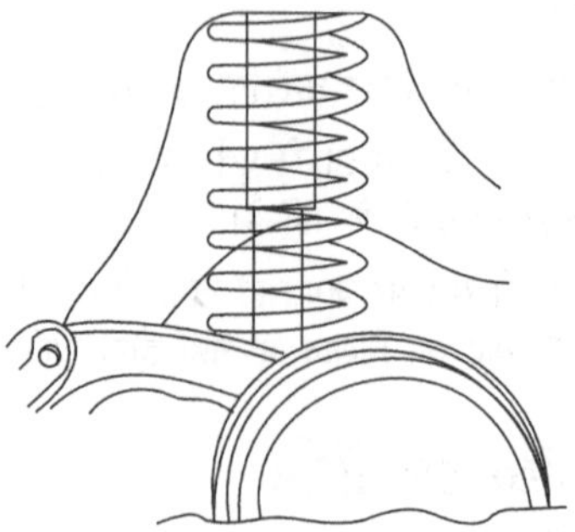

3. एयर जैकर शॉक अब्जॉर्बर Air Jacker Shock Absorber

एयर जैकर शॉक अब्जॉर्बर में उच्च दाब वाली वायु का प्रयोग किया जाता है। यह वायु शॉक अब्जॉर्बर को इंजन से जुड़े एक पम्प द्वारा प्राप्त होती रहती है। भार के कारण जब गाड़ी नीचे हो जाती है, तो एयर जैकर में वायु पहुँचकर पुन: गाड़ी को उसी सतह पर कर देती है।

इस एयर जैकर में एक एयर चैम्बर ब्लैण्डर विशेष रूप से लगा होता है, शेष आकार आदि साधारण शॉक अब्जॉर्बर के समान ही होता है। इसका प्रयोग एयर सस्पैन्शन में होता है।

इस प्रकार का सस्पैन्शन हाइड्रॉलिक प्रणाली की भाँति ही बहुत प्रचलित है। इस विधि में जब पहिये ऊपर या नीचे होते हैं, तो एयर जैकर का पिस्टन भी ऊपर-नीचे होता है। इससे एयर जैकर का प्रैशर बढ़ता-घटता है।

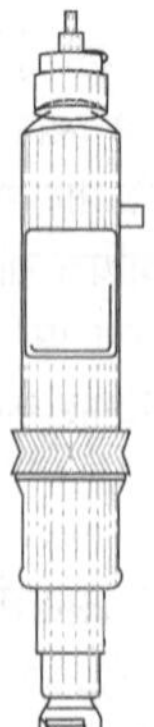

चित्र एयर जैकर शॉक अब्जॉर्बर

जब प्रैशर बढ़ता है, तो डायफ्राम ऊपर उठ जाता है तथा दबी हुई वायु को और दबाता है। जब प्रैशर कम होता है, तो पिस्टन के नीचे जाने पर दबी वायु तेल को नीचे कर देती है। इस प्रकार यह एयर जैकर निरन्तर यही कार्य करता रहता है।

4. गैस प्रैशराइज्ड शॉक अब्जॉर्बर
Gas Pressurized Shock Absorber

यह शॉक अब्जॉर्बर वर्तमान में प्रचलन में है। यह दोहरी क्रिया करने वाला शॉक अब्जॉर्बर है। यह शॉक अब्जॉर्बर हाइड्रॉलिक शॉक अब्जॉर्बर के समान ही कार्य करता है, परन्तु इसमें डैम्पिंग हेतु तरल तथा गैस का मिश्रण प्रयोग किया जाता है।

इसमें उच्च दबाव की नाइट्रोजन (N_2) गैस और सभी ऋतुओं में सफल कार्य करने वाला तरल भरा हुआ होता है, जिससे विशेषकर कॉर्नर पर बाउन्सिंग (bouncing) कम होती है।

वाहन मोड़ते हुए इसका प्रयोग रेडियल और रेसिंग कारों के लिए बहुत उपयुक्त है। इसमें गैस का दबाव 4 से 25 बार (मानक) होता है, जबकि एक बार का मान 100 के.पी.ए. (kPa) के बराबर होता है। ट्यूबलर गार्ड सड़क की कंकड़ों से सिलेण्डर को बचाता है।

फ्लोटिंग डिवाइडिंग पिस्टन, जोकि विशेष शून्य-रिंग डिजाइन का बना है, गैस और तरल को अलग-अलग रखता है। इसमें लगी सैल्फ-सीलिंग पैकिंग से तेल की लीकेज कम होती है।

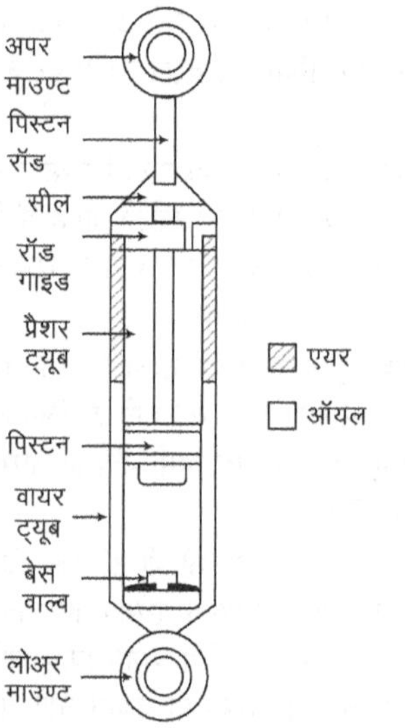

चित्र गैस प्रैशराइज्ड शॉक अब्जॉर्बर

5. ऑटोमैटिक लोड एडजस्टेबल शॉक अब्जॉर्बर
Automatic Load Adjustable Shock Absorber

इन शॉक अब्जॉर्बरों को सैल्फ लेवलिंग शॉक अब्जॉर्बर भी कहते हैं। जब वाहन में अधिक भार लादा जाता है, तो उसका सस्पैन्शन संकुचित होकर पीछे सामान्य से कम हो जाता है।

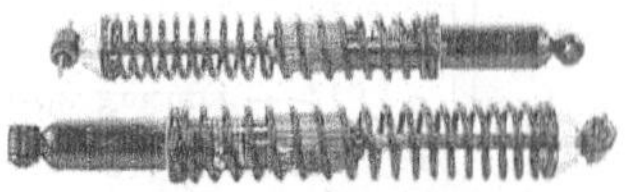

चित्र ऑटोमैटिक लोड एडजस्टेबल शॉक अब्जॉर्बर

यह शॉक अब्जॉर्बर वाहन की राइड-हाइट को स्वत: चालित कर पिछले एक्सल पर वजन के अनुरूप कर देता है।

इसमें एयर एडजस्टेबल शॉक अब्जॉर्बर (पिछले सस्पैन्शन पर), एक विद्युत चालित कम्प्रैशर एवं एयर ड्रायर असेम्बली दोनों लगे होते हैं। जैसे ही वाहन को लोड किया जाता है, तो सामान्य सस्पैन्शन स्प्रिग्स संकुचित होकर वाहन की ऊँचाई को निम्न (low) कर देती हैं।

इस स्थिति में जब इग्नीशन स्विच को ऑन करते हैं, तो कण्ट्रोल यूनिट लोवर राइट-हाइट को सेन्स करती है तथा एयर कम्प्रैशर को ऑन करती है। इससे एयर सीधे ही शॉक अब्जॉर्बर में चली जाती है और एयर बैग चारों ओर से फैल जाते हैं जिससे सस्पैन्शन सामान्य ऊँचाई से ऊपर उठ जाता है। जैसे ही वाहन को अनलोड (unload) किया जाता है, तो सस्पैन्शन स्प्रिग्स पूर्ववत् फैल जाती हैं और वाहन की ऊँचाई को यथावत् कर देती हैं।

इस स्थिति में कण्ट्रोल यूनिट इस ऊँचाई को सेन्स करती है तथा एयर शॉक अब्जॉर्बर से बाहर निकल जाती है जिससे एयर बैग विक्षेपित हो जाता है और सस्पैन्शन अपनी सामान्य ऊँचाई तक वापस आ जाता है।

6. इलेक्ट्रॉनिक एडजस्टेबल रेट शॉक अब्जॉर्बर
Electronic Adjustable Rate Shock Absorber

यह शॉक अब्जॉर्बर भी मैनुअल एडजस्टेबल रेट शॉक अब्जॉर्बर के समान ही होता है। अन्तर केवल यह है कि यह शॉक अब्जॉर्बर विद्युत द्वारा प्रचालित होता है। इस शॉक अब्जॉर्बर के ऊपर एक एक्चुएटर लगा होता है, जोकि स्पिण्डल को घुमाता है। इस शॉक अब्जॉर्बर को प्रचालित करने हेतु पैसेन्जर कम्पार्टमेन्ट में एक स्विच लगाया जाता है, जो ड्राइवर को ट्यूरिंग, सपोर्ट तथा ऑटोमैटिक पोर्ट सलैक्ट करने की अनुमति प्रदान करता है।

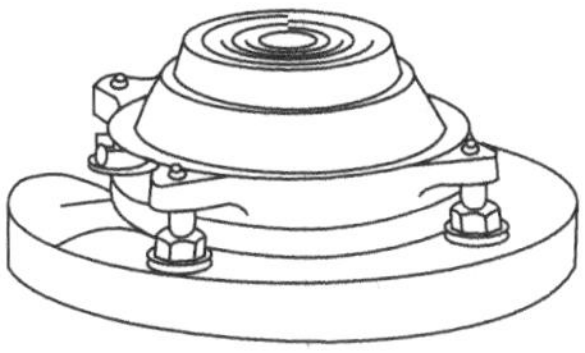

चित्र इलेक्ट्रॉनिक एडजस्टेबल रेट शॉक अब्जॉर्बर

यदि ड्राइवर सपोर्ट पोर्ट को सलैक्ट करेगा, तो राइड मजबूत हो जाएगी। ऑटोमैटिक पोर्ट, इलेक्ट्रॉनिक राइड कण्ट्रोल हेतु प्रयोग किया जाता है। ऑटोमैटिक राइड कण्ट्रोल में इलेक्ट्रॉनिक मॉड्यूल राइड का चयन किया जाता है जोकि वाहन की गति पर निर्भर करता है। इसके अतिरिक्त कुछ वाहनों में शॉक की डैम्पिंग को बदलने हेतु रोटरी स्टेपर मोटर अथवा एक्चुएटर प्रयुक्त किया जाता है।

महत्त्वपूर्ण बिन्दु

- वाहनों में विविध प्रणालियों एवं इंजन के प्रचालन के कारण उत्पन्न कम्पनों के प्रभावों को कम अथवा नष्ट करने हेतु कम्पनरोधी युक्तियों का प्रयोग किया जाता है। अन-स्प्रंग भार के अन्तर्गत स्प्रिंग के नीचे के भाग; जैसे—फ्रण्ट एक्सल, रियर एक्सल, व्हील असेम्बली इत्यादि सम्मिलित होते हैं।
- सस्पैन्शन प्रणाली, सड़क पर लगने वाले झटकों को अवशोषित कर, यात्री को आराम से सफर तय करने की सुविधा प्रदान करती है। सस्पैन्शन प्रणाली ड्राइविंग टॉर्क को डैड एक्सल के पहिए तक पहुँचाती है।
- कन्वेंशनल अथवा फिक्स्ड एक्सल सस्पैन्शन प्रणाली में लीफ स्प्रिंगों का प्रयोग किया जाता है, जो फ्रेम तथा एक्सल को संयोजित करती हैं।
- वाहन के अगले पहियों में इन्डीपैन्डेन्ट सस्पैन्शन प्रणाली का प्रयोग किया जाता है। इन्डीपैन्डेन्ट सस्पैन्शन प्रणाली में लीफ स्प्रिंग के स्थान पर क्वॉयल स्प्रिंग का प्रयोग किया जाता है, जिससे एक पहिए का प्रभाव दूसरे पहिए पर नहीं पड़ता है।
- क्वॉयल स्प्रिंग सस्पैन्शन प्रणाली एक प्रकार की फ्रण्ट व्हील इन्डीपैन्डेन्ट प्रणाली है, जिसे विशबोन सस्पैन्शन प्रणाली कहते हैं।
- टॉर्शन बार सस्पैन्शन प्रणाली में स्प्रिंग के स्थान पर टॉर्शन बार का प्रयोग किया जाता है, जो अपर तथा लोअर आर्म के मध्य संयोजित होती है। टॉर्शन बार सस्पैन्शन प्रणाली का प्रयोग सामान्यतः एम्बेसडर कारों में किया जाता है।
- मैक फर्सन स्ट्रट सस्पैन्शन प्रणाली का प्रयोग अधिकतर भारतीय कारों; जैसे—मारुति 800, पैसिएण्ट इत्यादि में किया जाता है। मैक-फर्सन स्ट्रट सस्पैन्शन प्रणाली को प्रयोग करने का लाभ यह है कि इससे इंजन को पर्याप्त स्थान मिल जाता है, साथ-ही-साथ इसमें ब्रेक लगाने पर भी स्टीयरिंग स्वतः केन्द्र में आ जाता है।
- स्विंगिंग हाफ एक्सल इन्डीपैन्डेन्ट सस्पैन्शन प्रणाली का प्रयोग फ्रण्ट तथा रियर दोनों ओर किया जाता है।
- पैरेलल लिंक इन्डीपैन्डेन्ट सस्पैन्शन प्रणाली जिसे विशबोन टाइप भी कहते हैं, केवल अगले पहियों के लिए उपयुक्त होती है।
- रिजिड नॉन-ड्राइव सस्पैन्शन प्रणाली में पार्श्विक बलों को नियन्त्रित करने हेतु पेनहार्ड रॉड प्रयोग की जाती है।
- इलेक्ट्रॉनिकली कण्ट्रोल्ड एयर सस्पैन्शन प्रणाली में इलेक्ट्रॉनिक कण्ट्रोल यूनिट तथा एक सोलेनॉयड स्विच का प्रयोग होता है।
- एडेप्टिव एयर सस्पैन्शन प्रणाली में ऑटोमैटिक, रिलेक्स, मूवेबल तथा लिफ्ट एम. एम. आई. मोड सम्मिलित होते हैं।
- सस्पैन्शन प्रणाली में प्रयुक्त शैकल पिन, लीफ स्प्रिंग को चेसिस फ्रेम के साथ संयोजित करती है। लीफ स्प्रिंग प्रायः स्टील की चपटी प्लेटों की बनी होती हैं, जिन्हें एक सेन्टर बोल्ट द्वारा एक-दूसरे के साथ जोड़ा जाता है।
- लीफ स्प्रिंगों में ऊपर की ओर मुख्य स्प्रिंग लगी होती है, जिसमें उपस्थित आई होल के अन्दर ब्रोन्ज का बुश लगा होता है।
- ट्रांसवर्स एलिप्टिकल लीफ स्प्रिंग में एक ओर का आई होल शैकल पिन द्वारा चेसिस से जुड़ा रहता है तथा दूसरी ओर का आई होल एक्सल की केसिंग के साथ जुड़ा रहता है।
- क्वॉयल स्प्रिंग, स्टील के तार को क्वॉयल के आकार में मोड़कर बनाई जाती है एवं इसका प्रयोग इन्डीपैन्डेन्ट सस्पैन्शन प्रणाली में लीफ स्प्रिंग के स्थान पर किया जाता है।
- शॉक अब्जॉर्बर, जिसे डैम्पर कहते हैं एक प्रकार की स्प्रिंग होती है, जो लचीली तथा दृढ़ रूपों में प्रयुक्त की जाती है।
- शॉक अब्जॉर्बर मैकेनिकल तथा हाइड्रॉलिक प्रकार के होते हैं। वर्तमान समय में अधिकतर मोटरगाड़ियों, मोटरसाइकिलों तथा स्कूटर इत्यादि में टेलीस्कोपिक प्रकार के शॉक अब्जॉर्बर का प्रयोग किया जाता है।

महत्त्वपूर्ण प्रश्नोत्तरी

1. जैकिंग बल किसे कहते हैं?

उत्तर सस्पैन्शन लिंक के अवयवों द्वारा अनुभव किए जाने वाले बलों के योग को जैकिंग बल कहते हैं।

2. मन्दक प्रभाव क्या है?

उत्तर वाहनों के अन्दर विविध प्रणालियों एवं इंजन के प्रचालन के कारण अनेक कम्पन उत्पन्न होते हैं। इस प्रभाव को मन्दक प्रभाव कहा जाता है।

3. इन्डीपैन्डेन्ट सस्पैन्शन प्रणाली का प्रयोग करने से वाहन के अन्दर बैठने वालों को असुविधा क्यों नहीं होती है?

उत्तर इन्डीपैन्डेन्ट सस्पैन्शन प्रणाली का प्रयोग करने से वाहन के अन्दर बैठने वालों को असुविधा नहीं होती है, क्योंकि इसमें सस्पैन्शन के लिए प्रयुक्त स्प्रिंगों का एक-दूसरे से कोई सीधा सम्बन्ध नहीं होता है।

4. मोटरगाड़ियों की सस्पैन्शन प्रणाली में लीफ स्प्रिंग के स्थान पर क्वॉयल स्प्रिंग का प्रयोग करना क्यों उचित है?

उत्तर मोटरगाड़ियों की सस्पैन्शन प्रणाली में लीफ स्प्रिंग के स्थान पर क्वॉयल स्प्रिंग का प्रयोग करना इसलिए उचित है, क्योंकि लीफ स्प्रिंग कठोर होती है। जिस कारण वाहन को कम भार से लोडिड करने पर वह विक्षेपित नहीं होती, परन्तु क्वॉयल स्प्रिंग कम भार से भी विक्षेपित हो जाती है।

5. रियर व्हील ड्राइव इन्डीपैन्डेन्ट सस्पैन्शन प्रणाली में डिफरैन्शियल यूनिट को वाहन के फ्रेम पर सीधा लगाया जाता है, क्यों?

उत्तर रियर व्हील ड्राइव इन्डीपैन्डेन्ट सस्पैन्शन प्रणाली में डिफरैन्शियल यूनिट को वाहन के फ्रेम पर सीधा लगाया जाता है जिससे अन-स्प्रंग भार कम हो जाता है और वाहन के पीछे वाले दोनों पहिए एक-दूसरे के समानान्तर तथा धरती की सतह से समकोण पर रहते हैं जोकि वाहन के पिछले भाग में लगे इंजन के लिए आवश्यक है।

6. एडेप्टिव एयर सस्पैन्शन प्रणाली में कौन–कौन–से मोड सम्मिलित हैं?

उत्तर एडेप्टिव एयर सस्पैन्शन प्रणाली में निम्न मोड सम्मिलित हैं

(i) ऑटोमैटिक (ii) रिलेक्स

(iii) मूवेबल (iv) लिफ्ट एम.एम.आई.

7. वाहनों में प्रयुक्त होने वाली रबर स्प्रिंगों के नाम बताइए।

उत्तर वाहनों में निम्न रबर स्प्रिंगों का प्रयोग किया जाता है

(i) स्टील प्रबलित स्प्रिंग

(ii) कम्प्रैशन स्प्रिंग

(iii) कम्प्रैशसन शियर स्प्रिंग

(iv) टॉर्शनल शियर स्प्रिंग

(v) फेस शियर स्प्रिंग

अभ्यास प्रश्न

परीक्षा प्रारूपी प्रश्न

बहुविकल्पीय

1. निम्नलिखित में कौन–सी प्रणाली न सिर्फ गाड़ी के अन्दर बैठे यात्रियों को आराम से सफर तय करने देती है, अपितु गाड़ी के दूसरे पुर्जों को भी झटके से बचाती है?

(a) सस्पैन्शन प्रणाली (b) कूलिंग प्रणाली

(c) लुब्रीकेशन प्रणाली (d) इनमें से कोई नहीं

2. मोटरगाड़ी से यात्रा आरामदायक होगी, यदि

(a) अन-स्प्रंग भार कम होगा (b) स्प्रंग भार कम होगा

(c) गाड़ी का भार कम होग (d) इनमें से कोई नहीं

3. निम्नलिखित में सस्पैन्शन प्रणाली का कौन–सा मुख्य कार्य है?

(a) यात्रियों को आराम से सफर कराना

(b) यात्रियों के लिए कुशन का कार्य करना

(c) बॉडी का लेवल सीधा रखना

(d) उपरोक्त सभी

4. वाहन के अन–स्प्रंग भार के अन्तर्गत आता है

(a) फ्रण्ट एक्सल (b) रियर एक्सल

(c) व्हील असेम्बली (d) ये सभी

5. ड्राइविंग टॉर्क को डैड एक्सल के पहिए तक पहुँचाने का कार्य निम्न में से किस प्रणाली के द्वारा किया जाता है?

(a) स्टीयरिंग प्रणाली (b) सस्पैन्शन प्रणाली

(c) चार्जिंग प्रणाली (d) स्नेहन प्रणाली

6. क्वॉयल स्प्रिंग सस्पैन्शन प्रणाली को कहा जाता है

(a) टॉर्शन बार सस्पैन्शन प्रणाली

(b) एडेप्टिव एयर सस्पैन्शन प्रणाली

(c) विशबोन सस्पैन्शन प्रणाली (d) मैक-फर्सन सस्पैन्शन प्रणाली

7. किस प्रकार की सस्पैन्शन प्रणाली में लीफ स्प्रिंग असेम्बली का प्रयोग होता है?

(a) कन्वेंशनल सस्पैन्शन प्रणाली (b) इन्डीपैन्डेन्ट सस्पैन्शन प्रणाली

(c) एयर सस्पैन्शन प्रणाली (d) रबर स्प्रिंग सस्पैन्शन प्रणाली

8. चित्र में प्रदर्शित कन्वेंशनल सस्पैन्शन प्रणाली में लीफ स्प्रिंग को किसके द्वारा जकड़ा गया है?

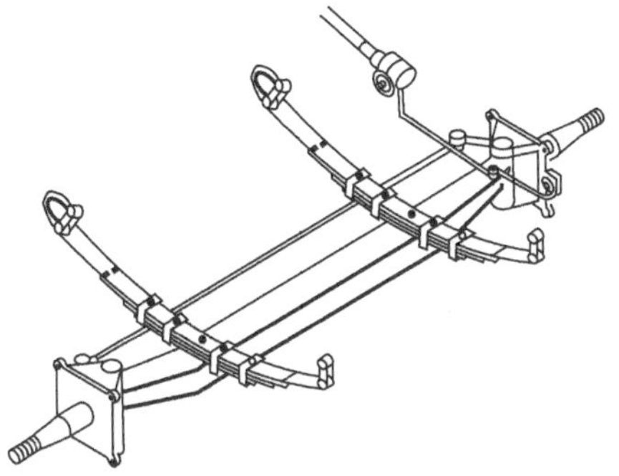

(a) शैकल (b) U-बोल्ट (c) I-बोल्ट (d) रबर बुश

9. आधुनिक कारों के अगले पहियों में होता है
(a) इन्डीपैन्डेन्ट सस्पैन्शन
(b) लीफ स्प्रिंग सस्पैन्शन
(c) रबर स्प्रिंग सस्पैन्शन
(d) उपरोक्त में से कोई नहीं

10. इन्डीपैन्डेन्ट सस्पैन्शन का प्रकार नहीं है
(a) पैरेलल लिंक सस्पैन्शन
(b) वर्टिकल गाइड सस्पैन्शन
(c) स्विंगिंग हाफ एक्सल सस्पैन्शन
(d) इलेक्ट्रॉनिकली कण्ट्रोल्ड एयर सस्पैन्शन

11. चित्र में प्रदर्शित क्वॉयल स्प्रिंग सस्पैन्शन प्रणाली में लोअर कण्ट्रोल आर्म के सिरों पर किसके द्वारा स्टीयरिंग नक्कल पिवेट की गई है?

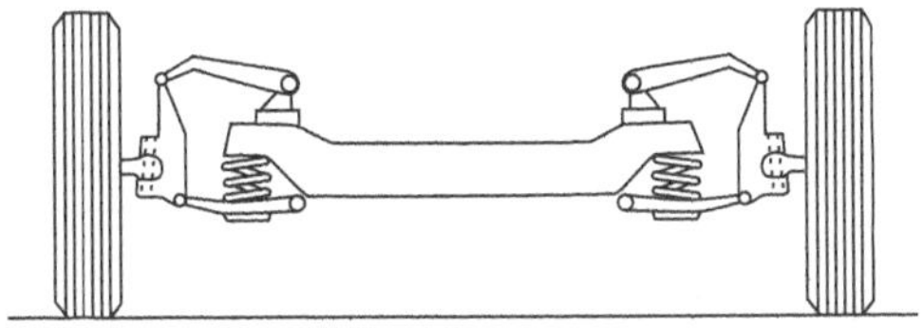

(a) यूनिवर्सल ज्वॉइण्ट द्वारा (b) बॉल ज्वॉइण्ट द्वारा
(c) U-बोल्ट द्वारा (d) I-बोल्ट द्वारा

12. चित्र में प्रदर्शित टॉर्शन बार सस्पैन्शन प्रणाली के भाग 'X' का नाम है

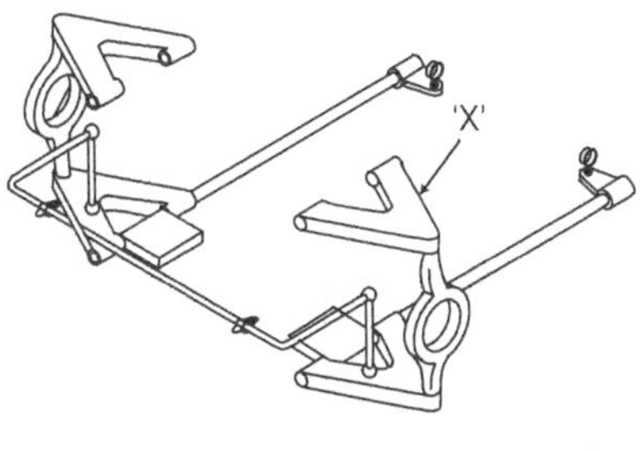

(a) फ्रेम (b) अपर कण्ट्रोल आर्म
(c) लोअर कण्ट्रोल आर्म (d) बोल्ट एडजस्टर

13. इंजन के लिए पर्याप्त स्थान प्रदान करता है
(a) लीफ स्प्रिंग सस्पैन्शन
(b) डैड एक्सल सस्पैन्शन
(c) मैक-फर्सन स्ट्रट सस्पैन्शन
(d) उपरोक्त में से कोई नहीं

14. नीचे दिए गए चित्र में कौन-सी इन्डीपैन्डेन्ट सस्पैन्शन प्रणाली प्रदर्शित की गई है?

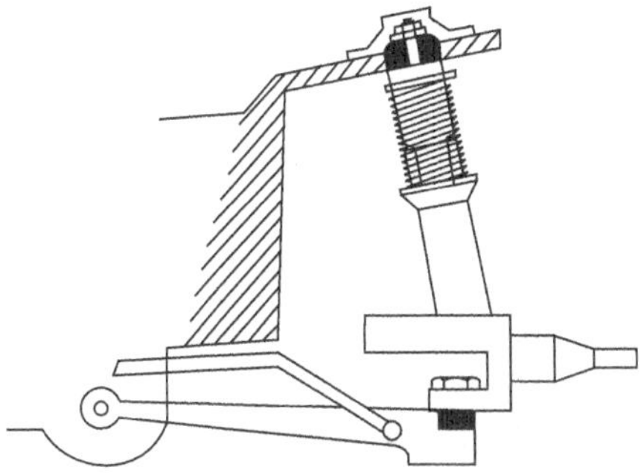

(a) क्वॉयल स्प्रिंग सस्पैन्शन प्रणाली
(b) टॉर्शन बार सस्पैन्शन प्रणाली
(c) मैक-फर्सन स्ट्रट सस्पैन्शन प्रणाली
(d) स्विंगिंग हाफ एक्सल सस्पैन्शन प्रणाली

15. भारत में बनने वाली लगभग सभी कारों में कौन-सी प्रणाली प्रयोग में लाई जाती है?
(a) स्विंगिंग हाफ एक्सल प्रणाली
(b) पैरेलल लिंक प्रणाली
(c) डिवाइडेड एक्सल प्रणाली
(d) वर्टिकल स्लाइड प्रणाली

16. नीचे दिए गए चित्र में प्रदर्शित डिवाइडेड एक्सल इन्डीपैन्डेन्ट सस्पैन्शन प्रणाली में एक्सल के मध्य में लगे भाग 'X' का नाम है

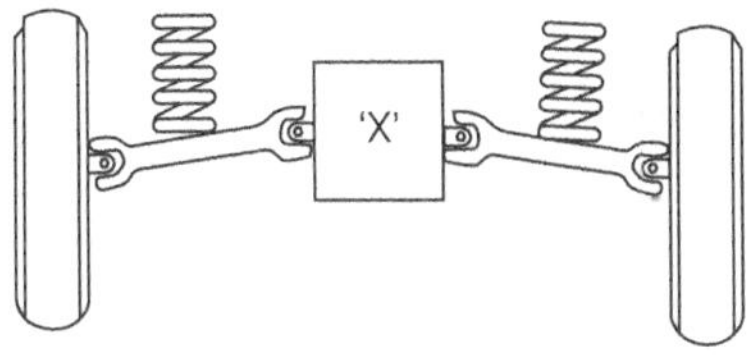

(a) क्वॉयल स्प्रिंग
(b) यूनिवर्सल ज्वॉइण्ट
(c) शैकल पिन
(d) डिफरैन्शियल यूनिट

17. निम्न में से कौन-सी सस्पैन्शन प्रणाली में डिफरैन्शियल यूनिट को वाहन के फ्रेम पर सीधा लगाया जाता है?
(a) डिवाइडेड एक्सल इन्डीपैन्डेन्ट सस्पैन्शन प्रणाली
(b) रिजिड एक्सल लीफ स्प्रिंग सस्पैन्शन प्रणाली
(c) रियर व्हील ड्राइव इन्डीपैन्डेन्ट सस्पैन्शन प्रणाली
(d) रिजिड एक्सल क्वॉयल स्प्रिंग सस्पैन्शन प्रणाली

18. चित्र में प्रदर्शित इलेक्ट्रॉनिकली कण्ट्रोल्ड एयर सस्पैन्शन के भाग 'X' का नाम बताइए

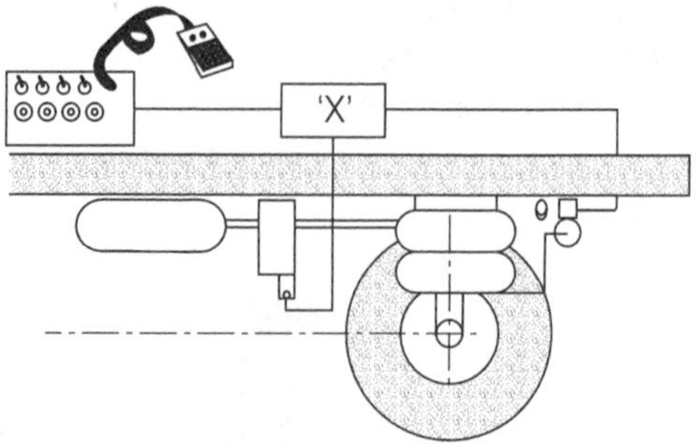

(a) रिमोटर कण्ट्रोल (b) इलेक्ट्रॉनिक कण्ट्रोल यूनिट
(c) एयर बैग (d) सोलेनॉयड वाल्व

19. किस प्रकार की सस्पैन्शन प्रणाली में रबर बेलों का प्रयोग होता है?
(a) कन्वेंशनल सस्पैन्शन प्रणाली
(b) इन्डीपैन्डेन्ट सस्पैन्शन प्रणाली
(c) एयर सस्पैन्शन प्रणाली
(d) रबर स्प्रिंग सस्पैन्शन प्रणाली

20. मेन एक्सल से लीफ स्प्रिंग असेम्बली कैसे जुड़ी होती है?
(a) 'U' क्लैम्प/'I' बोल्ट के द्वारा (b) शैकल यूनिट के द्वारा
(c) 'C' क्लैम्प के द्वारा (d) स्प्रिंग पिन के द्वारा

21. चित्र में प्रदर्शित शैकल पिन असेम्बली का भाग 'X' है

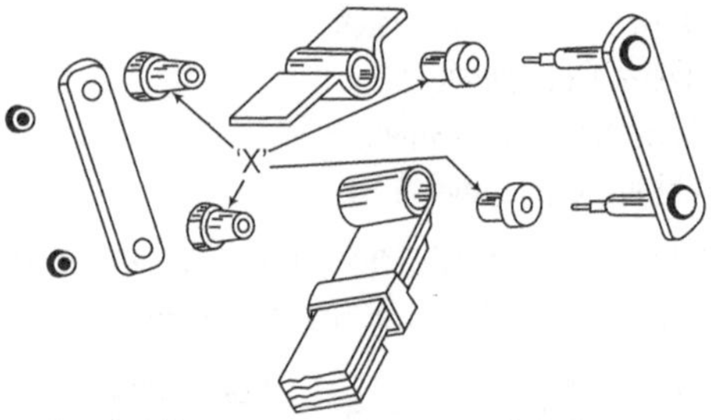

(a) शैकल ब्रेकिट (b) लीफ स्प्रिंग
(c) नट (d) रबर बुश

22. चित्र में प्रदर्शित शैकल पिन कौन-सी है?

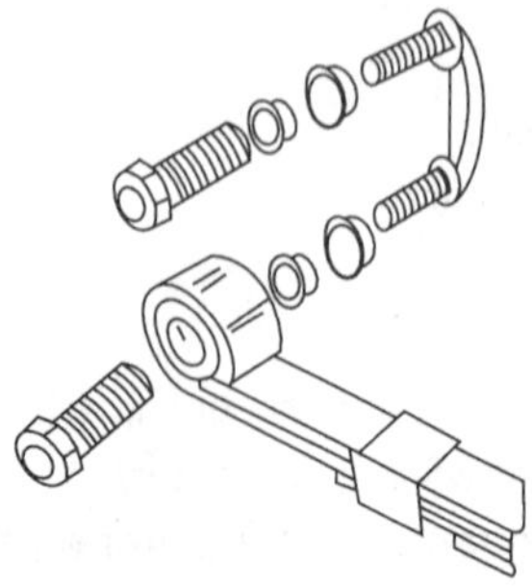

(a) रबर बुश शैकल पिन (b) ब्रोन्ज बुश शैकल पिन
(c) यू-टाइप शैकल पिन (d) साइलेन्ट ब्लॉक शैकल पिन

23. लीफ स्प्रिंग बनी होती है
(a) कास्ट आयरन की (b) अलॉय स्टील की
(c) स्टील की (d) टिन की

24. लीफ स्प्रिंग ………… द्वारा आपस में जुड़ी होती हैं।
(a) सेन्टर बोल्ट (b) वैल्डिंग
(c) हुक (d) इनमें से कोई नहीं

25. लीफ स्प्रिंग की मुख्य स्प्रिंग पर दोनों ओर आई होल बने होते हैं, उनमें क्या फँसाकर चेसिस के साथ इसे कसा जाता है?
(a) नट-बोल्ट (b) स्लिट पिन (c) शैकल पिन (d) शाफ्ट

26. लीफ स्प्रिंग आई-होल में लगते हैं
(a) रबर बुश (b) ब्रोन्ज बुश
(c) लोहे के बुश (d) इनमें से कोई नहीं

27. लीफ स्प्रिंग में शैकल का कार्य है …………।
(a) स्प्रिंग के पिवेटिंग को अनुमति देना
(b) स्प्रिंग की लम्बाई को बदलने देना
(c) साइड वे नियन्त्रित करना (d) रियर टॉर्क नियन्त्रित करना

28. लीफ स्प्रिंग का प्रकार नहीं है
(a) सेमी एलिप्टिकल (b) क्वार्टर एलिप्टिकल
(c) थ्री क्वार्टर एलिप्टिकल (d) फोर क्वार्टर एलिप्टिकल

29. सेमी-एलिप्टिकल रॉड स्प्रिंग होती हैं
(a) गोलाकार (b) चपटी
(c) फ्लैट (d) आधी मुड़ी हुई

30. चित्र में प्रदर्शित लीफ स्प्रिंग है

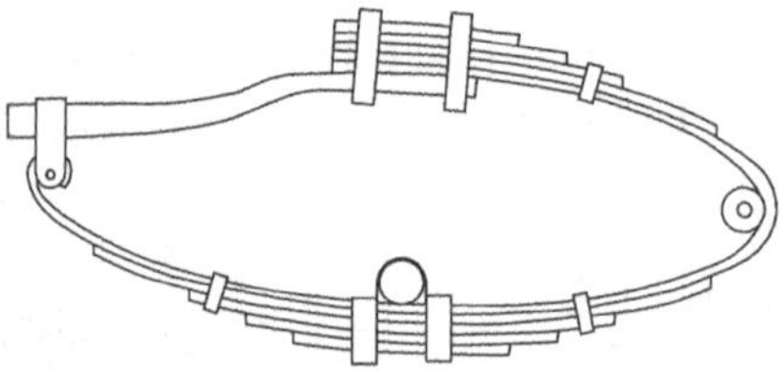

(a) सेमी एलिप्टिकल लीफ स्प्रिंग
(b) क्वार्टर एलिप्टिकल लीफ स्प्रिंग
(c) थ्री-क्वार्टर एलिप्टिकल लीफ स्प्रिंग
(d) ट्रांसवर्स एलिप्टिकल लीफ स्प्रिंग

31. हैल्पर स्प्रिंग का प्रयोग ………… होता है।
(a) कार में (b) जीप में
(c) मीडियम मोटर कार में (d) भारी ट्रक में

32. चित्र में प्रदर्शित हैल्पर स्प्रिंग के भाग 'X' का नाम है

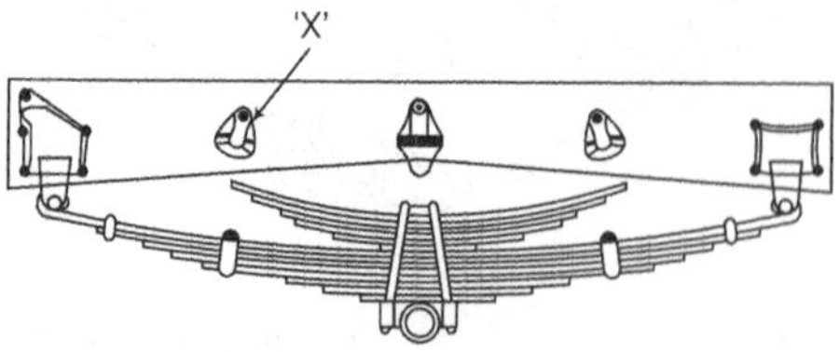

(a) रबर स्प्रिंग (b) शैकल पिन (c) ब्रेकिट (d) फ्रेम

33. इन्डीपैन्डेन्ट सस्पैन्शन में लीफ स्प्रिंग के स्थान पर प्रयोग करते हैं
(a) रबर स्प्रिंग (b) क्वॉयल स्प्रिंग
(c) एयर स्प्रिंग (d) इनमें से कोई नहीं

34. सस्पैन्शन प्रणाली में प्रयोग नहीं होती है
(a) प्लास्टिक स्प्रिंग (b) लीफ स्प्रिंग
(c) क्वॉयल्ड स्प्रिंग (d) ट्रांसवर्स लीफ स्प्रिंग

35. टॉर्शन बार की निम्नलिखित में से क्या विशेषता है?
(a) इसकी देखभाल की आवश्यकता कम होती है
(b) स्टील से निर्मित होती है
(c) जगह कम घेरती है
(d) उपरोक्त सभी

36. रॉड स्प्रिंग की उछाल प्रतिक्रिया के दोष को दूर करने के लिए किसका प्रयोग किया जाता है?
(a) शॉक अब्जॉर्बर (b) क्वॉयल स्प्रिंग
(c) फ्रण्ट सस्पैन्शन (d) शैकल पिन

37. चित्र में टेलीस्कोपिक शॉक अब्जॉर्बर प्रदर्शित किया गया है। इसके 'X' भाग का नाम बताइए

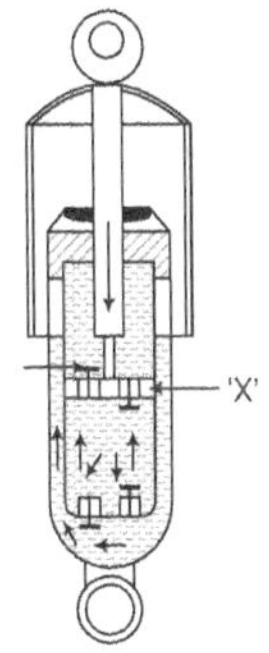

(a) सिलेण्डर
(b) पिस्टन
(c) रिजर्वायर
(d) नॉन-रिटर्न वाल्व

38. शॉक अब्जॉर्बर का कार्य है
(a) गाड़ी का भार उठाना
(b) स्प्रिंग के विपरीत झटकों को शोषित करना
(c) गाड़ी में यात्रियों व माल की क्षमता बढ़ाना
(d) उपरोक्त में से कोई नहीं

39. शॉक अब्जॉर्बर को कहते हैं
(a) डैम्पर (b) टॉर्शन बार
(c) एलिप्ट स्प्रिंग (d) इनमें से कोई नहीं

40. शॉक अब्जॉर्बर होते हैं
(a) मैकेनिकल (b) हाइड्रॉलिक
(c) डबल एक्टिंग (d) ये सभी

41. मैकेनिकल शॉक अब्जॉर्बर में फेसिंग डिस्क का कार्य होता है
(a) रॉड स्प्रिंग को रोके रखना (b) जम्पिंग को रोकना
(c) झटके सहन करना (d) इनमें से कोई नहीं

42. जब गाड़ी को समतल सतह पर गैराज में खड़ी करते हैं, तो शॉक अब्जॉर्बर ………… होता है।
(a) आंशिक कम्प्रैस्ड अवस्था में (b) पूरी कम्प्रैस्ड अवस्था में
(c) पूरे एक्सपैंडड अवस्था में (d) ट्विस्टेड अवस्था में

43. जब शॉक अब्जॉर्बर में पिस्टन ऊपर की ओर घूमता है, तो पिस्टन में कौन-सा वाल्व खुलता है?
(a) रिजर्वायर से फुट वाल्व (b) रिबाउण्ड वाल्व
(c) सिलेण्डर से फुट वाल्व (d) पम्प वाल्व

44. मोटरसाइकिल तथा स्कूटर में किस प्रकार के शॉक अब्जॉर्बर प्रयोग किए जाते हैं?
(a) हाइड्रॉलिक शॉक अब्जॉर्बर
(b) टेलीस्कोपिक टाइप शॉक अब्जॉर्बर
(c) वेन टाइप हाइड्रॉलिक शॉक अब्जॉर्बर
(d) उपरोक्त में से कोई नहीं

45. आधुनिक कारों में किस प्रकार के शॉक अब्जॉर्बर का प्रयोग होता है?
(a) सॉलिड टाइप (b) रिजिड टाइप
(c) टेलीस्कोपिक टाइप (d) हिंज टाइप

46. निम्न में से कौन-सा कथन असत्य है?
(a) गैस फिल्ड शॉक अब्जॉर्बर में उच्च दबाव की नाइट्रोजन गैस प्रयुक्त की जाती है
(b) इलेक्ट्रा-रिओलॉजिकल शॉक अब्जॉर्बर में माइक्रोप्रोसेसर द्वारा प्रत्येक तरंग को सेन्स किया जाता है
(c) ऑटोमैटिक लोड एड्जस्टेबल शॉक अब्जॉर्बर में एक इलेक्ट्रिकली चालित कम्प्रैशर एवं एयर ड्रायर असेम्बली दोनों लगे होते हैं
(d) इलेक्ट्रॉनिकली एडजस्टेबल रेट शॉक अब्जॉर्बर में उच्च दाब वायु गैस प्रयुक्त होती है

उत्तरमाला

1. (a)	2. (a)	3. (d)	4. (d)	5. (b)	6. (c)	7. (a)	8. (a)	9. (a)	10. (d)
11. (b)	12. (b)	13. (c)	14. (c)	15. (b)	16. (d)	17. (c)	18. (b)	19. (c)	20. (b)
21. (d)	22. (c)	23. (c)	24. (a)	25. (c)	26. (b)	27. (b)	28. (d)	29. (d)	30. (c)
31. (d)	32. (c)	33. (b)	34. (a)	35. (d)	36. (b)	37. (b)	38. (b)	39. (a)	40. (d)
41. (b)	42. (b)	43. (b)	44. (b)	45. (c)	46. (d)				

अध्याय 08

व्हील एवं टायर
Wheel and Tyre

परिचय Introduction

वाहन में व्हील एक महत्त्वपूर्ण भाग है जो वाहन के समस्त भार को वहन करने के साथ-साथ ड्राइविंग टॉर्क व ब्रेकिंग टॉर्क को भी सहन करता है। इसके अतिरिक्त व्हील सड़क के झटकों को स्वयं सहन करके, वाहन पर होने वाले प्रभावों को रोकता है। वाहन में व्हील्स की संख्या वाहन पर पड़ने वाले भार पर निर्भर करती है। व्हील एक ऐसी असेम्बली है जिसमें हब, स्पोक्स, रिम, टायर तथा ट्यूब सम्मिलित होते हैं।

वाहनों में प्रयोग होने वाले लगभग सभी व्हील्स समान माप के होते हैं, परन्तु बड़े वाहनों में पीछे की ओर कुछ बड़े व्हील्स लगाए जाते हैं, क्योंकि उन पर अधिक भार होता है। वाहन के आगे वाले व्हील्स वाहन को मोड़ने में तथा पीछे वाले व्हील्स, आगे वाले व्हील्स को पावर ट्रांसमिट करने में प्रयोग होते हैं। इसके अतिरिक्त सभी व्हील्स ब्रेक लगाने पर साइड के दबाव को रोकने तथा सहने में समर्थ होते हैं।

अध्याय विषय सूची

8.1 वाहनों में व्हील्स एवं टायरों की आवश्यकता
Need of Wheel and Tyres in Vehicles

किसी भी वाहन हेतु व्हील्स एवं टायर वह अनिवार्य आवश्यकताएँ हैं जिनके अभाव में वाहन का प्रचालन सम्भव ही नहीं है। व्हील्स तथा टायर का कार्य वाहन, चालक, यात्रियों व भार को वहन करना, झटकों व कम्पनों को यथासम्भव कम करना तथा वाहन के नियन्त्रण में अन्य प्रणालियों की सहायता करना होता है।

किसी भी वाहन के व्हील्स ही उस वाहन के समग्र भार को वहन कर विविध प्रणालियों के सहयोग से उसको क्रियाशील (activate) कर अपने गंतव्य तक पहुँचने में सक्षम होते हैं। व्हील्स एवं टायर असेम्बली संयुक्त रूप से वाहन के लिए एक बहुउपयोगी गद्दे का कार्य करती है जिसमें वायवीय दाब को निश्चित बनाए रखने की बाध्यता होती है।

8.2 वाहनों में प्रयुक्त व्हील Wheel Used in Vehicles

व्हील का समग्र संयोजन हब, डिस्क, रिम, टायर और ट्यूब से होता है। व्हील टायर-ट्यूब के सहयोग से न केवल वाहन के समस्त भार को सहारा देता है अपितु सड़क-मार्गों में उत्पन्न झटकों एवं कम्पनों से भार, वाहन तथा यात्रियों को सुरक्षा एवं वाहन को नियन्त्रण भी प्रदान करता है। इन उद्देश्यों को पूर्ण करने के लिए व्हील मजबूत, कार्यक्षम, पकड़दार, सन्तुलित एवं हल्के होने चाहिए।

व्हील्स के प्रकार Types of Wheels

वाहनों में निम्न प्रकार के व्हील प्रयोग किए जाते हैं

1. लोहे या लकड़ी के व्हील
2. ठोस रबर के व्हील
3. वायर स्पोक व्हील
4. स्टील डिस्क व्हील
5. स्प्लिट व्हील
6. भारी वाहनों के व्हील
7. आधुनिक व्हील

1. लोहे या लकड़ी के व्हील Iron or Wooden Wheel

प्राचीन समय में मोटरगाड़ियों में लकड़ी के बने व्हील्स का प्रयोग किया जाता था, परन्तु बाद में इन व्हील्स पर लोहे की पत्ती चढ़ाई जाने लगी, जिससे व्हील्स में घिसावट कम होती थी। इस प्रकार के व्हील्स वाले वाहनों की गति बढ़ाने पर, व्हील्स के नीचे छोटे-छोटे कंकड़ आने के कारण गाड़ी में बैठे यात्रियों को झटके लगने से यात्रा में असुविधा होती थी।

2. ठोस रबर के व्हील Solid Rubber Wheels

लोहे या लकड़ी के बने व्हील पर झटकों के प्रभाव को कम करने के उद्देश्य से इस पर रबर के रिंग चढ़ा दिए जाते हैं। इन रिंगों की रबर ऊपर से नरम होने के कारण इन पर कम्पनों का प्रभाव कम पड़ता था। परन्तु वर्तमान में जैसे-जैसे वाहनों की गति बढ़ने लगी, वैसे-वैसे कम्पन अधिक होने लगा जिससे वाहन के चलते समय अत्यधिक ध्वनि भी उत्पन्न होने लगी इसलिए ये व्हील प्रयोग होने बन्द हो गए। वर्तमान में इन व्हील्स को केवल छोटे बच्चों की प्राइम गाड़ियों में ही प्रयोग किया जाता है।

3. वायर स्पोक व्हील Wire Spoke Wheel

इस प्रकार के व्हील्स में हब, स्पोक तथा बाह्य रिम इत्यादि लोहे के बने होते हैं। हब में स्पोक (spoke) फँसाकर उन्हें रिम के साथ वैल्ड कर दिया जाता है। समय-समय पर इन्हें समायोजित करने की भी व्यवस्था की जाने लगी। इस प्रकार के व्हीलों पर टायर-ट्यूब का प्रयोग किया जाता है। आजकल कुछ पुराने मॉडल की कारों में इस प्रकार के व्हील्स दिखाई पड़ते हैं। प्राय: मोटरसाइकिलों में इसी प्रकार के व्हील्स प्रयोग होते हैं।

भार तथा तीव्र चाल के कारण इनके स्पोक ढीले हो जाते हैं तथा व्हीलों में आकृतिक टेढ़ापन आ जाता है।

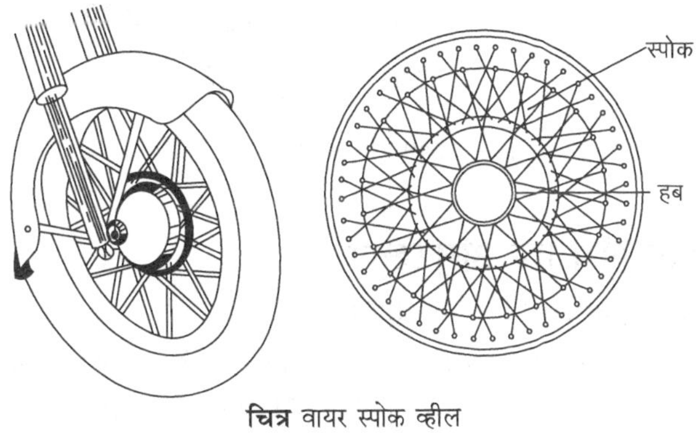

चित्र वायर स्पोक व्हील

4. स्टील डिस्क व्हील Steel Disc Wheel

इस प्रकार के व्हील्स आजकल अधिकतर छोटी मोटरगाड़ियों में प्रयोग किए जाते हैं। इन्हें बनाने हेतु पहले स्टील को प्रेस करके एक या दो डिस्क बनाई जाती हैं तथा बाद में इनके आउटर रिम को इसके साथ वैल्ड कर दिया जाता है।

कुछ रिमों में नट-बोल्ट अथवा रिवेट का भी प्रयोग किया जाता है। इनका भार हल्का करने के लिए इनमें से कुछ भाग काट दिया जाता है, परन्तु इससे इनकी मजबूती में कोई अन्तर नहीं आता है। इस पर भी टायर-ट्यूब का प्रयोग किया जाता है।

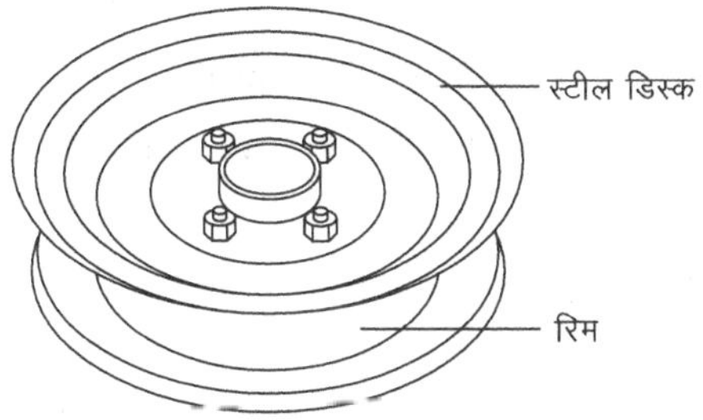

चित्र स्टील डिस्क व्हील

5. स्प्लिट व्हील Split Wheel

ये व्हील दो भागों (डिस्क) में बने होते हैं। इन दोनों भागों को ट्यूब के बीच में दोनों ओर से रखकर इनमें बने छिद्रों में नट-बोल्ट कस दिए जाते हैं। इनके टायर को उतारते समय टायर लीवर का प्रयोग किया जाता है। ये व्हील सदैव सीधे रहने चाहिए।

यदि इनमें कोई टेढ़ापन होगा, तो ये टायर को शीघ्र खराब कर देगें। आजकल स्कूटरों तथा थ्री व्हीलर गाड़ियों में इसी प्रकार के व्हीलों का प्रयोग किया जाता है।

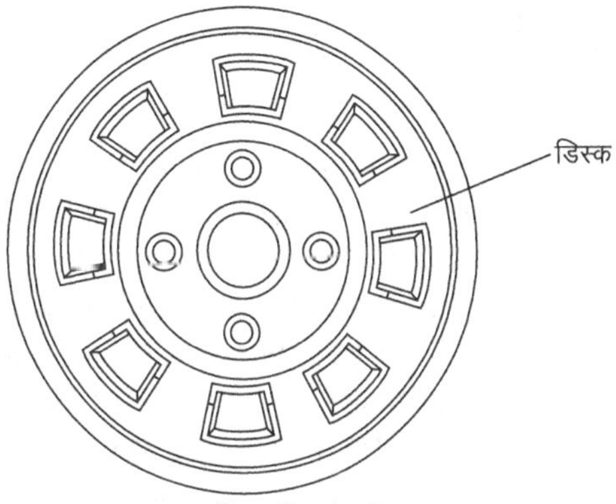

चित्र स्प्लिट व्हील

6. भारी वाहनों के व्हील Heavy Vehicles Wheels

ये व्हील्स, डिस्क व्हील के समान ही होते हैं। अन्तर केवल इतना है कि इनमें स्टील की मोटी प्लेट डिस्क के रूप में प्रयुक्त की जाती है। इन व्हील्स पर भी टायर व टायर-ट्यूब लगाए जाते हैं।

7. आधुनिक व्हील Modern Wheel

वर्तमान समय में प्रयोग होने वाले व्हील इस्पात की डिस्क पर मोटी रबर के टायर चढ़ाकर बनाए जाते हैं। इन व्हील्स को **न्यूमैटिक टायर व्हील** भी कहते हैं। ये अपेक्षाकृत अधिक मजबूत होते हैं तथा इन पर कम्पनों का प्रभाव भी बहुत कम पड़ता है।

व्हील की माप Size of Wheel

वाहनों में प्रयुक्त होने वाले व्हील की माप निम्न पदों में व्यक्त की जाती है

1. चौड़ाई 2. व्यास 3. प्रकार

तालिका : व्हील की माप

व्हील का प्रकार	व्हील की चौड़ाई (*W*)	व्हील का व्यास (*D*)
B	5.5	13
J	4.5	14

जहाँ,

W = चौड़ाई (इंच में) तथा D = व्यास (इंच में)

8.3 वाहनों में प्रयुक्त व्हील रिम Wheel Rim Used in Vehicles

व्हील की परिधि का वह बाहरी गोल भाग जिस पर टायर और ट्यूब सैट किए जाते हैं, व्हील रिम कहलाता है।

वाहनों में प्राय: निम्नलिखित प्रकार के व्हील रिम प्रयुक्त होते हैं

1. आर्टिलरी वुडन स्पोक व्हील रिम
2. हैवी ड्यूटी प्रैस्ड या फ्लैट रिम
3. ड्रॉप सेन्टर रिम

1. आर्टिलरी वुडन स्पोक व्हील रिम Artillery Wooden Spoke Wheel Rim

मोटरगाड़ी के आविष्कार के समय इस प्रकार के रिमों का प्रयोग किया गया था। इसमें लकड़ी के हब में लकड़ी की ही स्पोक लगाई जाती थीं जिन्हें बाहर से लकड़ी के टुकड़ों से बने रिंग से जोड़ा जाता था। लकड़ी से बने होने के कारण इस प्रकार के रिम पानी में तथा सड़क की रगड़ से शीघ्र ही खराब हो जाते थे तथा इनमें संकुचन प्रभाव (shrinking effect) भी उत्पन्न होने लगा, इसलिए इनके बाहर लोहे का रिंग प्रयोग किया जाने लगा। यह रिम ठेला गाड़ी आदि में प्रयोग किए जाते हैं।

2. हैवी ड्यूटी प्रैस्ड रिम या फ्लैट रिम Heavy Duty Pressed Rim or Flat Rim

प्राय: सभी भारी मोटरगाड़ियों में इस प्रकार के व्हील रिम प्रयोग किए जाते हैं। इनमें अच्छे स्टील की शीट को प्रेस करके सम्पूर्ण रिम बनाया जाता है जिसके एक ओर टायर को रोकने के लिए कॉलर बना होता है कॉलर के ऊपर ट्यूब व टायर चढ़ाकर एक रिंग, फ्लैंज के रूप में फिट करके लॉक कर दी जाती है।

इस प्रकार के रिम से टायर-ट्यूब निकालने तथा लगाने में अधिक सावधानी की आवश्यकता होती है।

जब भी रिम से टायर-ट्यूब अलग करनी होती है, तो उसकी हवा निकालकर टायर लिवर को फ्लैंज में लॉक के स्थान पर फँसाया जाता है तथा हथौड़े की चोट मार कर दबाया जाता है, परन्तु उस समय रिंग को किसी प्रकार दबाए रखते हैं, अन्यथा वह ग्रूव से हटते ही अपने स्थान से हट जाती है, जिससे दुर्घटना हो सकती है। इसे फिट करते समय पूर्ण रूप से देख लेना चाहिए कि रिंग सही प्रकार फिट होकर लॉक हो गया है अथवा नहीं, अन्यथा रिम पर लोड पड़ते ही रिंग खुल जाती है।

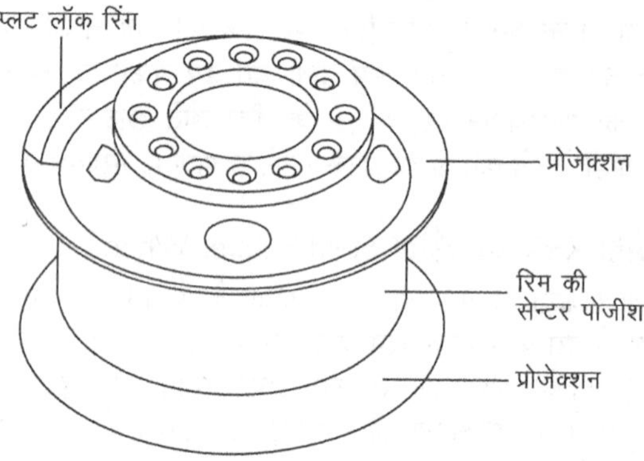

चित्र फ्लैट रिम

3. ड्रॉप सेन्टर रिम Drop Centre Rim

इस प्रकार की रिम के मध्य में एक छोटे व्यास का वैल बनाया जाता है। इस वैल को बनाने का लाभ यह है कि ड्रॉप सेन्टर रिम पर लगे टायर तथा टायर ट्यूब सरलता से परिवर्तित कर लिए जाते हैं तथा टायरों के बीड्स (beads) में कोई विरूपण (distortion) भी नहीं होता है। ड्रॉप सेन्टर रिम को नीचे चित्र में दर्शाया गया है

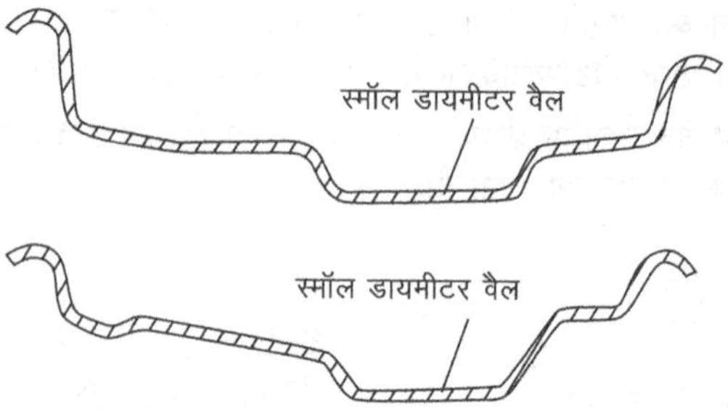

चित्र ड्रॉप सेन्टर रिम

व्हील रिम का अनुरक्षण Maintenance of Wheel Rim

वाहन के व्हील्स तथा उनसे संयोजित रिम बिना किसी व्यवधान के कार्य करते रहें, इसके लिए व्हील रिम का समय-समय पर अनुरक्षण करना चाहिए।

इसके लिए निम्नलिखित तथ्यों का ध्यान रखना चाहिए

1. महीने में एक बार रिम के सीधापन (straightness) की जाँच कर लें। यदि रिम टेढ़ा है, तो उसे सीधा कराएँ अथवा बदल दें। टेढ़ा रिम के कारण टायर शीघ्र घिस जाते हैं एवं गाड़ी की चाल पर भी प्रभाव पड़ता है।
2. वर्ष में एक बार व्हील रिम पर नया पेन्ट कराना चाहिए, क्योंकि पानी के सम्पर्क में निरन्तर आने के कारण रिम में जंग लग सकती है जिससे उनकी मजबूती कम हो जाती है। इसके साथ ही रिम का वह भाग जो ट्यूब के सम्पर्क में आता है, वहाँ जंग लगने से ट्यूब में पंक्चर होने का भय रहता है।
3. महीने में एक बार व्हील्स के नट अवश्य चैक कर लें, क्योंकि ढीले व्हील नट कभी भी दुर्घटना का कारण बन सकते हैं।
4. स्लिप व्हील के नट अथवा स्टड समय-समय पर बदल देने चाहिए।

व्हील रिम का आकार व पदनाम
Size of Wheel Rim and Designation

प्रत्येक टायर के लिए एक मानक रिम चौड़ाई निर्धारित होती है, क्योंकि रिम की चौड़ाई टायर की चौड़ाई को प्रभावित करती है। रिम की चौड़ाई को टायर के 'डिजाइन रिम चौड़ाई' के रूप में भी जाना जाता है।

टायरों की चौड़ाई को प्राय: इंच में व्यक्त किया जाता है। कुछ विशेष टायरों हेतु रिम की चौड़ाई निम्न है

क्र. सं.	टायर का नाम	रिम की चौड़ाई
1.	P175 / 75R14	5.0"
2.	P195 / 75R15	5.5"
3.	P215 / 75R15	6.0"
4.	P235 / 75R15	6.5"
5.	P225 / 75R15	6.0"
6.	P225 / 70R15	6.5"
7.	P225 / 65R16	6.5"
8.	P225 / 60R15	6.5"
9.	P225 / 55R15	7.0"
10.	P225 / 50R15	7.0"
11.	P225 / 45R17	7.5"
12.	P225 / 40R18	8.0"

रिम की माप में रिम के व्यास को भी दर्शाया जाता है। रिम का व्यास इसके एक सिरे पर स्थित बीड सीट से दूसरे सिरे पर स्थित बीड सीट के मध्य, केन्द्र के सापेक्ष दूरी होती है। उदाहरण के लिए 7JJ14 कोड की रिम में रिम की चौड़ाई 7 इंच, रिम का व्यास 14 इंच तथा रिम का आकार JJ है।

8.4 वाहनों में प्रयुक्त टायर
Tyre Used in Vehicles

व्हील्स के रिम पर रबर के टायर तथा ट्यूब चढ़ाए जाते हैं। टायर के अन्दर पतली रबर की थैलीनुमा ट्यूब फिट की जाती है जिसमें हवा भरी जाती है ट्यूब में भरी हवा ही गाड़ी का भार उठाती है। टायरों पर ही ब्रेकों का अच्छी प्रकार से कार्य करना भी निर्भर करता है।

टायरों के मुख्य कार्य निम्न हैं

1. ये वाहन का भार उठाते हैं।
2. ये वाहन के कम्पन तथा झटके सहन करते हैं।
3. ये वाहन को चलाने के लिए सड़क से रगड़ खाने का कार्य करते हैं।
4. ये ब्रेक लगाने पर वाहन को रोकने में सहायता करते हैं।

टायर के संरचनात्मक पदार्थ
Constructional Material of Tyre

टायर संरचना प्रक्रिया में टायर के उपयोग को ध्यान में रखकर निर्माणक सामग्री का चयन कर उत्तम टायर के वांछनीय गुणों को समाहित करने का प्रयास किया जाता है।

टायर की संरचना में ऐसा पदार्थ प्रयोग करना चाहिए जिससे टायर सन्तुलित रहे, शोर न करे, एकसमान घिसे, झटका सह सके, भारवाहक हो एवं फिसलने वाले न हो।

टायरों के बाहरी आवरण को बनाने हेतु रेयॉन तथा नायलॉन का उपयोग किया जाता है। टायर निर्माणक सामग्रियाँ निम्नलिखित हैं

(i) **रबर** (Rubber) टायरों के ट्रेड बनाने में प्रयोग होने वाली रबर प्राकृतिक और कृत्रिम रबर का मिश्रण होती है, जिसमें घिसाई-प्रतिरोधकता, कम आन्तरिक घर्षण, इत्यादि जैसे गुण प्राप्त करने के लिए विशेष रसायन (गन्धक, कार्बन ब्लैक आदि) मिलाए जाते हैं।

(ii) **नायलॉन या रेयॉन** (Nylon or reyon) टायरों को मजबूती प्रदान करने के लिए इनका उपयोग किया जाता है। इसका उपयोग टायर निर्माण में इसलिए किया जाता है कि टायर के घिसने पर भी उसमें रीट्रेडिंग की क्षमता बनी रहे।

(iii) **उच्च तनन स्टील वायर** (High tensile steel wire) टायरों की आन्तरिक मजबूती को बनाए रखने के लिए उसमें बीड वायर के रूप में उच्च तनन स्टील का उपयोग किया जाता है।

टायर की संरचना
Construction of Tyre

टायर बनाने के लिए पहले रबर, सूत की डोरियों एवं तार का प्रयोग किया जाता था, परन्तु वर्तमान में टायरों में मजबूती के उद्देश्य से सूत की डोरियों के स्थान पर नायलॉन तथा रेयॉन की डोरियों का प्रयोग किया जाने लगा है।

टायर बनाने हेतु तार के गोल रिंग के साथ रबर तथा डोरियों की कई प्लाई (plies) एक के ऊपर एक चिपकाई जाती हैं

टायर के प्रमुख अवयवों का विवरण निम्नवत् है

1. ट्रेड Tread

यह टायर के ऊपर लगी रबर की मोटी परत होती है। इसमें डिजाइन, टायर को अधिक-से-अधिक सामर्थ्य प्रदान करने के ध्येय से बनाए जाते हैं। ये टायर को पकड़ प्रदान करते हैं।

2. साइड वॉल Side Wall

रबर कम्पाउण्ड से निर्मित काले या सफेद रंग की साइड वॉल, टायर की केसिंग प्लाइयों हेतु सुरक्षा आवरण तथा टायर को वातावरण प्रतिरोधक क्षमता प्रदान करती है। इसके साथ ही साइड वॉल टायर को मजबूती प्रदान करने में भी महत्त्वपूर्ण भूमिका का निर्वहन करती हैं।

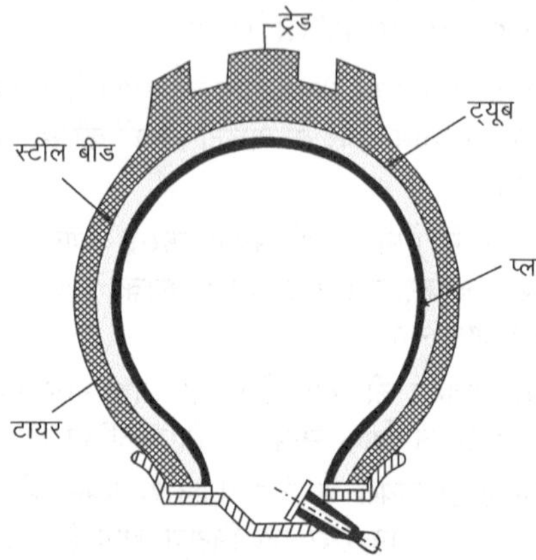

चित्र टायर की संरचना

3. बीड्स Beads

रबर यौगिक में जड़े हाई टेन्साइल स्टील तारों के गुच्छों को बीड कहते हैं। इन्हें टायर के किनारों में इस प्रकार व्यवस्थित किया जाता है कि व्हील्स के रिम के भीतरी भागों में टायर मजबूती से लगाए जा सकें।

4. ब्रेकर Breaker

ये टायर के ऊपर वाली दो प्लाइयाँ होती हैं जोकि रेयॉन या नायलॉन से निर्मित होता हैं। ये वाहन के भार को सम्पूर्ण टायरों पर विभक्त करने में सहायक होती हैं।

5. केसिंग प्लाइयाँ Casing Plies

यह नायलॉन या रेयॉन के धागों से निर्मित की जाती है। यह, ट्यूब पर भार आने के कारण जो दबाव बनता है, उसे सम्भाले रखती है। इसके अतिरिक्त यह, वाहन पर सड़क के झटकों तथा उस पर आने वाले भार को भी सहन करती है।

इन प्लाइयों की संख्या पर ही टायर की मजबूती निर्भर करती है। अधिक प्लाई वाले टायर अधिक मजबूत होते हैं।

टायर ट्रेड डिजाइन Tyre Tread Design

टायर कम्पनियाँ टायर पर, उसकी उपयोगिता के अनुसार अलग-अलग प्रकार के डिजाइन बनाती हैं। इन ट्रेड डिजाइनों के अनुसार ही इन टायरों को पहचाना जाता है; जैसे—प्लस बार, ट्रेड मास्टर तथा पावर ग्रिप आदि। इस ट्रेड का गाड़ी की चाल तथा उसके चलने के स्थान के अनुसार चुनाव करके ही टायरों का प्रयोग करना चाहिए जिससे गाड़ी की चाल पूर्ण क्षमता पर उपयोग की जा सके।

इन ट्रेडों के घिस जाने से व्हील्स स्लिप होने लगते हैं तथा उनकी रोड ग्रिपिंग शक्ति (road gripping power) कम हो जाती है। अत: घिसे हुए टायरों को बदलना चाहिए या उन्हें अच्छी प्रकार रीट्रेडिंग करके प्रयोग करना चाहिए। निम्न चित्रों में कुछ प्रमुख टायर ट्रेड डिजाइन दर्शाए गए हैं

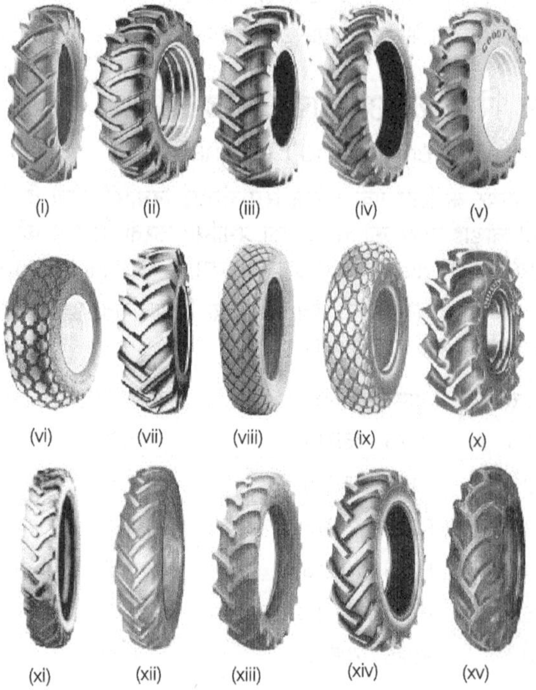

चित्र टायर ट्रेड डिजाइन

टायर के डिजाइन में ध्यान रखने योग्य बिन्दु Points to be Remembered in Design of Tyre

टायर ट्रेड के डिजाइन में कुछ मौलिक विशिष्टियों को ध्यान में रखा जाता है जो टायरों को गुणवत्ता प्रदान करने में सहायक होती हैं। टायर की ब्रेकिंग पकड़ दो कारकों, ट्रेड सामग्री और मॉडल पर निर्भर करती है। सूखी सड़कों पर रन फ्लेट टायर सबसे अधिक पकड़ बनाए रखता है जबकि गीली सड़कों पर इसकी पकड़ नाममात्र की अर्थात् कम रह जाती है।

एक विशेष ट्रेड नमूने के लिए पकड़ यान्त्रिक तौर पर और घर्षण द्वारा प्रभावित होती है। ट्रेड्स के मध्य में पर्याप्त चौड़ी झिर्रियाँ सड़क के पानी के निकास का काम करती हैं। टायरों पर बहुत चौड़ी झिर्रियों की थोड़ी-सी संख्या की अपेक्षा उससे संकरी, परन्तु अधिक संख्या में झिर्रियाँ रखने से पानी का निकास अच्छी तरह होता है।

सड़क की सतह और टायर ढाँचे के विरूपण से उत्पन्न विभिन्न प्रकार के कम्पन भी शोर उत्पन्न करते हैं, परन्तु इनके अतिरिक्त टायरों में होने वाला शोर ट्रेड के प्रकार पर भी निर्भर करता है।

टायर में होने वाले शोर के इस स्रोत को ट्रेड्स के मॉडल में थोड़ा आकार या आकृति परिवर्तन करके बन्द किया जा सकता है। कम घिसाई के लिए, टायर ट्रेड ऐसा हो कि चलते समय, इनके अलग-अलग खण्डों का कम-से-कम विरूपण हो पाए। टायर ट्रेड डिजाइन के कुछ उदाहरण निम्नवत् हैं

1. हाइवे डिजाइन—पक्की सड़कों पर ट्रकों तथा बसों हेतु
2. RK 20—कच्ची-पक्की सड़कों हेतु
3. सी 49—पक्की सड़कों पर कारों हेतु

टायर की संरचना के प्रकार
Types of Tyre Structure

टायर का नाम भी उनकी संरचना के अनुसार होता है, क्योंकि उनकी संरचना ही वाहन के प्रचालन (operation) के समय प्रतिबल सहन करने योग्य होती है। टायरों की संरचना निम्न तीन प्रकार की होती है

1. क्रॉस प्लाई टाइप Cross Ply Type

इस प्रकार के टायर में दो प्लाइयों के धागे विपरीत दिशाओं में बुने जाते हैं। ये धागे टायरों की अक्ष पर 30° से 40° के झुकाव पर बुने जाते हैं। इस प्रकार के टायरों को ही क्रॉस बायस्ड प्रकार भी कहते हैं। इनमें प्लाइयों की संख्या 1, 4, 6, 8, 10, 12, 14, 16 होती है, जिनमें से 1, 3, 5 किसी एक दिशा में तथा 2, 4, 6 उसके विपरीत दिशा में बुनी जाती है। यह क्रम पूरी प्लाई संख्या में समान रखा जाता है। इस प्रकार निर्मित टायर कम घिसते हैं। इन ढाँचे वाले टायरों का उपयोग केवल फ्रण्ट व्हील पर ही किया जाता है।

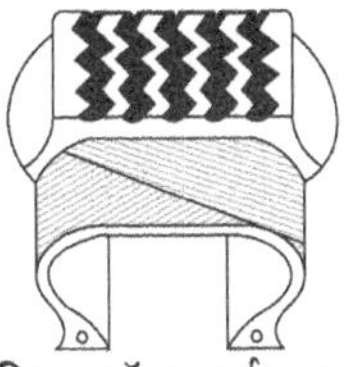

चित्र क्रॉस प्लाई टाइप

2. रेडियल प्लाई टाइप Radial Ply Type

इसमें प्लाइयों के धागे रेडियल दिशा में बुने होते हैं जिसमें मूल रचना के ऊपर परिधीय दिशा में कुछ ब्रेकर पट्टियाँ (breaker strips) लगी होती हैं। ब्रेकर पट्टियों को बनाने हेतु लचीला पदार्थ प्रयुक्त करना चाहिए, परन्तु यह पदार्थ विस्तार होने वाला नहीं होना चाहिए जिससे कि टायर में हवा बढ़ने पर उसकी परिधि में कोई परिवर्तन न हो।

चित्र रेडियल प्लाई टाइप

ब्रेकर पट्टियों के बिना रेडियल प्लाइयों से यात्रा बहुत आरामदायक होती है, परन्तु इसमें पार्श्व-स्थायित्व (lateral stability) नहीं होता।

3. बैल्टेड बायस टाइप Belted Bias Type

यह क्रॉस प्लाई तथा रेडियल प्लाई ढाँचे का मिश्रित रूप होता है जिनकी मूल रचना क्रॉस प्लाई टायर के समान होती है जिसके ऊपर कुछ ब्रेकर पट्टियाँ लगी होती हैं और ट्रेड क्षेत्र में स्थायित्व आ जाता है।

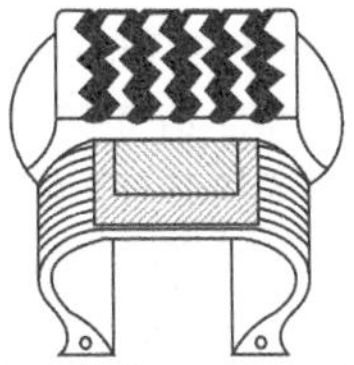

चित्र बैल्टेड बायस टाइप

इससे सड़क पर टायर का रगड़ना कम हो जाता है तथा इस प्रकार टायर की आयु बहुत बढ़ जाती है। साथ ही पट्टियों अथवा बैल्टों के कारण टायरों का कटाव तथा पंक्चर प्रतिरोधकता बढ़ जाते हैं और टायरों की न फिसलने की क्षमता भी बढ़ जाती है। बैल्टेड बायस टायरों के कुछ दोष भी हैं जो निम्न हैं

(i) इसमें घिसावट अधिक होती है।
(ii) इसकी जमीन पर पकड़ कम होती है।
(iii) इसमें स्लाइडिंग प्रभाव होता है।
(iv) इसमें ईंधन की खपत अधिक होती है।

क्रॉस प्लाई टाइप व रेडियल प्लाई टाइप टायरों के बीच तुलनात्मक विश्लेषण Comparative Analysis between Cross Ply Type and Radial Ply Type Tyre

1. रेडियल प्लाई टायरों की साइड दीवारें, क्रॉस प्लाई टायरों की अपेक्षा 25% अधिक आघात सह सकती हैं।
2. रेडियल प्लाई टायरों में गीली सड़कों पर ब्रेक लगने तथा पानी हटाने की दक्षता क्रॉस प्लाई टायरों की तुलना में अधिक होती है।
3. रेडियल प्लाई टायरों में ब्रेकर पट्टियाँ लगी होती हैं जबकि क्रॉस प्लाई टायरों में ब्रेकर पट्टियाँ नहीं होती हैं।
4. रेडियल प्लाई टायरों के छोटे स्लिप कोण क्रॉस प्लाई टायरों की अपेक्षा अधिक अच्छे स्टीयरिंग गुण प्रदान करते हैं।
5. मोड़ पर मुड़ते समय रेडियल प्लाई टायरों में विरूपण तथा सड़क पर से एक ओर से उठ जाने की प्रवृत्ति कम होती है।

   इस प्रकार रेडियल प्लाई टायरों में सड़क के साथ अधिक स्पर्श होता है व मोड़ पर मुड़ते समय फिसलने की प्रवृत्ति कम होती है।

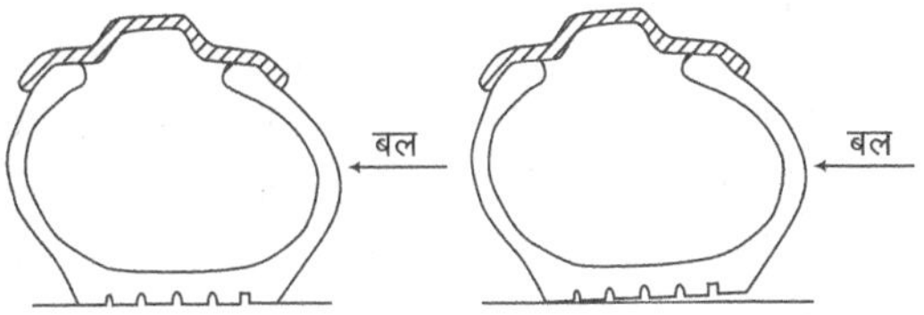

(a) रेडियल प्लाई टायर (b) क्रॉस प्लाई टायर

चित्र मोड़ काटते समय टायर विरूपण की तुलना

6. रेडियल प्लाई टायरों में ब्रेकर पट्टियों के कारण ट्रेडेड क्षेत्र में पंक्चर, काट इत्यादि टायर की क्रॉस प्लाई टायरों की अपेक्षा कम होते हैं।
7. रेडियल प्लाई टायरों की प्रारम्भिक लागत क्रॉस प्लाई टायरों से लगभग 20% अधिक होती है।

टायरों के साइज व पदनाम Size of Tyres and Designation

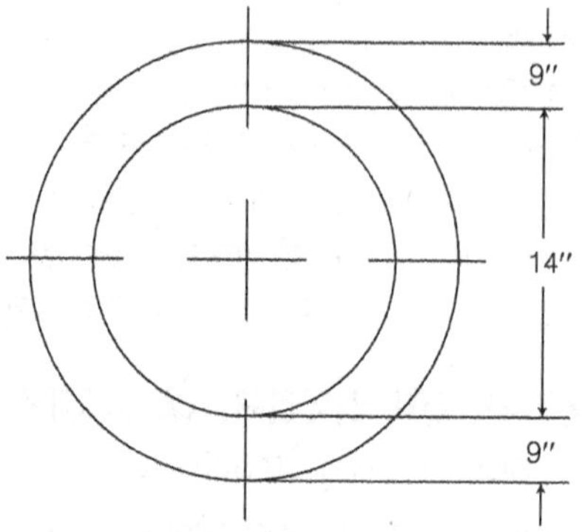

छोटी-बड़ी गाड़ियों में अलग-अलग साइज के टायर प्रयोग किए जाते हैं। प्रत्येक टायर पर निर्माता द्वारा उसका साइज प्रदर्शित किया जाता है। इसमें टायर की शोल्डर तक चौड़ाई तथा बीड-से-बीड तक की नाप के अतिरिक्त प्लाई रेटिंग अर्थात् प्लाई की संख्या लिखी रहती है। उदाहरण के लिए यदि किसी टायर पर 6.00-14-6PR लिखा है, तो इसका अर्थ निम्नलिखित है

1. इसमें टायर की शोल्डर-से-शोल्डर तक चौड़ाई 6 इंच है।
2. इसमें बीड-से-बीड की माप (रिम का व्यास) 14 इंच है।
3. इसमें छः प्लाई हैं।

अन्य उदाहरण के लिए, नीचे एक टायर दर्शाया गया है जिस पर 9′′ × 14′′ 14 PR कोड अंकित है। इस कोड में 9′′ शोल्डर की चौड़ाई, 14′′ बीड का व्यास तथा 14 प्लाइयों की संख्या है।

टायरों के साइज को मीट्रिक तथा इंच दोनों विमाओं में दर्शाया जाता है जैसा कि निम्न तालिका में दर्शाया गया है

मीट्रिक साइज

	110/ **a**	**70** **b**	**R** **c**	**17** **d**	**54** **e**	**V** **f**	
a : टायर चौड़ाई (110 मिमी) d : रिम व्यास (17 इंच)		b: आस्पेक्ट अनुपात (70%) e: अधिकतम भार (212 किग्रा 290 किलो पास्कल पर)					c: रेडियल संरचना f: स्पीड लिमिट (240 किमी/घण्टा)
	130/ a	90 b	- c	18 c	69 e	H	f
a : टायर चौड़ाई (130 मिमी) d : (रिम व्यास) (18 इंच)		b: आस्पेक्ट अनुपात (70%) e: अधिकतम भार (325 किग्रा 280 किलो पास्कल)					c: रेडियल संरचना f: स्पीड लिमिट (210 किमी/घण्टा)
	4.00 a	H b	_	18 c	4PR d		
a : टायर चौड़ाई (4 इंच) d : टायर क्षमता (4 प्लाई रेटिंग)		b: स्पीड लिमिट (210 किमी/ घण्टा)					c: रिम व्यास (18 इंच)

टायर के प्रकार Types of Tyre

आवश्यकता के अनुसार, मोटरगाड़ियों में निम्न प्रकार के टायर प्रयोग किए जाते हैं

1. ट्यूब टायर 2. ट्यूबरहित टायर

1. ट्यूब टायर Tube Tyres

इस प्रकार के टायर को परम्परागत (traditional) प्रकार के टायर भी कह सकते हैं। ट्यूब टायरों को उनकी काट की ढाँचागत भिन्नता के कारण स्पष्ट पहचाना जा सकता है। एक ट्यूब युक्त टायर में ढाँचा मुख्यत: विभिन्न लोड देने वाली मूल रचना होती है और इसमें रेयॉन या किसी अन्य उपयुक्त पदार्थ के रेशों से एक विशेष विधि से बुनी हुई कुछ प्लाइयाँ होती हैं। टायर को रिम से बाहर न निकलने देने के लिए ये प्लाइयाँ उच्च सामर्थ्य वाले इस्पात के तारों से निर्मित दो रिंगों से संयोजित होती हैं। इन रिगों को ही बीड कहते हैं जो रिम में फिट हो जाते हैं।

टायर के बाह्य भाग पर ट्रेड्स बने होते हैं जिनकी संरचना भार, पकड़, शोर व घिसाई (wear) को ध्यान में रखकर तैयार की जाती है। टायरों की साइडों का डिजाइन ऐसा होता है कि वे चलते समय बिना खराब हुए मुड़ सकें। इस टायर में ट्यूब डाले जाने की व्यवस्था होती है और उसमें अनुशंशित मात्रा तक हवा भरी जाती है।

हवा भरने के उपरान्त लचीली ट्यूब, टायर के रिक्त स्थान में फैल जाती है और टायर को सहारा देने का कार्य करती है।

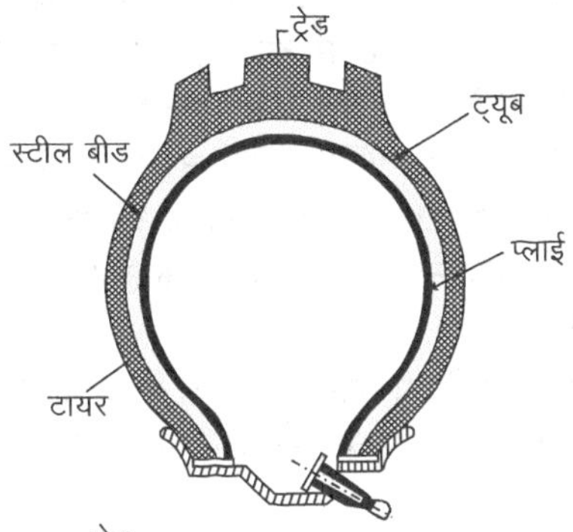

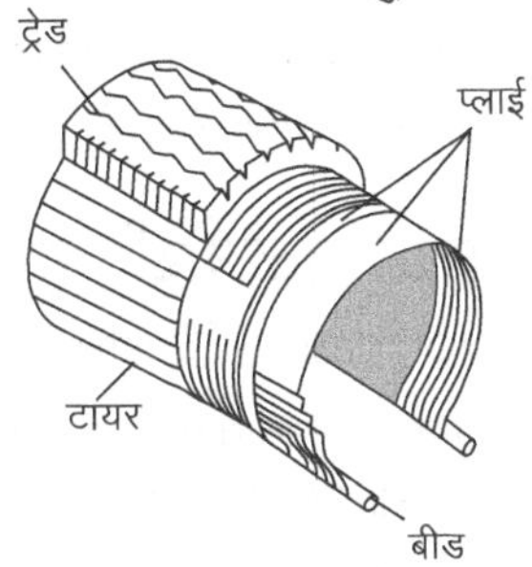

ट्यूब टायर निम्न प्रकार के हो सकते हैं

(i) **उच्च दाब टायर** (High pressure tyre) वे टायर जिनमें अधिक हवा का दबाव रखा जाता है, उच्च दाब टायर कहलाते हैं।

इस प्रकार के टायरों का प्रयोग केवल भारी गाड़ियों में किया जाता है। इन टायरों के केवल कुछ भाग का ही सम्बन्ध सड़क से रहता है।

इस कारण स्टीयरिंग तो सरलता से प्रयोग किया जा सकता है, परन्तु इसमें सड़क के झटके सहने की प्रवृत्ति कम रहती है।

(ii) **निम्न दाब टायर** (Low pressure tyre) इस प्रकार के टायर छोटी मोटरगाड़ियों; जैसे—कारों आदि में प्रयोग किए जाते हैं। इन टायरों में कम दबाव की हवा भरी जाती है।

इससे टायर का भूमि के साथ सम्पर्क क्षेत्रफल बढ़ जाता है जिसके परिणामस्वरूप ये उच्च दाब टायरों की अपेक्षा सड़क के झटकों को अधिक सहन कर लेते हैं।

ये टायर सड़क पर अपेक्षाकृत कम स्लिप होते हैं। इनके प्रयोग से स्टीयरिंग थोड़ा भारी हो जाता है, इसलिए इनके साथ वाहन में अच्छे प्रकार के स्टीयरिंग का प्रयोग करना आवश्यक होता है।

(iii) **अतिरिक्त निम्न दाब अथवा बैलून टाइप टायर** (Extra low pressure or balloon type tyre) इस प्रकार के टायर काफी चौड़े होते हैं। इन टायरों में हवा का दबाव बहुत कम रखा जाता है, इन्हें बैलून टाइप टायर भी कहते हैं। इनका प्रयोग रेतीले स्थानों पर बहुत सफल रहता है। मिलिट्री की गाड़ियों में इस प्रकार के टायर अधिक प्रयोग होते हैं।

इसके अतिरिक्त हैवी अर्थ मूविंग व्हीकल; जैसे—डोजर आदि में ऐसे टायर प्रयोग किए जाते हैं, परन्तु इनके साथ वाहन में हाइड्रॉलिक स्टीयरिंग का प्रयोग करना पड़ता है।

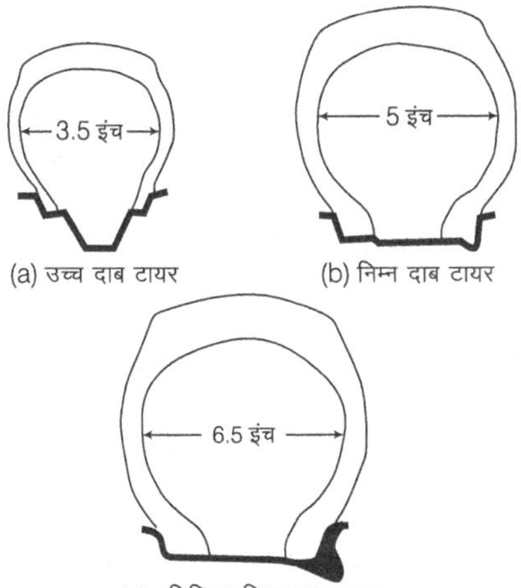

(a) उच्च दाब टायर (b) निम्न दाब टायर

(c) अतिरिक्त निम्न दाब टायर

चित्र ट्यूब टायर

2. ट्यूबरहित टायर Tubeless Tyres

ट्यूबसहित टायरों के अन्दर ट्यूब फिट की जाती है तथा उसमें हवा भरी जाती है, परन्तु अब बिना ट्यूब के टायरों का भी आविष्कार कर लिया गया है जो धीरे-धीरे सामान्य प्रचलन में आने लगे हैं। इसमें ट्यूब का प्रयोग नहीं होता है, इसलिए इसे ट्यूबरहित टायर कहा जाता है। इस प्रकार के टायरों में मुलायम रबर की एक तह अन्दर की ओर लगी रहती है। रिम पर जब इसे चढ़ा दिया जाता है, तो ये टायर टाइट हो जाते हैं, क्योंकि रिम की बाहरी सतह बहुत अच्छी बनी होती है।

रिम में ही वाल्व बॉडी लगी रहती है, जिसकी सहायता से इस टायर में हवा भर दी जाती है। इस प्रकार के टायर प्रयोग करते समय यह ध्यान रखना चाहिए कि रिम पूर्ण रूप से सीधा हो अन्यथा इनमें से हवा लीक करने लगती है। इनमें एक कमी यह है कि यदि इसमें पंक्चर हो गया है अथवा हवा लीक कर रही है, तो सम्पूर्ण टायर या रिम को ही पानी में डालकर चेक करना होता है।

टिप्पणी उपवर्णित दोनों ही प्रकार के टायर (ट्यूब एव ट्यूबरहित) न्यूमैटिक टायर कहे जाते हैं। इन दोनों ही प्रकार के टायरों में हवा भरी जाती है, जोकि टायरों में गद्देदार प्रभाव उत्पन्न करती है।

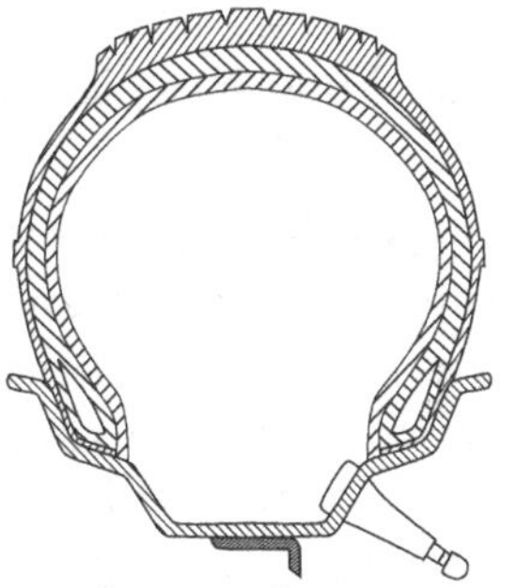

चित्र ट्यूबरहित टायर

ट्यूबरहित टायर के ट्यूब टायर की तुलना में लाभ (Advantages of Tubeless Tyre over Tube Tyre) वर्तमान समय में ट्यूबरहित टायर का प्रयोग अधिकतर किया जाता है। इस टायर के ट्यूब टायर की तुलना में मुख्य लाभ निम्नलिखित हैं

(i) सुरक्षा की दृष्टि से उत्तम
(ii) उच्च शीतलन
(iii) सरल असेम्बली
(iv) वायु का निम्न लीकेज
(v) निम्न भार
(vi) निम्न ऊष्मक

8.5 कुछ अन्य प्रकार के टायर Some Other Types of Tyre

वाहनों में प्रयुक्त होने वाले कुछ अन्य प्रकार के टायर निम्नवत् हैं

1. रन फ्लेट टायर Run Flat Tyre

इस प्रकार के टायरों की हवा निकल जाने जैसे कुप्रभावों को रोकने और पंक्चर के बाद भी गाड़ी को कम गति में भी कार्यरत् रहने के लिए डिजाइन किया जाता है। इस प्रकार के टायर प्रयोग करने से आकस्मिक् पंक्चर के कारण दुर्घटना होने की सम्भावना अपेक्षाकृत कम होती है एवं टायर अथवा व्हील्स क्षतिग्रस्त नहीं होते हैं। पंक्चर होने के बाद भी इन टायरों द्वारा वाहन को 40 से 50 मील तक 40-50 किमी/घण्टा की चाल से चलाया जा सकता है, क्योंकि पंक्चर होने पर भी ये टायर फ्लेट नहीं होते हैं। रन फ्लेट टायर निम्न प्रकार के होते हैं

(i) सेल्फ-सीलिंग टायर Self-sealing tyre

इस प्रकार के टायर की बनावट में यह भिन्नता होती है कि टायर के भीतर ट्रेड्स-क्षेत्र के नीचे एक अतिरिक्त लाइनिंग होती है और इस पर पंक्चर-सीलेंट की एक परत चढ़ी होती है जो 4 मिमी व्यास तक के पंक्चरों को सदैव के लिए सील कर सकती है। यह सीलेंट पंक्चर करने वाली वस्तु; जैसे—कील के चारों ओर सील कर देता है और बाद में जब उस वस्तु को निकाल दिया जाता है, तो ट्रेड्स के बीच का छिद्र स्वयं भर जाता है। इसके अतिरिक्त आजकल ऐसे टायर-सीलेंट भी उपलब्ध हैं जिन्हें सामान्य टायर के हवा-वाल्व में से ही इंजेक्ट कर सकते हैं।

(ii) सेल्फ-सपोर्टिंग टायर Self-supporting tyre

विशेष तौर पर निर्मित इन टायरों की साइड-दीवारें अधिक दृढ़ होती हैं जिससे पंक्चर होने पर ये दीवारें वाहन के भार को स्वयं सहन कर सकती हैं। एक जटिल बनावट में साइड-वॉल की ऊष्मारोधी डोरी की प्लाइयों के बीच रबड़ की एक प्लाई होती है जो हवा के दाब के कम हो जाने पर साइड दीवारों को मुड़ने से रोकती है।

ऐसे टायरों के बीड्स भी विशेष प्रकार के होते हैं जो भीतर की हवा के न रहने पर भी व्हील्स के रिम पर अपनी पकड़ कम नहीं करते। ऐसे टायरों की साइड दीवारें इतनी दृढ़ होती हैं कि बाहर से हवा-दाब के कम होने के कोई लक्षण दिखाई नहीं देते, इसलिए इन टायरों में हवा के दाब का निरीक्षण करने हेतु हवा-दाब-मॉनीटर प्रणाली लगानी आवश्यक हो जाती है जिससे कि चालक को पंक्चर के कारण हवा के दाब में कमी का ज्ञान रहे तथा वह शीघ्र उसकी मरम्मत करा सके और टायर व व्हील को अत्यधिक क्षति से बचा सके।

2. स्पेस सेवर टायर Space Saver Tyres

स्पेस सेवर टायरों का उपयोग सामान्यतया विविध परीक्षण करने के लिए किया जाता है। स्पेस सेवर टायर को व्हील के ऊपर ही माउण्ट किया जाता है जिससे अतिरिक्त उपकरणों की आवश्यकता नहीं होती, क्योंकि टायर को व्हील के ऊपर अलग से नहीं चढ़ाया जाता है।

ये टायर मुख्य रूप से स्टील या मिश्र धातु के बने व्हील्स पर प्रयुक्त होते हैं। इन टायरों को क्षतिग्रस्त स्थिति में आपातकालीन प्रतिस्थापन हेतु प्रयोग किया जाता है।

यह टायर गाड़ी में पीछे की ओर लगा होता है या गाड़ी में रखा होता है और गाड़ी का कोई टायर पंक्चर हो जाने पर इसका उपयोग कर लिया जाता है।

इन टायरों की अधिकतम स्वीकार्य गति 80 किमी/घण्टा होती है। इन्हें स्पोर्ट्स कारों में अधिक प्रयोग किया जाता है।

8.6 टायर सम्बन्धी तकनीकी सूचना Technical Information Related to Tyre

टायर निर्माताओं के लिए यह अनिवार्यता होती है कि वे सभी टायरों के साइड-किनारों पर मानकीकृत तकनीकी सूचनाएँ दें।

ये सूचनाएँ टायरों के मूल आधारों की पहचान एवं व्याख्या करती हैं।

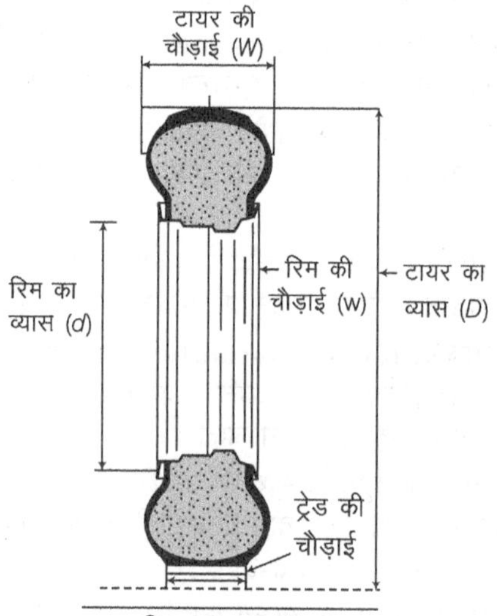

चित्र टायर का आकार

टायर रेटिंग Tyre Rating

टायरों की साइड वॉल (sidewall) पर अंकित जानकारी ही टायर रेटिंग कहलाती है। टायर रेटिंग कुछ शब्दों तथा अंकों का समूह होता है जिसके द्वारा टायर के प्रकार, सेक्शन चौड़ाई, आस्पेक्ट अनुपात, गति संकेत, संरचना का प्रकार, रिम का व्यास, भार क्षमता आदि की जानकारी प्राप्त होती है।

निम्न चित्र में P215/65R15 89H टायर रेटिंग वाले टायर को दर्शाया गया है

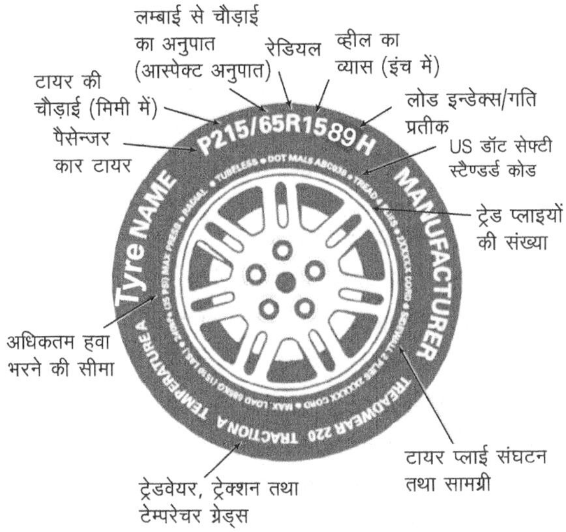

चित्र टायर सम्बन्धी तकनीकी सूचनाएँ

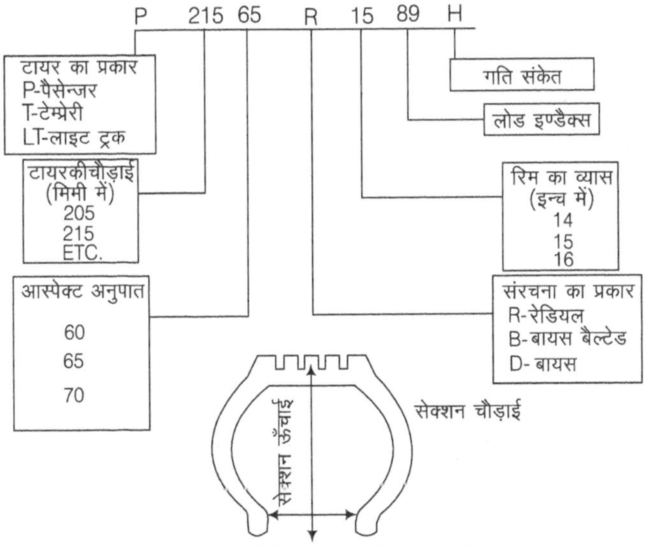

चित्र टायर रेटिंग (साइड वॉल जानकारी)

टायर रेटिंग से सम्बन्धित पद निम्नलिखित है

1. टायर प्रकार Tyre Type

यह टायर के उपयुक्त प्रयोग को दर्शाता है; जैसे—P का अर्थ है, पैसेन्जर कार टायर। इसी प्रकार LT, लाइट ट्रक के लिए प्रयुक्त होता है।

2. टायर की चौड़ाई Tyre Width

टायर की चौड़ाई उसकी एक साइड वॉल से दूसरी साइड वॉल तक की माप होती है, जोकि टायर पर मिमी में अंकित होती है। चित्र में दर्शाया गया टायर 215 मिमी चौड़ाई का है।

3. आस्पेक्ट अनुपात Aspect Ratio

टायर की लम्बाई से चौड़ाई का अनुपात आस्पेक्ट अनुपात कहलाता है। चित्र में प्रदर्शित टायर में आस्पेक्ट अनुपात 65 है जिसका अर्थ है कि टायर की लम्बाई, उसकी चौड़ाई की 65% है।

4. संरचना Construction

टायर की संरचना का प्रकार भी टायर पर अंकित होता है जैसे अक्षर *B*, टायर की बायस संरचना हेतु तथा *R*, टायर की रेडियल प्लाई संरचना हेतु प्रयोग होता है।

5. व्हील का व्यास Wheel Diameter

व्हील के एक सिरे से दूसरे सिरे तक की चौड़ाई व्हील का व्यास कहलाती है।

टायर पर यह माप इंच में अंकित होती है। चित्र में प्रदर्शित टायर 15 इंच व्यास के व्हील हेतु डिजाइन किया गया है।

6. लोड इण्डेक्स Load Index

यह टायर के द्वारा वहन करने वाले अधिकतम लोड को दर्शाता है। टायर पर यह माप पाउण्ड या किग्रा में अंकित रहती है।

लोड इण्डेक्स तथा सम्बन्धित अधिकतम लोड को निम्न तालिका में दर्शाया गया है।

लोड इण्डेक्स	अधिकतम लोड किग्रा	लोड इण्डेक्स	अधिकतम लोड किग्रा	लोड इण्डेक्स	अधिकतम लोड किग्रा	लोड इण्डेक्स	अधिकतम लोड किग्रा	लोड इण्डेक्स	अधिकतम लोड किग्रा
30	106	40	140	50	190	60	250	70	335
31	109	41	145	51	195	61	257	71	345
32	112	42	150	52	200	62	265	72	355
33	115	43	155	53	206	63	272	73	365
34	118	44	160	54	212	64	280	74	375
35	121	45	165	55	218	65	290	75	387
36	125	46	170	56	224	66	300	76	400
37	128	47	175	57	230	67	307	77	412
38	132	48	180	58	236	68	315	78	425
39	136	49	185	59	243	69	325	79	437

7. स्पीड संकेत Speed Symbol

स्पीड संकेतों के द्वारा वाहन की अधिकतम स्पीड को प्रदर्शित किया जाता है जैसा कि निम्न तालिका से स्पष्ट है।

स्पीड संकेत	अधिकतम स्पीड
J	100
N	140
P	150
S	180
H	210
V	240
ZR	240 से अधिक

8. तापमान तथा कर्षण हेतु टायर रेटिंग Tyre Rating for Temperature and Traction

टायर की साइड वॉल पर हुई मार्किंग में तापमान तथा कर्षण के लिए भी मार्किंग रहती है जिससे पता चलता है कि टायर किस तापमान पर कितना कर्षण सहन कर सकता है तथा उसमें कितनी घिसाई की सम्भावना है।

ट्रेड की घिसाई (tread wear) की संख्या जितनी अधिक होगी, टायर का जीवनकाल भी उतना ही अधिक होगा। टायर के ट्रेड की घिसाई को प्राय: प्रतिशत में समझा जाता है, क्योंकि प्रत्येक वाहन समान सतह तथा समान गति पर नहीं चलता है।

चित्र में दर्शाए गए टायर की घिसाई की संख्या 220 है जिसका अर्थ है कि इस टायर की घिसाई अवधि 440 घिसाई की संख्या वाले टायर की घिसाई अवधि की आधी है। टायर के कर्षण की रेटिंग, अक्षर द्वारा व्यक्त की जाती है। यह रेटिंग गीली कंक्रीट पर वाहन को रोकने हेतु टायर की क्षमता को दर्शाती है। टायरों पर यह रेटिंग प्राय: AA, A, B, C द्वारा अंकित रहती है जिनमें से AA उच्चतम रेटिंग है तथा C निम्नतम रेटिंग है। चित्र में प्रदर्शित टायर की कर्षण रेटिंग (traction rating) A है।

इसके अतिरिक्त, टायर पर तापमान रेटिंग भी अक्षरों द्वारा व्यक्त की जाती है। यह रेटिंग टायर के तापमान सहन करने की क्षमता को दर्शाती है।

टायरों में तापमान रेटिंग को A, B, C द्वारा दर्शाया जाता है जिनमें से A उच्चतम तथा C निम्नतम रेटिंग है चित्र में प्रदर्शित टायर की तापमान रेटिंग (temperature rating) A है। इनके अतिरिक्त टायरों पर प्लाई रेटिंग भी अंकित होती है; जैसे—9.90-20-12 कोड में 9" टायर की चौड़ाई, 20" रिम का व्यास तथा 12 प्लाई रेटिंग है।

8.7 टायरों की घिसाई Tyre Wear

टायर घिसने के दृश्यिक परीक्षण के लिए ट्रेड्स के खाँचों के नीचे घिसाई सूचकों की व्यवस्था (arrangement) होती है।

टायर घिसने के पश्चात् जब ट्रेड्स की शेष मोटाई 1.5 मिमी रह जाती है, तब ये सूचक 12 मिमी चौड़ी पट्टियों के रूप में सामने निकल आते हैं। इन सूचकों के प्रदर्शित होने पर टायर बदल देना चाहिए।

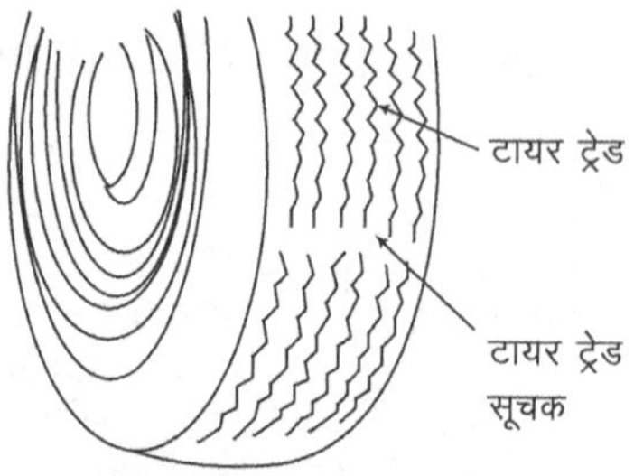

चित्र टायरों की घिसाई

टायर घिसने के मुख्य कारण Main Causes of Tyre Wear

टायर के घिसने के मुख्य कारण निम्नवत् हैं

1. टायर में उचित दबाव की हवा का न होना
2. व्हील एलाइनमेन्ट ठीक न होना
3. अनावश्यक एक्सेलेरेशन तथा ब्रेकिंग
4. स्टीयरिंग के जोड़ों में प्ले का होना
5. किंग पिन टूटी होना या टेढ़ी होना
6. व्हील रिम का टेढ़ा होना
7. वाहन में निर्धारित भार से अधिक भार होना
8. भार को असन्तुलित रूप से लादना
9. ब्रेकों का सही न होना
10. एक नाप के टायरों का न होना
11. गाड़ी को लापरवाही से चलाना
12. टायर रोटेशन न करना
13. चेसिस का टेढ़ा होना
14. व्हील बियरिंग खराब होना
15. टायर में चिकनाई लगी होना

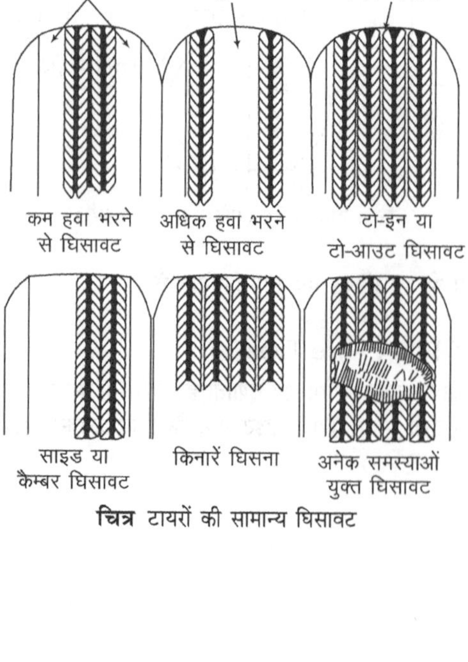

चित्र टायरों की सामान्य घिसावट

टायरों में होने वाली घिसाई का विवरण निम्नवत् है

1. **शोल्डर्स पर तीव्र घिसाई** Rapid wear at shoulders

टायर-ट्रेड मध्य की अपेक्षा साइडों पर अधिक घिसता है, ऐसा टायर में हवा का दबाव कम होने के कारण ही होता है।

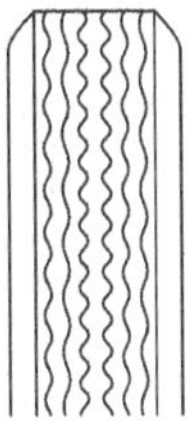

2. **एक साइड घिसाई** One side wear

टायरों की एक साइड घिसाई गलत कैम्बर कोण या गलत टो-इन के कारण होता है।

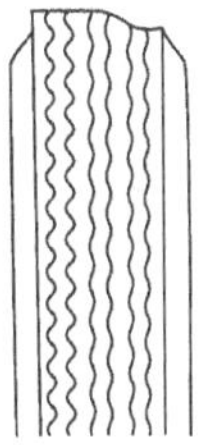

3. **मध्य की घिसाई** Wear of middle

इसका मुख्य कारण टायर में हवा का दबाव अधिक होना है।

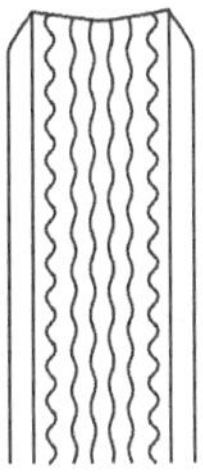

4. **बाल्ड स्पॉट्स घिसाई** Bald spots wear

यह टेढ़े व्हील्स या टायर और व्हील्स की असेम्बली सन्तुलित न होने के कारण होती है। आकस्मिक त्वरण व ब्रेकिंग के कारण भी इस प्रकार की घिसाई हो सकती है।

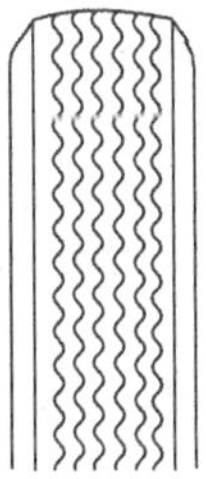

5. **एकसमान घिसाई** Uniform wear

खराब सड़कों पर या तेज गाड़ी चलाने से टायर एकसमान परन्तु अधिक घिसते हैं। उदाहरणार्थ—50 किमी/घण्टा की अपेक्षा 90 किमी/घण्टा की गति पर दोगुनी घिसाई होती है।

6. **ट्रेड्स पर पंखदार किनारों वाली द्रुत घिसाई** Speedy wear of feathered sides on trades

इस प्रकार की घिसाई का पता ट्रेड्स पर अँगुलियाँ रखकर आड़ी दिशा में पहले एक ओर तथा फिर दूसरी ओर फिराने से चलता है। इस प्रकार की घिसाई से टायर अधिक फिसलने लगता है। यह घिसाई पहियों के एक सीधी रेखा में न लगे होने से होती है।

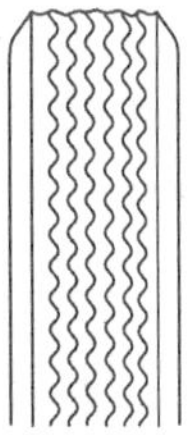

7. **ट्रेड्स का चटकना** Cracking of trades

यह घिसाई अधिक भार तथा हवा के अत्यधिक अथवा अति कम दाब के होने से हो सकता है।

8. **ट्रेड्स अथवा परतों का पृथक्कीकरण** Separation of trades or layers

ऐसा अधिक लोड, अत्यधिक अथवा अति कम हवा-दाब, उच्च गति या संघटन के कारण हो सकता है।

9. **टायर लीड** Tyre lead

लीड, गाड़ी की उस प्रवृत्ति को कहते हैं जिसके कारण स्टीयरिंग व्हील्स पर कोई बल न लगा होने पर भी गाड़ी अपने सीधे पथ से विचलित होती है। यह गलत अलाइनमेन्ट, असमान ब्रेक समंजन अथवा टायर की बनावट में कोई दोष होने के कारण हो सकती है; जैसे

(i) रेडियल टायर में पट्टी मध्य में न होने से गाड़ी पर बल लगता है जिसके कारण गाड़ी के व्हीलों में लीड उत्पन्न हो जाती है।

(ii) यदि किसी टायर के एक साइड का व्यास दूसरी साइड के व्यास से भिन्न है, तो उस टायर में एक दिशा में रोल करने की प्रवृत्ति होगी जिसके कारण एक बल उत्पन्न होगा जिससे गाड़ी में लीड उत्पन्न हो सकती है।

8.8 टायर रीट्रेडिंग Tyre Retreading

यह टायर को पुनः जीवन देने की एक मितव्ययी व्यवस्था है। वाहन में टायर का निरन्तर उपयोग करने पर निश्चित सेवाकाल पूर्ण कर लेने के उपरान्त टायरों को बदलने की आवश्यकता होती है। अपनी क्रियावधि पूर्ण कर लेने वाले टायरों को पुनः उपयोगी बना लेने की व्यवस्था टायर रीट्रेडिंग है जिसमें एक निश्चित प्रक्रिया के द्वारा घिसे टायर पर आसंजक पदार्थ (adhesive) की सहायता से मशीन के द्वारा रबर प्लाई चढ़ा दी जाती है। रीट्रेडिड टायर यद्यपि वाहन को प्रचालन में सक्षम कर देता है, परन्तु यह ईंधन औसत (fuel average) के दृष्टिकोण से वाहन के लिए उपयुक्त नहीं होता है क्योंकि इन्हें प्रयोग करने से ईंधन की खपत अधिक होती है।

8.9 टायर रोटेशन Tyre Rotation

गाड़ी के टायर, व्हील अलाइनमेन्ट में थोड़ा-सा भी अन्तर आने के कारण एक ओर से खराब हो जाते हैं। इसके अतिरिक्त अन्य टायर भी किसी कारण एक समान फिट होने से खराब हो सकते हैं, जब वाहन चलता है, तो उसके सभी व्हील्स में समान घिसाव नहीं होता। प्रायः वाहन के फ्रण्ट टायर, रियर टायरों की अपेक्षा अधिक घिसते हैं, क्योंकि वाहन के मुड़ते समय फ्रण्ट टायर वाहन को स्टीयर करते हैं।

वाहन के सभी टायरों पर समान घिसाई हो, इसके लिए वाहन के टायरों को कुछ समय पश्चात् एक-दूसरे से अदल-बदल कर लगा दिया जाता है। टायरों के इस प्रकार परिवर्तित करने की क्रिया को टायर रोटेशन (tyre rotation) कहा जाता है। लगभग छ: हजार किमी के बाद टायरों को आपस में एक-दूसरे के स्थान पर बदलकर लगाना चाहिए। इससे सभी टायर एक-समान घिसेंगे तथा उनकी आयु भी बढ़ेगी।

टायर रोटेशन को नीचे दिए गए चित्रों की सहायता से समझा जा सकता है

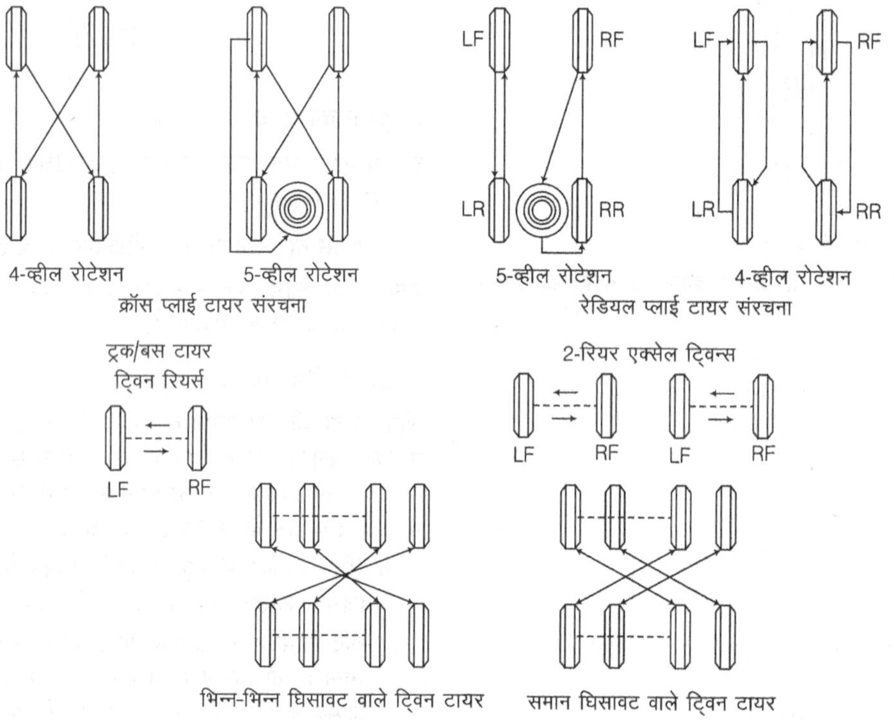

चित्र टायर रोटेशन

8.10 टायरों से सम्बन्धित कुछ महत्त्वपूर्ण पद Important Terms Related to Tyres

टायरों से सम्बन्धित महत्त्वपूर्ण पद निम्नवत् हैं

1. टायर विरूपण Tyre Distortion

धीरे-धीरे टायर की आन्तरिक संरचना को मजबूती प्रदान करने वाले तार के धागे निकल जाते हैं तथा टायर का आन्तरिक वायुदाब धागे निकले हुए कमजोर क्षेत्र को विकृत करने में सहायक हो जाता है। यह स्थिति टायर का विरूपण कहलाती है। इस स्थिति में गति सीमा (speed range) प्रमुख भूमिका का निर्वहन करती है। यदि 30 किमी प्रति घण्टा की गति पर वाहन में कम्पन उत्पन्न होता है, तो यह टायर विरूपण का प्रतीक है। एक विकृत टायर आगे स्टीयरिंग पकड़ को प्रभावित करता है, जबकि पीछे की ओर कम गति पर गाड़ी में कम्पन उत्पन्न करता है। टायर के विरूपित होने का मुख्य कारण स्टील के तार के धागों में जंग लग जाना है।

2. गुरुत्व केन्द्र Centre of Gravity

भौतिकी के अनुसार, प्रत्येक वस्तु को पृथ्वी अपने केन्द्र की ओर आकर्षित करती है, क्योंकि पृथ्वी के केन्द्र से वस्तु के विभिन्न कणों की दूरी लगभग समान होती है, इसलिए ये बल समान्तर रेखाओं पर कार्यरत् माने जाते हैं, इस प्रकार की समान्तर रेखाओं का परिणामी बल, वस्तु के एक निश्चित बिन्दु पर कार्यरत् होता है। इसी बिन्दु से होकर वस्तु का समस्त भार कार्य करता है, चाहे वस्तु किसी भी स्थिति में रहे। इस बिन्दु को हम गुरुत्व केन्द्र कहते हैं। वाहन के सन्दर्भ में किसी वाहन का गुरुत्व केन्द्र वह बिन्दु है जिसमें से होकर उस वाहन का समस्त भार कार्य करता है चाहे वाहन किसी भी स्थिति में रहे।

यह बिन्दु सम्पूर्ण वाहन का सन्तुलन बिन्दु होता है जो वाहन के बड़े पुर्जे की स्थिति पर निर्भर करता है। यह बिन्दु सड़क की सतह के ऊपर तथा फ्रण्ट व रियर टायरों के मध्य में होता है। जब कोई वाहन सड़क की सतह के किनारे पर मुड़ता है, तो इस बिन्दु पर ही अपकेन्द्रीय बल कार्यरत् होता है। इस बिन्दु की स्थिति को फ्रण्ट व रियर व्हील के भार वहन करने से ज्ञात किया जा सकता है। यदि वाहन के फ्रण्ट व्हील्स तथा रियर व्हील्स पर भार का वितरण 60:40 है, तो इसका गुरुत्व केन्द्र फ्रण्ट व्हील के समीप होगा। इससे वाहन स्थिर अवस्था में रहेगा। सड़क की सतह से वाहन का द्रव्यमान जितना ऊपर होगा, वाहन का गुरुत्व केन्द्र भी उतनी ही ऊँचाई पर स्थित होगा।

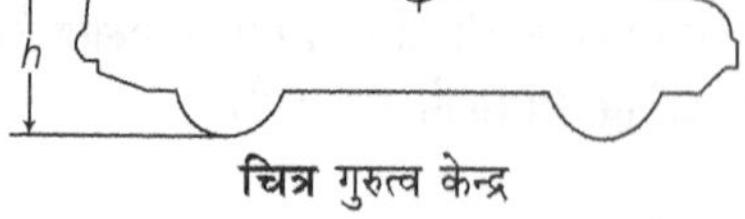

चित्र गुरुत्व केन्द्र

3. हिस्टेरेसिस Hysteresis

जब एक पहिया अथवा टायर किसी सतह पर रोल करता है, तो उसकी गति का विरोध करने वाला एक बल उत्पन्न होता है जोकि मुख्य रूप से नॉन-इलास्टिक प्रभाव के कारण होता है। यह विरोधी बल रोलिंग प्रतिरोध या हिस्टेरेसिस कहलाता है। कभी-कभी यह व्हील्स तथा सतह के मध्य की फिसलन के कारण भी उत्पन्न हो जाता है जोकि ऊर्जा को नष्ट कर देता है। दूसरे शब्दों में, हिस्टेरेसिस ऊर्जा में वह क्षति होती है जो टायर की वल्कनीकृत रबर (vulcanized rubber) के ट्रेड्स के नियमित खराब होने से होती है।

8.11 टायरों में हवा भरना Inflation of Tyres

टायर की नाप, प्लाई और कच्चे माल के आधार पर टायरों में अलग-अलग दबाव की हवा भरने की आवश्यकता होती है। किसी भी टायर में हवा का निश्चित दाब होना आवश्यक होता है जिससे वाहन का भार वहन किया जा सके। यदि टायर में वायुदाब निम्न होगा, तो टायर किनारों से अधिक घिसेगा और यदि टायर में वायुदाब उच्च होगा, तो टायर मध्य से अधिक घिसेगा।

टायरों में निम्नलिखित तालिका के अनुसार हवा भरनी चाहिए

टायर की माप	प्लाई संख्या	दबाव प्रति वर्ग इंच	दबाव प्रति वर्ग सेमी
I. मोटर साइकिल तथा स्कूटर टायर			
3.50-8	—	36	2.5
3.50-10	—	36	2.5
4.00-10	4	50	2.5
2.00-19	2	36	2.5
$2\frac{1}{2}$-19	2	36	2.5
2-12	2	36	2.5
II. हल्की कारों के टायर			
5.20-13	6	30	2.15
5.60-13	4	24	1.7
5.60-13	6	30	2.15
5.90-13	4	24	1.7
6.40-13	6	30	2.15
5.25-13	6	30	2.15
5.20-14	4	24	1.7
5.20-14	6	30	2.15
5.90-14	6	30	2.15
5.90-14	6	30	2.15
8.25-14	6	30	2.15
5.90-15	4	24	1.7
5.90-15	6	30	2.15
6.40-15	6	30	2.15
6.70-15	6	30	2.15
5.25-15	6	30	2.0
6.00-16	6	30	2.15
III. छोटे ट्रक तथा बड़ी कारों के टायर			
6.70-15	6	45	3.2
7.70-15	6	45	3.2
7.00-15	8	60	9.2
6.00-16	6	45	3.2
7.00-16	6	45	3.2
7.00-16	8	60	4.2
7.50-16	8	60	4.2
7.50-16	10	60	4.2
6.40-15	8	42	2.92
IV. ट्रक तथा बस के टायर			
8.25-15	14	90	6.3
9.00-16	10	60	4.2
10.50-16	12	75	5.3
7.50-20	12	90	6.3
8.25-20	10	70	4.9
8.25-20	12	85	6.0
9.00-20	12	85	6.0
9.00-20	14	95	6.7
10.00-20	14	95	6.7
10.00-20	14	100	7.0
11.00-20	14	90	6.3
11.00-20	16	100	7.0
12.00-20	16	90	6.3
14.00-20	20	90	6.3
14.00-20	22	110	7.75

PSI से किग्रा/सेमी^{2} में परिवर्तन हेतु तालिका

PSI	किग्रा/सेमी^{2}	PSI	किग्रा/सेमी^{2}
23	1.6	54.62	3.8
26	1.8	57.5	4.00
29	2.00	60.00	4.15
32	2.2	71.87	5.00
35	2.4	86.25	6.00
38	2.6	100.625	7.00
41	2.8	115.00	8.00
44	3.00	129.375	9.00
46	3.2	143.75	10.00
50.3	3.5		

टायरों में नाइट्रोजन Nitrogen in Tyres

सामान्यत: टायरों में कम्प्रैस्ड वायु भरी जाती है जिसमें लगभग 80% नाइट्रोजन तथा 20% ऑक्सीजन होती है। नाइट्रोजन अपेक्षाकृत अक्रिय (inert) तथा ऑक्सीजन क्रियाशील गैस है।

वर्तमान में कार के टायरों में नाइट्रोजन का भी प्रयोग आरम्भ हो गया है, जबकि हवाई जहाजों एवं रेसिंग कारों के टायरों में बहुत पहले से ही नाइट्रोजन का उपयोग किया जा रहा है। रेस ट्रैक तथा उद्योगों में प्रयुक्त नाइट्रोजन 99% तक शुद्ध होती है। इसे उच्च दाब सिलेण्डरों में 2000PSI से अधिक दाब पर स्टोर किया जाता है।

अमेरिका में 10% टायर विक्रेता 2 से 5 डॉलर में सम्पूर्ण जीवनकाल हेतु नाइट्रोजन भरने की सुविधा प्रदान करते हैं। हवा की अपेक्षा टायरों में नाइट्रोजन भरने से 0.4 से 0.6 किमी/लीटर ईंधन की खपत में सुधार हो जाता है। इसके अतिरिक्त नाइट्रोजन ऑक्सीकरण को कम करके टायर का जीवनकाल बढ़ा देती है साथ ही नाइट्रोजन का रिसाव हवा की तुलना में धीमी गति से होता है।

नाइट्रोजन के लाभ Advantages of Nitrogen

टायरों में नाइट्रोजन के लाभ निम्नलिखित हैं

(i) नाइट्रोजन टायरों के चालन तापमान को कम करती है जोकि कार अथवा मोटर साइकिल को अधिकतम भार एवं उच्चतम गति पर चलाने में उपयोगी है।

(ii) टायरों में नाइट्रोजन करने से इनकी चालन गुणवत्ता में सुधार होता है। यह गैस वायु की अपेक्षा कुछ हल्की होती है जो टायरों के बिना उछाल (un-sprung) भार के लिए लाभदायक है।

(iii) अधिक भार एवं गति पर टायरों के चलने के दौरान नाइट्रोजन इनके चालन तापमान को कम करती है जिससे टायरों का जीवनकाल बढ़ जाता है।

(iv) नाइट्रोजन, टायरों के दाब को नियत रखती है।

(v) टायर दाब के कम होने के प्रति अति संवेदनशील होते हैं, क्योंकि ये प्राकृतिक रूप से सरंध्र (Porous) होते हैं। इनकी बनावट के कारण इनमें से नाइट्रोजन का लीकेज कम्प्रैस्ड वायु की अपेक्षा धीरे-धीरे होता है। इसलिए इनके दाब में धीरे-धीरे कमी होती है।

(vi) ऑक्सीजन, टायर तथा रिम के पदार्थों से क्रिया करती है जिससे इनका ऑक्सीकरण होता है तथा धातुओं पर जंग लग जाता है। नाइट्रोजन एक अक्रिय गैस है जो टायर तथा रिम के पदार्थों से क्रिया नहीं करती है।

नाइट्रोजन की हानियाँ Disadvantages of Nitrogen

(i) टायरों में नाइट्रोजन भरना अपेक्षाकृत महँगा होता है।

(ii) टायरों में नाइट्रोजन भरने से इसका अनुरक्षण (maintenance) कम्प्रैस्ड गैस की अपेक्षा बढ़ जाता है।

(iii) टायरों में नाइट्रोजन भरने का मुख्य दोष इसकी उपलब्धता है। यह गैस सामान्य रूप में उपलब्ध नहीं होती है। यह केवल विशिष्ट टायर डीलरों के पास ही पाई जाती है।

(iv) कम्यूटर बाइकों (commuter bikes) के लिए नाइट्रोजन अधिक लाभप्रद नहीं होती है। यह केवल फॉर्मूला कारों (formula cars), हाई स्पीड रेसिंग कारों, मोटरसाइकिल तथा उच्च भार वाले वाहनों में ही लाभदायक होती है।

तालिका टायरों में नाइट्रोजन व वायुमण्डलीय वायु की तुलना

नाइट्रोजन	वायुमण्डलीय वायु
1. नाइट्रोजन टायरों के चालन तापमान को कम करती है।	1. वायुमण्डलीय वायु से टायरों का चालन तापमान बढ़ जाता है।
2. नाइट्रोजन से टायरों का दाब नियत रहता है।	2. वायुमण्डलीय वायु से टायरों का दाब घटता व बढ़ता रहता है।
3. नाइट्रोजन एक निष्क्रिय गैस है। इसका टायर के रिम व टायर के पदार्थ पर कोई प्रभाव नहीं पड़ता है।	3. वायुमण्डलीय वायु में उपस्थित ऑक्सीजन टायर व रिम के पदार्थ से क्रिया करती है जिससे इन पर जंग लग जाता है।
4. नाइट्रोजन, टायरों में न्यूनतम नमी बनाए रखने में सहायता करती है।	4. वायुमण्डलीय वायु से टायरों में नमी की मात्रा बढ़ जाती है।

8.12 टायर दाब निरीक्षण प्रणाली
Tyre Pressure Monitoring System, TPMS

वाहन की सुरक्षा तथा कार्यक्षमता को बनाए रखने हेतु टायर में हवा का दाब उचित होना आवश्यक है। इससे ईंधन की खपत भी कम होती है तथा यह टायर के जीवनकाल को भी बढ़ाता है।

वाहन के ड्राइवर को टायर में हवा के दाब का निरन्तर निरीक्षण करते रहना आवश्यक है। वाहनों में हवा के दाब का निरीक्षण करने हेतु टायर दाब निरीक्षण प्रणाली लगाई जाती है। इसमें टायर के दाब का दो प्रकार (डायरेक्ट तथा इनडायरेक्ट) से निरीक्षण किया जाता है।

डायरेक्ट निरीक्षण प्रणाली में प्रत्येक व्हील पर एक सेन्सर लगा होता है जो दाब को सेन्स करता है साथ ही इसमें वायरलैस ट्रांसमीटर भी लगा होता है जो डायरेक्ट टायर में दाब की रीडिंग बताता है।

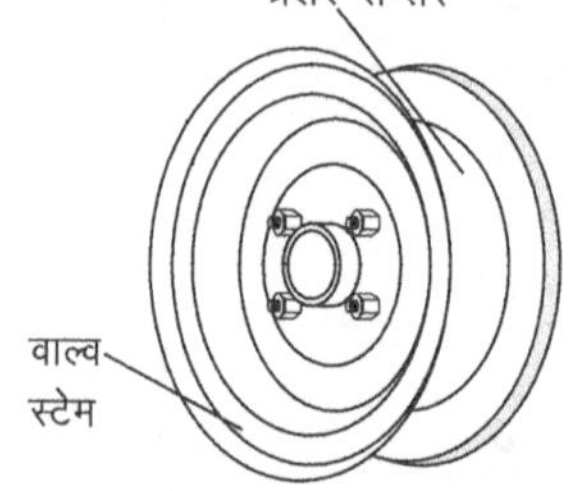

चित्र दाब निरीक्षण की डायरेक्ट प्रणाली

इनडायरेक्ट निरीक्षण प्रणाली में एक व्हील स्पीड सेन्सर लगा होता है जो एक टायर की अपेक्षा दूसरे टायर में हवा के दाब का कम होना प्रदर्शित करता है।

चित्र टायर दाब निरीक्षण की इनडायरेक्ट प्रणाली

टायरों में लगी यह प्रणाली चेतावनी देकर दर्शाती है कि टायरों में वायु का दाब असुरक्षित अवस्था में है। यह डैशबोर्ड पर लगा संकेतक (indicator) होता है जो एक पीले संकेत के माध्यम से वायु दाब के सन्दर्भ में अवगत कराता है। इस संकेतक की सहायता से दुर्घटनाओं को नियन्त्रित करने में सहायता मिलती है। सामान्य स्थितियों में पहियों के कम वायुदाब परिणामों से अवगत होने के पश्चात् चालक अनदेखा कर देते हैं।

TPMS का लाभ यह है कि यह वायु दाब की असुरक्षित अवस्था से अवगत करा देती है तथा इस प्रणाली के द्वारा ड्राइवर अपनी सीट से ही टायर के दाब का निरीक्षण कर लेता है।

8.13 टायर सुरक्षा Tyre Safety

मोटरगाड़ी के टायरों को अधिक समय तक चलाया जा सके इसके लिए निम्नलिखित बातों को ध्यान में रखना चाहिए, अन्यथा ये शीघ्र घिसकर खराब हो जाते हैं

1. टायरों में सही दबाव की हवा भरें, क्योंकि अधिक हवा के कारण टायर का रोड से सम्पर्क कम सतह से रहेगा तथा उस स्थान पर ही अधिक रगड़ पड़ने से वह शीघ्र घिसेगा। साथ ही टायर की दीवारों पर तनाव पड़ने से वे कमजोर होकर टूट जाएँगी।

   इसके विपरीत यदि हवा का दबाव टायरों में कम होगा, तो टायर की अधिक सतह सड़क के सम्पर्क में आएगी जिससे गाड़ी की चाल पर प्रभाव पड़ेगा, स्टीयरिंग भारी रहेगा तथा टायर पूरी गोलाई में चटक जाएगा, इसलिए सप्ताह में एक बार टायर प्रेशर अवश्य चैक कर लें।
2. किसी लम्बे सफर से आने के बाद टायर गर्म हो जाते हैं तथा गर्मी के कारण हवा का दबाव बढ़ जाता है, इसलिए लम्बे सफर के बाद दबाव चैक करके हवा को कम कर देना चाहिए।
3. खराब मार्गों पर टायर के ट्रेड में कंकड़, कील तथा लोहे के टुकड़े फँस जाते हैं। सफर के बाद टायर को चैक करके इन्हें निकाल देना चाहिए।
4. मोटरगाड़ी को अनावश्यक रूप से बार-बार तेज चलाकर ब्रेक नहीं लगाने चाहिए।
5. मोड़ते समय गाड़ी की गति कुछ धीमी कर लें अन्यथा टायर घिस जाते हैं।
6. फ्रण्ट व्हील्स का व्हील एलाइनमेन्ट सही रखें, फ्रण्ट टायर इसी कारण अधिक घिसते हैं।
7. गाड़ी को लगातार सड़क के किनारे पर ही न चलाएँ, क्योंकि छोटे-छोटे कंकड़ किनारे की ओर जमा होते रहते हैं, जिससे टायर शीघ्र घिसते हैं।
8. टायरों पर यथासम्भव किसी प्रकार की चिकनाई न लगने दें, यह रबर को कमजोर करती है।
9. गाड़ी जितने भार के लिए बनी हो उस पर उससे अधिक भार न लादें।
10. टायर व ट्यूब में मरम्मत करने की आवश्यकता हो तो तुरन्त कराएँ अन्यथा इस दोष के कारण हो सकता है कि टायर खराब हो जाए।
11. समय-समय पर टायरों को आपस में बदल देना चाहिए इससे सभी टायर समान रूप से घिसेंगे।
12. यदि गाड़ी को कुछ दिनों के लिए चलाना न हो, तो गाड़ी के व्हीलों को जैकअप कर दें और उनमें हवा भी कम कर दें। यदि गाड़ी बहुत दिनों तक न चलानी हो तो उस अवस्था में गाड़ियों के व्हीलों को खोलकर ऐसी जगह रखें, जहाँ धूप, रोशनी तथा पानी न पड़े। गाड़ी के टायरों पर डीजल ऑयल, ग्रीस नहीं लगी रहने देनी चाहिए, क्योंकि ये टायर की रबड़ को शीघ्र खराब कर देते हैं।

8.14 टायर-ट्यूब Tyre-tube

व्हील्स के रिम और टायर के भीतर वाले स्थान में रबड़ की गोल ट्यूब लगाई जाती है। इस ट्यूब में हवा भरने और हवा को रोके रखने के लिए एक नली के अन्दर वन-वे वाल्व लगाया जाता है। इस नली का निचला सिरा रबड़ ट्यूब में जोड़ा होता है।

रिम में ट्यूब वाल्व छिद्र बनाया होता है। प्राय: व्हील्स के रिम और रबड़ ट्यूब के मध्य रबड़ का एक और गोल टुकड़ा डालते हैं, जिसे फ्लैप्स कहते हैं। यह रिम में पानी जाने से पैदा हुए जंग से ट्यूब को गलने से बचाता है। रबड़ ट्यूब का रंग प्राय: लाल या काला होता है।

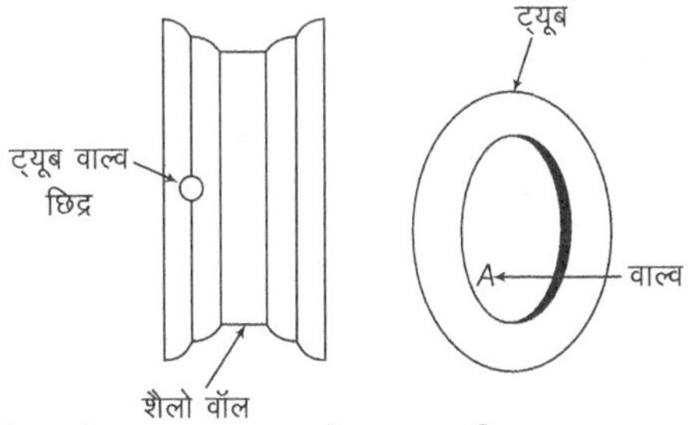

चित्र रिम का ट्यूब वाल्व छिद्र **चित्र** रबर ट्यूब

ट्यूब वाल्व Tube Valve

ट्यूब के अन्दर हवा भरने के लिए ट्यूब वाल्व लगा होता है। यह वन-वे वाल्व होता है अर्थात् यह हवा को ट्यूब में जाने देता है और भरी हवा के दबाव को बाहर निकलने से रोकता है।

यदि ट्यूब में हवा का दबाव उचित मान से अधिक हो जाए और इस अतिरिक्त हवा को निकालना पड़े, तो इसके ऊपर की ओर निकली पिन के सिरे को अन्दर की ओर दबाना पड़ता है जिससे स्प्रिंग दबकर हवा निकासी का रास्ता खोलती है।

इस वाल्व से हवा लीकेज चैक करने के लिए इसके बाहरी सिरे पर साबुन का घोल लगाया जाता है। यदि हवा बाहर लीक करती होगी, तो घोल के बुलबुले बनते दिखाई देंगे।

इस वाल्व में मिट्टी, धूलकण व पानी आदि के प्रवेश को रोकने के लिए ऊपरी सिरे पर कैप लगाकर कस देते हैं।

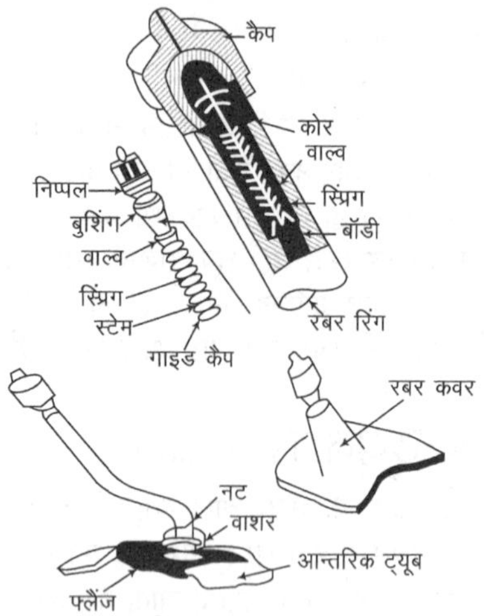

चित्र ट्यूब वाल्व

ट्यूब वाल्व बॉडी फिटिंग Tube Valve Body Fitting

जिस बॉडी में यह वाल्व असेम्बली कसते हैं, वह वाल्व बॉडी कहलाती है। ट्यूबरहित टायर में वाल्व बॉडी को लगाने की निम्न दो विधियाँ हैं

1. रबड़ स्नैप इन कैप टाइप Rubber snap in cap type

इस प्रकार की ट्यूब वाल्व बॉडी को गोल छिद्र में वाल्व पर रबड़ स्नेहक लगाकर बिठाया जाता है। उसके पश्चात् वाल्व इनसर्टिंग टूल से वाल्व के आधार पर इतना दबाव डाला जाता है कि यह रिम छिद्र में अपनी सीट पर बैठ जाए।

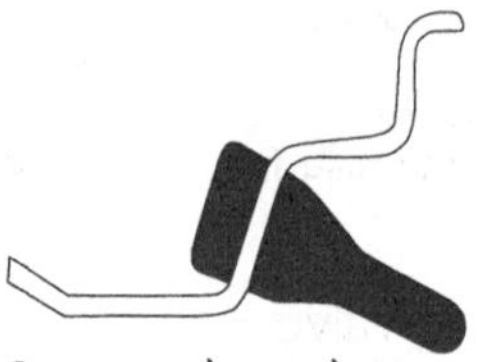
चित्र रबर स्नैप इन कैप टाइप

2. मैटल क्लैम्प इन टाइप Metal clamp in type

इसे फिट करने हेतु रिम में अण्डाकार या गोल छिद्र किया जाता है। उसके पश्चात् बड़ी रबड़ वाशर को वाल्व आधार पर रखकर वाल्व को छिद्र में सेट किया जाता है।

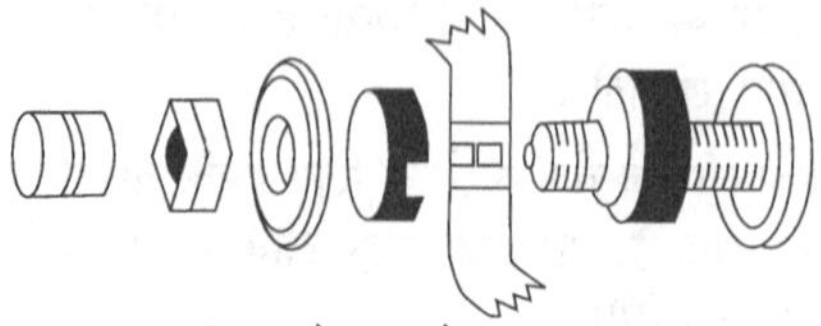
चित्र मैटल क्लैम्प इन टाइप

ट्यूब निकालते व फिट करते समय सुरक्षा सावधानियाँ Safety Precautions During Fitting and Eliminating Tube

टायर से ट्यूब निकालते व फिट करते समय निम्न सुरक्षा सावधानियों को ध्यान में रखना आवश्यक है

1. प्रयोग होने वाले टायर लीवर धारदार नहीं होने चाहिए अन्यथा टायर की बीड तथा ट्यूब के कटने का भय रहेगा।
2. जब टायर में ट्यूब फिट करनी हो तो टायर के अन्दर फैन्च चौक का पाउडर अवश्य डालें।
3. ट्यूब फिट करने से पहले भली प्रकार यह सुनिश्चित कर लें कि उसमें कोई कील आदि तो नहीं फँसी है। इसके लिए टायर के अन्दर हाथ घुमा-घुमा कर देखना चाहिए।
4. यदि रिम व टायर के बीड आपस में जंग के कारण चिपके हों, तो उन्हें अलग करने के लिए पानी डालना चाहिए।
5. टायर खोलते समय स्टील रिंग को (यदि लगा हो) सावधानी से खोलें।
6. नए टायर के साथ सदैव नई ट्यूब प्रयोग करें।
7. टायर से ट्यूब निकालते समय वाल्व बॉडी से पकड़कर ट्यूब को न खींचे।
8. वाल्व बॉडी में लगा वाल्व लीक होने पर उसे बदल दें।
9. वाल्व बॉडी के ऊपर कैप लगाकर रखें जिससे कि वाल्व बॉडी के अन्दर मिट्टी न जा सके।
10. एयर प्रैशर सदैव अच्छी गेज (gauge) से चैक करें।
11. ट्यूब सदैव ठीक आकार की प्रयोग करें।
12. ट्यूब का पंक्चर चैक करते समय ट्यूब के अन्दर इतनी हवा न भरें कि वह गुब्बारे की तरह फूल जाए, क्योंकि ट्यूब के फूल जाने पर वह जगह कमजोर हो जाएगी और वह उस जगह पर फैल जाएगी तथा यह फैला हुआ भाग टायर के अन्दर डालने के बाद ट्यूब में सिलवटें डाल देगा।

टायर-ट्यूब की देखभाल एवं अनुरक्षण Care and Maintenance of Tyre-tube

टायर की आयु बढ़ाने के लिए ट्यूब की देखभाल अति आवश्यक है। यदि यह हवा के दबाव को अपने अन्दर नहीं रोक सके या इसकी रबड़ कमजोर हो जाए, तो हवा लीक होने के कारण यह टायर को कम हवा पर चलाएगी जिससे टायर शीघ्र ही खराब हो जाएगा।

जब आप देखें कि ट्यूब हवा नहीं रोक रही है या उसके अन्दर पंक्चर अधिक लग चुके हैं तो उसे बदल दें, क्योंकि ट्यूब सस्ती होती है और उसे बदलने में कम व्यय होगा इसके अतिरिक्त यदि खराब ट्यूब उपयोग की जाएगी, तो इससे टायर खराब हो सकता है।

महत्त्वपूर्ण बिन्दु

- वाहन में व्हील एक ऐसी असेम्बली है जिसमें हब, स्पोक, रिम, टायर तथा टायर-ट्यूब सम्मिलित होते हैं।
- व्हील एवं टायर का कार्य वाहन, चालक व यात्रियों के भार को वहन करना, झटकों व कम्पनों को यथासम्भव कम करना तथा वाहन के नियन्त्रण में अन्य प्रणालियों की सहायता करना होता है।
- वाहनों में निम्न प्रकार के व्हील्स प्रयोग किए जाते हैं—लोहे या लकड़ी के व्हील, ठोस रबर के व्हील, वायर स्पोक व्हील, स्टील डिस्क व्हील, स्प्लिट व्हील, भारी वाहनों के व्हील, आधुनिक व्हील।
- व्हील की परिधि का वह बाहरी गोल भाग जिस पर टायर और ट्यूब सैट किए जाते हैं, व्हील रिम कहलाता है।
- वाहनों में प्रायः निम्न प्रकार के व्हील रिम प्रयुक्त होते हैं—आर्टिलरी वुडन स्पोक व्हील रिम, हैवी ड्यूटी प्रैस्ड रिम या फ्लैट रिम, ड्रॉप सेन्टर रिम आदि। वाहनों में प्रयुक्त टायरों के मुख्य कार्य—वाहन का भार उठाना, वाहन के कम्पन तथा झटके सहन करना, ब्रेक लगने पर वाहन को रोकना आदि होते हैं।
- टायरों को बनाने हेतु रबर, नायलॉन, रेयॉन, उच्च तनन स्टील आदि पदार्थों का प्रयोग किया जाता है।
- टायर के मुख्य अवयव निम्न हैं—ट्रेड, साइड वॉल, बीड, ब्रेकर तथा केसिंग प्लाइयाँ।
- ट्रेड, टायर के ऊपर लगी रबर की मोटी परत होती है जिस पर भिन्न-भिन्न प्रकार के डिजाइन बने होते हैं।
- टायरों की संरचना के आधार पर टायर क्रॉस प्लाई, रेडियल प्लाई तथा बैल्टेड बायस प्रकार के होते हैं।
- क्रॉस प्लाई टायरों में दो प्लाइयों के धागे विपरीत दिशाओं में बुने जाते हैं जोकि टायरों के अक्ष पर 30° से 40° के झुकाव पर बुने जाते हैं।
- रेडियल प्लाई टायरों में प्लाइयों के धागे रेडियल दिशा में बुने जाते हैं जिसमें मूल रचना के ऊपर परिधीय दिशा में कुछ ब्रेकर पट्टियाँ लगी होती हैं।
- बैल्टेड बायस संरचना क्रॉस प्लाई तथा रेडियल प्लाई संरचनाओं का मिश्रित रूप है।
- आवश्यकता के अनुसार, मोटरगाड़ियों में निम्न प्रकार के टायर प्रयोग किए जाते हैं—ट्यूब टायर, ट्यूबरहित टायर।
- ट्यूब टायर उच्च दाब वाले, निम्न दाब वाले तथा बैलून टाइप हो सकते हैं।
- ट्यूब एवं ट्यूब रहित दोनों ही प्रकार के टायर न्यूमैटिक टायर कहलाते हैं, दोनों ही प्रकार के टायरों में हवा भरी जाती है जोकि टायरों में गद्देदार प्रभाव उत्पन्न करती है।
- ट्यूब तथा ट्यूबरहित टायरों के अतिरिक्त आजकल रन फ्लेट टायर (सेल्फ-सीलिंग तथा सेल्फ स्पोर्टिंग), स्पेस सेवर टायर का भी प्रयोग किया जाता है।
- रन फ्लेट टायरों का प्रयोग करने में आकस्मिक पंक्चर के कारण दुर्घटना होने की सम्भावना अपेक्षाकृत कम होती है।
- सेल्फ-सीलिंग टायरों में टायर के भीतर ट्रेड-क्षेत्र के नीचे एक अतिरिक्त लाइनिंग होती है जिस पर पंक्चर-सीलेन्ट की एक परत चढ़ी होती है।
- सेल्फ-सपोर्टिंग टायरों की साइड-दीवारें अधिक दृढ़ होती है जिससे पंक्चर होने पर भी ये दीवारों वाहनों के भार को स्वयं सहन कर सकती हैं।
- स्पेस सेवर टायर गाड़ी में पीछे की ओर लगा होता है जिसे गाड़ी का कोई टायर पंक्चर हो जाने पर प्रयोग कर लिया जाता है।
- प्रत्येक टायर पर टायर का प्रकार (P अथवा LT), टायर चौड़ाई, व्हील का व्यास, आस्पेक्ट अनुपात, लोड इण्डेक्स, तापमान तथा कर्षण हेतु टायर रेटिंग आदि सूचनाएँ अंकित रहती हैं।
- समय-समय पर टायरों को आपस में बदलकर लगा दिया जाता है जिससे टायर कम घिसते हैं। इस प्रक्रिया को टायर रोटेशन कहते हैं।
- टायर में हवा का निश्चित दाब होना आवश्यक है, क्योंकि टायर में निम्न वायुदाब होने से टायर किनारों से अधिक घिसेगा तथा टायर में उच्च वायुदाब होने से टायर मध्य से अधिक घिसेगा।
- वाहनों में हवा के दाब का निरीक्षण करने हेतु टायर दाब निरीक्षण प्रणाली होती है जोकि वाहनों के डैशबोर्ड पर लगाई जाती है।

महत्त्वपूर्ण प्रश्नोत्तरी

1. वाहनों में प्रयुक्त होने वाले व्हील रिम के नाम बताइए।

उत्तर वाहनों में निम्नलिखित व्हील रिम प्रयुक्त होते हैं

(i) आर्टिलरी वुडन स्पोक व्हील रिम

(ii) वायर स्पोक व्हील रिम (iii) स्टील डिस्क व्हील रिम

(iv) हैवी ड्यूटी स्टील व्हील रिम (v) टू-पीस व्हील रिम

2. टायरों में केसिंग प्लाइयाँ क्यों लगाई जाती हैं?

उत्तर टायरों में केसिंग प्लाइयाँ ट्यूब पर भार आने के कारण बनने वाले दबाव को सम्भालने के लिए लगाई जाती हैं। इसके अतिरिक्त ये गाड़ी पर सड़क के झटकों तथा उस पर पड़ने वाले लोड को भी सहन करती हैं।

3. टायर ट्रेड के कुछ डिजाइनों के नाम बताइए

उत्तर टायर ट्रेड के कुछ डिजाइनों के नाम निम्न हैं

(i) प्लस बार (ii) ट्रेड मास्टर (iii) पावर ग्रिप

4. वाहनों में टायर रोटेशन (टायरों को परिवर्तित करना) क्यों किया जाता है?

उत्तर वाहनों में टायर रोटेशन (टायरों को परिवर्तित करना) इसलिए किया जाता है क्योंकि व्हील अलाइनमेन्ट में थोड़ा-सा भी अन्तर आने के कारण टायर एक ओर से घिस जाते हैं इसके अतिरिक्त वाहनों के फ्रण्ट टायर, रियर टायरों की अपेक्षा अधिक घिसते हैं। अतः टायर रोटेशन करने से सभी टायर समान रूप से घिसते हैं।

5. टायरों में हवा के स्थान पर नाइट्रोजन भरना क्यों उचित है?

उत्तर टायरों में हवा के स्थान पर नाइट्रोजन भरना इसलिए उचित है, क्योंकि हवा की अपेक्षा टायरों में नाइट्रोजन भरने से 0.4 से 0.6 किमी/लीटर ईंधन की खपत में सुधार हो जाता है।

इसके अतिरिक्त नाइट्रोजन ऑक्सीकरण को कम करके टायरों का जीवनकाल बढ़ा देती है।

अभ्यास प्रश्न

परीक्षा प्रारूपी प्रश्न

बहुविकल्पीय

1. ऑटोमोबाइल वाहनों में व्हील्स की संख्या आधारित होती है
(a) वाहन की कीमत पर (b) इंजन की क्षमता पर
(c) वाहन के भार पर (d) व्हील्स की माप पर

2. निम्नलिखित में से कौन-सा व्हील असेम्बली के अन्तर्गत आता है?
(a) हब, स्पोक (b) रिम, टायर
(c) ट्यूब (d) ये सभी

3. वायर स्पोक व्हील के मध्य का वह भाग जिससे स्पोक जुड़े रहते हैं ………… कहलाता है।
(a) हब (b) फ्लैंज
(c) ट्रेड (d) बीड

4. निम्न में से किस प्रकार के व्हील पर एक रिंग फ्लैंज के रूप में फिट करके लॉक कर दी जाती है?
(a) वायर स्पोक व्हील
(b) हैवी ड्यूटी प्रैस्ड व्हील
(c) आर्टिलरी वुडन स्पोक व्हील
(d) टू पीस व्हील

5. मोटरसाइकिल में कौन-सा व्हील प्रयोग किया जाता है?
(a) स्टील डिस्क व्हील
(b) वायर स्पोक व्हील
(c) 'a' और 'b' दोनों
(d) उपरोक्त में से कोई नहीं

6. आधुनिक ऑटोमोबाइल वाहनों में प्रयोग होते हैं
(a) आर्टिलरी वुडन स्पोक व्हील
(b) वायर स्पोक व्हील
(c) स्टील डिस्क व्हील
(d) उपरोक्त में से कोई नहीं

7. भारी वाहनों में प्रयोग होते हैं
(a) स्टील डिस्क व्हील (b) आर्टिलरी वुडन स्पोक व्हील
(c) हैवी ड्यूटी व्हील (d) स्प्लिट व्हील

8. किस व्हील में ट्यूबरहित टायर फिट नहीं हो सकता है?
(a) डिस्क व्हील (b) वायर स्पोक व्हील
(c) वुडन स्पोक व्हील (d) इनमें से कोई नहीं

9. स्कूटर व थ्री-व्हीलर गाड़ियों में प्रयोग किए जाते हैं
(a) वायर स्पोक व्हील (b) हैवी ड्यूटी स्टील व्हील
(c) स्टील डिस्क व्हील (d) स्प्लिट व्हील

10. निम्न में से कौन-सा कथन न्यूमैटिक टायर व्हील के सम्बन्ध में सत्य है?
(a) इन्हें बच्चों की प्राइम गाड़ियों में प्रयोग किया जाता है
(b) इन पर लोहे की पत्ती चढ़ाई जाती है
(c) ये इस्पात की डिस्क पर मोटी रबर के टायर चढ़ाकर बनाए जाते हैं
(d) इन पर कम्पनों का प्रभाव अधिक पड़ता है

11. व्हीलों की देखभाल के अन्तर्गत
(a) व्हील्स का सीधापन चैक करते हैं
(b) वर्ष में एक बार व्हील्स को पेन्ट करते हैं
(c) व्हील्स का नट सदैव पूर्ण टाइट रखते हैं
(d) उपरोक्त सभी

12. आर्टिलरी रिम बनाए जाते हैं
(a) लोहे के (b) लकड़ी के (c) स्टील के (d) रबर के

13. टायर का डिजाइन बना भाग कहलाता है
(a) बीड (b) ग्रेड (c) ट्रेड (d) डेड

14. चित्र में प्रदर्शित टायर का भाग '*X*' है

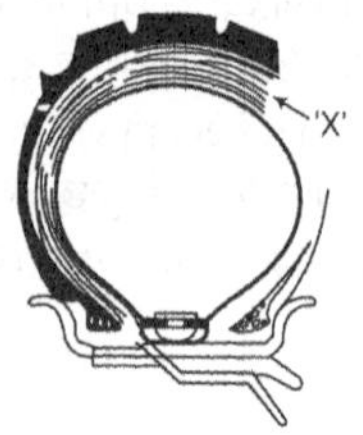

(a) टायर का ट्रेड (b) टायर की साइड वॉल
(c) ब्रेकर प्लाइयाँ (d) बीड

15. टायर के बाहर का भाग जो सड़क पर घूमता है, वह क्या कहलाता है?
(a) रिम (b) ट्रेड
(c) बीड (d) इनमें से कोई नहीं

16. टायरों में प्लाई रेटिंग से तात्पर्य है
(a) सूती धागों की प्लाई की संख्या
(b) लोहे के तारों की प्लाई की संख्या
(c) रबर व सूत की डोरी की प्लाई की संख्या
(d) उपरोक्त में से कोई नहीं

17. टायर की केसिंग प्लाइयाँ निर्मित की जाती हैं
(a) रबर से (b) नायलॉन अथवा रेयॉन से
(c) तारों से (d) ये सभी

18. टायरों में कटी ट्रेड डिजाइन का उद्देश्य है
(a) टायरों की आयु बढ़ाना
(b) टायर से होने वाले शोर को कम करना
(c) कुशन प्रभाव बढ़ाना (d) घर्षण कम करना

19. क्रॉस प्लाई टायरों में समायोजित दो प्लाइयों के धागे विपरीत दिशाओं में बुने जाते हैं जोकि टायरों की अक्ष पर .... के झुकाव पर बुने जाते हैं।
(a) 90° (b) 40° से 50° (c) 30° से 40° (d) 60°

20. निम्न में से किस प्रकार की संरचना वाले टायरों में ब्रेकर पट्टियाँ नहीं लगी होती हैं?
(a) रेडियल प्लाई टायर (b) क्रॉस प्लाई टायर
(c) बैल्टेड बायस टायर (d) इनमें से कोई नहीं

21. चित्र में दर्शाया गए टायर के ढाँचे का प्रकार है

(a) रेडियल प्लाई टायर (b) क्रॉस प्लाई टायर
(c) बैल्टेड बायस टायर (d) इनमें से कोई नहीं

22. कौन-से प्रकार की टायर संरचना में डिफ्लेशन धीरे होता है जब वह पंक्चर होता है?
(a) ट्यूब क्रॉस-प्लाई (b) ट्यूब रेडियल प्लाई
(c) ट्यूबरहित क्रॉस प्लाई (d) ट्यूबरहित रेडियल प्लाई

23. टायरों की चौड़ाई की माप होती है
(a) ट्रेड से बीड तक (b) बीड की मोटाई के बराबर
(c) बीड-से-बीड तक (d) इनमें से कोई नहीं

24. एक टायर पर $8.25 \times 20 \times 10$ PR लिखा है। इसका अर्थ है
(a) टायर की शोल्डर-से-शोल्डर चौड़ाई तक 8.25" है
(b) टायर की दीवार की लम्बाई 8.25" है
(c) टायर में प्लाई का साइज 8.25" है
(d) उपरोक्त में से कोई नहीं

25. अधिक प्लाई रेटिंग का होना टायर के लिए क्या सूचित करता है?
(a) अधिक मुलायम (b) अधिक कठोर
(c) अधिक चिकना (d) इनमें से कोई नहीं

26. ट्रक के टायर में प्लाइयों की संख्या होती है
(a) 10-22 (b) 1-4
(c) 4-6 (d) इनमें से कोई नहीं

27. कार के टायर में निम्नलिखित में कितने तक प्लाई रेटिंग होती है?
(a) 1-4 (b) 4-6 (c) 10-22 (d) 22-30

28. स्कूटर के टायर में कितने तक प्लाई रेटिंग होती है?
(a) 1-4 (b) 4-6
(c) 6-10 (d) इनमें से कोई नहीं

29. किसी टायर पर $8.25 \times 20 \times 10$ PR लिखा है। इसका अर्थ है
(a) बीड वृत्त का व्यास जोकि रिम पर फिट होता है, 8.25" है
(b) बीड वृत्त का व्यास जोकि रिम पर फिट होता है, 20" है
(c) 'a' और 'b' दोनों (d) इनमें से कोई नहीं

30. यदि टायर पर $9" \times 14"$ PR कोड अंकित है, तो कोड में 9" का क्या अर्थ है?
(a) टायर का व्यास (b) टायर का चौड़ाई
(c) प्लाई रेटिंग (d) रिम का व्यास

31. चित्र में एक ट्यूबरहित टायर प्रदर्शित है। इसके भाग 'X' का नाम बताइए।

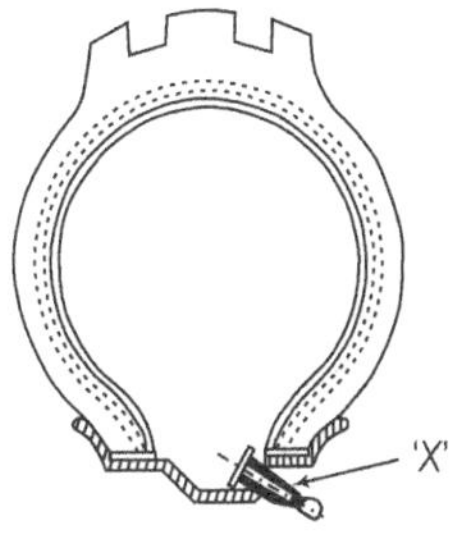

(a) ट्रेड (b) स्टील वायर बीड
(c) रबर सील्ड वाल्व (d) रेयॉन कॉर्ड्स

32. वर्तमान में किस प्रकार के टायर प्रयोग होते हैं?
(a) उच्च दाब टायर (b) निम्न दाब टायर
(c) अतिरिक्त निम्न दाब टायर (d) बैलून टाइप टायर

33. चित्र में प्रदर्शित टायर पर कुछ मार्किंग की गई है। इस पर लिखा 215 दर्शाता है

चित्र टायर सम्बन्धी तकनीकी सूचनाएँ

(a) टायर की चौड़ाई 215 सेमी है
(b) टायर की व्यास 215 सेमी है
(c) टायर की चौड़ाई 215 मिमी है
(d) टायर का व्यास 215 मिमी है

34. किसी भी टायर का आस्पेक्ट अनुपात होता है
(a) टायर की चौड़ाई से लम्बाई का अनुपात
(b) टायर की चौड़ाई से व्यास का अनुपात
(c) टायर की लम्बाई से चौड़ाई का अनुपात
(d) टायर की लम्बाई से व्यास का अनुपात

35. टायर के लोड इण्डैक्स की माप अंकित की जाती है
(a) किग्रा में (b) पाउण्ड में
(c) 'a' और 'b' दोनों (d) इनमें से कोई नहीं

36. एक टायर पर 'TEMPERATURE A' रेटिंग अंकित है। इसका अर्थ है
(a) इसकी तापमान सहन करने की क्षमता निम्न है
(b) इसकी तापमान सहन करने की क्षमता मध्यम है
(c) इसकी तापमान सहन करने की क्षमता उच्च है
(d) उपरोक्त में से कोई नहीं

37. टायर शीघ्र घिसने का कारण है
(a) हवा का दबाव सही न होना
(b) व्हील अलाइनमेन्ट सही न होना
(c) भार का अधिक होना (d) उपरोक्त सभी

38. टायर में एक स्थान पर घिसाव का क्या कारण है?
(a) ब्रेक ड्रम का अण्डाकार होना
(b) टायर एक स्थान से फूलना
(c) 'a' और 'b' दोनों
(d) उपरोक्त में से कोई नहीं

39. टायर में कम हवा का प्रभाव होगा
(a) व्हील कम घूमेंगे
(b) पूरी गोलाई में टायरों की साइड चटक जाएगी
(c) टायर की ट्रेड शीघ्र घिसेगी
(d) उपरोक्त सभी

40. कम हवा के कारण टायर खराब होता है
(a) मध्य में (b) किनारों पर
(c) पूरी गोलाई में (d) दीवारों पर

41. टायर में एक शोल्डर के घिसाव का मुख्य कारण है
(a) कैम्बर अधिक होना
(b) व्हील अलाइनमेन्ट सही न होना
(c) 'a' और 'b' दोनों
(d) उपरोक्त में से कोई नहीं

42. टायर में हील के टो के घिसाव का मुख्य कारण क्या है?
(a) एक ओर टायर फिसलना
(b) कैम्बर अधिक होना
(c) व्हील अलाइनमेन्ट सही न होना
(d) उपरोक्त में से कोई नहीं

43. कम फूले हुए टायर के लिए ट्रेड घिसेगा।
(a) केन्द्र से (b) किनारों से
(c) व्हील और टो से (d) फैदरी प्रकार

44. टायर के ट्रेड्स की घिसाई का नम्बर जितना अधिक होता है, टायर का जीवनकाल उतना ही ………… होता है।
(a) कम (b) अधिक
(c) सामान्य (d) इनमें से कोई नहीं

55. यदि वाहन के फ्रण्ट व्हील तथा रियर व्हील पर भार का वितरण 60:40 है, तो वाहन का गुरुत्व केन्द्र होगा
(a) वाहन के केन्द्र पर (b) फ्रण्ट व्हील के समीप
(c) रियर व्हील के समीप (d) सड़क सतह पर

46. टायरों में हवा भरी जाती है
(a) दाबमापी द्वारा (b) कम्प्रैशर द्वारा
(c) एयर मशीन द्वारा (d) इनमें से कोई नहीं

47. टायरों की हवा मापी जाती है
(a) फिलर गेज द्वारा (b) प्रैशर गेज द्वारा
(c) टेम्परेचर गेज द्वारा (d) उपरोक्त में से कोई नहीं

48. सामान्यतः हवाई जहाज के टायरों में ………… गैस भरी जाती है।
(a) ऑक्सीजन
(b) कार्बन डाइ-ऑक्साइड
(c) नाइट्रोजन
(d) हीलियम

49. टायर दाब निरीक्षण प्रणाली के कौन-से निरीक्षण में प्रत्येक व्हील पर एक प्रैशर सेन्सर लगाया जाता है?
(a) डायरेक्ट निरीक्षण (b) इनडायरेक्ट
(c) 'a' और 'b' दोनों (d) इनमें से कोई नहीं

50. चित्र में प्रदर्शित चिन्ह टायर के किस पद की सूचना देता है?

(a) टायर की घिसाई की
(b) टायर में हवा के दाब की
(c) टायर पर पड़ने वाले भार की
(d) टायर के विरूपित होने की

उत्तरमाला

1. (c)	2. (d)	3. (a)	4. (b)	5. (b)	6. (c)	7. (c)	8. (b)	9. (d)	10. (c)
11. (d)	12. (b)	13. (c)	14. (c)	15. (b)	16. (b)	17. (b)	18. (a)	19. (c)	20. (b)
21. (b)	22. (c)	23. (c)	24. (a)	25. (b)	26. (a)	27. (b)	28. (a)	29. (b)	30. (b)
31. (c)	32. (a)	33. (c)	34. (c)	35. (c)	36. (c)	37. (d)	38. (c)	39. (b)	40. (b)
41. (c)	42. (a)	43. (b)	44. (b)	45. (b)	46. (b)	47. (b)	48. (c)	49. (a)	50. (b)

अध्याय 09

वाहनों में ब्रेकिंग प्रणाली

Braking System in Vehicles

परिचय Introduction

किसी वाहन की ब्रेकिंग प्रणाली, टायरों एवं सड़क की सतह के मध्य की स्थिर (static) कार्यप्रणाली पर निर्भर करती है। ब्रेक सामान्यत: वाहन का नियन्त्रक भाग है, जिसके द्वारा अल्पतम समय में वाहन की गति को कम अथवा रोका जा सकता है।

अत: इसी कार्य के निष्पादन के लिए वाहनों में ब्रेकिंग प्रणाली की आवश्यकता पड़ती है। एक अच्छी ब्रेकिंग प्रणाली के द्वारा ही चालक (driver) तथा सड़क पर चल रहे लोगों के जीवन की रक्षा सम्भव है। वाहनों को उनकी क्षमता के अनुरूप ही उपयुक्त गति पर चलाना भी उनकी ब्रेकिंग प्रणाली पर निर्भर करता है।

वर्तमान समय में अत्यधिक तेज गति से चलने वाली मोटरगाड़ियों का प्रयोग किया जा रहा है। अत: उनमें गति के अनुरूप ही उत्तम गुणवत्ता की ब्रेकिंग प्रणाली की व्यवस्था होना अनिवार्य है।

ब्रेकिंग प्रणाली वाहन नियन्त्रित करने वाली प्रणाली है। एक अच्छी ब्रेकिंग प्रणाली में निम्नलिखित गुण होने चाहिए

1. गाड़ी में ब्रेक लगाने पर ब्रेक की प्रतिक्रिया अति शीघ्र हो।
2. गाड़ी रोकने के लिए कम-से-कम शक्ति का प्रयोग करना पड़े।
3. ब्रेक लगाने पर गाड़ी एक ओर न भागे।
4. वाहन के एक पहिए के ब्रेक खराब होने पर, उसका प्रभाव वाहन के अन्य पहियों पर न पड़े।
5. वाहनों के ब्रेक मौसम के बदलने से प्रभावित न हों अर्थात् प्रत्येक मौसम में ब्रेक अच्छी प्रकार से कार्य करें।
6. ब्रेक लगाने पर व्हील अलाइनमेन्ट पर कोई प्रभाव न पड़े।
7. ब्रेक लगाने पर गाड़ी को कम-से-कम दूरी पर रोकने की सामर्थ्य हो।
8. सभी प्रकार की सड़कों पर ठीक प्रकार से ब्रेक लग सकें।
9. ब्रेकों का कम-से-कम अनुरक्षण (maintenance) करना पड़े।

अध्याय विषय सूची

9.1 वाहन में ब्रेकों की आवश्यकता
Need of Brakes in a Vehicle

वाहन मूलत: विभिन्न प्रकार के अवयवों एवं यन्त्रावली का वह समग्र रूप है, जिसे ब्रेकिंग प्रणाली द्वारा नियन्त्रित किया जाता है। वाहनों में ब्रेकों का कार्य वाहन को कम समय में रोककर वाहन को नियन्त्रित करना है।

तकनीकी अपग्रेडेशन (technical upgradation) के कारण वर्तमान में मोटरगाड़ियों की गति अधिक बढ़ने लगी है। इन गाड़ियों को नियन्त्रित करने के लिए गति के अनुरूप ही अच्छे क्रियाशील ब्रेकों का होना भी आवश्यक है।

जब गाड़ी चल रही होती है, तो उसमें गतिज ऊर्जा उत्पन्न हो जाती है। जैसे-जैसे गति बढ़ती है, गतिज ऊर्जा भी बढ़ती जाती है। ऐसे समय में गाड़ी रोकने के लिए आठ गुना अधिक शक्ति की आवश्यकता होगी। अत: चलती गाड़ी को कम दूरी पर ही रोकने के लिए शक्ति के अतिरिक्त निम्नलिखित बातों का भी महत्त्व होता है

1. व्हील्स की नाप
2. सड़क के तल से ऊँचाई
3. मोटर गाड़ी का भार
4. ब्रेक ड्रम का व्यास
5. सड़क व टायर के मध्य घर्षण
6. ब्रेकिंग सतह की माप
7. ब्रेक ड्रम लाइनिंग के दबाव की मात्रा

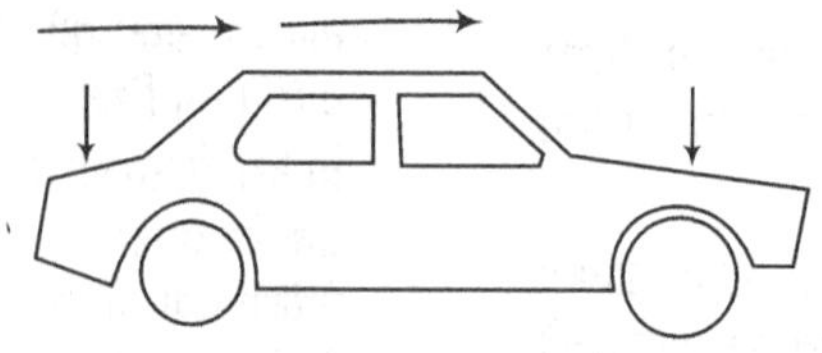

(a) सामान्य चालित अवस्था में

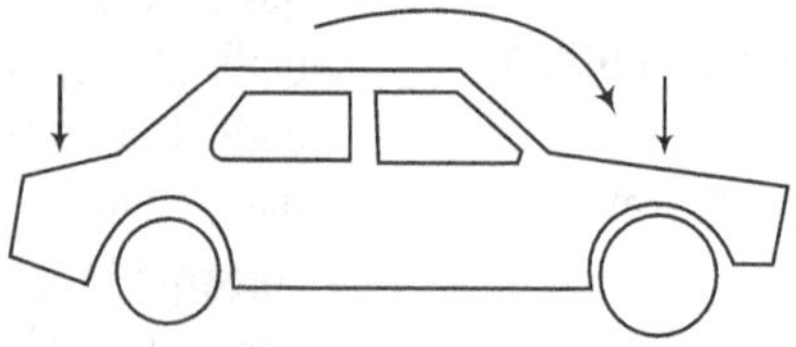

(b) ब्रेकों के क्रियाशील होने की स्थिति में

चित्र वाहन में भार वितरण

अत: वाहनों की गति नियन्त्रण में ब्रेकों की अहम भूमिका होती है जिनके बिना वाहन को चलाया नहीं जा सकता है।

9.2 ब्रेकिंग का सिद्धान्त Principle of Braking

किसी भी चलती हुई या घूमती हुई वस्तु की गति को कम करने या रोकने के लिए घर्षण की आवश्यकता होती है। जब कोई घूमता हुआ भाग, एक स्थिर भाग के सम्पर्क में आता है, तो रगड़ या घर्षण उत्पन्न होने से घूमते हुए भाग के लिए एक विरोधी बल उत्पन्न होता है, जोकि घर्षण गुणांक पर निर्भर करता है। अन्य शब्दों में कहा जा सकता है कि वाहन के पहियों पर ब्रेकों द्वारा लगाया जाने वाला अधिकतम मन्दक बल (retardation force) F, सड़क तथा टायर की सतह के बीच घर्षण गुणांक (μ) और पहिए पर गाड़ी के भार के संघटक W पर निर्भर करता है अर्थात्

$$\boxed{F = \mu W}$$

यदि घर्षण गुणांक 1 हो जाता है, तो पहियों पर कुल मन्दक बल, गाड़ी के भार के बराबर हो जाएगा, जोकि वाहन के बराबर द्रव्यमान (mass) वाले मुक्त रूप से गिरते पिण्ड (freely falling body) पर लग रहे मन्दक बल के बराबर होता है।

इस स्थिति में गाड़ी पर एक मन्दक बल गुरुत्वीय त्वरण के बराबर कार्य करता है और ब्रेकों को 100% दक्ष कहा जाता है। इस प्रकार ब्रेकों की सैद्धान्तिक दक्षता 100% होती है।

तालिका वाहन रुकने की दूरियाँ

प्रतिशत	रुकने की दूरी (मीटर में) 30 किमी/घण्टा	50 किमी/घण्टा	80 किमी/घण्टा	100 किमी/घण्टा
100	3.5	9.8	25.2	39.3
80	4.4	12.2	31.5	49.1
60	6.0	16.3	42.0	65.1
30	12.0	32.6	84.0	131.0

वास्तव में सामान्य ब्रेकों व सार्वजनिक गाड़ियों में यात्रियों की सुरक्षा तथा भारी मालवाहनों में गाड़ियों की सुरक्षा की आवश्यकताओं के कारण प्रयोग की जाने वाली ब्रेक दक्षताएँ कम रखी जाती हैं।

यदि गाड़ी अधिक भारी हो, तो चालक (driver) को ब्रेक लगाने के लिए अधिक शक्ति की आवश्यकता होती है। अत: चालक के प्रयास में किसी बाहरी ऊर्जा स्रोत में वृद्धि की जाती है, जिससे ब्रेक सरलता से लग जाते हैं। यदि यह बाहरी सहायता, जो ट्रांसमिशन प्रणाली से ली जा सकती है, चालक को केवल आंशिक सहायता ही प्रदान करती है और ड्राइवर को स्वयं भी बल लगाना पड़ता है, तो ऐसे ब्रेकों को सर्वो ब्रेक (servo brakes) कहते हैं, परन्तु यदि वास्तव में चालक को केवल न के बराबर ही बल लगाना पड़े, तो इस प्रकार के ब्रेकों को शक्ति ब्रेक (power brakes) कहते हैं।

9.3 ब्रेकिंग से सम्बन्धित पद
Terms Related to Braking

ब्रेकिंग से सम्बन्धित कुछ महत्त्वपूर्ण पद निम्न हैं

1. लीवर Lever

लीवर एक दृढ़ तथा सीधी या टेढ़ी बीम (beam) होती है जिसके बीच में वांछित स्थान पर आलम्ब (support) या फलक्रम (fulcrum) रख दिया जाता है जिसके सिरों पर भार डालने से बीम उस आलम्ब के सापेक्ष घूम सकती है।

लीवर के आलम्ब और भुजाएँ
Support and Arms of Lever

चित्र में एक लीवर आरेख दिया गया है। चित्रानुसार बल F लगाकर, किसी बोझ या भारों को नियन्त्रित करने में इनका प्रयोग किया जाता है। आलम्ब (C) से प्रयास (F) तथा लोड (W) की क्रिया रेखाओं की दूरियों को लीवर की भुजाएँ कहते हैं।

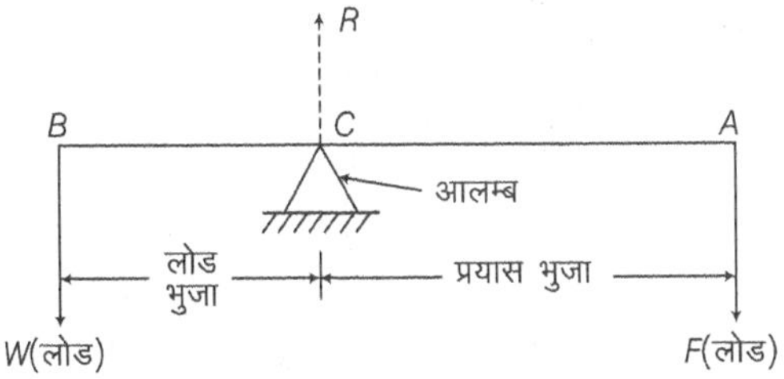

चित्र प्रथम वर्ग लीवर आरेख

यान्त्रिक लाभ Mechanical Advantage

"प्रयास या प्रयास भुजा तथा लोड भुजा के अनुपात को लीवर लाभ या यान्त्रिक लाभ कहते हैं।" इसे लीवर लाभ या लीवरेज के नाम से भी जाना जाता है। चित्र के अनुसार माना आलम्ब C की प्रतिक्रिया R है। चूँकि लीवर प्रयास (F) तथा लोड (W) के कारण सन्तुलन में है।

अत: आलम्ब C के सापेक्ष आघूर्ण लेने पर

$$F \times AC = W \times BC$$

या

$$\frac{W}{F} = \frac{AC}{BC} = \frac{\text{प्रयास भुजा}}{\text{भार या लोड भुजा}} = \text{लीवरेज}$$

$$\text{यान्त्रिक लाभ (MA)} = \frac{W}{F}$$

2. हाइड्रॉलिक दबाव व बल
Hydraulic Pressure and Force

यह पास्कल के नियम पर आधारित है। इस नियम के अनुसार किसी बन्द बर्तन में भरे द्रव के अन्दर, प्रत्येक स्थान पर दाब तीव्रता एकसमान रूप से वितरित होती है अर्थात् यदि द्रव के अन्दर क्रमश: x, y तथा z दिशा में दाब तीव्रताएँ p_x, p_y तथा p_z हों तो,

$$p_x = p_y = p_z$$

3. ब्रेक पैड Brake Pad

ब्रेक पैड्स डिस्क ब्रेक के अवयव होते हैं जो ऑटोमोटिव तथा अन्य अनुप्रयोगों में प्रयुक्त किए जाते हैं। ब्रेक पैड्स स्टील के पतले आयताकार ब्लॉकों के रूप में होते हैं तथा इनकी डिस्क ब्रेक रोटर के सामने वाली सतह पर घर्षण पदार्थ लगा होता है। जब वाहन के ब्रेक पैडल पर बल आरोपित किया जाता है, तब ब्रेक पैड ब्रेक डिस्क के विरुद्ध हाइड्रॉलिक दाब द्वारा बल लगाता है जिसके फलस्वरूप ब्रेक पैड पर लगा घर्षण पदार्थ, रोटेटिंग ब्रेक डिस्क की सतह के विरुद्ध दाब लगाता है तथा वाहन धीमा हो जाता है या रुक जाता है।

4. रिजेनरेटिव ब्रेकिंग Regenerative Braking

यह एक ऐसी ब्रेकिंग तकनीक है, जो एक वाहन को सामान्यत: ब्रेक लगाते समय होने वाली गतिज ऊर्जा की पुन: प्राप्ति प्रदान करती है। हाइब्रिड (hybrid) चालन के साथ कार्य करते हुए रिजेनरेटिव ब्रेकिंग, ऊर्जा की पुन: प्राप्ति कराती है।

सर्वप्रथम वाहन के हाइब्रिड (hybrid) चालन में जेनरेटर, ब्रेकिंग का काम करना आरम्भ कर देता है तथा ब्रेकिंग ऊर्जा को बैटरी चार्ज करने हेतु विद्युत में परिवर्तित कर देता है जिसके कारण आर.बी.एस. (रिजेनरेटिव ब्रेकिंग प्रणाली) ब्रेकों को सक्रिय कर देती है अर्थात् लगा देती है।

9.4 ब्रेक के प्रकार Types of Brake

ब्रेक के प्रकारों के अन्तर्गत ब्रेकों का वर्गीकरण निम्न प्रकार है

अनुप्रयोगों के अनुसार According to Application

ब्रेक निम्न दो प्रकार के होते हैं

1. फुट ब्रेक
2. हैण्ड ब्रेक

1. **फुट ब्रेक** (Foot Brake) ऐसे ब्रेक पैरों द्वारा लगाए जाते हैं।
2. **हैण्ड ब्रेक** (Hand Brake) ऐसे ब्रेक हाथ द्वारा लगाए जाते हैं; जैसे—स्कूटर या बाइक के फ्रण्ट ब्रेक तथा कार पार्किंग ब्रेक।

प्रचालन के अनुसार According to Operation

प्रचालन के अनुसार ब्रेक निम्न प्रकार के होते हैं

1. मैकेनिकल ब्रेक
2. हाइड्रॉलिक ब्रेक
3. सर्वो ब्रेक
4. एयर या न्यूमैटिक ब्रेक
5. एग्जॉस्ट ब्रेक
6. इलेक्ट्रिक ब्रेक
7. इंजन ब्रेक
8. ड्रम ब्रेक
9. डिस्क ब्रेक

1. मैकेनिकल ब्रेक Mechanical Brake

सर्विस ब्रेकिंग के लिए मैकेनिकल ब्रेकों का प्रयोग अब लगभग समाप्त हो चुका है, परन्तु ये बहुत-सी कारों के पिछले पहियों पर पार्किंग अथवा आपातकालीन ब्रेकों के रूप में अभी भी प्रयोग किए जा रहे हैं। इस ब्रेक प्रणाली में ब्रेकिंग शक्ति पहुँचाने के लिए मैकेनिकल लीवरेज की शक्ति का उपयोग किया जाता है। इसके मुख्य अवयव निम्नलिखित हैं

(i) ब्रेक प्लेट
(ii) फलक्रम
(iii) ब्रेक शू
(iv) ब्रेक शू लाइनिंग
(v) घूमने वाली कैम
(vi) ब्रेक शू रिटर्न स्प्रिंग
(vii) ब्रेक ड्रम
(viii) ब्रेक पैडल
(xi) लिंक एवं रॉड।

ब्रेक शू कैम या टॉगल लीवर द्वारा प्रचालित होते हैं, जो स्वयं विभिन्न मैकेनिकल लिंकेजों द्वारा प्रचालित होता है। पहले ड्रम ब्रेक अधिकतर मैकेनिकल रूप से ही प्रचालित होते थे, परन्तु वर्तमान में मैकेनिकल ब्रेकों का प्रयोग केवल पार्किंग ब्रेकों तक ही सीमित हो गया है।

जब ब्रेक पैडल को पैर द्वारा दबाया जाता है, तो लिंकेज, कैम को ऑपरेट करके ब्रेक शू फैलाता (expand) हैं। ब्रेक शू, ब्रेक ड्रम के कॉन्टैक्ट में होने के कारण ब्रेक ड्रम को रोक देता है। जब पैडल से पैर हटा लिया जाता है, तो ब्रेक पैडल, पैडल रिटर्न स्प्रिंग की सहायता से अपनी पूर्व स्थिति में आ जाता है तथा ब्रेक शू रिट्रैक्टिंग स्प्रिंग भी ब्रेक शू को उसकी पूर्व अवस्था में ले आती है, जिससे ब्रेक ड्रम पुन: घूमना प्रारम्भ कर देता है। इन ब्रेकों को टू-व्हीलर्स, थ्री-व्हीलर्स आदि में प्रयोग किया जाता है। इस प्रकार के लिंकेज में मुख्य हानि यह है कि सभी पहियों पर समान ब्रेकिंग प्रभाव प्राप्त करना बहुत कठिन है, जिसके लिए कम्पेन्सेटर (compensator) प्रयोग करने पड़ते हैं। इसके अतिरिक्त इसमें प्राय: प्रयोग के कारण हुई घिसाई के प्रभाव को एडजस्ट करने की कोई व्यवस्था नहीं होती।

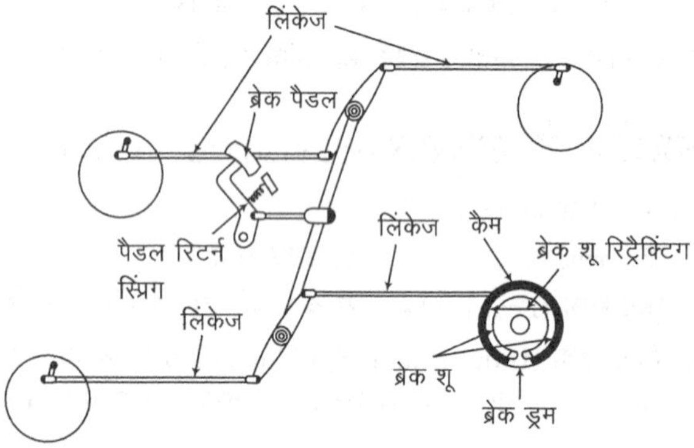

चित्र मैकेनिकल ब्रेक

2. हाइड्रॉलिक ब्रेक Hydraulic Brakes

इस प्रकार की ब्रेक प्रणाली में गतिशील पहियों को धीमा करने या रोकने के लिए हाइड्रॉलिक दबाव का उपयोग किया जाता है। इसमें एक विशेष प्रकार का तेल प्रयोग होता है, जिसे ब्रेक फ्लूड (brake fluid) कहा जाता है।

यह प्रणाली पास्कल नियम पर आधारित है। इस नियम के अनुसार, जब किसी तरल पदार्थ को किसी पात्र में डाला जाता है, तो यह तरल पदार्थ पात्र की दीवारों पर समान दबाव डालता है तथा समान क्षेत्रफल के सभी धरातलों पर समान बल के साथ क्रिया करता है।

अत: $$\text{दबाव } (p) = \frac{\text{बल } (F)}{\text{क्षेत्रफल } (A)}$$

प्राय: कारों के चारों पहियों पर हाइड्रोलिक पैडल ब्रेक लगे होते हैं। इसमें मुख्य भाग मास्टर सिलेण्डर (master cylinder) होता है, जिसमें ब्रेक-द्रव के लिए एक रिजर्वायर (reservior) भी होता है।

मास्टर सिलेण्डर ब्रेक पैडल द्वारा प्रचालित होता है और आगे सभी पहियों में व्हील सिलेण्डरों के साथ इस्पात की पाइपलाइनों, जोड़ों तथा लचीले हौज पाइपों द्वारा जुड़ा होता है।

हिन्दुस्तान एम्बेसडर कार में अगले पहियों पर प्रत्येक ब्रेक-ब्लॉक उसमें लगे पृथक् व्हील सिलेण्डर द्वारा चालित होता है, जबकि पिछले पहियों पर प्रत्येक में केवल एक व्हील सिलेण्डर होता है, जो दो ब्लॉक को प्रचालित करता है, क्योंकि पिछले व्हील सिलेण्डर हैण्ड ब्रेक (hand-brake) द्वारा भी प्रचालित होते हैं।

हाइड्रॉलिक ब्रेक प्रणाली में निम्नलिखित मुख्य भाग होते हैं

(i) मास्टर सिलेण्डर (ii) व्हील सिलेण्डर
(iii) कनैक्टिंग पाइप (iv) ब्रेक फ्लूड
(v) ब्रेक फ्लूड रिजर्वायर

इन सभी भागों को नीचे चित्र में दर्शाया गया है

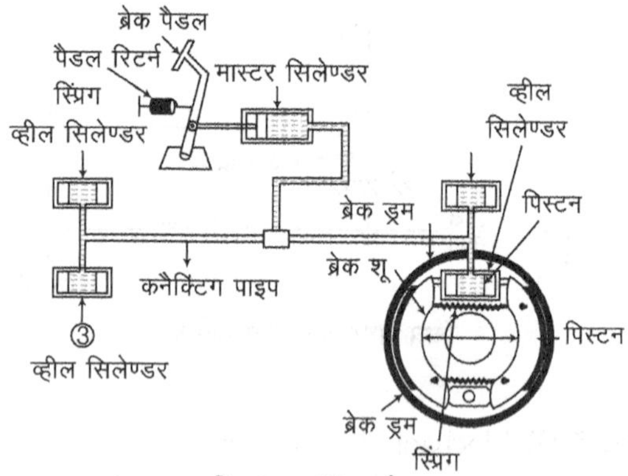

चित्र हाइड्रॉलिक ब्रेक

हाइड्रॉलिक ब्रेक की कार्यप्रणाली
Working Method of Hydraulic Brake

जब ब्रेक पैडल को दबाया जाता है, तो मास्टर सिलेण्डर के अन्दर के फ्लूड पर दबाव पड़ता है, जोकि व्हील सिलेण्डर को सप्लाई हो जाता है। व्हील सिलेण्डर का पिस्टन, ब्रेक ड्रम के द्वारा ब्रेक शू को दबाता है, जिससे ब्रेक शू लाइनिंग एवं ब्रेक ड्रम के बीच घर्षण होता है तथा ब्रेक ड्रम की गति समाप्त हो जाती है।

जब ब्रेक पैडल को छोड़ दिया जाता है, तो ब्रेक पैडल, पैडल रिटर्न स्प्रिंग की सहायता से अपनी पूर्व अवस्था में आ जाता है तथा ब्रेक शू भी ब्रेक शू रिट्रैक्ट्रिंग स्प्रिंग की सहायता से अपनी पूर्व अवस्था में आ जाता है। जब ब्रेक शू अपनी पूर्व अवस्था में आ जाता है, तो वह व्हील सिलेण्डर को पिस्टन के अन्दर की ओर दबाता है तथा दबाव डाला गया फ्लूड मास्टर सिलेण्डर में वापस आ जाता है। अत: ब्रेक रिलीज होकर वाहन पुन: चलने लगता है।

हाइड्रॉलिक ब्रेक की विशेषताएँ Characteristics of Hydraulic Brake

इस ब्रेक की निम्नलिखित विशेषताएँ हैं

(i) इस ब्रेक को लगाने से चारों पहियों में समान पावर के ब्रेक लगते हैं।
(ii) इसकी फिटिंग सरल होती है।
(iii) इसे लगाने में शक्ति कम लगानी पड़ती है।
(iv) इसे लगाने से घर्षण कम भागों में होता है।
(v) व्हील सिलेण्डरों की नाप में अन्तर करके अगले पहियों को कुछ पहले रोका जा सकता है, जो आवश्यक है।

हाइड्रॉलिक ब्रेक के दोष Faults of Hydraulic Brake

इस ब्रेक के निम्न दोष हैं

(i) एक पहिए के किसी दोष का प्रभाव अन्य सभी पहियों के ब्रेकों पर पड़ता है।
(ii) हाइड्रॉलिक ब्रेकों की एकमात्र हानि यह है कि इनमें थोड़ी-सी मात्रा में ही हवा प्रवेश हो जाने से यह निष्क्रिय हो जाते हैं।

(iii) यह ब्रेक केवल रुक-रुककर ब्रेक लगाने के लिए ही उपयुक्त होते हैं। पार्किंग के कार्य के लिए अलग से मैकेनिकल लिंकेज का प्रयोग करना पड़ता है।

(iv) व्हील सिलेण्डर के तेल से ब्रेक शू लाइनिंग शीघ्र चिकनी होने लगती है तथा ब्रेक की देख-रेख की आवश्यकता होती है।

हाइड्रॉलिक ब्रेक प्रणाली से वायु निकालना
Air Bleeding from Hydraulic Brake System

हाइड्रॉलिक ब्रेक प्रणाली में किसी भी कारण से वायु प्रवेश कर जाए, तो उसे निकालना आवश्यक हो जाता है। इस प्रणाली में किसी भी प्रकार की मरम्मत के लिए इसके भागों को खोलने से अथवा किसी जगह पर लीकेज हो जाने से वायु आ जाती है। इसके अतिरिक्त मास्टर सिलेण्डर के रिजर्वायर (reservoir) में ब्रेक ऑयल समाप्त हो जाने पर भी वायु प्रवेश कर जाती है। वायु निकालने के लिए व्हील सिलेण्डर पर एयर ब्लीडिंग निप्पल लगा रहता है। एयर ब्लीडिंग करने के लिए निम्नलिखित कार्य क्रमवार करें

(i) मास्टर सिलेण्डर को बाहर से ठीक प्रकार साफ करें।

(ii) मास्टर सिलेण्डर में पूरा ब्रेक ऑयल भरें।

(iii) ब्लीडिंग पाइप का एक सिरा ब्लीडिंग निप्पल पर चढ़ाएँ तथा दूसरा सिरा किसी पारदर्शक (transparent) बर्तन में डालें, जिसमें ब्रेक ऑयल भरा हो और पाइप का यह सिरा ब्रेक ऑयल में डूबा रहे।

(iv) किसी अन्य व्यक्ति की सहायता से ब्रेक पैडल को बार-बार दबाकर ब्रेक ऑयल में दबाव बनवाएँ।

(v) दबाव बन जाने पर स्पैनर द्वारा ब्लीडिंग निपिल की एक या दो चूड़ी खोलें। निप्पल के ढीला होते ही पाइप के सिरे से ब्रेक ऑयल तथा वायु के बुलबुले पारदर्शक बर्तन में निकलते दिखाई पड़ेंगे।

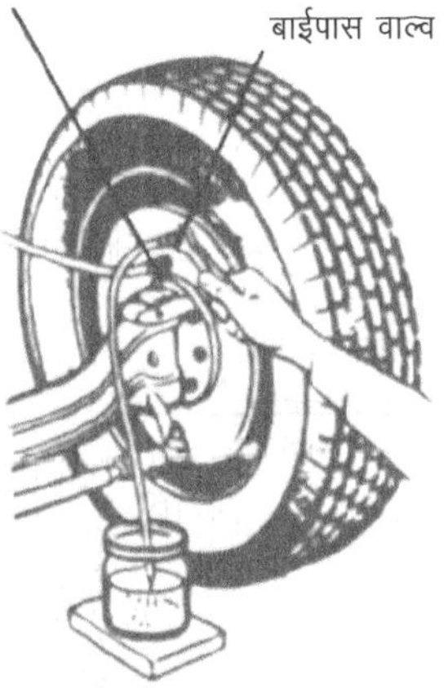

चित्र हाइड्रॉलिक ब्रेक ब्लीडिंग

(vi) कुछ समय पश्चात् निप्पल को कस दें।

(vii) पुन: ब्रेक पैडल द्वारा दबाव बनाकर निप्पल ढीला करें। यह क्रिया तब तक करते रहें, जब तक कि तेल के साथ वायु के बुलबुले आने बन्द न हो जाएँ। ध्यान रहे कि सबसे पहले मास्टर सिलेण्डर से पहिए की ब्लीडिंग करनी चाहिए। प्रत्येक पहिए की ब्लीडिंग करने के बाद मास्टर सिलेण्डर के रिजर्वायर में ब्रेक ऑयल की पूर्ति कर देनी चाहिए, क्योंकि ब्लीडिंग के समय काफी मात्रा में ब्रेक ऑयल बर्तन में चला जाता है।

3. सर्वो ब्रेक Servo Brake

यह एक मल्टीपल ब्रेक (multiple brake) है, जिसमें पैडल या फिर लीवर की शक्ति में वृद्धि होती है अर्थात् हम कह सकते हैं कि ऐसी यन्त्रावली, जिससे ब्रेक लगाने में चालक के प्रयास में वृद्धि हो, सर्वो यन्त्रावली कहलाती है। सर्वो ब्रेक इसी यन्त्रावली पर आधारित है। गाड़ी के बढ़ते भार को नियन्त्रित करने के लिए अपेक्षाकृत अधिक प्रयास की आवश्यकता होती है। जब गाड़ी के भार की सीमा 3 टन से अधिक हो, तो वाहनों में सर्वो ब्रेक लगाया जाता है। सर्वो ब्रेक दो प्रकार के होते हैं

(i) वैक्यूम सर्वो ब्रेक Vacuum Servo Brake

यह सर्वो ब्रेक व्यवस्था का एक रूप है। इसमें इंजन के इनलेट मैनीफोल्ड (inlet manifold) से सक्शन (suction) को ब्रेक लगाने के लिए उपयोग किया जाता है। वैक्यूम सर्वो ब्रेक दो प्रकार के होते हैं तथा दोनों के ही सिलेण्डर में एक पिस्टन अथवा डायफ्राम के अतिरिक्त ब्रेक लगाने के लिए उपयुक्त लिंकेज भी होता है।

इंजन के रुकने के बाद भी ब्रेक लगाने के लिए पर्याप्त वैक्यूम रखने हेतु इनमें एक छोटा वैक्यूम रिजर्वायर भी होता है।

प्रथम प्रकार के वैक्यूम सर्वो ब्रेक में पिस्टन के दोनों ओर वायुमण्डलीय दाब होता है एवं ब्रेक रिलीज स्थिति में होती है। ब्रेक लगाने के लिए पिस्टन के एक ओर इंजन-वैक्यूम लगाते हैं, जिससे पिस्टन पर एक ओर बल द्वारा ब्रेक लिंकेज परिचालित होता है, परन्तु द्वितीय प्रकार के सर्वो ब्रेक की रिलीज स्थिति में पिस्टन के दोनों ओर इंजन वैक्यूम होती है। ब्रेक लगाने के लिए एक ओर वायुमण्डल दाब को खोल देते हैं, जिससे पिस्टन पर ब्रेक लगाने के लिए वांछित बल लगता है। इस दूसरी व्यवस्था को 'सस्पैण्डेड वैक्यूम प्रणाली' कहते हैं। इसकी कार्यप्रणाली वैक्यूम सर्वो ब्रेक के प्रथम प्रकार से उत्तम होती है।

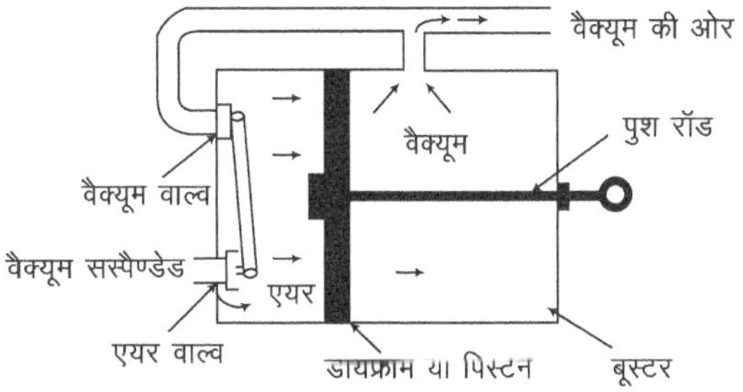

(a) **प्रथम प्रकार**

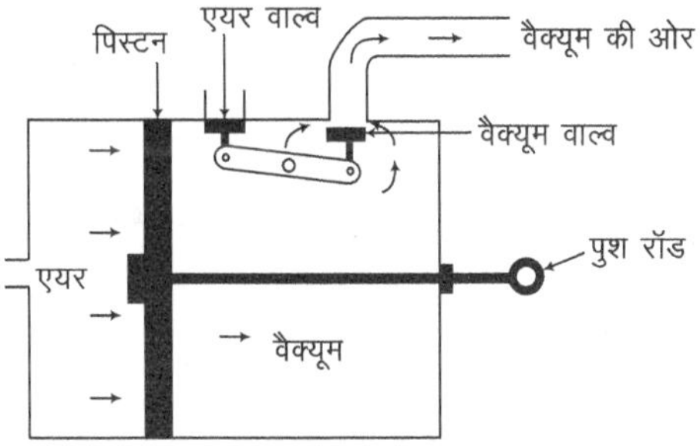

(b) **द्वितीय प्रकार**

चित्र वैक्यूम सर्वो ब्रेक के प्रकार

(ii) **एयर सर्वो ब्रेक** Air Servo Brake

इस प्रकार की ब्रेकिंग प्रणाली में वैक्यूम के स्थान पर वायु के दाब को ब्रेक लगाने हेतु प्रयुक्त किया जाता है। एयर सर्वो ब्रेक, लीवर प्रकार के चेसिस पर फिट होने वाला ब्रेक होता है। इस ब्रेक का फ्रण्ट सिरा ब्रेक पैडल तथा रियर सिरा, मास्टर सिलेण्डर से जुड़ा रहता है। जब ब्रेक पैडल को दबाया जाता है, तो ब्रेक पैडल से जुड़ी फोर्क रॉड लीवर को दबाती है, जोकि एयर कण्ट्रोल वाल्व से जुड़ा रहता है।

लीवर के दबने से एयर कण्ट्रोल वाल्व खुल जाता है तथा उच्च दाब वाली एयर कम्प्रैशर में से एयर इनलेट पोर्ट द्वारा पिस्टन के पीछे लगे सिलेण्डर में पहुँचने लगती है। इससे पिस्टन फॉरवर्ड गति करके मास्टर सिलेण्डर की पिस्टन रॉड को पुश कर देता है। इस रॉड के पुश हो जाने से वाहन रुक जाता है।

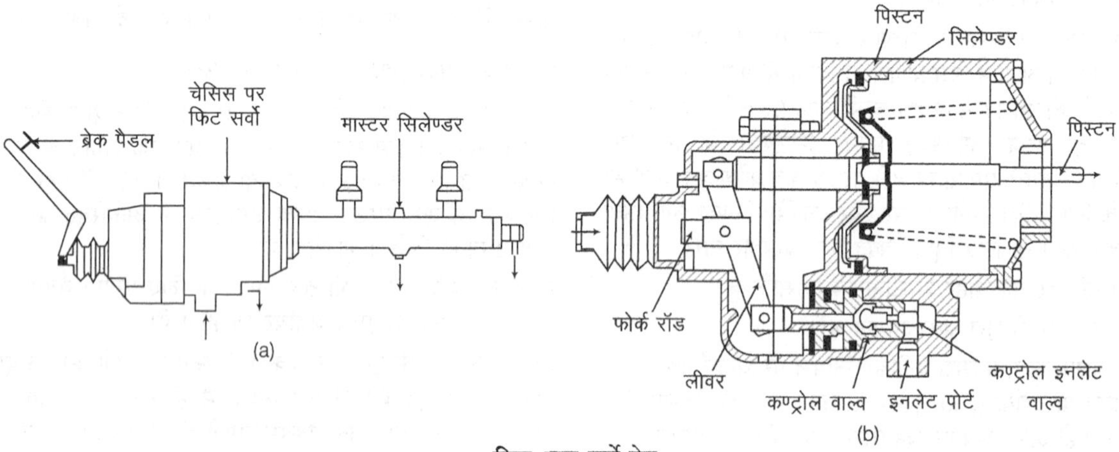

चित्र एयर सर्वो ब्रेक

4. **एयर ब्रेक** Air Brake

यह घर्षण (friction) ब्रेक का एक प्रकार है, जिसमें वाहन को रोकने या नियन्त्रित करने के लिए कम्प्रैस्ड वायु (compressed air) के दाब का उपयोग किया जाता है। वाहनों को रोकने में ब्रेक पैडल पर दाब (pressure) बनाने में इस ब्रेक का प्रयोग किया जाता है। इस ब्रेक का उपयोग सामान्यतया अधिक भारी वाहनों को नियन्त्रित करने में किया जाता है।

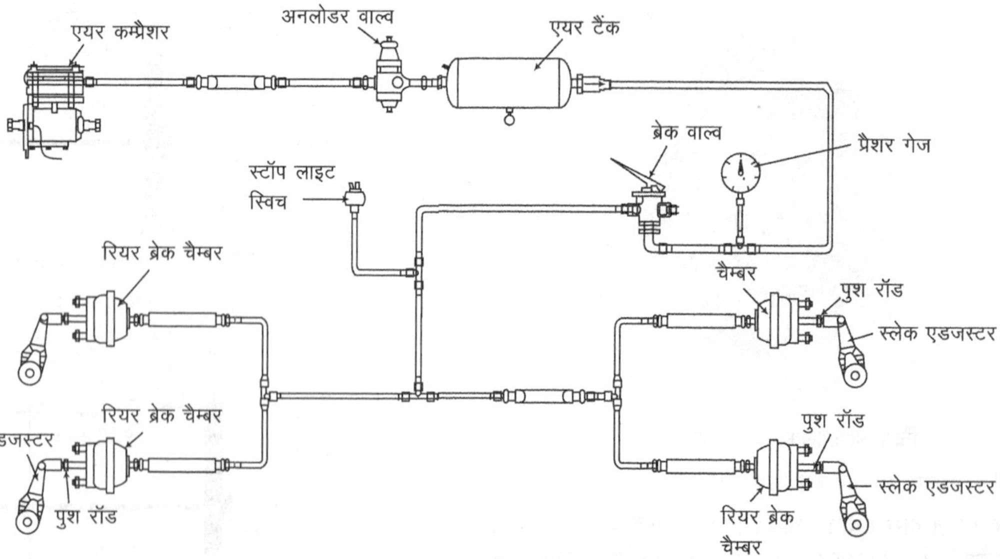

चित्र एयर ब्रेक

इस प्रकार के ब्रेक में कम्प्रैस्ड एयर, एयर कम्प्रैशर में से एयर टैंक में चली जाती है। एयर टैंक तथा एयर कम्प्रैशर के मध्य एक अनलोडर वाल्व लगा होता है, जोकि टैंक में वायु के अधिकतम प्रैशर को रेगुलेट करता है। जब ब्रेक पैडल दबाया जाता है, तो यह वाल्व फ्रण्ट तथा रियर ब्रेक चैम्बर में वायु को आसानी से प्रवाहित होने देता है। ब्रेक चैम्बर की पुश रॉड स्लेक एडजस्टर को दबाती है, जोकि S कैमशाफ्ट को प्रचालित करके ब्रेक शू को एक्सपैंड (expand) करता है। ब्रेक वाल्व से पहले एक प्रैशर गेज लगा होता है, इस ब्रेक में वाल्व का नियन्त्रण चालक करता है। जब ब्रेक लगाए जाते हैं, तो

रिजर्वायर में एयर का दबाव कम हो जाता है। जब यह दबाव 700 kpa (लगभग) हो जाता है, तो गवर्नर सम्पीडक को चला देता है, जिससे प्रैशर बढ़ जाता है। इस प्रणाली में टैंक के वायु दाब को प्रदर्शित करने के लिए ब्रेक वाल्व के ऊपर प्रैशर गेज फिट किया जाता है।

इस प्रणाली में एक स्टॉप लाइट स्विच भी लगा होता है जो वाहन के पीछे फिट रहता है तथा ब्रेक लगाने पर जलता है। इस प्रणाली में पार्किंग के लिए मैकेनिकल हैण्ड ब्रेक का उपयोग किया जाता है। एयर ब्रेक के निम्नलिखित मुख्य भाग होते हैं।

(i) **अनलोडर वाल्व** Unloader valve

ब्रेक प्रणाली में वायु दाब को उचित मान पर अवश्य रखना चाहिए। वायु आधारित ब्रेकिंग प्रणाली में अनलोडर वाल्व का कार्य, लाइन में वायु दाब को नियमित करना होता है। जब निर्धारित वायुदाब की प्राप्ति हो जाती है, तो अनलोडर वाल्व कम्प्रैस्ड को भार मुक्त कर देता है।

इसी प्रकार जब लाइन में वायुदाब निर्धारित सीमा से कम हो जाता है, तो यह सम्पीडक द्वारा वायु सम्पीडन फिर से आरम्भ कर देता है। इनमें मुख्यत: एक गवर्नर वाल्व, एक अनलोडर प्लंजर (unloader plunger) तथा एक वाल्व होता है।

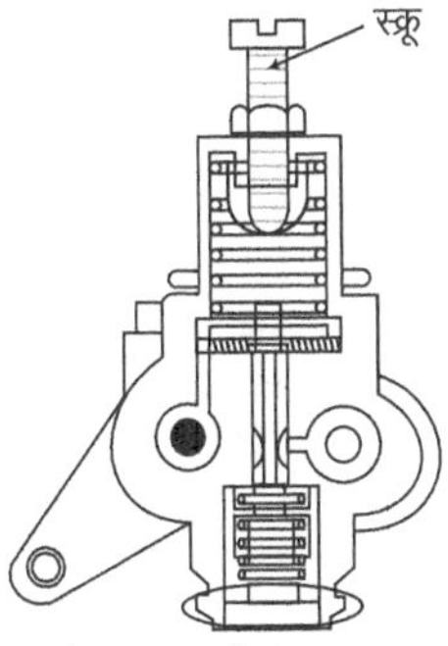

चित्र अनलोडर वाल्व

(ii) **एयर कम्प्रैसर** Air compressor

एयर कम्प्रैसर, एयर के प्रैशर को बनाने का कार्य करता है, जोकि एयर टैंक को सप्लाई होती है। यह इंजन की कैमशाफ्ट या क्रैंकशाफ्ट को प्रचालित करता है। ऑटोमोबाइल में, रेसिप्रोकेटिंग पिस्टन वाले एयर कम्प्रैसर का उपयोग बहुतायत से किया जाता है।

(iii) **एयर टैंक** Air tank

एयर टैंक स्टील की शीट का बना होता है, जोकि ब्रेकों के लिए कम्प्रैस्ड वायु को संगृहीत करता है। एयर टैंक के ऊपर एक सुरक्षा वाल्व लगाया जाता है। यह सुरक्षा वाल्व एक स्थिर दाब पर खुलता है तथा टैंक से अतिरिक्त वायुदाब रिलीज कर देता है। टैंक के नीचे की ओर ड्रेन प्लग लगा होता है।

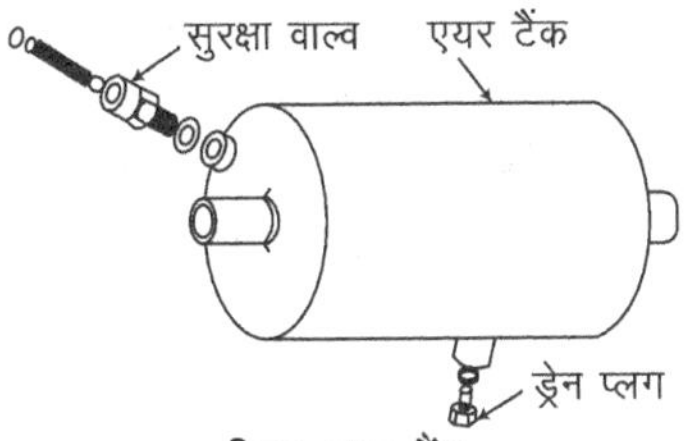

चित्र एयर टैंक

(iv) **ब्रेक वाल्व** Brake valve

ब्रेक वाल्व में प्लंजर (plunger) लगा होता है, जोकि ब्रेक लगाने पर इनलेट वाल्व को नीचे की ओर दबाता है। वाहन पर ब्रेक लगाने हेतु वायु इनलेट पोर्ट से ब्रेक चैम्बर में प्रवेश करती है।

ब्रेक चैम्बर में प्रवेश हुई वायुदाब इनलेट वाल्व के खुलने तथा पैडल की गति पर निर्भर करता है।

जब ब्रेक पैडल को रिलीज कर दिया जाता है, तो प्लंजर में नीचे का वायुदाब उसके बल को वहन करता है।

इस स्थिति में इनलेट वाल्व बन्द हो जाता है तथा एग्जॉस्ट वाल्व खुल जाता है। ब्रेक चैम्बर से सम्पूर्ण वायुदाब एग्जॉस्ट डायफ्राम के द्वारा निष्कासित हो जाता है।

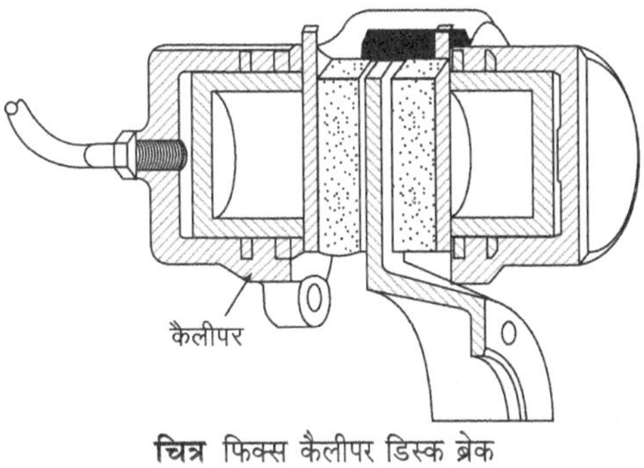

चित्र फिक्स कैलीपर डिस्क ब्रेक

(v) **ब्रेक चैम्बर** Brake chamber

वाहन के प्रत्येक पहिए पर एक ब्रेक चैम्बर लगा होता है, जोकि वायुदाब ऊर्जा को ब्रेक लगाने के लिए यान्त्रिक ऊर्जा में परिवर्तित करता है। ये प्राय: एक डायफ्राम वाले होते हैं।

जब ब्रेक पैडल को दबाया जाता है, तो वायुदाब ब्रेक चैम्बर के डायफ्राम में कार्य करता है।

डायफ्राम पुश रॉड को दबाता है, जोकि स्लेक एड्जस्टर से जुड़ी होती है। यह स्लेक एड्जस्टर जब 'S' कैमशाफ्ट को घुमाता है, तो उससे ब्रेक शू बढ़ता है, जिससे ब्रेक लगता है।

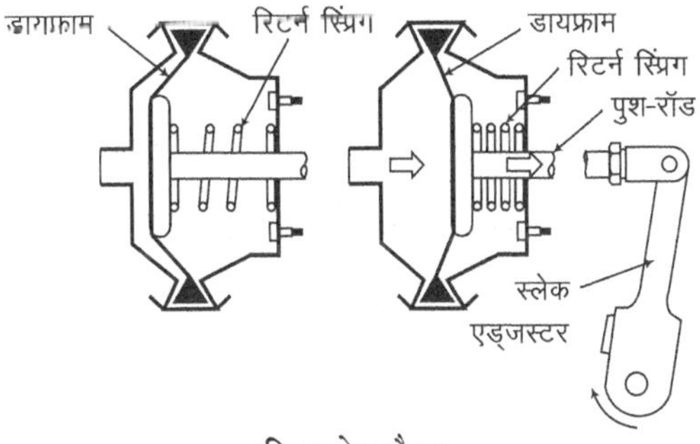

चित्र ब्रेक चैम्बर

(vi) **स्लेक एड्जस्टर** Slack adjuster

ब्रेक लगाते समय एयर ब्रेक का यह भाग लीवर का कार्य करता है। यह ब्रेक ब्लॉक और ड्रम के बीच समायोजन करने के लिए भी प्रयोग होता है। इस कार्य के लिए वर्म गियर इसके साथ प्रयोग होते हैं।

वर्म में आन्तरिक खाँचे होते हैं तथा यह 'S-कैम' की शाफ्ट पर लगा होता है।

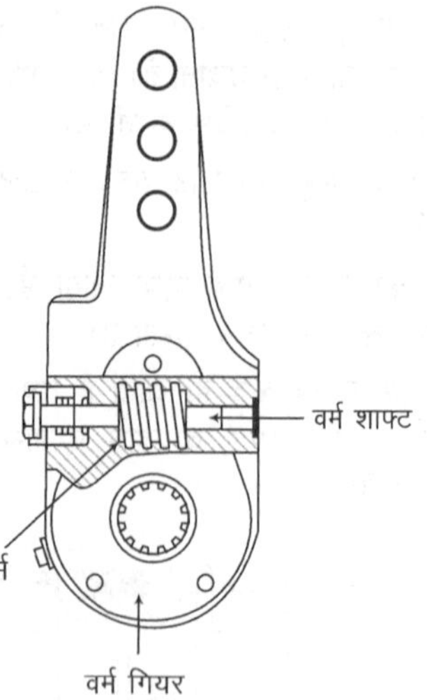

चित्र स्लेक एड्जस्टर

एयर ब्रेकों के लाभ
Advantages of Air Brakes

इन ब्रेकों के निम्न लाभ हैं

1. ये ब्रेक प्राय: मैकेनिकल ब्रेकों से बहुत अधिक शक्तिशाली होते हैं, इसलिए इनका उपयोग भारी गाड़ियों में किया जाता है।
2. एयर ब्रेकों में चेसिस का डिजाइन भी सरल होता है।
3. ब्रेक लगाने के अतिरिक्त रिजर्वायर से प्राप्त कम्प्रैस्ड वायु, टायर में हवा भरने के लिए, शीशे को बन्द करने के लिए, हॉर्न आदि उपसाधनों को चलाने के लिए प्रयोग की जा सकती है।

5. निकास ब्रेक Exhaust Brake

इस ब्रेक को इंजन के निकास मार्ग को अस्थायी रूप से बन्द करने हेतु प्रयुक्त किया जाता है। यह ब्रेक गैसोलाइन इंजन घटक को इनटेक (intake) करके ब्रेक के प्रैशर को बढ़ाने का कार्य करता है।

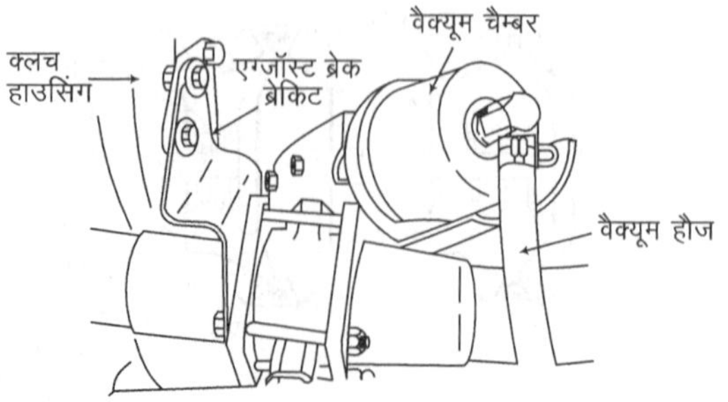

चित्र निकास ब्रेक

चूँकि, निकास कम्प्रैस किया जाता है, इसलिए इंजन पीछे की ओर कार्य करने लगता है तथा वाहन की गति को धीमा कर देता है। इस प्रकार उत्पन्न नकारात्मक टॉर्क की मात्रा सामान्यत: इंजन के पीछे के दबाव के सीधे समानुपाती होती है।

इंजन की गति को धीमा करने के लिए निकास ब्रेक पर्याप्त निकास दबाव बनाता है। यह ब्रेक इतना प्रभावी होता है कि यह अधिक भार वाले वाहन को, सर्विस ब्रेक का प्रयोग किए बिना धीमा कर सकता है।

निकास ब्रेक अनेक कम्पनियों द्वारा निर्मित किए जा रहे हैं। ये ब्रेक डिजाइन में भिन्न होते हैं, परन्तु ये सभी ऊपर दिए विवरण के अनुसार ही प्रचालित होते हैं।

अधिक उन्नत निकास ब्रेक में 'एग्जॉस्ट प्रैशर मॉडुलेशन (EPM)' होता है, जोकि वाहन के पीछे के दबाव को नियन्त्रित करता है।

6. इलेक्ट्रिक ब्रेक Electric Brake

वाहनों में इलेक्ट्रिक ब्रेकों का प्रयोग भी किया जाता है। इनमें ब्रेक ड्रम के बीच स्थित एक विद्युत चुम्बक का उत्सर्जन बैटरी की धारा (current) द्वारा किया जाता है। यही चुम्बक आगे ब्रेक लगाने वाली कैम को चलाता है। जब धारा रुकती है, तो कैम और ब्रेक ब्लॉक रिट्रैक्टर स्प्रिंगों (retractor springs) द्वारा वापस अपनी स्थिति पर आ जाते हैं।

ब्रेकिंग प्रभाव को एक रिहोस्टेट (rheostat) द्वारा नियन्त्रित किया जाता है। पैडल ब्रेक रिहोस्टेट के स्थान पर विद्युत ब्रेक लगाने के लिए द्रव-दाब का प्रयोग भी किया जा चुका है।

जैसे ही पैडल को अधिक दबाते हैं, वैसे ही द्रव-दाब रिहोस्टेट उसे सेन्स करके विद्युत चुम्बक में अधिक धारा भेजता है। इसे इलेक्ट्रोमैग्नेटिक ब्रेक (EMR) भी कहा जाता है।

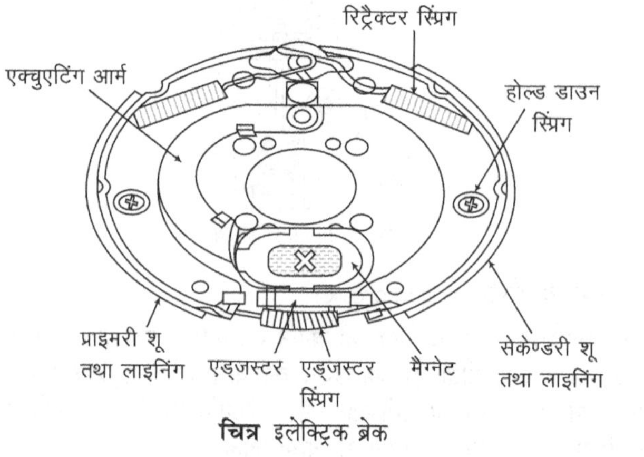

चित्र इलेक्ट्रिक ब्रेक

इलेक्ट्रिक ब्रेक के लाभ Advantages of Electric Brake

1. विद्युत से चलने के कारण, दूसरी व्यवस्थाओं की अपेक्षा इसमें ब्रेक पैडल के दबाने और पहियों पर ब्रेक लगाने में बहुत कम समय-अन्तराल होता है।
2. इलेक्ट्रिक ब्रेकों को चलाने वाला लिंकेज सरलता से प्रचालित हो जाता है। इस ब्रेक में प्रत्येक ड्रम के लिए एक केबिल चाहिए।

7. इंजन एग्जॉस्ट ब्रेक Engine Exhaust Brake

इस ब्रेक का प्रयोग टाटा गाड़ियों पर सहायक ब्रेक के रूप में किया जाता है तथा यह पहाड़ी ढलानों पर, लम्बी दूरी तय करते समय अथवा भारी वाहनों द्वारा लम्बी दूरी में चाल को निरन्तर एकसमान रखने के लिए आवश्यक होता है।

इस ब्रेक को ऑपरेट करने के लिए फुट कण्ट्रोल वाल्व (foot control valve) लगा होता है। इसके मुख्य भाग प्रैशर रेगुलेटर, फुट कण्ट्रोल वाल्व तथा एयर सिलेण्डर होते हैं। एयर सिलेण्डर में सम्पीडित एयर, एग्जॉस्ट मैनीफोल्ड में बटरफ्लाई वाल्व और गवर्नर के कण्ट्रोल लीवर को ऑपरेट करने वाले लिंकेज को प्रचालित करती है।

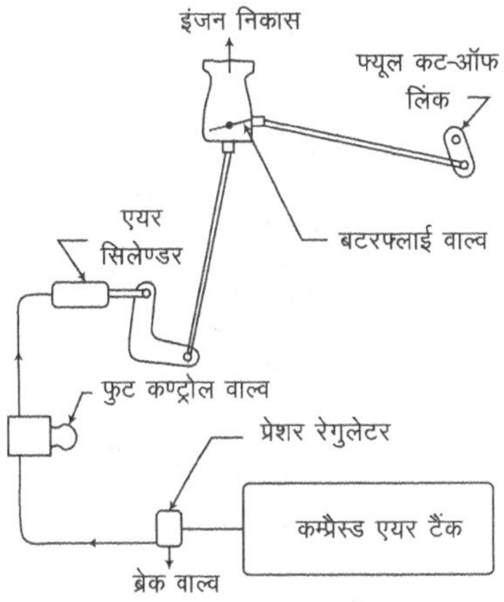

चित्र इंजन एग्जॉस्ट ब्रेक

फुट कण्ट्रोल वाल्व को दबाने से ब्रेक प्रचालन अवस्था में आ जाता है एवं यह तब तक प्रचालन मोड (एंगेज) में रहता है, जब तक यह वाल्व दबा रहता है। जिस क्षण वाल्व पर से पैर हटाया जाता है, उसी क्षण ब्रेक रिलीज (release) हो जाता है।

जब फुट कण्ट्रोल वाल्व को दबाते हैं, तो हवा की टंकी से कम्प्रैस्ड एयर सिलेण्डर में प्रवेश करती है, जहाँ यह एक लिंकेज को प्रचालित करके निकास मैनीफोल्ड पर बटरफ्लाई वाल्व को बन्द कर देती है तथा इसके साथ ही लिंकेज द्वारा ईंधन की सप्लाई भी की जाती है। इस ब्रेक प्रणाली में ईंधन की खपत कम होती है।

9.5 ब्रेकिंग प्रणाली के मुख्य अवयव Main Components of Braking System

वाहन को रोकने के अतिरिक्त ब्रेकिंग प्रणाली सामान्यत: मोड़ों पर वाहन की गति को नियन्त्रित एवं ढलान इत्यादि से नीचे उतरते समय वाहन को नियन्त्रण में रखती है। इस कार्य में कुछ अवयव एवं यन्त्रावलियाँ सहायता करते हैं, जिनमें से कुछ का विवरण निम्न है

1. पार्क ब्रेक Park Brake

पार्क ब्रेक को हैण्ड ब्रेक भी कहते हैं। इस ब्रेक का प्रयोग वाहन को पार्क करते समय किया जाता है। पार्क ब्रेकों का प्रयोग वाहनों को रोलिंग से बचाने हेतु भी किया जाता है, जबकि ऑपरेटर को क्लच व थ्रॉटल पैडल को ऑपरेट करने के लिए दोनों पैरों की आवश्यकता होती है।

यह ब्रेक उस आपातकालीन स्थिति में प्रयोग किया जाता है, जब फुट ब्रेक वाहन के सन्तुलन को खराब करता है। पार्क ब्रेक प्राय: रियर व्हील असेम्बली पर प्रयोग किए जाते हैं।

जब इस ब्रेक को लगाते हैं, तो यह वाहन की गति को शून्य कर देता है। अगले पहिए को नियन्त्रित करने के उद्देश्य से भी इस ब्रेक का प्रयोग किया जाता है।

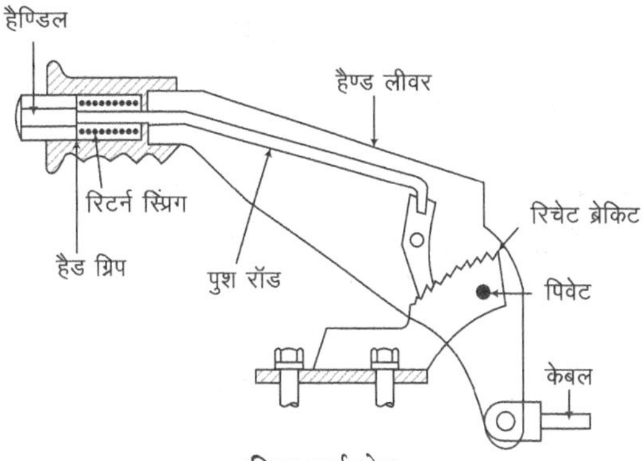

चित्र पार्क ब्रेक

2. ब्रेक पैडल Brake Pedal

ब्रेक पैडल सदैव चालक के दाएँ पैर द्वारा क्रियाशील होता है। इसके निचले सिरे से बँधी क्रॉस शाफ्ट व उसके आगे की पुश रॉड, आगे की चाल लेते हुए मास्टर सिलेण्डर के पिस्टन को दबाती है। यदि पैर को हटा लिया जाए तो पैडल रिटर्न स्प्रिंग के कम्प्रैस होने से ब्रेक पैडल वापस उसी अवस्था में आ जाता है। ब्रेक पैडल की फ्री प्ले का समायोजन करने के लिए क्रॉस शाफ्ट पर ब्रेक पैडल एडजस्टिंग नट की व्यवस्था होती है।

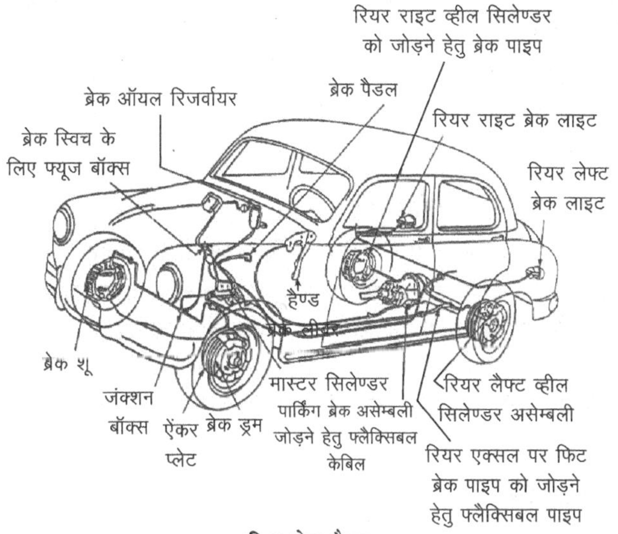

चित्र ब्रेक पैडल

3. ब्रेक लाइनिंग Brake Linings

घूमते ब्रेक व्हील ड्रम से, ब्रेक शू पर पेस्ट या रिवेट की हुई लाइनिंग ही घर्षण करके ब्रेक व्हील ड्रम को रोकती है। सामान्यतया यह एस्बेस्टॉस से निर्मित होती है और इसको कठोर बनाने या आकृति (shape) देने के लिए रबर या प्लास्टिक का फीलर मिलाकर उपयोग किया जाता है।

ये निम्न प्रकार की होती हैं

(i) **ऑर्गेनिक ब्रेक लाइनिंग** Organic Brake Lining

इस प्रकार की ब्रेक लाइनिंग, एस्बेस्टॉस, फाइबर ग्लास, एस्बेस्टॉस फाइबर आदि के मिश्रण से बनाई जाती है तथा रेजिन का प्रयोग बाइण्डिंग पदार्थ के रूप में किया जाता है।

(ii) **सेमी-मैटेलिक ब्रेक लाइनिंग** Semi-metallic Brake Lining

इस प्रकार की ब्रेक लाइनिंग का उपयोग अधिकतर फ्रण्ट व्हील ड्राइव वाले वाहनों में डिस्क ब्रेक के लिए किया जाता है। इसमें आयरन पाउडर एवं ग्रेफाइट का मिश्रण होता है तथा बाइण्डर के रूप में प्लास्टिक रेजिन का उपयोग किया जाता है। सेमी-मैटेलिक ब्रेक लाइनिंग, ऑर्गेनिक लाइनिंग की अपेक्षा अधिक घिसावरोधी तथा ऊष्मारोधी होती है। सेमी-मैटेलिक लाइनिंग उच्च ताप पर प्रचालित किए जाने पर अपना घर्षण गुणांक बनाए रखती है।

4. ब्रेक फ्लूड Brake Fluid

ब्रेकिंग प्रणाली का यह मुख्य आधार, कास्ट ऑयल एवं एल्कोहॉल को मिलाकर बनाया जाता है। ब्रेक फ्लूड के निम्न प्रकार होते हैं

(i) **डॉट-**3 (Dot-3) यह पारम्परिक ब्रेक फ्लूड है, जिसे अधिकांशतया ए.बी.एस. (ABS) व कुछ अन्य पावर ब्रेकिंग प्रणालियों में प्रयुक्त करते हैं।

(ii) **डॉट-**4 (Dot-4) यह पारम्परिक ब्रेक प्रणालियों में अधिकतर प्रयुक्त किया जाता है।

(iii) **डॉट-**5 (Dot-5) यह सिलिकॉन आधारित ब्रेक फ्लूड है। वर्तमान में ऑटोमोबाइल के क्षेत्र में इस फ्लूड का प्रयोग लगभग समाप्त हो गया है।

ब्रेक फ्लूड की विशेषताएँ Characteristics of Brake Fluid

एक अच्छे ब्रेक फ्लूड में निम्नलिखित विशेषताएँ होनी चाहिए

(i) यह उच्च तथा निम्न तापों पर मुक्त रूप से प्रवाहित होना चाहिए।

(ii) यह स्नेहक के समान कार्य करने वाला होना चाहिए।

(iii) यह संक्षारण रोधी तथा जंग रोधी होना चाहिए।

(iv) यह रबर वाले भागों को हानि नहीं पहुँचाने वाला होना चाहिए।

(v) यह वाष्पनरोधी होना चाहिए।

5. ब्लीडिंग Bleeding

किसी भी वाहन में हाइड्रॉलिक प्रणाली तब ही अपनी पूर्ण क्षमता से कार्य करती है, जब वह वायुरहित हो। इसके लिए व्हील सिलेण्डर एवं मास्टर सिलेण्डर को वायुरहित किया जाता है। सिलेण्डरों को वायुरहित करने की क्रिया को ही ब्लीडिंग कहते हैं। ब्लीडिंग क्रिया करते समय विशेष सावधानियाँ रखने की आवश्यकता होती है।

6. ब्रेक हौज Brake Hose

मास्टर सिलेण्डर से स्टील पाइपलाइन द्वारा व्हील सिलेण्डरों को सीधे जोड़ना असम्भव है। जैसे वाहन के अगले दोनों पहिए स्टीयरिंग प्रणाली से जुड़े होने के कारण पहियों को मोड़ने की दिशा प्रदान करते हैं, उसी प्रकार व्हील सिलेण्डरों व स्टील पाइपलाइन के मध्य, मजबूत, हाइड्रॉलिक तेल का दबाव, तापमान का प्रभाव और झटकों को सहन करने वाले उच्च दाब ब्रेक हौज पाइप का लगाना भी अनिवार्य है।

ये भिन्न-भिन्न लम्बाई में बने होते हैं।

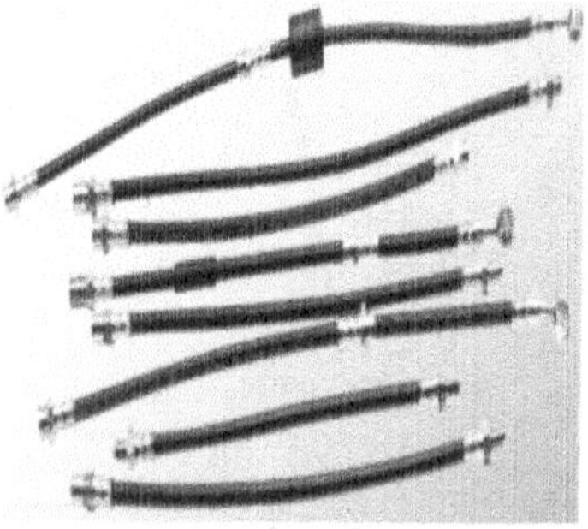

चित्र ब्रेक हौज

7. ब्रेक ड्रम Brake Drum

यह एक पतला गोल ड्रम होता है, जिसके बाहर बन्द भाग के स्टडों पर पहिए के रिम छिद्र फिट होते हैं और आन्तरिक खाली भाग, व्हील ब्रेक शू असेम्बली के लिए ढक्कन का कार्य करता है। ये कास्ट आयरन, क्रोम, निकिल, आयरन और स्टील से बनाए जाते हैं। एल्युमीनियम अलॉय और मैग्नीशियम अलॉय के रिब किए हुए ड्रम कास्ट आयरन के ड्रम की तुलना में ठण्डे चलते हैं।

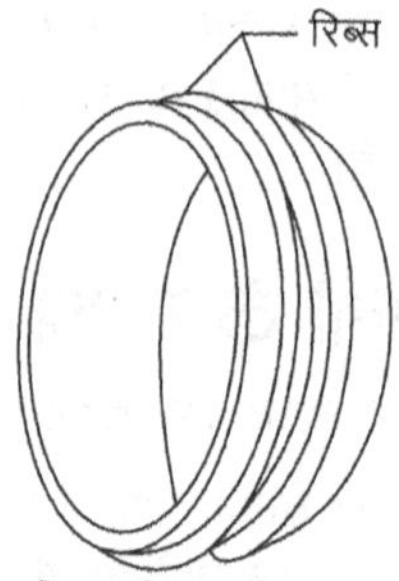

चित्र रिब्स सहित ड्रम

8. ब्रेक शू Brake Shoe

ये लोहे की पत्तियों से निर्मित अर्द्धगोलाकार आकृति के होते हैं। सामान्यतया इनका एक भाग व्हील सिलेण्डर के पिस्टन में, जबकि दूसरा एड्जस्टर के साथ फँसा रहता है। ब्रेक शू के अन्दर किए गए दो छिद्रों में ब्रेक शू रिटर्न स्प्रिग फँसी रहती है।

9. विभाजित प्रणालियाँ Divided Systems

यह वाहन में ब्रेकिंग क्रिया के अन्तर्गत ऐसी ब्रेकिंग प्रणाली है, जोकि वाहन के भार पर निर्भर होती है। विभाजित प्रणाली के द्वारा ही वाहन के अगले एवं पिछले पहियों को एक साथ ब्रेक लगाकर विविध विधियों से रोका जाता है।

इस प्रणाली से ही चालक द्वारा लगाए गए ब्रेक बल को वाहन के सभी पहियों पर एक साथ समान रूप से वितरित किया जा सकना सम्भव है। यह वाहन को तत्काल रोक देने में सक्षम होता है, जिससे दुर्घटना की आशंका नहीं रहती।

10. मास्टर सिलेण्डर Master Cylinder

यह ब्रेक प्रणाली का मुख्य भाग है। इसके द्वारा ब्रेक ऑयल में दबाव उत्पन्न किया जाता है। यह ब्रेकों को चलाने के लिए हाइड्रॉलिक दबाव बनाए रखने हेतु एक पम्प की भाँति कार्य करता है। प्रणाली में फ्लूड का स्तर सही बनाए रखता है। इसमें ब्रेक पैडल का सम्बन्ध मास्टर सिलेण्डर की पुश रॉड से रहता है। ये निम्न प्रकार के होते हैं

(i) टैंक टाइप मास्टर सिलेण्डर Tank Type Master Cylinder

इसे सबमर्ज्ड टाइप मास्टर सिलेण्डर भी कहा जाता है। टैंक टाइप मास्टर सिलेण्डर में, मास्टर सिलेण्डर रिजर्वायर में लगा होता है। मास्टर सिलेण्डर के शीर्ष पर एक बाईपास पोर्ट लगा होता है जो रिजर्वायर से मास्टर सिलेण्डर को फ्लूड पहुँचाता है। इस सिलेण्डर की कार्यप्रणाली ऑर्डिनरी बैरेल टाइप मास्टर सिलेण्डर के समान होती है।

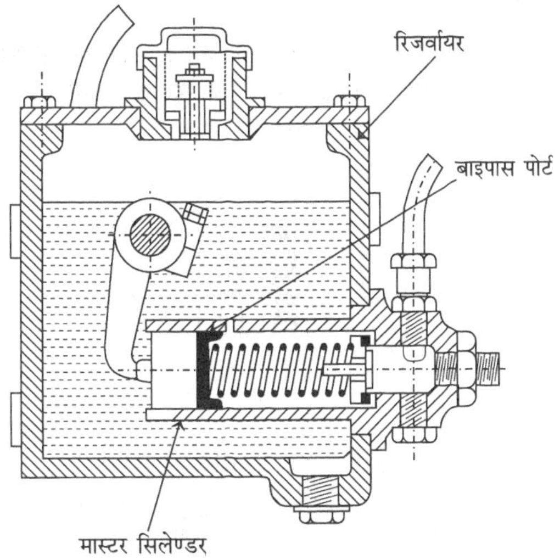

चित्र टैंक टाइप मास्टर सिलेण्डर

(ii) टैन्डम मास्टर सिलेण्डर Tandem Master Cylinder

टैन्डम मास्टर सिलेण्डर के अन्तर्गत दो सिलेण्डर तथा रिजर्वायर प्रयोग किए जाते हैं। इसमें दो चैक वाल्व (एक फ्रण्ट ब्रेक हेतु तथा एक रियर ब्रेक हेतु) लगे होते हैं। इस प्रकार के मास्टर सिलेण्डर का प्रयोग करने से यह लाभ है कि यदि एक ब्रेक लाइनिंग विफल हो जाए, तो अन्य ब्रेक लाइनिंग कार्य को सुचारु रखती है तथा वाहनों को रोकने में सहायता करती है। जब ब्रेक पैडल दबाया जाता है, तो प्राइमरी पिस्टन पर दबाव पड़ता है, जोकि फ्लूड पर, फ्रण्ट ब्रेक के चैक वाल्व द्वारा पास करने के लिए बल डालता है। उसके पश्चात् ब्रेक पैडल को दबाए रखने से प्राइमरी पिस्टन पर बल पड़ता है। फ्लूड का दबाव, सिलेण्डर में सेकेण्डरी पिस्टन को दबाता है। इसके पश्चात् ब्रेक पैडल पर डाला गया दबाव चारों पहियों के शूज पर समान रूप से पड़ता है। जब फ्रण्ट ब्रेक विफल हो जाता है, तो प्राइमरी पिस्टन के सेकेण्डरी पिस्टन के कॉन्टैक्ट में आने तक बल डाला जाता है, उसके पश्चात् दोनों पिस्टन साथ में गति करते हैं। सेकेण्डरी साइड में दबाव बनने पर फ्लूड को रियर ब्रेक के चैक वाल्व द्वारा बल डालकर वाहन को रोका जाता है। जब रियर ब्रेक विफल हो जाते हैं, तो सेकेण्डरी साइड में कोई दबाव नहीं होता है, तब पैडल दबाकर प्राइमरी पिस्टन के द्वारा सेकेण्डरी पिस्टन को बल डालकर रोक दिया जाता है। उसके पश्चात् पिस्टन की गति के कारण फ्लूड का दबाव बनता है, जोकि चैक वाल्व के द्वारा फ्रण्ट व्हील सिलेण्डर में ट्रांसमिट हो जाता है तथा वाहन रुक जाता है।

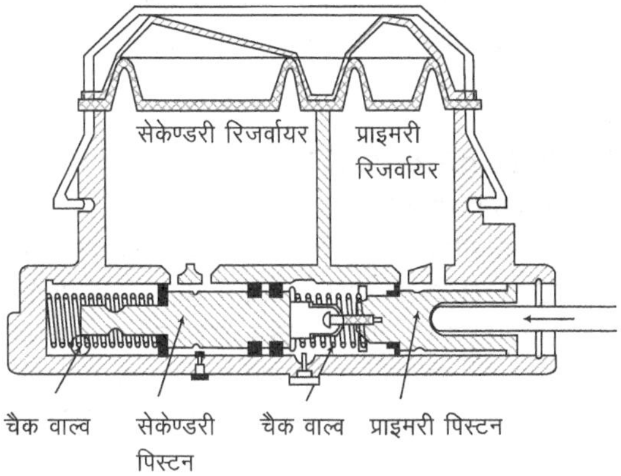

चित्र टैन्डम मास्टर सिलेण्डर

(iii) सेन्टर फीड मास्टर सिलेण्डर Centre Feed Master Cylinder

इस प्रकार के मास्टर सिलेण्डर में पिस्टन हैड के ऊपर एक नॉन-रिटर्न वाल्व लगा होता है। जब ब्रेक को छोड़ा जाता है तो पिस्टन के शीघ्रता से

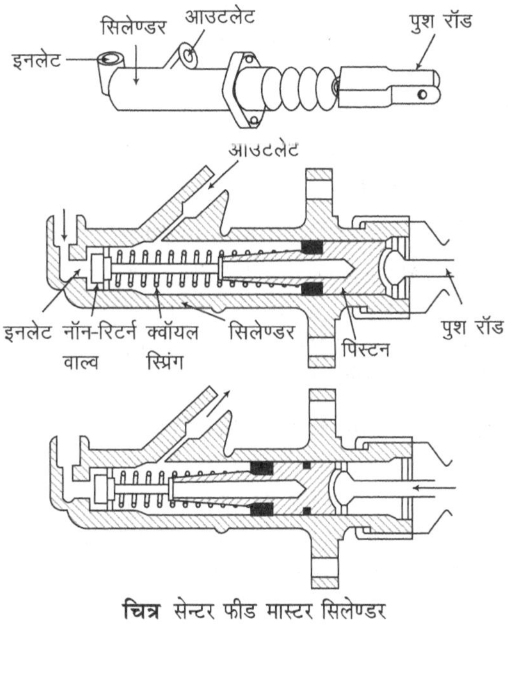

चित्र सेन्टर फीड मास्टर सिलेण्डर

रिटर्न होने पर निर्वात उत्पन्न हो जाता है। यह निर्वात क्वॉयल स्प्रिंग को ऊपर उठाकर नॉन-रिटर्न वाल्व को खोल देती है जिससे सिलेण्डर में द्रव प्रवाहित होने लगता है। जब यह प्रणाली विरामावस्था (rest position) में होती है तो नॉन-रिटर्न वाल्व अपनी जगह पर रहता है।

ब्रेक पैडल को दबाने पर पुश रॉड सिलेण्डर में प्रवेश कर जाती है तथा नॉन-रिटर्न सेन्टर वाल्व इनलेट को सील कर देता है। इस प्रकार दाबित द्रव, ब्रेक आरोपित करने के लिए आउटलेट पैसेज द्वारा व्हील सिलेण्डर को भेज दिया जाता है।

11. व्हील सिलेण्डर Wheel Cylinder

व्हील सिलेण्डर के द्वारा पाइपलाइन के फ्लूड के दबाव को बढ़ाया जाता है। इसके लिए व्हील सिलेण्डर में बड़े व्यास वाले पिस्टन का प्रयोग किया जाता है।

व्हील सिलेण्डर की कार्यप्रणाली
Working Method of the Wheel Cylinder

व्हील सिलेण्डर के अन्दर, कप्स के मध्य में सदैव एक फ्लूड भरा रहता है। जब ब्रेक पैडल को दबाया जाता है, तो इस दबाव के कारण सिलेण्डर में कुछ अतिरिक्त फ्लूड आ जाता है। फ्लूड के इस दबाव के कारण कप्स तथा पिस्टन बाहर की ओर गति करने लगते हैं तथा ब्रेक शू को फैला देते हैं। फैला हुआ ब्रेक शू, ब्रेक ड्रम के सम्पर्क में आकर वाहन को रोक देता है।

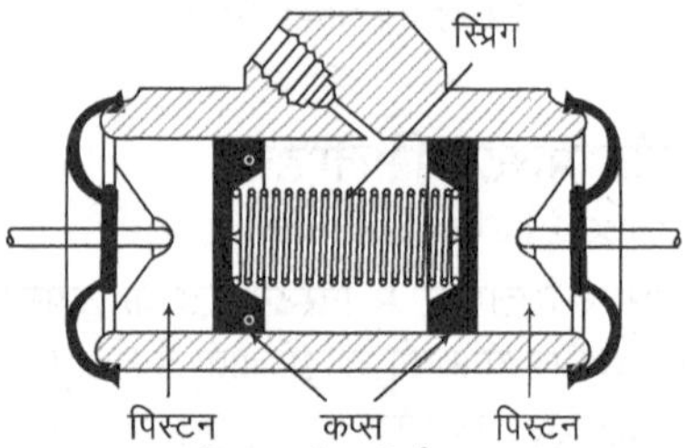

चित्र व्हील सिलेण्डर

व्हील सिलेण्डर के प्रकार Types of Wheel Cylinder

ड्रम ब्रेक के साथ चार प्रकार के व्हील सिलेण्डर प्रयोग किए जाते हैं, जिनका विवरण निम्नवत् है

(i) **स्ट्रेट बोर के साथ डबल पिस्टन व्हील सिलेण्डर**
Double piston wheel cylinder with straight bore

इस प्रकार के व्हील सिलेण्डर में एक ही बोर में दो पिस्टन प्रयोग किए जाते हैं। ये दोनों पिस्टन एक स्प्रिंग की सहायता से पृथक् रहते हैं। प्रत्येक पिस्टन एक ब्रेक शू से संयोजित रहता है।

(ii) **स्टेप बोर के साथ डबल पिस्टन व्हील सिलेण्डर**
Double piston wheel cylinder with step bore

यह व्हील सिलेण्डर भी स्ट्रेट बोर के साथ डबल पिस्टन वाले व्हील सिलेण्डर के समान ही होता है, परन्तु अन्तर केवल यह है कि इसमें स्ट्रेट बोर के स्थान पर स्टेप बोर (step bore) प्रयोग की जाती है। इसमें लगे दोनों पिस्टनों का व्यास भिन्न-भिन्न होता है। अत: प्रत्येक ब्रेक शू पर दबाव भी भिन्न-भिन्न होता है।

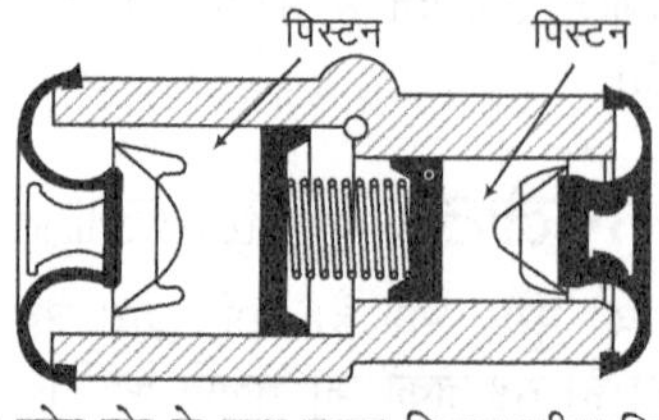

चित्र स्टेप बोर के साथ डबल पिस्टन व्हील सिलेण्डर

(iii) **सिंगल पिस्टन व्हील सिलेण्डर** Single piston wheel cylinder

इसमें दो व्हील सिलेण्डर होते हैं तथा प्रत्येक व्हील सिलेण्डर एक शू को तुरन्त ऑपरेट करता है। इसके प्रत्येक व्हील सिलेण्डर के साथ एक पिस्टन लगा होता है।

व्हील सिलेण्डर का एक सिरा पिवेट (pivot) रहता है तथा दूसरा सिरा ब्रेक शू से संयोजित रहता है। जब ब्रेक पैडल को दबाया जाता है, तो व्हील सिलेण्डर, ब्रेक शू को चलाता है।

ये दोनों व्हील सिलेण्डर एक पाइपलाइन के द्वारा संयोजित रहते हैं। दोनों व्हील सिलेण्डरों का व्यास समान होने के कारण ही ब्रेक शू पर समान दाब वितरित होता है।

इस प्रणाली की विशेषता यह है कि एक व्हील सिलेण्डर के विफल हो जाने पर, दूसरा व्हील सिलेण्डर क्रिया को सुचारु रखता है। इसमें लगे दोनों ब्रेक शू समान रूप से घिसते हैं।

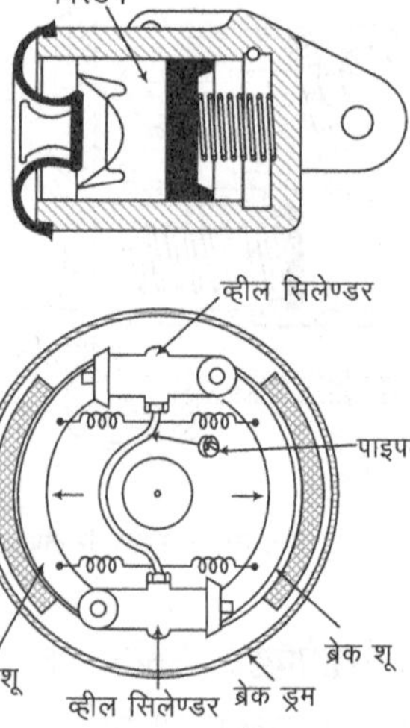

चित्र सिंगल पिस्टन व्हील सिलेण्डर

(iv) **बैफल प्रकार का पिस्टन व्हील सिलेण्डर**
Baffle type piston wheel cylinder

जब वाहन विपरीत दिशा में (reverse) गतिमान होता है, तो ब्रेकिंग में क्लिंकिंग शोर (clinking noise) को नियन्त्रित करने हेतु इस व्हील सिलेण्डर का उपयोग किया जाता है। इसमें व्हील सिलेण्डर के आधार पर एक ऑरिफिस, ड्रिल किया रहता है।

यह ऑरिफिस फ्रण्ट से रियर तक फ्लूड के प्रवाह को कम करने का कार्य करता है, जिससे प्राइमरी शू सेकेण्डरी शू से पहले ऑपरेट होता है, जिसके कारण शोर नियन्त्रित हो जाता है।

12. पावर बूस्टर या ब्रेक इकाई Power Booster or Brake Unit

यह एक परिष्कृत मास्टर सिलेण्डर इकाई (unit) है, जिसका उपयोग ब्रेकिंग में पैडल प्रैशर की मात्रा को कम करने में किया जाता है। ब्रेकिंग प्रणाली में पावर बूस्टर का उपयोग मास्टर सिलेण्डर के साथ उच्चतम तरलीकरण करने में किया जाता है। पावर बूस्टर का उपयोग सामान्यतः इंजन, इनटेक के वैक्यूम का दाब बढ़ाने में करता है। इंजन चलाए बिना ब्रेक पैडल बहुत कठोर चल पाता है और ब्रेक सामर्थ्य पर निष्प्रभावी रहता है। वाहन की ब्रेकिंग प्रणाली में यह एक नियन्त्रक इकाई है।

13. हाइड्रॉलिक ब्रेक बूस्टर Hydraulic Brake Booster

वर्तमान में अनेक वाहन हाइड्रॉलिक तकनीक पर आधारित ब्रेक बूस्टरों से युक्त होते हैं। इस पर आधारित प्रणाली, पावर स्टीयरिंग पम्प से उत्पन्न हाइड्रॉलिक दाब का उपयोग करती है एवं एक्युमुलेटर पर संगृहीत रहती है। यह बूस्टर तरल से उत्पन्न दाब का उपयोग करता है, जो तरल इसमें सदैव संचरित होता है। दाब-स्रोत (pressure source) के रूप में यह मास्टर सिलेण्डर के पिस्टन के विरुद्ध लगाया जाता है।

14. इलेक्ट्रो-हाइड्रॉलिक ब्रेकिंग Electro-Hydraulic Braking; EHB

यह वर्तमान में उच्च दाब सहित अपरिवर्तक का एक विकल्प है। हाइड्रॉलिक बूस्टर प्रणाली के समान ही यह आवश्यक दाब एवं मास्टर सिलेण्डर को क्रियाशील करने के लिए एक एक्युमुलेटर (accumulator) का उपयोग करता है।

यह एक्युमुलेटर को आवेशित (charge) करने के लिए वैद्युतिक शक्ति का उपयोग करता है। यही ब्रेक ऑपरेशन के लिए पर्याप्त दाब बनाता है। इस ब्रेकिंग से आशय कम शक्ति का उपयोग करने से है।

15. आरोपित ब्रेक Applying Brake

वाहन में जैसे ही ब्रेक लगाए जाते हैं अर्थात् वाहन की ब्रेकिंग प्रणाली पर आरोपित किए जाते हैं, तो पुशरॉड शक्ति इकाई के माध्यम से पैडल ब्रेकों को पिस्टन पर लागू करने के लिए तुरन्त गतिमान हो जाती है एवं वाहन में ब्रेक लग जाते हैं।

16. ब्रेक बल Brake Force

जब ब्रेक एप्लाई किए जाते हैं तो वाहन के व्हील्स पर एक बल का अनुभव होता है, जिससे वाहन के व्हील्स उसे रोकने का प्रयास करते हैं। इस बल को ब्रेक बल (brake force) कहा जाता है।

17. ब्रेक लाइट स्विच Brake Light Switch

यह ब्रेक अवयव द्रवचालित ब्रेक प्रणाली के एक भाग के निष्क्रिय होने की चेतावनी देता है। इसे डिफरैन्शियल वाल्व भी कहते हैं।

8. ड्रम ब्रेक Drum Brake

इस प्रकार के ब्रेकों में प्रत्येक पहिए पर एक ब्रेक ड्रम लगा होता है और एक्सल के खोल पर बैक प्लेट (back plate) लगी होती है। अगले एक्सल पर बैक प्लेट, स्टीयरिंग नक्कल से बोल्टों द्वारा संयोजित होती है।

ड्रम ब्रेक की संरचना Construction of Drum Brake

ये कास्ट आयरन के बने होते हैं। इनकी बैक प्लेट पर दो ब्रेक शू (brake shoe) लगे होते हैं। ब्रेक शू पर घर्षण लाइनिंग्स होती हैं। इसमें एक या दो रिट्रैक्टर स्प्रिंगों का प्रयोग किया जाता है। इसमें एक एड्जस्टर भी लगा होता है।

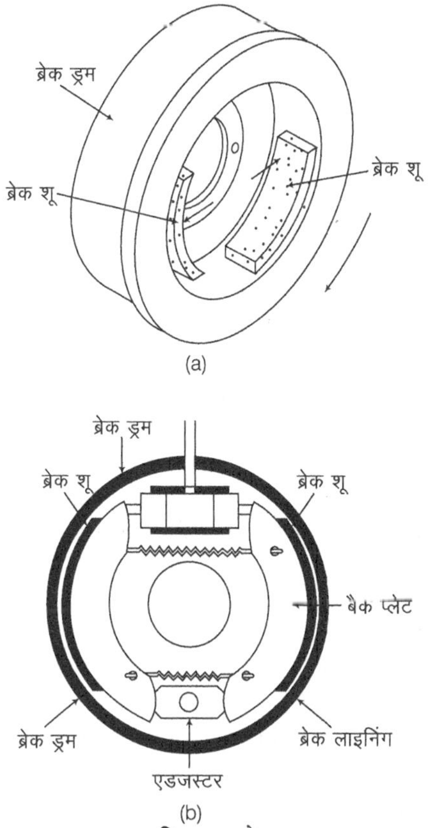

चित्र ड्रम ब्रेक

सम्पूर्ण ब्रेकिंग यन्त्रावली ब्रेक ड्रम के अन्तर्गत ही होती है, जोकि ब्रेक शू के खुलने पर ब्रेक के अन्दर गोलाई में लगे रहते हैं। जब पहिए पर ब्रेक लगाया जाता है, तो ब्रेक ड्रम तथा ब्रेक शू आपस में रगड़ते हैं, जिससे ड्रम अन्दर से घिस जाते हैं।

अनेक बार ड्रमों का व्यास बढ़ जाता है जिससे ब्रेक ठीक से नहीं लग पाते हैं। प्राय: ब्रेक ड्रम में तीन प्रकार के दोष आ जाते हैं

(i) ब्रेक ड्रम के अन्दर लाइनें पड़ जाना।
(ii) ब्रेक ड्रम का मध्य से घिस जाना।
(iii) ब्रेक ड्रम का बाहरी सिरे पर घिस जाना।

ड्रम ब्रेक के अवयव Components of Drum Brake

ड्रम ब्रेक के मुख्य अवयव निम्नलिखित हैं

(i) बैक प्लेट
(ii) ब्रेक ड्रम
(iii) व्हील सिलेण्डर
(iv) ब्रेक लाइनिंग एवं ब्रेक शू
(v) सैल्फ एड्जस्टर ब्रेक स्ट्रट

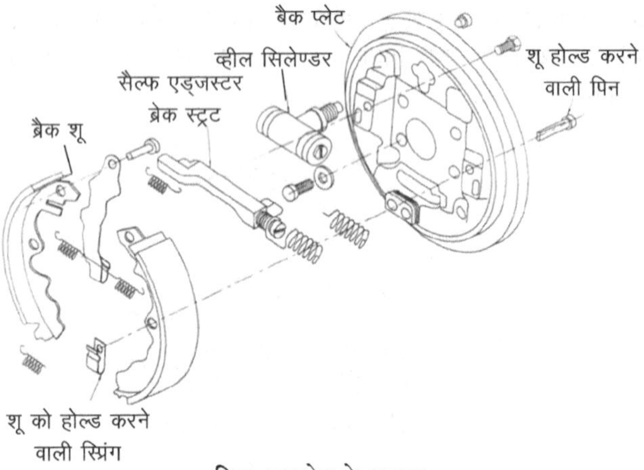

चित्र ड्रम ब्रेक के अवयव

(i) बैक प्लेट Back Plate

बैक प्लेट, ब्रेक के अन्य भागों के लिए एक आधार प्रदान करती है। यह एक्सल से जुड़ी हुई होती है तथा व्हील सिलेण्डर, ब्रेक शू आदि के लिए एक ठोस सतह (solid surface) बनाती है। सम्पूर्ण ब्रेकिंग प्रणाली का दाब इस प्लेट पर ही पड़ता है, इसलिए ठोस तथा घिसाव-प्रतिरोधी बनाया जाता है।

(ii) ब्रेक ड्रम Brake Drum

यह ब्रेक शू के पास उसे बिना स्पर्श किए स्थित रहता है, जोकि व्हील तथा एक्सल की सहायता से घूमता है। जब ड्राइवर ब्रेक लगाता है, तो लाइनिंग ड्रम की आन्तरिक सतह के विरुद्ध दबती है जिससे उच्च मात्रा में ऊष्मा (heat) उत्पन्न होती है, इसलिए ब्रेक ड्रम को सामान्यत: विशेष प्रकार के ढलवाँ लोहे (cast iron) से बनाया जाता है, जोकि ऊष्मा का चालक (heat condcutive) तथा घिसाव-प्रतिरोधी (wear-resistant) हो।

(iii) व्हील सिलेण्डर Wheel Cylinder

व्हील सिलेण्डर को इस प्रकार के सिलेण्डर से बनाया जाता है, जिसमें दो पिस्टन (प्रत्येक साइड एक) लगे हों। प्रत्येक पिस्टन पर रबर सील तथा शाफ्ट होनी चाहिए जिससे कि पिस्टन को ब्रेक शू पर संयोजित किया जा सके। जब ब्रेक प्रैशर सप्लाई किया जाता है, तो पिस्टन पर बल पड़ता है जिससे शू (shoe) ड्रम के सम्बन्ध (contact) में आ जाता है। एक व्हील सिलेण्डर प्रत्येक व्हील पर ब्रेक को प्रचालित करता है। मास्टर सिलेण्डर द्वारा दिया गया दाब, पिस्टन-कप पर पड़ता है जिससे पिस्टन ड्रम के विरुद्ध शू की ओर पुश हो जाता है। जब ड्राइवर ब्रेक को रिलीज (releases) करता है, तो ब्रेक शू पर लगा बल स्प्रिंग की सहायता से हट जाता है, जिससे पिस्टन अपनी सामान्य स्थिति में आ जाता है।

(iv) ब्रेक लाइनिंग एवं ब्रेक शू Brake Lining and Brake Shoe

ब्रेक शू मुख्यत: स्टील शीट के दो पीस से बनाए जाते हैं, जोकि एक-दूसरे के साथ वैल्ड हुए रहते हैं। ब्रेक शू में लगा घर्षणयुक्त पदार्थ या तो लाइनिंग टेबल में रिवेटों द्वारा जुड़ा रहता है या चिपकाया हुआ होता है। इसमें एक क्रोसेन्ट (croscent) आकार का पीस लगा होता है, जोकि वैब (web) कहलाता है।

इस पीस में रिटर्न स्प्रिंग, होल्ड-डाउन हार्डवेयर, पार्किंग ब्रेक लाइनिंग तथा सैल्फ एडजस्टिंग अवयवों के लिए भिन्न-भिन्न आकार के होल्स तथा स्लॉट्स कटे होते हैं। व्हील सिलेण्डर का सम्पूर्ण बल अथवा दाब वैब के द्वारा ही लाइनिंग टेबल तथा ब्रेक लाइनिंग पर एप्लाई किया जाता है। प्रत्येक ब्रेक असेम्बली में दो शू (एक प्राइमरी तथा एक सेकेण्डरी) लगे होते हैं।

लाइनिंग टेबल के किनारों पर तीन 'V' आकार के नोचिस (notches) लगे होते हैं, जिन्हें निब्स (nibs) कहा जाता है। ये निब्स ब्रेक प्लेट के सपोर्ट पैड (support pad) के विरुद्ध होते हैं, जिनकी सहायता से शू को इन्स्टॉल (install) किया जाता है।

(v) सैल्फ एड्जस्टर ब्रेक स्ट्रट Self Adjsuter Brake Strut

सैल्फ एड्जस्टर ब्रेक स्ट्रट ब्रेक शू तथा ड्रम के मध्य की दूरी को ऑटोमैटिकली समायोजित (adjust) करने का कार्य करता है।

ड्रम ब्रेक का प्रचालन Operation of Drum Brake

जब ब्रेक पैडल दबाया जाता है, तो ब्रेक शू ड्रम के विरुद्ध बढ़ता है जिससे ब्रेक शू ड्रम के सम्पर्क में आता है। ब्रेक शू पर और अधिक बल लगने से ड्रम पर अधिक दबाव पड़ता है, जिससे ब्लॉकिंग क्रिया हो जाती है तथा वाहन रुक जाता है। जब ब्रेक रिलीज कर दिया जाता है, तो ब्रेक शू ब्रेक ड्रम से दूर हो जाता है जिससे ब्लॉकिंग क्रिया समाप्त हो जाती है। इस कार्य के लिए स्प्रिंग लगे होते हैं जिससे ब्रेक शू को होल्ड किया जाता है।

लाभ Advantages

ड्रम ब्रेक के निम्न लाभ हैं

(i) ये सैल्फ-रिइनफोर्समेन्ट (self-reinforcement) होते हैं।
(ii) इनका डिजाइन डर्ट-प्रूफ (dirt-proof) होता है।
(iii) इन पर पार्किंग ब्रेक का प्रयोग सरल होता है।

हानियाँ Disadvantages

ड्रम ब्रेक की निम्न हानियाँ हैं

(i) इनका अनुरक्षण मूल्य अधिक होता है।
(ii) इनके पैड बदलने में अधिक समय लगता है।
(iii) इनकी ऊष्मा विकिरण क्षमता (heat dissipation tendency) अच्छी नहीं होती है।

9. डिस्क ब्रेक Disc Brake

इस प्रकार के ब्रेक में डिस्क की दोनों साइडों में ब्रेक पैड्स लगे होते हैं। ये ब्रेक पैड्स व्हील हब से जुड़े रहते हैं। जब वाहन में ब्रेक लगाए जाते हैं, तो पैड्स डिस्क की ओर गति करने लगते हैं तथा व्हील को रोक देते हैं।

डिस्क ब्रेक की संरचना Construction of Disc Brake

इन ब्रेकों की डिस्क (discs) पियरलिटिक ग्रे कास्ट आयरन (pearlitic grey cast iron) की बनाई जाती हैं, जोकि कम घिसती है और इनका घर्षण गुणांक भी उच्च होता है। इनमें ब्रेक पैड्स लगे होते हैं। डिस्क ब्रेक की कास्ट आयरन से बनी डिस्क प्राय: हाउसिंग एवं व्हील हब पर कसी होती है।

डिस्क ब्रेक की हाउसिंग को कैलीपर कहते हैं, जोकि वाहन के स्टब एक्सल या एक्सल केसिंग से जुड़ा होता है। कैलीपर के दोनों भागों में से एक भाग में एक पिस्टन लगा होता है। प्रत्येक पिस्टन एवं डिस्क के मध्य एक फ्रिक्शन पैड लगा होता है।

प्रत्येक हाउसिंग में तरल के अन्दर एवं बाहर निकलने के लिए पैसेज (passage) ड्रिल किए हुए होते हैं।

डिस्क ब्रेक का प्रचालन Operation of Disc Brake

डिस्क ब्रेक, ड्रम ब्रेक के सिद्धान्त पर ही कार्य करते हैं परन्तु इनमें लगी डिस्क वाहन के व्हील के साथ घूर्णन करती है तथा सस्पैन्शन पर लगी ब्रेक कैलीपर प्रणाली से आंशिक रूप से जुड़ी रहती है।

जब ब्रेक लगाया जाता है, तब पिस्टन घर्षण पैड की ओर मूव करते हैं, जिससे कि वे डिस्क के सम्पर्क में आ सकें। ब्रेक को रिलीज करने पर, रबर सीलिंग रिंग प्राय: रिटर्न स्प्रिंग के समान कार्य करती है, जो पिस्टन को पुन: स्थिति पर भेज देती है एवं घर्षण पैड डिस्क से दूर चला जाता है।

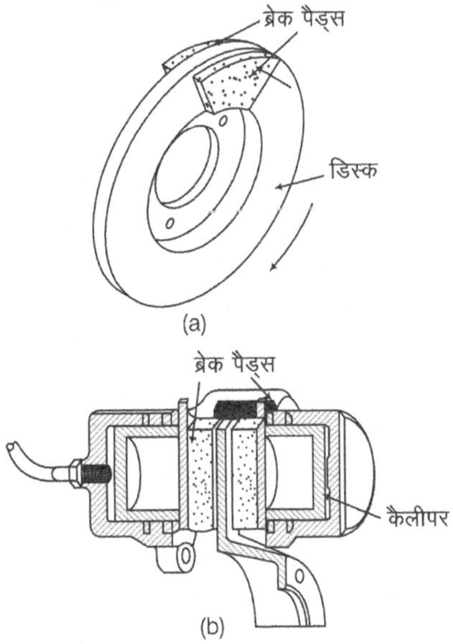

चित्र डिस्क ब्रेक

डिस्क ब्रेक के प्रकार Types of Disc Brake

डिस्क ब्रेक निम्न प्रकार के होते हैं

(i) **फ्लोटिंग कैलीपर डिस्क ब्रेक** Floating caliper disc brake

फ्लोटिंग कैलीपर डिस्क ब्रेक के अन्तर्गत स्टब एक्सल में दो स्टील गाइड पिन लगी होती हैं। इन गाइड पिनों के अन्त: तथा बाह्य सिरों पर रबर के बुश संयोजित होते हैं। जब ब्रेक लगाए जाते हैं, तो इन रबर बुशों की सहायता से कैलीपर अन्दर तथा बाहर फ्लोट करता है।

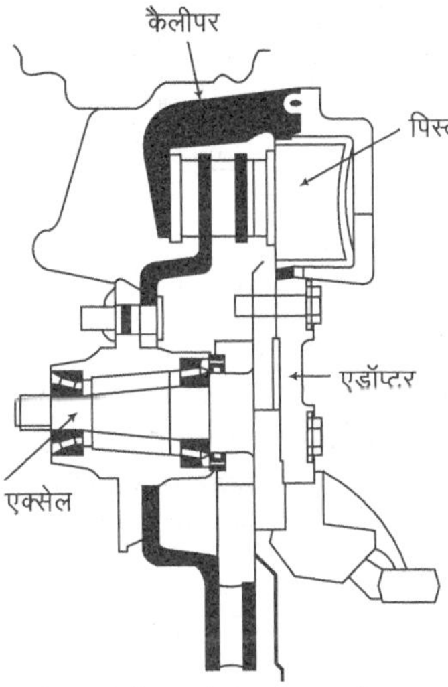

चित्र फ्लोटिंग कैलीपर डिस्क ब्रेक

जब ब्रेक एप्लाई किए जाते हैं तो पिस्टन हाउसिंग में गति करता है तथा इनर पैड को ब्रेक डिस्क से हटा देता है।

सिलेण्डर में पिस्टन का हाइड्रॉलिक दाब, पिस्टन की सतह तथा पिस्टन हाउसिंग के नीचे पड़ता है जिसके परिणामस्वरूप पिस्टन हाउसिंग विपरीत दिशाओं में लगे स्टड्स (studs) की ओर स्लाइड करती है।

आउटर पैड ब्रेक डिस्क से नीचे की ओर चला जाता है। जब ब्रेक रिलीज कर लिए जाते हैं, तो ब्रेक पैड्स तथा ब्रेक डिस्क के मध्य का एयर गैप पिस्टन सीलिंग रिंग बल पुन: संरक्षित कर देता है।

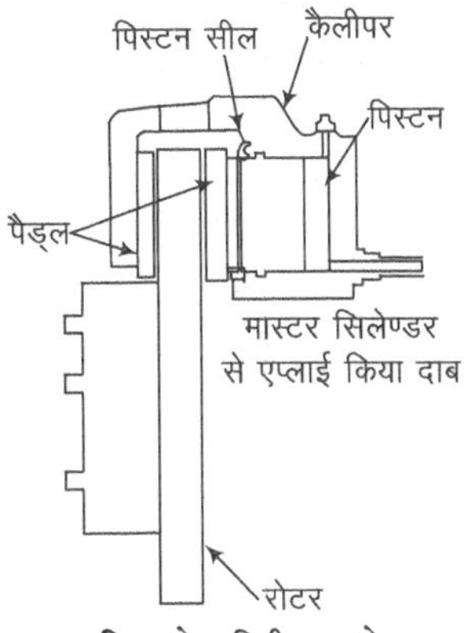

चित्र ब्रेक रिलीज करने पर

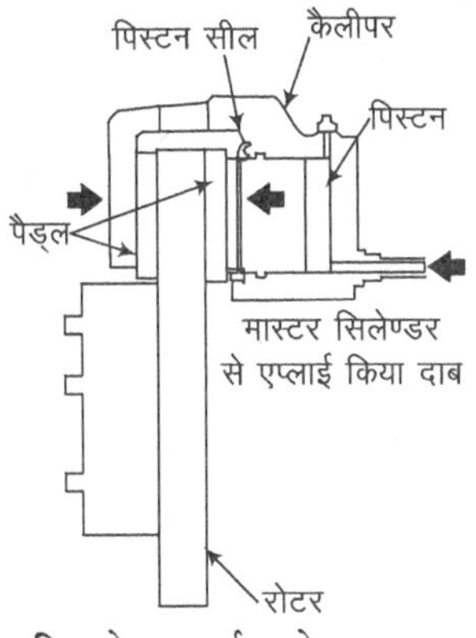

चित्र ब्रेक एप्लाई करने पर

(ii) **फिक्स कैलीपर डिस्क ब्रेक** Fixed caliper disc brake

फिक्स कैलीपर डिस्क ब्रेक में कैलीपर, स्टब एक्सल से बोल्टों द्वारा संयोजित रहता है। जब ब्रेक लगाए जाते हैं, तो कैलीपर गति नहीं करता। अत: वह स्थिर रहता है।

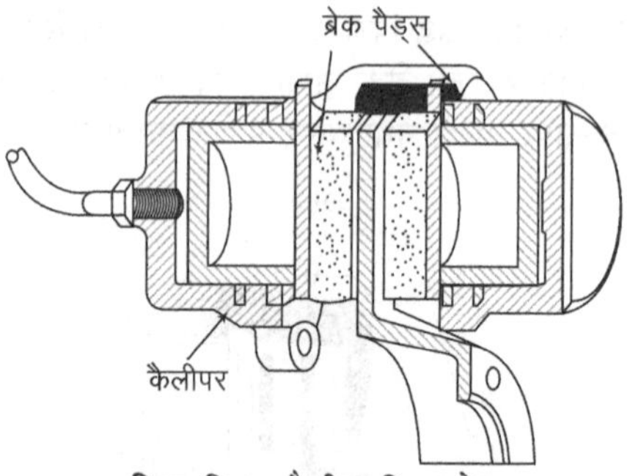

चित्र फिक्स कैलीपर डिस्क ब्रेक

इनमें हाउसिंग में दो पिस्टन लगे होते हैं जिनमें ब्रेक पैड्स होते हैं। जब ब्रेक पैडल को दबाया जाता है तो पिस्टन हाउसिंग ब्रेकिट से हाइड्रॉलिक फ्लूड गुजरता है, जिससे दोनों पिस्टन हाउसिंग में लगे ब्रेक पैड्स के विरुद्ध गति करते हैं तथा एयर कैप को बन्द करने से पूर्व ही गतिमान ब्रेक डिस्क को दबा देते हैं। वर्तमान में इनका प्रयोग अत्यधिक किया जाने लगा है।

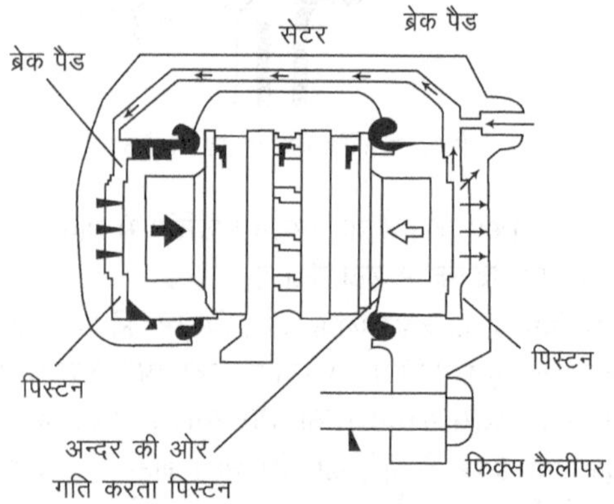

(iii) **स्लाइडिंग कैलीपर डिस्क ब्रेक** Sliding caliper disc brake

स्लाइडिंग कैलीपर डिस्क ब्रेक में कैलीपर बोल्टों द्वारा संयोजित होता है। इसमें एक फ्रिक्शन पैड कैलीपर से फिक्स रहता है। ब्रेक को लगाने के लिए दाबाधीन फ्लूड, डिस्क के दूसरे पैड को दबाता है। जब ब्रेक लगाए जाते हैं, तो कैलीपर बोल्टों पर स्लाइड होने लगता है।

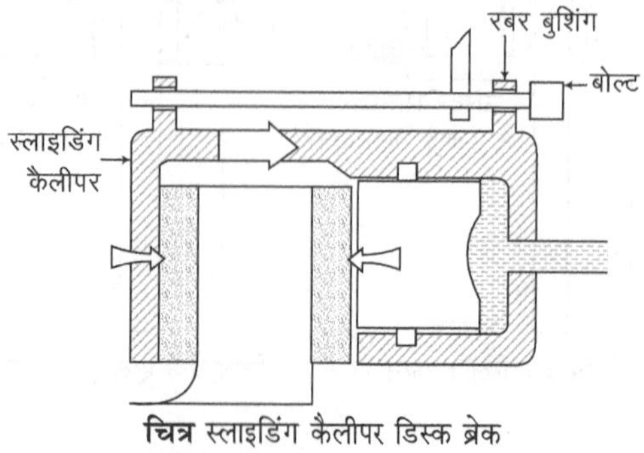

चित्र स्लाइडिंग कैलीपर डिस्क ब्रेक

डिस्क ब्रेक के अवयव
Components of Disc Brake

डिस्क ब्रेक के मुख्य अवयव निम्न प्रकार हैं

(i) डिस्क ब्रेक रोटर
(ii) डिस्क ब्रेक पैड्स
(iii) डिस्क ब्रेक कैलीपर
(iv) प्रोपोर्शनिंग वाल्व

(i) **डिस्क ब्रेक रोटर**
Disc Brake Rotor

डिस्क ब्रेक रोटर, ब्रेकिंग प्रणाली का एक महत्त्वपूर्ण घटक है जो वाहन को रोकने में सहायता करता है। ब्रेक रोटर को ब्रेक डिस्क भी कहा जाता है। ब्रेक रोटर, वाहन को रोकने के लिए ब्रेक पैड्स को पहिए के नीचे दबाता है।

(ii) **डिस्क ब्रेक पैड्स**
Disk Brake Pads

डिस्क ब्रेक प्रणाली में ब्रेक पैड्स का उपयोग किया जाता है। ये आयताकार ब्लॉक के रूप में होते हैं तथा इनकी सतह पर घर्षणरोधी पदार्थ लगा होता है। ब्रेक पैडल दबाने पर ब्रेक पैड्स पर लगा घर्षणरोधी पदार्थ रोटेटिंग डिस्क पर विपरीत दिशा में बल लगाता है जिससे वाहन धीमा या रुक जाता है।

(iii) **डिस्क ब्रेक कैलीपर**
Disk Brake Pads

डिस्क ब्रेक प्रणाली में डिस्क ब्रेक कैलीपर एक असेम्बली है, जो दो भागों में कास्ट होती है। प्रत्येक भाग में एक पिस्टन लगा होता है। प्रत्येक पिस्टन तथा डिस्क के मध्य एक घर्षण पैड लगा होता है, जिसे स्प्रिंग प्लेट, रिटेनिंग पिन इत्यादि के द्वारा पकड़ा जाता है। कैलीपर में तरल के अन्दर जाने व बाहर आने के लिए पैसेज ड्रिल किए जाते हैं।

(iv) **प्रोपोर्शनिंग वाल्व**
Proportioning Valve

इसका प्रयोग ब्रेकिंग प्रभाव को फ्रण्ट तथा रियर एक्सल के मध्य बाँटने के लिए किया जाता है। व्हील में आगे-पीछे विभिन्न प्रकार के ब्रेक होने के कारण तथा ब्रेक लगाते समय भार स्थानान्तरण के कारण फ्रण्ट एवं रियर व्हील सिलेण्डरों या कैलीपरों पर अतिरिक्त बल लगाने की आवश्यकता होती है। इस आवश्यकता की पूर्ति हेतु डिस्क ब्रेक प्रणाली में प्रोपोर्शनिंग वाल्व प्रयुक्त किए जाते हैं। प्रोपोर्शनिंग वाल्व (proportioning value) वाहन में फ्रण्ट डिस्क तथा रियर ड्रम ब्रेक प्रणाली के साथ लगाए जाते हैं।

- **प्रोपोर्शनिंग वाल्व की कार्यप्रणाली** प्रोपोर्शनिगं वाल्व पीछे के ब्रेक के प्रैशर को कम करता है। वाहन में प्रयुक्त किसी भी प्रकार के ब्रेक प्रयुक्त होने पर भी रियर ब्रेक को फ्रण्ट ब्रेक की अपेक्षा कम दाब की आवश्यकता होती है। यदि वाहन रोकने के दौरान चारों पहियों पर समान ब्रेकिंग बल आरोपित किया जाए, तो रियर व्हील, फ्रण्ट व्हील से पहले लॉक-अप होते हैं।

डिस्क ब्रेक प्रणाली में प्रयुक्त ब्रेक घर्षण पदार्थ
Brake Fricition Material used in Disc Brake System

डिस्क ब्रेक प्रणाली में ब्रेक पैड्स के लिए घर्षण पदार्थ का उपयोग किया जाता है। यह पदार्थ हल्के भूरे रंग का होता है। इसमें मुख्यत: एस्बेस्टॉस के रेशे तथा ताँबे के कण होते हैं। इसमें मन्दनरोधी व घिसाइरोधी गुण होते हैं। इस पदार्थ के इन्हीं गुणों के कारण ब्रेक पैड बिना किसी क्षति के सरलतापूर्वक कार्य करते हैं।

ड्रम व डिस्क ब्रेकों की तुलना
Comparison of Disc and Drum Brakes

ड्रम व डिस्क ब्रेकों की तुलना निम्न प्रकार से की जा सकती है

1. ड्रम ब्रेक की तुलना में डिस्क ब्रेक का डिजाइन सरल होता है।
2. डिस्क ब्रेक का डिजाइन ऐसा होता है कि ऊष्मा द्वारा फैलने से भी इनकी दक्षता कम नहीं होती, जबकि ड्रम ब्रेक में ऐसा नहीं होता।
3. डिस्क ब्रेकों में घर्षण सतह शीतलन वायु के लिए खुली रहती है, जबकि ड्रम ब्रेक में घर्षण आन्तरिक स्तरों पर होता है, जहाँ से ऊष्मा का विक्षेप ड्रम के बीच में से चालन (conduction) द्वारा ही हो सकता है।
4. ड्रम ब्रेकों में घर्षण लाइनिंग वक्र (curved) होती है, जबकि डिस्क ब्रेकों में घर्षण पैड समतल (flat) होते हैं। इससे यह लाभ होता है कि डिस्क ब्रेकों में घर्षण पैड के पदार्थ से कोई बेण्डिंग (bending) नहीं होती।
5. ड्रम ब्रेकों में ब्रेक लाइनिंग को रिवेटों द्वारा ब्रेक ब्लॉक पर लगाना पड़ता है, जिन्हें बदलना जटिल होता है, जबकि डिस्क ब्रेकों में आवश्यकता पड़ने पर घर्षण पैडों को बदलना बहुत सरल होता है।

9.6 ब्रेकों का समायोजन
Adjustment of Brakes

ब्रेकों के लगातार प्रयोग से ब्रेक लाइनिंग, ड्रम, लिंकेज आदि घिस जाते हैं, जिससे समय-समय पर ब्रेकिंग प्रणाली की जाँच और उपयुक्त समायोजनों की आवश्यकता पड़ती है। ब्रेक समायोजन को मुख्यत: दो प्रकारों में बाँट सकते हैं। इनके सही होने से ही ब्रेक सम्बन्धी बहुत-से दोष दूर हो जाते हैं। ये निम्न दो प्रकार के होते हैं

1. ब्रेक पैडल समायोजन
Brake Paddle Adjustment

ब्रेक पैडल में अधिक-से-अधिक 1/4 से 1/2 तक फ्री चाल रहनी चाहिए। यदि ब्रेक पैडल की फ्री चाल अधिक होगी, तो पूरा ब्रेक पैडल दबाने पर ही ब्रेक ठीक प्रकार से लगेंगे। यदि फ्री चाल कम होगी, तब ब्रेक शू ड्रम से रगड़ खाकर चलेंगे, जिससे हर समय पहिए में ब्रेक लगता रहेगा। अत: इस समायोजन के लिए ब्रेक पैडल से सम्बन्धित पुश रॉड पर ही व्यवस्था रहती है।

2. ब्रेक शू समायोजन
Brake Shoe Adjustment

ब्रेक किसी भी प्रकार का हो, वह तब ही भली-भाँति कार्य कर पाएगा, जब ब्रेक ड्रम तथा ब्रेक शू के बीच कम-से-कम अन्तर (gap) हो। यदि यह अन्तर सभी पहियों में एकसमान नहीं होगा, तो मोटरगाड़ी ब्रेक लगाने पर एक ओर भागेगी। इसके अतिरिक्त जिन पहियों के ब्रेक शू तथा ब्रेक ड्रम में अन्तर कम होगा, तो हो सकता है कि ब्रेक शू, ब्रेक ड्रम से रगड़कर चलें, जिससे उस पहिए का टायर शीघ्र घिसेगा।

स्टीयरिंग पर भी कण्ट्रोल ठीक प्रकार नहीं होगा, इसलिए ब्रेक शू तथा ब्रेक ड्रम के बीच अन्तर सही व्यवस्थित करना आवश्यक है। इसके लिए ब्रेक प्लेट (एंकर प्लेट) के पीछे दोनों ब्रेक शू के लिए अलग-अलग एडजस्टिंग नट लगे होते हैं। नट के घुमाने से यह कैम ब्रेक शू को बाहर या भीतर की ओर करती है। इस विधि के अतिरिक्त व्हील सिलेण्डर के दोनों ओर धातु के कवर (metallic cover) भी इस उद्देश्य हेतु प्रयोग किए जाते हैं।

ब्रेक प्लेट पर बने छिद्रों में से ऑफसैट पेंचकस (offset screwdriver) के द्वारा व्हील सिलेण्डर के कवर पर लगे रिंग को खोलकर एवं कसकर ब्रेक शू को बाहर या भीतर सरकाया जा सकता है, क्योंकि ब्रेक शू इन्हीं के साथ सटे रहते हैं। ब्रेक शू को व्यवस्थित करने के लिए निम्नलिखित क्रिया करनी चाहिए

1. जिस पहिए के ब्रेक शू व्यवस्थित करने हों, उसे जैक (jack) पर उठा लें।
2. एक ब्रेक शू को बाहर की ओर फैलाकर पहिया जाम कर दें।
3. उसी ब्रेक शू को धीरे-धीरे अन्दर की ओर सरकाएँ। जैसे ही पहिया मुक्त रूप से घूमने लगे ब्रेक शू का सरकाना बन्द करें, परन्तु यह ध्यान रहे कि ब्रेक ड्रम से ब्रेक शू के रगड़ खाने की कोई आवाज न आ रही हो।
4. इसी प्रकार दूसरे ब्रेक को व्यवस्थित करें।

इस प्रकार ब्रेक शू तथा ब्रेक ड्रम के बीच कम-से-कम अन्तर व्यवस्थित किया जाता है।

ब्रेकों के समायोजन में प्रयुक्त ब्रेक एड्जस्टर
Brake Adjuster used in Brake Adjustment

वाहनों में ब्रेकों को एड्जस्टर करने हेतु अनेक प्रकार के ब्रेक एड्जस्टर प्रयोग में लाए जाते हैं। ये निम्न हैं

1. दाँतेदार व्हील ब्रेक एड्जस्टर
2. 'S' कैम ब्रेक हेतु स्लेक एड्जस्टर
3. क्रैंक प्रकार का ब्रेक एड्जस्टर
4. वेज प्रकार का ब्रेक एड्जस्टर
5. स्नेल तथा कैम प्रकार का ब्रेक एड्जस्टर

1. दाँतेदार व्हील ब्रेक एड्जस्टर
Serrated wheel brake adjuster

इस प्रकार के एड्जस्टर में दाँतेदार व्हील के साथ एक एड्जस्टिंग स्क्रू हैड लगा होता है। यह स्क्रू, व्हील सिलेण्डर के सिरे के कवर पर कसा होता है। इस स्क्रू को दाँतेदार व्हील के गति करने से अन्दर-बाहर की ओर स्क्रू ड्राइवर की सहायता से कसा जा सकता है।

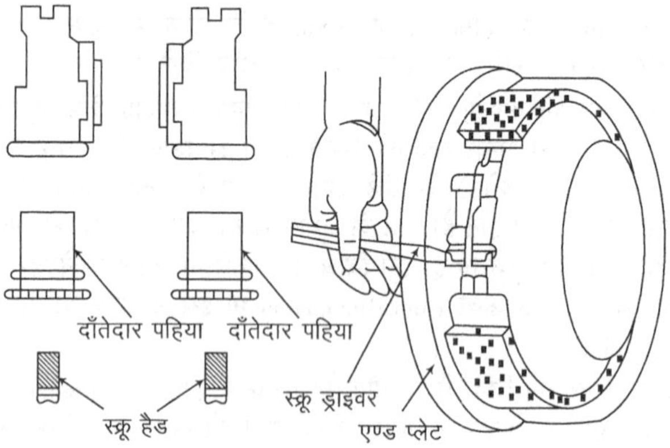

चित्र दाँतेदार व्हील ब्रेक एड्जस्टर

2. 'S' कैम ब्रेक हेतु स्लेक एड्जस्टर
Slack Adjuster for 'S' Cam Brake

ड्रम क्लीयरैन्स की आवश्यक ब्रेक लाइनिंग को सैट करने के लिए स्लेक एड्जस्टर के एड्जस्टिंग नट को घुमाकर कैम को मूव किया जा सकता है। ऐसा करने से एड्जस्टिंग नट लोक हो जाता है।

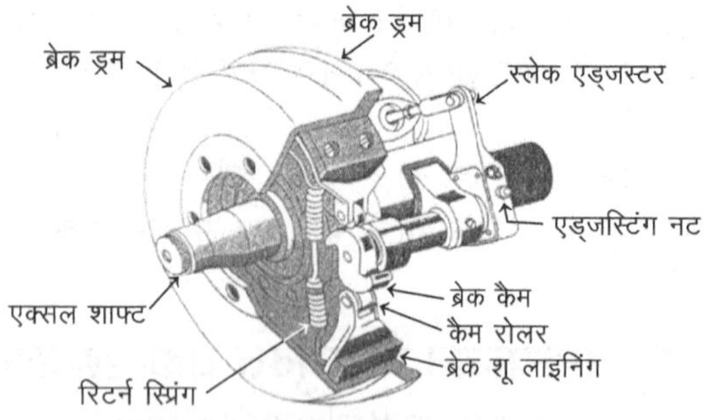

चित्र 'S' कैम ब्रेक हेतु स्लेक एड्जस्टर

3. क्रैंक प्रकार का ब्रेक एड्जस्टर Crank type brake adjuster

इस प्रकार के एड्जस्टर में क्रैंक पिस्टन के साथ एक एड्जस्टिंग बोल्ट प्रयोग किया जाता है।

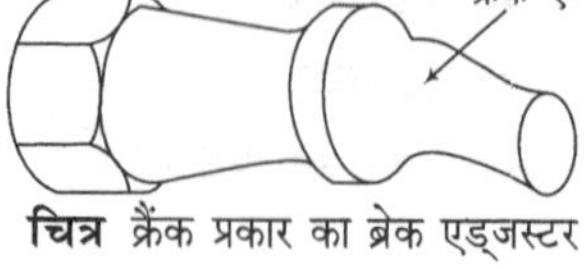

चित्र क्रैंक प्रकार का ब्रेक एड्जस्टर

क्रैंक पिस्टन, शू के साथ इस प्रकार सम्बन्धित रहता है कि जब बोल्ट को घुमाया जाता है।

तो क्रैंक पिस्टन शू को ड्रम तक बढ़ाने का कार्य करता है।

4. वेज प्रकार का ब्रेक एड्जस्टर
Wedge type brake adjuster

इस प्रकार के ब्रेड्जस्टर में एक विशेष प्रकार का बोल्ट प्रयोग किया जाता है, जिसे वेज (wedge) कहा जाता है।

यह वेज दो लिंकों पर टेपर रहती है तथा लिंक ब्रेक शू से जुड़े रहते हैं। जब वेज को स्क्रू द्वारा लगाया जाता है, तब लिंक गति करते हैं तथा ब्रेक शू को बढ़ा देते हैं।

5. स्नेल तथा कैम प्रकार का ब्रेक एड्जस्टर
Snail and cam type brake adjuster

इस प्रकार के एड्जस्टर में ब्रेक शू का एक सिरा कैम पर स्थित होता है। कैम का बाहरी सिरा वर्ग या हैक्सागोनल के आकार का होता है।

यह कैम स्पेनर (spanner) की भाँति घूम सकती है। जब कैम घूमती है, तब ब्रेक शू बढ़ता है। इस प्रकार का ब्रेक एड्जस्टर छोटे वाहनों में प्रयुक्त होता है।

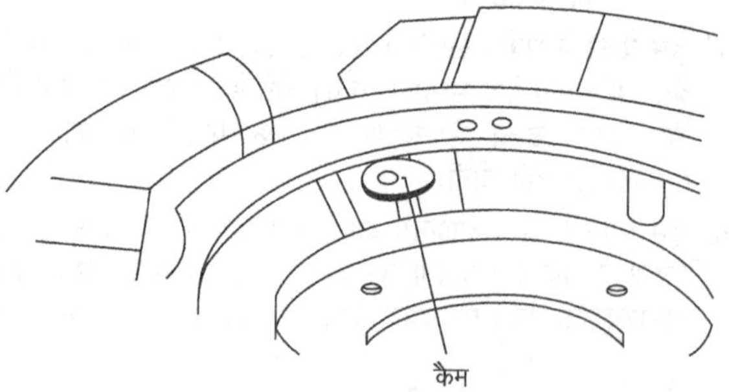

चित्र स्नेल तथा कैम प्रकार का ब्रेक एड्जस्टर

9.7 ब्रेक अनुरक्षण एवं दोषोपचार
Brake Maintenance and Troubleshooting

ब्रेक अनुरक्षण के लिए केवल मास्टर सिलेण्डर में ब्रेक द्रव के स्तर की समय-समय पर (प्रत्येक 500 किमी के बाद) जाँच करना और उसे आवश्यकतानुसार द्रव डालकर सही करना (ब्रेकों में) तथा ब्रेक लाइनिंग की घिसाई की पूर्ति के लिए ब्रेकों का समंजन करना होता है।

इसमें प्रयोग किया जाने वाला द्रव सही विशिष्टियों वाला होना चाहिए। ब्रेक कड़ियों का स्नेहन भी समय-समय पर प्राय: 2000 किमी के बाद करते रहना चाहिए।

सभी रबड़ कप तथा सीलें प्रत्येक 60000 किमी के बाद बदल देने चाहिए।

ब्रेक प्रणाली के दोषोपचार Troubleshooting of Brake System

ऑटोमोबाइलों की ब्रेक व्यवस्था अत्यन्त संवेदनशील होती है और इसका उपयोग करने पर इसमें विविध प्रकृति के दोष उत्पन्न हो जाते हैं। अत: ऐसे दोषों, उनके कारणों एवं निवारणों को निम्न तालिका में दिया गया है

क्र.सं.	दोष	कारण	निवारण
1.	ब्रेक दक्षता कम होना	(i) ब्रेक द्रव लिंकेज से ब्रेक लाइनिंग भीगना (ii) प्रणाली में वायु उपस्थित होना (iii) ब्रेक लाइनिंग घिस जाना (iv) प्रचालन लिंकेज का सही समंजन न हो पाना (v) ब्रेक समंजक का कार्य न करना (vi) ब्रेक ब्लॉक्स का विरूपित हो जाना	(i) लाइनिंग बदलें तथा लिंकेज को बन्द करें। (ii) प्रणाली को वायुरहित करें। (iii) ब्रेक लाइनिंग बदलें। (iv) लिंकेज जोड़ें या समंजित करें। (v) निरीक्षण उपरान्त मरम्मत करें या बदलें। (vi) ब्लॉक्स बदलें।
2.	ब्रेक मन्दन होना	(i) ब्रेक फ्लूड का खराब होना (ii) ब्रेक लाइनिंग व ड्रम के मध्य कम सम्पर्क होना (iii) ब्रेकों का घिसटना (iv) ब्रेकों का अत्यधिक प्रयोग होना (v) ब्रेक पैडल पर पैर रखकर वाहन चलाना	(i) उत्तम ब्रेक फ्लूड भरें। (ii) ब्लॉक्स को रगड़कर उनकी त्रिज्या सही करें। (iii) दोष को समझकर निदान करें। (iv) गति व भार कम करके एवं निम्न गियर का प्रयोग कर ब्रेकों का शीतलन करें। (v) अनावश्यक ही ब्रेक पैडल पर पैर न रखें।
3.	ब्रेक जाम होना	(i) ब्रेक ब्लॉक्स की रिट्रैक्टर कमानियाँ कमजोर होना (ii) पार्किंग ब्रेक बहुत कसे होना (iii) पार्किंग ब्रेक्स का मुक्त (release) न हो पाना	(i) इन्हें बदलें। (ii) इनका समंजन करें। (iii) लिंकेज की साफ-सफाई कर उनका स्नेहन व समंजन करें।
4.	ब्रेकों का अति तप्त होना	(i) जाम मन्दन की स्थिति बनना (ii) पिस्टन का जाम हो जाना	(i) गहन निरीक्षण कर निदान करें। (ii) लीवर का पिस्टन बदलें।
5.	ब्रेकों में कम्पन होना	(i) गलत ब्रेक समंजन होना (ii) ब्रेक लाइनिंग रिवेटें ढीली होना	(i) ब्रेक समंजन ठीक करें। (ii) लाइनिंग में नई रिवेट लगाएँ।
6.	ब्रेक लगाने पर वाहन का एक ओर खिंचना	(i) ब्रेकों का सही समंजित न होना (ii) ब्लॉक्स पर भिन्नता वाली लाइनिंग लगी होना (iii) ब्रेकों में धूल का आ जाना (iv) सस्पैन्शन प्रणाली का कमजोर होना (v) शॉक एब्जॉर्बर में दोष का उत्पन्न होना	(i) सही समंजन करें। (ii) लाइनिंग लगाएँ। (iii) ब्रेकों की साफ-सफाई करें। (iv) कमानी को बदलें। (v) शॉक एब्जॉर्बर को बदलें।
7.	ब्रेक अधिक संवेदनशील (sensitive) हो जाना	(i) ब्रेक लाइनिंग पर स्नेहक लग जाना (ii) ब्रेक ड्रम का खुरच जाना (iii) ब्रेक लाइनिंग का गुटकों पर से ढीला होना (iv) पहियों के बियरिंग ढीले होना	(i) लाइनिंग को बदलें। (ii) उन्हें खरादें या बदलें। (iii) उनको कसें या आवश्यक हो, तो तत्काल बदलें। (iv) बियरिंगों को कसें या बदलें।
8.	ब्रेकिंग प्रणाली में वायु का आ जाना	(i) मास्टर सिलेण्डर का अनुपयुक्त हो जाना। (ii) किसी जोड़ का ढीला होना।	(i) उसकी मरम्मत करें या आवश्यकता हो, तो बदलें। (ii) जोड़ को कसें।

9.8 एण्टी-लॉक ब्रेकिंग प्रणाली Anti-lock Braking System (ABS)

अत्यधिक ब्रेकिंग के कारण भी गाड़ी के पहिए लॉक हो जाते हैं जिससे गाड़ी के फिसलने की सम्भावना रहती है, इसलिए वाहनों में एक एण्टी-लॉक ब्रेकिंग प्रणाली का प्रयोग किया जाता है। आधुनिक एण्टी-लॉक ब्रेक प्रणालियाँ न केवल गाड़ी को अपने एकरेखीय पथ से बिना हटे रोक देती हैं, अपितु पहियों को दिशात्मक स्थायित्व भी प्रदान करती हैं।

ब्रेकिंग प्रैशर को पहिए लॉक होने से ठीक पहले, रिलीज कर देने से तथा फिर दोबारा लगा देने से फिसलन नहीं होती है। यही एण्टी-लॉक ब्रेकिंग प्रणाली का कार्य है और इस सम्पूर्ण प्रक्रिया को प्रैशर-मॉडुलेशन (pressure modulation) कहते हैं। यह प्रणाली एक सेकण्ड में 5 बार तक ब्रेक-प्रैशर का मॉडुलेशन कर सकती है। एण्टी-लॉक ब्रेकिंग प्रणाली (ABS) एक ऑटोमोबाइल सुरक्षा प्रणाली है, जो मोटरवाहन के पहियों का सड़क की सतह के साथ सम्पर्क बनाए रखने की अनुमति देती है। यह ब्रेक लगाने पर पहियों की लॉकिंग को रोकती है तथा वाहन को अनियन्त्रित होने से बचाती है। यह एक स्वचालित प्रणाली है, जोकि थ्रेशोल्ड ब्रेकिंग तथा कण्डेन्स ब्रेकिंग के सिद्धान्त पर कार्य करती है। इसका ज्ञान एक कुशल ड्राइवर को ही होता है, जो बहुत तेजी से और अधिक नियन्त्रण के साथ वाहन को सँभाल सके।

ABS सामान्यत: उत्तम वाहन नियन्त्रण प्रदान करती है। यह सूखी तथा फिसलने वाली सड़कों पर वाहन को ब्रेक लगाने पर वाहन के रुकने की दूरी को कम करती है। हालाँकि बजरी वाली या बर्फ से ढकी सड़कों पर यह वाहन के रुकने की दूरी को बढ़ा सकती है।

जब गाड़ी के अगले पहिए लॉक होते हैं, तो उसकी क्षमता कम हो जाती है, जबकि पिछले पहिए लॉक होने पर गाड़ी का स्थायित्व कम होता है। ABS प्रणालीयुक्त गाड़ी में ब्रेक पैडल, बिना ABS की गाड़ी से भिन्न होता है। आपातकालिक रुकने के लिए ब्रेक पैडल को जोर से दबाकर रखना चाहिए। इस दौरान पैडल का स्पन्दन (pulsation) जोर से हो सकता है, परन्तु चालक को पैडल नहीं छोड़ना चाहिए।

आधुनिक ABS में इलेक्ट्रॉनिक कण्ट्रोल यूनिट (Electronic Control Unit, ECU), प्रत्येक पहिए पर एक सेन्सर, विद्युत चालित फ्लूड पम्प और प्रैशर एक्युमुलेटर लगा होता है। एक्युमुलेटर ब्रेक प्रणाली में उच्च दाब बनाए रखता है तथा पावर असिस्टिड ब्रेकिंग हेतु अवशिष्ट (residual) दाब प्रदान करता है।

ECU आवश्यकतानुसार लॉक-रोधी कार्य को मॉनीटर तथा नियन्त्रित करती है। कुछ ABS प्रणालियों में एक सेन्सर भी लगा होता है, जो गाड़ी के मुड़ते समय उसकी तिरछी गति को मॉनिटर करता है।

इससे मुड़ते समय भी उपयुक्त ब्रेकिंग सुनिश्चित हो जाती है। ABS के मुख्य निर्माता हैं—बैण्डिक्स, बॉश, डैल्को-मोराइने, कैलसी-हेज और लूकाज गर्लिंग। ABS प्रणाली मुख्यत: दो पहिया तथा चार पहिया प्रणालियों में उपलब्ध है।

दो पहिया प्रणाली, केवल पिछले पहियों के ब्रेकों को नियन्त्रित करती है और सामान्यत: हल्के ट्रकों में प्रयोग होती है। चार पहिया प्रणाली अगले व पिछले सभी ब्रेकों के लिए उपयुक्त होती है।

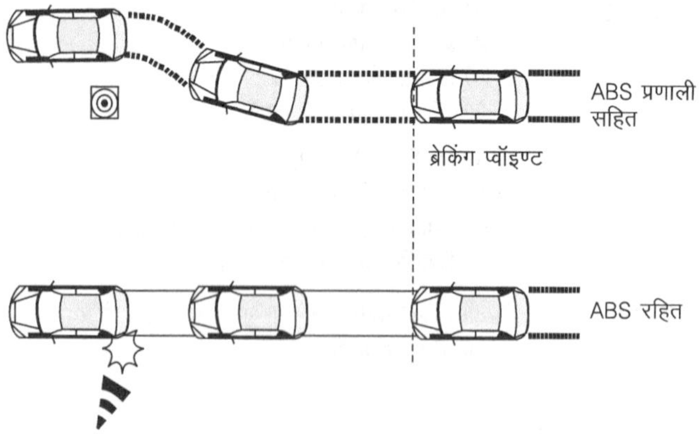

चित्र एण्टी-लॉक ब्रेकिंग प्रणालियाँ

एण्टी-लॉक ब्रेकिंग प्रणाली के लाभ
Advantages of Anti-lock Braking System (ABS)

एण्टी-लॉक ब्रेकिंग प्रणाली के निम्न लाभ हैं

(i) यह वाहन के स्थायित्व (stability) को बनाए रखती है।

(ii) ब्रेक लगाने पर यह कम दूरी पर ही तथा शीघ्रता से वाहन को रोक देती है।

(iii) यह वाहन पर अत्यधिक नियन्त्रण बनाए रखती है।

(iv) यदि फ्रण्ट व्हील्स लॉक हो गए हों, तो उन्हें स्टीयर करना ज्यादा देर तक सम्भव नहीं होता है।

(v) यदि रियर व्हील्स लॉक हो गए हों, तो वाहन अस्थिर हो सकता है।

ए.बी.एस. के अवयव
Components of ABS

ए.बी.एस. के मुख्य अवयव निम्नवत् हैं

(i) स्पीड सेन्सर (ii) वाल्व या चैनल
(iii) पम्प (iv) इलेक्ट्रॉनिक कण्ट्रोल यूनिट

(i) स्पीड सेन्सर Speed sensor

यह सेन्सर व्हील्स के त्वरण को सेन्स करने तथा निर्धारित करने हेतु प्रयोग किया जाता है। इस सेन्सर द्वारा एक संकेत उत्पन्न करने के लिए एक चुम्बक तथा तार का उपयोग किया जाता है।

जब व्हील्स घूर्णन गति करते हैं, तो सेन्सर के आस-पास एक चुम्बकीय क्षेत्र उत्पन्न हो जाता है।

इस चुम्बकीय क्षेत्र के कारण सेन्सर में वोल्टेज उत्पन्न हो जाती है, जिसे सेन्सर द्वारा सेन्स कर लिया जाता है।

(ii) वाल्व या चैनल
Valves or Channel

एण्टी-लॉक ब्रेकिंग प्रणाली द्वारा नियन्त्रित प्रत्येक ब्रेक की ब्रेक लाइन में एक वाल्व लगा होता है। इस वाल्व की तीन स्थितियाँ होती हैं

- प्रथम स्थिति में, वाल्व खुलने पर दबाव, मास्टर सिलेण्डर से ब्रेक तक पहुँचता है।
- द्वितीय स्थिति में, वाल्व का कार्य लाइन को ब्रेक करना होता है। यह वाल्व ब्रेक को मास्टर सिलेण्डर से अलग करता है तथा ड्राइवर को ब्रेक पैडल पर अधिक दबाव डालने से बचाता है।
- तृतीय स्थिति में, वाल्व ब्रेक से कुछ दबाव छोड़ता है।

(iii) पम्प Pump

यह ABS में हाइड्रॉलिक ब्रेक लगाने पर दबाव को बनाए रखने के लिए प्रयोग किया जाता है।

(iv) इलेक्ट्रॉनिक कण्ट्रोल यूनिट
Electronic Control Unit

यह यूनिट व्हील स्पीड सेन्सर से सूचना प्राप्त करती है। व्हील स्पीड सेन्सर से सिग्नल ECU में जाते हैं जो व्हील की स्पीड को मापते हैं। ECU, सोलेनॉयड को इलेक्ट्रॉनिक कण्ट्रोल सिग्नल प्रदान कर हाइड्रॉलिक वाल्व के ऑपरेशन को कण्ट्रोल करती है।

सोलेनॉयड से हाइड्रॉलिक ब्रेक सर्किट के वाल्व खुलते एवं बन्द होते हैं जिससे ब्रेक लाइन का प्रैशर कण्ट्रोल किया जाता है।

ए.बी.एस. की कार्यप्रणाली Operation of ABS

सामान्यत: ABS में एक इलेक्ट्रॉनिक कण्ट्रोल यूनिट, एक व्हील स्पीड सेन्सर, पम्प तथा ब्रेक हाइड्रॉलिक्स में लगे दो या तीन वाल्व होते हैं। इलेक्ट्रॉनिक कण्ट्रोल यूनिट (ECU) वाहन के पहियों की घूर्णन गति को निरन्तर चैक करती रहती है।

जब वाहन के पहिए घूर्णन गति करते हैं, तो स्पीड सेन्सर के चारों ओर एक चुम्बकीय क्षेत्र उत्पन्न हो जाने से सेन्सर में वोल्टेज उत्पन्न हो जाती है। इलेक्ट्रॉनिक कण्ट्रोल यूनिट, सेन्सर की वोल्टेज को सूचना के रूप में प्राप्त कर लेती है। यह सेन्सर से प्राप्त वोल्टेज के मान के अनुसार उपयुक्त वाल्व को खोलकर, दबाव को नियन्त्रित करके ब्रेक्रिंग में सहायता करती है।

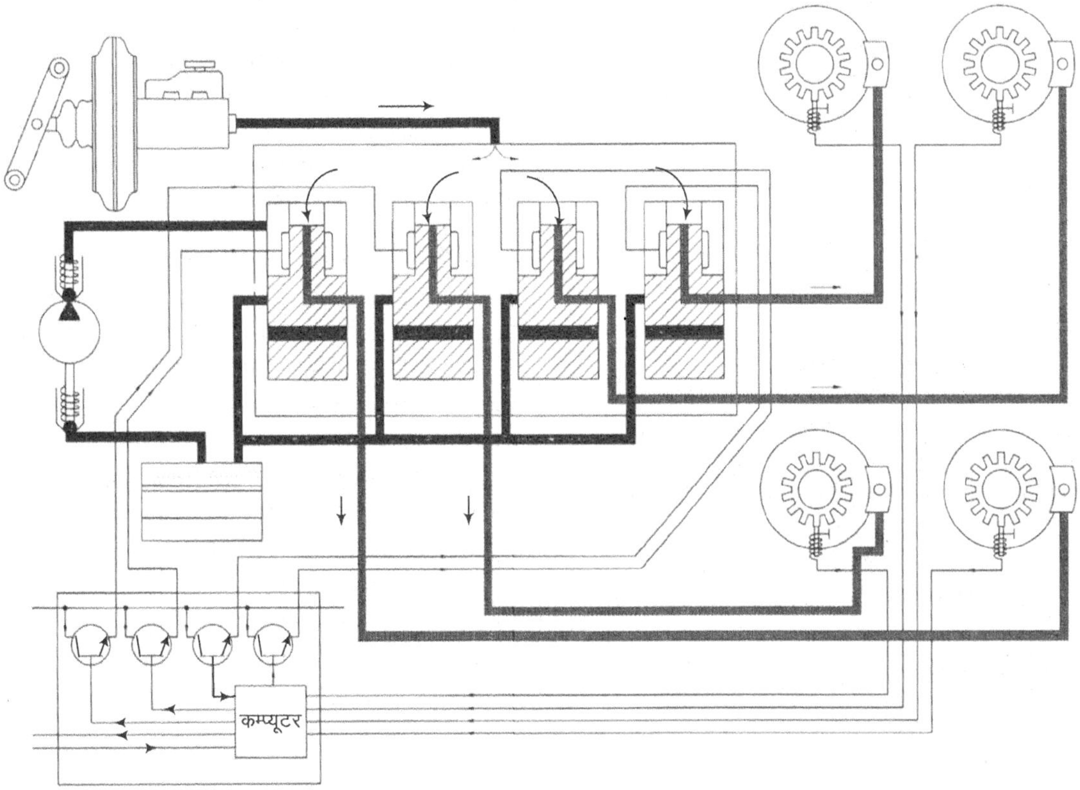

चित्र एण्टी-लॉक ब्रेकिंग प्रणाली का लेआउट

ABS की कार्यप्रणाली को निम्न मोडों (modes) में विभाजित किया जा सकता है

1. सामान्य ब्रेकिंग या नॉर्मल मोड
2. डम्प मोड
3. होल्ड मोड
4. इन्क्रीज मोड

1. सामान्य ब्रेकिंग या नॉर्मल मोड Normal Braking or Normal Mode

सामान्य ब्रेकिंग में सोलेनॉयड वाल्व-इन, सोलेनॉयड वाल्व-आउट होता है तथा मोटर ऑफ (off) होती है। मास्टर सिलेण्डर पर ब्रेक प्रैशर सप्लाई करने पर प्रैशर, सोलेनॉयड वाल्व-इन के द्वारा मास्टर सिलेण्डर से व्हील सिलेण्डर की ओर जाता है।

सोलेनॉयड वाल्व-इन, नॉर्मली ओपन (NO) प्रकार के होते हैं जोकि ऑफ होने पर खुले होते हैं, जबकि सोलेनॉयड वाल्व-आउट, नॉर्मली क्लोज्ड (NC) प्रकार के होते हैं तथा ऑफ होने पर बन्द (closed) होते हैं। ब्रेक फ्लूड सोलेनॉयड वाल्व-इन से चैक वाल्व द्वारा मास्टर सिलेण्डर में वापस आ जाता है। यह क्रिया परम्परागत (conventional) ब्रेकिंग के समान होती है।

ABS प्रणाली को नॉर्मल मोड में प्रचालित करके लॉक-अप स्थिति को डिटैक्ट किया जा सकता है। जब व्हील लॉक-अप स्थिति डिटैक्ट हो जाती है, तो ABS प्रचालन में आ जाता है तथा डम्प (dump), होल्ड (hold) एवं इन्क्रीज (increase) मोड क्रियान्वित (executed) हो जाते हैं।

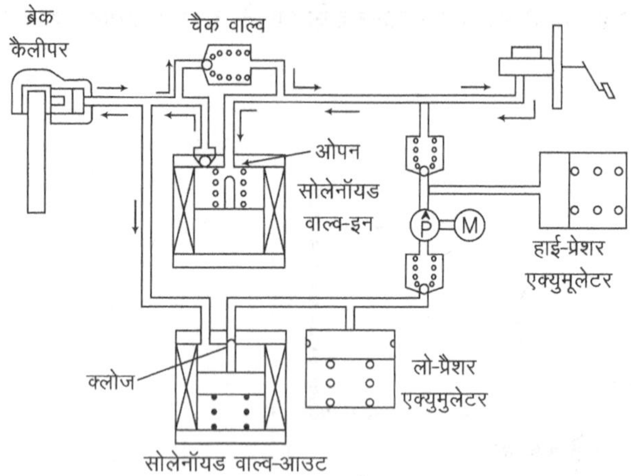

चित्र सामान्य ब्रेकिंग

2. डम्प मोड Dump Mode

जब ABS प्रणाली एक व्हील लॉक-अप स्थिति को डिटैक्ट कर लेती है, तो यह व्हील सिलेण्डर से प्रैशर रिलीज करके व्हील लॉक-अप को हटाना चाहती है। इस स्थिति में सोलेनॉयड वाल्व-इन एवं आउट होता है तथा मोटर ऑन होती है। सोलेनॉयड वाल्व-इन (in) मास्टर सिलेण्डर से पैसेज बन्द कर देता है तथा सोलेनॉयड वाल्व-आउट (out) पम्प की पैसेज ओपन कर देता है, जिससे फ्लूड निकल जाता है तथा व्हील सिलेण्डर में प्रैशर कम हो जाता है।

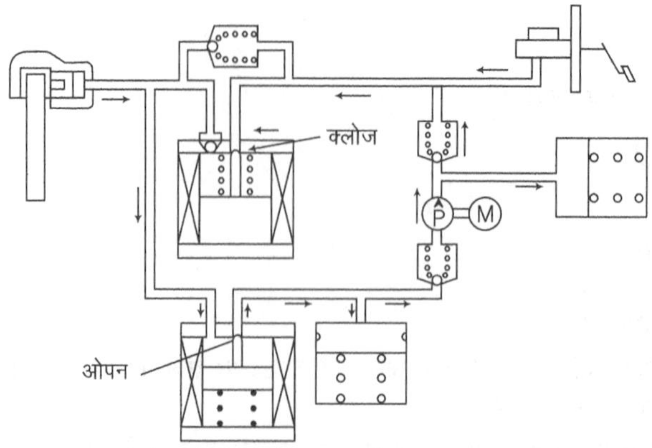

चित्र डम्प मोड

3. होल्ड मोड Hold Mode

यदि व्हील लॉक-अप स्थिति को हटाने हेतु एक बार प्रैशर रिलीज हो गया, तो प्रैशर सोलेनॉयड वाल्व को बन्द करके व्हील सिलेण्डर के अन्दर लॉक हो जाता है। अत: सोलेनॉयड वाल्व-आउट व्हील सिलेण्डर से पम्प की पेसेज को बन्द कर देता है जिससे प्रैशर व्हील सिलेण्डर के अन्दर लॉक हो जाता है। फोर व्हील ड्राइव वाले वाहनों में, बलाघूर्ण (torque) चारों व्हील्स पर ट्रांसमिट होता है, जिससे कम घर्षण वाली सतह पर चारों व्हील्स के लॉक होने की सम्भावना अधिक होती है।

व्हील की गति से वाहन की गति की गणना करने से गलत परिणाम प्राप्त होता है। अत: फोर व्हील ड्राइव वाले वाहनों में वाहन की गति की गणना करने के लिए अतिरिक्त 'G' सेन्सर लगाया जाता है।

ABS में G सेन्सर द्वारा ब्रेक सप्लाई करने पर वाहन की मन्दन दर (deceleration rate) ज्ञात की जाती है। G सेन्सर सिग्नल का आउटपुट वाहन के त्वरण/मन्दन के समानुपाती (directly proportional) होता है। यदि इस सेन्सर का प्रयोग न किया जाए तो वाहन की गति की गणना सही न होने से व्हील लॉक-अप की स्थिति उत्पन्न हो सकती है तथा इस सेन्सर के अभाव में वाहन की मन्दन दर ज्ञात कर पाना भी सम्भव नहीं है, जिससे वाहन दक्षतापूर्वक कार्य नहीं कर पाएगा।

4. इन्क्रीज मोड Increase Mode

इस मोड में रिलीज प्रैशर को सन्तुलित करने के लिए प्रैशर बढ़ाया जाता है। इस मोड में सोलेनॉयड वाल्व की स्थिति नॉर्मल मोड के समान ही होती है, परन्तु इस मोड में मोटर ऑन होती है।

पम्प, व्हील सिलेण्डर पर एप्लाई किए गए ब्रेक प्रैशर में वृद्धि करने के लिए ब्रेक फ्लूड को मास्टर सिलेण्डर परिपथ में पुश करता है। ड्राइवर द्वारा एप्लाई किया गया पैडल प्रैशर तथा मोटर प्रैशर दोनों तथा व्हील सिलेण्डर पर प्रैशर एक साथ एप्लाई किए जाते हैं।

एक बार जब ABS यूनिट डम्पिंग क्रिया कर लेती है अर्थात् प्रैशर रिलीज कर देती है, तो उत्तम स्टीयरिंग नियन्त्रण (steering control), स्थायित्व (stability) तथा सही स्टॉपिंग दूरी (stopping distance) के लिए होल्ड (hold) तथा इन्क्रीज (increase) मोड में प्रैशर में वृद्धि कर ली जाती है। इस मोड को नीचे दिए गए चित्र में दर्शाया गया है

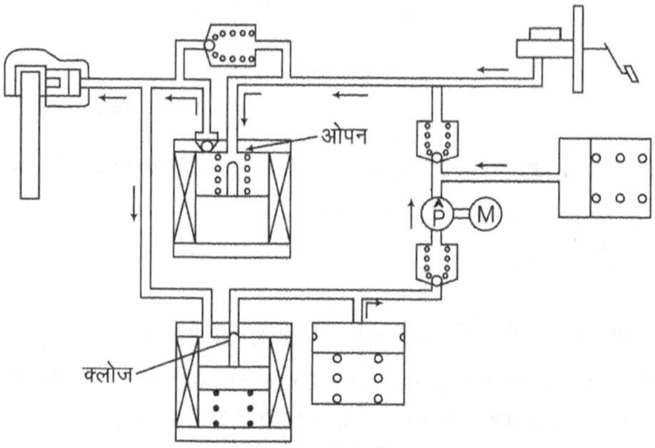

चित्र इन्क्रीज मोड

ABS द्वारा व्हील लॉक-अप स्थितियों को डिटैक्ट करना
Detecting of Wheel Lock-up condition by ABS

ABS में चारों व्हील्स पर व्हील स्पीड सेन्सर लगा होता है। यह सेन्सर निरन्तर चारों व्हील्स के स्लिप अनुपात (slip ratio) की गणना करता रहता है। स्लिप अनुपात, वाहन की गति तथा व्हील की गति के अन्तर तथा वाहन की गति के अनुपात के बराबर होता है अर्थात्

स्लिप अनुपात (slip ratio)

$$= \frac{\text{वाहन की गति (vehicle speed)} - \text{व्हील की गति (wheel speed)}}{\text{वाहन की गति (vehicle speed)}}$$

$$\therefore \text{स्लिप अनुपात (\% में)} = \frac{\text{वाहन की गति} - \text{व्हील की गति}}{\text{वाहन की गति}} \times 100$$

व्हील की गति की जानकारी सीधे ही व्हील स्पीड सेन्सर द्वारा ली जा सकती है, परन्तु वाहन की गति की जानकारी प्राप्त करने के लिए कुछ अन्य लॉजिक प्रयोग करने पड़ते हैं जिसमें व्हील स्पीड सेन्सर द्वारा दी गई जानकारी की ही सहायता ली जाती है।

इस प्रकार वाहन की गति की जानकारी लेने से सटीक जानकारी प्राप्त नहीं हो पाती है।

ब्रेकिंग के दौरान प्रत्येक व्हील की गति भिन्न होती है जिस कारण स्लिप अनुपात भी भिन्न-भिन्न होता है। टू-व्हील ड्राइव वाले वाहन व्हील लॉक-अप के दौरान व्हील की अधिकतम गति को वाहन की गति के रूप में प्रयोग करते हैं।

यह वाहन की गति का काफी सटीक मान होता है, क्योंकि इस गति पर वाहन प्रोपेल करने की क्षमता रखता है।

उदाहरण के लिए; यदि कार में व्हील्स की गतियाँ 20, 30, 20 तथा 20 किमी/घण्टा होगी, तो वाहन की गति 30 किमी/घण्टा मानकर, स्लिप अनुपात की गणना की जाती है।

ABS प्रणाली के प्रकार
Types of ABS System

ABS प्रणाली को उसमें प्रयोग किए जा रहे सेन्सर तथा वाल्व की संख्या के आधार पर निम्न प्रकार वर्गीकृत किया जा सकता है

1. **चार चैनल, चार सेन्सर** ABS (Four Channel, Four Sensor ABS) इस प्रणाली में सभी (चार) पहियों पर एक स्पीड सेन्सर तथा सभी पहियों के लिए एक अलग चैनल लगा होता है।

   इस प्रणाली में अधिकतम ब्रेकिंग बल या दबाव प्राप्त किया जाता है यह मुख्यत: FF (फ्रण्ट इंजन फ्रण्ट) ड्राइव कार में प्रयोग की जाती है।

2. **तीन चैनल, चार सेन्सर** ABS (Three Channel, Four Sensor ABS) इस प्रणाली में चारों पहियों पर एक स्पीड सेन्सर लगा होता है तथा सामने के दोनों पहियों के लिए एक तथा पीछे के दोनों पहियों के लिए अलग-अलग चैनल लगे होते हैं। इस प्रणाली को पुराने वाहनों में FR (फ्रण्ट इंजन रियर ड्राइविंग) कार में अधिक प्रयोग में लाया जाता है।

3. **तीन चैनल, तीन सेन्सर** ABS (Three Channel, Three Sensor ABS) इस प्रणाली में दोनों पीछे के पहियों के लिए एक चैनल तथा एक सेन्सर लगा होता है।

   पीछे के पहियों के लिए लगा सेन्सर रियर एक्सल में स्थित होता है। इस प्रणाली में सामने के दोनों पहियों पर अलग-अलग सेन्सर तथा चैनल लगा होता है, जिससे सामने के पहियों को नियन्त्रण प्रदान किया जा सके और वे अधिकतम ब्रेकिंग बल प्राप्त कर सकें।

4. **दो चैनल, चार सेन्सर** ABS (Two Channel, Four Sensor ABS) इस प्रणाली में प्रत्येक व्हील के लिए एक सेन्सर लगा होता है तथा पीछे के दोनों पहियों के लिए एक व आगे के दोनों पहियों के लिए एक चैनल लगा होता है। यह प्रणाली 80 के दशक में वाहनों में प्रयोग होती थी।

5. **एक चैनल, एक सेन्सर** ABS (One Channel, One Sensor ABS) इस प्रणाली में एक चैनल होता है, जो पीछे के दोनों पहियों को नियन्त्रित करता है तथा एक स्पीड सेन्सर होता है, जोकि रियर एक्सल में लगा होता है।

   इस प्रणाली में यह सम्भव है कि एक पहिया लॉक होने पर भी ब्रेक लग सकें। इस प्रणाली में लगा सेन्सर किसी विशेष पहिए के लिए प्रयोग नहीं होता है। इस प्रणाली को पिक-अप ट्रक में रियर व्हील ABC के साथ प्रयोग किया जाता है।

EBD के साथ ABS
ABS with EBD

EBD का पूरा नाम इलेक्ट्रॉनिक ब्रेक-फोर्स डिस्ट्रीब्यूशन है। यह एक ऑटोमोबाइल ब्रेक तकनीक है, जो स्वचालित रूप से प्रत्येक वाहन के पहिए पर आरोपित बल की स्थिति, सड़क की स्थिति, वाहन की गति, लोडिंग आदि पर निर्भर करती है।

EBD को ABS के साथ प्रयोग करने पर, यह शक्ति को अधिकतम करने हेतु प्रत्येक पहिए के लिए ब्रेकिंग दबाव को कम या अधिक करती है। सामान्यत: वाहन के पीछे की ओर अधिक भार होता है। इस स्थिति में EBD वाहन के पिछले भाग में ब्रेक के दबाव को विभाजित करती है। अत: रियर ब्रेक लॉक नहीं होता है।

इलेक्ट्रॉनिक ब्रेक-फोर्स डिस्ट्रीब्यूशन
Electronic Brake-Force Distribution, EBD

EBD प्रणाली, ABS प्रणाली की उप-प्रणाली (sub-system) है, जोकि रियर व्हील्स द्वारा प्रणाली आसंजन उपयोग (effective adhesion utilization) के नियन्त्रण में बहुत प्रभावी है। यह पार्टिकल ब्रेकिंग रेंज (partical braking range) में रियर व्हील्स की स्लिप को नियन्त्रित करती है। ब्रेक-फोर्स को उच्चतम रेंज तक बढ़ाने पर यान्त्रिक समानुपाती वाल्व (mechanical proportioning valve) की आवश्यकताओं की पूर्ति हो जाती है। यान्त्रिक समानुपाती वाल्व की कुछ सीमाएँ होती हैं, जबकि फ्रण्ट तथा रियर व्हील्स दोनों के लिए ब्रेक-फोर्स डिस्ट्रीब्यूशन का विचार होता है। EBD में व्हील स्पीड सेन्सर, इलेक्ट्रॉनिक कण्ट्रोल यूनिट आदि के अतिरिक्त कोई अन्य नया अवयव प्रयोग करने की आवश्यकता नहीं होती है। यह केवल ECU के ABS लॉजिक के अन्तर्गत लॉजिकल एक्सटेंशन (logical extension) होती है।

जब रियर व्हील्स का स्लिप अनुपात (slip ration) फ्रण्ट व्हील्स के स्लिप अनुपात से अधिक होता है तो EBD प्रणाली ब्रेक प्रैशर को कम करने के लिए सोलेनॉयड वाल्व उपलब्ध कराती है। EBD का असफल होना, पार्किंग लैम्प के जल जाने से सूचित हो जाता है।

EBD के निम्न लाभ हैं

1. यह सामान्य ब्रेक प्रणाली की कार्यप्रणाली में सुधार करती है।
2. लोड में परिवर्तन होने पर यह फ्रण्ट तथा रियर व्हील्स पर सही ब्रेकस-फोर्स डिस्ट्रीब्यूशन करती है।
3. इसकी सहायता से आदर्श ब्रेक-फोर्स डिस्ट्रीब्यूशन प्राप्त किया जा सकता है।
4. यह भिन्न-भिन्न घर्षण गुणांक होने पर सन्तुलित करती है।
5. यह यान्त्रिक समानुपाती वाल्व की उपयोगिता को समाप्त कर देती है।
6. इसके फेल होने की सूचना क्लस्टर (cluster) में लगे चेतावनी लैम्प (warning lamp) द्वारा प्राप्त हो जाती है।

ABS ब्रेक प्रणाली का अनुरक्षण Maintenance of ABS Brake System

ABS ब्रेक प्रणाली के अनुरक्षण हेतु निम्न तालिका की सहायता ली जा सकती है

	अन्तराल (Interval)	आवश्यक सावधानी	अनुरक्षण
1.	एक महीने के अन्तराल पर या प्रत्येक 2000 किमी (लगभग 1000 मील) के बाद	फ्लूड का लेवल चैक करें तथा आवश्यकता होने पर उसे ऊपर तक भरें।	फ्लूड लेवल ऊपर तक होने पर प्रणाली की लीकेज अवश्य चैक कर लेनी चाहिए।
2.	प्रत्येक 10000 किमी (लगभग 5000 मील के बाद)	घर्षण पैड (friction pad) तथा लाइनिंग को चैक करें। एड्जस्टेबल प्रकार के ब्रेकों का समायोजन करें।	लाइनिंग तथा पैड्स तेल तथा ग्रीस से मुक्त होने चाहिए। यदि पैड्स की मोटाई २ मिमी से अधिक हो तथा लाइनिंग की मोटाई सामान्य मोटाई के (1/3) भाग से कम हो, तो उन्हें परिवर्तित कर देना चाहिए।
3.	प्रत्येक 15000 किमी से 40000 (लगभग 1000 मील से 24000 मील) के बाद या महीने के अन्तराल पर	प्रणाली की लीकेज चैक करें। रबर हौज के कमजोर होने पर परिवर्तित कर दें तथा फ्लूड बदल दें।	विकृत भागों को परिवर्तित कर देना चाहिए। ब्रेक फ्लूड वायुमण्डल से नमी अवशोषित कर लेता है जिससे ब्रेक फ्लूड का क्वथनांक (boiling point) निम्न हो जाता है। अतः समय-समय पर ब्रेक फ्लूड को परिवर्तित कर देना चाहिए।
4.	प्रत्येक 60000 किमी (लगभग 40000 मील) के बाद या 3 वर्ष के अन्तराल पर	प्रचालन भागों को परिवर्तित कर दें।	सभी रबर वाले भागों को बदल देना चाहिए।

9.9 एण्टी-स्लिप रेगुलेशन/ट्रैक्शन कण्ट्रोल प्रणाली Anti-slip Regulation/Traction Control System

एण्टी-स्लिप रेगुलेशन या ट्रैक्शन कण्ट्रोल प्रणाली मोटर वाहनों में इलेक्ट्रॉनिक स्टेबिलिटी कण्ट्रोल (ESC) का कार्य करती है। यह प्रणाली सड़कों पर चलते समय वाहनों को ट्रैक्शन दोष से बचाती है।

ट्रैक्शन कण्ट्रोल या एण्टी-स्लिप रेगुलेशन प्रणाली को उस समय क्रियान्वित किया जा सकता है, जब थ्रॉटल इनपुट तथा इंजन टॉर्क सड़क की सतहों के कारण मिसमैच हो जाते हैं। वाहन में फ्रण्ट व्हील ड्राइव (FWD) में यदि एक भी पहिया स्लिप हो जाए, तो वाहन अनियन्त्रित हो सकता है। अतः जब वाहन स्लिप होने लगता है, तब ट्रैक्शन कण्ट्रोल प्रणाली ब्रेक लगा देती है। फोर-व्हील ड्राइव एवं रियर व्हील ड्राइव में चार चैनल युक्त एण्टी-लॉक ब्रेकिंग प्रणाली लगी होती है एवं ट्रैक्शन कण्ट्रोल प्रणाली में तीन चैनल वाली एण्टी-लॉक ब्रेकिंग प्रणाली लगी होती है।

महत्त्वपूर्ण बिन्दु

- ब्रेक सामान्यतः वाहन का नियन्त्रण भाग है, जिसके द्वारा अल्प समय में ही वाहन की गति को कम किया जा सकता है अथवा रोका जा सकता है।
- जब गाड़ी चल रही होती है, तो उसमें गति ऊर्जा उत्पन्न होती है।
- वाहन के पहियों पर लगाया जाने वाला अधिकतम मन्दक बल सतह तथा टायर की सतह के बीच घर्षण गुणांक और पहिए पर गाड़ी के भार के संघटक पर निर्भर करता है।
- मैकेनिकल ब्रेकों में ब्रेकिंग शक्ति पहुँचाने के लिए मैकेनिकल लीवरेज की शक्ति का उपयोग किया जाता है।
- हाइड्रॉलिक ब्रेक पास्कल के नियम पर आधारित होते हैं। इस नियम के अनुसार, दाब $(P) = \frac{\text{बल}\,(F)}{\text{क्षेत्रफल}\,(A)}$
- ऐसी यन्त्रावली जिसके ब्रेक लगाने में चालक के प्रयास में वृद्धि हो, सर्वो यन्त्रावली कहलाती है। सर्वो ब्रेक इसी यन्त्रावली पर आधारित है।
- वैक्यूम सर्वो ब्रेक्स में इंजन के इनलेट मैनीफोल्ड से सक्शन को ब्रेक लगाने के लिए उपयोग किया जाता है।
- एयर ब्रेकों में वाहन को रोकने व नियन्त्रित करने के लिए कम्प्रैस्ड वायु को पिस्टन प्रेसिंग हेतु उपयोग किया जाता है।
- एयर टैंक स्टील की शीट का बना होता है, जोकि ब्रेकों के लिए कम्प्रैस्ड वायु को संगृहीत करता है।
- वाहन के प्रत्येक पहिए पर एक ब्रेक चैम्बर लगा होता है, जोकि वायु दाब ऊर्जा को ब्रेक लगाने के लिए यान्त्रिक ऊर्जा में परिवर्तित करता है।
- निकास ब्रेक इंजन के निकास मार्ग को अस्थायी रूप से बन्द करने हेतु प्रयुक्त किया जाता है।
- हैण्ड ब्रेक को पार्किंग ब्रेक भी कहा जाता है, क्योंकि यह ब्रेक वाहन को पार्क करने के लिए लगाया जाता है।
- ब्रेक पैडल सदैव चालक के दाएँ पैर द्वारा क्रियाशील होता है, जोकि कम शक्ति लगाने हेतु उपयोग किया जाता है।
- ब्रेक लाइनिंग सामान्यतः एस्बेस्टॉस से निर्मित होती है जिसको कठोर बनाने या आकृति देने के लिए रबर या प्लास्टिक का फीलर मिलाकर उपयोग किया जाता है।
- टैन्डम मास्टर सिलेण्डर के अन्तर्गत दो सिलेण्डर, दो रिजर्वायर तथा दो पिस्टन (प्राइमरी तथा सेकेण्डरी) प्रयोग किए जाते हैं।
- व्हील सिलेण्डर के अन्दर, कप्स के मध्य में सदैव एक फ्लूड भरा रहता है। इन कप्स के द्वारा ही आवश्यकता पड़ने पर ब्रेक ऑयल को सील किया जाता है।
- इलेक्ट्रो-हाइड्रॉलिक ब्रेकिंग (EHB) में मास्टर सिलेण्डर को क्रियाशील करने के लिए एक एक्युमुलेटर का उपयोग किया जाता है।
- ड्रम ब्रेक कास्ट आयरन के बने होते हैं, जिनकी बैक प्लेट पर दो ब्रेक शू लगे होते हैं।
- डिस्क ब्रेकों का प्रयोग अगले व पिछले सभी पहियों में किया जाता है।
- डिस्क ब्रेकों की कास्ट आयरन से बनी डिस्क प्रायः हाउसिंग एवं व्हील हब पर कसी होती है।
- डिस्क ब्रेक फ्लोटिंग कैलीपर, फिक्स्ड कैलीपर तथा स्लाइडिंग कैलीपर प्रकार के होते हैं।
- एण्टी-लॉक ब्रेकिंग प्रणाली (ABS) एक ऑटोमोबाइल सुरक्षा प्रणाली है जो ब्रेक लगाने पर पहिए की लॉकिंग को रोकती है तथा वाहन को अनियन्त्रित होने से बचाती है।
- आधुनिक ABS में इलेक्ट्रॉनिक कण्ट्रोल यूनिट, प्रत्येक पहिए पर एक सेन्सर, विद्युत चालित फ्लूड पम्प और प्रैशर एक्युमुलेटर लगा होता है।
- चार चैनल, चार सेन्सर वाली ABS प्रणाली फ्रण्ट इंजन फ्रण्ट ड्राइव कार में तथा तीन चैनल, चार सेन्सर वाली ABS फ्रण्ट इंजन रियर ड्राइविंग कार में प्रयोग की जाती है।
- इलेक्ट्रॉनिक ब्रेक-फोर्स डिस्ट्रीब्यूशन (EBD), एण्टी-लॉक ब्रेकिंग प्रणाली की उप-प्रणाली है, जोकि पार्टिकल ब्रेकिंग रेंज में रियर व्हील्स की स्लिप को नियन्त्रित करती है।

महत्त्वपूर्ण प्रश्नोत्तरी

1. पार्क ब्रेक को अन्य किस नाम से जाना जाता है?

उत्तर पार्क ब्रेक को हैण्ड ब्रेक के नाम से भी जाना जाता है।

2. ब्रेक ड्रम किन-किन धातुओं से बनाए जाते हैं?

उत्तर ब्रेक ड्रम कास्ट आयरन, क्रोम, निकिल, आयरन तथा स्टील धातुओं से बनाए जाते हैं।

3. टैन्डम मास्टर सिलेण्डर के अन्तर्गत कितने सिलेण्डर तथा रिजर्वायर प्रयोग किए जाते हैं?

उत्तर टैन्डम मास्टर सिलेण्डर के अन्तर्गत दो सिलेण्डर तथा रिजर्वायर प्रयोग किए जाते हैं।

4. जब वाहन रिवर्स में गतिमान होता है, तो ब्रेकिंग में क्लिंकिंग शोर को नियन्त्रित करने हेतु कौन-सा व्हील सिलेण्डर उपयोग किया जाता है?

उत्तर जब वाहन रिवर्स में गतिमान होता है, तो ब्रेकिंग में क्लिंकिंग शोर को नियन्त्रित करने हेतु बैफल प्रकार का पिस्टन व्हील सिलेण्डर उपयोग किया जाता है।

5. फिक्स कैलीपर डिस्क ब्रेक में कैलीपर, स्टब एक्सल से किसके द्वारा संयोजित रहता है?

उत्तर फिक्स कैलीपर डिस्क ब्रेक में कैलीपर, स्टब एक्सल से बोल्टों द्वारा संयोजित रहता है।

अभ्यास प्रश्न

परीक्षा प्रारूपी प्रश्न

बहुविकल्पीय

1. नई गाड़ी की ब्रेक दक्षता होती है
(a) 30% (b) 50% (c) 80% (d) 100%

2. किस प्रकार का ब्रेक एक पहिए के ब्रेक खराब होने की दशा में भी अन्य पहियों में काम कर सकता है?
(a) हाइड्रॉलिक ब्रेक (b) पार्किंग ब्रेक
(c) मैकेनिकल ब्रेक ड्रम (d) ये सभी

3. निम्न में से कौन-सा मैकेनिकल ब्रेक का भाग है?
(a) ब्रेक शू (b) ब्रेक पैडल (c) ब्रेक ड्रम (d) ये सभी

4. 'पास्कल का नियम' किस प्रकार के ब्रेक पर लागू होता है?
(a) मैकेनिकल ब्रेक (b) हाइड्रॉलिक ब्रेक
(c) इलेक्ट्रिक ब्रेक (d) हैण्ड ब्रेक

5. निम्न में किसके द्वारा हाइड्रॉलिक फ्लूड का प्रेशर बनाकर व्हील सिलेण्डरों तक भेजा जाता है?
(a) ब्रेक ड्रम (b) बैक प्लेट
(c) मास्टर सिलेण्डर (d) इनमें से कोई नहीं

6. हाइड्रॉलिक ब्रेकिंग प्रणाली से ट्रैप्ड हवा को निकालने की गतिविधि को कहते हैं .... ।
(a) टैपिंग (b) ब्लीडिंग (c) रिमूविंग (d) क्लीयरिंग

7. ब्लीडिंग क्रिया में ब्रेक प्रणाली से निकलते हैं
(a) हवा के बुलबुले (b) निर्वात्
(c) अतिरिक्त द्रव (d) अतिरिक्त दाब

8. सर्वो वैक्यूम ब्रेकों में पिस्टन के दोनों ओर वैक्यूम होता है
(a) ब्रेक लगाते समय (b) ब्रेक रिलीज होने पर
(c) ब्रेकों के कम लगने पर (d) ये सभी

9. फेल सेफ एयर ब्रेक सिस्टम में स्प्रिंग ब्रेक एक्चुएटर का प्रयोग इसके लिए होता है ....।
(a) फ्रण्ट ब्रेक (b) रियर ब्रेक
(c) LH साइड ब्रेक (d) RH साइड ब्रेक

10. एयर ब्रेक का सामान्य रूप से प्रयोग होता है
(a) कारों में (b) जीपों में
(c) ट्रकों में (d) तिपहिया वाहनों में

11. एयर ब्रेक में उपयोग किया जाता है
(a) कम्प्रैस्ड वायु का (b) नाइट्रोजन गैस का
(c) ऑक्सीजन का (d) इनमें से कोई नहीं

12. हैण्ड ब्रेक का प्रयोग होता है
(a) दाईं ओर के पहिये पर (b) बाईं ओर के पहिये पर
(c) अगले पहियों पर (d) पिछले पहियों पर

13. हैण्ड ब्रेक में किस प्रकार के प्रबन्ध का प्रयोग होता है?
(a) इन्टर्नल एक्सपैण्डिंग (b) स्लिप ज्वॉइण्ट
(c) 'a' और 'b' दोनों (d) एक्सटर्नल कॉन्ट्रेक्टिव

14. पार्किंग के दौरान फेल सेफ एयर ब्रेक में ब्रेक कैसे लगाते हैं?
(a) ब्रेक एक्चुएटर में एयर प्रैशर द्वारा
(b) ब्रेक एक्चुएटर में स्प्रिंग प्रैशर द्वारा
(c) ब्रेक एक्चुएटर में वैक्यूम द्वारा
(d) मैकेनिकल हैण्ड ब्रेक द्वारा

15. इंजन ब्रेक का प्रयोग होता है
(a) इंजन की चाल को नियन्त्रित करने में
(b) आपातकाल में ब्रेक लगाने के लिए
(c) पार्किंग ब्रेक लगाने के लिए
(d) उपरोक्त में से कोई नहीं

16. ब्रेक पैडल एड्जस्ट किए जाते हैं
(a) ब्रेक लगाने के लिए
(b) कम शक्ति लगाने के लिए
(c) मैकेनिकल लीवरेज प्राप्त करने के लिए
(d) उपरोक्त में से कोई नहीं

17. मास्टर सिलेण्डर का मुख्य भाग होता है
(a) पिस्टन (b) बॉडी
(c) फाउण्डेशन बोल्ट (d) रबर बूट

18. मास्टर सिलेण्डर के किस पोर्ट द्वारा तेल वापस आता है?
(a) बाईपास पोर्ट (b) कम्पनसेटिंग पोर्ट
(c) एग्जॉस्ट पोर्ट (d) इनलेट पोर्ट

19. मास्टर सिलेण्डर में आंशिक वैक्यूम इस प्रकार से सहायता करता है
(a) मेन पोर्ट से ब्रेक फ्लूड लेकर
(b) कम्पनसेटिंग पोर्ट से ब्रेक फ्लूड लेकर
(c) दोनों पोर्टों से एक साथ ब्रेक फ्लूड लेकर
(d) सिलेण्डर में फ्लूड को नहीं जाने देकर

20. टैन्डम मास्टर सिलेण्डर में पिस्टन होते हैं
(a) 1 (b) 2
(c) 4 (d) इनमें से कोई नहीं

21. व्हील सिलेण्डर का कौन-सा भाग ब्रेक ऑयल को सील करता है?
(a) पिस्टन (b) कमानी (c) कवर (d) कप

22. व्हील सिलेण्डर को किसके मध्य में फिट किया जाता है?
(a) ब्रेक ड्रम (b) बैक प्लेट (c) ब्रेक शू (d) पुश रॉड

23. भार ले जाने के कारण अगले व पिछले एक्सल पर ब्रेकिंग प्रभाव का अनुपात होता है
(a) आगे 50%, पीछे 50% (b) आगे 60%, पीछे 40%
(c) आगे 40%, पीछे 60% (d) इनमें से कोई नहीं

24. निम्नलिखित में से कौन-सा अवयव ड्रम ब्रेक में होता है?
(a) ब्रेक शू (b) ब्रेक डिस्क
(c) क्लच डिस्क (d) ब्रेक पैड

25. डिस्क ब्रेक का प्रयोग होता है
(a) अगले पहियों में (b) पिछले पहियों में
(c) अगले व पिछले पहियों में (d) इनमें से कोई नहीं

26. डिस्क ब्रेक प्रणाली में किस घटक में डिस्क जुड़ी है?
(a) पिस्टन (b) कैलीपर
(c) व्हील हब (d) स्टीयरिंग नकल

27. डिस्क ब्रेक में पैड-टू-डिस्क समायोजन इसके द्वारा प्रदान किया जाता है
(a) कैलीपर (b) पिस्टन (c) ब्रेक कैम (d) ब्लीड स्क्रू

28. ABS का विस्तार रूप क्या है?
(a) एयर ब्रेक सिस्टम (b) एण्टी-बूस्टर सिस्टम
(c) एयर बूस्टर सिस्टम (d) एण्टी-लॉक ब्रेक सिस्टम

29. गाड़ी की ABS प्रणाली में व्हील सेन्सर है ………।
(a) केवल आगे के व्हील पर लगा हुआ
(b) केवल पिछले व्हील पर लगा हुआ
(c) सभी व्हील पर लगा हुआ
(d) किसी भी व्हील पर नहीं लगा हुआ

30. निम्न में से कौन-सा एक ABS प्रणाली का अवयव नहीं है?
(a) स्पीड सेन्सर (b) वाल्व या चैनल
(c) कण्ट्रोलर (d) ब्रेक बूस्टर

31. इलेक्ट्रॉनिक कण्ट्रोल यूनिट (ECU) का कार्य है
(a) पहिए की घूर्णन गति कम करना
(b) पहिए की घूर्णन गति अधिक करना
(c) पहिए की घूर्णन गति चैक करना
(d) उपरोक्त सभी

32. ABS प्रणाली का मोड है
(a) डम्प मोड (b) होल्ड मोड
(c) इन्क्रीज मोड (d) ये सभी

33. सामान्य ब्रेकिंग में प्रयुक्त होने वाले सोलेनॉयड वाल्व-इन प्रायः होते हैं
(a) नॉर्मली क्लोज प्रकार के (b) नॉर्मली ओपन प्रकार के
(c) 'a' और 'b' दोनों (d) इनमें से कोई नहीं

34. स्लिप अनुपात (slip-ratio) का सही सूत्र क्या है?

(a) $\dfrac{\text{वाहन की गति} - \text{व्हील की गति}}{\text{वाहन की गति} + \text{व्हील की गति}} \times 100$

(b) $\dfrac{\text{वाहन की गति} + \text{व्हील की गति}}{\text{वाहन की गति} - \text{व्हील की गति}} \times 100$

(c) $\dfrac{\text{वाहन की गति} - \text{व्हील की गति}}{\text{वाहन की गति}} \times 100$

(d) $\dfrac{\text{वाहन की गति} - \text{व्हील की गति}}{\text{व्हील की गति}} \times 100$

35. फ्रण्ट इंजन रियर ड्राइविंग (FR) कार में सामान्यतः ABS प्रयोग में लाई जाती है
(a) चार चैनल, चार सेन्सर (b) तीन चैनल, चार सेन्सर
(c) तीन चैनल, तीन सेन्सर (d) एक चैनल, एक सेन्सर

उत्तरमाला

1. (c)	2. (c)	3. (d)	4. (b)	5. (c)	6. (b)	7. (a)	8. (b)	9. (c)	10. (c)
11. (a)	12. (d)	13. (d)	14. (a)	15. (a)	16. (b)	17. (a)	18. (b)	19. (b)	20. (b)
21. (d)	22. (c)	23. (b)	24. (a)	25. (c)	26. (c)	27. (b)	28. (d)	29. (c)	30. (d)
31. (c)	32. (d)	33. (b)	34. (c)	35. (b)					

अध्याय 10

मोटर वाहन अधिनियम
Motor Vehicle Act

परिचय Introduction

भारतीय वाहनों से सम्बन्धित भारतीय मोटर वाहन अधिनियम सर्वप्रथम वर्ष 1914 में बनाया गया, जिसे वर्ष 1939 में संशोधित करके प्रस्तुत किया गया। मोटर वाहन अधिनियम में समय-समय पर संशोधन तथा परिवर्तन होते रहते हैं। जनवरी, 1984 में एक कार्यकारी समूह नियुक्त किया गया, जिसने केन्द्रीय परिवहन मन्त्री और सुप्रीम कोर्ट के सुझावों पर मोटर वाहन अधिनियम में अनेक परिवर्तन किए।

अध्याय विषय सूची

10.1 मोटर वाहन अधिनियम Motor Vehicle Act

14 अक्टूबर, 1988 को मोटर वाहन अधिनियम (1988 का अधिनियम क्रमांक 59) पारित हुआ, जो जुलाई, 1989 में सम्पूर्ण भारत में लागू किया गया। इस अधिनियम में 14 अध्याय, 217 धाराएँ और 2 अनुसूचियाँ हैं। यह अधिनियम, वर्ष 1994, 2000, 2001 में संशोधित भी हो चुका है।

इसकी प्रथम अनुसूची में विभिन्न यातायात संकेत दिए गए हैं, जबकि द्वितीय अनुसूची में अन्य पक्ष जानलेवा दुर्घटना/चोट के दावों हेतु मुआवजे की धनराशियाँ दी गई हैं। प्रत्येक अध्याय में दिए गए प्रकरण निम्न प्रकार हैं

अध्याय–1 – प्रारम्भिक
अध्याय–2 – मोटर वाहनों के ड्राइवरों का लाइसेन्स
अध्याय–3 – मंजिले वाहनों (deckor vehicles) के कण्डक्टरों का लाइसेन्स
अध्याय–4 – मोटर वाहनों का पंजीकरण
अध्याय–5 – परिवहन वाहनों का नियन्त्रण
अध्याय–6 – राज्य परिवहन उपक्रमों से सम्बन्धित विशेष प्रावधान
अध्याय–7 – मोटर वाहनों का निर्माण, उपकरण और अनुरक्षण
अध्याय–8 – यातायात का नियन्त्रण
अध्याय–9 – अस्थायी रूप से भारत से जाने या भारत में आने वाले मोटर वाहन
अध्याय–10 – कुछ स्थितियों में त्रुटि के बिना दायित्व
अध्याय–11 – तीसरी पार्टी जोखिम के प्रति मोटर वाहनों का बीमा
अध्याय–12 – दावा न्यायाधिकरण
अध्याय–13 – अपराध, जुर्माना/दण्ड और प्रक्रिया
अध्याय–14 – विविध

मोटर वाहन अधिनियम, 1988 के मुख्य उपबन्ध बाद के अनुच्छेदों में संक्षिप्त रूप से दिए गए हैं। दिए गए नियमों को यहाँ पर मुख्य शीर्षक के रूप में वर्णित किया गया है।

अध्याय-1
प्रारम्भिक
Preliminary

इस अध्याय के अन्तर्गत निम्न धाराओं को सम्मिलित किया गया है

1. संक्षिप्त नाम, विस्तार और प्रारम्भ

1. इस अधिनियम का संक्षिप्त नाम, मोटर वाहन अधिनियम, 1988 है।
2. इसका विस्तार सम्पूर्ण भारत में है।
3. यह उस तिथि को प्रारम्भ होगा, जो केन्द्र सरकार राजपत्र में अधिसूचना द्वारा निर्धारित करेगी। भिन्न-भिन्न राज्यों हेतु भिन्न-भिन्न तिथियाँ निर्धारित की जाएँगी तथा इस अधिनियम में किसी राज्य के सम्बन्ध में यह अनुमान लगाया जाएगा कि वह राज्य इस अधिनियम को प्रारम्भ करने हेतु इच्छुक है अथवा नहीं।

2. परिभाषाएँ

इस अधिनियम में निम्न शब्दों को परिभाषित किया गया है

1. **क्षेत्र** (Area) इस अधिनियम में कानून के किसी भी प्रावधान हेतु प्रादेशिक सरकार ने सरकारी अधिसूचना द्वारा सीमा क्षेत्र तय किया है।
2. **आर्टिक्यूलेटिड वाहन** (Articulated vehicle) ऐसा मोटर वाहन, जिसमें अर्द्ध-ट्रेलर इस प्रकार जोड़ा गया हो कि ट्रेलर का कुछ भार वाहन भी वहन करे।
3. **एक्सल भार** (Axle weight) वाहन के एक्सल के भार सहित उस एक्सल से बँधे पहियों का भार, जो वाहन की विरामावस्था में पृथ्वी की सतह पर पड़ता है।
4. **वाहन पंजीकरण प्रमाण-पत्र** (Vehicle registration certificate) यह प्राधिकरण अधिकारी द्वारा अध्याय 4 के प्रावधानों के अनुरूप जारी किया प्रमाण-पत्र है, जो यह सिद्ध करता है कि मोटर वाहन का पंजीकरण कराया जा चुका है।
5. **कण्डक्टर** (Conductor) मंजिले वाहनों (deckor vehicles) के सम्बन्ध में ऐसा अधिकृत व्यक्ति, जो यात्रियों से किराया प्राप्त करता हो, मंजिले वाहनों में यात्रियों को प्रवेश कराने तथा उन्हें बाहर निकालने का कार्य करता हो, जिनके लिए उसे आदेशित किया जाए।
6. **कण्डक्टर लाइसेन्स** (Conductor licence) अध्याय-3 के अधीन सक्षम प्राधिकारी द्वारा दिया गया लाइसेन्स, जो उसमें विनिर्दिष्ट व्यक्ति को कण्डक्टर के रूप में कार्य करने हेतु प्राधिकृत (authorise) करता हो।
7. **कॉन्ट्रैक्ट कैरेज वाहन** (Contract carriage vehicle) ऐसा मोटर वाहन, जो किसी कॉन्ट्रैक्ट के अधीन यात्रियों को किराये पर या पारिश्रमिक पर ले जाता हो तथा इस कॉन्ट्रैक्ट की दर या धनराशि पहले ही किसी व्यक्ति विशेष द्वारा नियत की गई हो।
   (i) समय के आधार पर, यद्यपि किसी निर्धारित सड़क मार्ग या दूरी का वर्णन हो अथवा नहीं।
   (ii) एक स्थान से दूसरे स्थान तक तथा यात्रा के समय वाहन रोककर यात्रियों को कहीं से चढ़ाने तथा उतारने का वर्णन अनुबन्ध में न किया गया हो। इसके अन्तर्गत निम्न सम्मिलित हैं
   (a) मैक्सी कैब
   (b) मोटर कैब, जिसके लिए यात्रियों से अलग किराया वसूलने को निषेध न किया गया हो।
8. **व्यापारी** (Dealer) इसके अन्तर्गत ऐसा व्यक्ति सम्मिलित है, जो
   (i) मोटर वाहन के उत्पादन से सम्बन्धित हो (1994 से समाप्त)।
   (ii) चेसिस पर लगाने हेतु वाहन बॉडी बनाता हो।
   (iii) मोटर वाहनों की मरम्मत करता हो।
   (iv) वाहनों को गिरवी रखने अथवा किराये पर खरीदने का व्यापार करता हो।
9. **ड्राइवर** (Driver) ऐसा व्यक्ति, जो मोटर वाहन के स्टीयरिंग का नियन्त्रण करता है।
10. **ड्राइविंग लाइसेन्स** (Driving licence) अध्याय-2 के अन्तर्गत अधिकृत प्राधिकरण (competent authority) द्वारा किसी व्यक्ति को विशेष प्रकार के वाहन चलाने का लाइसेन्स, शिक्षार्थी से भिन्न रूप में चलाने हेतु प्राधिकृत करता हो।
11. **शिक्षा संस्थान बस** (Educational institution bus) ऐसी कोई बस, जिसका मालिक महाविद्यालय तथा अन्य शिक्षा संस्थान हो और जिसका उपयोग शिक्षा संस्थान के किसी क्रियाकलाप के सम्बन्ध में तथा कर्मचारियों एवं विद्यार्थियों के परिवहन के लिए ही किया जाता हो।
12. **किराया** (Fares) वह धनराशि, जो किसी निश्चित स्थान तक जाने हेतु टिकट के लिए या वाहन के किराये के रूप में ली जाती हो।
13. **सामान** (Goods) सामान से आशय जीवित व्यक्तियों के अतिरिक्त वाहन द्वारा ले जाए जाने वाले पशुधन या ऐसी किसी वस्तु से है, जो सामान्यत: प्रयोग होने वाले उपकरण से भिन्न हो, परन्तु मोटर वाहन के संलग्न ट्रेलर में वहन किया जाने वाला सामान तथा वाहनों में यात्रा करने वाले यात्रियों का सामान इस श्रेणी के अन्तर्गत नहीं आता है।
14. **सामान कैरेज** (Goods carriage) ऐसा वाहन, जो केवल सामान ढोने के लिए ही निर्मित किया गया हो अथवा प्रयोग किया जाता हो। किन्तु मोटर वाहन के संलग्न ट्रेलर में वहन किया जाने वाला सामान तथा वाहनों में यात्रा करने वाले यात्रियों का सामान इस श्रेणी के अन्तर्गत नहीं आता है।
15. **वाहन का कुल भार** (Gross vehicle weight) इसके अन्तर्गत वाहन का भार तथा उस वाहन में लादा जा सकने वाला अधिकतम भार, जिसे अधिकृत प्राधिकारी ने लाइसेन्स में प्रमाणित तथा पंजीकृत किया है।

16. **भारी सामान वाहन** (Heavy goods vehicle) सामान ढोने वाला ऐसा कोई वाहन; जैसे—ट्रैक्टर, ट्रक आदि अथवा रोड रोलर, जिसका भार 12,000 किग्रा से अधिक हो।

17. **भारी यात्री मोटर वाहन** (Heavy passenger motor vehicle) कोई ऐसा सार्वजनिक सेवा वाहन या निजी सेवा वाहन या शैक्षणिक सम्बन्धित बस या कोई अन्य बस या मोटरकार, जिसका सामान रहित भार 12,000 किग्रा से अधिक हो।

18. **अवैध कैरेज** (Invalid carriage) ऐसा वाहन, जिसे विशेष प्रकार के प्रारूपों द्वारा निर्मित किया गया हो तथा जिसमें कोई ऐसी व्यवस्था न की गई हो कि केवल शारीरिक विकलांगता अथवा शारीरिक दोष से पीड़ित व्यक्ति ही उसका प्रयोग कर सके अथवा वह वाहन केवल उसी के लिए हो।

19. **शिक्षार्थी लाइसेन्स** (Learner's licence) यह अधिकृत प्राधिकरण द्वारा अध्याय–2 के अधीन किसी विनिर्दिष्ट वर्ग के मोटर वाहन को चलाने के लिए, नए सीखने वालों को दिया जाने वाला लाइसेन्स है।

20. **लाइसेन्सिंग प्राधिकरण** (Licencing Authority) वह प्राधिकरण, जिसे अध्याय 2 या 3 के अन्तर्गत लाइसेन्स प्रदान करने की शक्तियाँ प्राप्त हों।

21. **हल्के मोटर वाहन** (Light motor vehicle) कोई ऐसा परिवहन वाहन या बस, जिसका कुल वाहन भार तथा कोई ऐसी मोटरकार या ट्रैक्टर या रोड रोलर, जिसका सामान रहित भार 7,500 किग्रा से अधिक नहीं हो।

(21-A) **विनिर्माता** (Manufacturer) कोई ऐसा व्यक्ति, जो मोटर वाहन के निर्माण में संलग्न हो।

22. **मैक्सी कैब** (Maxi cab) ऐसा वाहन, जो किराये या पारिश्रमिक स्तर पर 6 से अधिक, परन्तु 12 से कम यात्रियों को ड्राइवर के अतिरिक्त ले जाने अर्थात् उनका भार वहन कर पाने के लिए निर्मित किया गया हो।

23. **मध्यम सामान वाहन** (Medium goods vehicle) कोई ऐसा सामान वाहन, जो हल्के मोटर वाहन तथा भारी मोटर वाहन से भिन्न हो।

24. **मध्यम यात्री मोटर वाहन** (Medium passenger motor vehicle) कोई ऐसा परिवहन वाहन या निजी सेवा वाहन या शैक्षणिक संस्थान बस, जो मोटर साइकिल, अवैध परिवहन वाहन, हल्के मोटर वाहन तथा भारी मोटर वाहन से भिन्न हो।

25. **मोटर कैब** (Motor cab) इसके अन्तर्गत ऐसे मोटर वाहन आते हैं, जो परिवहन वाहन, ओमनी बस, रोड रोलर, ट्रैक्टर, मोटर साइकिल या अवैध परिवहन न हों।

26. **मोटर कार** (Motor car) ऐसा परिवहन वाहन, जो बस, रोड रोलर, ट्रैक्टर, मोटर साइकिल तथा अवैध यात्री वाहन से भिन्न हो।

27. **मोटर साइकिल** (Motor cycle) दो पहियों वाला ऐसा मोटर वाहन, जिसके साथ पहियों वाली अलग की जा सकने वाली साइड कार संलग्न हो।

28. **मोटर वाहन या वाहन** (Motor vehicle or vehicle) किसी यान्त्रिक विधि द्वारा चलने वाला वाहन, जो सड़क पर चलने हेतु व्यवस्थित किया गया हो, उसमें किसी बाहरी स्रोत से अथवा आन्तरिक स्रोत से शक्ति संचारित की जाती है एवं इसके अन्तर्गत वह चेसिस भी सम्मिलित है, जिस पर बॉडी न लगी हो, परन्तु ट्रेलर लगा हो एवं केवल फैक्ट्रियों में प्रयोग होने वाला विशेष प्रकार से बनाया गया वाहन हो या ऐसा वाहन हो, जिसमें चार से कम पहिये हों तथा इंजन 25 घन सेमी से अधिक क्षमता वाला न लगाया गया हो।

29. **ओमनी बस** (Omni bus) ऐसा मोटर वाहन, जिसमें 6 से अधिक यात्रियों, ड्राइवर के लिए अतिरिक्त व्यवस्था की गई हो।

30. **मालिक** (Owner) वह व्यक्ति, जिसके नाम से मोटर वाहन का पंजीकरण किया गया है। यदि वह व्यक्ति अवयस्क हो, तो उस अवयस्क का अभिभावक वाहन के मालिक की श्रेणी में आता है। उस मोटर वाहन के सम्बन्ध में, जो मेहनताना खरीद या पट्टे या गिरवी रखने के अनुबन्ध से हो, उन अनुबन्धों के अनुसार जिस व्यक्ति के संरक्षण में वह वाहन हो।

31. **परमिट** (Permit) सड़क पर वाहन चलाने का लाइसेन्स, जो प्रादेशिक या मण्डलीय प्राधिकरण या इस नियम के अन्तर्गत वह प्राधिकरण, जिसे इसे जारी करने का अधिकार दिया हो, उसके द्वारा किसी मोटर वाहन या परिवहन वाहन के रूप में उपयोग करने हेतु परमिट किया गया हो।

32. **निर्देशित या विहित** (Prescribed) इस अधिनियम के अधीन बनाए गए नियमों में लिखित आदेश।

33. **निजी सेवा वाहन** (Private service vehicle) चालक के अतिरिक्त 6 से अधिक यात्रियों को ले जाने हेतु निर्मित या व्यवस्थित वाहन, जिसका उपयोग मालिक या मालिक के द्वारा प्रस्तावित व्यक्ति द्वारा किराये या पारिश्रमिक पर यात्रियों को ले जाने अथवा व्यापार हेतु किया जाता है, परन्तु सार्वजनिक कार्यों हेतु किराये या पारिश्रमिक पर न किया जाता हो।

34. **सार्वजनिक स्थल** (Public place) ऐसी कोई सड़क, गली, मार्ग या अन्य स्थान, जहाँ से लोगों को जाने का अधिकार हो। इसके अन्तर्गत कोई ऐसा स्थान भी सम्मिलित होता है, जहाँ पर मंजिले वाहनों द्वारा यात्रियों को चढ़ाया तथा उतारा जाता है।

35. **सार्वजनिक सेवा वाहन** (Public service vehicle) कोई ऐसा वाहन, जिसका उपयोग किराये या पारिश्रमिक पर यात्रियों को ले जाने हेतु किया जाता है। इसके अन्तर्गत मैक्सी कैब, मोटर कैब, अनुबन्धित कैरिएज तथा स्टेज कैरिएज सम्मिलित हैं।

36. **पंजीकृत एक्सल भार** (Registered axle weight) एक्सल भार के सम्बन्ध में किसी पंजीकरण प्राधिकरण द्वारा स्वीकृत एवं प्रमाणित वाहन का एक्सल भार।

37. **पंजीकृत प्राधिकरण** (Registering authority) वह प्राधिकरण, जिसे अध्याय–4 के अधीन मोटर वाहनों के पंजीकरण करने का अधिकार प्राप्त हो।

38. **मार्ग** (Route) ऐसा राजमार्ग अथवा यात्रा का वह पथ, जिसमें एक टर्मिनल से दूसरे टर्मिनल तक मोटर वाहन आ–जा सकता है।

39. **सेमी-ट्रेलर** (Semi-trailer) ऐसा मोटर वाहन, जो यान्त्रिकी से न चलता हो तथा जिसका प्रयोग वाहन से संयोजित करने हेतु इस प्रकार किया जाता हो अथवा उसे इस प्रकार निर्मित किया गया हो कि इसके भार का एक भाग उस मोटर वाहन द्वारा वहन किया जाए।
40. **स्टेज कैरिएज** (Stage carriage) ऐसा वाहन, जो किराये या पारिश्रमिक पर ड्राइवर के अतिरिक्त 6 से अधिक यात्रियों को ले जाने हेतु निर्मित किया गया हो। इन यात्रियों से व्यक्तिगत आधार पर सम्पूर्ण यात्रा अथवा अलग-अलग चरणों में की जाने वाली यात्रा का किराया या पारिश्रमिक लिया जाता है।
41. **राज्य सरकार** (State government) किसी संघीय राज्यक्षेत्र के सम्बन्ध में अनुच्छेद-239 के अन्तर्गत नियुक्त किया गया राज्य प्रशासक इसके अन्तर्गत आता है।
42. **राज्य परिवहन उपक्रम** (State transport undertaking) ऐसा कोई उपक्रम, जो उस स्थान पर सड़क परिवहन सेवा की व्यवस्था करता है, जहाँ ऐसा उपक्रम निम्न द्वारा चलाया जाता है
    (i) केन्द्र सरकार या राज्य सरकार।
    (ii) सड़क परिवहन निगम अधिनियम, 1950 के नियम (64) की धारा 3 के अधीन स्थापित कोई सड़क परिवहन निगम।
    (iii) केन्द्रीय सरकार या एक से अधिक राज्य सरकारों के नियन्त्रण में कोई नगरपालिका या कोई निगम या कम्पनी।
    (iv) 1994 के नियम 54 की धारा 2 के अन्तर्गत जिला परिषद् या अन्य कोई स्थानीय प्राधिकरण।
43. **पर्यटक वाहन** (Tourist vehicle) ऐसा कोई परिवहन वाहन जो उन विनिर्देशों के अनुसार निर्मित तथा व्यवस्थित किया गया हो, जिनसे पर्यटकों को सुविधा रहे।
44. **ट्रैक्टर** (Tractor) ऐसा वाहन जो स्वयं भार उठाने हेतु निर्मित न किया गया हो अथवा केवल उपकरणों को खींचने हेतु निर्मित किया गया हो, परन्तु इसमें रोड रोलर सम्मिलित नहीं है।
45. **यातायात संकेत** (Traffic signs) ऐसे संकेत, चेतावनी संकेत स्तम्भ, दिशासूचक स्तम्भ, सड़कों पर चित्रांकन या अन्य युक्तियाँ जो वाहनों के ड्राइवरों की जानकारी, मागदर्शन तथा दिशा-निर्देशन के लिए हों।
46. **ट्रैलर** (Trailer) सेमी-ट्रेलर और साइड कार से भिन्न कोई ऐसा वाहन, जो मोटर वाहन के द्वारा खींचा जाता हो अथवा खींचे जाने के लिए व्यवस्थित किया गया हो।
47. **परिवहन वाहन** (Transport vehicle) कोई सार्वजनिक सेवा वाहन, कोई सामान ढोने वाला वाहन, कोई शैक्षणिक संस्थान बस या कोई निजी सेवा वाहन।
48. **लदान रहित भार** (Unladen weight) वाहन का ट्रेलर या ऐसे सभी उपकरणों सहित भार, जिनका उपयोग सामान्यत: ट्रेलर की कार्यरत अवस्था में किया जाता है, परन्तु इस भार में ड्राइवर या कण्डक्टर का भार सम्मिलित नहीं है तथा जहाँ घटकों या बॉडी का उपयोग किया जाता है, वहाँ वाहन के लदान रहित भार से आशय वाहन के सबसे भारी पुर्जे या बॉडी सहित वाहन के सम्पूर्ण भार से है।
49. **भार** (Weight) वाहन के पहियों द्वारा उस स्थल पर पड़ने वाला कुल भार, जहाँ वाहन विरामावस्था में हो।

अध्याय-2
मोटर वाहनों के ड्राइवरों का लाइसेन्स
Licensing of Drivers of Motor Vehicles

3. ड्राइविंग लाइसेन्स की आवश्यकता

इसके अन्तर्गत निम्न तथ्य सम्मिलित किए गए हैं

1. कोई भी व्यक्ति वैध ड्राइविंग लाइसेन्स के बिना किसी सार्वजनिक स्थल पर वाहन नहीं चलाएगा। ऐसा व्यक्ति, जिसके पास वैध ड्राइविंग लाइसेन्स न हो, कोई भी परिवहन (मोटर कैब व मोटर साइकिल को छोड़कर) नहीं चलाएगा जिसे वह अपने लिए प्रयोग करने हेतु किराये पर लेता है, जब तक उसके ड्राइविंग लाइसेन्स में विशेष रूप से ऐसा करने की मान्यता न दी गई हो।
2. उपधारा (1) की प्रतिबद्धताएँ मोटर वाहन चलाने की शिक्षा ग्रहण करने वाले व्यक्तियों पर लागू नहीं होंगी। केवल जिन निर्देशों को केन्द्रीय सरकार ने विनिर्देशित किया है, वही लागू होंगे।

4. मोटर वाहन चलाने के सम्बन्ध में आयु सीमा

इसके अन्तर्गत निम्न तथ्य सम्मिलित किए गए हैं

1. 18 वर्ष से कम आयु का व्यक्ति, सार्वजनिक स्थल पर मोटर वाहन नहीं चलाएगा, परन्तु 14-11-1994 के बाद पारित हुए अधिनियम के अनुसार 16 वर्ष की आयु का व्यक्ति उस मोटर साइकिल को चला सकता है, जिसकी इंजन क्षमता 50 सी.सी. से अधिक न हो।
2. धारा 18 के प्रावधानों के अनुसार 20 वर्ष से कम आयु का व्यक्ति यातायात वाहन को सार्वजनिक स्थल पर नहीं चला सकता है।
3. इस धारा के अनुसार नए सीखने वालों के ड्राइविंग लाइसेन्स को, वाहन चलाने के लिए प्रार्थना-पत्र में, जिस श्रेणी के वाहन को चलाने की अनुमति माँगी गई हो, तब तक उस श्रेणी के वाहन चलाने से सम्बन्धित शर्तों को पूरा न करता हो, जारी नहीं किया जाएगा।

5. मोटर वाहन मालिकों को धारा 3 व 4 के उल्लंघन न करने का दायित्व

कोई मालिक या वाहन संरक्षक, किसी व्यक्ति को वाहन चलाने या वाहन चलाने के प्रयास की अनुमति प्रदान नहीं करेगा, जब तक कि वह धारा 3 या 4 के अन्तर्गत उस वाहन को चलाने का पात्र न हो।

6. ड्राइविंग लाइसेन्स रखने पर प्रतिबन्ध

इसके अन्तर्गत निम्न तथ्य सम्मिलित किए गए हैं

1. कोई भी व्यक्ति, जिसके पास अल्पावधि के लिए वैध ड्राइविंग लाइसेन्स हो, कोई अन्य ड्राइविंग लाइसेन्स नहीं रख सकता। केवल नए सीखने वाले को जारी किए प्रमाण-पत्र या धारा 18 के अधीन जारी किए ड्राइविंग लाइसेन्स या ऐसा दस्तावेज, जिसमें धारा 139 के अनुसार वाहन चालक का विशेष ब्यौरा विनिर्देशित किया हो, उसे रखने की अनुमति है।

2. कोई भी व्यक्ति अपने ड्राइविंग लाइसेन्स या लर्नर लाइसेन्स का प्रयोग अन्य व्यक्ति को करने के लिए नहीं देगा।
3. धारा 9 की उपधारा (1) के अन्तर्गत जहाँ तक ड्राइविंग लाइसेन्स जारी करने वाले प्राधिकरण का क्षेत्राधिकार है, उसमें जारी किए ड्राइविंग लाइसेन्स में जोड़े गए लिखित, सभी श्रेणी वाहनों को चलाने से नहीं रोक सकता।

7. कुछ वाहनों के लिए शिक्षार्थी लाइसेन्स दिए जाने पर प्रतिबन्ध

इसके अन्तर्गत निम्न तथ्य सम्मिलित किए गए हैं

1. किसी भी व्यक्ति का यातायात वाहन चलाने के लिए, सीखने वाला लाइसेन्स स्वीकृत नहीं किया जा सकता, जब तक कि उसके पास कम-से-कम एक वर्ष के लिए वैध ड्राइविंग लाइसेन्स न हो।
2. बिना गियर की मोटर साइकिल को चलाने हेतु 18 वर्ष से कम आयु वाले व्यक्ति को लर्निंग ड्राइविंग लाइसेन्स प्रदान करने की अनुमति नहीं है। जब तक लर्नर व्यक्ति की देख-रेख करने वाला व्यक्ति लिखित में अपनी स्वीकृत नहीं देता है।

8. लर्नर लाइसेन्स का दिया जाना

इसके अन्तर्गत निम्न तथ्य सम्मिलित किए गए हैं

1. धारा 4 के अन्तर्गत यदि किसी व्यक्ति को मोटर वाहन चलाने के लिए प्रतिबन्धित न किया गया हो, तो वह अपने क्षेत्र की लाइसेन्सिंग अथॉरिटी में धारा 7 के अधीन ड्राइविंग लाइसेन्स प्राप्त करने हेतु प्रार्थना-पत्र दे सकता है, जिसकी अधिकारिता निम्न क्षेत्रों पर है
   (i) प्राय: व्यक्ति उस स्थान पर निवास करता हो या व्यापार करता हो।
   (ii) जिन स्कूलों या संस्थानों में अध्याय-12 के अधीन ड्राइविंग की ट्रेनिंग ले रहा या ले चुका है, उस स्थान पर वह प्रार्थना-पत्र दे सकता है।
2. प्रथम शेड्यूल के उपभाग (1) में वर्णित फॉर्म 'ए' को भरकर प्रार्थना-पत्र दें। प्रार्थी के हस्ताक्षर या अँगूठे के निशान दो स्थानों पर हों तथा अन्य प्रविष्टियाँ भी भरी हों, जिन्हें केन्द्रीय सरकार ने विनिर्देशित किया है।
3. जहाँ प्रार्थना-पत्र में वैतनिक चालक के लिए यातायात वाहनों हेतु लाइसेन्सिंग अथॉरिटी को लिखित माँग हो, तो केन्द्र सरकार द्वारा विनिर्देशित फॉर्म भरकर मेडिकल प्रमाण-पत्र भी संलग्न करें, जोकि रजिस्टर्ड मेडिकल प्रैक्टिसनर द्वारा स्वीकृत एवं हस्ताक्षरित होना चाहिए। यातायात वाहन के अतिरिक्त लाइसेन्स के लिए किसी चिकित्सा प्रमाण-पत्र की आवश्यकता न हो।
4. उपधारा (3) के अन्तर्गत, विनिर्देशित चिकित्सा प्रमाण-पत्र से सिद्ध होता है कि प्रार्थी किसी बीमारी या विकलांगता से पीड़ित है, जिसके कारण उस श्रेणी का वाहन चलाने से उसे या अन्य व्यक्तियों को खतरा हो सकता है। इस स्थिति में प्रार्थी को उस श्रेणी के वाहन का लाइसेन्स जारी करने से प्राधिकरण रोक सकता है। लर्नर लाइसेन्स में कुछ वाहन चलाने की अनुमति प्रार्थी को दी जा सकती है। यदि अनुमति प्रदान करने वाला प्राधिकरण सन्तुष्ट हो कि प्रार्थी उस वाहन को चलाने के योग्य है।
5. किसी भी आवेदक को लर्नर लाइसेन्स तब तक नहीं दिया जाएगा, जब तक वह लाइसेन्स अधिकारी के निरीक्षण में सम्बन्धित परीक्षा में उत्तीर्ण नहीं हो जाता, जोकि केन्द्रीय सरकार द्वारा लागू की गई है।
6. प्रार्थी ने जिस अनुमति देय प्राधिकरण को पूर्ण भरा हुआ प्रार्थना-पत्र दिया हो तथा उपधारा (3) के अन्तर्गत शारीरिक स्वस्थता, उपधारा 5 के अधीन निर्धारित परीक्षा पास कर सन्तुष्ट किया हो, उस प्रार्थी को धारा 7 के अन्तर्गत वाहन चलाने या सीखने का लाइसेन्स प्रदान किया जा सकता है, धारा 4 के अन्तर्गत प्रार्थी को लर्नर लाइसेन्स प्रदान किया जा सकता है, जब तक कि धारा 4 के अधीन उसे वाहन चलाने के लिए योग्य घोषित न किया हो या अल्पावधि के लिए अयोग्य या वाहन ड्राइविंग लाइसेन्स प्रदान करने से अयोग्य घोषित न किया हो। यद्यपि वर्तमान स्थान के लिए प्राधिकरण सन्तुष्ट हो कि प्रार्थी की मजबूरी है कि वह उस प्राधिकरण को किन्हीं कारणों से आवेदन नहीं कर सकता जहाँ उसे वास्तव में करना चाहिए, तो यह प्राधिकरण मोटर साइकिल या हल्के मोटर वाहन चलाने के लिए नए सीखने वाले को लाइसेन्स जारी कर सकता है।
7. यदि केन्द्रीय सरकार सन्तुष्ट हो, तो वह आवश्यक होने पर उपधारा (3) या उपधारा (5) के अधीन इस कानून के अन्तर्गत पूर्ण रूप से या कुछ श्रेणी को छूट प्रदान कर सकती है।
8. इस कानून के जारी होने से गियर वाली या बिना गियर की मोटर साइकिल चलाने का लाइसेन्स जिन्हें प्रदान किया गया था, वह लाइसेन्स एक निश्चित अवधि तक वैध रहेगा।

9. ड्राइविंग लाइसेन्स का दिया जाना

इसके अन्तर्गत निम्न तथ्य सम्मिलित किए गए हैं

1. जब किसी व्यक्ति को ड्राइविंग लाइसेन्स लेने या रखने के योग्य न माना गया हो, तो वह अपने क्षेत्र के परिवहन प्राधिकरण में प्रार्थना-पत्र दे सकता है। वह निम्न स्थानों पर प्रार्थना-पत्र दे सकता है
   (i) जहाँ पर सामान्यत: रहता है या व्यापार करता है।
   (ii) जिन पाठशालाओं या धारा 12 में वर्णित प्रतिष्ठानों में, वाहन चलाना सीख रहा हो या सीख चुका हो।
2. उपधारा (1) के अधीन प्रत्येक आवेदन ऐसे प्रारूप में होगा और उसके साथ ऐसी फीस एवं ऐसे दस्तावेज होंगे, जो केन्द्रीय सरकार द्वारा विहित किए जाएँ। निम्न स्थितियों में परीक्षा की आवश्यकता नहीं है
   (i) जिस श्रेणी के ड्राइविंग लाइसेन्स हेतु प्रार्थना-पत्र दिया है, पिछले ड्राइविंग लाइसेन्स में भी वही वाहन श्रेणी थी तथा उसकी वैधता समाप्त होने की तिथि से प्रार्थना-पत्र देने की तिथि तक 5 वर्ष से अधिक समय न हुआ हो।
   (ii) धारा 18 के अनुसार उसके पास पहले लाइसेन्स था या वर्तमान में है।
   (iii) भारत के बाहर किसी सक्षम अधिकृत प्राधिकरण ने धारा 8 की उपधारा (3) के प्रावधानों के अनुसार लाइसेन्स जारी किया हो।

3. धारा 12 के अन्तर्गत परिवहन, वाहन ड्राइवर का लाइसेन्स प्रार्थी को प्रदान नहीं किया जाएगा, यदि उसकी योग्यताएँ धारा प्रावधानों को पूरा न करती हों।
4. यदि परीक्षा पास न कर सके, तो वह प्रत्येक 7 दिन के पश्चात् कुल 3 बार परीक्षा दे सकता है। यदि इनमें भी असफल रहे, तो 60 दिन बाद फिर परीक्षा होगी।
5. जिसने गियर सहित मोटर साइकिल परीक्षा पास की हो, तो उसे बिना गियर के लिए भी उत्तीर्ण माना जाता है।
6. यदि प्राधिकरण सन्तुष्ट हो, तो मोटर साइकिल या हल्के मोटर वाहन के लिए लाइसेन्स जारी किया जा सकता है।
7. प्रार्थी की प्रार्थना सुनने के बाद पाया जाए कि
   (i) वह शराब पीता है। (ii) नारकोटिक ड्रग्स लेता है।
   (iii) उसका पूर्व लाइसेन्स उल्लंघित हो चुका है, तो निर्णय आदेशों को लिखित रूप में प्रार्थी आदेश प्रति प्राप्त करने के लिए 30 दिन में अपील कर सकता है।
8. पूर्व जारी मोटर साइकिल चलाने वाले लाइसेन्स (गियर सहित या बिना गियर) की सीमावधि तक वैधता रहेगी।

10. ड्राइविंग लाइसेन्स के फॉर्म तथा विषय सूची

इसके अन्तर्गत निम्न तथ्यों को सम्मिलित किया गया है

1. धारा 18 के अन्तर्गत जारी ड्राइविंग लाइसेन्स को छोड़कर लर्नर या वाहन ड्राइविंग लाइसेन्स के लिए केन्द्रीय सरकार द्वारा विनिर्देशित फॉर्म और उसमें माँगी गई जानकारी भरना आवश्यक है।
2. नए सीखने वालों या अन्य की स्थिति में प्रमाण-पत्र पर वह निम्न में से एक या अधिक श्रेणियों के वाहनों को चलाने के लिए योग्य है
   (i) मोटर साइकिल (बिना गियर वाली)
   (ii) मोटर साइकिल (गियर सहित)
   (iii) अमान्य कैरिएज
   (iv) हल्का मोटर वाहन
   (v) यातायात वाहन
   (vi) रोड रोलर
   (vii) विशेष विवरण का मोटर वाहन

11. ड्राइविंग लाइसेन्स में परिवर्तन

इसके अन्तर्गत निम्न तथ्यों को सम्मिलित किया गया है

1. यदि वैध वाहन चालन प्रमाण-पत्र रखने वाले को अयोग्य घोषित न किया हो, तो वह अन्य प्रकार के वाहनों को चलाने के लिए आवेदन कर सकता है, जिसके लिए उसे अतिरिक्त फीस जमा करानी होगी।
2. धारा 9 के प्रावधान के अनुसार जिसने प्रार्थना-पत्र दिया हो, वह भी अन्य श्रेणी वाहनों को लाइसेन्स में जुड़वा सकता है।

12. मोटर वाहनों को चलाने की शिक्षा देने हेतु विद्यालयों या संस्थानों का लाइसेन्स और विनियम

केन्द्रीय सरकार, मोटर वाहनों को चलाने एवं उनसे सम्बन्धित विषयों में शिक्षा देने के लिए विद्यालयों या अन्य सम्बन्धी संस्थान के राज्य सरकारों द्वारा लाइसेन्स व रेगुलेटिंग (regulating) के प्रयोजन के लिए नियम बना सकेगी।

13. वाहनों को चलाने हेतु लाइसेन्स के प्रभावी होने का विस्तार

इन नियम के अधीन दिया गया लाइसेन्स सम्पूर्ण भारत में प्रभावी है।

14. वाहनों को चलाने हेतु लाइसेन्स की समय-सीमा

इसके अन्तर्गत निम्न तथ्यों को सम्मिलित किया गया है

1. लर्नर लाइसेन्स जारी होने की तिथि से 6 महीने तक वैध है।
2. इस नियम के अनुसार जारी या नवीनीकृत किया आज्ञा-पत्र
   (i) परिवहन वाहन के सन्दर्भ में 3 वर्ष तक वैध, परन्तु खतरनाक सामग्री ढोने वालों के लिए एक वर्ष तक वैध है। पुन: नवीनीकरण कराने के लिए चालक को एक दिन का रिफ्रैशर कोर्स (विनिर्देशित पाठ्यक्रम को पूरा करने के पश्चात्) करने के बाद नवीनीकरण कराना होगा।
   (ii) अन्य स्थितियों में यदि आज्ञा-पत्र प्राप्त करने वाला व्यक्ति, मौलिक या नवीनीकृत आज्ञा-पत्र जारी होने की तिथि तक 50 वर्ष की आयु से कम हो, इसके लिए जारी या नवीनीकृत तिथि से 20 वर्ष तक या जब वह 50 वर्ष पूर्ण करता है, इन दोनों में से जो भी पहले हो, के पश्चात् फीस जमा कराकर 5 वर्ष के लिए वैधता प्राप्त कर सकता है। शर्त यह है कि समाप्ति की अन्तिम तिथि के 30 दिन तक इस उपधारा के अनुसार इसकी वैधता रहेगी।

15. ड्राइविंग लाइसेन्स का नवीनीकरण

इसके अन्तर्गत निम्न तथ्यों को सम्मिलित किया गया है

1. किसी भी परिवहन प्राधिकरण को ड्राइविंग लाइसेन्स के नवीनीकरण का अधिकार है, परन्तु 30 दिन के पश्चात् प्रार्थना-पत्र में इसके नवीनीकरण की तिथि दर्ज की जाएगी। यद्यपि परिवहन वाहन का ड्राइवर ड्राइविंग लाइसेन्स के सन्दर्भ में 40 वर्ष का हो चुका हो, तो उसे चिकित्सा प्रमाण-पत्र भी फॉर्म के साथ संलग्न करना होगा, जोकि धारा 8 की उपधारा (3) तथा (4) के प्रावधानों के अनुरूप हो।
2. केन्द्र सरकार द्वारा विनिर्देशित फॉर्म एवं दस्तावेजों को ड्राइविंग लाइसेन्स के लिए लगाना अनिवार्य है। ये दस्तावेज निम्न हैं
   (i) फॉर्म नम्बर 9
   (ii) फॉर्म नम्बर 1 (ब्लड ग्रुप सहित एम.बी.बी.एस. डॉक्टर से चिकित्सा प्रमाण-पत्र)
   (iii) पहचान प्रमाण-पत्र; जैसे—
   - आधार कार्ड
   - वोटर आई.डी. कार्ड
   - वैध पासपोर्ट

- 6 महीने पहले की जीवन बीमा पॉलिसी (आखिरी रसीद सहित)
- पहचान-पत्र सहित नियोक्ता का अधिकृत प्रमाण-पत्र (केन्द्रीय या राज्य कर्मचारी है, तो पहचान-पत्र)
- यदि उपरोक्त में से कोई दस्तावेज उपलब्ध न हो, तो एफिडेविट सहित राशन कार्ड प्रति
- फॉर्म पर दो फोटो

3. ड्राइविंग लाइसेन्स की वैधता समाप्ति की तिथि से पूर्व या 30 दिनों तक (केन्द्रीय सरकार द्वारा) लाइसेन्स के नवीनीकरण की फीस केन्द्रीय सरकार द्वारा ली जाएगी।
4. 30 दिनों से अधिक होने पर फीस भी भरनी होगी तथा कारण भी बताना होगा, बाद में प्राधिकरण के सन्तुष्ट होने पर ही धारा 3 की अवधि सीमा के अनुसार नवीनीकरण किया जाएगा।
5. नवीनीकरण न किए जाने की स्थिति में केन्द्र सरकार द्वारा विनिर्देशित जमा फीस वापस कर दी जाएगी।
6. यदि यह प्राधिकरण नवीनीकरण वाला नहीं है, तो इसे नवीनीकरण सम्बन्धी सम्पूर्ण तथ्य जारी करने वाले प्राधिकरण को बताने होंगे।

16. बीमारी या अपंगता के आधार पर ड्राइविंग लाइसेन्स को खण्डित करना

वाहन ड्राइवर आज्ञा-पत्र जारी करने वाले या सम्बन्धित लाइसेन्स प्राधिकारी के पास यह विश्वास करने का अनुचित अधिकार है कि किसी ड्राइविंग लाइसेन्स का कोई धारक किसी रोग या अपंगता के कारण वाहन चलाने के अयोग्य है, तो वह प्राधिकारी किसी भी समय उस ड्राइविंग लाइसेन्स को प्रतिबन्ध कर सकता है। ऐसा होने पर धारा 8 की उपधारा (3) के अनुसार पुनः चिकित्सा प्रमाण-पत्र माँगा जा सकता है।

17. ड्राइविंग लाइसेन्स को खण्डित करने या वापस लेने के आदेशों के विपरीत अपील करना

इसके अन्तर्गत निम्न तथ्यों को सम्मिलित किया गया है

1. यदि कोई लाइसेन्स प्राधिकारी किसी भी व्यक्ति के ड्राइविंग लाइसेन्स को रद्द करता है, तो उस व्यक्ति को लिखित में लाइसेन्स रद्द करने का कारण बताया जाएगा।
2. उपधारा (1) के अनुसार जिस व्यक्ति का ड्राइविंग लाइसेन्स रद्द किया गया हो, वह व्यक्ति 30 दिन में उच्च अधिकार प्राप्त प्राधिकरण में सुनवाई के लिए प्रार्थना-पत्र दे सकता है, जहाँ रद्द करने वाले प्राधिकरण को भी पक्ष रखने का अवसर मिलेगा और सुनवाई के बाद का निर्णय दोनों पर बाध्य होगा।

18. केन्द्रीय सरकार द्वारा मोटर वाहनों को चलाने हेतु ड्राइविंग लाइसेन्स

इसके अन्तर्गत निम्न तथ्यों को सम्मिलित किया गया है

1. सम्पूर्ण भारत में केन्द्रीय सरकार की सम्पत्ति वाले वाहनों; जैसे—रक्षा मन्त्रालय के लिए, व्यावसायिक प्रतिष्ठानों को छोड़कर 18 वर्ष से अधिक आयु के व्यक्तियों के वाहन ड्राइवर आज्ञा-पत्र पर प्रदान किए जा सकते हैं।
2. ऐसे आज्ञा-पत्रों में वाहन श्रेणी की विशिष्टता व अवधि लिखी होगी।
3. ऐसे आज्ञा-पत्रों के अनुसार केवल उपधारा (1) के वाहन ही चलाए जा सकते हैं।
4. राज्य सरकार आवश्यकता होने पर किसी व्यक्ति के सम्बन्ध में केन्द्र सरकार से सूचना माँग सकती है।

19. लाइसेन्स प्राधिकारी की ड्राइविंग लाइसेन्स धारण करने के अयोग्य घोषित करने या उसे निरस्त करने की शक्ति

20. अयोग्य घोषित करने हेतु न्यायालय की शक्तियाँ

इसके अन्तर्गत निम्न तथ्यों को सम्मिलित किया गया है

1. ऐसे अपराध, जो धारा 183 के अन्तर्गत आते हों।
2. धारा 132 या 134 की उपधारा (1) के अनुसार दोषी माने जाने पर व्यक्ति को एक महीने तथा धारा 185 में 6 महीने तक (न्यूनतम) अयोग्य माने जाने की सजा है।
3. यदि न्यायालय हेतु कोई विशेष कारण लिखने के लिए नहीं हो, तो
   (i) धारा 184 के उल्लंघन करने पर 5 वर्ष या
   (ii) धारा 189 के उल्लंघन करने पर 2 वर्ष या
   (iii) धारा 192 के उल्लंघन करने पर 1 वर्ष तक न्यायालय व्यक्ति को लाइसेन्स प्राप्त करने के अयोग्य घोषित कर सकता है।

21. कुछ स्थितियों में ड्राइविंग लाइसेन्स निरस्त करना

इसके अन्तर्गत निम्न तथ्यों को सम्मिलित किया गया है

1. धारा 184 की अवहेलना करके वाहन चलाने पर, एक या अधिक व्यक्ति घायल किए या मारे हो, पर किसी व्यक्ति द्वारा पहले भी सजा काटी गई हो, तो उस वाहन श्रेणी का ड्राइविंग लाइसेन्स रद्द कर दिया जाएगा।
2. उपधारा (1) के न मानने पर ड्राइविंग लाइसेन्स निलम्बित किया गया हो, तो पुलिस ऑफिसर द्वारा क्षेत्राधिकार वाला न्यायालय, लाइसेन्स पर निलम्बन दर्ज करके, अन्तिम नवीनीकरण करने वाले प्राधिकरण को सूचित करेगा।
3. यदि उपधारा (1) के मानने से छूट मिल गई है, तब भी न्यायाधिकारी निलम्बन किए गए लाइसेन्स को निरस्त कर सकता है।
4. जिस श्रेणी के वाहन चलाने को निलम्बित किया हो, तो चालक को उस श्रेणी का लाइसेन्स रखने या पुनः उस अवधि में लेने की अनुमति नहीं है।

22. दोषसिद्धि पर ड्राइविंग लाइसेन्स को निरस्त करना

इसके अन्तर्गत निम्न तथ्यों को सम्मिलित किया गया है

1. धारा 20 की उपधारा (3) के बिना पक्षपात किए धारा 21 की उपधारा (1) के अनुसार खतरनाक विधि से वाहन चलाने की सजा मिल सकती है, जिसे धारा 184 में वर्णित किया गया है। न्यायालय उस श्रेणी के वाहन चलाने वाले का लाइसेन्स निरस्त या निलम्बित कर सकता है।

2. यदि धारा 20 की उपधारा (2) के बिना पक्षपात किए व्यक्ति को पुन: धारा 185 के अन्तर्गत जुर्म करने की सजा दी गई हो, तो वाहन का ड्राइविंग लाइसेन्स रद्द या निलम्बित कर दिया जाएगा।
3. रद्द या निलम्बन अवधि के पश्चात् पुन: धारा 9 की उपधारा (3) तथा धारा 8 की उपधारा (3) के अनुसार नए सिरे से चिकित्सा प्रमाण-पत्र देना होगा तथा वाहन चालक परीक्षा पास करनी होगी।
4. निलम्बन अवधि तक वह व्यक्ति उस वाहन श्रेणी का लाइसेन्स नहीं रख सकता है।

23. अयोग्य घोषित होने के आदेश का प्रभाव

इसके अन्तर्गत निम्न तथ्यों को सम्मिलित किया गया है

1. धारा 19 या 20 की अवज्ञा पर आदेशित अवधि तक, अयोग्यता के कारण, ड्राइविंग लाइसेन्स या किसी भी प्रकार के अनुमति-पत्र को निरस्त करने पर, ऐसे व्यक्ति को किसी भी प्रकार का लाइसेन्स रखने की अनुमति नहीं है।
2. यदि न्यायालय में प्रार्थी की याचिका पर सुनवाई नहीं होती है, तो धारा 20 के अनुसार अयोग्यता घोषित करने का आदेश निलम्बित या स्थगित किया जाएगा।
3. जिस व्यक्ति को अयोग्य घोषित किया जा चुका हो उसके 6 महीने बाद वह न्यायालय या प्राधिकरण में अयोग्यता को समाप्त करने की प्रार्थना कर सकता है। यदि न्यायालय या प्राधिकरण उसकी प्रार्थना स्वीकर न करे, तो 6 महीने बाद वह पुन: प्रार्थना कर सकता है।

24. पृष्ठांकन

इसके अन्तर्गत निम्न तथ्यों को सम्मिलित किया गया है

1. वह न्यायालय अथवा प्राधिकारी, जिसने अयोग्यता घोषित की थी, अयोग्यता का सम्पूर्ण विवरण उस लाइसेन्स पर पृष्ठांकित करेगा अथवा करवाएगा तथा धारा 23 की उपधारा (3) के अधीन अयोग्यता घोषित करने के आदेश को रद्द करने अथवा उसमें परिवर्तन करने का विवरण भी उसी प्रकार पृष्ठांकित किया जाएगा।
2. जिस न्यायालय ने किसी व्यक्ति को इस नियम के अधीन किसी ऐसे अपराध के लिए दोषसिद्ध किया है, जो केन्द्र सरकार द्वारा इस नियम के उद्देश्यों को ध्यान में रखते हुए विहित किया जाए, तो ऐसी दोषसिद्धि का विवरण न्यायालय, ड्राइविंग लाइसेन्स पर पृष्ठांकित करेगा अथवा कराएगा।
3. उपधारा (2) के अनुसार यदि किसी दोषी व्यक्ति के पास ड्राइविंग लाइसेन्स हो, तो सुनवाई के समय उसे अपने लाइसेन्स को अपने साथ लाना होगा।
4. इस नियम के अधीन यदि किसी व्यक्ति को 3 महीने से अधिक अवधि के लिए कैद की सजा से दण्डित किया जाता है, तो दण्ड का आदेश देने वाला न्यायालय उस व्यक्ति के लाइसेन्स पर ऐसे दण्ड के आदेश को पृष्ठांकित करेगा तथा पृष्ठांकन की पूर्ण सूचनाएँ उस प्राधिकरण को भी भेजेगा, जिसने अन्तिम बार लाइसेन्स का नवीनीकरण किया था।
5. इस नियमानुसार न्यायालय पृष्ठांकन की सूचनाएँ प्राधिकरण को देगा, जिसने अन्तिम बार लाइसेन्स का नवीनीकरण किया था।
6. यदि याचिका की सुनवाई करने वाला न्यायालय व्यक्ति को निलम्बन आदेशों से मुक्त कर देता है, तो पुन: पहले आदेश को रद्द करके नए आदेश लाइसेन्स पर अन्तिम नवीनीकरण प्राधिकरण द्वारा लिखे जाएँगे।

25. पृष्ठांकन हस्तान्तरित करना तथा बिना पृष्ठांकन किए लाइसेन्स को जारी करना

इसके अन्तर्गत निम्न तथ्य सम्मिलित किए गए हैं

1. किसी ड्राइविंग लाइसेन्स पर किए गए पृष्ठांकन को उसके धारक द्वारा प्राप्त ड्राइविंग लाइसेन्स की किसी नई या दूसरी प्रति पर तब तक अंकित किया जाएगा, जब तक कि धारक इस धारा के उपबन्धों के अधीन पृष्ठांकन रहित ड्राइविंग लाइसेन्स दिए जाने के योग्य नहीं हो जाता है।
2. यदि लाइसेन्स पर पृष्ठांकन किया जाए और वह लाइसेन्स उस न्यायालय या प्राधिकारी के पास नहीं है, जिसके द्वारा पृष्ठांकन किया जाना है, तो
   (i) वह व्यक्ति, जिसके लाइसेन्स पर पृष्ठांकन किया जाना है, उस समय किसी लाइसेन्स का धारक है, तो उसे अपने लाइसेन्स को लगभग पाँच दिन के अन्दर न्यायालय या प्राधिकारी के समक्ष प्रस्तुत करना होगा।
   (ii) वह व्यक्ति यदि उस समय लाइसेन्स का धारक नहीं है, किन्तु वह उसके पश्चात् लाइसेन्स प्राप्त करता है, तो पाँच दिन के अन्दर ड्राइविंग लाइसेन्स को न्यायालय या प्राधिकारी के समक्ष प्रस्तुत करना होगा।
3. यदि किसी व्यक्ति के लाइसेन्स पर पृष्ठांकन किया गया है तथा इस पृष्ठांकन के पश्चात् 3 वर्ष तक उसके विरुद्ध किसी अतिरिक्त पृष्ठांकन का आदेश नहीं दिया गया है, तो वह अपने लाइसेन्स को देकर तथा पाँच सौ रुपये फीस देकर, नया लाइसेन्स पृष्ठांकन रहित प्राप्त कर सकता है, परन्तु यदि धारा 112 में निर्दिष्ट गति सीमा का उल्लंघन करने हेतु पृष्ठांकन किया गया हो, तो वह व्यक्ति पृष्ठांकन किए जाने की तिथि से 1 वर्ष की समाप्ति तक पृष्ठांकन रहित लाइसेन्स प्राप्त कर सकता है अथवा 1 वर्ष की अवधि के पश्चात् ही वह पृष्ठांकन रहित लाइसेन्स प्राप्त कर सकता है।

26. ड्राइविंग लाइसेन्स के राज्य रजिस्टर का रख-रखाव

इसके अन्तर्गत निम्न तथ्य सम्मिलित किए गए हैं

1. प्रत्येक राज्य सरकार, केन्द्र सरकार द्वारा निर्धारित और राज्य सरकार के प्राधिकारियों द्वारा दिए गए व नवीनीकृत किए गए लाइसेन्सों हेतु एक रजिस्टर रखेगी तथा उस रजिस्टर में निम्नलिखित विशिष्टियाँ होंगी
   (i) लाइसेन्स धारकों के नाम व पते।
   (ii) लाइसेन्स नम्बर।
   (iii) लाइसेन्स को जारी करने या नवीनीकरण करने की तिथि।
   (iv) लाइसेन्सों की वैधता की समाप्ति की तिथि।

(v) वाहनों के वर्ग तथा प्रकार, जो सड़कों पर चलाए जाने हेतु प्राधिकृत किए गए हैं।

(vi) ऐसी अन्य विशिष्टियाँ, जो केन्द्रीय सरकार द्वारा विहित हों।

2. प्रत्येक राज्य सरकार लाइसेन्स के राज्य रजिस्टर की मुद्रित प्रति या ऐसे अन्य प्रारूप में प्रति, जिसे केन्द्रीय सरकार विहित करती हो, केन्द्र सरकार को प्रदान करेगी तथा ऐसे रजिस्टर में समय-समय पर किए गए परिवर्तनों व संशोधनों के विषय में केन्द्र सरकार को सूचित करेगी।
3. लाइसेन्स का राज्य रजिस्टर ऐसी रीति में रखा जाएगा, जो राज्य सरकार द्वारा विहित की जाए।

27. केन्द्र सरकार की नियम बनाने की शक्ति

केन्द्र सरकार निम्न नियम बना सकती है

1. धारा 3 की उपधारा (2) में निर्दिष्ट शर्तें।
2. जिस प्रारूप में लर्नर लाइसेन्स हेतु आवेदन किया जा सकेगा, उस जानकारी तथा दस्तावेज, जो धारा 8 की उपधारा (2) में निर्दिष्ट आवेदन के साथ प्रस्तुत किए जाएँगे इत्यादि का उपबन्ध करना।
3. धारा 8 की उपधारा (3) में निर्दिष्ट चिकित्सा प्रमाण-पत्र के प्रारूप का उपबन्ध करना।
4. धारा 8 की उपधारा (5) में निर्दिष्ट परीक्षण हेतु विशिष्टियों का उपबन्ध करना।
5. उस प्रारूप का उपबन्ध करना, जिसमें लाइसेन्स हेतु आवेदन किया जा सकेगा। धारा 9 की उपधारा (2) में निर्दिष्ट आवेदन के साथ प्रस्तुत जानकारी तथा दस्तावेज का उपबन्ध करना।
6. धारा 9 की उपधारा (3) में निर्दिष्ट ड्राइवर सक्षमता परीक्षण हेतु विशिष्टियों का उपबन्ध करना।
7. धारा 10 की उपधारा (1) में निर्दिष्ट लाइसेन्सों के प्रारूप और विषय सूची का उपबन्ध करना।
8. धारा 11 की उपधारा (1) में निर्दिष्ट आवेदन के प्रारूप, विषय-सूची तथा आवेदन के साथ प्रस्तुत किए जाने वाले दस्तावेजों एवं जमा की जाने वाली फीस का उपबन्ध करना।
9. ऐसी शर्तों का उपबन्ध करना, जिनसे धारा 11 के अधीन किए गए आवेदन पर धारा 9 लागू होगी।
10. धारा 15 की उपधारा (1) में निर्दिष्ट आवेदन के प्रारूप तथा विषय-सूची व धारा 15 की उपधारा (2) के अधीन आवेदन के साथ लगाए जाने वाले दस्तावेजों का उपबन्ध करना।
11. धारा 18 की उपधारा (1) के अधीन लाइसेन्स देने हेतु प्राधिकारी का उपबन्ध करना।
12. धारा 8 की उपधारा (2), धारा 9 की उपधारा (2) और धारा 15 की उपधारा (3) व उपधारा (4) के अधीन लर्नर लाइसेन्स तथा ड्राइविंग लाइसेन्स के दिए जाने व नवीनीकरण करने के लिए फीस विनिर्दिष्ट करना।
13. धारा 19 की उपधारा (7) के खण्ड (6) के प्रयोजनों के लिए कार्य विनिर्दिष्ट करना।
14. धारा 24 की उपधारा (2) के प्रयोजनों के लिए इस नियम के अधीन अपराधों को विनिर्दिष्ट करना।
15. धारा 26 की उपधारा (1) में निर्दिष्ट कुछ अथवा सभी विषयों का उपबन्ध करना।
16. कोई अन्य विषय, जोकि केन्द्र सरकार द्वारा विहित किया जाएगा अथवा किया गया है।

28. राज्य सरकार की नियम बनाने की शक्ति

इसके अन्तर्गत निम्न तथ्यों को सम्मिलित किया गया है

1. राज्य सरकार धारा 27 में निर्दिष्ट विषयों के अतिरिक्त इस अध्याय के उपबन्धों को क्रियान्वित करने हेतु नियम बना सकती है।
2. राज्य सरकार निम्न तथ्यों हेतु नियम बना सकती है

(i) लाइसेन्स प्राधिकारियों व अन्य प्राधिकारियों की नियुक्ति, अधिकारिता, नियन्त्रण तथा कार्य हेतु।

(ii) इस अध्याय के अधीन की जाने वाली अपीलों का संचालन व सुनवाई तथा ऐसी अपीलों हेतु दी जाने वाली फीसें और उन फीसों का वापस दिया जाना (यह फीस ₹ 25 से अधिक नहीं होगी)।

(iii) ऐसे लाइसेन्स, जो कट-फट गए हों या खो गए हों इत्यादि के बदले नए लाइसेन्सों का दिया जाना तथा पुरानी पड़ गई फोटो के बदले नई फोटो रखना तथा उसके लिए निर्धारित की जाने वाली फीस।

(iv) धारा 8 की उपधारा (3) के अधीन कोई चिकित्सा प्रमाण-पत्र देने हेतु निर्धारित की जाने वाली फीस।

(v) इस अध्याय के अधीन देय सभी फीसों व उनके किसी भाग को देने के अधीन व्यक्तियों या कुछ वर्ग के व्यक्तियों को दी जाने वाली छूट।

(vi) किसी लाइसेन्स प्राधिकारी द्वारा दिए गए लाइसेन्स की विशिष्टियों की अन्य लाइसेन्स प्राधिकारियों को सूचना।

(vii) उन व्यक्तियों के कर्त्तव्य, क्रिया तथा आचरण, जिन्हें परिवहन वाहन चलाने हेतु लाइसेन्स दिया गया है।

(viii) रोड रोलरों के ड्राइवरों को इस अध्याय के अधीन बनाए गए कुछ अथवा सभी उपबन्धों से छूट।

(ix) वह रीति, जिसमें लाइसेन्स के राज्य रजिस्टर, धारा 26 के अधीन रखे जाएँगे।

(x) कोई अन्य विषय, जो विहित किया जाना हो अथवा किया जाए।

अध्याय-3

मंजिले वाहनों के कण्डक्टरों का लाइसेन्स
Licensing of Conductors of Stage Carriage

इस अध्याय के अन्तर्गत निम्न धाराओं को सम्मिलित किया गया है

29. कण्डक्टर को लाइसेन्स की आवश्यकता

इसके अन्तर्गत निम्न तथ्यों को सम्मिलित किया गया है

1. कण्डक्टर को लाइसेन्स की आवश्यकता इसलिए होती है, क्योंकि मंजिले वाहनों में कण्डक्टर के रूप में कार्य करने के लिए उसी व्यक्ति को अनुमति दी जाती है, जिसके पास प्रभावी कण्डक्टर का लाइसेन्स हो। यदि किसी व्यक्ति के पास मंजिले वाहनों का लाइसेन्स नहीं है, तो उस व्यक्ति को कण्डक्टर के रूप में कार्य करने के लिए अनुमति नहीं दी जाती है।
2. राज्य सरकार ऐसे प्रतिबन्ध लगा सकती है, जिस पर उपधारा (1) लागू न हो, किसी मंजिले वाहन के ऐसे ड्राइवर को, जो कण्डक्टर के द्वारा किए गए कार्यों का पालन करता हो या कोई ऐसा व्यक्ति भी नियुक्त किया जा सकता है, लेकिन केवल एक माह के लिए।

30. कण्डक्टर लाइसेन्स का अनुदान

इसके अन्तर्गत निम्न तथ्यों को सम्मिलित किया गया है

1. ऐसा व्यक्ति, जिसके पास न्यूनतम शैक्षिक योग्यताएँ हैं और उसे राज्य सरकार द्वारा विहित (prescribed) किया जाए एवं जो धारा 31 की उपधारा (1) के अधीन अनुत्तीर्ण नहीं है, वह व्यक्ति कण्डक्टर लाइसेन्स प्राप्त करने के लिए योग्य है।

   कण्डण्टर लाइसेन्स प्राप्त करने के लिए वह लाइसेन्स अधिकारी को आवेदन कर सकेगा, जिसकी अधिकारिता ऐसे क्षेत्र पर है, जिसमें वह मामूली तौर पर निवास करता है या कारोबार चलाता है।
2. उपधारा (1) के अधीन प्रत्येक व्यक्ति का आवेदन ऐसे प्रारूप में होगा, जिसकी जानकारी आवेदन को दी जाएगी, जिससे कि आवेदन प्रक्रिया विहित की जाए।
3. कण्डक्टर लाइसेन्स के लिए प्रत्येक आवेदन के साथ ऐसे प्रारूप; जैसे—रजिस्ट्रीकृत चिकित्सा व्यवसायी द्वारा प्रमाणित (हस्ताक्षरित) चिकित्सा प्रमाण-पत्र तथा उसके साथ आवेदन की दो नई फोटोकॉपियाँ आदि संलग्न की जाएँ।
4. प्रस्तुत अध्याय के अधीन दिए जाने वाले कण्डक्टर लाइसेन्स ऐसे प्रारूप में होंगे, जो पूरे राज्य में लागू होंगे।
5. कण्डक्टर लाइसेन्स को रिन्यू कराने के लिए फीस, ड्राइविंग लाइसेन्स की फीस की आधी होगी।

31. कण्डक्टर लाइसेन्स को दिए जाने के लिए निर्हताएँ

इसके अन्तर्गत निम्न तथ्यों को सम्मिलित किया गया है

1. ऐसा व्यक्ति, जिसकी आयु 18 वर्ष से कम है, वह कण्डक्टर लाइसेन्स के योग्य नहीं है अर्थात् उसे राज्य सरकार द्वारा अनुमति नहीं दी जा सकती है।
2. निम्न शर्तों के कारण लाइसेन्स प्राधिकारी, कण्डक्टर लाइसेन्स देने से मना कर सकता है—
   (i) यदि आवेदक के पास न्यूनतम शैक्षिक योग्यताएँ नहीं हैं।
   (ii) यदि आवेदक के द्वारा दिए गए चिकित्सा प्रमाण-पत्र में वह पूर्ण रूप से अस्वस्थ है, तो उसे लाइसेन्स नहीं दिया जा सकता है।
   (iii) यदि आवेदक द्वारा धारित पहले का कोई कण्डक्टर लाइसेन्स निरस्त (revoked) किया गया था।

32. कण्डक्टर लाइसेन्स का रोग या निःशक्तता के आधारों पर प्रतिसंहरण

लाइसेन्स प्राधिकारी के पास इतनी अथॉरिटी होती है कि यदि कोई व्यक्ति किसी रोग या नि:शक्तता से ग्रस्त है या लाइसेन्स धारण करने के लिए स्थायी रूप से अयोग्य हो जाने की सम्भावना है, तो वह किसी भी समय लाइसेन्स को रद्द कर सकता है।

यदि रद्द करने वाला प्राधिकारी, वह प्राधिकारी नहीं है, जिसने कण्डक्टर को लाइसेन्स जारी किया था, तब वह कण्डक्टर लाइसेन्स देने वाले अधिकारी को सूचना दे सकता है, परन्तु किसी लाइसेन्स को प्राप्त करने वाले व्यक्ति को सुनवाई का अवसर प्रदान करता है।

33. कण्डक्टर लाइसेन्स को इनकार आदि करने वाले आदेश तथा अपील

इसके अन्तर्गत निम्न तथ्यों को सम्मिलित किया गया है

1. जब लाइसेन्स प्राधिकारी कण्डक्टर लाइसेन्स देने या उसको रिन्यू करने से मना करता है या उसे रद्द करता है, तब उसकी सूचना आवेदक को लिखित में दी जाएगी।
2. उपधारा (1) के अधीन दी गई सूचना को जारी होने के तीस दिन के अन्दर लाइसेन्स प्राधिकारी को अपील कर सकता है, जिसने आदेश (सूचना) दिया है। सुनवाई का अवसर देने के पश्चात् अपील का विनिश्चय करेगा और अपील प्राधिकारी का विनिश्चय, उस प्राधिकारी पर आबद्धकर (binding) होगा, जिसने वह आदेश दिया था।

34. लाइसेन्स प्राधिकारी की अयोग्य ठहराने की शक्ति

इसके अन्तर्गत निम्न तथ्यों को सम्मिलित किया गया है

1. यदि लाइसेन्स प्राधिकारी यह मानता है कि व्यक्ति का पिछला चाल-चलन सही नहीं था, तो वह इस व्यक्ति को लाइसेन्स रखने या लेने से मना कर सकता है। रद्द करने के आदेशों में अधिकतम एक वर्ष तक उसे लाइसेन्स रखने या लेने की आज्ञा नहीं होगी, लेकिन उसे सुनवाई का एक मौका दिया जाएगा।
2. रद्द आदेश होने के बाद व्यक्ति को प्राधिकरण में लाइसेन्स जमा करवाना होगा।
3. वर्तमान आदेश जारीकर्ता को मूल प्राधिकरण में भी जानकारी देनी होगी।
4. नियम 38 की धारा 2 का अवलोकन करें।

35. न्यायालय को अयोग्य घोषित करने की शक्ति

इसके अन्तर्गत निम्न तथ्यों को सम्मिलित किया गया है

1. इस नियम के अनुसार, जब लाइसेन्स को प्राप्त करने वाला व्यक्ति, इस अधिनियम के अधीन किसी अपराध के लिए दोषी सिद्ध किया गया है, तो इसकी सजा न्यायालय के द्वारा बढ़ाई भी जा सकती है तथा निश्चित अवधि के लिए लाइसेन्स लेने से वंचित भी किया जा सकता है।
2. वह न्यायालय, जिसके अधीन अपराध करने वाले व्यक्ति को दोषी ठहराए जाने की अपील की जाती है। उच्च न्यायालय निचले न्यायालय द्वारा दिए गए आदेश को रद्द तथा उसमें परिवर्तन तभी करता है, जब दोषी व्यक्ति के खिलाफ कोई अपील नहीं की जाती है।

36. कण्डक्टर लाइसेन्स पर लागू करने के लिए अध्याय 2 के कुछ प्रावधान

वाहन ड्राइवर अनुमति-पत्र के समान ही धारा 6 की उपधारा (2), धारा 14, धारा 15, धारा 23, धारा 24 तथा धारा 25 की उपधारा (1), कण्डक्टर लाइसेन्स पर भी लागू होती है।

37. सेविंग

मंजिले वाहनों में कण्डक्टर के रूप में कार्य करने के लिए लाइसेन्स को किसी भी राज्य में दिया जा सकता है। यदि इस कानून के लागू होने से पहले किसी व्यक्ति को कण्डक्टर लाइसेन्स जारी किया गया है, तो वह लाइसेन्स कुछ समय के लिए ही मान्य होगा।

38. राज्य सरकार की नियम बनाने की शक्तियाँ

राज्य सरकार के द्वारा नियम बनाने की शक्तियाँ निम्न प्रकार हैं

1. राज्य सरकार प्रस्तुत अध्याय के उपबन्धों को कार्य में लाने के लिए एवं प्रयोजन के लिए नियम बना सकती है।
2. पूर्वगामी शक्ति की व्यापकता पर प्रतिकूल प्रभाव डाले बिना, ऐसे नियमों में निम्न के लिए उपबन्ध हो सकेगा
   (i) इस अध्याय के अधीन लाइसेन्स प्राधिकारी एवं अन्य विहित प्राधिकारियों की नियुक्ति, अधिकारिता, नियन्त्रण तथा विभिन्न कार्य किए जाते हैं।
   (ii) राज्य सरकार की शर्तों के अधीन रहते हुए कण्डक्टर के द्वारा किए गए कार्यों का पालन करने वाले मंजिले वाहनों के ड्राइवर को एवं कण्डक्टर के रूप में कार्य करने के लिए अस्थायी रूप से नियुक्त व्यक्तियों को धारा 29 की उपधारा (1) के उपबन्धों से छूट दी जा सकती है।
   (iii) कण्डक्टर लाइसेन्स ऐसे व्यक्ति को दिया जाता है, जिसकी न्यूनतम शैक्षिक अर्हताएँ, कर्त्तव्य तथा आचरण ठीक होता है।
   (iv) ऐसा प्रारूप, जिसके अधीन कण्डक्टर लाइसेन्स दिया जाता है तथा उसकी विशिष्टियों को भी नवीनीकृत किया जाता है।
   (v) किसी कारणवश लाइसेन्स के खोने, फटने एवं पुरानी फोटो को हटाकर नई फोटो लगवाने आदि के बदले में फीस लेकर दूसरा लाइसेन्स जारी कर दिया जाता है।
   (vi) इस अध्याय के अधीन अपीलों के सापेक्ष दी जाने वाली फीस तथा वापस ली जाने वाली फीस का संचालन एवं सुनवाई की जाती है, परन्तु इस प्रकार तय की जाने वाली कोई फीस ₹ 25 से अधिक नहीं होगी।
   (vii) मंजिले वाहनों में कण्डक्टरों द्वारा पहनने वाली वर्दी तथा लगाए जाने वाले बैजों के लिए दी जाने वाली फीस के लिए अपील की जा सकती है।
   (viii) राज्य सरकार की शर्तों के अनुसार यदि किसी व्यक्ति का लाइसेन्स अन्य राज्य का है, तो वह कण्डक्टर लाइसेन्स उसके राज्य में भी मान्य होगा।
   (ix) रजिस्ट्रीकृत चिकित्सा प्राधिकारियों द्वारा धारा 30 की उपधारा (3) में निर्दिष्ट प्रमाण-पत्रों और ऐसे प्रमाण-पत्र के प्रारूप को दिए जाने की अपील की जाती है। कण्डक्टर लाइसेन्स की विशिष्टियों की सूचना लाइसेन्स प्राधिकारी को दी जा सकती है तथा अन्य विषयों के बारे में भी सूचना विहित की जा सकती है।

अध्याय-4

मोटर वाहनों का पंजीकरण

Registration of Motor Vehicles

इस अध्याय के अन्तर्गत निम्न धाराओं को सम्मिलित किया गया है

39. पंजीकरण की आवश्यकता

वाहन मालिक, मोटर वाहनों को किसी सार्वजनिक स्थल पर ले जाने की स्वीकृति तभी देगा, जब वह मोटर वाहन प्रस्तुत अध्याय के अनुसार पंजीकृत हो या पंजीकृत प्रमाण-पत्र निलम्बित या रद्द न किया गया हो और मोटर वाहन पर पंजीकृत निशान विहित रीति से अंकित हो।

40. पंजीकरण कहाँ होना है?

धारा 42, 43 और 60 के प्रावधानों के अनुसार, मोटर वाहनों का पंजीकरण उसी प्राधिकरण क्षेत्र में किया जाता है, जहाँ पर वाहन मालिक का घर है या जहाँ पर वह व्यापार करता है।

41. पंजीकरण कैसे होना है?

इसके अन्तर्गत निम्न तथ्यों को सम्मिलित किया गया है

1. मोटर वाहनों का पंजीकरण कराने के लिए केन्द्रीय सरकार द्वारा जारी आवेदन फॉर्म को भरकर एवं उसके साथ माँगे गए दस्तावेजों को संलग्न करके निर्धारित दिनांक तक आवेदन फॉर्म को RTO कार्यालय में जमा करें।

2. केन्द्रीय सरकार द्वारा निर्धारित फीस आवेदन फॉर्म के साथ ही जमा करवानी होगी।
3. पंजीकरण प्राधिकरण उन मोटर वाहनों को पंजीकृत किए जाने का पंजीकरण प्रमाण-पत्र जारी करेगा, जिनकी केन्द्रीय सरकार द्वारा विनिर्देशित वाहन सम्बन्धी जानकारी होगी।
4. पंजीकरण के प्रमाण-पत्र में सम्मिलित की जाने हेतु अपेक्षित अन्य विशिष्टियों के अतिरिक्त उसमें मोटर वाहन का प्रकार भी विनिर्दिष्ट होगा, जिसे केन्द्र सरकार मोटर वाहन के डिजाइन, निर्माण और उपयोग को ध्यान में रखते हुए, राजपत्र में अधिसूचना द्वारा विनिर्दिष्ट करेगी।
5. पंजीकृत प्राधिकारी उपधारा (3) में दिए गए प्रमाण-पत्र की विशिष्टियाँ एक रजिस्टर में दर्ज करेगा।
6. केन्द्रीय सरकार द्वारा विनिर्देशित पंजीकरण निशान जारी किए गए हैं, जो अलग-अलग राज्यों के लिए स्वीकृत किए गए हैं। यह पंजीकरण निशान मोटर वाहनों में अक्षर या अंक में प्रदर्शित होना चाहिए।
7. इस अधिनियम के लागू होने से पहले मोटर वाहनों में उपधारा (3) के अधीन जारी किया गया पंजीकरण प्रमाण-पत्र दिए जाने की तिथि से केवल 15 वर्ष तक के लिए ही मान्य होगा और उसका नवीनीकरण किया जा सकेगा।
8. परिवहन वाहन से भिन्न मोटर वाहन के मालिक द्वारा पंजीकरण प्रमाण-पत्र के नवीनीकरण के लिए आवेदन ऐसी अवधि के अन्दर और ऐसे प्रारूप में किया जाएगा और उसमें ऐसी विशिष्टियाँ और जानकारी होंगी, जो केन्द्र सरकार द्वारा विहित की जाएँगी।
9. उपधारा (8) में निर्दिष्ट आवेदन के साथ केन्द्रीय सरकार द्वारा निर्धारित फीस भी जमा करानी होगी।
10. धारा 56 के अधीन रहते हुए, पंजीकृत प्राधिकारी उपधारा (8) के अधीन मिले आवेदन फॉर्म को 5 वर्षों के लिए पंजीकरण प्रमाण-पत्र का नवीनीकरण करेगा।

    यदि नवीनीकरण वाला पंजीकृत प्राधिकारी अन्य है, तो उसे भी नवीनीकरण की जानकारी से अवगत कराया जाएगा।
11. यदि किसी कारणवश वाहन मालिक उपधारा (1) या उपधारा (8) के अन्तर्गत आवेदन करने में असमर्थ है, तो पंजीकृत प्राधिकारी उन परिस्थितियों के बारे में विचार करने के बाद धारा 177 के अन्तर्गत कार्यवाही करते हुए उपधारा (13) के अधीन ₹100 तक जुर्माना देने को कह सकता है।
12. यदि वाहन मालिक ने उपधारा (11) के अन्तर्गत धनराशि जमा कर दी है, तो उसके विरुद्ध धारा 177 के तहत कार्यवाही नहीं की जाएगी।
13. उपधारा (11) के लिए राज्य सरकार उपधारा (1) या उपधारा (8) के अन्तर्गत वाहन मालिक द्वारा आवेदन करने में देरी होने के कारण अलग-अलग देय राशि विहित अर्थात् निर्धारित कर सकेगी।
14. वाहन मालिक को डुप्लीकेट पंजीकरण प्रमाण-पत्र जारी कराने के लिए उस प्राधिकारी के पास जाना होगा, जिसने पिछला प्रमाण-पत्र जारी किया था, उसके पास फीस के साथ दोबारा आवेदन करना होगा।

42. राजनयिक अधिकारियों आदि के मोटर वाहनों के पंजीकरण के लिए विशेष प्रावधान

इसके अन्तर्गत निम्न तथ्यों को सम्मिलित किया गया है

1. यदि मोटर वाहनों के पंजीकरण के लिए प्रशासनिक अधिकारी अथवा काउन्सलर अधिकारी द्वारा धारा 41 की उपधारा (1) के अन्तर्गत आवेदन किया गया है, तो धारा की उपधारा (3) या उपधारा (6) के अन्तर्गत पंजीकृत प्राधिकारी भी केन्द्रीय सरकार द्वारा जारी प्रक्रिया को उपधारा (3) के अनुसार रजिस्टर करके पंजीकृत निशान देगा।
2. यदि धारा 41 के अन्तर्गत पंजीकृत मोटर वाहन किसी प्रशासनिक अधिकारी अथवा काउन्सिलीय अधिकारी की सम्पत्ति नहीं है, तब इस धारा के अन्तर्गत जारी किया गया प्रमाण-पत्र भी लागू नहीं रहेगा और तब धारा 39 और धारा 40 के प्रावधान लागू होंगे।
3. केन्द्रीय सरकार, प्रशासनिक अधिकारियों के मोटर वाहनों को पंजीकृत करने के लिए पंजीकृत अधिकारी द्वारा ऐसे वाहनों को रजिस्टर करने में, उस प्रारूप के बारे में, जिसमें ऐसे मोटर वाहनों के पंजीकरण के प्रमाण-पत्र दिए जाने हैं, उस रीति के बारे में, जिससे ऐसे पंजीकरण प्रमाण-पत्र उन मोटर वाहनों के मालिकों को भेजे जाने हैं, ऐसे मोटर वाहनों के लिए विशेष पंजीकृत निशान देने के बारे में नियम बना सकेगी।
4. इस धारा के प्रयोजन के लिए प्रशासनिक अधिकारी ऐसा व्यक्ति है, जिसे केन्द्रीय सरकार ने उस रूप में मान्यता प्रदान की है और यदि कोई ऐसा प्रश्न उठता है कि वह व्यक्ति ऐसा अधिकारी है या नहीं, तो उस प्रश्न पर केन्द्रीय सरकार का विनिश्चय अन्तिम होगा।

43. अस्थायी पंजीकरण

इसके अन्तर्गत निम्न तथ्यों को सम्मिलित किया गया है

1. धारा 40 में किसी बात के होते हुए भी किसी मोटर वाहन का मालिक विहित रीति से वाहन को अस्थायी रूप में पंजीकृत कराने हेतु और विहित रीति से अस्थायी पंजीकरण प्रमाण-पत्र और अस्थायी पंजीकरण चिह्न दिए जाने के लिए किसी पंजीकरणकर्ता प्राधिकारी अथवा अन्य विहित प्राधिकारी को आवेदन कर सकेगा।
2. इस धारा के अधीन किया गया पंजीकरण अधिक-से-अधिक एक माह की अवधि के लिए मान्य होगा और नवीनीकरण नहीं होगा, परन्तु जहाँ इस प्रकार पंजीकृत कोई मोटर वाहन चेसिस है, जिसमें कोई बॉडी नहीं लगाई गई है और जिसमें बॉडी लगाने के लिए उसे कार्यशाला में एक महीने की अवधि से अधिक रखा जाता है, वहाँ यदि कोई फीस हो, जो विहित की जाए, उसे देने के पश्चात् उसे अतिरिक्त अवधि या अवधियों तक बढ़ाया जा सकेगा, जो यथास्थिति पंजीकरणकर्ता प्राधिकारी या अन्य विहित प्राधिकारी द्वारा किया जाएगा।

44. पंजीकरण के समय वाहन प्रस्तुत करना

किसी मोटर वाहन को पंजीकृत करने के सम्बन्ध में या पंजीकृत प्रमाण-पत्र के नवीनीकरण के सम्बन्ध में कोई कार्यवाई करने से पूर्व, पंजीकरण प्राधिकारी उस व्यक्ति से, जिसने यथास्थिति उस वाहन के पंजीकरण के लिए या पंजीकरण प्रमाण-पत्र के नवीनीकरण के लिए आवेदन किया है, यह अपेक्षा करेगा कि उस वाहन को ऐसे प्राधिकारी के समक्ष प्रस्तुत करे, जिसे राज्य सरकार आदेश द्वारा नियुक्त करे, जिससे पंजीकरण अधिकारी समाधान कर सके कि आवदेन में दी हुई विशिष्टियाँ सही हैं अथवा नहीं एवं वह वाहन उस अधिनियम और उसके अधीन बनाए गए नियमों की अपेक्षाओं की पूर्ति करता है।

45. पंजीकरण या पंजीकरण प्रमाण-पत्र के नवीनीकरण से मना करना

पंजीकरण प्राधिकारी किसी मोटर वाहन का पंजीकरण करने या किसी मोटर वाहन के पंजीकरण प्रमाण-पत्र के नवीनीकरण करने से उस दशा में मना कर सकता है यदि इन दोनों में से किसी भी दशा में पंजीकरण प्राधिकारी के पास यह विश्वास दिलाने का कारण है कि वह मोटर वाहन चोरी किया गया है अथवा वह वाहन यान्त्रिक रूप से खराब है या इस अधिनियम के अधीन बनाए गए नियमों की अपेक्षाओं का पालन करने में असफल है, आवेदक वाहन के किसी पूर्व पंजीकरण की विशिष्टियों को प्रस्तुत करने में असफल रहा हो या वाहन के पंजीकरण के लिए अथवा पंजीकरण के नवीनीकरण के लिए आवेदन में गलत विशिष्टियाँ देता है, तब पंजीकरण प्राधिकारी उस आवेदक को, जिसके पंजीकरण से मना किया गया है या जिसके पंजीकरण प्रमाण-पत्र के नवीनीकरण के लिए आवेदन को अस्वीकार किया गया है, वाहन पंजीकरण न देने अर्थात् अस्वीकार करने के कारणों सहित आदेश की एक प्रति देगा।

46. भारत में पंजीकरण की प्रभावशीलता

धारा 47 के उपबन्धों के अधीन रहते हुए, किसी ऐसे वाहन के सम्बन्ध में, जो किसी राज्य में इस अध्याय के अनुसार पंजीकृत है, तो उसे भारत में किसी अन्य राज्य में पंजीकृत कराने की आवश्यकता नहीं है एवं एक ही पंजीकरण प्रमाण-पत्र पूरे भारत में प्रभावशील होगा।

47. दूसरे राज्य में ले जाए जाने पर पंजीकरण चिन्ह का दिया जाना

इसके अन्तर्गत निम्न तथ्यों को सम्मिलित किया गया है

1. जब कोई मोटर वाहन, जो एक राज्य में पंजीकृत है, उसे दूसरे राज्य में 1 वर्ष से अधिक अवधि के लिए रखा गया है, तब उस वाहन का मालिक नया पंजीकरण चिन्ह दिए जाने के लिए एक निश्चित अवधि के अन्दर एवं विशिष्टियों से पूर्ण प्रारूप में, जो केन्द्र सरकार द्वारा निर्देशित किया जाए, उस पंजीकरण प्राधिकारी को आवेदन करेगा, जिसकी अधिकारिता में वह वाहन है और पंजीकरण प्रमाण-पत्र उस पंजीकरण प्राधिकारी को प्रस्तुत करेगा, परन्तु इस उपधारा के अधीन किसी आवेदन के साथ निम्न होगा
   (i) धारा 48 के अधीन आपत्ति प्रमाण-पत्र न होने का प्रमाण-पत्र
   (ii) ऐसी दशा में, जहाँ ऐसा प्रमाण-पत्र प्राप्त नहीं किया गया है, वहाँ
   (a) धारा 48 की उपधारा (2) के अधीन प्राप्त रसीद
   (b) यदि वाहन के मालिक ने आवेदन धारा 48 में निर्दिष्ट पंजीकरण प्राधिकारी को रसीद रजिस्ट्री डाक द्वारा भेजी है, तो उसके द्वारा प्राप्त डाक रसीद।
2. पंजीकरण प्राधिकारी, जिसको उपधारा (2) के अधीन आवेदन किया गया है, धारा 62 के अधीन प्राप्त विवरणियों का सत्यापन करने के पश्चात् उस वाहन पर तब से प्रदर्शित किए जाने के लिए धारा 41 की उपधारा (6) में निर्दिष्ट एक पंजीकरण चिन्ह उस वाहन को देगा। आवेदक को पंजीकरण प्रमाण-पत्र लौटाने से पूर्व उस पर वह चिन्ह दर्ज करेगा तथा उस पंजीकरण प्राधिकारी के साथ पत्र व्यवहार करके उस वाहन के पंजीकरण को उस पंजीकरण प्राधिकारी के अभिलेखों से अपने अभिलेखों में अन्तरित कराने की व्यवस्था करेगा।
3. किराये पर खरीद के सम्बन्ध में भी उपधारा (2) के अधीन पंजीकरण चिन्ह देने के पश्चात् उस व्यक्ति को देगा, जिसका नाम पंजीकरण प्रमाण-पत्र में ऐसे व्यक्ति के रूप में विनिर्दिष्ट है, जिसके साथ पंजीकृत मालिक ने खरीद की थी।
4. राज्य सरकार धारा 65 के अधीन क्षेत्र में अल्प अवधि निवास हेतु जो बाहरी वाहन आते हैं, उनसे भी वाहन पंजीकरण प्राधिकरण को अन्य जानकारी देने हेतु नियम बना सकती है।
5. यदि उपधारा (1) में किया गया आवेदन असफल रहा हो या प्रार्थना-पत्र अधिक समय बाद जमा किया हो, तो धारा 177 के अधीन ₹100 तक आर्थिक दण्ड राशि ली जा सकती है, जैसा कि उपधारा (7) में वर्णित है।
6. जहाँ मालिक ने उपधारा (5) के अधीन धनराशि दी हो, वहाँ नियम 177 से अधिक कोई अतिरिक्त जुर्माना नहीं लगेगा।
7. आवेदन में विलम्ब हेतु उपधारा (5) के अधीन राज्य सरकार विभिन्न राशियाँ निर्धारित कर सकेगी।

48. आपत्ति न होने का प्रमाण-पत्र

इसके अन्तर्गत निम्न तथ्यों को सम्मिलित किया गया है

1. धारा 47 की उपधारा (1) के अधीन पंजीकरण चिन्ह हेतु आवेदन करते समय वाहन के मालिक को धारा 50 की उपधारा (1) के अधीन पंजीकरण हस्तान्तरण करने के लिए 'कोई आपत्ति नहीं' प्रमाण-पत्र संलग्न करना होगा।
2. पंजीकरण प्राधिकारी उपधारा (1) के अधीन आवेदन प्राप्त करने पर एक ऐसी रसीद देगा, जो केन्द्र सरकार द्वारा विनिर्दिष्ट की जाएगी।
3. पंजीकरण प्राधिकारी उपधारा (1) के आवेदन स्वीकार अथवा अस्वीकार करने की लिखित जानकारी प्रार्थी को देगा।
4. यदि उपधारा (3) में निर्दिष्ट पंजीकरण प्राधिकारी 30 दिनों की अवधि के अन्दर आवेदन अस्वीकार करने के विषय में कोई जानकारी नहीं देता, तो स्वत: ही आवेदन को स्वीकार माना जाएगा।
5. आपत्ति न होने का प्रमाण-पत्र देने से पूर्व, पंजीकरण प्राधिकारी पुलिस से 'वाहन चोरी का नहीं है' तथ्य लिखित में लेगा।

6. यदि वाहन चोरी का हो, तो मालिक को अतिशीघ्र निकटतम पुलिस स्टेशन में रिपोर्ट लिखाकर, पुलिस स्टेशन के नाम सहित रिपोर्ट की सूचना पंजीकरण प्राधिकरण को देनी आवश्यक है। यह प्रक्रिया कोई आपत्ति नहीं प्रमाण-पत्र, पंजीकरण, मालिक के बदलने या डुप्लीकेट प्रमाण-पत्र जारी करने के सन्दर्भ में अपनाई जाती है।

49. निवास स्थान या व्यापार के स्थान का परिवर्तन

इसके अन्तर्गत निम्न तथ्यों को सम्मिलित किया गया है

1. किसी मोटर वाहन के मालिक का निवास स्थान या व्यापार का स्थान परिवर्तित होने पर 30 दिन के अन्दर वाहन पंजीकरण प्रमाण-पत्र में नए पते को दर्ज कराना आवश्यक है।
2. किसी मोटर वाहन के मालिक का निवास स्थान या व्यापार स्थान परिवर्तित होने पर 30 दिन के अन्दर वाहन पंजीकरण प्रमाण-पत्र नया पता दर्ज न कराने पर ₹ 100 तक का जुर्माना देना होगा।
3. उपधारा (2) के अनुसार जुर्माने की राशि भर देने की दशा में कोई अतिरिक्त जुर्माना नहीं लगेगा।
4. राज्य सरकार जुर्माने की भिन्न-भिन्न दरें निर्धारित कर सकती है।
5. उपधारा (1) के अधीन अधिसूचना की प्राप्ति पर जाँच कराके नया पता दर्ज कराना होगा।
6. निवास स्थान या व्यापार के स्थान के परिवर्तन की पूर्ण जानकारी पूर्व में पंजीकरण प्रमाण-पत्र जारी करने वाले प्राधिकरण को भी देनी होगी।
7. यह कार्य मूल स्थान से 6 महीने की अवधि से अधिक वाहन के बाहर रहने पर किया जाता है।

50. स्वामित्व हस्तान्तरित करना

इसके अन्तर्गत निम्न तथ्यों को सम्मिलित किया गया है

1. इस अध्याय के अधीन जब पंजीकृत किसी मोटर वाहन का स्वामित्व (ownership) अर्थात् मालिक हस्तान्तरित किया जाता है, तब
   (i) 14 दिन के अन्दर नाम बदलवाने के दस्तावेज जमा कराने होंगे।
   (ii) बाहरी क्षेत्राधिकार के प्राधिकरण के सम्बन्ध में 45 दिन नाम बदलने की तिथि से
      (A) अधिनियम 48 के अन्तर्गत 'कोई आपत्ति नहीं' प्रमाण-पत्र लेना होगा।
      (B) प्रमाण-पत्र न देने की स्थिति में
         (a) डाक द्वारा पंजीकृत पत्र की रसीद और शपथ-पत्र।
         (b) नए क्षेत्राधिकार के प्राधिकरण को 30 दिन के अन्तर्गत फीस सहित प्रमाण-पत्र देगा।
2. यदि
   (i) उस व्यक्ति की मृत्यु हो जाती है, जिसके नाम से मोटर वाहन पंजीकृत है या
   (ii) मोटर वाहन सरकार द्वारा या उसकी ओर से की गई किसी सार्वजनिक नीलामी में क्रय या अर्जित किया गया है

   तब वाहन खरीदने पर अपने निवास स्थान वाले प्राधिकरण को फीस सहित प्रार्थना-पत्र व दस्तावेज देना, ऐसा न करने पर धारा 177 के अधीन जुर्माना देना होगा। अधिनियम (4), (5), (6) व (7), उपधारा (3) में फीस देने पर जुर्माना नहीं लगेगा, लेकिन विलम्ब के लिए विभिन्न दरों की जुर्माना राशि देने पर नाम दर्ज होगा, इस प्रविष्टि की सूचना पूर्व प्राधिकरण को भी दी जाएगी।

51. मोटर वाहन की खरीद, समझौते आदि के अधीन वाहन के बारे में विशेष प्रावधान

इसके अन्तर्गत निम्न तथ्य सम्मिलित किए गए हैं

1. खरीद पट्टे और गिरवी रखे वाहन के सन्दर्भ में पंजीकरण प्रमाण-पत्र पर इसकी जानकारी लिखी जाएगी।
2. नए अनुबन्ध की प्रविष्टि होगी।
3. उपधारा (1) से छूट प्राप्त होने पर विनिर्देशित फॉर्म भरना होगा।
4. वाहन मालिक के लिखित आधार पर ही मालिक का नाम हस्तान्तरित होगा।
5. भूतपूर्व मालिक द्वारा पंजीकृत प्रमाण-पत्र न देने पर फीस जमा कराकर नया प्रमाण-पत्र मिल जाता है।
6. धारा 81 में परमिट या डुप्लीकेट प्रमाण-पत्र या नया पंजीकरण चिन्ह आदि हेतु 'कोई आपत्ति नहीं' प्रमाण-पत्र लेना होता है।
7. यदि 7 दिन के पूर्व वित्तपोषक, आवेदन किए गए प्रमाण-पत्र को जारी कर सकेगा या ऐसे कारणों से जारी करने से इनकार कर सकेगा, जो लेखबद्ध किए जाएँगे।
8. वित्तपोषक से उत्तर प्राप्त न होने का शपथ-पत्र देना होगा।
9. पंजीकृत प्रमाण-पत्र की दूसरी प्रति जारी करने के लिए या नया पंजीकरण चिन्ह देने के लिए आवेदन प्राप्त करने पर इस अधिनियम के अन्य उपबन्धों के अधीन रहते हुए
   (i) ऐसी दशा में, जब वित्तपोषक ने आवेदन किए गए प्रमाण-पत्र को जारी करने से मना कर दिया हो, तब सुनवाई के पश्चात् या तो परमिट का नवीनीकरण कर सकेगा या पंजीकरण प्रमाण-पत्र की दूसरी प्रति जारी कर सकेगा।
   (ii) किसी अन्य दशा में
      (a) परमिट का नवीनीकरण कर सकेगा।
      (b) पंजीकरण प्रमाण-पत्र की दूसरी प्रति जारी कर सकेगा।
      (c) नया पंजीकरण चिन्ह दे सकेगा।
10. प्राधिकरण किसी भी प्रकार की प्रविष्टि वित्तपोषक को डाक द्वारा प्रेषित करेगा।
11. उपरोक्त के परिवर्तन की सूचना दी जाएगी।
12. यदि यह लागू होता है, तब पूर्व प्राधिकरण को भी सूचित किया जाएगा।

52. मोटर वाहन में परिवर्तन

इसके अन्तर्गत निम्न तथ्यों को सम्मिलित किया गया है

1. कोई भी वाहन मालिक, निर्माता विनिर्देशित मूल विवरणों में जो पंजीकृत प्रमाण-पत्र में भरे हों, परिवर्तन नहीं करेगा। शर्तों को मानते हुए, केन्द्र सरकार द्वारा विनिर्देशित मानकों के अनुसार इंजन अथवा किसी घटक को अच्छे से वाहन चलाने, विभिन्न प्रकार के ईंधन या ऊर्जा स्रोत, जिसमें बैटरी कम्प्रेसर, नैचुरल गैस, सोलर पावर, तरल पेट्रोलियम गैस या अन्य ईंधन या ऊर्जा स्रोत कन्वर्शन किट लगाकर प्रयोग कर सकता है। किसी विशेष कार्य के लिए उपरोक्त विनिर्देशों में केन्द्र सरकार छूट भी प्रदान कर सकती है।
2. वह मालिक जिसके पास 10 यातायात वाहन हों, प्राधिकरण की आज्ञा के बिना किसी एक वाहन का इंजन, उसी के अनुरूप बदल सकता है। ऐसा राज्य सरकार द्वारा आधिकारिक अधिसूचना विज्ञप्ति के अनुसार सम्भव है, इससे उपधारा (1) प्रभावित नहीं होगी।
3. उस क्षेत्राधिकार वाले प्राधिकरण को 14 दिन के अन्दर, उपधारा 2 के अधीन किए गए परिवर्तन के विषय में फीस के साथ सूचित करना होगा, यदि पूर्व में अनुमति न ली गई हो। इसके साथ ही पंजीकृत प्रमाण-पत्र को भी परिवर्तन के लिए प्रस्तुत करना होगा।
4. ऐसे अस्वीकार करने की जानकारी, इससे पूर्व प्राधिकरण को भी दी जाएगी।
5. किराये खरीद के सन्दर्भ में पंजीकृत मालिक से लिखित अनुमति लेनी होगी।

53. पंजीकरण का निलम्बन

यदि किसी प्राधिकरण के अधिकार क्षेत्र में

1. किसी सार्वजनिक स्थान पर जिस वाहन के चलने से खतरा हो या नियमों का पालन न होता हो।
2. बिना परमिट के वाहन चलाए जाते हैं, तब मालिक को एक नोटिस भेजकर, स्थिति स्पष्ट करने के लिए कहा जाएगा और पंजीकृत प्रमाण-पत्र निलम्बित किया जाएगा व लिखित में कारण दर्ज होगा।

54. धारा 53 के अधीन निलम्बित पंजीकरण का रद्द किया जाना

धारा 53 के अधीन यदि निलम्बित आदेश 6 महीने से अधिक अवधि के लिए जारी रहे, तो वाहन पंजीकरण प्रमाण-पत्र रद्द कर दिया जाएगा।

55. पंजीकरण का रद्द किया जाना

इसके अन्तर्गत निम्न तथ्यों को सम्मिलित किया गया है

1. यदि वाहन नष्ट कर दिया गया हो या स्थायी रूप से अप्रायोगिक हो, तो वाहन मालिक 14 दिन के अन्दर प्राधिकरण को जानकारी देगा।
2. वर्तमान में वाहन का पंजीकृत प्राधिकरण, पूर्व में प्राधिकरण को सूचित करेगा।
3. यदि वाहन की रिपेयरिंग असम्भव हो, तो पंजीकरण प्रमाण-पत्र रद्द कर दिया जाएगा।
4. यदि प्राधिकरण पूर्णरूप से सन्तुष्ट हो कि वाहन विदेश जा चुका है, तो पंजीकरण प्रमाण-पत्र रद्द कर दिया जाएगा।
5. यदि इंजन नम्बर या अन्य प्रकार की गलत जानकारी दी गई हो, तो पंजीकरण प्रमाण-पत्र रद्द कर दिया जाएगा।
6. अधिनियम 54 के अन्तर्गत की गई कार्यवाही पर मालिक पंजीकृत प्रमाण-पत्र जमा कराएगा।
7. मूल प्राधिकरण को जानकारी दी जाती है।
8. 'ऑरिजिनल रजिस्टिंग अथॉरिटी' पद से जिसके रजिस्टरों में पंजीकृत प्रमाण-पत्र का ब्यौरा दर्ज है, इसे नियम 41, 49, 50, 52, 53 और 54 में प्रयोग किया गया है।
9. इस अधिनियम के अधीन वाहन पंजीकृत पत्र भी सम्मिलित हैं।

56. परिवहन वाहन के ठीक स्थिति में होने का प्रमाण-पत्र

इसके अन्तर्गत निम्न तथ्यों को सम्मिलित किया गया है

1. किसी मोटर वाहन को अधिनियम 39 के अधीन तब तक पंजीकृत नहीं माना जा सकता जब तक कि अधिनियम 59 तथा 60 के अधीन यातायात वाहन को फिटनेस प्रमाण-पत्र नहीं मिल जाता।
2. केन्द्र सरकार द्वारा विनिर्देशित निर्देशों के अनुसार, राज्य सरकार उपधारा (1) के अधीन वाहन सर्विस स्टेशन या सार्वजनिक या निजी कैरिएज जिसमें अनुभवी व्यक्ति और परीक्षण सुविधाएँ उपलब्ध हों, को 'अधिकृत सर्विस स्टेशन' का दर्जा देती है।
3. उपधारा (4) के प्रावधानों की पूर्ति वैध वाहन फिटनेस प्रमाण-पत्र से प्रभावशाली रहती है।
4. अध्याय-5 की अवमानना पर यह प्रमाण-पत्र रद्द हो सकता है।
5. इस अधिनियम के अधीन जारी किया गया प्रमाण-पत्र सम्पूर्ण भारत में प्रभावी होता है।

57. अपील

इसके अन्तर्गत निम्न तथ्यों को सम्मिलित किया गया है

1. धारा 41, 42, 43, 45, 47, 48, 49, 50, 52, 53, 55 व 56 के पालन करने के पश्चात् भी वह व्यक्ति जिसे नोटिस मिला हो, 30 दिन के अन्दर उच्चाधिकार सुनवाई प्राधिकरण को याचिका देकर अपील कर सकता है।
2. अपील अधिकारी, अपील की सूचना मूल प्राधिकारी को देगा एवं अपील में मूल प्राधिकारी तथा अपील करने वाले व्यक्ति को सुने जाने का अवसर देने के पश्चात् ही उपयुक्त आदेश जारी करेगा।

58. परिवहन वाहनों के विषय में विशेष प्रावधान

इसके अन्तर्गत निम्न तथ्यों को सम्मिलित किया गया है

1. केन्द्र सरकार यदि चाहे, तो मोटर कैब को छोड़कर, अन्य यातायात वाहनों के टायरों की संख्या, प्रकृति और आकार के अनुसार सरकारी विज्ञप्ति द्वारा प्रत्येक वाहन के मॉडल व संरचना के अनुसार अधिकतम कुल वाहन भार और प्रत्येक एक्सल के सन्दर्भ में अधिकतम सुरक्षित एक्सल भार विनिर्देशित कर सकती है।

2. इस सन्दर्भ में पंजीकरण प्राधिकारी को वाहन पंजीकरण प्रमाण-पत्र में निम्न ब्यौरा भरना होगा
   (i) वाहन का लोड रहित भार
   (ii) प्रत्येक पहिये पर लगे टायर का नम्बर, प्रकृति और आकार
   (iii) वाहन का कुल भार और विभिन्न एक्सलों का पंजीकृत एक्सल भार
   (iv) वाहन केवल यात्रियों के लिए है, वाहन केवल यात्रियों का भार ले जाता है आदि विशेषताएँ वाहन मालिक को वाहन के बाहर लिखित में प्रदर्शित करनी होंगी।
3. यदि केन्द्र सरकार को ऐसा लगे कि इससे भी अधिक भार के वाहन को किसी विशेष क्षेत्र में चलाया जाना हो, तो यह उपधारा लागू होगी।
4. वर्ष 2000 की धारा 3 द्वारा विलुप्त
5. यदि संशोधित वाहन, कुल भार का वाहन पंजीकरण प्रमाण-पत्र में किया जाना है, परीक्षण प्राधिकारी वाहन मालिक से इस परिवर्तन को दर्ज करवाने के लिए कह सकता है।

59. मोटर वाहन की आयु सीमा नियत करने की शक्ति

इसके अन्तर्गत निम्न तथ्यों को सम्मिलित किया गया है

1. केन्द्र सरकार जनता की सुरक्षा, सुविधा तथा इस अधिनियम के ध्येय के लिए अधिकृत विज्ञप्ति द्वारा विभिन्न वाहनों की निर्माण तिथि से इन वाहनों की आयु तय कर सकती है।
2. प्रदर्शनी तकनीकी रिसर्च या विन्टेज कार रैली में भाग लेने हेतु आदि के लिए छूट देने की विज्ञप्ति भी जारी हो सकती है।
3. अधिनियम 56 के अधीन इन्हें कोई भी प्राधिकारी फिटनेस प्रमाण-पत्र जारी नहीं करेगा।

60. केन्द्र सरकार के वाहनों का पंजीकरण

इसके अन्तर्गत निम्न तथ्यों को सम्मिलित किया गया है

1. रक्षा मन्त्रालय के देश की सुरक्षा हेतु निर्मित वाहन, केन्द्र सरकार की सम्पत्ति है।
2. उपधारा (1) के अनुसार इन वाहनों को केन्द्र सरकार द्वारा लिखे हुए निर्देशों के अनुसार प्राधिकरण, पंजीकरण करके प्रमाण-पत्र जारी करेगा।
3. उपधारा (2) के अन्तर्गत जारी प्रमाण-पत्र वाहन प्रयोगकर्ता के पास रहेगा।
4. जब केन्द्रीय सम्पत्ति नहीं रहेगी, तो अधिनियम 39 और 40 लागू होंगे।
5. जिस प्राधिकरण ने वाहन को पंजीकृत किया था, उसे उस वाहन से सम्बन्धी राज्य सरकार के द्वारा माँगे जाने पर पूरा वाहन ब्यौरा प्रेषित करना होगा।

61. अध्याय का ट्रेलरों पर लागू करना

इसके अन्तर्गत निम्न तथ्यों को सम्मिलित किया गया है

1. इस अध्याय के उपबन्ध ट्रेलरों के पंजीकरण हेतु उसी प्रकार लागू होंगे जैसे वे किसी अन्य मोटर वाहन के पंजीकरण के लिए लागू होते हैं।
2. केन्द्र सरकार द्वारा विनिर्देशित विधि से खींचने अर्थात् चलाने वाले वाहन के एक ओर पंजीकृत चिन्ह अंकित किया जाएगा।
3. बिना पंजीकृत चिन्ह के एक अथवा अधिक ट्रेलर ले जाना मना है।

62. चुराए गए एवं प्राप्त मोटर वाहनों के सम्बन्ध में पुलिस द्वारा राज्य परिवहन प्राधिकरण को जानकारी देना

पुलिस के वरिष्ठ अधिकारी से राज्य सरकार चोरी हुए या बरामद हुए वाहनों की जानकारी, राज्य के परिवहन प्राधिकरण को देने के लिए निर्देशित फॉर्म और अवधि निर्धारित कर सकती है।

63. मोटर वाहन के राज्य रजिस्टर का रखा जाना

इसके अन्तर्गत निम्न तथ्यों को सम्मिलित किया गया है

1. प्रत्येक राज्य सरकार ऐसे प्रारूप में जो केन्द्र सरकार विनिर्देशित करे, मोटर वाहन के राज्य रजिस्टर के रूप में ज्ञात एक रजिस्टर उस राज्य मोटर वाहनों हेतु रखेगी, जिसमें निम्नलिखित विशिष्टियाँ होंगी
   (i) पंजीकरण संख्या (ii) विनिर्माण का वर्ष
   (iii) वर्ग तथा प्रकार (iv) पंजीकृत मालिकों के नाम और पते
   (v) ऐसी अन्य विशिष्टियाँ जो केन्द्र सरकार द्वारा विनिर्देशित की जाएँ।
2. प्रत्येक राज्य सरकार, केन्द्र सरकार को मोटर वाहन के राज्य रजिस्टर की एक मुद्रित प्रति देगी और केन्द्र सरकार को ऐसे राज्य रजिस्टर में समय-समय पर किए गए सभी परिवर्तनों और अन्य संशोधनों की जानकारी भी अविलम्ब देगी।
3. मोटर वाहन का राज्य रजिस्टर ऐसी रीति से रखा जाएगा जो राज्य सरकार विनिर्देशित करे।

64. केन्द्र सरकार की नियम बनाने की शक्ति

केन्द्र सरकार निम्न सभी विषयों अथवा उनमें से किसी का भी उपबन्ध करने हेतु नियम बना सकेगी

1. वह अवधि जिसके अन्दर और वह प्रारूप जिसमें कोई आवेदन किया जाएगा तथा वे दस्तावेज़, विशिष्टियाँ और जानकारी जो उसके साथ धारा 41 की उपधारा (1) के अधीन होंगी।
2. वह प्रारूप जिसमें पंजीकरण प्रमाण-पत्र बनाया जाएगा एवं वे विशिष्टियाँ तथा जानकारी जो उसमें लिखी होंगी और वह रीति, जिसमें वह धारा 41 की उपधारा (3) के अधीन दिया जाएगा।
3. वह प्रारूप और रीति जिसमें पंजीकरण प्रमाण-पत्र की विशिष्टियाँ धारा 41 की उपधारा (5) के अधीन पंजीकरण प्राधिकारी के अभिलेखों में दर्ज की जाएँगी।

4. वह रीति और प्रारूप जिसमें धारा 41 की उपधारा (6) में विनिर्दिष्ट पंजीकरण चिन्ह, अक्षर और अंक तथा अन्य विशिष्टियाँ प्रदर्शित की जाएँगी।
5. वह अवधि और प्रारूप जिसमें आवेदन किया जाएगा और वे विशिष्टियाँ तथा जानकारी जो धारा 41 की उपधारा (8) के अधीन उसमें अन्तर्विष्ट होंगी।
6. वह प्रारूप जिसमें धारा 41 की उपधारा (14) में निर्दिष्ट आवेदन किया जाएगा और वे विशिष्टियाँ व जानकारी जो धारा 41 की उपधारा (8) के अधीन अन्तर्विष्ट होंगी।
7. वह प्रारूप और अवधि जिसके अन्दर, धारा 47 की उपधारा (1) में विनिर्दिष्ट आवेदन किया जाएगा और वे विशिष्टियाँ जो उसमें अन्तर्विष्ट होंगी।
8. वह प्रारूप और रीति जिसमें 'आपत्ति न होने के प्रमाण-पत्र' के लिए धारा 48 की उपधारा (2) के अधीन आवेदन किया जाएगा और धारा 48 की उपधारा (2) के अधीन जारी की जाने वाली रसीद का प्रारूप प्रदान किया जाएगा।
9. धारा 48 के अधीन किसी आवेदक द्वारा किसी विषय का अनुपालन 'आपत्ति न होने के प्रमाण-पत्र' के दिए जाने से पूर्व किया जाना है।
10. वह प्रारूप जिसमें पते में परिवर्तन की सूचना धारा 49 की उपधारा (1) के अधीन दी जाएगी अथवा वे दस्तावेज जो आवेदन के साथ दिए जाएँगे।
11. वह प्रारूप और रीति जिसमें मालिक के हस्तान्तरण की सूचना धारा 50 की उपधारा (1) के अधीन या धारा 50 की उपधारा (2) के अधीन दी जाएगी और वे दस्तावेज, जो आवेदन के साथ दिए जाएँगे।
12. वह प्रारूप जिसमें धारा 51 की उपधारा (2) या उपधारा (3) के अधीन आवेदन किया जाएगा।
13. वह प्रारूप, जिसमें वाहन की सही स्थिति में होने का प्रमाण-पत्र धारा 56 की उपधारा (1) के अधीन दिया जाएगा और वे विशिष्टियाँ तथा जानकारी जो उसमें अन्तर्विष्ट होंगी।
14. वह अवधि जिसके लिए धारा 56 के अधीन दिया गया या नवीनीकृत किया गया वाहन सही स्थिति में होने का प्रमाण-पत्र प्रभावी होगा।
15. पंजीकरण प्रमाण-पत्र के दिए जाने अथवा नवीनीकरण किए जाने अथवा परिवर्तन हेतु पंजीकृत प्रमाण-पत्र में मालिक के हस्तान्तरण में प्रविष्ट करने, पंजीकरण प्रमाण-पत्र में अविक्रय या किराये हेतु कोई पृष्ठांकन करने या उसे रद्द करने के लिए पंजीकरण चिह्नों के लिए सही स्थिति में होने के प्रमाण-पत्र के लिए और मोटर वाहनों के निरीक्षण के लिए निर्धारित फीसें।
16. कोई अन्य विषय, जो केन्द्र सरकार द्वारा विनिर्दिष्ट किया जाना है।

65. राज्य सरकार की नियम बनाने की शक्ति

इसके अन्तर्गत निम्न तथ्यों को सम्मिलित किया गया है

1. राज्य सरकार धारा 64 में विनिर्दिष्ट विषयों से भिन्न इस अध्याय के उपबन्धों को क्रियान्वित करने के प्रयोजन हेतु नियम बना सकेगी।
2. पूर्वगामी शक्ति की व्यापकता पर प्रतिकूल प्रभाव डाले बिना, ऐसे नियमों में निम्न के लिए उपबन्ध किया जा सकता है
   (i) उन अपीलों का संचालन और सुनवाई जो इस अध्याय के अधीन की जाएँ।
   (ii) पंजीकरण प्राधिकारियों और अन्य विहित प्राधिकारियों की नियुक्ति, कार्य और अधिकारिता।
   (iii) रोड रोलर, ग्रेडर और ऐसे अन्य वाहनों को जिन्हें सड़कों के निर्माण, मरम्मत तथा उनकी सफाई हेतु उपयोग में लाया जाता है। इस अध्याय के अधीन बनाए गए नियमों के सभी अथवा कुछ उपबन्धों से छूट दी जाए।
   (iv) पंजीकरण प्रमाण-पत्रों और वाहन के सही स्थिति में होने के प्रमाण-पत्र तथा खोए हुए, कटे-फटे प्रमाण-पत्रों के बदले में उन प्रमाण-पत्रों की दूसरी प्रतियाँ देना अथवा उनका नवीनीकरण करना।
   (v) पंजीकरण प्रमाण-पत्रों को वाहन के कुल भार से सम्बन्धित विशिष्टियों की प्रविष्टियों का पुन: निरीक्षण करने हेतु पंजीकरण प्राधिकारी के समक्ष प्रस्तुत करना।
   (vi) मोटर वाहनों का अस्थायी पंजीकरण और अस्थायी पंजीकरण प्रमाण-पत्र व चिन्हों का दिया जाना।
   (vii) वह रीति जिसमें धारा 58 की उपधारा (2) में निर्दिष्ट विशिष्टियाँ तथा अन्य विहित प्रविष्टियाँ प्रदर्शित की जाएँगी।
   (viii) जो फीस इस अध्याय के अधीन देनी है उसे अथवा उसके किसी भाग को देने से कुछ व्यक्तियों अथवा वर्ग के व्यक्तियों को छूट।
   (ix) केन्द्र सरकार द्वारा विहित प्रारूपों से भिन्न ऐसे प्रारूप जो इस अध्याय के प्रयोजनों हेतु उपयोग में लाए जाते हैं।
   (x) पंजीकरण प्रमाण-पत्रों की विशिष्टियों के विषय में पंजीकृत प्राधिकारियों को सूचित किया जाना तथा उन वाहनों के मालिकों द्वारा जो राज्य के बाहर पंजीकृत हैं, उन वाहनों तथा वाहनों के पंजीकरण की विशिष्टियों के विषय में सूचित किया जाना।
   (xi) धारा 41 की उपधारा (13) या धारा 47 की उपधारा (7) या धारा 49 की उपधारा (4) या धारा 50 की उपधारा (5) के अधीन धनराशि।
   (xii) सही स्थिति में होने के प्रमाण-पत्रों के नवीनीकरण हेतु आवेदनों के विलम्बित होने पर प्रमाण-पत्रों की विधिमान्यता को अवधि का बढ़ाया जाना।
   (xiii) जो मोटर वाहन कब्जे में हैं, उन्हें उस अध्याय के उपबन्धों से छूट और उस छूट हेतु शर्तें तथा फीस।
   (xiv) वह प्रारूप जिसमें वह अवधि जिसके अन्दर धारा 62 के अधीन विवरण भेजे जाएँगे।
   (xv) वह रीति जिससे राज्य मोटर वाहन रजिस्टर धारा 63 के अधीन रखा जाएगा
   (xvi) कोई अन्य विषय जो विहित किया जाना हो।

अध्याय-5
परिवहन वाहनों का नियन्त्रण
Control of Transport Vehicles

इस अध्याय के अन्तर्गत निम्न धाराओं को सम्मिलित किया गया है

66. परमिटों की आवश्यकता
67. राज्य सरकार की सड़क परिवहन को नियन्त्रण करने की शक्ति
68. परिवहन प्राधिकरण
69. परमिटों के आवेदन सम्बन्धी साधारण उपबन्ध
70. मंजिले वाहनों के परमिट हेतु आवेदन
71. मंजिले वाहनों के परमिट हेतु आवेदन पर विचार करने में प्रादेशिक परिवहन प्राधिकरण की प्रक्रिया
72. मंजिले वाहन परमिट का दिया जाना
73. ठेका वाहन परमिट हेतु आवेदन
74. ठेका वाहन परमिट का दिया जाना
75. मोटर टैक्सियों को किराये पर देने हेतु स्कीम
76. प्राइवेट सेवावाहन परमिट हेतु आवेदन
77. माल वाहन परमिट हेतु आवेदन
78. माल वाहन परमिट हेतु आवेदन पर विचार किया जाना
79. माल वाहन परमिट का दिया जाना
80. परमिटों हेतु आवेदन करने तथा उन्हें देने की प्रक्रिया
81. परमिटों की समयावधि तथा उनका नवीनीकरण
82. परमिट का अन्तरण
83. वाहनों का बदल जाना
84. सभी परमिटों से संलग्न साधारण शर्तें
85. परमिटों का साधारण प्रारूप
86. परमिटों का रद्द किया जाना तथा उनका निलम्बन
87. अस्थायी परमिट
88. जिस प्रदेश में परमिट दिए गए हैं, उससे बाहर उनका उपयोग किए जाने हेतु उनका विधिमान्यकरण
89. अपील
90. पुन: निरीक्षण
91. ड्राइवरों के कार्य के घण्टों के बारे में निलम्बन
92. दायित्व का प्रतिबन्ध करने वाली संविदाओं का अमान्यकरण
93. अभिकर्ता या प्रचारक द्वारा लाइसेन्स प्राप्त करना
94. सिविल न्यायालयों की अभिकारिता का वर्णन
95. मंजिले वाहनों तथा ठेका गाड़ियों के लिए राज्य सरकार की नियम बनाने की शक्ति
96. इस अध्याय के प्रयोजनों के लिए राज्य सरकार की नियम बनाने की शक्ति

अध्याय-6
राज्य परिवहन उपक्रमों के बारे में विशेष उपबन्ध
Special Provisions Related to State Transport Undertaking

इस अध्याय के अन्तर्गत निम्न धाराओं को सम्मिलित किया गया है

97. परिभाषाएँ
98. अध्याय–5 तथा अन्य कानूनों के विरुद्ध मान्यता का अध्याय
99. राज्य परिवहन नियमों की सड़क परिवहन सेवाओं के लिए सुझाव को तैयार करके प्रिन्ट करना
100. सुझाव
101. कुछ स्थितियों में राज्य परिवहन नियम द्वारा अतिरिक्त सेवाओं को क्रियान्वित करना
102. योजना में परिवर्तन या निरस्त करना
103. राजकीय परिवहन नियमों को लाइसेन्स जारी करना
104. अधिसूचित क्षेत्र को आज्ञा-पत्र जारी करने की प्रतिबद्धता
105. राहत और उसे प्रदान करने के सिद्धान्त एवं विधि
106. वाहनों में मिली किसी वस्तु का निपटारा
107. राज्य सरकार की नियम बनाने की शक्तियाँ
108. राज्य सरकार की कुछ शक्तियों का केन्द्र सरकार द्वारा उपयोग करना।

अध्याय-7
मोटर वाहनों का निर्माण, उपस्कर और अनुरक्षण
Construction, Equipment and Maintenance of Motor Vehicles

इस अध्याय के अन्तर्गत निम्न धाराओं को सम्मिलित किया गया है

109. वाहनों के निर्माण और अनुरक्षण सम्बन्धी साधारण उपबन्ध

इसके अन्तर्गत निम्न तथ्य सम्मिलित किए गए हैं

1. प्रत्येक मोटर वाहन का निर्माण तथा अनुरक्षण इस प्रकार किया जाए कि वह प्रभावी रूप से चलाने वाले व्यक्ति के नियन्त्रण में रहे।
2. जब तक मोटर वाहन में विविध प्रकार की यान्त्रिक या वैद्युतिक संकेत युक्तियाँ न लगी हों, तब तक प्रत्येक मोटर वाहन ऐसे निर्मित किया जाएगा कि उसमें स्टीयरिंग नियन्त्रण दायीं ओर हो।

3. केन्द्र सरकार की ओर से यदि विहित किया जाए कि लोकहित में ऐसा करना आवश्यक है, तो वह शासकीय राजपत्र में प्रकाशित आदेश द्वारा यह अधिसूचित कर सकेगी कि किसी विनिर्माता द्वारा उपयोग में लाई जाने वाली कोई वस्तु या प्रक्रिया ऐसे मानक के अनुरूप होगी, जो उस आदेश में विनिर्दिष्ट किया जाए।

110. केन्द्रीय सरकार की नियम बनाने की शक्ति

इसके अन्तर्गत निम्न तथ्यों को सम्मिलित किया गया है

1. केन्द्रीय सरकार मोटर वाहनों तथा ट्रेलरों के निर्माण, उपस्कर और अनुरक्षण का विनियमन करने हेतु नियम बना सकेगी।
2. उपधारा (1) के अधीन उसमें वर्णित बातों को शासित करने वाले नियम बनाए जा सकेंगे जिसके अन्तर्गत ऐसी बातों का अनुपालन सुनिश्चित कराने की रीति बनाई जाए जिसमें साधारण मोटर वाहनों, ट्रेलरों, किसी विशिष्ट वर्ग या परिस्थितियों में मोटर वाहन का अनुरक्षण भी हो।
3. इस धारा में
   (i) केन्द्र सरकार किसी वर्ग के मोटर वाहनों को इस अध्याय के उपबन्धों से छूट दे सकेगी।
   (ii) राज्य सरकार किसी वर्ग के मोटर वाहनों को उपधारा (1) के अधीन बनाए गए नियमों और, ऐसी शर्तों के अधीन छूट दे सकेगी जो केन्द्र सरकार द्वारा विहित की जाएँ।

111. राज्य सरकार की नियम बनाने की शक्ति

इसके अन्तर्गत निम्न तथ्यों को सम्मिलित किया गया है

1. कोई राज्य सरकार मोटर वाहनों और ट्रेलरों के निर्माण, उपस्कर तथा अनुरक्षण का विनियमन करने के लिए धारा 110 की उपधारा (1) में विनिर्दिष्ट तथ्यों से भिन्न नियम बना सकेगी।
2. पूर्वगामी शक्ति की व्यापकता पर प्रतिकूल प्रभाव डाले बिना, इस धारा के अधीन या तो साधारणत: मोटर वाहनों या ट्रेलरों या किसी विशिष्ट परिस्थिति में निम्नलिखित सभी तथ्यों के बारे में नियम बना सकेगी
   (i) सार्वजनिक सेवा वाहनों में बैठने की व्यवस्था तथा मौसम से यात्रियों का संरक्षण।
   (ii) कुछ समय पर या कुछ स्थानों पर सुनाई देने वाले संकेतों के प्रयोग पर प्रतिबन्ध।
   (iii) ऐसी सामग्री को प्रतिबन्धित करना जिनसे खतरा होने की सम्भावना हो।
   (iv) विहित प्राधिकारियों द्वारा वाहनों का नियतकालिक परीक्षण और निरीक्षण तथा ऐसे परीक्षण हेतु प्रभारित की जाने वाली फीस।
   (v) पंजीकरण चिन्हों से भिन्न विशिष्टियाँ, जो वाहनों पर प्रदर्शित की जानी हों और वह रीति जिससे वे प्रदर्शित की जाएँगी।
   (vi) मोटर वाहनों के साथ ट्रेलरों का उपयोग।

अध्याय-8
यातायात का नियन्त्रण
Traffic Control

इस अध्याय के अन्तर्गत निम्न धाराओं को सम्मिलित किया गया है

112. गति सीमा

इसके अन्तर्गत निम्न तथ्यों को सम्मिलित किया गया है

1. कोई व्यक्ति किसी सार्वजनिक स्थल पर किसी मोटर वाहन को अधिकतम गति से अधिक गति पर नहीं चलाएगा और न ही चलाने देगा जो इस अधिनियम के अधीन या उस समय प्रवृत्त किसी अन्य विधि से उस गाड़ी के लिए निर्धारित की गई है।
2. यदि राज्य सरकार या ऐसे किसी प्राधिकारी का जो सम्बन्धित राज्य सरकार द्वारा प्राधिकृत हो, सार्वजनिक सुरक्षा या सुविधा की दृष्टि से या किसी सड़क या पुल के स्वरूप के कारण यह आवश्यक है कि मोटर वाहनों की गति सीमित की जाए, इसके लिए वह राज्य सरकार अथवा प्राधिकारी राजपत्र में अधिसूचना द्वारा धारा 116 के अधीन उचित स्थानों पर यातायात चिन्ह लगवाकर मोटर वाहन या किसी अन्य वर्ग के वाहन या ऐसा मोटर वाहन जिसके साथ ट्रेलर या किसी विशिष्ट क्षेत्र अथवा विशिष्ट सड़क के लिए ऐसी अधिकतम गति सीमाएँ या न्यूनतम गति सीमाएँ नियत कर सकती हैं।
3. इस धारा का कोई तथ्य, धारा 60 के अधीन रजिस्ट्रीकृत किसी वाहन पर उस समय लागू नहीं होगा जब उसका उपयोग युद्ध के अभ्यास तथा खुले क्षेत्र में तोप चलाने आदि के अभ्यास के लिए किया जा रहा हो।

113. भार की सीमाएँ तथा उपयोग की सीमाएँ

इसके अन्तर्गत निम्न तथ्यों को सम्मिलित किया गया है

1. राज्य सरकार प्रादेशिक परिवहन प्राधिकरणों द्वारा परिवहन वाहनों हेतु परमिट दिए जाने के सम्बन्ध में शर्तें विहित कर सकेगी तथा किसी क्षेत्र में या मार्ग पर ऐसी गाड़ियों का प्रयोग प्रतिबन्धित कर सकेगी।
2. कोई व्यक्ति किसी मोटर वाहन, जिसमें वातीय (pneumatic) टायर न लगे हों, ऐसे वाहन को किसी सार्वजनिक स्थान पर नहीं चलाएगा और न ही चलाने देगा।
3. कोई व्यक्ति किसी ऐसी मोटर वाहन या ट्रेलर को किसी सार्वजनिक स्थान पर नहीं चलाएगा, न ही चलाने देगा, जोकि
   (i) भार रहित, वाहन के पंजीकरण या प्रमाण-पत्र में विनिर्दिष्ट भार रहित, कुल भार में अधिक हो।
   (ii) भार सहित, वाहन के पंजीकरण या प्रमाण-पत्र में विनिर्दिष्ट भार सहित, कुल भार में अधिक हो।

4. यदि उपधारा (2) या (3) का उल्लंघन करके कोई ऐसा व्यक्ति मोटर वाहन या ट्रेलर चलाए जो उसका मालिक न हो, तो न्यायालय यह उपधारा लगा सकता है कि वह अपराध उस मोटर वाहन या ट्रेलर के मालिक के आदेशों या उसकी जानकारी से किया गया था।

114. वाहन का वजन तोलने की शक्ति

इसके अन्तर्गत निम्न तथ्यों को सम्मिलित किया गया है

1. यदि राज्य सरकार द्वारा मोटर वाहन विभाग के प्राधिकारी के पास यह विश्वास दिलाने का कारण है कि किसी मोटर वाहन या ट्रेलर का उपयोग धारा 113 का उल्लंघन करके किया जा रहा है, तो वह ड्राइवर से यह अपेक्षा करेगा कि वह वाहन का वजन तोलने के लिए किसी वजन तोलने वाले यन्त्र के पास ले जाए तथा उसे तोलने पर यह पाया जाए कि उस वाहन में भार से सम्बन्धित धारा 113 के उपबन्धों का किसी भी प्रकार उल्लंघन किया गया है, तो वह ड्राइवर को लिखित रूप में यह निर्देश दे सकता है कि वह अधिक वजन को अपने जोखिम पर उतार दे और वाहन या ट्रेलर को उस स्थान से तब तक न हटाए जब तक वाहन पर भार कम नहीं कर दिया जाता अन्यथा जब तक उस पर कोई ऐसी कार्यवाही न की जाए जिससे वह धारा 113 का पालन करे।
2. जहाँ उपधारा (1) के अधीन प्राधिकारी आदेशों को लिखित रूप में भेजता है, वहाँ माल वाहन के लिए वह अधिक भार परमिट करेगा। परमिट किए गए पृष्ठांकन का ब्यौरा उस प्राधिकारी को भी संसूचित करेगा, जिसने वह परमिट दिया था।

115. वाहनों के उपयोग को प्रतिबन्धित करने की शक्ति

यदि राज्य सरकार या राज्य सरकार द्वारा प्राधिकृत कोई अधिकारी सन्तुष्ट हो कि यह सार्वजनिक सुरक्षा या सुविधा के लिए आवश्यक है कि किसी भी सड़क या पुल पर कोई वाहन या किसी विशेष वर्ग के मोटर वाहन या ट्रेलर का उपयोग प्रतिबन्धित हो, तो वह राजपत्र में अधिसूचना द्वारा ऐसे अपवादों सहित तथा ऐसी शर्तों पर जो अधिसूचना में विनिर्दिष्ट की जाएँ, ऐसा कर सकेगा और जब ऐसा निर्देश पारित किया जाता है, तो तब वह सरकार या प्राधिकारी द्वारा धारा 116 के अधीन उचित स्थानों पर समुचित यातायात चिन्ह लगाएगा।

116. यातायात चिन्ह लगवाने की शक्ति

इसके अन्तर्गत निम्न तथ्यों को सम्मिलित किया गया है

1. (i) राज्य सरकार या राज्य सरकार द्वारा प्राधिकृत कोई प्राधिकारी धारा 112 की उपधारा (2) के अधीन निर्धारित गति सीमाओं को या धारा 115 के अधीन पारित किन्हीं प्रतिबन्धों को साधारण मोटर वाहन हेतु यातायात चिन्हों को सार्वजनिक जानकारी के लिए किसी सार्वजनिक स्थान पर लगवा सकेगा या लगाने देगा।
   (ii) राज्य सरकार या राज्य सरकार द्वारा प्राधिकृत कोई प्राधिकारी, राजपत्र में अधिसूचना द्वारा या अनुसूची के भाग (i) में निर्दिष्ट समुचित यातायात चिन्हें को उपयुक्त स्थानों पर लगवाकर, केन्द्र सरकार द्वारा बनाए गए चालन विनियमों के प्रयोजनों के लिए कुछ सड़कों को मुख्य सड़कों के रूप में अभिहित कर सकेगा।
2. ऐसे किसी प्रयोजन हेतु जिसके लिए अनुसूची में उपबन्ध किया गया है, उपधारा (1) के अधीन लगाए गए यातायात चिन्हों का आकार, रंग और प्रकार वही होगा और उनके वही अर्थ होंगे जोकि अनुसूची में दिए गए हैं।

   किन्तु राज्य सरकार या राज्य सरकार द्वारा प्राधिकृत कोई प्राधिकारी अनुसूची में दिए गए किसी चिन्ह पर शब्दों, अक्षरों अथवा अंकों का किसी ऐसी लिपि में प्रतिलेख जोड़ सकेगा जिसे राज्य सरकार ठीक समझे, परन्तु ऐसे प्रतिलेखों का आकार और रंग वही होगा जो अनुसूची में दिए गए चिन्हों का है।
3. उपधारा (1) में जैसा उपबन्धित है, उसके अतिरिक्त कोई भी यातायात चिन्ह किसी सड़क या उसके निकट नहीं लगाया जाएगा, किन्तु उन सभी चिन्हों को जो इस अधिनियम के प्रारम्भ में किसी सक्षम अधिकारी द्वारा लगवाए गए थे, इस अधिनियम के प्रयोजन हेतु यह समझा जाएगा कि वे उपधारा (1) के उपबन्धों के अधीन लगवाए गए यातायात चिन्ह हैं।
4. राज्य सरकार राजपत्र में अधिसूचना द्वारा किसी पुलिस अधिकारी को इस तथ्य हेतु प्राधिकृत कर सकेगी कि वह किसी ऐसे चिन्ह अथवा विज्ञापन को जो उसके अनुसार किसी यातायात चिन्ह के बहुत समरूप है तथा ड्राइवर के ध्यान को भंग कर सकता है, उसे हटा दे।
5. कोई भी व्यक्ति इस धारा के अधीन रखे गए किसी यातायात चिन्ह को न तो जानबूझकर हटाएगा और न ही परिवर्तित अथवा विरूपित करेगा।
6. यदि कोई व्यक्ति किसी यातायात चिन्ह को घटनावश हानि पहुँचाता है जिससे वह चिन्ह उस प्रयोजन हेतु व्यर्थ हो जाता है जिसके लिए उसे इस धारा के अधीन लगवाया गया था, तो वह व्यक्ति उस घटना के विषय में यथाशीघ्र रिपोर्ट करेगा या घटना के 24 घण्टे के अन्दर थाने में पुलिस अधिकारी को रिपोर्ट देगा।
7. अनुसूची (1) में दिए गए चिन्हों को मोटर यातायात से सम्बन्धित ऐसे अन्तर्राष्ट्रीय कन्वेन्शन के अनुरूप कर देने के प्रयोजन हेतु जिसका केन्द्र सरकार पक्षपात करती है, केन्द्र सरकार राजपत्र में अधिसूचना द्वारा किसी ऐसे चिन्ह में कोई परिवर्तन कर सकेगी तथा ऐसी अधिसूचना के अनुसार पहली बनी अनुसूची को संशोधित माना जाएगा।

117. पार्किंग स्थल तथा विराम स्थल

राज्य सरकार द्वारा प्राधिकृत कोई अधिकारी सम्बन्धित क्षेत्र में अधिकारिता रखने वाले स्थानीय प्राधिकारी से परामर्श करके ऐसे स्थानों को निर्धारित कर सकेगा जहाँ मोटर वाहन अनिश्चित समय तक ठहर सके।

इसके अतिरिक्त राज्य सरकार द्वारा प्राधिकृत अधिकारी वे स्थान निर्धारित कर सकेगा जहाँ सार्वजनिक सेवा वाहन, उतने समय से अधिक समय तक ठहर सके जितना यात्रियों को चढ़ाने-उतारने के लिए आवश्यक है।

118. चालन विनियम

केन्द्र सरकार राजपत्र में अधिसूचना द्वारा मोटर वाहनों को चलाने के लिए विनियम बना सकेगी।

119. यातायात चिन्हों का अनुसरण करने का कर्त्तव्य

इसके अन्तर्गत निम्न तथ्यों को सम्मिलित किया गया है

1. मोटर वाहन का प्रत्येक ड्राइवर वाहन को किसी अनिवार्य यातायात चिन्ह के अनुरूप और केन्द्र सरकार द्वारा बनाए गए नियमों के अनुरूप चलाएगा तथा उन सभी नियमों का पालन करेगा जो ऐसे किसी पुलिस अधिकारी द्वारा बनाए गए हों जो उस समय किसी सार्वजनिक स्थल पर यातायात का विनियमन कर रहा हो।
2. इस धारा में 'अनिवार्य यातायात चिन्ह' अनुसूची के भाग (1) में दिया गया कोई यातायात चिन्ह या उसी के अनुरूप कोई यातायात चिन्ह अभिप्रेत है जो धारा 116 की उपधारा (1) के अधीन मोटर वाहन यातायात को विनियमित करने के प्रयोजन हेतु लगाया गया है।

120. बायीं ओर के नियन्त्रित होने वाले वाहन

कोई भी व्यक्ति बायीं ओर के स्टीयरिंग द्वारा नियन्त्रित होने वाले किसी वाहन को सार्वजनिक स्थल पर तभी चलाएगा या चलाने देगा जब उसमें विभिन्न प्रकार की यान्त्रिक या विद्युत संकेतन युक्तियाँ लगी हुई हों और वे ऑन हों।

121. संकेत तथा संकेतन युक्तियाँ

किसी मोटर वाहन का ड्राइवर ऐसे संकेत उन अवसरों पर करेगा जो केन्द्र सरकार विहित करे।

122. वाहन को खतरनाक स्थिति में छोड़ना

कोई भी व्यक्ति किसी मोटर वाहन या ट्रेलर को किसी सार्वजनिक स्थल पर न तो ऐसी स्थिति में छोड़ेगा तथा न ही रहने देगा जिससे सार्वजनिक स्थल का उपयोग करने वाले अन्य व्यक्तियों या यात्रियों को खतरा, बाधा या असुविधा हो अथवा होने की सम्भावना हो।

123. रनिंग बोर्ड आदि पर सवारी करना

इसके अन्तर्गत निम्न तथ्यों को सम्मिलित किया गया है

1. मोटर वाहन का ड्राइवर किसी भी व्यक्ति को न तो रनिंग बोर्ड पर ले जाएगा और न ही किसी व्यक्ति को इस पर सवारी करने देगा।
2. कोई भी व्यक्ति मोटर वाहन के रनिंग बोर्ड या छत या बोनेट पर यात्रा नहीं करेगा।

124. टिकट अथवा पास के बिना यात्रा निषेध

कोई भी व्यक्ति किसी मंजिलें वाहन में यात्रा करने हेतु तभी प्रवेश करेगा या उसमें यात्रा करेगा जब उसके पास समुचित टिकट या पास हो, परन्तु जिन मंजिलें वाहनों में ऐसे टिकट देने का प्रबन्ध है, जिसे लेकर किसी व्यक्ति को यात्रा करनी होती है, उन मंजिलें वाहनों में कोई व्यक्ति प्रवेश कर सकेगा, किन्तु उनमें प्रवेश करने के पश्चात् शीघ्र वह अपना किराया कण्डक्टर या ड्राइवर को देगा तथा उस कण्डक्टर या ड्राइवर से अपनी यात्रा हेतु टिकट लेगा।

125. ड्राइवर को बाधा

मोटर वाहन चलाने वाला कोई भी व्यक्ति ऐसे स्थान पर किसी व्यक्ति को खड़ा रहने या बैठने या कोई वस्तु रखने की अनुमति नहीं देगा जिसके कारण ड्राइवर को वाहन पर अपना नियन्त्रण रखने में आपत्ति हो।

126. स्थिर वाहन

कोई भी व्यक्ति जो मोटर वाहन चला रहा हो, उस वाहन को किसी सार्वजनिक स्थान पर उस स्थिति में खड़ा नहीं रखेगा जब उस मोटर वाहन की यान्त्रिक क्रिया बन्द कर दी गई हो और ब्रेक लगा दिए गए हों या ऐसा कोई उपाय कर दिया गया हो जिससे यह पता चल जाए कि ड्राइवर की अनुपस्थिति में यह वाहन घटना के कारण चल नहीं सकता है।

127. सार्वजनिक स्थानों पर अकेला छोड़े गए मोटर वाहनों का हटाया जाना

इसके अन्तर्गत निम्न तथ्यों को सम्मिलित किया गया है

1. यदि कोई मोटर वाहन किसी सार्वजनिक स्थान पर 10 घण्टे या उससे अधिक अकेला छोड़ दिया जाए अथवा किसी ऐसे स्थान पर खड़ा कर दिया जाए जहाँ इस प्रकार वाहन खड़ा करना प्रतिबन्धित है वहाँ कोई पुलिस अधिकारी वाहन टोइंग (towing) सेवा द्वारा किसी अन्य साधन (व्हील क्लैम्पन युक्त) से उसे उस स्थान से हटवा सकता है।
2. यदि कोई अकेला छोड़ा गया, टूटा या जला हुआ या आंशिक रूप से खुला हुआ वाहन सार्वजनिक स्थान पर यातायात में रुकावट उत्पन्न कर रहा हो, तो उसे पुलिस अधिकारी जिसे अधिकारिता प्राप्त हो, वाहन टोइंग सेवा की सहायता से सार्वजनिक स्थान से तुरन्त हटवा सकता है।
3. यदि कोई वाहन उपधारा (1) अथवा (2) के अधीन किसी पुलिस अधिकारी द्वारा हटाए जाने के लिए प्राधिकृत किया गया हो, तो वाहन का मालिक सभी खर्चों तथा उसके अतिरिक्त किसी अन्य खर्चे के लिए उत्तरदायी होगा।

128. ड्राइवरों तथा पीछे बैठी सवारियों हेतु सुरक्षा उपाय

इसके अन्तर्गत निम्न तथ्यों को सम्मिलित किया गया है

1. दो पहिये वाले वाहन (मोटर साइकिल आदि) पर ड्राइवर अपने अतिरिक्त एक से अधिक व्यक्ति नहीं ले जाएगा और ऐसा कोई व्यक्ति ड्राइवर की सीट के पीछे उपयुक्त सुरक्षा उपयोग हेतु वाहन में लगी हुई सीट पर बैठाकर ही ले जाया जाएगा।
2. केन्द्रीय सरकार उपधारा (1) में बताए गए सुरक्षा उपायों के अतिरिक्त दो पहिया मोटर साइकिल तथा उस पर बैठी सवारियों हेतु अन्य सुरक्षा उपाय लागू कर सकेगी।

129. सुरक्षा हैडगियर पहनना

किसी भी वर्ग की मोटर साइकिल को चलाने वाला अथवा उस पर सवारी करने वाला प्रत्येक व्यक्ति जब किसी सार्वजनिक स्थल पर हो, तो ऐसा सुरक्षा हैडगियर पहनेगा, जो भारतीय मानक ब्यूरो के मानकों के अनुसार हो।

130. लाइसेन्स और रजिस्ट्रीकरण प्रमाण-पत्र पेश करने का कर्त्तव्य

इसके अन्तर्गत निम्न तथ्यों को सम्मिलित किया गया है

1. किसी भी सार्वजनिक स्थान पर वाहन का ड्राइवर, वर्दी पहने किसी पुलिस अधिकारी द्वारा लाइसेन्स पेश करने की माँग पर अपने लाइसेन्स को जाँच हेतु दिखाएगा।

2. किसी सार्वजनिक स्थान पर वाहन का कण्डक्टर, मोटर वाहन विभाग के अधिकारी द्वारा लाइसेन्स पेश करने की माँग पर अपने लाइसेन्स को जाँच हेतु दिखाएगा।
3. धारा 60 के अधीन रजिस्ट्रीकृत वाहन को छोड़कर, वाहन का मालिक या उसकी अनुपस्थिति में ड्राइवर, प्राधिकरण या पुलिस अधिकारी के माँग किए जाने पर वाहन बीमा पत्र जाँच प्रस्तुत करेगा।

   यातायात वाहन के सन्दर्भ में धारा 56 के अधीन फिटनेस प्रमाण-पत्र और लाइसेन्स प्रस्तुत करने के लिए कहा जा सकता है। यदि एक या एक से अधिक प्रमाण-पत्र हों, तो माँग के 15 दिन के अन्दर इन सभी की फोटो प्रति माँग करने वाले प्राधिकरण या अधिकारी को देगा।
4. उपधारा (2) में लिखित, वाहन ड्राइवर प्रमाण-पत्र अथवा उपधारा (3) के अधीन परमिट होने पर, केन्द्र सरकार द्वारा प्राधिकरण या पुलिस अधिकारी को विनिर्देशित अवधि के मध्य उपरोक्त प्रमाण-पत्र दिखा देता है, तो इस नियम का पालन किया माना जाएगा।

131. अज्ञात रेलवे क्रॉसिंग पर सावधानी बरतने के लिए ड्राइवर के कर्त्तव्य

अनुरक्षित रेलवे क्रॉसिंग से पूर्व वाहन ड्राइवर वाहन को रोकेगा। कण्डक्टर या यात्री या अटैण्डैण्ट किसी व्यक्ति को क्रॉसिंग पर देखने हेतु भेजेगा कि किसी ओर से सामने से रेल तो नहीं आ रही, यह सुनिश्चित होने पर क्रॉसिंग से वाहन को ले जाएगा।

यदि वाहन में अकेला ड्राइवर ही हो, तो ऊपर वर्णित कार्य उसे स्वयं ही करने होंगे।

132. कुछ स्थितियों में ड्राइवर के रोकने का कर्त्तव्य

इसके अन्तर्गत निम्न तथ्यों को सम्मिलित किया गया है

1. किसी वाहन का ड्राइवर, वाहन को एक स्थान पर आवश्यक समय तक विराम स्थिति में रोक सकेगा, परन्तु 24 घण्टे से अधिक नहीं रोकेगा। ये स्थितियाँ निम्नवत् हैं
   (i) किसी व्यक्ति, वाहन, पशु या सम्पत्ति की हानि करने पर पुलिस अधिकारी वाहन रुकवा सकता है।
   (ii) पशु इन्चार्ज, वाहन रोकने को कहे या पशु इन्चार्ज यह कहे कि पशु वाहन से भयभीत या अनियन्त्रित हो गया था, ऐसी किसी दुर्घटना की स्थिति में माँग करने पर वाहन के मालिक तथा दुर्घटना से प्रभावित व्यक्ति एवं वाहन का मालिक एक-दूसरे का नाम, पता इत्यादि लेंगे।
2. वाहन का ड्राइवर ऐसे व्यक्ति को जिसने अपना नाम व पता लिख कर दिया है और यह कथन किया है कि धारा 184 के अधीन ड्राइवर ने दण्डनीय अपराध किया है, अपना नाम व पता लिख कर देगा।
3. इस धारा में पशु शब्द से अभिप्राय कोई घोड़ा, गाय, ऊँट, गधा, सुअर, भेड़ और बकरियों से है।

133. वाहन के मालिक का जानकारी देने का कर्त्तव्य

ऐसे वाहन का मालिक, ड्राइवर या कण्डक्टर जो इस अधिनियम के अधीन किसी अपराध से जुड़े हुए हों, राज्य सरकार द्वारा प्राधिकृत अधिकारी या पुलिस अधिकारी द्वारा माँग किए जाने पर ड्राइवर अथवा कण्डक्टर से सम्बन्धित जानकारी (नाम, पता, लाइसेन्स से सम्बन्धित जानकारी) देगा।

134. दुर्घटना तथा किसी व्यक्ति को हुई क्षति की दशा में ड्राइवर का कर्त्तव्य

जब किसी वाहन के कारण हुई किसी दुर्घटना से किसी व्यक्ति को हानि पहुँचती है या किसी व्यक्ति की सम्पत्ति को हानि पहुँचती है, तो वाहन के ड्राइवर के निम्न कर्त्तव्य हैं

1. भीड़ के क्रोध या नियन्त्रण से बाहर वाले कारणों को छोड़कर घायल व्यक्ति को तुरन्त नजदीकी अस्पताल ले जाए। उसका कर्त्तव्य है कि कानूनी कार्यवाही की प्रतीक्षा किए बिना चिकित्सा सहायता दे। अवयस्क घायल की स्थिति में उसका संरक्षक या वयस्क घायल स्वयं कानूनी कार्यवाही की माँग कर सकता है।
2. किसी पुलिस अधिकारी द्वारा माँग किए जाने पर पूरी जानकारी दे तथा किसी पुलिस अधिकारी के उपस्थित न होने पर घटना की पूर्ण जानकारी देकर पुलिस स्टेशन में 24 घण्टे के अन्दर रिपोर्ट कराए।
3. उस बीमाकर्ता को जिसने बीमा पत्र जारी किया था, निम्न सूचनाएँ लिखित रूप में दें
   (i) बीमा पॉलिसी संख्या तथा उसकी वैधता की अवधि
   (ii) दुर्घटना की तिथि, समय तथा दुर्घटना का स्थान
   (iii) दुर्घटना में घायल या मृत व्यक्तियों का विवरण
   (iv) ड्राइवर का नाम तथा लाइसेन्स का विवरण

135. दुर्घटना की स्थिति की जाँच तथा सड़क के किनारे के लिए योजनाएँ

इसके अन्तर्गत निम्न तथ्यों को सम्मिलित किया गया है

1. राज्य सरकार राजपत्र में अधिसूचना द्वारा निम्न के लिए योजनाएँ बना सकती है
   (i) वाहन दुर्घटनाओं के कारण, अध्ययन तथा विश्लेषण
   (ii) राजमार्गों पर सुख-सुविधाएँ
   (iii) राजमार्गों पर यातायात सहायक चौकियाँ
   (iv) राजमार्गों पर ट्रकों के खड़ा रहने पर प्रतिबन्ध
2. किसी राज्य सरकार द्वारा इस धारा के अधीन बनाई गई प्रत्येक योजना के पूर्ण होने पर शीघ्र वह योजना राज्य विधानमण्डल के समक्ष रखी जाएगी।

136. दुर्घटना से सम्बन्धित वाहन का निरीक्षण

जब कोई वाहन दुर्घटनाग्रस्त हो जाता है, तो राज्य सरकार द्वारा प्राधिकृत कोई प्राधिकारी वाहन का निरीक्षण करेगा और उस प्रयोजन हेतु उस स्थान पर जा सकेगा जहाँ वह वाहन दुर्घटनाग्रस्त हुआ है अथवा वाहन को निरीक्षण हेतु किसी दूसरे स्थान पर ले जा सकेगा।

137. केन्द्र सरकार की नियम बनाने की शक्ति

केन्द्र सरकार निम्न तथ्यों हेतु नियम बना सकती है

1. धारा 121 के अधीन ऐसे संकेत जो किसी स्थिति में वाहन के ड्राइवर द्वारा प्रयोग किए जाएँगे।
2. वह रीति जिसमें धारा 130 के अधीन पुलिस अधिकारी को लाइसेन्स तथा प्रमाण-पत्र प्रस्तुत किए जाएँगे।

138. राज्य सरकार की नियम बनाने की शक्ति

इसके अन्तर्गत निम्न तथ्यों को सम्मिलित किया गया है

1. राज्य सरकार धारा 137 में विनिर्दिष्ट विषयों के अतिरिक्त इस अध्याय में दिए गए उपबन्धों को क्रियान्वित करने हेतु नियम बना सकती है।
2. पूर्वगामी शक्ति की व्यापकता पर प्रतिकूल प्रभाव डाले बिना निम्न तथ्यों हेतु नियम बना सकती है
   - (i) जो वाहन सड़क पर खड़े छोड़ दिए जाते हैं या सड़क पर खराब हो जाते हैं, उन्हें भार सहित हटाना तथा उनकी रक्षा करना।
   - (ii) वजन तोलने के यन्त्रों को लगाना तथा उनका उपयोग करना।
   - (iii) सड़क की सुविधाओं का प्रबन्ध एवं रख-रखाव करना।
   - (iv) दमकल वाहनों, रोगी वाहनों तथा अन्य विशेष वर्गों के वाहनों को इस अध्याय के अधीन कुछ उपबन्धों की शर्तों से छूट देना।
   - (v) पार्किंग स्थलों का रख-रखाव एवं प्रबन्ध करना तथा उनके उपयोग हेतु यदि कोई फीस हो, तो उसे निर्धारित करना।
   - (vi) वाहन को पहाड़ों की ढलान पर गियर लगाए बिना, किसी विशिष्ट स्थान पर चलाने पर प्रतिबन्ध लगाना।
   - (vii) वाहन द्वारा पैदल मार्ग या पटरी मार्ग के उपयोग हेतु प्रतिबन्ध लगाना।
   - (viii) किसी व्यक्ति को क्षति या किसी व्यक्ति की सम्पत्ति को क्षति अथवा यातायात में किसी भी प्रकार की बाधा का निवारण करना।
   - (ix) कोई अन्य तथ्य जो विहित किया जाना है।

अध्याय-9
अस्थायी रूप से भारत से जाने या भारत में आने वाले मोटर वाहन
Motor Vehicles Temporarily Leaving or Visiting India

इस अध्याय के अन्तर्गत एक ही धारा है जो निम्न है

139. केन्द्रीय सरकार की नियम बनाने की शक्ति।

अध्याय-10
कुछ स्थितियों में त्रुटि के बिना दायित्व
Liability Without Fault in Certain Cases

इस अध्याय के अन्तर्गत निम्न धाराओं को सम्मिलित किया गया है

140. त्रुटि न होने पर कुछ स्थितियों में मुआवजा प्रदान करने का दायित्व।
141. मृत्यु या स्थायी नि:शक्तता हेतु मुआवजे का दावा करने के अन्य अधिकार के बारे में उपबन्ध।
142. स्थायी नि:शक्तता
143. वर्ष 1923 के अधिनियम 8 के अधीन कुछ दावों का इस अध्याय में लागू होना।
144. अध्यारोही प्रभाव।

अध्याय-11
तीसरी पार्टी जोखिम के प्रति मोटर वाहनों का बीमा
Insurance of Motor Vehicles Against Third Party Risk

इस अध्याय के अन्तर्गत निम्न धाराओं को सम्मिलित किया गया है

145. परिभाषाएँ

इस अध्याय के अन्तर्गत निम्न परिभाषाएँ सम्मिलित हैं

1. **प्राधिकृत बीमाकर्ता** वह बीमाकर्ता जो सामान्य बीमा व्यापार (राष्ट्रीयकरण) अधिनियम, 1972 के 57 के अधीन बीमा कार्य करने के लिए प्राधिकृत किसी सरकारी बीमा निधि के अधीन भारत में कार्यरत हो।
2. **बीमा प्रमाण-पत्र** वह प्रमाण-पत्र जो किसी प्राधिकृत बीमाकर्ता द्वारा धारा 147 की उपधारा (3) के अनुसार दिया गया हो तथा इसके अन्तर्गत ऐसा कवर नोट भी है जो ऐसी अपेक्षाओं के अनुपालन में हो एवं जो निर्देशित किया जाए तथा जब किसी पॉलिसी के सम्बन्ध में एक अथवा अधिक प्रमाण-पत्र दिए गए हैं, वे सभी प्रमाण-पत्र अथवा प्रतिलिपि भी इसके अन्तर्गत आते हैं।
3. **उत्तरदायित्व** धारा 140 के अधीन किसी व्यक्ति की मृत्यु होने या किसी व्यक्ति के घायल होने की दशा में दायित्व।
4. **बीमा पॉलिसी** इसके अन्तर्गत बीमे का प्रमाण-पत्र सम्मिलित है।
5. **सम्पत्ति** इसके अन्तर्गत वाहन में ले जाया जा रहा सामान, सड़क, पुल, पेड़-पौधे, स्तम्भ तथा मील के पत्थर सम्मिलित हैं।

6. **रेसीप्रोकेटिंग** (reciprocating) **देश** इसके अन्तर्गत केन्द्र सरकार द्वारा सरकारी विज्ञप्ति में प्रकाशित ऐसे देश सम्मिलित हैं, जो पारस्परिकता के आधार पर सामान का आदान-प्रदान करते हैं।
7. **तीसरी पार्टी** इसके अन्तर्गत सरकार भी सम्मिलित होती है।

146. तीसरी पार्टी जोखिम के विरुद्ध बीमे की आवश्यकता

कोई भी व्यक्ति सार्वजनिक स्थान पर विभिन्न यात्रियों के साथ मोटर वाहन का उपयोग तभी करेगा या किसी अन्य व्यक्ति से तभी कराएगा या उसे करने देगा जब यथास्थिति उस व्यक्ति या उस अन्य व्यक्ति द्वारा वाहन के उपयोग के सम्बन्ध में कोई ऐसी बीमा पॉलिसी हो जो इस अध्याय के अनुपालन में हो।

147. पॉलिसियों की अपेक्षाएँ तथा दायित्व की सीमाएँ

इस अध्याय की अपेक्षाओं की पूर्ति हेतु बीमा पॉलिसी ऐसी होनी चाहिए, जोकि—

1. ऐसे व्यक्ति द्वारा दी गई हो जो प्राधिकृत बीमाकर्ता है।
2. पॉलिसी में विनिर्दिष्ट व्यक्ति अथवा वर्ग के व्यक्तियों का उपधारा (2) में विनिर्दिष्ट विस्तार तक निम्न के लिए बीमा करती हो
   (i) वाहन का किसी सार्वजनिक स्थान पर प्रयोग करते हुए किसी व्यक्ति की मृत्यु अथवा शारीरिक हानि पहुँचने पर, वाहन के मालिक का दायित्व।
   (ii) वाहन का किसी सार्वजनिक स्थान पर उपयोग करने से किसी सार्वजनिक सेवा वाहन के किसी व्यक्ति की मृत्यु या शारीरिक हानि पहुँचने पर, वाहन के मालिक का दायित्व।

148. रेसीप्रोकेटिंग देशों में दी गई बीमा पॉलिसियों की विधिमान्यता

भारत तथा किसी रेसीप्रोकेटिंग देश के बीच हुए समझौते के अनुसार, ऐसा कोई वाहन जो रेसीप्रोकेटिंग देश में पंजीकृत है या किसी ऐसे मार्ग पर अथवा क्षेत्र में चलता है जो दोनों देशों में पड़ता है तथा वाहन का उपयोग किए जाने के सम्बन्ध में रेसीप्रोकेटिंग देश में ऐसी बीमा पॉलिसी है

जो उस देश में बीमा निधि की अपेक्षाओं का अनुपालन करती है, वहाँ धारा 147 में किसी तथ्य के होते हुए धारा 164 के अधीन बनाए गए नियमों के अधीन वह पॉलिसी पूरे मार्ग या क्षेत्र में समझौते के अनुसार प्रभावी होगी।

149. तीसरी पार्टी जोखिम के सम्बन्ध में बीमाकृत व्यक्तियों के विरुद्ध निर्णय और पुरस्कारों की पुष्टि करने के लिए बीमाकर्ताओं के कर्त्तव्य

इसके अन्तर्गत निम्न तथ्यों को सम्मिलित किया गया है

1. यदि धारा 147 की उपधारा (3) के अधीन जारी पॉलिसी के अन्तर्गत किसी निर्णय से वह व्यक्ति प्रभावित होता है, तो बीमाकर्ता को धारा 147 की उपधारा (b) के अनुसार पॉलिसी में निहित दायित्वों की पूर्ति करनी होगी या धारा 163-A के अनुसार बीमाकर्ता को न्यायालय के निर्णय के अनुसार धनराशि, खर्चा, ब्याज आदि उपभोगी को देने होंगे।
2. किसी सुनवाई के दौरान, क्लेम ट्रिब्यूनल में, बीमाकर्ता को न्यायालय से उपधारा (1) के अनुसार नोटिस मिलता है या किसी व्यक्ति की सजा स्थगित होती है, तो उस स्थिति में निम्न कारणों से सिद्ध होता है कि पॉलिसी की विशेष धाराओं को तोड़ा गया है, तो बीमाकर्ता कोई राशि नहीं देगा—
   (i) (a) वाहन को किराये अथवा परिश्रमिक पर चलाने का परमिट में उल्लेख न करना।
   (b) गति परीक्षण में युक्त वाहन।
   (c) यातायात वाहन के सन्दर्भ में परमिट द्वारा जिन कार्यों को करने हेतु वाहन को प्रयोग करने की स्वीकृति न हो, वे कार्य करना।
   (d) साइड कार संलग्न किए बिना, जब वाहन मोटर साइकिल हो।
   (ii) ड्राइवर के अतिरिक्त अथवा लाइसेन्स में नामित व्यक्ति के अतिरिक्त कोई अन्य व्यक्ति वाहन चलाता हो।
   (iii) युद्ध, सिविल युद्ध, उपद्रव, झगड़ों में चोट लगने को छोड़कर।
3. यदि विदेशी बीमाकर्ता प्रमाणीकृत न हो, तो भारतीय न्यायालय द्वारा दिए गए निर्णय के अधीन उपधारा (1) के अन्तर्गत उपभोगी को लाभ देना होगा तथा उपधारा (2) के अधीन कोई लाभ नहीं देना होगा।
4. यदि उस बीमा पॉलिसी की कोई धारा, उस कार्य को करने की स्वीकृति न देती हो और यदि बीमाकर्ता ने राशि दे दी हो, तो बीमाकर्ता इस राशि को वापस ले सकता है।
5. यदि व्यक्ति के दायित्व की पूर्ति हेतु पॉलिसी राशि से अधिक धन दिया गया हो, तो बीमाकर्ता पॉलिसी की राशि के अतिरिक्त दी गई धनराशि को वापस ले सकता है।
6. किस प्रीमियम व अनुबन्ध के आधार पर एवं कौन-सी पॉलिसी ली थी तथा पॉलिसी किन दायित्वों को स्वीकार्यता देती है तथा किन्हें अस्वीकार करती है।
7. जिस बीमाकर्ता को उपधारा (2) या उपधारा (3) के अधीन नोटिस मिला हो, वह अपने दायित्वों को टाल सकता है। यदि उसे रेसीप्रोकेटिंग देश के नियमानुसार या उपधारा (2) व उपधारा (3) के अनुसार छूट मिली हो।

150. बीमाकर्ता व्यक्ति के दिवालिया होने पर बीमाकर्ताओं के विरुद्ध तीसरी पार्टी के अधिकार

इसके अन्तर्गत निम्न तथ्यों को सम्मिलित किया गया है

1. इस अध्याय के प्रावधानों के अनुसार, यदि किसी बीमा संविदा के अधीन किसी व्यक्ति का बीमा उन दायित्वों के लिए किया गया है जो वह तीसरी पार्टी को दे सकता है।
   (i) यदि व्यक्ति दिवालिया हो जाए अथवा अपने ऋणदाता से व्यवस्था करता हो।
   (ii) कम्पनी के बन्द दिवालिया होने पर मैनेजर या रिसीवर दायित्व लेता हो। इस घटना के पश्चात् अथवा पूर्व, उसे तीसरी पार्टी के अधिकार मिल जाएँगे।
2. जहाँ ऋणी व्यक्ति से दिवालियापन के समाप्त होने पर सम्पदा अधिकारी ने थर्ड पार्टी के नाम बीमे के अधिकार जारी किए हैं।

3. इस अध्याय के अन्तर्गत जारी पॉलिसी की कोई ऐसी धारा जो परोक्ष अथवा अपरोक्ष रूप से पॉलिसी में परिवर्तन या अधिकारों से तीसरी पार्टी प्रभावित होती हो। उपधारा (a) या उपधारा (b) की धारा (1) का दिवालियापन पर कोई प्रभाव नहीं होगा।
4. हस्तान्तरण की स्थिति में बीमाकर्ता को उपधारा (1) या उपधारा (2) के अन्तर्गत तीसरी पार्टी के प्रति अपनी जिम्मेदारी निभानी होगी, परन्तु (a) यदि बीमाकर्ता का दायित्व, बीमा कराने वाले व्यक्ति से अधिक तीसरी पार्टी की ओर बनता हो, तो इस अध्याय के अन्तर्गत अधिक राशि के लिए बीमा कराने वाले व्यक्ति के अधिकार प्रभावित नहीं होंगे तथा (b) यदि तीसरी पार्टी का दायित्व, बीमा कराने वाले व्यक्ति के दायित्व से कम हो, तो इस नियम से तीसरी पार्टी के अधिकार प्रभावित नहीं होंगे।

151. बीमे के विषय में जानकारी देने का कर्त्तव्य

इसके अन्तर्गत निम्न तथ्यों को सम्मिलित किया गया है

1. कोई भी व्यक्ति जिसके विरुद्ध धारा 147 की उपधारा (1) के खण्ड (ii) में निर्दिष्ट किसी दायित्व के सन्दर्भ में कोई दावा किया जाता है, तो दावा करने वाले व्यक्ति के द्वारा अथवा उसकी माँग करने पर यह बताने से मना नहीं करेगा कि उस दायित्व के सन्दर्भ में किसी ऐसी पॉलिसी द्वारा जो इस अध्याय के उपबन्धों के अधीन दी गई है, उसका बीमा किया हुआ है या नहीं अथवा यदि बीमाकर्ता ने पॉलिसी शून्य या रद्द न कर दी हो, तो वह इस प्रकार बीमाकृत रहता है या नहीं और वह उस दशा में जिसमें वह बीमाकृत है, उस पॉलिसी से सम्बन्धित ऐसी विशिष्टियाँ देने से मना नहीं करेगा जो उसके सन्दर्भ में दिए गए बीमा प्रमाण-पत्र में विनिर्दिष्ट थीं।
2. किसी व्यक्ति के दिवालिया हो जाने की स्थिति में उसे अथवा उसके द्वारा अथवा निर्णय द्वारा घोषित व्यक्ति को अधिकाधिक जमीन या बीमे की जानकारी देनी होगी।
3. यदि बीमा कराने वाले किसी व्यक्ति को सूत्र से पता चलता है कि बीमाकर्ता ने बीमा अधिकार किसी अन्य व्यक्ति को हस्तान्तरित कर दिया है, तो बीमाकर्ता को उसके प्रति दायित्व निभाना होगा।
4. जिस मौजूदा व्यक्ति के पास प्रीमियम रसीदें, इन्श्योरेन्स पत्र तथा अन्य सम्बन्धित दस्तावेज हों, इस धारा के अन्तर्गत बीमाकर्ता इन्हें देख सकता है व इनकी फोटो प्रति प्राप्त कर सकता है।

152. बीमाकर्ताओं तथा बीमा कराने वाले व्यक्तियों के मध्य समझौता

इसके अन्तर्गत निम्न तथ्यों को सम्मिलित किया गया है

1. किसी ऐसे दावे के सन्दर्भ में जो धारा 147 की उपधारा (1) के खण्ड (ii) में निर्दिष्ट दायित्वों के लिए तीसरी पार्टी को सम्मिलित करेगा तभी समाधान मान्य होगा।
2. जिस व्यक्ति को इस नियम के अधीन बीमा दिया जाना हो और यदि वह दिवालिया हो जाता है और अधिकार किसी दूसरे के नाम हो जाते हैं। यदि इस सन्दर्भ में बीमाकर्ता और बीमा कराने वाले व्यक्ति के मध्य समझौता, उसके दिवालिया होने के बाद होता है, तो तीसरी पार्टी के लिए बीमे का कोई अर्थ नहीं है।

153. धारा 150, धारा 151 तथा धारा 152 के सन्दर्भ में सेविंग

इसके अन्तर्गत निम्न तथ्यों को सम्मिलित किया गया है

1. बीमाकर्ता को धारा 150, 151 तथा 152 के सन्दर्भ में बीमाकर्ता के रूप में कोई अन्य पॉलिसी के दायित्वों को पूरा करने की जिम्मेदारी नहीं है।
2. यदि एक कम्पनी अपनी इच्छा से बन्द या किसी अन्य कम्पनी में विलय होती है, तो वहाँ भी धारा 150, 151 तथा 152 के प्रावधान लागू नहीं होंगे।

154. बीमा करने वाले व्यक्ति के दिवालियापन से या तीसरी पार्टी के दावे से बीमाकर्ता के दायित्व पर प्रभाव न पड़ना

बीमाकर्ता व्यक्ति के दिवालिया होने पर वह बीमित होने के दायित्वों से अथवा तीसरी पार्टी दायित्वों से स्वयं को बचा नहीं सकता।

धारा 150 की उपधारा (2) या (1), धारा 147 की उपधारा (1) का (i) या नियम 150, 151, 152 के दायित्वों को पूरा करना ही होगा।

155. कुछ कार्यवाही के कारणों पर मृत्यु का प्रभाव

भारतीय उत्तराधिकार अधिनियम, 1925 के 39 की धारा 306 में यदि बीमा कराने वाले व्यक्ति की किसी कार्यवाही के दौरान मृत्यु हो जाती है, तो उसके बाद उसके अभिभावक को तीसरी पार्टी दावे का भुगतान करना होगा।

156. बीमा प्रमाण-पत्र का प्रभाव

जब बीमा कराने वाले व्यक्ति तथा बीमाकर्ता के मध्य समझौता हो गया हो तथा बीमा प्रमाण-पत्र जारी कर दिया गया हो, तब

1. यदि बीमा पॉलिसी अभी जारी न हुई हो जैसा कि बीमे की रसीद की शर्तों में लिखा है, तो अन्य व्यक्ति के सन्दर्भ में माना जाएगा कि पॉलिसी जारी कर दी गई है।
2. यदि बीमा रसीद पत्र के अनुबन्धों से पॉलिसी में कम अनुबन्ध लिखे हैं, तो अन्य व्यक्ति की जानकारी में माना जाएगा कि बीमा-रसीद प्रमाण पत्र के आधार पर सही है।

157. बीमा प्रमाण-पत्र को हस्तान्तरित करना

इसके अन्तर्गत निम्न तथ्यों को सम्मिलित किया गया है

1. इस अध्याय के अन्तर्गत यदि वाहन मालिक अपना वाहन किसी दूसरे के नाम हस्तान्तरित करता है, तो उसी तिथि से माना जाएगा कि वाहन बीमा प्रमाण-पत्र और पॉलिसी नए मालिक के नाम हो गई है।
2. नया मालिक हस्तान्तरित तिथि से 14 दिन के अन्दर विनिर्देशित फॉर्म भरकर बीमाकर्ता को पॉलिसी में नाम बदलने के लिए आवेदन करेगा।

158. कुछ दशाओं में कुछ प्रमाण-पत्रों, लाइसेन्सों और परमिटों का प्रस्तुत किया जाना

इसके अन्तर्गत निम्न तथ्यों को सम्मिलित किया गया है

1. कोई वर्दी पहने पुलिस अधिकारी, सार्वजनिक स्थल पर चल रहे वाहन चालक से निम्न की माँग कर सकता है
   (i) वाहन बीमा प्रमाण-पत्र
   (ii) वाहन पंजीकरण प्रमाण-पत्र
   (iii) वाहन चालक प्रमाण-पत्र
   (iv) यातायात वाहन के सन्दर्भ में नियम 56 के अन्तर्गत वाहन फिटनेस प्रमाण-पत्र और परमिट
2. यदि सार्वजनिक स्थल पर कोई व्यक्ति घायल या मृत्यु को प्राप्त हो जाता है और वाहन चालक उपधारा (1) के अधीन बताए गए अनुसार प्रमाण-पत्र न दिखा सके।

   तो वह नियम 134 की धाराओं की पूर्ति पुलिस स्टेशन में जाकर भी करा सकता है।
3. वाहन इन्श्योरेन्स प्रमाण-पत्र न दिखाने की स्थिति में व्यक्ति को उपधारा (1) या (2) के अन्तर्गत दोषी नहीं माना जाएगा, परन्तु ड्राइवर को अधिकारी के कहने पर 7 दिन के अन्तर्गत प्रमाण-पत्र दिखाना होगा।
4. वाहन के मालिक को जानकारी देनी होगी कि क्या कभी पहले भी नियम 146 की उल्लंघना की गई थी और चालक को इस नियम के अन्तर्गत वाहन इन्श्योरेन्स प्रमाण-पत्र दिखाने को कहा गया था।
5. वाहन इन्श्योरेन्स प्रमाण-पत्र या कोई अन्य साक्षी विनिर्देशित पत्र जाँच हेतु दिखाना।
6. किसी व्यक्ति को चोट लगने या किसी व्यक्ति की दुर्घटना में मृत्यु होने पर पुलिस ऑफिसर सम्पूर्ण जानकारी 30 दिन के अन्दर, उस क्षेत्राधिकार के क्लेम ट्रिब्यूनल, वाहन बीमाकर्ता और वाहन मालिक को प्रेषित करता है।

159. वाहन को प्रयोग करने के लिए प्राधिकरण को प्रमाण-पत्र के साथ प्रस्तुत करना

वाहन को चलाने का अधिकार देने से पूर्व प्राधिकरण, वाहन इन्श्योरेन्स प्रमाण-पत्र या अन्य दस्तावेज दिखाने के लिए कह सकता है।

160. दुर्घटनाग्रस्त वाहनों की विशिष्टियाँ देने का कर्त्तव्य

यदि कोई व्यक्ति क्षतिपूर्ति दावा, प्राधिकरण अथवा पुलिस अधिकारी अथवा बीमाकर्ता को प्राप्त कराने के लिए किसी चालक द्वारा की गई दुर्घटना के सन्दर्भ में करता है।

तो उसे केन्द्र सरकार द्वारा विनिर्देशित फीस जमा करानी होगी तथा दुर्घटना के विषय में सम्पूर्ण जानकारी (नाम, स्थान, क्षति, घटना) देनी होगी।

161. टक्कर मारकर भागने सम्बन्धी मोटर दुर्घटना हेतु मुआवजे के रूप में विशेष प्रावधान

इसके अन्तर्गत निम्न तथ्यों को सम्मिलित किया गया है

1. धारा 161, धारा 162 तथा धारा 163 तीनों के प्रयोजनों के लिए
   (i) **गम्भीर चोट** का वही अर्थ है, जो भारतीय दण्ड संहिता (1850 के 45) में उसका अर्थ है।
   (ii) **टक्कर मारकर भागने सम्बन्धी मोटर दुर्घटना** से आशय ऐसे मोटर वाहन से हुई दुर्घटना से है जिसकी पहचान इस प्रयोजन हेतु अनेक प्रयत्न करने के बाद भी निश्चित नहीं की जा सकती है।
   (iii) **स्कीम** से आशय धारा 163 के अधीन बनाई गई स्कीम से है।
2. साधारण बीमा व्यापार (राष्ट्रीयकरण) अधिनियम, 1972 के अन्तर्गत किसी तथ्य के होते हुए या इस अधिनियम की धारा 9 के अधीन बनाया गया भारतीय साधारण बीमा निगम और भारत में साधारण बीमा व्यापार करने वाली कम्पनियाँ, टक्कर मारकर भागने सम्बन्धी मोटर दुर्घटना से सम्बन्धित किसी व्यक्ति की मृत्यु या अत्यधिक शारीरिक क्षति के विषय में, इस अधिनियम और स्कीम के उपबन्धों के अनुसार मुआवजा प्रदान करने हेतु उपबन्ध करेंगी।
3. इस अधिनियम की स्कीम के उपबन्धों के अधीन रहते हुए
   (i) टक्कर मारकर भागने सम्बन्धी मोटर दुर्घटना के परिणामस्वरूप किसी व्यक्ति की मृत्यु के विषय में ₹ 25,000 की नियत राशि प्रतिकर अर्थात् मुआवजे के रूप में देनी होगी।
   (ii) टक्कर मारकर भागने सम्बन्धी मोटर दुर्घटना के परिणामस्वरूप किसी व्यक्ति की गम्भीर चोट के विषय में ₹ 12,500 की नियत राशि मुआवजे के रूप में देनी होगी।
4. धारा 166 की उपधारा (1) के उपबन्ध इस धारा के अधीन मुआवजे के रूप में आवेदन करने के प्रयोजन हेतु वैसे ही लागू होंगे जैसे कि वे उस उपधारा में निर्दिष्ट मुआवजे के लिए आवेदन करने के प्रयोजन हेतु लागू होते हैं।

162. धारा 161 के अन्तर्गत कुछ स्थितियों में प्रदान की गई राहत राशि की वापसी

इसके अन्तर्गत निम्न तथ्यों को सम्मिलित किया गया है

1. धारा 161 के अधीन किसी व्यक्ति की मृत्यु होने पर मुआवजा किसी दावे के बदले या उसकी पुष्टि के रूप में मुआवजे की रकम का उतना भाग, जितना भाग धारा 161 के अधीन मुआवजे के बराबर हो, बीमाकर्ता को वापस करना होगा।
2. किसी मोटर वाहन के उपयोग से किसी व्यक्ति की मृत्यु अथवा शारीरिक क्षति होने पर दुर्घटना के विषय में इस अधिनियम (धारा 161 से भिन्न) या किसी उपबन्ध के अधीन प्रतिकर का भुगतान करने के पूर्व ऐसा मुआवजा निश्चित करने वाला प्राधिकरण, न्यायालय या अन्य प्राधिकारी यह सत्यापित करेगा कि क्या ऐसी मृत्यु या शारीरिक क्षति के बारे में प्रतिकर धारा 161 के अधीन पहले ही भुगतान कर दिया गया था या उस धारा के अधीन मुआवजा के भुगतान हेतु कोई आवेदन किया गया है।

163. टक्कर मारकर भागने सम्बन्धी मोटर दुर्घटनाओं की दशा में मुआवजे के भुगतान हेतु स्कीम

इसके अन्तर्गत निम्न तथ्यों को सम्मिलित किया गया है

1. केन्द्र सरकार राजपत्र में अधिसूचना द्वारा एक स्कीम बनाएगी जिसमें वह रीति जिसके अनुसार स्कीम को साधारण बीमा निगम द्वारा लागू किया जाएगा, वह प्रारूप रीति और समय जिसके भीतर मुआवजे हेतु आवेदन किए जाएँगे वे अधिकारी अथवा प्राधिकारी जिन्हें ऐसे आवेदन किए जाएगे, वह प्रक्रिया जो ऐसे आवेदन पर विचार करने हेतु और उन पर आदेश पारित करने हेतु ऐसे अधिकारियों अथवा प्राधिकारियों द्वारा अनुसरित की जाएगी तथा स्कीम के प्रशासन एवं मुआवजे के सम्बन्ध में सभी अन्य विषय निर्दिष्ट किए जाएँगे।
2. उपधारा (1) के अधीन बनाई गई स्कीम में यह उपबन्ध किया जा सकेगा कि
   (i) उसके किसी भी उपबन्ध का उल्लंघन ऐसी अवधि के लिए जेल से जो विनिर्दिष्ट की जाएगी, परन्तु किसी भी दशा में तीन महीने से अधिक नहीं होगी या जुर्माने से जो उतनी राशि तक का होगा जो विनिर्दिष्ट की जाएगी, परन्तु किसी भी दशा में ₹ 500 से अधिक नहीं होगा या दोनों से दण्डनीय किया जाएगा।
   (ii) ऐसी स्कीम द्वारा जो किसी अधिकारी अथवा प्राधिकारी को प्रदत्त शक्तियाँ अथवा उस पर अध्यारोपित कर्त्तव्य ऐसे अधिकारी अथवा प्राधिकारी द्वारा केन्द्र सरकार के लिखित हों, किसी अन्य प्राधिकारी को प्रत्यायोजित किए जा सकेंगे।
   (iii) ऐसी स्कीम का कोई उपबन्ध उस तिथि से पूर्व नहीं होगा जो अधिनियम, 1939 के धारा 4 के अधीन स्थापित की गई थी।

164. केन्द्र सरकार की नियम बनाने की शक्ति

इसके अन्तर्गत निम्न तथ्यों को सम्मिलित किया गया है

1. केन्द्र सरकार इस अध्याय की धारा 159 में विनिर्दिष्ट विषयों से भिन्न उपबन्धों को क्रियान्वित करने के प्रयोजन हेतु नियम बना सकेगी।
2. पूर्वगामी शक्ति की व्यापकता पर प्रतिकूल प्रभाव डाले बिना ऐसे नियमों में उपबन्ध किया जा सकेगा।

अध्याय-12
दावा न्यायाधिकरण
Claims Tribunals

इस अध्याय के अन्तर्गत निम्न धाराओं को सम्मिलित किया गया है

165. दावा न्यायाधिकार
166. राहत के लिए प्रार्थना-पत्र
167. कुछ स्थितियों में राहत के दावों में विकल्प चुनने की छूट
168. दावा न्यायाधिकरण के फैसले
169. दावा न्यायाधिकरण की विधियाँ और शक्तियाँ
170. कुछ स्थितियों में बीमाकर्ता पर अभियोग
171. जहाँ किसी दावे के पक्ष में निर्णय हो, वहाँ ब्याज का लाभ देना
172. कुछ स्थितियों में राहत खर्चों का निर्णय
173. अनुरोध
174. बीमा करने वाले से, पूर्व भूमि राजस्व भुगतान राशि को वापस लेना
175. दीवानी न्यायालयों के क्षेत्राधिकार पर अंकुश
176. प्रादेशिक सरकार की नियम बनाने की शक्ति

अध्याय-13
अपराध, जुर्माना/दण्ड और प्रक्रिया
Offences, Penalties and Procedures

इस अध्याय के अन्तर्गत निम्न धाराओं को सम्मिलित किया गया है

177. अपराध की सजा के सामान्य प्रावधान
178. बिना पास या टिकट के यात्रा करने पर जुर्माना और कण्डक्टर द्वारा अपने कर्त्तव्य की अवहेलना करना तथा अनुबन्धित कैरिएज चलाने से मना करना।
179. आदेशों की अवहेलना, जानकारी देने में बाधा डालना और मना करना।
180. अनधिकारिक व्यक्ति को वाहन चलाने की अनुमति देना।
181. धारा 3 या धारा 4 के उल्लंघन में वाहनों को चलाना।
182. लाइसेन्स सम्बन्धी अपराध

182. A वाहनों की बनावट और देखभाल सम्बन्धी अपराधों की सजा

183. अत्यधिक गति पर चलाना
184. खतरनाक तरीके से वाहन चलाना
185. किसी व्यक्ति द्वारा नशे में या नशीले पदार्थों के प्रभाव में होते हुए वाहन चलाना।
186. मानसिक या शारीरिक रूप से अयोग्य होते हुए वाहन चलाना
187. दुर्घटना सम्बन्धी अपराधों के लिए दण्ड
188. कुछ अपराधों के लिए दण्ड
189. रेस करना और गति का अभ्यास करना
190. असुरक्षित दशा वाले वाहन का उपयोग करना
191. वाहन की ऐसी दशा में विक्रय या वाहन की ऐसी दशा में परिवर्तन, जिससे इस अधिनियम का उल्लंघन हो।
192. बिना पंजीकरण के वाहन का प्रयोग

192-A बिना परमिट के वाहन का प्रयोग

193. बिना समुचित अधिकार वाले अभिकर्ताओं और प्रचारकों के लिए दण्ड
194. अनुमतिक भार से अधिक भार वाले वाहन को चलाना
195. कुछ स्थितियों में न्यूनतम जुर्माना लगाना
196. बीमा न किए गए वाहन को चलाना

197. प्राधिकार के बिना वाहन ले जाना
198. वाहन के साथ अनाधिकृत छेड़छाड़ करना
199. कम्पनियों द्वारा अपराध
200. कुछ अपराधों का मिलान
201. सहज भाव में चलते यातायात में रुकावट डालने पर जुर्माना
202. बिना वारण्ट के कैद करने की शक्ति
203. श्वास परीक्षण
204. प्रयोगशाला परीक्षण
205. वाहन चलाने की अयोग्यता का अनुमान
206. पुलिस अधिकारी की दस्तावेज जब्त करने की शक्ति
207. पंजीकरण पत्र, परमिट आदि के बिना उपयोग किए गए वाहनों को रोकने की शक्ति
208. मामलों के निपटारे का सारांश
209. दोषसिद्धि पर रुकावट
210. न्यायालय द्वारा दोषसिद्धि की जानकारी भेजना

इस अध्याय में वर्णित सभी अपराधों तथा उनके जुर्माने/दण्ड को समझने हेतु नीचे दी गई तालिका का अवलोकन करें।

तालिका मोटर वाहन अधिनियम, 1988 की उल्लंघना के अन्तर्गत अपराध, जुर्माने तथा दण्ड का सारांश
(Summary of Offences, Penalties and Punished for Contravention of Motor Vehicle Act 1988)

धारा (Section)	**अपराध** (Offences)	**विधि** (Procedure)	**जुर्माना/कैद** (Penalties)
177	नियमों, व्यवस्थापन और विज्ञप्ति के प्रावधानों का विरोध करना	यदि कोई जुर्माना निर्धारित हो।	प्रथम बार ₹ 500 आगे से ₹ 1,500 हर बार।
178	बिना पास या टिकट के यात्रा करना	(i) पास न होना या प्रस्तुत करने से मना करना या पास न देना।	₹ 2000
		(ii) कण्डक्टर का दोष होना या वाहन ड्राइवर ही कण्डक्टर का काम करता हो।	₹ 2000
		(iii) यदि परमिट धारक या वाहन ड्राइवर, वाहन चलाने से मना या यात्री ले जाने से मना करता हो।	
		(a) दो या तीन पहियों के वाहन के सन्दर्भ में	₹ 2000
		(b) अन्य स्थितियों में	₹ 2000
179	आदेशों की जानबूझकर अवहेलना करना, निर्देशों में रुकावट देना या प्राधिकरण को जानकारी देने से मना करना।	यदि कोई जुर्माना दण्ड विनिर्देशित न हो।	₹ 2000 या एक महीने की कैद या दोनों।
180	वाहन ड्राइविंग लाइसेन्स की धाराओं के निरोध में	यदि व्यक्ति, अध्याय-3 व 4 के प्रावधानों को पूरा न करता हो।	₹ 5000 या 3 महीने की कैद या दोनों।
181	वाहन ड्राइविंग लाइसेन्स की धाराओं के विरोध में	यदि व्यक्ति, अध्याय -3 व 4 के प्रावधानों को पूरा न करता हो।	₹ 5000 या 3 महीने की कैद या दोनों।
182	(i) कानून के अन्तर्गत अयोग्य घोषित होने के बाद या वाहन ड्राइवर द्वारा सच्चाई को छुपाते हुए लाइसेन्स प्राप्त करना।	(i) यदि दोषी वाहन चलाता है या लाइसेन्स प्राप्त करने का आवेदन देता है।	₹ 10000 या 3 महीने की कैद या दोनों तथा लाइसेन्स रद्द किया जाना।
	(ii) अयोग्य घोषित कण्डक्टर दोबारा कण्डक्टर का काम करे या प्रार्थना-पत्र दे या लाइसेन्स प्राप्त कर ले।	(ii) जानबूझकर कण्डक्टर आदि का कार्यकर्ता होने पर	₹ 10000 या एक महीने की कैद और लाइसेन्स रद्द किया जाना।
182–A	वाहन के निर्माण और देखरेख सम्बन्धी प्रावधानों का उल्लंघन करने पर	धारा 109 के प्रावधानों की उल्लंघना पर	₹ 5000 प्रथम बार ₹ 10000 अगली बार से प्रति बार अपराध पर।

धारा (Section)	अपराध (Offences)	विधि (Procedure)	जुर्माना/कैद (Penalties)
183	(i) गति सीमा के विरुद्ध वाहन चलाना। (ii) अन्य व्यक्ति को वाहन चलाने देना।	(i) धारा 112 के प्रावधानों का उल्लंघन करने पर	₹ 1000 प्रथम बार ₹ 2,000 आगे से हर बार
		(ii) धारा 112 के प्रावधानों का उल्लंघन होने पर	₹ 1000 प्रथम बार ₹ 2000 आगे से हर बार
		(iii) साक्षी द्वारा अधिक गति की गवाही देने पर	एक साक्षी की गवाही पर कोई दण्ड नहीं, मैकेनिकल या इलेक्ट्रॉनिक उपकरण से गति का अनुमान होने पर।
		(iv) गति सीमा उल्लंघन किए बिना निदेशित समय में यात्रा पूरी न करना।	समय सारणी का प्रकाशक और यात्रा निर्देश देने वाला व्यक्ति दण्डनीय है।
184	खतरनाक गति पर वाहन चलाना	ऐसे वाहन चलाना खतरनाक है जिनसे लोगों, प्रकृति, परिस्थितियों और स्थलों आदि को नुकसान हो सकता हो।	₹ 5,000 प्रथम बार या 1 वर्ष की कैद ₹ 10,000 आगे के लिए या 2 वर्ष की कैद या दोनों, यदि दूसरा व इसके बाद का अपराध 3 वर्षों में किया गया हो।
185	नशे में वाहन चलाना या शराब पीकर वाहन चलाने का प्रयास करना या नशीले पदार्थों का सेवन करके वाहन चलाना।	यदि रक्त में एल्कोहॉल पाई गई।	₹ 10,000 प्रथम बार या 6 महीने की कैद, यदि 3 साल में दूसरी बार अपराध किया, तो ₹ 15,000 या 2 वर्ष की कैद।
186	वाहन चालन करते हुए किसी बीमारी से ग्रसित होना या किसी अपंगता से ग्रसित होना।	यदि इससे जनता को खतरा होने के स्रोत के रूप में जानें	₹ 1000 प्रथम बार व आगे से ₹ 2000 क्रमशः प्रति बार।
187	धारा 132 या 133 के प्रावधानों के विरोध में	दुर्घटना से सम्बन्धित अपराध में	₹ 5000 या 6 महीने की कैद या दोनों ₹ 10,000 या 1 वर्ष कैद या दोनों, ऊपरी सजा सहित।
188	किसी के कहने पर धारा 184, 185 या 186 के अन्तर्गत अपराध करना।	किसी के कहने पर अपराध करना	धारा 184 व 186 की तरह कैद अथवा दण्ड।
189	रेस करना या सार्वजनिक स्थल पर गति का अभ्यास करना।	राज्य सरकार की लिखित अनुमति के बिना रेस करना या इसका का अभ्यास करना।	₹ 5000 या तीन महीने की कैद या दोनों।
190	(i) वाहन के दोष आदि को जानते हुए जानबूझकर वाहन चलाना, खराब करना या वाहन चलाने की स्वीकृति देना।	(i) जानते हुए भी वाहन चलाना या वाहन के दोष को ज्ञात करने उचित कारण हो।	₹ 1500, यदि दुर्घटना से शारीरिक क्षति या सम्पत्ति को हानि हो, ₹ 5,000 या 6 महीने की कैद या दोनों।
	(ii) वाहन चलाते समय सड़क सुरक्षा, ध्वनि नियन्त्रण या वायु प्रदूषण के मानक मापदण्डों के निर्देशों की उल्लंघना करना।	(ii) सुरक्षा, शोर और वायु प्रदूषण मानकों का उल्लंघन होता हो।	₹ 10,000 या 6 महीने की कैद,पहली बार ₹ 10,000 क्रमशः अगली बार से क्रमशः।
	(iii) वाहन चलाते समय, इस नियम के प्रावधानों का उल्लंघन करना और खतरनाक तथा विस्फोटक सामग्री को वाहन में ले जाना।	(iii) खतरनाक या विस्फोटक सामान ले जाना।	₹ 10,000 पहली बार, ₹ 20,000 या 3 साल कैद या दोनों, दूसरी बार से क्रमशः।
191	इम्पोर्टर या बेचने वाला डीलर या बेचने का प्रयास करने या वाहन में बदलाव करने से अध्याय –7 के नियमों का उल्लंघन होता है।	अध्याय –7 या नियमों के अधीन, जानबूझकर उल्लंघना कार्यवाही करना।	₹ 500
		अनजाने की भावना से कार्यवाही करना।	कोई सजा नहीं।

धारा (Section)	**अपराध** (Offences)	**विधि** (Procedure)	**जुर्माना/कैद** (Penalties)
192	(i) धारा 39 के प्रावधानों का उल्लंघन करते हुए वाहन चलाना या चलाने का प्रयास करना या वाहन प्रयोग करने की छूट देना।	(i) वाहन चलाना या वाहन को प्रयोग करने के लिए तैयार करना आदि।	₹ 10,000 प्रथम बार, ₹ 10,000 या 1 वर्ष की कैद या दोनों, अगले अपराधों पर।
	(ii) आपातकालीन स्थिति में बीमारी या चोट लगने या भोजन पहुँचाने या फँसे लोगों को बचाने का सामान ले जाने या चिकित्सा का सामान आदि पहुँचाने के लिए वाहन चलाना।	(ii) आपातकालीन स्थिति में शर्त यह है कि सात दिनों में इसकी जानकारी मण्डलीय परिवहन प्राधिकरण को देनी होगी।	कोई सजा नहीं।
192-A	(i) धारा 66 के प्रावधानों का उल्लंघन करते हुए वाहन चलाने, चलाने का प्रयास करने या प्रयोग करने की स्वीकृति देना या रूट परमिट की उल्लंघना करना।	(i) धारा 66 के प्रावधानों व रूट परमिट की उल्लंघना करना।	6 महीने की कैद प्रथम बार ₹ 10,000 या 1 वर्ष की कैद या दोनों आगे के दण्ड के रूप में क्रमशः।
	(ii) यदि आपातकालीन स्थिति में वाहन का प्रयोग बीमारी या चोट या भोजन पहुँचाने आदि के सम्बन्ध में, दोनों कार्यों के लिए किया गया हो।	(ii) प्रयोगकर्ता को 7 दिन के अन्दर मण्डलीय परिवहन प्राधिकरण को जानकारी देनी होगी।	कोई दण्ड नहीं।
193	एजेन्ट या कन्वैसर के रूप में लगाना।	धारा 93 के प्रावधानों के उल्लंघन पर	₹ 1,000 प्रथम बार तथा ₹ 2,000 या 6 महीने की कैद या दोनों, आगे की पुनरावृत्ति पर।
194	(i) स्वीकृत भार से अधिक भार ले जाना या ले जाने की अनुमति प्रदान करना।	(i) धारा 113 या 114 के प्रावधानों की उल्लंघना पर	₹ 20,000 और ₹ 100 प्रति टन, अधिक भार पर, ऑफ लोडिंग सहित।
	(ii) वाहन रोकने और भार तुलवाने से मना करना।	(ii) प्राधिकरण के निर्देशों को न मानना	₹ 40,000
195	दूसरी बार या अधिक बार अपराध करना, जबकि पहले के अपराध को 3 वर्ष पूरे न हुए हों।	अपराध दोहराए जाने पर।	विनिर्देशित जुर्माना राशि के 1/4 से अधिक
196	धारा 146 के प्रावधानों की अवहेलना करते हुए वाहन चलाना या चलाने का प्रयास करना या वाहन चलाने की स्वीकृति देना।	धाराओं की उल्लंघना करते हुए वाहन चलाना।	₹ 2,000 या 3 महीने की कैद।
197	(i) वाहन मालिक की स्वीकृति के बिना वाहन ले जाना या चलाना।	(i) बिना स्वीकृति के ले जाना।	₹ 5000 या 3 महीने कैद या दोनों।
	(ii) जब्त करना या जबरदस्ती नियन्त्रण में लेना या शक्ति प्रयोग से या अन्य किसी रीति से धमकाना।	(ii) जब्त करना या जबरन वाहन नियन्त्रण करना।	₹ 5000 या 3 महीने की कैद या दोनों।
	(iii) उकसाना, बहकाना या उल्लंघन करते अपराध का प्रयास करना।	(iii) बहकावे के लिए।	₹ 5000 या 3 महीने की कैद या दोनों।
198	गैर-कानूनी विधि से प्रवेश करना, घूमना, ब्रेक खराब, छेड़छाड़ करना या वाहन यन्त्रावली से छेड़छाड़ करना।	छेड़छाड़, ब्रेक खराब करना आदि।	₹ 100
201	खराब हालत वाहन को ऐसी स्थिति में खड़ा करना, जिससे यातायात के सुचारु रूप से चलने में बाधा उत्पन्न होती है।	यातायात में बाधा देना।	₹ 500 प्रति घण्टा

अध्याय-14
विविध
Miscellaneous

इस अध्याय के अन्तर्गत निम्न धाराओं को सम्मिलित किया गया है

211. फीस लगाने की शक्ति
212. मुद्रण नियम बनाने और लागू करने की अवधि और आधिकारिक विज्ञप्ति
213. वाहन ड्राइवर ऑफिसरों की नियुक्ति
214. मौलिक प्राधिकरण द्वारा पारित फैसलों पर अनुरोध और पुन: फैसले का संशोधन करने का प्रभाव
215. सड़क सुरक्षा काउन्सिल तथा कमेटी
216. कठिनाइयाँ हटाने की शक्ति
217. खण्डन और बचाव करना

217-(A) वाहन आज्ञा-पत्र, वाहन अधिकार—पत्र और वाहन पंजीकरण—पत्र के नवीनीकरण को मोटर वाहन अधिनियम, 1939 के अन्तर्गत जारी करना।

10.2 दुर्घटना, कारण, विश्लेषण एवं ड्राइवर की जिम्मेदारी
Accidents, Causes, Analysis and Responsibility of Driver

दुर्घटना में शामिल वाहन का निरीक्षण

जब कोई दुर्घटना होती है जिसमें एक मोटर वाहन शामिल होता है तो राज्य सरकार द्वारा इस पर अधिकृत कोई भी व्यक्ति, वाहन का निरीक्षण कर सकता है। इस उद्देश्य के लिए वह व्यक्ति किसी भी परिसर जहाँ उस वाहन के होने की सम्भावना है, में प्रवेश कर सकता है और वाहन को परिक्षण के लिए ले जा सकता है। परन्तु उस व्यक्ति द्वारा वाहन को ले जाने की सूचना वाहन मालिक को अवश्य देनी होगी और औपचारिकता पूरी होने के पश्चात् वाहन को उसके मालिक को 24 घण्टे के अन्दर वापस करना होगा।

दुर्घटना और किसी व्यक्ति को चोट लगने की स्थिति में चालक की जिम्मेदारी

यदि किसी दुर्घटना के परिणामस्वरूप जब कोई व्यक्ति घायल हो जाता है या किसी तीसरे पक्ष की कोई सम्पत्ति क्षतिग्रस्त हो जाती है तो वाहन के चालक या वाहन मालिक की निम्नलिखित जिम्मेदारियाँ होती हैं

(i) घायल व्यक्ति तुरन्त ही प्राथमिक उपचार उपलब्ध कराए और उस व्यक्ति को निकट के अस्पताल में एडमिट कराएँ।

(ii) दुर्घटना की सूचना निकट के पुलिस स्टेशन में दे और यदि कोई पुलिस ऑफिसर उस समय उपस्थित न हो तो जितना जल्दी हो सके दुर्घटना की जानकारी पुलिस स्टेशन में देकर घायल व्यक्ति को चिकित्सा उपलब्ध कराए।

महत्त्वपूर्ण बिन्दु

- भारतीय वाहनों से सम्बन्धित मोटर वाहन अधिनियम सर्वप्रथम वर्ष 1914 में बनाया गया जिसमें समय-समय पर अनेक संशोधन हो चुके हैं। मोटर वाहन अधिनियम में 14 अध्याय, 217 धाराएँ तथा 2 अनुसूचियाँ हैं। अधिनियम के अध्याय 1 में दो धाराएँ हैं जिनमें संक्षिप्त नाम, विस्तार तथा परिभाषाएँ सम्मिलित हैं।
- आर्टिक्यूलेटिड वाहन ऐसा मोटर वाहन होता है जिसमें अर्द्धट्रेलर इस प्रकार जोड़ा गया हो कि ट्रेलर का कुछ भार वाहन भी वहन करे।
- कण्डक्टर, मंजिले वाहनों के सम्बन्ध में ऐसा अधिकृत व्यक्ति है जो यात्रियों से किराया प्राप्त करता है तथा मंजिले वाहनों में यात्रियों को प्रवेश कराने तथा उन्हें बाहर निकालने का कार्य करता है।
- ड्राइवर ऐसा व्यक्ति होता है जो उस वाहन के स्टीयरिंग का नियन्त्रण करता है, जिसे किसी अन्य वाहन द्वारा चलाया जाता है।
- भारी वाहन सामान ढोने वाला ऐसा वाहन होता है जिसका भार 12,000 किग्रा से अधिक होता है।
- हल्का मोटर वाहन कोई ऐसा परिवहन वाहन होता है जिसका कुल भार 7,500 किग्रा से अधिक न हो।
- वह प्राधिकरण ज्सिो अध्याय-4 के अधीन मोटर वाहनों के पंजीकरण करने का अधिकार प्राप्त हो, पंजीकृत प्राधिकरण कहलाता है।
- अध्याय-2 के अधीन मोटर वाहनों के ड्राइवरों को लाइसेन्स दिए जाने से सम्बन्धित नियम वर्णित हैं।
- धारा 18 के प्रावधानों के अनुसार 20 वर्ष से कम आयु का व्यक्ति यातायात वाहन को सार्वजनिक स्थल पर नहीं चला सकता है।
- किसी भी आवेदक को लर्निंग लाइसेन्स तब तक नहीं दिया जाएगा, जब तक वह लाइसेन्स अधिकारी के निरीक्षण में सम्बन्धित परीक्षा में उत्तीर्ण नहीं हो जाता।
- आवेदक की प्रार्थना सुनने के बाद पाया जाए कि वह शराब पीता है या नार्कोटिक ड्रग्स लेता है या उसका पूर्व लाइसेन्स उल्लंघित हो चुका है, तो प्रार्थी आदेश प्रति प्राप्त करने के लिए 30 दिन में अपील कर सकता है। कण्डक्टर लाइसेन्स को रिन्यू कराने के लिए फीस, ड्राइविंग लाइसेन्स की फीस की आधी होगी।
- यदि लाइसेन्स प्राधिकारी कण्डक्टर लाइसेन्स देने या उसे रिन्यू करने से मना करता है या उसे रद्द करता है, तब उसकी सूचना आवेदक को लिखित में दी जाएगी।
- मोटर वाहन का पंजीकरण कराने के लिए केन्द्रीय सरकार द्वारा जारी आवेदन फॉर्म को भरकर एवं उसके साथ माँगे गए दस्तावेजों को संलग्न करके निर्धारित दिनांक तक आवेदन फॉर्म को RTO कार्यालय में जमा करना होता है।
- किसी मोटर वाहन के मालिक का निवास स्थान या व्यापार का स्थान परिवर्तित होने पर उसे 30 दिन के अन्दर वाहन पंजीकरण प्रमाण-पत्र में नए पते को दर्ज कराना आवश्यक होता है।
- यदि वाहन नष्ट हो गया हो या उसकी रिपेयरिंग असम्भव हो, तो पंजीकरण प्रमाण-पत्र रद्द कर दिया जाता है।
- अध्याय-5 के अधीन परिवहन वाहनों के नियन्त्रण से सम्बन्धित विभिन्न धाराओं का वर्णन किया गया है। दो पहिये वाले वाहन पर ड्राइवर अपने अतिरिक्त एक से अधिक व्यक्ति नहीं ले जा सकता है।
- ड्राइवर द्वारा किसी व्यक्ति, वाहन, पशु या सम्पत्ति की हानि करने पर पुलिस अधिकारी वाहन रुकवा सकता है।
- अस्थायी रूप से भारत से जाने या भारत में आने वाले मोटर वाहन के सन्दर्भ में केन्द्र सरकार को नियम बनाने की शक्ति प्राप्त है।
- रेसीप्रोकेटिंग देशों के अन्तर्गत केन्द्र सरकार द्वारा सरकारी विज्ञप्ति में प्रकाशित ऐसे देश सम्मिलित हैं जो पारस्परिकता के आधार पर सामान का आदान-प्रदान करते हैं। किसी वाहन को चलाने का अधिकार देने से पूर्व प्राधिकरण, वाहन इन्श्योरेन्स प्रमाण-पत्र या अन्य दस्तावेज दिखाने के लिए कह सकता है।
- यदि कोई व्यक्ति ड्राइविंग लाइसेन्स से सम्बन्धित अध्याय के प्रावधानों को पूरा न करता हो, तो उस पर ₹ 5000 का जुर्माना या 3 महीने की कैद या दोनों दण्ड लगाए जा सकते हैं।
- प्रायः ऐसे वाहन चलाना खतरनाक होता है जिनसे लोगों, प्रकृति, परिस्थितियों और स्थलों आदि को नुकसान हो सकता हो।
- आपातकालीन स्थिति में वाहन चलाने पर सात दिनों में इसकी जानकारी मण्डलीय परिवहन प्राधिकरण को देनी आवश्यक होती है।
- किसी व्यक्ति द्वारा वाहन मालिक की स्वीकृति के बिना वाहन ले जाने या चलाने पर ₹ 5000 या 3 महीने की कैद या दोनों दण्ड उस पर लगाए जा सकते हैं। किसी कारणवश यातायात में बाधा उत्पन्न करने पर व्यक्ति से ₹ 500 प्रति घण्टा वसूले जाते हैं।
- वाहन आज्ञा-पत्र, वाहन अधिकार-पत्र और वाहन पंजीकरण पत्र के नवीनीकरण को मोटर वाहन अधिनियम, 1939 के अन्तर्गत जारी किया है।

महत्त्वपूर्ण प्रश्नोत्तरी

1. एक्सल भार से क्या आशय है?

उत्तर वाहन के एक्सल के भार सहित, उस एक्सल से बँधे पहियों का भार, जो वाहन की विरामावस्था में धरती की सतह पर पड़ता है।

2. चालक को परिभाषित कीजिए।

उत्तर ऐसा व्यक्ति, जो उस मोटर वाहन के स्टीयरिंग का नियन्त्रण करता हो जिसे किसी अन्य वाहन द्वारा चलाया जाता हो।

3. मैक्सी कैब कितने व्यक्तियों के बैठने या सवारी करने हेतु अनुकूलित है?

उत्तर मैक्सी कैब, ड्राइवर के अतिरिक्त अधिकतम 6 व्यक्तियों के बैठने या सवारी करने हेतु अनुकूलित है।

4. परिवहन वाहन को चलाने हेतु बनवाया गया ड्राइविंग लाइसेन्स कितने वर्ष के लिए वैध होता है?

उत्तर परिवहन वाहन को चलाने हेतु बनवाया गया ड्राइविंग लाइसेन्स 3 वर्ष तक के लिए वैध होता है।

5. लाइसेन्स पर पृष्ठांकन किस स्थिति में किया जाता है?

उत्तर जब न्यायालय या प्राधिकारी किसी व्यक्ति को लाइसेन्स रखने के अयोग्य घोषित कर देता है, तो उस स्थिति में उस व्यक्ति के लाइसेन्स पर पृष्ठांकन कर दिया जाता है।

6. यातायात चिन्ह लगवाने की शक्ति किसे प्राप्त है?

उत्तर यातायात चिन्ह लगवाने की शक्ति राज्य सरकार या राज्य सरकार द्वारा प्राधिकृत किसी प्राधिकारी को प्राप्त है।

7. 'उत्तरदायित्व' से आप क्या समझते हैं?

उत्तर धारा 140 के अधीन किसी व्यक्ति की मृत्यु होने या किसी व्यक्ति के घायल होने पर दायित्व, उत्तरदायित्व कहलाते हैं।

8. रेसीप्रोकेटिंग देश के अन्तर्गत कौन-कौन सम्मिलित हैं?

उत्तर रेसीप्रोकेटिंग देश के अन्तर्गत केन्द्र सरकार द्वारा सरकारी विज्ञप्ति में प्रकाशित ऐसे देश सम्मिलित हैं जो पारस्परिकता के आधार पर सामान का आदान-प्रदान करते हैं।

9. यदि व्यक्ति अध्याय-3 व 4 के प्रावधानों को पूरा न करता हो, तो उसके लिए क्या दण्ड निर्धारित किया गया है?

उत्तर यदि व्यक्ति अध्याय-3 व 4 के प्रावधानों को पूरा न करता हो, तो उसे ₹5000 से ₹10,000 तक का जुर्माना या 3 महीने की कैद या दोनों दण्ड दिए जा सकते हैं।

10. धारा 211 फीस लगाने की शक्ति किस अध्याय के अन्तर्गत आती है?

उत्तर धारा 211 फीस लगाने की शक्ति अध्याय-14 के अन्तर्गत आती है।

अभ्यास प्रश्न

परीक्षा प्रारूपी प्रश्न

बहुविकल्पीय

1. मोटर वाहन अधिनियम, 1988 में कितने अध्याय हैं?

(a) 10 (b) 12
(c) 14 (d) 16

2. मोटर वाहन अधिनियम की किस धारा में विभिन्न शब्दों को परिभाषित किया गया है?

(a) प्रथम (1) (b) द्वितीय (2)
(c) तृतीय (3) (d) इनमें से कोई नहीं

3. आर्टिक्यूलेटिड वाहन से आशय है

(a) ऐसा वाहन जिसमें संलग्न ट्रेलर का कुछ भार वाहन भी वहन करे
(b) ऐसा वाहन जिसमें ट्रेलर संलग्न हो
(c) ऐसा वाहन जिसमें ट्रेलर संलग्न न हो
(d) उपरोक्त में से कोई नहीं

4. प्राधिकरण अधिकारी द्वारा अध्याय-4 के प्रावधानों के अनुरूप जारी किया जाता है

(a) लर्नर लाइसेन्स (b) ड्राइविंग लाइसेन्स
(c) कण्डक्टर लाइसेन्स (d) वाहन पंजीकरण प्रमाण-पत्र

5. कॉन्ट्रैक्ट कैरेज वाहन के अन्तर्गत सम्मिलित नहीं है

(a) मैक्सी कैब (b) मोटर कैब
(c) मोटर साइकिल (d) इनमें से कोई नहीं

6. व्यक्ति जो स्टीयरिंग करता है और चलती गाड़ी को नियन्त्रित करता है .... कहलाता है।

(a) कण्डक्टर (b) ड्राइवर
(c) पैसेन्जर (d) टिकट चैकर

7. 'भारी सामान वाहन' का न्यूनतम कुल भार होता है
(a) 10,000 किग्रा (b) 20,000 किग्रा
(c) 15,000 किग्रा (d) 12,000 किग्रा

8. 'लाइट मोटर वाहन' का भार इससे अधिक नहीं बढ़ता है
(a) 12,000 किग्रा (b) 10,000 किग्रा
(c) 8,000 किग्रा (d) 6,000 किग्रा

9. स्टेज कैरेज में ड्राइवर के अतिरिक्त कितने यात्रियों को ले जाने की सुविधा होती है?
(a) 6 से कम (b) 6 से अधिक
(c) 6 (d) 2

10. वाहन के सबसे भारी पुर्जे या बॉडी सहित भार कहलाता है
(a) कुल भार (b) अनलोडेड भार
(c) लोडेड भार (d) सकल भार

11. अध्याय-2 की तृतीय (3) धारा वर्णित करती है
(a) ड्राइविंग लाइसेन्स की आवश्यकता
(b) वाहन चलाने के सम्बन्ध में आयु सीमा
(c) ड्राइविंग लाइसेन्स रखने पर प्रतिबन्ध
(d) उपरोक्त सभी

12. किसी सार्वजनिक स्थान पर वाहन चलाने हेतु व्यक्ति की कम-से-कम आयु होनी चाहिए
(a) 21 वर्ष (b) 16 वर्ष
(c) 18 वर्ष (d) 25 वर्ष

13. ड्राइविंग लाइसेन्स के नवीनीकरण के लिए किसकी आवश्यकता नहीं है?
(a) नियम 32 में निर्दिष्ट उपयुक्त फीस
(b) एप्लीकेन्ट की 3 हाल ही की फोटोग्राफ प्रतियाँ
(c) लर्निंग लाइसेन्स
(d) 3 [form1-A] में मेडिकल सर्टिफिकेट

14. मोटर वाहनों के कण्डक्टरों का लाइसेन्स किस अध्याय के अन्तर्गत सम्मिलित है?
(a) अध्याय-1 (b) अध्याय-2
(c) अध्याय-3 (d) अध्याय-4

15. कण्डक्टर लाइसेन्स पर निम्न में से कौन-सी धारा लागू नहीं होती है?
(a) धारा 6 की उपधारा (2)
(b) धारा 25 की उपधारा (1)
(c) धारा 2 की उपधारा (2)
(d) धारा 24

16. निम्न में से किस स्थिति में पंजीकरण प्रमाण-पत्र के नवीनीकरण से मना किया जा सकता है?
(a) वाहन चुराया गया हो
(b) वाहन यान्त्रिक रूप से खराब हो
(c) वाहन नियमों का पालन करने में असफल रहा हो
(d) उपरोक्त सभी

17. पंजीकरण चिन्ह हेतु देरी से आवेदन करने पर कितनी धनराशि आर्थिक दण्ड के रूप में ली जा सकती है?
(a) ₹ 500 (b) ₹ 300
(c) ₹ 1,000 (d) ₹ 50

18. निवास स्थान या व्यापार के स्थान के परिवर्तित होने पर कितने दिन के अन्दर वाहन पंजीकरण प्रमाण-पत्र में नए पते को दर्ज कराना आवश्यक है?
(a) 15 दिन (b) 10 दिन
(c) 30 दिन (d) 50 दिन

19. निम्न में से किस स्थिति में वाहन का पंजीकरण रद्द किया जा सकता है?
(a) यदि वाहन नष्ट हो गया हो
(b) यदि वाहन की रिपेयरिंग असम्भव हो
(c) यदि इंजन नम्बर या अन्य जानकारी गलत दी गई हों
(d) उपरोक्त सभी

20. 'परिवहन वाहनों का नियन्त्रण' किस अध्याय के अन्तर्गत वर्णित है?
(a) अध्याय-2 (b) अध्याय-6 (c) अध्याय-5 (d) अध्याय-3

21. अध्याय-7 के अन्तर्गत वर्णित है
(a) परिवहन वाहनों का नियन्त्रण
(b) मोटर वाहनों का निर्माण, उपस्कर और अनुरक्षण
(c) यातायात का नियन्त्रण
(d) पंजीकरण

22. निम्न में से किस स्थिति में वाहन का ड्राइवर वाहन को किसी स्थान पर रोक सकता है?
(a) किसी व्यक्ति अथवा व्यक्ति की सम्पत्ति की हानि होने पर
(b) किसी वाहन को क्षति पहुँचाने पर
(c) किसी पशु को क्षति पहुँचाने पर
(d) उपरोक्त सभी

23. दुर्घटना या किसी व्यक्ति को चोट पहुँचाने पर ड्राइवर द्वारा बीमाकर्ता को निम्न में से कौन-सी सूचना देनी आवश्यक नहीं है?
(a) बीमा पॉलिसी संख्या
(b) दुर्घटना में घायल या मृत व्यक्तियों का विवरण
(c) ड्राइविंग लाइसेन्स का विवरण
(d) दुर्घटना का कारण

24. अस्थायी रूप से भारत से जाने या भारत में आने वाले मोटर वाहन हेतु नियम बनाने की शक्ति प्राप्त है
(a) केन्द्र सरकार को (b) राज्य सरकार को
(c) पंजीकरण प्राधिकारी को (d) ये सभी

25. धारा 45 में दी गई परिभाषाओं के अन्तर्गत 'सम्पत्ति' से आशय है
(a) वाहन
(b) वाहन में ले जाया जा रहा सामान
(c) व्यक्ति की निजी सम्पत्ति
(d) उपरोक्त सभी

26. कोई वर्दी पहना पुलिस अधिकारी सार्वजनिक स्थल पर चल रहे वाहन के ड्राइवर से माँग कर सकता है
(a) वाहन बीमा प्रमाण-पत्र (b) वाहन पंजीकरण प्रमाण-पत्र
(c) वाहन चालक प्रमाण-पत्र (d) ये सभी

27. निम्न में से कौन-सी धारा 'दावा अधिकरण' अध्याय के अन्तर्गत सम्मिलित नहीं है?
(a) दावा न्यायाधिकरण के फैसले
(b) बीमा प्रमाण-पत्र को हस्तान्तरित करना
(c) राहत के लिए प्रार्थना-पत्र
(d) दीवानी न्यायालयों के क्षेत्राधिकार पर अंकुश

28. बिना पास या टिकट के यात्रा करने पर कितना जुर्माना निर्धारित किया गया है?
(a) ₹ 100 (b) ₹ 300
(c) ₹ 500 (d) ₹ 2000

29. धारा 112 के प्रावधानों का उल्लंघन करने पर प्रथम बार जुर्माना हो सकता है
(a) ₹ 500 (b) ₹ 400
(c) ₹ 1,000 (d) ₹ 3,000

30. निम्न में से किस अपराध हेतु दण्ड के रूप में ₹ 15,000 तथा 2 वर्ष की कैद की सजा निर्धारित की गई है?
(a) अधिक गति पर वाहन चलाना
(b) लाइसेन्स के बिना वाहन चलाना
(c) नशे में वाहन चलाना
(d) धारा 39 के प्रावधानों का उल्लंघन करना

31. अध्याय-14 के अन्तर्गत कितनी धाराओं को सम्मिलित किया गया है?
(a) 8 (b) 7
(c) 10 (d) 5

32. वाहन ड्राइवर ऑफिसरों की नियुक्ति का वर्णन है
(a) अध्याय-13 में (b) अध्याय-14 में
(c) अध्याय-15 में (d) अध्याय-7 में

33. टू-व्हीलर तथा फोर-व्हीलर के लर्निंग लाइसेन्स किस आयु में बनाए जाते हैं?
(a) 16 व 18 वर्ष (b) 15 व 20 वर्ष
(c) 18 व 21 वर्ष (d) इनमें से कोई नहीं

34. लर्निंग लाइसेन्स बनवाते समय किस प्रमाण-पत्र का होना आवश्यक है?
(a) आयु प्रमाण-पत्र (b) निवास का प्रमाण-पत्र
(c) मेडिकल प्रमाण-पत्र (d) ये सभी

35. लर्निंग लाइसेन्स कितनी अवधि के लिए वैध होता है?
(a) तीन माह (b) छः माह
(c) एक वर्ष (d) इनमें से कोई नहीं

36. स्थायी लाइसेन्स बनवाने के लिए कितनी आयु होनी चाहिए?
(a) 16-30 वर्ष (b) 21-40 वर्ष
(c) 18-40 वर्ष (d) 20-50 वर्ष

37. इंजन की किस क्षमता तक वाहन का रजिस्ट्रेशन नहीं कराना होता है?
(a) 35 सी.सी. (b) 50 सी.सी.
(c) 75 सी.सी. (d) 1.5 सी.सी.

38. वाहनों का रजिस्ट्रेशन पहली बार कितने वर्षों के लिए होता है?
(a) 5 वर्ष (b) 10 वर्ष
(c) 15 वर्ष (d) इनमें से कोई नहीं

39. रजिस्ट्रेशन प्रमाण-पत्र पर निम्न में से क्या दर्शाया जाता है?
(a) इंजन नम्बर (b) चेसिस नम्बर
(c) सवारी बैठने की संख्या (d) ये सभी

40. मोटर वाहन अधिनियम, 1981 के अनुसार अध्याय 9 में दिया गया प्रकरण है
(a) मोटर वाहनों का पंजीयन
(b) मोटर वाहनों के चालकों की लाइसेन्सिंग
(c) परिवहन वाहनों का नियन्त्रण परमिट
(d) अस्थायी रूप से भारत से जाने या भारत में आने वाले मोटर वाहन

उत्तरमाला

1. (c)	**2.** (b)	**3.** (a)	**4.** (d)	**5.** (c)	**6.** (b)	**7.** (d)	**8.** (c)	**9.** (b)	**10.** (b)
11. (a)	**12.** (c)	**13.** (c)	**14.** (c)	**15.** (c)	**16.** (d)	**17.** (b)	**18.** (c)	**19.** (d)	**20.** (c)
21. (b)	**22.** (d)	**23.** (d)	**24.** (a)	**25.** (b)	**26.** (d)	**27.** (b)	**28.** (d)	**29.** (c)	**30.** (c)
31. (a)	**32.** (b)	**33.** (a)	**34.** (d)	**35.** (b)	**36.** (c)	**37.** (a)	**38.** (c)	**39.** (d)	**40.** (d)

अध्याय 11

इलेक्ट्रॉनिक फ्यूल इन्जेक्शन प्रणाली एवं कण्ट्रोल यूनिट

Electronic Fuel Injection System and Control Unit

परिचय Introduction

इंजनों में ईंधन के रूप में डीजल को इन्जेक्ट (inject) कराने के लिए प्रयुक्त होने वाली प्रणाली, **इलेक्ट्रॉनिक ईंधन इन्जेक्शन प्रणाली** कहलाती है, जिसमें इन्जेक्टर्स के द्वारा इनटेक मैनीफोल्ड या इनटेक पोर्ट के समीप से ईंधन को इन्जेक्ट कराया जाता है। तत्पश्चात् ईंधन को कम्प्रैस्ड वायु में भेज दिया जाता है, जिससे ईंधन ऑटोमाइज होकर इंजन को शक्ति प्रदान करता है। इलेक्ट्रॉनिक ईंधन प्रणाली में इंजेक्ट कराए जाने वाले ईंधन की मात्रा वायु सप्लाई तथा वायु के आयतन पर निर्भर करती है। इंजन की इनटेक प्रणाली द्वारा इंजन की किसी भी आर. पी. एम. (rpm) गति पर सिलेण्डर में कितनी मात्रा में वायु प्रवेश करेगी यह ज्ञात किया जाता है। इस प्रकार सिलेण्डर को प्रदान की *जाने* वाली वायु EFI प्रणाली को एकसमान रूप से वितरित हो जाती है।

इंजन में प्रवेश करने वाली वायु की मात्रा अर्थात् वायु आयतन का माप करना आवश्यक होता है, जिससे कि इंजन के प्रचालन के लिए उपयुक्त अनुपात में इंजन में इन्जेक्ट ईंधन वायु से मिश्रित हो सके।

अध्याय विषय सूची

11.1 इलेक्ट्रॉनिक फ्यूल इन्जेक्शन या मल्टी प्वॉइण्ट फ्यूल इन्जेक्शन Electronic Fuel Injection or Multi Point Fuel Injection

पेट्रोल वाहनों में एयर-फ्यूल के मिश्रण को सही अनुपात में सिलेण्डर में सप्लाई करने के लिए कार्बुरेटर का उपयोग किया जाता है। कार्बुरेटर की संरचना अपेक्षाकृत सरल होने के कारण इसका उपयोग विशेष रूप से गैसोलीन इंजनों में किया जाता था। यद्यपि क्लीनर एग्जॉस्ट उत्सर्जन अधिक किफायती ईंधन खपत उच्च सुवाहयता (drivability) इत्यादि के लिए आधुनिक डिमाण्ड के उत्तर (responce) में कार्बुरेटर को अब जटिल उपकरणों से सुसज्जित (equipped) किया जाना, इसे अधिक जटिल प्रणाली बनाता है।

इसीलिए अब कार्बुरेटर के स्थान पर पेट्रोल वाहनों में मल्टी प्वॉइण्ट फ्यूल इंजेक्शन (MPFI) प्रणाली का उपयोग किया जाने लगा है। यह प्रणाली विभिन्न चालन स्थितियों के अनुसार फ्यूल को इलेक्ट्रिकली इंजेक्ट करके इंजन को एयर-फ्यूल का उचित अनुपात उपलब्ध कराती है।

MPFI प्रणाली फ्यूल को विशिष्ट सिलेण्डरों में इंजेक्ट कराती है। ये सिलेण्डर 'ऑन बोर्ड इंजन मैनेजमेण्ट सिस्टम कम्प्यूटर' जिसे इंजन कण्ट्रोल यूनिट (ECU) भी कहा जाता है, के निर्देशों पर आधारित होते हैं। ये तकनीक न केवल उचित 'शक्ति संतुलन' का परिणाम देती है बल्कि तीव्र थ्रॉटल प्रतिक्रिया के साथ उच्च आउटपुट भी प्रदान करती हैं।

इलेक्ट्रॉनिक फ्यूल इंजेक्शन प्रणाली विभिन्न चालन स्थितियों के अन्तर्गत एयर-फ्यूल के उचित अनुपात को कम्बशन चैम्बर में सप्लाई करती है। MPFI प्रणाली के मुख्य भागों को नीचे चित्र में दर्शाया गया है

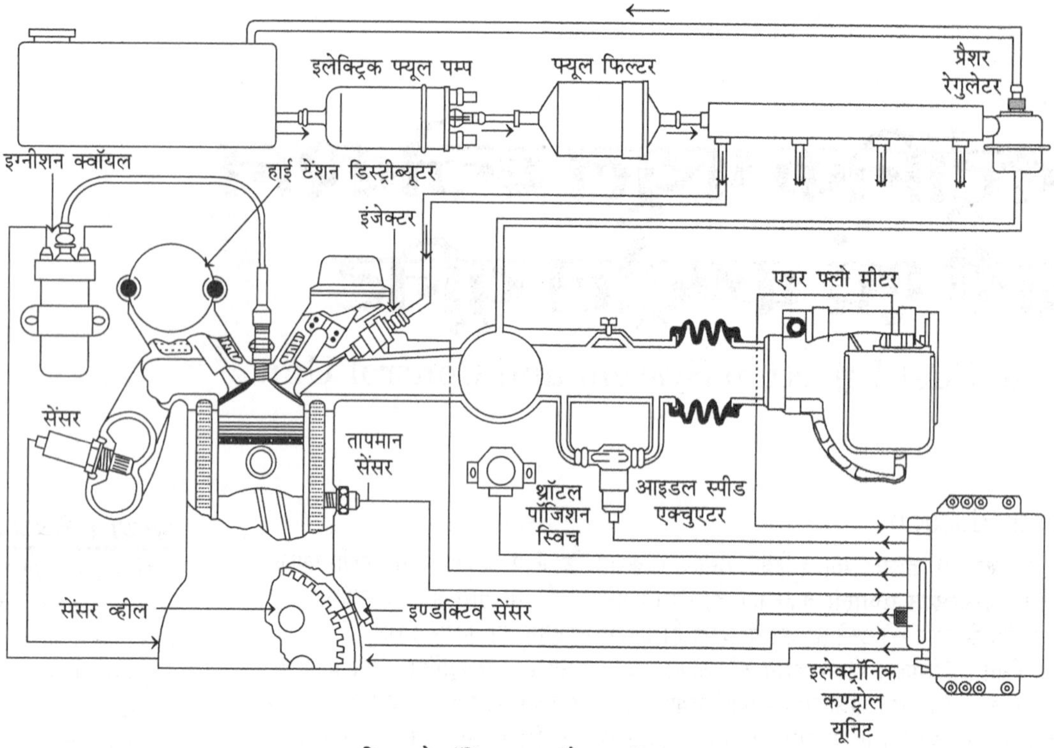

चित्र इलेक्ट्रॉनिक फ्यूल इंजेक्शन सिस्टम

11.2 EFI इंजन प्रबन्धन EFI Engine Management

इलेक्ट्रॉनिक ईंधन इन्जेक्शन प्रणाली, इंजन में ईंधन का स्वत: प्रबन्धन करती है। यह इंजन की आवश्यकता के अनुसार इंजन में ईंधन की मात्रा को उपलब्ध कराती है। इंजन प्रबन्धन के अन्तर्गत फ्यूल प्रणाली, वायु प्रवाह (air flow) प्रणाली इग्नीशन प्रणाली, इन्जेक्शन प्रणाली, सेन्सर युक्त तापमान एवं उत्सर्जन नियन्त्रण प्रणाली, ECM तथा अन्य गेज एवं नियन्त्रण आते हैं।

EFI इंजन प्रबन्धन को समझने हेतु निम्न प्रणालियों के विषय में समझना अति आवश्यक है

1. वैरिएबल इनटेक मैनीफोल्ड प्रणाली Variable Intake Manifold System

कम्बशन इंजन में, वैरिएबल इनटेक मैनीफोल्ड प्रणाली, एक कम्बशन मैनीफोल्ड तकनीक है, जो इंजन गति की प्रक्रिया सीमा में शक्ति एवं आघूर्ण को अनुकूल बनाने तथा बेहतर ईंधन दक्षता प्रदान के लिए इनटेक ट्रैक्ट की लम्बाई में परिवर्तन करती है। इसके अतिरिक्त यह इंजन के ईंधन की दक्षता के सुधार में भी सहायक है।

2. EFI के मोड्स Modes of EFI

ईंधन के इन्जेक्ट होने का क्रम एवं समय इन्जेक्शन मोड्स द्वारा ज्ञात किया जाता है। कुछ इंजनों में इन्जेक्शन के भिन्न-भिन्न मोड संयोजित होते हैं। ये मोड्स इंजन की प्रचालन स्थिति (operating condition) के अनुसार परिवर्तित होते हैं।

EFI मोड मुख्यत: दो प्रकार के होते हैं—क्रमवार मोड (sequential mode) तथा समकालिक मोड (simultaneous mode)। इंजन की निम्न गति पर क्रमवार मोड का प्रयोग किया जाता है। इंजन की गति उच्च होने पर क्रमवार मोड, समकालिक मोड में परिवर्तित हो जाता है। ईंधन की दक्षता तथा आउटपुट पावर में सुधार करने के लिए इंजन की अलग-अलग प्रचालन स्थितियों पर अलग-अलग मोड का प्रयोग किया जाना चाहिए।

3. आइडल स्पीड कण्ट्रोल प्रणाली
Idle Speed Control System

सामान्यत: इंजन की निष्क्रिय गति (idle speed) को थ्रॉटल बॉडी पर लगे स्क्रू द्वारा एड्जस्ट किया जाता है। इससे यह निर्धारित होता है कि थ्रॉटल बॉडी के वायु मार्ग से कितनी वायु इंजन के अन्दर प्रवेश करेगी।

यदि इंजन पर भार में वृद्धि होती है, तो इंजन की निष्क्रिय गति कम होने लगती है और इंजन झटके के साथ बन्द हो जाता है। अत: इस समय इंजन को अतिरिक्त वायु की आवश्यकता होती है। इस उद्देश्य हेतु इंजन पर इलेक्ट्रॉनिक कण्ट्रोल यूनिट में एक सहायक वायु वाल्व (auxiliary air valve) की व्यवस्था होती है। यह वाल्व, इंजन के इनटेक मैनीफोल्ड से हौजेस के माध्यम से संयोजित होता है।

4. फीडबैक एवं लूपिंग Feedback and Looping
इंजन प्रचालन के समय कैटेलिटिक परिवर्तक में तीन प्रदूषक प्रवेश करते हैं। इनका परिवर्तन एग्जॉस्ट गैस पर निर्भर करता है।

यदि इंजन को भारी ईंधन भेजा जाता है, तो नाइट्रोजन ऑक्साइड सुगमता से परिवर्तित हो जाती है, परन्तु कार्बन मोनोऑक्साइड व हाइड्रोकार्बन सुगमता से परिवर्तित नहीं हो पाते हैं।

हल्के ईंधन का प्रेषण, भारी ईंधनों के प्रेषण से विपरीत होता है। इसी कारण इलेक्ट्रॉनिक कण्ट्रोल यूनिट वाहन के इंजन में एक सन्तुलित वायु-ईंधन अनुपात प्रेषित करती है। इलेक्ट्रॉनिक कण्ट्रोल यूनिट में इस हेतु बन्द लूप की व्यवस्था की जाती है। बन्द लूप की व्यवस्था में इंजन के इनपुट पर आउटपुट से फीडबैक लिया जाता है।

इसमें बन्द लूप, इलेक्ट्रॉनिक कण्ट्रोल यूनिट से फीडबैक प्राप्त करता है और उसे नियन्त्रित करता है।

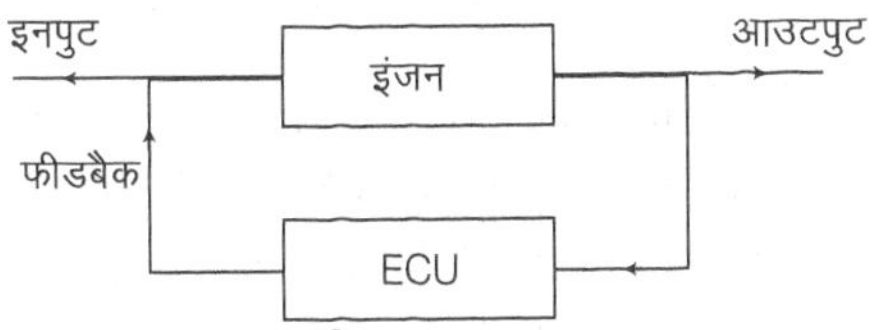

चित्र बन्द लूप

5. कोल्ड स्टार्ट प्रणाली Cold Start System
जब शीतल इंजन चालू होता है, तो इन्जेक्टर, ठण्डे इनटेक पोर्ट में ही कुछ ईंधन का इन्जेक्शन कर देता है, जिससे इंजन में अधिक ईंधन प्रवेश करता है और इंजन गर्म होने लगता है।

कुछ इंजनों में क्रैंकिंग के समय ही अतिरिक्त ईंधन की व्यवस्था की जाती है, परन्तु यह इंजन के तापमान पर निर्भर करता है। इसी समय इंजन में अतिरिक्त वायु की भी व्यवस्था की जाती है। इसके लिए इंजन में सहायक वायु वाल्व लगाया जाता है।

यह वाल्व हौजेस के माध्यम से इंजन के इनलेट मैनीफोल्ड से सम्बद्ध रहता है। ये इंजन में वायु के प्रवेश को नियन्त्रित करते हैं। कोल्ड इंजन में ईंधन की व्यवस्था तब तक की जाती है, जब तक कि इंजन गर्म होकर सामान्य नहीं हो जाता है।

6. वायु मापन
Air Measurement

एक उत्तम वायु-ईंधन मिक्सर के लिए आवश्यक ईंधन को इंजेक्ट करने में इंजन से प्राप्त वायु महत्त्वपूर्ण भूमिका निभाती है। वायु की गणना से ही इंजेक्ट किए जाने वाले ईंधन की मात्रा ज्ञात की जा सकती है। इस वायु का मापन, स्पीड घनत्व गणना द्वारा या सीधे ही मापा जा सकता है।

इंजन के लोड तथा गति के अनुसार ही इंजन में जाने वाली वायु का आयतन परिवर्तित होता है। इंजन के लोड को मैनीफोल्ड परम दाब सेन्सर द्वारा एवं गति को क्रैंक शाफ्ट पॉजिशन सेन्सर द्वारा मापा जाता है।

EFI में प्रयुक्त ऑक्सीजन सेन्सर के द्वारा इंजेक्ट किए गए ईंधन की न्यूनता एवं अधिकता को मापा जाता है।

इंजन में जाने वाली फिल्टर की गई स्वच्छ वायु के द्रव्यमान को वायु फिल्टर की केसिंग पर संयोजित मास वायु प्रवाह (MAF) सेन्सर मापता है।

7. वायु-प्रवाह मॉनीटरिंग
Air-flow Monitering

मैनीफोल्ड दाब सेन्सर, मैनीफोल्ड दाब का मापन करते हैं। यह सेन्सर कण्ट्रोल यूनिट मैनीफोल्ड के दाब के सम्बन्ध में विद्युत सिग्नल को इलेक्ट्रॉनिक कण्ट्रोल यूनिट को प्रेषित करता है।

वायु घनत्व में परिवर्तन (तापमान के अनुसार), वायु इनटेक तापमान सेन्सर द्वारा मापा जाता है। इसके साथ ही वायु-प्रवाह का व्यवस्थापन करने के लिए इनलेट मैनीफोल्ड पर सहायक वायु वाल्व लगाया जाता है।

8. EFI वायरिंग आरेख
EFI Wiring Diagram

नीचे चित्र में EFI वायरिंग आरेख दर्शाया गया है

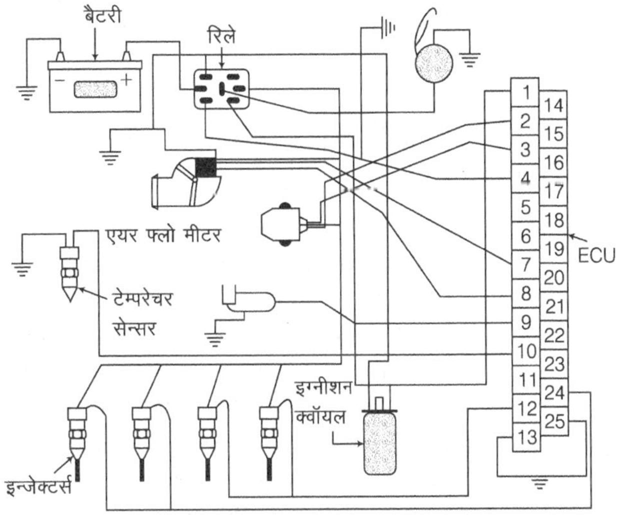

चित्र EFI वायरिंग आरेख

इसमें बैटरी का धनात्मक सिरा, टेकोमैट्रिक रिले एवं इग्नीशन स्विच से संयोजित किया गया है तथा ऋणात्मक सिरा वाहन के फ्रेम के साथ अर्थ किया गया है। फ्यूल पम्प के धनात्मक सिरे से एक कनैक्टिंग वायर संयोजित किया जाता है। इसमें एक फ्यूज लगा होता है, जो परिपथ को ब्रेक होने से बचाता है। फ्यूल पम्प के धनात्मक सिरे को वाहन के फ्रेम के साथ अर्थ करके परिपथ को पूर्ण किया जाता है। जब फ्यूल पम्प को प्रचालित किया जाता है, तो धारा, बैटरी से पेट्रोल पम्प की ओर प्रवाहित होती है, जिससे आर्मेचर घूमने लगता है। जब धारा वाहन के फ्रेम से बैटरी के ऋणात्मक सिरे की ओर प्रवाहित होती है, तो परिपथ पूर्ण हो जाता है।

11.3 EFI का प्रचालन सिद्धान्त
Operating Principle of EFI

EFI दाब के अन्तर्गत प्रचालित होने वाला एक इनडायरेक्ट सिस्टम है। इस सिस्टम में फिक्स्ड ऑरिफिस के साथ सॉलेनॉयड से चलने वाले इंजेक्टर का उपयोग किया जाता है।

ECU विद्युत धारा को पल्स करके इंजेक्टर को खोल (open) देता है और इंजेक्टर इनटेक वाल्व के सामने प्रत्येक इनटेक मैनीफोल्ड में सीधे ही फ्यूल स्प्रे (spray) करने लगता है।

इंजेक्टर के नोजल से निकलने वाले फ्यूल को एटोमाइण्ड (atomized) करके इसमें वायु को मिक्स कर दिया जाता है जिससे कम्बशन मिक्सर बन जाता है।

इंजेक्टर को प्रचालित करने के लिए ट्रिगरिंग सिग्नल इंग्नीशन सिस्टम या क्रैंक कोण सेन्सर द्वारा प्रदान किया जाता है। फ्यूल की मात्रा इंजन, पर पड़ने वाले भार (load) गति एवं तापमान पर निर्भर करती है।

सेन्सर, भार, गति व तापमान को सेन्स (sense) करके इसकी सूचना इलेक्ट्रिक सिग्नल के रूप में ECU को भेज देता है। इसके पश्चात् ECU फ्यूल को इंजेक्ट करने के लिए आवश्यक पल्स की गणना करता है और फ्यूल को इंजेक्ट करता है।

11.4 इलेक्ट्रॉनिक नियन्त्रक इकाई
Electronic Control Unit

इलेक्ट्रॉनिक नियन्त्रण इकाई विभिन्न सेन्सरों से प्राप्त सूचनाओं के आधार पर इन्टर्नल कम्बशन इंजन में उपस्थित एक्चुएटर्स के समूहों को नियन्त्रित करती है, जिससे इंजन का प्रचालन सुगमतापूर्वक किया जा सके। ECU को इंजन नियन्त्रित इकाई (engine control unit), इंजन नियन्त्रक मॉड्यूल (engine control module), पावर ट्रेन नियन्त्रक मॉड्यूल (power train control module) इत्यादि नामों से भी जाना जाता है।

ECU का मौलिक कार्य इन्जेक्टर की पल्स चौड़ाई को नियन्त्रित करना है। यह इंजन प्रबन्धन प्रणाली के अन्तर्गत कुछ अतिरिक्त नियन्त्रण कार्य भी करती है; जैसे-आइडल स्पीड, इग्नीशन टाइमिंग तथा फ्यूल पम्प संक्रिया आदि।

यह प्रणाली ऑन-बोर्ड क्रियाशील संकेतों को एकत्रित करती है। इसमें प्राय: माइक्रोप्रोसेसर (microprocessor), मैमोरी यूनिट, एनालॉग से डिजिटल परिवर्तक (analog-to-digital converter) लगे होते हैं।

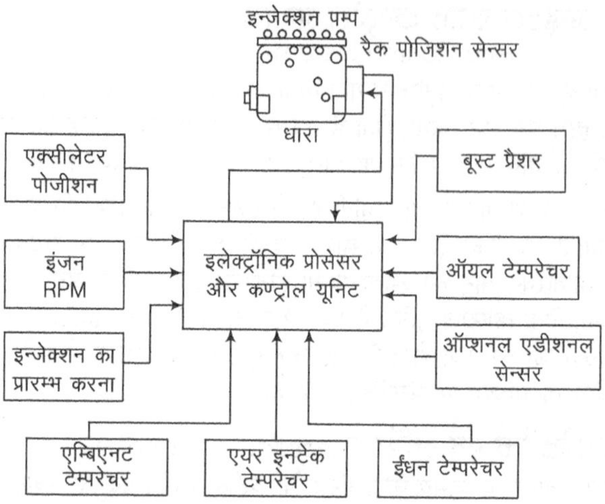

चित्र इलेक्ट्रॉनिक नियन्त्रण इकाई का ब्लॉक आरेख

ECU से सम्बन्धित पद Terms Related to ECU

ECU से सम्बन्धित कुछ मुख्य पद निम्न प्रकार हैं

1. इलेक्ट्रॉनिक कण्ट्रोल यूनिट सैटिंग
Electronic Control Unit Setting

इंजन की प्रचालन स्थिति के अनुसार इलेक्ट्रॉनिक कण्ट्रोल यूनिट का समायोजन किया जाता है। इसके अन्तर्गत ईंधन की खपत, इंजन आघूर्ण, उत्सर्जन, नॉकिंग और चालन को व्यवस्थित किया जाता है। इलेक्ट्रॉनिक कन्ट्रोल यूनिट का समायोजन, इस यूनिट में प्रयुक्त विविध प्रकार के सेन्सरों द्वारा प्रेषित आँकड़ों के आधार पर स्वत: ही होता रहता है।

2. इंजन स्पीड लिमिटिंग Engine Speed Limiting

इलेक्ट्रॉनिक नियन्त्रण यूनिट द्वारा इंजन की गति को भी प्रतिबन्धित किया जाता है। जब इंजन की गति उसकी निर्धारित गति से अधिक हो जाती है, तो इलेक्ट्रॉनिक नियन्त्रण यूनिट स्वत: ही इंजन का ईंधन प्रेषण रोक देती है और ईंधन का प्रचालन तब तक नहीं करती है, जब तक कि इंजन की गति निर्धारित गति या सुरक्षा गति के समान नहीं हो जाती है। इससे ईंधन की बचत होने के साथ-साथ इंजन की आयु में भी वृद्धि होती है। इंजन गति का आकलन इलेक्ट्रॉनिक कण्ट्रोल यूनिट में लगे सेन्सरों द्वारा किया जाता है। सम्बन्धित सेन्सर इंजन की गति की सूचना इलेक्ट्रॉनिक कण्ट्रोल यूनिट को देता है, जिसके फलस्वरूप इलेक्ट्रॉनिक कण्ट्रोल यूनिट इंजन को प्रेषित ईंधन की मात्रा का प्रेषण करती है।

3. मैलफंक्शन इण्डीकेटिंग लैम्प
Malfunction Indicating Lamp

यह एक चेतावनी सूचक लैम्प (warning indication lamp) होता है, जो अवयव पट्टिका (instrument panel) पर लगा होता है। इसका परिचालन इलेक्ट्रॉनिक कण्ट्रोल यूनिट द्वारा होता है। यह चालक को इंजन के प्रचालन से सम्बद्ध तकनीकी असमर्थता प्रदर्शित करता है। यह इंजन में आई खराबी को कोड के माध्यम से चालक को अवगत कराता है। इस लैम्प के अन्तर्गत विविध कोड सम्बन्धी बल्ब लगे होते हैं।

जब वाहन में कोई खराबी आती है, तो उससे सम्बन्धित बल्ब ही जलता है, जिससे यह स्पष्ट हो जाता है कि वाहन में क्या खराबी है? ये बल्ब विभिन्न प्रकार की तकनीकी खराबी को चालक को निर्देशित करते हैं; जैसे—यदि 1 लैम्प 3 बार लगातार जलता है, तो इससे कोड नम्बर 13 का निर्देशन लैम्प जलता है, जिसका अर्थ है कि ऑक्सीजन सेन्सर उचित रूप से कार्य नहीं कर रहा है।

4. स्कैन टूल Scan Tool

स्कैन टूल का उपयोग इंजन में दोषों को पढ़ने तथा उनकी जाँच के लिए किया जाता है। इसे रीड आउट बॉक्स भी कहते हैं। रीड आउट बॉक्स को डायग्नोस्टिक कनेक्टर से जोड़ा जाता है।

स्कैन टूल के लाभ Advantages of Scan Tool

स्कैन टूल के मुख्य लाभ निम्न हैं

(i) यह इन्स्ट्रूमेन्ट पैनल की तुलना में शीघ्र जानकारी देता है।

(ii) यह इंजन के बारे में विभिन्न सूचनाएँ देता है।

(iii) यह कई निर्गत घटकों (output factors) के बारे में जानकारी देता है।

(iv) इसमें नम्बर व कोड भी दर्शाया जाता है। अत: इसे पढ़ने में गलती की सम्भावना कम रहती है।

5. डायग्नॉस्टिक ट्रबल कोड की महत्ता Importance of Diagnostic Trouble Code

डायग्नॉस्टिक ट्रबल कोड का निर्माण ऑन बॉर्ड डायग्नॉस्टिक प्रणाली द्वारा किया जाता है। इनके द्वारा वाहन में ईंधन प्रणाली के अन्तर्गत उत्पन्न दोष के लक्षणों से अवगत हुआ जाता है।

इस प्रकार ईंधन प्रणाली की सर्विस के अन्तर्गत डायग्नॉस्टिक दोष कोड का आकलन करने के उपरान्त ही मरम्मत कार्य किया जाता है। DTC का सामान्य फॉर्मेट अग्र तालिका में दर्शाया गया है

तालिका DTC का सामान्य फॉर्मेट

	First Digit	Second Digit	Third Digit	Fourth and Fifth Digit
	Prefix Letter of DTC	SAE of Controlled O = SAE	Power train DTC Subgroup	Area of Component Involved
	Indicates Component			
	Group Area	1 = Manufacturer	O = Total System	
	P = Power Train		1 = Fuel and Air Metering	
	B = Body		2 = Fuel and Air Metering	
	C = Chassis		3 = Ignition System or Misfire	
	U = Network Communication		4 = Auxiliary Emission Controls	
			5 = Speed, Idle and Auxiliary Inputs	
			6 = ECM and Auxiliary Inputs	
			7 = Transmission	
Example			8 = Transmission	
Malfunction	P	O	1	71

6. कोड की पुनः प्राप्ति Retrievals of Codes

इसे सर्विस कोड या ट्रबल कोड भी कहते हैं। अधिकतर वाहनों में डैशबोर्ड पर उत्पन्न हुए दोष को पहचानने हेतु यह प्रणाली लगाई जाती है। कोड की पुनः प्राप्ति द्वारा उत्पन्न दोषों की जाँच निम्न प्रकार की जा सकती है

(i) वाहन डायग्नॉस्टिक कनेक्टर पर स्कैन टूल जोड़कर उत्पन्न दोष का पता लगाया जा सकता है।

(ii) कुछ वाहनों में डैशबोर्ड पर दोष दर्शाने वाली यूनिट भी लगी होती है।

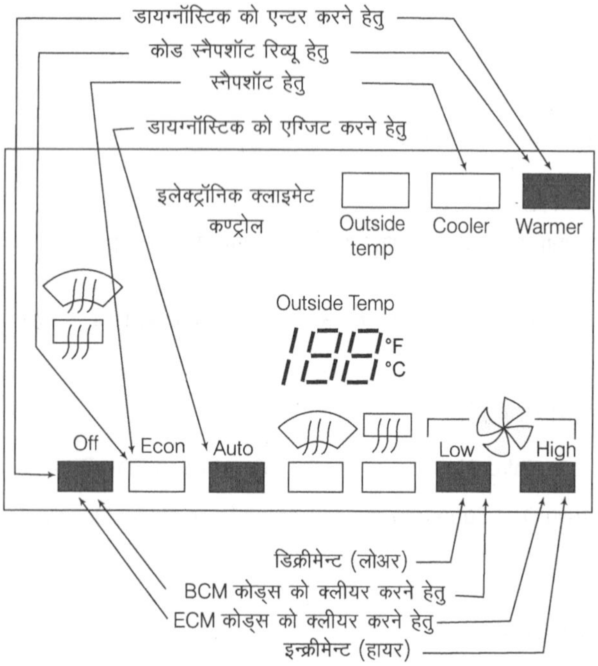

चित्र कोड की पुनः प्राप्ति द्वारा डैशबोर्ड पर दोषों की जाँच

11.5 इलेक्ट्रॉनिक फ्यूल इन्जेक्शन सेन्सर Electronic Fuel Injection Sensors

सेन्सर, ऑटोमोटिव नियन्त्रक प्रणाली के आवश्यक अवयव हैं। सेन्सर को निम्न प्रकार परिभाषित किया जा सकता है- वह युक्ति जो भौतिक राशियों; जैसे- द्रव्यमान, आयतन, ताप या त्वरण आदि को आउटपुट सिग्नलों में परिवर्तित करती है, सेन्सर कहलाती है।

ये आउटपुट सिग्नल, नियन्त्रण प्रणालियों में इनपुट का कार्य करते हैं। इलेक्ट्रॉनिक फ्यूल इन्जेक्शन में ईंधन प्रेषण को व्यवस्थित रखने के लिए विभिन्न सेन्सरों का प्रयोग किया जाता है। प्रत्येक सेंसर अपनी कार्यिकी के अनुरूप कार्य करता है। इन सेन्सरों का विवरण निम्न प्रकार है

(i) **मास एयर फ्लो सेन्सर** Mass Air Flow Sensor

यह सेन्सर इनटेक मैनीफोल्ड में उपस्थित होता है। यह सेन्सर, इंजन में प्रवेश करने वाली वायु के घनत्व एवं आयतन का मापन करता है तथा एक निश्चित वायु की मात्रा को ही इंजन में प्रवेश करने की अनुमति देता है।

(ii) **मैनीफोल्ड एब्सोल्यूट प्रैशर सेन्सर** Manifold Absolute Pressure Sensor

यह सेन्सर, इंजन के भार एवं गति के कारण इनलेट मैनीफोल्ड में हुए दाब परिवर्तन का मापन करता है और इसे विद्युत सिग्नल में परिवर्तित करता है। यह इनलेट मैनीफोल्ड का दाब व्यवस्थित रखता है।

(iii) **एयर वॉर्टेक्स सेन्सर** Air Vortex Sensor

यह सेन्सर, वायु भँवरों (air vortex) का प्रयोग करके इंजन में प्रवेश करने वाले वायु के आयतन का मापन करता है। इसमें एक भँवर उत्पादक छड़ होती है। यह सेन्सर वायु मापन को विद्युत सिग्नल में परिवर्तित करके, इलेक्ट्रॉनिक नियन्त्रण यूनिट को भेजता है।

(iv) **फ्यूल प्रणाली सेन्सर** Fuel System Sensor

यह सेन्सर, निर्धारित करता है कि किस समय इंजन को कितने ईंधन की आवश्यकता होती है। यह इंजन के इन्जेक्शन वाल्व परिपथ को अर्थ कर देता है, जिससे सोलेनॉयड इन्जेक्टर को स्टार्ट कर देता है। यह सूचना विद्युत सिग्नल के माध्यम से इलेक्ट्रॉनिक नियन्त्रण इकाई को दी जाती है।

(v) **तापमान सेन्सर** Temperature Sensor

तापमान सेन्सर, इंजन के शीतलक के तापमान एवं इनटेक मैनीफोल्ड के तापमान की सूचना को इलेक्ट्रॉनिक नियन्त्रण यूनिट को प्रेषित करता है। यह सेन्सर, इंजन का तापमान नियमित बनाए रखने में सहायता प्रदान करता है।

(vi) **थ्रॉटल पोजिशन सेन्सर** Throttle Position Sensor

थ्रॉटल पॉजिशन सेन्सर, थ्रॉटल की स्थिति की सूचना इलेक्ट्रॉनिक नियन्त्रण इकाई को प्रेषित करता है। यह परिस्थिति के अनुसार ईंधन का समायोजन करता है।

(vii) **एग्जॉस्ट गैस ऑक्सीजन सेन्सर** Exhaust Gas Oxygen Sensor

यह सेन्सर, इंजन के एग्जॉस्ट से निकली गैस में ऑक्सीजन की मात्रा को निर्धारित करता है। यह सेन्सर, ऑक्सीजन की मात्रा को नियन्त्रित करने के लिए विभव सिग्नलों का प्रयोग करता है।

11.6 क्रैंक एवं कैमशाफ्ट पॉजिशन सेन्सर Crank and Camshaft Position Sensor

ये सेन्सर क्रैंक केस तथा क्रैंक पुली पर लगे होते हैं। इन सेन्सरों का मुख्य उपयोग इंजन की इन्जेक्शन टाइमिंग तथा इग्नीशन टाइमिंग का मापन करने के लिए किया जाता है, जो वाहन की गति पर निर्भर करती है।

इस प्रकार, गुणात्मक (qualitative) व परिमाणात्मक (quantitative) विश्लेषण एवं नियन्त्रण किया जा सकता है तथा दक्षता का मापन किया जा सकता है।

(i) **क्रैंक कोण सेन्सर** Crank Angle Sensor

क्रैंक शाफ्ट की स्थिति एवं गति की जाँच, क्रैंक कोण सेन्सर द्वारा की जाती है। यह एक छोटे आल्टरनेटर की भाँति कार्य करता है। यह सेन्सर, क्रैंक के कोण की स्थिति एवं गति की सूचना इलेक्ट्रॉनिक नियन्त्रण इकाई को देता है।

(ii) **हॉल-प्रभाव वोल्टेज सेन्सर** Hall Effect Voltage Sensor

यह सेन्सर, चुम्बकीय क्षेत्र के कारण उत्पन्न हुए वोल्टेज की पहचान करता है और इसकी सूचना इलेक्ट्रॉनिक नियन्त्रण इकाई को देता है, जिसके फलस्वरूप इलेक्ट्रॉनिक नियन्त्रण इकाई की गति की पहचान करती है और इग्नीशन टाइमिंग को नियन्त्रित करती है।

(iii) **जड़त्व सेन्सर** Inertia Sensor

यह सेन्सर, वाहन में अचानक उत्पन्न हुए झटके या दुर्घटना की स्थिति में इंजन को ईंधन का प्रेषण बन्द कर देता है। ये वाहन में सुरक्षा की दृष्टि से फिट किए जाते हैं। जिस वाहन में जड़त्व सेन्सर का प्रयोग किया जाता है, उसमें ईंधन पम्प तभी कार्य आरम्भ करते हैं, जब जड़त्व सेन्सर, इलेक्ट्रॉनिक नियन्त्रण यूनिट को वाहन के दक्ष होने की सूचना देता है।

महत्त्वपूर्ण बिन्दु

- इलेक्ट्रॉनिक ईंधन इन्जेक्शन प्रणाली में इन्जेक्टर्स के द्वारा इनटेक मैनीफोल्ड अथवा इनटेक पोर्ट के समीप से ईंधन को इन्जेक्ट कराया जाता है।
- इंजन की निम्न गति पर क्रमवार मोड का प्रयोग किया जाता है और इंजन की उच्च गति पर क्रमवार मोड, समकालिक मोड में परिवर्तित हो जाता है।
- इंजन प्रचालन के समय कैटेलिक परिवर्तक में तीन प्रदूषक, हाइड्रोकार्बन, नाइट्रोजन ऑक्साइड तथा कार्बन मोनोऑक्साइड प्रवेश करते हैं।
- इंजन में इन्जेक्ट किए गए ईंधन की न्यूनता अथवा अधिकता MFI में प्रयुक्त ऑक्सीजन सेन्सर द्वारा मापी जाती है।
- तापमान के अनुसार वायु घनत्व में परिवर्तन वायु इनटेक तापमान सेन्सर द्वारा मापा जाता है।
- ECU को इंजन नियन्त्रक इकाई, इंजन नियन्त्रक मॉड्यूल तथा पावर ट्रेन नियन्त्रक मॉड्यूल के नाम से भी जाना जाता है।
- इलेक्ट्रॉनिक कण्ट्रोल यूनिट सैटिंग के अन्तर्गत ईंधन की खपत, इंजन आघूर्ण, उत्सर्जन, नॉकिंग तथा चालन को व्यवस्थित किया जाता है।
- स्कैन टूल जिसे रीड आउट बॉक्स भी कहते हैं, का प्रयोग इंजन में दोषों को पढ़ने तथा उनकी जाँच करने के लिए किया जाता है।
- वाहन में ईंधन प्रणाली के अन्तर्गत उत्पन्न दोष के लक्षणों से अवगत होने के लिए डायग्नॉस्टिक ट्रबल कोड का प्रयोग किया जाता है।
- डायग्नॉस्टिक ट्रबल कोड को सर्विस कोड अथवा ट्रबल कोड कहते हैं।

महत्त्वपूर्ण प्रश्नोत्तरी

1. इलेक्ट्रॉनिक फ्यूल इन्जेक्शन प्रणाली के कार्य को संक्षिप्त में समझाइए।

उत्तर इलेक्ट्रॉनिक फ्यूल इन्जेक्शन प्रणाली इंजन की विभिन्न परिवर्ती परिस्थितियों में एक उपयुक्त अनुपात में वायु तथा ईंधन के मिश्रण को दहन कक्ष में पहुँचाती है।

2. EFI में प्रयुक्त दोनों मोड के नाम बताइए।

उत्तर EFI में प्रयुक्त दो मोड क्रमवार (sequential) तथा समकालिक (simultaneous) है।

3. इंजन में प्रवेश करने वाली फिल्टर की गई स्वच्छ वायु के द्रव्यमान को कौन मापता है?

उत्तर इंजन में प्रवेश करने वाली फिल्टर की गई स्वच्छ वायु के द्रव्यमान को वायु फिल्टर की केसिंग पर संयोजित मास वायु प्रवाह सेन्सर मापता है।

अभ्यास प्रश्न

परीक्षा प्रारूपी प्रश्न

बहुविकल्पीय

1. इलेक्ट्रॉनिक ईंधन प्रणाली मे इन्जेक्ट कराए गए ईंधन की मात्रा निर्भर करती है
(a) वायु सप्लाई पर (b) वायु के आयतन पर
(c) 'a' और 'b' दोनों (d) इनमें से कोई नहीं

2. इंजन की गति निम्न होने पर EFI का कौन-सा मोड कार्य करता है?
(a) समकालिक (b) क्रमवार
(c) 'a' और 'b' दोनों (d) इनमें से कोई नहीं

3. इंजन के भार में वृद्धि होने पर निष्क्रिय गति किस प्रकार प्रभावित होती है?
(a) कम हो जाती है (b) बढ़ जाती है
(c) अपरिवर्तित रहती है (d) शून्य हो जाती है

4. इंजन प्रचालन के दौरान कैटेलिक परिवर्तक में प्रवेश करने वाला प्रदूषक है
(a) नाइट्रोजन ऑक्साइड (b) कार्बन मोनो ऑक्साइड
(c) हाइड्रोकार्बन (d) ये सभी

5. इंजन में प्रवेश करने वाली वायु का आयतन निम्न में से किसके अनुसार परिवर्तित होता है
(a) इंजन की गति (b) इंजन के लोड
(c) 'a' और 'b' दोनों (d) इनमें से कोई नहीं

6. इलेक्ट्रॉनिक कण्ट्रोल प्रणाली का भाग है
(a) ECU (b) सेन्सर
(c) एक्चुएटर (d) ये सभी

7. इलेक्ट्रॉनिक नियन्त्रण इकाई का अन्य नाम है
(a) इंजन नियन्त्रक इकाई (b) इंजन नियन्त्रक मॉड्यूल
(c) पावर ट्रेन नियन्त्रक मॉड्यूल (d) ये सभी

8. नॉकिंग का कारण होता है
(a) पूर्व प्रज्वलन (b) पश्च प्रज्वलन
(c) प्रज्वलन न होना (d) इनमें से कोई नहीं

9. इलेक्ट्रॉनिक कण्ट्रोल यूनिट के अन्तर्गत निम्न में से किसे व्यवस्थित किया जाता है?
(a) ईंधन की खपत (b) इंजन आघूर्ण
(c) नॉकिंग (d) ये सभी

10. यदि मैलफंक्शन इण्डीकेटिंग लैम्प में एक लैम्प तीन बार जलता है, तो इसका अर्थ है
(a) इंजन में वायु प्रवाह अधिक है
(b) ऑक्सीजन सेन्सर उपयुक्त रूप से कार्य नहीं कर रहा है
(c) टैकोमैट्रिक रिले खराब है
(d) फ्यूल पम्प उपयुक्त रूप से कार्य नहीं कर रहा है

11. स्कैन टूल को कहते हैं
(a) इंजन कण्ट्रोल मॉड्यूल (b) चेतावनी सूचक लैम्प
(c) रीड आउट बॉक्स (d) डायग्नॉस्टिक कनैक्टर

12. फ्यूल पम्प अधिक पेट्रोल सप्लाई करता है। इसका क्या कारण हो सकता है?
(a) नीडिल वाल्व गलत फिट है
(b) पम्प फाउण्डेशन पैकिंग पतली है
(c) डायफ्राम बहुत मुलायम है
(d) उपरोक्त सभी

13. डायग्नॉस्टिक ट्रबल कोड का अन्य नाम है
(a) सर्विस कोड (b) ट्रबल कोड
(c) 'a' और 'b' दोनों (d) मैलफंक्शन कोड

14. इंजन में इन्जेक्ट किए गए ईंधन की न्यूनता अथवा अधिकता को मापा जाता है
(a) क्रैंकशाफ्ट पोजिशन सेन्सर द्वारा
(b) तापमान सेन्सर द्वारा
(c) जड़त्व सेन्सर द्वारा
(d) एग्जॉस्ट गैस ऑक्सीजन सेन्सर द्वारा

15. वायु भँवरों का प्रयोग करके इंजन में प्रवेश करने वाली वायु का मापन किया जाता है
(a) मास एयर फ्लो सेन्सर द्वारा (b) फ्यूल प्रणाली सेन्सर द्वारा
(c) तापमान सेन्सर द्वारा (d) एयर वोर्टेक्स सेन्सर द्वारा

16. तापमान सेन्सर निम्न में से किसकी सूचना को ECU को प्रेषित करता है?
(a) शीतलक के तापमान की (b) मैनीफोल्ड के तापमान की
(c) 'a' और 'b' दोनों (d) थ्रॉटल वाल्व की

उत्तरमाला

1. (c) **2.** (b) **3.** (a) **4.** (d) **5.** (c) **6.** (d) **7.** (d) **8.** (a) **9.** (d) **10.** (b)
11. (c) **12.** (d) **13.** (c) **14.** (d) **15.** (d) **16.** (c)

अध्याय 12

इग्नीशन प्रणाली एवं इण्डक्शन

Ignition System and Induction

परिचय Introduction

पेट्रोल इंजन की कार्यप्रणाली पिस्टन के चार स्ट्रोकों के पूर्ण होने पर निर्भर करती है, जिसमें इग्नीशन प्रक्रिया महत्त्वपूर्ण भूमिका निभाती है। इग्नीशन प्रक्रिया का प्रयोग इंजन को क्रियाशील बनाने में किया जाता है। पिस्टन के चार स्ट्रोक क्रमशः सक्शन, कम्प्रैशन, इग्नीशन एवं एग्जॉस्ट होते हैं। सक्शन स्ट्रोक के अन्तर्गत ईंधन, इंजन सिलेण्डर में प्रवेश करता है। कम्प्रैशन स्ट्रोक में ईंधन को सिलेण्डर में कम्प्रैस किया जाता है। कम्प्रैशन स्ट्रोक के अन्त में इंजन सिलेण्डर में इग्नीशन प्रक्रिया होती है, जो ईंधन दहन (combustion) के लिए उत्तरदायी होती है, जिससे इंजन में शक्ति (power) उत्पन्न होती है।

दहन के फलस्वरूप उत्पन्न गैसें, इंजन सिलेण्डर से एग्जॉस्ट स्ट्रोक के अन्तर्गत बाहर निकलती हैं, जिससे यह स्पष्ट होता है कि ईंधन को इंजन सिलेण्डर के अन्दर दहन (जलाने) का प्रबन्ध इग्नीशन प्रक्रिया द्वारा किया जाता है। इस प्रक्रिया के अन्तर्गत इंजन सिलेण्डर में उपस्थित ईंधन को उचित समयान्तराल में प्रज्वलित (ignite) किया जाता है, जोकि इग्नीशन की परम्परागत प्रक्रिया है, जबकि इग्नीशन की आधुनिक इलेक्ट्रॉनिक इग्नीशन प्रक्रिया 'इण्डक्शन' में कॉन्टैक्ट ब्रेकर का प्रयोग नहीं होता है और प्राथमिक परिपथ को इलेक्ट्रॉनिक स्विच से चलाया जाता है। इलेक्ट्रॉनिक इग्नीशन प्रक्रिया, इण्डक्शन के सिद्धान्त पर ही आधारित है।

इस अध्याय में इग्नीशन प्रणाली एवं इण्डक्शन प्रक्रिया को पूर्ण रूप से वर्णित किया गया है।

अध्याय विषय सूची

12.1 इग्नीशन का सिद्धान्त Principle of Ignition

इग्नीशन प्रणाली एक ऐसी प्रणाली है, जो स्पार्क प्लग एवं इलेक्ट्रॉड के मध्य स्पार्क उत्पन्न करती है। स्पार्क उत्पन्न करने के लिए आवश्यक ऊर्जा, वाहन की वैद्युतिक प्रणाली से प्राप्त की जाती है।

इलेक्ट्रॉनिक इग्नीशन प्रणाली के डिस्ट्रीब्यूटर में एक टाइमर का प्रयोग किया जाता है। यह टाइमर इलेक्ट्रॉनिक नियन्त्रक इकाई को एक वैद्युतिक पल्स भेजता है, जो प्राइमरी वाइण्डिंग में धारा के प्रवाह को रोक देती है, जिसके परिणामस्वरूप सेकेण्डरी वाइण्डिंग में एक उच्च वोल्टेज प्रेरित हो जाती है।

इसके पश्चात् ब्रेकर प्वॉइण्ट इग्नीशन प्रणाली में यह उच्च वोल्टेज स्पार्क प्लगों में वितरित किया जाता है।

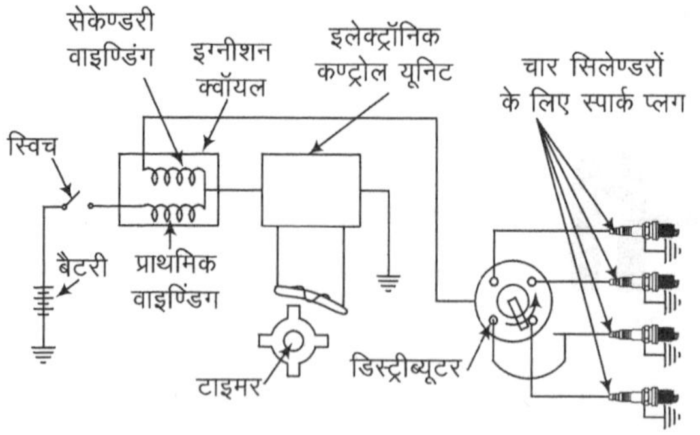

चित्र चार सिलेण्डर वाले इंजन के लिए इलेक्ट्रॉनिक इग्नीशन प्रणाली

कुछ समय पश्चात् इलेक्ट्रॉनिक नियन्त्रक इकाई प्राइमरी वाइण्डिंग में धारा के प्रवाह को स्विच ऑन करके प्रारम्भ कर देती है, जिससे अगले चक्कर के लिए प्राथमिक परिपथ धारा का निर्माण किया जा सके, इसमें टाइमर परिपथ के लिए सामान्यत: पल्स जेनरेटर अथवा हॉल इफैक्ट सेन्सर का प्रयोग किया जाता है।

पल्स जेनरेटर Pulse Generator

पल्स जेनरेटर सामान्यत: एक स्थायी चुम्बक, टाइमर क्वॉयल तथा रिलेक्टर से मिलकर बना होता है। इस जेनरेटर में टाइमर क्वॉयल तथा स्थायी चुम्बक सदैव स्थायी स्थिति में रहते हैं, जबकि रिलेक्टर जोकि एक दाँत वाले व्हील के आकार का होता है, डिस्ट्रीब्यूटर शाफ्ट के ऊपर फिट होता है।

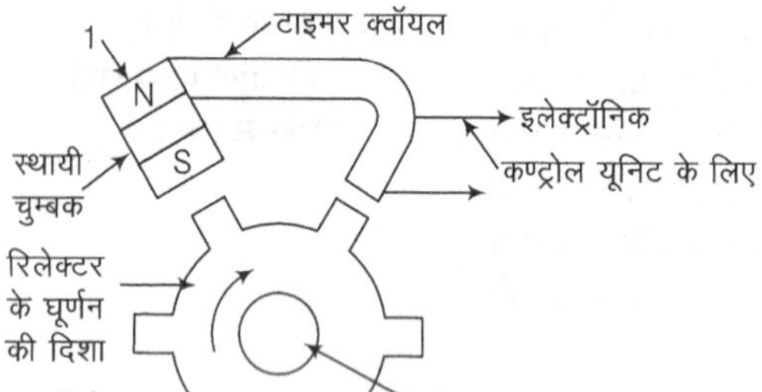

चित्र पल्स जेनरेटर

जब डिस्ट्रीब्यूटर शाफ्ट घूमती है, तो रिलेक्टर व्हील भी घूमता है तथा इसके दाँते स्थायी चुम्बक की पोल प्लेट्स के अत्यन्त निकट घूमते हैं, जिससे अन्य इण्डक्टर दाँते तथा टाइमर क्वॉयल के मध्य एयर गैप का रिलक्टेन्स घटता है।

इसी समय रिलेक्टर दाँत तथा चुम्बक के मध्य एयर गैप का रिलक्टेन्स भी घटता है। इसके परिणामस्वरूप टाइमर क्वॉयल के चारों ओर प्रबल चुम्बकीय क्षेत्र उत्पन्न होता है।

नोट *इग्नीशन प्रणाली से सम्बन्धी फैराडे के नियमों एवं ट्रांसफॉर्मर की प्राइमरी व सेकेण्डरी वाइण्डिंग के अध्ययन हेतु प्रथम वर्ष के अध्याय-7 का अवलोकन करें।*

12.2 इग्नीशन अवयव Ignition Components

ऑटोमोबाइल में ईंधन के दहन हेतु दो प्रकार की इग्नीशन प्रणाली—मैग्नेटो इग्नीशन प्रणाली तथा बैटरी इग्नीशन प्रणाली प्रयोग होती है। मैग्नेटो इग्नीशन प्रणाली का उपयोग छोटे वाहनों तथा बैटरी इग्नीशन प्रणाली का उपयोग बड़े वाहनों में किया जाता है।

बैटरी इग्नीशन सिस्टम (Battery ignition system) का प्रयोग पैसेंजर कारों, लाइट ट्रकों तथा कुछ दो पहिया वाहनों में किया जाता है। इस सिस्टम में निम्न भाग सम्मिलित होते हैं

1. स्पार्क प्लग
2. बैटरी
3. इग्नीशन क्वॉयल
4. डिस्ट्रीब्यूटर
5. इग्नीशन स्विच
6. कॉन्टैक्ट ब्रेकर

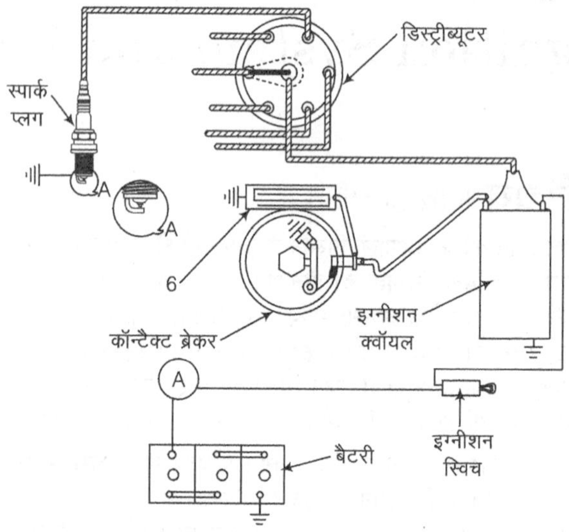

चित्र बैटरी इग्नीशन सिस्टम

पाठ्यक्रम की उपयोगिता को ध्यान में रखते हुए यहाँ पर हम केवल बैटरी इग्नीशन प्रणाली के अवयवों का अध्ययन करेंगे।

1. स्पार्क प्लग Spark Plug

इग्नीशन प्रक्रिया में चिंगारी उत्पन्न करने में स्पार्क प्लग महत्त्वपूर्ण भूमिका निभाता है। इसके द्वारा ही कम्बशन चैम्बर में दबी हुई वायु एवं पेट्रोल का मिश्रण जलाया जाता है। इसे इस प्रकार फिट किया जाता है कि इसके सेन्ट्रल तथा साइड इलेक्ट्रॉड, कम्बशन चैम्बर में रहें। अत: जब सेन्ट्रल इलेक्ट्रॉड तक एच.टी. (H.T.) धारा आती है, तो अत्यधिक वोल्टेज लगभग 24,000 वोल्ट के कारण, उस पर से जम्प करके साइड इलेक्ट्रॉड पर चली जाती है तथा विद्युत परिपथ पूरा होने से उन दोनों इलेक्ट्रॉडों के बीच चिंगारी उत्पन्न हो जाती है, जिससे मिश्रण जलता है।

सेन्ट्रल व साइड इलेक्ट्रॉड के बीच कुछ एयर गैप रखा जाता है, जो स्पार्क प्लग गैप भी कहलाता है। यह गैप अलग-अलग इंजनों (गाड़ियों के लिए 0.5 से 0.7 मिमी तक) के लिए अलग-अलग रखा जाता है।

यदि यह गैप कम होगा, तो एच.टी. (हाई टेन्शन) धारा आसानी से एक इलेक्ट्रॉड से दूसरे इलेक्ट्रॉड पर प्रवाहित हो जाएगी तथा उचित चिंगारी प्राप्त नहीं हो सकेगी।

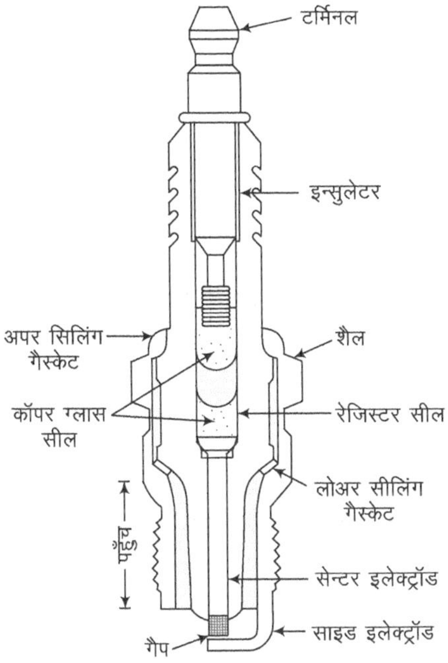

चित्र स्पार्क प्लग

इसी प्रकार, यदि यह गैप अधिक होगा, तो एच. टी. धारा उतनी दूरी तक जम्प करने में असमर्थ होगी, ऐसी दशा में चिंगारी भी प्राप्त नहीं होगी। प्रत्येक इंजन में उतने ही स्पार्क प्लग प्रयोग किए जाते हैं, जितने सिलेण्डर का इंजन होता है अर्थात् प्रत्येक सिलेण्डर के लिए पृथक्-पृथक् स्पार्क प्लग लगाए जाते हैं।

स्पार्क प्लग के मुख्य भाग
Main Parts of Spark Plug

स्पार्क प्लग के मुख्य भाग निम्नलिखित हैं

(i) **टर्मिनल** Terminal

स्पार्क प्लग के सबसे ऊपरी भाग को टर्मिनल कहते हैं। उस पर एक चूड़ी कटी कैप फिट की जाती है, जिसके द्वारा स्पार्क प्लग से एच.टी. लीड को जोड़ा जाता है।

(ii) **सेन्ट्रल इलेक्ट्रॉड** Central electrode

सेन्ट्रल इलेक्ट्रॉड, टर्मिनल से नीचे तक लगा हुआ तार के रूप में होता है, जिसके द्वारा टर्मिनल तक आई एच.टी. धारा साइड इलेक्ट्रॉड पर जम्प करके चिंगारी उत्पन्न करती है।

(iii) **इन्सुलेटर** Insulator

स्पार्क प्लग के बीच के भाग में चीनी मिट्टी का इन्सुलेटर फिट होता है। यह सेन्ट्रल इलेक्ट्रॉड को अन्य भागों से अलग करता है तथा एच.टी. धारा को व्यर्थ में अर्थ (earth) होने से बचाता है, जिससे असावधानी के कारण आमतौर पर यह चटक (crack) जाता है।

ऐसी स्थिति में स्पार्क प्लग बदल देना चाहिए अन्यथा एच.टी. धारा, इंजन के भागों में ही अर्थ होकर व्यर्थ हो जाएगी, जिससे इग्नीशन का कार्य भी नहीं हो पाएगा।

(iv) **साइड इलेक्ट्रॉड** Side electrode

स्पार्क प्लग को कसने के लिए जिस भाग में चूड़ी कटी होती हैं, उससे एक मोटा तार जुड़ा होता है, जो सेन्ट्रल इलेक्ट्रॉड के नीचे तक मुड़ा होता है। सेन्ट्रल इलेक्ट्रॉड तक आई एच.टी. धारा इसी की सहायता से अर्थ होकर जम्प करती है।

(v) **इन्सुलेटर नट** Insulator nut

इन्सुलेटर को प्लग के साथ कसने के लिए इस नट का प्रयोग किया जाता है। इस पर बाहर की ओर नीचे के भाग में चूड़ी कटी होती है। यही भाग इंजन के साथ कसा जाता है। यह पर्याप्त मजबूत माइल्ड स्टील का बना होता है। इस पर कटी चूड़ियाँ 14 मिमी तथा 18 मिमी की होती हैं।

(vi) **कॉपर गैस्केट** Copper gasket

स्पार्क प्लग के नीचे के भाग में एक ताँबे का वाशर लगा रहता है, जो गैस्केट का कार्य करता है। इसके प्रयोग से सिलेण्डर की गैस लीक नहीं हो पाती है।

स्पार्क प्लग की कार्यविधि Working of Spark Plug

इग्नीशन प्रणाली का प्रथम कार्य एक उच्च वोल्टेज उत्पन्न करना है, जिससे स्पार्क प्लग गैप में स्पार्क उत्पन्न किया जा सके।

इसके लिए इग्नीशन क्वॉयल में दो प्रकार की वाइण्डिंग होती है, पहली एक प्राइमरी वाइण्डिंग जिसमें मोटे तार के सौ से अधिक टर्न होते हैं तथा दूसरी सेकेण्डरी वाइण्डिंग, जिसमें बहुत पतले तारों के हजारों टर्न्स होते हैं।

जब इग्नीशन को स्विच ऑन किया जाता है, तो ट्रिगर, इग्नीशन क्वॉयल की प्राइमरी वाइण्डिंग तथा ग्राउण्ड के मध्य परिपथ को बन्द कर देता है, जिससे प्राइमरी वाइण्डिंग में धारा का प्रवाह प्रारम्भ हो जाता है। इस धारा के कारण प्राइमरी वाइण्डिंग के चारों ओर एक चुम्बकीय क्षेत्र स्थापित हो जाता है।

इसके विपरीत जब ट्रिगर प्राइमरी वाइण्डिंग तथा ग्राउण्ड के मध्य परिपथ को खोल देता है, तो वाइण्डिंग में धारा का प्रवाह समाप्त हो जाता है और इस प्रकार वाइण्डिंग के चारों ओर उत्पन्न चुम्बकीय क्षेत्र भी समाप्त हो जाता है।

स्पार्क प्लग में एक एण्ड कैप लगी होती है, जिसमें कुछ गैप होता है। जब वायु तथा ईंधन का मिश्रण सम्पीडित किया जाता है, तो इसमें से कुछ सम्पीडित मिश्रण गैप में प्रवेश कर जाता है, जिससे स्पार्क उत्पन्न होने पर गैप में इग्नीशन प्रारम्भ हो जाता है।

इसके पश्चात् दहन हुआ मिश्रण ऑरिफिस से बाहर आता है और शेष सम्पीडित मिश्रण को प्रज्वलित करता है।

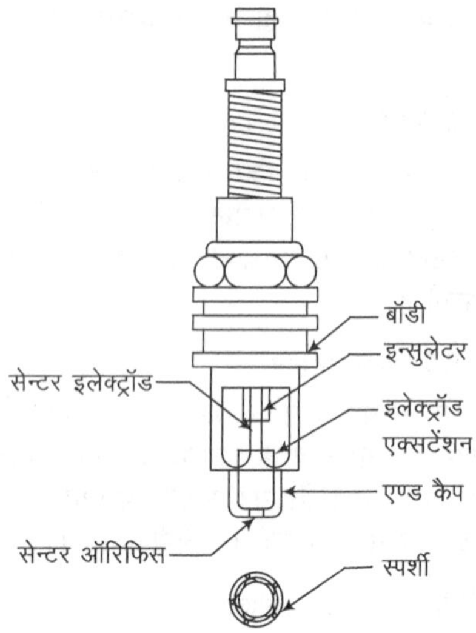

चित्र स्पार्क प्लग की कार्यविधि

ऑरिफिस से निकलने वाला दहन मिश्रण घुमाव गति करता हुआ बाहर निकलता है, जिससे मिश्रण के दहन की गति बढ़ जाती है और इस प्रकार इंजन की कार्यक्षमता में सुधार होता है।

लीफ प्रूफ सीट प्रदान करने के उद्देश्य से कुछ स्पार्क के इन्सटॉलेशन के दौरान गैस्केट का प्रयोग किया जाता है। इसके अतिरिक्त कुछ इंजन, टेपर्ड सीट सहित प्लग का प्रयोग करते हैं, जो एक उपयुक्त सील की तरह कार्य करती है।

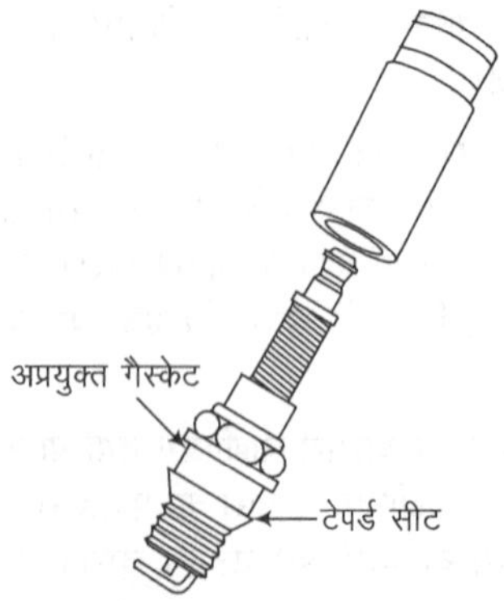

चित्र टेपर्ड सीट युक्त स्पार्क प्लग

स्पार्क प्लग के प्रकार Types of Spark Plug

स्पार्क प्लग के दो महत्त्वपूर्ण गुण इसकी हीट रेंज तथा पहुँच होते हैं। स्पार्क प्लग की हीट रेंज, इंजन में स्पार्क प्लग द्वारा वहन किए जाने वाले तापमान के विषय में बताती है, जिससे यह पता चलता है कि स्पार्क प्लग कितना गर्म होगा। स्पार्क प्लग की हीट रेंज को इसके आकार द्वारा तथा सेन्टर इलेक्ट्रॉड के प्लग एवं सिलेण्डर हैड के कूलर तक ऊष्मा को पहुँचने में तय की गई दूरी द्वारा नियन्त्रित किया जाता है। यदि ऊष्मा द्वारा तय की गई यह दूरी अधिक होती है, तो प्लग गर्म हो जाता है और यदि यह दूरी कम होती है, तो प्लग ठण्डा होता है। उपरोक्त विवरण के अतिरिक्त स्पार्क प्लग की सफाई इत्यादि के आधार पर स्पार्क प्लग मुख्यत: निम्न प्रकार के होते हैं

(i) डिटैचेबल स्पार्क प्लग्स Detachable Spark Plugs

इस प्रकार के स्पार्क प्लग को चित्र के समान विभिन्न भागों में खोलकर, सरलता से साफ किया जा सकता है, जबकि सिंगल यूनिट स्पार्क प्लग की सफाई क्लीनिंग एण्ड टेस्टिंग मशीन पर ही पूर्ण रूप से हो पाती है।

सभी प्रकार के स्पार्क प्लग लगभग एकसमान होते हैं, परन्तु कार्यक्षमता का अधिक-से-अधिक उपयोग करने के लिए भिन्न-भिन्न कम्पनियों के स्पार्क प्लग भिन्न-भिन्न विशेषताएँ रखते हैं; जैसे—कुछ प्लग इस प्रकार बने होते हैं, जिनसे इन्सुलेटर सिक्योरिंग नट को खोला जा सकता है।

चित्र डिटैचेबल स्पार्क प्लग

चित्र डिटैचेबल स्पार्क प्लग में सेन्ट्रल इलेक्ट्रॉड के प्रकार

इस प्रकार के प्लग का सबसे बड़ा लाभ यह है कि इसे खोलकर इसके अन्दर जमा कार्बन को अच्छी तरह से साफ किया जा सकता है, जबकि अन्य प्लगों को इस प्रकार साफ नहीं किया जा सकता। इसी प्रकार, प्लगों में जो अन्य अन्तर होता है, उसमें इलेक्ट्रॉड का अन्तर महत्त्वपूर्ण है। प्राय: स्पार्क प्लगों में सेन्ट्रल इलेक्ट्रॉड के नीचे तक साइड इलेक्ट्रॉड लगा होता है, परन्तु कुछ प्लगों में दो-या-दो से अधिक साइड इलेक्ट्रॉड भी लगाए जाते हैं। इसी प्रकार, कुछ प्लगों में साइड इलेक्ट्रॉड को सेन्ट्रल इलेक्ट्रॉड के नीचे न लगाकर 90° पर लगाया जाता है।

(ii) **कोल्ड स्पार्क प्लग** Cold Spark Plug

इस प्रकार के स्पार्क प्लग अपेक्षाकृत ठण्डे होते हैं। इनमें इन्सुलेटर की लम्बाई कुछ कम होती है, जिस कारण ये अधिक ऊष्मा को अपने अन्दर रोक नहीं पाते हैं। इनमें ताप का मार्ग कम होता है, इसलिए कार्बन आदि शीघ्र जमा हो जाता है।

इस प्रकार के स्पार्क प्लग प्राय: उन इंजनों में प्रयोग किए जाते हैं, जिनमें सिलेण्डर हैड एल्युमीनियम अलॉय के बने होते हैं। इसके अतिरिक्त जिन इंजनों में इंजन वाल्व ब्लॉक में फिट होते हैं, उनमें भी इसी प्रकार के कोल्ड प्लग प्रयोग किए जाते हैं।

इन प्लगों को समय-समय पर साफ करते रहना चाहिए, अन्यथा कार्बन के जम जाने से इंजन में प्री-इग्नीशन दोष की सम्भावना रहती है। स्पार्क प्लग की संरचना को हॉट स्पार्क प्लग के साथ सम्मिलित रूप से दर्शाया गया है।

किसी कारणवश यदि स्पार्क प्लग अत्यधिक ठण्डा हो जाता है, तो यह सेन्टर इलेक्ट्रॉड के चारों ओर उपस्थित इन्सुलेटर पर एकत्रित अवशेषों को जलाने में सक्षम नहीं होता है और स्पार्क उत्पन्न न होने से इग्नीशन दोष उत्पन्न होता है।

इसका मुख्य कारण यह है कि उच्च वोल्टेज सेन्टर इलेक्ट्रॉड के इन्सुलेटर पर एकत्रित अवशेषों के आस-पास लीक हो जाती है और स्पार्क गैप तक नहीं पहुँच पाती है।

(iii) **हॉट स्पार्क प्लग** Hot Spark Plug

इस प्रकार के स्पार्क प्लग में इन्सुलेटर की लम्बाई अधिक होती है, जिस कारण सेन्ट्रल इलेक्ट्रॉड अधिक लम्बाई तक पर्याप्त गर्म रहता है, जिससे इलेक्ट्रॉड के चारों ओर शीघ्रता से कार्बन जमा नहीं हो पाता है। यदि किसी कारणवश स्पार्क प्लग आवश्यकता से अधिक गर्म हो जाता है, तो यह घिसने लगता है अथवा इसके इलेक्ट्रॉड शीघ्रता से जलने लगते हैं। इसके अतिरिक्त इस कारण स्पार्क भी उत्पन्न नहीं होने की सम्भावना रहती है, क्योंकि गैप अत्यधिक चौड़ा होने के कारण स्पार्क जम्प होना सम्भव नहीं हो पाता है।

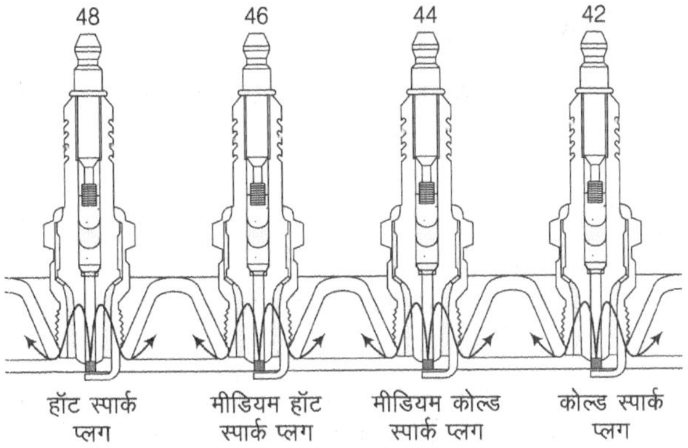

चित्र हॉट स्पार्क प्लग

(iv) **स्पार्क प्लग रेंज** Spark Plug Range

स्पार्क प्लग, सिलेण्डर या सिलेण्डर हैड में तीन प्रकार की पहुँच वाले होते हैं, जिन्हें नीचे चित्र (a), (b) तथा (c) से दर्शाया गया है—

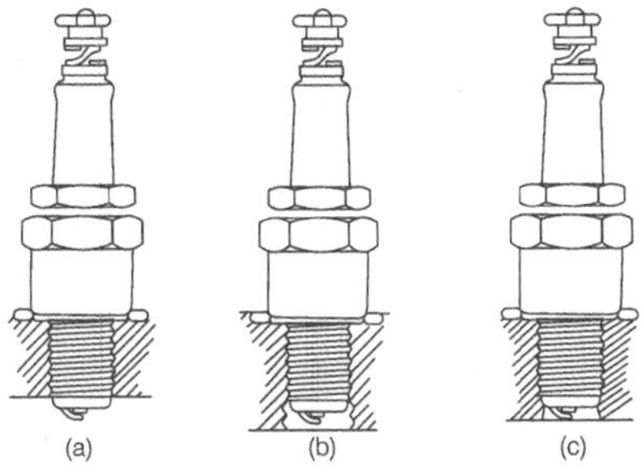

चित्र स्पार्क प्लग रेंज

लम्बी रेंज वाले स्पार्क प्लग का प्रयोग करने पर प्लग अतितप्त हो जाते हैं। इनके द्वारा पिस्टन को क्षति पहुँचने की सम्भावना रहती है। इस प्रकार के प्लग का बाहरी भाग हॉट-स्पॉट का काम करने लगता है। इन्हें खोलने में भी कठिनाई आ सकती है, क्योंकि इन पर अधिक कार्बन जमा हो जाता है।

स्पार्क प्लग की पहुँच कम होने पर इंजन में मिसफायर दोष शीघ्र उत्पन्न हो जाता है, जिससे कमजोर स्पार्क उत्पन्न होता है। स्पार्क प्लग की चूड़ी के नीचे बचे भाग में अधिक कार्बन जमा हो जाता है, जो स्पार्क की गर्मी को अवशोषित कर लेता है।

स्पार्क प्लग के गुण Properties of Spark Plug

एक अच्छे स्पार्क प्लग में कुछ मुख्य गुण होने चाहिए, जो निम्न प्रकार हैं

(i) स्पार्क प्लग के अन्दर प्रयुक्त इन्सुलेशन अच्छा होना चाहिए, जिससे उच्च वोल्टेज की धारा का रिसाव (leak) न हो पाए।

(ii) कम्प्रैस्ड एयर में एक इलेक्ट्रॉड से दूसरे इलेक्ट्रॉड तक स्पार्क के जम्प करने के लिए इसकी वोल्टेज उच्च होनी चाहिए।

स्पार्क प्लग का अनुरक्षण Maintenance of Spark Plug

स्पार्क प्लग के उचित अनुरक्षण के लिए निम्न बिन्दुओं को ध्यान में रखना चाहिए

(i) स्पार्क प्लग के बाहर लगे तेल, मिट्टी व अन्य गन्दगी को साफ करते रहना चाहिए, जिससे कि वह तप्त होने से बच सके।

(ii) महीने में एक बार स्पार्क प्लग खोलकर, उसे रेगमाल से अवश्य साफ करें व प्लग के अन्दर जमा कार्बन नुकीले स्क्रैपर द्वारा साफ करें।

(iii) स्पार्क प्लग के इलेक्ट्रॉड जलकर घिस गए हों, तो नया प्लग प्रयोग करना चाहिए।

(iv) स्पार्क प्लग के अन्दर कार्बन जमा हो गया हो, तो उसे स्पार्क प्लग क्लीनिंग मशीन पर सही करना चाहिए।

(v) स्पार्क प्लग की सफाई कर महीने में एक बार उसे सैट करना चाहिए। प्लग का गैप सैट करते समय फिलर गेज का प्रयोग करना चाहिए।

(vi) टॉर्क रिंच न होने की अवस्था में स्पार्क प्लग को हाथ से टाइट करने के पश्चात् आधी चूड़ी प्लग स्पैनर द्वारा टाइट कर दें।

चित्र स्पार्क प्लग की सफाई

चित्र स्पार्क प्लग गैप सैट करना

स्पार्क प्लग सम्बन्धी सावधानियाँ
Precautions related to Spark Plugs

स्पार्क प्लग से सम्बन्धित सावधानियाँ निम्नलिखित हैं

1. इलेक्ट्रॉनिक इग्नीशन प्रणाली युक्त आधुनिक इंजनों में स्पार्क प्लग गैप 0.080 इंच (2.30 मिमी) तक होना चाहिए।
2. पुरानी इग्नीशन प्रणालियों में प्रयुक्त स्पार्क प्लग जिनमें गैप आधे से कम होता है, से आधुनिक इंजन में प्रयुक्त स्पार्क प्लग परिवर्तित नहीं किए जा सकते हैं।
3. प्रत्येक इंजन के लिए उसके अनुरूप ही स्पार्क प्लग का प्रयोग करना चाहिए।
4. पुराने स्पार्क प्लग, जिसमें बाह्य इलेक्ट्रॉड को मोड़कर उपयुक्त स्पार्क प्लग गैप दिया जाता है, का प्रयोग करने से प्लग फायर न होने जैसी समस्याएँ उत्पन्न हो सकती हैं।

स्पार्क प्लग की जाँच
Checking of Spark Plug

यह जानने के लिए कि कोई स्पार्क प्लग कार्य कर रहा है अथवा नहीं, स्पार्क प्लग को खोलकर एच.टी. लीड लगा दें तथा इंजन को घुमाकर प्लग को अर्थ करें। यदि इलेक्ट्रॉड के बीच स्पार्क सही उत्पन्न होता है, तो वह प्लग सही है।

इसके अतिरिक्त इंजन में लगे स्पार्क प्लग को चित्र के समान पेंचकस की सहायता से इंजन घुमाकर अर्थ द्वारा भी जाँचा जाता है।

यदि अर्थ करने पर इंजन सिलेण्डर कार्य न करे, तो उस स्पार्क प्लग को सही समझना चाहिए।

स्क्रू ड्राइवर द्वारा अर्थ करते समय उसे सावधानी से पकड़े तथा शरीर के अंगों को इंजन से दूर रखें अन्यथा आपको करण्ट का क्षणिक झटका लग सकता है।

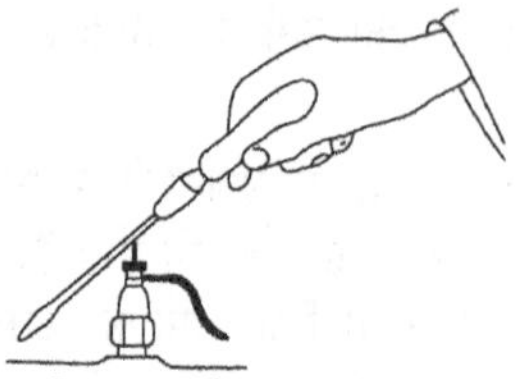

चित्र स्पार्क प्लग की जाँच

प्लग फायरिंग वोल्टेज Plug Firing Voltage

इग्नीशन क्वॉयल, विद्युत-चुम्बकीय प्रेरण के सिद्धान्त पर कार्य करती है। सेकेण्डरी वाइण्डिग (secondary winding) में जब उच्च तनाव वोल्टेज बढ़ती है, तो स्पार्क प्लग गैप अचानक सुचालक व निश्चित वोल्टेज स्तर पर पहुँच जाता है तथा स्पार्क उत्पन्न करता है। इसी वोल्टेज को प्लग फायरिंग वोल्टेज कहते हैं। प्लग फायरिंग वोल्टेज का स्तर निम्न कारकों पर निर्भर करता है

(i) ईंधन मिश्रण घनत्व पर
(ii) सिलेण्डर में दाब पर
(iii) स्पार्क प्लग गैप पर
(iv) स्पार्क प्लग में इलेक्ट्रॉड की स्थिति पर
(v) सेकेण्डरी परिपथ के प्रतिरोध पर

2. बैटरी Battery

इग्नीशन प्रक्रिया में बैटरी विद्युत धारा का मुख्य स्रोत है। यह इस प्रणाली के लिए लो टेन्शन करण्ट उत्पन्न करती है। पेट्रोल इंजन में विद्युत धारा का प्रयोग, एयर व पेट्रोल के कम्प्रैस्ड मिश्रण को स्पार्क प्लग द्वारा जलाने हेतु किया जाता है। इग्नीशन प्रणाली में सामान्यत: 6 अथवा 12 वोल्ट की बैटरी प्रयोग की जाती है।

3. इग्नीशन क्वॉयल Ignition Coil

बैटरी के लो टेन्शन करण्ट को हाई टेन्शन करण्ट में परिवर्तित करने में इस क्वॉयल की मुख्य भूमिका होती है। यह एक 'स्टैप अप' (step-up) ट्रांसफॉर्मर की भाँति कार्य करती है। इसकी सहायता से बैटरी की 6 वोल्ट या 12 वोल्ट की धारा को 20,000 वोल्ट तक बढ़ाया जा सकता है।

इस इग्नीशन क्वॉयल में आयरन कोर पर इन्सुलेटेड ताँबे की तारों की प्राथमिक एवं द्वितीयक वाइण्डिंग होती है। प्राथमिक तथा द्वितीयक वाइण्डिंग के परिपथों को नीचे चित्र में दिखाया गया है।

प्राथमिक वाइण्डिंग ताँबे के मोटे तारों के नीचे की ओर उसी शाफ्ट आयरन कोर पर होती है और इसमें कम लपेट (turn) होते हैं, जो लगभग 200-300 होते हैं। इसके विपरीत इस वाइण्डिंग के ऊपर ही द्वितीयक वाइण्डिग होती है, जिसमें पतले तार के अधिक लपेट (turn) होते हैं, जो लगभग 21000 होते हैं।

प्राथमिक वाइण्डिग, जोकि बैटरी तथा डिस्ट्रीब्यूटर के सी.बी. (contact breaker) प्वॉइण्ट से जोड़ी जाती है, के लिए इग्नीशन क्वॉयल पर दो लो टेन्शन टर्मिनल बने होते हैं।

द्वितीयक वाइण्डिग का एक सिरा प्राथमिक वाइण्डिग से तथा दूसरा सिरा इग्नीशन क्वॉयल के एच.टी. (हाई टेन्शन) टर्मिनल से जुड़ा होता है। ये दोनों वाइण्डिग एक सील्ड कण्टेनर में तेल में डूबी रहती हैं, जिससे इन्हें ठण्डा रखा जाता है। इग्नीशन क्वॉयल का प्रयोग स्पार्क उत्पन्न करने के लिए लो वोल्टेज को हाई वोल्टेज में परिवर्तित करने के लिए किया जाता है। इसकी दोनों वाइण्डिग के सिरे एक्सटर्नल टर्मिनल से जुड़े होते हैं। बैकेलाइट कैप द्वितीयक टर्मिनल तथा प्राथमिक टर्मिनल को इन्सुलेट करती है।

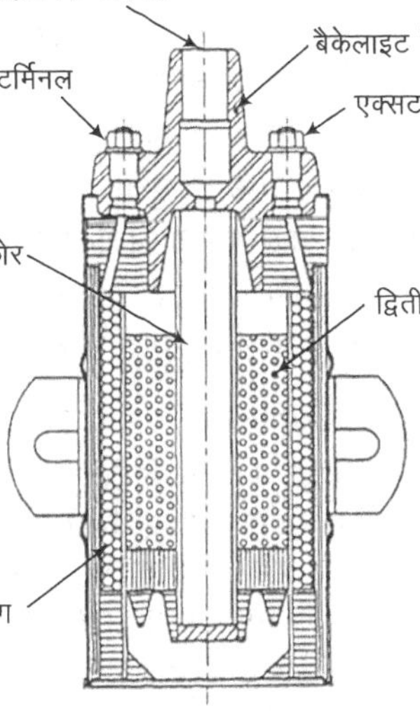

चित्र इग्नीशन क्वॉयल

4. डिस्ट्रीब्यूटर Distributor

यह मल्टी सिलेण्डर इंजनों में इग्नीशन क्वॉयल से प्राप्त हाई टेन्शन धारा को सभी सिलेण्डरों के स्पार्क प्लगों को फायरिंग ऑर्डर के अनुसार बाँटता है। इसमें लगे सी.बी. प्वॉइण्ट, प्राथमिक परिपथ को मेक एण्ड ब्रेक करके हाई टेन्शन धारा बनाने में सहायता भी करते हैं। इसके अतिरिक्त इसके साथ जुड़े एडवान्स रिटार्ड मैकेनिज्म द्वारा इग्नीशन टाइमिंग को इंजन की चाल के अनुसार समायोजित भी किया जाता है।

कुछ डिस्ट्रीब्यूटरों में एडवान्स रिटार्ड मैकेनिज्म तथा डिस्ट्रीब्यूटर ड्राइव के लिए शाफ्ट पर एक छोटा गियर भी लगा होता है। डिस्ट्रीब्यूटर में मुख्य रूप से निम्नलिखित भाग होते हैं

(i) डिस्ट्रीब्यूटर बॉडी Distributor Body

डिस्ट्रीब्यूटर, एडवांस मैकेनिज्म, डिस्ट्रीब्यूटर, शाफ्ट, बुश ब्रेकर प्लेट, कॉन्टैक्ट ब्रेकर, कैम, कण्डेन्सर, रोटर तथा डिस्ट्रीब्यूटर कैप से मिलकर बना होता है। बाउल आकार के डिस्ट्रीब्यूटर हाउसिंग को ड्रिस्ट्रीब्यूटर कैप द्वारा ऊपर से बन्द किया जाता है। कैप में सिलेण्डर संख्या के समान सेग्मेन्ट टर्मिनल होते हैं। फायरिंग आर्डर के अनुसार ये टर्मिनल हाईटेंशन लीड से स्पार्क प्लग के साथ जुड़े होते हैं। कैप का सेन्टर टावर इग्नीशन क्वॉयल के एच. टी टर्मिनल द्वारा जुड़ा होता है। एक स्प्रिंग भारित कार्बन बुध रोटर के इलेक्ट्रोड इग्नीशन सर्ज को संचालित करता है। रोटर आर्म से एच. सी. करण्ट/सर्ज डिस्ट्रीब्यूटर कैप के साइड सेग्मेण्ट तक प्रवाहित होता है। डिस्ट्रीब्यूटर की बॉडी ऊपर से कैप द्वारा बन्द रहती है, जिससे स्पार्क प्लग तथा एच.टी. (high tension) लीड जोड़ी होती है।

बॉडी के बीच में एक शाफ्ट फिट रहती है, इसमें ऊपर की ओर सिलेण्डरों की संख्या के अनुसार कैमलोब लगी होती है तथा नीचे एक छोटा गियर लगा होता है।

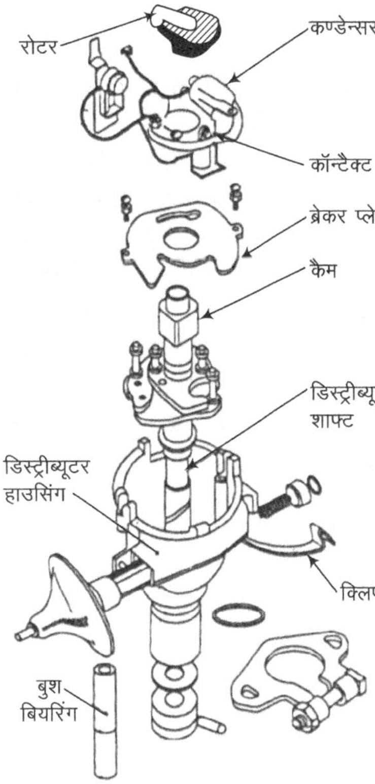

चित्र डिस्ट्रीब्यूटर बॉडी

यह गियर कैमशाफ्ट से चलकर डिस्ट्रीब्यूटर को ड्राइव देता है। डिस्ट्रीब्यूटर शाफ्ट के सिरे पर एक खाँचा कटा होता है, जिसमें ऑयल पम्प की शाफ्ट फँसकर पम्प को भी चलाती है।

इसके विपरीत कभी-कभी छोटा गियर, ऑयल पम्प की शाफ्ट पर लगा होता है तथा डिस्ट्रीब्यूटर की शाफ्ट का सिरा, जो पेंचकस के आकार का होता है, ऑयल पम्प की शाफ्ट में बने खाँचे में फँसकर, पम्प के द्वारा डिस्ट्रीब्यूटर शाफ्ट को ड्राइव देता है।

(ii) डिस्ट्रीब्यूटर शाफ्ट Distributor Shaft

डिस्ट्रीब्यूटर हाउसिंग में एक बुश बियरिंग द्वारा सिलेण्ड्रीकल शाफ्ट होती है। डिस्ट्रीब्यूटर कम्पार्टमेन्ट तथा कॉन्टैक्ट ब्रेकर कम्पार्टमेन्ट के मध्य एक शील्ड फिट होती है, जिसे ब्रेकर प्लेट कहते हैं। यह शील्ड डिस्ट्रीब्यूशन सेक्शन को डर्ट, कार्बन डस्ट तथा नमी से बचाती है।

डिस्ट्रीब्यूटर शाफ्ट के ऊपरी सिरे पर रोटर फिट किया जाता है। बॉडी के अन्दर बेस प्लेट पर सी. बी. प्वॉइण्ट व कण्डेन्सर लगाए जाते हैं, जो आपस में सम्बन्धित होते हैं। बेस प्लेट के नीचे गवर्नर वेट फिट रहते हैं, जो इग्नीशन टाइमिंग को सीधे ही अथवा एडवांस रिटायर मैकेनिज्म की सहायता से समायोजित रखते हैं। डिस्ट्रीब्यूटर बॉडी पर लो टेन्शन कनैक्शन के लिए इन्सुलेटेड टर्मिनल की व्यवस्था भी की जाती है।

(iii) डिस्ट्रीब्यूटर कैप Distributor Cap

डिस्ट्रीब्यूटर बॉडी के ऊपर जिस कैप को फिट किया जाता है, उसे डिस्ट्रीब्यूटर कैप कहते हैं। यह कैप बैकेलाइट अथवा एबोनाइट की बनी होती है, इसमें अन्दर की ओर किनारे पर ब्रास (पीतल) अथवा कॉपर के सेगमेन्ट लगे होते हैं, जिनकी संख्या सिलेण्डरों की संख्या के बराबर होती है। इन पर ऊपर की ओर एच.टी. लीड लगाने की व्यवस्था होती है।

अन्दर की ओर बीच में एक कार्बन लगा रहता है, जिसका सम्बन्ध फिट होने के बाद रोटर से हो जाता है। ऊपर की ओर क्वॉयल से आई लीड लगाने के लिए बीच में व्यवस्था बनी रहती है। इस कैप को दो क्लिपों (clips) की सहायता से बॉडी के साथ जकड़कर फिट रखा जाता है।

प्राय: यह कैप जीवनकाल तक कार्य करती है, परन्तु असावधानी के कारण इसमें दरारें (crack) पड़ जाती हैं, जिससे एच.टी. धारा अर्थ होने लगती है अथवा सेगमेन्ट शॉर्ट हो जाते हैं।

इस दोष के कारण स्पार्क प्लगों तक सही धारा नहीं पहुँच पाती है। अत: ऐसी कैप को बदलना आवश्यक होता है।

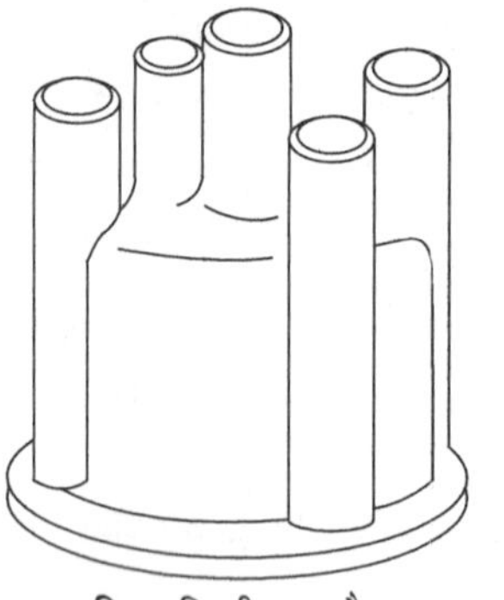

चित्र डिस्ट्रीब्यूटर कैप

(iv) कॉन्टैक्ट ब्रेकर प्वॉइण्ट Contact Breaker Points

डिस्ट्रीब्यूटर असेम्बली का वह महत्त्वपूर्ण भाग जो दो टुकड़ों में बना होता है, कॉन्टैक्ट ब्रेकर परिपथ कहलाता है। इसका एक टुकड़ा बेस प्लेट के साथ स्थिर रहता है तथा दूसरा टुकड़ा, जिसके साथ स्प्रिंग की पत्ती लगी होती है, गतिशील होता है।

इसी पर फाइबर या बैकेलाइट का एक टुकड़ा जुड़ा होता है। दोनों प्वॉइण्टों की दूरी खुली दशा में कम-से-कम, परन्तु पर्याप्त रखी जाती है। जब डिस्ट्रीब्यूटर शाफ्ट घूमकर कैम को घुमाती है, तो गतिशील भाग पर कैम लोब का दबाव पड़ता है, जिससे स्प्रिंग के तनाव के विपरीत यह प्वॉइण्ट दब जाता है तथा प्राथमिक परिपथ ब्रेक हो जाता है।

इसके विपरीत कैम लोब घूम जाने से जब दबाव हट जाता है, तो स्प्रिंग के कारण प्वॉइण्ट पुन: आपस में मिल जाते हैं। जब तक इंजन चलता है, यह क्रिया होती रहती है और प्राथमिक परिपथ मेक एण्ड ब्रेक होकर हाई टेन्शन करण्ट बनाता रहता है।

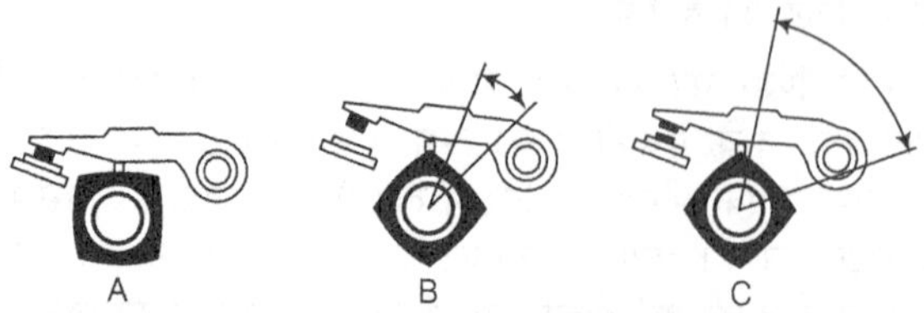

चित्र विभिन्न प्रकार के सी.बी. प्वॉइण्ट की स्थिति

A = क्लोज्ड कॉन्टैक्ट
B = लार्ज प्वॉइण्ट गैप-स्माल ड्वेल एंगल
C = स्माल प्वॉइण्ट गैप-लार्ज ड्वेल एंगल

सी.बी. प्वॉइण्ट को चार सिलेण्डर इंजन में 4,000 RPM पर एक मिनट में 8,000 बार खुलना व बन्द होना होता है। अत: इस उद्देश्य की पूर्ति हेतु इनमें निम्नलिखित गुण होने आवश्यक हैं

(i) सी.बी. प्वॉइण्ट सही समय पर खुले व बन्द हों।
(ii) सी.बी. प्वॉइण्ट जम्प करके न खुलें।
(iii) सी.बी. प्वॉइण्ट की आर्म पर्याप्त लचीली व मजबूत हो।
(iv) सी.बी. प्वॉइण्ट पर ऑक्सीजन का प्रभाव न हो।
(v) सी.बी. प्वॉइण्ट के फेस शीघ्र खराब न हों।

सी.बी. प्वॉइण्ट गैप CB Point Gap

सी.बी. प्वॉइण्ट गैप प्राय: गाड़ी बनाने के निर्देशानुसार ही रखा जाता है। यह गैप 0.35 से 0.51 मिमी तक होना चाहिए, जिसे फिलर गेज द्वारा नापकर रखना चाहिए। यदि यह गैप कम होगा, तो सी.बी. प्वॉइण्ट जलकर शीघ्र खराब हो जाएँगे तथा इंजन मिसिंग करेगा। इसके विपरीत यदि गैप अधिक होगा, तो बहुत कम समय के लिए हाई टेन्शन धारा बनेगी तथा उचित चिंगारी प्राप्त नहीं होगी और ऐसा हो सकता है कि हाईटेंशन धारा बने ही नहीं।

भारतीय मोटर वाहनों के इंजनों में सी.बी. प्वॉइण्ट गैप

- मारुति—0.4 से 0.5 मिमी
- जीप—0.35 से 0.41 मिमी
- एम्बेसडर—0.36 से 0.40 मिमी
- फिएट—0.42 से 0.48 मिमी

गैप सैट करते समय यह ध्यान रखना चाहिए कि दोनों प्वॉइण्ट साफ हों, यदि प्वॉइण्ट गन्दे हैं, तो उन्हें साफ करके ही फिट करना चाहिए। इसके अतिरिक्त दोनों प्वॉइण्टों का ठीक आमने-सामने भी होना आवश्यक है अन्यथा प्वॉइण्ट शीघ्र जलकर खराब हो जाएँगे। इस गैप की नाप लेने के लिए फिलर गेज का प्रयोग करते समय यह ध्यान रखना चाहिए कि दोनों प्वॉइण्टों के बीच फिलर गेज बहुत मामूली रगड़ के साथ निकल आए, जिससे गतिशील प्वॉइण्ट की स्प्रिंग पर उसका प्रभाव न पड़े।

फिलर गेज द्वारा गैप सैट करना Gap Setting with Feeler Gauge

फिलर गेज द्वारा प्वॉइण्ट गैप को निम्न प्रकार सैट किया जाता है

(i) प्वॉइण्टों को खुली दशा में लाएँ।
(ii) फिलर गेज की सही पत्ती को प्वॉइण्टों के बीच में डालें।
(iii) फिलर गेज की पत्ती सरलता से लगभग छूती हुई रहे।
(iv) गैप कम होने की दशा में फिक्स प्वॉइण्ट को स्पैनर की सहायता से ढीला करके गैप सैट करें तथा प्वॉइण्ट को कस दें।

(v) गैप अधिक होने पर भी उपरोक्त प्रक्रिया अपनाएँ।

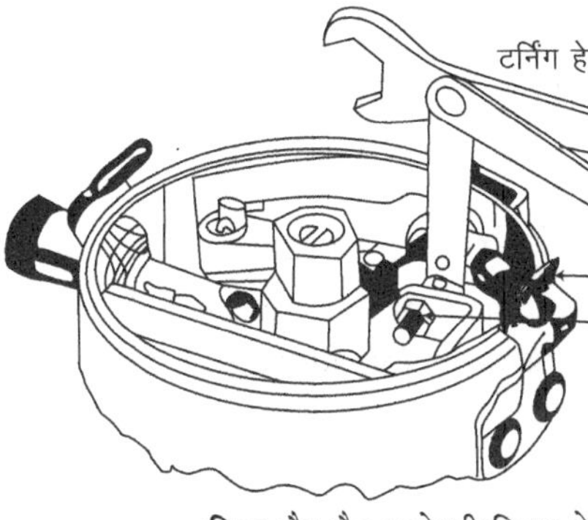

चित्र गैप सैट करने की फिलर गेज विधि

तालिका सी.बी. प्वॉइण्ट के दोष एवं उपचार

क्र. सं.	दोष	उपचार
1.	प्वॉइण्टों में गड्ढे पड़ना।	गड्ढे पड़े प्वॉइण्ट खोलकर उसे फाइन एमरी स्टोन फाइल पर घिसकर समतल करें। इसके पश्चात् इसे साफ करके फिट करें।
2.	फाइबर या बैकेलाइट के टुकड़े का घिसना।	इस दोष को कम करने के लिए कैम लोब पर ग्रीस लगाते रहें।
3.	प्वॉइण्टों का जल जाना।	जले प्वॉइण्ट को बदल दें।
4.	गैप कम या अधिक होना।	फिलर गेज, डायल गेज अथवा डबल मीटर द्वारा सही गैप एड्जस्ट करें।

(v) **रोटर** Rotor

बैकेलाइट अथवा एबोनाइट से बना यह रोटर, डिस्ट्रीब्यूटर कैप में बने खाँचों में लगाया जाता है। रोटर में किनारे की ओर लगी पीतल की पत्ती का सम्बन्ध डिस्ट्रीब्यूटर में लगी कार्बन रॉड से होता है। रोटर, डिस्ट्रीब्यूटर शाफ्ट के घूमने पर उसके साथ ही घूमता है तथा डिस्ट्रीब्यूटर कैप तक आई हाईटेंशन धारा को क्रमशः सेगमेन्टों एवं लीड्स की सहायता से स्पार्क प्लग तक पहुँचाता है।

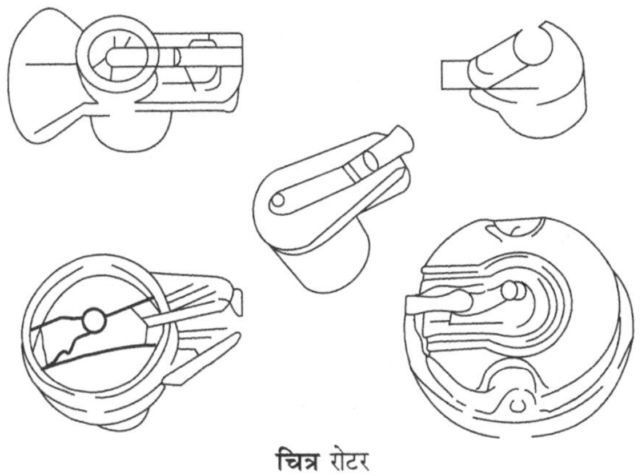

चित्र रोटर

(vi) **कण्डेन्सर** Condenser

कण्डेन्सर, डिस्ट्रीब्यूटर की बेस प्लेट पर सी.बी. प्वॉइण्ट्स के समान्तर फिट किए जाते हैं। पेट्रोल इंजन के इग्नीशन परिपथ में सी.बी. प्वॉइण्ट्स के साथ दो कण्डेन्सर संयोजित किए जाते हैं, जो सी.बी. प्वॉइण्ट्स को क्षतिग्रस्त होने से बचाते हैं। कण्डेन्सर में टिन अथवा एल्युमीनियम की बनी दो पत्तियाँ परतों के रूप में लिपटी होती हैं, जिनके बीच वैक्स पेपर को इन्सुलेशन के रूप में लगाया जाता है। इन पत्तियों को एक केस में बन्द करके रखा जाता है।

जब सी.बी. प्वॉइण्ट्स रोटेशन परिपथ को तोड़ने के लिए खुलते हैं, तो उस स्थिति में सी.बी. प्वॉइण्ट्स में चिंगारी उत्पन्न हो जाती है, जिससे सी.बी. प्वॉइण्ट्स जलने लगते हैं तथा हाई टेन्शन धारा के बनने में अवरोध उत्पन्न होता है। लो टेन्शन परिपथ में हाईटेन्शन धारा प्रवाहित होने की स्थिति में कण्डेन्सर अपने अन्दर अधिक-से-अधिक धारा को संगृहीत करते हैं। चित्र में कण्डेन्सर एवं उसकी संरचना दर्शाई गई है। इसमें लैड अथवा एल्युमीनियम की क्वॉयल होती है, जो एक-दूसरे से पृथक् होती है। क्वॉयल का एक सिरा कण्डेन्सर टर्मिनल से तथा दूसरा सिरा कण्डेन्सर केस से संयोजित होता है।

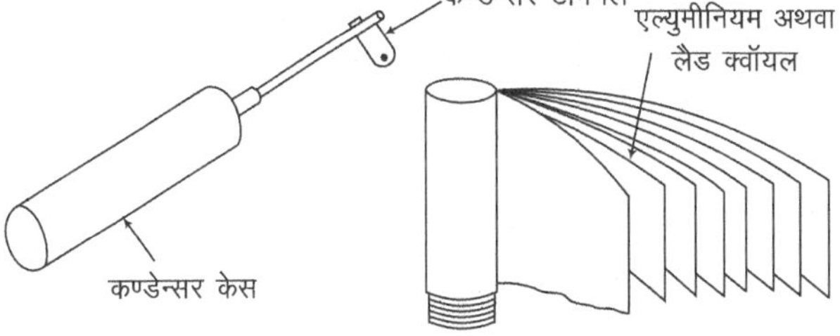

चित्र कण्डेन्सर

कण्डेन्सर की जाँच Testing of Condenser

कण्डेन्सर की जाँच निम्न पदों में की जानी चाहिए

1. सर्वप्रथम कण्डेन्सर की लीड को बैटरी के धनात्मक सिरे से कुछ समय के लिए जोड़ा जाता है।
2. अब लीड को बैटरी के सिरे से अलग तथा अर्थ (earth) के साथ संयोजित करके शॉर्ट किया जाता है।
3. यदि कण्डेन्सर में चिंगारी एवं चट्ट-चट्ट की आवाज आती है, तो कण्डेन्सर सही है अन्यथा कण्डेन्सर दोषपूर्ण है। कण्डेन्सर के दोषपूर्ण होने पर इसे बदल देना चाहिए अन्यथा इंजन स्टार्ट नहीं होगा। इसके अतिरिक्त, इग्नीशन टाइमिंग मिसिंग होगी तथा सी.बी. प्वॉइण्ट्स में गड्ढे पड़ जाएँगे और ये प्वॉइण्ट्स जल जाएँगे।

(vii) **एडवांस मैकेनिज्म** Advance Mechanism

डिस्ट्रीब्यूशन में एडवांस मैकेनिज्म प्रदान करने का मुख्य उद्देश्य है कि इंजन प्रचालन की सभी स्थिति में इग्नीशन निर्धारित समय पर उत्पन्न हो। एडवांस एंगल को इस प्रकार सैट किया जाता है कि इग्नीशन टी.डी.सी से पूर्व उत्पन्न हो जिससे उन्नत फ्यूल इकोनॉमी प्राप्त हो सके। एडवांस मैकेनिज्म निम्न दो प्रकार की होती हैं

- **सेन्ट्रीफ्यूगल एडवांस मैकेनिज्म** (Centrifugal advance mechanism) सेन्ट्रीफ्यूगल एडंवास मैकेनिज्म में दो भारों का युग्म (pair of weights) डिस्ट्रीब्यूटर शाफ्ट के साथ जुड़ा होता है। जैसे-जैसे शाफ्ट की स्पीड बढ़ती है भार बाहर की ओर घूमना प्रारम्भ कर देते हैं तथा कैम, शाफ्ट के रोटेशन में शिफ्ट हो जाती है। इसके परिणामस्वरूप कैम लोब्स कॉन्टैक्ट ब्रेकर प्वॉइण्ट के साथ सम्पर्क करते हैं। अत: इग्नीशन प्वॉइण्ट एडवांस डायरेक्शन में शिफ्ट हो जाता है।

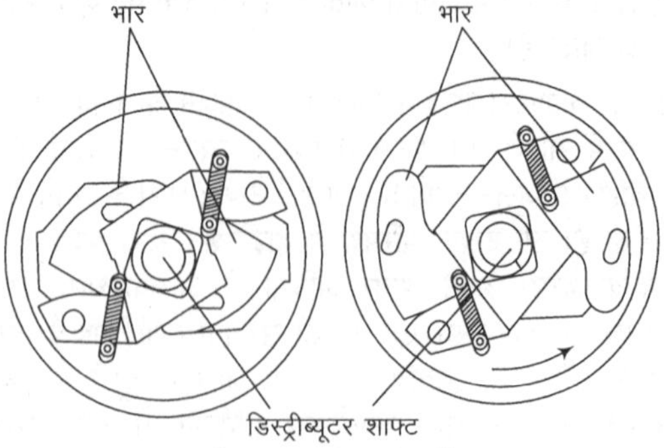

चित्र सेन्ट्रीफ्यूगल एडवांस मैकेनिज्म

- **वैक्यूम एडवांस मैकेनिज्म** (Vacuum advance mechanism) वैक्यूम एडवांस मैकेनिज्म में एक वैक्यूम यूनिट डिस्ट्रीब्यूटर पर फिट होती है तथा एक हौज कार्बुरेटर वैक्यूम के साथ जुड़ा होता है। वैक्यूम यूनिट का डायफ्राम कार्बुरेटर द्वारा मूव करता है। एक इंजन जो लाइट या मॉडुरेट भार के ऊपर आइडली गति से गति करता है। इस स्थिति में फ्यूल इकोनॉमी को बढ़ाने के लिए अतिरिक्त स्पार्क एडवांस की आवश्यकता होती है। जब कार्बुरेटर थ्रॉट से डायफ्राम पर वैक्यूम आरोपित किया जाता है, तो ब्रेकर प्लेट आर्म के साथ कैम रोटेशन की विपरीत दिशा में खिंचती है। इससे प्वॉइण्ट पूर्व में खुलते हैं। जब थ्रॉटल आइडली या क्लोज्ड स्थिति में होता है, तो डायफ्राम को खींचने के लिए वहाँ पर कोई भी वैक्यूम उपस्थित नहीं होता है तथा इग्नीशन निर्धारित समय पर उत्पन्न होता है।

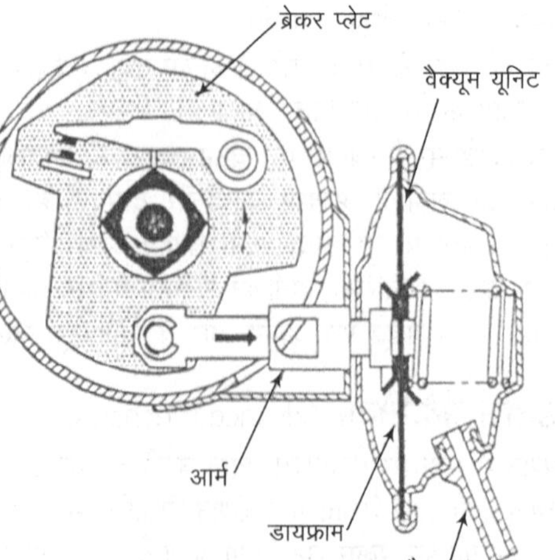

चित्र वैक्यूम एडवांस मैकेनिज्म

5. इग्नीशन स्विच Ignition Switch

इग्नीशन स्विच पैनल बोर्ड पर बैटरी तथा इग्नीशन क्वॉयल के मध्य फिट होता है। यह बैटरी से प्राथमिक परिपथ (primary circuit) को जोड़ता तथा अलग करता है।

6. कॉन्टैक्ट ब्रेकर Contact Breaker

क्वॉयल की सेकेण्डरी वाइण्डिंग में उच्च वोल्टेज उत्पन्न करने के लिए कॉन्टैक्ट ब्रेकर निश्चित समयान्तराल में प्राथमिक परिपथ को जोड़ता तथा अलग करता है। कॉन्टैक्ट ब्रेकर प्वॉइण्ट की संख्या दो होती है जिसमें से एक बेस प्लेट पर प्रत्यक्ष रूप से फिट होता है तथा दूसरा इन्सुलेट होता है और रोटेटिंग आर्म द्वारा संचालित होता है।

12.3 इण्डक्टिव सिस्टम ऑपरेशन Inductive System Operation

किसी वस्तु को आवेशित करने की अनेक प्रक्रियाओं में से एक इण्डक्शन प्रक्रिया है। इस प्रक्रिया के अन्तर्गत जब एक उदासीन चालक को एक आवेशित वस्तु के समीप रखा जाता है, तो आवेशित वस्तु, उदासीन चालक में इलेक्ट्रॉन्स के प्रवाह को प्रेरित करती है, जिसके फलस्वरूप उदासीन चालक के विपरीत सिरे पर धनात्मक आवेश विकसित हो जाता है। इस प्रकार, इलेक्ट्रॉन्स के प्रवाह के कारण एक ऐसी स्थिति उत्पन्न होती है, जब सम्पूर्ण उदासीन चालक में आवेश वितरित हो जाते हैं अर्थात् धनात्मक आवेश चालक के एक ओर तथा ऋणात्मक आवेश चालक के दूसरी ओर एकत्रित हो जाते हैं।

आवेश वितरण की इस स्थिति में चालक के ऋणात्मक सिरे को अर्थ से संयोजित किया जाता है, जिससे चालक तथा अर्थ के मध्य इलेक्ट्रॉन्स का प्रवाह होने लगता है। इस प्रकार, जब किसी वस्तु को इण्डक्शन प्रक्रिया द्वारा आवेशित किया जाता है, तो उस वस्तु पर विकसित आवेश, आवेशित करने के लिए प्रयुक्त वस्तु के विपरीत होता है। इस प्रक्रिया का प्रयोग ऑटोमोबाइल की इग्नीशन प्रणाली में इण्डक्शन वायरिंग में होता है, जिसका वर्णन यहाँ किया गया है।

इण्डक्शन वायरिंग Induction Wiring

इण्डक्शन वायरिंग, इग्नीशन मॉड्यूल से जुड़ी होती है और आन्तरिक मॉड्यूल के नियन्त्रण परिपथ का मुख्य भाग होती है।

जब इग्नीशन का स्विच ऑन होता है और इंजन स्थैतिक (static) अवस्था में होता है, तब इसकी धनात्मक कुंजी के टर्मिनल पर बैटरी विभव आरोपित होता है, जिससे नियन्त्रण परिपथ, प्राथमिक धारा को प्रवाहित करना आरम्भ कर देता है और स्विच ट्रांजिस्टर के बेस, एमीटर टर्मिनल पर विभव उत्पन्न हो जाता है। यह धारा इग्नीशन क्वॉयल की प्राथमिक वाइण्डिग में प्रवाहित होती है और ट्रांजिस्टर के कलेक्टर-एमीटर के द्वारा अर्थ हो जाती है, जिससे इग्नीशन क्वॉयल में चुम्बकीय क्षेत्र स्थापित हो जाता है। चुम्बकीय क्षेत्र में परिवर्तन के कारण वाइण्डिग में विपरीत पोलैरिटी पर विभव उत्पन्न होता है।

इस विभव के एक निर्धारित मान पर पहुँचते ही ट्रांजिस्टर प्राथमिक परिपथ का स्विच ऑफ कर देता है।

जिसके परिणामस्वरूप प्राथमिक वाइण्डिंग में स्वयं का इण्डक्शन उत्पन्न हो जाता है और द्वितीयक वाइण्डिंग में उच्च विभव उत्पन्न हो जाता है, जिससे स्पार्क प्लग में स्पार्क उत्पन्न होने लगते हैं।

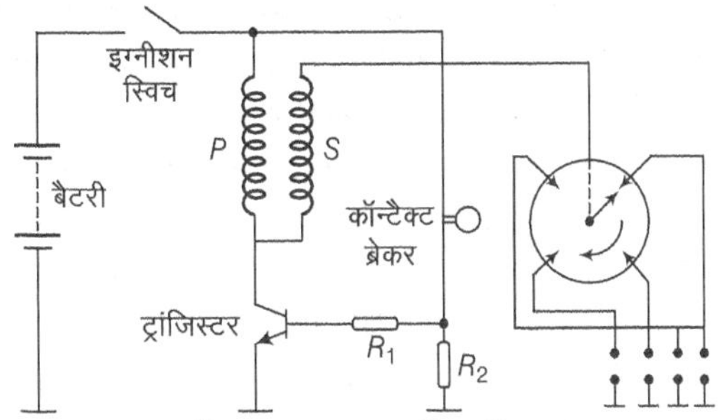

चित्र इण्डक्शन वायरिंग परिपथ

इण्डक्शन वायरिंग के लाभ
Advantages of Induction Wiring

इण्डक्शन वायरिंग के मुख्य लाभ निम्नवत् हैं

(i) इसमें न तो प्वॉइण्ट जलते हैं, न ही प्वॉइण्ट घिसते हैं और न ही इन पर नमी का प्रभाव पड़ता है।

(ii) प्राइमरी सर्किट में बहुत कम धारा से काम चल जाता है।

(iii) इससे पेट्रोल के खर्च में बचत होती है।

(iv) इससे इंजन की दक्षता लगभग 100% प्राप्त होती है।

(v) ठण्डे अथवा गर्म मौसम का इग्नीशन प्रक्रिया पर प्रभाव नहीं होता है।

(vi) लम्बे समय में यह प्रक्रिया सस्ती सिद्ध होती है।

(vii) इसके रख-रखाव की आवश्यकता नहीं होती है।

12.4 हाल इफैक्ट
Hall Effect

इस सिद्धान्त की खोज सन् 1879 में एक अमेरिकी वैज्ञानिक एडविन हाल द्वारा की गई थी।

उन्हीं के नाम पर इस सिद्धान्त को हाल इफैक्ट कहा गया। हाल इफैक्ट, विद्युत तथा चुम्बकीय क्षेत्र में स्थापित एक चालक अथवा अर्द्ध-चालक में उपस्थित मुक्त आवेश वाहकों के स्वभाव को प्रदर्शित करता है।

हाल इफैक्ट के अनुसार, "जब एक धारावाही चालक को चुम्बकीय क्षेत्र में रखा जाता है, तो इसके सिरों पर एक विभव उत्पन्न होता है, जिसे हाल वोल्टेज (V_n) कहते हैं।

इस विभव की दिशा आरोपित चुम्बकीय क्षेत्र एवं धारा की दिशा के लम्बवत् होती है तथा धारावाही चालक पर आरोपित चुम्बकीय क्षेत्र उसमें प्रवाहित हो रहे इलेक्ट्रॉनों के प्राकृतिक प्रवाह को प्रभावित करता है।"

चित्र में हाल इफैक्ट प्रक्रिया दर्शाई गई है। इसमें आरोपित चुम्बकीय क्षेत्र, आवेश वाहकों को एक इलेक्ट्रॉड से दूसरे इलेक्ट्रॉड में स्थानान्तरित करता है।

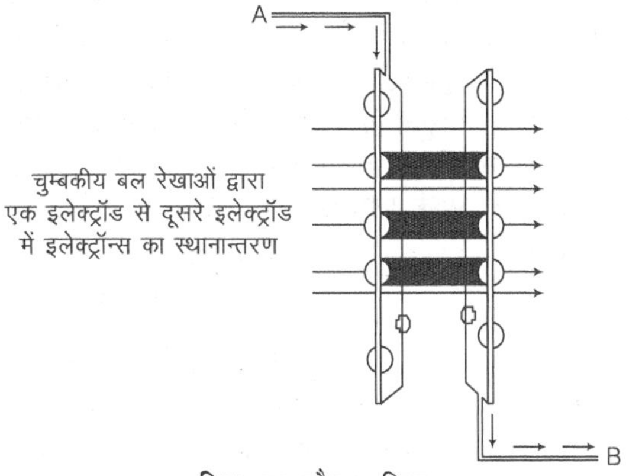

चित्र हाल इफैक्ट प्रक्रिया

हाल इफैक्ट पर आधारित एक युक्ति हाल इफैक्ट सेन्सर होती है, जिसका प्रयोग ऑटोमोबाइल की इग्नीशन प्रणाली में किया जाता है। हाल इफैक्ट सेन्सर का वर्णन नीचे किया गया है

हाल इफैक्ट सेन्सर Hall Effect Sensor

चित्र में हाल इफैक्ट सेन्सर में प्रयुक्त एक चुम्बकीय ध्रुव का जोड़ दर्शाया गया है। यह चुम्बकीय ध्रुव जब शटर के बीच में आने से चुम्बकीय किरणों को समाप्त करता है, तो हाल इफैक्ट सेन्सर कार्य करता है। इस सेन्सर का नाम इस सिद्धान्त के खोजकर्ता, वैज्ञानिक हाल के नाम पर रखा गया है।

कुछ इलेक्ट्रॉनिक इग्नीशन प्रक्रिया के डिस्ट्रीब्यूटर में चुम्बकीय क्षेत्र को समाप्त करने के लिए इसका प्रयोग किया जाता है। जब एक स्टील शटर दो चुम्बकीय ध्रुवों के मध्य में रखा जाता है अथवा गति करता है, तो उनके मध्य वायु अन्तराल में बनने वाली चुम्बकीय किरणें समाप्त हो जाती हैं अर्थात् चुम्बकत्व समाप्त हो जाता है।

इलेक्ट्रॉनिक इग्नीशन प्रणाली के डिस्ट्रीब्यूटर में जो रोटर प्रयोग किया जाता है, वह कर्व्ड प्लेट के रूप में होता है, जिसे शटर कहते हैं। ये शटर इस प्रकार कर्व में होते हैं कि ये रोटर की गति के साथ दोनों चुम्बकीय ध्रुवों के मध्य सरलता से गति कर सकें। इन शटरों की संख्या, सिलेण्डरों की संख्या के बराबर होती है।

जब शटर दोनों चुम्बकीय ध्रुवों के मध्य गति करता है, तो यह इनके मध्य उपस्थित चुम्बकीय बल रेखाओं को काटता है, जिससे ECU को एक चुम्बकीय संवेदक (magnetic sensor) द्वारा संकेत मिलता है।

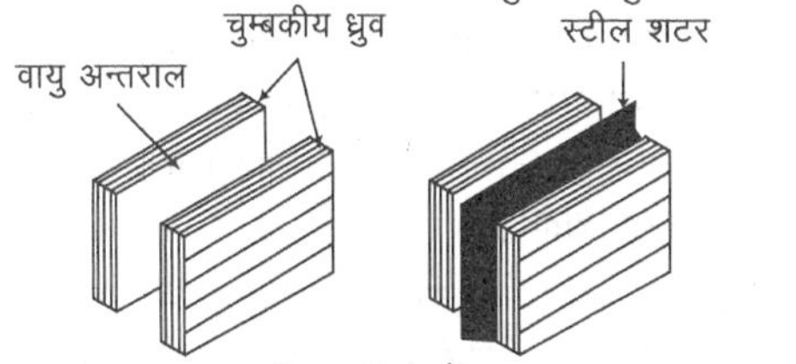

चित्र हॉल इफैक्ट

जिससे इग्नीशन क्वॉयल की प्राथमिक वाइण्डिंग में धारा प्रवाह प्रारम्भ हो जाता है। इसके पश्चात् शटर के पुन: बन्द होने पर अथवा चुम्बकीय ध्रुवों के मध्य गति करने पर ध्रुवों के मध्य चुम्बकत्व समाप्त हो जाता है और सिग्नल वोल्टेज शून्य हो जाती है।

इस प्रकार जब ECU द्वारा अचानक प्राथमिक क्वॉयल में धारा का प्रवाह समाप्त हो जाता है, तो ध्रुवों के मध्य उपस्थित चुम्बकीय क्षेत्र भी समाप्त हो जाता है, जिसके परिणामस्वरूप द्वितीयक वाइण्डिंग में उच्च वोल्टेज उत्पन्न होती है, जो स्पार्क प्लग में स्पार्क उत्पन्न करती है।

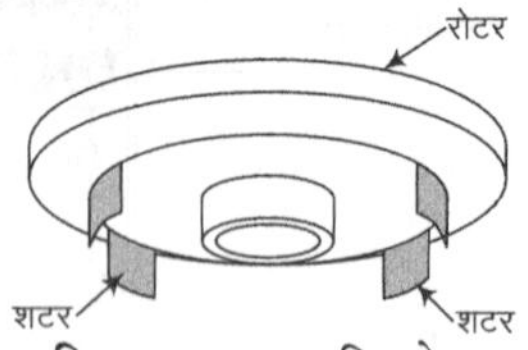

चित्र चार शटर सहित रोटर

12.5 ऑप्टिकल टाइप सेन्सर
Optical Type Sensor

इग्नीशन प्रणाली में एक LED तथा एक ऑप्टिकल सेन्सर (फोटो ट्रांजिस्टर) प्रयोग किया जाता है। ऑप्टिकल सेन्सर, डिस्ट्रीब्यूटर में अन्दर की ओर लगा होता है, जो क्रैंकशाफ्ट की स्थिति को सेन्स करता है तथा इग्नीशन मॉड्यूल को उचित वोल्टेज सिग्नल प्रदान कराता है।

इसमें डिस्ट्रीब्यूटर शाफ्ट से एक सिंगल रोटर प्लेट जुड़ी होती है, जिसके बाहरी सिरे पर 1 डिग्री अन्तराल पर 360 स्लिट्स होती हैं। इन स्लिट्स के अन्दर चार स्ट्रोक सिलेण्डर पर चार स्लिट्स तथा छ: स्ट्रोक सिलेण्डर पर छ: स्लिट्स होती हैं।

इनमें से एक स्लिट सबसे बड़ी होती है, जिसके द्वारा सिलेण्डर की स्थिति को पहचाना जाता है। जैसे ही रोटर प्लेट घूमती है, तो यह LED तथा फोटो ट्रांजिस्टर के बीच से गुजरती है।

जब इसे उचित वोल्टेज प्रदान की जाती है, तो LED एक प्रकाश की बीम ट्रांसमिट करती है तथा फोटो ट्रांजिस्टर इस प्रकाश बीम को प्राप्त कर एक आउटपुट वोल्टेज सिग्नल प्रदान करता है। जब स्लिट संरेखीय होती है, तो इससे प्रकाश बीम गुजरती है तथा कण्ट्रोल यूनिट को एक सिग्नल भेज दिया जाता है। इसके विपरीत जब स्लिट असंरेखीय होती है, तो प्रकाश बीम अवरुद्ध हो जाती है तथा सिग्नल शून्य पर चला जाता है।

12.6 डिस्ट्रीब्यूटर-लैस इग्नीशन प्रणाली
Distributorless Ignition System

जिस इग्नीशन प्रणाली में इलेक्ट्रॉनिक स्पार्क कण्ट्रोल की व्यवस्था होती है, डिस्ट्रीब्यूटर का कार्य मुख्य रूप से स्पार्क को सभी स्पार्क प्लगों को बाँटना होता है जबकि डिस्ट्रीब्यूटर लैस इग्नीशन प्रणाली में डिस्ट्रीब्यूटर का प्रयोग नहीं किया जाता है।

नीचे चित्र में इस प्रणाली को दर्शाया गया है। इसमें चार सिलेण्डरों का प्रबन्ध होता है, जिनके साथ डिस्ट्रीब्यूटर का प्रयोग नहीं किया गया है। इस प्रणाली में एक साथ दो स्पार्क प्लगों में चिंगारी उत्पन्न होती है।

इन दोनों स्पार्क प्लगों में से एक स्पार्क प्लग एक सिलेण्डर के एग्जॉस्ट स्ट्रोक के दौरान उसमें इग्नीशन प्रदान करता है। परन्तु इस इग्नीशन का कोई प्रभाव नहीं पड़ता, क्योंकि एग्जॉस्ट स्ट्रोक के दौरान सिलेण्डर में दहन की हुई गैसें उपस्थित होती हैं।

जब पिस्टन कम्प्रैशन स्ट्रोक के बॉटम पर होता है, तो दूसरा स्पार्क प्लग, दूसरे सिलेण्डर में मिश्रण को प्रज्वलित (ignite) करता है। इस स्थिति में सामान्य दहन प्रक्रिया सम्पन्न होती है। इग्नीशन क्वॉयल के अन्दर दो प्राइमरी तथा दो सेकेण्डरी वाइण्डिंग होती है।

क्रैंकशाफ्ट पर व्यवस्थित हॉल इफैक्ट सैंसर प्राइमरी वाइण्डिंग में प्रवाहित होने वाली धारा तथा सेकेण्डरी वाइण्डिंग में उत्पन्न होने वाली उच्च वोल्टेज को नियन्त्रित करता है। ट्रिगर के दो ट्रिगरिंग बिन्दु होते हैं, जो दोनों प्राइमरी वाइण्डिंग के लिए पृथक् होते हैं।

प्रत्येक ट्रिगरिंग बिन्दु इलेक्ट्रॉनिक कण्ट्रोल इकाई को एक सिग्नल भेजता है, जिससे कि किसी एक प्राइमरी वाइण्डिंग से प्रवाहित होने वाली धारा को रोका जा सके। जैसे ही धारा का प्रवाह समाप्त हो जाता है, वैसे ही प्राइमरी वाइण्डिंग में चुम्बकीय क्षेत्र समाप्त हो जाने से सेकेण्डरी वाइण्डिंग में उच्च वोल्टेज उत्पन्न हो जाती है।

इस प्रक्रिया में प्रयुक्त 1, 3, 4, 2 फायरिंग ऑडर वाले इंजन में एक विशेष व्यवस्था होती है जिसके अन्तर्गत सिलेण्डर 1 तथा 4 एवं 3 तथा 2 युग्मित है, में सिलेण्डर 1 तथा 4 सिलेण्डर 5 तथा 2 और सिलेण्डर 6 तथा 3 युग्मित होते हैं। इस प्रणाली में प्रयुक्त प्रत्येक इग्नीशन क्वॉयल एक उपयुक्त ट्रांसफॉर्मर होती है।

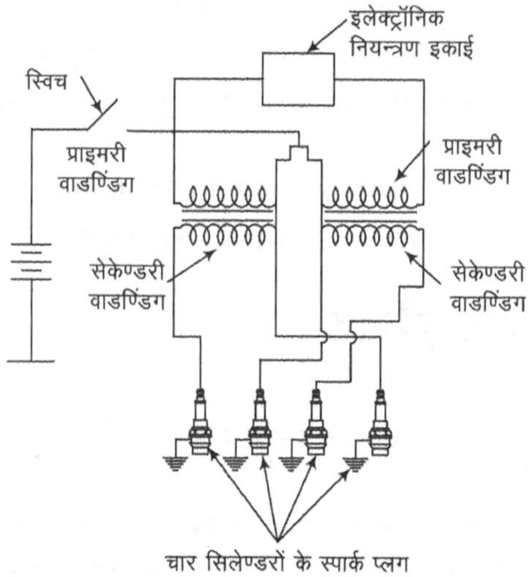

चित्र चार सिलेण्डरों के लिए डिस्ट्रीब्यूटर लैस इग्नीशन प्रणाली

इन्सुलेटेड क्वॉयल Insulated Coils

डिस्ट्रीब्यूटर-लैस इग्नीशन प्रणाली में प्रत्येक इंजन सिलेण्डर के लिए अलग क्वॉयल की व्यवस्था होती है। ये क्वॉयल, इंजन सिलेण्डर पर लगे स्पार्क प्लग से सम्बन्धित होती हैं।

ये एक इन्सुलेटेड बॉक्स में रखी जाती हैं, जिससे व्यर्थ में स्पार्क होने और विभव लीकेज होने से मुक्ति मिलती है। अत: इन क्वॉयल को इन्सुलेटेड क्वॉयल कहा जाता है।

डिस्ट्रीब्यूटर-लैस इग्नीशन प्रणाली की टाइमिंग Timing of Distributor-less Ignition System Process

यह प्रक्रिया इलेक्ट्रॉनिक नियन्त्रण इकाई (Electronic Control Unit; ECU) द्वारा व्यवस्थित की जाती है। इलेक्ट्रॉनिक नियन्त्रण इकाई स्वत: स्पार्क प्लग में स्पार्क करने का समय निर्धारित करती है। इलेक्ट्रॉनिक नियन्त्रण इकाई में विविध प्रकार के सेन्सर, थ्रॉटल स्थिति सेन्सर, कैम कोण सेन्सर, क्रैंक कोण सेन्सर, इंजन गति सेन्सर और शीतलक तापमान सेन्सर का प्रयोग किया जाता है। ये सभी सेन्सर, इलेक्ट्रॉनिक नियन्त्रण इकाई को सूचना देते रहते हैं। इन सभी की सूचनाओं का आकलन करने के उपरान्त इलेक्ट्रॉनिक नियन्त्रण इकाई, स्पार्क प्लग में स्पार्क का निर्धारण करती है।

महत्त्वपूर्ण बिन्दु

- इलेक्ट्रॉनिक इग्नीशन प्रक्रिया इण्डक्शन के सिद्धान्त पर आधारित होती है, जिसमें प्राथमिक परिपथ को इलेक्ट्रॉनिक स्विच के द्वारा चलाया जाता है।
- इलेक्ट्रॉनिक इग्नीशन प्रणाली में प्रयुक्त टाइमर, ECU को एक वैद्युतिक पल्स भेजता है, जिससे प्राइमरी वाइण्डिंग में धारा का प्रवाह रुक जाता है।
- टाइमर परिपथ के लिए सामान्यतः हाल इफैक्ट सेन्सर अथवा पल्स जनरेटर का प्रयोग किया जाता है।
- पल्स जनरेटर सामान्यतः एक स्थायी चुम्बक, टाइमर, क्वॉयल तथा रिलक्टर से मिलकर बना होता है।
- ऑटोमोबाइल में ईंधन के दहन हेतु मैग्नेटो इग्नीशन प्रणाली तथा बैटरी इग्नीशन प्रणाली का उपयोग बड़े वाहनों में किया जाता है।
- मैग्नेटो इग्नीशन प्रणाली का उपयोग छोटे वाहनों तथा बैटरी इग्नीशन प्रणाली का उपयोग बड़े वाहनों में किया जाता है।
- स्पार्क प्लग के द्वारा दहन कक्ष (combustion chamber) में सम्पीडित हवा एवं पेट्रोल के मिश्रण को जलाया जाता है।
- स्पार्क प्लग में प्रयुक्त सेन्ट्रल तथा साइड इलेक्ट्रॉड के मध्य कुछ एयर गैप रखा जाता है, जिसे स्पार्क प्लग गैप कहते हैं। यह गैप भिन्न-भिन्न वाहनों के लिए भिन्न-भिन्न रखा जाता है।
- स्पार्क प्लग को टर्मिनल (स्पार्क प्लग का ऊपरी भाग) की सहायता से एच. टी. लीड से जोड़ा जाता है।
- इन्सुलेटर नट, जिसमें 14 मिमी तथा 18 मिमी की चूड़ियाँ कटी होती हैं, माइल्ड स्टील का बना होता है।
- स्पार्क प्लग का निचला भाग, जिसमें एक ताँबे का वाशर लगा होता है, गैस्केट की तरह कार्य करता है।
- डिटैचेबल स्पार्क प्लग का प्रमुख लाभ यह है कि इसे खोलकर इसके अन्दर जमा कार्बन को अच्छी तरह से साफ किया जा सकता है।
- कोल्ड स्पार्क प्लग का प्रयोग प्रायः इंजनों में किया जाता है, जिनमें सिलेण्डर हैड एल्युमीनियम अलॉय का बना होता है।
- स्पार्क प्लगों में कार्बन के जमने से प्री-इग्नीशन दोष उत्पन्न होता है।
- स्पार्क प्लग आवश्यकता से अधिक गर्म होने पर घिसने लगता है अथवा इसके इलेक्ट्रॉड शीघ्रता से घिसने लगते हैं।
- प्लग फायरिंग वोल्टेज, ईंधन मिश्रण घनत्व पर, सिलेण्डर के दाब पर, स्पार्क प्लग गैप पर, स्पार्क प्लग में इलेक्ट्रॉड की स्थिति पर तथा सेकेण्डरी परिपथ के प्रतिरोध पर निर्भर करती है।
- वैक्यूम एडवांस मैकेनिज्म द्वारा इग्नीशन टाइमिंग नियन्त्रित रखने के लिए सक्शन स्ट्रोक के समय उत्पन्न सक्शन का प्रयोग किया जाता है।
- इंजन की प्रत्येक चाल में उसे उचित समय पर चिंगारी प्राप्त होती रहे इस उद्देश्य से डिस्ट्रीब्यूटर बॉडी में सी. बी. प्वॉइण्ट बेस प्लेट के नीचे सेन्ट्रीफ्यूगल वेट का प्रयोग किया जाता है।
- पेट्रोल इंजन में विद्युत धारा का प्रयोग वायु तथा पेट्रोल के सम्पीडित मिश्रण को स्पार्क प्लग द्वारा जलाने हेतु किया जाता है।
- इण्डक्शन प्रक्रिया द्वारा आवेशित वस्तु पर विकसित आवेश, आवेशित करने हेतु प्रयुक्त वस्तु के विपरीत होता है।
- इण्डक्शन प्रक्रिया का प्रयोग ऑटोमोबाइल की इग्नीशन प्रणाली में इण्डक्शन वायरिंग में होता है।
- इण्डक्शन वायरिंग, इग्नीशन मॉड्यूल से जुड़ी होती है और आन्तरिक मॉड्यूल के नियन्त्रण परिपथ का मुख्य भाग होती है।
- इण्डक्शन वायरिंग में प्रयुक्त प्वॉइण्ट न तो जलते हैं और न ही घिसते हैं। साथ-ही-साथ इन पर नमी का प्रभाव भी नहीं पड़ता है।
- हॉल इफैक्ट सेन्सर का प्रयोग इलेक्ट्रॉनिक इग्नीशन प्रक्रिया के डिस्ट्रीब्यूटर में चुम्बकीय क्षेत्र को समाप्त करने के लिए किया जाता है।
- डिस्ट्रीब्यूटर में प्रयुक्त रोटर, कर्व्ड प्लेट के रूप में होता है, जिसे शटर कहते हैं।
- शटर की संख्या सदैव इंजन में प्रयुक्त सिलेण्डरों की संख्या के बराबर होती है।
- ऑप्टिकल सेन्सर क्रैंकशाफ्ट की स्थिति को सेन्स करके इग्नीशन मॉड्यूल को उचित वोल्टेज सिग्नल प्रदान करता है।
- डिस्ट्रीब्यूटर-लैस इग्नीशन प्रणाली में एक साथ दो प्लगों में चिंगारी उत्पन्न होती है।
- डिस्ट्रीब्यूटर-लैस इग्नीशन प्रणाली में प्रत्येक इग्नीशन क्वॉयल एक उपयुक्त ट्रांसफॉर्मर होती है।
- इलेक्ट्रॉनिक नियन्त्रण इकाई में विविध प्रकार के सेन्सर; जैसे- थ्रॉटल स्थिति सेन्सर, क्रैंक कोण सेन्सर, इंजन गति सेन्सर कैम कोण सेन्सर और शीतलक तापमान सेन्सर का प्रयोग किया जाता है।

महत्त्वपूर्ण प्रश्नोत्तरी

1. इग्नीशन प्रणाली से आप क्या समझते हैं?

उत्तर इग्नीशन प्रणाली एक ऐसी प्रणाली है, जो स्पार्क प्लग एवं इलेक्ट्रॉड के मध्य स्पार्क उत्पन्न करती है।

2. इग्नीशन प्रणाली में इग्नीशन क्वॉयल का प्रयोग क्यों किया जाता है?

उत्तर इग्नीशन प्रणाली में इग्नीशन क्वॉयल का प्रयोग बैटरी की लो टेन्शन धारा को हाईटेन्शन धारा में परिवर्तित करने में किया जाता है।

3. डिटैचेबल स्पार्क प्लग की कोई एक विशेषता बताइए।

उत्तर डिटैचेबल स्पार्क प्लग को खोलकर उसके अन्दर जमे कार्बन को भली-भाँति साफ किया जा सकता है।

4. कोल्ड स्पार्क प्लग में कार्बन शीघ्र ही जमा क्यों हो जाता है?

उत्तर कोल्ड स्पार्क प्लग में ताप का मार्ग कम होता है, इसीलिए इसमें कार्बन शीघ्र ही जमा हो जाता है।

5. हाल वोल्टेज किसे कहते हैं?

उत्तर एक धारावाही चालक को चुम्बकीय क्षेत्र में रखने पर इसके सिरों पर उत्पन्न विभव को हाल वोल्टेज (V_n) कहते हैं।

अभ्यास प्रश्न

परीक्षा प्रारूपी प्रश्न

बहुविकल्पीय

1. छोटे वाहनों में किस प्रकार की इग्नीशन प्रणाली का प्रयोग किया जाता है?
(a) मैग्नेटो (b) बैटरी (c) मैकेनिकल (d) ये सभी

2. कम्बशन चैम्बर में सम्पीडित हवा एवं पेट्रोल के मिश्रण को जलाया जाता है
(a) बैटरी द्वारा (b) स्पार्क प्लग द्वारा
(c) इग्नीशन क्वॉयल द्वारा (d) इनमें से कोई नहीं

3. इन्सुलेटर नट निर्मित होते हैं
(a) एल्युमीनियम से (b) कास्ट आयरन से
(c) पाइल्ड स्टील से (d) ताँबे से

4. इग्नीशन प्रणाली में .... के मध्य स्पार्क उत्पन्न होता है।
(a) स्पार्क प्लग (b) इलेक्ट्रॉड
(c) 'a' और 'b' दोनों (d) कण्डेन्सर

5. कम्बशन चैम्बर में निम्न में से किसके द्वारा दबी हुई हवा एवं पेट्रोल का मिश्रण जलाया जाता है?
(a) स्पार्क प्लग (b) डिस्ट्रीब्यूटर
(c) इग्नीशन क्वॉयल (d) बैटरी

6. पेट्रोल इंजन में चिंगारी उत्पन्न करने के लिए लगाया जाता है
(a) स्पार्क लाइटर (b) स्पार्क प्लग
(c) इंजेक्टर (d) स्पार्कर

7. स्पार्क प्लग को उच्च वोल्टेज की धारा मिलती है
(a) सी.बी. प्वॉइण्ट से (b) लो टेन्शन क्वॉयल से
(c) एच.टी. क्वॉयल से (d) डिस्ट्रीब्यूटर से

8. स्पार्क प्लग का मुख्य भाग कौन-सा है?
(a) इन्सुलेटर (b) टर्मिनल
(c) सेन्ट्रल इलेक्ट्रॉड (d) ये सभी

9. स्पार्क प्लग में इन्सुलेटर किस पदार्थ का बना होता है?
(a) बैकेलाइट (b) रबर
(c) चीनी मिट्टी (d) एस्बेस्टॉस

10. जिन इंजनों के सिलेण्डर हैड .... के बने होते हैं, उनमें कोल्ड स्पार्क प्लग प्रयोग किए जाते हैं।
(a) कार्बन अलॉय (b) एल्युमीनियम अलॉय
(c) फैरस अलॉय (d) कास्ट आयरन

13. वैक्यूम एडवांस मैकेनिज्म इग्नीशन टाइमिंग को नियन्त्रित करने के लिए किस स्ट्रोक का प्रयोग करती है?
(a) कम्बशन (b) सक्शन
(c) 'a' और 'b' दोनों (d) एग्जॉस्ट

14. एडवांस मैकेनिज्म एक इकाई के रूप में ··· की बॉडी के बाहर लगी होती है।
(a) इग्नीशन क्वॉयल (b) डिस्ट्रीब्यूटर
(c) स्पार्क प्लग (d) इनमें से कोई नहीं

15. इग्नीशन प्रणाली में सामान्यत: कितने वोल्ट की बैटरी प्रयुक्त की जाती है?
(a) 6 या 12 वोल्ट (b) 8 वोल्ट (c) 15 वोल्ट (d) 20 वोल्ट

16. इग्नीशन प्रणाली में बैटरी का कार्य है
(a) कण्डेन्सर चार्ज करना (b) लो टेन्शन धारा देना
(c) सी.बी. प्वॉइण्ट को खोलना (d) इनमें से कोई नहीं

17. बैटरी प्रयोग होने पर कार्य नहीं करता/करती है
(a) मैग्नेटो (b) सी.बी. प्वॉइण्ट
(c) कण्डेन्सर (d) एच.टी. क्वॉयल

18. डिस्ट्रीब्यूटर कैप बनी होती है
(a) पीतल की (b) बैकेलाइट या एबोनाइट की
(c) रबर की (d) एल्युमीनियम की

19. डिस्ट्रीब्यूटर कैप में बने खाँचों में लगाया जाता है
(a) सी.बी. प्वॉइण्ट (b) रोटर
(c) सेन्ट्रीफ्यूगल वेट (d) इनमें से कोई नहीं

20. कॉन्टैक्ट ब्रेकर प्वॉइण्ट का गैप निम्न में से किस यन्त्र द्वारा मापा जाता है?
(a) वर्नियर कैलीपर (b) फिलर गेज
(c) पैमाना (d) इनमें से कोई नहीं

21. सी.बी. प्वॉइण्ट का गैप कितना रखा जाता है?
(a) 0.25 से 0.1 मिमी (b) 0.5 से 0.2 मिमी
(c) 0.5 से 0.4 मिमी (d) 0.36 से 0.5 मिमी

22. यदि सी.बी. प्वॉइण्ट का गैप कम है, तो इसका प्वॉइण्ट्स पर क्या प्रभाव पड़ेगा?
(a) जलकर खराब हो जाएँगे (b) मुड़ जाएँगे
(c) ब्रेक हो जाएँगे (d) इनमें से कोई नहीं

23. कॉन्टैक्ट प्वॉइण्ट इग्नीशन प्रणाली में ECU लगाया जाता है
(a) डिस्ट्रीब्यूट शाफ्ट पर (b) सेन्सर व इग्नीशन क्वॉयल के बीच
(c) बैटरी व क्वॉयल के बीच (d) इनमें में से कोई नहीं

24. जब मैग्नेट घूमते हैं, तब सी.बी. प्वॉइण्ट
(a) खुलते हैं (b) जुड़ते हैं
(c) 'a' और 'b' दोनों (d) चिपके रहते हैं

25. कण्डेन्सर का कार्य है
(a) सर्किट ब्रेक करना
(b) सी.बी. प्वॉइण्ट को जलने से बचाना
(c) 'a' और 'b' दोनों
(d) एच.टी. क्वॉयल को सप्लाई देना

26. इंजन के सभी सिलेण्डरों में मिसफायर होने का कारण है
(a) एल.टी. सर्किट के तार ढीले होना
(b) सी.बी. प्वॉइण्ट गैप अधिक होना
(c) 'a' और 'b' दोनों
(d) कण्डेन्सर खराब होना

27. इग्नीशन क्वॉयल की प्राइमरी वाइण्डिंग होती है
(a) मोटी व कम टर्न की (b) पतली व अधिक टर्न की
(c) मोटी व अधिक टर्न की (d) पतली व कम टर्न की

28. इण्डक्शन प्रक्रिया द्वारा आवेशित वस्तु पर विकसित आवेश, आवेशित करने हेतु प्रयुक्त वस्तु के/से ··········· होता है।
(a) समान (b) अधिक (c) कम (d) विपरीत

29. हाल इफैक्ट सेन्सर में मैग्नेट पोल बन्द होते हैं
(a) स्विच द्वारा (b) रिले द्वारा
(c) शटर द्वारा (d) इनमें से कोई नहीं

30. शटर होती है
(a) त्रिभुजाकार प्लेट (b) आयताकार प्लेट
(c) कर्व्ड प्लेट (d) वृत्ताकार प्लेट

31. हाल इफैक्ट इग्नीशन में शटर का आकार होता है
(a) वक्राकार (b) गोलाकार
(c) त्रिभुजाकार (d) इनमें से कोई नहीं

32. ऑप्टिकल सेन्सर निम्न में से किसकी स्थिति को सेन्स करता है?
(a) डिस्ट्रीब्यूटर शाफ्ट की (b) क्रैंकशाफ्ट की
(c) स्पार्क प्लग की (d) इन्सुलेटेड क्वॉयल की

33. डिस्ट्रीब्यूटर-लैस इग्नीशन में फायरिंग होती है
(a) बारी-बारी से प्लगों पर (b) प्लगों के जोड़ों पर
(c) मोटे स्थानों पर (d) इनमें से कोई नहीं

34. डिस्ट्रीब्यूटर-लैस इग्नीशन प्रणाली में प्रत्येक इग्नीशन क्वॉयल होती है
(a) डायोड (b) रेक्टिफायर
(c) ट्रांजिस्टर (d) ट्रांसफॉर्मर

35. इलेक्ट्रॉनिक नियन्त्रण इकाई में प्रयुक्त सेन्सर है
(a) कैम कोण सेन्सर (b) थ्रॉटल स्थिति सेन्सर
(c) इंजन गति सेन्सर (d) ये सभी

उत्तरमाला

1. (a)	2. (b)	3. (c)	4. (c)	5. (a)	6. (d)	7. (d)	8. (d)	9. (c)	10. (b)
11. (b)	12. (d)	13. (b)	14. (b)	15. (a)	16. (d)	17. (d)	18. (b)	19. (b)	20. (b)
21. (d)	22. (a)	23. (b)	24. (a)	25. (b)	26. (c)	27. (a)	28. (d)	29. (c)	30. (c)
31. (a)	32. (b)	33. (b)	34. (d)	35. (d)					

(अध्याय 13

चार्जिंग प्रणाली
Charging System

परिचय Introduction

ऑटोमोटिव वाहनों में प्रयुक्त इलेक्ट्रॉनिक युक्तियों; जैसे—हॉर्न, लाइट, इण्डीकेटर आदि के लिए एक दिष्ट धारा ऊर्जा स्रोत की आवश्यकता होती है और शुद्ध दिष्ट धारा की प्राप्ति का उत्तम स्रोत बैटरी है। बैटरी मूलत: रासायनिक सैलों का एक समूह है, जिसमें रासायनिक क्रिया के फलस्वरूप उत्पन्न विद्युत वाहक बल (emf) के द्वारा विद्युत ऊर्जा की प्राप्ति की जाती है। इसको एक विश्वसनीय युक्ति की संज्ञा दी जा सकती है। सभी बैटरियाँ एक बार चार्ज (charge) होने के बाद प्रयोग में लाए जाने पर कुछ समय बाद ही डिस्चार्ज (discharge) हो जाती हैं।

अत: इनको पुन: चार्ज करने के लिए की जाने वाली प्रक्रिया को चार्जिंग प्रणाली कहते हैं। चार्जिंग प्रणाली के दो अनिवार्य कार्य होते हैं– एक वाहन की विद्युत प्रणाली को प्रचालित करने के लिए विद्युत शक्ति का उत्पादन करना तथा दूसरा वाहन में लगी बैटरी पुन: चार्ज करने के लिए धारा का उत्पादन करना। इनमें वैद्युतिक शक्ति से आशय उस शक्ति (power) से है, जो निम्न इंजन गतियों (speeds) पर वाहन को उसकी आवश्यकता के अनुसार प्रदान की जाती है। उच्च इंजन गतियों पर चार्जिंग प्रणाली, वाहन की समस्त वैद्युतिक आवश्यकताओं को पूरा करती है। आवेशन के अवयवों के अन्तर्गत मुख्यत: आल्टरनेटर आते हैं। प्रस्तुत अध्याय में आवेशन प्रणाली एवं उसके अवयवों का विस्तृत विवरण दिया गया है।

13.1 चार्जिंग प्रणाली का उद्‌देश्य Purpose of Charging System

ईंधन इंजन आधारित वाहनों में विद्युत (electricity) की आवश्यकता वाली विभिन्न सहायक युक्तियों के संचालन हेतु आवेशन प्रणाली की अत्यन्त आवश्यकता होती है, क्योंकि इसकी सहायता से इन युक्तियों को विद्युत आपूर्ति सम्भव हो पाती है। इनमें से लगभग सभी युक्तियाँ बैटरी चालित होती हैं। हम यह भली प्रकार जानते हैं कि बैटरी को निरन्तर आवेशन की आवश्यकता होती है, क्योंकि इसके निरन्तर उपयोग के दौरान यह डिस्चार्ज होती रहती है। विद्युत आधारित युक्तियाँ बैटरी की सहायता से सुगमतापूर्वक कई वर्षों तक चलती रहती हैं। बैटरी के आवेशन हेतु आल्टरनेटर का प्रयोग किया जाता है। इंजन को स्टार्ट करने, हॉर्न बजाने, लाइटें जलाने एवं अन्य सभी युक्तियों को चलाने हेतु बैटरी की धारा का प्रयोग किया जाता है। अत: बैटरी को निरन्तर आवेश उपलब्ध कराना आवेशन प्रणाली की प्राथमिकता है।

13.2 चार्जिंग प्रणाली के अवयव Components of Charging System

विद्युत आपूर्ति के नियमन हेतु आवेशन प्रणाली में आवेशन के स्तर को बनाए रखने के लिए जिन अवयवों की आवश्यकता होती है, वे आवेशन प्रणाली के अवयव कहे जाते हैं। आवेशन प्रणाली के मुख्य अवयव निम्न प्रकार हैं

1. आल्टरनेटर
2. रेक्टिफायर असेम्बली
3. रेगुलेटर
4. बैटरी
5. इण्डीकेटर

1. आल्टरनेटर Alternator

आजकल कुछ इंजन आदि में आल्टरनेटर का प्रयोग डायनमो के स्थान पर बैटरी को चार्ज करने हेतु किया जाने लगा है, क्योंकि बड़े-बड़े शहरों में अधिक ट्रैफिक होने के कारण गाड़ी को अधिक गति से नहीं चलाया जा सकता। डायनमो मोटरगाड़ी की कम गति पर सही प्रकार बैटरी को चार्ज कर पाने में असमर्थ रहता है।

आल्टरनेटर एक ए.सी. जनित्र है, जो डी.सी. धारा के स्थान पर ए.सी. धारा का उत्पादन करता है, जिसे पुन: डी.सी. में परिवर्तित करके बैटरी चार्ज की जाती है।

आल्टरनेटर का भार डायनमो की अपेक्षा कम होता है। इसमें कम्यूटेटर, कार्बन ब्रुश तथा आर्मेचर वाइण्डिंग आदि नहीं होती है। अत: इसे प्रयोग करने से ताँबे की बचत होती है। यह इंजन की कम चाल पर भी अपेक्षाकृत अधिक धारा (current) उत्पन्न करता है। इसकी देखभाल कम करनी होती है।

इसके साथ एक छोटा रेगुलेटर प्रयोग किया जाता है। इस रेगुलेटर लगे डायोड धारा को केवल एक दिशा में जाने देते हैं तथा वापस नहीं आने देते, जिससे कट-आउट क्वॉयल नहीं लगानी पड़ती है।

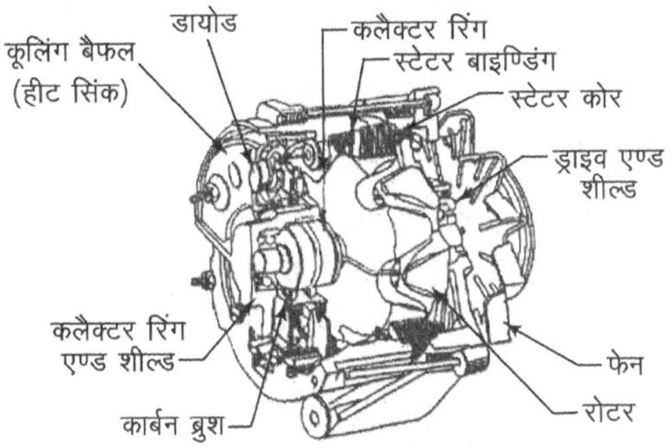

चित्र आल्टरनेटर असेम्बली

इसमें एक आर्मेचर चुम्बक होता है, जिसके ऊपर ताँबे के इन्सुलेटेड तार लिपटे रहते हैं। इसमें ऊपर की ओर चुम्बक का उत्तरी ध्रुव तथा नीचे की ओर दक्षिणी ध्रुव होता है, जब आर्मेचर चुम्बक को घुमाता है, तो इसके आधे चक्कर में तारों में विद्युत शक्ति उत्पन्न होती है, जिसकी दिशा एक ओर होती है।

इसके उपरान्त चुम्बकीय ध्रुवों की स्थिति बदलकर उल्टी हो जाती है। आर्मेचर चुम्बक ही आगे की आधी चाल में दूसरी दिशा में धारा प्रवाहित करता है। इस प्रकार आर्मेचर चुम्बक के एक चक्कर में दोनों ओर धारा प्रवाहित होती है, जिसे प्रत्यावर्ती धारा (AC, alternating current) कहते हैं। इस धारा में ध्रुवों की पोलैरिटी समय के साथ बदलती रहती है। इस प्रकार विद्युत धारा की दिशा भी एक निश्चित आवृत्ति से बदलती रहती है।

आल्टरनेटर का सिद्धान्त Principle of Alternator

आल्टरनेटर, फैराडे के **विद्युत-चुम्बकीय प्रेरण के सिद्धान्त** पर आधारित होता है। इस सिद्धान्त के अनुसार जब किसी चालक एवं चुम्बकीय क्षेत्र के बीच सापेक्ष गति के कारण चुम्बकीय बल रेखाओं का छेदन होता है, तो उस चालक में विद्युत वाहक बल उत्पन्न हो जाता है, जिसके कारण प्रत्यावर्ती विद्युत धारा प्रवाहित होने लगती है।

इस सिद्धान्त का साधारण रूप चित्र में दर्शाया गया है, जिसमें एक स्थायी चुम्बक, तार के अन्दर घूमकर, इसके सिरों के पार विद्युत वाहक बल प्रेरित कर रही है।

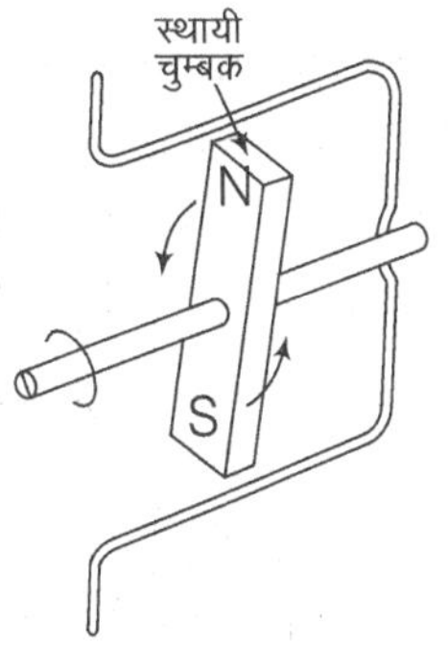

चित्र आल्टरनेटर का सिद्धान्त

प्रत्यावर्ती धारा Alternating Current

वह विद्युत धारा, जिसका परिमाण तथा दिशा निरन्तर परिवर्तित होती रहती है, प्रत्यावर्ती धारा कहलाती है। प्रत्यावर्ती धारा को ही घरों में विद्युत आपूर्ति हेतु प्रयुक्त किया जाता है। नीचे दिए चित्र में प्रत्यावर्ती धारा को दर्शाया गया है।

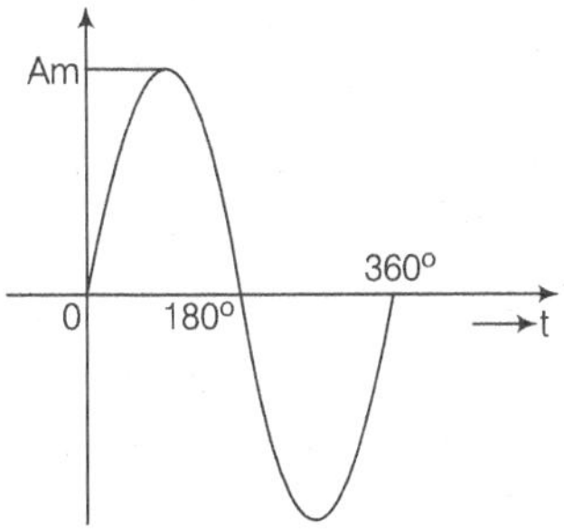

वाहन में आल्टरनेटर वायरिंग परिपथ
Alternator Wiring Circuit in a Vehicle

चित्र में आल्टरनेटर वायरिंग परिपथ दर्शाया गया है। इसमें आल्टरनेटर का बाह्य टर्मिनल B, जंक्शन द्वारा बैटरी (A) से जुड़ा है तथा फ्यूज आल्टरनेटर चार्जिंग परिपथ से जुड़ा है। आल्टरनेटर क्षेत्र टर्मिनल (1G) इग्नीशन स्विच द्वारा बैटरी से जुड़ा है। इस परिपथ में चार्जिंग इण्डीकेटर लैम्प, एक अन्य फ्यूज द्वारा क्षेत्र टर्मिनल (1G) तथा आल्टरनेटर के टर्मिनल (L) से जोड़ा गया है।

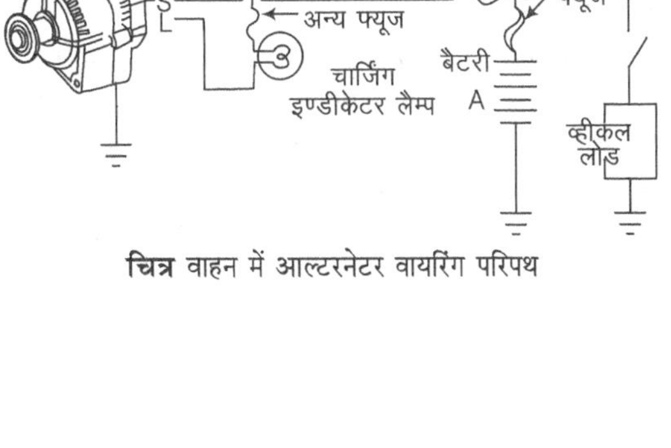

चित्र वाहन में आल्टरनेटर वायरिंग परिपथ

आल्टरनेटर के भाग/अवयव

Parts/Components of Alternator

आल्टरनेटर की संरचना, डी.सी. जनित्र के लगभग समान होती है, इसलिए आल्टरनेटर तथा डी.सी. जनित्र के भाग (parts) भी लगभग समान ही होते हैं। आल्टरनेटर के मुख्य भाग /अवयव निम्न प्रकार हैं

(i) **बॉडी** Body

मशीन के बाह्य भाग को बॉडी या फ्रेम कहते हैं। यह कास्ट आयरन अथवा कास्ट स्टील की बनाई जाती है। इसके मुख्य कार्य हैं

(i) मशीन के सभी भागों को सुरक्षित रखना

(ii) चुम्बकीय बल रेखाओं के लिए पथ प्रदान करना।

बॉडी के दोनों ओर दो साइड प्लेटें होती हैं, जो मशीन को पूरी तरह ढक लेती हैं। बॉडी पर आवश्यकतानुसार आई-बोल्ट्, लैग्स आदि वैल्ड कर दिए जाते हैं।

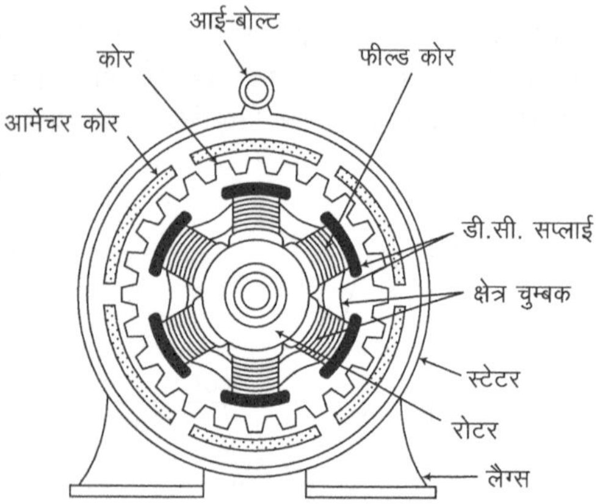

चित्र आल्टरनेटर के मुख्य/अवयव भाग

(ii) **स्टेटर** Stator

इसमें मुख्यतः आर्मेचर कोरें होती हैं। इन कोरों (cores) की आन्तरिक परिधि पर स्लॉट्स (slots) कटे होते हैं, जिनमें आर्मेचर क्वॉयल्स स्थापित की जाती हैं। आर्मेचर कोर को एक छल्ले के रूप में मशीन की बॉडी या फ्रेम में फिट कर दिया जाता है।

एडी धारा क्षति का मान कम रखने के लिए आर्मेचर कोर सिलिकॉन-स्टील की वार्निश आलेपित पत्तियों को जोड़कर बनायी जाती है। स्टेटर में शीतलता प्रदान करने के लिए इन पत्तियों में डक्ट्स (ducts) बनाए जाते हैं, जिनके द्वारा वायु प्रवाहित होती है, जो मशीन को ठण्डा रखती है। स्टेटर की तीनों वाइण्डिग परस्पर जुड़ी रहती हैं। इन तीनों वाइण्डिग को जोड़ने हेतु स्टार या डेल्टा संयोजन किया जाता है।

प्रायः हल्की आवेशन प्रणाली में स्टार संयोजन तथा भारी आवेशन प्रणाली में डेल्टा संयोजन प्रयोग किया जाता है। स्टार संयोजन न्यूनतम गति पर बैटरी को आवेशित करना प्रारम्भ कर देता है जबकि डेल्टा संयोजन द्वारा बैटरी को सही से आवेशित करने हेतु उच्च गति की आवश्यकता होती है। स्टेटर में लगी कोर की संख्या उसके पोल्स पर निर्भर करती है।

स्टेटर की संरचना को नीचे दिए चित्र में दर्शाया गया है। स्लॉट्स मुख्यतः निम्न तीन प्रकार के होते हैं

(a) खुला (b) अर्द्ध-बन्द (c) बन्द

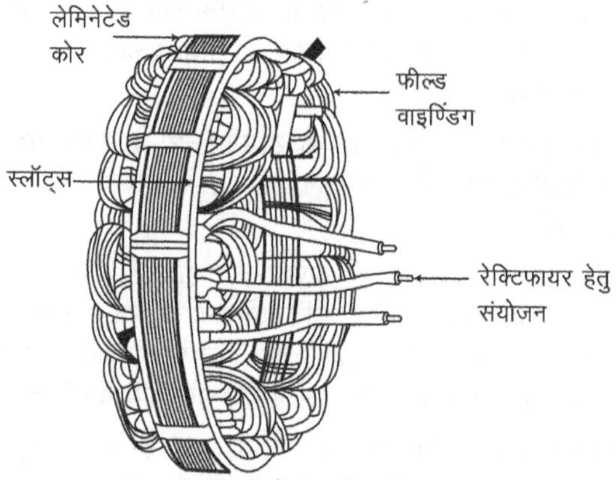

चित्र स्टेटर असेम्बली

सामान्यतः खुले स्लॉट्स ही प्रयोग किए जाते हैं, क्योंकि इनमें 'तैयार क्वॉयल्स' स्थापित की जा सकती हैं और खराब अथवा जली क्वॉयल्स को सरलता से परिवर्तित भी किया जा सकता है।

(iii) **रोटर** Rotor

आल्टरनेटर पर चुम्बकीय क्षेत्र स्थापित करने वाला भाग रोटर कहलाता है। रोटर पर क्षेत्र-क्वॉयल्स स्थापित की जाती हैं और उन्हें एक पृथक् डी.सी. जनित्र (शण्ट या कम्पाउण्ड) से डी.सी. सप्लाई प्रदान की जाती है।

रोटर असेम्बली में स्टील की एक शाफ्ट लगी होती है जिस पर एक ड्राइविंग पुली, एक शीतलन पंखा, एक बेलनाकार लोहे की कोर तथा दो इन्सुलेटेड स्लिप रिंग लगे होते हैं। लोहे की कोर पर फील्ड वाइण्डिग बनाने हेतु इन्सुलेटेड तार को अनेक बार लपेटा जाता है।

इन फील्ड वाइण्डिगों का प्रत्येक सिरा इनके स्लिप रिंगों से जुड़ा रहता है। फील्ड वाइण्डिग के दोनों ओर तिकोनी अँगुलियाँ वाली धातु की प्लेट मुड़ी हुई होती है, जिसे ध्रुव (pole) कहते हैं, जब फील्ड वाइण्डिग में धारा प्रवाहित की जाती है, तो इन ध्रुव अँगुलियों पर विपरीत ध्रुव बन जाते हैं तथा इन विपरीत ध्रुवों (उत्तरी तथा दक्षिणी ध्रुव) के बीच चुम्बकीय क्षेत्र उत्पन्न हो जाता है।

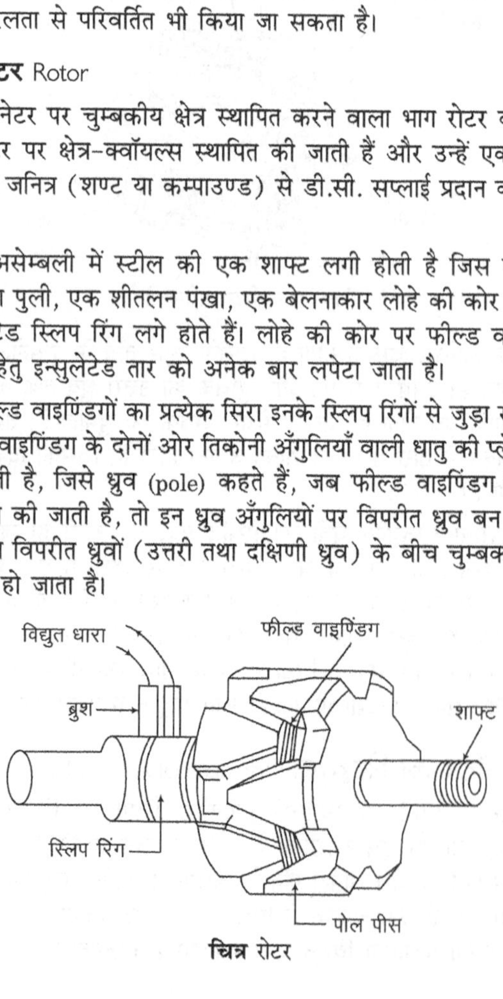

चित्र रोटर

रोटर मुख्यत: निम्न दो प्रकार के होते हैं

(a) सैलिएन्ट पोल रोटर (b) बेलनाकार पोल रोटर

(a) **सैलिएन्ट पोल रोटर** (Salient pole rotor) यह रोटर, निम्न एवं मध्यम घूर्णन गति वाले आल्टरनेटर्स में प्रयोग किया जाता है। इसे बनाने के लिए स्टील स्टैम्पिंग्स (steel-stampings) प्रयोग की जाती हैं। इसमें क्षेत्र क्वॉयल्स स्थापित करने के लिए पर्याप्त स्थान होता है और उत्पन्न ऊष्मा के विसरण के लिए अधिक क्षेत्र उपलब्ध होता है। इसकी आकृति निम्न चित्र में दर्शाई गई है

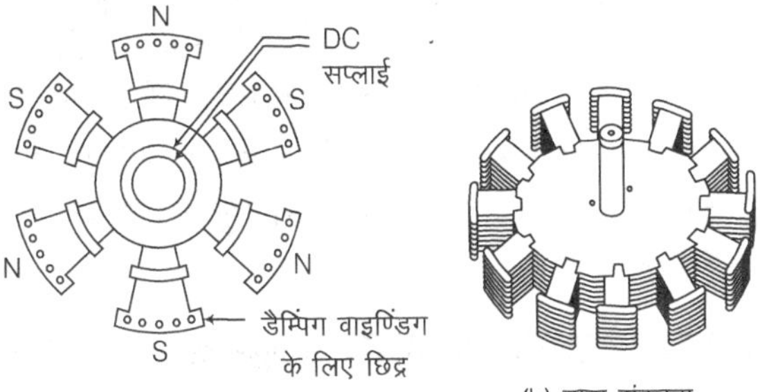

(a) आन्तरिक संरचना (b) बाह्य संरचना

चित्र सैलिएन्ट पोल रोटर

इस रोटर की अक्षीय लम्बाई उसके व्यास की अपेक्षा कम होती है। इस रोटर में ध्रुवों (poles) को अधिक सुदृढ़ नहीं बनाया जा सकता, जिसके कारण यह रोटर उच्च प्रतिबल सहन नहीं कर पाता है इसलिए निम्न गति वाले आल्टरनेटर्स में प्रयोग किया जाता है। यह रोटर गति करते समय अधिक शोर उत्पन्न करता है। इसमें 6 से 40 तक पोल्स होते हैं। इसका उपयोग 375 से 1000 RPM घूर्णन गति वाले हाइड्रो-आल्टरनेटर्स में किया जाता है।

(b) **बेलनाकार पोल रोटर** (Cylindrical pole rotor) यह रोटर, उच्च घूर्णन गति वाले आल्टरनेटर्स में प्रयोग किया जाता है। इसकी लम्बाई अधिक होती है और व्यास कम होता है। यह ठोस स्टील का बनाया जाता है और फील्ड वाइण्डिंग्स स्थापित करने के लिए इसकी परिधि पर खाँचे काटे जाते हैं। चित्र (b) में बेलनाकार रोटर की लेमिनेशन दर्शायी गई है, जिसके 2/3 भाग पर स्लॉट बने होते हैं जिसमें फील्ड वाइण्डिंग डाली जाती है तथा 1/3 भाग स्लॉट रहित होता है, जो पोल (pole) का कार्य करता है।

चित्र (a) में इस रोटर की पूर्ण संरचना दर्शायी गई है। इसकी घूर्णन गति 1500 से 3000 RPM तक तथा आउटपुट 50000 kVA से 200000 kVA तक होती है। इसका उपयोग स्टीम-टरबाइन आल्टरनेटर्स तथा टर्बो-आल्टरनेटर्स में किया जाता है।

चित्र (a) बेलनाकार पोल टाइप रोटर

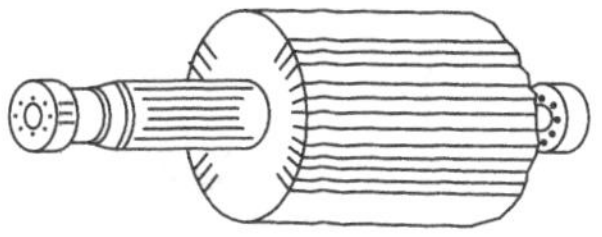

चित्र (b) बेलनाकार रोटर की लेमिनेशन

रोटर परिपथ (Rotor circuit) जब इग्नीशन दबाया जाता है, तो धारा (current) चार्ज इण्डीकेशन लैम्प के माध्यम से बहती है तथा रोटर घूमता है और वोल्टेज रेगुलेटर को स्टार्ट करता है। रोटर को धारा स्लिप रिंग्स एवं ब्रुशों के माध्यम से उपलब्ध कराई जाती है। धारा रोटर वाइण्डिंग के माध्यम से बहती है और वोल्टेज रेगुलेटर द्वारा इंजन के चलने पर नियन्त्रित की जाती है, जब इंजन चलता है, तो अधिकतर आल्टरनेटर भू-धारा (earth current), ब्रिज रेक्टिफायर परिपथ से संयोजित तीन अतिरिक्त डायोडों के माध्यम से सप्लाई कर देता है।

(iv) एक्साइटर Exciter

यह प्राय: एक शण्ट वाउण्ड अथवा कम्पाउण्ड वाउण्ड डी.सी. जनित्र होता है, जिसे रोटर शाफ्ट पर ही स्थापित किया जाता है। इस जनित्र द्वारा उत्पन्न किया गया डी.सी. विद्युत वाहक बल (250 वोल्ट तक), दो स्लिप रिंग्स के द्वारा रोटर क्वॉयल्स को प्रदान किया जाता है, जिस कारण रोटर घूमता है। आल्टरनेटर में स्थिर चुम्बकीय क्षेत्र बनाने के लिए एक्साइटर का प्रयोग किया जाता है।

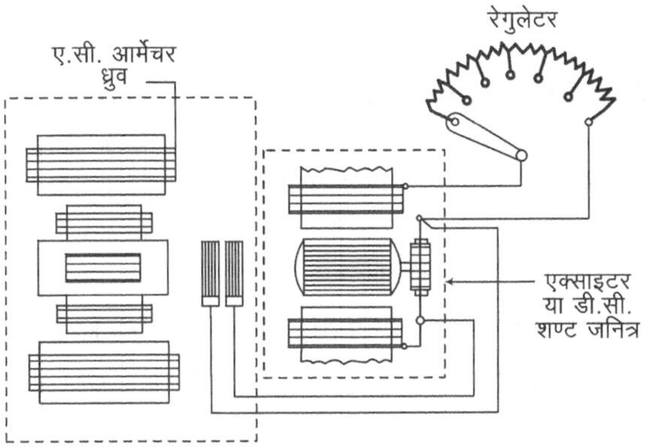

चित्र एक्साइटर परिपथ

प्राइम-मूवर के द्वारा आल्टरनेटर के रोटर के घूमने से शाफ्ट घूमती है, जिसके कारण डी.सी. शण्ट जनित्र अर्थात् एक्साइटर भी घूमता है एवं डी.सी. धारा प्रदान करता है।

एक्साइटेशन को कम एवं अधिक करने के लिए एक्साइटर परिपथ में रेगुलेटर का प्रयोग किया जाता है। इसके आर्मेचर से प्राप्त डी.सी. को स्लिप रिंग से संयोजित किया जाता है, जिससे आल्टरनेटर को एक्साइटेशन मिलती है, जिसे रेगुलेटर के प्रयोग द्वारा घटाया-बढ़ाया जा सकता है।

(v) आल्टरनेटर एण्ड फ्रेम्स Alternator End Frames

आल्टरनेटर एण्ड फ्रेम्स सामान्यतया एल्युमीनियम से निर्मित होते हैं एवं इनमें बियरिंग्स के लिए हाउसिंग बनी होती है, जो रोटर को ड्राइव सिरे पर तथा स्लिप रिंग सिरे पर सहारा देती है।

बॉल बियरिंग्स सामान्यतया प्रत्येक सिरे पर प्रयुक्त होते हैं। आल्टरनेटर एण्ड फ्रेम एल्युमीनियम से निर्मित होने के कारण आल्टरनेटर असेम्बली को ठण्डा रखते हैं, क्योंकि एल्युमीनियम हल्की, अचुम्बकीय व अधिक ऊष्मीय संवाहक प्रकार की धातु होती है।

आल्टरनेटर एण्ड फ्रेम दो प्रकार के होते हैं—ड्राइव एण्ड फ्रेम तथा स्लिप रिंग एण्ड फ्रेम। ड्राइव एण्ड फ्रेम प्री-लुब्रीकेटिड सील्ड बियरिंग को सहारा प्रदान करता है जिसमें रोटर शाफ्ट का ड्राइव एण्ड घूमता है जबकि स्लिप रिंग एण्ड फ्रेम रेक्टिफायर माउण्टिंग प्लेट तथा रोटर/शाफ्ट के घूर्णन के लिए प्री-लुब्रीकेटिड बियरिंग को सहारा प्रदान करता है। चित्र में दोनों प्रकार के एण्ड फ्रेम दर्शाए गए हैं

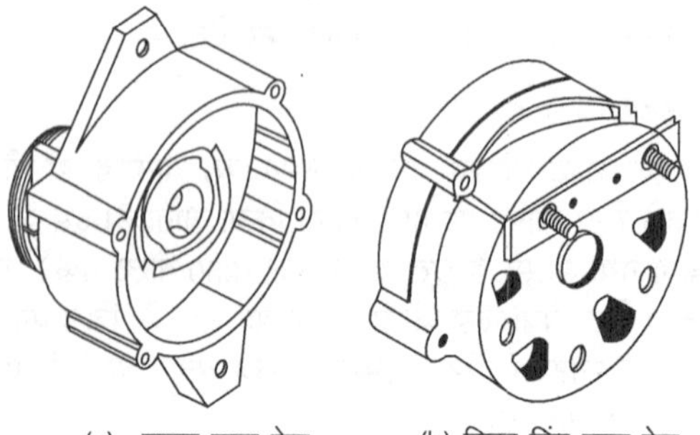

(a) ड्राइव एण्ड फ्रेम (b) स्लिप रिंग एण्ड फ्रेम

चित्र आल्टरनेटर एण्ड फ्रेम्स

(vi) **स्लिप रिंग एवं ब्रुश असेम्बली** Slip Ring and Brush Assembly

स्लिप रिंग सामान्यतया रोटर वाइण्डिंग्स से संयोजित कॉपर बैण्ड्स होते हैं। ब्रुश स्थैतिक (stationary) एवं चलायमान (moving) भागों के मध्य धारा का प्रबन्ध करते हैं। ये कॉपर व कार्बन की सन्धि से बने होते हैं तथा एण्ड फ्रेम्स में माउण्टेड ब्रुश होल्डरों में आते हैं।

(vii) **आल्टरनेटर शीतलन पंखा** Alternator Cooling Fan

यह एक शक्तिशाली अपकेन्द्रीय प्रकार का पंखा है, जोकि रोटर शाफ्ट के ऊपर फ्रेम तथा 'V' पुली के मध्य में लगा होता है। इसके द्वारा सामान्यतया डायोड एवं स्टेटर के ऊपर हवा की शीतलन भाप को व्यवस्थित किया जाता है, जब आल्टरनेटर कार्य करता है तो आल्टरनेटर की क्वॉयल में ऊष्मा (heat) उत्पन्न होने लगती है।

इस स्थिति में आल्टरनेटर में लगा शीतलन पंखा (cooling fan) क्वॉयल के ऊपर से हवा पास करता है। इस प्रणाली में रोटर की कम लम्बाई के कारण शीतलन हवा कुण्डलित हो जाती है, जिसके कारणवश हवा हेतु लम्बा शीतलन मार्ग बन जाता है। यह उत्पादक विशिष्टियों के अन्तर्गत अवयवों के तापमान को भी व्यवस्थित करता है। अधिकतम शीतलन प्रवाह ज्ञात करने हेतु पंखे को उपयुक्त दिशा में चलाया जाता है।

(viii) **V-पुली** V-Pully

V-पुली का प्रयोग आल्टरनेटर के रोटर को 'V' बैल्ट की सहायता से घुमाने हेतु किया जाता है। यह क्रैंक शाफ्ट से शक्ति प्राप्त करती है।

2. रेक्टिफायर असेम्बली Rectifier Assembly

यह बैटरी को आवेशित करने में प्रयुक्त आल्टरनेटर द्वारा उत्पादित प्रत्यावर्ती धारा को दिष्ट धारा में बदलती है तथा इंजन की बन्द होने की दशा में आल्टरनेटर के माध्यम से बैटरी को डिस्चार्ज (discharge) होने से बचाती है।

3. रेगुलेटर Regulator

रेगुलेटर का प्रयोग बैटरी को दी जाने वाली विद्युत सप्लाई को नियन्त्रित करने के लिए किया जाता है। रेगुलेटर को बैटरी व डायनमो के बीच फिट किया जाता है, जब इंजन की गति बढ़ती है, तो डायनमो की गति भी बढ़ती है और डायनमो हाई वोल्टेज एवं वैद्युत धारा उत्पन्न करता है। इससे बैटरी व अन्य विद्युत उपकरणों को क्षति हो सकती है। रेगुलेटर निम्न कार्य करता है

(i) यह वोल्टेज एवं धारा को नियन्त्रित करता है।

(ii) इसमें एक वोल्टेज रेगुलेटर, एक वैद्युत धारा रेगुलेटर और एक कट-आउट होता है। डायनमो और बैटरी के लिए टर्मिनलों की व्यवस्था की जाती है। ये टर्मिनल A या D, F और B द्वारा सूचित किए जाते हैं।

डायनमो को नियन्त्रित करने के लिए निम्न विधियाँ अपनाई जाती हैं

(i) वोल्टेज रेगुलेशन प्रणाली (ii) धारा रेगुलेशन प्रणाली
(iii) कट-आउट

(i) वोल्टेज रेगुलेशन प्रणाली Voltage Regulation System

वोल्टेज रेगुलेटर में एक पतले तार की कई लपटों वाली एक क्वॉयल होती है। यह तार, डायनमो से समान्तर क्रम में जुड़ा होता है। इसमें एक आयरन कोर, कॉन्टैक्ट प्वॉइण्ट, आर्मेचर स्प्रिंग आदि भाग होते हैं। स्प्रिंग, कॉन्टैक्ट को बन्द स्थिति में रखती है।

वोल्टेज रेगुलेटर नियत वोल्टेज (12 वोल्ट) उत्पादन की स्थिति में 14.5 से 15 वोल्ट बनाए रखने के लिए डायनमो के चुम्बकीय क्षेत्र परिपथ को नियन्त्रित करता है, जब डायनमो की आउटपुट बैटरी वोल्टेज से अधिक होती है, तो वोल्टेज सोलेनॉयड वाइण्डिंग को प्रवाहित होती है।

स्प्रिंग के विरुद्ध आर्मेचर को आकर्षित करने के लिए सोलेनॉयड को उत्सर्जित किया जाता है और सम्पर्क अथवा कॉन्टैक्ट को अलग किया जाता है। अब डायनमो क्षेत्र में प्रतिरोध के माध्यम से वोल्टेज का प्रवाह होता है, जिस कारण कुछ वोल्टेज ड्रॉप होता है, जब डायनमो में वोल्टेज ड्रॉप होता है, तो सोलेनॉयड विचुम्बकीय हो जाती है।

कॉन्टैक्ट स्प्रिंग, आर्मेचर का संयोजन परिपथ पूर्ण करती है। कॉन्टैक्ट के माध्यम से वोल्टेज, डायनमो की फील्ड वाइण्डिंग में प्रवाहित होती है। इस प्रकार डायनमो की आउटपुट वोल्टेज बढ़ जाती है।

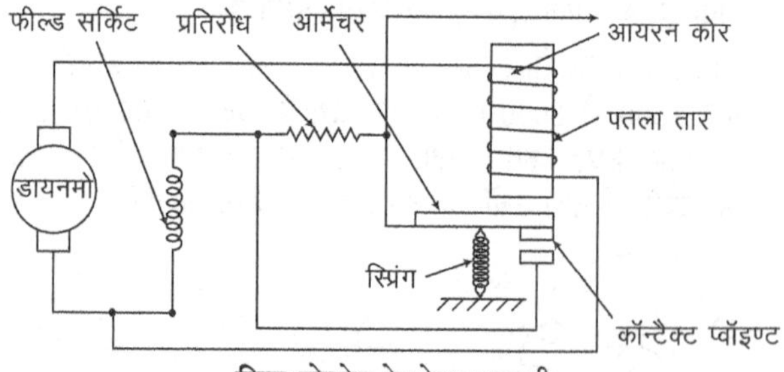

चित्र वोल्टेज रेगुलेशन प्रणाली

वोल्टेज रेगुलेटर Voltage Regulator

यह आवेशन अवयव आल्टरनेटर की आउटपुट धारा को नियन्त्रित करता है और बैटरी को सन्तुलित (balanced) तरीके से आवेशित करने में सहायक होता है तथा उसे अधिक (over) या कम (under) आवेशन जैसी

स्थितियों से बचाता है। अत: वोल्टेज रेगुलेटर आउटपुट वोल्टेज को स्थिर रखता है, जिससे बैटरी तथा अन्य विद्युत उपकरण सुरक्षित रहते हैं। यह आल्टरनेटर के बाहर या अन्दर की ओर लगाया जा सकता है।

यह अवयव बैटरी से रोटर की फील्ड क्वॉयल की प्रवाहित धारा (current) को नियमित करता है। वर्तमान में प्रतिरोधों एवं डायोडों से युक्त आई.सी. वोल्टेज रेगुलेटर में प्रयुक्त की जाती है, जोकि एक पूर्णतया इलेक्ट्रॉनिक युक्ति (device) है।

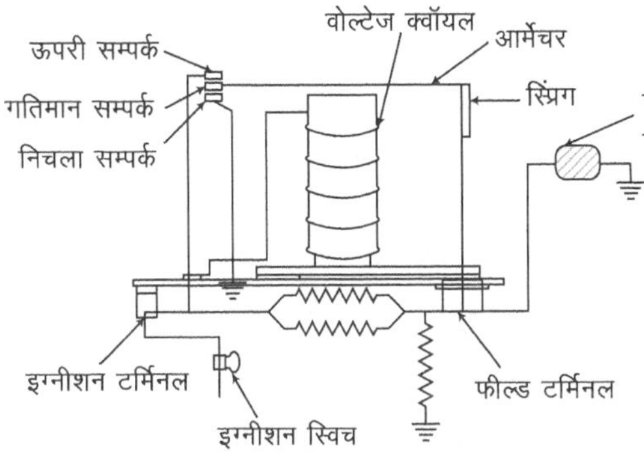

चित्र वोल्टेज रेगुलेटर

इस रेगुलेटर में डायनमो के समान धारा तथा वोल्टेज का रेगुलेशन करने के स्थान पर केवल वोल्टेज का रेगुलेशन करने की व्यवस्था की जाती है। जब आल्टरनेटर की वोल्टेज निश्चित मात्रा से अधिक हो जाती है, तो इसके कॉन्टैक्ट ब्रेकर प्वॉइण्ट खुल जाते हैं। इससे क्षेत्र परिपथ में प्रतिरोध बढ़ जाता है, जो अतिरिक्त वोल्टेज को रोक देता है। इसमें कॉन्टैक्ट प्वॉइण्ट सदैव कम्पन करते हुए वोल्टेज को स्थिर रखते हैं। इसमें कॉन्टैक्ट प्वॉइण्ट के दो सैट होते हैं– एक लोअर तथा दूसरा अपर। गाड़ी की मध्यम गति पर लोअर प्वॉइण्ट खुलते व बन्द होते रहते हैं तथा आल्टरनेटर की वोल्टेज को नियन्त्रित रखते हैं।

तेज गति पर अधिक वोल्टेज के कारण अपर प्वॉइण्ट खुलते व बन्द होते हैं तथा इस स्थिति में आल्टरनेटर फील्ड वाइण्डिंग के दोनों सिरे अर्थ होकर शॉर्ट हो जाते हैं। इससे वोल्टेज नियन्त्रित हो जाती है। इसमें धारा एक ही दिशा में प्रवाहित होती है। विपरीत दिशा में धारा के प्रभाव को एक डायोड (diode) द्वारा रोका जाता है।

(ii) धारा रेगुलेशन प्रणाली Current Regulation System

धारा रेगुलेशन प्रणाली को वोल्टेज रेगुलेटर तथा कट-आउट के आधार पर ही लगाया जाता है। इस प्रणाली में धारा रेगुलेटर का प्रयोग किया जाता है जिसमें उच्च दक्षता वाले तारों की वाइण्डिंग के कुछ टर्न होते हैं, जिन्हें श्रेणी में जेनरेटर आर्मेचर के साथ जोड़ा जाता है। यह प्रणाली वोल्टेज कण्ट्रोल प्रणाली के समान ही होती है। इलेक्ट्रोमैग्नेट, कॉन्टैक्ट्स को नियन्त्रित करता है। जब सम्पर्क (contact) बन्द होता है और डायनमो की गति अधिक होती है, तो धारा इलेक्ट्रोमैग्नेट की क्वॉयल के माध्यम से प्रवाहित होती है। जब धारा बहुत अधिक होती है तो आयरन कोर एक इलेक्ट्रोमैग्नेट बन जाती है। सम्पर्कों को अलग करने के लिए आर्मेचर आकर्षित होते हैं। जब सम्पर्क खुलते हैं, तो धारा, प्रतिरोध से होकर गुजरती है। यह प्रतिरोध, धारा के प्रवाह में अवरोध उत्पन्न कर देता है। जब धारा का मान अपेक्षाकृत कम होता है, तो विद्युत चुम्बक का चुम्बकत्व घट जाता है, जिसके फलस्वरूप सम्पर्क पुन: बन्द हो जाता है। इस प्रकार फील्ड परिपथ का प्रतिरोध परिपथ से पृथक् हो जाता है और परिपथ में आउटपुट धारा का मान बढ़ जाता है।

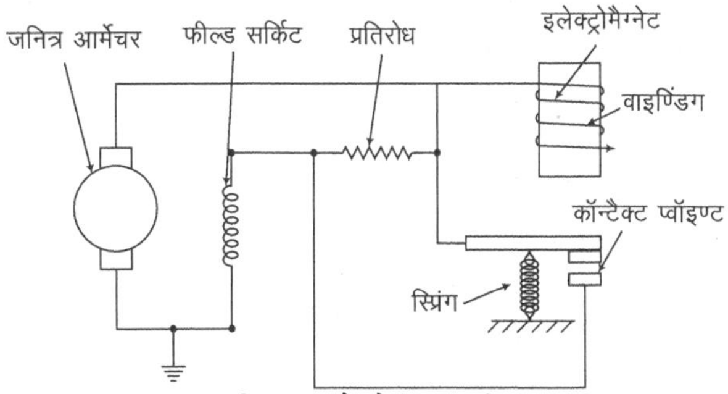

चित्र धारा रेगुलेशन प्रणाली

(iii) कट-आउट Cut-out

कट-आउट, डायनमो और बैटरी के बीच स्थित एक स्वचालित युक्ति होती है। जब बैटरी डिस्चार्ज होती है, तो कट-आउट, डायनमो को बैटरी के साथ जोड़ता है, परन्तु बैटरी के पूर्णत: चार्ज होने की स्थिति में कट-आउट, डायनमो को बैटरी से पृथक् कर देता है। कट-आउट में सॉफ्ट आयरन कोर पर प्राइमरी सीरीज वाइण्डिंग मोटे तथा कम लपेट (turn) की होती है, जबकि सेकेण्डरी वाइण्डिग (शण्ट) पतले तथा अधिक लपेट की होती है। प्राइमरी वाइण्डिंग का एक सिरा डायनमो से जुड़ा होता है तथा दूसरा सिरा सेकेण्डरी वाइण्डिग के एक सिरे से हिंज के द्वारा जुड़ा होता है। सेकेण्डरी का दूसरा सिरा अर्थ होता है। हिंज के साथ ऊपर की ओर आर्मेचर लगा होता है, जिसे एक स्प्रिंग द्वारा साधा (hold) जाता है।

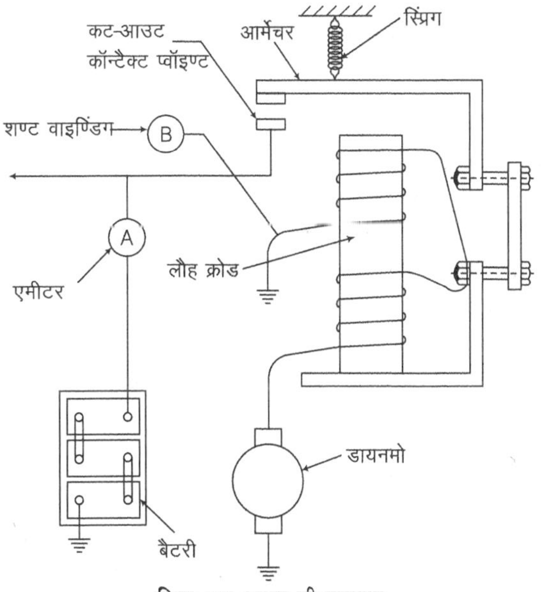

चित्र कट-आउट की व्यवस्था

इसी आर्मेचर के साथ सी.बी. (contact breaker) प्वॉइण्ट लगे होते हैं। सी.बी. प्वॉइण्ट का एक भाग आर्मेचर से तथा दूसरा एमीटर से सम्बद्ध रहता है। कट-आउट एक ऑटोमैटिक मैग्नेटिक स्विच के समान कार्य

करता है। जब डायनमो नहीं चलता है, तो सी.बी. प्वॉइण्ट खुले होते हैं, इससे बैटरी तथा डायनमो का सम्बन्ध टूट जाता है। जब डायनमो चलता है, तो डायनमो की धारा प्राइमरी व सेकेण्डरी वाइण्डिग में जाकर मैग्नेटिक फील्ड बनाती है।

अब डायनमो की धारा एमीटर में होकर बैटरी में जाने लगती है, परन्तु यह तभी सम्भव होता है, जब डायनमो, बैटरी की वोल्टेज के अनुरूप धारा बना रहा हो।

4. बैटरी Battery

बैटरी, सैलों का समूह है, जो ऑटोमोबाइल क्षेत्र में एक महत्त्वपूर्ण सहायक उपकरण है। इसके द्वारा वाहनों में प्रयुक्त विद्युत की आवश्यकता रखने वाली विभिन्न युक्तियों; जैसे—सैल्फ स्टार्टर, मीटर, सूचक तथा गेज आदि का संचालन किया जाता है।

इसके अतिरिक्त मोटर वाहन चलाते समय विभिन्न गतिविधियाँ; जैसे—मोटरगाड़ियों की लाइट जलाने, हॉर्न बजाने तथा विण्ड स्क्रीन वाइपर चलाने में भी बैटरी का ही उपयोग होता है।

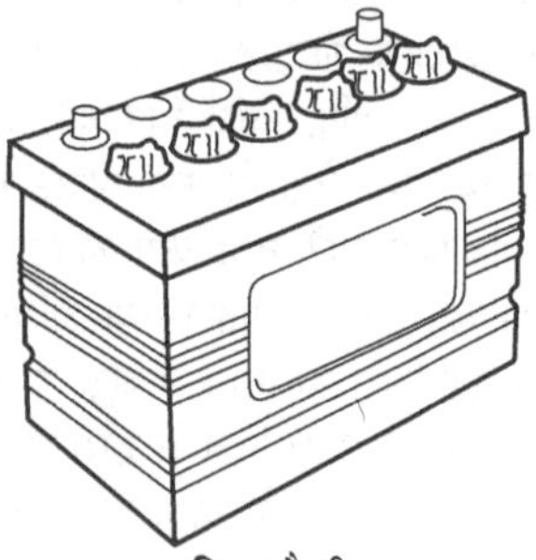

चित्र बैटरी

बैटरी के मुख्य भाग Main Parts of Battery

बैटरी के मुख्य भाग निम्न हैं

(i) **बैटरी बॉक्स** Battery Box

इसे बैटरी कन्टेनर के नाम से भी जाना जाता है। यह हार्ड रबर का बना होता है। इसे ऊपर से बन्द करने वाले टॉप कवर भी इसी हार्ड रबर के बने होते हैं। टॉप कवर में चूड़ी बने छिद्र होते हैं, जिनमें वेन्ट प्लग कसे होते हैं। बैटरी बॉक्स में उसकी वोल्टेज के अनुसार तीन, छः या बारह भाग अलग-अलग कम्पार्टमेन्ट के रूप में होते हैं।

नीचे की ओर प्रत्येक कम्पार्टमेन्ट में रिक्त स्थान होता है, जिससे प्लेटों की धातु आदि गिरकर इसमें जमा हो सके अन्यथा यह धातु का बुरादा प्लेटों को शॉर्ट भी कर सकता है।

(ii) **नेगेटिव एवं पॉजिटिव प्लेटें** Negative and Positive Plates

आजकल मोटरगाड़ियों में 6, 12 या 24 V की बैटरियों का प्रयोग किया जाता है, जिनमें 3, 6 या 12 सैल लगे होते हैं। इन सैलों में नेगेटिव तथा पॉजिटिव प्लेटें होती हैं। ये प्लेटें सीसे (lead) की बनी होती हैं, जो चौकोर जाली जैसी होती हैं। इन पॉजिटिव प्लेटों पर लैड परॉक्साइड (PbO_2) भरा जाता है, जो भूरे रंग का होता है। नेगेटिव प्लेटों पर एण्टीमनी भरा जाता है तथा उसका रंग स्लेटी होता है। सैल की शक्ति उसमें प्रयुक्त की गई प्लेटों की संख्या तथा नाप पर निर्भर करती है।

प्रत्येक सैल में अलग-अलग नेगेटिव तथा पॉजिटिव प्लेटों का समूह बनाकर उन्हें एक गुच्छे के रूप में आपस में फँसा दिया जाता है। प्रत्येक प्लेट के बीच में सेपरेटर लगाए जाते हैं, जिससे वे आपस में शॉर्ट न हों। नेगेटिव प्लेट एक अधिक होती है, जिससे वह दोनों ओर सैल में रहे।

(iii) **सेपरेटर** Separator

बैटरी की नेगेटिव तथा पॉजिटिव दोनों प्लेटें आपस में टकराकर शॉर्ट न हों इसके लिए सेपरेटर का प्रयोग किया जाता है। ये ग्लास फाइबर, ग्लास वुड तथा प्लास्टिक आदि के बने होते हैं।

चित्र प्लेट्स तथा सेपरेटर सम्बन्धी बैटरी के घटक

(iv) **मुख्य टर्मिनल पोस्ट** Main Terminal Post

प्रत्येक बैटरी के पहले तथा अन्तिम सैल पर दो खूँटियाँ निकली रहती हैं, जिनमें एक नेगेटिव तथा दूसरी पॉजिटिव टर्मिनल का कार्य करती है। इन्हीं मेन टर्मिनल पोस्टों पर बैटरी वायर जोड़कर अन्य स्थान पर विद्युत धारा सप्लाई की जाती है।

ये खूँटियाँ भी सीसे (lead) की बनी होती हैं। ऐसा देखा गया है कि बैटरी की रासायनिक क्रिया से इसकी खूँटियों के साथ बैटरी वायर के टर्मिनल चिपक जाते हैं।

इन्हें कभी-भी ठोक पीटकर निकालने की कोशिश नहीं करनी चाहिए, उबलते पानी को डालने से ये सुगमता से अलग हो जाते हैं।

(v) **इलेक्ट्रोलाइट** Electrolyte

बैटरी की प्लेटें अपने-अपने सैल कन्टेनर में गन्धक के अम्ल (sulphuric acid) के घोल में डूबी रहती हैं। इस घोल का विशिष्ट घनत्व (specific gravity) 1.250 से 1.280 तक होता है। बैटरी के लिए उचित घोल तैयार भी मिलता है अन्यथा इसे बनाया जाता है।

इसे बनाने के लिए शुद्ध गन्धक का अम्ल तथा आसुत जल (distilled water) का प्रयोग किया जाता है।

इसे किसी काँच, चीनी मिट्टी अथवा प्लास्टिक के पात्र में बनाना चाहिए तथा यह ध्यान रहे कि एसिड को पानी में डालना चाहिए, क्योंकि यदि एसिड में पानी डालेंगे, तो उसकी छींटें शरीर या वस्त्रों को जला देंगी। यह घोल बैटरी की प्लेटों से लगभग 15 मिमी ऊपर तक भरा रहना चाहिए।

5. इण्डीकेटर Indicator

वाहन के पैनल बोर्ड पर प्राय: एक इण्डीकेटिंग युक्ति लगी हुई होती है। यह युक्ति लैम्प प्रकार की अर्थात् वार्निंग लैम्प (warning lamp) या गेज प्रकार की अर्थात् एमीटर (ammeter) हो सकती है। यह एमीटर धारा का प्रवाह दो दिशाओं (चार्ज तथा डिस्चार्ज) में प्रदर्शित करता है। एमीटर को सदैव परिपथ के श्रेणी क्रम में लगाया जाता है।

13.3 आवेशन प्रणाली परिपथ Charging System Circuit

वाहनों में आवेशन प्रणाली की आवश्यकता विद्युतिक शक्ति एवं नियन्त्रण सिग्नलों का विद्युतिक युक्तियों को पारेषण विश्वसनीय एवं सुरक्षित तरीके से करने के लिए होती है।

यह कार्य परिपथ की सहायता से सम्भव है। आवेशन प्रणाली, क्योंकि विविध कार्य सम्पन्न करती है, इसलिए इस प्रणाली का क्रियाशील (active) बना रहना महत्त्वपूर्ण है। आवेशन प्रणाली का परिपथ डिजाइन इस प्रणाली की पूर्ण (whole) व्यवस्था को समझने में सहायक होता है। परिपथ डिजाइन जितना उपयुक्त होता है, आवेशन में बाधा उत्पन्न होने की सम्भावना भी उतनी ही क्षीण होती है।

चित्र में एक आल्टरनेटर आवेशन परिपथ दर्शाया गया है

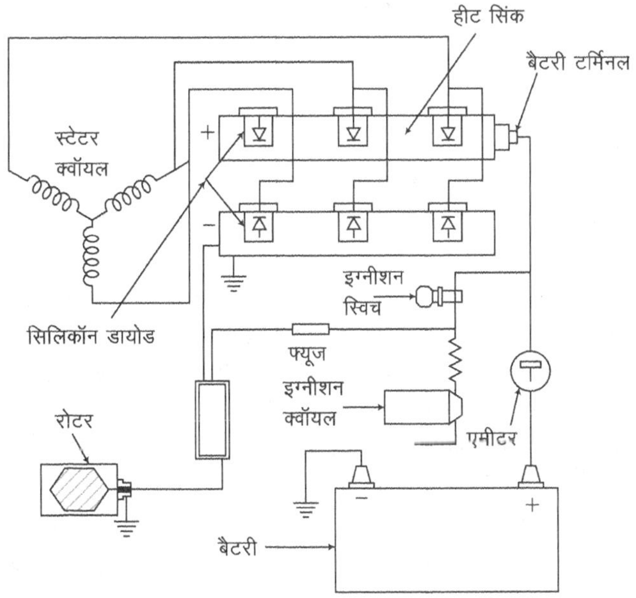

चित्र आल्टरनेटर आवेशन परिपथ

जब इंजन को चालू किया जाता है, तब बैल्ट रोटर असेम्बली को चलाती है अथवा घूर्णन कराती है। घूर्णन के समय, रोटर मैग्नेट के S व N ध्रुव प्रत्येक स्टेटर क्वॉयल से गुजरते हैं। रोटर असेम्बली के इस घूर्णन के कारण स्टेटर क्वॉयल में क्रमश: धनात्मक एवं ऋणात्मक धारा उत्पन्न होती है।

यदि एक समय में प्रत्येक स्टेटर क्वॉयल से अधिक रोटर मैग्नेट्स गुजरेंगी, तो अधिक धारा का उत्पादन होगा। यह उत्पन्न धारा जब हीट सिंक पर लगे सिलिकॉन डायोड्स से गुजरती है, तब ये डायोड AC धारा को DC में परिवर्तित कर देते हैं।

इन डायोड्स में उत्पन्न ऊष्मा, हीट सिंक द्वारा दूर की जाती है। अत: धारा बैटरी के टर्मिनल, एमीटर तथा चार्ज होने वाली बैटरी से होकर प्रवाहित होती है।

चार्जिंग प्रणाली का प्रचालन Operation of Charging System

बैटरी तथा अन्य उपकरणों को उच्च वोल्टेज से बचाने हेतु आल्टरनेटर की वोल्टेज को नियन्त्रित करने की आवश्यकता होती है। यह कार्य वोल्टेज रेगुलेटर द्वारा किया जाता है, जोकि रोटर में प्रवाहित होने वाली धारा को परिवर्तित करता रहता है। यह रेगुलेटर अपना कार्य इलेक्ट्रॉनिकली पूर्ण करता है।

एक ट्रांजिस्टर रेगुलेटर, प्राथमिक रूप से (primarily) ट्रांजिस्टर, प्रतिरोधक (resistors), संधारित्र (capacitors) डायोड्स आदि से बना होता है। यह एक पूर्ण स्थैतिक युक्ति है जोकि आल्टरनेटर की वोल्टेज को नियन्त्रित करती है। यह युक्ति विश्वसनीय तथा दक्षतापूर्ण होती है। यह उच्च फील्ड धारा प्रवाहित होने पर परिपथ की सुरक्षा करती है। इसकी एक विशेषता यह भी है कि इसे टेस्ट करके आवश्यकता पड़ने पर एडजस्ट भी किया जा सकता है।

जब स्थायी रूप से चुम्बकीय रोटर घूर्णन करता है तो स्टेटर वाइण्डिग में एक अल्टरनेटिंग अर्थात् प्रत्यावर्ती वोल्टेज उत्पन्न हो जाती है जोकि तीन ऋणात्मक तथा तीन धनात्मक डायोड्स की सहायता से रेक्टिफाई हो जाती है तथा बैटरी में डी.सी. धारा प्रवाहित होनी प्रारम्भ हो जाती है।

यह रेक्टिफाइड धारा रेगुलेटर में डायोड D_1, D_2, D_3 से प्रवाहित होते हुए प्रतिरोधक R_1 तथा कलैक्टर प्रतिरोधक R_2 से प्रवाहित होकर ग्राउण्ड प्रतिरोधक R_3 में चली जाती है। ट्रांजिस्टर TR_3 स्विच ऑन नहीं होता है, क्योंकि निम्न वोल्टेज जीनर डायोड D_6 तथा डायोड D_5 के द्वारा परिपथ को वापस हो जाती है। अत: ट्रांजिस्टर TR_1 तथा TR_2 स्विच ऑन हो जाते हैं, क्योंकि धारा दोनों ट्रांजिस्टर के एमीटर बेस से ग्राउण्ड की ओर प्रवाहित नहीं होती है।

दोनों ट्रांजिस्टर्स के स्विच ऑन हो जाने पर, धारा आल्टरनेटर के आउटपुट टर्मिनल से प्रतिरोधक R_5, ट्रांजिस्टर TR_1 से ग्राउण्ड की ओर रेगुलेटर में प्रवाहित होती है। चार्जिंग वोल्टेज के बढ़ जाने पर वोल्टेज प्रतिरोध R_4, डायोड D_5 तथा जीनर डायोड D_6 के एक्रॉस आरोपित हो जाती है।

चार्जिंग वोल्टेज के अत्यधिक बढ़ जाने पर जब वोल्टेज, ब्रेकडाउन वोल्टेज तक पहुँच जाती है तो ट्रांजिस्टर TR_3 स्विच ऑन हो जाता है क्योंकि उस समय एमीटर बेस परिपथ पूर्ण हो जाता है। इसके कारण ट्रांजिस्टर TR_2 तथा TR_1 ऑफ हो जाते हैं तथा धारा प्रतिरोधक R_1, ट्रांजिस्टर TR_3 से प्रवाहित होते हुए ग्राउण्ड की ओर चली जाती है। इस स्थिति में फील्ड धारा प्रवाहित होना बन्द कर देती है।

जैसे-जैसे परिपथ की वोल्टेज घटने लगती है तो डायोड D_5 तथा D_6 प्रचालन बन्द कर देते हैं तथा ट्रांजिस्टर TR_3 ऑफ हो जाता है। यह क्रिया आल्टरनेटिंग वोल्टेज को निरन्तर बनाए रखने के लिए एक सेकण्ड में अनेक बार सम्पन्न होती है।

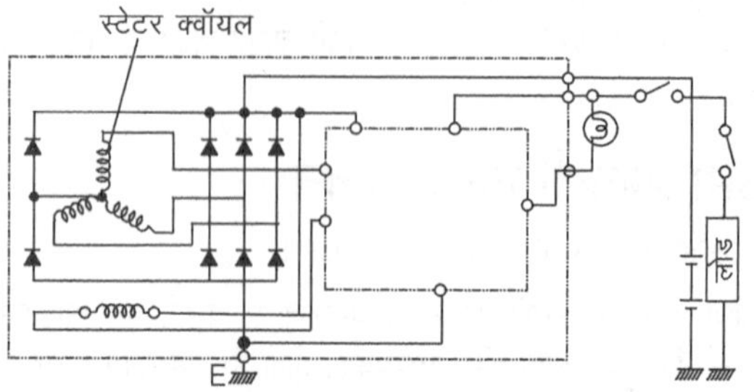

चित्र इलेक्ट्रोमैग्नेट इण्डक्शन का सिद्धान्त

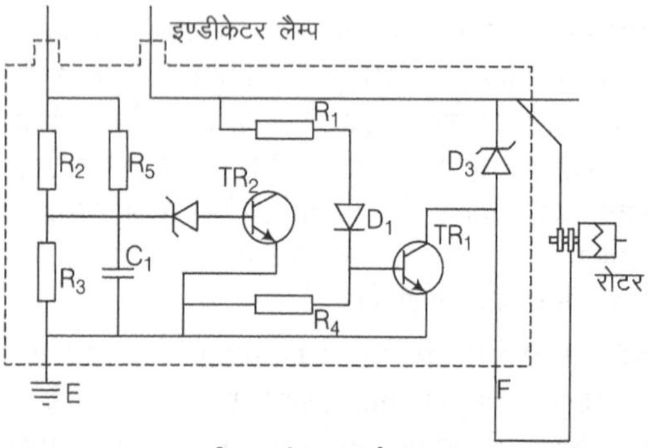

चित्र फील्ड टर्न्ड ऑन

13.4 चार्जिंग प्रणाली से सम्बन्धित पद

Terms Related to Charging System

चार्जिंग प्रणाली सेट सम्बन्धित कुछ पद निम्न प्रकार हैं

1. रेक्टिफिकेशन Rectification

ऑटोमोटिव आल्टरनेटरों में एक 3-फेज ब्रिज रेक्टिफायर का उपयोग किया जाता है, जिसमें तीन-तीन ऋणात्मक व धनात्मक डायोडों की व्यवस्था थ्री-फेज वाइण्डिंग्स में आल्टरनेटिंग धारा को रेक्टिफाई करने के लिए और डी.सी. आउटपुट उत्पन्न करने के लिए होती है। यह मूलतः ए.सी. को डी.सी. में परिवर्तित करने की ही एक प्रक्रिया है।

2. फेज वाइण्डिंग संयोजन

Phase Winding Connections

स्टेटर के संयोजन के लिए दो विधियाँ प्रयुक्त की जाती है; जैसे— स्टार और डेल्टा विधियाँ। संयोजन की स्टार विधि में प्रत्येक फेज वाइण्डिंग का एक सिरा केन्द्रीय बिन्दु तक ले जाया जाता है, जहाँ दोनों को एक साथ जोड़ दिया जाता है। यह स्टार बिन्दु कहलाता है। प्रत्येक वाइण्डिंग का अन्य सिरा ब्रिज रेक्टिफायर परिपथ से जुड़ा होता है। यह धनात्मक व ऋणात्मक डायोडों के बीच में होता है, तब प्रत्येक वाइण्डिंग सदैव सम्पूर्ण परिपथ का भाग होती है। डेल्टा विधि में वाइण्डिंग एक त्रिकोण के रूप में संयोजित होती है।

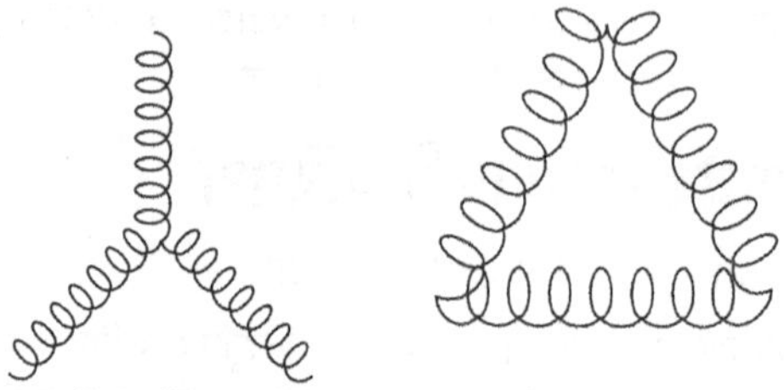

चित्र फेज वाइण्डिंग का स्टार व डेल्टा संयोजन

3. वोल्टेज रेगुलेशन

Voltage Regulation

किसी आल्टरनेटर के लिए उसकी घूर्णन गति तथा विद्युत धारा के परिमाण को नियत रखते हुए, उसकी वोल्टता में पूर्ण लोड अवस्था से शून्य लोड तक होने वाला परिवर्तन वोल्टेज रेगुलेशन कहलाता है।

सामान्यतः यह पूर्ण लोड के प्रतिशत के रूप से व्यक्त किया जाता है।

$$\text{प्रतिशत वोल्टेज रेगुलेशन} = \frac{V_{NL} - V_{FL}}{V_{FL}} \times 100$$

यहाँ, V_{NL} = शून्य लोड पर वोल्टता

V_{FL} = पूर्ण लोड पर वोल्टता

प्रतिशत वोल्टेज रेगुलेशन का मान, पावर फैक्टर पर निर्भर करता है। लीडिंग पावर फैक्टर के लिए, लोड बढ़ने के साथ-साथ टर्मिनल वोल्टेज बढ़ती है और लैगिंग के लिए लोड बढ़ने के साथ-साथ टर्मिनल वोल्टेज घटती हैं।

डी.सी. मशीनों की शक्ति किलोवाट या मेगावाट (kW or MW) में व्यक्त की जाती है, क्योंकि उनमें पावर फैक्टर का कोई अस्तित्व नहीं होता, परन्तु ए.सी. मशीनों की शक्ति, लोड धारा द्वारा निर्धारित होती है, जो पावर फैक्टर ($\cos \phi$) पर निर्भर करती है।

अतः आल्टरनेटर की शक्ति kVA या MVA (किलो वोल्ट ऐम्पियर या मेगा वोल्ट ऐम्पियर) में व्यक्त की जाती है।

अतः $kW = kVA \cdot \cos \phi$

आल्टरनेटर पर एक 'नेम प्लेट' (name plate) लगाई जाती है, जिसमें उसका सम्पूर्ण विवरण निम्न प्रकार अंकित किया जाता है

आल्टरनेटर

वोल्टेज	440 V	शक्ति (kVA)	25
गति	1000 RPM	आवृत्ति	50 Hz
फेज	3ϕ	संयोजन	Y

4. प्रणाली प्रचालन वोल्टेज System Operating Voltage

वर्तमान युग के वाहनों में यान्त्रिकीय चालित अवयवों के कारण इलेक्ट्रॉनिकली नियन्त्रित एवं इलेक्ट्रिकली चालित युक्तियों का प्रयोग अत्यधिक मात्रा में किया जा रहा है, क्योंकि इन युक्तियों में कार्य (functions) की अधिकता होती है एवं ये सरलता से चलायमान होती हैं। वाहनों की कार्यविधि के दौरान लाइटें एवं अन्य सहायक उपयोग में लाए जाते हैं, जिससे कि प्रणाली में भार बढ़ जाता है। इस भार को रेगुलेटर द्वारा व्यवस्थित किया जाता है।

रेगुलेटर रोटर क्षेत्र परिपथ को व्यवस्थित करके चुम्बकीय क्षेत्र सामर्थ्य को बढ़ा देता है। यदि आल्टरनेटर 40 ऐम्पियर से रेटेड (rated) हो, तो यह प्रणाली वोल्टेज 13.8 से 14.2 वोल्ट तक को व्यवस्थित करने में सक्षम होती है।

प्रणाली प्रचालन वोल्टेज का व्यवस्थित होना वाहनों की कार्यिकी हेतु अत्यन्त आवश्यक है। उपयुक्त वोल्टेज ही वाहनों में प्रयुक्त विद्युत सहायक युक्तियों का चालन निश्चित करती है।

5. उच्च वोल्टेज आवेशन प्रणाली High Voltage Charging System

वाहनों में दिन-प्रतिदिन विद्युत सहायक युक्तियाँ बढ़ती ही जा रही हैं। पूर्व में वाहनों में 12 वोल्ट की बैटरियों एवं 14 वोल्ट की आवेशन प्रणाली की आवश्यकता होती थी, परन्तु वर्तमान में वाहन में प्रयुक्त अधिक विद्युत सहायक युक्तियों के प्रयोग के कारण उच्च वोल्टेज आवेशन प्रणाली की आवश्यकता होती है। उच्च वोल्टता आवेशन प्रणाली का मुख्य लाभ यह है कि इसके द्वारा वाहनों में प्रयुक्त विद्युत सहायक युक्तियों को सरलता से बिना किसी वोल्टेज ड्रॉप (voltage drop) के चलायमान किया जा सकता है। इस प्रणाली में उच्च शक्ति (high power) पारेषण हेतु निम्न व्यास वाले तारों का प्रयोग किया जाता है, जो इंजन का भार भी कम करते हैं।

13.5 आवेशन प्रणाली सम्बन्धी दोषोपचार Troubleshooting Related to Charging System

आवेशन प्रणाली, वाहनों के दृष्टिकोण से अत्यन्त महत्त्वपूर्ण है और इस प्रणाली में समय-समय पर कुछ दोष उत्पन्न हो जाते हैं, जिनका विवरण यहाँ पर प्रशिक्षुओं को उनसे अवगत कराने के ध्येय से प्रस्तुत किया जा रहा है।

क्र.सं.	कारण	उपचार
I. बैटरी चार्ज नहीं होती		
1.	रेक्टिफायर दोषपूर्ण है।	रेक्टिफायर सही कराएँ।
2.	आल्टरनेटर की 'V' बैल्ट टूटी या घिसकर स्लिप कर रही है।	नई बैल्ट फिट करें।
3.	स्लिप रिंग दोषपूर्ण है।	दोष देखकर दूर करें।
II. आल्टरनेटर द्वारा अधिक शक्ति का विद्युत उत्पादन करना		
1.	रेगुलेटर के सी.बी. प्वॉइण्ट चिपके हैं।	प्वॉइण्ट साफ करें।
2.	रेगुलेटर अधिक रेट पर एडजस्ट है।	रेगुलेटर सही एडजस्ट करें।
3.	रेगुलेटर सही अर्थ नहीं है।	रेगुलेटर सही प्रकार अर्थ करें।
III. आल्टरनेटर करण्ट नहीं बनाता		
1.	फैन बैल्ट ढीली हो गई है।	फैन बैल्ट टाइट करें अथवा बदलें।
2.	स्लिप रिंग ब्रुश कटे अथवा जाम हैं।	कटे ब्रुशों को बदलें अथवा साफ करें।
3.	आवेशन परिपथ दोषपूर्ण है।	परिपथ का दोष दूर करें।
4.	रेगुलेटर सही एडजस्ट नहीं है।	ठीक प्रकार रेगुलेटर एडजस्ट करें।
5.	स्टेटर या रोटर वाइण्डिंग खराब है।	वाइण्डिंग का दोष दूर करें।
6.	आवेशन परिपथ का फ्यूज जला है।	फ्यूज बदलकर देखें।
7.	ऐम्पियर मीटर दोषपूर्ण है।	मीटर चैक करें।

क्र.सं.	कारण	उपचार
IV. आल्टरनेटर कम करण्ट बनाता है		
1.	डायोड खराब है।	डायोड दूसरे फिट करें।
2.	फैन बैल्ट ढीली है।	फैन बैल्ट टाइट करें या बदलें।
3.	स्टेटर, बॉडी से अर्थ है।	दोष दूर करें।
4.	आवेशन परिपथ की वायरिंग ढीली या गन्दी है।	वायरिंग साफ करके तार कसें।
5.	रेगुलेटर गलत सैट है।	रेगुलेटर सही सैट करें।
V. आल्टरनेटर आवाज करता है		
1.	आल्टरनेटर की पुली का ढीला होना	पुली टाइट करें।
2.	फैन बैल्ट ढीली या ब्लेड टेढ़े हैं।	फैन बैल्ट टाइट करें या बदलें।
3.	फाउण्डेशन बोल्ट ढीले हैं।	फाउण्डेशन बोल्ट टाइट करें।
4.	फैन बैल्ट कटी-फटी है।	फैन बैल्ट बदलें।
5.	डायोड व स्टेटर का शॉर्ट होना।	डायोड बदलें, स्टेटर की वायरिंग ठीक करें।
VI. रेगुलेटर का शीघ्र जल जाना		
1.	रोटर का शॉर्ट होना।	रोटर वायरिंग ठीक करें अथवा रोटर बदलें।
2.	रेगुलेटर का सही अर्थ न होना।	सही अर्थ करें।
3.	रेगुलेटर में वायु गैप का अधिक होना।	गैप सही व्यवस्थित करें।
VII. बैटरी का चार्ज न होना		
1.	डायनमो संयोजन के तार टूटे हैं।	वायरिंग चैक करके दोष दूर करें।
2.	नियामक (रेगुलेटर) में बैटरी इकाई के प्वॉइण्ट नहीं मिल पाते हैं।	गैप अधिक है अथवा उसकी वाइण्डिग में दोष है।
3.	आर्मेचर जल गया है।	आर्मेचर फिर से वाइण्ड कराएँ।
4.	फील्ड क्वॉयल टूटी है।	फील्ड क्वॉयल चैक कराके ठीक कराएँ।
5.	कार्बन ब्रुश छोटे हो गए हैं तथा कम्यूटेटर से उनका सम्बन्ध नहीं है।	नए कार्बन डालें अथवा कार्बन होल्डर की जाँच करें हो सकता है होल्ड में कार्बन फँस गया हो।
6.	कम्यूटेटर पर आर्मेचर के तार टूटे हैं या कम्यूटेटर कार्बन के कारण शॉर्ट है।	आर्मेचर का परीक्षण करें या कम्यूटेटर साफ करें।
7.	फैन बैल्ट टूटी है या स्लिप कर रही है।	फैन बैल्ट की जाँच करें। आवश्यक होने पर बदलें।
8.	डायनमो पुली शाफ्ट पर फ्री हो गई है।	पुली को टाइट फिट करें।

महत्त्वपूर्ण बिन्दु

- ऑटोमोटिव वाहनों में प्रयुक्त इलेक्ट्रॉनिक युक्तियों; जैसे–हॉर्न, लाइट, इण्डीकेटर आदि को विद्युत आपूर्ति कराने के लिए बैटरी का प्रयोग किया जाता है।
- बैटरियों को डिस्चार्ज होने के पश्चात् चार्ज करने हेतु आवेशन प्रणाली का प्रयोग किया जाता है।
- आवेशन प्रणाली के मुख्य अवयव आल्टरनेटर, रेगुलेटर, बैटरी, इण्डीकेटर आदि होते हैं।
- आल्टरनेटर एक ए. सी. जनित्र है, जो डी. सी. धारा के स्थान पर ए. सी. धारा का उत्पादन करता है। आल्टरनेटर फैराडे के विद्युत-चुम्बकीय प्रेरण के सिद्धान्त पर आधारित होता है।
- आल्टरनेटर के बाह्य भाग को बॉडी अथवा फ्रेम कहते हैं। यह कास्ट आयरन या कास्ट स्टील से बनी होती है।
- आर्मेचर के स्टेटर में मुख्यतः आर्मेचर कोरें होती हैं, जिनकी आन्तरिक परिधि पर स्लॉट्स कटे होते हैं।
- स्टेटर में शीतलता प्रदान करने के लिए आर्मेचर कोर में लगी पत्तियों में डक्ट्स बनाए जाते हैं।
- स्टेटर की तीनों वाइण्डिंग्स को जोड़ने हेतु स्टार या डेल्टा संयोजन किया जाता है।
- स्टेटर में लगी कोरों की संख्या उसके पोल्स पर निर्भर करती है।
- आल्टरनेटर के जिस भाग द्वारा उस पर चुम्बकीय क्षेत्र स्थापित होता है, रोटर कहलाता है।
- रोटर असेम्बली में स्टील की एक शाफ्ट लगी होती है, जिस पर एक ड्राइविंग पुली, एक शीतलन पंखा, एक बेलनाकार लोहे की कोर तथा दो इन्सुलेटेड स्लिप रिंग लगे होते हैं।
- रोटर असेम्बली में लगी लोहे की कोर पर फील्ड वाइण्डिंग बनाने हेतु इन्सुलेटेड तार को अनेक बार लपेटा जाता है।
- सैलिएन्ट पोल रोटर निम्न एवं मध्यम गति वाले आल्टरनेटर्स में प्रयोग किया जाता है।
- सैलिएन्ट पोल रोटर में 6 से 40 तक पोल्स होते हैं।
- बेलनाकार पोल रोटर की घूर्णन गति 1500 से 3000 RPM तक तथा आउटपुट 50,000 kVA से 200000 kVA तक होती है।
- आल्टरनेटर एण्ड फ्रेम्स सामान्यतः एल्युमीनियम से निर्मित होते हैं।
- रेगुलेटर का प्रयोग बैटरी को जाने वाली विद्युत सप्लाई को नियन्त्रित करने के लिए किया जाता है।
- वर्तमान में प्रतिरोधों एवं डायोडों से युक्त आई. सी. वोल्टेज रेगुलेटर में प्रयुक्त की जाती है।
- बैटरी बॉक्स को बैटरी कन्टेनर के नाम से भी जाना जाता है जोकि हार्ड रबर का बना होता है।
- वाहन के पैनल बोर्ड पर प्रायः एक इण्डीकेटिंग युक्ति लगी होती है जोकि वार्निंग लैम्प अथवा एमीटर हो सकती है।
- ऑटोमोटिव आल्टरनेटरों में एक 3-फेज ब्रिज रेक्टिफायर का उपयोग किया जाता है।
- किसी आल्टरनेटर के लिए घूर्णन गति तथा विद्युत धारा के परिमाण को नियत रखते हुए, उसकी वोल्टेज में पूर्ण लोड अवस्था से शून्य लोड तक होने वाला परिवर्तन वोल्टेज रेगुलेशन कहलाता है।
- डी. सी. मशीनों की शक्ति किलोवाट या मेगावाट में व्यक्त की जाती है, जबकि ए. सी. मशीनों; जैसे– आल्टरनेटर की शक्ति किलो वोल्ट ऐम्पियर (kVA) या मेगा वोल्ट ऐम्पियर (MVA) में व्यक्त की जाती है।
- आल्टरनेटर पर एक 'नेम प्लेट' लगाई जाती है, जिस पर उसके लिए उपयुक्त वोल्टेज, गति आदि विशिष्टियाँ अंकित होती हैं।
- चार्जिंग प्रणाली में प्रयुक्त रेगुलेटर रोटर क्षेत्र परिपथ को व्यवस्थित करके चुम्बकीय क्षेत्र सामर्थ्य को बढ़ा देता है।
- उच्च वोल्टेज आवेशन प्रणाली में उच्च शक्ति पारेषण हेतु निम्न व्यास वाले तारों का प्रयोग किया जाता है।
- उच्च वोल्टेज आवेशन प्रणाली का मुख्य लाभ यह है कि इसके द्वारा वाहनों में प्रयुक्त विद्युत सहायक युक्तियों को सरलता से बिना किसी वोल्टेज ड्रॉप के चलायमान किया जा सकता है।
- स्टेटर या रोटर वाइण्डिंग खराब होने से आल्टरनेटर सही से करण्ट नहीं बनाता है।
- आल्टरनेटर के आवाज करने का एक कारण आल्टरनेटर की पुली का ढीला होना है। अतः पुली को कसा होना चाहिए।

महत्त्वपूर्ण प्रश्नोत्तरी

1. डायनमो के स्थान पर आल्टरनेटर का प्रयोग क्यों किया जाने लगा है?

उत्तर इंजनों में डायनमो के स्थान पर आल्टरनेटर का प्रयोग इसलिए किया जाने लगा है, क्योंकि डायनमो मोटरगाड़ी की कम गति पर सही प्रकार बैटरी को चार्ज कर पाने में असमर्थ रहता है।

2. आल्टरनेटर किस सिद्धान्त पर कार्य करता है?

उत्तर आल्टरनेटर, फैराडे के विद्युत-चुम्बकीय प्रेरण के सिद्धान्त पर कार्य करता है।

3. आल्टरनेटर में किस प्रकार के स्लॉट्स प्रयोग किए जाते हैं?

उत्तर आल्टरनेटर में सामान्यतः खुले स्लॉट्स ही प्रयोग किए जाते हैं।

4. आल्टरनेटर में वोल्टेज रेगुलेटर का क्या कार्य होता है?

उत्तर आल्टरनेटर में वोल्टेज रेगुलेटर, आल्टरनेटर की आउटपुट धारा को नियन्त्रित करता है।

5. उच्च वोल्टेज आवेशन प्रणाली में उच्च शक्ति पारेषण हेतु निम्न व्यास वाले तारों का प्रयोग क्यों किया जाता है?

उत्तर उच्च वोल्टेज आवेशन प्रणाली में उच्च शक्ति पारेषण हेतु निम्न व्यास वाले तारों का प्रयोग इसलिए किया जाता है, क्योंकि ये इंजन का भार कम करते हैं।

अभ्यास प्रश्न

परीक्षा प्रारूपी प्रश्न

बहुविकल्पीय

1. आल्टरनेटर में ए.सी. को डी.सी. में बदला जाता है
(a) बैटरी चार्जर द्वारा (b) रेक्टिफायर द्वारा
(c) सुपर चार्जर द्वारा (d) इनमें से कोई नहीं

2. आल्टरनेटर के मुख्य भाग हैं
(a) रोटर व स्टेटर (b) बियरिंग
(c) नियामक (रेगुलेटर) (d) इनमें से कोई नहीं

3. आल्टरनेटर में वाइण्डिग के लूप होते हैं
(a) 2 (b) 4
(c) 1 (d) 3

4. नीचे दिए गए स्टेटर के चित्र में लेवल भाग '*X*' का नाम है
(a) फील्ड वाइण्डिंग (b) स्लॉट्स
(c) लेमिनेटेड कोर (d) ब्रुश

5. बड़े व्यास वाला आल्टरनेटर कम घूर्णन गति पर कार्यरत है। इसका फील्ड ……… घूर्णन करने वाला होगा।
(a) आर्मेचर
(b) सैलिएन्ट प्रकार के रोटर सहित
(c) फील्ड, बेलनाकार रोटर सहित
(d) आर्मेचर व फील्ड

6. बेलनाकार रोटर की तुलना में सैलिएन्ट पोल रोटर का
(a) व्यास तथा लम्बाई दोनों बड़े होते हैं
(b) व्यास बड़ा तथा लम्बाई कम होती है
(c) व्यास छोटा तथा लम्बाई अधिक होती है
(d) व्यास तथा लम्बाई दोनों छोटे होते हैं

7. एक बड़े व्यास का आल्टरनेटर, जोकि धीमी गति से चल रहा है, उसमें होगा …………।
(a) एक घूर्णन आर्मेचर
(b) एक चिकने बेलनाकार रोटर के साथ क्षेत्र घूर्णन
(c) एक सैलिएन्ट ध्रुव रोटर के साथ क्षेत्र घूर्णन
(d) घूर्णन आर्मेचर और क्षेत्र

8. विद्युत उत्पादन केन्द्रों पर प्रयुक्त आल्टरनेटर सामान्यतः ……… प्रकार के होते हैं।
(a) स्थिर फील्ड
(b) स्थिर आर्मेचर
(c) गतिमान आर्मेचर
(d) चुम्बकीय रोटर

9. आल्टरनेटर को समान्तर में प्रचालित करने से
(a) अतिरिक्त लोड को वहन किया जा सकता है
(b) कोई आल्टरनेटर ओवरलोड नहीं हो पाता
(c) लोड घट जाने पर भी वोल्टता नियत रहती है
(d) रनिंग आल्टरनेटर की फ्रीक्वेन्सी नियत रहती है

10. आल्टरनेटर को अत्यधिक उत्तेजित (over excited) कहा जाता है, जबकि वह ……… कार्यरत होता है।
(a) इकाई पावर-फैक्टर पर
(b) पिछड़ते हुए पावर-फैक्टर पर
(c) आगे बढ़ते हुए पावर-फैक्टर पर
(d) शून्य पावर-फैक्टर पर

11. आल्टरनेटर के गतिशील रोटर को प्रदान की जाने वाली उत्तेजक वोल्टेज ……… होती है।
(a) उच्च डी.सी. (b) निम्न डी.सी.
(c) उच्च ए.सी. (d) निम्न ए.सी.

12. नीचे दिए गए चित्र में आल्टरनेटर का कौन–सा भाग प्रदर्शित है?

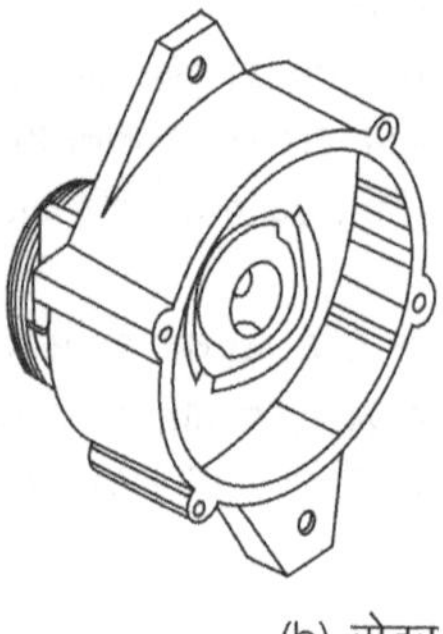

(a) स्टेटर (b) रोटर
(c) एक्साइटर (d) आल्टरनेटर एण्ड फ्रेम

13. एक आल्टरनेटर में प्रयोग होता है/होते हैं
(a) 1 डायोड (b) 2 डायोड (c) 4 डायोड (d) 6 डायोड

14. एक आल्टरनेटर के क्षेत्र परिपथ के साथ आपूर्ति होती है
(a) एक कम्पन धारा की (b) एक प्रत्यक्ष धारा की
(c) एक आल्टरनेटिंग धारा की (d) एक पल्सेटिंग धारा की

15. दो आल्टरनेटर के सिंक्रोनाइजेशन (synchronization) के लिए
(a) दोनों आल्टरनेटर्स की फ्रीक्वेन्सी समान होनी चाहिए
(b) दोनों आल्टरनेटर्स की टर्मिनल वोल्टेज समान होनी चाहिए
(c) दोनों आल्टरनेटर्स का फेज-क्रम एक ही होना चाहिए
(d) उपरोक्त सभी

16. चित्र में प्रदर्शित आल्टरनेटर में प्रयुक्त होने वाला रोटर किस प्रकार का है?

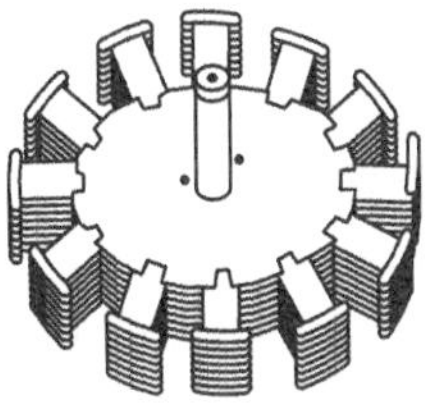

(a) बेलनाकार पोल रोटर (b) आयताकार पोल रोटर
(c) सैलिएन्ट पोल रोटर (d) इनमें से कोई नहीं

17. कम्यूटेटर से धारा ली जाती है
(a) बियरिंग द्वारा (b) एण्ड प्लेट द्वारा
(c) बॉडी द्वारा (d) कार्बन ब्रुश द्वारा

18. आल्टरनेटर के विद्युत वाहक बल को बढ़ाने के लिए
(a) फील्ड को रेगुलेटर करके फ्लक्स को बढ़ाते हैं
(b) वोल्टेज कम करते हैं
(c) कैपेसिटर लगाते हैं (d) उपरोक्त सभी

19. इलेक्ट्रोमैग्नेट को नियन्त्रित करने के लिए किस प्रणाली का प्रयोग किया जाता है?
(a) कट-आउट (b) वोल्टेज रेगुलेशन प्रणाली
(c) धारा रेगुलेशन प्रणाली (d) इनमें से कोई नहीं

20. नीचे दिए गए चित्र में 'X' किसको इंगित करता है?

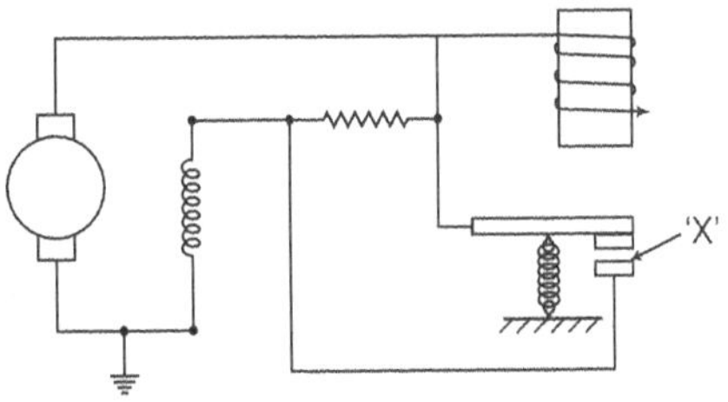

(a) कॉन्टैक्ट प्वॉइण्ट (b) आर्मेचर
(c) स्प्रिंग (d) फील्ड क्वॉयल

21. डायनमो का अधिकतम निर्गम कब होता है?
(a) बैटरी पूर्ण रूप से आवेशित होती है
(b) सभी बल्ब जलते रहें तथा बैटरी पूर्ण रूप से निरावेशित होती है
(c) विद्युतीय लोड निरावेशन के साथ
(d) उपरोक्त में से कोई नहीं

22. नीचे दिए गए चित्र में 'X' किसको इंगित करता है?

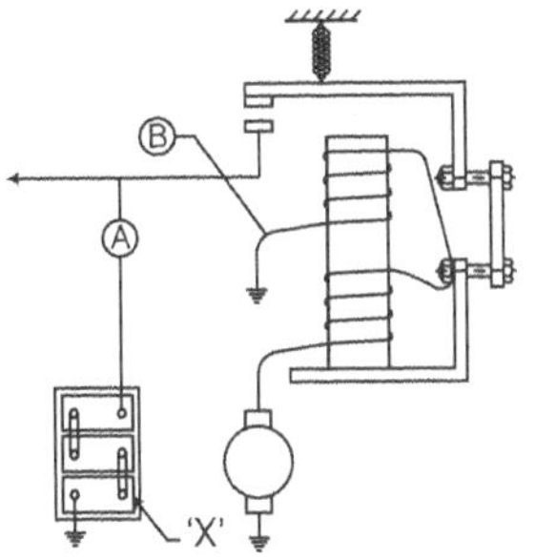

(a) बैटरी (b) स्प्रिंग
(c) डायनमो (d) इनमें से कोई नहीं

23. डायनमो चार्जिंग प्रणाली में वाहन के शीर्ष प्रकाश (head light) शीघ्र क्यों जल जाते हैं?
(a) कट-आउट बिन्दु बहुत समीप स्थित होते हैं
(b) रेगुलेटर में वोल्टेज सैटिंग बहुत उच्च होती है
(c) बैटरी वोल्टेज 13.2 V होती है
(d) उपरोक्त में से कोई नहीं

24. चित्र में प्रदर्शित परिपथ के भाग 'X' का नाम बताइए

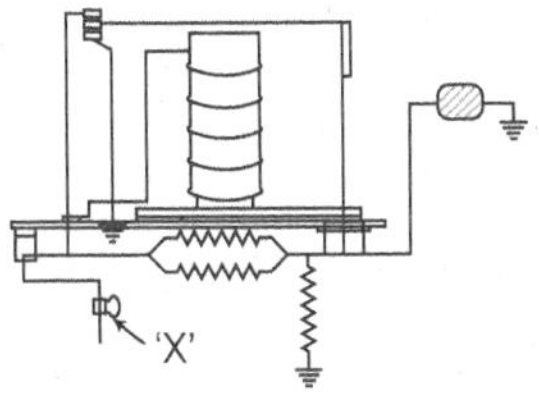

(a) वोल्टेज क्वॉयल (b) आर्मेचर
(c) इग्नीशन स्विच (d) रोटर क्वॉयल

25. ऑटोमोबाइल में किस प्रकार की बैटरी प्रयोग होती है?
(a) एल्केलाइन (b) निकिल-आयरन
(c) निकिल-कैडमियम (d) लैड-एसिड

26. बैटरी प्लेटें बनी होती हैं
(a) रबर की (b) सीसे की
(c) लोहे की (d) इनमें से कोई नहीं

27. बैटरी टर्मिनलों पर काई-सी क्यों लग जाती है?
(a) बैटरी से ज्यादा करण्ट लेने पर
(b) बैटरी की प्लेट खराब होने पर
(c) ऑक्सीडेशन के कारण
(d) विभाजक (सेपरेटर) खराब होने पर

28. डायनमो करण्ट बनाता है
(a) ए.सी. (b) डी.सी.
(c) 'a' और 'b' दोनों (d) इनमें से कोई नहीं

29. डायनमो में वाइण्डिंग होती है
(a) सिंगल पोल पर
(b) दो पोलों पर
(c) तीन पोलों पर
(d) चार पोलों पर

30. वाहनों में बैटरी ………. के द्वारा चार्ज होती है।
(a) इलेक्ट्रोलाइट (b) इन्वर्टर
(c) डायनमो (d) इनमें से कोई नहीं

31. इलेक्ट्रोलाइट का विशिष्ट घनत्व होता है
(a) 1.250 से 1.280 तक
(b) 0.250 से 0.280 तक
(c) 1.1050 से 1.1000 तक
(d) 1.200 से 1.280 तक

32. बैटरी के अन्दर शॉर्ट-सर्किट का कारण है
(a) प्लेटों का खराब होना
(b) विभाजक (सेपरेटर) खराब होना
(c) सही इलेक्ट्रोलाइट का प्रयोग न होना
(d) उपरोक्त में से कोई नहीं

33. लैड-एसिड बैटरी ·········· है।
(a) एक विद्युत रासायनिक युक्ति
(b) एक विद्युत मैकेनिकल युक्ति
(c) एक रासायनिक युक्ति
(d) एक विद्युतीय युक्ति

34. ओवरचार्जिंग के प्रभाव से खराब होती है
(a) फील्ड वाइण्डिंग
(b) रेगुलेटर वाइण्डिंग
(c) आर्मेचर वाइण्डिंग
(d) बैटरी

35. डायनमो अथवा आल्टरनेटर द्वारा बैटरी चार्ज न करने का सामान्य कारण होता है
(a) फैन बैल्ट का ढीला होना
(b) ब्रुश का ढीला होना
(c) कार्बन का ढीला होना
(d) इनमें से कोई नहीं

उत्तरमाला

1. (b)	**2.** (a)	**3.** (d)	**4.** (c)	**5.** (b)	**6.** (c)	**7.** (c)	**8.** (b)	**9.** (a)	**10.** (c)
11. (b)	**12.** (d)	**13.** (d)	**14.** (a)	**15.** (d)	**16.** (c)	**17.** (d)	**18.** (b)	**19.** (c)	**20.** (a)
21. (b)	**22.** (a)	**23.** (b)	**24.** (c)	**25.** (d)	**26.** (b)	**27.** (c)	**28.** (b)	**29.** (b)	**30.** (c)
31. (a)	**32.** (b)	**33.** (a)	**34.** (d)	**35.** (a)					

अध्याय 14

स्टार्टिंग प्रणाली
Starting System

परिचय Introduction

इन्टर्नल कम्बशन इंजन स्वत: स्टार्ट होने में सक्षम नहीं होते हैं। अत: इन इंजनों को स्टार्ट करने के लिए विभिन्न प्रणालियों; जैसे—स्टार्टर मोटर, सैल्फ स्टार्टर आदि का प्रयोग किया जाता है। ट्रकों, ट्रैक्टरों तथा उद्यमों के औद्योगिक संयन्त्रों में प्रयुक्त कुछ बड़े इंजन कम्प्रैस्ड हवा से या फिर छोटे स्टार्टिंग इंजन से प्रचालित किए जाते हैं, परन्तु ऑटोमोटिव इंजन (स्पार्क इग्नीशन और डीजल) एक छोटे, परन्तु शक्तिशाली वैद्युतिक मोटर द्वारा प्रचालित किए जाते हैं, जिसे क्रैंकिंग या स्टार्टिंग मोटर (cranking or starting motor) कहते हैं।

जब चालक इग्नीशन स्विच को स्टार्ट की ओर घुमाता है, तो बैटरी स्टार्टिंग मोटर को धारा प्रवाहित करती है जिसके फलस्वरूप, स्टार्टिंग मोटर ऑन हो जाती है और इंजन फ्लाईव्हील की सहायता से क्रैंकशाफ्ट को घुमाना प्रारम्भ कर देता है। एक आदर्श स्टार्टिंग प्रणाली में बैटरी, स्टार्टिंग मोटर, ड्राइव मैकेनिज्म, सोलेनॉयड तथा वह सब वायरिंग, जो अवयवों को परस्पर सम्बद्ध कर इंजन को स्टार्ट करने में सहायक होते हैं।

प्रस्तुत अध्याय में स्टार्टिंग प्रणाली से सम्बन्धित विभिन्न तथ्यों; जैसे—स्टार्टिंग प्रणाली के अवयव, स्टार्टिंग परिपथ, स्टार्टर मोटर का प्रचालन, चालन यन्त्रावली, इंजन स्टार्ट करने की अन्य विधियाँ आदि का वर्णन किया गया है।

अध्याय विषय सूची

14.1 स्टार्टिंग प्रणाली का उद्देश्य Purpose of Starting System

इंजन को क्रियाशील बनाने के लिए उसे स्टार्ट करने की आवश्यकता पड़ती है। स्टार्ट होने के पश्चात् ही इंजन की विविध यन्त्रावलियाँ (mechanisms) क्रियाशील होती हैं, जिससे आवश्यकतानुसार इन इंजनों का उपयोग किया जाना सम्भव होता है। इस उद्देश्य की पूर्ति हेतु स्टार्टिंग प्रणाली का प्रयोग किया जाता है। इंजन विभिन्न प्रकार के होते हैं, अत: इन्हें स्टार्ट करने के लिए भी भिन्न-भिन्न विधियों का प्रयोग किया जाता है। किसी भी रूप में इंजन का प्रयोग करने वाले व्यक्तियों के लिए इंजन को स्टार्ट करने की समस्त विधियों की जानकारी होना आवश्यक है। इन विधियों में सैल्फ स्टार्टर विधि सबसे अधिक प्रचलन में है।

14.2 स्टार्टिंग प्रणाली के अवयव Components of Starting System

वे अवयव, जो इस प्रणाली को उपयुक्त रूप से कार्य करने में सक्षम बनाते हैं, स्टार्टिंग प्रणाली के अवयव कहलाते हैं। स्टार्टिंग प्रणाली को पूर्ण रूप से समझने के लिए इन अवयवों का ज्ञान होना आवश्यक है। स्टार्टिंग प्रणाली के अन्तर्गत बैटरी, बैटरी केबिल, न्यूट्रल सेफ्टी, इग्नीशन स्विच स्टार्टर सोलेनॉयड तथा स्टार्टर मोटर मुख्य अवयव होते हैं।

चित्र में स्टार्टिंग प्रणाली के अवयवों की व्यवस्था दर्शायी गई है।

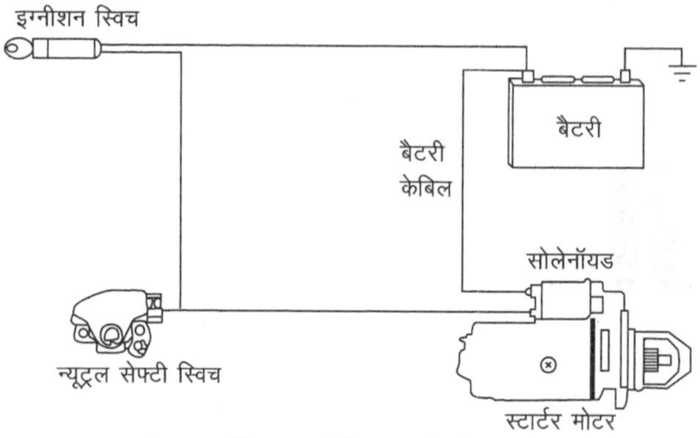

चित्र स्टार्टिंग प्रणाली के अवयवों की व्यवस्था

ये अवयव निम्नलिखित हैं

1. बैटरी Battery

सैलों के समूह को बैटरी कहते हैं। यह ऑटोमोबाइल क्षेत्र में प्रयोग होने वाला एक महत्त्वपूर्ण सहायक अवयव है। इसके द्वारा वाहनों में प्रयुक्त विद्युत की आवश्यकता रखने वाली विभिन्न युक्तियों; जैसे—सैल्फ स्टार्टर, मीटर, सूचक तथा गेज आदि का संचालन किया जाता है। इसके अतिरिक्त, मोटर वाहन चलाने के दौरान विभिन्न गतिविधियों; जैसे—मोटरगाड़ियों की लाइट जलाने, हॉर्न बजाने तथा विण्ड स्क्रीन वाइपर चलाने में भी बैटरी का उपयोग किया जाता है। बैटरी में बॉक्स, प्लेटें, विभाजक, टर्मिनल मुख्य भाग होते हैं।

2. बैटरी केबिल Battery Cable

एक अथवा कई ऐंठे हुए तारों वाला आवरणयुक्त तार, केबिल कहलाता है। बैटरी केबिल्स, विभिन्न गेजों में उपलब्ध होते हैं और कार्य-प्रकृति के अनुसार ही इनका उपयोग किया जाता है। वर्तमान में वाहनों में सामान्यत: 02 और 04 गेज वाले बैटरी केबिलों का उपयोग किया जा रहा है। किसी तार की गेज जितनी कम होगी, उस तार की मोटाई उतनी ही अधिक होगी; जैसे—02 गेज वाला केबिल, 04 गेज वाले केबिल की तुलना में मोटा होगा।

3. न्यूट्रल सेफ्टी एवं इग्नीशन स्विच Neutral Safety and Ignition Switch

किसी वाहन के लिए निर्मित वैद्युतिक परिपथ में विद्युत धारा के प्रवाह को नियन्त्रित करने अर्थात् 'प्रारम्भ' या 'समाप्त' करने के लिए प्रयोग की जाने वाली युक्ति, स्विच कहलाती है। स्टार्टिंग प्रणाली में जब किसी भी गियर में ट्रांसमिशन होता है, तब न्यूट्रल सेफ्टी स्विच, स्टार्टर परिपथ को खोल (open) देता है। यह स्विच सामान्यत: ट्रांसमिशन लिंकेज अथवा सीधे ट्रांसमिशन से संयोजित किया जाता है। अधिकांश कारों में इस स्विच का उपयोग बैकअप लाइटों में धारा आरोपित करने हेतु किया जाता है। इसके अतिरिक्त, इग्नीशन स्विच का उपयोग वांछित स्थितियों में वाहन परिचालक द्वारा विद्युत धारा के वितरण हेतु किया जाता है।

4. स्टार्टर सोलेनॉयड Starter Solenoid

वैद्युत-चुम्बकीय युक्ति, स्टार्टर सोलेनॉयड या स्टार्टर रिले स्टार्टिंग परिपथ में दो उद्देश्यों की पूर्ति हेतु प्रयोग की जाती है। एक बैटरी एवं स्टार्टर के मध्य परिपथ को पूर्ण करना तथा दूसरा, वाहन में इंजन रिंग, गियर के साथ मिलकर स्टार्टर गियर को चलाना। वाहनों में उच्च धारा के प्रवाह के कारण स्टार्टर में घिसावट स्वत: उत्पन्न हो जाती है, जिस कारण स्टार्टर के भागों; जैसे—ब्रुशों तथा वाइण्डिंग को बदलने की आवश्यकता पड़ती है।

5. स्टार्टर मोटर Starter Motor

स्टार्टर मोटर एक शक्तिशाली वैद्युतिक मोटर है, जिसके एक सिरे पर छोटा गियर लगा होता है। जब मोटर प्रचालित किया जाता है, तब छोटा गियर, बड़े गियर अर्थात् जो इंजन पर लगा होता है, के साथ मैश (mesh) हो जाता है। जब स्टार्टर मोटर, इंजन के रियर साइड (rear side) पर फिक्स किया जाता है, तब स्टार्टर मोटर की पिनियन तथा फ्लाईव्हील रिंग, गियर से एंगेज हो जाती है तथा फ्लाईव्हील रिंग, गियर को घुमाती है।

14.3 स्टार्टिंग प्रणाली की कार्यप्रणाली Working of Starting System

इंजन को स्टार्ट करने के लिए स्टार्टिंग प्रणाली (starting system) का प्रयोग किया जाता है। जब स्टार्टर स्विच दबाया जाता है, तो धारा बैटरी से स्टार्टर मोटर की ओर प्रवाहित होना आरम्भ कर देती है तथा स्टार्टर मोटर की शाफ्ट घूमने लगती है। स्टार्टर मोटर की शाफ्ट के साथ एक ड्राइव पिनियन संयोजित रहती है। यह ड्राइव पिनियन इंजन के फ्लाईव्हील को तब तक घुमाता है, जब तक इंजन स्टार्ट नहीं हो जाता।

स्टार्टिंग प्रणाली के अन्तर्गत स्टार्टर मोटर, स्विच, बैटरी तथा केबिल सम्मिलित होकर क्रैंकिंग (cranking) करते हैं। नीचे दिए गए चित्र में स्टार्टिंग प्रणाली को दर्शाया गया है

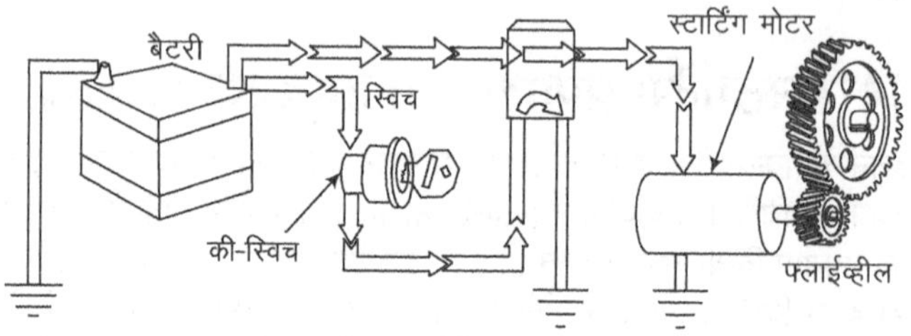

चित्र स्टार्टिंग प्रणाली

जब की-स्विच बन्द होता है, तो मुख्य (main) स्विच बैटरी से संयोजित हो जाता है। उस समय मुख्य स्विच, बैटरी तथा स्टार्टिंग मोटर के मध्य के सम्पर्क को चुम्बकीय रूप से बन्द कर देता है। इससे स्टार्टिंग मोटर की शाफ्ट घूमना प्रारम्भ कर देती है। इस शाफ्ट पर एक छोटा पिनियन गियर, इंजन फ्लाईव्हील के बड़े गियर के साथ मेश (meshed) हो जाता है। जब यह छोटा पिनियन गियर घूमता है, तो यह फ्लाईव्हील को भी घुमाता है, क्योंकि क्रैंकशाफ्ट फ्लाईव्हील से जुड़ी (attached) होती है। अत: फ्लाईव्हील के घूमने से क्रैंकशाफ्ट भी घूमने लगती है, जिससे इंजन स्टार्ट हो जाता है।

14.4 स्टार्टिंग परिपथ का विवरण Description of Starting Circuit

चित्र में स्टार्टिंग परिपथ का आरेख दर्शाया गया है। इसमें बैटरी के ऋणात्मक सिरे को अर्थ (earth) से तथा धनात्मक सिरे को बैटरी टर्मिनल पर लगे सोलेनॉयड स्विच से संयोजित किया जाता है। स्टार्टर स्विच के इनपुट टर्मिनल से एक तार संयोजित करके, सोलेनॉयड वाइण्डिंग के इनपुट टर्मिनल पर जोड़ा जाता है। सोलेनॉयड वाइण्डिंग के अन्य टर्मिनल को अर्थ कर दिया जाता है। सोलेनॉयड स्विच के स्टार्टर टर्मिनल के एक संयोजन को स्टार्टर मोटर के इनपुट टर्मिनल से संयोजित किया जाता है।

स्टार्टर मोटर का आन्तरिक संयोजन (interconnection) ब्रुशों द्वारा फील्ड वाइण्डिंग के साथ-साथ आर्मेचर से भी किया जाता है तथा इसके अन्य टर्मिनल को अर्थ कर दिया जाता है।

जब स्विच को ऑन किया जाता है, तो बैटरी तथा स्टार्टर सोलेनॉयड के बीच धारा की कुछ मात्रा प्रवाहित होती है। यह धारा सोलेनॉयड वाइण्डिंग को शक्ति (power) प्रदान करती है, जिससे प्लंजर, बैटरी एवं स्टार्टर मोटर का सिरा, सोलेनॉयड स्विच से संयोजित हो जाता है।

इसके विपरीत, जब स्विच को ऑफ किया जाता है, तो परिपथ में धारा का प्रवाह रुकने के कारण रिटर्न स्प्रिंग, प्लंजर को वापस खींचती है। इस प्रकार बैटरी, स्टार्टर मोटर से अलग हो जाती है।

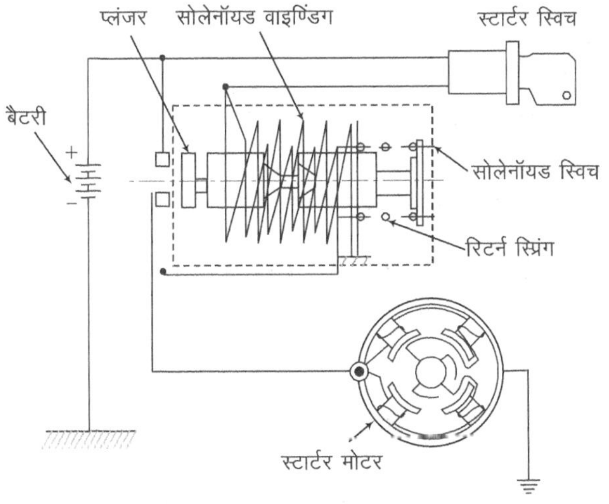

चित्र स्टार्टिंग परिपथ

14.5 स्टार्टर मोटर Starter Motor

इंजन को स्टार्ट करने के लिए इंजन के क्रैंकशाफ्ट की न्यूनतम घूर्णन गति 100 rpm होनी चाहिए। इस क्रिया को इंजन क्रैंकिंग (engine cranking) कहते हैं, क्योंकि इंजन को उस गति पर हाथ से या लीवर से घुमाना बहुत कठिन होता है, इसलिए इंजन को क्रैंक करने के लिए स्टार्टर मोटर का प्रयोग किया जाता है। स्टार्टर मोटर, इंजन के रियर साइड पर फिक्स किया जाता है। जब स्टार्टर स्विच ऑन किया जाता है, तब स्टार्टर मोटर की पिनियन, फ्लाईव्हील रिंग गियर से संयोजित होकर फ्लाईव्हील को घुमाती हैं।

स्टार्टर मोटर का सिद्धान्त
Principle of Starter Motor

जब दो स्थिर मैग्नेट के बीच रखी एक आर्मेचर क्वॉयल में से धारा प्रवाहित होती है, तो क्वॉयल में एक वि.वा.ब. प्रेरित होता है और आर्मेचर क्वॉयल घूर्णन करना प्रारम्भ कर देती है।

स्टार्टर मोटर का कार्य Function of Starter Motor

इंजन के स्टार्ट होने पर इंजन क्रैंक शाफ्ट 100 चक्कर प्रति मिनट की दर से घूमनी चाहिए। इंजन क्रैंक शाफ्ट के घूमने की इस प्रक्रिया को इंजन क्रैंकिंग कहा जाता है। चूँकि इस स्पीड पर इंजन को हाथ या लीवर द्वारा घुमाना कठिन है, अत: इंजन को क्रैंक करने के लिए स्टार्टर मोटर का उपयोग किया जाता है।

स्टार्टर मोटर की स्थिति Location of Starter Motor

स्टार्टर मोटर इंजन के पीछे की साइड में लगी होती है। जब स्टार्टर के स्विच को ऑन किया जाता है, तो स्टार्टर मोटर की पिनियन फ्लाईव्हील रिंग गियर के साथ एंगेज हो जाती है तथा फ्लाईव्हील को घुमाने लगती है।

स्टार्टर मोटर की संरचना
Constructions of Starter Motor

स्टार्टर मोटर में तीन प्रकार के डी.सी. मोटर का प्रयोग किया जाता है

1. सीरीज मोटर
2. शण्ट मोटर
3. कम्पाउण्ड मोटर

इन तीनों प्रकार के मोटरों का वाइण्डिंग के साथ संयोजन नीचे चित्रों में दर्शाया गया है

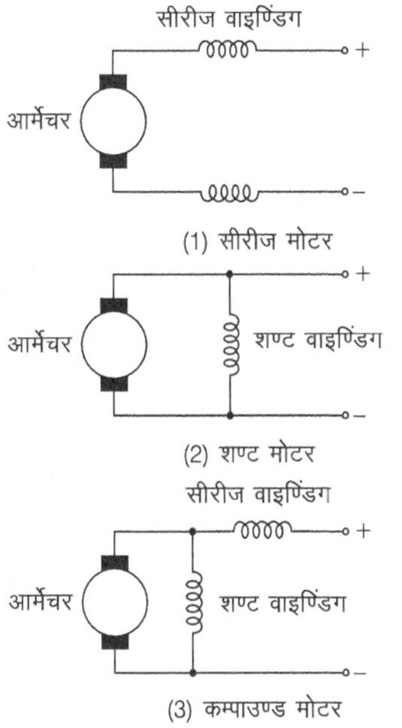

चित्र स्टार्टर मोटर की संरचना

ऑटोमोबाइल के क्षेत्रों में मुख्यत: सीरीज वाइण्डिंग का प्रयोग किया जाता है। इसमें क्षेत्र और आर्मेचर क्वॉयल को सीरीज में संयोजित किया जाता है, जिससे मोटर उच्च स्टार्टिंग बल आघूर्ण उत्पन्न करने में सक्षम होती है। आर्मेचर क्वॉयल, स्लॉटों में फिक्स होती हैं और उनके सिरों को कम्यूटेटर सेगमेन्ट के साथ सोल्डर किया जाता है। पोल शू संख्या में 2 या 4 को योक के साथ स्क्रू द्वारा जोड़ा जाता है तथा उन पर क्षेत्र वाइण्डिंग लिपटी होती है। ये वाइण्डिंग चुम्बकीय क्षेत्र उत्पन्न करने में सहायक होती हैं।

पोल शू और मैटल योक के बीच इन्सुलेटिंग (विद्युतरोधी) पदार्थ के टुकड़े रखे जाते हैं। कम्यूटेटर ब्रुशों के बीच माइका इन्सुलेशन के साथ कॉपर सेगमेन्ट उपलब्ध कराए जाते हैं। ये ब्रुश, होल्डरों में खिसकते हैं और छोटे स्प्रिंगों की सहायता से उन्हें कम्यूटेटर के सम्पर्क में रखा जाता है। बॉटम पर ब्रुशों को मोड़ा जाता है, जिससे ब्रुश, कम्यूटेटर के ज्यादा सम्पर्क में रहे। आर्मेचर को ब्रुशों पर या क्वॉयल पर रखा जाता है।

कम्यूटेटर सिरे को एक ब्रैकेट द्वारा ढक दिया जाता है, जिसे कम्यूटेटर सिरा ब्रैकेट कहते हैं। ड्राइव सिरे पर, इसे ड्राइव सिरा ब्रैकेट से ढ़का जाता है। दोनों ब्रैकेटों को आर-पार बोल्टों द्वारा जोड़ा जाता है।

आर्मेचर शाफ्ट में ड्राइव सिरे पर एक ड्राइव मैकेनिज्म लगाई जाती है। नीचे चित्र में स्टार्टर मोटर की संरचना दर्शाई गई है।

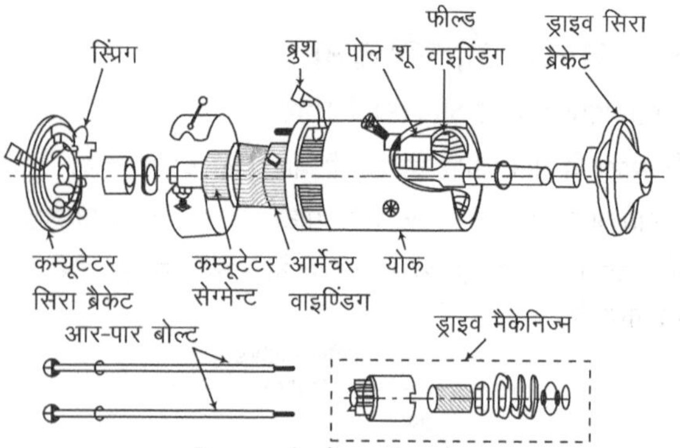

चित्र स्टार्टर मोटर की बनावट

स्टार्टर मोटर का प्रचालन
Operation of Starter Motor

परिपथ में दो या चार स्थिर ब्रुशों की सहायता से धारा बैटरी से आर्मेचर क्वॉयल की ओर प्रवाहित होती है। ब्रुशों का सम्बन्ध कम्यूटेटर के सेगमेन्ट्स से होता है, इसलिए आर्मेचर क्वॉयल में प्रवाहित होने वाली धारा फील्ड क्वॉयल को भी सप्लाई होती है। फील्ड क्वॉयल तथा आर्मेचर क्वॉयल दोनों के चुम्बकीय क्षेत्र (magnetic field) एक-दूसरे को आकर्षित या विकर्षित करते हैं, जिसके कारण आर्मेचर घूमने लगता है। आर्मेचर की प्रत्येक क्वॉयल कम्यूटेटर के कॉपर सेगमेन्ट्स (copper segments) के एक जोड़े से संयोजित रहती है। घूर्णन के कारण ब्रुश आर्मेचर की प्रत्येक क्वॉयल के सम्पर्क में आते हैं, जिससे आर्मेचर की गति और अधिक बढ़ जाती है।

एक बार इंजन अपनी गति से चलना प्रारम्भ हो जाता है, तो वह 4000 rpm तक की गति प्राप्त कर लेता है। स्टार्टर पिनियन, इंजन की गति से बहुत अधिक गति पर घूमता है। अत: फ्लाईव्हील रिंग से स्टार्टर पिनियन का अनुपात (ratio) बहुत अधिक होता है। इस गति पर स्टार्टिंग मोटर खराब हो जाती है, क्योंकि अपकेन्द्रीय बल (centrifugal force) के कारण वाइण्डिंग तथा कम्यूटेटर सेगमेन्ट्स आर्मेचर स्लॉट्स से बाहर आ जाते हैं। इस स्थिति से बचने के लिए, इंजन के स्टार्ट हो जाने के पश्चात् स्टार्टर पिनियन फ्लाईव्हील रिंग गियर से अलग करना आवश्यक होता है, जिसके लिए तीन प्रकार की चालन यन्त्रावलियों (drive mechanisms) का प्रयोग किया जाता है जिनका वर्णन आगे किया गया है।

14.6 स्टार्टर चालन यन्त्रावली
Starter Drive Mechanism

सभी प्रकार के सैल्फ स्टार्टर लगभग एकसमान ही होते हैं, परन्तु उनमें अन्तर केवल फ्लाईव्हील तथा सैल्फ स्टार्टर का सम्बन्ध जोड़ने वाले ड्राइव मैकेनिज्म में होता है। चालन यन्त्रावलियाँ विभिन्न प्रकार की प्रयोग की जाती हैं। इनमें सैल्फ आर्मेचर तथा फ्लाईव्हील के बीच 15 : 1 का गियर अनुपात होता है अर्थात् जब सैल्फ पिनियन के 15 चक्कर पूर्ण होते हैं, तो फ्लाईव्हील एक चक्कर घूम पाता है। चालन यन्त्रावली के इस गियर अनुपात से इंजन को शक्तिशाली टॉर्क मिलता है, परन्तु इंजन के चलते ही सैल्फ आर्मेचर एवं फ्लाईव्हील का सम्बन्ध टूटना आवश्यक है, अन्यथा इंजन की गति के साथ सैल्फ आर्मेचर आदि घूमने लगे, जिससे कम्यूटेटर सेगमेन्ट तथा कनैक्शन आदि टूटने का भय रहता है। इसी प्रयोजन से विशेष प्रकार के मैकेनिज्म, ड्राइव देने के लिए प्रयोग किए जाते हैं, जोकि निम्न हैं

1. बेण्डिक्स प्रकार की चालन यन्त्रावली
2. लीवर या ओवर रनिंग क्लच प्रकार की चालन यन्त्रावली
3. एक्सियल प्रकार की चालन यन्त्रावली

1. बेण्डिक्स प्रकार की चालन यन्त्रावली
Bendix Type Drive Mechanism

यह दैनिक प्रयोग में आने वाली यन्त्रावली है। इस प्रणाली में बेण्डिक्स चालन यूनिट को सैल्फ आर्मेचर शाफ्ट पर आगे की ओर चाबी (key) की सहायता से फिट किया जाता है। इस यूनिट में आन्तरिक चूड़ी कटी एक स्लीव चढ़ी होती है।

स्लीव के ऊपर बेण्डिक्स पिनियन फिट होता है, जिसके ऊपर फ्लाईव्हील रिंग गियर के अनुरूप दाँते बने होते हैं तथा अन्दर की ओर स्लीव के अनुसार चूड़ी कटी होती हैं।

पिनियन का फ्लाईव्हील से टकराव रोकने के लिए एण्टीड्रिफ्ट स्प्रिंग का प्रयोग किया जाता है। जब स्टार्टिंग स्विच चालू (ON) किया जाता है, तो ड्राइव हैड आर्मेचर के साथ घूमने लगता है।

यह गति स्लीव पर ट्रांसमिट हो जाती है। स्लीव के घूमने से पिनियन भी साथ-साथ घूमने लगती है तथा आगे बढ़कर फ्लाईव्हील रिंग गियर के साथ फिट (mesh) हो जाती है। अब इंजन की क्रैंकशाफ्ट घूमने लगती है तथा इंजन स्टार्ट हो जाता है। जैसे ही इंजन की स्पीड बढ़ती है, पिनियन, जड़त्व के कारण वापस अपने स्थान पर आ जाती है।

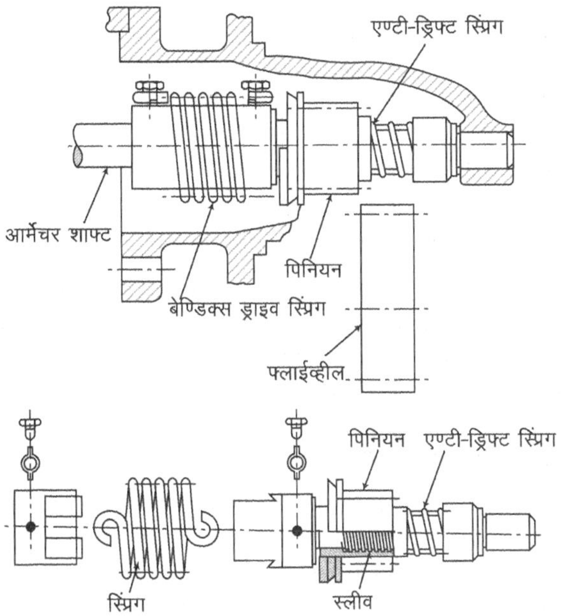

चित्र बेण्डिक्स प्रकार की चालन यन्त्रावली

2. लीवर या ओवर रनिंग क्लच प्रकार की चालन यन्त्रावली

Lever or Over Running Clutch Type Mechanism

कुछ पुरानी मोटरगाड़ियों में सैल्फ स्टार्टर के साथ हाथ द्वारा चालित लीवर की सहायता से ड्राइव पिनियन तथा फ्लाईव्हील का सम्बन्ध स्थापित किया जाता है। इस प्रणाली में ड्राइविंग सीट के पास ही एक लीवर लगा होता है, जिसका सम्बन्ध शिफ्ट लीवर से होता है।

जब सैल्फ घुमाना होता है, तो इस लीवर को दबाया जाता है। इससे शिफ्ट लीवर एक ही समय में स्टार्टिंग स्विच को भी दबा देता है तथा ड्राइव मैकेनिज्म को फ्लाईव्हील से जोड़ भी देता है।

लीवर से दबाव हटते ही स्टार्टिंग स्विच बन्द (OFF) होने के साथ-साथ ड्राइव मैकेनिज्म और फ्लाईव्हील का सम्बन्ध भी टूट जाता है। चित्र में ओवर रनिंग क्लच चालन यन्त्रावली की संरचना दर्शाई गई है

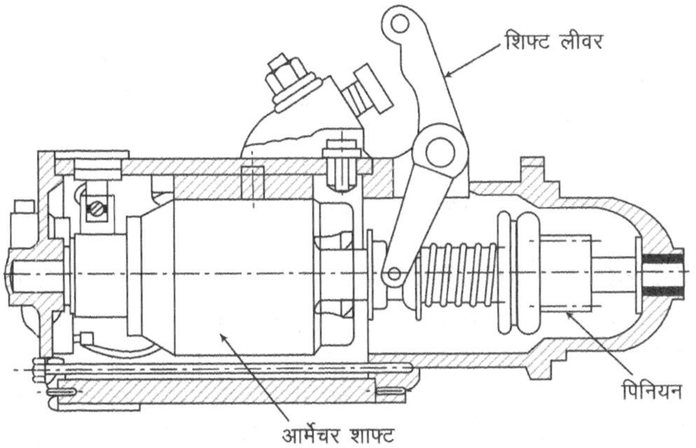

चित्र ओवर रनिंग क्लच चालन यन्त्रावली

3. एक्सियल प्रकार की चालन यन्त्रावली

Axial Type Drive Mechanism

कुछ भारी मोटरगाड़ियों तथा स्टेशनरी इंजनों में एक्सियल सैल्फ स्टार्टर का प्रयोग किया जाता है। इस प्रणाली में ड्राइव पिनियन, आर्मेचर शाफ्ट के साथ ही फिट होता है तथा आर्मेचर शाफ्ट ही अपनी प्रारम्भिक चाल में आगे की ओर खिसककर पिनियन को फ्लाईव्हील से मिलाता है।

जब स्टार्टिंग स्विच चालू (ON) किया जाता है, तो सैल्फ आर्मेचर शुरू में धीमी गति से घूमने लगता है। इसके लिए सहायक शण्ट तथा सीरीज (shunt and series) वाइण्डिंग को विशेष व्यवस्था के रूप में संयोजित किया जाता है। इस प्रकार के सैल्फ स्टार्टर में दो चरणों (steps) वाला सोलेनॉयड स्विच का भी प्रयोग किया जाता है।

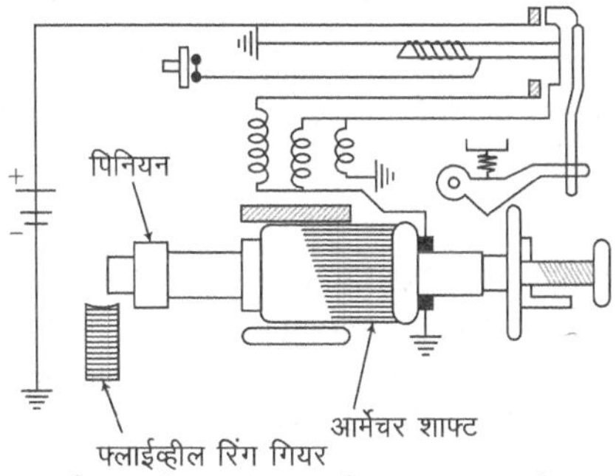

चित्र एक्सियल प्रकार की चालन यन्त्रावली

इस प्रणाली का सबसे बड़ा लाभ यह है कि पिनियन तथा फ्लाईव्हील रिंग गियर की पकड़ बहुत अच्छी होती है तथा पिनियन के दाँते बहुत दिनों तक खराब नहीं होते हैं। चित्र में एक्सियल चालन यन्त्रावली की संरचना दर्शायी गई है। उपरोक्त ड्राइव मैकेनिज्म के अतिरिक्त कुछ सैल्फ स्टार्टरों के साथ धारा रिवर्सेबिल स्विच का भी प्रयोग किया जाता है। इनके प्रयोग से वैद्युत धारा के प्रवाह की दिशा-परिवर्तित करके, पिनियन का सम्बन्ध फ्लाईव्हील से तोड़ने का प्रबन्ध किया जाता है। कुछ सैल्फों में ओवर रनिंग क्लच का प्रयोग भी इस कार्य हेतु किया जाता है।

14.7 स्टार्टर मोटर एंगेजमेन्ट

Starter Motor Engagement

स्टार्टर मोटर का इंगेजमेन्ट इग्नीशन स्विच के प्रचालन के द्वारा प्रारम्भ किया जाता है। जिससे एक स्टार्टर माउण्टेड सोलेनॉयड सक्रिय हो जाती है। सोलेनॉयड प्लंजर को पिनियन शिफ्ट लीवर तथा ऑपरेटिंग फॉर्क (operating fork) से जोड़ा जाता है। सोलेनॉयड का ऑपरेशन ऑपरेटिंग फॉर्क को स्थानान्तरित करता है, जिसके कारण पिनियन, रिंग गियर के साथ इंगेज हो जाती है और साथ ही मेन स्टार्टर टर्मिनल्स (main starter terminals) के साथ प्लंजर कॉन्टैक्ट्स ब्रिज (bridge) करता है।

फॉर्क, पिनियन ड्राइव पर एक गाइड रिंग में स्थित होता है। पिनियन ड्राइव रोलर टाइप ओवररिंग क्लच के माध्यम से पिनियन गियर से जुड़ा होता है।

पिनियन ड्राइव एक स्लाइट हैलिक्स (slight helix) पर माउण्ट किया जाता है जो आर्मेचर शाफ्ट पर एक मोटे धागे (coarse thread) के रूप में मशीन किया जाता है। जब पिनियन ड्राइव रिंग गियर की ओर बढ़ती है, तो यह व्यवस्था इसे थोड़ा-सा घुमाने देती है।

रिंग गियर तथा पिनियन गियर दाँतों (teeth) की लीडिंग एज पर एक चैम्फर के साथ यह व्यवस्था मैशिंग (meshing) में दाँतों की सहायता से डिजाइन की जाती है। यद्यपि यदि रिंग गियर टीथ के विपरीत (against) पिनियन गियर टीथ बट (butt) और इंगेजमेन्ट को रोक दिया जाता है, तो गाइड रिंग, ड्राइव की स्लीव पर स्लाइड तथा एक मैशिंग स्प्रिंग (meshing spring) को सम्पीड़ित करके अपने एक्सिएल मूवमेन्ट (axial movement) द्वारा तब तक जारी रहती है जब तक कि सोलेनॉयड प्लंजर कॉन्टैक्ट्स मेन टर्मिनल्स को ब्रिज नहीं करती तथा आर्मेचर टर्न करना शुरु नहीं होता।

कुछ आर्मेचर रोटेशन और मैशिंग स्प्रिग से बल को पिनियन टीथ (pinion teeth) के द्वारा रिंग गियर को ट्रांसमिट किया जाता है। मैशिंग स्प्रिग पिनियन पर रिंग गियर में तब तक बल लगाता है जब तक कि पिनियन आर्मेचर शाफ्ट पर स्टॉप रिंग से सम्पर्क नहीं करता। यह आगे अक्षीय मूवमेन्ट (axial movement) को रोकता है। स्टार्टर ड्राइव को हेलिक्स के माध्यम से शाफ्ट पर लॉक किया जाता है। वन-वे क्लच पिनियन गियर को ड्राइव करता है और आर्मेचर रोटेशन को रिंग गियर में ट्रांसमिट करता है।

पिनियन में रिंग गियर की अपेक्षा बहुत कम टीथ, लगभग 17 : 1 होते हैं सामान्यत: जिसका अर्थ है कि आर्मेचर, फ्लाईव्हील के प्रत्येक चक्र के लिए 17 बार घूमेगा। इस अनुपात के साथ गियर की कमी भी स्टार्टर मोटर से टॉर्क को 17 गुना बढ़ा देती है, जिससे अपेक्षाकृत छोटी इलेक्ट्रिक मोटर बहुत बड़े ICE (internal combustion engine) को चालू कर सकती है। यदि गियर कमी स्टार्टर (gear reduction starter) का उपयोग किया जाता है, तो टॉर्क को कई गुना बढ़ाया जाता है, जिससे एक ही आकार के स्टार्टर मोटर से अधिक क्रैंकिंग शक्ति (cranking power) प्राप्त हो जाती है। जैसे ही इंजन चालू होता है, यह आसानी से 1000 चक्र प्रति मिनट (RPM) या अधिक गति पर चल सकता है। यदि रिंग गियर अभी भी एंगेज है, तो इंजन, स्टार्टर पिनियन गियर को लगभग 17 गुना अधिक या 17,000 RPM का बल प्रदान करेगा। इस गति से मोटर को चालू करने से आर्मेचर नष्ट हो जाएगा। इस क्षण ओवररिंग क्लच की फ्रीव्हीलिंग, आर्मेचर को बहुत तीव्रता से टर्न करने से रोकती है।

जब तक एंगेज स्थिति में एंगेजिंग लीवर संयोजित होता है तब तक पिनियन मैश रहता है। स्टार्टर स्विच को रिलीज करने पर सोलेनॉयड प्लंजर स्प्रिंग, रिंग गियर से पिनियन गियर को डिसएंगेज (disengage) कर देता है जिससे एंगेजिंग लीवर, स्टार्टर ड्राइव और पिनियन गियर को उनकी मूल स्थिति (original position) में लाया जा सके।

14.8 स्टार्टिंग प्रणाली से सम्बन्धित पद Terms Related to Starting System

स्टार्टिंग प्रणाली से सम्बन्धित कुछ महत्त्वपूर्ण पद निम्न हैं

1. स्टार्टर चुम्बक Starter Magnet

स्टार्टर मोटर में दो प्रकार के चुम्बकों का प्रयोग किया जाता है—स्थायी चुम्बक तथा विद्युत चुम्बक (अस्थायी चुम्बक)। विद्युत चुम्बक, कॉपर वाइण्डिंग की भारी पत्ती में धारा प्रवाहित करने पर बनते हैं। आयरन पोल शूज चारों ओर से योक (yoke) से बँधे होते हैं। स्थायी चुम्बक भी इसी तरह स्थित होते हैं, परन्तु ये अपेक्षाकृत कम स्थान लेते हैं। योक, लोहे की बनी होती है। हल्के वाहनों के अनुप्रयोग के लिए स्टार्टर मोटर, वैद्युत चुम्बकीय क्षेत्र वाइण्डिंग के साथ सीरीज वाउण्ड होती है, क्योंकि क्षेत्र का प्रतिरोध और आर्मेचर वाइण्डिंग कम एवं धारा प्रवाह अधिक होता है। लोड के अन्दर जब मोटर स्टार्ट होती है, तो यह प्रबल चुम्बकीय क्षेत्र उत्पन्न करती है, जिसके फलस्वरूप यह कम गति पर उच्च टर्निंग प्रयास उत्पन्न करती है।

2. कम्यूटेशन Commutation

यह वैद्युत परिपथ में, एक संयोजन से दूसरे संयोजन में स्थानान्तरण की प्रक्रिया है। अनुप्रयोगों के आधार पर यह स्थानान्तरण मैकेनिकल स्विचिंग अथवा इलेक्ट्रॉनिक स्विचिंग द्वारा प्राप्त किया जाता है। इस प्रयोजन हेतु स्टार्टिंग मोटर में कम्यूटेटर का प्रयोग किया जाता है।

3. सोलेनॉयड स्विच Solenoid Switch

सोलेनॉयड स्विच, एक मजबूत विद्युत चुम्बकीय स्विच होता है, जिसका प्रयोग फ्लाईव्हील रिंग गियर के साथ संयोजित ओवर रनिंग क्लच ड्राइव पिनियन को प्रचालित करने के लिए किया जाता है। यह बैटरी और स्टार्टर मोटर के बीच सम्पर्क को बन्द करने के लिए रिले का भी कार्य करता है।

सोलेनॉयड की संरचना Construction of Solenoid

सोलेनॉयड में दो वाइण्डिंग्स होती हैं जिन्हें पुल-इन वाइण्डिंग तथा होल्ड-इन वाइण्डिंग कहा जाता है। पुल-इन वाइण्डिंग में मोटा तार (सीरीज वाइण्डिंग तथा होल्ड-इन वाइण्डिंग में) पतला तार (शण्ट वाइण्डिंग) लिपटा होता है। पुल-इन वाइण्डिंग, सोलेनॉयड में स्टार्टर स्विच से जुड़ी रहती है, जबकि होल्ड-इन वाइण्डिंग स्विच टर्मिनल तथा धरातल के मध्य जुड़ी रहती है। दोनों वाइण्डिंग एक खोखली कोर के ऊपर लिपटी होती है। इस खोखली कोर के अन्दर एक आयरन प्लंजर रखा होता है। इस प्लंजर का एक सिरा शिफ्ट लीवर को घुमाता है जिसके फलस्वरूप पिनियन फ्लाईव्हील रिंग गियर से एंगेज हो जाती हैं।

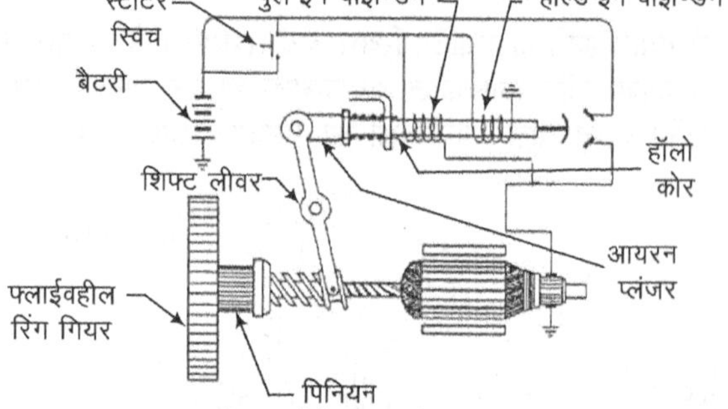

चित्र सोलेनॉयड की संरचना

सोलेनॉयड स्विच का कार्य Function of Solenoid Switch

जैसे ही स्टार्टर स्विच घुमाया जाता है, वैसे ही बैटरी से करण्ट सोलेनॉयड वाइण्डिंग में बहने लगता है। यह धारा वाइण्डिंग्स को उत्तेजित (energises) कर देती है जो प्लंजर को अपनी ओर खींचने लगती हैं। यह प्लंजर, शिफ्ट लीवर को प्रचालित कर देता है जिससे पिनियन फ्लाईव्हील रिंग गियर से एंगेज हो जाती है। इस प्रकार यह स्टार्टिंग मोटर तथा बैटरी के मध्य परिपथ बन्द कर देती है।

14.9 स्टार्टिंग प्रणाली से सम्बन्धित दोषोपचार Troubleshooting Related to Starting System

स्टार्टिंग प्रणाली से सम्बन्धित दोषोपचार निम्नवत् हैं

	दोष	कारण	निवारण
1.	मोटर का न चलना (मैग्नेटिक स्विच के प्रचालित होने की आवाज न आना)	• बैटरी का निरावेशित होना	बैटरी को रि-चार्ज करें।
		• बैटरी में विकृति होने से बैटरी की वोल्टेज में कमी आना	बैटरी को परिवर्तित करे।
		• बैटरी टर्मिनलों के संयोजन का ठीक न होना	संयोजन चैक करें।
		• ग्राउण्ड केबिल का संयोजन ढ़ीला होना	संयोजन को कसें।
		• फ्यूज खराब होना	फ्यूज बदलें।
		• इग्नीशन स्विच तथा मैग्नेटिक स्विच के संयोजन सही न होना	इग्नीशन या मैग्नेटिक स्विच को परिवर्तित करे।
		• लोड वायर कपलर का ढ़ीला होना	लोड वायर कपलर को कस दें।
		• इग्नीशन स्विच तथा मैग्नेटिक स्विच के मध्य का परिपथ खुला होना	परिपथ को पूर्ण करें।
		• पुल-इन क्वॉयल का खुला परिपथ होना	मैग्नेटिक स्विच को बदलें।
		• ब्रुशों का सही न होना	ब्रुश असेम्बली को परिवर्तित करें।
		• स्टार्टर मोटर के कण्ट्रोल रिले का खराब होना	रिले की मरम्मत करें।
		• ECM तथा इसके परिपथ में दोष होना	ECM का निरीक्षण करें।
2.	मोटर का न चलना (मैग्नेटिक स्विच के प्रचालित होने की आवाज आना)	• बैटरी का निरावेशित होना	बैटरी को रिचार्ज करें।
		• बैटरी में विकृति होने से बैटरी के वोल्टेज में कमी आना	बैटरी को परिवर्तित करें।
		• बैटरी केबिल के संयोजन ढीले होना	संयोजनों को कसें।
		• ब्रुशों का सही न होना	ब्रुश असेम्बली को परिवर्तित करें।
		• कम्युटेटर का जल जाना	कम्युटेटर को परिवर्तित करें।
		• ब्रुश स्प्रिंग का कमजोर होना	ब्रुश असेम्बली को परिवर्तित करें।
		• आर्मेचर की परतों का शॉर्ट-सर्किट होना	आर्मेचर को परिवर्तित करें।
		• क्रैंकशाफ्ट के घूर्णन में रुकावट आना	मरम्मत करें।
3.	स्टार्टिंग मोटर का बहुत धीरे प्रचालित होना	• मैग्नेटिक स्विच के मुख्य संयोजनों का सही न होना	मैग्नेटिक स्विच को परिवर्तित करें।
		• आर्मेचर की परतों का शॉर्ट-सर्किट होना	आर्मेचर को परिवर्तित करें।
		• कम्युटेटर का जल जाना	कम्युटेटर को परिवर्तित करें।
		• ब्रुशों को खराब होना	ब्रुश असेम्बली को परिवर्तित करें।
		• ब्रुश स्प्रिंग का कमजोर होना	ब्रुश असेम्बली को परिवर्तित करें।
4.	स्टार्टिंग मोटर का प्रचालित होना परन्तु उसमें क्रैंकिंग न होना	• पिनियन टिप का घिसना	मरम्मत करें।
		• ओवर-रनिंग क्लच की स्लाइडिंग सही न होना	ओवर-रनिंग क्लच को परिवर्तित करें।
		• ओवर-रनिंग क्लच का फिसलना	ओवर-रनिंग क्लच को परिवर्तित करें।
		• रिंग गियर के दाँतों का घिसना	फ्लाईव्हील को परिवर्तित करें।
5.	शोर (noise) उत्पन्न होना	ब्रुशों का घिसना	ब्रुशों को परिवर्तित करें।
		रिंग गियर के दाँतों या पिनियन का घिसना	ओवर-रनिंग क्लच या फ्लाईव्हील को परिवर्तित करें।

महत्त्वपूर्ण बिन्दु

- एक आदर्श स्टार्टिंग प्रणाली में बैटरी, स्टार्टिंग मोटर, ड्राइव मैकेनिज्म, सोलेनॉयड आदि परस्पर सम्बद्ध होकर इंजन को स्टार्ट करने में सहायक होते हैं। स्टार्टिंग प्रणाली में प्रयुक्त होने वाली बैटरी अनेक सैलों का संयोजन करके बनाई जाती है।
- बैटरी के द्वारा वाहन में विद्युत की आवश्यकता रखने वाली विभिन्न युक्तियों; जैसे–सैल्फ-स्टार्टर, मोटर, सूचक, गेज, हैडलाइट, हॉर्न आदि प्रचालित किए जाते हैं।
- किसी वाहन के लिए निर्मित वैद्युतिक परिपथ में विद्युत प्रवाह को नियन्त्रित करने के लिए प्रयोग की जाने वाली युक्ति स्विच कहलाती है।
- बैटरी एवं स्टार्टर के मध्य परिपथ को पूर्ण करने तथा स्टार्टर गियर को चलाने के लिए सोलेनॉयड स्विच का प्रयोग किया जाता है।
- स्टार्टिंग मोटर की शाफ्ट के साथ एक ड्राइव पिनियन संयोजित रहता है, जोकि इंजन को तब तक घुमाता है, जब तक वह स्टार्ट नहीं हो जाता।
- स्टार्टिंग परिपथ में बैटरी के ऋणात्मक सिरे को अर्थ से संयोजित किया जाता है।
- स्टार्टर स्विच के इनपुट टर्मिनल से एक तार संयोजित करके सोलेनॉयड वाइण्डिंग के इनपुट टर्मिनल पर जोड़ा जाता है।
- इंजन को स्टार्ट करने के लिए इंजन के क्रैंकशाफ्ट की न्यूनतम घूर्णन गति 100 rpm होनी चाहिए।
- इंजन को क्रैंक करने अर्थात् उसकी क्रैंकशाफ्ट की न्यूनतम गति 100 rpm करने के लिए स्टार्टर मोटर का प्रयोग किया जाता है।
- स्टार्टर मोटर को इंजन के रियर साइड पर फिक्स किया जाता है।
- जब दो स्थिर मैग्नेट्स के बीच रखी एक आर्मेचर क्वॉयल में से धारा प्रवाहित होती है, तो क्वॉयल में एक विद्युत वाहक बल प्रेरित हो जाता है।
- ऑटोमोबाइल के क्षेत्र में मुख्यतः सीरीज मोटरों का ही प्रयोग किया जाता है।
- स्टार्टर मोटर की आर्मेचर क्वॉयल विभिन्न स्लॉटों में फिक्स होती है।
- स्टार्टर मोटर के पोल-शू को योक के साथ स्क्रूओं द्वारा जोड़ा जाता है।
- कम्युटेटर ब्रुशों के बीच माइका इन्सुलेशन के साथ कॉपर सैग्मेन्ट उपलब्ध कराए जाते हैं।
- कम्युटेटर सिरे को एक ब्रैकेट द्वारा ढ़क दिया जाता है, जिसे कम्युटेटर सिरा ब्रैकेट कहते हैं।
- आर्मेचर शाफ्ट में ड्राइव सिरे पर एक ड्राइव मैकेनिज्म (drive mechanism) लगाई जाती है।
- स्टार्टर मोटर के परिपथ में दो या चार स्थिर ब्रुशों की सहायता से धारा बैटरी से आर्मेचर क्वॉयल की ओर प्रवाहित होती है।
- फील्ड क्वॉयल तथा आर्मेचर क्वॉयल दोनों के चुम्बकीय क्षेत्र एक-दूसरे को आकर्षित अथवा विकर्षित करते हैं।
- जब इंजन अपनी गति से प्रचालित होने लगता है, तो वह 400 rpm तक की गति प्राप्त कर लेता है।
- स्टार्टर चालन यन्त्रावलियों में सैल्फ-आर्मेचर तथा फ्लाईव्हील के बीच 15 : 1 का गियर अनुपात होता है।
- बेण्डिक्स प्रकार की चालन यन्त्रावली में बेण्डिक्स यूनिट को सैल्फ आर्मेचर शाफ्ट पर आगे की ओर चाबी (key) की सहायता से फिट किया जाता है।
- बेण्डिक्स प्रकार की चालन यन्त्रावली के अन्तर्गत, पिनियन का फ्लाईव्हील से टकराव रोकने के लिए एण्टीड्रिफ्ट स्प्रिंग का प्रयोग किया जाता है।
- ओवर-रनिंग क्लच प्रकार की चालन, यन्त्रावली में ड्राइविंग सीट के पास ही एक लीवर लगा होता है, जिसका सम्बन्ध शिफ्ट लीवर से होता है।
- एक्सियल प्रकार की चालन यन्त्रावली में ड्राइव पिनियन, आर्मेचर शाफ्ट के साथ ही फिट होता है।
- एक्सियल प्रकार की चालन यन्त्रावली प्रयोग करने से पिनियन के दाँते बहुत दिनों तक खराब नहीं होते हैं।
- कुछ सैल्फ-स्टार्टरों के साथ धारा रिवर्सेबिल स्विच का भी प्रयोग किया जाता है।
- वैद्युत चुम्बक, कॉपर वाइण्डिंग की भारी पत्तियों में धारा प्रवाहित करने पर बनते हैं।
- कम्युटेशन, वैद्युत परिपथ में एक संयोजन से दूसरे संयोजन में स्थानान्तरण की प्रक्रिया है।

महत्त्वपूर्ण प्रश्नोत्तरी

1. सैल्फ स्टार्टर में आर्मेचर कहाँ घूमता है?

उत्तर सैल्फ स्टार्टर में आर्मेचर एण्ड शील्ड्स के मध्य ब्रुशों के अन्दर घूमता है।

2. सैल्फ स्टार्टर हेतु प्रयोग किया जाने वाला स्विच कौन–सा होता है?

उत्तर सैल्फ स्टार्टर हेतु प्रयोग किया जाने वाला स्विच सोलेनॉयड स्विच होता है।

3. सैल्फ स्टार्टर के न चलने के किन्हीं दो कारणों को लिखिए।

उत्तर सैल्फ स्टार्टर के न चलने के दो कारण निम्न हैं

(i) बैटरी की अर्थिंग सही न होना।

(ii) सोलेनॉयड के प्वॉइण्टों का जल जाना।

4. ऑटोमोबाइल के क्षेत्रों में मुख्यतः सीरीज वाइण्डिंग का प्रयोग किया जाता है, क्यों?

उत्तर ऑटोमोबाइल के क्षेत्रों में मुख्यतः सीरीज वाइण्डिंग का प्रयोग इसलिए किया जाता है, क्योंकि इसमें क्षेत्र और आर्मेचर क्वॉयल को सीरीज में कनैक्ट किया जाता है। इससे मोटर उच्च स्टार्टिंग बल आघूर्ण उत्पन्न करने में सक्षम है।

5. सोलेनॉयड स्विच का प्रयोग किसलिए किया जाता है?

उत्तर सोलेनॉयड स्विच का प्रयोग ओवर रनिंग क्लच ड्राइव पिनियन को फ्लाईव्हील रिंग गियर के साथ संयोजित करने के लिए किया जाता है।

अभ्यास प्रश्न

परीक्षा प्रारूपी प्रश्न

बहुविकल्पीय

1. स्टार्टर मोटर होती है

(a) मैग्नेटिक वाउण्ड (b) सीरीज वाउण्ड
(c) शण्ट वाउण्ड (d) सीरीज व शण्ट वाउण्ड

2. स्टार्टर मोटर के शिफ्टर सोलेनॉयड में सीरीज कुण्डल में चुम्बकीय क्षेत्र निम्न से निर्मित होता है

(a) पूर्ण वोल्टेज लागू करने के दौरान
(b) भारी क्रैंकिंग पर जब धारा अधिक बहती है
(c) जब मोटर बहुत कम लोड पर चलती है
(d) जब मोटर बहुत उच्च वेग पर चलती है

3. बैटरी व स्टार्टर मोटर के बीच अत्यधिक वोल्टतापात (voltage drop) का कारण क्या है?

(a) मोटर परिपथ में निम्न प्रतिरोध
(b) नियन्त्रण परिपथ में निम्न प्रतिरोध
(c) मोटर परिपथ में उच्च प्रतिरोध
(d) नियन्त्रण परिपथ में उच्च प्रतिरोध

4. निम्न में से कौन-सा भाग स्टार्टर मोटर में नहीं लगता है?

(a) आर्मेचर (b) कार्बन ब्रुश
(c) फ्रण्ट बियरिंग (d) रियर बिंयरिंग

5. स्टार्टर मोटर कितने हॉर्स पावर तक मिलते हैं?

(a) 40 (b) 70
(c) 90 (d) 150

6. स्टार्टिंग प्रणाली में जब किसी भी गियर में ट्रांसमिशन होता है, तब ………… स्टार्टर परिपथ को खोल देता है।

(a) न्यूट्रल सेफ्टी स्विच
(b) इग्नीशन स्विच
(c) सोलेनॉयड
(d) उपरोक्त में से कोई नहीं

7. स्टार्टिंग मोटर के इंजन को प्रचालित न कर पाना, इनमें से कैसा दोष है?

(a) डैड बैटरी
(b) संयोजन सम्बन्धी
(c) वायरिंग सम्बन्धी
(d) उपरोक्त सभी

8. स्टार्टिंग प्रणाली इनमें से क्या है?

(a) वातावरण का मूलाधार
(b) इंजन का कार्याधार
(c) प्रकृति का कार्याधार
(d) उपरोक्त सभी

9. सैल्फ स्टार्टर प्रयोग करने से हैडलाइट में निम्न में से कौन-सा प्रभाव पड़ता है?

(a) मन्द पड़ जाती है (b) तेज हो जाती है
(c) जलने-बुझने लगती है (d) बल्ब फ्यूज हो जाता है

10. सैल्फ पिनियन की अपेक्षा फ्लाईव्हील रिंग गियर में दाँते होते हैं

(a) अधिक (b) कम (c) बराबर (d) दोगुने

11. सैल्फ स्टार्टर एक मोटर है, जो चलती है

(a) ए.सी. से (b) डी.सी. से
(c) 'a' और 'b' दोनों (d) इनमें से कोई नहीं

12. बैटरी को अलग करते समय पहले खोलते हैं

(a) निगेटिव टर्मिनल (b) पॉजिटिव टर्मिनल
(c) सोलेनॉयड स्विच (d) इनमें से कोई नहीं

13. "इन्टर्नल कम्बशन इंजन स्वत: स्टार्ट होने में समर्थ नहीं होता है।" इसके लिए क्या अनिवार्यता है?

(a) बाहरी अवयव की आवश्यकता होती है
(b) वायु की आवश्यकता होती है
(c) स्टार्टिंग इंजन की आवश्यकता होती है
(d) उपरोक्त सभी

14. निम्न में से किसके कारण इंजन धीमे तो चलता है, परन्तु स्टार्ट नहीं होता है?

(a) खराब बैटरी
(b) खराब इग्नीशन प्रणाली
(c) 'a' और 'b' दोनों
(d) उपरोक्त में से कोई नहीं

15. सैल्फ सर्किट में वायरिंग जलने से बचाने को लगाते हैं

(a) अर्थ प्वॉइण्ट (b) फ्यूज
(c) सोलेनॉयड स्विच (d) जम्फर

16. सैल्फ स्टार्टर में ड्राइव मैकेनिज्म रिंग गियर के साथ

(a) जुड़ता-टूटता है (b) मिला रहता है
(c) कभी नहीं मिलता (d) इनमें से कोई नहीं

17. बड़े इंजनों का प्रचालन ……. सम्भव है।

(a) कम्प्रैस्ड वायु द्वारा
(b) छोटे स्टार्टिंग इंजन द्वारा
(c) 'a' और 'b' दोनों
(d) उपरोक्त में से कोई नहीं

18. नीचे दिए गए चित्र में 'X' किसको निरूपित करता है?

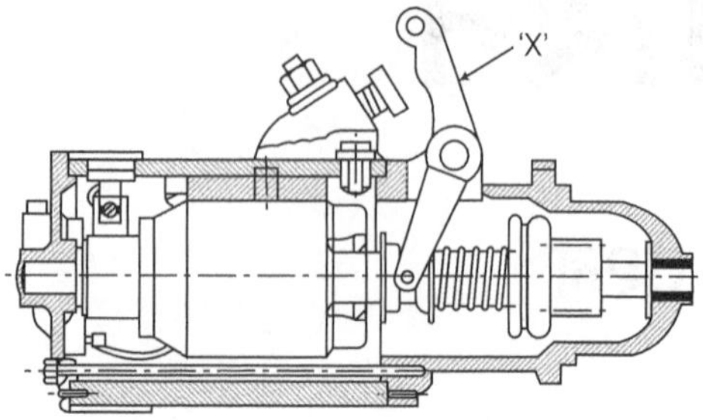

(a) आर्मेचर (b) शिफ्ट लीवर
(c) पिनियन (d) इनमें से कोई नहीं

19. सोलेनॉयड स्विच सैल्फ को धारा देता है
(a) सीधे (b) पूरे सर्किट द्वारा
(c) चार्जिंग सर्किट द्वारा (d) ये सभी

20. सोलेनॉयड की सीरीज वाइण्डिंग प्राय: बनी होती है
(a) फ्लेक्सिबल तार से (b) पतली तार से
(c) पी.वी.सी. तार से (d) मोटी तार से

उत्तरमाला

1. (d)	**2.** (a)	**3.** (c)	**4.** (c)	**5.** (a)	**6.** (a)	**7.** (d)	**8.** (b)	**9.** (a)	**10.** (a)
11. (b)	**12.** (a)	**13.** (a)	**14.** (c)	**15.** (c)	**16.** (a)	**17.** (c)	**18.** (b)	**19.** (a)	**20.** (b)

अध्याय 15

लाइटिंग सिस्टम
Lighting System

परिचय Introduction

ड्राइवर द्वारा वाहनों को रात्रि में आसानी से तथा सुरक्षापूर्वक चलाने के लिए लाइटिंग सिस्टम का प्रयोग किया जाता है। लाइटिंग सिस्टम में हैडलाइट, इण्डीकेटर, फॉग लाइट, पार्किंग लाइट, ब्रेक लाइट, साइड लाइट, रिवर्स लाइट इत्यादि आते हैं, जिनकी सहायता से ड्राइवर को सड़क मार्ग देखने व विभिन्न प्रकार के संकेत देने में सहायता मिलती है। हैडलाइट, रात्रि के समय ड्राइवर को सुरक्षापूर्वक वाहन चलाने के योग्य बनाती है, परन्तु हैडलाइट के प्रकाश की तीव्रता इतनी होनी चाहिए जिससे कि सामने से आने वाले अन्य वाहनों के ड्राइवर की आँखों में चौंध न पड़े। वाहनों को रात्रि में किसी विशिष्ट स्थान पर खड़ा करने के लिए साइडों में कम तीव्रता वाली साइड लाइटें लगाई जाती हैं।

इसके अतिरिक्त वाहनों में पीछे की तरफ लाल लेन्सयुक्त लाइटें भी लगी होती हैं जिससे पीछे वाले वाहन का प्रकाश इन लाइटों पर पड़ने से ये प्रदीप्त हो सकें। साइडों तथा पीछे की लाइटों से वाहनों के साइज का भी अनुमान लगाया जाता है। वाहनों में पीछे की तरफ किनारों पर स्टॉप लाइटें भी लगी होती हैं जो ब्रेक लगाने पर जलती हैं। इन लाइटों की चमक पीछे की लाइटों से अधिक होती है। वाहनों को पीछे करने के लिए वाहनों में रिवर्स लाइटें भी लगाई जाती हैं, जिनसे वाहनों के पीछे आने की स्थिति का पता चलता है।

अध्याय विषय सूची

15.1 ऑटोमोबाइल लैम्प/बल्ब Automobile Lamp/Bulb

विद्युत प्रकाश की किसी भी व्यवस्था में बल्ब मुख्य अवयव होता है। ऑटोमोबाइल के विद्युत बल्ब में एक काँच का खोल (glass envelope) होता है, जिसके अन्दर इलेक्ट्रॉड के सिरे पर महीन क्वॉयल के रूप में फिलामेण्ट लगे होते हैं। बल्ब के आधार (base) पर धातु की एक कैप लगाने के पश्चात् बल्ब की हवा निकालकर उसे सील कर दिया जाता है।

ऑटोमोटिव लाइट बल्ब में एक या दो फिलामेण्ट होते हैं। सिंगल फिलामेण्ट बल्ब में टर्मिनल फिलामेण्ट के एक साइड तथा फिलामेण्ट का विपरीत सिरा (opposite end) बल्ब केस से जुड़ा होता है। जब बल्ब टर्मिनल को वोल्टेज सप्लाई दी जाती है तो करण्ट फिलामेण्ट के द्वारा बल्ब केस से प्रवाहित होता है तथा वाहन ग्राउण्ड द्वारा बल्ब केस से बैटरी तक सर्किट पूर्ण किया जाता है। केस की साइडों पर लगी इण्डेक्सिंग पिन बल्ब को सॉकेट में रोके रखती है। बहुत से ऑटोमोटिव बल्बों में दो फिलामेण्ट तथा दो टर्मिनल होते हैं जो फिलामेण्ट को वोल्टेज सप्लाई करते हैं।

इण्डेक्सिंग पिन बल्ब टर्मिनल को सॉकेट में सुरक्षित रखती है। विशिष्ट वाहनों में विभिन्न प्रकार के बल्ब प्रयोग किये जाते हैं। जब करण्ट बल्ब फिलामेण्ट के द्वारा प्रवाहित होता है तो यह अत्यन्त गर्म हो जाता है जिससे फिलामेण्ट में प्रवाहित वैद्युतिक ऊर्जा का रूपान्तरण ऊष्मीय ऊर्जा में होता है। यह क्रिया इतनी तीव्र होती है कि फिलामेण्ट जलने लगता है। वैद्युतिक ऊर्जा के ऊष्मीय ऊर्जा में रूपान्तरण को उद्दीप्ति (incandescence) कहते हैं। फिलामेण्ट के चारों ओर निर्वात स्थापित किया जाता है जो इसे ओवरहीटिंग तथा खराब होने से बचाता है।

जब बल्ब का उत्पादन किया जाता है तो निर्वात को बल्ब के चारों ओर लगे ग्लास एन्वेलप में सील किया जाता है।

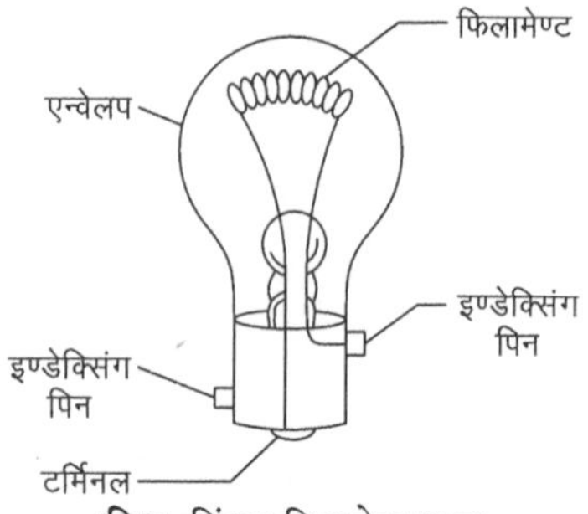

चित्र सिंगल फिलामेण्ट बल्ब

डबल फिलामेण्ट बल्ब में तीन इलेक्ट्रॉड होते हैं। एक इलेक्ट्रॉड बल्ब कैप से जुड़ा रहता है तथा शेष दो इलेक्ट्रॉड अर्थ के लिए कैप व इन्सुलेशन से बाहर कॉन्टैक्ट प्वॉइण्ट से जुड़े रहते हैं। इनके लिए जो होल्डर प्रयोग होते हैं, उनके नीचे दो कॉन्टैक्ट बने होते हैं।

डिजाइन के अनुसार ऑटोमोबाइल बल्ब निम्न प्रकार के होते हैं

(a,b) मिनिएचर बायोनेट
(c) सिंगल कॉन्टैक्ट बायोनेट
(d) डबल कॉन्टैक्ट बायोनेट
(e) स्टैगर्ड इण्डेक्सिंग लग्स के साथ डबल कॉन्टैक्ट बायोनेट
(f) कैरेज टाइप
(g) वेज बेस

लैम्प/लाइट बल्ब सूचना Lamp/Light Bulb Information

सभी प्रकार के लैम्प और लाइट बल्बों में अक्षरों या फिर अंकों की सहायता से प्रचालन में प्रयुक्त की जाने वाली शक्ति अंकित की जाती है, जो लैम्प/लाइट बल्ब सम्बन्धी सूचना (information) कहलाती है। उदाहरण के लिए– यदि एक बल्ब/लैम्प पर 12 V/21 W अंकित है, तो इससे ज्ञात होता है कि यह बल्ब शक्ति के 21 वाट लेगा जबकि बल्ब/लैम्प के फिलामेण्ट में 12 वोल्ट लोडिड होगा।

15.2 हैडलाइट्स Headlights

वाहन को रात्रि में चलाते समय हैडलाइट का उपयोग किया जाता है, क्योंकि हैडलाइट का प्रयोग करके ही रात्रि में सुरक्षित यात्रा की जा सकती है। हैडलाइट का इतना प्रकाश आवश्यक है कि चालक (driver) आगे के मार्ग व सामने से आने वाले वाहनों आदि को उचित दूरी से भली प्रकार देख सके। वाहनों में आगे की ओर एक-एक हैडलाइट लगी होती है। ये गोल, आयताकार या पैराबॉलिक होती हैं। इन्हें डिम करने या सीधी बीम का प्रकाश प्राप्त करने के लिए डिम स्विचों का उपयोग किया जाता है।

हैडलाइट की बनावट Construction of Headlight

हैडलाइट की बॉडी स्टील की बनी होती है। इसके अन्दर एक रिफ्लैक्टर, लेन्स व बल्ब के साथ होल्डर या सॉकेट फिट करने की व्यवस्था रहती है। रिफ्लैक्टर पर शीशे जैसी चमक की पॉलिश रहती है, जिससे रोशनी का रिफ्लैक्शन अधिक-से-अधिक हो सके। हैडलाइट में डबल फिलामेण्ट का बल्ब प्रयोग किया जाता है, जिससे कि डिपर का प्रयोग किया जा सके। इस हैडलाइट को पूरा खोला जा सकता है। चित्र में विभिन्न भागों सहित हैडलाइट की सम्पूर्ण संरचना दर्शाई गई है

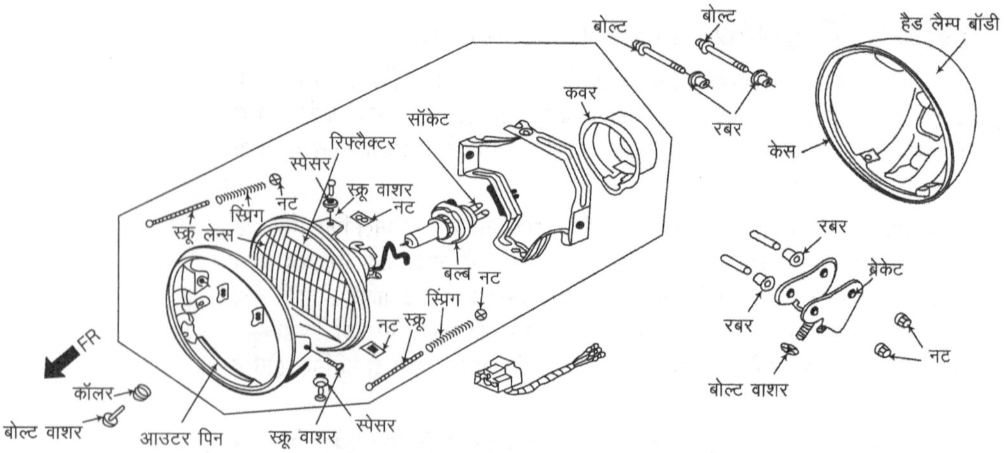

चित्र वाहन की हैडलाइट के मुख्य भाग

हैडलाइट के प्रकार Types of Headlight

वाहनों में मुख्यत: निम्न चार प्रकार की हैडलाइट्स प्रयोग की जाती हैं

1. मानक सील्ड बीम हैडलाइट
2. हैलोजन सील्ड बीम हैडलाइट
3. कम्पोजिट हैडलाइट
4. उच्च तीव्रता डिस्चार्ज हैडलाइट

1. मानक सील्ड बीम हैडलाइट Standard Sealed Beam Headlight

सील्ड बीम हैडलाइट वृत्ताकार या आयताकार आकार की हो सकती है। सील्ड बीम हैडलाइट में सील्ड बीम के रियर में वेपोराइज्ड एल्युमीनियम के साथ पैराबॉलिक रिफ्लैक्टर लगा होता है।

यह रिफ्लैक्टर उत्पादन प्रक्रम में काँच के लेन्स को पिघलाकर बनाया जाता है। सील्ड बीम से सम्पूर्ण ऑक्सीजन को निष्कासित कर ऑर्गन गैस के साथ फिट किया जाता है। यदि सील्ड बीम में ऑक्सीजन उपस्थित होती है तो फिलामेण्ट ऑक्सीकृत होगा तथा जल्द ही खराब हो जायेगा। यदि सील्ड बीम हाई तथा लो बीम दोनों पर प्रचालित होती है तो इसमें दो फिलामेण्ट तथा तीन टर्मिनल होते हैं तथा कुछ सील्ड बीम केवल हाई बीम प्रचालित होती है।

उनमें सिंगल फिलामेण्ट तथा दो टर्मिनल होते हैं। सील्ड बीम में फिलामेण्ट से लाइट लेन्स में लगे अवतल प्रिज्म के रिफ्लैक्टर द्वारा रिफ्लेक्टिड होती है। लेन्स में लगा प्रिज्म लाइट बीम को हॉरीजोन्टल पैटर्न पर डाउनवर्ड दिशा में प्रक्षेपित करता है।

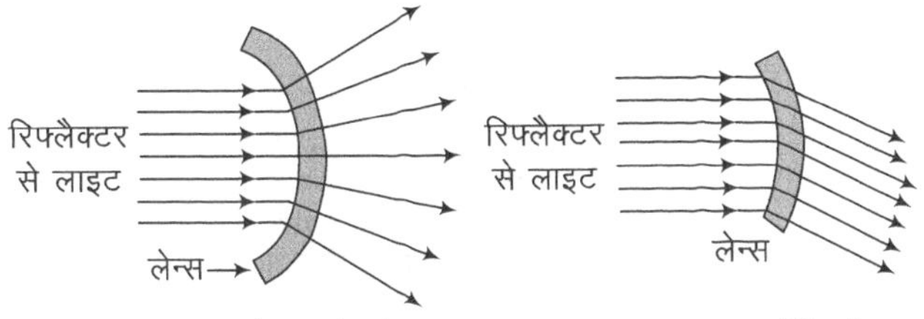

(A) हॉरीजोन्टल पैटर्न (B) डाउनवर्ड पैटर्न

चित्र प्रिज्म द्वारा प्रक्षेपित लाइट बीम

मानक सील्ड बीम हैडलाइट, स्वत: निहित काँच का एक खण्ड होता है, जो एक फिलामेण्ट, आन्तरिक रिफ्लैक्टर (inner reflector) तथा बाह्य ग्लास लेन्सों द्वारा बना होता है।

ये हैडलाइट अपने काँच आवरण (बल्ब) से फिलामेण्ट को चारों ओर से नहीं घेरती हैं।

इसमें लैम्प के अन्दर ऑर्गन गैस भरी होती है। फिलामेण्ट को उचित ऑक्सीकरण से बचाने के लिए इस हैडलाइट से ऑक्सीजन को पूर्णरूप से निकाल दिया जाता है।

इस प्रकार की हैडलाइट से अधिक प्रकाश प्राप्त होता है तथा बल्ब के हिलने से प्रकाश किरणों की सैटिंग प्रभावित नहीं होती, क्योंकि इस हैडलाइट में बल्ब भी सील रहता है।

चित्र में मानक सील्ड बीम हैडलाइट की संरचना दर्शायी गई है

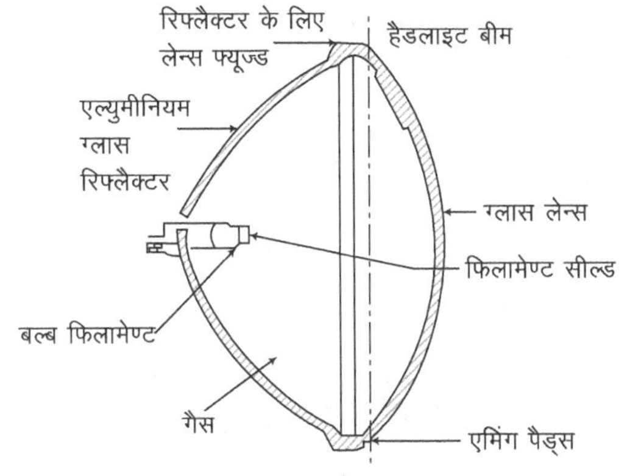

चित्र मानक सील्ड बीम हैडलाइट की संरचना

2. हैलोजन सील्ड बीम हैडलाइट Halogen Sealed Beam Headlight

हैलोजन लैम्पों का उपयोग सामान्यत: ऑटोमोटिव अनुप्रयोगों में बहुतायत किया जाता है। इनमें एक छोटा बल्ब लगा होता है, जिसमें आयोडीन वाष्प भरी होती है। यह बल्ब एक उच्च ताप प्रतिरोध क्वार्ट्ज (quartz) का बना होता है, जो टंगस्टन फिलामेण्ट को चारों ओर से घेरे रहता है।

इसे सील्ड ग्लास के ढाँचे में स्थापित किया जाता है। जब इस हैडलाइट के बल्ब में हैलोजन गैस भरी जाती है, तब टंगस्टन फिलामेण्ट अन्य सील्ड लैम्पों की तुलना में उच्च ताप सहन करने में सक्षम हो जाता है इसलिए हैलोजन लैम्प अन्य लैम्पों की तुलना में अधिक रोशनी प्रदान करते हैं।

चित्र में हैलोजन क्वार्ट्ज सील्ड बीम की संरचना दर्शाई गई है

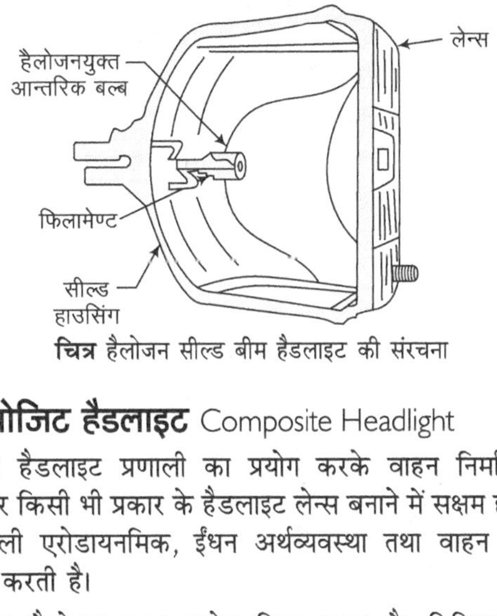

चित्र हैलोजन सील्ड बीम हैडलाइट की संरचना

3. कम्पोजिट हैडलाइट Composite Headlight

कम्पोजिट हैडलाइट प्रणाली का प्रयोग करके वाहन निर्माता अपनी इच्छानुसार किसी भी प्रकार के हैडलाइट लेन्स बनाने में सक्षम हो जाते हैं। यह प्रणाली एरोडायनमिक, ईंधन अर्थव्यवस्था तथा वाहन शैली को संशोधित करती है।

इसमें एक हैलोजन बल्ब प्रयोग किया जाता है। विभिन्न उत्पादक (manufacturers), कम्पोजिट हैडलाइट ढाँचे को छिद्रित करते हैं, क्योंकि ये अत्यधिक मात्रा में प्रकाश विकसित करती हैं।

ढाँचे के छिद्र युक्त होने के कारण संघनन लेन्स असेम्बली के अन्दर ही विकसित हो सकता है, जब हैडलाइट को ऑन करते हैं, तो हैलोजन बल्ब से ऊष्मा निकलने लगती है, जो संघनन (condensation) को शीघ्र ही समाप्त कर देती है।

नीचे चित्र में एक हैलोजन बल्ब युक्त कम्पोजिट हैडलाइट की संरचना दर्शाई गई है

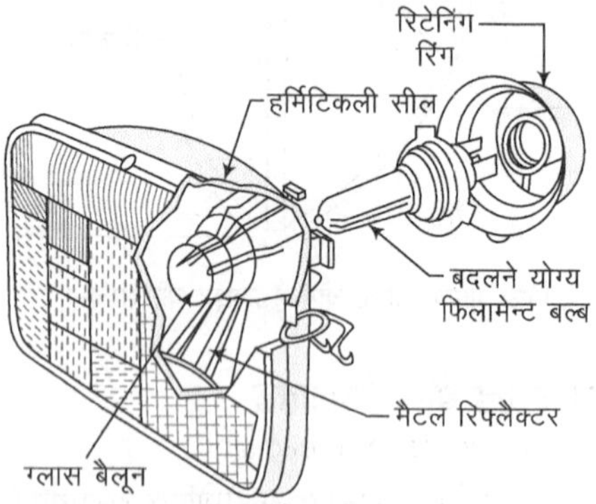

चित्र कम्पोजिट हैडलाइट की संरचना

4. उच्च तीव्रता डिस्चार्ज हैडलाइट

High Intensity Discharge Headlight

ये वे लैम्प हैं, जो ग्लोइंग फिलामेण्ट के स्थान पर इलेक्ट्रिक आर्क के रूप में प्रकाश की उत्पत्ति करते हैं।

ये लैम्प गैस डिस्चार्ज बर्नर्स भी कहलाते हैं। इनमें टंगस्टन लैम्पों की तुलना में अधिक शक्ति होती है।

ऑटोमोटिव एच.आई.डी. को जीनॉन (xenon) हैड लैम्प भी कहा जा सकता है, क्योंकि ये वास्तव में मैटल हैलाइड लैम्प्स हैं, जो जीनॉन गैसयुक्त होते हैं। यह गैस, लैम्पों को स्टार्ट करने के साथ ही उपयुक्त प्रकाश प्रदान करने में सहायक होती है।

हैलोजन बल्बों सम्बन्धी एच.आई.डी. बर्नर्स से उत्पन्न प्रकाश की मात्रा हैलोजन हैड लैम्प की तुलना में छोटा बीम पैटर्न बनाती है।

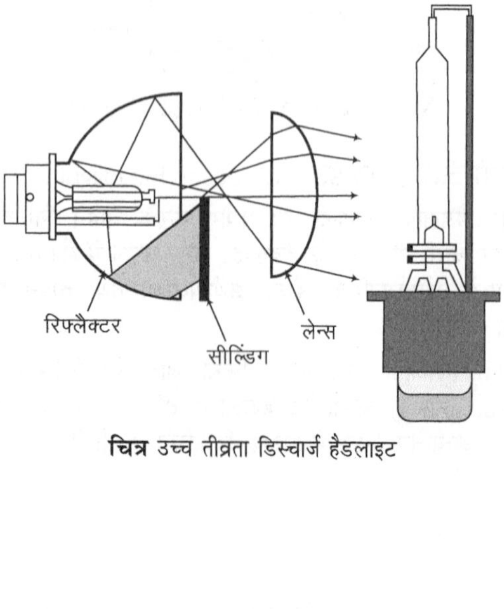

चित्र उच्च तीव्रता डिस्चार्ज हैडलाइट

हैडलाइट्स में प्रकाश व्यवस्थापन

Light Adjustment in Headlights

हैडलाइट असेम्बली किसी भी प्रकार की हो, वह उचित कोण पर रोशनी डालने वाली होनी चाहिए। अच्छी रोशनी, रिफ्लैक्टर तथा बल्ब की फिटिंग पर निर्भर करती है। रिफ्लैक्टर के पिछले भाग के बीच में एक फोकल प्वॉइण्ट होता है, जो बल्ब की किरणों को रिफ्लैक्टर की पॉलिशदार सतह से टकराकर आगे की ओर तेज रोशनी के रूप में निकालता है। यदि बल्ब को इस प्वॉइण्ट के पीछे लगाया जाएगा, तो चित्र (a) के अनुसार प्रकाश की किरणें अपसारी (divergent) होंगी।

यदि बल्ब को फोकल प्वॉइण्ट के आगे लगाया जाएगा, तो रिफ्लैक्टर से निकली प्रकाश की किरणें चित्र (b) के बल्ब के फोकल प्वॉइण्ट पर व्यवस्थित होने के अनुसार अभिसारी (convergent) होंगी। चित्र (c) के अनुसार ठीक व सीधी प्रकाश की किरणें प्राप्त करने के लिए बल्ब को फोकल प्वॉइण्ट पर व्यवस्थित किया जाता है। इसके लिए हैडलाइट माउण्टिंग पर एडजस्टिंग स्क्रू लगे होते हैं।

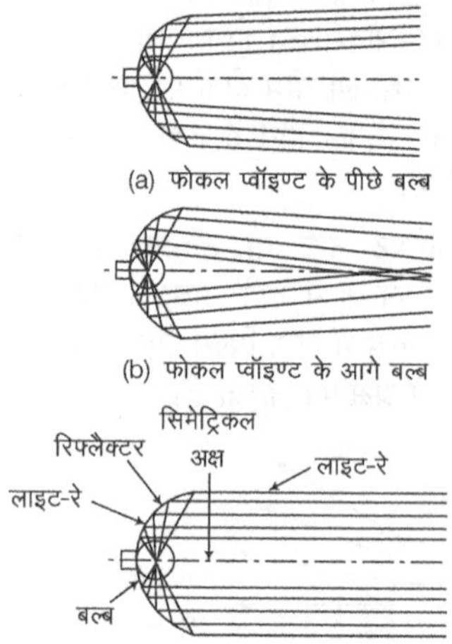

(a) फोकल प्वॉइण्ट के पीछे बल्ब

(b) फोकल प्वॉइण्ट के आगे बल्ब

(c) फोकस स्थिति में बल्ब

चित्र प्रकाश व्यवस्थापन की स्थितियाँ

हैडलाइट के फोकस को सैट करना

Setting of Focus of Headlight

वाहनों को रात्रि में चलाते समय जब हैडलाइट का प्रयोग किया जाता है, तो यह भी आवश्यक है कि हैडलाइट का प्रकाश पूरी सड़क की चौड़ाई में पड़े तथा सामने की ओर उसका उचित कोण भी हो। इसे निम्न प्रकार सैट किया जाता है

(i) प्रकाश का कोण तथा चौड़ाई सैट करने के लिए वाहनों के सभी पहियों में निर्धारित हवा भरें तथा गाड़ी पर उतना भार दें, जो अनुमान्य हो।

(ii) गाड़ी को किसी समतल भूमि पर किसी दीवार के सामने लगभग आठ मीटर दूरी पर खड़ी करें।

(iii) अब दीवार पर चित्र की भाँति पहले (A) तथा (B) दो लम्बी रेखाएँ खींचे, जो दोनों हैडलाइट के बीच की दूरी पर ही हों।

पूरी भूमि के समान्तर एक रेखा (C) खींचे, जोकि हैडलाइट की ऊँचाई के समान हो।

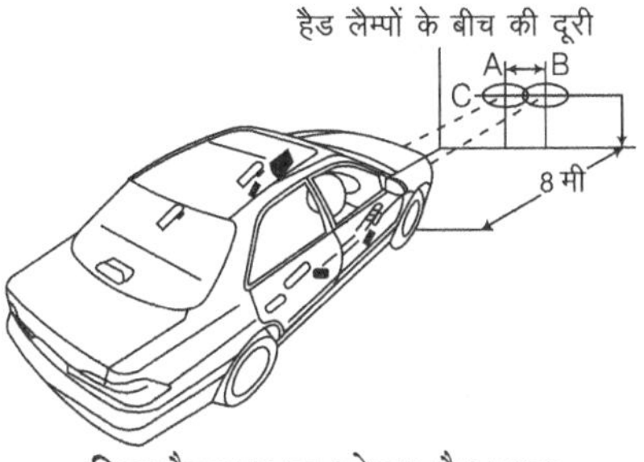

चित्र हैडलाइट का फोकस सैट करना

(iv) अब एडजस्टिंग स्क्रू के द्वारा दोनों हैडलाइटों को इस प्रकार सैट करें कि दोनों हैडलाइटों का प्रकाश (C) रेखा पर पड़ने के साथ-साथ (A) तथा (B) पर भी समान रूप से मोटरगाड़ी की पूरी चौड़ाई में पड़े।

15.3 लाइटिंग सिस्टम में प्रयुक्त परिपथ Circuit Used in Lighting System

लाइटिंग सिस्टम एक ऐसा सिस्टम है, जो वाहन चालकों के लिए सड़क मार्गों पर अच्छी दृश्यता (good visibility) तथा वाहनों में प्रकाशीय सम्बन्धी अन्य उद्देश्यों की पूर्ति हेतु सुविधा प्रदान करता है। वाहनों के लाइटिंग सिस्टम के परिपथ का निर्माण विविध प्रकार के प्रकाशीय अवयवों; जैसे—हैड लैम्प, फॉग लैम्प, पार्किंग लैम्प, वार्निंग लैम्प, ब्रेक लैम्प, पैनल इन्स्ट्रूमेन्ट लैम्प, टेल लैम्प तथा इन्टीरियर डोम लैम्प इत्यादि द्वारा किया जाता है। इनके अतिरिक्त प्रकाशीय परिपथ में विभिन्न स्विच, वायरिंग हारनेस (wiring harness) तथा फ्यूज का भी प्रयोग किया जाता है। निम्न चित्र में एक प्रकाशीय प्रणाली का अभिन्यास दर्शाया गया है।

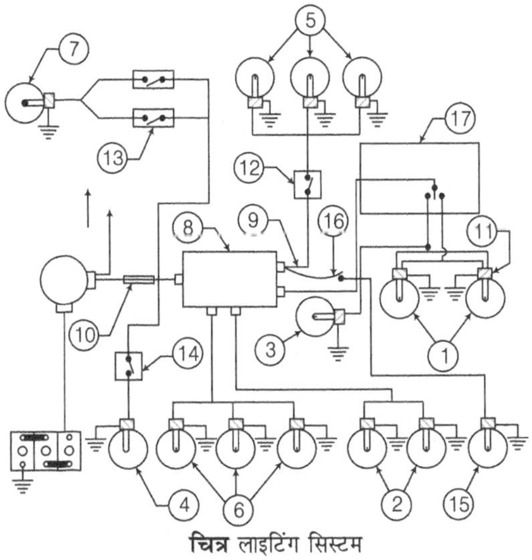

चित्र लाइटिंग सिस्टम

(1) हैड लैम्प	(2) पार्किंग लैम्प	(3) वार्निंग लैम्प
(4) ब्रेक लैम्प	(5) पैनल इन्स्ट्रूमेन्ट लैम्प	(6) टेल लैम्प
(7) आन्तरिक डोम लैम्प	(8) स्विच	(9) लैम्प वायरिंग हारनेस
(10) फ्यूज	(11) रिफ्लैक्टर होल्डर	(12) स्विच
(13) स्विच	(14) स्विच	(15) फॉग लैम्प
(16) स्विच	(17) डिम व डिप स्विच	

लाइटिंग सिस्टम में प्रयुक्त विभिन्न लाइट परिपथ निम्न प्रकार हैं

1. हैडलाइट परिपथ Headlight Circuit

हैडलाइट परिपथ से संयोजित हैडलाइट वाहन चालक को सड़क मार्गों पर उचित दृश्यता प्रदान करती है। हैडलाइट परिपथ के निर्माण में एक डबल फिलामेण्ट, एक प्री फोक्स्ड बल्ब, एक रिफ्लैक्टर होल्डर, एक हैडलाइट स्विच, एक डिम व डिप स्विच तथा एक फ्यूज का प्रयोग किया जाता है।

2. हैडलाइट का डिपर/डिमर परिपथ Dipper/Dimmer Circuit of Headlight

हैडलाइटों के स्वचालित डिपिंग/डिमिंग प्रचालन हेतु इस परिपथ का प्रयोग किया जाता है। जब कोई वाहन सामने से आता है, तो उसकी हैडलाइटों से आ रहे तीव्र प्रकाश के कारण आँखों पर चौंध पड़ने लगती है जिससे दुर्घटना हो सकती है। यही स्थिति सामने से आ रहे वाहन चालक के साथ भी होती है। यह स्थिति वाहन के हैडलाइट फोकस के कारण होती है।

ऐसी स्थितियों का सामना सामान्यतया मानवजनित डिपर स्विच यन्त्रावली का प्रयोग कर किया जा सकता है। इसके माध्यम से चालक हैडलाइट के फोकस को डिप करता है, जिससे विपरीत वाहन के चालक को अपने वाहन को व्यवस्थित करने का अवसर मिलता है और इस बात पर भी ध्यान देना आवश्यक है कि उसके वाहन लैम्प को भी डिप की आवश्यकता होती है।

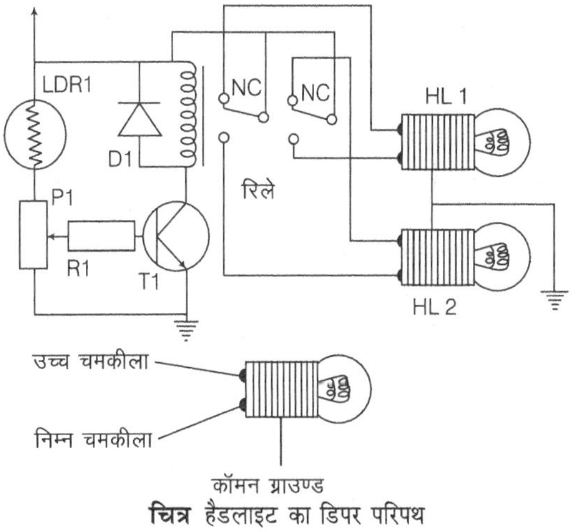

चित्र हैडलाइट का डिपर परिपथ

चित्र में डिपर या डिमर परिपथ को दर्शाया गया है। इस परिपथ में ट्रांजिस्टर को कम्पेरेटर के रूप में प्रयोग किया जाता है। वाहन की हैडलाइट से एल.डी.आर. के ऊपर पड़ रहा प्रकाश सामने से स्वत: अपनी प्रतिरोधकता खो देता है और ट्रांजिस्टर के आधार (base) से अधिक धारा (current) बहने की अनुमति प्रदान करता है।

यह सम्पूर्ण परिपथ एक छोटे बॉक्स से सम्बद्ध होता है और चालक के समीप वाहन के डैशबोर्ड क्षेत्र में लगा होता है। एल.डी.आर. को एन्क्लोजर्स (enclosers) के बाहर विण्ड सील्ड के किसी कोने में लगाए जाने की व्यवस्था भी होती है।

3. पार्किंग लाइट परिपथ Parking Light Circuit

पार्किंग लाइट परिपथ में वाहनों के आगे व पीछे दो छोटे लैम्प लगे होते हैं। इनका प्रयोग तब किया जाता है, जब वाहनों को सड़क पर पार्क करना होता है। कभी-कभी इन लाइटों को हैडलाइट स्विच अथवा इन्डीपैन्डेन्ट स्विच द्वारा प्रचालित किया जाता है।

4. पैनल लाइट परिपथ Panel Light Circuit

रात्रि के समय वाहन चालक द्वारा गेजों की कार्यप्रणाली देखने के लिए पैनल बोर्ड के पीछे की ओर छोटे मिनिएचर बल्बों का प्रयोग किया जाता है। ये बल्ब पैनल बोर्ड के अपने अलग स्विच द्वारा संयोजित किए जाते हैं।

5. टॉप या डोम लाइट परिपथ Top or Dome Light Circuit

डोम लाइट परिपथ द्वारा संचालित डोम लैम्प वाहन की छत के ऊपर लगाया जाता है। इसे पैनल बोर्ड अथवा डोर पोस्ट (door post) पर लगे स्विच द्वारा प्रचालित किया जाता है। यह वाहन में आन्तरिक प्रकाश व्यवस्था प्रदान करता है।

6. फॉग लाइट परिपथ Fog Light Circuit

फॉग लाइट परिपथ द्वारा संचालित फॉग लाइट का उपयोग वाहन के अन्य प्रकाशों के साथ घनी धुँध, वर्षा या फिर बर्फबारी जैसी स्थिति में किया जाता है। धुँध, क्योंकि जल-बूँदों से निर्मित होती है, अत: यह रात्रिकाल में हैडलाइटों के प्रकाश को रिफ्लैक्ट कर आपकी आँखों को प्रभावित कर सकती है। ऐसी दशाओं में फॉग लाइटें चालकों को काफी दूर तक देखने में सहायता करती हैं। इन्हें हैडलाइटों के स्थान पर पार्क लाइटों के साथ प्रयुक्त किया जाता है। ये अधिकांशत: पीले रंग की होती हैं, परन्तु अब श्वेत रंग की लाइटें भी प्रचलन में हैं। ये विविध आकृतियों व आकारों में उपलब्ध होती हैं। ये लाइटें चालक की आँखों पर रिफ्लैक्टेड प्रकाश पड़ने नहीं देती हैं। फॉग लाइटें सामान्यतया एक रिले व सर्किट ब्रेकर का प्रयोग करके बनायी जाती हैं। इनकी संयोजन विधि स्थानीय नियमों-विनियमों पर निर्भर करती है।

7. स्टॉप लाइट परिपथ Stop Light Circuit

ट्रैफिक को रोकने अथवा धीमा होने का संकेत देने हेतु वाहनों में स्टॉप लाइट परिपथ द्वारा संचालित स्टॉप/ब्रेक लाइटें लगाई जाती हैं। इसका निर्माण वाहन के मास्टर सिलेण्डर अथवा एयर वाल्व में एक लैम्प तथा एक ब्रेक स्विच लगा कर किया जाता है।

8. टेल लाइट परिपथ Tail Light Circuit

टेल लाइट परिपथ द्वारा संचालित लाइट वाहनों के पीछे लगाई जाती है। इनका प्रयोग रात में वाहन चलाते समय पीछे आ रहे वाहनों को संकेत देने हेतु किया जाता है कि आगे कोई वाहन जा रहा है। टेल लाइटें, हैडलाइटों के साथ जलती हैं अर्थात् जब हैडलाइट स्विच ऑन होता है, तब टेल लाइटें भी जल जाती हैं।

9. ब्रेक लाइट परिपथ Brake Light Circuit

इस परिपथ के अवयव भी अन्य परिपथों के समान ही होते हैं, परन्तु वे ब्रेक लगने के बाद ब्रेक लाइट को प्रकाशमान कर अन्य वाहन चालकों को ब्रेक लगाए जाने सम्बन्धी संकेत देते हैं। इस प्रकार किसी चालक द्वारा भीड़ भरे क्षेत्रों में या आकस्मिक रूप से ब्रेक का प्रयोग करने पर ब्रेक लाइट जलाकर चेतावनी प्रक्रिया के उपयोग का संकेत दे देती है।

10. मोड़ संकेत परिपथ Turn Signal Circuit

रात में दृश्यता-वृद्धि (increase in visibility) के उद्देश्य से वाहन निर्माता वाहनों में इस प्रकार के परिपथों का भी पर्याप्त मात्रा में उपयोग कर रहे हैं। इस परिपथ द्वारा संचालित लाइटें श्वेत प्रकाश देती हैं। ये लाइटें हैडलाइटों व मोड़ संकेतों के स्विच ऑन होने के साथ ही क्रियाशील (activate) हो जाती हैं और मोड़ समाप्त होने पर स्वत: ही बन्द भी हो जाती हैं।

11. रिवर्स लाइट परिपथ Reverse Light Circuit

कुछ वाहनों में रिवर्स लाइट परिपथ द्वारा संचालित रिवर्स लाइटें भी लगाई जाती हैं। सामान्यत: 24 वाट का एक लाल रंग का लैम्प वाहन के पीछे लगाया जाता है, जिसके द्वारा सड़क की पूर्णतया चौड़ाई को देखा जा सकता है।

12. साइड लाइट परिपथ Side Light Circuit

वाहन में सामने की ओर दोनों सिरों पर एक-एक साइड लाइट लगी होती है, जो साइड लाइट परिपथ द्वारा संचालित होती हैं। इनसे गाड़ी चलाते समय रात्रि में सामने से आ रहे वाहनों को गाड़ी की चौड़ाई का अन्दाजा हो जाता है।

इसके अतिरिक्त जब थोड़ी देर के लिए गाड़ी खड़ी की जाती है, उस समय भी इन लाइटों को जला दिया जाता है जिससे अन्य वाहनों आदि को गाड़ी खड़ी होने का संकेत मिल जाए।

इन लाइटों में सिंगल फिलामेण्ट के दो बल्ब अथवा डबल फिलामेण्ट का एक बल्ब प्रयोग होता है। सिंगल फिलामेण्ट का अतिरिक्त बल्ब साइड इण्डीकेटर के लिए प्रयोग होता है। इसी प्रकार डबल फिलामेण्ट का दूसरा अतिरिक्त फिलामेण्ट साइड इण्डीकेटर के लिए प्रयोग होता है।

13. फ्लैशर वायरिंग परिपथ Flasher Wiring Circuit

साइड इण्डीकेटरों को जलाने के लिए सभी आधुनिक वाहनों में फ्लैशर वायरिंग परिपथों का उपयोग किया जाता है। इन इण्डीकेटरों से पीछे आने वाले वाहनों के ड्राइवरों को चेतावनी मिल जाती है कि वह वाहन दाएँ या बाएँ मुड़ने वाला है। ये इण्डीकेटर्स दाएँ अथवा बाएँ मुड़ने के दौरान होने वाली दुर्घटनाओं से बचाव में सहायता करते हैं।

फ्लैशर वायरिंग परिपथ में बैटरी, फ्लैशर यूनिट, एक टू-वे स्विच, एक इण्डीकेटर वार्निंग लैम्प तथा फ्लैशर लैम्प होते हैं।

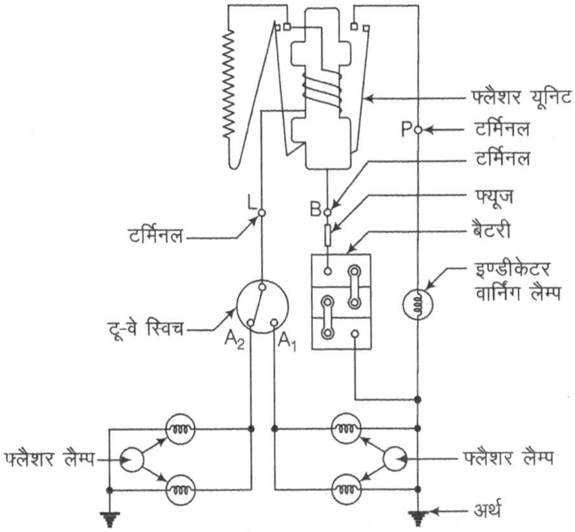

चित्र फ्लैशर वायरिंग परिपथ

परिपथ में प्रयुक्त फ्लैशर यूनिट का B टर्मिनल बैटरी से फ्यूज द्वारा जबकि 'P' टर्मिनल पैनल बोर्ड पर पायलट लैम्प से जुड़ा रहता है तथा फ्लैशर यूनिट का 'L' टर्मिनल, टू-वे स्विच से जुड़ा रहता है।

इस टू-वे स्विच का A_1 टर्मिनल वाहन के फ्रण्ट की दाईं ओर तथा पिछले लैम्प से जुड़ा होता है जबकि A_2 टर्मिनल फ्रण्ट की बाईं ओर तथा पिछले लैम्प से जुड़ा होता है। फ्लैशर यूनिट, फ्लैशर लैम्प तथा वार्निंग लैम्प, अर्थ (earthed) रहते हैं।

फ्लैशर यूनिट के भाग Parts of Flasher Unit

चित्र में फ्लैशर यूनिट के विभिन्न भागों को दर्शाया गया है। फ्लैशर यूनिट को बैटरी तथा लैम्पों के मध्य फिट किया जाता है।

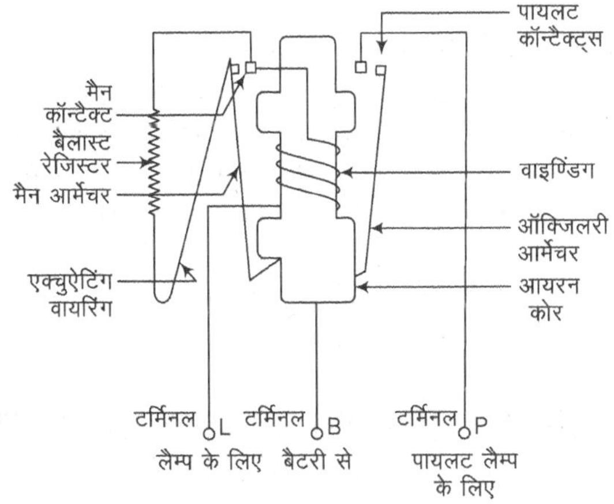

चित्र फ्लैशर यूनिट के भाग

फ्लैशर यूनिट में एक आयरन कोर होती है जिस पर वाइण्डिंग की गई होती है। वाइण्डिंग का एक सिरा मैन कॉन्टैक्ट से तथा दूसरा सिरा यूनिट के 'L' टर्मिनल से जुड़ा रहता है। फ्लैशर यूनिट में दो आर्मेचर प्रयुक्त किए होते हैं, जिन्हें क्रमश: मैन आर्मेचर तथा सेकेण्डरी या ऑक्जिलरी आर्मेचर कहा जाता है। मैन आर्मेचर पर कॉन्टैक्ट्स बने होते हैं जबकि ऑक्जिलरी आर्मेचर पर पायलट कॉन्टैक्ट्स बने होते हैं। मैन आर्मेचर एक्चुऐटिंग वायर तथा बैलास्ट रेजिस्टर से जुड़ा रहता है। एक्चुऐटिंग वायर को बनाने के लिए नाइक्रोम का उपयोग किया जाता है। फ्लैशर यूनिट में एक इण्डीकेटर वार्निंग लैम्प भी सेकेण्डरी आर्मेचर के कॉन्टैक्ट्स से जुड़ा रहता है।

फ्लैशर वायरिंग परिपथ की कार्यप्रणाली
Working Method of Flasher Wiring Circuit

जब फ्लैशर स्विच को बाएँ या दाएँ दबाया जाता है, तो मैन आर्मेचर, एक्चुऐटिंग वायर, बैलास्ट रेजिस्टर तथा आयरन कोर की क्वॉयल से धारा प्रवाहित होने लगती है। यह धारा क्वॉयल से होती हुई फ्लैशर लैम्प के फिलामेण्ट तथा अर्थ में से प्रवाहित होने लगती है।

चूँकि इस स्थिति में बैलास्ट रेजिस्टर से एक निश्चित मात्रा में ही धारा प्रवाहित होती है। अत: लैम्प प्रदीप्त (illuminate) नहीं होता है, परन्तु लैम्प का फिलामेण्ट गर्म होकर जलने के लिए तैयार हो जाता है।

एक्चुऐटिंग वायर में धारा प्रवाहित होने पर यह ऊष्मित होकर लम्बाई में बढ़ जाती है, जिसके फलस्वरूप फ्लैशर लैम्प का सप्लाई परिपथ लैम्प के कॉन्टैक्ट्स के समीप आ जाता है तथा इसी समय बैलास्ट रेजिस्टर तथा एक्चुऐटिंग वायर में शॉर्ट-सर्किट हो जाता है।

अब आयरन कोर से पूर्ण धारा प्रवाहित होने लगती है तथा लैम्प कॉन्टैक्ट्स आर्मेचर में उत्पन्न विद्युत चुम्बकीय प्रभाव के कारण अत्यन्त समीप आ जाते हैं। इसी समय स्प्रिंग लोडेड ऑक्जिलरी आर्मेचर आयरन कोर को आकर्षित करता है तथा पायलट वार्निंग लैम्प के समीप आ जाता है। अब दोनों कॉन्टैक्ट्स समीप स्थितियों में होते हैं।

मैन प्वॉइण्ट्स से धारा एक ही साइड के दोनों लैम्पों से प्रवाहित होने तथा ये 70-100 बार/मिनट के रेगुलेशन में जलना प्रारम्भ कर देते हैं। इसी समय धारा इण्डीकेटर वार्निंग लैम्प से पायलट कॉन्टैक्ट्स द्वारा प्रवाहित होने लगती है तथा पायलट लैम्प भी जलना प्रारम्भ कर देता है।

जब एक्चुऐटिंग वायर ठण्डा होती है तब इसकी लम्बाई घट जाती है तथा कॉन्टैक्ट्स पुन: ओपन हो जाते हैं। कॉन्टैक्ट्स के ओपन होने पर, एक्चुऐटिंग वायर तथा पुन: बैलास्ट रेजिस्टर दूर-दूर हो जाते हैं। इस स्थिति में क्वॉयल में धारा पुन: बैलास्ट रेजिस्टर द्वारा प्रवाहित होने लगती है जोकि लैम्प को प्रदीप्त करने हेतु आवश्यक नहीं होती है।

परिपथ के ब्रेक (break) हो जाने पर लैम्प से धारा प्रवाहित नहीं होती है। आयरन कोर के विद्युत चुम्बकीय प्रभाव का मान कम हो जाने पर पुन: अपनी पूर्व स्थिति में आ जाता है, जिसके फलस्वरूप पायलट वार्निंग लैम्प तथा इण्डीकेटर लैम्प ऑफ हो जाते हैं। उपरोक्त क्रियाविधि की इण्डीकेटर स्विच के ऑफ स्थिति में आने तक बार-बार पुनरावृत्ति होती है।

15.4 आन्तरिक प्रकाश व्यवस्था
Interior Lighting Arrangement

आन्तरिक प्रकाश व्यवस्था से आशय वाहनों के अन्दर विभिन्न उद्देश्यों की पूर्ति हेतु की गई प्रकाशीय व्यवस्था से है। यह व्यवस्था प्राय: कारों, बसों, सैन्य तथा व्यावसायिक वाहनों में की जाती है। आन्तरिक प्रकाश व्यवस्था में विभिन्न प्रकार की लाइटिंग की जाती है।

लाइटिंग के प्रकार Types of Lighting

वाहनों में लाइटिंग निम्न प्रकारों में की जा सकती है

1. इन्कैण्डेसैन्ट लाइटिंग Incandescent Lighting

इन लैम्पों में विद्युत धारा लैम्प के फिलामेण्ट को गर्म करके प्रकाश उत्पन्न करती है। फिलामेण्ट जितना गर्म होगा, उतना ही प्रकाश श्वेत होगा। प्राय: बहुत धीमा पीला-नारंगी प्रकाश देने वाला बल्ब लम्बी अवधि तक, जबकि शुद्ध श्वेत प्रकाश देने वाला बल्ब सम्भवत: बहुत सीमित अवधि तक चलता है। वर्तमान में मानक (standard) इन्कैण्डेसैन्ट लैम्प में टंगस्टन फिलामेण्ट का उपयोग होने के कारण यह श्वेत प्रकाश उत्पन्न करता है और 750 से 1000 घण्टे तक चलता है। ये क्रिप्टॉन एवं जीनॉन दो प्रकार के होते हैं।

2. एच.आई.डी.लाइटिंग High Intensity Discharge (HID) Lighting

ये विशेष रूप से दीर्घ अवधि तक चलने वाले प्रकाश स्रोत हैं। इनका उपयोग प्राय: सड़कों पर, पार्किंग क्षेत्रों में तथा औद्योगिक कार्य-सतहों पर किया जाता है। ये सामान्यतया कम ऊर्जा की खपत करते हैं।

अधिकांश एच.आई.डी. लैम्पों में चुम्बकित बैलास्ट (ballast) प्रयुक्त की जाती है, परन्तु अब विद्युत बैलास्ट की लोकप्रियता में भी वृद्धि हो रही है। एच.आई.डी. लैम्प्स पूर्णतया गर्म हो जाते हैं, इसलिए इनको सीधे स्पर्श करने से बचाना चाहिए। एच.आई.डी. लैम्प्स प्रकाशित होने में कुछ समय लेते हैं तथा आन्तरिक एवं बाह्य दोनों प्रकाश व्यवस्थाओं में समान रूप से प्रयुक्त होते हैं।

3. फ्लोरोसैन्ट लाइटिंग Fluorescent Lighting

यह व्यावसायिक एवं शैक्षणिक इमारतों के लिए आदर्श प्रकाशीय प्रणाली है। फ्लोरोसैन्ट लैम्प फ्लोरेसैन्स के सिद्धान्त पर निर्मित किए जाते हैं। विद्युत ऊर्जा लैम्प के अन्दर गैस को उत्तेजित करती है, जिससे पराबैंगनी (ultraviolet) प्रकाश उत्पन्न होता है।

पराबैंगनी किरणें प्रतिक्रियास्वरूप फॉस्फोरस को उत्तेजित करती हैं, जोकि खनिजों (minerals) का बल्ब/लैम्प के अन्दर की ओर पेन्ट किया गया/लेपित मिश्रण है।

फॉस्फोरस को श्वेत प्रकाश के रंग-विशेष को रेडियेट करने के ध्येय से डिजाइन किया गया है। इसके परम्परागत रंग-प्रकारों में ठण्डा श्वेत, गर्म श्वेत तथा दिन का प्रकाश है।

4. सोडियम लाइटिंग Sodium Lighting

ये उच्च तथा निम्न दबाव वाले लैम्प होते हैं। सोडियम लैम्प पीला प्रकाश देते हैं, जिनमें उच्च दबाव वाले सोडियम लैम्प प्रति वाट बहुत उच्च ल्यूमेन्स देते हैं तथा ये सड़कों, पार्किंग, भारी औद्योगिक कार्यस्थलों और सुरक्षा जैसे अनुप्रयोगों में प्रयुक्त किए जाते हैं, जहाँ प्रकाश के रंग की भूमिका (role) या महत्ता (importance) होती है। निम्न दबाव वाले सोडियम लैम्पों की लाइटिंग क्षमता प्रति वाट और भी अधिक होती है, परन्तु उनका रंग सुरक्षा लाइटिंग के लिए उपयुक्त नहीं होता।

5. एल.ई.डी. या फाइबर ऑप्टिक्स लाइटिंग LED or Fibre Optics Lighting

LED (Light Emitting Diode) लैम्प आजकल वाहनों में बहुतायत से उपयोग किए जा रहे हैं। ये विभिन्न रंगों; जैसे—लाल, पीले, हरे, नीले व श्वेत में उपलब्ध होते हैं। वाहनों में इन्हें आन्तरिक लाइट, स्टॉप लाइट, सूचक लाइट हेतु प्रयोग किया जाता है। इनकी दृश्यता खराब मौसम में भी अच्छी होती है तथा इनकी कीमत भी अन्य बल्बों की अपेक्षाकृत कम होती है। वर्तमान में इस लाइटिंग का सर्वाधिक प्रचलित उपयोग IN या EXIT संकेतों तथा नियॉन साइनों के विकल्प रूप में किया जा रहा है।

6. स्मार्ट लाइटिंग Smart Lighting

यह ऊर्जा कार्यक्षमता में वृद्धि करने के उद्देश्य से डिजाइन की गई तकनीक है। इसमें उच्च कार्यक्षमता वाले फिक्स्चर्स तथा ऑटोमेटेड नियन्त्रण आते हैं, जो विविध स्थितियों में व्यवस्थापन के उद्देश्य से प्रयुक्त किए जाते हैं। जब वाहन पर भार आरोपित किया जाता है, तो उसका सस्पैन्शन कुछ नीचे तक झुक जाता है जिससे हैडलाइटों का सड़क की सतह पर कोण परिवर्तित हो जाता है तथा चालक सामने से आने वाले वाहनों को देख पाने में अक्षम होता है। इस स्थिति से बचने के लिए वाहनों में ऑटोमैटिक हैडलाइट लेवलिंग प्रणाली प्रयोग की जाती है, जिसे स्मार्ट लाइटिंग भी कहते हैं। इसमें एक सेन्सर लगा होता है जो हैडलाइट के सड़क पर बनने वाले कोण को मॉनीटर करके सूचना भेजता है, जिसके आधार पर हैडलाइट की स्थिति को एडजस्ट किया जा सकता है।

7. इन्स्ट्रूमेन्ट पैनल बोर्ड या डोम लाइटिंग Instrument Panel Board or Dome Lighting

इन्स्ट्रूमेन्ट पैनल बोर्ड को ही डोम लाइटिंग भी कहा जाता है। यह पैनल बोर्ड चालक के केबिन के ऊपर फिट किया जाता है। यह डैशबोर्ड पर लगे स्विच की सहायता से नियन्त्रित किया जाता है। कई बार दरवाजों (doors) के साथ माइक्रो स्विच को फिट कर दिया जाता है और जैसे ही दरवाजा खुलता है, माइक्रो स्विच प्रचालित होता है तथा डोम लाइट प्रज्वलित हो जाती है।

8. रिवर्स लाइटिंग Reverse Lighting

यह किसी वाहन को पीछे करते समय उसे प्रदान की जाने वाली प्रकाशीय चमक होती है और निकटवर्ती वाहनों एवं पथयात्रियों हेतु चेतावनी सदृश होती है। प्रत्येक वाहन एक या फिर दो रियर माउण्टेड, रियर फेसिंग लैम्प युक्त होना चाहिए। ये लैम्प राष्ट्रीय नियमावली के अनुरूप निर्धारित रंग से युक्त होते हैं। इसके उपयोग के मूल में वाहन को पीछे करते समय चेतावनी देनी होती है, जिससे कि वाहन के पीछे की ओर हो सकने वाली दुर्घटना की आशंका को कम किया जा सके।

15.5 प्रकाश सम्बन्धी सामान्य दोषोपचार General Troubleshooting Related to Lights

वाहनों में आजकल विविध रूपों में लाइटें लगी होती हैं। जब तक ये उपयुक्त रूप से कार्य करती हैं, तो ठीक अन्यथा ये बड़ी परेशानी का कारण भी बन सकती हैं। अत: एक योग्य तकनीशियन को इनसे सम्बन्धित दोषों, कारणों व उनके निवारणों से भली प्रकार अवगत होना चाहिए।

लाइटों से सम्बन्धित विभिन्न प्रकार के दोषों, उनके कारणों तथा निवारणों को नीचे तालिका में बताया गया है

तालिका

क्र.सं.	दोष	कारण	निवारण
1.	हैडलाइट नहीं जलती	वायरिंग कनैक्शन ढीले हैं। वायरिंग में ओपन सर्किट है। हैडलाइट स्विच कम्पोनेन्ट खराब है।	हैडलाइट तथा डैशबोर्ड के कनैक्शन चैक करें एवं उन्हें टाइट करें। हैडलाइट स्विच में प्रवाहित धारा चैक करें। यदि आवश्यक हो तो इसकी मरम्मत करें। हैडलाइट स्विच का परीक्षण करें। आवश्यक हो तो बदल दें।
2.	एक हैडलाइट कार्य नहीं करती	वायरिंग कनैक्शन ढीले हो सकते हैं। बल्ब फ्यूज है।	हैडलाइट तथा अर्थ कनैक्शन चैक करें। बल्ब बदलें।
3.	फ्लैश दर उच्च है या एक ही साइड फ्लैश होती है।	बल्ब फ्यूज है। वायरिंग में खुला परिपथ या अर्थ कमजोर है।	बल्ब बदलें। वायरिंग चैक करें।
4.	मोड़ इण्डीकेटर फ्लैश नहीं होता है	मोड़ संकेतक फ्लैशर यूनिट कार्य नहीं करती है।	फ्लैशर बदलें।
5.	हैजार्ड (Hazard) फ्लैशर लैम्प फ्लैश नहीं होता है।	सर्किट ब्रेकर या फ्यूज खराब है। फ्लैशर कार्य नहीं कर रहा है। वायरिंग में खुला परिपथ है।	सर्किट ब्रेकर या फ्यूज बदलें। फ्लैशर बदलें। वायरिंग चैक करें।
6.	सभी टेल लाइटें नहीं जलती हैं।	वायरिंग कनैक्शन ढीले हैं। वायरिंग में खुला परिपथ या अर्थ कमजोर है। स्विच खराब है। फ्यूज जल गया है।	वायरिंग कनैक्शन चैक करें। वायरिंग चैक करें व मरम्मत करें। स्विच बदलें। नया फ्यूज लगाएँ।
7.	बल्ब नहीं जलता है।	टर्मिनल कनैक्शन ढीले हैं। बैटरी डिस्चार्ज है। लाइट स्विच खराब है। बल्ब खराब है। वायरिंग खराब है। फ्यूज जल गया है। अर्थ कमजोर है।	टर्मिनल कसें। बैटरी चार्ज करें। लाइट स्विच बदलें। बल्ब बदलें। वायरिंग बदलें। नया फ्यूज लगाएँ। अर्थ वायर बदलें।
8.	बल्ब जलता-बुझता है	कनैक्शन ढीले हैं। सॉकेटों पर अर्थ कमजोर है।	कनैक्शनों को कसें। अर्थ बदलें।
9.	बल्ब लगातार जलता है।	चार्जिंग वोल्टेज उच्च है। बल्ब होल्ड पर अर्थ कमजोर है। बल्ब का प्रकार गलत है।	उचित मान का रैगुलेटर प्रयोग करें। अर्थ बदलें। उचित बल्ब का प्रयोग करें।
10.	बल्ब उचित प्रकाश उत्पन्न नहीं करता है।	बैटरी डिस्चार्ज है। बल्ब का फोकस सही नहीं है। रिफ्लैक्टर गंदा है। बल्ब पुराना है। रिफ्लैक्टर लैम्प पर उचित अर्थिंग नहीं की गई है।	बैटरी चार्ज करें। बल्ब का फोकस सही करें। रिफ्लैक्टर साफ करें। बल्ब बदलें। अर्थिंग पुनः करें।
11.	ब्रेक लाइट नहीं जलती है।	कनैक्शन ढीले हैं।	कनैक्शन कसें।
12.	ब्रेक लाइट जली रहती है।	वायरिंग में खुला परिपथ है। ब्रेक लाइट स्विच खराब है।	वायरिंग चैक करें। स्विच बदलें।

महत्त्वपूर्ण बिन्दु

- ड्राइवर द्वारा वाहनों को आसानी एवं सुरक्षापूर्वक चलाने के लिए वाहनों में लाइटिंग सिस्टम का उपयोग किया जाता है।
- विद्युत प्रकाश की किसी भी व्यवस्था में मुख्य अवयव बल्ब या लैम्प होता है।
- वाहनों में प्रायः सिंगल फिलामेण्ट तथा डबल फिलामेण्ट वाले बल्ब/लैम्प प्रयुक्त किए जाते हैं।
- सिंगल फिलामेण्ट बल्ब में दो इलेक्ट्रॉड जबकि डबल फिलामेण्ट बल्ब में तीन इलेक्ट्रॉड होते हैं।
- बल्ब/लैम्प पर अंकित शक्ति, बल्ब/लैम्प सम्बन्धी सूचना कहलाती है।
- वाहनों में प्रयुक्त की जाने वाली हैडलाइटें गोल, आयताकार या परवलयाकार होती हैं।
- हैडलाइट के अन्दर रिफ्लैक्टर, लेन्स व बल्ब के साथ होल्डर या सॉकेट फिट करने की व्यवस्था रहती है।
- हैडलाइट में लगे रिफ्लैक्टर पर शीशे जैसी चमक की पॉलिश रहती है, जिससे प्रकाश का रिफ्लैक्शन होता है।
- मानक सील्ड बीम हैडलाइट के लैम्प के अन्दर ऑर्गन गैस भरी होती है।
- हैलोजन लैम्प अन्य लैम्पों की अपेक्षा अधिक प्रकाश उत्पन्न करते हैं।
- कम्पोजिट हैडलाइट प्रणाली का प्रयोग करके वाहन निर्माता किसी भी प्रकार के हैडलाइट लेन्स बनाने में सक्षम हो जाते हैं।
- उच्च तीव्रता डिस्चार्ज हैडलाइट के लैम्प, ग्लोइंग फिलामेण्ट के स्थान पर इलेक्ट्रिक आर्क के रूप में प्रकाश की उत्पत्ति करते हैं।
- उच्च तीव्रता डिस्चार्ज लैम्प को जीनॉन (xenon) हैड लैम्प भी कहा जाता है।
- हैडलाइट की रोशनी, रिफ्लैक्टर तथा बल्ब की फिटिंग पर निर्भर करती है।
- लाइटिंग सिस्टम परिपथ का निर्माण विभिन्न प्रकाशीय अवयवों; जैसे—हैड लैम्प, फॉग लैम्प, वार्निंग लैम्प, ब्रेक लैम्प इत्यादि द्वारा किया जाता है।
- हैडलाइट परिपथ से संयोजित हैडलाइट वाहन चालक को सड़क मार्गों पर उचित दृश्यता प्रदान करती है।
- हैडलाइटों के स्वचालित डिपिंग/डिमिंग प्रचालन हेतु डिपर/डिमर परिपथ का उपयोग किया जाता है।
- डोम लाइट परिपथ का उपयोग वाहन की छतों में प्रयुक्त की जाने वाली लाइटों में किया जाता है।
- फॉग लाइटें सामान्यतया एक रिले व सर्किट ब्रेकर का प्रयोग करके बनाई जाती हैं।
- ट्रैफिक को रोकने अथवा धीमा होने का संकेत देने हेतु वाहनों में स्टॉप लाइट परिपथ द्वारा संचालित स्टॉप लाइटें लगाई जाती हैं।
- मोड़ संकेत परिपथ द्वारा संचालित लाइटें श्वेत प्रकाश उत्पन्न करती हैं।
- साइड लाइटों में सिंगल फिलामेण्ट के दो बल्ब तथा डबल फिलामेण्ट का एक बल्ब प्रयुक्त किया जाता है।
- इन्कैण्डेसैन्ट लैम्प में टंगस्टन का फिलामेण्ट उपयोग किया जाता है।
- व्यावसायिक एवं शैक्षणिक इमारतों में फ्लोरोसैन्ट लाइटिंग लगाई जाती है।
- ऐसे स्थान जहाँ प्रकाश के रंग की महत्ता या भूमिका होती है वहाँ सोडियम लाइटिंग का उपयोग किया जाता है।
- एल. ई. डी. विभिन्न रंगों में उपलब्ध है।
- स्मार्ट लाइटिंग ऊर्जा कार्यक्षमता में वृद्धि करने के उद्देश्य से डिजाइन की गई तकनीक है।
- इन्स्ट्रूमेन्ट पैनल बोर्ड को डोम लाइटिंग के नाम से भी जाना जाता है।
- रिवर्स लाइटिंग में प्रयुक्त लैम्प का रंग राष्ट्रीय नियमावली के अनुरूप निर्धारित किया गया होता है।
- एच. आई. डी. लाइटिंग का उपयोग प्रायः सड़कों पर, पार्किंग क्षेत्रों में तथा औद्योगिक कार्य सतहों पर किया जाता है।

महत्त्वपूर्ण प्रश्नोत्तरी

1. हैडलाइट में बल्ब को फोकस प्वॉइण्ट पर क्यों व्यवस्थित किया जाता है?

उत्तर हैडलाइट में बल्ब को फोकस प्वॉइण्ट पर व्यवस्थित किया जाता है, क्योंकि यदि बल्ब को फोकस प्वॉइण्ट के पीछे लगाया जाएगा तो रिफ्लैक्टर से निकली प्रकाश की किरणें अपसारी होंगी और यदि बल्ब को फोकस प्वॉइण्ट के आगे लगाया जाएगा तो प्रकाश की किरणें अभिसारी होंगी।

2. लाइटिंग सिस्टम से आप क्या समझते हैं?

उत्तर लाइटिंग सिस्टम एक ऐसा सिस्टम है, जो वाहन चालकों के लिए सड़क मार्गों पर अच्छी दृश्यता तथा वाहनों में प्रकाशीय सम्बन्धी उद्देश्यों की पूर्ति हेतु सुविधा प्रदान करता है।

3. वाहनों में स्टॉप लाइटों का प्रयोग क्यों किया जाता है?

उत्तर ट्रैफिक को रोकने अथवा धीमा होने का संकेत देने हेतु वाहनों में स्टॉप/ब्रेक लाइटों का प्रयोग किया जाता है।

4. वाहनों में रिवर्स लाइट लगाने का क्या उद्देश्य है?

उत्तर वाहनों में रिवर्स लाइट लगाने से सड़क की पूर्णतया चौड़ाई को देखा जा सकता है।

5. वाहनों में प्रयोग होने वाले लैम्पों के कम रोशनी देने के क्या कारण हैं?

उत्तर वाहनों में प्रयोग होने वाले लैम्पों के कम रोशनी देने के निम्न कारण हैं

(i) बल्ब ठीक प्रकार फिट न होना। (ii) बल्ब का काँच खराब हो जाना।

(iii) रिफ्लैक्टर खराब हो जाना। (iv) बैटरी डिस्चार्ज होना।

अभ्यास प्रश्न

परीक्षा प्रारूपी प्रश्न

बहुविकल्पीय

1. विद्युत प्रकाश की किसी भी व्यवस्था में मुख्य अवयव होता है
(a) बल्ब (b) फिलामेण्ट
(c) काँच का खोल (d) इलेक्ट्रॉड

2. डबल फिलामेण्ट बल्ब में प्रयुक्त किए जाने वाले इलेक्ट्रोडों की संख्या होती है
(a) दो (b) तीन
(c) चार (d) एक

3. चित्र में प्रदर्शित बल्ब है

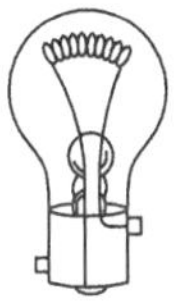

(a) सिंगल फिलामेण्ट बल्ब (b) डबल फिलामेण्ट बल्ब
(c) इलेक्ट्रॉड बल्ब (d) इनमें से कोई नहीं

4. वाहनों में प्रयुक्त हैडलाइट की बॉडी बनी होती है
(a) एल्युमीनियम की (b) कास्ट आयरन की
(c) स्टील की (d) ताँबे की

5. हैडलाइट द्वारा उत्पन्न रोशनी निर्भर करती है
(a) रिफ्लैक्टर पर
(b) बल्ब की फिटिंग पर
(c) 'a' और 'b' दोनों
(d) वाहन की प्रकृति पर

6. वाहनों की हैडलाइट में .... धारा व्यय होती है।
(a) 3 से 5 ऐम्पियर (b) 5 से 15 ऐम्पियर
(c) 13 से 15 ऐम्पियर (d) 35 से 45 ऐम्पियर

7. हैडलाइट में धात्विक सील्ड लगाई जाती है
(a) डिपर फिलामेण्ट के नीचे (b) डिपर फिलामेण्ट के ऊपर
(c) मेन फिलामेण्ट के नीचे (d) मेन फिलामेण्ट के ऊपर

8. निम्न में से कौन-सा एक हैडलाइट का भाग नहीं है?
(a) गैस्केट (b) बल्ब (c) रिफ्लैक्टर (d) बैटरी

9. निम्न में से कौन-सा एक हैडलाइट का प्रकार नहीं है?
(a) मानक सील्ड बीम (b) कम्पोजिट
(c) उच्च तीव्रता डिस्चार्ज (d) इनमें से कोई नहीं

10. हैलोजन सील्ड बीम हैडलाइट में प्रयुक्त बल्ब में भरी होती है
(a) ऑर्गन गैस (b) आयोडीन वाष्प
(c) नाइट्रोजन गैस (d) हाइड्रोजन गैस

11. ऑटोमोटिव उच्च तीव्रता डिस्चार्ज हैडलाइट को .... भी कहा जाता है।
(a) कम्पोजिस्ट हैडलाइट (b) हैलोजन सील्ड बीम
(c) जीनॉन हैड लैम्प (d) रिफ्लैक्टर

12. चित्र में प्रदर्शित हैडलाइट में प्रकाश व्यवस्थापन हेतु बल्ब की किस स्थिति को दर्शाया गया है?

(a) फोकस प्वॉइण्ट के पीछे बल्ब (b) फोकस प्वॉइण्ट के आगे बल्ब
(c) फोकस प्वॉइण्ट पर बल्ब (d) इनमें से कोई नहीं

13. नीचे दिए गए हैलोजन सील्ड बीम हैडलाइट के चित्र में भाग 'X' का नाम बताइए

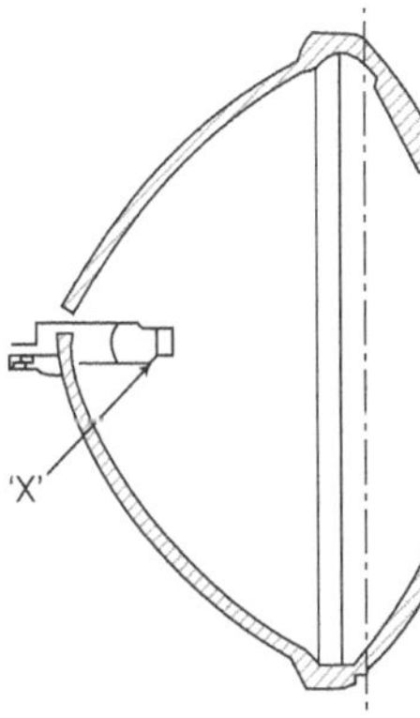

(a) फोकस (b) फिलामेण्ट
(c) हैलोजन एन्वेलप (d) सील्ड बीम यूनिट

14. वाहनों में प्रयुक्त लाइटिंग सिस्टम के निर्माण में प्रयुक्त अवयव है
(a) हैड लैम्प (b) फॉग लैम्प
(c) इन्टीरियर डोम लैम्प (d) ये सभी

15. हैडलाइट डिपर या डिमर परिपथ में ट्रांजिस्टर को निम्न में से किस रूप में प्रयोग किया जाता है?
(a) बैटरी (b) कम्पेरेटर
(c) आल्टरनेटर (d) डायनमो

16. वाहनों में फॉग लाइट का प्रयोग किया जाता है
(a) अधिक धुँध में सामने से आ रहे वाहनों को देखने हेतु
(b) पार्किंग में खड़ा करने हेतु
(c) मार्ग के पीछे से आ रहे वाहन को साइड देने हेतु
(d) उपरोक्त सभी

17. टेल लाइट में .... के बल्ब प्रयोग होते हैं।
(a) डबल फिलामेण्ट
(b) एकल फिलामेण्ट
(c) 'a' और 'b' दोनों
(d) उपरोक्त में से कोई नहीं

18. टेल लाइट के लिए प्रायः वाहनों में किस प्रकार के बल्ब का प्रयोग किया जाता है?
(a) प्री-फोकस (b) बायोनेट
(c) स्क्रू टाइप (d) कैरेज टाइप

19. मोड संकेत द्वारा संचालित लाइटें किस रंग का प्रकाश देती हैं?
(a) सफेद (b) पीला
(c) हरा (d) बैंगनी

20. निम्न में से किस लाइट का प्रयोग मार्ग के किनारे खड़े वाहन की स्थिति को स्पष्ट करने के लिए किया जाता है?
(a) साइड लाइट
(b) हैडलाइट
(c) ब्रेक लाइट
(d) फॉग लाइट

21. निम्न में से कौन-से लाइटिंग सिस्टम का प्रयोग सड़कों, पार्किंग क्षेत्रों तथा औद्योगिक कार्य सतहों पर किया जाता है?
(a) स्मार्ट लाइटिंग
(b) फ्लोरोसैन्ट लाइटिंग
(c) एच. आई. डी. लाइटिंग
(d) एल. ई. डी.

22. "ये वे लैम्प हैं जो ग्लोइंग फिलामेण्ट के स्थान पर इलेक्ट्रिक आर्क के रूप में प्रकाश की उत्पत्ति करते हैं।" यह कथन निम्न में से किस लैम्प से सम्बन्धित है?
(a) उच्च तीव्रता निर्वाहन हैडलाइट
(b) LED लैम्प
(c) 'a' और 'b' दोनों
(d) उपरोक्त में से कोई नहीं

23. सोडियम लैम्प किस रंग का प्रकाश उत्पन्न करते हैं?
(a) लाल (b) पीला
(c) हरा (d) नीला

24. निम्न कथनों में से असत्य कथन है
(a) सोडियम लैम्प प्रति वाट बहुत उच्च ल्यूमेन्स देते हैं
(b) निम्न दबाव वाले सोडियम लैम्पों के प्रकाश का रंग सुरक्षा लाइटिंग हेतु उपयुक्त नहीं है
(c) सोडियम लाइटिंग से पराबैंगनी प्रकाश उत्पन्न होता है
(d) एच.आई.डी. लैम्प प्रकाशित होने में कुछ समय लेते हैं

25. एल. ई. डी. का वाहनों में प्रयोग किया जाता है
(a) आन्तरिक लाइट हेतु
(b) स्टॉप लाइट हेतु
(c) सूचक लाइट हेतु
(d) उपरोक्त सभी

26. निम्न में से किस लाइटिंग का उपयोग IN तथा EXIT संकेतों तथा नियॉन साइनों के विकल्प के रूप में किया जाता है?
(a) स्मार्ट लाइटिंग
(b) फ्लोरोसैन्ट लाइटिंग
(c) सोडियम लाइटिंग
(d) एल.ई.डी. या फाइबर ऑप्टिक्स लाइटिंग

27. ऊर्जा कार्यक्षमता में वृद्धि करने के उद्देश्य से डिजाइन की गई तकनीक है
(a) एच.आई.डी. लाइटिंग
(b) स्मार्ट लाइटिंग
(c) सोडियम लाइटिंग
(d) इन्कैण्डेसैन्ट लाइटिंग

28. प्रकाशीय प्रणाली में लैम्प का न जलना निम्न में से किसका कारण हो सकता है?
(a) बैटरी का डिस्चार्ज होना
(b) ढीले या टूटे तार का होना
(c) बल्ब फ्यूज होना
(d) उपरोक्त सभी

29. वाहनों में लैम्पों के द्वारा कम रोशनी देने का कारण हो सकता है
(a) बैटरी का कमजोर होना
(b) रिफ्लैक्टर का खराब होना
(c) बल्ब का ठीक प्रकार से फिट न होना
(d) उपरोक्त सभी

30. वाहनों में लैम्पों का कभी तेज तथा कभी धीमे जलने का कारण निम्न में से कौन-सा नहीं है?
(a) बैटरी कमजोर होना
(b) लैम्प संयोजनों का ढीला होना
(c) बैटरी का आवेशित होना
(d) तारों का टूटा या ढीला होना

उत्तरमाला

1. (a)	2. (b)	3. (a)	4. (c)	5. (c)	6. (c)	7. (c)	8. (d)	9. (d)	10. (b)
11. (c)	12. (c)	13. (b)	14. (d)	15. (b)	16. (a)	17. (a)	18. (d)	19. (a)	20. (a)
21. (c)	22. (a)	23. (b)	24. (c)	25. (d)	26. (d)	27. (b)	28. (d)	29. (d)	30. (c)

अध्याय 16

हीटिंग, वैन्टीलेशन एवं एयर कण्डीशनिंग

Heating, Ventilation and Air Conditioning

परिचय Introduction

HVAC (Heating, Ventilation and Air Conditioning) एक ऐसी तकनीक है, जिसका उद्देश्य वाहनों में कूलिंग (cooling), हीटिंग (heating), वैन्टीलेशन (ventilation), रेगुलेशन (regulation), एयर कण्डीशनिंग (air conditioning) एवं ह्यूमिडिटी (humidity) उपलब्ध कराना है। विभिन्न प्रणालियाँ वाहनों में प्रवाहित होने वाली वायु को नियन्त्रित करने के लिए भिन्न-भिन्न प्रक्रमों को अपनाती हैं, परन्तु सभी प्रक्रम एक ही सिद्धान्त पर कार्य करते हैं।

HVAC प्रणाली सामान्यत: थर्मोडायनामिक्स, हाइड्रॉलिक मैकेनिक्स एवं हीट ट्रांसफर पर आधारित होती है। प्रस्तुत अध्याय में वायु रेगुलेशन के तीन केन्द्रीय कार्य हीटिंग, वैन्टीलेशन और एयर कण्डीशनिंग का वर्णन किया गया है।

अध्याय विषय सूची

16.1 HVAC विधान HVAC Legislation

ऑटोमोटिव एयर कण्डीशनिंग सिस्टम में प्रयोग होने वाली विभिन्न गैसों से वातावरण को दूषित होने से बचाने हेतु विभिन्न HVAC विधान बनाए गए हैं, जिनमें एयर कण्डीशनिंग प्लाण्ट में आवश्यक गैसों को प्राप्त करने हेतु लाइसेन्स जारी करने के नियम बनाए गए हैं, जिसके कारण एयर कण्डीशनिंग प्रणाली में उचित गैसों का उपयोग होने लगा है।

HVAC विधान में रेफ्रिजरेन्ट को उचित स्थान पर भण्डारित करने के नियम भी हैं।

16.2 वाहन हीटिंग प्रणाली Vehicle Heating System

यात्रियों के आराम एवं सुरक्षा को ध्यान में रखते हुए शुद्ध वायु बाहरी नलिकाओं द्वारा खींची जाती है तथा यात्री कम्पार्टमेन्ट में भेजी जाती है। ऐसा थकान को दूर करने एवं आराम व्यवस्थापन करने के उद्देश्य से किया जाता है।

इन्टर्नल कम्बशन इंजन में उत्पादित अधिकांश ऊष्मा व्यर्थ हो जाती है या फिर वातावरण में अवशोषित (absorb) हो जाती है। इसमें से कुछ ऊष्मा का उपयोग अन्दर आने वाली वायु को गर्म करने में किया जा सकता है।

वाटर कूलिंग इंजन (water cooling engine) में हीटर कोर एक छोटा रेडिएटर होता है, जिसमें ट्यूब्स, फिन्स एवं टैंक्स लगे होते हैं। यह डैश पैनल के नीचे लगा होता है, जहाँ से वायु कोर फिन्स के माध्यम से वाहन के इन्टीरियर में जाती है।

कूलेन्ट (coolant) का प्रवाह, इंजन वाटर पम्प द्वारा होता है। एक ऊष्मा रेगुलेशन वाल्व, हीटर कूलेन्ट हौज में हीटर कोर के माध्यम से कूलेन्ट की प्रवाहित मात्रा को व्यवस्थित करने हेतु स्थित होता है।

जब इंजन का प्रचालन सामान्य तापमान पर होता है, तो हीटर फिन्स में से कुछ ऊष्मा उनके ऊपर से गुजर रही वायु में स्थानान्तरित हो जाती है तथा ऊष्मित वायु यात्री कम्पार्टमेन्ट के तापमान में वृद्धि करती है।

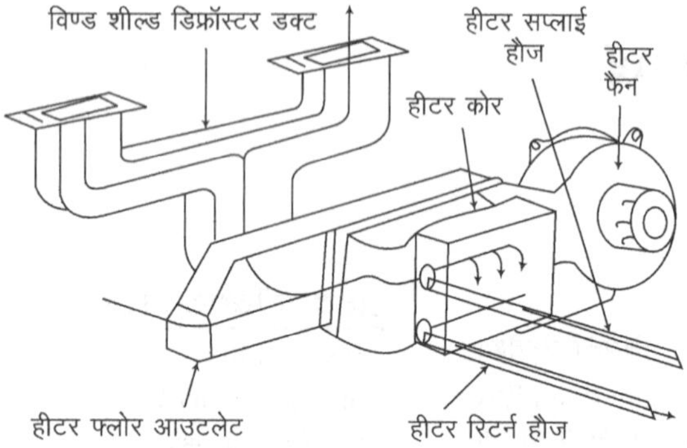

16.3 वैन्टीलेशन प्रणाली Ventilation System

वैन्टीलेशन प्रणाली एक ऐसी प्रणाली है, जो वाहनों में यात्री कम्पार्टमेन्ट में ताजी वायु लाने, कम्पार्टमेन्ट से वायु बाहर निकालने तथा वाहन के एग्जॉस्ट से निकलने वाली दूषित वायु को वाहन में आने से बचाने की सुविधा प्रदान करती है।

वाहनों के यात्री कम्पार्टमेन्ट में वायु को प्रवेश कराने हेतु विभिन्न विधियाँ प्रयोग में लाई जाती हैं, परन्तु इनमें से फ्लो थ्रू (flow through) विधि का ही प्रयोग मुख्य रूप से किया जाता है।

फ्लो थ्रू विधि में जब वाहन चल रहा होता है, तो बाहर की वायु यात्री कम्पार्टमेन्ट में जाती है, परन्तु वाहन की विराम स्थिति में हीटर फैन की सहायता से बाहर की वायु को यात्री कम्पार्टमेन्ट में भेजा जाता है।

कुछ वाहनों में वायु को यात्री कम्पार्टमेन्ट में भेजने के लिए उनके डैशबोर्ड के नीचे दो वेन्ट नोब लगी होती हैं।

बाईं नोब द्वारा बाएँ इनलेट से जाने वाली वायु तथा दाईं नोब द्वारा दाएँ इनलेट से जाने वाली वायु को नियन्त्रित किया जाता है। वैन्टीलेशन विधि को विद्युत द्वारा प्रचालित किया जाता है।

इस प्रणाली में स्क्विरल केज फैन युक्त एक ब्लोअर मोटर लगाई जाती है। इग्नीशन स्विच ऑन (ON) करने पर यह मोटर निम्न गति पर घूमकर वाहन के अन्दर आने वाली वायु को नियन्त्रित करती है।

16.4 शीतलन प्रणाली Cooling System

नोट शीतलन प्रणाली के अध्ययन हेतु अध्याय-17 का अवलोकन करें।

16.5 एयर कण्डीशनिंग प्रणाली Air Conditioning System

एयर कण्डीशनरों का उपयोग प्रारम्भ में कमरों अथवा विशेष स्थान को ठण्डा करने के लिए किया जाता था, परन्तु मनुष्य की आवश्यकताओं एवं एयर कण्डीशनरों के विकास के फलस्वरूप आजकल इनका उपयोग वाहनों में भी किया जाता है। कारों में छत के गर्म होने, इंजन गर्म होने और सूर्य के तेज ताप के कारण गर्मी अधिक रहती है और मनुष्यों को गर्मी के कारण परेशानी होती है। इस समस्या के समाधान हेतु कार में एयर कण्डीशनर लगाया जाता है। कार में प्रयुक्त ए.सी. प्रणाली अत्यधिक तेजी के साथ कार के आन्तरिक परिवेश को ठण्डा एवं सहज बना देती है। कार ए.सी. के द्वारा कूलिंग तापमान को यात्री अपनी सुविधा के अनुसार परिवर्तित कर सकते हैं।

कारों में प्रयुक्त एयर कण्डीशनिंग प्रणाली, सामान्य एयर कण्डीशनिंग प्रणाली के समान ही होती है, परन्तु इसमें कम्प्रैसर के लिए अलग से मोटर की आवश्यकता नहीं होती है, इसके लिए इंजन का ही प्रयोग किया जाता है। कार एयर कण्डीशनर आकार में छोटा होता है, परन्तु इसकी क्षमता अधिक होती है।

कार ए.सी. का प्रचालन सिद्धान्त Operating Principle of Car AC

कार ए.सी. का प्रचालन सिद्धान्त पूर्णतया ऊष्मा स्थानान्तरण पर आधारित होता है। ए.सी. की प्रक्रिया चार चरणों—एवैपोरेशन, कण्डेन्सेशन, कम्प्रैशन तथा एक्सपैन्शन में पूर्ण होती है। प्रथम चरण में वस्तु से ऊष्मा प्राप्त की जाती है। द्वितीय चरण में गैस जल में परिवर्तित होती है। तृतीय चरण में यह द्रव कम्प्रैस होकर गर्म हो जाता है। अन्तिम चरण में इस द्रव का दाब कम हो जाता है तथा इसका वेपोराइजेशन होने लगता है और स्थान ठण्डा हो जाता है।

एयर कण्डीशनिंग कैपेसिटी Air Conditioning Capacity

किसी भी एयर कण्डीशनर की क्षमता टन में व्यक्त की जाती है। एक टन के एयर कण्डीशनर का अर्थ है कि एक टन बर्फ को 32°F पर पिघलाने के लिए 24 घण्टों में आवश्यक ऊष्मा की मात्रा, जबकि ऊष्मा की मात्रा ब्रिटिश थर्मल यूनिट में मापी गई हो। एयर कण्डीशनिंग प्रणाली मुख्यतः 1 से 10 टन भार वाले वाहनों में लगाई जाती है।

एयर कण्डीशनिंग रेफ्रिजरेन्ट्स Air Conditioning Refrigerants

रेफ्रिजरेन्ट एक ऐसा पदार्थ है, जिसका प्रयोग रेफ्रिजरेटिंग सिस्टम में ऊष्मा स्थानान्तरण (heat transfer) हेतु माध्यम के रूप में किया जाता है। ऊष्मा को एवैपोरेटर से ग्रहण करके उसे कण्डेन्सर के द्वारा बाहरी वातावरण में छोड़ने वाले माध्यम को रेफ्रिजरेन्ट कहते हैं।

यह कम तापमान और कम दबाव पर एवैपोरेशन के द्वारा ऊष्मा को ग्रहण करता है और इसी ऊष्मा को उच्च तापमान व उच्च प्रेशर पर कण्डेन्सिंग (condensioning) द्वारा छोड़ता है। अत: रेफ्रिजरेन्ट एक ऐसा पदार्थ है, जो कूलिंग और फ्रीजिंग का प्रभाव उत्पन्न करता है तथा इसे तुरन्त तरल से वाष्प और वाष्प से तरल में बदला जा सकता है। रेफ्रिजरेन्ट ही पूरे रेफ्रिजरेशन चक्र में अपनी अवस्था बदलकर कम्प्रैसर, कण्डेन्सेशन, एक्सपैन्शन तथा एवैपोरेशन क्रियाओं द्वारा ठण्डक उत्पन्न करता है। गुप्त ऊष्मा के रूप में ऊष्मा स्थानान्तरित करने वाला रेफ्रिजरेन्ट, सेन्सिबल हीट ट्रांसफर करने वाले रेफ्रिजरेन्ट से अच्छा होता है। एयर कण्डीशनिंग में प्रयुक्त किए जाने वाले रेफ्रिजरेन्ट्स निम्न प्रकार हैं

1. **अमोनिया** Ammonia (NH_3)

यह रेफ्रिजरेन्ट नाइट्रोजन और हाइड्रोजन का रासायनिक यौगिक है। अमोनिया नशीली, थोड़ी विस्फोटक और कुछ स्थिति में ज्वलनशील भी होती है।

यह रेफ्रिजरेन्ट ऑयल में घुल जाता है तथा कण्डेन्सर और एवैपोरेटर क्वॉयल में जाने से पहले पृथक् हो जाता है। इसकी गुप्त ऊष्मा (313.53 kcal/kg) अधिक होने के कारण रेफ्रिजरेशन प्रभाव बहुत अधिक होता है। यह आइस प्लाण्ट (ice plant), बेकिंग प्लाण्ट, बड़े कोल्ड स्टोरेज आदि में प्रयोग होती है। अमोनिया के रिसाव परीक्षण के लिए गन्धक की छड़ (sulphur stick) प्रयोग की जाती है। जैसे ही गन्धक अमोनिया के सम्पर्क में आती है, तो सफेद धुआँ उत्पन्न होने लगता है। अमोनिया की विशिष्टताएँ निम्न प्रकार हैं

अणुभार = 17	क्वथनांक = – 33°C
हिमांक = – 77.8°C	क्रान्तिक तापमान = 133°C
वाष्प स्थिति में विशिष्ट ऊष्मा = .523 kcal/kg	विशिष्ट आयतन = 0.509 m^3/kg
एवैपोरेटर दाब 15°C पर = 2.41 kg/cm^2	कण्डेन्सिंग दाब = 11.91 kg/cm^2

2. **सल्फर डाइ-ऑक्साइड** Sulphur Dioxide (SO_2)

यह अधिक नशीला और तेज गन्ध वाला रेफ्रिजरेन्ट होता है। यह अज्वलनशील होने के साथ-साथ विस्फोटक भी नहीं होता है तथा कम प्रेशर पर कार्य करता है। यह रेफ्रिजरेन्ट धातुओं पर प्रभाव नहीं डालता है, परन्तु नमी के साथ मिलकर धातु पर विपरीत प्रभाव डालता है। यह तेल में घुलनशील नहीं है। यह रेफ्रिजरेन्ट पानी के साथ एसिड बनाता है, जिसका कुछ प्रभाव खाद्य पदार्थों पर भी आ जाता है, परन्तु कोई रासायनिक क्रिया नहीं होती है। इससे खाद्य पदार्थ सड़ने या गलने नहीं पाते। इसके रिसाव की जाँच के लिए अमोनिया को इसके समीप ले जाने पर सफेद धुआँ निकलता है। रिसाव वाले भाग पर अमोनिया में डूबे हुए कपड़े को लपेट दिया जाए तो रिसाव नहीं होता है। अमोनिया न होने पर लीकेज को साबुन के झाग से भी ठीक किया जा सकता है। सल्फर डाइ-ऑक्साइड की विशिष्टताएँ निम्न हैं

अणुभार = 64	हिमांक = – 75°C
एवैपोरेटर दाब – 15°C पर = 0.823 kg/cm^2	क्वथनांक = – 10°C
क्रिटिकल तापमान = 3°C	कण्डेन्सिंग दाब = 4.71 kg/cm^2

3. **कार्बन डाइ-ऑक्साइड** Carbon Dioxide (CO_2)

यह रेफ्रिजरेन्ट आजकल यान्त्रिकीय रेफ्रिजरेशन (mechanical refrigeration) में प्रयोग किया जाता है। यह रंगहीन और गन्धरहित होता है तथा यह विस्फोटक नहीं है और न ही ज्वलनशील है। यह नशीला भी नहीं है। यह तेल से हल्का होता है, इस कारण तेल में घुलनशील नहीं है। इसके रिसाव को साबुन के झाग से ज्ञात किया जाता है। यह अधिक रेफ्रिजरेशन प्रभाव और कम स्थान वाले एयर कण्डीशनिंग संयन्त्र में प्रयोग किया जाता है।

4. **फ्रिऑन-11** Freon-11 (CCl_3F)

यह अज्वलनशील, अविषैला और जंग न लगने वाला रेफ्रिजरेन्ट होता है। इसका क्वथनांक 23.8°C है। यह बड़े-बड़े एयर कण्डीशनिंग संयन्त्र में प्रयोग किया जाता है। इसके लिए सेन्ट्रीफ्यूगल कम्प्रैसर का प्रयोग किया जाता है, क्योंकि इस रेफ्रिजरेन्ट का ऑपरेटिंग प्रेशर कम होता है। इसका अणुभार 137.38 और कम्प्रैशन अनुपात 6.24 तथा वाष्प का आपेक्षित घनत्व –15° C पर 0.8 m^3/ kg है। इसका प्रयोग 50% क्षमता वाली मशीनों में किया जाता है।

5. **फ्रिऑन-12** Freon-12 (CCl_2F_2)

फ्रिऑन-12 रेफ्रिजरेन्ट को तीनों प्रकार के कम्प्रैसर— रेसीप्रोकेटिंग, रोटरी और सेन्ट्रीफ्यूगल में से किसी में भी प्रयोग किया जा सकता है। सामान्यत: यह रेफ्रिजरेन्ट धातुओं पर जंग नहीं लगने देता है, जो धातु के उपकरण आदि रेफ्रिजरेटिंग इकाई में प्रयोग होते हैं। यह पानी में कम घुलनशील होता है। पानी की उपस्थिति में पीतल, स्टील व ताँबे को रंगहीन बना देता है। यह अज्वलनशील होता है। इसकी विशिष्टताएँ निम्न तालिका में दर्शायी गई हैं

फ्रिऑन-12 का अणुभार = 120.9	एवैपोरेटर दाब = 1.862 kg/cm^2
कण्डेन्सिंग दाब 30°C पर = 7.50 kg/cm^2	विशिष्ट आयतन = 0093m^3/kg
गुप्त ऊष्मा = 38.5 kcal/kg –15°C पर	विशिष्ट ऊष्मा = 0.243
क्रान्तिक तापमान = 111.7°C	विसर्जन तापमान = 38°C

6. **फ्रिऑन-13** Freon-13 (CCl_3)

इसका पूरा नाम मोनो-क्लोरो ट्राई फ्लोरो मीथेन है। यह रेफ्रिजरेन्ट कम तापमान वाले रेफ्रिजरेशन एवं एयर कण्डीशनिंग उपकरणों में प्रयोग होता है। यह रेफ्रिजरेन्ट रेसिप्रोकेटिंग कम्प्रैसरों के लिए उपयुक्त रहता है। इसका क्वथनांक –45° C, हिमांक – 145° C तथा क्रान्तिक तापमान 29° C होता है।

7. **फ्रिऑन-14** Freon-14 (CF_4)

इसका पूरा नाम टेट्रा-फ्लोरो मीथेन है। यह औद्योगिक रेफ्रिजरेशन संयन्त्रों में प्रयोग होता है। इसमें भी रेसीप्रोकेटिंग कम्प्रैसर प्रयोग किया जाता है। इसका क्वथनांक 92° C, हिमांक –155° C तथा क्रान्तिक तापमान 10° C होता है।

8. **फ्रिऑन-21** Freon-21 ($CHCl_2F$)

इसका पूरा नाम डाइ-क्लोरो मोनो-फ्लोरो मीथेन है। यह कम हॉर्स पावर वाले घरेलू रेफ्रिजरेशन संयन्त्र में प्रयोग किया जाता है।

यह सिंगल स्टेज या मल्टीस्टेज के कम्प्रैसर के साथ औद्योगिक एयर कण्डीशनरों में प्रयोग होता है। इसकी रेफ्रिजरेशन क्षमता 100 टन होती है। इसकी विशिष्टताएँ निम्न तालिका में दर्शाई गई हैं

क्वथनांक = – 45°C	हिमांक = 135°C
क्रान्तिक तापमान = 123°C	क्रान्तिक दाब = 75°C पौण्ड/वर्ग इंच

9. फ्रिऑन-22 Freon-22

इस रेफ्रिजरेन्ट का पूरा नाम मोनो-क्लोरो डाइ-फ्लोरो मीथेन है। यह आवश्यक रेफ्रिजरेशन प्रभाव उत्पन्न करने के लिए पॉजिटिव प्रैशर (positive pressure) पर कार्य करता है। यह नमी को शीघ्रता से शोषित कर लेता है। इसकी रेफ्रिजरेशन क्षमता F-12 से 60% अधिक होती है। इसके लिए कम व्यास के पाइप प्रयोग किए जाते हैं। यह घरेलू और व्यापारिक रेफ्रिजरेशन एवं एयर कण्डीशनिंग संयन्त्रों में प्रयोग किया जाता है। इसकी विशिष्टताएँ निम्न तालिका में दर्शायी गई हैं

अणुभार = 48.48	क्वथनांक = – 40.8°C
हिमांक = –160°C	क्रान्तिक तापमान = 96°C
क्रान्तिक दाब = 50.34 kg/cm³	विशिष्ट ऊष्मा = 0.03
विशिष्ट आयतन = 15 cubic metre/kg	एवैपोरेटिव दाब = 3.03 kgf/cm²

10. फ्रिऑन-113 Freon-113 ($C_2Cl_3F_3$)

इसका पूरा नाम ट्राइ-क्लोरो ट्राइ-फ्लोरो ईथेन है। यह चार या इससे अधिक स्टेज के सेन्ट्रीफ्यूगल कम्प्रैसरों में प्रयोग किया जाता है। इसकी विशिष्टताएँ निम्न तालिका में दर्शायी गई हैं

क्वथनांक = – 47.6°C	हिमांक = – 35°C
क्रान्तिक तापमान = 214°C	क्रान्तिक दाब = 34.8 kgf/cm²
वायुमण्डलीय दाब पर विशिष्ट गुरुत्व = 1.559	द्रव विशिष्ट ऊष्मा –15°C पर = 0.21
एवैपोरेटर दाब = 0.0704 kgf/cm²	कण्डेन्सिंग दाब = 0.5527 kgf/cm²

11. फ्रिऑन-114 Freon-114 ($C_2Cl_2F_4$)

इसका पूरा नाम डाइ-क्लोरो टेट्रा-फ्लोरो ईथेन है। यह घरेलू रेफ्रिजरेशन प्रणालियों और पानी के कूलरों में प्रयोग होता है। इसके लिए सील्ड रोटरी टाइप कम्प्रैसर का प्रयोग होता है। यह व्यापारिक एयर कण्डीशनरों में भी प्रयुक्त होता है। इसका क्वथनांक 3.3°C तथा हैड प्रैशर (30°C पर) 21 पौण्ड/वर्ग इंच होता है।

12. मिथाइल क्लोराइड Methyl Chloride (CH_3Cl)

मिथाइल क्लोराइड की हल्की गन्ध होती है, जो मनुष्यों, खाद्य पदार्थ और ऊनी व रेशमी वस्त्रों पर हानिकारक प्रभाव नहीं डालती है। यह रेफ्रिजरेन्ट स्वयं उत्तेजक नहीं है, परन्तु अन्य किसी पदार्थ के मिलाने पर शीघ्र क्रिया होने लगती है। ऐसे मिलाने वाले पदार्थ वार्निंग एजेण्ट कहलाते हैं।

इसमें वार्निंग एजेण्ट के रूप में 1% एकरोलीन पदार्थ मिलाया जाता है, जिससे शीघ्रता से अभिक्रिया होती है। इसके रिसाव को हैलाइड टॉर्च से ज्ञात किया जाता है। इस टॉर्च में एल्कोहॉल का प्रयोग होता है।

रिसाव वाले स्थान पर प्रारम्भ में हरे रंग की लौ दिखाई देती है तथा फिर गहरी पीली लौ हो जाती है।

इसकी विशिष्टताएँ निम्न तालिका में दर्शायी गई हैं

क्वथनांक = –22.8°C	हिमांक = – 97.8°C
क्रान्तिक ताप = 152°C	क्रान्तिक दाब = 68.1 kgf/cm²
विशिष्ट गुरुत्व = 1.002	द्रव विशिष्ट ऊष्मा = 0.38
एवैपोरेटर दाब = 1.487 kgf/cm²	कण्डेन्सिंग दाब = 6.658 kgf/cm²

13. रेफ्रिजरेन्ट R-134a Refrigerant R-134a

यह रेफ्रिजरेन्ट अज्वलनशील (non-flammable) होता है। इसे फ्रिऑन-12 रेफ्रिजरेन्ट के स्थान पर प्रयुक्त किया जा सकता है। फ्रिऑन-12 रेफ्रिजरेन्ट के स्थान पर R-134a को चार्ज करने से पहले फ्रिऑन कम्प्रैसर के मिनरल ऑयल को पूरी तरह बदल लेना चाहिए।

इसके स्थान पर R-134a पॉलीऑल एस्टर ऑयल (polyol easter oil) प्रयोग करना चाहिए। यह तेल वायुमण्डलीय वातावरण से अधिक मात्रा में नमी को ग्रहण करता है, इसलिए इसके कम्प्रैसर को 15 मिनट से अधिक खुला नहीं रखना चाहिए। रेफ्रिजरेन्ट R-134a की विशिष्टताएँ निम्न तालिका में दर्शायी गई हैं

अणुभार = 44	हिमांक = – 56.6°C
गुप्त ऊष्मा – 15°C पर = 65.2 kcal/kg	एवैपोरेटर दाब –15°C पर = 23.7 kgf/cm²
क्वथनांक = –775°C	विशिष्ट ऊष्मा 30°C पर = 1.95 kcal/kg
विशिष्ट आयतन = 0.17 m³/ kg	कण्डेन्सिंग दाब 30°C पर = 11.5 kgf/cm²

16.6 कार एयर कण्डीशनर की कार्यविधि Working of Car Air Conditioner

कार ए. सी. के रेफ्रिजरेशन चक्र को निम्न चित्र में दर्शाया गया है

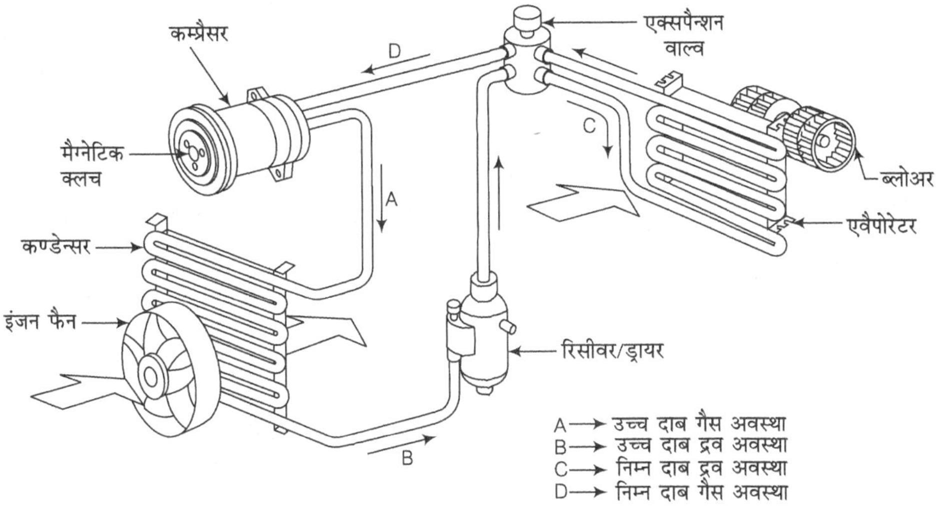

चित्र कार एयर कण्डीशनर की कार्यविधि

कार ए.सी. के रेफ्रिजरेशन चक्र में तरल रेफ्रिजरेन्ट रिसीवर में एकत्र रहता है। रिसीवर से यह रेफ्रिजरेन्ट फिल्टर एवं ड्रायर में भेजा जाता है, जहाँ इसमें उपस्थित नमी तथा अशुद्धियों को पृथक् किया जाता है। रेफ्रिजरेशन चक्र में प्रयुक्त थर्मोस्टेटिक एक्सपैन्शन वाल्व द्वारा शुद्ध एवं शुष्क तरल रेफ्रिजरेन्ट एवैपोरेटर में भेजा जाता है।

एवैपोरेटर के अन्दर तरल रेफ्रिजरेन्ट कार के आन्तरिक परिवेश से ऊष्मा को ग्रहण कर लेता है, जिससे रेफ्रिजरेन्ट ऊष्मा प्राप्त करके वाष्प में परिवर्तित हो जाता है तथा कार का आन्तरिक परिवेश ऊष्मा त्यागकर ठण्डा हो जाता है। एवैपोरेटर के पीछे लगा ब्लोअर ठण्डी वायु को कार में सर्कुलेट करके ठण्डक बनाए रखता है।

एवैपोरेटर से प्राप्त उच्च ताप की रेफ्रिजरेन्ट वाष्प को कम्प्रैसर में भेजा जाता है। कम्प्रैसर द्वारा रेफ्रिजरेन्ट वाष्प को उच्च दाब पर कम्प्रैस किया जाता है। यहाँ से उच्च ताप व उच्च दाब की रेफ्रिजरेन्ट वाष्प कण्डेन्सर में चली जाती है।

कण्डेन्सर में रेफ्रिजरेन्ट ठण्डा होकर तरल रूप में परिवर्तित हो जाता है तथा यहाँ से यह रिसीवर में एकत्र हो जाता है। यही प्रक्रिया निरन्तर चलती रहती है तथा कार में ठण्डक बनी रहती है।

एवैपोरेटर द्वारा कार के आन्तरिक परिवेश में उपस्थित नमी को अवशोषित करने के कारण, एवैपोरेटर की तली (bottom) में पानी एकत्र होता रहता है, जिसे ड्रेन पाइप द्वारा बाहर निकाल दिया जाता है।

कार ए.सी. के रेफ्रिजरेशन चक्र में रेफ्रिजरेन्ट स्तर की जाँच के लिए फिल्टर के आउटलेट पर एक साइट ग्लास (sight glass) लगा होता है। यदि साइट ग्लास में बुलबुले आते हों, तब रेफ्रिजरेशन चक्र में रेफ्रिजरेन्ट की कमी का पता चलता है। रेफ्रिजरेशन को प्रणाली में चार्ज करने के लिए रिसीवर के इनलेट पर एक चार्ज वाल्व लगा होता है।

रेफ्रिजरेशन चक्र में एवैपोरेटर के पास, कार के आन्तरिक परिवेश में एक थर्मोस्टेट लगा होता है। इसका प्रयोग तापमान नियन्त्रक युक्ति के रूप में किया जाता है। जब कार के अन्दर का तापमान बढ़ जाता है, तो थर्मोस्टेटिक कॉन्टैक्ट (thermostatic contact) बन्द हो जाते हैं, जिससे विद्युत धारा, कम्प्रैसर की बॉडी पर लगी क्वॉयल में से गुजरती है। कम्प्रैसर की शाफ्ट पर एक मैग्नेटिक क्लच प्लेट फिट होती है।

जब विद्युत धारा क्वॉयल से होकर मैग्नेटिक क्लच से गुजरती है, तो यह क्लच, कम्प्रैसर को इंजन शाफ्ट से जोड़कर चालू कर देती है। जब कार का तापमान कम हो जाता है, तो थर्मोस्टेटिक कॉन्टैक्ट खुल जाते हैं, जिससे मैग्नेटिक क्लच में धारा का प्रवाह रुक जाता है तथा कम्प्रैसर इंजन शाफ्ट से अलग हो जाता है, जिससे कम्प्रैसर बन्द हो जाता है।

16.7 कार एयर कण्डीशनर के मुख्य अवयव Main Components of Car Air Conditioner

कार ए. सी. के मुख्य अवयव निम्न प्रकार हैं

1. एवैपोरेटर Evaporator

यह रेफ्रिजरेशन प्रणाली का वह भाग है, जिसमें द्रव रेफ्रिजरेन्ट का वाष्पीकरण (vaporisation) होता है और यह वहाँ ठण्डक उत्पन्न करता है, जिस स्थान को कण्डेन्स्ड करना होता है। ये निम्न दो प्रकार के होते हैं

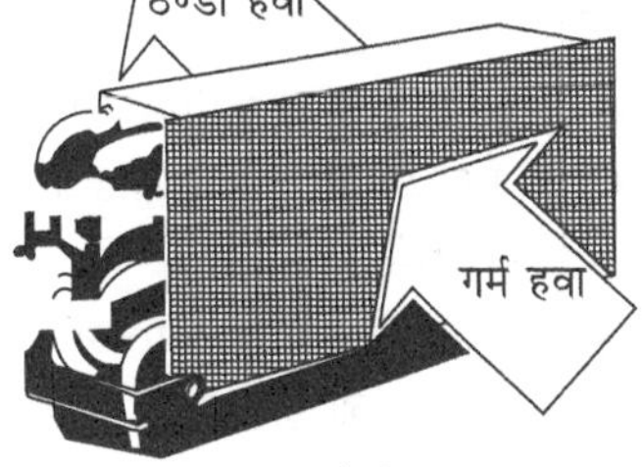

चित्र एवैपोरेटर

(i) फ्लॉडेड टाइप एवैपोरेटर Flooded Type Evaporator

फ्लॉडेड टाइप एवैपोरेटर में रेफ्रिजरेन्ट द्रव व वाष्प दोनों अवस्थाओं में होता है। इसका प्रयोग बड़े प्लाण्टों में किया जाता है। रेफ्रिजरेन्ट लेवल के लिए फ्लोट वाल्व लगा होता है। ये एवैपोरेटर बनावट में बड़े होते हैं। इनमें रेफ्रिजरेन्ट अधिक मात्रा में प्रयोग किए जाते हैं।

(ii) ड्राई टाइप एवैपोरेटर Dry Type Evaporator

ड्राई टाइप एवैपोरेटर 150 टन क्षमता तक के होते हैं। इनकी ट्यूबें रेफ्रिजरेन्ट की वाष्पों से भरी होती हैं तथा रेफ्रिजरेन्ट की मात्रा का नियन्त्रण एक्सपैन्शन वाल्व या कैपिलरी ट्यूब से किया जाता है। ये बनावट के अनुसार बेयर ट्यूब, प्लेट सर्फेस और फिन्स प्रकार के होते हैं। इनमें प्रयुक्त ट्यूबों की लम्बाई व व्यास निश्चित होता है।

2. कम्प्रैसर Compressor

कम्प्रैसर एवैपोरेटर से प्राप्त रेफ्रिजरेन्ट वाष्प को कम्प्रैस करके उच्च ताप एवं उच्च दाब के रेफ्रिजरेन्ट में परिवर्तित करता है। कम्प्रैसर को इंजन के साथ बैल्ट द्वारा जोड़ा जाता है। इसकी स्पीड इंजन की स्पीड के साथ कम या अधिक होती रहती है तथा कार के खड़ी रहने पर ए.सी. भी नहीं चलता है।

इस समस्या के निवारण हेतु अब कम्प्रैसर को अलग मोटर से चलाया जाता है, जिससे कार की स्पीड कम या अधिक होने पर तथा कार के खड़ी रहने पर भी एयर कण्डीशनर चलता रहता है। इस कार्य के लिए 6 सिलेण्डर रोटरी और ड्यूल एक्शन पिस्टन टाइप कम्प्रैसर प्रयोग किया जाता है। सक्शन और डिस्जार्च वाल्व कम्प्रैसर के अन्त में सिलेण्डर असेम्बली तथा हैड के बीच प्लेट में लगे होते हैं।

इनके सिरे एक-दूसरे के साथ मजबूती से जुड़े होते हैं। इसके प्रत्येक सिलेण्डर हैड में सक्शन और डिस्जार्च कैविटी होती है। हैड में सक्शन कैविटी के बीच में ऑयल पम्प कैविटी होती है। दोनों कैविटी सील होती हैं। कम्प्रैसर के पिछले भाग पर ऑयल पम्प लगा होता है, जो कम्प्रैसर की सतह से तेल लेकर इसके आन्तरिक भागों में भेज देता है।

चित्र कम्प्रैसर

3. मैग्नेटिक क्लच Magnetic Clutch

जब कार में ए.सी. को लगाया जाता है, तो कम्प्रैसर को चलाने के लिए इंजन के साथ पुली असेम्बली में मैग्नेटिक क्लच (magnetic clutch) का प्रयोग किया जाता है। यह मैग्नेटिक क्लच विद्युत द्वारा प्रचालित होता है।

क्लच को विद्युत सप्लाई प्रदान करके कम्प्रैसर को चलाया जाता है। मैग्नेटिक क्लच में एक आर्मेचर लगा होता है, जो ड्राइव प्लेट असेम्बली (drive plate assembly) का एक भाग है।

आर्मेचर ड्राइव प्लेट असेम्बली के साथ ही गति करता है तथा ड्राइव स्प्रिंगों के मध्य हब पर लगा होता है।

हब को कम्प्रैसर की शाफ्ट से संयोजित किया जाता है। इस हब के साथ हब एवं शू असेम्बली, क्लच बियरिंग, बियरिंग स्नैप रिंग, हब स्नैप रिंग तथा पुली असेम्बली लगे होते हैं। पुली असेम्बली में पुली रिम, पावर एलीमेन्ट रिम और पुली हब आदि भाग होते हैं।

पावर एलीमेन्ट रिम में एक इलेक्ट्रोमैग्नेटिक (electromagnetic) परिपथ होता है। जैसे ही ए.सी. को चालू किया जाता है, इलेक्ट्रोमैग्नेटिक परिपथ एक चुम्बकीय बल उत्पन्न करता है, जो आर्मेचर को पुली के सम्पर्क में लाने के लिए आगे की ओर आकर्षित करता है और कम्प्रैसर स्टार्ट हो जाता है।

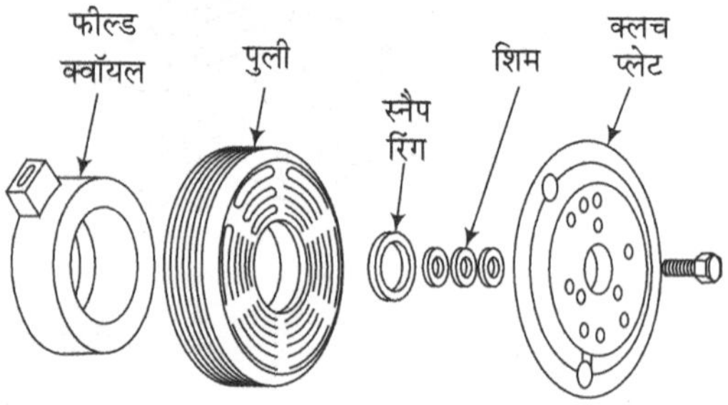

चित्र मैग्नेटिक क्लच

4. रिसीवर/ड्रायर Receiver/Dryer

ड्रायर एक ऐसा उपकरण है, जिसका प्रयोग एयर कण्डीशनिंग में नमी को सुखाने में किया जाता है। एयर कण्डीशनिंग में नमी जब अन्दर चली जाती है, तो एयर कण्डीशनर सही कार्य नहीं कर पाता है, इसलिए एयर कण्डीशनर के अन्दर नमी को पूर्णतया खत्म करने हेतु इसका प्रयोग करते हैं।

नमी को कम करने के लिए कुछ निर्माता स्ट्रेनर-ड्रायर का प्रयोग करते हैं, जिसमें अलग से स्ट्रेनर प्रयोग नहीं किया जाता। ड्रायर में मुख्यत: नमी सोखने वाले पदार्थ भरे होते हैं, जिनमें क्रियाशील एल्युमिना, कैल्शियम सल्फेट और सिलिका जैल आदि प्रयोग किए जाते हैं। इन्हें बदला भी जा सकता है।

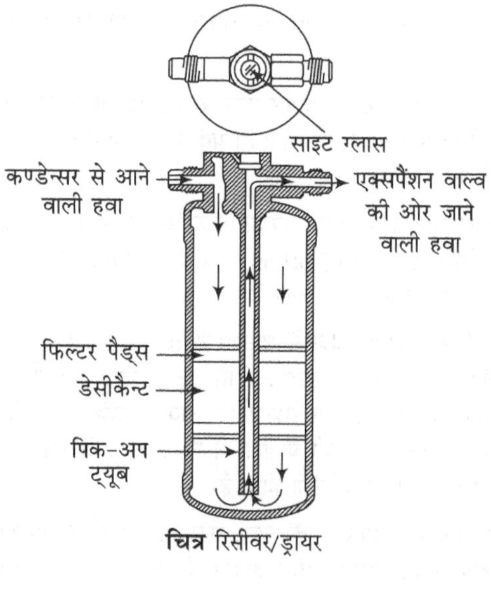

चित्र रिसीवर/ड्रायर

5. सक्शन व डिस्चार्ज लाइन तथा हौजेस Suction and Discharge Line and Hoses

एवैपोरेटर और मोटर कम्प्रैसर के बीच में रेफ्रिजरेन्ट जिन ट्यूबों के द्वारा बहता है, उन्हें सक्शन लाइन (suction line) कहते हैं। यह लो प्रैशर की ओर होती है। इस कार्य हेतु हौज का भी प्रयोग किया जा सकता है। हौज एक विशिष्ट कृत्रिम प्रबलित रबर से बना होता है।

मोटर कम्प्रैसर और कण्डेन्सर के बीच में हाई प्रैशर की ओर जो लाइन होती है, उसे डिस्चार्ज लाइन (discharge line) कहते हैं। सक्शन लाइन व डिस्चार्ज लाइन की ट्यूबें ताँबे (copper) से बनाई जाती हैं, क्योंकि ये आसानी से बैण्ड (bend) हो जाती हैं और क्रिम्पिंग (crimping) नहीं हो पाती हैं। इन ट्यूबों पर रेफ्रिजरेन्ट को नष्ट करने वाला प्रभाव नहीं होता है। इन ट्यूबों के जोड़ रिसावरहित बनाए जाते हैं।

6. कण्डेन्सर Condenser

यह मैकेनिकल कूलिंग प्रणाली का प्रमुख भाग है। यह रेफ्रिजरेन्ट वाष्प को ठण्डा करके द्रव में परिवर्तित करता है। इसका कार्य एवैपोरेटर के बिल्कुल विपरीत होता है। यह कम्प्रैसर व रिसीवर के बीच में लगाया जाता है, जिस ओर रेफ्रिजरेन्ट बहता है। यह हाई प्रैशर (high pressure) की ओर तथा एवैपोरेटर लो प्रैशर (low pressure) की ओर लगाया जाता है। कमरे की एयर कण्डीशनिंग में एयर कूलिंग कण्डेन्सर लगाया जाता है।

इसका प्रयोग 2 HP से कम की प्रणाली में किया जाता है। इसमें हवा का स्थानान्तरण हवा द्वारा ही होता है। यह प्राकृतिक हवा के द्वारा या पंखे से भेजी गई हवा द्वारा रेफ्रिजरेन्ट वाष्प को ठण्डा करता है। इसका प्रयोग वहाँ किया जाता है, जहाँ पानी की कमी होती है।

वाटर कूलिंग कण्डेन्सर में कूलिंग माध्यम के रूप में पानी का प्रयोग किया जाता है। कण्डेन्सरों में रेफ्रिजरेन्ट वेपर को ठण्डा करने और द्रव में परिवर्तित करने के लिए जल का प्रयोग किया जाता है। सेन्ट्रल एयर कण्डीशनरों में अधिक क्षमता वाले जल कूलिंग कण्डेन्सर का प्रयोग किया जाता है। कण्डेन्सर के चारों ओर वाटर जैकेट लगी होती है, जिसमें पानी भरा होता है।

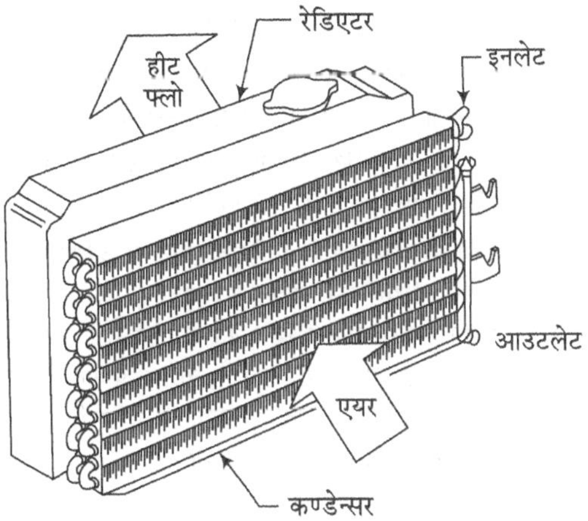

चित्र कण्डेन्सर की कार्यप्रणाली

16.8 आर्द्रता Humidity

आर्द्रता, वायु में जल वाष्प (water vapour) की मात्रा है। जल वाष्प जल की गैसीय अवस्था है, जो अदृश्य होती है। आर्द्रता ओस या धुन्ध के प्रभाव को इंगित करती है। यह प्रभाव ऊष्मा इण्डेक्स की सहायता से ज्ञात किया जाता है। आर्द्रता को मापने एवं नियमित करने में विभिन्न युक्तियों (devices) का उपयोग किया जाता है।

आर्द्रता के प्रकार Types of Humidity

आर्द्रता मुख्यत: निम्न तीन प्रकार की होती है

1. निरपेक्ष आर्द्रता Absolute Humidity

प्रति घन मीटर शुष्क वायु में उपस्थित जल वाष्प की मात्रा को निरपेक्ष आर्द्रता कहते हैं अर्थात् यह जल वाष्प में दिए गए वायु के आयतन का कुल सम्बन्धित द्रव्यमान (mass) है, जो प्रतिफल (return) रूप में तापमान नहीं लेता। पूर्ण (absolute) आर्द्रता, वायु, तापमान या दाब के साथ परिवर्तित होती है।

2. आपेक्षिक आर्द्रता Relative Humidity

वायु व जल के मिश्रण की आपेक्षिक आर्द्रता को एक दिए हुए तापमान पर जल व वाष्प के आंशिक दबाव तथा जल के सन्तृप्त वाष्प दबाव के मिश्रण के अनुपात के रूप में परिभाषित किया जाता है। इस प्रकार वायु की आपेक्षिक आर्द्रता जल तत्त्व (content) एवं तापमान दोनों का कार्य है।

3. विशिष्ट आर्द्रता Specific Humidity

द्रव्यमान के आधार पर किसी मिश्रण के जल वाष्प तत्त्व का कुल वायु तत्त्व हेतु अनुपात विशिष्ट आर्द्रता कहलाता है अर्थात् प्रति किग्रा शुष्क वायु में उपस्थित जल वाष्प की मात्रा विशिष्ट आर्द्रता कहलाती है। वायुमण्डलीय वायु में उपस्थित जल वाष्प सदैव शुष्क अवस्था में होती है। इसे आर्द्रता अनुपात (humidity ratio) भी कहा जाता है।

16.9 कार ए.सी. में प्रयुक्त नियन्त्रक युक्तियाँ Control Devices Used in Car AC

कार ए.सी. में प्रयुक्त की जाने वाली नियन्त्रण युक्तियाँ निम्न प्रकार हैं

1. थर्मोस्टेटिक एक्सपैन्शन वाल्व Thermostatic Expansion Valve

थर्मोस्टेटिक एक्सपैन्शन वाल्व अथवा TX वाल्व एक प्रैशर रेगुलेटिंग युक्ति है, जो एयर कण्डीशनिंग प्रणाली में रेफ्रिजरेन्ट के बहाव के प्रैशर को रेगुलेट करती है, जिससे एवैपोरेटर से निकलने वाला रेफ्रिजरेन्ट गैसीय अवस्था में बना रहता है।

यदि कम्प्रैसर में द्रवीय रेफ्रिजरेन्ट जाएगा, तो कम्प्रैसर के खराब होने की सम्भावना बनी रहती है। TX वाल्व को कण्डेन्सर आउटलेट तथा एवैपोरेटर इनलेट की द्रव लाइन के मध्य संयोजित किया जाता है।

थर्मोस्टेटिक एक्सपैन्शन वाल्व की संरचना
Construction of Thermostatic Expansion Valve

यह वाल्व कैडमियम प्लेटेड स्टील अथवा एल्युमीनियम से निर्मित किया जाता है। निम्न चित्र में एक थर्मोस्टेटिक वाल्व की संरचना दर्शायी गई है। इसमें एक लचीली धात्विक डायफ्राम प्लेट होती है, जोकि रेफ्रिजरेन्ट के प्रैशर से फैलती है। वाल्व के ऊपरी भाग पर एक पावर एलीमेन्ट लगा होता है, जो एक पतली ट्यूब द्वारा फिलर बल्ब से जुड़ा होता है। एयर कण्डीशनिंग प्रणाली, पावर एलीमेन्ट, ट्यूब तथा फिलर बल्ब में एक ही गैस भरी जाती है।

फिलर बल्ब रेफ्रिजरेशन प्रणाली में लगे एवैपोरेटर के अन्दर की ओर का ताप सेन्स करता है। पावर एलीमेन्ट में भरी गैस का आयतन फिलर बल्ब द्वारा सेन्स किए गए ताप के अनुसार परिवर्तित होता है। यदि एवैपोरेटर के अन्दर का तापमान उच्च है, तो फिलर बल्ब की गैस फैलने लगती है, जिसके कारण पावर एलीमेन्ट में भरी गैस भी फैलने लगती है, परिणामस्वरूप दाब बढ़ जाता है तथा थर्मोस्टेटिक एक्सपैन्शन वाल्व खुल जाता है।

थर्मोस्टेटिक एक्सपैन्शन वाल्व के नीचे वाल्व सीट, नीडिल तथा एक स्प्रिंग लगी होती है। वाल्व सीट रेफ्रिजरेन्ट के प्रवाह हेतु स्थान प्रदान करती है। डायफ्राम के निचले भाग में एक नीडिल जुड़ी होती है, जो उच्च दाब के कारण डायफ्राम के पावर एलीमेन्ट में घूमने पर नीचे की ओर घूमती है, जिससे वाल्व खुल जाता है। जब यह नीडिल ऊपर की ओर घूमती है, तो वाल्व बन्द हो जाता है।

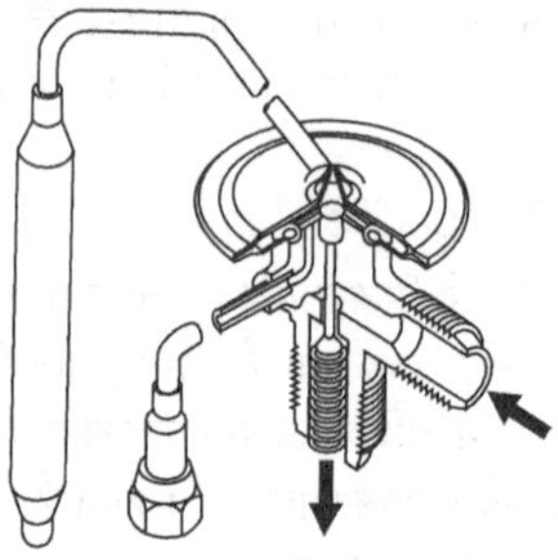

चित्र एक्सपैन्शन वाल्व

2. थर्मोस्टेट स्विच Thermostat Switch

एयर कण्डीशनिंग स्थान के तापमान को नियन्त्रित करने के लिए थर्मोस्टेट स्विच का प्रयोग किया जाता है। इसका प्रयोग एयर कण्डीशनिंग प्रणाली में सोलेनॉयड वाल्व के साथ किया जाता है, जिससे सोलेनॉयड वाल्व द्रव आपूर्ति में कार्य करने लगता है। जब कम्पार्टमेन्ट में आवश्यक तापमान लाना होता है, तो सोलेनॉयड वाल्व को ऑफ करके प्रणाली में द्रव आपूर्ति कट ऑफ कर दी जाती है। थर्मोस्टेट स्विच निश्चित तापमान की परास तैयार करता है और इस परास को कुछ विभागों में विभाजित कर देता है, जिससे स्विच पर लगी नोब को आसानी से सैट कर लिया जाता है। थर्मोस्टेट स्विच पैनल बोर्ड पर सर्कुलेटिंग ग्रिल या एयर डक्ट के सामने लगाया जाता है। यह स्विच इलेक्ट्रिक करण्ट के कनैक्ट और डिसकनैक्ट होने पर कार्य करता है।

3. तरल और कैपिलरी ट्यूब
Liquid and Capilary Tube

कण्डेन्सर तथा ड्रायर के बीच में लगी ट्यूब तरल लाइन कहलाती है। यह भी ताँबे की बनी होती है।

इसमें हाई प्रैशर पर रेफ्रिजरेन्ट तरल अवस्था में होता है। ड्रायर तथा एवैपोरेटर के बीच जो ट्यूब लगी होती है, उसे कैपिलरी ट्यूब कहते हैं।

4. तापमान मॉनिटरिंग थर्मोस्टेट
Temperature Monitoring Thermostat

तापमान मॉनिटरिंग थर्मोस्टेट एक नियन्त्रण स्विच है, जो कम्प्रैसर के गर्म होने पर परिपथ को अलग कर देता है। वर्तमान में प्रोग्रामेबल थर्मोस्टेट का प्रयोग किया जाता है।

प्रोग्रामेबल थर्मोस्टेट एक फ्लोर सेन्सर से जुड़ा होता है, जो फ्लोर का ताप सेन्स करके थर्मोस्टेट को भेजता है। इस तापमान को थर्मोस्टेट की डिस्प्ले पर देखा जा सकता है।

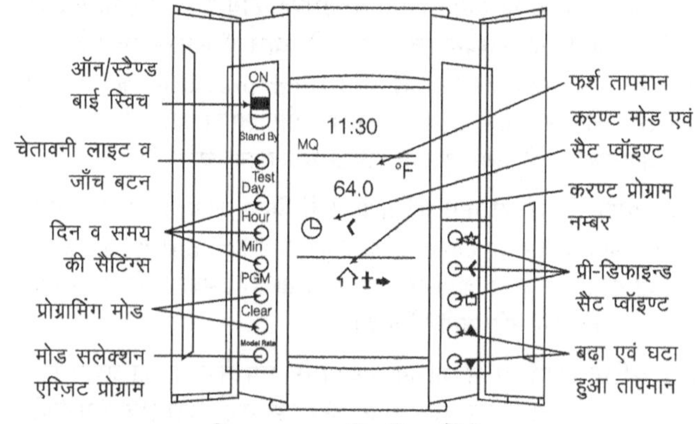

चित्र तापमान मॉनिटरिंग थर्मोस्टेट

5. प्रैशर स्विच
Pressure Switch

एयर कण्डीशनिंग प्रणाली में उत्पन्न होने वाले निम्न तथा उच्च दाब से इसमें प्रयुक्त अवयव खराब हो सकते हैं, इसलिए इस समस्या के समाधान हेतु एयर कण्डीशनिंग प्रणाली में हाई तथा लो प्रैशर स्विच का प्रयोग किया जाता है, जो दाब को नियन्त्रित बनाए रखते हैं। हाई एवं लो प्रैशर स्विच कम्प्रैसर के क्लच, परिपथ के साथ श्रेणी क्रम में जुड़े होते हैं।

जब एयर कण्डीशनिंग प्रणाली में दाब निश्चित सीमा से अधिक होता है, तो हाई प्रैशर स्विच क्लच परिपथ को ओपन कर देता है, जिसके फलस्वरूप कम्प्रैसर रेफ्रिजरेन्ट को रेगुलेट करना बन्द कर देता है तथा जब रेफ्रिजरेन्ट एयर कण्डीशनिंग प्रणाली से बाहर आ जाता है, तो इस प्रणाली में दाब बहुत कम हो जाता है, जिससे कम्प्रैसर डैमेज हो जाता है। प्रैशर स्विच का प्रयोग यान्त्रिक बल का पता लगाने हेतु भी किया जाता है।

6. फिक्स्ड ऑरिफिस एवं इसका कार्य Fixed Orifice and its Function

वाल्व के इनलेट पोर्ट पर एक निश्चित आकार का ऑरिफिस बना होता है, जो अपने आकार के कारण निश्चित मात्रा में तरल रेफ्रिजरेन्ट वाल्व में पहुँचाता है। इसे फिक्स्ड ऑरिफिस कहते हैं। ऑरिफिस वाल्व को पहुँचाया गया तरल रेफ्रिजरेन्ट, वाल्व के कट ऑफ प्वॉइण्ट में प्रवेश करता है। ऑरिफिस वाल्व से प्रवाहित होने वाले द्रव की मात्रा के नियन्त्रण हेतु इसमें स्पूल (spool) लगा होता है। स्पूल के वाल्व की दूसरी सतह पर लगे होने के कारण इनलेट पोर्ट से प्रवाहित होने वाले रेफ्रिजरेन्ट द्रव पर समान दाब डालता है। दाब के कारण स्पूल अपनी पूर्ववत् स्थिति के विपरीत घूम जाता है। रेफ्रिजरेन्ट के इस वाल्व द्वारा केवल तरल रेफ्रिजरेन्ट के प्रवाह को ही नियन्त्रित किया जाता है।

7. हीटिंग एलीमेन्ट Heating Element

वाहनों के ग्लास पर लगी धुन्ध हटाने हेतु वाहनों में हीटिंग एलीमेन्ट लगाया जाता है। इस एलीमेन्ट में विभिन्न कम प्रतिरोध वाले तार लगे होते हैं। रियर डेमिस्टर स्विच के ऑन करने पर इन तारों में धारा प्रवाहित होने लगती है, जिससे ऊष्मा उत्पन्न होती है। तारों से उत्पन्न ऊष्मा से वाहन के ग्लास पर लगी धुन्ध हट जाती है तथा ग्लास साफ हो जाता है।

16.10 एयर कण्डीशनिंग में जलवायु नियन्त्रण Climate Control in Air Conditioning

एयर कण्डीशनिंग एक ताप-नियमन प्रक्रिया है, जिसकी सहायता से आन्तरिक परिवेश की जलवायु को नियन्त्रित किया जाता है। वर्तमान में जलवायु नियन्त्रण प्रणाली का उपयोग वाहनों में वायु की गुणवत्ता, वितरण एवं तापमान को स्वचालित (automatic) रूप से रेगुलेट करने के लिए किया जाता है। चित्र में क्लाइमेट कण्ट्रोल का कण्ट्रोल पैनल दर्शाया गया है।

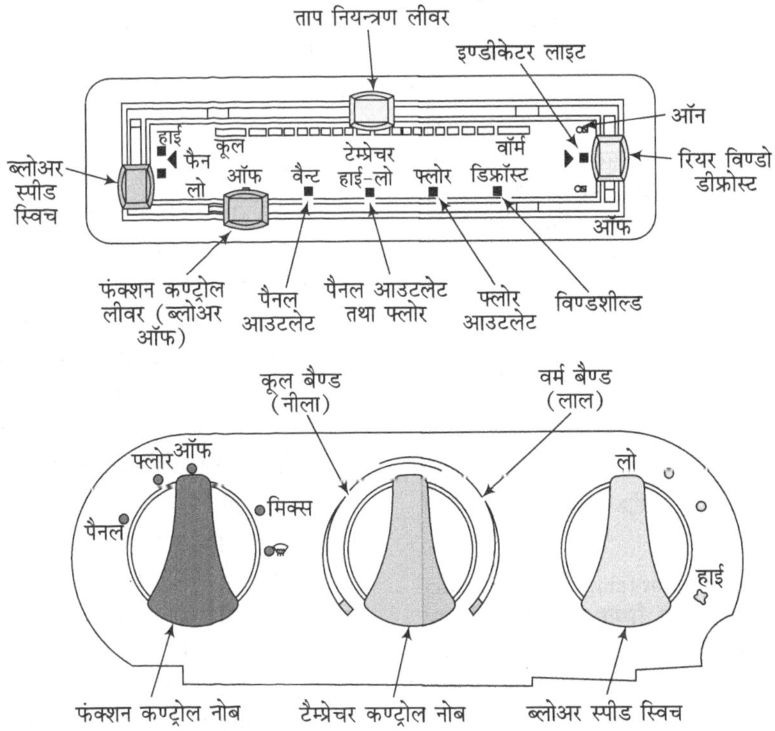

चित्र एयर कण्डीशनिंग में जलवायु नियन्त्रण

जलवायु नियन्त्रण में निम्नलिखित अवयव महत्त्वपूर्ण भूमिका का निर्वाह करते हैं

1. **एयर कण्डीशनिंग इलेक्ट्रॉनिक नियन्त्रण इकाई** (Air Conditioning Electronic Control Unit; ACECU) यह मल्टीप्लग की सहायता से सेन्सरों (sensors) एवं गति देने वाले प्रवर्तकों (actuators) से जुड़ी होती है तथा वायरिंग की सहायता से यह मुख्य वायरिंग की रक्षा करती है।

2. **एम्बिएण्ट वायु तापमान सेन्सर** (Ambient air temperature sensor) यह एक ऋणात्मक ताप गुणांक सेन्सर होता है, जिसके द्वारा केबिन का वायु तापमान मापा जाता है। जब केबिन का तापमान 2°C से 35°F के इच्छित चयन पर हो जाता है, तो पंखे की गति क्रमिक रूप से घट जाती है।

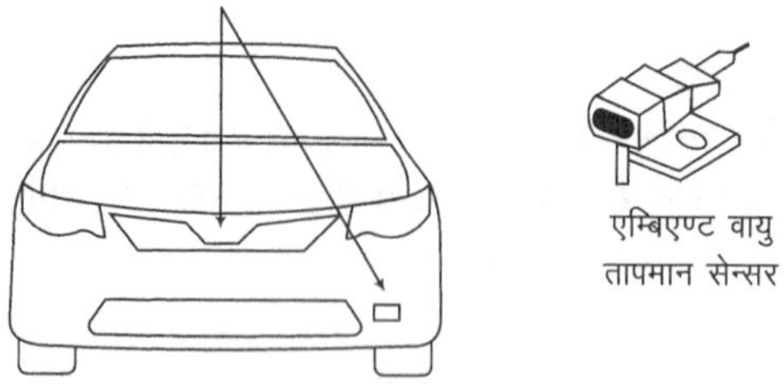

चित्र वाहन में एम्बिएण्ट वायु तापमान सेन्सर की लोकेशन

3. **सर्वो मोटर** (Servo motor) सर्वो मोटर एक ए.सी.डी.सी. मोटर है, जो एरर सेन्सिंग फीडबैक (error sensing feedback) की सहायता से दिए गए निर्देशों के अनुसार एक निश्चित परास में ऑटोमैटिक रूप से प्रचालित होती है अर्थात् सर्वो मोटर एक ऐसी मोटर है, जो मोटर के रोटर को निश्चित कोण पर घुमाती है। इसमें एक सर्वो यूनिट होती है, जिसमें एक छोटी डी.सी. मोटर, पोटेन्शियोमोटर, गियर इत्यादि लगे होते हैं। सर्वो मोटर में संयोजित परिपथ का कार्य पोटेन्शियोमोटर के साथ मिलकर मोटर के रोटर को घुमाना है। मोटर के उच्च गति पर घूमने पर भी इसके द्वारा उत्पन्न टॉर्क हल्के भार को मूव कराने हेतु पर्याप्त नहीं होता है, इसलिए सर्वो यूनिट में गियर सिस्टम लगाया जाता है। इसका कार्य मोटर की उच्च गति को प्राप्त कर आउटपुट पर कम गति प्रदान करना है। इससे उत्पन्न टॉर्क का मान अधिक होता है, जो भार (load) को मूव कराने हेतु पर्याप्त होता है। इस मोटर का प्रयोग रिमोट कण्ट्रोल कार (खिलौना) में गति को नियन्त्रित करने हेतु किया जाता है। वर्तमान में इसका प्रयोग क्लाइमेट कण्ट्रोल सिस्टम में भी किया जा रहा है।

4. **ऑटोमैटिक क्लाइमेट कण्ट्रोल सेन्सर** (Automatic climate control sensor) क्लाइमेट कण्ट्रोल में प्रयुक्त सेन्सरों में से अधिकांश तापमान सेन्सर थर्मिस्टर होते हैं, जो एक इलेक्ट्रॉनिक युक्ति है एवं यह तापमान में बदलाव की प्रतिक्रिया में उनका वैद्युतिक प्रतिरोध बदलती है।

5. **एवैपोरेटर तापमान सेन्सर** (Evaporator temperature sensor) यह उस वायु प्रवाह (air stream) में स्थित होता है, जहाँ वायु एवैपोरेटर को छोड़ती है और यह वायु के तापमान सम्बन्धित संकेत, नियन्त्रण इकाई को देता है। यह वाहनों में लगे आन्तरिक व बाह्य सेन्सर की भाँति कार्य करता है। फिन व ट्यूब की सतह पर कम ताप तथा इसके चारों ओर गर्म वायु के मूव होने से एवैपोरेटर नमीयुक्त हो जाता है। जब एवैपोरेटर के ताप में गिरावट देरी से होती है, तो एवैपोरेटर चोक हो जाता है, जिसके कारण फिन के चारों ओर वायु का प्रवाह रुक जाता है, जिससे यात्री कम्पार्टमेन्ट में ठण्डी वायु का प्रवाह रुक जाता है। अत: यह सेन्सर एवैपोरेटर के अत्यधिक ठण्डा होने की प्रवृत्ति को सेन्स करता है।

6. **ब्लोअर गति नियन्त्रण स्विच** (Blower speed control switch) यह हीटिंग एवं एयर कण्डीशनिंग प्रणाली में यात्री के बिन में लगे पंखे की गति को नियन्त्रित करता है।

16.11 कार ए.सी. की सुरक्षा एवं अनुरक्षण
Care and Maintenance of Car AC

कार ए.सी. के लम्बे समय तक सुचारु रूप से कार्य करने के लिए इसकी सुरक्षा एवं अनुरक्षण करना आवश्यक है, जोकि निम्नलिखित हैं

1. यदि आप कार को बहुत ऊँची चढ़ाई पर ले जा रहे हैं, तो ए.सी. बन्द कर दें।
2. हमेशा इंजन के तापमान को तापमापक गेज पर देखते रहें। जब तापमापक गेज खतरे का अंक दिखा रहा हो, तो ए.सी. को तुरन्त बन्द कर दें, जब तक कि इंजन का तापमान कम नहीं हो जाता।
3. यदि आप शहर में कार का उपयोग कर रहे हों और ए.सी. ऑन है, तो सिग्नल क्रॉसिंग के समय इंजन को बन्द न करें।
4. कार ए.सी. को सप्ताह में एक बार कम-से-कम पाँच मिनट अवश्य चलाएँ। इससे चलायमान भाग (parts) क्रियाशील (active) बने रहते हैं।
5. यदि कार धूप में पार्क कर रखी है, तो कुछ देर के लिए उसकी खिड़कियाँ खोलकर अन्दर की गर्म हवा को बाहर निकलने दें।
6. यदि इंजन अधिक गर्म होता है, तो ए.सी. तभी चलाएँ, जब यह दोष ठीक हो जाए।
7. यदि ए.सी. के चलाने पर लम्बी ड्राइव में आँखों में जलन इत्यादि होने लगे, तो कुछ मिनट के लिए खिड़कियाँ खोलकर फिर बन्द कर दें।
8. ज्यादा भीड़-भाड़ में निचले गियर का प्रयोग करें, ताकि पर्याप्त कूलिंग मिल सके।
9. यदि आप महसूस कर रहे हैं कि ए.सी. सही कूलिंग नहीं कर रहा है, तो पहले उसका निरीक्षण करें। यदि कण्डेन्सर फिन्स पर धूल जमी हो तो उसे साफ करें, यदि फिर भी सही कूलिंग न कर रहा हो, तो तकनीशियन को इसकी रिपोर्ट देकर ठीक करवाएँ।
10. कम्प्रैसर बैल्ट और रेडिएटर बैल्ट की टाइटनैस चैक करते रहना चाहिए, अधिक टाइट बैल्ट से अधिक शोर उत्पन्न होता है।
11. यदि बैल्ट ड्राइव में स्लिप की समस्या हो, तो ए.सी. का प्रयोग नहीं करना चाहिए। उसे बन्द रखें व बैल्ट की लम्बाई सही आकार में रखें।
12. यदि थर्मोस्टेट रिंग चलाने के बाद भी ए.सी. ठण्डी हवा नहीं देता है, तो ए.सी. को बन्द कर दें।
13. कार के ए.सी. सिस्टम में नमी आदि समस्या से बचने के लिए इसे सप्ताह में एक बार 5 से 10 मिनट तक डिफ्रॉस्ट मोड पर चलाना चाहिए।
14. सर्दियों के मौसम में कार में से नमी को हटाने के लिए ए.सी. को कुछ समय के लिए चलाना चाहिए।
15. कार ए.सी. में रेफ्रिजरेन्ट के स्तर को समय-समय पर जाँचते रहना चाहिए। रेफ्रिजरेन्ट का स्तर कम होने पर इसे पुन: चार्ज करना चाहिए।

16. प्रत्येक वर्ष के अन्तराल में कम्प्रैसर, कण्डेन्सर एवं एवैपोरेटर की फ्लशिंग (flushing) अवश्य करनी चाहिए। इसके लिए फ्लशिंग कैमिकल द्वारा ए.सी. सिस्टम में जमी कीचड़ एवं मलबे को साफ किया जाता है।
17. कार में ए.सी. का प्रयोग करते समय सभी खिड़कियाँ बन्द होनी चाहिए। इससे कार शीघ्र ही ठण्डी हो जाती है तथा ए.सी. सिस्टम पर भी कम लोड पड़ता है।
18. प्रत्येक दो वर्ष में एक बार कार ए.सी. की सम्पूर्ण जाँच अवश्य करानी चाहिए।
19. कार ए.सी. को नियमित रूप से प्रयोग करना चाहिए अन्यथा कण्डीशनिंग पाइप एवं ब्लोअर के पास नमी के कारण बैक्टीरिया, मोल्ड इत्यादि पैदा हो जाते हैं, जिससे कार में दुर्गन्ध उत्पन्न हो जाती है।
20. ए.सी. के लम्बे जीवनकाल के लिए इसे 14 दिनों में कम-से-कम एक बार अवश्य चलाना चाहिए।

16.12 हीटिंग, वैन्टीलेशन एवं एयर कण्डीशनिंग सम्बन्धी दोषोपचार
Troubleshooting Related to Heating, Ventilation and Air Conditioning

हीटिंग, वैन्टीलेशन एवं एयर कण्डीशनिंग सम्बन्धी दोषोपचार को नीचे तालिका के माध्यम से दर्शाया गया है

क्र.सं.	कारण व दोष	उपचार
I. पानी का लीक होना		
1.	पानी का कम होना।	पानी की फिलिंग करें।
2.	रेडिएटर का लीक होना।	लीकेज के स्थान पर रेडिएटर की ब्रेजिंग करें।
3.	हौज पाइप लीक या क्रैक होना।	नए हौज पाइप का प्रयोग करें।
4.	हैड गैस्केट से पानी लीक होना।	पुरानी गैस्केट बदलकर नई गैस्केट लगाएँ।
5.	रेडिएटर के ब्लॉक में लगी टोंटी का लीक होना।	रेडिएटर ब्लॉक की टोंटी पर ब्रेजिंग करें।
II. ओवरहीटिंग के कारण		
1.	रेडिएटर की नलियों में जंग या मिट्टी या कचरे का फँस जाना।	रेडिएटर की रिफ्लशिंग करें।
2.	रेडिएटर की पिनों में मिट्टी या तिनकों का फँस जाना।	रेडिएटर की रिफ्लशिंग करें।
3.	हौज पाइप का चोक हो जाना।	नए हौज पाइप का प्रयोग करें।
4.	इंजन में सिलेण्डर लाइनर्स के बाहर काफी जंग लग जाना।	पुरानी गैस्केट के स्थान पर नई गैस्केट का प्रयोग करें।
5.	वाटर पम्प की शाफ्ट टूट जाना या इम्पैलर के जोड़ों का घिस जाना या इम्पैलर की शाफ्ट फ्री घूमना।	वाटर पम्प को बदल दें।
6.	फैन बैल्ट का स्लिप करना या लूज हो जाना।	नई फैन बैल्ट का प्रयोग करें।
7.	थर्मोस्टेट वाल्व का ठीक प्रकार से काम न करना।	थर्मोस्टेट वाल्व की मरम्मत करें।
8.	फैन ब्लेडों का सीधा हो जाना या गलत ब्लेड फिट करना। प्लास्टिक फैन के ब्लेड टूटे (broken) होना।	नए ब्लेडों का प्रयोग करें।
9.	इग्नीशन टाइमिंग ठीक न होना।	इग्नीशन टाइमिंग व्यवस्थित करें।
10.	वाल्व टाइमिंग का ठीक से न बँधा होना।	वाल्व टाइमिंग व्यवस्थित करें।
11.	इंजन के अन्दर प्री-इग्नीशन का होना।	इग्नीशन टाइमिंग व्यवस्थित करें।
12.	सिलेण्डर हैड गैस्केट का गलत फिट होना।	नई गैस्केट का प्रयोग करें।
13.	इंजन टाइट बँधा होना अर्थात् पिस्टन रिंग्स और बियरिंग में कम क्लीयरैन्स रखना।	पिस्टन रिंग्स एवं बियरिंग की क्लीयरैन्स व्यवस्थित करें।
14.	ब्रेक का बाइण्ड करना या ड्रैग करना या हल्के से ब्रेक का हर समय लगे रहना।	ब्रेक लीवर को हल्का फ्री करें।
15.	क्लच का स्लिप करना।	नए क्लच का प्रयोग करें।
16.	इंजन ऑयल स्तर (level) का कम हो जाना।	इंजन ऑयल को उचित लेवल तक भरें।

क्र.सं.	कारण व दोष	उपचार
17.	पिस्टन रिंगों के घिस जाने पर ब्लोबाई होना अर्थात् एग्जॉस्ट गैसों का सम्प में चला जाना।	नए पिस्टन रिंग का प्रयोग करें।
18.	एग्जॉस्ट मैनीफोल्ड का मफलर चोक होना।	एग्जॉस्ट मैनीफोल्ड की सफाई करें।
19.	इनलेट मैनीफोल्ड का चोक होना या एयर क्लीनर का चोक हो जाना।	इनलेट मैनीफोल्ड की सफाई करें।
20.	डीजल इंजन में इन्जेक्टर का ठीक काम न करना।	इन्जेक्टर का परीक्षण करने के उपरान्त उसे पुनः फिट करें।
21.	इन्जेक्शन पम्प का कमजोर पड़ जाना या टाइमिंग का ठीक न बँधा होना।	इन्जेक्शन पम्प की टाइमिंग व्यवस्थित करें।
III. वैन्टीलेशन बाधित होना		
1.	PVC वाल्व का खराब होना।	नए PVC वाल्व का प्रयोग करें।
2.	PVC वाल्व के हौज खराब होना।	PVC वाल्व के हौजों को बदल दें।
3.	PVC वाल्व चोक होना।	PVC वाल्व की सफाई करें।
4.	एग्जॉस्टर का खराब होना।	एग्जॉस्टर की मरम्मत करें।
5.	एग्जॉस्टर वैन्ट का चोक होना।	एग्जॉस्टर वैन्ट की सफाई करें।
IV. एयर कण्डीशनिंग सम्बन्धी दोष		
1.	रेफ्रिजरेन्ट का कम होना या न होना।	रेफ्रिजरेन्ट की रिफिलिंग करें।
2.	रेफ्रिजरेन्ट का लीक होना।	लीकेज की मरम्मत करें।
3.	कम्प्रैसर का खराब होना।	कम्प्रैसर की मरम्मत करें।
4.	कम एयर कूलिंग होना।	एयर कण्डीशनर के उच्च एवं निम्न दाब को व्यवस्थित करें।
5.	एयर कण्डीशनर (air conditioner) से आवाज आना।	एयर कण्डीशनर के शोर की जाँच करके उसकी मरम्मत करें।
6.	हौज पाइपों का चोक होना।	नए हौज पाइपों का प्रयोग करें।
7.	कण्डेन्सर खराब होना।	कण्डेन्सर की मरम्मत करें।
8.	एवैपोरेटर का खराब होना।	एवैपोरेटर की मरम्मत करें।
9.	एक्सपैन्शन वाल्व बाधित होना।	एक्सपैन्शन वाल्व की मरम्मत करें।
10.	विद्युत परिपथ का खराब होना।	विद्युत परिपथ की जाँच करें और दोष सम्बन्धी समस्या का निदान करें।

महत्त्वपूर्ण बिन्दु

- HVAC एक ऐसी तकनीक है, जिसका उद्देश्य वाहनों में हीटिंग, वैन्टीलेशन, रेगुलेशन, एयर कण्डीशनिंग एवं ह्यूमिडिटी उपलब्ध कराना है।
- HVAC प्रणाली सामान्यत: ऊष्मागतिकी, हाइड्रॉलिक मैकेनिक्स एवं ऊष्मा स्थानान्तरण पर आधारित है।
- वैन्टीलेशन प्रणाली एक ऐसी प्रणाली है, जो वाहनों में यात्री कम्पार्टमेन्ट में ताजी वायु लाने, कम्पार्टमेन्ट से वायु बाहर निकालने तथा वाहन के एग्जॉस्ट से निकलने वाली दूषित वायु को वाहन में आने से बचाने की सुविधा प्रदान करती है।
- वैन्टीलेशन प्रणाली को चलाने के लिए विद्युत की आवश्यकता होती है।
- वाहनों में प्रयुक्त एयर कण्डीशनिंग प्रणाली, सामान्य एयर कण्डीशनिंग प्रणाली के समान ही होती है।
- कार ए.सी. के द्वारा यात्री कूलिंग तापमान को अपनी सुविधानुसार परिवर्तित कर सकते हैं।
- कार ए.सी. का प्रचालन सिद्धान्त ऊष्मा स्थानान्तरण पर आधारित होता है।
- किसी भी एयर कण्डीशनर की क्षमता टन में व्यक्त की जाती है।
- ए.सी. में प्रयुक्त रेफ्रिजरेन्ट एक ऐसा पदार्थ है, जिसका प्रयोग ऊष्मा स्थानान्तरण हेतु माध्यम के रूप में किया जाता है।
- रेफ्रिजरेन्ट द्वारा कूलिंग तथा फ्रीजिंग का प्रभाव उत्पन्न होता है।
- अमोनिया रेफ्रिजरेन्ट नाइट्रोजन तथा हाइड्रोजन का यौगिक है।
- सल्फर डाइ-ऑक्साइड अधिक नशीला और तेज गन्ध वाला रेफ्रिजरेन्ट है, जो पानी के साथ एसिड बनाता है।
- कार्बन डाइ-ऑक्साइड रेफ्रिजरेन्ट वर्तमान में यान्त्रिकीय रेफ्रिजरेशन में प्रयोग किया जाता है।
- फ्रिऑन-11 अज्वलनशील, अविषैला तथा जंग न लगने वाला रेफ्रिजरेन्ट है।
- फ्रिऑन-11 रेफ्रिजरेन्ट के लिए सेन्ट्रीफ्यूगल कम्प्रैसर का प्रयोग किया जाता है, क्योंकि इस रेफ्रिजरेन्ट का ऑपरेटिंग प्रैशर कम होता है।
- फ्रिऑन-12 रेफ्रिजरेन्ट आग लगने पर कार्बन, क्लोरीन तथा फ्लोरीन में विभक्त हो जाता है।
- कम तापमान वाले रेफ्रिजरेशन एवं एयर कण्डीशनिंग उपकरणों में फ्रिऑन-13 रेफ्रिजरेन्ट सबसे उत्तम होता है।
- फ्रिऑन-22 रेफ्रिजरेन्ट की क्षमता फ्रिऑन-12 से 60% अधिक होती है।
- एयर कण्डीशनरों में R-134a रेफ्रिजरेन्ट को चार्ज करने के लिए कम्प्रैसर में एस्टर ऑयल प्रयोग किया जाता है।
- मिथाइल क्लोराइड रेफ्रिजरेन्ट में वर्निंग एजेण्ट के रूप में 1% एकरोलीन पदार्थ मिलाया जाता है।
- एयर कण्डीशनर के रेफ्रिजरेशन चक्र में प्रयुक्त थर्मोस्टेटिक एक्सपैन्शन वाल्व द्वारा शुद्ध एवं शुष्क तरल रेफ्रिजरेन्ट एवैपोरेटर में भेजा जाता है।
- एवैपोरेटर, एयर कण्डीशनिंग प्रणाली का वह भाग है, जिसमें द्रव रेफ्रिजरेन्ट का वाष्पीकरण होता है।
- कम्प्रैसर एवैपोरेटर से प्राप्त रेफ्रिजरेन्ट वाष्प को कम्प्रैस करके उच्च ताप एवं उच्च दाब के रेफ्रिजरेन्ट में परिवर्तित करता है।
- कम्प्रैसर को इंजन के साथ बैल्ट द्वारा जोड़ा जाता है।
- कम्प्रैसर को चलाने के लिए इंजन के साथ पुली असेम्बली में मैग्नेटिक क्लच का उपयोग किया जाता है।
- मैग्नेटिक क्लच में एक आर्मेचर लगा होता है, जो ड्राइव प्लेट असेम्बली का एक भाग होता है।
- कण्डेन्सर, कम्प्रैसर व रिसीवर के बीच में लगाया जाता है।
- आर्द्रता, वायु में उपस्थित जल वाष्प की मात्रा है, जो अदृश्य होती है।
- थर्मोस्टेटिक एक्सपैन्शन वाल्व अथवा TX वाल्व एक प्रैशर रेगुलेटिंग युक्ति है, जो एयर कण्डीशन प्रणाली में रेफ्रिजरेन्ट के बहाव के प्रैशर को रेगुलेट करती है। वाहनों के ग्लास पर लगी धुन्ध को हटाने हेतु वाहनों में हीटिंग एलीमेन्ट का उपयोग किया जाता है।
- एम्बिएण्ट वायु तापमान सेन्सर द्वारा यात्री केबिन की वायु के तापमान को मापा जाता है।
- ब्लोअर गति नियन्त्रण स्विच, हीटिंग एवं एयर कण्डीशनिंग प्रणाली में यात्री केबिन में लगे पंखे की गति को नियन्त्रित करता है।

महत्त्वपूर्ण प्रश्नोत्तरी

1. एयर कण्डीशनिंग में प्रयुक्त ऑटोमैटिक नियन्त्रकों का क्या कार्य है?

उत्तर एयर कण्डीशनिंग में प्रयुक्त ऑटोमैटिक नियन्त्रकों के द्वारा ऊष्मा प्लाण्ट को रेगुलेट किया जाता है।

2. एयर कण्डीशनर के मुख्य कार्य बताइए।

उत्तर एयर कण्डीशनर के मुख्य कार्य निम्न प्रकार हैं

(i) यह तापक्रम व नमी को नियन्त्रित करता है।

(ii) इसके द्वारा वायु को चलाना, घुमाना, छानना, साफ करना व शुद्ध करना जैसे कार्य किए जाते हैं।

3. रेफ्रिजरेन्ट से आप क्या समझते हैं?

उत्तर रेफ्रिजरेन्ट एक ऐसा पदार्थ है, जिसका प्रयोग ऊष्मा को एवैपोरेटर से ग्रहण करके उसे कण्डेन्सर के द्वारा बाहरी वातावरण में छोड़ने हेतु किया जाता है।

4. फ्लॉडेड टाइप एवैपोरेटर में रेफ्रिजरेन्ट किस अवस्था में पाया जाता है?

उत्तर फ्लॉडेड टाइप एवैपोरेटर में रेफ्रिजरेन्ट द्रव तथा वाष्प दोनों अवस्था में पाया जाता है।

5. कार ए.सी. में मैग्नेटिक क्लच का क्या कार्य है?

उत्तर कार ए.सी. में इंजन को कम्प्रैसर से जोड़ने व हटाने के लिए मैग्नेटिक क्लच का उपयोग किया जाता है।

6. कार ए.सी. की दक्षता पर इंजन की गति का क्या प्रभाव पड़ता है?

उत्तर इंजन की गति कम होने पर कार ए.सी. की दक्षता कम हो जाती है, जबकि इंजन की गति अधिक होने पर कार ए.सी. की दक्षता बढ़ जाती है।

7. कार ए.सी. की समय-समय पर फ्लशिंग क्यों आवश्यक है?

उत्तर लम्बे समय तक कार्य करते रहने से ए.सी. सिस्टम में कचरा अथवा मलबा जम जाता है, जिससे ए.सी. की दक्षता प्रभावित हो जाती है। ए.सी. सिस्टम में से कचरा अथवा मलबा हटाने के लिए फ्लशिंग की जाती है।

अभ्यास प्रश्न

परीक्षा प्रारूपी प्रश्न

बहुविकल्पीय

1. HVAC का पूर्णरूप है
(a) Heating, Ventilation and Air Conditioning
(b) Hot, Ventilation and Air Conditioning
(c) Higher, Ventilation and Air Conditioning
(d) Heating, Variance and Air Conditioning

2. वाहनों में HVAC प्रणाली के प्रयोग करने का उद्देश्य है
(a) वैन्टीलेशन प्रदान करना (b) ह्यूमिडिटी उपलब्ध कराना
(c) एयर कण्डीशनिंग प्रदान करना
(d) ये सभी

3. HVAC प्रणाली आधारित है
(a) थर्मोडायनामिक्स पर (b) हाइड्रॉलिक मैकेनिक्स पर
(c) हीट ट्रांसफर पर (d) ये सभी

4. वैन्टीलेशन प्रणाली को चलाने के लिए ………… की आवश्यकता होती है।
(a) विद्युत (b) इंजन (c) मोटर (d) ये सभी

5. वैन्टीलेशन प्रणाली का प्रकार नहीं है
(a) सन्तुलित वैन्टीलेशन प्रणाली
(b) उत्सर्जन वैन्टीलेशन प्रणाली
(c) प्रेषण वैन्टीलेशन प्रणाली
(d) असन्तुलित वैन्टीलेशन प्रणाली

6. वाहनों के हीटर कोर में लगे होते हैं
(a) ट्यूब (b) फिन्स
(c) टैंक्स (d) ये सभी

7. एयर कण्डीशनर की क्षमता व्यक्त की जाती है
(a) किलोग्राम में (b) टन में
(c) घन-मीटर में (d) कुण्टल में

8. एण्टीफ्रीजर का प्रयोग रेफ्रिजरेन्ट में ………… बढ़ाने के लिए किया जाता है।
(a) रासायनिक गुण (b) भौतिक गुण
(c) सुरक्षित गुण (d) ये सभी

9. यदि किसी रेफ्रिजरेन्ट में नमी उपस्थित होती है, तो इसके कारण बन सकती है
(a) हाइड्रोक्लोरिक एसिड गैस (b) हाइड्रोजन गैस
(c) कार्बन डाइ-ऑक्साइड गैस (d) नाइट्रोजन गैस

10. थर्मोस्टेट वाल्व को पानी के ………… लगाया जाता है।
(a) निकास मार्ग पर (b) प्रवेश मार्ग पर
(c) लिक्विड लाइन में (d) इनमें से कोई नहीं

11. रेडिएटर प्रायः बने होते हैं
(a) ब्रोन्ज के (b) कास्ट आयरन के
(c) ताँबे के (d) एल्युमीनियम के

12. बनावट के आधार पर कम्प्रैसर का प्रकार है
(a) रेसीप्रोकेटिंग कम्प्रैसर (b) रोटरी कम्प्रैसर
(c) सेन्ट्रीफ्यूगल कम्प्रैसर (d) ये सभी

13. रेफ्रिजरेशन प्रणाली का वह भाग, जिसमें द्रव रेफ्रिजरेन्ट का वाष्पीकरण होता है, कहलाता है
(a) एवैपोरेटर (b) कण्डेन्सर
(c) कम्प्रैसर (d) एक्सपैन्शन वाल्व

14. फ्रिऑन का प्रयोग करने वाली रेफ्रिजरेशन प्रणाली में लीकेज का पता लगाया जाता है
(a) एसीटिलीन टॉर्च द्वारा (b) हैलाइड टॉर्च द्वारा
(c) सल्फर स्टिक्स द्वारा (d) साबुन के पानी द्वारा

15. ड्रायर में मुख्यतः नमी सोखने वाला पदार्थ है
(a) सिलिका जैल (b) कैल्शियम सल्फेट
(c) क्रियाशील एल्युमिना (d) ये सभी

16. कार ए.सी. से इनमें से किस प्रकार कूलिंग की जाती है?
(a) रेफ्रिजरेन्ट अन्दर की गर्मी को अवशोषित कर देता है
(b) कूलिंग क्वॉयल उसे द्रव से वाष्प में परिवर्तित कर देती है
(c) वायु एवैपोरेटर की क्वॉयल से गुजरती है
(d) उपरोक्त सभी

17. कार ए.सी. में प्रयुक्त यान्त्रिक भाग है
(a) कण्डेन्सर (b) एक्युमुलेटर (c) रिसीवर (d) ये सभी

18. कार ए.सी. में प्रयुक्त एवैपोरेटर बना होता है
(a) कॉपर (b) एल्युमीनियम
(c) 'a' और 'b' दोनों (d) ताँबा

19. निम्नलिखित में से कौन ऊष्मा स्थानान्तरण का कार्य करता है?
(a) रिसीवर (b) कण्डेन्सर
(c) थर्मोस्टेटिक एक्सपैन्शन वाल्व (d) एक्युमुलेटर

20. निम्न में से किसका कार्य वायु को ठण्डा एवं नमी रहित रखना है?
(a) कण्डेन्सर (b) कम्प्रैसर (c) एक्युमुलेटर (d) एवैपोरेटर

21. कार ए.सी. में प्रयुक्त सक्शन थ्रॉटल वाल्व के सन्दर्भ में सही कथन है
(a) यह एवैपोरेटर के दाब को नियन्त्रित करता है
(b) यह एवैपोरेटर के आउटलेट तापमान को नियन्त्रित करता है
(c) यह एवैपोरेटर के आउटलेट पर फिट किया जाता है
(d) उपरोक्त सभी

22. कार ए.सी. का कण्डेन्सर स्थापित होता है
(a) सामने की ओर (b) पीछे की ओर
(c) ऊपर की ओर (d) इंजन के नीचे

23. कार इंजन को ओवरलोड होने से बचाने के लिए कौन-सी युक्ति प्रयोग की जाती है?
(a) ब्लोअर स्विच (b) थर्मोस्टेट
(c) ऑटो रिले स्विच (d) ओवरलोड प्रोटेक्टर

24. कार ए.सी. में किस प्रकार का कम्प्रैसर प्रयोग किया जाता है?
(a) रोटरी कम्प्रैसर (b) रेसीप्रोकेटिंग कम्प्रैसर
(c) स्क्रॉल कम्प्रैसर (d) इनमें से कोई नहीं

25. कार ए.सी. को इनमें से किसके द्वारा प्रचालित किया जाता है?
(a) ब्लोअर मोटर (b) बैल्ट
(c) इलेक्ट्रिक मोटर (d) इनमें से कोई नहीं

26. रेफ्रिजरेशन प्रणाली की नमी और अशुद्धियों को ………… अवशोषित करता है।
(a) रिसीवर (b) ड्रायर (c) कण्डेन्सर (d) कम्प्रैसर

27. ब्लोअर को ………… स्पीड का स्विच नियन्त्रित करता है।
(a) दो (b) तीन
(c) 'a' और 'b' दोनों (d) इनमें से कोई नहीं

28. जब इनलेट और आउटलेट के मध्य तापमान में ………… से कम अन्तर हो, तो एक्सपैन्शन वाल्व स्वत: ही एवैपोरेटर में आने वाले रेफ्रिजरेन्ट की मात्रा कम कर देता है।
(a) – 6°C (b) –18°C (c) –15°C (d) –28°C

29. कार ए.सी. में रेफ्रिजरेन्ट के प्रवाह को नियमित रखने के लिए इनलेट पर क्या लगा होता है?
(a) थर्मोस्टेटिक एक्सपैन्शन वाल्व
(b) पायलट ऑपरेटेड एब्सॉल्यूट वाल्व
(c) फ्लोट वाल्व (d) सोलेनॉयड वाल्व

30. कार के ए.सी. में अन्दर के तापमान को नियन्त्रित करने के लिए किस वाल्व का प्रयोग करते हैं?
(a) सोलेनॉयड वाल्व (b) फ्लोट वाल्व
(c) थर्मोस्टेटिक एक्सपैन्शन वाल्व
(d) पायलट ऑपरेटेड एब्सॉल्यूट वाल्व

31. मैग्नेटिक क्लच में लगी आर्मेचर प्लेट
(a) ड्राइव प्लेट असेम्बली का भाग है
(b) ड्रिवेन प्लेट असेम्बली का भाग है
(c) ड्राइव स्प्रिंगों का भाग है
(d) उपरोक्त में से कोई नहीं

32. कैपिलरी ट्यूब में कौन-सी गैस भरी होती है?
(a) कार्बन डाइ-ऑक्साइड (b) नाइट्रोजन
(c) हीलियम (d) ऑर्गन

33. मैग्नेटिक क्लच का उपयोग किसके नियन्त्रण के लिए किया जाता है?
(a) दाब के (b) विद्युत धारा के
(c) तापमान के (d) ईंधन के

34. निम्न में से फ्री-व्हील से सम्बन्धित कौन-सा विकल्प सही है?
(a) यह दिशीय सापेक्ष गति करता है
(b) विपरीत दिशा में चालन मुक्त होता है
(c) 'a' और 'b' दोनों (d) इनमें से कोई नहीं

35. कार ए.सी. में कौन-सा रेफ्रिजरेन्ट प्रयोग किया जाता है?
(a) फ्रिऑन-12 (b) R-12
(c) साधारण फ्रिऑन (d) ये सभी

36. इंजन की गति कम होने पर कार ए.सी. पर क्या प्रभाव पड़ेगा?
(a) ए.सी. की दक्षता कम हो जाएगी
(b) ईंधन की खपत अधिक होगी
(c) ए.सी. का जीवनकाल कम हो जाएगा
(d) उपरोक्त सभी

37. इंजन की गति अधिक होने पर कार ए.सी. की दक्षता ····· हो जाती है।
(a) कम (b) अधिक (c) एकसमान (d) अपरिवर्तित

38. कार में ए.सी. के कण्डेन्सर को रेडिएटर से कितनी दूरी पर लगाना चाहिए?
(a) 10 सेमी (b) 10 मिमी (c) 15 मिमी (d) 15 सेमी

39. कार के ए.सी. सिस्टम में नमी की समस्या से बचने के लिए कार ए.सी. को किस मोड पर चलाना चाहिए?
(a) डिफ्रॉस्ट मोड पर (b) कूलिंग मोड पर
(c) फैन मोड पर (d) स्वचालित मोड पर

40. कार ए.सी. के उपयुक्त अनुरक्षण के लिए आवश्यक है
(a) ए.सी. को 14 दिनों में कम-से-कम एक बार अवश्य चलाएँ
(b) ए.सी. सिस्टम की निश्चित समयान्तराल पर फ्लशिंग अवश्य करनी चाहिए
(c) नमी से बचने के लिए ए.सी. को ड्रिफ्रॉस्ट मोड पर चलाएँ
(d) उपरोक्त सभी

उत्तरमाला

1. (a)	2. (d)	3. (d)	4. (a)	5. (d)	6. (d)	7. (b)	8. (c)	9. (b)	10. (a)
11. (c)	12. (d)	13. (a)	14. (b)	15. (d)	16. (d)	17. (d)	18. (c)	19. (b)	20. (d)
21. (d)	22. (a)	23. (c)	24. (b)	25. (b)	26. (b)	27. (c)	28. (c)	29. (a)	30. (a)
31. (a)	32. (a)	33. (c)	34. (c)	35. (d)	36. (d)	37. (b)	38. (c)	39. (a)	40. (d)

अध्याय 17

वाहन सहायक सामग्री

Vehicle Accessories

अध्याय विषय सूची

परिचय Introduction

वाहन एक ऐसा साधन है, जो विभिन्न यान्त्रिकीय एवं विद्युतीय भागों से मिलकर बना होता है। वाहनों को अधिक आकर्षक व सुरक्षित बनाने तथा अतिरिक्त सुविधाओं की पूर्ति हेतु वाहनों में कुछ अन्य सहायक सामग्रियों; जैसे—हॉर्न, एयर बैग्स, विण्ड स्क्रीन वाइपर, पावर विण्डो, सी.डी. प्लेयर, LED स्क्रीन, सेन्सर आदि का प्रयोग किया जाता है। इस अध्याय में इन सभी सहायक सामग्रियों का समावेशन किया गया है।

17.1 विद्युत प्रचालित वाहन सहायक सामग्री Electric Operated Vehicle Accessories

वाहन में विभिन्न विद्युत प्रचालित सहायक सामग्रियों का उपयोग किया जाता है। वाहन किसी भी प्रकार का हो, उसमें विभिन्न कार्यों; जैसे—पेट्रोल वाहनों में इग्नीशन तथा सभी प्रकार के वाहनों में प्रकाश, ध्वनि आदि के लिए विद्युत का प्रयोग होता है।

इसके अतिरिक्त विभिन्न प्रकार की वाहन सहायक सामग्रियों; जैसे—इलेक्ट्रिक हॉर्न, विण्ड स्क्रीन वाइपर, साइड इण्डीकेटिंग लाइट आदि में भी विद्युत का प्रयोग किया जाता है अर्थात् ये विद्युत प्रचालित होती हैं। इन सहायक सामग्रियों का विवरण निम्न प्रकार है

1. हॉर्न Horn

वाहनों में विद्युत-चुम्बकीय सिद्धान्त पर आधारित हॉर्न सामान्यत: वाहन के आगे वाले भाग में फिट किया जाता है। हॉर्न को स्टीयरिंग कॉलम के ऊपर स्टीयरिंग व्हील के सेन्टर में लगाया जाता है। यह डायफ्राम में सैटअप वाइब्रेशन के कारण ध्वनि तरंगें उत्पन्न करता है एवं इसके द्वारा वाहन के सामने के यातायात को हटाने के लिए सावधान किया जाता है, जिससे आगे चलने वाले व्यक्ति तथा मोटरगाड़ियाँ इत्यादि वाहन की चपेट में न आ जाएँ। इसी कारण मोटर व्हीकल नियमों में भी इलेक्ट्रिक हॉर्न का उपयोग आवश्यक है।

वाहनों में ध्वनि उत्पन्न करने के लिए हॉर्न एकल (single) या युग्मों में प्रयुक्त किए जाते हैं तथा इनके प्रचालन के लिए ड्राइवर के केबिन में एक हॉर्न स्विच लगाया जाता है। हॉर्न स्विच सीधे ही हॉर्न को प्रचालित नहीं कर सकता है। इसके लिए एक हॉर्न रिले का उपयोग किया जाता है।

हॉर्न परिपथ Horn Circuit

नीचे चित्र में हॉर्न परिपथ दर्शाया गया है, जिसके मुख्य अवयव बैटरी, हॉर्न पुश बटन, हॉर्न रिले एवं फ्यूज इत्यादि हैं। बैटरी को केबिल के माध्यम से सोलेनॉयड स्विच के इनपुट टर्मिनल से जोड़ा जाता है। सोलेनॉयड स्विच हॉर्न फ्यूज से संयोजित रहता है। यह हॉर्न फ्यूज, हॉर्न रिले-1 के B टर्मिनल से संयोजित रहता है। हॉर्न रिले-1 के टर्मिनल हॉर्न पुश बटन से तथा हॉर्न रिले-2 के टर्मिनल हॉर्न के टर्मिनल से जुड़े होते हैं, जबकि हॉर्न

ग्राउण्ड टर्मिनल अर्थ किए रहते हैं। हॉर्न रिले के दूसरे टर्मिनल को हॉर्न से चित्रानुसार जोड़ा जाता है तथा हॉर्न के टर्मिनल को भू-संयोजित किया जाता है।

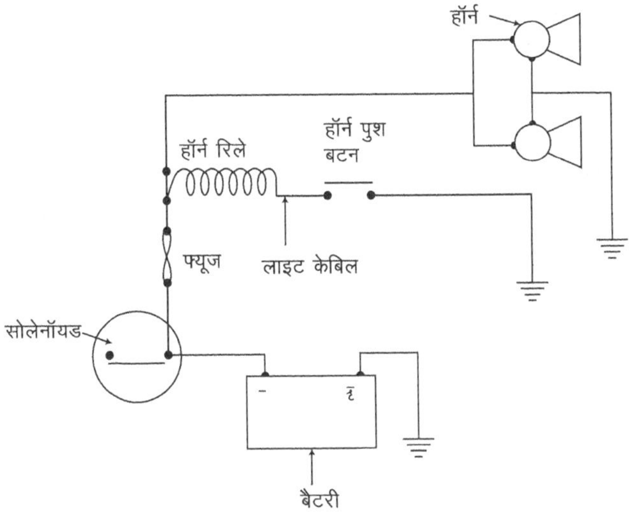

चित्र हॉर्न परिपथ इलेक्ट्रिक

कार्यविधि Working Method

जब हॉर्न पुश बटन को दबाते हैं, तो बैटरी से धारा प्रवाहित होती है, जोकि फ्यूज व रिले से होकर हॉर्न को मिलती है। हॉर्न रिले के प्रचालन के बिना इस परिपथ की कार्यविधि अपूर्ण है। बैटरी के साथ रिले सीधे ही हॉर्न से संयोजित होती है, जिससे अधिक मात्रा में धारा सप्लाई होती है एवं हॉर्न ध्वनि तरंग उत्पन्न करता है। जब हॉर्न पुश बटन को रिलीज (release) कर दिया जाता है, तो हॉर्न परिपथ, खुले परिपथ (open circuit) के समान व्यवहार करता है एवं रिले हॉर्न को बैटरी धारा से विसंयोजित कर देती है, तो हॉर्न ध्वनि तरंग उत्पन्न करना बन्द कर देता है।

हॉर्न के प्रकार Types of Horn

हॉर्न सामान्यत: तीन प्रकार के होते हैं

(i) इलेक्ट्रिक हॉर्न (ii) एयर हॉर्न (iii) बल्ब हॉर्न

(i) इलेक्ट्रिक हॉर्न Electric Horn

हॉर्न किसी भी प्रकार का हो, उसका सिद्धान्त विद्युत-चुम्बक की बल रेखाओं पर आधारित होता है। हॉर्न में मुख्य रूप से निम्न तीन भाग कार्य करते हैं

(a) सी.बी. प्वॉइण्ट, जो प्रारम्भ में मिले रहते हैं।
(b) मैग्नेट क्वॉयल, जो विद्युत-चुम्बक उत्पन्न करती है।
(c) डायफ्राम या टोन डिस्क, जो थरथराहट से आवाज उत्पन्न करती है।

वाहनों में दो प्रकार के इलेक्ट्रिक हॉर्न प्रयुक्त किए जाते हैं—वाइब्रेटिंग टाइप तथा विण्ड टोन टाइप।

संरचना Construction

इलेक्ट्रिक हॉर्न की ऐसी बॉडी या शैल होती है, जिसमें लेमिनेटिड चुम्बकीय कोर फिट रहती है। इस हॉर्न की वाइण्डिंग चुम्बकीय कोर से वाउण्ड की जाती है। वाइण्डिंग का एक सिरा हॉर्न टर्मिनल से एवं दूसरा सिरा मूवेबल कॉन्टैक्ट से संयोजित होता है।

मूवेबल कॉन्टैक्ट भू-संयोजित किए हुए फिक्स्ड प्वॉइण्ट से संयोजित रहता है, आर्मेचर प्राय: सेन्ट्रल स्पिण्डल से संलग्न रहता है। स्पिण्डल के एक सिरे को गाइड स्प्रिंग से एवं दूसरे सिरे को डायफ्राम से सपोर्ट किया जाता है। आर्मेचर पर एक स्ट्राइकर प्लेट लगी होती है एवं इलेक्ट्रिक हॉर्न में डायफ्राम के सम्मुख बाह्य सिरे पर टोन डिस्क लगी होती है एवं डायफ्राम को हॉर्न शैल से क्लैम्प किया जाता है।

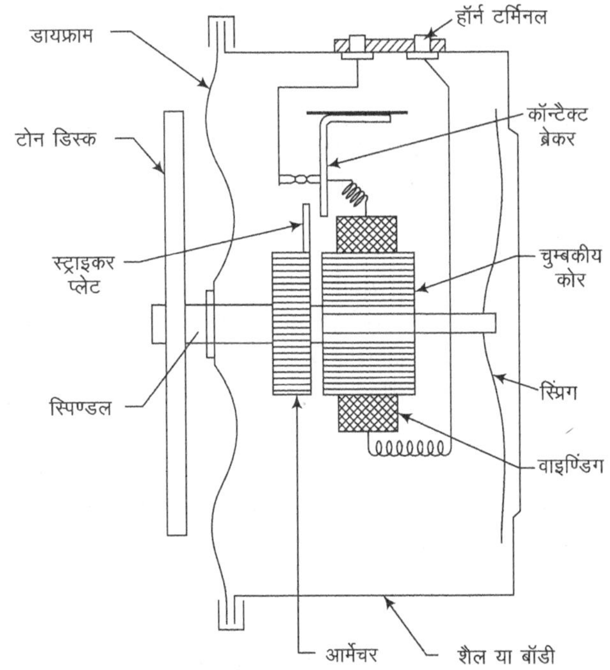

चित्र इलेक्ट्रिक हॉर्न

कार्यविधि Working Method

जब हॉर्न स्विच को दबाया जाता है, तब कॉन्टैक्ट ब्रेकर एवं सोलेनॉयड के माध्यम से धारा प्रवाहित होती है, जिससे वैद्युतिक परिपथ पूर्ण हो जाता है एवं लेमिनेटिड कोर चुम्बकित हो जाती है। चुम्बक, आर्मेचर को आकर्षित करती है जिससे आर्मेचर, चुम्बकीय कोर की ओर चलता है तथा स्पिण्डल एवं डायफ्राम भी चुम्बकीय कोर की ओर आकर्षित होते हैं।

मूविंग आर्मेचर पर स्ट्राइकर प्लेट, कॉन्टैक्ट प्वॉइण्ट को पृथक् कर देती है, जिसके कारण लौह कोर शीघ्रता से विचुम्बकित हो जाती है एवं डायफ्राम गाइड स्प्रिंग के साथ आर्मेचर सामान्य स्थिति में आ जाता है। प्रचालन सैट के इस चक्र में लगभग 300 वाइब्रेशन प्रति सेकण्ड का कम्पन (vibration) डायफ्राम में होता है। हॉर्न के एक सिरे पर टोन डिस्क लगभग 2,000 वाइब्रेशन प्रति सेकण्ड की आवृत्ति प्रदान करती है, जिससे हॉर्न की ध्वनि उत्पन्न हो जाती है।

वाइब्रेटिंग टाइप इलेक्ट्रिक हॉर्न में ध्वनि सीधे ही डायफ्राम से उत्सर्जित हो जाती है, जबकि विण्ड टोन टाइप इलेक्ट्रिक हॉर्न में विण्ड पाइप से गुजरकर डायफ्राम से ध्वनि उत्पन्न होती है, जोकि ट्रम्पेट (trumpet) के समान होती है।

इलेक्ट्रिक हॉर्न की देख-रेख
Maintenance of Electric Horn

लम्बे समय तक हॉर्न के प्रयोग से उसके प्वॉइण्ट जल जाते हैं तथा हॉर्न की टोन बिगड़ जाती है, इसलिए सी.बी. प्वॉइण्ट को समय-समय पर साफ करते रहना चाहिए तथा एडजस्टिंग नट द्वारा टोन को व्यवस्थित करना चाहिए।

हॉर्न में लगे सी.बी. प्वॉइण्ट अधिक समय तक खराब न हों, इसके लिए आजकल हॉर्न के साथ हॉर्न रिले नामक विद्युत युक्ति का प्रयोग किया जाता है।

टिप्पणी *हॉर्न किसी भी प्रकार का हो, उसे सदैव इंजन बोनट के अन्दर पतली लचीली लोहे की पत्ती के साथ फिट करना चाहिए। हॉर्न रिले, हॉर्न के यथासम्भव पास ही लगी हो, जब डबल हॉर्न फिट करें, तो हाई फ्रीक्वेन्सी हॉर्न दाईं (right) ओर ही हो। हॉर्न सर्किट में फ्यूज का प्रयोग अवश्य करें।*

(ii) **एयर हॉर्न** Air Horn

यह हॉर्न इलेक्ट्रिक हॉर्न के समान उच्च आवृत्ति के वैद्युतिक सिद्धान्त पर ही प्रचालित होता है। यह इलेक्ट्रिक हॉर्न के विण्ड टोन प्रकार के समान होता है। इसमें डायफ्राम को ट्रम्पेट के बाह्य सिरे पर व्यवस्थित किया जाता है। एक विद्युत-चुम्बक द्वारा एयर कॉलम के केन्द्र में यह डायफ्राम कम्पन करता है।

यह कम्पन एक ध्वनि तरंग उत्पन्न करता है, जोकि ट्रम्पेट की लम्बाई के नीचे घूमती है। डायफ्रॉम माउण्टेड (mounted) रहता है, इसलिए इसका सेन्टर विद्युत-चुम्बक द्वारा आकर्षित हो जाता है।

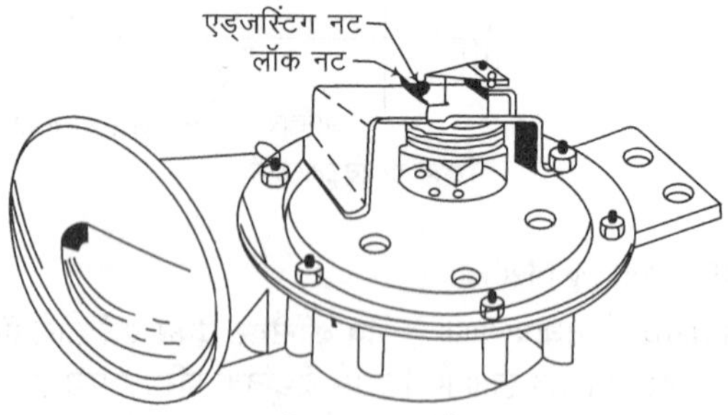

चित्र एयर हॉर्न

(iii) **बल्ब हॉर्न** Bulb Horn

बल्ब हॉर्न का उपयोग प्राय: ट्रक, ऑटोरिक्शा आदि में इलेक्ट्रिक हॉर्न के साथ किया जाता है। जब किसी कारणवश; जैसे—बैटरी से धारा सप्लाई की कमी या शॉर्ट-सर्किट इत्यादि के कारण इलेक्ट्रिक हॉर्न कार्य नहीं कर पाता है, तब बल्ब हॉर्न का उपयोग किया जाता है। मोटर वाहन अधिनियम के अनुसार ट्रक, ऑटोरिक्शा इत्यादि में बल्ब हॉर्न का उपयोग करना आवश्यक है।

संरचना Construction

बल्ब हॉर्न में एक धात्विक बाँसुरी (metallic reed) लगी होती है तथा हॉर्न ट्यूब के बड़े सिरे के समीप एक वायु पाइप (wind pipe) फिट रहता है जो क्वॉयल के रूप में बना होता है। यह वायु पाइप एक सिरे पर बड़े व्यास का तथा दूसरे सिरे पर कम व्यास का होता है। इसके कम व्यास वाले सिरे पर एक खोखला रबर का बल्ब लगा होता है। इस बल्ब की संरचना साधारण होती है तथा इसे ड्राइवर केबिन के समीप फिट किया जाता है।

कार्यविधि Working Method

जब रबर के बल्ब को ड्राइवर द्वारा दबाया जाता है, तो बाँसुरी द्वारा वायु पाइप से गुजरती है, जहाँ यह वाइब्रेट होकर ध्वनि उत्पन्न करती है। यह ध्वनि हॉर्न ट्यूब के बड़े व्यास द्वारा बाहरी वातावरण में उच्च आवाज के साथ प्रसारित हो जाती है।

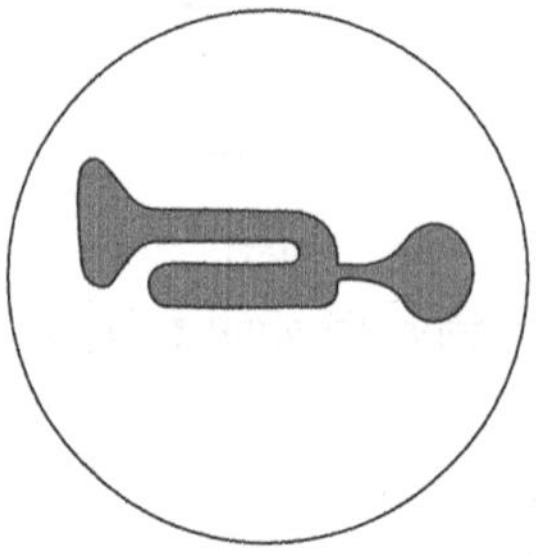

चित्र बल्ब हॉर्न

हॉर्न रिले Horn Relay

इलेक्ट्रिक हॉर्न में लगे सी.बी. प्वॉइण्ट को अधिक समय तक खराब होने से बचाने हेतु एक वैद्युतिक युक्ति प्रयुक्त की जाती है, जिसे हॉर्न रिले कहते हैं। इसके प्रयोग से हॉर्न बजाते समय बैटरी की अधिक धारा व्यय नहीं होती है तथा हॉर्न को उचित ऐम्पियर की धारा भी प्राप्त हो जाती है। कभी-कभी इसका प्रयोग वाहनों के दरवाजे खोलते समय आवाज करने के लिए भी किया जाता है। जब दरवाजा खुलता है, तो हॉर्न आवाज करता है तथा यह दर्शाता है कि इग्नीशन की चाबी लगी हुई है। दरवाजा खोलने से ही इसका परिपथ पूर्ण होता है तथा आवाज आती है। इस आवाज से चालक को चेतना होती है तथा वह इग्नीशन की चाबी निकालकर ही वाहन से नीचे उतरता है। इसके प्रयोग से वाहन के चोरी हो जाने की सम्भावनाएँ कम हो जाती हैं।

संरचना Construction

हॉर्न रिले में एक तीन टर्मिनल वाला बेस लगा होता है जिस पर H, B तथा S अंकित रहते हैं। हॉर्न रिले के अन्दर आयरन कोर क्वॉयल पर लिपटी रहती है। इस क्वॉयल का एक सिरा टर्मिनल के B सिरे से जुड़ा होता है तथा इसका दूसरा सिरा कॉन्टैक्ट ब्रेकर प्वॉइण्ट से संलग्न आर्मेचर से जुड़ा रहता है। कॉन्टैक्ट ब्रेकर प्वॉइण्ट का स्थिर बिन्दु टर्मिनल के H सिरे से जुड़ा होता है। रिले में टर्मिनल का H सिरा हॉर्न से, B सिरा फ्यूज से होता हुआ बैटरी से तथा S सिरा बटन से संयोजित रहता है।

कार्यविधि Working Method

जब हॉर्न स्विच को दबाया जाता है, तो बैटरी से धारा क्वॉयल व हॉर्न स्विच में प्रवाहित होती है। इस प्रकार परिपथ पूर्ण हो जाता है। अब आयरन कोर विद्युत-चुम्बक के समान व्यवहार करने लगती है। यह आयरन कोर आर्मेचर को अपनी ओर खींचती है तथा आर्मेचर कॉन्टैक्ट ब्रेकर प्वॉइण्ट को बन्द कर देता है। इसके फलस्वरूप हॉर्न से अधिकतम धारा H सिरे से होकर प्रवाहित होने लगती है तथा हॉर्न से आवाज आनी प्रारम्भ हो जाती है। जब हॉर्न स्विच को छोड़ दिया जाता है तो हॉर्न बटन में धारा प्रवाहित होनी बन्द हो जाती है एवं परिपथ टूट (break) जाता है।

इस प्रकार आयरन कोर पुन: विचुम्बकित हो जाती है तथा आर्मेचर स्प्रिंग के तनाव के कारण वापस अपने स्थान पर आ जाता है। इस प्रकार कॉन्टैक्ट प्वॉइण्ट ओपन हो जाते हैं तथा हॉर्न कार्य करना बन्द कर देता है।

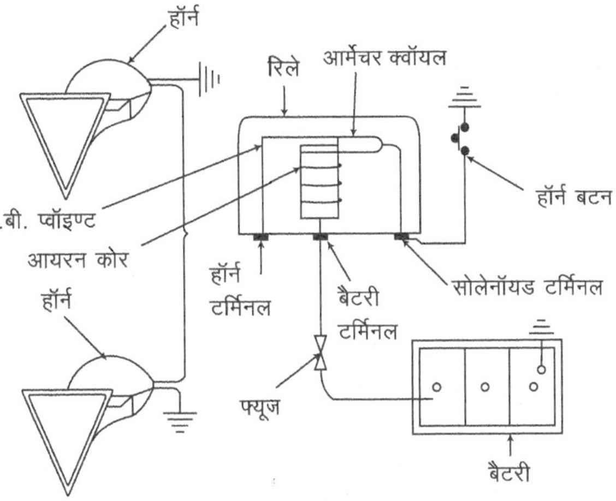

चित्र हॉर्न रिले परिपथ

हॉर्न स्विच Horn Switch

हॉर्न स्विच सामान्यत: स्टीयरिंग व्हील हब के केन्द्र पर फिट किया जाता है। कुछ वाहनों में हॉर्न स्विच डैशबोर्ड पर फिट किया जाता है। हॉर्न स्विच, हॉर्न परिपथ का एक मुख्य भाग है, जिसका उपयोग हॉर्न रिले को प्रचालित करने के लिए किया जाता है। हॉर्न स्विच एक पुश बटन, रिंग या लीवर द्वारा प्रचालित होता है। हॉर्न स्विच को सीधे ही बैटरी से संयोजित नहीं किया जाता है। हॉर्न स्विच में एक स्प्रिंग भारित बटन, केबिल तथा एक कप (cup) सम्मिलित रहता हैं। केबिल, स्टीयरिंग के आन्तरिक कॉलम से गुजरता है तथा इसका एक सिरा हॉर्न बटन से तथा दूसरा सिरा हॉर्न रिले के S टर्मिनल से संयोजित रहता है। हॉर्न बटन, स्प्रिंग द्वारा स्टीयरिंग व्हील हब की ग्राउण्ड प्लेट से डिस्एंगेज है तथा स्टीयरिंग व्हील हब से रिटेनर द्वारा रिटेनड (retained) रहता है। जब हॉर्न बटन दबाया जाता है, तो बटन ग्राउण्ड प्लेट को स्पर्श करता है। इस प्रकार वैद्युतिक परिपथ पूर्ण हो जाती है। जैसे ही वैद्युतिक परिपथ पूर्ण होता है, रिले प्रचालित हो जानी है तथा हॉर्न को अधिकतम धारा सप्लाई करती है। जब हॉर्न बटन को छोड़ दिया जाता है तो स्प्रिंग, बटन को पुन: अपनी पूर्व अवस्था में ला देती है। इस प्रकार हॉर्न परिपथ टूट जाता है तथा हॉर्न कार्य करना बन्द कर देता है।

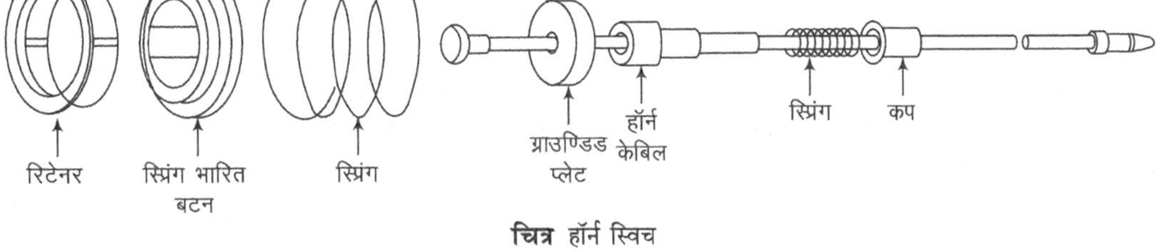

चित्र हॉर्न स्विच

हॉर्न सम्बन्धी दोष एवं निवारण Horn Related Troubleshooting

हॉर्न सम्बन्धी मुख्य दोषों को कारण एवं निवारण सहित नीचे तालिका में दर्शाया गया है

क्र.सं.	दोष (Faults)	कारण (Causes)	निवारण (Remedies)
1.	हॉर्न ध्वनि उत्पन्न नहीं करता है	(i) परिपथ के संयोजन टूटे होना	(i) संयोजन ठीक करें
		(ii) हॉर्न प्वॉइण्ट का दोषयुक्त होना	(ii) हॉर्न प्वॉइण्ट को बदलें
		(iii) खराब स्विच	(iii) दोष ठीक करें या स्विच बदलें
		(iv) त्रुटिपूर्ण समायोजित रिले	(iv) रिले को पुनः समायोजित करें
		(v) बैटरी निम्न या शून्य होना	(v) बैटरी को चार्ज करें
		(vi) फ्यूज का उड़ जाना	(vi) नया फ्यूज लगाएँ
		(vii) फील्ड क्वॉयल वाइण्डिंग का खुला होना	(vii) दोष को दूर करें
2.	हॉर्न लगातार ध्वनि उत्पन्न करता रहता है (जब स्विच ऑफ स्थिति में हो)	(i) स्विच के तार में शॉर्ट-सर्किट होना	(i) दोष को दूर करें
		(ii) रिले प्वॉइण्ट का चिपक जाना	(ii) रिले प्वॉइण्ट को ठीक करें
3.	हॉर्न निम्न अनुप्रयुक्त ध्वनि उत्पन्न करता है (असन्तोषजनक ध्वनि)	(i) हॉर्न टर्मिनल पर वोल्टेज का निम्न या उच्च होना	(i) जाँच करके उत्पन्न आउटपुट वोल्टेज को समायोजित करें
		(ii) परिपथ में अधिक वोल्टेज ड्रॉप होना	(ii) दोष को ढूँढ़कर दूर करें
		(iii) बैटरी वोल्टेज निम्न होना	(iii) बैटरी को पुनः आवेशित करें
		(iv) कवर एवं स्क्रू का ढीला होना	(iv) कवर एवं स्क्रू को टाइट करें
		(v) डायफ्राम का टूटा होना	(v) डायफ्राम को बदलें
		(vi) हॉर्न प्वॉइण्ट का अनुप्रयुक्त होना	(vi) हॉर्न प्वॉइण्ट को पुनः समायोजित करें
		(vii) टोन डिस्क का नष्ट होना	(vii) टोन डिस्क को बदलें
		(vii) ढीले वैद्युतिक संयोजन होना	(vii) संयोजन ठीक करें

2. वाइपर इकाई Wiper Unit

कुशल तथा सुरक्षित चालन (driving) के लिए यह आवश्यक है कि विण्ड स्क्रीन हमेशा पूर्ण रूप से साफ तथा पारदर्शी रहे। साफ मौसम में तो कपड़े द्वारा उसे साफ करके काफी समय तक प्रयोग कर सकते हैं, परन्तु वर्षा होने पर उसके ऊपर पानी पड़ता रहता है, जिससे सड़क स्पष्ट नजर नहीं आती है, इसलिए वर्षाकाल में विण्ड शील्ड ग्लास पर से पानी हटाते रहने के लिए विण्ड शील्ड वाइपर का प्रयोग किया जाता है।

पुराने वाहनों में वाइपर चलाने के लिए मैकेनिकल फ्यूज पम्प के डबल एक्टिंग डायफ्राम का उपयोग किया जाता था, परन्तु वर्तमान में फ्यूल पम्प के साथ ही इलेक्ट्रिकल वाइपर्स मशीनों का प्रयोग होने लगा है। इसमें एक छोटी विद्युत मोटर प्रयोग की जाती है, जिसे बैटरी द्वारा प्रचालित किया जाता है।

वाइपर परिपथ Wiper Circuit

वाइपर परिपथ के मुख्य अवयव बैटरी, फ्यूज, वाइपर स्विच एवं वाइपर इकाई हैं। वाइपर परिपथ में बैटरी, वाइपर स्विच से संयोजित की जाती है। वाइपर स्विच, वाइपर फ्यूज से एवं वाइपर फ्यूज, वाइपर इलेक्ट्रिक मोटर टर्मिनल से संयोजित किया जाता है। मोटर का एक टर्मिनल आर्मेचर ब्रुश एवं फील्ड क्वॉयल से एवं दूसरा अर्थ (earth) किया जाता है। चित्र में दर्शाए गए लिमिट स्विच का एक सिरा मोटर टर्मिनल के वायर से एवं दूसरा सिरा अर्थ स्क्रू से जुड़ा होता है।

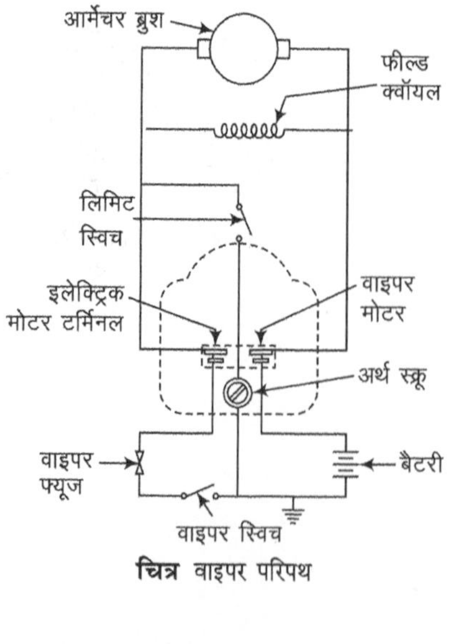

चित्र वाइपर परिपथ

कार्यविधि Working Method

जब वाइपर स्विच को ऑन (ON) किया जाता है, तब बैटरी से धारा फ्यूज के माध्यम से वाइपर मोटर टर्मिनल को मिलती है। मोटर फील्ड से धारा ब्रुशों के द्वारा आर्मेचर में प्रवाहित होती है, जिसके फलस्वरूप मोटर एक स्टार्टर मोटर की भाँति घूर्णन करने लगती है।

जब वाइपर स्विच को ऑफ (OFF) कर दिया जाता है, तब बैटरी से प्रवाहित धारा कट ऑफ हो जाती है एवं मोटर घूर्णन करना बन्द कर देती है।

विण्ड स्क्रीन वाइपर इकाई Wind Screen Wiper Unit

वाइपर इकाई प्राय: विण्ड शील्ड ग्लास फ्रेम/पिलर के टॉप या बॉटम पर फिट की जाती है। विण्ड स्क्रीन वाइपर के मुख्य भाग इलेक्ट्रिक मोटर, ड्राइवर गियर, रिडक्शन गियर, वर्म गियर, वाइपर आर्म, वाइपर ब्लेड क्रैंक आदि हैं। निम्न चित्र में एक सम्पीडित वायु चालित वाइपर इकाई दर्शायी गई है

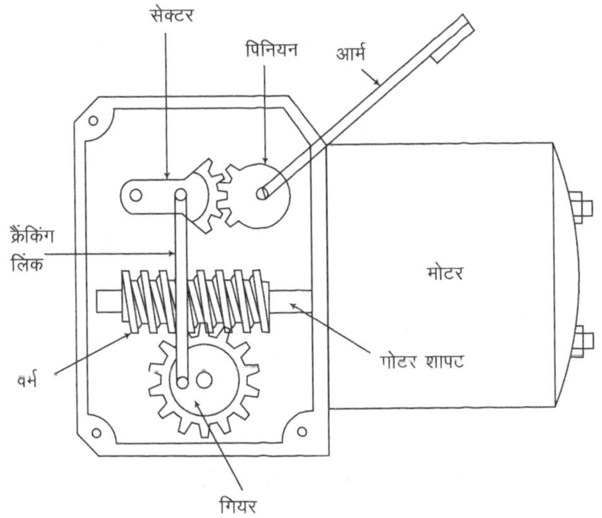

चित्र सम्पीडित वायु चालित वाइपर

कार्यप्रणाली Working

जब वाइपर ब्लेड को चलाना होता है, तो इसका स्विच चालू किया जाता है, जिससे इसकी मोटर का आर्मेचर घूमने लगता है। आर्मेचर शाफ्ट पर चूड़ियाँ कटी होती हैं, जिनसे रिडक्शन गियर चलता है। इसे वाइपर ब्लेड को कम चाल पर चलाने के लिए फिट किया जाता है। यह गियर कम गति पर घूमकर वर्म गियर को चलाता है, जिसके कारण मोटर द्वारा कोणीय गति (angular motion) प्राप्त होती है। यह कोणीय गति क्रैंक को चलाती है, जिससे वाइपर ब्लेड दोनों ओर चलने में समर्थ होते हैं।

वाहनों में निम्न प्रकार की वाइपर इकाई प्रयोग की जाती हैं

(i) हस्तचालित वाइपर (ii) वैक्यूम चालित वाइपर
(iii) सम्पीडित वायु चालित वाइपर (iv) हाइड्रोलिक चालित वाइपर
(v) विद्युत चालित वाइपर

(i) हस्तचालित वाइपर Hand-Operated Wiper

वर्तमान में इनका प्रयोग वाहनों में नहीं किया जाता है। इन्हें वैद्युतिक चालित वाइपर इकाई से बदल दिया गया है।

(ii) वैक्यूम चालित वाइपर Vacuum Operated Wiper

वैक्यूम इकाई, इंजन वैक्यूम के अन्तर्गत कार्य करती है। कुछ निश्चित वाहनों; जैसे—पुराने मॉडल की जीप, लैण्ड रोवर आदि में वाइपरों को प्रचालित करने के लिए एक डबल ए.सी. पम्प (पेट्रोल) प्रयोग किया जाता था।

वाइपरों के प्रचालन के लिए आवश्यक वैक्यूम ए.सी. पम्प डायफ्राम से बनता है। इस ए.सी. पम्प डायफ्राम की बॉडी में वाल्व होते हैं।

(iii) सम्पीडित वायु चालित वाइपर Compressed Air Operated Wipers

ऐसे वाहन जिनमें एयर कम्प्रैसर लगा होता है उनमें सम्पीडित वायु चालित वाइपर प्रयुक्त किए जाते हैं। इस प्रकार के वाइपर का प्रयोग प्राय: भारी मोटर वाहनों (डीजल ट्रक एवं भारी कर्षण वाहन) में किया जाता है।

(iv) हाइड्रॉलिक चालित वाइपर Hydraulic Operated Wipers

वर्तमान समय में इस प्रकार के वाइपर का प्रयोग नहीं किया जाता है।

(v) विद्युत चालित वाइपर Electrically Operated Wipers

वर्तमान समय में इसी प्रकार के वाइपर सर्वाधिक प्रयोग किए जाते हैं। विद्युत चालित वाइपर में प्रयुक्त विण्ड शील्ड वाइपर मोटर सामान्य प्रचालन के दौरान 12 वोल्ट्स पर 2.7 ऐम्पियर से 3.4 ऐम्पियर तक धारा लेती है। इस प्रकार के वाइपर में एक 5 ऐम्पियर का फ्यूज भी लगाया जाता है।

अनुरक्षण Maintenance

प्राय: विण्ड स्क्रीन वाइपर को किसी प्रकार के रख-रखाव की आवश्यकता नहीं होती है। इसके अन्दर ग्रीस भरी रहती है, फिर भी समय-समय पर इसके बॉल ज्वॉइण्ट में तेल दे देना चाहिए। इस बात का ध्यान रखना आवश्यक है कि विण्ड स्क्रीन पर तेल या मिट्टी आदि न लगी हो। विण्ड स्क्रीन को स्प्रिट द्वारा साफ करना चाहिए। वाइपर ब्लेड इस प्रकार फिट होना चाहिए कि वह स्क्रीन के फेस आदि से न टकराए।

3. पावर विण्डो Power Window

जब कार चल नहीं रही होती है, तो पावर विण्डो प्राय: निष्प्रभावी रहती है। यह मुख्य रूप से एक सुरक्षात्मक सुविधा है, जब इग्नीशन ऑफ हो जाता है, तब इलेक्ट्रिक पावर विण्डो प्रचालित होती है। कारों में पावर विण्डो होने की एक हानि भी है, इससे कार के चोरी होने की सम्भावना अधिक रहती है।

पावर विण्डो को इलेक्ट्रिक विण्डो लिफ्ट्स भी कहते हैं। ये वास्तव में ऑटोमोबाइल विण्डोज होती हैं, जिन्हें एक बटन या स्विच की सहायता से उठाया (खोला) या गिराया (बन्द) जा सकता है। एक पावर विण्डो में मुख्य रूप से मास्टर कण्ट्रोल स्विच, विण्डो ड्राइव मोटर तथा विभिन्न कण्ट्रोल स्विच आदि अवयव लगे होते हैं। मास्टर कण्ट्रोल स्विच का कार्य सम्पूर्ण प्रणाली को नियन्त्रित करना है।

फोर डोर मॉडल वाहनों में धारा, सर्किट ब्रेकर से प्रणाली में तथा मास्टर कण्ट्रोल स्विच से होकर प्रत्येक विण्डो के कण्ट्रोल स्विच में जाती है। बच्चे इसे सरलता से न खोलें, इसलिए इसमें एक लॉक स्विच भी लगाया जाता है। विरामावस्था पर हाइड्रोलिक ड्राइव प्रणाली विण्डो को नीचे कर सकती है, क्योंकि हाइड्रोलिक प्रणाली से दबाव विण्डो को नीचे ही केवल रिलीज करता है।

विण्डो को ऊपर उठाने के लिए एक इलेक्ट्रिकल प्रचालित पम्प की आवश्यकता होती है, जो उपयुक्त सिलेण्डर पर दबाव उत्पन्न करता है। इन प्रणालियों को प्रत्येक सिलेण्डर (दरवाजों में, पावर सीटों एवं पावर प्रचालित परिवर्तनीय कार के टॉप में) के लिए प्रैशर लाइन्स की आवश्यकता होती है।

कार्यविधि Working Method

विण्डो को ऊपर या नीचे करने के लिए एक केबिल ड्राइव प्रणाली का प्रयोग किया जाता है, जिसे चित्र में दर्शाया गया है।

ड्राइव मोटर प्राय: वर्म गियर यन्त्रावली के माध्यम से केबिल को गति प्रदान करती है, जोकि मोटर की घूर्णन गति की दिशा के अनुसार विण्डो को बन्द या खोलती है।

वर्म गियर यन्त्रावली का सैल्फ-लॉकिंग प्रभाव किसी बल की प्रतिक्रिया में विण्डो को खुलने नहीं देता है।

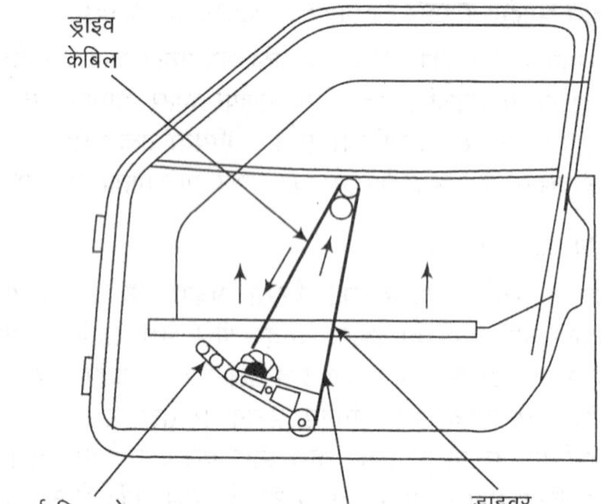

चित्र पावर विण्डो

4. ऑटोमैटिक डोर लॉक Automatic Door Lock

डोर लॉक अथवा पावर डोर लॉक्स को इलेक्ट्रिक डोर लॉक्स या सेन्टर लॉकिंग भी कहा जाता है। यह भारी वाहन या ट्रक के चालक (driver) या फिर आगे वाले यात्री (passenger) को एक ही साथ दरवाजों को खोलने या फिर बन्द करने की अनुमति देता है।

कुछ सिस्टम डोर, इग्नीशन स्विच के 'रन' करने पर लॉक होते हैं तथा कुछ सिस्टम डोर, गियर शिफ्ट सलेक्टर के रिवर्स स्थिति से गुजरने पर लॉक होते हैं।

सभी डोर के बन्द होने की स्थिति में कण्ट्रोलर के लिए डोर जैम इनपुट सर्किट का अर्थ कनैक्शन हट जाता है तथा लॉक सर्किट को इनेबल करने हेतु यह सूचना कण्ट्रोलर में जाती है।

गियर के सलेक्शन पार्क स्थिति से अन्य स्थिति में जाने पर न्यूट्रल सेफ्टी स्विच कण्ट्रोलर से आने वाली सूचना को हटा देता है तथा कण्ट्रोलर, वोल्टेज को LH (Left hand) सीट स्विच के द्वारा लॉक रिले क्वॉयल में भेज देता है, जिससे धारा मोटर में प्रवाहित होने लगती है, परिणामत: सभी डोर लॉक हो जाते हैं।

इसके विपरीत जब गियर सलेक्टर पुन: पार्क स्थिति में आता है, तब न्यूट्रल सेफ्टी स्विच द्वारा वोल्टेज, कण्ट्रोलर में चली जाती है तथा कण्ट्रोलर द्वारा वोल्टेज को अनलॉक रिले क्वॉयल में भेजने पर सभी डोर अनलॉक हो जाते हैं।

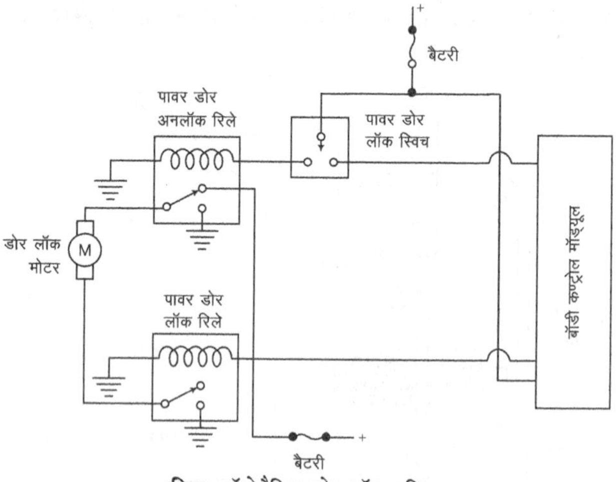

चित्र ऑटोमैटिक डोर लॉक परिपथ

5. रिमोट की-लैस एण्ट्री प्रणाली
Remote Keyless Entry System

इस प्रणाली में वाहन की चाबी में एक ट्रांसमीटर लगा होता है, जिसका बटन चाबी के ऊपर होता है। यदि वाहन के आस-पास 25 से 30 फीट की रेंज में ट्रांसमीटर बटन को दबाया जाए, तो वाहन की लाइट जलती है तथा चालक दरवाजे को खोलता है। चाबी पर लगे दूसरे बटन को दबाने पर दरवाजा पुन: बन्द हो जाता है।

6. एण्टी-थेफ्ट प्रणाली Anti-theft System

आधुनिक कारों में इस प्रणाली का बहुतायत से उपयोग किया जा रहा है। यह प्रणाली अलार्म संकेत वाली होती है। सामान्यतया यह ऑटो वाहनों की सुरक्षा व्यवस्था को सुनिश्चित करती है, जो संकेतक (indicator) के एक संकेत पर निर्भर करती है। यह एक तार रहित (wireless) प्रणाली है। जब किसी वाहन के साथ छेड़छाड़ की जाती है, तो इसमें लगा अलार्म आवाज करने लगता है तथा वाहन मालिक को इस स्थिति की मैसेज द्वारा सूचना भी मिल जाती है। एण्टी-थेफ्ट प्रणाली में एक सेन्सर का प्रयोग किया जाता है, जिससे लगातार किरणें निकलती रहती हैं।

जब कोई व्यक्ति वाहन के निकट होता है अथवा छेड़छाड़ करता है, तो सेन्सर से निकलने वाली किरणें, सेन्सर के रिसीवर पर वापस चली जाती हैं, जिसके फलस्वरूप यह प्रणाली सक्रिय हो जाती है तथा वाहन मालिक तक सूचना पहुँच जाती है कि उसके वाहन के निकट कोई है। वर्तमान में इस प्रणाली का प्रयोग सुरक्षा के उद्देश्य से किया जा रहा है।

7. इम्मोबिलाइजर प्रणाली Immobiliser System

यह प्रणाली एक सुरक्षा प्रणाली है, जो वाहन को चोरी होने से बचाती है। इस प्रणाली में एक ट्रांसपोन्डर चाबी प्रयुक्त की जाती है, जिसमें प्रमाणित चाबी (authorized key) के की-कोड (key code) संग्रहित किए जाते हैं। यदि किसी व्यक्ति द्वारा वाहन को किसी अन्य इग्नीशन चाबी (वाहन की चाबी से दूसरी) द्वारा स्टार्ट किया जाता है, तो ECU (Electronic Control Unit) द्वारा एक सिग्नल ECM (Electronic Control Module) को भेजा जाता है, जो सिग्नल के प्राप्त होने पर फ्यूल के प्रवाह एवं इग्नीशन को रोक देता है, जिसके परिणामस्वरूप वाहन स्टार्ट नहीं हो पाता है।

कार्यविधि Working Method

जब ECU को पता चलता है कि अनलॉक चेतावनी स्विच ऑन है, तो ECU ट्रांसपोन्डर की क्वॉयल को धारा प्रदान करता है, जिससे एक हल्की सी विद्युत तरंग उत्पन्न होती है। 'की' ग्रिप में ट्रांसपोन्डर चिप हल्की विद्युत तरंग प्राप्त करती है।

ट्रांसपोन्डर चिप एक 'की' ID कोड सिग्नल प्रदान करती है। ट्रांसपोन्डर 'की' एम्प्लीफायर इसे एम्प्लीफाई करके ECU को ट्रांसमिट कर देता है। 'की' ID कोड को ECU वाहन के इस सिग्नल से मिलान करता है जोकि पूर्व में ही ECU में रजिस्टर्ड किया गया है, तत्पश्चात् SFI संचार के द्वारा ECM में मिले परिणाम ('की' ID कोड से प्राप्त सिग्नल का मिलान हुआ या नहीं) को भेज दिया जाता है।

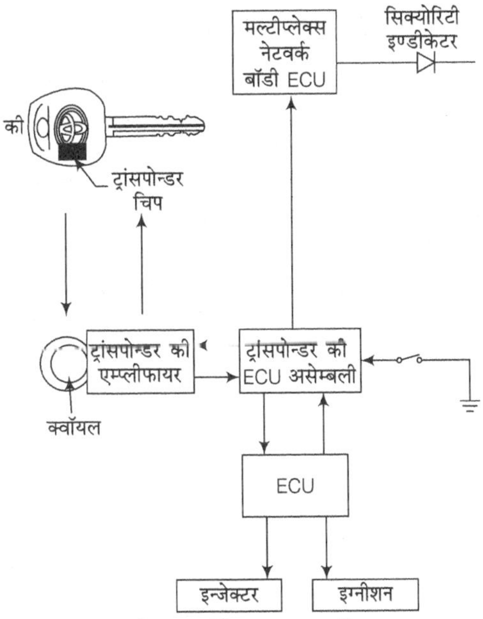

चित्र इम्मोबिलाइजर प्रणाली

यदि प्राप्त परिणाम यह दर्शाए कि 'की' ID कोड, वाहन के ID कोड से मेल (match) हो गया है एवं ECU पुष्टि कर देता है कि इम्मोबिलाइजर प्रणाली रद्द हो गई है एवं इंजन स्टार्टिंग कण्ट्रोल (फ्यूल इंजेक्शन कण्ट्रोल एवं इग्नीशन कण्ट्रोल) स्टैण्डबाई मोड में प्रवेश करता है एवं ECU एक सिक्योरिटी इण्डीकेटर सिग्नल 'इण्डीकेटर ऑफ', मल्टीप्लेक्स नेटवर्क बॉडी EXU को ट्रान्समिट करता है एवं मल्टीप्लेक्स नेटवर्क बॉडी ECU, सिक्योरिटी इण्डीकेटर लैम्प को 'ऑफ' कर देता है।

17.2 मनोरंजन सम्बन्धी वाहन सहायक सामग्रियाँ Entertainment Related Vehicle Accessories

वाहन विश्वभर में एक ऐसा माध्यम है, जो आज एक अनिवार्यता बन गया है। वाहन के द्वारा की जाने वाली निकट या दूर की यात्रा को आरामदायक व सुखदायी बनाने के लिए विभिन्न मनोरंजन प्रणालियों का प्रयोग किया जाता है, जो भिन्न-भिन्न रूपों में यात्रियों का मनोरंजन कर, यात्रा को सरल-सुगम बना देती हैं। अध्याय के इस अंश में ऐसी ही कुछ प्रणालियों/युक्तियों (systems/devices) का उल्लेख किया गया है, जो किसी-न-किसी रूप में यात्रा के दौरान यात्रियों का मनोरंजन कर उनकी यात्रा को रोचक बना देने में सहायक होती हैं।

चित्र वाहन का साउण्ड सिस्टम

वाहन में मनोरंजन सम्बन्धी निम्न सामग्रियाँ लगी होती हैं

1. **कार रेडियो एवं कैसेट प्लेयर** (Car radio and cassette player) यह चौपहिया वाहनों की डैश इकाई में लगाया जा सकने योग्य एक मनोरंजन का परम्परागत साधन है। आरम्भिक दौर में वाहनों में कार रेडियो का उपयोग किया जाता था, बाद में इसके उच्चीकृत रूप कार रेडियो-कम-कैसेट प्लेयर का उपयोग मनोरंजन प्रणाली के रूप में किया जाने लगा।

   वाहनों में मनोरंजन के साधनों के उपयोग की इस श्रृंखला में कैसेट्स एवं कैसेट प्लेयरों के प्रचलन से बाहर होने के बाद इस युक्ति का और उच्चीकृत रूप कार रेडियो एवं सी.डी. प्लेयर के रूप में वर्तमान में प्रचलन में है।

2. **वीडियो प्लेयर** (Video player) वीडियो प्लेयर कार कैसेट प्लेयर का एक उन्नत व सुधरा हुआ रूप है, जिसमें सी.डी. के साथ ही डी.वी.डी. (Digital Versatile Disc), पेन ड्राइव या ब्लूटूथ का उपयोग करके कार में लगी LED स्क्रीन पर वीडियो देखी जा सकती है। वर्तमान में वाहनों में LED स्क्रीन का प्रयोग यात्रा को और अधिक रोचक बनाने हेतु किया जा रहा है।

   इसमें USB लगाने हेतु पोर्ट लगा होता है, जिसमें पेन ड्राइव लगाकर वीडियो को चलाया जाता है। यह चौपहिया वाहनों के लिए वर्तमान में सबसे लोकप्रिय मनोरंजन का साधन है। यह कार असेम्बली के साथ ही कारों में फिट कर दिया जाता है।

17.3 वाहन सुरक्षा सम्बन्धी सहायक सामग्रियाँ Accessories Related to Vehicle Safety

ये सामग्रियाँ दुर्घटनाओं के दौरान यात्रियों की सुरक्षा को ध्यान में रखकर डिजाइन की जाती हैं। इनमें प्राथमिक प्रणालियों (primary systems); जैसे—सीट बैल्ट्स एवं द्वितीयक प्रणालियों (secondary systems); जैसे—एयर बैग्स का समावेश किया गया है।

वाहन सुरक्षा प्रणालियों का यदि अवलोकन करें, तो इनका हम प्राथमिक या अक्रिय (passive) तथा द्वितीयक या क्रियाशील (active) प्रणालियों में वर्गीकृत करके अध्ययन कर सकते हैं। प्राथमिक प्रणालियाँ वे हैं, जो किसी दुर्घटना में तत्काल प्रयोग करने योग्य हैं। इनमें बम्पर बार्स, बॉडी पैनल्स, सीट बैल्ट्स, क्रम्पल जोन्स एवं कोलैप्सिबल स्टीयरिंग कॉलम्स सम्मिलित हैं।

द्वितीयक प्रणालियों में कार्य करने के लिए वे क्रियाशील सहायक सामग्रियाँ सम्मिलित हैं, जो केवल गम्भीर दुर्घटनाओं में आवश्यक होती हैं। इन सहायक सामग्रियों में एयर बैग्स एवं वाहन चालकों सहित वाहन यात्रियों के लिए भी बहुत लाभदायक हैं। वाहन सुरक्षा प्रणाली सम्बन्धी सहायक सामग्रियों का संक्षेप में विवरण निम्न प्रकार है

1. एयर बैग Air Bag

वाहनों में एयर बैग्स वाहन चालक एवं यात्रियों की सुरक्षा हेतु लगाए जाते हैं। पुराने वाहनों में एयर बैग केवल वाहन चालक की सीट के आगे लगा होता था, परन्तु आधुनिक वाहनों में एयर बैग चालक सीट तथा साइड वाली सीट के आगे लगा होता है। एयर बैग के अन्दर नाइट्रोजन गैस भरी जाती है तथा इसके अन्दर एक सेन्सर भी लगाया जाता है, जिसे क्रैश सेन्सर कहते हैं।

यदि तेज गति से चल रहे वाहनों का टकराव हो जाए या वाहन किसी वस्तु, पेड़ इत्यादि से टकरा जाए, तो वाहन की गति के कारण जड़त्व (inertia) उत्पन्न हो जाता है जिससे ड्राइवर वाहन के स्टीयरिंग व्हील एवं सामने वाले पैनल से टकरा जाता है, जोकि अत्यन्त भयानक दुर्घटना का कारण बन जाता है।

इससे बचने के लिए वाहनों के डैशबोर्ड में एयरबैग लगाया जाता है जिससे वाहन के टकराते ही कुछ पलों में एयर बैग हवा से भर जाता है, जो ड्राइवर को चोट लगने से बचाता है। एयर बैग को सप्लीमैन्टल इन्फ्लेटेबल रैस्ट्रेन्ट्स (SIR) भी कहते हैं।

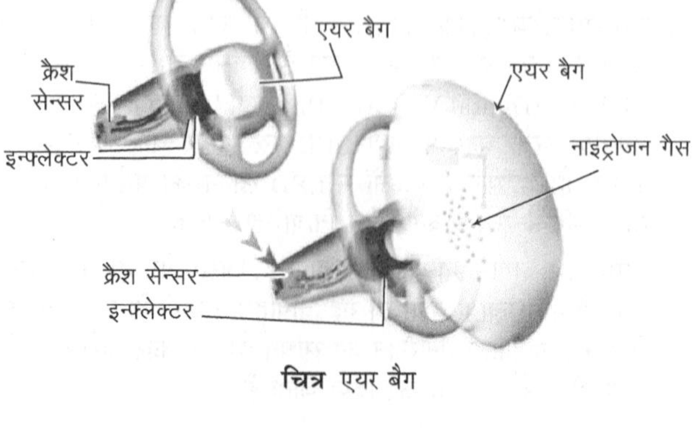

चित्र एयर बैग

2. वाहन सुरक्षा प्रणाली Vehicle Security System

इस प्रणाली को सुरक्षा अलार्म प्रणाली या वाहन एण्टी-थेफ्ट प्रणाली भी कहा जाता है। वाहनों में एक ऐसी सुरक्षा प्रणाली होती है, जिसमें जब वाहन का मालिक या ड्राइवर वाहन को पार्क करके जाता है, तो एक स्विच को ऑन कर देता है, जोकि खतरे की घण्टी को चालू करने का स्विच होता है। जब कोई व्यक्ति वाहन के किसी भी दरवाजे, वाहन की हुड, टेलगेट या ट्रन्क को खोलने का प्रयास करता है, तो खतरे की घण्टी बजने लगती है एवं वाहन की लाइट फ्लैश करना आरम्भ कर देती है, इससे वाहन के मालिक या ड्राइवर को सूचना मिल जाती है।

3. क्रैश सेन्सर Crash Sensors

क्रैश सेन्सर का कार्य वाहनों के टकराने की स्पीड को सेन्स करना है। ये वाहन में कहीं भी फिट किए जा सकते हैं। जब दो वाहन आपस में टकराते हैं, तो सेन्सर टकराने की स्पीड को सेन्स करके यह सूचना प्रोपेलर यूनिट को भेजता है तथा सूचना प्राप्त होते ही एयर बैग्स कुछ मिली सेकण्ड में ही फूल जाते हैं तथा चालक अथवा यात्री को घायल होने से बचाते हैं। उन्नत प्रणालियों के डिजाइन के अनुसार एयर बैग्स तब ही खुलते हैं, जब यात्री सीट पर हो। एयर बैग्स का खुलना यात्री के भार पर भी निर्भर करता है। एयर बैग्स के गलत तथा अनावश्यक खुलने जैसी स्थितियों से बचने के लिए प्रणालियों में एक सुरक्षा सेन्सर भी सम्मिलित होता है, जो SRS (Supplemental Restraint System) नियन्त्रण इकाई में लगा होता है।

4. सीट बैल्ट प्री-टेंशनर Seat Belt Pre-tensioner

कुछ वाहनों में सीट बैल्ट पर सीट बैल्ट प्री-टेंशनर लगा होता है। यह वह युक्ति है, जिसे सीट बैल्ट को टाइट करने में प्रयुक्त किया जाता है। प्री-टेंशनर को सीट बैल्ट के बकल (buckle) साइड पर चित्रानुसार माउण्ट किया जाता है। प्री-टेंशनर को एक बार ट्रिगर करते ही रैचेट सीट बैल्ट को ढीली होने से बचाता है। जब सीट बैल्ट बकल से हटा दी जाती है, तो यह पुन: प्रविष्ट नहीं की जा सकती तथा ऐसे में असेम्बली बदली जाती है। प्री-टेंशनर शुरू में सीट बैल्ट को खींचकर टाइट करता है, जबकि स्टिचिंग क्रमिक रूप से यात्री को नियन्त्रित रूप से आगे एयर बैग तक आने देता है।

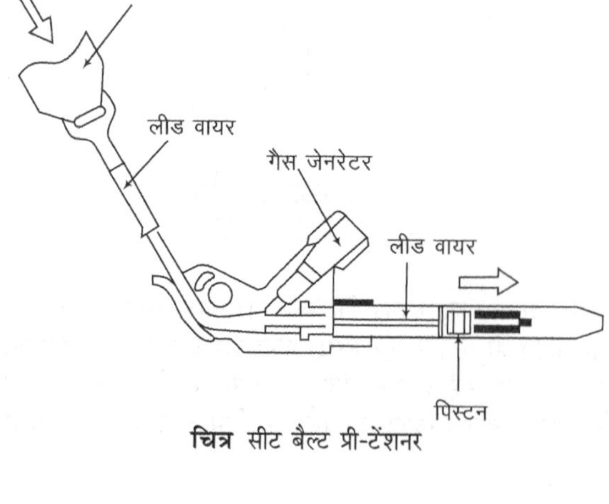

चित्र सीट बैल्ट प्री-टेंशनर

5. टायर प्रैशर मॉनिटरिंग प्रणाली
Tyre Pressure Monitoring System; TPMS

ऑटोमेटेड टायर प्रैशर मॉनिटरिंग प्रणाली वाहन के टायर दबाव को मापने की एक विश्वसनीय एवं निरन्तर मॉनिटरिंग प्रणाली है। इसे सुरक्षा ईंधन खपत में वृद्धि करने एवं वाहन कार्यक्षमता में सुधार की दृष्टि से प्रयोग किया जाता है। यह प्रणाली टायर की उपयोग अवधि में भी वृद्धि करती है। टायर दबाव निरीक्षण डायरेक्ट व इनडायरेक्ट दो प्रकार का होता है। इनडायरेक्ट प्रणाली वाहन के प्रत्येक पहिये पर लगे गति सेन्सर्स का यह सुनिश्चित करने हेतु उपयोग करती है कि टायर में अन्य टायरों की तुलना में वायु दबाव कम तो नहीं है, जबकि डायरेक्ट प्रणाली प्रत्येक पहिये के अन्दर माउण्टेड दबाव संकेतक का उपयोग करती है एवं डायरेक्ट टायर रीडिंग देने के लिए वायरलैस ट्रांसमीटर का उपयोग करती है।

चित्र टायर प्रैशर मॉनिटरिंग प्रणाली

6. इण्टीग्रेटेड संचार Integrated Communication

आधुनिक वाहनों में ऑडियो, वीडियो एवं संचार प्रणाली एक ही नेटवर्क में इण्टीग्रेट (integrate) होती है। इस पूरे नेटवर्क का नियन्त्रण हार्डवेयर; जैसे—CD स्टेकर्स एवं DVD प्लेयर द्वारा किया जाता है। अवयवों के मध्य संचार स्थापित करने के लिए हार्ड वायरिंग एवं डाटा बस का संयुक्त (combination) उपयोग किया जाता है।

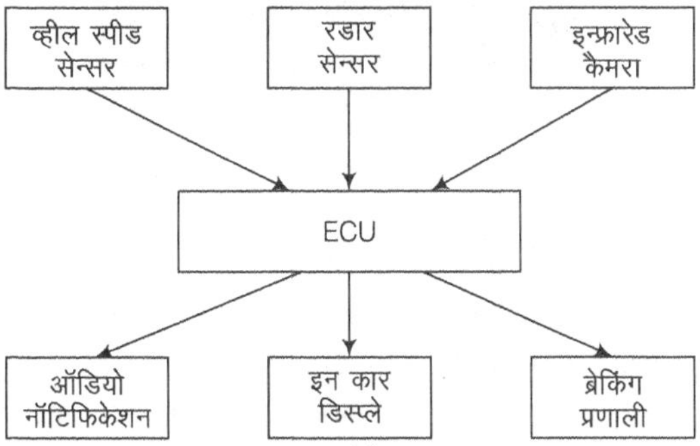

चित्र इण्टीग्रेटेड संचार

यह इण्टीग्रेटेड संचार प्रणाली, संचार अर्थात् ऑडियो के माध्यम से वाहन की स्थिति; जैसे—ब्रेक, टायर इत्यादि के विषय में ऑडियो सन्देश के द्वारा समय-समय पर सूचित करती रहती है; जैसे—'पार्क ब्रेक ऑन है' या 'पीछे के रियर टायर में हवा कम है' आदि सन्देशों के द्वारा सूचना मिलती रहती है।

वाहन चालक यदि वाहन चलाते समय मोबाइल पर बात करता है, तो सड़क पर अपना पूरा ध्यान केन्द्रित नहीं कर पाता है, जिसके कारण दुर्घटना होने की सम्भावना बनी रहती है।

इस समस्या से बचने के लिए वाहन में एक ब्लूटूथ लगाया जाता है, जिसे मोबाइल के ब्लूटूथ से संयोजित कर संचार स्थापित किया जाता है। वाहन में इसे स्टीयरिंग पर लगाया जाता है। कम्यूनिकेशन वाहन के स्पीकर द्वारा किया जाता है। मोबाइल के ब्लूटूथ को कैसेट प्लेयर या वीडियो प्लेयर से भी कनैक्ट किया जा सकता है।

7. प्रोक्सिमिटी सेन्सर Proximity Sensors

वाहनों में प्रोक्सिमिटी सेन्सर सामान्यत: पिछले बम्पर्स (rear bumpers) या फ्रण्ट में स्थित होता है। इसमें लगी कण्ट्रोल यूनिट, सेन्सर अवरोध (obstacle) के मध्य दूरी को मापती है एवं एक ध्वनि तरंग के द्वारा सेन्सर को कुल दूरी ज्ञात होती है।

वाहनों में प्रोक्सिमिटी सेन्सर का प्रयोग वाहनों को पार्क तथा रिवर्स करते समय टकराने जैसी समस्याओं को दूर करने हेतु किया जाता है। प्रोक्सिमिटी सेन्सर कलर मैचिंग सेन्सर होता है तथा आस-पास की वस्तुओं को बिना स्पर्श किए ही डिटेक्ट कर लेता है।

जब किसी वाहन को रिवर्स किया जाता है, तो कभी-कभी वाहन चालक वाहन के रियर व्यू मिरर (rear view mirror) से पीछे की स्थिति को स्पष्टतया नहीं देख पाता है। इस स्थिति में प्रोक्सिमिटी सेन्सर आस-पास की वस्तुओं को डिटेक्ट कर वाहन चालक को सूचना प्रदान करता है। सामान्यतया व्हीकल के सम्पूर्ण कवरेज के 4 सेन्सरों का उपयोग किया जाता है।

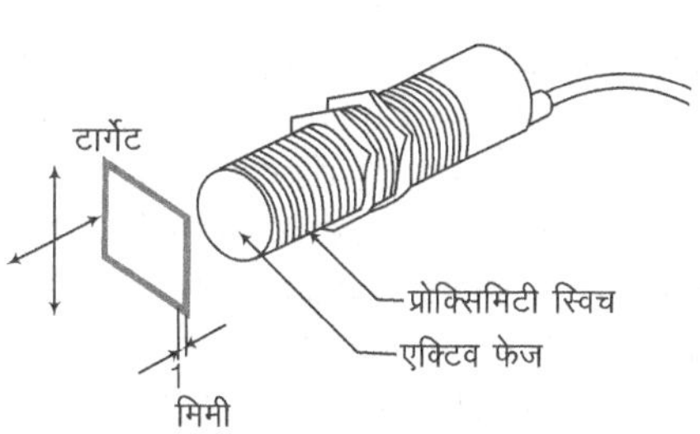

चित्र प्रोक्सिमिटी सेन्सर

8. रिफ्लेक्टिव डिस्प्ले Reflective Display

वर्तमान में वाहनों में एक रिफ्लेक्टिव डिस्प्ले का प्रयोग किया जा रहा है, जिसे स्मार्टफोन के साथ क्रियाशील बनाया जाता है। यह डिस्प्ले सुपर क्लीयर प्लास्टिक द्वारा निर्मित की जाती है। इसके प्रयोग से वाहन की सीधी गति, वाहन की घूर्णीय गति, वाहन में फ्यूल की मात्रा इत्यादि को सड़क पर से नजर हटाए बिना ही देखा जा सकता है।

चित्र रिफ्लेक्टिव डिस्प्ले

9. ग्लोबल पॉजिशनिंग प्रणाली Global Positioning System

विश्व में वाहनों की वास्तविक स्थिति का पता लगाने हेतु ग्लोबल पॉजिशनिंग प्रणाली का प्रयोग किया जाता है। आधुनिक कारों में ग्लोबल पॉजिशनिंग प्रणाली का प्रयोग मुख्य रूप से किया जा रहा है। GPS, विश्व में सबसे अधिक प्रयोग की जाने वाली सैटेलाइट नेवीगेशन प्रणाली (satellite navigation system) है। GPS सामान्यत: सैटेलाइट पर निर्भर करती है। वाहनों की वास्तविक स्थिति का पता लगाने हेतु चार या अधिक सैटेलाइट की आवश्यकता होती है।

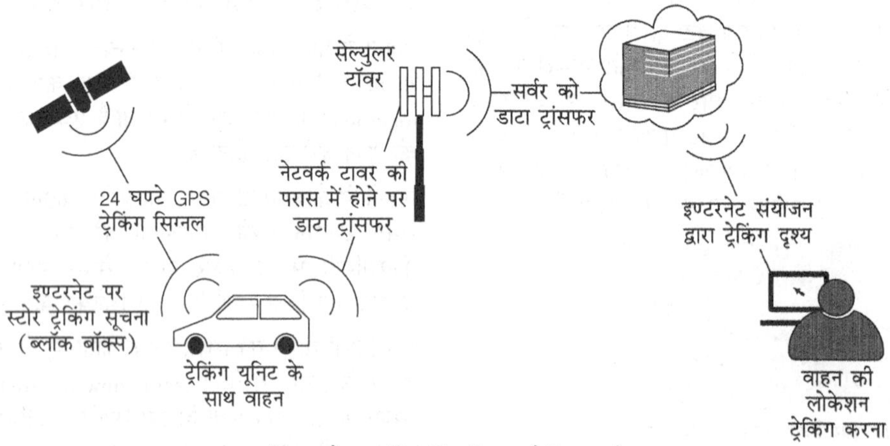

चित्र ग्लोबल पॉजिशनिंग सिस्टम ट्रेकिंग कार्य

कार्यविधि Working Method

GPS का आधार सैटेलाइटों का एक समूह है, जो निरन्तर पृथ्वी की परिक्रमा करता है। ये सैटेलाइट्स एटॉमिक क्लॉक से युक्त होते हैं एवं रेडियो सिग्नल को ट्रांसमिट करते हैं। रेडियो सिग्नल में सटीक लोकेशन, समय एवं अन्य सूचनाएँ निहित होती हैं। सैटेलाइट के लिए रेडियो सिग्नल्स की मॉनिटरिंग इत्यादि कण्ट्रोल स्टेशन से की जाती है। इन सिग्नलों को GPS रिसीवर द्वारा प्राप्त किया जाता है। एक GPS रिसीवर को एक '2D पॉजिशन' के लिए केवल तीन सैटेलाइट्स की आवश्यकता पड़ती है, जोकि अधिक यथार्थ नहीं होती है। आदर्श रूप से, 3D पॉजिशन प्लॉट (plot) करने के लिए चार या उससे अधिक सैटेलाइट की आवश्यकता होती है, जोकि अधिक यथार्थ (accurate) रहती है।

10. नेवीगेशन प्रणाली Navigation System

नेवीगेशन प्रणाली एक ऐसी प्रणाली है, जो वाहन चालक को उचित मार्ग प्रदान करने में सहायता करती है। GPS (Global Positioning System) के प्रयोग द्वारा नेवीगेशन प्रणाली वाहन चालक को सही एड्रेस (address) ज्ञात करने में सहायता करती है।

इस प्रणाली के द्वारा व्यक्ति वांछित स्थान, एड्रेस पर आसानी से पहुँच जाता है। नेवीगेशन प्रणाली में प्रयुक्त GPS एक ऐसी प्रणाली है, जो ग्राउण्ड पर रेडियो स्टेशन तथा सैटेलाइट के बीच एक गणितीय ग्रिड सैट-अप प्रदान करती है, जिस पर वाहन की सही स्थिति प्लॉट की जाती है तथा वाहन की स्थिति को देखकर यह पता लगाया जाता है कि वाहन की सही लोकेशन क्या है।

वाहनों में इस प्रणाली का प्रयोग करने से हम उपरोक्त सुविधा के अतिरिक्त और बहुत-सी सुविधाएँ; जैसे—डिस्प्ले स्क्रीन पर ट्रैफिक एवं ट्रेवल की सूचना, सही लोकेशन का रोड मैप तथा ट्रैफिक में आने वाली बाधाएँ आदि प्राप्त कर सकते हैं।

चित्र नेवीगेशन प्रणाली

11. टेलीमैटिक्स Telematics

यह एक उपग्रह आधारित प्रणाली है, जो द्विमार्गी संचार एवं सूचना को वाहन में संयोजित करती है। वाहन एक उपग्रह ट्रांसीवर (transceiver) युक्त होता है, जो सूचनाओं को, वाहन को और वाहन से भेज सकने में सक्षम होता है। इस प्रणाली का उपयोग वाहन ट्रेकिंग, ऑन बोर्ड प्रणालियों की मॉनिटरिंग, सन्देश भेजने, यात्रा सूचनाओं, मनोरंजन, सुरक्षा यात्रा की तय की गई दूरी, गति, स्टॉप्स एवं प्रयुक्त ईंधन का पता लगाने हेतु किया जाता है।

एक वाहन निर्माता अपने ग्राहकों को टेलीमैटिक्स को एक सर्विस के रूप में प्रदान करता है। खोए हुए या चुराए गए वाहन की स्थिति (location) ज्ञात करना, आपातकालीन सर्विस की सूचना देना, इंजन शटडाउन एवं किसी दुर्घटना इत्यादि में दरवाजा खोलना आदि टेलीमैटिक्स के मुख्य लाभ हैं।

12. ट्राइएंगुलेरेशन/ट्रिलेटरेशन

Triangularation/Trilateration

ट्राइएंगुलेरेशन या ट्रिलेटरेशन एक ऐसी प्रणाली है, जिसमें चार या उससे अधिक सैटेलाइट के समूह के द्वारा बने त्रिभुज की सहायता से वाहन की स्थिति का पता लगाया जाता है। GPS में 24 सैटेलाइटों का एक समूह होता है, जो पृथ्वी की कक्षा से लगभग 12,600 मील दूर होता है। वाहनों में लगा GPS रिसीवर चार अथवा अधिक सैटेलाइट को लॉकेट कर प्रत्येक सैटेलाइट की दूरी ज्ञात करता है तथा प्राप्त सूचना से स्वयं लोकेशन स्थापित करता है।

GPS द्वारा की गई यह प्रक्रिया ट्राइएंगुलेरेशन/ट्रिलेटरेशन कहलाती है।

त्रि-विमीय स्पेस (space) में ट्राइएंगुलेरेशन को समझना थोड़ा सा कठिन कार्य है। ट्राइएंगुलेरेशन एक ऐसा प्रक्रम है, जिसमें दो ज्ञात बिन्दुओं के साथ बने हुए त्रिभुज (triangle) पर आधारित अज्ञात बिन्दु की स्थिति ज्ञात की जाती है। इन तीनों बिन्दुओं को ज्ञात करने वाली विमाएँ सामान्यत: अक्षांश (latitude), देशान्तर (longitude) एवं ऊँचाई (elevation) के नाम से जानी होती हैं। यदि तीन सैटेलाइटों का समूह एक त्रिभुज बनाता है, तो पृथ्वी से 20,200 किमी ऊपर, इस त्रिभुज का आकार एवं आकृति कभी भी परिवर्तित नहीं होती है।

पृथ्वी की सतह पर कोई भी स्थायी बिन्दु सैटेलाइट के साथ त्रिकोणाकार (triangulate) बनाएगा। स्थायी बिन्दुओं की संख्या अनन्त होती है।

13. नेटवर्किंग एवं मल्टीप्लेक्सिंग

Networking and Multiplexing

वर्तमान में साधारण वाहनों में भी इलेक्ट्रॉनिकी नियन्त्रित प्रणालियों का समावेश किया गया है। एक वाहन की विविध विद्युत प्रणाली को 1 मील या 1.6 किमी इन्सुलेटेड तारों की आवश्यकता होती है, जो लगभग 1,000 विभिन्न तारों एवं टर्मिनलों से युक्त होती है।

वाहनों में विभिन्न इलेक्ट्रॉनिक प्रणालियाँ तथा इनके भिन्न-भिन्न अवयवों के कारण वाहन की इलेक्ट्रॉनिक प्रणाली जटिल हो जाती है। इस समस्या के समाधान हेतु कॉमन वायरिंग हार्नेस (harness) का प्रयोग किया जाता है। इसमें विभिन्न सेन्सर लगे होने के कारण दोष उत्पन्न होने की सम्भावना कम होती है। मल्टीप्लेक्स नेटवर्क का लाभ यह है कि यह प्रत्येक कार्य के लिए तारों की बढ़ती संख्या को कम करता है तथा वायरिंग हार्नेस में तारों की संख्या में कमी करता है।

इसके प्रयोग से प्रणाली की लागत और भार में कमी आती है तथा विश्वसनीयता बढ़ती है।

17.4 हाइब्रिड एवं इलेक्ट्रॉनिक वाहनों का परिचय Introduction to Hybrid and Electronic Vehicles

20वीं शताब्दी के प्रारम्भ में आपने भाप, इलेक्ट्रिक और साथ ही आन्तरिक दहन इंजन वाले वाहन देखे होंगे। इन सभी प्रकार के वाहनो में सबसे सामान्य (common) इलेक्ट्रिक वाहन थे। इसका मुख्य कारण यह था कि अन्त: दहन इंजन वाले वाहनों को स्टार्ट करने के लिए इनकी क्रैंक को घुमाने की आवश्यकता होती थी जोकि एक कठिन कार्य था। इलेक्ट्रोमैकेनिकल ICE स्टार्टर के आविष्कार के साथ इस समस्या को हल किया गया।

ICE का मुख्य लाभ यह था कि इसमें फ्यूल को टैंक में भरा जा सकता था और एक लम्बी दूरी तय की जा सकती थी। यही कारण था कि ICE वाले वाहनों ने शीघ्र ही इलेक्ट्रिक वाहनों को उपयोग से बाहर कर दिया।

परन्तु जैसे-जैसे वाहनों की संख्या में वृद्धि होती गई ICE वाहनों के नकारात्मक पक्ष भी प्रदर्शित होने लगे। मुख्य रूप से शहरी क्षेत्रों में वायु की गुणवत्ता व शोर का स्तर वाहनों की संख्या में वृद्धि के साथ काफी बिगड़ गया। इन सभी बातों को ध्यान में रखते हुए ICE वाहनों के विकल्प खोजने की आवश्यकता उत्पन्न हुई।

इस प्रकार इलेक्ट्रिक वाहन पुन: केन्द्र में वापस आ गए। सर्वप्रथम वर्ष 1996 में जनरल मोटर्स ने EVI-1 नामक एक इलेक्ट्रिक वाहन मॉडल पेश किया और अगले 3 वर्षों में इसकी 1000 से अधिक यूनिट बेची गई परन्तु सीमित बैटरी तकनीक, बैटरी क्षमता में कमी व निम्न प्रारम्भिक दूरी (लगभग 100 किमी) इत्यादि कारणों ने इसे लम्बी यात्रा के लिए अनुपयुक्त बना दिया।

इन सभी समस्याओं को समाप्त करने के लिए हाइब्रिड इलेक्ट्रिक वाहनों का आविष्कार किया गया। वर्ष 1997 में जापान ने पहला हाइब्रिड इलेक्ट्रिक वाहन टोयोटा प्रियस (Toyota Prius) पेश किया।

इस वाहन का मुख्य लाभ यह है शहरी वातावरण में इसे बैटरी पावर से चलाया जा सकता है और लम्बी यात्रा के दौरान आन्तरिक दहन इंजन से चलाया जा सकता है। अन्त: दहन इंजन से चलाने के दौरान बैटरी को चार्ज भी किया जा सकता है।

यद्यपि अगली चुनौती यह थी कि वाहन की बैटरी को बिना अन्त: दहन इंजन व फ्यूल के कैसे चार्ज किया जाए। इस कारण ऐसे हाइब्रिड इलेक्ट्रिक वाहनों के विचार का विकास हुआ जिन्हें इलेक्ट्रिक ग्रिड से चार्ज किया जा सकता है।

वर्तमान में 'प्लग इन' (plug-in) हाइब्रिड इलेक्ट्रिक वाहन (PHEV) जो इलेक्ट्रिक ग्रिड से चार्ज किए जा सकते हैं, का तेजी से विकास किया जा रहा है।

इन वाहनों का मुख्य लाभ यह है कि उपयोगकर्ता को दैनिक आवश्यकताओं के लिए फ्यूल का उपयोग करना बिल्कुल भी आवश्यक नहीं है। इन वाहनों में से अधिकांश में लगभग 50 किमी की बैटरी स्वायत्ता (autonomy) है। जो एक औसत उपभोक्ता की आवश्यकताओं को पूरा करते हैं।

यद्यपि 'प्लग-इन' हाइब्रिड इलेक्ट्रिक वाहन तकनीक शीर्ष पर है परन्तु इन वाहनों में प्रयुक्त बैटरी के निर्माण में अभी भी उच्च तकनीक की आवश्यकता है। आने वाले समय में हाइब्रिड -इलेक्ट्रिक प्रकार के वाहनों में वृद्धि होने की सम्भावना है परन्तु यह रातों-रात नहीं होगा। यह ऐसी प्रक्रिया है जिसका लाभ दशकों तक लिया जा सकता है। इस प्रक्रिया को गति देने के लिए समाज की इच्छा, इन परिवर्तनों को स्वीकार करने व समर्थन करने की है।

17.5 हाइड्रोजन फ्यूल सैल वाहन
Hydrogen Fuel Cell Vehicle

हाइड्रोजन फ्यूल सैल वाहन, शून्य उत्सर्जन (zero emission) वाले वाहन है। ये वाहन फ्यूल सैल 'स्टैक' (stack), जो वाहन को शक्ति (power) प्रदान करने के लिए इलेक्ट्रिसिटी सप्लाई करता है, में फीड की गई कम्प्रैस्ड हाइड्रोजन पर प्रचालित होता है। फ्यूल सैल को, किसी वाहन को शान्तिपूर्ण, शक्तिपूर्ण व सफाई से ड्राइव करने के लिए इलेक्ट्रिक मोटर के साथ संयुक्त करके प्रयुक्त किया जा सकता है। हाइड्रोजन फ्यूल सैल वाहन को फ्यूल सैलों के समूह द्वारा संचालित किया जाता है। इन फ्यूल सैलों को फ्यूल सैल स्टैक कहा जाता है। स्टैक को इस प्रकार डिजाइन किया जाता है कि इसमें ऑटोमोटिव अनुप्रयोगों हेतु आवश्यक शक्ति प्रदान करने के लिए पर्याप्त सैलों को सम्मिलित किया जा सके। एक फ्यूल सैल अन्त: दहन इंजन के समान तब तक शक्ति उत्पन्न करता रहता है जब तक इसमें फ्यूल उपलब्ध रहता है। फ्यूल सैल स्टैक द्वारा उत्पन्न विद्युत, वाहन को चलाने वाले इलेक्ट्रिक मोटर को शक्ति प्रदान करती है। प्रत्येक फ्यूल सैल में एक एनोड, एक कैथोड और एक प्रोटॉन एक्सचेंज झिल्ली होती है। वाहन पर लगे टैंक से हाइड्रोजन फ्यूल सैल की एनोड साइड से प्रवेश करती है तथा हवा से ली गई ऑक्सीजन, कैथोड साइड में प्रवेश कती है। जैसे ही हाइड्रोजन अणु, झिल्ली से टकराता है, एक उत्प्रेरक बल, हाइड्रोजन अणु को इलेक्ट्रॉन व प्रोटॉन में विभाजित कर देता है। प्रोटॉन फ्यूल सैल 'स्टैक' के माध्यम से गति करता है जबकि इलेक्ट्रॉन, इलेक्ट्रिक मोटर व वाहन के अन्य घटकों को धारा प्रदान करने वाले बाह्य परिपथ का अनुसरण करता है। कैथोड साइड पर प्रोटॉन व इलेक्ट्रॉन पुन: संयोजित हो जाते हैं और ऑक्सीजन के साथ संयुक्त होकर वाहन का एकमात्र टेलपाइप उत्सर्जन, जल (water) बनाते हैं।

महत्त्वपूर्ण बिन्दु

- विद्युत-चुम्बकीय सिद्धान्त पर आधारित हॉर्न को स्टीयरिंग कॉलम के ऊपर स्टीयरिंग व्हील के सेन्टर में लगाया जाता है।
- जब हॉर्न पुश बटन को दबाया जाता है, तो बैटरी से धारा फ्यूज रिले से होकर हॉर्न को मिलती है, जिससे हॉर्न ध्वनि तरंगें उत्पन्न करता है।
- वाहनों में वाइब्रेटिंग टाइप एवं विण्ड टोन टाइप के इलेक्ट्रिक हॉर्न प्रयोग किए जाते हैं। बल्ब हॉर्न का उपयोग प्राय: ट्रक, ऑटोरिक्शा आदि में इलेक्ट्रिक हॉर्न के साथ में किया जाता है।
- इलेक्ट्रिक हॉर्न में लगे सी.बी. प्वॉइण्ट को खराब होने से बचाने के लिए हॉर्न रिले का उपयोग किया जाता है।
- वर्षाकाल में विण्ड शील्ड ग्लास पर से पानी हटाते रहने के लिए विण्ड शील्ड वाइपर का प्रयोग किया जाता है।
- वाइपर इकाई प्राय: विण्ड शील्ड ग्लास फ्रेम/पिलर के टॉप या बॉटम पर फिट की जाती है।
- पावर विण्डो को इलेक्ट्रिक विण्डो लिफ्ट्स भी कहते हैं, जिन्हें एक बटन या स्विच की सहायता से खोला या बन्द किया जा सकता है।
- रिमोट कीलैस एण्ट्री प्रणाली में वाहन की चाबी में एक ट्रांसमीटर लगा होता है, जिसका बटन चाबी के ऊपर होता है।
- एण्टी-थेफ्ट प्रणाली में एक सेन्सर लगा होता है, जो किसी व्यक्ति के वाहन के समीप आने पर सक्रिय हो जाता है।
- इम्मोबिलाइजर प्रणाली में एक ट्रांसपोण्डर चाबी प्रयुक्त की जाती है, जिसमें प्रमाणित चाबी के की कोड (key code) संग्रहीत किए जाते हैं।
- कार रेडियो एवं कैसेट प्लेयर को चौपहिया वाहनों की डैश इकाई में लगाया जाता है। वर्तमान में वाहनों में LED स्क्रीन का प्रयोग करके वाहनों में वीडियो भी देखी जा सकती है।
- वाहन सुरक्षा प्रणालियों को निष्क्रिय एवं सक्रिय सुरक्षा प्रणालियों में विभक्त किया जाता है। एयर बैग के अन्दर नाइट्रोजन गैस भरी जाती है तथा इसके अन्दर एक सेन्सर भी लगाया जाता है। क्रैश सेन्सर का मुख्य कार्य वाहनों के टकराने की गति को सेन्स (sense) करना है।
- वाहनों में सीट बैल्ट पर सीट बैल्ट प्री-टेंशनर लगा होता है, जोकि सीट बैल्ट को टाइट करने में प्रयुक्त किया जाता है।
- ऑटोमेटेड टायर प्रैशर मॉनिटरिंग प्रणाली एक वाहन के टायर दबाव को मापने की एक विश्वसनीय एवं निरन्तर मॉनिटरिंग करने वाली प्रणाली है।
- आधुनिक वाहनों में ऑडियो, वीडियो एवं संचार प्रणाली एक ही नेटवर्क में इण्टीग्रेट होती है, जिसका नियन्त्रण हार्डवेयर, CD स्टेकर्स एवं DVD प्लेयर द्वारा किया जाता है। वाहनों में प्रोक्सिमिटी सेन्सर सामान्यत: रियर बम्पर्स या फ्रण्ट में स्थित होता है।
- प्रोक्सिमिटी सेन्सर आस-पास की वस्तुओं को डिटेक्ट कर, वाहन चालक को सूचना प्रदान करता है।
- रिफ्लेक्टिव डिस्प्ले के प्रयोग से वाहन की सीधी गति, वाहन की घूर्णीय गति एवं ईंधन की मात्रा को सड़क पर से नजर हटाए बिना ही देखा जा सकता है।
- वाहनों की वास्तविक स्थिति का पता लगाने के लिए ग्लोबल पॉजिशनिंग प्रणाली का प्रयोग किया जाता है।
- GPS का आधार सैटेलाइटों का एक समूह है, जो निरन्तर पृथ्वी की परिक्रमा करता है।
- आदर्श रूप से, 3D पॉजिशन प्लॉट करने के लिए चार या उससे अधिक सैटेलाइट्स की आवश्यकता होती है।
- GPS के प्रयोग द्वारा नेवीगेशन प्रणाली वाहन चालक को सही एड्रेस ज्ञात करने में सहायता करती है।
- खोए हुए या चुराए गए वाहन की स्थिति ज्ञात करना, आपातकालीन सर्विस की सूचना देना एवं इंजन शटडाउन में दरवाजा खोलना इत्यादि टेलीमैटिक्स के मुख्य लाभ हैं।
- ट्राइएंगुलेरेशन या ट्रिलेटरेशन एक ऐसी प्रणाली है, जिसमें चार या उससे अधिक सैटेलाइट के समूह के द्वारा बने त्रिभुज द्वारा वाहन की स्थिति पता की जाती है।
- GPS में 24 सैटेलाइटों का एक सूमह होता है, जो पृथ्वी की कक्षा से लगभग 12,600 मील दूर होता है।

महत्त्वपूर्ण प्रश्नोत्तरी

1. वाहनों में प्रयुक्त हॉर्न किस सिद्धान्त पर आधारित होता है?
उत्तर वाहनों में प्रयुक्त हॉर्न विद्युत-चुम्बक की बल रेखाओं पर आधारित होता है।

2. इलेक्ट्रिक हॉर्न में रिले का प्रयोग क्यों किया जाता है?
उत्तर इलेक्ट्रिक हॉर्न में रिले का प्रयोग सी.बी. प्वॉइण्ट को अधिक समय तक खराब होने से बचाने के लिए किया जाता है।

3. ऑटोमैटिक डोर लॉक में किस प्रकार के स्विच का प्रयोग किया जाता है?
उत्तर ऑटोमैटिक डोर लॉक में न्यूट्रल सेफ्टी स्विच का प्रयोग किया जाता है।

4. एयर बैग्स में किस सेन्सर का प्रयोग किया जाता है?
उत्तर एयर बैग्स में क्रैश सेन्सर का प्रयोग किया जाता है।

5. मैकेनिक मोटर व्हीकल में GPS का क्या उपयोग है?
उत्तर विश्व में वाहनों की वास्तविक स्थिति का पता लगाने हेतु GPS का उपयोग किया जाता है।

अभ्यास प्रश्न

परीक्षा प्रारूपी प्रश्न

बहुविकल्पीय

1. भीड़ वाली सड़कों पर वाहन चलाते समय आगे के ट्रैफिक तथा आगे चलने वाले व्यक्तियों को सावधान करने हेतु वाहन में कौन-सी सहायक सामग्री लगाई जाती है?
(a) हॉर्न (b) विण्ड स्क्रीन वाइपर
(c) पावर विण्डो (d) LED स्क्रीन

2. हॉर्न किस सिद्धान्त पर आधारित होता है?
(a) चार्ल्स के सिद्धान्त पर
(b) विद्युत-चुम्बक की बल रेखाओं पर
(c) 'a' और 'b' दोनों
(d) उपरोक्त में से कोई नहीं

3. इलेक्ट्रिक हॉर्न का मुख्य भाग है
(a) मैग्नेट क्वॉयल (b) मैग्नेट (c) आर्मेचर (d) ये सभी

4. इलेक्ट्रिक हॉर्न में लगे सी.बी.प्वॉइण्ट को अधिक समय तक खराब होने से बचाने हेतु कौन-सी युक्ति प्रयुक्त की जाती है?
(a) हॉर्न रिले (b) स्विच
(c) फ्यूज (d) इनमें से कोई नहीं

5. इलेक्ट्रिक हॉर्न का आर्मेचर .... से संलग्न रहता है।
(a) डायफ्राम (b) टोन डिस्क
(c) सेन्ट्रल स्पिण्डल (d) कॉन्टैक्ट ब्रेकर

6. निम्न में से किस प्रकार के हॉर्न में ध्वनि सीधे ही डायफ्राम से उत्सर्जित हो जाती है?
(a) वाइब्रेटिंग टाइप इलेक्ट्रिक हॉर्न
(b) विण्ड टोन टाइप इलेक्ट्रिक हॉर्न
(c) बल्ब हॉर्न (d) एयर हॉर्न

7. इलेक्ट्रिक हॉर्न के एक सिरे पर टोन डिस्क लगभग .... वाइब्रेशन प्रति सेकण्ड की आवृत्ति उत्पन्न करती है।
(a) 580 (b) 100 (c) 1,500 (d) 2,000

8. हॉर्न रिले का क्या कार्य है?
(a) हॉर्न को सप्लाई देना
(b) हॉर्न को वाइब्रेट कराना
(c) हॉर्न की क्वॉयल को जलने से बचाना
(d) उपरोक्त में से कोई नहीं

9. MV एक्ट के अनुसार ट्रक, ऑटोरिक्शा आदि में निम्न में से कौन-से हॉर्न का उपयोग करना आवश्यक है?
(a) एयर हॉर्न (b) बल्ब हॉर्न
(c) इलेक्ट्रिक हॉर्न (d) इनमें से कोई नहीं

10. निम्न में से कौन-सा विण्ड स्क्रीन वाइपर का मुख्य भाग नहीं है?
(a) इलेक्ट्रिक मोटर (b) ड्राइवर गियर
(c) क्रैंक (d) मास्टर स्विच

11. वर्तमान समय में निम्न में से किस वाइपर का प्रयोग वाहनों में मुख्य रूप से किया जाता है?
(a) हस्तचालित वाइपर (b) वैक्यूम चालित वाइपर
(c) हाइड्रोलिक वाइपर (d) इलेक्ट्रिकली चालित वाइपर

12. पावर विण्डो में मास्टर कण्ट्रोल स्विच का कार्य ·········· को नियन्त्रित करना है।
(a) वोल्टेज (b) धारा
(c) सम्पूर्ण सिस्टम (d) इनमें से कोई नहीं

13. निम्न में से कौन–सी प्रणाली चोरी होने से वाहन की सुरक्षा करती है?
(a) एण्टी-थेफ्ट प्रणाली
(b) इम्मोबिलाइजर प्रणाली
(c) 'a' और 'b' दोनों
(d) ऑटोमैटिक प्रणाली

14. एयर बैग ·········· है।
(a) सड़क सुरक्षा उपकरण (b) आग सुरक्षा उपकरण
(c) रेल सुरक्षा उपकरण (d) वाहन सुरक्षा उपकरण

15. ·········· को आरम्भ में सीट बैल्ट के स्थान पर प्रयोग किया जाता है।
(a) फ्रन्टल एयर बैग (b) साइड एयर बैग
(c) 'a' और 'b' दोनों (d) इनमें से कोई नहीं

16. एयर बैग में कौन–सी गैस भरी होती है?
(a) नाइट्रोजन (b) हीलियम
(c) नियॉन (d) इनमें से कोई नहीं

17. एयर बैग के अन्दर निम्न में से कौन–सा सेन्सर प्रयुक्त होता है?
(a) क्रैश सेन्सर (b) प्रोक्सिमिटी सेन्सर
(c) फाइबर सेन्सर (d) मैग्नेटिक सेन्सर

18. इम्मोबिलाइजर प्रणाली में किस प्रकार की चाबी प्रयोग की जाती है?
(a) ट्रांसपोन्डर चाबी (b) इग्नीशन चाबी
(c) 'a' और 'b' दोनों (d) इनमें से कोई नहीं

19. ECM का पूर्णरूप है
(a) Electronic Circuit Modulation (b) Electric Control Module
(c) Electronic Control Module (d) Electronic Code Mode

20. TPMS का पूर्णरूप है
(a) Tyre Pressure Monitoring System
(b) Tyre Post Monitoring System
(c) Tyre Pressure Master System
(d) Tyre Pressure Mode System

21. प्रोक्सिमिटी सेन्सर कौन–सा क्षेत्र उत्पन्न करता है?
(a) वैद्युत (b) चुम्बकीय
(c) वैद्युत-चुम्बकीय (d) ये सभी

22. प्रोक्सिमिटी सेन्सर अधिक चलता है, क्योंकि इसमें ······।
(a) इलेक्ट्रिकल भाग नहीं होते (b) मैकेनिकल भाग नहीं होते
(c) वायुवीय के भाग नहीं होते (d) इनमें से कोई नहीं

23. वाहनों में GPS प्रणाली का प्रयोग करके निम्न में से कौन–सी सुविधा प्राप्त की जा सकती है?
(a) सही लोकेशन का रोड मैप
(b) डिस्प्ले स्क्रीन पर ट्रैफिक एवं ट्रेवल की सूचना
(c) ट्रैफिक में आने वाली बाधाएँ
(d) उपरोक्त सभी

24. GPS में चार से अधिक सैटेलाइट द्वारा कैसी पॉजिशन प्लॉट होती है?
(a) 1D पॉजिशन (b) 2D पॉजिशन
(c) 3D पॉजिशन (d) ये सभी

25. "इसमें चार या उससे अधिक सैटेलाइट के समूह के द्वारा बने त्रिभुज द्वारा वाहन की लोकेशन ज्ञात की जाती है।" यह कथन निम्न में से किससे सम्बन्धित है?
(a) मल्टीप्लेक्सिंग (b) ट्रिलेटरेशन
(c) टेलीमैटिक्स (d) नेवीगेशन

उत्तरमाला

1. (a)	**2.** (b)	**3.** (d)	**4.** (a)	**5.** (c)	**6.** (a)	**7.** (d)	**8.** (c)	**9.** (b)	**10.** (d)
11. (d)	**12.** (c)	**13.** (c)	**14.** (d)	**15.** (a)	**16.** (a)	**17.** (a)	**18.** (a)	**19.** (c)	**20.** (a)
21. (c)	**22.** (b)	**23.** (d)	**24.** (c)	**25.** (b)					

अध्याय 18

यातायात के नियम

Traffic Rules

परिचय Introduction

अध्याय विषय सूची

आर्थिक विकास, तकनीकी उन्नति और आवागमन की बढ़ती जरूरतों के कारण सड़कों पर यातायात बढ़ा है। सड़कों पर यह बढ़ा हुआ यातायात सड़क सुरक्षा के लिए चुनौती प्रस्तुत करता है और इसके परिणामस्वरूप सड़क दुर्घटना में बड़ी संख्या में लोग घायल होते और मरते हैं। हालाँकि यह जरूरी नहीं है कि इससे पूरी तरह से बचा जा सकता है। सड़कों पर होने वाली ऐसी हानियों के अनेक कारण दृष्टिगत हुए हैं, जिनमें मुख्यत: अनुचित और अत्यधिक गति, सीट बेल्टों और चाइल्ड रेस्ट्रेंट्स (child restraints) का प्रयोग न करना, शराब पीकर वाहन चलाना, दुपहिया सवारों द्वारा हेलमेट का प्रयोग न किया जाना, सड़कों की संरचना की खराब डिजाइन या अपर्याप्त रख-रखाव और ऐसे वाहनों का चलना जो पुराने हैं, सही रख-रखाव वाले नहीं हैं, या जिनमें सुरक्षा विशेषताओं का अभाव है, यातायात का कमजोर नियमन और प्रवर्तन आदि हैं।

यातायात के नियमन में सड़क संकेत एक महत्त्वपूर्ण भूमिका निभाते हैं और वे सुरक्षित यातायात के लिए आधारभूत आवश्यक तत्त्व हैं। सड़क संकेत, किसी राजमार्ग, सड़कमार्ग, पथमार्ग या अन्य रास्तों के साथ, किनारे या उनके ऊपर लगे उपकरण होते हैं, जो उन पर चलते सड़क यातायात, जिनमें मोटर वाहन, साइकिलें, पैदल तथा अन्य सड़क उपयोगकर्ता सम्मिलित हैं, का मार्गदर्शन करने सचेत करने और नियमित करने के लिए होते हैं। प्रत्येक सड़क उपयोगकर्ता को सड़क के चिन्हों और संकेतों को जानना और उनका अर्थ समझना आवश्यक है। सड़कों पर अनेक विभिन्न प्रकार के यातायात संकेत दिखाई देते हैं। वे आगे की सड़क की दशाओं के बारे में पहले से सूचित करते हैं। सड़क संकेत और चिन्ह, चालकों को आदेश चेतावनी या मार्गदर्शन भी देते हैं। इन संकेतों और चिन्हों का अर्थ समझें तथा सड़क पर चलते समय उनका ध्यान रखें।

इस अध्याय में हम इन्हीं सड़क संकेतों तथा यातायात नियमन के बारे में अध्ययन करेंगे।

18.1 सुरक्षित यातायात के नियम Safe Traffic Rules

सामाजिक एवं औद्योगिक विकास के साथ-साथ हमने परिवहन के भी अनेक साधन विकसित किए, जिनमें से सड़क यातायात सबसे प्रमुख साधन है। इस महत्त्वपूर्ण साधन के सुचारु और सुरक्षित उपयोग के लिए विभिन्न नियम बनाए गए हैं। इन नियमों का पालन करना सभी नागरिकों का कर्तव्य है; क्योंकि ये नियम सभी नागरिकों की सुरक्षा के उद्‌देश्य से बनाए गए हैं। यातायात के नियमों का पालन करने से यात्रा सुखद और सुरक्षित हो जाती है। यदि हम इनका उल्लंघन करते हैं, तो किसी दुर्घटना का शिकार हम स्वयं भी हो सकते हैं और हमारे कारण कोई दूसरा भी दुर्घटनाग्रस्त हो सकता है। वर्तमान में सड़क दुर्घटनाओं का ग्राफ निरन्तर बढ़ता जा रहा है। प्रतिदिन समाचार-पत्रों के पृष्ठ ऐसी दुर्घटनाओं की सूचनाओं से भरे रहते हैं, जो हृदय को द्रवित कर जाते हैं। ऐसे में सुरक्षित यातायात के विषय में जानना एवं उसके नियमों का पालन करना अनिवार्य हो जाता है।

भारत में सुरक्षित यातायात के मुख्य नियम निम्नलिखित हैं

1. लेफ्ट हैण्ड ड्राइव Left Hand Drive

देश के यातायात का प्रमुख नियम है- लेफ्ट हैण्ड ड्राइव भारत जैसे विशाल देश में व्यक्ति को अपने गन्तव्य तक पहुँचने के लिए लेफ्ट हैण्ड ड्राइव का अनुसरण करना चाहिए। पाकिस्तान, इंग्लैण्ड, ऑस्ट्रेलिया, बांग्लादेश, श्रीलंका आदि अनेक देशों में भारत के समान ही लेफ्ट हैण्ड ड्राइव का नियम है, जबकि जर्मनी, कनाडा, अमेरिका, रूस तथा चीन आदि देशों में राइट हैण्ड ड्राइव का नियम है।

2. हेलमेट का प्रयोग Use of Helmate

दो पहिया वाहनों-स्कूटर, मोटर साइकिल आदि को चलाते समय तथा उस पर पीछे बैठते समय हेलमेट का प्रयोग अवश्य करना चाहिए। हेलमेट द्वारा दुर्घटना के समय सिर की सुरक्षा होती है। यह सिर को गम्भीर चोट से बचाता है।

3. निर्धारित गति सीमा का पालन Follow the Defined Speed Limit

सड़क पर सुरक्षित यातायात के लिए वाहनों की अधिकतम गति-सीमा निर्धारित की गयी है। साधारणत: सड़क पर वाहनों की 40 किमी प्रति घण्टे की गति को आदर्श माना जाता है। गति-सीमा का निर्धारण मार्गों की दशा के अनुसार अलग-अलग होता है। प्राय: राजमार्गों पर साधारण से अधिक गति-सीमा निर्धारित होती है, जबकि घनी आबादी वाले क्षेत्रों में गति-सीमा साधारण गति से भी कम हो जाती है। अधिकतर दुर्घटनाएँ तीव्रगति से वाहन चलाने के कारण ही होती हैं। इसलिए सभी को निर्धारित गति-सीमा का पालन करना चाहिए।

4. सीट बेल्ट बाँधना Fasten Seat Belt

कार, बस, ट्रक आदि चार पहिया वाहन सड़क पर तेज गति से चलते हैं। इस कारण इनके दुर्घटनाग्रस्त होने का खतरा भी अधिक रहता है। चार पहिया वाहनों की दुर्घटना में अधिकांश लोगों की मृत्यु सामने सिर के टकराने से होने वाली गम्भीर चोट से होती है। सीट बेल्ट दुर्घटना के समय व्यक्ति को आगे की ओर झुकने से रोकती है, जिससे उसका सिर सामने गाड़ी के डेश-बोर्ड अथवा दूसरी सीट से नहीं टकराता है और व्यक्ति सुरक्षित बच जाता है। दुर्भाग्यवश होने वाली ऐसी किसी भी दुर्घटना से होने वाली हानि को कम करने के लिए वाहन में चालक सहित सभी यात्रियों को सुरक्षा हेतु सीट बेल्ट अवश्य बाँधनी चाहिए।

5. ओवरटेकिंग Overtaking

आगे चलने वाले वाहन से संकेत मिलने पर ही हमें उस वाहन के दायीं ओर से आगे निकलना अर्थात् ओवरटेक करना चाहिए। भूलकर या जल्दीबाजी में गलत दिशा में ओवरटेक करना जानलेवा हो सकता है। ओवरटेक करते समय यह भी ध्यान रखें कि सामने से कोई वाहन न आ रहा हो।

6. यातायात के अन्य नियम Other Rules of Traffic

उपरोक्त नियमों के अतिरिक्त अन्य कुछ महत्त्वपूर्ण नियम निम्न प्रकार हैं, जिनका पालन करना भी आवश्यक है।

- किसी भी प्रकार के नशे की अवस्था में वाहन न चलाएँ।
- वाहन सदैव अपनी पंक्ति में चलाएँ।
- वाहन मोड़ते समय आवश्यक संकेत (इण्डीकेटर) दें और हॉर्न बजाएँ।
- रुकते समय उपयुक्त संकेत अवश्य दें।
- वाहन में निर्धारित संख्या से अधिक व्यक्तियों को न बैठाएँ।
- स्कूल, अस्पताल, चौराहे आदि के समीप पैदल यात्रियों का ध्यान रखते हुए अपने वाहन की गति धीमी रखें।
- चकाचौंध करने वाली हैडलाइटों का प्रयोग न करें।
- हैडलाइट का ऊपरी आधा हिस्सा काले रंग से रँगा होना चाहिए।
- रात में डीपर का प्रयोग करें।
- नम्बर प्लेट साफ एवं सही मानकों के अनुरूप ही लिखवाएँ।
- निजी वाहनों के नम्बर सफेद प्लेट पर काली स्याही व व्यावसायिक वाहनों के नम्बर पीली प्लेट पर काली स्याही से लिखे होने चाहिए।
- वाहन की नम्बर प्लेट पर नम्बर के अतिरिक्त अन्य कुछ नहीं लिखा होना चाहिए।
- 18 वर्ष से कम आयुवर्ग के लिए गियर वाली गाड़ी प्रतिबन्धित है, अत: इससे कम आयु के लोग उनका प्रयोग न करें।
- यातायात के संकेतों का पालन करें।
- सड़क पर वाहन चलाने के लिए ड्राइविंग लाइसेंस और वाहन का रजिस्ट्रेशन होना अनिवार्य है। बिना इनके हमें वाहन नहीं चलाने चाहिए।
- वाहन के आगे एवं पीछे उचित लाइट रिफ्लेक्टर अवश्य लगे होने चाहिए।
- हमें अधिक प्रदूषण फलाने वाले वाहनों का प्रयोग नहीं करना चाहिए।
- वाहनों में अत्यधिक तेज ध्वनि वाले प्रेशर हॉर्न, अजीब ध्वनियों वाले हॉर्न एवं प्रतिबन्धित हूटरों एवं लाइटों का प्रयोग नहीं करना चाहिए।
- सड़क पर पैदल चलते हुए या वाहन चलाते हुए मोबाइल पर बात न करें और ईयर फोन लगाकर गाने आदि न सुनें।
- बिना फाटक वाले रेलवे क्रॉसिंग को पार करते समय इधर-उधर अवश्य देखें। यदि रेलगाड़ी आती दिखाई दे, तो उसके फाटक से गुजर जाने की प्रतीक्षा करें।
- रेलवे फाटक यदि बन्द है, तो बैरियर के नीचे से निकलकर रेललाइन पार न करें।
- पैदल सड़क पार करते समय जेब्रा क्रॉसिंग, ओवर ब्रिज, भूमिगत पारपथ का प्रयोग करें।
- सड़क पर पैदल चलते समय फुटपाथ और साइकिल से चलते समय साइकिल ट्रैक का प्रयोग करें।

18.2 यातायात संकेत Traffic Signals

किसी भी स्थान अथवा यात्रा के दौरान दुर्घटना से बचने के लिए विभिन्न सुरक्षा संकेत (safety sign) उपलब्ध होते हैं। इसके अतिरिक्त ड्राइवर को वाहन चलाते समय कुछ विशेष सावधानियों एवं नियमों का पालन करना अनिवार्य होता है। प्रशिक्षण काल में ही ड्राइवर को यातायात सम्बन्धी संकेतों की जानकारी दी जाती है। यातायात के दौरान विभिन्न स्थानों तथा दीवारों पर आवश्यक यातायात संकेत लगाये जाते हैं। ये संकेत ड्राइवर को गंतव्य तक पहुँचने में सहायक सिद्ध होते हैं। साथ ही दुर्घटना होने की सम्भावना को भी न्यूनतम करते हैं। यातायात संकेतों का विवरण निम्न प्रकार है

1. आदेशात्मक सड़क चिन्ह Mandatory Road Signs

सड़क के निश्चित क्षेत्र में यातायात के लिए इन चिन्हों का पालन करना अनिवार्य है। ये चिन्ह दर्शाते हैं कि व्यक्ति को क्या करना चाहिए और क्या नहीं करना चाहिए। सामान्यत: आदेशात्मक चिन्ह गोल आकृति में लाल किनारे वाले होते हैं। इनमें से कुछ नीले रंग में होते हैं। 'रुकिए' और 'रास्ता दीजिए' के चिन्ह आकृति में क्रमश: अष्टभुजाकार या त्रिकोणीय होते हैं। इन चिन्हों के उल्लंघन पर भारी जुर्माने या दण्ड का भुगतान करना पड़ सकता है। महत्त्वपूर्ण बात यह है कि इनके उल्लंघन से बड़ी दुर्घटनाएँ भी हो सकती हैं। आदेशात्मक सड़क चिन्हों का विस्तृत विवरण निम्न प्रकार है

रुकिए Stop

यह चिन्ह सबसे महत्त्वपूर्ण और प्रमुख सड़क चिन्हों में से एक है। यह चिन्ह दर्शाता है कि ड्राइवर वाहन को तत्काल रोक दे। सामान्यत: पुलिस, यातायात और पथ-कर प्रशासन इस चिन्ह को जाँच-चौकियों पर लगाते हैं।

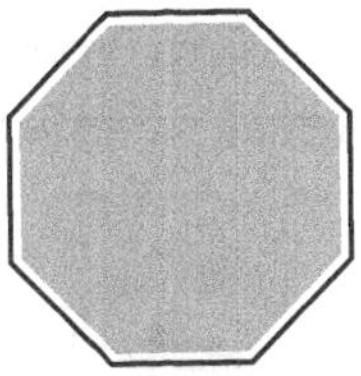

रास्ता दीजिए Give Way

इस चिन्ह का प्रयोग गोल चक्कर पर किया जाता है, जहाँ एक विशेष लेन अनुशासन का पालन किया जाना होता है। यह चिन्ह वाहनों को उनकी दायीं तरफ यातायात के दिए अन्य वाहनों को रास्ता देने का निर्देश देता है।

प्रवेश निषेध No Entry

यह चिन्ह दर्शाता है कि यहाँ सभी वाहनों का प्रवेश निषेध है। एक क्षेत्र के कुछ भागों को यातायात के लिए प्रवेश निषेध के रूप में चिन्हित किया जाता है। यह प्रतिबंधित क्षेत्र में प्रवेश या यातायात निषेध क्षेत्र हो सकता है। इसलिए चालक को इसका पालन करना चाहिए और अपना मार्ग परिवर्तित कर लेना चाहिए।

आने वाले यातायात को प्राथमिकता Priority for Oncoming Traffic

सड़क के प्रवेश में यह संकेत दर्शाता है कि सामने से आने वाले यातायात को प्राथमिकता दी जानी चाहिए। सड़क के एक सँकरे भाग जहाँ से आने व जाने वाले यातायात का एक साथ निकल पाना कठिन या असंभव हो, वहाँ यातायात को प्राथमिकता के आधार पर संचलित करके नियन्त्रित किया जाता है। इस प्रकार के विनियमन को एक दिशा में यातायात के संचालन को प्राथमिकता प्रदान करके किया जाता है न कि यातायात लाइट सिग्नल लगा कर। यह संकेत उस ओर लगाया जाता है, जिस ओर से कम प्राथमिकता वाला यातायात आता है। जिस ओर यह संकेत लगा हो, वहाँ से आने वाला यातायात तभी निकलेगा, जब सामने से कोई वाहन नहीं आ रहा हो।

सभी मोटर वाहनों का आना मना है All Motor Vehicles Prohibited

यह चिन्ह दर्शाता है कि इस निर्दिष्ट क्षेत्र में बाहरी या भीतरी वाहन वर्जित है। इस क्षेत्र में भीड़-भाड़ कम करने के लिए ऐसा किया जाता है। पदयात्रियों के उपयोग वाले क्षेत्रों में भी इस चिन्ह का उपयोग किया जाता है।

ट्रकों का आना मना है Truck Prohibited

जैसा कि चिन्ह से स्पष्ट है, निर्दिष्ट क्षेत्र में ट्रक या भारी मोटर वाहनों (एचएमवी) का प्रवेश वर्जित है। ये संकेत उन सँकरे रास्ते या भीड़-भाड़ वाले क्षेत्र में लगाये जाते हैं, जहाँ भारी वाहनों के प्रवेश से यातायात के सुगम प्रवाह में बाधा पहुँच सकती है।

बैलगाड़ियों और हाथ-ठेलों का आना मना है
Bullock and Hand Cart Prohibited

यह चिन्ह दर्शाता है कि इस सड़क पर बैलगाड़ियों और हाथ-ठेलों को चलाना वर्जित है। धीमी गति से चलने वाली ये गाड़ियाँ और ठेले कई बार यातायात के सुगम प्रवाह में बाधा उत्पन्न करते हैं।

बैलगाड़ियों का आना मना है Bullock Cart Prohibited

धीमी गति वाले वाहन कई बार यातायात के सुगम प्रवाह में बाधक बनते हैं, इसलिए कुछ क्षेत्रों को सीमांकित कर उनमें बैलगाड़ियाँ चलाने की अनुमति नहीं दी जाती है।

ताँगों का आना मना है Tangas Prohibited

कुछ समय पहले तक परिवहन के लोकप्रिय साधन के रूप में ताँगों या घोड़ा गाड़ियों का व्यापक रूप से उपयोग किया जाता था, लेकिन परिवहन के नए और तेज साधनों के प्रचलन के साथ ताँगे और घोड़ा गाड़ियाँ यातायात के सुगम प्रवाह में बाधक बन जाते हैं। इसलिए अनेक क्षेत्रों व सड़कों पर इन्हें चलाने पर रोक लगा दी गई है।

हाथ-ठेलों का आना मना है Hand Cart Prohibited

यह चिन्ह दर्शाता है कि निर्धारित सड़क पर हाथ-ठेले चलाने पर रोक है, क्योंकि ये यातायात के तेज प्रवाह में बाधक बनते हैं।

साइकिलों का आना मना है Cycle Prohibited

साइकिल-सवारों की सुरक्षा सुनिश्चित करने के लिए कुछ सड़कों पर जहाँ तेज गति से वाहन चलते हैं, साइकिल चलाने पर रोक लगा दी जाती है। इसलिए साइकिल-सवारों को, उन सड़कों का प्रयोग नहीं करना चाहिए, जहाँ यह चिन्ह लगा हो।

पदयात्रियों का आना मना है Pedestrians Prohibited

यह चिन्ह सम्बन्धित सड़क या निकटवर्ती क्षेत्र में पदयात्रियों की आवाजाही पर रोक को दर्शाता है। ये संकेत उन रास्तों या राजमार्गों पर हो सकते हैं, जहाँ तेज गति से वाहन चलते हैं। यह चिन्ह चौराहे (इंटरसेक्शन) पर हो सकता है, जहाँ रास्ता पार करने के लिए सब-वे (तलमार्ग), फुटओवर-ब्रिज (पैदल पार करने का ऊपरी पुल) आदि जैसी सड़क पार करने की वैकल्पिक व्यवस्था की गई हो।

दाएँ मुड़ना मना है Right Turn Prohibited

यह चिन्ह चालक को निर्देश देता है कि वह किसी भी परिस्थिति में दाएँ न मुड़े।

बाएँ मुड़ना मना है Left Turn Prohibited

यह चिन्ह चालक को निर्देश देता है कि वह किसी भी परिस्थिति में बाएँ न मुड़े।

वापस मुड़ना (यू-टर्न) मना है U-Turn Prohibited

सड़क के कुछ व्यस्त चौराहों (इंटरसेक्शन) पर यह चिन्ह देखा जा सकता है। इन चौराहों पर वापस मुड़ने (यू-टर्न) से बड़ी दुर्घटनाएँ हो सकती हैं या यातायात जाम लग सकता है। जुर्माने और किसी भी अप्रिय घटना से बचने के लिए ड्राइवर को चाहिए कि वह इस चिन्ह का उल्लंघन न करे।

आगे निकलना (ओवरटेकिंग) मना है Overtaking Prohibited

राजमार्गों और ऑटोमोबाइल टेक्नोलॉजी के विकास के साथ वाहनों की गति में कई गुणा वृद्धि हुई है। इसलिए सड़क पर ड्राइविंग करते हुए समय बचाने के लिए आगे निकलने (ओवरटेकिंग) की कोशिश की जाती है, लेकिन कुछ स्थानों पर जहाँ सँकरी सड़क, पुल और मोड़ इत्यादि होते हैं, वहाँ पर ओवरटेकिंग करना खतरनाक हो जाता है। इन स्थानों पर सुरक्षा सुनिश्चित करने के लिए यह चिन्ह लगाकर आगे निकलना वर्जित किया जाता है।

हॉर्न बजाना मना है Horn Prohibited

आधुनिक समाज में अत्यधिक और अनावश्यक रूप से हॉर्न बजाना असभ्य व्यवहार माना जाता है, लेकिन, अस्पतालों और स्कूलों आदि के आस-पास मौन क्षेत्र होते हैं, जहाँ हॉर्न बजाना पूरी तरह वर्जित है। यह चिन्ह ड्राइवर को मौन क्षेत्र का पालन करने और हॉर्न न बजाने का निर्देश देता है।

चौड़ाई सीमा Width Limit

यह चिन्ह उस वाहन की चौड़ाई दर्शाता है, जिसे चिन्ह के स्थान के पार जाने के क्षेत्र में प्रवेश के लिए अनुमति दी जाती है। इस क्षेत्र में 2 मीटर से ज्यादा चौड़ाई वाले वाहन के प्रवेश पर रोक होती है। यह कोई पुल या सँकरा रास्ता हो सकता है।

ऊँचाई सीमा Height Limit

कुछ सड़कें, कम ऊँचाई के पुलों, रेलवे लाइनों आदि के नीचे होती हैं। किसी भी अप्रिय घटना से बचने के लिए प्रशासन वाहन की उस ऊँचाई को दर्शाता है, जो आसानी से पुल के नीचे से गुजर सके। दुर्घटना और दण्डात्मक कार्यवाही से बचने के लिए निर्दिष्ट ऊँचाई सीमा का सख्ती से पालन किया जाना चाहिए।

लम्बाई सीमा Length Limit

सड़क पर लगा यह चिन्ह दर्शाता है कि कितनी लम्बाई का वाहन उस रास्ते से गुजर सकता है। यह चिन्ह तीव्र मोड़ या घुमावदार मोड़ पर लगाया जाता है। यह उन लम्बे और बड़े आकार के वाहनों के लिए होता है, जो सुरक्षित ढंग से मुड़ नहीं सकते।

भार सीमा Load Limit

यह सड़क चिन्ह उस वाहन की भार सीमा के बारे में होता है, जो सड़क पर आगे जा सकते हैं। यह चिन्ह इंगित करता है कि 5 टन से अधिक भार का वाहन सड़क पर आगे नहीं जा सकता क्योंकि वहाँ कोई पुल हो सकता है, जो 5 टन से अधिक भार सहन नहीं कर सकता या वाहन का भार सहने में सड़क कमजोर है।

एक्सल भार सीमा Axle Load Limit

सामान्यत: किसी पुल से पहले यह चिन्ह लगाया जाता है। यह पुल की वहन क्षमता को दर्शाता है। इस चिन्ह की भार सीमा 4 टन है। यह दर्शाता है कि सिर्फ 4 टन या उससे कम एक्सल भार वाले वाहन इस पुल से गुजर सकते हैं।

गति सीमा Speed Limit

यह चिन्ह वाहन की गति सीमा निर्धारित करता है, जो सड़क पर लगे यातायात चिन्ह में दर्शायी जाती है। दंडात्मक कार्यवाही और सड़क पर दुर्घटनाओं से बचने के लिए निर्धारित गति सीमा का हमेशा पालन करना चाहिए।

गाड़ी खड़ी करना मना है No Parking

बड़े शहरों में यह चिन्ह अत्यन्त महत्त्वपूर्ण होता है। यह निर्धारित क्षेत्र में किसी भी वाहन को खड़ा करने को निषिद्ध करता है। इस क्षेत्र में खड़े किए गए किसी भी वाहन को उठाकर ले जाया जाएगा और वाहन के मालिक/ड्राइवर के खिलाफ दण्डनीय कार्यवाही की जा सकती है। इसलिए ड्राइवरों को अपने वाहन सिर्फ अधिकृत पार्किंग क्षेत्र में ही पार्क करना चाहिए।

गाड़ी रोकना या खड़ा करना मना है
No Stopping or Standing

कुछ सड़कों पर यातायात का लगातार प्रवाह रहता है और वहाँ किसी एक भी वाहन के रुक जाने पर यातायात का पूरा प्रवाह प्रभावित हो जाता है। इन क्षेत्रों में गाड़ी को रोकना मना है, के चिन्ह लगाए जाते हैं। इन जगहों पर वाहन रोकने या खड़ा करने पर दुर्घटना हो सकती है और दण्डात्मक कार्रवाई की जा सकती है।

बाएँ मुड़ना अनिवार्य (दाएँ यदि संकेत विपरीत है)
Compulsory Trun Left (Right if Symbol is Reversed)

इस चिन्ह को देखने के बाद ड्राइवर को अपना वाहन बाएँ मोड़ना होगा। मार्ग परिवर्तन (डायवर्जन) के कारण यह चिन्ह लगाया जाता है।

आगे चलना अनिवार्य (केवल आगे)
Compulsory Ahead (Ahead Only)

यह चिन्ह दर्शाता है कि यातायात सीधी दिशा में चलना चाहिए और किसी भी तरफ मुड़ने पर दंडात्मक कार्रवाई की जा सकती है या सुरक्षा का खतरा हो सकता है।

आगे चलकर दाएँ मुड़ना अनिवार्य है
Compulsory Turn Right Ahead

यह चिन्ह ड्राइवर को सिर्फ दाएँ मुड़ने का निर्देश देता है। इस संकेत का पालन करने से सुरक्षित और सुगम ड्राइविंग का मार्ग प्रशस्त होता है।

आगे चलना या दाएँ मुड़ना अनिवार्य
Compulsory Ahead or Turn Right

यह चिन्ह यातायात को सीधे चलने या दाएँ मुड़ने (बाएँ मुड़ना वर्जित) का निर्देश देता है।

आगे चलना या बाएँ मुड़ना अनिवार्य
Compulsory Ahead or Turn Left

यह चिन्ह यातायात को सीधे चलने या बाएँ मुड़ने (दाएँ मुड़ना वर्जित) का निर्देश देता है। इस चिन्ह के उल्लंघन पर आपकी सुरक्षा को खतरा हो सकता है और दण्डात्मक कार्यवाही की जा सकती है।

बाएँ रहकर चलना अनिवार्य Compulsory Keep Left

यह चिन्ह निर्देश देता है कि यातायात के सुगम प्रवाह के लिए ड्राइवर बाएँ रहकर गाड़ी चलाएँ। यह चिन्ह मुख्यत: उन सड़कों पर लगाया जाता है, जहाँ बीच में विभाजक (डिवाइजर) नहीं होता और उसी सड़क पर दुतरफा यातायात प्रवाह रहता है।

अनिवार्य साइकिल मार्ग Compulsory Cycle Track

अनिवार्य साइकिल मार्ग संकेत दर्शाता है कि साइकिल चालक को अनिवार्य रूप से इस मार्ग का प्रयोग करना चाहिए।

यह संकेत यह भी दर्शाता है कि इस मार्ग पर साइकिल के संचालन के अतिरिक्त किस अन्य वाहन का संचालन प्रतिबन्धित है।

हॉर्न बजाना अनिवार्य Compulsory Sound Horn

कुछ ऐसी परिस्थितियाँ होती हैं, जब हॉर्न बजाना अनिवार्य होता है। अचानक मोड़ (ब्लाइंड टर्न) आने पर, खासकर पहाड़ी रास्तों में, मुड़ने से पहले हॉर्न बजाना एक सुरक्षित उपाय है। इसलिए आप जब कभी यह चिन्ह देखें तो सामने से आ रहे यातायात को सड़क पर आपकी मौजूदगी की जानकारी देने के लिए हॉर्न अवश्य बजाएँ।

अनिवार्य न्यूनतम गति Compulsory Minimum Speed

यह चिन्ह दर्शाता है कि जिस स्थान पर यह चिन्ह लगा हुआ है, वहाँ प्रवेश करने के पश्चात् चालक वाहन को निर्धारित गति पर ही चलाएगा। इस सम्बन्ध में दण्डात्मक कार्यवाही तथा सड़क दुर्घटना से बचने के लिए अनिवार्य रूप से निर्धारित गति का अनुपालन किया जाना चाहिए।

रोक समाप्ति चिन्ह Restriction Ends

चिन्ह के जरिए सड़क पर दर्शाई गई कोई भी रोक यहाँ समाप्त होती है। यह चिन्ह दर्शाता है कि चिन्ह/चिन्हों द्वारा लगाई गई रोक इस बिन्दु के पार वैध नहीं है, लेकिन ड्राइवरों को आत्म-सन्तुष्ट नहीं होना चाहिए और दुर्घटनाओं से बचने के लिए सुरक्षा के सभी उपाय अपनाने चाहिए।

2. सचेतक सड़क चिन्ह Cautionary Road Signs

ये चिन्ह ड्राइवर को आगे की सड़क पर खतरों/परिस्थितियों के बारे में चेतावनी देने के लिए होते है। अपनी सुरक्षा के लिए ड्राइवर को इनका पालन करना चाहिए। हालाँकि इन सड़क चिन्हों का उल्लंघन करने पर कानूनी कार्यवाही नहीं की जाती है, किन्तु ये चिन्ह अत्यन्त महत्वपूर्ण हैं, इसलिए इनकी उपेक्षा करने से बड़ी दुर्घटनाएँ हो सकती हैं। संचेतक चिन्ह त्रिकोणीय आकृति में लाल किनारे वाले होते हैं। सचेतक सड़क चिन्हों का विवरण निम्न प्रकार है

दाहिना मोड़ Right Hand Curve

यह चिन्ह ड्राइवर को आगे की सड़क पर एक दाहिने मोड़ के बारे में सचेत करता है। यह ड्राइवर को स्थिति के अनुसार गाड़ी चलाने और अचानक मोड़ दिखने पर दुर्घटना की सम्भावना से बचने में सहायक होता है।

बायाँ मोड़ Left Hand Curve

यह चिन्ह ड्राइवर को आगे की सड़क पर एक बाएँ मोड़ के बारे में संचेत करता है। तद्नुसार यह भी ड्राइवर को गाड़ी चलाने में मददगार होता है। इससे ड्राइवर को अपनी गाड़ी की गति धीमी करने और मोड़ पर नजर रखने का समय मिलता है। यह भी अचानक मोड़ दिखने पर दुर्घटना की सम्भावना को कम करता है।

दाहिना घुमावदार मोड़ Right Hair Pin Bend

कैंची मोड़ यानी तीव्र मोड़ विशेष रूप से पहाड़ी सड़कों पर होते हैं। यह चिन्ह ड्राइवर को आगे की सड़क पर एक तीव्र दाहिने मोड़ के बारे में सूचना प्रदान करता है।

इससे वाहन को मोड़ने के लिए उसकी गति को कम करने का समय मिल जाता है और ड्राइवर मुड़ने के लिए सतर्क हो जाता है। इस चिन्ह के न होने पर बड़ी दुर्घटनाएँ हो सकती हैं, क्योंकि पहाड़ी सड़कों पर तीव्र मोड़ आसानी से नजर नहीं आते।

बायाँ घुमावदार मोड़ Left Hair Pin Bend

यह चिन्ह ड्राइवर को आगे की सड़क पर एक तीव्र बाएँ मोड़ के बारे में आगाह करता है। यह चिन्ह पहाड़ी सड़कों पर अवश्य लगाया जाता है। इससे वाहनो के मुड़ने के लिए उसकी गति को कम करने का समय मिलता है और ड्राइवर मुड़ने के लिए सतर्क हो जाता है। इस चिन्ह के न होने पर बड़ी दुर्घटनाएँ हो सकती हैं, क्योंकि पहाड़ी सड़कों पर तीव्र मोड़ आसानी से नजर नहीं आते।

दाहिने मुड़कर फिर आगे Right Reverse Bend

यह सड़क चिन्ह आगे की सड़क के वास्तविक डिजाइन अर्थात् जेडनुमा आकार (z-type shape) के रास्ते को दर्शाता है। यह ड्राइवर को दाहिनी तरफ टेढ़े-मेढ़े रास्ते के बारे में आगाह करता है। इस चिन्ह को देखने पर ड्राइवर को चाहिए कि वह वाहन की गति कम करे और वाहन को सतर्कता से आगे बढ़ाए।

बाएँ मुड़कर फिर आगे Left Reverse Bend

यह सड़क चिन्ह आगे की सड़क के वास्तविक डिजाइन अर्थात् जेडनुमा आकार के रास्ते को दर्शाता है। यह ड्राइवर को बाईं तरफ टेढ़े-मेढ़े रास्ते के बारे में आगाह करता है। इस चिन्ह को देने पर ड्राइवर को चाहिए कि वह वाहन की गति कम करे और वाहन को सतर्कता से आगे बढ़ाए।

खड़ी चढ़ाई Steep Ascent

यह सड़क चिन्ह दर्शाता है कि आगे के रास्ते पर खड़ी चढ़ाई है एवं ड्राइवर खड़ी चढ़ाई के लिए तैयार हो जाए और सम्बन्धित गियर लगा ले। अधिकतर मामलों में पहाड़ी सड़कों पर ये चिन्ह लगाए जाते हैं, जहाँ सफर में खड़ी चढ़ाई और सीधी ढलान सामान्य बात होती है।

सीधी ढलान Steep Descent

यह सड़क चिन्ह दर्शाता है कि आगे के रास्ते पर सीधी ढलान है एवं ड्राइवर सम्बन्धित गियर लगाकर सीधी ढलान पर वाहन चलाने के लिए तैयार हो जाए। सीधी ढलान पर गाड़ी चलाने के लिए वाहन की गति तेज नहीं रखनी चाहिए, क्योंकि वाहन पर पकड़ कमजोर पड़ जाती है। अधिकतर मामलों में पहाड़ी सड़कों पर ये चिन्ह लगाए जाते हैं, जहाँ सफर में खड़ी चढ़ाई और सीधी ढलान सामान्य बात होती है।

आगे रास्ता सँकरा है Narrow Road Ahead

जब सड़क की चौड़ाई कम हो जाती है और वह किसी सँकरे रास्ते से मिल जाती है, तो तेज गति से चलने वाले वाहन के सामने से आ रहे वाहन से टकराने की सम्भावना रहती है। यह चिन्ह ड्राइवर को सतर्क रहने का संकेत देता है, क्योंकि आगे का रास्ता सँकरा है।

आगे रास्ता चौड़ा है Road Widens Ahead

यह चिन्ह दर्शाता है कि आगे का रास्ता चौड़ा है। इस चिन्ह के बाद सड़क चौड़ी होती है और इस प्रकार यातायात को उसी के अनुसार चलना चाहिए।

सँकरा पुल Narrow Bridge

कई बार सड़क किसी ऐसे पुल के साथ मिलती है, जो सड़क से कम चौड़ा होता है। यह चिन्ह ऐसे पुलों से पहले लगाया जाता है, जो सड़क की तुलना में सँकरे होते हैं। ड्राइवर को चाहिए कि वह गति कम करे और सुरक्षित ड्राइविंग के लिए सामने से आ रहे यातायात पर नजर रखे।

फिसलन भरी सड़क/Slippery Road

यह चिन्ह आगे की सड़क की फिसलन-भरी स्थितियों को दर्शाता है। इन स्थितियों का कारण जल रिसाव या तेल का फैलना आदि हो सकता है। यह चिन्ह दिखने पर चालक सदैव दुर्घटना से बचने के लिए अपने वाहन की गति कम करे।

बिखरी बजरी Loose Gravel

यह चिन्ह सामान्यत: पहाड़ी सड़कों पर लगाया जाता है, जहाँ सड़कों पर धूल-मिट्टी या बजरी गिरती रहती है। यह चिन्ह दिखने पर ड्राइवरों को धीमी गति से और सावधानीपूर्वक वाहन चलाना चाहिए, क्योंकि यहाँ थोड़ी-सी लापरवाही से भी बड़ी दुर्घटनाएँ हो सकती हैं।

साइकिल क्रॉसिंग Cycle Crossing

यह सड़क चिन्ह दर्शाता है कि चौराहे की मुख्य सड़क पर एक साइकिल पथ है या साइकिल चालक इस पथ का निरंतर प्रयोग करते हैं। ड्राइवर को सावधानीपूर्वक चौराहा पार करना चाहिए, ताकि साइकिल सवार सुरक्षित ढंग से मुख्य सड़क पार कर सके।

पैदल क्रॉसिंग Pedestrian Crossing

यह चिन्ह ड्राइवर को आगाह करता है कि वह वाहन की गति धीमी कर दे या उसे रोक दे और पदयात्रियों को रास्ता पार करने दे। सड़क का एक भाग सफेद पट्टियों के रूप में चिन्हित किया जाता है, जिसे जेब्रा क्रॉसिंग (zebra crossing) के नाम से जाना जाता है। सड़क के जेब्रा क्रॉसिंग पर पदयात्रियों का पहला अधिकार होता है।

आगे स्कूल है School Ahead

यह सड़क चिन्ह दर्शाता है कि आगे आस-पास कोई स्कूल है। दुर्घटनाओं से बचने के लिए ड्राइवर द्वारा वाहन की गति धीमी रखना और सावधानी से गाड़ी चलाना जरूरी है। बच्चे अक्सर दौड़कर या अचानक हड़बड़ी में सड़क पार करते हैं, इसलिए उनकी सुरक्षा के लिए ड्राइवर हमेशा स्कूल के नजदीक सावधानी से वाहन चलाएँ।

यातायात संकेतक/Traffic Signal

यह संकेत दर्शाता है कि यह सड़क तीन रंग वाली बत्ती सिग्नल से प्रचालित है क्योंकि चालक कुछ सड़कों पर इस प्रकार की व्यवस्था का अनुमान नहीं लगा पाते।

पशु/Cattle

यह चिन्ह दर्शाता है कि वहाँ सड़क पर पशुओं के भटकते हुए घूमने की बहुत सम्भावनाएँ हैं। सड़क पर पशुओं के घूमने से बड़ी दुर्घटनाएँ हो सकती हैं, क्योंकि यातायात में जानवर के भड़कने का खतरा रहता है। इसलिए, जहाँ कहीं यह चिन्ह देखें, सावधानी से गाड़ी चलाएँ।

नौका/Ferry

कुछ स्थानों पर पुल की व्यवस्था किए बिना सड़कें नदी के साथ जोड़ी जाती हैं। चूँकि नदी सड़क को विभाजित करती है इसलिए नौका सेवा के जरिए इन सड़कों को जोड़ा जाता है। यह चिन्ह दर्शाता है कि वहाँ नदी पार करने के लिए नौका सेवा उपलब्ध है।

पत्थर लुढ़कने की सम्भावना Falling Rocks

तीव्र जलवायु में भूस्खलन के दौरान पहाड़ी रास्तों पर पत्थर/चट्टानें गिरती रहती हैं। यह चिन्ह दर्शाता है कि आगे के रास्ते पर पत्थर/चट्टानें गिरने का खतरा है। दुर्घटना से बचने के लिए ड्राइवर को सावधानी से वाहन चलाना चाहिए।

खतरनाक गहराई/Dangerous Dip

यह चिन्ह आगाह करता है कि आगे के रास्ते पर गहराई है। यह चिन्ह ड्राइवर को सड़क का गहरा हिस्सा पार करने के लिए वाहन की गति धीमी रखने में सहायक होता है।

उभार या ऊबड़-खाबड़ सड़क/Hump or Rough Road

कुछ स्थानों में सड़क पर एक उभार होता है, जो यातायात को धीमा करने के लिए जान-बूझकर बनाया जाता है। यह चिन्ह ड्राइवर को आगाह करता है कि वह इस उभार को पार करने के लिए वाहन की गति कम करे।

आगे अवरोध है/Barrier Ahead

कई बार सड़क पथ-कर वसूली केंद्र/जाँच चौकी से होकर गुजरती है। ऐसे स्थानों पर अवरोध देखे जा सकते हैं। यह चिन्ह दर्शाता है कि आगे की सड़क पर अवरोध है और वहाँ वाहनों को रुकना पड़ेगा।

मध्य पट्टी में अन्तर/Gap in Median

यह चिन्ह दर्शाता है कि सड़क के डिवाइडर (विभाजक) में एक गैप है और वहाँ यू-टर्न (वापस मुड़ने) की व्यवस्था की गई है। दुर्घटना से बचने के लिए ड्राइवर को चाहिए कि वह वाहन की गति धीमी करे और सम्बन्धित लेन पर उसे ले जाए।

चौराहा/Cross Road

यह चिन्ह दर्शाता है कि आगे के रास्ते पर क्रॉसिंग है। यह चिन्ह सलाह देता है कि वाहन की गति धीमी करे और दोनों तरफ देखते हुए सावधानी से चौराहा पार करे।

बायीं ओर पार्श्व सड़क/Side Road Left

यह संकेत मार्ग देने वाले संकेतों के समूह से है। यह संकेत दर्शाता है कि वहाँ बाईं ओर साइड सड़क है। साइड सड़क का प्रयोक्ता यातायात का मार्ग देगा। यह संकेत रास्ता दीजिए संकेत के साथ साइड सड़क पर लगाया जाता है।

दाहिनी ओर पार्श्व सड़क/Side Road Right

यह संकेत मार्ग देने वाले संकेतों के समूह से है। यह संकेत विशिष्ट दर्शाता है कि वहाँ दाईं ओर साइड सड़क है। साइड सड़क का प्रयोक्ता यातायात को मार्ग देगा। यह संकेत रास्ता दीजिए संकेत के साथ साइड सड़क पर लगाया जाता है।

वाई-सड़क संगम/Y-Intersection

यह सड़क चिन्ह आगे की सड़क की वास्तविक बनावट की जानकारी देता है। यह सड़क दो हिस्सों में विभाजित होकर अंग्रेजी के 'वाई' (Y) अक्षर के आकार का है। इससे ड्राइवर को तिराहे पर गाड़ी मोड़ने में मदद मिलती है।

टी-तिराहा/T-Intersection

यह चिन्ह दर्शाता है कि आगे की सड़क पर अंग्रेजी के 'टी' अक्षर की तर्ज पर तिराहा (इंटरसेक्शन) है और वहाँ सीधा रास्ता नहीं जाता है। यातायात को बायीं या दायीं ओर मोड़ना होगा। इससे ड्राइवर को अपने रास्ते की योजना बनाने में मदद मिलती है।

विषम सड़क संगम/Staggered Intersection

यह चिन्ह दर्शाता है कि सीधी सड़क पर बायीं/दायीं और दायीं/बायीं ओर मुड़ने के लिए मोड़ उपलब्ध है, जिनके बीच छोटी दूरी है। यह एक चौराहा (इंटरसेक्शन) है, जहाँ सड़क एक-दूसरे को नहीं काटती है।

गोल चक्कर/Round About

गोल चक्कर सड़क चौराहे का एक विकल्प होता है। इससे ट्रैफिक लाइट के बिना यातायात का सुगम प्रवाह रखा जा सकता है। यह चिन्ह दर्शाता है कि आगे गोल चक्कर है और गोल चक्कर से पहले ड्राइवर को सम्बन्धित लेन पर गाड़ी चलानी होगी।

रक्षित समपार क्रॉसिंग/Guarded Level Crossing

कई बार रेलवे लाइन सड़क से क्रॉस करते हुए गुजरती है। यह चिन्ह दर्शाता है कि वहाँ एक रेलवे क्रॉसिंग है, जहाँ गार्ड सुरक्षा कर रहा है। ड्राइवर को अतिरिक्त सावधानी रखनी चाहिए और तदनुसार वाहन चलाना चाहिए। एक और दो लाल रंग की पट्टी यह दर्शाती है कि रेलवे लाइन 100 मी या 200 मी की दूरी पर है।

मानवरहित समपार/Unguarded Level Crossing

यह चिन्ह दर्शाता है कि वहाँ एक रेलवे क्रॉसिंग है, जहाँ सुरक्षा के लिए कोई गार्ड तैनात नहीं है। ड्राइवर को स्वयं यह सुनिश्चित करने के बाद सावधानीपूर्वक इस अरक्षित रेलवे क्रॉसिंग को पार करना होगा कि निकटवर्ती रेल पटरी पर कोई ट्रेन नहीं आ-जा रही है।

घाट या नदी का किनारा/Quayside or River Bank

यह संकेत दर्शाता है कि यह सड़क घाट या नदी के किनारे की ओर जा रही है। चालक को सावधान हो जाना चाहिए और सावधानीपूर्वक वाहन चलाना चाहिए।

आदमी काम कर रहे हैं/Men at Work

यह चिन्ह दर्शाता है कि सड़क पर मरम्मत या सफाई आदि कार्य चल रहा है व मजदूर कार्य कर रहे हैं। सड़क पर कार्य कर रहे लोगों की यातायात से सुरक्षा जरूरी है और इसलिए, सड़क पर मरम्मत स्थल से पहले यह चिन्ह लगाया जाता है। ड्राइवर को चाहिए कि वह धीमी गति से वाहन चलाए और परिवर्तित मार्ग से गुजरते हुए मजदूरों की सुरक्षा सुनिश्चित करे।

3. सूचनात्मक सड़क चिन्ह
Informatory Road Signs

इन चिन्हों को लगाने का उद्देश्य सड़क के प्रयोगकर्ताओं को दिशा, गंतव्य, स्थान, सड़क के किनारे पर सुविधाओं आदि के बारे में जानकारी देना है। सूचनात्मक चिन्हों के अनुसरण से ड्राइवर का समय बचता है और इधर-उधर भटके बिना गंतव्य स्थान तक पहुँचने में सहायता मिलती है। सामान्यत: ये चिन्ह ड्राइवर के सफर में सहायक होते हैं। मुख्य रूप से ये चिन्ह नीले रंग में होते हैं। इन चिन्हों पर दिशा व गंतव्य तक की दूरी भी दर्शायी जाती है। सूचनात्मक सड़क चिन्ह का विवरण अग्र पृष्ठ पर दिया गया है।

अग्रिम मार्गदर्शक गंतव्य चिन्ह/ Advance Direction Sign

यह चिन्ह सड़क पर पड़ने वाले विभिन्न गंतव्यों (स्थानों) की दिशा को इंगित करता है। सामान्यत: चौराहे (इंटरसेक्शन) से पहले ये चिन्ह लगाए जाते हैं।

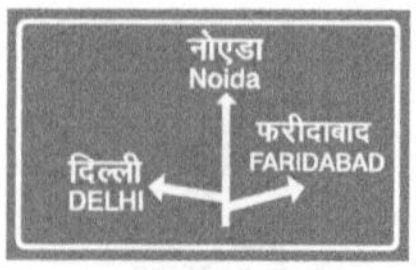

गोलचक्कर चौराहे पर अग्रिम गंतव्य का चिन्ह/ Advance Destination Sign on Rotary Intersection

यह अग्रिम संकेत इंटरसेक्शन से पूर्व स्थापित किया जाता है, जो तीर के चिन्हों से गंतव्य के मार्ग को दर्शाता है, जिससे चालक को सही मार्ग के चयन में सहायता मिलती है।

अग्रिम मार्गदर्शक गंतव्य चिन्ह (दूरी सहित)/ Advance Direction Sign (With Distances)

यह चिन्ह सड़क पर पड़ने वाले विभिन्न गंतव्यों (स्थानों) की दिशा और उनकी दूरी को इंगित करता है। सामान्यत: चौराहे (इंटरसेक्शन) से पहले ये चिन्ह लगाए जाते हैं।

दिशा चिन्ह/Direction Sign

यह चिन्ह इस पर लिखे गए गंतव्य/स्थान की दिशा और दूरी को दर्शाता है। यह चिन्ह बोर्ड ड्राइवरों द्वारा स्थान को ढूँढने में सहायक होता है। इसलिए, यह उनके समय और ईंधन खपत में बचत करने में बहुत सहायक होता है।

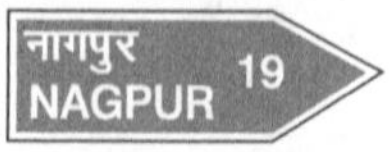

प्रमाणित चिन्ह/Confirmatory Sign

यह चिन्ह ड्राइवर को आश्वस्त करता है कि वह सही रास्ते पर है और यह उस पर लिखे गए स्थानों की दूरी भी दर्शाता है।

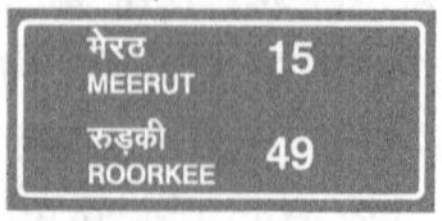

स्थान पहचान चिन्ह/Place Identification Sign

यह चिन्ह क्षेत्र की पहचान दर्शाता है। यह चिन्ह बताता है कि उस क्षेत्र की सीमा शुरू हो चुकी है। राष्ट्रीय राजमार्गों पर चित्रात्मक रूप में यह चिन्ह लगाया जाता है।

पेट्रोल पंप/Petrol Pump

यह सूचनात्मक चिन्ह दर्शाता है कि आगे एक पेट्रोल पम्प है। कई बार इस चिन्ह पर दूरी भी इंगित की जाती है, जो दर्शाता है कि चिन्ह बोर्ड से पेट्रोल पम्प कितनी दूरी पर है।

अस्पताल/Hospital

यह चिन्ह इंगित करता है कि आस-पास अस्पताल है। इस रास्ते पर गाड़ी चलाते समय ड्राइवर को सतर्क रहना चाहिए और अनावश्यक रूप से हॉर्न नहीं बजाना चाहिए।

प्राथमिक उपचार केन्द्र/First Aid Post

यह चिन्ह दर्शाता है कि आस-पास एक प्राथमिक उपचार सुविधा है जो आपात या दुर्घटना की स्थिति में बहुत उपयोगी सिद्ध होती है। सामान्यत: ये चिन्ह राजमार्गों और ग्रामीण सड़कों पर लगाए जाते हैं।

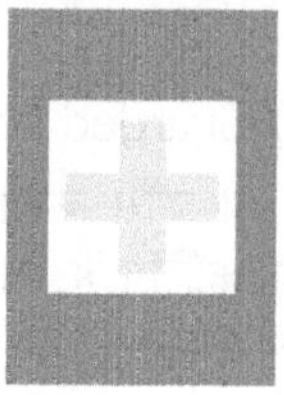

भोजन स्थान/Eating Place

यह चिन्ह इंगित करता है कि आस-पास भोजन का एक स्थान है। सामान्यत: पर राजमार्गों और लम्बे सफर की सड़कों पर यह चिन्ह देखा जा सकता है।

अल्पाहार/Light Refreshment

यह चिन्ह इंगित करता है कि सड़क के नजदीक अल्पाहार की सुविधा उपलब्ध है।

विश्राम स्थल/Resting Place

सफर के दौरान यह चिन्ह विश्राम के लिए होटल लॉज या अन्य विश्राम गृह के नजदीक लगाया जाता है। राजमार्गों पर ये चिन्ह देखे जा सकते हैं।

सड़क बंद है/No Thorough Read

'सड़क बंद है' संकेत दर्शाता है कि वहाँ आगे रास्ता नहीं है। यह संकेत चालक को सूचना प्रदान करता है कि सड़क पर आगे मार्ग नहीं है।

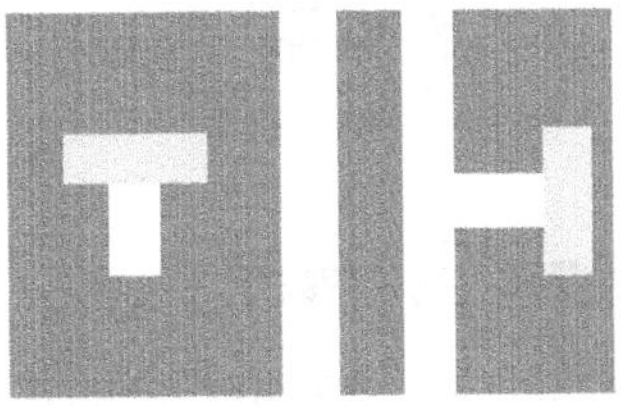

बस स्टॉप/Bus Stop

यह चिन्ह बस स्टॉप को दर्शाता है। यह दर्शाता है कि सभी बसें (सार्वजनिक परिवहन) इस स्थान पर रुकेंगी।

रेलवे स्टेशन/Railway Station

यह चिन्ह रेलवे स्टेशन के स्थान को दर्शाता है।

सार्वजनिक टेलीफोन/Public Telephone

यह चिन्ह सड़क के पास टेलीफोन की उपलब्धता को दर्शाता है।

आगे सुरंग है/Tunnel Ahead

यह संकेत दर्शाता है कि सड़क पर आगे सुरंग है। यह संकेत कई बार सुरंग के नाम तथा उसकी लंबाई को भी दर्शाता है।

पैदलपथ सब-वे/Pedestrian Sub-way

यह चिन्ह पैदलपथ अंडरपास/सब-वे को दर्शाता है। इस स्थान पर सड़क पार करने के लिए पैदल यात्रियों को अनिवार्य रूप से इन अंडरपास/सब-वे का प्रयोग करना चाहिए।

दोनों दिशाओं में गाड़ी खड़ी करने की जगह/
Park Both Sides

'पार्किंग' चिन्ह दर्शाता है कि वहाँ विशिष्ट प्रकार के वाहन को पार्क करना प्राधिकृत है। इसलिए चालक को यह सुनिश्चित करना चाहिए कि वह अपना वाहन सही और प्राधिकृत स्थान पर ही पार्क करे। यह चिन्ह इंगित करता है कि दोनों तरफ वाहन पार्क किए जा सकते हैं।

साइकिल खड़ी करने की जगह/Parking Lot - Cycles

'पार्किंग' चिन्ह दर्शाता है कि वहाँ विशिष्ट प्रकार के वाहन (साइकिल) को पार्क करना प्राधिकृत है। इसलिए चालक को यह सुनिश्चित करना चाहिए कि वह अपना वाहन सही और प्राधिकृत स्थान पर ही पार्क करे।

इसी प्रकार यह चिन्ह भी दर्शाता है कि यहाँ केवल साइकिल को पार्क किया जाए।

साइकिल रिक्शा खड़ा करने की जगह/
Parking Lot-Cycle Rickshaws

'पार्किंग' चिन्ह दर्शाता है कि वहाँ विशिष्ट प्रकार के वाहन (रिक्शा) को पार्क करना प्राधिकृत है। इसलिए, चालक को यह सुनिश्चित करना चाहिए कि वह अपना वाहन सही और प्राधिकृत स्थान पर ही पार्क करे। इसी प्रकार यह चिन्ह भी दर्शाता है कि यहाँ केवल साइकिल रिक्शा को पार्क किया जाए।

टैक्सियाँ खड़ी करने की जगह/Parking Lot - Taxis

'पार्किंग' चिन्ह दर्शाता है कि वहाँ विशिष्ट प्रकार के वाहन (टैक्सी) को पार्क करना प्राधिकृत है। इसलिए चालक को यह सुनिश्चित करना चाहिए कि वह अपना वाहन सही और प्राधिकृत स्थान पर ही पार्क करे। इसी प्रकार यह चिन्ह भी दर्शाता है कि यहाँ केवल टैक्सियों को पार्क किया जाए।

ऑटो रिक्शा खड़ा करने की जगह/
Parking Lot - Auto Rickshaws

'पार्किंग' चिन्ह दर्शाता है कि वहाँ विशिष्ट प्रकार के वाहन (ऑटो रिक्शा) को पार्क करना प्राधिकृत है। इसलिए, चालक को यह सुनिश्चित करना चाहिए कि वह अपना वाहन सही और प्राधिकृत स्थान पर ही पार्क करे।

इसी प्रकार यह चिन्ह भी दर्शाता है कि यहाँ केवल ऑटो रिक्शा को पार्क किया जाए।

स्कूटर व मोटर साइकिलें खड़ी करने की जगह /
Parking Lot - Scooters & Motor Cycles

'पार्किंग' चिन्ह दर्शाता है कि वहाँ विशिष्ट प्रकार के वाहन (स्कूटर तथा मोटर साइकिल) को पार्क करना प्राधिकृत है। इसलिए चालक को यह सुनिश्चित करना चाहिए कि वह अपना वाहन सही और प्राधिकृत स्थान पर ही पार्क करे। इसी प्रकार यह चिन्ह भी दर्शाता है कि यहाँ केवल स्कूटर और मोटर साइकिल को पार्क किया जाए।

18.3 यातायात नियंत्रण Traffic Control

वर्तमान परिस्थिति में विज्ञान के क्षेत्र में उत्तरोत्तर प्रगति होने के फलस्वरूप मनुष्य का जीवन दिन-प्रतिदिन तेज होता जा रहा है। साथ ही सड़क पर वाहनों की संख्या में वृद्धि के फलस्वरूप सड़कों पर यातायात की समस्या दिन-प्रतिदिन कठिन एवं जटिल होती जा रही है। परिणामस्वरूप सड़क दुर्घटनाओं की संख्या में उत्तरोत्तर वृद्धि होती जा रही है।

वर्तमान परिस्थिति में प्रतिदिन सड़क दुर्घटना में औसतन 8 व्यक्तियों की मृत्यु होती है। सड़कों पर चलने वाले यातायात चाहे पैदल हों या वाहन से यात्रा कर रहे हों, वे निरंतर इस प्रयास में लगे रहते हैं कि शीघ्र अपने गंतव्य स्थान कैसे पहुँच जायें। अतः यह हम लोगों का दायित्व है कि यातायात व्यवस्था को सुचारु एवं सुव्यवस्थित रूप से इस प्रकार संचालित करें, ताकि कोई विधि-व्यवस्था की समस्या न उत्पन्न हो जाय। यातायात शब्द का अर्थ आवागमन निकलता है। अतः किसी भी सार्वजनिक सड़क पर वाहनों तथा पदाधिकारियों के आने या जाने को यातायात कहते हैं।

1. यातायात को नियन्त्रित करने के लिए पुलिसकर्मी द्वारा दर्शाये गये संकेत

Signal Prescribed by Policeman for Controlling Traffic

यदि यातायात पुलिस कर्मी द्वारा निर्देशित व नियन्त्रित किया जा रहा हो, तो उनके हाथ के संकेतों का पालन करें, चाहे वे ट्रैफिक लाइटों या सूचकों से भिन्न भी क्यों न हो, क्योंकि हो सकता है कि कोई आपात स्थिति हो। निम्नलिखित चित्रों में यातायात पुलिस द्वारा दिये जाने वाले विभिन्न संकेत प्रदर्शित किये गए हैं

Police Signal

(i) पीछे से आ रहे वाहन को रोकना।
(ii) सामने से आ रहे वाहन को रोकना।
(iii) आगे और पीछे से आने वाले वाहन को रोकना।
(iv) दाएँ मुड़ने के इच्छुक वाहन को रोकना।
(v) दाहिनी ओर से आ रहे वाहन को रोकना।
(vi) दाएँ से दाएँ मुड़ने की अनुमति देना।

(vii) सभी ट्रैफिक को बंद करना।
(viii) बाएँ से आने वाले वाहनों को अनुमति देना।
(ix) दाहिनी ओर से आने वाले वाहनों को अनुमति देना।
(x) सामने से आने वाले वाहनों को अनुमति देना।

2. यातायात को नियन्त्रित करने के लिए ट्रैफिक लाइट Traffic Light for controlling Traffic

ट्रैफिक लाइट को, यातायात सिग्नल, यातायात लैंप, यातायात सिकंदरा, सिग्नल लाइट और रोकने वाली लाइट्स के रूप में भी जाना जाता है और तकनीकी रूप से ट्रैफिक नियंत्रण सिग्नल्स के नाम से जाने जाते हैं। ये संकेत देने वाले उपकरण हैं, जोकि सड़क चौराहों, पैदल यात्री क्रॉसिंगों और दूसरी जगह पर लगाए जाते हैं। ये यातायात की भीड़ को नियंत्रण में रखते हैं। सबसे पहली गैस से जलने वाली हस्तचालित ट्रैफिक लाइट लंदन में 1868 ई. में स्थापित की गयी थी। हालाँकि ये विस्फोट के कारण अधिक दिनों तक नहीं चली। पहली सुरक्षित स्वत: बिजली ट्रैफिक लाइट संयुक्त राज्य अमेरिका में 1890 में स्थापित किए गए थे।

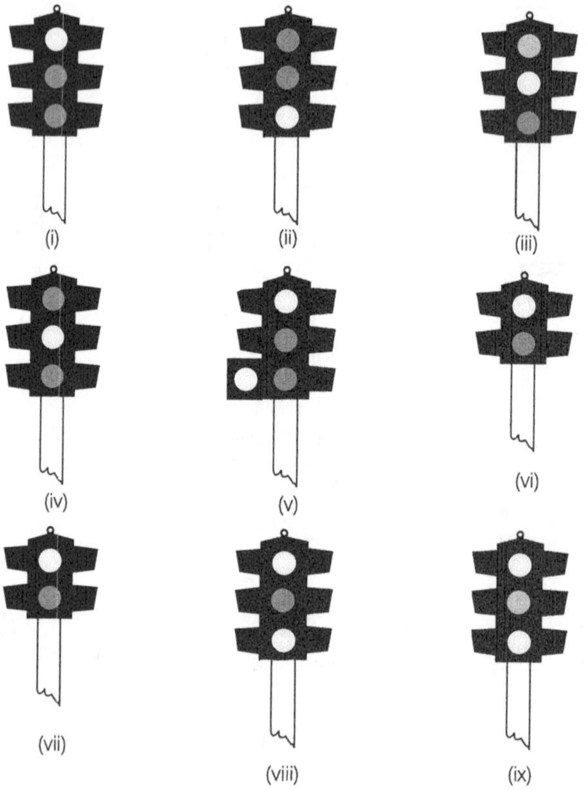

(i) लाल बत्ती-स्टॉप और स्टॉप लाइन के पीछे प्रतीक्षा करें।
(ii) हरी बत्ती-जाओ सड़क साफ है।
(iii) लाल के साथ या उसके बाद नारंगी-चेतावनी और चलना शुरू करो सड़क साफ है।
(iv) नारंगी हरे के साथ-स्टॉप लाइन पर स्टॉप।
(v) बाईं ओर तीर के साथ हरा-'बाईं ओर चलें'।
(vi) पैदल यात्री पार न करें।
(vii) पैदल यात्री अभी पार करें।
(viii) चमकती लाल बत्ती स्टॉप लाइन पर रुकें और अगर आगे बढ़ें-रास्ता साफ है।
(ix) चमकता नारंगी सावधानी से आगे बढ़ें।

महत्त्वपूर्ण बिन्दु

- आर्थिक विकास, तकनीकी उन्नति और आवागमन की बढ़ती जरूरतों के कारण सड़कों पर यातायात बढ़ा है।
- यातायात के नियमन में सड़क संकेत एक महत्त्वपूर्ण भूमिका निभाते हैं।
- सामाजिक एवं औद्योगिक विकास के साथ-साथ मानव ने परिवहन के भी अनेक साधन विकसित किये हैं।
- परिवहन साधनों को सुचारु और सुरक्षित रूप से चलाने के लिए विभिन्न नियम बनाये गये हैं।
- सड़क पर सुरक्षित यातायात के लिए वाहनों की अधिकतम गति-सीमा निर्धारित की गई है।
- गति-सीमा का निर्धारण मार्गों की दशा के अनुसार अलग-अलग होता है।
- प्रायः राजमार्गों पर साधारण से अधिक गति-सीमा निर्धारित होती है।
- किसी भी स्थान अथवा यात्रा के दौरान दुर्घटना से बचने के लिए विभिन्न सुरक्षा संकेत (safety sign) उपलब्ध होते हैं।
- सामान्यतः आदेशात्मक चिन्ह गोल आकृति में लाल किनारे वाले होते हैं।
- रास्ता दीजिए (give away) चिन्ह वाहनों को उनकी दायीं तरफ यातायात के लिए अन्य वाहनों को रास्ता देने का निर्देश देते हैं।
- रुकिए (stop) चिन्ह सबसे महत्त्वपूर्ण और प्रमुख सड़क चिन्हों में से एक है।
- पुलिस, यातायात और पथ-कर प्रशासन रुकिए चिन्ह को जाँच-चौकियों पर लगाते हैं।
- धीमी गति से चलने वाली गाड़ियाँ और ठेले कई बार हाईवे पर यातायात के सुगम प्रवाह में बाधा उत्पन्न करते हैं।
- कुछ समय पहले तक परिवहन के लोकप्रिय साधन के रूप में ताँगों या घोड़ा गाड़ियों को व्यापक रूप से उपयोग किया जाता था।
- सचेतक सड़क चिन्ह ड्राइवर को आगे की सड़क पर खतरों/परिस्थितियों के बारे में चेतावनी देने के लिए होते हैं।
- सचेतक सड़क चिन्हों का उल्लंघन करने पर कानूनी कार्यवाही नहीं की जाती है।
- सचेतक चिन्ह त्रिकोणीय आकृति में लाल किनारे वाले होते हैं।
- सूचनात्मक सड़क चिन्ह को लगाने का उद्देश्य सड़क के प्रयोगकर्ताओं को दिशा, गंतव्य, स्थान, सड़क के किनारे पर सुविधाओं आदि के बारे में जानकारी देना है।
- सूचनात्मक चिन्हों के अनुसरण से ड्राइवर का समय बचता है।
- सामान्यतः ये चिन्ह ड्राइवर के सफर में सहायक होते हैं।
- मुख्य रूप से ये चिन्ह नीले रंग में होते हैं।
- इन चिन्हों पर दिशा व गंतव्य तक की दूरी भी दर्शायी जाती है।

महत्त्वपूर्ण प्रश्नोत्तरी

1. यातायात किन शब्दों से मिलकर बना है?

उत्तर यातायात दो शब्दों से मिलकर बना है-यात + आयात।

2. यातायात का क्या अर्थ है?

उत्तर यातायात का अर्थ है- आना और जाना।

3. सड़क पार करते समय हमें क्या करना चाहिए?

उत्तर सड़क पार करते समय हमें पहले दायें तथा फिर बायें देखना चाहिए तथा जेब्रा क्रॉसिंग से ही सड़क पार करनी चाहिए।

4. सड़क पर बनी सफेद और काली धारी वाली पट्टी को क्या कहते हैं? यह क्यों बनाई जाती है?

उत्तर सड़क पर बनी सफेद और काली धारी वाली पट्टी को जेब्रा क्रॉसिंग कहते हैं। वह इसलिए बनाई जाती है, ताकि पैदल यात्री सुरक्षित रूप से सड़क पार कर सकें।

5. ट्रैफिक लाइट पर खड़े रहकर इंजन न बन्द करने से क्या होता है?

उत्तर ट्रैफिक लाइट पर इंजन न बन्द करने से ईंधन की खपत बढ़ती है तथा वायु प्रदूषण भी होता है।

6. चित्र में प्रदर्शित आदेशात्मक चिन्ह का क्या अर्थ है?

उत्तर उपरोक्त प्रदर्शित आदेशात्मक सड़क चिन्ह का अर्थ है- ओवरटेकिंग प्रतिबन्धित (आगे निकलना मना है)।

7. निम्न चित्र में प्रदर्शित चिन्ह से क्या आशय है?

उत्तर उपरोक्त प्रश्न में प्रदर्शित सचेतक सड़क चिन्ह फिसलन भरी सड़क को निर्देशित करता है।

अभ्यास प्रश्न

परीक्षा प्रारूपी प्रश्न

1. नीचे दिया गया यातायात संकेत क्या इंगित करता है?

(a) चौराहा (b) पैदल पार पथ
(c) रेलवे फाटक (d) सँकरा पुल

2. निम्न चिन्ह किसके बारे में बताता है?

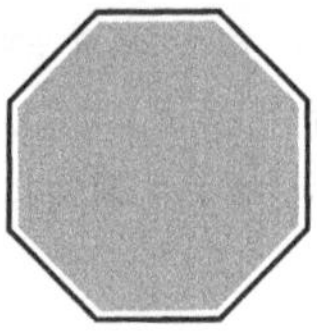

(a) रुकना
(b) रास्ता देना
(c) ओवरटेक करना प्रतिबंधित
(d) उपरोक्त में से कोई नहीं

3. निम्नलिखित यातायात चिन्ह क्या दर्शाता है?

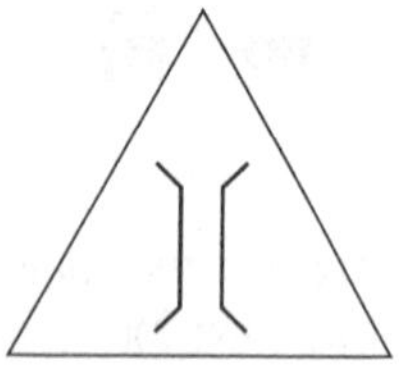

(a) आगे सँकरा पुल
(b) रेलवे क्रॉसिंग
(c) मुख्य सड़क
(d) एक रास्ता

4. दोनों दिशाओं में कोई वाहन नहीं किसके द्वारा दर्शाया जाता है?

(a) 
(b) 
(c) 
(d) 

5. इस यातायात प्रतीक का क्या अर्थ है?

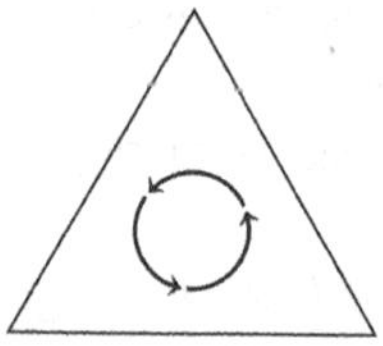

(a) गोल मार्ग (चौराहा)
(b) सभी दिशाओं से वाहन आ रहे हैं
(c) आगे का रास्ता घुमावदार है
(d) बायें से आने वाले वाहनों के लिए मार्ग

6. यातायात संकेतों में लाल बत्ती कहाँ स्थित होती है?
(a) सबसे ऊपर
(b) सबसे नीचे
(c) मध्य से
(d) कहीं भी हो सकती है।

7. यातायात संकेतों में पीली बत्ती कहाँ स्थित होती है?
(a) सबसे ऊपर
(b) सबसे नीचे
(c) मध्य में
(d) कहीं भी हो सकती है।

8. यातायात संकेतों में हरी-बत्ती कहाँ स्थित होती है?
(a) सबसे ऊपर (b) मध्य भाग में
(c) सबसे नीचे (d) कहीं भी हो सकती है।

9. गाड़ियों में डायरेक्शन इंडिकेटर होता है?
(a) केवल आगे में
(b) केवल पीछे में
(c) आगे और पीछे दोनों में
(d) कहीं भी

10. नीचे दिए गए यातायात संकेत का क्या अर्थ है?

(a) बाएँ मुड़ना निषिद्ध
(b) बाएँ मुड़ना अनिवार्य
(c) एकतरफा यातायात वाली सड़क
(d) प्राथमिकता वाली सड़क की शुरुआत

11. निम्नलिखित आकृति का ध्यानपूर्वक अवलोकन कीजिए

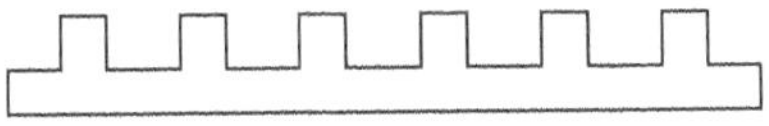

उपरोक्त यातायात चिन्ह क्या दर्शाता है?

(a) मुख्य सड़क (b) संकीर्ण पुल
(c) रेलवे क्रॉसिंग (d) क्षतिग्रस्त सड़क

12. हमें सड़क के .... गाड़ी चलानी चाहिए।

(a) दाईं ओर
(b) बाईं ओर
(c) मध्य
(d) हमारी सुविधा के अनुसार

13. लाइट मोटर वाहन में लगा कौन-सा सुरक्षा उपकरण चालक को चोट से बचाता है?

(a) सीट बैल्ट (b) स्टीयरिंग
(c) हेलमेट (d) स्पीड गवर्नर

14. जब यातायात उल्लंघन या गाड़ी की जाँच के लिए रोका जाता है, तो चालक को दिखाना चाहिए

(a) रजिस्ट्रेशन का प्रूफ
(b) ड्राइविंग लाइसेंस
(c) इंश्योरेंस प्रूफ
(d) उपरोक्त सभी

15. पैदल यात्री सड़क पार कर सकते हैं?

(a) जेबरा क्रॉसिंग से
(b) कहीं से भी
(c) सिग्नल के पास से
(d) उपरोक्त में से कोई नहीं

16. भारत में सड़क दुर्घटनाओं में मौतों का सबसे मुख्य कारण है

(a) वाहन चलाते समय मोबाइल का उपयोग करना
(b) अँधेरे/देर रात में ड्राइविंग
(c) शराब पीकर गाड़ी चलाना
(d) ओवर स्पीडिंग

17. त्रिभुज के आकार के सड़क चिन्ह क्या करते हैं?

(a) आज्ञा देते हैं
(b) जानकारी देते हैं
(c) चेतावनी देते हैं
(d) उपरोक्त में से कोई नहीं

18. प्रत्येक वर्ष किस महीने के पहले हफ्ते में सड़क सुरक्षा सप्ताह के तौर पर मनाया जाता है?

(a) जनवरी (b) मार्च
(c) दिसम्बर (d) सितम्बर

19. 'रक्षात्मक ड्राइविंग' का क्या अर्थ है?

(a) हमेशा धीरे और आराम से ड्राइविंग करें
(b) सतर्क रहना और आगे की सोच
(c) हमेशा दूसरों को पहले जाने देना
(d) उपरोक्त में से कोई नहीं

20. यदि आप सड़क के दूसरी ओर जाने की कोशिश कर रहे पैदल यात्री हैं, तो सुरक्षित रहने के लिए आपको क्या करना चाहिए?

(a) सड़क पर बेतरतीब ढंग से चलें
(b) बाइक लेन का इस्तेमाल करें
(c) क्रॉसवॉक का इस्तेमाल करें
(d) जायवॉकिंग लेन का प्रयोग करें

उत्तरमाला

1. (b)	**2.** (a)	**3.** (a)	**4.** (c)	**5.** (d)	**6.** (a)	**7.** (c)	**8.** (c)	**9.** (c)	**10.** (b)
11. (d)	**12.** (b)	**13.** (a)	**14.** (d)	**15.** (a)	**16.** (d)	**17.** (c)	**18.** (a)	**19.** (b)	**20.** (c)

अध्याय 19

वाहन मैनुअल
Vehicle Manual

अध्याय विषय सूची

परिचय Introduction

जब कोई वाहन निर्माता अपने वाहन को बाजार में उपलब्ध कराता है, तो वह उस वाहन के प्रयोग करने की विधि व सम्बन्धित जानकारी देने के उद्देश्य से वाहनों के साथ अनेक मैनुअल प्रदान करता है। ये मैनुअल भिन्न-भिन्न उद्देश्यों से विभिन्न जानकारियाँ प्रदान करने हेतु प्रयोग किए जाते हैं, जिनमें से ओनर मैनुअल, वाहन के मालिक द्वारा तथा रिपेयर मैनुअल, लेबर गाइड, शॉप मैनुअल आदि वाहनों की रिपेयरिंग एवं सर्विसिंग के लिए मैकेनिकों द्वारा उपयोग किए जाते हैं। इस अध्याय के अन्तर्गत विभिन्न यूजर मैनुअल व उनसे सम्बन्धित सूचनाओं की उपयोगिता का विस्तृत वर्णन किया गया है।

19.1 लोकेटिंग वाहन सूचना Locating Vehicle Information

लोकेटिंग वाहन सूचना के अन्तर्गत एक वाहन पहचान संख्या (Vehicle Identification Number; VIN) आती है, जिसमें 17 अक्षर एवं संख्याएँ होती हैं। VIN को वाहन की चेसिस संख्या (chassis number) के नाम से भी जाना जाता है। इस पद्धति (procedure) को अपनाने का मुख्य उद्देश्य यह है कि वाहन के उन मुख्य अवयवों को भली प्रकार पहचाना जा सके, जो वाहन पहचान संख्या के प्रमुख निर्माणक हैं। यह सभी प्रकृति व प्रकार के वाहनों की पहचान हेतु डिजाइन की जाती है।

चित्र वाहन पहचान संख्या अथवा चेसिस संख्या

विश्वभर में समस्त वाहन निर्माता VIN का उपयोग करते हैं, जब भी एक वाहन का पंजीयन या पंजीकृत वाहन का पुन: विक्रय किया जाता है, तो वाहन का VIN रिकॉर्ड रखा जाता है। इस पंजीयन के माध्यम से ही वाहन सम्बन्धी सम्पूर्ण जानकारी कभी भी प्राप्त की जा सकती है।

VIN एक अक्षर एवं संख्याओं की सीरीज है, जिसके द्वारा विशिष्ट वाहन की पहचान, वाहन मेक, मॉडल, मॉडल वर्ष एवं इंजन का आकार इत्यादि पैरामीटर्स की पहचान होती है। आधुनिक वाहनों में, डैशबोर्ड के टॉप पर VIN नम्बर दिया होता है एवं विण्डशील्ड के लोअर लैफ्ट साइड के द्वारा यह नम्बर दिखाई देता है। VIN की माउण्टिंग लोकेशन के कारण ही चोरी हुई कार का VIN नम्बर बदलना अत्यन्त कठिन कार्य है। वर्तमान वाहनों में VIN नम्बर, चेसिस नम्बर में बदल गया है। पुराने वाहनों में चेसिस नम्बर होता था; जैसे—600132 CTZP 78900 एक चेसिस नम्बर है।

इस चेसिस नम्बर में शुरुआत के 6 अक्षर मॉडल कोड को प्रदर्शित करते हैं; जैसे–INDIA DLE (वाहन सर्विस मैनुअल में दिए गए कोड) को दर्शाता है। 7वाँ अक्षर 'C' निम्न तालिका के अनुसार उत्पादन का महीना प्रदर्शित करता है

A → जनवरी	B → फरवरी
C → मार्च	D → अप्रैल
E → मई	F → जून
G → जुलाई	H → अगस्त
J → सितम्बर	K → अक्टूबर
L → नवम्बर	M → दिसम्बर

नोट *इस तालिका में अक्षर 'I' प्रयोग नहीं किया गया है।*

8वाँ एवं 9वाँ अक्षर मिलकर निम्न तालिका के अनुसार उत्पादन के वर्ष को प्रदर्शित करते हैं।

Z → 0	Y → 1
X → 2	W → 3
V → 4	U → 5
T → 6	S → 7
R → 8	Q → 9

P → 10 एवं इसी प्रकार आगे भी।

ऊपर दिए गए उदाहरण के अनुसार 8वाँ एवं 9वाँ अक्षर 'TZ' है, लेकिन उत्पादन का वर्ष जानने के लिए इन दोनों अक्षरों को रिवर्स कर दिया जाता है।

अत: $ZT = 06$

अत: उत्पादन वर्ष → 2006 (20 को मान लिया गया है।)

10वाँ अक्षर प्लाण्ट लोकेशन को प्रदर्शित करता है। अत: यहाँ *'P'* अक्षर पुणे को दर्शाता है। आखिरी की 5 संख्या चेसिस का सीरियल नम्बर दर्शाती हैं। अत: 600132 CTZP 78900 का मॉडल, India DLE, उत्पादन मार्च, 2006 में पुणे में एवं चेसिस सीरियल नम्बर 78900 है।

इसी प्रकार यदि इंजन संख्या 475 IDI-03CTZP 12345 हो, तो पहले 6 से 9 अक्षरों का समूह निम्न विवरण के अनुसार इंजन के प्रकार को प्रदर्शित करता है

475 IDI	→ नॉन-टर्बो डीजल
475 IDITC	→ टर्बो चार्जर डीजल
4745 MPFI	→ पेट्रोल MPFI

तालिका के अनुसार आगे की 2 डिजिट उत्सर्जन मानकों (emission norms) को प्रदर्शित करती हैं।

05 → BS-2 जनवरी, 2005 से आगे

03 → BS-3

शेष 9 अक्षर चेसिस नम्बर तालिका के अनुसार महीना, निर्माण का वर्ष तथा इंजन का सीरियल नम्बर प्रदर्शित करते हैं।

इस प्रकार इंजन संख्या 475IDI03CTZP 12345 एक BS-3 के अनुकूल नॉन-टर्बो डीजल इंजन है, जिसे मार्च, 2006 में पुणे में बनाया गया है तथा इसका सीरियल नम्बर 12345 है।

19.2 स्कैन टूल डाटा Scan Tool Data

इसमें वाहन में किए गए कार्यों के आँकड़ों के डाटा को भविष्य के लिए सुरक्षित रखा जाता है, जिन्हें कभी भी स्कैन करके वाहन की स्थिति से अवगत हुआ जा सकता है।

उद्देश्य Objective

स्कैन टूल का मुख्य उद्देश्य OBD-I व II (On Board Diagnostics) को प्राप्त करके रिकॉर्ड रखना एवं क्लीयर करना है।

स्वयं की सुरक्षा Personal Safety

कार्यशाला में वाहनों पर किसी भी प्रकार कार्य करते समय स्वयं की सुरक्षा का विशेष ध्यान रखना चाहिए, इसलिए निम्न बिन्दुओं को ध्यान में रखना चाहिए

1. पैरों की सुरक्षा के लिए स्टील पैड वाले जूते पहनने चाहिए।
2. हाथों की सुरक्षा के लिए रबर के दस्ताने एवं बैरियर क्रीम हाथों पर लगानी चाहिए।
3. श्वसन क्रिया में किसी प्रकार का अवरोध न हो, इसलिए वाल्व रेसिपरेटर पहनना चाहिए।
4. आँखों की सुरक्षा के लिए सेफ्टी ग्लास एवं सम्पूर्ण चेहरे के लिए फेस मास्क पहनना चाहिए।
5. ईयर प्लग एवं ईयर मफ द्वारा कानों की सुरक्षा करनी चाहिए।

ध्यान देने योग्य तथ्य
Points to be Noted

(i) सर्वप्रथम वाहन से सम्बन्धी सर्विस मैनुअल में दिए गए बिन्दुओं का अध्ययन करके यह ज्ञात किया जाता है कि वाहन इन बिन्दुओं के अनुसार प्रचालन स्थिति में है या नहीं।

(ii) तत्पश्चात् OBD-I वाहन के कोड को लिखकर वाहन को चलाया जाता है, फिर कोड को रिसैट किया जाता है।

(iii) जब वाहन की जाँच की जाती है, तब OBD-II कोड को क्लीयर नहीं किया जाता है। वाहन की रिपेयरिंग के पश्चात् ही कोड को क्लीयर किया जाता है।

(iv) जब कोड को रिसैट किया जाता है, तब OBD-II वाहन को कितनी बार ट्रिप (trip) करता है, इसलिए हमेशा ध्यान रखना चाहिए कि जाँच प्रक्रिया के पूर्णरूप से समाप्त होने के बाद ही कोड को रिसैट किया जाए।

स्टेप-बाई-स्टेप निर्देश Step-by-Step Instructions

ये निर्देश निम्न हैं

(i) सर्वप्रथम वाहन को एक उपयुक्त कनैक्टर की सहायता से स्कैन टूल से संयोजित करना चाहिए।

(ii) तत्पश्चात् वाहन के स्कैन टूल एवं इग्नीशन को ऑन (ON) करके स्कैन टूल जाँच प्रोग्राम को चलाना चाहिए।

(iii) प्रत्येक दर्शाए गए कोड को समझें, यदि किसी कोड में त्रुटि हो, तो उसे ठीक करने के पश्चात् ही क्लीयर करना चाहिए।

(iv) जिस कोड में त्रुटि दिखाई दे, उसे क्लीयर करने के लिए स्कैन टूल के डिजिटल विकल्प का चयन करना चाहिए।

(v) वाहन के इग्नीशन को तभी ऑफ (OFF) करें, जब सभी कोड क्लीयर हो गए हों।

(vi) यदि किसी कोड में त्रुटि रह जाती है, तो सुपरवाइजर को बताएँ। अन्त में वाहन के स्कैन टूल तथा इग्नीशन को ऑफ कर देना चाहिए।

19.3 यूजर मैनुअल User's Manual

वाहन विविध अवयवों एवं यन्त्रावलियों का वह सम्मिलित रूप होता है, जिसमें समय-समय पर अनुरक्षण एवं मरम्मत सम्बन्धी कार्य किए जाते हैं, जिससे वाहन सुचारु रूप से कार्य करता रहे एवं उसकी मशीनरी व अवयव क्षतिग्रस्त न हों। यूजर मैनुअल में वाहन से सम्बन्धित समस्त विवरण होता है, जो निर्माता से वाहन विक्रय इकाइयों तक की समस्त कार्यविधियों में किसी-न-किसी रूप में उपयोग कर लिया जाता है। ये निर्माणक इकाइयों में उत्पादन से लेकर विक्रय तक में महत्त्वपूर्ण भूमिका का निर्वहन करते हैं। कुछ प्रमुख यूजर मैनुअल निम्न हैं

1. शॉप मैनुअल Shop Manual

यह मैनुअल वाहन के रख-रखाव एवं मरम्मत सम्बन्धी विभिन्न विधियों से अवगत कराता है, परन्तु इसमें वाहन विशेष हेतु विशिष्टियाँ नहीं होती हैं, लेकिन इसमें वितरक (distributor) हेतु अनेक पृष्ठ विशिष्टियों के होते हैं।

उद्देश्य Objective

शॉप मैनुअल का उद्देश्य सर्विस प्रक्रिया के विषय में उचित जानकारी देना है।

ध्यान देने योग्य तथ्य Points to be Noted

(i) शॉप मैनुअल, वाहन निर्माता द्वारा बनाया जाता है, जिसमें सभी भागों की सर्विस करने से सम्बन्धित जानकारियाँ सम्मिलित होती हैं।

(ii) शॉप मैनुअल में किसी भाग की सर्विस हेतु प्रक्रिया तथा औजारों (tools) के उचित उपयोग करने की विधियाँ लिखी होती हैं।

स्टेप-बाई-स्टेप निर्देश Step-by-Step Instructions

ये निर्देश निम्न प्रकार हैं

(i) सर्वप्रथम जिस वाहन की सर्विस करनी है, उसके विषय में आवश्यक जानकारी प्राप्त कर लेनी चाहिए।

(ii) जिस वाहन की सर्विस करनी है, उसके शॉप मैनुअल की उचित जानकारी प्राप्त कर लेनी चाहिए।

(iii) यदि हमें वाहन के किसी विशिष्ट सेक्शन (section) की ही सर्विस करनी है, तो उसकी सम्पूर्ण जानकारी भी प्राप्त कर लेनी चाहिए।

(iv) वाहन के जिस भाग की सर्विस करनी है, उसकी सम्पूर्ण प्रक्रिया तथा विशिष्टियाँ पता कर लेनी चाहिए।

2. रिपेयर मैनुअल Repair Manual

इसे वाहनों का मरम्मत सम्बन्धी विवरण रखने के ध्येय से डिजाइन किया जाता है। इसकी सहायता से कार्य तथा वाहन के सन्दर्भ में उपयुक्त सूचना प्राप्त हो जाती है।

रिपेयर मैनुअल के आरम्भ में विषय-सूची दी होती है, जिसे देखकर आप आवश्यकतानुसार उपयुक्त जानकारी प्राप्त करके वाहन की मरम्मत कर सकते हैं। इसी से वाहन के विविध भागों के संयोजनों की पहचान भी सम्भव होती है।

उद्देश्य Objective

रिपेयर मैनुअल का उद्देश्य मरम्मत की सही विधि की जानकारी देना है।

ध्यान देने योग्य तथ्य Points to be Noted

(i) इन मैनुअलों में शॉप मैनुअलों के समान ही सूचनाओं को सम्मिलित किया जाता है। रिपेयर मैनुअल, सेकण्डरी पार्टी द्वारा प्रकाशित किए जाते हैं।

(ii) शॉप मैनुअल उपलब्ध न होने की स्थिति में रिपेयर मैनुअल के आधार पर वाहनों की रिपेयरिंग की जा सकती है।

स्टेप-बाई-स्टेप निर्देश Step-by-Step Instructions

ये निर्देश निम्न हैं

(i) सर्वप्रथम जिस वाहन अथवा वाहन के जिस भाग की रिपेयरिंग करनी है, उससे सम्बन्धित सभी आवश्यक जानकारियाँ प्राप्त कर लेनी चाहिए।

उदाहरण के लिए; यदि हमें सस्पैन्शन प्रणाली का शॉक अब्जॉर्बर बदलना हो, तो उसके मॉडल, कम्पनी अथवा निर्माता, उत्पादन का वर्ष इत्यादि की जानकारी होनी आवश्यक है।

(ii) यदि वर्कशॉप में उस वाहन का शॉप मैनुअल उपलब्ध नहीं है, जिसकी रिपेयरिंग करनी है, तो उस वाहन के शॉप मैनुअल को मॉडल, निर्माता व उत्पादन के वर्ष के अनुसार बाजार से खरीदना चाहिए।

(iii) मैनुअल के प्रथम पृष्ठ पर तालिका बनी होती है, जिसमें अनेक भागों तथा अवयवों की रिपेयरिंग की जानकारी प्राप्त करने हेतु पृष्ठ संख्या लिखी होती है। वाहन के जिस भाग एवं अवयव की रिपेयरिंग करनी है, उसके लिए उपयुक्त पृष्ठ पर जाकर जानकारी प्राप्त की जा सकती है।

3. ओनर मैनुअल Owner's Manual

इस मैनुअल में वाहन सम्बन्धी विस्तृत विवरण दिया होता है, जिसमें वाहन की विशिष्टियों से लेकर वाहन के उपयुक्त प्रचालन तक का समस्त विवरण होता है। इसके अतिरिक्त उसके अनुरक्षण सहित, उसमें स्नेहन तथा शीतलन की आवश्यकता का भी उल्लेख किया जाता है।

उद्देश्य Objective

ओनर मैनुअल का उद्देश्य वाहन की सर्विसिंग के समय स्नेहन की विशिष्टियों की जानकारी देना है।

ध्यान देने योग्य तथ्य Points to be Noted

वाहन निर्माता, वाहन के प्रथम अथवा वास्तविक मालिक को ओनर मैनुअल देता है, जिसमें निम्नलिखित जानकारियाँ होती हैं

(i) वाहनों की सामान्य विशिष्टियाँ
(ii) वाहनों के सभी कण्ट्रोल तथा सहायक सामग्रियों का उपयोग करना
(iii) वाहनों के टायर बदलने की जानकारी
(iv) वाहनों में इंजन, स्नेहन तथा कूलेन्ट की क्षमता
(v) वाहनों के सभी पुर्जों की जानकारी
(vi) सर्विस आउटलेट की सूची
(vii) वारण्टी तथा सर्विस सम्बन्धी सूचना

स्टेप-बाई-स्टेप निर्देश Step-by-Step Instructions

ये निर्देश निम्न हैं

(i) वाहनों के मैनुअलों में सभी सेक्शनों की लिस्ट होती है। इन लिस्टों की सहायता से जिस सेक्शन की सर्विस करनी होती है, उसके अनुसार उचित पृष्ठ पर सरलता से पहुँचा जा सकता है।
(ii) वाहन या पुर्जे के विषय में आवश्यक जानकारी होनी चाहिए।
(iii) वाहन के उचित मैनुअल की जानकारी होनी चाहिए।
(iv) वर्तमान में उपलब्ध मैनुअल के अन्तिम पृष्ठ पर बने सूचकांक की सहायता से उचित पृष्ठ पर पहुँचा जा सकता है। इसमें बने सूचकांक प्राय: एल्फाबेटिकल होते हैं; जैसे—यदि हमें इस मैनुअल में हैडलाइट सम्बन्धी विवरण की खोज करनी हो, तो उसे खोजने हेतु H अक्षर के अन्तर्गत लिस्ट की सहायता ली जाती है।
(v) इस मैनुअल में इंजन तथा स्नेहन क्षमता का एक चार्ट बना होता है। इंजन के क्रैंककेस ऑयल तथा इंजन के अन्य भागों में ऑयल की मात्रा की उचित जानकारी होती है, साथ ही फ्यूल ऑयल तथा कूलेन्ट रिकमण्डेशन वाले पृष्ठ पर मोटर ऑयल के सही ग्रेड की जानकारी भी होती है।

4. लेबर गाइड Labour Guide

लेबर गाइड कार्यशालाओं में एक निर्देशक के रूप में एक कार्य को नियत समय-सीमा में करने के लिए प्रयुक्त की जाती है। एक कार्यशाला लेबर गाइड का उपयोग कर किसी दिए गए सेवा कार्य हेतु एक शुद्ध परिमाण सुनिश्चित करती है। लेबर गाइड में दी गई सूचनाएँ ठीक रिपेयर मैनुअल तथा शॉप मैनुअल की भाँति सन्दर्भित की जाती हैं।

उद्देश्य Objective

लेबर गाइड का उद्देश्य सर्विस में लगने वाले समय तथा मूल्य की गणना करना है।

ध्यान देने योग्य तथ्य Points to be Noted

(i) इसके उपयोग से वर्कशॉप में होने वाले कार्य में व्यय होने वाले समय की गणना करते हैं।
(ii) लेबर गाइड के प्रयोग से एक औसत समय की गणना की जाती है। यह औसत समय किसी अनुभवी कारीगर द्वारा कार्य करने में व्यय होने वाला औसत समय होता है।

स्टेप-बाई-स्टेप निर्देश Step-by-Step Instructions

ये निर्देश निम्न हैं

(i) जिस वाहन या भाग की सर्विस करनी हो, उसके विषय में आवश्यक जानकारी प्राप्त कर लेनी चाहिए। वाहन का उत्पादन वर्ष, मॉडल आदि की जानकारी होनी चाहिए।
(ii) वाहन अथवा वाहन के भाग की सर्विसिंग में व्यय होने वाले मूल्य की गणना हेतु उचित लेबर गाइड की जानकारी प्राप्त कर लेनी चाहिए।
(iii) लेबर गाइड के अन्तर्गत सभी प्रणालियों के ऑपरेशन अलग-अलग भागों में विभक्त होते हैं। उदाहरण के लिए; लाइट कॉमर्शियल वाहन तथा फोर व्हील ड्राइव की विभिन्न प्रणालियों एवं ऑपरेशनों को अलग-अलग भागों में विभक्त किया जाता है। सर्विसिंग से पूर्व इन्हें अच्छे से समझ लेना आवश्यक है।
(iv) लेबर गाइड के सूचकांक से किसी भाग विशेष की जानकारी प्राप्त करने हेतु उचित पृष्ठ पर जाना चाहिए।
(v) लेबर गाइड के जिन पृष्ठों पर विभिन्न भागों की जानकारी होती है, उन पर उनमें व्यय होने वाले मूल्य तथा समय की भी जानकारी होती है। अत: इस जानकारी से कुल व्यय होने वाले समय तथा मूल्य का अनुमान लगाया जा सकता है।

5. पार्ट प्रोग्राम Part Program

पार्ट प्रोग्राम में वाहन के भाग (part) से सम्बन्धित डाटा को संकलित किया जाता है; जैसे—वाहन टायर (अग्र एवं पश्च) में वायुदाब, वाहन के इंजन के माइलेज अनुकूल चक्कर प्रति मिनट आदि। इसके प्रयोग से वाहन के प्रत्येक भाग की विशिष्टी एवं उपयोगिता से अवगत हुआ जा सकता है।

उद्देश्य Objective

पार्ट प्रोग्राम का उद्देश्य कम्प्यूटर या CD-ROM द्वारा विभिन्न भागों (parts) की जानकारी प्राप्त करना है।

ध्यान देने योग्य तथ्य Points to be Noted

(i) अनेक वर्कशॉपों में कुछ भागों को स्टॉक करके रखा जाता है।
(ii) वाहन निर्माता CD-ROM बनाते हैं, जिसमें विभिन्न भागों की सूची तथा क्रम लिखा होता है।

स्टेप-बाई-स्टेप निर्देश Step-by-Step Instructions

ये निर्देश निम्न हैं

(i) सर्वप्रथम कम्प्यूटर को ऑन करके पता लगाएँ कि सॉफ्टवेयर को प्रचालित करने हेतु लोकल एरिया नेटवर्क पर्याप्त है अथवा इण्टरनेट की आवश्यकता है।

(ii) सॉफ्टवेयर पैकेज पर दी गई जानकारी पढ़ लेनी चाहिए। उसमें अनेक प्रोग्रामों में हेल्प सेक्शन होता है, जिसकी सहायता से सॉफ्टवेयर के विभिन्न भागों तक पहुँचा जा सकता है। अत: सॉफ्टवेयर एप्लीकेशन की समझ होनी चाहिए।

(iii) यदि किसी भाग को बदलना होता है, तो उसे लाने के लिए उसकी पार्ट संख्या की जानकारी होनी चाहिए, जिसके लिए हम स्पेयर पार्ट डाटाबेस को उपयोग में लाकर उपयुक्त पार्ट के विषय में जानकारी ले सकते हैं।

(iv) स्पेयर पार्ट की स्क्रीन पर आने से तुरन्त उपयुक्त डाटा प्राप्त किया जा सकता है।

(v) स्पेयर पार्ट प्रोग्राम में एक पेज खुलता है, जिस पर वाहन के मॉडल की लिस्ट होती है। इसकी सहायता से किसी मॉडल के उपयुक्त पार्ट को चुनकर जानकारी प्राप्त की जा सकती है।

(vi) स्पेयर पार्ट प्रोग्राम के पेज पर वाहन के पार्ट, मॉडल नम्बर, विवरण आदि प्रदर्शित होते हैं। इसमें हम उपयुक्त पार्ट का चयन करके उस पार्ट को सीधे ही वेबसाइट से प्राप्त कर सकते हैं।

(vii) यदि हम किसी पार्ट को ऑनलाइन खरीदना चाहते हैं, तो उसके लिए फॉर्म भरकर अपना ऑर्डर सुनिश्चित कराना होगा। इसके अतिरिक्त फॉर्म भरकर सप्लायर को फैक्स करके किसी भी भाग को मँगवाया जा सकता है।

6. सर्विस सूचना प्रोग्राम

Service Information Program

सर्विस सूचना प्रोग्राम का उपयोग करके वाहनों की विभिन्न जानकारी ली जा सकती है।

उद्देश्य Objective

सूचना प्रोग्राम का उद्देश्य वर्कशॉप कम्प्यूटर प्रणाली का मूलभूत (basic) सिखाना होता है।

ध्यान देने योग्य तथ्य Points to be Noted

सभी सर्विस विभागों में कम्प्यूटरीकृत प्रणाली का उपयोग किया जाना चाहिए। यदि यह प्रणाली उपलब्ध न हो, तो सर्विस विभागों पर रेफरेन्स के रूप में प्रिन्टेड मैटीरियल अवश्य होना चाहिए।

स्टेप-बाई-स्टेप निर्देश

Step-by-Step Instructions

ये निर्देश निम्न हैं

(i) सर्वप्रथम कम्प्यूटर को ऑन करके पता लगाएँ कि सॉफ्टवेयर को प्रचालित करने हेतु लोकल एरिया नेटवर्क पर्याप्त है अथवा इण्टरनेट की आवश्यकता है।

(ii) सॉफ्टवेयर पैकेज पर दी गई जानकारी पढ़ लेनी चाहिए, उसमें अनेक प्रोग्रामों में हेल्प सेक्शन होता है, जिसकी सहायता से सॉफ्टवेयर के विभिन्न भागों तक पहुँचा जा सकता है।

(iii) उसके पश्चात् सॉफ्टवेयर एप्लीकेशन को एक्सेस करें।

(iv) सॉफ्टवेयर के सर्च ऑपरेशन में वाहन का VIN नम्बर डालकर वाहन के भागों के बारे में सूचना प्राप्त की जा सकती है।

(v) वाहन के किसी विशिष्ट भाग की सूचना प्राप्त करने हेतु उस भाग का सर्च ऑपरेशन में चयन करें तथा सर्च को नैरो (narrow) करके उस भाग के बारे में अन्य जानकारियाँ प्राप्त करें।

19.4 वाहनों की रिपेयरिंग तथा सर्विसिंग के दौरान सुरक्षा सावधानियाँ

Safety Precautions During Repairing and Servicing of Vehicles

वाहनों की रिपेयरिंग तथा सर्विसिंग करते समय निम्न सुरक्षा सावधानियों को ध्यान में रखना चाहिए

1. पैरों की सुरक्षा हेतु सदैव स्टील पैड के जूते पहनने चाहिए।
2. हाथों की सुरक्षा हेतु बैरियर क्रीम का उपयोग करना चाहिए तथा दस्ताने पहनने चाहिए।
3. चेहरे की सुरक्षा हेतु फेस मास्क का प्रयोग करना चाहिए।
4. आँखों की सुरक्षा हेतु सदैव सेफ्टी ग्लास पहनकर ही वाहनों की रिपेयरिंग तथा सर्विसिंग की जानी चाहिए।
5. कानों की सुरक्षा हेतु ईयर प्लग तथा ईयर मफ का प्रयोग किया जाना चाहिए।
6. श्वास की सुरक्षा हेतु वाल्व रेसिपरेटर का उपयोग किया जाना चाहिए।
7. यदि वाहनों को वर्कशॉप में चलाना हो, तो एग्जॉस्ट एक्सट्रेक्शन हौज (exhaust extraction hose) का प्रयोग किया जाना चाहिए।
8. वाहन को प्रचालित करते समय सर्विस मैनुअलों में दिए गए सभी आदेशों का पालन करना चाहिए, जिससे किसी दुर्घटना की सम्भावना कम-से-कम रहे।

महत्त्वपूर्ण बिन्दु

- वाहनों की मरम्मत एवं सर्विस के लिए ओनर मैनुअल, रिपेयर मैनुअल, लेबर गाइड, शॉप मैनुअल आदि का उपयोग किया जाता है।
- वाहन लोकेशन डाटा के अन्तर्गत एक वाहन पहचान संख्या आती है, जिसमें 17 अक्षर एवं संख्याएँ होती हैं।
- VIN की माउण्टिंग लोकेशन प्रायः विण्ड शील्ड के लोअर लैफ्ट साइड की ओर होती है।
- VIN एक अक्षर एवं संख्याओं की सीरीज है, जिसके द्वारा विशिष्ट वाहन की पहचान, वाहन मेक, मॉडल, मॉडल वर्ष एवं इंजन का आकार इत्यादि पैरामीटर्स की पहचान होती है।
- स्कैन टूल डाटा में वाहन में किए गए कार्यों के आँकड़ों के डाटा को भविष्य के लिए सुरक्षित रखा जाता है।
- स्कैन टूल का मुख्य उद्देश्य OBD-I एवं II (On Board Diagnostics) को प्राप्त करके रिकॉर्ड रखना एवं क्लीयर करना है।
- शॉप मैनुअल का उद्देश्य सर्विस प्रक्रिया के विषय में उचित जानकारी प्रदान करना है। शॉप मैनुअल उपलब्ध न होने की स्थिति में रिपेयर मैनुअल के आधार पर वाहनों की रिपेयरिंग की जा सकती है।
- ओनर मैनुअल का उद्देश्य वाहन की सर्विसिंग के समय स्नेहन की विशिष्टियों की जानकारी देना है।
- वाहन मैनुअल में वाहनों की सामान्य विशिष्टियाँ, टायर बदलने की जानकारी, वाहनों में इंजन व स्नेहन की क्षमता एवं वारण्टी व सर्विस सम्बन्धी सूचनाएँ संग्रहित रहती हैं।
- लेबर गाइड का उद्देश्य सर्विस में लगने वाले समय तथा मूल्य की गणना करना है।
- पार्ट प्रोग्राम का उद्देश्य कम्प्यूटर या CD-ROM द्वारा विभिन्न भागों की जानकारी प्राप्त करना है।
- वाहन निर्माता CD-ROM बनाते हैं जिसमें विभिन्न भागों की सूची तथा क्रम लिखा होता है।
- स्पेयर पार्ट प्रोग्राम के पेज पर वाहन के पार्ट, मॉडल नम्बर, विवरण आदि प्रदर्शित होते हैं।
- सभी सर्विस विभागों में कम्प्यूटरीकृत प्रणाली का उपयोग किया जाना चाहिए। यदि यह उपलब्ध न हो, तो सर्विस विभागों पर रेफरेन्स के रूप में प्रिन्टेड मैटीरियल अवश्य होना चाहिए।

महत्त्वपूर्ण प्रश्नोत्तरी

1. सुनिश्चियन वाहन सूचना का उद्देश्य क्या है?

उत्तर सुनिश्चियन वाहन सूचना का उद्देश्य उन अवयवों को भली-भाँति पहचानना है, जो वाहन पहचान संख्या के निर्माणक हैं।

2. किसी वाहन का पंजीयन अथवा पंजीकृत वाहन को पुनः विक्रय किए जाने पर उसका VIN रिकॉर्ड क्यों रखा जाता है?

उत्तर किसी वाहन का पंजीयन अथवा पंजीकृत वाहन को पुनः विक्रय किए जाने पर उसका VIN रिकॉर्ड इसलिए रखा जाता है, जिससे वाहन सम्बन्धी समग्र सूचनाएँ जब चाहें, ली जा सकें।

3. रिपेयर मैनुअल में विषय-सूची को आरम्भ में देने से क्या लाभ है?

उत्तर रिपेयर मैनुअल में विषय-सूची को आरम्भ में देकर आवश्यकतानुसार उपयुक्त जानकारी सुगमतापूर्वक प्राप्त की जा सकती है।

4. ओनर मैनुअल से क्या जानकारी प्राप्त होती है?

उत्तर ओनर मैनुअल से वाहन सम्बन्धी विस्तृत जानकारी प्राप्त होती है। इसमें वाहन की विशिष्टियों से लेकर वाहन के उपयुक्त प्रचालन तक की समस्त जानकारी दी गई होती है।

5. लेबर गाइड को क्यों उपयोग किया जाता है?

उत्तर लेबर गाइड के प्रयोग से एक औसत समय की गणना की जाती है। यह औसत समय किसी अनुभवी कारीगर द्वारा कार्य करने में व्यय होने वाला औसत समय होता है।

अभ्यास प्रश्न

परीक्षा प्रारूपी प्रश्न

बहुविकल्पीय

1. VIN का पूर्ण रूप है
(a) Vehicle Information Number
(b) Vehicle Identification Number
(c) Vehicle Interior Number
(d) Vehicle Identify Number

2. वाहन सुनिश्चियन सूचना ………… अक्षरों और संख्याओं से युक्त एक पहचान है।
(a) 4 (b) 2 (c) 16 (d) 17

3. VIN को अन्य किस नाम से जाना जाता है?
(a) इंजन संख्या (b) चेसिस संख्या
(c) 'a' और 'b' दोनों (d) इनमें से कोई नहीं

4. VIN प्रायः किस प्रकार की अन्य महत्त्वपूर्ण सूचना दे सकने में सक्षम है?
(a) निर्माणक देश के बारे में (b) निर्माता के बारे में
(c) मॉडल के बारे में (d) ये सभी

5. स्कैन टूल डाटा, वाहन में किए गए ……… को दर्शाता है।
(a) कार्यों (b) परिवर्तनों
(c) 'a' और 'b' दोनों (d) इनमें से कोई नहीं

6. निम्न में से किस मैनुअल में वाहन की मरम्मत की सही जानकारी मिलती है?
(a) शॉप मैनुअल में (b) ओनर मैनुअल में
(c) रिपेयर मैनुअल में (d) इनमें से कोई नहीं

7. रिपेयर मैनुअल से सम्बन्धित कथन है
(a) यह शॉप मैनुअल के समकक्ष सूचना देता है
(b) यह सेकण्डरी पार्टी द्वारा प्रकाशित किया जाता है
(c) 'a' और 'b' दोनों
(d) उपरोक्त में से कोई नहीं

8. शॉप मैनुअल ……… द्वारा बनाया जाता है।
(a) वाहन निर्माता (b) सेकण्डरी पार्टी
(c) वाहन के मैकेनिक (d) ये सभी

9. लेबर गाइड का मुख्य उद्देश्य है
(a) सर्विस में लगे समय की गणना करना
(b) मूल्य की गणना करना
(c) 'a' और 'b' दोनों
(d) उपरोक्त में से कोई नहीं

10. वाहन से सम्बन्धित विशेषताओं की जानकारियाँ किस मैनुअल में लिखी होती हैं?
(a) ओनर मैनुअल
(b) रिपेयर मैनुअल
(c) लेबर गाइड
(d) शॉप मैनुअल

11. निम्न में से कौन-सी जानकारी ओनर मैनुअल में नहीं होती है?
(a) वारण्टी तथा सर्विस सम्बन्धी सूचना
(b) वाहनों के टायर बदलने की जानकारी
(c) वाहनों की सामान्य विशिष्टियाँ
(d) वाहनों की बीमा संख्या

12. निम्न में से किस मैनुअल की सहायता से सर्विस में लगने वाले समय तथा मूल्य की गणना की जाती है?
(a) रिपेयर मैनुअल (b) शॉप मैनुअल
(c) ओनर मैनुअल (d) लेबर गाइड

13. पार्ट प्रोग्राम की सहायता से विभिन्न भागों की जानकारी दी जाती है
(a) मोबाइल द्वारा (b) फैक्स द्वारा
(c) कम्प्यूटर द्वारा (d) टेलीविजन द्वारा

14. सॉफ्टवेयर के सर्च ऑपरेशन में वाहन का ………… डालकर वाहन के भागों के बारे में सूचना प्राप्त की जा सकती है।
(a) OBD-I (b) VIN नम्बर
(c) इंजन नम्बर (d) इनमें से कोई नहीं

15. यदि वाहन को वर्कशॉप में चलाना हो, तो ……… का प्रयोग किया जाना चाहिए।
(a) एग्जॉस्ट एक्सट्रेक्शन हौज (b) एग्जॉस्ट इनट्रेक्शन हौज
(c) 'a' और 'b' दोनों (d) इनमें से कोई नहीं

उत्तरमाला

1. (b)	**2.** (d)	**3.** (b)	**4.** (d)	**5.** (a)	**6.** (c)	**7.** (c)	**8.** (a)	**9.** (c)	**10.** (a)
11. (d)	**12.** (d)	**13.** (c)	**14.** (b)	**15.** (a)					

अध्याय 20

इलेक्ट्रिक वाहन

Electric Vehicle

परिचय Introduction

आधुनिक युग में वाहनों के आधुनिकीकरण के चलते वाहनों के प्रति लोगों की लोकप्रियता निरन्तर बढ़ती जा रही है, जिससे पारम्परिक ऊर्जा साधनों; जैसे-पेट्रोल, डीजल चालित वाहनों के अतिरिक्त इलेक्ट्रिक वाहनों की माँग भी निरन्तर बढ़ रही है। हाल ही में, पारम्परिक ऊर्जा साधनों की अत्यधिक खपत एवं आधुनिक परिदृश्य के कारण इलेक्ट्रिक वाहनों (Electric Vehicles, EVs) का प्रयोग किया जाने लगा है। इनका मुख्य लाभ यह है कि इनके द्वारा ग्रीनहाउस गैसों के उत्सर्जन में कमी होती है। EVs कम शोर उत्पन्न करते हैं और पारम्परिक वाहनों से जुड़ी ईंधन लागत को कम करने के अतिरिक्त इनका संचालन सरल होता है। इससे स्मॉग और वायु प्रदूषण (smog and air pollution) नहीं होता है। व्हीकल टू ग्रिड (Vehicle to Grid, V2G) के माध्यम से स्मार्ट ग्रिड के साथ एकीकरण (integration), ग्राहक को बाइडायरेक्शनल चार्जिंग के माध्यम से वित्तीय लाभ प्रदान करता है।

वह वाहन जो इलेक्ट्रिक मोटर से चलता है और ऑन-बोर्ड इलेक्ट्रिक स्रोत से बिजली प्राप्त करता है, उसे इलेक्ट्रिक वाहन (electric vehicle) कहा जाता है। यह गैसोलीन वाहन की तुलना में अधिक टिकाऊ और यांत्रिक रूप से सरल होता है और अधिक ईंधन दक्षता प्रदान करता है, क्योंकि यह आन्तरिक दहन इंजन के समान उत्सर्जन नहीं करता है। इलेक्ट्रिक वाहनों की प्रमुख विशेषता यह है कि ये पर्यावरण को प्रदूषित नहीं करते हैं और इनके गतिमान होने की स्थिति में ध्वनि प्रदूषण भी नहीं होता है। बैटरी और ईंधन सैलों के कारण उच्च लागत, बैटरी क्षमता के कारण सीमित गति सीमा, बैटरी के प्रकार और चार्जर के आधार पर लम्बी चार्जिंग अवधि और अपर्याप्त चार्जिंग स्टेशन इत्यादि इलेक्ट्रिक वाहन के दोष हैं।

अध्याय विषय सूची

20.1 भारत में इलेक्ट्रिक वाहनों का परिदृश्य EV Scenario in India

भारतीय सड़क परिवहन और राजमार्ग मन्त्रालय द्वारा प्रस्तुत डेटा के अनुसार अगस्त 2022 तक भारतीय सड़कों पर कुल 1392265 इलेक्ट्रिक वाहन (EV) हैं। 2030 तक सड़कों पर 45-50 मिलियन EVs होने की सम्भावना है। भारत में EV का बाजार मूल्य 200 करोड़ (2 बिलियन) और 2025 तक 709 करोड़ (7.09 बिलियन) होने का अनुमान है। इलेक्ट्रिक वाहनों के अन्तर्गत ऐसे वाहन भी सम्मिलित हैं, जो बैटरी चालित हैं अथवा हाइब्रिड प्रकार के हैं। हाइब्रिड वाहन वे वाहन होते हैं, जो बैटरी के अतिरिक्त, पेट्रोल/डीजल से भी चलाए जा सकते हैं। भारत में विद्युत चालित वाहनों का उत्पादन करने वाली कम्पनियाँ हैं-टाटा मोटर्स, एम. बी. मोटर्स, महिन्द्रा एण्ड महिन्द्रा, किया (Kia) आदि।

इनके अतिरिक्त, हीरो होण्डा, बजाज आदि कम्पनियाँ बैटरी चालित स्कूटर व मोटर-साइकिल निर्माण में व्यस्त हैं। यह भी एक तथ्य है कि इलेक्ट्रिक वाहनों से वायु प्रदूषण को कम करने में सहायता मिलती है। इसके अतिरिक्त, इन वाहनों से कार्बन का उत्सर्जन शून्य रहता है जिससे वैश्विक स्तर पर कार्बन उत्सर्जन को नियंत्रित करने में सहायता मिलती है। विद्युत चालित वाहनों के उपयोग से पेट्रोल/डीजल की खपत घटती है और देश को अधिक मात्रा में कच्चे तेल का आयात नहीं करना पड़ता। भारतीय स्वचालित वाहन उद्योग आज विश्व में पाँचवे स्थान पर है, परन्तु 2030 तक इसके तीसरे स्थान पर पहुँचने की सम्भावना अत्यधिक प्रबल है। वर्तमान में भारत के अनेक शहरों में बैटरी चालित 'थ्री-व्हीलर' बहुत अधिक प्रचलित हैं। बैटरी चालित 'थ्री व्हीलर' को 'मिनी मैट्रो' के नाम से भी जाना जाता है।

IC इंजन वाहन और इलेक्ट्रिक वाहन के बीच तुलना

Comparison between IC Engine Vehicle and Electric Vehicle

निम्न तालिका उन बिन्दुओं पर प्रकाश डालती है जो एक IC इंजन वाहन को एक इलेक्ट्रिक वाहन से अलग करते हैं

तुलनात्मक बिन्दु	आन्तरिक दहन इंजन (ICE)	इलेक्ट्रिक वाहन (EV)
शक्ति का स्रोत	IC इंजन के लिए शक्ति का स्रोत विभिन्न प्रकार के ईंधन जैसे डीजल या पेट्रोल होते हैं।	चार्ज बैटरी, अल्ट्रा-कैपेसिटर आदि से प्राप्त बिजली इलेक्ट्रिक वाहनों में शक्ति का स्रोत होते हैं।
प्राइम मूवर	आन्तरिक दहन इंजन (ICE) में प्राइम मूवर पावरट्रेन होती है।	इलेक्ट्रिक वाहनों में इलेक्ट्रिक मोटर प्राइम मूवर होती है।
विशिष्ट ऊर्जा	ईंधन की विशिष्ट ऊर्जा उच्च होती है।	इलेक्ट्रिक वाहनों में बैटरी की विशिष्ट ऊर्जा कम होती है।
शक्ति घनत्व	ICE में उपयोग किये जाने वाले ईंधन में उच्च शक्ति घनत्व होता है।	शक्ति स्रोत का शक्ति घनत्व कम होता है।
पर्यावरण पर प्रभाव	ICE ग्रीन-हाउस गैसों का उत्सर्जन करता है जिसका पर्यावरण पर प्रतिकूल प्रभाव पड़ता है।	EV का पर्यावरण पर प्रतिकूल प्रभाव नहीं पड़ता है।
रिफिलिंग का समय	ICE को कम रिफिलिंग समय (लगभग 5 मिनट से कम) की आवश्यकता होती है।	EV का चार्जिंग समय (लगभग 0.5 से 8 घण्टे) लम्बा होता है।
स्पेस और वजन ईंधन टैंक	ICE में फ्यूल टैंक कम जगह लेता है और फ्यूल का वजन बहुत कम होता है।	EV में बैटरी बैंक बड़ा स्थान लेता है। साथ ही बैटरी बहुत भारी होती है।
रखरखाव और चलाने की लागत	आन्तरिक दहन इंजन वाहनों के रख-रखाव और चलाने की लागत अधिक होती है।	इलेक्ट्रिक वाहनों को चलाने और रख-रखाव की कम लागत की आवश्यकता होती है।
क्षमता	IC इंजन की दक्षता लगभग 30% से 65% होती है।	इलेक्ट्रिक वाहनों में उपयोग किए जाने वाली इलेक्ट्रिक मोटर्स में लगभग 80% दक्षता होती है।
शोर उत्पादन	IC इंजन वाले वाहन शोर उत्पन्न करते हैं।	इलेक्ट्रिक वाहनों का संचालन शोर मुक्त होता है।
ब्रेकिंग एनर्जी की रिकवरी	IC इंजन वाले वाहनों में ब्रेकिंग एनर्जी को रिकवर नहीं किया जा सकता।	EV में पुनर्योजी ब्रेकिंग का उपयोग करके ब्रेकिंग ऊर्जा को पुनः प्राप्त किया जा सकता है।
अधिकतम टॉर्क के लिए आवश्यक समय	IC इंजन वाहनों को अधिकतम टॉर्क देने के लिए कुछ गति बढ़ाने की आवश्यकता होती है।	इलेक्ट्रिक वाहन मोटर के चालू होने के तुरन्त बाद अधिकतम टॉर्क उत्पन्न करते हैं।
पूँजी लागत	IC इंजन वाहनों की प्रारम्भिक लागत औसतन कम होती है।	इलेक्ट्रिक वाहनों की शुरुआती लागत अधिक होती है।
विद्युत पारेषण	IC इंजन वाहनों में, स्रोत से भार तक विद्युत ट्रांसमिशन सिस्टम केवल मैकेनिकली होती है।	इलेक्ट्रिक वाहनों में मैकेनिकल के साथ-साथ इलेक्ट्रिक पावर ट्रांसमिशन सिस्टम दोनों होते हैं।

20.2 इलेक्ट्रिक वाहन का कार्य सिद्धान्त
Working Principle of Electric Vehicle

मूल रूप से, जीवाश्म ईंधन के उपयोग को कम करने के लिए इलेक्ट्रिक वाहन आवश्यक हैं। निम्न चित्र में इलेक्ट्रिक वाहन की सरल संरचना के ब्लॉक डायग्राम को दर्शाया गया है

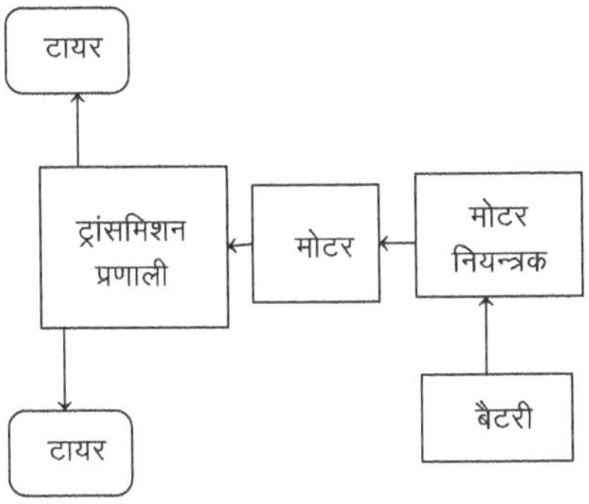

चित्र इलेक्ट्रिक वाहन की सरल संरचना

इसमें बैटरी, मोटर नियन्त्रक तथा मोटर होता है। मोटर, ट्रांसमिशन प्रणाली से जुड़ी होती है। यहाँ, बैटरी ऊर्जा स्रोत है, जिसे ग्रिड से विद्युत प्रवाह लेकर चार्ज किया जाता है। सौर ऊर्जा युक्त विद्युत वाहन की बैटरी को सौर पैनल के उपयोग से आवेशित किया जाता है, जो वाहन की छत पर जुड़ा होता है।

अधिकांश इलेक्ट्रिक वाहनों में लैड-एसिड बैटरी का उपयोग किया जाता है, परन्तु वर्तमान में इलेक्ट्रिक कारों में लीथियम-आयन बैटरी का उपयोग किया जाने लगा है, क्योंकि यह समान स्थितियों में लैड-एसिड बैटरी की तुलना में अधिक ऊर्जा भण्डारित (store) कर सकती है।

इस बैटरी की दक्षता और जीवनकाल अन्य प्रकार की बैटरियों की तुलना में कहीं अधिक बेहतर है, परन्तु यह लैड-एसिड बैटरी की तुलना में महँगी है। बैटरी के साथ लगा मोटर नियंत्रक, स्रोत से मोटर तक ऊर्जा के प्रवाह को नियंत्रित करता है। ट्रांसमिशन प्रणाली के उपयोग से मोटर, वाहन के पहियों तक शक्ति को पहुँचाती है।

इलेक्ट्रिक वाहन के प्रकार
Types of Electric Vehicle

इलेक्ट्रिक वाहन निम्न प्रकार के होते हैं

1. बैटरी इलेक्ट्रिक वाहन
Battery Electric Vehicle (BEV)

बैटरी इलेक्ट्रिक वाहन में एक विद्युत मोटर होती है, जो इससे जुड़ी बैटरी द्वारा संचालित होती है। इस प्रकार के वाहन में गति के लिए विद्युत मोटर का उपयोग किया जाता है। यह किसी प्रकार का उत्सर्जन नहीं करता है। ट्रैफिक में BEV आन्तरिक दहन इंजन की तुलना में पहियों को उच्च टॉर्क और सुचारु त्वरण प्रदान करता है। चलते समय यह शोर नहीं करता है। दूसरी ओर इसकी कुछ हानियाँ भी हैं; जैसे-उच्च उत्पादन लागत, सीमित शीर्ष गति, अधिक रिचार्ज समय की आवश्यकता आदि। इसे निम्न चित्र में दर्शाया गया है

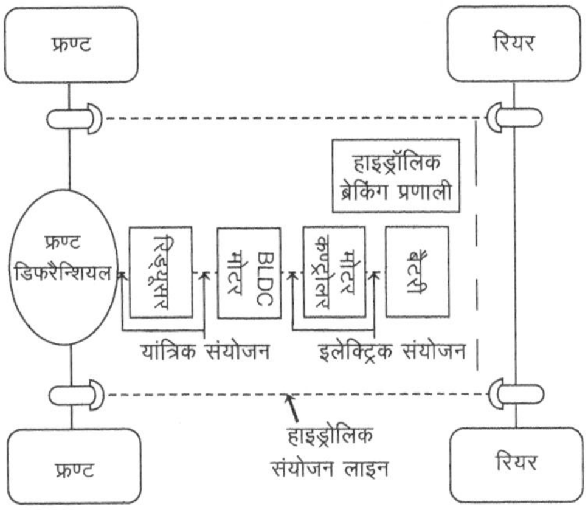

चित्र बैटरी इलेक्ट्रिक वाहन की संरचना

2. हाइब्रिड इलेक्ट्रिक वाहन
Hybrid Electric Vehicle (HEV)

हाइब्रिड इलेक्ट्रिक वाहन, विद्युत मोटर और नए पारम्परिक आन्तरिक दहन इंजन का एक संयोजन है। यह वाहन विद्युत और गैसोलीन दोनों से चलने वाले इंजन के साथ कार्य कर सकता है। इसके लिए, जब विद्युत मोटर विद्युत उत्पादन बन्द कर देता है, तो इंजन को फ्यूल मोड में स्विच कर दिया जाता है। HEV में कम गति वाली यांत्रिक विद्युत मोटर का उपयोग विशेष रूप से शहर के यातायात में किया जाता है। जब वाहन विद्युत शक्ति का उपयोग करते हैं, तो कोई उत्सर्जन नहीं होता है। इसे निम्न चित्र में दर्शाया गया है

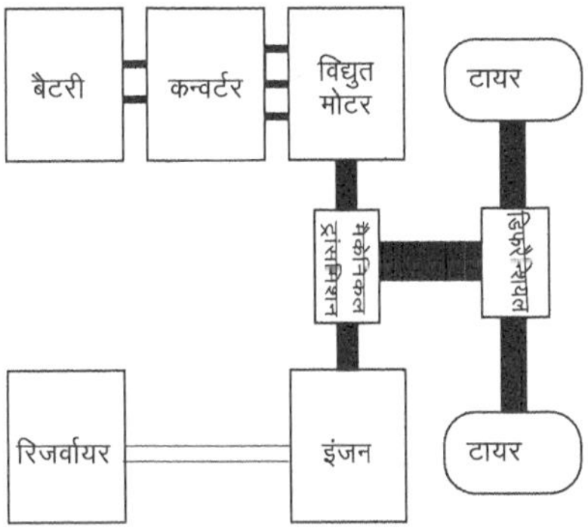

चित्र हाइब्रिड इलेक्ट्रिक वाहन की संरचना

3. प्लग इन हाइब्रिड इलेक्ट्रिक वाहन
Plug-in-Hybrid Electric Vehicle (PHEV)

प्लग-इन हाइब्रिड इलेक्ट्रिक वाहन (PHEV) एक आन्तरिक दहन इंजन (ICE) को बिजली देने के लिए एक इलेक्ट्रिक मोटर और गैसोलीन जैसे अन्य ईंधन के रूप में बैटरी का उपयोग करते हैं। PHEV बैटरियों को वॉल आउटलेट या चार्जिंग उपकरण का उपयोग करके, ICE द्वारा या पुनर्योजी ब्रेकिंग के माध्यम से चार्ज किया जा सकता है।

वाहन सामान्यत: बैटरी के लगभग समाप्त होने तक इलेक्ट्रिक पावर पर चलता है और फिर कार स्वचालित रूप से ICE का उपयोग करने के लिए स्विच हो जाती है।

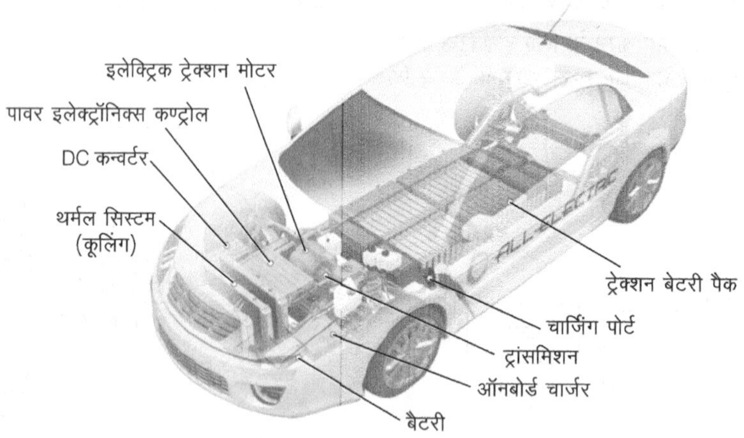

चित्र प्लग इन हाइब्रिड इलेक्ट्रिक वाहन

4. **फ्यूल सैल इलेक्ट्रिक वाहन** Fuel Cell Electric Vehicle (FCEV)

ईंधन सैल इलेक्ट्रिक वाहन (FCEVs) हाइड्रोजन द्वारा संचालित होते हैं। वे पारम्परिक आन्तरिक दहन इंजन वाहनों की तुलना में अधिक कुशल हैं और कोई टेलपाइप उत्सर्जन नहीं करते हैं वे केवल जल वाष्प और गर्म हवा का उत्सर्जन करते हैं। FCEV इलेक्ट्रिक वाहनों के समान प्रणोदन प्रणाली का उपयोग करते हैं, जहाँ हाइड्रोजन के रूप में संग्रहित ऊर्जा को ईंधन सैल द्वारा बिजली में परिवर्तित किया जाता है। पारम्परिक आन्तरिक दहन इंजन वाहनों के विपरीत, ये वाहन कोई हानिकारक टेलपाइप उत्सर्जन नहीं करते हैं। अन्य लाभों में विविधता के माध्यम से अमेरिकी ऊर्जा लचीलापन बढ़ाना और अर्थव्यवस्था को मजबूत करना शामिल है।

FCEV को वाहन पर एक टैंक में संग्रहित शुद्ध हाइड्रोजन गैस से ईंधन दिया जाता है। पारम्परिक आन्तरिक दहन इंजन वाहनों के समान वे 4 मिनट से भी कम समय में ईंधन भर सकते हैं और 300 मील से अधिक की ड्राइविंग रेंज रखते हैं। FCEV दक्षता बढ़ाने के लिए अन्य उन्नत तकनीकों से लैस हैं, जैसे कि पुनर्योजी ब्रेकिंग सिस्टम जो ब्रेकिंग के दौरान खोई हुई ऊर्जा को कैप्चर करते हैं और इसे बैटरी में संग्रहित करते हैं। प्रमुख ऑटोमोबाइल निर्माता कुछ बाजारों में जनता के लिए सीमित लेकिन बढ़ती संख्या में उत्पादन FCEV की पेशकश कर रहे हैं, जो कि विकासशील बुनियादी ढाँचे का समर्थन कर सकता है।

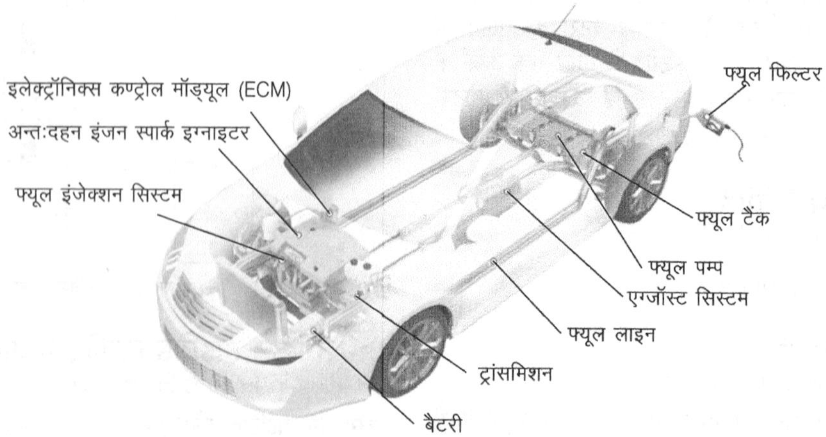

चित्र फ्यूल सैल इलेक्ट्रिक वाहन

20.3 इलेक्ट्रिक वाहन के अवयव
Components of Electric Vehicle

इलेक्ट्रिक वाहन में तीन महत्त्वपूर्ण अवयव होते हैं, जिनका वर्णन निम्नवत् है

1. मोटर Motor

मोटर का मुख्य कार्य आपूर्ति की गई विद्युत ऊर्जा (electric energy) को यांत्रिक ऊर्जा (mechanical energy) में परिवर्तित करना है। कई मोटर निर्माताओं द्वारा ब्रशलैस डी.सी. मोटर (BLDC motor) पर अधिक ध्यान केंद्रित किया गया है। यह मोटर निम्न लागत, कम आकार, उच्च दक्षता, उत्कृष्ट नियंत्रण युक्त और अन्य मोटर की तुलना में विद्युत की अधिक बचत करने वाला होता है।

इसके दो मुख्य भाग रोटर (rotor) और स्टेटर (stator) होते हैं। रोटर घूर्णन करने वाला भाग है जिसमें स्थायी चुम्बक होता है और स्टेटर स्थिर भाग होता है जिसमें स्टेटर वाइण्डिग होती है। स्टेटर की संरचना प्रेरण मोटर के समान होती है। यह वाइण्डिग के लिए अक्षीय-काट वाले स्टील के टुकड़ों से बना होता है।

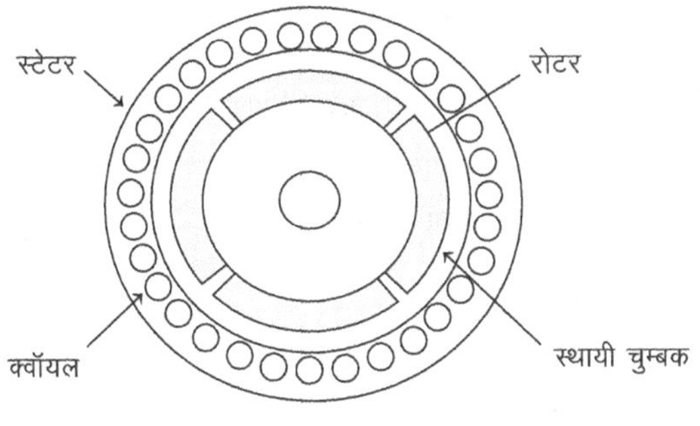

चित्र मोटर

2. मोटर नियंत्रक Motor Controller

अधिकांश इलेक्ट्रिक वाहनों में ब्रशलैस डी.सी. मोटर का उपयोग किया जाता है। ये ब्रश युक्त डी.सी. मोटर एवं स्थायी चुम्बक युक्त डी.सी. मोटर की अपेक्षा उत्तम होते हैं। ब्रशलैस डी.सी. मोटर में ब्रश और कम्यूटेटर नहीं होते हैं।

ब्रशलैस डी.सी. मोटर का उपयोग करने वाले इलेक्ट्रिक वाहन को मोटर नियंत्रक का उपयोग करना पड़ता है, जो मोटर के विभिन्न गुणों को नियंत्रित करने में सहायता करता है, जिससे मोटर पर पर्याप्त धारा और वोल्टेज आरोपित की जा सके।

जब मोटर नियन्त्रक के एक्सीलरेटिंग पैडल (accelerating pedal) को दबाया जाता है, तो यह लिंक्ड परिवर्ती प्रतिरोधक प्रकार का नियंत्रक, मोटर नियंत्रक को हमारी आवश्यकताओं के अनुसार गति को समायोजित करने के लिए संकेत देता है।

जब वाहन स्थिर अवस्था में होता है, तो मोटर नियंत्रक में कोई शक्ति नहीं होती है।

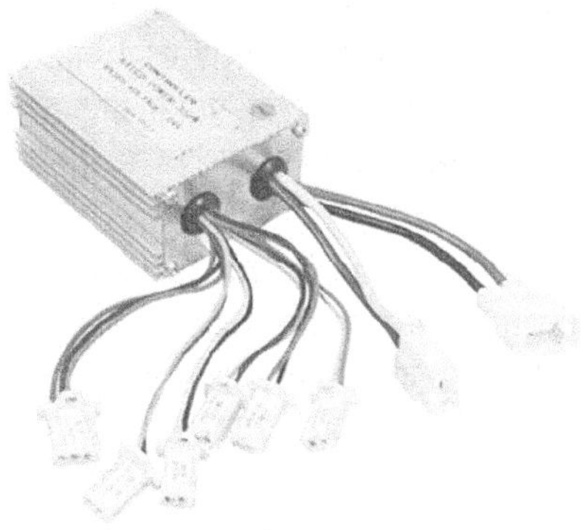

चित्र मोटर नियंत्रक

3. बैटरी Battery

बैटरी का मुख्य कार्य विद्युत ऊर्जा का भण्डारण करना है। अधिकांश हाइब्रिड और इलेक्ट्रिक वाहनों में लीथियम-आयन बैटरी का उपयोग किया जाता है।

यह भण्डारण प्रणाली सामान्यत: हाइब्रिड इलेक्ट्रिक वाहन, प्लग-इन हाइब्रिड इलेक्ट्रिक वाहन और अन्य सभी प्रकार के इलेक्ट्रिक वाहनों के लिए आवश्यक है। उन्नत तकनीकों के कारण, अधिकांश ऑटोमोबाइल निर्माता पुन: आवेशित बैटरी अर्थात् द्वितीयक बैटरी का उपयोग करते हैं। विभिन्न बैटरियों की विशेषताओं को निम्न तालिका में दिया गया है

तालिका विभिन्न बैटरियों की विशेषताएँ

विशेषताएँ \ बैटरी का प्रकार	लैड-एसिड	Ni-Cd	Ni-Mh	लीथियम-आयन
शक्ति घनत्व	180	150	250-1000	1800
नॉमिनल वोल्टेज	2 V	1.25 V	1.25 V	3.6 V
ऊर्जा घनत्व	30-50	45-80	60-120	110-160
ओवरचार्ज टॉलरेंस	उच्च	संतुलित	कम	बहुत कम
जीवनकाल	2-3 साल	1.5-2 साल	3-5 साल	5-10 साल
परिचालन तापमान	20-60°C	40-60°C	20-60°C	20-60°C
सेल्फ डिस्चार्ज	कम	संतुलित	उच्च	बहुत कम

20.4 इलेक्ट्रिक मोटर्स Electric Motors

वैद्युतिक ऊर्जा को यान्त्रिक ऊर्जा में परिवर्तित करने वाली मशीन, मोटर कहलाती है। डी.सी. सप्लाई से यान्त्रिक ऊर्जा उत्पन्न करने वाली मशीन, डी.सी. मोटर एवं ए.सी. सप्लाई से यान्त्रिक ऊर्जा उत्पन्न करने वाली मशीन, ए.सी. मोटर कहलाती है। डी.सी. मोटर वैद्युतिक शक्ति से प्रचालित होती है एवं उसकी शाफ्ट पर यान्त्रिक शक्ति प्राप्त होती है।

इलेक्ट्रिक वाहनों में मुख्यत: ए.सी. एवं डी.सी. प्रकार की मोटर्स का प्रयोग किया जाता है। ए.सी. व डी.सी. मोटर्स में मुख्य अन्तर यह है कि डी.सी. मोटर्स के प्रचालन हेतु उसके आर्मेचर एवं क्षेत्र वाइण्डिंग्स को डी.सी. आपूर्ति करनी पड़ती है। इसके विपरीत ए.सी. मोटर्स में केवल क्षेत्र वाइण्डिंग्स को आपूर्ति प्रदान करना ही पर्याप्त होता है और आर्मेचर अर्थात् रोटर में प्रेरण क्रिया के द्वारा क्षेत्र वाइण्डिंग्स से विद्युत वाहक बल प्रेरित हो जाता है।

ए.सी. मोटर के रोटर में, स्टेटर के द्वारा ट्रांसफॉर्मेशन क्रिया अर्थात् प्रेरण के द्वारा विद्युत वाहक बल उत्पन्न होता है, इसलिए ए.सी. मोटर को प्रेरण मोटर कहते हैं। दूसरे शब्दों में, प्रेरण सिद्धान्त पर आधारित होने के कारण ए.सी. मोटर को प्रेरण मोटर कहते हैं। कार्यप्रणाली एवं फेजों की संख्या के आधार पर प्रेरण मोटर्स, सिंगल-फेज व 3-फेज प्रकार की होती है।

डी.सी. एवं ए.सी. मोटर्स में अन्तर
Difference between DC and AC Motors

ए.सी. मोटर का कार्य सिद्धान्त भी वही है, जो डी.सी. मोटर का है अर्थात् चुम्बकीय क्षेत्र में रखा गया विद्युत धारावाही चालक, एक टॉर्क (torque) अनुभव करता है, परन्तु फिर भी ए.सी. तथा डी.सी. मोटर्स की संरचना एवं कार्यप्रणाली में बहुत अन्तर है। डी.सी. एवं ए.सी. मोटर की संरचना एवं कार्यप्रणाली में अन्तर को निम्न तालिका में स्पष्ट रूप से समझाया गया है

क्र.सं.	डी.सी. मोटर	ए.सी. मोटर
1.	इसमें स्टेटर अर्थात् फील्ड एवं रोटर अर्थात् आर्मेचर दोनों को डी.सी. स्रोत से संयोजित किया जाता है।	इसमें केवल स्टेटर को ए.सी. स्रोत से संयोजित किया जाता है।
2.	इसमें आर्मेचर को स्रोत से संयोजित करने के लिए कम्यूटेटर का प्रयोग आवश्यक है।	इसमें कम्यूटेटर की कोई आवश्यकता नहीं होती है।
3.	डी.सी. मोटर की घूर्णन गति, विरोधी विद्युत वाहक बल के अनुक्रमानुपाती तथा चुम्बकीय फ्लक्स के व्युत्क्रमानुपाती होती है।	ए.सी. मोटर की घूर्णन गति, आवृत्ति के अनुक्रमानुपाती तथा पोल्स की संख्या के व्युत्क्रमानुपाती होती है।
4.	डी.सी. मोटर में घूर्णन दिशा, सरलता से परिवर्तित की जा सकती है।	सिंगल फेज ए.सी. मोटर की घूर्णन दिशा सरलता से परिवर्तित नहीं की जा सकती।
5.	डी.सी. मोटर का आकार बड़ा होता है।	समान शक्ति की डी.सी. मोटर की अपेक्षा इसका आकार छोटा होता है।

20.5 AC मोटर्स सम्बन्धी पद
Terms Related to AC Motors

AC मोटर्स में प्रयुक्त महत्त्वपूर्ण पदों का वर्णन अग्र प्रकार है

1. तुल्यकालिक गति Synchronous Speed

जिस घूर्णीय गति पर किसी प्रेरण मोटर के स्टेटर का चुम्बकीय क्षेत्र गतिमान होता है, वह उसकी तुल्यकालिक गति (N_s) कहलाती है। इसका मान सप्लाई की फ्रीक्वेन्सी तथा स्टेटर पोल्स की संख्या पर निर्भर करता है।

अत: $$N_s = \frac{120 \times f}{P}$$

यहाँ, N_s = स्टेटर की तुल्यकालिक गति (RPM में)
f = सप्लाई फ्रीक्वेन्सी, हर्ट्ज में
P = स्टेटर पोल्स की संख्या

2. रोटर स्लिप Rotor Slip

रोटर की घूर्णीय गति सदैव स्टेटर के चुम्बकीय क्षेत्र की घूर्णीय दिशा में होती है, परन्तु इसका मान स्टेटर की तुल्यकालिक गति से सदैव कम होता है। यह आवश्यक भी है, क्योंकि दोनों की घूर्णीय गति समान होने पर उनकी सापेक्ष गति (relative motion) शून्य हो जाएगी, जिसके परिणामस्वरूप न तो रोटर चालकों में विद्युत वाहक बल उत्पन्न होगा और न ही रोटर में टॉर्क उत्पन्न होगा। इस प्रकार, तुल्यकालिक गति तथा रोटर गति का अन्तर एब्सोल्यूट स्लिप या स्लिप कहलाता है।

3. अंशीय स्लिप Fractional Slip

जब स्लिप को तुल्यकालिक गति के अंश के रूप में व्यक्त किया जाता है, तो यह अंशीय स्लिप कहलाती है। अत: $S = \frac{N_s - N_r}{N_s}$

यहाँ, S = अंशीय स्लिप
N_s = तुल्यकालिक गति (RPM में)
N_r = रोटर गति (RPM में)

4. प्रतिशत स्लिप Percentage Slip

जब स्लिप को प्रतिशत के रूप में व्यक्त किया जाता है, तो वह प्रतिशत स्लिप कहलाती है।

अत: $$\% S = \frac{N_s - N_r}{N_s} \times 100$$

विशिष्ट बिन्दु *अधिकांश स्क्विरल केज 3-फेज मोटर्स में प्रतिशत स्लिप का मान 2 से 5% तक होता है।*

5. रोटर फ्रीक्वेन्सी Rotor Frequency

रोटर चालकों में प्रेरित हुआ विद्युत वाहक बल, रोटर वोल्टेज कहलाता है तथा इस रोटर वोल्टेज की फ्रीक्वेन्सी, रोटर फ्रीक्वेन्सी कहलाती है।

अत: रोटर फ्रीक्वेन्सी (f_r) = अंशीय स्लिप (S) × स्टेटर फ्रीक्वेन्सी (f)

उदाहरण 1. यदि एक 400 V, 3-फेज, 8 पोल, 50Hz स्क्विरल केज मोटर की पूर्ण लोड पर घूर्णीय गति 720 RPM हो तो ज्ञात कीजिए

(i) तुल्यकालिक गति
(ii) लोड पर रोटर गति
(iii) लोड पर प्रतिशत स्लिप
(iv) स्टार्टिंग के समय प्रतिशत स्लिप तथा
(v) लोड पर रोटर फ्रीक्वेन्सी

हल ज्ञात है, सप्लाई वोल्टेज = 400 V

पोल्स की संख्या, $P = 8$, सप्लाई फ्रीक्वेन्सी, $f = 50$ Hz तथा लोड पर घूर्णीय गति, $N = 720$ RPM

(i) अतः तुल्यकालिक गति, $N_s = \frac{120 \times f}{P} = \frac{120 \times 50}{8} = 750$ RPM

(ii) लोड पर गति, N_r = तुल्यकालिक गति - लोड पर घूर्णीय गति

$= 750 - 720 = 30$ RPM

(iii) लोड पर प्रतिशत स्लिप, $S\% = \frac{N_s - N_r}{N_s} \times 100$

$= \frac{(750 - 720) \times 100}{750} = 4\%$

(iv) स्टार्टिंग के समय रोटर गति शून्य होती है

अतः स्टार्टिंग के समय प्रतिशत स्लिप $= \frac{N_s - N_r}{N_s} \times 100$

$= \frac{750 - 0}{750} \times 100 = 100\%$

(v) लोड पर रोटर फ्रीक्वेन्सी, $f_r = S \times f = \frac{4 \times 50}{100} = 2$ Hz

उदाहरण 2. एक 10 पोल्स आल्टरनेटर 600 RPM पर कार्यरत् है और वह 8 पोल्स की इण्डक्शन मोटर को सप्लाई देता है। यदि पूर्ण लोड पर मोटर की स्लिप 4% हो, तो (i) मोटर की रोटर फ्रीक्वेन्सी तथा (ii) पूर्ण लोड पर, मोटर की रोटर गति की गणना कीजिए।

हल ज्ञात है, आल्टरनेटर की पोल्स संख्या, $P_a = 10$

आल्टरनेटर की घूर्णन गति, $N_a = 600$ RPM

मोटर की पोल्स संख्या, $P_m = 8$

मोटर की स्लिप, $S = 4\%$

(i) अतः आल्टरनेटर की फ्रीक्वेन्सी,

$$f_a = \frac{N_a \times P_a}{120} = \frac{600 \times 10}{120} = 50 \text{ Hz}$$

$\therefore$ मोटर की रोटर फ्रीक्वेन्सी, $f_r = f \times S = \frac{50 \times 4}{100} = 2$ Hz

(ii) मोटर की तुल्यकालिक गति,

$$N_m = \frac{f_a \times 120}{P_m} = \frac{50 \times 120}{8} = 750 \text{ RPM}$$

प्रतिशत स्लिप $S\% = \frac{N_s - N_r}{N_s} \times 100 = \frac{750 - N_r}{750} \times 100$

प्रश्नानुसार, $\frac{750 - N_r}{750} \times 100 = 4\%$

$\therefore$ $750 - N_r = \frac{4 \times 750}{100} = 30$

या $N_r = 750 - 30 = 720$ RPM

6. रोटर विद्युत वाहक बल Rotor Electro Motive Force

जब रोटर स्थिर होता है, तब प्रेरण मोटर, 3-फेज ट्रांसफॉर्मर की भाँति कार्य करती है, इसलिए स्टार्टिंग के समय रोटर में प्रेरित विद्युत वाहक बल (E_2) दर्शाया जाता है।

यदि स्टेटर तथा रोटर में प्रेरित विद्युत वाहक बल क्रमशः E_1 एवं E_2 तथा टर्नों की संख्या N_1 तथा N_2 हो, तो रोटर विद्युत वाहक बल को निम्न समीकरण द्वारा व्यक्त किया जाता है

$$\frac{E_2}{E_1} = \frac{N_2}{N_1}$$

या रोटर विद्युत वाहक बल, $E_2 = E_1 \times \frac{N_2}{N_1}$

7. रोटर धारा Rotor Current

प्रेरण मोटर में रोटर धारा (I_2) को प्रति फेज में प्रेरित विद्युत वाहक बल (E_2) तथा प्रतिबाधा (Z_2) के अनुपात द्वारा परिभाषित किया जाता है।

रोटर धारा $(I_2) = \frac{E_2}{Z_2}$

यदि R_2 = रोटर प्रतिरोध प्रति फेज, X_2 = रोटर प्रतिघात प्रति फेज

तब, रोटर प्रतिबाधा प्रति फेज $Z_2 = \sqrt{R_2^2 + X_2^2}$

अतः रोटर धारा $(I_2) = \frac{E_2}{\sqrt{R_2^2 + X_2^2}}$

स्लिप (S) पर रोटर प्रतिबाधा, $Z_2 = \sqrt{R_2^2 + (SX_2)^2}$ होगी

इसलिए जब मोटर चालू (running) अवस्था में हो, तब रोटर धारा निम्न सूत्र द्वारा ज्ञात की जाती है

$$I_2 = \frac{SE_2}{\sqrt{R_2^2 + (SX_2)^2}}$$

8. शक्ति गुणक Power Factor (PF)

रोटर के शक्ति गुणक को $\cos\phi$ से प्रदर्शित किया जाता है। अतः शक्ति गुणक,

$$\cos\phi = \frac{R_2}{\sqrt{R_2^2 + X_2^2}}$$

स्लिप (S) के साथ शक्ति गुणक ($\cos\phi$) होगा।

$$\cos\phi = \frac{R_2}{\sqrt{R_2^2 + (SX_2^2)}}$$

यहाँ, S = रोटर स्लिप

टॉर्क समीकरण Torque Equation

किसी प्रेरण मोटर में उत्पन्न टॉर्क निम्न कारकों पर निर्भर करता है

(i) रोटर परिपथ के शक्ति गुणक ($\cos\phi$) पर

(ii) रोटर धारा (I_2) के परिमाण पर

(iii) घूर्णन चुम्बकीय क्षेत्र के उस भाग पर, जो रोटर के साथ क्रिया करता है एवं रोटर में प्रेरित विद्युत वाहक बल के उत्पन्न होने का कारण होता है।

अतः प्रेरण मोटर में, रोटर टॉर्क, फ्लक्स प्रति स्टेटर पोल (ϕ), रोटर धारा (I_2) तथा शक्ति गुणक के अनुक्रमानुपाती होता है।

$\therefore$ टॉर्क, $T \propto \phi I_2 \cos\phi$ ...(i)

स्थिर अवस्था में प्रति फेज रोटर का विद्युत वाहक बल E_2 होगा

$\because$ $\phi \propto E_2$ ...(ii)

अतः $T \propto E_2 I_2 \cos\phi$ ...(iii)

अब समी (iii) में गतिशील अवस्था की रोटर धारा (I_2) एवं शक्ति गुणक ($\cos\phi$) का मान रखने पर

$$T \propto E_2 \frac{SE_2}{\sqrt{R_2^2 + (SX_2)^2}} \frac{R_2}{\sqrt{R_2^2 + (SX_2)^2}}$$

$$\therefore \quad T \propto \frac{SE_2^2 R_2}{R_2^2 + (SX_2)^2} \text{ N-m}$$

रनिंग टॉर्क (Running torque) वह टॉर्क जिस पर प्रेरण मोटर कार्यरत अवस्था (running condition) में होती है, रनिंग टॉर्क कहलाता है।

अत: रनिंग टॉर्क या $T = \dfrac{KSE_2^2 R_2}{R_2^2 + (SX_2)^2}$ ...(iv)

(जहाँ, K = नियतांक)

3-फेज प्रेरण मोटर के लिए K का मान $\dfrac{3}{2\pi N_s}$ होता है।

समी (iv) में K का मान रखने पर,

$$\text{रनिंग टॉर्क, } T = \frac{3}{2\pi N_s} \cdot \frac{SE_2^2 R_2}{R_2^2 + (SX_2)^2}$$

आरम्भिक टॉर्क (Starting torque) प्रेरण मोटर के स्टार्टिंग के समय, स्लिप $S = 1$ होती है। अत: स्टार्टिंग टॉर्क ज्ञात करने के लिए समी (iv) में S का मान 1 रखने पर

$$\text{स्टार्टिंग टॉर्क, } T_S = \frac{KR_2E_2^2}{R_2^2 + X_2^2}$$

अधिकतम टॉर्क के लिए शर्तें
Conditions for Maximum Torque

जब प्रेरण मोटर कार्यरत अर्थात् गतिज अवस्था में होती है, तब टॉर्क,

$$T = \frac{KSR_2E_2^2}{R_2^2 + (SX_2)^2} = KE_2^2 \frac{SR_2}{R_2^2 + (SX_2)^2} \quad \text{...(i)}$$

आरम्भिक टॉर्क अधिकतम होगा, जब $\dfrac{SR_2}{R_2^2 + (SX_2)^2}$ का मान अधिकतम हो

$$\therefore \quad \frac{SR_2}{R_2^2 + S^2X_2^2} = \frac{R_2}{\dfrac{R_2^2}{S} + SX_2^2}$$

$$\text{या,} \quad = \frac{R_2}{\left(\dfrac{R_2}{\sqrt{S}} - X_2\sqrt{S}\right)^2 + 2R_2X_2}$$

$$\text{यदि} \quad \frac{R_2}{\sqrt{S}} - X_2\sqrt{S} = 0$$

$$\text{तब} \quad S = \frac{R_2}{X_2} \quad \text{या} \quad SX_2 = R_2$$

समी (i) में S का मान 1 रखने पर,

$$\therefore \quad T_{\max} = \frac{KE_2^2 SR_2}{R_2^2 + S^2X_2^2} = \frac{KE_2^2 R_2}{R_2^2 + X_2^2} \quad \text{...(ii)}$$

($R_2 = X_2$, आरम्भिक अवस्था में)

R_2 का मान समी (ii) में रखने पर,

$$\therefore \text{ अधिकतम टॉर्क, } T_{\max} = \frac{KE_2^2}{2X_2} = \frac{KE_2^2 X_2}{X_2^2 + X_2^2}$$

अत: कार्यरत अवस्था (running condition) में टॉर्क अधिकतम होगा, जब

$$S = \frac{R_2}{X_2}$$

$$R_2 = SX_2$$

एवं आरम्भिक अवस्था में टॉर्क अधिकतम होता है, जब

$$R_2 = X_2 \quad [\text{आरम्भिक अवस्था में, } S = 1]$$

स्लिप-टॉर्क अभिलक्षण
Slip-torque Characteristics

आरम्भिक स्लिप ($S = 1$) से तुल्यकालिक गति ($S = 0$) तक बलाघूर्ण (torque) एवं स्लिप के मध्य खींचा गया वक्र, प्रेरण मोटर का स्लिप-बलाघूर्ण वक्र कहलाता है।

$$\text{टॉर्क, } T \propto \frac{SR_2}{R_2^2 + (SX_2)^2}$$

स्लिप क्षेत्र के प्रकार Types of Slip Region

स्लिप-टॉर्क वक्र को समझने के लिए स्लिप क्षेत्र को निम्न दो भागों में विभक्त करके अध्ययन करते हैं

(i) **निम्न स्लिप क्षेत्र** (Low slip region) इस क्षेत्र में S का मान बहुत कम होता है। अत: $(SX_2)^2$ का मान नगण्य (negligible) माना जा सकता है।

अत: $$T \propto \frac{S}{R_2^2} \quad \text{या} \quad T \propto S \quad (\because R_2 = \text{नियत})$$

अत: निम्न स्लिप क्षेत्र में टॉर्क, स्लिप के समानुपाती होता है, इसलिए लोड बढ़ने पर प्रेरण मोटर की गति घटेगी एवं स्लिप का मान बढ़ेगा।

इस कारण से टॉर्क का मान भी बढ़ेगा एवं ग्राफ सीधी रेखा में होगा। $N = N_s$ एवं $S = 0$ होने पर $T = 0$ होगा अर्थात् $N = N_s$ पर कोई टॉर्क उत्पन्न नहीं होगा। अत: प्रेरण मोटर यदि तुल्यकालिक गति ग्रहण करने का प्रयत्न करेगी, तो बन्द हो जाएगी।

(ii) **उच्च स्लिप क्षेत्र** (High slip region) इस क्षेत्र में स्लिप का मान $S = 1$ (उच्च) होता है। अत: यह माना जा सकता है कि R_2^2 का मान $(SX_2)^2$ की तुलना में नगण्य है, इसलिए

$$T \propto \frac{SR_2}{(SX_2)^2}$$

या $$T \propto \frac{1}{S} \quad (\because R_2 \text{ एवं } X_2 = \text{नियत})$$

अत: इस क्षेत्र में टॉर्क, स्लिप के व्युत्क्रमानुपाती होता है एवं इसके वक्र की आकृति अतिपरवलय के समान होगी। जैसे ही लोड (load) बढ़ता है, वैसे ही गति कम हो जाती है तथा स्लिप का मान बढ़ जाता है।

इस क्षेत्र में मोटर लगातार घूर्णन नहीं कर सकती है, इसलिए इसे अस्थिर क्षेत्र (unstable region) कहते हैं।

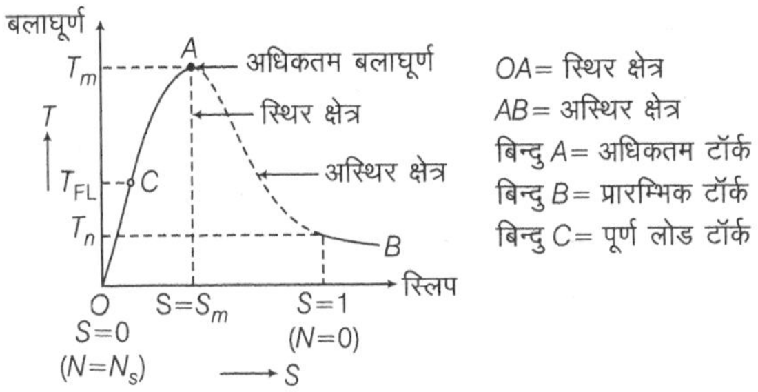

चित्र स्लिप टॉर्क वक्र

चित्र में स्लिप टॉर्क वक्र दर्शाया गया है, जिसके अनुसार निम्न स्लिप क्षेत्र की परास (वक्र के अनुसार) $S=0$ से $S=S_m$ तक है। जहाँ S_m को अधिकतम टॉर्क का ब्रेकडाउन या पुलआउट टॉर्क भी कहा जाता है। उच्च स्लिप क्षेत्र $S=S_m$ से $S=1$ तक होती है। $S=1$ (प्रारम्भ) तथा $N=0$ (प्रारम्भ) पर प्रेरण मोटर एक बलाघूर्ण उत्पन्न करती है, जिसे प्रारम्भिक बलाघूर्ण (T_{st}) कहते हैं।

स्लिप-टॉर्क वक्र के मोड Modes of Slip-torque Curve

प्रेरण मोटर के स्लिप-टॉर्क अभिलक्षण वक्र को निम्न तीन मोड के द्वारा भली-भाँति समझा जा सकता है, जिन्हें निम्न चित्र में दर्शाया गया है

- **मोटरिंग मोड** (Motoring mode, $0 \le S \le 1$) इस परास की स्लिप के लिए, उत्पन्न टॉर्क उसी दिशा में होता है, जिस दिशा में रोटर घूर्णन करता है तथा $S=0$ पर टॉर्क शून्य होता है। $S=1$ पर रोटर स्थिर होता है तथा प्रारम्भिक टॉर्क T_S के अनुरूप होता है।
- **ब्रेकिंग मोड** (Braking mode, $S>1$) जब स्लिप का मान 1 से अधिक होता है, तब प्रेरण मोटर ब्रेकिंग मोड में कार्य करती है। $S>1$ पर मोटर, घूर्णन क्षेत्र के विपरीत दिशा में घूमती है। स्टेटर के दो टर्मिनलों के आपस में बदलने पर, फेज क्रम परिवर्तित होता है, जिससे चुम्बकीय क्षेत्र के घूर्णन की दिशा विपरीत हो जाती है, जिस कारण मोटर अचानक रुक जाती है। अत: ब्रेकिंग क्रिया उत्पन्न हो जाती है। यह विधि प्लगिंग विधि भी कहलाती है।
- **जेनरेटिंग मोड** (Generating mode, $S<0$) जब स्लिप का मान शून्य से कम होता है अर्थात् ऋणात्मक होता है, तो प्रेरण मोटर, जेनरेटिंग मोड में कार्य करती है, इससे रोटर अत्यन्त उच्च तुल्यकालिक गति ($N>N_S$) से रन (run) करता है।

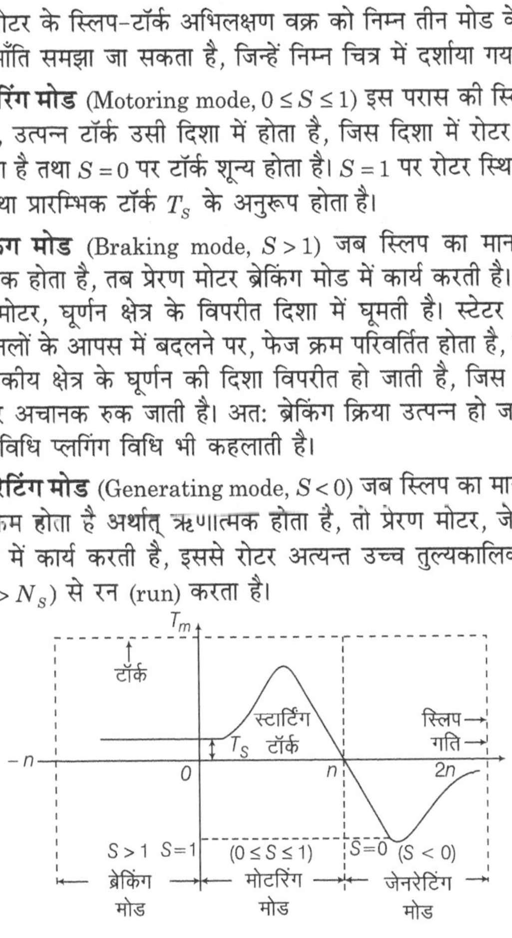

चित्र स्लिप-टॉर्क वक्र के मोड

AC मोटर की दक्षता Efficiency of AC Motor

किसी मशीन के इनपुट और आउटपुट पर प्राप्त समान पावर से आशय अधिकतम दक्षता से है, लेकिन यदि यह पावर कम प्राप्त होती है, तो वह उपकरण/मशीन में किसी-न-किसी प्रकार की क्षति की द्योतक होती है। 3-फेज प्रेरण मोटर की दक्षता, इसके रोटर आउटपुट एवं रोटर इनपुट का अनुपात होती है।

अत: $$\text{दक्षता } (\eta) = \frac{\text{रोटर आउटपुट}}{\text{रोटर इनपुट}}$$

$$= \frac{\text{उत्पन्न कुल यान्त्रिक शक्ति}}{\text{रोटर इनपुट}}$$

$$= \frac{\text{शाफ्ट में उत्पन्न शक्ति}}{\text{मोटर की विद्युत इनपुट}}$$

अत:, $$\eta = \frac{P_{out}}{P_{in}}$$

प्रेरण मोटर की प्रतिशत दक्षता $\eta\% = \frac{P_{out}}{P_{in}} \times 100$

20.6 DC मोटर्स सम्बन्धी पद Terms Related to DC Motors

1. डी.सी. मोटर में बैक ई.एम.एफ. Back EMF in DC Motor

डी.सी. मोटर का आर्मेचर जैसे ही घूर्णन करना प्रारम्भ करता है, वह फील्ड पोल्स द्वारा स्थापित चुम्बकीय फ्लक्स का छेदन करने लगता है। फलस्वरूप, फैराडे के विद्युत-चुम्बकीय प्रेरण नियम के अनुसार, आर्मेचर चालकों में एक वि.वा.ब. प्रेरित हो जाता है। यह प्रेरित वि.वा.ब. आर्मेचर पर आरोपित वि.वा.ब. की विपरीत दिशा में कार्य करता है।

अत: यह विरोधी वि.वा.ब. या बैक ई.एम.एफ. (E_b) कहलाता है। इस वि.वा.ब. का मान, जनित्रों के लिए प्रयोग की गई वि.वा.ब. समीकरण से ही ज्ञात किया जाता है, जो निम्न प्रकार है

$$E_b = \frac{\phi Z N}{60} \times \frac{P}{A}$$

यहाँ, E_b = बैक ई.एम.एफ. (वोल्ट में), ϕ = प्रति पोल चुम्बकीय फ्लक्स (वेबर में), Z = आर्मेचर चालकों की संख्या, N = आर्मेचर की घूर्णन गति (RPM में), P = पोल्स की संख्या तथा A = आर्मेचर वाइण्डिंग में समान्तर पथों की संख्या। बैक ई.एम.एफ. की दिशा फ्लेमिंग के दाएँ हाथ के नियम से ज्ञात की जाती है। बैक ई.एम.एफ. को काउण्टर ई.एम.एफ. (counter emf) भी कहते हैं। इसका मान सदैव आर्मेचर पर आरोपित वोल्टेज से कम होता है, अन्यथा आर्मेचर-वाइण्डिंग में विद्युत धारा प्रवाहित ही नहीं हो सकेगी और मोटर रुक जाएगी।

टिप्पणी *वेव-वाउण्ड आर्मेचर के लिए A = 2 होता है तथा लैप-वाउण्ड आर्मेचर के लिए A = P होता है। RPM का अर्थ है- चक्र प्रति मिनट* (Revolutions Per Minute)।

2. आरोपित वोल्टेज, बैक ई.एम.एफ., आर्मेचर वोल्टेज ड्रॉप, गति एवं फ्लक्स के मध्य सम्बन्ध Relation between Applied Voltage, Back emf, Armature Voltage Drop, Speed and Flux

आरोपित वोल्टेज 'V' वह वोल्टेज होती है, जो मोटर के टर्मिनलों के एक्रॉस आरोपित की जाती है।

एक डी.सी. मोटर के आर्मेचर चालकों में विद्यमान कुछ प्रतिरोध, जब भी धारा का वहन करते हैं, तो एक वोल्टेज ड्रॉप उत्पन्न होता है, जिसे आर्मेचर वोल्टेज ड्राप (I_a R_a) कहते हैं, यह आर्मेचर धारा I_a एवं आर्मेचर प्रतिरोध R_a के गुणक के समानुपाती होता है। बैक ई. एम. एफ. एवं आरोपित वोल्टेज के साथ आर्मेचर वोल्टेज ड्रॉप निम्न सम्बन्ध प्रदर्शित करता है

$$V = E_b + I_a R_a$$

या $\quad I_a R_a = V - E_b$ या $E_b = V - I_a R_a$

क्योंकि बैक ई. एम. एफ. (E_b), गति (ϕ) एवं प्रति पोल चुम्बकीय फ्लक्स पर निर्भर करता है, इसलिए आरोपित वोल्टेज, बैक ई.एम.एफ., आर्मेचर ड्रॉप, फ्लक्स एवं गति एक-दूसरे से निम्न सम्बन्ध दर्शाते हैं

$$E_b = V - I_a R_a$$

$$\frac{\phi ZNP}{60A} = V - I_a R_a \qquad \left[\because E_b = \frac{\phi ZNP}{60A}\right]$$

$$\therefore \quad \boxed{N = \frac{(V - I_a R_a) \times 60A}{\phi ZP} \text{ RPM}}$$

डी.सी मोटर के लिए Z, P, A एवं 60 नियत रहते हैं, इन्हें 'K' नियतांक से प्रदर्शित किया जा सकता है

$$K = \frac{60A}{ZP}$$

इसलिए, $\quad N = \frac{K \cdot E_b}{\phi}$

यह सम्बन्ध दर्शाता है कि डी.सी. मोटर की गति, बैक ई.एम.एफ. के सीधे समानुपाती होती है एवं फ्लक्स (ϕ) के व्युत्क्रमानुपाती होती है।

अत: यदि E_b का मान अधिक होगा तो N का मान भी अधिक होगा, जिसके फलस्वरूप ϕ का मान कम होगा।

अर्थात् $\quad N \propto E_b \quad$ ...(i)

$N \propto \frac{1}{\phi} \quad$ ...(ii)

दूसरे शब्दों में, $\quad N_1 \propto \frac{E_{b1}}{\phi_1} \quad$ ...(iii)

और $\quad N_2 \propto \frac{E_{b2}}{\phi_2} \quad$ ...(iv)

समी (iii) व (iv) से, $\quad \frac{N_1}{N_2} = \frac{E_{b1}}{E_{b2}}$ और $\boxed{\frac{N_1}{N_2} = \frac{\phi_2}{\phi_1}}$

उदाहरण 1. एक 4 पोल, 440 V, वेव वाउण्ड डी.सी. मोटर की घूर्णन गति ज्ञात कीजिए, जबकि प्रति पोल फ्लक्स 3 मेगा लाइन, 39 आर्मेचर स्लॉट, प्रत्येक स्लॉट में 12 चालक हैं और आर्मेचर-प्रतिरोध 0.25 Ω तथा फील्ड-प्रतिरोध 220 Ω है तथा मोटर की लोड धारा 42 A है।

हल ज्ञात है, प्रति पोल फ्लक्स, $\phi = 3 \times 10^6$ लाइन [$\because$ 1 Wb $= 10^{-8}$ लाइन]

$= 3 \times 10^6 \times 10^{-8} = 3 \times 10^{-2}$ वेबर

कुल चालक, $Z = 39 \times 12 = 468$

आर्मेचर-प्रतिरोध, $R_a = 0.25\ \Omega$

फील्ड-प्रतिरोध, $R_{sh} = 220\ \Omega$

लोड धारा, $I_L = 42$ A

इनपुट वोल्टेज, $V = 440$ V

पोल्स की संख्या, $P = 4$ तथा $A = 2$ (वेव-वाउण्ड)

अत: $\quad$ फील्ड-धारा, $I_{sh} = \frac{V}{R_{sh}} = \frac{440}{220} = 2$ A

$\therefore$ आर्मेचर-धारा, $I_a = I_L - I_{sh} = 42 - 2 = 40$

आर्मेचर वोल्टेज-ड्रॉप, $I_a . R_a = 40 \times 0.25 = 10$ V

$\therefore$ बैक ई.एम.एफ., $E_b = V - I_a R_a = 440 - 10 = 430$ V

$\because \quad E_b = \frac{\phi NZ}{60} \times \frac{P}{A}$

$\therefore \quad N = \frac{E_b \times 60 \times A}{\phi \times Z \times P}$

$= \frac{430 \times 60 \times 2}{3 \times 10^{-2} \times 468 \times 4}$

$= 918.8 \simeq 919$ RPM

3. टॉर्क, फ्लक्स एवं आर्मेचर धारा के मध्य सम्बन्ध Relation between Torque, Flux and Armature Current

किसी एक अक्ष रेखा पर लगाया जाने वाला घुमाव, टॉर्क कहलाता है। किसी बिन्दु O के परित:, अक्षीय त्रिज्या के बिन्दु P पर आरोपित बल (F) तथा अक्षीय त्रिज्या r का गुणनफल टॉर्क के बराबर होता है। इसका मात्रक न्यूटन-मीटर होता है।

अत: $\quad T = F \cdot r$ न्यूटन-मीटर

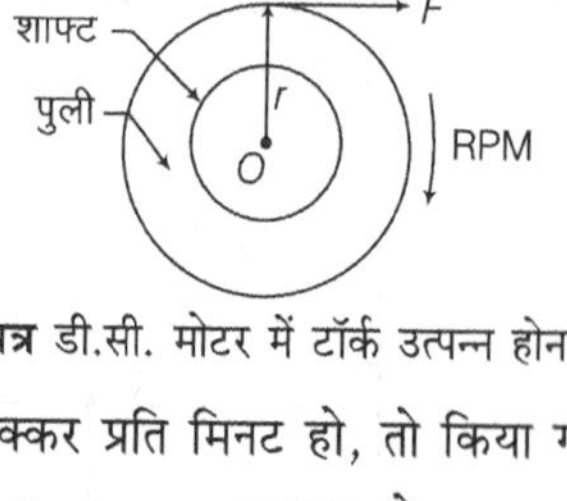

चित्र डी.सी. मोटर में टॉर्क उत्पन्न होना

यदि घूर्णन गति N चक्कर प्रति मिनट हो, तो किया गया कार्य

$$W = F \times 2\pi \cdot r \times N \text{ जूल/सेकण्ड}$$

$2\pi N$, कोणीय वेग (रेडियन/सेकण्ड में) होता है एवं

$$F \times r = T \text{ (टॉर्क)}$$

अत: विकसित शक्ति, $P = T \times \omega$ (वाट में) $\quad [\because \omega = 2\pi N]$

4. आर्मेचर टॉर्क Armature Torque

माना कि मोटर के आर्मेचर द्वारा विकसित टॉर्क T_a (न्यूटन-मीटर में) है एवं आर्मेचर की गति (RPM में) N है।

तब, आर्मेचर द्वारा विकसित शक्ति $= T_a\ 2\pi N$ वाट (जैसा कि हम जानते हैं कि डी.सी. मोटर, वैद्युतिक ऊर्जा को यान्त्रिक ऊर्जा में परिवर्तित करती है।)

अत: आर्मेचर को प्रदान की गई वैद्युतिक शक्ति $= E_b I_a$

जहाँ, E_b = बैक ई.एम.एफ. तथा $= I_a$ आर्मेचर धारा

आर्मेचर को प्रदान की गई वैद्युतिक शक्ति = आर्मेचर में विकसित यान्त्रिक शक्ति

अत: $E_b I_a = T_a 2\pi N$

$$E_b = \frac{\phi ZNP}{A} \text{ (वोल्ट में)}$$

$$T_a \times 2\pi N = \frac{\phi NZP}{A} \times I_a$$

$$T_a = \frac{\phi ZP \times I_a}{2\pi A} \text{ न्यूटन-मीटर}$$

$$\therefore \quad \boxed{T_a = \frac{0.159\phi ZP}{A} \times I_a \text{ न्यूटन-मीटर}}$$

डी.सी. मोटर के लिए $\frac{ZP}{2\pi A}$ नियत रहता है

तब, $T_a \propto \phi I_a$

यहाँ ϕ = फ्लक्स (वेबर में) तथा I_a = आर्मेचर धारा

जहाँ, N = गति (RPM में)

उपरोक्त सूत्रों से स्पष्ट है कि आर्मेचर टॉर्क का मान आर्मेचर धारा एवं फील्ड-फ्लक्स के अनुक्रमानुपाती होता है।

डी.सी. शण्ट मोटर में ϕ का मान भी नियत रहता है।

$\therefore \quad T_a \propto I_a$ [डी.सी. शण्ट मोटर में]

या $$\boxed{\frac{T_{a1}}{T_{a2}} = \frac{I_{a1}}{I_{a2}}}$$

5. शाफ्ट टॉर्क Shaft Torque

आर्मेचर द्वारा उत्पन्न टॉर्क का कुछ अंश स्ट्रे-क्षतियों के कारण नष्ट हो जाता है। अत: उपयोगी टॉर्क ही शाफ्ट को उपलब्ध होता है, जो शाफ्ट टॉर्क कहलाता है। इस टॉर्क की सहायता से पुली द्वारा यान्त्रिक शक्ति मिलती है। इसे मोटर का आउटपुट भी कहा जाता है।

$\therefore$ नष्ट टॉर्क (lost torque) $= T_a - T_{sh}$

एक H.P. मीट्रिक $= \frac{2\pi n T_{sh}}{735.5} = \frac{2\pi N T_{sh}}{60 \times 735.5}$ HP

कुल शाफ्ट टॉर्क को निम्न सूत्र द्वारा ज्ञात किया जा सकता है।

$$\boxed{\text{शाफ्ट टॉर्क, } T_{sh} = \frac{\text{BHP} \times 60 \times 735.5}{2\pi . N} \text{ न्यूटन-मीटर}}$$

यहाँ, T_{sh} = शाफ्ट टॉर्क (न्यूटन-मीटर में),

BHP = मोटर द्वारा उत्पन्न यान्त्रिक शक्ति (HP में),

तथा N = शाफ्ट की घूर्णन गति (RPM में)

यदि टॉर्क किग्रा-मीटर में दिया हो, तो उसे निम्न प्रकार से न्यूटन-मीटर में बदला जा सकता है

न्यूटन-मीटर = किग्रा-मीटर × 9.81

उदाहरण 2. यदि 220 V DC मोटर की आर्मेचर धारा 50 A पर गति 500 RPM तथा आर्मेचर प्रतिरोध 0.2 Ω है, तो उस मोटर का टॉर्क दोगुना करने पर उसकी गति ज्ञात कीजिए।

हल दिया है; $V = 220\text{V}, I_{a1} = 50A, R_a = 0.2\Omega$

हम जानते हैं, $\frac{T_{a2}}{T_{a1}} = \frac{I_{a2}}{I_{a1}}$

प्रश्नानुसार, $\frac{T_{a2}}{T_{a1}} = 2$

$\therefore \quad 2 = \frac{I_{a2}}{50}$ [$\because$ दिया है, $I_{a1} = 50$ A]

या $I_{a2} = 100$ A

$E_{b1} = V - I_{a1} R_a$

$E_{b1} = 220 - 50 \times 0.2 = 210$ V

इसी प्रकार,

$E_{b2} = V - I_{a2} R_a = 220 - 100 \times 0.2 = 200$ V

$\because \quad \frac{N_2}{N_1} = \frac{E_{b2}}{E_{b1}}$ या $N_2 = \frac{200}{210} \times 500 = 476$ RPM (लगभग)

उदाहरण 3. किसी मोटर की शाफ्ट पर 22 अश्व-शक्ति प्राप्त होती है। यदि टॉर्क 210 न्यूटन-मीटर हो, तो आर्मेचर की घूर्णन गति क्या होगी?

हल ज्ञात है, BHP = 22 अश्व-शक्ति

तथा शाफ्ट टॉर्क, $T_{sh} = 210$ न्यूटन-मी

$\therefore$ सूत्र $T_{sh} = \frac{\text{BHP} \times 60 \times 735.5}{2\pi \times N}$ से

$$N = \frac{\text{BHP} \times 60 \times 735.5}{2\pi \times T_{sh}} = \frac{22 \times 60 \times 735.5 \times 7}{2 \times 22 \times 210}$$

$= 735.5$ RPM

6. डी.सी. सीरीज मोटर के अभिलक्षण Characteristics of DC Series Motor

डी.सी. सीरीज मोटर का स्टार्टिंग टॉर्क बहुत अधिक होता है। कुछ मोटर्स में तो यह फुल-लोड टॉर्क का पाँच गुना तक होता है। सीरीज मोटर के अभिलक्षणों का अध्ययन निम्न तीन प्रकार के अभिलक्षण वक्रों द्वारा किया जाता है

(i) टॉर्क-लोड अभिलक्षण

सीरीज मोटर में कम लोड पर, टॉर्क का मान भी कम होता है, क्योंकि आर्मेचर-धारा तथा फील्ड फ्लक्स का मान निम्न रहता है जैसे-जैसे लोड का मान बढ़ता है, वैसे-वैसे टॉर्क का मान आर्मेचर धारा के वर्ग के समानुपात में बढ़ता है।

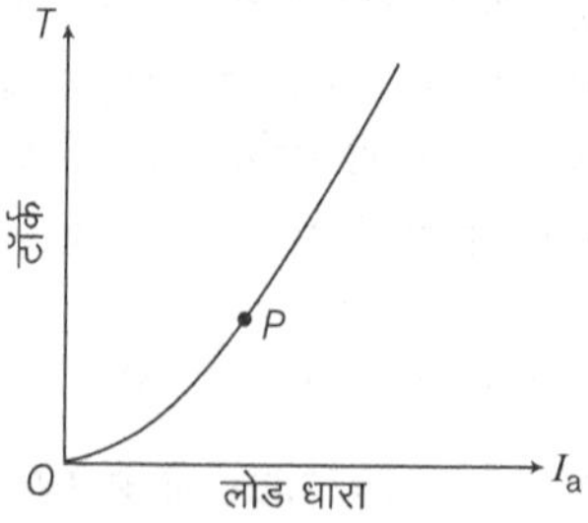

चित्र टॉर्क-लोड अभिलक्षण वक्र

$$T \propto I_a \cdot \phi_{se}$$

परन्तु $\phi_{se} \propto I_{se}$

$\therefore$ $T \propto I_a \cdot I_{se}$

परन्तु $I_{se} = I_a$

$\therefore$ $T \propto I_a \cdot I_a$

या $T \propto I_a^2$

उपरोक्त सम्बन्ध वक्र के बिन्दु P तक रहता है। बिन्दु P से वक्र एक सीधी रेखा के रूप में प्राप्त होता है, जोकि यह दर्शाता है कि टॉर्क केवल आर्मेचर धारा के समानुपाती होता है, क्योंकि फील्ड-पोल की कोर संतृप्त हो जाती हैं और टॉर्क, केवल आर्मेचर धारा के अनुक्रमानुपाती रह जाता है अर्थात् $T \propto I_a$

(ii) गति-लोड अभिलक्षण

नीचे डी.सी. सीरीज मोटर का गति-लोड अभिलक्षण वक्र दर्शाया गया है। सीरीज मोटर में कम लोड पर गति उच्च होती है और जैसे-जैसे लोड बढ़ता जाता है, गति घटती जाती है। चित्र में दर्शाया गया है कि कम लोड धारा पर वक्र Y-अक्ष के समान्तर है। इसका अर्थ यह है कि यदि लोड का मान बहुत ही कम या शून्य हो जाए, तो गति का मान बहुत अधिक बढ़ सकता है।

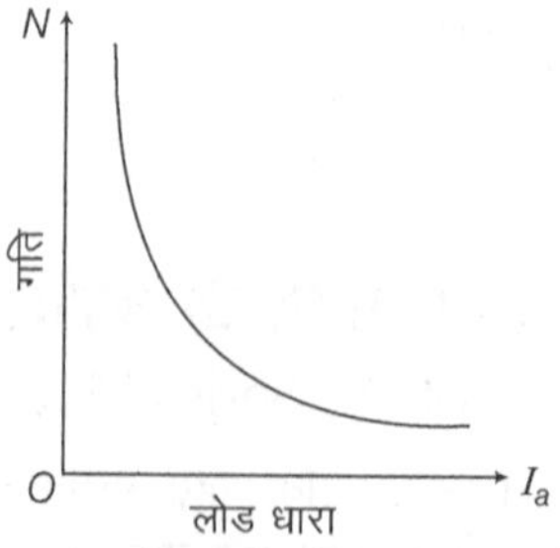

चित्र गति-लोड अभिलक्षण वक्र

(iii) गति-टॉर्क अभिलक्षण

नीचे गति-टॉर्क अभिलक्षण वक्र में दर्शाया गया है कि सीरीज मोटर में जब टॉर्क निम्न होता है, तो गति उच्च होती है। टॉर्क बढ़ने पर, मोटर की लोड धारा बढ़ जाती है, फलस्वरूप मोटर की गति घट जाती है।

इसका कारण है—लोड धारा बढ़ने से फील्ड-फ्लक्स में वृद्धि होना। गति, फील्ड फ्लक्स के विलोमानुपाती होती है $\left(N \propto \frac{1}{\phi}\right)$। मोटर जब अधिक धारा लेती है, तो गति कम हो जाती है। इसी कारण रेल इंजन, क्रेन आदि में जहाँ उच्च स्टार्टिंग टॉर्क व उच्च त्वरण दर की आवश्यकता होती है, वहाँ पर डी.सी. सीरीज मोटर ही अधिक उपयुक्त रहती है।

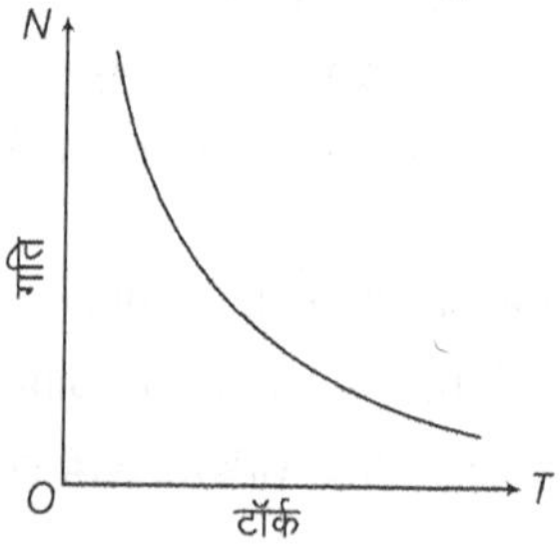

चित्र गति-टॉर्क अभिलक्षण वक्र

7. डी.सी. शण्ट मोटर के अभिलक्षण

Characteristics of DC Shunt Motor

शण्ट मोटर को लोड-रहित अवस्था में चलाया जा सकता है और इस अवस्था में मोटर को केवल इतने ही टॉर्क की आवश्यकता होती है, जितना कि उसकी यान्त्रिक क्षति आदि की पूर्ति के लिए आवश्यक हो। शण्ट मोटर के अभिलक्षण वक्र निम्नवत् हैं

(i) गति-लोड अभिलक्षण

शण्ट मोटर की गति में, लोड रहित अवस्था से पूर्ण लोड अवस्था में आने में बहुत कम अन्तर उत्पन्न होता है, क्योंकि शण्ट मोटर स्थिर गति की मोटर होती है। शण्ट मोटर की गति निम्न सूत्र द्वारा ज्ञात की जा सकती है

$$N \propto \frac{E_b}{K_1 \phi}$$

या $$N = \frac{V - I_a \cdot R_a}{K_1 \cdot \phi}$$

शण्ट मोटर में V, R_a, ϕ तथा K_1 का मान लगभग स्थिर रहता है। अतः केवल आर्मेचर धारा के मान में ही परिवर्तन होता है। लोड-रहित अर्थात् शून्य भार अवस्था में आर्मेचर धारा (I_a) का मान बहुत कम होता है और फलतः मोटर की गति अधिकतम होती है। पूर्ण लोड पर मोटर की गति, उसकी लोड-रहित गति का 95% तक होती है।

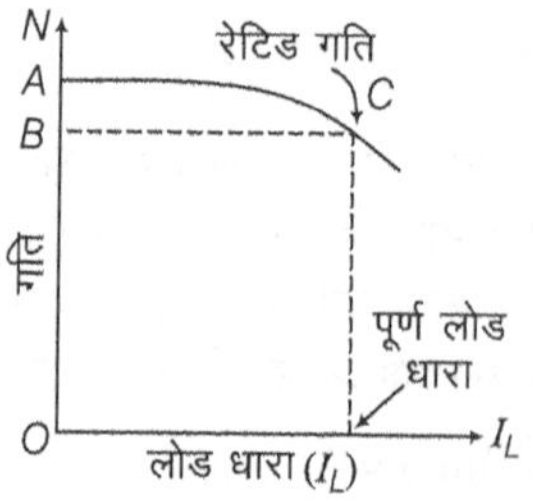

चित्र गति-लोड अभिलक्षण वक्र

उपरोक्त चित्र में दर्शाए गए वक्र के अध्ययन से ज्ञात होता है कि लोड-रहित अवस्था OAC से पूर्ण लोड अवस्था तक गति का मान केवल BC तक घटता है। अतः प्रयोगात्मक तौर पर डी.सी. शण्ट मोटर को स्थिर गति वाली मोटर माना जाता है।

(ii) टॉर्क-लोड अभिलक्षण

डी.सी. शण्ट मोटर के लिए टॉर्क, आर्मेचर धारा (I_a) और फ्लक्स (ϕ) के अनुक्रमानुपाती होता है।

$$T \propto I_a \cdot \phi$$

परन्तु इस मोटर में फ्लक्स (ϕ) का मान लगभग स्थिर रहता है। अतः

$$T \propto I_a$$

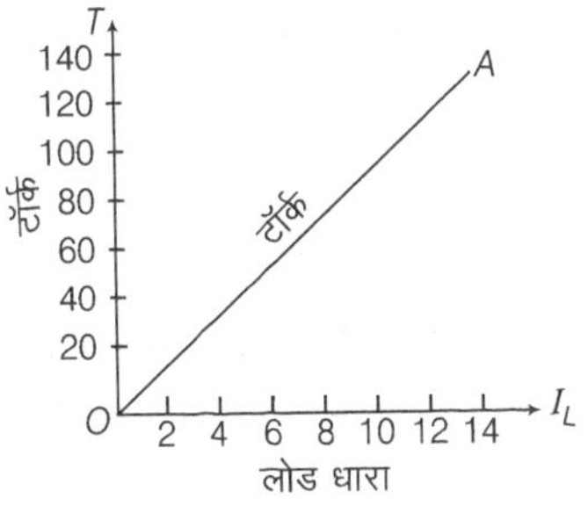

चित्र टॉर्क-लोड अभिलक्षण वक्र

चित्र में शण्ट मोटर का टॉर्क-लोड विशेषता वक्र दर्शाया गया है, जो एक सीधी रेखा होती है। इसका तात्पर्य यह है कि टॉर्क, लोड धारा (जोकि आर्मेचर धारा के लगभग बराबर होती है) के अनुक्रमानुपाती है। शण्ट मोटर का स्टार्टिंग-टॉर्क, पूर्ण लोड-टॉर्क का लगभग 1.5 गुना होता है, परन्तु यह इतना अधिक नहीं होता है जितना कि सीरीज मोटर का होता है। शण्ट मोटर का गति नियमन (speed regulation) उत्तम होता है।

(iii) गति-टॉर्क अभिलक्षण

चित्र में शण्ट मोटर के लिए गति-टॉर्क विशेषता वक्र दर्शाया गया है। वक्र से स्पष्ट है कि यदि टॉर्क में वृद्धि की जाए, तो गति पर लगभग नगण्य प्रभाव पड़ता है। टॉर्क के बढ़ने पर, गति कुछ कम हो जाती है।

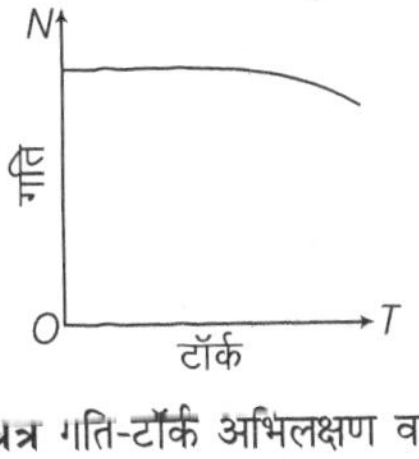

चित्र गति-टॉर्क अभिलक्षण वक्र

8. डिफरैन्शियल कम्पाउण्ड मोटर के अभिलक्षण

Characteristics of Differential Compound Motor

डिफरैन्शियल कम्पाउण्ड मोटर्स की विशेषताओं का अध्ययन निम्न तीन प्रकार के वक्रों द्वारा किया जाता है

(i) गति-लोड अभिलक्षण

चित्र में डिफरैन्शियल कम्पाउण्ड मोटर का गति-लोड विशेषता वक्र दर्शाया गया है। वक्र के अध्ययन से स्पष्ट है कि लोड धारा वृद्धि के साथ-साथ मोटर की गति में भी वृद्धि होती है। इसका कारण यह है कि लोड वृद्धि से मोटर का परिणामी फ्लक्स घटता है।

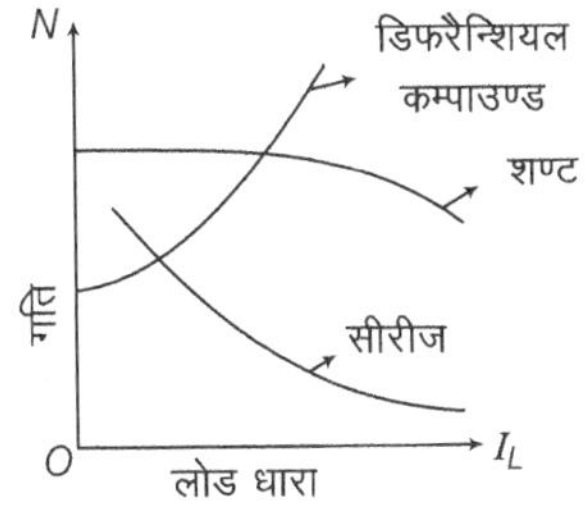

चित्र गति-लोड अभिलक्षण वक्र

(ii) टॉर्क-लोड अभिलक्षण

चित्र में डिफरैन्शियल कम्पाउण्ड मोटर का टॉर्क-लोड विशेषता वक्र दर्शाया गया है। वक्र के अध्ययन से स्पष्ट है कि लोड-धारा में वृद्धि के साथ-साथ मोटर के टॉर्क में भी वृद्धि होती है।

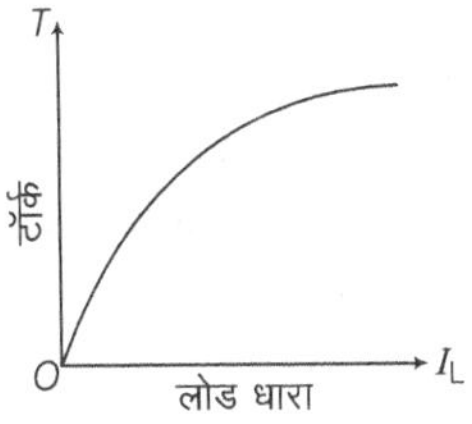

चित्र टॉर्क-लोड अभिलक्षण वक्र

(iii) टॉर्क-गति अभिलक्षण

चित्र में डिफरैन्शियल कम्पाउण्ड मोटर का टॉर्क-गति विशेषता वक्र दर्शाया गया है। वक्र के अध्ययन से स्पष्ट है कि टॉर्क वृद्धि के साथ-साथ मोटर की गति ओवरलोडिंग प्रभाव के कारण धीरे-धीरे बढ़ती है और मोटर के विपरीत दिशा में गतिमान हो जाने की सम्भावना रहती है।

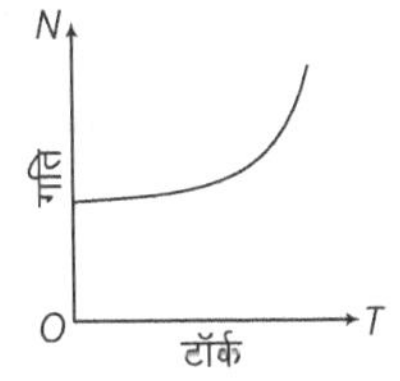

चित्र टॉर्क-गति अभिलक्षण वक्र

9. क्युमुलेटिव कम्पाउण्ड मोटर के अभिलक्षण

Characteristics of Cumulative Compound Motor

क्युमुलेटिव कम्पाउण्ड मोटर्स की विशेषताओं का अध्ययन निम्न तीन प्रकार के अभिलक्षण वक्रों द्वारा किया जाता है

(i) गति-लोड अभिलक्षण

चित्र में क्युमुलेटिव कम्पाउण्ड मोटर का गति-लोड विशेषता वक्र दर्शाया गया है। सीरीज एवं शण्ट जनित्र के वक्रों का क्युमुलेटिव कम्पाउण्ड मोटर के वक्र के साथ तुलनात्मक अध्ययन किया गया है। वक्रों के अध्ययन से स्पष्ट है कि क्युमुलेटिव कम्पाउण्ड मोटर की गति, लोड वृद्धि होने पर

शण्ट मोटर की अपेक्षा तो अधिक घटती है, परन्तु सीरीज मोटर की अपेक्षा कम घटती है। इस प्रकार की मोटर, लोड-रहित अवस्था में एक नियत गति पर चलाई जा सकती है।

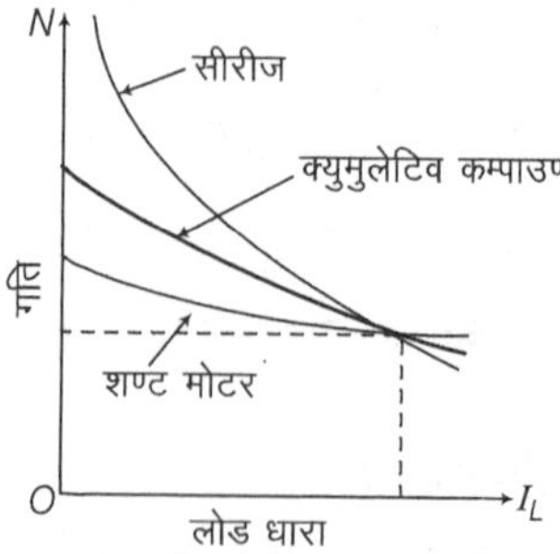

चित्र गति-लोड अभिलक्षण वक्र

(ii) टॉर्क-लोड अभिलक्षण

चित्र में क्युमुलेटिव कम्पाउण्ड तथा सीरीज एवं शण्ट मोटर्स के टॉर्क-लोड विशेषता वक्र दर्शाए गए हैं। वक्रों के अध्ययन से स्पष्ट है कि क्युमुलेटिव कम्पाउण्ड मोटर में विकसित होने वाला टॉर्क पूर्ण-लोड तक शण्ट मोटर की अपेक्षा तो कम होता है, परन्तु सीरीज मोटर की अपेक्षा अधिक होता है।

क्युमुलेटिव कम्पाउण्ड मोटर का स्टार्टिंग-टॉर्क शण्ट मोटर के स्टार्टिंग टॉर्क की अपेक्षा अधिक होता है।

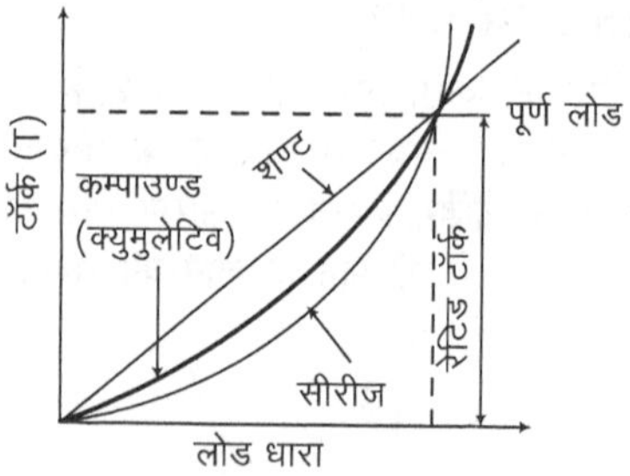

चित्र टॉर्क-लोड अभिलक्षण वक्र

(iii) टॉर्क-गति अभिलक्षण

चित्र में क्युमुलेटिव कम्पाउण्ड मोटर का टॉर्क-गति विशेषता वक्र दर्शाया गया है। मोटर का कुल चुम्बकीय फ्लक्स, लोड (load) के साथ बढ़ता है व गति घटती है, परन्तु उसका टॉर्क बढ़ता है। इस प्रकार यह मोटर अधिक लोड भी सहन कर सकती है और शीघ्र ही ओवरलोड नहीं होती है।

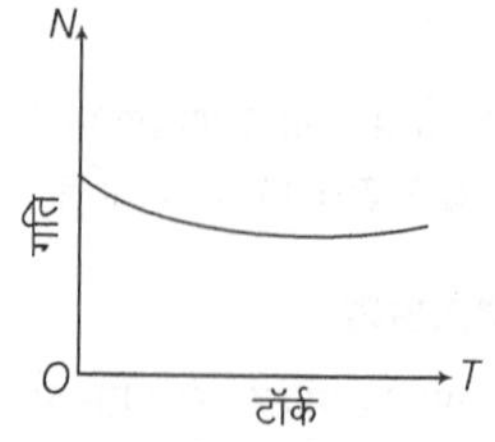

चित्र टॉर्क-गति अभिलक्षण वक्र

डी.सी. मोटर की दक्षता Efficiency of DC Motor

"डी.सी. मोटर द्वारा उत्पन्न यान्त्रिक शक्ति और उसे प्रदान की गई वैद्युतिक शक्ति का अनुपात, मोटर की दक्षता कहलाती है।" इसे प्राय: प्रतिशत में व्यक्त किया जाता है। किसी मोटर को प्रदान की गई वैद्युतिक शक्ति का कुछ अंश, विभिन्न प्रकार की क्षतियों के कारण व्यय हो जाता है। अत: मोटर द्वारा उत्पन्न यान्त्रिक शक्ति का मान सदैव, उसे प्रदान की गई वैद्युतिक शक्ति से कम होता है।

$$\text{डी.सी. मोटर की दक्षता} = \frac{\text{आउटपुट } (P_o)}{\text{इनपुट } (P_i)} \times 100$$

या

$$\eta = \frac{P_o}{P_i} \times 100$$

डी.सी. मोटर की दक्षता को निम्न तीन रूपों में व्यक्त किया जा सकता है

(i) **वैद्युतिक दक्षता** (Electrical efficiency) यह दक्षता निम्न सूत्र से ज्ञात की जा सकती है

$$\text{वैद्युतिक दक्षता} = \frac{\text{उत्पन्न यान्त्रिक शक्ति}}{\text{इनपुट वैद्युतिक शक्ति}}$$

या $$\eta_e = \frac{E_b I_a}{VI}$$

(ii) **व्यावसायिक दक्षता** (Occupational efficiency) इस दक्षता का अन्य नाम सम्पूर्ण दक्षता (overall efficiency) है। इसे निम्न सूत्र से ज्ञात किया जा सकता है

$$\text{व्यावसायिक दक्षता} = \frac{\text{आउटपुट यान्त्रिक शक्ति}}{\text{इनपुट वैद्युतिक शक्ति}}$$

या $$\eta_c = \frac{\text{BHP} \times 735.5}{VI}$$

(iii) **यान्त्रिक दक्षता** (Mechanical efficiency) यह दक्षता निम्न सूत्र द्वारा ज्ञात की जा सकती है

$$\text{यान्त्रिक दक्षता} = \frac{\text{आउटपुट यान्त्रिक शक्ति}}{\text{उत्पन्न यान्त्रिक शक्ति}}$$

या $$\eta_m = \frac{\text{BHP} \times 735.5}{E_b . I_a}$$

यहाँ, BHP = ब्रेक अश्व-शक्ति

E_b = बैक ई.एम.एफ. (वोल्ट में),

I_a = आर्मेचर धारा (ऐम्पियर में)

V = इनपुट वोल्टेज (वोल्ट में),

I = इनपुट धारा (ऐम्पियर में)।

व्यावसायिक दक्षता तथा विद्युत दक्षता के अनुपात को यान्त्रिक दक्षता कहते हैं।

$$\text{अत: यान्त्रिक दक्षता} = \frac{\text{व्यावसायिक दक्षता}}{\text{विद्युत दक्षता}}$$

$$= \frac{\text{BHP} \times 735.5}{VI} \times \frac{VI}{E_b I_a}$$

$$= \frac{\text{BHP} \times 735.5}{E_b I_a}$$

दक्षताओं में सम्बन्ध Relation between Efficiencies

$\because$ व्यावसायिक दक्षता = यान्त्रिक दक्षता × वैद्युतिक दक्षता

या $\eta_c = \eta_m \times \eta_e$

$$\because \quad \eta_m \times \eta_e = \frac{\text{BHP} \times 735.5}{E_b . I_a} \times \frac{E_b I_a}{VI}$$

$$= \frac{\text{BHP} \times 735.5}{VI} = \eta_c$$

$$\therefore \quad \eta_c = \eta_m \times \eta_e$$

उदाहरण 4. एक 10 BHP डी.सी. शण्ट मोटर की दक्षता 90% है।

(i) 250 वोल्ट्स डी.सी. पर धारा ज्ञात कीजिए।

(ii) कॉपर क्षति भी ज्ञात कीजिए।

हल ज्ञात है,

मोटर की BHP = 10 तथा दक्षता = 90%

इनपुट वोल्टेज = 250 वोल्ट्स

$\therefore$ आउटपुट यान्त्रिक शक्ति = BHP × 735.5

= 10 × 735.5 = 7355 वाट

और इनपुट वैद्युतिक शक्ति = VI वाट

$$\because \quad \text{दक्षता} = \frac{\text{आउटपुट}}{\text{इनपुट}} \times 100$$

$$\therefore \quad 90 = \frac{7355 \times 100}{VI}$$

$$\Rightarrow \quad VI = \frac{7355 \times 100}{90}$$

या $$I = \frac{7355 \times 100}{90 \times 250} \quad (\because V = 250\,\text{V ज्ञात है})$$

= 32.688 ऐम्पियर

कॉपर क्षति = इनपुट वैद्युतिक शक्ति - उत्पन्न यान्त्रिक शक्ति

$= VI - 7355 = 250 \times 32.688 - 7355 = 817$ वाट

20.7 चौपर Chopper

चौपर मूलत: एक ऐसा परिपथ है, जिसके द्वारा प्रत्यावर्ती धारा (ए.सी.) अथवा दिष्ट धारा (डी.सी.) के स्तर को बढ़ाया या घटाया जा सकता है। प्रत्यावर्ती धारा (ए.सी.) के लिए ट्रांसफॉर्मर इस प्रकार के कार्य करते हैं अर्थात् वह ए.सी. पावर को स्टेप-अप अथवा स्टेप-डाउन करते हैं, जबकि दिष्ट धारा (डी.सी.) के लिए इलेक्ट्रॉनिक परिपथों का प्रयोग करके डी.सी. पावर को स्टेप-अप अथवा स्टेप-डाउन किया जाता है। दूसरे शब्दों में, चौपर एक ऐसी युक्ति है, जो इनपुट में प्राप्त नियत DC वोल्टेज अथवा पावर को परिवर्ती DC वोल्टेज या पावर में परिवर्तित करती है, जैसा कि निम्न चित्र में दर्शाया गया है

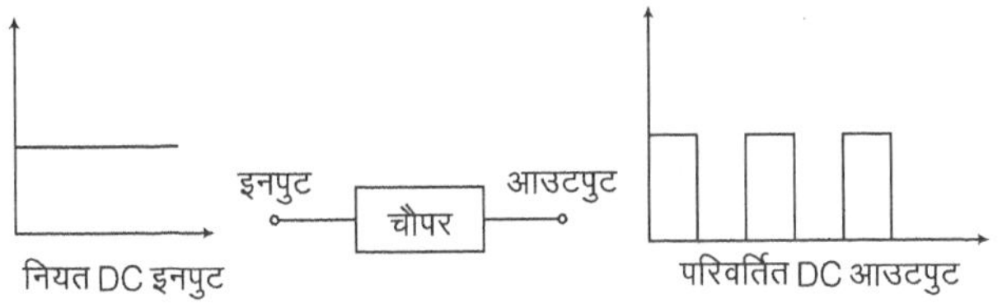

चित्र चौपर की कार्यविधि

चौपर का वर्गीकरण Classification of Chopper

चौपर परिपथों को निम्न बिन्दुओं के आधार पर वर्गीकृत किया जा सकता है

1. धारा के आधार पर चौपर
2. वोल्टेज के आधार पर चौपर
3. इन्वर्टिंग चौपर

1. धारा के आधार पर चौपर Chopper Based on Current

धारा की प्रकृति के आधार पर चौपर परिपथ मुख्यत: निम्न दो प्रकार के होते हैं

(*i*) **ए.सी. चौपर** (AC chopper) ए.सी. चौपर को सामान्य भाषा में ए.सी. लिंक चौपर भी कहा जाता है। ए.सी. लिंक चौपर में सर्वप्रथम डी.सी. निम्न वोल्टेज को ए.सी. वोल्टेज में परिवर्तित किया जाता है। इसके पश्चात् ए.सी. वोल्टेज को आवश्यकतानुसार स्टेप-अप अथवा स्टेप-डाउन किया जाता है, जिसे डायोड्स से निर्मित रेक्टिफायर का प्रयोग करके पुन: डी.सी. में परिवर्तित किया जाता है, जैसा कि चित्र में दर्शाया गया है। यह परिवर्तन दो पदों में पूर्ण होता है अर्थात् डी.सी. से ए.सी. तथा इसके पश्चात् ए.सी. से डी.सी. में पुन: परिवर्तित किया जाता है। ए.सी. लिंक चौपर महँगा व वजन में भारी होता है तथा इसकी दक्षता (efficiency) भी कम होती है।

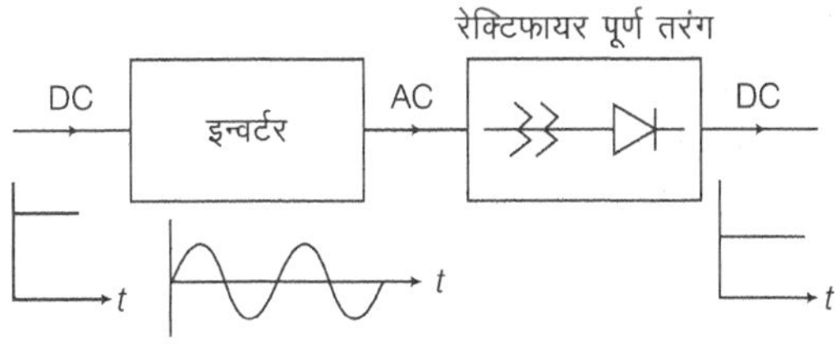

चित्र ए.सी. लिंक चौपर

(*ii*) **डी.सी. चौपर** (DC chopper) डी.सी. चौपर एक स्थैतिक युक्ति (static device) है, जोकि स्थिर (fixed) डी.सी. वोल्टेज को समंजनशील (adjustable) वोल्टेज में परिवर्तित करती है। डी.सी. सप्लाई के द्वारा सम्पन्न किए जाने वाले कार्यों के लिए डी.सी. चौपर का कार्य ए.सी. ट्रांसफॉर्मर के समकक्ष (similar) माना जा सकता है। डी.सी. चौपर में वोल्टेज परिवर्तन एक ही पद (stage) में कार्य करता है, इसलिए इसकी दक्षता ए.सी. चौपर से अधिक होती है। वर्तमान समय में चौपर्स डी.सी. वोल्टेज के आयाम (amplitude) को परिवर्तित करने हेतु उपयोग किए जा रहे हैं।

ये ट्रॉली, कारों, सुरंग हॉएस्ट, फोर्क-लिफ्ट ट्रक आदि में भी प्रयोग में लाए जा रहे हैं। ऑटोमोबाइल के क्षेत्र में चौपर्स गति नियन्त्रण तथा ब्रेकिंग कार्य के लिए प्रयोग किए जाते हैं। चौपर प्रणालियाँ, स्मूथ नियन्त्रण, उच्च दक्षता, तीव्र अनुक्रिया तथा पुन: उत्पादन क्रिया प्रदान करती है। नीचे चित्र में चौपर का ब्लॉक आरेख दर्शाया गया है

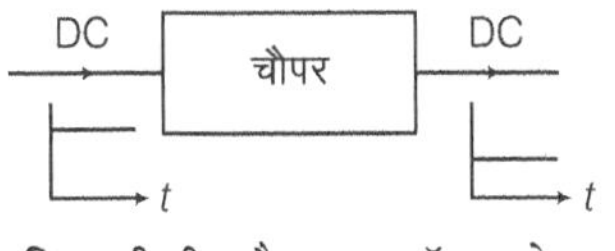

चित्र डी.सी. चौपर का ब्लॉक आरेख

2. वोल्टेज के आधार पर चौपर

Chopper Based on Voltage

एक परिपथ की इनपुट वोल्टेज को बढ़ाने या घटाने के आधार पर ट्रांसफॉर्मर के समान ही डी.सी. चौपर के मुख्यत: दो प्रकार होते हैं

(*i*) **स्टेप-अप चौपर** (Step-up chopper) वह चौपर परिपथ जिसमें औसत लोड वोल्टेज, इनपुट वोल्टेज से अधिक होती है (अर्थात् $V_{oL(av)} > v_s$) स्टेप-अप (step-up) चौपर कहलाता है। निम्न चित्र में स्टेप-अप चौपर के परिपथ को दर्शाया गया है

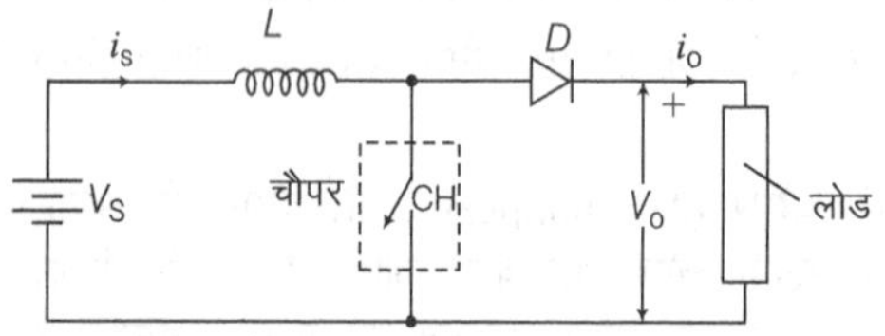

चित्र स्टेप-अप चौपर परिपथ

इस प्रकार के चौपर में अधिक इण्डक्टैन्स का इण्डक्टर स्रोत वोल्टेज (source voltage) V_s के श्रेणी में संयोजित होता है, जैसा कि उपरोक्त चित्र में दर्शाया गया है, जब चौपर स्विच ऑन स्थिति में होता है, तब धारा बन्द परिपथ (closed circuit) में प्रवाहित होती है तथा इण्डक्टर विद्युत ऊर्जा को T_{on} अवधि में अपने अन्दर संचित (stored) करता है।

इसके विपरीत, जब चौपर स्विच ऑफ स्थिति में होता है, तब इण्डक्टर अपने अन्दर संचित ऊर्जा के द्वारा धारा, डायोड D द्वारा लोड से होकर T_{off} समय की अवधि में प्रवाहित होती है तथा धारा का मान घटने पर, इण्डक्टिव क्वॉयल (L) में प्रेरित वि.वा.ब. (induced *e.m.f*) की ध्रुवता विपरीत हो जाती है, इसके परिणामस्वरूप लोड के आर-पार (across) औसत वोल्टेज, स्रोत वोल्टेज (V_s) से अधिक हो जाती है। इस प्रकार यह परिपथ स्टेप-अप चौपर के रूप में कार्य करता है तथा इण्डक्टर में संचित (stored) ऊर्जा के कारण धारा, लोड से होकर प्रवाहित होती है।

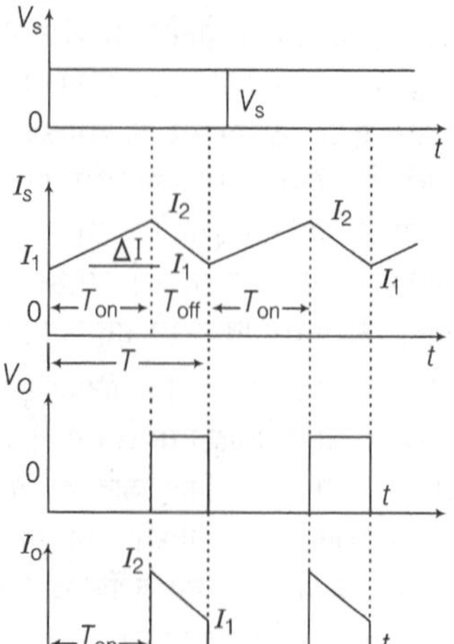

चित्र स्टेप-अप चौपर में वोल्टज और धारा का तरंग रूप

इण्डक्टर (L) से प्रवाहित होने वाली धारा का मान I_1 से बढ़कर I_2 हो जाता है, जैसा कि निम्न चित्र में धारा के तरंगरूप (waveform) में दर्शाया गया है, परन्तु जब चौपर स्विच ऑफ स्थिति में होता है, तब धारा का मान घटकर I_2 से I_1 रह जाता है।

स्रोत वोल्टेज (V_s) तथा स्रोत धारा (I_s) में परिवर्तन तथा लोड वोल्टेज (V_{OL}) तथा लोड धारा I_o के आरेख दिए गए चित्र में दर्शाए गए हैं।

(*ii*) **स्टेप-डाउन चौपर** (Step-down chopper) वह चौपर परिपथ जिसमें औसत लोड वोल्टेज इनपुट से कम रहती है, स्टेप-डाउन चौपर कहलाता है। इस प्रकार का चौपर वह इलेक्ट्रॉनिक परिपथ होता है, जोकि स्थिर (fixed) DC विभव (V_i) को परिवर्तनीय (variable) औसत DC (V_o) में रूपान्तरित करता है तथा इस परिपथ में V_o का आयाम सदैव V_i के आयाम से कम होता है। इसकी कार्यप्रणाली व परिपथ सामान्य चौपर की ही भाँति होता है।

निम्न चित्र में स्टेप-डाउन चौपर परिपथ दर्शाया गया है

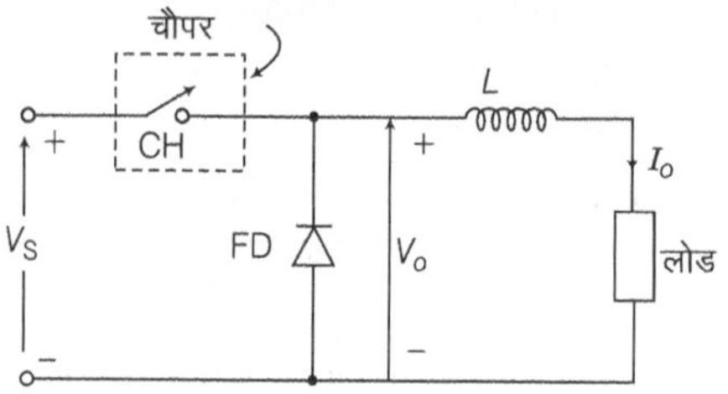

चित्र स्टेप डाउन परिपथ

इस चौपर में कम इण्डक्टैन्स का इण्डक्टर वोल्टेज स्रोत व डायोड के समान्तर संयोजित होता है। जब चौपर स्विच ऑन स्थिति में होता है, तब परिपथ में धारा प्रवाहित होने लगती है और लोड पर आउटपुट (V_o) प्राप्त होने लगती है। इसी स्थिति में इण्डक्टर अपने अन्दर इनपुट सप्लाई (V_S) का कुछ अंश स्टोर कर लेता है। इस प्रकार लोड पर प्राप्त आउटपुट का मान इनपुट वोल्टेज से कम होता है। इसके विपरीत जब चौपर ऑफ स्थिति में होता है, तब इसमें से धारा प्रवाहित नहीं होती, जिसके कारण इनपुट सप्लाई लोड तक नहीं पहुँच पाती है। चौपर के इस ऑफ समयान्तराल (T_{off}) में इण्डक्टर (L) में संचित की गई ऊर्जा फ्री-व्हीलिंग डायोड (*FD*) से होकर लोड पर प्राप्त होती है। निम्न चित्र में वोल्टेज व धारा के तरंग रूप को दर्शाया गया है

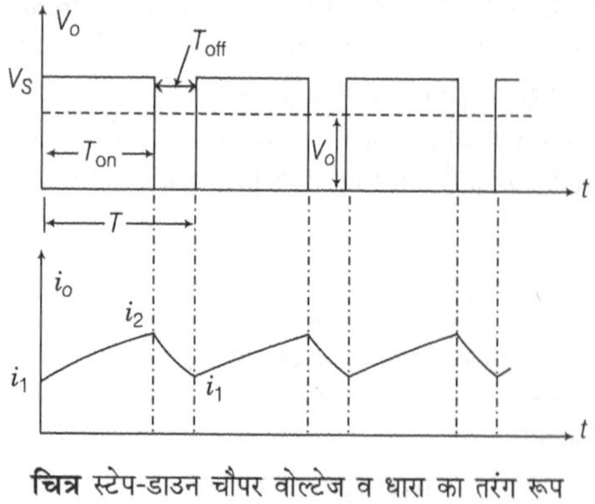

चित्र स्टेप-डाउन चौपर वोल्टेज व धारा का तरंग रूप

3. इन्वर्टिंग चौपर Inverting Chopper

इन्वर्टिंग चौपर में एक इन्वर्टिंग परिपथ संयोजित होता है, जो इनपुट डी.सी. को ए.सी. में परिवर्तित करता है। इस ए.सी. सिग्नल को परिपथ में लगे ट्रांसफॉर्मर में आवश्यकतानुसार स्टेप-अप या स्टेप-डाउन कर लिया जाता है। इसके बाद प्राप्त सिग्नल को रेक्टिफायर की सहायता से पुन: डी.सी. में परिवर्तित कर लिया जाता है। यह प्रक्रिया दो चरणों में पूर्ण होती है, जिसके कारण यह कम दक्षतापूर्ण तथा अपेक्षाकृत महँगी होती है। अत: इसका प्रयोग बहुत कम स्थानों पर किया जाता है। नीचे चित्र में इन्वर्टिंग चौपर को दर्शाया गया है।

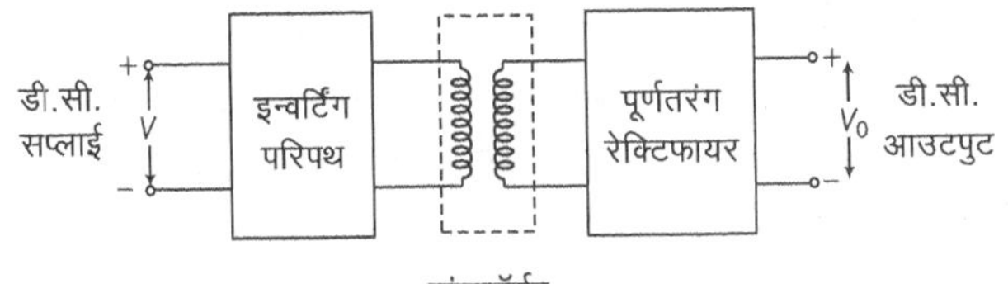

चित्र इन्वर्टिंग चौपर

20.8 ब्रशलैस डी.सी. मोटर Brushless DC Motor

कम्प्यूटेटर-ब्रश व्यवस्था, एक विशिष्ट डी.सी. मोटर में यूनिडायरेक्शनल टॉर्क प्राप्त करने में सहायता प्रदान करती है। ब्रशलैस डी.सी. मोटर (BLDC motor) में कम्प्यूटेटर और ब्रश की व्यवस्था समाप्त हो जाती है। इस मोटर में यूनिडायरेक्शनल टॉर्क प्राप्त करने के लिए एक एकीकृत इन्वर्टर/स्विचिंग सर्किट का उपयोग किया जाता है। इसीलिए इन मोटरों को कभी-कभी इलेक्ट्रॉनिकली कम्प्यूटेटिड मोटर (electronically commutated motor) भी कहा जाता है।

किसी भी अन्य इलेक्ट्रिक मोटर की भाँति एक BLDC मोटर में भी दो मुख्य भाग (स्टेटर और रोटर) होते हैं। BLDC मोटर के रोटर पर स्थायी चुम्बक लगाए जाते हैं और स्टेटर पर विशिष्ट संख्या में ध्रुव निर्मित किये जाते हैं। साथ ही स्टेटर वाइण्डिंग से एक कण्ट्रोल सर्किट जुड़ा होता है। अधिकतर इन्वर्टर/कण्ट्रोल सर्किट या कण्ट्रोलर को स्टेटर असेम्बली में एकीकृत किया जाता है। यह ब्रशलैस मोटर और एक विशिष्ट डी.सी. मोटर के बीच बुनियादी संरचनात्मक अन्तर है।

इसमें एक विशिष्ट नियन्त्रक होता है, जो स्टेटर वाइण्डिंग को 3-फेज आवृत्ति-नियन्त्रित आपूर्ति प्रदान करता है। आपूर्ति को तार्किक नियन्त्रण परिपथ (logic control circuit) द्वारा नियन्त्रित किया जाता है, जो एक विशिष्ट समय पर विशिष्ट स्टेटर पोल को सक्रिय करता है।

ब्रशलैस डी.सी. मोटर का कार्य सिद्धान्त Working Principle of Brushless DC Motor

BLDC मोटर ब्रश युक्त डी.सी. मोटर के समान सिद्धान्त पर कार्य करती है। BLDC मोटर में लॉरेंज बल के नियमानुसार जब एक चुम्बकीय क्षेत्र में कोई धारावाही चालक (current carrying conductor) रखा जाता है, तो वह एक बल का अनुभव करता है, जबकि प्रतिक्रिया बल के परिणामस्वरूप चुम्बक समान और विपरीत बल का अनुभव करती है। BLDC मोटर में धारा ले जाने वाला चालक स्थिर होता है और स्थायी चुम्बक गतिमान होती है।

जब स्टेटर क्वॉयल को स्रोत से आपूर्ति मिलती है, तो यह विद्युत चुम्बक बन जाता है और वायु अन्तराल में एकसमान क्षेत्र उत्पन्न करना प्रारम्भ कर देता है। आपूर्ति का स्रोत डी.सी. होने के कारण स्विचिंग ट्रैपोजॉइडल आकार के साथ एसी वोल्टेज तरंग का निर्माण होता है। विद्युत चुम्बक स्टेटर और स्थायी चुम्बक रोटर के बीच परस्पर क्रिया के बल के कारण रोटर घूमता रहता है।

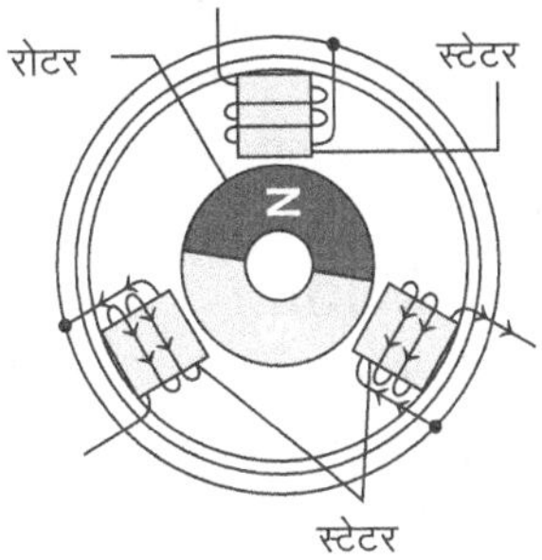

चित्र ब्रशलैस डी.सी. मोटर

उच्च और निम्न संकेतों के रूप में वाइडिंग्स के स्विचिंग के साथ उत्तरी और दक्षिणी ध्रुवों के रूप में सक्रिया वाइण्डिंग निर्मित होती है। उत्तरी और दक्षिणी ध्रुवों वाला स्थायी चुम्बक, रोटर ध्रुवों के साथ संरेखित होता है, जिससे मोटर घूमने लगती है।

ब्रश युक्त मोटर के साथ, रोटर पर क्वॉयल द्वारा उत्पन्न चुम्बकीय क्षेत्र को नियन्त्रित करके घूर्णन प्राप्त किया जाता है, जबकि स्थिर चुम्बक द्वारा उत्पन्न चुम्बकीय क्षेत्र स्थिर रहता है। घूर्णन की गति को बदलने के लिए क्वॉयल की वोल्टेज को परिवर्तित किया जाता है। BLDC मोटर के साथ एक स्थायी चुम्बक घूमता है, जिससे आसपास के स्थिर क्वॉयल द्वारा उत्पन्न चुम्बकीय क्षेत्र की दिशा बदलकर घूर्णन प्राप्त किया जाता है। घूर्णन को नियन्त्रित करने के लिए क्वॉयल में धारा के परिमाण और दिशा को समायोजित करते हैं।

ब्रशलैस डी.सी. मोटर की गति नियन्त्रण प्रणाली Speed Control System of Brushless DC Motor

मोटर को वांछित दर पर कार्य करने के लिए BLDC मोटर का गति नियन्त्रण आवश्यक है। ब्रशलैस डी.सी. मोटर की गति को इनपुट डी.सी. वोल्टेज/करण्ट को नियन्त्रित किया जा सकता है। वोल्टेज जितना अधिक होगा, गति उतनी ही अधिक होगी।

BLDC मोटर्स का नियन्त्रण प्रदान करने के लिए कई अलग-अलग नियन्त्रण एल्गोरिदम का उपयोग किया जाता है। एक रैखिक वोल्टेज नियामक के रूप में संचालित एक पावर ट्रांजिस्टर का उपयोग करके मोटर वोल्टेज को नियंत्रित किया जाता है।

यह उच्च-शक्ति मोटर चलाते समय व्यावहारिक नहीं है। उच्च-शक्ति मोटर्स में PWM नियंत्रण का उपयोग करना चाहिए। स्टार्टिंग और नियंत्रण कार्यों में उपयुक्त दिशा प्रदान करने के लिए एक माइक्रोकण्ट्रोलर की आवश्यकता होती है।

नियन्त्रण एल्गोरिदम में मोटर गति को नियंत्रित करने के लिए PWM वोल्टेज मोटर को कम्प्यूट करने का तंत्र तथा बैक-EMF या हॉल सेंसर का उपयोग करके रोटर की स्थिति का अनुमान लगाने की विधि प्रदान करनी चाहिए। पल्स-विड्थ माड्यूलेशन (PWM) का उपयोग मोटर वाइंडिंग्स में एक PWM वोल्टेज प्रदान करने के लिए किया जाता है। प्रभावी वोल्टेज PWM ड्यूटी चक्र के समानुपाती होता है। BLDC मोटर की टॉर्क-गति की विशेषताएँ डी.सी. मोटर के समान होती हैं। वैरिएबल वोल्टेज का उपयोग मोटर की गति और उपलब्ध टॉर्क को नियंत्रित करने के लिए किया जा सकता है। पावर ट्रांजिस्टर का कम्यूटेशन रोटर की स्थिति के आधार पर उपयुक्त टॉर्क उत्पादन प्रदान करने के लिए स्टेटर में उपयुक्त वाइण्डिंग को सक्रिय करता है।

BLDC मोटर की दक्षता
Efficiency of BLDC Motor

BLDC मोटर द्वारा प्राप्त शक्ति आउटपुट तथा BLDC मोटर को प्रदान की गई शक्ति इनपुट के अनुपात को BLDC मोटर की दक्षता कहते हैं।

$$\text{दक्षता} = \frac{\text{शक्ति आउटपुट}}{\text{शक्ति इनपुट}}$$

उपरोक्त सूत्र द्वारा विभिन्न थ्रॉटल इनपुट पर मोटर की दक्षता ज्ञात की जा सकती है। उच्च नो-लोड करण्ट के साथ निम्न RPM पर बहुत खराब दक्षता प्राप्त होती है।

नोट *शक्ति आउटपुट = शक्ति इनपुट – (ताम्र हानि + लौह हानि)*

20.9 बैटरी मैनेजमेण्ट सिस्टम
Battery Management System (BMS)

इलेक्ट्रिक वाहन में बैटरी प्रबन्धन प्रणाली (BMS) महत्त्वपूर्ण प्रणाली है, क्योंकि इलेक्ट्रिक वाहन में उपयोग की जाने वाली बैटरी को ओवरचार्ज या ओवर डिस्चार्ज नहीं होना चाहिए। यदि ऐसा होता है, तो यह बैटरी को नुकसान पहुँचाता है, तापमान में वृद्धि करता है। बैटरी के जीवन काल को कम करता है और कभी-कभी इसका उपयोग करने वाले व्यक्तियों के लिए भी यह हानिकारक सिद्ध होता है। इसमें संग्रहित ऊर्जा की मात्रा का उचित उपयोग करके वाहन की सीमा को अधिकतम करने के लिए भी इसका उपयोग किया जाता है।

बैटरी की विफलता से बचने के लिए विभिन्न प्रकार के बीएमएस का उपयोग किया जाता है। सबसे आम प्रकार एक बैटरी मॉनिटरिंग सिस्टम है, जो चार्जिंग और डिस्चार्जिंग के दौरान परिवेश के तापमान के साथ-साथ वोल्टेज करण्ट और बैटरी के आन्तरिक तापमान जैसे प्रमुख परिचालन मापदण्डों को रिकॉर्ड करता है। सिस्टम सुरक्षा उपकरणों को इनपुट प्रदान करता है, ताकि निगरानी सर्किट अलार्म उत्पन्न कर सकें और लोड या चार्जर से बैटरी को डिस्कनैक्ट भी कर सकें, यदि कोई पैरामीटर सुरक्षा क्षेत्र द्वारा निर्धारित मूल्यों से अधिक हो। शुद्ध इलेक्ट्रिक वाहनों में बैटरी ही ऊर्जा का एकमात्र स्रोत है। इस प्रकार के अनुप्रयोग में BM में बैटरी निगरानी और सुरक्षा प्रणालियाँ शामिल होनी चाहिए। एक ऐसी प्रणाली जो आवश्यकता पड़ने पर बैटरी को पूर्ण शक्ति प्रदान करने के लिए तैयार रखती है और एक प्रणाली जो बैटरी के जीवन को बढ़ा सकती है। बीएमएस में ऐसे सिस्टम शामिल होने चाहिए, जो चार्जिंग व्यवस्था को नियंत्रित करते हैं और जो थर्मल मुददों का प्रबन्धन करते हैं। एक वाहन में बीएमएस एक जटिल और तेजी से काम करने वाली बिजली प्रबन्धन प्रणाली का हिस्सा है। इसके अतिरिक्त इसे अन्य ऑन-बोर्ड सिस्टम जैसे मोटर कण्ट्रोलर क्लाइमेट कण्ट्रोलर, कम्युनिकेशन बस सेफ्टी सिस्टम और व्हीकल कण्ट्रोलर के साथ इण्टरफेस करना चाहिए।

BMS के उद्देश्य Objective of BMS

BMS के मूल कार्य इसके उद्देश्यों के समान हैं। हालाँकि विभिन्न प्रकार के BMS के अलग-अलग उद्देश्य होते हैं। विशिष्ट BMS तीन उद्देश्यों का अनुसरण करता है

- बैटरी सैल को दुरुपयोग और क्षति से बचाना
- बैटरी के जीवन को यथासम्भव लम्बे समय तक बढ़ाना
- यह सुनिश्चित करना है कि बैटरी उपयोग के लिए सदैव तैयार है या नहीं।

BMS के कार्य Function of BMS

1. डिस्चार्ज कण्ट्रोल Discharge Control

BMS का प्राथमिक लक्ष्य बैटरी को उसके सुरक्षा क्षेत्र से बाहर संचालन से रोकना है। डिस्चार्ज के दौरान बीएमएस को किसी भी घटना से सैल की रक्षा करनी चाहिए। अन्यथा सैल अपनी सीमाओं के बाहर काम कर सकता है।

2. चार्जिंग कण्ट्रोल Charging Control

किसी अन्य कारण की तुलना में अनुचित चार्जिंग से बैटरी अधिक बार क्षतिग्रस्त होती है। इसलिए चार्जिंग नियंत्रण BM की एक आवश्यक विशेषता है। लीथियम-आयन बैटरी के लिए एक 2-स्टेज चार्जिंग विधि जिसे नियत करण्ट-स्थिर वोल्टेज (CC-CV) चार्जिंग विधि कहा जाता है, का उपयोग किया जाता है। पहले चार्जिंग चरण (नियत करण्ट स्टेज) के दौरान चार्जर एक स्थिर धारा उत्पन्न करता है, जो बैटरी वोल्टेज को बढ़ाता है। जब बैटरी वोल्टेज एक स्थिर मूल्य तक पहुँच जाता है और बैटरी लगभग पूर्ण चार्ज हो जाती है, तो यह नियत वोल्टेज (CV) स्टेज में प्रवेश करती है। इस स्तर पर चार्जर निरंतर वोल्टेज बनाए रखता है, क्योंकि बैटरी चार्ज होने तक बैटरी का करण्ट तेजी से घटता है।

3. स्टेट-ऑफ-चार्ज डिटर्मिनेशन
State-of-Charge Determination

BMS की एक विशेषता बैटरी की चार्ज स्थिति (SOC) पर नजर रखना है। एसओसी उपयोगकर्ता को संकेत दे सकता है और चार्जिंग और डिस्चार्जिंग प्रक्रिया को नियन्त्रित कर सकता है। SOC के निर्धारण के तीन तरीके हैं- सीधे माप के माध्यम, कूलम्ब काउण्टिंग के माध्यम और दोनों तकनीकों का संयोजन।

20.10 इलेक्ट्रिक वाहनों की चार्जिंग
Charging of Electric Vehicles (EV)

विद्युत चालित वाहनों का मुख्य घटक बैटरी है। वर्तमान में दो प्रकार की बैटरी प्रयोग की जा रही हैं- लैड-एसिड बैटरी तथा लीथियम-आयन बैटरी। लीथियम-आयन बैटरी, लैड-एसिड बैटरी की अपेक्षा अधिक महँगी होती है, यद्यपि इनकी कार्य-कुशलता बहुत अधिक होती है।

अधिकांश 'टू-व्हीलर' एवं 'थ्री-व्हीलर वाहनों में लैड-एसिड बैटरी ही प्रयोग की जा रही है। वर्तमान समय में 'फोर-व्हीलर' वाहनों में भी अनेक कम्पनियाँ लैड-एसिड बैटरी ही प्रयोग कर रही हैं। बैटरी चार्जिंग के लिए डी.सी. स्रोत की आवश्यकता होती है, जबकि अधिकांश शहरों में ए.सी. स्रोत ही उपलब्ध होता है। ऐसे में ए.सी. को डी.सी. में परिवर्तित करने के लिए बैटरी चार्जर विकसित किए गये हैं। इन चार्जर्स का मुख्य घटक ए.सी. से डी.सी. कन्वर्टर परिपथ होता है।

वर्तमान समय में ऐसे MOSFET एवं IGBT चार्जर उपलब्ध हैं, जो 12 ऐम्पियर से 25 ऐम्पियर की दर पर चार्जिंग करने में सक्षम हैं। वर्तमान में 300 ऐम्पियर क्षमता तक के MOSFET/IGBT उपलब्ध है। 'टू-व्हीलर्स' एवं 'थ्री व्हीलर्स' की बैटरी चार्जिंग भारत में अधिकांशत: घरेलू ए.सी. स्रोत से ही की जा रही है।

यद्यपि कुछ शहरों में इलेक्ट्रिक वाहन चार्जिंग स्टेशन विकसित किए जा रहे हैं, परन्तु इनकी संख्या बहुत कम है। घरेलू ए.सी. स्रोत से बैटरी चार्जिंग हेतु एक 'चार्जर' प्रयोग किया जाता है, जिसका मूल्य लगभग 1000 से 4000 रुपये तक होता है। इस कार्य में 4 से 6 घण्टे का समय लगता है।

इलेक्ट्रिक वाहनों की चार्जिंग सुरक्षा
EV Charging Safety

इलेक्ट्रिक वाहनों की चार्जिंग हेतु निम्न सुरक्षा मापदण्डों को ध्यान में रखना चाहिए

- ओवर वोल्टेज से सुरक्षा
- वोल्टेज के उतार-चढ़ाव से सुरक्षा
- शॉर्ट-सर्किट दोष से सुरक्षा
- अर्थिंग निष्प्रभावी होने से सुरक्षा
- विद्युत मानकों को सुरक्षित रखना

ओवर वोल्टेज से सुरक्षा हेतु 'सर्ज प्रोटेक्शन डिवाइस' (SPD) की अनुशंसा की जाती है। इस कार्य हेतु 1EC 62305-1 से 4 तक मानक निर्धारित किया गया है। विद्युत वोल्टेज में होने वाले उतार-चढ़ाव को निष्प्रभावी करने के लिए वोल्टेज स्टेबिलाइजर परिपथ का प्रयोग किया जाता है। शॉर्ट-सर्किट दोष के निवारण के लिए अच्छे केबिल एवं संयोजकों का प्रयोग करना चाहिए एवं समय-समय पर वायरिंग की जाँच करते रहना चाहिए।

अर्थिंग को निष्प्रभावी होने से रोकने के लिए चार्जिंग स्टेशन पर अर्थ स्थापित करना चाहिए और यह सुनिश्चित करना चाहिए कि अर्थ संयोजन उपयुक्त है। विद्युत मानकों को सुरक्षित रखने के लिए मानकों के अनुरूप केबिल तथा अन्य संयोजक सामग्री प्रयोग करनी चाहिए। उदाहरणार्थ-केबिल एवं संयोजन सामग्री सामान्यत: 25 ऐम्पियर क्षमता की होनी चाहिए।

इलेक्ट्रिक वाहनों के लाभ एवं हानियाँ
Advantages and Disadvantages of EV

इलेक्ट्रिक वाहनों के लाभ और हानियाँ निम्न प्रकार हैं

लाभ Advantages

1. इनमें ईंधन का उपयोग नहीं होता है, जिसके कारण इनसे प्रदूषण का उत्सर्जन नहीं होता है।
2. इन्हें अपेक्षाकृत कम अनुरक्षण (maintenance) की आवश्यकता होती है।
3. इनका सम्पूर्ण प्रचालन (operation) शोर रहित होता है।
4. इनके द्वारा उच्च प्रारम्भिक टॉर्क (high starting torque) उत्पन्न होता है।
5. इन्हें आसानी से चार्ज किया जा सकता है।
6. गैसोलीन से चलने वाले वाहनों की तुलना में इलेक्ट्रिक वाहन की चालन लागत (running cost) अपेक्षाकृत कम होती है।
7. इनके द्वारा जीवाश्म ईंधन (fossil fuel) की बचत होती है।

हानियाँ Disadvantages

1. इलेक्ट्रिक वाहन महँगे होते हैं।
2. विद्युत चार्जिंग पावर स्टेशनों की कमी के कारण ये लम्बी दूरी की यात्रा करने के लिए अधिक विश्वसनीय नहीं हैं।
3. इनकी बैटरी को चार्ज होने में अधिक समय लगता है।

महत्त्वपूर्ण बिन्दु

- इलेक्ट्रिक वाहनों के प्रयोग से ग्रीनहाउस गैसों के उत्सर्जन में कमी होती है।
- वह वाहन जो विद्युत मोटर से चलता है और ऑन-बोर्ड विद्युत स्रोत से बिजली प्राप्त करता है, उसे इलेक्ट्रिक वाहन कहा जाता है।
- इलेक्ट्रिक वाहनों से कार्बन का उत्सर्जन शून्य रहता है।
- मोटर, मोटर नियन्त्रक एवं बैटरी इलेक्ट्रिक वाहन के महत्त्वपूर्ण अवयव हैं।
- इलेक्ट्रिक वाहनों में मुख्य रूप से ब्रशलैस डी.सी. मोटर का उपयोग किया जाता है।
- बैटरी का मुख्य कार्य इलेक्ट्रिक ऊर्जा का भण्डारण करना है।
- अधिकांश इलेक्ट्रिक वाहनों में लैड-एसिड बैटरी एवं लीथियम-आयन बैटरी का उपयोग किया जाता है।
- BEV में गति के लिए विद्युत मोटर का उपयोग किया जाता है।
- HEV विद्युत और गैसोलीन दोनों से चलने वाले इंजन के साथ कार्य कर सकता है।
- रेंज विस्तारित इलेक्ट्रिक वाहन को प्लग-इन हाइब्रिड इलेक्ट्रिक वाहन (PHEV) भी कहा जाता है।
- इलेक्ट्रिक वाहनों का सम्पूर्ण प्रचालन शोर रहित होता है।
- तुल्यकालिक गति, N_S का मान सप्लाई की आवृत्ति (f) तथा स्टेटर पोल्स की संख्या (P) पर निर्भर करती है। $\left(N_S = \frac{120f}{P}\right)$
- एब्सॉल्यूट स्लिप, मोटर की तुल्यकालिक गति एवं मोटर गति का अन्तर होती है।
- किसी प्रेरण मोटर में उत्पन्न प्रतिशत स्लिप, $\% S = \frac{N_s - N_r}{N_s} \times 100$ सूत्र द्वारा ज्ञात की जाती है।
- 3-फेज प्रेरण मोटर का रोटर स्थिर होने पर यह 3-फेज ट्रांसफॉर्मर की भाँति कार्य करता है।
- रोटर में होने वाली ताम्र क्षति उसके चालकों अथवा वाइण्डिंग्स के प्रतिरोध के कारण होने वाली विद्युत क्षति (I^2R) के समतुल्य होती है।
- प्रेरण मोटर के रोटर में उत्पन्न होने वाला टॉर्क, फ्लक्स प्रति स्टेटर पोल (ϕ), रोटर धारा (I_2) तथा शक्ति गुणक ($\cos\phi$) के अनुक्रमानुपाती होता है।
- प्रेरण मोटर की आरम्भिक अवस्था में सदैव स्लिप (S) का मान एकांक और तुल्यकालिक गति प्राप्त कर लेने पर शून्य होता है।
- मोटर के उच्च स्लिप क्षेत्र को अस्थिर क्षेत्र भी कहते हैं, क्योंकि इस क्षेत्र में मोटर लगातार घूर्णन करने में सक्षम नहीं होता है।
- प्रेरण मोटर, स्लिप का मान ऋणात्मक होने पर जेनरेटिंग मोड में, स्लिप का मान शून्य से एक के मध्य होने पर मोटरिंग मोड में तथा एक से अधिक होने पर ब्रेकिंग मोड में कार्य करता है। स्क्विरल केज प्रेरण मोटर्स की गति शून्य लोड से पूर्ण लोड तक नियत रहती है।
- बैक ई.एम.एफ. को काउण्टर ई.एम.एफ. भी कहते हैं, जिसकी दिशा फ्लेमिंग के दाएँ हाथ के नियम से ज्ञात की जा सकती है।
- वेव वाउण्ड आर्मेचर के लिए $A = 2$ तथा लैप वाउण्ड आर्मेचर के लिए $A = P$ होता है, जहाँ A आर्मेचर वाइण्डिंग में समान्तर पथों की संख्या है।
- डी.सी. मोटर पर आरोपित विद्युत वाहक बल तथा बैक ई.एम.एफ. में निम्न सम्बन्ध होता है बैक ई.एम.एफ. (E_b) = आरोपित वि.वा.ब. (V) – आर्मेचर वोल्टेज ड्रॉप ($I_a.R_a$)
- डी.सी. मोटर की किसी एक अक्ष रेखा पर लगाया जाने वाला घुमाव टॉर्क कहलाता है।
- डी.सी. मोटर द्वारा उत्पन्न अश्व-शक्ति को BHP में ज्ञात किया जाता है, जिसका सूत्र निम्नवत् है

$$\text{BHP} = \frac{2\pi \times \text{टॉर्क} \times \text{घूर्णन गति}}{60 \times 735.5}$$

महत्त्वपूर्ण प्रश्नोत्तरी

1. इलेक्ट्रिक वाहन की परिभाषा दीजिए।

उत्तर वह वाहन जो इलेक्ट्रिक मोटर से चलता है और ऑन-बोर्ड इलेक्ट्रिक स्रोत से बिजली प्राप्त करता है, उसे इलेक्ट्रिक वाहन कहते हैं।

2. हाइब्रिड वाहनों से आप क्या समझते हैं?

उत्तर वे वाहन जो बैटरी के अतिरिक्त पेट्रोल/डीजल/गैसोलीन से भी चलाए जा सकते हैं, हाइब्रिड वाहन कहलाते हैं।

3. इलेक्ट्रिक वाहनों में किस प्रकार की मोटर प्रयोग की जाती है?

उत्तर इलेक्ट्रिक वाहनों में ब्रशलैस डी.सी. मोटर प्रयोग की जाती है।

4. इलेक्ट्रिक वाहनों में किस प्रकार की बैटरी का उपयोग किया जाता है।

उत्तर इलेक्ट्रिक वाहनों में लैड-एसिड एवं लीथियम-आयन बैटरी का उपयोग किया जाता है।

5. इलेक्ट्रिक वाहनों के कोई दो लाभ लिखिए।

उत्तर (i) इनसें ग्रीनहाउस गैसों का उत्सर्जन नहीं होता है।

(ii) इनका सम्पूर्ण प्रचालन शोर रहित होता है।

6. डी.सी. तथा ए.सी. मोटर्स में मुख्य अन्तर क्या होता है?

उत्तर डी.सी. मोटर में 'स्टेटर' तथा 'रोटर' दोनों को विद्युत सप्लाई दी जाती है, जबकि ए.सी. मोटर में केवल स्टेटर को सप्लाई दी जाती है।

7. जब डी.सी. मोटर गति करना प्रारम्भ करती है, तो उस समय बैक ई.एम.एफ. का मान क्या होता है?

उत्तर जब डी.सी. मोटर गति करना प्रारम्भ करती है, तो उस समय बैक ई.एम.एफ. का मान शून्य होता है।

8. यदि किसी डी.सी. मोटर को ए.सी. स्रोत से जोड़ दें, तो क्या होगा?

उत्तर डी.सी. मोटर को ए.सी. स्रोत से जोड़ देने पर, मोटर बहुत गर्म हो जाएगी और उसकी वाइण्डिंग जल जाने की सम्भावना रहेगी।

9. किसी डी.सी. मोटर की गति किन कारकों पर निर्भर करती है?

उत्तर डी.सी. मोटर की गति निम्न तीन कारकों पर निर्भर करती है

(i) क्षेत्र फ्लक्स, $N \propto \frac{1}{\phi}$

(ii) सप्लाई वोल्टेज, $N \propto V$

(iii) आर्मेचर प्रतिरोध, $N \propto R_a$

10. स्थिर गति एवं परिवर्ती लोड के लिए कौन-सी मोटर उपयुक्त होगी, सीरीज अथवा शण्ट?

उत्तर स्थिर गति एवं परिवर्ती लोड के लिए डी.सी. शण्ट मोटर उपयुक्त होगी।

11. चौपर से क्या तात्पर्य है?

उत्तर चौपर एक इलेक्ट्रॉनिक युक्ति है, जिसके द्वारा नियत डी.सी. को परिवर्ती डी.सी. में बदला जाता है।

12. डी.सी. मोटर जेनरेटर सेट, स्थिर वोल्टेज से समंजनशील डी.सी. वोल्टेज प्राप्त करने के लिए प्रयोग क्यों नहीं किए जाते हैं?

उत्तर डी.सी. मोटर जेनरेटर सेट, स्थिर वोल्टेज से समंजनशील डी.सी. वोल्टेज प्राप्त करने के लिए प्रयोग किया जाता है, क्योंकि डी.सी. मोटर जेनरेटर बहुत महँगे होते हैं।

13. क्या एक स्टेप-अप चौपर इनपुट वोल्टेज की अपेक्षा अधिक आउटपुट वोल्टेज दे सकता है? कारण सहित बताइए।

उत्तर हाँ, एक स्टेप-अप चौपर परिपथ इनपुट वोल्टेज की अपेक्षा अधिक आउटपुट वोल्टेज दे सकता है, क्योंकि यह चौपर स्टेप-अप ट्रांसफॉर्मर की भाँति कार्य करता है।

अभ्यास प्रश्न

परीक्षा प्रारूपी प्रश्न

बहुविकल्पीय

1. इलेक्ट्रिक वाहनों का लाभ है
(a) ग्रीन हाउस गैसों के उत्सर्जन में कमी
(b) शोर रहित प्रचालन
(c) सरल संचालन
(d) उपरोक्त सभी

2. वर्तमान के इलेक्ट्रिक वाहनों की हानि है
(a) अधिक चार्जिंग अवधि (b) सीमित गति
(c) उच्च लागत (d) ये सभी

3. वह वाहन जो विद्युत मोटर से चलता है और ऑन-बोर्ड विद्युत स्रोत से बिजली प्राप्त करता है, ... कहलाता है।
(a) इलेक्ट्रिक वाहन (b) यान्त्रिक वाहन
(c) हाइड्रॉलिक वाहन (d) इलेक्ट्रॉनिक वाहन

4. भारत में विद्युत चालित (इलेक्ट्रिक) वाहनों का उत्पादन करने वाली कम्पनी नहीं है।
(a) टाटा मोटर्स (b) टेस्ला
(c) महिन्द्रा एण्ड महिन्द्रा (d) एम.बी. मोटर्स

5. मोटर का मुख्य कार्य आपूर्ति की गई ······· को ······ में परिवर्तित करना है।
(a) यान्त्रिक ऊर्जा, विद्युत ऊर्जा
(b) विद्युत ऊर्जा, यान्त्रिक ऊर्जा
(c) रासायनिक ऊर्जा, विद्युत ऊर्जा
(d) चुम्बकीय ऊर्जा, विद्युत ऊर्जा

6. इलेक्ट्रिक वाहनों में मुख्य रूप से किस प्रकार की मोटर उपयोग की जाती है?
(a) डी.सी. सीरीज मोटर (b) डी.सी. शण्ट मोटर
(c) ब्रशलैस डी.सी. मोटर (d) ये सभी

7. ब्रशलैस डी.सी. मोटर का भाग नहीं है
(a) ब्रश (b) कम्यूटेटर
(c) 'a' और 'b' दोनों (d) रोटर

8. इलेक्ट्रिक वाहनों में किस प्रकार की बैटरी का उपयोग किया जाता है?
(a) लीथियम-आयन बैटरी (b) लैड-एसिड बैटरी
(c) 'a' और 'b' दोनों (d) इनमें से कोई नहीं

9. लैड-एसिड बैटरी का शक्ति घनत्व होता है
(a) 180 (b) 150
(c) 250 (d) 1800

10. लीथियम-आयन बैटरी का शक्ति घनत्व होता है
(a) 500 (b) 1800 (c) 2000 (d) 2200

11. इलेक्ट्रिक वाहन की बैटरी ········ के द्वारा चार्ज होती है।
(a) डायनमो (b) आल्टरनेटर
(c) ग्रिड (d) ये सभी

12. किस प्रकार के इलेक्ट्रिक वाहन में गति के लिए इलेक्ट्रिक मोटर का उपयोग किया जाता है?
(a) BEV (b) HEV (c) PHEV (d) ये सभी

13. HEV का पूर्ण रूप है
(a) हीरो इलेक्ट्रिक व्हीकल
(b) हाइड्रॉलिक इलेक्ट्रिक व्हीकल
(c) हाइब्रिड इलेक्ट्रॉनिक व्हीकल
(d) हाइब्रिड इलेक्ट्रिक व्हीकल

14. HEV में किस प्रकार के इंजन का उपयोग किया जाता है?
(a) विद्युत इंजन (b) गैसोलीन इंजन
(c) 'a' और 'b' दोनों (d) इनमें से कोई नहीं

15. निम्न चित्र में किस प्रकार के इलेक्ट्रिक वाहन को दर्शाया गया है?

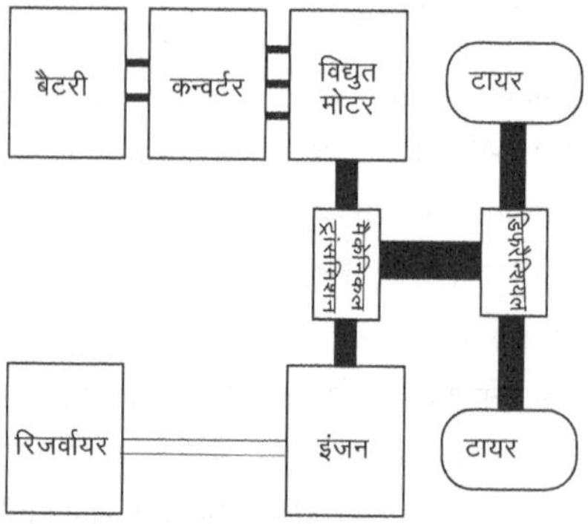

(a) बैटरी इलेक्ट्रिक वाहन
(b) हाइब्रिड इलेक्ट्रिक वाहन
(c) रेंज विस्तारित इलेक्ट्रिक वाहन
(d) उपरोक्त में से कोई नहीं

16. गैसोलीन जेनरेटर का उपयोग किस प्रकार के इलेक्ट्रिक वाहन में किया जाता है?
(a) बैटरी इलेक्ट्रिक वाहन
(b) हाइब्रिड इलेक्ट्रिक वाहन
(c) रेंज विस्तारित इलेक्ट्रिक वाहन
(d) उपरोक्त में से कोई नहीं

17. निम्न चित्र में किस प्रकार के इलेक्ट्रिक वाहन का ब्लॉक डायग्राम दर्शाया गया है?

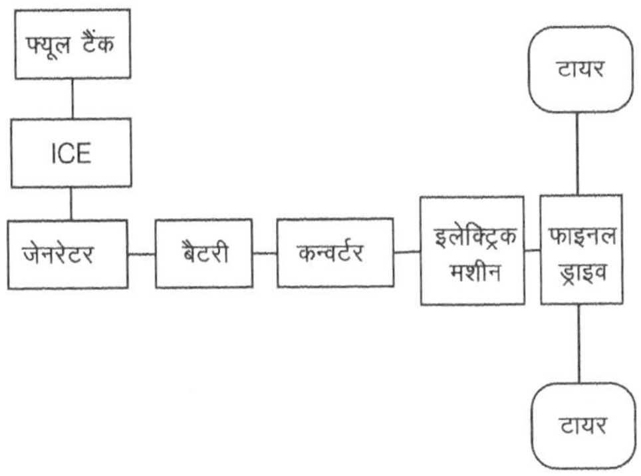

(a) रेंज विस्तारित इलेक्ट्रिक वाहन
(b) हाइब्रिड विस्तारित इलेक्ट्रिक वाहन
(c) बैटरी विस्तारित इलेक्ट्रिक वाहन
(d) उपरोक्त में से कोई नहीं

18. रेंज विस्तारित इलेक्ट्रिक वाहन का अन्य नाम है
(a) प्लग-इन हाइब्रिड इलेक्ट्रिक वाहन
(b) बैटरी हाइब्रिड इलेक्ट्रिक वाहन
(c) बैटरी-गैसोलीन इलेक्ट्रिक वाहन
(d) उपरोक्त सभी

19. इलेक्ट्रिक वाहनों में विद्युत वोल्टेज में उतार-चढ़ाव को निष्प्रभावी करने हेतु ········· का प्रयोग किया जाता है।
(a) रेगुलेटर (b) रेक्टिफायर
(c) वोल्टेज स्टेबिलाइजर (d) UPS

20. निम्न में से इलेक्ट्रिक वाहनों का लाभ है
(a) प्रदूषण रहित प्रचालन
(b) अनुरक्षण एवं मरम्मत व्यय कम
(c) उच्च प्रारम्भिक टॉर्क
(d) उपरोक्त सभी

21. फेम इंडिया (FAME India) योजना क्या है?
(a) यह एक प्रोत्साहन योजना है, जो पेट्रोल वाहनों को अपनाने को प्रोत्साहित करती है
(b) यह एक प्रोत्साहन योजना है, जो डीजल वाहनों को अपनाने को प्रोत्साहित करती है
(c) यह एक प्रोत्साहन योजना है, जो CNG वाहनों को अपनाने को प्रोत्साहित करती है
(d) यह एक प्रोत्साहन योजना है, जो इलेक्ट्रिक और हाइब्रिड वाहनों को अपनाने को प्रोत्साहित करती है

22. FAME का अर्थ है
(a) First adoption and manufacturing of electric vehicles
(b) Faster adoption and manufacturing of electric and hybrid vehicles
(c) Faster adoption and manufacturing of electric vehicles
(d) उपरोक्त में से कोई नहीं

23. फेम इंडिया (FAME India) योजना का उद्देश्य है
(a) इलेक्ट्रिक चार्जिंग स्टेशन स्थापित करना
(b) इलेक्ट्रिक व्हीकल को बढ़ावा देना
(c) वर्ष 2030 तक 30% परिवहन को इलेक्ट्रिक वाहन में परिवर्तित करना
(d) उपरोक्त सभी

24. BLDC मोटर का अर्थ है
(a) Brush Less DC Motor (b) Blade DC motor
(c) Brush head DC motor (d) इनमें से कोई नहीं

25. किस वाहन में प्रमुख घटकों की संख्या सबसे कम (smallest number of principal components) है?
(a) डीजल वाहन (b) गैसोलीन वाहन
(c) इलेक्ट्रिक वाहन (d) हाइब्रिड वाहन

26. फ्लाई व्हील (flywheel) ऊर्जा को स्टोर करता है
(a) विद्युत रूप में (b) स्थैतिक रूप में
(c) रासायनिक रूप में (d) यांत्रिक रूप में

27. इलेक्ट्रिक वाहन के लिए आवेशन विधि (charging method) निम्न में से कौन-सी है?
(a) ए.सी. आवेशन (b) ट्रिकल आवेशन
(c) डी.सी. आवेशन (d) ये सभी

28. कौन-सा वाहन उच्च वोल्टेज बैटरी का उपयोग करता है?
(a) इलेक्ट्रिक वाहन (b) पारम्परिक वाहन
(c) हाइब्रिड वाहन
(d) इलेक्ट्रिक और हाइब्रिड वाहन दोनों

29. निम्नलिखित में से कौन-सा वाहन शून्य उत्सर्जन (zero emissions) उत्पन्न करता है?
(a) परम्परागत (b) हाइब्रिड
(c) इलेक्ट्रिक (d) 'b' और 'c' दोनों

30. पेट्रोल और डीजल इंजन का पर्यावरण पर क्या प्रभाव पड़ता है?
(a) ये प्राकृतिक संसाधनों को कम करते हैं और CO_2 उत्सर्जन बढ़ाने में योगदान करते हैं
(b) ये प्राकृतिक संसाधनों को कम करते हैं और CO_2 उत्सर्जन को कम करने में मदद करते हैं
(c) ये CO_2 उत्सर्जन बढ़ाने में योगदान करते हैं, लेकिन वे ग्लोबल वार्मिंग को कम करते हैं
(d) उपरोक्त में से कोई नहीं

31. निम्नलिखित में से कौन-सा वाहन CO का उत्सर्जन करता है?
(a) परम्परागत (b) हाइब्रिड
(c) इलेक्ट्रॉनिक वाहन (d) 'b' और 'c' दोनों

32. हाइब्रिड और इलेक्ट्रिक वाहनों में मुख्य अन्तर क्या है?
(a) हाइब्रिड, बैटरी या गैसोलीन इंजन द्वारा संचालित हो सकता है, जबकि इलेक्ट्रिक वाहन केवल DC आपूर्ति द्वारा संचालित होते हैं।
(b) हाइब्रिड AC और DC आपूर्ति द्वारा संचालित हो सकता है, जबकि इलेक्ट्रिक वाहन केवल DC आपूर्ति द्वारा संचालित होते हैं।
(c) हाइब्रिड AC द्वारा संचालित हो सकता है, जबकि इलेक्ट्रिक वाहन DC द्वारा संचालित होता है
(d) उपरोक्त में कोई नहीं

33 किस देश में प्रति व्यक्ति सबसे अधिक इलेक्ट्रिक वाहन हैं?
(a) भारत (b) नॉर्वे
(c) अमेरिका (d) चीन

34. एक इलेक्ट्रिक वाहन को निम्न रखरखाव कार्यों में से केवल एक ही आवश्यकता होती है
(a) स्पार्क प्लग बदलना (b) इंजन आयल बदलना
(c) बेल्ट प्रतिस्थापना (d) ब्रेक पैड निरीक्षण

35. निम्न में से कौन-सा मोड डी.सी. आवेशन (DC charging) या डी.सी. तीव्र आवेशन (DC fast charging) की सुविधा देता है?
(a) मोड 1 (b) मोड 2 (c) मोड 3 (d) मोड 4

36. वह सैल जिसे पुन: चार्ज नहीं किया जा सकता, कहलाती है
(a) प्राथमिक सैल
(b) द्वितीयक सैल
(c) न तो प्राथमिक और न ही द्वितीयक सैल
(d) प्राथमिक और द्वितीयक सैल दोनों

37. बैटरी में चार्ज क्षमता की इकाई क्या है?
(a) ऐम्पियर घण्टा (Ah)
(b) वाट घण्टा (Wh)
(c) ऐम्पियर / घण्टा (A/h)
(d) वाट / घण्टा (W/h)

38. निम्नलिखित सम्पर्क रहित आवेशन (contactless charging) का प्रकार है
(a) डी.सी. आवेशन (b) ए.सी. आवेशन
(c) इण्डक्शन आवेशन (d) ट्रिकल आवेशन

39. इलेक्ट्रिक वाहनों में कौन-सा घटक नहीं होता है ?
(a) बैटरी
(b) ECU
(c) जनित्र
(d) आन्तरिक दहन इंजन

40. RCD का फुल फॉर्म क्या होता है?
(a) Remain Current Device
(b) Residual Current Device
(c) Ramp Control Device
(d) उपरोक्त में से कोई नहीं

41. इलेक्ट्रिक वाहन (EV) में आवेशन की .... विधि एवं .... मोड (mode) होती है।
(a) चार, दो (b) दो, तीन
(c) चार, तीन (d) तीन, चार

42. फ्यूल सैल (fuel cell) निम्न में से किससे बिजली उत्पन्न करती है?
(a) पानी, ऑक्सीजन
(b) हाइड्रोजन, ऑक्सीजन
(c) पेट्रोल, ऑक्सीजन
(d) नाइट्रोजन, ऑक्सीजन

43. इलेक्ट्रिक या हाइब्रिड वाहन की बैटरी से कितना वोल्टेज मिलता है?
(a) 6 V (b) 12 V
(c) 24 V (d) 300 V

44. ईंधन सैल .... ऊर्जा एवं .... शक्ति प्रदान करता है।
(a) उच्च, कम (b) उच्च-उच्च
(c) कम , उच्च (d) कम, कम

45. ईंधन सैल (fuel cell) निम्न का संयोजन होती है
(a) जस्ता, सल्फर (b) सल्फर, ऑक्सीजन
(c) हाइड्रोजन, ऑक्सीजन (d) सोडियम, सल्फर

46. इलेक्ट्रिक वाहन में पुनर्जनन (regeneration) शब्द का क्या अर्थ है?
(a) यह तब होता है, जब इंजन के सुस्ती के दौरान बैटरी चार्ज होती है
(b) यह तब होता है, जब बैटरी को मुख्य आपूर्ति से रिचार्ज किया जाता है
(c) यह तब होता है, जब मंदन (deceleration) और ब्रेकिंग (braking) के दौरान बिजली उत्पन्न होती है
(d) उपरोक्त में से कोई नहीं

47. आप एक उच्च वोल्टेज केबिल की पहचान कैसे कर सकते हैं?
(a) ये लाल रंग की होती हैं
(b) ये काले रंग की होती हैं
(c) ये नारंगी रंग की होती हैं
(d) ''हाई-वोल्टेज'' शब्द इनके इन्सुलेशन में प्रिंट हुआ रहता है

48. इलेक्ट्रिक व्हीकल के आवेशन (charging) के समय किसका ध्यान रखें ?
(a) निर्माता के दिशा-निर्देशों का पालन करें
(b) हमेशा परीक्षण किया चार्जर ही खरीदें
(c) इलेक्ट्रिक वाहन चार्जर को पानी से दूर रखें
(d) उपरोक्त सभी

49. किस मोड में समर्पित चार्जिंग स्टेशन (dedicated charging station) या EV चार्जिंग के लिए होम माउण्टिड वॉल बॉक्स उपलब्ध होता है
(a) मोड 1 (b) मोड 2
(c) मोड 3 (d) मोड 4

50. पुनर्योजी ब्रेकिंग (regenerative braking) का उपयोग किया जाता है
(a) इलेक्ट्रिक वाहन के लिए (b) हाइब्रिड वाहन के लिए
(c) 'a' और 'b' दोनों (d) इनमें से कोई नहीं

51. परम्परागत वाहनों की तुलना में EV (Electric Vehicle) के आन्तरिक इंजन की विशेषता है
(a) कम अनुरक्षण व्यय (b) शून्य प्रदूषण
(c) कम ईंधन लागत (d) ये सभी

52. EV (Electric Vehicle) में पुनर्योजी ब्रेकिंग का कार्य है
(a) एक प्रकार का ब्रेक सिस्टम है, जो वाहन की धीमा करने के लिए प्रयोग किया जाता है
(b) एक प्रकार का ब्रेक सिस्टम जो गतिज ऊर्जा को विद्युत ऊर्जा में परिवर्तित करता है और इसे बैटरी में संग्रहित करता है
(c) बैटरी के जीवनकाल को बढ़ाने के लिए उसे ठण्डा करने की एक विधि है
(d) उपरोक्त में से कोई नहीं

53. DTC का अर्थ
(a) Direct Transfer Control
(b) Direct Temperature Control
(c) Digital Torque Control
(d) Direct Torque Control

54. लीथियम-आयन बैटरी में एनोड और कैथोड प्लेट बनी होती है
(a) एनोड-ग्रेफाइट, कैथोड-लीथियम मैगनीज ऑक्साइड ($LiMn_2O_4$)
(b) एनोड-लैड, कैथोड-लैड परॉक्साइड (PbO_2)
(c) एनोड-ग्रेफाइट, कैथोड-लीथियम कोबाल्ट ऑक्साइड
(d) 'a' और 'c' दोनों

55. निम्न में से कौन-सा अवयव EV से सम्बन्धित नहीं है ?
(a) बैटरी
(b) डी.सी. से डी.सी. कन्वर्टर
(c) इलेक्ट्रिक मोटर
(d) डीजल टैंक

56. संलग्न चित्र में एक 3-फेज मोटर का गति-टॉर्क वक्र दर्शाया गया है। मोटर का प्रारम्भिक टॉर्क है

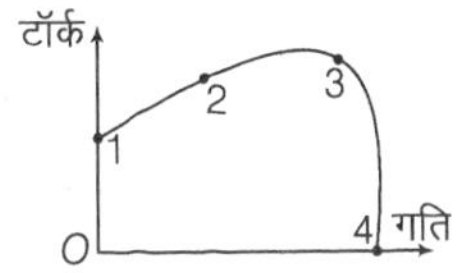

(a) 1 (b) 2
(c) 3 (d) 4

57. यदि ध्रुवों की संख्या 'P' तथा आवृत्ति 'f' है, तो सिंक्रोनस चाल 'N_s' .... द्वारा दिया जाता है।
(a) $N_s = \frac{120P}{f}$ (b) $N_s = \frac{120f}{P}$
(c) $N_s = \frac{Pf}{120}$ (d) $N_s = \frac{120}{Pf}$

58. किसी 3-फेज प्रेरण मोटर के स्टेटर में उत्पन्न चुम्बकीय क्षेत्र .... पर गति करती है।
(a) घूर्णीय चाल (b) अतुल्यकालिक चाल
(c) सिंक्रोनस चाल (d) स्लिप चाल

59. 3-फेज प्रेरण मोटर द्वारा उत्पन्न बल-आघूर्ण का परिमाण .... है।
(a) $T = K\,\phi_s\, I_2 \cos\phi$ (b) $T = \phi_s\, I_2 \cos\phi$
(c) $T = \phi_s\, I_2 \sin\phi$ (d) $T = K\,\phi_s\, I_2 \sin\phi$

60. प्रेरण मोटर में विकसित होने वाला घुमाव बल, समानुपाती होता है
(a) स्रोत वोल्टेज के (b) (स्रोत वोल्टेज)^2 के
(c) $\left(\frac{\text{स्रोत वोल्टेज}}{2}\right)$ के (d) $\sqrt{\text{स्रोत वोल्टेज}}$ के

61. किसी एकल फेज मोटर में घूर्णीय चुम्बकीय क्षेत्र .... के कोण पर प्रतिस्थापित होता है।
(a) 30° (b) 60°
(c) 90° (d) 120°

62. एक चार ध्रुवीय ए.सी. मशीन में कुल विद्युतीय डिग्री, निम्न के बराबर होंगे
(a) 180° (b) 360° (c) 720° (d) 1080°

63. स्टार्टिंग के समय किसी डी.सी. मोटर में विरोधी वि.वा.ब. का मान होता है
(a) अनन्त (b) उच्च (c) निम्न (d) शून्य

64. डी.सी. मोटर में बैक ई.एम.एफ. (E_b), ... के आनुपातिक है।
(a) फ्लक्स (b) गति
(c) आर्मेचर कण्डक्टर की संख्या (d) पोल्स की संख्या

65. डी.सी. मोटर द्वारा स्रोत से ली जाने वाली धारा की गणना का सूत्र है
(a) $I_a = \frac{V - E_b}{R_a}$ (b) $I_a = \frac{V + E_b}{R_a}$ (c) $I_a = \frac{V}{R_a}$ (d) $I_a = \frac{E_b}{R_a}$

66. डी.सी. मोटर की घूर्णन गति ज्ञात करने का सूत्र है
(a) $N = V - I_a \cdot R_a$ (b) $N = \frac{I_a \cdot R_a - V}{K\,.\,\phi}$
(c) $N = \frac{V - I_a \cdot R_a}{K\,.\,\phi}$ (d) $N = I_a \cdot R_a - \frac{V}{K\,.\,\phi}$

67. चलती हुई DC मोटर में EMF उत्प्रेरित होता है
(a) प्रायोगिक वोल्टेज की सहायता के लिए
(b) प्रायोगिक वोल्टेज के विरोध के लिए
(c) धारा कम करने के लिए
(d) धारा अधिक करने के लिए

68. डी.सी. मोटर में प्रेरित होने वाला वि.वा.ब. आरोपित वि.वा.ब. के लिए
(a) सहायक होता है
(b) विरोध करने वाला होता है
(c) न सहायक होता है और न विरोधी होता है
(d) आर्मेचर धारा में वृद्धि करने वाला होता है

69. डी.सी. मोटर के आर्मेचर ड्रम को लेमिनेटिड बनाया जाता है, जिससे कि
(a) हिस्टेरेसिस क्षति का मान कम रहे
(b) एडी धारा क्षति का मान कम रहे
(c) आर्मेचर में इण्डक्टैन्स का मान कम रहे
(d) आर्मेचर का वजन कम हो जाए

70. डी.सी. मोटर की रिजेनरेटिव ब्रेकिंग हेतु निम्न में से कौन-सा चौपर प्रयोग होता है?
(a) ए.सी. लिंक चौपर
(b) डी.सी. स्टेप-अप चौपर
(c) डी.सी. स्टेप-डाउन चौपर
(d) इनमें से कोई नहीं

71. प्रत्यावर्ती से दिष्ट वोल्टेज प्राप्त करने हेतु निम्न में कौन-सी विधि मितव्ययी है?
(a) डी.सी. मोटर जेनरेटर सैट
(b) डी.सी. चौपर
(c) ए.सी. लिंक चौपर
(d) ऑटो ट्रांसफॉर्मर रेक्टिफायर सहित

72. डी.सी. चौपर के निर्माण में निम्न में से कौन-सी अर्द्धचालक युक्ति प्रयोग में लाई जाती है?
(a) SCR व BJT
(b) P-MOSFET
(c) IGBT
(d) ये सभी

73. स्टेप-अप चौपर में आउटपुट वोल्टेज का मान इनपुट वोल्टेज से होता है
(a) कम
(b) अधिक
(c) समान
(d) इनमें से कोई नहीं

74. वोल्टेज के आधार पर चौपर परिपथ कितने प्रकार के होते हैं?
(a) 2 (b) 3 (c) 5 (d) 4

75. चित्र में किस प्रकार का चौपर दर्शाया गया है?

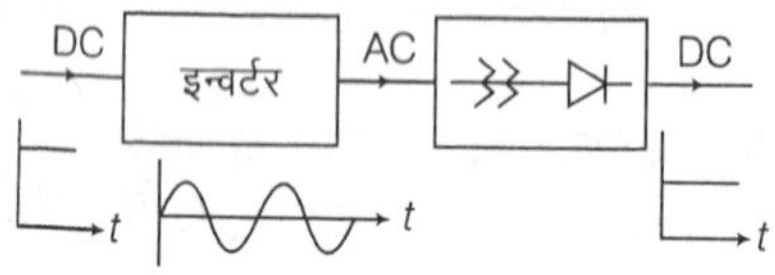

(a) DC चौपर
(b) AC चौपर
(c) स्टेप-अप चौपर
(d) स्टेप-डाउन चौपर

76. नीचे दिए गए चित्र में पिन 'X' तथा 'Y' क्रमशः है

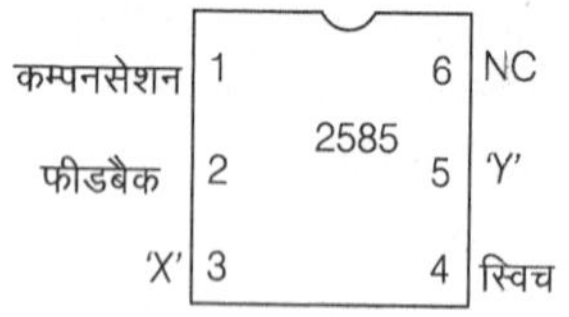

(a) आउटपुट, इनपुट
(b) ग्राउण्ड, इनपुट
(c) ग्राउण्ड, आउटपुट
(d) उपरोक्त में से कोई नहीं

77. चित्र में प्रदर्शित चौपर परिपथ को पहचानिए।

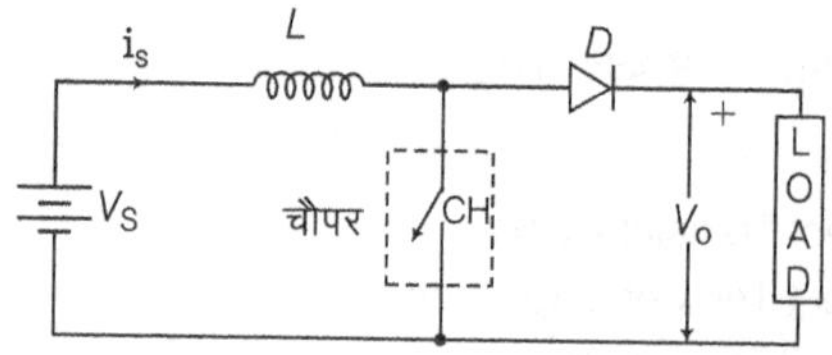

(a) AC चौपर
(b) DC चौपर
(c) स्टेप-डाउन चौपर
(d) स्टेप-अप चौपर

78. ब्रशलैस डी.सी. मोटर से .... प्रकार का टॉर्क प्राप्त होता है।
(a) यूनिडायरेक्शनल
(b) बाई डायरेक्शनल
(c) मल्टी डायरेक्शनल
(d) इनमें से कोई नहीं

79. यूनिडायरेक्शनल टॉर्क प्राप्त करने के लिए एकीकृत .... सर्किट का उपयोग किया जाता है।
(a) स्विचिंग सर्किट
(b) चौपर सर्किट
(c) R-L-C सर्किट
(d) R-C सर्किट

80. BLDC मोटर की शक्ति आउटपुट होती है
(a) शक्ति इनपुट – (ताम्र हानि – लौह हानि)
(b) शक्ति इनपुट + (ताम्र हानि + लौह हानि)
(c) शक्ति इनपुट – (ताम्र हानि + लौह हानि)
(d) शक्ति इनपुट + (ताम्र हानि – लौह हानि)

81 बैटरी मैनेजमेन्ट सिस्टम (BMS) एक प्रकार का ...... सिस्टम है।
(a) ऑपरेटिंग
(b) मॉनिटरिंग
(c) क्लोजिंग
(d) इनमें से कोई नहीं

82. BMS का कार्य है
(a) डिस्चार्ज कण्ट्रोल करना
(b) चार्जिंग कण्ट्रोल करना
(c) स्टेट-आफ-चार्ज डिटर्मिनेशन निर्धारित करना
(d) उपरोक्त सभी

उत्तरमाला

1. (d)	2. (d)	3. (a)	4. (b)	5. (b)	6. (c)	7. (c)	8. (c)	9. (a)	10. (b)
11. (c)	12. (a)	13. (d)	14. (c)	15. (b)	16. (c)	17. (a)	18. (a)	19. (c)	20. (d)
21. (d)	22. (b)	23. (d)	24. (a)	25. (c)	26. (d)	27. (d)	28. (d)	29. (d)	30. (a)
31. (a)	32. (a)	33. (b)	34. (d)	35. (d)	36. (a)	37. (a)	38. (c)	39. (d)	40. (b)
41. (d)	42. (b)	43. (d)	44. (a)	45. (c)	46. (c)	47. (c)	48. (d)	49. (c)	50. (c)
51. (d)	52. (b)	53. (d)	54. (d)	55. (d)	56. (a)	57. (b)	58. (c)	59. (a)	60. (b)
61. (d)	62. (c)	63. (d)	64. (b)	65. (a)	66. (c)	67. (c)	68. (b)	69. (b)	70. (b)
71. (d)	72. (d)	73. (b)	74. (a)	75. (b)	76. (b)	77. (d)	78. (a)	79. (a)	80. (c)
81. (b)	82. (d)								